人民法院年鉴·1992

人民法院出版社

1995·北京

▲1992年12月20日，第十六次全国法院工作会议在北京隆重召开。

▲1992年12月26日，中央领导同志江泽民、李鹏、乔石接见参加第十六次全国法院工作会议的代表，并分别作了重要讲话。

▶第十六次全国法院工作会议期间，任建新院长接见了获集体一等功单位的代表。

▶1992年12月26日，任建新院长接见了出席最高人民法院授予司法警察警衔仪式的代表并合影留念。

▶1992年9月28日，最高人民法院庆祝《人民法院报》创刊暨新闻发布会在人民大会堂隆重举行。

▲1992年11月23日，任建新院长会见罗马尼亚最高法院院长——博格达·内斯库先生一行。

▲1992年11月28日，任建新院长会见伊朗第一副检察长——法海里阁下一行。

《人民法院年鉴》编辑委员会

《人民法院年鉴》编辑部工作人员

《人民法院年鉴》通讯编辑

（排列不分先后）

陶思智	北京市高级人民法院
赵士信	天津市高级人民法院
赵凤池	河北省高级人民法院
梁贡华	山西省高级人民法院
郭　珍	内蒙古自治区高级人民法院
李兴禹	辽宁省高级人民法院
冯彦彬	吉林省高级人民法院
刘丽华	黑龙江省高级人民法院
魏金江	上海市高级人民法院
杨林泉	江苏省高级人民法院
章雨舟	浙江省高级人民法院
石华方	安徽省高级人民法院
林泽新	福建省高级人民法院
黄训荣	江西省高级人民法院
姜启波	山东省高级人民法院
张贵堂	河南省高级人民法院
吴新年	湖北省高级人民法院
蒋定三	湖南省高级人民法院
黄新伟	广东省高级人民法院
黄启国	广西壮族自治区高级人民法院
容师德	海南省高级人民法院
赵　勇	四川省高级人民法院
温　杰	贵州省高级人民法院
尹法严	云南省高级人民法院
许多林	西藏自治区高级人民法院
郭志友	陕西省高级人民法院
李惠风	甘肃省高级人民法院
许永达	青海省高级人民法院
孙培理	宁夏回族自治区高级人民法院
王浪涛	新疆维吾尔自治区高级人民法院
黄林异	解放军军事法院

编 辑 说 明

一、《人民法院年鉴》1992 年卷的内容，分为十三个部分，主要反映 1992 年人民法院审判工作的基本情况及重大事件、重要活动。资料均由最高人民法院各部门和各高级人民法院、解放军军事法院提供。

二、为了使年鉴与刊登的内容在时间上取得一致，1992 年卷收集了 1993 年人民法院向人大所作的关于 1992 年工作情况报告。以后各卷收集的工作报告，均以报告的内容为准。

三、年鉴所收集的案例，均系最高人民法院公报刊登的案例。

四、最高人民法院发布的文件，内容凡是涉及到其他部分的，年鉴均收集在其他部分。

五、在刊物介绍中，年鉴仅介绍了各级人民法院的正式出版物。

六、年鉴所收集的资料，均截止至当年 12 月 31 日。

七、年鉴所收集的资料，均未包括台湾省。

八、年鉴的编辑工作，得到各高级人民法院的大力支持；最高人民法院刘德权、李德仁、薛京、郭纪胜、曹守晔、金民珍、张绳祖、王靖红、邢军等同志为年鉴撰文，张维克同志为年鉴提供照片，谨表示衷心感谢。

《人民法院年鉴》编辑部

目　录

第一部分　法院工作报告

专题报告

第二部分　各项审判工作

第三部分　法律法规和司法解释

法　律

法 规

司法解释

刑 事

民 事

经　济

第五部分 重要讲话

第六部分　重要会议

第七部分 案 例

刑 事

民 事

经 济

行 政

第八部分 法院建设

第九部分　外事活动

第十部分　人民法院大事记

第十一部分　司法统计资料

一、司法统计资料

二、司法统计分析

第十二部分　调查研究

一、调查报告

第一部分 法院工作报告

最高人民法院工作报告

——1993年3月22日在第八届全国人民代表大会第一次会议上

最高人民法院院长 任建新

各位代表：

在第七届全国人民代表大会期间，全国各级人民法院和军事、海事、铁路运输等专门法院认真贯彻执行党的“一个中心，两个基本点”的基本路线，忠实地执行宪法和法律，紧紧围绕经济建设这个中心，全面加强刑事、民事、经济、行政、海事等各项审判工作，进一步提高司法水平，对维护社会稳定，保护公民、法人的合法权益，促进改革开放和经济建设，发挥了积极的作用。现将5年来人民法院工作的主要情况和今后工作的意见报告如下，请予审议。

一、关于刑事审判工作

5年来，人民法院认真履行人民民主专政机关的职责，依法严厉打击严重危害社会治安和严重破坏经济秩序等各种犯罪活动。全国法院共受理一审刑事案件2016357件，其中1992年受理的422991件，平均每年上升7.9%。5年共审结2011671件，判决发生法律效力的人犯2438217人，其中判处五年以上有期徒刑、无期徒刑和死刑（包括死缓）的，占判处人犯总数的34.9%，判处五年以下有期徒刑、拘役和管制的占63.3%，免予刑事处分的占1.4%，宣告无罪的占0.4%。

(一)严厉打击严重危害社会治安的犯罪活动，维护社会稳定

5年来，各级人民法院坚持依法从重从快的方针，严厉打击严重危害社会治安的犯罪活动，会同公安、检察等机关共同开展全国性的集中“严打”和各地区的专项斗争，依法严惩杀人、抢劫、爆炸、强奸、流氓、“车匪路霸”和破坏交通、通讯、电力设备等犯罪分子，特别是带有黑社会性质的犯罪集团。依法审判了1989年春夏之交在北京发生的反革命暴乱和一些地方发生的政治动乱中的刑事犯罪案件。5年全国法院共审结一审严重危害社会治安的犯罪案件750744件，判决发生法律效力的人犯1107816人，其中1992年判处的244820人。

盗窃案件历年来居各类刑事案件数量之首。各级人民法院重视严厉打击盗窃犯罪活动，积极参加1991年9月中央社会治安综合治理委员会决定在全国范围内开展的为期3年的反盗窃斗争，依法从严惩处盗窃集团的首要分子、重大盗窃犯、惯犯、流窜犯，并注意对销赃犯的打击。5年全国法院共审结盗窃案件774528件，判处盗窃犯罪分子1142961人，其中1992年判处的206729人。

一个时期以来，强迫、容留妇女卖淫，拐卖妇女、儿童，走私、贩卖毒品，制作、传播淫秽物品、聚众赌博等犯罪活动相当严重。1989年11月，最高人民法院发出通知，要求各级人民法院把打击这几类犯罪活动作为刑事审判工作的一项重要任务。全国法院认真执行全国人大常委会《关于禁毒的决定》、《关于惩治走私、制作、贩卖、传播淫秽物品的犯罪分子的决定》、《关于严禁卖淫嫖娼的决定》、《关于严惩拐卖、绑架妇女、儿童的犯罪分子的决定》，5年共审结这几类犯罪案件69060件，判处犯罪分子101367人，其中1992年判处的24879人。鉴于云南边境地区毒品犯罪活动猖獗，为了及时严惩犯罪分子，最高人民法院于1991年6月依法授权云南省高级人民法院核准部分毒品犯罪死刑案件。在1991年和1992年的“国际禁毒日”前后，云南、贵州、广东、甘肃、广西等地法院分别召开公开宣判大会，依法从重判处了一批毒品犯罪分子，并当场销毁了一批毒品。

各级人民法院认真贯彻全国人大常委会《关于加强社会治安综合治理工作的决定》，采取多种形式，积极参与社会治安的综合治理。通过公开审判，开展法制宣传教育。针对办案中发现的有关单位在管理上存在的漏洞，提出司法建议。对未成年人犯罪贯彻教育、感化、挽救的方针，寓教于审，惩教结合。对罪行较轻的犯罪分子，在有条件的地方依法适当多判一些缓刑、管制，依靠群众进行改造。5年全国法院共判处缓刑、管制258285人。对劳改中确有悔改或者立功表现的犯罪分子，依法裁定减刑或者假释。5年全国法院共办理减刑案件932542件，假释案件104237件。

（二）深入开展打击严重经济犯罪的斗争，维护经济秩序

5年来，各级人民法院坚持依法从严惩处的方针，惩办了一批严重经济犯罪分子。全国法院共审结一审经济犯罪案件169777件，除正在上诉的、退回检察院补充侦查和撤诉的以外，判决发生法律效力的人犯148145人，其中1992年判处的33280人。5年为国家挽回直接经济损失28亿元。

为了促进廉政建设，人民法院坚持把惩治国家工作人员贪污、受贿等犯罪作为打击的重点，认真执行全国人大常委会《关于惩治贪污罪贿赂罪的补充规定》，5年共审结贪污、受贿案件101831件，除正在上诉的、退回检察院补充侦查和撤诉的以外，判决发生法律效力的人犯77547人。为了推动打击经济犯罪斗争的深入开展，1989年8月15日，最高人民法院、最高人民检察院联合发布了《关于贪污、受贿、投机倒把等犯罪分子必须在限期内自首坦白的通告》，各地人民法院及时宣判了一些宽严典型案件，促使一批经济犯罪分子投案自首，收到了较好的效果。

人民法院坚决执行全国人大常委会《关于惩治走私罪的补充规定》等法律，加强了对走私、诈骗、偷税抗税、伪造国家货币等严重扰乱经济秩序的犯罪活动的打击。近几年来，生产和经销假冒伪劣商品的违法犯罪活动十分猖獗。各级人民法院对生产和经销假冒伪劣商品的犯罪案件，及时依法严惩，该重判的坚决重判，并依法适用罚金、没收财产等刑罚，不使犯罪分子在经济上得到好处。

人民法院在审判工作中着重抓好大要案的审判。有些大要案涉及国家机关、企业事业单位领导干部犯罪，社会危害大。5年全国法院共判处贪污、贿赂犯罪数额在万元以上的25602人，其中10万元以上不满50万元的1003人，50万元以上不满100万元的54人，100万元以上的31人，犯罪数额最大的达313万元。在判处的贪污、贿赂案件中，有县（处）级以上干部638人，其中司（局）级干部38人，省（部）级干部4人。

人民法院在审理经济犯罪案件中，坚持“一要坚决、二要慎重、务必搞准”的原则，严格区分罪与非罪的界限。最高人民法院经过调查研究，针对企业管理人员和科技人员

的经济犯罪案件，及时提出了区分罪与非罪的界限。对法律和政策规定不明确的，慎重处理；对大胆改革，工作有失误的，一般不以犯罪论处；对一贯表现好或者有突出贡献、认罪态度好的，依法从宽处理，需要判刑但生产经营和科研工作有特殊需要的，依法判处缓刑。

当前，打击经济犯罪中存在的“以罚代刑”问题仍未解决，一些依法应由法院判处的案件，没有依法移送或者起诉到法院，有关部门只作行政处罚或者经济处罚了事，致使一些犯罪分子没有受到应有的惩处。例如，1992 年全国法院受理走私案件只有 297 件，而仅据一个部门的统计，同年查获的依法应追究刑事责任的走私案件就有 1456 件。造成“以罚代刑”的主要原因，一是部门利益驱动，赃款赃物谁上缴谁受益；二是缺乏制约监督机制；三是制度不健全。我们希望采取有力措施，切实解决这一问题。

二、关于经济审判和海事审判工作

各级人民法院通过审判活动，调节经济关系，维护经济秩序，积极参与治理整顿，努力为搞好国有大中型企业和发展农村经济服务，为加快改革开放和经济建设服务。5 年共受理一审经济纠纷案件 3016608 件，其中 1992 年受理的 650601 件，平均每年上升 12.2%；共审结 2996496 件，结案诉讼标的总金额达 1069.14 亿元。

（一）加强对经济合同、金融、工业产权和技术合同纠纷等案件的审理，促进市场的发展。5 年全国法院共审结购销合同纠纷案件 909678 件，其中 1992 年审结的 214093 件。人民法院妥善处理了因清理整顿公司遗留的和因市场销售情况或者价格变化引起的不履行合同、拖欠货款纠纷；严肃处理生产和销售假冒伪劣商品的违法行为，维护了市场秩序。

人民法院认真处理借款合同纠纷案件，积极参与清理“三角债”，5 年共审结这类案件 998552 件，其中 1992 年审结的 182980 件，共为国家收回银行贷款 200 多亿元，有力地支持了金融部门回收贷款的工作。近年来，经济特区和沿海开放城市的法院，还审结了一批在深化改革、扩大开放中出现的股票、债券、票据和融资租赁纠纷等新类型案件，拓宽了经济审判的领域。

人民法院认真贯彻执行专利法、商标法和技术合同法，5 年共审结专利、商标和技术合同纠纷案件 6796 件，其中 1992 年审结的 1808 件。人民法院重视对工业产权和技术权益的司法保护，对侵犯他人专利权、注册商标专用权的，依法予以制裁；妥善处理技术合同纠纷案件，促使科技成果的商品化和向现实生产力的转化。

（二）加强对企业承包、租赁和破产等案件的审理，促进企业经营机制的转换。人民法院在审判工作中，严格执行国家关于法人制度的规定，保护企业的经营自主权。1992 年国务院发布《全民所有制工业企业转换经营机制条例》以后，企业承包、租赁经营合同纠纷和破产案件上升较快。仅 1992 年就审结企业承包、租赁合同纠纷 8620 件；审结破产案件 265 件，比上年上升 365%。

（三）加强对农村经济纠纷案件的审理，促进农村经济的发展。5 年全国法院共审结农村承包合同纠纷等案件 176705 件，其中 1992 年审结的 51036 件，平均每年上升 20.7%。通过审理这类案件，稳定以家庭联产承包为主的责任制，促进统分结合的双层经营体制的不断完善。各级人民法院还及时审理涉及乡镇企业的经济纠纷案件，促进了乡镇企业的发展。

（四）加强执行工作。5 年来，在各级党委的领导、人大的监督和政府的支持下，人民法院判决的执行工作得到了加强。1992 年，最高人民法院在全国范围内对跨省、自治区、直辖市委托执行案件统一组织清理。5 年全国法院共执行经济纠纷裁判 1191152 件，使大部分案件得到了执行。但是，“执行难”的问题仍然比较突出。其主要原因，一是一些企业严重亏损，无力还债；二是地方保护主义和部门保护主义干预，有关方面不配合人民法院执行；三是有些当事人法律意识淡薄，逃避履行义务；四是有少数案件判决不公正，无法执行。我们要求各级人民法院进一步加强执行工作，从全局出发，坚决抵制和克服地方保护主义和部门保护主义，维护法律的严肃性和国家法制的统一；秉公执法，保证裁判正确；充实力量，健全机构，提高执行工作水平。我们希望有关方面大力支持法院的执行工作。

5年来，海事审判工作有了较快的发展。我国是世界海运大国之一，90%以上的进出口货物要靠海运来完成。海事、海商案件日益增多，收案范围也不断扩大。5年全国共受理一审海事、海商案件4652件，平均每年上升36.7%，收案类型已达33种，诉讼当事人来自38个国家和地区，有些案件的双方当事人都是外国公民或者法人，也到我国海事法院诉讼。5年共审结4211件，其中1992年审结的1436件，结案诉讼标的金额12.38亿元。海事审判具有专业性强、涉外案件多、适用法律复杂的特点。各海事法院不断提高办案质量和效率，在国际上产生了良好的影响。为了便利诉讼，有的海事法院在辖域的重要港口城市设立了派出法庭。《中华人民共和国海商法》将于今年7月1日生效施行。各海事法院及其上诉审法院正在抓紧学习海商法，并积极做好施行的准备工作。海商法涉及许多国际公约、议定书、规则，施行海商法越来越要求司法的统一，因此，设立海事高级法院，统一受理二审海事、海商案件非常必要。我们正在就这个问题进行调查研究，待条件成熟时，提请全国人大常委会审议。

三、关于民事审判工作

民事权利是公民、法人的一项基本权利。随着经济的发展和法制的逐步完善，公民的法律意识不断增强，民事诉讼逐年上升。5年全国法院共受理一审民事案件8951833件，占全部收案总数的60%以上，1992年受理的1948786件，平均每年上升9.9%；共审结8936284件。民法通则和民事诉讼法以及著作权法等重要法律的施行，使民事审判工作不断向前发展。人民法院正确、及时地处理大量民事案件，依法保护公民、法人的民事权益，对维护社会安定，促进生产的发展和精神文明建设，起到了积极的作用。

（一）依法审理婚姻家庭案件和继承案件。婚姻家庭案件占全部民事案件的一半。近几年来，由于人们的婚姻家庭观念和财产关系的变化，离婚案件不仅数量增加，而且在离婚时解决财产分割、子女抚育、住房分配等问题的难度增大。5年全国法院共审结离婚案件3950011件，赡养和抚育案件329761件，继承案件107109件。

（二）积极审理债务、房地产、劳动纠纷等案件。随着改革开放的深入发展，民间经济往来日趋广泛，债务案件特别是借贷案件大幅度上升。5年全国法院共审结债务案件2610150件。审结房地产开发和其他房产案件263609件，劳动报酬、劳动争议案件80732件，促进了房地产和劳务市场的发展。

（三）依法审理著作权和名誉权等案件。5年全国法院共审结著作权、名誉权、名称权、姓名权、荣誉权等案件11317件。著作权是一项重要的知识产权，我国已加入伯尔尼公约等有关版权的国际公约，并与一些国家签订了保护著作权的双边协议，著作权的司法保护在我国越来越受到重视。

（四）妥善处理土地、山林、水利纠纷等案件。5年全国法院共审结这几类案件166234件。这些案件多发生在农村，涉及资源的合理使用，关系群众的生产生活，矛盾容易激化，引起群众性械斗。人民法院通过审理这些案件，及时化解矛盾，消除不安定因素，促进农业生产，维护农村社会稳定。

四、关于行政审判工作

行政审判工作的开展，是完善我国诉讼制度的重要标志，是社会主义法制建设的一件大事，也是社会主义民主政治建设的一个重要步骤。1989年行政诉讼法的颁布，使行政审判工作进入了一个新阶段，行政诉讼涉及的领域不断扩大，行政诉讼案件上升很快。5年全国法院共受理一审行政案件84305件，平均每年上升35.5%，案件涉及到30多个行政部门。共审结82129件，其中维持行政机关决定的占34.1%，撤销行政机关决定的占17.5%，变更行政机关决定的占3%，撤诉的占35.4%，作其他处理的占10%。此外，各级人民法院还办理了行政机关申请强制执行的案件131328件。

人民法院在行政审判工作中，既依法保护公民、法人和其他组织的合法权益，又维护和监督行政机关依法行使职权。5年中，主要抓了以下几个方面的工作：第一，通过对侵犯企业生产经营决策权、产品销售权、投资决策权等案件的审理，制止侵犯企业经营自主权的违法行政行为，促进国有企业特别是大中型企业经营机制的转换。第二，加强对土地、工商、税务、环保等案件的审理，制止乱设卡、乱罚款等违法行政行为，促进商品的生产和流通。第三，加强对治安、收容审查、劳动教养等案件的审理，依法保护公民的人身权利和其他合法权益。

5年来，人民法院的行政审判工作从无到有，开拓前进，初步打开了局面。但是，由于行政诉讼制度建立不久，有些公民和行政机关对行政审判的重要性认识不足，目前一些地方仍然存在公民、法人不敢告，行政机关不愿当被告的现象，人民法院也有畏难情绪。因此，进一步学习、宣传、贯彻行政诉讼法，仍然是今后一项十分重要的任务。我们要求各级人民法院要认真总结经验，敢于排除各种干扰，严格依法办案，以开创行政审判工作的新局面。

五、关于涉外和涉港澳、涉台案件的审判工作

各级人民法院十分重视涉外案件的审理，把它作为促进对外开放的一项重要工作来抓。5年全国法院共受理涉外案件6186件。人民法院审理民事和经济纠纷涉外案件，依照我国法律，并按照我国缔结或者参加的国际条约，参照国际惯例，运用冲突规范，解决好法律适用问题。坚持对中外当事人在适用法律上一律平等的原则，依法保护当事人的合法权益。在做好涉外案件审判工作的同时，我国法院积极开展同外国法院的司法协助活动。我国同13个国家签订了司法协助条约，其中同法国、波兰、蒙古、罗马尼亚签订的司法协助条约已生效执行，并于1991年3月加入了《关于向国外送达民事或商事司法文书和司法外文书公约》。截至1992年底，我国法院委托外国法院和接受外国法院委托代为送达司法文书共188件。

1987年以来，内地与港澳之间的交往不断增多。人民法院受理的涉港澳案件也随之增长，5年共受理涉港澳案件9264件。广东省法院与港澳法院建立了联系。人民法院审理涉港澳民事和经济纠纷案件，严格依照我国法律的规定进行；根据民法通则的规定，可以适用香港、澳门法律的，在不违背我国社会公共利益的前提下，予以适用。

为有利于大陆与台湾地区关系的发展，人民法院积极、妥善处理涉台案件。5年全国法院共受理这类案件1144件。1988年8月，最高人民法院依照法律，并充分考虑海峡两岸人民长期隔绝的历史事实，就审理婚姻、继承、房屋、债务等涉台民事案件如何适用法律问题作出了规定。1991年4月，最高人民法院又宣布，台湾居民在台湾地区的民事行为和依据台湾地区法规所取得的民事权利，如果不违反国家法律的基本原则，不损害社会公共利益，可以认可其事实效力。对台湾地区法院的民事判决，也将根据这一原则，分

别不同情况，具体解决认可其效力的问题。同时提出，根据法律的有关规定，高级人民法院经最高人民法院同意可与台湾有关法院通过适当途径，妥善解决相互委托代为送达诉讼文书、调查取证和执行等问题。我希望，今后海峡两岸有关法院能就相互委托代为一定诉讼行为的途径和方式等问题，进行接触商谈，达成具体协议，以利于保护两岸当事人的合法权益。

六、关于审判监督和业务指导

各级人民法院为了保证办案质量，提高司法水平，加强了审判监督工作。5 年全国法院共接待人民来访 1476 万人次，处理群众来信 1058 万件次，其中，申诉 437 万件人次。为了使申诉工作规范化，最高人民法院先后制定了处理刑事案件申诉和处理民事、经济纠纷案件申诉的规定。各级人民法院坚持“实事求是，有错必纠”的原则，对当事人提出的申诉和申请再审，认真审查处理，并对已生效的判决主动进行检查，发现原判确有错误的，依照审判监督程序予以纠正。5 年来，全国法院还审理了检察机关按照审判监督程序提起抗诉的刑事、民事、经济案件 981 件，按照二审程序提起抗诉的刑事案件 10939 件，共计 11920 件。其中，抗诉有理，原判确有错误，依法改判的 4312 件；抗诉理由不能成立，原判正确，予以维持的 4926 件；检察机关撤回抗诉的 1298 件；作其他处理的 1384 件。

5 年来，上级人民法院进一步加强了对下级人民法院审判工作的指导。全国人大及其常委会陆续制定了民法通则、行政诉讼法、民事诉讼法等一系列重要法律和刑法的一些补充规定。为了在审判工作中正确实施这些法律，最高人民法院在深入调查研究、总结审判经验的基础上，针对审判工作中遇到的新情况、新问题，就如何具体适用法律的问题，作出了有关刑事、民事、经济、行政、海事等方面的司法解释 318 件。例如，关于贯彻执行民法通则若干问题的意见、关于适用民事诉讼法若干问题的意见、关于贯彻执行行政诉讼法若干问题的意见，还会同最高人民检察院作出了关于执行惩治贪污罪贿赂罪的补充规定若干问题的解答，等等，并通过《中华人民共和国最高人民法院公报》和其他新闻媒介向社会公布。这些司法解释，对审判工作的顺利开展起了重要的作用，并为立法工作提供了一些可资借鉴的经验。在作出新的司法解释的同时，对过去的司法解释进行清理，其中不适应改革开放和法制建设发展需要的，陆续加以修改或者废止。

七、关于法院的自身改革和建设

法院的自身改革和建设是人民法院做好审判工作的重要保证，也是我国社会主义民主和法制建设的一个重要组成部分。5 年来，各级人民法院的自身改革和建设，取得了新的进展。

（一）完善法院体制，改进审判方式。一是根据进一步扩大开放和经济建设的需要，增设了厦门、海口、宁波 3 个海事法院，使海事法院由原来的 6 个增加到 9 个；在大连、烟台、青岛、广州、天津等地的经济技术开发区和保税区试设了法院或者派出法庭。二是健全审判机构，各级人民法院普遍设立了行政审判庭、执行庭，一些法院设立了房地产审判庭、涉外经济审判庭、少年法庭。三是依法加强调解工作，许多法院借鉴深圳市中级人民法院的经验，成立了“经济纠纷调解中心”，结案快，执行快，效果好。四是改进公开审判的方式。审理民事、经济纠纷案件，强调当事人的举证责任，强调庭审的调查、辩论和质证，以保护当事人的诉讼权利，提高办案的质量和效率。有些法院试行立案和审理分开的制度，强化法院内部的制约机制，以有利于解决“告状难”的问题。

（二）加强法院队伍建设。5 年来，法院的队伍建设有了很大发展，素质有了明显提高。为了提高法院队伍的政治素质，各级人民法院加强了马列主义毛泽东思想和党的基本路线的学习，去年初以来，又着重学习了邓小平同志视察南方的重要谈话和党的十四大精神，进一步用邓小平同志建设有中国特色社会主义的理论武装头脑。各级人民法院坚持从严治院，健全廉政制度，强化监督机制，坚决抵制和纠正不正之风，开展每年一度的执法执纪大检查，大力表彰好人好事，严肃查处违法乱纪行为。5年来，在全国范围内表彰先进集体135个，先进个人105人，其中全国劳模32人；在省级范围内表彰先进集体936个，先进个人5029人。开除违法违纪干警138人（内有审判人员32人），受刑事处分干警157人（内有审判人员44人）。

为了提高法院干部的业务素质，继创办全国法院干部业余法律大学之后，最高人民法院和国家教委联合成立了中国高级法官培训中心，实行了《法律（审判）专业证书》教育制度，有计划地开展了岗位培训、岗前培训。5年来共培养高级法官800余人，大专以上毕业生7万余人，还有4万余人在校学习。全国法院审判人员中，具有大专以上文化水平的，已由1987年的17.1%上升到66.6%。最高人民法院和新疆、西藏、宁夏、内蒙等地法院举办了少数民族审判干部大专班或者短期培训班。全国有20个高级人民法院成立了法官培训中心。全国法院系统多形式、多层次的干部教育培训网络已初步形成。目前，我们正在积极筹建国家法官学院。

为了建立具有中国特色的社会主义法官制度，从1987年起，我们就着手研究起草法官条例，并于1991年开始在上海、哈尔滨两市部分法院进行试点，积累经验。法官条例（草案）不久将提请全国人大常委会审议。

以上提到的问题，有些涉及人民法院组织法的修改。我们正在总结改革开放以来在法院组织、制度建设方面的新鲜经验，提出修改意见，尽快报请全国人大常委会审议。

（三）加强人民法庭和审判法庭建设。人民法庭是基层人民法院的派出机构，绝大部分设在农村，处在法院工作第一线，承担着全国80%左右民事案件、部分经济纠纷案件和刑事自诉案件的审判任务，还要处理简易纠纷、指导人民调解组织、宣传法制、参与社会治安综合治理。因此，加强人民法庭工作，是搞好法院工作的基础。5年来，各级人民法院面向基层、服务基层，从组织上、业务上和思想作风上大力加强人民法庭建设。到1992年底，全国共有人民法庭18000多个，比1987年增加近3000个，配备法庭干部7万余人。为了使人民法庭的工作和建设进一步制度化，最高人民法院正在起草《人民法庭组织条例（草案）》，不久将提请全国人大常委会审议。

5年来，在各级党委、人大和政府的支持下，全国法院的审判法庭有75%已经建成或者正在建设，人民法庭的办公用房有61%已经建成或者正在建设。但总的来说，人民法院的设施和装备还比较落后，经费紧缺，执法条件有待进一步改善。现在全国还有830个人民法院没有审判法庭，6800多个人民法庭没有办公用房，亟待解决。军事、海事、铁路运输等专门法院的审判法庭也需要抓紧建设。我们希望在"八五"期间，审判法庭和人民法庭办公用房能全部建成，经费紧缺、装备落后的问题也能得到适当解决。

各位代表：在七届人大期间，全国法院共受理各类一审、二审和再审案件1556万余件，审结1555万余件，平均每年分别上升6.8%和6.4%。其中，1992年受理336万件，审结337万件（含旧存）。人民法院的审判工作与改革开放和现代化建设同步发展，取得了很大成绩。同时，人民法院的工作还存在不少缺点，一是有些干警的思想还跟不上改革开放和经济建设发展的新形势，需要进一步解放思想、转变观念；二是对新情况、新问题缺乏深入的调查研究，工作指导不够及时、有力；三是有的案件办案质量不高，甚至办错案，有的办"关系案"、"人情案"；四是有的案件办得拖拉，处理不及时，有的案件该受理没有受理，群众反映“告状难”；五是少数干警缺乏为人民服务的思想，作风简单、粗暴，甚至违法乱纪。对这些缺点，我们要在今后的工作中认真克服。

八、关于今后人民法院的工作任务

今后5年是实现我国现代化建设第二步战略目标的关键时期，党的十四大又明确确定了建立社会主义市场经济体制的改革目标，这给人民法院的工作提出了新的更高的要求。随着改革开放和经济建设步伐的加快，以宪法为核心的适应社会主义市场经济发展的法律体系的建立，越来越多的社会关系需要运用法律手段来调节，人民法院的审判任务将更加繁重。今后一个时期，人民法院的主要任务是：认真贯彻党的十四大精神，坚定不移地执行党的“一个中心，两个基本点”的基本路线，坚持用邓小平同志建设有中国特色社会主义的理论指导工作，进一步解放思想，实事求是，继续全面加强刑事、民事、经济、行政、海事审判工作，深入开展严厉打击严重刑事犯罪和严重经济犯罪的斗争，充分运用法律手段调节经济关系，切实保护公民、法人的合法权益，维护和监督行政机关依法行政，为维护国家安全和社会稳定，为社会主义市场经济体制的建立，为加快改革开放和现代化建设，提供有力的法律保障和法律服务。

为了完成宪法和法律赋予人民法院的审判任务，总结过去5年的经验，各级人民法院在今后的工作中，要做到5个坚持：一是必须坚持审判工作为经济建设服务的指导思想。通过审判活动，促进社会主义市场经济体制的建立和完善，依法保护有利于解放和发展生产力的行为，限制不利于解放和发展生产力的行为，制裁那些破坏解放和发展生产力的行为。二是必须坚持“两手抓，两手都要硬”的方针。几年来，社会治安综合治理取得了成绩，但是，一些地方治安状况仍然不好，严重刑事犯罪案件继续上升，有的地方犯罪活动猖獗。因此，人民法院必须充分认识同刑事犯罪作斗争的长期性和复杂性，进一步强化人民民主专政的职能作用，继续坚决打击各种严重危害社会治安的犯罪活动，扫除社会丑恶现象；坚决严惩严重经济犯罪分子，深入开展反腐败斗争，为加快改革开放和现代化建设进一步创造良好的社会环境。三是必须坚持切实保护公民和法人的合法权益的原则。要依法制裁侵犯公民的民主权利和人身权利，侵犯公民、法人的财产权利的违法行为，以维护社会主义民主和法制，调动和保护广大群众参加现代化建设的积极性。四是必须坚持严肃执法。坚持在党的领导和人大的监督下依法独立进行审判，不断改进公开审判方式，坚决反对和抵制“以言代法”、“以权压法”。社会主义市场经济需要有完备的法制来规范和保障，从这个意义上说，社会主义市场经济就是法制经济。人民法院要坚决抵制和克服地方保护主义和部门保护主义，维护法律的尊严和国家法制的统一。五是必须坚持法院的自身改革和建设。增强改革意识，更新观念，认真总结我国改革开放以来的司法实践经验，加强对新情况、新问题的调查研究，大胆借鉴外国司法制度的有益经验，进一步发展和完善有中国特色的社会主义审判制度。

各位代表：各级人民法院将在邓小平同志建设有中国特色社会主义理论和党的十四大精神的指引下，在以江泽民同志为核心的党中央的领导下，振奋精神，努力奋斗，充分发挥审判职能作用，为加快改革开放和现代化建设作出新的贡献！

北京市高级人民法院工作报告

——1993年2月1日在北京市第十届人民代表大会第一次会议上

北京市高级人民法院院长　刘云峰

各位代表:

现在，我就1992年本市法院的主要工作和对1993年工作的建议，报告如下:

一、1992年的主要工作

1992年，全市各级法院在市委的领导下，在市人大及其常委会的监督和最高人民法院的指导下，遵照宪法、法律和上届市人民代表大会第五次会议关于人民法院工作报告的决议，坚决贯彻执行党的路线和方针政策，严格依法办事，积极开展了各项审判工作，全年共审结刑事、民事、经济和行政一审、二审与再审案件53946件，比1991年上升8.68%，有力地打击了犯罪分子的破坏活动，较好地解决了大量民事、经济纠纷和行政争议，在保护国家、集体利益和公民合法权益，维护社会稳定，保障经济建设和改革开放顺利进行方面发挥了应有的作用。1992年的主要工作是:

(一)认真抓好思想教育，不断提高认识，使审判人员的思想紧紧跟上迅速发展的形势，以适应完成任务的需要

1992年，随着邓小平同志视察南方重要谈话精神的贯彻，改革开放和经济建设步伐的加快，对审判工作提出了新的、更高的要求。在形势迅速发展的情况下，审判人员的思想观念如果不及时改变，跟上形势，那就不可能使所做的工作完全符合国家和人民的需要。所以，我们的一项重要工作，就是采取多种方式对审判人员进行思想教育，以帮助他们提高认识，转变观念。去年年初，我们就召开了全市法院院长会议，贯彻全国高级法院院长会议精神，要求全市各级法院审判人员认真学习马列主义，学习党的基本路线和方针政策，克服脱离形势、全局和党的中心任务而就案办案、孤立办案的现象，严格执法，努力做好各项审判工作，自觉地为经济建设和改革开放服务。为保障改革开放和经济建设的顺利进行，我们于去年3月23日至26日召开了审判经济犯罪案件工作会议，总结交流经验，并联系实际讨论了17个案例，在统一思想的基础上，要求全市各级法院正确划清经济领域中罪与非罪、此罪与彼罪的界限，对严重破坏改革开放和经济建设的犯罪分子，特别是对重大的贪污犯、受贿犯，坚决依法从严惩处。为进一步贯彻邓小平同志视察南方重要谈话精神，真正做到“两手硬”，使审判工作在为改革开放和经济建设服务中发挥更大的作用，我们组织力量深入基层进行调查研究，帮助总结工作，并在做好准备的基础上，于7月27日至29日再次召开全市法院院长会议，由9位区、县法院院长介绍经验，推动了邓小平同志视察南方重要谈话和中央政治局全体会议精神在审判工作中的进一步贯彻。为落实中央关于加强政法工作，更好地为改革开放和经济建设服务的指示精神，我们于10月6日至8日召开第三次全市法院院长会议，学习文件，联系实际，对“转变观念”，“坚持党的基本路线一百年不动摇”，“要警惕右、但主要是防

止'左'"，三个"有利于"和严格执法，搞好审判工作与主动提供服务，解放思想与实事求是等问题进行了深入的讨论，在思想认识提高的基础上，要求全市各级法院坚决贯彻落实中央指示，以党的基本路线为指导，努力把审判工作做好。党的十四大会议后，我们又及时组织审判人员学习江泽民同志在党的第十四次全国代表大会上作的报告，要求全市各级法院以建设有中国特色的社会主义理论为指导，在审判工作中自觉贯彻党的十四大精神，更好地为改革开放和经济建设服务。一年来，抓住思想教育不放，使审判人员的思想紧紧跟上发展的形势，为我们做好各项审判工作，较好地完成任务，提供了必要的条件。

（二）切实做好审判工作，充分发挥人民法院的职能作用，有效地为改革开放和经济建设服务

1992年，全市各级法院的审判任务十分繁重。全年新收一审案件45706件，比上年增加4167件，上升10.03%。在收案多、任务重、要求高的情况下，全市各级人民法院和北京铁路运输两级法院深挖潜力，调动一切积极因素，努力工作，以保证各项审判任务的完成。主要工作是：

第一，运用法律武器，惩办各种犯罪分子的破坏活动

总的来讲，首都的社会治安状况是比较好的，但是，犯罪分子的破坏活动仍然比较严重。一年来，我们在惩办犯罪方面，主要做了以下工作：

1. 继续贯彻从重从快的方针，严惩严重危害社会治安的刑事罪犯。全年共审结严重危害社会治安的刑事案件2765件，判处罪犯4583名，其中有故意杀人犯142名，抢劫犯778名，强奸犯575名，其他罪犯3088名，判处五年以上有期徒刑、无期徒刑、死刑（含死缓）的2592名，占同类罪犯的56.75%。例如，铁路工人张志斌因无故旷工15天被扣发工资46.8元，便怀恨在心，于去年6月17日上午，用刀向工段总务室主任赵××及制止其行凶的保卫股干事王××、职工李××猛刺，致3人死亡。对这样一件在企业改革过程中不服从管理，报复杀害企业职工的恶性案件，北京铁路运输中级法院和市高级人民法院抓紧进行工作，在严格依法办事、保证质量的前提下，一、二审仅用了14天时间就对被告人作出了判处死刑、剥夺政治权利终身的判决，从发案到执行死刑，只有24天。北京铁路运输中级法院在太原铁路分局召开宣判大会，分局职工、家属及当地群众3000余人旁听，坚决拥护人民法院依法从重从快惩处罪大恶极的杀人犯。

2. 继续贯彻一要坚决、二要慎重、务必搞准的方针，严惩严重破坏经济的犯罪分子，特别是其中的贪污犯、受贿犯。全年共判处贪污、贿赂、挪用公款等破坏经济的罪犯923名，其中有贪污犯295名（贪污金额860.88万元），挪用公款犯37名（挪用金额193.28万元），受贿犯134名（受贿金额151.92万元），诈骗公共财物犯269名（骗取财物达1865.23万元），投机倒把犯88名（所得金额2887.72万元），偷、抗税犯9名（偷、抗税金额41万元），走私、伪造国家货币、伪造有价证券等罪犯91名（所得金额175.13万元）；判处五年以上有期徒刑、无期徒刑和死刑（含死缓）的498名，占同类罪犯总数的53.55%。在审判工作中，我们既注意从重打击严重破坏经济的犯罪分子，又注意严格区分罪与非罪的界限，切实保障公民的合法权益和正当经营，并下力量抓好对大案要案的审判，扩大打击经济犯罪斗争的声势和影响，鼓舞群众惩腐肃贪的斗志和信心。去年1月23日，我们召开大会，宣告了北京市第五建筑工程股份有限公司原经理李文华（贪污65万余元）、中国华阳技术贸易总公司贸易部贸易处原项目经理刘淑兰（受贿60万余元、贪污6万余元）、北京清河牛皮癣专科医院原院长助理、采购员庞顺财（贪污73万余元）等9名罪犯的犯罪事实和一审判决结果。这是

继1991年7月对管志诚等严重经济罪犯公开宣判后，对严重经济罪犯的又一次集中打击，体现了党和国家反腐倡廉的决心。各区、县、局、总公司、高等院校的有关负责同志600余人到会旁听。对过去一贯表现较好或在生产经营、企业管理中不可缺少的管理人员或者科技人员，因贪污或受贿行为确实构成犯罪，但罪行较轻，认罪态度又好的，我们依法予以从宽处理，判处缓刑或免刑，让他们在岗位上发挥专长，以功补过。例如，北京某厂的总会计师兼联营公司副总经理，利用职务之便5次收受贿赂7000余元，被逮捕后，该厂财务工作出现严重混乱，造成一定的经济损失。受理该案的法院考虑到被告人系生产业务骨干，犯罪情节不太严重，又积极退赃，认罪态度较好，为避免该厂继续遭受经济损失，仅用8天时间就审结了此案，以受贿罪判处被告人有期徒刑二年，缓刑三年。

3.积极配合反盗窃专项斗争，严惩严重的盗窃犯。在刑事罪犯中，数量最大的是盗窃犯。去年共审结盗窃案件2766件，判处罪犯4311名，其中盗窃公共财物的1872名，所盗财物金额达996.16万元；根据犯罪的事实、情节和对于社会的危害程度，对上述罪犯判处五年以上有期徒刑、无期徒刑和死刑（含死缓）的1445名，占盗窃犯总数的33.52%。去年2月至4月，市中级人民法院和北京铁路运输两级法院在犯罪地或被盗单位连续召开多场宣判大会，旁听群众2万余人，判处盗窃罪犯40名。9月，市中级人民法院再次召开大会，公开宣告了对10名重大盗窃罪犯的一审判决。这些罪犯长期流窜于本市和河北省等地，大肆进行盗窃活动，盗窃物品价值高达140万余元。如罪犯代立波、王森、姚孟君，曾被劳动教养，但不思悔改，又纠集一起进行盗窃犯罪活动，单独或结伙盗窃“面包”车、卡车、摩托车共27辆，总价值61.8万元，罪大恶极，我们依法判处3犯死刑，给了盗窃犯以有力的打击。

在刑事审判工作中，我们对制造、销售假冒伪劣商品牟取暴利、伪造国家货币或有价证券、进行“六害”活动等，行为已经构成犯罪的分子，也给予了从严惩处。在严惩严重刑事罪犯的同时，对行为不构成犯罪的，坚持不以犯罪论处；行为已构成犯罪，但罪行较轻，或者罪行虽重，但有从轻、减轻或免予处罚情节的，我们坚持依法予以从宽处理。全年判处的公诉刑事案件被告人9201名，其中宣告无罪的16名，占公诉被告人总数的0.17%；在有罪的9185名罪犯中，免予刑事处分的116名，判处拘役、缓刑、管制的1675名，两项合计占刑事罪犯总数的五分之一。

一年来，全市各级人民法院和北京铁路运输两级法院坚决贯彻“严打”精神，坚持执行惩办与宽大相结合的政策，严格依法办事，给了犯罪分子的破坏活动以沉重的打击，对保护国家的利益和公民、法人的合法权益，维护首都社会治安、社会秩序和铁路运输秩序，保障改革开放和经济建设的顺利进行，起了积极的作用。

第二，运用法律手段，正确、及时解决各种经济纠纷

经济纠纷案件大幅度上升，全年新收一审案件5561件，比上年上升27.63%，主要特点是：(1)诉讼标的金额大。诉讼标的百万元以上的大案要案新收185件，诉讼标的金额比上年增长2.5倍。(2)新类型案件多。随着市场经济体制的逐步建立，发生了许多新的经济纠纷，如产品专卖权纠纷、提单侵权纠纷、实现抵押权纠纷、广告合同纠纷、破产纠纷等等。

在案件数量增加、新类型案件增多、审理难度增大的情况下，全市各级法院积极努力，共审结各类一审经济纠纷案件5669件，比上年上升20.49%，其中有各种合同纠纷4430件，涉外、涉港澳台纠纷17件，共解决诉讼标的金额7.55亿元。在审判工作中，全市各级法院都自觉地把严格依法办事和有效地为改革开放、经济建设服务统一起来，努

力把案件办好，取得了较好的政治、经济和社会效果。比如，去年3月4日，市高级人民法院对一件专利确权纠纷案作出的终审判决，撤销了国家专利复审委员会所作的香港美艺厂“惰钳式门”发明专利权无效的决定。判决宣告后，新闻媒介竞相报道，社会上反响很大，认为合法的发明专利权在我国能受到法律的有效保护。

为了更好地为改革开放和经济建设服务，对重大或影响大的案件，我们采取措施，抓紧审理。在去年审结的5669件经济纠纷案件中，在民事诉讼法规定的审限内结案的占89.17%。有的案件，我们急当事人之所急，在几天内就使主要问题得到解决。例如，中国石化总公司广州石油化工总厂诉北京国际银燕技术信息有限公司加工合同纠纷案，诉讼标的金额达2.7亿元。市中级人民法院收案后，在掌握了基本事实的情况下，审判人员立即与银行联系，仅用了6天时间就将被告已经汇出的款项扣住，并依法先予执行，追回了全部汇款，从而防止了重大的经济损失。

我们在依法办案的同时，还积极拓宽领域，多方面为改革开放和经济发展服务。为使一些简易经济纠纷得到及时、有效的解决，不少法院开展了经济纠纷的诉外调解工作，深受企业、单位的欢迎。以东城、宣武、丰台、海淀、石景山5个区人民法院为例，他们开展经济纠纷诉外调解以来，已为企业解决争议标的金额1070万余元（已执行）。

一年来，全市各级法院秉公执法，运用法律手段使大量经济纠纷得到了正确、及时的解决，对改革开放和经济建设的顺利进行，起了一定的保障和促进作用。

第三，做好民事审判工作，保护公民、法人的合法权益，促进首都两个文明建设

去年新收一审民事案件32133件，比上年上升8.37%。在各类民事案件中，有婚姻、家庭纠纷案件19747件，占民事案件总数的61.45%。由于社会主义商品经济不断发展，市场的形成，借贷、买卖、劳动报酬等与经济活动密切相关的债务纠纷大量增加，比上年上升了20.59%；侵害名誉权案件内容日趋复杂，著作权纠纷案件成倍增长。在案件增长、人员不足的情况下，全市各级人民法院经努力工作，一审共审结各类民事案件32040件，其中有离婚案件16776件，债务纠纷5304件，赔偿纠纷3567件，房屋纠纷1815件，人身权纠纷56件，知识产权纠纷24件。在民事审判工作中，全市各级人民法院紧紧把握为经济建设和改革开放服务的宗旨，着重注意审理好以下几方面的案件：一是带有不安定因素的案件；二是涉外、涉港澳台与经济交往有关的赔偿、债务案件；三是贯彻党的十三届八中全会精神，与农业生产和农村工作上新台阶有关的案件；四是涉及城市建设和农村规划的排除妨碍、拆迁案件；五是同贯彻妇女权益保障法和未成年人保护法有关，应切实保护妇女、儿童和老人的合法权益的案件。例如，密云县太师屯镇政府为积极扶持农民发展畜牧养殖业，自1988年开始，由镇政府畜牧管理站为当地农民养鸡提供“五统一”（即统一进雏鸡、购饲料、防疫、售成鸡、指导）的“一条龙”服务，使该镇农民养殖业迅速发展，取得了明显的经济效益，全镇人均收入由1982年的140元增至1991年的950元，进入了全县亿元镇行列，多数养鸡户也走上了致富的道路。但是，自1991年下半年起，由于市场销售和畜牧管理站管理工作不适应等原因，部分养鸡户未能按期出售成鸡，造成了程度不同的亏损。在此情况下，有的养殖户拒绝按时偿还贷款。据统计，拒绝偿还货款的共286户，金额为180万元。畜牧管理站收不回贷款，工作陷入困境，并在一定程度上影响了该镇的经济发展和社会秩序的稳定。畜牧管理站向法院起诉，要求解决矛盾，维护其合法权益。密云县人民法院对此案十分重视，院、庭领导多次深入乡镇召开座谈会，了解情况，研究处理原则，制定解决矛盾的具体方案。审判人员进驻该镇，就地办案，早出晚归，深

入田间、地头和农户家中宣传党的政策和国家的法律；与镇政府共同召开养殖户偿还欠款动员大会；选择典型案件公开审理，闭庭后就案讲法，以教育、督促养鸡户自觉偿还欠款。他们针对不同情况，用判决、调解、发支付令和积极开展诉讼外调解等多种方式，使纠纷得到了较好的解决，赢得了多数养殖户和当地党委、政府的高度评价和赞赏。

第四，积极开展行政审判工作，保护公民、法人的合法权益，维护和监督行政机关依法行政

去年新收一审行政案件222件，比上年上升30.59%，其中公安行政管理42件，工商行政管理9件，土地行政管理107件，城建管理22件，文化、卫生、民政以及其他行政管理42件。一审已审结204件，根据查明的事实和有关的法律，原告申请撤诉，准予撤诉的109件，占53.43%；判决维持具体行政行为的59件，判决撤销具体行政行为的21件，部分维持部分撤销的6件，判决行政机关履行法律职责的2件，作其他处理的7件。有的法院为避免发生行政争议，影响重点工程进展，便提前介入，主动提供服务。例如，崇文区人民法院了解到市重点建设项目南厢工程涉及到大面积的拆迁，如果工作不当，就可能影响整个工程的顺利进行，于是，他们就主动与行政机关配合，提供法律服务，使1170多户居民、205个单位和19个个体户的拆迁安置工作如期完成，保证了工程按时竣工，受到了有关部门的表彰。

为提高案件质量，市高级人民法院在调查研究的基础上，制定下发了《人民法院审理第一审行政案件庭审程序》、《关于统一行政案件案由的意见》等9个规定，以指导全市各级法院认真贯彻执行行政诉讼法。为提高案件质量，市高级人民法院对1991年3月至1992年2月审结的164件一审行政案件进行了检查，总结经验。去年11月13日，召开了全市第二次行政审判工作会议，交流经验，找出差距，提出了进一步做好行政审判工作的奋斗目标。

第五，大力加强执行工作，“执行难”的问题有了进一步的解决

全年新收执行案件14467件，已办结15195件，执行总金额达4.5亿元。

1990年以前的几年，执行案件以每年10—30%的幅度递增。近两年来，全市各级法院认真抓了解决“执行难”的问题，在提高对执行工作重要性和艰巨性的认识的同时，抽调一批年富力强的干部充实了执行队伍，建立、健全了规章制度，在党委、政府和人大的支持下，大力开展了执行工作，使“执行难”的问题在1991年取得突破性进展的基础上，去年又得到了进一步的解决，执行工作已开始步入良性循环的轨道。到去年底，执行未结案为2745件，比上年又下降了20.96%。

为了提高执行工作的质量，市高级人民法院在1991年下发试行《执行工作细则》之后，去年又下发了《执行工作若干问题的意见》，使执行工作更加规范化、制度化；对基层法院提出的56件长期未能执行的疑难案件，采取三级法院执行庭、经济庭、民庭领导“会诊”的方法，逐案听取汇报，分析研究，提出解决意见，使问题基本得到了解决。

全市各级法院还按照最高人民法院关于集中清理委托执行案件的“3·19”电话会议的精神，认真办理外省市委托执行的案件821件，执行标的金额7444万余元。此外，还办结了行政机关申请执行的非诉讼案件186件，支持了行政机关依法行使行政职权。

去年11月9日至11日，在充分准备的基础上，我们召开了第二次全市法院执行工作会议，总结交流经验，提出了新的要求，巩固了已取得的成果，推动了执行工作的进一步开展。

第六，加强审判监督，维护正确的裁判，纠正错误，促进办案质量的不断提高

一年来，当事人不服生效裁判而提出申诉的共5039件。经审查，因原裁判不当，部

分或全部改判的173件，占申诉案件总数的3.43%。在改判的1992年前审结的67件刑事案件中，共有被告人80名，其中减轻处罚的38名，免予处罚的2名，宣告无罪的18名，作其他处理的22名。对长期申诉的老案，我们要求全市各级法院组织专人进行复查，逐件研究解决。为解决在新疆服刑犯长期申诉的问题，我们组织三级法院的干部深入到劳改场所与申诉人见面，听取申诉人的陈述，逐一核对事实，进行审查研究，并提讯了6人，为再审开庭做了必要的准备。对原裁判并无不当，申诉没有理由的25人，用摆事实、讲道理的方法进行教育，其中13人表示服判，撤回了申诉；9人表示要认真考虑法院的意见，接受改造；只有3人仍不认罪。当地劳改机关认为这是法院对劳改工作最实在、最具体的支持，有利于对罪犯的改造。

第七，结合审判活动，积极参与社会治安的综合治理

我们还通过办好未成年人刑事案件，结合审判活动进行法制宣传和提司法建议等方式，积极参与社会治安的综合治理。为教育、感化、挽救未成年罪犯，我们坚决贯彻执行未成年人保护法和市人大常委会制定的未成年人保护条例，建立了“少年法庭”36个，配备审判人员81名，基本做到了未成年人犯罪案件都由“少年法庭”采取寓教于审、惩教结合的方式进行审判。去年9月，全国人大内务司法委员会和市人大常委会联合对本市法院贯彻未成年人保护法的工作进行了检查，并对石景山区和海淀区人民法院“少年法庭”的工作进行了视察，参观了“少年法庭”成果展览和法庭设施，听取了本院的汇报，对我们的工作表示满意，认为“工作细致，经验较好”。

在审判工作中，我们注意针对有关单位存在的问题，管理及防范工作中的漏洞，及时提出司法建议。1992年，全市各级法院向有关单位和部门共提出司法建议610件，绝大多数建议被有关单位接受采纳，收到了较好的社会效果。例如，在审理盖京龙贪污一案中，发现盖犯利用电脑程序不完善贪污公款，而盖所在银行又缺乏有效的制约措施，我们即向中国银行北京分行提出了加强管理的建议。中国银行北京分行对我们的建议十分重视，组织专业人员成立核查小组，在完善本系统微机管理方面制定了5项措施，改进了工作，堵塞了漏洞。

1992年，全市各级法院实行公开审理的刑事、民事、经济、行政案件共36384件，占应公开审理案件总数的99.93%。例如，“卫益行”重大经济犯罪案在金融系统影响较大，市中级人民法院选择其中一起受贿案在大法庭进行公开审理，全市金融界300余人参加了旁听。各级法院结合审判，适时地选择一些发案多或社会治安问题突出的地区、企业、机关，就地召开群众大会，公布罪犯的犯罪事实和判决结果，并结合判处的案件，就案讲法，教育群众。1992年共召开宣判大会143场，旁听群众达15万多人。

全市共有人民法庭79个，办结轻微刑事案件、民事案件和简易经济纠纷案件16820件；他们还宣传法制、指导民间调解，及时解决矛盾，在社会治安综合治理方面发挥了很好的作用。

（三）加紧法院的自身建设，不断提高干警的政治业务素质，以保证审判任务的完成

去年3月，我们召开了全市法院思想政治工作会议，传达贯彻中央、市委和最高人民法院召开的有关思想政治工作的会议精神，提出了思想政治工作的任务，要求狠抓落实。一年来，我们的主要工作是：

第一，组织全体干警认真学习邓小平同志视察南方的重要谈话、中央关于加强政法工作更好地为改革开放和经济建设服务的指示和党的十四大文件，提高思想认识

一年来，我们以上述文件作为全市法院干警队伍思想理论教育的主要内容，在学习原文、领会精神的基础上，理论联系实际，更新观念，努力在各项工作中认真贯彻。全市

各级法院领导带头学、带头讲，用举办处级干部、青年干部理论培训班，组织报告会、学习体会汇报会等多种形式，提高干部的认识。据统计，全市有234人次的处级干部、71名青年干部参加了脱产集中的理论培训或赴党校学习。通过学习，绝大多数干警进一步树立了审判工作为改革开放和经济建设服务的思想，增强了贯彻执行党的基本路线的坚定性和自觉性。

第二，努力办好法律业大分校，不断提高审判人员的业务文化水平

几年来，我们努力把全国法院干部业余法律大学北京分校办好，培养了一批干部。现在，在我们的干部队伍中，具有大专以上学历的已占50.72%，市高、中级人民法院已占72.49%。去年北京市成人教育局、全国法院干部业余法律大学总校对北京分校的工作进行了全面检查，对分校的办学条件、办学水平、办学效益等给予了充分肯定和很高的评价，一致认为北京分校的办学水平达到了A级标准。

第三，严格管理，进一步调动干警的积极性

我们坚持实行干部目标管理责任制，把竞争机制引入干部管理，调动了干警的工作积极性。比如，市高、中级人民法院自1984年以来逐步实行并完善了目标岗位责任制，去年又把对审判人员的职级晋升与前3年的目标岗位责任制考核结合起来，结果，有200多名表现突出的审判人员晋升了职级，有些同志虽然任职年限较长，但因目标管理责任制考核不合格而未能晋升；相反，有25人虽然任职年限不够，但由于表现突出，被破格晋升，打破了职级晋升靠“熬年头”、“吃大锅饭”的现象。

第四，继续加强廉政建设，严肃执法，秉公办案

全市各级法院继续以解决“说情风”、纠正不正之风为重点，认真抓廉政建设。各级法院针对存在的问题，加强了监督制约机制。有的法院在建立内部廉政监督员制度、加强内部监督机制的同时，聘请人大代表及社会各界人士担任法院特邀廉政监督员；有的法院领导带队深入有关单位和街道、乡镇，听取对法院廉政工作的意见；有的法院向败诉方当事人发信征求意见。此外，我们还查处违法违纪人员14名，其中受党纪、政纪处分的6名，限期调离法院的3名，被判处有期徒刑的1名，正在查处的4名。对判处有期徒刑的，我们在全市法院系统召开大会进行公开宣判，以教育干警。

由于抓了以上几项工作，广大干警的政治、业务素质有了进一步提高，对党和国家交给的审判任务的完成，起了保证的作用。

各位代表：

以上是1992年全市各级人民法院的主要工作。在本市第九届人民代表大会的任期内，由于市委的正确领导，党的路线和方针政策的正确指导，最高人民法院和市人大及其常委会的监督，市政府和各有关方面的支持，全市各级法院比较好地完成了任务。5年来，我们坚持了“严打”斗争，严惩了破坏经济的罪犯，为治理整顿、清理“二角债”做了大量工作，共审结刑事、民事、经济和行政一审、二审与再审案件234595件，办结执行案件59157件，处理来信90674件，接待来访48万多人次，有力地打击了犯罪分子的破坏活动，正确地解决了大量的矛盾，在保护国家利益和公民、法人合法权益，维护首都社会稳定，保障和促进改革开放和经济建设的顺利进行等方面发挥了积极的作用。在完成审判任务的同时，全市各级法院的审判队伍日益壮大，政治、业务素质有了较大的提高，装备逐步完善，市高、中级人民法院以及大部分区、县人民法院的办公用房已基本解决，各方面都取得了明显的成绩。对人大常委会和市人民代表5年来对法院工作的配合、理解与支持，我深表感谢！

我们的工作也有不少缺点与不足。由于种种原因，有一些案件审结不够及时，有的

超过了审限；有极少数案件，工作不够细，质量不够高；干部的政治和业务素质，还不能完全适应迅速发展的形势的需要。这些问题和不足，应当在今后的工作中逐步解决。

二、对 1993 年工作的建议

根据党的十四大精神以及第十六次全国法院工作会议提出的要求，结合本市的实际，对 1993 年本市法院的工作，提出以下建议：

在新的一年里，全市各级法院的主要任务是：在市委的领导下，在市人民代表大会及其常委会的监督下，以党的基本路线为指导；认真贯彻党的十四大会议精神，全面做好各项审判工作，充分发挥审判工作的职能作用，更好地为经济建设和改革开放服务。主要应做好以下几项工作：

（一）继续执行依法从重从快的方针，惩办严重危害社会治安的犯罪分子，依法从严惩处贪污、受贿等严重破坏经济的犯罪分子，以及假冒商标、制售伪劣商品和"六害"等严重危害社会的犯罪分子。

（二）努力做好经济审判工作。在正确、及时办好各类案件的前提下，认真总结为经济建设和改革开放服务的经验，进一步解放思想，增强服务意识，拓展服务领域，更好地为经济建设和改革开放服务。

（三）积极开展民事审判工作。要认真处理好各种民事案件。要进一步加强人民法庭建设，充分发挥人民法庭的作用，为农业和农村工作上新台阶服务。要总结经验，进一步审理好与改革开放和经济建设直接相关的房地产、劳动争议、债务案件，以及名誉权、著作权等新类型案件。

（四）要继续提高对行政审判工作重要性的认识，健全行政审判机构，严格执行行政诉讼法，不断提高办案质量，努力开创行政审判工作的新局面。

（五）做好对上诉、抗诉和再审案件的审判工作。通过二审和再审，发挥上级法院对下级法院的监督、指导作用。

（六）加强执行工作。在"执行难"问题已得到基本解决的基础上，要着重抓紧解决裁定中止和疑难复杂的执行案件，确保人民法院的裁判得到全面、及时的执行，使执行工作步入良性循环。

（七）要加紧进行法院自身的改革。今年要做好诉讼文书，特别是裁判文书新格式的试行工作。这是改革法院工作，加强审判业务建设的一件大事，对提高审判工作的透明度、裁判的说理性和权威性，提高审判工作和裁判文书的质量，提高审判人员的业务水平，有重要的意义。一定要把这项工作抓好。

（八）要加强调查研究，加强业务指导。现在，新情况、新问题很多，需要及时研究解决。全市各级法院的领导要亲自搞调查研究，认真把调查研究工作做好。

（九）进一步加强队伍建设，不断提高干警的政治和业务素质。要充分调动干警的积极性，发扬开拓、创造和艰苦奋斗精神。要继续抓廉政和勤政建设，同不正之风、违法乱纪的行为作斗争，保持法院干警队伍的纯洁，秉公执法，全心全意地为人民服务。

各位代表：

随着改革开放和经济建设步伐的加快，市场机制的建立和政府职能的转变，人民法院在打击犯罪、调节经济关系、解决民事纠纷和行政争议等方面的任务将更加繁重。只要我们用建设有中国特色的社会主义理论武装审判人员，坚持党的基本路线不动摇，严格依法办事，就一定能把审判工作做得更好，在保护国家、人民利益和公民、法人合法权益，维护首都社会稳定，保障和促进改革开放和经济建设顺利进行方面，发挥更大的作用。

以上报告，请审议。

天津市高级人民法院工作报告

——1993年6月16日在天津市第十二届人民代表大会第一次会议上

天津市高级人民法院院长　王永臣

各位代表：

天津市第十一届人民代表大会期间，全市各级人民法院用建设有中国特色的社会主义理论武装干警，坚持党的基本路线，认真履行宪法和法律赋予的职责，紧紧围绕经济建设这个中心，不断解放思想，强化服务意识，全面加强各项审判工作，进一步提高执法水平，使审判工作取得了新的成绩。现将本市各级人民法院5年来的工作报告如下，请予审议。

5年来，全市各级人民法院共受理一、二审刑事、民事、经济、行政等各类案件173385件，比前5年上升67.78％；审结171964件，比前5年提高39.57％；处理告诉申诉和非讼来信来访276984件次。通过审判活动，对维护全市社会秩序的稳定，保护公民、法人和其他组织的合法权益，促进改革开放和经济发展，发挥了积极作用。

一、关于刑事审判工作

全市各级人民法院共受理一审刑事案件24080件，比前5年上升21.35％；审结24037件，比前5年提高22.26％。在判决发生法律效力的25689名人犯中，判处五年以上有期徒刑、无期徒刑和死刑（含死缓）的占27.78％；判处五年以下有期徒刑、拘役、管制、缓刑的占68.58％；免予刑事处分的占2.26％；宣告无罪的占1.38％。

（一）严厉打击严重危害社会治安的犯罪活动，维护社会稳定。

坚持依法从重从快方针，继续开展“严打”斗争，始终把打击的锋芒对准杀人、抢劫、强奸、流氓等严重危害社会治安的犯罪分子，特别是其中的惯犯、累犯、流窜犯和犯罪集团的首要分子。对罪行严重，依法应当判处死刑的，坚决判处死刑。对重大刑事案件提前介入，一经起诉，迅速审判。

针对不同时期社会治安中的突出问题，及时开展专项审判活动。与有关部门密切配合，积极开展反盗窃斗争，依法审理盗窃案件9479件，判处罪犯18438名，对其中罪行特别严重的，坚决判处死刑。审结引诱容留妇女卖淫案、制造贩卖传播淫秽物品案、赌博案、拐卖人口案和贩毒案共196件，推动了扫黄和除“六害”斗争的深入开展。

持续不断地组织有声势的公开宣判活动，召开不同类型宣判会2317场次，宣判各类刑事案件8515件，旁听群众120.11万人次。坚持惩办与宽大相结合的政策，做到宽严相济，对具有从轻处罚情节的，依法从轻、减轻或免除处罚，发挥了政策的威力，分化瓦解了犯罪分子。

（二）深入开展打击严重经济犯罪的斗争，维护经济秩序。

继续坚持依法从严惩处的方针，惩办了一批严重经济犯罪分子。共受理一审经济犯罪案件6170件，比前5年上升34.6％；审结6148件，比前5年提高30.37％。

坚持把深入开展打击严重经济犯罪的斗争作为促进廉政建设和为经济建设服务最直

接的手段，重点打击国家工作人员中严重贪污、受贿的犯罪分子。共判处贪污、受贿犯罪分子1339人，占经济罪犯总数的18.59%；判处个人非法所得万元以上的罪犯643人，10万元以上的48人。重视运用没收财产、罚金等附加刑，尽量减少国家、集体和公民的财产损失，不让犯罪分子在经济上占到便宜。通过审理经济犯罪案件，为国家和集体挽回直接经济损失2923.53万元。

在审判经济犯罪案件中，始终坚持"一要坚决、二要慎重、务必搞准"的原则，正确处理打击与保护的关系，严格区分合法与违法、违法与犯罪的界限。5年来，对起诉到法院的企业干部、科技人员的经济犯罪案件，经审理后宣告无罪的34人。针对经济犯罪案件中出现的新情况、新问题，认真调查研究，召开全市法院审判贪污贿赂案件研讨会，总结经验，统一认识，提高办案质量。

（三）发挥审判职能，积极参与社会治安综合治理。

认真贯彻落实全国和本市人大常委会关于加强社会治安综合治理工作的决定，采取多种形式，积极参与社会治安综合治理，广泛开展法制宣传，增强公民遵纪守法的观念。对未成年罪犯贯彻教育、感化和挽救的方针，寓教于审。5年来，少年合议庭共审理少年犯罪案件2380件，少年犯3568人，经调查，重新犯罪的仅占1.1%。正确运用刑罚手段，加强对判处缓刑、管制、拘役的罪犯的回访考察和帮教工作，预防和减少重新犯罪。对在劳改中确有悔改或立功表现的犯罪分子7828人，依法裁定减刑、假释，调动罪犯接受改造的积极性，促进了监管秩序的稳定。针对一些发案单位在管理上的薄弱环节，及时提出司法建议，促使有关单位健全管理制度，堵塞漏洞，加强安全防范。

二、关于经济审判工作

全市各级人民法院共受理一审经济纠纷案件21868件，比前5年上升148.9%；审结21549件，比前5年提高172.8%；诉讼标的金额142128.7万元，比前5年增加359.2%。

（一）坚持为经济建设服务的指导思想，把为国有大中型企业服务，发展农村经济和维护社会主义市场经济秩序作为经济审判工作的重点。为此，本院先后制定下发了《关于为国营、集体企业服务的意见》、《关于认真贯彻八中全会精神，积极为农业和农村工作服务的通知》、《为科技兴市服务的七项措施》等文件，指导全市各级人民法院的审判工作，取得好的效果。

（二）充分发挥经济审判对经济活动的调整、制约和引导作用，精心审理与经济建设相关的5类案件：

一是审理好困扰企业生产发展的欠款纠纷案件，共审结企业间购销纠纷案件15226件，为企业追回欠款107352万元，增强了企业的活力。

二是积极审理企业承包、联营、租赁、破产案件2060件，保护企业的经营自主权，促进企业经营机制的转换、企业产业结构的调整和企业的优胜劣汰。

三是妥善处理直接影响农业发展的农村承包合同案件652件，稳定家庭联产承包责任制，保护农村集体经济利益。慎重审判涉及面大的养殖合同案件1000件，维护养殖户的合法权益，保障社会秩序的稳定，促进农村经济的发展。

四是依法审理技术合同、专利、商标等案件289件，维护企业的技术权益和工业产权，促进新技术的开发与利用。认真审理产品质量纠纷案件，依法保护消费者的合法权益，制裁生产销售经营伪劣商品的违法行为。

五是审理"三资"企业和涉外、涉港、澳、台经济纠纷案件231件，促进对外经济贸易的发展。

天津海事法院公正执法，依法审判海事、海商案件192件，比前5年提高336.36%，诉讼标的金额20216.47万元，维护了我国主权，保护了中外当事人的合法权益，促进了经济贸易和航运事业的发展。

（三）充分运用经济审判职能，全方位、多层次地为经济建设开展法律服务。全市各基层人民法院近期成立了经济服务机构，根据“非诉、调解、便民、高效”的原则，采取走出去、请进来的方法，对经济纠纷即告、即收、即调，受到企业普遍欢迎。全市各级人民法院院长亲自带队，分别深入经济管理部门、大中型企业和乡镇企业，调查了解企业发展中的新情况、新问题，探讨如何提供更好的法律服务，并与一些单位建立了热线电话，及时解答他们所关心的法律问题，协调有关经济纠纷的处理。全市各级人民法院都成立了法律义务咨询服务队，坚持深入企事业单位进行法律咨询，摸清企业的债权债务情况，为企业献计献策，协调解决纠纷。继续巩固和发展经济审判联络员网络，召开联络员会议，加强法院与企业的联系，为企业培养法律骨干，预防和减少经济纠纷。

（四）召开全市经济审判工作经验交流会，总结推广经济审判为经济发展服务的经验；并多次召开经济审判业务研讨会，统一执法尺度；积极组织力量对本市科技市场、金融债券市场和房地产市场进行调研，为这三个市场的形成与发展提供法律服务和保障。

三、关于民事审判工作

全市各级人民法院坚持为人民服务的宗旨，全面执行民法通则和民事诉讼法等民事法律法规，依法、正确、及时地调整各种民事关系。共受理一审民事案件107405件，比前5年上升66.22%；审结106515件，比前5年提高68.57%。

（一）审判婚姻家庭案件。认真贯彻婚姻法和市人大常委会通过的《保护妇女儿童合法权益的若干规定》、《保护老年人合法权益的若干规定》等法规，共审理婚姻家庭案件62561件，保护妇女、儿童和老年人的合法权益，弘扬社会主义道德，稳定婚姻家庭关系。

（二）认真审判房地产、债务和侵权损害赔偿等案件。共审判与发展经济密切相关的一审房屋案件10838件，妥善处理影响社会安定和涉及群众利益的债务案件11903件，审理侵权损害赔偿案件11581件，依法保障对外招商、促进房地产开发、发展城市建设，保护合法的债权债务关系，制裁违法行为，及时化解当事人对立情绪，维护社会的安定。

（三）审判名誉权、肖像权、著作权等案件387件，支持了正当的舆论监督，保护了当事人的人身权和知识产权。

适用涉外程序，公正审判涉外和涉港、澳、台民事案件15件，依法保护了中外当事人的财产权益和人身权利。

（四）在民事审判工作中，注意不断提高办案质量和效率，扩大办案的社会效果。为彻底解决民事案件积案多、审限长的问题，在全市法院系统集中开展了清理未结案活动，将执行民事诉讼法规定的审限制度列入目标管理，取得显著效果，基本消除了审限超一年的未结案。积极慎重地执行民事诉讼法关于管辖异议、诉前财产保全、先予执行等诉讼制度，为案件的顺利解决创造了有利的条件。正确适用调解程序，根据自愿合法的原则，在分清是非、明确责任的基础上，耐心疏导，妥善解决民事纠纷。对调解不成的依法及时判决。在审结的一审案件中，调解结案和撤诉的占69.46%。坚持“便利诉讼、便利群众”的原则，下乡进厂入户办案，巡回就地审理的案件占民事案件总数的25.44%。

（五）加强业务指导，提高办案质量。市高、中级人民法院建立健全了指导机构，深入基层进行业务指导，就地解决疑难问题，定期向基层法院通报二审中发现的问题，召开“执行民事诉讼法经验交流会”、“举证责任研讨会”等专业性会议，统一认识，提高执法水平。同时，基层法院也注重归纳二审改判和发回重审案件中的问题，总结教训，有针对性地制定整改措施，促进了一审民事案件质量的提高。

四、关于行政审判工作

全市各级人民法院充分发挥行政审判职能，积极慎重地开展行政审判工作，共受理一审行政案件659件，审结630件，判决维持行政机关具体行政行为的占55.56%；撤销行政机关决定的占7.3%；变更行政机关决定的占2.22%；撤诉的占28.25%；其他占6.67%。通过行政审判活动，保护公民、法人和其他组织的行政诉讼权利和其他合法权益，支持和监督行政机关依法行使职权，促进行政机关转变职能和企业转换经营机制。

（一）建立健全机构，搞好"试点"。行政诉讼法刚颁布，最高人民法院确定本市法院系统作为行政审判试点单位。全市各级人民法院经过积极的筹备，陆续建立了行政审判庭；与本市各级政府有关部门协商试点工作意见；开展多种形式的宣传和咨询活动；努力收集行政法规，积极参与修订本市的部分行政规章；加强对试点工作的指导和监督；编写具有指导意义的经验材料，得到了最高人民法院的肯定。

（二）举办多种形式的业务学习活动，对全市各级人民法院行政审判骨干力量进行了普遍的业务培训，提高了行政审判人员的业务素质，保证了行政审判的健康发展。

（三）针对在建立社会主义市场经济的新形势下，如何理顺政府机关与企业的关系问题进行了深入的调研。为行政机关工作人员举办行政诉讼法学习班；编写《行政诉讼案例选》，向社会广为发送；开展行政诉讼法律咨询；利用新闻媒介等形式广泛开展行政诉讼知识的系列宣传。主动与行政机关建立工作联系制度，取得行政机关对行政诉讼的理解和支持。通过这些活动，提高了公民和行政机关的行政诉讼法律意识，促进了本市行政诉讼执法环境的改善。

五、关于告诉申诉和审判监督工作

为了确保当事人的诉讼权利，方便诉讼，全市各级人民法院普遍实行了人民法院与人民法庭相结合的"立案双轨"制，对符合立案条件的及时立案，对不符合立案条件的做好思想工作。加强立案前的调解，及时解决纠纷，防止矛盾激化。该由有关部门解决的，主动与有关部门联系，及时移送，以有效地解决公民和法人"诉讼难"的问题。同时，全市各级人民法院认真贯彻关于优先受理若干案件的规定，优先受理涉及企业发展生产和人民群众生活的案件，及时有效地保护合法，制裁违法。认真对待人民群众来信来访，实行院长接待与专业人员接待、日常接待与专案接待相结合的工作制度，共处理群众来信56541件，接待来访群众220443人次。

不断拓宽监督渠道，完善内外监督机制：

（一）认真审理二审案件，充分发挥上级法院通过二审程序对下级法院的审判监督和指导作用。市高、中级人民法院共受理二审案件19373件，改判和发回重审的案件占二审结案总数的23.54%。

（二）坚持实事求是、有错必纠的原则，积极慎重地处理申诉案件。共立案处理各类申诉案件6270件，本着全部错全部改、部分错部分改、不错不改的原则，依照审判监督程序改判707件，既维护了人民法院生效裁决的严肃性，又保障了当事人的合法权益。

（三）坚持案件评查制度。每年都采取自查与互查相结合的方式，统一进行执法执纪大检查。通过检查，总结经验教训，及时纠正错案，针对存在的问题，制定整改措施。

（四）主动接受各级人大和人民代表的监督。全市各级人民法院除了定期向各级人大汇报工作、接受人大监督外，还主动邀请人民代表检查法院工作，虚心征求意见。对人民代表提出的合理意见和建议，认真改进和落实。1991年10月，本院主动请市人大代表对市中级人民法院的经济审判工作进行评议。针对代表提出的意见，总结经验教训，研究制定出整改措施；对代表提出的有问题的案件逐件审查，对确属审判不当的案件依照审判监督程序再审改判；在审判人员中广泛开展严肃执法教育，进一步明确办案的指导思想，并确定在全市法院实行错案责任追究制度，以端正审判作风，提高执法水平。

（五）全市各级人民法院通过邀请当事人开座谈会，向当事人发回访信等形式，广泛听取诉讼当事人对审判工作的意见，虚心接受群众监督。

六、关于执行工作

全市各级人民法院共受理执行案件25334件，其中民事执行案件16049件，经济执行案件7913件。执行完结23885件。

近年来，案件“执行难”，特别是经济案件“执行难”的问题十分突出，使当事人的合法权益难以及时实现，并严重损害了法律的强制性和人民法院生效判决的严肃性。为解决好“执行难”问题，全市各级人民法院不断提高对执行工作重要性的认识，积极主动地做好执行工作。本院在调查研究的基础上，先后制定了《执行工作细则》、《关于做好审执衔接工作的意见》、《关于当前经济案件执行应注意的几个问题的通知》等文件，有力地指导了全市的执行工作。

在具体的执行过程中，从为经济建设服务出发，十分注重执行工作的经济效果和社会效果。对影响大、干扰大、执行难度大的案件，及时向党委、人大请示汇报，向政府反映，加强与各有关方面的联系，取得各方面的理解和支持。坚持说服教育与强制执行相结合。通过宣传法制，促使当事人自觉履行义务；对那些规避法律，有履行能力而拒不履行的，依法果断地强制执行；对妨害执行的依法适用强制措施。执行中，对那些负有债务，亏损严重，但仍有发展前途的企业，不搞“竭泽而渔”，采取以物抵债或分期偿付等方式，帮助其发展生产，增强还债能力。坚持优先执行与暂缓执行相结合，对直接关系到债权企业生存和生产发展的案件，被执行人可能转移财产的案件优先执行；对直接涉及被执行人企业的职工生活，可能影响群众情绪和社会稳定的案件暂缓执行；对确实没有执行能力的，依法中止或终结执行。

认真办理外地人民法院委托执行和行政机关申请执行的案件。仅去年就办理外地人民法院委托执行案件75件，行政机关申请执行的案件41件。

七、关于法院的自身建设

（一）加强思想建设。坚持把政治思想教育放在首位，对全体干警不断进行建设有中国特色的社会主义理论的教育，坚决执行党的路线、方针、政策。为探索新形势下政治思想教育的途径，本院召开了两次全市法院系统思想政治工作会议，总结交流经验，提高思想教育工作的实效。在全体干警中开展讲理想、讲奉献活动；在审判人员中开展了争做“优秀法官”活动。共有87名审判人员被授予“优秀法官”称号；涌现出135个先进集体和874名先进工作者；荣立一等功的5人，二等功的24人次，三等功的223人次。

（二）加强廉政建设。一是完善纪检监察机构。二是认真落实市委关于纠正行业不正之风的工作部署，坚决落实全国法院纪检、监察工作座谈会提出的加强廉政建设的各项措施。坚持预防为主的方针，从抓典型入手，运用正反两方面的典型加强秉公执法和职业道德教育，使广大干警自觉抵制腐败风气的侵袭。三是坚持从严治院，首先是从严治长的廉政指导思想。本院制定了院领导清廉从政的6条规定，各基层法院也相继制定了院领导廉洁自律的措施。四是抓制度建设，狠抓最高人民法院规定的法院干警“八不准”的贯彻落实；先后召开两次全市法院系统的廉政建设工作会议，制定了《关于法院干警秉公执法、保持廉洁的规定》，建立了“廉政执法登记表”、“干部行为规范责任书”、办案公开等制度。五是进一步完善廉政建设的内外监督机制。市高、中级人民法院建立了党风评论员制度，不定期地进行以廉政建设为主要内容的党风评论活动；结合每年法院系统开展的执法执纪大检查，对廉政建设进行全面的检查；聘请人大代表、政协委员为廉政监察员，经常听取他们的意见；搞好案件回访，认真听取当事人的意见。六是坚决查处法院内部违纪案件，严格执行纪律。共查处违法违纪案件 48 件，涉及 55 人。其中，有 5 人被开除公职。

（三）加强业务建设。本院高度重视法院干部的学历教育，坚持办好法律业大。从法律业大毕业，取得法律大专文凭的学员共 711 名，使全市法院系统具有大专以上学历的干部从 1987 年底的 38%上升到 53.8%。为了进行系统的、规范化的学历后教育，本院于 1989 年成立了法官培训中心，先后组织各种类型的培训班 46 期，培训干警 2100 人次，被最高人民法院评为全国法院系统的先进单位。采取多种形式开展岗位练兵活动。提高干警的业务能力。适时召开业务研讨会，据不完全统计，仅市高、中级人民法院就召开各类专题研讨会 30 余次。加强审判工作的制度化、规范化建设，受最高人民法院委托，编写《审判实务系列丛书》；对法院内部近 10 年来的各项审判业务规定和会议纪要，编辑成册；整理法律文书格式近 70 种，在 7 个法院进行试点；制定了《审判委员会工作规则》、《法院内部请示案件制度的暂行规定》等审判业务规范化文件。组织干警认真学习财政、金融、海商、房地产等方面的知识；积极探索审判方式的改革，强调当事人的举证责任，做好必要的查证工作；改进案件审批制度，注重发挥合议庭的作用，加大合议庭审批案件的权力；切实搞好公开审判，提高庭审质量，充分发挥庭审功能。

（四）完善干部管理制度，加强干部管理。本院先后制定了《目标管理岗位责任制》、《关于追究错案责任的暂行规定》等文件。同时，市高、中级人民法院制定了《办案奖励实施办法》。实行干部能上能下制度。去年，市高、中级人民法院提请市人大常委会审议决定，免去了不称职的庭长、副庭长各 1 名。实行干部的上下交流和横向交流。5 年来，市高、中级人民法院推荐了 6 名德才兼备的中青年领导干部到基层法院任职，并先后选派 150 名审判人员到基层法院或法庭进行锻炼。实行审判人员晋升的考试考核制度。5 年来，市高、中级人民法院通过考试考核和法定程序晋升审判员 70 名、助审员 163 名。

（五）调整机构，加强审判力量。去年，天津海事法院在保税区设立了审判庭；东丽区人民法院在天津钢管厂成立了人民法庭。人民法庭建设有了较大的发展，目前全市已有 197 个人民法庭，比 5 年前增加了 121.4%。

（六）办公条件和物质装备有所改善。全市绝大多数法院在各级政府的大力支持下，新建了办公楼和法庭，法院的交通、通讯设备等得到进一步改善。

5 年来，在市委的领导下，在最高人民法院和市各级人大的监督与各级政府的支持下，经过全市法院广大干警的共同努力，法院的各项工作取得了一定成绩，但也存在一些困难和问题。总的讲，审判队伍还不适应迅速发展的新形势的需要。具体讲：有的审判人员办案指导思想不够端正，就案办案、孤立办案、办案质量不高；有的案件处理不及时，少数审判人员工作作风拖拉、简单、粗暴；廉政建设还有薄弱环节，审判人员的职业道德有待进一步提高；调研工作尚需大力加强；审判力量与审判任务还不够适应；物质装备还需进一步改善。这些问题都需要在今后的工作中加以解决。

各位代表：

今后，全市各级人民法院工作的指导思想是：在邓小平同志建设有中国特色社会主义理论的指导下，坚持党的基本路线，认真贯彻落实党的十四大精神和天津市第六次党代会精神，从全市的实际情况出发，进一步解放思想，实事求是，真抓实干，全面加强审判工作，提高执法水平，维护社会稳定，更好地为建立社会主义市场经济体制，为全市全面实施加快发展战略提供有效的法律保障和法律服务。

河北省高级人民法院工作报告

——1993年5月14日在河北省第八届人民代表大会第一次会议上

河北省高级人民法院院长　李永进

各位代表：

现在，我向大会报告5年来人民法院的主要工作。

（一）

河北省第七届人民代表大会第一次会议以来，全省各级人民法院认真贯彻党的基本路线，坚持以经济建设为中心，按照宪法和法律赋予的职权，以及省七届人大历次会议决议，全面加强了各项审判工作。1988年至1992年全省法院共受理各类一审案676081件，比前5年上升60.74%；审结667895件，比前5年上升61.46%，结案率为98.79%。审结各类二审案53123件，审判监督案19152件，接待群众来访479183人次，处理群众来信262156件，圆满完成了各项审判任务。

一、关于刑事审判工作

全省各级人民法院认真履行专政职能，不断加强刑事审判工作，5年共受理一审刑事案80368件，比前5年上升5.49%；审结79691件，比前5年上升5.35%。判决发生法律效力的人犯82531名，其中，判处五年以上有期徒刑、无期徒刑和死刑（包括死缓）的28708名，占判处人犯总数的34.78%；判处五年以下有期徒刑、拘役和管制等51624名，占62.55%；免予刑事处分1762名；宣告无罪437名。

为了维护社会秩序，保障改革开放和经济建设的顺利进行，各级人民法院坚定不移地贯彻依法从重从快的方针，严厉打击严重危害社会治安的犯罪活动，与公安、检察部门密切配合，精心组织，严密部署，始终把杀人、抢劫、强奸、流氓、放火、爆炸、重大盗窃等严重危害社会治安的犯罪活动作为打击重点，特别是对惯犯、累犯、流窜犯以及带有黑社会性质的犯罪集团的首要分子，坚决依法重判。在审结的全部刑事案件中，属于严重危害社会治安的犯罪案件30205件，占37.9%；判处人犯41278名，占判处人犯数的50.02%。1988年以来，各级人民法院认真贯彻全国人大常委会的有关决定，开展了打击强迫、容留妇女卖淫，绑架、拐卖妇女、儿童，走私、贩卖毒品，制作、销售、传播淫秽物品等犯罪活动的斗争，共审结这几类案件1665件，判处人犯2252名，遏制了社会丑恶现象的蔓延。与此同时，针对全省的社会治安问题，开展了打击破坏电力、水利、通讯设备，重大盗窃、抢劫、流窜犯罪的专项斗争。共判处破坏电力设备犯2005名；判处重大盗窃犯12564名。有力地打击了犯罪，维护了社会治安秩序。

办案中各级人民法院始终坚持把基本事实搞清楚，把基本证据搞扎实，在“准”字上狠下功夫，对将要起诉到法院的重大案件，提前了解案情，及时提出建议；对已经起诉到法院的重大案件，集中力量，认真审查，就地办案，加快办案速度。5年来，全省法院审结的公诉案件，除少数因案情重大、复杂延长了审限外，96.9%的案件都在法定审限内审结。为扩大办案的社会效果，各级人民法院注重选择重大、典型案件，深入发案地，大张旗鼓地公开宣判，震慑犯罪，弘扬法制，教育群众，显示了人民民主专政的强大威力。

在严厉打击严重刑事犯罪的同时，积极开展打击严重经济犯罪的斗争。各级人民法院始终坚持依法从严惩处贪污、受贿、投机倒把、诈骗、偷税抗税、走私、伪造国家货币、制造销售伪劣产品等严重经济犯罪活动。5年共审结经济犯罪案12090件，判处人犯14781名，在判处的经济犯罪分子中，处五年以上有期徒刑、无期徒刑和死刑（包括死缓）的4340名，占29.36%；判处非法所得万元以上的1647名，十万元以上的127名；判处县（处）级以上干部犯罪的14名。在依法判处主刑的同时，注意适用罚金、没收财产等附加刑，追缴赃款赃物，决不让犯罪分子在经济上得到好处。通过审判为国家和集体挽回经济损失8166万余元。

1989年8月，最高人民法院、最高人民检察院《关于贪污、受贿、投机倒把等犯罪分子必须在限期内自首坦白的通告》发布后，各级人民法院通过多种形式，广为宣传，敦促犯罪分子自首坦白，坚持宽严相济，公开处理了一批贪污，受贿案件，兑现了《通告》精神，促使犯罪分子分化瓦解，投案自首。在《通告》规定的期限内，投案自首的犯罪分子948人。其中，贪污、受贿、挪用公款的664人，投机倒把等284人；县（处）级干部8人；交代犯罪金额924万多元，退交赃款620多万元。

在打击经济犯罪斗争中，全省各级人民法院始终贯彻“一要坚决、二要慎重、务必搞准”的原则。强调重证据，重调查研究，对事实不清、证据不足的，及时提出补充侦查建议；对有关法律规定不明确拿不准的案件，及时请示，严格区分罪与非罪的界限。去年，省法院在调查研究的基础上，提出了打击经济犯罪的9个政策界限，及时指导了打击经济犯罪工作。为保障国家机关的廉洁，维护正常的经济秩序发挥了积极作用。

二、关于经济审判工作

随着改革开放和经济建设的深入发展，各类经济纠纷大幅度上升。5年共审结一审经济纠纷案138715件，诉讼标的金额达49亿余元，分别比前5年增长141.96%和467.19%。

各级人民法院始终坚持经济审判工作为经济建设服务，及时调处各类经济纠纷，不断拓宽服务领域，提高服务效果。一是各级法院依法及时、妥善地处理企业的购销、劳务、加工承揽、技术转让、租赁经营等纠纷，帮助企业清理“三角债”，使企业从债务链中解脱出来。对诉讼标的额大、严重影响企业生产经营的重大案件，优先立案，优先审理，优先执行，使企业尽快摆脱困境，增强发展活力。5年中共审结这类案件81707件。与此同时，在企业联合、兼并、破产过程中，积极开展工作，以法律手段清理资产，清偿债务，依法保护当事人的合法权益，促进产业结构的合理调整，推动企业健康发展。二是妥善处理农村各类承包合同纠纷，特别是对有矛盾激化苗头的纠纷，注意做好当事人的工作，及时、慎重地依法处理。5年共审结各类农村承包合同纠纷案5791件，对于促进本省农村经济的健康发展，发挥了积极作用。三是适应国家金融政策的需要，针对金融部门大量逾期贷款难以收回，影响资金周转的问题，各级人民法院在广泛宣传法律政策，促使欠款户主动还贷的同时，积极运用法律手段审理借款合同纠纷案件，依法回收贷款。5年共审结这类案件51217件，诉讼标的金额达19.7亿元。此外，还通过非诉讼手段协助金融部门回收贷款11.6亿元。为维护全省金融市场的健康发展发挥了积极作用。各级人民法院还不断拓宽服务渠道，广泛开展法律服务。5年共派出干部44958人次，深入企业宣讲法律，举办法律知识培训班14480场次，培训28万多人，帮助企业完善经济合同25508份，提出司法建议18498条。

去年初，中共中央2号文件下发后，各级法院深刻领会邓小平同志重要谈话精神，进一步解放思想，更新观念，牢固树立主动服务和自觉服务的意识，围绕建立和发展社会主义市场经济，制定、完善了搞好服务的各项措施。省法院与24家国有大中型企业建立了联系，全省法院共建立企业联系点3665个，经常派人深入企业调查研究，了解企业存在的问题，有针对性地开展服务。全省各地、市中级人民法院和113个基层人民法院相继成立了"经济纠纷调解中心"，调处经济纠纷5407件，标的金额达1.6亿元。各地法院还把为乡镇企业服务摆到重要位置，分片包干，明确任务，巡回审判，上门服务，有效地促进了乡镇企业的发展。

三、关于民事审判工作

民事纠纷发案多，涉及面广，与人民群众切身利益直接相关，对社会稳定有着重要影响。随着我国社会主义法制的不断健全和完善，民事审判的收案范围不断扩大，许多过去靠行政手段解决的矛盾纳入了诉讼的轨道，不仅案件数量逐年递增，而且出现了许多新情况、新问题。各级人民法院认真贯彻执行民法通则、民事诉讼法以及其他各项民事法律、法规，不断改进审判作风，坚持公开审判，充分发挥民事审判的职能作用。5年共审结一审民事案件443986件，占全省法院结案总数的66.48%，比前5年上升58.17%。其中婚姻家庭案227737件，占51.19%；债务案124675件，占28.1%；损害赔偿案36499件，占8.22%；宅基、继承案18967件，土地、山林、水利案3336件；知识产权、名誉权、荣誉权、肖像权、劳动争议，交通肇事、医疗事故赔偿等新类型案32772件；广大民事审判人员深入基层，为群众排难解纷。坚持在自愿、合法的原则下，共调解各类民事案件307174件，占民事结案总数的69.18%，处理简易纠纷45188件，同时还指导人民调解组织开展工作，把大量的纠纷解决在基层，把矛盾消除在萌芽状态。通过对这些案件的审判，依法保护了公民、法人的合法权益，对于维护社会主义婚姻家庭关系，保护妇女、儿童合法权益，保持社会秩序的稳定，推动科学技术发展，繁荣社会主义文化，促进社会主义精神文明发挥了重要作用。5年来，全省法院还依法审理了一些涉港、澳、台民事案件和涉外民事案件，保护了当事人的合法权益，促进了海峡两岸的交往与合作，获得了较好的效果。

四、关于行政审判工作

5年来，全省法院的行政审判工作已由起步阶段逐步走上正常发展的轨道。1988年至1992年，全省共审结各类行政案5503件。其中，土地行政案3174件，公安行政案1355件，工商、卫生等其它行政案974件。在审结的行政案件中，维持行政机关决定的2041件，撤销行政机关决定的1079件，撤诉和做其它处理的2383件。各级人民法院的行政审判人员在行政审判工作中，边学习，边实践，不断总结经验，努力提高执法水平。为保证行政诉讼法的顺利实施，省法院在5个中级法院、4个基层法院进行了试点，并及时推广了试点经验，为做好行政审判工作打下了良好的基础。在办好行政案件的同时，各地法院主动与行政部门建立联系，邀请行政机关工作人员旁听行政审判，协助行政机关举办法律培训班，向行政机关提司法建议。一些法院根据需要设立了专门合议庭。通过对行政案件的审理，依法保护了公民、法人和其它组织的合法权益，维护和监督了行政机关依法行使职权。

五、关于告诉和审判监督工作

5年来，各级人民法院不断加强了告诉和审判监督工作，着力解决群众"告状难"和保证办案质量。一是狠抓告诉工作。对于当事人的来信，认真审查，及时办理；耐心听取来访人的陈述，解答法律咨询，审查诉状。凡符合法律规定，具备立案条件的，及时立案受理；对不属法院和本院管辖的案件，说明情况，积极帮助来访人排忧解难。5年共处理告诉312563件。二是通过依法审理二审案件，加强对下级法院审判工作的监督。省法院和中级法院对于不服第一审人民法院判决、裁定，提出上诉或抗诉的案件，全面认真进行审查，对于原判正确的予以维持；对于事实不清、证据不足的及时发回原审法院重新审理；对于适用法律不当的，依法予以改判。5年共审结各类二审案53123件。其中维持原判25964件，改判10139件，发回重审7239件。三是依法处理申诉案件。按照实事求是、有错必纠的原则，认真审查，慎重处理。确属错判的，依法予以改判；原判正确的，坚决维持，切实维护法律尊严，并认真做好息诉工作。5年共处理各类审判监督案19152件，其中，维持原判10964件，改判4607件，撤销和做其他处理的3581件。四是认真解决上访老户问题。按照分级管理的原则，对申诉时间较长，且未得到解决的案件，认真清理，澄清底数，逐案研究解决。对无理缠诉的，耐心疏导，做好工作。对妨害社会秩序和工作秩序的，依法采取必要的强制措施。经过这几年的努力，使一大批长期上访老户问题得到了妥善处理。五是认真处理进京来省上访问题。为维护首都治安秩序，在每年重大会议、重大活动期间，省法院做到提前部署，及时派员到最高人民法院了解本省进京上访人员情况，采取请上来、走下去的方法，与下级法院共商解决措施，把进京上访人员稳定在当地。由于采取了上述措施，进京来省上访人员大幅度下降，1992年比1991年来省上访下降60.23%，进京上访下降36%。

六、关于执行工作

人民法院判决、裁定和调解协议的执行，直接关系到当事人的合法权益，关系到法律的尊严和社会的稳定。近几年，随着人民法院受理各类纠纷案件的大量增加，进入执行程序的案件越来越多，人民法院的执行任务越来越重。有些案件执行难，已成为执法中的一个突出问题。为改变“执行难”的被动局面，各级法院加强了对执行工作的领导，建立和健全执行机构，调整充实执行力量，并采取了一系列措施：一是提高执行工作的主动性，注意审执配合。在审判程序就考虑执行，做好审判和执行的衔接，为顺利执行打好基础；二是加强与有关部门配合，取得党委、人大及政府的支持；三是集中力量、集中时间，搞好清理执行积案和执行大会战；四是积极办理委托执行和协助执行案件。执行工作中，各级法院注意处理好执行和扶植企业生存、发展的关系；处理好依法执行和稳定大局的关系；处理好本地利益和外地利益的关系，把依法执行、文明执行同注意执行的社会效果紧密结合，具体案件具体分析，采取不同的方式方法。对有能力履行而拒不履行的，坚决采取强制措施；对暂无偿还能力，又有发展希望的企业，不搞“竭泽而渔”，设法增强企业活力和发展后劲，促其用盈利还债。为解决毗邻区域“执行难”问题，1991年6月由本省法院倡议，与北京、天津、辽宁、山东、山西、河南、内蒙古相邻七省市自治区高级法院签订了司法协作协议，截止到1992年底，相互办理委托执行和协助执行案件1400余件，标的金额达5974万余元。1991年下半年，各级法院按照省法院的安排部署，在摸清底数、分类排队的基础上，开展了一场集中清理执行积案的活动，到当年年底全省共执行案件17000余件，占应执行总数的85%，其中执行经济纠纷案件标的金额近两亿元。在总结执行经验、改进执行措施、抓好省内执行工作的同时，省法院又开展了跨省区执行工作，1992年下半年由省法院组织43个法院先后赴黑龙江、福建、广东三省突击执行了一批案件。

5年来，全省法院的执行工作取得了很大进展，共执行民事、经济、行政案218819件，占应执行案件数的98.11%。但是"执行难"的问题仍然存在，主要原因是：有些当事人隐匿、转移被执行财物，难以执行；有些企事业法人代表更换后，拒绝执行；有的单位地方保护主义严重，对执行工作不协助、不支持，抵制执行；有些当事人无视法律，围攻、殴打执行人员，抗拒执行；有的法院执行力量弱、措施不力，影响执行。解决"执行难"除了人民法院继续努力外，还需要社会各方面给予理解、支持和配合。

七、关于参与社会治安综合治理工作

对社会治安实行综合治理，是党中央总结历史经验提出的解决我国社会治安问题的一个基本方针。参与社会治安综合治理，是人民法院充分发挥审判职能为经济建设服务的一项重要工作。1991年，中共中央、国务院和全国人大常委会分别作出《关于加强社会治安综合治理的决定》后，各级人民法院对于参与社会治安综合治理工作更加重视，教育干警把审判活动置于社会治安综合治理的系统工程之中。在搞好各项审判工作的同时，还抓了以下几点：一是通过公开审理、公开宣判、就案讲法，广泛开展法律宣传，增强了群众的法制观念。5年来，共召开公判大会4700余场次，受教育群众达880万余人次；二是配合司法、公安部门做好对在押犯和被判处管制、缓刑罪犯的教育改造工作，促使他们悔过自新、重新做人。仅1991年至1992年，全省法院共回访各类案件当事人24261次；三是建立少年法庭，积极开展未成年人犯罪案件的审判工作；有的法院在大型厂矿企业建立了"法制教育中心"，宣传法律知识，帮教失足青少年；四是根据审判实践中发现的问题，及时向有关单位提出司法建议，仅1992年就提出司法建议12742条，采纳率为62.07%；五是加强对基层调解组织的业务指导，提高调解人员解决纠纷、化解矛盾的能力。有的法院还与妇联、民政、司法等部门联合创办"家庭幸福学校"，通过讲解法律、观看录像、旁听庭审、座谈讨论等多种形式，提高诉讼当事人的法律意识和守法的自觉性；六是根据劳改部门的申报，对在服刑期间确有悔改、立功表现的犯人，经过严格审查，依法裁定减刑、假释，促进了犯人的改造。

（二）

过去的5年，改革开放和经济建设的步伐不断加快，为了适应形势的需要，保证审判任务的顺利完成，各级法院不断强化自身改革和建设，不断完善执法活动，提高执法水平。我们突出抓了以下几项措施：

一、不断统一思想，提高认识，坚持审判工作为经济建设、社会稳定服务

5年来，我们始终强调全省各级人民法院和广大干警必须坚持党的"一个中心，两个基本点"的基本路线，始终把有利于解放和发展生产力，把经济建设搞得更快、更好；有利于加快改革开放和坚持四项基本原则；有利于维护政治稳定和社会稳定作为法院工作的出发点、最终目的和检验一切工作的标准，并以此反复统一干警思想，不断提高认识。去年以来，我们把学习贯彻小平同志视察南方谈话精神和十四大文件作为法院工作的头等大事来抓，进一步强化服务意识，努力提高办案效率、提高办案质量，扩大办案的社会效果。去年7月，中共中央〔1992〕7号文件《关于加强政法工作更好地为改革开放和经济建设服务的意见》下发后，全省人民法院认真学习，坚决贯彻落实文件精神，解放思想，更新观念，不断增强服务意识、改革意识、防"左"意识、社会主义民主和法制意识、群众路线意识，发挥审判职能，严厉打击各种刑事犯罪活动，依法调节经济关系，保护合法权益，促进改革开放和经济建设，并于去年8月，召开了全省中级法院院长会议，交流了为改革开放和经济建设服务的经验，统一了思想。大家一致认为：对有

利于解放和发展生产力的行为，就要大胆保护和支持；对破坏改革和发展生产力的行为，坚决依法予以制裁和打击。在审判实践中，各级法院加强调查研究，了解经济发展中的新情况、新问题，熟悉深化改革、扩大开放的新政策、新举措，多办案、快办案、办好案，努力使法院工作在促进社会主义市场经济体制的建立，促进生产力的发展，促进社会主义精神和物质文明的建设中发挥应有的作用。

二、坚持严肃执法，不断改善执法活动

5年来，各级人民法院坚持严肃执法，努力提高审判工作水平。一是坚持以事实为根据，以法律为准绳的原则，做到法律面前人人平等。敢于抵制各种不正之风的干扰，依法独立行使审判权，不办“人情案”、“关系案”，不搞地方保护主义。二是坚持质量第一，重证据，重调查研究，实事求是地处理案件。特别对死刑案件，不论是上诉还是复核，都认真阅卷，就地复核，集体合议，层层把关，做到慎之又慎。审理民事、经济、行政案件，认真贯彻民法通则、经济合同法、民事诉讼法和行政诉讼法等法律法规，积极总结探索，并逐步建立和完善了立案、审限制度，通过公开开庭审理，调动当事人和诉讼代理人履行举证责任的积极性。三是大胆改革审判方式。推行规范化审判经验，强调当事人和诉讼代理人履行举证的责任，充分发挥合议庭作用，提高庭审质量。联系实际，大胆实践，一些法院成立了金融、房地产、交通运输专门合议庭，开展专项审判。加强调解工作，通过建立“经济纠纷调解中心”开展诉讼外服务。四是加强对审判活动的监督。各级人民法院坚持每年对案件进行抽查、评查活动，及时发现问题，采取改进措施；通过改判案件，分析原因，汲取教训；建立请示报告制度，妥善解决重大疑难案件和意见分歧较大、认识不一致的案件，对审判工作出现的新情况、新问题，各级人民法院特别是上级人民法院，加强调查研究，总结经验，提出解决措施。五是认真接受人大的监督。向人大报告工作，抓紧办理交办事项，虚心听取人大意见。去年，省法院认真接受人大代表对法院工作的评议，在完成当年审判任务的同时，自查、互查案件2089件。坚持有错必纠，边查边改，研究制订了8项改进措施，纠正了一些有问题的案件，追究了办案人员和有关领导的责任，并认真分析原因，汲取教训，有效地促进了各项工作的开展。与此同时，全省法院通过建立联系点、聘请执法监督员等，广泛接受群众监督，改进了法院工作。

三、加强队伍建设，提高干警素质

建设一支政治上可靠、清正廉洁、严肃执法、密切联系群众的有战斗力的法院队伍，是保证审判工作顺利完成的基础。5年来，我们大力加强了干警队伍的思想、组织、业务和作风建设。

第一，不断加强思想政治工作。组织干警认真学习党的路线、方针、政策，学习马克思主义基本理论，学习邓小平同志的重要谈话和中央领导同志的讲话，开展了有中国特色的社会主义理论教育，政治、经济形势教育，职业道德教育等活动，使广大干警进一步坚定了社会主义信念，坚定了审判工作为社会稳定、为经济建设服务的方向，保证了在任何政治风浪中都能同党中央保持一致。

第二，加强了领导班子建设。我们按照上级法院协助党委抓好下一级人民法院领导班子的要求，在基层法院两次换届和中级法院换届中，提出要求，加强指导，配合党委对院长人选进行了严格的考察、考核，对未从事过法院工作的院长人选，分别选派到最高人民法院和省法院举办的领导干部培训班，进行了岗前培训，保证了人选质量；为了提高各级人民法院院长的领导水平和业务水平，我们举办了院长培训班，交流经验，互相学习，共同提高，并选派部分正、副院长参加了全国高级法官培训中心的学习；对基层法院和中级法院领导班子，坚持了每年重点考察一次，对有问题的班子建议党委及时做了调整。

第三，狠抓了廉政建设。我们在认真贯彻最高人民法院“八个不准”的同时，制定了全省法院干警“十项守则”。从1988年起，全省法院每年进行一次执法执纪大检查，重点检查有问题的案件以及对当事人态度生硬、欺压群众、吃请受礼、徇私枉法等问题。5年中通过执法执纪大检查活动共处理违法违纪干警231人，调出不适合做法院工作的102人。廉政建设的开展，使广大干警进一步树立了全心全意为人民服务的思想，兢兢业业，努力工作，涌现出了一大批清正廉洁、严肃执法的先进集体和模范法官。5年中受到省法院表彰的先进基层法院92个，先进庭、室134个，先进个人287人，受到省委、省政府表彰的省劳模2人，受到最高人民法院表彰的一等功4人，全国法院模范2人。

第四，抓好教育培训，提高业务素质。除坚持办好法律业大学历教育外，对新进人员进行岗前培训；新的法律颁布后，组织干警认真学习；在全省范围内开展了人民法庭岗位规范化培训。通过教育培训，干警的文化知识结构发生了很大变化。1992年具有大专以上文化程度的干警达到了6205人，占干警总数的47.8%，比1987年增加了3794人，增长1.57倍。

全省各级人民法院还加强了科学管理工作，推行了办案责任制，实行了错案追究制，开展了基层法院和人民法庭达标活动，优秀法官及办案能手评比竞赛活动。在党委、人大、政府的支持下，各级人民法院加强了审判法庭和人民法庭建设，其它物质条件也有一定的改善。创办了《河北审判》，加强了调查研究、信息宣传以及法医鉴定等各项工作，为提高执法水平创造了条件。

各位代表，5年来，全省人民法院在党委的领导、人大的监督和政府的支持下，取得了一定成绩，但也还存在一些问题，与新形势的要求还有一定差距。主要是：主动服务的意识需进一步增强，服务领域需进一步拓宽，服务措施需进一步改进；有些干警业务素质低，办案质量差；有的刑事案件定性不准、量刑不当、失轻失重；有的民事、经济、行政等案件，处理不当，办理不及时；上级法院忙于处理自身受理的案件，调查研究少，监督指导工作薄弱；有些干警公仆意识不强，方法简单，态度生硬；少数干警吃请受礼、违纪违法，严重损害了人民法院形象。对于上述问题，我们一定要采取有力措施，认真加以解决。不少法院经费紧张，通讯工具和办公条件还存在不少困难，希望有关部门帮助解决。

（三）

党的十四大号召加快改革开放和现代化建设步伐，夺取有中国特色社会主义事业的更大胜利。当前和今后一个时期人民法院工作的首要任务就是：认真学习、贯彻党的十四大精神和八届全国人大一次会议精神，进一步解放思想，更新观念，全面加强各项审判工作，努力搞好法律服务，积极参与社会治安综合治理，更好地为经济建设服务。

一、坚决贯彻“两手抓”、“两手硬”的方针，严厉打击各种刑事犯罪和经济犯罪，为改革开放、经济建设创造安定的社会环境

目前，全省一些地方刑事犯罪仍然严重，特别是杀人、强奸、抢劫等严重刑事犯罪居高不下，拐卖妇女儿童、“车匪路霸”犯罪突出。全省各级人民法院要充分认识“严打”斗争的长期性、艰巨性和复杂性。充分发挥人民民主专政职能，继续坚持“严打”斗争，做到常抓不懈。要突出打击重点，对杀人、抢劫、强奸、爆炸、流氓、重大盗窃等严重刑事犯罪，特别是带有黑社会性质的犯罪集团和毒品犯罪、拐卖、绑架妇女、儿童、卖淫嫖娼等“六害”犯罪以及破坏生产、破坏经济秩序，报复、伤害企业领导人和改革者的犯罪，要坚持依法从重从快方针，严厉打击。要结合当地实际，有计划地开展专项斗争，扫

除社会丑恶现象，净化社会环境。对于国家工作人员严重贪污、受贿、挪用公款以及制售假冒伪劣产品等经济犯罪活动，要继续坚持“一要坚决、二要慎重、务必搞准”的原则，依法从严惩处。坚决把犯罪分子的嚣张气焰打下去。

二、充分发挥经济审判职能，进一步强化服务意识，为经济建设和改革开放保驾护航

各级人民法院要把为建立和完善社会主义市场经济体制服务作为首要任务来抓，破除在计划经济体制下形成的旧观念，树立为社会主义市场经济服务的新观念，进一步增强效率效益观念、平等保护各经济主体合法权益观念和社会主义统一市场观念。要加强社会主义市场经济条件下新情况、新问题的调查研究，进一步改进经济审判工作，使经济审判工作更好地适应社会主义市场经济的需要。要重点审理好对改革开放和社会主义市场经济的发育和完善有重大影响的案件，通过及时正确地审理购销、借款、企业承包、农村承包、建筑工程承包和专利权、注册商标专用权等经济纠纷案件，促进企业经营机制转换和产业结构的调整，维护和促进技术、金融、建筑等市场的健康发展，促进统分结合的双层经营体制的不断完善和农村经济振兴。要依法审理好涉外经济纠纷案件，为对外开放创造良好的外部环境，要立足审判，不断开拓服务领域，强化服务措施。把为企业提供法律服务作为人民法院的一项重要任务，经常沟通情况，开展法律咨询；提高企业的法律意识和自我保护意识，帮助企业依法经营。通过及时提出司法建议，帮助有关单位堵塞漏洞，完善制度，改进工作；要进一步促进和完善“经济纠纷调解中心”工作，依法调处经济纠纷，切实保护当事人的合法权益。

三、进一步强化民事、行政审判和执行工作，促进社会的安定团结

要注意研究在改革开放形势下，民事审判工作中出现的新情况、新问题。突出抓好与发展市场经济关系密切的案件的审理，为社会主义市场经济体制的建立服务；通过依法审理婚姻、赡养、抚养、继承等民事纠纷案件，增强人民内部团结，消除不安定因素；通过依法处理好山林、水利纠纷案件，保护当事人合法权益，促进生产力的发展；通过审理好发明权、著作权等知识产权纠纷案件，促进科技文化事业的发展和繁荣。要进一步开展行政审判工作。通过对侵犯企业生产经营决策权、产品劳务定价权、产品销售权、进出口权、投资决策权等案件的审理，制裁侵权行为，保障企业经营自主权的落实。要依法审理好其它行政案件，保护公民、法人和其它组织的合法权益，维护和监督行政机关依法行政。要大力加强执行工作，进一步健全执行机构，加强执行队伍建设，坚持依法执行、文明执行，维护法律的严肃性。要继续加强告诉申诉工作，进一步解决群众“告状难”的问题，切实维护当事人的诉讼权利。

四、积极参与社会治安综合治理

各级法院要在抓好各项审判工作的同时，抓好各项综合治理措施的落实，定期检查督促。要选择重大、典型案件，深入发案地，大张旗鼓地公开宣判，就案讲法，广泛地开展法制宣传，以震慑犯罪，分化瓦解犯罪分子，增强群众的法制观念；要积极开展帮教犯罪青少年的工作，从青少年犯罪的特点出发，寓教于审，做到审判与教育相结合，并要注重做好判后的监管帮教工作；要与有关部门配合，吸收社会各界广泛参与，积极探索行之有效的方式方法，做好超前法律服务，预防青少年犯罪。要继续与司法、公安部门配合，做好对在押犯和被判处缓刑、管制罪犯的教育改造工作，促使他们认罪服法，接受改造，重新做人。要针对本地区存在的突出纠纷及其他社会治安问题，配合有关部门开展专项治理，真正使依法处理纠纷与预防纠纷、治标与治本结合起来，讲求社会效果。

五、进一步加强队伍建设

要组织干警反复地学习十四大文件，学习小平同志重要谈话，真正使广大法院干警转变思想观念，增强服务意识。在审判工作中，能够自觉地从“三个有利于”出发，充分发挥审判职能，努力开拓服务渠道，为建立社会主义市场经济体制自觉服务、主动服务；要坚持不懈地抓好法院的廉政建设，坚持从严治院，严肃纪律，严格要求，大力表彰先进集体、先进人物的模范事迹，树立学习的榜样；坚持开展执法执纪检查，严肃查处违法违纪行为，发现一件，查处一件，决不姑息迁就，保持法院廉洁，保证执法公正；要继续抓好错案追究制度的完善落实，办了错案，不仅要及时纠正，还要查找原因，追究责任，保证国家赋予人民法院的审判权，能够依法行使。

各位代表，在加快改革、扩大开放的新形势下，人民法院面临的任务十分艰巨，我们一定要认真贯彻党的十四大精神，进一步解放思想，更新观念，振奋精神，团结奋斗，充分发挥审判职能，积极主动地为加快改革开放和现代化建设作出新的贡献！

以上报告，请审议。

山西省高级人民法院工作报告

——1993年1月9日在山西省第八届人民代表大会第一次会议上

山西省高级人民法院院长　赵耀仁

各位代表：

省第七届人民代表大会第一次会议以来，全省法院的审判工作与改革开放和现代化建设同步发展，取得了新的成绩。5年来，在省委、省人大常委会和最高人民法院的领导、监督和指导下，全省各级人民法院认真贯彻邓小平同志建设有中国特色社会主义的理论，坚持党的“一个中心、两个基本点”的基本路线，紧紧围绕经济建设这个中心，全面开展各项审判工作，努力提高执法水平，为维护全省社会稳定，保障和促进改革开放和经济建设顺利进行，发挥了积极作用。现将5年来全省法院工作的主要情况报告如下，请予审议。

一、严厉打击严重危害社会治安和严重破坏经济秩序的犯罪分子，努力为改革开放和经济建设创造安定的社会环境

1988年以来，全省各级法院认真执行刑法、刑事诉讼法以及全国人大常委会的有关决定，坚持不懈地贯彻依法从重从快的方针，与公安、检察等部门密切配合，严厉打击各种严重刑事犯罪活动，取得了明显成效。1988年至1992年11月，全省各级法院共审结各类刑事案件44375件，判处人犯52608名。在判决发生法律效力的人犯中，判处五年以上有期徒刑、无期徒刑和死刑（含死缓）的17771名，占判处人犯总数的34%；判处五年以下有期徒刑、拘役、管制和免予刑事处分的34622名，占65.6%。这期间，还对1989年动乱中发生的反革命案件和有关刑事犯罪案件，进行了及时审理，严肃判处。

全省各级法院认真贯彻中央和省委关于打击经济犯罪，加强廉政建设的一系列重要指示，把打击各类严重经济犯罪活动作为惩治腐败、密切党同人民群众关系的重要措施来抓。5年来，在判处的刑事犯罪案件中，有经济犯罪案件1847件。其中，贪污813件，占44%；行贿、受贿189件，占10%；挪用公款154件，占8%。在判决发生法律效力的2513名经济犯罪分子中，判处十年以上有期徒刑、无期徒刑直至死刑(含死缓)的110名，非法所得万元以上的525名，原属国家工作人员的823名。在判处的重刑人犯中，有贪污、行贿、受贿80余万元的临汾市个体户邢安家和市农行某营业所出纳安小梅；有贪污、受贿各10万余元的原孝柳铁路总指挥孙孟喜，原孝柳铁路汾阳指挥部副指挥赵云孝；有挪用公款28万余元的侯马市某信用社代办员米腾云等。在1989年落实最高人民法院、最高人民检察院《关于贪污、受贿、投机倒把等犯罪分子必须在限期内投案自首坦白的通告》中，全省法院广泛宣传，发动群众，集中力量，在两个半月中共判处贪污、受贿、投机倒把等经济犯罪案件1624件(含盗窃公共财物案件)，人犯2181人，其中依法从宽判处443人，从严判处604人。

5年来，全省法院刑事审判工作的主要特点是：

(一)突出重点，及时审判严重刑事犯罪分子

各级法院继续坚持依法从重从快的方针，始终把杀人、抢劫、强奸、“车匪路霸”以及破坏交通通讯、电力设备、重大盗窃等严重危害社会治安的犯罪分子，特别是带有黑社会性质的犯罪集团的主犯、累犯和惯犯等严重犯罪分子作为打击的重点。

一批罪行严重、危害极大的犯罪分子，如轰动太原的故意杀人、抢劫犯张根锁、侯永全，称霸一方的带有黑社会性质的抢劫、流氓团伙主犯王洋、曹志刚，南宫卡拉OK歌舞场故意杀人犯李黎等，法院都迅速作出了严正判决，依法予以严惩，受到了人民群众的称赞。去年6、7月份，太原市连续发生多起重特大恶性案件，搞得人心惶惶，影响社会安定。省、市法院与公安、检察机关密切配合，发扬连续作战的工作作风，在不到两个月的时间里，集中审理了一批严重刑事犯罪案件，并召开了两次声势浩大的宣判大会，宣判案件42件，罪犯71名，有几十名罪大恶极的罪犯被依法处决，社会反映强烈，大快人心，省城太原的社会治安秩序明显好转。

(二)坚持依法审判，确保办案质量

各级法院始终坚持以事实为根据，以法律为准绳的原则，办理每一个案件，都要把基本犯罪事实搞清楚，把基本证据搞扎实，依法应当判处死刑的坚决判处死刑，应当重判的坚决重判。同时，对具有法定从轻、减轻情节的，依法从轻、减轻判处，注意全面发挥各种刑罚的功能作用。随着改革开放的不断深入，经济犯罪的情况发生了很大变化，案情日益复杂，审理难度增大。各级法院从“三个有利于”出发，坚持“一要坚决、二要慎重、务必搞准”的原则，认真研究经济犯罪的新情况、新特点，严格区分罪与非罪的界限，做到支持改革者，帮助失误者，制裁违法者，打击犯罪者。

(三)积极参加专项斗争和专项打击

根据中央和省委、省政府的统一部署，全省法院5年来先后参加了反盗窃，维护夏季治安秩序，打击“车匪路霸”和流窜犯罪，打击偷税抗税和假冒商标、制售伪劣商品，打击拐卖妇女儿童犯罪等10多次专项斗争和专项打击。在1991年9月以来开展的反盗窃斗争中，各级法院共判处盗窃犯罪案件4187件，罪犯7185名，其中有×××名被依法判处死刑（含死缓）和无期徒刑，打击了盗窃犯罪分子的嚣张气焰。在1990年开展的打击“车匪路霸”专项斗争中，各级法院与有关部门密切配合，共判处在公路、铁路沿线拦截车辆、敲诈洗劫乘客的犯罪分子520多名，24名罪大恶极的罪犯被判死刑。在1989年开展

的打击破坏水利、电力、通讯设施犯罪专项斗争中，判处这类案件51件，罪犯121人，保卫了工农业生产。

（四）坚持搞好公开宣判，不断扩大刑事审判的社会效果

在公开审理的基础上选择典型案件，适时公开宣判，是震慑犯罪，教育群众，维护社会稳定的重要措施。5年来，各级法院结合当地社会治安状况，连续不断地在城镇、交通沿线和人口稠密区，召开规模不等的宣判大会3552次，平均每年710次，旁听群众达2500万人次。同时，结合宣判大会印发布告和有关宣传资料并通过报刊、电台、电视台，宣传审判情况，扩大了办案的社会效果。

（五）充分运用审判职能，积极参与社会治安综合治理

全省各级法院认真贯彻全国人大常委会《关于加强社会治安综合治理的决定》，积极参与了社会治安综合治理工作。严厉打击严重刑事犯罪是搞好综合治理的重要前提。各级法院坚持不懈地贯彻"严打"方针，对刑事审判工作一直抓得很紧。正确适用缓刑、管制。对一些罪行轻微，愿意悔过，在监外改造不致再危害社会的罪犯，依法判处了缓刑、管制。判处后，有关法院加强回访考察，积极配合有关部门，落实帮教措施，做好改造转化工作。高、中级法院对劳改单位申报的减刑、假释案件认真审查，及时办理，促进了罪犯的思想改造。各级法院还结合公开宣判案件，以案讲法，进行法制宣传教育，或利用报刊、电台、电视台，进行法制宣传，并结合办案，提出司法建议，帮助有关单位完善规章制度，加强管理，堵塞漏洞，搞好预防，收到了好的效果。

在过去的5年中，我们打击严重刑事犯罪斗争虽然取得了一定成绩，但社会治安形势仍然比较严峻，一些重大案件，特别是危害公共安全和侵犯人身权利的恶性案件数量还不少。如果稍有放松，已经被遏制的犯罪势头就可能出现反复。新形势下经济犯罪仍然突出，群众要求打击经济犯罪，惩治腐败的呼声很高，打击经济犯罪的任务十分艰巨。社会治安状况的好坏直接关系着改革开放、经济建设的大局。因此，我们要认真贯彻"两手抓"、"两手都要硬"的方针，不能有丝毫的麻痹和松劲情绪，必须坚持不懈地贯彻依法从重从快和从严惩处的方针，继续保持"严打"声威，把刑事审判工作抓得很紧很紧。

二、充分运用法律手段调节经济关系，努力为全省改革开放和经济建设服务

1988年至1992年是全省改革开放和经济建设深入发展的重要时期，也是全省法院坚持审判工作服从和服务于经济建设的指导思想，运用审判职能为经济建设服务成效比较明显的5年。5年来，全省各级法院共审结各类经济纠纷案件40260件，诉讼标的22亿元。其中，审结购销合同纠纷16903件，占42%，使11亿元资金从纠纷中解脱出来，投入了生产和流通，挽救了一批濒临倒闭的企业；审结借款合同纠纷9647件，占24%，直接为金融部门收回逾期呆滞贷款4.4亿元，为稳定金融秩序，盘活信贷资金，发挥了积极作用；审结农村承包合同纠纷1912件，依法保护了承包者的合法权益，促进了农村联产承包责任制的完善和巩固；审结企业承包、租赁经营、技术合同等经济纠纷案件10514件，依法调节各种经济关系，促进了经济的协调发展。

全省法院在经济审判工作中的主要做法是：

（一）不断增强服务意识，提高服务的自觉性

确立为经济建设服务的观念，是搞好经济审判工作的重要前提。为此，各级法院很重视政治学习和思想教育，不断提高法院领导和审判人员执行党的基本路线的自觉性。1991年，中央工作会议作出搞好国营大中型企业的决定之后，省法院组织人员深入到20多个大中型企业调查研究。在此基础上，召

开了全省第二次经济审判工作会议，明确工作重点，制定服务措施，提出对涉及国营大中型企业的案件实行“三优先、一慎重”的原则，即优先立案、优先审理、优先执行，慎重采取诉讼保全措施。邓小平同志南巡重要谈话和中央政治局会议精神传达之后，省法院立即组织干警认真学习，并提出了7条贯彻落实意见，强调必须解放思想，转换脑筋，强化服务意识，把经济审判工作搞得更主动，更有成效。同时，还结合贯彻省委六届三次全委会精神，召开了“拓展经济审判，服务改革开放”座谈会，提出了多层次、多渠道为经济建设服务的具体措施。各级法院都从当地的经济审判工作实际出发，充实和加强审判力量，改进审判作风，改革审判方式，大胆拓宽服务领域，使经济审判工作更好地纳入了为改革开放和经济建设服务的轨道。

（二）突出重点，实行优质高效服务

从本省经济纠纷案件的情况看，占大头的一直是购销合同纠纷、借款合同纠纷和农村承包合同纠纷。全省法院始终把这三类案件作为经济审判的重点来对待。对涉及国营大中型企业的“债务链”案件，直接影响企业生产经营或资金可能流失的案件，坚持急案急办，快速服务；对企业间相互拖欠的“连环债”案件，坚持调查研究，摸清情况，分别立案，“一揽子”解决，集中服务；对需要采取查封、扣押等诉讼保全措施的案件，既严格依法办案，又从企业的实际情况出发，不能因为采取诉讼保全措施而使企业陷入困境。仅1991年，全省法院就审理涉及国营大中型企业的经济纠纷和“三角债”案件4100余件，为企业清理债务1.2亿元。全省各级法院还根据中央关于加强农业和农村工作的决定，把为农业生产和乡镇企业服务作为法院工作的一个重点，因地制宜，上门服务，及时解决纠纷，稳定以家庭联产承包为主的责任制，促进统分结合的双层经营体制的不断完善，保护乡镇企业和农业社会化服务体系的发展，壮大集体经济实力，保障农村经济的全面振兴，实现办案的社会效果与经济效果的统一。

（三）拓宽服务领域，改进服务方式

近年来，我们在经济审判工作中，一是开展多种形式的专项服务活动。在继续搞好依法收贷专项服务的同时，许多法院还相继开展了为乡镇企业、交通运输业清欠等专项服务。二是运用支付令手段，加快清理企业债权债务的速度。1991年4月以来，各基层法院积极运用督促程序，共发出支付令4263个，及时为企业收回债款6639万元。三是运用诉外调解，提高办案效率。据不完全统计，去年全省法院通过诉外调解解决经济纠纷3200余件，为企业收回外欠款8400多万元。四是开展法律服务，促进企业依法经营。5年来，各级法院有针对性地向有关管理部门和企业提出司法建议2000余条，帮助改进管理，完善运行机制。许多法院还主动和企业建立联系制度，向企业聘请司法联络员，到企业宣传经济法律知识，帮助企业完善合同管理制度，收到了好的社会效果。

三、积极开展民事、行政和告诉申诉审判工作，依法保护公民、法人的合法权益

保护公民、法人的合法权益不受侵犯，是民事审判工作的职责，是社会主义民主和法制的重要任务。5年来，全省各级法院认真贯彻民法通则、民事诉讼法、继承法等法律法规，进一步加强民事审判工作，共审结各类民事案件198393件，比前5年增加8%。平均每年审理民事案件39679件，占法院审理案件总数的70%。在审结的民事案件中，婚姻家庭案件居各类案件之首，平均每年审结两万余件，年递增率为5%左右。居民事案件第二位的是债务案件，平均每年审结一万件左右。居第三位的是赔偿案件，平均每年审结5000件左右。随着改革的不断深入和新法律法规的颁布，著作权、肖像权、名誉权等人身权和知识产权案件，从无到有，逐年增长，5年来共审结317件。通过这些案件的及

时审理，保护了公民和法人的合法权益。

行政审判工作进入了一个新阶段。从1988年开始，各级法院适应形势的需要，相继建立了行政审判庭，配备了行政审判人员，积极慎重地开展了行政审判工作。5年来共审结各类行政案件2471件，其中数量最多的是土地和治安行政案件，分别占案件总数的51%和28%。1990年10月行政诉讼法正式实施以来的两年多时间，全省法院审结行政案件1386件，占5年来审结行政案件总数的56%。各级法院通过审理各类行政案件，特别是涉及企业生产经营和经营机制转换中发生的新类型案件，保护了公民和法人的合法权益，支持了行政机关依法行政。

告诉申诉审判工作有了新的发展。1988年以来，我们从改革告诉申诉审判工作入手，理顺关系，建立机构，充实力量，使这项工作逐步走上正规化。截止目前，全省法院建立告诉申诉审判庭109个，占83.2%。为解决群众“告状难”的问题，全省法院建立了立案审查、分级负责等制度。群众“告状难”的问题有所缓解，群众来信来访出现了连续下降趋势。1992年1至11月全省法院处理各种来信来访68238件次，比1988年同期下降了51%。同时，各级法院还集中力量解决了一批长期缠诉、影响社会安定的“上访老户”和集体上访案件。

几年来，各级法院在民事、行政、告诉申诉审判工作中主要抓了以下几个方面：

（一）集中力量抓好主要案件的审理

各级法院始终把婚姻家庭、债务、赔偿以及土地、治安等数量比较多的案件作为审判的重点，集中力量，及时审理。对其中一些争执激烈、易于矛盾激化的案件，做到优先受理，快审快判，及时化解矛盾。去年全省法院及时审理与农业生产密切相关的土地、水利、林木、宅基地案件790余件，有效地制止了非法占有和滥用土地的行为，保护了水利设施和土地资源的管理使用。

（二）认真抓了有关法律法规的学习

几年来，全国人大及其常委会先后颁布了民法通则、民事诉讼法、行政诉讼法、继承法和著作权法等几十个法律法规。这些法律是审判人员办案的准绳，是坚持依法办案、严肃执法的重要保障。每当新的法律法规颁布施行后，各级法院都采取举办培训班、开办专题讲座、开展法律知识竞赛等多种形式，组织干部进行学习，理解立法精神，掌握法律规定，指导审判实践。

（三）不断改进审判作风

为了方便群众诉讼，提高办案效率，许多法院不断改进告诉申诉接待工作，尽量简化手续，方便群众诉讼。各级法院还注意教育干警增强办案的时效观念，在法律规定的期限内审结案件。基层法院特别是人民法庭，继续发扬巡回办案的优良传统，经常顶风冒雨，深入山庄窝铺，在地头办案，在炕头调解，深受群众欢迎。

四、不断改善执法活动，努力提高执法水平

（一）认真执行法律规定的审判制度和程序

几年来，各级法院始终把执行公开审判、辩护、回避、举证责任、案件合议等各项审判制度，作为提高办案质量的重要方面来抓，将审判工作置于群众监督之下，增强了审判工作的透明度。几年来，各类一审案件公开审判率均在90%以上，二审和再审案件公开审判数逐年提高。举证责任制度的实施有效地调动了当事人提供证据的积极性，加快了审理案件的速度。督促程序、公告催示是民事诉讼法规定的新程序，各级法院及时运用这些程序处理民事、经济纠纷案件，提高了办案效率。对法律规定的搜查、拘留、查封、扣押等强制性措施，各级法院从有利于发展经济，加快办案速度出发，既敢于使用，又善于使用。

（二）开展经常性的执法检查和案件评查活动

5年来，根据省人大的统一部署，先后开展了6次全省性的执法检查。每次检查，各级法院都认真部署，精心组织，认真听取当地人大、政协、人民群众和当事人对案件判处的意见，检查所办案件在认定事实、适用法律、审理时限等方面是否正确合法。在搞好全省执法检查的同时，各级法院根据自己的实际情况，开展了多层次、多形式的案件评查活动。有的把案件评查工作作为一项制度长期坚持；有的定期或不定期地开展互评互查；还有的针对审判中出现的倾向性问题开展重点评查。据不完全统计，几年来，全省各级法院对执法检查和案件评查中发现的785件判处不当的案件，进行了纠正或部分纠正，对少数办"关系案"、"人情案"、群众反映强烈的问题，进行了严肃处理。

（三）努力解决案件"执行难"的问题

1988年以来，全省各级法院把执行工作列入重要议事日程，在109个法院建立了执行庭，配备执行人员597名。5年来，通过执行程序共执行各类案件80607件，为国家、集体、公民追回欠款12亿元。为了进一步加强执行工作，解决案件"执行难"的问题，省法院于1991年11月向省七届人大常委会第25次会议作了专题报告，提出了改变"执行难"的具体措施。在省委和省人大的领导和支持下，我们于1992年1至6月开展了全省性的执行大会战。6个月共执行各类案件13683件，执行标的1.85亿元，使未执行的积案由原来9000余件，减少到4500余件，达到了几年来执行工作的最好水平，"执行难"的问题有所缓解。

（四）认真接受党的领导和人大及其常委会的监督

各级法院始终坚持在省委和各级党委的领导下正确开展审判工作，对审判工作中遇到的重大和疑难问题，及时向党委汇报，积极争取党委的领导和支持。几年来，各级法院十分重视人大对法院工作的监督，省法院制定了《山西省高级人民法院关于接受省人大及其常委会监督的八条意见》，在每年定期向人大报告工作的基础上，省法院这几年先后向省人大常委会作了关于全省法院经济审判和执行工作等专题报告，认真接受委员和代表的监督。各级法院经常与人大取得联系，反映法院审判工作的情况，办理人大交办的有关事项。全省有90个法院认真接受各级人大评议，对坚持严格执法促进很大。许多法院还聘请当地人大代表担任执法监督员，定期不定期地邀请人大代表视察法院工作，征求对法院工作的意见和建议。

五、加强法院的自身建设，提高干警的思想和业务素质

几年来，按照省委和各级党委的统一部署和安排，我们坚持不懈地在干警中进行了党的基本路线教育和社会主义思想教育，引导干警坚定社会主义、共产主义信念，坚持四项基本原则，抵制资本主义腐朽思想的侵蚀。邓小平同志南巡重要讲话和党的十四大之后，省法院及时研究制定贯彻落实的措施，要求各级法院和广大干警认真学习江泽民总书记在十四大的报告，深刻理解邓小平同志关于建设有中国特色的社会主义理论，进一步解放思想，更新观念，以十四大精神为指导，不断开创运用审判职能为改革开放和经济建设服务的新局面。

通过学翼城法院和整顿执法队伍，促进廉政建设，提高严肃执法的自觉性。开展"学翼城法院，比严肃执法"活动和1991年进行的执法队伍整顿，是近年来法院队伍建设上抓的两件大事，收到了明显效果。翼城县法院严肃执法的经验已在各级法院开花结果。去年1月，省法院召开严肃执法表彰大会，树立了8个"严肃执法红旗单位"，表彰了15个严肃执法的先进集体和38名先进个人。运城市法院针对新形势下办案中存在的问题，从去年1月起实行了"错案追究制"，按照规定对12名审判人员作了处罚，有的被撤职和免职。这项制度的实行，对责任人和全院干警震动很大，增强了办案的责任心，执法水平明显提高。各级法院以翼城法院为榜样，不断巩固执法队伍整顿成果，坚持从严治院，涌现出不少清正廉洁、秉公执法的先进集体和个人。

干部教育培训取得了好的成果。1988年以来，“业大”山西分校先后有1792名干警取得了法律大专毕业证书，600名干警取得了专业合格证书，使全省法院干警文化结构和专业知识结构发生了可喜的变化。全省法院干警具有大专以上文化的达到38.5%。目前还有1100名干警正在参加“业大”学历和专业证书学习。在坚持搞好“业大”教育的同时，各级法院还注意有针对性地搞好业务培训，不断提高干警的业务水平。

“两庭”建设基本完成，执法条件有了改善。全省审判法庭和人民法庭建设起步于1984年，几年来建设步伐不断加快。在省委、省人大、省政府和最高人民法院的领导和大力支持下，经过全省各级法院广大干警的艰苦奋斗，不懈努力，成绩卓著。全省应建审判法庭131个，已经建成和即将建成的127个，占97.9%；应建人民法庭576个，已建成和即将建成493个，占85.6%，执法条件有了明显改善。1991年10月，最高人民法院在本省召开了全国法院“两庭”建设工作会议，对全省“两庭”建设取得的成绩和经验予以高度评价。去年8月下旬，省“两庭”建设领导组召开表彰大会，在全面总结“两庭”建设经验的基础上，表彰了7个重视支持“两庭”建设的单位、政府和有关部门，86个“两庭”建设模范单位，62名“两庭”建设先进工作者。全省“两庭”建设虽然取得了很大成绩，但还有很多工作需要继续做好。待建的审判法庭和人民法庭，大都处在贫困地区，资金缺乏，困难比较大。已建成的一些法庭，内部设施还不配套。在法庭的管理使用上，还未建立起一套行之有效的管理使用制度。

5年来，全省各级法院的工作取得了一定的成绩。但是，我们也清楚地看到，还存在着一些问题和不足，主要是：1. 思想观念有待进一步更新。随着形势的发展，特别是邓小平同志南巡重要谈话和十四大之后，我们深感思想观念还跟不上形势的发展，一些法院，特别是少数领导同志，缺乏改革和创新意识，满足于按传统习惯和老经验办事，运用审判职能为改革开放和经济建设服务的自觉性、主动性不够，成效不够突出。2. 审判工作中仍然存在着某些执法不严的现象。个别地方对群众的诉讼处理不够及时。少数案件超过法定时限，案件公开审理的质量需要进一步提高。案件“执行难”的问题还未得到根本解决。3. 法院队伍的数量和素质还需要进一步充实和提高。在各类案件不断增多的情况下，办案力量与案件数量上升的矛盾越来越突出，有的法院因人少组不成合议庭，有的人民法庭因人少只好暂时关闭。部分审判人员知识面比较窄，业务素质还不适应工作的需要。办案质量和办案效率不高的问题还不同程度地存在。有的干警法律意识不强，不能严肃执法，甚至徇情枉法，造成不良影响。对于法院审判工作和自身建设存在的问题，我们将在党委、人大的领导和监督下，采取措施，认真改进。对法院物质方面存在的困难，还请政府和有关部门继续给予支持和帮助，保证审判工作的正常开展。

党的十四大制定了加快改革开放和现代化建设步伐，夺取有中国特色的社会主义事业更大胜利的宏伟纲领。省委六届五次全会确定了我省经济上新台阶的主要目标、战略方针和指导思想，全省法院担负的审判任务更加繁重。为此建议下届法院工作要在“十四大”精神指引下，坚持党的基本路线，按照最近召开的全国政法工作会议和第十六次全国法院工作会议提出的要求，牢固树立审判工作为经济建设服务的指导思想，进一步全面开展审判工作，努力维护社会稳定，更好地为全省改革开放和经济建设上新台阶服务；要坚持不懈地贯彻依法从重从快的方针，严厉打击各种严重刑事犯罪和经济犯罪活动，维护社会的稳定，为经济建设创造良好的社会环境；要更好地运用经济审判职能调整经济关系，促进全省社会主义市场经济体制的建立；要进一步搞好民事、行政、告诉申诉审判工作，依法调整公民、法人的财产和人身关系，保护公民、法人的合法权益；要进一步改善执法活动，自觉接受党委领导和人大及其常委会以及社会各界的监督，不断提高执法水平；要继续加强法院的队伍建设、物质建设和基层建设，改进内部管理，坚持从严治院，保证严肃执法，使法院的自身建设有新的发展。

各位代表，在新的形势下，全省各级法院要以党的十四大精神为指针，在省委、省人大的领导和监督下，振奋精神，团结一致，努力工作，为加快改革开放和现代化建设步伐，为促进全省经济迈上新台阶作出新的贡献！

内蒙古自治区高级人民法院工作报告

——1993年5月8日在内蒙古自治区第八届人民代表大会第一次会议上

内蒙古自治区高级人民法院院长　杨达赖

各位代表：

在自治区第七届人民代表大会期间，全区各级人民法院和铁路运输法院认真贯彻党的“一个中心、两个基本点”的基本路线，忠实地执行宪法和法律，紧紧围绕经济建设这个中心，全面加强各项审判工作，在自治区的改革和建设事业中发挥了重要的保障和促进作用。现将5年来全区法院工作的主要情况和今后工作意见报告如下，请予审议。

一、关于刑事审判工作

为了维护社会稳定，保障改革开放和经济建设的顺利进行，全区各级法院不断强化对敌专政职能，依法严厉打击严重危害社会治安和严重破坏经济秩序等各种犯罪活动。5年共受理一审刑事案件37385件，其中1992年受理8023件，平均每年上升7.9%；共审结37282件，判决发生法律效力的人犯42739人，其中判处五年以上有期徒刑、无期徒刑和死刑（包括死缓）的占36.9%，判处五年以下有期徒刑、拘役和管制的占60.8%，免予刑事处分的占1.8%，宣告无罪的占0.5%。

（一）严厉打击严重危害社会治安的犯罪活动，维护社会稳定

5年来，全区各级法院坚持依法从重从快的方针，会同公安、检察机关开展集中打击和专项斗争，依法严惩杀人、抢劫、爆炸、强奸、流氓、“车匪路霸”和破坏交通、通讯、电力设备等犯罪分子，共审结严重危害社会治安的犯罪案件13324件，判决发生法律效力的人犯18574人，其中1992年判处3765人。特别是对那些严重危害人民群众生命财产安全的重大恶性案件，各级法院坚持依法从快审理，从重判处，收到了良好的社会效果。如集宁市去年连续发生两起特大抢劫、强奸、杀人案，罪犯刘玉忠等4人趁两名火车司机出车之机，闯入住宅抢劫财物，强奸妇女，行凶杀人，两位司机的妻子和两个未成年子女惨遭杀害，一度在当地群众特别是铁

路职工中引起惶恐。案件起诉后，法院仅用13天就一、二审结案，将4犯依法处以死刑，充分发挥了刑事审判的震慑威力，受到了广大群众的称赞。

盗窃犯罪发案多、危害大，是影响社会治安和经济建设的一个突出问题。全区各级法院积极参加反盗窃斗争，切实加强对盗窃犯罪特别是盗窃牲畜、盗窃铁路运输物资犯罪的打击，依法从严惩处盗窃集团的首要分子、重大盗窃犯、惯犯、流窜犯，并注意对销赃犯的打击。5年共审结盗窃案件14129件，判处盗窃犯罪分子20309人，其中1992年判处3771人。

一个时期以来，“六害”犯罪特别是毒品犯罪在全区一些地方比较严重。全区各级法院认真执行全国人大常委会的有关决定，依法严惩制造、贩卖毒品，拐卖妇女、儿童，强迫、容留妇女卖淫，制作、传播淫秽物品，聚众赌博等犯罪分子，5年共审结这几类犯罪案件976件，判处犯罪分子1238人，其中1992年判处370人。特别是1991年以来，各级法院把打击毒品犯罪作为刑事审判工作的一项重要任务，依法严惩了一批毒品犯罪分子。如马洪林、马永强、白永祥、马永斌、武集春等人，大肆进行毒品犯罪活动，先后共贩卖海洛因8400余克，被依法判处死刑，上报最高人民法院核准。呼盟、赤峰、包头、伊盟等毒品犯罪比较集中的地区，先后召开集中打击毒品犯罪分子的宣判大会，有力地打击了毒品犯罪活动。

在坚持“严打”的同时，各级法院认真贯彻全国人大常委会《关于加强社会治安综合治理工作的决定》，采取多种形式，积极参与社会治安综合治理。通过公开审判，开展法制宣传教育。针对办案中发现的有关单位管理上的漏洞，提出司法建议。对未成年人犯罪贯彻教育、感化、挽救的方针，寓教于审，惩教结合。对罪行较轻的犯罪分子，在有条件的地方依法适当多判一些缓刑、管制，依靠群众进行改造。5年共判处缓刑、管制6382人。对劳改中确有悔改或立功表现的犯罪分子，依法裁定减刑或假释。如被判处十五年有期徒刑的强奸犯和希格，原系内蒙古大学讲师。该犯在服刑期间认罪服法，并写出女真文字研究方面的论文100余篇，取得了重大科研成果。去年被依法裁定假释，社会反映良好。5年全区法院共办理减刑案件20989件，假释案件959件，对改造罪犯工作起到了促进作用。

（二）深入开展打击经济犯罪的斗争，维护经济秩序

5年来，各级法院坚持依法从严惩处的方针，惩办了一批严重经济犯罪分子，共审结一审经济犯罪案件5571件，判决发生法律效力的人犯7229人，其中1992年判处的1358人。通过审判经济犯罪案件，为国家挽回直接经济损失1.07亿元。

为了促进廉政建设，各级法院坚持把惩治国家工作人员贪污、受贿等犯罪作为打击的重点，认真执行全国人大常委会《关于惩治贪污罪贿赂罪的补充规定》，着重抓好大要案的审判，5年共审结贪污、受贿、挪用公款案件1516件，除正在上诉的、退回检察院补充侦查和撤诉的以外，判决发生法律效力的人犯1047人。其中，犯罪数额在万元以上不满10万元的313人，10万元以上的13人，犯罪数额最大的达59万元。在判处的贪污、受贿犯罪分子中，有县（处）级以上干部12人，其中厅（局）级干部2人。为了推动打击经济犯罪斗争的深入开展，全区法院认真贯彻1989年8月15日发布的“两高”通告，及时宣判了一些宽严典型案件，促使一批经济犯罪分子投案自首，收到了较好的效果。同时，注意加强对走私、诈骗、偷税抗税、伪造国家货币、制售假冒伪劣产品、盗伐林木、破坏矿产资源等犯罪活动的打击，维护了经济秩序。

在审理经济犯罪案件中，各级法院坚持“一要坚决，二要慎重，务必搞准”的原则，严格区分罪与非罪的界限。特别是对企业管

理人员和科技人员的经济犯罪案件，坚持全面分析，准确认定。对法律和政策规定不明确的，慎重处理；对大胆改革，工作有失误的，一般不以犯罪论处；对一贯表现好或者有突出贡献、认罪态度好的，依法从宽处理，需要判刑但生产经营或科研工作有特殊需要的，依法判处缓刑。

当前，打击经济犯罪中存在的“以罚代刑”问题仍未解决，一些依法应由法院判处的案件，没有依法移送或者起诉到法院，有关部门只作行政处罚或者经济处罚了事，致使一些经济犯罪分子没有受到应有的惩处。需要指出的是，近几年来，生产和经销假冒伪劣商品的违法犯罪活动比较严重，群众对此反映十分强烈，而移送和起诉到法院的这类犯罪案件却为数极少。此外，有些应当随案移送的赃款赃物没有随案移送，致使一些案件不能及时处理。我们希望采取有力措施，切实解决这些问题。

二、关于经济审判工作

全区各级法院通过依法开展经济审判活动，调节经济关系，维护经济秩序，积极参与治理整顿，努力为搞好国有大中型企业和发展农村牧区经济服务，为加快改革开放和经济建设服务。5年共受理一审经济纠纷案件27274件，其中1992年受理6308件，平均每年上升9.5%；共审结26645件，结案诉讼标的总金额达12.22亿元

（一）加强对经济合同、金融、工业产权和技术合同纠纷等案件的审理，促进市场的发展

5年共审结购销合同纠纷案件11526件，其中1992年审结2276件，通过审理这些案件，妥善处理了因清理整顿公司遗留的和因市场销售情况或价格变化引起的不履行合同、拖欠货款纠纷；严肃处理生产和销售假冒伪劣商品的违法行为，维护了市场秩序。5年共审结借款合同纠纷案件4157件，为国家收回银行贷款1.75亿元，其中1992年审结944件，收回银行贷款4千多万元。通过审判活动积极参与清理“三角债”，促进了资金的周转。5年共审结专利、商标、技术合同纠纷案件44件，其中1992年审结12件。通过正确审理这几类案件，依法制裁侵犯他人专利权、注册商标专用权的行为，重视和加强对工业产权和技术权益的司法保护，促进了科技成果的商品化和向现实生产力转化。

（二）加强对企业承包、租赁和破产等案件的审理，促进企业经营机制的转换

各级法院在审判工作中，严格执行国家关于法人制度的规定，依法保护企业的经营自主权。自去年国务院发布《全民所有制工业企业转换经营机制条例》以来，企业承包、租赁经营合同纠纷和破产案件上升较快。1992年全区法院共审结这几类案件170件，比上年上升48.3%。

（三）加强对农村牧区经济纠纷案件的审理，促进农村牧区经济的发展

5年共审结农村牧区承包合同纠纷案件540件，其中1992年审结180件，平均每年上升20.5%。通过审理这类案件，对稳定以家庭联产承包为主的责任制，促进统分结合的双层经营体制的不断完善，起到了积极作用。各级法院还及时审理涉及乡镇企业的经济纠纷案件，促进了乡镇企业的发展。

（四）加强执行工作

在各级党委的领导、人大的监督和政府的支持下，人民法院判决的执行工作得到了加强。1992年6月19日，自治区人大常委会作出《关于加强人民法院执行工作的决议》，对改善人民法院执行工作的外部环境，推动法院执行工作的开展起了积极作用。去年，我们还按照最高人民法院的统一部署，对跨省、自治区、直辖市的委托执行案件进行了清理。许多法院还针对执行案件积压多、难度大的特点，采取领导挂帅，集中力量，集中时间，集中车辆的方法，组织执行会战，依法执行了一批大案难案。5年全区法院共执行经济纠纷裁判11268件，使大部分案件得到了执

行。但是，"执行难"的问题仍然比较突出。其主要原因，一是一些企业严重亏损，无力还债；二是地方保护主义和部门保护主义干预，有关方面不配合人民法院执行；三是有些当事人法律意识淡薄，逃避履行义务，甚至暴力抗拒人民法院依法强制执行；四是有少数案件判决不公正，无法执行。为此，我们要进一步加强各级法院的执行工作，从全局出发，坚决抵制和克服地方保护主义和部门保护主义，维护法律的严肃性和国家法制的统一；秉公执法，保证裁判正确；充实力量，健全机构，提高执行工作水平。同时，希望有关方面大力支持法院的执行工作。

三、关于民事审判工作

民事权利是公民、法人的一项基本权利。民事审判工作关系着广大人民群众的切身利益。随着经济的发展和法制的逐步完善，公民的法律意识不断增强，民事诉讼逐年上升。5年全区法院共受理一审民事案件235308件，占全部收案总数的70%以上，1992年受理的59755件，平均每年上升14%；共审结232300件。民法通则和民事诉讼法以及著作权法等重要法律的施行，使民事审判工作不断向前发展。人民法院正确、及时地处理大量民事案件，依法保护公民、法人的民事权益，对维护社会稳定，促进生产的发展和精神文明建设，起到了积极的作用。

(一)依法审理婚姻家庭案件和继承案件

婚姻家庭案件占全部民事案件的一半。近几年来，由于人们婚姻家庭观念和财产关系的变化，离婚案件不仅数量增加，而且在离婚时解决财产分割、子女抚育、住房分配等问题的难度增大。5年共审结离婚案件109721件，赡养和抚育案件6400件，继承案件2040件。

(二)积极审理债务、房地产、劳动纠纷等案件

随着改革开放的深入发展，民间经济往来日趋广泛，债务案件特别是借贷案件大幅度上升。5年共审结债务案件64381件。审结房地产开发和其他房产案件4364件，劳动报酬、劳动争议案件3822件，促进了房地产和劳务市场的发展。

(三)依法审理著作权和名誉权等案件

人民法院不仅注意保护公民、法人的财产权利，而且重视对人身权利的保护。5年全区法院共审结著作权、名誉权、名称权、姓名权、荣誉权等案件193件。

(四)妥善处理土地、山林、水利、草畜场纠纷等案件

5年共审结这几类案件3479件。这些案件大多发生在农村牧区，涉及资源的合理使用，关系群众的生产生活，容易矛盾激化。人民法院通过审理这些案件，及时化解矛盾，消除不安定因素，促进了农村牧区的社会稳定和经济发展。

四、关于行政审判工作

行政审判工作的开展，是完善我国诉讼制度的重要标志，是社会主义法制建设的一件大事，也是社会主义民主政治建设的一个重要步骤。1989年行政诉讼法的颁布，使行政审判工作进入了一个新阶段，行政诉讼的领域不断扩大，行政诉讼案件上升很快。5年全区法院共受理一审行政案件1432件，平均每年上升39%，案件涉及到30多个行政部门；共审结1418件，其中维持行政机关决定的占33.3%，撤销行政机关决定的占23.5%，变更行政机关决定的占3%，撤诉的占31.8%，作其他处理的占8.4%。

在行政审判工作中，全区各级人民法院认真履行宪法和法律赋予的职责，既依法保护公民、法人和其他组织的合法权益，又维护和监督行政机关依法行使职权。5年来，主要抓了以下几方面的工作：第一，通过对侵犯企业生产经营决策权、产品销售权、投资决策权等案件的审理，制止侵犯企业经营自主权的违法行政行为，促进国有企业特别是大中型企业经营机制的转换。第二，加强对

土地、工商、税务、环保等案件的审理，制止乱设卡、乱罚款、乱摊派等违法行政行为，促进商品的生产和流通。第三，加强对治安、收容审查、劳动教养等案件的审理，依法保护公民的人身权和其他合法权益。

5年来，人民法院的行政审判工作从无到有，开拓前进，初步打开了局面。但是，由于行政诉讼制度建立不久，有些公民和行政机关对行政审判工作的重要性认识不足，目前一些地方仍然存在公民、法人不敢告，行政机关不愿当被告的现象，一些法院也有畏难情绪。因此，进一步学习、宣传、贯彻行政诉讼法，仍然是今后一项十分重要的任务。全区各级法院要认真总结经验，敢于排除各种干扰，严格依法办案，以开创行政审判工作的新局面。

五、关于审判监督和业务指导

为了保证办案质量，提高司法水平，全区各级法院切实加强了审判监督工作。5年共接待人民来访32.89万人次，处理群众来信8.13万件次。各级法院坚持“实事求是，有错必纠”的原则，对当事人提出的申诉和申请再审，认真审查处理，并对已生效的判决主动进行检查，发现原判确有错误的，依照审判监督程序予以纠正。5年中，全区法院按照审判监督程序，再审改判原判不当的各类案件1954件。同时，还审理了检察机关按照审判监督程序提起抗诉的刑事、民事、经济案件88件，按照二审程序提起抗诉的刑事案件496件，共计584件。其中，抗诉有理，原判确有错误，依法改判的260件；抗诉理由不能成立，原判正确，予以维持的214件；检察机关撤回抗诉的53件；作其他处理的57件。

5年来，上级法院在深入开展调查研究的基础上，进一步加强了对下级法院审判工作的指导。针对审判工作中不断出现的新情况和新问题，高、中级法院每年都选定一些题目，组织力量，深入基层，调查研究，总结成功的经验，提出新的举措，增强了工作的主动性和预见性。在对下业务指导方面主要抓了以下两点：一是努力适应形势的发展变化，围绕党和国家的中心工作，及时调整工作思路，确定工作重点，从宏观上加强对审判工作的指导。二是紧密结合审判工作实际，认真研究或及时反馈适用法律、执行政策方面遇到的问题，提出带有规范性和操作性的意见，从微观上加强对审判工作的指导。

六、关于法院的自身改革和建设

法院的自身改革和建设是人民法院做好审判工作的重要保证，也是我国社会主义民主和法制建设的一个重要组成部分。5年来，全区各级人民法院的自身改革和建设，取得了新的进展。

（一）健全审判机构，改进审判方式

一是根据审判工作发展的需要，全区各级法院普遍设立了行政审判庭、执行庭，一些法院还设立了少年法庭、房地产审判庭。二是依法加强调解工作，自治区高级法院和部分中级法院、基层法院成立了“经济纠纷调解中心”，立案快，结案快，执行快，效果好。三是改进公开审判的方式。审理民事、经济纠纷案件，强调当事人举证责任，强调庭审的调查、辩论和质证，以保护当事人的诉讼权利，提高办案的质量和效率。

（二）加强法院队伍建设

5年来，全区法院的队伍建设有了很大发展，干警素质有了明显提高。各级法院加强了马列主义毛泽东思想和党的基本路线的学习，去年年初以来，又着重学习了邓小平同志视察南方的重要谈话和党的十四大精神，进一步用邓小平同志建设有中国特色社会主义的理论武装干警的头脑。各级法院坚持从严治院，健全廉政制度，强化监督机制，坚决抵制和纠正不正之风，开展每年一度的执法大检查，大力表彰好人好事，严肃查处违法违纪行为。5年来，在全区范围内表彰先进集体180个，先进个人235人；其中包头

市郊区法院还被最高人民法院荣记集体一等功。查处违法违纪干警106人，其中受纪律处分的95人，受刑事处分11人。

为了提高干警的业务素质，各级法院采取多种形式加强干部培训工作。通过办好法院干部业余法律大学，实行《法律（审判）专业证书》教育制度，抓好干警的学历教育。5年来共有37名审判人员经中国高级法官培训中心培训，培养大专以上毕业生2277人，还有966人在校学习。全区法院审判人员中，具有大专以上文化水平的，已由1987年的14%上升到40%。自治区高级法院成立了法官培训中心，对新任基层法院院长和各级法院的审判业务骨干，分期分批进行岗前培训、岗位培训。各中级法院和基层法院还通过开庭观摩、评查案件、业务竞赛等形式，开展了内容丰富的岗位练兵活动。为了适应在少数民族地区开展审判工作的需要，自治区高级法院和一些中级法院，还举办了用蒙语授课的少数民族审判干部培训班。全区法院系统多形式、多层次的干部教育培训网络已初步形成。

（三）加强人民法庭和审判法庭建设

人民法庭是基层法院的派出机构，绝大部分设在农村牧区，处在法院工作的第一线，担负着80%左右的民事案件、部分经济纠纷案件和刑事自诉案件的审判任务，还要处理简易纠纷，指导人民调解组织，参与社会治安综合治理。因此，加强人民法庭工作，是搞好法院工作的基础。5年来，全区各级法院面向基层、服务基层，从组织上、业务上和思想作风上大力加强人民法庭建设。到1992年底，全区共派出人民法庭549个，比1987年增加了141个，配备法庭干部2000余人。并从牧区地域辽阔，人口稀少，居住分散，交通不便的实际出发，为全区29个牧业旗配备专用车辆，派出牧区巡回法庭，有效地解决了牧民“告状难”的问题，受到了广大牧民群众的称赞和欢迎。

5年来在各级党委、人大和政府的支持下，全区法院的审判法庭和人民法庭建设取得较快的进展。各盟市中级法院的审判法庭已经建成或正在建设，基层法院的审判法庭有57%已经建成或正在建设，人民法庭的办公用房有50%已经建成或正在建设。但总的来看，人民法院的设施和装备还比较落后，经费紧缺，执法条件有待进一步改善。现在全区还有43个人民法院没有审判法庭，273个人民法庭没有办公用房，亟待解决。我们希望在“八五”期间，审判法庭和人民法庭的办公用房能全部建成，人民法院经费紧缺、装备落后的问题也能得到适当解决。

各位代表：在七届人大期间，全区法院共受理各类一审、二审和再审案件333303件，审结329258件，平均每年分别上升9.2%和11%。其中，1992年受理82459件，审结78187件。人民法院的审判工作与改革开放和现代化建设同步发展，取得了很大成绩。但同时也存在不少缺点，主要是有些干警的思想还跟不上改革开放和经济建设发展的新形势，需要进一步解放思想，转变观念；对一些新情况、新问题缺乏深入的调查研究，工作指导不够及时、有力；有的案件办案质量不高，甚至办错案；有的案件办得拖拉，处理不及时，有的案件该受理没有受理，群众反映“告状难”；少数干警缺乏为人民服务的思想，作风简单、粗暴，甚至违法乱纪。对这些缺点，我们要在今后的工作中认真克服。

七、关于今后全区法院的工作任务

今后5年是实现我国现代化建设第二步战略目标的关键时期，党的十四大又明确确定了建立社会主义市场经济体制的改革目标，这就给人民法院的工作提出了新的更高的要求。随着改革开放和经济建设步伐的加快，以宪法为核心的适应社会主义市场经济发展的法律体系的建立，越来越多的社会关系需要运用法律手段来调节，人民法院的审判任务将更加繁重。今后一个时期，全区各级人民法院的主要任务是：认真贯彻党的十四大和区党五届六次全委（扩大）会议精神，坚定不移地执行党的“一个中心，两个基本点”的基本路线，坚持用邓小平同志建设有中国特色社会主义的理论指导工作，进一步解放思想，实事求是，继续全面加强刑事、民事、经济、行政审判工作，深入开展严厉打击严重刑事犯罪和严重经济犯罪的斗争，充分运用法律手段调节经济关系，切实保护公民、法人的合法权益，维护和监督行政机关依法行政，为维护国家安全和社会稳定，为社会主义市场经济体制的建立，为加快改革开放和现代化建设，实现自治区经济发展战略目标，提供有力的法律保障和法律服务。

为了保证上述任务的落实和完成，前不久，我们召开了第十六次全区法院工作会议，对当前和今后一个时期的工作作了具体的研究部署，并要求各级法院强化5个观念：一是强化审判工作为经济建设服务的观念。通过审判活动引导和规范市场行为，促进社会主义市场经济体制的建立和完善，依法保护有利于解放和发展生产力的行为，限制不利于解放和发展生产力的行为，制裁那些破坏解放和发展生产力的行为。二是强化“两手抓，两手都要硬”的观念。近几年，全区的社会治安综合治理取得了一定成绩，但是一些地方的治安状况仍然不好，严重刑事案件继续上升，有的地方犯罪活动猖獗。各级法院必须充分认识同刑事犯罪作斗争的长期性和复杂性，进一步强化人民民主专政职能作用，继续坚决打击各种严重危害社会治安的犯罪活动，扫除社会丑恶现象；坚决严惩严重经济犯罪分子，深入开展反腐败斗争，为加快改革开放和现代化建设进一步创造良好的社会环境。三是强化全面执法的观念。人民法院作为国家的审判机关，要全面发挥打击、保护、调节的职能作用，在坚持严厉打击各种犯罪活动的同时，切实保护公民、法人的合法权益，充分运用法律手段调节经济关系，以维护社会主义民主和法制，调动和保护广大群众参加现代化建设的积极性。四是强化严肃执法的观念。要坚持在党的领导和人大监督下独立进行审判，坚持严格依法办事与“三个有利于”标准的统一，不断改进审判方式，提高司法水平，坚决反对和抵制“以言代法”、“以权压法”。社会主义市场经济需要有完备的法制来规范和保障，从这个意义上说，市场经济就是法制经济。人民法院要坚决抵制和克服地方保护主义和部门保护主义，维护法律的尊严和国家法制的统一。五是强化法院改革和建设的观念。目前，全区法院在管理体制、机构设置、工作方法等方面，还存在一些影响审判职能作用充分发挥的问题。因此，我们要进一步解放思想，更新观念，增强改革意识，积极稳妥地推进法院自身的各项改革，同时大力加强队伍的思想、组织和业务建设，以更好地适应新的形势对审判工作的要求。

各位代表：全区各级人民法院将在邓小平同志建设有中国特色社会主义理论和党的十四大精神指引下，在各级党委的领导和人大的监督下，振奋精神，努力奋斗，充分发挥审判职能作用，为加快自治区改革开放和现代化建设作出新的贡献！

辽宁省高级人民法院工作报告

——1993年3月2日在辽宁省第八届人民代表大会第一次会议上

辽宁省高级人民法院院长　张焕文

各位代表：

我完全同意岳岐峰省长所作的政府工作报告和于希岭副主任所作的省人大常委会工作报告。现在，我向大会报告5年来，重点是去年以来的法院工作，请予审议。

1988年到1992年的5年，我们党和国家在政治上经受了国际国内各种复杂情况的严峻考验，经济上取得了举世瞩目的成就。特别是党的十四大胜利召开，明确提出建立社会主义市场经济体制的总目标，进一步加快改革开放和现代化建设的步伐。人民法院工作也不断得到发展和提高。5年来，全省各级人民法院在省委、省人大常委会和最高人民法院的领导与监督下，坚持党的基本路线，牢固树立为经济建设服务的指导思想，全面加强审判工作，努力提高执法水平，积极参与社会治安综合治理，较好地完成了党和人民赋予的审判任务。5年间，全省各级法院共受理各类案件1013557件，比上个5年增长71.4%，平均每年递增13.2%。依照宪法和法律审结各类案件909507件，比上个五年增加73.3%。其中，审结一审刑事案件106612件，占11.7%；审结民事案件508687件，占55.9%；审结经济纠纷案件138372件，占15.2%；审结刑事上诉、申诉、行政、执行等案件155836件，占17.2%。通过依法全面开展审判活动，打击各种刑事犯罪，保护公民、法人的合法权益，调节经济关系，为维护社会稳定，推进改革开放和现代化建设的顺利进行，发挥了积极作用。

一、严厉打击严重危害社会治安的犯罪活动，维护国家和社会的稳定

1988年以来，在邓小平同志建设有中国特色社会主义理论的指导下，我们党和人民锐意改革，努力奋斗，安定团结的政治局面不断巩固，社会生产力获得新的解放。本省同全国一样，形势是好的，政治稳定，社会稳定，经济进一步向好的方向发展。社会治安状况在保持基本稳定的形势下，有了一定程度好转。但社会治安中的问题仍然不少，有些问题还很突出。从法院近几年特别是去年受理的刑事案件看：一是严重暴力性犯罪居高不下，杀人、抢劫、强奸、爆炸、非法抢夺和买卖枪支等重大案件持续上升，去年这类案件占已审结初审刑事案件的41%，甚至出现了雇佣杀手杀人案件；二是侵犯财产型犯罪严重，盗窃、诈骗、敲诈勒索等侵犯公私财物的犯罪案件去年占已审结初审刑事案件的50.6%，甚至出现了绑架人质勒赎钱财的“绑票”案件；三是公然藐视社会秩序的集团犯罪和共同犯罪增加，去年全省法院共审结集团和共同犯罪案件3684件，占已审结初审刑事案件的14.3%，有些案件带有黑社会性质；四是制造、运输、贩卖毒品等妨害社会风化犯罪屡禁不止，去年审结115件，比上年上升19.8%。

社会治安状况的好坏，直接影响着改革开放和经济建设的大局。党的十四大强调：“基本路线不变，社会政治稳定，有了这两条，

我们就能够不断地胜利前进”。5年来，全省各级法院认真贯彻中央指示精神，始终把严厉打击严重刑事犯罪活动，维护社会稳定，作为法院工作的首要任务。在审判工作中，坚持依法从重从快的方针，坚持集中打击的有效方法，坚持从实际出发开展专项斗争，坚持对社会治安的综合治理。依照刑法、刑事诉讼法和全国人大常委会有关决定，对中央和全国人大常委会确定的重点打击对象，对严重危害社会治安的各种刑事犯罪分子，对本省比较突出的集团犯罪、共同犯罪、“车匪路霸”、流氓滋扰等严重破坏社会秩序的犯罪分子，依法从重从快惩处。5年共判决发生法律效力罪犯121557名。其中，核准死刑（含死缓）和判处无期徒刑罪犯××××名。对严重危害社会治安的罪犯，判处五年以上较重刑罚的占64.3%。各级法院认真贯彻全国人大常委会关于迅速审判的决定，去年审结的9117件严重刑事犯罪案件，绝大多数能在半个月或20天内结案，并选择适当时机，利用典型案件，召开较大规模的公开宣判大会696次，保持了集中打击的声威和势头。在严厉打击严重刑事犯罪的斗争中，各级法院严格执行国家法律和党的刑事政策，审判案件坚持以事实为根据，以法律为准绳，对罪该处死而又非杀不可的坚决杀掉，罪该重判的依法严惩，但对具有投案自首或重大立功等法定从轻减轻情节的，对少年犯、偶犯、主观恶性不深、社会危害不大的犯罪分子，量刑时给予充分考虑，在监改条件比较好、基层基础工作比较扎实的地区，适当判处缓刑，体现宽严相济政策，发挥法律政策威力，社会效果比较好。

各级法院结合审判工作，因地制宜地开展了对社会治安突出问题的专项斗争和专项治理。1991年，中央部署在全国范围内开展反盗窃斗争，省委、省人大也在全省部署开展“打抢反盗”专项斗争。各级法院按照中央、省委和省人大常委会的指示精神，与公安、检察机关密切配合，积极开展了以反盗窃为重点的专项斗争。对盗窃集团的首要分子、重大盗窃犯、盗窃惯犯、流窜犯和共同盗窃的主犯，对蓄意破坏工农业生产、造成严重损失的犯罪分子，依法予以坚决打击。1991年和1992年，全省审结盗窃案件16309件，判处盗窃犯罪分子23138名，其中判处死刑（含死缓）和无期徒刑×××名，五年以上有期徒刑的5145名，打击了盗窃犯罪的嚣张气焰。各地通过到发案地就审就宣，公开宣判，就案讲法，有效地推动了反盗窃斗争的深入开展。同时，针对不同时期本省破坏电力设备、贩毒、卖淫嫖娼、拐卖妇女儿童等比较突出的问题，适时开展了多种形式和不同范围的专项斗争与专项治理。

中央明确提出解决社会治安问题，必须实行综合治理，各级法院在审判工作中坚持全面贯彻落实综合治理方针。首先，充分发挥审判职能，依法审理各类案件。通过审理刑事案件，打击各种刑事犯罪活动，维护社会稳定；通过审理民事、经济、行政案件，依法调整民事、经济、行政法律关系，妥善处理人民内部矛盾，预防和减少犯罪；通过做好告诉申诉工作，及时处理来信来访，消除不安定因素。其次，搞好审判工作的适度延伸。各级法院通过公开审判、就审就宣等形式，增加法制教育的辐射面；通过建立审理少年犯罪等专业合议庭，增强审判工作的社会效益；通过各个工作环节的法律宣传和服判息诉教育，提高广大人民群众的法律意识；通过对判处管制、缓刑、免刑罪犯的回访考查，加强对犯罪分子的监督改造。再次，注意扩大审判工作的社会效果。去年，各级法院结合审判案件印发典型案例、法制宣传材料、布告30余万份，进行法律演讲、法律咨询2000余次，并通过电台、电视台、报刊等新闻媒介宣传法律和法院工作，受到各界群众的欢迎；对审判案件中发现的各种社会问题和管理漏洞，及时向有关部门提出司法建议800余条，普遍受到重视。

二、严惩严重破坏经济的犯罪活动，维护正常的经济秩序

改革开放以来，党和国家十分重视打击严重经济犯罪和开展反腐败斗争。邓小平同志多次强调要一手抓改革开放，一手抓打击经济犯罪，坚持“两手抓、两手都要硬”，去年初的南巡谈话中又重点阐述了这一思想。为保障改革开放的顺利进行，保卫经济建设取得的成果，全省各级法院认真贯彻党中央指示精神，进一步加强对严重经济犯罪案件的审判工作。5年共受理一审经济犯罪案件20023件。从法院审判的案件看，经济犯罪日趋严重和复杂。一是大案要案持续上升，5年来审结的经济犯罪案件中，罪犯侵吞财产金额万元以上的2514人，十万元以上的223人；二是犯罪类型比较集中，贪污、贿赂、挪用公款案件占经济犯罪的80%以上；三是罪与非罪、犯罪与违法的界限越来越不好掌握。随着改革开放力度加大，经济活动更加活跃，新举措、新做法不断出现，有些行为已超越现行法律规定，给审判经济犯罪带来很大难度。各级法院在严厉打击严重经济犯罪斗争中，以大案要案为突破口，抓住那些犯罪数额巨大、造成损失严重、社会影响面广、群众反应强烈、直接破坏改革开放的案件，特别是国家机关工作人员和领导干部利用职务之便贪污、受贿、挪用公款严重败坏党风和社会风气的案件，精心组织审判力量，领导亲自办案，查清事实和证据，排除各种干扰和阻力，依法予以严惩。5年来判处经济犯罪分子27277名，其中党员干部占10%，判处死刑（含死缓）、无期徒刑×××名，五年以上有期徒刑的7127名，为国家挽回经济损失上亿元。同时，针对我省近几年偷税抗税、生产经销假冒伪劣产品等比较突出的问题，配合有关部门开展了专项治理。

各级法院对经济犯罪案件的审判，始终坚持“一要坚决、二要慎重、务必搞准”的原则，严格区分罪与非罪、此罪与彼罪、重罪与轻罪的界限。对政策界限一时不很明确的案件，加强调查研究，认真听取党委、人大和群众意见，实事求是地处理。对重大复杂疑难案件，上级法院坚持平衡把关，防止出现失误。对涉及企业承包租赁者、供销经营人员、科技工作者等敏感性案件，严格把握事实和政策，慎重对待。对科技人员、企业生产经营骨干和有突出贡献、突出才干人员的犯罪，罪行较轻，有悔罪表现，社会又非常需要的，依法判处缓刑、免刑，或及时办理减刑、假释。通过审判活动，切实鼓励改革开放的探索者，帮助失误者，制裁违法犯罪者。

三、大力加强经济审判，为经济建设提供有效的法律服务

经济审判是人民法院与经济建设联系最紧密、服务最直接的一项工作。在改革开放深入发展的进程中，人民法院运用法律手段调节经济关系的领域越来越广，作用越来越大，任务越来越重。1988年以来，诉讼到人民法院的经济纠纷案件逐年增多，5年全省法院共受理一审经济纠纷案件128847件，比上个5年增加近3倍，平均每年递增21%；审结128197件，诉讼标的额达71.6亿余元。总的看，诉讼标的额越来越大，涉及改革开放的新类型案件越来越多，法律关系日趋复杂。几年来，全省各级法院充分发挥经济审判为经济建设服务的直接作用，大力加强经济审判工作。第一，突出工作重点，保障党和国家各项经济政策及措施的顺利实施。在经济发展的不同时期，党和国家相应制定出调控经济的各项政策措施。人民法院始终把贯彻落实党和国家的重大部署作为经济审判工作的重点。在治理整顿时期，各级法院紧紧抓住与治理整顿紧密相关的案件，通过审理购销合同、借款合同、建设工程承包合同纠纷案件，积极促进流通秩序、金融秩序、基本建设秩序的好转；在清理“三角债”工作中，各级法院与有关部门密切配合，运用审

判职能积极参与，通过审判重点案件，教育和促使当事人自觉履行法律义务，收到较好社会效果，保证了清理工作的胜利完成；为进一步搞好国有大中型企业，促进企业经营机制的转换，各级法院在审判工作中，普遍采取优先收案、优先审理、优先结案、优先执行，可以缓交诉讼费的“四优一缓”倾斜政策，扶植企业发展生产，扭亏增盈；为落实党的农村政策，稳定以家庭联产承包为主的责任制，各级法院加强对农村承包合同纠纷、乡镇企业发生的经济纠纷和农机、农技、信息、服务等各类案件的审理，切实保护农民利益，调动广大农民生产的积极性。由于各级法院在经济审判工作中坚持正确方向，突出工作重点，使得经济审判质量、效率、社会效果有了很大提高，切实发挥了为经济建设服务的龙头作用。第二，以有利于发展生产力为根本标准，努力创造平等竞争的环境。市场经济是法制经济，对执法的要求更高。党的十四大之后，各级法院在从产品经济体制下执法向社会主义市场经济体制下执法的转变过程中，注意引导广大审判干部克服旧的经济模式下形成的执法观念和传统习惯，学习在新的经济体制下正确执法。在经济审判工作中，不论是处理国内企业间的经济纠纷，还是处理涉外经济纠纷，不论主体的性质如何，只要其合法经营，行为有利于市场发育，都平等地予以保护；认定当事人行为的性质，认定合同的效力，在不违反法律规定和不损害公共利益的前提下，更多地尊重当事人意思表示；对采取不正当手段竞争，破坏市场秩序的，依法制裁；尽量加快审判节奏以适应市场经济的高效率，避免当事人因参加诉讼而失去稍纵即逝的竞争与发展机会。通过我们的审判活动，努力为多元化的市场经济主体创造一个平等竞争的环境。第三，不断拓宽服务领域。各级法院在经济审判工作中，一方面正确及时地处理经济纠纷，另一方面也积极为企业牵线搭桥，帮助企业发展生产。几年来，通过建立经济司法联络员，成立调解中心和快办组，主动深入企业登门收案，帮助企业审查合同理顺合同关系等方式，扩大了经济审判为经济建设服务的社会效果。通过采取得力措施加强执行工作，去年共为全省收回资金7.5亿余元，促进了生产的发展。

四、全面开展民事和行政审判，保护公民、法人的合法权益

民事审判工作历来是人民法院的一项重要工作。一方面，民事案件数量多，增长幅度大。1988年，全省共受理各类民事案件74178件，而1992年达到115066件，上升了41.6%，占法院受理案件总数的60%以上。另一方面，民事案件关系到群众的切身利益，案件的处理直接影响群众生活和参与经济建设的积极性及社会主义精神文明建设。为正确处理民间纠纷，维护安定团结的政治局面，各级法院严格执行《中华人民共和国民法通则》和《中华人民共和国民事诉讼法》，不断加强民事审判，5年共受理民事案件469010件，审结463111件，办案质量、效率、社会效果均有所提高。在案件处理上增强了执法意识，实现了由经验型向依法型的转变；在审理时间上增强了审限意识，实现了由随意型向效率型的转变；在审判方式上增强了举证意识，实现了由大包大揽型向注重举证与查证相结合的转变。在民事审判工作中，一是认真审理好常发型民事案件。在民事案件中，婚姻、债务、赔偿、房屋4类案件占收案总数的90%以上，是民事审判工作的重点。各级法院在工作中从保证社会稳定的大局出发，着力维护社会主义婚姻家庭关系，正确处理为逃避债务、逃避计划生育政策而出现的假离婚现象，以及带有反攻倒算、翻民主革命旧帐性质的房屋典当、租赁、所有权纠纷；从保障群众生活和生产的角度，解决债务、赔偿纠纷，合理确定利率和双方责任，严厉制裁违法行为；注意把调解贯穿于审判的全过程，既解决当事人之间的纠纷，分清是非，又化解双方矛盾，防止激化为刑事案件。二是慎重处理新类型案件和其他敏感性案件。随着法律规定的公民、法人的民事权益的不断扩大，民事案件中也出现了一些新情况，著作权纠纷、证券转让纠纷、劳动争议纠纷、房屋开发纠纷等案件相继诉讼到法院。为解决法律规定不尽完善的问题，我们在处理这类案件时，坚持“三个有利于”的标准，坚持实事求是的原则，使纠纷得到及时、合法处理。同时，对于涉及人员比较多，对立情绪比较大，矛盾容易激化的土地、山林、滩涂等集团型诉讼案件，坚持保护资源的合理利用，制裁非法占用和侵害自然资源的行为，并注意防止群众性闹事。三是大力加强基层基础工作。在各级党委、人大、政府的关心支持下，全省人民法庭的建设取得了较大进展。在农村人民法庭办公用房基本完成以后，各级法院注意抓好法庭的自身科学管理和业务建设，不断提高执法水平，以充分发挥其作为基层法院一级机构的多功能作用，并加强了对民间调解组织的指导与培训。过去的5年间，人民法庭指导调解组织调处纠纷逾百万件，使大部分纠纷在成诉前即得到及时解决和合理分流，有力地促进了经济的运行和生产的发展。

行政诉讼法于1990年10月1日正式实施，行政审判开始进入一个新的阶段。从行政诉讼法正式实施以来，全省各级人民法院共审结各类行政案件1606件，对保护公民、法人和其他组织的合法权益，维护和监督行政机关依法行使职权，促进政府转变职能发挥了重要作用。人民法院在行政诉讼法实施前后开展了大量工作。首先，认真进行实施前的宣传准备工作。省市两级法院分别举办培训班对行政审判干部普遍进行了培训，同时通过各种形式进行了广泛的社会宣传。全省法院普遍建立了行政审判机构，配备了适当的审判力量，从组织机构上保证了行政审判的需要。其次，正确审理了一批行政案件。各级法院认真贯彻行政诉讼法的立法精神，在审判工作中既保护公民、法人和其他组织的合法权益，又维护和监督行政机关依法行使职权，对于违反法律规定进行的行政行为，坚决予以撤销或变更。通过对侵犯企业生产经营决策权、产品销售权等案件的审理，保证企业经营自主权落到实处，促进国有企业特别是大中型企业经营机制的转换；通过对土地、工商、税务等案件的审理，制止乱设卡、乱罚款等阻碍商品生产、流通的违法行为，促进社会主义市场经济体制的建立；通过对治安行政案件的审理，切实保护公民的合法权益不受侵犯。

五、加强法院干部队伍建设，确保严肃执法

经过14年改革开放和国际国内各种复杂情况的考验证明，全省法院干部队伍基本是好的，政治素质、业务素质在不断提高。但是，按照改革开放形势发展和建立社会主义市场经济体制的要求，还有相当差距。几年来，全省各级法院坚持一手抓审判，一手抓队伍，把建设政治上坚定、组织上纯洁、具有法律专业知识的审判干部队伍，作为完成新时期审判工作任务的关键。首先，用建设有中国特色社会主义的理论武装干警头脑。建设有中国特色社会主义的理论，是新时期全党工作的理论基础，是改革开放深入发展的总体方针，各项工作都必须在这个理论指导下进行，人民法院工作也必须坚定不移地贯彻这个理论。广大审判干部通过结合社会发展形势和法院工作实际，开展有组织有系统地对建设有中国特色社会主义理论的深入学习，进一步解放思想，更新观念，增强执行党的基本路线的坚定性，增强运用审判职能为党的基本路线服务的责任感、使命感，提高认识问题、分析问题、解决问题的能力。在开展各项工作、处理各类案件时，能够自觉地运用学到的理论精神判断是非。在案件不断增加、审判力量不足、工作条件比较差的情况下，能够振奋精神，艰苦奋斗，长期超负荷地工作，涌现出一批严肃执法、廉洁奉公、全心全意为人民服务的先进法院和优秀审判干部。其次，努力提高干警的业务素质。由于形势发展对审判工作的要求越来越高，各级法院采取边工作边学习，办好法院系统业余法律大学，选送干部到高级法官培训中心学习，结合实际工作进行专业培训等各种方式，提高审判干部的专业理论知识和实际工作能力。到1992年底，全省法院已有干警10508人，其中具有大专以上文化程度的占50%以上，受过正规法律专业培训的占近40%，分别比1987年上升70%和60%，法院干部的知识结构、专业结构发生了很大变化。再次，加强廉政建设和审判监督。为抵制社会不正之风对审判工作的干扰，各级法院坚持从严治院，从严治警，通过聘请廉政监督员、建立错案追究制度、开展争当廉洁法官活动、与当事人共签廉政公约等，进一步严肃审判纪律，完善制约机制。对审判干部中出现的违法违纪问题，严肃查处。去年全省法院系统干警违法犯罪2人，依法处以刑罚，对于不构成犯罪的，有的给予党纪政纪处分，有的调离法院，以保持审判队伍的纯洁性。为确保严肃执法，各级法院切实加强审判监督，通过二审和再审程序，通过执法检查活动，及时解决审判工作中出现的问题。去年全省共审判二审案件12367件，处理申诉案件6213件，接待来访群众316255人次，处理群众来信63400件次，对原判事实不清，证据不足，适用法律不当的案件依法予以改判和纠正。对执行程序法不严格、审判作风粗糙等问题及时提出了改进措施。

几年来，全省的法院工作取得了一定的成绩，但按照党和国家的要求，同形势的不断发展还有不少差距，主要是，我们的思想观念，业务素质、工作条件与形势发展还不完全适应；经济、民事案件判决后执行难的问题还没有彻底解决；有的法院审判干部还不同程度地受到地方保护主义的束缚，影响公正执法；人民群众反映的告状难问题尚需进一步解决；一些审判人员作风粗糙、工作不深入、不细致的问题仍有发生；有些案件处理不及时，少数案件处理不当；个别干警违法违纪，在群众中造成不良影响。对于这些问题，我们将采取有效措施加以解决，不断改进人民法院的工作。

各位代表，1993年，是全面贯彻落实十四大精神，使国民经济朝着提高质量、优化结构、增进效益的方向发展的一年。在新一年里，我们要深入学习党的十四大精神，以党的基本路线为指针，以经济建设为中心，全面加强各项审判工作，严格执法，努力提高审判工作水平，为加快改革、扩大开放更好地发挥职能作用。我们要认真贯彻全国政法工作会议和第十六次全国法院工作会议精神，强化人民民主专政职能，坚决打击各种犯罪活动，为加快改革 开放创造良好的社会环境；进一步加强经济审判工作，为新经济体制的建立和发育提供有效的法律服务；努力做好民事、行政审判和告诉、申诉工作，切实保护公民、法人的合法权益，支持政府职能的转变和依法行政；充分发挥各项审判职能，认真落实对社会治安实行综合治理的方针，实现国家的长治久安；进一步提高法院干部的政治业务素质，保证宪法和法律的正确实施。去年年底，江泽民总书记、李鹏总理、乔石同志对人民法院工作作了重要指示，提出了新的更高的要求，使广大法院干警受到巨大鼓舞。我们要在新的一年里，解放思想，实事求是，团结奋进，严肃执法，为推进社会主义民主与法制建设，夺取建设有中国特色的社会主义事业的更大胜利，作出新的贡献！

以上报告，请予审议。

吉林省高级人民法院工作报告

——1993年1月14日在吉林省第八届人民代表大会第一次会议上

吉林省高级人民法院代院长 杨庆祥

各位代表：

现就省七届人大一次会议以来，全省法院完成的各项主要工作，向大会报告如下：

5年来，全省法院在各级党委的领导和人大的监督下，以党的十三大、十四大精神为指针，坚持党的“一个中心，两个基本点”的基本路线，解放思想，实事求是，全面加强各项审判工作，努力提高执法水平，较好地完成了各项审判任务。截止1992年11月底（下同），共受理各类案件538230件，审结526439件，结案率为97.8%。为维护国家和社会稳定，为深化改革、扩大开放和加速经济建设，提供了有效的法律服务和法律保障。

一、坚决维护国家和社会稳定

按照中央精神和省委部署，全省各级人民法院进一步强化专政职能，贯彻执行依法从重从快方针，继续坚持“严打”斗争，维护国家和社会稳定，为改革开放和现代化建设创造良好的社会环境。5年来，共受理各类一、二审刑事案件74338件，审结72633件，结案率为97.7%，判处人犯73796人。其中，判处死刑（含死缓）、无期徒刑3647人，判处十年以上有期徒刑5369人，判处五年以上不满十年有期徒刑18368人，判处不满五年有期徒刑和拘役36470人，其余依法分别作了其他处理。在判处的人犯中，属于严重刑事犯罪分子23934人，狠刹了犯罪分子的嚣张气焰，有效地维护了社会治安秩序。对严重破坏经济的犯罪分子，继续贯彻依法从严惩处方针，予以严惩。在审结的刑事犯罪案件中，经济犯罪案件11138件，判处人犯14537人。其中，判处死刑（含死缓）、无期徒刑185人，十年以上有期徒刑641人，判处五年以上不满十年有期徒刑3331人，判处不满五年有期徒刑和拘役7503人。国家工作人员1346人，占经济犯罪分子的9.3%。通过打击经济犯罪，为国家、集体挽回经济损失2961万元。

在“严打”斗争中，各级法院注意分析社会治安形势，从当地实际出发，什么犯罪突出，就打击什么犯罪，突出打击重点，特别注意打击带有黑社会性质犯罪集团的首要分子以及各类刑事犯罪的主犯、惯犯、累犯和流窜犯，该重判的重判，该处死的坚决处死。同时，针对群众反映强烈的一些社会治安突出问题，适时开展打击盗公、破坏电力通讯设备、盗窃耕畜和盗伐、滥伐林木等犯罪的专项斗争。在扫“黄”、除“六害”和反盗窃斗争中，全省法院同其他政法机关及有关部门紧密配合，迅速行动，很快惩处一批犯罪分子，得到广大人民群众的拥护，推动斗争的深入开展。在斗争中，注意利用公判大会、新闻媒介等有效形式，开展法制宣传活动，扩大办案的社会效果。

在刑事审判工作中坚持“以事实为根据，以法律为准绳”的原则，层层落实责任制，严格把好办案质量关，正确区分罪与非罪、此罪与彼罪、重罪与轻罪的界限，确保办案质量。特别是对经济犯罪案件，坚持“一要坚决，二要慎重，务必搞准”原则，严格区别工作失误与故意犯罪的界限、一般违法与刑事犯罪的界限，保护和支持正当合法的经济活动，限制和制裁违法犯罪行为。在适用刑罚上，注意掌握惩办与宽大相结合的政策，做到罪刑相应，宽严相济，对具有法定从轻、减轻或免除处罚情节的，充分体现政策，依法从宽判处，以分化瓦解犯罪分子。在“严打”斗争中，按中央政法委要求，对罪行较轻，悔罪表现较好，不致再危害社会，基层基础工作较强的地方，依法判处缓刑，收到较好的社会效果。

二、自觉为改革开放和经济建设服务

全省各级法院为适应改革开放和经济建设的需要，紧紧围绕经济建设这个中心，密切结合审判工作，开展各项法律服务活动。省法院先后制定了为治理整顿和深化改革服务、为国营大中型企业和加强农村工作服务以及为经济上新台阶服务的若干意见。强调在职责范围内充分发挥职能作用，运用法律手段调节经济关系，努力提高服务质量和服务水平，使审判工作的法律效果、经济效果和社会效果统一起来。5年来，共受理一、二审经济纠纷案件84276件，是前5年受案总数的2.6倍，诉讼标的额达26.4亿元。审结82630件，结案率为98%。为理顺经济法律关系，维护经济秩序，促进经济的繁荣与稳定，提供了有效的法律保障。从1988年8月以来，全省法院开展依法清收逾期贷款工作，共清贷1.1亿多元，为金融部门回笼货币，活化资金，发挥了积极作用。针对林业资金危困、资源危机的情况，在全省17个林业基层法院广泛开展依法治危兴林工作。5年来为林业企业收回木材款8200多万元，清回林地2300多亩，为林区经济的繁荣与发展作出了成绩。在为经济建设服务中，强调解放思想，更新观念，强化服务意识，积极拓宽服务领域。一是调查研究，了解需求。注意分析研究经济形势，摸清情况，明确服务重点和服务方向，有针对性地开展服务活动。二是主动服务，登门收案。主动到企业排查纠纷，促使企业依法保护自己的合法权益。5年来共就地受案6720件。三是结合审判活动，大力开展法制宣传。通过新闻媒介、法制讲演、新闻发布会、就案讲法等有效形式宣传17420次，按行业、按系统直接到企业开大庭8330次，参加旁听职工达71200多人次，到企业讲法制教育课370多次，受教育面达18500多人次。四是建立网络，搞好咨询。各级法院普遍与企业建立司法联系制度，在重点企业设立联系点1117个，聘请联络员5758名。对企业在经济往来和经营管理中遇到的法律问题，积极做好咨询服务工作；帮助企业审查经济合同，对其中带有普遍性的问题，举办厂长（经理）和业务人员培训班，促使企业有关人员增强法律意识，自觉运用法律手段管理经济。五是发现问题及时提出司法建议。在各项审判工作中，注意发现企业经营管理中存在的漏洞和问题，及时通过有效形式提出司法建议。对重大和带有全局性的问题，进行专题报告。5年来共提出司法建议27500多条。省法院就经济合同在商品经济往来中存在的若干问题及企业破产的总趋势、法律依据、掌握的标准和社会保障机制问题，向省委、省人大报告，并提出对策和建议，受到重视。

全省法院认真贯彻执行民事法律政策，积极开展民事审判工作，正确、合法、及时地处理民间纠纷，依法保护公民、法人的合法权益，制裁违法行为，努力增进人民内部安定团结，促进社会主义精神文明和物质文明建设。5年来，受理一、二审民事案件359690件，是前5年的2.3倍，审结351730件，结案率为97.8%。民事审判工作把审理离婚、债务、赔偿三类多发案件作为重点，同时注意审理好人身权和著作权等新型案件。全省行政审判工作发展较快，各级法院普遍建立行政审判机构，形成了一支较强的行政审判干部队伍。5年来，共受理一、二审行政案件2211件，每年平均受案是1987年的4.1倍，审结2079件，结案率为94%。其中，治安、土地、林业、税务等行政案件上升幅度较大。在行政审判工作中，注意保护公民、法人和其他组织的合法权益，维护和监督行政机关依法行政，树立国家行政机关的权威。

在告诉申诉工作中，注意解决群众“告状难”的问题。省法院制定了《告诉申诉审判庭职责范围暂行规则》，明确各类案件的管辖范围和立案标准，健全手续制度。5年来，共接待来访815655人次，处理来信144237件，受理各类申诉案件17715件，审结17367件，结案率为98%。本着“有错必纠”原则，依法对3023件错案予以全部改判或部分改判，维护法律的尊严和公正，保护公民诉讼权利和其他合法权益，促进了社会安定团结。

执行工作是全部诉讼活动的重要环节，也是人民法院为经济建设服务的重要措施。全省法院不断加强对执行工作的指导，普遍建立专门机构，加强法院内外协调，注重法制宣传，坚持严肃执法，正确处理局部与全局、部门与整体的关系，努力克服地方保护主义、部门保护主义和来自各方面的干扰。为尽快扭转“执行难”的被动局面，1991年9月开始，全省法院统一组织，集中力量开展执行工作，当年执行案件8968件，标的额1.8亿元。其中，从外省执行回2000多万元。1992年初，又开展“执行服务年”活动，截止11月底，全省已执行案件20209件，执行标的额2.3亿元。有效地保护了当事人的合法权益，维护了法律的尊严和法制的统一。

三、积极参与社会治安综合治理

5年来，全省法院把参与社会治安综合治理作为长治久安的战略任务来抓，认真总结经验，强化参与意识，加强领导，加大措施，使参与工作有一个新的进展。1991年8月最高人民法院在本省召开的综合治理工作会议上，省法院和双辽县法院分别介绍了经验。

在参与综合治理工作中，坚持“谁主管，谁负责”的原则，强调依法参与，尽职尽责。一方面抓住“严打”这一首要环节，不断提高打击能力，另一方面把预防工作贯穿于审判工作的全过程，打防并举，标本兼治，重在治本。在参与工作中，注意培养典型，以点带面。双辽县法院参与综合治理，加强制度化、规范化建设，完善参与工作机制，创造出“超前预防、寓教于审、跟踪教育、巩固成果”的做法，取得显著成效。省法院及时总结他们的经验，并召开现场会，交流推广，推动了法院系统参与综合治理工作的深入开展。各级法院普遍建立健全综合治理工作责任制、目标管理责任制、监督检查制度、评比奖励制度，明确参与职责和目标，落实各项参与措施，使软任务变为硬任务。为把参与工作落到实处，按照最高人民法院提出的“巩固、充实、加强、发展”方针，狠抓基层基础建设，增强人民法庭参与综合治理的能力。5年来，人民法庭审理了基层法院80%左右的案件，并调处了大量简易纠纷。同时加强对基层调解组织的业务指导，充分发挥调解组织在综合治理工作中的“第一道防线”作用。

在参与工作中，还针对青少年犯罪突出的问题，普遍建立少年刑事审判庭或少年法庭，聘请特邀陪审员，采取适合未成年人特点的审判方式，审理未成年犯罪案件。5年来，共审判未成年犯5272人，对具备缓刑条件的，依法判处缓刑。同时，动员社会力量共同做好教育、感化和挽救工作，化消极因素为积极因素，收到较好效果。

四、不断加强法院队伍建设

为保证各项审判工作的顺利进行，不断提高执法水平，各级法院坚持贯彻“从严治院”方针，针对干警队伍的实际，有的放矢地加强组织建设、思想建设和业务建设，严格执法监督，努力改善执法活动。在领导班子建设中，省院和各中院协助党委和人大对各中级法院和基层法院的领导班子进行调整充实，努力把各级法院领导班子建设成为坚持原则、认真负责、团结高效、廉洁自律、务实创新的战斗集体。与此同时，加强思想政治工作，建立健全政治工作机构，完善政治工作制度。坚持不懈地进行廉洁执法教育和职业责任、职业纪律、职业道德教育，适时开展队伍整顿，进一步提高了干警的政治素质，涌现一批秉公执法、清正廉洁的先进集体和先进人物。为加强廉政建设，完善各项监督制约机制，坚持实行“两公开一监督”制度，公开职责范围和办事规则，还采取走出去、请进来的办法，倾听社会各界人士的意见，发现问题，认真解决。5年中，共查处各类违法违纪案件134件，并对违法违纪者予以严肃处理。

各级法院还注意做好干警的培训工作，努力提高干警的业务素质。在鼓励干警积极参加各种法律专业学习的同时，认真抓好业余法律大学和专业证书教育，使大专以上法律专业干警由1987年底的566名增加到3148名，占全省法院干警总数的59.9%。省法院充分利用法官培训中心，举办不同层次、不同专业的培训班39次，培训干警3960人次。在实际工作中，注意加强业务基础训练，通过开观摩庭、开展评选最佳审判长、法律文书展览等活动，使广大干警业务能力逐步得到提高。

5年来，全省法院工作虽然取得了一些成绩，但也存在不少问题。主要是：队伍的思想状况尚不能完全适应新形势和任务的要求；为经济建设服务的措施还不够有力；对新情况、新问题调查研究不够；在执法上还存在一些突出的问题。在执行实体法上，有的案件事实不清，证据不足，有关重要情节核实不准，草率下判。刑事案件有的认定事实失误，定性不准，适用法律不当，造成错案；有的量刑宽严失度，畸轻畸重，漏罪漏犯；适用缓刑掌握不严，不应当判处缓刑的判了缓刑。民事案件有的判决、调解显失公平，调解违背法律政策，违背当事人的意愿。经济纠纷案件受地方和部门保护主义影响，有的明显偏袒本地一方。在执行程序法上，突出表现为重实体轻程序。有的案件应公开审理受条件所限而未公开，有的即使公开也是走过场；民事、经济案件适用简易程序范围过宽，个别案件的审判超过法定审限。在审判作风上，有的法院对人大交办的案件，承办不够认真，甚至借故拖着不办；有的审判人员办案耍特权，感情用事，打骂、训斥甚至侮辱当事人。法院“门难进，脸难看，话难听，事难办”的现象仍然存在。“执行难”的问题还没有从根本上解决，损害了法律的尊严；有些干警违法违纪，执法不廉的现象还时有发生。此外，目前法院的经费和装备还比较困难，尽管有关方面给予了大力支持，各级法院的“两庭”建设计划仍得不到落实，干警力量和实际工作任务的矛盾仍然很突出。这些困难和问题有的正在改进和加强，有的需要积极创造条件，取得有关部门的支持，逐步加以解决。

各位代表：党的十四大向全党和全国各族人民提出了我国迈向21世纪的行动纲领，为我们指明了前进的方向。根据党的十四大精神、省委和最高法院的部署，全省法院在新的一年和今后一个时期，要在各级党委的领导和人大的监督下，在邓小平同志建设有中国特色社会主义理论的指导下，坚定不移地贯彻执行党的基本路线，进一步解放思想，实事求是，全面加强审判工作，提高执法水平，更好地为建立社会主义市场经济体制，为加快我省改革开放和现代化建设，促进全省经济上新台阶，提供有力的法律服务和法律保障。基于这一指导思想，全省法院要突出抓好以下几项工作：

一是必须坚持审判工作为经济服务。人民法院是国家的审判机关，为经济建设服务，必然要通过审判活动来体现。把案件办得既快又好，就是最佳的服务，最好的保驾护航。要正确认识和处理法院工作中遇到的法律与政策、审判与服务、依法办案与坚持“三个有利于”标准、打击与保护、敢闯敢试与实事求是的关系，依法保护有利于解放和发展生产力的行为，限制不利于解放和发展生产力的行为，制裁破坏解放和发展生产力的行为。

二是继续坚持“严打”斗争。人民法院是人民民主专政的重要工具，必须做到“两手抓，两手都要硬”。要保护人民，就要强化专政职能，增强“严打”的责任感，加强打击的力度，提高“严打”的质量和水平。严厉打击严重刑事犯罪活动，扫除社会丑恶现象，打出声威，打出实效。全面落实并积极参与社会治安综合治理，形成强大的合力，有效地维护国家和社会的稳定，为改革开放和现代化建设创造一个良好的社会环境。

三是继续打击严重经济犯罪。要把惩治国家工作人员严重贪污、受贿等犯罪作为打击的重点，推进廉政建设。同时加强打击走私、诈骗、偷税抗税、伪造国家货币以及盗伐林木、破坏矿产资源等严重扰乱经济秩序的犯罪活动，维护经济秩序。对重大经济犯罪分子，一定要从严惩处，决不手软。要坚决反对“以罚代刑”；要充分运用没收财产、罚金等财产刑，决不让犯罪分子在经济上得到好处。在打击经济犯罪中，要注意掌握政策，把执行法律的原则性和执行政策的灵活性有机地结合起来，做到保护改革者，鼓励探索者，挽救失足者，教育失误者，制裁违法犯罪者。

四是充分运用法律手段调节经济关系。社会主义市场经济，从一定意义上说，就是社会主义法制经济。人民法院要充分发挥调节职能，通过审判活动，切实保护企业各项权益，促进企业经营机制的转换；公平地保护竞争者的合法权益，支持正当竞争；制止违法行为。对生产、销售伪劣产品、伪劣药品和食品，损害国家，坑害群众，以及生产、销售假化肥、假农药、劣质种子坑农害农的要依法严厉制裁，除赔偿受害人的损失外，该罚款的罚款，该没收的没收；构成犯罪的，要依法追究刑事责任；情节严重的，要坚决依法从重判处。依法维护市场秩序，促进市场的发育和社会主义市场经济体制的建立。

五是依法保护公民、法人的民事权利。在民事审判工作中，要正确适用实体法，保护当事人的实体权利；严格执行程序法，保护当事人的诉讼权利。通过保护民事合法权益，制裁民事违法行为，促进社会主义精神文明和物质文明建设。上级法院要加强对基层人民法院特别是人民法庭的指导和监督，大力加强基层基础建设，进一步推动人民法庭工作的开展。

六是积极慎重地开展行政审判工作。要通过审理行政案件，保护公民、法人和其他组织的合法权益，维护和监督行政机关依法行使职权，促进政府职能的转变，维护人民政府的权威。

七是必须坚持严肃执法。越是深化改革扩大开放和加快经济建设，法院越要加强廉政建设。法院的地位、作用和所承担的重要职责，要求各级法院的领导一定要严以律己，以身作则，从严治院，从严要求，从严管理，从严整顿纪律，做到清正廉洁，严肃执法。要严格执行宪法和法律，坚持严格依法办案，做到有法必依、执法必严、违法必究，秉公执法，刚正不阿；要树立全局观念，既要坚决反对和抵制地方保护主义和部门保护主义，又要敢于依法保护地方和部门的合法权益；要继续抓好执行工作，认真解决“执行难”的问题。凡生效的判决和裁定都要依法执行，做到程序合法，方法适当，注意扩大经济效果和社会效果，以维护法律的严肃性和国家法制的统一。

八是进一步加强领导班子建设。人民法院要做好审判工作，必须有一个政治强、业务精、联系群众、清正廉洁、团结战斗的好班子，有一支政治素质和业务素质好的队伍。法院领导班子建设是法院组织建设的关键。要抓好法院的组织建设，必须首先加强法院的领导班子建设。各级法院的院长要当好“班长”和带头人，把法院这支队伍带好。抓好教育培训，提高干警的理论水平和实际工作能力，努力把人民法院队伍建设成一支有坚强战斗力的队伍。要进一步加强廉政建设，继承和发扬我国人民司法工作的光荣传统和优良作风，密切人民法院和人民群众的关系，树立人民法院的声誉和法院队伍的高大形象。

九是进一步加强和改革法院管理。要向科学管理要质量，向科学管理要效率。要加强审判工作管理，提高办案的质量和效率。要加强法院行政管理，努力做到法院工作管理的制度化、规范化、科学化。要加强法院干部管理，关键是把法院这支队伍管理好。各级法院领导要高度重视队伍的管理，把它作为一项重要任务来抓。严格把好进人关。要把不适合在法院工作的干警坚决清调出去。要加强对干部的考核，大胆培养、使用和提拔德才兼备的中青年干部。要敢于管理，善于管理，严明纪律，改进作风，进一步调动广大干警工作的积极性。

十是进一步加强学习。在加快改革开放和现代化建设的新形势下，人民法院要完成党和国家赋予的繁重而光荣的任务，就必须加强学习。要认真学习和掌握十四大总结的邓小平同志建设有中国特色的社会主义理论，要认真学习和掌握社会主义市场经济理论，要认真学习唯物辩证法，要认真学习法律。不仅要学习国内法，而且要学习国际法律知识，以适应新形势下做一名合格法官的需要。

各位代表：全省法院决心在各级党委的领导和人大的监督下，深入贯彻落实党的十四大精神，不断解放思想，振奋精神，开拓前进，充分发挥审判职能作用，履行法律赋予我们的光荣使命和神圣职责，使审判工作上一个新台阶，为加快改革开放和现代化建设作出新的贡献！

以上报告，请予审议。

黑龙江省高级人民法院工作报告

——1993年1月14日在黑龙江省第八届人民代表大会第一次会议上

黑龙江省高级人民法院院长　唐兰亭

各位代表：

现在，我向大会报告自1988年省七届人大一次会议5年来的全省法院工作，请予审议。

一、全省法院审判工作的基本情况

5年来，全省法院在各级党委、人大、政府和最高人民法院的领导、监督、支持和指导下，从强化职能作用入手，全面加强各项审判工作，共审结各类一审、二审、再审和减刑、假释案件817822件，比前5年增加375008件，上升84.7%。通过审判活动，严厉打击严重危害社会治安和严重破坏经济的犯罪分子，依法调节经济关系和其他各种社会关系，保护公民、法人和其他组织的合法权益，对维护社会稳定，保障与促进改革开放和经济建设的顺利进行发挥了积极作用。

（一）加强刑事审判工作，严厉打击严重刑事犯罪和严重经济犯罪。为了有效地遏制重特大刑事案件和严重经济犯罪案件上升的势头，控制和减少影响社会稳定的不利因素，为改革开放和经济建设创造良好的社会环境，全省各级法院根据省委、省政府关于实施整治社会治安总体作战方案和严惩严重经济犯罪、强化社会治安综合治理的工作部署，始终突出了3个方面的工作重点。一是坚持不懈地依法从重从快打击杀人、抢劫、强奸、流氓、重大盗窃等严重刑事犯罪和带有黑社会性质的各种犯罪集团，依法惩治“六害”中的犯罪分子和在深化改革中对厂长、经理进行报复伤害的犯罪分子。5年来，全省法院共审结一审刑事案件81241件，判处有罪人犯86767人，分别比前5年上升5%和1.8%。判处的人犯中，死刑（含死缓）、无期徒刑6136人，五年以上有期徒刑29590人，分别比前5年上升11.2%和7.3%；重刑面为41.1%。为了扩大打击的社会效果，各级法院在当地党委的统一领导下，针对本地社会治安的突出问题，与公安、检察机关密切配合，认真开展不同规模的专项斗争和集中统一行动，适时召开宣判大会5279次，宣判案件22610件、罪犯35264人。对社会关注的重特大案件坚持提前了解情况，力争在侦查、起诉环节就把基本事实、基本证据搞扎实，以保证依法从快处理。二是本着“一要坚决、二要慎重、务必搞准”的原则，正确区分经济领域罪与非罪的界限，既依法保护改革开放新形势下的正当经济活动，又严惩利用改革开放中出现的漏洞和空隙侵吞公共财产、破坏经济秩序的严重经济犯罪。5年来共依法惩处贪污、贿赂以及走私贩私、偷税抗税、制造经销伪劣商品、盗伐滥伐林木等经济犯罪分子14105人，其中非法所得万元以上的1618人，分别比前5年上升24.3%和125.9%；判处的人犯中，死刑（含死缓）、无期徒刑222人，五年以上有期徒刑3974人，分别比前5年上升128.8%和66.6%。三是紧密结合审判工作，通过公开审判、召开新闻发布会、以案讲法、司法建议、向新闻单位投送稿件、定期考察缓刑、管制罪犯等多种形式积极参与社会治安综合治理。

（二）加强经济审判工作，积极依法调节经济关系。为了适应深化改革开放出现的多种经济成分和经营方式并存，经济纠纷大量增加的新形势，全省各级法院积极发挥依法调节经济关系，参与经济管理，促进经济发展的职能作用。5年来共审结一审经济纠纷案件127386件，比前5年上升159.1%；解决诉讼标的金额37.89亿元，比前5年上升356.7%。为了使经济审判工作更好地为经济建设服务，全省各级法院自觉把经济审判工作纳入经济和社会发展的大局之中，进一步增强全局意识、服务意识和效益意识，积极围绕改革开放和经济建设开展经济审判工作。认真审理企业承包、租赁、联营、兼并、破产等案件，促进企业转换经营机制，面向市场；认真审理商标、专利和技术合同等案件，维护正常经济秩序，促进科技进步；认真审理购销、借款、建设承包、加工承揽等案件，促进企业活化资金，尽快摆脱债务链的困扰；认真审理农村承包合同、乡镇企业经济纠纷以及农业社会化服务中出现的各类案件，稳定家庭联产承包责任制，促进统分结合的双层经营体制不断完善；认真审理发展边境贸易和对外经济技术合作中发生的经济纠纷案件，为发展外向型经济创造良好的法制环境，促进企业开拓国际市场。

（三）加强民事审判工作，妥善处理民事纠纷，维护安定团结。鉴于民事审判工作具有牵涉面广，与人们的生活、生产息息相关的特点，特别是随着改革开放的深化，民事活动急剧向生产经营领域扩展，借贷、买卖、个人合伙以及土地、山林、水利等纠纷越来越多，名誉权、肖像权、著作权、不当得利、无因管理等新型案件大量涌现，全省各级法院从积极为群众排难解纷和促进经济发展出发，及时依法调整民事主体之间的财产关系和人身关系。5年来共审结一审民事案件510775件，比前5年上升105.8%。其中婚姻案件281793件，赔偿案件35546件，名誉权、肖像权等新型案件960件，分别比前5年上升105.6%、17.8%和119倍。为了保证办案的社会效果，在审判工作中，除依法保护合法、制裁违法外，还特别注重贯彻教育疏导原则，做到既依法公正裁判，又通过诉讼活动增强当事人的法律意识，化消极因素为积极因素，促进社会主义精神文明建设。由于坚持疏导教育，有效地防止了15000多件矛盾趋于激化的民事案件转化为恶性刑事案件，避免了一些集体上访事件。同时，大力加强了人民法庭建设，充分发挥其便民利民的优势。5年来共新建人民法庭324个，比前5年增加62.8%。现全省人民法庭总数已达840个，基本实现了“二乡一庭”的总体布局。使大量民事纠纷得以治早、治小、治了。

（四）加强行政审判工作，促进行政法制建设。为了认真贯彻实施行政诉讼法，全面开展行政审判工作，全省各级法院普遍组建行政审判机构，充实行政审判力量。坚持从政治和法律的角度出发，全面贯彻行政诉讼的宗旨，通过认真审查行政机关具体行政行为的合法性和有效性，依法保护公民、法人和其他组织的合法权益，维护和监督行政机关依法行使行政职权。5年来共审结治安、土地、环保、卫生、城建等一审行政案件3172件，其中依法撤销、变更行政机关具体行政行为的775件，占结案总数的24.4%；依法维持行政机关具体行政行为的888件，占结案总数的28%。

（五）加强执行工作，维护法制的统一和尊严。为了有效地解决长期困扰审判工作的“执行难”问题，根据省委指示和省人大常委会《关于加强人民法院执行工作的决定》要求，全省各级法院自1988年以来，坚持把解决“执行难”作为严肃执法的突破口来抓。在普遍建立执行机构，充实执行人员，完善执行工作机制的同时，本着执行案件与扶持生产相结合、教育疏导与采取强制措施相结合、重点执行与总体推进相结合的原则，加大执行力度，彻底清理历年执行积案，集中时间、集中力量认真开展阶段性、区域性执行会战，全面加强对执行工作的组织协调和督导检查工作，基本扭转了执行工作的被动局面，使执行工作逐步走上了良性循环的轨道。5年来共执行进入执行程序的经济、民事案件和行政机关申请执行的案件221154件，1989、1990、1991和1992年的执行率分别为83%、88.7%、92.1%和88.4%，执行金额达12.34亿元，其中从外省市索回债款2.58亿元。

（六）加强告诉申诉审判工作，维护诉讼当事人的合法权益。为了依法保护诉讼当事人的合法权益，根据最高人民法院的要求，1988年以后全省各级法院信访接待部门陆续改为告诉申诉审判庭，将信访工作纳入审判系列，加强告诉、申诉的立案审查和审判监督工作，对解决群众“打官司难”起了积极作用。5年来共受理告诉、申诉和非诉信访134万多件次，依照审判监督程序再审各类案件17121件，其中改判3408件，解决了一批缠诉多年的老案，消除了一些不安定因素。

二、5年来法院工作的主要体会

5年来，全省各级法院为了适应新的形势任务发展的需要，更好地发挥人民法院的职能作用，坚持开拓进取，创造性地开展工作，努力提高执法水平，逐步摸索出了一些新的工作路子。实践使我们体会到，要圆满完成新形势下赋予人民法院的历史任务，必须扎扎实实地解决好以下5个方面的问题：

（一）坚持以经济建设为中心，不断深化审判工作为改革开放和经济建设服务的指导思想。为了认真纠正和克服在长期产品经济条件下形成的孤立办案、关门办案的积习，确保各级法院在振兴经济的大合唱中演好自己的角色，我们始终把不断深化审判工作为经济建设服务的指导思想，作为做好审判工作的首要环节来抓。一是组织全省各级法院深入调查深化改革开放和经济建设给法院工作带来的新情况和新问题，认清法院工作面临的新形势，增强为经济建设服务的自觉性。省法院在调查研究的基础上先后制发了《关于依法调整经济关系，参与经济管理，积极为加快改革开放和经济建设步伐服务的若干意见》、《关于贯彻落实党的十四大精神，更好地为改革开放和经济建设服务的意见》，就全面加强各项审判工作，为改革开放和经济建设保驾护航提出明确的要求。二是在审判工作中坚持办案质量、效率和社会效果并重的原则。不仅力争多办案、快办案而且注重办案质量，讲求办案的社会效果。努力实现敢于执法与善于执法的统一，案件的法律标准与社会标准的统一，最大限度地追求办案的最佳效果。三是坚持眼睛向外，主动拓宽服务渠道，搞好超前服务和延伸服务。各级法院结合办案普遍与有关企业和经济主管部门建立联系制度，及时提供法律咨询服务；在重点企业设立司法联络员，协助企业培训管理人员，理顺合同关系；针对办案中发现的企业经营管理中的问题，提出司法建议，帮助企业堵塞漏洞，避免损失，提高效益。

（二）坚持严肃执法，努力提高执法水平。为了适应社会主义法制建设的发展需要，保证严格依法办案，全省各级法院始终在严肃执法上狠下功夫，重点采取了三项措施。一是规范审判工作制度。针对各项审判工作和执行工作中法律没有规定或规定不够详尽的环节，依据有关立法、司法原则和审判实践经验，先后制定了34项实施细则，对案件运转的各个环节提出具体要求，克服执法上的随意性，保证实体法和程序法的贯彻执行。二是强化执法监督检查。坚持认真处理上诉、抗诉和申诉案件进行经常监督，5年来共审结以上三类案件51847件，比前5年增加14%，其中改判9785件，占审结案件总数的18.8%；坚持针对一个时期或一类案件反映出的问题，组织工作组进行重点检查，实行分类指导，其中省法院先后组织工作组94次，对161个中、基层法院的有关案件进行重点检查或抽查；坚持每年第四季度在全省法院范围内开展自下而上的执法大检查，全面检查纠正执法当中的问题，5年来通过执法大检查共整改审判工作中的问题28项，依法改判案件132件；坚持由省法院和中级法院分别对中级法院和基层法院发生法律效力的判决书，指定专人负责审查，发现问题，及时纠正。三是拓宽社会监督渠道。省法院专门制定了《关于实行公开审判和办事制度的规定》，在严格执行公开审判制度的同时，公开立案标准、审理期限、举证责任、审判程序以及内设机构的职责等，将审判工作置于广大人民群众监督之下。由于采取了上述措施，有力地保证了严肃执法。5年来，全省法院办理的各类案件执行实体法和程序法的准确率逐年提高，去年分别达到95%以上和90%以上。

（三）坚持以树立最讲理、最公正、最廉洁的“三最”形象为目标，大力加强法院队伍建设。为了有效地清除和抵制社会上不正之风对于执法环境的污染和对于审判人员的侵袭，扭转在群众中存在的“有理不如送礼”的不正常社会心态，使法院树立起人民信赖的良好形象，我们根据法院的性质、任务、工作特点和面临的形势，提出要通过自身的努力，把法院建设成为人民群众认为是最讲理、最公正、最廉洁的地方。对此，省委在充分肯定的同时提出了明确要求。遵照省委指示，我们把树立人民法院和人民法官的“三最”形象，作为队伍建设的奋斗目标，统领领导班子建设、政治思想工作、廉政建设、教育培训、目标管理和开展学刘平、学东宁县公安局活动等各项队伍建设工作，努力把“三最”的要求渗透到法院的各项工作和办理的每起案件当中。省法院为此多次召开会议进行部署并下发宣传教育要点广泛开展建设“三最”法院的宣传教育活动。教育干警从法院的性质和面临的形势任务出发认清建设“三最”法院的重要意义。明确“三最”的基本内容和要求，增强树立“三最”形象的政治责任感和紧迫感。全省各级法院围绕“三最”要求，普遍开展了“做群众满意法官”、“群众评法官”等活动，采取举办新闻发布会、聘请执法监督员、向当事人发送审理案件监督卡、召开败诉方座谈会、向有关部门征求意见等形式，发动群众对审判工作“评头品足”，有效地促进了“三最”法院建设的深化。5年来，全省法院干警拒礼拒贿27000多人次，拒收钱物折合人民币360余万元，拒吃请、说情9万余人次，收到当事人各种形式的表扬信18113件。在全省201个法院中已有191个法院被当地党委和政府授予文明单位称号，占法院总数的95%。全省法院系统在连续3年被省委、省政府评为“文明单位建设先进系统”的基础上，去年又被授予“文明单位建设先进系统标兵”荣誉称号。

（四）坚持以强化管理为突破口，提高法院整体工作水平。为了适应改革开放和经济建设发展的需要，解决或缓解法院面临的案件年年大幅度增加同审判力量严重不足的矛盾、严格执法同执法难的矛盾、干部素质同繁重的审判任务不相适应的矛盾、审判业务发展需要同物质条件较差的矛盾，全省各级法院在积极争取社会各有关方面支持和配合的同时，立足于内涵挖潜，大力加强审判工作、干部工作、行政工作、财务装备工作的科学化、规范化、制度化管理，使各项工作按照一定的时间和质量要求高效运行，实现向管理要质量、要效率、要战斗力。按照这一思路，在审判工作上，坚持以提高质量、效率、效益为出发点，进一步建立和完善各项审判工作和各审判环节之间的配合、制约机制，加速运转节奏，提高办案质量和社会效果；在干部管理工作上，坚持以充分调动全体干警的积极性，为审判工作提供坚实的组织保证为出发点，严格把好进人关，完善考核任用制度，合理设置机构，明确职责分工，严格奖惩措施，充分发挥干警的主观能动作用；在行政管理工作上，坚持以提高行政管理效能，为审判工作提供良好的工作条件为出发点，强化院长负责制，加强部门间的协调配合，抓好各项有关工作落实的督办、检查；在财务装备管理工作上，坚持以逐步改善审判工作的物资装备条件为出发点，完善各项管理制度，积极创造条件，逐步改善各项设施。通过加强管理，较好地解决了规章制度不健全、职责不明、忙闲不均、作风拖拉等问题，有效地保证了以审判工作为中心的各项任务的完成。全省法院从1989年到1992年已连续4年实现了收案增多、结案增多、未结案减少的局面。

（五）坚持紧紧依靠党委领导，自觉接受人大监督。在新的历史形势下，为了坚持正确的工作方向，卓有成效地完成承担的各项工作任务，全省各级法院始终把自觉地依靠党委领导和接受人大监督作为一项重要的政治原则。坚持每年定期向党委汇报全面工作，经常汇报阶段性的重要工作，把贯彻执行上级法院要求和党委指示有机结合起来，不断深化法院工作的指导思想；对于审判工作中出现的新情况、新问题，重特大案件和容易矛盾激化案件的审判，以及法院自身建设上的一些实际问题和困难，及时向党委反映汇报，在党委领导下妥善解决处理。与此同时，坚持认真向人民代表大会报告工作，接受全面监督；向人大常委会作专题工作报告，接受对执行单项法律、法规的监督；及时办理代表议案、批评、建议和人大交办的案件，接受经常性的监督；向深入法院视察工作的人大领导和代表汇报工作，接受面对面的监督；按照法定要求提请法职人员任免，接受人事监督。几年来，全省各级法院由于紧紧依靠党委领导和人大的监督、支持，有效地排除了来自各方面的干扰和阻力，逐步改善了执法环境和执法条件，保证了审判任务的完成，促进了法院自身建设。

三、对全省法院今后工作的建议

去年10月，在我国深化改革、扩大开放、加快经济建设步伐的新形势下胜利召开的党的第十四次代表大会，以邓小平同志建设有中国特色的社会主义理论为指导，科学总结了十一届三中全会以来14年的实践经验，确定了今后一个时期的战略部署，对于动员全党和全国各族人民，进一步解放思想，把握有利时机，加快改革开放和现代化建设步伐，夺取有中国特色的社会主义事业的更大胜利，具有重大的现实意义和深远的历史意义。在实现十四大提出的九十年代改革与建设的主要任务和省委六届十次全委（扩大）会议确定的全省经济发展上新台阶总体方案的过程中，对审判工作提出了新的更高的要求。特别是随着社会主义市场经济体制的建立，必然引起经济结构、经济运行方式和上层建筑许多领域的深刻变化，需要人民法院依法调整的社会关系越来越广泛，而且新情况、新问题将会大量出现，审判任务日趋繁重和艰巨，全省法院肩负着重大的历史使命。同时也应当看到，按照形势任务发展的要求，全省法院在审判工作和自身建设方面都还存在许多不相适应的问题。一是要使审判工作更好地适应社会主义市场经济的发展，还需进一步解放思想，换脑筋，彻底摈弃传统计划经济条件下形成的陈旧观念和工作方式，不断探索和总结为改革开放和经济建设服务的规范化、系列化的工作路子。二是执法不严，执法水平不高的问题在一定程度上还较普遍存在；特权思想，少数干警办人情案、关系案甚至以权谋私、违法乱纪方面的问题还时有发生；从严治院、从严管理方面的措施还需要进一步落实。三是在新的形势下，对法院自身的改革还缺乏实际步骤，没有大的进展。根据党的十四大和省委六届十次全委(扩大)会议精神以及审判工作面临的形势发展需要，当前和今后一个时期全省各级法院的主要任务是，认真贯彻党的十四大精神，紧紧围绕经济建设这个中心，进一步全面加强各项审判工作和法院建设，为改善改革开放和经济建设的法制环境，维护社会持续稳定，促进国民经济加快发展，积极提供法律保障和法律服务。为实现上述任务，建议着重做好5个方面的工作：

（一）进一步解放思想，更新观念，增强审判工作为改革开放和经济建设服务的自觉性。全省各级法院要坚定不移地贯彻党的“一个中心、两个基本点”的基本路线，坚持把是否有利于解放和发展生产力、把经济建设搞得更快更好，是否有利于加快改革开放和坚持四项基本原则，是否有利于维护政治安定和社会稳定作为审判工作的出发点、最终目的和鉴评法院工作好坏的根本标准。进一步采取有效措施，不断加强刑事、民事、经济、行政等各项审判工作，最大限度地发挥审判工作在为改革开放和经济建设服务中的不可替代的重要作用。

（二）积极依法调节经济关系，促进社会主义市场经济体制的建立和经济建设的加速发展。为了充分发挥法律手段在社会主义市场经济的建立和运行中的调节作用，全省各级法院要依法及时妥善处理涉及生产、经营、流通、分配等领域的各种纠纷，依法保护平等竞争，促进企业转换经营机制，促进商品和生产要素市场体系的发育。同时，在当前经济立法尚不完备的情况下，要注意调查研究实行社会主义市场经济给审判工作带来的新情况、新问题，积极探索适应社会主义市场经济的审判方式和审判方法，为社会主义市场经济逐步纳入法制轨道作出积极贡献。

（三）坚决打击各种犯罪活动，为深化改革开放和经济建设创造良好的社会环境。根据邓小平同志“打击各种犯罪活动，扫除各种丑恶现象，手软不得”的要求，全省各级法院要进一步强化专政职能，树立长期作战的思想。继续依法从重从快严厉打击严重危害社会治安的刑事犯罪分子，坚决遏制暴力、恶性案件增长的势头和社会丑恶现象的滋生蔓延。继续依法从重从严打击各种严重经济犯罪分子，坚决清除破坏改革开放和经济建设的“蛀虫”。要坚持以建设有中国特色的社会主义理论和深化改革开放的政策为指导，严格区分经济领域中罪与非罪、犯罪与违法、犯罪与违反党纪政纪的界限。继续通过多种途径，结合审判活动参与社会治安综合治理，促进社会治安进一步好转，维护社会持续稳定。

（四）进一步加强队伍建设，造就一支政治上坚定、业务上精通、作风上过硬的审判队伍。全省各级法院要结合形势任务和法院工作实际，认真组织干警深入学习党的十四大文件，用建设有中国特色的社会主义理论武装全体干警，毫不动摇地贯彻执行党的"一个中心、两个基本点"的基本路线。进一步坚持和完善以实现"最讲理、最公正、最廉洁"为目标的队伍管理和建设的机制。大力加强对干警的业务培训，在认真学习法律知识的同时，有重点地学习有关经济方面的知识，以适应审判工作的发展需要。进一步加强廉政建设，完善制约机制，严肃查处违法违纪案件，做好对不适应法院工作的人员的清调工作，确保廉洁执法。要把积极开展学东宁、学刘平活动同学宁安、兰西法院和金莹晚活动结合起来，大力表彰先进，强化争先创优意识。继续搞好法院干部的"直管"和实行法官条例试点工作。积极配合党委和人大有关部门做好基层法院院长换届选举工作，调整配备好各级法院的领导班子。

（五）适应新的形势任务发展需要，积极探索法院自身改革的新路子。全省各级法院要根据省委和最高法院的部署，进一步摆脱旧的经济体制和传统观念的影响，勇于开拓创新，围绕发展和完善有中国特色的社会主义审判制度积极进行探索。从有利于依法独立审判和加强法院建设出发，进一步理顺法院工作体制，完善上下级法院之间审判工作的监督关系和司法行政工作的领导关系。按照建立社会主义市场经济体制的要求，合理设置审判机构和其它内设机构，进一步改进审判工作方式，提高审判工作效率和审判工作水平。进一步改革干部管理体制，建立起能上能下、能进能出、优胜劣汰的竞争机制。进一步修订和完善各项工作规章制度，提高规范化管理水平，使法院的各项工作更好地适应新形势的发展需要。

各位代表，在全党和全国人民深入贯彻落实党的十四大精神，加快改革开放和现代化建设步伐，夺取有中国特色社会主义事业更大胜利的新形势下，全省各级法院要进一步解放思想，振奋精神，团结奋斗，紧紧依靠各级党委的领导和人大的监督，全面加强各项审判工作，为充分发挥审判机关的职能作用，卓有成效地保障与促进深化改革开放和加快经济建设的顺利进行作出积极努力。

上海市高级人民法院工作报告

——1993年2月20日在上海市第十届人民代表大会第一次会议上

上海市高级人民法院院长　顾念祖

各位代表：

现在，我向大会报告法院工作。

1988年市九届人大一次会议以来，本市法院在市委的领导和最高人民法院、市人大及其常委会的监督下，坚持党的基本路线，严格执行法律，保护人民，惩治犯罪，促进改革，服务四化。5年来共审结各类案件361538件，比前5年增加58%，平均每年递增

11.6%，充分发挥了审判职能作用。

一、坚持“严打”斗争，维护社会稳定，保障经济建设顺利进行

严厉打击严重刑事犯罪活动，是对改革开放和经济建设的有力保障。本市各级法院不断强化专政职能，坚持依法从重从快方针，严惩严重刑事罪犯。5年来共审结一审刑事案件41459件，判处人犯62165名，其中杀人、抢劫、强奸、流氓、惯窃、故意重伤等严重刑事罪犯占30.53%；在判决发生法律效力的严重刑事罪犯中，判处五年以上有期徒刑、无期徒刑直至死刑的占61.06%。

全市法院受理的刑事案件中，盗窃案件占51.40%，特别是重大盗窃从1988年至1990年连续3年平均递增68%，严重危害公私财产安全和经济建设。各级法院坚持开展反盗窃斗争，重点打击了盗窃工业原材料和破坏交通、能源、通讯基础设施的犯罪，依法严惩了一批重大盗窃犯、盗窃惯犯、流窜犯和共同犯罪的主犯。5年中共审结盗窃案件21309件，判处人犯35253名。针对外来人员作案突出的情况，市中级法院于去年集中宣判了28名外来盗窃犯，其中对盗窃8万余元工业原材料的黄希福等12名案犯判处死刑（含死缓）或无期徒刑。经过连续不断地严厉打击和积极开展社会治安综合治理工作，1991、1992年盗窃案件收案数分别比上年下降16.61%和13.23%，反盗窃斗争已见成效。

近年来，杀人、抢劫等暴力性犯罪活动严重影响社会稳定。去年仅市中级法院就受理了这类犯罪案件119件，比上年增加8.9%。该院接连召开18次公开宣判会，集中打击重大暴力性犯罪活动，狠煞了犯罪分子的嚣张气焰。各级法院根据不同时期暴力性犯罪的特点，不间断地予以严厉打击。1989年开始，狠狠打击了抢劫出租汽车司机钱财犯罪，依法判处一批罪犯死刑，使一度相当猖狂的这类犯罪活动明显收敛。流氓犯罪经1983年“严打”后曾大幅度下降，但近年来此类犯罪又有所回升。各级法院坚持严厉惩办。市中级法院相继判处了颜庭白等为首的4个严重流氓犯罪集团，29名罪犯中，执行死刑的就有10名，彭浦街道等发案地的群众燃放鞭炮，拍手称快，社会秩序有了明显好转。

社会丑恶现象毒害人们特别是青少年的身心健康，妨害现代化建设和改革开放，损害社会主义形象，广大群众对此深恶痛绝。这期间，本市法院受理的强迫、引诱、介绍他人卖淫，制作、传播、贩卖淫秽物品，制造、运输、贩卖毒品，聚众赌博等犯罪案件增加。1992年受理强迫、组织他人卖淫案件58件、毒品案件31件，分别比上年上升45%和14.8%。本市法院依据全国人大常委会的规定，积极开展除“六害”斗争，共审结此类案件766件，判处人犯1310名，其中判处五年以上有期徒刑、无期徒刑直至死刑的占17.57%。值得注意的是出现了多起外国人贩毒案。去年市中级法院对5名在中国境内走私贩毒的外国人，分别判处八至十五年有期徒刑并处罚金、没收财产，表明了我国严禁毒品的一贯立场，维护了国家主权和法律尊严。

铁路治安形势依然严峻。上海铁路运输两级法院严厉打击车匪路霸。5年共判处这类罪犯5528名。今年1月，上海铁路运输中级法院宣判了一个由18名罪犯结成的犯罪团伙。这伙罪犯在长达3年多时间里，流窜于京沪、京广等9条铁路干线，先后在23趟旅客列车上盗窃、抢劫钱财65万余元。市高级法院依法核准其中6名罪犯执行死刑，3名罪犯死刑、缓期二年执行，发挥了震慑作用。

在严厉打击严重刑事犯罪的同时，各级法院认真执行惩办与宽大相结合的政策，区分严重刑事犯罪和一般刑事犯罪。对累犯、惯犯，犯罪集团的首犯和共同犯罪的主犯依法从严惩处；对初犯、偶犯、中止犯和具有投案自首及立功表现的，依法从轻、减轻或免除处罚。5年中，判处免予刑事处分、拘役、管制的4100余人，缓刑9900余人，合计占判处人犯总数的22.57%。经调查，上述人员重新犯罪率不到1%，从而全面发挥了各种刑罚的功能作用，教育挽救了一批人，分化瓦解了犯罪分子。

二、深入开展打击严重经济犯罪的斗争，惩治腐败，保障国家和集体财产不受侵犯

严惩严重经济犯罪分子，正确及时地审理好经济犯罪案件，是人民法院的一项重要任务。5年来，共受理一审经济犯罪案件7352件，比前5年上升98.6%，其中重大经济犯罪案件占46.26%。共审结7340件，判处人犯9342名，其中非法所得在万元以上的2209名，占29.7%。在判决发生法律效力的人犯中，判处五年以上有期徒刑、无期徒刑直至死刑的占22.96%。

国家工作人员贪污、受贿、挪用公款犯罪影响坏、危害大，占整个经济犯罪收案总数的70%以上，是打击的重点。共判处这三类犯罪分子5074名，其中判处死刑（含死缓）、无期徒刑的44名。县、处级以上干部被判刑的55名。5年间，分别对贪污110万余元、诈骗27万余元的原环球冰箱厂业务员殷柏青；侵吞幼儿园入托费、伙食费17.9万元的原长宁区愚园路第五幼儿园出纳员林懿等12名特大经济罪犯执行死刑，起到了良好的震慑效果。

1989年8月15日最高人民法院、最高人民检察院《关于贪污、受贿、投机倒把等犯罪分子必须在限期内自首坦白的通告》发布后，本市法院在《通告》规定的2个半月的期限内，判处贪污、受贿等经济犯罪分子443人，其中从宽判处255人，从严判处20人；在《通告》的感召和震慑下，全市有1759人投案自首，取得了较好的社会效果。

各级法院对于国家工作人员严重官僚主义，玩忽职守，特别是那些为了个人私利，致使国家和人民利益遭受重大损失的犯罪分子，均依法数罪并罚，从严惩处。原闸北区经济发展总公司副经理兼物资公司经理倪福生，在委托代购有色金属等业务活动中，玩忽职守，被犯罪分子诈骗942万余元，相当于该物资公司注册资金的16倍，被以玩忽职守罪判处有期徒刑三年。

假冒注册商标，生产销售伪劣商品，严重侵害消费者合法权益的案件非常突出，已成为扰乱经济秩序，危害国家和广大群众切身利益的社会公害。对于这些破坏经济秩序的犯罪分子，法院坚决给予依法严惩。去年10月川沙等法院相继对经销假冒“鹅”牌背心、“霞飞”特效增白蜜等名牌产品及商标的案犯，分别依法判处有期徒刑。今年1月，市中级法院判处了一起由11人组成的经销假冒上海天厨味精厂“佛手”牌味精的犯罪集团，主犯王在仁被判处无期徒刑，其余10名罪犯被分别判处三年至十五年有期徒刑。此外，法院在审判工作中，还重视适用没收财产、罚金等财产刑，尽量减少国家、集体财产损失，不让犯罪分子在经济上占到便宜。5年来通过审判活动，为国家、集体挽回经济损失8135万元。

在严惩严重经济犯罪分子的斗争中，各级法院坚持“一要坚决，二要慎重，务必搞准”的原则，不断强化专政职能，严格区分罪与非罪的界限，切实保证办案质量，讲究办案效果。去年12月召开全市法院审理经济犯罪案件工作会议，强调在当前深化改革，扩大开放，建立社会主义市场经济体制的新形势下，要进一步提高审理经济犯罪案件的水平，在坚持依法严厉打击严重经济犯罪的前提下，对法律和政策规定不明确的和在生产经营或科技活动中大胆改革，敢闯敢试而有失误的，不能以犯罪处理；对罪与非罪界限一时难以区分的，广泛听取意见，慎重研究，避免伤害无辜；对已经判处的案件，如发现错误，及时改判纠正；对一些一贯表现较好，或者有突出贡献，罪行较轻，认罪态度好的企业管理和科技人员，依法从宽处理。有的可依法判处缓刑，以利于生产经营和科技研究工作。

三、充分运用法律手段调节经济关系，维护经济法制秩序

随着经济建设步伐加快，改革开放的不断深化和扩大，本市法院的经济审判任务日益加重。5年来，共受理一审经济纠纷案件59717件，是前5年的2.6倍，不仅案件数量增多，而且涉及面广，出现了股票、票据、破产、劳动争议、专利、商标等新类型案件。全市法院共审结一审经济纠纷案件59065件，结案总标的达34.20亿元，仅去年解决的争议标的就达12.85亿元，比1991年上升了73.65%。

为搞好国有大中型企业服务，是经济审判工作的重要任务之一。各级法院除对涉及国有大中型企业生产和经营中发生的纠纷，特别是争议金额大，对生产发展影响大的案件，及时立案，及时审理，及时执行外，还着重抓了欠款纠纷案件的审理，积极参与清理"三角债"，为搞好国有大中型企业疏浚化淤。国务院清理"三角债"领导小组办公室发出简报，向各地推广了上海法院充分运用法律手段，积极参与清理"三角债"的做法。杨浦区法院于1990年率先受理债权人的申请，采用诉前发函的方式督促债务人履行义务。全国人大常委会法工委吸收了这一做法，在修改民事诉讼法中规定为督促程序。之后，各区、县法院深入企业宣传这项法定程序，积极受理债权人的申请，迄今为止已审结支付令申请1844件，为解决经济纠纷找到了一条便捷、高效的途径。

近几年来，涉及商标、专利、技术合同等工业产权纠纷案件增多。1988年以来，已受理751件，仅去年市中级法院就审理专利纠纷案56件。本市法院从制止不正当竞争，保护工业产权，繁荣科技市场出发，对故意侵犯他人专利权、注册商标权的当事人依法制裁，除判令赔偿经济损失、罚款等经济处罚外，还责令停止侵害、消除影响、恢复名誉，并收缴印制假冒商标的模版等违法工具，构成犯罪的移送公安、检察机关处理。1990、1991年，全市法院审结22件国优、部优和市优产品商标被侵权案件，占两年中审结商标案件总数的78.57%。在审理技术合同案件时，还强调注意技术合同的特点，不轻易以合同的主体超越经营范围或者转让的技术未达约定技术指标，而确认合同无效，以促进科技成果向生产力转化。

随着改革措施不断出台，反映深化改革中各种利益调整和摩擦的新类型案件，不断诉至法院。1990年以来，全市法院审结借贷、票据、融资等各类金融纠纷案件156件。针对金融体制改革中出现的新情况，市高级法院制定了《关于出借银行帐号的当事人承担民事责任问题的意见》。在审理票据案件时，坚持依法严厉制裁危害正常金融结算秩序的行为，维护持票人的合法权益。从有利于证券业的健康发展着眼，积极受理股票纠纷案件，并开展调查研究，制定《关于股票纠纷案件若干问题的处理意见》，明确股票纠纷的性质、管辖、赔偿标准，为完善证券市场法制建设提供了审判实践经验。至今已审结各类股票、债券纠纷88件，维护了证券市场的正常秩序。1990年以来，全市法院审结联营、承包、租赁以及劳动争议案件3900余件，促进企业经营机制的转换，深化劳动用工制度的改革。

各级法院认真贯彻中央关于加强农业和农村工作的决定，积极审理农村承包合同纠纷，涉及乡镇企业的经济纠纷和农机、农技、信息、服务纠纷等案件。1991年以来，9个县法院共审结各类经济纠纷案件9935件。嘉定县法院在审理一件53亩粮田承包合同纠纷时，正值夏播落谷季节，为不影响农业生产，裁定先予执行，取得了良好的经济效果。上海县法院针对华漕乡500多户农民拖欠集体垫付的农田成本费等各项费用100多万元的情况，加强法制宣传教育，增强农民法律意识和集体主义观念，使绝大多数农户偿还了欠款，维护了集体的合法权益。

为适应对外开放的扩大和外贸体制改革的深化，本市法院十分重视涉外和涉港澳台经济纠纷案件的审判。5年中，共审结此类案件304件，坚持了国家主权和对等公正的原则，平等保护了中外和境内外当事人的合法权益。上海海事法院共审结国内海事、海商和海洋环保等纠纷案件527件，涉外、涉港澳台的船舶买卖、海损赔偿、装卸作业和理货等纠纷案件193件，涉及20多个国家和地区，其中双方当事人都在境外的有11件。韩国高丽半岛海运有限公司倒闭，老板潜逃，拖欠中国吉林国际经济技术合作公司外派船员工资4万余美元。其经营的“海运阳”轮停泊上海港时，债权人申请诉前扣船。上海海事法院依法及时扣船，予以拍卖得19万美元，既维护了中国船员的合法权益，又使外国债务人避免了不必要的损失，双方均表满意。

本市法院在经济审判中采取了一系列改革措施。首先在市中级法院及各区、县法院成立经济纠纷调解中心，按照快受理、快调解、快结案，便于当事人诉讼，便于纠纷解决，调解与执行相兼顾的原则，采用“即告即立、即立即调、即调即执”的方法，简便、灵活、快速、高效地处理经济纠纷案件。其次，进一步扩大服务领域。采取走出法院调查研究；指导企业清理债权债务；组织旁听典型案件的公开审理；针对案件中存在的问题提出司法建议；培训经济合同管理员；召开企业家座谈会；下厂下乡开展法律咨询等方法，积极参与经济秩序的综合治理。据不完全统计，5年来法院走访或调查企业2000余家，发出司法建议1000余份。去年11月本院发起召开了长江三角洲和沿江地区法院为改革开放、发展经济服务研讨会，加强了与兄弟省、市法院之间的联系和协作。

四、切实保护公民、法人的民事权利，促进社会主义精神文明和物质文明建设

5年来，全市法院共受理各类一审民事案件147996件，比前5年增加73.55%。案件反映的新情况、新问题主要有：一是房屋、债务等涉及财产关系案件上升比例较大，已达成离婚协议因财产分割而涉讼的占有相当比重。有的还提出所谓“青春损失补偿”的请求。二是民事诉讼范围扩大，出现了诸如名称权、著作权等新型案件。1992年市中级法院受理上述人身权及知识产权案件26件，有的索赔金额高达百万元。三是涉外和涉港澳台民事诉讼增多，共受理1243件，比前5年增长3.2倍。四是案件情况复杂，涉及面广，社会影响大，审理有难度。各级法院坚持民事审判工作为加强社会主义民主与法制建设服务的原则，保护公民、法人合法权利，促进社会主义精神文明和物质文明建设，维护社会安定团结，共审结一审民事案件148012件，其中调解结案占49.15%，判决占29.67%，当事人撤诉占18.51%，其他占2.67%。

在民事审判中，认真贯彻民法通则、婚姻法和市人大常委会颁布的《上海市老年人保护条例》、《上海市青少年保护条例》和《上海市妇女儿童保护条例》等法律法规，认真审理离婚、赡养、抚养、扶养、继承等纠纷案件，切实保护妇女、儿童和老人的合法权益，巩固和改善了社会主义婚姻家庭关系。5年来，按照既保障婚姻自由，又反对轻率离婚的原则，审结离婚案件84989件，占民事案件的57.23%；其中通过审理，调解和好的占16.53%，调解或判决离婚的占55.04%，判决不准离婚的占10.37%。当事人撤诉的占16.9%，其他的占1.16%。审结抚育费、赡养费、扶养费案件11238件，继承案件3968件。

5年来共审结名誉权、肖像权、著作权等案件594件。审理时，严格区分侵害名誉权与正当舆论监督的界限，既保护当事人权利，又支持正当舆论监督；严格区分侵害肖像权与正当合理使用肖像作品的界限，对法人名称权和名誉权也依法给予保护；严格区分著作侵权与合法使用的界限，平等保护中外作者的著作权益。

法院依法公正审理涉外和涉港澳台民事案件，促进对外开放和祖国和平统一大业。市中级法院去年审结21件中国公民申请承认涉及美国、日本、澳大利亚等外国法院的离婚判决。该院在审理香港东亚银行分别起诉境内3家单位，要求收回房屋所有权案件时，依法支持原告的诉讼请求，取得了良好效果。

5年来，市高级法院切实加强了对下级法院的民事审判业务指导工作，先后制定了《关于贯彻执行〈上海市城镇公有房屋管理条例〉若干问题的通知》、《离婚案件有关财产、房屋若干问题处理讨论纪要》等文件，以指导办案。同时，切实加强审判监督，要求认真贯彻执行民事诉讼法，在案件受理、举证责任、开庭审理等方面积极探索和改进，促进民事审判工作规范化，从程序上、实体上全面保护当事人合法权益，确保当事人的诉讼权利。此外，5年来，及时缓解和妥善处理矛盾激化的民事案件2961起，避免了一些自杀、凶杀、伤害事件的发生，促进了社会安定团结。

五、积极开展行政审判工作，保护合法权益，支持依法行政

全市各级法院在普遍组建行政审判庭，培训干部的基础上，积极开展工作，既依法保护公民、法人的合法权益，又维护行政机关依法行政。5年来共受理一审行政案件1409件，比前5年增加6倍多，其中行政诉讼法施行两年多来受理705件，占50.04%。涉及的行政机关类别有20多个，涉讼案件类型达30余种。一些过去没有或少有的粮食准运、烟草专卖、建筑规划、食品卫生、环境保护、吊销执照、侵犯企业经营自主权等行政案件陆续起诉到法院。5年来全市法院共审结行政案件1386件，其中维持行政处罚和处理决定的占48.2%；撤销的占10.46%；变更的占4.11%；原告撤诉的占33.98%；其他的占3.25%。

认真审理好征地拆迁纠纷案件，保证市政建设顺利进行是近几年来行政审判工作的重点。市中级法院专门召开行政审判工作为市政重点工程建设服务研讨会，明确提出4个方面的服务要求：一是在有关建设项目进行可行性研究中，积极提出法律方面的参考意见；二是协助有关部门对拆迁工作干部，进行法律知识培训；三是审理好重点工程项目的行政案件；四是就旧区改造、土地批租等问题开展调查研究，对可能遇到的矛盾和难点从法律上提出对策。不少法院行政审判干部，走出法院，深入实际，积极开展法律咨询和服务活动。长宁区法院派出专人在江苏路拓宽工程工地现场办公，热情解答居民的法律问题，对动迁工作及时提出改进建议，深受工程部门和居民的欢迎。该工程如期动迁1000多户居民，未发生大的纠纷。市重点工程杨浦大桥建造至今，由于有关部门采纳了杨浦区法院的建议，亦未发生一起动迁诉讼。

法院加强对治安、收容审查、劳动教养等行政案件审理，5年来审结595件，占行政案件审结总数的42.93%，保护了公民的合法权益。通过对土地、工商、税务等案件的审理，制止乱设卡、乱罚款等阻碍商品生产、流通的违法行政行为，促进全国统一的开放市场体系的形成。加强对侵犯企业生产、经营自主权案件的审理，促进政府职能的转变，推动国有企业经营机制的转换。

目前，有些公民、法人不敢提起行政诉讼，有的行政机关害怕当被告，对此，各级法院积极宣传行政诉讼法，主动争取党委的领导、人大的监督和支持，严肃执法，秉公办案，努力发挥行政审判工作的职能作用。

各位代表，5年来，本市法院在受理案件日益增多，诉讼领域逐渐扩大，审判任务不断加重的情况下，坚持把严肃执法放在首位，努力做到正确、及时、严格地执行法律，全面提高审判水平，为加快改革开放和现代化建设提供有力的法律保障和法律服务，着重采取了以下几项措施：

一、加强监督和指导，不断提高办案质量和效率

为切实加强对下级法院审判工作的监督和指导，市高级法院十分重视对重大、复杂、疑难案件适用法律问题，进行调查研究；经常总结、推广审判工作经验；针对审判实践中出现的新情况、新问题深入进行调查研究，制定对策；发现问题，及时纠正，以增强工作的主动性和预见性。仅1992年就召开了21次专业审判工作会议和研讨会。5年来高、中级法院共审结刑事上诉案件5569件。其中，维持原判占83.25%；因原判事实不清、证据不足或适用法律有误而改判和发回重审占12.66%，撤回上诉占4.09%。审结人民检察院抗诉案件130件，其中维持原判32件，改判和发回重审56件，撤回抗诉42件。依法退回检察机关补充侦查2033件。

严格执行各项审判制度，健全监督机制，是保证办案质量的关键。各级法院抓住公开审判这个重心，带动其他各项诉讼制度和程序的全面执行。除法定不公开审理外，一审案件全部实行了公开审理。按照刑事、民事和行政三个诉讼法的有关规定，全市法院聘请了数百名人大代表、政协委员和社会各界人士担任了人民陪审员。此外，各级法院为方便广大群众诉讼和对法院工作的监督，普遍实行了公开办事制度，积极推行《诉讼须知》、《举证须知》，受到了群众的欢迎。

自1989年以来，本市各级法院每年进行执法执纪大检查，并向市人大常委会和最高人民法院作出报告。1992年，共检查了各类案件10301件，占当年判处案件总数的18.61%。市中级法院抽查闵行、闸北、金山、长宁4个基层法院审结的106件案件，其中好的和比较好的占98%，在认定事实和适用法律上存在一些不足的占2%。全市法院有4.66%的民事、经济纠纷案件，审理时间超过了法律规定。在检查案件的同时，还召开座谈会，向当事人发送《征询意见表》，广泛听取意见，对查出的问题，本着实事求是的精神，严肃对待，边整边改。

在过去的5年中，市高级法院在依法独立审判的同时，强调自觉地接受人大及其常委会的监督。各级法院相继制定了接受人大监督的办法或规定，定期或不定期地向人大及其常委会报告工作，邀请人大代表来法院视察和座谈，听取代表对法院工作的意见，认真负责地处理代表的提案、意见和建议，做到了事事有落实，件件有答复。凡依法公开审理的案件，人大代表和政协委员均可凭代表证和委员证旁听审理。市人大常委会《监督司法工作条例》颁布后，全市法院认真贯彻落实。市高级法院邀请部分人大代表和法学专家，重点检查市人大有关委员会交办的案件，代表们经过认真的阅卷和讨论，听取了案件承办人的汇报，对法院依法办案给予了充分肯定，同时对个别审判人员在审判业务和作风上存在的问题，提出了意见和建议。对改进法院工作，提高审判人员素质起了积极作用。

二、加强执行工作，保证法律实施

经济纠纷和民事案件判决和裁定后“执行难”，是困扰法院工作的一个突出问题。5年来，本市各级法院下大力气抓执行工作，取得了明显进展。共受理各类执行案件77747件，比前5年上升了3.14倍。各级法院积极探索解决“执行难”的途径，充分发挥审判职能，采取教育疏导促其自觉履行和采取强制措施迫其履行相结合、自行派员执行和委托外地法院协助执行相结合等多种方式，有的法院还采取了诸如准许以财物、劳务抵债，“放水养鱼”等更加灵活的方式，收到了较好的效果。宝山区大场供销经理部申请执行林产品经销部货款15万元一案，宝山区法院立案后，了解到林产品经销部主要经营成套家具，如将库存家具拍卖仍不足以偿还债款，且会造成该企业倒闭，对债权、债务人不利。经法院调解，双方达成了“放水养鱼”的协议，即林产品经销部继续经营，所得销售款汇入申请执行人帐户，偿还欠款。这样，既维护了法院判决的严肃性，又促进了两个企业的经营活动。5年中，各级法院共执结74462件，结案率达98.68%。全国人大常委会内务司法委员会检查组视察后认为，这样高的结案率十分难得。

三、积极参与社会治安综合治理，注重审判效果

5年来，各级法院结合审判工作实际，积极参与社会治安综合治理，扩大审判效果。在1988年举办“严肃执法”展览会以后，连续5年举行“严肃执法宣传月”。各级法院院长、庭长和审判人员12560人次在全市各闹市地段、公园、工厂设点法律咨询，接待6.8万人次，印发法制宣传资料196万份，展出法制宣传画版28760块，播放法制录像2210场次。共召开2474次公开宣判大会，宣判案件5820件、罪犯9529名，旁听群众达150余万人。1992年6月，市中级法院依法公开审理“5·29”流氓、妨害公务案后，将庭审录像在电视台播出，并就该案定罪量刑以及正确处置邻里纠纷等有关问题进行电视法制宣讲，受到社会各界的好评。

运用司法建议扩大办案效果，是审判工作参与社会治安综合治理的好形式。5年来，全市法院共发出司法建议4768份，促使有关单位堵漏建制。市中级法院在审理一起利用加工定货合同进行重大诈骗犯罪案件时，对被骗的120多个企业发出司法建议。1991年市政协委员对本市法院开展司法建议活动进行视察，充分肯定了司法建议对于改善企事业单位经营管理，促进社会治安综合治理发挥的积极作用，要求各级法院进一步加强对司法建议的监督和指导。

遵循教育、感化、挽救的方针，加强未成年人案件的审理，是法院参与社会治安综合治理的一个新途径。最高法院推广了长宁区法院少年法庭经验后，全市各级法院相继成立了少年审判庭。有13个区县建立了公检法司办理少年刑事案件“一条龙”。闸北区法院举办了“回沪知青子女监护人学校”，教育回沪知青子女的监护人依法履行监护职责。长宁区法院和区妇联共同创办了“为孩子父母学校”，由审判员当教师，请离婚案件当事人和因父母离婚，家庭破损，缺少管教而误入歧途的失足少年现身说法。该学校已开办了8期，共有567对夫妇参加了学习，引起了国内外有关专家、学者的重视。去年11月最高人民法院在上海市召开了未成年人犯罪的预防、审判和矫治国际研讨会，有30多个国家、地区及国内各省、市、自治区的法官和法律工作者共同探讨了未成年人犯罪问题，加强了上海法院与国际、国内各省市的交流，促进了未成年人刑事审判工作的发展。

四、加强法院队伍自身改革和建设，提高审判水平

为适应经济建设和改革开放的需要，市高级法院以建立一支政治坚定、业务精通、纪律严明、作风过硬、秉公执法的法院队伍为目标，要求各级法院坚持从严治院。通过组织干警认真学习科学社会主义和党的建设理论，特别是认真学习邓小平同志视察南方的重要谈话和党的十四大报告，明确了建设有中国特色的社会主义理论的基本观点，坚定了贯彻党的基本路线不动摇的信心和决心。5年中，有270名干部参加了市委党校和政法党校举办的读书班学习；有266名党员和30个党支部被评为优秀党员和先进党支部；杨浦、闸北、长宁区法院连续多次被命名为市文明单位，宝山、川沙法院被命名为区、县文明单位；上海铁路两级法院被评为路局和分局的文明单位。评选出全市法院系统的

“十佳审判员”和“十佳审判庭”。表彰奖励了先进集体379个，立功受奖个人754人(次)。市高级法院和上海人民广播电台、上海电视台联合开展的“评选模范法官和法院先进集体”的活动，经全市人民推荐和评选，评出了3名模范法官，3个先进法院，15个先进审判庭，20名优秀法官。通过加强廉政教育，深化社会监督和内部监督机制，狠抓了法院队伍的廉政建设，涌现了一大批清正廉洁、秉公办案的先进单位和个人。对违法违纪行为一经发现，依法查处。5年来，有9人被处以刑罚，94人给予了党纪、政纪处分。

为适应形势和任务需要，各级法院从组织机构、审判方式、审判作风和干部考核、管理等方面进行了改革和探索，建立了告诉申诉庭，缓解了“告状难”。5年来共接待来访682355人次，处理各类来信427349件。闸北区法院自1989年以来在全区各街道建立信访接待“夜门诊”制度，截止1992年底，开展夜间服务2554次，接待来访群众18366人次，调解各类纠纷2088件。静安区法院针对该区老龄人口多、老人诉讼案件多的特点，建立了老年法庭。一年多来，共接待老人来访600多人次，受理各类民事案件138件，受到社会各界的关注和支持。黄浦区法院建立了专门审理新闻侵权和保护消费者合法权益案件的合议庭，使审判工作进一步向专门化方向发展。各级法院建立了新闻发布会制度，及时向社会发布新闻。

全市法院普遍强化了规范化办案。举行了公开开庭观摩评比；书记员基本功培训和竞赛；确立了各项审判工作的操作规程和质量要求规范。市高、中级法院制定了从审判委员会到司法警察等的各项工作规则或细则40多个，规范化办案有了长足进步。

5年来，各级法院重视抓好队伍的教育培训。通过全国法院干部业余法律大学上海分校的培养和大专院校的输送，本市法院干部大专以上文化程度，由1988年底的50%上升到72.4%，提前3年达到最高人民法院的要求。上海法官培训中心开办了42期培训班，培训了审判干部1582人次。最高人民法院确定法官条例在上海试点后，高、中级法院等7个法院建立了专门机构，提出了具体要求，800多人参加了法官资格考试，为提高法院干部队伍的政治业务素质取得了有益经验。

5年来，本市法院工作取得了一定的成绩，履行了宪法和法律赋予的职责，但是同党和国家以及全市人民对我们的要求仍有差距。主要是：对在改革开放和经济建设中有关审判工作的新情况、新问题调查研究不够；一些民事、经济纠纷案件审理时间过长；少数审判人员存在“重实体轻程序”的思想，不严格按照诉讼程序办案的现象时有发生；少数审判人员思想和业务素质不高；案件裁判后，“执行难”的问题尚未根本解决。这些都要认真研究改进。此外，还有少数区、县法院缺少审判法庭和办公用房，与法制建设和对外开放形势很不适应。

各位代表，市第六次党代会贯彻党的十四大精神，确定了九十年代上海改革与建设的任务，对我们提出了更高的要求，人民法院的任务更加繁重、艰巨。当前和今后一个时期本市法院的主要任务是，在邓小平同志建设有中国特色的社会主义理论的指导下，认真贯彻执行党的“一个中心，两个基本点”的基本路线，按照本次代表大会的要求，进一步解放思想，实事求是，全面加强审判工作，提高执法水平，维护社会稳定，更好地为建立和完善社会主义市场经济体制，为加快改革开放和现代化建设，为振兴上海，开发浦东，提供有力的法律保障和法律服务。

第一，进一步加强刑事审判工作，努力维护社会稳定。各级法院要进一步强化对敌专政的职能，继续坚持依法从重从快方针，严惩严重刑事犯罪分子，适时开展集中打击和专项斗争。继续深入开展打击严重经济犯罪的斗争，及时打击贪污、受贿，偷税抗税，利用合同、票据进行诈骗，制造假冒伪劣产品等犯罪活动，维护经济秩序。

在依法严惩各类严重犯罪的同时，继续认真贯彻惩办与宽大相结合的原则，全面发挥各种刑罚的功能作用，依法适当多判处一些缓刑、管制、拘役，依法多适用一些假释，依靠社会和群众力量改造犯罪分子。紧密结合审判工作，积极参与社会治安综合治理。

第二，充分运用法律手段调节经济关系，积极为加快改革开放和发展经济服务。各级法院要充分发挥审判工作调节经济关系，维护经济秩序，促进经济发展的职能作用，切实加强经济审判工作，促进社会主义市场经济体制的发育和发展。通过审判活动，保护企业的经营自主权，促进承包、租赁经营机制的完善，推动有条件的企业联合、兼并，企业集团的合理组建和股份制的健康发展，以及产业结构的调整，保障企业经营机制的转换。要加强经济合同纠纷案件的审理，平等地保护参与市场竞争的各个经济主体的合法权益，维护市场的经济秩序。要重视商标、专利等知识产权案件的审理，加强对工业产权的保护，促使科技成果的商品化和向现实生产力转化。要根据农村的特点，妥善处理经济纠纷案件，保障农村经济的全面振兴。要积极依法审理好涉外、涉港澳台经济纠纷案件和海事、海商案件，平等、公正地保护中外和境内外当事人的合法权益，促进对外开放和经济贸易的发展。继续下大力气解决“执行难”，坚决抵制地方和部门保护主义。

第三，坚持严肃执法，在提高审判水平上狠下功夫。全市法院要进一步树立质量第一的思想，严格依照有关实体法、程序法办案，强化内部监督机制，提高工作效率，确保办案质量，注重办案效果。同时要切实抓好开庭审判，进一步改革和完善刑事、经济、民事案件的庭审方式，把开庭审判提高到一个新的水平。对经济纠纷调解中心，要加强领导，进一步总结经验，不断完善。要进一步加强告诉申诉工作，重视群众来信来访，切实做好立案工作，保护公民、法人的诉讼权利。要认真搞好审判监督，完善监督机制，认真处理申诉，发现错案及时依法纠正。要继续认真贯彻人大监督司法工作的规定，自觉接受人大监督，进一步改进审判工作。

第四，加强法院队伍建设，保证审判任务的完成。在当前深化改革，扩大开放，建立社会主义市场经济体制的条件下，要采取有力措施，深入学习党的十四大精神，进一步提高队伍的政治素质和业务素质，保持和发扬优良传统和作风，加强法院的精神文明建设。要继续办好全国法院干部业余法律大学上海分校和上海法官培训中心，加强对新颁布的法律、法规和市场经济的有关知识的学习培训，着力培养一批既懂法律又懂经济，既懂国内法又懂国际法的复合型人才。落实廉政措施，加强监督机制，建立一支有坚强战斗力的法官队伍，从组织上保证审判任务的完成。

各位代表，1993年本市法院的各项任务都很繁重。我们决心在党委的领导和人大的监督下，坚持党的基本路线，团结一致，艰苦奋斗，开拓进取，扎扎实实，努力工作，为把上海建设成为一个社会主义现代化国际城市，保障和促进社会稳定与经济发展作出新的贡献。

以上报告，请审议。

江苏省高级人民法院工作报告

——1993年4月18日在江苏省第八届人民代表大会第一次会议上

江苏省高级人民法院院长　李佩佑

各位代表：

现在，我向大会报告全省法院的工作情况，请予审议。

关于1992年的工作

1992年，全省法院认真贯彻邓小平同志视察南方的重要谈话和党的十四大精神，坚持党的基本路线不动摇，以经济建设为中心，解放思想，真抓实干；忠实执行宪法和法律，充分发挥审判机关的职能作用，保护人民，惩处犯罪，促进改革，服务四化，取得了显著成绩。全年共审结各类案件191127件，比上年增加了8.0%。办理减刑、假释案件10583件。

一、坚持“两手抓，两手都要硬”的方针，严厉打击各类严重犯罪活动，为改革开放和经济建设创造稳定的社会环境

针对全省社会治安形势总体上稳定，但重大刑事案件逐年上升，新类型犯罪不断出现的特点，1992年的刑事审判工作在进一步统一政策、统一法律思想的基础上，一方面坚持“严打”方针，对严重危害社会治安的犯罪毫不手软地依法从重打击；另一方面，不断强化参与社会治安综合治理的措施，取得了较好的社会效果。全年共审结各类案件22177件，比上年上升9.5%，判处人犯27571人，比上年上升14%。

（一）依法从重从快打击严重危害社会治安的犯罪活动。全省法院继续深入开展“严打”斗争，重点打击那些严重危害社会治安的杀人、抢劫、重大盗窃、强奸、拐卖妇女儿童、重大流氓犯罪；特别侧重打击了带有黑社会性质的流氓犯罪集团和“车匪路霸”；重点打击破坏交通、通讯、电力设备等危害公共安全的犯罪。突出打击上述罪犯中的惯犯、累犯、流窜犯和犯罪集团中的首要分子。依法该重判的重判，该判处死刑的坚决判处死刑。共判处无期徒刑、死刑（包括死刑缓期二年执行）的889人，比上年上升9.35%。注意总结多年来的“严打”斗争经验，强化打击力度。

——对流氓犯罪集团和黑社会势力依法给予重打。盐城市郊区伍佑镇以吴加珍、智通贵为首作恶一方的流氓犯罪集团，在不到3年时间里，9次聚众淫乱，5次寻衅滋事，长期凌辱和玩弄妇女数十人，诈骗36万元，并为犯罪专门架设通讯铁塔，配备对讲机，雇用帮凶追债逼债，多次对借债人非法关押、体罚和殴打。对这起恶贯满盈的流氓犯罪集团案件，人民法院依法判处吴加珍、智通贵2犯死刑，其他7名成员也受到严厉制裁。一年中共打击流氓犯罪团伙30起，判处罪犯139人。

——严惩“六害”犯罪分子。坚决执行全国人大常委会关于禁毒、惩治淫秽物品犯罪分子、严惩拐卖、绑架妇女儿童犯罪分子和严禁卖淫嫖娼等有关决定，开展集中打击，及时给予严惩。全年共审结这类案件330件，判处罪犯624人，分别比上年上升69.23%和74.3%。其中毒品犯罪13件，判处罪犯33

人；拐卖、绑架妇女儿童209件，判处罪犯458人；引诱、容留、强迫妇女卖淫102件，判处罪犯124人；制作、贩卖、传播淫秽物品6件，判处罪犯9人。对这类犯罪活动的蔓延起了遏制作用。

——深入开展反盗窃斗争。在落实反盗窃斗争各项措施的基础上，推进反盗窃斗争向纵深发展。全年共审结一审盗窃案件9041件，占审结刑事案件总数的40.77%，依法重判了一批重大盗窃分子。对盗窃交通通讯设备、盗窃农村电力设备、盗窃国营大中型企业重要生产原材料以及产成品等犯罪，特别是盗窃国防通讯设备的犯罪，坚决依法从重从快惩处。重点打击那些盗窃集团的首要分子、重大盗窃犯、盗窃惯犯、流窜犯、教唆犯、共同盗窃的主犯。依法打击窝赃、销赃犯，堵塞销赃渠道。

（二）依法从严惩处严重经济犯罪活动，推动廉政建设。共受理一审经济犯罪案件4175件，比上年下降了1.11%。其中受贿、行贿下降幅度较大，贪污、挪用公款、投机倒把仍呈上升趋势。

——重点抓好对贪污、贿赂、挪用公款大要案件的审判。共判处犯罪数额在万元以上的经济犯罪分子118人，其中数额在十万元以上的有33人，以此为突破口，推动打击经济犯罪斗争的深入开展。

——依法严惩走私、诈骗、投机倒把、偷税抗税等经济犯罪分子，维护正常的社会经济秩序。重点打击利用经济合同和票据进行诈骗的犯罪，共审结263件，其中有的是各级法院在审理经济纠纷案件过程中发现而追诉的。

——坚持“一要坚决、二要慎重、务必搞准”的原则，严格区分罪与非罪的界限。正确处理好打击经济犯罪与保护合法经营活动的关系，以“三个有利于”作为判断是非的根本标准，提出了严格区分企业经营人员、科技人员在生产经营与科技活动中罪与非罪的界限，做到既打击经济犯罪，又保护改革开放。对法律与政策规定不明确的不轻易以犯罪处理；对一贯表现较好，或者有突出贡献，罪行较轻，认罪态度好的企业管理人员和科技人员，依法从宽处理或判处缓刑。

（三）密切结合审判，积极参与社会治安综合治理。在从重打击各类严重犯罪分子的同时，大力加强社会治安综合治理的各项措施，加强基础工作，减少不安定因素。一是把社会治安综合治理的方针贯彻到各项审判工作中去，加强对基层民调组织的法律业务指导，及时化解矛盾，预防和减少犯罪的发生；做好告诉申诉工作，妥善处理来信来访。二是加强对缓刑犯的考察教育。1992年判处的4145名缓刑犯基本落实了帮教措施，进行了回访考察。三是通过公开审判，开展法制教育，选择典型案例，深入企业、农村公开宣判，以案讲法，震慑犯罪，教育群众，扩大办案的社会效果。共召开宣判大会923场次，旁听群众达547万余人次。四是在办案中注意发现有关单位存在的管理和制度上的漏洞，及时提出司法建议，预防和减少违法犯罪的发生，促进企业改善经营管理。五是对于在劳改中确有悔改或立功表现的犯罪分子，依法裁定减刑、假释，调动罪犯改造的积极性。六是加强少年法庭工作，进一步完善办理少年刑事案件的制度。注意通过审判活动教育、感化、挽救犯罪少年，全面贯彻落实未成年人保护法。全年共审理少年犯2137人，其中判处五年以下有期徒刑、缓刑、拘役等轻刑罚的1726人，占80.6%。常州市天宁区法院在全国第一个建立少年案件审判庭，依法审理各类少年案件，对少年实行全面司法保护，其做法得到最高人民法院的肯定和推广。

二、运用经济审判职能调节经济关系，维护经济秩序，引导经济行为，为建立社会主义市场经济服务

全年共受理一审经济纠纷案件67375件，审结58037件，诉讼标的总金额为19.62亿元，分别比上年增加16.74%、19.31%、

40.8%。

——通过审理涉及大中型企业的案件，为搞好大中型企业服务。审结涉及大中型企业的案件4556件，诉讼标的总金额为1.41亿元，为大中型企业追回债权1.1亿元。妥善处理好在深化企业改革和国家宏观调控中出现的各类案件。从正确处理国家、企业和职工三者之间的关系、防止国有资产流失的原则出发，认真审理企业承包经营合同纠纷案件547件。许多法院立足审判，拓宽领域，做好延伸服务工作。在审理好案件的同时，结合办案，向企业宣传法制，帮助企业完善管理制度；召开大中型企业负责人座谈会，倾听企业对法院工作的意见和要求；在企业中设立审判联络员，为企业提供合同审查等法律服务；采取各种形式为企业培养法律人才，促进依法管理。

——通过审理涉及农业和农村工作的案件，促进农村经济的发展。共审结一审农村承包合同纠纷案件9429件，比上年上升19.08%。通过审理这类案件，稳定以家庭联产承包为主的责任制，促进统分结合的双层经营体制的建立和发展。认真处理好发展农业社会化服务事业中出现的各类案件。突出对生产、销售假农药、假化肥、伪劣种籽的坑农害农案件的处理。依法追究责任人的法律责任，保护受害者的合法权益。

——通过审理工业产权和技术合同纠纷案件，为科技成果向现实生产力的转化提供法律保障。认真贯彻执行专利法、商标法和技术合同法，共审结一审商标、专利、技术合同纠纷案件178件，比上年上升54.78%。其中，专利侵权损害赔偿案件80件，比上年上升2倍多。通过审理，坚决制止侵犯注册商标专用权、专利权、科技成果所有权的行为，保护正当的生产经营，制止不正当竞争，促进技术市场的发育和完善。

——通过审理涉外、涉港澳台以及“三资”企业经济纠纷案件，改善投资环境，促进外向型经济的发展。去年，我省对外开放力度加大后，涉外、涉港澳台案件，特别是涉“三资”企业案件明显增多，共受理涉外的9件，涉港澳台的5件，涉“三资”企业案件仅苏州一市就达300件。各级法院高度重视对涉外案件的审判。积极受理，充分行使我国的司法管辖权，依法保护中外双方当事人的合法权益，促进对外开放和经济贸易的发展。

——建立经济纠纷调解中心，提高审判效率。针对经济纠纷诉讼周期长、执行难度大的实际情况，全省法院充分运用调解手段，普遍设立了“经济纠纷调解中心”，发挥调解中心办案简便、快捷的特殊作用。一年来，调解中心审结经济纠纷案件4629件，总标的额为3.41亿元，办结案件的平均时间为10天左右。

三、认真搞好民事审判，切实保护公民、法人的民事权利，促进安定团结

去年，本省民事审判得到进一步发展。共审结民事一审案件93436件，比上年上升2.34%。婚姻家庭纠纷案件仍居首位，比上年上升1.56%；财产案件增多，房屋、借贷、买卖、林木等案件均上升20%以上；范围扩大，出现了名誉权、著作权、房地产开发、劳动纠纷等新型案件；案情复杂，涉及面广，审理难度大；涉外和涉港澳台民事案件继续上升。

（一）加强对婚姻家庭案件的审理。共审结这类案件51747件。审理中严格依照我国婚姻法及其最高人民法院有关司法解释，注意保护老人、妇女、儿童的合法权益。

（二）加强对房地产开发、劳动纠纷等与发展市场经济关系密切的案件审理，促进市场经济体制的建立。全年审结房地产案件4278件，比上年上升3.87%，其中房屋买卖案件212件，房屋拆迁案件306件，土地使用权案件660件。通过审理，维护了产权所有人的合法权益，促进重大房地产建设开发项目的完成，引导房地产市场健康发展。镇江、南京、南通等地一些法院建立了房地产

开发合议庭，审理解决了一大批房屋拆迁纠纷案件，受到社会各界的欢迎。全年共受理劳动纠纷争议案件1087件。审理中，既注意保护企业职工的劳动权利、财产权利，又充分肯定坚持改革、从严治厂的措施，坚决维护企业单位用人自主权。

（三）依法审理涉外和涉港澳台民事案件，保护中外当事人的财产权利和人身权利，增进海峡两岸交流。去年共受理一审涉外民事案件53件和涉港澳台民事案件21件，涉外民事案件中较多的是离婚案件和房屋案件，涉台民事案件较多的是房屋、婚姻和继承案件。对于涉外民事案件，依照我国法律、我国缔结或参加的国际条约，正确适用准据法，公正处理。审理涉台房屋案件，依照国家法律和政策应该予以保护的，依法予以保护；审理涉台婚姻案件，严格依照婚姻法有关规定，并考虑历史和现实的具体情况，合情合理解决；审理涉台继承案件，依法确认台湾当事人的合法继承权利。

四、积极慎重地开展行政审判工作，维护和监督行政机关依法行使职权，促进政府转变职能

去年本省行政审判工作有了较大发展。一是案件增长较多。共受理一审行政案件906件，比上年上升19.21%。其中，除土地行政案件略有下降外，治安、城建、税务及其他行政案件上升幅度都在20%以上，工商行政案件上升5%。二是行政法律、法规不断增多，行政诉讼涉及的领域不断扩大。许多过去没有过的统计、渔政、计量、港航监督、供电、教育管理、侵犯企业自主权等行政案件陆续诉至法院。全年共审结一审行政案件776件，比上年上升15.8%。此外，全省法院还执行行政机关申请人民法院强制执行其行政决定的案件3537件。通过对行政案件的审理与执行，既依法保护了公民、法人和其他组织的合法权益，又支持和监督了行政机关依法行政。

1992年全省法院各项工作都取得了较大的成绩，但也存在一些问题和困难。主要是：从总体上说，社会治安是稳定的，但是形势还比较严峻，大案要案上升，有的地方治安形势不好，群众缺乏安全感；为经济建设服务的指导思想在少数法院领导头脑中还不够强烈，使得个别法院的工作缺乏创造性。思路不阔，方法不多，缺乏后劲和活力；有的干警素质不高，难以适应社会主义市场经济发展的客观需要；由于社会不正之风的影响和我们思想教育工作存在着薄弱环节，违反规定收费、办人情案、关系案的还有发生；执法不严仍有表现，有的案件质量不高，社会效果不好，有的案件超期限过长，执行难的局面尚未彻底扭转；执法还受到来自一些方面的干扰，地方保护主义、部门保护主义仍相当严重；法院的“两庭”建设和装备还制约着审判工作的发展，部分法院办案经费难以落实，无法保证正常工作的开展。所有这些，都要认真加以解决。

关于5年工作的主要体会

各位代表，在即将换届之际，回顾本届5年来的工作，全省各级人民法院在各级党委领导和人大的监督下，在最高人民法院的监督指导下，各项工作都取得了新的进展，为我省社会稳定和经济发展作出了应有的努力。5年来共审结各类案件84.28万件，其中刑事案件13.99万件、经济案件23.84万件、民事案件46.11万件、行政案件0.34万件。各类案件审结数平均每年上升10.28%，数量上升比较突出的是经济案件和行政案件，平均年递增率达到21.11%和32.32%。1992年结案数比1988年上升47.92%。通过实践，我们对人民法院如何在经济建设中更好地发挥职能作用有了一些新的认识和体会。

一、人民法院要发挥好职能作用，必须坚持全面贯彻执行党的“一个中心、两个基本点”的基本路线，牢固树立为经济建设服务的指导思想

人民法院是国家的审判机关，是人民民

主专政的国家机器。工作的出发点，就是有利于解放和发展生产力，把经济建设搞得更快更好；有利于加快改革开放和坚持四项基本原则；有利于维护政治安定和社会稳定。基本职责就是保护人民，惩处犯罪，促进改革，服务四化。在新形势下，通过依法审判，充分发挥在调节经济关系、改善改革开放的法制环境，保护投资者和敢于改革试验的人的合法权益等方面的职能作用，大力促进经济建设和改革开放；同时要强化专政手段，保卫国家安全和利益，严厉打击各种犯罪活动，惩治腐败，扫除丑恶现象，推动社会治安综合治理和廉政建设，维护社会秩序稳定。几年来，我们在广大干警中进行增强专政意识的教育，坚持“严打”方针，有力地打击了严重刑事犯罪。我们还从转变法院干警特别是法院院长执法观念入手，解放思想，树立全局观念，克服审判工作在经济建设中无所作为的认识；克服等案上门、关门办案、孤立办案的单纯业务观念。要求审判工作应主动适应经济发展的需要，及时调整工作的思路和布局，使全省法院干警的执法意识、审判方式、工作作风逐步从传统、过时的封闭状态中摆脱出来。做到立足审判，努力拓宽服务的领域，走出机关，深入工厂、农村调查研究，主动参与解决经济建设中遇到的法律问题。正确处理好执行政策与执行法律的关系，以党的政策指导执法，处理具体案件，凡法律有规定的，依法办；法无明文规定的，按照党的政策和立法的基本原则，从有利于发展生产力的基点出发，妥善处理。办案的政治效果、社会效果和经济效益明显增强。

二、人民法院要发挥好职能作用，必须坚持严肃执法，不断提高执法水平

人民法院为经济建设服务，是通过严肃执法来完成的，严肃执法是审判工作的核心内容。我们始终强调坚持严肃执法，使法院办案质量和效率不断提高。

坚持严肃执法，必须牢固确立办案人员的执法意识。我们多次重申“八不准”的审判纪律，每年开展一次全省范围的执法大检查。为增强审判人员的办案责任感，我们制订了《错案追究制度》，对审判人员枉法裁判或工作不负责任造成错案的，坚决予以追究。

坚持严肃执法，必须改进审判方式。围绕公开审判这个重心，依法强调当事人的举证责任，强化合议庭的审判职能。为统一和规范全省法院的执法活动，省高级法院研究制订了34个规范性文件。为增强服务经济建设的效果，除推行设立经济纠纷调解中心外，部分法院还根据经济建设的实际需要，建立公路管理、城市建设拆迁、发展外向型经济等专门法庭（合议庭）42个，在经济开发区派出法律服务组4个。

坚持严肃执法，必须加强执行工作。经济纠纷案件判决、裁定执行难的问题，一直是困扰审判工作的重要因素，影响了法律的尊严。全省法院依靠党委领导和人大支持，大力加强执行工作，冲破阻力，克服地方保护主义和部门保护主义，使经济纠纷案件的执行率逐年提高。省委办公厅两次转发了省高级法院关于加强执行工作的报告，许多地方的人大常委会专门通过了关于加强人民法院执行工作的决议，对我们的执行工作给予了有力的支持。1989年省高级法院在全国法院系统率先建立了执行庭，加强对全省法院执行工作的业务指导；各级法院普遍建立了执行庭，配备精干的执行人员。去年省法院组织了全省法院跨省、跨地区的执行会战，共执结各类案件突破5万大关，执结率从前几年的60%左右提高到73.5%，执行工作的被动局面得到初步改变。

坚持严肃执法，必须加强审判监督和业务指导。贯彻执行“实事求是，有错必纠”的原则，对于历史案件和已经判决生效的案件，当事人提出申诉的，认真复查，确有错误的，依法改判。5年来共立案复查32541件，依法改判7398件，其中宣告无罪的1398人。正确执行公、检、法三机关相互支持、相互监督、相互制约的诉讼原则，对检察机关起诉

案件和自诉刑事案件认真审查，共依法宣告无罪332人。省、市两级法院坚持对下级法院实行业务指导，调查案件，发现问题，纠正错误，提高水平，保证质量。

坚持严肃执法，必须注意工作方法。人民法院审理的案件，大体上包括两个方面，一是属于敌我性质的问题；一是属于人民内部的权益纠纷。我们在工作中，严格区分两类不同性质的问题，严格区分罪与非罪的界限，依法保护被告和当事人应当享有的一切权利和权益。对于一些重大而有影响的案件，除了严格依法判决外，还认真做过细的疏导工作，防止事态扩大，矛盾激化。出于这样的实际需要，我们加强了法院的宣传工作，把判案和宣传密切结合起来，取得了较好的社会效果。

三、人民法院要发挥好职能作用，必须造就一支政治上坚定、业务上过硬、作风上顽强的审判干部队伍

加强队伍建设，是完成审判任务的组织保证。我们坚持从严治院的方针，一手抓审判，一手抓队伍建设，取得了明显的成绩。广大干警坚持四项基本原则，坚持改革开放，在各类案件大量上升、审判任务日益繁重的情况下，克服困难，努力奋斗，较好地完成了各项审判任务。特别是经受住了1989年春夏之交的政治风波、东欧政治局势的剧变和1991年特大洪涝灾害的严峻考验。5年中全省法院被省委、省政府授予先进集体2个，劳动模范4名；被最高人民法院记功授奖先进集体13个，法院模范和先进个人10名；省法院对58个集体和205名个人给予表彰，其中16个单位记集体二等功，7人记一等功。

加强思想政治工作。通过多种形式组织干警学习邓小平同志建设有中国特色的社会主义理论，学习党的基本路线和方针、政策，坚定全体干警的社会主义信念。为了全面加强思想政治工作，各级法院加强了政工机构建设。省高级法院于1991年4月召开了全省法院思想政治工作会议，制定了《江苏省各级人民法院思想政治工作暂行条例》，使思想政治工作进一步制度化。1992年9月又在镇江市召开了全省法院思想政治工作现场会，研究部署了在加快改革开放、发展社会主义市场经济的条件下强化法院思想政治工作的措施，推动了法院系统思想政治工作的发展。

狠抓廉政建设。人民法院是国家的审判机关，掌握着各类案件的审判权，搞好自身的廉政建设，具有特别重要的意义。我们一方面狠抓廉政教育，增强全体干警为政清廉的自觉性；另一方面抓制度建设，加强廉政监督，形成有效的制约机制。聘请社会各界人士担任廉政监督员。每年坚持开展一次全省法院执法执纪大检查活动，对发现的违法违纪问题，坚决严肃查处，决不护短。5年中，全省法院共立案查处违纪违法案件131件150人，受到党纪、政纪处理的154人，受到刑事处分的14人（含双重处分18人）。

搞好业务教育培训。为了适应加快改革开放和经济建设对审判工作的需要，全省法院加强了对审判人才的培养。5年中省高级法院业余法律大学培养了大专学历毕业生2929名，本科生和研究生111名，827名审判骨干取得了法律专业证书资格。在学的1796人。举办全省性各类岗位业务培训班34期，培训干部2900名。现在全省法院已有大专以上学历的干警5705名，占干警总数的48%。

四、人民法院要发挥好职能作用，必须大力加强基层基础建设，保证审判工作的顺利开展

人民法院的审判工作任务大量在基层，人民法庭审理各类案件的数量占到全省法院办案总数的70%以上。搞好全省法院的各项审判工作，最重要的是抓好基层。5年来我们坚持从实际出发，狠抓基层基础工作，使基层法院尤其是人民法庭的执法水平有了大的提高。同时加强法院的基础建设，改善了执法条件。

面向基层，全面加强人民法庭工作。我

们始终把加强人民法庭的建设作为工作的一个重点，高、中级法院的主要领导坚持经常深入到人民法庭，就工作状况、办案质量、存在的问题和困难等进行调查研究，采取改进措施。逐步增设了71个人民法庭，在布局上更趋于合理，现在全省人民法庭已有554个；充实人民法庭干部811名，现有法庭干部3095名。1991年7月，省高级法院专门召开了全省人民法庭工作会议，总结、交流人民法庭工作和建设的经验，明确今后的任务，推动了法庭工作进一步发展。为了加强对人民法庭工作的指导，从1990年起，高、中级法院成立了法庭工作指导小组，基层法院的主要领导都确定了指导法庭工作联系点。开展了规范化人民法庭建设活动，健全人民法庭的各项工作制度和管理制度。去年又开展了全省先进人民法庭评比活动，不停顿地推动人民法庭的建设。5年来全省人民法庭办理各类案件近60万件，在参与社会治安综合治理、为农村经济建设服务中发挥了重要作用。

加强法院管理，改善执法条件。为了提高审判工作的效率和质量，必须加强法院的管理，积极探索人民法院科学管理的制度和方式，向管理要效率。全省法院普遍推行并逐步完善了岗位责任制，按照效率、质量和效果相统一的要求，确定目标，明确责任，严格考核，奖勤罚懒，激发了干警的工作积极性和创造性，涌现了一批年办案超百件的办案能手。在行政管理方面，着重加强制度化建设，制定了行之有效的管理规章，并狠抓落实，保证各项审判工作有秩序地运行。“两庭”建设在各级党委、人大和政府的关心、支持下，取得了较大的进展。已建审判法庭83个，人民法庭432个，还有一部分正在建设之中，一些审判工作必需的物质装备继续得到改善，执法条件有了新的改观。

五、人民法院要发挥好职能作用，必须坚持依靠党的领导和人大监督

坚持实行党的领导是我国的宪法原则。党的领导，是搞好法院工作的根本保证。为了保证党的路线、方针、政策在全省法院贯彻落实，各级法院正确处理党的领导和依法独立审判的关系，以党的政策指导执法活动；工作中重大部署和行动及时向党委请示，结合实际落实党委在各个阶段的工作部署，找准自己的位置，落实自己的任务，运用审判职能自觉为经济建设服务。自觉依法接受人大及其常委会对法院的法律监督和工作监督，是搞好法院执法工作的重要保证。各级法院组织、接受人大代表视察评议法院工作，认真办理人大代表的议案和批评、建议，向代表大会和常委会例会汇报工作，听取意见；有的基层法院主动向乡、镇人代会主席团汇报所在地法庭的工作，更为广泛地接受人民群众的监督。各级党委和人大都很重视支持法院的工作，帮助法院克服了审判工作中存在的许多困难，纠正工作中存在的缺点和错误，使我们深受鼓舞。搞好法院工作，必须依靠党的领导，依靠人民的监督和支持。

关于1993年的工作任务

各位代表，党的十四大和全国人民代表大会八届一次会议明确了九十年代改革和建设的伟大任务，为我们指明了前进的方向。随着社会主义市场经济体制的逐步建立和发展，人民法院面临的任务将更加繁重和艰巨。我们要坚定不移地贯彻执行党的基本路线，认真总结、发扬过去的成功经验，努力克服工作中的不足和困难，进一步解放思想，抓住机遇，艰苦奋斗，为加快改革开放、为社会主义市场经济体制的建立和发展作出新的贡献。为此，今年1月中旬，我们召开了全省法院工作会议，根据最高人民法院召开的第十六次全国法院工作会议和省委今年的工作要点精神，结合本省法院工作的实际，部署了1993年的工作任务。主要是：

一、以十四大精神为指针，坚定审判工作为社会主义市场经济建设服务的指导思想不动摇

充分认识市场经济建立和发展过程中人

民法院的地位和作用，为实现全省“四个加快、三个为主”和九十年代奋斗目标而努力奋斗。运用法律手段加强宏观经济管理、规范微观经济行为。通过审判活动，推动国有企业转换经营机制，促进企业进入市场；平等地保护参与市场竞争的各个经济主体的合法权益；保障市场公平竞争的经济秩序。依法保护有利于解放和发展生产力的行为，限制不利于解放和发展生产力的行为，制裁那些破坏解放和发展生产力的行为。

二、坚持“两手抓，两手都要硬”，大力加强社会主义民主与法制建设

按照党的十四大“一手抓改革开放，一手抓打击犯罪；一手抓经济建设，一手抓民主法制”的“两手抓”方针，毫不放松地严厉打击各种严重刑事犯罪和严重经济犯罪，积极参与社会治安综合治理，坚决维护社会稳定，为改革开放和经济建设创造良好的社会环境。各级法院将进一步加强对“严打”工作的领导，进一步充实“严打”力量，针对全省社会治安的突出问题，开展专项审判，集中打击，增强打击力度。在打击经济犯罪时，对那些犯罪情节严重的，依法该重判的坚决重判，该判处死刑的坚决判处死刑；严格区分罪与非罪的界限，依法保护、支持生产经营或科技活动中的改革措施。在打击的同时，切实保障公民和法人的合法权益，调动广大群众建设有中国特色的社会主义伟大事业的积极性和创造性。

三、加强人民法院自身改革和物质建设，进一步提高执法水平

从保障人民法院严肃执法，有利于促进社会主义民主与法制建设，更好地为经济建设提供法律服务的角度出发，加大自身改革的力度。重点加强、推进审判方式的改革，严格依法办案；全面推广和完善经济纠纷调解中心；完善岗位责任制，实行错案追究制度；抓好国家级、省级开发区、保税区审判机构的设置和建立。一着不让地抓紧法院的“两庭”建设，争取达到最高法院提出的两年内完成“两庭”建设任务的目标，同时争取在物质装备、办案条件上得到进一步改善，以适应经济形势发展对审判工作的客观需要。

四、大力加强队伍建设，造就一支适应市场经济发展需要的法院干部队伍

认真学习建设有中国特色的社会主义理论，加强干警特别是法院领导干部的思想作风建设，不断提高干警政治素质。以更高标准严格审判纪律，严肃查处违法违纪现象，重点查处办人情案、向当事人泄密的人和事。更进一步重视人才培养，继续办好法院业余大学，根据全省经济特别是外向型经济发展的形势，从现在起着手培养通法律、通经济、通市场、通外语的四通法律人才。

各位代表，我相信，全省法院广大干警在党委领导下，在人大及其常委会的监督下，在全省广大人民的支持下，通过自己的团结奋斗，一定能够完成繁重的审判工作任务。值此换届之际，我代表全省法院广大干警衷心感谢省七届人大全体代表和常委会对我们工作的支持，也衷心希望新一届省人大代表和常委会更进一步监督、关心、支持全省法院的工作。

浙江省高级人民法院工作报告

——1993年1月10日在浙江省第八届人民代表大会第一次会议上

浙江省高级人民法院院长　袁芳烈

各位代表：

现在，我向大会报告省七届人大一次会议以来法院工作，请予审议。

5年来，全省法院坚持党的“一个中心，两个基本点”的基本路线，认真贯彻省七届人大历次会议的决议，切实履行宪法和法律赋予的职责，全面开展各项审判工作，大力加强法院建设，努力发挥审判机关的作用，为保障社会稳定，促进改革开放和现代化建设，作出了应有的贡献。

一、五年主要工作回顾

过去的5年，是我国集中精力抓经济建设的5年，也是全省法院努力为经济建设服务的5年。各级法院紧紧围绕经济建设这一中心，自觉服从和服务于经济建设全局，坚持开展“严打”斗争，大力加强经济审判，认真搞好民事、行政审判和告诉申诉工作，狠抓执行，共办结各类案件58万余件，比前5年增长74%。特别是去年以来，在邓小平同志南巡重要谈话精神鼓舞下，广大法院干警精神更加振奋，解放思想，实事求是，积极为发展我省经济提供法律服务，较好地发挥了审判机关保障和促进改革开放、经济建设的职能作用。

*严厉打击严重刑事犯罪活动，保障社会稳定，为改革开放、经济建设创造良好的社会环境。*5年共办结刑事案件85035件，判处罪犯103948人。打击的锋芒着重指向严重危害社会治安、破坏经济建设的杀人、爆炸、抢劫、重大盗窃、流氓、拐卖人口、引诱容留强迫妇女卖淫等罪犯和犯罪集团的首犯、惯犯、累犯、流窜犯。共判处7类严重罪犯40538人，其中处五年以上有期徒刑直至死刑的占54.8%。为了保持“严打”声威，争取更好的社会效果，各级法院在保证办案质量的前提下，努力加快办案速度。省法院1992年办理重大刑事案件的时间，每件平均比上年缩短9天。各级法院还针对各地实际，对那些危害大、影响大的犯罪活动，与有关部门密切配合，开展专项斗争。相继组织“扫黄”、除“六害”、打击破坏电力通讯设备、反盗窃等专项审判，狠狠打击了各地不同时期猖獗的犯罪活动，有力地促进了我省社会治安的稳定。

*严惩严重经济罪犯，惩治腐败，为改革开放、经济建设提供法制保障。*5年共判处贪污、受贿、诈骗、偷税抗税、挪用公款、生产销售伪劣商品等经济罪犯25096名，为国家集体挽回经济损失1.23亿元。其中判处犯罪所得在万元以上的3696人，比前5年增加2.6倍；县处级干部16人，厅级干部2人；对24名贪污、受贿数额特别巨大、情节特别严重的罪犯，坚决依法判处死刑，有力地打击了经济犯罪活动，维护了正常的经济秩序。各级法院坚持“一要坚决，二要慎重，务必搞准”的方针，严格区分罪与非罪界限，正确处理好打击经济犯罪和保护合法经济活动的关系。特别是去年以来，以“三个有利于”作为办案的指导思想，通过总结实践经验，提

出了严格区分企业经营人员、科技人员采用不正当手段获取报酬与贪污受贿等8条罪与非罪界限，对正确判处经济犯罪案件，起到了较好的作用。

在严厉打击各类严重犯罪的同时，各级法院坚持宽严相济的刑事政策策略思想。尤其是近两年来，遵照中央有关指示，对有条件的罪犯依法适当多适用些缓刑，对符合条件的在押犯依法及时减刑、假释，共判处缓刑罪犯7180人，办理减刑案件19785件，假释案件2679件。这样做，有利于依靠社会力量，教育改造犯罪分子，取得了较好的社会效果。

*大力加强经济审判，充分发挥其对经济运行和发展的调节、保障、促进作用。*各级法院切实加强对经济审判工作的领导，调整充实审判力量，加强业务指导，提高办案效率，使经济审判工作取得了明显的进展。5年共审结各类经济纠纷案件143708件，解决争议标的金额42.4亿元，分别比前5年增加2.8倍和3.8倍，维护了经济秩序，促进了商品经济的发展。在工作中，着重注意抓好以下几个方面：一是配合政府和有关部门清理"三角债"，使大量呆滞资金重新转入流通，帮助有关企业走出困境。二是精心审理对外贸易和经济技术交流中发生的涉外、涉港、澳、台，以及"三资"企业的经济纠纷案件。依法公正地保护各方当事人的合法权益，改善投资环境，促进外向型经济的发展。本省海岸线长，随着对外经济交往增多，海事、海商案件不断发生。我们通过调查研究，报请省委同意，最高人民法院批准，积极筹建宁波海事法院，今年元旦已开始受理案件。三是注重保护工业产权。认真审理专利、商标案件，以及科学技术在转让和应用中发生的纠纷，促使科技成果走向市场，实现向生产力的转化。四是强调经济诉讼原则，讲求社会效益。运用支付令的简便方式，为债权人收回大量应收未收款。对争议标的额大，影响生产发展和社会安定的案件，及时立案、审理和执行，帮助追回流失的资金和货物，使不少企业摆脱困境。温州、绍兴、金华等地法院还在专业商品市场设立经济审判站，方便当事人诉讼，及时调处经济纠纷案件。五是积极为经济建设提供诉讼外服务。除通过建立经济司法联络员、企业联系点等多种形式，为企业和经济部门服务外，去年下半年，总结推广兰溪等法院的"清欠"经验，经省委同意，组织全省法院帮助企业和经济部门清收欠款。措施有力，行动迅速，效率较高，半年时间，就为企业和经济部门收回各类欠款2.1亿元。对企业和经济组织迅速摆脱债务牵累，搞好搞活生产经营，提高经济效益，巩固和完善农村双层经营体制，起到了积极的作用。

*积极开展民事审判，促进安定团结和经济发展。*民事审判是法院案件最多、工作量最大、涉及面最广的一项工作。5年共审结一审民事案件300420件，占各类案件总数的51%，案件类型多达60余种。各级法院认真执行民法通则和民事诉讼法，坚持依法办事，着重调解，就地办案，切实保护公民、法人的民事权益，努力消除不安定因素。对于矛盾易于激化的案件，急事急办，妥善处理。仅1992年，全省法院就防止了凶杀、自杀事件1499起。对于涉及保护妇女、儿童、老人权益的赡养、抚养、扶养等案件，优先审理，及时调处。对于双方当事人对立情绪严重、审理难度大的案件，坚持做艰苦细致的思想工作。支持正当合理的要求，批评违法行为和错误思想，使其知法明理，案结纠纷了。大量民事案件的依法调处，对于增强公民的法律意识，树立社会主义道德风尚，促进"两个文明"建设，起到了重要作用。随着对外开放的扩大和对台政策的正确实施，起诉到法院的涉外及涉港、澳、台民事案件逐年增多。各级法院遵循适用法律平等和实事求是的原则，及时妥善审理。5年共审结上述案件535件。这些案件的依法公正处理，促进了对外友好交往的发展。

*积极慎重搞好行政审判。*坚决支持合法的行政行为，保障行政机关依法行使职权；依法撤销、变更违法或显失公正的行政行为，维护公民、法人的合法权益。1990年10月1日行政诉讼法实施以来，共办结治安、土地、林业、渔业、城市规划、交通运输、环保、税务、计划生育等行政案件3380件，其中维持的占33.1%，撤诉的占43.1%，撤销和变更的占15.7%。撤诉多的主要原因是，有的原告受某种压力或案件情况发生变化，不再继续诉讼。

*狠抓执行工作，切实解决“执行难”。*案件审结后涉及财产部分“执行难”，是长期未能有效解决的问题。为了改变这一被动局面，1990、1991两年，我们先后组织了两次省内和一次省外案件集中执行。三次集中统一行动，共执行案件48000余件，标的金额达3.2亿元。有效地保护了当事人的合法权益。同时，对群众进行了生动的法制教育，促使当事人自觉履行法院的裁判，维护了法律的严肃性。

*积极参与社会治安综合治理，努力发挥审判机关的作用。*坚持公开审理和公开宣判，就案讲法，开展法制宣传，共召开宣判大会2720次，宣判罪犯16242人；在办案中注意发现有关单位管理制度上存在的漏洞，及时提出防范建议，共提出司法建议22831份；全省普遍设立少年法庭，注意总结推广审判犯罪少年方面的成功经验，寓教于审，惩教结合，教育、感化、挽救犯罪少年；积极办理刑事自诉案件，缓解人民群众“告状难”；加强对缓刑、假释、管制罪犯的考察，协助有关部门落实监管措施，预防重新犯罪。同时，大力加强基层基础工作，充分发挥人民法庭在指导调解组织，调处诉讼外纠纷等方面的作用，防止矛盾激化。

*坚持严肃执法，维护法律尊严。*全省法院始终把坚持严格依法办事作为根本任务，既严格执行实体法，又严格执行程序法，认真贯彻执行省人大常委会关于监督司法工作的规定，加强执法执纪检查，狠抓开庭审判，提高庭审质量，许多法院还开展评选优秀审判长等活动，使办案质量和执法水平有了进一步的提高。现在，全省法院一审刑事、民事、经济、行政案件，以及影响大的二审案件，除法律另有规定的以外，基本上实行了公开开庭审理。在工作中，认真把好案件事实关、证据关、政策法律关，保证了办案质量。5年来，在一审刑事公诉案件中，经法院审查，认为主要事实不清，证据不足而退回检察机关补充侦查的有4561件；商请检察机关撤回起诉的有796件。宣告无罪的427人。审结检察机关抗诉的刑事案件559件，其中，认为抗诉有理，原判确实不当而依法改判的187件，维持原判的239件，检察机关撤回抗诉的92件；发回重审的40件。同时，大力加强申诉工作，切实搞好审判监督。对历年来已经发生法律效力的判决、裁定，发现错误，本着实事求是、有错必纠的原则，及时依法改判纠正。5年共办结刑事、民事、经济、行政申诉案件15876件，依法改判3277件，其中多数是历史老案。有效地维护了法律的尊严。

*重视和加强法院队伍建设，保证圆满完成审判任务。*为了不断提高干警的政治业务素质，各级法院认真组织干警学习党的重要方针政策，领会中央精神，用邓小平同志建设有中国特色社会主义理论武装全体干警。在1989年的政治风波中，全省法院干警坚守工作岗位，表现了良好的政治觉悟和组织纪律性。在日常工作中，广大法院干警生活清苦，工作艰苦，但热情饱满，涌现出一大批廉洁奉公、乐于奉献，作出显著成绩的集体和个人。5年共有138个法院和庭室、305名干警荣立一、二、三等功。有833个法院或庭室，被当地党委、上级法院评为年度先进集体和文明单位。去年有37个人民法庭被首次授予省级“五好法庭”。1990年以来，我们连续3年推行干部交流工作，易地交流、上下交流干部937名，增添了干部工作的生机

和活力，激发了广大干警积极向上的热情。切实加强廉政建设，建立健全各项制度，每年进行执法执纪检查，认真执行法院干警“八个不准”（不准主观臆断、不准徇情枉法、不准贪赃卖法、不准吃请受礼、不准索贿受贿、不准经商牟利、不准欺压群众、不准泄露机密），推行“两公开一监督”制度，抵制社会上不良风气对法院队伍的侵蚀。发现干警违法乱纪事件，及时严肃处理。同时，抓紧对干警的岗位培训，有 2790 名干警从全国法院干部法律业余大学毕业，还有 1225 名在读，并选送 86 名干部到中国高级法官培训中心及高等院校深造。这些，都有力地促进了法院队伍素质的提高。

5 年来，全省法院的物质装备条件有了较大改善，尤其是“两庭”建设取得了很大进展。在各级党委、人大、政府的关心重视支持下，各级法院艰苦奋斗，勤俭办事，经过 3 年多的努力，共新建改建审判法庭 52 个，新建改建人民法庭 275 个，总投资达 7400 多万元，超过了前 40 年的总和，改善了执法条件，为完成审判任务提供了基本的物质保证。

回顾这 5 年工作，还存在着不少问题和困难。主要是：队伍建设还跟不上形势发展的需要，有的干警存在就案办案、孤立办案的现象，为经济建设服务的自觉性不高；有的法院思想政治工作不够有力，廉政建设仍有薄弱环节，少数干警办人情案、关系案的问题还有发生，有的甚至违法犯罪。执法不严的情况仍有存在，少数案件办案质量不高，甚至发生错案；有的办案超期限；执行难、告状难的问题，尚未彻底解决。执法环境方面也遇到不少困难，审判工作还不时受到来自各方面的一些干扰，有的地方保护主义严重，给法院依法办案带来困难。随着形势发展，各类案件大量增加，案多人少的矛盾日益突出，干警超负荷工作，健康状况不好。法院的交通工具、通讯技术装备设施仍然比较落后；一些法院还没有完成“两庭”建设任务；部分法院办案经费困难，无法保证正常工作。这些问题，都需要在今后工作中高度重视，认真研究解决。

二、5 年工作的基本经验和体会

5 年的工作实践，使我们深切体会到，要全面履行宪法和法律赋予审判机关的职责，充分发挥审判职能作用，必须坚持以下几个方面：

*必须树立为经济建设服务的指导思想，更新观念，把法院工作同国家经济建设全局紧密结合起来。*五年中，我们狠抓了端正审判工作指导思想和法院队伍观念更新，提倡面向社会，主动深入经济领域，自觉地把审判工作纳入以经济建设为中心的轨道，注重办案数量、质量、效果的统一。实践证明，只要法院主动将工作纳入经济建设这个中心，从全局出发，克服就案办案，关门办案，等案上门的单纯业务观点，工作就能有声有色，迅速打开局面，收到良好的社会效果。

*必须坚持在党的领导下依法独立行使审判权，自觉接受人大监督，严格执法，维护法制权威。*党的领导，是搞好法院工作的根本保证。为了保证党的路线、方针、政策在全省法院贯彻落实，我们不断增强党的观念，正确处理党的领导和依法独立审判的关系，严格履行宪法和法律赋予的职责，自觉维护党和政府在群众中的威望，使法院工作较好地配合了党在各个阶段的工作部署。同时，尊重和自觉接受人大监督，不断改进审判工作。加强与公安、检察机关的互相配合、互相制约，抵制地方保护主义和说情风的干扰，忠实地执行法律。在具体办案中，做到重事实，重证据，严格依法办事，保证了办案质量。我们必须长期坚持这个原则，以保证国家法律的正确实施。

*必须坚持党委领导下专门工作与群众路线相结合的优良传统，并善于运用到审判实践中去。*党的领导、专门工作和群众路线相结合，仍然是搞好新时期法院工作的有效经

验。5年来，全省法院发扬这一优良传统，在工作中灵活运用，取得了良好的成效。“两庭”建设、集中执行案件、清理民事经济未结案、帮助经济部门“清欠”等，都是这一传统在法院工作的具体体现。在作出工作部署前，我们都及时向各级党委汇报，并主动深入到群众中去，把开展工作的意义、目的、方法、步骤，告诉群众，形成共识，取得社会各界的支持。这样做，不但大大改善了执法环境，保证了工作顺利开展，并取得预期的效果；同时，使干警进一步加深党的领导的观念，学会做群众工作，增长了才干。

*必须正确处理政策和法律的关系，使审判工作适应改革开放和经济发展的需要。*在进一步加快改革开放的形势下，特别是当前新旧经济体制转换时期，执法工作遇到的新情况新问题很多。在审判实践中，我们坚持“三个有利于”的指导思想，用党的政策思想指导执法工作，实事求是，具体问题具体分析，注重办案的社会效果，较好地处理了打击犯罪与保护改革开放的关系。如对科技人员、企业经营人员在经济交往中获取个人报酬的罪与非罪问题；盗窃犯罪适用死刑的数额标准问题；“扫黄”中的法律政策问题；减刑假释和适用缓刑问题等，我们都进行了大量的调查研究和探讨，使执法工作适应我省实际情况，收到了较好的社会效果。

*必须抓住主要矛盾，真抓实干，不断开创法院工作新局面。*5年来，我们坚持以改革总揽法院工作全局，深入开展调查研究，认真总结经验，针对工作中的薄弱环节，果断决策，一抓到底，抓出实效。如1989年开展的“两庭”建设，现在已使我省“两庭”面貌得到很大改观；1990、1991年的集中执行案件，改变了我省执行工作的被动局面；1991年开展的“清理积案”和1992年的“清欠”活动，使我省法院在严格执法、主动为经济建设服务方面，取得了可喜的进展；还有干部交流工作、争创“五好法庭”等活动，都收到了明显的实效。实践证明，只要锐意进取，坚持务实，一个阶段突出解决一两个主要问题，就能够不断将工作推向前进，法院的活力才会增强，审判职能作用才能充分发挥。

*必须高度重视人民法院的基层基础工作，抓好人民法庭建设。*人民法庭是基层法院的派出机构，是处理大量民事、经济、刑事自诉案件的第一道防线。全省现有人民法庭488个，这些法庭以全省法院1/3左右的人力，承担了全省70%以上案件的审判任务，担负着指导基层调解工作和参与社会治安综合治理等任务，工作面广量大，直接接触人民群众。法庭工作状况如何，对法院全局工作有着重大影响。5年来，我们把加强基层基础工作放到突出重要的地位。省法院设立了法庭工作科；1991年召开了建国以来首次全省人民法庭庭长会议；各级法院加强了对人民法庭的领导和指导，对全省法庭庭长分期分批进行了培训；充实了法庭的力量，解决了一批“独人庭”、“二人庭”；大多数法庭的办公和审判用房、干警住房得到了解决；交通工具得到改善；各项制度进一步健全。全省人民法庭干警安心本职，积极工作，努力完成各项审判任务，并与调解组织紧密联系，调处大量民间纠纷，积极参与社会治安综合治理。基础工作的加强，使全省法院工作取得了主动权。

*必须一手抓审判、一手抓法院建设。*要抓好法院的审判工作，必须同时抓好法院的队伍建设和物质装备建设，光抓审判不抓建设，就搞不好审判工作。5年来，我们十分注重法院队伍的思想建设、组织建设和业务建设，努力提高全体干警的政治业务素质，使法院干警经受住了各种考验。绝大多数干警安心工作，秉公执法，较好地完成了各项任务。物质装备建设，特别是“两庭”建设的重大进展，为严肃执法创造了条件。如果不抓好这两个建设，要圆满完成这五年的工作任务，打开工作局面，是不可能的。在当前法院队伍的两个素质还有待提高、物质装备

还比较落后的情况下，一手抓审判、一手抓建设的方针，必须长期坚持。

三、今后的努力方向

随着社会主义市场经济体制的建立和发展，人民法院面临的任务将更加繁重和艰巨。我们要总结、推广以往的成功经验，努力克服工作中的问题和不足，进一步发挥审判职能作用，更好地为改革开放和现代化建设服务。

*深入学习贯彻十四大精神，充分运用审判职能，为建立和发展社会主义市场经济提供有力的法律保障和服务。*党的十四大确定建立社会主义市场经济体制。从一定意义上说，市场经济就是法制经济，需要运用法律手段加强宏观经济管理、规范微观经济行为。这对法院工作提出了新的更高的要求。各级法院必须进一步增强为经济建设服务的意识，把“三个有利于”作为工作的出发点和检验工作的根本标准，通过审判活动，依法保护有利于解放和发展生产力的行为，限制不利于解放和发展生产力的行为，制裁破坏解放和发展生产力的行为，促进企业进入市场，平等保护各个经济主体的合法权益，保障市场公平竞争的经济秩序。同时，要结合审判工作的特点，努力拓宽服务领域，主动为经济建设提供法律服务。

*坚持严厉打击严重刑事犯罪和严重经济犯罪，努力维护稳定的社会政治环境。*这是十四大的明确要求，也是坚持党的基本路线的需要。搞改革开放、经济建设，要有良好的社会秩序和安定的政治环境。人民法院的专政职能，不能丝毫削弱。对严重刑事犯罪，法院要同政法各部门一起，坚决及时地进行打击，并积极参与搞好社会治安综合治理。要继续严惩贪污、受贿、诈骗等严重危害社会主义经济秩序，破坏改革开放的犯罪活动。要坚持以事实为根据，以法律为准绳，严格区分罪与非罪的界限，做到既要坚决，又要慎重，务必搞准。正确处理好打击与保护的关系，切实巩固和发展稳定的社会政治环境，保障经济建设和改革开放的顺利进行。

*狠抓严肃执法，努力提高执法水平。*要根据党的十四大的要求，大力加强执法工作，真正做到严格依法办事。既要严格执行实体法，又要严格执行程序法。办理各类案件，要认真执行公开审判、合议、辩护等制度；办理知识产权等专业性较强的案件，要尽可能请有关技术专家担任陪审员，以保证办案质量。要自觉接受人大的监督和指导，加强审判监督。逐步建立法院内部错案追究制。努力加强执行工作，继续解决“执行难”问题。

*积极探索法院自身改革，努力建设一支素质优良的法官队伍。*随着经济体制和政治体制改革的深入，人民法院的干部管理制度、机构人员的设置配备、工作方式等方面，也要进行相应的改革。要从培养跨世纪的法官队伍出发，严格把好进人关，选用优秀的法律专业大学毕业生、研究生充实法官队伍，同时加强在职干警的培训，以适应审判涉外经济、民事案件及专利、商标、海事、海商案件的需要。要继续推行法院干警岗位责任制，奖勤罚懒。积极探索审判员任职考核制，保证审判员的质量。这项工作省法院去年已开始试行，要在总结经验的基础上逐步推开。要继续坚持从严治院，努力建设一支政治坚定、作风过硬、纪律严明、有较高执法水平的法官队伍，以保证优质高效地完成新时期的审判任务。目前，本省多数法院物质装备条件仍然较差，要继续大力抓好，为执法工作创造良好的条件。

各位代表：过去的五年，是我国改革开放取得重大成效，法制建设获得显著进展，全省法院各项工作职能得到较好发挥的5年。5年法院工作的成绩，是在原有工作的基础上，在各级党委的领导、人大的监督、政府的大力支持和最高法院的指导下取得的。也是全省法院干警忠于职守，辛勤努力的结果。回顾5年的工作，我们既有成功的经验，也有许多不足和问题，值得认真总结。党的十四大为法院工作指明了方向，法院的地位和作用日益重要，法院干警任重道远。我们决心以邓小平同志建设有中国特色社会主义理论为指导，在党委的领导下，牢记人民法院的光荣使命，继续发扬成绩，克服困难，为圆满完成省八届人大提出的各项任务而努力奋斗。

安徽省高级人民法院工作报告

——1993年2月4日在安徽省第八届人民代表大会第一次会议上

安徽省高级人民法院院长　王成乐

各位代表：

自1988年1月安徽省第七届人民代表大会第一次会议以来，至今已经5年了。5年来，全省各级人民法院在党委的领导和人大及其常委会的监督下，坚决贯彻党的基本路线，忠实地执行宪法和法律，坚持为改革开放和经济建设服务的指导思想，充分发挥审判机关的职能作用，保护人民，惩治犯罪，促进改革，服务四化，取得了显著的成绩。全省各级法院共受理刑事、经济、民事、行政等各类一、二审案件及再审案件499405件，审结474881件，平均每年递增9.2%和7.8%。处理人民来信309829件，接待群众来访403883人（次）。其中，省高级人民法院审理的各类上诉、抗诉、死刑复核案件和再审案件5657件，平均每年递增14.33%。处理人民来信44752件，接待群众来访9828人（次）。5年来，全省各级法院依法打击犯罪活动，维护社会治安和经济秩序；依法保护人民民主权利和其他合法权益，教育公民遵守法律；依法调节经济关系，保障经济建设，促进生产力发展的职能得到全面发挥。人民法院的各项审判工作与改革开放和现代化建设在同步发展和加强。我省各级法院的队伍也得到了不断充实和壮大，由1988年的7802人增加到8865人。但是，回顾5年来的工作，也还有一些不足之处，主要是为改革开放和现代化建设服务的意识还需要进一步加强，执法水平还有待于进一步提高，审判作风仍需要进一步改进，对工作中的新情况、新问题也要进一步加强调查研究，等等。从1988年以来，前4年人民法院的工作每年已分别向人民代表大会作了报告，现在，我向大会报告1992年法院工作的主要情况。

1992年，全省法院受理各类一、二审案件及再审案件114416件，审结106606件，分别比上年上升1.5%和2.1%。处理人民来信53191件，接待群众来访92510人（次）。其中，省高级人民法院审理各类上诉、抗诉、再审和死刑复核案件1391件。重大刑事案件949件，判处严重刑事犯罪分子1315人。审理各类重大经济纠纷案件106件，诉讼标的金额5400万元。民事、行政和再审案件339件。去年，省法院审理案件的总数比上年上升31.6%，主要是经济纠纷、民事、行政案件上升幅度较大。现将各项工作的主要情况报告如下：

一、关于刑事审判工作

1992年，全省各级法院共受理一审刑事案件15396件，审结14784件，判处各类罪犯16558人。

在刑事审判工作中，对严重危害社会治安的刑事犯罪分子，继续坚持依法从重从快的方针，把打击的重点放在那些为人民群众所深恶痛绝、严重危害人民生命财产安全的杀人、抢劫、强奸、拐卖人口、流氓、重大盗窃等严重刑事犯罪分子以及惯犯、累犯和共同犯罪的主犯上，依法应当从重、加重判处的坚决从重、加重处罚；依法应当判处死刑的坚决判处死刑。全年共审理严重危害社会治安的刑事犯罪案件5236件，判处罪犯7499人，分别占刑事案件和罪犯总数的35.4%和45.2%。其中，判处死刑（含死缓)、无期徒刑共760人，占判处罪犯总数的10%，比上年上升2.7%。在案件审理中，坚持做到事实清楚，证据确凿，定性准确，量刑适当，程序合法，绝不草率下判。严格区分罪与非罪、此罪与彼罪、重罪与轻罪的界限。对死刑案件更是严格把关，强调一个“准”字，确保案件质量。

近年来，拐卖妇女、儿童，引诱、容留、强迫妇女卖淫，制作贩卖传播淫秽物品，制作贩卖毒品，聚众赌博，利用封建迷信骗财害人等“六害”犯罪活动相当猖獗，严重地败坏了社会风气，影响了社会治安，干扰了改革开放和经济建设。全省各级法院与公安、检察等有关部门密切配合，深入开展除“六害”斗争。全年共判处“六害”犯罪分子657人，其中有8名拐卖妇女、儿童的罪犯被依法判处死刑，对社会风气的净化和社会治安的综合治理起了积极的促进作用。

去年，全省各级法院在刑事审判工作中坚决贯彻落实社会治安综合治理的方针，在依法严厉打击严重刑事犯罪活动的同时，认真做好少年刑事审判工作，正确适用缓刑，做好减刑、假释工作。1992年，全省法院共判处未成年罪犯1039人，占青少年罪犯的11.9%。在未成年人犯罪案件的审理中，贯彻教育、感化、挽救的方针，寓教于审，审教结合，教育、挽救了一批失足少年。各级法院对一些罪行较轻、主观恶性小、有悔改表现的偶犯、从犯、少年犯以及其他符合缓刑条件的罪犯依法适用缓刑，放到社会上进行教育改造。全年，全省法院判处缓刑罪犯2113人，占判处罪犯总数的12%。同时，对确有悔改或者立功表现的罪犯依法减刑或假释，促使他们认罪服法，接受改造，全年共减刑4160人，假释280人，收到了良好的社会效果。

一年来，由于各级法院正确贯彻执行依法从重从快的方针，严厉打击严重危害社会治安的犯罪分子，同时运用审判职能，积极参与社会治安综合治理，收到较好的社会效果。去年全省法院受理的刑事案件同1991年相比基本持平，略有下降，这说明全省社会治安状况基本上是稳定的。但是，我们必须清醒地看到，目前，本省社会治安情况仍然是严峻的，有些地方治安状况不好，犯罪分子气焰嚣张，同时，犯罪作为一种社会现象，有着极其复杂的原因。我们同严重刑事犯罪的斗争是长期的、复杂的、艰巨的，任何时候都不能放松。

去年，全省各级法院继续贯彻依法从严惩处的方针，严惩一批贪污、贿赂、投机倒把、挪用公款、盗窃、诈骗、走私、偷税抗税等严重经济犯罪分子，共受理经济犯罪案件1615件，其中贪污案件468件，受贿案件62件，投机倒把案件17件，盗窃公共财物案件621件。共判处经济罪犯1914人，其中，万元以上大案的罪犯301人，占判处经济罪犯总人数的15.7%；判处十年以上有期徒刑、无期徒刑、死刑（含死缓）的罪犯116人，占判处经济罪犯总数的6.1%。去年，全省各级法院针对生产、销售假冒伪劣商品的违法犯罪比较突出，严重扰乱正常的经济秩序的情况，与有关部门紧密配合，充分发挥审判职能作用，积极参与打击生产和经销假冒伪劣商品的犯罪活动的专项斗争，全年共受理生产和经销假冒伪劣商品的犯罪案件22件，判处罪犯22人。在严厉打击严重经济犯罪过程中，全省各级法院始终坚持“一要坚决，二要慎重，务必搞准”的原则，严格区分罪与非罪、合法与违法的界限：一是严格区分在商品经济活动中合法经营、正当竞争或者一般违反有关行政、民事、经济法律规范的行为与犯罪的界限；二是严格区分企业厂长、经理、承包租赁人员、供销人员依据有关规定多获报酬、奖金的行为与利用职权营私舞弊，侵吞公共财产的界限；三是严格区分科技人员根据技术咨询服务，或者技术兼职而获取报酬的行为与利用职务之便贪污受贿的界限；四是严格区分在改革中进行新的尝试，因政策法律规定不够明确，或缺乏经验造成工作失误的行为与严重渎职、玩忽职守的界限。对于在改革开放中出现的一些新的问题，根据有利于发展生产力的标准，坚持实事求是，具体问题具体分析，依照法律和政策妥善处理，既严厉打击经济犯罪，又切实有效地保护改革开放。

二、关于经济审判工作

1992 年，全省各级法院依法及时正确地审理了一大批经济纠纷案件，对调节经济关系，制裁违法经营活动，促进社会主义市场经济体制的建立和发展，保障改革开放和经济建设的顺利进行，发挥了积极的作用。全年共受理一审经济纠纷案件 18760 件，审结 16613 件，分别比上年上升 29.3%和 26.7%，涉及争议财产的金额达 47067.23 万元。其中，受理购销合同纠纷案件 5453 件，上升 16.6%；借款合同纠纷案件 7939 件，上升 58.6%；农村承包合同纠纷案件 299 件，上升 5.3%；企业承包经营合同纠纷、企业租赁经营合同纠纷、财产租赁合同纠纷、联营合同纠纷、破产案件共 764 件，上升 65.7%。同时，还受理了一批股票、债券、票据纠纷，技术合同纠纷，专利权属纠纷，环境保护纠纷等新型案件。经济纠纷案件的大幅度上升，反映了随着改革开放和经济建设的发展，越来越多的经济关系和经济活动需要用法律手段进行引导和调整，人民法院调节社会经济关系的职能作用的进一步加强。

去年，各级法院在经济审判工作中着重抓了以下几项工作：一是积极审理好那些与改革开放和经济建设关系密切的案件，特别是对涉及到国营大中型企业和农村经济发展的经济纠纷案件，集中力量，及时立案，及时审理，及时执行，维护企业的合法权益，促进国营大中型企业经营机制的转换，为社会主义市场经济体制的建立提供法律服务。各级法院还十分重视涉外和涉港、澳、台经济纠纷案件的审理，运用法律手段，有效地保护中外双方当事人的合法权益，改善投资的外部环境，鼓励、吸引更多的外商投资，大力促进外向型经济的健康发展。二是充分运用民事诉讼法规定的新程序，如督促程序、公示催告程序、企业法人破产还债程序等，为改革开放和经济建设服务。去年，全省法院适用督促程序受理申请支付令的案件 11329 件，生效支付令确定标的额达 5213.9 万元，及时确认了当事人的债权债务关系，有效地保护了公民、法人的合法权益。三是认真开展调查研究，加强业务指导。各级法院围绕经济审判工作如何为国营大中型企业服务，加强了对涉及搞活国营大中型企业的法律问题的研究。去年，省法院先后召开了企业承包经营合同纠纷、企业租赁合同纠纷等案件研讨会，对审理这几类案件遇到的疑难问题和带有普遍性的问题进行研究、讨论。省法院和不少中院还与工商行政管理机关联合召开研讨会，对经济合同法实施 10 年来的情况进行研究，及时总结审判经验，指导审判实践。四是采取多种措施，拓宽服务领域，完善各项服务措施。全省不少法院采取多种形式对经济纠纷诉讼外的调解工作进行探索；省法院组织审判人员对马鞍山钢铁公司的股份制试点工作中有关法律问题进行研究和指导；阜阳、蚌埠、滁县、马鞍山、铜陵等许多法院组织审判人员，深入企业，为企业清理债权债务提供法律服务，促进企业依法生产和经营；还有很多法院举办经济法律培训班，开设专题讲座，帮助企业培训法律人才，提高企业管理人员的法律意识。

三、关于民事审判工作

1992年，全省各级法院共受理一审民事案件75730件，审结70529件，分别比上年上升9.9%和9.7%。其中，离婚案件仍居民事案件的首位，受理28362件，上升5.1%；受理债务案件27302件，上升22.7%；受理赔偿案件6660件，上升5.9%。离婚、债务、赔偿案件占去年受理民事案件总数的82.3%。近几年来，民事案件持续上升，反映了随着改革的深化，经济的发展，人们生产、生活观念的变化，反映了公民之间、公民和法人之间民事法律关系日趋广泛、复杂，人民法院运用法律对社会各方面利益关系进行调整的范围日益扩大。

去年，全省各级法院在民事审判工作中，着重抓了占民事案件大头的婚姻家庭、债务、赔偿案件的审理。在婚姻家庭案件审理中，本着有利于保护妇女、儿童的合法权益和制裁违法行为的原则，保障婚姻自由，把感情是否确已破裂作为判决离婚与否的标准，以维护社会主义婚姻家庭制度；在债务案件的审理中，依法保护民间合法的借贷关系和债权人的利益，限制和取缔高利盘剥，促进资金的流转和经济的发展；在赔偿案件的审理中，注意及时化解当事人之间的对立情绪，防止矛盾激化，消除不安定因素，促进生产发展。去年，全省各级法院还认真审理了一批涉及多数群众利益、矛盾容易激化、容易影响社会稳定的土地、水利、山林、宅基地等纠纷案件，发现矛盾可能激化的苗头，及时疏导，把不安定因素消除在萌芽状态。同时，各级法院还加强了对著作权、名誉权、肖像权案件及涉外和涉港、澳、台的民事案件的审理；对这几类案件，积极研究，总结经验，以指导审判实践。全省各级法院在民事审判工作中，认真贯彻执行新颁布的民事诉讼法，有效地提高了人民法院的办案质量和办案效率。在贯彻民事诉讼法的过程中，各级法院坚持把公开审判作为民事、经济审判工作的重心，并带动了当事人举证、回避、合议、辩论、上诉等各项诉讼制度和程序的全面执行，保证了实体法的正确实施。同时，各级法院还严格执行民事诉讼法规定的办案期限，加强审判人员的岗位责任制，采取各种措施，增强审判人员的责任心，在保证办案质量的前提下，加快办案速度，提高办案效率。据统计，全省法院在法定审限内结案的平均达95%。各级法院还加强了业务指导工作，对审判经验及时总结推广，对审判工作中的情况、新问题及时研究解决。省高级人民法院在深入调查研究的基础上，对贯彻执行民事诉讼法的问题制定了具体意见，对全省法院的民事审判工作起了积极的指导作用。

四、关于行政审判工作

1992年，全省各级法院依法审理了一批行政案件，对保障公民、法人和其他组织的合法权益，维护和监督行政机关依法行使职权，密切人民政府同人民群众的关系，促进安定团结，发挥了积极的作用。全年共受理一、二审行政案件992件，审结909件。其中，维持行政机关决定的314件，占34.5%；撤销行政机关裁决的127件，占13.9%；原告撤诉的306件，占33.8%；变更、改判和作其他处理的162件，占17.8%。在全省法院受理的行政案件中，治安行政案件下降幅度较大，比上年下降48.7%；土地、林业、渔业、卫生、工商、税务、物价等其他行政案件与上年基本持平。案件类型有所增加，受理了一批劳动教养、收容审查、计划生育、财政、技术监督等新型案件。在去年的行政审判工作中，全省各级法院都把审理好涉及国营大中型企业及农业、农村工作的行政案件作为工作的重点，对违反企业法，侵犯企业生产、经营自主权的案件，向企业和农民乱收费、乱摊派、乱罚款的案件，凡是依照行政诉讼法规定，应当由法院审理的，基本上都依法及时受理，及时审判，切实保障企业和农民的合法权益，支持企业转换经营机制，保障行政机关依法行政。

五、关于告诉、申诉和审判监督工作

去年，全省各级法院共受理刑事、民事、经济、行政等各类再审案件3165件，审结2491件。处理群众来信53191件，接待来访92510人(次)。在审结的各类再审案件中，依照以事实为根据，以法律为准绳的原则，对于申诉无理，原判正确的，依法维持原判，驳回申诉；对于原判确实错误的，依法予以改判，或者发回原审法院重新审判。通过处理告诉申诉案件，加强审判监督工作，对保障公民的合法权益，维护国家法律的严肃性，加强同人民群众的联系，促进安定团结，起到了积极作用。

为了加强告诉申诉工作，全省各级人民法院采取了以下措施：一是加强了告申机构的组织建设，明确了职责范围，建立健全了各项规章制度，省法院制定了《基层法院告申庭职责范围》，使告申工作进一步制度化、规范化。二是加强了依法立案的工作，依法应立案的，及时立案；不应立案的，及时向当事人说明原因，保障公民、法人的诉讼权利，使群众“告状难”、“申诉难”的问题有所缓解。三是进一步加强了对上访老户的工作，各级法院认真贯彻落实“分级负责、层层落实”的原则，分别不同情况，予以妥善处理，把问题解决在基层，防止矛盾激化，促进社会安定。四是加强了审判监督工作，完善监督机制。各级法院对已经发生法律效力的判决、裁定，发现确有错误的，及时予以纠正。同时，认真审理人民检察院按审判监督程序提起的抗诉案件和当事人申请再审的案件，并认真贯彻执行省人大常委会《关于监督司法工作的规定》，依法审理人大常委会交办的案件，保护当事人的合法权益，维护法律的严肃性。

六、关于执行工作

1992年，全省各级法院采取各种有效措施，大力加强执行工作，取得了较大的进展。全年共受理经济、民事、行政执行案件22926件，已执行16342件，执行标的总额达13566.99万元。一些法院开始扭转了长期以来“执行难”的被动局面，一大批疑难执行案件得到了执行。马鞍山、安庆、阜阳等地一些法院审结的案件基本上得到了执行。各级法院在执行工作中创造了一些经验：一是加强领导，建立健全执行机构，充实执行力量。全省各级法院领导高度重视执行工作，不少法院都确定了一名院领导分管执行工作，把这项工作摆上重要位置。合肥、马鞍山、芜湖、巢湖等中级法院的领导不仅参加研究执行方案，而且深入到执行第一线，组织集中执行，参与执行。许多基层法院的领导和执行人员一起，不辞劳苦，长期奔波在外，开展执行工作，使执行工作取得了很大成效。各级法院还狠抓了执行机构的建设，充实执行力量，省法院成立了执行工作领导小组和执行庭(筹备组)，全省法院已有107个法院成立了执行机构，配备执行人员482人，从组织上保证了执行工作的顺利开展。二是坚持审执结合，在案件的审理阶段就考虑到执行问题，为执行工作的顺利进行创造条件，提高执行效率。三是坚持经常性执行与集中执行相结合的方法，在做好经常性执行工作的同时，集中时间，集中力量，清理执行积案。四是坚持教育疏导与强制执行相结合的原则，教育当事人自觉履行义务，对确有履行能力，经说服教育仍不履行的，依法予以强制执行。五是坚持全局观念，自觉抵制地方保护主义的干扰和影响，全省法院在执行工作中互相协作，同时，认真做好外省法院的委托执行工作。六是积极争取党委的领导、人大的监督和有关部门的支持，保证执行工作有一个良好的外部环境，保障执行工作的顺利进行。通过认真做好执行工作，有效地保护了当事人的合法权益，维护了社会主义经济秩序和法律的尊严。

七、关于法院队伍建设

去年，全省各级法院继续坚持“从严治院”的方针，一手抓审判，一手抓队伍建设，努力提高干部队伍的政治、业务素质。我省法院广大干警在审判任务繁重、工作条件比较艰苦的情况下，坚持正确的政治方向，清正廉洁，秉公执法，艰苦奋斗，努力工作，较好地完成了各项审判工作任务，涌现出很多先进集体和先进个人。全省法院受表彰奖励的先进集体 239 个，先进工作者 1278 人，立功受奖 31 人。实践证明，我省法院队伍主流是好的，是一支党和人民可以信赖的队伍。

在去年的法院队伍建设中，各级法院主要抓了以下几项工作：一是组织广大干警深入学习马列主义毛泽东思想，学习党的社会主义初级阶段的基本理论，特别是学习邓小平同志南巡重要谈话，深刻领会“三个有利于”的精神实质和对审判工作的重要指导意义。党的十四大召开以后，各级法院及时组织广大干警认真学习、深刻领会党的十四大精神，进一步解放思想，更新观念，提高了执行党的基本路线的自觉性，从而进一步端正了审判工作的指导思想，充分发挥审判工作职能作用，保证和促进各项审判任务的完成。二是进一步加强各级法院领导班子的建设，提高领导班子的政治业务素质。着重抓了各级法院院长换届的准备工作，协助地方党委搞好干部考察工作。三是进一步加强廉政建设。采取多种形式，对广大干警进行廉政教育，提高干警秉公执法的自觉性，建立健全廉政制度，加强纪检、监察工作。同时，对廉政、勤政的典型人物和先进事迹大张旗鼓地表彰、宣传；对利用职权贪赃枉法等违法违纪的典型案件，从严处理，决不姑息。四是狠抓队伍的业务建设。各级法院采取“业大”教育、常规教育和岗位培训相结合的方法，认真做好干部的培训工作，使审判干部的业务素质有明显提高。各级法院还把学习经济知识作为业务学习的重要内容，组织广大干警努力学习经济工作、经济政策和经济法规，了解经济运行规律，使审判人员扩大视野，更新知识结构，更好地为改革开放和经济建设服务。

各位代表，1992 年，全省法院的各项工作取得了较好的成绩，主要是在党的领导和人大的监督下，全省各级法院共同努力的结果。但是，也还存在一些问题，主要是：少数案件质量不高，有些刑事案件量刑失轻失重，甚至混淆罪与非罪的界限；有些案件超过法定审理期限；有些审判人员就案办案，不注重办案的社会效果；群众“告状难”的问题依然存在；法院“执行难”的问题还未得到根本解决，从 1984 年起到去年年底，全省法院仍有 2 万多件已经判决的民事、经济纠纷案件积压多年执行不了，标的额达 4 亿多元。特别是到外地执行和委托外地法院执行还相当困难。去年 6 月，省法院统一组织对涉及外省的未执行案件的清理工作，全省有 13 个中级法院，近 80 个基层法院，17000 多人（次）参加了这次集中执行，仅执行积案 270 多件。在少数法院中“以拘代执”的问题时有发生，等等。存在上述问题的原因是多方面的：一是有些法院的一些审判人员思想观念还不能适应新形势的发展，为改革开放和经济建设服务的自觉性不强，影响了审判工作为改革开放服务的效果。二是一些审判人员执法水平不高，对法律、政策的理解不深，有的同志工作作风不够扎实。三是极少数干警政治素质不高，有法不依，执法不严，办“关系案”，“人情案”，甚至利用职权贪赃枉法，徇私舞弊，严重违法乱纪。四是人民法院的执法条件相当困难。许多法院办案经费严重不足，无钱出差办案。近几年虽然三令五申，不准用当事人的钱出差办案，但由于法院经费非常困难，这类现象还是有增无减；很多基层法院甚至连干警的工资都发不出；许多法院没有审判法庭，很多人民法庭没有办公用房，使得一些应当及时公开审理的案件不能及时开庭审理；绝大多数法院交通、通讯工具缺乏。这些困难严重影响了审判工作的正常开展，希望各级领导高度重视，给予足够的关心和支持，改善人民法院的执法条件，保证审判工作的顺利进行。

各位代表：江泽民总书记在党的十四大报告中强调指出，要“高度重视法制建设”，“保障人民法院和检察院依法独立进行审判和检察”。随着我国社会主义市场经济体制的建立和发展，越来越多的社会关系和社会活动需要通过法律来调整，法院的审判任务将越来越繁重。在新的一年里，全省法院干警决心在党的领导和人大的监督下，坚定不移地坚持党的基本路线，坚定不移地贯彻党的十四大精神，坚决贯彻落实省委五届八次全会的决定，结合全省法院的实际，认真贯彻落实第十六次全国法院工作会议的精神，振奋精神，再接再厉，充分发挥审判职能作用，为维护国家和社会的稳定，保障改革开放和经济建设的顺利进行作出新的贡献。

以上报告，请予审议。

福建省高级人民法院工作报告

——1993年1月9日在福建省第八届人民代表大会第一次会议上

福建省高级人民法院副院长　方忠炳

各位代表：

现在，我受院长的委托，报告省第七届人大一次会议以来全省法院工作的主要情况，请审议。

省七届人大一次会议以来，全省各级人民法院在党委领导和人大及其常委会的监督下，与有关部门密切配合，坚决贯彻执行党的基本路线，牢固树立为社会稳定和经济发展服务的指导思想，坚持严肃执法和依法独立审判的原则，充分发挥惩治犯罪，调节经济关系，保护公民民主权利和其他合法权益的职能作用，全面开展各项审判工作，大力加强法院队伍建设和基层基础工作，为保障我省社会稳定，促进改革开放和现代化建设的顺利进行发挥了重要作用。

一、运用审判职能，维护社会稳定，促进改革开放和经济建设的深化与发展

1988年以来，全省法院共受理各类案件397950件，审结383838件。其中，1988年受理各类案件59642件，审结60117件；1989年受理各类案件77426件，审结75970件；1990年受理各类案件81380件，审结80464件；1991年受理各类案件84962件，审结80499件。受理数年均递增13.1%，结案数年均递增12.1%。1992年1至11月，受理各类案件94540件，审结86788件，又分别比上年同期增加9.71%和4.63%，比1988年同期增加80.39%和71.17%。5年来，随着社会主义民主与法制的逐步完善和发展，审判领域不断拓宽，审判任务日益繁重。全省法院在各类案件大量上升，审判力量不足，工作条件艰苦的情况下，振奋精神，克服困难，努力改进审判作风和审判方式，切实提高执法水平，在审判工作中取得了很大成绩。

——强化专政职能，严惩严重刑事犯罪。严厉打击严重危害社会治安的犯罪活动是维护社会稳定，促进社会治安综合治理的有效手段。全省法院坚决贯彻落实“稳定压倒一切”、“两手抓，两手都要硬”的方针，不断增强人民民主专政意识，坚持不懈地开展“严打”斗争，竭尽全力维护社会稳定。在“严打”斗争中，各地法院把故意杀人、抢劫、重大伤害、重大盗窃、强奸、流氓、贩毒等严重刑事犯罪分子作为重点打击对象，依法该重判的坚决重判，依法该判处死刑的坚决判处死刑，决不手软。同时贯彻惩办与宽大相结合的政策，对具有从轻、减轻情节的均依法从轻从宽处理，以分化瓦解犯罪分子，取得良好社会效果。对有重大影响的案件，法院积极与有关部门配合，提前介入，保证依法从重从快予以严惩。5 年来，全省法院共审结“严打”刑事案件 15413 件，判处犯罪分子 22606 人，其中判处五年以上有期徒刑 11322 人，占 50.08%，判处无期徒刑、死刑（含死缓）的 1879 人，占 8.3%，各地法院针对不同时期的社会治安状况，集中力量配合有关部门开展了打击“车匪路霸”、反盗窃、打击流窜犯、“扫黄打丑”、“除六害”、“禁毒”、“打拐”、“打假”等专项斗争，严惩了一批罪大恶极的犯罪分子，保持了“严打”的强大声威，有效地遏制了刑事犯罪。为改革开放和经济建设创造了良好的社会环境。

——严厉打击严重经济犯罪活动对于惩治腐败，加强廉政建设具有重要意义，是社会主义现代化建设的重要保证。1988 年以来，全省法院坚持依法从严惩处的方针和“一要坚决，二要慎重，务必搞准”的原则，坚决贯彻两高“通告”及全国人大常委会关于惩治贪污罪、贿赂罪的补充规定，重点打击贪污、贿赂、挪用公款等严重经济犯罪活动。5 年来，共审结经济犯罪案件 8300 件，判决 9317 人，其中判处五年以上有期徒刑、无期徒刑和死刑(含死缓)2223 人，占 23.86%。各地法院切实抓好经济犯罪大要案的审理，判处刑罚的经济犯罪分子中，犯罪数额在万元以上的 1580 人，其中十万元以上的 57 人。原南平市粮食转运站油库仓管员简福金利用职便盗卖仓库食油 91600 多公斤，价值人民币 40 余万元，被依法以贪污罪判处死刑。同时，各地法院还十分注意严格区分经济犯罪、一般违法和工作失误的界限，做到既严厉打击严重经济犯罪，又积极促进改革开放和经济建设。如原龙岩酒厂厂长、全国劳模尤振民，在扩建沉缸酒车间时，为了让厂房早日竣工，接受承建单位委托，收取承建单位的一笔业务费，用于与有关部门联系解决“三材”和资金，并无利用职便收受财物之情事。尤的行为不构成犯罪，依法宣告尤振民无罪。严格区分罪与非罪的界限，社会各界反应良好。

——强化调节经济关系职能，为改革开放和经济建设服务。经济审判是适应经济建设和经济体制改革的需要而开展的，它是社会主义经济法制的一个重要组成部分，随着改革开放的不断深入，经济交往日益频繁，各种经济关系大量增加，经济纠纷案件的数量大幅度上升，诉讼标的额越来越大，法律关系越来越复杂，承包、破产、商标、专利、技术合同、票据等新类型案件以及涉外、涉港澳台经济纠纷案件逐渐增多，使经济审判面临着许多新情况和新问题。全省各级法院强化服务意识，通过经济审判调节各种经济关系，制裁违法经营活动，努力排除地方保护主义干扰，不断提高审判工作水平，对加快改革开放和加速经济发展起到了积极的作用。5 年来，全省法院共审结各类经济纠纷案件 49925 件，诉讼标的总额达 27 亿多元。其中，与深化改革扩大开放和发展社会主义市场经济密切相关的购销合同、借款合同、农村承包合同、加工承揽合同、建筑工程承包合同纠纷案件 36213 件；租赁、联营、商标、专利、劳动争议等新类型经济纠纷案件 1909 件；涉外、涉港、澳、台经济纠纷案件 176 件，以上合占总数的 79.45%。各地法院还根据各个时期党的经济工作重点和形势的需要，开展了专项经济审判工作，从而保证党的路线、方针、政策的顺利贯彻实施。在治理整顿工作中，全省法院积极配合有关部门开展清理“三角债”工作，帮助银行收贷，取得了明显成效。据统计，1989年至今，全省法院共审结银行收贷案件15069件，为金融部门回笼资金达7.7亿元，有效地制止了流通领域的混乱状况。1991年中央工作会议和十三届八中全会后，全省法院把为国营大中型企业和农村经济服务作为工作重点，主动深入国营大中型企业和农村，提供法律服务，优先审理涉及国营大中型企业和农村经济建设中的经济纠纷案件，促进了国营大中型企业和农村经济的发展。去年邓小平同志南巡重要谈话发表以来，各地法院积极采取措施拓宽为经济建设服务的渠道。许多法院重视发挥经济司法联络员的作用，及时了解企业的需要，努力为企业排忧解难。有的法院主动深入经济建设第一线开展调查研究，了解当前经济建设中存在的问题，有针对性地提供优质高效服务。如南平地区两级法院去年4月至7月开展为林业企业清欠活动，共解决被欠资金1616笔，追回欠款7081万元，维护了企业的合法权益。

——大力开展民事审判工作，促进社会安定团结。民事审判工作与广大群众的生产生活密切相关，依法正确、及时地审结民事案件，有利于促进社会安定，防止矛盾激化，树立良好的社会道德风尚。1988年以来，全省法院共审结民事案件169776件，其中，审结婚姻家庭案件64130件，债务案件53951件，房屋及宅基地案件18787件，赔偿案件11628件，还审结了名誉权、著作权、肖像权、姓名权等新类型案件。各地法院在处理大量的民事案件和纠纷的过程中，全面贯彻民法通则、民事诉讼法等民事法律，运用法律手段切实保护公民、法人的合法权益，制裁民事违法行为，增强人民内部团结，促进了社会主义物质文明与精神文明建设，为社会的稳定和发展服务。我省地处改革开放前沿，面对台湾、邻近港澳，又是著名侨乡。各地法院十分重视审理好涉外、涉港澳台侨民事案件，尤其是注意总结涉台民事案件的审判经验，依法保障外国人、港澳台侨胞当事人的合法权益。5年来，共审结这类案件2260件。激发了港澳台侨胞爱国爱乡的热情和来闽投资的积极性，促进了海峡两岸民间交往和祖国和平统一大业。

——积极开展行政审判工作，依法保护公民、法人和其他组织的合法权益。行政审判是我国法制建设中的一个新领域，《中华人民共和国行政诉讼法》的制定和颁布施行对保护公民、法人和其他组织的合法权益，维护和监督行政机关依法行使职权，促进行政管理的法制化，具有重要的意义。为适应形势需要，全省法院在做好大量试点工作的基础上，认真贯彻执行行政诉讼法，积极受理，慎重审判各类行政案件，开创了行政审判工作的新局面。5年来，全省法院共审结行政案件2447件，涉及公安、土地、城建、工商、税务、海关、计量、计生、交通、药品、环保、渔业、林业等行政管理部门。一些法院还积极受理企业不服行政部门乱收费、乱摊派、乱罚款的行政案件，切实保护企业的经营自主权及合法权益。各地法院还注意大力宣传行政诉讼法，增强全社会的行政诉讼法律意识，努力创造良好的行政诉讼执法环境，为搞好行政审判工作打下了良好的基础。

——努力开拓海事审判工作，促进海上运输和对外贸易事业的发展。厦门海事法院自1990年3月成立以来，克服基础薄弱，缺乏经验等困难，积极稳妥地开展审判工作，共受理海事、海商案件126件，审结89件，涉及船舶保险、买卖、建造、抵押、租船、船舶碰撞损害赔偿等类型，诉讼标的总额达1121.57万元，对扩大开放，促进企业开拓国际市场起了积极作用。

——积极抓好林业审判工作，深入林区及时办理各类案件。5年来，全省法院共审结盗伐滥伐、毁坏林木等刑事案件1098件，判处犯罪分子1751人；审结山林权属纠纷和林业合同纠纷案件1548件，为林业部门挽回经济损失676.73万元，为保护森林资源，发展林业经济作出了贡献。

——大力加强执行工作，努力解决“执行难”。“执行难”问题不仅损害了当事人的合法权益，也严重损害法律的尊严。全省法院切实把执行工作摆上重要位置，在党委、人大、政府和社会各界的大力支持下，排除地方和部门保护主义的干扰，采取一系列措施解决“执行难”。全省法院普遍成立了执行庭，充实和加强执行力量。为从根本上扭转执行积案日益增多的被动局面，1991年以来，大部分法院都集中时间、集中力量开展了清理执行积案工作，成效显著。全省法院1991年共执行各类案件20069件，比上年增加76%，执行诉讼财产标的金额达3亿多元；1992年1至11月共执行各类案件17461件，比上年同期增加0.46%，执行诉讼财产标的金额达2.09亿元，取得了突破性的进展。在工作中，全省法院坚决抵制和克服地方保护主义影响，认真办理外地法院委托执行的案件。去年上半年，全省法院集中时间对外省委托执行案件进行全面清理，取得明显成效。

——继续加强和落实告诉申诉工作。人民法院通过开展告诉申诉工作，密切联系群众，加强审判监督职能，保护公民的诉讼权利和合法权益，维护国家法律的严肃性，促进社会的安定团结。全省法院普遍实行了审立分离，由告申庭统一立案的制度，杜绝不结不立，以结代立的现象；对于那些确属错判的案件，坚持实事求是，有错必纠原则，依法予以纠正。5年来，共审查了对历年来的判决提出的申诉12909件，改判2456件；积极做好人民群众来信来访工作，共处理各类告诉信访342868件次。还处理了大量简易纠纷案件，依照民事诉讼法的规定，适用督促程序审理了申请支付令案件。有效地维护了社会稳定，促进了经济发展，缓解了群众的“告状难”问题。

——积极做好法医工作，为审判工作提供服务。5年来，全省法院共完成法医复核鉴定2467例，物证鉴定358例，活体检验21186例，尸体检验8216例，精神病司法鉴定2366例，为审判人员正确定罪量刑，解决民事、经济纠纷提供了科学依据，确保了公正执法。

二、加强基层基础建设，积极参与社会治安综合治理

加强基层人民法院，特别是人民法庭工作，是搞好人民法院各项工作的基础。5年来，全省法院切实转变作风，面向基层，充实基层，从政治上、组织上、业务上和思想作风上全面加强人民法庭工作。认真贯彻“巩固、充实、加强、发展”的方针，合理调整法庭布局，充实法庭审判力量，建立和完善法庭工作制度。目前，全省共有人民法庭348个。全省法院认真抓好人民法庭的社教和党风廉政建设，并通过开展深入调查和案件质量评查，促进了人民法庭各项工作水平的提高。为加强人民法庭审判人员的政治、业务素质，去年4月到6月，省法院举办了人民法庭庭长培训班，推动了人民法庭工作的全面开展。5年来，全省各地人民法庭充分发挥扎根基层、联系群众、方便诉讼的优势，采取巡回办案、就地办案等形式，及时办理了大量的民事和经济纠纷案件以及轻微刑事自诉案件，还通过加强对基层调解组织的业务指导，开展“庭村共建”等形式，积极参与辖区内的社会治安综合治理，使大量民间纠纷和矛盾解决在基层、消灭在萌芽状态，维护了社会的安定团结。

加强社会治安综合治理，是保证我国社会长治久安，促进社会进步的根本途径。5年来，全省法院通过开展各项审判工作，积极参与社会治安综合治理。各地法院都成立了综合治理工作领导小组，加强了对这项工作的领导。省法院通过建立基层法院联系点，及时了解和掌握这项工作开展的情况，总结经验，研究对策，把工作引向深入。各地法院

在开展严厉打击严重刑事犯罪的同时，对于罪行较轻具备判处缓刑、免刑法定条件的犯罪分子，依法判处缓刑、免刑，收到了良好的社会效果。各地法院对确有悔罪表现的劳改犯依法实行减刑、假释，并结合这项工作深入监所对在押犯进行认罪服法教育；对“两劳”释放人员和被判缓刑、免刑人员实行定期回访考察，跟踪帮教，防止其重新犯罪。未成年人犯罪增多，是人们关注的一个严重社会问题，亟需综合治理。5年来，少年刑事审判工作得到了进一步加强，许多法院建立和完善了一系列针对少年犯的审判制度，正确适用刑罚，教育、感化和挽救了一大批失足青少年。在开展审判工作的同时，各地法院还积极开展法制宣传工作，通过召开各种宣判会、举办展览、上街咨询、上法制课以及电视、广播、报纸等各种形式，宣传法律，普及法律知识，增强群众法律意识和守法观念；在办案中发现问题，及时提出司法建议，促进安全防范，努力扩大办案的社会效果，促进社会治安的综合治理。

三、坚持严肃执法，提高执法水平

人民法院是审判机关，严肃执法，努力提高执法水平，是发挥审判职能作用，维护社会稳定，促进经济发展的必要前提。1988年以来，全省法院坚持严肃执法，严格依法办案，教育广大干警牢固树立办案质量、办案效率和办案社会效果三者相统一的观念，以对人民利益高度负责的精神，认真执行党的政策和国家法律。

自觉接受人大监督，坚持依法办案。5年来，全省法院主动接受人大及其常委会的监督，实事求是地向人大及其常委会报告工作情况；认真办理并答复各级人大代表的议案、意见和咨询。积极配合或主动邀请各级人大常委会及人大代表到法院视察和开展执法检查工作。许多法院还聘请人大代表担任廉政监督员，听取他们对法院工作的意见和建议，切实改进工作，促进了审判工作水平的提高。

坚持严格执法，保证办案质量。在审判工作中，各地法院严把案件事实关、证据关和法律关，狠抓办案质量的提高。特别是在“严打”斗争中，正确处理依法从重从快与稳、准、狠的辩证关系，在“两个基本”和“准”字上下功夫，讲究规格。5年来，全省法院审结的刑事案件中，因基本事实不清、基本证据不扎实而退回补充侦查的4053件，还对一些漏罪漏犯依法建议追诉。对民事、经济、行政案件，也在查清事实，分清是非，明确责任的基础上，合法、合理地予以解决。各地法院认真执行程序法，坚持公开审判，严格执行审限制度，案件的开庭率和审结率逐年提高，1992年与1988年相比，全省法院刑事案件开庭率增加1.27%，民事案件开庭率增加1.82%，经济案件开庭率增加1.21%，行政案件开庭率增加8.22%。1991年4月民事诉讼法颁布施行以来，各地法院普遍举办培训班，力求准确领会立法意旨和把握法律规定，积极改进审判方式，提高庭审质量，强调当事人举证责任和庭审质证、辩论，大大提高了办案质量和效率。

四、加强调查研究，促进法院自身改革，提高服务水平

随着改革开放和经济建设的不断发展，各种法律关系的不断变化，审判工作中有很多新情况、新问题需要研究，有不少新经验需要及时总结。5年来，全省各级法院积极围绕各阶段党和国家的中心任务和审判工作的重点，进一步加强了调查研究工作，为领导决策和宏观指导提供了有效服务。特别是学习了邓小平同志南巡重要谈话之后，为了促进审判工作的开展，提高工作效率和服务质量，不少法院积极探索，大胆实践，在认真调查研究的基础上出台了一些有关法院自身改革的措施。如：有的法院成立了经济纠纷调解中心，开展手续简便、方法灵活的诉前调解；有的法院成立了少年审判、房地产等专业审判庭，按专业分工集中审理某类案件；

有的法院设立了派驻行政机关执行室，主动提供法律服务，保障国家依法征费等等。这些措施，有的在拓宽审判工作的服务领域方面已经取得了明显成效，有的尚处于摸索阶段，需要加强分析研究，及时总结经验，逐步完善和提高。

五、狠抓队伍建设，加强科学管理

建设一支政治上强、业务上过硬的法院队伍，是完成新时期审判任务的组织保证。5年来，全省各级法院始终坚持一手抓审判工作，一手抓队伍建设的方针，努力提高干警的政治素质和业务素质，确保各项审判任务的完成。首先，全省各级法院把加强思想政治工作摆上重要位置，普遍组织学习马克思主义基本理论，坚定共产主义信念；开展岗位学雷锋活动，树立全心全意为人民服务的宗旨，并通过表彰先进集体和积极分子，组织先进事迹报告团到各地巡回演讲，树立典型，激励互学赶超。其次，抓好廉政建设，在全省推广民事、经济审判工作“两公开一监督”制度，广泛听取各方意见，加强外部监督，同时，进一步加强干警违法违纪事件的查处，开展队伍整建工作，严肃法纪，确保公正执法。第三，加强法院领导班子建设，1991年基层法院换届选举，一批年富力强的同志走上领导岗位。省法院十分重视做好这些基层法院院长的上岗培训，及时举办了培训班，提高基层法院院长的政治理论修养和领导水平，促进了基层法院工作的开展。第四，加强科学管理机制，建立和完善岗位责任制，推行目标管理，挖掘内部潜力，推动机关管理工作的制度化、科学化和规范化。第五，加强干部的教育培训，努力提高干警的业务素质。5年来，全省法院干部业余法律大学共有2350名学员毕业，并取得大专文凭，目前在校学习的还有1028名学员。各地法院还注意办好各种短期培训和业务研讨会，促进了审判工作水平的提高。

六、加强物质建设，改善执法条件

5年来，全省法院发扬艰苦奋斗、勤俭办事业的精神，在基础薄弱、资金缺乏的条件下，精心规划，统筹安排，进一步改善了法院的物质装备和基础设施。审判法庭和人民法庭，是人民法院依法办案的基本工作条件，也是社会主义法制形象的重要标志。在党委、人大和政府的关心、支持下，法院的“两庭”建设取得了很大的进展。目前，全省91个法院中已有78个审判法庭基本建成，还有13个审判法庭正在建设，人民法庭的建设也有所进展，力求适应审判工作的需要。但是，各地的发展不平衡，仍有一些地方“两庭”建设未能落实。为适应加快改革开放和社会主义现代化建设的需要，健全社会主义民主和法制，更好地发挥审判机关的职能作用，进一步加强法院的“两庭”建设是很有必要的。最近，国务院领导对加强“两庭”建设作了重要批示，希望政府及有关部门能给予足够重视和大力支持，把当地的“两庭”建设落到实处，切实为人民法院进行审判创造必要条件。

5年来，在全省法院干警的共同努力下，法院的各项工作都取得了很大成绩。但同时也存在一些问题。主要是：审判力量与繁重的审判任务不相适应，法院受理案件的数量逐年增加，范围不断扩大，虽然我们在挖掘潜力，改进审判方式，提高办案效率等方面尽了很大努力，但审判力量不足的矛盾仍较突出；严格依法办事与执法难的矛盾，由于不同程度地存在地方和部门保护主义的影响，“执行难”问题仍未能根本解决，审判工作中仍存在一些阻力和干扰，影响严肃执法；干警的素质与形势的需要仍有一定的差距，少数案件质量不高，极少数干警执法不严，甚至违法乱纪，损害法院的形象；法院装备落后，执法条件差，一些法院办案经费紧缺，影响了严肃执法。这些都必须认真加以解决。

1993年是全面贯彻党的十四大精神，建

立社会主义市场经济，加快改革开放和经济建设的一年，全党和全国人民面临的改革与建设任务十分宏伟、十分艰巨。经济建设是中心，审判工作是重要保障。随着改革开放与现代化建设步伐的加快，社会主义市场经济体制的建立和完善，我国社会政治、经济体制及管理方式、运行机制都将发生很大变化，一些新的经济关系，新的社会矛盾也将大量出现，并不断反映到审判工作中来。适应当前的形势，提高审判工作水平，为经济建设提供优质、高效的服务，是人民法院紧迫而重要的任务。

首先，要进一步深入学习党的十四大精神，牢固树立为改革开放和现代化建设服务的观念，用十四大精神统一全体干警的认识与行动，引导干警进一步解放思想，更新观念。树立中心观念，处理好依法办事与“三个有利”以及政策和法律的关系，充分发挥党和国家的政策的指导作用；树立保障观念，处理好打击与保护的关系，充分发挥调节和保护的职能，旗帜鲜明地保护、支持、鼓励一切有利于建立和发展社会主义市场经济的行为，进一步强化专政职能，严厉打击严重危害社会治安和破坏社会主义经济秩序的犯罪分子。同时，要正确区分罪与非罪、违法与犯罪的界限，做到既打击犯罪，又保护改革开放；树立服务观念，处理好审判与服务的关系，要立足审判，努力改进工作作风和服务态度，讲求政治效果，经济效果和社会效果。

其次，充分运用审判职能，依法及时处理好与建立和发展社会主义市场经济体制有关的案件。(一) 继续坚持“严打”方针，为建立和发展社会主义市场经济创造良好的治安环境。当前，全省社会稳定、治安良好。但是，一些地方重大刑事案件仍很突出，严重危害人民的生命财产安全和社会稳定。因此，“严打”斗争必须常抓不懈，要坚持开展各种专项斗争，及时审判严重危害社会治安的犯罪分子，依法予以严惩，保护改革开放和经济建设的顺利进行；(二) 继续深入开展打击经济犯罪活动的斗争，严惩贪污、贿赂，惩治腐败；加强对经济诈骗、走私贩私、偷税抗税、假冒商标、制贩伪劣商品等商业罪案的审判，维护社会主义经济秩序；(三) 重点审理好企业承包、租赁、股份经营纠纷和联合、兼并、破产、转让等类型案件，促进国有企业特别是大中型企业机制转换，把企业推向市场；(四) 及时处理破坏企业改革，报复、伤害企业领导人的案件，积极审理干预、侵犯企业经营自主权，向企业乱收费、乱摊派、乱罚款等行政案件，保护企业真正成为自主经营、自负盈亏、自我发展，自我约束的法人实体和市场竞争的主体；(五) 充分运用法律手段，保障国家对经济的宏观调控，防止国有资产流失；(六) 继续审理好农村承包合同纠纷、农副产品购销合同纠纷，加强对乡镇企业纠纷案件的审理，促进农村市场经济的发育；(七) 积极审理涉及第三产业，特别是商业、物资业、对外贸易、金融保险、房地产、信息咨询等纠纷案件，扶持第三产业发展；(八) 大力加强对商品生产、经营、流通、分配环节各类案件的审理，重点处理好购销、借贷、债务、票据案件及产品质量纠纷，依法保护经济合同的严肃性，促进公平竞争；(九) 积极审理涉外、涉侨、涉港澳台案件和海事海商案件，为外商和港澳台投资者创造良好司法环境；(十) 加强对专利、商标、著作权案件和技术合同纠纷案件的审理，保护工业产权和知识产权；(十一) 坚决克服经济、民事审判中地方保护主义的影响，大力解决“执行难”，促进全国统一市场的形成；(十二)依法及时处理好其他与建立和发展社会主义市场经济体制有关的案件。

第三，进一步搞好法院自身改革，提高执法水平。随着改革开放和经济建设的发展，法院自身的改革也势在必行。要加强调查研究工作，及时掌握审判工作中出现的新情况、新问题，积极改进审判方式方法，努力探索有利于提高工作效率和工作质量，有利于促进和保障社会主义市场经济体制正常运转，有利于建立和完善有中国特色社会主义审判制度的新途径。坚持严肃执法，统一执法思想，加强执法监督，坚决克服有法不依、执法不严等现象。对于一些在社会主义市场经济条件下产生的新类型案件，可根据我国法律的基本原则和法理，参考借鉴外国的一些经验，并参照国际惯例，实事求是地慎重处理。

第四，进一步加强法院队伍建设，更好地适应和服务于改革开放和现代化建设。要大力加强思想政治工作、廉政建设和纪检工作，坚持“从严治院”、“从严治警”，把法院队伍教育训练好，严格管理好，调配使用好，努力造就一支政治坚定、业务精通、作风过硬的法官队伍。

各位代表，党的十四大为我们制定了建设有中国特色的社会主义的宏伟蓝图，指明了我们今后的奋斗目标。加快改革开放和现代化建设的步伐，建立和完善社会主义市场经济体制，对我国的法制建设和审判工作提出了新的更高的要求。当前，全省各地正在深入学习贯彻党的十四大精神，解放思想，真抓实干，力争我省经济建设再上新台阶。我们决心在十四大精神指引下，奋发努力，脚踏实地，兢兢业业地做好法院的各项工作，为推进改革开放和社会主义现代化建设的宏伟事业作出应有的贡献。

江西省高级人民法院工作报告

——1993年2月2日在江西省第八届人民代表大会第一次会议上

江西省高级人民法院院长 李 迎

各位代表：

自1988年省七届人大一次会议以来，全省各级人民法院在各级党委的领导下，在各级人大的监督和政府支持下，坚定不移地贯彻执行党的“一个中心、两个基本点”的基本路线，认真履行宪法赋予的职责，积极开展各项审判工作，为保护公民合法权益，维护社会稳定，保障、促进改革开放和经济建设，发挥了重要作用。现将人民法院工作的主要情况报告如下，请予审议。

一、严厉打击严重刑事犯罪和经济犯罪，维护社会治安和经济秩序

依法惩治犯罪，维护社会稳定，为改革开放和现代化建设创造良好的社会环境，是人民法院的主要职能之一。

近几年来，全省治安形势总的说是平稳的，但一些地方刑事犯罪仍然比较严重，全省法院每年受理的刑事案件都逾万件。各级法院不断强化专政职能，积极参与社会治安综合治理，继续贯彻执行了“严打”方针，把维护社会稳定和为经济建设创造良好的社会环境作为审判工作的根本任务，坚持不懈地严厉打击各种犯罪活动。1988年至1992年，全省各级法院共审结刑事案件54040件，判处人犯69741名。其中1992年审结10276件，比上年减少860件，下降7.3%；判处人犯12527名，下降10.4%。在被判处的全部人犯中，处五年以上有期徒刑、无期徒刑直至死刑（包括死缓）的，占24.2%；处五年以下有期徒刑、拘役、管制和免予刑事处分的，占75.3%；宣告无罪的，占0.5%。

在同严重危害社会治安犯罪的斗争中，各级法院注意突出打击重点。对杀人、抢劫、强奸、流氓特别是带有黑社会性质的流氓犯罪集团、“车匪路霸”和重大盗窃等严重刑事犯罪，始终坚持依法从重从快惩处。在审结的全部刑事案件中，属于上述严重犯罪案件14424件，占26.6%；人犯32448名，占46.5%。同时，与公安、检察机关密切配合，结合本地区社会治安实际情况，有计划地开展专项斗争，对一些治安比较混乱的地区加强了重点治理。1991年9月，中央和省社会治安综合治理委员会根据盗窃犯罪突出、严重危害公私财产安全和国家经济建设的情况，部署为期3年的反盗窃斗争。全省法院积极参加这场斗争，至去年底共审结盗窃案件4534件，依法重判了一批重大盗窃分子。

在严厉打击严重危害社会治安刑事犯罪的同时，坚决惩治了严重经济犯罪。1988年以来，全省法院共审结经济犯罪案件9042件，判处人犯11812名。其中1992年审结1368件，判处人犯1709名，分别比上年下降26%和26.7%。1989年8月15日，最高人民法院、最高人民检察院根据中共中央的建议，发布了《关于贪污、受贿、投机倒把等犯罪分子必须在限期内自首坦白的通告》，各级法院把贯彻执行“通告”作为一项突出的重要任务来抓。这一年，审结经济犯罪案件2041件，比上年增加31.3%。对严重经济犯罪，各级法院坚持依法从严惩处的方针，重点惩办贪污、贿赂、挪用公款和盗窃公共财物犯罪分子，认真抓好大案要案的审判。5年来，共审结上述4类犯罪案件6375件，人犯9298名（其中个人非法所得万元以上的510名），有2548名犯罪分子被判处五年以上有期徒刑、无期徒刑或死刑（含死缓）。法院通过对经济犯罪分子适用罚金、没收财产刑并依法追缴赃款赃物，为国家和集体挽回经济损失9491万元。在办理经济犯罪案件中，各级法院十分注意处理好打击与保护的关系，坚持了一要坚决、二要慎重、务必搞准的原则。对某种行为是否违法，是否构成犯罪，是否需要追究刑事责任的判定，坚持法律条件，采取实事求是的慎重态度。特别是对于发生在企业生产经营科研活动中的经济犯罪案件，注意严格区分合法与违法、罪与非罪的界限，切实做到准确打击犯罪，促进经济发展。5年来，各级法院对22名涉嫌经济犯罪的被告人宣告无罪，保护了无辜者不受刑事追究。

各级法院根据全国和省人大常委会作出的《关于加强社会治安综合治理工作的决定》，密切结合审判工作，落实各项措施。一是通过公开审判，开展法制宣传教育。二是结合办案，针对审理案件中发现的问题，提出改进工作、堵塞漏洞的司法建议，大多数为有关单位采纳。三是加强少年法庭工作，建立并改进办理未成年人犯罪案件的程序制度，在有关部门和社会各界的支持下，教育挽救失足少年，减少和预防重新犯罪。四是根据中央关于“依法适当多判处一些缓刑”的政策精神，从1989年起，注重了适用缓刑案件的审判工作，共对5267名罪行较轻、符合法定条件的犯罪分子适用了缓刑，占判处人犯总数的9.1%，经考察，社会效果是好的。

通过上述工作，本省社会治安秩序趋于稳定，群众安全感有所增强。但必须清醒地看到，当前刑事犯罪活动仍然比较严重。特别是杀人、抢劫、故意伤害等暴力、恶性犯罪突出；盗窃犯罪活动猖獗，有些地方治安状况仍不好。因此，必须继续贯彻“严打”方针，采取有力措施，认真解决个别地方存在的打击不力等问题，更准确、更有效地打击犯罪，为经济建设创造良好的社会环境。

二、运用经济审判职能，调整经济关系，积极主动为经济建设服务

依法调节经济关系，为发展生产力服务，是人民法院的根本任务。改革开放以来，人民法院的经济审判工作获得了迅速发展。全省法院受理的经济纠纷案件年年大幅度上升，1989年收案达46869件，审结案件的诉讼标的金额3.6亿元。1990年和1991年由于治理整顿，收案数有所回落。1992年，伴随经济的高速发展，经济纠纷又开始增多，全省收案29395件，比上年同期增加8.8%。5年来，全省各级法院共审结经济纠纷案件15万多件，解决争议标的金额15亿元，对维护经济秩序，发展社会生产力，促进经济建设，起了积极作用。

在经济审判中，我们主要抓了以下几方面的工作：

1. 及时审理购销和借款合同纠纷案件，维护正常的商品流通和金融秩序。1992年，全省法院共审结购销合同纠纷6428件，借款合同纠纷9496件，分别占全部经济纠纷审结数的22.1%和32.6%。通过审理购销合同纠纷，妥善处理了因市场变化引起的不履行合同、拖欠货款纠纷，帮助企业清理了大量"三角债"。各级人民法院重视对借款合同纠纷案件的审理，每年都组织了专项审判，5年共为银行收回拖欠贷款2.76亿元。

2. 精心审理企业在转换经营机制、走向市场过程中出现的新类型经济纠纷案件，为深化企业改革提供法律保障。1992年，全省法院审结与经济体制改革密切相关的企业承包、租赁、联营、破产以及在深化企业改革中出现的债券、票据、商标、专利、技术合同纠纷等新类型案件908件。通过审理，支持企业优胜劣汰，制止不正当竞争，促进资源合理配置和产业、产品结构调整，增强了企业活力，促进了生产经营效益提高。

3. 妥善处理农村承包合同和乡镇企业经济纠纷等案件。1992年，全省法院共审结农村承包合同纠纷2084件。从稳定和完善以家庭联产承包为主的责任制和促进统分结合的双层经营体制出发，既保护承包人的合法权益和生产积极性，又维护集体经济利益，较好地协调了各方面的利益关系。各地法院还加强了对乡镇企业经济纠纷案件的审理，促进乡镇企业的健康发展。

在运用经济审判职能服务经济建设中，各级人民法院注重办案效果，不断增强改革意识和效益观念，突出服务重点，采取了优化审判组织、健全服务机制等措施，积极主动为搞活国有大中型企业或重点骨干企业服务，为建立和发展社会主义市场经济体制服务。对生产经营影响大的经济纠纷案件，实行快立、快审、快执行；深入企业调查研究，了解经济动态和纠纷情况，在企业建立法律服务联系点，或召开企业厂长、经理座谈会，上门服务；采取发调解函、支付令、非诉讼调解等方式，加快办案速度；针对突出问题，开展专项审判和司法建议，等等，均收到较好的社会效果。

近年来，地方保护主义对经济审判工作的影响比较严重，一些地方为了本地区利益，偏袒本地当事人，争管辖权，不适当采取诉讼保全，非法干预经济审判等，妨碍了公正审判。我们强调人民法院在经济审判工作中要维护国家法制的统一，反对地方保护主义的干扰，严格依法办案。同时希望各级人大加强监督，保证和支持人民法院依法行使审判权。

三、妥善处理民事纠纷，促进社会安定团结和精神文明建设

妥善解决民事纠纷，对于保障人民安居乐业，维护社会安定团结，调动一切积极因素，集中精力投入经济建设，都具有重要作用。全省各级人民法院自觉把民事审判工作纳入社会经济发展和精神文明建设的大视野，不断提高认识，增强责任感，较好地完成了审判任务。5年来，全省法院共审结民事案件24.1万多件，其中1992年审结50334件，比上年同期减少4759件，下降8.7%。同时，指导人民调解委员会调处了24456件民间纠纷。

近几年来，民事案件中债务案件增长最快，且逐年增长。去年，全省法院受理的债务案件达到15928件，比1988年增长了

1.14倍。商品经济的迅速发展，使民间借贷日趋活跃。这类借贷利息一般都很高；许多借贷没有书面契约，往往容易发生纠纷。各级法院审理借贷案件，根据民法通则和最高人民法院有关司法解释，按照自愿、互利、公平、合法的原则妥善处理，保护债权人和债务人的合法权益。

1992年，全省法院受理婚姻案件23384件，比上年同期下降4%，受案数仍居民事案件首位。当前婚姻案件突出表现了如下一些问题：一是未经婚姻登记或不符合法定结婚条件而非法同居的增多，增加了审判工作的难度；二是因婚姻或婚约而发生的财产关系日益复杂，处理时争议大，调解难；三是在离婚案件中规避法律的现象增多，为逃避债务、计划生育而提起的离婚时有发生；四是离婚时争养独生子女特别是男孩的多。各级法院审理离婚案件，一律依照婚姻法规定，坚持“感情破裂”的离婚标准，坚持夫妻双方平等分割共同财产，依法保护妇女儿童的合法权益。同时注意制裁违法行为。

几年来，民事损害赔偿案件一直居高不下，其中因恋爱、婚姻家庭和邻里纠纷而引起的人身伤害赔偿案件占绝大多数。同时，一些单位和个人非法制造、销售假冒、劣质产品，由此造成他人人身、财产损害的纠纷时有发生。各地法院从促进社会的安定团结出发，积极调处纠纷，并主动与有关组织密切配合，及时教育、疏导，防止矛盾激化。为保护消费者合法权益，全省法院乘“中国质量万里行”活动开展的有利时机，于去年6月组织开展了一次旨在打击非法制造、销售假冒、劣质产品，保护消费者合法权益，净化商品流通领域的专项审判和宣传咨询活动，审理了一批因购买伪劣商品而产生的产品质量纠纷和侵权损害赔偿纠纷。

为了方便群众诉讼，及时调处纠纷，把法院参与社会治安综合治理工作落实到基层，各级法院加强了对人民法庭的业务指导。全省460个人民法庭2000多名干警积极开展巡回、就地办案，使70%左右的案件在基层得到解决。

民事案件数量大、类型多，涉及面广，涵盖了社会生活的各个方面，涉及广大人民群众的切身利益，为社会所普遍关注，这给民事审判工作增加了一定难度。鉴于民事纠纷都是属于人民内部矛盾，必须依靠群众，我们诚恳希望社会各有关方面多做疏导教育工作，支持人民法院依法办案。

四、积极开展行政审判，保护公民、法人和其他组织的合法权益，促进依法行政

行政审判工作的开展，是完善我国诉讼制度的重要标志，是社会主义法制和民主政治建设的一件大事，对于保护公民、法人和其他组织的合法权益，维护和监督行政机关依法行使职权，促进政府转变职能，具有重要意义。全省行政审判从1987年试点以来，共审结一审行政案件1855件。

1990年10月1日《中华人民共和国行政诉讼法》实施后，全省各级法院认真贯彻执行，努力开展行政审判工作，初步打开了局面。行政诉讼法实施两年来，全省法院共受理一审行政案件1262件，二审案件302件，再审案件41件，受案数超过行政诉讼法实施前受理行政案件的总和。在已审结的1218件一审行政案件中，维持行政机关具体行政行为的占28.4%；撤销、部分撤销或者变更的占17.8%；撤诉的占45.4%；终结的占3.6%；移送的占1.8%；其他处理的占3%。

从案件受理情况看，本省行政审判呈现如下特点：一是受案数量上升。1992年，全省法院共受理一审行政案件660件，比上年同期上升22.4%。二是案件涉及的行政机关越来越多，现已涉及30多个行政管理部门，其中主要是治安、土地、林业等部门。两年来共受理一审治安行政案件396件，土地行政案件304件，林业行政案件199件，这三类案件约占受案总数的71.2%。三是案件类型增多。过去行政案件主要限于行政处罚，现在出现了限制人身自由、非法干预企业经营自主权、违法要求履行义务、不依法颁发许可证等新类型案件。

各级人民法院积极、稳妥、慎重开展行政审判工作，严格依法审理案件，既保护公民、法人和其他组织的合法权益，又维护行政机关依法行使职权，切实为促进经济建设和社会稳定服务。

全省行政审判工作虽然有了一定的发展，但目前仍存在不少问题。一些公民对行政诉讼仍有顾虑，担心会招致更多的麻烦；有些行政机关工作人员对行政诉讼不理解，不愿当被告；有的审判人员有畏难情绪，一些法院出现了该立案的不立案，该撤销不撤销的现象，群众对此有意见。这些现象集中反映了行政审判的外部环境和执法条件尚难适应行政审判开展的需要。因此，进一步开展行政审判任重而道远。我们要求全省各级法院继续深入宣传行政诉讼法，强化行政审判职能，进一步争取党委的领导、人大的监督和行政机关的大力支持，积极开拓，锐意进取，把我省的行政审判工作推向新阶段。

五、排除各种干挠，强化执行工作，维护法律尊严

最近几年，“执行难”已成为困扰人民法院审判工作的一个突出问题。各级法院采取有效措施，经过艰苦努力，克服重重困难，执行工作取得了进展，1990 年 12 月省人大常委会通过《关于加强全省各级人民法院执行工作的决定》后，全省各级法院普遍重视和加强了执行工作。省法院、各中级法院和 97 个基层法院成立了执行庭，配备执行人员 400 多人。去年，全省法院共执行经济、民事、行政和刑事附带民事等各类案件 38030 件，执行标的金额达 12682 万元。

在执行工作中，各级法院注意坚持了以下几点：

1. 坚持审执并重，审执结合，提高执行效率。在案件审理阶段，审判人员视情采取财产保全措施，为执行创造条件。对重大复杂案件，执行人员提前熟悉案情，确保顺利执行。

2. 坚持疏导教育与强制执行相结合，注重执行效果。我们强调要区别不同案件和具体情况，采取相应的执行方法，切实做到依法、文明执行。在去年执行完毕的案件中，通过说服教育促使当事人自动履行或自行和解的占 63.7%。对于涉及企业的执行案件，注意保护其正常生产经营，不搞“竭泽而渔”，允许企业与债权人协商延期履行或分批履行。

3. 坚持经常抓与集中抓相结合，搞好集中执行，推动日常工作。从 1991 年起，在每年的 11 月份开展一次全省性的集中执行活动，集中清理一批积案。已经开展的两次集中执行活动，共执行案件 12835 件，占两年执行案件总数的 17.8%。去年，各级法院还受理并执行工商、税务和交通稽查征费等行政机关申请强制执行的行政案件 1639 件，标的额 349.85 万元。

4. 坚决反对并努力克服地方保护主义，搞好委托和协助执行工作。去年上半年，按照最高人民法院关于集中清理跨省、市委托执行案件电话会议精神，协助外省（市）法院执行案件 400 件，委托外省执行案件 600 件，有效地促进了经济交往与合作，维护了国家法制的统一。

几年来，全省法院的执行工作取得了一定进展，但是，从总体上看，由于地方保护主义的干扰，法院执行工作条件与任务不相适应；执行人员素质上的差距等原因，执行工作尚未完全摆脱被动局面，“执行难”问题依然很突出。截止去年底，全省尚有未执行案件 14153 件，比上年同期积存 13753 件，增加 2.9%。我们将继续采取措施，强化执行工作，使法律文书确定的权利得以实现，义务切实履行，维护法律的权威。

六、不断完善告诉申诉和审判监督机制，切实保护人民民主权利

5年来，全省法院共接待来访35万余人次，处理来信32万余件次。对告诉信访，凡符合法律规定的，基本做到了及时立案受理；通过审查申诉信访，发现并纠正了一些错判案件，维护了公民的合法权益。5年中全省法院依照审判监督程序进行再审的各类案件10995件，改判2536件，其中1987年以前判处的案件1304件。

在加强告诉申诉和审判监督工作方面我们主要采取了以下措施：

一是调整了处理申诉信访机构及其职能，设置了告诉申诉审判庭，统一受理告诉、审查申诉，使告诉申诉信访工作规范化。全省已有100个法院设立了告诉申诉审判庭，占法院总数的89%。

二是建立健全处理告诉申诉信访制度，明确各级法院对案件管辖分工，层层检查、督促。省法院每季度通报一次向下级法院交办案件处理情况，各中级法院也相应抓落实。省法院告申庭去年交办的113件再审案件，已审结32件。

三是坚持院长定期接待和执法检查制度，密切与人民群众的联系，及时发现和处理重大问题，把保护公民告诉申诉权利落到实处。

目前本省法院申诉信访数量仍然很大，其中重复申诉的比例较高。客观上由于我国尚未完备申诉法律制度，申诉没有时间限制，以致案件越来越多，而法院审判力量有限，应接不暇。在主观上也与我们有的法院办案质量不高，确实存在极少数错案而又以官僚主义对待申诉，没有认真解决应该解决的问题有关。同时，也有些人滥用申诉权利，有的甚至在人民法院经过反复调查，多次处理后，仍然缠诉不息。因此，从根本上解决目前存在的申诉数量较大、处理申诉效率较低和当事人缠诉等问题，除有待于完善立法外，更重要的是要提高法院干部素质，提高办案质量，尤其是一、二审案件质量，以减少申诉。

七、加强法院自身建设和改革，提高队伍素质，改善执法条件

5年来，我们坚持一手抓工作，一手抓建设的方针，努力加强法院队伍和物质基础建设，并积极探索法院改革和科学管理。

1. 队伍建设。各级人民法院始终贯彻"从严治院"、"从严治警"的方针，坚持对全体干警进行深入的马克思列宁主义、毛泽东思想基本理论教育，认真学习邓小平同志关于建设有中国特色社会主义理论，从而提高了干警坚持四项基本原则，坚持改革开放，反对资产阶级自由化，抵御和平演变的自觉性和坚定性。同时，加强廉政建设，不断完善办案制度，强化内外监督机制，从而保证了严肃执法。从总体上说，全省法院干部队伍是好的，是一支遵守纪律、秉公执法、经得起考验，有战斗力的队伍。各级法院在人员少、条件差、任务重的情况下，法院干警艰苦奋斗，保证了审判工作和其他各项任务的完成。去年，全省法院干警立功、受奖的有1492人，涌现出不少文明、先进单位。这些是我们队伍的主流。但是，也有少数干警经不起改革开放的考验，利用职权违法乱纪、执法犯法。对违法犯罪的干警，我们决不姑息，一经发现，即严肃查处。去年全省法院共查处违纪干警27人，比上年下降58%。

几年来，全省法院干部教育培训工作取得了很大成绩。省法院自1985年创办法律业大江西分校以来，已招生4届，学员总数为4091名，已有3届2117名学员毕（结）业，其中取得法律专业大专文凭1491名，取得大专层次法律（审判）专业证书626名。现在，全省法院干警具有大专以上学历的，已从1988年的6.7%上升到47.7%。5年来，全省法院还举办了各类培训班417期，培训干部12960人次（其中省法院法官培训中心举办17期，培训2321人次）。通过多层次，多

途径的教育培训，使本省法院干警的文化和法律专业知识不断得到充实和更新，政治业务素质有明显提高。

2. 基层基础和物质装备建设。5年来，在各级党委、政府的重视支持下，各级法院的物质条件有了明显改善。全省法院有审判法庭的，1988年仅占17%，1992年底达到了62.5%。人民法庭有自己办公、住宿用房的，也从1988年的16%提高到1992年的44%。交通、通讯状况也有一定改善。但是，经费和物质装备方面的困难仍然不少。除少数地区外，许多法院特别是基层法院，办案经费十分紧缺，各种装备更是落后，不能满足办案需要。目前全省还有42个法院没有审判法庭；人民法庭的建设和装备还处于全国法院的后列，特别是新建、波阳、高安等劳改场所人民法庭，担负全省绝大多数劳改加减刑案件审理工作，目前经费由当地财政列支，远不能满足办案需要，困难很大。对于上述困难，各级政府和有关部门已经采取积极措施。我们相信在党政领导及有关部门的关心支持下会尽快得到解决。

3. 法院改革和管理。近几年，人民法院审判工作任务繁重与审判力量不足的矛盾十分突出。各级法院普遍重视改进工作方法，加强管理，深入挖掘现有队伍的潜力。一是改进审判方式。如搞好公开审判，强调当事人举证责任，发挥律师调查取证的作用，加强法院间相互委托调查和执行，等等，既做到依法办事，又提高办案效率。二是推行岗位目标管理责任制，将办案任务与经费和奖励直接挂钩，奖勤罚懒，调动干警工作积极性。三是完善干部考核任用制度。省法院和一些基层法院采取了业务考试和绩效考核相结合的办法选拔、晋升审判干部，体现专业特点，实行公平竞争，破除了在选拔任用干部上论资排辈思想，为稳定干部队伍，提高干部整体素质起到了良好的作用。

综上所述，5年来，全省各级法院在党的领导和人大的监督下，紧紧围绕经济建设这个中心，全面开展审判工作，较好地完成了各项审判任务。5年共审结各类一审案件45.34万件。其中，检察机关提起公诉的刑事案件4.99万件，占结案总数的11%；由法院直接受理的刑事自诉、民事、经济、行政案件共40.36万件，占结案总数的89%。人民法院的审判工作，对维护社会稳定，促进改革开放和经济发展，加强社会主义民主与法制建设，发挥了重要作用。我们的工作虽然取得了一定成绩，但也存在一些问题。主要是有少数案件办案质量不高，有的刑事案件量刑失轻失重，有的民事、经济、行政案件处理不当；有的案件处理不及时，甚至久拖不决，影响办案的社会效果；极少数干警违法乱纪，等等。对工作中存在的问题，我们已经或正在认真研究改进措施，如拟在全省法院系统内部建立错案追究制度，强化办案人员的严肃执法意识，进一步提高执法水平。

各位代表，当前，全国人民正在认真贯彻执行党的十四大精神，进一步加快改革开放和经济建设的步伐，建立社会主义市场经济体制。在新旧体制交替时期，改革的进一步深入将引起社会各方面利益关系更为深刻的调整。社会主义改革和建设能否顺利进行，在一定程度上取决于法律的社会调节功能运作、发挥得如何。国家政治经济形势的发展，对人民法院的工作提出了更高的要求。可以预见，今后一个时期，人民法院的工作任务将会更加繁重，责任更加重大。我们企望，各级人大及其常委会继续加强对各级人民法院的监督和支持。全省各级法院将继续坚定不移地贯彻党的基本路线，竭尽全力搞好审判工作，更好地为改革开放和经济建设服务，为建立和发展社会主义市场经济体制服务。

山东省高级人民法院工作报告

——1993年4月20日在山东省第八届人民代表大会第一次会议上

山东省高级人民法院院长　宇培杲

各位代表：

现在，我向大会报告省七届人大一次会议以来人民法院的工作，请予审议。

1988年至1992年是我国改革开放和现代化建设蓬勃发展的5年，也是社会主义民主和法制建设不断加强的5年。5年来，全省各级人民法院和铁路、海事专门法院，在省委、省人大、最高人民法院和地方各级党委、人大的领导、监督下，在省政府及各地政府的支持下，认真贯彻执行党的“一个中心，两个基本点”的基本路线，忠实地执行宪法和法律，认真落实省人民代表大会及其常务委员会的各项决议，紧紧围绕经济建设这个中心，开展各项审判工作。5年共受理各类诉讼案件1109938件，审结1104612件，收结案数均比上一个五年增加1倍多，平均每年递增15.1%，较好地完成了审判任务，为维护本省社会政治稳定，促进改革开放和经济建设发挥了积极的作用。

一、坚持“严打”斗争，严厉打击严重危害社会治安和严重破坏经济的犯罪活动

严厉打击各种犯罪活动，为改革开放和现代化建设创造良好的社会治安秩序和经济秩序，是人民法院的一项重要职责。全省法院始终把打击犯罪活动摆在重要位置，加强刑事审判工作。5年共受理一审刑事案件92788件，审结92268件，依法惩办犯罪分子112857人，其中判处五年以上有期徒刑至死刑的43528人，占判刑总人数的38.6%；判处不满五年有期徒刑和管制、拘役等刑罚的67591人，占59.9%。省法院受理刑事二审和死刑复核案件3516件，审结3439件，依法判处无期徒刑至死刑的××××人。

在打击严重危害社会治安的犯罪斗争中，坚持依法从重从快的方针，对杀人、抢劫、爆炸、强奸、“车匪路霸”和破坏交通、通讯、电力设备等犯罪分子进行了重点打击，并针对社会治安的突出问题，配合有关部门积极开展了“反盗窃”、打击拐卖人口和“除六害”等专项斗争。5年共审理严重危害社会治安的犯罪案件39553件，惩处犯罪分子58844人，判处无期徒刑至死刑的5041人。其中审理盗窃案件28303件，判处盗窃罪犯44902人，判处死刑的×××人。惩处“人贩子”及“买主”、“窝主”7680人，判处死刑的×××人。

坚持依法从严的方针和“一要坚决，二要慎重，务必搞准”的原则，严厉打击经济犯罪活动。5年共审理贪污、受贿、挪用公款、偷税抗税和盗窃、诈骗公共财物等经济犯罪案件15435件，判处经济犯罪分子20680人，其中判处五年以上有期徒刑直至死刑的6555人，占31.7%。在打击经济犯罪的斗争中，突出抓了大案要案的审判处理，五年判处的经济犯罪分子中，非法所得万元以上的2989人，县团级以上干部24人。不仅打击了犯罪，惩治了腐败，而且通过追缴赃款赃物和适用罚金、没收财产等附加刑罚，为国家、集体挽回经济损失1.2亿多元。

各级法院在刑事审判工作中，认真贯彻执行惩办与宽大相结合的政策，严格区分罪与非罪、重罪与轻罪、此罪与彼罪的界限，该严则严，当宽则宽。5年判处的被告人中，免予刑事处分的1738人，宣告无罪的338人。按照“在有条件的地方适当多判一些缓刑”的精神，对符合适用缓刑法定条件的17716名罪犯宣告缓刑，对60676名罪犯依法进行了减刑、假释。这对分化瓦解犯罪分子，促进罪犯改造，起到了积极的作用。

人民法院是社会治安综合治理的主力军之一。根据全国人大和省人大常委会的决定，各级法院在做好审判工作的同时，认真落实参与社会治安综合治理的其他各项措施，积极预防和减少犯罪的发生。为加强对少年犯的教育、感化和挽救，建立和完善了少年审判制度，全省法院设立了92个少年刑事审判庭或专门合议庭，采用不同于审判成年人犯罪案件的方式，审判未成年被告6756人。为促进罪犯改造和防止重新犯罪，坚持在判前、判中、判后进行认罪服法、接受改造的教育；对判处缓刑、管制、免刑的人员定期进行回访考察，配合有关部门落实帮教措施。为把大量的民间纠纷解决在基层，解决在萌芽状态，加强了对基层调解组织的业务指导，5年共培训调解人员30多万人次，使调解组织在调处纠纷，防止矛盾激化方面发挥了重要作用。为提高广大干部群众的法制观念，广泛开展了法制宣传教育，5年共召开各种类型宣判大会3994场次，宣判刑事案件17011案31986犯，直接受教育群众达1.3亿多人次。同时深入大中小学、厂矿企业和农村集市就案讲法2.6万多场次。有的法院还开办了离婚前教育学校、青少年法制教育学校等，有针对性地开展法制教育。为帮助有关部门和单位加强防范措施，消除诱发犯罪的因素，针对办案中发现的突出问题，提出书面司法建议18364份31221条，被采纳22894条。

5年来，由于各级党政领导和部门坚持“两手抓，两手都要硬”的方针，在加快改革开放和经济建设的同时，毫不放松地开展“严打”斗争，加强了社会治安综合治理，使我省的社会治安形势一直比较稳定。1992年全省法院受理的一审刑事案件出现了下降的趋势，比上年减少7.5%，重大案件和被告人减少9.9%和13.8%。

二、强化经济审判工作，充分运用法律手段调节经济法律关系

为社会主义经济基础服务，为发展社会主义生产力服务，是人民法院的根本任务。改革开放和经济建设的迅速发展，经济领域里的矛盾和纠纷大量增加，新类型案件和涉外、涉港澳台经济纠纷也不断出现，许多经济关系需要人民法院运用法律手段进行调节。为此，全省各级法院加强了经济审判工作，调整了工作布局，充实了审判力量。5年共受理一审经济纠纷案件350248件，审结347581件，收结案每年递增15.8%，1992年达到9.9万多件，增长幅度高于全国17.4个百分点，结案诉讼标的额65.64亿元，每年递增50%，1992年达到27亿元，比上年增长86.2%。在经济审判工作中，各级法院根据不同时期经济发展的要求，突出重点，强化措施，先后开展了为发展乡镇企业服务、为搞好国有大中型企业服务、为加强农业和农村工作服务、为扩大对外开放服务等项工作。5年审判处理购销合同纠纷案件10万多件、借款合同纠纷案件11万多件、农村承包合同纠纷案件5万多件。为适应改革开放和发展市场经济的要求，加强了对新类型案件和涉外、涉港澳台案件的审判工作，共审理科技合同、商标、企业破产、专利、股票、债券、票据等新类型案件390件，涉外和涉港澳台案件98件，海事、海商案件763件。

在搞好审判案件的同时，不断改革审判方式和服务方式，积极拓宽为经济建设服务的领域。一是强化诉讼外调解工作。1991年以来，全省法院普遍建立了经济纠纷调解组织，对事实清楚，证据充分，双方当事人自愿调解的经济纠纷，一般采取诉外调解的方式解决。仅1992年诉外调解各类经济纠纷16万多件，解决纠纷标的额13亿多元，发挥了诉外调解简便、灵活、快捷、易于当事人接受和便于执行的特殊作用。二是积极配合有关部门，开展专项治理，理顺经济法律关系的工作。继前几年全省普遍开展了理顺农村承包合同关系之后，近几年又以清理"三角债"为重点，开展了理顺乡镇企业、地方骨干企业和国有大中型企业经济法律关系的工作。先后派出经济审判干部29435人次，组成巡回法庭6098个，深入到13026个厂矿企事业单位，指导解决经济纠纷134248件，解决争议债权债务额达43亿多元，帮助完善、修订合同14万多份，培训经济法律人才10万多人次。三是帮助企业加强法制建设。各级法院在国有大中型企业、地方骨干企业和部分乡镇企业，建立了经济司法联络员或特邀陪审员队伍，全省已发展到4.8万多人。他们经法院培训，并在法院指导下开展工作，成为企业的法制宣传员、信息联络员、合同管理员、纠纷调解员、法院陪审员，在加强企业的法制建设，调处和预防经济纠纷，促进企业依法生产经营，维护自身合法权益等方面发挥了重要作用。

总之，经济审判工作的开展，不仅解决了一大批经济纠纷，消除了经济运行中的一些梗塞现象，促进了经济法制建设，而且5年来通过审判案件、开展诉外调解和指导调处纠纷解决的120亿元债权债务，使大量的资金和财产从争议状态中解脱出来，重新投入生产、经营，促进了经济的发展。

三、积极开展民事、行政、告诉申诉审判工作，依法保护公民和法人的合法权益

民事权利是公民、法人的一项基本权利。保护公民、法人的财产权利和人身权利不受侵犯是人民法院的重要任务。各级法院始终把民事审判作为基础工作来抓，认真贯彻执行各项民事法律，不断加强民事审判工作。5年共受理一审民事案件602731件，审结600239件，收结案数均比上一个五年增长1.3倍以上。其中债务纠纷案件占41.5%，婚姻家庭纠纷案件占39.3%，损害赔偿纠纷案件占9%。民法通则颁布实施以来，加强了对著作权、名誉权等知识产权和人身权新类型案件的审理，共审理这类案件598件。在民事审判工作中，坚持做深入细致的调解疏导工作，以调解方式结案的占案件总数70%以上。为了方便群众、方便诉讼，加强了基层基础工作，实行巡回就地办案。5年中，派出人民法庭共审结各类民事案件550513件，占一审民事案件结案总数的91.7%。其中巡回就地收办案件297737件，占54%。

行政诉讼制度的建立，是社会主义民主政治建设的一个重要步骤，是人民法院的一项新的审判业务。自1987年以来，以学习、宣传和贯彻执行《中华人民共和国行政诉讼法》为重点，积极慎重地开展了行政审判工作。5年共受理一审行政诉讼案件3069件，审结3060件，涉及治安管理、土地管理、工商管理、城建、环保、计量、食品卫生、矿产资源、烟草专卖、收容审查、劳动教养等30多个行政执法门类。其中土地行政案件占43%，治安行政案件占25.8%，城市建设规划行政案件占5.4%。在审结的案件中，判决撤销或变更行政机关具体行政行为的占13.3%，维持行政机关具体行政行为的占36.9%，准许原告撤诉的占40%。另外还受理行政机关申请执行的行政案件6753件，执行6548件。依法保护了公民、法人和其他组织的合法权益，监督和支持了行政机关依法行使职权。由于我国的行政诉讼制度建立较晚，不少地方仍然存在公民、法人不敢告，行政机关不愿当被告的现象，人民法院也有畏难情绪，影响了行政审判工作的开展，行政审判的司法环境有待于进一步改善。

以解决初信初访、越级上访和上访老户为重点，积极开展告诉申诉工作。5年共接待群众来访761547人次，处理人民来信346130

件次，审查告诉立案 166387 件。处理申诉案件 16594 件。同时，集中力量，强化措施，对赴省进京上访老户，努力做服判息诉工作，使全省进京到最高法院上访人数由前几年在全国占第一位，去年降至第四位。

四、严格执行法律，加强审判监督

严格执法，是加强社会主义法制建设的重要环节，是党和国家对司法活动的根本要求。近年来，针对案件大量增加，审理难度加大和执法要求愈来愈高的实际情况，全省法院坚持把严格执法作为审判工作的核心来抓，努力提高执法水平。在各项审判工作中，坚持了执行程序法与实体法并重，防止和克服重实体轻程序的倾向，认真贯彻执行法律规定的公开审判、公开宣判、合议、辩护、回避等诉讼制度。5 年公开审判各类案件 647684件，占应公开审判案件的 97.8%。适用普通程序审理的 160610 件案件，全部实行了合议制，其中有陪审员参加的占 21%。刑事案件除被告人自己辩护者外，有辩护人参加的占 27.2%。

为了保证严肃执法，加强了审判监督和业务指导。5 年省法院和各中级法院共受理二审案件 42397 件，审结 42202 件，其中全部或部分改变一审判决的 16645 件，发回重审的 2976 件，纠正了一些原判不当的案件，保证了审判质量。坚持实事求是，有错必纠的原则，对申诉案件认真提起再审，判决确有错误的坚决予以改判。5 年审理各类申诉案件 16584 件，改判 4060 件。全省法院认真开展了一年一度的执法大检查，实行定期检查、评查案件的制度和错案追究制度，促进了执法水平的提高。

判决生效的法律文书得以执行，是严肃执法，维护法律尊严的体现。但近年来案件“执行难”的问题比较突出，为解决这一问题，全省各级法院普遍建立了执行庭，充实了执行力量，加强了执行工作。5 年共执行进入执行程序的案件 102054 件。根据省委、省人大和最高人民法院的要求，去年 5 至 7 月份，全省法院集中领导，集中时间，集中力量，统一行动，开展了执行工作会战，共执行各类案件 4 万多件，标的额 4.1 亿多元，解决了一批“老大难”案件，“执行难”的问题得到了一定缓解。

五、加强法院自身改革和建设，保证审判任务的全面完成

为适应形势和任务的要求，各级法院以建立一支政治坚定、业务精通、工作勤奋、作风过硬、廉洁奉公的干警队伍，树立“公正、廉洁、文明、高效”的执法形象为目标，大力加强了队伍建设。深入开展了理想信念教育、党的基本路线教育、改革开放形势教育和无私奉献、全心全意为人民服务的宗旨教育，不断提高了广大干警的思想政治觉悟。特别是去年通过学习贯彻邓小平同志南巡重要谈话和党的十四大精神，使广大干警受到了极大的教育和鼓舞，进一步解放了思想，更新了观念，较好地解决了审判工作坚持法律标准与生产力标准一致性的认识，提高了为改革开放和经济建设搞好法律服务的自觉性。

为提高干警的业务素质，加强了培训教育。1988 年以来，全省已有 4400 多名法院干警法律业大毕业，目前尚有 2500 多名干警正在接受法律业大学历教育和专业证书教育，选送了 86 名干警到高级法官培训中心和高等院校深造，培养了一批高层次法律人才。干警队伍中大专以上文化程度的，由 1988 年占干警总数的 21%上升到 1992 年的 34%。此外通过鼓励自学，短期培训，理论研讨和庭审观摩等多种方式，提高了干警的实际工作能力和业务水平。

从人民法院的性质和特点出发，以防止和纠正行业不正之风为重点，坚持不懈地抓了廉政建设。深入开展了职业道德、职业纪律和反腐蚀教育，制定了加强廉政建设，秉公执法的具体措施。同时，建立了办案人员

与案件当事人双向监督制度，邀请人大代表、政协委员和民主党派人士担任执法监督员等，强化了内外监督机制。各级法院坚持从严治院、从严治警，严肃查处违法违纪案件。5年中共查处违犯审判纪律、索贿受贿、非法拘禁、打骂当事人等违法违纪干警111人，已处理107人，其中给予刑事处分的14人，政纪、党纪处分的93人。

经过几年的努力，本省法院队伍的整体素质有了很大提高，涌现出一大批先进集体和先进个人。其中潍坊中级法院和胶南、昌邑、招远、荣成4个基层法院被最高人民法院荣记集体一等功。新泰市人民法院院长李万田、烟台市芝罘区法院院长栾志远、菏泽市法院纪检组长柴学进（已故）被最高人民法院授予“全国法院模范”称号。

各级法院坚持“以工作促建设的方针”，在党委、人大和政府的支持下，积极改善执法条件。现在已有109个法院和60%以上的派出法庭建设了审判庭，同时办公、交通、通讯等条件也有较大改善，为严肃执法提供了物质保障。

各位代表，5年来，全省法院的工作和建设虽然取得了很大成绩，有了较快发展，但也存在一些问题和不足。主要表现在，一是思想解放的程度还有很大差距，“左”的影响和旧的传统观念束缚有待于进一步清除。在审判工作中就案办案、孤立办案，忽视办案的经济效果和社会效果的问题还没有完全得到解决。为改革开放和现代化建设服务的措施，有些落实得不好，成效不大。二是由于各类案件，特别是经济纠纷案件大量增加，加之一些办案人员素质不高，有些案件特别是一审案件办理粗糙，裁判不当；有的执行程序制度不严格，审理期限过长。一些地方二审改判、发回重审的案件比例较大，影响了办案效果。三是“执行难”的问题仍然比较突出。受地方保护主义的干扰和影响，许多案件判决生效后得不到顺利执行，有的赖帐躲债逃避执行，有的设置障碍阻挠执行，有的甚至暴力抗拒执行，殴打伤害执行人员，严重破坏了社会主义法制的统一和尊严。四是干警队伍中违法违纪事件时有发生，个别干警在执法活动中不公正、不廉洁、不文明。有的办“人情案”、“关系案”，吃请受贿，徇私枉法；有的态度蛮横，作风粗暴，滥用强制措施，严重影响了人民法院的形象，损害了同人民群众的关系。五是审判任务繁重与干警力量不足、业务素质不高的矛盾日益突出。全省法院收案数量1992年比1988增加78%，而人员只增加22%。特别是新类型案件和涉外、涉港澳台案件的大量出现，审判人员缺乏这方面的业务知识和实践经验，影响了审判工作的开展和职能作用的发挥。此外一些地方法院的办案经费得不到保障，执法条件较差，也使工作受到一定影响。

各位代表：

党的十四大提出：“我们要在九十年代把有中国特色社会主义的伟大事业推向前进，最根本的是坚持党的基本路线，加快改革开放，集中精力把经济建设搞上去。同时，要围绕经济建设这个中心，加强社会主义民主法制和精神文明建设，促进社会全面进步。”并确定，我国经济体制改革的目标是建立社会主义市场经济体制。在加快改革开放和现代化建设事业中，人民法院的地位和作用越来越重要，审判任务越来越繁重，特别是建立和发展社会主义市场经济，对审判工作提出了更高的要求。法院工作面临着新的挑战。

当前和今后一个时期，人民法院的主要任务是，认真贯彻党的十四大和全国八届人大一次会议精神，坚定不移地执行党的“一个中心，两个基本点”的基本路线，在邓小平同志建设有中国特色社会主义理论的指导下，进一步解放思想，实事求是，全面加强各项审判工作，提高司法水平，维护社会稳定，更好地为建立社会主义市场经济体制，为加快改革开放和现代化建设，提供有力的法律保障和法律服务。继续深入开展“严打”斗争，毫不放松地打击严重危害社会治安和严重破坏经济的犯罪活动，为改革开放和现代化建设创造稳定的社会环境和经济秩序。进一步强化调节经济关系的职能，依法及时处理经济领域里的纠纷，搞好新类型案件和涉外、涉港澳台案件的审理，为加快市场体系的培育和发展，推动国有企业特别是大中型企业转换经营机制，促进对外经济技术合作交流和对外贸易的发展提供优质高效的法律服务。正确、合法、及时地审判处理民事、行政案件和各类告诉、申诉案件，努力化解人民内部矛盾，监督和支持行政机关依法行使职权，切实保护公民和法人的合法权益，促进社会主义民主政治和精神文明建设。坚决抵制和排除地方保护主义的干扰，进一步解决“执行难”的问题，维护法律的统一和尊严。抓好队伍建设，提高人员素质和执法水平，解决好肯干和会干、敢干和实干的问题，以适应形势发展对法院工作的要求。

党的领导和人大的监督，是做好法院工作的根本保证。全省法院将更加自觉地把法院工作置于党委领导和人大监督之下，正确行使审判权，努力做好新形势下的法院工作，为维护全省的社会政治稳定，加快改革开放和现代化建设步伐，作出新的贡献。

河南省高级人民法院工作报告

——1993年4月18日在省第八届人民代表大会第一次会议上

河南省高级人民法院院长　郑增茂

各位代表：

自第七届省人民代表大会第一次会议以来，全省各级人民法院，在各级党委的领导和各级人民代表大会及其常委会的监督下，坚持党的“一个中心，两个基本点”的基本路线，忠实履行宪法和法律赋予的职责，努力提高执法水平，各项审判工作都有了新的发展。5年来，共受理各类一审案件983130件，审结969990件。与1988年前5年相比，收案上升95.38%，结案上升99.72%。人民法院工作的发展和进步，对维护社会稳定，保护公民、法人的合法权益，促进改革开放和现代化建设事业作出了应有的贡献。现在，我向大会报告法院工作，请予审议。并请省政协各位委员和其他列席人员提出意见。

五年来的主要工作

一、关于刑事审判工作

5年来，全省各级人民法院共审结一审刑事案件136359件，判处犯罪分子162196人。其中，判处五年以上有期徒刑、无期徒刑、死刑（包括死缓）的58493人，占36.06%；判处五年以下有期徒刑的79648人，占49.12%；判处拘役、管制和免予刑事处分的23575人，占14.53%；宣告无罪的480人，占0.29%。人民法院依法严惩犯罪分子，显示了人民民主专政的威力，对维护社会稳定起到了积极作用。

1988年以来，全省各级人民法院受理刑事案件的总数比1988年前5年上升13.56%。其中，杀人、抢劫、盗窃上升幅度较大。毒品，淫秽物品，卖淫嫖娼，拐卖、绑架妇女儿童，盗掘古文化遗址，走私文物等犯罪活动突出。流窜、结伙作案严重。诬告陷害，报复伤害勇于改革的企业领导人的案件已有发生。针对这种情况，全省各级人民法院继续坚持“严打”斗争，对杀人，强奸、抢劫、重大伤害、重大盗窃、流氓团伙等严重危害社会治安的犯罪分子，继续执行依法“从重从快”的方针，严厉打击，毫不手软。对其中罪大恶极，不杀不足以平民愤的犯罪分子，坚决依法判处死刑。如王生彪等45人在旅客列车上疯狂抢劫、盗窃一案，依法判处8名罪犯死刑，8名罪犯死刑，缓期二年执行；王红卫等11人流氓集团案，依法判处4名罪犯死刑，1名罪犯死刑，缓期二年执行。5年中，全省各级人民法院共审结严重刑事犯罪案件53677件，判处罪犯76257名。为了迅速严惩严重刑事犯罪分子，保持“严打”声势，全省各级人民法院做到案件起诉到法院，及时开庭审判。如刘明志报复杀害计划生育干部一案，省法院在五日内就依法审判终结，核准被告死刑，狠狠打击了犯罪分子的嚣张气焰。

5年来，全省各级人民法院按照党委、政府的统一部署，坚持什么犯罪突出，就重点打击什么犯罪的作法，集中解决社会治安中的突出问题。各地法院积极参与反“车匪路霸”，反盗窃斗争，严惩了一批惯犯、累犯、流窜犯、重大团伙犯罪和犯罪集团的首要分子，并注意对销赃犯的打击。一些法院针对当地破坏交通、通讯、电力设备犯罪，盗掘古文化遗址和走私文物犯罪猖獗的情况，组织专项斗争，集中打击。全省各级人民法院积极配合“扫黄”、除“六害”斗争，依照全国人大常委会《关于禁毒的决定》、《关于惩治走私、制作、贩卖、传播淫秽物品的犯罪分子的决定》、《关于严惩拐卖、绑架妇女、儿童的犯罪分子的决定》、《关于严禁卖淫嫖娼的决定》等刑事法律，审结这几类犯罪案件2331件，判处犯罪分子4637名。例如，熊福海等9名罪犯结伙作案，在两年多时间内，采取欺骗等手段，拐卖妇女50余人，人民法院依法判处4名罪犯死刑。各地法院在从重判处这些犯罪分子的同时，认真执行法律关于财产刑的规定，依法并处罚金或者没收财产，不让犯罪分子在经济上占到便宜。全省各级人民法院始终重视依法支持勇于改革的企业领导人和农村基层干部的工作，对那些因对改革和贯彻落实国家政策不满，而诬告陷害、报复伤害企业领导和农村基层干部的犯罪案件，人民法院都及时依法审判，坚决打击，保护企业领导人和农村基层干部的人身、财产安全。

5年来，全省各级人民法院继续贯彻从严惩处的方针和“一要坚决，二要慎重，务必搞准”的原则，依法审结一审经济犯罪案件18778件，判处经济犯罪分子23386名，分别比1988年前5年上升37.4%和50%。判处五年以上有期徒刑、无期徒刑、死刑（包括死缓）的7673人，比前5年上升101.8%。为国家挽回经济损失9237万余元。在已判处的经济犯罪分子中，个人非法所得在万元以上的2565名，其中，个人非法所得在10万元以上的164名。与1988年前5年相比，判处个人非法所得万元以上不满10万元的上升141.75%，10万元以上的上升137.68%。全省各级人民法院始终把惩治国家工作人员贪污、受贿等犯罪作为打击重点，以促进廉政建设。共审结贪污、受贿案件2346件，判处贪污、受贿犯罪分子2803名。同时，加强对走私、诈骗、偷税抗税、伪造国家货币、制售假冒伪劣产品、盗伐林木、破坏矿产资源等犯罪活动的打击，维护经济秩序。

在打击经济犯罪活动的斗争中，全省各级人民法院坚持解放思想，实事求是，严格依法办案。既坚决反对“以罚代刑”，放纵犯罪分子，又严格区分罪与非罪的界限，正确执行法律和政策。对法律和政策规定不明确的，慎重处理；对在生产经营中或科技活动中大胆改革，敢闯敢试而有失误的，不以犯罪处理；对一些一贯表现较好，或者有突出贡献，罪行较轻，认罪态度好的企业管理人员和科技人员，依法从宽处理，符合缓刑条件的，依法宣告缓刑，以利于生产经营和科技研究工作的正常进行。通过审判活动，依法保护改革者，鼓励探索者，帮助失误者，制裁违法犯罪者。

5年来，全省各级人民法院在刑事审判工作中，始终坚持质量第一的方针，坚持以事实为根据，以法律为准绳的办案原则，认真执行政策，做到宽严相济。对累犯、惯犯、流窜犯、团伙犯特别是带有黑社会性质的犯罪集团的首要分子，坚持从严惩处，罪该判处死刑的，坚决依法判处死刑；对具有法定从轻、减轻或免除处罚情节的，依法从轻、减轻或免除处罚；不构成犯罪的，依法宣告无罪。充分发挥政策威力，分化瓦解犯罪分子，保证了“严打”斗争的健康发展。

二、关于经济审判工作

5年来，全省各级人民法院共审结各类一审经济纠纷案件261285件，比1988年前5年上升169%。诉讼标的金额56.37亿元。通过对大量经济纠纷案件的及时妥善审理，依法调整了经济关系，保护了当事人的合法权益，促进了社会生产力的发展。

为适应改革开放和经济发展的需要，全省各级法院突出抓了与改革开放关系密切，亟须解决的各种经济纠纷案件的审判工作。第一，认真审理好企业承包、租赁经营合同纠纷案件，正确处理国家、企业和职工三者之间的关系，既保护承包人，租赁人的合法权益，又保护国家、集体资产不受损失。第二，积极、慎重审理企业联合、兼并、破产案件，贯彻国家产业政策，支持优胜劣汰，增强企业参与市场竞争的能力。第三，对涉及国有大中型企业的案件，优先立案，优先审理，优先执行，帮助企业清理“三角债”，维护企业的合法权益，促进国有大中型企业转换经营机制。第四，加强商标、专利等工业产权案件的审理，依法制裁假冒注册名牌商标，生产、销售伪劣、假冒商品的违法活动，保护公平竞争，维护市场秩序。对生产销售假农药、假化肥、劣质种子的坑农害农案件，依法严厉制裁，保护农民利益。第五，妥善处理农村承包合同、购销合同纠纷案件和涉及乡镇企业的经济纠纷案件，保障和促进农村改革，保护农民进行商品生产、商品交换的积极性，发展壮大农村集体经济。第六，依照国家法律和政策，平等、公正地审理涉外、涉港、澳、台经济纠纷案件，保护当事人的合法权益，促进对外开放和经济贸易的发展。

全省各级人民法院在审理好经济纠纷案件的同时，积极采取措施，拓宽服务领域，扩大服务效果。一是结合办案，宣传法制，增强群众依法进行生产经营的观念。二是为企业举办培训班，培训企业经营管理人员。仅1992年，法院就深入企业上法制课1282场次，增强企业依法经营的能力。三是主动为厂矿企业提供法律咨询服务，排忧解难。四是开展诉前调解工作，尽力缩短解决纠纷的时间，减轻企业讼累。五是组织借款合同纠纷案件专项审判合议庭，审结借款合同纠纷案件138958件，收回呆滞资金16亿余元，支持了经济建设。

三、关于民事审判工作

5年来，全省各级人民法院共受理一审民事案件572429件，审结564739件，分别比1988年前5年上升105.9%和110.2%。基层人民法院及其派出的人民法庭还指导人民调解组织调处民间纠纷48064件。依法及时地审理民事案件，防止了矛盾激化，维护了社会安定，促进了社会主义精神文明和物质文明建设。

近几年来，民事案件出现了一些新情况：一是财产案件大幅度上升。5年中受理的债务案件比1988年前5年上升439.9%，1992年达到53614件，居民事案件首位，且具有生产经营性借贷多，借贷金额大，利率高的特点。二是婚姻案件增加，离婚案件涉及财产性质的认定和财产分割方面出现了一些复杂情况。三是住房制度、企业用工制度改革和土地使用权实行有偿转让政策之后，房屋、土地、山林、劳动纠纷等案件增多，民事审判范围扩大。四是民法通则实施以来。著作权、名誉权等新类型案件和涉港、澳、台民事案件，开始起诉到法院来，案件情况复杂，涉及面广，审理难度增加。针对新的情况，全省各级人民法院认真贯彻执行民事法律、政策，保证了各类民事案件的正确审理。审理借贷案件，着眼于保护正当的借贷活动和债权人的合法权益，促进城乡市场经济的发展。审理婚姻家庭纠纷案件，本着有利于保护妇女、儿童、老人合法权益的原则，维护社会主义婚姻家庭制度。审理土地、山林、水利、房屋纠纷案件，依法保护国家、集体和公民个人所有权、经营权、使用权，制裁利用房屋、土地进行非法活动和侵占、滥用国家、集体土地的行为。审理著作权、名誉权等案件，坚持既保护公民、法人的合法权益不受侵犯，又支持正当的社会舆论监督。在民事审判工作中，全省人民法院认真贯彻着重调解原则，在分清是非责任的前提下，多做艰苦细致的思想工作，使60%以上的民事案件，通过调解的方式得到解决，化解了当事人之间的矛盾，增强了团结，取得了良好的社会效果。

随着民法通则和新民事诉讼法的颁布实施，民事审判工作进入了一个新的阶段，对民事审判工作质量和效率都提出了更高的要求。全省各级人民法院认真学习、全面贯彻执行民法通则和民事诉讼法，不断改进民事审判方式，把主要力量放在加强基层民事审判工作上面，特别是加强对人民法庭工作的指导，在收案不断上升的情况下，取得了结案上升，未结案逐年下降的效果，顺利完成了民事审判工作任务。

四、关于行政审判工作

行政审判是人民法院近几年逐步开展起来的一项新的审判工作。1990年9月之前，行政审判处于试办案件、积累经验阶段。经省人大常委会批准，省法院和部分中级法院、基层法院开展了行政诉讼法实施前的审判试点工作，按照行政诉讼法的立法宗旨和程序制度，试办了一批案件，总结了一些经验。同时，开展行政诉讼法的宣传，抓紧行政审判庭的组建和行政审判队伍建设，为全面贯彻执行行政诉讼法进行了必要的准备。1990年9月，最高人民法院在本省召开了全国法院行政审判工作会议，肯定了全省法院行政审判试点工作的成绩和经验。1990年10月1日行政诉讼法正式实施，行政审判工作进入有程序法可依的新阶段。5年来，全省各级人民法院共审结一审行政案件7607件，其中，维持行政机关决定的占30.66%，撤销行政机关决定的占18.1%，变更行政机关决定的占2.52%，撤诉的占37.82%，作其他处理的占10.9%。案件性质涉及工商、税务、治安等20多个行政管理领域。在贯彻落实《企业法》和《全民所有制工业企业转换经营机制条例》过程中，侵犯企业自主权的案件也不断起诉到法院来。

5年来，全省各级人民法院在行政审判工作中，坚持积极稳妥的方针，强调全面正确地贯彻行政诉讼法的立法宗旨，既注意保护公民、法人和其他组织的合法权益，又注意维护和监督行政机关依法行使职权，严格执行行政诉讼法的原则、程序和制度，坚持对被诉行政机关的具体行政行为是否合法进行审查，正确的，依法维持；不正确的，依法撤销或变更。人民法院严格依法办案，增强了社会主义法制的权威，收到了良好的社会效果。随着改革开放步伐的加快和社会主义民主法制建设的不断加强，行政审判工作对于保护公民、法人和其它组织的合法权益，维护和监督行政机关依法行使职权，促进政府转变职能，为建立社会主义市场经济体制服务的作用，会得到进一步有效地发挥。

目前，行政审判的司法环境还需要进一步改善，不少地方仍然存在行政相对人不敢告，行政机关不愿当被告的现象，有些人民法院也有畏难情绪。全省各级人民法院一定要进一步解放思想，大胆实践，敢于排除各种干扰，公正办案，要积极宣传行政诉讼法，要主动争取党委的领导和人大的监督和支持，努力把行政审判工作提高到一个新水平。

五、关于告诉申诉审判工作

告诉申诉审判工作是人民法院联系群众，接受群众监督的重要渠道。5年来，全省各级人民法院不断加强告诉申诉审判工作，初步扭转了被动应付的局面，取得了一定成绩。

第一，大力解决群众“告状难”问题。5年来，全省各级人民法院共接待告诉748185人（次），经审查决定立案审理的189133件，其余不符合法定立案条件的告诉，或作为简易纠纷调解处理，或转有关部门解决，都给当事人一个明确的答复。共受理各类申诉案件34792件，审结32892件，结案率为94.54%。在处理申诉案件中，全省各级人民法院坚持实事求是，有错必纠的原则，对原判正确的，依法维持，对原判确有错误的，依法及时纠正。在已审结的申诉案件中，维持原判的占55.08%，改判的占24.09%，撤诉和作其他处理的占20.83%。通过对这些案件的处理，维护了法律的严肃性，保护了当事人的合法权益，促进了社会的安定团结。

第二，解决了一批上访老户的问题。5年来，全省各级人民法院一直把做好上访老户工作，作为告诉申诉工作的一个重点来抓。在澄清上访老户底数的基础上，采取定领导、定人员、定案件和包复查、包稳定、包息诉的“三定三包”责任制。省法院对申诉时间长、案情复杂、处理难度大的上访老户案件，直接立案处理。经过上下级法院的共同努力，在有关部门的大力支持下，使1419个上访老户的问题得到解决。为了从根本上解决上访老户问题，全省各级人民法院注意加强初信初访工作，努力提高处理初信初访工作质量，力争在当事人初信初访时就解决问题，预防重信重访，以减少新上访老户的产生。

第三，建立健全告诉申诉工作制度。全省人民法院实行了一审案件立案通知书和不予受理裁定书制度，将立与不立的法律依据告知当事人，减轻当事人讼累。省法院和各中级人民法院坚持了案件交办、催办和通报制度，加强监督和指导。实行文明接待制度，要求审判人员全心全意为来访群众排忧解难。坚持院长接待日制度，接待来访群众，亲自处理疑难问题。这些制度和措施，保证了告诉申诉工作的顺利进行，收到了较好的社会效果。

六、关于执行工作

执行工作是人民法院审判工作的重要组成部分。5年来，全省各级人民法院从加强领导，健全机构，提高执行工作水平入手，大力加强了执行工作。5年中，共受理执行案件334223件，已执行完毕319907件，基本保证了当事人依法应当得到的实体权益得以实现。

执行工作是一项涉及面广、政策性强、难度较大的工作。5年来，全省各级人民法院在党委的领导、人大的监督和政府部门的支持下，执行工作有了较大的发展。1991年，省法院两次向省人大常委会汇报了执行工作的情况，省人大常委会作出了《关于加强人民法院执行工作的决定》。全省各级人民法院认真贯彻“决定”精神，广泛进行宣传，大大改善了执行工作的外部环境，提高了执行工作效率。在此基础上，1992年全省各级人民法院按照最高人民法院的统一部署，开展了执行大会战，执行案件54000余件，初步扭转了执行工作的被动局面。

当前，“执行难”的问题仍然存在。主要原因：除部分当事人丧失履行能力，没有执行条件的外，确有部分当事人法制观念淡薄，有能力履行而拒不履行；地方保护主义和部门保护主义干扰，有关方面不配合法院执行等。全省各级人民法院要进一步加强对执行工作的领导，采取切实有效措施，继续下大力气解决“执行难”问题。

七、通过审判活动，积极参加社会治安综合治理

实行社会治安综合治理，是解决社会治安问题的根本途径。5年来，全省各级人民法院立足审判，在坚持“严打”的同时，全方位参与社会治安综合治理。一是努力在刑事、

民事、经济、行政等各项审判工作中，落实参加综合治理的具体措施，以预防纠纷，制裁违法犯罪活动。二是大张旗鼓地进行公开审判，公开宣判，就案讲法，宣传法制。共召开宣判大会4874场，受教育群众达1980余万人（次）。三是大力开展司法建议活动。仅1992年，法院提出司法建议4219条。有些司法建议被党委、政府和有关单位采纳，产生了良好的社会经济效果。四是对判处缓刑、管制的犯罪分子进行回访考察，协助有关部门落实监管帮教措施。认真做好减刑、假释工作，调动犯人改造的积极性。五是重视做好少年犯的矫治和转化工作。少年法庭共审理少年犯罪案件5259件7092人。经过少年法庭审判的少年犯，一般都能够认罪服法，真心悔过，积极改造，重新犯罪率由1987年的4%下降到1992年的0.3%。六是充分发挥人民法庭作用，就地审理案件，加强对人民调解组织的业务指导，努力把民间纠纷解决在萌芽状态。

八、加强法院自身的改革和建设

5年来，随着改革开放、经济建设的发展和社会主义民主与法制建设的不断加强，全省各级人民法院自身改革和建设也取得了新的进展，为保证各项审判工作任务的完成，更好地为改革开放和经济建设服务，发挥了积极作用。

（一）改革审判方式，提高执法水平。一是以公开审判为重心，改革和完善庭审工作。强调用于定案的证据，都要当庭质证，证人出庭作证。经济、民事案件的审判，强调当事人举证责任，法院作必要的查证，重点放在开庭审理中审查核实证据，进一步提高了办案质量和办案效率。二是积极探索调解工作新路子。有的法院积极进行了由法院主持的庭前调解工作的试验，有的法院成立了经济纠纷案件调解中心。只要当事人双方自愿接受调解，争议的事实清楚，是非、责任分明，就可以依法由法院直接进行调解。这种调解方式，具有立案快、结案快、执行快的特点，受到当事人的欢迎。三是在重点企业设立司法联络点，为企业依法经营提供多方面的法律服务；根据需要成立专门合议庭或巡回法庭，下乡进厂办案，方便群众诉讼。四是设立少年法庭，专门审理少年刑事案件，更有效地挽救失足青少年。

（二）坚持从严治院，加强队伍建设。5年来，全省各级人民法院坚持从严治院方针，一手抓审判，一手抓队伍建设，广大干警的政治素质和业务素质有了新的提高。一是始终把思想政治工作放在法院干部队伍建设的首位，在全体干警中深入进行党的基本路线教育，组织干警认真学习党的“十四”大精神，用邓小平同志建设有中国特色的社会主义理论武装头脑，进一步解放了思想，更新了观念，调动了工作积极性和创造性，涌现出了一批先进集体和先进个人。5年来，全省法院表彰先进集体2152个（次），立功、受奖12065人（次），有1名法官被评为全国法院劳动模范。实践证明，人民法院干部队伍是一支党和人民可以信赖的，有战斗力的队伍。二是坚持不懈地狠抓廉政建设。全省各级人民法院自觉接受人大监督，认真执行人大及其常委会对法院工作的决议，认真负责地办理人民代表提案，积极主动地向人大常委会报告法院工作。各级法院采取聘请廉政监督员，设立举报电话、意见箱，给当事人发办案意见卡，公开法院工作纪律和办事程序制度等方法，广泛征求人民群众对法院工作的批评和建议。在法院内部，把廉政建设纳入岗位目标管理，建立“廉政档案”。加强纪检、监察工作，实行错案责任追究制度，强化内部监督机制。开展纪律作风整顿，搞好一年一度的执法执纪大检查。对以权谋私，违法乱纪的人，发现一个严肃处理一个，决不护短。5年来，全省各级法院共查处法院干警违法违纪案件324件350人。其中，给予党纪、政纪处分的294人，给予刑事处分的16人，作其他处理的40人。三是加强各级法院领导班子的思想建设、组织建设和作风建设。

各级人民法院按照干部“四化”标准，有计划地培养年轻干部，不断选拔优秀中青年干部进入法院领导班子。省法院和各中级法院还积极协助党委、人大，搞好对基层法院领导班子的选配、调整、补充工作。四是把做好干部教育培训工作，提高队伍业务素质作为一项战略任务来抓。自法律“业大”创办以来，法院自己培养出法律大专毕业生和法律专业证书生共4182名。目前，全省法院拥有大专以上文化程度的审判干部6070名，占法院干警总数的37%，比1987年提高了26.5个百分点。省法院自1988年创办法院干校以来，共举办各种类型的培训班37期，培训干部3591人（次）。特别是当新的法律、法规颁布实行时，省法院和各中级法院都要组织培训有关审判人员。教育培训工作的开展，促进了执法水平的提高。

（三）搞好“两庭”建设，加强基层基础工作。人民法庭、审判法庭建设，是加强社会主义法制建设的重要内容。5年来，全省各级人民法院认真贯彻落实中央、省委关于加快“两庭”建设的指示精神，在党委、人大、政府的高度重视和支持下，在各地人大代表的关怀督促下，克服困难，努力争取，使本省“两庭”建设年年都有新的发展。目前，全省法院的审判庭已建和正在建的140个，占应建数的79.5%。人民法庭已建和正在建的790个，占应建数的87.7%，改善了人民法院的执法条件。同时，全面加强对人民法庭的管理，建立健全工作制度，开展创优秀人民法庭活动，努力改善基层人民法院的交通、通讯条件，加强机关管理，使基层基础工作有了较大变化。

各位代表，回顾5年全省人民法院的工作，我们有以下5点体会：

第一，必须始终坚持审判工作为经济建设服务。坚持党的基本路线，关键是坚持以经济建设为中心不动摇。人民法院作为上层建筑的重要组成部分，根本任务就是要为经济基础服务，为发展生产力服务。审判工作必须服从于、服务于经济建设这个中心，这是做好审判工作的一条根本经验。实践证明，只有把审判工作纳入到改革开放和经济建设这个大局中来，才能充分体现人民法院的性质，正确、有效地发挥人民法院的职能作用。

审判工作为经济建设服务，必须解放思想，实事求是，更新观念，树立市场经济意识，强化调节经济关系，维护经济秩序的职能。通过审判活动，依法保护有利于解放和发展生产力的行为，限制不利于解放和发展生产力的行为，制裁破坏解放和发展生产力的行为。平等地保护参与市场竞争的各种经济主体的合法权益，保障市场公平竞争的经济秩序，为社会主义市场经济体制的建立和发展，提供法律保障。

审判工作为经济建设服务，必须强化主动服务意识，转变工作作风，克服就案办案的单纯业务观点，摒弃那些与市场经济不相适应的执法习惯和工作方法，不断改进审判方式，拓宽服务领域，注重办案的社会经济效益。

第二，必须强化人民法院的专政职能。改革开放、经济建设需要有一个稳定的社会环境。为此，必须坚持做到“两手抓，两手都要硬。”人民法院是人民民主专政的重要工具，一定要充分发挥刑事审判的职能作用，坚定不移地依法严厉打击严重刑事犯罪和严重经济犯罪活动，保卫改革开放，保卫社会主义现代化建设。

第三，必须坚持严肃执法，正确执行政策。人民法院是国家执法机关，必须坚持有法必依，执法必严，违法必究的原则，坚决反对和抵制“以言代法”、“以权压法”等破坏社会主义法制的行为，维护法律的尊严。这是人民法院的神圣职责，任何时候、任何情况下都不能动摇。在我国执行国家法律与执行党的方针、政策是一致的。尤其在加快改革开放的形势下，人民法院必须正确处理严肃执法与坚持党的方针、政策的关系，把二者统一到是否有利于发展社会主义生产力，是否有利于增强社会主义国家综合国力，是否有利于提高人民生活水平的标准上来。人民法院只有正确执行国家法律和党的方针政策，才能提高执法水平，保证办案质量，扩大办案效果，为改革开放、经济建设提供切实有效的法律服务和法律保障。

第四，必须坚持在党的领导下依法独立行使审判权。坚持党的领导，是人民法院完成审判任务的根本保证。人民法院独立行使审判权是在党的领导下进行的。各级人民法院必须自觉地接受党的领导，在人大及其常委会的监督和政府的支持下，排除干扰，克服困难，依照法律独立审判案件，正确运用国家法律，打击犯罪，制裁违法，保护人民群众的合法权益。

第五，必须坚持全心全意为人民服务，继承和发扬人民司法工作的优良传统。人民法院是为人民服务的。实事求是，调查研究，群众路线，是人民法院为人民服务的传家宝。在审判活动中，只有继承和发扬人民司法工作的这些优良传统和作风，才能把为人民服务的宗旨落到实处。全省各级人民法院必须坚持用人民司法工作的优良传统和全心全意为人民服务的精神，教育法院广大干警，建设法院干部队伍，使人民司法工作的优良传统在新形势下不断得到发扬光大。

今后人民法院的工作任务和意见

各位代表，过去5年，全省人民法院的审判工作和自身建设取得的成绩，是在省委和各级党委的领导下，在省七届人民代表大会及其常委会的监督和各级政府的支持下，经过全省各级法院共同努力的结果。但是，在全省各级法院的工作中，还有不少问题和困难。主要是：

1. 有的案件办案质量不高，审理周期过长。存在这个问题的原因，主观方面，是一些干警执法水平不高，审判工作为改革开放和现代化建设服务的观念不强；少数地方存在有司法地方保护主义等。客观方面，在改革开放的形势下，社会生活的许多方面发生了巨大变化，各种法律关系日趋复杂；不正之风、地方保护主义、部门保护主义等干扰法院审判工作的因素增多；有些法律法规跟不上新形势的要求等，使各类案件审理难度增大，出现一些案件不能正确、及时审结。

2. 法院干警中吃请受贿、贪赃枉法、要特权、办“人情案”等违法违纪事件时有发生，有些情节还十分恶劣，严重损害了人民法院的声誉，影响很坏。存在这个问题的主要原因，是省法院对落实廉政建设各项制度措施检查督促不够有力；有些法院管理不善，纪律不严；个别法院领导班子不团结，缺乏战斗力，发生问题不能及时严肃查处，甚至姑息迁就；还有些法院进人把关不严，把一些不适合做法院工作的人调进法院，这些人出了不少问题。另外，社会上各种腐败现象对法院干部队伍的侵袭加剧，也是造成一些干警违法乱纪的重要原因之一。人民法院廉政建设面临的形势是相当严峻的，不能有丝毫的松懈。我们恳请各级人民代表大会及其常委会，人大代表，政协委员，社会各界及广大人民群众，继续加强对人民法院廉政建设工作的监督和支持。

3. “两庭”建设任务还很艰巨。没有完成“两庭”建设任务的地方，主要是经济较贫困的地区，但也有经济条件较好，因重视不够没有完成的。根据中央、省委的要求，今年全省要完成“两庭”建设任务，各有关法院应当加倍努力工作。同时，恳请各级党委、人大、政府和社会各界继续给予大力支持。

4. 上级法院对新情况，新问题调查研究不够，对下级法院审判工作监督指导也有待于进一步加强。这些问题，已经引起省法院和各地法院的高度重视，在今后的工作中，要采取有效措施，加以解决。

各位代表，党的十四大和全国人大八届一次会议，给人民法院工作提出了新的任务和更高的要求。人民法院在今后的工作中，要更好地发挥审判职能作用，为加快改革开放，集中精力把经济建设搞上去作出新的贡献。

第一，进一步明确人民法院工作的指导思想。今后，人民法院的工作要在邓小平同志建设有中国特色社会主义理论指导下，认真贯彻执行党的“一个中心、两个基本点”的基本路线，进一步解放思想，实事求是，全面加强审判工作，提高执法水平，维护社会稳定，更好地为建立社会主义市场经济体制，为加快改革开放和现代化建设，提供有力的法律保障和法律服务。全省各级人民法院要深入学习贯彻党的十四大精神和全国人大八届一次会议精神，创造性地做好人民法院的各项工作。

第二，坚持“两手抓，两手都要硬”的方针，进一步加强刑事审判工作。对各种严重危害社会治安的犯罪分子，要继续依法从重从快严厉打击。当前，“车匪路霸”犯罪活动猖獗，抢劫、盗窃率先富裕起来的城乡群众财物的犯罪突出，危害严重。各级人民法院要积极配合围剿“车匪路霸”斗争和反盗窃斗争，坚决把犯罪分子的嚣张气焰打下去，保障人民群众安居乐业。同时，继续深入进行“扫黄”、除“六害”等专项斗争，扫除社会丑恶现象。通过审判活动，积极参加社会治安综合治理，为加快改革开放和现代化建设创造良好的社会环境。

继续依法从重从严打击严重经济犯罪活动。把惩治国家工作人员贪污、受贿等犯罪作为打击重点，突出抓好大案要案的审判工作，大张旗鼓地进行公开审判，公开宣判，扩大办案效果，推进廉政建设。在审判工作中，要坚持“一要坚决，二要慎重，务必搞准”的原则，严格区分企业承包、租赁人员按合同所取得的报酬与贪污企业财物的界限；严格区分科技人员兼职取酬与利用本单位关键技术等进行索贿、受贿的界限；严格区分在改革开放和搞活经济中，由于经验不足，政策调整，对方违约等原因，造成经济损失与严重失职渎职、玩忽职守的界限。严把案件质量关，既反对“以罚代刑”，又防止罚及无辜，在“准”字上狠下功夫，保证打击严重经济犯罪活动斗争的健康发展。各地法院要积极配合打击制售假冒伪劣产品活动的工作，对制售假冒伪劣产品，构成犯罪的，要坚决依法追究其刑事责任，维护社会主义市场经济秩序。

第三，进一步增强服务意识，提高服务效果。各级法院要突出抓好与建立社会主义市场经济体制关系密切的各种案件的审判工作，根据需要，设立专门法庭进行审理。在省政府批准的新技术产业开发区筹建审判机构，提供司法服务。努力提高经济、民事审判工作质量和效率，严格执行诉讼审限规定，充分运用督促程序、公示催告程序等规定，大力推进审判方式改革，强调当事人举证制度，克服办案周期过长问题。采取措施，拓宽服务领域，大力开展司法建议活动。积极稳妥地开展行政审判工作，促进政府转变职能和国有大中型企业转换经营机制，保护公民、法人和其他组织的合法权益。继续重视解决群众“告状难”和法院“执行难”问题。

第四，坚持严肃执法，克服地方保护主义。地方保护主义不仅破坏社会主义法制的统一，也阻碍社会主义市场经济体制的建立和发展。全省各级人民法院要在党委的领导和人大的监督下，采取坚决措施，抵制和克服地方保护主义。在办案中，要坚持以事实为根据，以法律为准绳的办案原则，敢于抵制各种非法干预，平等地保护案件当事人的合法权益。上级法院要支持下级法院抵制地方保护主义的干扰，保证严肃执法。对因受地方保护主义干扰，在立案、审判、执行中不依法办事的，上级法院要行使审判监督权，依法及时予以纠正。上级法院发现下级法院在办案中搞司法地方保护主义的，在依法纠正案件的同时，按照错案责任追究制度的规定，追究有关人员的责任；枉法裁判，构成犯罪的，要依法给予刑事处分。

第五，大力加强人民法院的队伍建设和基层基础工作。继续坚持从严治院的方针，狠抓各项廉政措施的落实。今年初，全省法院已普遍试行《错案责任追究暂行规定》。全省各级法院要加强领导，总结经验，使错案责任追究制度逐步规范化、科学化，并以此为突破口，进一步加强人民法院廉政建设，要把人民法院建设成为最廉洁、最公正、最讲理、最文明的执法机关。继续认真落实中央六部委《关于清理调出不适合做政法工作人员的通知》的规定，对不适合做法院工作的人员，坚决调出。没有完成清调任务的法院，要抓紧完成。进一步加强法律和社会主义市场经济理论的学习，解放思想，实事求是，更新观念，加强法院自身改革。全面完成“两庭”建设任务，改善执法条件。大力加强调查研究工作，发现新情况，解决新问题，总结新经验，把法院各项工作推上一个新的台阶。

各位代表，在加快改革开放、经济建设步伐，建立社会主义市场经济体制，加强社会主义民主法制建设的过程中，人民法院肩负着光荣而艰巨的历史使命。全省各级人民法院，一定要在各级党委的领导和各级人民代表大会及其常委会的监督下，沿着党的十四大指明的方向，团结奋斗，开拓前进，认真履行宪法和法律赋予的职责，为改革开放和现代化建设作出更大的贡献。

湖北省高级人民法院工作报告

——1993年5月2日在湖北省第八届人民代表大会第一次会议上

湖北省高级人民法院院长　李其凡

各位代表：

现在我向大会报告全省法院的工作，请予审议。

省七届人大一次会议以来，全省各级人民法院在省委的领导下，在省人大和最高人民法院的监督、指导下，坚持党的“一个中心，两个基本点”的基本路线，充分发挥审判职能作用，积极为经济建设服务。5年来，共受理各类案件1052700件，审结1041527件，其中1992年受理180950件，审结169777件，为维护社会稳定和促进经济发展作出了贡献。

一、关于刑事审判工作

省七届人大一次会议以来的5年间，全省法院刑事审判任务十分繁重，共受理初审刑事案件113336件，审结112834件，判处案犯145407人，其中判处五年以上有期徒刑、无期徒刑、死刑（包括死缓）的46272人，处五年以下有期徒刑、拘役、管制、免予刑事处分等98653人，宣告无罪的482人。其中1992年受理刑事一审案件21829件，审结21327件。人民法院依法惩处犯罪分子，对维护社会安定起到了重要作用。

全省各级法院始终坚持依法从重从快的方针，把严厉打击严重刑事犯罪活动作为审判工作的重点，作为保持社会稳定的重要措施来抓。严厉打击杀人、抢劫、强奸、流氓特别是带有黑社会性质的犯罪集团和“车匪路霸”等犯罪分子。依法惩处危害国家安全的反革命分子。1983年开始的严打斗争的战役行动告一段落后，全省的社会治安有很大好转，但发展不够平衡，有的地方犯罪仍很猖獗，人民群众缺乏安全感。为此，全省法院按照统一部署，根据不同时期的不同情况，持续不断地对突出、严重的犯罪活动依法严厉打击，依法该重判的重判，罪该处死的坚决依法判处死刑。去年，全省法院继续进行反盗窃和打击拐卖妇女儿童的专项斗争。精心组织，合理安排审判力量，进行有声势、有规模的法制宣传和公开审判活动，依法严惩了一批罪行严重的盗窃犯和绑架、拐卖妇女儿童的罪犯。与此同时，全省法院始终把严打的矛头对准严重危害社会治安的刑事犯罪分子，保持了严打的声威。1988 年至 1992 年，全省共判处严重刑事犯罪分子 64031 人，占 5 年中刑事案犯总数的 44.2%。

省七届人大一次会议以来，全省共受理经济犯罪案件 20139 件，审结 20076 件，判处死刑（含死缓）、无期徒刑的 313 名，五年以上有期徒刑 7048 人。为国家、集体挽回经济损失 11400 多万元。

1989 年 8 月，最高人民法院、最高人民检察院《关于贪污、受贿、投机倒把等犯罪分子必须在限期内自首坦白的通告》发布后，把打击经济犯罪的斗争引向了深入。我们采取多种形式大力开展宣传，造成了强大声势，敦促犯罪分子走自首坦白的从宽之路。对在《通告》规定的期限内投案自首的严格兑现政策，全省法院受理在《通告》规定的期限内投案自首案件 226 件，均依照《通告》规定从宽判处。对拒不投案自首的，依法严惩。去年，我们在重点打击贪污受贿犯罪的同时，加强了对偷税、抗税、诈骗等经济犯罪的审理。

随着改革的不断深化，一些经济活动的超前性与立法、司法解释的滞后性的矛盾日趋突出。我们要求各级法院继续坚持“一要坚决，二要慎重，务必搞准”的原则，严格区分罪与非罪的界限，保护改革者，鼓励探索者，帮助失误者，打击犯罪者。通过对严重经济犯罪活动的打击，使人民群众从这个侧面看到党和国家坚决惩治腐败、搞好廉政建设的决心和行动，提高了党和政府的威信。

全省打击经济犯罪取得了一定的成绩，但不能估计过高。起诉到法院的经济犯罪案件呈下降趋势。这并不意味着经济犯罪在减少，而是与新形势下打击经济犯罪工作出现了更为复杂的情况以及“以罚代刑”没有很好解决有直接关系。今后要继续把打击经济犯罪作为长期的任务，抓紧抓好。

党的十四大报告指出：“搞好社会治安，是关系广大群众切身利益，保证社会稳定和经济发展的大事”。目前，全省有的地方治安不好，严重刑事犯罪案件仍呈上升趋势。尤其是“车匪路霸”等结伙犯罪比较猖獗，危害严重，有的地方人民群众缺乏安全感。同各种刑事犯罪作斗争是一项长期艰巨的任务，人民法院必须增强紧迫感，强化专政职能，坚决贯彻依法“从重从快”的方针，加强严打的力度，严惩杀人、抢劫、强奸、“车匪路霸”、重大盗窃、拐卖妇女儿童等严重危害社会治安的刑事犯罪分子。严厉打击生产和经销假冒伪劣商品的犯罪分子。保障改革和经济建设有一个稳定的治安环境。

二、关于民事审判工作

民事权利是公民、法人的一项基本权利，保护公民法人的合法权益不受侵犯是人民法院的重要任务。省七届人大一次会议以来，人民法院民事审判工作继续得到加强。在新形势下，民事审判工作出现了许多新的特点：一是随着民事立法逐步完备，相继颁行了民事诉讼法、著作权法、收养法以及有关道路交通赔偿规定等一系列法律法规，诉讼范围不断扩大。二是成讼的民事案件大幅度上升，人民法院审判任务繁重。1988 年至 1992 年，受理一审民事案件 721824 件，审结 715237 件，比六届人大期间的 5 年分别上升 1.7 倍和 1.8 倍。三是案件的结构发生了变化。债务案件占 5 年间民事收案总数的 57.2%，超过了一直居于首位的婚姻家庭案件。房屋纠纷和损害赔偿也大幅度上升，分别为 100298 件和 51900 件，居第三、第四位。四是新类型案件增多，案件的审理难度增大。著作权、科技成果权等知识产权方面的案件，姓名权、肖像权、名誉权等人身权方面的案件，以及奖券纠纷、股票纠纷、房地产纠纷等财产权方面的案件陆续起诉到法院；涉及专门技术和知识的问题越来越多。

全省法院在民事审判工作方面主要做了以下工作：第一，狠抓了民事诉讼法的学习和贯彻执行。加强干部的业务培训，熟练运用法律、法规和政策，保证办案质量。第二，加强审判指导。派出调查组检查民事案件质量，推广改进民事审判方式的经验，提高办案效率。第三，加强人民法庭的工作。人民法庭处于最基层，与人民群众联系最直接，担负着80%以上民事案件的审判任务。注意加强对人民法庭的管理和建设，去年有60个人民法庭获得“四好法庭”称号。第四，抓好案件的审理。债务、婚姻家庭、损害赔偿案件在民事审判中比重大，涉及面广，与人们的生产、生活密切相关，矛盾容易激化。人民法院通过制裁民事违法行为，保护公民的合法权益，维护社会安定。妥善处理婚姻家庭案件，保护妇女、儿童、老人的合法权益。在审理著作权、名誉权等新类型案件中，正确区分正当的舆论监督与侵害名誉权、合理使用作品与侵犯著作权的界限，保护公民、法人的人身权、财产权，支持正当的舆论监督。

今后，民事审判工作要进一步贯彻民事诉讼法和民法通则等法律法规，坚持公开开庭审理，确保审判活动合法、公正地进行，保证办案质量，提高办案效率，获得好的社会效果。

三、关于经济审判工作

5年来，全省各级法院坚持为改革开放和发展经济服务的指导思想，围绕党委和政府在各个阶段经济工作重点，开展经济审判工作，积极为经济建设服务。1988年至1992年，共受理经济纠纷案件148452件，审结146300件，分别比六届人大期间的5年上升3.2倍和3.3倍。诉讼标的总金额为54.7亿元。主要在以下几个方面发挥了职能作用。

第一，参与治理整顿，促进经济秩序好转。通过审理清理整顿公司遗留的债务清偿案件，压缩固定资产规模引起的建筑工程承包合同纠纷案件，金融部门在紧缩银根中的回收逾期贷款案件，运用法律手段妥善处理治理整顿中遗留的涉讼的善后问题，制止流通领域经济秩序的混乱现象。为银行追回逾期贷款26亿多元。

第二，调节承包权益关系，巩固城乡经济体制改革的成果。妥善处理土地、山林、果园、鱼塘纠纷和乡村企业、农业技术承包等纠纷，保护承包人的合法经济权益和生产积极性，审理了一批企业承包、租赁经营、联营纠纷和企业破产案件，为企业实行多种形式的经营责任制提供了法律保障。

第三，积极为国有大中型企业服务。根据1991年9月中共中央工作会议精神，全省法院对涉及国有大中型企业的案件，及时立案和审理。省法院多次召开经济审判为国有大中型企业和发展农村经济服务的座谈会，推广主动服务的经验。不少法院与企业建立联系点，聘请司法联络员，为企业培训法律人才，帮助企业管理人员提高法律知识，受到企业欢迎。

第四，保护当事人的合法权益，维护生产和流通领域的法制秩序。重视审理损害消费者利益和企业权益的仿冒、伪劣产品，商标侵权等案件，严肃处理坑农、害农的伪劣种籽、假农药、假化肥案件。严肃合同纪律，依法解决纠纷，制裁违法经营，促进发展生产和商品流通。

今年经济审判工作的重点是，以法律手段促进国有企业特别是大中型企业转换经营机制，为市场体系的发育和成熟提供法律保障，平等地保护市场竞争主体的诉讼权利和合法权益，保护正当竞争，制止不正当竞争，继续加强对农村承包合同纠纷的审理，稳定以家庭联产承包为主的责任制，保护乡镇企业和农业社会化服务体系的发展，壮大集体经济实力。

武汉海事法院5年来，共受理海事、海商案件1042件，审结990件。运用法律手段，保护合法经营，制裁违法运输，及时解除非法留置船舶，维护了长江水上运输秩序。海商法将于今年7月1日施行，省法院和武汉海事法院要认真贯彻执行。

四、关于行政审判工作

省七届人大一次会议以来，人民法院的行政审判有了较快的发展。共受理一审行政案件3362件，审结3257件，分别是六届人大5年的15.9倍和16.6倍。其中，数量最多的是治安行政案件，其次是土地行政案件以及食品卫生和城市规划行政案件。1990年10月，行政诉讼法颁布施行，标志着我国行政审判进入一个新阶段。我们狠抓了行政诉讼法的贯彻执行。一是大力宣传行政诉讼法，全省各级法院运用各种形式进行了广泛宣传。二是建立健全行政审判机构，配备审判力量，全省各级法院的行政审判庭已全部建立，共配备干部470人。三是加强干部业务培训。通过多层次、多渠道的培训，业务素质有了提高。四是坚持按照行政诉讼法办案，克服困难，秉公执法。对合法的具体行政行为予以维护，对违法的具体行政行为予以撤销或变更。在审结的案件中，维持行政机关决定的957件，撤销行政机关决定的429件，变更行政机关决定的69件，原告撤诉的1248件，作其他处理的554件。依法保护了公民、法人和其他组织的合法权益，支持和监督行政机关依法行政。

今年行政审判工作的重点是，审理好侵犯企业生产经营权，投资决策权和产品销售权等案件，维护企业的经营自主权。加强对土地、矿产、工商、税务、环保等案件的审理，促进社会主义市场经济体制的建立。加强对治安、收容审查、劳动教养等案件的审理，保护公民的合法权益，维护行政机关正确的行政行为。

五、关于告诉申诉和审判监督工作

1988年，全省各级法院成立了告诉申诉审判庭，由原来靠行政方法处理信访申诉，转变为依法办理告诉申诉案件。这是法院工作一项改革。5年来，共处理人民来信430734件，接待群众来访600936人次。按照“归口办理、分级负责、层层落实”的原则，依法立案审理30143件，审结29246件，其中维持原判20134件，改判8390件，撤诉722件。对管辖不明确的案件或不属法院受理的非诉讼来信来访，依法指定管辖或转有关部门处理；对因不明法律政策界限申诉的宣讲法律政策，使其撤诉息讼；对无理缠诉的予以驳回。

5年来，共受理上诉案件35055件，审结34127件。受理人民检察院抗诉的刑事案件528件，审结526件，原判确属不当而依法改判的198件，维持原判215件，检察机关撤回抗诉113件。保护了公民的合法权益，维护了法律的严肃性。

告诉申诉和审判监督工作的加强，对于保证法院的办案质量，缓解人民群众的“告状难”，密切党和政府与人民群众的联系，发挥了作用。

六、关于执行工作

5年来，我们一直努力解决经济纠纷案件判决、调解生效后的“执行难”问题，各级党委、人大和政府给予了大力支持。1991年，省人大常委会通过了《关于加强人民法院执行工作的决定》，对促进执行工作起了重要作用。去年，我们继续狠抓了执行工作。一是突出重点，认真执行外省、市、区委托执行的案件。二是成立执行专班。全省共组织执行专班142个，突击执行了一批积案。省法院组织了赴外省执行组，集中执行了一批案件。三是健全执行机构。全省各级人民法院都设立了执行庭，共配备执行干警520多人。去年共受理执行案件56614件，已执行

46437件，标的额为2.6亿余元，对促进经济建设有积极作用。

全省法院的执行工作虽然取得了一定进展，但仍存在不少困难。今年，要进一步贯彻省人大《关于加强人民法院执行工作的决定》，提高执行工作水平，继续解决“执行难”问题。

七、关于人民法院参与社会治安综合治理工作

人民法院通过审判活动参与综合治理有广泛的渠道。在我们审理的案件中，经公安、检察机关侦查起诉的公诉案件约占11%。其他的如民事、经济、行政、刑事自诉案件，都是由人民法院直接受理审结的，这些审判工作都与人们的社会生活紧密相关。我们注意运用这一特点，积极参与社会治安综合治理。首先是运用法律手段严惩危害社会治安的严重犯罪分子，维护社会安定；第二，注意发挥民事、经济、行政、告诉申诉各项审判工作的职能作用，及时化解矛盾，减少纠纷，制止违法，遏制犯罪。第三，根据中共中央和最高人民法院的要求，开展了适当多判一些缓刑的工作。对轻微刑事罪犯，符合缓刑法定条件的适当多判一点缓刑，放在社会上监督改造，效果是好的。第四，认真贯彻未成年人保护法。近几年来，未成年人犯罪一直呈上升趋势。5年来，有11310名未成年人因犯罪受到刑事处罚。针对这种情况，全省各级法院都成立了审理未成年人犯罪合议庭，坚持寓教于审，惩教结合，教育、感化、挽救失足少年犯。第五，围绕审判工作，积极开展司法建议，帮助发案单位建立健全规章制度，堵塞漏洞。第六，运用重大典型案例，大张旗鼓地依法进行公开审理或宣判，惩治犯罪，弘扬法制，鼓舞人民群众，扩大办案的社会效果。

综合治理社会治安是党和国家依靠人民群众维护社会稳定的一个长期的基本方针，是在改革开放的新形势下，解决社会治安问题的新路子。这项工作搞得好，就会释民怨，顺民意，得民心，保持社会的安定。人民法院作为国家的审判机关，必须发挥审判职能作用，配合有关部门尽力做好这项工作。

八、关于人民法院的自身改革和建设

严肃执法，提高办案质量和效率，更好地服务于经济建设，是人民法院加强自身改革和建设的基本出发点。我们认真探索法院审判方式和工作方式的改革。主要是革除孤立办案，就案办案等旧观念，建立和完善经济、民事纠纷的案外调解制度，及时调处纠纷；在大中城市设立某类案件的专门审判庭，在一些案件突出的地方设立巡回办案点，各级法院普遍设立了未成年人犯罪合议庭或审判庭。通过这些改革措施，以便集中专业人才，使审判工作逐渐向专业化方向发展。为了提高办案质量，增强审判人员的责任心，有的法院实行了审判人员错案责任追究制度。为了加强廉政建设，全省法院实行向当事人发送《诉讼当事人须知》制度。即在立案时就将诉讼当事人的权利、义务，人民法院的办案纪律、办案制度、收费标准、处罚规定等预先告诉当事人，以便于人民群众监督审判工作。

坚持“以事实为根据，以法律为准绳”的原则和质量第一的方针，强调一个“准”字。审理各类案件，坚持把案件事实搞清楚，把证据搞扎实，严格按照法律规定的程序和制度审理案件，准确适用法律。

重视法院干部队伍建设。加强政治思想工作，坚定共产主义信念，提高坚持“一个中心，两个基本点”的自觉性。教育干警忠实于事实，忠实于法律，履行法律赋予的职责。加强廉政建设，大力表彰清正廉洁秉公执法的干警，对以权谋私贪赃枉法等违法乱纪的个别干警，一经发现严肃查处，绝不护短。去年共查处违法违纪案件56起56人。抓好以法院法律业余大学为主渠道的教育培训工作，逐步建立多层次，正规化法院干部教

育培训体系。5年来，我省法院干警取得大专学历的有4500名，858名干警获得法律（审判）专业证书，有了一批法学研究生。干警的专业知识水平有明显提高。

全省法院把自觉接受党的领导和人大的监督作为衡量干部政治素质的重要标准。坚持在党的领导下依法独立行使审判权。法院工作接受人大监督，是一项重要的宪法原则。各级法院自觉接受人大的监督，主动汇报法院的工作，认真开展由省人大统一部署的执法大检查活动，积极办理人大代表、政协委员提出的建议、批评和意见。

各级人大常委会和人大代表、政协委员十分关心法院的工作和建设，我们热忱欢迎人大及其常委会和人大代表、政协委员经常视察、指导法院的工作，监督各级法院严格执行法律。

加强物质建设，改善执法条件。几年来，在党委、人大和政府关心和支持下，法院的物质装备建设、办公条件等都有所改善，为开展审判工作提供了物质保证。

5年来，我们的工作取得了一定的成绩，但也存在一些问题。一是我们的认识还跟不上改革开放和经济建设发展的新形势，在审判工作中遇到超前行为与法律规范滞后的矛盾时，解决的办法不多；二是执法水平有待提高，有的刑事案件在定罪量刑上不够准确适当。有的经济、民事纠纷案件处理欠公正。个别的办"关系案"、"人情案"。少数审判人员对程序法重视不够。有的案件办得拖拉，处理不及时。三是在队伍的教育管理上还存在薄弱环节，少数干警作风简单、粗暴，有的干警经不起改革开放的考验，违法违纪，败坏了法院声誉。对这些问题，我们在今后工作中要认真改进和解决。

党的十四大明确确定了建立社会主义市场经济体制的改革目标，今后5年又是实现我国现代化建设第二步战略目标的关键时期。随着改革开放和经济建设步伐的加快，以宪法为核心的适应社会主义市场经济发展的法律体系的建立，越来越多的社会关系需要运用法律手段来调节，人民法院的审判任务将更加繁重。今后一个时期，人民法院的主要任务是：认真贯彻党的十四大精神，坚定不移地执行党的"一个中心、两个基本点"的基本路线，坚持用邓小平同志建设有中国特色社会主义理论指导工作，继续全面加强刑事、民事、经济、行政、告诉申诉等审判工作。深入开展严厉打击严重刑事犯罪和严重经济犯罪的斗争，充分运用法律手段调节经济关系，切实保护公民、法人的合法权益，维护和监督行政机关依法行政。严肃执法，不断提高执法水平，保证办案质量。加强廉政建设，从严治院，从严治警。进一步完善向当事人发送《诉讼须知》的制度，推行审判人员错案责任追究制度，对办错案的审判人员要追究责任，如确属贪赃受贿、徇私枉法办错案的，一定要严肃处理，直至追究刑事责任。

人民法院的工作要为建立和完善社会主义市场经济体制服务，完成宪法和法律赋予人民法院的审判任务，在今后的工作中，必须进一步解放思想，更新观念。

一是树立专政与调节并重的观念。人民法院作为人民民主专政的工具必须强化专政职能，继续坚持依法"从重从快"的方针，严厉打击杀人、抢劫、强奸、流氓、"车匪路霸"等严重刑事犯罪分子，维护社会的稳定。同时，要通过依法行使审判权，调节平等主体之间的经济关系，人身关系以及财产关系，解决矛盾和纠纷，促进社会主义精神文明和物质文明建设。二是树立主动服务的观念。紧紧围绕经济建设这个中心，开展各项审判工作，讲求政治效果、经济效果和社会效果，防止就案办案，孤立办案，提高服务的质量。三是树立警惕右，但主要是防止"左"的观念。主要是防止消极求稳，用陈旧过时的观念看待改革开放中出现的新事物，防止把正当的改革开放，搞活经济的措施当作违法犯罪处理。同时，也要防止对某些犯罪和丑恶现象打击不力、不及时。四是树立生产力标准的观念。以“三个有利于”为标准，正确处理经济活动的超前性与立法、司法解释滞后性的矛盾，保护和促进发展生产力。五是树立平等的观念。在刑事、民事、经济、行政等案件中，无论当事人的地位、身份、所有制形式有何不同，在适用法律上一律平等。切实保护当事人的合法权益。六是树立统一的观念。坚持在党的领导和人大的监督下依法独立进行审判。严肃执法，反对和抵制地方保护主义和部门保护主义，维护法律的尊严和国家法制的统一。七是树立效益的观念。严格按照法律规定办案，做到高效、及时、准确。

各位代表，全省各级人民法院要在邓小平同志建设有中国特色社会主义理论和党的十四大精神指引下，在省委的领导和省人大的监督下，振奋精神，扎实工作，发挥审判职能，为维护社会稳定促进经济发展作出新贡献。

湖南省高级人民法院工作报告

——1993年1月11日在湖南省第八届人民代表大会第一次会议上

湖南省高级人民法院院长　詹顺初

各位代表：

现在，我代表省高级人民法院，向大会报告工作，请予审议。

1992年，在中共湖南省委的领导和省人大的监督下，全省法院以邓小平同志南巡重要谈话精神总揽全局，坚持党的基本路线，严格执行宪法和法律，全面开展审判工作，充分发挥职能作用，为促进改革开放和振兴湖南经济作出了积极的努力。一年来，全省法院共审结各类案件206064件，比上年上升9.7%，其中省法院审结1327件。

一、严厉打击犯罪活动，维护政治稳定和社会安定

去年，全省法院从稳定社会的目的出发，坚持把刑事审判摆在首位，打击了敌对势力和各种犯罪活动。全年共受理刑事案件22181件，比上年下降8.7%；审结21325件，结案率为96.14%。在判决发生法律效力的25483名被告人中，判处五年以上有期徒刑、无期徒刑和死刑（包括死缓）的8295人，判处五年以下有期徒刑和拘役、管制的16546人，免予刑事处分的467人，宣告无罪的175人。为了保证刑事审判健康发展，省法院先后两次召开专门会议，进一步强调对社会治安的严峻形势务必保持清醒的头脑，坚持“严打”方针不动摇。杀人、抢劫、爆炸、流氓、强奸、重大盗窃、引诱容留强迫妇女卖淫、拐卖绑架妇女儿童等犯罪，对社会治安构成了最严重的威胁。各级法院始终把这类犯罪作为重点打击对象，及时调配力量，提前插手，深入发案地收集、核实证据，做到速度上从快，处理上从严。运用专项打击的有效形式，配合公安、检察等部门，在全省开展了声势浩大的反盗窃和除“六害”斗争。对社会治安问题突出的地区和路段，采取重点整治的措施，狠狠打击犯罪分子的嚣张气焰，遏止刑事案件大幅度上升的势头。衡阳铁路治安形势严峻，盗窃、哄抢铁路运输货物和破坏铁路设备设施的犯罪猖獗。省法院

派人到衡阳市，指导中级和基层两级法院，配合铁路政法部门，先后5次召开宣判大会，公开宣判了一大批犯罪分子，处决了49名罪大恶极的罪犯，有力地促进了铁路沿线治安的好转。

打击经济犯罪与坚持改革开放是一致的。各级法院树立长期作战的思想，重点惩处了贪污、贿赂、诈骗、挪用公款、偷税抗税、制售伪劣商品、走私贩私等犯罪。去年共审结经济犯罪案件2711件，判处罪犯4397人。其中犯罪金额万元以上的701人，县团级干部4人。为了落实“一要坚决，二要慎重，务必搞准”的精神，既防止打击不力，又避免出现错案，我们派员到各地和沿海开放地区进行调查，制定了区分罪与非罪界限的16条具体意见，在全省试行。通过开庭审理，严格把关，对不构成犯罪的25人，宣告无罪。如辰溪煤矿矿长、高级工程师罗时双，为某乡镇企业勘探煤矿，提供技术服务，该企业给他11000元，被定为受贿罪。我们经过审查认为，科技人员在完成本职工作，不损害本单位利益的前提下，凭借知识、技术提供咨询或服务所得的报酬是正当的，因此依法宣告罗时双无罪。同时，坚决打击制售伪劣商品的犯罪活动，维护市场秩序。如湘阴县农民戴四保，销售假桐油38.5吨，非法获利9万余元。县法院以投机倒把罪从重判处戴犯十年有期徒刑。

在刑事审判活动中，各级法院注意斗争策略，坚持宽严相济，做到该重的重得上去，该轻的轻得下来。对主犯、累犯、惯犯，坚决从重判处；对带有黑社会性质的犯罪集团、“车匪路霸”，一露头就打；对从犯、中止犯、投案自首、检举揭发并有立功表现等罪犯，坚持依法从宽处理。对少年犯立足于帮教挽救，成立专门合议庭，加强了审理工作。积极办理减刑、假释案件，调动了罪犯改造的积极性。利用宽严典型，召开宣判大会722场次，旁听群众414.5万人次，宣传了法制，教育了群众，促进了社会治安的综合治理。

二、狠抓经济审判，调节经济关系

1992年，省法院强调充分运用经济审判职能，调节经济关系，积极为加快改革开放和发展经济服务。各地法院根据实际情况，适时调整工作部署，精心审理那些与深化改革、扩大开放关系最密切的案件。对企业承包、联合、兼并、破产等案件，农村承包、购销合同案件，商标、专利等知识产权案件，涉外、涉港澳台案件，做到优先审理，及时审结。许多法院急企业之所急，组织合议庭，走出机关，主动上门办案。通过缩短办案周期，用好强制措施，减少了企业的损失。对办案中发现的问题，及时提出司法建议，堵塞漏洞，促进依法经营。一年来，全省法院共审结经济纠纷案件54952件，解决诉讼标的9.37亿元。另外，采用督促程序和诉前调解等方式处理经济纠纷4万余件，解决标的10亿多元。这项工作，得到了最高法院的充分肯定。

“三角债”是困扰企业、制约经济发展的严重障碍。去年，我们把“清欠”当作为国营大中型企业服务、促进经营机制转换的一件大事来抓。在深入调查研究的基础上，省法院先后3次召开中级法院院长会议，统一思想认识，进行部署安排。各级法院积极开展这一工作，在格局上形成了“党委领导、政府组织、法院主动、企业配合”的强大合力；在方法上遵循简便、迅速、有效的原则，运用协商函、协商会、支付令等手段；在组织上做到一把手亲自抓、主管副院长重点抓、其他院领导协助抓、业务庭长具体抓，人力、物力尽可能向经济审判一线倾斜。省法院派出四个专门合议庭，深入大中型企业。中级、基层法院也组织合议庭主动上门。全省共投入审判力量3000多人。通过努力，收到了明显的效果，共处理债务85063起，收回债款10.7亿元，救活了濒临倒闭的企业906家。如广西桂林某旅游服务公司长期拖欠永州市织染厂货款60万元。在这次“清欠”中，永州市法院召集两家当面协商，通过摆 事实，讲法律，促使旅游服务公司当即将货款全部付清，还主动与织染厂签订了新的订货合同。

经济纠纷案件执行难的情况相当突出，异地执行更是如此。继1991年冬开展“三集中”执行活动之后，1992年，省法院下决心攻克异地“执行难”。去年9月我们发起和组织了全国16省、市、区法院执行工作协作会，增进了与兄弟法院的执行协作关系。11月，全省组织300多名干警，奔赴湖北、山东、广西等9省抓执行，一个月就解决了执行难案400余件，标的达1230万元。全年共办理执行案件64331件，执行率为85.71%。

三、积极开展其他审判工作，保护公民和法人的合法权益

1992年，各级法院认真实施民法通则和其他民事法律，加强了对离婚、赔偿、房地产、著作权、劳动争议等案件的审理，特别注重审理好矛盾易于激化、影响农业生产以及涉港澳台的案件。严格执行新民诉法的各项程序制度，搞好庭审质证和法庭辩论，在分清是非的基础上，按照审理期限的规定及时结案。无论调解还是判决，都十分注意思想疏导工作，讲清法律规定。共审结民事案件90669件。

去年，全省法院继续加强行政审判工作，受理案件的范围由20多种类型扩大到劳动教养、收容审查、计划生育、控告行政机关不作为、公民联名告“官”等38种。全年共审结行政案件2595件，其中，依法维持的451件，占结案总数的17.4%；变更的67件，占2.6%；撤销的417件，占16.1%。受理和审结案件的数量仍居全国前列。通过办理行政案件，既保护了公民、法人和其他组织的合法权益，又有效地支持和监督了行政机关依法行政。

全省法院普遍设置告诉申诉审判庭之后，1992年扩大其职责范围，重点是做好审查告诉立案、处理申诉和纠正错案的工作。全年各级法院共处理来信103011件次，来访126581人次，审结申诉案件32830件。我们把解决上访“老户”作为重要问题来抓，逐个摸底排队，下大力气做好工作。经过努力，到省赴京上访的69户老户，已有43户基本息诉。

各级法院认真开展林业审判工作，重点审理好林业经济纠纷案件。去年共审结林业案件7854件，挽回经济损失600多万元，解决争执山林面积150300亩，进一步维护了林区的治安秩序，促进了林业生产的发展。

四、改革审判方式，切实保障严肃执法

1988年以来，我们先后在完善审判委员会、合议庭制度，坚持公开审判和当事人举证，设立经济纠纷调解中心等方面，积极审慎地进行了改革。在进一步总结、推行的基础上，1992年又采取了一些新举措。在企业设立审判服务联络站或联络员，既有利于帮助培养法律人才，又便于掌握纠纷动态，联系收案，协助执行。现在，全省已建立审判服务联络站843个，聘任联络员3129名。通过联络员反映信息，帮助企业解决经济纠纷急案，完善合同19000多份，组织法律知识培训1万余人次。随着法制建设的发展，行政机关申请法院强制执行的案件增多，为了适应这一形势，一些法院尝试在行政执法部门设立执行室。目前已在一些国土、公路、工商、环保、税务等部门设立了执行室。各级法院还积极创造条件，对二审和审判监督案件开庭审理，并建立了错案追究制度。通过改革，法院办案速度加快，案件质量明显提高。一年来，全省法院审结的上诉案件，发回重审和改判的3362件，比上年下降4.1%；审理公诉案件18082件，退回补充侦查的1785件；审理抗诉案件116件，抗诉有理、法院予以改判的37件。特别是对死刑案件，严格把好犯罪事实关、证据关、定性关、量刑关，务必件件办成铁案。去年，省法院通过复核死刑案件，依法改判其他刑罚的占12.4%。

全省法院认真执行省人大常委会关于《湖南省县级以上各级人民代表大会常务委员会监督本级人民法院、人民检察院工作的规定》，自觉接受人大监督，依法正确行使审判权。不少中级法院和基层法院制定了《关于人民法院工作人员接受监督的规定》，主动向人大及其常委会汇报审判工作和执法中遇到的困难，经常邀请人大常委会的领导同志指导法院工作。在去年人大评议活动中，各地法院认真听取人大代表的批评意见，落实整改措施。1992年，省人大常委会交办的案件和代表的议案共40件，已办结35件，尚有5件因案情复杂，正在抓紧审理中。

五、加强自身建设，注人法院工作的生机和活力

1992年，省法院提出了“管理从严，把充分发挥职能、保持良好形象与解决实际问题三者结合起来”的思路，狠抓了自身建设。组织干警认真学习邓小平同志南巡重要谈话和党的十四大文件，进一步统一了认识，鼓舞了斗志，坚定了建设有中国特色社会主义的信念；层层举办“学党史、忆传统、做表率、比贡献”的演讲赛，使广大干警特别是年轻干警受到了深刻的教育。在总结前几年廉政建设的基础上，进一步建立健全了廉政工作五项制度。努力做好1993年换届选举的准备工作，协助当地党委对中级法院和基层法院的领导班子进行了全面考察，并对23名拟任人选进行了岗前培训。为了全面锻炼提高干部，全省法院内部交流了干部957人，其中领导干部38人，审判干部824人，其他干部95人。对不适合做法院工作的，全省法院已调出94人。继续推行定人员、定任务、定职责、定费用、定奖罚的“五定”目标管理责任制，把竞争机制引入法院，实行奖勤罚懒，优胜劣汰，调动了干警的工作热情和积极性。办好法律业余大学，去年又有282人取得了大专文凭或专业证书，全省审判人员具有大专以上学历的已达到49.2%。省法官培训中心正式成立，集训了审判骨干379人。还通过开展审判观摩、疑难案件讨论、适用法律专题研讨会等形式，提高了业务素质和执法水平。

在各级党委、人大和政府的重视、支持下，近年来法院的执法条件有了较大改善。“三年为期，建好法庭”的目标基本实现。在去年的中级法院院长会议上，我们又对办公条件、物质装备建设作出了三年规划，现正在分步实施之中。

一年来，我们的工作也还存在着一些问题和困难。一是有些案件处理不及时，有的办案质量不高。去年省法院通过审判监督程序改判各类案件349件，宣告无罪38人。二是少数干警执法不廉洁，办“人情案”、“关系案”，耍特权，严重损害了人民法院的形象。去年违法乱纪的人和事虽有所下降，但仍发生58起，查处了42起。如衡阳市中级法院刑一庭审判员黄宏树，为被告人唐某说情，收受唐的亲属送的“案件费用”500元。事发后，黄因对错误认识较好，被给予行政记大过处分。三是地方保护主义仍然突出。因多方面的原因，少数法院为本地利益争案件管辖权，作不公正的裁判，消极对待外地法院的执行委托，破坏了法律的统一和尊严。四是不少法院特别是基层法院办案经费严重短缺，装备落后。对这些问题，我们决心认真总结经验教训，采取得力措施加以解决。

各位代表，省七届人大任期届满。这5年，全省法院共审结各类案件106.5万件，是六届人大期间的2.1倍。省法院除加强审判监督和指导，还审结案件6862件。回顾5年探索有中国特色社会主义审判制度实践的历程，对关系法院全局的一些重大问题，有如下认识：在指导思想上，必须坚持审判工作为改革开放和经济建设服务。把经济工作中遇到的难点，作为法院考虑工作的重点。改革开放到哪里，依法服务就跟到哪里。各项审判工作要以“三个有利于”为根本标准，凡是促进生产力发展的，就依法予以保护；凡是影响生产力发展的，就依法予以限制；凡是破坏生产力发展的，就依法予以制裁。在工作方针上，必须坚持一手抓打击，一手抓调节，维护社会稳定，促进经济发展；坚持一手抓机关，一手抓基层，大力加强基层法院和人民法庭工作；坚持一手抓审判，一手抓建设，努力改善执法条件。在发展步骤上，必须抓主要矛盾，牵“牛鼻子”，做到全面安排不忘重点，抓重点不忘全面安排。在坚持“严打”斗争、狠抓经济审判、积极开展其他审判工作的同时，一年突出一个重点，带动整个工作向纵深发展。在根本措施上，必须加强队伍建设，解放思想，更新观念，改革审判方式，保障严肃执法。总的来说，在党委领导和人大监督下，省七届人大这5年，是全省法院干警坚持党的基本路线，锐意进取、奋力拼搏，充分发挥审判职能作用，为经济建设和改革开放主动服务的五年。

各位代表！党的十四大开辟了我国社会主义现代化建设的新阶段。神州大地正高扬改革的风帆，向着新世纪奋进。在新的历史时期，人民法院的任务更加繁重，责任更加重大。今后法院工作的主要任务是：认真贯彻执行党的基本路线，全面加强审判工作，充分发挥审判职能作用，维护社会稳定，更好地为建立社会主义市场经济体制，为加快改革开放和现代化建设，提供法律保障和法律服务。为落实这一任务，我们的初步设想是：

1. 强化社会主义市场经济观念。建立和完善市场经济新体制，是一项崭新的事业。我们决心用邓小平同志建设有中国特色社会主义理论统一认识，解放思想，换好脑筋。一是强化服务观念，充分发挥职能作用，尽可能多办案，办好案，最大限度地服务于经济建设。二是强化平等观念，坚持严肃执法，对国有、集体企业的利益和个体、私营、外资企业的利益提供平等的法律保护。三是强化统一观念，树立全国“一盘棋”的思想，克服地方保护主义，维护法律的统一和尊严。四是强化效益观念，无论是办案的速度，案件的处理，还是强制措施的运用，都要十分注重经济效果和社会效果。

2. 坚持打击和调节并重的方针。从现在的情况看，严重犯罪活动仍很猖獗，人民法院的打击职能丝毫不能削弱，“严打”方针必须长期坚持。针对市场经济条件下犯罪的新情况、新特点，注重打击贪污、贿赂、制售假劣商品、以经济合同进行诈骗以及偷税抗税等犯罪，及时处理侮辱、诽谤、伤害、报复企业领导人和管理人员的案件，维护正常的经济秩序和生产秩序。发挥调节的职能，审理好企业内部承包、租赁纠纷，保障依法经营；审理好涉及生产资料、技术、金融、房地产、劳务等市场的纠纷，促进市场体系的培育；审理好侵犯企业名誉权、商标权、专利权案件和破产案件，制止不正当竞争，支持优胜劣汰。及时处理企业自主权落实和外商投资过程中出现的侵犯企业权利的纠纷案件，保护投资者、改革者的合法权益。加强对行政执法的法律监督，帮助解决行政裁决“执行难”，支持行政机关依法行政。大力开展法制宣传，帮助企业培训法律人才，教育群众遵纪守法。

3. 加强法院工作的改革。同发展社会主义市场经济相适应，必须按照严肃执法、优质高效的要求，大胆实践，勇于探索，加大法院工作改革的力度。组织方面，建立适应市场经济发展要求的独立审判的服务机制，在城市开发区设立法院的派出机构；在经济发达、外商投资多的地方设立专业审判法庭；在商业集中地设立保护消费者权益法庭；针对行政执法任务重、难度大的情况，在有关行政部门设立执行室；继续完善审判服务联络站和联络员制度；对专业性、技术性强的案件，审理时聘请特邀陪审员。审判活动方式方面，大力推行当事人举证和公开审判制度，积极使用协商函、协商会等诉讼外的办法和督促程序。管理方面，完善内部监督制约机制，依法独立行使审判权；全面推行错案追究制度，保证案件质量。

4. 继续抓好队伍建设。队伍建设的目标是提高干警的政治业务素质，建设一支忠于党、忠于人民、不畏艰苦、不怕牺牲、有战斗力的法院队伍。今年重点是：提高干警的理论水平和法律政策水平，熟悉经济，了解市场，以适应新形势下的审判工作；完善廉政机制、管理机制和激励机制，坚持从严治院、从严治警，保证纯洁性，增强战斗力；改善执法条件和干警待遇，保证审判工作的正常开展。

各位代表！我们诚恳地希望各级人大继续指导和支持人民法院的工作，加强对审判活动的监督。我们决心在中共湖南省委的领导下，在省人大及其常委会的监督下，发扬成绩，克服缺点，竭尽全力做好审判工作，为保障社会稳定，促进改革开放和经济发展，建设有中国特色的社会主义作出新的贡献。

广东省高级人民法院工作报告

——1993年2月4日在广东省第八届人民代表大会第一次会议上

广东省高级人民法院院长　麦崇楷

各位代表：

我代表广东省高级人民法院向大会报告工作，请予审议。

省七届人大一次会议以来，全省各级人民法院在党委的领导和人大的监督下，坚持党的基本路线，坚持为改革开放和经济建设服务，坚持严肃执法，不断强化专政职能和服务职能，为促进我省的社会稳定和经济发展做了大量工作。5年来，全省的审判工作有了较大发展，刑事、民事、经济审判工作进一步加强，行政、海事、铁路运输审判工作全面开展。在这5年间，全省各级人民法院共受理各类案件732965件，比前5年增加63.3%，审结702275件，增加64.2%。其中审结刑事案件103272件，判处各类犯罪分子116368人；审结民事案件331749件，经济纠纷案件150952件，行政案件5229件，海事海商案件540件，铁路运输案件590件；执行了已发生法律效力但当事人不自觉履行的民事、经济、行政案件109943件。不但审结的案件大幅度增多，而且更好地发挥了直接为经济建设服务的作用。共审结了经济合同纠纷和债务纠纷案件254957件，比前5年增加1.9倍，解决了争议标的额157.8亿元，比前5年增加18.7倍。办案水平也有了明显提高，服判息诉的案件增多，上诉的减少。刑事案件上诉率下降了2个百分点，民事案件下降了7.1个百分点，经济纠纷案件下降了7.4个百分点，申诉案件减少了48.2%。这5年，是各项审判工作全面开展的5年，也是较好地完成法律赋予我们的职责的5年。

1992年，全省各级人民法院干警认真学习贯彻邓小平同志视察南方的重要谈话精神，进一步解放思想，振奋精神，坚持“两手抓，两手都要硬”，连续不断地开展严厉打击严重刑事犯罪活动，及时处理了大批民事、经济案件，办案质量和效率都有了较大提高。去年共受理各类案件196224件，比上年增加7.4%；已审结165530件，增加7.8%，收案和结案的增长率超过前4年的任何一年，为维护社会的稳定和正常的经济秩序作出了努力。

——坚持依法从重从快的方针，狠狠打击了严重刑事犯罪活动。全年共受理一审刑事案件18479件，已审结17761件，判处给予刑事处分的各种罪犯26046人，比上年增加5.3%。对严重危害社会治安的杀人、抢劫、车匪路霸、流氓团伙、重大盗窃等严重罪犯依法予以重判，其中判处死刑（含死缓，下同）、无期徒刑和五年以上有期徒刑的占70.6%。

——依法严惩了一批严重的经济犯罪分子，保障经济建设的顺利进行。全年共受理贪污、贿赂、走私、制造销售假冒伪劣商品等一审经济犯罪案件1934件，审结1832件，判处给予刑事处分的犯罪分子1808人，其中判处死刑、无期徒刑和五年以上有期徒刑的809人，比上年增加13.8%。依法判决追缴赃款赃物、没收财产和罚金共1.2亿多元，为国家和集体挽回了经济损失。

——积极参与除“七害”斗争，有力地打击了“七害”犯罪分子。全年共受理“七害”犯罪案件1088件，判处给予刑事处分的犯罪分子1245人，比上年增加76.6%。对制造贩卖运输毒品、组织强迫他人卖淫、拐卖妇女儿童等罪犯，坚决从严惩处；对罪行特别严重，犯罪情节特别恶劣的依法判处死刑，去年依法判处死刑的罪犯比上年增加×倍。依法惩处“七害”犯罪分子，遏制了社会丑恶现象的蔓延。

——及时妥善解决了大量民事纠纷，促进了社会的安定。各级法院认真贯彻新颁布的民事诉讼法，进一步推动了民事审判工作的开展。全年共受理一审和督促程序的民事案件72240件，审结67134件，分别比上年增长3.4%和4.2%。在处理这些民事案件中，认真加强调解工作，其中52.4%是通过调解解决的，及时平息了纷争，避免了群众性械斗166起，防止了有可能引起自杀、凶杀的事件255起，使许多社会上的不安定因素得到了及时解决。

——依法及时审结了大量经济纠纷案件，更好地发挥了审判工作直接为经济建设服务的作用。全年共审结了一审和督促程序的经济纠纷案件36888件，比上年增加21.2%，解决了争议金额57.9亿元，比上年增加39.8%。特别是对涉及外商的经济纠纷案件，做到快审快结，去年解决了争议标的7.8亿元，比上年增长1.3倍。及时运用法律手段调节经济关系，为扩大开放提供良好的法律环境。

——进一步发挥行政审判司法监督的作用。全年共审结一审行政诉讼案件1192件，比上年增加5.8%。其中维持行政处理决定的475件，占39.8%；行政机关的处理确有错误予以撤销和变更的256件，占21.5%；驳回起诉的95件，占8%；在诉讼期间行政机关主动改正自己的错误决定，法院准予原告人撤诉的335件，占28.1%；作移送、终结等处理的31件，占2.6%。既支持了行政机关依法行政，又维护了当事人的合法权益。

——执行工作取得了较大进展。已经发生法律效力的民事、经济、行政案件的判决、裁定执行难，是困扰人民法院工作的一个突出的问题。去年经各级人民法院的共同努力，取得了较大成绩。全年共执行案件27878件，比上年增加7.6%，执行金额达15.08亿元，取得了较好的社会效益。有204个生产经营处于停顿状况的企业，通过执行得到资金后又恢复了生机，当年收益达2900多万元，支持了企业的发展。

5年来，尤其是去年，我省审判工作之所以能够取得较大进展，主要抓了以下几项工作。

一、坚持以经济建设为中心，树立审判工作为经济建设服务的指导思想

经济建设是全党工作的中心，人民法院是国家上层建筑的重要组成部分，应该而且必须为经济基础服务。这个指导思想，多年来一直没有动摇过，坚持用这个指导思想部署工作，指导审判活动。1988年，我们根据

第十四次全国法院工作会议精神，明确提出审判工作要坚持“一个中心、两个基本点”的基本路线，充分发挥审判机关的职能作用，为建设社会主义商品经济服务。1989年出现了春夏之交的政治风波，社会不稳定。我们把维护稳定作为头等任务，坚决严惩犯罪活动，及时审结经济、民事案件，缓解各种社会矛盾，积极维护社会的稳定。在进行治理整顿过程中，及时审理与治理整顿有关的案件，回收逾期贷款，清理三角债务，解决诉讼标的达120多亿元，促进了经济的持续发展。中央作出关于搞好国营大中型企业，加强农业和农村工作的决定后，我们及时审结了大量涉及国营大中型企业的经济纠纷案件和农村承包合同案件，为国营企业追回大批的资金，使410个濒临破产倒闭的企业重新恢复了生机；解决了3.4亿元争议标的的农村承包合同纠纷，促进了农村承包责任制的落实。去年初，邓小平同志视察南方发表重要谈话以后，我们认真研究了开放改革以来审判工作为改革开放、经济建设服务的经验和存在的问题，提出了审判工作为我省经济建设服务的十项措施，使全省干警进一步明确了审判工作的方向。由于指导思想明确，广大干警增强了服务意识，提高了服务的主动性，在工作中不断拓宽服务领域，提高了服务的效能。不少法院针对当地经济建设中出现的问题，集中时间，集中力量，开展专项服务，收到了较好的社会效果。有的通过办理一案救活了一个企业，有的通过办理一类案件促进了一个方面生产的发展，有的法院还把服务工作向案外延伸。针对有些企业、经济管理部门法制观念淡薄，合同管理不善，导致纠纷大量发生的情况，积极做好预防工作，在企业、经济管理部门建立法律联系点，定期派员登门上法制课，开展法律咨询和司法建议活动，仅去年就协助企业修改经济合同10万多份，预防了不少可能发生的经济纠纷。

二、依法严厉打击各种严重刑事犯罪活动，积极参与社会治安综合治理

各级人民法院根据我省社会治安仍然比较严峻的情况，把维护社会稳定作为首要任务来抓，坚决贯彻依法从重从快的方针，与公安、检察机关密切配合，开展打击车匪路霸、重大盗窃、除“七害”、反走私等专项斗争，严惩各种刑事犯罪分子。对起诉到法院的案件，做到快审快结。去年全省法院审结的一审刑事案件，除少数共同犯罪，案情复杂，依法批准延长审判期限外，92.6%的案件在一个半月内结案，其中一个月内结案的占68.8%。对严重危害社会治安的杀人、抢劫、重大盗窃、车匪路霸、流氓团伙、流窜犯和重新犯罪的“两劳”人员等犯罪分子，依法予以重判，罪该判处死刑的依法判处死刑，决不手软。如结伙在广州、惠州、南海等市流窜作案，持刀入室抢劫30多次，捆绑群众90多人，刺伤16人，劫得人民币60多万元和财物一批的徐原彪等6名重大抢劫犯，人民法院对他们全部依法判处了死刑。在打击经济犯罪中，坚持一个“严”字，抓好一个“大”字，注意一个“准”字。“严”就是依法从严惩处经济犯罪分子。“大”就是抓好大要案的审理。继前年严惩了高森祥等一批重大经济罪犯之后，去年，我们又对贪污公款468万港元的原珠海经济特区东江电子工业公司总经理张小明；对利用重金贿赂我海关人员，走私货物价值2000万元的特大走私犯吴清泉等一批严重经济犯罪分子，依法判处了死刑。“准”就是事实清楚，证据确凿，定罪准确。对经济活动中出现的新问题，严格区分罪与非罪的界限，既严惩犯罪者，又保护了好人。对不构成犯罪的，敢于坚持法律原则，依法宣告无罪，受到社会舆论的赞扬。

在严厉打击各类犯罪活动的同时，紧密结合办案，积极参与社会治安综合治理。一是广泛开展司法建议活动。对办案过程中发现的问题，及时向有关部门提出加强管理、堵塞漏洞的司法建议，5年来共提出司法建议17000多项。二是全面开展未成年人刑事审判。各级人民法院依照《中华人民共和国未成年人保护法》的精神，组织专门合议庭审理未成年人刑事犯罪案件，从工、青、妇、教育部门聘请了500多名特邀陪审员参加审判活动，寓教于审，把教育、挽救、感化工作贯穿于办案的过程，促进了少年犯的转化。去年，对判处缓刑和已刑满释放的未成年人罪犯回访考察，重新犯罪的仅占0.9%。三是认真做好适当多判一些缓刑和减刑假释工作。对罪行较轻，可适用缓刑，交由单位或基层组织改造的，依法判处缓刑。去年，被判处缓刑的2233人，占判刑总人数的8.6%。对在押犯人依法减刑的有20562人，假释的1283人。四是采取多种形式开展法制宣传。去年在工厂、企业、学校上法制课452次；接受法律咨询21600人次；召开群众公开宣判大会1037场，参加群众达547万人次。

三、坚持为改革开放和经济建设服务，积极开拓服务领域

5年来，全省法院审理了民事、经济、行政案件达49万多件，比前5年增加85.1%，不仅数量大，而且涉及面很广。我们通过审理这些案件，积极开拓服务领域，支持开放改革，促进经济发展。

对涉及经济体制改革的案件，贯彻有利于改革和解放、发展生产力的原则，积极慎重地处理。在审理企业转换经营机制中发生的承包、租赁合同纠纷时，对承包、租赁人履行合同后应取得的合法权益，坚决予以保护，对承包、租赁人的短期行为予以制止，保障国有、集体资产增值。在审理农村承包合同纠纷中，坚持有利于完善家庭联产承包责任制的原则，教育农民致富不忘 国家、集体，自觉履行合同义务；帮助农户修改完善合同，理顺承包关系，巩固改革的成果。

对涉及外商的经济纠纷案件，我们把它作为促进我省对外开放的一项重要工作来抓，努力做到尽快结案，公正处理。每年受理的案件当年结案的占90%以上。在处理时坚持适用法律一律平等的原则，既不片面照顾中方当事人利益而损害外商权益，也不迁就外商不合理要求而损害中方当事人利益，做到公正执法，不偏不倚。如由省高级人民法院终审的新加坡、马来西亚6名华侨请求保护投资权益案，我们公正地确认了6名华侨在深圳的投资权益，在海外引起很大反响，中华归国华侨联合会致函最高人民法院予以赞扬。对外商采取财产保全等强制措施，持十分慎重的态度。确需采取强制保全措施的，也力争用较短的时间结案，为扩大开放提供较好的法律环境。

各级法院还注意及时了解当地党委、政府对经济工作的部署和经济发展状况，采取走出去、请进来或建立联系点的方式，深入企业、农村调查研究，积极开展专项审判和专项服务，主动为企业为群众排忧解纷。五年来全省审结银行贷款案22000多件，回收贷款6.46亿元。湛江市是我国四大糖业基地之一，去年因蔗糖价格调整，数亿元糖款无法回收，使糖业生产难以为继。全市两级法院急企业之所急，集中两个月时间专项办理糖款案，所欠糖款1.4亿元，当即回笼9800多万元，为当地企业走出困境助了一臂之力，受到了市委、市政府好评。又如普宁县人民法院根据该县乡镇企业形成服装、水果、水产、蔬菜、副食品等十大专业市场网络的特点，把为乡镇企业服务作为重点，从1990年以来审结各类纠纷案2075件，解决诉讼标的达1.24亿元，使23个企业走出困境，促进了乡镇企业的繁荣与发展。

四、坚持以事实为依据，严格依法办案

严格把好事实关，是定罪量刑和确认民事责任的关键。在审理案件中注重查清事实，事实不清、证据不足的，不随便下判。去年，在审理检察机关提起公诉的刑事案件中，因主要犯罪事实不清，证据不足而依法退回补充侦查的有1163件，防止了一些可能出现的错判或漏判罪犯。特别是对死刑案件，更是慎之又慎，审判人员坚持全面复核罪证，做到证据确凿，办成铁案。去年经省高级人民法院复核报最高人民法院核准的死刑案件，没有一件因事实不清而退回重审的，保证了不错杀一人。在适用法律上，做到依法该严的严，该宽的宽。有从轻、减轻情节的，依法从轻、减轻或免予刑事处分。去年，依法从轻、减轻或免予刑事处分的2663人，占全年判决罪犯总数的10.3%。在民事审判中，既注意正确执行实体法，也重视按程序法办案，运用普通程序和简易程序上的混乱现象有所减少。

为了做到严格依法办案，法院内部的监督机制也有了加强。去年，审结审判监督案件3322件，作了改判的613件。发现审判人员徇私枉法，办人情案、关系案的，均作了严肃处理，有的已被开除公职，严格了内部纪律，促进了严肃执法。

五、积极进行自身的改革，加强法院队伍的建设

为了不断提高办案工作水平，全省各级人民法院在审判工作改革和队伍建设、基层建设等方面做了不少工作，取得了一定成效。

随着改革开放和经济的发展，新类型的案件不断增多，为了适应形势发展的要求，我们进行了一些改革。谁主张谁举证的诉讼原则有了进一步的落实；涉外经济和房产案件较多的城市，设立了涉外经济审判庭和房地产审判庭；有52个法院还设立了经济纠纷调解中心，充分发挥调解简便、快捷、高效的作用，使经济纠纷案件得到及时处理，受到当事人的欢迎。去年，我们还总结推广了深圳、广州市建立统一的立案制度的经验，方便了群众投诉，克服了当事人自找审判人员立案办案的弊端，有利于加强廉政建设。

近几年来，受理的案件大幅度增长，而人员编制又不可能相应增加，为了缓解任务繁重与人力不足的矛盾，我们注意加强思想政治工作和培训工作，不断提高审判人员的素质。通过认真组织广大干警学习邓小平同志建设有中国特色的社会主义理论和去年视察南方的重要谈话，提高了严肃执法的责任感和工作积极性。虽然法院的工作条件仍比较困难，生活比较艰苦，但绝大多数干警能勤勤恳恳、埋头苦干、任劳任怨地工作，即使是在人身安全受到严重威胁的情况下，仍然坚持秉公执法。5年来，各级法院在执行公务中被围攻、殴打的干警有484人，被打伤的83人，有的被打致重伤、残废。干警以自己的实际行动，捍卫了法律的尊严。同时，对干警中的违法违纪问题，及时查处，决不姑息迁就。去年，被查处的21人，其中有17人已受到法纪、党纪和政纪处分。干警的培训工作也有了加强。去年，各级法院举办了各类业务短训班260期，有7600名干警参加了学习，现在仍有2500人参加业余法律大学学习。

乡镇人民法庭是人民法院的基层单位，行政建制的镇半数以上已建立了人民法庭，审判干部也有了充实，“一人一庭”的状况基本解决。在各级党委、人大和政府的支持下，大部分人民法庭已有了审判法庭和办公用房，执法条件有了改善。

回顾过去，我们虽然做了不少工作，取得了很大成绩，但也还存在不少问题。有的干部存在就案办案的思想，缺乏为经济建设服务的自觉性和主动性；有的作风拖拉，工作抓得不紧，一些案件超过法定时间未能办结；有的工作不够认真细致，个别案件错判现象仍有发生；有极少数人经受不住不正之风的侵蚀，违法乱纪，甚至贪污受贿；此外法院的办案经费仍很紧缺，有的法院没有审判法庭，人民法庭有的还没有办公用房。对这些问题，我们都需要采取措施认真加以解决。

各位代表：

党的十四大胜利召开，标志着我国社会主义现代化建设进入了一个蓬勃发展的新阶段。党的十四大强调要加强立法，改善执法。要使社会主义法制建设取得明显进展，法院工作任重道远。全省法院干警通过学习党的十四大精神，受到很大鼓舞，同时，也看到我们的工作还有很大差距。我们决心以十四大精神为指针，进一步解放思想，解决存在的问题，努力克服困难，把各项审判工作搞好。在新的一年里，要坚定不移地坚持党的基本路线，把为发展社会主义市场经济服务的指导思想落实到审判工作中去。继续贯彻依法从重从快的方针，坚持“严打”不放松，坚决打击敌对势力和各种严重刑事犯罪活动；加强经济犯罪案件的审判，既要严厉惩处经济犯罪，又要敢于保护在改革中有失误的人；结合办案，积极参与社会治安综合治理；审理民事、经济和行政案件，要严格依法办案，充分运用法律手段调节好金融市场、技术市场、房地产市场、劳务市场、人才市场、信息市场活动中出现的纠纷。对已发生法律效力的民事、经济、行政案件，继续下大力气提高执行率，维护法律的严肃性。进一步加强干警的思想政治工作，落实各项廉政制度，动员全省法院干警振奋精神、团结一致，更好地完成宪法和法律赋予我们的任务，为维护我省社会的稳定，为加快改革开放和现代化建设作出新的贡献。

广西壮族自治区高级人民法院工作报告

——1993年1月10日在广西壮族自治区第八届人民代表大会第一次会议上

广西壮族自治区高级人民法院副院长　黄任文

各位代表：

现在，我受自治区人大常委会主任会议的指定，向大会报告人民法院5年来的主要工作情况。

1988年1月自治区七届人大一次会议以来，全区各级人民法院在党委的领导下，在人大及其常委会的监督和政府及有关部门的支持下，以建设有中国特色的社会主义理论为指导思想，坚持“一个中心，两个基本点”的基本路线，认真贯彻落实1992年初邓小平同志南巡重要谈话和3月中央政治局全体会议精神，进一步解放思想，更新观念，全面开展各项审判工作，拓宽服务领域。从1988年1月至1992年10月近5年中，全区法院共审结一审、二审和审判监督各类案件共468850件。其中刑事案98738件，占21.06%，民事案302989件，占64.62%，经济纠纷案63235件，占13.49%，行政案3888件，占0.83%。通过这些审判工作和办理减刑、假释案件，处理简易纠纷和群众信访等，严厉打击了刑事犯罪，为维护全区的政治稳定、社会稳定，为深化改革和经济发展服务；为加强社会主义民主和法制建设，保护公民、法人和其他组织的民主权利和合法权益，作出了审判机关应做的贡献。

一、“坚持两手抓，两手都要硬”的方针，毫不放松严厉打击严重危害社会治安和严重破坏经济的犯罪活动，维护社会稳定

“两手抓”是建设有中国特色社会主义的重大战略方针，是全面贯彻党的基本路线的客观要求。全区各级法院坚持打击各种犯

罪活动不放松，继续严厉打击严重危害社会治安和严重破坏经济的犯罪分子，运用人民民主专政的力量来巩固政权和发展社会主义制度。5 年来，全区各级法院共受理一审刑事案 73258 件，审结 71994 件，判决发生法律效力的人犯 94916 名。其中判处五年以上有期徒刑、无期徒刑和死刑（包括死缓）的 31820 名，占判处人犯总数的 33.52%；判处五年以下有期徒刑、拘役和管制的 62241 名，占 65.58%；免予刑事处分的 601 名，占 0.63%；宣告无罪的 254 名，占 0.27%。

第一，坚决依法惩办反革命犯罪分子。在社会主义初级阶段，阶级斗争虽然已经不是我国社会的主要矛盾，但它在一定范围内还将长期存在，并在一定条件下还有可能激化。1989 年春夏之交我国发生的政治动乱和北京发生的反革命暴乱，正是资产阶级自由化泛滥的集中反映。这一年，全区人民法院坚决贯彻党中央有关的指示精神，及时依法审判了动乱期间发生的反革命案件。1991 年以来，本区农村一些地方发生了有的在土改、镇反中被法办的人的家属或者被没收财产的人及其亲属进行反攻倒算活动，人民法院对有现行破坏活动的反革命分子和进行反攻倒算触犯刑律的犯罪分子，毫不手软地坚决打击，以保卫革命成果和维护社会稳定。

第二，严厉打击严重危害社会治安的犯罪分子。全区各级法院坚持贯彻“两严”方针，始终把斗争的锋芒指向那些严重危害社会治安的杀人、抢劫、爆炸、强奸、流氓等刑事犯罪分子，有效地遏制和减少严重刑事犯罪和各种丑恶现象的发生。5 年中，判处发生法律效力的属于严重危害社会治安七个方面的人犯 30829 名，占判处刑事案件人犯总数的 32.48%。其中判处五年以上有期徒刑、无期徒刑、死刑（含死缓）的 17549 名，占 7 个方面人犯人的 56.92%。仅 1991 年和 1992 年前 10 个月，共审结集团犯罪案 164 件，重判集团犯罪主犯 443 名。

在“严打”斗争中，全区各级法院针对各个时期某一类犯罪活动猖獗的情况，与公安、检察、司法等部门密切配合，不失时机地开展专项打击活动。一是严厉惩处“六害”犯罪分子。各级法院认真贯彻执行全国人大常委会《关于禁毒的决定》、《关于惩治走私制作贩卖传播淫秽物品的犯罪分子的决定》和《关于严惩拐卖、绑架妇女、儿童的犯罪分子的决定》，坚决依法严厉打击“六害”犯罪分子。5 年中审结“六害”案 3630 件，判处人犯 6914 名。其中拐卖妇女儿童案 2195 件。罪犯 4444 名。全国人大常委会《关于禁毒的决定》颁布后，自治区高级法院于 1991 年 3 月和 10 月，分别召开了毒品案件多发的 6 个中级法院参加的审判毒品案件座谈会和全区法院审理毒品犯罪案件工作会议，加强对审理毒品案件工作的指导。1992 年 8 月 5 日，自治区禁毒委员会和高级人民法院在南宁市体育场，召开了打击毒品犯罪规模最大的禁毒暨宣判大会，当众焚烧毒品 1100 公斤，依法处决 23 名毒品死刑犯和 1 名买卖枪支、弹药死刑犯。大大震慑了犯罪，教育了群众。目前，全区法院正借“8·5”禁毒宣判大会的声势，进一步深入打击毒品犯罪活动。二是集中打击盗窃犯罪活动。5 年共审结盗窃案 30027 件，判处人犯 49877 名，分别占全部刑事案件数的 41.71%，人犯的 52.55%。重点打击了盗窃集团的首要分子、重大盗窃犯、盗窃惯犯、累犯、流窜犯、教唆犯和共同盗窃的主犯。对群众深恶痛绝的“车匪路霸”、“江盗水贼”重大案件，及时审理，依法判处罪大恶极的主犯极刑，保证旅客安全和维护交通运输的畅通。柳州铁路运输中级法院根据铁路沿线、车站和客货运列车犯罪突出的问题，主动配合有关部门开展“铁路行动”专项斗争，1992 年上半年，依法处决了 14 名严重危害铁路安全的罪大恶极的犯罪分子，严惩了一批罪犯，发挥了极大的震慑威力，对维护铁路运输的正常秩序，起了很好的作用。三是对于盗伐、滥伐林木和行凶报复的犯罪分子，对于边境地区非法制造、贩卖、走私枪支弹药的犯罪分子，及时依法打击。

第三，加强经济犯罪案件审判工作，严厉打击严重经济犯罪活动，维护社会主义经济秩序，促进廉政建设。各级法院把打击严重经济犯罪，维护正常的经济秩序，促进经济建设上新台阶，作为法院工作的一项重要任务。5年来，共审结各类经济犯罪案9914件，判处人犯15691名，为国家、集体挽回经济损失6012万多元。重点抓好对贪污、贿赂、挪用公款、偷税抗税、假冒商标等经济犯罪案件的审判工作。1992年7月以来，为配合在全国范围开展打击假冒、伪劣产品的活动，全区各级法院积极审理假冒、伪劣产品犯罪案件，依法从严惩处严重犯罪分子。在打击经济犯罪活动中，一方面，各地法院以抓大案要案为突破口，扩大打击经济犯罪活动的声势和影响。5年来，共判处犯罪数额在万元以上的经济犯罪分子1876名。其中犯罪数额在十万元以上的经济犯罪分子107名；另一方面，认真贯彻“一要坚决，二要慎重，务必搞准”的原则，强调要把握深入发展的经济形势，认真研究改革开放的新举措，掌握国家的经济政策和有关法律，以“三个有利于”为标准，严格区分罪与非罪的界限，特别是对于发生在企业生产经营活动中和涉及科技人员的犯罪案件，更要慎重审理，切实保证办案质量，讲究办案的社会效果，做到支持改革者，鼓励探索者，帮助失误者，制裁违法犯罪者。

二、运用审判职能调节经济关系，促进商品经济的发展，为经济建设创造良好的法制环境

经济审判是人民法院运用法律手段调节经济关系，直接为经济建设服务的一项重要职能。全区法院坚持以保障改革开放和经济建设顺利发展作为经济审判工作的出发点和落脚点，积极审理企业之间拖欠货款、企业拖欠金融部门贷款的纠纷案件，缓解企业生产资金短缺和金融资金周转不畅的局面。5年中共受理一审经济纠纷案60195件，审结58237件，解决争议标的金额达183818万多元。

去年春天以来，在加快经济发展的新形势下，全区法院进一步加强经济纠纷审判工作。一是积极为搞好国营大中型企业服务。全区法院积极审理涉及国营大中型企业在生产、经营中发生的各种纠纷和企业之间的三角债案件，特别是对争议标的大，对生产发展影响大的案件，及时立案、及时审理、及时执行；二是加强调处农村承包合同和乡镇企业纠纷案件。妥善解决农村深化改革中发生的种植业、养殖业、加工业以及农业技术等各类承包合同案件。严肃处理各种坑农的经济纠纷案件，为发展农业和农村经济服务；三是妥善处理流通领域的纠纷案件和商标、专利、著作权等知识产权案件。运用法律手段，坚决制裁生产、销售伪劣、假冒商品，损害消费者利益的违法行为，维护公平竞争、优胜劣汰的市场机制；四是积极审理好涉外和涉港、澳、台案件。处理好中外合资、中外合营和发展对外经济技术交流中发生的经济纠纷案件，公正地保护双方当事人的合法权益，促进外商到广西投资的大好势头。

三、全面搞好民事审判、行政审判、审判监督和告诉申诉工作，为促进政治团结稳定和经济发展服务

正确、合法、及时地审理民事案件，是促进政治团结稳定和经济发展的重要因素。5年来，全区法院共受理一审民事案286986件，审结279541件，其中经过调解结案占民事结案总数的69.99%。随着经济、政治体制改革的不断深入，各方面的利益重新调整，家庭婚姻关系和人们的价值观念都在发生深刻的变化，民事案件越来越多，情况更加复杂。全区法院从加强全心全意为人民服务、严格依法办案和坚持群众路线的观念入手，努力提高办案质量、办案效率和办案社会效果，重视调查研究新形势下民事案件的新情况、新问题。注意办好量大面广的离婚、抚养、赡养、继承、赔偿、债务和房屋纠纷案，5 年共审结这些案 260605 件，占全部民事案件总数的 93.23%。对涉及群众利益的山林、水利、土地等重大纠纷案件，各级法院慎重审理。5 年来共审结这类案件 9065 件，对缓解矛盾，维护社会稳定起了重要的作用。

行政审判工作有了很大的发展，5 年中共受理一审行政案 3179 件，审结 2897 件。特别是行政诉讼法于 1990 年 10 月 1 日施行后，行政审判工作进入了一个新阶段。1991 年到 1992 年 10 月，全区审结一审行政案 2013 件。近两年来，各级法院加强审理涉及引进外资搞开发建设中发生的行政案件，积极协助和主动支持政府解决行政工作最棘手、难度最大的计生、公粮、税务、金融、路政、水电和非法占地建房等行政案件。去年 5、6 月和 9、10 月全区开展计生大清理活动时，各地法院大力支持政府部门依法管理计生工作，对那些违反计划生育条例而又拒不交纳罚款的被处罚对象，政府部门申请执行的，法院及时受理，依法执行，减少了大清理工作的阻力，促进计生工作纳入法制的轨道。人民法院通过审理行政案件，既保护了公民、法人和其他组织的合法权益，又支持维护和监督行政机关依法行使行政职权。

审判监督和告诉申诉工作是审判工作的重要组成部分，是人民法院联系群众，倾听群众意见、接受群众监督的重要渠道，也是法院内部加强审判监督，正确实施法律和提高办案质量的重要环节。从 1987 年下半年开始，各级法院调整信访机构，充实审判人员，设置告诉申诉庭，加强审判监督和告诉申诉审判工作。5 年共受理二审案件和审判监督案 59415 件，审结 56181 件，其中维持原判 36689 件，改判 11453 件，撤诉 722 件，其他处理 7317 件。对于法律和政策规定不明确而处理错了的案件，一经发现，坚持依法纠正。而对于正确的判决，则坚决维持，维护了法律的严肃性。

四、坚持严肃执法，保证宪法和法律的正确实施，推进社会主义民主与法制建设

人民法院行使国家审判权，是一个重要的执法部门，能否严肃执法，关系着国家民主和法制建设的兴衰成败，维系着人民群众的生死祸福。为了保证宪法和法律的正确实施，把案件办得更准确，各级法院着重抓了 4 个方面。

1. 坚持在党的领导下，依法独立行使审判权。人民法院的各项审判工作，必须坚持四项基本原则，这是不能动摇的。审判实践证明，党的领导是严肃执法的前提和保证。各级法院在审判活动中，围绕党的经济建设这个中心，自觉服务于不同时期国家制定发展经济的重要决策。对于影响到全局的重要问题和重大案件，及时向党委汇报，取得党委的重视和支持。处理到具体案件时，人民法院依照法定程序集体讨论，根据事实和法律独立作出判决和裁定，不受任何行政机关、团体和个人的干涉。

2. 全面贯彻实体法和程序法，努力提高办案质量和效率。在办案活动中，全区法院认真执行有关法律规定，同时，全面学习掌握全国人大常委会关于执行法律的补充决定和最高人民法院、最高人民检察院所作的司法解释，严格依法办案；对政策和法律规定不明确的，或者过去有的规定与改革开放的实际现状不相适应的，不轻易以犯罪论处；对罪与非罪的界限一时难以划清的，加强请示报告，采取先从轻发落。

3. 开展案件评查活动，依法纠正执法不当的案件。各级法院坚持经常进行案件评查制度，评议办案中存在的问题，研究提高办案质量的措施。1989 年以来，在区人大常委会统一布置下，每年集中时间、集中力量进行一次全面执法大检查，在各法院自查互查基础上，上级法院组织人员深入下去进行重点检查和抽查。还采取请进来开座谈会，走出去主动征求意见的形式，广泛听取人大代表和社会各界对法院执法活动提出的意见，及时纠正了执法不当的案件。

4. 加强执行工作，抑制和克服地方保护主义。各级法院在经济纠纷审判工作中，重视搞好审判和执行相结合，在审理案件时就为有利于执行创造条件；对诉讼标的大、影响到其他案件顺利执行的典型案件，精心组织，重点执行；对难以执行的案件，则集中力量，下大力气组织执行会战。同时，法院注意平等对待本地和外地当事人，秉公执法，不偏袒任何一方。加强法制宣传工作，减少外部对法院审理和执行经济纠纷案件的干扰和阻力，创造严肃执法的良好环境。

五、坚持以审判工作为中心，拓宽延伸服务新路子，积极参与社会治安综合治理

各级法院认真执行中共中央、国务院和全国人大常委会关于《加强社会治安综合治理的决定》，按照中央和自治区综合治理委员会的部署，把综合治理纳入法院工作的议事日程，在认真抓好“严打”斗争这个首要环节的前提下，把参与综合治理贯穿到民事、经济纠纷、行政审判和告诉申诉审判工作的全过程，拓展到超前向后延伸综合治理的各个环节上。

1. 建立健全少年法庭制度，认真审好少年刑事案件。我区法院从1988年以来，试办少年法庭。全区现已建立少年法庭81个，配备审判人员175名，聘请特邀陪审员192名。5年中判处未成年犯6636名。少年法庭主动与公安、检察、司法部门以及教委、学校、共青团、妇联、工会等单位和组织协作配合，根据未成年人的生理、心理特点，采取“寓教于审”的特殊方式审理少年刑事案件，认真贯彻“教育、感化、挽救”的方针和“教育为主，惩罚为辅”的原则。5年中判处未成年罪犯五年以下较轻刑罚的占未成年总数的72.05%，比同期成年人罪犯判处轻刑比例高6.96个百分点，另外免予刑事处分50名，宣告无罪1名。充分体现了对未成年罪犯从轻、减轻处罚的精神。法院主动与有关部门共同做好对未成年犯罪的预防、审判和矫治工作，在一定程序上预防和减少了未成年人犯罪。

2. 正确适用缓刑、管制，搞好减刑、假释工作，减少重新犯罪。全区法院在审判活动中，注意克服判处缓刑偏低的状况，积极进行有益探索和大胆尝试，注意多做宣传工作，争取社会各界的理解和支持。1991年以来，全区法院判处缓刑占同期科刑总人数的百分比有所提高，但仍然还低于全国平均比例数，今后还要更大胆地依法适当多判一些缓刑。减刑、假释涉及罪犯面广，也关系到罪犯家属思想的稳定和社会安定，各级法院十分注意减刑、假释案件的审理工作，区高级法院两次召集各中级法院和劳改单位，共同研究纠正办理减刑、假释案件中存在的问题，加强法院与劳改单位的联系和配合，逐步健全和完善规范化办理减刑、假释案件。

3. 利用公开审判和公开宣判，向群众进行法制宣传。各级法院努力提高公开审判的质量，在开庭审理中揭露犯罪，警戒不稳定分子，增强群众遵纪守法的意识。选择典型案件，到工厂、农村、车站、码头组织公开宣判，震慑犯罪分子。5年来共召开各种规模宣判大会5290次，旁听群众达1876万多人次。

4. 搞好司法建议工作，把危害社会治安的因素防患于未然。法院结合办案，就某些突出的隐患和一类倾向性问题积极提出司法建议，5年来平均每年提出司法建议1千多条，促进有关单位和部门对危害社会治安稳定以及损害经济建设的苗头，加强防范。

5. 加强基层基础工作。全区现在657个人民法庭，2300多名法庭干部。人民法庭设置在城乡的最基层，担负轻微刑事案件和70%以上民事案件、30%以上经济纠纷案件的审判，每年处理4千件以上简易纠纷，并指导人民调解委员会调解大量的民间纠纷，是最直接参与综合治理具体工作的重要力量。

6. 拓宽审判延伸服务工作，把审判职能和提供服务有机统一起来。经济改革的深入，客观要求法律服务要加大改革的力度。各级法院结合审判工作的特点，努力拓宽为经济建设服务的领域，主动地为经济建设提供法律服务。对“两劳”人员和判处缓刑的人员进行回访考察和帮教活动等，主动参与综合治理。

六、大力加强法院自身建设

全区法院在抓好各项审判工作，积极参与社会治安综合治理的同时，进一步加强法院队伍的政治、业务建设和物质建设。

1. 把法院队伍的思想和作风建设作为一件大事来抓。政法部门是党和人民的卫士，是维护社会稳定，保障改革开放成果的重要力量。从总体上看，全区法院干部队伍的政治、业务素质是好的，是可以信赖的。广大干警长期超负荷地勤奋工作，为维护社会稳定和保障经济发展作出了积极的贡献。同时我们也认识到新时期繁重的审判工作任务，需要我们更加重视队伍的思想建设。为此，各级法院把培养一支政治上坚定、思想上解放、作风上廉洁的审判队伍，作为政治思想工作的落脚点。首先，全区法院认真组织学习邓小平同志建设有中国特色的社会主义理论和去年初南巡重要谈话，提高广大干警贯彻执行党的基本路线的自觉性和坚定性。进一步解放思想，更新观念，把注意力集中到主动为加快经济建设步伐搞好服务上。为了使法院工作为经济发展服务更好地落到实处，1992年全区对外开放工作会议以后，自治区高级法院9月初在玉林召开了全区法院为改革开放服务工作会议，学习推广玉林地区法院解放思想，更新观念，全方位多层次地，主动自觉地为改革开放服务的经验，推动全区各级法院充分发挥审判职能作用，拓宽服务领域，更好地为改革开放和促进广西经济发展服务。其次，坚持从严治院，进一步加强廉政建设，不断建立健全廉政制度，加强对执法执纪的日常监督，广泛开展“创文明单位，做优秀法官”活动。5年来，全区法院共记集体二等功2个，三等功69个，表彰先进集体2076个；记个人二等功16人次，三等功340人次，表彰先进工作者9832人次；给予提升工资奖励56人；马灿芳、杨同成先后被最高人民法院授予“全国法院模范”，马灿芳还被国务院授予“全国先进工作者”、全国妇联授予“三八红旗手”称号。同时涌现了许多好人好事。从1988年到1992年上半年，全区法院干警拒礼拒贿16642人次，财物折合人民币1085405元；拒吃请20839人次；拒说情21487人次。对违法违纪人员严肃处理，个别贪赃枉法，构成犯罪的，依法追究刑事责任，不姑息迁就。近5年中，全区法院对违法违纪人员给予党纪、政纪处分共189人次，刑事处分9人。促进了法院队伍的精神文明建设。

2. 努力提高法院干警的业务素质。几年来，我们努力办好法律业大，承担法院队伍学历教育和证书教育，学员共达2462人，占法院现有工作人员总数的27.66%；选送优秀干部参加成人高等教育考试，脱产到法律院校深造；举办各种专业培训班，培训审判人员，举办1990年换届选举新上任的45名基层法院院长培训班。通过这些途径，更新了干部的业务知识，使法院队伍的构成发生了很大的变化，加上电大等其他成人高等教育毕业，现在全区法院具有大专以上学历的法院干警人数上升到56.34%。

重视培养少数民族干部。全区法院注意采取多种方式，多种途径培养少数民族干部。从1990年以来，自治区高级法院先后办了6期少数民族审判干部培训班。培训少数民族骨干253人（多数为基层人民法庭庭长）。现在全区各级法院院长中，少数民族占42.24%，副院长中少数民族占43.33%，法庭庭长中少数民族占47%，审判人员中少数民族占39.66%。

3. 重视抓紧物质建设。各级法院领导把搞好物质建设，改善执法条件作为一件大事来抓，主动向当地党委、人大和政府汇报，多方筹集资金。自治区人民政府和各级人民政府每年拨出一定的专款建设法院的审判庭和人民法庭。目前，绝大多数法院的审判法庭已经建成，部分人民法庭的办公和住房条件也有所改善，交通工具也得到了一些补充，促进了各项审判工作的开展。

5 年来，全区法院运用审判职能为维护社会团结稳定，保障改革开放和经济建设顺利进行作出了积极的贡献，这些成绩的取得是与各级党委领导、人大监督、政府支持分不开的。在改革开放和经济建设步伐进一步加快，审判工作任务更加繁重的形势下，法院工作还有很多不相适应的方面，一是有的干警思想尚未完全适应改革开放形势，主动为改革开放和经济建设服务的意识还要进一步提高；二是少数审判人员业务素质差，少数案件办理质量不高，甚至有的处理不当，个别案件超过审结时限太长；三是经济纠纷案件“执行难”的问题没有真正得到解决；四是各类案件大幅度增加，审判力量普遍不足，“两庭”建设尤其是人民法庭的建设进展缓慢，一些法院工作条件还很差。这些问题和困难，各级法院领导十分重视，并打算在今后努力克服和解决。

各位代表，党的十四次全国代表大会以邓小平同志的建设有中国特色社会主义的理论为指导，认真总结十一届三中全会以来 14 年的实践经验，确定了九十年代改革和建设的主要任务。这是一次承前启后、继往开来的极其重要的大会。随着社会主义市场经济体制和与之相适应的法律体系的建立，越来越多的社会关系需要运用法律手段来保障和调节，人民法院在国家政治生活、经济生活和社会生活中的地位和作用将更加重要，审判任务更繁重、更艰巨。今年和今后一个时期，全区各级法院要在各级党委领导下，以邓小平同志建设有中国特色社会主义的理论为指导思想，认真贯彻十四大精神，紧紧围绕“一个中心，两个基本点”的基本路线和建立社会主义市场经济体制的目标，全面加强审判工作，对严重危害社会治安的刑事犯罪，继续坚持“严打”斗争，依法严惩严重经济犯罪；进一步加强经济、民事和行政审判工作，充分运用法律手段调节经济关系，切实保护公民、法人和其他组织的民事权利和合法权益，维护和监督行政机关依法行使职权；加强审判监督，坚持严肃执法，秉公办案；加大法院自身改革的力度，加强队伍建设、廉政建设；更加积极主动参与社会治安综合治理。为建立社会主义市场经济体制，为加快改革开放和现代化建设，提供有力的法律保障和法律服务。在新的一年里，全区法院将在党的领导、人大的监督和政府的支持下，进一步解放思想，更新观念，为实现十四大确定的奋斗目标，为实现广西经济大发展而奋发努力，作出新的贡献！

以上报告，请大会审议。

海南省高级人民法院工作报告

——1993年2月2日在海南省第一届人民代表大会第一次会议上

海南省高级人民法院院长 田忠木

各位代表：

现在，我向大会报告全省法院的工作，请予审议。

一、建省以来的工作回顾

建省4年多来，全省各级人民法院在各级党委的领导、人大及其常委会的监督和政府的支持下，认真贯彻党的路线、方针、政策，履行宪法和法律赋予的职责，在积极开展完善全省法院系统组建工作的同时，全面开展各项审判工作，积极参与社会治安综合治理，共受理各类案件56374件（1988年9月至1992年11月，下同），审结55614件，处理涉诉信访和简易纠纷52970件，为促进全省社会主义民主与法制建设，维护社会稳定，保障改革开放和特区经济建设发挥了积极的作用。

第一，关于刑事审判工作

海南建省办经济特区是党中央的重大改革步骤，给海南带来一派生机。但建省伊始，由于人、财、物大流动，管理工作跟不上，社会治安一度形势严峻，刑事犯罪活动猖獗，严重危害了特区建设和人民生命财产安全。为了扭转这种局面，全省各级法院坚决贯彻依法从重从快的方针，始终保持严打声威，在党委统一领导下，与政法各部门密切配合，持续不断地开展集中打击活动。打击的重点始终是杀人、抢劫、强奸、爆炸、非法制造买卖枪支、流氓犯罪集团和强迫、引诱、容留妇女卖淫、重大盗窃等严重刑事犯罪。4年多来，全省法院共审结一审刑事案件9104件，判处人犯15237人。其中1992年共受理一审刑事案件1973件，审结1796件，判处人犯3077人。在发生法律效力的判决中，判处死刑（含死缓）、无期徒刑660人，判处五年以上有期徒刑4152人，重刑面达32%。其中，属于上述八类严重刑事犯罪分子4186人。同时，根据不同地区、不同时期治安状况的特点，相继开展了打击流窜犯、“车匪路霸”、“除七害”、反盗窃等专项斗争。通过集中打击和专项斗争，摧毁了一批带有黑社会性质的流氓犯罪团伙，严惩了一批惯犯、累犯、流窜犯和犯罪集团的首要分子。为了扩大办案效果，全省有选择地召开各种形式的公开宣判大会343场，宣判案件1483件2979人，有276.69万人（次）参加了大会。通过大张旗鼓的公开宣判，有力地弘扬了法制，震慑了犯罪，教育鼓舞了广大群众。

在严惩严重刑事犯罪分子的同时，全省法院一直把严惩严重经济犯罪作为重要任务来抓，共审结各类一审经济犯罪案件1032件，判处经济犯罪分子1177人，其中判处五年以上有期徒刑的454人，无期徒刑至死刑85人。特区经济建设的迅速发展，利益分配的大幅度调整以及不够完善的新经济机制，给一些违法犯罪分子以可乘之隙，贪污、受贿等严重经济犯罪的不断出现，毒化了社会风气，干扰了经济秩序，严重影响了海南特区的形象和声誉。各级法院认真贯彻执行“一要坚决，二要慎重，务必搞准”的原则，重点打击那些严重侵犯国家和集体财产、破坏特区经济建设，危害改革开放的贪污、贿赂、挪用公款以及重大盗窃、诈骗犯罪活动。几年来，相继贯彻了“两高”《关于贪污、受贿、投机倒把等犯罪分子必须在限期内自首坦白的通告》、《关于当前处理企业、事业单位、团体投机倒把犯罪的规定》以及全国人大常委会《关于惩处贪污罪、贿赂罪的补充规定》，积极投入“打击经济犯罪”专项斗争。通过审判工作，敦促了一批经济犯罪分子投案自首，严惩了一批严重经济犯罪分子。同时在加强适用附加刑的基础上，运用罚金、没收财产以及追缴赃款、赃物等手段，为国家和集体挽回经济损失993.44万元。

在开展刑事审判工作中，全省各级法院严格把握案件的事实关、证据关，严格区分重罪与轻罪、此罪与彼罪、罪与非罪的界限，对主要事实不清、证据不足的绝不草率下判，共退回检察机关补充侦查699件，宣告无罪65人。既打击了犯罪，又保护了国家法律的正确实施。4年多来，检察院抗诉案件125件，占全部审结案件总数的1.3%。经法院审理，认为原判不当，依法改判的59件，仅占全部审结案件总数的0.6%。从几年来执法检查的情况看，全省法院绝大部分案件都作到了事实清楚、证据确凿、定性准确、量刑适当、程序合法，案件质量基本是好的。

在强化打击职能的同时，各级法院积极参与社会治安综合治理。一是认真贯彻惩办与宽大相结合的方针，对有法定从轻、减轻情节的，依法从轻、减轻。4年多来，全省共依法判处五年以下有期徒刑、拘役、管制5783人，判处缓刑438人，免于刑事处分100人，最大限度地分化瓦解了犯罪分子。二是加强司法建议工作，共发出司法建议1200多份，帮助有关单位加强管理，堵塞漏洞。三是加强对适用缓刑、管制、免刑人员的定期回访，配合当地开展帮教工作，减少了重新犯罪因素。四是对于服刑中的罪犯确有悔改或者立功表现的，依法予以减刑、假释，共裁定减刑4513人，假释138人，提高了犯罪人员努力改造、重新作人的积极性。此外，各级法院还积极开展少年犯罪案件审判工作，着眼于教育、感化、挽救，寓教于审，罚教结合。全省法院的少年犯合议庭已配备审判干部30人，工作经过试点，已经全面铺开。

第二，关于经济审判和海事审判工作

建省以来，全省法院共受理各种一审经济纠纷案件5680件，审结5230件，结案诉讼标的金额254187.83万元。其中1992年受理1659件，审结1209件，结案诉讼标的99027.86万元。

各级法院以促进和保障特区经济建设为宗旨，努力促进社会主义市场经济体制的建立和完善，积极为创造海南良好的经济秩序服务，审结了量大面广的购销合同纠纷案件2001件，依法清理了大量三角债、连环债，维护了生产和流通领域的正常秩序；审结借款案件1440件，重点解决了一批银行起诉的逾期贷款案件，仅去年8、9两个月就依法收回逾期贷款3亿多元，使大量呆滞资金投入有效运行，保证了资金渠道畅通；审结承包联营、破产以及知识产权等新型经济纠纷案件158件，调整了改革开放以来的新型经济法律关系，为今后工作积累了有益的经验；审结涉外、涉港、澳、台案件50件，依法保护了国外和港、澳、台投资者的合法权益，促进了对外开放和涉外经济的发展；审结农村承包合同纠纷案件133件，为深化以家庭联产承包责任制为主的农村经济体制改革发挥了积极的作用。

海口海事法院于1990年成立以来，受理各类海事海商案件94件，审结80件，诉讼标的金额3150.3万元，整饬了海南海域的正常航运秩序，促进了全省对外贸易和海运事业的发展。

特区经济的超常规发展，市场经济体制的建立和完善，给经济审判工作提出了新的更高的要求。建省以来我们紧跟改革开放的进程，将工作重点放在反映新的经济关系和改革发展趋势的案件上。对那些与商品市场、资金市场以及技术、房地产等市场的建立相关联的经济纠纷案件，积极慎重地审理，以保障改革的健康发展；对案件涉及到的多种所有制的实体，坚持法律面前一律平等的原则，为平等竞争创造良好的法律保障环境；对新型经济纠纷案件，通过公开审判，扩大宣传，不断增强经济法制意识。近年来，我们相继审理了"三九胃泰"商标侵权案、侨汇公司破产案等一批重大新型案件，在全国乃至境外产生了良好的反响。同时，全省各级法院加强对新时期经济审判工作的调查研究，对那些经济行为超前、法律滞后的案件，认真参照中央给海南特区的有关政策、地方性法规以及现有立法的基本原则，从有利于解放和发展生产力，有利于特区经济建设出发，进行了实事求是，公平合理的妥善处理，为新形势下的经济审判工作，积累了有益的经验。

第三，关于民事审判工作

建省以来，全省各级人民法院共受理各类一审民事案件 22979 件，审结 22126 件。其中 1992 年受理 5077 件，审结 4224 件。此外，基层人民法院和派出法庭还积极开展并指导人民调解委员会开展简单民事纠纷的诉讼外调处工作，及时处理了大量人民内部矛盾。

随着社会主义法制建设的加强，公民法律意识不断提高，民事审判工作任务日益繁重。建省 4 年多来全省法院民事案件结案总数，占全部案件结案总数的 59.9%。其中审结婚姻家庭纠纷案件 13166 件，审结债务、赔偿纠纷案件 5002 件，审结房屋、宅基地、山林、土地、水利、林木、滩涂纠纷案件 1128 件。妥善处理了当事人之间大量权益纠纷，防止了矛盾激化，维护了社会稳定。同时，还审结各类涉外和涉港、澳、台民事纠纷案件 97 件，平等地保护了中外当事人的合法权益。

各级人民法院为适应不断发展的特区民事审判工作需要，努力提高办案质量，狠抓严格执法。一是积极开展审判活动方式的改革，强调当事人举证责任，强化以庭审为重心的公开审判制度；二是认真学习贯彻新的民事诉讼法，严格执行办案的程序规定，切实保障当事人的诉讼权利；三是实行案件质量评查制度，定期进行质量检查，推动执法水平的提高。从去年组织全省范围的民事案件质量检查活动来看，案件合格率占检查案件总数的 90%以上。总的看，办案质量是好的和比较好的；四是加强基层人民法庭工作。建省以来，全省基层人民法庭坚持方便人民群众诉讼、方便办案的原则，共审结各类民事案件 18383 件，占全省民事结案数的 80%，在及时解决民事纠纷和推进基层综合治理工作方面，发挥了越来越重要的作用。

当前本省民事案件中婚姻家庭纠纷案件比较突出，原因是多方面的，其中有的是有些个体户由于资产阶级腐朽思想的侵蚀，以金钱诱惑等手段玩弄妇女，把妇女当作商品，有的甚至"重婚纳妾"，对这种丑恶、腐败现象，希望社会各界及公众舆论给予谴责，对触犯刑律的，人民法院坚决依法制裁。

第四，关于行政审判、告诉申诉和执行工作

——行政审判工作

4 年多来，全省各级人民法院共受理各类一审行政案件 457 件，审结 408 件。其中 1992 年受理 214 件，审结 164 件。审结的案件中，维持原行政行为的 123 件，占 30.1%；撤诉的 89 件，占 21.8%；撤销原行政行为的 148 件，占 36.3%；变更和裁定驳回起诉的 48 件，占 11.7%。全省法院把行政审判工作作为依法治省的一项重要工作来抓，已完成了全省三级法院行政审判庭的设置，培训行政审判人员 137 人次。利用各种形式宣传行政诉讼法，促进了行政管理机关和广大公民法律意识的提高。在实际工作中，重点抓了对侵犯企业生产经营自主权案件、向企业乱摊派案件、借故向企业管、卡、压的案件以及土地行政案件的审理，有效地保护了公民、法人和其它社会组织的合法权益，监督和维护了行政机关依法行政，为巩固和完善特区“小政府、大社会”的政治体制起到了积极作用。总的看，行政审判工作已逐步打开局面。但由于长期以来封建意识的影响，行政审判的司法环境还比较差，不少地方存在公民、法人不敢告，行政机关不愿当被告的现象，有的法院也有畏难情绪。行政审判工作还要进一步解放思想，大胆实践，排除各种干扰，公正办案。要在扩大宣传，主动争取党委领导和人大监督、支持的基础上，努力把行政审判工作提高到一个新水平。

——告诉申诉工作

4年多来，全省各级人民法院共完成审查立案9914件，按审判监督程序审理再审案件2081件，处理简易纠纷及来信来访52970件。其中1992年完成审查立案3333件，再审案件337件，处理来信来访13903件。

告诉申诉工作是人民法院加强自身监督机制，保证办案质量，密切与人民群众联系的重要职能部门。建省以来，全省各级法院在较短的时间内实行和完善了立审分离的审判制度，完成了告诉申诉庭的机构设置和人员配备工作，不断开展和加强告诉申诉工作，使长期存在的人民群众“告状难”、“申诉难”的问题，在较大的程度上得到了缓解。各级法院坚持实事求是、有错必纠的原则，严格执行审判监督程序，对于基本事实失实，性质搞错，或适用法律明显错误的案件，坚决予以纠正。建省以来，共审结再审刑事案件971件，改判231件，占再审案件总数的11%；审结再审经济、民事、行政案件787件，改判144件，占再审案件总数的7%。此外，还复查了一批历史老案，落实了党的政策，保证了执法的严肃性。

——执行工作

4年多来，全省法院共执行各类案件7100件。其中1992年执行1631件，执行的标的额共计9628.28万元。

全省法院围绕解决“执行难”的问题，紧密依靠党委领导，积极争取各方面支持，采取教育疏导与严肃执法相结合，依法执行与变通执行相结合。在方法上，将集中会战与日常工作相结合的办法，坚持疏导为主，敦促当事人自觉履行法律义务。对拒不履行的，坚决采取查封、冻结、扣押以及变卖财产等强制措施。同时充分注意到前几年经济调整、银根收紧给一些企业带来的困难，对那些虽有债务但仍有发展前途的企业，适时采取以物抵款、分期偿付等变通方式，既保证了严肃执法，又帮助企业摆脱了困境，恢复了生机。

执行工作在取得上述成绩的同时，任务仍然十分艰巨，特别是对于经济纠纷案件的执行工作更为艰巨，有的“四无”公司资不抵债，当事人下落不明；有的企业虽然恢复了生产经营，但短期内仍无偿还能力；连环债、三角债现象仍很突出；地方保护主义干扰在许多地方仍然存在。这种情况严重干扰了社会主义经济秩序，妨碍了改革、开放和特区建设的顺利进行。对此，除了法院继续加强执行工作外，也希望得到有关部门的重视和支持：一是属于本单位开办的企业停办或脱钩后，应按中央、国务院有关规定，承担其开办企业的经济责任和法律责任；二是加强对公司的开办及其活动的审查和管理，并按照法律规定，协助法院执行判决。

第五，关于人民法院各项建设

——关于组织机构建设

1988年9月，海南省高级人民法院正式宣告成立。随即根据宪法和法律规定，进行了全省法院组织机构的一系列建设。相继设立了琼南、琼北2个中级法院，并调整了所辖基层法院的布局，顺利地完成了业务交接，保证了审判工作的正常进行。为了促进和维护本省海上运输和对外贸易事业的顺利发展，1990年3月成立了海口海事法院，负责管辖本省所属港口和水域，包括西沙、中沙、南沙、黄岩岛等水域内发生的一审海事、海商案件，从而使全省法制建设得到进一步完善。随着海口、三亚市政治、经济形势的日益发展，同市、区两级政权相对应，我们又于1991年6月和10月相继完成了海口市中级法院及所辖3个区法院、三亚市中级法院及所辖城郊法院的组建。同时根据实际需要，撤销琼北、琼南中级法院，设立海南中级法院，负责管辖除海口、三亚两市外，全省17个市、县基层法院的审判工作。去年3月，国务院正式批准建立洋浦经济开发区后，我们适时成立了洋浦法院筹备组，研究论证并提出了体现我国司法主权原则，参照国际司法惯例的洋浦法院新模式。

目前，除省高级法院外，全省有中级法院3个，海事法院1个，基层法院21个，初步建成了适应全省审判工作需要的法院体系。

全省各级法院坚持边工作边建设，积极争取各级党委和政府的重视和支持，不断改变物资装备落后的状况，经过几年的努力，初步缓解了执法条件与工作任务不相适应的矛盾。近年来，我们又大力加强基层基础建设，已新建和正在建设中的基层人民法庭40个，面积16160平方米，我省的人民法庭建设工作正在全面铺开。

——关于队伍建设

建省以来，全省各级法院坚持一手抓审判，一手抓队伍建设，加强新时期思想政治工作，积极开展马克思主义基本理论教育和全心全意为人民服务的宗旨教育、形势教育、职业道德教育，不断坚定干警的政治立场，提高用马克思主义立场、观点和方法认识问题、解决问题的能力。邓小平同志南巡谈话和党的十四大以来，全省各级法院组织干警认真学习，将小平同志南巡谈话精神和十四大精神作为对工作的强大推动力，广大干警为改革开放服务，为经济建设服务的自觉性有了进一步增强。

在市场经济相对发达的特区环境中，抓好法院队伍的廉政建设至关重要。建省以来，我们狠抓从严治院，从严治警，经常深入开展为政清廉教育，严格各项纪律，建立和完善各项制度和措施。结合“纠风”和贯彻全国、全省法院纪检、监察会议精神，制定了《海南省法院系统纠正行业不正之风的措施》、《海南省法院系统错案责任追究制》、《刑事审判监督工作细则》、《民事、经济纠纷审判监督工作细则》等30多个配套管理制度，促进了法院系统的廉政建设深入开展。建省以来，全省法院涌现出一批清正廉洁，秉公执法的先进典型。据不完全统计，全省法院干警拒礼拒贿684人（次），金额12.7万余元；拒吃请1424人（次）；拒办人情案164人（次）。建省以来，全省法院按照《人民法院奖惩暂行办法》规定，表彰记功、先进集体532个（次），个人1482人（次）。同时，对极少数有违法违纪行为的人，给予严肃查处，决不姑息。建省以来，共处理违法违纪干警85人，其中给予党纪、政纪处分的65人，给予刑事处分的4人。

在提高干警业务素质方面，我们采取岗位培训和正规教育两种形式。在建立省高级法院的同时，即组建了全国法院干部业余大学海南分校和省法院干部培训中心。建省以来，我们依靠自身的力量共培养法律专业大专生280名，专业证书生94名；同时，举办各种类型培训班10期，组织培训的干部达520人（次），占全省法院干警30%，一些审判骨干还选送到高级法官培训中心和其它院校深造。到目前为止，全省法院干警具有大专以上文化程度的比例由1988年底的36%上升到49%，法院干部文化、业务素质偏低的情况得到了整体改善。

目前，全省法院共有干警1844名，在任务繁重、经费不足的情况下，各级法院干警克服困难，振奋精神，努力工作，较好地完成了党和人民赋予的审判工作任务，为保障和促进特区经济建设，作出了应有的贡献。

二、法院工作存在的问题及今后一个时期的工作设想

各位代表：

我们从着手建设全省三级法院系统，到现在已基本适应工作需要，走过了一段艰苦创业历程。4年多来，全省法院的审判工作取得了一定成绩，法院自身改革和建设也取得了显著的进展。这是省委和各级党委的领导，省人代会及其常务委员会和各级人大及其常委会监督，各级政府的支持和全省各级人民法院共同努力的结果。但是我们清醒地看到，法院工作还存在许多问题和薄弱环节。首先，审判工作的执法机制还不完善，执法水平有待于整体提高。少数案件处理事实不清，定性不准，适用法律不当，直接影响了法律的正确实施；少数单位为经济建设服务的意识不强，对改革开放和特区经济建设新形势下遇到的新情况、新问题探索不够，工作不够主动；一些部门思想作风不够过硬，存在衙门习气，办事拖拉，效率不高；个别干警办关系案、人情案，以至徇情枉法，严重损害了人民法院的声誉，在人民群众当中造成恶劣影响。其次，人民法院的任务与力量不相适应，执法条件与特区环境不相适应，队伍素质与工作要求不相适应的矛盾还比较突出，有待于在今后的工作中不断加以改进。

还有一些从法院审判工作中发现的问题，需要引起我们和社会各界的重视：相当一部分刑事案件还存在以罚代刑的现象；一些应起诉到法院的案件没有起诉，致使对一些犯罪分子失于打击；在经济审判和执行工作中，受地方保护主义和本位主义的影响，“执行难”问题仍然普遍存在；在行政审判方面，个别地方干预法院独立审判，民不敢告官，行政执法部门不愿当被告的情况表现得比较突出。这些问题，除了法院进一步加强自身工作外，还需要得到党委、人大和政府的支持，需要社会各界的普遍关注和协助，促进全省执法环境的不断改善。

当前，我国改革开放和现代化建设进入一个崭新阶段，党的十四大确定我国经济体制改革的目标是建立社会主义市场经济体制。社会主义市场经济体制的建立和发展，要求人民法院通过审判活动，推动国有企业转换经营机制，促进企业进入市场，平等地保护参与市场竞争的各个经济主体的合法权益，保障市场公平竞争的经济秩序。在新的形势下，人民法院如何发挥职能作用，为社会主义市场经济新体制提供有力的法律保障和法律服务，是摆在我们面前的重要课题。

全省法院要以党的十四大精神为指针，全面贯彻省委一届八次会议和全国法院第十六次会议精神，认真落实本届人民代表大会的有关决议，坚定不移地贯彻执行党的“一个中心，两个基本点”的基本路线，全面加强各项审判工作，积极参与社会治安综合治理，为加快全省改革开放和经济建设步伐，建立和完善社会主义市场经济体制提供更加有力的法律保障和法律服务。要牢固树立一切围绕、服从、服务于经济建设的观念，把是否有利于解放和发展生产力，是否有利于加快改革开放和坚持四项基本原则，是否有利于维护政治安定和社会稳定，作为法院工作的出发点、最终目的和检验我们一切工作的根本标准。

（一）继续坚持“严打”斗争，为改革开放和经济建设创造良好的社会环境。各级法院要坚持“两手抓，两手都要硬”的方针，进一步强化人民民主专政职能作用。严厉打击严重刑事犯罪活动，是对改革开放和经济建设的有力保护，越是改革开放，越要狠狠打击各种严重刑事犯罪活动。“严打”是党中央为促进社会治安秩序稳定好转提出的重大措施，必须长期不懈地坚持下去。同时，要根据本省社会治安实际，因地制宜开展各种专项斗争。当前打击重点仍然是杀人、强奸、爆炸、抢劫、制造买卖枪支、引诱、强迫、容留妇女卖淫等严重危害社会治安的刑事犯罪分子。特别是对带有黑社会性质的流氓犯罪

团伙更要坚决打击。要在加强打击力度的同时，认真执行惩办与宽大相结合的政策，全面发挥各种刑罚功能的作用，落实人民法院参与社会治安综合治理的各项措施，不断扩大办案的社会效果。

要继续深入开展打击经济犯罪的斗争，从严惩处严重经济犯罪分子。要把惩治国家工作人员贪污、贿赂、挪用公款等犯罪作为重点，不断推进廉政建设。同时要积极投入当前开展的打击偷税抗税以及生产和销售假冒伪劣商品等犯罪的斗争。打击经济犯罪的斗争要继续坚持“一要坚决，二要慎重，务必搞准”的原则，既要对重大经济犯罪分子坚决从严惩处，决不手软，也要正确区分罪与非罪的界限，切实做到支持改革者，鼓励探索者，帮助失误者，制裁违法犯罪者。

（二）充分运用审判职能，为建立和完善社会主义市场经济体制提供有力的保障和服务。要充分发挥人民法院在调节经济关系，保护投资者和改革试验者的合法权益等方面的职能作用，增强为改革开放和经济建设服务的意识，把审判工作同社会主义现代化建设的全局结合起来。要精心审理好与建立和完善市场经济密切相关的企业承包、租赁、联营、破产案件，以及当前深化改革中出现的股票、票据、劳动争议、房地产纠纷等新型案件；严厉制裁侵犯商标权、著作权、专利和非专利技术成果权的违法行为，制止不正当竞争，保护知识产权，促进技术市场的发育和完善；精心审理好涉外与涉港、澳、台的案件，为扩大海南特区的开发开放提供良好的法律环境；及时审理乡镇企业和农村承包案件，稳定以家庭联产承包为主的责任制，促进统分结合的双层经营体制的不断完善。要积极审理好婚姻家庭、债务赔偿以及土地、山林等民事纠纷案件，维护社会稳定和人民内部的团结，促进特区社会主义精神文明建设；要积极开展行政审判工作，促进本省“小政府、大社会”的特区行政体制不断走向健全和完善；要继续加强告诉申诉和执行工作，彻底扭转人民群众“告状难”和经济纠纷“执行难”的状况。

（三）加强法院工作自身改革，发展和完善有中国特色的社会主义审判制度。一是法院体制改革方面，要根据海南特区特点，设置与洋浦等各种经济、技术开发区、保税区相配套、相适应的审判机构；大力加强基层基础建设，力争1993年底完成全省“两庭”建设任务；适时建立税务、房地产等专门人民法庭；合理调整人民法庭布局及其管辖范围，理顺农垦法庭管理体制。二是在审判制度改革方面，进一步开展以庭审为重心的公开审判活动，强调当事人的举证责任，带动其他各项诉讼制度和程序的全面执行；试点试行以主审法官负责制为基础的合议制，加强合议庭职权；全面实行错案责任追究制，以促进办案质量和执法水平的提高。三是在工作方式的改革方面，要革除审判工作中的神秘主义和关门办案的思想观念，积极推广在农村和国营大中型企业建立司法联络员制度，在基层和中级人民法院成立经济调解中心，调解未进入诉讼程序的经济纠纷。四是在干部人事制度改革方面，充分建立健全科学的岗位规范和激励机制，竞争机制和监督机制，推行考选制，聘任制和试用制。认真搞好法官法试点，做到能者上，平者让，庸者下，最大限度地调动广大干警的积极性、主动性和创造性，提高工作效率，保证工作质量。此外，进一步加强物资装备建设，不断改善执法条件，以适应新形势下审判工作的需要。

各位代表，全省政治、经济形势的发展，对人民法院的工作提出了越来越高的要求。我们希望全省各级人民代表大会及其常务委员会加强对全省法院的监督和支持。全省法院将努力通过自己的工作，为发展社会主义民主，加强社会主义法制作出更大的贡献，在保障和促进海南特区经济建设上新台阶的同时，推动法院工作也全面地上一个新台阶。

四川省高级人民法院工作报告

——1993年2月6日在四川省第八届人民代表大会第一次会议上

四川省高级人民法院院长　任凌云

各位代表：

现在，我向大会报告法院工作，请予审议。

省第七届人民代表大会第一次会议以来，省高级人民法院在中共四川省委的领导下，在省人大及其常委会和最高人民法院的监督下，坚持党的“一个中心，两个基本点”的基本路线，指导和监督全省各级人民法院和成都铁路运输两级法院，认真履行宪法和法律赋予的职责，充分发挥审判职能作用，保护人民，惩治犯罪，积极主动地为改革开放和经济建设服务，取得了显著成绩。5年来，全省各级法院共审结一审刑事案件187949件、民事案件800511件、经济纠纷案件272745件、行政案件5537件，共计1266742件，比前5年增长1.4倍，平均每年递增28.8%。通过依法审理各类案件，打击犯罪活动，制裁违法行为，调节经济关系和社会生活关系，保护人民民主权利和其他合法权益，对维护全省的社会稳定，促进改革开放和生产力发展，推动民主法制建设，起了重要作用。1992年，全省各级法院认真学习贯彻邓小平同志南巡重要谈话和党的十四大精神，紧紧围绕经济建设这个中心，解放思想，实事求是，开拓进取，积极主动地为改革开放、经济建设提供法律保障和法律服务，各项工作又取得了新的进展。

一、强化专政职能，坚持“严打”斗争，维护社会稳定

去年，全省各级法院继续坚持依法从重从快的方针，进一步加强刑事审判工作，因地制宜，突出重点，深入开展“严打”斗争，对严重危害社会治安的犯罪分子，坚决依法从重判处，同时，认真贯彻惩办与宽大相结合的政策，对具有法定从轻、减轻情节的，依法予以从轻、减轻处罚。全年共审结一审刑事案件35664件，判处人犯42142名，狠狠打击了犯罪分子的嚣张气焰，维护了全省的社会稳定。

突出打击重点，严惩严重危害社会治安的犯罪分子。全省各级法院针对杀人、抢劫、强奸、爆炸特别是带有黑社会性质的流氓集团和“车匪路霸”等严重刑事犯罪活动比较突出的情况，始终把打击锋芒对准上述严重危害社会治安和人民生命财产安全的严重刑事犯罪分子，全年共审结杀人、抢劫、强奸、爆炸、流氓等犯罪案件10818件，判处人犯13693名，占判处人犯总数的32.5%。针对盗窃犯罪仍很突出的情况，各级法院与检察、公安机关密切配合，继续深入开展了“反盗窃”斗争，全年共审结盗窃案件11065件，判处人犯15844名，分别占刑事案件总数和判处人犯总数的31.1%和37.6%。对盗窃集团的首要分子、重大盗窃犯、惯犯、累犯、流窜犯、教唆犯，特别是那些盗窃生产资料、铁路、公路运输物资，盗窃破坏通讯、电力设

备的犯罪分子，依法予以了严惩。如邛崃县周泽洪、王洪良等6名犯罪分子，为首纠集他人，结伙作案，多次盗割正在使用的国防通讯线，严重危害国防建设的安全，给国家和人民造成了重大经济损失。法院受案后，及时审理，依法判处6名罪犯死刑。为了保障企业改革的顺利进行，对企业转换经营机制、强化内部管理中发生的行凶报复、破坏生产等案件，及时组织力量，快审快结，从重判处。如原重庆市钢铁公司炼铁厂曾群利和中国工程物理研究院材料研究所蒋晓光，不遵守企业管理制度，受到处理后，心怀不满，报复杀死、杀伤管理人员，法院及时依法从重判处曾、蒋2犯死刑。

积极参加除“六害”斗争，严惩“六害”犯罪活动。近年来毒品犯罪活动在本省部分地区有蔓延之势，为了有效地打击毒品犯罪，省高级人民法院根据全国人大常委会《关于禁毒的决定》、省人大常委会《关于加强禁毒斗争的决议》和最高人民法院的司法解释，结合本省实际，研究提出了《关于办理毒品犯罪案件适用法律问题的意见》，加强了对这项工作的指导。去年全省各级法院共受理一审毒品犯罪案件213件，已审结181件，判处人犯270名。为了配合“6·26”“国际禁毒日”活动，成都、重庆、凉山、攀枝花、成都铁路运输等中级法院分别召开宣判大会，集中宣判了一批毒品犯罪案件，依法处决了一批毒品犯罪分子，销毁海洛因158公斤、鸦片182公斤。人民法院的严正判决，揭露和震慑了毒品犯罪活动，得到了广大人民群众的拥护。拐卖、绑架妇女儿童、卖淫嫖娼和传播淫秽物品、赌博等犯罪活动，严重危害人民群众的身心健康，毒化社会风气。全省各级法院认真贯彻《妇女权益保障法》、全国人大常委会《关于严惩拐卖、绑架妇女、儿童的犯罪分子的决定》等法律、法规，积极与有关部门配合，因地制宜开展专项斗争。全年共审结拐卖、绑架妇女儿童，引诱、容留、强迫妇女卖淫，制作、贩卖、传播淫秽物品等刑事案件2463件，判处人犯3844名，对遏制这类犯罪的蔓延起了积极作用。

为了推动“严打”斗争的深入，发挥法律和政策的震慑作用，省高级人民法院与检察、公安、司法行政机关联合制发通告，敦促犯罪分子限期投案自首，争取宽大处理。慑于法律威力，一批犯罪分子在限期内主动到政法机关坦白交待罪行，收到了一定成效。

结合审判工作，参与社会治安综合治理。全省各级法院结合审判活动，积极参与社会治安综合治理。一是通过公开审判开展法制宣传，召开宣判大会1621场（次），就案讲法，旁听群众达1075万人（次）。二是结合办案，开展司法建议活动，针对办案中发现治安防范工作存在的问题，提出司法建议5324条，有3736条被有关单位采用，改进了工作，加强了管理。三是坚持对少年犯实行“教育、感化、挽救”的方针，寓教于审，既惩罚他们的犯罪行为，又注意保护他们的合法权益，促使其向好的方面转化，预防和减少了重新犯罪。四是在办理各类案件中，注意做好教育疏导工作，防止矛盾激化5691件，减少了刑事案件的发生。五是加强了促使罪犯改造的工作，共回访服刑罪犯3337人（次），对确有悔改表现的罪犯，依法予以减刑、假释，促进了罪犯的改造。

二、严惩严重经济犯罪，保护改革开放，促进廉政建设

全省各级法院继续坚持依法从严惩处的方针，深入开展了打击严重经济犯罪的斗争。全年共审结经济犯罪案件3496件，判处人犯4229名，为国家、集体挽回经济损失2740万元。

重点惩治贪污、贿赂犯罪分子，深入开展反腐败斗争。针对近年来经济犯罪中国家工作人员利用职务之便贪污、受贿、挪用公款犯罪比较突出的情况，各级法院进一步加强了对贪污、受贿、挪用公款犯罪案件的审理。全年共受理检察机关起诉的贪污、受贿、

挪用公款案件2355件，已审结2278件，判处人犯2821名，分别比上年上升1.4%和3.2%。对那些大肆侵吞国家财产的犯罪分子给予了严惩，罪该处死的，依法坚决判处死刑。如原丰都县港务站售票员孙世贵贪污售票款15.4万元，用于吃喝玩乐，将赃款挥霍殆尽。法院经过审理，依法判处孙犯死刑，震慑了罪犯，教育和鼓舞了群众。

严惩走私、诈骗、投机倒把、偷税抗税等经济犯罪分子，维护正常的经济秩序。一段时期以来，走私、诈骗、投机倒把、偷税抗税特别是生产和经销假冒、伪劣商品等经济犯罪活动比较突出，严重扰乱经济秩序，侵害国家和广大消费者的切身利益。省高级人民法院结合本省实际，对打击这几类犯罪活动进行了专门部署，各地法院采取措施，加强了对这几类犯罪案件的审理。全年共受理1827件，已审结1218件，判处人犯1408名，其中属于生产和经销假冒、伪劣商品构成犯罪的案件567件，人犯623名。如宜宾市钟晓娟将4200公斤一般曲酒，假冒名酒“五粮液”，加价销售，非法牟取暴利，法院受案后，及时审理，从重判处，惩治了犯罪，保护了企业和消费者的合法权益，维护了川酒的声誉。

严格区分罪与非罪的界限，保护合法，支持改革者。全省法院认真贯彻“一要坚决，二要慎重，务必搞准”的原则，严格依法办案，加强对新形势下经济犯罪的调查研究，努力提高司法水平。省高级人民法院在调查研究基础上，提出了审理经济犯罪案件严格区分罪与非罪的八条意见，加强了对审理经济犯罪案件的指导。各级法院在办案中，注意处理好打击与保护的关系，对法律规定不太明确、政策界限不清的，不轻易定罪；对在改革过程中敢闯敢试，做出贡献而有失误的人，立足于帮助，其中确已构成犯罪，但罪行较轻，认罪态度好的，依法判处缓刑或者免刑，使其戴罪立功；对不构成犯罪的，依法宣告无罪；对事实不清、证据不足的，不草率下判。全年退回检察机关补充侦查的案件595件，判决免予刑事处分的85人，宣告无罪14人。通过审判，保护改革者，鼓励探索者，帮助失误者，打击严重经济犯罪，收到了好的社会效果。

三、积极调整经济关系，主动为改革开放、经济建设服务

全省各级法院进一步强化为加快改革开放、经济建设服务的指导思想，充分发挥经济审判工作调整经济关系的职能作用，保障社会主义市场经济在法制轨道上有序运行。全年共审结各类经济纠纷案件65998件，诉讼标的金额达133870余万元，通过经济审判工作，引导和规范市场行为，保障合同履行，维护了正常的经济秩序，大量停滞的物资和资金从纠纷中解脱出来，投入生产和流通，发挥了经济效益，促进了改革开放和经济建设的发展。

加强对承包、租赁、联营和破产等案件的审判，为企业转换经营机制服务。为了更好地为搞好国营大中型企业，促进企业转换经营机制服务，全省各级法院把审理好涉及国营大中型企业的承包、租赁、联营以及破产等案件作为经济审判工作的重点，及时立案，及时审理，全年共受理上述各类案件2838件，审结2787件，其中受理企业破产案件31件，占1988年《企业破产法（试行）》施行以来受理破产案件74件的41.9%。破产案件的增多，是深化经济体制改革，发展社会主义市场经济的必然现象。这类案件政策性强，影响面大，法院从保障改革，促进产业结构调整的目的出发，积极慎重地进行审理。如重庆针织总厂破产案，这是目前我国最大的一起国有企业破产案。该厂从1986年起至1992年5月，亏损累计达2097万元，债务高达8063万元，资产负债率为191%，虽经多方扶持，终无复苏可能。重庆市中级人民法院依法受理该厂的破产申请后，反复研究审理方案，省高级人民法院加强了指导。

既坚持依法办案，又注意保护职工的切身利益，在协同有关部门做好职工的安置等善后工作后，根据《企业破产法（试行）》的有关规定，裁定宣告该厂破产。对促使企业转换经营机制，面向市场，实行公平竞争、优胜劣汰、起到了积极作用。

审理好购销、借款、技术合同纠纷案件和票据、商标、专利等纠纷案件，促进社会主义市场的发育和完善。社会主义市场经济中，合同在经济活动中的作用越来越重要。全省各级法院进一步加强了对合同纠纷案件的审理，全年共审结购销、借款合同纠纷案件29926件，诉讼标的金额达95075万元。其中，购销合同纠纷案件13685件，占45.7%，购销合同纠纷主要是因市场价格变化、质量争议、无故不履行合同、制售假冒伪劣商品引起的，法院通过审判活动，保障合同履行，保护正当竞争，制裁违法行为，促进了商品市场的健康发展。借款合同纠纷绝大部分是拖欠银行、信用社等金融部门贷款的案件，各级法院继续加强依法收贷工作，共审结借款合同纠纷案件16241件，为金融部门收回逾期贷款23771万余元。同时，审理了一批票据纠纷案件，保护了正当的证券经营和结算活动，促进了金融市场的建立。为了促进科技成果转化为生产力，全省各级法院加强了对工业产权和技术转让的保护，全年共审结商标、专利和技术合同纠纷案件75件，比上年上升4.2%，保护了工业产权所有人的合法权益，促进了技术市场的建立。

认真审理农村承包合同和涉及乡镇企业的经济纠纷案件，促进农村经济发展。全省各级法院共审结农村承包合同纠纷案件和涉及乡镇企业的纠纷案件9021件，对稳定家庭联产承包责任制，促进统分结合的双层经营体制，保护承包人的合法权益和生产积极性，维护集体经济利益起了积极作用。为了及时审理那些季节性强，影响农业生产的纠纷案件，不少法院还组织巡回法庭深入乡村办案，及时妥善解决纠纷，保证了农业生产的正常进行。

去年，全省各级法院还审理了一些涉外、涉港澳台的经济纠纷案件，依法公正地保护了双方当事人的合法权益，为外商和港澳台同胞来川投资创造了良好的司法环境，对加快我省的对外开放和经济建设起了积极作用。

加强执行工作，保护当事人的合法权益。近年来，由于一些企业确因困难无力还债，有的当事人规避法律，特别是受地方保护主义和部门保护主义的干扰，使不少经济纠纷案件判决后难以执行，当事人的合法权益得不到切实保护，影响法律的尊严。一年来，全省各级法院依靠党的领导和人大的支持，克服种种困难，抵制地方保护主义和部门保护主义，在依法公正审判案件的同时，调整充实力量，加强执行工作，全年共执行各类案件76908件，执行金额43356万余元，维护了法律的严肃性，保护了当事人的合法权益。

为了适应改革开放、经济发展的需要，各地法院解放思想，转变观念，积极探索为改革开放、经济建设服务的新路子。不少法院深入企业和农村，听取厂长、经理和乡、村干部对法院工作的意见，改进审判工作。不少法院同一些企业和乡、村建立了联系制度，聘请了司法联络员，经常了解经营管理和生产情况，协助清理债权债务，举办经济法规培训班，主动提供法律服务。为了提高办案质量和办案效率，不少法院积极改革审判方式，建立了经济纠纷调解中心，采取简便、灵活的方式，依法调解经济纠纷，既方便了当事人诉讼，缩短诉讼时间，节省人力和财力，又不伤彼此和气，有利于当事人之间继续保持经济往来和协作关系。据不完全统计，各地经济纠纷调解中心已调解结案2070件，标的额达9123万余元，最短结案时间仅2小时。这种做法深受当事人欢迎。

四、保护公民、法人合法权益，维护和监督行政机关依法行政

继续加强民事审判工作。近年来，民事案件持续大幅度上升，平均每年递增15.3%，去年全省各级法院受理民事案件196771件，又比上年上升5.7%。民事案件量大面宽，涉及社会生产和生活各个方面，关系着广大人民群众的切身利益，正确、及时地审理好这些案件，保护公民、法人的合法权益，制裁民事违法行为，对于化解社会矛盾，增强人民内部团结，维护社会稳定，促进经济发展，具有重要的作用。全省各级法院认真贯彻执行民法通则、婚姻法、继承法、民事诉讼法等民事法律、法规，积极改进审判方式，提高了办案质量和办案效率。全年共审结民事案件168796件，比上年上升2.3%。审结的案件中，涉及婚姻家庭和财产方面的离婚、赡养、抚养和债务、房屋、损害赔偿等案件162789件，涉及矛盾易于激化的土地、水利、山林等纠纷案件807件，涉及公民名誉权、姓名权等人身权利和著作权利的案件297件。在审理这些案件时，各级法院注意把办案同宣传法制，教育公民树立良好的社会风尚，搞好社会主义精神文明建设结合起来，着重调解疏导，促使当事人互谅互让，解纷止争。通过对这些案件的及时审理，保护了当事人的人身权利、财产权利和其他合法权益，促进了“两个文明”建设。去年，各地法院还审结了一批涉外和涉港澳台的民事案件，依法公正地保护了双方当事人的合法权益，促进了我省的对外开放和海峡两岸的交流。

行政审判工作有新的进展。去年，全省法院共审结各类一审行政案件1897件，比上年上升8.4%。行政案件涉及公安、土地、城建、卫生、矿产、工商、税务、交通、计划生育、烟草专卖等许多领域，一些过去没有或少有的行政案件，如限制人身自由、非法干预企业经营自主权、违法要求履行义务、拒不履行法定职责、技术监督、商品检验、海关等新类型案件也陆续起诉到法院，涉及面宽，审理难度大。全省各级法院加强对新情况、新问题的调查研究，严格执行行政诉讼法和有关法律法规，对涉及侵犯企业合法权益，增加农民不合理负担等行政案件，及时审理，并注意选择典型案件，搞好公开审理和公开宣判，扩大办案的社会效果。如乐至县205户农民告乡政府乱收费、乱摊派案。在县委、人大和政府的支持下，县法院依据《四川省农民负担管理条例》的规定，判决撤销乡政府的决定，责成其退还多收取的2万余元费用。宣判后，参加旁听的600余农民高呼“共产党万岁!”。乐至县委、县政府迅即采取措施进一步加强清理整顿工作，又纠正了农民不合理负担30余项，减轻农民负担300余万元，收到良好的政治效果和社会效果。在审结的行政案件中，维持行政机关的行政处理、处罚决定和原告撤诉的1365件，占审结总数的71.9%，撤销和变更行政机关处理、处罚决定的306件，占审结总数的16.1%，作其他处理226件，占11.9%。依法执行行政机关申请强制执行的案件12848件。通过审理和执行这些案件，既保护了公民、法人的合法权益，又教育他们遵守国家法律、法规，自觉履行法定义务；既监督和纠正行政机关的违法行政行为，又维护和支持了行政机关依法行政。

改进告诉申诉工作，加强审判监督。为切实保障公民、法人的诉讼权利和合法权益，全省各级法院在告诉申诉工作中，进一步推行、完善“立审分离”和“分级负责”的制度，重点加强基层的告诉申诉工作，强化审判机关的内部制约，加强了审判监督。全年共处理诉讼性质的来信和来访468120件(次)，处理非诉讼性质的来信来访162483件(次)，受理各类申诉案件8227件。工作中，坚持“以事实为依据，以法律为准绳”、“实事求是、有错必纠”的原则，对申诉案件进行了认真审理。对原判正确、当事人申诉无

理的，教育其服判息诉；对个别判决确有错误的案件，依法予以纠正。告申工作的加强，使大量问题解决在基层，群众越级投诉、重复上访大大减少，群众“告状难”的问题进一步得到了缓解。

五、加强法院自身改革和建设，提高司法水平

为了适应形势发展的需要，保障审判任务的完成，去年，全省各级法院进一步加强了法院自身改革和建设。

改进审判方式，健全工作制度。全省各级法院以严肃执法为核心，解放思想，实事求是，对不利于充分发挥审判职能作用的审判方式和工作制度积极进行改革。一是在民事、经济、行政诉讼中继续推行当事人举证责任制度的同时，一些法院还主动与检察机关协商，在刑事诉讼活动中，进行公诉人举证的试点，探索完善刑事审判制度的新路子。二是改进审理经济纠纷案件的办案方法，在一些法院建立了经济纠纷调解中心，提高了办案质量和办案效率。三是普遍建立了岗位责任制度和错案追究责任制度，增强了审判人员的工作责任感和事业心。四是在一些经济、技术开发区和三峡库区试建了一些专门法庭，审理土地开发、房屋搬迁、税务等方面的案件，主动提供法律保障和法律服务。

加强队伍建设，提高干部素质。去年，全省各级法院围绕建设一支“政治坚定、业务精通、工作勤奋、作风过硬、廉洁奉公”的干警队伍的要求，在队伍建设上主要抓了4项工作：一是组织干警认真学习邓小平同志南巡重要谈话和党的十四大文件，联系思想和工作实际，广泛深入开展讨论，解放思想，转变观念，清理与新形势不相适应的思维方式，改革工作方法，进一步增强贯彻执行党的“一个中心，两个基本点”的基本路线的自觉性和坚定性。二是继续采取学历教育和短期培训同时抓的“双轨制”办法，加强对干部的教育培训。目前，全省法院干警中，有大专以上文化程度的占50.3%，现在还有3800余名干警正在“法律业余大学”、“法官培训中心”和其他院校学习。三是加强领导班子建设。完成了第二期培训中、基层法院院长的任务，协助党委、人大、对各市、地、州、县（区）两级法院领导班子进行了考察，帮助解决了一些班子中存在的问题，为换届选举做了大量准备工作。四是加强廉政建设，做好教育防范工作。在全省法院开展了以廉政、勤政为主要内容的“人民法院为人民，人民法官爱人民”的活动，对1992年度全省法院执法执纪情况普遍进行了检查，对违法违纪事件进行了查处，严肃了纪律，纯洁了队伍。

加强物质建设，改善工作条件。全省各级法院在各级党委、人大和政府的关心支持下，物质建设有了新的进展，干警的工作和生活条件有所改善。

总结过去工作，联系加快改革开放和经济建设的新形势，我们认为，要做好人民法院的工作，必须进一步解放思想，处理好以下5个关系：

一是强化中心意识，正确处理全局和局部的关系。牢固树立以经济建设为中心的指导思想，自觉地把各项审判工作置于改革开放和经济建设的大局中，服从和服务于经济建设这个中心，充分发挥审判机关的职能作用，为改革开放和经济建设，提供法律保障和法律服务。

二是强化专政意识，正确处理“两手抓、两手硬”的关系。改革开放、经济建设必须有安定的政治环境和稳定的社会秩序。人民法院作为人民民主专政的重要工具，必须强化专政意识，在整个改革开放、经济建设的过程中，都要充分发挥专政职能作用，严厉打击各种犯罪活动，为改革开放、经济建设提供良好的社会环境。

三是增强改革意识，正确处理政策与法律的关系。深化改革开放的新形势下，新的情况和新的问题不断涌现，现成的法律还不完善，审判工作必须善于把执行法律与执行政策有机地结合起来，既要坚持严肃执法，又要重视政策的指导作用，把有利于解放和发展社会生产力，有利于改革开放，有利于维护政治稳定和社会安定，作为审判工作的出发点和最终目的，以此检验和推动法院工作。

四是强化服务意识，正确处理办案与主动服务的关系。法院为改革开放、经济建设服务，主要是通过审判活动来实现，但必须防止就案办案。要强化服务意识，在“主动”上下功夫，拓宽服务领域，搞好审判工作向前、向后延伸，扩大办案的政治效果、经济效果和社会效果。

五是强化民主和法制意识，正确处理专门工作与群众路线的关系。坚持民主与法制的统一，权利与义务的统一。要依法保护公民的民主权利和其他合法权益，也要教育群众，遵守法律、法规，自觉履行义务。依靠群众，接受群众监督，做好法院的各项工作。

过去几年，法院工作取得了很大成绩，摸索了一些为改革开放和经济建设服务的经验但也存在一些问题和困难，主要是：我们的思想还不够解放，法院工作与客观形势的发展还不相适应；对新形势下审判工作面临的新情况、新问题，系统调查研究不够，指导和监督工作还需要进一步加强；个别案件质量不高，有的案件审理时间过长，超过了法定期限；执行难的问题仍较突出，影响了办案的社会效果和经济效益；不少法院特别是一些基层法院办案经费不足，交通、通讯设施缺乏，影响了审判工作的正常开展。对于存在的这些问题和困难，我们要在今后认真加以解决。

各位代表，党的十四大提出的九十年代我国改革和建设的任务，给人民法院的工作提出了新的更高的要求。随着改革步伐加快，各种改革措施的相继出台，对外开放的扩大，以宪法为核心的适应社会主义市场经济发展的法律体系的建立，越来越多的社会关系需要运用法律手段来保障和调节，人民法院在国家政治生活、经济生活和社会生活中地位和作用将更加重要，审判任务将更加繁重、艰巨。全省法院要在党的十四大精神指引下，进一步解放思想，更新观念，坚定审判工作服从和服务于党的“一个中心，两个基本点”的基本路线的指导思想，通过全面开展各项审判工作，为改革开放、经济发展提供有力的法律保障和优质的法律服务。要继续加强刑事审判工作，坚持依法从重从快和从严惩处的方针，严厉打击严重危害社会治安和严重破坏经济的犯罪活动，积极参与社会治安综合治理，为改革开放、经济建设创造良好的社会环境。大力开展经济审判工作，引导和规范市场行为，促进社会主义市场经济体制的建立。加强民事、行政、告诉申诉等项审判工作，依法保护公民、法人的合法权益，支持和监督行政机关依法行政，加强法院自身的改革和建设，不断提高司法水平，为加快改革开放、经济建设作出新的贡献！

贵州省高级人民法院工作报告

——1993年1月8日在贵州省第八届人民代表大会第一次会议上

贵州省高级人民法院院长 谢锦汉

各位代表：

自省七届人大一次会议以来，全省各级法院在中共贵州省委的领导和省人大及其常委会的监督下，认真贯彻执行党的“一个中心，两个基本点”的基本路线，紧紧围绕经济建设这个中心，依照宪法和法律的规定开展各项审判工作，发挥了审判机关的职能作用。随着社会主义民主与法制建设的加强，特别是1992年，通过深入学习、贯彻邓小平同志视察南方重要谈话和党的十四大精神，各项工作有了新的、较大的发展。现将主要情况报告如下，请予审议。

一、坚决打击各种犯罪活动，为经济建设和改革开放创造良好的社会环境

（一）依法严惩严重刑事犯罪分子，维护社会稳定

社会和政治稳定，是改革开放和现代化建设的重要条件。5年来，全省各级法院认真坚持“一手抓改革开放，一手抓打击各种犯罪活动”的方针，持续不断地开展打击严重刑事犯罪活动的斗争，依法严惩了一大批刑事犯罪分子。全省法院共审结一审刑事案80968件，判决发生法律效力的人犯105768名，其中，属于杀人、抢劫、强奸、爆炸、放火、流氓、重大盗窃，以及反革命宣传、破坏等严重刑事犯罪分子48795名，他们中有29332名被判处五年以上有期徒刑、无期徒刑和死刑（包括死缓）。

为使“严打”斗争持续深入开展，打出实效，我们在加强对干警的思想教育，增强“严打”斗争的自觉性和坚定性的同时，进一步强化“严打”措施。对于重大恶性案件，实行提前介入了解案情，案件起诉后，依法快审快结。1992年，全省法院受理的一审公诉刑事案件，98%以上是在法定期限内审结的。全省各级法院还根据全省统一部署，坚持从实际出发，针对不同时期社会治安的突出问题，有准备、有计划地开展集中统一行动，1992年在全省范围内相继开展了“打流窜，追逃犯”，扫荡“车匪路霸”，反暴力性犯罪的4次统一行动，各地法院先后召开各种声势、规模不等的宣判大会500次，宣判处理案犯4824名，参加大会旁听群众共达500万余人次。通过开展统一打击行动，对于震慑犯罪，教育鼓舞和宣传发动群众同犯罪作斗争，起到了良好作用。

开展专项斗争和重点治理，是推动“严打”深入开展的一个重要方式。全省法院按照中央和省的统一部署，与政法其他部门密切配合，继续深入开展了反盗窃专项斗争，共依法判处盗窃罪犯7262名。对于那些破坏交通、通讯、电力设备、盗窃铁路、公路运输物资，盗窃国营、集体生产原材料和产成品，以及偷牛盗马，破坏农业生产的犯罪分子，坚决依法从严惩处，直至判处死刑。通过对这些案件的公开宣判，开展就案讲法，提司法建议，促进有关部门和单位立章建制，加强了防范措施。经过开展反盗窃斗争，使一直处于上升趋势的盗窃犯罪得到了遏制。拐卖、

绑架妇女、儿童的犯罪，是本省社会治安的一个突出问题。全省法院加强对这类案件的审判，共审结拐卖人口案1997件，比1991年增加了15.4%。许多法院把“人贩子”押到边远山区和发案地公开宣判，充分揭露犯罪分子拐卖人口的手段和罪行，提高了广大群众识别和抵制犯罪的警惕性。此外，各地法院还派员参与了全省统一组织的解救被拐卖妇女、儿童的工作。1990年12月，全国人大常委会《关于禁毒的决定》颁布后，省法院与省公、检、司联合下发了《关于当前办理毒品犯罪案件若干问题的意见》，推动了禁毒斗争的开展。1992年元月28日，安顺地区中级法院召开了禁毒专项斗争大会，处理29名毒品犯罪分子。继后，在“6·26”国际禁毒日前夕，贵阳、安顺两市，以及毕节、遵义、都匀、兴义、水城等地，分别召开了禁毒宣判大会，判处了一批毒品犯罪分子，其中判处死刑的就有9名，再次掀起了打击毒品犯罪的高潮。各地法院还通过张贴布告、禁毒宣传画等，教育广大群众与毒品犯罪作坚决斗争。

为了有力地打击和分化瓦解犯罪分子，各地法院认真执行惩办与宽大相结合的刑事政策，坚持宽严相济，区别对待。1990年7月和1992年2月，省公、检、法、司先后联合发布了《关于敦促犯罪分子在期限内投案自首的通告》、《关于敦促犯罪分子限期投案自首、坦白交代的通告》，各地法院深入宣传、贯彻《通告》精神，并选择宽严典型案例，召开不同规模的兑现政策宣判大会。在强大政策、法律攻势下，许多犯罪分子纷纷向公安、政法机关投案自首，受到从宽处理；不少作案后畏罪潜逃、拒不投案自首的犯罪分子，则被群众检举揭发而落入法网，依法受到从严惩处。

（二）坚定不移地打击经济犯罪，惩治腐败，维护市场经济秩序

依法严厉打击严重经济犯罪活动，不仅是深化反腐败斗争，推进廉政建设的需要，也是建立社会主义市场经济的迫切要求。全省法院坚持不懈地同经济犯罪作斗争。5年来，共审结各类经济犯罪案件12772件，判处经济罪犯17096名，经法院依法追缴赃款赃物和判处罚金、没收财产，为国家和集体挽回经济损失达1.3623亿余元。

近几年来，经济领域的犯罪情况日益复杂，犯罪分子作案手段更趋狡诈，犯罪数额逐步加大。据1992年的统计，全省法院受理的经济犯罪案件中，个人非法所得万元以上的罪犯318人，其中非法所得超过十万元的15人，比上一年度上升15.4%。而且，国家工作人员利用职务贪污、受贿、挪用公款的犯罪案件相当突出。针对上述情况，各级法院以打击贪污、贿赂犯罪为重点，坚决惩治腐败分子。突出抓好大案要案的审判，对犯罪数额特别巨大的案件和领导干部犯罪的案件，精心审理，排除干扰，依法严惩。与此同时加强了对偷税抗税、制造贩卖伪劣商品等犯罪案件的审理。1992年4月，最高人民法院和最高人民检察院发布了《关于办理偷税、抗税刑事案件具体运用法律的若干问题的解释》，省法院及时与省检察院、省公安厅、省税务局联合举行了新闻发布会，对学习、宣传、执行两高《解释》提出具体要求。并结合本省实际，对审判这类案件的一些具体问题加强了面上指导。各地法院结合宣判处理偷税、抗税罪犯，开展法制宣传，增强了公民、法人依法纳税的意识。1992年3月，省人民政府发出开展打击制造、贩卖假冒名优酒的专项斗争的通知后，省法院及时派出工作组，深入到遵义市、遵义县、仁怀县等地进行实地调查，督促有关法院抓好对这类案件的审理工作，并选择典型案件，大张旗鼓地宣判处理。如仁怀县荣碌宫酒厂贵阳经营部经理罗德明，伙同其妻夏长琴等人，从1988年6月至8月，制售假“茅台酒”41290瓶，非法经营额达331.9万余元，牟取暴利209.9万余元，系建国以来最大的一起制售假茅台酒案。省法院抓紧审理并依法报经最

高人民法院核准判处罪犯罗德明死刑，于1992年11月18日在遵义市召开宣判大会，对罗德明执行枪决后，最高人民法院召开了新闻发布会，对这起制售假冒名优酒判处死刑的典型案件作了介绍，全国各大报刊也作了报道。通过对这类案件的处理，有力地打击了制售假冒名优商品的犯罪活动。

与此同时，各级人民法院坚持打击经济犯罪既要坚决，又要慎重，务必搞准的原则，办理案件中力求做到犯罪事实清楚，证据确凿，严格区分罪与非罪、违法与犯罪的界限，为此，省法院和各中级法院采取举办培训班，专题研讨会，通报案例等方式，加强业务指导。邓小平同志视察南方重要谈话传达后，省法院在调查研究的基础上，按照“三个有利于”的标准，提出了当前处理经济犯罪案件中应注意的几个界限，强调要防止和克服用计划经济的观点看待市场经济条件下的经济活动，更好地发挥政策对法律的指导作用，注意依法保护企业在转换经营机制，逐步走向市场过程中行使的改革经营方式的自主权；依法保护企业及其厂长、经理、业务骨干勇于改革、敢闯敢试的积极性；依法保护依靠勤劳致富的经营者和承包人的合法权益；依法保护科研单位、科技人员大胆开拓技术市场，促进科技成果转化为生产力的积极性。对于罪与非罪界限一时难以划清，认识分歧的案件，加强请示汇报，宁可缓办，不可错判。一旦发现错判案件，坚持实事求是地依法予以纠正。这些规定，经报请省委批转各地贯彻执行，为全省各级法院依法及时正确地审理经济犯罪案件提供了明确、具体的依据。1992年全省法院判决的经济犯罪案件中，宣告无罪的22人，退回检察机关补充侦查的253件。从而既打击了犯罪，又保护了人民的合法权益和改革的积极性。

（三）坚持打防结合，促进社会治安综合治理

各级法院在“两打”斗争中，贯彻打防结合，标本兼治，重在治本的原则，在抓好打击这一手的同时，充分运用调节、保护、教育的职能，推进社会治安综合治理。基本实现了由偏重打击向打防结合的转变，由单纯惩处向教育挽救的转变，由就案办案向审治结合的转变。为贯彻落实全国、全省社会治安综合治理工作会议精神，1991年11月，省法院在镇远县召开了全省法院参与社会治安综合治理工作会议，共有13个人民法院和人民法庭介绍了运用审判职能，通过打击犯罪，化解纠纷，消除矛盾，防止激化，参与和推进社会治安综合治理的经验。会议进一步明确了在新形势下人民法院参与社会治安综合治理的任务，提出工作走上制度化、规范化的要求，推动了全省法院参与社会治安综合治理工作的进一步开展。

——各级法院不仅重视结合日常审判活动，开展以案讲法这个最经常最基本的法制宣传方式，而且更加注重组织审判人员广泛深入厂矿、企业或上街开展法律宣传、咨询活动，提供法律服务，受到群众的好评。

——少年法庭工作有了进一步发展。全省法院均设立了少年刑事犯罪审判机构，组成了有243名审判人员、416名特邀陪审员的审判少年刑事案件的队伍，做到凡少年刑事犯罪案件均由少年庭审理。在审理中立足教育挽救，寓教于审，惩教结合；判决后做好延伸教育考察工作，落实帮教措施。

——根据中央政法委的统一部署，在部分基层基础工作较好的城市，对一般刑事犯罪开展“适当多判一些缓刑”的试点工作，并加强对判处缓刑、管制和免刑人员的回访考察；通过依法做好减刑、假释工作，配合有关部门加强对服刑犯人的教育改造，维护劳改场所的监管秩序。1992年，全省法院共对9457名服刑犯人依法予以减刑或假释，减刑、假释面为15.6%，比1991年提高了1.19个百分点。

——针对办案中发现的问题，向有关单位提司法建议，帮助建章立制，加强防范，这方面工作更加完善和经常化。1992年，全省

各级法院结合审判活动，向各级党政领导、社会治安综合治理领导机构及有关单位、部门共提出司法建议1200余件。这些司法建议普遍引起了重视，采取了相应改进措施，从而预防和减少了犯罪发生。

二、大力加强经济审判工作，依法调节经济关系，为发展生产力服务

随着改革开放的逐步深入，商品经济的发展，各种经济交往不断扩大，人民法院经济审判工作任务日益繁重而艰巨。5年间，全省法院共受理各类一审经济纠纷案49579件，审结47716件，解决争议标的金额9.78亿元，案件受理数、审结数和标的金额均比1988年以前的5年有较大幅度的增加。尤其是近两年来，在党的十三届七中、八中全会，中央工作会议，邓小平同志视察南方重要谈话精神指导下，全省各级法院进一步牢固树立为改革开放和经济建设服务的观念，强化服务意识，拓宽服务领域，充分运用法律手段参与调整经济关系，促进生产力的发展。

各级法院在开展经济审判工作中，努力适应加快经济建设和改革开放的要求，加强处理承包、租赁、股份经营等案件的工作，促进企业经营机制的转换；加强对购销、借款、专利、商标、股票等案件的审判，促进商品市场、资金金融市场、技术市场、房地产市场的培育和发展，促进社会主义市场经济新体制的建立；审理好涉外和涉港澳台案件，依法保护中外当事人的合法权益，为外商和港澳台投资者创造良好的法制环境。对于这些案件，坚持做到及时立案、及时审结、及时执行。例如黔南州中级法院为了促进企业转换经营机制，针对都匀市运输公司实行单车承包的462名驾驶员中，有262人长期拖欠承包费共309万元，造成公司经营困难的情况，主动深入该公司开展依法清收承包费的专项审判，一个月就帮助收回拖欠承包费94万元。1992年，省法院优先受理了两件争议标的金额达数百万元的借款合同纠纷案件，分别只用十几天时间就及时审结。为帮助企业摆脱债务困境和改善经营活动，各级法院积极开展“依法收贷”、清理“三角债”等专项服务。早在1989年初，省法院与省农业银行联合下发了《关于依法清收农村信贷资金的联合通知》，各地法院积极配合银行、信贷部门，广泛开展“依法收贷”活动，当年受理借款合同纠纷案达8584件，为有关单位收回逾期信贷资金8262.39万元。1992年上半年，平坝县法院组织3个巡回法庭，分赴7个省、市，帮助本地企业清理“三角债”，通过就地审理，克服了重重困难，在40天内收回149.5万元贷款；盘县特区煤炭工业公司在外债权一度高达700余万元，多次催讨无效，生产经营陷入困境，特区法院及时立案受理该公司的起诉，于1992年6月，派出有经验的审判人员组成办案组，赴四川有关县、市开展审理工作，经过大量艰苦努力，与当地企业一道理顺了“三角债”关系，经调解，当地10个债务单位与煤炭工业公司达成了在年内清偿拖欠的473万余元煤炭款的协议，使这个企业恢复了生机，促进了生产的发展。各级法院努力拓宽服务领域，抓好职能的延伸，把案内服务与案外服务、超前服务与延伸服务结合起来，主动到厂矿、企业开展调查研究，排查纠纷，受理案件；帮助企业清理和审查合同，提供法律咨询，为企业培训经营管理干部和业务人员；在企业设立司法联络员；召开厂长经理座谈会，加强同企业的联系，及时确立服务的内容、重点，提高服务水平。这些措施和做法，对于增强企业在经济活动中的自我防护能力，提高依法经营管理水平起到了积极作用。

近几年，由于各方面的原因，经济、民事案件判决生效后得不到执行的现象较为普遍。为了改变这一状况，各级法院从加强自身工作入手，深化认识，建立和健全执行机构，完善有关执行的规章制度，不断强化执行的措施。特别是1992年，省法院把加强执行工作，进一步解决“执行难”的问题作为法院工作的重点之一，召开专门会议研究部署，在全省范围开展集中时间、集中力量、集中案件的“三集中”统一执行行动。各地法院在认真清理执行案件底数的基础上，根据任务情况，制定执行方案，紧密依靠党委、人大、政府的领导和支持，通过由党政领导发表电视或广播讲话、召开新闻发布会等形式广泛开展法制宣传教育，促使被执行人自动履行义务。对那些具有履行能力，故意拖赖，拒不履行的当事人果断适用法律规定的扣押、查封、公开拍卖其财产等强制执行措施，维护债权人的合法权益。对暂无履行能力但确有发展前途的企业债务人，则本着“蓄水养鱼”的原则，适当放宽履行期限，增强其还债能力。通过采取以上措施，使当年和历年积存的老大难未结案绝大多数得到了执行。据统计，1992年，全省法院共执行各类案件18721件，执行标的金额1.41亿元，执行案件数比1991年上升17.38%，执行率提高5个百分点。执行工作实现了由被动到主动的转变，逐步走向经常化、制度化，较好地保护了当事人的合法权益，维护了法律的严肃性。

三、认真抓好民事审判工作，保护公民、法人的合法权益，维护社会安定团结

几年来，民事案件一直在法院受理的案件中处于首位，占80%左右，涉及政治、经济、社会生活各个方面，反映了各方面利益的矛盾和人们思想观念的冲突。处理好坏，直接关系着经济发展和社会稳定，关系着人民群众的切身利益。各级法院坚持民事审判工作为党的基本路线服务的指导思想，努力增强全心全意为人民服务，严格依法办事和群众路线的观念，在民事收案逐年递增，任务加重的情况下，奋发努力，开拓进取，依法审结了大量民事案件。据统计，在过去的5年里，全省法院共受理一审民事案216250件，审结215138件，案件受理数和审结数分别比1988年以前的5年上升了66.34%和69.7%。

各级法院在开展民事审判工作中，突出工作重点，致力于发展经济，维护社会稳定，促进社会主义精神文明建设。首先，对在治理整顿和深化改革过程中发生的财产权益争议，诸如对企业所有制性质确认的争议，生产销售伪劣商品引起的纠纷等，优先受理，积极慎重地处理，以维护正常的经济秩序，促进经济的发展。省法院配合贵阳市中级法院对此作出专题总结，由最高人民法院在第五次全国民事审判工作会议上作为典型经验印发。在民事案件中，婚姻家庭纠纷最多，占50%上下，各地法院本着保护婚姻自由，保护妇女、儿童和老人的合法权益，维护社会主义婚姻家庭制度的原则，依法及时地处理，同时注意防止一些当事人通过搞假离婚逃避债务，逃避计划生育。针对我省少数民族婚姻的特点，省法院在大量调查研究和广泛征求有关方面意见的基础上，制定下发了《关于正确处理少数民族离婚案件的意见》，得到了最高人民法院的肯定。随着商品经济的发展，民间借贷增多，并呈现由生活急需转向生产经营性借贷的趋势，诉讼到法院的债务纠纷逐年上升，目前已居民事收案的第二位，审理这类案件政策性强，既要依法保护债权人的合法利益，又必须对高利盘剥，以及私自非法扣押、抢夺他人财物追索债务的违法行为依法给予民事制裁；对以“约会”进行诈骗的违法犯罪活动，依法予以打击。省法院于1990年和1992年先后提出《关于审理民间借贷案件的试行意见》和《关于盘县地区“高息约会”情况的调查及对策意见》，后者经省委政法委转发各地参考，为各地法院正确及时地处理借贷案件，区分合法与违法行为提供了具体的依据。各级法院从维护安定团结出发，把民事审判当作群众工作、政治思想工作、法制宣传工作来做，对影响生产发展和群众生活的矛盾易于激化的山林、土地、损害赔偿等各种冲突和纠纷及时调处，采取有效措施化解，做好疏导工作，从而增

强了团结，消除了不安定因素。

人民法庭是基层法院的派出机构，承担着80%以上的民事审判任务，法庭工作做好了，民事审判工作就主动了。近几年，我们始终把加强人民法庭工作作为一项重要工作来抓。1988年召开了全省人民法庭工作会议，研究提出了新时期人民法庭的工作任务以及组织、制度建设的措施，从而推进了法庭的建设。1989年，省法院经调查研究，报请省人大常委会批准颁布了《贵州省人民法庭工作条例》，使人民法庭工作纳入法制化轨道。全省人民法庭坚持巡回就地办案，方便群众诉讼，审结了大量纠纷。同时加强对基层调解组织的业务指导，把大量的民事纠纷解决在基层，消化于萌芽状态。

四、认真贯彻执行行政诉讼法，全面推进行政审判工作

全省行政审判工作起步早，1987年即在各级法院建立了行政审判庭。1990年10月1日《中华人民共和国行政诉讼法》正式实施前，工作重点是学习行政诉讼法，完成对审判人员的业务培训；广泛宣传行政诉讼法，增强行政机关依法行政观念和公民、法人、其他组织行政诉讼意识；在积极稳妥开展行政审判的同时，选择10个基层法院进行试点，按照行政诉讼法的规定审理了一批案件，积累了一些经验。由于准备工作扎实和党委、人大重视，行政诉讼法施行以来，全省法院行政审判工作有了长足发展，一审行政案件以年均34.53%的速度递增。1992年共受理1665件，案件类型也由过去的治安、土地等少数类型扩大到几十个行政执法领域。

各级法院认真贯彻执行行政诉讼法，本着既维护和监督行政机关依法行使职权，又保护公民、法人和其他组织的合法权益的原则，精心审理各类案件。治安行政案件占全部收案的23.03%，数量多，情况复杂，处理好这类案件对维护社会秩序的稳定具有重要意义。审理中，我们从我省治安状况出发，坚持治安管理从严的原则，对公安机关认定基本事实和基本证据清楚，定性准确，程序合法的都予以维持。土地行政案件占收案的27.47%，在改革开放的形势下，新情况、新问题很多。各级法院认真执行政策法律，充分运用审判职能支持行政机关依法管理土地，维护其对非法占地建房，非法买卖和转让土地，非法在耕地上挖土、采石等违法行为作出的合法处罚，保护国有土地不受侵犯。林业行政案件大幅度上升，已占收案的25.72%，我们从保护国家森林资源出发，支持行政机关就盗伐滥伐林木、伪造或盗卖林木采伐许可证和木材运输证件等违法当事人作出的行政处罚和决定。还依法审理一批计划生育行政案件，促进基本国策的贯彻实施；慎重处理一批城市房屋拆迁行政案件，维护行政机关对城市建设的统一规划和科学管理。与此同时，妥善处理一批乱罚款、乱收费、乱摊派和涉及企业用工权、人事管理权等行政案件，维护企业深化内部改革，转换经营机制的自主权，维护公民、法人和其他组织的合法权益。对审理案件中发现的问题，各级法院除依法纠正外，还主动向有关行政机关通报情况，提出建议，以引起行政机关重视和改进。为了掌握新形势下行政审判工作的主动权，各级法院还深入企业和行政机关提供法律咨询服务，帮助其理顺行政法律关系，在行政机关设立行政司法联络员，征询了解对行政诉讼的需求和意见，使行政审判工作路子越走越宽，效果越来越好。

五、加强和改善执法活动，提高执法水平

严肃执法是审判工作的核心，是加强社会主义法制的保证。为了正确执行法律，提高执法水平，使各项审判工作纳入法制化、规范化的轨道，省法院在每年安排部署工作时，始终把严肃执法，加强和改善执法行动，作为法院工作的基本任务和要求之一。教育和引导干警强化严肃执法意识，正确处理政策和法律的关系，认真克服和纠正各种于法不符的陈旧观念和做法，既要严格执行实体法，又要严格执行程序法。为保证在办案的各个环节都严格执行法律程序和制度，省法院先后制定了关于刑事、民事、经济审判工作的规范化、制度化的试行意见。与此同时，积极开展审判方式的改革，坚持以公开审判为重心，努力提高庭审质量；坚持“谁主张、谁举证”的原则，依法强调当事人的举证责任；坚持依法调解与及时判决相结合，既防止草率下判，又防止久调不决；坚持便民利民原则，积极开展巡回办案就地审判，开展诉前调解和诉前服务；注重适用民事诉讼法新规定的督促程序，采用支付令形式尽快解决纠纷等。这些措施和作法，对于提高办案质量和效率，扩大办案的社会效果起到了积极作用。

为了做到严格执法，必须强化监督制约机制。从1989年以来，全省各级法院陆续成立了告诉申诉审判庭，把信访接待职能由过去的行政性质纳入审判工作轨道。建立案件立审分离制度，实行专庭或专人负责审查立案，改变了过去自收自立自审的情况，有利于防止“关系案”、“人情案”的发生。健全完善了分级负责处理申诉案件的制度，加强了审判监督工作。认真实行和完善“两公开、一监督”制度，接受人民群众和社会各界的监督。同时，坚持开展了一年一度的执法执纪大检查，采取自查、互查、上级法院抽查等形式，对审结的各类案件从认定事实、适用法律、定性处理直到程序制度等方面进行全面检查。对检查中发现的问题，及时查明原因，制定整改措施。近年来，本省部分法院还试行了错案追究制度，增强了审判人员的责任心，提高了办案质量。

紧紧依靠党的领导，认真接受人大监督，这是我国社会主义司法制度的重要特征，也是人民法院严肃执法的根本保证。全省各级法院正确认识和处理依靠党委领导、人大监督与依法独立行使审判权的关系，对涉及方针、政策、工作部署和审判工作中的重大问题，及时向党委、人大请示报告，自觉接受党委领导和人大监督。1991年11月，省人大常委会决定组织人大代表对“一府两院”工作进行评议。这项工作在南明区法院和清镇县法院先行试点的基础上，在全省各地逐步扩大了评议法院的范围。评议工作中，人大代表本着实事求是、认真负责的态度，对法院的执法情况、案件质量和廉政建设作出了客观公正的评价。同时，明确指出了有关法院在执法和廉政方面存在的问题和不足。并有针对性地提出了改进的意见和建议。省法院认真协助和督促被评议法院自觉接受监督，对评议中提出的问题，积极主动地加以纠正，并从中总结经验教训，制定整改措施，抓出成效。通过评议，进一步增强了法院干警的执法意识，公仆意识和接受监督意识，对提高法院执法水平，加强廉政建设，密切与人民群众的联系起到了积极作用。

六、加强法院自身建设，提高队伍的整体素质

为了适应改革开放和现代化建设的需要，肩负起日益繁重和艰巨的任务，各级法院始终把自身建设放到重要位置。认真贯彻从严治院、从严治警的方针，大力加强思想组织建设、廉政建设、业务建设、物质建设，不断提高队伍的整体素质，改善执法条件。

在思想建设方面，把学习马列主义、毛泽东思想，学习邓小平同志关于建设有中国特色社会主义的理论放在重要地位。除坚持日常的学习制度外，还组织骨干到党校进行理论培训。党的十四大召开后，省法院迅速下发了学习贯彻十四大精神的通知，强调要用邓小平同志建设有中国特色社会主义的理论，统一法院干警的思想和行动，提高坚持党的基本路线的自觉性和坚定性。各级法院在加强政治理论学习的同时，运用多种形式向广大干警进行了形势教育，宗旨教育，纪律和职业道德教育。从1991年起，全省法院

系统还开展了争创“优秀人民法庭、优秀审判员、优秀书记员、优秀工作者、优秀基层法院院长”的活动，涌现出一批以张启仁烈士为代表的先进典型。1992年2月，省法院隆重召开了全省法院系统“五优”表彰大会，对在法院工作中做出显著成绩的41个先进集体和84名先进个人大张旗鼓地宣传表彰。

在廉政建设方面，全省各级法院本着从严治院、严格纪律、严格管理的要求，建立健全各项监督、检查、廉政、勤政制度。从制度上扩大执法活动的透明度，聘请有关部门的同志担任廉政工作监督员，对法院廉政建设情况进行监督。加强纪检、监察队伍建设，充分发挥纪检、监察工作的职能作用。1992年5月，省法院召开了全省法院纪检监察工作座谈会，着重研究解决干警违法违纪问题。我们强调在总体上肯定法院这支队伍的同时，必须清醒地看到，在扩大改革开放的条件下，商品交换原则向执法领域渗透，我们有些干警经不起考验，有的徇私枉法，收受贿赂，办“关系案”，“人情案”；有的酗酒赌博；有的道德败坏，腐化堕落，严重损害了社会主义法制的权威，败坏了人民法院的声誉。必须下决心认真解决，决不能让这些痈患滋长发展。为此，我们抓住严重违法乱纪的典型案件，通报全省法院，作为反面教材，使更多的人从中接受教育。1992年，全省法院共查处干警违法违纪案47件，其中，受到党纪政纪处分的41人，受到法律制裁的6人。为了纯洁法院队伍，各级法院按照中央六部委和省委关于清调工作文件的规定，在有关部门的配合下，认真开展清理调离工作，取得了进展。

在领导班子建设方面，着重抓了法院换届选举的准备工作。省法院召开了专门会议进行安排部署，并会同省委组织部联合下发了黔高法发（1992）25号文件，要求各地法院协助党委按照干部“四化”方针和德才兼备的原则，对下一级法院院长人选进行全面考察、考核，力求选准、选好各级法院院长。同时，我们结合换届工作，配合党委和人大，对部分中级、基层法院领导班子进行了调整充实，并加强了后备干部队伍建设。

在业务建设方面，着力抓好教育和职业培训。经过几年的不懈努力，全省法院基本建立了以法院业余法律大学为主体的多层次、正规化的干部教育培训体系。全省法院干部的文化程度和专业结构有了明显改观，具有大专文化程度的干部比例从1987年的12.7%上升到1992年的34.1%。1988年以来，在国家教委、省教委的重视支持下，法院业大共培养出大专文化程度的干部1369人，占我省法院系统具有大专以上文化程度干部总数的79%，成为法院干部教育培训工作的主渠道。各级法院还有计划、有步骤地选送干部到各级党校和中国高级法官培训中心学习；积极鼓励法院干部通过电大、函大、成人自学、以大专为起点的本科段学习等形式提高业务素质。1992年11月，贵州省法官培训中心正式开学，担负起法院干部的岗前培训、岗位培训和资格培训任务，首期培训班培训了各级法院的民事、经济干部90余人。

在物质建设方面，各级法院的审判法庭和人民法庭建设，在各级党委、人大、政府的高度重视和财政、计委等有关部门的大力支持下，取得了显著进展，在全国边远贫困省（区）中名列前茅，为此，1992年9月，最高人民法院在本省召开了全国法院“两庭”建设会议，与会代表一致肯定了我省“两庭”建设的成绩和经验。

回顾过去的5年，全省各级法院在各级党委的领导和人大的监督下，认真履行宪法和法律赋予的职责，各项工作取得了显著成绩。但是，从党和人民的要求以及形势发展的需要看，还有不小差距，问题不少。主要是：工作发展不平衡，有些领导同志思想认识落后于客观形势，为改革开放和经济建设服务的意识不强，工作起色不大；一些地方存在执法不严的情况，有的案件审结超时限，或事实不清，适用法律不当，在量刑上存在畸轻畸重的现象；有的干警在发展社会主义市场经济条件下，经不起考验，违法乱纪甚至走上犯罪道路，损害了人民法院的形象。此外，客观上不少法院人力不足，物质装备差，办案经费困难，也制约了工作的开展。

各位代表：党的十四大和省委六届八次全委扩大会议对人民法院的工作提出了更多更高的任务要求。全省各级法院要在省委的领导和省人大及其常委会的监督下，认真贯彻落实十四大和省委六届八次全委扩大会的精神，用邓小平同志关于建设有中国特色社会主义的理论武装广大干警的头脑，认真贯彻执行党的基本路线，进一步解放思想，实事求是，按照全国政法工作会议和第十六次全国法院工作会议的部署，全面加强审判工作，提高执法水平，维护社会稳定，更好地为建立社会主义市场经济体制，为加快改革开放和现代化建设，提供有力的法律保障和法律服务。工作重点是：

充分运用法律手段，调整经济关系。要特别注意依法及时处理涉及转换国营大中型企业经营机制，加快市场体系培育，深化分配制度和社会保障制度改革，转变政府职能过程中发生的各类案件，有效地调节、制约、引导经济、民事、行政行为，改善改革开放的法制环境，促进社会主义市场经济发展。

坚持“两手抓、两手硬”的方针，继续深入开展“严打”斗争，对严重危害社会治安的犯罪分子，坚决贯彻从重从快的方针，依法严惩；充分运用审判职能，推进社会治安综合治理；坚定不移地打击经济犯罪活动，严格划清罪与非罪界限，处理好打击与保护的关系。

进一步解放思想，更新观念，加强法院自身的改革和建设。积极研究探索经济技术开发区法院机构的设置和在经济较发达的城市或商业繁华区设立房地产、保护消费者合法权益等专业审判庭的问题，为开发建设创造良好的司法环境；加强审判方式的改革，完善内部管理机制，积极推行错案追究制度，提高审判水平；加强思想教育和业务培训工作，强化廉政措施，提高队伍战斗力；继续加强两庭建设，改善执法条件，使之适应加快改革开放和现代化建设的需要。

云南省高级人民法院工作报告

——1993年5月2日在云南省第八届人民代表大会第一次会议上

云南省高级人民法院院长　邱创教

各位代表：

现在，我代表云南省高级人民法院，就省七届人民代表大会第一次会议以来全省法院的主要工作向大会报告。

省第七届人民代表大会第一次会议以来，全省各级人民法院在中共云南省委的领导下，在省七届人民代表大会及其常务委员会和最高人民法院的监督、指导下，在各级人民政府和政法各部门的大力支持和积极配合下，坚持党的基本路线，坚持审判工作为改革开放和经济建设服务的方向，解放思想，更新观念，实事求是，艰苦奋斗，忠实地执行宪 法和法律，努力提高执法水平，以审判为中心的各项工作正一步一个脚印，不断向着新的高度迈进。从1988年到1992年的5年间，全省法院共依法受理（含旧存，下同）刑事、民事、经济、行政一审案件356622件，审结339681件，年平均结案率95.25%；受理各类二审案件37247件，审结36733件，年平均结案率98.62%。其中1992年受理刑事、民事、经济、行政一审案件78902件，审结75881件，结案率96.17%；受理各类二审案件8403件，审结8257件，结案率98.26%。为全省的政治稳定和经济发展，保障公民、法人的合法权益，保护和促进改革开放的顺利进行作出了积极的贡献。

一、坚持从重从快，依法严厉打击严重刑事犯罪活动，积极参加社会治安综合治理，为改革开放和经济建设创造良好的社会环境

打击敌人，保护人民，惩治犯罪，是人民法院的重要职能。由于阶级斗争在一定范围内的存在，由于诱发刑事犯罪的各种社会矛盾的存在，近年来，全省法院受理的刑事案件逐年上升。刑事犯罪活动的猖獗，严重地危害了人民群众生命财产的安全，破坏了改革开放的顺利进行。对此，全省法院坚决贯彻从重从快方针，依法狠狠打击各种刑事犯罪活动。从1988年到1992年，全省法院共依法审结一审刑事案件83704件，其中1992年审结19874件；审结二审刑事案件12115件，其中1992年审结2645件；5年共依法判处刑事案犯139904人，其中1992年判处33587人。全省法院依法严惩刑事犯罪活动的斗争重点抓了以下工作：

1. 依法严厉打击毒品犯罪活动，积极参加禁毒斗争。近年来，在党中央、国务院和省委、省政府的统一领导和部置下，全省的禁毒斗争取得了举世瞩目巨大的成绩，毒品犯罪猖獗的势头得到了有效的遏制。但是由于本省毗邻世界毒品主要产地“金三角”，国际贩毒集团和贩毒分子无视我国法律，千方百计向本省进行毒品渗透；国内少数不法分子在高额利润的诱惑下，也不惜以身试法，铤而走险，走私、贩卖毒品。毒品犯罪的肆虐，诱发了多种犯罪，毒化了社会风气，危害了人民群众的身心健康，已成为影响全省改革开放和经济建设的破坏性因素。对此，全省各级人民法院从国家兴衰、民族兴亡，子孙祸福，改革成败的高度，坚决贯彻执行中共云南省委“毒品一日不绝，禁毒斗争一日不止”的正确决策，始终不渝地坚持把依法严惩毒品犯罪放到重要位置。5年来，全省法院共依法审结毒品犯罪案件8641件，依法判处毒品犯罪分子11191人，其中判处死刑（含死缓）、无期徒刑2239人，判处五年以上有期徒刑4114人，判处不满五年有期徒刑4204人，其它处罚634人。1990年底全国人大常委会《关于禁毒的决定》的颁布施行，使全省法院依法严惩毒品犯罪有了新的法律武器。由于《决定》确定了一些新的罪名，而且《决定》所规定的量刑标准较之《刑法》要严厉得多，所以1991年以后起诉到法院的毒品案件猛增。1992年，全省法院共依法受理毒品犯罪案件3008件，比1988年受理1225件上升145.55%；1991年和1992年，经省法院审理和核准的毒品犯罪死刑（含死缓）案件是《决定》施行前8年的2倍多。面对成倍上升的毒品犯罪案件，全省各级法院克服人力不足、财力紧张的困难，广大干警顽强拼搏，加班加点，及时依法审理，狠狠打击毒品犯罪的嚣张气焰。为了不断地把禁毒斗争推向深入，动员全省人民人人关心禁毒斗争，人人支持禁毒斗争，人人参加禁毒斗争，人人宣传禁毒斗争，造成声势，打出声威，从1990年6月26日国际禁毒日3周年和纪念鸦片战争150周年起，在省委、省政府的统一领导和部署下，全省法院精心组织，周密安排，连续3年6次统一行动，在全省各地召开数百场大规模的禁毒宣判大会，公开宣判和依法处决了500多名毒品犯罪分子，当众销毁毒品1万多公斤，再现了当年“虎门销烟”的壮景，充分显示了党和政府禁毒的决心。近年来，文山州平远地区毒品犯罪十分严重，为配合省委、省政府对平远地区毒品犯罪的“严打”斗争，省法院及时发出通知，要求全省法院坚守岗位，严阵以待，随时准备支援；省法院和文山州两级法院派人直接参加了平远地区的“严打”战役。1992年10月14日和11月12日，省法院两次到平远街就地公开宣判，依法对林洪恩、王粉英等13名重大毒品犯罪分子宣判并执行死刑，判决没收和查封了毒品犯罪分子的非法所得财产，一举摧毁了毒品犯罪分子多年经营的“毒巢”，大快人心，大得人心，在国内外都引起了强烈的反响，受到了国内外舆论的普遍赞誉。

2. 依法严厉打击严重危害社会治安秩序的刑事犯罪活动，维护社会稳定。改革开放和经济建设需要安定团结的政治局面，需要良好的社会秩序和法制环境。但是由于本省地处边疆，国际环境复杂，近年来，侵犯公民人身权利和财产权利、严重危害公共安全的刑事犯罪案件居高不下，杀人、爆炸、强奸、抢劫、盗窃、拐卖人口、非法买卖枪支弹药等恶性案件都有较大幅度的上升。面对严峻的治安形势，全省各级人民法院始终坚持“严打”，不敢稍有松懈。一是增强专政意识，强化对敌专政职能，运用法律武器，保卫和巩固人民民主专政。5年共审结反革命案件150件，依法判处反革命犯罪分子247人；审结1989年春夏之交政治动乱中刑事犯罪案件17件，依法判处犯罪分子19人。二是坚持从重从快，对起诉到法院的刑事犯罪案件及时审理，依法该重判的坚决重判，法不容留的坚决依法判处死刑，遏制恶性案件增长的势头。原云南第四机器厂工人陈德平因违反厂规受到处分。1992年3月24日中午，陈犯驾本厂工具车在楚雄市闹市区横冲直撞，当场撞死9人，撞伤25人（其中6人重伤），撞坏自行车26辆、警车1辆。此案从楚雄州中级法院一审到省高级法院核准并交付执行死刑只用了5天时间，及时惩处了罪犯，平息了民愤。三是针对各地不同时期某类犯罪案件突出的情况，开展集中打击和专项斗争。全省法院按照中央的部署，先后开展了扫“六害”斗争和反盗窃斗争；文山、红河等地法院开展了打击盗窃破坏水利电力军用通讯设备和车匪路霸的斗争；昭通、思茅地区两级法院开展了打击拐卖妇女的斗争。四是对直接影响到改革开放顺利进行、危害工农业生产发展、破坏人民群众正常的生产和工作秩序的犯罪案件快审快结，依法公开宣判，及时打击、震慑和遏制犯罪。从1988年到1992年，全省法院共依法判处故意杀人犯3019人，故意重伤害犯6234人，抢劫犯10325人，盗窃犯42369人，强奸犯5156人，流氓犯2357人，爆炸犯258人，非法制造买卖枪支弹药犯664人，拐卖人口犯4515人，狠狠打击了犯罪，维护了社会稳定。

3. 依法严厉打击经济犯罪活动，维护社会主义经济秩序。改革开放和经济建设，必须继续依法打击经济犯罪，为社会主义市场经济体制的建立扫除障碍。1988年以来，全省法院遵照党中央的指示和省委的部署，坚持“一要坚决，二要慎重，务必搞准”的方针，依法严厉打击经济犯罪活动。全省法院看到，贪污贿赂犯罪不仅败坏了党和政府的形象，破坏了党与群众的密切联系，而且危害了社会主义经济建设的顺利进行，是腐败作风最为突出的表现，广大人民群众对此深恶痛绝。1988年特别是“两高”《通告》发布以来，全省各级人民法院坚持把依法严厉打击贪污贿赂犯罪放在打击经济犯罪的首要位置。对贪污贿赂犯罪分子，不管职务多高，审理难度多大，只要事实清楚，证据确凿，又不具备从轻和减轻情节，坚决严惩不贷。从1988年到1992年，全省法院共依法审结贪污贿赂案4228件，判处罪犯5231人。其中判处死刑（含死缓）、无期徒刑33人。为维护社会主义经济秩序，从1988年到1992年，全省法院共依法审结诈骗公共财物、偷税抗税、伪造国家货币和盗伐滥伐林木案2186件，判处罪犯2763人。1992年，昆明、玉溪、大理等地法院积极配合“打假”斗争，依法审结假冒商标案17件，判处罪犯31人。5年通过追缴赃款赃物、没收财产、判处罚金等法律手段，为国家、集体挽回经济损失2亿多元。曾经引起社会各界关注的原昆明市西山区食品公司黑林铺门市部主任李兰珍和昆明市肉类联合加工厂司磅员刘桂芬等人合伙贪污374.93万元的“肉老虎案”，近期经省法院二审，依法判处李兰珍、刘桂芬死刑(待报请最高人民法院复核)。在改革开放新形势下，为了正确贯彻执行“三个有利于”的标准，准确打击经济犯罪，防止误伤好人，全省法院经过大量调查研究，针对企业管理人员和科技人员的经济犯罪案件，提出了区分罪与非罪的界限：对法律和政策规定不明确的，慎重处理；对大胆改革，但工作中有失误的，不以犯罪论处；对一贯表现好，或有突出贡献、认罪态度好的，依法从宽处理，需要判刑但属于生产经营或科研工作特殊需要的，依法判处缓刑；对确实不构成犯罪的，依法宣告无罪。省法院提出的上述界限对正确审理经济犯罪案件起到了重要的指导作用。西南有色地质勘查局313队助理工程师夏恒在本队生产不景气、处境窘迫的情况下，根据队领导的号召，“找米下锅”，主动为本队联系到总造价260多万元的自来水引水承建工程，使本队盈利23万余元。夏恒按本队规定分得信息费8000元。人民法院对夏恒受贿案审理后认为，被告人夏恒的行为符合“三个有利于”，不具有社会危害性，不构成犯罪，依法宣告夏恒无罪，保护了科技人员的合法权益，取得很好的社会效果。

4. 结合审判工作，积极参加社会治安综合治理。1988年以来，全省法院在认真搞好各项审判工作的同时，充分发挥优势，积极参加社会治安综合治理，把参加综合治理作为法院的工作任务之一认真予以落实。全省法院参加社会治安综合治理主要从以下10个方面入手：一是坚持从重从快方针和审判公开原则，依法严惩各种刑事犯罪分子，充分显示人民民主专政的强大威力，震慑犯罪，动员广大群众积极与刑事犯罪作斗争。二是通过审理民事、经济、行政案件，妥善处理告诉申诉，及时正确处理人民内部矛盾，防止矛盾激化。三是充分利用新闻媒介及采取印发张贴布告、编写典型案例材料、开展法律咨询等形式，宣传社会主义法制，教育公民自觉遵纪守法。四是主动配合政法各部门特别是基层调解组织，深入村寨、街道、工厂、工地及时调处纠纷，把刑事犯罪消灭在萌芽状态。五是针对案件审理中发现的问题，积极开展司法建议，促使有关单位采取措施，完善制度，堵塞漏洞，防止违法犯罪。六是针对青少年犯罪增多的实际，采取寓教于审、惩教结合、注重疏导等特殊审判方式审理好青少年刑事犯罪案件，促进青少年刑事犯罪分子认罪悔过，改邪归正。七是认真审理好减刑、假释案件，实事求是地搞好减刑、假释工作，促使在押罪犯加强改造，争取新生，做对社会有益的人。八是做好对判处缓刑、免刑、管制人员及减刑、假释人员的回访考察，主动协助公安、劳改和基层组织搞好对犯罪分子的思想改造。九是派出人员到学校、工厂、社会团体讲法制课，与有关单位共同落实依法治厂和农村依法治村。十是加强法院内部的治安管理和人员管理，教育全体干警做遵纪守法的模范，自觉作群众的表率。从1988年到1992年，全省法院共依法办理减刑48041人，假释2542人；召开较大规模的宣判大会3762场次，依法宣判刑事案件18524件，宣判案犯32138人，1400多万各界群众参加了旁听；印发、张贴布告、宣传材料约两千万份。通过上述工作，对全省社会治安综合治理发挥了积极的促进作用。

二、认真搞好民事、经济、行政审判，妥善处理告诉申诉，努力为改革开放和经济建设提供更多的法律保障

1. 及时审理民事案件，化解社会矛盾，调动积极因素。民事权利是公民、法人的一

项基本权利。随着经济的发展和法制的逐步完善，公民之间、法人之间，公民、法人和其它组织之间的民事交往越来越频繁，人民法院受理民事案件的范围逐年扩大，案件数量逐年增多。从1988年到1992年，全省法院共依法审结一审民事案件224914件，审结二审民事案件20398件。其中1992年审结一审民事案件49244件，审结二审民事案件4397件。在民事案件中，仍以离婚案最多，占民事案件总数的一半以上，其次为赔偿、债务、四养（赡养、抚养、扶养、收养）、房屋土地等不动产纠纷、相邻关系、继承等。此外还依法受理了名誉权、著作权等人身权和知识产权案件。民事审判涉及千家万户的切身利益，在改革开放的新形势下，民事审判与发展经济的关系越来越密切，特别是本省地处边疆，少数民族多，稍有不慎，很容易引起矛盾激化，影响改革开放和经济建设的大局。在民事审判中，全省法院注重调解，坚持依法办案，又注意做好对当事人的思想教育和法制教育，化解矛盾，增进团结。全省多数地区山高水险，交通不便，为方便群众诉讼，办案人员坚持携卷下乡，巡回就地办案，及时为群众排忧解难。分布在全省各地的人民法庭，是全省法院审判工作的前哨阵地。广大法庭干部跋山涉水，栉风沐雨，深入群众，调查研究，调处了大量的民事纠纷，对加强民族团结，维护社会稳定，保卫工农业生产的顺利进行起到了非常重要的作用。在民事审判中，全省法院坚持优先审理“四养”案件，依法保护老人、儿童和妇女的合法权益。对容易引起矛盾激化的山林、水利、宅基地纠纷，深入实际，调查研究，广泛听取群众意见，及时依法审判，并商请当地政府监督执行。针对一个时期某类民事纠纷突出的实际，各地法院接受当地政府和群众的意见，对案件进行专项审理，集中就地开庭和依法公开宣判，及时抑恶扬善，扶正祛邪，以维护人民群众正常的生产生活秩序，保障经济建设的顺利进行。为适应改革开放形势发展的需要，全省法院积极改进民事审判工作，如开远市法院根据外地人到开远市投资经营者增多、房地产案件迅速增加的实际，为保护房地产制度的改革，提高房地产案件的审判质量，率先在全省成立了房地产案件审判庭，在民事审判努力为改革开放和经济建设服务方面作了有益的尝试。

2. 依法调节经济关系，为改革开放和经济建设提供更多的法律服务。经济审判直接关系到社会主义经济建设的发展。改革开放越深入，商品经济越发展，越需要加强经济审判。1988年以来，全省法院坚持经济审判为社会主义经济建设服务的方向，不断总结经济审判工作的经验，不断探索经济审判为改革开放和经济建设服务的新途径，运用法律手段，保护和引导社会主义经济活动按照法制的轨道进行。从1988年到1992年，全省法院依法审结一审经济纠纷案件28314件，诉讼标的17亿多元；其中1992年审结5854件，诉讼标的7亿多元。5年审结二审经济纠纷案件3494件，其中1992年审结958件。在一审经济纠纷案件中，主要是经济合同案件，占90%多；其它有经济损害赔偿案件、经济权属纠纷案件等；此外还依法受理了一批企业破产案件。在经济审判工作中，全省法院按照小平同志重要谈话和党的十四大精神，自觉转变思想观念和工作作风，变“不告不理”为努力扩大收案，变被动收案为主动服务上门。如昭通中院与地区行署有关部门联合召开“为改革开放保驾护航百家企业法人代表座谈会”；红河中院邀请当地厂矿、金融部门负责人共同研究审判工作如何为改革开放和经济发展服务；许多法院与当地企事业单位建立了司法联络制度，指导企事业单位依法开展经济活动，运用法律保护自己的合法权益。对起诉到法院的经济纠纷案件特别是直接关系到社会主义市场经济体制建立的案件，全省法院快立快审，提高办案速度，缩短办案周期，充分注意办案的经济效益。通过经济审判，推动国有企业转换经营机制，促进企业进入市场；依法平等地保护参与市场竞争的各个经济主体的合法权益，促进社会主义市场的发育和完善；稳定以家庭联产承包为主的责任制，保护乡镇企业和农业社会化服务体系的发展，保障农村经济的全面振兴。全省法院强调，不能因法院的审判工作中断生产，不能轻易冻结企业活动资金和查封银行账户，不能轻易对企业负责人和工作技术骨干采取强制措施，不能轻易扣押企业生产和经营证件，以保证诉讼过程中生产的正常进行。民事诉讼法颁布施行后，全省法院大胆适用督促程序和公示催告程序，发挥支付令简便、快速、高效的特点，通过为银行收贷、为企业清理“三角债”等，积极参与治理整顿。为适应改革开放和经济发展的需要，全省法院大胆改革经济审判方式，昆明、曲靖、西双版纳、丽江等地中级法院和基层法院成立了“经济纠纷调解中心”，融立案、调解、执行和其它法律服务一体，对经济纠纷案件即收即调、即调即结，提高了办案效率，减轻了当事人的诉累，提高了义务人履行义务的自觉性，为双方当事人继续进行经济交往、促进经济发展创造了条件，受到了经济案件当事人特别是有关企事业单位的普遍欢迎。

3. 积极而慎重地开展行政审判，推进社会主义民主与法制建设。行政诉讼制度的建立和行政审判的开展，是我国政治体制改革的重要成果，是社会主义民主政治和法制建设的重大发展。在行政诉讼法正式施行之前，全省法院做了大量的准备工作：一是抽调人员组建行政审判庭。目前全省法院的行政审判组织体系基本形成。二是组织行政审判人员学习行政诉讼法，掌握法律武器。三是通过各种宣传途径，向社会广泛宣传行政诉讼。四是应邀到有关行政执法机关宣讲行政诉讼知识。五是搞好行政审判试点，积累和推广行政审判经验。1990年10月1日行政诉讼法的正式施行，使全省法院的行政审判工作进入了一个新阶段，行政诉讼涉及的领域不断扩大。从1988年到1992年，全省法院本着积极而慎重的态度，依法审结一审行政案件2749件，其中1992年审结909件；审结二审行政案件726件，其中1992年审结257件。在行政审判中，全省法院重视搞好以下4个方面的工作：一是通过对侵犯企业生产经营决策权、产品销售权、投资决策权等案件的审理，制止侵犯企业经营自主权的违法行为。二是通过对土地、工商、税务、环保等案件的审理，促进商品的生产和流通。三是通过对治安、收容、劳教等案件的审理，依法保护公民的人身权利和其它合法权益。四是通过对计划生育案件的审理，依法保障基本国策的落实等。目前，全省行政诉讼的局面已初步打开。但是，行政诉讼毕竟是个新生事物，无论是行政机关，还是公民、法人和其它组织，对行政诉讼都有一个逐步学习的过程，都不同程度地存在着一些思想顾虑。因此在行政审判中，全省法院坚持深入实际，广泛调查研究，弄清案件的事实真相，掌握行政机关处罚的事实根据和法律依据，特别是耐心细致地做好对当事人的法制宣传和说服教育工作。行政案件数量虽少，但工作量很大，大量艰苦细致的工作在案外。对于受理的行政案件，全省法院坚持以事实为根据，以法律为准绳，坚决排除各种思想干扰，严格依法办案。在1992年审结的909件一审行政案件中，判决维持行政机关原处罚决定的257件，占28.27%；经做工作原告撤诉的292件，占32.12%；全部和部分撤销行政机关处罚决定的208件，占22.88%；判决变更20件，占2.20%；移送、终结、判决履行法定职责52件，占5.72%；其它处理80件，占8.80%。通过行政审判，依法保护了公民、法人和其它组织的合法权益，依法支持了行政机关正确行使行政权，增进了原被告之间的相互理解和相互支持，促进了法制建设。

4. 认真搞好信访接待，妥善处理告诉申诉。信访接待是法院工作面向社会的一个窗口，是法院联系群众的一条纽带，妥善处理公民的告诉申诉，对于加强社会主义民主和法制建设，维护安定团结的政治局面，促进改革开放，都具有重要的意义。1988年以来，全省法院的告诉申诉工作顺利地完成了工作职能的转变，告诉申诉已由行政性的信访接待纳入审判范围，使告诉申诉的处理严格依照法律程序进行，有效地解决了群众“告状难”的问题。从1988年到1992年，全省法院共处理群众来信58万多件次，接待群众来访47万多人次，其中1992年处理群众来信89260件次，接待群众来访94367人次，面对频繁的来信来访，全省法院以对人民高度负责的精神，耐心细致地做好每个信访者的思想教育和法制教育工作，对每一件来信来访，都分别以立案、转处、指定管辖、调处、说服息诉、做工作撤回以及驳回等法定方式作出处理。对群众的信访申诉中反映的问题，经查确有错误的，按照审判监督程序再审，本着实事求是，有错必纠的方针，不管年代多久远，案情多复杂，依法该改判的坚决改判。特别是对关系到党的统战工作、落实政策等历史遗留老案的申诉，全省法院不怕麻烦，不辞辛苦，查阅大量的历史资料，多方走访调查有关知情人，实事求是地作出处理。在改革开放的新形势下，全省法院坚持以“三个有利于”作为检验审判工作的根本标准，认真审慎地处理好经济犯罪案件的申诉工作，原判正确的依法维持，原判错误的依法纠正，旗帜鲜明地保护改革者，满腔热情地帮助失误者，依法保护无罪的人不受法律追究。从1988年到1992年，全省法院共依法审结各类申诉案件21784件，其中刑事16995件，民事4167件，经济478件，行政144件，对群众信访中反映出来的有可能造成矛盾激化的苗头，全省法院及时采取有效措施，做好思想疏导工作，缓解矛盾，防止意外事件发生。特别是在全国和全省重大政治活动期间，全省法院积极配合有关部门，妥善解决群众“上访”问题，及时消除不安定因素，保证了党的各项方针政策的落实。

三、加强队伍建设，提高执法水平，努力为改革开放和经济建设提供优质服务

1. 加强自身建设，努力提高法院干警的政治素质和业务素质。近年来法院的受案范围逐步扩大，全省法院受理的案件逐年增多。在案件大幅度上升、审判任务加重、法院的人力物力财力相对不足的情况下，全省法院着眼于内部挖潜，通过各种方式，努力提高干警的政治业务素质，提高工作效率和执法水平。一是加强思想政治工作，组织全体干警认真学习邓小平同志视察南方时的重要谈话、党的十四大及省委党员领导干部会议精神，用邓小平同志建设有中国特色社会主义的理论武装全体干警，坚定不移地贯彻执行党的基本路线。二是加强法院内部管理，通过建立、完善和落实岗位责任制等项工作制度，严格奖惩，调动积极因素，不断提高法院队伍的战斗力。三是通过办好法律业大、岗位培训、选送进修等方式，注意知识更新，不断提高干警的业务水平。5年来经省法院法律业大培训毕业2043人，尚有在校生1038人。目前全省法院法律大专以上文化程度的干警在全体干警中超过了40%，在审判人员中超过了60%，在正副院长中超过了80%。四是根据全省实际，为搞好少数民族聚居地区的审判工作，全省法院注意培养少数民族干部。到1992年底，全省法院共有少数民族干警2341人，占干警总数的29.16%。五是坚持廉政建设常抓不懈，认真搞好职业道德教育，教育全体干警严格秉公办案，自觉抵制不正之风；对个别违法违纪的干警，一经发现，坚决予以处理，树立人民法院最公正、最讲理、最廉洁的形象。

2. 严肃执法，提高办案质量。为适应我省禁毒斗争工作的需要，在省委、省人大、省政府的多方努力下，经中央同意，1991年6月，最高人民法院依法授权本省高级人民法院核准部分毒品犯罪死刑案件。我们十分珍惜中央和最高法院的信任，也深深感到责任重大，决心不负重托，审慎地行使好权力。为此，省法院严格要求全省各级人民法院要把提高各类案件特别是死刑案件的办案质量放到重要位置，要求全省法院不仅要严格执行实体法，而且要严格执行程序法，要求每案都要达到基本事实清楚，基本证据确凿，定性准确，量刑适当，权利义务分明，程序合法。为达到这一目标，全省法院一是坚持审判公开原则。凡依法应公开审理的，一律公开审理，当庭查清事实，核准证据，不放过任何疑点。对刑事犯罪案件，不仅要认真听取起诉，还要认真听取被告人的陈述和律师辩护，充分保障被告人的各项诉讼权利，促使犯罪分子认罪服法。二是坚持以事实为根据，以法律为准绳，不管案件涉及到什么人，不管刑事被告人属于什么民族，什么宗教信仰，依法该判刑的坚决判刑，罪大恶极的坚决处决，不构成犯罪的坚决宣告无罪，充分体现公民在法律面前人人平等的宪法原则。三是坚持深入实际，调查研究。对刑事大案要案，提前介入，及时了解案情，掌握证据，为案件的正确审判作好准备。四是坚持以“准”字为核心，慎之又慎地审理好死刑案件。对死刑复核案件，不管路途多远，人力财力交通多紧张，省法院坚持提审被告，实地复核事实和证据。从收案、提审、合议、审判委员会讨论、签发执行死刑命令，到宣判、执行等，每个环节都有专人负责，实行层层把关，务必把每一件死刑案都办成“铁案”。仅1992年，省法院就召开审判委员会会议187次，讨论决定重大、疑难案件的处理。五是坚持惩办与宽大相结合。一方面，对那些事实清楚、证据确凿、情节恶劣、危害严重、罪当处决和重判的坚决处决和重判；另一方面，对具有立功、自首、真诚悔罪等情节，依法应从轻、减轻处罚的坚决从轻、减轻处罚。六是对涉外案件和涉及民族之间纠纷、容易引起矛盾激化的案件，不仅要认真查清事实和证据，还要多方征求有关部门的意见，充分注意办案的社会效果。七是认真审理抗诉案件，依法接受检察机关对法院审判工作的监督。从1988年到1992年，全省法院共受理检察机关二审抗诉案579件，经审理维持一审判决273件，改判306件；受理再审抗诉案件46件，维持13件，改判33件。八是加强上级法院对下级法院的审判监督。对上诉案件，原判事实清楚，证据确凿，定性准确，量刑适当，适用法律正确，程序合法的，依法予以维持；原判基本事实清楚，基本证据确凿，程序合法，但定性不准，或量刑不当的，依法予以改判；原判事实不清，或证据不足，或程序不合法的，坚决依法发回重审。

3. 下大力气解决“执行难”的问题，维护社会主义法制的尊严。随着全省法院受理和审结案件的逐年增多以及行政机关申请执行案件范围的扩大，全省法院案件的执行任务越来越重。从1988年到1992年，全省法院共依法受理申请执行案件128139件。案件审结后又进入执行程序，致使执行积案增多，执行难度也越来越大。“执行难”的主要原因，一是有的案件审结后少数义务人履行义务的能力减弱甚至丧失。二是个别有履行能力的义务人法制观念淡薄，逃避履行义务。三是法院的人力财力不足，执行机构不健全，有些执行标的在外地的案件无力执行。四是个别地方受“地方保护主义”的影响，缺乏良好的执法环境，法院的执行工作得不到必要的协助和配合。五是有的案件在审判时没有充分考虑到案件的执行条件等。案件执行不了，当事人的合法权益便没有得到真正的保护，损害了社会主义法制的尊严，影响了改革开放和经济建设的顺利进行。对此，近年来全省法院都把解决“执行难”的问题提到重要的议事日程，采取各种方法加强案件的执行工作。如有的法院采取审执结合，要求审判人员在案件审判的每一个环节上都充分注意到案件执行的可行性；有的法院把执行任务量化为指标落实到审判庭，列入岗位责任制；有的法院积极与当地基层组织取得联系，主动争取当地党政机关和人民团体的支持等，都取得了明显的成效。1991年起，全省法院集中人力物力，组织对一些“骨头案件”开展“执行会战”。在充分做好法制宣传教育的前提下，选择有履行能力但不自觉履行法律文书确定的义务的具有一定典型性、代表性的案件依法予以强制执行。从1988年到1992年，全省法院共依法执行案件117200件，执行率91.46%。在改革开放新形势下，为不断拓宽服务领域，支持行政机关依法行政，文山、曲靖等地法院分别成立了交通稽查执行室、土地案件执行室、税务案件执行室等，依法支持和保护了社会主义经济建设的顺利进行。

4. 研究新情况，解决新问题，不断提高执法水平。随着改革开放的伟大实践，社会的经济生活和精神生活都发生了很大的变化，新的社会关系、经济关系和法律关系不断产生，审判工作遇到的新情况、新问题不断增多。为了使审判工作更好地为改革开放和经济建设服务，不断提高服务水平，全省法院一是坚持一年一度的执法大检查和经常性的案件质量检查评比。针对发现的问题，省法院及时组织专题会议，分析原因，总结经验教训，制定措施，改进工作。如为解决民事审判中的疑难问题和民事二审庭审中存在的问题，组织召开了全省民事疑难案件研讨会和组织民事二审开庭观摩；为在审判工作中正确贯彻施行未成年人保护法，召开了全省法院审理未成年人犯罪案件经验交流会等。二是针对审判实践中在执行法律和政策方面遇到的情况和问题，进行专题调查研究，制定对策，以保证正确执法。1992年，省法院提出了《关于贯彻全国人大常委会〈关于禁毒的决定〉具体应用法律若干问题的意见》、《关于走私用于制造麻醉药品和精神药品的物品罪如何掌握定罪量刑的有关数量标准的意见》、《关于审判非法制造、买卖、运输和盗窃、抢夺、走私枪支弹药、爆炸物品案件的意见》，在认真总结近年来审判实践经验的基础上起草了《论毒品犯罪的死刑适用》、《“两法”施行以来审判死刑案件经验》等理论性和实用性较强的文章，对全省法院正确执法起到了重要的指导作用。三是鼓励干警针对改革开放新形势下审判工作中遇到的新情况，积极开展理论探索。不少各中级和基层法院院长都动手撰文，探讨审判工作如何更好地为改革开放和经济建设服务。1992年11月，在由全国许多著名法学家参加的“惩治毒品犯罪理论与实践研讨会”上，经专家评定，我省法院有23篇论文入选，其中部分论文已被《人民司法》、《法律适用》、《法学评论》等全国性刊物采用发表，《人民法院报》并为此开设专栏选登，所有这些，说明了我们这个边疆省份法院的执法水平和理论水平都在不断提高。

四、认真总结经验，明确奋斗目标，坚持审判工作为改革开放和经济建设服务的方向不动摇

从1988年到1992年的5年，是我国改革不断深入，开放不断扩大，社会主义事业高速度前进的5年；也是思想不断解放，观念不断更新，旧的模式不断打破，新生事物不断涌现的5年。在这5年中，全省法院的各项工作有了长足的进步，较好地履行了全省人民赋予的神圣职责。回顾5年来的工作，我们有以下体会：

1. 必须坚持审判工作为经济建设服务的方向。在改革开放的新形势下，人民法院工作的方向是什么，这是摆在全省法院面前需要首先解决的问题。党的十四大再次强调全党工作的任务是以经济建设为中心。全省法院的工作必须紧紧地围绕、服从和服务于这个中心，任何时候都不能偏离和干扰这个中心。这是全省法院工作的政治方向。关于这一点，省法院多次向全省各级法院提出严格的要求，要求全省法院想问题，办事情，什么该打击，什么该保护，什么该放开，什么该管严，都应该从有利于改革开放和经济发展出发。通过审判活动，依法保护有利于解放和发展生产力的行为，依法限制不利于解放和发展生产力的行为，依法制裁危害解放和发展生产力的行为。打击的目的在于保护，制裁的目的在于服务。从这个目的出发，多审结一件刑事案件，就为经济建设多增加一份稳定；多审结一件经济案件，就为社会主义经济建设多挽回一份经济损失；多审结一件民事、行政案件，就多调动一份积极因素投入到社会主义经济建设中来。5年来，全省法院坚持审判工作为经济建设服务的方向，为我省的经济振兴作出了积极的贡献。

2. 必须坚持“两手抓，两手硬”。全省法院清醒地认识到，在现阶段，由于各种可能诱发犯罪的因素的存在，刑事犯罪活动也将长期存在，因此，依法严厉打击严重刑事犯罪的斗争也是长期的。在这方面，全省法院不能有少许松懈，不能掉以轻心，越是改革开放，越是要依法狠狠打击各种严重刑事犯罪活动。这是一个方面。另一方面，社会主义市场经济体制的建立，使我国的经济发展步入了“快车道”。“快车道”不仅需要有科学周密的运行规则，也需要有严格的法制。从一定的意义上讲，市场经济就是法制经济。没有健全的法制，就没有良好的社会主义市场经济秩序，也就没有社会主义经济的高速度发展。因此，必须坚持一手抓改革开放，抓经济建设，一手抓法制，抓打击刑事犯罪，使改革开放和经济建设有一个良好的社会环境和法制环境。

3. 必须坚持依法保护公民、法人的合法权益。在我国，法律是人民意志和利益的体现。人民法院的全部执法活动必须以保护公民和法人的合法权益为出发点和归宿。从根本上说，审判工作为经济建设服务也就是为人民服务。因此，全省法院在审判工作中既要注意警惕右，又要是防止“左”，防止用陈旧过时的观念看待改革开放中出现的新事物；防止把公民正当的改革开放、搞活经济的行为当成犯罪处理；防止有法不依、执法不严、侵犯当事人的合法权益，损害当事人的利益。在全省法院的全部工作中，要努力体现勤政为民的良好作风，依法保护公民、法人和其它组织的人身权利和财产权利。对人民群众、人民代表、政协委员的询问、咨询和提案认真答复，对人民代表大会及其常务委员会交办的事宜认真办理，热忱欢迎人民代表、政协委员到法院视察指导工作，并通过接待群众信访、案件公开审判、开门整训等途径，虚心听取人民群众和社会各界的意见，自觉地把法院的工作置于人民群众的监督之下，不断改进工作，为改革开放和经济建设提供更多更好的法律保障。

4. 必须坚持在党的领导下依法独立行使审判权。党的领导是人民法院依法独立行使审判权的根本保证。5年来，全省法院认真贯彻执行党的路线方针政策，以执行政策指导执法，以正确执法保证党的政策的落实；对法院工作的重要部署以及法院受理的涉及面宽的重大案件及时向党委汇报，取得了党委的有力支持和有关方面的积极配合。社会主义市场经济体制的建立和发展，要求打破条块分割和地区封锁，形成全国统一的开放的市场体系。全省法院受理的案件，常常同时涉及几个地区、几个方面、几个部门的利益，常常会同时引起几个地区、几个方面、几个部门的关注。对此，全省法院坚持从维护国家法制的统一出发，依法独立审判，排除干扰，公平地保护各当事人的合法权益。全省法院深深体会到，只有坚持在党的领导下依法独立行使审判权，才能够真正做到有法必依，执法必严，违法必究，才能够通过严肃的执法活动，维护社会主义法制的形象，提高全社会的法制观念，推进社会主义民主与法制建设。

5. 必须坚持以改革的精神加强法院的自身建设。加强法院的自身建设，一是要有一支优秀的法官队伍，二是要有良好的执法条件，三是要有一套完善的工作制度。这不仅是做好审判工作的保证，也是社会主义民主与法制建设的需要。人民法院作为国家的审判机关，只有首先把自身的建设搞好了，才有可能肩负起为改革开放和经济建设提供法律保障的重任。随着改革的不断深入和开放的不断扩大，全省法院的审判任务不断加重。改革开放新形势的发展，要求全省法院必须破除墨守成规、故步自封、消极求稳的思想观念，发扬大胆开拓、勇于创新、积极进取的精神，在审判方式、工作管理、人事制度等方面不断探索新路子，开辟新途径，制定新对策，迈出新步伐。在这方面，最高法院已经提出了一些初步的方案，全省法院也在工作实践中作出一些有益的尝试并取得了一定的成效。全省法院将通过继续深入贯彻党的十四大和第八届全国、全省人民代表大会第一次会议精神，进一步解放思想，不断开创全省法院工作的新局面。

各位代表：全省法院5年来的工作，得到了中共云南省委、省人大常委会、省政府、省政协和全省各族人民的亲切关怀和大力支持。在此，我代表全省145个人民法院的全体干警表示衷心的感谢！

5年来，全省法院运用法律武器，发挥审判职能，各项工作虽然取得了可喜的成绩，但是用党的十四大精神衡量，与全省人民的要求还存在着一些差距。主要表现在：(1)未执行积案仍然没有得到彻底的清理；从二审和再审案件改判的情况看，还有个别案件质量不高；少数案件超审限结案的现象没有彻底杜绝。(2)省法院由于自身也担负着比较繁重的审判任务，经常性地深入基层检查指导工作不够，特别是对于下级法院的一些先进经验、先进典型总结、推广、宣传不够。(3)人力紧张、财力不足，常常成为困扰全省法院工作的重要因素。在各级人民政府的大力支持下，到1992年底，全省已建成审判法庭121个，人民法庭304个，但是还有24个法院没有审判法庭，还有412个人民法庭没有办公用房。(4)法院干部队伍的思想作风建设和业务建设仍需大力加强。全省法院干警的政治素质虽然从总体上讲是好的，但也还有极个别干警违法违纪，甚至走上犯罪；少数干警办案中对当事人不够耐心，方法简单，当事人不满意。上述问题，全省法院将在今后的工作中努力克服和改进。

各位代表：本次会议之前，省法院组织召开了全省法院院长会议。会议回顾和总结了省七届人大一次会议以来全省法院工作的成绩和经验，确定了今后一个时期全省法院工作的指导思想和基本任务，这就是：认真贯彻党的十四大和八届全国人大一次会议精神，坚定不移地执行党的“一个中心，两个基本点”的基本路线，坚持用邓小平同志建设有中国特色社会主义的理论指导工作，进一步解放思想，实事求是，继续全面加强审判工作，依法严厉打击严重刑事犯罪和严重经济犯罪活动，运用法律手段，调节经济关系，切实保护公民、法人的合法权益，为维护国家安全和社会稳定，保护和促进社会主义市场经济体制的建立，加速改革开放和现代化建设，提供有力的法律保障和法律服务。全省法院表示：党的十四大提出坚持党的基本路线一百年不动摇，全省法院的审判工作也坚持为经济建设服务一百年不动摇；改革开放发展到哪一步，法院的审判工作就保障和服务到哪一步。全省法院决心继续在党中央和中共云南省委的领导下，在省八届人民代表大会及其常务委员会和最高人民法院的监督指导下，再接再厉，更好地完成以审判为中心的各项工作任务，为全省的社会稳定和经济振兴，为保护和促进改革开放的顺利进行作出新的贡献！

以上报告，请审议。

西藏自治区高级人民法院工作报告

——1993年1月8日在西藏自治区第六届人民代表大会第一次会议上

西藏自治区高级人民法院院长　子　成

各位代表：

自1988年自治区第五届人民代表大会第一次会议以来，全区各级人民法院在各级党委的领导、人大的监督和人民政府的支持下，在最高人民法院的监督指导下，坚持党的基本路线，围绕着经济建设这个中心，全面开展各项审判工作，共受理各类案件81800件，为维护全区局势的稳定和促进经济的发展起了重要的作用。现将工作的主要情况报告如下：

一、坚持“两手抓”，依法打击各种犯罪活动，维护全区局势的稳定

近5年来，全区各级人民法院共受理各类一审刑事案件2188件，审结2015件，有力地维护了我区局势的稳定和社会的安定。在刑事审判工作中我们坚持做到：

——依法严厉打击分裂主义分子。极少数分裂主义分子的破坏活动是影响本区局势稳定的首要因素。他们在达赖集团和国际反华势力的怂恿、支持下，大肆进行反革命宣传、煽动活动，在拉萨多次制造骚乱、闹事，并逐渐向农牧区蔓延，妄图搞“西藏独立”，分裂祖国。对此，人民法院在刑事审判工作中，采取了既坚决又慎重的方针，坚决严格依法办事，做到以事实为根据，以法律为准绳，严格区分罪与非罪、此罪与彼罪的界限；认真贯彻执行惩办与宽大相结合的政策，做到该严的严，该宽的宽；在审判活动中严格执行了刑事诉讼法规定的程序和制度，凡是依法应当公开审理的案件，都一律进行了公开审理，保证了案件的质量。几年来，实际被人民法院判处刑罚的只是极少数以分裂祖国、搞“西藏独立”为目的，进行反革命宣传、煽动，组织策划骚乱的分裂主义分子。对大多数罪行较轻，有悔改表现的一般参与者，本着教育、挽救的原则，没有追究刑事责任。我们的这一做法，得到了广大人民群众和社会各界的赞成和支持，促进了西藏局势的稳定。国外敌对势力攻击我们“在西藏侵犯人权”、“进行秘密审判”，是蓄意制造谣言，完全是对我国审判机关和审判制度的恶意中伤，是对我们主权国家依法行使审判权的粗暴干涉！

西藏反分裂斗争的实践表明，没有打击分裂主义分子这一手，西藏的局势就不稳定，人民就不能安居乐业，经济建设就无法进行。所以，不管在什么情况下，凡是搞“西藏独立”、进行反革命宣传煽动、妄图分裂祖国、触犯刑律、构成犯罪的，人民法院都将给予坚决的打击，绝不手软。

——坚持依法从重从快的方针，从严惩处严重危害社会治安的犯罪分子。对那些危害特别严重的故意杀人、抢劫、重大伤害、爆炸、强奸、流氓等严重刑事犯罪分子，始终坚持依法从重从快打击。近5年来，在被判处的全部人犯中，处五年以上有期徒刑、无期徒刑、死刑（包括死缓）的1265人，占全部案犯总数的51.80%，有力地打击了犯罪分子的嚣张气焰。在依法打击的同时，各级人民法院还注意贯彻区别对待的政策，对具有从轻、减轻和免除处罚情节的，依法给予了从轻、减轻和免除处罚，收到了分化瓦解犯罪分子的效果。

——积极参与反盗窃斗争。全区各级人民法院坚持与公安、检察机关密切配合，有计划地开展专项斗争，对起诉到法院的盗窃犯罪分子，特别是盗窃集团的首要分子、重大盗窃犯、盗窃惯犯、流窜犯、共同盗窃的主犯和盗窃文物、盗割通讯线路、盗窃输油管道中的汽油的犯罪分子，坚决给予了依法从重从快打击。共审理盗窃案件858件，判处盗窃犯罪分子1157人。去年6月，自治区高级人民法院还与区公安厅、区检察院联合下发了《关于修改盗窃犯罪数额标准的通知》，解决了反盗窃斗争中的具体政策法律界限问题，推动了反盗窃斗争的深入开展。在打击盗窃犯的同时，各级法院还注意了对窝赃、销赃犯的惩处。

——从严惩处经济犯罪分子。近5年来，全区各级人民法院认真贯彻执行全国人大常委会《关于惩治贪污罪贿赂罪的补充规定》和《关于惩治走私罪的补充规定》，共审结各类经济犯罪案件253件。在具体工作中重点抓好了以下几个方面：(1)把打击的重点放到惩治国家机关工作人员贪污、受贿犯罪活动上，坚决惩治腐败。共受理贪污、受贿案件126件154人。判处五年以上长刑和重刑的65人。(2)认真贯彻执行“一要坚决，二要慎重，务必搞准”的方针。经济犯罪涉及面广，政策性强，又是智能型犯罪，取证难度大，特别是发生在企业内部近年来改革开放中出现的新类型案件，情况更为复杂。针对这些特点，全区各级人民法院采取积极慎重的态度，对基本事实清楚，基本证据确凿的，及时依法判处；对证据不足或政策、法律界限不清的，不草率下判；对法律、政策规定不明确或者过去的规定与改革开放的现状不相适应的，不急于作出结论，而是在加强调查研究的基础上妥善处理；对涉及企业经理、厂长和科技人员等做出突出贡献而有失误的人，虽已构成犯罪，但情节较轻、认罪态度较好的，运用缓刑、免予刑事处分等手段，允许其戴罪立功。(3)运用没收财产、罚金刑，从经济上制裁犯罪分子，为国家挽回经济损失453.6万元。

严厉打击经济犯罪，坚决惩治腐败，是改革开放健康发展的重要保证，是人民法院义不容辞的职责。全区各级人民法院将按照中央的要求，把这场斗争深入持久地开展下去。当前，全区打击经济犯罪的斗争虽然取得了一定成绩，但仍然存在一些问题：有些该由法院审判的案件没有起诉到法院来，“以罚代刑”的现象仍然没有得到解决；赃款赃物随案移送制度还执行得不够好；有些案件还存在定性不准、量刑不当的情况。在今后的工作中，必须严格执行有关规定，认真解决这些问题。

此外，全区各级人民法院还积极宣传贯彻全国人大常委会《关于严禁卖淫嫖娼的决定》、《关于惩治走私、制作、贩卖、传播淫秽物品的犯罪分子的决定》、《关于严惩拐卖、绑架妇女、儿童的犯罪分子的决定》和《关于禁毒的决定》，广泛发动群众同这几类违法犯罪现象作斗争，与有关部门密切配合，发现一起，坚决打击一起。绝不让其形成气候。

青少年犯罪在本区一直处于上升趋势，近5年来，各级人民法院共判处青少年罪犯1278名，占判处罪犯总数的50.6%。未成年人犯罪增多，已成为人们普遍关注的一个严重社会问题，亟需进行综合治理。从审判工作的角度讲，全区各级人民法院认真贯彻了“全国法院审理未成年人犯罪案件经验交流会”精神和未成年人保护法，本着教育、感化、挽救的方针，坚持教育为主、惩罚为辅的原则处理未成年人犯罪案件，并加强回访、考察制度，与工青妇和学校等部门的密切配合，采取多种形式教育和挽救犯罪的未成年人。

二、强化经济审判职能，及时解决经济纠纷，保障和促进全区经济的发展

全区经济审判工作是1981年开始起步的。自1988年以来，全区法院坚持为改革开放和经济建设服务的指导思想，克服人员少，经费短缺、经验不足的困难，进一步加强了经济审判工作，共受理一审经济纠纷案件786件，诉讼标的达6970.67万元，通过经济审判，对促进全区经济建设的发展起到了积极的作用。

（一）通过审理企业承包，租赁经营、联营纠纷以及破产等案件，以法律手段调整经济关系，促进经济体制改革的深入发展。扶持了一批企业依法经营，同时也依法宣告了个别因经营管理不善、造成严重亏损、不能清偿到期债务、资不抵债的国营企业破产，推动企业形成优胜劣汰的竞争经营机制。

（二）通过审理购销合同纠纷案件，维护商品流通领域的正常秩序。共受理一审购销合同纠纷案件203件，配合治理整顿工作，妥善处理了因清理整顿公司遗留的债务清偿纠纷和因市场销售情况或价格变化引起的不履行合同、拖欠货款纠纷；严肃处理因生产、销售假冒、伪劣商品引起的纠纷，制裁违法经营和破坏经济秩序的行为，促进了我区商品市场的逐步建立和健康发展。

（三）通过审理借款合同纠纷案件，维护正常的金融秩序。近年来，全区借款合同纠纷案件逐年增多，1988年只受理借款合同纠纷案件15件，而1992年猛增至26件。通过审理这些案件，有力地支持了金融部门依法收贷。如人民银行拉萨市中心支行在1990年收回的209万元贷款中，有50万元是通过经济审判途径收回的。

（四）通过审理建筑承包合同纠纷案件，协助有关部门解决了一些基本建设秩序中存在的问题。共受理这类案件98件，占受理经济案件总数的13%。法院在依法处理这类纠纷时，提出司法建议，对突出表现在全区建筑队伍管理上的技术、设备、资信、鉴证、公证以及招标投标和质量监管上的一些问题，已引起有关部门的重视并逐步得到纠正。

此外，法院还受理了加工承揽合同纠纷20件，财产租赁合同纠纷20件，运输合同纠纷13件，其它合同纠纷231件。在审理经济纠纷时，还发现了一些以经济合同为掩护进行犯罪的情况，共向公安、检察部门移送了经济犯罪案件30件。

在经济审判活动中，人民法院注意把服务的重点放到为本区骨干企业服务上，对涉及骨干企业经营和发展的各种经济纠纷案件，做到优先立案，优先审判，优先执行。同时，坚持法律面前人人平等的原则，努力克服地方保护主义，对涉及来藏投资者利益的案件，做到公正处理，积极为来藏投资者创造良好的法制环境。人民法院在经济审判工作中，还十分注意慎重采取各种强制执行措施和财产保全措施，以保护企业依法经营，帮助陷入困境的企业复苏。

在搞好经济纠纷案件审判的同时，全区法院还积极探索为经济建设服务的新路子。自1990年以来，自治区高级法院就要求各级经济审判干部要切实转变工作作风，在发扬“巡回审理，就地办案”的优良传统和作风的基础上，努力探索为经济建设服务的新路子。特别是去年初邓小平同志南巡重要谈话发表以后，各级法院进一步采取措施，不断拓宽服务领域。为了减少案件的积压，及时处理各类经济纠纷，自治区高级法院依照民事诉讼法级别管辖的有关规定，于去年8月作出决定，将一审经济纠纷案件交由基层人民法院审判；林芝、山南中级法院去年相继成立了经济民事纠纷调解服务中心，简化诉讼程序，本着“简便、迅速、准确”的原则调解处理各种纠纷；拉萨市区两级法院经常深入到当地厂矿、企业了解经营情况，帮助他们预防和解决各种纠纷；有的法院还在当地重点企业建立了法律联系点，主动送法上门，随时无偿为企业提供法律服务。

三、以审判为阵地，积极参与社会治安综合治理

1988年以来，全区法院在抓好“严打”和经济审判的同时，积极搞好民事审判工作，逐步开展行政审判工作，认真对待来信来访和申诉工作，并把参与社会治安综合治理贯穿于各项审判工作的始终，采取多种形式，努力扩大办案效果。

（一）积极审理民事案件，促进社会主义精神文明建设。就审判案件的数量来说，民事案件一直居法院受理的各类案件的首位。共受理一审民事案件6735件，占法院受理一审案件总数的69%。在民事案件中，婚姻家庭纠纷不仅逐年上升，而且仍居首位，达4975件，且74%以上是离婚案件。劳务纠纷也十分突出。同时，名誉权、肖像权和不当得利等新类型案件也开始出现。在审理工作中，对那些矛盾易激化、影响大的案件，法院努力做好疏导工作，妥善处理了一批矛盾易激化的案件；对婚姻、继承、抚养等案件，坚持就地审判，切实保护妇女、儿童和老人的合法权益，提倡和发扬社会主义道德风尚。拉萨市所属8个基层法院对90%以上的民事案件都在发案地进行处理，既方便群众，又便于执行，还有利于法制宣传。需要指出的是，尽管婚姻法已经颁布实施10多年，有关部门也进行了大量的宣传贯彻工作，但近年来在本区偏远农牧区包办婚姻、早婚和一妻多夫现象有增无减，非婚生子女增多。这种现象不仅不符合婚姻法的规定，而且对保障妇女的健康和非婚生子女的生活、教育等带来了许多困难。对此，从有利于社会稳定出发，法院一般没有主动干预，主要是配合有关部门进行宣传教育，但发生纠纷起诉到法院后，则依照法律的规定进行处理，坚持社会主义婚姻制度，通过细致的思想教育工作，帮助群众逐步树立起社会主义婚姻家庭观念。近5年来，各基层法院还非常重视加强对基层调解委员会的业务指导，促进调解工作的开展，使大量的民间纠纷解决在基层，减少了诉讼。

为了确保办案的效果，几年来，全区各级人民法院始终重视加强对民事审判工作的领导。一方面，大力宣传贯彻国家的各项基本法律和民事政策；另一方面，认真贯彻全国第五次民事审判工作会议精神，积极创造条件，以公开开庭审理为重心，强调当事人举证责任，全面贯彻执行民事诉讼法，并长期坚持案件自查、评查制度，使绝大多数民事案件得到了公正的处理。

（二）积极宣传行政诉讼法，大胆受理行政案件，逐步打开行政审判工作局面，依法维护国家行政秩序。全区自1988年在各中级人民法院普遍建立行政审判庭以后，就开始积极受理行政案件。行政诉讼法颁布以后，为了逐步打开工作局面，各级法院把主要精力放到了行政诉讼法的宣传教育上，在努力提高行政审判人员业务素质的同时，通过报纸、电台、电视台等新闻媒介或上街进行法律咨询等形式，面向社会大力宣讲行政诉讼法，唤起人们的行政法律意识。对起诉到法院来的各类行政案件，坚持秉公办案，善于顶住各方面的干扰，做到依法公正处理。近5年来，共受理一审行政案件56件，其中，治安行政案件21件，工商行政案件4件，卫生行政案件5件，土地行政案件2件，其它行政案件24件。审理结果，撤销行政机关裁决12件，维持15件，撤诉14件，移送15件，从而有效地保护了公民和其它组织的合法权益，支持和监督了行政机关依法行政。但是，行政诉讼是“民告官”的诉讼，由于全区广大群众的法律意识还不是很强，虽然各界群众对行政机关的不少处理决定有争议，但真正起诉到法院的却非常少。有的群众甚至认为法院和行政机关都是“官”，告了也是白告，担心人民法院“官官相护”，不能公正处理案件，所以即使合法权益受到侵犯，也不提起行政诉讼。从行政执法部门来说，依法行政的意识还不强，执法水平还不高，对国家开展行政诉讼的重要性还认识不够，对人民法院开展行政审判工作还支持配合不够。所以，到目前为止，全区行政审判工作局面还没有彻底打开，许多不法行政行为、滥用职权的现象还得不到司法审查，还需要进行广泛深入的行政法制宣传教育。为此，自治区高级法院去年底在拉萨三级法院的行政审判庭设立了行政法律咨询服务点，并在拉萨城西贸易大楼、市邮电大楼和城东五叉路口3个人员集中地段设立了行政诉讼法宣传橱窗，用具体生动的形式向社会各界宣传行政法和行政诉讼知识。

（三）加强来信来访工作，及时化解矛盾。共接待来信来访4831件2435人次。对属于法院管辖的事项，法院依法进行处理；不属于法院管辖的向当事人说明情况后及时转有关部门处理；对来访事项可用调解方式予以解决的，及时进行调解；对确有错误的判决裁定，本着有错必纠的原则，运用审判监督程序坚决予以纠正。共受理各类申诉案件805件，审结795件，纠正错判案98件。对改判的案件，各级法院积极做好善后工作。此外，还办理了减刑、假释案件364件。

（四）深入开展法制宣传教育，增强公民的法律意识。近5年来，各级法院结合办案活动，采用多种形式广泛开展了法制宣传教育工作，共组织公开宣判大会155次，旁听群众达280万人次；向有关新闻单位发稿件210份；针对有关部门管理制度上的漏洞，提出司法建议215条，促进了这些部门的整改。

四、围绕着提高执法水平和管理水平，不断加强法院的各项建设

近5年来，各级人民法院在抓好审判案件的同时，注重调查研究，从实际出发，狠抓了法院的各项建设，使法院干部队伍素质和执法水平有了新的提高，执法条件有所改善，确保了审判工作的顺利进行。

（一）在队伍建设方面，始终坚持“从严治院”的方针，一手抓审判，一手抓队伍建设，取得了较好的成绩，广大干警的政治素质和业务都有较大的提高。在制止政治动乱、平息北京反革命暴乱和拉萨发生的多次骚乱中，广大干警坚决拥护党中央和区党委的英明决策和采取的果断措施，经受住了严竣的考验；在人员少、经费短缺和各类案件大量上升的情况下，广大干警克服困难，艰苦奋斗，较好地完成了工作任务。据统计，近5年来，共有54个单位被评为自治区和全国法院系统的先进集体，有391名干警立功受奖。实践证明，我区法院队伍是一支党和人民可以信赖的、有战斗力的队伍。在队伍建设上，我们的主要做法是：第一，加强思想政治工作，开展经常性的马克思主义基本理论和党的路线、方针、政策的教育，不断提高干警的政治理论水平；第二，对执法执纪进行大检查，加强廉政建设教育，严格纪律，造就一支清正廉洁、秉公执法的队伍。据不完全统计，全区法院干警中有450人次拒贿58000元人民币和烟、酒、酥油等大量物资。但是，也有少数干警经受不住考验，违法乱纪。对此，我们绝不迁就，发现一起，坚决查处一起。今后，这项工作我们将长期开展下去，对法院工作人员的徇私舞弊、贪赃枉法行为，在任何时候都要从严查处。对不适合做法院工作的人，坚决清理清调出去；第三，认真搞好干部教育培训工作，造就德才兼备的法律人才。共推选了16名领导干部参加了中央党校和自治区党校学习，选派了8名干部参加了高级法官培训中心学习，取得了高级法官资格；创办了本区法律业大西藏分校，已培养出国家承认学历的大专毕业生90余名，还举办了10多期各类专业培训班，参加培训的审判干部达600余人次。

（二）转变思想观念，改革审判工作，不断提高管理水平和执法水平。首先，通过政治理论学习，在中发（1992）2号、7号文件和十四大文件精神指引下，自治区高级法院推出了改革审判工作、为经济建设服务的七条措施，进一步强化了“两手抓，两手硬”的观念、社会主义民主与法制观念和警惕右、但主要是防“左”的观念，把邓小平同志提出的“三个有利于”作为审判工作的出发点和检验工作好坏的根本标准，从而确立了审判工作必须服从和服务于经济建设这一指导思想。其次，大胆改革人事管理制度，逐步引进“能者上，平者让，庸者下”的人才竞争机制。林芝地区中级人民法院已实行了“法官百分考核制”，把奖惩与法官的实绩持勾；拉萨市中级人民法院去年9月通过“个人自荐，群众推选，党组把关，人大审批”的程序重新组合全院干警，实行目标管理责任制和严格的奖惩制度后，在人员没有增加而案件大幅度上升的情况下，机关作风有明显的好转，工作效率明显提高，刑事一审案件的公开开庭率达到100%，一审民事、经济、行政案件的公开开庭率达到89.3%，分别比1991年同期上升24.3%和48.1%，案件的合格率均在95%以上。此外，有的法院还开始建立了错案责任追究制度，为进一步提高执法水平提供了制度保障。

（三）基本建设方面，在党委、政府和有关部门的重视和支持下，已在全区新建或改建审判法庭32个，占应建法庭总数的45%，其中符合标准的有12个。还添置了一部分审判业务用车，办公条件也有所改善，为严肃执法提供了一定的物质保障。

五、存在的问题和困难

回顾五届人大期间全区法院的工作，存在的主要问题和困难是：

（一）案件年年大幅度上升，居高不下，而审判力量不足的矛盾十分突出。1989年，全区法院共受理各类一审案件1623件，到1991年已增加到2745件，1992年上升幅度又有所增加。到目前为止，上级有关部门分配给我区法院系统的编制已用完，但不少法院缺员现象还相当严重。有许多基层法院只有6、7人的编制，平时除去出差、休假人员以外，连一个合议庭都组织不起来。面对繁重的审判任务，出现了一些审判人员单纯追求办案数量，不同程度地影响了办案质量；由于人员缺，有些法院执行程序法不够严肃，重实体、轻程序的现象和孤立办案、就案办案的现象依然存在，影响了办案的社会效果，不适应新形势的要求；审判监督指导和调查研究工作也抓得不够好。对此，我们正从加强思想政治工作、加强管理等方面入手，努力提高工作效率，但仍然迫切需要增加一部分人员编制，用于充实基层法院和经济、行政审判力量。

（二）要求增加办案经费进一步改善法院的执法条件。目前，全区各级人民法院特别是基层法院的办案经费仍然没有得到保证，有的基层法院因缺少办案经费而不能外出调查取证，直接影响了案件的正确及时处理；大多数法院的工作用房、交通、通讯设备都亟待改善；审判法庭建设的任务还相当繁重，但基建经费严重不足。这些问题已经制约着审判工作的深入开展。希望各级人大和政府给予进一步的关心，对法院的办案经费切实予以保证，并解决一些专项补助，适当增加一些投入，进一步改善法院的执法条件。

各位代表：当前，全区上下正以党的十四大精神为指导，按照区党委四届四次全委扩大会议的部署，认真落实深化改革、扩大开放的各项措施，集中精力进行经济建设。作为国家的审判机关，全区各级人民法院将始终坚持“一个中心，两个基本点”的基本路线，进一步加强队伍建设，依法审理好各类案件，认真落实参与社会治安综合治理的各项措施，严肃执法，努力提高执法水平，充分发挥审判职能调节经济关系的作用，为本区经济建设和改革开放保好驾，护好航。我相信，在各级党委的领导下，在人大的监督和人民政府的支持下，全区各级人民法院和全体干警通过扎扎实实的工作，不断开拓进取，必将在全区经济建设中发挥越来越重要的作用。

以上报告，请审议。

陕西省高级人民法院工作报告

——1993年4月16日在陕西省第八届人民代表大会第一次会议上

陕西省高级人民法院院长　焦朗亭

各位代表：

现在，我将全省人民法院自1988年省第七届人民代表大会第一次会议以来的工作报告如下，请予审议。

5年来，全省各级人民法院在党委领导下，在人大和上级人民法院的监督指导下，认真执行党的基本路线，坚持为经济建设服务，解放思想，实事求是，严肃执法，积极开展各项审判工作，抓好法院自身的改革和建设，各方面取得了新的成绩。全省法院5年共受理各类案件58.59万件，审结56.94万件，分别比上一个5年上升30.2%和30.5%。省高级人民法院受理各类案件6918件，审结6666件，分别比上一个5年上升19.3%和16.8%。通过审判活动，惩罚了犯罪，调整了民事、经济和行政关系，为维护我省的社会稳定，保障改革开放和经济建设的顺利进行，发挥了重要作用。

一、坚持严惩严重刑事和严重经济犯罪分子，维护社会稳定和经济秩序

5年来，全省各级人民法院遵照党中央和省委的部署，与有关部门互相配合，继续贯彻依法从重从快的方针，深入地开展了“严打”斗争，进一步对严重刑事犯罪活动给予了坚决打击。1990年根据中共中央政法委员会的部署精神，集中时间，集中力量，在全省范围内开展的5次集中打击，对社会治安的稳定及以后“严打”工作的改进和提高，产生了非常积极的影响。全省法院5年共审结刑事一审案件6.46万件，判处人犯6.96万名。其中判处死刑（含死刑缓期二年执行，下同）、无期徒刑的3183名，五年以上有期徒刑的21118名，不满五年的有期徒刑和拘役、管制的43490名。

在“严打”斗争中，我们始终注意突出打击重点，坚持集中打击和专项斗争相结合，对严重危害社会治安的杀人、抢劫、强奸、故意重伤、爆炸、制贩运毒品、重大盗窃等犯罪分子依法给予严厉惩办。全省法院共办结一审严重刑事犯罪案件23278件，判处人犯32973名，分别占审结刑事案件和人犯总数的36%和47.4%。为了保持“严打”斗争的声势，发挥法律的威慑力，各级法院对犯罪分子坚持有计划、有步骤地进行集中打击，多次组织了较大规模的集中宣判处理。如去年8、9两月，为保证国庆节的安全和西北国际经济技术合作洽谈会及西安古文化艺术节的顺利进行，全省法院对117名重大刑事犯罪分子大张旗鼓地进行了宣判，收到了很好的社会效果。对一些有重大社会影响的案件，采取提前介入的方法，快审快判，及时予以执行，受到群众称赞。根据中央和省上的统一部署，针对本省社会治安中的突出问题，各地法院同公安、检察机关密切配合，先后开展了打击抢劫、流氓、拐卖人口、制造贩卖运输毒品、盗窃、破坏电力设备等犯罪的专项斗争。5年共判处抢劫犯10901名，拐卖人口犯3397名，制造贩卖运输毒品犯999名，盗窃犯29929名。经过严厉打击，上述几类

犯罪，除拐卖人口犯罪仍居高不下外，其他犯罪均出现下降趋势，有效地维护了社会治安秩序的稳定。

打击经济犯罪，坚决惩治腐败，是关系坚持社会主义道路及改革开放和经济建设成败的大事。5年来，全省法院遵照党中央和省委的指示及最高人民法院、最高人民检察院1989年《关于贪污、受贿、投机倒把等犯罪分子必须在限期内自首坦白的通告》等有关要求，深入持久地开展了打击严重经济犯罪的斗争。共受理一审经济犯罪案件9206件，审结9092件，判处经济犯罪分子9634名。其中判处十年以上有期徒刑的495名，判处无期徒刑、死刑的171名。这些社会主义的蛀虫，给国家造成的损害是相当严重的，犯罪的数额有越来越大的趋势。在判处的人犯中，万元以上的有953人，10万元以上的84人，有的甚至多达几百万元。在审理经济犯罪案件中，各级法院坚持“一要坚决，二要慎重，务必搞准”的原则，突出抓好对重大经济犯罪分子的审判，依法严厉惩处。如对贪污人民币65万元、港币19.9万元，挪用公款人民币144万元的原珠海市彩珠电子工业有限公司总经理朱来友和个体经营者张咸梅；挪用公款107.5万美元，受贿人民币25万元的原中国银行西安分行干部陈宏；贪污30万元的原兴平化肥厂计划采购员覃正亚；受贿10万元的原西安勘测院院长李民海等特大经济犯罪分子，都给予了严厉制裁。对于经济犯罪分子，依法进行刑事惩处的同时，还通过追缴赃款赃物，处以罚金，没收财产，从经济上给以应有制裁，尽量为国家、集体挽回经济损失。由于在新的形势下，涉及经济犯罪案件的情况比较复杂，人民法院认真注意政策，严格区分罪与非罪、合法收入与非法所得、合法经营与非法经营的界限，依法打击犯罪者，保护改革者，挽救失误者，鼓励探索者。防止无辜蒙屈，把好最后一关。

各级法院在刑事审判工作中，把坚持严肃执法，确保办案质量作为中心环节来抓，认真贯彻了“以事实为根据，以法律为准绳”的原则，特别是审理重大刑事案件，慎之又慎，严格把关。对法律界限不清的、有争议的或在全省有影响的重大案件，认真进行研究，慎重决定，或请示最高人民法院，绝不草率下判，使重大案件的处理，经得起历史的检验。注意严格区分两类不同性质的矛盾，针对犯罪的不同情况，坚持宽严相济，区别对待。对依法应从重处罚的坚决从重惩处；对有法定从轻、减轻情节的则依法从轻、减轻处罚。5年间，全省法院对1519名重新犯罪的劳改劳教人员依法给予加重、从重处罚；对209名论罪应处死刑因有投案自首、立功情节的罪犯依法从轻判处死缓或无期徒刑；对1471名具备法定免除处罚条件的罪犯免予刑事处罚；对354名不构成犯罪的被告人依法宣告无罪。同时，为了保证办案质量，将10473件事实不清、证据不足的案件，退回有关机关补充侦查。法院法医对4221件刑事案件进行了鉴定，为案件的正确处理提供了科学依据。

全省法院为贯彻党中央、全国人大常委会、国务院关于加强社会治安综合治理工作的指示和决定，结合刑事审判和其他审判活动，在参与社会治安综合治理方面做了大量的工作。一是运用公开审判和法律讲演等多种方式广泛宣传法制，教育公民遵纪守法，同违法犯罪作斗争。5年来，全省法院共召开宣判大会3606场，直接参加的群众达1400多万人。二是根据审判案件中发现的问题，向有关部门提出预防犯罪的司法建议。如1992年就提出司法建议1533条，大部分被采纳。三是注重做好思想疏导工作，化解人民内部纠纷，防止矛盾激化，减少刑事发案。据1992年统计，全省法院防止矛盾激化的民事、经济纠纷案件达890件。四是积极做好少年犯的审判工作，预防和减少未成年人违法犯罪。全省法院共建起少年法庭91个，专门审理少年犯罪案件。对少年犯的审判，实行教育、感化、挽救的方针，坚持教育为主、惩办为辅的原则，收到了较好的效果。近两年青少年犯罪出现了下降趋势。五是依法审理好减刑、假释案件。5年共办理减刑案件21171件，假释案件7978件，促进了犯罪分子的改造。六是做好回访考察工作，消除不安定因素。1992年，对判处徒刑缓刑、管制、免刑、假释的刑事被告及民事当事人3285名进行了回访。经做这些工作，对社会治安的好转起了推动作用。

二、大力开展经济审判工作，为改革开放和经济建设提供法律服务

经济审判是人民法院直接为改革开放和经济建设服务的一项重要工作。随着改革开放的不断深化和经济建设的发展，经济纠纷案件大幅度上升，5年里案件种类由20类增加到39类，并且出现了专利许可、信托合同、股票债券、商标侵权赔偿纠纷等新型案件。全省法院不断强化服务意识，大力加强了经济审判工作，5年共受理各类一审经济纠纷案件42575件，审结40938件，比上一个5年分别上升64.46%和71.58%。诉讼总标的157220.4万元，比上一个5年上升92.4%。诉讼标的额明显增大，不少案件达百万元、千万元。在经济审判工作中，着重抓了以下几点：

(一)积极审理购销合同纠纷和借款合同纠纷等案件，维护商品流通和金融领域的正常秩序。共审结购销合同纠纷案件16740件，审结借款合同纠纷案件6923件，分别比上一个5年上升34%和1134%。通过审判购销合同纠纷案件，使75627.9万元资金摆脱争议，投入生产流通，发挥应有的效益；通过审判借款合同纠纷案件，为金融机构收回逾期贷款23865.7万元，解决了一些亟需的周转资金。同时还审结了一些专利许可合同、技术合同纠纷和专利侵权赔偿案件，保护了正当的生产经营，制裁了扰乱技术市场的违法行为。总之，通过对上述案件的审判，有力地推动了全省经济秩序的治理整顿和清理企业“三角债”工作的进行，促进了国有企业转换经营机制和经济建设的发展。

(二)积极审理国有大中型企业的经济纠纷案件，促进国民经济支柱产业的发展。几年来，特别是1991年9月党中央工作会议后，各地法院把处理国有大中型企业的经济纠纷案件作为经济审判的重点来抓，一般都实行了“三优先”，即优先立案，优先审理，优先执行。如陕西广播电视设备厂、西安自行车厂诉广东中山汇丰集团有限公司拖欠4千万元货款一案，省法院经济庭一接到诉状，当即立案并组成合议庭进行审理，办案人员连夜赶至湖北冻结了被告在银行的存款，又南下广东、海南等地调查核实证据，仅一个多月时间就审结了此案。各地法院还围绕审判案件，积极开展了诉讼前后的多种服务，推动国有大中型企业生产的发展。

(三)积极审理农村承包合同和乡镇企业经济纠纷等案件，促进农村经济的发展。农业是经济发展、社会稳定的基础。各地法院在审判工作中，都把对农村经济发展服务放在重要地位，积极处理好农村各种经济纠纷。农村承包合同纠纷在农村经济纠纷中占有显著的地位，处理好这类案件，对于理顺农村承包合同关系，稳定家庭联产承包责任制具有重要意义。5年共审结农村承包合同纠纷案件2218件。对那些季节性、时间性强，影响农业生产的案件，快立快审快执行。如去年礼泉县苹果丰收，发生购销纠纷较多，礼泉县法院专门设立了果品购销纠纷投诉站，由4名审判人员昼夜值班，抓紧办案，及时解决纠纷，当地领导、群众和外地客商表示满意。农村乡镇企业，在国民经济发展中起着越来越重要的作用。各地法院积极审理乡镇企业经济纠纷案件，正确处理集体与承包者之间的责、权、利关系，使乡镇企业健康发展，发挥在市场经济中的先导作用。

(四)解放思想，转变观念，努力拓宽服务途径。随着形势的发展，各级人民法院不断解放思想，更新观念，在通过诉讼程序及时妥善处理经济纠纷案件的同时，积极探索新的途径，多渠道地为经济建设服务。随着国有企业经营机制的转换，企业对市场的依赖性越来越大，一些企业发生纠纷后不愿提起诉讼，怕影响同用户的关系。人民法院积极开展非诉讼调解工作，立案快、结案快、执行快，不伤和气，很受企业欢迎。据不完全统计，去年运用非诉讼调解手段，解决经济纠纷案件1065件，标的金额2950多万元。越来越多的法院，正在积极推行这种方式。还有些法院主动派人深入企业宣传法制，帮助完善经济合同，为企业代培法律人才，设立经济司法联络员，及时提供法律服务，促进企业增强依法治理和维护自身利益的能力。

三、加强民事和行政案件审判工作，维护公民、法人的合法权益，支持和监督行政机关依法行政

随着改革开放和经济建设的深入发展，社会财产关系和人身关系不断发生变化。5年来，离婚案件连年递增，财产案件大幅度上升，出现了名誉权、名称权、荣誉权、肖像权、著作权等人身权和知识产权方面的案件。正确、合法、及时地处理民事案件，关系着广大群众的切身利益，有利于增强人民内部团结，维护社会安定，促进两个文明建设。全省法院用大量人力物力进行民事审判工作，共受理各类一审民事案件270231件，审结264295件，均比上一个5年上升43%。

受理的民事案件中，离婚、债务、赔偿三类案件占80%以上。5年共审结离婚案件132577件，债务案件44659件，赔偿案件31273件。离婚案件的原因有了明显变化，草率结婚、家庭矛盾和包办婚姻引起的仍占多数；因发家致富以后，婚姻观念变化引起的逐渐增多。在审理离婚案件中，坚持以夫妻感情为主要标准。对感情确已破裂、和好无望的，依法调解或判决离婚；对因发生一般纠纷感情尚未破裂的，耐心做调解和好的工作或判决不准离婚。在审结的离婚案件中，准予离婚的80766件，占60.92%；调解和好和判决不准离的29457件，占22.2%；驳回起诉、撤诉和其他处理的22354件，占16.86%。在审理债务和赔偿案件中，认真进行调查，核实证据，分清责任，依法公正调解或判决，保护当事人的财产权利和人身权利。

全省人民法院对逐渐增多的名誉权、荣誉权、名称权、肖像权、著作权等案件的审理也给予了应有的重视。5年共审结这方面的案件298件。这是一些新类型的案件，处理好了，将促进科学技术、文化艺术的繁荣发展。

各级人民法院积极贯彻执行新的民事诉讼法，努力提高办案效率和质量。《中华人民共和国民事诉讼法》于1991年4月9日颁布施行。这对于进一步做好民事审判工作，具有十分重要的意义。民事诉讼法根据社会经济发展和审判实践的需要，增加了一些新的程序和制度，如审理时限、督促程序、破产还债程序、拍卖制度、强制搜查制度以及涉外案件的管辖等。各级法院组织审判人员对新的民事诉讼法进行了认真的学习，在工作中积极贯彻执行，严格依法办案，办案效率和质量都有了提高，一些积案得到了清理，使当事人解脱了讼累。据1992年统计，民事一审案件在法定期限内结案的达96.9%，上诉案件比上年明显下降。

5年来，全省各级人民法院克服困难，大胆实践，积极开展了行政审判工作。行政审判工作是从1987年底开始的。在1989年《中华人民共和国行政诉讼法》颁布以后，加快了步伐，有了较大的发展。全省法院共建立行政审判庭115个，配备审判人员360名。受理行政一审案件3321件，审结3239件。案件类型由几种逐步发展到26种，涉及治安、土地、林业、交通运输、技术监督、计划生育等诸多方面的行政管理工作。人民法院通过审判行政案件，保护了公民、法人和其他组织的合法权益，维护和促进了行政机关依法行使职权。不可讳言的是，行政审判的司法环境还比较差，存在着公民、法人不敢告，行政机关不愿当被告的现象，法院一些行政审判人员也有畏难情绪。针对这种情况，各级法院做了许多工作。一方面结合审判活动，积极宣传行政诉讼法，启发公民、法人增强民主和法制意识；另一方面主动同有关行政机关加强联系，征求他们对行政审判工作的意见，争取支持配合。经过坚持不懈地努力，行政审判工作不断发展。

四、改革告诉申诉工作，保障公民依法行使诉讼权利

全省各级法院从保障公民行使诉讼权利，发展社会主义民主和健全社会主义法制，维护安定团结出发，对告诉申诉工作进行了改革。共处理各类来信336022件次，接待来访412000人次。其中告诉占72.3%，申诉占27.7%。主要采取了以下措施：

（一）加强组织机构和制度建设，使告诉申诉工作法制化、规范化。根据最高人民法院的要求，告诉申诉工作实现了由原来按照行政程序办信访向依照法定诉讼程序进行审判的转变，使其成为审判工作的一个组织部分。全省法院共建告诉申诉审判庭106个，配备审判人员409名。划分了职责范围，建立了工作制度。现在告诉申诉工作的程序已基本理顺，能够保证这项工作的正常进行。

（二）坚持实事求是、有错必纠的原则，做好申诉案件的处理工作。在省第七届人民代表大会第一次会议召开的时候，人民法院复查历史老案，落实政策的任务已经完成，申诉案件的处理工作转入正常。由于法制建设的加强，办案质量不断提高，刑事申诉案件逐年减少。在刑事申诉案件中，“严打”以前判处的案件占32.7%，“严打”以来判处的案件占67.3%。民事、经济纠纷案件的申诉，由于一、二审案件大量增加，也相应有所上升。人民法院对申诉案件，坚持实事求是、有错必纠的原则，认真进行了处理。再审刑事申诉案件9585件，维持原判的6189件，改判了量刑畸轻畸重和定性不准的案件2111件。再审民事、经济纠纷案件6126件，维持原判的3092件，改判了1085件。对无理缠诉的人也绝不迁就，坚持维护法律的严肃性。各级人民代表对法院工作的建议、批评和意见，是对法院实行监督的一种措施，全省法院都列入重要议事日程办理。省七届人大一次会议以来省人民代表提出主要是有关审判案件方面的建议46件，省法院作了认真办理和答复。

（三）积极采取措施，解决群众“告状难”的问题。由于主客观方面的原因，我省不少地方曾出现群众“告状难”问题。主要表现在有些案件该立案受理不予立案受理；有些案件 有关单位互相推诿；有些案件立案后久拖不决。为解决群众“告状难”问题，我们主要采取以下措施：一是提高认识，加强领导。在1988年9月召开的全省第十四次法院工作会议上，三级法院院长作了专题讨论，会后省法院发了通知，要求把解决群众“告状难”问题，作为审判工作的一项重要任务来抓。二是加强审查立案工作，对符合法定条件的告诉申诉统一受理。同时，在一些交通不便的山区乡镇设立“投诉站”，组织巡回法庭就地审理案件，方便群众诉讼。三是法律对一些案件没有规定结案期限的，法院自己内部规定了期限，防止对案件久拖不决。四是加强基层人民法庭工作和对基层调解组织的业务指导工作，把大量的纠纷和案件解决在当地。五是加强院长接待来访工作，以及上级法院进行检查监督，帮助解决疑难案件。经过几年的努力，群众“告状难”问题已基本得到缓解。对于上述做法，最高人民法院向全国法院作了介绍。但是，由于工作发展不平衡，有的地方还需继续下功夫解决。

五、维护法律的严肃性，狠抓案件执行工作

案件的执行关系到维护法律的尊严，把保护当事人的合法权益真正落到实处。生效法律文书，如果得不到执行，法律上层建筑为经济基础服务的作用就无从谈起，审判工作就毫无结果。由于种种原因，多年来人民法院审判的有关财产案件一直存在着执行难问题。为解决这一问题，省人大常委会于1990年10月作出了《关于加强人民法院民事、经济、行政案件执行工作的决议》。各级人民法院把贯彻“决议”，解决执行难问题摆上重要议事日程，采取了有力的措施。第一，加强监督。省法院和各中级法院多次召开会议，对执行工作进行安排部署，并加强督促、检查和协调，推动执行工作的开展。第二，建立健全执行机构。省法院、中级法院和绝大多数基层法院都先后建立了执行庭，使这项工作有了组织保证。第三，坚持经常抓和集中抓相结合。在做好经常执行工作的同时，未执行案件较多的法院，采取执行会战的方法，集中时间，集中力量，突击抓好案件的执行。第四，大力加强法制宣传教育，做好当事人的思想工作，促其增强法制观念，自觉履行义务。第五，紧紧依靠各地党委、政府的领导、支持和有关部门的配合，克服地方保护主义和部门保护主义的影响，保证执行工作顺利进行。经过积极努力，克服各种困难，执行工作取得了显著成绩。全省法院五年共执行各类案件103962件，比上一个五年增长50.6%。

六、加强法院建设，不断提高执法水平，改善执法条件

随着我国改革开放和经济建设的发展，党和人民对人民法院工作的要求越来越高。为了提高法院干警素质和执法水平，适应形势和审判任务的需要，全省各级人民法院认真抓了法院的队伍建设和物质建设。

在队伍的政治思想建设方面，一是坚持抓好政治理论学习。各地法院按照党委的部署，先后组织干警认真学习了中共十三大和十四大精神，学习了邓小平同志建设有中国特色的社会主义理论和南巡重要谈话，对干警进行形势教育、理想教育和党的路线、方针、政策的教育。通过学习教育，使干警在思想上政治上同党中央保持一致，提高了贯彻执行党的基本路线的自觉性和坚定性。二是坚持抓好廉政建设。对干警进行清廉执法、全心全意为人民服务的教育。坚持从严治院，要求干警务必做到“实事求是，秉公执法，清正廉洁，无私奉献”，坚决同以权谋私，贪赃枉法，徇私舞弊，渎职失职等违法违纪行为作斗争，把廉政建设推进一步。三是大力表彰好人好事，严肃查处违法乱纪。五年来，全省法院系统被授予全国法院模范1人，省劳动模范2人，荣立一、二、三等功的220人，先进工作者3318人次，荣立集体二等功的单位10个，三等功的单位67个，先进集体719个。同时，对152名违法违纪人员进行了查处，其中受到刑事处罚的8人，开除公职的6人。

在队伍的组织建设方面，按照“四化”和德才兼备的原则，考察、培养、选拔了一批优秀中青年干部，充实了各级法院领导班子，提高了领导班子的战斗力。5年间，省法院提请省人大常委会任免省、地两级法院审判员以上审判干部423名，其中省法院141名，充实调整了审判骨干，加强了审判力量。全省法院干警编制增加1244名，主要充实了基层。

在队伍的业务建设方面，坚持继续办好全国法院干部业余法律大学，5年间有2095名业大学员毕业。创办了陕西省法官培训中心，先后开办了经济法、行政诉讼法和民事诉讼法培训班，有100多名骨干参加了学习。还输送一批干部到各级党校和政法管理学院学习。通过教育培训，干警的文化专业知识水平有了显著提高。现在全省法院干警中大专以上学历的有3317人，占干警总数的41%，比1987年上升23.5%。

在法院的物质建设方面，由于党委、人大和政府的关怀、支持，全省法院和有关部门的共同努力，取得较明显的进展，执法条件有所改善。1989年省人大常委会作出关于建设人民法院审判法庭的决议后，我们积极督促，抓紧建设。到1992年底，全省118个人民法院，已建成审判法庭75个，正建的11个，已安排拟动工的20个，今年安排的12个。在建设审判法庭的同时，不少法院改善了办公用房条件。全省基层法院派驻乡镇的670个人民法庭，尚有421个没有自己的办公用房，有的条件极差。人民法庭的建设问题，已规划分三年进行，预计1995年基本完成。法院的交通工具、通讯设施等物质装备也有了一定程度的改善，但仍需要继续努力解决。

在最高人民法院和省外办的指导帮助下，5年间，省法院共接待了外国法院和司法代表团19个，外宾98人。其中有奥地利宪法法院院长，西班牙、厄瓜多尔、印度尼西亚、埃及、阿根廷等国的最高法院院长及澳大利亚首席大法官等。通过接待外宾来访，交流了情况，增进了友谊，吸取了国外有益的司法实践经验。

各位代表，5年来全省法院的各项工作取得了成绩，积累了经验。但是也还存在着不少问题和困难。主要是：我们对新情况、新问题调查研究不够，法院的自身建设特别是审判方式的改革还比较缓慢，跟不上形势的发展；有些审判人员为经济建设服务的意识不浓，就案办案的单纯业务观念还没有彻底改变；少数干警素质不高，执法不严，办“关系案”、“人情案”，有的甚至严重违法乱纪；少数案件办案质量不高，有的刑事案件量刑畸轻畸重，有的民事、经济、行政案件处理不当，有的案件久拖不决或反复改判，群众很有意见；执行工作虽然取得了很大成绩，但“执行难”的问题仍然比较突出。执行工作目前尚无具体法规可循，在执行过程中，辱骂、围攻、殴打干警等事件常常发生，有的造成严重伤害，个别干警为坚持执法献出了生命，甚至他们的亲属亦遭到报复。去年本省法院干警在外省执行案件时，就有6批遭到暴力袭击。也有极少数干警简单粗暴，打人骂人，滥用戒具，非法拘禁，严重违法乱纪，损害法院形象，引起当事人不满。对于干警违法乱纪，要发现一件，严肃查处一件。为了严肃执法，文明执法，提高执行工作水平，省院通过总结执行工作经验，最近制发了包括124条规定的“陕西省各级法院执行工作细则”，力求使执行工作规范化。对于法院工作中存在的缺点、失误，我们要认真对待，继续采取措施，加以克服。当前，审判力量与审判任务之间的矛盾依然很突出，办案经费十分紧缺，物质条件较差，影响审判工作的开展和干警队伍的稳定，也希望继续得到有关方面的关注，逐步加以解决。

七、今年法院的主要任务

党的十四大为人民法院的工作指明了方向，全国第十六次法院工作会议对法院工作作了安排部署。今后一个时期，人民法院工作的指导思想是：在邓小平同志建设有中国特色的社会主义理论的指导下，认真贯彻执行党的“一个中心、两个基本点”的基本路线，进一步解放思想，实事求是，全面加强审判工作，提高司法水平，维护社会稳定，更好地为建设社会主义市场经济体制，为加快改革开放和现代化建设，提供有力的法律保障和法律服务。

今年全省法院应重点抓好的工作是：

——为保障改革开放和经济建设有一个稳定的社会秩序，必须继续坚持“严打”斗争，丝毫不能放松。特别是对企图推翻人民民主专政和社会主义制度的反革命分子，对杀人、抢劫、爆炸、强奸、“车匪路霸”以及破坏交通、通讯、电力设备的犯罪分子，对“六害”犯罪、重大盗窃以及破坏改革的犯罪分子，坚决打击，绝不手软。继续抓好社会治安的综合治理。深入持久地开展打击贪污、受贿、偷税抗税、制售假冒伪劣产品等严重经济犯罪的斗争，坚决惩治腐败，促进廉政建设。

——努力搞好经济审判工作，充分运用法律手段调整经济关系。要重点审理好国有企业特别是大中型企业转换经营机制中发生的案件；加强对经济合同纠纷、技术合同纠纷、工业产权、有关农村经济发展和涉外涉港澳台案件的审理；通过各种有效方式，努力为发展社会主义市场经济服务。

——从有利于市场经济体制的建立和维护社会安定出发，加强民事审判工作。重点抓好债务、房地产开发、劳动纠纷、婚姻家庭、赔偿及著作权、名誉权等案件的审理，努力提高办案效率和质量。

——进一步搞好行政审判工作，突出审理好行政机关侵犯企业经营决策权、产品销售权、投资决策权等经营自主权的案件以及土地、矿产、工商、税务、环境、卫生、治安、收容审查、劳动教养等行政案件；及时审理因农民负担过重引起的案件；维护公民、法人的合法权益，为社会主义市场经济的发展提供良好的法制环境。

——继续加强审判监督工作，处理好群众的告诉和申诉，排除地方保护主义对审判工作的干扰，及时发现和纠正存在的问题。各级法院要进一步加强领导，采取措施，解决案件执行难问题。

——适应形势任务的需要，搞好法院自身的改革和建设。狠抓法院队伍建设，不断提高干警的素质，是完成繁重审判任务的基本保证。为此，必须加强日常的思想政治工作，搞好各种形式的培训教育，深入进行执法执纪大检查，严格执行错案追究等制度，认真查处违法违纪行为和纠正不正之风，进一步强化审判监督工作等。要从为发展市场经济更快更好地服务出发，继续改革审判方式。同时，要努力抓好法院的物质建设，特别是抓好“两庭”建设，力争按计划完成任务。

各位代表，我国改革和建设事业赋予人民法院的任务是艰巨的。我省各级人民法院决心在党委的领导下，在人大和上级法院的监督指导下，紧紧依靠人民群众的支持，认真贯彻落实党的十四大和第八届全国人民代表大会第一次会议精神，解放思想，实事求是，团结奋进，真抓实干，进一步做好各项审判工作，为加快改革开放和现代化建设作出新的贡献！

甘肃省高级人民法院工作报告

——1993年1月11日在甘肃省第八届人民代表大会第一次会议上

甘肃省高级人民法院院长　秦　炳

各位代表：

一年来，全省各级人民法院在省委的领导下，在省人大及其常委会的监督支持下，以邓小平同志的南巡谈话为指针，履行宪法和法律赋予的职责，在惩治犯罪、保护人民、促进改革开放、保障经济建设方面，做出了努力。现在，我向大会报告工作，请予审议。

一、大力开展审判工作，维护社会稳定，促进经济发展

1992年，全省各级人民法院的全体干警认真学习中央政治局会议和邓小平同志南巡重要谈话，坚持审判为改革开放、为经济建设服务，坚持“两手抓，两手硬”的方针，较

好地完成了各项任务。到11月底，全省各级法院共受理刑事、经济、民事、行政、申诉案件46507案，比上年同期增加0.7%。共审结40089案，占受理案件总数的86.2%。其中，检察机关提起公诉的刑事案件7302案，占受理案件总数的15.7%；由法院直接受理的刑事自诉、民事、经济、行政案件共39205案，占受理案件总数的84.3%。通过审判，对维护社会稳定，对促进改革开放，对发展经济，对加强社会主义民主和法制建设，都起了积极作用。

（一）关于刑事审判。去年，全省各级法院继续贯彻执行依法从重从快和从严惩治的方针，严厉打击严重危害社会治安的犯罪分子和严重经济犯罪分子。到11月底，共受理各类一审刑事案件8066案，比上年同期增加0.5%；审结7102案，判决发生法律效力的人犯共8951人。其中判处五年以上有期徒刑、无期徒刑和死刑（含死缓）的3259人，占判处人犯总数的36.4%；判处五年以下有期徒刑、拘役和管制的5378人，占判处人犯总数的60.1%；免予刑事处分的177人，宣告无罪的94人。人民法院的严正判决，打击了犯罪分子，维护了社会的安定。

在刑事审判中，各级法院始终突出打击重点，严惩严重危害社会治安的犯罪分子。对杀人、抢劫、强奸、流氓、制贩毒品、重大盗窃和“车匪路霸”等犯罪分子，坚决依法从重从快惩处。到11月底，共受理杀人案222案，抢劫案519案，强奸案346案，流氓案223案，故意重伤案549案，重大盗窃案543案。对这些严重危害社会治安的犯罪分子，该判处重刑的判处了重刑，该判处死刑的判处了死刑。在判处的无期徒刑、死刑罪犯中，90%以上是这些严重刑事犯罪分子。

近几年来，毒品犯罪在本省一些地方危害严重。禁毒斗争关系到国家的强盛，民族的兴旺，是全社会普遍关注的大事。全省各级法院坚决执行全国人大常委会《关于禁毒的决定》，依法严惩毒品犯罪，经过几年连续打击，法院受理案件上升的势头开始下降。1990年受理726案，1991年受理449案，下降38.2%；1992年1至11月受理343案，比上年同期下降17.9%。在已审结的380案中（含上年未结的48案），经省法院二审，判处死刑缓期二年执行的6人，无期徒刑6人，五年以上有期徒刑10人；经省法院二审，依法上报最高人民法院核准死刑的共23案××人，已核准死刑立即执行14案××人，由死刑改判为死缓的4人，发回重审2案2人，最高人民法院正在审核的还有7案×人。这些情况说明，各级法院对毒品犯罪的打击是坚决的。

去年，盗窃犯罪仍然突出，严重危害公私财物的安全。全省各级法院积极参加反盗窃斗争，共审结一审盗窃案2534案4693人，占审结刑事案件总数的35.7%，占人犯总数的39.2%。判处死刑（含死缓）、无期徒刑的盗窃犯49人，判处五年以上有期徒刑的1132人。对盗窃集团的首要分子、盗窃通讯设备、电力设备和铁路运输物资的重大盗窃犯罪分子以及惯犯、累犯、流窜犯，坚决依法从严惩处，推动了反盗窃斗争的深入开展。

严厉打击严重经济犯罪分子，促进廉政建设。去年，全省各级法院继续开展打击严重经济犯罪分子的斗争和坚持从严惩治的方针，重点惩治贪污、贿赂犯罪分子。到11月底，共受理经济犯罪案件540案，比上年同期增加9.3%；已审结475案。在判决已经发生法律效力的388名人犯中，判处五年以上有期徒刑、无期徒刑的73人，占18.8%。其中，贪污案204案，挪用公款案33案，受贿、行贿案36案。按照“一要坚决，二要慎重，务必搞准”的原则，各级法院在审判中注意区分罪与非罪的界限，既打击严重经济犯罪分子，又保护正当的经济活动和保护大胆试验而有失误的改革者和开拓者。在重点惩治贪污、贿赂犯罪的同时，还依法惩治了诈骗、投机倒把、偷税抗税的犯罪分子，维护了正常的经济秩序，为国家、为集体挽回经济损失730多万元。

去年，全省各级法院在坚持“严打”的同时，积极参与社会治安综合治理。通过公开审判和公开宣判，开展法制教育，全省共召开宣判大会420多次，旁听群众有32万多人次。针对办案中发现的问题，提出司法建议500多条，收到了较好的社会效果。根据罪犯在劳动改造中的表现，依法办理减刑案件3629案3631人，假释案件384案385人。对未成年人犯罪，坚持教育、感化、挽救的方针，寓教于审，审理未成年犯411人。同时，各级法院还配合有关部门，开展了禁毒、打击“车匪路霸”等突出犯罪活动的专项斗争。这些工作对维护社会安定和促进社会治安的综合治理，都起了积极作用。

（二）关于经济审判。改革开放和经济建设既需要稳定的社会环境，也需要良好的经济秩序。经济审判的任务就是调节经济关系，维护经济秩序，为改革开放和发展经济服务。1992年，全省各级法院进一步增强服务意识，加强对经济纠纷案件的审判。到11月底，共受理一审经济纠纷案件5137案，比上年同期增加5.7%；已审结3972案，诉讼标的总金额为1.54亿元。其中购销合同纠纷案件1400案，占27.3%；借款合同纠纷案件877案，占17.1%；建设工程承包合同纠纷案件244案，占4.7%。

在经济审判工作中，各级法院的做法主要是：

1. 积极为国营大中型企业服务。对国营大中型企业发生的经济纠纷案件，特别是对生产经营活动影响较大的案件，优先立案，优先审理，优先执行，尽量避免影响企业的生产经营活动。

2. 精心审理与经济体制改革相关的企业承包、租赁、联营等经济纠纷案件，促进企业经营机制的转换。在具体案件的审理中，对法律规定尚不完备，又缺乏实践经验的案件，边审理，边研究，努力学习党的方针政策，更新观念，适应改革开放的需要，在不违背党的方针政策的前提下，怎样对维护经济秩序，对促进经济发展有利就怎样办，目的在于促进经营机制的转换和增强企业活力。

3. 认真审理农村承包合同纠纷和乡镇企业经济纠纷案件，保障农村经济的发展。去年，全省各级法院共审结一审农村承包合同纠纷案件71案，比上年上升9.2%。在审理中，特别注意保护承包人的合法权益，鼓励承包人对农业的投入和为社会增加财富。对损害群众利益，影响农业生产的案件，及时审理并进行教育疏导，防止矛盾激化。在审理乡镇企业经济纠纷案件时，从有利于乡镇企业的健康发展出发，慎重处理集体与承包者的责、权、利关系，促进乡镇企业的发展。

4. 加强执行工作，维护法律的尊严。“执行难”的问题近两年有所扭转。去年，全省各级法院进一步充实了执行力量，加强了执行工作。到11月底，共执行经济纠纷案件2174案（尚未执行的还有1330案），使“执行难”的状况进一步得到缓解。

（三）关于民事审判。到11月底，共受理各类一审民事案件27785案，与上年同期基本持平。已审结24260案，占87.5%。在受理的民事案件中，离婚案件16050案，债务案件3882案，赔偿案件3005案，这三类案件占民事案件总数的82.6%。离婚案件多年来一直在民事案件中占第一位，不仅数量上升，而且审理难度增大。各级法院从有利于安定团结出发，在分清是非的基础上，依照婚姻法、民法通则等有关法律，保护当事人的人身权利和财产权利，尤其注意保护妇女、儿童和老人的合法权益。

民法通则施行以来，人们的法律意识增强，注意依靠法律保护自己的合法权益。近几年来，涉及人身权和著作权的民事案件逐渐增多，去年受理52案。各级法院审理时，注意区分侵害名誉权与正当的舆论监督的界限，注意区分合法行为与违法行为的界限，使纠纷尽快得到公正处理。

民事案件数量大，涉及面广，与人民群

众的生产、生活密切相关，正确、及时地处理好这类案件，对防止矛盾激化、促进社会安定和社会主义精神文明建设，有重要作用。各级法院和从事民事审判工作的同志，想群众之所想，急群众之所急，坚持为群众排难解纷，对影响生产和群众生活的案件及时调处，对矛盾可能激化的案件采取措施，及时化解。同时坚持走群众路线，携卷下乡，就地办案，方便群众诉讼。这些做法对增强团结，建立村民和谐，邻里和睦，尊老爱幼的社会风尚，减少不安定因素，维护社会稳定都有积极作用。今后，仍应继续坚持下去。

（四）关于行政审判。行政审判这两年发展较快。1991年受理一审行政案件383案，比1990年增加38.8%；去年1至11月受理一审行政案件351案，比上年同期增加2.3%。其中，治安行政案件78案，占22.2%；土地行政案件112案，占31.9%；其他林业、税务、工商、城市规划等行政案件也有增加。到11月底，共审结一审行政案件300案，其中法院维持行政机关决定的89案，占29.7%；撤销行政机关决定的75案，占25%；原告撤诉的86案，占28.7%。

随着行政法规的不断增多，行政诉讼涉及的范围也不断扩大。过去没有或少有的收容审查、劳动教养、交通运输、商检、烟草专卖等行政案件也陆续起诉到法院，行政审判的任务逐渐加重。全省各级法院积极慎重地受理和审理行政案件，坚持在法律面前人人平等，注意不把原告、被告之间不平等的行政关系带到诉讼中来，依法保障公民、法人和其他组织与行政机关同样平等地行使自己的诉讼权利。去年，全省各级法院还受理了行政机关申请人民法院强制执行的行政案件159案。通过对行政案件的审理和执行，对促进行政机关依法行政，维护社会稳定，密切政府同人民群众的关系是有益的。

（五）关于告诉申诉和审判监督工作。去年1至11月，全省各级法院共收到告诉申诉信件26557件，接待来访34124人次。按照实事求是、有错必纠的原则，各级法院以审判监督程序立案再审的刑事案件434案，民事案件346案，经济纠纷案件62案。对这些案件，各级法院按照有关法律规定，进行了认真审理。在已审结的358件刑事案件中，维持原判的223案，占62.3%；改判81案，占22.6%。改判为无罪的39人，免予刑事处分的7人，减轻刑罚的38人，加重刑罚的14人，作其他处理的19人。在已审结的264件民事案件中，维持原判110案，占41.7%，改判85案，占32.2%。在已审结的47件经济纠纷案件中，维持原判11案，改判11案。全省各级法院还受理人民检察院提起抗诉的案件55案，占一审刑事案件7102案的0.8%。已经审结了53案，其中驳回抗诉维持原判的21案，抗诉有理而改判的17案，事实不清发回重审的5案，检察院撤回抗诉的10案。通过处理来信来访和审理再审案件以及人民检察院抗诉的案件，加强了审判监督工作。

二、认真总结经验，解放思想，改革创新，进一步提高执法水平

一年来，全省各级人民法院坚持党的“一个中心，两个基本点”的基本路线，进一步增强专政意识、改革意识和服务意识，改进审判工作，加强队伍建设，努力为社会稳定和发展经济服务。我们的主要做法和体会是：

（一）坚持人民民主专政，强化审判机关的专政职能。在我国社会主义初级阶段，阶级斗争虽然已经不是主要矛盾，但在一定范围内还将长期存在，并在一定条件下还可能激化。国内外敌对势力和敌对分子仍在进行渗透、颠覆和破坏活动，一些严重危害社会治安的犯罪活动猖獗，特别是一些重大刑事案件仍在增加，有的带有黑社会性质，有的地方还出现了“反攻倒算”的案件。因此，必须增强敌我观念，强化专政职能，坚定不移地同企图推翻人民民主专政的政权和破坏社会主义经济建设的反革命分子和其他严重刑

事犯罪分子作坚决的斗争。为此，我们采取了以下做法：

第一，贯彻执行“两手抓，两手都要硬”的方针。各级法院联系审判工作实际，组织全体干警认真学习马克思主义关于阶级斗争和人民民主专政的理论，学习党的十一届三中全会以来的有关文献和邓小平同志南巡重要谈话。在各级党委领导下，教育广大干警认清国际国内形势，增强忧患意识、敌我意识。大家认识到，在加快改革开放和经济建设的形势下，必须坚持“一手抓改革开放，一手抓打击各种犯罪活动”，“两手抓，两手都要硬”。只有这样，才能保障改革开放和经济建设的顺利进行，才能保证社会主义制度的巩固和发展。

第二，继续坚持“严打”斗争，维护国家和社会的稳定。我们一直强调，作为人民民主专政工具之一的人民法院，一定要强化专政职能，严厉打击严重刑事犯罪活动。各级法院对杀人、抢劫、强奸、流氓、毒品犯罪、“车匪路霸”等严重危害社会治安的犯罪分子，坚决贯彻从重从快的方针，依法给予严厉打击。该重判的就坚决处以重刑，该判处死刑的坚决处以死刑，打击犯罪，保障社会安定。

（二）拓宽服务领域，强化服务功能。在总结和完善过去为改革开放和为经济建设服务的经验的基础上，积极探索新的服务途径，拓宽人民法院为经济建设服务的领域，增强服务功能。一是审理涉及国营大中型企业的经济纠纷案件时，着眼于促进企业经营机制转换，理顺企业产销关系，增强企业活力，利于企业发展，鼓励企业进入市场。尽快解决困扰企业的各种纠纷，稳定企业的生产经营秩序。二是组织审判人员，走出法院，深入企业调查研究，接受咨询，提供法律服务。不少法院与企业建立了经济司法联络员制度，组织企业管理人员旁听典型案件的公开审理，为企业培训法律人才和合同管理人员。三是针对审理案件中发现企业经营管理中存在的问题，及时提出司法建议，促使企业加强管理，增强企业的自我防护能力。四是从实际出发，正确执行法律和政策。凡是法律有规定的就依照法律办理；法律没有规定的依照党和国家的政策调解处理；政策规定一时不清的，以是否有利于发展社会主义社会的生产力，是否有利于增强社会主义国家的综合国力，是否有利于提高人民的生活水平为标准，怎样对发展经济有利就怎样办。

（三）坚持走群众路线，转变审判作风，全心全意为人民服务。一是坚持携卷下乡，就地办案，方便群众诉讼。这样做有利于了解案情，查清事实，尽快解决纠纷，扩大办案效果。二是省法院和各中级人民法院深入下去，对基层人民法院的工作分类指导。不少法院还建立了院长接待日制度，加强了信访工作。三是加强上级法院对下级法院的监督。省法院审判委员会坚持下乡办案，到案件发生地的中级人民法院讨论案件，讨论时吸收中院和县区法院的同志参加，既有利于了解案情，提高办案质量，又有利于培养干部，共同提高执法水平。不少中级法院也坚持这样做，宁县等一些县、区法院已将他们的工作重心下移，加强了人民法院的基础工作。

（四）抓好执法检查，不断总结经验，保证办案质量。在各级法院自身抓好一年一度的执法检查的同时，省法院和各中级人民法院还派出工作组对面上工作进行检查。对检查中发现的错判案件，坚决予以纠正，错多少纠正多少，错在那一方面就纠正那一方面，不搞下不为例，取信于民。

去年，按照省人大常委会的部署和最高人民法院的要求，全省各级法院采取自查、互查和重点抽查的方法，认真进行了执法检查。共检查1991年7月至1992年6月审结的刑事案件6284案，民事案件13546案，经济纠纷案件3198案，行政案件315案，总计23343案，占同期审结案件数的75.3%。发现错判案件35件，占检查案件数的0.15%。其中，刑事案件原判定罪、适用法律确有错误，应改判纠正的16案，已改判纠正14案；民事案件改判纠正了14案。还有5案正在审理中。此外，在执行程序法方面还有不少问题。主要是有些案件办案时间太长，有些应当公开审判而未公开审判，有些应适用普通程序而适用了简易程序，有些立案的法律手续还不完备。针对检查中发现的问题，有关法院总结了经验教训，提出了改进措施。

（五）坚持从严治院，抓好队伍建设。人民法院审判的案件，政策性、业务性都很强。建设一支政治上可靠、业务上精通、遵纪守法的队伍，是严肃执法，搞好各项审判工作的保证。近年来，全省各级法院在队伍建设方面，一是加强了思想政治工作，组织干警认真学习马克思主义、毛泽东思想的基本理论，学习邓小平同志关于坚持四项基本原则，反对资产阶级自由化的论述和建设有中国特色的社会主义的理论，提高干警的政治理论水平和识别能力。二是把廉政建设放在队伍建设的首位，常抓不懈。各级法院不断进行理想教育、形势教育和纪律教育，引导广大干警保持艰苦奋斗的优良传统，做一身正气，两袖清风，廉洁自律的人民法院干部。在坚持“八个不准”的同时，各级法院普遍制定了廉政措施，从制度和纪律上防止不正之风对干警的侵袭。从总体上说，全省法院队伍是廉洁奉公、秉公执法的，涌现出许多拒礼、拒贿的先进事迹和刚正不阿、执法严明的先进人物。但是，也有个别干警经受不住考验，违纪违法，甚至走上犯罪道路。到11月底，全省法院共查处违法违纪案件20件20人，其中受刑事处罚的2人，受党纪、政纪处分的18人。这说明还需要大抓廉政建设，提高干警素质。三是加强专业培训，提高业务素质。在审判任务日益繁重的情况下，坚持在实践中学习和对审判人员进行多层次的培训。在办好法院业余法律大学的同时，选送干部到党校、政法院校、中国高级法官培训中心进行培训。目前，法院干警具有大专以上文化程度的占32.5%。少数民族审判人员的培训也得到加强，目前已有1/3的少数民族审判干部经过了专业培训。今后仍要继续抓好这项工作。

各位代表，一年来，全省各级人民法院的审判工作取得了一定成绩，法院自身的改革和建设也取得了明显的进展。这是在省委的领导下，在人民代表大会及其常委会的监督和支持下，各级人民法院共同努力的结果。但是，我们的工作还存在一些缺点，主要有：一是对法院工作的新情况新问题调查研究不够深入；二是对下级法院审判工作的监督、检查不够，办案质量和办案效率还需要进一步提高；三是对法院干部队伍的思想政治工作抓得不够有力，对一些干警中存在的纪律松弛、作风拖拉现象，亟需进一步加强管理和教育，还应采取新的措施，努力改正。新的一年已经来临，各级人民法院面临的任务将会更加繁重，我们真诚希望人大及其常委会继续加强对人民法院的监督和支持，我们将进一步努力做好工作，为改革开放和经济建设作出新的贡献！

青海省高级人民法院工作报告

——1993年1月8日在青海省第八届人民代表大会第一次会议上

青海省高级人民法院院长　马有功

各位代表：

自青海省第七届人民代表大会以来，各级人民法院在党委领导和人大监督下，坚持以邓小平同志建设有中国特色社会主义理论为指导，牢固树立审判工作为社会主义经济建设服务的指导思想，认真贯彻执行宪法和法律的规定，全面发挥审判职能作用，较好地完成了各项审判任务，为保障和维护社会、政治稳定，促进改革开放和经济建设的发展发挥了积极作用。现在，我就人民法院1992年的工作报告如下，请予审议。

一、坚决打击各种犯罪活动，维护社会稳定

去年，全省各级人民法院与公安、检察机关密切配合，充分发挥人民民主专政职能，继续坚持“严打”方针。我们坚持对广大干警进行形势教育，克服松劲、厌战情绪，树立长期作战思想，严厉打击杀人、抢劫、强奸、流氓集团等严重危害社会治安的犯罪活动，集中打击贩毒，引诱、容留妇女卖淫等犯罪分子。针对犯罪团伙活动猖獗，大要案突出的情况，加强刑事审判力量，采取提前介入，在发案地公开审理、集中宣判等有效措施，及时依法予以打击，该重判的坚决重判，该判处死刑的坚决判处死刑。受理一审刑事案件2332件，审结2048件。在判决发生法律效力的2399人中，处五年以上有期徒刑、无期徒刑和死刑（含死缓）的826人，其中，处无期徒刑和死刑（含死缓）的比上年上升26.76％；处五年以下有期徒刑、拘役、缓刑、管制和其他处罚的1476人；免予刑事处分的68人；宣告无罪的29人。对流氓犯罪团伙尤其是带有黑社会性质的犯罪集团，依法给予有力打击，坚决遏制暴力、恶性案件增长的势头。罪犯杨再进、马全泉等人合谋结成代号“三一七”犯罪团伙，杀人抢劫、用极其残忍的手段将尚××一家3口杀害后碎尸灭迹。确系情节特别恶劣，罪大恶极，对社会危害极大，被及时依法判处死刑，有力地打击了犯罪分子的嚣张气焰，显示了人民民主专政的强大威力。

积极开展反盗窃斗争，审结盗窃案件815件，占一审刑事案件审结数的39.79％，对重大盗窃犯、惯犯、流窜犯、盗窃破坏通讯设备、电力设施的犯罪分子坚决依法严惩。特大盗窃犯杨春林、单杰、李万峰等刑满释放后，相互勾结大肆进行盗窃活动，先后流窜我省西宁、海南、海西和甘肃兰州、张掖、甘南等地盗窃大小汽车14辆及其他物品价值达70余万元，数额特别巨大，情节特别严重，对社会危害极大，被依法判处死刑，有力地打击了盗窃犯罪活动。

各级人民法院在“严打”斗争中，注意斗争策略，认真贯彻惩办与宽大相结合的政策，对有自首立功表现或者主动坦白交待罪行，真诚悔罪自新的犯罪分子，坚持依法从轻、减轻或免除处罚。还针对本省多民族的实际，认真贯彻“两少一宽”政策，有利于团结各少数民族群众，最大限度地孤立、分

化和打击犯罪分子，为民族地区的稳定和发展创造良好的社会环境。

打击经济犯罪，是坚持社会主义道路，加快改革开放，建立社会主义市场经济体制的法律保障。各级人民法院牢固树立惩治经济犯罪是为经济建设直接服务的观点，坚决贯彻“一手抓改革开放，一手抓打击经济犯罪”的方针，依法严惩了一批经济犯罪分子。受理一审经济犯罪案件545件，审结501件，万元以上大案101件。我们始终把国家工作人员中的严重贪污、贿赂犯罪作为打击重点。受理贪污、受贿案件176件，占各类经济犯罪案件的32.29%；审结160件。在判处的贪污贿赂案犯中，国家工作人员占63.63%。惩治了腐败，推动了廉政建设。

各级法院在严惩贪污、贿赂犯罪分子的同时，对盗伐滥伐林木，偷税、抗税及生产和销售假冒伪劣商品、假冒商标等严重扰乱经济秩序的犯罪案件及时进行了审理，并依法从严惩处。

各级法院始终坚持“一要坚决，二要慎重，务必搞准”的原则，精心审理，认真把好事实、证据、定性关，严格区分严重刑事犯罪和一般刑事犯罪、罪与非罪、犯罪与违法、违法与违纪的界限。尤其在当前加快改革开放的形势下，经济犯罪案件情况复杂，给审判工作带来了新情况、新问题，审理难度大。各级法院在审判实践中注意研究典型案例，总结经验。通过审判活动，依法保护有利于解放和发展生产力的行为，限制不利于解放和发展生产力的行为，制裁破坏解放和发展生产力的行为。对在改革开放中出现的新类型案件，尚无法律规定的，依照法律的基本原则、国家的政策，从“三个有利于”的全局出发，实事求是妥善处理。

二、加强经济审判工作，强化服务意识，积极为经济建设服务

各级人民法院坚持审判工作为经济建设服务的指导思想，积极开展经济审判工作，受理一审经济纠纷案件1237件，审结859件，诉讼标的总金额8476万余元。

及时审理涉及国营大中型企业的经济案件。对涉及国营大中型企业的经济案件坚持优先受理、优先审理、优先执行，审结经济案件565件，为企业挽回经济损失7500万余元，维护了企业的合法权益，促进了企业的发展；运用法律手段，帮助企业清理债权债务2200多万元，缓解了资金紧缺的困难，加速了经济流转；通过审理借款合同纠纷案件，协同银行回收贷款1100多万元，有力地支持了金融部门依法收贷，维护了正常的金融秩序。

审执并重，搞好执行工作。各级人民法院从提高办案质量入手，始终坚持审理与执行并重的原则，防止和克服地方保护主义，反对和抵制各种干扰；对审结后可能难以执行的案件，根据当事人的申请，及时采取财产保全措施，判决生效之后，及时执行，防止资金和财产流失。去年依法执行各类案件1670件，为债权人挽回1143万元的经济损失，有效地保护了债权人的合法权益，维护了法律尊严。

精心审理农村牧区承包合同纠纷案件。农牧业是本省国民经济的基础，农村牧区工作是影响全省政治、经济、社会全局的问题。人民法院及时审理农村牧区承包案件，稳定了家庭联产责任制，促进了统分结合的双层经营体制的不断完善。主动参与农村牧区承包合同的审查，完善合同要件，维护合同的稳定性和法律效力。严肃处理生产，销售假农药、假化肥、伪劣种子的坑农害农案件，保护了农牧民利益，促进了农村牧区经济的发展。

积极开展超前和延伸服务。去年年初，我们召开了全省法院为经济建设服务经验交流会，对法院为大中型企业提供多层次、全方位的法律服务进行了部署。各级法院积极主动与企业联系，推行司法联络员制度，培养法律人才，促使企业依法管理；提出司法建议，协助企业改善经营管理；积极为企业提供信息，帮助发展生产，取得了良好的社会效果。为认真贯彻党的十四大精神，探索为经济建设服务的新路子。省法院于10月份又召开了有20家大中型企业厂长、经理参加的座谈会，效果较好。为认真贯彻执行审判工作中的人民陪审员制度，特聘请一批有影响的人士和有专业特长的专家担任人民陪审员，参与审理涉及专业性、技术性较强和影响较大的案件；为适应社会主义市场经济的发展需要和经济审判工作的需要，各级法院在组织现有审判人员学习法律和经济知识的同时，从经济部门选调一些懂经济的人员从事审判工作。

三、做好民事、行政审判和告诉申诉工作，保护公民、法人的合法权益，支持和监督行政机关依法行政，为社会稳定服务

加强民事审判工作，依法保护当事人的合法权益。受理一审民事案件10294件，审结8328件。在审结的民事案件中，婚姻家庭、债务纠纷和损害赔偿案件7950件，占95.46%。各级人民法院针对多年来离婚案件居高不下的状况，本着巩固社会主义婚姻家庭制度的精神妥善处理，有效地维护了妇女儿童的正当权益，通过审判活动引导各族群众改革陈规陋习。精心审理知识产权、名誉权等新类型案件。对草山、土地、民族宗教等涉及面广、影响大的案件，依法及时受理，多做调解工作，既正确适用实体法，保护当事人的实体权利，又严格执行程序法，保护当事人的诉讼权利。防止了矛盾激化，维护了安定团结，保障和促进了农村牧区两个文明建设。

积极开展行政审判工作，努力提高行政审判质量。行政审判是人民法院的一项新的工作，执法环境比较差，不少地方仍然存在公民、法人不敢告，行政机关不愿当被告的现象。全省各级人民法院解放思想、大胆实践，本着边学习、边摸索的精神，积极、慎重开展行政审判工作，受理一审行政案件76件，审结68件。人民法院通过支持合法，制裁违法，保护公民、法人和其它组织的合法权益，调动广大人民群众参加社会主义现代化建设的积极性，密切党和政府与人民群众的关系，促进了社会安定团结。

加强告诉申诉工作，及时化解矛盾，减少不安定因素。告诉申诉工作是审判工作的重要组成部分，是人民法院联系群众、接受群众监督的重要渠道。近年来，我们一直狠抓告诉申诉工作，加强上级法院对下级法院的监督指导。去年，实行立案与审理分离、改进再审制度，建立健全法院内部监督机制，上级法院对明显应当立案而没有立案的，指令下级法院立案，对确属错判影响大的案件，上级法院依法提审，直接改判，并选择典型进行通报，较好地解决了群众“告状难”、“申诉难”的问题。受理各类申诉案件2031件，审结1961件；受理告诉申诉来信来访8671件，比上年减少4.26%，审查处理8593件，保障了公民的告诉申诉权利，维护了法律的严肃性。

充分发挥审判职能作用，积极参与社会治安综合治理。各级人民法院继续贯彻执行全国人大常委会关于加强社会治安综合治理的决定，在发挥专政职能、服务职能的同时，运用审判机关对罪犯实行改造的职能，协同劳改机关及时严惩抗拒改造、重新犯罪分子。改变书面审查的习惯做法，深入劳改场所办理减刑、假释案件，就地核实、依法裁定，以案讲法，促进了改造罪犯的工作。罪犯李保林、彭永福、陈生彦在羁押期间无视监规，故意伤害他人致死，手段残忍，情节恶劣，被依法分别判处死刑、死缓和无期徒刑，打击了“牢头狱霸”，维护了监管秩序；发挥审判机关对青少年罪犯教育、感化、挽救的职能，坚持“寓教于审”、“惩教结合”，预防和减少了犯罪，行使人民法院的宣传教育职能，开展多种形式的法制宣传活动，提高人民群众的守法意识和同违法犯罪作斗争的积极性；

强化审判机关的司法建议职能，有的放矢地开展司法建议活动，督促和协助有关部门加强管理、堵塞漏洞；发挥人民法院的调解指导职能，加强人民法庭建设和对基层调解组织的业务指导，深入基层，依靠群众，就地审理、着重调解，把问题解决在萌芽状态、解决在基层、解决在内部，维护了社会稳定。

四、积极改进审判方式和作风，大力推行公开审判制度

全省各级法院自1988年第十四次全国法院工作会议以来，认真贯彻公开审理的宪法原则，把推行公开审判制度，作为改善执法活动、保证严肃执法的重心，确保办案质量、效果的中心环节和人民群众监督审判活动的重要形式，不断克服和清除与法不符的传统观念和习惯做法，克服审判力量不足、案件多、交通线长、经费紧缺等困难，大力推行公开审判制度。省高级人民法院从自身做起，以二审死刑案件的公开审判为突破口，带动全省各级人民法院推行公开审判制度。审判委员会成员改进作风，深入实地，就地开庭、就地旁听、就地议决、就地宣判。经过几年积极努力，依法应公开审理的二审死刑案件已全部公开审理，同时公开审理了一批其它刑事、经济二审案件和再审案件。各级人民法院实行公开审判制度也有了新的进展，去年，全省刑事、行政一审案件已基本做到依法公开审理，经济、民事一审案件依法公开审理的占70%以上，二审和再审案件的公开审理也有所提高。基层人民法院还根据本省民族地区农村和牧区的不同特点，发挥人民法庭前沿阵地作用，组织巡回法庭和“马背法庭”，走村串帐、巡回办案，调处纠纷、化解矛盾，大大方便了各族群众诉讼，维护了民族团结。

公开审判带动了合议、回避、陪审、辩护等诉讼制度的贯彻实施，使案件得到客观、公正、合法的处理，从制度上保证了办案质量；加快了办案进度，扩大了办案效果；宣传了法制和人民法院在国家中的地位和作用；锻炼了队伍，提高了法官素质；有力地揭露和震慑了犯罪，教育了群众。公开审判受到了群众的肯定和赞扬，得到了党委人大和政府的重视和支持。

各级人民法院在案件的公开审判中，对于不通晓当地通用语言文字的诉讼当事人，为他们指定翻译。民族自治地方的人民法院还积极创造条件，用当地通用的语言文字开庭审理，制作和发布法律文书，较好地贯彻执行了用民族语言文字进行诉讼的宪法原则，有效地保障了少数民族群众平等地行使诉讼权利，增进了民族团结。

五、切实加强队伍建设，努力提高法官素质

加强法院队伍建设，不仅是做好审判工作的保证，也是社会主义民主法制建设的重要组成部分。实践证明，保证严肃执法、依法行使审判权的关键在于提高法官的素质，建设一支政治坚定、业务精通、作风过硬、纪律严明、秉公执法、有坚强战斗力的法官队伍。

大力加强思想政治工作。各级法院组织干警认真学习马列主义、毛泽东思想的基本理论，坚定共产主义信念，坚持人民民主专政。特别是学习邓小平同志建设有中国特色社会主义的理论，解放思想，更新观念，强化服务意识，强化改革意识，强化防“左”意识，强化社会主义民主与法制意识，强化群众路线意识，增强了贯彻执行党的基本路线的自觉性和坚定性。

开展廉政建设，整顿法院队伍。各级人民法院建立健全纪检、监察工作机构，强化监督机制，坚持“从严治院”的方针，经常进行党风党纪教育和执法执纪检查。特别在去年，按照中央和省委部署，结合全省法院队伍的实际，集中开展了自上而下、自下而上的整顿队伍工作，以思想作风整顿为主，着重正面教育和自我教育，解决思想不纯、组织不纯、作风不纯的问题，重点检查和解决审判工作中的执法不严、打击不力、地方保护主义问题和干警的廉政建设问题。通过整顿，检查纠正了一些处理不当的案件，更重要的是广大干警受到了一次深刻的党的基本路线教育、宗旨教育、群众路线教育、廉政教育和严肃执法教育，审判方式和作风确有较大改进。涌现了一批奉公守法、拒礼拒贿、积极工作的先进集体和先进个人。去年，全省法院追记个人一等功1名，表彰集体二等功4个，个人二等功2名，先进集体14个，先进个人71名。事实表明，法院队伍是一支党和人民可以信赖、有战斗力的队伍。但还有少数干警经不起考验，违法乱纪，甚至走上犯罪道路，也有一些不适合在法院工作。目前，全省已清调75名，占干警总数的3.29%。其中，开除3人，给予政纪处分5人，保证了法院队伍的纯洁。

认真抓好干部教育培训。为适应审判工作的需要，我们以法律业余大学和法官培训中心为基地，采取多种形式、多层次、多渠道对干警进行教育培训，以提高干警政治业务素质。继续加强对法律业大集中办学的领导，强化管理，"从严治校"，保证了办学质量，得到了最高人民法院的肯定。从1985年业大创办以来，已培养483名法律大专毕业生，大大改变了全省法院队伍的文化素质和专业结构。目前，具有法律大专以上文化程度的干警600多人，与1985年的60人相比，增加了9倍多。全省各级法院认真贯彻民族区域自治法，积极培养和选拔少数民族审判人员，在民族自治地区人民法院的审判人员中，少数民族干部已占多数。为加快培养青南边远民族地区法官队伍的步伐，我们采取特殊措施，积极创造条件，1991年在青海民族学院开办大专法律班，去年又在西北政法学院开办了大专法律班，还选送一批干部到外地院校深造。为培养锻炼干部，优化队伍结构，省法院选派了16名干部到基层法院挂职锻炼，同时选调了16名政治、业务素质较好，有多年基层工作经验的干部到省法院工作，实行干部双向交流，加强了队伍建设，提高了审判水平。

积极开展工作，加快"两庭"建设步伐。近年来，全省"两庭"建设取得了一定进展。特别是去年，省委、省人大、省政府要求把"两庭"建设纳入"八五"计划和年度规划，计委、财政、城建、土管、法院等部门，齐心协力，狠抓落实。截止1992年底，全省已建审判法庭34个，占应建审判法庭的59.6%；已建人民法庭72个，占应建人民法庭的46.15%；对19个审判法庭和人民法庭进行了改建或增添了配套设施和交通工具，在一定程度上改善了全省法院工作条件和执法环境。但是，全省"两庭"建设是在资金十分困难的条件下进行的，起步较晚，发展滞后，不仅有23个审判法庭和84个人民法庭尚待建设，而且有相当一部分审判法庭附属设施不配套，不少人民法庭通讯设备和交通工具严重不足，这种状况，远远不能适应审判工作的需要。审判法庭是人民法院开庭审判的法定场所，是人民法院依法办案的必要条件。尤其在当前，全省各级法院加强自身改革，确保严肃执法，大力推行公开审判制度的情况下，审判法庭的建设显得更加重要和迫切。人民法庭是人民法院最基层、联系群众最密切的组织，担负着审理80%以上民事案件，35%以上经济纠纷案件和参与农村牧区社会治安综合治理的繁重任务。加强人民法庭建设，对方便群众诉讼，方便法院审判，保障社会稳定，加快农村牧区经济发展有着特别重要的意义。各级法院要以强烈的事业心和责任感，下大气力，争取"两庭"建设今年有个大的突破，以适应法制建设的需要。

去年，全省人民法院工作成绩是大的。但也存在一些问题，主要是对改革开放中出现的新情况新问题缺乏深入研究，主动服务的意识不够强，路子不宽；公开审判开展不平衡，有的庭审质量不高；对下级法院的审判监督和指导不够及时；有的案件定性不准，量刑不当，审期过长，没收财产、罚金等财产刑适用不够，仍然存在打击不力的现象；队伍素质还有待于提高；经济案件“执行难”的问题还没有完全解决。要认真加以改进。

六、1993年人民法院的主要工作

为贯彻落实党的十四大和省委七届十一次全委会精神，根据第十六次全国法院工作会议要求，建议各级法院坚持以邓小平同志建设有中国特色社会主义的理论为指导，认真贯彻执行党的“一个中心、两个基本点”的基本路线，把人民法院工作同社会主义建设的全局联系起来，把是否有利于解放和发展生产力，把经济建设搞得更快更好，是否有利于加快改革开放和坚持四项基本原则，是否有利于维护政治安定和社会稳定，作为人民法院工作的出发点，最终目的和检验我们一切工作的根本标准。确保为经济建设服务的思想贯穿在整个法院工作里，落实到各项审判中，体现在每个案件的审理上。

充分发挥专政职能，运用法律武器，打击各种犯罪活动，为改革开放和经济建设创造安定团结的政治局面和良好的社会环境。当前，全省政治安定，民族团结，经济发展，社会稳定，治安形势好于上年。但不安定的因素还很多。人民法院要对一定范围内长期存在、某种条件下还可能激化的阶级斗争保持清醒的认识和高度的警惕，强化对敌专政职能作用，依法严惩那些进行民族分裂、破坏祖国统一的犯罪分子、披着宗教外衣进行反革命活动的分子及其他敌对分子，维护祖国统一。继续坚持“两打”斗争，严厉惩处严重危害社会治安的犯罪分子和严重经济犯罪分子。坚持“一要坚决，二要慎重，务必搞准”的原则，讲求办案的政治效果、经济效果和社会效果，切实做到保护改革者，鼓励探索者，帮助失误者，制裁违法犯罪者。

大力加强经济、民事、行政审判工作，为建立和发展社会主义市场经济体制提供有力的法律保障和服务。依法及时处理好与改革开放、经济建设密切相关的各类案件，促进企业经营机制的转换，促进农牧业和农牧经济的健康发展，促进社会主义市场经济体制的建立，促进生产力的发展。积极发挥企业司法联络员的作用。有条件的法院可以试行建立经济纠纷调解中心。加强对新类型案件的审理和调查研究。慎重处理草山、土地、水利等群众性纠纷，对致人伤亡构成犯罪的，要依法追究刑事责任。

大力改进审判方式和作风，保证严肃执法。继续推行以提高庭审质量为中心的公开审判制度，面向基层，充实基层，切实加强基层人民法院和人民法庭工作。发扬以往审判工作中行之有效的方法，在保证办案质量的前提下加快办案进度，提高工作效率。

坚持党的领导，加强队伍建设。江泽民总书记在党的十四大报告中强调要严格执行宪法和法律，保障人民法院依法独立进行审判。表明了党中央对社会主义民主和法制建设的高度重视，对审判工作提出了更高更严的要求。各级法院必须坚持党委领导下依法独立审判的原则。加强领导班子和队伍建设，配备政治素质好，又有法律业务知识的领导干部；大胆选拔优秀年轻干部，重视培养和选拔少数民族法官和女法官；学习市场经济理论，学习法律，提高执法水平，严格执行宪法和法律。

各位代表：1993年人民法院的任务更加繁重。我们决心在党委的领导、人大的监督和政府的支持下，解放思想、更新观念，加强法院自身改革和建设，充分发挥审判职能作用，为维护全省政治、社会稳定，保障和促进改革开放和经济建设的发展作出更大贡献。

宁夏回族自治区高级人民法院工作报告

——1993年5月18日在宁夏回族自治区第七届人民代表大会第一次会议上

宁夏回族自治区高级人民法院院长　邹献朝

各位代表：

自治区第六届人民代表大会第一次会议以来，全区各级人民法院认真贯彻执行党的“一个中心、两个基本点”的基本路线，忠实地执行宪法和法律，紧紧围绕经济建设这个中心，充分发挥审判机关的职能作用，全面加强刑事、民事、经济、行政等各项审判工作，5年来全区法院共受理各类一审、二审、审判监督案件78772件，平均每年上升6%，其中1992年上升21.53%，审结77926件，在保护人民，惩治犯罪，促进改革，服务四化方面，发挥了积极的作用。现将5年来全区法院工作的主要情况和今后意见报告如下，请审议，并请参加会议的政协委员和其他列席代表提出意见。

一、关于刑事审判工作

5年来，全区各级人民法院认真履行人民民主专政机关的职责，依法严厉打击严重危害社会治安和严重破坏经济秩序等各种犯罪活动。共受理一审刑事案件12745件，平均每年上升11.06%。5年共审结12486件，判决发生法律效力的人犯13084人，判处五年以上有期徒刑、无期徒刑和死刑（包括死缓）的，占判决人犯总数的27.91%，其中1992年占30.38%。判处五年以下有期徒刑、拘役和管制的占68.57%，免予刑事处分的占2.85%，宣告无罪的占0.65%。

（一）严厉打击严重危害社会治安的犯罪活动，为改革开放和经济建设创造稳定的社会环境

5年来，全区各级人民法院认真贯彻小平同志“两手抓，两手都要硬”的指示，继续深入开展了“严打”斗争。在“严打”斗争中，各级人民法院首先重视抓了干警的思想教育，防止和克服松懈麻痹思想，保持了“严打”的势头。其次，进一步加强了审判监督和业务指导，对发现的没有体现“从重”方针判决的案件，采取发回重审、指令再审和提审等办法进行纠正，并注意加强学习，对坚持严打方针保持清醒的认识。再次，突出了打击的重点。根据本区社会治安实际，会同公安、检察等机关，开展了区域性的集中“严打”和各种专项斗争，重点依法“从重从快”惩处了杀人、抢劫、爆炸、强奸、流氓、重大盗窃、“车匪路霸”以及破坏交通、通讯、电力设备等犯罪分子，严厉打击了毒品、淫秽物品、拐卖、绑架妇女、儿童和卖淫嫖娼等“六害”犯罪活动。

盗窃犯罪案件多年来在本区一直居各类刑事案件之首。为保护广大群众的切身利益，保障公私财产安全和国家经济建设的顺利进行，全区各级人民法院积极参加全国开展的为期三年的反盗窃斗争，依法从重从快惩处了盗窃、破坏交通、通讯、电力设备，盗窃企业重要生产原材料及产成品的犯罪分子。重点打击了盗窃集团的首要分子、重大盗窃犯、惯犯、流窜犯、教唆犯、共同盗窃的主犯。盗窃22万余元公私财物的全区最大的盗窃犯马忠发、任永军被处决；盗窃国家战备粮库粮食10多万斤的粮库警卫桂华庆伏法；结伙盗窃油田67吨钢材的瞿秀芳等犯罪分子受到法律的严厉制裁。5年全区法院共审结盗窃案件4652件，判处盗窃犯罪分子6321人，其中1992年判处的1193人。

一个时期以来，“六害”犯罪严重。全区各级人民法院根据最高人民法院有关通知精神，把打击拐卖妇女、儿童，贩卖毒品，卖淫嫖娼，制作传播淫秽物品和赌博等“六害”犯罪活动作为刑事审判工作的一项重要任务，认真执行全国人大常委会《关于禁毒的决定》、《关于惩治走私、制作、贩卖、传播淫秽物品的犯罪分子的决定》、《关于严禁卖淫嫖娼的决定》、《关于严惩拐卖绑架妇女、儿童的犯罪分子的决定》，严厉打击了这几类犯罪分子。绑架并杀害儿童的高志强、闫玉伟、谢济世等罪犯均被判处死刑。

各级人民法院在坚持“严打”方针，保持“严打”势头的同时，认真贯彻执行了“惩办与宽大相结合”的刑事政策，对有投案自首，检举立功，坦白交待等法定从轻、减轻情节的罪犯，依法兑现政策，从宽处理，分化瓦解了犯罪分子。并采取多种形式，积极参与社会治安综合治理。一是针对少年犯罪案件增多的实际，各级法院普遍建立了少年刑事审判合议庭，根据未成年人心理生理特点，改进审判方式，注重疏导、启发，寓教于审，审教结合，并从工、青、妇、教育等单位聘请一批关心热爱少年工作的同志担任少年刑事审判特邀陪审员参与审判，共同做好帮教工作，贯彻对失足少年“教育、感化、挽救”的方针。二是选择典型案件，集中进行公开宣判，宣传法制，震慑犯罪。5年来，全区法院共召开宣判大会495场次，宣判2030案，罪犯3713人，旁听群众达284万余人次。三是针对办案中发现的有关单位在管理上存在的漏洞，提出司法建议或与发案单位进行座谈，帮助总结经验，堵塞漏洞，消除隐患，提高他们的自防意识和能力。四是对罪行较轻的犯罪分子，在有条件的地方依法适当多判一些缓刑、管制，对劳改中确有悔改或者立功表现的犯罪分子，依法裁定减刑或者假释。5年共判处缓刑、管制1935人。办理减刑案件5188件，假释案件425件。

（二）深入开展打击严重经济犯罪的斗争，推动廉政建设，维护社会主义经济秩序

5年来，全区各级人民法院坚持对严重经济犯罪从严惩处的方针，依法惩办了一批经济犯罪分子。共审结一审经济犯罪案件1773件，判决发生法律效力的人犯2448人。

为了惩治腐败，促进廉政建设，全区各级人民法院在打击经济犯罪的斗争中，坚持把惩治国家工作人员贪污、受贿等犯罪作为打击的重点，5年来共审结贪污、受贿案件266件，判决发生法律效力的人犯366人。为了推动打击严重经济犯罪活动斗争的深入开展，全区各级人民法院与公安、检察机关密切配合，对最高人民法院、最高人民检察院于1989年8月15日联合发布的《关于贪污、受贿、投机倒把等犯罪分子必须在限期内自首坦白的通告》，进行广泛深入地宣传，各地法院及时公开宣判了一些典型案件。在从严惩处的震慑和从宽处理的感召下，促使一些经济犯罪分子投案自首，争取从宽处理，收到了较好的社会效果，推动了反贪污、受贿斗争的深入开展。5年全区法院共判处贪污、贿赂犯罪数额在万元以上的83人，其中十万元以上的7人。在判处的贪污、贿赂案件中有县（处）级以上干部9人。

在改革开放和经济建设加快的新形势下，经济犯罪情况比较复杂。为此，全区各级人民法院在审理经济犯罪案件中，始终坚持“一要坚决、二要慎重、务必搞准”的原则，严格区分罪与非罪的界限，坚持用小平同志提出的“三个有利于”的标准，慎重、稳妥地处理改革开放中出现的新型案件。对敢闯敢试而有失误的改革者，不以犯罪论处；对罪行较轻、认罪态度较好，曾有突出贡献的企业管理人员和科技人员，依法从宽处理；对需要判刑但生产经营和科研工作有特殊需要

的，依法判处缓刑。同时，注意全面发挥各种刑罚的功能作用，充分运用没收财产、罚金等刑罚，不让犯罪分子在经济上得到好处。

二、关于经济审判工作

全区各级人民法院紧紧围绕经济建设这个中心，大力加强经济审判工作，通过审判活动，调节经济关系，积极参与治理整顿，努力为搞好国有大中型企业和发展农村经济服务，为加快改革开放和经济建设服务。5年共受理一审经济纠纷案件9951件，其中1992年受理的2889件，平均每年上升13%；1992年比上年上升78.22%；共审结8936件，其中1992年审结2694件，比上年上升86.30%；5年结案诉讼标的总金额达45246.46万元。

(一)积极拓宽为经济建设服务的领域和渠道

5年来，特别是小平同志南巡谈话后，各级人民法院进一步解放思想，更新观念，强化为改革开放和经济建设服务的意识，主动地为经济发展提供法律服务。并及时总结、推广为经济建设服务的经验，召开现场会、经验交流会，推动全区法院为经济建设服务工作的开展，使这项工作出现了蓬勃发展的局面。全区法院在为经济建设服务工作中首先从调查研究入手，走出法院，深入企业和农村调查了解情况，有针对性地为企业和农村经济的发展提供法律服务。在此基础上，各级人民法院普遍成立了司法服务领导小组，加强了对服务工作的组织领导，并从企业和农村经济组织中聘请了一批司法服务联络员，与企业和农村经济组织建立了服务和联系制度。在审判工作中，对于企业和农村经济发展影响较大的案件，各地法院制定并坚持了优先立案、优先审理、优先执行的“三优先”服务措施，采取巡回审理、就地审判等方法，审结了一大批经济纠纷案件，收到了较好的社会效果。同时，还积极开展诉前诉后延伸服务工作。一是成立经济纠纷调解中心，为企业和农村经济组织提供及时有效的法律服务；二是为企业和农村经济组织培训法律人才，帮助修改完善已签订的经济合同，建立健全经营管理制度；三是针对办案中发现的企业和农村经济组织中存在的法律问题，及时提出改进意见；四是举办企业厂长、经理学习班，提高他们依法经营管理的能力；五是诉后为败诉企业牵线搭桥，帮助联系产品销路，使企业的损失减少到最低限度。由于各级人民法院围绕审判工作，有效地为经济建设服务，1992年经济纠纷案件收案结案数均比上年有大幅度的上升。

(二)加强对农村经济纠纷案件的审理，保障农村经济的发展

5年来共审结农村承包合同纠纷等案件149件，通过审理这类案件，稳定了以家庭联产承包为主的责任制，促进了统分结合的双层经营体制的不断完善。各基层人民法院和人民法庭还配合农村金融部门开展依法治贷工作。5年来，共审结借款合同纠纷案件2518件，其中1992年审结1249件。共为银行、信用社收回贷款9286.13万元。保护了农业信贷资金的周转性、收益性和安全性，充分发挥了农业信贷资金在促进农村经济发展中的积极作用。

(三)切实加强执行工作

5年来，全区法院的执行工作依靠党委的领导、人大的监督以及政府和社会各界的大力支持，普遍得到了加强。1992年，全区各级人民法院集中人力、集中物力进行了两次大的集中执行。各地法院充分运用法律手段，采取果断措施，清理了一批多年来未能执行的积案，取得了明显的成效，收到了良好的社会效果。5年全区法院共执行案件26782件，其中1992年执行7796件，使大部分裁决得到了执行，维护了法律的尊严。但是，由于种种原因，执行工作仍然是困扰人民法院的一个难点。今后，全区各级人民法院将继续加强执行工作，采取教育疏导、过细工作和依法强制执行相结合的办法，不断

提高债务人自觉履行义务的意识，尽快解决“执行难”的问题。

三、关于民事、行政审判和告诉申诉工作

随着经济的发展和社会主义法制的逐步完善，公民的法律意识不断增强，近年来，民事案件呈逐年上升趋势。5年全区法院共受理一审民事案件45866件，占法院全部一审收案总数的68.76%，1992年受理的11125件，平均每年以10.8%速度递增。5年来，全区各级人民法院认真贯彻执行民法通则和民事诉讼法，大力加强民事审判工作，共审结一审民事案件43713件，其中1992年审结10689件。及时化解矛盾，为民排难解忧，依法保护了公民、法人的民事权益，维护了社会安定团结，促进了社会主义精神文明建设。其中依法审结婚姻家庭案件和继承案件24265件，占全部民事案件的52.90%。保障了男女婚姻自由，保护了妇女、儿童和老人的合法权益，促进了社会主义婚姻家庭制度的巩固和完善；审结债务纠纷案件10981件，占23.94%，保护了公民之间的正当的债权债务关系，维护了社会正常的生活和经济秩序；审结损害赔偿案件5092件，占11.10%，制裁了民事违法行为，维护了社会秩序的稳定；审结房地产案件611件，促进了房地产市场的发展；审结土地、山林、水利等案件639件，及时、妥善地疏导了这些矛盾最容易激化的纠纷，消除了不安定因素，促进了农业生产，维护了农村社会稳定；审结著作权、名誉权等案件98件，依法维护了公民的民主权利、人身权利和财产权利。

1989年我国行政诉讼法的颁布，标志着我国诉讼制度逐步走向完善，使行政审判工作进入了一个有法可依的新阶段，随着各项法律、法规的逐年增加，涉及行政诉讼的领域也随之扩大，行政诉讼案件逐年上升。5年全区法院共受理一审行政案件357件，平均每年递增27.8%。全区各级人民法院认真贯彻执行行政诉讼法，全面开展行政审判工作，共审结行政案件339件，其中维持行政机关裁决的占39.82%，撤销行政机关裁决的占22.64%，变更行政机关裁决的占2.65%，当事人撤诉的占29.2%，作其他处理的占7.73%。人民法院通过对这些行政案件的审理，依法保护了公民、法人和其他组织的合法权益，维护和监督了行政机关依法行使职权，促进了社会主义民主政治的发展和完善。

过去的5年，在各级人民法院的努力下，行政审判工作从无到有，案件涉及30多个行政部门，初步打开了局面。但是，由于行政诉讼是我国一种新的法律制度，公民和法人运用这一制度保护自己的合法权益，还处于逐渐熟悉和习惯的阶段。公民、法人运用法律手段保护自己的合法权益的意识和行政机关依靠行政审判促进依法行政的意识还有待于进一步强化。学习、宣传、贯彻行政诉讼法，仍然是行政审判工作的一项十分重要的任务。

为了扭转“告状难”的局面，全区各级人民法院建立告申机构，加强了告诉申诉工作。5年全区法院共接待人民来访93961人次，处理群众来信44910件次，其中涉及案件98506人次。对人民群众告诉的，各级人民法院依法坚持“就近、方便、及时”的原则予以立案；对人民群众的申诉，坚持“实事求是，有错必纠”的原则认真审查处理，发现原判确有错误的，依法予以纠正。5年来，人民法院认真依法接受检察机关的监督，审理了检察机关提起的各类抗诉案件。高、中级法院还进一步加强了对下级人民法院审判工作的监督和指导，促进了执法水平的提高。

四、关于法院的自身改革和建设

5年来，全区各级人民法院坚持一手抓审判，一手抓建设，在抓好审判工作的同时，加强和改革法院的各项建设和管理，使法院队伍的政治素质和业务素质不断提高，“两庭”建设和其他物质建设取得了一定的成绩，管理水平有了明显进步，促进了审判工作的开展。

（一）狠抓了法院队伍建设

为了把人民法院队伍建设成一支政治坚定、业务精通、作风过硬、纪律严明、秉公执法、有坚强战斗力的队伍。5年来，各级人民法院加强思想政治工作，认真组织干警学习马列主义毛泽东思想，学习小平同志的著作和重要讲话，学习党的路线、方针和政策，坚持用小平同志建设有中国特色的社会主义理论武装广大干警的思想。狠抓了各级领导班子的建设，开展了岗位学雷锋、学全国法院干警的榜样彭学文以及争创“四好法庭”、“优秀法官”等项活动。法院队伍的政治素质有了一定提高。5年来，全区法院受地、市以上表彰奖励的先进集体36个，先进个人347名，其中荣立集体二等功1个，荣立集体三等功3个，荣立个人一等功4名，二等功11名，三等功70名，评选出“四好法庭”1个，优秀法官98名。同时，各级人民法院坚持从严治院、建立健全了各项廉政制度，强化了监督制约机制，狠抓了法院系统纪检、监察部门的组织建设，每年认真开展一次执法执纪大检查，对发现的违法违纪人员不姑息迁就，进行了严肃查处。5年来，全区法院对违法乱纪干警，给予党纪政纪处分的55人，依法追究刑事责任的3人。

为了提高法院干部的业务素质，完成新时期的各项审判任务，我们在继续办好全国法院干部业余法律大学的同时，成立了法官培训中心，实行了《法律（审判）专业证书》教育制度，有计划地开展了岗位培训和举办短期培训班。5年来选送业务骨干到中国高级法官培训中心学习已毕业11名，大专以上毕业生417人，专业证书培训结业44人。目前，还有307人在中国高级法官培训中心、全国法院业大、以及其他大专院校学习。全区法院干警中，具有大专以上文化水平的，已由1987年的12.27%上升到48.9%。自治区高级人民法院还先后举办了中、基层人民法院院长培训班、全区法院青年法官学习班以及采取以会代训的办法，培训了一批法院的领导和审判人员。通过多种形式的教育培训，审判人员的业务素质不断得到提高。

（二）健全审判机构，改进审判方式，提高执法水平

5年来，各级人民法院增设了行政审判庭、告诉申诉庭，自治区高级人民法院成立了执行工作指导小组，未成年人刑事审判指导小组、人民法庭指导小组，各中、基层人民法院设立了执行庭、少年审判合议庭。法院队伍不断得到壮大，已由1987年的1253人增加到现在的1705人。随着改革的深化和经济建设发展的需要，人民法院的体制将不断完善，法院队伍也将得到进一步的加强。5年来，审判方式的不断改进，有力地促进了执法水平的提高。刑事案件的庭审方式强调公开审判，刑事二审案件有条件的进行公开开庭审理；民事、经济纠纷案件强调当事人的举证责任，强调庭审的调查、辩论和质证等等，这些改进有利于提高办案的质量和效率，有利于保护当事人的诉讼权利。进行审判方式的改革，已成为法院自身改革的一个重要课题，需要在今后的审判工作中进一步完善和改进。1992年，自治区高级人民法院在反复调查研究，上下征求意见的基础上，制定了《错案追究暂行办法（试行）》，并于今年元月1日起在全区法院试行，这是法院自身建设的一件大事，它将对办案质量和审判人员政治、业务素质的提高，工作责任心的增强，以及端正审判作风，秉公执法，产生积极的作用。

（三）加强“两庭”建设和其他物质建设

5年来，在各级党委、人大和政府的关怀、支持下，经过各级人民法院的积极努力，人民法庭和审判法庭建设有了一定进展，物质条件得到初步的改善，到1992年底，全区共有人民法庭68个，比1987年增加了15个，配备的法庭干部也由原来的165人增加

到273人。已有28个人民法庭建成了办公用房，全区三级法院有96.2%的审判法庭已经建成或正在建设，各级人民法院的物质建设和执法条件有了一定的改善，有些法院还有较大改善。但是，人民法院的设施和装备仍比较落后，还有一批人民法庭借用民房办公，缺乏必要的办公条件。已建成的审判法庭中有些因资金困难，无配套设施，影响正常使用。我们希望今后人民法庭的办公用房能全部建成，装备落后的问题能得到适当解决。

各位代表：在自治区第六届人民代表大会期间，全区各级人民法院全面加强各项审判工作，对维护社会稳定，保护公民、法人的合法权益，促进改革开放和经济建设，发挥了积极作用，做出了一定的成绩。同时，也存在一些需要加以改进和解决的问题，人民群众对法院工作有不少意见。一是我们的思想观念和业务水平还不能适应改革开放和社会主义市场经济体制，需要进一步加强学习，解放思想，转变观念，强化为改革开放和社会主义市场经济服务的意识，提高执行政策和法律的水平。二是不正之风和商品经济带来的消极因素，对审判人员侵蚀严重，少数干警经受不住这种侵袭的考验，接受请吃，接收礼品、贿赂，办“关系案”、“人情案”，致使有的案件处理不公。三是有些干警特权思想严重，缺乏为人民服务的思想，作风简单、粗暴，办案拖拉、不及时，有错不纠，以及群众反映的“告状难”问题依然不同程度存在。四是有的对同各类刑事犯罪作斗争的长期性、艰巨性、复杂性的认识不够牢固，坚持“严打”方针不力，以致个别严重刑事犯罪案件的判决没有体现“从重”方针、打击不力的情况不同程度存在。五是在新形势下，有些审判人员对一些新类型案件，缺乏严肃认真的学习和研究，在性质的认定和处理方面带有随意性。六是高级法院研究新情况、新问题，业务指导和审判监督工作做得不力。对以上不足和问题，我们将在今后的工作中采取切实有效措施，认真加以克服和解决。

五、关于今后人民法院的工作任务

今后5年是实现我国现代化建设第二步战略目标的关键时期，党的十四大提出九十年代的中心任务是加快改革开放和现代化建设的步伐，实现这一中心任务的有效途径是建立社会主义的市场经济体制。社会主义市场经济的建立和发展，将使社会经济进一步市场化、法制化，需要人民法院运用法律手段调节的各种社会关系将大量增加。人民法院在国家政治、经济和社会生活中的地位和作用将更加重要，审判任务将更加繁重、艰巨。今后一个时期，人民法院的主要任务是：以党的十四大精神和邓小平同志建设有中国特色的社会主义理论为指导，认真贯彻执行党的“一个中心、两个基本点”的基本路线，进一步解放思想，实事求是，全面加强审判工作，坚持打击和调节并重的方针，更好地为建立社会主义市场经济体制，为加快改革开放和现代化建设，提供有效地法律保障和法律服务。一是继续坚持“两手抓，两手都要硬”的方针，依法严惩那些企图推翻人民民主政权和破坏社会主义经济建设的反革命分子和其他严重刑事犯罪分子，扫除社会丑恶现象，惩治腐败，维护国家和社会的稳定，为改革开放和现代化建设创造一个良好的社会环境。二是大力加强经济审判工作，充分运用法律手段调节经济关系，平等地保护参与市场竞争的各个经济主体的合法权益，推动国有企业转换经营机制和农村统分结合的双层经营体制的不断完备，促进科技成果的商品化和向现实生产力转化，引导、规范市场行为和保护社会主义市场经济体制的建立与完善。三是正确、合法、及时地处理好民事纠纷案件，切实保护公民、法人的民事权利，制裁民事违法行为，消除社会不安定因素，促进社会主义精神文明和物质文明建设。四是积极慎重地开展行政审判工作，保护公民、法人和其他组织的合法权益，维护、监督和保障行政机关依法行使职权，促进政府转变职能，保障企业经营自主权落到实处，确保国家减轻农民负担工作的顺利进行。五是继续抓好执行工作，认真解决“执行难”问题，确保人民法院生效的判决、裁定和行政机关生效的裁决能够得到执行，维护社会主义法制的尊严和权威。六是进一步加强调查研究，探讨在改革开放和加快社会主义市场经济体制建立的新形势下审判工作中出现的新情况、新问题和应当采取的相应措施，以增强工作的主动性和预见性，更进一步做好审判监督和业务指导。七是坚持用小平同志建设有中国特色社会主义的理论武装全体干警的思想，加强各级领导班子建设，做好《错案追究办法（试行）》在全区法院的施行，强化廉政措施，搞好廉政建设，坚持从严要求，从严管理，严肃纪律。树立廉洁奉公、勤政为民的审判作风，保证各项审判任务的完成。

各位代表：我区各级人民法院将在自治区党委和人大常委会的领导与监督下，紧紧团结在以江泽民同志为核心的党中央周围，以党的十四大精神和邓小平同志建设有中国特色社会主义理论为指导，进一步解放思想，开拓前进，不断提高执法水平，努力使全区的审判工作，在办案质量方面再上一个新台阶，在办案的效率方面再上一个新台阶，在办案的政治、经济、社会效果方面再上一个新台阶，从而使整个法院工作为党的基本路线服务的水平再上一个新台阶，为加快全区改革开放和现代化建设作出新的贡献。

新疆维吾尔自治区高级人民法院工作报告

——1993年1月14日在新疆维吾尔自治区第八届人民代表大会第一次会议上

新疆维吾尔自治区高级人民法院院长　库尔班·肉孜

各位代表：

现在我向大会报告我区人民法院的工作。

在自治区第七届人民代表大会任期内，全区人民法院工作取得了很大成绩。全区各级人民法院在各级党委的领导、人大的监督以及人民政府的支持下，紧紧围绕经济建设这个中心，全面开展审判工作。5年中，全区各级法院共计审结各类案件355280件，其中一审刑事案件47222件、一审民事案件222314件、一审经济纠纷案件49127件、一审行政案件1534件，各类二审案件29513件，审判监督案件5570件。并处理减刑、假释45476件，解决民、经等案件裁决的执行61571件，调处简易和非诉讼的纠纷3万余件。人民法院通过这些审判活动，积极参加“严打”斗争，依法从重从快地惩处各种严重危害社会治安的犯罪分子，依法从严惩处各种破坏经济的犯罪分子，维护社会治安秩序和经济秩序；依法调节各种民事、经济关系和行政机关与公民、法人及其他社会组织之间的关系，维护社会安定和经济秩序；采取多种形式参与社会治安综合治理，做了大量工作。人民法院的这些审判活动和工作，为保障自治区的政治稳定和经济发展，起到了重要作用。同期人民法院的自身建设得到加强，干警力量增加，素质有了提高，物资装备有了改善；为适应审判工作的发展，增设了行政审判庭、告诉申诉审判庭、执行庭、未成年人刑事案件合议庭等审判机构和组织；

广大干警积极努力工作，严肃执行法律，为自治区的稳定和发展作出了贡献。

对于5年中1991年以前的法院工作，已经向历次人大会议报告过。现在，我就1992年全区人民法院工作的主要情况，向大会报告如下：

1992年，全区各级人民法院认真学习、贯彻邓小平同志南巡重要谈话和中央政治局扩大会议精神，坚持审判工作服务于党的“一个中心，两个基本点”的基本路线的政治方向，解放思想，更新观念，树立以经济建设为中心的思想，增强为经济建设服务的观念，全面加强审判工作，为经济建设提供有力的法律保障和服务。根据加快改革、发展经济的新形势和中共中央关于加强政法工作、更好地为改革开放和经济建设服务的意见，我们主要从两个方面加强工作：一是正确运用法律手段，调节社会经济关系，保护企业和经营者、投资者以及敢于改革试验者的合法权益，大力支持和促进各项改革开放事业，为经济建设提供有效的法律服务；二是发挥专政职能，坚决依法打击反革命犯罪和各种严重危害社会治安、破坏经济建设的刑事犯罪活动，参与社会治安综合治理，维护自治区的政治稳定和社会秩序，保障改革开放和经济建设的顺利进行。

一、运用审判职能，调节经济关系，化解社会矛盾，维护安定团结，促进经济发展

随着经济建设的不断发展和改革开放的不断深入，各种经济纠纷、民事纠纷、行政机关与行政管理相对人（公民、法人和其他社会组织）之间的纠纷进一步增加，其中不少需要通过诉讼解决。人民法院的经济审判、民事审判、行政审判、执行工作等，在调节经济关系、化解社会矛盾上，具有其他部门工作不能取代的作用。当前这些纠纷案件在人民法院受理的案件中占到80%以上。1992年，全区法院共计受理一审经济纠纷案件10501件，审结8936件，结案标的30965.63万元；受理一审民事案件52652件，审结49199件；受理一审行政案件540件，审结488件。受理二审经济、民事、行政案件7301件，审结6913件。受理审判监督的这三类案件1242件，审结1117件。在这些审判工作中，人民法院认真执行有关的法律和政策，保护企业法人、其他经营者和公民的合法经营和权益，及时疏通生产、流通领域里的梗塞，维护正常的经济秩序，维护社会稳定。

（一）突出重点，依法审理涉及企业的经济纠纷案件，为建立社会主义市场经济服务。全区各级法院都把为企业服务作为法院经济审判工作的首要任务，积极地依法进行。1992年全区法院审结购销、借款、建设工程、加工承揽、交通运输、承包和租赁经营、联营、保险、技术合同、专利、商标、破产等类型的经济纠纷案件7864件，占全年审结的一审经济纠纷案件的88%。这些案件的当事人双方或者一方为企业法人，其中许多是国有大中型企业。人民法院在审判工作中注意突出重点，认真重视国有大中型企业在国民经济中的重要作用，对涉及国有大中型企业的案件优先处理，尤其是对关系地方经济发展、影响国家和人民重大利益、诉讼标的巨大、属于企业转换经营机制中发生的案件，予以格外重视，实行优先立案、优先审理、优先执行，依法保护国家和人民的利益，维护企业的合法生产、经营活动。如石河子市人民法院，一年中就审理涉及国有大中型企业的经济纠纷案件135件，全部在法定期限内结案，为企业收回债权400多万元，缓解了他们资金紧张的困难。该院并结合办案深入企业提供服务，为他们理清了数千万元的债权债务，为进一步解决这些债的纠纷打下了基础。这些做法，受到企业的热烈欢迎。

人民法院在经济审判工作中，坚持依法办事、促进生产经营和支持改革的原则，讲究审判的社会效果。对于生产、流通领域中的各种违法的、蓄意损害国家、集体和他人合法权益的行为，依法予以限制和制裁，维

护社会经济秩序；对于危及企业生产经营的纠纷案件，依法努力做好调解工作以求尽快解决，有的依法采取财产保全、先予执行等措施保证企业生产、经营的正常进行，对有的必须偿还巨额债务的，慎重采取强制执行措施，使他们通过坚持生产和经营，提高经济效益，增强偿付能力；对于资不抵债、没有复苏希望的企业，在妥善作好各方面工作的情况下，依法准予破产还债。人民法院贯彻国家关于扩大企业自主经营权、转换企业经营机制的政策，保护企业的自主经营权，支持平等竞争，支持企业走向市场。如自治区一家外贸进出口公司与一家国营农场在旧的外贸体制下签订了关于生产销售啤酒花的合同，规定由该进出口公司给农场提供酒花烘干机，由农场将酒花全部销给进出口公司。执行中进出口公司没有全部收购农场的酒花，并且价格由进出口公司一方决定，使农场酒花积压却不能另外销售，并且没有为其产品定价的权利。几年下来农场受到重大损失。1991 年农场拒绝向进出口公司供货，因而引起诉讼。人民法院经过审理，依据政策和法律撤销了该合同。

（二）依法审理农村承包纠纷案件，促进农村经济发展。1992 年全区法院共审结农村承包合同纠纷案件 445 件，占全年审结的一审经济纠纷案件的 4.98%，并审结了大量的涉及乡镇企业的经济纠纷案件。审理好这些案件，对于稳定以家庭联产承包为主的责任制，促进统分结合的经营体制的不断完善，以及协调集体经济组织和承包经营户之间的关系，维护基层安定团结，具有重要意义。以农业为主的地区的基层法院，都把审理这些案件摆在审判工作的突出位置上。通过审理，对发包方任意毁约或有关行政部门、领导干部违法干预造成毁约的，依法维护原合同的效力，承包人要求继续履行原合同的，予以支持；对承包方不按合同规定上交承包费用、履行生产任务的，也依法予以处理；对承包合同不完善、不合理的，实事求是地加以处理。人民法院还通过审判案件，为农村信贷机构回收逾期贷款，以加速农村信贷资金的周转，保障农村经济的正常运行。

（三）依法处理民间纠纷，协调行政机关与群众的关系，维护人民内部团结，促进生产和建设。由于民事纠纷案件数量特别大，涉及和影响众多公民、家庭和社会组织的利益与权利，直接关系到社会安定和生产建设，所以人民法院对民事审判工作予以重视，集中大部分力量办理民事案件。1992 年全区法院审结一审民事案件 49199 件，占审结的全部一审案件的 71.28%。在审结的案件中，离婚、抚养、赡养、析产等婚姻家庭案件仍占首位，为 30021 件，占 61.02%；债务、赔偿、房屋、土地、林木、水利、相邻关系、知识产权等与经济往来、生产经营活动直接相关的案件 16575 件，占 33.69%；其他为继承权、名誉权、肖像权等与人身权有关的案件。人民法院认真执行民法通则、婚姻法、继承法等民事法律，维护社会主义婚姻家庭关系，协调社会成员间的相互关系，保障社会安定；根据民事案件中与经济有关的案件比例上升的情况，认真及时地处理与群众经济生活、城乡建设密切相关的各种案件，直接为经济建设服务。如对土地、草场、林木、水利等所有权、使用权的争执及其他与生产建设关系重大的案件，各级法院都予以优先审理，在有关部门的配合下过细地做好当事各方干部群众的工作，及时地处理案件，化解矛盾，保障生产建设的顺利进行。

人民法院贯彻执行行政诉讼法，积极审理公民、法人和其他社会组织对人民政府的具体行政行为不服依法提起诉讼的案件。对具体行政行为证据确凿、适用法律法规正确、符合法定程序的，判决维持；对具体行政行为主要证据不足、适用法律法规错误、违反法定程序、超越或滥用职权、拖延履行法定职责的，判决撤销或判决履行职责；对行政处罚显失公正的，判决变更。1992 年全区法院共计审结治安、工商、物价、税务、土地和矿产资源、环境保护、城市规划等方面的行政案件488件，判决维持的155件，判决撤销的153件，判决变更的16件，原告撤诉、驳回起诉、移送有关部门处理的164件。通过对这些案件的处理，保护了公民的合法权利和企业经营权利，监督和维护了行政机关依法行使职权。

（四）加强执行工作，维护法律权威。对经济、民事案件的裁决和其他案件中涉及财产内容的裁决有履行义务的当事人在法定期限内不履行的，以及其他行政执法机关依法向人民法院提出的申请强制执行的事项，都要由人民法院依法予以执行。执行工作是人民法院的一项重要审判业务工作。但“执行难”的问题长期困扰着人民法院，成为损害人民法院形象，影响法律尊严的大问题。为了改变“执行难”状况，高级法院成立了执行庭，加强了对执行工作的指导、协调和监督。各地法院也都加强了对执行工作的力量配备。高院根据全区法院待执行案件积压较多的实际情况，于去年9月至11月3个月开展了执行“会战”，集中力量，集中执行，在一定程度上改变了执行工作的被动局面。全年共计执行案件13024件，标的8909.15万元。其中9月份开展“会战”以来执行案件7842件，占全年执行案件的60.21%，取得了显著成效，特别是为一部分企业追回大量债款，对企业生产经营起到了保障促进作用。但是截止年底仍有6605件案件未能得到执行，执行难的状况仍然存在。我们要求各级法院严肃执法，用全用足法律手段，克服一切困难，排除地方保护主义等干扰，依法执行案件。同时也希望各级党委、人大、政府及社会各界对人民法院的执行工作继续给予支持。

二、坚持从严方针，坚决打击各种犯罪活动，维护自治区的政治稳定和社会秩序

1992年，全区各级法院把维护稳定和为经济建设创造良好的社会环境作为法院工作的根本任务，继续坚持“严打”方针，强化专政职能作用，坚定不移地同企图推翻人民民主专政政权的反革命犯罪分子、严重危害社会治安和严重破坏经济的刑事犯罪分子作坚决的斗争。全年新收一审刑事案件10370件，比上年下降1.68%，连同旧存共计受理10694件，审结10398件。判决发生法律效力的被告人10426名，其中判处无期徒刑、死刑（含死缓）×××名，二十年以下十五年以上有期徒刑×××名，十五年以下十年以上有期徒刑×××名，十年以下五年以上有期徒刑2002名，不满五年有期徒刑4870名，拘役、管制、缓刑及其他刑罚的2173名，免予刑事处分的324名，判决无罪87名。

（一）严惩反革命犯罪分子。阶级斗争虽然已不是现阶段我国社会的主要矛盾，但在一定范围内还会长期存在，国内外敌对势力对我国进行颠覆、渗透、分裂和破坏的活动始终没有停止过，因此人民民主专政的职能不能削弱，只能加强。全区人民法院对反革命案件的审理给予了高度重视，依法严惩反革命犯罪活动。1992年全区法院共计受理各种反革命犯罪案件17件，审结17件，判处××人（包括巴仁案件在本年处理的×人）。有重大影响的阿克陶县巴仁乡反革命武装暴乱案，经人民法院按法定程序公开审理和补充调查，查明了全案的犯罪事实，至1992年5月对全案处理完毕。对参加反革命杀人、持械聚众判乱、积极参加或组织反革命集团而被起诉的87名被告人，根据他们犯罪的情节和社会危害程度，按照我国刑法的规定，判决给予刑事处分40人，免予刑事处分47人。在给予刑事处分的犯罪分子中，苏来曼·苏皮等3人因残酷杀害武警官兵，罪行特别严重，被依法判处死刑，并经最高人民法院核准，予以执行。

（二）严惩严重危害社会治安的犯罪分子。1992年全区法院共计审结严重危害社会治安的犯罪案件3613件，占全年审结的一审刑事案件的34.75%。这些案件包括故意杀

人、故意重伤、抢劫、重大盗窃、强奸、流氓、放火、制造贩卖运输毒品等严重危害人民生命财产和社会秩序的犯罪案件。各级人民法院认真执行依法从重从快的方针，严厉惩处这些严重犯罪的分子。如乌鲁木齐市的顾宜龙、陈传芳等10人的盗窃团伙、昌吉市的马有山等5人的盗窃团伙，分别在乌市郊区和昌吉市农村，专门盗窃正在使用的架空电线和其他电力设备，分别作案29次和19次，盗窃设备价值共计30万元，使供电用电部门受到重大损失，仅昌吉市就有7900余亩农田因停电不能灌溉造成严重减产。对这种严重危害城乡经济建设的重大犯罪案件，人民法院抓紧审理，依法判处这几名首要严重犯罪的分子死刑。再如伊犁地区的盗窃犯罪分子吐尔逊·克力木、拜合提牙尔·阿力木阿孜等42人，在新源、巩留、尼勒克等地结伙作案97起，盗窃牧场上和他人畜圈的马、牛等牲畜255头，易地销赃挥霍，造成他人直接经济损失18万余元，严重破坏了农牧业生产，引起强烈民愤，二犯也受到法律的严厉制裁。人民法院认真重视审理带有新的苗头性质的犯罪案件，对危害严重的依法严惩，不使其蔓延发展。如故意伤害致人死亡的犯罪分子韩吉坤，因索债将被害人非法拘禁50多天，其间多次对被害人毒打折磨，被害人逃出后又被追回，后被吊打、残酷折磨致死。这种以索债为目的，以暴力手段非法拘禁、毒打折磨致死债务人的案件，是一种新类型的严重犯罪，对搞活经济和维护社会治安危害极其严重。韩犯被依法判处死刑。针对近年来全区贩卖、运输、制造毒品犯罪增多的情况，人民法院按照全国人大常委会制定的《关于禁毒的决定》，严厉惩处毒品犯罪分子。全年审结毒品犯罪案件94件，判处犯罪分子148人。其中，贩卖海洛因的犯罪分子丁占才、杨建德罪行严重，被依法判处死刑。各地法院在依法从重从快惩处严重刑事犯罪分子时，不断选择重大、典型案件，召开宣判大会477次，宣判严重刑事犯罪分子2234人，震慑了违法犯罪分子，教育了广大群众。

（三）继续开展打击经济犯罪活动的斗争。各级法院贯彻“两手抓、两手都要硬”的方针，在做好为经济建设服务的各项工作的同时，继续贯彻依法从严的方针，打击各种严重经济犯罪活动。全年共计审结经济犯罪案件1474件，占审结的一审刑事案件的14.18%。各级法院注意突出重点，按照中央关于坚决惩治腐败的精神，突出打击贪污、受贿犯罪活动。全年共计审结贪污、受贿案件443件，判处犯罪分子533名。对犯罪金额特别巨大，犯罪情节和后果特别严重的，依法予以重判。如贪污犯古丽扎尔（女），利用其担任乌鲁木齐市工商局市管员的职务之便，在向个体户发放国库券，收取管理费、摊位费、罚款时，采取隐瞒收入的手段贪污123 000余元。该犯贪污数额特别巨大，严重败坏国家行政机关声誉，罪行特别严重，鉴于其在案发后能坦白交待罪行，退出大部分赃款，确有悔罪表现，法院对其依法判处死刑、缓期两年执行。人民法院在打击经济犯罪的斗争中，对改革开放中出现的涉及政策界限的一些新情况、新问题，认真予以重视。高级人民法院于1992年8月召开了全区审判经济犯罪案件工作会议，学习贯彻最高人民法院的有关会议精神，讨论和明确了不少有关的政策法律问题。各级法院在审判工作中，根据既要严厉打击经济犯罪，又要切实保护公民的合法权益和正当经营、支持改革的精神，认真区分罪与非罪、违法和犯罪的界限，支持改革者，鼓励探索者，帮助失误者，制裁违法犯罪者，对证据不足或政策、法律界限不清的，不草率下判。在判处经济犯罪分子时，重视适用罚金、没收财产等财产刑和依法追缴赃款赃物，不让犯罪分子在经济上占到便宜，剥夺其进行犯罪活动的物质条件。全年共判决没收财产、罚金267.49万元，追缴赃款赃物价值454.81万元。人民法院审判经济犯罪案件，执行赃款赃物随案移送、最后由法院审理认定和依法处理的规定，以保证办案质量和严肃法纪。

(四)结合审判工作，参与社会治安综合治理。各地法院在严厉打击严重刑事犯罪的同时，及时妥善处理民事、经济、行政案件，作好告诉申诉和来信来访工作，及时地调处各种简易的和非诉讼的纠纷，减少和消除社会不安定因素，防止矛盾激化。据不完全统计，全年共接待和处理来信来访13万余件(次)，调处简易的、非诉讼纠纷4318件；通过处理告诉申诉，对符合法定条件的起诉及时立案审理，对于对人民法院发生法律效力的判决和裁定申诉有理的，按审判监督程序予以处理，确系法院判决和裁定不当的依法予以纠正；积极开展法制宣传和司法建议活动，如乌鲁木齐铁路运输两级法院结合铁路特点，年年开展“送法到沿线，走遍所有站，普法进车厢”的法制宣传月活动，进行法制宣传和咨询服务，收到了很好的社会效果。全区法院全年共提出司法建议260余份，开展法制宣传750多次，编写宣传材料560余篇，向有关党政领导机关提出有关建议260多份。在依法从严惩处严重刑事犯罪分子时，对于具有法定从轻、减轻或者免除刑事处罚的情节的，也依法予以从轻、减轻或者免予处罚。各级法院并根据中央政法委员会关于在有条件的地方，可以适当多判一些缓刑的精神，对于罪行较轻，特别是未成年犯、偶犯，符合法定缓刑条件、社会帮教条件较好的，适当多判一些缓刑，依靠社会力量对缓刑犯改造教育，法院和其他司法机关积极协助进行。实践证明这样做效果是好的。如沙湾县、克拉玛依市法院对近几年判处的缓刑犯进行考察，发现基本上无重新犯罪；对劳改中确有悔改表现，符合减刑、假释条件的服刑罪犯，经深入劳改场所调查核实，依法给予减刑，假释。全年共办理减刑，假释案件8405件，对促进罪犯改恶从善起了重要作用；建立少年法庭，做好矫治违法犯罪少年的工作。截止1992年，全区法院共建立专门审理少年刑事案件的合议庭(简称“少年法庭”)50个，并聘请学校老师和工、青、妇干部任陪审员，做到少年犯罪案件由少年法庭审判，审判中贯彻执行对失足少年“教育、挽救、感化”的政策。全年共判处不满18岁的少年犯793名，占全部被判处的罪犯数7.67%。法院对判处刑罚的少年犯和被免予刑事处分、判处缓刑的，都注意配合有关部门和基层单位，做好教育工作。

三、加强法院自身建设，保证审判工作顺利开展

1992年，全区各级法院继续坚持一手抓工作，一手抓建设的方针，加强法院自身建设，以保证各项审判任务的完成。

(一)加强组织建设。首先是加强领导班子建设。我区三级法院今年都要换届选举，同时结合换届要调整和充实领导班子。我区各级法院将换届准备工作作为1992年法院自身建设的重点之一，积极主动地配合各级组织部门做好人选物色、考察等项工作。根据法院工作任务重、业务性强、法律上要求严的特点，我们提出法院领导班子的配备，特别是各级法院院长的人选，要严格按照“四化”标准和德才兼备的原则，在符合政治标准的前提下，强调专业化、知识化、年轻化，不作照顾性安排；上级法院要协助党委搞好考察、管理下级法院领导班子的工作；希望有关领导部门在决定法院领导班子时征求和尊重上级法院的意见。

各级法院根据中央和自治区党委关于抓紧培养青年干部的决定和法院领导干部年龄偏大的情况，制订了青年干部的培养教育规划。并采取有计划地组织青年干部到基层锻炼、到基层党政部门挂职、到党校学习和政法院校培训，以及内部岗位交流等措施，对青年干部进行培养。

(二)加强思想政治工作，加强廉政建设。各级法院组织干警学习邓小平同志南巡重要谈话、学习十四大文件、学习中央有关加强政法工作的文件，进一步明确法院工作的指

导思想，提高为经济建设服务的自觉性、主动性。全区法院干警以全心全意为人民服务为宗旨，艰苦奋斗，努力工作，保证了审判工作和其他各项任务的完成。工作中涌现出不少廉洁奉公、严肃执法的先进典型。1992年，在全区法院系统表彰参与平息巴仁乡反革命武装暴乱的有功人员和审判该案的先进工作者的活动中，有两个单位荣立集体一等功，1人被授予全国法院英模，有75人分别荣立一、二、三等功。在加强思想教育的同时，各级法院继续抓紧廉政建设，健全有关的规章制度，查处违法乱纪问题。1992年我区法院系统有21人因严重违法乱纪受到各种处分，其中4人受到刑事处分。为了保证法院干警队伍的纯洁和政治业务素质，最高人民法院要求做好队伍的清理整顿工作，对严重违法乱纪和确实不适合法院工作的，应当清除和调离法院。各地法院已开始进行清理工作，希望各级党委、人大和政府予以支持，把这项工作做好。

（三）加强干部教育培训工作。根据最高人民法院的要求，到1995年，具有法律大专程度以上的，在法院干警中要达到70%，在审判人员中达到80%，在院级领导中达到90%。目前全区法院这三个比例分别是38%、44%、56%，差距很大。为了缩小差距，适应工作需要，我们现在正努力进行干部正规化教育，主要形式是办好全国法院干部业余法律大学新疆分校。自1985年开办该校以来，已有两批近千名毕业生充实到审判队伍中，为提高全区法院的执法水平创造了有利条件。现在第三批学员875人（其中维语系学员455人）、第四批学员184人（全为维语系学员），正在接受业大系统培训，还有364名学员参加该业大的法律专业证书的学习。此外，为了解决基层法院院长以上干部更新知识、提高水平的问题，我们将按照最高人民法院的要求，尽快开办我区的法官培训中心。现在培训中心的办学设施、经费及教学人员问题尚未落实，我们正与自治区有关部门联系，以取得支持，尽快开办。

（四）加强人民法庭建设。现在全区共有人民法庭382个，担负着审理简单的民事、经济纠纷案件和轻微刑事案件、调处简易和非诉讼纠纷、参加社会治安综合治理的繁重任务。各级法院都把加强人民法庭的建设和工作，作为法院基层基础工作的主要任务予以重视，从干部配备、业务指导、物质建设等方面予以加强。现已配备法庭干部873名，部分法庭选用了法院编制外的当地人员充当书记员或陪审员参加法庭工作，以解决法庭干部不足的问题。法庭的办公用房、干警宿舍的修建和交通、通讯工具等的配备，这几年解决了不少，但仍有许多没有解决，特别是办公用房和宿舍多数法庭还没有解决，使开展工作有很大困难。对此也希望各地有关部门继续给予关心和支持，按照国家计委、财政部《关于重申加强各级人民法院审判法庭和人民法庭建设的通知》（1992年2007号）要求，把人民法庭和审判法庭的建设列入各地基建计划，争取在“八五”期间解决全区“两庭”建设问题。

各位代表：

在本届人代会期间，全区各级人民法院履行宪法和法律赋予的职责，为全区的社会稳定和经济发展，做了大量的工作。我们体会到：在我国深化改革、加快经济发展的新的时期，作为国家审判机关的人民法院，必须把为经济建设服务作为法院工作的根本目的、出发点和归宿，全面加强各项审判工作，确立打击和调节并重的方针，充分发挥为改革开放、经济建设服务和保驾护航的作用；必须解放思想，拓宽思路，在各项审判工作中都要以是否有利于解放和发展生产力，是否有利于改革开放和经济建设，是否有利于维护政治稳定和社会秩序为根本标准，对有利于解放和发展生产力的行为依法予以保护，对不利于解放和发展生产力的行为依法予以限制，对危害解放和发展生产力的行为依法予以制裁；为适应新的形势和任务的要求，必须加强法院自身的建设，推进法院工作的改革，进一步明确工作的指导思想，提高干部素质，改善工作条件，改进审判方式，建立和完善审判工作责任制，提高审判工作质量、效率和社会效果，以更好地为改革开放和经济建设服务。

在回顾和总结我们的工作和体会时，我们也正视我们工作中存在的不足和缺点，这主要的有：我们对加快改革、加速经济发展的形势和法院工作为经济建设服务的指导思想认识还不深，思想还不够解放，为经济建设服务的主动性不够；有些案件审判质量还不高，有的办案超审限、结案迟缓，民、经等案件“执行难”的问题仍很突出；加强法院自身建设中遇到的问题和困难很多，我们的改革意识不强，工作做得不够；人民法院的调查研究工作开展也不够，上级法院对下级法院的指导和监督还比较薄弱，等等。对这些问题，我们要在党委的领导、人大的监督、人民政府和群众的支持之下，学习贯彻十四大精神，加强和改进工作，认真予以克服和解决。

在新的一年里，全区法院的主要任务是：认真贯彻落实党的十四大精神，全面加强和改进审判工作，充分发挥审判职能作用，为加快自治区的改革开放和经济建设服务。为了完成这一任务，我区各级法院要进一步增强为经济建设服务的观念、“两手抓，两手都要硬”的观念、社会主义民主与法制的观念，思想再解放一点，思路再开阔一点，积极、主动地做好依法为经济建设服务的各项工作。要坚持依法办案，严肃执法，合法、公正、及时地处理案件，一视同仁地保护本地外地、国内国外当事人的合法权益，为本地经营者和外地、外国投资经营者创造良好的法律环境。要继续坚持依法从严打击各种严重刑事犯罪活动，积极参与社会治安综合治理，坚决维护自治区的政治稳定、治安秩序和社会主义市场经济秩序，保障改革开放和经济建设的顺利进行。各级法院的领导和干警要进一步加强学习，提高觉悟，提高水平，增强团结，振奋精神，做好法院的审判工作和加强法院自身建设的各项工作，为全区的安定团结和经济腾飞作出新的贡献。

以上报告，请审议。

解放军军事法院工作报告（摘要）

1992年，全军各法院认真贯彻邓小平同志视察南方重要谈话和党的十四大精神，落实中共中央7号文件、全国和全军政法工作会议、全国和全军法院院长会议精神，紧紧围绕加强军队现代化建设，充分发挥职能作用，在打击犯罪、审理经济纠纷案件试点、开展法制宣传教育、为部队提供法律服务和加强自身建设等方面，都有新的进步。

一、加强刑事审判工作，及时准确地打击了各类刑事犯罪活动

各军事法院全年共受理一审刑事案件534件，案犯668人，审结496件，判处罪犯622人；审结二审刑事案件64件，再审刑事案件79件，减刑、假释案件348件；处理申诉信1898封，接待来访389人次。

1. 依法“从重从快”地打击了严重刑事犯罪分子。全年共审结严重刑事犯罪案件199件，判处罪犯253人。对杀人、抢劫、强奸、故意重伤害、盗窃武器装备等严重危害社会治安、破坏部队稳定的犯罪分子，依法严厉打击，其中68%的罪犯被分别判处五年以上有期徒刑、无期徒刑或死刑。有力地打击了犯罪分子的嚣张气焰，促进了部队的稳

定。

2. 从严惩处了严重经济犯罪分子。全年共审结经济犯罪案件 178 件，判处罪犯 245 人。其中严重经济犯罪分子 70 人，有 23 人分别被判处十年以上有期徒刑、无期徒刑或死刑。而对那些犯罪情节不严重、社会危害不大、认罪态度好的科技人员和生产经营骨干，则判处了轻刑或缓刑，收到了良好的社会效果。

3. 积极慎重地解决申诉信访中的“老大难”问题。

二、广泛开展法制宣传教育，进一步增强了官兵的法制观念

1. 积极配合有关部门抓好“二五”普法教育。各法院均派人参加了本单位普法办公室的工作。不少法院还牵头组织了管辖部队的“二五”普法教育。许多法院参加了教育试点、拟制规划、培训骨干、编印材料、总结推广典型经验等工作。据统计，各法院共编印普法教材 89 种 25 万余册，制作录相片 175 部，培训骨干 1779 名。

2. 采取多种形式，搞好经常性的法制宣传教育。全年军法干部深入部队讲法制课 1150 场，听众达 61 万人次；印发经常性法制教育材料近 7 万份。

3. 就案讲法，充分发挥打击犯罪的震慑和教育作用。各法院到部队公审公判 300 场，参加旁听的官兵达 35 万人次。许多法院通过公审公判，就案讲法，达到了办理一案教育一片的目的。成都军区法院针对近年来部队毒品犯罪的情况，在有 3500 余人参加的对一名贩毒犯的宣判大会上，宣讲全国人大常委会《关于禁毒的决定》和毒品犯罪的严重危害，给广大官兵上了一堂禁毒的法制课。

法制教育的广泛开展，使广大官兵的法制观念进一步增强，有效地避免和减少了一些违法犯罪的发生。

三、继续做好法律服务工作，维护部队和官兵的合法权益

各法院继续贯彻落实中央军委（1989）1 号文件和［1992］2 号文件以及《政治工作条例》的精神，积极主动地做好法律服务工作。

1. 帮助部队建立健全法律服务网络。在前几年工作的基础上，各军事法院又帮助部队新建了一些法律服务组织。目前，法律咨询服务网络在全军已基本形成。

2. 指导法律服务组织开展工作。为了更好地在部队广泛开展法律服务活动，解放军法院于上半年下发了《关于培训军队法律顾问的通知》，各军事法院共举办了 21 期培训班，培训了法律顾问和法律咨询员 13467 人，提高了他们开展法律服务工作的能力。

3. 直接为部队提供法律服务。全军各法院解答官兵提出的涉法问题 13659 个，指导和派人直接参与调查处理涉法矛盾和纠纷 1266 件。广州军区法院积极配合地方政法机关做好官兵亲属被拐卖的解救工作，全年共解救出被拐卖的官兵亲属 24 名，并及时向部队通报情况，引起了部队领导和官兵的高度警惕。不少军事法院还为部队的企业和生产经营单位提供法律咨询，帮助起草、修订、审查经济合同；有的还帮助他们依法处理经济纠纷案件，为部队避免、减少和挽回大量经济损失。

四、继续进行审理军内经济纠纷案件的试点，为全军法院试办军内经济纠纷案件做了准备

在最高人民法院批准军事法院受理试办双方当事人都是军队内部的经济纠纷案件后，为了做好这项工作，解放军军事法院就有关问题发了通知，提出了要求。各军事法院组织军法干部系统学习民法、经济法、民事诉讼法以及有关的司法解释和政策规定，请地方法院的审判人员介绍审理经济纠纷案件的经验和做法，到地方法院观摩学习。兰州、成都、广州等军区军事法院对近几年来审理经济纠纷案件试点的情况进行了调查和分析，研究了进一步开展这项工作的措施。各试点法院结合工作实际，总结了一些可行的做法和经验，为普遍试办经济纠纷案件做了有益的探索。

五、认真贯彻质量建军的方针，军事法院的自身建设得到了进一步加强

各法院组织军法干部认真学习邓小平同志视察南方的重要谈话和党的十四大精神，学习军委领导同志的重要讲话，用建设有中国特色社会主义理论武装军法干部的头脑。广大军法干部面向部队，深入基层，积极加强部队建设服务，全年有 227 人次参加下部队的工作组，共计 7210 天。为了使军法干部适应新形势的要求，许多法院采取了切实有效的措施，加强对干部的业务培训，提高了军法干部的法学理论水平和执法能力，较好地保证了办案质量。广大军法干部发扬廉洁奉公的优良作风，严格执法，秉公办案，涌现了许多好人好事。一些大军区法院继续开展了“创先评优”活动，有 11 个军事法院被评为先进基层法院，有 79 名军法干部被评为优秀审判员，有效地调动了军法干部的积极性，促进了基层军事法院的全面建设。

专 题 报 告

关于北京市九届人大五次会议代表建议批评和意见办理情况报告

——1992年11月21日在北京市第九届人大常委会第三十七次会议上

北京市高级人民法院院长　刘云峰

主任、副主任、各位委员：

市九届人大五次会议交由本院办理的代表提出的建议、批评和意见（以下简称建议）共18件，截止今年9月底，除1件因需等待有关部门配合工作尚未办理完以外，都已办结，并均以向代表汇报了办理情况和结果，现将情况报告如下：

一、今年在办理代表建议中涉及经济案件、行政案件各2件。我们对这两类建议所涉及的案件进行了严肃认真的复查。如：代表杨印环提出的“对北京市中法判决一案的意见”，对中级法院二审判决北京通联汽车改装联合总厂给付河北省任丘市梁召工业经理部14600元的结果提出异议。收到建议后，我们立即责成中级法院再审。中级法院经再审查明：梁召工业经理部供给通联汽改总厂的汽车靠垫无产品合格证，且质量不合格，致使用户不能使用。故原一、二审判决认定该合同有效不妥，应予纠正。中级法院依据有关法律认定双方所签合同无效，梁召工业经理部应承担主要责任；通联汽改总厂收货后未对该产品质量进行检验，又未在法定期限内提出书面异议，产品已作处理，应承担一定的责任。通过再审，改判为：通联汽改总厂给付梁召工业经理部汽车靠垫折价款、损失费人民币共8000元。

又如：翟玉洁代表所提“朝阳区工商局长，以权代法，收扣执照，新生企业被迫停业”的建议，该案是北京北方农垦商贸集团所属北京友联电子仪器成配经销部（以下简称经销部）不服北京市朝阳区工商行政管理局（以下简称朝阳工商局）收回营业执照的一起行政案件。1991年10月16日原告向被告申请注册登记，1991年11月23日被告向原告核发营业执照。因当时收费人员未在岗，原告未能及时交纳注册登记费及公告费，被告同意原告25日补齐。25日原告准备补交时，被告即以领取营业执照不符合法定程序，属“人情照”为由，将原告营业执照收回并坚持不予发还。经审理：原告在申请注册企业法人成立过程中，依法向被告提供全部材料和证明，被告依法审核并签发给营业执照，符合《中华人民共和国企业法人登记管理条例》的规定，不属“人情照”，朝阳工商局收回营业执照的具体行政行为无法律依据，法院不予支持。依照《中华人民共和国行政诉讼法》及有关法律规定，法院依法作出判决：撤销朝阳区工商局收回经销部的营业执照的行政行为，并责令工商局赔偿原告经济损失4000元，依法保护了当事人的合法权益。

二、民事案件方面的建议10件，其中房屋纠纷的4件，邻里关系不睦引起的打架赔偿纠纷3件，其他3件。如：许金瑞代表提出的“关于吕锁柱诉吕喜芬、甄民京腾退房屋一案”建议，丰台区法院和市中级法院曾判决甄民京等将丰台区南苑红房子中心六巷33号公房1.5间于1990年6月30日前腾退给吕锁柱。该案判决后吕锁柱申请执行，被申请人甄民京因无法解决住房，一时未能执行。我们收到代表建议后了解到，甄民京已调入经济效益较好的单位，一审承办人及时与该单位协商，共同做工作并发出了限期腾退房屋的通知，促使其在规定期限内将该房腾退给了吕锁柱。又如：史定潮、杨万里代表提出的“建议市高法重新审理吴天云案”的建议，海淀区法院于1991年4月已判决，被告孙秀花赔偿吴天云医药、误工、护理、营养及治疗费1176.14元。孙秀花不服上诉后，中级法院于1991年11月判决：撤销海淀法院判决，驳回双方诉讼请求。代表提出建议以后，法院对此案又进行了复查，经审理查明，中级法院二审判决确有不当之处，遂于今年7月24日作出再审判决：孙秀花赔偿吴天云经济损失200元。向代表汇报情况后，代表对法院认真负责的工作态度表示满意。

三、有关加强法院廉政建设和健全社会主义法制的建议3件、刑事案件1件。

1. 关于加强社会主义法制建设方面，如曲晓光等7位代表关于“完善法院诉讼保全制度，提高办案水平”的建议，提的问题十分重要。一年来，全市法院依法采取诉讼保全措施的案件数量很少，在民事案件中约占3%至5%，在经济案件中约占30%，而且是经过认真研究，慎重决定的。对当事人申请人民法院采取诉讼保全措施的，我们都是依照法定程序处理的。人民法院对未经当事人申请，直接依法采取诉讼保全措施的，一般都是在如不及时采取措施，国家或集体利益可能受到损失的情况下采取的。人民法院自行作出诉讼保全如有错误，给当事人造成损失应如何赔偿问题，目前尚无明确规定。正因为目前尚无明确规定，我们十分赞成代表关于要严格审批手续的建议。现在，我们法院对依职权决定诉讼保全制定了严格控制的制度。对那些关系到全局和国家重大经济利益的企业、商业及其生产、经营设备，一般不轻易采取保全措施；对确需采取的，只要当事人能提供财产担保或由担保人提供担保的，法院一般也不采取查封、扣押、冻结等诉讼保全措施，尽量减少因诉讼所造成的经济损失。今后，我们还将进一步研究严格审批制度，改进工作方法，使人民法院的审判工作更好地为改革开放和经济建设服务。

2. 臧红星代表提出关于“建议人民法院对犯有受贿错误的执法人员受理过的案件进行复查”的建议，我们要求各级法院责成专人调查办理，是否有代表建议中提出的问题并听取了复查汇报。从目前复查情况看，尚未发现此类问题。如：海淀法院刑庭2名书记员在办理案件中因犯受贿罪，分别被判处有期徒刑六年和有期徒刑二年缓刑二年。对以上2人参与办理过的30件案件进行了复查，无论从事实认定、适用法律、还是量刑幅度等方面看，均未发现问题。再如：原市中级法院经济审判庭审判员张鸣从1991年承办案件中收受贿赂被依法判处有期徒刑五年，经对他办理过的4件案件复查，也未发现有处理不当的问题。

我院为更好发挥审判职能作用，进一步加强廉政建设，从严治院，制定了北京市人民法院三不准：即不准吃请受礼，不准坐当事人的车，不准用当事人的经费办案；并坚决贯彻最高人民法院制定的“八不准”；纪检监察部门还设有专人负责接待来访和处理来信制度，对当事人反映的问题及时进行调查，一经发现违法乱纪，坚决查处。

目前，我院正在积极研究建立健全各项公开办事制度，特邀廉政监督员制度，增加工作的透明度，使法院廉政建设制度化。

代表建议是人民代表对人民法院实施监督的重要形式和途径。代表的监督，不仅使我们及时发现工作中的问题，促进我们及时纠正工作中的错误，而且有利于法院干警队伍的自身建设。通过办理代表建议还密切了我们同人民群众的联系。因此，各级法院院长及审判人员对人民代表的建议都非常重视。我院制定了《关于办理代表建议、政协委员提案的具体办法》，使办理代表建议制度化、规范化。几年来，我们在办理建议时，每个建议的办理单位都由院长亲自指定，对办理情况都由院长亲自听汇报，对给人民代表的报告也都由院长亲自审核。我院院长和具体办理法院的院长、审判庭的庭长还经常亲自办理一些重大建议。如：去年人民代表对王淑华还阳草假药案的一审结果提出批评意见，市高、中两院院长都亲自过问，中级法院还召开审委会共同研究处理意见。在领导的重视下，终于重审纠正了该案原审判决中的错误。又如：今年在办理一名代表所提建议时，我院唐占蕴副院长两次到西城法院了解案情，查阅卷宗，并亲自到代表所在单位听取代表意见，并就法院处理情况做了说明。我们这样做，受到代表的好评。由于法院有的审判人员的政治、业务素质不高，从而使我们办理代表建议工作还存在一些问题。如：对正在审理的案件在答复代表之后督促检查不够，个别案件办结后报告比较慢等。今后，为了更好地完成办理建议工作，我们要认真总结经验，进一步提高审判人员的政治、业务素质和执法水平，努力把办理人民代表建议的工作办好。同时，加强经常性的案件检查，充分尊重人民代表的监督权利，高度重视办理代表建议，认真办好每一件建议，以促进执法水平和办案质量的提高，更好地发挥人民法院的职能作用。我们殷切地希望继续得到人大代表的监督、支持和帮助，欢迎代表对我们的工作提出意见和批评。今年，我院除了办理九届五次会议期间 18 件代表建议外，还将九届一至四次会议期间的共 40 件建议逐件进行了检查。经查，第三次会议期间有 2 件建议当时未能按期审结：一件是陈家宜等代表提出的“关于马秀明家查抄物资或出土文物案”，另一件是李沛钰代表提出的“汪棡芝认为一、二审法院判决不公提出申诉”。以上 2 件民事案件已分别于 1991 年和 1992 年 2 月份审理结案。据此，现在一至五次会议的建议已全部办结。

以上报告当否，请审议。

关于山西省法院经济审判工作的情况报告

——1992 年 10 月 10 日在山西省第七届人大常委会第三十一次会议上

山西省高级人民法院副院长　李玉臻

主任、副主任、秘书长、各位委员：

我代表省高级人民法院，向省人大常委会报告全省法院经济审判工作的情况，请予审议。

一、适应改革开放的新形势，全省经济审判工作发展迅速，成绩显著

经济审判是适应改革开放和经济发展的要求开展起来的一项新的审判工作。随着改

革开放步伐加快和新经济体制的逐步建立，越来越多的经济关系和经济活动需要用法律手段进行引导和调节，经济纠纷相应增多，经济审判所担负的任务日益繁重。全省各级法院的经济审判工作开展以来，认真贯彻了党的“一个中心、两个基本点”的基本路线，把是否有利于解放和发展生产力、是否有利于加快改革开放和经济建设、是否有利于维护政治安定和社会稳定作为工作的出发点、最终目的和根本标准，依法审理各类经济纠纷案件，主动为经济建设提供法律服务，为维护新的经济运行机制和经济秩序，促进改革开放和经济建设的顺利进行发挥了积极的作用。尤其是今年以来，通过认真学习和深刻领会邓小平同志南巡重要谈话和中央政治局全体会议精神，进一步解放思想，开阔服务思路，拓宽服务渠道，加强服务措施，改进服务方式，使全省经济审判工作出现了新的生机和新的进展。

全省各级法院的经济审判工作起步于1980年底，省委、省人大和最高人民法院，多年来对这项工作给予了高度的重视，进行了正确的领导和有力的监督指导。在农村经济体制改革蓬勃发展之际，各级法院适时地开展审判服务，依法审理了一批农村果园、土地、滩涂及乡镇企业等承包纠纷案件。在前几年的治理整顿和深化改革中，又集中审理了大量的清理整顿公司遗留的债权债务清偿案件。近两年来，各级法院主动为搞好国营大中型企业开展经济审判工作，重点解决企业间的债务链案件，积极为企业摆脱困扰、增强活力，提供法律服务。同时还审理了一批企业承包、租赁、联营、技术转让、专利侵权等纠纷案件。今年以来，我们根据当前经济纠纷的新特点和民事诉讼法的新规定，广泛使用支付令、诉外调解等手段，及时高效地处理各种经济纠纷，优先解决了一批突出的、有影响的、标的大的案件，并广泛与企业建立了联系制度，主动为企业排忧解难，积极帮助和促进企业转换经营机制，加快改革开放的步伐。

据统计，自1983年至1992年6月，全省法院共受理一审、二审和再审经济纠纷案件共65040件，审结62929件，审结率为96.8%，审结诉讼标的总金额达26.4763亿元。在一审经济纠纷案件中，审结购销合同纠纷案25938件，占结案总数的45.2%，使16.081亿元资金从纠纷中解脱出来，投入了生产和流通，挽救了一批濒临倒闭的企业；审结借款合同纠纷案9948件，占结案总数的17.4%，直接为金融部门收回逾期呆滞贷款3.84亿元，为稳定金融秩序，盘活信贷资金，发挥了积极作用；审结农村承包合同纠纷案3046件，占结案总数的5.3%，诉讼标的达5667万元，依法保护了承包者的合法权益，促进了农村联产承包责任制的完善和巩固；审结企业承包、租赁经营、技术合同等其它经济纠纷案件18359件，占结案总数的32%，依法调节了各种经济关系，促进了经济的协调发展。

在改革开放步伐加快、经济建设迅速飞跃中，经济纠纷案件也随之呈现出了一些新的特点：一是经济纠纷案件的数量呈上升趋势。1991年全省法院受理一审经济纠纷案件7190件，比1990年上升5.6%；今年1至6月，共受理一审经济纠纷案5138件，并通过诉外调解解决经济纠纷1304件，两项相加共6442件，比去年同期上升25.8%。二是购销合同、借款合同和农村承包合同纠纷三大类案件占到案件总数的68%。尤其是近几年来，“三角债”、“多头债”等债务链案件和涉及国营大中型企业的案件明显增多，在购销合同案件中有50%以上是债务链案件。三是新类型经济纠纷案件不断增多。企业承包、租赁经营、技术、联营以及交通运输等经济纠纷案件都呈现增多的势头，同时还出现了企业破产、专利侵权、票据等新类型案件。针对上述情况，各级法院始终把为经济建设和改革开放服务作为经济审判工作的出发点和落脚点，严肃执法，优质服务，突出重点，提高效率，收到了良好的社会效果。去年初至今年6月，全省法院共受理一审经济纠纷案12550件，审结11185件，审结率为89.1%，审结标的金额5.6亿元。其中审结购销合同案4416件，多数属债务链案件，为2600余家企业收回拖欠款3.359亿元。另外，还通过支付令、诉外调解等方法解决纠纷2997件，为企业和其它经济组织清理债务1.4亿元，有效地促进了企业生产经营的发展。

二、扭住中心，大胆开拓，在经济审判中摸索出了一些好的经验和做法

全省各级法院在经济审判工作中积极进行探索，不断总结提高，取得了一些好的经验和做法，主要是：

（一）不断增强服务意识，提高服务的自觉性。确立为经济建设服务的思想是搞好经济审判工作的重要前提，为此，各级法院都很重视政治学习和思想教育，不断提高法院领导和审判人员执行党的基本路线的自觉性，而不是单纯就业务抓业务。去年中央工作会议之后，省法院组织审判人员深入20多个大中型企业调查研究，在此基础上召开了全省第二次经济审判工作会议，明确提出当前经济审判工作的重点是为搞好国营大中型企业服务，并制定了经济审判为搞好国营大中型企业服务的七条措施，决定对涉及国营大中型企业的案件实行“三优先、一慎重”的原则，即优先立案，优先审理，优先执行，慎重采取诉讼保全措施。邓小平同志南巡谈话传达之后，省法院党组在认真学习、深刻领会精神的基础上，及时研究提出了贯彻落实的具体意见，强调法院的经济审判工作必须贯彻“两手抓”、“两手都要硬”的方针，必须强化服务意识，把经济审判工作搞得更主动、更有成效。省法院还结合贯彻省委六届三次扩大会议精神，于今年4月召开了“拓展经济审判，服务改革开放”座谈会，进一步解放思想，开阔思路，研究提出了为改革开放和经济建设提供多层次、多渠道法律服务的措施。各级法院都从当地的经济审判工作实际出发，充实和加强了经济审判力量，改变“坐堂问案”、“孤立办案”、“就案办案”等传统审判方式，大胆拓宽服务领域，深入企业，送法上门，巡回办案，主动服务，使经济审判工作更好地纳入了为改革开放和经济建设服务的轨道。

（二）严肃执法，努力提高服务的质量和效率。经济审判要为经济建设提供高效优质的法律服务，就必须严肃执法，依法审理好各类经济纠纷案件。为此，全省各级法院在审判实践中注意抓了以下3点做法：

1. 突出重点案件，搞好优质服务。从本省经济案件的情况来看，占大头的一直是购销合同纠纷和借贷合同纠纷，我们把这两类案件作为经济审判的重点，特别是涉及国营大中型企业的债务链案件，直接影响企业生产经营或是资金可能流失的案件，坚持急案急办，快速服务；对于企业间相互拖欠的连环债案件，坚持调查研究，摸清情况，分别立案，“一揽子”解决，集中服务；对于需要采取查封、扣压等诉讼保全措施的案件，既要严格依法办案，又要从企业的实际情况出发，不能因为采取保全措施而使企业陷入困境。例如，阳泉石油公司诉大庆市某物资供应站拖欠购油款280万元纠纷一案，阳泉市中级法院当即立案，昼夜兼程，赶到大庆，经过紧张而艰巨的工作，在半个月内审结了此案，追回了全部油款，使阳泉石油公司避免了重大经济损失。又如，怀仁县法院去年受理的县农行诉县农工商物资供销站借款合同纠纷一案，诉讼标的50多万元，该供销站因有40多万元债权收不回来，致使无力还贷。如果就案办案，即行判决后强制执行，势必使县农工商物资供销站陷入困境，以致倒闭。对此，怀仁县法院采取积极慎重的态度，主动优先审理了该站起诉的16案，为该站追回外欠款40余万元，使县农工商物资供销站既偿还了贷款，又恢复了生机。

2. 保证办案质量，搞好优质服务。为了

确保办案质量，各级法院普遍采取了如下措施：一是切实把好"三关"，即事实关、证据关和法律适用关；二是坚持公开审判制度，把审判工作置于群众和舆论的监督之下，增强经济审判工作的透明度；三是充分发挥合议庭的作用，要求合议庭成员必须共同阅卷，共同查证，共同审理；四是坚持案件评查制度，及时发现问题，进行纠正；五是自觉接受人大及社会各界的监督；六是建立错案追究制度，如运城市、太原市北城区等法院都建立了错案责任追究制，从审判员到庭长、院长，层层明确责任，有错必究。

3. 注重办案效果，搞好高效服务。各级法院在审理经济纠纷案件中，十分注意克服就案办案的倾向，增强办案的社会效果，坚持法律效果与社会效果、经济效果的统一。去年1月，阳泉市郊区法院急灾区当事人所急，及时受理了江苏邳县官湖草制品厂诉阳泉郊区千亨实业公司购销合同（拖欠货款）纠纷一案。审理中查明被告属乡镇企业，正筹建年产值百万元的氧化锆厂，资金短缺，如果就案办案，采取扣划办法归还原告款项，就势必使该企业陷入困境。经他们查证了解，阳泉荫营硫铁矿拖欠千亨实业公司11.1万元，该矿是个有300余名职工的企业，已有3个月未开工资，处于瘫痪状态，如果将该矿的财产予以查封、变卖，案件就可以了结，但对硫铁矿无疑是雪上加霜。在调查中，审判人员又了解到长治化工厂尚欠硫铁矿货款32.7万元已4年之久，经查证情况属实，长治化工厂有足够的偿还能力。于是，阳泉郊区法院将几个连环案件一并立案处理，依法作出了判决，并很快执行。这不仅及时归还了江苏灾区当事人的货款，而且有效地解决了4家企业的债务链，还为千亨实业公司和硫铁矿注入了资金，使其恢复了生机，收到了良好的社会效果。

（三）不断拓宽服务领域，改进服务方式。全省各级法院在经济审判工作中，不断探索和改革服务方式，主要采取了如下做法：

1. 开展多种形式的专项服务活动。一是开展依法收贷专项服务。在前几年依法收贷专项服务取得显著成效的基础上，去年1月到今年6月，全省法院又审结借贷合同纠纷案2235件，直接为银行收回逾期呆滞贷款1.1197亿元，同时，通过审理案件进行法制宣传，增强贷户的自觉还贷的法律意识，有效地促进了信贷资金的流转。二是开展农村承包专项服务。针对有些地区农村承包纠纷逐年增多的实际，许多法院开展了农村土地承包、果园承包等专项服务活动。如平陆县法院对全县果园承包合同纠纷的情况进行了专题调查，提出了具体解决措施，向县委写了专题报告，受到县委高度重视，促进了该县的果园承包的进一步完善。三是开展为乡镇企业清欠的专项服务。大同市南郊区法院针对全区乡镇企业外欠资金严重的状况，积极开展了为乡镇企业清欠专项服务活动。他们在查明情况的基础上，集中力量，先后派出50多人次分赴全国16个省、市采取诉外调解和诉讼手段相结合的方法，就地调解，就地审理，随结随执，不到半年时间，为乡镇企业收回外欠款740余万元。

2. 运用支付令手段，及时解决企业间的债权债务纠纷。去年4月以来，各基层法院认真贯彻执行民事诉讼法的规定，大胆运用支付令手段，通过督促程序，及时解决了一批企业间的债权债务纠纷。截止今年6月底，全省共发出支付令2803件，已结2577件，占92%，标的金额达6735万元，既缩短了办案时间，减少了诉累，又及时为企业清理了债务，保障了企业生产、经营活动的正常运转。

3. 运用好诉外调解手段。诉外调解是根据债权人申请，法院通过法制宣传，明确责任，讲清后果，耐心疏导，促使双方当事人互谅互让，自觉履行义务。其特点是，不进入诉讼程序，不受诉讼时限和管辖权的限制，简便灵活，快速高效，不伤和气，易于执行，深受当事人的欢迎。为了搞好诉外调解服务工作，阳泉、太原、晋中、忻州等中级法院和部分基层法院成立了诉外调解服务中心。据不完全统计，今年1至6月，通过诉外调解的方法，解决经济纠纷1304件，为企业收回外欠款4010.6万元，有效地调节了企业间的经济关系，增进了协作，促进了企业的生产发展。

4.开展多种法律服务，促进企业的依法管理。一是在企业中普遍设立司法联络员，建立企业与法院的联系制度，据不完全统计，全省各级法院已在844个企业中设立了司法联络员，并通过司法联络员帮助企业解决各类问题1228件，促进了企业的法制观念增强和依法经营管理水平的提高。二是帮助企业完善纠纷预防机制，许多法院主动深入企业宣传经济法律知识，帮助企业建立法律顾问机构，健全合同管理制度。太原市河西区法院还在本区内倡导建立了河西区法律服务协作网。针对一些企业领导和业务人员法律意识较差的情况，许多法院主动抽出人力，以办培训班的形式为企业培训法律人才，仅今年上半年就为企业培训有关管理人员1200多人次。三是积极开展司法建议活动。今年上半年，各级法院针对办案中发现的问题，积极向有关管理部门和企业提出司法建议130多条，帮助企业健全制度，堵塞漏洞，改进管理，完善运行机制，收到了一定的效果。

三、抓住当前机遇，大力推进经济审判，为经济建设提供更多更好的法律服务

全省的经济审判工作虽然取得了较显著成绩，积累了一些经验，但也仍然存在一些问题。首先，我们的思路还不够开阔，创新的步子还不够大，服务领域还不够宽。目前还有许多经济纠纷不能诉诸于法律手段，不少企业的债务问题长期得不到解决，有的是由于法人单位的法律意识薄弱，有纠纷不知诉；有的是怕花钱买诉累，又怕判决后难执行，因而不愿诉；从我们审判机关方面来看，则反映了我们的工作还做得不够，领域还没有拓足，案源还没有开足。其次，随着经济纠纷的大量增加，审判人员的数量和素质都不相适应，这是一个非常突出的矛盾。办案经费不足，对经济审判工作的开展也有一些影响。此外，地方保护主义的存在，给经济纠纷的审判和执行工作带来了一定的障碍，这是一个不可忽视的问题。

为了进一步推进全省法院的经济审判工作，为改革开放和经济建设提供更多更好的法律服务，今后应当从以下几个方面做出努力：

(一)思想认识要再深化一个层次。当前，在邓小平同志南巡重要讲话和中央政治局全体会议精神的指引下，我国的改革开放和现代化建设进入了一个蓬勃发展的新阶段。本省和全国一样经济起飞的势头很好，为了抓住有利时机，实现兴晋富民的战略目标，最近本省陆续出台了一些新措施，加快了我省改革开放和经济建设的速度。经济形势的发展，也给法律服务工作提供了新的舞台，给法院工作带来了新的生机。我们要求全省各级法院都要意识到自已在改革开放和经济腾飞中的重大使命，抓住时机，大力推进经济审判工作。经济审判工作的思路要再开阔一些，要坚决克服就案办案、关门办案、孤立办案的倾向，增强服务意识，增强改革意识，增强防“左”意识。各级法院的领导和审判人员要放开眼界，了解经济形势，学习经济知识，熟悉经济情况，使经济审判工作搞得更自觉、更主动、更扎实、更出色。

(二)服务领域的开拓上要再加大一个力度。在全省改革开放力度加大、经济建设步伐加快的形势下，企业之间的购销、借贷、承揽加工、联营等经济活动中常见的纠纷将会大量增加；随着改革的不断落实，全省的商品市场、金融市场、技术市场、劳务市场、信息市场、房地产市场等将逐步形成和发展，在这个形成和发展的过程中，势必出现一些问题需要运用法律手段来进行引导和调节；随着对外开放的进一步扩大和三资企业的增多，涉外、涉港澳台的经济纠纷案件也会出现；同时有关商标、专利、技术、股票等案件也将日趋上升。这就为经济审判工作提供了更宽的服务领域，服务的手段和措施就要更多、更新、更活一些。要搞好调查研究，从实际需要出发采取最佳的服务方式。怎样有利于解放和发展生产力，怎样有利于经济发展，就怎样去办案。要继续搞好多种专项服务，大胆运用诉外调解手段，诉外调解的范围还可以再大一些。各级法院还要注意运用审判职能促进《全民所有制工业企业转换经营机制条例》的贯彻实施，要维护企业的独立法人地位和企业的合法权益。要审理好企业承包、租赁、股份经营和破产等案件，促进企业的市场竞争能力的提高，促进企业内部转换经营机制的不断深入。

(三)办案质量和效果要再上一个新的档次。必须坚持严肃执法，使每一件经济纠纷的处理都能依法、讲理、公正、廉洁。只有保证了案件的质量，才能取得法人单位和人民群众的信任，消除那种有了纠纷不愿诉讼、不敢诉讼的疑虑，才能扩大案源，拓展经济审判工作。为此，各级法院要认真总结办案经验，搞好每年一度的案件评查和执法检查活动，对检查发现的判处不当的案件，要坚决予以纠正，并从中总结经验教训，提高办案人员的执法水平。要在全省法院逐步推行错案追究责任制，对办错案件的有关人员要追究责任，以增强审判人员的事业心和责任感。在强调办案质量的同时，要继续狠抓执行工作，已判决生效的经济案件一定要抓紧执行，过去遗留下的未执行的案件要集中搞一次会战，新判决的案件，要判一件执行一件。要坚决抵制和克服地方保护主义，要和外地法院搞好协作，自觉维护社会主义现代化建设的全局利益和国家法律的尊严。执行中依法采取查封、扣压、拘留等措施一定要慎之又慎，决不能使企业的生产受到影响。

(四)经济审判队伍建设要抓出一个新的水平。全省法院开展“学翼城法院、比严肃执法”活动以来，有力地推动了干警队伍建设。我们要把这一活动继续开展下去。并根据新形势、新要求注入新的内容和新的活力。要加强廉政建设教育，完善廉政规章制度，对办“人情案”、“关系案”、吃请受礼、索贿受贿的审判人员，一经发现，严肃处理，决不偏袒。要严格禁止审判人员与当事人同吃同住，让当事人报销的现象。针对经济审判工作的特点，要对经济审判人员进行专门的政治培训和业务培训，通过分期分批举办培训班等途径，提高审判人员政治、业务素质，努力培养一支政治敏锐、思想坚强、作风过硬、严肃执法的经济审判队伍。同时，也希望各级政府和有关部门对法院审判力量不足和经费不足问题引起重视，给予积极帮助和大力支持。

各位委员：具有深远历史意义的党的十四大就要开幕了！我们全省法院干警，将和全国、全省人民一道，在十四大精神的指引和巨大鼓舞下，为经济建设上一个新台阶而团结奋斗，我们一定要在经济审判工作中和法院的各项工作中做出新的成绩。

关于江西省法院执行工作情况的汇报

——1992年6月24日在省第七届人大常委会第二十八次会议上

江西省高级人民法院副院长　李修源

主任、各位副主任、各位委员：

自去年以来，全省各级人民法院为了深入贯彻执行《中华人民共和国民事诉讼法》和省人大常委会《关于加强全省各级人民法院执行工作的决定》，狠抓了执行工作，取得了一定成绩。1991年，全省各级人民法院共执行经济、民事、行政、刑事附带民事等各类案件共56871件，标的30275.41万元。今年1至4月执行各类案件7536件，标的2498.65万元，有效地保护了当事人的合法权益，维护了法律的严肃性，宣传了社会主义法制，为社会的稳定和经济的发展发挥了积极作用。主要情况是：

一、加强领导，深化认识，健全机构，充实力量

运用法律强制力保证人民法院生效的民事、经济、行政等法律文书和依法申请人民法院强制执行的仲裁文书、行政处罚决定书和公证债权文书的内容得以实现，是人民法院行使审判权的重要组成部分。但是，过去的一段时间，由于执行工作没有及时跟上，执行机构不健全，历年都有相当数量难以执行的案件积存下来，到1990年底，全省法院到期未执行的案件达31286件，标的金额25782万元。这么多的案件未执行，引起了社会各界的不满：一是当事人批评法院的审判是“空调白判”，到法院“打官司”是“花钱费力，买张废纸”；二是党委、人大认为案件得不到执行损害了法律尊严，是导致上访人员增多，影响企业发展和社会治安综合治理的因素之一；三是法院自身由于人力不足，经费紧张，装备落后，执行积案逐年增多，包袱越背越重，不仅严重影响了审判工作的开展，也损害了人民法院的声誉。对此，省法院深感如果再不花大力气解决执行问题，将是严重的失职。1990年底，省法院就执行工作向省委、省人大常委会作了专题汇报，得到了省委、省人大常委会的高度重视，省人大常委会及时作出了《关于加强全省各级人民法院执行工作的决定》。省法院以此为动力立即向全省各级人民法院发出认真学习、深刻体会、坚决贯彻执行决定的通知，并在去年上半年组建了执行庭，加强对全省执行工作的指导、监督和协调。并于去年9月举办了全省法院执行庭长培训班，进一步学习了新颁布的民事诉讼法和省人大的决定，认真分析了当前本省执行工作的现状，交流了经验，研究了解决执行难的办法。今年初又在全省中院院长会议上，作出了具体部署。到今年5月止，全省11个中级人民法院和100个基层人民法院中，已有10个中级人民法院和92个基层人民法院先后组建了执行庭，配备了执行人员430人。有些法院还为执行庭配备了交通、通讯工具，有力地促进了全省执行工作的开展。

二、采取各种措施，增强服务意识，扭转执行工作的被动局面

执行工作之所以难，就在于它不仅是一

项严肃执法的公务活动，还是一项涉及面广，集法制宣传与思想教育为一体的社会性工作。因此，执行工作不能简单地就事论事，而应该全方位着手，多层次协力，各方面共抓，形成以法院自身严格执法为龙头，各级领导全力支持为后盾，有关部门和广大人民群众积极配合为动力，社会舆论广泛宣传为导向的执行工作合力，从而造成人民群众普遍关注、执法对象深感震慑的良好执法外部环境。为此，我们主要采取了以下措施：

（一）精心组织、集中执法、减少积案、缓解执行难。为了深入贯彻执行省委文件和省人大常委会的决定，积极配合中央关于清理三角债，搞活大中型企业和乡镇企业，搞好社会治安综合治理工作；省法院除要求各级人民法院抓好审执结合、做好经常性的执行工作以外，根据本省未执行积案较多的实际，去年11月份在全省部署了一次集中执法月活动。在执法月活动中，全省各级人民法院集中领导，集中时间，集中人力、物力，经过40多天的艰苦努力，共执行各类积案31203件，执行标的9千多万元。执行案件占应执行案件数的80%。超过了该年前3个季度执行案件总和，初步扭转了全省执行工作的被动局面。鉴于本省还有1000多件、标的1亿多元的案件被执行人在外省，今年3月份由省法院带队，统一组织全省20多个法院赴浙江集中执行，在短短10天内执行案件19件，执行标的86万元。2至5月份，各级人民法院根据最高人民法院关于集中力量抓紧清理跨省、市、自治区案件的精神，集中了一定的力量赴外省执行，经过多方努力，执行案件250件，标的2300多万元。

（二）积极争取各级党委、人大的领导、监督和各级政府及有关部门的支持配合。执行工作涉及到社会的方方面面，仅靠法院一家唱“独角戏”是难以打开局面的。去年开展集中执行月活动前，各中院、基层人民法院根据省法院的要求，将开展集中执行月活动的意见、部署和具体方案向当地党委、人大进行了详细汇报，取得了各级党委、人大、政府的重视和支持。抚州、赣州地委和行署及乐安、南康、赣县、上饶、上高等县（区）党委、人大专门发了有关贯彻执行省人大常委会决定的文件。抚州地委和行署及不少县（市）的党政领导还亲自召集或出席有关执行工作会议，发表了广播、电视讲话，要求各机关、单位和广大人民群众积极支持、配合人民法院的执行工作。并将履行人民法院的裁判作为社教工作的内容之一。各级党委、人大和政府还根据当地法院存在的困难，从人力、物力上给予大力支持。各地乡镇党委、人大和政府及基层组织，积极帮助法院做好当事人的教育疏导工作，及时派出人员给予协助，使不少难案得到顺利执行。

（三）做好宣传发动、疏导教育工作，为执行创造良好的社会环境。各级人民法院将省人大常委会的决定和开展集中执行月活动的通知印发到机关、乡镇、社会团体、厂矿企业及村民委员会，广泛运用广播、电视，报刊、墙报、标语，公告、宣传车等形式向人民群众进行深入宣传。在具体做法上，首先向被执行人发出限期履行通知书，或者召开被执行人会议，集中进行法制宣传教育，力促当事人自觉履行。不少长期不愿履行法院裁判的单位和个人，当场自觉履行了义务。据统计，去年执行的案件中70%以上是通过教育、疏导后当事人自觉履行的。同时，人民法院对一些有履行能力而拒不履行义务，甚至蛮横无理，阻挠、妨害人民法院依法执行的被执行人，依法采取了查封、扣押、冻结、搜查、拘留、罚款等强制措施，起到了执行一案，带动一片，教育四方的效果。打击了社会上的“欠债有理，赖债不还”的歪风邪气。

（四）加强监督、协调，严肃执法，克服地方保护主义。由于地方保护主义的影响，异地执行非常困难。省法院领导多次在讲话中要求全省各级人民法院在执行工作中要站在国家的立场上，克服地方保护主义和本位主义思想，维护国家法制的统一和尊严。在去年的集中执行月中，省院集中协调执行了一大批跨地、市案件。今年元月份省院又专门召开了一次协调会，就搞好委托执行和协助执行工作进行了研究，下发了《关于积极做好委托执行和协助执行工作的通知》。省法院和各中院本着严肃执法，有错必究的原则，加强了执行工作的协调和监督，对一些搞地方保护主义的单位、法院和个人进行了严肃的批评、教育，坚决予以纠正。同时，全省各级人民法院对人大和上级领导部门交办的案件，都认真进行了查处，基本上做到了件件有着落，事事有回音。

（五）执行工作坚持为社会稳定和经济发展服务。全省各级人民法院在执行中，一是注意贯彻和配合中央关于搞好国营大中型企业、乡镇企业的精神，对这些单位的案件实行优先立案，优先审理，优先执行，加速企业的资金流转，保护企业健康发展。二是坚持实事求是，实行区别对待的原则，注意执行案件的政治、经济和社会效果。如对去年全省受灾较严重的地区，执行案件做到视情办理，有条件的就执行，能部分执行的就部分执行，需暂缓或中止执行的就暂缓或中止执行。在执行中强调注意保留被执行人必要的生产工具和生活必需品，不搞一刀切。又如对乡镇企业和有复苏转机可能的企业，采取“放水养鱼”的方法加以扶持，决不搞“竭泽而渔”。三是拓宽服务范围，依法加速银行的资金流转和保障国家财政税收。去年各级人民法院抽调了大批干警，集中时间开展了依法收贷等专项执行活动。为银行收回贷款1亿多元。从去年下半年开始，各地法院又利用法律手段，对交通稽查征费机关和税务机关申请人民法院强制执行的案件进行了专项执行，为国家收回交通“三费”和国家税收一千多万元。

三、克服困难，再接再厉，进一步落实省人大常委会的决定，开创执行工作新局面

去年以来，全省法院的执行工作有了明显进步，执行难的被动局面在我省有所缓解，执行工作出现了好的势头。但是执行难的状况还未得到根本改善。一是有的地方对贯彻省人大常委会决定认识不高，措施不硬，抓得不紧，一些法院对采取法律规定的强制措施有顾忌，不敢用。而个别法院则在执行过程中宣传、疏导工作不够有力，方法较为简单，以致一些措施未能得到社会的充分理解和支持。二是现在全省法院执行任务与执行力量仍然很不相适应，办案经费严重不足，装备比较落后，影响了执行效率。三是地方保护主义思想在各个地方仍然不同程度地存在，导致异地执行难上加难，有的行政领导部门，从本地区、本部门的狭隘利益出发，对执行本地区当事人或其主管的下属企业的款项不予支持，甚至横加指责。有的执法机关往往以维护本地区社会经济秩序或办理经济违法犯罪案件为由，利用职权对法院已查封、扣押、冻结的财产和款项违法重复查封、擅自提取或解冻，有的甚至公开出面干涉、阻挠，妨碍执行；四是有些当事人囿于自己的利益，拒不履行法律规定的义务，甚至公然以暴力对抗执行，据不完全统计，去年全省法院在执行中遭到围攻、殴打的情况有50多起，被围攻、殴打的干警达100多人次。这些问题严重影响了省人大常委会决定的落实和执行工作的开展，必须下决心加以解决。

省人大常委会的决定为本省法院贯彻执行民事诉讼法，认真做好执行工作赋予了强大动力。全省法院要进一步强化执行工作，健全机构，充实人员，尽快改善执法条件。要在做好经常性执行工作的同时，继续搞好集中执行活动。省法院决定每年11月份开展全省集中执行月活动。今年内重点抓好跨省、市、自治区案件和一些大案难案的执行。要继续抓好严肃执法和廉政建设，不断提高执行人员的素质，提高执法水平，完善执行机制，理顺审执关系，使执行工作进入制度化、规范化的管理轨道。总之全省法院一定要认真总结过去的经验教训，振奋精神，努力工作，克服困难，下大决心，花大力气，攻克执行难关，开创全省执行工作的新局面，更好地为全省经济建设服务。

以上报告，请予审议。

关于江西省法院行政审判工作情况的汇报

——1992年8月14日在江西省第七届人大常委会第二十九次会议上

江西省高级人民法院院长　　李　迎

主任、各位副主任、各位委员：

行政诉讼法已实施近两年，在各级党委和人大的领导、监督下，全省各级人民法院积极进取，勇于实践，为开创全省行政审判工作新局面做了大量工作。依法受理、裁判了一批行政案件，有效地保护了公民、法人和其他组织的合法权益，维护和监督行政机关依法行使行政职权，为保护社会稳定和经济建设发挥了积极作用。现将行政诉讼法实施以来行政审判工作的主要情况汇报如下：

一、依照法定受案范围，积极受理各类行政案件

从1990年10月1日行政诉讼法正式实施至1992年6月底，全省法院共受理一审行政案件955件，二审行政案件225件，再审行政案件30件，受案数量已超过行政诉讼法实施以前受案数量的总和。案件的类型也发生了很大变化，行政诉讼法实施前所受理的案件一般是不服行政处罚或处理决定，现已扩大到不服行政强制措施、侵犯经营自主权、不依法颁发或拒绝拖延颁发许可证和执照、不履行法定职责、不依法发给抚恤金、非法要求履行义务、侵犯其他人身权、财产权在内的八种类型及行政侵权赔偿案件。案件涉及行政管理的领域更广泛了，包括公安、交警、劳教、土地、城市规划、林业、水利、矿产资源、交通运输、路政、渔政、工商、计量、税务、物价、药政、环保、食品卫生、海关、专利、民政、计划生育、房管等几十个行政管理部门。在各类行政案件中，治安、土地、林业行政案件数居前列，此期间共受理治安行政案件293件，土地行政案件225件，林业行政案件142件，这三类案件约占受案总数的66%。全省受案情况不平衡，上饶、赣州两地区受案数居全省首位，分别受理了100多件。基层法院受案最多的是余干县人民法院，仅1991年就受理24件。也有少数基层法院一年仅受理1至2件。

为解决行政诉讼告状难的问题，省法院和各中级法院对基层法院提出了立案的要求，凡符合行政诉讼法规定受案范围的，必须受理。即使认为不符合立案范围的，但当事人坚持起诉，必须作出不予受理的裁定书，给当事人上诉权，由中级人民法院把关，以切实保护当事人的诉讼权利。有些中级法院还在岗位责任制中明确规定，如发现基层法院应立案而不立案，除指定立案外，还要扣除岗位责任分，以解决“告状难”的问题。

近年来，由于综合治理的需要，各地大都成立了治安、联防、城管等组织。这些组织的成立，对维护社会稳定起了一定作用。但这些组织经常广泛地行使行政处罚权，由于法制不健全及管理上存在薄弱环节，违法行为时有发生，甚至严重侵害公民的合法权益。为促使行政机关依法行政，防止行政权力被滥用及规避司法审查，有部分基层法院开始受理这方面的案件，按其隶属、下文成立、委托等关系确定被告，已收到一定效果。

二、严格执行行政诉讼法和行政法律、法规，依法审理行政案件

全省人民法院审理行政案件，认真贯彻了最高人民法院提出的积极、慎重的方针，严肃执法，依法办案。一是坚持公开审判的原则，除涉及国家机密、个人隐私及商业秘密的案件外，一律公开开庭审理，把庭审作为审判的中心环节和审核证据的主要场所和方式，使行政审判置于社会和人民群众的监督下。为了贯彻好行政诉讼法，规范行政案件的开庭审理程序，省法院制定了《行政审判庭审细则》下发全省各级法院执行。二是坚持合法性审查原则，对被诉具体行政行为的审查，主要以是否合法为标准。凡正确合法的具体行政行为，判决予以维持；对违法的具体行政行为，则判决予以撤销；对不合法又需重新处理的行政案件，在判决撤销原具体行政行为的同时又判令被告重新作出具体行政行为；对这类案件，法院能提出具体、明确的司法建议，供行政机关参考，有利于行政机关重新处理；从实际出发，实事求是地对待行政执法程序问题，对行政执法中严重违反法定程序的，如先执行后裁决、先裁决后取证，或不给当事人复议、起诉权利的，则判决撤销，对具体行政行为基本正确，但在程序上偶有疏漏，又不影响实体处理的，一般判决予以维持；充分尊重行政机关的自由裁量权，从严掌握对行政处罚显失公正的认定，以保证行政效率，在审结的858件案件中，法院判决变更行政处罚决定的仅13件，占1.5%。三是坚持被告负举证责任的原则，行政诉讼法实施后，各级法院基本改变了以往沿用民事审判模式代替行政机关取证及举证的方法，要求行政机关必须对具体行政行为提供事实依据及有关规范性文件，经庭审质证后作为判决依据，对个别行政机关拒不答辩，拒不应诉，拒不提供行政案卷，则视为没有证据，判决撤销行政机关的具体行政行为。四是严格执行审限制度，全省审结的一、二审行政案件，在法定期限内结案的已达92%，另有8%的案件，因有特殊情况，不能在法定期限内审结的，也依法报请上级法院审批延长审结期限。五是注意行政审判为综合治理，稳定大局服务。行政审判是综合治理的重要一环，如群众与有关行政部门的矛盾能及时得到处理，亦可以减少一部分社会不稳定因素：如瑞金县黄柏乡直坑村因土地权属纠纷，不服县政府处理决定，扬言要在纪念中华苏维埃中央人民政府建立60周年大会期间上街游行示威，法院得知消息后，立即派人到当地，和有关部门一起做疏导工作，并告知可以通过司法途径解决，此案经一、二审法院判决，维持了政府的处理决定，纠纷已基本平息。六是自觉接受党委、人大的领导和监督。各级法院对重大、疑难的行政案件，除请示上级法院外，还主动向党委、人大汇报，取得支持和指导，使行政审判能顺利进行。

贯彻执行行政诉讼法以来，全省各级法院坚持依法审判行政案件，使行政审判工作取得了较好的社会效果。一方面，依法保护了原告的合法权益，对具体行政行为违法或显失公正的155件案件，判决撤销、部分撤销或变更，占结案数的18%。另一方面，依法维护和支持了行政机关依法行政，对具体行政行为合法的案件，判决予以维持，除原告主动撤诉的案件外，判决维持的行政案件共234件，占24%，如杨贵凤诉庐山区土管局行政处罚案，一、二审法院均认定杨不履行征迁协议，严重影响了九江市卫生重点建设工程的施工，判决维持了庐山土管局的处罚决定，并强制执行，该案的审结，支持了九江市的城建拆迁工作。

三、抓好组织和业务建设，加强调查研究和业务指导，促进行政审判工作顺利开展

行政诉讼法实施前，全省各级人民法院依照最高人民法院的指示，已全部建立行政审判庭，但有些法院行政审判人员配备不齐，行政庭的审判人员仅有1至2人，省法院对此进行了通报，要求各地法院一定要按最高法院的要求，行政庭的审判人员不得少于一个合议庭的组成人员。1991年国家给法院系统增加了部分编制，主要用于充实行政审判庭，这项工作正在落实中。

全省各级人民法院在抓好组织建设的同时，抓了业务建设，采取召开会议，举办培训班等形式，认真学习、贯彻行政诉讼法和最高人民法院召开的第一次全国行政审判工作会议精神。最高人民法院“关于贯彻执行行政诉讼法若干问题”的意见下发后，各地法院又组织行政审判人员进行了系统学习。多数法院已建立了行政审判工作的各种制度，如学习制度，立案审查制度、延长审限报批制度、案件检查评比制度，行政审判岗位责任制度等。

针对行政审判中存在的一些新问题，全省各级法院加强了调查研究工作。省法院拟定有关调查研究专题，把调查研究任务下达到各中级法院，同时，省院行政庭派员到中、基层法院进行调查研究和业务指导。在调查研究的基础上，于1991年7月，在井冈山召开了全省中级法院行政庭长会议，对有关行政审判实践中的疑难问题进行了讨论，提出了12点意见，对全省行政审判工作起到了积极的指导作用。上饶中级法院根据会议意见，结合本地区实际情况，对行政审判权属争议案件中当事人的地位、诉讼费的收取，限制人身自由强制措施案件的立案与审理，行政侵权赔偿案件及行政附带民事诉讼案件的审理，有关社会组织行使行政处罚权等问题展开讨论，提出了可行对策，以会议纪要形式下发给各基层法院。为推动全省行政审判工作的开展，省法院还将上饶中院的会议纪要转发给全省各级法院参照执行。

四、当前贯彻执行行政诉讼法中存在的问题及困难

（一）对行政诉讼法的宣传尚不够深入，公民行政诉讼的法律意识亟待增强，执法人员的法制观念必须进一步更新。行政诉讼法实施后，起诉案件虽不断增多，但发展不平衡，有的地方案件甚少。一些公民、组织对状告行政机关仍有顾虑，担心会招致更多的“麻烦”，特别是涉及到治安、工商、税务的案件。有人认为，即使胜诉了，也是胜一场而输一生。个别地方已经出现了报复现象，当事人敢怒而不敢再告。

有些行政机关工作人员甚至领导同志对行政诉讼仍有偏见，不愿当被告，不愿应诉。法院受案后，多方找关系，对法院的审判工作进行干预。或要求法院不要立案，或要求法院判决维持。个别乡政府还扬言，如败诉了就集体辞职。有些行政机关拒不答辩、拒不提供行政案卷、拒不应诉、拒不执行生效的判决、裁定。个别行政机关败诉后产生了对立情绪，不愿配合法院的其他审判活动，甚至予以刁难。

部分法院干部，特别是领导，视行政诉讼如畏途，怕行政审判得罪有关部门，给法院的工作带来被动。直接影响了行政审判工作。其主要原因在主观上是由于对加强社会主义民主和法制建设的信心不足，对开展行政审判工作的重要意义认识不充分；在客观上是与法院现行管理体制有关，法院行政审判工作受到多种社会因素的制约，因而个别法院出现了该立案的不立案，该撤销而不撤销的现象：本省行政案件的撤诉率高达47％（全国约占40％），显然与上述原因有关。有些法院希望提高行政审判的审级，以免基层法院工作陷于被动。

（二）法规、规章不健全，造成了行政案件审理的困难。有些法规已落后于法制要求，

条款模糊、内容矛盾，裁量幅度不合理。行政侵权赔偿的原则、赔偿的方法没有落实。部分行政机关的办案期限不明，给公民的起诉及法院的审理增加了难度。

（三）行政违法与违法行政交织，执法环境仍需努力净化。如计划生育案件，本省计划生育在全国处于落后状态，各级政府为保障计划生育基本国策的落实，除按计划生育条例对违法者处罚外，许多地方还采取联保负责的株连措施，显然与法制原则相悖。对那些对抗计划生育的“钉子户”，如不采取有效措施，则超生现象又难以遏制。考虑到这类案件的复杂性，我省法院仅对征收超生费、罚款不服而提起诉讼的案件予以受理，其它方面的争议，告知当事人向政府部门申请解决。

五、严格执行行政诉讼法，大胆地积极地开展行政审判工作，为社会稳定和经济建设服务

当前，全省人民正在贯彻落实邓小平同志南巡重要谈话和中央二号文件精神，进一步解放思想，加大改革开放步伐，尽快把经济建设搞上去。面对这样的大好形势，行政审判的任务更繁重、更艰巨。我们要坚持党的“一个中心，两个基本点”的基本路线、坚持严肃执法，进一步发挥行政审判职能作用，维护社会的稳定，保障和促进社会主义经济的发展。

（一）继续贯彻落实全国、全省法院行政审判工作会议精神，明确行政审判的指导思想。进一步提高认识，克服畏难情绪，依法行使行政审判权，仍然是开展行政审判工作必须解决的首要问题。两个会议的文件深刻地论述了开展行政审判工作的重大意义，分析了有利条件和广阔前景。行政诉讼制度的建立既是我国社会主义民主和法制建设的重要步骤，也使宪法确立保护公民合法权益的原则得到了具体的贯彻落实。党中央的一系列方针、政策和决定，各级人大、政府的重视和支持，为行政审判工作创造了良好的执法环境，特别是广大人民群众的衷心拥护，是行政审判工作顺利进行的基本保证。当前，要继续大力宣传行政诉讼法，提高公民的法律意识，更新执法人员的法制观念。人民法院的各级领导和行政审判人员更应当充分看到这些有利条件，增强信心，解放思想，振奋精神，树立正确的指导思想，大胆地积极地开展行政审判工作。

（二）加强行政审判队伍建设，努力提高审判人员的政治素质和业务素质。今后，要大力加强思想政治工作，继续深入学习马列主义基本理论和中央2号文件，掌握其精神实质，理论联系实际，改造世界观，从而坚定共产主义信念，旗帜鲜明地反对和抵制资产阶级自由化。现在的行政审判工作，从总体上来说还处于初创阶段，人民法院要审理的行政案件，涉及到几十个行政执法部门和大量的行政法律、法规、规章，继续加强对行政审判人员的业务培训，不断提高他们的业务素质势在必行。在行政诉讼法施行前，省法院虽对在职的行政审判人员已普遍轮训了一遍，由于人员变动和增编等情况，省法院拟在今年再举办1至2期行政法、行政诉讼法专业培训班，培训新进的行政审判干部，把业务学习与行政审判工作结合起来，做到学以致用，在审判工作中见实效。

（三）全面执行行政诉讼法，进一步提高办案质量，扩大办案的社会效果。各级人民法院对行政案件，从立案、审理、判决到执行，都必须严格按照行政诉讼法规定的程序办理，凡符合受案范围和起诉条件的要积极收案，切实解决行政审判中告状难的问题；审理案件要充分体现行政审判的特点，审查的主要内容是具体行政行为的合法性，强调被告行政机关负举证责任，不能由法院代替行政机关举证；严格遵守审限规定，提高办案效率，确有特殊情况需要延长审限的要依法报经省法院批准；努力提高法律文书的质量，判决书、裁定书要做到叙事清楚、主文明确、论理充分、适用法律正确；结合公开审判，搞好法制宣传、扩大行政审判的社会影响和办案的社会效果，对所办案件要使党委、人大和社会各界感到满意。

（四）充分运用行政审判职能，为搞好国营大中型企业和发展农业生产服务。全省各级法院要及时，认真审理好涉及国营大中型企业的行政案件。对违反企业法，侵犯企业生产、经营自主权的案件，向企业乱收费、乱摊派、乱罚款案件，以及涉及国营大中型企业的工商、税务、物价、计量、药品、环保等各类行政案件，凡是依照行政诉讼法的规定，应当由人民法院受理的、行政审判庭都应当积极受理，切实保障企业的合法权益。努力为加强农业和农村工作服务，促进农村经济的发展。要认真处理好发展农业社会化服务中出现的行政案件，在审理土地、林业、计划生育等涉及群众利益较大、矛盾容易激化的案件时，要加强与行政机关的联系，多做疏导工作，争取各方面的支持与配合，依法妥善解决，以维护农村的稳定，促进农村经济和生产的发展。

（五）加强调查研究和业务指导，注意总结经验。审判实践中，已经出现了一些新情况、新问题，不少新类型的案件已起诉到法院，开展行政审判工作，要注重调查研究，及时予以解决。根据全省情况，应着重研究如何审理治安、土地、林业、收容审查、劳动教养和其他新类型行政案件；研究如何正确适用法律、法规和参照规章的问题；研究如何参与社会治安综合治理，运用行政审判职能为社会稳定服务，随着行政审判工作的深入开展，上级法院要进一步加强审判监督和业务指导，帮助下级法院行政审判庭研究问题总结和推广先进经验，提高审判水平。通过调查研究，总结经验，使工作不断创新。

全省各级人民法院在党的领导、人大的监督和政府的支持下，努力工作，为保障社会稳定，促进国民经济持续、稳定、协调发展，把行政审判工作搞得更好。

以上汇报，请予审议。

河南省高级人民法院关于全省法院执行工作的报告

——1992年2月20日在省七届人大常委会第二十六次会议上

河南省高级人民法院副院长　李道民

主任、各位副主任、各位委员：

根据1991年11月1日省人大常委会主任会议意见，我受河南省高级人民法院院长郑增茂的委托，向常委会报告全省法院执行工作的情况，请予审议。

一、全省的执行工作有了较大发展

执行工作是审判工作的重要组成部分，关系到国家法律的尊严和当事人的合法权益能否得以实现。近几年来，我省各级法院在党委的领导和人大及其常委会的监督下，在有关部门的支持和配合下，积极开展执行工作，取得了一定成绩，主要是：

1. 普遍设立了执行机构。1987年以前，全省多数法院没有执行庭，有的连专职执行人员也没有，严重影响了生效法律文书的执行，使一些合法权益得不到保障的当事人拿着法律文书到处告状，严重损害了法律的尊严和人民法院的形象。在这种情况下，省法院于1989、1990年先后召开了全省执行工作座谈会和全省执行工作会议，研究解决执行机构和执行工作中亟待解决的一些问题。经过几年的努力，全省176个法院已有168个法院建立了执行庭，占全省法院总数的95.5%，没有成立执行庭的法院，也设立了执行工作指导小组或配备了专职执行人员。

2. 执行了一大批案件。几年来，全省各级法院在执行工作人员少、装备差、任务重的情况下，排除干扰和阻力克服重重困难，积极慎重地执行了一大批案件。据不完全统计，自1987年以来，全省各级法院共执行经济、民事、行政、刑事附带民事和行政机关申请法院执行的案件近30万件，执行标的额达17.4亿元。同时，还及时办理了一大批外地法院委托执行和要求协助执行事项。据统计，自1985年至1990年6月间，全省各级法院按照《中华人民共和国民事诉讼法》(试行)的有关规定，办理了外地法院委托执行和要求协助执行事项3.4万件，其中按法定时间完成的占委托事项的98.6%。由于一大批进入执行程序的案件得以执行，不仅切实地保护了当事人的合法权益，维护了法律的尊严，而且也为我省的社会安定和经济建设起到了积极的促进作用。

3. 制定了一些规章制度。为了使执行工作制度化、规范化，各地法院在调查研究的基础上，先后制订了一些行之有效的规章制度，如《执行工作细则》、《执行卷宗装订顺序》、《执行案件文书样式》、《执行工作人员守则》、《请示汇报制度》，为了搞好兄弟省、市法院委托协助工作，省法院还制定了《关于办理委托协助执行的规定》。这些制度的建立和执行，端正了执行作风，提高了执行水平，扩大了执行效果，保证了执行工作的顺利进行。

4. 进行广泛的宣传。由于历史的原因，不少人对法院开展执行工作的意义、程序和手段，特别是强制执行措施，认识和了解不够，因而对法院执行工作支持、协助、配合不够，有的甚至抵触、设置障碍。针对这种情况，各地法院积极开展法制宣传工作。一方面对案件当事人讲解执行生效法律文书的意义，宣传拒不执行和拒不协助执行生效法律文书的法律后果，提高案件当事人的执行意识，促使其自觉履行生效法律文书。另一方面利用广播电台、电视台、报刊、杂志等宣传媒介，对执行工作的内容、程序、方法、执行工作在社会主义经济建设和维护社会秩序等方面的地位、作用等，进行大力宣传，努力提高人民群众的法制观念，为执行工作的顺利开展创造良好的社会环境。获嘉县法院，在执行案件前，常常先撰写好执行宣传材料，由广播站向全县播出。对一些重大或难执行的案件，他们在执行时，开动宣传车巡回宣传。对采取强制措施的案件，宣传车往往一直开到执行现场，反复播讲强制执行的有关规定，取得了广大群众的支持。

5. 总结推广了典型经验。由于执行工作开展时间较短，加之这方面的法律法规尚不健全，因而执行工作难度很大，问题很多。为了推动执行工作的顺利发展，全省各级法院一方面大胆实践，积极开展执行工作，不断摸索开创执行工作的局面，一方面认真进行调查研究，探讨、总结执行工作中的问题和经验。省法院于1989年和1990年专门对全省法院执行工作中遇到的问题、困难进行了比较系统的分析和研究，并及时总结推广了一些比较好的经验。如孟津县等法院争取党委、人大的重视和支持，帮助法院解决执行难的经验；南阳县法院加强执行工作规范化建设的经验，嵩县等法院加强说服教育、法制宣传工作，促使当事人自觉履行义务的经验；洛阳市等中级法院建立“执行协作区”的经验等。1991年，郑州市中级法院发起并组织召开了《全国省会中级法院执行工作研讨会》，全国人大、最高人民法院、中国法学会、部分高等院校应邀出席了这次会议。教授、学者同实际工作的同志一起重点讨论了“执行难”的问题。会上，大家对加强和提高执行工作提出了许多好的建议。通过对执行工作经验的交流、总结和推广，有效地促进了我省执行工作的顺利开展。

二、执行工作存在的主要问题

全省的执行工作虽然在十分困难的条件下取得了较大进展，但由于执行工作是人民法院的一项新任务，不仅法院干警要有一个适应和熟悉的过程，而且社会各界也有一个认识、理解和接受的过程。在这个转变过程中，必然会遇到许多矛盾和问题。当前，社会舆论强烈、呼声较高的“执行难”问题，就是各种矛盾和问题的集中反映。主要表现在以下几个方面：

1. 执行意识淡薄。这是一个普遍性的问题，是造成执行难的思想根源。这个问题不仅在社会上严重存在，在法院内部也有程度不同的反映。有的法院在审判任务重、人员少的压力下，顾此失彼，认为目前连案件审都审不完，哪有力量搞执行？产生了“重审轻执”的倾向，致使许多已生效的法律文书长期得不到执行，导致一些当事人到处上访，说法院的判决是“白判”，法院的调解是“空调”。个别的甚至采取过激言行，影响了社会安定。这种情况，已引起了各级法院和有关部门的重视，正在采取多项措施加以克服。

社会上存在的执行意识淡薄问题更为突出，不仅对开展执行工作妨碍极大，而且严重威胁到人民法院执行工作人员的人身安全。有的乡干部说：“我不管什么法不法，也不管法院怎么强制，反正在我的地盘，执行的财产弄不走。”甚至有的基层干部公然组织群众围攻法院执行人员，阻挠执行工作的进行。有的义务人对生效法律文书能拖则拖，能躲则躲，实在躲不开的就摆出“要钱没有，要命一条”的架势，公然抗拒执行。少数被执行人封建主义思想作怪，依仗“家族大”、“人口多”、“势力强”、“后台硬”等，煽动不明真象的群众起哄闹事，甚至谩骂、围攻、殴打执行人员。如1990年，南阳市法院到项城县南屯乡司小庄执行司增郎拖欠银行贷款一案时，司煽动、纠集20多名家族成员，手持土枪、九节鞭、匕首等凶器，对法院干警谩骂、围攻、殴打达3个小时之久。他们抢走执行人员警帽、警棍和枪支，放掉警车汽油，并把干警携带钱物洗劫一空。又如去年下半

，河北省成安县法院和我省驻马店市法院同志先后到项城县食品公司执行案件时，该公司经理曹兴威竟然先后两次组织工人围攻殴打执行干警，抢走了1支手枪和1辆被扣押的汽车，打伤干警3人，砸坏警车1辆。抢走了执行法律文书和卷宗。目前，此案正在查处之中。据不完全统计，1991年全省发生116次292名执行干警被围攻事件，有30多名干警被打伤，数辆执行车被砸，造成巨大经济损失。这类事件的发生，严重妨碍了案件的执行，破坏了人民法院的正常工作秩序，损害了社会主义法制的尊严，在社会上造成了极坏的影响。因此，必须引起社会各界的重视。

2. 一些单位和个人存在地方保护主义，严重干扰和阻碍了执行工作的正常开展。一是一些法院的个别承办人有偏袒本地当事人现象，对不利本地当事人或本地经济利益的案件久拖不执。对外地法院委托或要求协助执行的案件，如果不利于本地当事人，就不积极协助执行，有的甚至寻找借口，设置障碍，阻碍执行。如平顶山市矿业公司为了阻挠湖南益阳地区中级法院来本省执行案件，贿赂新华区法院个别人，制造假案，擅自解封和处理益阳地区中级法院已冻结查封的存款和财产。湖南益阳的当事人，为了执行生效的判决，维护自己的合法权益，多次来河

南、赴北京向最高法院和全国人大反映。最后发展到向河南公安机关申请来500人到郑州游行示威，要求维护法律的尊严，新华区法院个别人制造假案的违法行为在社会上造成了极坏的影响。目前，此案正在查处之中，有关人员已被逮捕。二是一些地方的党政领导有地方保护主义，他们抱着“肥水不能外流”的观念，对涉及本辖区以外的执行案件，如果不利于本地利益，不仅不重视，不支持，还向法院施加压力。有的地方还制定土政策，干扰执行工作。如有的地方规定，外地法院到该地执行案件，要查询银行的存款，必须经当地法院批准；有的地方规定办理偿还外地财产案件必须经当地有关部门或某领导批准；有的地方甚至动用司法机关，以被执行人构成“经济犯罪”为由，阻碍法院执行；有的地方以保护当地企业或居民利益为借口，阻挠法院执行。三是一些单位、组织，无视法律的尊严和统一，从本部门、本地区的利益出发，对偿还外地财产的案件不积极配合协助，甚至串通被执行人规避法律，个别单位甚至公然干预执行，如某县执法机关竟然违背法律规定，将法院扣押的财产转移，阻碍法院执行。还有的银行，接到法院的协助通知书后不按有关文件法律办事，对该冻结的帐户不冻结，该扣划的不扣划，甚至帮助当事人提走法院已冻结的存款。

此外，诸如把贷款、货款挥霍一空的四无皮包公司案件，一些企业严重亏损、资不抵债的案件，有的公司被清理后主管单位不负清偿债务责任的案件，以及涉及军队、社会福利单位的案件；前几年党、政机关开办的公司，队办、乡办企业的案件等，法院判决后都很难执行。行政机关申请执行的土地纠纷、房屋拆迁、计划生育案件，也都很难执行。有的很容易发生械斗、集体上访，给社会治安带来不安定因素。

3. 有关执行工作的法律法规不够完善，给执行工作的顺利开展造成了一定困难。近年来，国家和地方颁布了许多法律法规，其中有相当一部分涉及到人民法院的执行工作，但大都是一带而过，规定的非常笼统，工作起来很难掌握。如本省颁布的《计划生育条例》第52条规定，“当事人对行政处罚决定不服的……逾期不申请复议，不起诉又不履行的，由做出处罚决定的行政机关申请人民法院强制执行。”但该条例对人民法院具体执行案件的程序、方法、手段、要求及执行的内容、范围等未作任何具体规定，这就使法院在执行这类案件时无所遵循、无从下手，给执行工作带来一定难度。新颁布的民事诉讼法虽充实了一些执行内容，但对某些问题的规定，仍然显得笼统、原则，实际工作中，仍有不少问题难以解决。

4. 执行工作任务重与人员不足的矛盾日益突出。本省地处全国交通枢纽，又是全国的人口大省。随着改革开放的深入，经济建设的发展，社会主义法制的不断完善和人民群众法制观念的不断增强，诉讼到人民法院的各类经济、民事、行政、刑事附带民事等案件还将大量增加。在这些案件中，绝大部分要依法进入执行程序。从1991年的情况看，全省各级法院共审结各类案件212889件，其中具有执行内容的各类案件达182304件，除当事人自觉履行的以外需依法进入执行程序的多达12.8万件。同时，人民法院还要执行大量的公安、工商、税务、环保、土地管理、计划生育等行政裁决和大量的仲裁裁决、公证机关制作的具有强制执行效力的债权文书等。按照《中华人民共和国民事诉讼法》规定，还有大量的人民法院依法发出的支付令需要执行。据不完全统计，自新民事诉讼法实施以来，全省各地法院共发出支付令近3万件，其中有很大一部分需要进入执行程序。目前，全省法院的执行任务是非常艰巨的。虽然全省不少法院执行干警“吃饭啃干馍、喝水对着河、睡觉躺在车”，风餐露宿，超负荷地昼夜苦干。甚至许多同志长期带病工作，但仍适应不了日益增多的执行任务的需要。据不完全统计，截止1991年底，全省各级法院仍有5.7万件案子没有执行，涉及标的额达6亿元。其中在外省的就有652件，标的数额5063.83万元执行不了，(这仅仅是进入执行程序的不完全统计的数字。而在业务庭的更多)，给各级法院造成了很大压力；而且，大量矛盾留在社会上得不到解决，对社会的安定形成了潜在的威胁，影响了本省经济建设的顺利进行。有的案件由于得不到及时执行，造成矛盾激化，引发恶性刑事案件，如方城县燕怀德故意杀人一案。1987年3月18日燕怀德将一头牛卖给郑××丈夫岳××，后岳××突然病故，燕怀德因向郑××索要卖牛款未果，起诉到法院，经调解，双方达成一个月内还款协议，但到期后郑××迟迟不还，燕怀德为此怀恨在心，持刀照郑××头上连砍数刀致其死亡，造成严重的后果。

从执行力量上看，又与执行工作的任务形成了很大反差，力量弱与任务重的矛盾非常突出。一是人员少，目前，全省各级法院从事执行工作的人员有882人，仅占全省法院干警总数的5.8%，根本无法适应每年都在成倍递增的执行任务。二是机构不健全。由于建立执行庭没有编制，组建执行庭只能在法院内部挖潜。但在法院各项审判工作全线紧张的情况下，人员很难调配。一些基层法院和中级法院因为人力紧张无法建立执行庭，还有的虽然设立了执行庭，但只有牌子没有人员，或者人员太少，无法适应工作。

5. 执行装备差。执行工作的性质和特点决定了要做好这项工作就必须有相当数量和质量的装备。但从本省的情况看，各级法院的执行装备普遍较差，绝大部分法院，特别是基层法院没有专用的执行车辆，没有必需的通讯设备，甚至连获取原始证据、记录现场执行情况的照像机、录音机都没有。不少基层法院反映我们的干警骑自行车或步行找被执行人，而一些被执行人却坐小轿车或骑摩托车逃避。由于缺乏执行车辆，在执行经济纠纷案件和财产案件时，法院只好雇车、雇人去拉扣押物品。一些法院因为缺乏必要的通讯设备，在遇到突发事件时不能及时和法院及有关单位取得联系，致使事态不能得到及时控制和处理。

6. 法院部分执行人员业务素质低，工作方法简单，执法水平有待进一步提高。执行工作涉及刑事、民事、行政、经济审判和公证、仲裁及国家行政管理等多项业务，是一项综合性业务工作，涉及到社会各方面，这就要求执行人员不仅要具备较强的法律专业知识、较高的政策水平，而且还要具备较丰富的社会经验和能在复杂的环境下做好工作的能力。从本省情况看，由于执行力量簿弱、任务太重，执行人员没有时间和精力学习众多的法律、法规和有关政策，加上执行队伍建立的时间较短，许多执行人员对业务还不够熟悉，工作还不顺手。有的同志热情很高，干劲很大，但执行案件时方法过于简单，遇到复杂情况和疑难案件时，不善于主动依靠党委、人大及其他组织解决问题，不善于协调与各方面的关系。还有的法院片面追求执行率，不重视执行的社会效果，使用强制措施不慎重，有的甚至滥用强制措施，把适用强制措施作为执行案件的主要手段。极个别法院不管当事人是否有妨碍民事诉讼的行为，没钱就抓人，以抓人代替执行，以扣押人质代替艰苦细致的执行工作，个别的甚至殴打当事人，严重损害了人民法院的威信，造成了极坏的影响。对上述情况，我们已责成有关部门严肃查处，要求全省法院坚决杜绝类似事件的发生。

三、关于加强执行工作的意见

根据全省执行工作的现状，为了进一步加强执行工作，力争在较短的时间内改变被动局面，省法院对今后一个时期的执行工作认真地进行了研究，决定采取以下措施：

1. 进一步加强领导，提高对执行工作重要性的认识。各级法院，特别是各级法院的领导同志，一定要把执行工作提到严肃执法的高度来认识，切实把执行工作列入领导议事日程，作为今年的一个工作重点抓紧抓好。要组织执行干警进一步学习民事诉讼法关于执行的规定，使干警真正树立起“审执并重”，全面执法的观念；各级法院的审委会要经常研究，掌握执行工作的情况，切实解决执行工作中的问题。上级法院要经常深入下级法院，特别是基层法院，指导、协调、督促检查执行工作的进展情况，支持和帮助下级法院坚持抵制地方保护主义的干扰，推动执行工作向前发展。

2. 狠抓执行队伍建设，努力改善执行工作条件。第一，要建立健全执行机构，充实加强执行力量。尚未成立执行庭的法院，要按照民诉法的规定尽快建立执行庭。已经建立了执行庭的法院，要克服困难，做好内部力量的挖潜和调整工作，使执行力量适应实际需要。第二，要采取多种形式，努力提高执行人员的业务素质。1992年度省法院拟举办执行干部培训班，对全省法院的部分执行人员进行一次系统的业务培训，有条件的中级法院也可采取举办培训班、以会代训等多种方法对执行人员进行业务培训。第三，要教育干警树立全心全意为人民服务、为改革开放服务、为国家经济建设服务的思想，增强廉政意识，提高拒腐防变能力。要严肃执法、文明执法，同时，还要善于执法，不断提高执法水平。严禁滥用强制措施，严禁乱抓人和打、骂、侮辱被执行人。对违法乱纪、执法犯法的，要严肃处理，决不迁就。第四，努力改善执行工作条件，力争在较短的时间内给执行庭配上必需的执行车、通讯器材、照相机、录音机等设备。

3. 集中时间、集中力量、集中执行，清理执行积案，扭转执行工作的被动局面。1992年度，各级法院都要根据本地情况，狠抓一下执行工作。首先，要摸清执行案件的底数，对执行案件的情况进行认真的分析研究，制订出切实可行的执行工作计划，向党委、人大汇报，向政府反映情况，取得他们的领导和支持。特别对那些强制执行可能给生产和社会秩序带来严重影响或容易发生意外事件的执行案件，应当及时报告党委、人大、政府，听取他们的意见，取得领导部门的重视和支持。对本地、市跨县、区的执行案件，由各中级法院协调组织、集中力量突击执行；省内跨市、地的执行案件，由省法院组织协调，抽调各地力量突击执行；涉及外省、市的案件，由省法院统一组织，从各地抽调力量，依靠当地法院协助执行。各级法院一定要把异地执行作为执行工作的重点，认真做好协助执行工作。决不能对不履行判决、裁定确定义务的当事人听之任之，以维护法律的尊严和法院的权威。

4. 坚决抵制和克服地方保护主义。各级人民法院都必须坚决执行宪法和法律，维护国家的整体利益，维护国家法制的统一。每个法院都要从自身做起，一视同仁地对待当事人，公正地保护他们的合法权益。对外地委托执行或要求协助执行的，要大力支持，积极配合，严禁设置障碍，从中作梗，也不准搞“对等原则”或以有无协作划范围，以充分发挥人民法院的整体优势，增强人民群众对社会主义法制的信赖和信心。

5. 正确执行民事诉讼法，提高执行的效率和效果。各地人民法院在执行工作中，要严格依照民事诉讼法办事，要坚持说服教育与依法强制执行相结合。对当事人要做好法制宣传和思想工作，教育当事人端正履行态度，自觉地履行法律文书确定的义务，对有能力履行而拒不履行的，要正确依法适用强制措施，但不能简单从事，不能以抓人代替执行，要兼顾执行的经济效果与社会效果，维护社会的安定，保障经济建设的顺利进行。对围攻、殴打、谩骂执行人员，严重妨碍依法执行职务，构成犯罪的，依照刑法有关规定追究当事人的刑事责任。

6. 要大力开展对执行工作的调查研究，努力探索执行工作的新路子。全省各级法院要大力加强对执行工作的调查和研究。今年第一季度，省法院要组织召开一次执行工作座谈会，对执行工作的方法、内容、程序、“执行难”的原因和对策等进行深入、系统、全面的分析、研究。在此基础上，制定、完善执行工作的有关规章制度。今后，高、中级法院要注意总结推广各地执行工作的成功经验，正确指导全省法院的执行工作的开展，努力使我省各级法院的执行工作逐步走上制度化、正规化的轨道。

此外，要大力加强对执行工作的宣传教育。要利用广播电台、电视台、报刊杂志等新闻媒介，宣传民事诉讼法关于执行程序的规定和执行工作的重要意义及作用，提高干部、群众和社会各界的执行意识和法制观念，使执行人民法院的法律文书成为当事人的自觉行动，为人民法院的执行工作创造一个良好的社会环境。

充分发挥审判职能作用
积极为搞好国营大中型企业服务

——1992年10月7日在湖北省第七届人民代表大会常务委员会第二十九次会议上

湖北省高级人民法院副院长　樊后钧

主任、各位副主任、各位委员：

我受李其凡院长的委托，向省人大常委会报告全省法院关于《充分发挥审判职能作用，积极为搞好国营大中型企业服务》的问题。

今年以来，全省各级人民法院把为搞好国营大中型企业服务，作为法院工作的重点来抓，充分发挥审判的职能作用，不断拓宽为国营大中型企业服务的渠道，为保证国营大中型企业的正常生产和经营，提供了较好的法律保障，取得了较好的社会效果。

一

今年元月至7月，全省法院共受理各类经济纠纷案件15872件，比去年同期13319件上升19.2%；审结12329件，结案率为77.67%，结案数比去年同期的10106件上升22%；结案标的额计43684万元，比去年同期的33038万元上升32.2%。从全省法院审理的经济纠纷案件的情况看，以往一直影响企业正常生产、经营的购销合同纠纷和借款合同纠纷，仍然占有较大的比例。随着经济体制改革的逐步深入，国营企业逐步转换经营机制，一些新类型的经济纠纷时有发生。今年元月至8月，全省法院受理债券、票据纠纷案件27件，结案标的额达2049万元。随着我国对外开放的重点逐步从沿海发展到长江沿岸地区，本省对外开放的步伐大大加快，与外商的经济交往增加，因而涉外经济纠纷案件也有较大幅度的增加。至7月底止，全省法院已受理涉外经济纠纷案件45件，结案标的额231万元。分别比去年同期上升400%和113%。企业破产案件涉及的情况比较复杂。今年以来，全省不少法院，如沙市、宜昌、十堰等地法院，对企业破产案件的审理进行了偿试，到7月底，全省法院共受理破产案件43件，破产财产金额达1735万元。

经济纠纷案件审结后执行难的问题，是

影响当事人合法权益得以实现的一个“老大难”问题。元月至7月，全省法院共有财产执行内容的经济纠纷案件12416件。今年以来，全省各级法院把执行工作摆上了法院工作的议事日程，全省法院相继成立了执行庭，充实了力量，主要领导亲自抓，在全省或部分地区适时开展了集中执行，“执行难”的状况在很大程度上得到了缓解。案件的执行率有了较大的提高。到7月底止，全省法院已执行或部分执行经济纠纷案件6183件，执行标的额达11236万元。

全省各级人民法院通过上述审判活动，发挥了为搞好国营大中型企业保架护航的作用，取得了比较显著的社会效果。

第一，通过审判和执行，为国营大中型企业挽回了大量的经济损失，使大批因债权不能实现造成资金严重短缺、生产和经营活动无法正常开展的企业走出了困境，增强了活力。据枝城市法院统计，在今年元月至7月，就为市内企业收回资金210多万元，使一批企业摆脱了困境。湖北沙市日用化工总厂本是一家生气勃勃的企业，近年来由于大量外欠货款收不回，生产受到了严重影响。1990年以来，仅湖南省澧县食杂果品公司一家就欠沙市日化总厂货款150余万元，拒不偿付。今年8月，日化总厂在无法收回货款的情况下，向沙市市中级人民法院提起诉讼。沙市市中级人民法院经过审理，依照民事诉讼法的有关规定，迅速作出裁定，对湖南澧县食杂果品公司在银行的存款予以冻结，并及时组成合议庭到被告所在地开展工作。经过3次召开调解会，7次做双方当事人的工作，终于达成还款协议。在执行过程中，尽管有少数不明真相的群众对办案人员进行围攻，有两名办案人员还遭到殴打，但沙市市中级法院干警仍然坚持做耐心细致的工作，被告以部分资金和部分物资偿清了沙市日化总厂的债务，一起百万元大案，几天之内便得到了圆满解决。

第二，为一大批企业解决了纠纷，理顺了关系，使一些企业从无休止的纠葛中解脱出来，放开手脚发展生产，搞活经营。今年上半年，审理企业租赁、承包经营和联营合同纠纷案件470多件，涉讼标的额达900余万元。1988年黄石市医药公司同某部队签订联营协议，双方合资经营黄石市医用器材厂。由于合同部分条款不合理，双方在经营中亏损，对方未从联营中获得利益，便拉闸断电，使联营厂停产，因而形成纠纷。两个互相协作的单位成了互相扯皮，互相限制的对手，不仅使双方的投资因停产造成的损失日益增大，同时也因纠纷牵扯了双方大量精力，消耗了人力物力。黄石市中级人民法院受理此案后，依法作出了判决，解除了联营合同，并对有关事宜作了妥善处理，使双方从争吵中解脱出来，各自恢复了正常的生产。

第三，通过对一些因产品质量引起的纠纷和企业破产案件的审判，促进了企业增强竞争意识，为国营企业转换经营机制，起到了积极的作用。长期以来，国营企业无论生产、经营状况如何，企业职工都是工资照发，奖金照拿。一些经营管理差，亏损严重的企业“死”不了，那些经营管理好的企业“活不壮”。现在，通过诉讼的程序，宣告一些企业破产，这样，生产、经营不景气或严重亏损的企业产生了忧虑意识。宜昌市峡江造纸厂曾是湖北省造纸行业重点企业之一。近几年由于内部管理混乱，产品质量低劣，造成生产上不去，货款收不回。到今年6月，经审计已资不抵债达130余万元。该厂向宜昌市中级人民法院提出破产申请后，法院及时投入力量进行审理并于申请的当月依法宣告该厂破产。在此之前，宜昌市中级人民法院还宣告一家大型集体企业破产。这两起破产案件，在宜昌市企业界产生了较大的震动。宜昌市造纸厂厂长范东辉说，这些厂破产的事实给我们敲响了警钟，使我们增强了市场竞争意识和企业管理意识。破产企业的职工有的被安置到新的工作岗位后表示：我们已破了一次产，现在有了新的工作一定要好好干，再也不能破产了。

此外，全省法院在审理经济纠纷案件中，结合实际，开展法律咨询和司法建议，帮助企业立章建制和提供法律帮助，使一些企业在经营决策和经济交往中，尽可能地减少失误，这一措施取得了较好的社会效果。

二

全省法院运用审判职能为国营大中型企业服务的工作，主要有以下几点体会和做法：

（一）明确指导思想，增强为国营大中型企业服务的观念。全省各级人民法院通过学习江泽民、李鹏同志在中央工作会议上的讲话，进一步提高认识，强化服务意识，把为搞好国营大中型企业提供有效的法律保障和法律服务，作为人民法院工作重点。在审判工作中，坚持对有利于发展生产，有利于提高效益的行为，依法予以保护和支持；对不利于发展生产，不利于提高效益的行为，依法予以约束和限制；对于破坏企业生产、阻碍效益提高的行为，依法予以制裁和打击。在审判方式上，切实转变审判作风，坚持办案服务与案外服务相结合，庭上服务与上门服务相结合，为国营大中型企业的发展，创造良好的法律环境。

今年以来，全省各级法院采取走出去，请进来的办法，加强对国营大中型企业进行调查研究，了解企业生产、经营中出现的债权债务和存在的问题，如武汉、襄樊、宜昌、黄石、沙市等地法院领导深入到所在地的大中型企业，倾听企业呼声，共商服务大计，有针对性地制订服务措施，省法院在调查研究的基础上，制订了《关于为搞好国营大中型企业提供法律保障和法律服务的意见》，为全省法院积极参与搞活大中型企业明确了服务方向。

为了把为国营大中型企业服务工作落实到实处，全省不少法院在一些骨干企业建立了法律服务联系点，服务工作任务要求明确，人员到位，时间落实。如襄樊市所属十二个基层法院在396个企业设置了司法联络员430名。在建点服务中，各地法院采取了多种服务方式，有的与联系点签订了“义务建点服务责任书”，有的建立了“经济司法联络员”。实践证明，建立联系服务点，不仅沟通了法院与企业之间的联系，而且通过这个窗口，及时发现并解决问题。如江岸区法院先后深入省国际信托投资公司、长江流域规划办公室等20多家联系点，开展法院宣传、咨询220多次，帮助清理各类合同460多份，清理资金总额近1.5亿多元。

（二）充分运用审判职能，为搞活国营大中型企业保驾护航。人民法院为搞活大中型企业服务的手段主要通过审判活动。全省各级人民法院在经济审判工作中，把坚持依法办案，保证办案质量，注重办案的社会效果作为重要问题来抓，做到在实体处理上正确，在程序上合法，在时间上及时。为保证办案质量，提高办案效率，全省各级法院坚持认真把住“四关”，即：严格审查经济法律关系，把好诉讼主体关；严格审查合同效力，把好定性关；严格审查双方履约情况和纠纷原因，明确责任，把好实体处理关；正确运用程序法和实体法，严格把住适用法律关。通过把住上述几关，积极促进经济审判工作为国营大中型企业服务走向规范化。在坚持依法办案的前提下，做到对涉及国营大中型企业经营发展的案件，采取“四个优先”：优先接待，优先受理立案，优先审理，优先执行。凡起诉到法院的案件，只要符合民事诉讼法的规定，及时立案。审理中能调解的尽快调解，调解不成的依法及时裁判，使纠纷迅速得到解决。

全省各级法院还抓紧了对大要案件的审理，保障企业尽快走出困境。沙市市中级法院自去年以来，共审结标的额在百万元以上的大要案件90余起，为企业收回资金达4789.4万元。如：铁道部第三工程局荆沙铁路运输公司诉荆门市装卸运输公司土方工程合同纠纷案，是一起涉及国家“七五”计划的重点项目，争议标的达479万多元，沙市市中级法院受理后，调查取证材料130余份，在一个多月时间内，就审结并全部执行，为企业盘活了资金，注入了经济活力。

（三）抓住服务重点，开展专项审判。近年来，“三角债”严重困挠着大、中型企业的经营发展和效益的提高，为了发挥人民法院经济审判工作的清理“三角债”上的作用，全省各级人民法院根据实际情况，加强调查分析，研究对策，采取积极措施，集中时间和集中审判力量，适时开展专项审判，取得较好的效果。如武汉市中级人民法院针对严重困扰大中型企业发展的“三角债”问题，运用经济审判手段，帮助企业清理“三角债”。武汉市市、县（区）两级法院院长亲自挂帅，成立清理“三角债”的专门班子，对企业之间的“三角债”突击进行清理、审判。审理中，根据“三角债”的特点，注重解“链”。对连环债务中的问题，依法应当追加第三人参加诉讼的，及时追加，合并审理。注重审执结合，针对债务人缺乏实际履行能力的情况，及时变通执行工作，起到了解开“一环”，松动“一链”的作用。汉阳县法院自去年以来，共审理“三角债”纠纷案217件，执行196件，为一大批企业收回资金300万元，使160家企业理顺了经济关系，34家企业减轻了经济拮据压力，14家濒临倒闭的企业恢复生机。汉川县法院针对纠纷比较集中的企业，开展巡回专项审判。1991年以来，该院巡回专项审判30余次，审理信贷纠纷、企业借款纠纷，拖欠货款和拖欠承包款纠纷案250余件，诉讼标的金额120万元。汉川县法院在审理窑新信用社借款纠纷时，发现该信用社贷款沉淀严重，企业连续亏损，为此，开展收贷专项审判，一次收回历年呆滞贷款80余万元，使该社新发放贷款的回收率达95%，被评为全国农行系统先进单位。

（四）拓宽服务渠道，搞好延伸服务，积极开展司法建议。为了使经济审判更好地为国营大中型企业服务，全省各级人民法院在充分发挥审判职能，审理各类经济纠纷案件的同时，除采取建立服务联系点外，还聘请司法联络员等多种形式，固定联系人员，定期主动上门服务，帮助国营大中型企业理顺经济法律关系，及时提供法律咨询。全省各级人民法院注意克服单纯就案办案的现象，围绕搞活企业，促进生产这一中心环节开展司法建议，对企业在经营管理中存在的问题，从法律的角度提出完善管理制度，加强经营管理，积极帮助企业建章建制，堵塞漏洞，发展生产，为企业运用法律保护自己的合法权益，做出了一定的成绩。据武汉市中级人民法院不完全统计，全市法院向企业提出司法建议1045条，其中85%以上被采纳，促进了企业依法生产经营，收到了良好的经济效益和社会效益。荆门市中级人民法院根据在审理经济纠纷案件中发现的企业签订合同时存在的问题，及时对企业给予法律指导，告诉企业在合同上订立管辖权协议条款，提醒企业注意审查主体资格，考察合同对方当事人履约能力及信誉等。以上作法受到了企业的普遍欢迎。各地法院还注意抓好“跟踪治理”环节，案件审结后坚持回访考察，进一步扩大办案效果。如武汉市洪山区法院对联系点武汉汽轮发电机厂坚持进行定期与不定期回访，针对该厂赊销汽车货款纠纷案件大量产生，无效合同较多的状况，建议今后签订类似合同一定要严格遵照合同法条款，对赊购汽车的当事人和单位要事先进行资产核查摸底，要其提供担保，保证合同兑现。此后，该厂再也没有出现因赊销汽车而发生差欠货款的纠纷。各地法院为了帮助企业提高法律水平，还派专人为企业内部培训法律顾问和法律人才，尤其是重视对法定代表人进行法律常识，特别是经济合同法和民事诉讼法知识的培训，从而提高了企业管理人员的法律素质。

（五）开展综合服务，发挥各项审判职能在为大中型企业服务中的整体作用。人民法院为国营大中型企业服务不仅仅只限于经济审判工作，而要发挥各项审判职能在服务中的整体作用，通过各项审判活动，为国营大中型企业提供高质有效的法律保障和法律服务，使服务的各项措施落到实处。一是发挥刑事审判职能，维护企业正常生产经营秩序。在刑事审判中，坚持稳、准、狠地打击各种破坏企业正常生产、经营秩序的犯罪活动，及时依法惩办重大盗窃、抢劫国家财产的刑事犯罪分子和非法侵吞国家、集体财产的贪污、贿赂等犯罪分子。二是发挥民事审判职能，维护企业正常生产秩序。正确、合法、及时地处理好与企业生产、经营相关的民事案件，特别是审理好矛盾容易激化的案件，维护国营大中型企业的安定团结。三是发挥告诉申诉工作的信息、桥梁、窗口及监督作用，全面维护企业的合法权益，认真做好企业信访接待，对属法院管辖的案件，依法及时受理，绝不推诿。四是积极开展执行工作，认真研究执行中的问题，针对不同情况，采取不同措施。对一些有发展前途的企业，因资金一时紧缺不能及时履行偿还债务的，采取变通办法，把执行与扶持有机结合起来，支持当事人之间达成执行担保、和解协议或分期付款，以物抵债等方式，积极履行，既要切实保护企业的合法权益，又要帮助企业发展生产、经营。五是精心审理行政案件，依法保护企业的合法经营活动。随着法制的不断健全，法律规定不服行政机关处罚决定的，可向人民法院起诉，人民法院精心审理行政案件，对行政机关处罚确属有误的，依法撤销处罚决定。

（六）依靠党委领导、人大监督和政府支持，密切与有关部门配合。人民法院的审判工作涉及到社会的方方面面，问题多，情况复杂，为国营大中型企业服务，单靠法院一家是不够的，需要各兄弟部门的支持与协作。为了搞好自身的审判工作，使服务卓有成效，全省各级人民法院要依靠党委的领导，自觉接受人大的监督，取得政府的支持，密切与有关部门配合，对涉及国营大中型企业的重大，疑难、有影响的案件，注意主动听取党委、人大和政府的意见。实践证明，只有在党委的领导和人大的监督及政府各部门的支持下，各项审判工作才能顺利开展，为国营大中型企业服务才能落到实处，取得成效。

三

主任、各位副主任、各位委员：

近年来，我们在为国营大中型企业服务方面做了一些工作，但也存在一些问题。主要是，有的审判干部主动服务的意识还不够强，等案上门，就案办案的现象依然存在；有的案件审理不够及时，少数案件的办案质量不高；执行工作虽然尽了很大努力，但案件的执行率还有待进一步提高；办案力量与任务严重不相适应的矛盾突出，在一定程度上影响了办案的质量和效率。我们打算今后重点抓好以下几个方面的工作。一是全省法院干警要认真学习和深刻领会邓小平同志南巡重要谈话精神，增强加快改革开放意识，进一步解放思想，更新观念，使人民法院的各项审判工作始终为改革开放服务，为经济建设服务，牢固树立服务意识。二是进一步统一思想，增强干警主动服务的自觉性。凡是在审判职权范围内对搞好大中型企业有利有益的事，都要积极去做。本着想企业之所想，急企业之所急，部署我们的工作，在服务的广度和深度上下功夫。三是加强与国营大中型企业的联系，搞好综合服务。全省各级法院在国营大中型企业相对集中的地方要设立为大中型企业服务的专门网点，确定专人负责。完善经济司法联系点和联络员的做法，定期到大中型企业提供法律咨询服务，继续帮助企业培训法律人才，积极开展司法建议，帮助企业完善生产、经营、管理制度，注意搞好跟踪回访。避免发生新的纠纷。四是严肃执法，提高服务质量。对涉及国营大中型企业在生产和经营中发生的各种纠纷。特别是争议标的额大，对生产发展影响大的案件，要及时立案，及时审理，及时执行，维护企业的合法权益。五是要全面执法，该运用的法律手段要综合用上。要提高办案的效率，尽量缩短案件的审理期限，使被冻结、查封、扣押的资金、物资尽早投入生产和流通。对有可能复苏的企业，尽量采取各种方式，增强活力，帮助走出困境，使其提高履约能力。六是要进一步改进审判作风，开展巡回办案及专项审理，就地解决纠纷。七是严格区分罪与非罪的界限，保护企业的合法经营活动。当前，经济交往频繁，随着改革的不断深入，经济领域中还将出现许多新情况、新问题。我们要求各级法院加强学习、加强调查研究。最高人民法院最近指出：在改革开放的新形势下，判断一种经济活动和经济行为是合法还是违法，是否构成犯罪，是否需要追究刑事责任，必须坚持“以事实为根据，以法律为准绳”的原则。同时，还要根据邓小平同志提出的“应该主要看是否有利于发展社会主义社会的生产力，是否有利于增强社会主义国家的综合国力，是否有利于提高人民的生活水平”，采取实事求是和慎重的态度。对罪与非罪的界限一时难以划清的，就不要急于处理，可以广泛征求意见，慎重分析研究，及时请示报告。对有些过去一贯表现较好，或有突出贡献，或是在生产经营、企业管理中的骨干或科技人员，确实构成犯罪，但罪行较轻，认罪态度好的，不一定非要判刑关押，可以判处缓刑或免刑，以利生产经营和科学研究工作。各级法院要把这一重要精神贯彻到为国营大中型企业服务中去，为改革开放保驾护航。

主任、各位副主任、各位委员：

国营大中型企业是国民经济的支柱和骨干力量。搞好国营大中型企业，充分发挥他的骨干作用，直接关系到我国经济的发展和社会主义制度的巩固。全省各级法院要充分发挥经济审判工作调整经济关系，维护经济秩序，促进经济发展的职能作用，积极主动地为国营大中型企业服务，为保障和促进社会主义经济建设的发展作出新贡献。

以上报告请予审议。

四川省法院贯彻实施行政诉讼法的情况报告

——1992年3月9日在四川省第七届
人大常委会第二十八次会议上

四川省高级人民法院副院长　魏　彬

主任、副主任、各位委员：

我受任凌云院长的委托，向常委会报告全省人民法院贯彻实施行政诉讼法，加强行政审判工作的情况，请予审议。

一、贯彻实施行政诉讼法一年多来的基本情况及效果

行政诉讼法的颁布实施，使我国社会主义民主和社会主义法制建设进入了一个新的阶段，它不仅使行政权的行使公开化、民主化，受到社会监督，更重要的是，法律给予了公民、法人监督行政机关行政行为，维护自己合法权益不受侵犯的民主权利，可以使滥用职权，违法渎职的行政行为依法得到纠正，促进行政管理机关勤政、廉政，加强管理，密切政府同人民群众的关系，对于改革开放、发民国民经济创造一个安定的社会环境，具有重要作用。

全省各级法院十分重视行政诉讼法的正式施行，狠抓了队伍建设，审理了一批案件。

一年多来，各级法院在经过试点、积累经验、做了大量准备工作的基础上，紧紧依靠党委的领导和人大的监督支持。继续抓了行政审判机构的建立和审判队伍的建设。全省除了4个边远偏僻山区基层法院未建立行政审判庭外，各级法院已全部建了庭，配备了行政审判干部726名，比行政诉讼法实施前增加了136名。为了提高行政审判干部的执法水平，正确审理案件，对行政审判干部普遍进行了培训。各级法院采取积极措施，受理和审结了一批案件。据统计，从行政诉讼法正式实施到1991年底，全省各级法院共受理了各类行政诉讼案件2263件，比行政诉讼法实施前增加1.57倍，经过努力，共审结了2061件，比实施前同期增加1.68倍。在案件的审理中，我们注意正确理解和把握行政诉讼法的立法思想和宗旨，通过办案较好地发挥了行政审判职能作用，把依法保护公民、法人和其他组织的合法权益同维护、监督行政机关依法行使行政职权统一起来，收到了较好的效果。

（一）行政诉讼法的实施，推进了我国的民主、法制进程，群众的民主权利意识有所提高。行政诉讼法施行至今，老百姓已由不敢告到逐步学会行使这一诉讼权利，法院受理案件的类型不断增多，已涉及到不服劳教、收审、计划生育处罚、查封扣押财物、责令停产停业、吊销许可证和执照、取消律师资格、撤销公证及认为侵犯经营自主权、非法要求履行义务、行政机关不履行法定职责等等。有的群众通过行政诉讼深有感触地说：我不在乎官司的输赢，但要行使法律赋予我的权利，看我的民主权利是否真正得到实现和保障。

（二）发挥行政审判对国家行政机关的支持和监督作用，维护了行政执法机关的权威。行政诉讼是以行政机关为特定被告的诉讼。由于行政诉讼制度建立时间不长，很多人对“民告官”还不适应，怕法院有意挑刺，官司打败了，影响今后执法的威信。人民法院根据存在的这些思想障碍，审理行政案件注意讲道理、讲法制、多协调，不就案办案，对于合法的具体行政行为坚决依法维持；对于在审理中发现具体行政行为违法或不当，不是简单一撤了之，而是从中发现问题，向行政机关提出纠正或讲清法律规定后予以撤销，讲究效果，力求做到客观公正；审理行政案件全面分析行政机关作出具体行政行为的依据、条件和环境，既要注意纠正行政机关违法行政行为，保护行政管理相对人的合法权益，又要依法驳斥原告的不正当要求，维护和支持行政机关依法行政。如江油市法院受理的张××不服计生委处罚一案，原告张××隐瞒其妻是城镇户口、公办教师、无计划怀孕已两个多月的事实，欺骗计生委发给了2胎《准生证》后被发现受到处罚，张不服向法院提起诉讼。该案是全省第一件计划生育处罚案，影响很大，法院审理时十分慎重，经过审理查明上述事实后，判决维持了江油市计生委的处罚决定。同时，对计生委在作出具体行政行为时工作上存在的问题及时提出建议，希望改正，支持了国家计生部门执行国策、法规的行政行为，同时使旁听群众受到了法制教育。经过一年多的实践，大多数行政执法机关在适应过程中，逐渐由怕当被告到积极应诉。如有的同志说：“当被告并非不光彩，也不一定败诉，关键在于执法人员是否依法办事，秉公执法。”不少行政机关主动与法院联系，研讨行政执法中有关问题，从内部理顺关系，建立和完善了行政执法、复议机构和复议制度，行政机关的管理执法活动逐步走向制度化、规范化，提高了执法水平和管理水平。

（三）积极依法受案，切实保护诉讼当事人合法权益。由于我国历史的原因和各种旧的传统观念的束缚。人们担心法院在行政机关和行政领导面前天平倾斜，“官官相护”。为了扩大影响，就案讲法，法院积极受理案件，注意保护当事人的诉权，除了法律另有规定的外，审理案件一律公开进行。在审理案件中特别注意审查原告一方的合法权益是否受到侵犯，纠正行政机关及其工作人员的违法行为。一年多来，法院审理后判决撤销行政机关处罚或处理的262件，占审结案件总数的12.72%，比实施前同期上升1.66%。如：简阳县郑××诉县公安局三岔湖灌区派出所扣证行政处罚一案，郑是个体船工，驾驶机动船为他人运条石，航运在三岔湖上，派出所以超载运输为由，令郑将船靠岸，并受三岔湖船只管理站的委托，以自己的名义作出扣押船证3个月，停止营运的处罚决定。郑××不服，诉至法院。经审理查明：依法实施水上交通安全处罚行为的机关应是各级交通管理部门的港航监督机构，三岔湖船只管理站是三岔湖水库管理局的派出机构，无委托他人行使水上交通安全管理的职权，被告也无权以自己的名义实施港监处罚。法院依法撤销其处罚决定，由公安机关赔偿了原告船只被扣期间的经济损失。此案审理后，震动很大，公安机关认真总结了经验教训，撰写了"如此行政，必然败诉"的文章，教育干警依法行政。简阳县政府和有关行政机关借此案例，理顺了三岔湖水上交通安全管理和治安管理的关系。

（四）运用行政审判手段。积极参与社会治安综合治理。搞好行政审判工作，是法院参与综合治理的重要内容。人民法院通过审判活动，慎重处理涉及多数公民利益的行政案件，对于缓解矛盾，密切政府和群众的关系，加强依法管理，维护社会安定有重要作用。法院在审判工作中，特别是对于治安、国土、城建、山林、水利、计划生育等与群众生产、生活息息相关，涉及社会稳定的案件，在抓紧办理的同时，加强了对当事人的思想疏导和法制教育工作，防止了矛盾激化。如简阳县石钟乡个人集资联办的永民预制场，股东民主选举王永安为场长。以后乡政府作出决定要该场向乡政府交纳保证金23 000元，该场未交纳。原副场长（股东）谢应等私自以预制场名义在银行贷款交了保证金，乡政府即出具证明改变了企业名称，任命谢应为场长。对此，其他股东反映强烈，认为乡政府侵犯该场的经营自主权，对立情绪很大，矛盾加剧。谢为强迫股东承认他为合法场长，便指使其兄弟身带铁锤把守场门，不准职工上班，预制场被迫停产3个月，经济损失2万余元。以王永安为代表的其他股东向区企业办公室、区公所、区委反映解决未果的情况下，表示要与谢决一高低，弄个场毁人亡。法院知道这一情况后，主动去做缓解矛盾的工作，在原告提起诉讼后，法院及时立案，抓紧审理，找三方谈话，宣传政策和法律，在查明案件事实后，进行公开审理，依法撤销了乡政府收取保证金、改变企业名称、另行任命场长、侵犯经营自主权的违法决定。宣判后乡政府很快退还了保证金，恢复了王永安场长职务，并协助该场恢复了生产，避免了一场可能发生的恶性械斗。

（五）积极开展司法建议，督促行政机关堵塞漏洞，理顺关系。各级法院审理案件，发现行政机关管理和执法方面存在的问题，还积极、主动地开展司法建议，帮助堵塞漏洞，理顺关系。据11个中级法院统计，一年多时间向行政机关提出各种司法建议300多件。达县地区中级法院审理平昌县张德乐不服税务行政处罚决定上诉案时，发现税务机关在实施行政处罚时，在程序上、适用法律上，主体资格上存在的问题，以书面形式分别向地、县税务机关提出了明确的司法建议，税务机关十分重视，对法院提出的问题，在全区税务执法人员会议上进行了研究，并提出了改进意见，收到了很好的效果。

（六）加强调查研究和指导，及时解决行政诉讼法实施过程中遇到的新情况、新问题。由于行政诉讼法的规定比较原则，实施时间不长，审判实践中遇到很多问题需要及时给予明确。针对这种情况，各地法院加强了调查研究。省法院根据各地在审判实践中普遍反映出行政案件的受案范围、审查立案、适用法律法规以及诉讼第三人等方面存在的问题，先后深入到15个地、市、州和38个区、县进行调查研究，在广泛征求意见的基础上，分别制发了《关于掌握立案标准的意见》、《行政案件庭审规则》、《行政案件法律文书格式》、《行政诉讼案件立卷归档办法》，使行政审判工作在办案程序、制度方面逐步规范化。省法院还会同省国土局就土地行政案件方面行政执法和行政审判的衔接关系进行调查研究，针对存在的问题，提出了解决意见，共同下发文件，使土地方面的行政执法、行政审判在一些问题的认识上和作法上有所遵从。对一些尚无明文法规规定而实践中出现的问题，我们采取积极慎重的态度，从有利于改革和经济建设出发，实事求是地给以处理。如攀枝花市周茂兰诉市政府一案。攀枝花市人民政府为解决扩建金江火车站所需资金，按自愿原则，发文向全市职工进行无息借款，并委托职工所在单位负责集中收交。周茂兰自行交款后不服，以市人民政府违法要求公民履行义务向法院提起诉讼。法院对周的诉讼是否属于行政诉讼一时拿不稳。经调查了解，其他市也有类似情况，如何处理这一问题，应持慎重态度。经反复研究认为，市政府集资扩建火车站是动员性质，坚持自愿原则。周茂兰自行交款后又反悔，可以要求退还借款，但以市政府违法要求公民履行义务提起行政诉讼没有法律依据，不属法院受案范围，人民法院应裁定不予受理。同时在审理中发现，市政府的决定之所以引起少数职工的议论，主要是宣传工作做得不够深入广泛，一些具体作法和审批程序不够完善。应建议市政府完备手续，加强宣传工作。以上意见经请示最高法院同意，对周茂兰的起诉，裁定不予受理。原告服判，使这一影响较大，社会关注的案件得到妥善处理。

一年多来实施行政诉讼法的实践证明，行政诉讼法的制定实施，是符合我国实际情况的，社会效果是明显的。国家行政管理权力有所加强，行政执法部门同法院的关系加深了，老百姓的民主、权利意识也有所增强，逐步开始消除“民怕告官”的畏惧心理，调动了人民群众参与国家管理的积极性。

二、存在的主要问题和今后工作的意见

我省行政诉讼活动的开展，虽然取得了初步的成绩，已经有了一个良好的开端，但是存在的问题和面临的困难也不少，今后仍需不懈努力。

总体上看对行政诉讼法宣传的深度和广度还不够，思想认识跟不上，工作发展不平衡。主要表现在：一是仍有相当数量的群众和单位不知道或不懂得通过行政诉讼渠道来保护自己的合法权益，一些单位和个人认为“民告官赢了官司高兴一阵子，却要痛苦一辈子”，因而不愿告，或者告了又后悔而撤诉。从全省审结的行政案件来看，提出撤诉的案件占审结总数的40%以上。从受理案件的地域来看，全省法院受理的行政案件、城镇的多、边远山区、农村的少。二是有的行政机关领导及其工作人员，对实施行政诉讼法的重要意义仍然认识不足，存在抵触情绪，害怕当被告，在诉讼中不出庭应诉，不举证的现象时有发生；有的案件，法院撤销了行政机关的错误处理决定，要其重新作出处理而思想抵触不予处理，致使相对人到处申诉。三是个别地方的行政领导对行政审判进行不当干预，如有的地方规定法院受理行政案件要经过某单位领导同意，否则法院不能立案审理；有的行政机关工作人员对相对人进行威胁，说什么你要是不服去告状，你总有一天会落到我们手里，到时你才知道厉害等等。因此，使有的公民、法人或一些单位不敢行使自己的诉权。四是被委托和临时执法机关急需整顿理顺关系。

从法院行政审判工作看，审判干部队伍的数量和质量不适应繁重的行政审判工作担负的任务。目前中级法院、基层法院行政审判庭不能组成合议庭的占一定比例，行政审判涉及面广、法规多，审判人员的素质远远不能适应行政审判工作任务的需要。

行政执法水平有待进一步提高。从法院15个月中已审结的案件看，判决撤销行政机关行政行为的262件，占审结案件的12.72%，比行政诉讼法实施前同期上升了1.66%。而判决维持的561件，占审结案件的27.23%，比实施前同期下降了13.87%。从撤销的案件分析，其质量不高的主要情况：一是乡政府的执法水平不高。法院撤销的案件中，其主体是乡、(镇)政府的占多数，甚至有的地方乡、(镇)政府被诉案100%或80%以上败诉。如大足县法院受理的4件乡政府被诉案，全部败诉。綦江县法院受理10件乡政府被诉案，败诉的9件（含乡政府在诉讼中自已发现有错而主动改变处理决定的在内)。二是因主体不合格被撤销的占了相当比例，主要是委托关系混乱。突出表现在治安室的行政行为受谁委托，由谁来承担责任，各地说法不一，给诉讼带来困难。有的称某某乡治安室、有的挂牌某某派出所治安室。有的治安室越权行使职权，甚至违法乱纪，一旦被诉必然败诉；临时性机构代行行政职权的现象依然存在，如有的一个县设的临时性机构就有72个，有的地方搞突击联合大检查，不分职责，共同盖章对相对人进行处罚，导致主体不合格而败诉。三是适用法律法规混乱，不少的败诉案件反映出行政机关在适用法律上的随意性或仍习惯按行政手段办事。故而因适用法律或法规不当而败诉。

此外，某些法律、法规规定不完善或不配套，给工作带来困难。有的法律制定出来多年，长期没有实施细则，有的法律规定，行政部门既是行政管理机构，又可以是经济实体，如酒类专卖、盐业专卖、烟草专卖等，既是局长，又是总公司经理，难免执法偏袒，引起争议。

这些问题应当引起重视和加以改进。

为了进一步搞好行政诉讼法的贯彻实施，针对以上问题，今后仍需继续深入广泛地宣传和学习行政诉讼法，使行政诉讼制度真正深入人心，使广大群众懂得和善于通过行政诉讼法保护自己的合法权益；同时也使国家行政机关和工作人员懂得既是管理者，又是守法人，必须自觉依法行政，减少和克服违法和不当行政行为；进一步理顺执法主体，加强对乡（镇）执法人员的培训，提高执法水平。

各级人民法院将进一步加强对行政审判的领导和队伍建设、业务建设，进一步提高认识，克服畏难情绪，坚持严格依法办案，秉公执法；加强对行政审判骨干和新进行政审判干部培训，提高政治、业务素质，确保办案质量；并通过审判活动进一步开展行政诉讼法的宣传，参与综合治理，加强调查研究，总结审理各类行政案件的经验；对审判中发现的问题要及时向党委、人大请求报告；主动接受人大的监督，接受人民群众和有关部门的监督，确保严肃执法。

主任、副主任、各位委员：行政诉讼法的贯彻实施，对人民法院的行政审判工作提出了更高的要求，我们决心振奋精神，在党的领导、人大的监督下，充分发挥行政审判的职能作用，为维护社会的稳定，保障经济的发展，促进廉政建设，作出新的贡献。

贵州省法院打击严重经济犯罪活动的工作报告

——1992年9月12日在贵州省第七届人大常委会第二十七次会议上

贵州省高级人民法院副院长　张林春

主任、副主任、各位委员：

现在，我将全省各级法院自去年7月以来严厉打击严重经济犯罪活动的情况和下步工作意见报告如下。

一、一年来开展打击严重经济犯罪斗争的基本情况

依法正确及时地审理经济犯罪案件，严惩严重破坏经济的犯罪分子，是人民法院为经济建设最重要、最直接的服务。一年来，全省各级法院在各级党委的领导和人大的监督下，坚持党的基本路线，落实党的中央工作会议、十三届八中全会和邓小平同志南巡时的重要谈话精神，进一步解放思想，强化服务意识，继续把深入开展打击严重经济犯罪的斗争作为一件大事来抓，运用审判职能，依法严惩各类严重破坏经济的犯罪分子，保护合法经营和企业、公民的合法权益，为保障、促进改革开放经济建设的顺利进行，推进廉政建设，作出了积极的贡献。据统计，从去年7月至今年6月，全省法院共受理经济犯罪案3085件，审结2788件，结案率为90.37%。在审结的案件中，贪污、受贿、挪用公款案960件，偷税抗税46件，投机倒把56件，诈骗公共财物114件，盗伐、滥伐林木123件，制造贩卖运输毒品141件，盗窃公物1144件，其他174件，依法判处各种刑罚的有3021人；经法院追缴赃款赃物和判处罚金、没收财产，为国家和集体挽回经济损失879.37万元。在深入开展打击严重经济犯罪的斗争中，我们主要抓了以下几项工作：

(一)坚决贯彻对严重经济犯罪分子依法从严惩处的方针

全国人大常委会自1982年作出《关于严惩严重破坏经济的罪犯的决定》，对刑法中有关经济罪犯的规定作了补充修改，提高了一些经济犯罪的法定刑；1988年又对走私罪和贪污罪贿赂罪分别作了补充规定，规定了更为严厉的刑罚，同时增设了挪用公款罪、巨额财产来源不明罪、隐瞒境外存款不报罪等新罪名，从立法上体现了对经济犯罪从严惩处的精神。全省各级法院坚决执行全国人大常委会的《决定》、《补充规定》和有关法律规定，对严重破坏经济的犯罪分子坚持依法从严惩处的方针，该重判的坚决重判，该判处死刑的坚决判处死刑。一年来，在判决发生法律效力的各类经济犯罪分子中，被判处死刑（含死缓）、无期徒刑的89人，判处五年以上有期徒刑的879人，以上共968人，占判决罪犯总数的30.24%，如原贵阳汇丰粮油议价经营部负责人夏智强，伙同他人伪造假证明和支票信汇回单，骗取贵阳市云岩区筑兴粮油公司大米24.12万公斤，价值人民币25.24万元，给国家造成重大经济损失，法院以诈骗罪判处夏智强法定最高刑无期徒刑。原贵阳市畜产品厂统计员张书晨，利用职务之便与他人勾结，伪造单据贪污公款14.16万余元；原贵州省航空工业总公司枫阳机械厂航民公司业务经理王永利，在购销业务中侵吞公款17.1万元，这两起重大贪污案已经市中级法院和省法院审理终结，以贪污罪判处张书晨、王永利死刑，报送最高人民法院复核。

（二）突出重点，切实抓好大案要案的审理

当前，经济犯罪中大要案增多，国家工作人员利用职务贪污、受贿、挪用公款的犯罪增多，犯罪数额大。在去年7月至今年6月起诉到法院的经济犯罪中，个人非法所得万元以上的案犯有353人，比上年度同期上升12.74%。其中，非法所得十万元以上的案犯有14人，为上年度同期的4.6倍；贪污、受贿、挪用公款犯罪案971件，比上年同期上升17.13%，其中，个人非法所得万元以上的有201人，非法所得十万元以上的4人，均比上年度同期上升。他们当中，有的是县处级干部犯罪，群众和社会各界极为关注。如原都匀市常委、公安局局长龙绪云，先后受收他人现金和物品计7千余元，并利用职权为行贿人谋取非法利益。原凯里化肥厂驻安顺转运站负责人盛有林、业务员谭惠夫妇2人，利用为单位采购，调运生产原煤的职务之便，共同贪污35万余元，还有40万余元的财物，盛、谭不能说明其合法来源。为抓好对这些大要案件，特别是贪污、受贿、挪用公款等的大要案件的审理，全省各级法院加强组织领导，做到分管院领导亲自抓，业务庭长直接抓，经常与检察机关联系，了解查处大要案件的进展情况，当案件起诉到法院后，安排政策、法律专业水平较高的审判人员办理；加强上级法院对下级法院的督促与指导，规定了下级法院及时向上级法院报告大要案件的审理情况和请示案件的制度，对主要事实不清，证据不足的案件，不草率处理；对定罪量刑把握不准的案件，逐级请示报告。通过依法审结一批大要案件，给罪犯以严惩，维护了党和国家的形象，提高了人民群众同经济领域内违法犯罪作斗争的积极性，教育、挽救了一批滑到犯罪边沿的干部。

（三）积极开展专项斗争，打击某些突出类型的犯罪，维护正常的经济秩序

一是开展打击偷税、抗税犯罪活动的斗争。当前，偷税、抗税与反偷税、反抗税的斗争十分激烈。在严峻的税务执法形势下，最高人民法院、最高人民检察院于今年4月发布了《关于办理偷税抗税刑事案件具体运用法律的若干问题的解释》，并于今年5月1日起正式施行，这是建国以来第一次比较系统地对偷税抗税违法犯罪问题作出的司法解释，基本上解决了当前办理涉税案件中经常遇到的问题。为了依法开展好这项斗争，省法院除与省检察院、省公安厅、省税务局联合举行了新闻发布会，对学习、宣传、执行“两高”《解释》提出具体要求；召开联席会议，结合我省实际，研究规定本省具体运用《解释》有关条款和一些急需解决的问题外，加强了对审判这类案件的指导。一年来，各地法院共审结偷税、抗税案件46件，判处偷税、抗税罪犯57人。不少法院结合公判处理偷税抗税罪犯、就案讲法、扩大教育面，促使一些企业单位、个体工商户自觉补交了税款。

二是开展打击假冒名优酒违法犯罪的斗争。本省制造、贩卖假冒名优酒的违法犯罪活动猖獗，严重地损害了全省名优酒在国际国内市场的声誉，危害后果十分严重。根据《省人民政府关于开展打击制造贩卖假冒名优酒违法犯罪活动专项斗争的通知》精神，各级法院加强了对这类犯罪活动的打击。省法院及时派出工作组，深入到遵义市、遵义县、仁怀县等制造、贩卖假名优酒较为严重的市、县，实地了解情况，作出具体部署。凡起诉到法院的这类案件，尤其是重大典型案件，依法快审重判，直至判处死刑。如原仁怀县荣禄宫酒厂贵阳经营部经理罗德明与其妻夏长琴，从1988年6月8日共制造假茅台酒41290瓶，销往广东、海南、杭州等省市，非法经营额达331.9万余元，罗、夏夫妇非法牟取暴利209.9万余元，其所制造、贩卖假

冒茅台酒的数量和犯罪金额目前在国内实属罕见，犯罪情节特别严重，该案经黔南州中级法院一审、省法院二审，以投机倒把罪判处罗德明死刑，并依照法律程序报最高法院复核；对夏长琴判处有期徒刑十五年。又如被告人陈如美、吴华支等人从浙江省贩运茅台酒的假商标，瓶盖、包装盒4800套，以及董酒商标点1万套，非法销售后获利2万余元；被告人李永锡制造假鸭溪窖酒2200瓶，非法获利11800元，这两起案件起诉到遵义县法院后，该院仅用了11天即审结，依法对上述犯罪分子从严判处了有期徒刑，并没收了赃款，判处了罚金。

三是开展声势规模较大的禁毒斗争。当前，我省毒品犯罪活动仍很猖獗。去年7月至今年6月，全省法院共受理毒品犯罪案138件338人，比上年度同期分别上升46.81%和70.71%。全省各级法院坚决执行全国人大常委会《关于禁毒的决定》，结合本省实际，有节奏地开展了禁毒专项斗争。省法院在对历年来全省审理毒品犯罪活动情况的基础上，提出了《关于当前办理毒品犯罪案件若干问题的意见》，对如何掌握死刑标准、追究刑事责任的起点数额标准，以及对贩毒共犯的处罚等问题，提出了具体明确的意见，经广泛征求意见修改后，于去年9月以省公、检、法、司正式文件联合下发，这对本省政法机关办理毒品犯罪案件，具体执行《决定》起到了指导作用；通过调查摸底，确定以贵阳市、安顺地区为重点，带动全省。去年12月24日，贵阳市召开了禁毒专项斗争宣判大会，对34名贩卖毒品罪犯进行一审宣判，大造打击和宣传发动的声势。今年元月28日，安顺地区中级人民法院召开了声势浩大的禁毒专项斗争大会，对29名毒品犯罪分子进行一审宣判，并当众烧毁了缴获的毒品。为了配合今年“6·26”国际禁毒日的宣传，在禁毒日前大张旗鼓地公判处理一批毒品案件，省法院组织了专门审判力量，集中时间和精力，快审快结二审毒品犯罪大要案件，对依照法律程序需经最高人民法院核准死刑的案件，派承办人携卷到最高法院直接汇报，以争取加快复核案件的时间。6月24日，贵阳市中级人民法院、安顺地区中级人民法院分别在贵阳市、安顺市召开了有1万余人参加的禁毒宣判大会，集中宣判了9案38人，其中，7名重大贩毒罪犯经最高人民法院核准被宣判死刑，立即执行。与此同时，毕节、遵义、黔南、黔西南、六盘水等地、市也公开宣判12案26人，狠狠打击了犯罪分子的嚣张气焰。

（四）正确适用法律政策，确保办案质量

打击经济犯罪必须服务于改革开放和经济建设这个中心，如果应该打击的没有打击，不该打击的受到打击，都将对改革开放和经济建设带来不利的影响。在审判经济犯罪案件中，全省各级法院坚持“一要坚决，二要慎重，务必搞准”的原则，确保案件质量。

一是认真查清案件事实，核实证据，把好事实证据关。各级法院总的做到了仔细审查卷宗材料，坚持提审被告人，认真搞好开庭审理，重视被告人和辩护人的意见，对不影响案件定性量刑的枝节问题不纠缠，对主要事实不清，证据不足的案件不轻易下判，根据具体情况，有的退回检察机关补充侦查，有的由法院进一步查实，从而为正确定性量刑提供了可靠的依据。据统计，今年1至6月，法院退回检察院补充侦查的有147件，占同期法院结案数的12.35%。

二是严格区分罪与非罪的界限，把好定性关。随着改革开放的深化，经济建设的加速发展，新情况、新问题不断出现。各级法院在处理具体案件时，坚持了生产力标准和法律标准的统一，把是否有利于社会生产力的发展作为衡量、确认罪与非罪的根本标准。根据案件发生的历史背景，全面、客观地进行具体分析，不就事论事，不搞客观归罪，严格区分经济纠纷与经济犯罪；改革中的失误与经济犯罪；一般违法行为与经济犯罪行为；合法行为与违法犯罪行为的界限，既坚决打击经济犯罪，又保护、促进改革开放和经济建设。一年来，经法院判决发生法律效力宣告无罪的有17人。其中，有的不构成贪污、受贿、挪用公款的犯罪主体，有的是经济纠纷而不是经济犯罪，有的是改革中的工作失误，有的是生产经营中的合法权益。例如沈兴龙挪用公款案。被告人沈兴龙，原系贵阳市花溪区麦坪乡农工商公司（乡镇企业）经理。1988年3月25日，麦坪乡农工商公司下属的张松青等5户村民联办的小煤厂进行维修和技术改造，因资金不足，张松青找沈兴龙向公司借款，沈签字同意从公司维持简单再生产资金中借给张1万元，张在限期内如数归还。1990年元月，公司下属的刘万金个体煤厂因销售煤款未收回，难于维持生产，无钱发工资。刘即向公司借款，正值乡领导回家过春节，沈兴龙为解决企业燃眉之急，决定从维持简单再生产资金中借5万元给刘，15天后，刘亦如数归还了借款，检察机关认定被告人沈兴龙挪用公款6万元给个体煤老板进行营利活动，已构成挪用公款罪，向法院起诉。法院审理此案后认为：沈兴龙是公司经理，企业的法定代表人，根据有关法律规定和农业部1990年12月28日《关于农村个体企业管理和管理费问题的答复》精神，有权将公司的自有资金批准给公司下属的联户煤厂和个体煤厂发展生产使用，其行为是代表企业行使职权的正当的经营管理活动。沈在批准借款中没有利用职权谋取私利，是为扶持乡镇企业的生产，发展经济的合法行为，应受法律的保护。法院宣告沈兴龙无罪。此案宣判后，在当地引起强烈反响，花溪区乡镇企业管理局、麦坪乡党委的政府，当地村民普遍反应，法院为乡镇企业的发展保驾护航办了件实事。

三是宽严相济，讲究斗争策略。各级法院在依法严惩严重经济犯罪分子的同时，认真执行了惩办与宽大相结合的刑事政策，对有法定从轻、减轻处罚或者免除处罚情节的，依法予以从轻、减轻处罚或者免除处罚。特别是在两高《通告》期限内投案自首，积极退赃，现在正在审理的案件，继续根据《通告》的精神和法律的规定，认真兑现政策。同时，对那些犯罪情节较轻，认罪态度好的企业业务骨干，单位要求从宽处理的予以从宽判处，让其戴罪立功，收到良好效果。如原贵阳朝阳钢厂供应科科长王素臣利用职务之便，为他人提供非法利益，先后收受贿赂6600元。案发后，王主动退清了全部赃款，认罪态度好，其单位反映王在供销业务方面有特长，希望法院从宽处理，让其回厂戴罪立功。南明区人民法院以受贿罪判处王素臣有期徒刑三年，缓刑三年。王的单位对法院的这一判决表示感谢，王也表示决不辜负政府的宽大处理，愿为厂里多作贡献。

（五）充分运用审判职能，努力扩大办案的社会效果

各级法院在办理经济犯罪案件中，采取多种形式，宣传法制，促进经济领域内的综合治理。主要有：一是通过公开审理、公开宣判组织群众和有关人员旁听，结合张贴布告、印发宣传资料，组织群众座谈，召开新闻发布会，运用广播、电视、报纸等，宣传工具，广泛深入地进行法制宣传，震慑犯罪，教育群众。如省法院审结了一批为广大群众和社会各界极为关注的重大经济犯罪案件后，及时召开新闻发布会，发布这些案件的事实和处理结果，会后省、市新闻单位及时报道，收到很好社会效果；黎平县法院于今年3月16日集中公开宣判了10名经济犯罪分子，对其中4名罪犯以受贿罪、巨额财产来源不明罪数罪并罚，并张贴布告广为宣传，使群众了解到国家工作人员的巨额财产来源不明将受到刑事追究，看到了党和政府反腐败的决心和措施。在开展禁毒斗争和打击偷税、抗税犯罪斗争中，不少法院走上街头，开展法律咨询，采用图片展览、播放录像资料、散发宣传材料等形式，进行宣传，在社会上引起的震动和反响都比较大。二是结合办案，开展司法建议活动。针对审理案件中发现的

有关部门、单位在治理防范中存在的问题和漏洞，有针对性地开展司法建议，大多数为这些部门和单位所采用，促进了综合治理。三是对判处“缓、管、免”的罪犯进行回访，落实帮教，使其不再重新犯罪。

（六）依靠党委领导，与有关部门密切配合

今年年初，省委常委听取了省法院党组关于传达贯彻全国高级法院院长会议精神的报告时，对打击经济犯罪作出明确指示：“对经济犯罪，要坚持‘一要坚决、二要慎重，务必搞准’的原则，严格区分罪与非罪的界限，做到既要打击经济犯罪，又要保护改革开放的积极性，对干部群众反映强烈、明显畸轻畸重的经济领域内的案件，应本着严肃认真、实事求是的原则进行清理，对照法律、国务院以及省委、省政府的政策，属于处理错了或者处理重了的应予纠正。”全省各级法院坚决贯彻省委指示精神，对审判经济犯罪案件，既坚决又慎重，在“准”字上狠下功夫。遇有重大、疑难的案件或者内部有分歧、认识不一致的案件，主动向党委请示报告，依靠党委的领导支持，协调各方关系，统一思想认识，使其得以依法处理。同时在办案过程中，与公安、检察机关既密切配合，又各司其职；并根据案件的具体情况，邀请工商、税务、银行、审计、商业、林业等有关部门的同志参加，充分听取意见，解决有关适用政策和一些专门知识方面的问题，从而保证了打击严重经济犯罪活动的顺利开展。

一年来，我们打击经济犯罪工作取得了一定成绩，但也存在一些问题，主要是：工作发展不平衡，有的法院领导对这项工作重视不够，抓得不紧，工作效率不高，致使案件不能在法定时限内审结；有的案件办得粗糙，把关不严，质量不高；对新情况、新问题的调查研究还不够深入，业务指导工作有待进一步加强。此外，以罚代刑、以言代法的情况，仍然存在；赃款赃物随案移送还没有得到严格的执行等。所有这些，都要在下一步工作中认真地加以解决。

二、对下一步开展打击经济犯罪活动的工作意见

最近，最高人民法院在四川省召开了全国法院审理经济犯罪案件工作会议，对人民法院在进一步加快改革扩大开放、加速经济发展的新形势下，如何贯彻落实邓小平同志关于“两手抓、两手硬”的思想，加强经济犯罪案件的审判工作，保障和促进改革开放与经济建设顺利进行的问题进行了部署，结合本省实际，我们下一步要着重抓好以下几项工作：

（一）要认清形势，进一步提高对打击严重经济犯罪斗争重要性，必要性、长期性、复杂性的认识

当前，本省经济犯罪活动仍很严重。从今年来起诉到法院的案件看，贪污、诈骗公物、偷税抗税、假冒伪劣商品等犯罪上升，国家工作人员作案占一定比例。有的国家机关工作人员利用职务之便进行贪污，大肆侵吞国家财产；有的企业的厂长、经理利用手中的权利搞权钱交易索贿受贿；有的受聘人员利用管理上的漏洞，鲸吞国家巨额资金，潜逃境外；有的银行工作人员为谋私利与外部人员相互勾结，以贷款为名，挪用国家巨额资金进行个人营利活动，使国家蒙受重大经济损失；有的利用承包经营、隐瞒、截留利润、赚钱是自己的，亏本是国家的，将公共财产据为己有；还有的犯罪分子利用企业管理人员工作不负责任，缺乏经验，采取签定经济合同、利用假信汇凭证等手段，诈骗国家巨额财物等等。严重经济犯罪不仅直接侵犯公共财产、扰乱经济秩序、破坏改革开放和经济建设，而且败坏社会风气，腐蚀干部队伍，损害党和政府的形象，影响政治和社会的稳定。只有严厉打击严重的经济犯罪活动，才能保障和促进改革开放和经济建设的顺利进行。全省各级法院要认真学习、深刻领会邓小平“一手抓改革开放、一手抓打击

各种犯罪活动”，“改革开放进行多久，打击经济犯罪就要搞多久，在整个改革开放过程中都要反对腐败”的思想，提高对打击经济犯罪斗争重要性、必要性、长期性、复杂性的认识，牢固确立依法严惩严重经济犯罪分子就是对改革开放和经济建设最直接服务的观念，进一步加强对审理经济犯罪案件工作的领导，特别是要抓好大要案件的审判，继续贯彻对严重经济犯罪分子依法从严惩处的方针。当前，要重点打击国家工作人员中贪污、受贿、挪用公款的犯罪分子；严厉打击诈骗、偷税抗税、走私、伪造国家货币、盗伐滥伐林木等经济犯罪分子；从严惩处制造假酒、假药、假冒商标等犯罪活动。在对犯罪分子判刑时，要重视适用罚金、没收财产等财产刑，从经济上剥夺犯罪分子进行犯罪活动的物质条件。应选择典型案件，及时公开宣判处理，扩大打击经济犯罪的声势。

（二）继续“一要坚决、二要慎重，务必搞准”的原则，正确适用政策、法律，严格区分罪与非罪的界线

进一步加快改革开放的形势下，判断一种行为是合法还是违法，是否构成犯罪，是否追究刑事责任，当然要坚持“以事实为根据，以法律为准绳”的原则；同时，还要根据邓小平同志提出的“应该主要看是否有利于发展社会主义社会生产力，是否有利于增强社会主义国家综合国力，是否有利于提高人民生活水平”的标准，采取实事求是的态度，严格区分罪与非罪的界线，切实做到既要打击严重经济犯罪，又保护合法经营和合法权益。本着这一指导思想，全省各级法院审判经济犯罪案件结合本省实际，要特别注意把握好以下几个问题：

1. 依法保护乡镇企业的发展。全省乡镇企业起步晚，基础薄弱。在原材料、能源供应和资金、交通、设备、技术力量等方面面临和存在不少困难。各级法院处理发生在乡镇企业中的案件时，既要坚决打击经济犯罪活动，又要保护促进其生存、发展。对乡镇企业为了发展生产、解决产、供、销问题而向手中掌握实权的国家工作人员送钱、送物或为了获得生产原料而串换倒卖原材料的违法行为，要“手下留情”、“网开一面”，不要以行贿罪、投机倒把罪处理。但对那些利用职权索要、敲诈、收受乡镇企业钱财的国家工作人员，情节严重构成犯罪的，要依法从严惩处。

2. 依法保护企业经营机制逐步走向市场过程中行使的自主权。凡是有利于解放和发展生产力都要支持。对此，当前要注意：

——严格区分企业经营、供销人员等，出于某种顾虑，采用一些不正当手段获取属于本人应得报酬的行为与贪污犯罪的界线；

——严格区分企业承包、租赁人员采用不正当手段获取依据承包、租赁合同和有关文件规定应得的报酬、奖金的行为与借承包经营之机巧立名目、弄虚作假，违反合同私分，侵吞国家、集体财产的犯罪行为的界线；

——严格区分企业人员在经济交往中，不损害国家、集体和社会利益，得到的回扣、手续费、劳务费、居间介绍费与利用回扣推销假冒伪劣商品、或购销双方串通以回扣方式营私舞弊，损害国家、企业利益的犯罪行为的界线。

3. 依法保护企业及其厂长、经理、业务骨干、敢于冒尖、勇于开拓的积极性。要从企业生产经营全局考虑，充分体谅他们在市场竞争中的难处，客观地看待他们工作中的得失。严格区分在大胆改革中作出贡献，但由于一时经验不足出现失误，导致一定经济损失与工作严重不负责任，不履行工作职责，给国家人民利益造成重大损失玩忽职守犯罪行为的界限。

4. 依法保护科研单位、科技人员大胆开拓技术市场的积极性，为促进科技成果商品化、解放科技生产力，发展高技术产业创造良好的法律环境。严格区分科技人员不损害本单位利益的兼职取酬和以自己的知识、技术提供咨询甚至以“技术入股”获得报酬的

行为与以本单位的关键技术和审批权力等进行索贿、受贿行为的界限。

5. 依法保护个体经济的合法经营和合法权益。对个体工商户和私营企业名义挂靠国营、集体企事业和行政单位，实际无行政管理和经济联系；以及承包人、租赁人利用国营、集体营业执照，只负责交纳一定管理费，其占有、处分自己出资、自己承担风险经营管理的企业资产，不以贪污论处。

6. 对涉及“三资”企业的案件，要着眼于创造良好的投资环境，保护外商的投资积极性，依法维护其合法权益。

各级法院在严格区分政策法律界限的基础上，还要讲究办案方法和总的社会经济效果。对政策和法律规定不明确的，或者过去有的规定与改革开放、经济发展的实际不相适应的案件，就不要轻易以犯罪处理；对罪与非罪一时难以划清，不要急于处理，可以广泛征求意见，认真分析研究，及时请示报告，宁可缓办，不能错判；对在企业生产，管理中的骨干科技人员，确实构成犯罪，但主观恶性不深，犯罪情节较轻，认罪态度好的，可以判处缓刑或者免刑，让其戴罪立功，以利于生产经营和科研工作。

(三)进一步加强调查研究和业务指导工作，不断提高服务质量

加快改革开放的新形势，需要加强打击经济犯罪的斗争，对我们各级法院和广大审判人员提出了更新、更高的要求。不仅要熟悉法律，还要懂得经济、不能只埋头办案，要了解经济发展形势，尤其是要及时学习了解党和国家新出台的经济政策和改革措施，从总体上认识把握改革开放的和经济建设的全局。全省各级法院要认真学习、掌握、熟悉当前的经济政策，进一步加强调查研究工作，善于从具体案件和具体工作中发现问题，加以认真分析、研究，为及时解决审判工作中出现的新情况、新问题提出符合实际、符合法律、符合政策，具有可操作性的措施，把经济犯罪案件审判工作抓紧抓好。对有的问题需要最高法院作出司法解释的，要积极反映和上报。要继续采用印发典型案例、“专题研讨会”、“案例讨论会”、以会代训等有效方法，加强审判监督和业务指导，提高审判人员的素质。要牢固树立严肃执法的观念，不管涉及到什么人，都要敢于严格依法办事，绝不能办“人情案”、“关系案”、更不能贪赃枉法。要尽职尽力，严厉打击经济犯罪，有效地保护经济建设。

主任、副主任、各位委员：打击经济犯罪是一项长期的、政策法律性都很强的工作，各级党委的领导、人大的监督和各有关部门的支持，再接再厉，将这场斗争进行到底。我们希望各级人大对我们审判工作继续予以关心，支持和监督，使我们不断改进工作，不断提高执法水平，确保法律和现行政策的全面贯彻实行。为全省加快改革开放，加速经济发展作出新的贡献。

第二部分　各项审判工作

1992 年全国法院的刑事审判工作

最高人民法院刑事审判第一庭庭长　王永成

1992 年，全国法院共受理一审刑事案件 422991 件，比上年下降 1.13%；审结一审刑事案件 424440 件（含上年未结案）。判决发生法律效力的人犯 495364 名，比上年下降 2.72%。其中，判处五年以上有期徒刑、无期徒刑和死刑（包括死刑缓期二年执行）的 171424 名，占判处人犯总数的 34.61%；判处不满五年有期徒刑、拘役和管制的 313353 名，占判处人犯总数的 63.26%；判处免予刑事处分的 8040 人，占判处人犯总数的 1.63%；宣告无罪的 2547 人。

1992 年，社会治安总的情况是稳定的。但是，有些地方治安状况不好，刑事案件特别是重大刑事案件呈上升趋势。1 月，最高人民法院召开了全国高级人民法院院长会议，任建新院长作了《进一步加强审判工作，维护社会稳定，保障经济发展》的重要讲话。任院长强调，人民法院作为人民民主专政的重要工具，必须进一步强化对敌专政的职能作用，坚定不移地同企图推翻人民民主专政的政权和破坏社会主义经济建设的反革命犯罪分子和其他严重州事犯罪分子作坚决的斗争。任院长要求，要坚决依法惩办反革命犯罪分子；要严厉打击严重刑事犯罪活动，重点打击杀人、抢劫、爆炸、强奸、流氓等刑事犯罪活动，对流氓犯罪集团和黑社会势力，要一露头就打；要认真贯彻执行全国人大常委会关于禁毒、惩治淫秽物品犯罪分子、严惩拐卖、绑架妇女、儿童犯罪分子和严禁卖淫、嫖娼等决定，严惩“六害”犯罪分子；要深入开展反盗窃斗争，重点打击盗窃集团的首要分子、重大盗窃犯、盗窃惯犯、流窜犯、教唆犯、共同盗窃的主犯，同时打击窝赃、销赃犯，以堵塞销赃渠道。会后，各级人民法院以继续严厉打击严重刑事犯罪活动为中心，就新的一年里各项刑事审判工作的开展，进行了具体部署。一年来，主要作了以下工作：

一、继续把严重危害社会治安的犯罪分子作为打击重点

全国法院与公安、检察机关密切配合，重点打击杀人、抢劫、爆炸、强奸、“车匪路霸”以及破坏交通、通讯、电力设备等犯罪分子，特别是带有黑社会性质的犯罪集团。1992 年，全国法院共审结上述严重危害社会治安的犯罪案件 175344 件，比上年上升 7.43%；判处人犯 244820 人，与上年基本持平，维护了社会秩序的稳定。

二、继续严惩“六害”犯罪

1992 年，全国法院针对一些地方毒品、

淫秽物品，拐卖、绑架妇女、儿童和卖淫、嫖娼等“六害”违法犯罪活动相当猖獗的情况，与有关机关密切配合，积极开展打击“六害”犯罪的专项斗争。各级人民法院坚决贯彻执行全国人大常委会关于禁毒，严禁卖淫、嫖娼，惩治走私、制作、贩卖、传播淫秽物品以及严惩拐卖、绑架妇女、儿童的犯罪分子等决定，依法严惩了一批“六害”犯罪分子。全年共审结“六害”犯罪案件17589件，比上年上升10.4%；判处“六害”犯罪分子24879人，比上年上升5.35%。其中，审结毒品犯罪案件5547件，比上年上升28.79%；判处毒品犯罪分子6628人，比上年上升24.68%。为了进一步推动全国禁毒斗争的开展，6月26日“国际禁毒日”前后，云南、贵州、广东、甘肃等地法院分别召开了禁毒公开宣判大会，重判了一批毒品犯罪分子，并当场销毁了一批毒品。《中华人民共和国妇女权益保障法》公布实施后，一些法院大张旗鼓地公开判处了一批拐卖、绑架妇女，组织、强迫、引诱、容留、介绍妇女卖淫，以及强奸、杀害、伤害妇女的犯罪分子，收到了较好的社会效果。

三、深入开展反盗窃斗争，依法严惩重大盗窃分子

1992年9月反盗窃专项斗争在全国范围内开展以后，各级人民法院认真学习领会中央社会治安综合治理委员会“9·3”电话会议精神，充分认识当前开展反盗窃斗争的紧迫性和必要性，增强了广大干警搞好反盗窃斗争的责任感和积极性。许多法院还成立了反盗窃斗争领导小组，由领导亲自抓，落实责任制，精心组织和指挥，并调配业务骨干以充实和加强办理盗窃案件的审判力量，从而确保了反盗窃斗争的顺利开展。为了适应反盗窃斗争的需要，最高人民法院、最高人民检察院在总结近几年同盗窃犯罪作斗争经验的基础上，联合发出了《关于办理盗窃案件具体应用法律的若干问题的解释》，对历次有关盗窃罪的司法解释进行了清理、修改和补充，删去了一些过时的规定，对办理盗窃案件实践中提出的九个方面的法律适用问题作了比较全面、系统的解释。为不断提高执法水平，保证办案质量，及时准确地惩办盗窃犯罪分子，扎扎实实推进反盗窃斗争提供了执法武器。1992年，全国法院共受理盗窃案件141164件，占收案总数的33.78%，仍居各类刑事案件之首。针对盗窃犯罪活动依然十分突出的情况，全国法院继续把打击盗窃犯罪作为刑事审判工作的一项重点，积极开展反盗窃斗争，重点打击盗窃集团的首要分子，重大盗窃犯、惯犯、流窜犯，特别是那些盗窃国防通讯设备、电力设备、铁路运输物资、企业产品和原材料的犯罪分子，并重视对销赃犯、窝主的打击。全年共审结一审盗窃案件141822件，其中重大盗窃案件28452件，占审结盗窃案件总数的20.06%；判处盗窃犯罪分子206729人。保护了公私财产和国家的经济建设。

四、积极参与社会治安的综合治理

在严厉打击严重刑事犯罪的同时，认真贯彻全国人大常委会《关于加强社会治安综合治理工作的决定》，采取多种形式，积极参与社会治安的综合治理。

一是通过公开审判，积极开展法制宣传教育。1992年，全国法院共召开宣判大会16567次，旁听群众达71638.2万人次，以案讲法，扩大了办案的社会效果。二是针对办案中发现的有关单位存在的管理和制度上的漏洞，及时提出司法建议，防患于未然。全年共提出司法建议71546条，被采纳47486条，采纳率为66.37%，对预防和减少犯罪的发生起了积极的作用，推动了综合治理工作的落实。三是在有条件的地方依法适当多判一些缓刑、管制，依靠社会和群众力量改造犯罪分子。全年共判处缓刑犯69669人，并注意对判处缓刑、管制的犯罪分子进行考察，协助有关部门落实监管措施。据一些法院对近几年判处缓刑的罪犯的回访考察，绝大多数罪犯改造良好，重新犯罪的很少。四是对劳改中确有悔改或者立功表现的犯罪分子，依法裁定减刑或者假释。全年共办理减刑案件252915件，假释案件38242件，分别比上年上升25.27%和78.19%，促进了犯人的改造和监管秩序的稳定。

1992年1月，任建新院长在全国高级法院院长会议上讲到严惩经济犯罪活动时，指出要重点抓好对贪污、贿赂、挪用公款案件的审判；要坚决打击走私、投机倒把以及偷税、抗税等扰乱经济秩序的严重经济犯罪；要切实抓好大案要案的审判；要坚持依法从严惩处的方针，坚持"一要坚决、二要慎重、务必搞准"的原则，推动打击经济犯罪斗争的深入发展。6月，最高人民法院召开了全国法院审理经济犯罪案件工作会议。会议讨论和研究了在加快改革和扩大开放的新形势下，如何贯彻执行邓小平同志视察南方讲话精神，进一步加强经济犯罪审判工作，更好地为经济建设服务的问题；提出了继续严厉打击严重经济犯罪分子，进一步加强经济犯罪案件审判工作的具体要求和措施。全国法院认真贯彻落实这次会议的精神，正确认识和处理打击严重经济犯罪与为改革开放、经济建设服务的关系，以及与廉政建设惩治腐败的关系。通过打击经济犯罪，对维护社会稳定，保障经济建设，促进改革开放和廉政建设，遏制经济犯罪活动，作出了应有的贡献。1992年，全国法院共受理一审经济犯罪案件37825件，审结38446件(含上年未结案)，分别比上年下降6.51%和4.76%。判决发生法律效力的人犯33280人，比上年下降1.74%。通过审判，为国家、集体挽回经济损失81749.8万元。一年来，各级人民法院坚持依法从严惩处严重经济犯罪分子的方针，抓了以下几项工作：

一、继续把惩治国家工作人员严重贪污、受贿等犯罪行为作为打击的重点

全年共审结贪污案件17406件，受贿案件5846件，挪用公款案件3498件，占审结经济犯罪案件总数的69.62%。同时，各地法院继续坚持抓好大案要案的审判。全年共判处犯罪数额在万元以上的经济犯罪分子11321人，占判处经济犯罪分子总数的34.02%，其中10万元以上的有1082人；判处原是县（处）级以上干部75人，其中司（局）级干部6人，省（部）级干部2人。通过对经济犯罪大案要案的审判，扩大了打击经济犯罪的声势和影响，进一步推动了反腐败斗争的深入开展和廉政建设。

二、依法惩治偷税、抗税犯罪，保障国家税收工作的顺利进行

由于税收是直接参与国民收入分配和再分配，处于各种利益矛盾的焦点上，一些单位和个人为了自身的利益，不顾国家利益，进行偷税、抗税违法犯罪活动，情况相当严重，偷、抗税金额一般都相当大，极少数地方甚至发生冲击、打砸、爆炸、袭击税务机关、税务人员住宅，及至残酷报复税务人员及其家属等恶性事件，这些犯罪活动不仅严重破坏了国家的税收秩序，给国家造成重大经济损失，而且干扰改革开放，败坏社会风气，扰乱社会管理秩序，甚至危害公共安全。1992年3月16日，最高人民法院、最高人民检察院发出了《关于办理偷税、抗税刑事案件具体应用法律的若干问题的解释》，对刑法第一百二十一条规定中有关"情节严重"、"直接责任人员"以及一些处罚原则等作出了统一的解释，以便于更好地严肃执法。4月10日，最高人民法院、最高人民检察院、公安部、国家税务局联合召开了新闻发布会，要求依法惩治偷税、抗税犯罪活动，保障国家税收工作顺利进行。全国各级人民法院与税务、公安、检察机关密切配合，开展打击偷税、抗税犯罪活动专项斗争，依法审理了一批偷税、抗税犯罪案件。

三、加强对生产和经销假冒伪劣商品的犯罪案件的审判

近年来，生产和经销假冒伪劣商品的违

法犯罪活动十分猖獗，严重扰乱市场秩序，损害广大消费者的利益，成为一大社会公害。1992年8月3日，最高人民法院发出了《关于严厉打击生产和经销假冒伪劣商品的犯罪活动的通知》，要求各级人民法院与有关部门紧密配合，充分发挥审判机关的职能作用，对于起诉到法院的生产和经销假冒伪劣商品的犯罪案件，依法及时审判。全国各级法院与有关部门密切配合，积极开展打击生产和经销假冒伪劣商品犯罪的斗争，依法应该重判的，坚决重判。同时，注意运用罚金、没收财产等附加刑，不让犯罪分子在经济上占便宜。全年共审结了这类犯罪案件400余件，依法判处了一批生产和经销假冒伪劣商品的严重犯罪分子，受到了社会各界的广泛好评。

四、坚持“一要坚决、二要慎重、务必搞准”的原则，严格区分罪与非罪的界限

最高人民法院经过广泛深入的调查研究，针对发生在企业生产经营活动中和涉及科技人员的经济犯罪案件，及时确定区分罪与非罪界限的标准。各级人民法院对法律和政策规定不明确的和在生产经营或科研活动中大胆改革、敢闯敢试而有失误的，不轻易以犯罪处理；对一些一贯表现较好，或有突出贡献，罪行较轻，认罪态度好的企业管理人员和科技人员，依法从宽处理，需要判刑的依法判处缓刑，以利于生产经营和科技研究工作。各地法院对一些科技人员因承包、提供技术服务等取得报酬而被当作贪污、受贿的案件，作出了宣告无罪的判决。做到既严厉打击经济犯罪，又切实保护改革开放。

1992年全国法院的民事审判工作

最高人民法院民事审判庭庭长　梁书文

1992年，全国各级人民法院在人员少、任务重的情况下，积极努力做好民事审判工作，及时、正确地处理了大量的民事案件，依法保护了公民、法人和其他组织的民事权益，对维护社会安定，促进经济的发展和精神文明建设，发挥了积极的作用。

一、处理了大量的民事案件

1992年，全国各级人民法院新收一审民事案件1948786件，比1991年的1880635件上升3.62%，是建国以来最多的一年，比1978年增加了5.48倍。在新收的案件中，婚姻家庭案件1042492件，比1991年上升4.72%；债务案件567669件，上升5.78%；赔偿案件190773件，上升4.53%，以上三类案件共计1800934件，占民事案件的92.41%。房屋案件58782件，比1991年上升8.98%；继承案件18061件，上升0.29%；宅基地、林木、水利等其他不动产和相邻关系案件33781件，上升14.01%；人身权案件3761件，上升11.50%；知识产权案件612件，上升40.69%；按特别程序审理的案件1069件，上升37.94%；其他民事案件31786件。从收案情况看，主要有以下几个方面的特点：

第一，婚姻家庭案件数量大，居第一位，仍呈持续上升趋势。其中离婚案件896709件，占婚姻家庭案件的86.02%，占民事案件的46.01%，比1991年上升3.99%；解除同居关系的26708件。上述两种案件共计923417件，占民事案件的47.38%。由于离婚案件的增加和物价上涨等原因，子女抚养案件也随之上升，收30289件，上升5.01%；但赡养、扶养、收养案件下降，共收45800件，下降6.28%。长期以来，离婚案件一直居高不下，持续上升，特别是改革开放以来，人

们的物质文化生活有了很大提高，思想观念包括婚姻家庭观念也发生了很大变化，因此，离婚案件逐年增多，而且形成多样化，复杂化。有些离婚是草率婚姻、包办婚姻的解体，是互不信任、婚外恋导致的离异。有些离婚是由“从一而终”的观念中解脱出来，促使一些感情已破裂的婚姻的结束。农村中的早婚以及非法同居等违法婚姻的离婚案件也占有一定的比例。

第二，债务案件开始回升，居第二位。在债的关系中，从民事权利主体方面讲，是债权问题；从民事义务主体方面讲，是债务问题。因而一般称之为债权债务关系，简称债务关系。全年共收债务案件567669件，占民事案件的29.13%，比1991年上升5.78%。其中上升幅度较大的是：借贷、借用25511件，占债务案件的44.94%，上升63.96%；买卖案件79849件，占14.07%，上升52.66%；代购代销4561件，上升67.07%；承揽加工2319件，上升62.94%；劳动报酬、劳动争议20796件，上升22.62%。债务案件从1983年至1989年一直持续上升。1990年和1991年有所下降。1992年开始回升，收案增多。其主要原因是随着改革开放的不断深化和商品经济的迅速发展，公民之间的经济交往日益扩大，生产经营性的借贷增多，相应的纠纷增加。有些合同的手续不够健全，以及久借不还，致使债务案件增多。随着劳动制度的改革，用工形式发生了很大的变化，劳动报酬纠纷上升，也是债务案件增加的一个原因。

第三，赔偿案件继续上升，居第三位。赔偿案件从1984年至1989年一直上升，1990年有所下降，1991年又回升，1992年继续上升。全年新收赔偿案件190773件，占民事案件的9.79%，比1991年上升4.53%。其中人身损害赔偿141440件，占赔偿案件的74.14%；财产赔偿案件49333件，占赔偿案件的25.86%。人身损害赔偿主要是因打架斗殴、交通事故等造成的赔偿案件。赔偿案件的增加，说明公民的自我人身保护意识增强，越来越多地懂得运用法律手段来保护自己的合法权益。

第四，房屋案件回升幅度较大。几年来，由于各地人民政府加强了对房屋的统一规划和管理，使房屋案件从1987年至1991年逐年减少。1992年开始回升，而且回升幅度较大。全年新收房屋案件58782件，比1991年上升8.98%。其中，占比例较大的有房屋确权17311件，占房屋案件的29.45%；房屋租赁15363件，占26.14%；房屋买卖5912件，占10.06%；房屋拆迁2638件，占4.49%。随着住房制度的不断改革和房地产业的发展，房屋案件还会继续上升。

第五，知识产权和人身权案件增长较快。全年新收知识产权案件612件，比1991年上升40.69%。其中，除著作权案件收143件，下降6.54%之外，科技成果权等其他知识产权案件收469件，上升66.31%；全年新收人身权案件3761件，比1991年上升11.50%。其中，名誉权案件2480件，占人身权案件的65.94%，上升8.11%；其他人身权案件1281件，上升18.72%。知识产权和人身权案件涉及面广，今后还会有上升趋势。

第六，涉外民事案件略有下降，涉侨涉港澳台民事案件上升。全年新收涉外民事案件1037件，比1991年下降1.71%。其中，占比例较大的有离婚案件628件，占涉外民事案件的60.56%；房屋案件267件，占25.75%；债务案件61件，占5.88%。涉外民事案件，大多集中在上海、广州、北京等一些大城市。新收涉侨、涉港澳民事案件2009件，比1991年上升73.64%。其中占比例较大的有离婚案件758件，占涉侨、涉港澳民事案件的37.73%；房屋案件1055件，占52.51%；债务案件77件，占3.83%。新收涉台民事案件208件，比1991年上升8.90%。其中，占比例较大的有离婚案件46件，占涉台民事案件的22.12%；房屋案件80件，占38.46%；债务案件20件，占9.62%。

涉侨、涉港澳台民事案件，大多集中在福建、广东、浙江、江苏等省。

1992年，全国各级人民法院共审结一审民事案件1948949件（包括旧存的结案），比1991年上升2.04%。其中，调解结案的1136970件，占审结案件的58.34%，所占比重比1991年减少0.74个百分点；判决结案的460932件，占23.65%，所占比重比1991年增加1.5个百分点；裁定驳回起诉的10882件，占0.56%；撤诉的318676件，占16.35%；终结和移送有关单位的21489件，占1.10%。从审理期限看，3个月内结案的1576091件，占审结案件的80.87%；6个月内结案的297782件，占15.28%；超过6个月的仅占3.85%。截止12月底，尚有未结案件141212件，比1991年下降0.79%。

在审结的1948949件民事案件中，离婚案件897771件，其中调解和判决的716337件，占审结离婚案件的79.79%。经调解和判决准予离婚的534414件，占审结离婚案件的59.53%，比1991年上升0.85%；经调解和判决不离婚的181923件，占20.26%，比1991年上升6.85%。

在调解结案的1136970件民事案件中，婚姻家庭和债务案件占多数。婚姻家庭案件调解结案的占婚姻家庭案件结案数的58.15%，与全部民事案件调解结案所占比重基本一致；债务案件调解结案的占债务案件结案数的66.97%，比全部民事案件调解结案所占比重高8.63个百分点。

在判决结案的460932件民事案件中，房屋、赔偿和其他不动产等案件所占比例较大。房屋案件判决结案的占房屋案件结案数的42.84%，比全部民事案件判决结案所占比重高19.19个百分点；赔偿案件判决结案的占赔偿案件结案数的36.48%，所占比重高12.83个百分点；宅基地及其他不动产案件判决结案的占宅基地和其他不动产案件结案数的31.60%，所占比重高7.95个百分点。从结案方式可以看出，赔偿案件、房屋和其他不动产等案件情况复杂，审理难度较大。

1992年，全国共新收民事执行案件451594件，比1991年下降19.18%。其中，申请执行的371225件，占新收执行案件的82.21%；移交执行的77329件，占17.12%；委托执行的3040件，占0.67%。已执行的案件45317件（含旧存），比1991年下降17.98%。其中，自动履行的263400件，占已执行案件的58.12%；和解执行的50990件，占11.25%；强制执行的95785件，占21.14%；不予执行的2660件，占0.59%；终结和其他方式处理的40337件，占8.90%。到年底，尚未执行的案件101024件，比1991年下降4.40%。

二、积极参与社会治安综合治理

在民事审判工作中，各地法院积极贯彻党中央关于社会治安综合治理的方针，把民事审判工作与社会治安综合治理结合起来，为社会治安综合治理服务，其一般做法是：

（一）提高认识，树立民事审判工作为社会治安综合治理服务的思想

在民事审判工作实践中，广大民事审判人员深深地体会到，做好民事审判工作对促进社会治安综合治理发挥着重要的作用。因为民事纠纷数量大，涉及面广，关系到当事人的切身利益，因而双方往往相争不下，积怨很深，严重影响着家庭团结、亲属团结、邻里团结、群众团结。有些纠纷，如山林、土地、水利等纠纷，常常会导致村与村、队与队之间的群众性械斗。特别是集团诉讼，会引起集体上访、闹事。在企业，包括外资企业，因劳动争议得不到解决，矛盾激化，引发罢工事件时有发生。有些纠纷，像婚姻家庭、继承、宅基等纠纷，常常会引起吵嘴打架，矛盾逐步激化，进而导致凶杀、伤害等恶性事件，转化为刑事案件。这就使广大民事审判人员充分认识到，做好民事审判工作，及时解决民事纠纷，消除纷争，化解矛盾，对于维护社会治安秩序，促进综合治理，具有

重要的意义。从而增强了为社会治安综合治理服务的意识，千方百计做好民事审判工作，促进社会治安综合治理。

(二)及时处理民事案件，消除不安定因素

首先是及时立案受理。有些法院为了使民事案件早立案受理，早解决，防止矛盾激化，详细制定了告诉立案制度和各类案件举证责任须知，公告于众，使群众对法院受理案件的范围、收取诉讼费标准、审判程序制度，举证责任等有所了解，便于群众诉讼。有些法院还规定，各人民法庭对依法应受理的案件不受理，使当事人上访投诉全年达3人以上的，给予通报批评，并罚扣法庭庭长2个月奖金；立案工作搞得好，没有当事人上访投诉的，给予表扬奖励。

其次是及时审理，及时结案。各地法院采取积极措施，抓紧审理案件，保证及时结案，使绝大多数案件能在民事诉讼法规定的审限内结案，有些法院98%的案件是在审限内结案的。1992年，全国各级人民法院在审限内审结的案件占96.15%。有些法院实行“三优先”的制度，即矛盾容易激化的案件优先办理，容易引起群众矛盾的案件优先办理，在社会上影响大的案件优先办理。有些法院还实行“六不传”的制度，即对案件当事人中的老人、病人、孕妇不传讯，照料老人、小孩的妇女不传讯，农忙季节不传讯当事人，居住边远的当事人不传讯，坚持巡回就地审理，方便群众，力求使民事审判工作取得维护社会稳定的最佳效果。

再次是积极防止矛盾激化，坚持疏导教育。抓好防止矛盾激化是民事审判参与综合治理，维护社会稳定的重要环节。为了抓好这一环节，有些法院建立了“两防”责任制，规定因工作问题，每发生一起越级上访案件，取消直接责任人员评选先进个人的资格，法庭年内发生两起越级上访案件，取消评选先进单位资格；因工作问题，法庭年内发生一起矛盾激化案件，取消评选先进单位资格，并追究法庭庭长和直接责任人员的责任。有些法院制定定期排查制度，对受理的案件，坚持一月一排查，节日、农忙前夕统一组织集中排查，发现有激化和上访苗头的案件，领导分工包案，组织力量，及时处理，把问题解决在萌芽状态。有些法院对一些突发性的激化案件，做到快速反应，快速出击，使纠纷就地解决。坚持疏导教育，有利于消除当事人之间的隔阂，增进团结，促进社会稳定。许多法院在民事审判工作中始终把思想教育疏导贯穿于案件处理的全过程，注意掌握当事人的思想状况，有的放矢地进行思想工作，使当事人解开思想疙瘩，消除恩怨，平诉息争。为了做好这方面的工作，有些法院教育审判人员做到“三不”，即当事人思想固执不急躁，当事人有过激言行不计较，当事人情绪不稳不急于结案，坚持用国家法律、政策做耐心细致的思想教育工作，从各方面教育感化当事人。有些法院做到“两见面”，即与当事人亲属见面，与当事人所在单位见面，主动介绍案情和当事人的思想状况，依靠当事人的亲属和所在单位对其进行劝解，共同做好当事人的思想工作。

最后是做好回访工作，巩固办案效果。案件审结后，法院的审理工作结束了，但从综合治理来讲，并非万事大吉。有些案件虽然法院作了处理，但当事人还没有从根本上消除对立情绪，往往会因其他原因再度发生纠纷，甚至导致矛盾激化，影响社会安定。所以，许多法院坚持“回访”制度，特别是对判决不准离婚、调解和好的婚姻案件，损害赔偿案件，以及有矛盾激化苗头的案件等，更要注意做好回访工作。通过回访，查清判决、调解协议的执行情况，查清当事人的思想状况和有过错一方的改正情况，进一步落实执行措施。通过回访，对存有隔阂的当事人继续做好思想教育工作，促使其和睦相处。对有隔阂的，鼓励其增进团结，搞好工作和生产，为国家建设多做贡献。通过回访，发现隐患，主动与有关部门联系，采取防范措施，防止发生问题，直至事态完全平息。

(三) 结合审判工作，开展法制宣传，预防和减少纠纷，维护社会安定

一是坚持巡回审理，就地开庭审判，扩大审判宣传效果，达到“办一案，宣传一片；走一路，讲解一线”的目的。二是根据不同地区、不同时期民事案件发案规律和特点，选择有代表性、普遍性、有教育意义的典型案件，组织开展大规模的公开审判活动，结合案情，以案讲法，以案释法，将公开审判的过程变成法制宣传教育的过程，让群众从具体案件中受到教育，达到“处理一案，教育一片”的目的。三是开展法律咨询活动，为群众提供法律服务，在街头“摆摊设点”，为群众解答问题，在重大节日、纪念日或假日，统一部署，有计划有组织地进行法制宣传。1992年，内蒙古自治区各级人民法院在全区社会治安综合治理宣传月中，领导带头，出动干警1000多人，印发有关宣传材料5万份，举办5次电视系列讲座，受到了广大群众的欢迎和好评。此外，有些法院根据农村春季地界纠纷多，夏季排水纠纷多，秋季债务纠纷多，冬季家庭邻里纠纷多的规律性，适时采用办板报、墙报、编写宣传材料等方法宣传法制，教育群众用法律约束自己的行为，少发生纠纷。有些法院还针对婚姻、债务、赔偿等多发性案件的特点和发生的原因，进行分析研究，利用乡、镇、村、组召开各种会议的机会，见缝插针，有针对性地向群众进行法制宣传，教育群众自觉运用法律调整各种利益关系。总之，通过法制宣传，使群众认识到什么是正确的、合法的，什么是错误的，违法的；国家法律保护什么，制裁什么，支持什么，反对什么，以增强群众的法制观念，预防和减少纠纷的发生，维护社会安定。

(四) 抓好基层调解工作，使纠纷就地解决，防止造成不安定因素

人民调解委员会，作为群众自我教育、自我约束的群众性自治组织，是社会治安工作的第一道防线，它具有人熟、地熟、情况熟的便利条件，是维护社会稳定的一支重要力量。因此，人民法院加强对调解组织的业务指导，充分发挥人民调解委员会的作用，及时调解大量的民间纠纷，是民事审判工作参与社会治安综合治理的一项重要工作。多年来各地人民法院，特别是基层人民法院和人民法庭做了大量工作，1992年也做了大量工作，效果很好。例如，河南省林县泽下人民法庭一手抓审判，一手抓对调解组织的业务指导，充分发挥调解组织的作用，把大量民事纠纷解决在基层，使法庭收案逐年下降。该庭1990年收结案件59件，1991年收结案件39件，1992年1月至10月收结案件29件，在全乡28个行政村中，实现了20个行政村无刑事案件，26个行政村无民事纠纷上交，各乡无一起民事纠纷转化为刑事案件。

综合各地的一般做法是：第一，针对一些调解组织不健全或调解人员兼职太多、年龄偏大、业务素质低等情况，主动与司法行政部门配合，进行整顿，挑选那些作风正派、办事公道、具有一定法律知识、在群众中又有威信的青年充实到调解委员会。第二，利用各种形式，对调解人员进行业务培训。有些法院（法庭）为提高调解人员的法律知识水平和调解纠纷的技能，积极与司法行政部门配合，举办培训班，对调解人员进行培训。有些法院（法庭）利用电视讲座形式播放讲解婚姻法、继承法、土地法、森林法、民法通则、经济合同法等有关法律知识。有些法院（法庭）利用乡、镇召开干部会议的机会（调解人员多由村干部兼任），抽出时间对调解人员讲解法律政策和业务知识。有些法院（法庭）请乡党委，乡政府领导对调解人员进行职业道德教育和坚持四项基本原则教育，使调解人员树立全心全意为人民服务，为群众排忧解难的思想，做到作风正派，秉公办事，不徇私情。第三，通过办案，具体指导。有些法庭邀请各乡、镇司法助理员和调解委员会的主任轮流到法庭跟随审判人员办案，学习法律知识，掌握办案方法。有些法庭在

巡回就地审理案件时，组织调解人员旁听，庭审结束后进行座谈，结合具体案件，学习有关法律知识，解答疑难问题，使调解人员增长业务知识，提高工作水平。第四，帮助调解组织总结经验，制定制度，改进工作。有些法院（法庭）帮助调解委员会总结调解工作的经验，建立工作制度，使制度公开“上墙”，接受群众监督，并帮助调解组织做到一般纠纷登记上簿，复杂纠纷作笔录、制作调解协议书和建立档案，使调解工作制度化、规范化。

此外，通过审判民事案件，发现企、事业单位和党政有关部门内部管理存在的问题，及时提出司法建议，帮助这些单位和部门改进工作，加强管理，堵塞漏洞，防患于未然，也是人民法院运用民事审判职能，扩大办案效果，参与社会治安综合治理的一项有效措施。

三、总结涉台民事审判工作的经验

随着我国对外开放的不断扩大和深化，我国大陆与台湾地区居民之间的交往日益频繁。从台湾当局放宽去台人员回大陆的限制以来，两岸关系又有了进一步的发展，人员往来、间接贸易及民间文化、学术、科学等领域的交往进一步扩大，两岸事务性的商谈也有很大进展。由于两岸居民来往增多，涉及到个人权利义务关系的纠纷也随之产生，诉讼到人民法院的民事纠纷也逐步增多。为了正确处理涉台民事案件，保护海峡两岸居民的合法权益，各地人民法院特别是涉台民事案件较多的人民法院，十分重视涉台民事审判工作。为了总结涉台民事审判工作的经验。1988年最高人民法院召开了两次小型座谈会，部分法院汇报了审理涉台民事案件的情况，并就处理涉台民事案件如何适用法律、政策问题进行了讨论，形成会议纪要下发各地人民法院。同时，还举行新闻发布会，马原副院长就人民法院处理涉台民事案件的几个法律问题作了解释。近几年来，涉台民事案件又出现了一些新情况新问题。从1992年受理的涉台民事案件来看，有以下几个特点：一是收案不断上升。1990年收涉台民事案件158件，1991年收191件，1991年比1990年上升20.88%；1992年收208件，比1991年上升8.90%。二是从类型看，房屋案件最多，收80件，占收案总数的38.46%；其次是离婚案件，收46件，占22.12%；再次是债务案件，收20件，占9.62%。上述三类案件占收案总数的70.20%。三是新类型案件不断出现。过去涉台民事案件由于历史原因而遗留下来的房屋、婚姻、债务案件较多。近几年来，随着两岸交往不断扩大，台湾居民到大陆探亲、旅游、投资、经商办企业的逐渐增加，因而新发生的房屋、婚姻、债务等纠纷逐渐增多，形成新旧纠纷并存的局面。同时，劳动争议、借贷、赠与、收养等案件也出现了。四是处理难度大。由于两岸尚未统一，因而在调查取证、诉讼文书送达和适用法律等方面存在不少困难。

为了进一步总结涉台民事审判工作的经验，1992年5月9日至17日，最高人民法院在福建省厦门市召开了部分高级人民法院涉台民事审判工作座谈会，参加会议的有福建、浙江、上海、江苏、四川、云南、广东、北京、湖南、河北、海南、安徽、广西、黑龙江、辽宁、青海等16个省、自治区、直辖市高级人民法院院长或主管民事审判工作的副院长、民庭庭长或副庭长，中央台办、福建台办的领导和同志，以及最高人民法院民庭和有关庭室的同志，共60余人。最高人民法院副院长马原主持会议，端木正副院长致开幕词。会议期间，中央台办的领导同志阐述了中央对台工作的方针、政策，福建台办的领导同志介绍了闽、台之间贸易往来的发展情况，与会同志总结、交流了涉台民事审判工作的经验，研究了有关审理涉台民事案件的法律适用问题，讨论了最高人民法院起草的《关于处理涉台房产案件若干问题的意见（讨论稿）》，同时，还邀请厦门大学教授介绍了台湾的债权、继承、亲属等问题有关规定，以及涉台民事案件的法律适用问题。会议结束时，马原副院长综合会议讨论的情况，作了总结发言，她谈了6个问题：第一，进一步提高对涉台民事审判工作重要性的认识。指出做好涉台民事审判工作，有利于消除台湾居民对国家法律和党的政策的种种疑虑和误解；有利于促进两岸民间的交往；有利于吸引台商来大陆投资；有利于促进海峡两岸早日实现直接“三通”。第二，做好涉台民事审判工作应当遵循的基本原则。即坚持一个中国的原则；适用法律平等的原则；实事求是的原则。第三，审理几类涉台民事案件的有关法律政策问题。主要是对审理涉台离婚案件、继承案件、房产案件、债务案件等如何适用法律问题作了解释。第四，审理涉台民事案件的有关诉讼程序方面的问题。主要是对管辖、案件未结前台湾当事人能否出境、诉讼文书送达、当事人申请承认台湾法院民事判决如何处理等问题作了解释。第五，关于认真学习中央对台工作方针和加强调查研究问题。第六，进一步加强对涉台民事审判工作的指导。这次会议总结了几年来涉台民事审判工作的经验，对推动涉台民事审判工作的开展，进一步做好涉台民事审判工作，具有重要的意义。

四、起草适用民事诉讼法若干问题的意见

1991年4月9日《中华人民共和国民事诉讼法》公布施行后，最高人民法院即着手起草《关于适用〈中华人民共和国民事诉讼法〉若干问题的意见》，形成草稿并经修改后，印发各高级人民法院征求意见。1991年9月2日至8日，在北京市昌平县召开有山西、甘肃、江苏、四川、吉林、河北、广东、湖北、陕西、辽宁、安徽、上海、北京、天津等14个高级人民法院或中级人民法院、基层人民法院主管院长和庭长或副庭长共35人参加的座谈会，讨论提出修改意见。以后又征求有关学者、专家，以及中央有关部门的意见。经多次修改，并经最高人民法院审判委员会讨论通过，于1992年7月14日下发执行。在起草过程中，掌握了以下几个原则：

第一，在司法解释的范围内进行解释。对于属于立法解释的问题，尽量不涉及。为此，在拟订具体条文时，尽量采用“依照民事诉讼法第××条规定……”或者“民事诉讼法第××条规定是指……”的方式表述。

第二，只规定成熟的问题，不成熟的问题暂不作规定。在审判实践中有许多问题需要解决，其中有些问题已有多年的审判实践经验，把握较大，就作了解释。而有些问题，比较复杂，缺乏经验，就没有作出解释。如当事人是否有权对级别管辖提出异议问题；用欺骗、胁迫手段取得的证据材料在诉讼中能否作为证据使用问题；简易程序适用的具体案件范围问题等，这些问题不够成熟，没有作出解释。

第三，尽量吸收已往的批复、解释。1982年《中华人民共和国民事诉讼法（试行）》颁布后，最高人民法院针对审判实践中提出的有关问题，曾作过大量的批复、解释，如《关于贯彻执行〈民事诉讼法（试行）〉若干问题的意见》、《关于经济审判工作中贯彻执行〈民事诉讼法（试行）〉若干问题的意见》等。这些解释只要不与民事诉讼法的规定相抵触，就尽量吸收于《关于适用〈中华人民共和国民事诉讼法〉若干问题的意见》中。

第四，有些专门性的问题另行规定。从体例的一致性出发，对一些专门性的问题，单独作出规定比放在《关于适用〈中华人民共和国民事诉讼法〉若干问题的意见》中规定，效果可能更好。这些单独作出规定的问题包括：涉港澳台民事案件的有关程序问题；当事人和诉讼代理人查阅、复制案件有关材料的范围和办法问题；人民法院法庭规则问题等。这些问题情况较为复杂，有些还涉及到与有关部门的协调问题。因此，对这些问题没有在《关于适用〈中华人民共和国民事诉讼法〉若干问题的意见》中作出规定，而是另行作出单独规定。

1992年全国法院的经济审判工作

最高人民法院经济审判庭庭长　孙宗颢

1992年的经济审判收案，结束了两年持续下降的局面，开始回升。我国经济审判自开展以来，连年大幅度增长，到1989年达到第一个高峰。1989年开始治理整顿，1990、1991两年，经济审判收案连续下降。1992年，全国各级人民法院共受理一审经济纠纷案件650601件，和1991年收案数相比，上升14.83%，仅稍低于1989年。

1992年，我国的经济又处在一个转折阶段。经过3年治理经济环境、整顿经济秩序的工作：清理整顿公司，关停了一批不符合继续存在条件的党政机关开办的公司；清理整顿企业间互相拖欠的"三角债"；纠正制裁扰乱经济秩序的行为，经济秩序有所好转；而前几年经济秩序混乱中产生的当事人之间的经济纠纷与清理整顿公司、制裁违法活动引起的当事人之间的债权债务纠纷，仍大量反映到经济纠纷案件中。近一二年，大中型企业进一步深化改革，面向市场，转换经营机制，大中型企业与其他主体之间，大中型企业之间的经济纠纷，不再或较少地通过行政机关调处而更多的通过诉讼程序，要求法院给予解决，经济纠纷的大案明显增加。在年初邓小平同志南巡谈话的指导下，我国又进入了新的改革开放热潮，中国共产党第十四次全国代表大会提出改革开放的目标是建立社会主义市场经济的新体制，许多地方开始探索社会主义市场经济的实质内涵和实现形式，继续培育发展各类市场，进一步引进利用市场经济采用过的各种经济活动方式。因此，在经济活动加速促使经济纠纷案件增加的同时，不少新类型的经济纠纷案件也反映到经济纠纷案件中或数量有较大的增加。我国的农业仍是国民经济发展的重点，在双层经营机制继续发展和完善过程中，农村经济承包合同纠纷有了新的内涵，近两年又值不少地区新一轮农村承包经营合同订立和实施的时期，农村承包经营合同纠纷也有所发展。1992年，在各类经济纠纷案件中，各类经济合同纠纷仍占主要地位，其一审收案共598610件，比1991年上升15.9%；其中购销合同纠纷216232件，比1991年上升26.8%，借款合同纠纷案件183248件，比1991年上升4.83%，农村承包合同纠纷50689件，比1991年上升14.67%，加工承揽合同纠纷案件16495件，比1991年上升16.15%，建设工程承包纠纷12744件，比1991年上升3.04%，技术合同纠纷1190件，比1991年上升21.18%，财产保险合同也有所增长；而财产租赁、仓储保管、联营合同纠纷案件则比上年有所下降。1992年各级人民法院受理的经济损害赔偿纠纷案件大幅度增加，共受理2488件，比1991年上升47.92%，专利、商标、环保、食品卫生等纠纷损害赔偿案件都比1991年有较多增加。1992年各级人民法院受理的涉外、涉侨、涉港澳台经济纠纷一审案件770件，比1991年上升16.67%，主要是购销、借贷等经济合同纠纷，还有31件专利侵权损害赔偿案件。1992年，各级人民法院受理的企业破产案件达428件，比1991年的117件增加了2.66倍。一些新类型的案件，如融资租赁、票据债券股票、信托合同、经济权属纠纷等，也开始出现或有较大的增加。1992年，各级人民法院审结的一审经济纠纷案件的标的总金额，也有较大的增加，达到330.45亿元，比上年的216.43亿元增加了114.02亿元，增长了52.68%，案均诉讼标的额5.09万元，比上年的3.71万元增加了37.2%，说明大案明显增加。

1992年经济审判各类案件大幅度上升的事实充分说明，一方面人民法院充分发挥经济审判的职能作用，不断强化为经济建设服务的意识，经济审判得到全面加强，人们注意运用法律手段解决经济纠纷的法律意识不断提高，另一方面，随着改革的深入，对外开放的扩大，社会主义市场经济的发展，需要人民法院运用法律手段调节的经济关系日益增多，经济审判的服务领域更加广阔。为适应改革开放大好形势的需要，更好地为发展社会主义市场经济服务，经济审判主要抓了以下几项工作：

一、加强调查研究，认真解决经济建设中要求法院解决的突出问题

为了适应我国经济体制由计划经济向市场经济的转变，发挥人民法院在新体制中应起的作用，各级人民法院在受理好大量诉讼到法院的经济纠纷案件的同时，及时进行调查研究，了解改革中出现的要求法院解决的带普遍性的新问题，掌握经济审判的主动权，更好的为经济建设服务。搞好国有大中型企业和加强农业及农村工作，是当前经济发展中比较突出的带普遍性的问题。如何及时解决与交易对方发生的经济纠纷，及时保护自己的正当权利不受侵犯，是大中型企业在面向市场转换经营机制中，要求法院解决的主要问题。各级人民法院通过各种方式宣传法制，并及时受理涉及国有大中型企业的经济纠纷案件，积极参与清理“三角债”，认真审理好涉及国有大中型企业商标、专利、著作权等知识产权案件的审理，妥善处理在深化企业改革和加强国家宏观调控中出现的企业承包、企业租赁、企业破产、企业兼并等案件，避免了国有资产的流失，支持了优胜劣汰，推动了企业优化组合，促进了产业、产品结构的调整，对企业转换经营机制提供了良好的法制环境，对中央关于搞好大中型企业的决策的贯彻提供了有力的法律支持和保障。如天津市、山西省各级法院制定了为大中型企业服务的措施，河南省、吉林省高级法院还在调查研究的基础上制订了为搞好国有大中型企业和地方国有骨干企业服务的意见。

1992年全国各级法院努力为加强农业和农村工作服务，妥善处理农村承包合同纠纷案件，在正确处理乡镇企业的经济纠纷案件的同时，加强了对农村购销合同纠纷案件的审理，并认真处理发展农业社会化服务中出现的各类案件，讲究办案效率，注意社会效果，保护各方面的积极性，促进农村商品经济的发展。如广西的许多法院制订了为加强农业和农村工作服务的具体意见和措施，天津市高级法院结合审判实践中的问题，制定了《如何处理单方中止农业承包合同案件的几点意见》。

二、改革审判方式，贯彻民事诉讼法

《中华人民共和国民事诉讼法》已于去年正式颁布执行。今年最高人民法院又发出了《关于适用〈中华人民共和国民事诉讼法〉若干问题的意见》，对保护当事人的诉权，提高办案质量和效率，有重要意义。各级人民法院都特别注意在经济审判中认真贯彻民事诉讼法，举办了相应的培训班，重点是落实公开开庭审判，当事人举证，当庭质证，平等辩论，认真合议，公正审判。多数地区已坚持作到有争议的，需要判决的案件都公开开庭审理；比较简单没有争议或争议不大的案件也由双方当面平等协商，在自愿基础上达成调解协议。

为了更好地发挥审判职能作用，优质高效地为经济建设服务，全国许多法院参照深圳市中级人民法院设立经济纠纷调解中心的经验，相继设立了一批经济纠纷调解中心。调解中心坚持自愿、合法两大原则，以立案快，结案快、执行快、效率高为主要特点，大大缓解了人少案多的矛盾，减轻了诉讼当事人的讼累，加速了涉讼商品和资金的流转，因其效果显著而受到欢迎。

三、认真抓执行工作，力争改变“执行难”的现状

近几年经济纠纷案件审结后不能执行的问题相当突出。有些具体情况只能按照民事诉讼法的规定和最高人民法院的意见实事求是的处理，如：对确实没有执行能力或暂时没有执行能力的债务人，裁定中止执行或终结执行；没有能力全部执行的，由债务人所在地法院统一组织执行，对各债权人比例清偿；对经营中存在困难尚有存在价值，勉强执行会引发一定社会问题的债务人（主要指生产性企业），可酌情暂缓执行或暂时中止执行，对由于地方保护主义的干扰不能执行，或原判确有错误或缺陷不宜按原判执行的案件，仍需加强工作予以解决。1992 年各级人民法院主要抓了 3 方面的工作。一是最高法院抓了委托执行的工作。最高法院于 3 月 19 日、6 月 10 日、9 月 29 日分别召开了 3 次有全国各高级法院主管院长参加的电话会议，布置、督促、检查、总结集中清理委托执行案件的工作。最高人民法院副院长华联奎 3 月 19 日强调了集中清理的必要性，明确了清理的范围、程序和要求。9 月 29 日总结了集中清理的主要收获和取得的经验，并对以后的执行工作提出了具体要求。二是按照最高法院的部署和安排，各地法院集中一定力量，加强执行工作，先后在本省和外地，对判决正确，债务人有执行能力的案件组织集中执行。三是对原判可能有错误或缺陷，执行回转可能有困难，当事人提出申诉的案件，由上级法院抓紧处理。两地公检法单位对原判有争议的，由上级法院认真审查协调。如原判正确，除要求坚决执行外，责令受地方保护主义影响的法院认真检查纠正；原判确有错误与缺陷的，通过审判监督程序予以改判或在执行中协调和解。经过以上各项工作，1992 年已执行经济纠纷案件达 273127 件，比 1991 年稍有上升。

四、组织多种形式的学习培训和研讨，努力提高审判队伍的素质

要能高质量、高效率地完成经济审判任务，关键在于审判人员的水平和素质。为此，我们狠抓了各种学习和培训，提高审判人员的政治素质与业务素质，政治学习主要是学习贯彻党的十四大会议精神，学习和掌握建设有中国特色社会主义的理论，理解社会主义市场经济的特点、规律和应共同遵守的规则，理解经济审判在社会主义市场体制建立和完善的过程中应起的作用。业务学习方面，根据需要举办了多种业务培训班，如最高人民法院经济庭举办了民事诉讼法培训班，与国家科委政策法规司共同举办了技术合同法培训班，与政法大学培训中心和国家环保局共同举办了环保法培训班，参加人员分别为各高级法院的经济庭庭长，主管副庭长，部分中级法院的经济庭庭长、副庭长、审判员。广东、河南和其他省、自治区、直辖市的高级法院也分别举办了学习民事诉讼法、最高法院关于该法的司法解释、涉外经济合同法和技术合同法的培训班，培训各中级法院和基层法院的经济庭庭长、副庭长。许多法院还组织了多种研讨会，探讨中外合资合作企业承包、涉外担保、破产、票据等经济审判中经常遇到的专门问题。中南东北 9 省（区）、华东 6 省（市）、西南西北 9 省（区）每年还召开一次共同的研讨会，研讨经济审判中遇到的疑难问题，不断提高经济审判工作水平。

1992年全国法院的行政审判工作

最高人民法院行政审判庭庭长　黄　杰

1992年，全国各级人民法院在党委领导、人大监督和政府机关的支持下，继续认真贯彻执行行政诉讼法，使行政审判工作取得了新的进展，主要抓了以下几个方面的工作：

一、积极慎重地依法审理行政案件，努力开创行政审判工作的新局面

1992年，全国各级人民法院共受理一审行政案件27125件，比1991年上升5.68%，二审行政案件8334件，比1991年上升20.26%。在新受理的一审行政案件中，土地行政案件8330件，占30.71%，居第一位；治安行政案件7863件，占28.99%，居第二位；林业行政案件1861件，占6.86%，居第三位；城市规划行政案件1362件，占5.02%，居第四位。以上四类案件分别比1991年上升2.06%，1.85%，22.19%，39.98%。全国各级人民法院共审结一审行政案件27116件，结案率为91.53%。在已结的案件中，维持行政机关具体行政行为的7628件，占28.13%，撤销和部分撤销行政机关具体行政行为的5285件，占19.49%，变更显失公正的处罚决定的480件，占1.77%，判决行政机关履行法定职责的196件，占0.72%，驳回起诉的2116件，占7.8%，撤诉的10261件，占37.84%。

一年来，全国各级人民法院在收案数量上升的同时，案件类型也涉及到更为广泛的领域，诉讼标的也不断增大，涉及的行政机关层次增高。各级人民法院除按原有的法律、法规的规定受理治安、土地等行政案件外，还受理了一些如金融管理、广播电视管理、动物检验管理、种子管理、河道管理、新闻出版管理、交通事故处理、农民负担等行政案件，例如，深圳市中级人民法院受理的深圳市原野实业股份有限公司诉中国人民银行深圳分行金融管理侵权赔偿案，争议标的达1亿多元；北京市中级人民法院受理的新闻出版管理和商标管理行政案件，被告则是新闻出版署和国家工商行政管理局，被告的层次已达中央级行政管理机关。

人民法院对受理的行政案件，坚持行政诉讼法“保护公民、法人和其他组织的合法权益，维护和监督行政机关依法行使行政职权”的立法宗旨，坚持以事实为根据，以法律为准绳的审判原则，从立案上、审理上、裁判上严格依法办事，注意掌握行政审判的特点，坚持对被诉具体行政行为的合法性进行审查，坚持被告负举证责任，使庭审活动更加规范，法律文书的质量也有了提高，办案质量和办案效率有了进一步提高，案件审判取得了较好的社会效果，进一步开创了行政审判工作的局面。

二、重点抓好与市场经济管理有关的行政案件的审理，努力拓宽行政审判的服务领域，发挥行政审判为改革开放、经济建设和社会稳定服务的职能作用

1992年，全国各级人民法院认真学习贯彻邓小平同志的南巡重要谈话和党的十四大的精神，进一步解放思想，转变观念，增强服务意识，结合行政审判积极主动地为改革开放、经济建设服务，并做了大量的工作。

第一，通过对侵犯企业生产经营决策权、产品销售权、投资决策权等案件的审理，制止侵犯企业经营自主权的违法行政行为，促进国有企业特别是大中型企业经营机制的转

换。

第二，通过对工商、税务、环保、卫生等行政案件的审理，制止乱设卡、乱罚款、乱摊派等违法行政行为，促进商品的生产和流通。

第三，通过对治安、收容审查、劳动教养等行政案件的审理，依法保护公民的人身权和其他合法权益。

第四，通过对土地、城市规划、道路交通等行政案件的审理，制止乱占滥批土地的行为，支持国家重点工程的建设，为改革开放和经济建设创造一个良好的社会环境。

第五，通过对计划生育和违法加重农民负担所引起的行政案件的审理，制止侵犯农民的合法权益的行为，保障国家实行计划生育这一基本国策的贯彻执行，保护和调动农民的生产积极性，促进农村经济的繁荣和发展。

三、开展调查研究，总结专项经验，推动工作发展

1992年，各地人民法院有重点地抓了对专题性问题的调查研究，对土地、工商、劳动教养、收容审查以及计划生育等行政案件的法律适用及审判经验进行调查、研究和总结。因为这几类案件中有的是数量多，涉及适用法律、法规方面的问题多，有的是遇到的干扰和阻力比较突出，审理难度大，各地迫切要求解决这些问题。在各地调查研究、总结经验的基础上，最高人民法院于1992年5月在湖南省岳阳市召开了由湖南、湖北、河南、河北、山东、安徽、上海、浙江、广东、贵州等10省、市行政审判工作专题调研会，总结、交流各地法院审理治安、土地、工商这三类案件的情况和经验，并对这三类案件审理中遇到的问题作了调查研究。随后，河南、福建、北京、天津、江苏等省、市都召开专题研讨会，研讨总结行政审判中遇到的专门性问题，有的省、市的高级法院在总结经验的基础上，形成了《关于土地行政案件审判工作中的若干问题的意见》、《关于审理劳动教养、收容审查行政案件若干问题的意见》、《关于计划生育行政案件审理和执行中若干问题的意见》等文件材料，供下级法院在审判工作中参考执行。各级法院对在研讨会上进行交流的论文和经验材料等，还在有关的审判刊物上予以刊登，起到了扩大行政审判影响，促进行政审判工作开展的积极作用。

四、进一步规范了办案程序，提高了办案质量

1992年，全国各级人民法院在调查研究、总结经验的基础上，对行政案件的开庭审理程序，执行程序等问题进行了研究，北京、河南、江苏、上海、内蒙古等省、市、自治区的高级法院对庭审程序制定了一些规则，以文件形式下发各级法院执行。1992年，最高人民法院还制定了《人民法院诉讼文书样式》，由审判委员会讨论通过后下发各级法院执行，各级人民法院认真组织了学习，规范了法律文书的制作，有的法院还对行政诉讼案件的案由作出了规定，为了进一步提高办案质量和审判水平，北京、四川、湖北、山东等省、市的法院还对行政案件的办案质量和超期审理等问题进行了检查评比，找出问题，提出对策，进一步提高了办案的质量。

1992年全国法院的行政审判工作在取得新的进展的同时，也还存在着一些问题：一是工作开展不平衡，少数法院进一步转变观念、解放思想不够，服务意识不强，运用行政审判职能为改革开放和经济建设服务的作用还没有充分发挥出来；二是有少数法院不敢严肃执法，有些行政案件应该依法受理的却没有受理，或受理以后不敢及时开庭审理，以致拖延了结案的法定期限；三是少数法院的审判队伍不够稳定；四是少数案件的办案质量还需要进一步提高，等等。存在这些问题的原因是多方面的，一是有的法院的领导同志对这项工作的重要意义认识不足，领导不力；二是少数法院的审判力量比较紧张，有的经过培训的行政审判干部的素质还不能适应工作的需要，影响了办案的质量；三是行政审判的外部干扰和阻力仍然比较大，给依法办案造成一定的困难。面对这些问题，各级人民法院要在新的一年里，以党的十四大的精神为指针，按照第十六次全国法院工作会议的精神和要求，进一步解放思想，提高认识，大胆实践，严肃执法，更好地为改革开放和经济建设服务，把行政审判工作提高到一个新的水平。

1992年全国法院的交通运输审判工作

最高人民法院交通运输审判庭副庭长　傅旭梅

随着我国经济建设进入高速发展阶段，交通运输事业也得到了大力发展。交通法制建设成为推进交通运输事业发展的强有力的保障。1992年，全国各海事法院和铁路运输法院认真学习贯彻落实邓小平同志南巡重要讲话和党的十四大文件精神，解放思想，更新观念，坚持交通运输审判为建立和发展社会主义市场经济和对外开放服务的指导思想，发挥审判职能作用，秉公执法，公正办案，不断增强工作的主动性和自觉性，使交通运输审判工作取得了可喜成绩。

一、海事审判工作

1992年全国各海事法院牢固树立审判为改革开放和经济建设服务的思想，积极开展海事审判工作，8个海事法院新收海事海商案件1441件，比1991年收案951件多收490件，收案率上升51.5%；审结各类案件1217件，比1991年结案910件多结307件，结案率上升33.7%；审结案件的诉讼标的金额为48500万元人民币，比上年上升75%。从整体看，各海事法院的收结案都呈上升趋势，基本做到多收多结。其中，天津海事法院收案数比上年增长1.24倍。青岛海事法院收案508件，比上年增长1.55倍，结案411件，比上年增长1.44倍，均创建院以来收案结案数最高纪录，较好地完成了审判工作。各海事法院通过审判活动，保护了当事人的合法权益，促进了航运事业和对外贸易事业的发展。一年来海事法院紧紧围绕经济建设这个中心，坚持不断提高办案质量和办案效率，使海事审判工作得到进一步发展。

（一）坚持严肃执法，保证办案质量和效率。由于案件数迅速增长，保证办案质量，提高办案效率成为海事审判工作的重要课题。在审判实践中，海事法院主要从“五个环节”来保证执法的正确性和及时性：一是依法受理案件，从主体资格是否合法、起诉是否有基本事实和基本证据以及是否符合海事法院管辖范围等方面严格把好立案关，为杜绝错案打下基础；二是依法调取证据，对当事人提供的证据进行细致审核和鉴定，以保证证据的真实可靠性。同时对于重要的证据和线索，由法院进行必要的调查取证；三是依法审理案件，通过改进审判方式、严格审限和强调当事人举证责任等措施，把办案的质量和效率有机地结合起来；四是严格适用法律政策，对每一个案件从立案、审理到结案和执行都严格适用程序法和实体法的规定，对于法律规定不明确或没有法律规定的，则根据有关立法精神和原则，结合国家政策、国际惯例进行处理。五是加强执法检查，严把质量关，发现确有错误的案件，坚决依法纠正，做到实事求是，有错必纠，使案件得到正确的审判。

（二）克服困难，使案件执行工作有新突

破。执行难一直是阻碍海事审判工作顺利进行的一个症结。一年来，各海事法院紧紧围绕“严肃执法，服务经济，稳定社会”的原则，根据本地区具体情况制定出行之有效的措施，使执行难的状况得到缓解。他们的主要做法是：首先从思想上重视案件执行，从人力、物力上加强执行队伍，使执行工作在干部、装备上得到保证。广州海事法院执行庭审判人员由原来的2人增加到4人，并报请上级部门任命了负责人；大连海事法院在5月份成立了申告执行庭，建立健全了申诉、告诉和执行工作的职责任务、工作程序等规章制度，并根据需要配备了干部和装备。其次，针对管辖范围广，执行人员少、积案多的实际情况，采取集中力量集中执行的方法。青岛海事法院成立了执行“会战”领导小组，由院领导亲自筹划指挥，周密布置，经过全院干警的奋力工作，全年执结了367件渔政监督管理部门申请执行的案件，执结率达89.5％，执结标的67万元，在山东沿海产生了广泛影响，取得了良好的社会效益。第三，采取中止执行的措施，对债务人确无履行能力，具备法定中止条件的案件，裁定中止执行。与此同时，在执行中注意债权人的责任，要求债权人向法院提供可供执行的财务情况，这在一定程度上减轻了执行工作的压力，提高执行效率，使法院处于较主动的位置。例如，广州海事法院在处理中国人民保险公司广州分公司与符光邻等5人民事判决执行案时，申请人提供不出被执行人可供执行的财产情况，经法院调查发现被执行人在海事发生后，家庭经济状况确实困难，没有偿还能力，于是依法裁定中止执行，使这起拖了5年之久的案件暂告一段落。第四，依法采取强制措施，保证案件顺利执行，以维护国家法律的尊严和当事人的合法权益。大连海事法院受理的辽东船舶营运公司申请对海南东方船务有限公司船舶买卖合同拖欠买船款强制执行一案，被申请人有偿还能力，但其无视法律，并谎报隐匿财产，对此，法院依法采取强制措施，扣押其船舶，迫使其履行了义务。

（三）重视和加强涉外案件的审理，努力为国家的改革开放创造良好的法制环境。近几年，涉外和涉港澳台的海商海事案件不断增多，这类案件在法律和政策的适用方面具有特殊性，案件的审理具有一定难度，并直接关系到国家对外开放政策的执行和外向型经济的发展。为此，各海事法院将涉外、涉港澳台海事审判作为1992年工作重点，配备审判骨干力量，确保办案质量和办案效率，坚持充分行使我国司法管辖权的原则，对依法应由我国海事法院受理的涉外案件积极受理，并实行“优先立案，优先审判，优先执行”的“三优”政策，运用诉前保全措施，依法保护海事请求权人的合法权益，对扣押船舶后被申请人拒不提供担保，符合有关卖船规定的，依法予以拍卖。与此同时，在审判程序的具体运作上进行大胆尝试，运用督促程序解决涉外、涉港澳台债务纠纷，为及时解决这类案件开辟新渠道。海事法院在审理涉外、涉港澳台案件中平等对待中外当事人，严格依法保护他们的合法权益，树立起中国海事法官公正执法的高大形象。如韩国韩中船务株式会社诉韩国半岛海运有限公司船员劳务合同纠纷一案，原告按约向被告派出11名船员，被告无理拒付船员工资及其他应付费用，上海海事法院依法判决被告承担纠纷的全部责任，双方当事人服判。

（四）贯彻“两便”原则，推进审判工作的改革。为了更好地贯彻便利诉讼、便利审判的原则，使海事审判工作适应改革开放的需要。大连海事法院经辽宁省高级人民法院批准，6月在沿海的普兰店市、兴城市、东沟县和盖县法院的经济审判庭设立海事合议庭（组），受理诉讼标的在5万元以下的国内海事海商案件；天津海事法院为完善天津港保税区投资和运营环境，报经上级主管部门批准，10月10日在天津保税区设立审判法庭，受理发生在保税区内的海事海商案件，为保税区内的中外企业提供法律咨询服务，该庭成立后调解两起纠纷，取得了较好的社会效果，这是全国首家在港口保税区设立的审判机构；武汉海事法院在南通港设立的南通法庭，也极大地方便了长江下游当事人的诉讼，更好地为长江经济带提供法律服务，这一举措受到江苏省高级法院和当地港航部门的欢迎。

二、铁路经济审判工作

一年来，全国两级铁路法院在党委的领导和上级法院的监督指导下，认真贯彻在哈尔滨市召开的全国铁路法院审判工作会议精神，坚持经济审判为改革开放和铁路运输服务的指导思想，运用审判职能调节经济关系，制裁经济侵权行为，为搞活国营大中型企业服务，努力拓宽为经济建设服务的领域，主动为铁路经济建设提供法律服务和法律保障，使经济审判工作取得了显著成绩。全年受理各类经济纠纷案件7069件，审结7403件（含上年未结数），结案标的金额1.81亿元，收结案分别比上年上升45.06%、65.99%，结案标的金额上升78.5%，各院均突破了目标管理收结案指标，圆满完成了当年的审判任务。

(一)适应改革和经济发展形势，解放思想，更新观念，多收案，快办案，办好案。全国两级铁路法院认真学习贯彻邓小平同志南巡谈话和党的十四大精神，强化审判职能，为维护铁路运输经济秩序提供法律保障和法律服务，积极开展铁路经济审判工作，深入铁路运输企业调查研究，巡回办案，宣传铁路法院的性质和收案范围，收结案大幅度上升。全年共新收一审及督促案件6798件，其中运输类合同纠纷案件570件，侵权纠纷案件80件，其他方面的合同纠纷案件6148件。通过审理这些案件，为国家、集体、个人挽回经济损失1.71亿元，维护了铁路运输经济秩序，保护了当事人的合法权益。济南、沈阳铁路两级法院继续发扬拼搏精神，真抓实干，全年共收一审、督促案件分别为1838件、1381件；哈尔滨、上海铁路两级法院几年来收结案始终保持良好势头；北京、成都两级法院更新观念、转变作风，深入基层，开展巡回办案月活动，收案分别达到438件、447件；呼和浩特、乌鲁木齐和柳州铁路两级法院在管辖区域较小的情况下，采取措施抓收案，1992年收案分别达到117件、207件和122件；广州铁路两级法院结合本辖区具体情况，在受理运输合同纠纷案件上下功夫，全年新收运输合同纠纷案件71件，占收案总数的29.5%；其他铁路两级法院在收案方面与上年相比都有较大幅度的增长。全国铁路两级法院在抓收结案数量的同时，注意提高案件质量，铁路中级法院及时加强审判监督，确保案件质量，全年共收二审案件271件，结案266件，其中部分改判29件，改判率占二审结案数的10.9%。

(二)发挥审判职能，为搞活国营大中型企业服务。各级铁路法院将为国营大中型企业服务作为1992年经济审判工作的重点，以审判活动为国营大中型企业的发展提供法律保障，为企业的经营活动保驾护航。对凡是影响国营大中型企业发展和经营的案件，及时审理，尽快执行，并通过开展专项审判活动，解决了长期困扰铁路运输企业的难题。1992年铁路法院及时审结了一批严重影响行车瞭望，车站改建、扩建工程以及毁坏运输设施，影响行车安全的侵权纠纷案件，解决了铁路运输企业运用行政手段长期无法解决的纠纷，维护了铁路运输的正常秩序；审理了一批拖欠铁路专用线大修、维修等费用的纠纷案件；审理了一批长期拖欠铁路运费，影响运营生产的纠纷案件，维护了运输经济秩序。

(三)适用民事诉讼法的督促程序，及时处理债权债务纠纷。铁路法院认真贯彻新民事诉讼法，正确适用督促程序，既方便了当事人诉讼，又便于及时解决纠纷，同时也提高了法院的工作效率。据统计，1992年受理督促案件575件，已结441件，收案比上年增加1.49倍，为当事人追回欠款294.7万元，及时有效地维护了当事人的合法权益。

（四）拓宽服务领域，主动为铁路经济建设提供法律帮助。铁路法院除通过审判活动为铁路运输经济提供法律保障外，努力拓宽为铁路运输服务的领域，在服务的广度和深度上下功夫。在普遍开展的巡回办案活动中，以宣传法律，为企业及当事人提供法律服务为导向，帮助企业排忧解难。一是深入基层站段，送法上门，开展法律咨询服务；二是帮助铁路企业建立健全经济司法联络员、经济合同管理员制度，定期对“两员”进行法律培训，促进依法治企，依法治路；三是针对一些当事人不愿对簿公堂和求速的心理，开展诉讼外调解工作。解决困扰企业的纠纷。继济南两级法院成立法律咨询服务中心后，成都、上海两级法院也成立了经济纠纷调解中心，为当事人提供了更为灵活、方便解决纠纷的途径；四依法配合铁路局、分局范围内清理债权债务工作，积极提供法律帮助。

（五）执行工作。随着铁路经济纠纷案件大幅度上升，案件的执行任务也越来越重。1992年，铁路经济执行案件达到1773件，比上年增长66.3%。两级铁路法院在执行任务重、执行人员少的情况下，将受理的执行案件按先易后难，先近后远，进行排队，在执行中坚持宣传法制，说服教育，针对不同执行对象采取不同方式，对暂时无执行能力的单位“放水养鱼”，扶持其生存发展，使被执行人逐步履行义务。1992年执行结案率达到84.1%。

1992年全国法院的告诉申诉审判工作

最高人民法院告诉申诉审判庭庭长　陈嘉宾

1992年是全国法院告诉申诉审判工作实行改革的第六个年头。一年中，全国各级人民法院告诉申诉审判部门以党的十四大精神和邓小平同志南巡谈话精神为指针，自觉地服从和服务于经济建设这个中心，进一步探索告申工作的新路子，努力完善诉讼运行机制，着眼于解决公民法人和其他组织反映的“告诉难”、“申诉难”问题，全面加强立案工作和审判监督，抓好大案、要案申诉案件的审理，整个告申工作比前几年又有了长足进步。

据统计，1992年全国各级人民法院共处理各类告诉申诉及非诉来信来访5956973件（人次），比1991年5120617件次上升16.3%（其中处理来信2020337件，上升0.7%，接待来访3936636人次，上升26.4%）。1992年来信来访的主要特点是：1.告诉信访有所上升。在这些来信来访中，各类案件的告诉3576450件次，比上一年3204619件次上升11.6%。这表明案件绝对数大量增加，群众投诉的总数亦随之有所增加。2.申诉信访有较大幅度下降。各类案件的申诉（申请再审）933854件次，比上年1242816件次下降24.9%，其中刑事申诉来信来访分别为337803件和101903人次，民事申请再审来信来访分别为206885件和174819人次，经济申请再审来信来访分别为52261件和40958人次，行政案件申诉来信来访分别为10846件和8379人次。案件上升、而申诉量却下降的情况表明：申诉工作得到应有的重视，审判监督工作进一步加强，重复申诉、越级申诉在减少。3.非诉信访成倍增长。1992年共处理非诉来信来访1446669件次，比上一年673182件上升114.9%。这表明：法院的威望在增强，人民群众对法院的信任度上升，连不属法院管辖的大量非诉、行政问题也告到法院，但是也增加了人民法院不必要的工作量。最高人民法院告申庭共处理各类告诉申诉及非诉信访94317件次，其中来信65243件次，比上一年84197件次下降22.5%；来访29074人次，比上一年33289人次下降12.7%；处理各类重点申诉案1308件，审理刑事申诉案30件，圆满完成了工作任务。

一年中，各级人民法院告申部门着重抓了以下几项工作：

一、进一步强化立案工作，实行和推广立、审分离的作法

全国各级法院把立案工作即告诉工作进一步提上重要日程，加强了领导，狠抓了立案的质量和效率，逐步实行和推广立案和审理分别由不同的庭主管的作法，大行便民之举，努力为群众排忧解难，立案工作有了新的进步。1992年全国各级法院共审查各类起诉决定立案1359642件，比上一年1218786件上升11.6%；调解简易纠纷135313件，比上一年115987件增加16.7%；指定管辖和指定受诉法院的80552件，比上一年52162件增加54.4%。各级法院告申干部抱着对党和人民高度负责的精神，勤勤恳恳，兢兢业业，不辞辛苦、克服困难、做了大量的告诉工作。

在立案工作中的主要经验是：

1. 实行和推广立审分离，有效地解决群众告状难。全国绝大多数法院，根据前几年告诉立案工作的实践，按照最高法院领导同志关于一个省、自治区、直辖市在告诉申诉工作范围上有个大体一致的规定的精神，在告诉工作中，较普遍地实行和推广了立、审分离的作法。即对刑事案件自诉和民事、经济纠纷案件的起诉，由告申庭统一签收、统一登记、统一审查、统一收费，决定立案后移送主管审判庭审理；人民法庭的立案工作，亦由基层法院告申庭监督和指导，当事人如因在法庭告不上状而告到法院时，则由告申庭审查后指定人民法庭立案或决定立案后移交人民法庭审理。地方各级人民法院对立、审分离的作法总结了以下几点好处：(1)有利于解决群众告状难。实行立、审分开，避免了以往自立自审引起的不结不立、以结代立、久拖不立、易案立难案不立等现象，有利于当事人投诉及时得到审查和受理，以往群众反映的“热点”告状难问题基本解决。如南京市中级人民法院告申庭负责立案，得到市、区、县各级政府、人大及人民群众的肯定和赞扬，1987年市人大会议曾经作出要求解决该市存在的“告状难”状况的提案。起初收效不大，1989年初告申庭成立后，狠抓了依法立案，到1990年，市人大代表普遍反映，“告状难”问题基本解决，这两年已听不到告状难的呼声。告申庭统一立案对解决告状难起到了关键性的作用。(2)有利于做到依法立案，提高立案质量和效率。告申部门根据刑、民诉讼法关于受理起诉条件及有关要求，从收受诉状、登记到审查立案和报批移送、结案反馈，大都制定了明确的标准。在审查中，坚持诉讼法规定的条件，凡符合法定受理条件的，依法在7天之内决定立案，并通知当事人；凡是不符合法定受理条件的，及时指导当事人补充有关材料，完善诉讼文书，以及早进入诉讼程序；对不属法院管辖的，亦告知当事人向主管部门反映。许多法院领导同志认为：告申庭统一负责立案，把这项工作作为一项专门的审判工作来做，思想重视了，处理更准确，质量和效率均相应提高。如贵州省法院系统对符合立案条件的告诉做到了及时审查，及时立案，因告状难到上级法院反映的大幅度下降。这一年1至9月，全省无一人因告状问题而赴京上访。山东省潍坊市中级法院为了确保公民和法人的诉讼权利受到法律保障，也为了防止立案标准掌握不平衡的现象，依法制定了“各类案件受案范围”、“不应受理案件范围”、“各类案件当事人举证须知”和“审查告诉的重点内容”等规定，由于制度健全，标准统一，告申庭统一把关，立案质量不断提高。1992年该市两级法院告申庭共受理有关告诉信访2571件次，涉及各类案件1837件，经审查依法决定立案并移交主管审判庭或指定人民法庭审理的1544件，作为简易纠纷自办的206件，对不符合法定立案条件说服息诉的87件。4年多来，告申庭决定立案移送有关庭审理的各类案件全部进入审判程序，无一退回，立案正确率达到百分之百，在人民群众中留下了吃亏是福、为民作主的佳话。(3) 有利于完善法院内部制约机制，促进廉政建设。立、审分开，两个不同的庭各负其责，各司其职，使内部分工更趋合理，健全了内部制约机制，有利于各庭之间互相衔接，互相配合，互相制约，可以减少人情案、关系案，从而促进法院内部的廉政建设。有的法院院长说：过去自立自审，弊病较多，存在该立不立，不该立而立的状况，有的甚至不审查，不收诉，现在这种现象基本匿迹。同时，告申庭如果立错了案件，主管庭亦可提出意见，报院领导协调。这样，互相监督，互相协作，凭关系、托人情的作法，不合法的告诉立案就行不通了，有利于法院的廉政建设。(4) 有利于各级法院领导同志集中精力抓大事，有利于主管庭把主要精力放在审好一、二审案件上，可以安下心来更好地顾大局，抓大事。例如，绍兴市越城区法院告申庭统一立案，为院长减轻了负担，同时也为各审判庭节省了时间和人力，避免了各庭都搞立案的分兵把口忙乱现象。各庭可以集中精力审理一审案件，结案时间平均每件比以往缩短20天左右，年结案数大幅度增加，一审质量亦相应提高。院长们大都表示一定要把立、审分离的作法坚持下去。(5) 有利于及时反馈信息，为领导起参谋助手作用。告申庭在审查立案中，直接接触到各类案件当事人，听到来自不同角度的反映和呼声，易于了解社情民意，及时发现和捕捉社会信息，是人民法院信息反馈的一个重要渠道。同时，有利于统一掌握各类案件的立案数，准确地搞好立案统计，通过立案审查，及时筛选、整理告诉工作中的新情况、新特点，为领导决策、处理问题和指导各项审判工作，提供第一手材料。上海市法院系统告申部门在保证质量、畅通渠道的基础上，做到重要信息"一事一报"，倾向性问题综合上报，单一信息"新、准、快"，综合信息有倾向性、代表性和指导性。一年中全市告申部门提供单一信息571件，综合信息105件，被上级采用125件，与1991年相比，采用率提高38.9%。黄浦区法院告申庭全年提供信息34件，内容涉及股票纠纷、老年人权益保护、自诉伤害案分析、季度立案审查回顾综合等情况，对审判政策研究和领导决策、指导均起到良好作用。

2. 想群众所想，大行便民之举。全国法院告诉申诉部门以全心全意为人民服务为宗旨，大力贯彻两便原则，想群众所想，急群众所急，大兴便民之举，采取一系列措施，方便了群众诉讼，使群众体会到人民的法院门好进，事好办，告状有了主心骨，解决问题有了盼头。例如，内蒙古自治区许多中级、基层法院，针对广大农村、牧区地域辽阔、居住分散、交通不便的特点，把平时在法院接待与定期、不定期派员到偏远农村、牧区受理案件结合起来。赤峰市翁牛特旗法院辖区东西长数百里，有31个乡、镇、5个农场和2个矿，过去由于路远交通不便告状难问题较突出。1988年告申庭成立以来，庭长经常带领办案组深入乡镇牧场，就地受诉审查立案和办理简易纠纷案件，深受群众称颂。又如，江苏省兴化市人民法院告申庭根据当地农民来回投诉要增加财力、物力支出的困难情况，经常主动深入乡、村，就地收诉，对符合条件的，及时立案；对不符合条件的，指导当事人及时补充、完善，邮寄到法院，减少了当事人往返奔波，减轻了农民因诉讼造成的不应有的负担，受到农民群众的好评。

3. 抓住告诉工作重点，提供优质高效服务。许多法院在告诉工作中，针对告诉量大、任务较紧张的状况，分清轻重缓急，对于那些涉及国有大中型企业的经济纠纷、矛盾容易激化的纠纷以及其他一些影响较大、案情较复杂的案件，作为重点，及时依法提供优质高效的审查和立案。例如，内蒙古乌海市海勃湾区是自治区经济试验区之一，区法院针对一些企业大量资金难以回笼、严重束缚生产经营手脚的状况，实行了先摸底后立案，先立案缓交费的为企业着想的办法，派员下去，送法上门，经过近一年努力，及时受理经济纠纷 512 件，诉讼标的 2752 万元，解决了一大批难债、死债，使一部分企业从经济困境中得以解脱出来。上海市南汇县法院告申庭审查经济纠纷案件坚持三快，即快审查，快审批，快交付审理，做到急案随到随立，一般案件 2 日内立案，补证案件亦在法定期限内立案，使不少经济纠纷得以及时依法解决。湖南省醴陵市人民法院告申部门紧密联系乡镇企业多（23000 多个）、经济纠纷多以及寻求法律保护多的实际情况，确立工作重点，优先提供法律服务，把告诉工作重点向数万家乡镇企业尤其是 89 家骨干企业倾斜，对这些企业的经济纠纷，主动上门进行法律指导，对投诉的优先受理，优先审结，优先执行，有效地缓解了企业之间的矛盾，发挥了告诉工作为乡镇企业的发展壮大服务的特殊威力。

二、强化审判监督力度，逐步普及审、监分离的作法

各级人民法院告申部门把审判监督作为自己十分重要的任务之一，积极依法行使审判职能，强化审判监督力度，在提高审判工作水平、促进办案质量、维护法律的尊严和生效判决的确定性以及实事求是纠正错误裁判、促进社会政治、经济稳定、保障现代化建设等方面均发挥了积极作用。1992 年各级法院告申部门共审查各类案件的申诉及申请再审 933854 件次，决定立案再审的案件共 89118 件，其中移送其他庭审理 16102 件，告申部门直接审理 73016 件（维持 42779 件，改判 15423 件）。广大告申干部在审判监督工作中，忠实于事实真相，忠实于法律，忠实于党和人民，以严肃认真的工作态度、卓有成效的审判实绩，把党的政策和国家法律的春风吹到数十万当事人及周围群众的心坎上，产生了良好的社会影响。

各级法院在审判监督工作中的主要经验是：

1. 积极实行和推广审监分离的作法，有效地解决“申诉难”、“再审难”。审监分离，即指原审（一、二审）和监督审（再审）分别由不同的庭主管，分工制约，互相配合。早在 1988 年上半年，四川省高级法院根据法律关于“再审案件应当另行组成合议庭”的规定精神，即提出“申诉、再审案件不再回到原审判庭”、“原审和再审分开”的原则，并率先执行，5 年来坚持不懈，收到了十分显著的效果。该省虽然在全国人口最多，案件也多，但是几年来申诉和申请再审的逐年大幅度下降，越级申诉的也明显减少，赴京上访人数由原来占全国第三位下降为第十一位。湖北、湖南、江苏、海南、山东、浙江、江西、广西、贵州、天津、山西、新疆、青海、内蒙、河南、安徽等省、自治区、直辖市法院系统也纷纷学习四川的做法，逐步实行和推广审监分离，使告申庭的职能作用得到了更好的发挥。各地在实践中体会到审监分离的好处主要有：

（1）有利于严肃执法，有法必依。我国刑事和民事诉讼法均明确规定，再审案件应当另行组成合议庭进行。如果再审案件仍由原审判庭审理，很容易回到原合议庭成员或原承办人手中，法律规定的另行组成合议庭的要求就难以得到保证，越是基层法院就越是如此。而将各类申诉、再审划归告申庭负责处理，就可有效地避免上述现象，更好地严格依法办事。这样可以不受原审框框的约束，防止先入为主的弊病，有利于充分保障法律赋予当事人的申诉及申请再审权利。实行审监分离的法院，每年处理大量申诉、再审案件，实事求是地纠正了一定数量的错案。

河南全省法院一年来共审结各类申诉案件5933件，其中维持2614件，改判1282件；贵州全省法院一年来共审结刑事申诉案1439件，审结民事、经济纠纷申请再审案1317件，改判率分别为21%和17%，与上一年相比，结案率提高21.4%。江苏省苏州市两级法院告申庭一年中审结各类再审案456件，其中维持268件，改判61件。这些做法，不仅有效地制止、教育了滥用申诉权利的当事人，也确保了当事人依法行使申诉权的行为得到有力保障。

（2）有利于强化法院内部监督机制。实行审监分离，有利于法院内部庭与庭之间互相监督，互相促进。许多法院的实践表明，实行这一做法，各庭之间经常互通情况，交流信息，发现问题，及时提出改进措施，从而促进了一、二审质量的提高。同时，一、二审质量的提高，又能从根本上减少申诉信访和再审案件的提起，形成良性循环。

（3）有利于理顺法院内部关系。实行这一作法，职责分明，任务明确，有利于使申诉、再审案件一办到底，减少了“踢皮球”现象，消除了不必要的重复劳动，提高了申诉、再审工作的效率，法院内部庭与庭之间的关系也相应理顺。

（4）有利于强化审判监督。审监分离，改变了以往审监合一、各庭分别自我监督的不合理现象，把审判监督落实到一个专门的审判庭来负责，有利于对各类申诉案件严格把关，有利于更好地教育无理申诉的当事人服判息诉，同时又能更好地及时纠正错误裁判。中级法院以上的告申庭，还专门承担对下级法院审判监督进行指导的任务，这样有效地避免了自我监督可能引起的重一、二审轻再审，重再审轻申诉的现象，切实加强了上下级法院之间和法院内部的审判监督。

2. 坚持贯彻落实分级负责的原则。各级法院告申部门对各类案件的申诉及申请再审，坚持分级管理，各负其责，尤其是基层、中级法院，大都做到有诉必办，件件落实，事事答复。内蒙古自治区各级法院告申庭对于申诉案件做到来一件，办一件，中级和基层法院对每件申诉都调卷认真审查。该区三级法院一年中共审查申诉11614件，决定立案7469件，告申庭直接再审改判1223件，维持原判4564件，其他处理1682件，达到了维持有理、改判有据、针对性强、息诉率高、社会效果好的目的，出现了“申诉积案少、越级上访少、重复申诉少、上访老户少”的可喜局面。

3. 坚持“三个有利于”为出发点和法律原则相结合。各级法院告申部门在审判监督工作中，坚持以三个有利于为出发点，正确执行改革开放中党和国家的各项经济政策，坚持法律原则，运用法律手段，调整经济关系，保护改革者，帮助失误者，制裁违法，打击犯罪，促进了国家稳定，维护了市场经济的发展。贵州省高级法院在审查申诉和再审案件中，注意把握以下几个问题：①从促进社会主义市场经济出发，保护当事人的合法权益和平等的法律地位；②从改革开放的实际出发，注意处理好政策和法律的关系；③从搞活大中型企业出发，及时受理审结大中型企业的申请再审案；④从严肃执法出发，对经济犯罪的审查，注意划清违法、违纪与犯罪的界限；⑤从有利于稳定出发，对纠缠各级领导机关和有缠诉苗头的申诉，及时主动调卷审查，据理据证据法答复申诉人。一年中，省院告申庭审结提审的申诉案110件，调本院原卷审查了各类申诉案97件，做到了主动认真，件件有结果，件件案结事了，基本上杜绝了缠诉现象。

4. 努力创造条件开庭审理再审案件。各级法院告申部门为了扩大再审的社会效果，确保再审质量、效率和效果的统一，坚持把书面审理和开庭审理结合起来，特别是对于那些二审没有开庭或一、二审在认定事实上有分歧意见或者需要进一步核实证据的再审案件，更注意积极创造条件开庭审理。如河南省高级法院告申庭一年中审理经济纠纷申诉案68件，其中开庭审理的12件，占18%，进一步澄清了事实，核实了证据，纠正了原审错误，惩治了违法，教育了当事人。内蒙古巴盟中级法院对审判委员会决定提起再审的案件，一律做到开庭审理，对一些影响较大的再审案件，在开庭时还组织两级法院告申庭审判人员进行现场观摩，对于互相学习、不断提高开庭水平、增强办理再审案件的能力起到了积极作用。再如，吉林省桦甸市人民法院全面实行再审开庭，增强了案件透明度，使申诉人能在庭审中重新了解案件的全过程及应适用的法律，消除思想上的疑团，增强对法院的信任感，开庭审理再审案件，体现了审判过程的合法性，有效地抵制了不正之风，纠正原审错误，提高了准确性。该院告申庭自1990年以来，共开庭审结再审案件179件，其中改判30件，维持原判149件，无一出现失误，息诉服判率达到百分之百，告申庭连续多年被省市评为告申工作先进单位。

5. 抓重点，集中突破。各地法院告申部门在申诉工作中，把大案要案的申诉、上级交办的申诉案、上访申诉老户、集体上访户以及其他重大疑难的申诉案件作为重点，集中力量予以突破，打开局面。山东、河南等高级法院，坚持组织告申干部轮流到最高法院接待室协助接待本地上访人员，了解情况，做耐心细致的思想工作，使不少上访人返回当地以求问题就地处理。河南平顶山中院采取多渠道承包责任制，运用审判职能和各种方法，使全市31户上访老户息诉停访或稳在基层。河南省法院通过告申阵地一年中处理集体上访事件30余起，防止群众性大规模械斗事件25起，如濮阳县集村乡有两个村因土地纠纷在麦收前争执不休，鸣枪放炮，放火烧麦，形成两村群众持械对峙的局面。乡党委、政府制止无效，即向县法院告申庭求援，告申庭同志在一位副院长带领下迅即赶往现场，分头做两村干部群众的思想工作和法制教育工作，稳定了双方情绪，缓和了紧张气氛，终于坐下来依法解决争端，避免了事件的恶化。

三、加强业务指导，推动告申工作不断发展

各级法院告申部门在实践中认识到：大量的告诉申诉，首先向基层法院及部分中级法院提出。基层告申工作做好了，就能掌握告申工作主动权。上级法院不仅要做好本身的告申工作，抓好告申案件的审查处理，更重要的是要抓好对下级法院尤其是对基层法院告申工作的督促、指导和帮助，这样就打好了基层基础，使告申工作立于不败之地。

天津市高级法院告申庭向所属各级法院制定下发了《告申工作暂行规定》、《申诉、再审提要》以及《关于在申诉复查中当事人自行和解提出撤诉的处理办法》等项规定，提出了“保质量、高效率、重效果”的告申工作标准，并努力创造条件，先后几次与其他审判庭联合举办审判业务培训班，组织对疑难案件的研讨和现场经验交流，推动了下级法院告申工作的全面开展。

山东省高级法院告申庭经常派员深入中级、基层法院，调查研究，检查指导工作，传达贯彻最高法院领导的讲话和文件精神；制定完善了《告诉申诉工作暂行规定》和《关于对告申工作考核办法的修改意见》，把告申工作全面履行审判职能作为评选先进的硬指标；同时，把工作开展得好、成效显著的法院作为重点予以扶持，帮助他们总结经验，及时推广，带动全省法院的告申工作。一年中编写告申简报40余期，经验选编等小册子4本，召开大型告申工作经验交流会两次，先后介绍推广了寒亭区法院《狠抓告申工作连续13年无一进京上访》、昌邑法院《连续8年无一进京上访》等数十份经验材料，使全省告申工作开展得有声有色，告申干部均感到上级重视，精神面貌焕然一新，工作干劲和创造性不断增添，19个中级法院中有16个被评为当地信访申诉工作先进集体。

湖北省高级人民法院告申庭在经常派员深入基层督促、催办大案要案的同时，加强了对告申工作的调查研究，不断了解新情况，研究新问题。针对部分法院告申工作任务与力量不相适应、抓中心工作抽调人员过多等问题，对十堰、郧阳、襄樊、安陆等地、县法院进行了调查摸底，写出了有质量的调查报告，为领导决策提供有价值的信息，同时，还抽查、评查了部分法院的告申工作，在总结经验教训的基础上向全省通报，达到互相学习、共同提高之目的。

新疆维吾尔自治区高级人民法院针对处于边远多民族地区、基层审判力量薄弱的状况，经常组织工作组到告申工作任务较重的中级、基层法院进行调查研究，并就地阅卷，与原审法院共同探讨，发现问题及时解决，既帮助下级法院提高业务水平，提高办案质量和工作效率，又密切了上下级法院之间的关系，同心同德、上下一致，做好全区告申工作。

四、认真做好各项诉前工作，为人民群众服务，为改革开放服务

各级法院告申部门为了方便当事人诉讼，更好地保障当事人的合法权益、充分运用审判职能，认真做好调解、财产保全、督促程序、公示催告程序等工作，有利于纠纷的及时化解，案件的审理和执行。

江苏省法院系统告申庭一年中有效地运用督促程序和公示催告程序这两种法律手段，共审结申请支付令案件9842件，为债权人追回债款7704.85万元；审结公示催告程序案件45件，避免当事人因丢失有价票据而损失款32.5万元。该省南京市鼓楼区人民法院一年中先后3次召开有34家企业代表参加的座谈会，介绍督促程序的特点、作用、适用范围和申请方法，并先后印发了数百份《支付令的适用》、《申请支付令须知》等宣传小册子，向有关企业宣传，为许多债权人运用支付令形式解决纠纷提供了指导，使许多沉淀多年的债务纠纷，以支付令方式向法院提出了申请，迅即得到了解决，受到企业的广泛欢迎。

福建省各级法院告申庭一年中共调处简易纠纷1416件，在调解工作中，抓住争执焦点，根据自愿合法的原则，采取灵活、适当的方法，因势利导，就案讲法，促进双方和解。一年中，该省法院还办结支付令案件4012件，总标的3369.56万元，处理中做到了简便、快捷、省时、省力，大大减轻了当事人讼累，提高了办案效率，进一步树立了法院的执法权威。

浙江省三级法院一年中办结财产保全、督促程序、公示催告程序等案件4248件，发生法律效力的共3245件，解决的诉讼标的额达2404万余元。如该省金华县法院运用支付令手段，为该县曹宅村在1个月内即收回债款96万余元，为村民解除了困境，促进了农村的经济建设。

五、继续强化机构，充实力量，为做好告申工作提供组织保障和人力保证

一年来，各级法院不断提高认识，继续加强告申工作机构和干部队伍建设，告申庭数量又有所增加，人员进一步充实，为全面做好大量繁重而艰巨的告申工作提供了切实的组织保障和充足的人力保证。据统计，全国各级法院已经成立告诉申诉审判庭3018个，占全国法院总数的89.3%，比1991年2748个增加了9.8%。其中除最高法院告申庭外，高级法院、中级法院和基层法院设立告申庭的分别为27个、340个和2650个，各占同级法院数的90%、89.2%和89.3%。全国各级法院共配备告诉申诉审判干部17046人（含3052名审判监督干部），比1991年12659人增加34.7%。其中审判员、助审员14221人，占83.4%；书记员2755人，占16.6%。一大批政治素质好、业务能力强、身体健康、年富力强或年轻有为的审判干部充实到告申庭，为告申机构增添了有生力量，为工作开展注入了新的活力，全国法院告申工作开展得更加生机勃勃。

综上所述，全国法院一年来积极依法做好告诉申诉工作，在加强机构、充实人员、建立和健全各项规章制度、实行两个分离（立审分离和审监分离）、解决两难（告状难、申诉难）、保护两权（公民、法人和其他组织的诉讼权利和合法权益）诸方面，均取得了明显成效。各地法院告申工作的实践再一次证实，最高法院党组关于告申工作改革的决策是十分正确的。这条改革之路一定要坚定不移地向前走下去。当然，告申工作中也还存在着这样那样的问题和缺点。如对全国法院告申庭的职责范围尚缺一个大体统一的规定；少数地方法院告申部门人力与任务不相适应的情况有待于改变；个别法院告申庭仍未转变职能，没有真正发挥一个审判庭应有的职能作用；一些上访老户缠诉不休仍然困扰着人民法院的告申工作；上级法院对下级法院告申工作的调查研究和业务指导仍需进一步加强，等等。这些前进中的问题必定会随着告申工作的不断发展逐步得到解决。

第三部分　法律法规和司法解释

法　　律

中华人民共和国领海及毗连区法

（1992年2月25日第七届全国人民代表大会
常务委员会第二十四次会议通过　同日公布）

第一条　为行使中华人民共和国对领海的主权和对毗连区的管制权，维护国家安全和海洋权益，制定本法。

第二条　中华人民共和国领海为邻接中华人民共和国陆地领土和内水的一带海域。

中华人民共和国的陆地领土包括中华人民共和国大陆及其沿海岛屿、台湾及其包括钓鱼岛在内的附属各岛、澎湖列岛、东沙群岛、西沙群岛、中沙群岛、南沙群岛以及其他一切属于中华人民共和国的岛屿。

中华人民共和国领海基线向陆地一侧的水域为中华人民共和国的内水。

第三条　中华人民共和国领海的宽度从领海基线量起为十二海里。

中华人民共和国领海基线采用直线基线法划定，由各相邻基点之间的直线连线组成。

中华人民共和国领海的外部界限为一条其每一点与领海基线的最近点距离等于十二海里的线。

第四条　中华人民共和国毗连区为领海以外邻接领海的一带海域。毗连区的宽度为十二海里。

中华人民共和国毗连区的外部界限为一条其第一点与领海基线的最近点距离等于二十四海里的线。

第五条　中华人民共和国对领海的主权及于领海上空、领海的海床及底土。

第六条　外国非军用船舶，享有依法无害通过中华人民共和国领海的权利。

外国军用船舶进入中华人民共和国领海，须经中华人民共和国政府批准。

第七条　外国潜水艇和其他潜水器通过中华人民共和国领海，必须在海面航行，并展示其旗帜。

第八条　外国船舶通过中华人民共和国领海，必须遵守中华人民共和国法律、法规，不得损害中华人民共和国的和平、安全和良好秩序。

外国核动力船舶和载运核物质、有毒物质或者其他危险物质的船舶通过中华人民共和国领海，必须持有有关证书，并采取特别预防措施。

中华人民共和国政府有权采取一切必要措施，以防止和制止对领海的非无害通过。

外国船舶违反中华人民共和国法律、法规的，由中华人民共和国有关机关依法处理。

第九条　为维护航行安全和其他特殊需要，中华人民共和国政府可以要求通过中华人民共和国领海的外国船舶使用指定的航道或者依照规定的分道通航制航行，具体办法由中华人民共和国政府或者其有关主管部门公布。

第十条 外国军用船舶或者用于非商业目的的外国政府船舶在通过中华人民共和国领海时，违反中华人民共和国法律、法规的，中华人民共和国有关主管机关有权令其立即离开领海，对所造成的损失或者损害，船旗国应当负国际责任。

第十一条 任何国际组织、外国的组织或者个人，在中华人民共和国领海内进行科学研究、海洋作业等活动，须经中华人民共和国政府或者其有关主管部门批准，遵守中华人民共和国法律、法规。

违反前款规定，非法进入中华人民共和国领海进行科学研究，海洋作业等活动的，由中华人民共和国有关机关依法处理。

第十二条 外国航空器只有根据该国政府与中华人民共和国政府签订的协定、协议，或者经中华人民共和国政府或者其授权的机关批准或者接受，方可进入中华人民共和国领海上空。

第十三条 中华人民共和国有权在毗连区内，为防止和惩处在其陆地领土、内水或者领海内违反有关安全、海关、财政、卫生或者入境出境管理的法律、法规的行为行使管制权。

第十四条 中华人民共和国有关主管机关有充分理由认为外国船舶违反中华人民共和国法律、法规时，可以对该外国船舶行使紧追权。

追逐须在外国船舶或者其小艇之一或者以被追逐的船舶为母船进行活动的其他船艇在中华人民共和国的内水、领海或者毗连区内时开始。

如果外国船舶是在中华人民共和国毗连区内，追逐只有在本法第十三条所列有关法律、法规规定的权利受到侵犯时方可进行。

追逐只要没有中断，可以在中华人民共和国领海或者毗连区外继续进行。在被追逐的船舶进入其本国领海或者第三国领海时，追逐终止。

本条规定的紧追权由中华人民共和国军用船舶、军用航空器或者中华人民共和国政府授权的执行政府公务的船舶、航空器行使。

第十五条 中华人民共和国领海基线由中华人民共和国政府公布。

第十六条 中华人民共和国政府依据本法制定有关规定。

第十七条 本法自公布之日起施行。

中华人民共和国全国人民代表大会和地方各级人民代表大会代表法

（1992年4月3日第七届全国人民代表大会
第五次会议通过　同日公布）

第一章　总　　则

第一条 为保证全国人民代表大会和地方各级人民代表大会代表依法行使代表的职权，履行代表的义务，发挥代表作用，根据宪法，制定本法。

第二条 全国人民代表大会和地方各级人民代表大会代表依照法律规定选举产生。

全国人民代表大会代表是最高国家权力

机关组成人员，地方各级人民代表大会代表是地方各级国家权力机关组成人员。

全国人民代表大会和地方各级人民代表大会代表，代表人民的利益和意志，依照宪法和法律赋予本级人民代表大会的各项职权，参加行使国家权力。

第三条　代表必须模范地遵守宪法和法律，保守国家秘密，在自己参加的生产、工作和社会活动中，协助宪法和法律的实施。

第四条　代表应当与原选区选民或者原选举单位和人民群众保持密切联系，听取和反映他们的意见和要求，努力为人民服务。

第五条　代表受原选区选民或者原选举单位的监督。选民或者选举单位有权依法罢免自己选出的代表。被罢免的代表有权出席罢免该代表的会议申诉意见或者书面申诉意见。

第六条　代表依照本法的规定在本级人民代表大会会议期间的工作和在本级人民代表大会闭会期间的活动，都是执行代表职务。

国家和社会为代表执行代表职务提供保障。

第二章　代表在本级人民代表大会会议期间的工作

第七条　代表应当出席本级人民代表大会会议，依法行使代表的职权。

第八条　代表参加大会全体会议、代表团全体会议、小组会议，审议列入大会议程的各项议案和报告。

代表可以被推选或者受邀请列席主席团会议、专门委员会会议，发表意见。

第九条　代表有权依照法律规定的程序向本级人民代表大会提出属于本级人民代表大会职权范围内的议案。议案应当有案由、案据和方案。

列入会议议程的议案，在交付大会表决前，提出议案的代表要求撤回的，经主席团同意，会议对该项议案的审议即行终止。

第十条　全国人民代表大会代表，有权依照宪法规定的程序向全国人民代表大会提出修改宪法的议案。

第十一条　代表参加本级人民代表大会的各项选举。

全国人民代表大会代表有权对主席团提名的全国人民代表大会常务委员会组成人员的人选，中华人民共和国主席、副主席的人选，中央军事委员会主席的人选，最高人民法院院长和最高人民检察院检察长的人选，全国人民代表大会各专门委员会的人选，提出意见。

县级以上的地方各级人民代表大会代表有权依照法律规定的程序提出本级人民代表大会常务委员会的组成人员，人民政府领导人员，人民法院院长，人民检察院检察长以及上一级人民代表大会代表的人选，并有权对本级人民代表大会主席团和代表依法提出的上述人员的人选提出意见。

乡、民族乡、镇的人民代表大会代表有权依照法律规定的程序提出本级人民政府领导人员的人选，并有权对本级人民代表大会主席团和代表依法提出的上述人员的人选提出意见。

各级人民代表大会代表有权对本级人民代表大会主席团的人选，提出意见。

代表对确定的候选人，可以投赞成票，可以投反对票，可以另选他人，也可以弃权。

第十二条　全国人民代表大会代表参加决定国务院组成人员和中央军事委员会副主席、委员的人选。

全国人民代表大会和省、自治区、直辖市、自治州、设区的市的人民代表大会代表参加表决通过本级人民代表大会各专门委员会组成人员的人选。

第十三条　代表在审议议案和报告时，可以向本级有关国家机关提出询问。有关国家机关应当派负责人或者负责人员回答询问。

第十四条　全国人民代表大会会议期

间，一个代表团或者三十名以上的代表联名，有权书面提出对国务院和国务院各部、各委员会，最高人民法院，最高人民检察院的质询案。

县级以上的地方各级人民代表大会代表有权依照法律规定的程序提出对本级人民政府及其所属各部门，人民法院，人民检察院的质询案。

乡、民族乡、镇的人民代表大会代表有权依照法律规定的程序提出对本级人民政府的质询案。

质询案应当写明质询对象、质询的问题和内容。

质询案按照主席团的决定由受质询机关答复。提出质询案的代表半数以上对答复不满意的，可以要求受质询机关再作答复。

第十五条　全国人民代表大会代表有权依照法律规定的程序提出对全国人民代表大会常务委员会组成人员，中华人民共和国主席、副主席，国务院组成人员，中央军事委员会组成人员，最高人民法院院长，最高人民检察院检察长的罢免案。

县级以上的地方各级人民代表大会代表有权依照法律规定的程序提出对本级人民代表大会常务委员会组成人员，人民政府组成人员，人民法院院长，人民检察院检察长的罢免案。

乡、民族乡、镇的人民代表大会代表有权依照法律规定的程序提出对本级人民政府领导人员的罢免案。

罢免案应当写明罢免的理由。

第十六条　县级以上的各级人民代表大会代表有权依法提议组织关于特定问题的调查委员会。

第十七条　代表参加本级人民代表大会表决，可以投赞成票，可以投反对票，也可以弃权。

第十八条　代表有权向本级人民代表大会提出对各方面工作的建议、批评和意见。有关机关、组织必须研究处理并负责答复。

第三章　代表在本级人民代表大会闭会期间的活动

第十九条　县级以上的各级人民代表大会常务委员会组织本级人民代表大会代表开展闭会期间的活动。

县级以上的地方各级人民代表大会常务委员会受上一级人民代表大会常务委员会的委托，组织本级人民代表大会选举产生的上一级人民代表大会代表开展闭会期间的活动。

第二十条　县级以上的各级人民代表大会代表，在本级或者下级人民代表大会常务委员会协助下，可以按照便于组织和开展活动的原则组成代表小组。

县级以上的各级人民代表大会代表，可以参加下级人民代表大会代表的代表小组活动。

第二十一条　县级以上的各级人民代表大会代表根据本级人民代表大会常务委员会的统一安排，对本级或者下级国家机关和有关单位的工作进行视察。

代表按前款规定进行视察，可以提出约见本级或者下级有关国家机关负责人。被约见的有关国家机关负责人或者由他委托的负责人员应当听取代表的建议、批评和意见。

代表可以持代表证就地进行视察。县级以上的地方各级人民代表大会常务委员会根据代表的要求，联系安排本级或者上级的代表持代表证就地进行视察。

代表视察时，可以向被视察单位提出建议、批评和意见，但不直接处理问题。

第二十二条　代表有权依照法律规定的程序提议临时召集本级人民代表大会会议。

第二十三条　县级以上的各级人民代表大会代表可以应邀列席本级人民代表大会常务委员会会议。全国人民代表大会代表，省、自治区、直辖市、自治州、设区的市的人民代表大会代表可以应邀列席本级人民代表大会各专门委员会会议。

第二十四条　全国人民代表大会代表，省、自治区、直辖市、自治州、设区的市的人民代表大会代表可以列席原选举单位的人民代表大会会议，并可以应邀列席原选举单位的人民代表大会常务委员会会议。

第二十五条　代表应当采取多种方式经常听取人民群众的意见，回答原选区选民或者原选举单位对代表工作和代表活动的询问，协助本级人民政府推行工作。

第二十六条　县级以上的各级人民代表大会代表根据本级人民代表大会或者本级人民代表大会常务委员会的决定，参加关于特定问题的调查委员会。

第二十七条　县级以上的各级人民代表大会代表有权向本级人民代表大会常务委员会提出对各方面工作的建议、批评和意见。有关机关、组织必须研究处理并负责答复。

第二十八条　乡、民族乡、镇的人民代表大会代表分工联系选民，依法组成代表小组，反映群众的意见和要求，协助本级人民政府推行工作。

第四章　代表执行职务的保障

第二十九条　代表在人民代表大会各种会议上的发言和表决，不受法律追究。

第三十条　县级以上的各级人民代表大会代表，非经本级人民代表大会主席团许可，在本级人民代表大会闭会期间，非经本级人民代表大会常务委员会许可，不受逮捕或者刑事审判。如果因为是现行犯被拘留，执行拘留的机关应当立即向该级人民代表大会主席团或者人民代表大会常务委员会报告。

对县级以上的各级人民代表大会代表，如果采取法律规定的其他限制人身自由的措施，应当经该级人民代表大会主席团或者人民代表大会常务委员会许可。

乡、民族乡、镇的人民代表大会代表，如果被逮捕、受刑事审判、或者被采取法律规定的其他限制人身自由的措施，执行机关应当立即报告乡、民族乡、镇的人民代表大会。

第三十一条　代表在本级人民代表大会闭会期间，参加由本级人民代表大会或者其常务委员会安排的代表活动，代表所在单位必须给予时间保障。

第三十二条　代表按照本法第三十一条的规定执行代表职务，其所在单位按正常出勤对待，享受所在单位的工资和其他待遇。

无固定工资收入的代表执行代表职务，根据实际情况由本级财政给予适当补贴。

第三十三条　代表的活动经费，应当列入本级财政预算。

第三十四条　县级以上的各级人民代表大会常务委员会应当采取多种方式同本级人民代表大会代表保持联系。

第三十五条　县级以上的地方各级人民代表大会常务委员会，应当为本行政区域内的代表执行代表职务提供必要的条件。

第三十六条　县级以上的各级人民代表大会常务委员会的办事机构应当为代表执行代表职务提供服务。

第三十七条　为了便于代表执行代表职务，各级人民代表大会可以为本级人民代表大会代表制发代表证。

第三十八条　少数民族代表执行代表职务时，有关部门应当在语言文字、生活习惯等方面给予必要的帮助和照顾。

第三十九条　一切组织和个人都必须尊重代表的权利，支持代表执行代表职务。

有义务协助代表执行代表职务而拒绝履行义务的，有关单位应当予以批评教育，直至给予行政处分。

阻碍代表依法执行代表职务的，根据情节，由所在单位或者上级机关给予行政处分，或者依照治安管理处罚条例第十九条的规定处罚；以暴力、威胁方法阻碍代表依法执行代表职务的，依照刑法第一百五十七条的规定追究刑事责任。

对代表依法执行代表职务进行打击报复

的，由所在单位或者上级机关责令改正或者给予行政处分；国家工作人员进行打击报复构成犯罪的，依照刑法第一百四十六条的规定追究刑事责任。

第五章　停止执行代表职务和代表资格终止。

第四十条　代表有下列情形之一的，暂时停止执行代表职务：

(一)因刑事案件被羁押正在受侦查、起诉、审判的；

(二)被依法判处管制、拘役或者有期徒刑而没有附加剥夺政治权利，正在服刑的。

前款所列情形在代表任期内消失后，恢复其执行代表职务，但代表资格终止者除外。

第四十一条　代表有下列情形之一的，其代表资格终止：

(一)地方各级人民代表大会代表迁出或者调离本行政区域的；

(二)辞职被接受的；

(三)未经批准两次不出席本级人民代表大会会议的；

(四)被罢免的；

(五)丧失中华人民共和国国籍的；

(六)依照法律被剥夺政治权利的。

第四十二条　县级以上的各级人民代表大会代表资格的终止，由代表资格审查委员会报本级人民代表大会常务委员会，由本级人民代表大会常务委员会予以公告。

乡、民族乡、镇的人民代表大会代表资格的终 止，由代表资格审查委员会报本级人民代表大会，由本级人民代表大会予以公告。

第六章　附　则

第四十三条　省、自治区、直辖市的人民代表大会及其常务委员会可以根据本法和本行政区域的实际情况，制定实施办法。

第四十四条　本法自公布之日起施行。

附：法律有关条文

治安管理处罚条例有关条款

第十九条　有下列扰乱公共秩序行为之一，尚不够刑事处罚的，处十五日以下拘留、二百元以下罚款或者警告：

……

(七)拒绝、阻碍国家工作人员依法执行职务，未使用暴力、威胁方法的。

刑法有关条文

第一百四十六条　国家工作人员滥用职权、假公济私，对控告人、申诉人、批评人实行报复陷害的，处二年以下有期徒刑或者拘役；情节严重的，处二年以上七年以下有期徒刑。

第一百五十七条　以暴力、威胁方法阻碍国家工作人员依法执行职务的，或者拒不执行人民法院已经发生法律效力的判决、裁定的，处三年以下有期徒刑、拘役、罚金或者剥夺政治权利。

中华人民共和国工会法

（1992年4月3日第七届全国人民代表大会
第五次会议通过　同日公布）

第一章　总　则

第一条　为保障工会在国家政治、经济和社会生活中的地位，确定工会的权利与义务，发挥工会在社会主义现代化建设事业中的作用，根据宪法，制定本法。

第二条　工会是职工自愿结合的工人阶级的群众组织。

第三条　在中国境内的企业、事业单位、机关中以工资收入为主要生活来源的体力劳动者和脑力劳动者，不分民族、种族、性别、职业、宗教信仰、教育程度，都有依法参加和组织工会的权利。

第四条　工会必须遵守和维护宪法，以宪法为根本的活动准则，依照工会章程独立自主地开展工作。

工会会员全国代表大会制订或者修改《中国工会章程》，章程不得与宪法和法律相抵触。

国家保护工会的合法权益不受侵犯。

第五条　工会组织和教育职工依照宪法和法律的规定行使民主权利，发挥国家主人翁的作用，通过各种途径和形式，参与管理国家事务，管理经济和文化事业，管理社会事务；协助人民政府开展工作，维护工人阶级领导的、以工农联盟为基础的人民民主专政的社会主义国家政权。

第六条　工会在维护全国人民总体利益的同时，维护职工的合法权益。

工会必须密切联系职工，听取和反映职工的意见和要求，关心职工的生活，帮助职工解决困难，全心全意为职工服务。

第七条　全民所有制和集体所有制企业事业单位的工会，组织职工依照法律规定参加本单位的民主管理和民主监督。

第八条　工会动员和教育职工以主人翁态度对待劳动，爱护国家和企业的财产，遵守劳动纪律，发动和组织职工努力完成生产任务和工作任务。

工会组织职工开展社会主义劳动竞赛，开展群众性的合理化建议、技术革新和技术协作的活动，提高劳动生产率和经济效益，发展社会生产力。

第九条　工会对职工进行爱国主义、集体主义、社会主义教育，民主、法制、纪律教育，以及科学、文化、技术教育，提高职工的思想、道德和科学、文化、技术、业务素质，使职工成为有理想、有道德、有文化、有纪律的劳动者。

第十条　中华全国总工会根据独立、平等、互相尊重、互不干涉内部事务的原则，加强同各国工会组织的友好合作关系。

第二章　工会组织

第十一条　工会各级组织按照民主集中制原则建立。

各级工会委员会由会员大会或者会员代表大会民主选举产生。

各级工会委员会向同级会员大会或者会员代表大会负责并报告工作，接受其监督。

工会会员大会或者会员代表大会有权撤换或者罢免其所选举的代表或者工会委员会

组成人员。

上级工会组织领导下级工会组织。

第十二条 企业、事业单位、机关有会员25人以上的，可以建立基层工会委员会；会员不足25人的，选举组织员1人，组织会员开展活动。

县级以上地方建立地方各级总工会。

同一行业或者性质相近的几个行业，可以根据需要建立全国的或者地方的产业工会。

全国建立统一的中华全国总工会。

第十三条 基层工会、地方各级总工会、全国或者地方产业工会组织的建立，必须报上一级工会批准。

基层工会组织所在的企业终止或者所在的事业单位、机关被撤销，该工会组织相应撤销。

第十四条 中华全国总工会、地方总工会、产业工会具有社会团体法人资格。

基层工会组织具备民法通则规定的法人条件的，依法取得社会团体法人资格。

第十五条 工会主席、副主席任期未满时，不得随意调动其工作。因工作需要调动时，应当征得本级工会委员会和上一级工会的同意。

第三章 工会的权利和义务

第十六条 全民所有制和集体所有制企业事业单位违反职工代表大会制度和其他民主管理制度，工会有权提出意见，保障职工依法行使民主管理的权利。

工会可以派出代表对所属工会组织所在的企业、事业单位、机关就侵犯职工合法权益的问题进行调查，有关单位应当予以协助。

第十七条 企业、事业单位违反劳动法律、法规，侵犯职工合法权益，工会有权要求企业、事业单位行政方面或者有关部门认真处理。

企业、事业单位违反国家有关劳动（工作）时间的规定，工会有权要求企业、事业单位行政方面予以纠正。

企业、事业单位违反保护女职工特殊权益的法律、法规，工会及其女职工组织有权要求企业、事业单位行政方面予以纠正。

第十八条 工会帮助、指导职工与企业、事业单位行政方面签订劳动合同。

工会可以代表职工与企业、事业单位行政方面签订集体合同。集体合同草案应当提交职工代表大会或者全体职工讨论通过。

第十九条 企业辞退、处分职工，工会认为不适当的，有权提出意见。

全民所有制和集体所有制企业在作出开除、除名职工的决定时，应当事先将理由通知工会，如果企业行政方面违反法律、法规和有关合同，工会有权要求重新研究处理。

当事人对企业行政方面作出的辞退、开除、除名的处理不服的，可以要求依照国家有关处理劳动争议的规定办理。

第二十条 工会参加企业的劳动争议调解工作。

地方劳动争议仲裁组织应当有同级工会代表参加。

第二十一条 企业侵犯职工劳动权益的，工会可以提出意见调解处理；职工向人民法院起诉的，工会应当给予支持和帮助。

第二十二条 县级以上各级总工会可以为所属工会和职工提供法律咨询服务。

第二十三条 工会依照国家规定对新建、扩建企业和技术改造工程中的劳动条件和安全卫生设施有权提出意见，企业或者主管部门应当认真处理。

第二十四条 工会发现企业行政方面违章指挥、强令工人冒险作业，或者生产过程中发现明显重大事故隐患和职业危害，有权提出解决的建议；当发现危及职工生命安全的情况时，有权向企业行政方面建议组织职工撤离危险现场，企业行政方面必须及时作出处理决定。

工会有权参加伤亡事故和其他严重危害

职工健康问题的调查，向有关部门提出处理意见，并有权要求追究直接负责的行政领导人和有关责任人员的责任。

第二十五条　企业发生停工、怠工事件，工会应当会同企业行政方面或者有关方面，协商解决职工提出的可以解决的合理的要求，尽快恢复正常生产秩序。

第二十六条　工会协助企业、事业单位、机关行政方面办好职工集体福利事业，做好工资、劳动保护和劳动保险工作。

第二十七条　工会会同行政方面组织职工开展业余文化、技术学习和职工培训，提高职工的文化、业务素质；组织职工开展文娱、体育活动。

第二十八条　县级以上各级人民政府制定国民经济和社会发展计划，省、自治区的人民政府所在地的市和经国务院批准的较大的市以上的人民政府研究起草法律或者法规、规章，对涉及职工利益的重大问题，应当听取同级工会的意见。

县级以上各级人民政府及其有关部门在研究制定工资、物价、安全生产以及劳动保护、劳动保险等重大政策、措施时，应当吸收同级工会参加研究，听取工会意见。

第二十九条　县级以上地方各级人民政府可以采取适当方式，向同级工会通报政府的重要工作部署和与工会工作有关的行政措施，研究解决工会反映的职工群众的意见和要求。

第四章　基层工会组织

第三十条　全民所有制企业职工代表大会是企业实行民主管理的基本形式，是职工行使民主管理权力的机构，依照《中华人民共和国全民所有制工业企业法》的规定行使职权。

全民所有制企业的工会委员会是职工代表大会的工作机构，负责职工代表大会的日常工作，检查、督促职工代表大会决议的执行。

第三十一条　集体所有制企业的工会委员会应当支持和组织职工参加民主管理和民主监督，维护职工选举和罢免管理人员、决定经营管理的重大问题的权力。

第三十二条　全民所有制企业的管理委员会应当有工会代表参加。

全民所有制企业召开讨论有关工资、福利、安全生产以及劳动保护、劳动保险等涉及职工切身利益的会议，应当有工会代表参加。

全民所有制企业厂长（经理）应当支持工会依法开展工作，工会应当支持厂长（经理）依法行使职权。

第三十三条　中外合资经营企业、中外合作经营企业研究决定有关工资、福利、安全生产以及劳动保护、劳动保险等涉及职工切身利益的问题，应当听取工会的意见。

外资企业和工会可以对有关职工的工资、福利、安全生产以及劳动保护、劳动保险等事项提出建议，同企业行政方面协商处理。

第三十四条　基层工会委员会召开会议或者组织职工活动，应当在生产或者工作时间以外进行，需要占用生产或者工作时间的，应当事先征得行政方面的同意。

全民所有制和集体所有制企业工会不脱产的委员因参加会议或者工会组织的活动，占用生产或者工作时间，其工资照发，其他待遇不受影响。

第三十五条　全民所有制和集体所有制企业事业单位以及机关工会委员会的脱产专职工作人员的工资、奖励、补贴，由所在单位行政支付。劳动保险和其他福利待遇等，享受本单位职工同等待遇。

第五章　工会的经费和财产

第三十六条　工会经费的来源：

（一）工会会员缴纳的会费；

（二）建立工会组织的全民所有制和集体所有制企业事业单位、机关按每月全部职工工资总额的百分之二向工会拨交的经费；

（三）工会所属的企业、事业单位上缴的收入；

（四）人民政府的补助；

（五）其他收入。

建立工会组织的中外合资经营企业、中外合作经营企业、外资企业依照国家有关规定向本企业工会拨交经费。

工会经费主要用于基层职工的教育和工会开展的其他活动。经费使用的具体办法由中华全国总工会制定。

第三十七条　工会应当根据经费独立原则，建立预算、决算和经费审查监督制度。

各级工会建立经费审查委员会。

各级工会经费收支情况应当由同级工会经费审查委员会审查，并且定期向会员大会或者会员代表大会报告，接受监督。工会会员大会或者会员代表大会有权对经费使用情况提出意见。

第三十八条　各级人民政府和企业、事业单位、机关应当为工会办公和开展活动，提供必要的设施和活动场所等物质条件。

第三十九条　工会的财产、经费和国家拨给工会使用的不动产，任何组织和个人不得侵占、挪用和任意调拨。

第四十条　工会所属的为职工服务的企业、事业单位，其隶属关系不得随意改变。

第四十一条　县级以上各级工会的离休、退休人员的待遇，与国家机关工作人员同等对待。

第六章　附　　则

第四十二条　本法自公布之日起施行。1950年6月29日中央人民政府颁布的《中华人民共和国工会法》同时废止。

中华人民共和国妇女权益保障法

（1992年4月3日第七届全国人民代表大会第五次会议通过　同日公布）

第一章　总　　则

第一条　为了保障妇女的合法权益，促进男女平等，充分发挥妇女在社会主义现代化建设中的作用，根据宪法和我国的实际情况，制定本法。

第二条　妇女在政治的、经济的、文化的、社会的和家庭的生活等方面享有与男子平等的权利。

国家保护妇女依法享有的特殊权益，逐步完善对妇女的社会保障制度。

禁止歧视、虐待、残害妇女。

第三条　保障妇女的合法权益是全社会的共同责任。国家机关、社会团体、企业事业单位、城乡基层群众性自治组织，应当依照本法和有关法律的规定，保障妇女的权益。

国家采取有效措施，为妇女依法行使权利提供必要的条件。

第四条　国务院和省、自治区、直辖市人民政府，采取组织措施，协调有关部门做好妇女权益的保障工作。具体机构由国务院和省、自治区、直辖市人民政府规定。

第五条　中华全国妇女联合会和各级妇女联合会代表和维护各族各界妇女的利益，做好保障妇女权益的工作。

工会、共产主义青年团，应当在各自的工作范围内，做好保障妇女权益的工作。

第六条　国家鼓励妇女自尊、自信、自立、自强、运用法律维护自身合法权益。

妇女应当遵守国家法律，尊重社会公德，履行法律所规定的义务。

第七条　对保障妇女合法权益成绩显著的组织和个人，各级人民政府和有关部门给予表彰和奖励。

第二章　政治权利

第八条　国家保障妇女享有与男子平等的政治权利。

第九条　妇女有权通过各种途径和形式，管理国家事务，管理经济和文化事业，管理社会事务。

第十条　妇女享有与男子平等的选举权和被选举权。

全国人民代表大会和地方各级人民代表大会的代表中，应当有适当数量的妇女代表，并逐步提高妇女代表的比例。

第十一条　国家积极培养和选拔女干部。

国家机关、社会团体、企业事业单位在任用干部时必须坚持男女平等的原则，重视培养、选拔女干部担任领导成员。

国家重视培养和选拔少数民族女干部。

第十二条　各级妇女联合会及其团体会员，可以向国家机关、社会团体、企业事业单位推荐女干部。

第十三条　对于有关保障妇女权益的批评或者合理建议，有关部门应当听取和采纳；对于有关侵害妇女权益的申诉、控告和检举，有关部门必须查清事实，负责处理，任何组织或者个人不得压制或者打击报复。

第三章　文化教育权益

第十四条　国家保障妇女享有与男子平等的文化教育权利。

第十五条　学校和有关部门应当执行国家有关规定，保障妇女在入学、升学、毕业分配、授予学位、派出留学等方面享有与男子平等的权利。

第十六条　学校应当根据女性青少年的特点，在教育、管理、设施等方面采取措施，保障女性青少年身心健康发展。

第十七条　父母或者其他监护人必须履行保障适龄女性儿童少年接受义务教育的义务。

除因疾病或者其他特殊情况经当地人民政府批准的以外，对不送适龄女性儿童少年入学的父母或者其他监护人，由当地人民政府予以批评教育，并采取有效措施，责令送适龄女性儿童少年入学。

政府、社会、学校应针对适龄女性儿童少年就学存在的实际困难，采取有效措施，保证适龄女性儿童少年受完当地规定年限的义务教育。

第十八条　各级人民政府应当依照规定把扫除妇女中的文盲、半文盲工作，纳入扫盲和扫盲后继续教育规划，采取符合妇女特点的组织形式和工作方法，组织、监督有关部门具体实施。

第十九条　各级人民政府和有关部门应当采取措施，组织妇女接受职业教育和技术培训。

第二十条　国家机关、社会团体和企业事业单位应当执行国家有关规定，保障妇女从事科学、技术、文学、艺术和其他文化活动，享有与男子平等的权利。

第四章　劳动权益

第二十一条　国家保障妇女享有与男子平等的劳动权利。

第二十二条　各单位在录用职工时，除不适合妇女的工种或者岗位外，不得以性别为由拒绝录用妇女或者提高对妇女的录用标准。

禁止招收未满十六周岁的女工。

第二十三条 实行男女同工同酬。

在分配住房和享受福利待遇方面男女平等。

第二十四条 在晋职、晋级、评定专业技术职务等方面，应当坚持男女平等的原则，不得歧视妇女。

第二十五条 任何单位均应根据妇女的特点，依法保护妇女在工作和劳动时的安全和健康，不得安排不适合妇女从事的工作和劳动。

妇女在经期、孕期、产期、哺乳期受特殊保护。

第二十六条 任何单位不得以结婚、怀孕、产假、哺乳等为由，辞退女职工或者单方解除劳动合同。

第二十七条 国家发展社会保险、社会救济和医疗卫生事业，为年老、疾病或者丧失劳动能力的妇女获得物质资助创造条件。

第五章 财产权益

第二十八条 国家保障妇女享有与男子平等的财产权利。

第二十九条 在婚姻、家庭共有财产关系中，不得侵害妇女依法享有的权益。

第三十条 农村划分责任田、口粮田等，以及批准宅基地，妇女与男子享有平等权利，不得侵害妇女的合法权益。

妇女结婚、离婚后，其责任田、口粮田和宅基地等，应当受到保障。

第三十一条 妇女享有的与男子平等的财产继承权受法律保护。在同一顺序法定继承人中，不得歧视妇女。

丧偶妇女有权处分继承的财产，任何人不得干涉。

第三十二条 丧偶妇女对公、婆尽了主要赡养义务的，作为公、婆的第一顺序法定继承人，其继承权不受子女代位继承的影响。

第六章 人身权利

第三十三条 国家保障妇女享有与男子平等的人身权利。

第三十四条 妇女的人身自由不受侵犯。禁止非法拘禁和以其他非法手段剥夺或者限制妇女的人身自由；禁止非法搜查妇女的身体。

第三十五条 妇女的生命健康权不受侵犯。禁止溺、弃、残害女婴；禁止歧视、虐待生育女婴的妇女和不育妇女；禁止用迷信、暴力手段残害妇女；禁止虐待、遗弃老年妇女。

第三十六条 禁止拐卖、绑架妇女；禁止收买被拐卖、绑架的妇女。

人民政府和有关部门必须及时采取措施解救被拐卖、绑架的妇女。被拐卖、绑架的妇女返回原籍的，任何人不得歧视，当地人民政府和有关部门应当做好善后工作。

第三十七条 禁止卖淫、嫖娼。

禁止组织、强迫、引诱、容留、介绍妇女卖淫或者雇用、容留妇女与他人进行猥亵活动。

第三十八条 妇女的肖像权受法律保护。未经本人同意，不得以营利为目的，通过广告、商标、展览橱窗、书刊、杂志等形式使用妇女肖像。

第三十九条 妇女的名誉权和人格尊严受法律保护。禁止用侮辱、诽谤、宣扬隐私等方式损害妇女的名誉和人格。

第七章 婚姻家庭权益

第四十条 国家保障妇女享有与男子平等的婚姻家庭权利。

第四十一条 国家保护妇女的婚姻自主权。禁止干涉妇女的结婚、离婚自由。

第四十二条 女方按照计划生育的要求中止妊娠的，在手术后6个月内，男方不得提出离婚；女方提出离婚，或者人民法院认为确有必要受理男方离婚请求的，不在此限。

第四十三条　妇女对依照法律规定的夫妻共同财产享有与其配偶平等的占有、使用、收益和处分的权利，不受双方收入状况的影响。

第四十四条　国家保护离婚妇女的房屋所有权。

夫妻共有的房屋，离婚时，分割住房由双方协议解决；协议不成的，由人民法院根据双方的具体情况，照顾女方和子女权益的原则判决。夫妻双方另有约定的除外。

夫妻共同租用的房屋，离婚时，女方的住房应当按照照顾女方和子女权益的原则协议解决。

夫妻居住男方单位的房屋，离婚时，女方无房居住的，男方有条件的应当帮助其解决。

第四十五条　父母双方对未成年子女享有平等的监护权。

父亲死亡、丧失行为能力或者有其他情形不能担任未成年子女的监护人的，母亲的监护权任何人不得干涉。

第四十六条　离婚时，女方因实施绝育手术或者其他原因丧失生育能力的，处理子女抚养问题，应在有利子女权益的条件下，照顾女方的合理要求。

第四十七条　妇女有按照国家有关规定生育子女的权利，也有不生育的自由。

育龄夫妻双方按照国家有关规定计划生育，有关部门应当提供安全、有效的避孕药具和技术，保障实施节育手术的妇女的健康和安全。

第八章　法律责任

第四十八条　妇女的合法权益受到侵害时，被侵害人有权要求有关主管部门处理，或者依法向人民法院提起诉讼。

妇女的合法权益受到侵害时，被侵害人可以向妇女组织投诉，妇女组织应当要求有关部门或者单位查处，保护被侵害妇女的合法权益。

第四十九条　违反本法规定侵害妇女合法权益，其他法律、法规已规定处罚的，依照该法律、法规的规定处罚。

第五十条　有下列侵害妇女合法权益情形之一的，由其所在单位或者上级机关责令改正，并可根据具体情况，对直接责任人员给予行政处分：

(一)对有关侵害妇女权益的申诉、控告、检举，推诿、拖延、压制不予查处的；

(二)依照法律、法规规定，应当录用而拒绝录用妇女或者对妇女提高录用条件的；

(三)在分配住房和晋职、晋级、评定专业技术职务等方面，违反男女平等原则，侵害妇女合法权益的；

(四)以结婚、怀孕、产假、哺乳等为由辞退女职工的；

(五)划分责任田、口粮田等，以及批准宅基地，违反男女平等原则，侵害妇女合法权益的；

(六)在入学、升学、毕业分配、授予学位、派出留学等方面，违反男女平等原则，侵害妇女合法权益的。

对侵害妇女权益的行为提出申诉、控告、检举的人进行打击报复的，由其所在单位或者上级机关责令改正或者给予行政处分；国家工作人员进行打击报复构成犯罪的，依照刑法第一百四十六条的规定追究刑事责任。

第五十一条　雇用、容留妇女与他人进行猥亵活动的，比照治安管理处罚条例第十九条的规定处罚；情节严重，构成犯罪的，比照刑法第一百六十条的规定追究刑事责任。

第五十二条　侵害妇女的合法权益，造成财产损失或者其他损害的，应当依法赔偿或者承担其他民事责任。

第九章 附 则

第五十三条 国务院有关部门可以根据本法制定有关条例，报国务院批准施行。

省、自治区、直辖市人民代表大会常务委员会可以根据本法制定实施办法。

民族自治地方的人民代表大会，可以依据本法规定的原则，结合当地民族妇女的具体情况，制定变通的或者补充的规定。自治区的规定，报全国人民代表大会常务委员会备案；自治州、自治县的规定，报省或者自治区人民代表大会常务委员会批准后生效，并报全国人民代表大会常务委员会备案。

第五十四条 本法自1992年10月1日起施行。

附：法律有关条文

刑法有关条文

第一百四十六条 国家工作人员滥用职权、假公济私，对控告人、申诉人、批评人实行报复陷害的，处二年以下有期徒刑或者拘役；情节严重的，处二年以上七年以下有期徒刑。

第一百六十条 聚众斗殴，寻衅滋事，侮辱妇女或者进行其他流氓活动，破坏公共秩序，情节恶劣的，处七年以下有期徒刑、拘役或者管制。

流氓集团的首要分子，处七年以上有期徒刑。

治安管理处罚条例有关条款

第十九条 有下列扰乱公共秩序行为之一，尚不够刑事处罚的，处十五日以下拘留、二百元以下罚款或者警告：

……

（四）结伙斗殴，寻衅滋事，侮辱妇女或者进行其他流氓活动的；

……

中华人民共和国人民警察警衔条例

（1992年7月1日第七届全国人民代表大会常务委员会第二十六次会议通过同日公布）

第一章 总 则

第一条 为了加强人民警察队伍的革命化、现代化、正规化建设，增强人民警察的责任心、荣誉感和组织纪律性，有利于人民警察的指挥、管理和执行职务，根据宪法，制定本条例。

第二条 人民警察实行警衔制度。中国人民武装警察部队的警衔，依照《中国人民解放军军官军衔条例》第三十二条的规定执行。

第三条 警衔是区分人民警察等级、表明人民警察身份的称号、标志和国家给予人民警察的荣誉。

第四条 人民警察实行警察职务等级编制警衔。

第五条 警衔高的人民警察对警衔低的

人民警察，警衔高的为上级。当警衔高的人民警察在职务上隶属于警衔低的人民警察时，职务高的为上级。

第六条　公安部主管人民警察警衔工作。

第二章　警衔等级的设置

第七条　人民警察警衔设下列五等十三级：

（一）总警监、副总警监；

（二）警监：一级、二级、三级；

（三）警督：一级、二级、三级

（四）警司：一级、二级、三级

（五）警员：一级、二级。

担任专业技术职务的人民警察的警衔，在警衔前冠以“专业技术”。

第八条　担任行政职务的人民警察实行下列职务等级编制警衔：

（一）部级正职：总警监；

（二）部级副职：副总警监；

（三）厅（局）级正职；一级警监至二级警监；

（四）厅（局）级副职：二级警监至三级警监；

（五）处（局）级正职：三级警监至二级警督；

（六）处（局）级副职：一级警督至三级警督；

（七）科（局）级正职：一级警督至一级警司；

（八）科（局）级副职：二级警督至二级警司；

（九）科员（警长）职：三级警督至三级警司；

（十）办事员（警员）职：一级警司至二级警员。

第九条　担任专业技术职务的人民警察实行下列职务等级编制警衔：

（一）高级专业技术职务：一级警监至二级警督；

（二）中级专业技术职务：一级警督至二级警司；

（三）初级专业技术职务：三级警督至一级警员。

第三章　警衔的首次授予

第十条　人民警察警衔按照人民警察职务等级编制警衔授予。

第十一条　授予人民警察警衔，以人民警察现任职务、德才表现、担任现职时间和工作年限为依据。

第十二条　从学校毕业和从社会上招考录用担任人民警察的，或者从其他部门调任人民警察的，根据确定的职务，授予相应的警衔。

第十三条　首次授予人民警察警衔，按照下列规定的权限予以批准：

（一）总警监、副总警监、一级警监、二级警监由国务院总理批准授予；

（二）警司由省、自治区、直辖市公安厅（局）厅（局）长批准授予；

（三）警员由省、自治区、直辖市公安厅（局）政治部主任批准授予。

公安部机关及其直属机构的警司、警员由公安部政治部主任批准授予。

第四章　警衔的晋级

第十四条　二级警督以下的人民警察，在其职务等级编制警衔幅度内，根据本条规定的期限和条件晋级。

晋级的期限：二级警员至一级警司，每晋升一级为三年；一级警司至一级警督，每晋升一级为四年。在职的人民警察在院校培训的时间，计算在警衔晋级的期限内。

晋级的条件：（一）执行国家的法律、法规和政策，遵纪守法；（二）胜任本职工作；（三）联系群众，廉洁奉公，作风正派。

晋级期限届满，经考核具备晋级条件的，应当逐级晋升；不具备晋级条件的，应当延期晋升。在工作中有突出功绩的，可以提前晋升。

第十五条　一级警督以上的人民警察的警衔晋级，在职务等级编制警衔幅度内，根据其德才表现和工作实绩实行选升。

第十六条　人民警察由于职务提升，其警衔低于新任职务等级编制警衔的最低警衔的，应当晋升至新任职务等级编制警衔的最低警衔。

第十七条　警司晋升警督，警督晋升警监，经相应的人民警察院校培训合格后，方可晋升。

第十八条　人民警察警衔晋级的批准权限适用第十三条批准权限的规定。警司、警员提前晋升的，由公安部政治部主任批准。

第五章　警衔的保留、降级、取消

第十九条　人民警察离休、退休的，其警衔予以保留，但不得佩带标志。

人民警察调离警察工作岗位或者辞职、退职的，其警衔不予保留。

第二十条　人民警察因不胜任现任职务被调任下级职务，其警衔高于新任职务等级编制警衔的最高警衔的，应当调整至新任职务等级编制警衔的最高警衔。调整警衔的批准权限与原警衔的批准权限相同。

第二十一条　人民警察违犯警纪的，可以给予警衔降级的处分，警衔降级的批准权限与原警衔的批准权限相同。人民警察受警衔降级处分后，其警衔晋级的期限按照降级后的警衔等级重新计算。

人民警察警衔降级不适用于二级警员。

第二十二条　人民警察被开除公职的，其警衔相应取消。

人民警察犯罪，被依法判处剥夺政治权利或者有期徒刑以上刑罚的，其警衔相应取消。

离休、退休的人民警察犯罪的，适用前款的规定。

第六章　附　　则

第二十三条　国家安全部门、劳动改造劳动教养管理部门的人民警察，人民法院、人民检察院的司法警察的警衔工作适用本条例。

国家安全部门、劳动改造劳动教养管理部门的人民警察警衔授予和晋级的批准权限，由国务院规定。

司法警察警衔授予和晋级的批准权限，由最高人民法院、最高人民检察院参照本条例规定。

公安部门、国家安全部门和劳动改造劳动教养管理部门中不担任人民警察职务的人员，不实行警衔制度。

第二十四条　人民警察警衔标志的式样和佩带办法，由国务院制定。

第二十五条　本条例的实施办法由国务院制定。

第二十六条　本条例自公布之日起施行。

中华人民共和国税收征收管理法

（1992年9月4日第七届全国人民代表大会
常务委员会第二十七次会议通过 同日公布）

第一章 总 则

第一条 为了加强税收征收管理，保障国家税收收入，保护纳税人的合法权益，制定本法。

第二条 凡依法由税务机关征收的各种税收的征收管理，均适用本法。

第三条 税收的开征、停征以及减税、免税、退税、补税，依照法律的规定执行；法律授权国务院规定的，依照国务院制定的行政法规的规定执行。

任何机关、单位和个人不得违反法律、行政法规的规定，擅自作出税收开征、停征以及减税、免税、退税、补税的决定。

第四条 法律、行政法规规定负有纳税义务的单位和个人为纳税人。

法律、行政法规规定负有代扣代缴、代收代缴税款义务的单位和个人为扣缴义务人。

纳税人、扣缴义务人必须依照法律、行政法规的规定缴纳税款、代扣代缴、代收代缴税款。

第五条 国务院税务主管部门主管全国税收征收管理工作。

地方各级人民政府应当加强对本行政区域内税收征收管理工作的领导，支持税务机关依法执行职务、完成税收征收任务。

各有关部门和单位应当支持、协助税务机关依法执行职务。

税务机关依法执行职务，任何单位和个人不得阻挠。

第六条 税务人员必须秉公执法，忠于职守；不得索贿受贿、徇私舞弊、玩忽职守、不征或者少征应征税款；不得滥用职权多征税款或者故意刁难纳税人和扣缴义务人。

第七条 任何单位和个人都有权检举违反税收法律、行政法规的行为。税务机关应当为检举人保密，并按照规定给予奖励。

第八条 本法所称税务机关是指各级税务局、税务分局和税务所。

第二章 税务管理

第一节 税务登记

第九条 企业，企业在外地设立的分支机构和从事生产、经营的场所，个体工商户和从事生产、经营的事业单位（以下统称从事生产、经营的纳税人）自领取营业执照之日起三十日内，持有关证件，向税务机关申报办理税务登记。税务机关审核后发给税务登记证件。

前款规定以外的纳税人办理税务登记的范围和办法，由国务院规定。

第十条 从事生产、经营的纳税人，税务登记内容发生变化的，自工商行政管理机关办理变更登记之日起三十日内或者在向工商行政管理机关申请办理注销登记之前，持有关证件向税务机关申报办理变更或者注销税务登记。

第十一条 纳税人按照国务院税务主管部门的规定使用税务登记证件。税务登记证件不得转借、涂改、损毁、买卖或者伪造。

期办理纳税申报或者报送代扣代缴、代收代缴税款报告表的，经税务机关核准，可以延期申报。

第二节　帐簿、凭证管理

第十二条　从事生产、经营的纳税人、扣缴义务人按照国务院财政、税务主管部门的规定设置帐簿，根据合法、有效凭证记帐，进行核算。个体工商户确实不能设置帐簿的，经税务机关核准，可以不设置帐簿。

第十三条　从事生产、经营的纳税人的财务、会计制度或者财务、会计处理办法，应当报送税务机关备案。

从事生产、经营的纳税人的财务、会计制度或者财务、会计处理办法与国务院或者国务院财政、税务主管部门有关税收的规定抵触的，依照国务院或者国务院财政、税务主管部门有关税收的规定计算纳税。

第十四条　发票必须由省、自治区、直辖市人民政府税务主管部门指定的企业印制；未经省、自治区、直辖市人民政府税务主管部门指定，不得印制发票。

发票的管理办法由国务院规定。

第十五条　从事生产、经营的纳税人、扣缴义务人必须按照国务院财政、税务主管部门规定的保管期限保管帐簿、记帐凭证、完税凭证及其他有关资料。

帐簿、记帐凭证、完税凭证及其他有关资料不得伪造、变造或者擅自损毁。

第三节　纳税申报

第十六条　纳税人必须在法律、行政法规规定或者税务机关依照法律、行政法规的规定确定的申报期限内办理纳税申报，报送纳税申报表、财务会计报表以及税务机关根据实际需要要求纳税人报送的其他纳税资料。

扣缴义务人必须在法律、行政法规规定或者税务机关依照法律、行政法规的规定确定的申报期限内报送代扣代缴、代收代缴税款报告表以及税务机关根据实际需要要求扣缴义务人报送的其他有关资料。

第十七条　纳税人、扣缴义务人不能按

第三章　税款征收

第十八条　税务机关依照法律、行政法规的规定征收税款，不得违反法律、行政法规的规定开征、停征、多征或者少征税款。

第十九条　扣缴义务人依照法律、行政法规的规定履行代扣、代收税款的义务。对法律、行政法规没有规定负有代扣、代收税款义务的单位和个人，税务机关不得要求其履行代扣、代收税款义务。

扣缴义务人依法履行代扣、代收税款义务时，纳税人不得拒绝。纳税人拒绝的，扣缴义务人应当及时报告税务机关处理。

税务机关按照规定付给扣缴义务人代扣、代收手续费。

第二十条　纳税人、扣缴义务人按照法律、行政法规规定或者税务机关依照法律、行政法规的规定确定的期限，缴纳或者解缴税款。纳税人因有特殊困难，不能按期缴纳税款的，经县以上税务局（分局）批准，可以延期缴纳税款，但最长不得超过 3 个月。

纳税人未按照前款规定期限缴纳税款的，扣缴义务人未按照前款规定期限解缴税款的，税务机关除责令限期缴纳外，从滞纳税款之日起，按日加收滞纳税款千分之二的滞纳金。

第二十一条　纳税人可以依照法律、行政法规的规定向税务机关书面申请减税、免税。

减税、免税的申请须经法律、行政法规规定的减税、免税审查批准机关审批；地方各级人民政府、各级人民政府主管部门、单位和个人违反法律、行政法规规定，擅自作出的减税、免税决定无效。

第二十二条　税务机关征收税款和扣缴义务人代扣、代收税款时，必须给纳税人开

具完税凭证。

第二十三条　纳税人有下列情形之一的，税务机关有权核定其应纳税额：

（一）依照本法规定可以不设置帐簿的；

（二）依照本法规定应当设置但未设置帐簿的；

（三）虽设置帐簿，但帐目混乱或者成本资料、收入凭证、费用凭证残缺不全，难以查帐的；

（四）发生纳税义务，未按照规定的期限办理纳税申报，经税务机关责令限期申报，逾期仍不申报的。

第二十四条　企业或者外国企业在中国境内设立的从事生产、经营的机构、场所与其关联企业之间的业务往来，应当按照独立企业之间的业务往来收取或者支付价款、费用；不按照独立企业之间的业务往来收取或者支付价款、费用，而减少其应纳税的收入或者所得额的，税务机关有权进行合理调整。

第二十五条　对未取得营业执照从事经营的单位或者个人，除由工商行政管理机关依法处理外，由税务机关核定其应纳税额，责令缴纳；不缴纳的，税务机关可以扣押其价值相当于应纳税款的商品、货物。扣押后缴纳应纳税款的，税务机关必须立即解除扣押，并归还所扣押的商品、货物；扣押后仍不缴纳应纳税款的，经县以上税务局（分局）局长批准，拍卖所扣押的商品、货物，以拍卖所得抵缴税款。

第二十六条　税务机关有根据认为从事生产、经营的纳税人有逃避纳税义务行为的，可以在规定的纳税期之前，责令限期缴纳应纳税款；在限期内发现纳税人有明显的转移、隐匿其应纳税的商品、货物以及其他财产或者应纳税的收入的迹象的，税务机关可以责成纳税人提供纳税担保。如果纳税人不能提供纳税担保，经县以上税务局（分局）局长批准，税务机关可以采取下列税收保全措施：

（一）书面通知纳税人开户银行或者其他金融机构暂停支付纳税人的金额相当于应纳税款的存款；

（二）扣押、查封纳税人的价值相当于应纳税款的商品、货物或者其他财产。

纳税人在前款规定的限期内缴纳税款的，税务机关必须立即解除税收保全措施；限期期满仍未缴纳税款的，经县以上税务局（分局）局长批准，税务机关可以书面通知纳税人开户银行或者其他金融机构从其暂停支付的存款中扣缴税款，或者拍卖所扣押、查封的商品、货物或者其他财产，以拍卖所得抵缴税款。

采取税收保全措施不当，或者纳税人在限期内已缴纳税款，税务机关未立即解除税收保全措施，使纳税人的合法利益遭受损失的，税务机关应当承担赔偿责任。

第二十七条　从事生产、经营的纳税人、扣缴义务人未按照规定的期限缴纳或者解缴税款，纳税担保人未按照规定的期限缴纳所担保的税款，由税务机关责令限期缴纳，逾期仍未缴纳的，经县以上税务局（分局）局长批准，税务机关可以采取下列强制执行措施：

（一）书面通知其开户银行或者其他金融机构从其存款中扣缴税款；

（二）扣押、查封、拍卖其价值相当于应纳税款的商品、货物或者其他财产，以拍卖所得抵缴税款。

税务机关采取强制执行措施时，对前款所列纳税人、扣缴义务人、纳税担保人未缴纳的滞纳金同时强制执行。

第二十八条　欠缴税款的纳税人需要出境的，应当在出境前向税务机关结清应纳税款或者提供担保。未结清税款，又不提供担保的，税务机关可以通知出境管理机关阻止其出境。

第二十九条　税务机关扣押商品、货物或者其他财产时，必须开付收据；查封商品、货物或者其他财产时，必须开付清单。

第三十条　纳税人超过应纳税额缴纳的税款，税务机关发现后应当立即退还；纳税人自结算缴纳税款之日起3年内发现的，可以向税务机关要求退还，税务机关查实后应当立即退还。

第三十一条　因税务机关的责任，致使纳税人、扣缴义务人未缴或者少缴税款的，税务机关在3年内可以要求纳税人、扣缴义务人补缴税款，但是不得加收滞纳金。

因纳税人、扣缴义务人计算错误等失误，未缴或者少缴税款的，税务机关在3年内可以追征；有特殊情况的，追征期可以延长到10年。

第四章　税务检查

第三十二条　税务机关有权进行下列税务检查：

（一）检查纳税人的帐簿、记帐凭证、报表和有关资料，检查扣缴义务人代扣代缴、代收代缴税款帐簿、记帐凭证和有关资料；

（二）到纳税人的生产、经营场所和货物存放地检查纳税人应纳税的商品、货物或者其他财产、检查扣缴义务人与代扣代缴、代收代缴税款有关的经营情况；

（三）责成纳税人、扣缴义务人提供与纳税或者代扣代缴、代收代缴税款有关的文件、证明材料和有关资料；

（四）询问纳税人、扣缴义务人与纳税或者代扣代缴、代收代缴税款有关的问题和情况；

（五）到车站、码头、机场、邮政企业及其分支机构检查纳税人托运、邮寄应纳税商品、货物或者其他财产的有关单据、凭证和有关资料；

（六）经县以上税务局（分局）局长批准，凭全国统一格式的检查存款帐户许可证明，查核从事生产、经营的纳税人、扣缴义务人在银行或者其他金融机构的存款帐户；查核从事生产、经营的纳税人的储蓄存款，须经银行县、市支行或者市分行的区办事处核对，指定所属储蓄所提供资料。

第三十三条　纳税人、扣缴义务人必须接受税务机关依法进行的税务检查，如实反映情况，提供有关资料，不得拒绝、隐瞒。

第三十四条　税务机关依法进行税务检查时，有关部门和单位应当支持、协助，向税务机关如实反映纳税人、扣缴义务人和其他当事人的与纳税或者代扣代缴、代收代缴税款有关的情况，提供有关资料及证明材料。

第三十五条　税务机关调查税务违法案件时，对与案件有关的情况和资料，可以记录、录音、录像、照像和复制。

第三十六条　税务机关派出的人员进行税务检查时，应当出示税务检查证件，并有责任为被检查人保守秘密。

第五章　法律责任

第三十七条　纳税人有下列行为之一的，由税务机关责令限期改正，逾期不改正的，可以处以2000元以下的罚款；情节严重的，处以2000元以上1万元以下的罚款：

（一）未按照规定的期限申报办理税务登记、变更或者注销登记的；

（二）未按照规定设置、保管帐簿或者保管记帐凭证和有关资料的；

（三）未按照规定将财务、会计制度或者财务、会计处理办法报送税务机关备查的。

第三十八条　扣缴义务人未按照规定设置、保管代扣代缴、代收代缴税款帐簿或者保管代扣代缴、代收代缴税款记帐凭证及有关资料的，由税务机关责令限期改正，逾期不改正的，可以处以2000元以下的罚款；情节严重的，处以2000元以上5000元以下的罚款。

第三十九条　纳税人未按照规定的期限办理纳税申报的，或者扣缴义务人未按照规定的期限向税务机关报送代扣代缴、代收代缴税款报告表的，由税务机关责令限期改正，可以处以2000元以下的罚款；逾期不改正的，可以处以2000元以上1万元以下的罚款。

第四十条　纳税人采取伪造、变造、隐匿、擅自销毁帐簿、记帐凭证，在帐簿上多列支出或者不列、少列收入，或者进行虚假的纳税申报的手段，不缴或者少缴应纳税款的，是偷税。偷税数额占应纳税额的百分之十以上并且偷税数额在1万元以上的，或者因偷税被税务机关给予二次行政处罚又偷税的，除由税务机关追缴其偷税款外，依照关于惩治偷税、抗税犯罪的补充规定第一条的规定处罚；偷税数额不满1万元或者偷税数额占应纳税额不到百分之十的，由税务机关追缴其偷税款，处以偷税数额五倍以下的罚款。

扣缴义务人采取前款所列手段，不缴或者少缴已扣、已收税款，数额占应缴税额的百分之十以上并且数额在1万元以上的，依照关于惩治偷税、抗税犯罪的补充规定第一条的规定处罚：数额不满1万元或者数额占应缴税额不到百分之十的，由税务机关追缴其不缴或者少缴的税款，处以不缴或者少缴的税款5倍以下的罚款。

第四十一条　纳税人欠缴应纳税款，采取转移或者隐匿财产的手段，致使税务机关无法追缴欠缴的税款，数额在1万元以上的，除由税务机关追缴欠缴的税款外，依照关于惩治偷税、抗税犯罪的补充规定第二条的规定处罚；数额不满1万元的，由税务机关追缴欠缴的税款，处以欠缴税款5倍以下的罚款。

第四十二条　企业事业单位犯有第四十条、第四十一条规定的违法行为，构成犯罪的，依照关于惩治偷税、抗税犯罪的补充规定第三条的规定处罚；未构成犯罪的，由税务机关追缴其不缴或者少缴的税款，处以不缴或者少缴的税款5倍以下的罚款。

第四十三条　纳税人向税务人员行贿，不缴或者少缴应纳税款的，依照关于惩治偷税、抗税犯罪的补充规定第四条的规定处罚。

第四十四条　企业事业单位采取对所生产或者经营的商品假报出口等欺骗手段，骗取国家出口退税款，数额在1万元以上的，除由税务机关追缴其骗取的退税款外，依照关于惩治偷税、抗税犯罪的补充规定第五条第一款的规定处罚；骗取的国家出口退税款数额不满1万元的，由税务机关追缴其骗取的退税款，处以骗取税款5倍以下的罚款。

前款规定以外的单位或者个人骗取国家出口退税款的，除由税务机关追缴其骗取的退税款外，依照关于惩治偷税、抗税犯罪的补充规定第五条第二款的规定处罚；数额较小，未构成犯罪的，由税务机关追缴其骗取的退税款，处以骗取税款5倍以下的罚款。

第四十五条　以暴力、威胁方法拒不缴纳税款的，是抗税，除由税务机关追缴其拒缴的税款外，依照关于惩治偷税、抗税犯罪的补充规定第六条第一款的规定处罚；情节轻微，未构成犯罪的，由税务机关追缴其拒缴的税款，处以拒缴税款5倍以下的罚款。

以暴力方法抗税，致人重伤或者死亡的，按照伤害罪、杀人罪从重处罚，并依照关于惩治偷税、抗税犯罪的补充规定第六条第二款的规定处以罚金。

第四十六条　从事生产、经营的纳税人、扣缴义务人在规定期限内不缴或者少缴应纳或者应解缴的税款，经税务机关责令限期缴纳，逾期仍未缴纳的，税务机关除依照本法第二十七条的规定采取强制执行措施追缴其不缴或者少缴的税款外，可以处以不缴或者少缴的税款5倍以下的罚款。

第四十七条　扣缴义务人应扣未扣、应收未收税款的，由扣缴义务人缴纳应扣未扣、应收未收税款。但是，扣缴义务人已将纳税人拒绝代扣、代收的情况及时报告税务机关的除外。

第四十八条　违反本法第十四条规定，非法印制发票的，由税务机关销毁非法印制的发票，没收违法所得，并处罚款。

第四十九条　本法规定的行政处罚，由县以上税务局（分局）决定：对个体工商户及未取得营业执照从事经营的单位、个人罚款额在1000元以下的，由税务所决定。

税务机关罚款必须开付收据。

第五十条　以暴力、威胁方法阻碍税务人员依法执行职务的，依照刑法第一百五十七条的规定追究刑事责任；拒绝、阻碍税务人员依法执行职务未使用暴力、威胁方法的，由公安机关依照治安管理处罚条例的规定处罚。

第五十一条　人民法院和税务机关的罚没收入，一律上缴国库。

第五十二条　税务人员与纳税人、扣缴义务人勾结、唆使或者协助纳税人、扣缴义务人犯本法第四十条、第四十一条、第四十二条、第四十四条罪的，按照刑法关于共同犯罪的规定处罚；未构成犯罪的，给予行政处分。

第五十三条　税务人员利用职务上的便利，收受或者索取纳税人、扣缴义务人财物，构成犯罪的，按照受贿罪追究刑事责任，未构成犯罪的，给予行政处分。

第五十四条　税务人员玩忽职守，不征或者少征应征税款，致使国家税收遭受重大损失的，依照刑法第一百八十七条的规定追究刑事责任；未构成犯罪的，给予行政处分。

税务人员滥用职权；故意刁难纳税人、扣缴义务人的，给予行政处分。

第五十五条　违反法律、行政法规的规定，擅自决定税收的开征、停征或者减税、免税、退税、补税的，除依照本法规定撤销其擅自作出的决定外，补征应征未征税款，退还不应征收而征收的税款，并由上级机关追究直接责任人员的行政责任。

第五十六条　纳税人、扣缴义务人、纳税担保人同税务机关在纳税上发生争议时，必须先依照法律、行政法规的规定缴纳或者解缴税款及滞纳金，然后可以在收到税务机关填发的缴款凭证之日起60日内向上一级税务机关申请复议。上一级税务机关应当自收到复议申请之日起60日内作出复议决定。对复议决定不服的，可以在接到复议决定书之日起15日内向人民法院起诉。

当事人对税务机关的处罚决定、强制执行措施或者税收保全措施不服的，可以在接到处罚通知之日起或者税务机关采取强制执行措施、税收保全措施之日起15日内向作出处罚决定或者采取强制执行措施、税收保全措施的机关的上一级机关申请复议；对复议决定不服的，可以在接到复议决定之日起15日内向人民法院起诉。当事人也可以在接到处罚通知之日起或者税务机关采取强制执行措施、税收保全措施之日起15日内直接向人民法院起诉。复议和诉讼期间，强制执行措施和税收保全措施不停止执行。

当事人对税务机关的处罚决定逾期不申请复议也不向人民法院起诉、又不履行的，作出处罚决定的税务机关可以申请人民法院强制执行。

第六章　附　则

第五十七条　纳税人、扣缴义务人可以委托税务代理人代为办理税务事宜。

第五十八条　农业税、牧业税、耕地占用税、契税的征收管理，参照本法有关规定执行。

关税、船舶吨税及海关代征税收的征收管理、依照法律、行政法规的有关规定执行。

第五十九条　中华人民共和国同外国缔结的有关税收的条约、协定同本法有不同规定的，依照条约、协定的规定办理。

第六十条　本法施行前颁布的税收法律与本法有不同规定的，适用本法规定。

第六十一条　国务院根据本法制定实施细则。

第六十二条　本法自1993年1月1日起施行。1986年4月21日国务院发布的《中华人民共和国税收征收管理暂行条例》同时废止。

全国人民代表大会常务委员会关于惩治偷税、抗税犯罪的补充规定

（1992年9月4日第七届全国人民代表大会常务委员会第二十七次会议通过　同日公布）

为了惩治偷税、抗税的犯罪行为，对刑法作如下补充规定：

一、纳税人采取伪造、变造、隐匿、擅自销毁帐簿、记帐凭证，在帐簿上多列支出或者不列、少列收入，或者进行虚假的纳税申报的手段，不缴或者少缴应纳税款的，是偷税。偷税数额占应纳税额的百分之十以上并且偷税数额在1万元以上的，或者因偷税被税务机关给予二次行政处罚又偷税的，处三年以下有期徒刑或者拘役，并处偷税数额5倍以下的罚金；偷税数额占应纳税额的百分之三十以上并且偷税数额在10万元以上的，处三年以上七年以下有期徒刑，并处偷税数额5倍以下的罚金。

扣缴义务人采取前款所列手段，不缴或者少缴已扣、已收税款，数额占应缴税额的百分之十以上并且数额在1万元以上的，依照前款规定处罚。

对多次犯有前两款规定的违法行为未经处罚的，按照累计数额计算。

二、纳税人欠缴应纳税款，采取转移或者隐匿财产的手段，致使税务机关无法追缴欠缴的税款，数额在1万元以上不满10万元的，处三年以下有期徒刑或者拘役，并处欠缴税款5倍以下的罚金；数额在10万元以上的，处三年以上七年以下有期徒刑，并处欠缴税款5倍以下的罚金。

三、企业事业单位犯第一条、第二条罪的，依照第一条、第二条的规定，判处罚金，并对负有直接责任的主管人员和其他直接责任人员，处三年以下有期徒刑或者拘役。

四、纳税人向税务人员行贿，不缴或者少缴应纳税款的，按照行贿罪追究刑事责任，并处不缴或者少缴的税款5倍以下的罚金。

五、企业事业单位采取对所生产或者经营的商品假报出口等欺骗手段，骗取国家出口退税款，数额在1万元以上的，处骗取税款5倍以下的罚金，并对负有直接责任的主管人员和其他直接责任人员，处三年以下有期徒刑或者拘役。

前款规定以外的单位或者个人骗取国家出口退税款的，按照诈骗罪追究刑事责任，并处骗取税款5倍以下的罚金；单位犯本款罪的，除处以罚金外，对负有直接责任的主管人员和其他直接责任人员，按照诈骗罪追究刑事责任。

六、以暴力、威胁方法拒不缴纳税款的，是抗税，处三年以下有期徒刑或者拘役，并处拒缴税款五倍以下的罚金；情节严重的，处三年以上七年以下有期徒刑，并处拒缴税款5倍以下的罚金。

以暴力方法抗税，致人重伤或者死亡的，按照伤害罪、杀人罪从重处罚，并依照前款规定处以罚金。

七、对犯本规定之罪的，由税务机关追缴不缴、少缴、欠缴、拒缴或者骗取的税款。对依法免予刑事处罚的，除由税务机关追缴不缴、少缴、欠缴、拒缴或者骗取的税款外，处不缴、少缴、欠缴、拒缴或者骗取的税款5倍以下的罚款。

八、本规定自1993年1月1日起施行。

中华人民共和国专利法

(1984年3月12日第六届全国人民代表大会常务委员会第四次会议通过根据1992年9月4日第七届全国人民代表大会常务委员会第二十七次会议《关于修改〈中华人民共和国专利法〉的决定》修正1992年9月4日公布1993年1月1日起施行)

第一章 总 则

第一条 为了保护发明创造专利权，鼓励发明创造,有利于发明创造的推广应用,促进科学技术的发展，适应社会主义现代化建设的需要，特制定本法。

第二条 本法所称的发明创造是指发明、实用新型和外观设计。

第三条 中华人民共和国专利局受理和审查专利申请，对符合本法规定的发明创造授予专利权。

第四条 申请专利的发明创造涉及国家安全或者重大利益需要保密的，按照国家有关规定办理。

第五条 对违反国家法律、社会公德或者妨害公共利益的发明创造,不授予专利权。

第六条 执行本单位的任务或者主要是利用本单位的物质条件所完成的职务发明创造，申请专利的权利属于该单位；非职务发明创造，申请专利的权利属于发明人或者设计人。申请被批准后，全民所有制单位申请的，专利权归该单位持有；集体所有制单位或者个人申请的，专利权归该单位或者个人所有。

在中国境内的外资企业和中外合资经营企业的工作人员完成的职务发明创造，申请专利的权利属于该企业;非职务发明创造,申请专利的权利属于发明人或者设计人。申请被批准后，专利权归申请的企业或者个人所有。

专利权的所有人和持有人统称专利权人。

第七条 对发明人或者设计人的非职务发明创造专利申请，任何单位或者个人不得压制。

第八条 两个以上单位协作或者一个单位接受其他单位委托的研究、设计任务所完成的发明创造，除另有协议的以外，申请专利的权利属于完成或者共同完成的单位；申请被批准后，专利权归申请的单位所有或者持有。

第九条 两个以上的申请人分别就同样的发明创造申请专利的，专利权授予最先申请的人。

第十条 专利申请权和专利权可以转让。

全民所有制单位转让专利申请权或者专利权的，必须经上级主管机关批准。

中国单位或者个人向外国人转让专利申请权或者专利权的，必须经国务院有关主管部门批准。

转让专利申请权或者专利权的，当事人必须订立书面合同，经专利局登记和公告后生效。

第十一条 发明和实用新型专利权被授予后，除法律另有规定的以外，任何单位或者个人未经专利权人许可，不得为生产经营目的制造、使用、销售其专利产品，或者使用其专利方法以及使用、销售依照该专利方法直接获得的产品。

外观设计专利权被授予后，任何单位或者个人未经专利权人许可，不得为生产经营目的制造、销售其外观设计专利产品。

专利权被授予后，除法律另有规定的以外，专利权人有权阻止他人未经专利权人许可，为上两款所述用途进口其专利产品或者进口依照其专利方法直接获得的产品。

第十二条　任何单位或者个人实施他人专利的，除本法第十四条规定的以外，都必须与专利权人订立书面实施许可合同，向专利权人支付专利使用费。被许可人无权允许合同规定以外的任何单位或者个人实施该专利。

第十三条　发明专利申请公布后，申请人可以要求实施其发明的单位或者个人支付适当的费用。

第十四条　国务院有关主管部门和省、自治区、直辖市人民政府根据国家计划，有权决定本系统内或者所管辖的全民所有制单位持有的重要发明创造专利允许指定的单位实施，由实施单位按照国家规定向持有专利权的单位支付使用费。

中国集体所有制单位和个人的专利，对国家利益或者公共利益具有重大意义，需要推广应用的，由国务院有关主管部门报国务院批准后，参照上款规定办理。

第十五条　专利权人有权在其专利产品或者该产品的包装上标明专利标记和专利号。

第十六条　专利权的所有单位或者持有单位应当对职务发明创造的发明人或者设计人给予奖励；发明创造专利实施后，根据其推广应用的范围和取得的经济效益，对发明人或者设计人给予奖励。

第十七条　发明人或者设计人有在专利文件中写明自己是发明人或者设计人的权利。

第十八条　在中国没有经常居所或者营业所的外国人、外国企业或者外国其他组织在中国申请专利的，依照其所属国同中国签订的协议或者共同参加的国际条约，或者依照互惠原则，根据本法办理。

第十九条　在中国没有经常居所或者营业所的外国人、外国企业或者外国其他组织在中国申请专利和办理其他专利事务的，应当委托中华人民共和国国务院指定的专利代理机构办理。

中国单位或者个人在国内申请专利和办理其他专利事务的，可以委托专利代理机构办理。

第二十条　中国单位或者个人将其在国内完成的发明创造向外国申请专利的，应当首先向专利局申请专利，并经国务院有关主管部门同意后，委托国务院指定的专利代理机构办理。

第二十一条　在专利申请公布或者公告前，专利局工作人员及有关人员对其内容负有保密责任。

第二章　授予专利权的条件

第二十二条　授予专利权的发明和实用新型，应当具备新颖性、创造性和实用性。

新颖性，是指在申请日以前没有同样的发明或者实用新型在国内外出版物上公开发表过、在国内公开使用过或者以其他方式为公众所知，也没有同样的发明或者实用新型由他人向专利局提出过申请并且记载在申请日以后公布的专利申请文件中。

创造性，是指同申请日以前已有的技术相比，该发明有突出的实质性特点和显著的进步，该实用新型有实质性特点和进步。

实用性，是指该发明或者实用新型能够制造或者使用，并且能够产生积极效果。

第二十三条　授予专利权的外观设计，应当同申请日以前在国内外出版物上公开发表过或者国内公开使用过的外观设计不相同或者不相近似。

第二十四条　申请专利的发明创造在申请日以前6个月内，有下列情形之一的，不丧失新颖性：

一、在中国政府主办或者承认的国际展览会上首次展出的；

二、在规定的学术会议或者技术会议上首次发表的；

三、他人未经申请人同意而泄露其内容的。

第二十五条　对下列各项，不授予专利权：

一、科学发现；

二、智力活动的规则和方法；

三、疾病的诊断和治疗方法；

四、动物和植物品种；

五、用原子核变换方法获得的物质。

对上款第四项所列产品的生产方法，可以依照本法规定授予专利权。

第三章　专利的申请

第二十六条　申请发明或者实用新型专利的，应当提交请求书、说明书及其摘要和权利要求书等文件。

请求书应当写明发明或者实用新型的名称，发明人或者设计人的姓名，申请人姓名或者名称、地址，以及其他事项。

说明书应当对发明或者实用新型作出清楚、完整的说明，以所属技术领域的技术人员能够实现为准；必要的时候，应当有附图。摘要应当简要说明发明或者实用新型的技术要点。

权利要求书应当以说明书为依据，说明要求专利保护的范围。

第二十七条　申请外观设计专利的，应当提交请求书以及该外观设计的图片或者照片等文件，并且应当写明使用该外观设计的产品及其所属的类别。

第二十八条　专利局收到专利申请文件之日为申请日。如果申请文件是邮寄的，以寄出的邮戳日为申请日。

第二十九条　申请人自发明或者实用新型在外国第一次提出专利申请之日起12个月内，或者自外观设计在外国第一次提出专利申请之日起6个月内，又在中国就相同主题提出专利申请的，依照该外国同中国签订的协议或者共同参加的国际条约，或者依照相互承认优先权的原则，可以享有优先权。

申请人自发明或者实用新型在中国第一次提出专利申请之日起12个月内，又向专利局就相同主题提出专利申请的，可以享有优先权。

第三十条　申请人要求优先权的，应当在申请的时候提出书面声明，并且在3个月内提交第一次提出的专利申请文件的副本；未提出书面声明或者逾期未提交专利申请文件副本的，视为未要求优先权。

第三十一条　一件发明或者实用新型专利申请应当限于一项发明或者实用新型。属于一个总的发明构思的两项以上的发明或者实用新型，可以作为一件申请提出。

一件外观设计专利申请应当限于一种产品所使用的一项外观设计。用于同一类别并且成套出售或者使用的产品的两项以上的外观设计，可以作为一件申请提出。

第三十二条　申请人可以在被授予专利权之前随时撤回其专利申请。

第三十三条　申请人可以对其专利申请文件进行修改，但是，对发明和实用新型专利申请文件的修改不得超出原说明书和权利要求书记载的范围，对外观设计专利申请文件的修改不得超出原图片或者照片表示的范围。

第四章　专利申请的审查和批准

第三十四条　专利局收到发明专利申请后，经初步审查认为符合本法要求的，自申请日起满18个月，即行公布。专利局可以根据申请人的请求早日公布其申请。

第三十五条　发明专利申请自申请日起3年内，专利局可以根据申请人随时提出的请求，对其申请进行实质审查；申请人无正当理由逾期不请求实质审查的，该申请即被视为撤回。

专利局认为必要的时候，可以自行对发明专利申请进行实质审查。

第三十六条　发明专利的申请人请求实质审查的时候，应当提交在申请日前与其发明有关的参考资料。

发明专利已经在外国提出过申请的，申请人请求实质审查的时候，应当提交该国为审查其申请进行检索的资料或者审查结果的资料；无正当理由不提交的，该申请即被视为撤回。

第三十七条　专利局对发明专利申请进行实质审查后，认为不符合本法规定的，应当通知申请人，要求其在指定的期限内陈述意见，或者对其申请进行修改；无正当理由逾期不答复的，该申请即被视为撤回。

第三十八条　发明专利申请经申请人陈述意见或者进行修改后，专利局仍然认为不符合本法规定的，应当予以驳回。

第三十九条　发明专利申请经实质审查没有发现驳回理由的，专利局应当作出授予发明专利权的决定，发给发明专利证书，并予以登记和公告。

第四十条　实用新型和外观设计专利申请经初步审查没有发现驳回理由的，专利局应当作出授予实用新型专利权或者外观设计专利权的决定，发给相应的专利证书，并予以登记和公告。

第四十一条　自专利局公告授予专利权之日起6个月内，任何单位或者个人认为该专利权的授予不符合本法有关规定的，都可以请求专利局撤销该专利权。

第四十二条　专利局对撤销专利权的请求进行审查，作出撤销或者维持专利权的决定，并通知请求人和专利权人。撤销专利权的决定，由专利局登记和公告。

第四十三条　专利局设立专利复审委员会。对专利局驳回申请的决定不服的，或者对专利局撤销或者维持专利权的决定不服的，可以自收到通知之日起3个月内，向专利复审委员会请求复审。专利复审委员会复审后，作出决定，并通知专利申请人、专利权人或者撤销专利权的请求人。

发明专利的申请人、发明专利权人或者撤销发明专利权的请求人对专利复审委员会的复审决定不服的，可以自收到通知之日起3个月内向人民法院起诉。

专利复审委员会对申请人、专利权人或者撤销专利权的请求人关于实用新型和外观设计的复审请求所作出的决定为终局决定。

第四十四条　被撤销的专利权视为自始即不存在。

第五章　专利权的期限、终止和无效

第四十五条　发明专利权的期限为20年，实用新型专利权和外观设计专利权的期限为10年，均自申请日起计算。

第四十六条　专利权人应当自被授予专利权的当年开始缴纳年费。

第四十七条　有下列情形之一的，专利权在期限届满前终止：

一、没有按照规定缴纳年费的；

二、专利权人以书面声明放弃其专利权的。

专利权的终止，由专利局登记和公告。

第四十八条　自专利局公告授予专利权之日起满6个月后，任何单位或者个人认为该专利权的授予不符合本法有关规定的，都可以请求专利复审委员会宣告该专利权无效。

第四十九条　专利复审委员会对宣告专利权无效的请求进行审查，作出决定，并通知请求人和专利权人。宣告专利权无效的决定，由专利局登记和公告。

对专利复审委员会宣告发明专利权无效或者维持发明专利权的决定不服的，可以在收到通知之日起3个月内向人民法院起诉。

专利复审委员会对宣告实用新型和外观设计专利权无效的请求所作出的决定为终局决定。

第五十条 宣告无效的专利权视为自始即不存在。

宣告专利权无效的决定，对在宣告专利权无效前人民法院作出并已执行的专利侵权的判决、裁定，专利管理机关作出并已执行的专利侵权处理决定，以及已经履行的专利实施许可合同和专利权转让合同，不具有追溯力。但是因专利权人的恶意给他人造成的损失，应当给予赔偿。

如果依照上款规定，专利权人或者专利权转让人不向被许可实施专利人或者专利权受让人返还专利使用费或者专利权转让费，明显违反公平原则，专利权人或者专利权转让人应当向被许可实施专利人或者专利权受让人返还全部或者部分专利使用费或者专利权转让费。

本条第二款、第三款的规定适用于被撤销的专利权。

第六章 专利实施的强制许可

第五十一条 具备实施条件的单位以合理的条件请求发明或者实用新型专利权人许可实施其专利，而未能在合理长的时间内获得这种许可时，专利局根据该单位的申请，可以给予实施该发明专利或者实用新型专利的强制许可。

第五十二条 在国家出现紧急状态或者非常情况时，或者为了公共利益的目的，专利局可以给予实施发明专利或者实用新型专利的强制许可。

第五十三条 一项取得专利权的发明或者实用新型比前已经取得专利权的发明或者实用新型在技术上先进，其实施又有赖于前一发明或者实用新型的实施的，专利局根据后一专利权人的申请，可以给予实施前一发明或者实用新型的强制许可。

在依照上款规定给予实施强制许可的情形下，专利局根据前一专利权人的申请，也可以给予实施后一发明或者实用新型的强制许可。

第五十四条 依照本法规定申请实施强制许可的单位或者个人，应当提出未能以合理条件与专利权人签订实施许可合同的证明。

第五十五条 专利局作出的给予实施强制许可的决定，应当予以登记和公告。

第五十六条 取得实施强制许可的单位或者个人不享有独占的实施权，并且无权允许他人实施。

第五十七条 取得实施强制许可的单位或者个人应当付给专利权人合理的使用费，其数额由双方商定；双方不能达成协议的，由专利局裁决。

第五十八条 专利权人对专利局关于实施强制许可的决定或者关于实施强制许可的使用费的裁决不服的，可以在收到通知之日起3个月内向人民法院起诉。

第七章 专利权的保护

第五十九条 发明或者实用新型专利权的保护范围以其权利要求的内容为准，说明书及附图可以用于解释权利要求。

外观设计专利权的保护范围以表示在图片或者照片中的该外观设计专利产品为准。

第六十条 对未经专利权人许可，实施其专利的侵权行为，专利权人或者利害关系人可以请求专利管理机关进行处理，也可以直接向人民法院起诉。专利管理机关处理的时候，有权责令侵权人停止侵权行为，并赔偿损失；当事人不服的，可以在收到通知之日起3个月内向人民法院起诉；期满不起诉又不履行的，专利管理机关可以请求人民法院强制执行。

在发生侵权纠纷的时候，如果发明专利是一项新产品的制造方法，制造同样产品的单位或者个人应当提供其产品制造方法的证明。

第六十一条　侵犯专利权的诉讼时效为2年，自专利权人或者利害关系人得知或者应当得知侵权行为之日起计算。

第六十二条　有下列情形之一的，不视为侵犯专利权：

一、专利权人制造或者经专利权人许可制造的专利产品售出后，使用或者销售该产品的；

二、使用或者销售不知道是未经专利权人许可而制造并售出的专利产品的；

三、在专利申请日前已经制造相同产品、使用相同方法或者已经作好制造、使用的必要准备，并且仅在原有范围内继续制造、使用的；

四、临时通过中国领土、领水、领空的外国运输工具，依照其所属国同中国签订的协议或者共同参加的国际条约，或者依照互惠原则，为运输工具自身需要而在其装置和设备中使用有关专利的；

五、专为科学研究和实验而使用有关专利的。

第六十三条　假冒他人专利的，依照本法第六十条的规定处理；情节严重的，对直接责任人员比照刑法第一百二十七条的规定追究刑事责任。

将非专利产品冒充专利产品的或者将非专利方法冒充专利方法的，由专利管理机关责令停止冒充行为，公开更正，并处以罚款。

第六十四条　违反本法第二十条规定，擅自向外国申请专利，泄露国家重要机密的，由所在单位或者上级主管机关给予行政处分；情节严重的，依法追究刑事责任。

第六十五条　侵夺发明人或者设计人的非职务发明创造专利申请权和本法规定的其他权益的，由所在单位或者上级主管机关给予行政处分。

第六十六条　专利局工作人员及有关国家工作人员徇私舞弊的，由专利局或者有关主管机关给予行政处分；情节严重的，比照刑法第一百八十八条的规定追究刑事责任。

第八章　附　　则

第六十七条　向专利局申请专利和办理其他手续，应当按照规定缴纳费用。

第六十八条　本法实施细则由专利局制订，报国务院批准后施行。

第六十九条　本法自1985年4月1日起施行。

中华人民共和国海商法

（1992年11月7日第七届全国人民代表大会
常务委员会第二十八次会议通过　同日公布）

目　录

第一章　总　　则

第一条　为了调整海上运输关系、船舶关系，维护当事人各方的合法权益，促进海上运输和经济贸易的发展，制定本法。

第二条　本法所称海上运输，是指海上货物运输和海上旅客运输，包括海江之间、江海之间的直达运输。

本法第四章海上货物运输合同的规定，不适用于中华人民共和国港口之间的海上货物运输

第三条　本法所称船舶，是指海船和其他海上移动式装置，但是用于军事的、政府公务的船舶和20总吨以下的小型船艇除外。

前款所称船舶，包括船舶属具。

第四条　中华人民共和国港口之间的海上运输和拖航，由悬挂中华人民共和国国旗的船舶经营。但是，法律、行政法规另有规定的除外。

非经国务院交通主管部门批准，外国籍船舶不得经营中华人民共和国港口之间的海上运输和拖航。

第五条　船舶经依法登记取得中华人民

共和国国籍，有权悬挂中华人民共和国国旗航行。

船舶非法悬挂中华人民共和国国旗航行的，由有关机关予以制止，处以罚款。

第六条 海上运输由国务院交通主管部门统一管理，具体办法由国务院交通主管部门制定，报国务院批准后施行。

第二章 船 舶

第一节 船舶所有权

第七条 船舶所有权，是指船舶所有人依法对其船舶享有占有、使用、收益和处分的权利。

第八条 国家所有的船舶由国家授予具有法人资格的全民所有制企业经营管理的，本法有关船舶所有人的规定适用于该法人。

第九条 船舶所有权的取得、转让和消灭，应当向船舶登记机关登记；未经登记的，不得对抗第三人。

船舶所有权的转让，应当签订书面合同。

第十条 船舶由两个以上的法人或者个人共有的，应当向船舶登记机关登记；未经登记的，不得对抗第三人。

第二节 船舶抵押权

第十一条 船舶抵押权，是指抵押权人对于抵押人提供的作为债务担保的船舶，在抵押人不履行债务时，可以依法拍卖，从卖得的价款中优先受偿的权利。

第十二条 船舶所有人或者船舶所有人授权的人可以设定船舶抵押权。

船舶抵押权的设定，应当签订书面合同。

第十三条 设定船舶抵押权，由抵押权人和抵押人共同向船舶登记机关办理抵押权登记；未经登记的，不得对抗第三人。

船舶抵押权登记，包括下列主要项目：

(一)船舶抵押权人和抵押人的姓名或者名称、地址；

(二)被抵押船舶的名称、国籍、船舶所有权证书的颁发机关和证书号码；

(三)所担保的债权数额、利息率、受偿期限。

船舶抵押权的登记状况，允许公众查询。

第十四条 建造中的船舶可以设定船舶抵押权。

建造中的船舶办理抵押权登记，还应当向船舶登记机关提交船舶建造合同。

第十五条 除合同另有约定外，抵押人应当对被抵押船舶进行保险；未保险的，抵押权人有权对该船舶进行保险，保险费由抵押人负担。

第十六条 船舶共有人就共有船舶设定抵押权，应当取得持有三分之二以上份额的共有人的同意，共有人之间另有约定的除外。

船舶共有人设定的抵押权，不因船舶的共有权的分割而受影响。

第十七条 船舶抵押权设定后，未经抵押权人同意，抵押人不得将被抵押船舶转让给他人。

第十八条 抵押权人将被抵押船舶所担保的债权全部或者部分转让他人的，抵押权随之转移。

第十九条 同一船舶可以设定两个以上抵押权，其顺序以登记的先后为准。

同一船舶设定两个以上抵押权的，抵押权人按照抵押权登记的先后顺序，从船舶拍卖所得价款中依次受偿。同日登记的抵押权，按照同一顺序受偿。

第二十条 被抵押船舶灭失，抵押权随之消灭。由于船舶灭失得到的保险赔偿，抵押权人有权优先于其他债权人受偿。

第三节 船舶优先权

第二十一条 船舶优先权，是指海事请求人依照本法第二十二条的规定，向船舶所有人、光船承租人、船舶经营人提出海事请求，对产生该海事请求的船舶具有优先受偿的权利。

第二十二条 下列各项海事请求具有船舶优先权：

（一）船长、船员和在船上工作的其他在编人员根据劳动法律、行政法规或者劳动合同所产生的工资、其他劳动报酬、船员遣返费用和社会保险费用的给付请求；

（二）在船舶营运中发生的人身伤亡的赔偿请求；

（三）船舶吨税、引航费、港务费和其他港口规费的缴付请求；

（四）海难救助的救助款项的给付请求；

（五）船舶在营运中因侵权行为产生的财产赔偿请求。

载运2000吨以上的散装货油的船舶，持有有效的证书，证明已经进行油污损害民事责任保险或者具有相应的财务保证的，对其造成的油污损害的赔偿请求，不属于前款第（五）项规定的范围。

第二十三条 本法第二十二条第一款所列各项海事请求，依照顺序受偿。但是，第（四）项海事请求，后于第（一）项至第（三）项发生的，应当先于第（一）项至第（三）项受偿。

本法第二十二条第一款第（一）、（二）、（三）、（五）项中有两个以上海事请求的，不分先后，同时受偿；不足受偿的，按照比例受偿。第（四）项中有两个以上海事请求的，后发生的先受偿。

第二十四条 因行使船舶优先权产生的诉讼费用，保存、拍卖船舶和分配船舶价款产生的费用，以及为海事请求人的共同利益而支付的其他费用，应当从船舶拍卖所得价款中先行拨付。

第二十五条 船舶优先权先于船舶留置权受偿，船舶抵押权后于船舶留置权受偿。

前款所称船舶留置权，是指造船人、修船人在合同另一方未履行合同时，可以留置所占有的船舶，以保证造船费用或者修船费用得以偿还的权利。船舶留置权在造船人、修船人不再占有所造或者所修的船舶时消灭。

第二十六条 船舶优先权不因船舶所有权的转让而消灭。但是，船舶转让时，船舶优先权自法院应受让人申请予以公告之日起满60日不行使的除外。

第二十七条 本法第二十二条规定的海事请求权转移的，其船舶优先权随之转移。

第二十八条 船舶优先权应当通过法院扣押产生优先权的船舶行使。

第二十九条 船舶优先权，除本法第二十六条规定的外，因下列原因之一而消灭：

（一）具有船舶优先权的海事请求，自优先权产生之日起满1年不行使；

（二）船舶经法院强制出售；

（三）船舶灭失。

前款第（一）项的一年期限，不得中止或者中断。

第三十条 本节规定不影响本法第十一章关于海事赔偿责任限制规定的实施。

第三章 船 员

第一节 一般规定

第三十一条 船员，是指包括船长在内的船上一切任职人员。

第三十二条 船长、驾驶员、轮机长、轮机员、电机员、报务员，必须由持有相应适任证书的人担任。

第三十三条 从事国际航行的船舶的中国籍船员，必须持有中华人民共和国港务监督机构颁发的海员证和有关证书。

第三十四条 船员的任用和劳动方面的权利、义务，本法没有规定的，适用有关法律、行政法规的规定。

第二节 船 长

第三十五条 船长负责船舶的管理和驾驶。

船长在其职权范围内发布的命令，船员、旅客和其他在船人员都必须执行。

船长应当采取必要的措施，保护船舶和在船人员、文件、邮件、货物以及其他财产。

第三十六条　为保障在船人员和船舶的安全，船长有权对在船上进行违法、犯罪活动的人采取禁闭或者其他必要措施，并防止其隐匿、毁灭、伪造证据。

船长采取前款措施，应当制作案情报告书，由船长和两名以上在船人员签字，连同人犯送交有关当局处理。

第三十七条　船长应当将船上发生的出生或者死亡事件记入航海日志，并在两名证人的参加下制作证明书。死亡证明书应当附有死者遗物清单。死者有遗嘱的，船长应当予以证明。死亡证明书和遗嘱由船长负责保管，并送交家属或者有关方面。

第三十八条　船舶发生海上事故，危及在船人员和财产的安全时，船长应当组织船员和其他在船人员尽力施救。在船舶的沉没、毁灭不可避免的情况下，船长可以作出弃船决定；但是，除紧急情况外，应当报经船舶所有人同意。

弃船时，船长必须采取一切措施，首先组织旅客安全离船，然后安排船员离船，船长应当最后离船。在离船前，船长应当指挥船员尽力抢救航海日志、机舱日志、油类记录簿、无线电台日志、本航次使用过的海图和文件，以及贵重物品、邮件和现金。

第三十九条　船长管理船舶和驾驶船舶的责任，不因引航员引领船舶而解除。

第四十条　船长在航行中死亡或者因故不能执行职务时，应当由驾驶员中职务最高的人代理船长职务；在下一个港口开航前，船舶所有人应当指派新船长接任。

第四章　海上货物运输合同

第一节　一般规定

第四十一条　海上货物运输合同，是指承运人收取运费，负责将托运人托运的货物经海路由一港运至另一港的合同。

第四十二条　本章下列用语的含义：

（一）“承运人”，是指本人或者委托他人以本人名义与托运人订立海上货物运输合同的人。

（二）“实际承运人”，是指接受承运人委托，从事货物运输或者部分运输的人，包括接受转委托从事此项运输的其他人。

（三）“托运人”，是指：

1.本人或者委托他人以本人名义或者委托他人为本人与承运人订立海上货物运输合同的人；

2.本人或者委托他人以本人名义或者委托他人为本人将货物交给与海上货物运输合同有关的承运人的人。

（四）“收货人”，是指有权提取货物的人。

（五）“货物”，包括活动物和由托运人提供的用于集装货物的集装箱、货盘或者类似的装运器具。

第四十三条　承运人或者托运人可以要求书面确认海上货物运输合同的成立。但是，航次租船合同应当书面订立。电报、电传和传真具有书面效力。

第四十四条　海上货物运输合同和作为合同凭证的提单或者其他运输单证中的条款，违反本章规定的，无效。此类条款的无效，不影响该合同和提单或者其他运输单证中其他条款的效力。将货物的保险利益转让给承运人的条款或者类似条款，无效。

第四十五条　本法第四十四条的规定不影响承运人在本章规定的承运人责任和义务之外，增加其责任和义务。

第二节　承运人的责任

第四十六条　承运人对集装箱装运的货物的责任期间，是指从装货港接收货物时起至卸货港交付货物时止，货物处于承运人掌管之下的全部期间。承运人对非集装箱装运的货物的责任期间，是指从货物装上船时起至卸下船时止，货物处于承运人掌管之下的全部期间。在承运人的责任期间，货物发生灭失或者损坏，除本节另有规定外，承运人应当负赔偿责任。

前款规定，不影响承运人就非集装箱装运的货物，在装船前和卸船后所承担的责任，达成任何协议。

第四十七条　承运人在船舶开航前和开航当时，应当谨慎处理，使船舶处于适航状态，妥善配备船员、装备船舶和配备供应品，并使货舱、冷藏舱、冷气舱和其他载货处所适于并能安全收受、载运和保管货物。

第四十八条　承运人应当妥善地、谨慎地装载、搬移、积载、运输、保管、照料和卸载所运货物。

第四十九条　承运人应当按照约定的或者习惯的或者地理上的航线将货物运往卸货港。

船舶在海上为救助或者企图救助人命或者财产而发生的绕航或者其他合理绕航，不属于违反前款规定的行为。

第五十条　货物未能在明确约定的时间内，在约定的卸货港交付的，为迟延交付。

除依照本章规定承运人不负赔偿责任的情形外，由于承运人的过失，致使货物因迟延交付而灭失或者损坏的，承运人应当负赔偿责任。

除依照本章规定承运人不负赔偿责任的情形外，由于承运人的过失，致使货物因迟延交付而遭受经济损失的，即使货物没有灭失或者损坏，承运人仍然应当负赔偿责任。

承运人未能在本条第一款规定的时间届满60日内交付货物，有权对货物灭失提出赔偿请求的人可以认为货物已经灭失。

第五十一条　在责任期间货物发生的灭失或者损坏是由于下列原因之一造成的，承运人不负赔偿责任：

（一）船长、船员、引航员或者承运人的其他受雇人在驾驶船舶或者管理船舶中的过失；

（二）火灾，但是由于承运人本人的过失所造成的除外；

（三）天灾，海上或者其他可航水域的危险或者意外事故；

（四）战争或者武装冲突；

（五）政府或者主管部门的行为、检疫限制或者司法扣押；

（六）罢工、停工或者劳动受到限制；

（七）在海上救助或者企图救助人命或者财产；

（八）托运人、货物所有人或者他们的代理人的行为；

（九）货物的自然特性或者固有缺陷；

（十）货物包装不良或者标志欠缺、不清；

（十一）经谨慎处理仍未发现的船舶潜在缺陷；

（十二）非由于承运人或者承运人的受雇人、代理人的过失造成的其他原因。

承运人依照前款规定免除赔偿责任的，除第（二）项规定的原因外，应当负举证责任。

第五十二条　因运输活动物的固有的特殊风险造成活动物灭失或者损害的，承运人不负赔偿责任。但是，承运人应当证明业已履行托运人关于运输活动物的特别要求，并证明根据实际情况，灭失或者损害是由于此种固有的特殊风险造成的。

第五十三条　承运人在舱面上装载货物，应当同托运人达成协议，或者符合航运惯例，或者符合有关法律、行政法规的规定。

承运人依照前款规定将货物装载在舱面上，对由于此种装载的特殊风险造成的货物灭失或者损坏，不负赔偿责任。

承运人违反本条第一款规定将货物装载在舱面上，致使货物遭受灭失或者损坏的，应当负赔偿责任。

第五十四条　货物的灭失、损坏或者迟延交付是由于承运人或者承运人的受雇人、代理人的不能免除赔偿责任的原因和其他原因共同造成的，承运人仅在其不能免除赔偿责任的范围内负赔偿责任；但是，承运人对其他原因造成的灭失、损坏或者迟延交付应当负举证责任。

第五十五条 货物灭失的赔偿额，按照货物的实际价值计算；货物损坏的赔偿额，按照货物受损前后实际价值的差额或者货物的修复费用计算。

货物的实际价值，按照货物装船时的价值加保险费加运费计算。

前款规定的货物实际价值，赔偿时应当减去因货物灭失或者损坏而少付或者免付的有关费用。

第五十六条 承运人对货物的灭失或者损坏的赔偿限额，按照货物件数或者其他货运单位数计算，每件或者每个其他货运单位为666.67计算单位，或者按照货物毛重计算，每公斤为2计算单位，以二者中赔偿限额较高的为准。但是，托运人在货物装运前已经申报其性质和价值，并在提单中载明的，或者承运人与托运人已经另行约定高于本条规定的赔偿限额的除外。

货物用集装箱、货盘或者类似装运器具集装的，提单中载明装在此类装运器具中的货物件数或者其他货运单位数，视为前款所指的货物件数或者其他货运单位数；未载明的，每一装运器具视为一件或者一个单位。

装运器具不属于承运人所有或者非由承运人提供的，装运器具本身应当视为一件或者一个单位。

第五十七条 承运人对货物因迟延交付造成经济损失的赔偿限额，为所迟延交付的货物的运费数额。货物的灭失或者损坏和迟延交付同时发生的，承运人的赔偿责任限额适用本法第五十六条第一款规定的限额。

第五十八条 就海上货物运输合同所涉及的货物灭失、损坏或者迟延交付对承运人提起的任何诉讼，不论海事请求人是否合同的一方，也不论是根据合同或者是根据侵权行为提起的，均适用本章关于承运人的抗辩理由和限制赔偿责任的规定。

前款诉讼是对承运人的受雇人或者代理人提起的，经承运人的受雇人或者代理人证明，其行为是在受雇或者受委托的范围之内的，适用前款规定。

第五十九条 经证明，货物的灭失、损坏或者迟延交付是由于承运人的故意或者明知可能造成损失而轻率地作为或者不作为造成的，承运人不得援用本法第五十六条或者第五十七条限制赔偿责任的规定。

经证明，货物的灭失、损坏或者迟延交付是由于承运人的受雇人、代理人的故意或者明知可能造成损失而轻率地作为或者不作为造成的，承运人的受雇人或者代理人不得援用本法第五十六条或者第五十七条限制赔偿责任的规定。

第六十条 承运人将货物运输或者部分运输委托给实际承运人履行的，承运人仍然应当依照本章规定对全部运输负责。对实际承运人承担的运输，承运人应当对实际承运人的行为或者实际承运人的受雇人、代理人在受雇或者受委托的范围内的行为负责。

虽有前款规定，在海上运输合同中明确约定合同所包括的特定的部分运输由承运人以外的指定的实际承运人履行的，合同可以同时约定，货物在指定的实际承运人掌管期间发生的灭失、损坏或者迟延交付，承运人不负赔偿责任。

第六十一条 本章对承运人责任的规定，适用于实际承运人。对实际承运人的受雇人、代理人提起诉讼的，适用本法第五十八条第二款和第五十九条第二款的规定。

第六十二条 承运人承担本章未规定的义务或者放弃本章赋予的权利的任何特别协议，经实际承运人书面明确同意的，对实际承运人发生效力；实际承运人是否同意，不影响此项特别协议对承运人的效力。

第六十三条 承运人与实际承运人都负有赔偿责任的，应当在此项责任范围内负连带责任。

第六十四条 就货物的灭失或者损坏分

别向承运人、实际承运人以及他们的受雇人、代理人提出赔偿请求的，赔偿总额不超过本法第五十六条规定的限额。

第六十五条 本法第六十条至第六十四条的规定，不影响承运人和实际承运人之间相互追偿。

第三节 托运人的责任

第六十六条 托运人托运货物，应当妥善包装，并向承运人保证，货物装船时所提供的货物的品名、标志、包数或者件数、重量或者体积的正确性；由于包装不良或者上述资料不正确，对承运人造成损失的，托运人应当负赔偿责任。

承运人依照前款规定享有的受偿权利，不影响其根据货物运输合同对托运人以外的人所承担的责任。

第六十七条 托运人应当及时向港口、海关、检疫、检验和其他主管机关办理货物运输所需要的各项手续，并将已办理各项手续的单证送交承运人；因办理各项手续的有关单证送交不及时、不完备或者不正确，使承运人的利益受到损害的，托运人应当负赔偿责任。

第六十八条 托运人托运危险货物，应当依照有关海上危险货物运输的规定，妥善包装，作出危险品标志和标签，并将其正式名称和性质以及应当采取的预防危害措施书面通知承运人；托运人未通知或者通知有误的，承运人可以在任何时间、任何地点根据情况需要将货物卸下、销毁或者使之不能为害，而不负赔偿责任。托运人对承运人因运输此类货物所受到的损害，应当负赔偿责任。

承运人知道危险货物的性质并已同意装运的，仍然可以在该项货物对于船舶、人员或者其他货物构成实际危险时，将货物卸下、销毁或者使之不能为害，而不负赔偿责任。但是，本款规定不影响共同海损的分摊。

第六十九条 托运人应当按照约定向承运人支付运费。

托运人与承运人可以约定运费由收货人支付；但是，此项约定应当在运输单证中载明。

第七十条 托运人对承运人、实际承运人所遭受的损失或者船舶所遭受的损坏，不负赔偿责任；但是，此种损失或者损坏是由于托运人或者托运人的受雇人、代理人的过失造成的除外。

托运人的受雇人、代理人对承运人、实际承运人所遭受的损失或者船舶所遭受的损坏，不负赔偿责任；但是，这种损失或者损坏是由于托运人的受雇人、代理人的过失造成的除外。

第四节 运输单证

第七十一条 提单，是指用以证明海上货物运输合同和货物已经由承运人接收或者装船，以及承运人保证据以交付货物的单证。提单中载明的向记名人交付货物，或者按照指示人的指示交付货物，或者向提单持有人交付货物的条款，构成承运人据以交付货物的保证。

第七十二条 货物由承运人接收或者装船后，应托运人的要求，承运人应当签发提单。

提单可以由承运人授权的人签发。提单由载货船舶的船长签发的，视为代表承运人签发。

第七十三条 提单内容，包括下列各项：

(一)货物的品名、标志、包数或者件数、重量或者体积，以及运输危险货物时对危险性质的说明；

(二) 承运人的名称和主营业所；

(三) 船舶名称；

(四) 托运人的名称；

(五) 收货人的名称；

(六) 装货港和在装货港接收货物的日期；

(七) 卸货港；

(八)多式联运提单增列接收货物地点和

交付货物地点；

（九）提单的签发日期、地点和份数；

（十）运费的支付；

（十一）承运人或者其代表的签字。

提单缺少前款规定的一项或者几项的，不影响提单的性质；但是，提单应当符合本法第七十一条的规定。

第七十四条　货物装船前，承运人已经应托运人的要求签发收货待运提单或者其他单证的，货物装船完毕，托运人可以将收货待运提单或者其他单证退还承运人，以换取已装船提单；承运人也可以在收货待运提单上加注承运船舶的船名和装船日期，加注后的收货待运提单视为已装船提单。

第七十五条　承运人或者代其签发提单的人，知道或者有合理的根据怀疑提单记载的货物的品名、标志、包数或者件数、重量或者体积与实际接收的货物不符，在签发已装船提单的情况下怀疑与已装船的货物不符，或者没有适当的方法核对提单记载的，可以在提单上批注，说明不符之处、怀疑的根据或者说明无法核对。

第七十六条　承运人或者代其签发提单的人未在提单上批注货物表面状况的，视为货物的表面状况良好。

第七十七条　除依照本法第七十五条的规定作出保留外，承运人或者代其签发提单的人签发的提单，是承运人已经按照提单所载状况收到货物或者货物已经装船的初步证据；承运人向善意受让提单的包括收货人在内的第三人提出的与提单所载状况不同的证据，不予承认。

第七十八条　承运人同收货人、提单持有人之间的权利、义务关系，依据提单的规定确定。

收货人、提单持有人不承担在装货港发生的滞期费、亏舱费和其他与装货有关的费用，但是提单中明确载明上述费用由收货人、提单持有人承担的除外。

第七十九条　提单的转让，依照下列规定执行：

（一）记名提单：不得转让；

（二）指示提单：经过记名背书或者空白背书转让；

（三）不记名提单：无需背书，即可转让。

第八十条　承运人签发提单以外的单证用以证明收到待运货物的，此项单证即为订立海上货物运输合同和承运人接收该单证中所列货物的初步证据。

承运人签发的此类单证不得转让。

第五节　货物交付

第八十一条　承运人向收货人交付货物时，收货人未将货物灭失或者损坏的情况书面通知承运人的，此项交付视为承运人已经按照运输单证的记载交付以及货物状况良好的初步证据。

货物灭失或者损坏的情况非显而易见的，在货物交付的次日起连续7日内，集装箱货物交付的次日起连续15日内，收货人未提交书面通知的，适用前款规定。

货物交付时，收货人已经会同承运人对货物进行联合检查或者检验的，无需就所查明的灭失或者损坏的情况提交书面通知。

第八十二条　承运人自向收货人交付货物的次日起连续60日内，未收到收货人就货物因迟延交付造成经济损失而提交的书面通知的，不负赔偿责任。

第八十三条　收货人在目的港提取货物前或者承运人在目的港交付货物前，可以要求检验机构对货物状况进行检验；要求检验的一方应当支付检验费用，但是有权向造成货物损失的责任方追偿。

第八十四条　承运人和收货人对本法第八十一条和第八十三条规定的检验，应当相互提供合理的便利条件。

第八十五条　货物由实际承运人交付的，收货人依照本法第八十一条的规定向实际承运人提交的书面通知，与向承运人提交书面通知具有同等效力；向承运人提交的书面通知，与向实际承运人提交书面通知具有同等效力。

第八十六条　在卸货港无人提取货物或者收货人迟延、拒绝提取货物的，船长可以将货物卸在仓库或者其他适当场所，由此产生的费用和风险由收货人承担。

第八十七条　应当向承运人支付的运费、共同海损分摊、滞期费和承运人为货物垫付的必要费用以及应当向承运人支付的其他费用没有付清，又没有提供适当担保的，承运人可以在合理的限度内留置其货物。

第八十八条　承运人根据本法第八十七条规定留置的货物，自船舶抵达卸货港的次日起满60日无人提取的，承运人可以申请法院裁定拍卖；货物易腐烂变质或者货物的保管费用可能超过其价值的，可以申请提前拍卖。

拍卖所得价款，用于清偿保管、拍卖货物的费用和运费以及应当向承运人支付的其他有关费用；不足的金额，承运人有权向托运人追偿；剩余的金额，退还托运人；无法退还、自拍卖之日起满1年又无人领取的，上缴国库。

第六节　合同的解除

第八十九条　船舶在装货港开航前，托运人可以要求解除合同。但是，除合同另有约定外，托运人应当向承运人支付约定运费的一半；货物已经装船的，并应当负担装货、卸货和其他与此有关的费用。

第九十条　船舶在装货港开航前，因不可抗力或者其他不能归责于承运人和托运人的原因致使合同不能履行的，双方均可以解除合同，并互相不负赔偿责任。除合同另有约定外，运费已经支付的，承运人应当将运费退还给托运人；货物已经装船的，托运人应当承担装卸费用；已经签发提单的，托运人应当将提单退还承运人。

第九十一条　因不可抗力或者其他不能归责于承运人和托运人的原因致使船舶不能在合同约定的目的港卸货的，除合同另有约定外，船长有权将货物在目的港邻近的安全港口或者地点卸载，视为已经履行合同。

船长决定将货物卸载的，应当及时通知托运人或者收货人，并考虑托运人或者收货人的利益。

第七节　航次租船合同的特别规定

第九十二条　航次租船合同，是指船舶出租人向承租人提供船舶或者船舶的部分舱位，装运约定的货物，从一港运至另一港，由承租人支付约定运费的合同。

第九十三条　航次租船合同的内容，主要包括出租人和承租人的名称、船名、船籍、载货重量、容积、货名、装货港和目的港、受载期限、装卸期限、运费、滞期费、速遣费以及其他有关事项。

第九十四条　本法第四十七条和第四十九条的规定，适用于航次租船合同的出租人。

本章其他有关合同当事人之间的权利、义务的规定，仅在航次租船合同没有约定或者没有不同约定时，适用于航次租船合同的出租人和承租人。

第九十五条　对按照航次租船合同运输的货物签发的提单，提单持有人不是承租人的，承运人与该提单持有人之间的权利、义务关系适用提单的约定。但是，提单中载明适用航次租船合同条款的，适用该航次租船合同的条款。

第九十六条　出租人应当提供约定的船舶；经承租人同意，可以更换船舶。但是，提供的船舶或者更换的船舶不符合合同约定的，承租人有权拒绝或者解除合同。

因出租人过失未提供约定的船舶致使承租人遭受损失的，出租人应当负赔偿责任。

第九十七条　出租人在约定的受载期限内未能提供船舶的，承租人有权解除合同。但是，出租人将船舶延误情况和船舶预期抵达装货港的日期通知承租人的，承租人应当自收到通知时起48小时内，将是否解除合同的决定通知出租人。

因出租人过失延误提供船舶致使承租人遭受损失的，出租人应当负赔偿责任。

第九十八条　航次租船合同的装货、卸货期限及其计算办法，超过装货、卸货期限后的滞期费和提前完成装货、卸货的速遣费，由双方约定。

第九十九条　承租人可以将其租用的船舶转租；转租后，原合同约定的权利和义务不受影响。

第一百条　承租人应当提供约定的货物；经出租人同意，可以更换货物。但是，更换的货物对出租人不利的，出租人有权拒绝或者解除合同。

因未提供约定的货物致使出租人遭受损失的，承租人应当负赔偿责任。

第一百零一条　出租人应当在合同约定的卸货港卸货。合同订有承租人选择卸货港条款的，在承租人未按照合同约定及时通知确定的卸货港时，船长可以从约定的选卸港中自行选定一港卸货。承租人未按照合同约定及时通知确定的卸货港，致使出租人遭受损失的，应当负赔偿责任。出租人未按照合同约定，擅自选定港口卸货致使承租人遭受损失的，应当负赔偿责任。

第八节　多式联运合同的特别规定

第一百零二条　本法所称多式联运合同，是指多式联运经营人以两种以上的不同运输方式，其中一种是海上运输方式，负责将货物从接收地运至目的地交付收货人，并收取全程运费的合同。

前款所称多式联运经营人，是指本人或者委托他人以本人名义与托运人订立多式联运合同的人。

第一百零三条　多式联运经营人对多式联运货物的责任期间，自接收货物时起至交付货物时止。

第一百零四条　多式联运经营人负责履行或者组织履行多式联运合同，并对全程运输负责。

多式联运经营人与参加多式联运的各区段承运人，可以就多式联运合同的各区段运输，另以合同约定相互之间的责任。但是，此项合同不得影响多式联运经营人对全程运输所承担的责任。

第一百零五条　货物的灭失或者损坏发生于多式联运的某一运输区段的，多式联运经营人的赔偿责任和责任限额，适用调整该区段运输方式的有关法律规定。

第一百零六条　货物的灭失或者损坏发生的运输区段不能确定的，多式联运经营人应当依照本章关于承运人赔偿责任和责任限额的规定负赔偿责任。

第五章　海上旅客运输合同

第一百零七条　海上旅客运输合同，是指承运人以适合运送旅客的船舶经海路将旅客及其行李从一港运送至另一港，由旅客支付票款的合同。

第一百零八条　本章下列用语的含义：

（一）“承运人”，是指本人或者委托他人以本人名义与旅客订立海上旅客运输合同的人。

（二）“实际承运人”，是指接受承运人委托，从事旅客运送或者部分运送的人，包括接受转委托从事此项运送的其他人。

（三）“旅客”，是指根据海上旅客运输合同运送的人；经承运人同意，根据海上货物运输合同，随船护送货物的人，视为旅客。

（四）“行李”是指根据海上旅客运输合同由承运人载运的任何物品和车辆，但是活动物除外。

（五）“自带行李”，是指旅客自行携带、保管或者放置在客舱中的行李。

第一百零九条　本章关于承运人责任的规定，适用于实际承运人。本章关于承运人的受雇人、代理人责任的规定，适用于实际承运人的受雇人、代理人。

第一百一十条 旅客客票是海上旅客运输合同成立的凭证。

第一百一十一条 海上旅客运输的运送期间，自旅客登船时起至旅客离船时止。客票票价含接送费用的，运送期间并包括承运人经水路将旅客从岸上接到船上和从船上送到岸上的时间，但是不包括旅客在港站内、码头上或者在港口其他设施内的时间。

旅客的自带行李，运送期间同前款规定。旅客自带行李以外的其他行李，运送期间自旅客将行李交付承运人或者承运人的受雇人、代理人时起至承运人或者承运人的受雇人、代理人交还旅客时止。

第一百一十二条 旅客无票乘船、越级乘船或者超程乘船，应当按照规定补足票款，承运人可以按照规定加收票款；拒不交付的，船长有权在适当地点令其离船，承运人有权向其追偿。

第一百一十三条 旅客不得随身携带或者在行李中夹带违禁品或者易燃、易爆、有毒、有腐蚀性、有放射性以及有可能危及船上人身和财产安全的其他危险品。

承运人可以在任何时间、任何地点将旅客违反前款规定随身携带或者在行李中夹带的违禁品、危险品卸下、销毁或者使之不能为害，或者送交有关部门，而不负赔偿责任。

旅客违反本条第一款规定，造成损害的，应当负赔偿责任。

第一百一十四条 在本法第一百一十一条规定的旅客及其行李的运送期间，因承运人或者承运人的受雇人、代理人在受雇或者受委托的范围内的过失引起事故，造成旅客人身伤亡或者行李灭失、损坏的，承运人应当负赔偿责任。

请求人对承运人或者承运人的受雇人、代理人的过失，应当负举证责任；但是，本条第三款和第四款规定的情形除外。

旅客的人身伤亡或者自带行李的灭失、损坏，是由于船舶的沉没、碰撞、搁浅、爆炸、火灾所引起或者是由于船舶的缺陷所引起的，承运人或者承运人的受雇人、代理人除非提出反证，应当视为其有过失。

旅客自带行李以外的其他行李的灭失或者损坏，不论由于何种事故所引起，承运人或者承运人的受雇人、代理人除非提出反证，应当视为其有过失。

第一百一十五条 经承运人证明，旅客的人身伤亡或者行李的灭失、损坏，是由于旅客本人的过失或者旅客和承运人的共同过失造成的，可以免除或者相应减轻承运人的赔偿责任。

经承运人证明，旅客的人身伤亡或者行李的灭失、损坏，是由于旅客本人的故意造成的，或者旅客的人身伤亡是由于旅客本人健康状况造成的，承运人不负赔偿责任。

第一百一十六条 承运人对旅客的货币、金银、珠宝、有价证券或者其他贵重物品所发生的灭失、损坏，不负赔偿责任。

旅客与承运人约定将前款规定的物品交由承运人保管的，承运人应当依照本法第一百一十七条的规定负赔偿责任；双方以书面约定的赔偿限额高于本法第一百一十七条的规定的，承运人应当按照约定的数额负赔偿责任。

第一百一十七条 除本条第四款规定的情形外，承运人在每次海上旅客运输中的赔偿责任限额，依照下列规定执行：

(一)旅客人身伤亡的，每名旅客不超过46666计算单位；

(二)旅客自带行李灭失或者损坏的，每名旅客不超过833计算单位；

(三)旅客车辆包括该车辆所载行李灭失或者损坏的，每一车辆不超过3333计算单位；

(四)本款第(二)、(三)项以外的旅客其他行李灭失或者损坏的，每名旅客不超过1200计算单位。

承运人和旅客可以约定，承运人对旅客车辆和旅客车辆以外的其他行李损失的免赔额。但是，对每一车辆损失的免赔额不得超过 117 计算单位，对每名旅客的车辆以外的其他行李损失的免赔额不得超过 13 计算单位。在计算每一车辆或者每名旅客的车辆以外的其他行李的损失赔偿数额时，应当扣除约定的承运人免赔额。

承运人和旅客可以书面约定高于本条第一款规定的赔偿责任限额。

中华人民共和国港口之间的海上旅客运输，承运人的赔偿责任限额，由国务院交通主管部门制定，报国务院批准后施行。

第一百一十八条　经证明，旅客的人身伤亡或者行李的灭失、损坏，是由于承运人的故意或者明知可能造成损害而轻率地作为或者不作为造成的，承运人不得援用本法第一百一十六条和第一百一十七条限制赔偿责任的规定。

经证明，旅客的人身伤亡或者行李的灭失、损坏，是由于承运人的受雇人、代理人的故意或者明知可能造成损害而轻率地作为或者不作为造成的，承运人的受雇人、代理人不得援用本法第一百一十六条和第一百一十七条限制赔偿责任的规定。

第一百一十九条　行李发生明显损坏的，旅客应当依照下列规定向承运人或者承运人的受雇人、代理人提交书面通知：

（一）自带行李，应当在旅客离船前或者离船时提交；

（二）其他行李，应当在行李交还前或者交还时提交。

行李的损坏不明显，旅客在离船时或者行李交还时难以发现的，以及行李发生灭失的，旅客应当在离船或者行李交还或者应当交还之日起 15 日内，向承运人或者承运人的受雇人、代理人提交书面通知。

旅客未依照本条第一、二款规定及时提交书面通知的，除非提出反证，视为已经完整无损地收到行李。

行李交还时，旅客已经会同承运人对行李进行联合检查或者检验的，无需提交书面通知。

第一百二十条　向承运人的受雇人、代理人提出的赔偿请求，受雇人或者代理人证明其行为是在受雇或者受委托的范围内的，有权援用本法第一百一十五条、第一百一十六条和第一百一十七条的抗辩理由和赔偿责任限制的规定。

第一百二十一条　承运人将旅客运送或者部分运送委托给实际承运人履行的，仍然应当依照本章规定，对全程运送负责。实际承运人履行运送的，承运人应当对实际承运人的行为或者实际承运人的受雇人、代理人在受雇或者受委托的范围内的行为负责。

第一百二十二条　承运人承担本章未规定的义务或者放弃本章赋予的权利的任何特别协议，经实际承运人书面明确同意的，对实际承运人发生效力；实际承运人是否同意，不影响此项特别协议对承运人的效力。

第一百二十三条　承运人与实际承运人均负有赔偿责任的，应当在此项责任限度内负连带责任。

第一百二十四条　就旅客的人身伤亡或者行李的灭失、损坏，分别向承运人、实际承运人以及他们的受雇人、代理人提出赔偿请求的，赔偿总额不得超过本法第一百一十七条规定的限额。

第一百二十五条　本法第一百二十一条至第一百二十四条的规定，不影响承运人和实际承运人之间相互追偿。

第一百二十六条　海上旅客运输合同中含有下列内容之一的条款无效：

（一）免除承运人对旅客应当承担的法定责任；

（二）降低本章规定的承运人责任限额；

（三）对本章规定的举证责任作出相反的约定；

（四）限制旅客提出赔偿请求的权利。

前款规定的合同条款的无效，不影响合同其他条款的效力。

第六章 船舶租用合同

第一节 一般规定

第一百二十七条 本章关于出租人和承租人之间权利、义务的规定，仅在船舶租用合同没有约定或者没有不同约定时适用。

第一百二十八条 船舶租用合同，包括定期租船合同和光船租赁合同，均应当书面订立。

第二节 定期租船合同

第一百二十九条 定期租船合同，是指船舶出租人向承租人提供约定的由出租人配备船员的船舶，由承租人在约定的期间内按照约定的用途使用，并支付租金的合同。

第一百三十条 定期租船合同的内容，主要包括出租人和承租人的名称、船名、船籍、船级、吨位、容积、船速、燃料消耗、航区、用途、租船期间、交船和还船的时间和地点以及条件、租金及其支付，以及其他有关事项。

第一百三十一条 出租人应当按照合同约定的时间交付船舶。

出租人违反前款规定的，承租人有权解除合同。出租人将船舶延误情况和船舶预期抵达交船港的日期通知承租人的，承租人应当自接到通知时起48小时内，将解除合同或者继续租用船舶的决定通知出租人。

因出租人过失延误提供船舶致使承租人遭受损失的，出租人应当负赔偿责任。

第一百三十二条 出租人交付船舶时，应当做到谨慎处理，使船舶适航。交付的船舶应当适于约定的用途。

出租人违反前款规定的，承租人有权解除合同，并有权要求赔偿因此遭受的损失。

第一百三十三条 船舶在租期内不符合约定的适航状态或者其他状态，出租人应当采取可能采取的合理措施，使之尽快恢复。

船舶不符合约定的适航状态或者其他状态而不能正常营运连续满24小时的，对因此而损失的营运时间，承租人不付租金，但是上述状态是由承租人造成的除外。

第一百三十四条 承租人应当保证船舶在约定航区内的安全港口或者地点之间从事约定的海上运输。

承租人违反前款规定的，出租人有权解除合同，并有权要求赔偿因此遭受的损失。

第一百三十五条 承租人应当保证船舶用于运输约定的合法的货物。

承租人将船舶用于运输活动物或者危险货物的，应当事先征得出租人的同意。

承租人违反本条第一款或者第二款的规定致使出租人遭受损失的，应当负赔偿责任。

第一百三十六条 承租人有权就船舶的营运向船长发出指示，但是不得违反定期租船合同的约定。

第一百三十七条 承租人可以将租用的船舶转租，但是应当将转租的情况及时通知出租人。租用的船舶转租后，原租船合同约定的权利和义务不受影响。

第一百三十八条 船舶所有人转让已经租出的船舶的所有权，定期租船合同约定的当事人的权利和义务不受影响，但是应当及时通知承租人。船舶所有权转让后，原租船合同由受让人和承租人继续履行。

第一百三十九条 在合同期间，船舶进行海难救助的，承租人有权获得扣除救助费用、损失赔偿、船员应得部分以及其他费用后的救助款项的一半。

第一百四十条 承租人应当按照合同约定支付租金。承租人未按照合同约定支付租金的，出租人有权解除合同，并有权要求赔偿因此遭受的损失。

第一百四十一条 承租人未向出租人支付租金或者合同约定的其他款项的，出租人对船上属于承租人的货物和财产以及转租船舶的收入有留置权。

第一百四十二条 承租人向出租人交还船舶时，该船舶应当具有与出租人交船时相同的良好状态，但是船舶本身的自然磨损除外。

船舶未能保持与交船时相同的良好状态的，承租人应当负责修复或者给予赔偿。

第一百四十三条　经合理计算，完成最后航次的日期约为合同约定的还船日期，但可能超过合同约定的还船日期的，承租人有权超期用船以完成该航次。超期期间，承租人应当按照合同约定的租金率支付租金；市场的租金率高于合同约定的租金率的，承租人应当按照市场租金率支付租金。

第三节　光船租赁合同

第一百四十四条　光船租赁合同，是指船舶出租人向承租人提供不配备船员的船舶，在约定的期间内由承租人占有、使用和营运，并向出租人支付租金的合同。

第一百四十五条　光船租赁合同的内容，主要包括出租人和承租人的名称、船名、船籍、船级、吨位、容积、航区、用途、租船期间、交船和还船的时间和地点以及条件、船舶检验、船舶的保养维修、租金及其支付、船舶保险、合同解除的时间和条件，以及其他有关事项。

第一百四十六条　出租人应当在合同约定的港口或者地点，按照合同约定的时间，向承租人交付船舶以及船舶证书。交船时，出租人应当做到谨慎处理，使船舶适航。交付的船舶应当适于合同约定的用途。

出租人违反前款规定的，承租人有权解除合同，并有权要求赔偿因此遭受的损失。

第一百四十七条　在光船租赁期间，承租人负责船舶的保养、维修。

第一百四十八条　在光船租赁期间，承租人应当按照合同约定的船舶价值，以出租人同意的保险方式为船舶进行保险，并负担保险费用。

第一百四十九条　在光船租赁期间，因承租人对船舶占有、使用和营运的原因使出租人的利益受到影响或者遭受损失的，承租人应当负责消除影响或者赔偿损失。

因船舶所有权争议或者出租人所负的债务致使船舶被扣押的，出租人应当保证承租人的利益不受影响；致使承租人遭受损失的，出租人应当负赔偿责任。

第一百五十条　在光船租赁期间，未经出租人书面同意，承租人不得转让合同的权利和义务或者以光船租赁的方式将船舶进行转租。

第一百五十一条　未经承租人事先书面同意，出租人不得在光船租赁期间对船舶设定抵押权。

出租人违反前款规定，致使承租人遭受损失的，应当负赔偿责任。

第一百五十二条　承租人应当按照合同约定支付租金。承租人未按照合同约定的时间支付租金连续超过七日的，出租人有权解除合同，并有权要求赔偿因此遭受的损失。

船舶发生灭失或者失踪的，租金应当自船舶灭失或者得知其最后消息之日起停止支付，预付租金应当按照比例退还。

第一百五十三条　本法第一百三十四条、第一百三十五条第一款、第一百四十二条和第一百四十三条的规定，适用于光船租赁合同。

第一百五十四条　订有租购条款的光船租赁合同，承租人按照合同约定向出租人付清租购费时，船舶所有权即归于承租人。

第七章　海上拖航合同

第一百五十五条　海上拖航合同，是指承拖方用拖轮将被拖物经海路从一地拖至另一地，而由被拖方支付拖航费的合同。

本章规定不适用于在港区内对船舶提供的拖轮服务。

第一百五十六条　海上拖航合同应当书面订立。海上拖航合同的内容，主要包括承拖方和被拖方的名称和住所、拖轮和被拖物的名称和主要尺度、拖轮马力、起拖地和目的地、起拖日期、拖航费及其支付方式，以及其他有关事项。

第一百五十七条　承拖方在起拖前和起拖当时，应当谨慎处理，使拖轮处于适航、适拖状态，妥善配备船员，配置拖航索具和配备供应品以及该航次必备的其他装置、设备。

被拖方在起拖前和起拖当时，应当做好被拖物的拖航准备，谨慎处理，使被拖物处于适拖状态，并向承拖方如实说明被拖物的情况，提供有关检验机构签发的被拖物适合拖航的证书和有关文件。

第一百五十八条　起拖前，因不可抗力或者其他不能归责于双方的原因致使合同不能履行的，双方均可以解除合同，并互相不负赔偿责任。除合同另有约定外，拖航费已经支付的，承拖方应当退还给被拖方。

第一百五十九条　起拖后，因不可抗力或者其他不能归责于双方的原因致使合同不能继续履行的，双方均可以解除合同，并互相不负赔偿责任。

第一百六十条　因不可抗力或者其他不能归责于双方的原因致使被拖物不能拖至目的地的，除合同另有约定外，承拖方可以在目的地的邻近地点或者拖轮船长选定的安全的港口或者锚泊地，将被拖物移交给被拖方或者其代理人，视为已经履行合同。

第一百六十一条　被拖方未按照约定支付拖航费和其他合理费用的，承拖方对被拖物有留置权。

第一百六十二条　在海上拖航过程中，承拖方或者被拖方遭受的损失，由一方的过失造成的，有过失的一方应当负赔偿责任；由双方过失造成的，各方按照过失程度的比例负赔偿责任。

虽有前款规定，经承拖方证明，被拖方的损失是由于下列原因之一造成的，承拖方不负赔偿责任：

（一）拖轮船长、船员、引航员或者承拖方的其他受雇人、代理人在驾驶拖轮或者管理拖轮中的过失；

（二）拖轮在海上救助或者企图救助人命或者财产时的过失。

本条规定仅在海上拖航合同没有约定或者没有不同约定时适用。

第一百六十三条　在海上拖航过程中，由于承拖方或者被拖方的过失，造成第三人人身伤亡或者财产损失的，承拖方和被拖方对第三人负连带赔偿责任。除合同另有约定外，一方连带支付的赔偿超过其应当承担的比例的，对另一方有追偿权。

第一百六十四条　拖轮所有人拖带其所有的或者经营的驳船载运货物，经海路由一港运至另一港的，视为海上货物运输。

第八章　船舶碰撞

第一百六十五条　船舶碰撞，是指船舶在海上或者与海相通的可航水域发生接触造成损害的事故。

前款所称船舶，包括与本法第三条所指船舶碰撞的任何其他非用于军事的或者政府公务的船艇。

第一百六十六条　船舶发生碰撞，当事船舶的船长在不严重危及本船和船上人员安全情况下，对于相碰的船舶和船上人员必须尽力施救。

碰撞船舶的船长应当尽可能将其船舶名称、船籍港、出发港和目的港通知对方。

第一百六十七条　船舶发生碰撞，是由于不可抗力或者其他不能归责于任何一方的原因或者无法查明的原因造成的，碰撞各方互相不负赔偿责任。

第一百六十八条　船舶发生碰撞，是由于一船的过失造成的，由有过失的船舶负赔偿责任。

第一百六十九条　船舶发生碰撞，碰撞的船舶互有过失的，各船按照过失程度的比例负赔偿责任；过失程度相当或者过失程度的比例无法判定的，平均负赔偿责任。

互有过失的船舶，对碰撞造成的船舶以

及船上货物和其他财产的损失，依照前款规定的比例负赔偿责任。碰撞造成第三人财产损失的，各船的赔偿责任均不超过其应当承担的比例。

互有过失的船舶，对造成的第三人的人身伤亡，负连带赔偿责任。一船连带支付的赔偿超过本条第一款规定的比例的，有权向其他有过失的船舶追偿。

第一百七十条　船舶因操纵不当或者不遵守航行规章，虽然实际上没有同其他船舶发生碰撞，但是使其他船舶以及船上的人员、货物或者其他财产遭受损失的，适用本章的规定。

第九章　海难救助

第一百七十一条　本章规定适用于在海上或者与海相通的可航水域，对遇险的船舶和其他财产进行的救助。

第一百七十二条　本章下列用语的含义：

(一)“船舶”，是指本法第三条所称的船舶和与其发生救助关系的任何其他非用于军事的或者政府公务的船艇。

(二)“财产”，是指非永久地和非有意地依附于岸线的任何财产，包括有风险的运费。

(三)“救助款项”，是指依照本章规定，被救助方应当向救助方支付的任何救助报酬、酬金或者补偿。

第一百七十三条　本章规定，不适用于海上已经就位的从事海底矿物资源的勘探、开发或者生产的固定式、浮动式平台和移动式近海钻井装置。

第一百七十四条　船长在不严重危及本船和船上人员安全的情况下，有义务尽力救助海上人命。

第一百七十五条　救助方与被救助方就海难救助达成协议，救助合同成立。

遇险船舶的船长有权代表船舶所有人订立救助合同。遇险船舶的船长或者船舶所有人有权代表船上财产所有人订立救助合同。

第一百七十六条　有下列情形之一，经一方当事人起诉或者双方当事人协议仲裁的，受理争议的法院或者仲裁机构可以判决或者裁决变更救助合同：

(一)合同在不正当的或者危险情况的影响下订立，合同条款显失公平的；

(二)根据合同支付的救助款项明显过高或者过低于实际提供的救助服务的。

第一百七十七条　在救助作业过程中，救助方对被救助方负有下列义务：

(一)以应有的谨慎进行救助；

(二)以应有的谨慎防止或者减少环境污染损害；

(三)在合理需要的情况下，寻求其他救助方援助；

(四)当被救助方合理地要求其他救助方参与救助作业时，接受此种要求，但是要求不合理的，原救助方的救助报酬金额不受影响。

第一百七十八条　在救助作业过程中，被救助方对救助方负有下列义务：

(一)与救助方通力合作；

(二)以应有的谨慎防止或者减少环境污染损害；

(三)当获救的船舶或者其他财产已经被送至安全地点时，及时接受救助方提出的合理的移交要求。

第一百七十九条　救助方对遇险的船舶和其他财产的救助，取得效果的，有权获得救助报酬；救助未取得效果的，除本法第一百八十二条或者其他法律另有规定或者合同另有约定外，无权获得救助款项。

第一百八十条　确定救助报酬，应当体现对救助作业的鼓励，并综合考虑下列各项因素：

(一)船舶和其他财产的获救的价值；

(二)救助方在防止或者减少环境污染损害方面的技能和努力；

(三)救助方的救助成效；

（四）危险的性质和程度；

（五）救助方在救助船舶、其他财产和人命方面的技能和努力；

（六）救助方所用的时间、支出的费用和遭受的损失；

（七）救助方或者救助设备所冒的责任风险和其他风险；

（八）救助方提供救助服务的及时性；

（九）用于救助作业的船舶和其他设备的可用性和使用情况；

（十）救助设备的备用状况、效能和设备的价值。

救助报酬不得超过船舶和其他财产的获救价值。

第一百八十一条　船舶和其他财产的获救价值，是指船舶和其他财产获救后的估计价值或者实际出卖的收入，扣除有关税款和海关、检疫、检验费用以及进行卸载、保管、估价、出卖而产生的费用后的价值。

前款规定的价值不包括船员的获救的私人物品和旅客的获救的自带行李的价值。

第一百八十二条　对构成环境污染损害危险的船舶或者船上货物进行的救助，救助方依照本法第一百八十条规定获得的救助报酬，少于依照本条规定可以得到的特别补偿的，救助方有权依照本条规定，从船舶所有人处获得相当于救助费用的特别补偿。

救助人进行前款规定的救助作业，取得防止或者减少环境污染损害效果的，船舶所有人依照前款规定应当向救助方支付的特别补偿可以另行增加，增加的数额可以达到救助费用的百分之三十。受理争议的法院或者仲裁机构认为适当，并且考虑到本法第一百八十条第一款的规定，可以判决或者裁决进一步增加特别补偿数额；但是，在任何情况下，增加部分不得超过救助费用的百分之一百。

本条所称救助费用，是指救助方在救助作业中直接支付的合理费用以及实际使用救助设备、投入救助人员的合理费用。确定救助费用应当考虑本法第一百八十条第一款第（八）、（九）、（十）项的规定。

在任何情况下，本条规定的全部特别补偿，只有在超过救助方依照本法第一百八十条规定能够获得的救助报酬时，方可支付，支付金额为特别补偿超过救助报酬的差额部分。

由于救助方的过失未能防止或者减少环境污染损害的，可以全部或者部分地剥夺救助方获得特别补偿的权利。

本条规定不影响船舶所有人对其他被救助方的追偿权。

第一百八十三条　救助报酬的金额，应当由获救的船舶和其他财产的各所有人，按照船舶和其他各项财产各自的获救价值占全部获救价值的比例承担。

第一百八十四条　参加同一救助作业的各救助方的救助报酬，应当根据本法第一百八十条规定的标准，由各方协商确定；协商不成的，可以提请受理争议的法院判决或者经各方协议提请仲裁机构裁决。

第一百八十五条　在救助作业中救助人命的救助方，对获救人员不得请求酬金，但是有权从救助船舶或者其他财产、防止或者减少环境污染损害的救助方获得的救助款项中，获得合理的份额。

第一百八十六条　下列救助行为无权获得救助款项：

（一）正常履行拖航合同或者其他服务合同的义务进行救助的，但是提供不属于履行上述义务的特殊劳务除外；

（二）不顾遇险的船舶的船长、船舶所有人或者其他财产所有人明确的和合理的拒绝，仍然进行救助的。

第一百八十七条　由于救助方的过失致使救助作业成为必需或者更加困难的，或者救助方有欺诈或者其他不诚实行为的，应当取消或者减少向救助方支付的救助款项。

第一百八十八条　被救助方在救助作业结束后，应当根据救助方的要求，对救助款项提供满意的担保。

在不影响前款规定的情况下，获救船舶的船舶所有人应当在获救的货物交还前，尽力使货物的所有人对其应当承担的救助款项提供满意的担保。

在未根据救助人的要求对获救的船舶或者其他财产提供满意的担保以前，未经救助方同意，不得将获救的船舶和其他财产从救助作业完成后最初到达的港口或者地点移走。

第一百八十九条　受理救助款项请求的法院或者仲裁机构，根据具体情况，在合理的条件下，可以裁定或者裁决被救助方向救助方先行支付适当的金额。

被救助方根据前款规定先行支付金额后，其根据本法第一百八十八条规定提供的担保金额应当相应扣减。

第一百九十条　对于获救满 90 日的船舶和其他财产，如果被救助方不支付救助款项也不提供满意的担保，救助方可以申请法院裁定强制拍卖；对于无法保管、不易保管或者保管费用可能超过其价值的获救的船舶和其他财产，可以申请提前拍卖。

拍卖所得价款，在扣除保管和拍卖过程中的一切费用后，依照本法规定支付救助款项；剩余的金额，退还被救助方；无法退还、自拍卖之日起满 1 年又无人认领的，上缴国库；不足的金额，救助方有权向被救助方追偿。

第一百九十一条　同一船舶所有人的船舶之间进行的救助，救助方获得救助款项的权利适用本章规定。

第一百九十二条　国家有关主管机关从事或者控制的救助作业，救助方有权享受本章规定的关于救助作业的权利和补偿。

第十章　共同海损

第一百九十三条　共同海损，是指在同一海上航程中，船舶、货物和其他财产遭遇共同危险，为了共同安全，有意地合理地采取措施所直接造成的特殊牺牲、支付的特殊费用。

无论在航程中或者在航程结束后发生的船舶或者货物因迟延所造成的损失，包括船期损失和行市损失以及其他间接损失，均不得列入共同海损。

第一百九十四条　船舶因发生意外、牺牲或者其他特殊情况而损坏时，为了安全完成本航程，驶入避难港口、避难地点或者驶回装货港口、装货地点进行必要的修理，在该港口或者地点额外停留期间所支付的港口费，船员工资、给养，船舶所消耗的燃料、物料，为修理而卸载、储存、重装或者搬移船上货物、燃料、物料以及其他财产所造成的损失、支付的费用，应当列入共同海损。

第一百九十五条　为代替可以列为共同海损的特殊费用而支付的额外费用，可以作为代替费用列入共同海损；但是，列入共同海损的代替费用的金额，不得超过被代替的共同海损的特殊费用。

第一百九十六条　提出共同海损分摊请求的一方应当负举证责任，证明其损失应当列入共同海损。

第一百九十七条　引起共同海损特殊牺牲、特殊费用的事故，可能是由航程中一方的过失造成的，不影响该方要求分摊共同海损的权利；但是，非过失方或者过失方可以就此项过失提出赔偿请求或者进行抗辩。

第一百九十八条　船舶、货物和运费的共同海损牺牲的金额，依照下列规定确定：

（一）船舶共同海损牺牲的金额，按照实际支付的修理费，减除合理的以新换旧的扣减额计算。船舶尚未修理的，按照牺牲造成的合理贬值计算，但是不得超过估计的修理费。

船舶发生实际全损或者修理费用超过修复后的船舶价值的，共同海损牺牲金额按照该船舶在完好状态下的估计价值，减除不属于共同海损损坏的估计的修理费和该船舶受损后的价值的余额计算。

（二）货物共同海损牺牲的金额，货物灭失的，按照货物在装船时的价值加保险费加运费，减除由于牺牲无需支付的运费计算。货物损坏，在就损坏程度达成协议前售出的，按照货物在装船时的价值加保险费加运费，与出售货物净得的差额计算。

（三）运费共同海损牺牲的金额，按照货物遭受牺牲造成的运费的损失金额，减除为取得这笔运费本应支付，但是由于牺牲无需支付的营运费用计算。

第一百九十九条　共同海损应当由受益方按照各自的分摊价值的比例分摊。

船舶、货物和运费的共同海损分摊价值，分别依照下列规定确定：

（一）船舶共同海损分摊价值，按照船舶在航程终止时的完好价值，减除不属于共同海损的损失金额计算，或者按照船舶在航程终止时的实际价值，加上共同海损牺牲的金额计算。

（二）货物共同海损分摊价值，按照货物在装船时的价值加保险费加运费，减除不属于共同海损的损失金额和承运人承担风险的运费计算。货物在抵达目的港以前售出的，按照出售净得金额，加上共同海损牺牲的金额计算。

旅客的行李和私人物品，不分摊共同海损。

（三）运费分摊价值，按照承运人承担风险并于航程终止时有权收取的运费，减除为取得该项运费而在共同海损事故发生后，为完成本航程所支付的营运费用，加上共同海损牺牲的金额计算。

第二百条　未申报的货物或者谎报的货物，应当参加共同海损分摊；其遭受的特殊牺牲，不得列入共同海损。

不正当地以低于货物实际价值作为申报价值的，按照实际价值分摊共同海损；在发生共同海损牺牲时，按照申报价值计算牺牲金额。

第二百零一条　对共同海损特殊牺牲和垫付的共同海损特殊费用，应当计算利息。对垫付的共同海损特殊费用，除船员工资、给养和船舶消耗的燃料、物料外，应当计算手续费。

第二百零二条　经利益关系人要求，各分摊方应当提供共同海损担保。

以提供保证金方式进行共同海损担保的，保证金应当交由海损理算师以保管人名义存入银行。

保证金的提供、使用或者退还，不影响各方最终的分摊责任。

第二百零三条　共同海损理算，适用合同约定的理算规则；合同未约定的，适用本章的规定。

第十一章　海事赔偿责任限制

第二百零四条　船舶所有人、救助人，对本法第二百零七条所列海事赔偿请求，可以依照本章规定限制赔偿责任。

前款所称的船舶所有人，包括船舶承租人和船舶经营人。

第二百零五条　本法第二百零七条所列海事赔偿请求，不是向船舶所有人、救助人本人提出，而是向他们对其行为、过失负有责任的人员提出的，这些人员可以依照本章规定限制赔偿责任。

第二百零六条　被保险人依照本章规定可以限制赔偿责任的，对该海事赔偿请求承担责任的保险人，有权依照本章规定享受相同的赔偿责任限制。

第二百零七条　下列海事赔偿请求，除本法第二百零八条和第二百零九条另有规定外，无论赔偿责任的基础有何不同，责任人均可以依照本章规定限制赔偿责任：

（一）在船上发生的或者与船舶营运、救助作业直接相关的人身伤亡或者财产的灭失、损坏，包括对港口工程、港池、航道和助航设施造成的损坏，以及由此引起的相应损失的赔偿请求；

（二）海上货物运输因迟延交付或者旅客及其行李运输因迟延到达造成损失的赔偿请求；

（三）与船舶营运或者救助作业直接相关的，侵犯非合同权利的行为造成其他损失的赔偿请求；

（四）责任人以外的其他人，为避免或者减少责任人依照本章规定可以限制赔偿责任的损失而采取措施的赔偿请求，以及因此项措施造成进一步损失的赔偿请求。

前款所列赔偿请求，无论提出的方式有何不同，均可以限制赔偿责任。但是，第（四）项涉及责任人以合同约定支付的报酬，责任人的支付责任不得援用本条赔偿责任限制的规定。

第二百零八条　本章规定不适用于下列各项：

（一）对救助款项或者共同海损分摊的请求；

（二）中华人民共和国参加的国际油污损害民事责任公约规定的油污损害的赔偿请求；

（三）中华人民共和国参加的国际核能损害责任限制公约规定的核能损害的赔偿请求；

（四）核动力船舶造成的核能损害的赔偿请求；

（五）船舶所有人或者救助人的受雇人提出的赔偿请求，根据调整劳务合同的法律，船舶所有人或者救助人对该类赔偿请求无权限制赔偿责任，或者该项法律作了高于本章规定的赔偿限额的规定。

第二百零九条　经证明，引起赔偿请求的损失是由于责任人的故意或者明知可能造成损失而轻率地作为或者不作为造成的，责任人无权依照本章规定限制赔偿责任。

第二百一十条　除本法第二百一十一条另有规定外，海事赔偿责任限制，依照下列规定计算赔偿限额：

（一）关于人身伤亡的赔偿请求

1. 总吨位300吨至500吨的船舶，赔偿限额为333000计算单位；

2. 总吨位超过500吨的船舶，500吨以下部分适用本项第1目的规定，500吨以上的部分，应当增加下列数额：

501吨至3000吨的部分，每吨增加500计算单位；

3001吨至30000吨的部分，每吨增加333计算单位；

30001吨至70000吨的部分，每吨增加250计算单位；

超过70000吨的部分，每吨增加167计算单位。

（二）关于非人身伤亡的赔偿请求

1. 总吨位300吨至500吨的船舶，赔偿限额为167000计算单位；

2. 总吨位超过500吨的船舶，500吨以下部分适用本项第1目的规定，500吨以上的部分，应当增加下列数额：

501吨至30000吨的部分，每吨增加167计算单位；

30001吨至70000吨的部分，每吨增加125计算单位；

超过70000吨的部分，每吨增加83计算单位。

（三）依照第（一）项规定的限额，不足以支付全部人身伤亡的赔偿请求的，其差额应当与非人身伤亡的赔偿请求并列，从第（二）项数额中按照比例受偿。

（四）在不影响第（三）项关于人身伤亡赔偿请求的情况下，就港口工程、港池、航道和助航设施的损害提出的赔偿请求，应当较第（二）项中的其他赔偿请求优先受偿。

（五）不以船舶进行救助作业或者在被救船舶上进行救助作业的救助人，其责任限额按照总吨位为1500吨的船舶计算。

总吨位不满300吨的船舶，从事中华人民共和国港口之间的运输的船舶，以及从事沿海作业的船舶，其赔偿限额由国务院交通主管部门制定，报国务院批准后施行。

第二百一十一条 海上旅客运输的旅客人身伤亡赔偿责任限制，按照46666计算单位乘以船舶证书规定的载客定额计算赔偿限额，但是最高不超过25000000计算单位。

中华人民共和国港口之间海上旅客运输的旅客人身伤亡，赔偿限额由国务院交通主管部门制定，报国务院批准后施行。

第二百一十二条 本法第二百一十条和第二百一十一条规定的赔偿限额，适用于特定场合发生的事故引起的，向船舶所有人、救助人本人和他们对其行为、过失负有责任的人员提出的请求的总额。

第二百一十三条 责任人要求依照本法规定限制赔偿责任的，可以在有管辖权的法院设立责任限制基金。基金数额分别为本法第二百一十条、第二百一十一条规定的限额，加上自责任产生之日起至基金设立之日止的相应利息。

第二百一十四条 责任人设立责任限制基金后，向责任人提出请求的任何人，不得对责任人的任何财产行使任何权利；已设立责任限制基金的责任人的船舶或者其他财产已经被扣押，或者基金设立人已经提交抵押物的，法院应当及时下令释放或者责令退还。

第二百一十五条 享受本章规定的责任限制的人，就同一事故向请求人提出反请求的，双方的请求金额应当相互抵销，本章规定的赔偿限额仅适用于两个请求金额之间的差额。

第十二章 海上保险合同

第一节 一般规定

第二百一十六条 海上保险合同，是指保险人按照约定，对被保险人遭受保险事故造成保险标的的损失和产生的责任负责赔偿，而由被保险人支付保险费的合同。

前款所称保险事故，是指保险人与被保险人约定的任何海上事故，包括与海上航行有关的发生于内河或者陆上的事故。

第二百一十七条 海上保险合同的内容，主要包括下列各项：

（一）保险人名称；

（二）被保险人名称；

（三）保险标的；

（四）保险价值；

（五）保险金额；

（六）保险责任和除外责任；

（七）保险期间；

（八）保险费。

第二百一十八条 下列各项可以作为保险标的：

（一）船舶；

（二）货物；

（三）船舶营运收入，包括运费、租金、旅客票款；

（四）货物预期利润；

（五）船员工资和其他报酬；

（六）对第三人的责任；

（七）由于发生保险事故可能受到损失的其他财产和产生的责任、费用。

保险人可以将对前款保险标的的保险进行再保险。除合同另有约定外，原被保险人不得享有再保险的利益。

第二百一十九条 保险标的的保险价值由保险人与被保险人约定。

保险人与被保险人未约定保险价值的，保险价值依照下列规定计算：

（一）船舶的保险价值，是保险责任开始时船舶的价值，包括船壳、机器、设备的价值，以及船上燃料、物料、索具、给养、淡水的价值和保险费的总和；

（二）货物的保险价值，是保险责任开始时货物在起运地的发票价格或者非贸易商品在起运地的实际价值以及运费和保险费的总和；

（三）运费的保险价值，是保险责任开始时承运人应收运费总额和保险费的总和；

（四）其他保险标的的保险价值，是保险责任开始时保险标的的实际价值和保险费的总和。

第二百二十条　保险金额由保险人与被保险人约定。保险金额不得超过保险价值；超过保险价值的，超过部分无效。

第二节　合同的订立、解除和转让

第二百二十一条　被保险人提出保险要求，经保险人同意承保，并就海上保险合同的条款达成协议后，合同成立。保险人应当及时向被保险人签发保险单或者其他保险单证，并在保险单或者其他保险单证中载明当事人双方约定的合同内容。

第二百二十二条　合同订立前，被保险人应当将其知道的或者在通常业务中应当知道的有关影响保险人据以确定保险费率或者确定是否同意承保的重要情况，如实告知保险人。

保险人知道或者在通常业务中应当知道的情况，保险人没有询问的，被保险人无需告知。

第二百二十三条　由于被保险人的故意，未将本法第二百二十二条第一款规定的重要情况如实告知保险人的，保险人有权解除合同，并不退还保险费。合同解除前发生保险事故造成损失的，保险人不负赔偿责任。

不是由于被保险人的故意，未将本法第二百二十二条第一款规定的重要情况如实告知保险人的，保险人有权解除合同或者要求相应增加保险费。保险人解除合同的，对于合同解除前发生保险事故造成的损失，保险人应当负赔偿责任；但是，未告知或者错误告知的重要情况对保险事故的发生有影响的除外。

第二百二十四条　订立合同时，被保险人已经知道或者应当知道保险标的已经因发生保险事故而遭受损失的，保险人不负赔偿责任，但是有权收取保险费；保险人已经知道或者应当知道保险标的已经不可能因发生保险事故而遭受损失的，被保险人有权收回已经支付的保险费。

第二百二十五条　被保险人对同一保险标的就同一保险事故向几个保险人重复订立合同，而使该保险标的的保险金额总和超过保险标的的价值的，除合同另有约定外，被保险人可以向任何保险人提出赔偿请求。被保险人获得的赔偿金额总和不得超过保险标的的受损价值。各保险人按照其承保的保险金额同保险金额总和的比例承担赔偿责任。任何一个保险人支付的赔偿金额超过其应当承担的赔偿责任的，有权向未按照其应当承担的赔偿责任支付赔偿金额的保险人追偿。

第二百二十六条　保险责任开始前，被保险人可以要求解除合同，但是应当向保险人支付手续费，保险人应当退还保险费。

第二百二十七条　除合同另有约定外，保险责任开始后，被保险人和保险人均不得解除合同。

根据合同约定在保险责任开始后可以解除合同的，被保险人要求解除合同，保险人有权收取自保险责任开始之日起至合同解除之日止的保险费，剩余部分予以退还；保险人要求解除合同，应当将自合同解除之日起至保险期间届满之日止的保险费退还被保险人。

第二百二十八条　虽有本法第二百二十七条规定，货物运输和船舶的航次保险，保险责任开始后，被保险人不得要求解除合同。

第二百二十九条　海上货物运输保险合同可以由被保险人背书或者以其他方式转让，合同的权利、义务随之转移。合同转让时尚未支付保险费的，被保险人和合同受让人负连带支付责任。

第二百三十条　因船舶转让而转让船舶保险合同的，应当取得保险人同意。未经保险人同意，船舶保险合同从船舶转让时起解除；船舶转让发生在航次之中的，船舶保险合同至航次终了时解除。

合同解除后，保险人应当将自合同解除

之日起至保险期间届满之日止的保险费退还被保险人。

第二百三十一条 被保险人在一定期间分批装运或者接受货物的，可以与保险人订立预约保险合同。预约保险合同应当由保险人签发预约保险单证加以确认。

第二百三十二条 应被保险人要求，保险人应当对依据预约保险合同分批装运的货物分别签发保险单证。

保险人分别签发的保险单证的内容与预约保险单证的内容不一致的，以分别签发的保险单证为准。

第二百三十三条 被保险人知道经预约保险合同保险的货物已经装运或者到达的情况时，应当立即通知保险人。通知的内容包括装运货物的船名、航线、货物价值和保险金额。

第三节 被保险人的义务

第二百三十四条 除合同另有约定外，被保险人应当在合同订立后立即支付保险费；被保险人支付保险费前，保险人可以拒绝签发保险单证。

第二百三十五条 被保险人违反合同约定的保证条款时，应当立即书面通知保险人。保险人收到通知后，可以解除合同，也可以要求修改承保条件、增加保险费。

第二百三十六条 一旦保险事故发生，被保险人应当立即通知保险人，并采取必要的合理措施，防止或者减少损失。被保险人收到保险人发出的有关采取防止或者减少损失的合理措施的特别通知的，应当按照保险人通知的要求处理。

对于被保险人违反前款规定所造成的扩大的损失，保险人不负赔偿责任。

第四节 保险人的责任

第二百三十七条 发生保险事故造成损失后，保险人应当及时向被保险人支付保险赔偿。

第二百三十八条 保险人赔偿保险事故造成的损失，以保险金额为限。保险金额低于保险价值的，在保险标的发生部分损失时，保险人按照保险金额与保险价值的比例负赔偿责任。

第二百三十九条 保险标的在保险期间发生几次保险事故所造成的损失，即使损失金额的总和超过保险金额，保险人也应当赔偿。但是，对发生部分损失后未经修复又发生全部损失的，保险人按照全部损失赔偿。

第二百四十条 被保险人为防止或者减少根据合同可以得到赔偿的损失而支出的必要的合理费用，为确定保险事故的性质、程度而支出的检验、估价的合理费用，以及为执行保险人的特别通知而支出的费用，应当由保险人在保险标的损失赔偿之外另行支付。

保险人对前款规定的费用的支付，以相当于保险金额的数额为限。

保险金额低于保险价值的，除合同另有约定外，保险人应当按照保险金额与保险价值的比例，支付本条规定的费用。

第二百四十一条 保险金额低于共同海损分摊价值的，保险人按照保险金额同分摊价值的比例赔偿共同海损分摊。

第二百四十二条 对于被保险人故意造成的损失，保险人不负赔偿责任。

第二百四十三条 除合同另有约定外，因下列原因之一造成货物损失的，保险人不负赔偿责任：

（一）航行迟延、交货迟延或者行市变化；

（二）货物的自然损耗、本身的缺陷和自然特性；

（三）包装不当。

第二百四十四条 除合同另有约定外，因下列原因之一造成保险船舶损失的，保险人不负赔偿责任：

（一）船舶开航时不适航，但是在船舶定期保险中被保险人不知道的除外；

（二）船舶自然磨损或者锈蚀。

运费保险比照适用本条的规定。

第五节　保险标的的损失和委付

第二百四十五条　保险标的发生保险事故后灭失，或者受到严重损坏完全失去原有形体、效用，或者不能再归被保险人所拥有的，为实际全损。

第二百四十六条　船舶发生保险事故后，认为实际全损已经不可避免，或者为避免发生实际全损所需支付的费用超过保险价值的，为推定全损。

货物发生保险事故后，认为实际全损已经不可避免，或者为避免发生实际全损所需支付的费用与继续将货物运抵目的地的费用之和超过保险价值的，为推定全损。

第二百四十七条　不属于实际全损和推定全损的损失，为部分损失。

第二百四十八条　船舶在合理时间内未从被获知最后消息的地点抵达目的地，除合同另有约定外，满两个月后仍没有获知其消息的，为船舶失踪。船舶失踪视为实际全损。

第二百四十九条　保险标的发生推定全损，被保险人要求保险人按照全部损失赔偿的，应当向保险人委付保险标的。保险人可以接受委付，也可以不接受委付，但是应当在合理的时间内将接受委付或者不接受委付的决定通知被保险人。

委付不得附带任何条件。委付一经保险人接受，不得撤回。

第二百五十条　保险人接受委付的，被保险人对委付财产的全部权利和义务转移给保险人。

第六节　保险赔偿的支付

第二百五十一条　保险事故发生后，保险人向被保险人支付保险赔偿前，可以要求被保险人提供与确认保险事故性质和损失程度有关的证明和资料。

第二百五十二条　保险标的发生保险责任范围内的损失是由第三人造成的，被保险人向第三人要求赔偿的权利，自保险人支付赔偿之日起，相应转移给保险人。

被保险人应当向保险人提供必要的文件和其所需要知道的情况，并尽力协助保险人向第三人追偿。

第二百五十三条　被保险人未经保险人同意放弃向第三人要求赔偿的权利，或者由于过失致使保险人不能行使追偿权利的，保险人可以相应扣减保险赔偿。

第二百五十四条　保险人支付保险赔偿时，可以从应支付的赔偿额中相应扣减被保险人已经从第三人取得的赔偿。

保险人从第三人取得的赔偿，超过其支付的保险赔偿的，超过部分应当退还给被保险人。

第二百五十五条　发生保险事故后，保险人有权放弃对保险标的的权利，全额支付合同约定的保险赔偿，以解除对保险标的的义务。

保险人行使前款规定的权利，应当自收到被保险人有关赔偿损失的通知之日起的七日内通知被保险人；被保险人在收到通知前，为避免或者减少损失而支付的必要的合理费用，仍然应当由保险人偿还。

第二百五十六条　除本法第二百五十五条的规定外，保险标的发生全损，保险人支付全部保险金额的，取得对保险标的的全部权利；但是，在不足额保险的情况下，保险人按照保险金额与保险价值的比例取得对保险标的的部分权利。

第十三章　时　　效

第二百五十七条　就海上货物运输向承运人要求赔偿的请求权，时效期间为1年，自承运人交付或者应当交付货物之日起计算；在时效期间内或者时效期间届满后，被认定为负有责任的人向第三人提起追偿请求的，时效期间为90日，自追偿请求人解决原赔偿请求之日起或者收到受理对其本人提起诉讼的法院的起诉状副本之日起计算。

有关航次租船合同的请求权，时效期间为2年，自知道或者应当知道权利被侵害之日起计算。

第二百五十八条　就海上旅客运输向承运人要求赔偿的请求权，时效期间为2年，分别依照下列规定计算：

（一）有关旅客人身伤害的请求权，自旅客离船或者应当离船之日起计算；

（二）有关旅客死亡的请求权，发生在运送期间的，自旅客应当离船之日起计算；因运送期间内的伤害而导致旅客离船后死亡的，自旅客死亡之日起计算，但是此期限自离船之日起不得超过3年；

（三）有关行李灭失或者损坏的请求权，自旅客离船或者应当离船之日起计算。

第二百五十九条　有关船舶租用合同的请求权，时效期间为2年，自知道或者应当知道权利被侵害之日起计算。

第二百六十条　有关海上拖航合同的请求权，时效期间为1年，自知道或者应当知道权利被侵害之日起计算。

第二百六十一条　有关船舶碰撞的请求权，时效期间为2年，自碰撞事故发生之日起计算；本法第一百六十九条第三款规定的追偿请求权，时效期间为1年，自当事人连带支付损害赔偿之日起计算。

第二百六十二条　有关海难救助的请求权，时效期间为2年，自救助作业终止之日起计算。

第二百六十三条　有关共同海损分摊的请求权，时效期间为1年，自理算结束之日起计算。

第二百六十四条　根据海上保险合同向保险人要求保险赔偿的请求权，时效期间为2年，自保险事故发生之日起计算。

第二百六十五条　有关船舶发生油污损害的请求权，时效期间为3年，自损害发生之日起计算；但是，在任何情况下时效期间不得超过从造成损害的事故发生之日起6年。

第二百六十六条　在时效期间的最后6个月内，因不可抗力或者其他障碍不能行使请求权的，时效中止。自中止时效的原因消除之日起，时效期间继续计算。

第二百六十七条　时效因请求人提起诉讼、提交仲裁或者被请求人同意履行义务而中断。但是，请求人撤回起诉、撤回仲裁或者起诉被裁定驳回的，时效不中断。

请求人申请扣船的，时效自申请扣船之日起中断。

自中断时起，时效期间重新计算。

第十四章　涉外关系的法律适用

第二百六十八条　中华人民共和国缔结或者参加的国际条约同本法有不同规定的，适用国际条约的规定；但是，中华人民共和国声明保留的条款除外。

中华人民共和国法律和中华人民共和国缔结或者参加的国际条约没有规定的，可以适用国际惯例。

第二百六十九条　合同当事人可以选择合同适用的法律，法律另有规定的除外。合同当事人没有选择的，适用与合同有最密切联系的国家的法律。

第二百七十条　船舶所有权的取得、转让和消灭，适用船旗国法律。

第二百七十一条　船舶抵押权适用船旗国法律。

船舶在光船租赁以前或者光船租赁期间，设立船舶抵押权的，适用原船舶登记国的法律。

第二百七十二条　船舶优先权，适用受理案件的法院所在地法律。

第二百七十三条　船舶碰撞的损害赔偿，适用侵权行为地法律。

船舶在公海上发生碰撞的损害赔偿，适用受理案件的法院所在地法律。

同一国籍的船舶，不论碰撞发生于何地，碰撞船舶之间的损害赔偿适用船旗国法律。

第二百七十四条　共同海损理算，适用理算地法律。

第二百七十五条　海事赔偿责任限制，适用受理案件的法院所在地法律。

第二百七十六条　依照本章规定适用外国法律或者国际惯例，不得违背中华人民共和国的社会公共利益。

第十五章　附　则

第二百七十七条　本法所称计算单位，是指国际货币基金组织规定的特别提款权；其人民币数额为法院判决之日、仲裁机构裁决之日或者当事人协议之日，按照国家外汇主管机关规定的国际货币基金组织的特别提款权对人民币的换算办法计算得出的人民币数额。

第二百七十八条　本法自1993年7月1日起施行。

中华人民共和国矿山安全法

（1992年11月7日第七届全国人民代表大会常务委员会第二十八次会议通过　同日公布）

第一章　总　则

第一条　为了保障矿山生产安全，防止矿山事故，保护矿山职工人身安全，促进采矿业的发展，制定本法。

第二条　在中华人民共和国领域和中华人民共和国管辖的其他海域从事矿产资源开采活动，必须遵守本法。

第三条　矿山企业必须具有保障安全生产的设施，建立、健全安全管理制度，采取有效措施改善职工劳动条件，加强矿山安全管理工作，保证安全生产。

第四条　国务院劳动行政主管部门对全国矿山安全工作实施统一监督。

县级以上地方各级人民政府劳动行政主管部门对本行政区域内的矿山安全工作实施统一监督。

县级以上人民政府管理矿山企业的主管部门对矿山安全工作进行管理。

第五条　国家鼓励矿山安全科学技术研究，推广先进技术，改进安全设施，提高矿山安全生产水平。

第六条　对坚持矿山安全生产，防止矿山事故，参加矿山抢险救护，进行矿山安全科学技术研究等方面取得显著成绩的单位和个人，给予奖励。

第二章　矿山建设的安全保障

第七条　矿山建设工程的安全设施必须和主体工程同时设计、同时施工、同时投入生产和使用。

第八条　矿山建设工程的设计文件，必须符合矿山安全规程和行业技术规范，并按照国家规定经管理矿山企业的主管部门批准；不符合矿山安全规程和行业技术规范的，不得批准。

矿山建设工程安全设施的设计必须有劳动行政主管部门参加审查。

矿山安全规程和行业技术规范，由国务院管理矿山企业的主管部门制定。

第九条　矿山设计下列项目必须符合矿山安全规程和行业技术规范：

（一）矿井的通风系统和供风量、风质、风速；

（二）露天矿的边坡角和台阶的宽度、高度；

（三）供电系统；

（四）提升、运输系统；

（五）防水、排水系统和防火、灭火系统；

（六）防瓦斯系统和防尘系统；

（七）有关矿山安全的其他项目。

第十条　每个矿井必须有两个以上能行人的安全出口，出口之间的直线水平距离必须符合矿山安全规程和行业技术规范。

第十一条　矿山必须有与外界相通的、符合安全要求的运输和通讯设施。

第十二条　矿山建设工程必须按照管理矿山企业的主管部门批准的设计文件施工。

矿山建设工程安全设施竣工后，由管理矿山企业的主管部门验收，并须有劳动行政主管部门参加；不符合矿山安全规程和行业技术规范的，不得验收，不得投入生产。

第三章　矿山开采的安全保障

第十三条　矿山开采必须具备保障安全生产的条件，执行开采不同矿种的矿山安全规程和行业技术规范。

第十四条　矿山设计规定保留的矿柱、岩柱，在规定的期限内，应当予以保护，不得开采或者毁坏。

第十五条　矿山使用的有特殊安全要求的设备、器材、防护用品和安全检测仪器，必须符合国家安全标准或者行业安全标准；不符合国家安全标准或者行业安全标准的，不得使用。

第十六条　矿山企业必须对机电设备及其防护装置、安全检侧仪器，定期检查、维修，保证使用安全。

第十七条　矿山企业必须对作业场所中的有毒有害物质和井下空气含氧量进行检测，保证符合安全要求。

第十八条　矿山企业必须对下列危害安全的事故隐患采取预防措施：

（一）冒顶、片帮、边坡滑落和地表塌陷；

（二）瓦斯爆炸、煤尘爆炸；

（三）冲击地压、瓦斯突出、井喷；

（四）地面和井下的火灾、水害；

（五）爆破器材和爆破作业发生的危害；

（六）粉尘、有毒有害气体、放射性物质和其他有害物质引起的危害；

（七）其他危害。

第十九条　矿山企业对使用机械、电气设备，排土场、矸石山、尾矿库和矿山闭坑后可能引起的危害，应当采取预防措施。

第四章　矿山企业的安全管理

第二十条　矿山企业必须建立、健全安全生产责任制。

矿长对本企业的安全生产工作负责。

第二十一条　矿长应当定期向职工代表大会或者职工大会报告安全生产工作，发挥职工代表大会的监督作用。

第二十二条　矿山企业职工必须遵守有关矿山安全的法律、法规和企业规章制度。

矿山企业职工有权对危害安全的行为，提出批评、检举和控告。

第二十三条　矿山企业工会依法维护职工生产安全的合法权益，组织职工对矿山安全工作进行监督。

第二十四条　矿山企业违反有关安全的法律、法规，工会有权要求企业行政方面或者有关部门认真处理。

矿山企业召开讨论有关安全生产的会议，应当有工会代表参加，工会有权提出意见和建议。

第二十五条　矿山企业工会发现企业行政方面违章指挥、强令工人冒险作业或者生产过程中发现明显重大事故隐患和职业危害，有权提出解决的建议；发现危及职工生命安全的情况时，有权向矿山企业行政方面建议组织职工撤离危险现场，矿山企业行政方面必须及时作出处理决定。

第二十六条　矿山企业必须对职工进行安全教育、培训；未经安全教育、培训的，不得上岗作业。

矿山企业安全生产的特种作业人员必须接受专门培训，经考核合格取得操作资格证书的，方可上岗作业。

第二十七条　矿长必须经过考核，具备安全专业知识，具有领导安全生产和处理矿山事故的能力。

矿山企业安全工作人员必须具备必要的安全专业知识和矿山安全工作经验。

第二十八条　矿山企业必须向职工发放保障安全生产所需的劳动防护用品。

第二十九条　矿山企业不得录用未成年人从事矿山井下劳动。

矿山企业对女职工按照国家规定实行特殊劳动保护，不得分配女职工从事矿山井下劳动。

第三十条　矿山企业必须制定矿山事故防范措施。并组织落实。

第三十一条　矿山企业应当建立由专职或者兼职人员组成的救护和医疗急救组织，配备必要的装备、器材和药物。

第三十二条　矿山企业必须从矿产品销售额中按照国家规定提取安全技术措施专项费用。安全技术措施专项费用必须全部用于改善矿山安全生产条件，不得挪作他用。

第五章　矿山安全的监督和管理

第三十三条　县级以上各级人民政府劳动行政主管部门对矿山安全工作行使下列监督职责：

（一）检查矿山企业和管理矿山企业的主管部门贯彻执行矿山安全法律、法规的情况；

（二）参加矿山建设工程安全设施的设计审查和竣工验收；

（三）检查矿山劳动条件和安全状况；

（四）检查矿山企业职工安全教育、培训工作；

（五）监督矿山企业提取和使用安全技术措施专项费用的情况；

（六）参加并监督矿山事故的调查和处理；

（七）法律、行政法规规定的其他监督职责。

第三十四条　县级以上人民政府管理矿山企业的主管部门对矿山安全工作行使下列管理职责：

（一）检查矿山企业贯彻执行矿山安全法律、法规的情况；

（二）审查批准矿山建设工程安全设施的设计；

（三）负责矿山建设工程安全设施的竣工验收；

（四）组织矿长和矿山企业安全工作人员的培训工作；

（五）调查和处理重大矿山事故；

（六）法律、行政法规规定的其他管理职责。

第三十五条　劳动行政主管部门的矿山安全监督人员有权进入矿山企业，在现场检查安全状况；发现有危及职工安全的紧急险情时，应当要求矿山企业立即处理。

第六章　矿山事故处理

第三十六条　发生矿山事故，矿山企业必须立即组织抢救，防止事故扩大，减少人员伤亡和财产损失，对伤亡事故必须立即如实报告劳动行政主管部门和管理矿山企业的主管部门。

第三十七条　发生一般矿山事故，由矿山企业负责调查和处理。

发生重大矿山事故，由政府及其有关部门、工会和矿山企业按照行政法规的规定进行调查和处理。

第三十八条　矿山企业对矿山事故中伤亡的职工按照国家规定给予抚恤或者补偿。

第三十九条　矿山事故发生后，应当尽快消除现场危险，查明事故原因，提出防范措施。现场危险消除后，方可恢复生产。

第七章　法律责任

第四十条　违反本法规定，有下列行为之一的，由劳动行政主管部门责令改正，可以并处罚款；情节严重的，提请县级以上人民政府决定责令停产整顿；对主管人员和直接责任人员由其所在单位或者上级主管机关给予行政处分：

（一）未对职工进行安全教育、培训，分配职工上岗作业的；

（二）使用不符合国家安全标准或者行业安全标准的设备、器材、防护用品、安全检测仪器的；

（三）未按照规定提取或者使用安全技术措施专项费用的；

（四）拒绝矿山安全监督人员现场检查或者在被检查时隐瞒事故隐患、不如实反映情况的；

（五）未按照规定及时、如实报告矿山事故的。

第四十一条　矿长不具备安全专业知识的，安全生产的特种作业人员未取得操作资格证书上岗作业的，由劳动行政主管部门责令限期改正；逾期不改正的，提请县级以上人民政府决定责令停产，调整配备合格人员后，方可恢复生产。

第四十二条　矿山建设工程安全设施的设计未经批准擅自施工的，由管理矿山企业的主管部门责令停止施工；拒不执行的，由管理矿山企业的主管部门提请县级以上人民政府决定由有关主管部门吊销其采矿许可证和营业执照。

第四十三条　矿山建设工程的安全设施未经验收或者验收不合格擅自投入生产的，由劳动行政主管部门会同管理矿山企业的主管部门责令停止生产，并由劳动行政主管部门处以罚款；拒不停止生产的，由劳动行政主管部门提请县级以上人民政府决定由有关主管部门吊销其采矿许可证和营业执照。

第四十四条　已经投入生产的矿山企业，不具备安全生产条件而强行开采的，由劳动行政主管部门会同管理矿山企业的主管部门责令限期改进；逾期仍不具备安全生产条件的，由劳动行政主管部门提请县级以上人民政府决定责令停产整顿或者由有关主管部门吊销其采矿许可证和营业执照。

第四十五条　当事人对行政处罚决定不服的，可以在接到处罚决定通知之日起15日内向作出处罚决定的机关的上一级机关申请复议；当事人也可以在接到处罚决定通知之日起十五日内直接向人民法院起诉。

复议机关应当在接到复议申请之日起60日内作出复议决定。当事人对复议决定不服的，可以在接到复议决定之日起15日内向人民法院起诉。复议机关逾期不作出复议决定的，当事人可以在复议期满之日起15日内向人民法院起诉。

当事人逾期不申请复议也不向人民法院起诉、又不履行处罚决定的，作出处罚决定的机关可以申请人民法院强制执行。

第四十六条　矿山企业主管人员违章指

挥、强令工人冒险作业，因而发生重大伤亡事故的，依照刑法第一百一十四条的规定追究刑事责任。

第四十七条　矿山企业主管人员对矿山事故隐患不采取措施，因而发生重大伤亡事故的，比照刑法第一百八十七条的规定追究刑事责任。

第四十八条　矿山安全监督人员和安全管理人员滥用职权、玩忽职守、徇私舞弊，构成犯罪的，依法追究刑事责任；不构成犯罪的，给予行政处分。

第八章　附　则

第四十九条　国务院劳动行政主管部门根据本法制定实施条例，报国务院批准施行。

省、自治区、直辖市人民代表大会常务委员会可以根据本法和本地区的实际情况，制定实施办法。

第五十条　本法自1993年5月1日起施行。

附：

刑法有关条款

第一百一十四条　工厂、矿山、林场、建筑企业或者其他企业、事业单位的职工，由于不服管理、违反规章制度，或者强令工人违章冒险作业，因而发生重大伤亡事故，造成严重后果的，处三年以下有期徒刑或者拘役；情节特别恶劣的，处三年以上七年以下有期徒刑。

第一百八十七条　国家工作人员由于玩忽职守，致使公共财产、国家和人民利益遭受重大损失的，处五年以下有期徒刑或者拘役。

中华人民共和国测绘法

（1992年12月28日第七届全国人民代表大会常务委员会第二十九次会议通过　1992年12月28日中华人民共和国主席令第66号公布　自1993年7月1日起施行）

第一章　总　则

第一条　为了保障测绘事业的顺利发展，促进测绘事业为国家经济建设、国防建设和科学研究服务，制定本法。

第二条　在中华人民共和国领域和管辖的其他海域从事测绘活动，必须遵守本法。

第三条　国务院测绘行政主管部门主管全国测绘工作。国务院其他有关部门按照国务院规定的职责分工，负责管理本部门的测绘工作。

省、自治区、直辖市人民政府管理测绘工作的部门，主管本行政区域内的测绘工作。省、自治区、直辖市人民政府其他有关部门，按照本级人民政府规定的职责分工，负责管理本部门的测绘工作。

军队测绘主管部门负责管理军事部门的测绘工作，并按照国务院、中央军事委员会规定的职责分工负责管理海洋基础测绘工作。

第四条　测绘应当使用国家规定的测绘基准和测绘标准。

第五条　国家鼓励加强测绘科学技术研

究，采用先进技术和先进设备，提高测绘科学技术水平。

对在测绘工作和有关的科学技术研究等方面做出显著成绩的单位和个人，给予奖励。

第六条 各单位和个人应当对测绘提供便利，不得妨碍和阻挠测绘人员按照规定进行测绘活动。

第二章 测绘基准和测绘系统

第七条 国家设立和采用全国统一的大地基准、高程基准、深度基准、重力基准，其数据由国务院测绘行政主管部门审核，并同国务院其他有关部门、军队测绘主管部门会商后，报国务院批准发布。

第八条 国家建立全国统一的大地坐标系统、平面坐标系统、高程系统、地心坐标系统和重力测量系统，确定国家大地测量等级和精度，以及国家基本比例尺地图的系列和基本精度。具体规定由国务院测绘行政主管部门同国务院其他有关部门、军队测绘主管部门会商后制定，报国务院批准发布。

第九条 因建设、城市规划和科学研究的需要，局部地区可以建立相对独立的平面坐标系统。

大城市、中等城市和大型建设项目建立相对独立的平面坐标系统，应当按照规定经国务院有关部门或者省、自治区、直辖市人民政府批准，报国务院测绘行政主管部门备案，并与国家坐标系统相联系。

第三章 测绘规划及其实施

第十条 国务院测绘行政主管部门根据实际情况分别会同国务院其他有关部门、军队测绘主管部门，编制全国基础测绘和其他重大测绘项目规划，并按照分工组织实施。

国务院其他有关部门编制本部门专业测绘规划，报国务院测绘行政主管部门备案后，组织实施。

省、自治区、直辖市人民政府管理测绘工作的部门根据需要，可以编制本行政区域内局部地区的基础测绘和其他重大测绘项目规划，报国务院测绘行政主管部门备案后，组织实施。

军队测绘主管部门编制军事测绘规划和按照国务院、中央军事委员会规定的职责分工编制海洋基础测绘规划，并组织实施。

第十一条 国务院测绘行政主管部门会同国务院土地管理部门和国务院其他有关部门编制地籍测绘规划，并由国务院测绘行政主管部门按照规划组织协调地籍测绘工作。

第十二条 承担测绘任务的单位必须具备与其所从事的测绘工作相适应的技术人员、设备和设施，由国务院测绘行政主管部门或者省、自治区、直辖市人民政府管理测绘工作的部门对其测绘资格审查合格后，方可承担测绘任务。

国务院其他有关部门管辖系统内的单位承担本部门业务范围内的测绘任务，由该部门进行测绘资格审查。

军队测绘主管部门负责军事测绘单位的测绘资格审查。

第十三条 承担测绘任务的单位，施测前应当按照规定向测绘项目所在地的省、自治区、直辖市人民政府管理测绘工作的部门或者国务院授权的部门进行测绘任务登记。

需要进行登记的测绘任务的范围，由省、自治区、直辖市人民政府或者国务院授权的部门规定。

列入全国基础测绘规划、专业测绘规划的测绘任务，施测前由编制测绘规划的部门将任务安排通知测绘项目所在地的省、自治区、直辖市人民政府管理测绘工作的部门或者国务院授权的部门，不再另行登记。

军事测绘任务的登记，按照中央军事委员会的规定执行。

第十四条 测绘人员进行测绘时，应当持有测绘工作证件。

第四章　界线测绘

第十五条　中华人民共和国地图的国界线标准样图，由外交部和国务院测绘行政主管部门制定，报国务院批准发布。

第十六条　省、自治区、直辖市和自治州、县、自治县、市的行政区域界线的测绘，按照国务院规定的办法进行。

第十七条　土地、建筑物、构筑物以及地面上其他附着物的权属界址线测绘，按照县级以上地方人民政府确定的权属界线的界址点、界址线或者提供的有关登记资料和附图进行。

第五章　测绘成果管理

第十八条　国务院其他有关部门和县级以上地方人民政府有关部门完成的基础测绘成果和专业测绘成果，必须按照规定分别向国务院测绘行政主管部门或者省、自治区、直辖市人民政府管理测绘工作的部门汇交测绘成果目录；国务院其他有关部门和省、自治区、直辖市人民政府其他有关部门完成的天文测量、大地测量、卫星大地测量、重力测量的数据和图件以及正式印制的地图，必须按照规定分别向国务院测绘行政主管部门或者省、自治区、直辖市人民政府管理测绘工作的部门汇交副本。

国务院测绘行政主管部门和省、自治区、直辖市人民政府管理测绘工作的部门，应当定期编制测绘成果目录，并向有关使用单位提供。

第十九条　外国的组织、个人在中华人民共和国领域和管辖的其他海域测绘或者与中华人民共和国有关部门、单位合作测绘，须经中华人民共和国政府或者其授权的部门批准。

外国的组织、个人经批准在中华人民共和国领域和管辖的其他海域测绘或者与中华人民共和国有关部门、单位合作测绘，必须遵守中华人民共和国的有关法律、行政法规的规定，并向国务院测绘行政主管部门提交全部测绘成果副本一式两份。

第二十条　测绘成果需要保密的，其密级的确定、变更和解密以及使用，依照保守国家秘密法的规定执行。

对外提供保密的测绘成果，依照国务院、中央军事委员会规定的审批程序执行。

第二十一条　测绘成果实行有偿使用，具体办法由国务院规定。

测绘成果属于知识产权的，适用有关法律的规定。

第二十二条　中华人民共和国领域和管辖的其他海域的位置、高程、深度、面积、长度等重要地理信息数据，由国务院测绘行政主管部门审核，并同国务院其他有关部门、军队测绘主管部门会商后，报国务院批准，由国务院或者其授权的部门发布。

第二十三条　国务院测绘行政主管部门和省、自治区、直辖市人民政府管理测绘工作的部门对基础测绘成果实施质量监督。

测绘单位应当建立、健全测绘成果的质量管理制度。

第六章　测量标志保护

第二十四条　各单位和个人都有保护地上和地下的永久性测量标志以及在使用中的临时性测量标志的义务，不得损毁或者擅自移动，不得侵占永久性测量标志用地。

在永久性测量标志安全控制范围内，不得采矿、取土、挖沙、采石、爆破、射击以及进行其他危害测量标志安全和使用效能的活动。

第一款所称永久性测量标志，是指各等级的三角点、基线点、导线点、军用控制点、重力点、天文点、水准点的木质觇标、钢质觇标和标石标志，以及用于地形测图、工程测量和形变测量的固定标志和海底大地点设施等。

第二十五条 建设永久性测量标志的单位应当对永久性测量标志设立明显标记。

建设永久性测量标志的单位应当委托当地有关单位指派专人负责保管该测量标志。

第二十六条 进行工程建设，应当避开永久性测量标志；确实无法避开，需要拆迁永久性测量标志或者使该测量标志失去效能的，建设单位应当取得设置永久性测量标志单位的同意，经国务院测绘行政主管部门或者省、自治区、直辖市人民政府管理测绘工作的部门批准。建设单位应当支付迁建费用。

第二十七条 测绘人员使用永久性测量标志，必须持有测绘工作证件，并保证该测量标志的完好。负责保管该测量标志的单位和人员，应当查验使用后的测量标志的完好状况。

第七章 法律责任

第二十八条 违反本法规定，未经测绘资格审查违法经营测绘业务的，由省、自治区、直辖市人民政府管理测绘工作的部门或者其授权的部门责令停止测绘业务，没收违法所得，可以并处违法所得百分之五十至百分之一百的罚款。

第二十九条 违反本法规定，施测前未按照规定进行测绘任务登记的，由省、自治区、直辖市人民政府管理测绘工作的部门或者国务院授权的部门责令停止测绘。

第三十条 测绘成果质量不合格给用户造成损失的，测绘单位应当承担赔偿责任。

多次测绘成果质量不合格给用户造成损失的，由省、自治区、直辖市人民政府管理测绘工作的部门或者其授权的部门取消其测绘资格。

第三十一条 当事人对行政处罚决定不服的，可以在接到处罚通知之日起十五日内，向作出处罚决定的机关的上一级机关申请复议；对复议决定不服的，可以在接到复议决定之日起十五日内，向人民法院起诉。当事人也可以在接到处罚通知之日起十五日内直接向人民法院起诉。当事人逾期不申请复议，也不向人民法院起诉，又不履行处罚决定的，作出处罚决定的机关可以申请人民法院强制执行。

第三十二条 阻挠测绘人员依法进行测绘的，损毁、擅自移动永久性测量标志或者进行其他危害永久性测量标志安全和使用效能活动的，依照治安管理处罚条例的规定予以处罚。

故意破坏永久性测量标志的，依照刑法第一百七十五条的规定，追究刑事责任。

第八章 附 则

第三十三条 军事测绘管理办法由中央军事委员会根据本法制定。

第三十四条 本法自1993年7月1日起施行。

附：

刑法有关条款

第一百七十五条 故意破坏国家边境的界碑、界桩或者永久性测量标志的，处三年以下有期徒刑或者拘役。

以叛国为目的的，按照反革命罪处罚。

全国人民代表大会常务委员会
关于惩治劫持航空器犯罪分子的决定

（1992年12月28日第七届全国人民代表大会常务委员会第二十九次会议通过　1992年12月28日中华人民共和国主席令第67号公布　自公布之日起施行）

为了惩治劫持航空器的犯罪分子，维护旅客和航空器的安全，特作如下决定：

以暴力、胁迫或者其他方法劫持航空器的，处十年以上有期徒刑或者无期徒刑；致人重伤、死亡或者使航空器遭受严重破坏或者情节特别严重的，处死刑；情节较轻的，处五年以上十年以下有期徒刑。

法　　规

中华人民共和国出口货物原产地规则

（1992年3月8日国务院发布）

第一条　为了加强对出口货物原产地工作的管理，促进对外经济贸易的发展，制定本规则。

第二条　中华人民共和国出口货物原产地证明书（以下简称原产地证）是证明有关出口货物原产地为中华人民共和国的证明文件。

第三条　国家对外经济贸易主管部门对全国出口货物原产地工作实施统一监督管理。

省、自治区、直辖市人民政府对外经济贸易主管部门负责协调本行政区域内的出口货物原产地工作。

第四条　国家进出口商品检验部门设在地方的进出口商品检验机构、中国国际贸易促进委员会及其分会以及国家对外经济贸易主管部门指定的其他机构，按照国家对外经济贸易主管部门的规定签发原产地证。

第五条　在中华人民共和国境内依法设立，享有对外贸易经营权的企业，从事“来料加工”、“来样加工”、“来件装配”和“补偿贸易”业务的企业，外商投资企业，可以根据需要向本规则第四条规定的签发机构申请领取原产地证。

第六条　符合下列标准之一的出口货物，其原产地为中华人民共和国：

（一）全部在中华人民共和国境内生产或者制造的产品，包括：

1.从中华人民共和国领土和大陆架提取的矿产品；

2.在中华人民共和国境内收获或者采集的植物及其产品；

3.在中华人民共和国境内繁殖和饲养的动物及其产品；

4.在中华人民共和国境内狩猎或者捕捞获得的产品；

5.由中华人民共和国船只或者其他工具从海洋获得的海产品和其他产品及其加工制成的产品；

6.在中华人民共和国境内制造、加工过程中回收的废物和废料及在中华人民共和国境内收集的其他废旧物品；

7.在中华人民共和国境内完全用上述产品以及其他非进口原料加工制成的产品。

（二）部分或者全部使用进口原料、零部件，在中华人民共和国境内进行主要的及最后的制造、加工工序，使其外形、性质、形态或者用途产生实质性改变的产品。制造、加工工序清单，按照以制造、加工工序为主，辅以构成比例的原则，由国家对外经济贸易主管部门商国务院有关部门制定、调整。

第七条　申请领取原产地证的出口货物，应当符合原产地标准；不符合原产地标准的，签发机构应当拒绝签发原产地证。

第八条　申请领取和签发原产地证的程序由国家对外经济贸易主管部门规定。

第九条　企业违反本规则，有下列行为之一的，国家对外经济贸易主管部门或者国家对外经济贸易主管部门根据省、自治区、直辖市人民政府对外经济贸易主管部门的建议，可以区别情况通报批评、暂停直至取消其申请领取原产地证的资格：

（一）提供虚假材料，骗取原产地证的；

（二）伪造、变造原产地证的；

（三）非法转让原产地证的。

对有前款所列行为的企业的主管人员和直接责任人员，给予行政处分；情节严重，构成犯罪的，依法追究刑事责任。

第十条　签发机构违反规定签发或者拒绝签发原产地证的，国家对外经济贸易主管部门或者国家对外经济贸易主管部门根据省、自治区、直辖市人民政府对外经济贸易主管部门的建议，可以区别情况通报批评或者暂停其原产地证签发权。

签发机构工作人员徇私舞弊、滥用职权或者玩忽职守的，给予行政处分；情节严重，构成犯罪的，依法追究刑事责任。

第十一条　普惠制原产地证依照普惠制给惠国原产地规则办理。

中华人民共和国政府与外国政府签订的双边协议对原产地证的签发有特别规定的，依照协议的规定办理。

第十二条　国家对外经济贸易主管部门根据本规则制定实施办法。

第十三条　本规则由国家对外经济贸易主管部门负责解释。

第十四条　本规则自1992年5月1日起施行。

中华人民共和国进出口关税条例

（1985年3月7日国务院发布，1987年9月12日国务院修订发布，1992年3月18日根据《国务院关于修改〈中华人民共和国进出口关税条例〉的决定》第二次修订发布）

第一章　总　　则

第一条　为了贯彻对外开放政策，促进对外经济贸易和国民经济的发展，根据《中华人民共和国海关法》的有关规定，制定本条例。

第二条　中华人民共和国准许进出口的货物，除国家另有规定的以外，海关依照《中华人民共和国海关进出口税则》（以下简称《海关进出口税则》）征收进口关税或者出口关税。

从境外采购进口的原产于中国境内的货物，海关依照《海关进出口税则》征收进口关税。

《海关进出口税则》是本条例的组成部分。

第三条　国务院成立关税税则委员会，其职责是提出制定或者修订《进出口关税条例》、《海关进出口税则》的方针、政策、原则，审议税则修订草案，制定暂定税率，审定局部调整税率。

国务院关税税则委员会的组成由国务院规定。

第四条　进口货物的收货人、出口货物的发货人，是关税的纳税义务人。

接受委托办理有关手续的代理人，应当遵守本条例对其委托人的各项规定。

第五条　进出境的旅客行李物品和个人邮递物品征免税办法，由国务院关税税则委员会另行规定。

第二章　税率的运用

第六条　进口关税设普通税率和优惠税率。对原产于与中华人民共和国未订有关税互惠协议的国家或者地区的进口货物，按照普通税率征税；对原产于与中华人民共和国订有关税互惠协议的国家或者地区的进口货物，按照优惠税率征税。

前款规定按照普通税率征税的进口货物，经国务院关税税则委员会特别批准，可以按照优惠税率征税。

任何国家或者地区对其进口的原产于中华人民共和国的货物征收歧视性关税或者给予其他歧视性待遇的，海关对原产于该国家或者地区的进口货物，可以征收特别关税。征收特别关税的货物品种、税率和起征、停征时间，由国务院关税税则委员会决定，并公布施行。

第七条　进出口货物，应当依照《海关进出口税则》规定的归类原则归入合适的税号，并按照适用的税率征税。

第八条　进出口货物，应当按照收发货人或者他们的代理人申报进口或者出口之日实施的税率征税。

进口货物到达前，经海关核准先行申报的，应当按照装载此项货物的运输工具申报进境之日实施的税率征税。

第九条　进出口货物的补税和退税，适用该进出口货物原申报进口或者出口之日所实施的税率。具体办法由海关总署另行规定。

第三章　完税价格的审定

第十条　进口货物以海关审定的成交价格为基础的到岸价格作为完税价格。到岸价格包括货价，加上货物运抵中华人民共和国关境内输入地点起卸前的包装费、运费、保险费和其他劳务费等费用。

第十一条　进口货物的到岸价格经海关审查未能确定的，海关应当依次以下列价格为基础估定完税价格：

(一)从该项进口货物同一出口国或者地区购进的相同或者类似货物的成交价格；

(二)该项进口货物的相同或者类似货物在国际市场上的成交价格；

(三)该项进口货物的相同或者类似货物在国内市场上的批发价格，减去进口关税、进口环节其他税收以及进口后的运输、储存、营业费用及利润后的价格；

(四)海关用其他合理方法估定的价格。

第十二条　运往境外修理的机械器具、运输工具或者其他货物，出境时已向海关报明并在海关规定期限内复运进境的，应当以海关审定的修理费和料件费作为完税价格。

第十三条　运往境外加工的货物，出境时已向海关报明并在海关规定期限内复运进境的，应当以加工后的货物进境时的到岸价格与原出境货物或者相同、类似货物在进境时的到岸价格之间的差额，作为完税价格。

前款所述货物的品种和具体管理办法，由海关总署另行规定。

第十四条　以租赁（包括租借）方式进口的货物，应当以海关审定的货物的租金，作为完税价格。

第十五条　进口货物的完税价格，应当包括为了在境内制造、使用、出版或者发行的目的而向境外支付的与该进口货物有关的专利、商标、著作权以及专有技术、计算机软件和资料等费用。

第十六条　出口货物应当以海关审定的货物售与境外的离岸价格，扣除出口关税后，作为完税价格。离岸价格不能确定时，完税价格由海关估定。

第十七条　进出口货物的收发货人或者他们的代理人，应当如实向海关申报进出口货物的成交价格。申报的成交价格明显低于或者高于相同或者类似货物的成交价格的，由海关依照本条例的规定确定完税价格。

第十八条　进出口货物的收发货人或者

他们的代理人，在向海关递交进出口货物报关单时，应当交验载明货物的真实价格、运费、保险费和其他费用的发票（如有厂家发票应附在内）、包装清单和其他有关单证。

前款各项单证应当由进出口货物的收发货人或者他们的代理人签印证明无讹。

第十九条　海关审核进出口货物完税价格时，收发货人或者他们的代理人应当交验发票等单证；必要时海关可以检查买卖双方的有关合同、帐册、单据和文件，或者作其他调查。对于已经完税放行的货物，海关仍可检查货物的上述有关资料。

第二十条　进出口货物的收发货人或者他们的代理人，在递交进出口货物报关单时未交验第十八条规定的各项单证的，应当按照海关估定的完税价格完税；事后补交单证的，税款不予调整。

第二十一条　进出口货物的到岸价格、离岸价格或者租金、修理费、料件费等以外币计价的，由海关按照填发税款缴纳证之日国家外汇管理部门公布的《人民币外汇牌价表》的买卖中间价，折合人民币计征关税。《人民币外汇牌价表》未列入的外币，按照国家外汇管理部门确定的汇率折合人民币。

第四章　税款的缴纳、退补

第二十二条　进出口货物的收发货人或者他们的代理人，应当在海关填发税款缴纳证的次日起七日内（星期日和法定节假日除外），向指定银行缴纳税款。逾期缴纳的，除依法追缴外，由海关自到期的次日起至缴清税款日止，按日加收欠缴税款1‰的滞纳金。

第二十三条　海关征收关税、滞纳金等，除海关总署另有规定的以外，应当按人民币计征。

第二十四条　海关征收关税、滞纳金等，应当制发收据。收据格式由海关总署规定。

第二十五条　有下列情形之一的，进出口货物的收发货人或者他们的代理人，可以自缴纳税款之日起一年内，书面声明理由，连同原纳税收据向海关申请退税，逾期不予受理：

（一）因海关误征，多纳税款的；

（二）海关核准免验进口的货物，在完税后，发现有短卸情事，经海关审查认可的；

（三）已征出口关税的货物，因故未装运出口，申报退关，经海关查验属实的。

海关应当自受理退税申请之日起30日内作出书面答复并通知退税申请人。

第二十六条　进出口货物完税后，如发现少征或者漏征税款，海关应当自缴纳税款或者货物放行之日起1年内，向收发货人或者他们的代理人补征。因收发货人或者他们的代理人违反规定而造成少征或者漏征的，海关在3年内可以追征。

第五章　关税的减免及审批程序

第二十七条　下列货物，经海关审查无讹，可以免税：

（一）关税税额在人民币10元以下的一票货物；

（二）无商业价值的广告品和货样；

（三）外国政府、国际组织无偿赠送的物资；

（四）进出境运输工具装载的途中必需的燃料、物料和饮食用品。

因故退还的我国出口货物，由原发货人或者他们的代理人申报进境，并提供原出口单证，经海关审查核实，可以免征进口关税。但是，已征收的出口关税，不予退还。

因故退还的境外进口货物，由原收货人或者他们的代理人申报出境，并提供原进口单证，经海关审查核实，可以免征出口关税。但是，已征收的进口关税，不予退还。

第二十八条　有下列情形之一的进口货物，海关可以酌情减免关税：

（一）在境外运输途中或者在起卸时，遭

受损坏或者损失的；

(二) 起卸后海关放行前，因不可抗力遭受损坏或者损失的；

(三) 海关查验时已经破漏、损坏或者腐烂，经证明不是保管不慎造成的。

第二十九条 中华人民共和国缔结或者参加的国际条约规定减征、免征关税的货物、物品，海关应当按照规定予以减免关税。

第三十条 经海关核准暂时进境或者暂时出境并在6个月内复运出境或者复运进境的货样、展览品、施工机械、工程车辆、工程船舶、供安装设备时使用的仪器和工具、电视或者电影摄制器械、盛装货物的容器以及剧团服装道具，在货物收发货人向海关缴纳相当于税款的保证金或者提供担保后，准予暂时免纳关税。

前款规定的6个月期限，海关可以根据情况酌予延长。

暂时进口的施工机械、工程车辆、工程船舶等经海关核准酌予延长期限的，在延长期内由海关按照货物的使用时间征收进口关税。具体办法由海关总署另行规定。

第三十一条 为境外厂商加工、装配成品和为制造外销产品而进口的原材料、辅料、零件、部件、配套件和包装物料，海关按照实际加工出口的成品数量免征进口关税；或者对进口料、件先征进口关税，再按照实际加工出口的成品数量予以退税。

第三十二条 无代价抵偿的进出口货物的关税征免办法，由海关总署另行规定。

第三十三条 经济特区等特定地区进出口的货物，中外合资经营企业、中外合作经营企业、外资企业等特定企业进出口的货物以及其他依法给予关税减免优惠的进出口货物，按照国家有关规定减税或者免税。

第三十四条 收发货人或者他们的代理人，要求对其进出口货物临时减征或者免征进出口关税的，应当在货物进出口前书面说明理由，并附必要的证明和资料，向所在地海关申请。所在地海关审查属实后，转报海关总署，由海关总署或者海关总署会同财政部按照国务院的规定审查批准。

第三十五条 依照国家法律、法规的规定给予特定关税减免优惠的进口货物，在监管年限内经海关核准出售、转让或者移作他用时，应当按照其使用时间折旧估价，补征进口关税。监管年限由海关总署另行规定。

第六章 申诉程序

第三十六条 纳税义务人对海关确定的进出口货物的征税、减税、补税或者退税等有异议时，应当先按照海关核定的税额缴纳税款，然后自海关填发税款缴纳证之日起30日内，向海关书面申请复议。逾期申请复议的，海关不予受理。

第三十七条 海关应当自收到复议申请之日起15日内作出复议决定。

纳税义务人对复议决定不服的，可以自收到复议决定书之日起15日内，向海关总署申请复议。

第三十八条 海关总署收到纳税义务人的复议申请后，应当在30日内作出复议决定，并制成决定书交海关送达申请人。

纳税义务人对海关总署的复议决定仍然不服的，可以自收到复议决定书之日起15日内，向人民法院起诉。

第七章 罚 则

第三十九条 违反本条例的规定构成走私或者违反海关监管规定的行为的，按照《中华人民共和国海关法》、《中华人民共和国海关法行政处罚实施细则》和其他有关法律、法规的规定处理。

第八章 附 则

第四十条 海关对检举或者协助查获违反本条例的偷税漏税行为的单位和个人，应当按照规定给予奖励，并负责保密。

第四十一条　本条例由中华人民共和国海关总署负责解释。

第四十二条　本条例自1992年4月1日起施行。

中华人民共和国国库券条例

（1992年3月18日国务院发布）

第一条　为了筹集社会资金，进行社会主义现代化建设，制定本条例。

第二条　国库券的发行对象是：居民个人、个体工商户、企业、事业单位、机关、社会团体和其他组织。

第三条　国库券以人民币元为计算单位。

第四条　每年国库券的发行数额、利率、偿还期等，经国务院确定后，由财政部予以公告。

第五条　国库券发行采取承购包销、认购等方式。

国家下达的国库券发行计划，应当按期完成。

第六条　国库券按期偿还本金。国库券利息在偿还本金时一次付给，不计复利。

第七条　国库券的发行和还本付息事宜，在各级人民政府统一领导下，由财政部门和中国人民银行组织有关部门多渠道办理。

第八条　国库券可以用于抵押，但是不得作为货币流通。

第九条　国库券可以转让，但是应当在国家批准的交易场所办理。

第十条　发行国库券筹集的资金，由国务院统一安排使用。

第十一条　对伪造国库券的，依法追究刑事责任。

对倒卖国库券的，按照投机倒把论处。

第十二条　国库券的利息收入享受免税待遇。

第十三条　本条例由财政部负责解释。实施细则由财政部商中国人民银行制定。

第十四条　本条例自发布之日起施行。

植物检疫条例

（1983年1月3日国务院发布，1992年5月13日根据《国务院关于修改〈植物检疫条例〉的决定》修订发布）

第一条　为了防止为害植物的危险性病、虫、杂草传播蔓延，保护农业、林业生产安全，制定本条例。

第二条　国务院农业主管部门、林业主管部门主管全国的植物检疫工作，各省、自治区、直辖市农业主管部门、林业主管部门主管本地区的植物检疫工作。

第三条　县级以上地方各级农业主管部门、林业主管部门所属的植物检疫机构，负责执行国家的植物检疫任务。

植物检疫人员进入车站、机场、港口、仓库以及其他有关场所执行植物检疫任务，应穿着检疫制服和佩带检疫标志。

第四条 凡局部地区发生的危险性大、能随植物及其产品传播的病、虫、杂草，应定为植物检疫对象。农业、林业植物检疫对象和应施检疫的植物、植物产品名单，由国务院农业主管部门、林业主管部门制定。各省、自治区、直辖市农业主管部门、林业主管部门可以根据本地区的需要，制定本省、自治区、直辖市的补充名单，并报国务院农业主管部门、林业主管部门备案。

第五条 局部地区发生植物检疫对象的，应划为疫区，采取封锁、消灭措施，防止植物检疫对象传出；发生地区已比较普遍的，则应将未发生地区划为保护区，防止植物检疫对象传入。

疫区应根据植物检疫对象的传播情况、当地的地理环境、交通状况以及采取封锁、消灭措施的需要来划定，其范围应严格控制。

在发生疫情的地区，植物检疫机构可以派人参加当地的道路联合检查站或者木材检查站；发生特大疫情时，经省、自治区、直辖市人民政府批准，可以设立植物检疫检查站，开展植物检疫工作。

第六条 疫区和保护区的划定，由省、自治区、直辖市农业主管部门、林业主管部门提出，报省、自治区、直辖市人民政府批准，并报国务院农业主管部门、林业主管部门备案。

疫区和保护区的范围涉及两省、自治区、直辖市以上的，由有关省、自治区、直辖市农业主管部门、林业主管部门共同提出，报国务院农业主管部门、林业主管部门批准后划定。

疫区、保护区的改变和撤销的程序，与划定时同。

第七条 调运植物和植物产品，属于下列情况的，必须经过检疫：

（一）列入应施检疫的植物、植物产品名单的，运出发生疫情的县级行政区域之前，必须经过检疫；

（二）凡种子、苗木和其他繁殖材料，不论是否列入应施检疫的植物、植物产品名单和运往何地，在调运之前，都必须经过检疫。

第八条 按照本条例第七条的规定必须检疫的植物和植物产品，经检疫未发现植物检疫对象的，发给植物检疫证书。发现有植物检疫对象、但能彻底消毒处理的，托运人应按植物检疫机构的要求，在指定地点作消毒处理，经检查合格后发给植物检疫证书；无法消毒处理的，应停止调运。

植物检疫证书的格式由国务院农业主管部门、林业主管部门制定。

对可能被植物检疫对象污染的包装材料、运载工具、场地、仓库等，也应实施检疫。如已被污染，托运人应按植物检疫机构的要求处理。

因实施检疫需要的车船停留、货物搬运、开拆、取样、储存、消毒处理等费用，由托运人负责。

第九条 按照本条例第七条的规定必须检疫的植物和植物产品，交通运输部门和邮政部门一律凭植物检疫证书承运或收寄。植物检疫证书应随货运寄。具体办法由国务院农业主管部门、林业主管部门会同铁道、交通、民航、邮政部门制定。

第十条 省、自治区、直辖市间调运本条例第七条规定必须经过检疫的植物和植物产品的，调入单位必须事先征得所在地的省、自治区、直辖市植物检疫机构同意，并向调出单位提出检疫要求；调出单位必须根据该检疫要求向所在地的省、自治区、直辖市植物检疫机构申请检疫。对调入的植物和植物产品，调入单位所在地的省、自治区、直辖市的植物检疫机构应当查验检疫证书，必要时可以复检。

省、自治区、直辖市内调运植物和植物产品的检疫办法，由省、自治区、直辖市人民政府规定。

第十一条　种子、苗木和其他繁殖材料的繁育单位，必须有计划地建立无植物检疫对象的种苗繁育基地、母树林基地。试验、推广的种子、苗木和其他繁殖材料，不得带有植物检疫对象。植物检疫机构应实施产地检疫。

第十二条　从国外引进种子、苗木，引进单位应当向所在地的省、自治区、直辖市植物检疫机构提出申请，办理检疫审批手续。但是，国务院有关部门所属的在京单位从国外引进种子、苗木，应当向国务院农业主管部门、林业主管部门所属的植物检疫机构提出申请，办理检疫审批手续。具体办法由国务院农业主管部门、林业主管部门制定。

从国外引进、可能潜伏有危险性病、虫的种子、苗木和其他繁殖材料，必须隔离试种，植物检疫机构应进行调查、观察和检疫，证明确实不带危险性病、虫的，方可分散种植。

第十三条　农林院校和试验研究单位对植物检疫对象的研究，不得在检疫对象的非疫区进行。因教学、科研确需在非疫区进行时，属于国务院农业主管部门、林业主管部门规定的植物检疫对象须经国务院农业主管部门、林业主管部门批准，属于省、自治区、直辖市规定的植物检疫对象须经省、自治区、直辖市农业主管部门、林业主管部门批准，并应采取严密措施防止扩散。

第十四条　植物检疫机构对于新发现的检疫对象和其他危险性病、虫、杂草，必须及时查清情况，立即报告省、自治区、直辖市农业主管部门、林业主管部门，采取措施，彻底消灭，并报告国务院农业主管部门、林业主管部门。

第十五条　疫情由国务院农业主管部门、林业主管部门发布。

第十六条　按照本条例第五条第一款和第十四条的规定，进行疫情调查和采取消灭措施所需的紧急防治费和补助费，由省、自治区、直辖市在每年的植物保护费、森林保护费或者国营农场生产费中安排。特大疫情的防治费，国家酌情给予补助。

第十七条　在植物检疫工作中作出显著成绩的单位和个人，由人民政府给予奖励。

第十八条　有下列行为之一的，植物检疫机构应当责令纠正，可以处以罚款；造成损失的，应当负责赔偿；构成犯罪的，由司法机关依法追究刑事责任：

（一）未依照本条例规定办理植物检疫证书或者在报检过程中弄虚作假的；

（二）伪造、涂改、买卖、转让植物检疫单证、印章、标志、封识的；

（三）未依照本条例规定调运、隔离试种或者生产应施检疫的植物、植物产品的；

（四）违反本条例规定，擅自开拆植物、植物产品包装，调换植物、植物产品，或者擅自改变植物、植物产品的规定用途的；

（五）违反本条例规定，引起疫情扩散的。

有前款第（一）、（二）、（三）、（四）项所列情形之一，尚不构成犯罪的，植物检疫机构可以没收非法所得。

对违反本条例规定调运的植物和植物产品，植物检疫机构有权予以封存、没收、销毁或者责令改变用途。销毁所需费用由责任人承担。

第十九条　植物检疫人员在植物检疫工作中，交通运输部门和邮政部门有关工作人员在植物、植物产品的运输、邮寄工作中，徇私舞弊、玩忽职守的，由其所在单位或者上级主管机关给予行政处分；构成犯罪的，由司法机关依法追究刑事责任。

第二十条　当事人对植物检疫机构的行政处罚决定不服的，可以自接到处罚决定通知书之日起十五日内，向作出行政处罚决定的植物检疫机构的上级机构申请复议；对复议决定不服的，可以自接到复议决定书之日起15日内向人民法院提起诉讼。当事人逾期不申请复议或者不起诉又不履行行政处罚决定的，植物检疫机构可以申请人民法院强制执行或者依法强制执行。

第二十一条 植物检疫机构执行检疫任务可以收取检疫费，具体办法由国务院农业主管部门、林业主管部门制定。

第二十二条 进出口植物的检疫，按照《中华人民共和国进出境动植物检疫法》的规定执行。

第二十三条 本条例的实施细则由国务院农业主管部门、林业主管部门制定。各省、自治区、直辖市可根据本条例及其实施细则，结合当地具体情况，制定实施办法。

第二十四条 本条例自发布之日起施行。国务院批准、农业部1957年12月4日发布的《国内植物检疫试行办法》同时废止。

城市绿化条例

（1992年6月22日国务院发布）

第一章 总 则

第一条 为了促进城市绿化事业的发展，改善生态环境，美化生活环境，增进人民身心健康，制定本条例。

第二条 本条例适用于在城市规划区内种植和养护树木花草等城市绿化的规划、建设、保护和管理。

第三条 城市人民政府应当把城市绿化建设纳入国民经济和社会发展计划。

第四条 国家鼓励和加强城市绿化的科学研究，推广先进技术，提高城市绿化的科学技术和艺术水平。

第五条 城市中的单位和有劳动能力的公民，应当依照国家有关规定履行植树或者其他绿化义务。

第六条 对在城市绿化工作中成绩显著的单位和个人，由人民政府给予表彰和奖励。

第七条 国务院设立全国绿化委员会，统一组织领导全国城乡绿化工作，其办公室设在国务院林业行政主管部门。

国务院城市建设行政主管部门和国务院林业行政主管部门等，按照国务院规定的职权划分，负责全国城市绿化工作。

地方绿化管理体制，由省、自治区、直辖市人民政府根据本地实际情况规定。

城市人民政府城市绿化行政主管部门主管本行政区域内城市规划区的城市绿化工作。

在城市规划区内，有关法律、法规规定由林业行政主管部门等管理的绿化工作，依照有关法律、法规执行。

第二章 规划和建设

第八条 城市人民政府应当组织城市规划行政主管部门和城市绿化行政主管部门等共同编制城市绿化规划，并纳入城市总体规划。

第九条 城市绿化规划应当从实际出发，根据城市发展需要，合理安排同城市人口和城市面积相适应的城市绿化用地面积。

城市人均公共绿地面积和绿化覆盖率等规划指标，由国务院城市建设行政主管部门根据不同城市的性质、规模和自然条件等实际情况规定。

第十条 城市绿化规划应当根据当地的特点，利用原有的地形、地貌、水体、植被和历史文化遗址等自然、人文条件，以方便群众为原则，合理设置公共绿地、居住区绿地、防护绿地、生产绿地和风景林地等。

第十一条　城市绿化工程的设计，应当委托持有相应资格证书的设计单位承担。

工程建设项目的附属绿化工程设计方案，按照基本建设程序审批时，必须有城市人民政府城市绿化行政主管部门参加审查。

城市的公共绿地、居住区绿地、风景林地和干道绿化带等绿化工程的设计方案，必须按照规定报城市人民政府城市绿化行政主管部门或者其上级行政主管部门审批。

建设单位必须按照批准的设计方案进行施工。设计方案确需改变时，须经原批准机关审批。

第十二条　城市绿化工程的设计，应当借鉴国内外先进经验，体现民族风格和地方特色。城市公共绿地和居住区绿地的建设，应当以植物造景为主，选用适合当地自然条件的树木花草，并适当配置泉、石、雕塑等景物。

第十三条　城市绿化规划应当因地制宜地规划不同类型的防护绿地。各有关单位应当依照国家有关规定，负责本单位管界内防护绿地的绿化建设。

第十四条　单位附属绿地的绿化规划和建设，由该单位自行负责，城市人民政府城市绿化行政主管部门应当监督检查，并给予技术指导。

第十五条　城市苗圃、草圃、花圃等生产绿地的建设，应当适应城市绿化建设的需要。

第十六条　城市绿化工程的施工，应当委托持有相应资格证书的单位承担。绿化工程竣工后，应当经城市人民政府城市绿化行政主管部门或者该工程的主管部门验收合格后，方可交付使用。

第十七条　城市新建、扩建、改建工程项目和开发住宅区项目，需要绿化的，其基本建设投资中应当包括配套的绿化建设投资，并统一安排绿化工程施工，在规定的期限内完成绿化任务。

第三章　保护和管理

第十八条　城市的公共绿地、风景林地、防护绿地、行道树及干道绿化带的绿化，由城市人民政府城市绿化行政主管部门管理；各单位管界内的防护绿地的绿化，由该单位按照国家有关规定管理；单位自建的公园和单位附属绿地的绿化，由该单位管理；居住区绿地的绿化，由城市人民政府城市绿化行政主管部门根据实际情况确定的单位管理；城市苗圃、草圃和花圃等，由其经营单位管理。

第十九条　任何单位和个人都不得擅自改变城市绿化规划用地性质或者破坏绿化规划用地的地形、地貌、水体和植被。

第二十条　任何单位和个人都不得擅自占用城市绿化用地；占用的城市绿化用地，应当限期归还。

因建设或者其他特殊需要临时占用城市绿化用地，须经城市人民政府城市绿化行政主管部门同意，并按照有关规定办理临时用地手续。

第二十一条　任何单位和个人都不得损坏城市树木花草和绿化设施。

砍伐城市树木，必须经城市人民政府城市绿化行政主管部门批准，并按照国家有关规定补植树木或者采取其他补救措施。

第二十二条　在城市的公共绿地内开设商业、服务摊点的，必须向公共绿地管理单位提出申请，经城市人民政府城市绿化行政主管部门或者其授权的单位同意后，持工商行政管理部门批准的营业执照，在公共绿地管理单位指定的地点从事经营活动，并遵守公共绿地和工商行政管理的规定。

第二十三条　城市的绿地管理单位，应当建立、健全管理制度，保持树木花草繁茂及绿化设施完好。

第二十四条　为保证管线的安全使用需要修剪树木时，必须经城市人民政府城市绿化行政主管部门批准，按照兼顾管线安全使用和树木正常生长的原则进行修剪。承担修剪费用的办法，由城市人民政府规定。

因不可抗力致使树木倾斜危及管线安全时，管线管理单位可以先行修剪、扶正或者砍伐树木，但是，应当及时报告城市人民政府城市绿化行政主管部门和绿地管理单位。

第二十五条 百年以上树龄的树木，稀有、珍贵树木，具有历史价值或者重要纪念意义的树木，均属古树名木。

对城市古树名木实行统一管理，分别养护。城市人民政府城市绿化行政主管部门，应当建立古树名木的档案和标志，划定保护范围，加强养护管理。在单位管界内或者私人庭院内的古树名木，由该单位或者居民负责养护，城市人民政府城市绿化行政主管部门负责监督和技术指导。

严禁砍伐或者迁移古树名木。因特殊需要迁移古树名木，必须经城市人民政府城市绿化行政主管部门审查同意，并报同级或者上级人民政府批准。

第四章 罚 则

第二十六条 工程建设项目的附属绿化工程设计方案或者城市的公共绿地、居住区绿地、风景林地和干道绿化带等绿化工程的设计方案，未经批准或者未按照批准的设计方案施工的，由城市人民政府城市绿化行政主管部门责令停止施工、限期改正或者采取其他补救措施。

第二十七条 违反本条例规定，有下列行为之一的，由城市人民政府城市绿化行政主管部门或者其授权的单位责令停止侵害，可以并处罚款；造成损失的，应当负赔偿责任；应当给予治安管理处罚的，依照《中华人民共和国治安管理处罚条例》的有关规定处罚；构成犯罪的，依法追究刑事责任：

（一）损坏城市树木花草的；

（二）擅自修剪或者砍伐城市树木的；

（三）砍伐、擅自迁移古树名木或者因养护不善致使古树名木受到损伤或者死亡的；

（四）损坏城市绿化设施的。

第二十八条 未经同意擅自占用城市绿化用地的，由城市人民政府城市绿化行政主管部门责令限期退还、恢复原状，可以并处罚款；造成损失的，应当负赔偿责任。

第二十九条 未经同意擅自在城市公共绿地内开设商业、服务摊点的，由城市人民政府城市绿化行政主管部门或者其授权的单位责令限期迁出或者拆除，可以并处罚款；造成损失的，应当负赔偿责任。

对不服从公共绿地管理单位管理的商业、服务摊点，由城市人民政府城市绿化行政主管部门或者其授权的单位给予警告，可以并处罚款；情节严重的，由城市人民政府城市绿化行政主管部门取消其设点申请批准文件，并可以提请工商行政管理部门吊销营业执照。

第三十条 对违反本条例的直接责任人员或者单位负责人，可以由其所在单位或者上级主管机关给予行政处分；构成犯罪的，依法追究刑事责任。

第三十一条 城市人民政府城市绿化行政主管部门和城市绿地管理单位的工作人员玩忽职守、滥用职权、徇私舞弊的，由其所在单位或者上级主管机关给予行政处分；构成犯罪的，依法追究刑事责任。

第三十二条 当事人对行政处罚不服的，可以自接到处罚决定通知之日起十五日内，向作出处罚决定机关的上一级机关申请复议；对复议决定不服的，可以自接到复议决定之日起十五日内向人民法院起诉。当事人也可以直接向人民法院起诉。逾期不申请复议或者不向人民法院起诉又不履行处罚决定的，由作出处罚决定的机关申请人民法院强制执行。

对治安管理处罚不服的，依照《中华人民共和国治安管理处罚条例》的规定执行。

第五章　附　　则

第三十三条　省、自治区、直辖市人民政府可以依照本条例制定实施办法。

第三十四条　本条例自1992年8月1日起施行。

城市市容和环境卫生管理条例

（1992年6月28日国务院发布）

第一章　总　　则

第一条　为了加强城市市容和环境卫生管理，创造清洁、优美的城市工作、生活环境，促进城市社会主义物质文明和精神文明建设，制定本条例。

第二条　在中华人民共和国城市内，一切单位和个人都必须遵守本条例。

第三条　城市市容和环境卫生工作，实行统一领导、分区负责、专业人员管理与群众管理相结合的原则。

第四条　国务院城市建设行政主管部门主管全国城市市容和环境卫生工作。

省、自治区人民政府城市建设行政主管部门负责本行政区域的城市市容和环境卫生管理工作。

城市人民政府市容环境卫生行政主管部门负责本行政区域的城市市容和环境卫生管理工作。

第五条　城市人民政府应当把城市市容和环境卫生事业纳入国民经济和社会发展计划，并组织实施。

城市人民政府应当结合本地的实际情况，积极推行环境卫生用工制度的改革，并采取措施，逐步提高环境卫生工作人员的工资福利待遇。

第六条　城市人民政府应当加强城市市容和环境卫生科学知识的宣传，提高公民的环境卫生意识，养成良好的卫生习惯。

一切单位和个人，都应当尊重市容和环境卫生工作人员的劳动，不得妨碍、阻挠市容和环境卫生工作人员履行职务。

第七条　国家鼓励城市市容和环境卫生的科学技术研究，推广先进技术，提高城市市容和环境卫生水平。

第八条　对在城市市容和环境卫生工作中成绩显著的单位和个人，由人民政府给予奖励。

第二章　城市市容管理

第九条　城市中的建筑物和设施，应当符合国家规定的城市容貌标准。对外开放城市、风景旅游城市和有条件的其他城市，可以结合本地具体情况，制定严于国家规定的城市容貌标准；建制镇可以参照国家规定的城市容貌标准执行。

第十条　一切单位和个人都应当保持建筑物的整洁、美观。在城市人民政府规定的街道的临街建筑物的阳台和窗外，不得堆放、吊挂有碍市容的物品。搭建或者封闭阳台必须符合城市人民政府市容环境卫生行政主管部门的有关规定。

第十一条　在城市中设置户外广告、标语牌、画廊、橱窗等，应当内容健康、外型美观，并定期维修、油饰或者拆除。

大型户外广告的设置必须征得城市人民政府市容环境卫生行政主管部门同意后，按照有关规定办理审批手续。

第十二条　城市中的市政公用设施，应当与周围环境相协调，并维护和保持设施完好、整洁。

第十三条　主要街道两侧的建筑物前，应当根据需要与可能，选用透景、半透景的围墙、栅栏或者绿篱、花坛（池）、草坪等作为分界。

临街树木、绿篱、花坛（池）、草坪等，应当保持整洁、美观。栽培、整修或者其他作业留下的渣土、枝叶等，管理单位、个人或者作业者应当及时清除。

第十四条　任何单位和个人都不得在街道两侧和公共场地堆放物料，搭建建筑物、构筑物或者其他设施。因建设等特殊需要，在街道两侧和公共场地临时堆放物料，搭建非永久性建筑物、构筑物或者其他设施的，必须征得城市人民政府市容环境卫生行政主管部门同意后，按照有关规定办理审批手续。

第十五条　在市区运行的交通运输工具，应当保持外型完好、整洁，货运车辆运输的液体、散装货物，应当密封、包扎、覆盖，避免泄漏、遗撒。

第十六条　城市的工程施工现场的材料、机具应当堆放整齐，渣土应当及时清运；临街工地应当设置护栏或者围布遮挡；停工场地应当及时整理并作必要的覆盖；竣工后，应当及时清理和平整场地。

第十七条　一切单位和个人，都不得在城市建筑物、设施以及树木上涂写、刻画。

单位和个人在城市建筑物、设施上张挂、张贴宣传品等，须经城市人民政府市容环境卫生行政主管部门或者其他有关部门批准。

第三章　城市环境卫生管理

第十八条　城市中的环境卫生设施，应当符合国家规定的城市环境卫生标准。

第十九条　城市人民政府在进行城市新区开发或者旧区改造时，应当依照国家有关规定，建设生活废弃物的清扫、收集、运输和处理等环境卫生设施，所需经费应当纳入建设工程概算。

第二十条　城市人民政府市容环境卫生行政主管部门，应当根据城市居住人口密度和流动人口数量以及公共场所等特定地区的需要，制定公共厕所建设规划，并按照规定的标准，建设、改造或者支持有关单位建设、改造公共厕所。

城市人民政府市容环境卫生行政主管部门，应当配备专业人员或者委托有关单位和个人负责公共厕所的保洁和管理；有关单位和个人也可以承包公共厕所的保洁和管理。公共厕所的管理者可以适当收费，具体办法由省、自治区、直辖市人民政府制定。

对不符合规定标准的公共厕所，城市人民政府应当责令有关单位限期改造。

公共厕所的粪便应当排入贮（化）粪池或者城市污水系统。

第二十一条　多层和高层建筑应当设置封闭式垃圾通道或者垃圾贮存设施，并修建清运车辆通道。

城市街道两侧、居住区或者人流密集地区，应当设置封闭式垃圾容器、果皮箱等设施。

第二十二条　一切单位和个人都不得擅自拆除环境卫生设施；因建设需要必须拆除的，建设单位必须事先提出拆迁方案，报城市人民政府市容环境卫生行政主管部门批准。

第二十三条　按国家行政建制设立的市的主要街道、广场和公共水域的环境卫生，由环境卫生专业单位负责。

居住区、街巷等地方，由街道办事处负责组织专人清扫保洁。

第二十四条　飞机场、火车站、公共汽车始末站、港口、影剧院、博物馆、展览馆、纪念馆、体育馆（场）和公园等公共场所，由本单位负责清扫保洁。

第二十五条　机关、团体、部队、企事业单位，应当按照城市人民政府市容环境卫生行政主管部门划分的卫生责任区负责清扫保洁。

第二十六条　城市集贸市场，由主管部门负责组织专人清扫保洁。

各种摊点，由从业者负责清扫保洁。

第二十七条　城市港口客货码头作业范围内的水面，由港口客货码头经营单位责成作业者清理保洁。

在市区水域行驶或者停泊的各类船舶上的垃圾、粪便，由船上负责人依照规定处理。

第二十八条　城市人民政府市容环境卫生行政主管部门对城市生活废弃物的收集、运输和处理实施监督管理。

一切单位和个人，都应当依照城市人民政府市容环境卫生行政主管部门规定的时间、地点、方式，倾倒垃圾、粪便。

对垃圾、粪便应当及时清运，并逐步做到垃圾、粪便的无害化处理和综合利用。

对城市生活废弃物应当逐步做到分类收集、运输和处理。

第二十九条　环境卫生管理应当逐步实行社会化服务。有条件的城市，可以成立环境卫生服务公司。

凡委托环境卫生专业单位清扫、收集、运输和处理废弃物的，应当交纳服务费。具体办法由省、自治区、直辖市人民政府制定。

第三十条　城市人民政府应当有计划地发展城市煤气、天然气、液化气，改变燃料结构；鼓励和支持有关部门组织净菜进城和回收利用废旧物资，减少城市垃圾。

第三十一条　医院、疗养院、屠宰场、生物制品厂产生的废弃物，必须依照有关规定处理。

第三十二条　公民应当爱护公共卫生环境，不随地吐痰、便溺，不乱扔果皮、纸屑和烟头等废弃物。

第三十三条　按国家行政建制设立的市的市区内，禁止饲养鸡、鸭、鹅、兔、羊、猪等家畜家禽；因教学、科研以及其他特殊需要饲养的，须经其所在地城市人民政府市容环境卫生行政主管部门批准。

第四章　罚　　则

第三十四条　有下列行为之一者，城市人民政府市容环境卫生行政主管部门或者其委托的单位除责令其纠正违法行为、采取补救措施外，可以并处警告、罚款：

（一）随地吐痰、便溺，乱扔果皮、纸屑和烟头等废弃物的；

（二）在城市建筑物、设施以及树木上涂写、刻画或者未经批准张挂、张贴宣传品等的；

（三）在城市人民政府规定的街道的临街建筑物的阳台和窗外，堆放、吊挂有碍市容的物品的；

（四）不按规定的时间、地点、方式，倾倒垃圾、粪便的；

（五）不履行卫生责任区清扫保洁义务或者不按规定清运、处理垃圾和粪便的；

（六）运输液体、散装货物不作密封、包扎、覆盖，造成泄漏、遗撒的；

（七）临街工地不设置护栏或者不作遮挡、停工场地不及时整理并作必要覆盖或者竣工后不及时清理和平整场地，影响市容和环境卫生的。

第三十五条　未经批准擅自饲养家畜家禽影响市容和环境卫生的，由城市人民政府市容环境卫生行政主管部门或者其委托的单位，责令其限期处理或者予以没收，并可处以罚款。

第三十六条　有下列行为之一者，由城市人民政府市容环境卫生行政主管部门或者其委托的单位责令其停止违法行为，限期清理、拆除或者采取其他补救措施，并可处以罚款：

（一）未经城市人民政府市容环境卫生行政主管部门同意，擅自设置大型户外广告，影响市容的；

（二）未经城市人民政府市容环境卫生行

政主管部门批准，擅自在街道两侧和公共场地堆放物料，搭建建筑物、构筑物或者其他设施，影响市容的；

（三）未经批准擅自拆除环境卫生设施或者未按批准的拆迁方案进行拆迁的。

第三十七条　凡不符合城市容貌标准、环境卫生标准的建筑物或者设施，由城市人民政府市容环境卫生行政主管部门会同城市规划行政主管部门，责令有关单位和个人限期改造或者拆除；逾期未改造或者未拆除的，经县级以上人民政府批准，由城市人民政府市容环境卫生行政主管部门或者城市规划行政主管部门组织强制拆除，并可处以罚款。

第三十八条　损坏各类环境卫生设施及其附属设施的，城市人民政府市容环境卫生行政主管部门或者其委托的单位除责令其恢复原状外，可以并处罚款；盗窃、损坏各类环境卫生设施及其附属设施，应当给予治安管理处罚的，依照《中华人民共和国治安管理处罚条例》的规定处罚；构成犯罪的，依法追究刑事责任。

第三十九条　侮辱、殴打市容和环境卫生工作人员或者阻挠其执行公务的，依照《中华人民共和国治安管理处罚条例》的规定处罚；构成犯罪的，依法追究刑事责任。

第四十条　当事人对行政处罚决定不服的，可以自接到处罚通知之日起15日内，向作出处罚决定机关的上一级机关申请复议；对复议决定不服的，可以自接到复议决定书之日起15日内向人民法院起诉。当事人也可以自接到处罚通知之日起15日内直接向人民法院起诉。期满不申请复议、也不向人民法院起诉、又不履行处罚决定的，由作出处罚决定的机关申请人民法院强制执行。

对治安管理处罚不服的，依照《中华人民共和国治安管理处罚条例》的规定办理。

第四十一条　城市人民政府市容环境卫生行政主管部门工作人员玩忽职守、滥用职权、徇私舞弊的，由其所在单位或者上级主管机关给予行政处分；构成犯罪的，依法追究刑事责任。

第五章　附　　则

第四十二条　未设镇建制的城市型居民区可以参照本条例执行。

第四十三条　省、自治区、直辖市人民政府可以根据本条例制定实施办法。

第四十四条　本条例由国务院城市建设行政主管部门负责解释。

第四十五条　本条例自1992年8月1日起施行。

关于外商参与打捞中国沿海水域沉船沉物管理办法

（1992年7月12日国务院发布）

第一条　为加强对外商参与打捞中国沿海水域沉船沉物活动的管理，保障有关各方的合法权益，制定本办法。

第二条　本办法适用于外商参与打捞中国沿海水域具有商业价值的沉船沉物活动。

沉船沉物的所有人自行打捞或者聘请打捞机构打捞其在中国沿海水域的沉船沉物，不适用本办法。

第三条　本办法下列用语的定义：

（一）外商，是指外国的企业或者其他经济组织或者个人。

（二）沿海水域，是指中华人民共和国内

海、领海和属于中华人民共和国管辖的其他海域。

（三）沉船沉物，是指沉没于中国沿海水域水面以下或者淤埋海底泥面以下的各类船舶和器物，包括沉船沉物的主体及其设备、所载的全部货物或者其他物品。

具有重要军事价值的沉没舰船和武器装备及被确认为文物的沉船沉物不在外商参与打捞的对象之列。

（四）打捞作业，是指根据共同打捞合同或者中外合作打捞企业合同，对沉船沉物进行的各种施工活动，包括扫测探摸、实施打捞及相关的活动。

（五）打捞作业者，是指具体实施打捞作业的单位或者个人。

第四条　中国政府依法保护参与打捞中国沿海水域沉船沉物的中外双方（以下简称参与打捞的中外双方）的应得收益和其他合法权益。

参与打捞的中外双方的一切活动必须遵守中华人民共和国的有关法律、法规和规章，接受中国政府有关主管部门的管理与监督。

第五条　中华人民共和国交通部主管有关外商参与打捞中国沿海水域沉船沉物的事宜。

第六条　外商参与打捞中国沿海水域沉船沉物，可以采取下列方式：

（一）与中方打捞人签订共同打捞合同，依照合同规定的双方权利和义务，实施打捞活动；

（二）与中方打捞人成立中外合作打捞企业，实施打捞活动。

第七条　中方打捞人为具有实施打捞作业资格的专业打捞机构，其资格由中华人民共和国交通部按照国家规定的专业打捞机构的条件予以审定。

第八条　共同打捞合同和中外合作打捞企业合同必须有明确的打捞标的。参与打捞的中外双方在打捞过程中发现的不属于合同标的的其他沉船沉物，不得擅自实施打捞。

第九条　中华人民共和国交通部负责统一组织与外商洽谈打捞中国沿海水域沉船沉物的事宜，确立打捞项目，并组织中方打捞人与外商依法签订共同打捞合同或者中外合作打捞企业合同。

第十条　外商与中方打捞人签订的共同打捞合同，应当符合《中华人民共和国涉外经济合同法》的有关规定，并报经中华人民共和国交通部批准。

外商与中方打捞人组成中外合作打捞企业的，应当按照《中华人民共和国中外合作经营企业法》的规定履行有关审批、登记手续。

第十一条　共同打捞合同和中外合作打捞企业合同报送审查批准机关审批时，必须提交中华人民共和国港务监督机构（以下简称港务监督）对打捞作业实施方案核准的有关文件；涉及渔港水域的，应当提交渔政渔港监督机关的有关核准文件；涉及海上军事禁区、军事管理区的，应当提交军事主管部门的有关核准文件。

审查批准机关应当自接到上述合同审批申请之日起四十五日内决定批准或者不批准。

第十二条　共同打捞合同批准后，外商应当自接到批准证书之日起 30 日内向中华人民共和国国家工商行政管理局申请营业登记，领取营业证；并应当在领取营业证之日起 30 日内向当地税务机关办理税务登记手续。

第十三条　外商参与在中华人民共和国内海或者领海内打捞沉船沉物，应当承担打捞作业期间的全部费用和经济风险。中方打捞人负责与有关部门的协调，办理必要的手续及打捞作业期间的监护。

外商参与在中华人民共和国内海、领海外属中华人民共和国管辖的其他海域内打捞沉船沉物，应当承担扫测探摸阶段的全部费用和经济风险。需要打捞的，由中外双方按照合同规定实施打捞。

第十四条　外商为履行共同打捞合同所需船舶、设备及劳务，在同等条件下应当优先向中方打捞人租用和雇用。

第十五条　外商参与打捞中国沿海水域沉船沉物的捞获物（以下简称捞获物）应当按照下列方式处理：

(一)在中华人民共和国内海或者领海内捞获的沉船沉物，属中华人民共和国所有，外商根据共同打捞合同或者中外合作打捞企业合同的规定，从捞获物或者其折价中取得收益；

中方打捞人根据国家有关规定或者中外合作打捞企业合同的规定从捞获物或者其折价中取得收益。

(二)在中华人民共和国内海、领海外属中华人民共和国管辖的其他海域内捞获的沉船沉物，由参与打捞的中外双方按照合同规定的比例对捞获物或者其折价进行分成。

(三)捞获物中夹带有文物或者在打捞作业活动中发现文物的，应当立即报告当地文物行政管理部门，由文物行政管理部门按照中华人民共和国有关文物保护的法律、法规处理，并给有关人员适当的奖励。

第十六条　外商依法取得的捞获物可以按照国际市场价格由中国政府有关部门收购或者由外商依法纳税并办理海关手续后运往国外。

外商所得外汇收入或者其他收益，可以在纳税后依法汇往国外。

第十七条　打捞作业者在实施打捞作业前，应当按照《中华人民共和国海上交通安全法》的有关规定申请发布航行警告。

中华人民共和国交通部应当将打捞作业的起止时间、地理位置等情况通报国家海洋局等有关部门。

打捞作业者实施打捞作业时，必须在港务监督核准的作业区域内进行，并按照港务监督的要求报告有关活动情况。实施打捞作业不得使用危害海洋资源、海洋环境、海底设施、海上军事设施和其他损害中华人民共和国利益的方法。

第十八条　实施打捞作业应当自始至终有参与打捞的中外双方的有关人员参加，双方共同负责捞获物的登记和保管工作。

第十九条　所有捞获物应当在中国政府主管部门指定的地点接受有关部门的检查。

第二十条　违反本办法打捞中国沿海水域沉船沉物的，港务监督有权责令其停止打捞作业，并可给予警告、罚款的处罚，其中已给国家和他人造成损失的，应当承担赔偿责任。

罚款数额按照国家有关海上交通管理处罚的规定执行。

第二十一条　香港、澳门、台湾的企业、个人及其他经济组织参与打捞中国沿海水域的沉船沉物，参照本办法执行。

第二十二条　本办法由中华人民共和国交通部负责解释。

第二十三条　本办法自发布之日起施行。

全民所有制工业企业转换经营机制条例

（1992年7月23日国务院发布）

第一章　总　则

第一条　为了推动全民所有制工业企业（以下简称企业）进入市场，增强企业活力，提高企业经济效益，根据《中华人民共和国全民所有制工业企业法》（以下简称《企业法》），制定本条例。

第二条　企业转换经营机制的目标是：使企业适应市场的要求，成为依法自主经营、自负盈亏、自我发展、自我约束的商品生产和经营单位，成为独立享有民事权利和承担民事义务的企业法人。

第三条　转换企业经营机制必须遵循下列原则：

（一）坚持党的基本路线；

（二）坚持政企职责分开，保障国家对企业财产的所有权，实现企业财产保值、增殖，落实企业的经营权；

（三）坚持责、权、利相统一，正确处理国家和企业、企业和职工的关系，贯彻按劳分配的原则，把职工的劳动所得与劳动成果联系起来；

（四）发挥中国共产党的基层组织在企业中的政治核心作用，坚持和完善厂长（经理）负责制，全心全意依靠工人阶级；

（五）坚持深化企业改革与推进企业技术进步、强化企业管理相结合；

（六）坚持在建设社会主义物质文明的同时，建设社会主义精神文明，建设有理想、有道德、有文化、有纪律的职工队伍。

第四条　围绕转换企业经营机制，按照宏观要管好，微观要放开的要求，政府必须转变职能，改革管理企业的方式，培育和发展市场体系，建立和完善社会保障制度，协调配套地进行计划、投资、财政、税收、金融、价格、物资、商业、外贸、人事和劳动工资等方面的改革。

第五条　企业中的党组织和工会、共青团等组织以及全体职工都应当为实现企业转换经营机制的目标和《企业法》规定的企业根本任务开展工作。社会各有关方面都应当为企业转换经营机制创造条件。

第二章　企业经营权

第六条　企业经营权是指企业对国家授予其经营管理的财产（以下简称企业财产）享有占有、使用和依法处分的权利。

第七条　企业按照国家规定的资产经营形式，依法行使经营权。企业资产经营形式是指规范国家与企业的责、权、利关系，企业经营管理国有资产的责任制形式。

继续坚持和完善企业承包经营责任制。逐步试行税利分流，统一所得税率，免除企业税后负担，实行税后还贷。创造条件，试行股份制。

第八条　企业享有生产经营决策权。

企业根据国家宏观计划指导和市场需要，自主作出生产经营决策，生产产品和为社会提供服务。

企业可以自主决定在本行业内或者跨行业调整生产经营范围，凡符合国家产业政策导向的，政府有关部门应当给予支持，工商行政管理部门应当办理变更登记手续。

国家可以根据需要，有权向企业下达指

令性计划；企业执行指令性计划，有权要求在政府有关部门的组织下，与需方企业签订合同；也可以根据国家规定，要求与政府指定的单位签订国家订货合同。需方企业或者政府指定的单位不签订合同的，企业可以不安排生产。

企业对缺乏应当由国家计划保证的能源、主要物资供应和运输条件的指令性计划，可以根据自身承受能力和市场变化，要求调整。计划下达部门不予调整的，企业可以不执行。

除国务院和省级政府计划部门直接下达的，或者授权有关部门下达的指令性计划以外，企业有权不执行任何部门下达的指令性计划。

第九条　企业享有产品、劳务定价权。

企业生产的日用工业消费品，除国务院物价部门和省级政府物价部门管理价格的个别产品外，由企业自主定价。

企业生产的生产资料，除国务院物价部门和省级政府物价部门颁布的价格分工管理目录所列的少数产品外，由企业自主定价。

企业提供的加工、维修、技术协作等劳务，由企业自主定价。

法律对产品、劳务定价另有规定的，从其规定。

第十条　企业享有产品销售权。

企业可以在全国范围内自主销售本企业生产的指令性计划以外的产品，任何部门和地方政府不得对其采取封锁、限制和其他歧视性措施。

企业根据指令性计划生产的产品，应当按照计划规定的范围销售。需方企业或者政府指定的单位不履行合同的，企业有权停止生产，并可以向政府或者政府有关部门申诉，要求协调解决，也可以依照有关合同法规规定，向人民法院起诉，追究需方企业或者政府指定的单位的违约责任；已经生产的产品，企业可以自行销售。企业在完成指令性计划的产品生产任务后，超产部分可以自行销售。

企业生产国家规定由特定单位收购的产品，有权要求与政府指定的收购单位签订合同。收购单位不按照合同收购的，企业可以向政府或者政府有关部门申诉，要求协调解决，也可以依照有关合同法规规定，向人民法院起诉，追究收购单位的违约责任；已经按照合同生产的产品，收购单位不按照合同收购的，企业可以自行销售。

法律另有规定或者国家明令禁止在市场上销售的产品除外。

第十一条　企业享有物资采购权。

企业对指令性计划供应的物资，有权要求与生产企业或者其他供货方签订合同。

企业对指令性计划以外所需的物资，可以自行选择供货单位、供货形式、供货品种和数量，自主签订订货合同，并可以自主进行物资调剂。

企业有权拒绝执行任何部门和地方政府以任何方式为企业指定指令性计划以外的供货单位和供货渠道。

第十二条　企业享有进出口权。

企业可以在全国范围内自行选择外贸代理企业从事进出口业务，并有权参与同外商的谈判。

企业根据国家外汇管理的有关规定，自主使用留成外汇和进行外汇调剂。任何部门和单位不得平调和截留企业的留成外汇；不得截留企业有偿上交外汇后应当返还的人民币。

企业根据国家规定，可以在境外承揽工程、进行技术合作或者提供其他劳务。

企业根据国家规定，可以进口自用的设备和物资。

具备条件的企业，经政府有关部门批准，依法享有进出口经营权，任何部门和单位不得截留。有进出口经营权的企业，在获得进出口配额、许可证等方面，享有与外贸企业同等的待遇。

有进出口经营权的企业，有权根据业务需要，确定本企业经常出入境的业务人员名额，报政府主管部门批准。政府有关部门对企业经常出入境人员的出入境，实行一次性审批、一年内多次有效的办法。有进出口经营权的企业，经国务院授权，可以自行审批出境人员或者邀请境外有关人员来华从事商务活动，报外事部门直接办理出入境手续。

企业可以根据开展对外业务的实际需要，自主使用自有外汇安排业务人员出境。

第十三条　企业享有投资决策权。

企业依照法律和国务院有关规定，有权以留用资金、实物、土地使用权、工业产权和非专利技术等向国内各地区、各行业的企业、事业单位投资，购买和持有其他企业的股份。经政府有关部门批准，企业可以向境外投资或者在境外开办企业。

企业遵照国家产业政策和行业、地区发展规划，以留用资金和自行筹措的资金从事生产性建设，能够自行解决建设和生产条件的，由企业自主决定立项，报政府有关部门备案并接受监督。政府有关部门应当根据登记注册的会计师事务所或者审计事务所的验资证明，出具认可企业自行立项的文件。经土地管理、城市规划、城市建设、环境保护等部门依法办理有关手续后，企业自主决定开工。

企业从事生产性建设，不能自行解决建设和生产条件或者需要政府投资的，报政府有关部门批准。

企业从事生产性建设，需要银行贷款或者向社会发行债券的，按照国家有关规定，报政府有关部门会同银行审批或者由银行审批。需要使用境外贷款的，报政府有关部门审批。

企业遵照国家产业政策，以留利安排生产性建设项目或者补充流动资金的，经企业申请，税务部门批准，可以退还企业再投资部分已缴纳所得税的百分之四十税款。

企业根据其经济效益和承受能力，可以增提新产品开发基金，报财政部门备案。按照国家统一制定的有关固定资产折旧的规定，企业有权选择具体的折旧办法，确定加速折旧的幅度。

第十四条　企业享有留用资金支配权。

企业在保证实现企业财产保值、增殖的前提下，有权自主确定税后留用利润中各项基金的比例和用途，报政府有关部门备案。

企业可以将生产发展基金用于购置固定资产、进行技术改造、开发新产品或者补充流动资金，也可以将折旧费、大修理费和其他生产性资金合并用于技术改造或者生产性投资。

企业有权拒绝任何部门和单位无偿调拨企业留用资金或者强令企业以折旧费、大修理费补交上交利润。国务院有特殊规定的，从其规定。

第十五条　企业享有资产处置权。

企业根据生产经营的需要，对一般固定资产，可以自主决定出租、抵押或者有偿转让；对关键设备、成套设备或者重要建筑物可以出租，经政府主管部门批准也可以抵押、有偿转让。法律和行政法规另有规定的除外。

企业处置生产性固定资产所得收入，必须全部用于设备更新和技术改造。

企业处置固定资产，应当依照国家有关规定进行评估。

第十六条　企业享有联营、兼并权。

企业有权按照下列方式与其他企业、事业单位联营：

（一）与其他企业、事业单位组成新的经济实体，独立承担民事责任、具备法人条件的，经政府有关部门核准登记，取得法人资格；

（二）与其他企业、事业单位共同经营，联营各方按照出资比例或者协议的约定，承担民事责任；

（三）与其他企业、事业单位订立联营合同，确立各方的权利和义务。联营各方各自独立经营、各自承担民事责任。

企业按照自愿、有偿的原则，可以兼并其他企业，报政府主管部门备案。

第十七条　企业享有劳动用工权。

企业按照面向社会、公开招收、全面考核、择优录用的原则，自主决定招工的时间、条件、方式、数量。企业的招工范围，法律和国务院已有规定的，从其规定。企业从所在城镇人口中招工，不受城镇内行政区划的限制。

企业录用退出现役的军人、少数民族人员、妇女和残疾人，法律和国务院已有规定的，从其规定。

企业定向或者委托学校培养的毕业生，由原企业负责安排就业。对其他大专院校和中专、技工学校毕业生，在同等条件下，应当优先招收。

刑满释放人员，同其他社会待业人员一样，经企业考核合格，可以录用。在服刑期间保留职工身份的刑满释放人员，原企业应当予以安置。

企业有权决定用工形式。企业可以实行合同化管理或者全员劳动合同制。企业可以与职工签订有固定期限、无固定期限或者以完成特定生产工作任务为期限的劳动合同。企业和职工按照劳动合同规定，享有权利和承担义务。

企业有权在做好定员、定额的基础上，通过公开考评，择优上岗，实行合理劳动组合。对富余人员，企业可以采取发展第三产业、厂内转岗培训、提前退出岗位休养以及其他方式安置；政府有关部门可以通过厂际交流、职业介绍机构调剂等方式，帮助转换工作单位。富余人员也可以自谋职业。

企业有权依照法律、法规和企业规章，解除劳动合同、辞退、开除职工。对被解除劳动合同、辞退和开除的职工，待业保险机构依法提供待业保险金，劳动部门应当提供再就业的机会，对其中属于集体户口的人员，当地的公安、粮食部门应当准予办理户口和粮食供应关系迁移手续，城镇街道办事处应当予以接收。

第十八条　企业享有人事管理权。

企业按照德才兼备、任人唯贤的原则和责任与权利相统一的要求，自主行使人事管理权。

企业对管理人员和技术人员可以实行聘用制、考核制。对被解聘或者未聘用的管理人员和技术人员，可以安排其他工作，包括到工人岗位上工作。企业可以从优秀工人中选拔聘用管理人员和技术人员。经政府有关部门批准，企业可以招聘境外技术人员、管理人员。

企业有权根据实际需要，设置在本企业内有效的专业技术职务。按照国家统一规定评定的具有专业技术职称的人员，其职务和待遇由企业自主决定。

企业中层行政管理人员，由厂长按照国家的规定任免（聘任、解聘）。副厂级行政管理人员，由厂长按照国家的规定提请政府主管部门任免（聘任、解聘），或者经政府主管部门授权，由厂长任免（聘任、解聘），报政府主管部门备案。法律另有规定的除外。

第十九条　企业享有工资、奖金分配权。

企业的工资总额依照政府规定的工资总额与经济效益挂钩办法确定，企业在相应提取的工资总额内，有权自主使用、自主分配工资和奖金。

企业有权根据职工的劳动技能、劳动强度、劳动责任、劳动条件和实际贡献，决定工资、奖金的分配档次。企业可以实行岗位技能工资制或者其他适合本企业特点的工资制度，选择适合本企业的具体分配形式。

企业有权制定职工晋级增薪、降级减薪的办法，自主决定晋级增薪、降级减薪的条件和时间。

除国务院另有规定外，企业有权拒绝任何部门和单位提出的，由企业对职工发放奖金和晋级增薪的要求。

第二十条　企业享有内部机构设置权。

企业有权决定内部机构的设立、调整和撤销，决定企业的人员编制。企业有权拒绝任何部门和单位提出的设置对口机构、规定人员编制和级别待遇的要求，法律另有规定和国务院有特殊规定的，从其规定。

第二十一条　企业享有拒绝摊派权。

企业有权拒绝任何部门和单位向企业摊派人力、物力、财力。企业可以向审计部门或者其他政府有关部门控告、检举、揭发摊派行为，要求作出处理。

除法律和国务院另有规定外，企业有权抵制任何部门和单位对企业进行检查、评比、评优、达标、升级、鉴定、考试、考核。

第二十二条　企业经营权受法律保护，任何部门、单位和个人不得干预和侵犯。

对于非法干预和侵犯企业经营权的行为，企业有权向政府和政府有关部门申诉、举报，或者依法向人民法院起诉。

第三章　企业自负盈亏的责任

第二十三条　企业以国家授予其经营管理的财产，承担民事责任。

企业对其法定代表人和其他工作人员，以法人名义从事的经营活动，承担民事责任。

厂长对企业盈亏负有直接经营责任；职工按照企业内部经济责任制，对企业盈亏也负有相应责任。

第二十四条　企业必须建立分配约束机制和监督机制。

企业必须坚持工资总额增长幅度低于本企业经济效益（依据实现利税计算）增长幅度、职工实际平均工资增长幅度低于本企业劳动生产率（依据净产值计算）增长幅度的原则。

企业职工的工资、奖金、津贴、补贴以及其他工资性收入，应当纳入工资总额。取消工资总额以外的一切单项奖。

企业必须根据经济效益的增减，决定职工收入的增减。企业职工工资总额基数的确定与调整，应当报政府有关部门审查核准。亏损企业发放的工资总额不得超过政府有关部门核定的工资总额。

企业的工资调整方案和奖金分配方案，应当提请职工代表大会审查同意。厂长晋升工资应当报政府有关部门审批。企业工资、奖金的分配应当接受政府有关部门的监督，有条件的可以由登记注册并经政府有关部门特别认可的会计师事务所或者审计事务所审核。

企业违反本条规定，政府主管部门应当及时予以制止和纠正。职工多得的不当收入，应当自发现之日起，限期逐步予以扣回。

第二十五条　企业应当每年从工资总额的新增部分中提取不少于10%的数额，作为企业工资储备基金，由企业自主使用。工资储备基金累计达到本企业一年工资总额的，不再提取。

第二十六条　企业连续三年全面完成上交任务，并实现企业财产增殖的，政府主管部门对厂长或者厂级领导给予相应奖励，奖金由决定奖励的部门拨付。

亏损企业的新任厂长，在规定期限内，实现扭亏增盈目标的，政府主管部门应当给予厂长或者厂级领导相应的奖励，奖金由决定奖励的部门拨付。

第二十七条　实行承包经营责任制的企业，未完成上交利润任务的，应当以企业风险抵押金、工资储备基金、留利补交。

实行租赁经营责任制的企业，承租方在租赁期内达不到租赁经营合同规定的经营总目标或者欠交租金时，应当以企业的风险保证金、预支的生活费或者承租成员的年度收入抵补，不足部分，由承租方、保证人提供的担保财产抵补。

第二十八条　企业为实现政府规定的社会公益目标或者生产指令性计划产品，由于定价原因而形成的政策性亏损，物价部门应当有计划地调整或者放开产品价格，予以解决。不能调整或者放开产品价格的，经财政部门审查核准，给予相应的补贴或者其他方式补偿。采取上述措施后，企业仍然亏损的，作为经营性亏损处理。

第二十九条 企业由于经营管理不善造成经营性亏损的，厂长、其他厂级领导和职工应当根据责任大小，承担相应的责任。

企业一年经营亏损的，应当适当核减企业工资总额，厂长、其他厂级领导和直接责任人员不得领取奖金。企业亏损严重的，还应当根据责任大小，相应降低厂长、其他厂级领导和职工的工资。

企业连续二年经营亏损，亏损额继续增加的，应当核减企业的工资总额，除企业不得发放奖金外，根据责任大小，适当降低厂长、其他厂级领导和职工的工资；对企业领导班子可以进行必要的调整；对厂级领导可以免职或者降级、降职。

对本条例施行前企业长期积累的亏损，经清产核资后，依照国务院有关规定另行处理。

第三十条 企业必须严格执行国家财政、税收和国有资产管理的法律、法规，定期进行财产盘点和审计，做到帐实相符，如实反映企业经营成果，不得造成利润虚增或者虚盈实亏，确保企业财产的保值、增殖。

企业应当依照国家有关规定，建立资产负债和损益考核制度，编制年度财务会计报表，报政府有关部门审批。有条件的，经登记注册的会计师事务所或者审计事务所审查后，报政府有关部门审核。

企业必须依照国家有关规定，准确核算成本，足额提取折旧费、大修理费和补充流动资金。以不提或者少提折旧费和大修理费，少计成本或者挂帐不摊等手段，造成利润虚增或者虚盈实亏的，有关部门应当责令企业用留用资金补足。

企业的生产性折旧费、大修理费、新产品开发基金以及处置生产性固定资产所得收入，不得用于发放工资、奖金或者增加集体福利。

第四章 企业的变更和终止

第三十一条 企业可以通过转产、停产整顿、合并、分立、解散、破产等方式，进行产品结构和组织结构调整，实现资源合理配置和企业的优胜劣汰。

第三十二条 企业主导产品不符合国家产业政策，或者没有市场销路、造成严重积压的，应当实行转产。企业为获取更大的经济效益，根据市场预测和自身条件，可以主动实行转产。

第三十三条 企业经营性亏损严重的，可以自行申请停产整顿；政府主管部门也可以责令其停产整顿。停产整顿的期限一般不超过1年。

停产整顿的企业，应当制定停产整顿方案，其主要内容包括：停产整顿的目标和规划；调整组织结构和产品结构的措施；改善生产经营状况的措施；调整机构和人员的措施；扭亏为盈的措施；还债的措施。

企业自行停产整顿的，停产整顿方案经政府主管部门批准后，由企业自行组织实施。被责令停产整顿的企业，由政府主管部门确定的企业法定代表人组织制定停产整顿方案，经政府主管部门批准后实施。

企业停产整顿期间，必须采取有效措施，保护企业财产。任何人不得盗窃、毁坏、哄抢、私分、隐匿、无偿转让企业财产。

企业停产整顿期间，财政部门应当准许其暂停上交承包利润；银行应当准许其延期支付贷款利息；企业应当停止发放奖金。

第三十四条 政府可以决定或者批准企业的合并。政府决定或者批准的合并，在全民所有制企业的范围内，可以采取资产无偿划转方式进行。合并方案由政府主管部门或者企业提出。在政府主管部门主持下，合并各方经充分协商后，订立合并协议。原企业的债权债务，由合并后的企业承担。

企业可以自主决定兼并其他企业。企业

兼并是一种有偿的合并形式。企业被兼并须经政府主管部门批准。被兼并企业的债权债务由兼并企业承担。兼并企业与债权人经充分协商，可以订立分期偿还或者减免债务的协议；政府有关部门可以酌情定期核减兼并企业的上交利润指标；银行对被兼并企业原欠其的债务，可以酌情停减利息；被兼并企业转入第三产业的，经银行批准，自开业之日起，实行2年停息、3年减半收息。

第三十五条　经政府批准，企业可以分立。企业分立时，应当由分立各方签订分立协议，明确划分分立各方的财产和债权债务等。

第三十六条　企业经停产整顿仍然达不到扭亏目标，并且无法实行合并的，以及因其他原因应当终止的，在保证清偿债务的前提下，由政府主管部门提出，经省级政府或者国务院主管部门批准，可以依法予以解散。企业解散，由政府主管部门指定成立的清算组进行清算。

第三十七条　企业所欠债务，应当以留用资金清偿。留用资金不足以偿还债务的，可以依法用抵押企业财产的方式，保证债务的履行。

企业不能清偿到期债务，达到法定破产条件的，应当依法破产，政府认为企业不宜破产的，应当给予资助或者采取其他措施，帮助企业清偿债务。

企业宣告破产后，其他企业可以与破产企业清算组订立接收破产企业的协议，按照协议承担法院裁定的债务，接受破产企业财产，安排破产企业职工，并可以享受本条例第三十四条第二款规定的兼并企业的待遇。

第三十八条　企业的变更和终止，应当依照法律、法规的规定，经工商行政管理部门核准登记，并向国有资产管理部门办理产权变更或者注销登记。

第三十九条　政府决定解散的企业，职工由政府主管部门负责安置。

企业破产的，依照法律、法规的有关规定，安置职工。

企业合并的，职工由合并后的企业或者兼并企业安置。

为安置富余职工兴办的，独立核算、从事第三产业的企业，自开业之日起，实行两年免征、三年减半征收所得税。

第五章　企业和政府的关系

第四十条　按照政企职责分开的原则，政府依法对企业进行协调、监督和管理，为企业提供服务。

第四十一条　企业财产属于全民所有，即国家所有，国务院代表国家行使企业财产的所有权。

企业财产包括国家以各种形式对企业投资和投资收益形成的财产，以及其他依据法律和国有资产管理行政法规认定的属于全民所有、由企业经营管理的财产。

第四十二条　为确保企业财产所有权，政府及其有关部门分别行使下列职责：

（一）考核企业财产保值、增殖指标，对企业资产负债和损益情况进行审查和审计监督；

（二）根据国务院的有关规定，决定国家与企业之间财产收益的分配方式、比例或者定额；

（三）根据国务院的有关规定，决定、批准企业生产性建设项目，本条例第十三条规定由企业自主决定的投资项目除外；

（四）决定或者批准企业的资产经营形式和企业的设立、合并（不含兼并）、分立、终止、拍卖，批准企业提出的被兼并申请和破产申请；

（五）根据国务院的有关规定，审批企业财产的报损、冲减、核销及关键设备、成套设备或者重要建筑物的抵押、有偿转让，组织清算和收缴被撤销、解散企业的财产；

（六）依照法定条件和程序，决定或者批准企业厂长的任免（聘任、解聘）和奖惩；

（七）拟订企业财产管理法规，并对执行情况进行监督、检查；

（八）维护企业依法行使经营权，保障企业的生产经营活动不受干预，协助企业解决实际困难。

第四十三条　政府应当采取下列措施，加强宏观调控和行业管理，建立既有利于增强企业活力，又有利于经济有序运行的宏观调控体系：

（一）制定经济和社会发展战略、方针和产业政策，控制总量平衡，规划和调整产业布局；

（二）运用利率、税率、汇率等经济杠杆和价格政策，调控和引导企业行为；

（三）根据产业政策和规模经济要求，引导企业组织结构调整，实现资源合理配置；

（四）建立和完善适应商品经济发展的企业劳动人事工资制度、财务制度、成本制度、会计制度、折旧制度、收益分配制度和税收征管制度，制定考核企业的经济指标体系，逐步将企业职工的全部工资性收入纳入成本管理；

（五）推动技术进步，开展技术和业务培训，为企业决策和经营活动提供信息、咨询。

第四十四条　政府应当采取下列措施，培育和完善市场体系，发挥市场调节作用：

（一）打破地区、部门分割和封锁，建立和完善平等竞争、规则健全的全国统一市场；

（二）按照国民经济发展总体规划和布局，统筹规划、协调和建立生产资料市场、劳务市场、金融市场、技术市场、信息市场和企业产权转让市场等，促进市场体系的发育和完善；

（三）发布市场信息，加强市场管理，制止违法经营和不正当竞争。

第四十五条　政府应当采取下列措施建立和完善社会保障体系：

（一）建立和完善养老保险制度，实行基本养老保险、企业补充养老保险、职工个人储蓄养老保险相结合的制度；

（二）建立和完善职工的待业保险制度，使职工在待业期间能够得到一定数量和一定期限的待业保险金，保证其基本生活；

（三）建立和完善医疗保险、工伤保险和生育保险等保险制度。

第四十六条　政府应当采取下列措施为企业提供社会服务：

（一）发展和完善与企业有关的公共设施和公益事业，减轻企业的社会负担；

（二）建立和发展会计师事务所、审计事务所、职业介绍所、律师事务所、资产评估机构和信息、咨询服务机构等社会服务组织；

（三）完善劳动就业服务体系，培训待业人员，帮助其再就业；

（四）健全劳动争议仲裁制度，及时妥善处理劳动纠纷，维护企业和职工的合法权益；

（五）协调企业与其他单位的关系，保障企业的正常生产经营秩序。

第六章　法 律 责 任

第四十七条　政府有关部门违反本条例，有下列行为之一的，上级机关应当责令其改正；情节严重的，由同级机关或者有关上级机关对主管人员和直接责任人员，给予行政处分，构成犯罪的，由司法机关依法追究刑事责任：

（一）超越、滥用管理权限下达指令性计划并强令企业执行的；

（二）干预企业投资决策权或者审批企业投资项目有重大失误的；

（三）以封锁、限制或者其他歧视性措施，侵犯企业物资采购权或者产品销售权的；

（四）干预、截留企业的产品、劳务定价权的；

（五）限制、截留企业进出口权，或者平调、挤占、挪用企业自主使用的留成外汇的；

（六）截留或者无偿调拨企业留用资金，或者干预企业资产处置权的；

（七）强令企业对职工进行奖励、晋级增

薪，干预企业录用、辞退、开除职工或者解除劳动合同的；

（八）未依照法定程序和条件任免厂长、其他厂级领导或者干预厂长行使企业中层行政管理人员任免权的；

（九）强令企业设置对口机构、规定人员编制和级别待遇，以及违反法律和国务院规定，对企业进行检查、评比、评优、达标、升级、鉴定、考试、考核的；

（十）非法要求企业提供人力、物力、财力的，以及对拒绝摊派的企业进行打击报复的；

（十一）未依照法定程序和条件，阻止或者强迫企业进行组织结构调整的；

（十二）不依法履行对企业监督、检查职责，或者有其他非法干预企业经营权，侵犯企业合法权益的。

第四十八条　企业违反本条例规定，有下列行为之一的，政府或者政府有关部门应当责令其改正；情节严重的，对厂长、其他厂级领导和直接责任人员，分别追究行政责任、给予经济处罚，并依照有关法律、法规，对企业给予相应的行政处罚；构成犯罪的，由司法机关依法追究刑事责任：

（一）未按照规定执行指令性计划，或者不履行经济合同，长期拖欠货款的；

（二）对国家直接定价的产品，擅自提价的；

（三）未按照规定履行建设项目审批手续，擅自立项和开工建设的；

（四）因决策失误，建设项目不能按期投产，或者投产后产品无销路、投资无效益，致使企业财产遭受损失的；

（五）不具备偿还能力，盲目贷款，致使企业财产遭受损失的；

（六）未经批准，擅自处置企业的关键设备、成套设备或者重要建筑物，造成企业财产损失的；

（七）滥用劳动用工权、人事管理权和工资、奖金分配权，侵犯职工合法权益的；

（八）违反财务制度，不提或者少提折旧费、大修理费，少计成本或者挂帐不摊，造成企业利润虚增或者虚盈实亏的；

（九）将生产性折旧费、大修理费、新产品开发基金或者处置生产性固定资产所得收入用于发放工资、奖金或者增加集体福利的；

（十）在企业变更、终止过程中，因管理不善，或者使用非法手段处置企业财产，造成损失的；

（十一）因经营管理不善，致使企业财产遭受损失或者企业破产的；

（十二）其他违反本条例规定，滥用经营权的。

第四十九条　阻碍厂长和各级管理人员依法行使职权的，或者扰乱企业秩序，致使生产、营业、工作不能正常进行的，由企业所在地公安机关给予治安管理处罚；情节严重的，构成犯罪的，由司法机关依法追究刑事责任。

第七章　附　　则

第五十条　本条例的原则适用于全民所有制交通运输、邮电、地质勘探、建筑安装、商业、外贸、物资、农林、水利、科技等企业。

第五十一条　本条例发布前的行政法规、地方性法规、规章和其他行政性文件的内容，与本条例相抵触的，以本条例为准。

第五十二条　本条例由国家经济体制改革委员会负责解释，国务院经济贸易办公室会同国务院有关部门组织实施。

第五十三条　国务院有关部门和省、自治区、直辖市人民政府可以根据本条例制定实施办法。

第五十四条　本条例自发布之日起施行。

实施国际著作权条约的规定

（1992 年 9 月 25 日国务院发布）

第一条 为实施国际著作权条约，保护外国作品著作权人的合法权益，制定本规定。

第二条 对外国作品的保护，适用《中华人民共和国著作权法》（以下称著作权法）、《中华人民共和国著作权法实施条例》、《计算机软件保护条例》和本规定。

第三条 本规定所称国际著作权条约，是指中华人民共和国（以下称中国）参加的《伯尔尼保护文学和艺术作品公约》（以下称伯尔尼公约）和与外国签订的有关著作权的双边协定。

第四条 本规定所称外国作品，包括：

（一）作者或者作者之一，其他著作权人或者著作权人之一是国际著作权条约成员国的国民或者在该条约的成员国有经常居所的居民的作品；

（二）作者不是国际著作权条约成员国的国民或者在该条约的成员国有经常居所的居民，但是在该条约的成员国首次或者同时发表的作品；

（三）中外合资经营企业、中外合作经营企业和外资企业按照合同约定是著作权人或者著作权人之一的，其委托他人创作的作品。

第五条 对未发表的外国作品的保护期，适用著作权法第二十条、第二十一条的规定。

第六条 对外国实用艺术作品的保护期，为自该作品完成起 25 年。

美术作品（包括动画形象设计）用于工业制品的，不适用前款规定。

第七条 外国计算机程序作为文学作品保护，可以不履行登记手续，保护期为自该程序首次发表之年年底起 50 年。

第八条 外国作品是由不受保护的材料编辑而成，但是在材料的选取或者编排上有独创性的，依照著作权法第十四条的规定予以保护。此种保护不排斥他人利用同样的材料进行编辑

第九条 外国录像制品根据国际著作权条约构成电影作品的，作为电影作品保护。

第十条 将外国人已经发表的以汉族文字创作的作品，翻译成少数民族文字出版发行的，应当事先取得著作权人的授权。

第十一条 外国作品著作权人，可以授权他人以任何方式、手段公开表演其作品或者公开传播对其作品的表演。

第十二条 外国电影、电视和录像作品的著作权人可以授权他人公开表演其作品。

第十三条 报刊转载外国作品，应当事先取得著作权人的授权；但是，转载有关政治、经济等社会问题的时事文章除外。

第十四条 外国作品的著作权人在授权他人发行其作品的复制品后，可以授权或者禁止出租其作品的复制品。

第十五条 外国作品的著作权人有权禁止进口其作品的下列复制品：

（一）侵权复制品；

（二）来自对其作品不予保护的国家的复制品。

第十六条 表演、录音或者广播外国作品，适用伯尔尼公约的规定；有集体管理组织的，应当事先取得该组织的授权。

第十七条 国际著作权条约在中国生效之日尚未在起源国进入公有领域的外国作品，按照著作权法和本规定规定的保护期受保护，到期满为止。

前款规定不适用于国际著作权条约在中国生效之日前发生的对外国作品的使用。

中国公民或者法人在国际著作权条约在中国生效之日前为特定目的而拥有和使用外国作品的特定复制本的，可以继续使用该作品的复制本而不承担责任；但是，该复制本不得以任何不合理地损害该作品著作权人合法权益的方式复制和使用。

前三款规定依照中国同有关国家签订的有关著作权的双边协定的规定实施。

第十八条　本规定第五条、第十二条、第十四条、第十五条、第十七条适用于录音制品。

第十九条　本规定施行前，有关著作权的行政法规与本规定有不同规定的，适用本规定。本规定与国际著作权条约有不同规定的，适用国际著作权条约。

第二十条　国家版权局负责国际著作权条约在中国的实施。

第二十一条　本规定由国家版权局负责解释。

第二十二条　本规定自1992年9月30日起施行。

中药品种保护条例

（1992年10月14日国务院发布）

第一章　总　　则

第一条　为了提高中药品种的质量，保护中药生产企业的合法权益，促进中药事业的发展，制定本条例。

第二条　本条例适用于中国境内生产制造的中药品种，包括中成药、天然药物的提取物及其制剂和中药人工制成品。

申请专利的中药品种，依照专利法的规定办理，不适用本条例。

第三条　国家鼓励研制开发临床有效的中药品种，对质量稳定、疗效确切的中药品种实行分级保护制度。

第四条　国务院卫生行政部门负责全国中药品种保护的监督管理工作。国家中药生产经营主管部门协同管理全国中药品种的保护工作。

第二章　中药保护品种等级的划分和审批

第五条　依照本条例受保护的中药品种，必须是列入国家药品标准的品种。经国务院卫生行政部门认定，列为省、自治区、直辖市药品标准的品种，也可以申请保护。

受保护的中药品种分为一、二级。

第六条　符合下列条件之一的中药品种，可以申请一级保护：

（一）对特定疾病有特殊疗效的；

（二）相当于国家一级保护野生药材物种的人工制成品；

（三）用于预防和治疗特殊疾病的。

第七条　符合下列条件之一的中药品种，可以申请二级保护：

（一）符合本条例第六条规定的品种或者已经解除一级保护的品种；

（二）对特定疾病有显著疗效的；

（三）从天然药物中提取的有效物质及

特殊制剂。

第八条　国务院卫生行政部门批准的新药，按照国务院卫生行政部门规定的保护期给予保护；其中，符合本条例第六条、第七条规定的，在国务院卫生行政部门批准的保护期限届满前六个月，可以重新依照本条例的规定申请保护。

第九条　申请办理中药品种保护的程序：

（一）中药生产企业对其生产的符合本条例第五条、第六条、第七条、第八条规定的中药品种，可以向所在地省、自治区、直辖市中药生产经营主管部门提出申请，经中药生产经营主管部门签署意见后转送同级卫生行政部门，由省、自治区、直辖市卫生行政部门初审签署意见后，报国务院卫生行政部门。特殊情况下，中药生产企业也可以直接向国家中药生产经营主管部门提出申请，由国家中药生产经营主管部门签署意见后转送国务院卫生行政部门，或者直接向国务院卫生行政部门提出申请。

（二）国务院卫生行政部门委托国家中药品种保护审评委员会负责对申请保护的中药品种进行审评。国家中药品种保护审评委员会应当自接到申请报告书之日起6个月内做出审评结论。

（三）根据国家中药品种保护审评委员会的审评结论，由国务院卫生行政部门征求国家中药生产经营主管部门的意见后决定是否给予保护。批准保护的中药品种，由国务院卫生行政部门发给《中药保护品种证书》。

国务院卫生行政部门负责组织国家中药品种保护审评委员会，委员会成员由国务院卫生行政部门与国家中药生产经营主管部门协商后，聘请中医药方面的医疗、科研、检验及经营、管理专家担任。

第十条　申请中药品种保护的企业，应当按照国务院卫生行政部门的规定，向国家中药品种保护审评委员会提交完整的资料。

第十一条　对批准保护的中药品种以及保护期满的中药品种，由国务院卫生行政部门在指定的专业报刊上予以公告。

第三章　中药保护品种的保护

第十二条　中药保护品种的保护期限：

中药一级保护品种分别为30年、20年、10年。

中药二级保护品种为7年。

第十三条　中药一级保护品种的处方组成、工艺制法，在保护期限内由获得《中药保护品种证书》的生产企业和有关的药品生产经营主管部门、卫生行政部门及有关单位和个人负责保密，不得公开。

负有保密责任的有关部门、企业和单位应当按照国家有关规定，建立必要的保密制度。

第十四条　向国外转让中药一级保护品种的处方组成、工艺制法的，应当按照国家有关保密的规定办理。

第十五条　中药一级保护品种因特殊情况需要延长保护期限的，由生产企业在该品种保护期满前六个月，依照本条例第九条规定的程序申报。延长的保护期限由国务院卫生行政部门根据国家中药品种保护审评委员会的审评结果确定；但是，每次延长的保护期限不得超过第一次批准的保护期限。

第十六条　中药二级保护品种在保护期满后可以延长7年。

申请延长保护期的中药二级保护品种，应当在保护期满前6个月，由生产企业依照本条例第九条规定的程序申报。

第十七条　被批准保护的中药品种，在保护期内限于由获得《中药保护品种证书》的企业生产；但是，本条例第十九条另有规定的除外。

第十八条　国务院卫生行政部门批准保护的中药品种如果在批准前是由多家企业生产的，其中未申请《中药保护品种证书》的企业应当自公告发布之日起六个月内向国务院卫生行政部门申报，并依照本条例第十条的规定提供有关资料，由国务院卫生行政部门指定药品检验机构对该申报品种进行同品种的质量检验。国务院卫生行政部门根据检验结果，可以采取以下措施：

（一）对达到国家药品标准的，经征求国家中药生产经营主管部门意见后，补发《中药保护品种证书》。

（二）对未达到国家药品标准的，依照药品管理的法律、行政法规的规定撤销该中药品种的批准文号。

第十九条　对临床用药紧缺的中药保护品种，根据国家中药生产经营主管部门提出的仿制建议，经国务院卫生行政部门批准，由仿制企业所在地的省、自治区、直辖市卫生行政部门对生产同一中药保护品种的企业发放批准文号。该企业应当付给持有《中药保护品种证书》并转让该中药品种的处方组成、工艺制法的企业合理的使用费，其数额由双方商定；双方不能达成协议的，由国务院卫生行政部门裁决。

第二十条　生产中药保护品种的企业及中药生产经营主管部门，应当根据省、自治区、直辖市卫生行政部门提出的要求，改进生产条件，提高品种质量。

第二十一条　中药保护品种在保护期内向国外申请注册的，须经国务院卫生行政部门批准。

第四章　罚　则

第二十二条　违反本条例第十三条的规定，造成泄密的责任人员，由其所在单位或者上级机关给予行政处分；构成犯罪的，依法追究刑事责任。

第二十三条　违反本条例第十七条的规定，擅自仿制中药保护品种的，由县级以上卫生行政部门以生产假药依法论处。

伪造《中药品种保护证书》及有关证明文件进行生产、销售的，由县级以上卫生行政部门没收其全部有关药品及违法所得，并可以处以有关药品正品价格3倍以下罚款。

上述行为构成犯罪的，由司法机关依法追究刑事责任。

第二十四条　当事人对卫生行政部门的处罚决定不服的，可以依照有关法律、行政法规的规定，申请行政复议或者提起行政诉讼。

第五章　附　则

第二十五条　有关中药保护品种的申报要求、申报表格等，由国务院卫生行政部门制定。

第二十六条　本条例由国务院卫生行政部门负责解释。

第二十七条　本条例自1993年1月1日起施行。

储蓄管理条例

（1992年12月11日国务院发布）

第一章 总 则

第一条 为了发展储蓄事业，保护储户的合法权益，加强储蓄管理，制定本条例。

第二条 凡在中国境内办理储蓄业务的储蓄机构和参加储蓄的个人，必须遵守本条例的规定。

第三条 本条例所称储蓄是指个人将属于其所有的人民币或者外币存入储蓄机构，储蓄机构开具存折或者存单作为凭证，个人凭存折或者存单可以支取存款本金和利息，储蓄机构依照规定支付存款本金和利息的活动。

任何单位和个人不得将公款以个人名义转为储蓄存款。

第四条 本条例所称储蓄机构是指经中国人民银行或其分支机构批准，各银行、信用合作社办理储蓄业务的机构，以及邮政企业依法办理储蓄业务的机构。

第五条 国家保护个人合法储蓄存款的所有权及其他合法权益，鼓励个人参加储蓄。

储蓄机构办理储蓄业务，必须遵循"存款自愿，取款自由，存款有息，为储户保密"的原则。

第六条 中国人民银行负责全国储蓄管理工作。

中国人民银行及其分支机构负责储蓄机构和储蓄业务的审批，协调、仲裁有关储蓄机构之间在储蓄业务方面的争议，监督、稽核储蓄机构的业务工作，纠正和处罚违反国家储蓄法律、法规和政策的行为。

第七条 中国人民银行经国务院批准，可以采取适当措施稳定储蓄，保护储户利益。

第八条 除储蓄机构外，任何单位和个人不得办理储蓄业务。

第二章 储蓄机构

第九条 储蓄机构的设置，应当遵循统一规划，方便群众，注重实效，确保安全的原则。

第十条 储蓄机构的设置，应当按照国家有关规定报中国人民银行或其分支机构批准，并申领《经营金融业务许可证》，但国家法律、行政法规另有规定的除外。

第十一条 储蓄机构的设置必须具备下列条件：

（一）有机构名称、组织机构和营业场所；

（二）熟悉储蓄业务的工作人员不少于四人；

（三）有必要的安全防范设备。

第十二条 经当地中国人民银行分支机构批准，储蓄机构可以设立储蓄代办点。储蓄代办点的管理办法，由中国人民银行规定。

第十三条 储蓄机构应当按照规定时间营业，不得擅自停业或者缩短营业时间。

第十四条 储蓄机构应当保证储蓄存款本金和利息的支付，不得违反规定拒绝支付储蓄存款本金和利息。

第十五条 储蓄机构不得使用不正当手段吸收储蓄存款。

第三章　储蓄业务

第十六条　储蓄机构可以办理下列人民币储蓄业务：

（一）活期储蓄存款；

（二）整存整取定期储蓄存款；

（三）零存整取定期储蓄存款；

（四）存本取息定期储蓄存款；

（五）整存零取定期储蓄存款；

（六）定活两便储蓄存款；

（七）华侨（人民币）整存整取定期储蓄存款；

（八）经中国人民银行批准开办的其他种类的储蓄存款。

第十七条　经外汇管理部门批准，储蓄机构可以办理下列外币储蓄业务：

（一）活期储蓄存款；

（二）整存整取定期储蓄存款；

（三）经中国人民银行批准开办的其他种类的外币储蓄存款。

办理外币储蓄业务，存款本金和利息应当用外币支付。

第十八条　储蓄机构办理定期储蓄存款时，根据储户的意愿，可以同时为储户办理定期储蓄存款到期自动转存业务。

第十九条　根据国家住房改革的有关政策和实际需要，经当地中国人民银行分支机构批准，储蓄机构可以办理个人住房储蓄业务。

第二十条　经中国人民银行或其分支机构批准，储蓄机构可以办理下列金融业务：

（一）发售和兑付以居民个人为发行对象的国库券、金融债券、企业债券等有价证券；

（二）个人定期储蓄存款存单小额抵押贷款业务；

（三）其他金融业务。

第二十一条　储蓄机构可以办理代发工资和代收房租、水电费等服务性业务。

第四章　储蓄存款利率和计息

第二十二条　储蓄存款利率由中国人民银行拟订，经国务院批准后公布，或者由国务院授权中国人民银行制定、公布。

第二十三条　储蓄机构必须挂牌公告储蓄存款利率，不得擅自变动。

第二十四条　未到期的定期储蓄存款，全部提前支取的，按支取日挂牌公告的活期储蓄存款利率计付利息；部分提前支取的，提前支取的部分按支取日挂牌公告的活期储蓄存款利率计付利息，其余部分到期时按存单开户日挂牌公告的定期储蓄存款利率计付利息。

第二十五条　逾期支取的定期储蓄存款，其超过原定存期的部分，除约定自动转存的外，按支取日挂牌公告的活期储蓄存款利率计付利息。

第二十六条　定期储蓄存款在存期内遇有利率调整，按存单开户日挂牌公告的相应的定期储蓄存款利率计付利息。

第二十七条　活期储蓄存款在存入期间遇有利率调整，按结息日挂牌公告的活期储蓄存款利率计付利息。全部支取活期储蓄存款，按清户日挂牌公告的活期储蓄存款利率计付利息。

第二十八条　储户认为储蓄存款利息支付有错误时，有权向经办的储蓄机构申请复核；经办的储蓄机构应当及时受理、复核。

第五章　提前支取、挂失、查询和过户

第二十九条　未到期的定期储蓄存款，储户提前支取的，必须持存单和存款人的身份证明办理；代储户支取的，代支取人还必须持其身份证明。

第三十条　存单、存折分为记名式和不记名式。记名式的存单、存折可以挂失，不

记名式的存单、存折不能挂失。

第三十一条 储户遗失存单、存折或者预留印鉴的印章的，必须立即持本人身份证明，并提供储户的姓名、开户时间、储蓄种类、金额、帐号及住址等有关情况，向其开户的储蓄机构书面申请挂失。在特殊情况下，储户可以用口头或者函电形式申请挂失，但必须在五天内补办书面申请挂失手续。

储蓄机构受理挂失后，必须立即停止支付该储蓄存款；受理挂失前该储蓄存款已被他人支取的，储蓄机构不负赔偿责任。

第三十二条 储蓄机构及其工作人员对储户的储蓄情况负有保密责任。

储蓄机构不代任何单位和个人查询、冻结或者划拨储蓄存款，国家法律、行政法规另有规定的除外。

第三十三条 储蓄存款的所有权发生争议，涉及办理过户的，储蓄机构依据人民法院发生法律效力的判决书、裁定书或者调解书办理过户手续。

第六章 法律责任

第三十四条 违反本条例规定，有下列行为之一的单位和个人，由中国人民银行或其分支机构责令其纠正，并可以根据情节轻重处以罚款、停业整顿、吊销《经营金融业务许可证》；情节严重，构成犯罪的，依法追究刑事责任：

（一）擅自开办储蓄业务的；

（二）擅自设置储蓄机构的；

（三）储蓄机构擅自开办新的储蓄种类的；

（四）储蓄机构擅自办理本条例规定以外的其他金融业务的；

（五）擅自停业或者缩短营业时间的；

（六）储蓄机构采取不正当手段吸收储蓄存款的；

（七）违反国家利率规定，擅自变动储蓄存款利率的；

（八）泄露储户储蓄情况或者未经法定程序代为查询、冻结、划拨储蓄存款的；

（九）其他违反国家储蓄法律、法规和政策的。

违反本条例第三条第二款规定的，依照国家有关规定予以处罚。

第三十五条 对处罚决定不服的，当事人可以依照《行政复议条例》的规定申请复议。

对复议决定不服的，当事人可以依照《中华人民共和国行政诉讼法》的规定向人民法院提起诉讼。

第三十六条 复议申请人逾期不起诉又不履行复议决定的，依照《行政复议条例》的规定执行。

第三十七条 储蓄机构违反国家有关规定，侵犯储户合法权益，造成损失的，应当依法承担赔偿责任。

第七章 附则

第三十八条 本条例施行前的定期储蓄存款，在原定存期内，依照本条例施行前国家有关规定办理计息事宜。

第三十九条 本条例由中国人民银行负责解释，实施细则由中国人民银行制定。

第四十条 本条例自1993年3月1日起施行。1980年5月28日中国人民银行发布的《中国人民银行储蓄存款章程》同时废止。

司 法 解 释

刑　　事

最高人民法院
关于公诉案件被害人委托代理人以及代理人应享有何种诉讼权利问题的批复

1992年1月22日　　　法复〔1992〕1号

福建省高级人民法院
北京市高级人民法院：

你们关于《公诉案件中被害人已经死亡的，其近亲属可否委托代理人参加诉讼》和《公诉案件中被害人委托律师作为代理人应享有何种诉讼权利》的请示收悉。经研究，答复如下：

一、根据律师暂行条例第二条第（三）项的规定，律师业务中包括接受"公诉案件被害人及其近亲属的委托，担任代理人，参加诉讼。"因此，对于公诉案件被害人未死亡的，人民法院应当准许被害人委托律师担任代理人，参加诉讼；如果被害人没有委托律师，其近亲属经被害人同意，也可以委托律师担任代理人。对于公诉案件被害人已经死亡的，为充分保护被害人的合法权益，人民法院也应当准许被害人的近亲属委托律师担任代理人，参加诉讼。

二、律师担任公诉案件被害人的代理人，其所享有的诉讼权利，应当依照刑事诉讼法、律师暂行条例以及最高人民法院、最高人民检察院、公安部、司法部《关于律师参加诉讼的几项具体规定的联合通知》〔（81）法研字第6号〕和《关于律师参加诉讼的几项补充规定》〔（86）司发公字第196号〕的有关规定办理，即：律师可以到法院查阅本案材料，了解案情；在庭审过程中，经审判长许可，可以在法庭调查时提问和回答问题，向法庭陈述被代理人的意见，参加辩论，发表对案件的处理意见等。

最高人民法院 最高人民检察院
关于办理偷税、抗税刑事案件具体应用法律的若干问题的解释

法发〔1992〕12号
高检会〔1992〕5号

1992年3月16日

《中华人民共和国刑法》第一百二十一条：违反税收法规，偷税、抗税，情节严重的，除按照税收法规补税并且可以罚款外，对直接责任人员，处三年以下有期徒刑或者拘役。

一、负有纳税义务的单位和个人（简称纳税人），违反税收法律、法规，采用欺骗、隐瞒等手段，少缴或者不缴应纳税款，逃避履行纳税义务，情节严重的，以偷税罪对直接责任人员追究刑事责任。偷税通常采用的手段有：伪造、涂改、隐匿、销毁帐册、票据、凭证；转移资金、财产、帐户；不报或者谎报应税项目、数量、所得额、收入额；虚增成本、多报费用、减少利润；虚构事实骗取减税、免税等。

二、纳税人违反税收法律、法规，采取公开对抗或者其他手段，抗拒履行纳税义务，情节严重的，以抗税罪对直接责任人员追究刑事责任。抗税通常采用的手段有：拒绝按照税收法律、法规缴纳税款、滞纳金；以各种借口拖延不缴或者抵制缴纳税款；拒绝按照法定手续办理税务登记、纳税申报和提供纳税资料；拒绝接受税务机关依法进行的税务检查；冲击、打砸税务机关，殴打、污辱税务人员（包括税务助征员、代征员）等。

三、负有代征代缴税款义务的单位和个人（简称代征人）、负有代扣代缴、代收代缴税款义务的单位和个人（简称扣缴义务人），有上述第一、二条所列行为之一的，以偷税罪、抗税罪追究刑事责任。

四、偷税罪、抗税罪的“直接责任人员”，是指偷税、抗税单位中对该罪负有直接责任的法定代表人、主管人员和其他直接参与人员，以及偷税、抗税的个人。

五、各类企业、事业和社会团体等纳税单位以及负有代征、扣缴义务的单位，偷税数额达到下列标准之一的，属于偷税情节严重：

（一）偷税5000元以上不满1万元，且达到该单位同期应纳该税种税款总额的百分之四十的；

（二）偷税1万元以上不满5万元，且达到该单位同期应纳该税种税款总额的百分之三十的；

（三）偷税5万元以上不满10万元，且达到该单位同期应纳该税种税款总额的百分之二十的；

（四）偷税10万元以上不满30万元，且达到该单位同期应纳该税种税款总额的百分之十的；

（五）偷税总额达30万元以上的。

对个体工商户、个人承包户、租赁经营户、个人合伙或者其他纳税个人以及负有代征、扣缴义务的个人，认定偷税情节严重的数额起点为2000至5000元。

各省、自治区、直辖市高级人民法院、人民检察院可以结合本地区情况，在本条第二款规定的数额幅度内制定本地区的执行标准，并报最高人民法院、最高人民检察院备案。

六、偷税数额虽未达到但接近前条所定数额标准，并有下列情形之一，尚不构成其

他犯罪的，也属于偷税情节严重：

（一）偷税3次以上经教育不改的；

（二）为逃避追查而有意毁坏、伪造计税凭证或者其他纳税资料的；

（三）阻碍税务机关依法检查的；

（四）向税务人员行贿的；

（五）其他偷税情节严重的。

七、抗税数额达到第五条所定数额标准的百分之五十以上的，应当认定为抗税情节严重。

八、抗税数额虽未达到前条所定数额标准，但具有下列情形之一，尚不构成其他犯罪的，也属于抗税情节严重：

（一）以暴力或者暴力威胁抗税的；

（二）抗缴税款、滞纳金3次以上的；

（三）抗拒税务机关依法检查的；

（四）以各种借口拖延不缴或者抵制缴纳税款，时间超过6个月的；

（五）冲击、打砸税务机关，污辱、殴打、报复税务人员或者采取其他恶劣手段妨碍税务机关工作秩序的；

（六）其他抗税情节严重的。

九、同一纳税人同时偷、抗二种以上税的，只要其中一种达到上列构成犯罪标准的，所偷、抗其他税种的数额应当一并计入偷税、抗税的总额。

十、与纳税人、代征人、扣缴义务人勾结，为偷税犯罪提供帐号、发票、证明，或者以其他手段共同实施偷税罪的，以偷税共犯论处。

唆使、煽动纳税人、代征人、扣缴义务人抗税，或者以其他手段共同实施抗税罪的，以抗税共犯论处。

税务人员犯前两款罪的，从重处罚。

十一、对同一税款，既犯偷税罪，又犯抗税罪的，实行数罪并罚。

因暴力抗税实施伤害、杀人行为的，按伤害罪、杀人罪定罪处罚，或者根据案情实行数罪并罚。

十二、人民法院、人民检察院在办理偷税、抗税案件中，如果发现纳税人登记的经济性质（包括所有制性质和分配形式）与实际不符的，应当根据查明的情况，按其实际的经济性质依法处理。

十三、以营利为目的，倒卖发票，情节严重的，以投机倒把罪论处。

十四、1992年5月1日后处理的偷税、抗税刑事案件，适用本解释。

最高人民法院
关于被判处死刑的被告人在上诉期满后又提出撤回上诉的应当如何处理问题的批复

1992年4月8日　　法复〔1992〕2号

上海市高级人民法院：

你院《关于被判处死刑的被告人上诉，上诉期满后又提出撤回上诉的，应如何处理问题的请示》收悉。

经研究，同意你院意见，即：被中级人民法院判处死刑的被告人在上诉期限内提出上诉，上诉期满后又提出撤回上诉的，应当由高级人民法院决定不准撤回上诉，并按照第二审程序继续审理。

最高人民法院
关于已满14岁不满16岁的人犯走私、贩卖、运输、制造毒品罪应当如何适用法律问题的批复

1992年5月18日　　法复〔1992〕3号

云南省高级人民法院：

你院云法研字〔1992〕第5号《关于已满14岁不满16岁的人犯走私毒品罪能否适用刑法第十四条第二款规定的请示报告》收悉。经研究，答复如下：

已满14岁不满16岁的人走私、贩卖、运输、制造毒品，且具有《全国人民代表大会常务委员会关于禁毒的决定》(以下简称《决定》)第二条第一款和第二款规定的情形之一的，属于刑法第十四条第二款中规定的"其他严重破坏社会秩序罪"，应当负刑事责任。但是，在处理具体案件时，应当注意根据案件的不同情况区别对待，对于被利用、教唆、胁迫、诱骗参加上述毒品犯罪活动的已满14岁不满16岁的人，一般可以不追究其刑事责任，依照刑法第十四条第四款的规定处理。

最高人民法院
关于审理淫秽物品刑事案件中适用法律的两个问题的批复

1992年5月27日　　法复〔1992〕4号

广东省高级人民法院：

你院粤法刑一〔1991〕18号《关于办理淫秽物品犯罪案件中遇到的几个问题的请示》收悉。经研究，答复如下：

一、对于你院请示的"关于《全国人民代表大会常务委员会关于惩治走私、制作、贩卖、传播淫秽物品的犯罪分子的决定》(以下简称《决定》)公布施行后发生的淫秽物品犯罪案件，定罪量刑时是否仍须引用刑法第一百七十条的问题"，同意你院的意见，即：《决定》不是对刑法第一百七十条的修改或者补充，而是对淫秽物品犯罪的重新规定。因此，在依照《决定》审理淫秽物品刑事案件定罪量刑时，引用《决定》的有关条款即可，不必同时引用刑法第一百七十条。

二、对于你院请示的"关于为他人提供书号，出版淫秽书刊的行为如何定罪的问题"，同意你院的意见，即：根据《决定》第二条第二款的规定，不明知他人用于出版淫秽书刊而提供书号的，是过失犯罪，应定"为他人提供书号出版淫秽书刊罪"；明知他人用于出版淫秽书刊而提供书号的，则应依照《决定》第二条第一款规定的出版淫秽书刊罪定罪处罚。

最高人民法院
关于中级人民法院判处死刑被告人不上诉高级人民法院复核同意报请最高人民法院核准的案件是否制作裁定书问题的批复

1992年7月21日　　法复〔1992〕5号

安徽省高级人民法院：

你院皖高法〔1992〕22号请示已收悉。经研究，同意你院提出的倾向性意见，即根据我国刑事诉讼法第一百四十五条第一款的规定，中级人民法院判处死刑的第一审案件，被告人不上诉，人民检察院也未提出抗诉，如果属于由最高人民法院核准的，应当经高级人民法院复核。高级人民法院同意判处死刑的，应当制作裁定书，报请最高人民法院核准。裁定书主文可表述为：

"同意××中级人民法院（××××）×刑初字第×号以××罪判处被告人×××死刑，剥夺政治权利终身的刑事判决，现依法报请最高人民法院核准。"

最高人民法院　最高人民检察院
印发《关于执行〈全国人民代表大会常务委员会关于严惩拐卖、绑架妇女、儿童的犯罪分子的决定〉的若干问题的解答》的通知

1992年12月11日　　法发〔1992〕41号
高检会〔1992〕35号

各省、自治区、直辖市高级人民法院、人民检察院，解放军军事法院、军事检察院：

现将最高人民法院、最高人民检察院《关于执行〈全国人民代表大会常务委员会关于严惩拐卖、绑架妇女、儿童的犯罪分子的决定〉的若干问题的解答》印发给你们，望认真贯彻执行。

附：

最高人民法院　最高人民检察院 关于执行《全国人民代表大会常务委员会关于严惩拐卖、绑架妇女、儿童的犯罪分子的决定》的若干问题的解答

一、《全国人民代表大会常务委员会关于严惩拐卖、绑架妇女、儿童的犯罪分子的决定》规定了几个新罪名？

《全国人民代表大会常务委员会关于严惩拐卖、绑架妇女、儿童的犯罪分子的决定》（以下简称《决定》）规定了6个新罪名，即：拐卖妇女、儿童罪（第一条）；绑架妇女、儿童罪（第二条第一款）；绑架勒索罪（第二条第三款）；收买被拐卖、绑架的妇女、儿童罪（第三条第一款）；聚众阻碍解救被收买的妇女、儿童罪（第四条第三款）；利用职务阻碍解救被拐卖、绑架的妇女、儿童罪（第五条第二款）。

上述各罪除绑架勒索罪外，其余均为选择性罪名。

二、怎样认定拐卖妇女、儿童罪？

根据《决定》第一条第二款的规定，拐卖妇女、儿童罪，是指以出卖为目的，拐骗、收买、贩卖、接送或者中转妇女、儿童的行为。只要实施其中一种行为的，即构成本罪。

（一）借收养名义拐卖儿童的，以拐卖儿童罪追究刑事责任。

（二）确属通过介绍婚姻、介绍收养儿童索取了财物的，不构成本罪。

（三）拐卖妇女、儿童以外的人口的，依照刑法第一百四十一条和《全国人民代表大会常务委员会关于严惩严重危害社会治安的犯罪分子的决定》第一条第3项的规定，以拐卖人口罪定罪处罚。

三、怎样理解《决定》第一条第一款第（三）项关于“奸淫被拐卖的妇女的”规定？

《决定》第一条第一款第（三）项所规定的“奸淫被拐卖的妇女的”，是指拐卖妇女的犯罪分子在拐卖过程中，与被害妇女发生性关系的行为。不论行为人是否使用了暴力或者胁迫手段，也不论被害妇女是否有反抗行为，都应当按照该项规定处罚。

四、怎样理解《决定》第一条第一款第（五）项关于“造成被拐卖的妇女、儿童或者其亲属重伤、死亡或者其他严重后果的”规定？

《决定》第一条第一款第（五）项所规定的“造成被拐卖的妇女、儿童或者其亲属重伤、死亡或者其他严重后果的”，是指由于犯罪分子拐卖妇女、儿童的行为，直接、间接造成被拐卖的妇女、儿童或者其亲属重伤、死亡或者其他严重后果的。例如：由于犯罪分子采取拘禁、捆绑、虐待等手段，致使被害人重伤、死亡或者造成其他严重后果的；由于犯罪分子的拐卖行为以及拐卖中的侮辱、殴打等行为引起的被害人或者其亲属自杀、精神失常或者其他严重后果的，等等。

对被拐卖的妇女、儿童进行故意杀害、伤害的，应当以故意杀人罪或者故意伤害罪与拐卖妇女、儿童罪实行并罚。

五、如何区分绑架妇女、儿童罪和绑架勒索罪？

（一）根据《决定》第二条的规定，绑架妇女、儿童罪，是指以出卖为目的，使用暴力、胁迫或者麻醉方法，劫持妇女、儿童的行为。绑架勒索罪，是指以勒索财物为目的，使用暴力、胁迫或者麻醉方法，劫持他人的

行为。两罪的主要区别在于：1. 犯罪目的不同。前者是以出卖为目的，后者则是以勒索财物为目的。2. 犯罪侵犯的客体不同。前者侵犯的是被绑架人的人身权利，后者侵犯的不仅是被绑架人的人身权利，还侵犯了他们的财产权利。3. 犯罪对象不同。前者的绑架对象仅指妇女、儿童，后者则是指包括妇女、儿童在内的一切人。

（二）根据《决定》第二条第二款的规定，以出卖为目的，偷盗婴、幼儿的，以绑架儿童罪定罪，并依照《决定》第二条第一款的规定处罚。

（三）以勒索财物为目的，偷盗婴、幼儿的，以绑架勒索罪定罪，并依照《决定》第二条第一款的规定处罚。

（四）以索债为目的，非法剥夺他人人身自由的，定非法拘禁罪，不能定绑架勒索罪。

六、怎样认定拐卖妇女、儿童罪和绑架妇女、儿童罪中“情节特别严重”的行为？

拐卖妇女、儿童罪中的“情节特别严重，是指《决定》第一条第一款所列六项情形中特别严重的情节。在具体执行中，不要在这六项情形之外再扩大范围。

绑架妇女、儿童罪中的“情节特别严重”，主要是指绑架妇女、儿童犯罪集团的首要分子情节特别严重的；绑架手段极其残忍、恶劣的；造成被害人或者其家属重伤、死亡或者其他严重后果情节特别严重的；绑架妇女、儿童多人具有极大社会危害性的，等等。

七、怎样认定收买被拐卖、绑架的妇女、儿童罪？

根据《决定》第三条第一款的规定，收买被拐卖、绑架的妇女、儿童罪，是指不以出卖为目的，收买被拐卖、绑架的妇女、儿童的行为。以出卖为目的，收买被拐卖、绑架的妇女、儿童的，以拐卖妇女、儿童罪论处。

（一）收买人必须明知是被拐卖、绑架的妇女、儿童而予以收买的，才能构成本罪。

（二）共同参与了收买被拐卖、绑架的妇女、儿童犯罪行为的（例如，有些收买行为是全体家庭成员或者亲属朋友共同商量决定的等），对于其中的主犯，应当追究刑事责任；对于其他参与者，如果是情节显著轻微危害不大的，不认为是犯罪，不追究刑事责任。

（三）被买妇女与收买人已成婚，并愿意留在当地共同生活的，对收买人可以视为“按照被买妇女的意愿，不阻碍其返回原居住地”，不追究刑事责任。

八、怎样划分婴儿、幼儿、儿童的年龄界限？

《决定》和本《解答》中所说的“儿童”，是指不满14岁的人。其中，不满1岁的为婴儿，1岁以上不满6岁的为幼儿。

九、如何理解《决定》的时效问题？

（一）对在《决定》公布施行后发生的案件，依照《决定》的规定办理。对在《决定》公布施行前发生、公布施行后尚未处理或者正在处理的案件，依照刑法第九条规定的原则办理。

（二）本《解答》发布后，对应当按照《决定》处理的案件，适用本《解答》。《决定》公布施行前已处理的案件和本《解答》发布前已按《决定》处理的案件，不再适用本《解答》。

（三）本《解答》发布前有关办理拐卖、绑架妇女、儿童案件的司法解释，与本《解答》不一致的，不再适用。

最高人民法院　最高人民检察院
印发《关于执行〈全国人民代表大会常务委员会关于严禁卖淫嫖娼的决定〉的若干问题的解答》的通知

1992年12月11日

法发〔1992〕42号
高检会〔1992〕36号

各省、自治区、直辖市高级人民法院、人民检察院，解放军军事法院、军事检察院：

现将最高人民法院、最高人民检察院《关于执行〈全国人民代表大会常务委员会关于严禁卖淫嫖娼的决定〉的若干问题的解答》印发给你们，望认真贯彻执行。

附：

最高人民法院　最高人民检察院关于执行《全国人民代表大会常务委员会关于严禁卖淫嫖娼的决定》的若干问题的解答

一、《全国人民代表大会常务委员会关于严禁卖淫嫖娼的决定》规定了几个新罪名？

《全国人民代表大会常务委员会关于严禁卖淫嫖娼的决定》(以下简称《决定》) 规定了4个新罪名，即：组织他人卖淫罪（第一条第一款)；协助组织他人卖淫罪（第一条第二款)；介绍他人卖淫罪（第三条第一款)；传播性病罪（第五条第一款)。

二、怎样认定组织他人卖淫罪？

根据《决定》第一条第一款的规定，组织他人卖淫罪，是指以招募、雇佣、强迫、引诱、容留等手段，控制多人从事卖淫的行为。

本罪的主体必须是卖淫的组织者，可以是几个人，也可以是一个人，关键要看其在卖淫活动中是否起组织者的作用。

在组织他人卖淫的犯罪活动中，对被组织卖淫的人有强迫、引诱、容留、介绍卖淫行为的，应当作为组织他人卖淫罪的量刑情节予以考虑，不实行数罪并罚。如果这些行为是对被组织者以外的其他人实施的，仍应当分别定罪，实行数罪并罚。

三、怎样认定协助组织他人卖淫罪？

根据《决定》第一条第二款的规定，协助组织他人卖淫罪，是指在组织他人卖淫的共同犯罪中起帮助作用的行为。如充当保嫖、打手、管帐人等。

依照《决定》第一条第二款的规定，协助组织他人卖淫的行为，有具体的罪状和单独的法定刑，应当确定为独立的罪名，适用单独的法定刑处罚，不适用刑法总则第二十四条关于从犯的处罚原则。

四、怎样理解《决定》第二条第（三）项关于“强奸后迫使卖淫的”规定？

《决定》第二条第（三）项规定的“强奸

后迫使卖淫的”，是指强奸行为与强迫他人卖淫的行为有联系，是强迫他人卖淫的法定从重情节。因此，只定强迫他人卖淫罪即可。如果强奸行为与强迫他人卖淫的行为之间没有联系，则应当分别定罪，实行并罚。

五、哪些是组织他人卖淫罪、强迫他人卖淫罪中“情节特别严重”的行为？

《决定》第一条第一款规定的组织他人卖淫罪中的“情节特别严重”，主要是指组织他人卖淫的首要分子情节特别严重的；组织他人卖淫手段特别恶劣的；对被组织卖淫者造成特别严重后果的；组织多人多次卖淫具有极大的社会危害性的，等等。

《决定》第二条第一款规定的强迫他人卖淫罪中的“情节特别严重”，是指《决定》第二条所列四项情形中特别严重的情节。在具体执行中，不要在这四项情形之外再扩大范围。

六、怎样认定引诱、容留、介绍他人卖淫罪？

引诱、容留、介绍他人卖淫罪是一个选择性罪名。引诱、容留、介绍他人卖淫这三种行为，不论是同时实施还是只实施其中一种行为，均构成本罪。如：介绍他人卖淫的，定介绍他人卖淫罪；兼有引诱、容留、介绍他人卖淫三种行为的，定引诱、容留、介绍他人卖淫罪，不实行数罪并罚。

引诱、容留、介绍他人卖淫是否以营利为目的，不影响本罪的成立。

根据《决定》第三条第二款的规定，引诱不满14岁的幼女卖淫的，依照《决定》第二条第一款关于强迫不满14岁的幼女卖淫的规定处罚，定强迫他人卖淫罪。

七、哪些是引诱、容留、介绍他人卖淫罪中“情节严重”的行为？

引诱、容留、介绍他人卖淫，情节严重的，一般有以下几种情形：

（一）多次引诱、容留、介绍他人卖淫的；

（二）引诱、容留、介绍多人卖淫的；

（三）引诱、容留、介绍明知是有严重性病的人卖淫的；

（四）容留、介绍不满14岁的幼女卖淫的；

（五）引诱、容留、介绍他人卖淫具有其他严重情节的。

八、怎样认定传播性病罪？

根据《决定》第五条第一款的规定，传播性病罪，是指明知自己患有梅毒、淋病等严重性病而进行卖淫嫖娼的行为。

（一）本罪属特殊主体，即已满16岁，具有刑事责任能力，且患有梅毒、淋病等严重性病的人。中国公民和外国人均可成为本罪的主体。

（二）必须实施了卖淫、嫖娼的行为。至于实际是否已造成他人染上性病的结果，不影响本罪的成立。行为人通过其他方式（如通奸等）将性病传播给他人的，不构成本罪。

（三）具备以下情形之一的，可以认定为“明知”：

1. 有证据证明曾到医院就医，被诊断为患有严重性病的；

2. 根据本人的知识和经验，能够知道自己患有严重性病的；

3. 通过其他方法能够证明被告人是“明知”的。

九、对《决定》中提到的“他人”、“多人”、“多次”应当怎样理解？

（一）组织、协助组织、强迫、引诱、容留、介绍他人卖淫中的“他人”，主要是指女人，也包括男人。

（二）《决定》和本《解答》中的“多人”、“多次”的“多”，是指“三”以上的数（含本数）。

十、如何理解《决定》的时效问题？

（一）对在《决定》公布施行后发生的案件，依照《决定》的规定办理。对在《决定》公布施行前发生、公布施行后尚未处理或者正在处理的案件，依照刑法第九条规定的原则办理。

（二）本《解答》发布后，对应当按照

《决定》处理的案件，适用本《解答》。《决定》公布施行前已处理的案件和本《解答》发布前已按《决定》处理的案件，不再适用本《解答》。

（三）鉴于《决定》对刑法第一百四十条和第一百六十九条以及《全国人民代表大会常务委员会关于严惩严重危害社会治安的犯罪分子的决定》第一条第6项的规定已进行修改、补充，对《决定》公布施行后依照《决定》处理的案件，在诉讼文书中不再引用上述有关条文。

最高人民法院　最高人民检察院
印发《关于办理盗窃案件具体应用法律的若干问题的解释》的通知

1992年12月11日

法发〔1992〕43号
高检会〔1992〕37号

各省、自治区、直辖市高级人民法院、人民检察院，解放军军事法院、军事检察院：

现将最高人民法院、最高人民检察院《关于办理盗窃案件具体应用法律的若干问题的解释》印发给你们，望认真贯彻执行。

附：

最高人民法院　最高人民检察院
关于办理盗窃案件具体应用法律的若干问题的解释

一、如何认定盗窃罪？

盗窃罪，是指以非法占有为目的，秘密地窃取数额较大的公私财物的行为。

（一）盗窃数额，是指行为人实施盗窃行为已窃取的公私财物数额。

（二）已经着手实行盗窃行为，只是由于行为人意志以外的原因而未造成公私财物损失的，是盗窃未遂。盗窃未遂，情节严重的，如明确以巨额现款、国家珍贵文物或者贵重物品等为盗窃目标的，也应定罪并依法处罚。

（三）已满十四岁不满十六岁的人，犯惯窃罪或者盗窃数额巨大的，应当依照刑法第十四条的规定，追究刑事责任，并应依法从轻或者减轻处罚。

（四）盗窃的公私财物，既指有形财物，也包括电力、煤气、天然气、重要技术成果等无形财物。

盗用他人长途电话帐号、码号造成损失，盗窃他人非法所得，数额较大的应当以盗窃罪定罪处罚。

（五）盗窃自己家里的财物或者近亲属的财物，一般可不按犯罪处理；对确有追究刑事责任必要的，在处理时也应同在社会上作案有所区别。

二、如何认定盗窃财物“数额较大”、“数额巨大”、“数额特别巨大”？

（一）个人盗窃公私财物“数额较大”，一般可以300—500元为起点；少数经济发展较快的地区，可以600元为起点。

（二）个人盗窃公私财物“数额巨大”，一般可以3000—5000元为起点；少数经济发展较快的地区，可以6000元为起点。

（三）个人盗窃公私财物“数额特别巨大”，一般可以20000—30000元为起点；少数经济发展较快的地区，可以40000元为起点。

各省、自治区、直辖市高级人民法院、人民检察院，可以根据本地区经济发展状况，并考虑社会治安状况，参照上列数额，确定本地区执行的数额标准，并报最高人民法院、最高人民检察院备案。

（四）铁路运输过程中发生的盗窃案件，盗窃“数额较大”以400元为起点；“数额巨大”以4000元为起点；“数额特别巨大”以30000元为起点。

三、如何计算被盗物品的数额？

（一）被盗物品的价格，应当区别不同情况，根据被告人作案当时、当地的同类物品的价格，并按照下列核价原则，以人民币分别计算：

1. 流通领域的商品，按市场零售价的中等价格计算；属于国家定价的，按国家定价计算；属于国家指导价的，按指导价的最高限价计算。

2. 生产领域的产品，成品按前项规定的办法计算；半成品可根据其在生产过程中实际所处的阶段，比照成品价格进行折算。

3. 单位和公民的生产资料、生活资料等物品，原则上按购进价计算，但现行市场价高于原购进价的，按现行市场价的中等价格计算。

4. 农副产品，如粮食、猪、羊、家禽、鱼等，一律按农贸市场同类产品的中等价格计算。

大牲畜，如牛、马、驴等，一律按大牲畜交易市场同类同等大牲畜的中等价格计算。

5. 进出口物资、物品，按本项之1规定的办法计算。

6. 金、银、珠宝等制作的工艺品（包括饰品和器皿等），按国有商店零售价计算；国有商店没有出售的，按国家主管部门核定的价格计算。

黄金、白银按国家定价计算。

7. 外币，按照被盗当日国家外汇管理局公布的外汇卖出价计算。

8. 不属于馆藏三级以上的一般文物（包括古玩、古书画等），按照国有文物商店的一般零售价计算，或者按国家文物主管部门核定的价格计算。

（二）有价支付凭证、有价证券、有价票证，按下列方法计算：

1. 不记名、不挂失的有价支付凭证、有价证券、有价票证，不论能否随即兑现，均按票面数额和案发时应得的利息、奖金或者奖品等一并计算。股票应按照被盗当日证券交易所公布的该种股票成交的平均价格计算。

2. 记名的有价支付凭证、有价证券、有价票证，如果是票面价值已定并能随即兑现的，如活期存折、已到期的定期存折和已填上金额的支票，以及不需证明手续即可提取货物的提货单等，应按票面数额（有利息的应包括案发时应得的利息）或者可提货物的价值计算。如果是票面价值未定，但能随即兑现的（如已盖好印章的空白支票等），则以实际兑现的财物价值计算。

不能随即兑现的记名有价支付凭证、有价证券、有价票证，或者将能随即兑现的有价支付凭证、有价证券、有价票证销毁或丢弃，而失主可以通过挂失、补领、补办手续等方式避免实际损失的，不按票面数额计算，可作为量刑考虑的情节。

（三）同种类的大宗被盗物品，失主以多种价格购进，能够分清的，应分别计算；难以区分的，可按此类物品的中等价格计算。

（四）被盗物品在被盗后损坏的，仍按物品被盗时的原值计算。

被盗物品已被销赃、挥霍，无法追缴或者已被丢弃、毁灭的，或者几经转手，最初形态被破坏的，一般应当根据被害人、证人的陈述、证言和提供的有效凭证以及犯罪分子本人的供述，按照本条第（一）项规定的核价原则，确定原被盗物品价值。

（五）对已陈旧、残损或者使用过的被盗物品，应结合作案当时、当地同类物品的价格和被盗时的残旧程度，由有关部门作价。

（六）残次品，按主管部门核定的价格计算；废品，按物资回收利用部门的收购价格计算；假货、劣货，按假、劣货的实际价值计算。

（七）失主以明显低于被盗当时、当地市场零售价购进的物品，应按照本条第（一）项规定的核价原则计算。

（八）盗窃后的销赃数额，作为量刑情节考虑，但销赃数额高于按本解释计算的盗窃数额的，则盗窃数额应按销赃数额计算。

（九）盗窃违禁品，如毒品、淫秽物品等，按盗窃罪处理的，不计数额，根据情节轻重量刑。

（十）被盗物品价格不明或者难以确定的，应委托有关主管部门或者有关专业人员核定。受委托对被盗物品负责核价的单位，核价后应出具鉴定结论，加盖作价部门的印章，并且由作价人或者估价人签名或者盖章。

（十一）对于多次盗窃构成犯罪，依法应当追诉的，应累计其盗窃数额，论罪处罚。对已经处理过的盗窃行为，即使原处罚偏轻，也不能重新计算其盗窃数额，重复处罚。已满十四岁不满十六岁的人，盗窃数额较大的，依法不负刑事责任，其盗窃数额不应计入满十六岁以后进行的盗窃行为中去。

四、如何看待盗窃案件的情节？

（一）盗窃数额是构成盗窃罪的重要标准，但不是定罪量刑的唯一标准。除根据盗窃财物数额外，还应当根据犯罪的其他具体情节和犯罪分子的认罪态度、退赃表现等，进行全面分析，正确定罪量刑。

个人盗窃公私财物虽未达到“数额较大”的起点标准，但具有下列情节之一的，也可追究其刑事责任：

1. 多次扒窃作案的；

2. 以破坏性手段盗窃并造成公私财产损失严重的；

3. 入户盗窃多次的；

4. 教唆未成年人盗窃的；

5. 劳改、劳教人员在劳改、劳教期间盗窃的；

6. 在缓刑、假释考验期限内或者管制、监外执行期间盗窃的；

7. 曾因盗窃被治安处罚三次以上或者被劳动教养二次以上，二年内又进行盗窃的；

8. 曾因盗窃被免诉、免刑后二年内，或者因盗窃受过刑罚处罚后三年内又进行盗窃的；

9. 盗窃盲、聋、哑等残疾人、孤老或者丧失劳动能力的人的财物的；

10. 因盗窃造成严重后果或者具有其他恶劣情节的。

个人盗窃公私财物虽已达到“数额较大”的起点标准，但具有下列情节之一的，可不作为犯罪处理：

1. 初犯、偶犯、已满十六岁不满十八岁的未成年人作案情节轻微的；

2. 情节轻微并主动坦白或者积极退赔的；

3. 自首或者有立功表现的；

4. 被胁迫参加盗窃活动，没有分赃或者获赃甚微的；

5. 盗窃未遂情节轻微的；

6. 其他情节显著轻微危害不大的。

（二）在共同盗窃犯罪中，各共犯基于共同的故意，实施了共同的犯罪行为，应对共同盗窃犯罪行为所造成的危害后果负责。

1. 对盗窃集团的首要分子，应按照集团盗窃的总数额依法处罚；

2. 对其他共同盗窃犯罪中的主犯，应按照参与共同盗窃的总数额依法处罚；

3. 对共同盗窃犯罪中的从犯，应按照参与共同盗窃的总数额适用刑法。数额较大的，适用刑法第一百五十一条；数额巨大的，适用刑法第一百五十二条。具体量刑时，应根据犯罪分子在共同盗窃中的地位、作用和非法所得数额等情节，依照刑法第二十四条第二款的规定，比照主犯从轻、减轻处罚或者免除处罚。

4. 共同盗窃犯罪后，犯罪分子具有自首、立功、未成年等法定从轻、减轻或者免除处罚情节的，可以或者应当依法从轻、减轻处罚或者免除处罚；具有坦白或者积极退赃等情节的，也可以酌情从轻处罚。

五、如何认定惯窃罪？

（一）惯窃罪，是指盗窃已成习性，并以盗窃所得为其挥霍或者生活的主要来源的犯罪行为。

惯窃罪犯应同时具有盗窃恶习深、连续作案时间长、犯罪次数多、盗窃数额较大等基本特征。

（二）具体认定惯窃罪，要以前项规定的基本特征为前提，结合考虑行为人是否因盗窃罪被处罚过和其他情节，因盗窃罪被判过有期徒刑，又犯盗窃罪，符合累犯条件的，按累犯从重处罚；对于曾因盗窃罪或者惯窃罪被判过刑，时隔三年以上，偶尔又犯盗窃罪的，不应按惯犯或者累犯处理。

六、如何认定盗窃案件的“情节特别严重”以及如何适用刑罚？

（一）具有以下情形之一的，属于盗窃犯罪“情节特别严重”：1. 盗窃财物数额特别巨大；2. 盗窃数额接近特别巨大并具有其他特别严重的情节。

“其他特别严重的情节”，一般是指，盗窃集团的首要分子或者共同盗窃犯罪中情节严重的主犯；盗窃银行金库、国家珍贵文物、救灾、救济款物、重要军用物资的；盗窃他人急需的生产资料，严重妨害生产建设或者造成其他严重损失的；盗窃他人生活、医疗急需款物，造成严重后果的；因已挥霍等原因，未能退赃，造成失主重大损失的；破坏性盗窃，后果严重的；引起被害人死亡、精神失常或者其他严重后果的；累犯、惯犯或者多次流窜作案危害严重的，等等。

（二）盗窃公私财物数额特别巨大的，或者盗窃数额接近特别巨大并具有其他特别严重情节的，依法判处十年以上有期徒刑或者无期徒刑，可以并处没收财产。盗窃公私财物数额特别巨大，同时具有其他特别严重情节的，依法判处无期徒刑或者死刑，可以并处没收财产。

七、如何区分盗窃罪与其他犯罪的界限？

（一）盗窃通讯设备价值数额不大，但危害公共安全已构成破坏通讯设备罪的，或者盗窃通讯设备造成严重后果的，依照刑法第一百一十一条的规定定罪处罚。盗窃通讯设备情节特别严重，罪该判处无期徒刑或者死刑的，依照刑法第一百五十二条或者《全国人民代表大会常务委员会关于严惩严重破坏经济的罪犯的决定》第一条第（一）项的规定，以盗窃罪处罚。

（二）盗掘具有历史、艺术、科学价值的古文化遗址、古墓葬的，依照《全国人民代表大会常务委员会关于惩治盗掘古文化遗址古墓葬犯罪的补充规定》处理。盗掘其他墓葬，窃取财物数额较大的，以盗窃罪论处。盗掘其他墓葬情节严重，即使未盗得财物或者窃取了少量财物的，也应以盗窃罪论处。情节显著轻微危害不大的，不以犯罪论处。

（三）对偷开汽车的，以非法占有为目的，变卖或者留用的，应定为盗窃罪；为进行其他犯罪活动，偷开汽车当犯罪工具使用的，可以按其实施的犯罪从重处罚；在偷开汽车中因过失撞死、撞伤他人或者撞坏了车辆，又构成其他罪的，应按交通肇事罪与他罪并罚；为游乐，多次偷开汽车，并将汽车遗弃，严重扰乱工作、生产秩序，造成严重损失的，可以按扰乱社会秩序罪论处；为游乐，偶尔偷开汽车，情节轻微，可以不认为是犯罪，应当责令赔偿损失。

（四）实施盗窃犯罪，造成公私财物严重毁损的，以盗窃罪从重处罚；同时构成其他犯罪的，择一重罪从重处罚；为掩盖盗窃罪行或者出于报复等动机故意破坏公私财物的，应以盗窃罪和其他罪实行并罚。

八、如何认定窝赃、销赃罪？

窝赃、销赃罪，是指明知是犯罪所得的赃物而予以窝藏或者代为销售的行为。

（一）认定窝赃、销赃罪的“明知”，不能仅凭被告人的口供，应当根据案件的客观事实予以分析。只要证明被告人知道或者应当知道是犯罪所得的赃物而予以窝藏或者代为销售的，就可以认定。

（二）窝藏，既包括提供藏匿赃物的场所，也包括为罪犯转移赃物；代为销售，既包括把赃物卖给他人，也包括以低价买进、高价卖出的行为。买赃自用，情节严重的，也应按销赃罪定罪处罚。

（三）与盗窃犯罪分子事前通谋，事后对赃物予以窝藏或者代为销售或者收买的，应以盗窃共犯论处。

九、如何执行本解释？

（一）本解释自发布之日起执行。本解释发布前已处理的案件，不适用本解释；尚未处理或者正在处理的案件，一律适用本解释。

（二）本解释发布前有关办理盗窃案件的司法解释，与本解释重复或者抵触的，以本解释为准。

1992年12月11日

最高人民法院
关于严厉打击生产和经销假冒伪劣商品的犯罪活动的通知

1992年8月3日　　高法明电〔1992〕7号

各省、自治区、直辖市高级人民法院、解放军军事法院：

一、生产和经销假冒伪劣商品的犯罪行为，不仅严重扰乱了正常的市场经济秩序，损害了广大群众的切身利益，而且给国民经济和人民生命财产造成了很大损失，已成为严重干扰改革开放和经济建设的一个突出问题，人民群众对此深恶痛绝。最近，国务院发出了《关于严厉打击生产和经销假冒伪劣商品违法行为的通知》（即国发〔1992〕38号文件），决定在全国范围内进一步开展打击生产和经销假冒伪劣商品的违法行为的斗争。各级人民法院要高度重视并积极参加这场斗争，与有关部门紧密配合，充分发挥审判机关的职能作用，对于起诉到法院的生产和经销假冒伪劣商品的犯罪案件，依法及时审判。

二、对于生产或经销假冒伪劣商品的单位和个人，凡是触犯刑律的，均应依照刑法和全国人大常委会的有关规定，追究刑事责任。对于生产、经销假冒伪劣商品，坑害消费者，情节严重，构成犯罪的，应按投机倒把罪定罪处刑；对于为生产、经销假冒伪劣商品而假冒他人注册商标，包括非法制造或者销售他人注册商标标识的，应按假冒商标罪从重处罚，其中非法经营或者非法获利的数额巨大，情节严重的，应按投机倒把罪定罪处刑；对于以营利为目的，制造、贩卖假药危害人民健康的，应以制造、贩卖假药罪定罪处刑，其中造成严重后果的，依法从重处罚。

三、利用给“回扣”、“手续费”等手段推销假冒伪劣商品，是经济来往中的行贿行为，构成犯罪的，应以行贿罪从严惩处。

四、国家工作人员、集体经济组织工作人员以及其他从事公务的人员，为个人拿“回扣”、“手续费”，而采购假冒伪劣商品，是经济往来中的贪污、受贿行为，构成犯罪的，应以贪污罪、受贿罪从严惩处。

五、审理上述案件，要注意充分运用罚金、没收财产等附加刑，从经济上制裁犯罪分子，决不能让犯罪分子得到经济上的便宜；要注意体现政策，对于那些群众反映强烈、危害严重的制售伪劣商品的犯罪分子，要坚决依法重判，对于具有自首、坦白、立功情节的，可依法从宽处理。

六、对于上述犯罪案件，人民法院应注意选择典型案件，开好宣判大会，并及时通过新闻宣传媒介公开报道，以震慑犯罪，鼓舞人民群众与制售假冒伪劣商品的行为作斗争。

七、各高级人民法院对于审理上述犯罪案件，应加强监督指导，有关情况和问题，请及时报告我院。

民　　事

最高人民法院
关于购销合同标的物掺杂使假引起的诉讼如何确定诉讼时效的复函

1992年1月16日　　法函〔1992〕10号

辽宁省高级人民法院：

你院〔1991〕经上字第4号《关于审理购销合同纠纷案件中标的物掺杂使假是否受诉讼时效期间约束问题的请示报告》收悉。经研究，答复如下：

因购销合同的标的物掺杂使假引起的纠纷，应当适用《中华人民共和国民法通则》第一百三十五条规定，即“向人民法院请求保护民事权利的诉讼时效期间为二年”。

最高人民法院
关于庐江县城关供销社诉庐江县佛教协会房产纠纷一案如何处理的复函

1992年2月9日　　(91)民他字第40号

安徽省高级人民法院：

你院民他字（1991）第6号关于庐江县城关供销社诉庐江县佛教协会房产纠纷一案的请示报告收悉。

经研究并征求有关部门的意见后认为：金刚寺是省级重点保护文物“冶父山寺”的附属院，本世纪二十年代初，又由冶父山实际寺的海林等和尚募捐重修，并时有佛事活动。以后，虽被有关部门长期占用，但该寺房屋产权并未合法转移。为保护历史文物和双方当事人的合法利益，根据《民法通则》第七十七条“社会团体包括宗教团体的合法财产受法律保护。”的规定，我们同意你院审判委员会的倾向性的意见，即：争议的金刚寺二幢大殿及六间厢房产权应返还庐江县佛教协会。庐江县城关区公所在金刚寺院内建造并卖于庐江县供销社的商场楼可判归庐江县供销社所有。

以上意见供参考。

最高人民法院
关于金德辉诉佳木斯市永恒典当商行房屋典当案件应如何处理问题的函复

1992 年 3 月 16 日　〔1991〕民他字第 15 号

黑龙江省高级人民法院：

你院黑法复字（91）第 1 号关于金德辉诉佳木斯市永恒典当商行房屋典当案件的请示报告收悉。

经研究并征求有关部门的意见后，我们认为：本案双方当事人以“当票”的形式签订的协议，从其内容看，它不同于民间的一般房屋典当，不是以使用、收益为目的，实质上是以房屋作抵押向典当商行借款的合同，故定为抵押借款合同纠纷为宜。对典当商行先扣除利息的作法，不应支持。具体处理时，可参照我院《关于人民法院审理借贷案件的若干意见》第六条、第七条和第十七条的规定，根据本案具体情况，合情合理地解决。

最高人民法院
关于李新荣诉天津市第二医学院附属医院医疗事故赔偿一案如何适用法律问题的复函

1992 年 3 月 24 日　(92)民他字第 13 号

天津市高级人民法院：

你院津高法〔1991〕第 38 号请示报告收悉。关于李新荣诉天津市第二医学院附属医院医疗事故赔偿一案如何适用法律的问题，经研究，我们认为：《医疗事故处理办法》和《天津市医疗事故处理办法实施细则》，是处理医疗事故赔偿案件的行政法规和规章，与《民法通则》中规定的侵害他人身体应当承担民事赔偿责任的基本精神是一致的。因此，你院应当依照《民法通则》、《医疗事故处理办法》的有关规定和参照《天津市医疗事故处理办法实施细则》的有关规定，根据该案具体情况，妥善处理。

最高人民法院
关于学习宣传贯彻执行《中华人民共和国收养法》的通知

1992年3月26日　法发〔1992〕11号

各省、自治区、直辖市高级人民法院，解放军军事法院：

《中华人民共和国收养法》（以下简称收养法）已由第七届全国人民代表大会常务委员会第23次会议通过，并于1992年4月1日施行。收养法是公民处理收养问题的准则，是人民法院正确审理收养案件的依据。为了正确贯彻执行收养法，特通知如下：

一、各级人民法院要组织干警认真学习收养法，掌握收养法的立法精神，并结合当地实际情况，与有关部门密切配合，广泛、深入地开展宣传活动，使广大人民群众了解、遵守收养法，提高公民的法律意识，正确处理收养问题。

二、收养法施行后，各级人民法院必须严格执行。收养法施行后发生的收养关系，审理时适用收养法。收养法施行前受理，施行时尚未审结的收养案件，或者收养法施行前发生的收养关系，收养法施行后当事人诉请确认收养关系的，审理时应适用当时的有关规定；当时没有规定的，可比照收养法处理。对于收养法施行前成立的收养关系，收养法施行后当事人诉请解除收养关系的，应适用收养法。

三、收养法施行前，人民法院已审结的收养案件，收养法施行后，当事人申请再审和按审判监督程序再审的，适用原审审结时的有关规定。

四、最高人民法院在收养法施行前对收养问题所作的规定、解释，凡与收养法相抵触的，今后不再适用。

五、各级人民法院在贯彻执行收养法的过程中，要加强调查研究，对收养案件出现的新情况、新问题，要及时总结经验，并搜集、整理典型案例报送我院，以便及时研究总结。

最高人民法院
关于地主在土改时隐瞒未报的房屋应如何处理问题的函复

1992年3月26日　〔1991〕民他字第50号

陕西省高级人民法院：

你院陕高法发〔1991〕49号关于韩树堂、韩兆升与泾阳县云阳镇供销社房屋纠纷一案的请示报告收悉。

据报告称：土改前韩树堂在三原县有房屋32间，土地68亩，在泾阳县云阳镇（当时是村）有房屋52间。土改时，韩树堂家庭被定为地主成份，本人系地主分子。当时，韩树堂在三原县的土地被分配，房屋未动；1965年社教期间，除留给韩家3间住房外，其余补分给贫下中农。土改时，韩树堂在泾阳县的房屋隐瞒未报，并由该县云阳镇供销社于

1952年承租，并管理使用至今；在承租期间，院内增建了房屋、水塔等设施，房屋状况发生了较大变化。1987年10月，韩树堂、韩兆升父子以索要租金收回房屋为由，诉至泾阳县人民法院。

经研究并征求有关部门意见后，我们认为：对地主在土改时隐瞒、且一直未实际居住使用的房屋案件的处理，不适用我院1986年1月27日法（民）复〔1986〕5号批复，应参照我院1990年6月13日（89）民他字第13号函复的精神处理。即：根据土改时韩树堂被定为地主分子及三原县已为其保留住房的情况，其余房屋应在没收之列，云阳镇52间房屋，土改时未确权给韩树堂，一直由云阳镇供销社占有使用，应视为公产。但在具体处理时，要考虑本案形成的历史原因和实际情况，妥善处理。

以上意见，供参考。

最高人民法院
关于夫妻关系存续期间男方受欺骗抚养非亲生子女离婚后可否向女方追索抚育费的复函

1992年4月2日　〔1991〕民他字第63号

四川省高级人民法院：

你院“关于夫妻关系存续期间男方受欺骗抚养非亲生子女离婚后可否向女方追索抚养费的请示”收悉。经研究，我们认为，在夫妻关系存续期间，一方与他人通奸生育子女，隐瞒真情，另一方受欺骗而抚养了非亲生子女，其中离婚后给付的抚育费，受欺骗方要求返还的，可酌情返还；至于在夫妻关系存续期间受欺骗方支出的抚育费用应否返还，因涉及的问题比较复杂，尚需进一步研究，就你院请示所述具体案件而言，因双方在离婚时，其共同财产已由男方一人分得，故可不予返还，以上意见供参考。

最高人民法院
关于财产保险单能否用于抵押的复函

1992年4月2日　法函〔1992〕47号

江西省高级人民法院：

你院赣法经〔1991〕6号《关于保险单能否抵押的请示》收悉。经商中国人民银行和中国人民保险公司，答复如下：

依照《中华人民共和国民法通则》第八十九条第（二）项的规定，抵押物应当是特定的、可以折价或变卖的财产。财产保险单是保险人与被保险人订立保险合同的书面证明，并不是有价证券，也不是可以折价或者变卖的财产。因此，财产保险单不能用于抵押。

最高人民法院
关于胡震波诉叶润忠返还财物（邮票）纠纷应如何处理的函复

1992年4月8日 〔1992〕民他字第12号

江西省高级人民法院：

你院赣高法民〔1992〕1号《关于胡震波诉叶润忠返还财物（邮票）纠纷案的请示》收悉。经研究并征求有关部门的意见后认为：叶润忠不返还珍贵邮票，是侵害财产权的行为。依据《中华人民共和国民法通则》第一百一十七条和一百三十四条的规定，应令叶润忠将所借珍贵邮票限期返还胡震波。如果逾期不还，可按略高于市场的价格折价予以赔偿。

以上意见，供参考。

最高人民法院
关于胡由之、郑乃章诉刘桢、卢碧亮著作权纠纷案的复函

1992年4月13日 〔1991〕民他字第47号

江西省高级人民法院：

你院赣法（民）发〔1991〕1号“关于胡由之、郑乃章诉刘桢、卢碧亮著作权纠纷案的请示”收悉。根据你院报告及案卷材料，我们研究认为：由刘桢、胡由之、郑乃章三人署名，并请卢碧亮翻译成英文，向国际古陶瓷学术讨论会投稿的《镇窑结构及其特征的剖析》一文，是在原刘、胡、郑三人合作作品的基础上缩写而成的。此后，刘桢将该文中“技术秘密”的内容去掉，文字上稍加修改润色，以《景德镇窑及其构造特征》（以下简称“特征”）为题，请卢碧亮译成英文后发表在国外某杂志上，署名刘桢、卢碧亮。由于该文未署胡由之、郑乃章之名，侵犯了胡、郑二人的著作权，刘桢应承担民事责任。该文本应署名译者的卢碧亮却署名为作者，但由于该文署名方式主要系刘桢所为，卢碧亮对侵权无过错，可不承担民事责任。鉴于在诉讼中，刘桢已将“特征”的中文稿在国内有关杂志上以刘桢、胡由之、郑乃章三人的名义发表，并已向胡、郑二人赔礼道歉等情节，请审理时予以考虑。

以上意见，供参考。

最高人民法院
关于谢元福、王琪与黄长明房屋典当纠纷一案如何处理的复函

1992年6月5日　　(92)民他字第3号

陕西省高级人民法院：

你院陕高法民申〔1991〕12号《关于谢元福、王琪与黄长明房屋典当纠纷一案适用法律政策的请示报告》收悉。经研究，我们认为：出典人谢元福、王琪1982年要求回赎出典房屋，一、二审法院考虑到承典人黄生彦（黄长明之父）住房困难，在解除双方房屋典当关系的同时，判决双方建立房屋租赁关系，照顾了双方当事人的合法权益，这与1979年2月2日我院《关于贯彻执行民事政策法律的意见》规定的精神并不抵触。此后，因黄家长期拖欠房租，将临街房屋改建为商业用房并转租他人，一、二审法院又判决解除双方的房屋租赁关系，亦无不当。而二审法院后来在原承典人黄生彦已经死亡，黄长明有房居住的情况下，再审改判不许谢元福、王琪回赎临街房屋欠妥。因此，我院同意你院审判委员会第一种意见，即：撤销二审法院再审判决，维持原一、二审法院的判决。

以上意见供参考。

最高人民法院
关于李丽云与丁克义离婚一案可否进行再审的复函

1992年6月8日　　(91)民他字第52号

河北省高级人民法院：

你院（91）民监字第456号关于李丽云与丁克义离婚一案，可否再审的请示报告收悉。经研究，答复如下：

李丽云与丁克义离婚一案，经一、二审人民法院审理，在调解和好无效，夫妻感情确已破裂的情况下，按照婚姻法的有关规定判决离婚。根据民事诉讼法第一百八十一条的规定，对已经发生法律效力的解除婚姻关系的判决，当事人不得申请再审。本案判决离婚并无不当，人民法院不宜按照审判监督程序进行再审。请向当事人李丽云讲明不予再审的道理，以及判决离婚的有关法律规定，做好其思想工作。

最高人民法院
关于范怀与郭明华房屋买卖是否有效问题的复函

1992年7月9日　〔1992〕民他字第8号

贵州省高级人民法院：

你院1992年1月报来的关于范怀诉郭明华房屋买卖纠纷一案的请示报告收悉。经研究，答复如下：房屋买卖系要式法律行为，农村的房屋买卖也应具备双方订有书面契约、中人证明、按约定交付房款以及管理房屋的要件；要求办理契税或过户手续的地方，还应依法办理该项手续后，方能认定买卖有效。本案范怀与郭明华双方既未订立买卖房屋的书面契约，亦未按口头约定付清房款，不具备所有权转移的基本要件，故同意你院审判委员会第一种意见，即：双方口头房屋买卖协议无效，对由此而产生的其他争议，争取合情合理的调解解决。

以上意见，供参考。

最高人民法院
关于周祖德、周祖明等诉周祖华、周祖荣等房屋纠纷一案如何处理的复函

1992年7月13日　(92)民他字第24号

贵州省高级人民法院：

你院1992年1月13日关于周祖德、周祖明等诉周祖华、周祖荣等房屋纠纷一案的请示报告收悉。经研究，答复如下：

原、被告双方争议的街面房屋系其祖父母周树堂（1943年故）、周邱氏（1980年故）于1936年购置。1951年土改时确定，周家房屋不进不出。周邱氏在去世前一直居住此房，双方当事人都不能证明已分家析产。周祖华等所持土地房产证系其父周先富1954年自报的，证上无周邱氏的名字，却有土改后出生的周祖华、周祖萍的名字，所以该证没有真实反映周家土改时的实际情况。据此，我们同意你院审判委员会的第二种意见，即争议的房屋应认定为周邱氏夫妇的遗产，并按法定继承处理为宜。

以上意见，供参考。

最高人民法院
关于支付令生效后发现确有错误应当如何处理的复函

1992年7月13日　法函〔1992〕98号

山东省高级人民法院：

你院鲁高法函〔1992〕35号请示收悉。经研究，答复如下：

一、债务人未在法定期间提出书面异议，支付令即发生法律效力，债务人不得申请再审；超过法定期间债务人提出的异议，不影响支付令的效力。

二、人民法院院长对本院已经发生法律效力的支付令，发现确有错误，认为需要撤销的，应当提交审判委员会讨论通过后，裁定撤销原支付令，驳回债权人的申请。

此复

最高人民法院
印发《关于适用〈中华人民共和国民事诉讼法〉若干问题的意见》的通知

1992年7月14日　法发〔1992〕22号

全国地方各级人民法院、各级军事法院、各铁路运输中级法院和基层法院、各海事法院：

《最高人民法院关于适用〈中华人民共和国民事诉讼法〉若干问题的意见》（以下简称《意见》）已经最高人民法院审判委员会讨论通过，现印发给你们，请依照执行。最高人民法院《关于贯彻执行〈民事诉讼法（试行）〉若干问题的意见》、《关于在经济审判工作中贯彻执行〈民事诉讼法（试行）〉若干问题的意见》和《关于审理经济纠纷案件具体适用〈民事诉讼法（试行）〉若干问题的解答》同时废止。最高人民法院已往所作的其他有关民事诉讼方面的批复、解答、凡与民事诉讼法相抵触或者与本《意见》不一致的，停止执行。各地在执行本《意见》中有什么情况和问题，请及时报告我院。

附：

最高人民法院
关于适用《中华人民共和国
民事诉讼法》若干问题的意见

（最高人民法院审判委员会第528次会议讨论通过）

为了正确适用《中华人民共和国民事诉讼法》(以下简称民事诉讼法)，根据民事诉讼法的规定和审判实践经验，我们提出以下意见，供各级人民法院在审判工作中执行。

一、管　辖

1. 民事诉讼法第十九条第（一）项规定的重大涉外案件，是指争议标的额大，或者案情复杂，或者居住在国外的当事人人数众多的涉外案件。

2. 专利纠纷案件由最高人民法院确定的中级人民法院管辖。

海事、海商案件由海事法院管辖。

3. 各省、自治区、直辖市高级人民法院可以依照民事诉讼法第十九条第(二)项、第二十条的规定，从本地实际情况出发，根据案情繁简、诉讼标的金额大小、在当地的影响等情况，对本辖区内一审案件的级别管辖提出意见，报最高人民法院批准。

4. 公民的住所地是指公民的户籍所在地，法人的住所地是指法人的主要营业地或者主要办事机构所在地。

5. 公民的经常居住地是指公民离开住所地至起诉时已连续居住一年以上的地方。但公民住院就医的地方除外。

6. 被告一方被注销城镇户口的，依照民事诉讼法第二十三条规定确定管辖；双方均被注销城镇户口的，由被告居住地的人民法院管辖。

7. 当事人的户籍迁出后尚未落户，有经常居住地的，由该地人民法院管辖。没有经常居住地，户籍迁出不足一年的，由其原户籍所在地人民法院管辖；超过一年的，由其居住地人民法院管辖。

8. 双方当事人都被监禁或被劳动教养的，由被告原住所地人民法院管辖。被告被监禁或被劳动教养一年以上的，由被告被监禁地或被劳动教养地人民法院管辖。

9. 追索赡养费案件的几个被告住所地不在同一辖区的，可以由原告住所地人民法院管辖。

10. 不服指定监护或变更监护关系的案件，由被监护人住所地人民法院管辖。

11. 非军人对军人提出的离婚诉讼，如果军人一方为非文职军人，由原告住所地人民法院管辖。

离婚诉讼双方当事人都是军人的，由被告住所地或者被告所在的团级以上单位驻地的人民法院管辖。

12. 夫妻一方离开住所地超过一年，另一方起诉离婚的案件，由原告住所地人民法院管辖。夫妻双方离开住所地超过一年，一方起诉离婚的案件，由被告经常居住地人民法院管辖；没有经常居住地的，由原告起诉时居住地的人民法院管辖。

13. 在国内结婚并定居国外的华侨，如定居国法院以离婚诉讼须由婚姻缔结地法院管辖为由不予受理，当事人向人民法院提出离婚诉讼的，由婚姻缔结地或一方在国内的最后居住地人民法院管辖。

14. 在国外结婚并定居国外的华侨，如定居国法院以离婚诉讼须由国籍所属国法院管辖为由不予受理，当事人向人民法院提出离婚诉讼的，由一方原住所地或在国内的最后居住地人民法院管辖。

15. 中国公民一方居住在国外，一方居住在国内，不论哪一方向人民法院提起离婚诉讼，国内一方住所地的人民法院都有权管辖。如国外一方在居住国法院起诉，国内一方向人民法院起诉的，受诉人民法院有权管辖。

16. 中国公民双方在国外但未定居，一方向人民法院起诉离婚的，应由原告或者被告原住所地的人民法院管辖。

17. 对没有办事机构的公民合伙、合伙型联营体提起的诉讼，由被告注册登记地人民法院管辖。没有注册登记，几个被告又不在同一辖区的，被告住所地的人民法院都有管辖权。

18. 因合同纠纷提起的诉讼，如果合同没有实际履行，当事人双方住所地又都不在合同约定的履行地的，应由被告住所地人民法院管辖。

19. 购销合同的双方当事人在合同中对交货地点有约定的，以约定的交货地点为合同履行地；没有约定的，依交货方式确定合同履行地；采用送货方式的，以货物送达地为合同履行地；采用自提方式的，以提货地为合同履行地；代办托运或按木材、煤炭送货办法送货的，以货物发运地为合同履行地。

购销合同的实际履行地点与合同中约定的交货地点不一致的，以实际履行地点为合同履行地。

20. 加工承揽合同，以加工行为地为合同履行地，但合同中对履行地有约定的除外。

21. 财产租赁合同、融资租赁合同以租赁物使用地为合同履行地，但合同中对履行地有约定的除外。

22. 补偿贸易合同，以接受投资一方主要义务履行地为合同履行地。

23. 民事诉讼法第二十五条规定的书面合同中的协议，是指合同中的协议管辖条款或者诉讼前达成的选择管辖的协议。

24. 合同的双方当事人选择管辖的协议不明确或者选择民事诉讼法第二十五条规定的人民法院中的两个以上人民法院管辖的，选择管辖的协议无效，依照民事诉讼法第二十四条的规定确定管辖。

25. 因保险合同纠纷提起的诉讼，如果保险标的物是运输工具或者运输中的货物，由被告住所地或者运输工具登记注册地、运输目的地、保险事故发生地的人民法院管辖。

26. 民事诉讼法第二十七条规定的票据支付地，是指票据上载明的付款地。票据未载明付款地的，票据付款人（包括代理付款人）的住所地或主营业所所在地为票据付款地。

27. 债权人申请支付令，适用民事诉讼法第二十二条规定，由债务人住所地的基层人民法院管辖。

28. 民事诉讼法第二十九条规定的侵权行为地，包括侵权行为实施地、侵权结果发生地。

29. 因产品质量不合格造成他人财产、人身损害提起的诉讼，产品制造地、产品销售地、侵权行为地和被告住所地的人民法院都有管辖权。

30. 铁路运输合同纠纷及与铁路运输有关的侵权纠纷，由铁路运输法院管辖。

31. 诉前财产保全，由当事人向财产所在地的人民法院申请。

在人民法院采取诉前财产保全后，申请人起诉的，可以向采取诉前财产保全的人民法院或者其他有管辖权的人民法院提起。

32. 当事人申请诉前财产保全后没有在法定的期间起诉，因而给被申请人造成财产损失引起诉讼的，由采取该财产保全措施的人民法院管辖。

33. 两个以上人民法院都有管辖权的诉讼，先立案的人民法院不得将案件移送给另一个有管辖权的人民法院。人民法院在立案前发现其他有管辖权的人民法院已先立案的，不得重复立案；立案后发现其他有管辖权的人民法院已先立案的，裁定将案件移送给先立案的人民法院。

34. 案件受理后，受诉人民法院的管辖权不受当事人住所地、经常居住地变更的影响。

35. 有管辖权的人民法院受理案件后，不得以行政区域变更为由，将案件移送给变更后有管辖权的人民法院。判决后的上诉案件和依审判监督程序提审的案件，由原审人民法院的上级人民法院进行审判；第二审人民法院发回重审或者上级人民法院指令再审的案件，由原审人民法院重审或者再审。

36. 依照民事诉讼法第三十七条第二款规定，发生管辖权争议的两个人民法院因协商不成报请它们的共同上级人民法院指定管辖时，如双方为同属一个地、市辖区的基层人民法院，由该地、市的中级人民法院及时指定管辖；同属一个省、自治区、直辖市的两个人民法院，由该省、自治区、直辖市的高级人民法院及时指定管辖；如双方为跨省、自治区、直辖市的人民法院，高级人民法院协商不成的，由最高人民法院及时指定管辖。

依前款规定报请上级人民法院指定管辖时，应当逐级进行。

37. 上级人民法院依照民事诉讼法第三十七条的规定指定管辖，应书面通知报送的人民法院和被指定的人民法院。报送的人民法院接到通知后，应及时告知当事人。

二、诉讼参加人

38. 法人的正职负责人是法人的法定代表人。没有正职负责人的，由主持工作的副职负责人担任法定代表人。设有董事会的法人，以董事长为法定代表人；没有董事长的法人，经董事会授权的负责人可作为法人的法定代表人。

不具备法人资格的其他组织，以其主要负责人为代表人。

39. 在诉讼中，法人的法定代表人更换的，由新的法定代表人继续进行诉讼，并应向人民法院提交新的法定代表人身份证明书。原法定代表人进行的诉讼行为有效。

本条的规定，适用于其他组织参加的诉讼。

40. 民事诉讼法第四十九条规定的其他组织是指合法成立、有一定的组织机构和财产，但又不具备法人资格的组织，包括：

(1) 依法登记领取营业执照的私营独资企业、合伙组织；

(2) 依法登记领取营业执照的合伙型联营企业；

(3) 依法登记领取我国营业执照的中外合作经营企业、外资企业；

(4) 经民政部门核准登记领取社会团体登记证的社会团体；

(5) 法人依法设立并领取营业执照的分支机构；

(6) 中国人民银行、各专业银行设在各地的分支机构；

(7) 中国人民保险公司设在各地的分支机构；

(8)经核准登记领取营业执照的乡镇、街道、村办企业；

(9) 符合本条规定条件的其他组织。

41. 法人非依法设立的分支机构，或者虽依法设立，但没有领取营业执照的分支机构，以设立该分支机构的法人为当事人。

42. 法人或者其他组织的工作人员因职务行为或者授权行为发生的诉讼，该法人或其他组织为当事人。

43. 个体工商户、个人合伙或私营企业挂靠集体企业并以集体企业的名义从事生产经营活动的，在诉讼中，该个体工商户、个人合伙或私营企业与其挂靠的集体企业为共同诉讼人。

44. 在诉讼中，一方当事人死亡，有继承人的，裁定中止诉讼。人民法院应及时通知继承人作为当事人承担诉讼，被继承人已经进行的诉讼行为对承担诉讼的继承人有效。

45. 个体工商户、农村承包经营户、合伙组织雇佣的人员在进行雇佣合同规定的生产经营活动中造成他人损害的，其雇主是当事人。

46. 在诉讼中，个体工商户以营业执照上登记的业主为当事人。有字号的，应在法律文书中注明登记的字号。

营业执照上登记的业主与实际经营者不一致的，以业主和实际经营者为共同诉讼人。

47. 个人合伙的全体合伙人在诉讼中为共同诉讼人。个人合伙有依法核准登记的字号的，应在法律文书中注明登记的字号。全体合伙人可以推选代表人；被推选的代表人，应由全体合伙人出具推选书。

48. 当事人之间的纠纷经仲裁机构仲裁或者经人民调解委员会调解，当事人不服仲裁或调解向人民法院提起诉讼的，应以对方当事人为被告。

49. 法人或者其他组织应登记而未登记即以法人或者其他组织名义进行民事活动，或者他人冒用法人、其他组织名义进行民事活动，或者法人或者其他组织依法终止后仍以其名义进行民事活动的，以直接责任人为当事人。

50. 企业法人合并的，因合并前的民事活动发生的纠纷，以合并后的企业为当事人；企业法人分立的，因分立前的民事活动发生的纠纷，以分立后的企业为共同诉讼人。

51. 企业法人未经清算即被撤销，有清算组织的，以该清算组织为当事人；没有清算组织的，以作出撤销决定的机构为当事人。

52. 借用业务介绍信、合同专用章、盖章的空白合同书或者银行帐户的，出借单位和借用人为共同诉讼人。

53. 因保证合同纠纷提起的诉讼，债权人向保证人和被保证人一并主张权利的，人民法院应当将保证人和被保证人列为共同被告；债权人仅起诉保证人的，除保证合同明确约定保证人承担连带责任的外，人民法院应当通知被保证人作为共同被告参加诉讼；债权人仅起诉被保证人的，可只列被保证人为被告。

54. 在继承遗产的诉讼中，部分继承人起诉的，人民法院应通知其他继承人作为共同原告参加诉讼；被通知的继承人不愿意参加诉讼又未明确表示放弃实体权利的，人民法院仍应把其列为共同原告。

55. 被代理人和代理人承担连带责任的，为共同诉讼人。

56. 共有财产权受到他人侵害，部分共有权人起诉的，其他共有权人应当列为共同诉讼人。

57. 必须共同进行诉讼的当事人没有参加诉讼的，人民法院应当依照民事诉讼法第一百一十九条的规定，通知其参加；当事人也可以向人民法院申请追加。人民法院对当事人提出的申请，应当进行审查，申请无理的，裁定驳回；申请有理的，书面通知被追加的当事人参加诉讼。

58. 人民法院追加共同诉讼的当事人时，应通知其他当事人。应当追加的原告，已明确表示放弃实体权利的，可不予追加；既不愿意参加诉讼，又不放弃实体权利的，仍追加为共同原告，其不参加诉讼，不影响人民法院对案件的审理和依法作出判决。

59. 民事诉讼法第五十四条和第五十五条规定的当事人一方人数众多，一般指10人以上。

60. 依照民事诉讼法第五十四条规定，当事人一方人数众多在起诉时确定的，可以由全体当事人推选共同的代表人，也可以由部分当事人推选自己的代表人；推选不出代表人的当事人，在必要的共同诉讼中可由自己参加诉讼，在普通的共同诉讼中可以另行起诉。

61. 依照民事诉讼法第五十五条规定，当事人一方人数众多在起诉时不确定的，由当事人推选代表人，当事人推选不出的，可以由人民法院提出人选与当事人协商，协商不成的，也可以由人民法院在起诉的当事人中指定代表人。

62. 民事诉讼法第五十四条和第五十五条规定的代表人为2至5人，每位代表人可以委托1至2人作为诉讼代理人。

63. 依照民事诉讼法第五十五条规定受理的案件，人民法院可以发出公告，通知权利人向人民法院登记。公告期根据具体案件的情况确定，最少不得少于30日。

64. 依照民事诉讼法第五十五条规定向人民法院登记的当事人，应证明其与对方当事人的法律关系和所受到的损害。证明不了的，不予登记，当事人可以另行起诉。人民法院的裁判在登记的范围内执行。未参加登记的权利人在诉讼时效期间内提起诉讼，人民法院认定其请求成立的，裁定适用人民法院已作出的判决、裁定。

65. 依照民事诉讼法第五十六条的规定，有独立请求权的第三人有权向人民法院提出诉讼请求和事实、理由，成为当事人；无独立请求权的第三人，可以申请或者由人民法院通知参加诉讼。

66. 在诉讼中，无独立请求权的第三人有当事人的诉讼权利义务，判决承担民事责任的无独立请求权的第三人有权提出上诉。但该第三人在一审中无权对案件的管辖权提出异议，无权放弃、变更诉讼请求或者申请撤诉。

67. 在诉讼中，无民事行为能力人、限制民事行为能力人的监护人是他的法定代理人。事先没有确定监护人的，可以由有监护资格的人协商确定，协商不成的，由人民法院在他们之间指定诉讼中的法定代理人。当事人没有民法通则第十六条第一、二款或者第十七条第一款规定的监护人的，可以指定该法第十六条第四款或者第十七条第三款规定的有关组织担任诉讼期间的法定代理人。

68. 除律师、当事人的近亲属、有关的社会团体或者当事人所在单位推荐的人之外，当事人还可以委托其他公民为诉讼代理人。但无民事行为能力人、限制民事行为能力人或者可能损害被代理人利益的人以及人民法院认为不宜作诉讼代理人的人，不能作为诉讼代理人。

69. 当事人向人民法院提交的授权委托书，应在开庭审理前送交人民法院。授权委托书仅写“全权代理”而无具体授权的，诉讼代理人无权代为承认、放弃、变更诉讼请求，进行和解，提起反诉或者上诉。

三、证　　据

70. 人民法院收集调查证据，应由两人以上共同进行。调查材料要由调查人、被调查人、记录人签名或盖章。

71. 对当事人提供的证据，人民法院应当出具收据，注明证据的名称、收到的时间、份数和页数，由审判员或书记员签名或盖章。

72. 证据应当在法庭上出示，并经过庭审辩论、质证。依法应当保密的证据，人民法院可视具体情况决定是否在开庭时出示，需要出示的，也不得在公开开庭时出示。

73. 依照民事诉讼法第六十四条第二款规定，由人民法院负责调查收集的证据包括：

（1）当事人及其诉讼代理人因客观原因不能自行收集的；

（2）人民法院认为需要鉴定、勘验的；

（3）当事人提供的证据互相有矛盾、无法认定的；

（4）人民法院认为应当由自己收集的其他证据。

74. 在诉讼中，当事人对自己提出的主张。有责任提供证据。但在下列侵权诉讼中，对原告提出的侵权事实，被告否认的，由被告负责举证：

（1）因产品制造方法发明专利引起的专利侵权诉讼；

（2）高度危险作业致人损害的侵权诉讼；

（3）因环境污染引起的损害赔偿诉讼；

（4）建筑物或者其他设施以及建筑物上的搁置物、悬挂物发生倒塌、脱落、坠落致人损害的侵权诉讼；

(5) 饲养动物致人损害的侵权诉讼；

(6) 有关法律规定由被告承担举证责任的。

75. 下列事实，当事人无需举证：

(1) 一方当事人对另一方当事人陈述的案件事实和提出的诉讼请求，明确表示承认的；

(2) 众所周知的事实和自然规律及定理；

(3) 根据法律规定或已知事实，能推定出的另一事实；

(4) 已为人民法院发生法律效力的裁判所确定的事实；

(5) 已为有效公证书所证明的事实。

76. 人民法院对当事人一时不能提交证据的，应根据具体情况，指定其在合理期限内提交。当事人在指定期限内提交确有困难的，应在指定期限届满之前，向人民法院申请延期。延长的期限由人民法院决定。

77. 依照民事诉讼法第六十五条由有关单位向人民法院提出的证明文书，应由单位负责人签名或盖章，并加盖单位印章。

78. 证据材料为复制件，提供人拒不提供原件或原件线索，没有其他材料可以印证，对方当事人又不予承认的，在诉讼中不得作为认定事实的根据。

四、期间和送达

79. 依照民事诉讼法第七十五条第二款规定，民事诉讼中以日计算的各种期间均从次日起算。

80. 民事诉讼法第一百一十二条规定的立案期限，因起诉状内容欠缺令原告补正的，从补正后交人民法院的次日起算。由上级人民法院转交下级人民法院，或者由基层人民法院转交有关人民法庭受理的案件，从受诉人民法院或人民法庭收到起诉状的次日起算。

81. 向法人或者其他组织送达诉讼文书，应当由法人的法定代表人、该组织的主要负责人或者办公室、收发室、值班室等负责收件的人签收或盖章，拒绝签收或者盖章的，适用留置送达。

82. 受送达人拒绝接受诉讼文书，有关基层组织或者所在单位的代表及其他见证人不愿在送达回证上签字或盖章的，由送达人在送达回证上记明情况，把送达文书留在受送达人住所，即视为送达。

83. 受送达人有诉讼代理人的，人民法院既可以向受送达人送达，也可以向其诉讼代理人送达。受送达人指定诉讼代理人为代收人的，向诉讼代理人送达时，适用留置送达。

84. 调解书应当直接送达当事人本人，不适用留置送达。当事人本人因故不能签收的，可由其指定的代收人签收。

85. 邮寄送达，应当附有送达回证。挂号信回执上注明的收件日期与送达回证上注明的收件日期不一致的，或者送达回证没有寄回的，以挂号信回执上注明的收件日期为送达日期。

86. 依照民事诉讼法第八十条规定，委托其他人民法院代为送达的，委托法院应当出具委托函，并附需要送达的诉讼文书和送达回证，以受送达人在送达回证上签收的日期为送达日期。

87. 依照民事诉讼法第八十一条和第八十二条规定，诉讼文书交有关单位转交的，以受送达人在送达回证上注明的签收日期为送达日期。

88. 公告送达，可以在法院的公告栏、受送达人原住所地张贴公告，也可以在报纸上刊登公告；对公告送达方式有特殊要求的，应按要求的方式进行公告。公告期满，即视为送达。

89. 公告送达起诉状或上诉状副本的，应说明起诉或上诉要点，受送达人答辩期限及逾期不答辩的法律后果；公告送达传票，应说明出庭地点、时间及逾期不出庭的法律后果；公告送达判决书、裁定书的，应说明裁判主要内容，属于一审的，还应说明上诉权利、上诉期限和上诉的人民法院。

90. 人民法院在定期宣判时，当事人拒不签收判决书、裁定书的，应视为送达，并在宣判笔录中记明。

五、调　　解

91. 人民法院受理案件后，经审查，认为法律关系明确、事实清楚，在征得当事人双方同意后，可以迳行调解。

92. 人民法院审理民事案件，应当根据自愿和合法的原则进行调解。当事人一方或双方坚持不愿调解的，人民法院应当及时判决。

人民法院审理离婚案件，应当进行调解，但不应久调不决。

93. 人民法院调解案件时，当事人不能出庭的，经其特别授权，可由其委托代理人参加调解，达成的调解协议，可由委托代理人签名。

离婚案件当事人确因特殊情况无法出庭参加调解的，除本人不能表达意志的以外，应当出具书面意见。

94. 无民事行为能力人的离婚案件，由其法定代理人进行诉讼。法定代理人与对方达成协议要求发给判决书的，可根据协议内容制作判决书。

95. 当事人一方拒绝签收调解书的，调解书不发生法律效力，人民法院要及时通知对方当事人。

96. 调解书不能当庭送达双方当事人的，应以后收到调解书的当事人签收的日期为调解书生效日期。

97. 无独立请求权的第三人参加诉讼的案件，人民法院调解时需要确定无独立请求权的第三人承担义务的，应经第三人的同意，调解书应当同时送达第三人。第三人在调解书送达前反悔的，人民法院应当及时判决。

六、财产保全和先予执行

98. 人民法院依照民事诉讼法第九十二条、第九十三条规定，在采取诉前财产保全和诉讼财产保全时责令申请人提供担保的，提供担保的数额应相当于请求保全的数额。

99. 人民法院对季节性商品、鲜活、易腐烂变质以及其他不宜长期保存的物品采取保全措施时，可以责令当事人及时处理，由人民法院保存价款；必要时，人民法院可予以变卖，保存价款。

100. 人民法院在财产保全中采取查封、扣押财产措施时，应当妥善保管被查封、扣押的财产。当事人、负责保管的有关单位或个人以及人民法院都不得使用该项财产。

101. 人民法院对不动产和特定的动产（如车辆、船舶等）进行财产保全，可以采用扣押有关财产权证照并通知有关产权登记部门不予办理该项财产的转移手续的财产保全措施；必要时，也可以查封或扣押该项财产。

102. 人民法院对抵押物、留置物可以采取财产保全措施，但抵押权人、留置权人有优先受偿权。

103. 对当事人不服一审判决提出上诉的案件，在第二审人民法院接到报送的案件之前，当事人有转移、隐匿、出卖或者毁损财产等行为，必须采取财产保全措施的，由第一审人民法院依当事人申请或依职权采取。第一审人民法院制作的财产保全的裁定，应及时报送第二审人民法院。

104. 人民法院对债务人到期应得的收益，可以采取财产保全措施，限制其支取，通知有关单位协助执行。

105. 债务人的财产不能满足保全请求，但对第三人有到期债权的，人民法院可以依债权人的申请裁定该第三人不得对本案债务人清偿。该第三人要求偿付的，由人民法院提存财物或价款。

106. 民事诉讼法规定的先予执行，人民法院应当在受理案件后终审判决作出前采取。先予执行应当限于当事人诉讼请求的范围，并以当事人的生活、生产经营的急需为限。

107. 民事诉讼法第九十七条第（三）项规定的紧急情况，包括：

（1）需要立即停止侵害、排除妨碍的；

（2）需要立即制止某项行为的；

(3)需要立即返还用于购置生产原料、生产工具货款的；

（4）追索恢复生产、经营急需的保险理赔费的。

108. 人民法院裁定采取财产保全措施后，除作出保全裁定的人民法院自行解除和其上级人民法院决定解除外，在财产保全期限内，任何单位都不得解除保全措施。

109. 诉讼中的财产保全裁定的效力一般应维持到生效的法律文书执行时止。在诉讼过程中，需要解除保全措施的，人民法院应及时作出裁定，解除保全措施。

110. 对当事人不服财产保全、先予执行裁定提出的复议申请，人民法院应及时审查。裁定正确的，通知驳回当事人的申请；裁定不当的，作出新的裁定变更或者撤销原裁定。

111. 人民法院先予执行后，依发生法律效力的判决，申请人应当返还因先予执行所取得的利益的，适用民事诉讼法第二百一十四条的规定。

七、对妨害民事诉讼的强制措施

112. 民事诉讼法第一百条规定的必须到庭的被告，是指负有赡养、抚育、扶养义务和不到庭就无法查清案情的被告。

给国家、集体或他人造成损害的未成年人的法定代理人，如其必须到庭，经两次传票传唤无正当理由拒不到庭的，也可以适用拘传。

113. 拘传必须用拘传票，并直接送达被拘传人；在拘传前，应向被拘传人说明拒不到庭的后果，经批评教育仍拒不到庭的，可拘传其到庭。

114. 人民法院依照民事诉讼法第一百零一条、第一百零二条的规定，需要对诉讼参与人和其他人采取拘留措施的，应经院长批准，作出拘留决定书，由司法警察将被拘留人送交当地公安机关看管。

115. 被拘留人不在本辖区的，作出拘留决定的人民法院应派员到被拘留人所在地的人民法院，请该院协助执行，受委托的人民法院应及时派员协助执行。被拘留人申请复议或者在拘留期间承认并改正错误，需要提前解除拘留的，受委托人民法院应向委托人民法院转达或者提出建议，由委托人民法院审查决定。

116. 因哄闹、冲击法庭，用暴力、威胁等方法抗拒执行公务等紧急情况，必须立即采取拘留措施的，可在拘留后，立即报告院长补办批准手续。院长认为拘留不当的，应当解除拘留。

117. 被拘留人在拘留期间认错悔改的，可以责令其具结悔过，提前解除拘留 。提前解除拘留，应报经院长批准，并作出提前解除拘留决定书，交负责看管的公安机关执行。

118. 民事诉讼法第一百零一条、第一百零二条规定的罚款、拘留可以单独适用，也可以合并适用。

119. 对同一妨害民事诉讼行为的罚款、拘留不得连续适用。但发生了新的妨害民事诉讼的行为，人民法院可以重新予以罚款、拘留。

120. 依照民事诉讼法第一百零六条的规定，人民法院对非法拘禁他人或者非法私自扣押他人财产追索债务的单位和个人予以拘留、罚款的，适用该法第一百零四条和第一百零五条的规定。

121. 被罚款、拘留的人不服罚款、拘留决定申请复议的，上级人民法院应在收到复议申请后五日内作出决定，并将复议结果通知下级人民法院和当事人。

122. 上级人民法院复议时认为强制措施不当，应当制作决定书，撤销或变更下级人民法院的拘留、罚款决定。情况紧急的，可以在口头通知后3日内发出决定书。

123. 当事人有下列情形之一的，可以依照民事诉讼法第一百零二条第一款第(六)项的规定处理：

(1)在法律文书发生法律效力后隐藏、转移、变卖、毁损财产，造成人民法院无法执行的；

(2) 以暴力、威胁或者其他方法妨碍或抗拒人民法院执行的；

(3) 有履行能力而拒不执行人民法院发生法律效力的判决书、裁定书、调解书和支付令的。

124. 有关单位有下列情形之一的，人民法院可以依照民事诉讼法第一百零二条的规定处理：

(1) 擅自转移已被人民法院冻结的存款，或擅自解冻的；

(2) 以暴力、威胁或者其他方法阻碍司法工作人员查询、冻结、划拨银行存款的；

(3) 接到人民法院协助执行通知后，给当事人通风报信，协助其转移、隐匿财产的。

125. 依照民事诉讼法第一百零一条的规定，应当追究有关人员刑事责任的，由审理该案的审判组织直接予以判决；在判决前，应当允许当事人陈述意见或者委托辩护人辩护。

126. 依照民事诉讼法第一百零二条第一款第（六）项的规定，应当追究有关人员刑事责任的，由人民法院刑事审判庭直接受理并予以判决。

127. 依照民事诉讼法第一百零二条第（一）至（五）项和第一百零六条的规定，应当追究有关人员刑事责任的，依照刑事诉讼法的规定办理。

八、诉讼费用

128. 依照民事诉讼法第九十三条的规定向人民法院申请诉前财产保全的，诉讼费用按照《人民法院诉讼收费办法》第八条第（二）项的规定交纳。

129. 依照民事诉讼法第五十五条审理的案件不预交案件受理费，结案后按照诉讼标的额由败诉方交纳。

130. 依照民事诉讼法第五十五条第四款的规定，未参加登记的权利人向人民法院申请执行的，按《人民法院诉讼收费办法》第八条第（一）项的规定交纳申请执行费。

131. 人民法院裁定不予受理的案件，当事人不需交纳诉讼费用。当事人不服裁定上诉的，诉讼费用按照《人民法院诉讼收费办法》第五条第（三）项的规定交纳。

132. 依照民事诉讼法第一百八十九条的规定向人民法院申请支付令的，每件交纳申请费100元。督促程序因债务人异议而终结的，申请费由申请人负担；债务人未提出异议的，申请费由债务人负担。

133. 督促程序终结后，债权人另行起诉的，按照《人民法院诉讼收费办法》交纳诉讼费用。

134. 依照民事诉讼法第一百九十三条的规定向人民法院申请公示催告的，每件交纳申请费100元。申请费和公告费由申请人负担。

135. 依照民事诉讼法第一百九十六条、第一百九十八条的规定向人民法院起诉的，按照《人民法院诉讼收费办法》第五条第（四）项的规定交纳案件受理费。

136. 依照民事诉讼法第一百九十九条的规定，向人民法院申请破产还债的，可不预交案件受理费，破产费用从破产财产中拨付。

137. 人民法院依职权提起的再审案件和人民检察院抗诉的再审案件，当事人不需交纳诉讼费用。

138. 委托执行，受委托人民法院不得向委托人民法院收取费用。执行中实际支出的费用，按照《人民法院诉讼收费办法》收取。

九、第一审普通程序

139. 起诉不符合受理条件的，人民法院应当裁定不予受理。立案后发现起诉不符合受理条件的，裁定驳回起诉。

不予受理的裁定书由负责审查立案的审判员、书记员署名；驳回起诉的裁定书由负责审理该案的审判员、书记员署名。

140. 当事人在诉状中有谩骂和人身攻击之词，送达副本可能引起矛盾激化，不利于案件解决的，人民法院应当说服其实事求是地修改。坚持不改的，可以送达起诉状副本。

141. 对本院没有管辖权的案件，告知原告向有管辖权的人民法院起诉；原告坚持起诉的，裁定不予受理；立案后发现本院没有管辖权的，应当将案件移送有管辖权的人民法院。

142. 裁定不予受理、驳回起诉的案件，原告再次起诉的，如果符合起诉条件，人民法院应予受理。

143. 原告应当预交而未预交案件受理费，人民法院应当通知其预交，通知后仍不预交或者申请减、缓、免未获人民法院批准而仍不预交的，裁定按自动撤诉处理。

144. 当事人撤诉或人民法院按撤诉处理后，当事人以同一诉讼请求再次起诉的，人民法院应予受理。

原告撤诉或者按撤诉处理的离婚案件，没有新情况、新理由，六个月内又起诉的，可比照民事诉讼法第一百一十一条第（七）项的规定不予受理。

145. 依照民事诉讼法第一百一十一条第（二）项的规定，当事人在书面合同中订有仲裁条款，或者在发生纠纷后达成书面仲裁协议，一方向人民法院起诉的，人民法院裁定不予受理，告知原告向仲裁机构申请仲裁。但仲裁条款，仲裁协议无效、失效或者内容不明确无法执行的除外。

146. 当事人在仲裁条款或协议中选择的仲裁机构不存在，或者选择裁决的事项超越仲裁机构权限的，人民法院有权依法受理当事人一方的起诉。

147. 因仲裁条款或协议无效、失效或者内容不明确，无法执行而受理的民事诉讼，如果被告一方对人民法院的管辖权提出异议的，受诉人民法院应就管辖权作出裁定。

148. 当事人一方向人民法院起诉时未声明有仲裁协议，人民法院受理后，对方当事人又应诉答辩的，视为该人民法院有管辖权。

149. 病员及其亲属对医疗事故技术鉴定委员会作出的医疗事故结论没有意见，仅要求医疗单位就医疗事故赔偿经济损失向人民法院提起诉讼的，应予受理。

150. 判决不准离婚、调解和好的离婚案件以及判决、调解维持收养关系的案件的被告向人民法院起诉的，不受民事诉讼法第一百一十一条第（七）项规定的条件的限制。

151. 夫妻一方下落不明，另一方诉至人民法院，只要求离婚，不申请宣告下落不明人失踪或死亡的案件，人民法院应当受理，对下落不明人用公告送达诉讼文书。

152. 赡养费、扶养费、抚育费案件，裁判发生法律效力后，因新情况、新理由，一方当事人再行起诉要求增加或减少费用的，人民法院应作为新案受理。

153. 当事人超过诉讼时效期间起诉的，人民法院应予受理。受理后查明无中止、中断、延长事由的，判决驳回其诉讼请求。

154. 民事诉讼法第六十六条、第一百二十条所指的商业秘密，主要是指技术秘密、商业情报及信息等，如生产工艺、配方、贸易联系、购销渠道等当事人不愿公开的工商业秘密。

155. 人民法院按照普通程序审理案件，应当在开庭三日前用传票传唤当事人。对诉讼代理人、证人、鉴定人、勘验人、翻译人员应当用通知书通知其到庭。当事人或其他诉讼参与人在外地的，应留有必要的在途时间。

156. 在案件受理后，法庭辩论结束前，原告增加诉讼请求，被告提出反诉，第三人提出与本案有关的诉讼请求，可以合并审理的，人民法院应当合并审理。

157. 无民事行为能力人的离婚诉讼，当事人的法定代理人应当到庭；法定代理人不能到庭的，人民法院应当在查清事实的基础上，依法作出判决。

158. 无民事行为能力的当事人的法定代理人，经传票传唤无正当理由拒不到庭的，如属原告方，可以比照民事诉讼法第一百二十九条的规定，按撤诉处理；如属被告方，可以比照民事诉讼法第一百三十条的规定，缺席判决。

159. 有独立请求权的第三人经人民法院传票传唤，无正当理由拒不到庭的，或者未经法庭许可中途退庭的，可以对该第三人比照民事诉讼法第一百二十九条的规定，按撤诉处理。

160. 有独立请求权的第三人参加诉讼后，原告申请撤诉，人民法院在准许原告撤诉后，有独立请求权的第三人作为另案原告、原案原告、被告作为另案被告，诉讼另行进行。

161. 当事人申请撤诉或者依法可以按撤诉处理的案件，如果当事人有违反法律的行为需要依法处理的，人民法院可以不准撤诉或者不按撤诉处理。

162. 无独立请求权的第三人经人民法院传票传唤，无正当理由拒不到庭，或者未经法庭许可中途退庭的，不影响案件的审理。人民法院判决承担民事责任的无独立请求权的第三人，有权提起上诉。

163. 一审宣判后，原审人民法院发现判决有错误，当事人在上诉期内提出上诉的，原审人民法院可以提出原判决有错误的意见，报送第二审人民法院，由第二审人民法院按照第二审程序进行审理；当事人不上诉的，按照审判监督程序处理。

164. 民事诉讼法第一百三十五条规定的审限，是指从立案的次日起至裁判宣告、调解书送达之日止的期间，但公告期间、鉴定期间、审理当事人提出的管辖权异议以及处理人民法院之间的管辖争议期间不应计算在内。

165. 一审判决书和可以上诉的裁定书不能同时送达双方当事人的，上诉期从各自收到判决书、裁定书的次日起计算。

166. 民事诉讼法第一百四十条第一款第（七）项中的笔误是指法律文书误写、误算，诉讼费用漏写、误算和其他笔误。

167. 裁定中止诉讼的原因消除，恢复诉讼程序时，不必撤销原裁定，从人民法院通知或准许当事人双方继续进行诉讼时起，中止诉讼的裁定即失去效力。

十、简易程序

168. 民事诉讼法第一百四十二条规定的简单民事案件中的“事实清楚”，是指当事人双方对争议的事实陈述基本一致，并能提供可靠的证据，无须人民法院调查收集证据即可判明事实、分清是非；“权利义务关系明确”，是指谁是责任的承担者，谁是权利的享有者，关系明确；“争议不大”，是指当事人对案件的是非、责任以及诉讼标的争执无原则分歧。

169. 起诉时被告下落不明的案件，不得适用简易程序审理。

170. 适用简易程序审理的案件，审理期限不得延长。在审理过程中，发现案情复杂，需要转为普通程序审理的，可以转为普通程序，由合议庭进行审理，并及时通知双方当事人。审理期限从立案的次日起计算。

171. 已经按照普通程序审理的案件，在审理过程中无论是否发生了情况变化，都不得改用简易程序审理。

172. 适用简易程序审理案件，人民法院应当将起诉内容，用口头或书面方式告知被告，用口头或者其他简便方式传唤当事人、证人，由审判员独任审判，书记员担任记录，不得自审自记。判决结案的，应当依照民事诉讼法第一百三十四条的规定公开宣判。

173. 人民法庭制作的判决书、裁定书、调解书，必须加盖基层人民法院印章，不得用人民法庭的印章代替基层人民法院的印章。

174.发回重审和按照审判监督程序再审的案件，不得适用简易程序审理。

175. 适用简易程序审理案件，卷宗中应当具备以下材料：(1) 诉状或者口头起诉笔录；(2) 答辩状或者口头答辩笔录；(3) 委托他人代理诉讼的要有授权委托书；(4) 必要的证据；(5) 询问当事人笔录；(6) 审理(包括调解) 笔录；(7) 判决书、调解书、裁定书，或者调解协议；(8) 送达和宣判笔录；(9) 执行情况；(10) 诉讼费收据。

十一、第二审程序

176. 双方当事人和第三人都提出上诉的，均为上诉人。

177.必要共同诉讼人中的一人或者部分人提出上诉的，按下列情况处理：

(1) 该上诉是对与对方当事人之间权利义务分担有意见，不涉及其他共同诉讼人利益的，对方当事人为被上诉人，未上诉的同一方当事人依原审诉讼地位列明；

(2) 该上诉仅对共同诉讼人之间权利义务分担有意见，不涉及对方当事人利益的，未上诉的同一方当事人为被上诉人，对方当事人依原审诉讼地位列明；

(3) 该上诉对双方当事人之间以及共同诉讼人之间权利义务承担有意见的，未提出上诉的其他当事人均为被上诉人。

178. 一审宣判时或判决书、裁定书送达时，当事人口头表示上诉的，人民法院应告知其必须在法定上诉期间内提出上诉状。未在法定上诉期间内递交上诉状的，视为未提出上诉。

179. 无民事行为能力人、限制民事行为能力人的法定代理人，可以代理当事人提起上诉。

180.第二审人民法院依照民事诉讼法第一百五十一条的规定，对上诉人上诉请求的有关事实和适用法律进行审查时，如果发现在上诉请求以外原判确有错误的，也应予以纠正。

181.第二审人民法院发现第一审人民法院有下列违反法定程序的情形之一，可能影响案件正确判决的，应依照民事诉讼法第一百五十三条第一款第（四）项的规定，裁定撤销原判，发回原审人民法院重审：

(1) 审理本案的审判人员、书记员应当回避未回避的；

(2) 未经开庭审理而作出判决的；

(3) 适用普通程序审理的案件当事人未经传票传唤而缺席判决的；

(4) 其他严重违反法定程序的。

182.对当事人在一审中已经提出的诉讼请求，原审人民法院未作审理、判决的，第二审人民法院可以根据当事人自愿的原则进行调解，调解不成的，发回重审。

183.必须参加诉讼的当事人在一审中未参加诉讼，第二审人民法院可以根据当事人自愿的原则予以调解，调解不成的，发回重审。发回重审的裁定书不列应当追加的当事人。

184. 在第二审程序中，原审原告增加独立的诉讼请求或原审被告提出反诉的，第二审人民法院可以根据当事人自愿的原则就新增加的诉讼请求 或反诉进行调解，调解不成的，告知当事人另行起诉。

185.一审判决不准离婚的案件，上诉后，第二审人民法院认为应当判决离婚的，可以根据当事人自愿的原则，与子女抚养、财产问题一并调解，调解不成的，发回重审。

186.人民法院依照第二审程序审理的案件，认为依法不应由人民法院受理的，可以由第二审人民法院直接裁定撤销原判，驳回起诉。

187.第二审人民法院查明第一审人民法院作出的不予受理裁定有错误的，应在撤销原裁定的同时，指令第一审人民法院立案受理；查明第一审人民法院作出的驳回起诉裁定有错误的，应在撤销原裁定的同时，指令第一审人民法院进行审理。

188. 第二审人民法院对下列上诉案件，可以依照民事诉讼法第一百五十二条的规定迳行判决、裁定：

(1) 一审就不予受理、驳回起诉和管辖权异议作出裁定的案件；

(2) 当事人提出的上诉请求明显不能成立的案件；

(3) 原审裁判认定事实清楚，但适用法律错误的案件；

(4) 原判决违反法定程序，可能影响案件正确判决，需要发回重审的案件。

189. 在第二审程序中，作为当事人的法人或者其他组织分立的，人民法院可以直接将分立后的法人或者其他组织列为共同诉讼人；合并的，将合并后的法人或者其他组织列为当事人。不必将案件发还原审人民法院重审。

190. 在第二审程序中，当事人申请撤回上诉，人民法院经审查认为一审判决确有错误，或者双方当事人串通损害国家和集体利益、社会公共利益及他人合法权益的，不应准许。

191. 当事人在二审中达成和解协议的，人民法院可以根据当事人的请求，对双方达成的和解协议进行审查并制作调解书送达当事人；因和解而申请撤诉，经审查符合撤诉条件的，人民法院应予准许。

192. 第二审人民法院宣告判决可以自行宣判，也可以委托原审人民法院或者当事人所在地人民法院代行宣判。

十二、特 别 程 序

193. 在诉讼中，当事人的利害关系人提出该当事人患有精神病，要求宣告该当事人无民事行为能力或限制民事行为能力的，应由利害关系人向人民法院提出申请，由受诉人民法院按照特别程序立案受理，原诉讼中止。

194. 宣告失踪或者宣告死亡案件，人民法院可以根据申请人的请求，清理下落不明人的财产，指定诉讼期间的财产管理人。公告期满后，人民法院判决宣告失踪的，应同时依照民法通则第二十一条第一款的规定指定失踪人的财产代管人。

195. 失踪人的财产代管人经人民法院指定后，代管人申请变更代管的，比照民事诉讼法特别程序的有关规定进行审理。申请有理的，裁定撤销申请人的代管人身份，同时另行指定财产代管人；申请无理的，裁定驳回申请。失踪人的其他利害关系人申请变更代管的，人民法院应告知其以原指定的代管人为被告起诉，并按普通程序进行审理。

196. 人民法院判决宣告公民失踪后，利害关系人向人民法院申请宣告失踪人死亡，从失踪的次日起满四年的，人民法院应当受理，宣告失踪的判决即是该公民失踪的证明，审理中仍应依照民事诉讼法第一百六十八条的规定进行公告。

197. 认定财产无主案件，公告期间有人对财产提出请求，人民法院应裁定终结特别程序，告知申请人另行起诉，适用普通程序审理。

198. 被指定的监护人不服指定，应当在接到通知的次日起 30 日内向人民法院起诉。经审理，认为指定并无不当的，裁定驳回起诉；指定不当的，判决撤销指定，同时另行指定监护人。判决书应送达起诉人、原指定单位及判决指定的监护人。

十三、审判监督程序

199. 各级人民法院院长对本院已经发生法律效力的判决、裁定，发现确有错误，经审判委员会讨论决定再审的，应当裁定中止原判决、裁定的执行。

200. 最高人民法院对地方各级人民法院已经发生法律效力的判决、裁定，上级人民法院对下级人民法院已经发生法律效力的判决、裁定，如果发现确有错误，应在提审或者指令下级人民法院再审的裁定中同时写明中止原判决、裁定的执行；情况紧急的，可以将中止执行的裁定口头通知负责执行的人民法院，但应在口头通知后十日内发出裁定书。

201.按审判监督程序决定再审或提审的案件，由再审或提审的人民法院在作出新的判决、裁定中确定是否撤销、改变或者维持原判决、裁定；达成调解协议的，调解书送达后，原判决、裁定即视为撤销。

202.由第二审人民法院判决、裁定的案件，上级人民法院需要指令再审的，应当指令第二审人民法院再审。

203.无民事行为能力人、限制民事行为能力人的法定代理人，可以代理当事人提出再审申请。

204.当事人对已经发生法律效力的调解书申请再审，适用民事诉讼法第一百八十二条的规定，应在该调解书发生法律效力后二年内提出。

205.当事人可以向原审人民法院申请再审，也可以向上一级人民法院申请再审。向上一级人民法院申请再审的，上级人民法院经审查认为符合民事诉讼法第一百七十九条规定条件的，可以指令下级人民法院再审，也可以提审。

206. 人民法院接到当事人的再审申请后，应当进行审查。认为符合民事诉讼法第一百七十九条规定的，应当在立案后裁定中止原判决的执行，并及时通知双方当事人；认为不符合第一百七十九条规定的，用通知书驳回申请。

207.按照督促程序、公示催告程序、企业法人破产还债程序审理的案件以及依照审判监督程序审理后维持原判的案件，当事人不得申请再审。

208.对不予受理、驳回起诉的裁定，当事人可以申请再审。

209.当事人就离婚案件中的财产分割问题申请再审的，如涉及判决中已分割的财产，人民法院应依照民事诉讼法第一百七十九条的规定进行审查，符合再审条件的，应立案审理；如涉及判决中未作处理的夫妻共同财产，应告知当事人另行起诉。

210.人民法院提审或按照第二审程序再审的案件，在审理中发现原一、二审判决违反法定程序的，可分别情况处理：

(1) 认为不符合民事诉讼法规定的受理条件的，裁定撤销一、二审判决，驳回起诉。

(2) 具有本意见第181条规定的违反法定程序的情况，可能影响案件正确判决、裁定的，裁定撤销一、二审判决，发回原审人民法院重审。

211.依照审判监督程序再审的案件，人民法院发现原一、二审判决遗漏了应当参加的当事人的，可以根据当事人自愿的原则予以调解，调解不成的，裁定撤销一、二审判决，发回原审人民法院重审。

212.民事诉讼法第一百八十二条中的二年为不变期间，自判决、裁定发生法律效力次日起计算。

213.再审案件按照第一审程序或者第二审程序审理的，适用民事诉讼法第一百三十五条、第一百五十九条规定的审限。审限自决定再审的次日起计算。

214.本意见第192条的规定适用于审判监督程序。

十四、督促程序

215.债权人向人民法院申请支付令，符合下列条件的，人民法院应予受理，并在收到申请后五日内通知债权人：

(1) 请求给付金钱或汇票、本票、支票以及股票、债券、国库券、可转让的存款单等有价证券的；

(2) 请求给付的金钱或者有价证券已到期且数额确定，并写明了请求所根据的事实、证据的；

(3) 债权人没有对待给付义务的；

(4) 支付令能够送达债务人的。

不符合上述条件的，通知不予受理。

216. 人民法院受理申请后，由审判员一人进行审查。经审查申请不成立的，应当在15日内裁定驳回申请，该裁定不得上诉。

217. 在人民法院发出支付令前，申请人撤回申请的，应当裁定终结督促程序。

218. 债务人不在我国境内的，或者虽在我国境内但下落不明的，不适用督促程序。

219. 支付令应记明以下事项：

（1）债权人、债务人姓名或名称等基本情况；

（2）债务人应当给付的金钱、有价证券的种类、数量；

（3）清偿债务或者提出异议的期限；

（4）债务人在法定期间不提出异议的法律后果。

支付令由审判员、书记员署名，加盖人民法院印章。

220. 向债务人本人送达支付令，债务人拒绝接收的，人民法院可以留置送达。

221. 依照民事诉讼法第一百九十二条的规定，债务人在法定期间提出书面异议的，人民法院无须审查异议是否有理由，应当直接裁定终结督促程序。债务人对债务本身没有异议，只是提出缺乏清偿能力的，不影响支付令的效力。

债务人的口头异议无效。

222. 民事诉讼法第一百九十一条驳回支付令申请的裁定书和第一百九十二条终结督促程序的裁定书，由审判员、书记员署名，加盖人民法院印章。

223. 债务人在收到支付令后，不在法定期间提出书面异议，而向其他人民法院起诉的，不影响支付令的效力。

224. 督促程序终结后，债权人起诉的，由有管辖权的人民法院受理。

225. 债权人向人民法院申请执行支付令的期限，适用民事诉讼法第二百一十九条的规定。

十五、公示催告程序

226. 民事诉讼法第一百九十三条规定的票据持有人，是指票据被盗、遗失或者灭失前的最后持有人。

227. 人民法院收到公示催告的申请后，应当立即审查，并决定是否受理。经审查认为符合受理条件的，通知予以受理，并同时通知支付人停止支付；认为不符合受理条件的，七日内裁定驳回申请。

228. 人民法院依照民事诉讼法第一百九十四条规定发出的受理申请的公告，应写明以下内容：

（1）公示催告申请人的姓名或名称；

（2）票据的种类、票面金额、发票人、持票人、背书人等；

（3）申报权利的期间；

（4）在公示催告期间转让票据权利、利害关系人不申报的法律后果。

229. 公告应张贴于人民法院公告栏内，并在有关报纸或其他宣传媒介上刊登；人民法院所在地有证券交易所的，还应张贴于该交易所。

230. 利害关系人在公示催告期间向人民法院申报权利的，人民法院应当裁定终结公示催告程序。利害关系人在申报期届满后，判决作出之前申报权利的，同样应裁定终结公示催告程序。

231. 利害关系人申报权利，人民法院应通知其向法院出示票据，并通知公示催告申请人在指定的期间察看该票据。公示催告申请人申请公示催告的票据与利害关系人出示的票据不一致的，人民法院应当裁定驳回利害关系人的申报。

232. 在申报权利的期间没有人申报的，或者申报被驳回的，公示催告申请人应自申报权利期间届满的次日起一个月内申请人民法院作出判决。逾期不申请判决的，终结公示催告程序。

233. 判决生效后，公示催告申请人有权依据判决向付款人请求付款。

234. 适用公示催告程序审理案件，可由审判员一人独任审理；判决宣告票据无效的，应当组成合议庭审理。

235. 公示催告申请人撤回申请，应在公示催告前提出；公示催告期间申请撤回的，人民法院可以迳行裁定终结公示催告程序。

236. 人民法院依照民事诉讼法第一百九十四条规定通知支付人停止支付，应符合有关财产保全的规定。支付人收到停止支付通知后拒不止付的，除可依照民事诉讼法第一百零二条、第一百零三条规定采取强制措施外，在判决后，支付人仍应承担支付义务。

237. 人民法院依据民事诉讼法第一百九十六条规定终结公示催告程序后，公示催告申请人或者申报人向人民法院提起诉讼的，依照民事诉讼法第二十七条的规定确定管辖。

238. 民事诉讼法第一百九十六条终结公示催告程序的裁定书，由审判员、书记员署名，加盖人民法院印章。

239. 依照民事诉讼法第一百九十八条的规定，利害关系人向人民法院起诉的，人民法院可按票据纠纷适用普通程序审理。

十六、企业法人破产还债程序

240. 具有法人资格的集体企业、联营企业、私人企业以及设在中国领域内的中外合资经营企业、中外合作经营企业和外资企业等，适用企业法人破产还债程序。

联营企业中的联营各方均为全民所有制企业的，该联营企业的破产不适用企业法人破产还债程序。

241. 债权人就其抵押物或者其他担保物享有优先受偿权。抵押权人或者其他担保物权人在破产还债案件受理后至破产宣告前请求优先受偿的，应经人民法院准许。

抵押物或者其他担保物的价款不足其所担保的债务数额的，其差额部分列为破产债权。

242. 人民法院受理破产案件后，应当组成合议庭进行审理。

243. 人民法院依照民事诉讼法第二百条发出的破产公告，应当在报纸上刊登，公告中应当写明下列内容：

(1) 立案时间；

(2) 破产案件的债务人；

(3) 申报债权的期限、地点和逾期未报的法律后果；

(4) 第一次债权人会议召开的日期、地点。

244. 人民法院受理破产申请后，对债务人的其他民事执行程序、财产保全程序必须中止。

245. 人民法院受理破产案件后，应当及时通知债务人的开户银行停止办理债务人的结算业务。开户银行支付维持债务人正常生产经营所必需的费用，应经人民法院许可。

246. 依照民事诉讼法第二百零一条的规定，人民法院组织成立破产清算组织的，破产财产处理和分配方案由破产清算组织提出，经债权人会议讨论通过，报请人民法院裁定后执行。

247. 债权人会议讨论通过破产财产的处理和分配方案，应由出席会议的有表决权的债权人的过半数通过，并且其所代表的债权额必须占无财产担保债权总额的半数以上；讨论通过和解协议草案，必须占无财产担保债权总额的三分之二以上。

248. 民事诉讼法第二百条规定的和解协议，应当具备以下内容：

(1) 清偿债务的财产来源；

(2) 清偿债务的办法；

(3) 清偿债务的期限。

249. 清算组织在对破产财产进行保管、清理、估价、处理和分配过程中，应向人民法院负责并报告工作，接受人民法院和债权人会议的监督。

250. 破产财产分配完毕，由破产清算组织提请人民法院裁定终结破产程序。破产程序终结后，未得到清偿的债权不再清偿。

251. 破产程序终结后，由破产清算组织向破产企业原登记机关办理注销登记。

252. 破产还债案件，一律用裁定；当事人除对驳回破产申请的裁定可以上诉外，对其他裁定不准上诉。

253. 人民法院审理破产还债案件，除适用民事诉讼法第十九章的规定外，并可参照《中华人民共和国企业破产法（试行）》的有关规定。

十七、执行程序

254. 强制执行的标的应当是财物或者行为。当事人拒绝履行发生法律效力的判决、裁定、调解书、支付令的，人民法院应向当事人发出执行通知。在执行通知指定的期间被执行人仍不履行的，应当强制执行。

255. 发生法律效力的支付令，由制作支付令的人民法院负责执行。

256. 民事诉讼法第二百零七条第二款规定的由人民法院执行的其他法律文书，包括仲裁裁决书、公证债权文书。

其他法律文书由被执行人住所地或者被执行人的财产所在地人民法院执行；当事人分别向上述人民法院申请执行的，由最先接受申请的人民法院执行。

257. 民事诉讼法第二百零八条规定的中止执行，应当限于案外人依该条规定提出异议部分的财产范围。对被执行人的其他财产，不应中止执行。异议理由不成立的，通知驳回。

258. 执行员在执行本院的判决、裁定和调解书时，发现确有错误的，应当提出书面意见，报请院长审查处理。在执行上级人民法院的判决、裁定和调解书时，发现确有错误的，可提出书面意见，经院长批准，函请上级人民法院审查处理。

259. 被执行人、被执行的财产在外地的，负责执行的人民法院可以委托当地人民法院代为执行，也可以直接到当地执行。直接到当地执行的，负责执行的人民法院可以要求当地人民法院协助执行。当地人民法院应当根据要求协助执行。

260. 委托执行，委托人民法院应当出具委托函和生效的法律文书（副本）。委托函应当提出明确的执行要求。

261. 受委托人民法院在接到委托函后，无权对委托执行的生效的法律文书进行实体审查；执行中发现据以执行的法律文书有错误的，受委托人民法院应当及时向委托人民法院反映。

262. 受委托人民法院应当严格按照生效法律文书的规定和委托人民法院的要求执行。对债务人履行债务的时间、期限和方式需要变更的，应当征得申请执行人的同意，并将变更情况及时告知委托人民法院。

263. 受委托人民法院遇有需要中止或者终结执行的情形，应当及时函告委托人民法院，由委托人民法院作出裁定，在此期间，可以暂缓执行。受委托人民法院不得自行裁定中止或者终结执行。

264. 委托执行中，案外人对执行标的提出异议的，受委托人民法院应当函告委托人民法院，由委托人民法院通知驳回或者作出中止执行的裁定，在此期间，暂缓执行。

265. 依照民事诉讼法第二百一十条第二款的规定，受委托人民法院的上一级人民法院在接到委托人民法院指令执行的请求后，应当在五日内书面指令受委托人民法院执行，并将这一情况及时告知委托人民法院。

受委托人民法院在接到上一级人民法院的书面指令后，应当立即执行，将执行情况报告上一级人民法院，并告知委托人民法院。

266. 一方当事人不履行或者不完全履行在执行中双方自愿达成的和解协议，对方当事人申请执行原生效法律文书的，人民法院应当恢复执行，但和解协议已履行的部分应当扣除。和解协议已经履行完毕的，人民法院不予恢复执行。

267. 申请恢复执行原法律文书，适用民事诉讼法第二百一十九条申请执行期限的规定。申请执行期限因达成执行中的和解协议而中止，其期限自和解协议所定履行期限的最后一日起连续计算。

268.人民法院依照民事诉讼法第二百一十二条的规定决定暂缓执行的，如果担保是有期限的，暂缓执行的期限应与担保期限一致，但最长不得超过一年。被执行人或担保人对担保的财产在暂缓执行期间有转移、隐藏、变卖、毁损等行为的，人民法院可以恢复强制执行。

269.民事诉讼法第二百一十二条规定的执行担保，可以由被执行人向人民法院提供财产作担保，也可以由第三人出面作担保。以财产作担保的，应提交保证书；由第三人担保的，应当提交担保书。担保人应当具有代为履行或者代为承担赔偿责任的能力。

270.被执行人在人民法院决定暂缓执行的期限届满后仍不履行义务的，人民法院可以直接执行担保财产，或者裁定执行担保人的财产，但执行担保人的财产以担保人应当履行义务部分的财产为限。

271.依照民事诉讼法第二百一十三条的规定，执行中作为被执行人的法人或者其他组织分立、合并的，其权利义务由变更后的法人或者其他组织承受；被撤销的，如果依有关实体法的规定有权利义务承受人的，可以裁定该权利义务承受人为被执行人。

272.其他组织在执行中不能履行法律文书确定的义务的，人民法院可以裁定执行对该其他组织依法承担义务的法人或者公民个人的财产。

273.在执行中，作为被执行人的法人或者其他组织名称变更的，人民法院可以裁定变更后的法人或者其他组织为被执行人。

274.作为被执行人的公民死亡，其遗产继承人没有放弃继承的，人民法院可以裁定变更被执行人，由该继承人在遗产的范围内偿还债务。继承人放弃继承的，人民法院可以直接执行被执行人的遗产。

275.法律规定由人民法院执行的其他法律文书执行完毕后，该法律文书被有关机关依法撤销的，经当事人申请，适用民事诉讼法第二百一十四条的规定。

276.执行中，具有企业法人资格的被执行人不能清偿到期债务，根据债权人或者债务人申请，人民法院可以依法宣告被执行人破产。

277.仲裁机构裁决的事项部分属于仲裁协议的范围，部分超过仲裁协议范围的，对超过部分，人民法院应当裁定不予执行。

278.依照民事诉讼法第二百一十七条第二款、第三款的规定，人民法院裁定不予执行仲裁裁决后，当事人可以重新达成书面仲裁协议申请仲裁，也可以向人民法院起诉。

279.民事诉讼法第二百二十条规定的执行通知，人民法院应在收到申请执行书后的十日内发出。执行通知中除应责令被执行人履行法律文书确定的义务外，并应通知其承担民事诉讼法第二百三十二条规定的迟延履行利息或者迟延履行金。

280.人民法院可以直接向银行及其营业所、储蓄所、信用合作社以及其他有储蓄业务的单位查询、冻结、划拨被执行人的存款。外地法院可以直接到被执行人住所地、被执行财产所在地银行及其营业所、储蓄所、信用合作社以及其他有储蓄业务的单位查询、冻结、划拨被执行人应当履行义务部分的存款，无需由当地人民法院出具手续。

281.人民法院在执行中需要变卖被执行人财产的，可以交有关单位变卖，也可以由人民法院直接变卖。由人民法院直接变卖的，变卖前应就价格问题征求物价等有关部门的意见，作价应当公平合理。

对变卖的财产，人民法院或其工作人员不得买受。

282.人民法院在执行中已依照民事诉讼法第二百二十一条、第二百二十三条的规定对被执行人的财产查封、冻结的，任何单位包括其他人民法院不得重复查封、冻结或者擅自解冻，违者按照民事诉讼法第一百零二条的规定处理。被执行人的财产不能满足所有申请执行人清偿要求的，执行时可以参照民事诉讼法第二百零四条的规定处理。

283. 依照民事诉讼法第二百三十一条规定，当事人不履行法律文书确定的行为义务，如果该项行为义务只能由被执行人完成的，人民法院可以依照民事诉讼法第一百零二条第一款第（六）项的规定处理。

284. 执行的标的物为特定物的，应执行原物。原物确已不存在的，可折价赔偿。

285. 执行中，被执行人隐匿财产的，人民法院除可依照民事诉讼法第一百零二条规定对其处理外，并应责令被执行人交出隐匿的财产或折价赔偿。被执行人拒不交出或赔偿的，人民法院可按被执行财产的价值强制执行被执行人的其他财产，也可以采取搜查措施，追回被隐匿的财产。

286. 人民法院依照民事诉讼法第二百二十七条规定对被执行人及其住所或者财产隐匿地进行搜查，必须符合以下条件：

（1）生效法律文书确定的履行期限已经届满；

（2）被执行人不履行法律文书确定的义务；

（3）认为有隐匿财产的行为。

搜查人员必须按规定着装并出示搜查令和身份证件。

287. 人民法院搜查时禁止无关人员进入搜查现场；搜查对象是公民的，应通知被执行人或者他的成年家属以及基层组织派员到场；搜查对象是法人或者其他组织的，应通知法定代表人或者主要负责人到场，有上级主管部门的，也应通知主管部门有关人员到场。拒不到场的，不影响搜查。

搜查妇女身体，应由女执行人员进行。

288. 搜查中发现应当依法扣押的财产，依照民事诉讼法第二百二十四条第二款和第二百二十六条的规定办理。

289. 搜查应制作搜查笔录，由搜查人员、被搜查人及其他在场人签名或盖章。拒绝签名或者盖章的，应在搜查笔录中写明。

290. 法人或其他组织持有法律文书指定交付的财物或者票证，在人民法院发出协助执行通知后，拒不转交的，强制执行，并可依照民事诉讼法第一百零三条的规定处理。

291. 有关单位和个人持有法律文书指定交付的财物或者票证，因其过失被毁损或灭失的，人民法院可责令持有人赔偿；拒不赔偿的，人民法院可按被执行的财物或者票证的价值强制执行。

292. 人民法院在执行中需要办理房产证、土地证、山林所有权证、专利证书、商标证书、车辆执照等有关财产权证照转移手续的，可以依照民事诉讼法第二百三十条规定办理。

293. 被执行人迟延履行的，迟延履行期间的利息或迟延履行金自判决、裁定和其他法律文书指定的履行期间届满的次日起计算。

294. 民事诉讼法第二百三十二条规定的加倍支付迟延履行期间的债务利息，是指在按银行同期贷款最高利率计付的债务利息上增加一倍。

295. 被执行人未按判决、裁定和其他法律文书指定的期间履行非金钱给付义务的，无论是否已给申请执行人造成损失，都应当支付迟延履行金。已经造成损失的，双倍补偿申请执行人已经受到的损失；没有造成损失的，迟延履行金可以由人民法院根据具体案件情况决定。

296. 债权人依照民事诉讼法第二百三十三条的规定请求人民法院继续执行的，不受民事诉讼法第二百一十九条所定期限的限制。

297. 被执行人为公民或者其他组织，在执行程序开始后，被执行人的其他已经取得执行依据的或者已经起诉的债权人发现被执行人的财产不能清偿所有债权的，可以向人民法院申请参与分配。

298. 申请参与分配，申请人应提交申请书，申请书应写明参与分配和被执行人不能清偿所有债权的事实和理由，并附有执行依据。

参与分配申请应当在执行程序开始后，被执行人的财产被清偿前提出。

299. 被执行人为公民或者其他组织，在有其他已经取得执行依据的债权人申请参与分配的执行中，被执行人的财产参照民事诉讼法第二百零四条规定的顺序清偿，不足清偿同一顺序的，按照比例分配。清偿后的剩余债务，被执行人应当继续清偿。债权人发现被执行人有其他财产的，可以随时请求人民法院执行。

300. 被执行人不能清偿债务，但对第三人享有到期债权的，人民法院可依申请执行人的申请，通知该第三人向申请执行人履行债务。该第三人对债务没有异议但又在通知指定的期限内不履行的，人民法院可以强制执行。

301. 经申请执行人和被执行人同意，可以不经拍卖、变卖，直接将被执行人的财产作价交申请执行人抵偿债务，对剩余债务，被执行人应当继续清偿。

302. 被执行人的财产无法拍卖或变卖的，经申请执行人同意，人民法院可以将该项财产作价后交付申请执行人抵偿债务，或者交付申请执行人管理；申请执行人拒绝接收或管理的，退回被执行人。

303. 在人民法院执行完毕后，被执行人或者其他人对已执行的标的有妨害行为的，人民法院应当采取措施，排除妨害，并可以依照民事诉讼法第一百零二条的规定处理。因妨害行为给申请执行人或者其他人造成损失的，受害人可以另行起诉。

十八、涉外民事诉讼程序的特别规定

304. 当事人一方或双方是外国人、无国籍人、外国企业或组织，或者当事人之间民事法律关系的设立、变更、终止的法律事实发生在外国，或者诉讼标的物在外国的民事案件，为涉外民事案件。

305. 依照民事诉讼法第三十四条和第二百四十六条规定，属于中华人民共和国人民法院专属管辖的案件，当事人不得用书面协议选择其他国家法院管辖。但协议选择仲裁裁决的除外。

306. 中华人民共和国人民法院和外国法院都有管辖权的案件，一方当事人向外国法院起诉，而另一方当事人向中华人民共和国人民法院起诉的，人民法院可予受理。判决后，外国法院申请或者当事人请求人民法院承认和执行外国法院对本案作出的判决、裁定的，不予准许；但双方共同参加或者签订的国际条约另有规定的除外。

307. 对不在我国领域内居住的被告，经用公告方式送达诉状或传唤，公告期满不应诉，人民法院缺席判决后，仍应将裁判文书依照民事诉讼法第二百四十七条第（七）项的规定公告送达。自公告送达裁判文书满六个月的次日起，经过三十日的上诉期当事人没有上诉的，一审判决即发生法律效力。

308. 涉外民事诉讼中的外籍当事人，可以委托本国人为诉讼代理人，也可以委托本国律师以非律师身份担任诉讼代理人；外国驻华使、领馆官员，受本国公民的委托，可以以个人名义担任诉讼代理人，但在诉讼中不享有外交特权和豁免权。

309. 涉外民事诉讼中，外国驻华使、领馆授权其本馆官员，在作为当事人的本国国民不在我国领域内的情况下，可以以外交代表身份为其本国国民在我国聘请中国律师或中国公民代理民事诉讼。

310. 涉外民事诉讼中，经调解双方达成协议，应当制发调解书。当事人要求发给判决书的，可以依协议的内容制作判决书送达当事人。

311. 当事人双方分别居住在我国领域内和领域外，对第一审人民法院判决、裁定的上诉期，居住在我国领域内的为民事诉讼法

第一百四十七条所规定的期限；居住在我国领域外的为三十日。双方的上诉期均已届满没有上诉的，第一审人民法院的判决、裁定即发生法律效力。

312. 本意见第145条至第148条、第277条、第278条的规定适用于涉外民事诉讼程序。

313. 我国涉外仲裁机构作出的仲裁裁决，一方当事人不履行，对方当事人向人民法院申请执行的，应依照民事诉讼法第二十八章的有关规定办理。

314. 申请人向人民法院申请执行我国涉外仲裁机构裁决，须提出书面申请书，并附裁决书正本。如申请人为外国一方当事人，其申请书须用中文本提出。

315. 人民法院强制执行涉外仲裁机构的仲裁裁决时，如被执行人申辩有民事诉讼法第二百六十条第一款规定的情形之一的，在其提供了财产担保后，可以中止执行。人民法院应当对被执行人的申辩进行审查，并根据审查结果裁定不予执行或驳回申辩。

316. 涉外经济合同的解除或者终止，不影响合同中仲裁条款的效力。当事人一方因订有仲裁条款的涉外经济合同被解除或者终止向人民法院起诉的，不予受理。

317. 依照民事诉讼法第二百五十八条的规定，我国涉外仲裁机构将当事人的财产保全申请提交人民法院裁定的，人民法院可以进行审查，决定是否进行保全。裁定采取保全的，应当责令申请人提供担保，申请人不提供担保的，裁定驳回申请。

318. 当事人向中华人民共和国有管辖权的中级人民法院申请承认和执行外国法院作出的发生法律效力的判决、裁定的，如果该法院所在国与中华人民共和国没有缔结或者共同参加国际条约，也没有互惠关系的，当事人可以向人民法院起诉，由有管辖权的人民法院作出判决，予以执行。

319. 与我国没有司法协助协议又无互惠关系的国家的法院，未通过外交途径，直接请求我国法院司法协助的，我国法院应予退回，并说明理由。

320. 当事人在我国领域外使用人民法院的判决书、裁定书，要求我国人民法院证明其法律效力的，以及外国法院要求我国人民法院证明判决书、裁定书的法律效力的，我国作出判决、裁定的人民法院，可以本法院的名义出具证明。

最高人民法院
关于大连中药厂与周淑清房屋产权纠纷一案的复函

1992年7月31日　〔1992〕民他字第21号

辽宁省高级人民法院：

你院1992年4月15日〔1991〕民监字第76号《关于大连中药厂与周淑清房屋产权纠纷一案的请示》收悉。

经我们研究认为：1956年公私合营时，瑞生药房依照当时的政策规定，对房屋及其他低值易耗品，经过清产核资已折价入股；私房代表人张锡九（周淑清的丈夫）领取了股息，并为其女儿安排了工作。公私合营后，大连中药厂将诉争房屋纳入国有固定资产管理使用至今，并一直交纳房地产税。据此，我们同意你院审判委员会的意见，即诉争房屋已公私合营，产权属国家所有，由大连中药厂管理使用。

以上意见，供参考。

最高人民法院
关于刊登侵害他人名誉权小说的出版单位在作者已被判刑后还应否承担民事责任的复函

1992 年 8 月 14 日 〔1992〕民他字第 1 号

江苏省高级人民法院：

你院〔1991〕民请字第 10 号《关于刊登侵害他人名誉权小说的出版单位在作者已被判刑后还应否承担民事责任的请示》收悉。经研究认为：出版单位刊登侮辱、诽谤他人的小说，原告多次向出版单位反映，要求其澄清事实、消除影响，出版单位未予置理。在作者为此被以诽谤罪追究刑事责任后，出版单位仍不采取措施，为原告清除影响，致使该小说继续流传于社会，扩大了不良影响，侵害了原告的名誉权。因此，出版单位应当承担民事责任。

最高人民法院
关于李玉彬诉万县市中意皮鞋厂房屋买卖纠纷案如何处理的复函

1992 年 8 月 15 日 (91)民他字第 60 号

四川省高级人民法院：

你院〔1991〕川法民字第 12 号关于李玉彬诉万县市中意皮鞋厂房屋买卖纠纷案的请示报告收悉，经我们研究认为，双方于 1983 年 6 月 1 日签订的“房屋租佃合同”和 1984 年 12 月 10 日签订的“房主申明”，名为房屋租佃，实为房屋买卖。根据有关法律、政策关于机关、团体、企业事业单位不得擅自购买私有房屋的规定，同意你院审判委员会第二种意见：即双方签订的“房屋租佃合同”和“房主申明”应认定无效，李玉彬一方多收的楼上 1 间的房租和 600 元卖房款应返还对方并赔偿利息损失。

以上意见供参考

最高人民法院
关于王维新与长春市电子仪器厂房屋纠纷案应如何处理的复函

1992 年 8 月 21 日 〔1992〕民他字第 14 号

吉林省高级人民法院：

你院 1991 年 12 月 27 日关于王维新与长春市电子仪器厂房屋纠纷一案的请示报告收悉。经研究，答复如下：

王维新与长春市电子仪器厂没有订立房屋买卖契约，只有 1970 年长春市电子仪器厂付给王维新之妻刘瑞清借房费和交房款的两张各500元的借据。从1970年至诉讼前，长春市电子仪器厂并未取得当地县以上人民政府允许购买讼争私房的批件，且该厂现在又不需使用该房。长春市房地产管理局，长春市人民政府信访办公室的处理意见也不予承认双方的交易。据此，我们认为，按照我国关于机关、团体、部队、企业事业单位不得擅自购买或变相购买城市私有房屋的一贯政策法律规定，此案不适用我院（85）法民字第14号批复，你院审判委员会第二种意见是适当的，即双方买卖关系不成立，即使存在买卖关系，也应视为无效。鉴于双方当事人都有规避法律、政策的行为，终审判决后，吉林省房地产开发公司已善意有偿取得了讼争房屋，具体处理时，请你院根据此案的实际情况，妥善解决。

最高人民法院
关于郑松宽与郑道瀛、吴惠芳等房屋典当、卖断纠纷案如何处理的复函

1992年9月14日　(91)民他字第29号

广东省高级人民法院：

你院〔1991〕粤法民申字第18号关于郑松宽与郑道瀛、吴惠芳等房屋典当、卖断纠纷一案的请示报告收悉。经研究，我们认为，双方当事人讼争的饶平县黄岗镇竹篾街16号右之二房屋1间系佘惠卿于1966年8月作为已有房产由其养子郑道瀛经手，以典价270元，典期8年，出典给郑松宽的，当时吴惠芳等人未提出异议。1982年4月，郑道瀛以3000元的价款（包括典价270元）将出典房屋卖断给典权人郑松宽。1984年佘惠卿去世前，未提出异议。鉴于郑松宽善意、有偿买断承典房屋已事隔多年，郑道瀛等人翻悔卖断协议，要求赎回房屋的主张不予支持。

以上意见供参考。

最高人民法院
关于被继承人死亡后没有法定继承人分享遗产人能否分得全部遗产的复函

1992年9月16日　(92)民他字第25号

江苏省高级人民法院：

你院〔1991〕民请字第21号关于沈玉根诉马以荣房屋典当一案的请示报告和卷宗均以收悉。

经研究认为，沈玉根与叔祖母沈戴氏共同生活十多年，并尽了生养死葬的义务。依照我国继承法第十四条的规定，可分给沈玉根适当的遗产。根据沈戴氏死亡后没有法定继承人等情况，沈玉根可以分享沈戴氏的全部遗产，包括对已出典房屋的回赎权。至于是否允许回赎，应依照有关规定和具体情况妥善处理。

以上意见，供参考。

最高人民法院
关于我原驻苏联使馆教育处出具的证明不具有证明效力的复函

1992年9月22日　　〔1992〕法民字第17号

安徽省高级人民法院：

你院民他字〔1992〕第13号关于中国原驻苏联大使馆教育处出具证明效力问题的请示收悉，经研究并征求外交部领事司的意见，现答复如下：

我国在国外行使涉外公证认证职能的机构，是我国外交代表机构和领事机构，即大使馆、总领事馆、领事馆等。在大使馆内，具体行使涉外公证认证职能的部门为领事部，大使馆内的其他部门如教育处、文化处、商务处等无权出具涉外公证认证文书。据此，我们同意你院请示中的第一种意见，即我国原驻苏联大使馆教育处对莫斯科大学学生耿纯要求离婚的书面意见和授权委托书的证明，不具有证明效力。

此复

最高人民法院
关于房地产案件受理问题的通知

1992年11月25日　　法发〔1992〕38号

全国地方各级人民法院、各级军事法院、各铁路运输中级法院和基层法院、各海事法院：

随着我国当前经济的发展和住房制度、土地使用制度的改革，有关房屋和土地使用方面的纠纷在一些经济发达的地区，不仅收案数量和纠纷种类有增多的趋势，而且出现了许多值得重视和研究的新的情况和新问题。为了适应形势发展的需要，现就不少地方提出的而又需要明确的有关房地产纠纷案件的受理问题通知如下：

一、凡公民之间、法人之间、其他组织之间以及他们相互之间因房地产方面的权益发生争执而提起的民事诉讼，由讼争的房地产所在地人民法院的民事审判庭依法受理。

二、公民、法人和其他组织对人民政府或者其主管部门就有关土地的所有权或者使用权归属的处理决定不服，或对人民政府或者其主管部门就房地产问题作出的行政处罚决定不服，依法向人民法院提起的行政诉讼，由房地产所在地人民法院的行政审判庭依法受理。

三、凡不符合民事诉讼法、行政诉讼法有关起诉条件的属于历史遗留的落实政策性质的房地产纠纷，因行政指令而调整划拨、机构撤并分合等引起的房地产纠纷，因单位内部建房、分房等而引起的占房、腾房等房地产纠纷，均不属于人民法院主管工作的范围，当事人为此而提起的诉讼，人民法院应依法不予受理或驳回起诉，可告知其找有关部门申请解决。

经 济

最高人民法院
关于驻马店市再生资源开发公司与都昌县油脂加工厂购销合同纠纷一案管辖问题的复函

1992年1月15日　　法函〔1992〕6号

江西省高级人民法院、河南省高级人民法院：

江西省高级人民法院赣法（经）请〔1991〕4号函和河南省高级人民法院〔1991〕豫法经函字第11号函均已收悉。经研究，答复如下：

本案合同双方对交货地点的约定虽然没有构成对合同履行地的特殊约定，但从整个合同看，约定的履行地应认定为江西省都昌县。当事人在履行中虽然变更了原约定的交货方式，合同的实际履行地为河南省新蔡县，但在都昌县人民法院受理本案时，本院对实际履行地与约定履行地不一致的，人民法院在按履行地实施管辖时，以实际履行地视为合同履行地的司法解释尚未作出的情况下，都昌县人民法院最先收到起诉状之后受理本案并无不当。本院依照《中华人民共和国民事诉讼法》第三十七条第二款之规定，指定本案由江西省都昌县人民法院管辖。

此复

最高人民法院
关于四川省金建贸易公司诉四川省金堂县建筑工程联合公司购销合同拖欠货款纠纷一案管辖问题的复函

1992年1月28日　　法函〔1992〕13号

西藏自治区高级人民法院，四川省高级人民法院：

西藏自治区高级人民法院藏法〔1991〕经请字第15号请示报告收悉。经研究，答复如下：

鉴于本案原告四川省金建贸易公司、被告四川省金堂县建筑工程联合公司清理小组分别位于成都市所辖的锦江区（原东城区）和金堂县，原东城区人民法院受理本案后根据当事人的申请采取了保全措施，查封的财产位于成都市所辖的温江县。为便利诉讼，本院依照《中华人民共和国民事诉讼法》第三十七条第二款之规定，指定本案由四川省成都市有关的人民法院管辖。请四川省成都市中级人民法院酌情确定管辖法院。

此复

最高人民法院
印发《关于审理专利纠纷案件若干问题的解答》的通知

1992年2月9日　法发〔1992〕3号

各省、自治区、直辖市高级人民法院，解放军军事法院：

现将《最高人民法院关于审理专利纠纷案件若干问题的解答》印发给你们，请在审理专利纠纷案件中遵照执行。

附：

最高人民法院
关于审理专利纠纷案件若干问题的解答

一、关于专利权属纠纷案件的受理问题

专利权属纠纷案件，是指在发明创造被授予专利权之后，公民之间、法人之间、以及公民与法人之间就谁应当是真正的专利权人所发生的确权纠纷案件。这类案件人民法院应当依法受理；由各省、自治区、直辖市人民政府所在地的中级人民法院、经济特区的中级人民法院和经最高人民法院同意的开放城市的中级人民法院作为第一审法院，各省、自治区、直辖市高级人民法院作为第二审法院。

人民法院对专利权属纠纷案件经过审理，判决变更专利权属的，应当将判决书副本抄送中国专利局；当事人凭人民法院的生效判决书，向中国专利局申请变更著录项目。

二、关于在发明专利申请日至公布日期间，是否给予专利保护的问题

在发明专利申请日至公布日期间，专利法对提出专利申请的技术未规定给予保护。在此期间，他人将独立研制出的与申请专利的技术相同的发明付诸实施或者转让的，不承担侵权责任；但是，专利申请公布以后，继续使用该项技术的，依据专利法规定，则应支付适当的费用。

三、关于专利侵权诉讼因侵权人请求宣告专利权无效而中止审理的问题

在人民法院审理专利侵权案件中，经常发生侵权人利用请求宣告专利权无效故意拖延诉讼，继续实施侵权行为。为了有效地依法保护专利权人的合法权益，避免侵权损害的扩大，特规定如下：

（一）人民法院受理实用新型或外观设计专利侵权案件后，在向被告送达起诉状副本时，应当通知被告如欲请求宣告该项专利权无效，须在答辩期间内向专利复审委员会提出。

被告在答辩期间内请求宣告该项专利无效的，人民法院应当中止诉讼。专利权人提出财产保全申请并提供担保的，人民法院认为必要时，在裁定中止诉讼的同时责令被告停止侵权行为或者采取其他制止侵权损害继续扩大的措施。

被告在答辩期间内未请求宣告该项专利权无效，而在其后的审理过程中提出无效请

求的，人民法院可以不中止诉讼。

(二)人民法院受理的发明专利侵权案件或者经专利复审委员会审查维持专利权的实用新型专利侵权案件，被告在答辩期间请求宣告该项专利无效的，人民法院可以不中止诉讼。

四、关于专利侵权的损害赔偿问题

专利侵权的损害赔偿，应当贯彻公正原则，使专利权人因侵权行为受到的实际损失能够得到合理的赔偿。

专利侵权的损失赔偿额可按照以下方法计算：

(一)以专利权人因侵权行为受到的实际经济损失作为损失赔偿额。

计算方法是：因侵权人的侵权产品（包括使用他人专利方法生产的产品）在市场上销售使专利权人的专利产品的销售量下降，其销售量减少的总数乘以每件专利产品的利润所得之积，即为专利权人的实际经济损失。

(二)以侵权人因侵权行为获得的全部利润作为损失赔偿额。

计算方法是：侵权人从每件侵权产品(包括使用他人专利方法生产的产品)获得的利润乘以在市场上销售的总数所得之积，即为侵权人所得的全部利润。

(三)以不低于专利许可使用费的合理数额作为损失赔偿额。

对于上述三种计算方法，人民法院可以根据案情的不同情况选择适用。

当事人双方商定用其他计算方法计算损失赔偿额的，只要是公平合理的，人民法院可予准许。

五、关于专利管理机关已经受理尚未调处完结的案件，当事人又向人民法院起诉的，人民法院是否受理的问题

当事人一方向专利管理机关请求调处，专利管理机关已经立案并向另一方发出答辩通知书，而另一方拒绝答辩并向人民法院起诉的，只要起诉符合民事诉讼法第一百零八条的规定和最高人民法院关于审理专利案件的有关规定，人民法院应予受理；如果另一方接到专利管理机关的答辩通知书后作了实质性答辩，在专利管理机关调处过程中又向人民法院起诉的，人民法院不予受理。

在专利管理机关调处过程中，当事人双方都向人民法院起诉的，人民法院应予受理，并告知其向专利管理机关办理撤回请求调处手续。

六、关于对专利管理机关的处理决定不服应当向何地何级法院起诉的问题

根据最高人民法院关于专利案件的管辖规定，如果做出处理决定的专利管理机关所在地的中级人民法院对专利案件有管辖权，当事人不服处理决定的，可以向专利管理机关所在地的中级人民法院起诉；如果做出处理决定的专利管理机关所在地的中级人民法院对专利案件无管辖权，当事人不服处理决定的，可以向专利管理机关所属省、自治区、直辖市人民政府所在地的中级人民法院起诉。有关人民法院应当作为行政案件受理。

七、关于经专利管理机关调解达成调解协议的专利纠纷案件，当事人一方反悔的，可否向人民法院起诉的问题

专利纠纷案件经专利管理机关调解达成调解协议的，在调解书送达前或送达后当事人一方反悔向人民法院起诉的，人民法院应予受理。

八、关于专利管理机关作出的处理决定申请强制执行问题

依照行政诉讼法第六十六条和专利法第六十条的规定，专利管理机关作出的处理决定，当事人期满不起诉又不履行的，专利管理机关可以向被执行人所在地或者被执行人财产所在地的对专利案件有管辖权的中级人民法院请求执行。

最高人民法院
关于托运人主张货损货差而拒付运费应否支付滞纳金的答复

1992年2月12日　　法函〔1992〕16号

上海市高级人民法院：

你院〔1990〕沪高经上字第38号请示收悉。经研究答复如下：

一、在水路货物运输合同中，支付运费是托运人的法定义务，该义务不因发生货损货差而消灭。托运人主张的货损货差赔偿可通过索赔解决，若擅自拒付运费则应按法律规定支付滞纳金。

二、托运人主张的货损货差赔偿一经认定，赔偿数额应包括货损货差本额及其利息。

此复

最高人民法院
关于新疆生产建设兵团农七师131团农牧副产品经营部与芜湖市金宝炒货商店购销合同纠纷一案指定管辖的函

1992年2月20日　　法函〔1992〕19号

安徽省高级人民法院，新疆维吾尔自治区高级人民法院：

安徽省高级人民法院经请字〔1991〕第11号请示和新疆维吾尔自治区高级人民法院新高法〔1992〕11号关于奎屯垦区法院与芜湖市中级法院因购销打瓜籽合同纠纷案发生管辖权争议呈请指定管辖的报告均收悉。鉴于本案合同的签订地在安徽省芜湖市，履行地在新疆奎屯垦区；芜湖市中级人民法院最先收到起诉状，依照当事人提交起诉状和法院立案时的法律，原告向两个以上有管辖权的人民法院起诉的，应由最先收到起诉状的人民法院受理。故本院依照《中华人民共和国民事诉讼法》第三十七条第二款之规定，指定本案由安徽省芜湖市中级人民法院管辖。审理结果请抄报最高人民法院经济庭。

此复

最高人民法院
关于武汉市煤气公司诉重庆检测仪表厂煤气表装配线技术转让合同购销煤气表散件合同纠纷一案适用法律问题的函

1992年3月6日　　法函〔1992〕27号

湖北省高级人民法院：

你院鄂法〔1992〕经呈字第6号关于武汉市煤气公司诉重庆检测仪表厂煤气表装配线技术转让合同、购销煤气表散件合同纠纷一案适用法律问题的请示报告收悉。经研究，同意你院的处理意见。

本案由两个独立的合同组成。鉴于武汉市煤气公司与重庆检测仪表厂签订的技术转让合同已基本履行，煤气表生产线已投入生产并产生了经济效益，一审法院判决解除该合同并由仪表厂拆除煤气表装配生产线，是不利于社会生产力发展的。就本案购销煤气表散件合同而言，在合同履行过程中，由于发生了当事人无法预见和防止的情事变更，即生产煤气表散件的主要原材料铝锭的价格，由签订合同时国家定价为每吨4400元至4600元，上调到每吨16000元，铝外壳的售价也相应由每套23.085元上调到41元，如要求重庆检测仪表厂仍按原合同约定的价格供给煤气表散件，显失公平。对于双方由此而产生的纠纷，你院可依照《中华人民共和国经济合同法》第二十七条第一款第四项之规定，根据本案实际情况，酌情予以公平合理地解决。

最高人民法院
关于购销不合格稻种合同纠纷请示问题的答复

1992年3月14日　　法函〔1992〕30号

湖北省高级人民法院：

你院鄂法〔1991〕告申呈字第29号“关于湖南省建新农场因销售不合格稻种，引起赔偿纠纷，对判决不服，提出申诉一案的复查处理意见的请示报告”收悉。经研究，答复如下：

一、湖南省建新农场在无生产种子许可证和营业执照的情况下，不经合法手续鉴定种子质量即对外销售，违反了《中华人民共和国种子管理条例》和国家工商管理法规，属违法经营。建新农场与湖南省桃源县三阳农技站（以下简称农技站）以及农技站与湖北省公安县种子公司毛家港镇供种站（以下简称供种站）签订的两份购销纯度为90.93%的“汕优63”杂交稻种11590斤的合同，均应确认无效。

二、1989年9月25日至27日，建新农场会同公安县农学会、供种站、湖南省杂交水稻研究中心、岳阳市种子公司等单位的研究员、高级农艺师对毛家港中心村四组四户94.89亩受损水稻进行田间鉴定，得出种子纯度为56.6%的结论，不能因为毛家港镇政府未参加而予以否定，可作为本案赔偿损失的基本依据。按此纯度计算每亩的损失时，应征求农业专家和有经验农户的意见，使之尽量接近实际。

三、可认定购种农户种植中稻 2145.2 亩，晚稻 1502.6 亩。建新农场违法出售质量不合格种子，应对中稻损失承担主要责任，供种站、农技站不向用种户讲明保证产量的三条措施，各应承担相应责任。当中稻出现受损情况后，供种站不及时制止晚稻播种，应对晚稻损失承担全部赔偿责任。

四、应当对建新农场、供种站、农技站的违法所得作没收处理。

此复

最高人民法院办公厅
转发司法部律师司《关于中国法律服务（香港）有限公司深圳办事处的性质和法律地位的复函》的通知

1992 年 3 月 17 日　　法办〔1992〕24 号

各省、自治区、直辖市高级人民法院，解放军军事法院：

现将司法部律师司给我院研究室《关于中国法律服务（香港）有限公司深圳办事处的性质和法律地位的复函》转发给你们，请照此处理。

附：

司法部律师司
关于中国法律服务（香港）有限公司深圳办事处的性质和法律地位的复函

1992 年 2 月 14 日　　(92)司律字第 002 号

最高人民法院研究室：

你室（91）12 号函即《关于明确中国专利代理（香港）有限公司和中国法律服务（香港）有限公司深圳办事处的性质和法律地位的函》收悉。现答复如下：

1988 年 2 月 24 日，司法部办字第 030 号文件，即《关于设立“中国法律服务（香港）有限公司”的通知》指出：“经有关部门批准，我部决定在香港设立‘中国法律服务（香港）有限公司’，由中国律师组成，对内、对外以中国律师身份办理有关法律事务”。现在，该公司在深圳设立了办事处，它具有我国境内律师事务所的性质和法律地位，该公司成员持有深圳办事处的证明及《中华人民共和国律师工作执照》时，应准予以律师身份参加诉讼。

最高人民法院
关于聊城市柳园供销公司法人资格认定问题的复函

1992年3月17日　　法函〔1992〕36号

山东省高级人民法院：

你院鲁高法函〔1992〕4号关于如何认定企业法人资格的请示收悉。经研究，答复如下：

依照《中华人民共和国民法通则》第四十一条之规定，集体所有制企业具备法人条件，经主管机关核准登记，取得法人资格。根据《中华人民共和国企业法人登记管理条例》第四条之规定，企业法人登记主管机关是国家工商行政管理局和地方各级工商行政管理局。你院请示中的集体企业聊城市柳园供销公司符合法定条件并经工商行政管理机关核准依法领取有企业法人营业执照，其法人资格应予承认。至于申报单位出资不足问题，可责令其补足注册资金的差额部分，不宜仅据此而否定聊城市柳园供销公司的法人资格。

此复

最高人民法院
关于审理合伙型联营体和个人合伙对外债务纠纷案件应否一并确定合伙内部各方的债务份额的复函

1992年3月18日　　法函〔1992〕34号

广西壮族自治区高级人民法院：

你院〔1991〕桂法（经）字第23号《关于审理合伙联营体和个人合伙对外债务纠纷应否一并确定合伙内部各方的债务份额的请示报告》收悉。经研究，答复如下：

合伙型联营体和个人合伙的财产能够清偿联营或合伙债务的，应当以合伙型联营体或个人合伙的财产清偿。

合伙型联营体、个人合伙无财产清偿或者其财产不足清偿联营、合伙债务的，应当由联营成员或合伙人承担责任。根据《中华人民共和国民法通则》的规定，除法律另有规定的外，合伙人对合伙的债务承担连带责任；合伙型联营各方，依照法律的规定或者协议约定负连带责任的，承担连带责任。如果联营体成员之间、合伙人之间权利义务关系明确，联营体各成员、各合伙人承担债务的份额容易确定，各联营体成员、合伙人之间争议不大的，为简化诉讼程序，可以在审理合伙型联营体、个人合伙对外债务纠纷案件时一并确定联营、合伙各方承担责任的份额，但应在裁判文书中指明合伙型联营各方、各合伙人之间承担连带责任。如果联营各方、合伙人之间对如何承担责任争议较大，将联营体、合伙组织对外债务纠纷与联营、合伙纠纷一并处理不利于案件及时审结的，可以分开审理。如果依照法律的规定或者协议的约定，合伙型联营各方对联营债务不负连带责任的，在审理合伙型联营体对外债务纠纷案件时，必须确定联营各方应当承担清偿债务的份额。

最高人民法院
关于胶州市第二棉纺织厂破产一案和佛山市石湾区对外贸易公司诉胶州市第二棉纺织厂联营合同投资纠纷一案有关问题的复函

1992年4月2日　　法函〔1992〕43号

山东省高级人民法院，广东省高级人民法院：

山东省高级人民法院鲁法（经）发〔1991〕39号报告和广东省高级人民法院报送的有关材料均已收悉。经研究，我院认为：一、胶州市第二棉纺织厂是有关单位盲目投资联营、担保、贷款、重复建设的产物。该企业的设立以及扩大规模，都与国家调整经济结构的目标不符。中国农业银行胶州市支行贷款770万元支持该厂设立，并且与中国农业银行佛山市城郊支行分别为该厂旨在扩大生产规模的合作协议书予以担保，应当承担相应的民事责任；佛山市石湾区对外贸易公司投资1000万元支持该厂扩大生产规模，应当分担相应损失。二、佛山市中级人民法院应于撤销〔1990〕佛中法经字第9号民事判决书之后，就佛山市石湾区对外贸易公司与中国农业银行胶州市支行之间的纠纷依法裁决。三、胶州市第二棉纺织厂破产案已经审理终结，当事人不得申请再审。价差损失由佛山市石湾区对外贸易公司承担。

最高人民法院
关于被执行人未按民事调解书指定期间履行给付金钱的义务是否应当支付延期履行的债务利息的复函

1992年5月4日　　法函〔1992〕58号

广东省高级人民法院：

你院粤高法执请〔1992〕1号“关于被执行人未按民事调解书指定期间履行给付金钱的义务，是否应当支付延期履行的债务利息的请示”收悉，经研究，答复如下：

《中华人民共和国民事诉讼法》第二百三十二条规定：“被执行人未按判决、裁定和其他法律文书指定的期间履行给付金钱义务的，应当加倍支付迟延履行期间的债务利息。”在此所指的“其他法律文书”，包括人民法院的民事调解书在内。由于你院请示中据以执行的民事调解书已于《民事诉讼法》施行之前发生法律效力，根据当时的司法解释规定，被执行人虽应当支付迟延履行期间的债务利息，但可以不予加倍支付。

此复

最高人民法院
关于案外人对执行标的提出异议问题的复函

1992年5月5日　　法函〔1992〕59号

贵州省高级人民法院：

从你院报送的材料看，遵义市北关贸易经营部（需方）与老河口市两个粮管所（供方）签订的购销粮食合同，明确约定在遵义市南站交货，运费由供方负担，货到站需方先付总货款的50%。供方将货物托运后，又派人与需方的合同签订人一道到遵义市收款交货，提货单由供方携带，待收到需方先付50%的货款后，再交提货单给需方提货。以上事实表明该合同是有约定附加条件的。需方在未按约履行附加条件又未取得提货单的情况下，故意避开已到遵义市的供方派员，将货物提出变卖抵债，应当视为非法占有处分了他人的合法财产。

因其他案件，执行法院根据已生效法律文书，监控执行了遵义市北关贸易经营部非法占有处分的他人的合法财产，直接损害了案外人的合法权益，应当立即予以执行回转，并依法做好善后工作。

最高人民法院
关于对遗失金融债券可否按“公示催告”程序办理的复函

1992年5月8日　　法函〔1992〕60号

中国银行：

你行中银综〔1992〕59号“关于对遗失债券有关法律问题的请示”收悉，经研究，答复如下：

我国《民事诉讼法》第一百九十三条规定：“按照规定可以背书转让的票据持有人，因票据被盗、遗失或者灭失，可以向票据支付地的基层人民法院申请公示催告。依照法律规定可以申请公示催告的其他事项，适用本章规定”。这里的票据是指汇票、本票和支票。你行发行的金融债券不属于以上几种票据，也不属于“依照法律规定可以申请公示催告的其他事项”。而且你行在“发行通知”中明确规定，此种金融债券“不计名、不挂失，可以转让和抵押。”因此，对你行发行的金融债券不能适用公示催告程序。

最高人民法院
关于武汉市国营生物发酵设备厂与河北省冀南制药厂加工承揽合同纠纷一案指定管辖的通知

1992年5月22日　法函〔1992〕71号

河北省高级人民法院
湖北省高级人民法院：

河北省高级人民法院冀高法经〔1992〕2号关于河北冀南制药厂与武汉市国营生物发酵设备厂加工承揽合同纠纷案管辖争议问题的请示和湖北省高级人民法院给河北省高级人民法院的函（鄂高法经函〔1992〕1号）均已收悉。经研究，答复如下：

河北冀南制药厂（原名河北东风制药厂，以下简称制药厂）与武汉市国营生物发酵设备厂（以下简称设备厂）签订的由设备厂为制药厂加工82台非标设备合同规定，加工标物一部分在武汉市制作，一部分在河北省永年县制作，标的物交付地点为“甲方厂内”（指制药厂）。根据本院（89）法经函字第22号《关于如何确定加工承揽合同履行地问题的函》的答复，“合同履行地应为合同规定义务履行的地点”。本案合同的实际履行中，设备厂仅在本厂内加工了17台非标设备，其余大部分是在制药厂内完成的。因此，该加工承揽合同承揽方履行义务的主要行为地在河北省永年县，应将该县确定为合同的履行地。且双方当事人对加工设备价款问题发生争议后，河北省永年县人民法院受理该案先于武汉市中级人民法院。根据《中华人民共和国民事诉讼法》第三十七条第二款之规定，本院指定本案由河北省永年县人民法院管辖。请湖北省高级人民法院责成武汉市中级人民法院将本案移送给永年县人民法院审理。

此复

最高人民法院
关于货物运输合同连带责任问题的复函

1992年7月25日　法函〔1992〕103号

甘肃省高级人民法院：

你院甘法经上〔1992〕11号请示报告收悉，经研究认为：

连带责任是债务方为二人以上的一种债的关系，而货物运输合同虽有三方当事人：托运人、承运人和收货人，但当事人之间的权利义务关系是围绕运输合同的标的运输行为而产生的，表现为在运输过程的不同阶段上，承运人与托运人或收货人之间的权利义务关系。托运人与收货人之间不发生运输行为，不存在运输合同关系。因此，在货物运输合同当事人之间债的关系中，承运人是单一的债权人或债务人。一、二审将托运人与承运人作为货物运输合同诉讼的共同被告，二审判决承运人承担连带责任不符合货物运输合同的法律关系。

本案承运人违反铁路运输规章关于集装箱货物由托运人确定重量，承运人抽查的规定，在货物运单上确定货物重量，因此应对货物短少负违约责任。但由于已查明货物短少系托运人私自掏箱所致，根据《经济合同法》第四十一条的规定，承运人可免负赔偿责任。

此复

最高人民法院
关于对重庆市中级人民法院执行贵州进出口商品检验局开办的振环公司债务一案如何适用国发〔1990〕68号、法（经）发〔1991〕10号文件的请示的复函

1992年8月14日　　法函〔1992〕111号

贵州省高级人民法院：
四川省高级人民法院：

四川省高级人民法院川高法执〔1992〕字第8号关于重庆市中级人民法院执行中华人民共和国贵州进出口商品检验局开办的振环公司债务一案，如何适用国务院国发〔1990〕68号通知的请示报告和贵州省高级人民法院黔法执〔1992〕011号关于中国粮油食品进出口公司重庆分公司诉重庆饲料公司菜籽粕购销合同货款纠纷是否适用国发〔1990〕68号、法（经）发〔1991〕10号文件进行统一清偿问题的请示报告均收悉。经研究，答复如下：

贵州振环贸易公司（下称振环公司）原系中华人民共和国贵州进出口商品检验局（下称商检局）投资开办的政企不分的公司。商检局虽于1985年向当地工商局申请与该公司脱钩，但对该公司人事任免和经营管理方面仍有决定权。1990年2月18日，振环公司被撤销后的债权债务由商检局负责清理。因此，重庆市中级人民法院1990年12月7日依据国发〔1985〕102号、中发〔1986〕6号文件有关规定，判决由商检局清偿振环公司所欠饲料公司货款并无不当。鉴于振环公司撤销后有多个债权人，且资不抵债；重庆市中级人民法院〔1990〕经上字第169号民事判决书在国发〔1990〕68号通知发布时尚未执行。故本案应依据本院法（经）发〔1991〕10号文件第四条之规定，“应当委托被撤销公司所在地的人民法院，依照该《通知》第六条的规定执行。”对此，贵州省高级人民法院认为原振环公司的债务应依照国发〔1990〕68号、法（经）发〔1991〕10号文件的有关规定统一清偿的理解是正确的。在统一执行中，受委托执行的贵阳市中级人民法院应将原振环公司收回的债权和商检局对其开办的振环公司债务应在注册资金范围内承担责任的数额，按债权比例进行清偿。

最高人民法院
关于在执行经济纠纷案件中严禁违法拘留人的通知

1992年8月29日　　法发〔1992〕25号

各省、自治区、直辖市高级人民法院，解放军军事法院：

近来，少数人民法院在执行经济纠纷案件中，不严格依照民事诉讼法的规定办事，以拘留被执行人促使其执行判决的事件时有发生，损害了人民法院严肃执法的形象，必须认真纠正。为此，特重申如下：

一、民事诉讼中的拘留是对妨害民事诉讼的一种强制措施。人民法院在执行中采取这种强制措施，必须十分慎重，只有符合民事诉讼法第一百零二条规定的条件，才可采取拘留措施。

二、人民法院根据民事诉讼法第一百零二条的规定决定采用拘留措施时，应当经院长批准，作出《拘留决定书》，由司法警察将《拘留决定书》连同被拘留人一并送交拘留地的公安机关看管。

三、按照上述规定，各级人民法院对正在执行中的拘留决定，要立即进行一次清查。凡不符合法律规定条件的，法律手续不全的，必须立即放人，并做好善后工作。

四、根据人民法院组织法关于下级人民法院的审判工作受上级人民法院监督的规定，上级人民法院如果发现下级人民法院采取拘留措施不当时，应督促该法院及时予以纠正。

五、对在执行经济纠纷案件的判决中违法拘人的，要严肃查处，并追究有关领导和直接责任人员的责任。

应当指出，发生法律效力的法律文书，必须坚决执行，但执行必须严格依法进行。这两个方面都是维护法律的严肃性。各级人民法院在执行中，要善于从实际情况出发，注意执行的社会效果，提高执法水平，进一步搞好执行工作。

最高人民法院
关于被执行人以其全部资产作股本与外方成立合资企业的应当如何执行问题的函

1992年9月7日　　法函〔1992〕114号

湖南省高级人民法院：

你院湘高法经〔1992〕1号请示报告收悉。经研究，答复如下：

鉴于被执行人于1990年12月31日与浙江省绍兴县轻工业公司、美国桦品企业有限公司合资成立浙江钻石制衣厂有限公司，业经注册登记，该公司领取了中华人民共和国企业法人营业执照，具有法人资格，故不宜直接执行该公司的财产。为有利于改革开放，可将被执行人绍兴县第二衬衫厂在合资企业中享有的部分股权（相当于应当偿还的债务），在征得合资对方同意后予以转让，转让时合资对方享有优先受让权；合资对方不同意转让股权的，可分期分批执行被执行人从合资企业分得的红利及其他收益。必要时可以裁定采取保全措施，限制被执行人支取到期应得的部分或全部收益，同时通知（附裁定书副本）有关单位协助执行。

此复

最高人民法院
关于企业职工利用本单位公章为自己实施的民事行为担保企业是否应承担担保责任问题的函

1992年9月8日　　法函〔1992〕113号

浙江省高级人民法院：

你院浙高法经〔1992〕31号“关于企业职工利用本单位公章，为自己实施的民事行为担保，企业是否应负担保责任问题的请示报告”收悉。经研究，答复如下：

从你院报告中看，本案黄龙饭店商品部系非独立核算的分支机构，无独立的财产，不具备保证人民事主体资格，不能以自己名义对外提供保证。黄龙饭店商品部业务主任李志明背着饭店领导，从文秘处要去黄龙饭店商品部的公章，加盖在自己与他人签订的承包经营协议书中的担保栏内，属于李志明个人实施的民事行为，是自己为自己提供担保，其行为应当确认无效。根据《民法通则》第六十六条第一款规定，李志明擅自以黄龙饭店商品部的名义对外提供担保的行为，应当由李志明自行承担民事责任。

此复

最高人民法院
关于军事法院审理军内经济纠纷案件的复函

1992年10月4日　　法函〔1992〕130号

解放军军事法院：

你院〔1992〕军法报字第13号《关于军事法院审理军内经济纠纷案件问题的请示》收悉。经研究，同意对双方当事人都是军队内部单位的经济纠纷案件，仍继续由军事法院受理试办。

此复

最高人民法院
关于保证人的保证责任应否免除问题的复函

1992年12月2日　　法函〔1992〕148号

山西省高级人民法院：

你院〔1992〕晋法经报字第5号“关于

沁水县农业银行诉沁水县乡镇企业供销公司和沁水县汽车运输公司借款合同担保纠纷一案的请求报告”收悉。经研究，答复如下：

本案沁水县农业银行（下称“沁水农行”）与沁水县乡镇企业供销公司（下称“供销公司”）1988年12月31日签订的借款合同第六条规定：“……如需延期，借款方至迟在贷款到期前3天，提出延期申请，经贷款方同意，办理延期手续。但延期最长不得超过原订期限的一半，贷款方未同意延期或未办理延期手续的逾期贷款，加收罚息。”保证人沁水县汽车运输公司（下称“汽运公司”）在合同上签字、盖章，认可了这一条款。合同履行期限届满前四天，借款方供销公司提出了延期还款申请，贷款方沁水农行同意延期还款的期限恰是原借款合同履行期的一半。借款合同当事人双方的行为，应视为符合借款合同第六条规定。因此，债权人沁水农行在诉讼时效期限内向保证人主张权利，保证人汽运公司的保证责任不应免除。

特此函复

行　政

最高人民法院
关于《行政诉讼法》施行前法律未规定由法院受理的案件应如何处理的批复

1993年2月15日　〔1992〕民他字第10号

河南省高级人民法院：

你院豫法（告）请〔1991〕38号《关于不服工商行政机关的查封、划拨通知书能否按民事或行政侵权案件受理的请示》收悉。经我院审判委员会讨论，同意你院请示报告中的第二种意见，即：开封市工商局1988年对开封市曹门经销部作出冻结划拨酒款通知书，并以“白条”为收据提走其1653件川曲酒替开封市豫川副食品联营公司冲抵货款的行为，是行政侵权行为，但案发在行政诉讼法施行之前，当时的法律没有规定法院受理此类案件，因此，人民法院不能受理。曹门经销部应向有关行政机关申请解决。

最高人民法院
关于不服工商行政管理机关的确认经济合同无效及财产损失的处理决定的案件应属行政案件的复函

1992年4月1日　〔1992〕行他字第5号

湖南省高级人民法院：

你院湘高法行〔1992〕1号《关于当事人

不服工商行政管理机关对无效经济合同的财产损失的处理决定而起诉是否为行政案件的请示报告》收悉。经研究，答复如下：

工商行政管理机关作出确认经济合同无效的决定时，对财产损失作了调解解决的，一方或双方当事人事后反悔，依法就有关财产问题向人民法院提起诉讼的，人民法院应作为经济纠纷案件受理；公民、法人或者其他组织对工商行政管理机关所作的确认经济合同无效及财产损失的处理决定不服，向人民法院提起诉讼的，人民法院应作为行政案件受理。

最高人民法院
关于行政机关对土地争议的处理决定生效后一方不履行另一方不应以民事侵权向法院起诉的批复

1991年7月24日　　　　(90)法民字第2号

河北省高级人民法院：

你省《关于人民政府对土地所有权和使用权争议做出处理决定后，一方当事人不服而又不向法院起诉，也不执行，期满后对方当事人可否以侵权案向人民法院起诉，以及如何处理的请示报告》收悉。经研究认为：行政机关对土地争议的处理决定生效后，一方当事人不履行的，对方当事人不应以民事侵权案向法院起诉，可向行政机关提出申请执行，该行政机关依照行政诉讼法第六十六条的规定，可以申请人民法院强制执行，或依法强制执行。

海 事 海 商

最高人民法院
印发《关于审理涉外海上人身伤亡案件损害赔偿的具体规定（试行）》的通知

1992年5月16日　　　　法发〔1992〕16号

各省、自治区、直辖市高级人民法院，解放军军事法院，各海事法院：

现将我院《关于审理涉外海上人身伤亡案件损害赔偿的具体规定（试行）》印发给你们，请认真组织试行。在试行中注意总结经验，有何问题和意见，请各有关高级人民法院及时报告我院。

附：

最高人民法院
关于审理涉外海上人身伤亡案件
损害赔偿的具体规定（试行）

（1991年11月8日最高人民法院审判委员会第521次会议通过）

为了正确及时地审理涉外海上人身伤亡损害赔偿案件，保护当事人的合法权益，依据《中华人民共和国民法通则》有关规定，结合我国海事审判实践，参照国际习惯作法，特作如下具体规定：

一、涉外海上人身伤亡损害赔偿案件，是指案件的主体、客体和法律事实具有涉外因素的，在海上（含通海水域）和港口作业过程中因受害人的生命、健康受到侵害所引起的海事赔偿案件。伤残者本人、死亡者遗属均有权依法向有管辖权的海事法院提起诉讼，请求侵权人赔偿损失。根据《中华人民共和国民事诉讼法》第十五条规定，伤亡者所在单位可以支持伤残者及死亡者遗属向法院起诉。

二、责任的承担

除法律另有规定者外，损害的发生完全是因一方的过错造成的，由该过错方承担全部责任；互有过错的，按过错程度比例分别承担责任；过错程度比例难以确定的，由各自平均承担责任。

二人以上共同侵权造成他人损害，侵害人承担连带责任。

船舶所有人、经营人、承租人、救助人等的受雇人员在执行职务过程中造成第三者伤亡的，由船舶所有人、经营人、承租人或救助人承担赔偿责任。

三、伤残赔偿范围

（一）收入损失。是指根据伤残者受伤致残之前的实际收入水平计算的收入损失。因受伤、致残丧失劳动能力者，按受伤、致残之前的实际收入的全额赔偿；因受伤、致残丧失部分劳动能力者，按受伤、致残前后的实际收入的差额赔偿。

（二）医疗、护理费。医疗费包括挂号费、检查诊断费、治疗医药费、住院费等；护理费包括住院期间必需陪护人的合理费用和出院后生活不能自理所雇请的护理人的费用。

（三）安抚费。是指对受伤致残者的精神损失所给予的补偿。可按伤势轻重、伤痛情况、残废程度，并考虑其年龄、职业等因素作一次性的赔付。

（四）其他必要的费用。包括运送伤残人员的交通、食宿之合理费用、伤愈前的营养费、补救性治疗（整容、镶牙等）费、残疾用具（假肢、代步车等）费、医疗期间陪住家属的交通费、食宿费等合理支出。

四、死亡赔偿范围和计算公式

（一）收入损失。是指根据死者生前的综合收入水平计算的收入损失。收入损失＝（年收入－年个人生活费）×死亡时起至退休的年数＋退休收入×10

死者年个人生活费占年收入的25%—30%

（二）医疗、护理费〔具体内容参见前条第（二）项〕。

（三）安抚费。是指对死者遗属的精神损失所给予的补偿。

（四）丧葬费。包括运尸、火化、骨灰盒和一期骨灰存放费等合理支出。但以死者生前6个月的收入总额为限。

（五）其他必要的费用。包括寻找尸体、

遗属的交通、食宿及误工等合理费用。

五、受伤者的收入损失，计算到伤愈为止；致残者的收入损失，计算到70岁；死亡者的收入损失，计算到70岁。

70岁以上致残或死亡的，其计算收入损失的年限不足5年者，按5年计算，并予以一次性赔付（综合考虑利率及物价上涨因素）。

六、伤亡者本人无固定工资收入的，其收入损失可比照同岗位、同工种、同职务的人员工资标准，或按其所在地区正常年度内的收入计算。

伤亡者为待业人员及其他无固定工资收入的，按其所在地的平均生活水平计算。伤亡者为未成年人的，可参照本款以18岁为起点计算。

伤亡者为我国公民的，其对外索赔的标准，可参照我国有关部门制定的对外索赔工资标准处理。

七、海上人身伤亡损害赔偿的最高限额为每人80万元人民币。

八、赔偿费应赔付给死者遗属、伤残者本人。伤亡者所在单位、或者其他单位或个人为处理伤亡事故所垫付的费用，应从赔偿费中返还。

九、当事人双方国籍相同或者在同一国家有住所的，可以适用当事人本国法律或者住所地法律。

十、本规定自1992年7月1日起试行。

最高人民法院
关于学习宣传和贯彻执行《中华人民共和国海商法》的通知

1992年11月18日　　法发〔1992〕37号

各省、自治区、直辖市高级人民法院，解放军军事法院，各海事法院：

《中华人民共和国海商法》（以下简称海商法）业经第七届全国人大常委会第二十八次会议通过，将于1993年7月1日起施行。海商法是调整海上运输关系、船舶关系的基本准则，是人民法院审理海事海商案件的法律依据。它的制定和实施，是我国海商法制建设中的一件大事，对于健全和完善社会主义海商法律制度，维护中外当事人的合法权益，促进我国海上运输事业和经济贸易事业的发展，必将发挥重要作用。为了正确贯彻执行海商法，特作如下通知：

一、各级人民法院，特别是海事法院及其上诉审法院要抓紧时间，认真组织广大审判人员学习海商法。海商法是根据中国国情和海上运输的特点制定的一部特别民事法律。它以目前通行的国际公约为基础，吸收体现国际惯例的民间规则，借鉴有广泛影响的标准合同，因此，它是具有很强的国际性的国内法。我们不仅要逐章逐条地学好法律条文本身，还要学习有关国际公约，以便加深理解。最高人民法院将于明年初举办海商法培训班，训练海事审判业务领导骨干。然后由各海事法院自己办班，或采取以会代培的方式，把所有的海事审判人员培训一遍。通过学习，使其深刻理解海商法条文的立法精神，准确掌握法律规定，抓住重点，学深学透。

二、各级人民法院要结合当地实际情况，与有关部门积极配合，广泛、深入地开展海商法的宣传活动，使广大人民群众了解、遵守海商法，正确行使自己的民事权利，主动履行民事义务，依法解决海事海商纠纷。宣传海商法要突出重点，有针对性，讲求实效。要把依法办案同宣传工作结合起来，通过审理典型案件，以案讲法，扩大宣传效果，真正使海商法深入人心。

三、海商法施行后，各级人民法院必须严格执行。海商法施行后发生的海上运输关系和船舶关系，审理时适用海商法。海商法施行前受理，施行后尚未审结的海事海商案件，或者海商法施行前发生的海上运输关系和船舶关系，海商法施行后当事人起诉的，审理时应适用当时的有关规定；当时没有规定的，可比照海商法处理。

四、海商法施行前，人民法院已审结的海事海商案件，海商法施行后，当事人申请再审的和按审判监督程序再审的，适用原审审结时的有关规定。

五、在沿海运输过程中发生的货物运输合同纠纷案件和在内河运输过程中发生的海事海商案件，仍适用《中华人民共和国民法通则》、《中华人民共和国经济合同法》等有关法律、法规。

六、各级人民法院必须坚持严肃执法。海商法施行后，最高人民法院对海事海商案件实体审理方面所作的规定、解释，凡与海商法相抵触的，今后不再适用。在贯彻执行海商法的过程中，要加强调查研究，对实施中遇到的适用法律的重要、疑难问题，要及时加以总结并报告我院，以便我院根据海商法的规定和立法精神，在总结海事审判经验的基础上，提出关于贯彻执行海商法若干问题的意见。

其　他

最高人民法院　公安部
关于处理道路交通事故案件有关问题的通知

1992年12月1日　　法发〔1992〕39号

各省、自治区、直辖市高级人民法院，公安厅、局：

为了正确、及时地处理道路交通事故，保护当事人的合法权益，教育和惩处道路交通事故责任者，国务院于1991年9月22日发布了《道路交通事故处理办法》（以下简称《办法》）。各级人民法院与公安机关应当密切配合，严格依法办案。现就处理道路交通事故的有关问题通知如下：

一、自1992年1月1日《办法》实施后，当事人因道路交通事故损害赔偿问题提起民事诉讼时，除诉状外，还应提交公安机关制作的调解书、调解终结书或者该事故不属于任何一方当事人违章行为造成的结论。人民法院对于符合民事诉讼法第一百零八条规定的起诉，应予受理。1992年1月1日以前发生的道路交通事故，仍按各省、自治区、直辖市原有规定处理。

二、发生在公路、城市街道和胡同（里巷）以及公共广场、公共停车场等专供车辆、行人通行的地方的交通事故，公安机关应当依照《办法》第五条的规定处理。其中公路是指《中华人民共和国公路管理条例》规定的，经公路主管部门验收认定的城间、城乡间、乡间能行驶汽车的公共道路（包括国道、省道、县道和乡道）。当事人就非道路上发生的与车辆、行人有关的事故引起的损害赔偿纠纷起诉，符合民事诉讼法第一百零八条规定的起诉条件的，人民法院应当受理。

三、公安机关依据《办法》第十条、第十三条、第十六条的规定，作出紧急使用单位或者个人的交通工具和通讯工具、指定预付伤者医疗费、处理尸体的决定，当事人因此向人民法院提起行政诉讼的，人民法院不予受理。

四、当事人仅就公安机关作出的道路交通事故责任认定和伤残评定不服，向人民法院提起行政诉讼或民事诉讼的，人民法院不予受理。当事人对作出的行政处罚不服提起行政诉讼或就损害赔偿问题提起民事诉讼的，以及人民法院审理交通肇事刑事案件时，人民法院经审查认为公安机关所作出的责任认定、伤残评定确属不妥，则不予采信，以人民法院审理认定的案件事实作为定案的依据。

五、公安机关依据《办法》第二十四条的规定，对当事人造成交通事故和违章行为分别裁决、合并执行处罚的，可以使用一张处罚裁决书。当事人申请复议、提起行政诉讼和公安机关复议的期限按照《办法》第二十八条的规定计算。

六、对于案情简单、因果关系明确、当事人争议不大的轻微和一般事故，公安机关可以按照《道路交通事故处理程序规定》采用简易程序当场处罚和调解，但当事人不同意使用简易程序处理的，不适用简易程序。当场调解未达成协议或者调解书生效后任何一方不履行，当事人可以持公安机关的调解书或者调解终结书向人民法院提起民事诉讼，人民法院应当依法予以受理。

七、道路交通事故发生后，被公安机关指定预付抢救伤者费用的当事人，以其无道路交通事故责任或者责任轻而对预付费用有异议的，持公安机关调解书、调解终结书或者认定该事故不属于任何一方当事人违章行为造成的结论，可以向人民法院起诉，符合民事诉讼法第一百零八条规定的起诉条件的，人民法院亦应当受理。

八、人民法院审理交通肇事的刑事案件时，应当严格依照刑法第一百一十三条的规定，以及最高人民法院、最高人民检察院1987年8月21日《关于严格依法处理道路交通肇事案件的通知》（法（研）发〔1987〕21号）办理。对于造成交通事故构成交通肇事罪的，必须依法追究刑事责任，并根据犯罪情节，分别适用刑法第一百一十三条的不同量刑档次定罪量刑。适用缓刑必须符合法定条件，防止滥用。

九、人民法院审理交通肇事的刑事案件，应当对案件事实、证据进行认真审查、核实。只要求做到“两个基本”，即案件的基本事实清楚，基本证据确实充分，不要纠缠不影响定罪量刑的枝节问题。

十、人民法院受理因道路交通事故引起的损害赔偿或者返还财产案件后，可以向处理该案的公安机关发出调卷函或者由办案人员持调卷函调阅公安机关处理该案的全部案卷。公安机关应当于收到调卷函5日内将案卷移交人民法院。一审结案后5日内，人民法院应当将上述案卷退还公安机关。第二审人民法院和再审法院可以根据需要再次调阅上述案卷，亦应当在结案后5日内将案卷退还。

最高人民法院办公厅 转发邮电部《关于人民法院要求邮电部门协助执行若干问题的批复》的通知

1992年12月29日　　法办发〔1992〕14号

各省、自治区、直辖市高级人民法院，解放军军事法院：

现将邮电部《关于人民法院要求邮电部门协助执行若干问题的批复》（邮部〔1992〕788号文件）转发给你们，请参照执行。

附：

邮电部 关于人民法院要求邮电部门协助执行若干问题的批复

1992年11月26日　　邮部〔1992〕788号

福建省邮电管理局：

你局闽邮〔1992〕局字716号请示收悉。现批复如下：

一、发生法律效力的民事判决、裁定和刑事判决、裁定中的财产部分，以及法律规定由人民法院执行的其他法律文书，涉及电话、无线移动电话、无线寻呼机的改名、过户事项，人民法院要求邮电部门协助执行的，邮电部门应予协助执行。具体执行时，应由人民法院出具《协助执行通知书》，附相关的法律文书副本经邮电部门审核无误，并由相关用户缴纳应付所需费用后，邮电部门予以办理改名，过户手续。

因协助人民法院执行办理改名、过户有错误的，由人民法院承担责任。

二、对人民法院以督促当事人履行义务为由，要求邮电部门停止提供通信服务的做法，与我国《宪法》第四十条的规定相抵触，邮电部门不予协助执行。

附录：

我国参加的国际条约

全国人民代表大会常务委员会关于批准《中华人民共和国和罗马尼亚关于民事和刑事司法协助的条约》的决定

（1992年7月1日通过）

第七届全国人民代表大会常务委员会第二十六次会议决定：批准外交部副部长田曾佩代表中华人民共和国于1991年1月16日在北京签署的《中华人民共和国和罗马尼亚关于民事和刑事司法协助的条约》。

附：

中华人民共和国和罗马尼亚关于民事和刑事司法协助的条约

中华人民共和国和罗马尼亚（以下简称"缔约双方"），为继续发展两国之间的友好关系，并完善和加深在司法协助方面的合作，决定缔结本条约。

为此目的，缔约双方各委派全权代表如下：

中华人民共和国方面外交部副部长田曾佩

罗马尼亚方面副国务秘书特奥多尔·梅列什干努

缔约双方全权代表互相校阅全权证书，认为妥善后，议定下列各条。

第一章　总　则

第一条　定　义

一、在本条约中：

（一）"民事案件"系指：民事法、婚姻法、商法和劳动法方面的案件；

（二）"主管机关"系指法院、检察院和其他主管民事和刑事案件的机关。

二、本条约有关缔约双方国民的条款，除本国法律另有规定外，亦适用于其依所在地缔约方法律建立的法人。

第二条　司法保护

一、缔约一方国民在缔约另一方境内，享有与该缔约另一方国民依其法律享有的同等的司法保护。为此目的，他们可以在与该缔约另一方国民同等的条件下，在缔约另一方主管机关进行诉讼或提出请求。

二、应缔约一方国民的请求，缔约另一方主管机关应帮助其寻求保护其合法权益的代理人。

第三条　司法协助的提供

缔约双方应根据请求，并按照本条约规定的条件，相互提供民事和刑事司法协助。

第四条　保证金的免除

缔约一方法院对于缔约另一方国民，不得因其为外国人而令其交纳诉讼费用保证金。

第五条　诉讼费用的预付

缔约一方国民在缔约另一方境内，应在与该另一方国民同等的条件下预付诉讼费用。

第六条　诉讼费用及其预付款的减免

缔约一方国民在缔约另一方境内，得在与缔约另一方国民同等的条件下，申请减交或免交诉讼费用及其预付款。

第七条　减免诉讼费用的证明书

一、缔约一方国民提出第六条所指的申请时，应同时提交根据缔约双方各自法律规定出具的关于其收入和财产状况的证明书。

二、如果该申请人在缔约双方境内均无住所或居所，亦可由其本国外交或领事机关出具证明书。

第八条　联 系 途 径

一、除本条约另有规定外，缔约双方主管机关的司法协助事务，应通过各自的中央机关相互通知。

二、前款所指“中央机关”，在中华人民共和国方面系指司法部和最高人民检察院，在罗马尼亚方面系指司法部和总检察院。

第九条　语　　文

一、缔约双方中央机关进行书面联系时，应使用本国语言并附英语译文。

二、司法协助请求书及其附件应使用请求一方的语言书写，并附有经证明无误的被请求一方语言或英文译文。

三、缔约双方可使用共同确定的中文、罗马尼亚文和英文制作的表格，用于司法协助请求书。

四、缔约一方主管机关向缔约另一方提供司法协助时，使用本国语言。

第十条　司法协助的费用

缔约双方提供司法协助时应相互免费。

第十一条　对证人和鉴定人的保护

一、对通过被请求一方法院或其他主管机关通知前来的证人或鉴定人，不论其国籍如何，请求一方不得因其入境前所犯的罪行或者因其证词、鉴定而追究其刑事责任、予以逮捕或以任何形式剥夺其自由。

二、如果证人或鉴定人在接到无需其继续停留的法院或其他主管机关通知之日起三十天后仍不离开请求一方境内，即丧失第一款给予的保护。但此期间不包括证人或鉴定人由于本人不能控制的原因而未能离开请求一方境内的时间。

三、不得强制被通知人前往作证或鉴定。

第十二条　证人与鉴定人费用的补偿

一、证人和鉴定人与前往作证和鉴定有关的旅费、生活费以及因此而无法获得的收入的补偿由请求一方承担。

二、鉴定人有权收取鉴定费，证人或鉴定人有权获得的补偿，应在通知中注明。应证人或鉴定人的要求，请求一方应向其部分或全部预付上述费用。

第十三条　在押人员的作证

如果缔约一方法院或其他主管机关有必要对缔约另一方境内的在押人员作为证人加以讯问，本条约第八条规定的中央机关可就该人被移送到请求一方境内达成协议，条件是继续处于在押状态并在讯问后尽快送还。

第十四条　司法协助的拒绝

如果被请求一方认为执行请求将有损于本国的主权、安全或公共秩序，可以拒绝提供司法协助。

第十五条　司法协助适用的法律

一、被请求主管机关执行司法协助请求时，应适用其本国法律。

二、被请求主管机关可根据要求，适用请求书中所示的程序，但以不与其法律相冲突为限。

第十六条　司法协助的请求书

一、请求司法协助应使用请求书。请求书应载明下列内容：

（一）提出请求的主管机关的名称和地

址；

（二）如可能，被请求机关的名称；

（三）诉讼当事人的姓名、性别、国籍、出生年月、职业、住所或居所及其在诉讼中的身份，法人则为其名称和所在地；

（四）必要时，诉讼代理人和其他诉讼参与人的姓名和地址；

（五）请求所涉及的诉讼标的；

（六）请求的事项。

二、请求送达文书，还应在请求书中写明收件人地址及所送达文书的种类。

三、请求刑事司法协助，还应在请求书中写明罪名和犯罪事实。

四、执行该请求所必需的其他文件和资料须随请求书一并提供。

五、请求书应由请求机关加盖公章。

第二章　民事方面送达文书和调查取证

第十七条　范　　围

缔约双方根据请求送达司法文书和司法外文书，询问当事人、证人和鉴定人，进行鉴定、司法勘验，确认事实以及其他与调查取证有关的诉讼行为。

第十八条　请求的执行

一、如果被请求机关无权执行请求，应将该项请求转送有权执行请求的机关，并通知请求一方。

二、被请求机关如果无法按照请求书中所示的地址找到请求书所述人员，应采取必要的措施以确定地址；必要时可要求请求一方提供补充情况。

三、被请求机关如果无法执行请求，应通知请求一方，说明妨碍执行的原因，并退回请求书及其附件。

第十九条　通知执行情况

一、被请求一方应将执行请求的情况通知请求一方，并附送达回证或所取得的证据材料。

二、送达回证应包括收件人的签名、送达人的签名和送达机关的盖章，以及送达的方式、地点和日期；如收件人拒收，应注明拒收的事由。

第二十条　外交或领事机关的职能

缔约一方可以通过本国的外交和领事机关对在缔约另一方境内的本国国民送达司法文书和司法外文书，提取证词，但不得采取任何强制措施。

第三章　民事裁决的承认与执行

第二十一条　承认与执行裁决的范围

一、缔约双方应依照本条约规定的条件，在其各自境内承认与执行本条约生效后在缔约另一方境内作出的下列裁决：

（一）法院和其他主管机关对关于财产要求和非财产要求的民事案件作出的裁决；

（二）法院就刑事案件中有关损害赔偿所作出的裁决；

（三）对诉讼费用的裁决；

（四）仲裁庭作出的裁决。

二、在本条约中，“裁决”一词也包括在法院制作的调解书。

第二十二条　拒绝承认与执行

一、对本条约第二十一条列举的裁决，除可按本条约第十四条的规定拒绝承认与执行外，有下列情况之一的，在被请求一方境内不予承认或执行：

（一）根据作出裁决一方法律，该裁决不具有法律效力和不能执行；

（二）根据被请求一方法律，作出裁决的一方法院或其他主管机关对该案件无管辖权；

（三）根据作出裁决一方法律，未参加诉讼的败诉一方当事人未经合法传唤，或在没有诉讼行为能力时未能得到适当代理；

（四）被请求一方法院或其他主管机关对于相同当事人之间就同一标的的案件已经作出

了生效裁决；或正在审理；或已先受理；或已承认了第三国对该案所作的生效裁决。

二、被请求一方应将拒绝承认与执行的理由通知请求一方。

第二十三条　承认与执行的程序

一、本条约第二十一条所规定的裁决的承认和执行，依照被请求一方法律规定的程序办理。

二、承认和执行裁决时，被请求法院仅限于审查本条约所规定的条件是否具备。

第二十四条　承认与执行的请求书

一、请求承认与执行裁决的请求书，应由当事人提交给作出裁决一方有管辖权的法院，该法院应按本条约第八条规定的途径将请求书转给被请求一方法院。该项请求书亦可由当事人直接提交给被请求一方有管辖权的法院。

二、请求书应附下列文件：

（一）裁决的副本或经证明无误的复印件。如果副本或复印件中没有明确指出裁决已经生效和可以执行，还应为此附有证明书一份；

（二）证明未出庭的败诉一方已经合法传唤，以及在其没有诉讼行为能力时可得到适当代理的证明书；

（三）请求书和第一、二项所指文件经证明无误的被请求一方文字或英文的译本。译本一式两份。

第二十五条　承认与执行的效力

裁决一经承认或决定执行，即与被请求一方法院或其他主管机关作出的裁决具有同等效力。

第二十六条　承认与执行的费用

承认与执行的费用，由被请求一方法院依其本国法律确定并向请求人收取。

第二十七条　仲裁裁决的承认与执行

缔约双方应根据1958年6月10日在纽约签订的关于承认和执行外国仲裁裁决的公约，相互承认与执行在对方境内作出的仲裁裁决。

第四章　刑事方面司法协助

第二十八条　范　　围

缔约双方根据请求，相互代为送达司法文书和司法外文书，讯问人犯和被告，询问证人和鉴定人，进行鉴定、搜查、司法勘验以及其他与调查取证有关的诉讼行为。

第二十九条　请求的执行和通知执行结果

本条约第十八条、第十九条的规定同样适用于刑事方面。

第三十条　刑事判决的通报

当缔约一方法院作出对缔约另一方国民的刑事终审判决时，应向缔约另一方通报该判决的情况，并应要求向其提供该判决的副本。

第三十一条　赃款赃物的移交

一、缔约一方应根据缔约另一方的请求，将在其境内发现的罪犯在缔约另一方境内犯罪时所获的赃款赃物移交给缔约另一方。但此项移交不得侵害与这些财物有关的被请求缔约一方或第三者的合法权利。

二、如果上述赃款赃物对被请求的缔约一方境内其他未决刑事诉讼案件的审理是必不可少的，则被请求的缔约一方可暂缓移交。

第三十二条　刑事司法协助的拒绝

一、除本条约第十四条规定的理由外，如按照被请求的缔约一方法律，请求提及的行为不构成犯罪，被请求的缔约一方可拒绝提供刑事司法协助。

二、被请求一方应将拒绝司法协助请求的理由通知请求一方。

第五章　其他规定

第三十三条　交流法律情报

缔约双方应根据请求，相互通报各自国家现行的或者过去实施的法律及其在司法实践中的应用情况。

第三十四条　认证的免除

缔约一方法院或其他主管机关制作或证明的证书，只要加盖公章，即可在缔约另一方法院和其他主管机关使用，无需认证。

第三十五条 户籍文件的送交

为了实施本条约，缔约一方主管机关可根据缔约另一方的请求，通过本条约第八条规定的途径，免费送交有关的户籍文件副本。但此项移交不得违反该缔约一方的法律。

第三十六条 物品的出境和货币的汇出

实施本条约关于裁决的承认与执行的规定时，应遵守裁决的执行地缔约一方关于物品出境和货币汇出方面的法律规定。

第六章 最后条款

第三十七条 争议的解决

本条约执行过程中所产生的任何争议，均通过外交途径解决。

第三十八条 条约的批准和生效

本条约须经批准，并自互换批准书之日起第30天开始生效。批准书在布加勒斯特互换。

第三十九条 条约的有效期

一、本条约无限期有效。

二、本条约自缔约任何一方通过外交途径书面提出终止通知之日起1年后失效。

缔约双方全权代表在本条约上签字，以昭信守。

本条约于1991年1月16日在北京签订，一式两份，每份都用中文和罗马尼亚文写成，两种文本具有同等效力。

中华人民共和国 全权代表 外交部副部长 田 曾 佩 （签 字）	罗马尼亚全权代表 副国务秘书 特奥多尔·梅列什干努 （签 字）

全国人民代表大会常务委员会
关于批准《中华人民共和国和意大利共和国关于民事司法协助的条约》的决定

（1992年7月1日通过）

第七届全国人民代表大会常务委员会第二十六次会议决定：批准国务委员兼外交部部长钱其琛代表中华人民共和国于1991年5月20日在北京签署的《中华人民共和国和意大利共和国关于民事司法协助的条约》。

附：

中华人民共和国和意大利共和国关于民事司法协助的条约

中华人民共和国和意大利共和国，在相互尊重国家主权和平等互利的基础上，为加强两国在司法领域的合作，决定缔结关于民事司法协助的条约。

为此目的，缔约双方议定下列各条：

第一章　总　　则

第一条　民事的定义

为适用本条约，“民事”一词也包括由商法、婚姻法和劳动法调整的事项。

第二条　司 法 保 护

缔约一方的国民在缔约另一方境内，在其人身和财产方面享有与缔约另一方国民同等的权利，有权在与缔约另一方国民同等的条件下，诉诸缔约另一方法院。

第三条　诉讼费用保证金的免除

对于在缔约一方境内有住所或居所的缔约一方国民，当其在缔约另一方法院提起诉讼或以第三人身份参加诉讼时，不得因其外国人身份或因其在缔约另一方境内无住所或居所而令其交纳诉讼费用保证金。

第四条　司法救助和税费及诉讼费用的免除

一、缔约一方的国民在缔约另一方境内，在与缔约另一方国民同等的条件下和范围内享受司法救助。

二、缔约一方的国民在缔约另一方境内，在与缔约另一方国民同等的条件下和范围内，免除税费和诉讼费用，并享受法律规定的任何其他优惠。

三、上述各款的规定适用于诉讼的全过程，包括判决的执行。

四、如果给予上述各款规定的优惠取决于申请人的人身或财产状况，应由申请人居所或住所所在的缔约一方的主管机关出具证明书；如果该申请人在缔约双方境内均无居所或住所，该项证明书由其国籍所属缔约一方的有关外交或领事机关依其本国法律出具。

第五条　法　　人

本条约中有关缔约各方公民的规定，除第四条以外，也适用于设在缔约任何一方境内，且根据缔约任何一方法律成立的法人。

第六条　司法协助的范围

在本条约中，司法协助包括：

（一）根据请求送达文书和调查取证；

（二）根据请求交换法律情报，转递诉讼所需的户籍文书；

（三）根据当事人申请承认和执行法院裁决和仲裁裁决。

第七条　认证的免除

在适用本条约时，由缔约各方法院或其他主管机关制作或证明的文件和译文，免除任何形式的认证。

第八条　中 央 机 关

缔约双方指定各自的司法部为依本条约第二章的规定进行司法协助联系和转递文件的中央机关。

第二章　送达文书、调查取证、交换法律情报和送交户籍文书

第九条　调查取证的范围

调查取证尤其包括听取当事人的陈述和证人证言，调取证据，进行鉴定和司法勘验。

第十条　调查取证请求书

一、调查取证请求书应包括下列内容：

（一）请求法院和可能时被请求法院的名称；

（二）据以提出请求的诉讼；

（三）当事人及可能时代理人的姓名、地址以及其他一切有助于辨别其身份的情况；

（四）协助的事项，具体说明须进行的行为；

（五）有助于执行该请求的其他一切情况。

二、必要时，调查取证请求书还应包括被调查人的姓名、地址和其他一切有助于辨别其身份的情况，以及需向其提出的问题。

第十一条　调查取证请求的执行

一、执行调查取证请求时应适用被请求的缔约一方的法律；如果提出请求的缔约一方要求按照特殊方式执行请求，被请求的缔

约一方在采用这种方式时以不违反其本国法律为限。

二、如果提出请求的缔约一方提供的材料不够充分，以至无法执行调查取证请求，则被请求的缔约一方在不能直接获取的情况下，可以要求提出请求的缔约一方提供必要的补充材料。

三、被请求的缔约一方应根据请求将执行调查取证请求的时间和地点通知提出请求的缔约一方，以便有关当事人及其诉讼代理人参加执行活动。上述当事人及其诉讼代理人参加执行活动时，必须遵守被请求的缔约一方的法律。

四、如果无法执行调查取证请求，被请求的缔约一方应及时将有关文书退回提出请求的缔约一方，并说明妨碍执行的理由。

第十二条　送达文书

一、缔约双方应根据请求，相互代为送达司法文书和司法外文书。

二、送达请求书应由中央机关按照本条约附表一的格式出具。

三、本条约第十一条第一、二、四款的规定亦适用于送达文书。

四、送达证明书应由被请求的缔约一方的中央机关按照本条约附表二的格式出具。证明送达完成还应附有载有收件日期和受送达人签名的送达回证或由送达机关出具的证明，该证明中应注明接收文书的人的姓名、身份、送达的日期、地点以及交付的方式。

第十三条　外交或领事机关送达文书和调查取证

缔约一方可以通过本国派驻缔约另一方的外交或领事代表机关以不违反该缔约另一方法律规定的方式，在不采取任何强制措施的情况下，向在该缔约另一方境内的本国国民送达文书和调查取证。

第十四条　对证人和鉴定人的保护

一、如果缔约一方请求传唤居住在缔约另一方境内的人以证人或鉴定人的身份到其境内出庭，被请求的缔约一方不得采取强制措施强迫该人出庭，也不得对不出庭的人予以处罚。

二、对于按照缔约一方主管机关的通知前来出庭的证人或鉴定人，不论其国籍如何，不得因其入境前所犯的罪行而追究其刑事责任，予以逮捕或采取其他强制措施。

三、如果提出请求的缔约一方通知证人或鉴定人无需继续停留，自通知之日起十五天期满后，本条前款的规定不再适用。但证人和鉴定人由于本人意愿以外的原因而未离开提出请求的缔约一方境内的期间不包括在上述期限以内。本款上述规定不适用于离开提出请求的缔约一方境内后又自愿返回的证人或鉴定人。

四、对于证人和鉴定人，应由提出请求的缔约一方按照本国法律规定的标准，支付旅费、食宿费和补偿。

第十五条　交换法律情报

缔约双方应相互提供诉讼所需的有关立法和判例方面的情报。

第十六条　户籍文件的送交

缔约一方应根据请求，向缔约另一方送交诉讼中所需的户籍文件的副本和摘要。此项送交应遵守被请求的缔约一方法律所规定的限制条件。

第十七条　文　字

一、协助请求书及其所附文件应用提出请求的缔约一方的文字制作，并附有被请求的缔约一方的文字或法文或英文的正式译本。

二、有关执行协助情况的文件应用被请求的缔约一方的文字转递给提出请求的缔约一方。

三、有关提供立法和判例情报的请求书应用被请求的缔约一方的文字或者用法文或英文制作，答复应用被请求的缔约一方的文字转递。

第十八条　费　用

执行本章所规定的协助，不得要求偿还费用。但被请求的缔约一方有权要求偿还为鉴定人和译员所支付的费用以及按照本条约第十一条第一款所规定的特殊方式进行调查取证或送达文书所产生的费用。

第十九条　协助的拒绝

一、如果被请求的行为有损于被请求的缔约一方的主权，安全或违反其法律制度的基本原则，则拒绝提供协助。

二、在此情况下，被请求的缔约一方应将拒绝的理由通知提出请求的缔约一方。

第三章　裁决的承认与执行

第二十条　适 用 范 围

一、缔约一方法院在本条约生效后作出的民事裁决，应根据本章规定的条件在缔约另一方境内予以承认与执行。

二、前款规定同样适用于刑事判决中有关赔偿损失和返还财产的内容、司法调解书和仲裁裁决。

第二十一条　拒绝承认与执行

除下列情形外，裁决应予承认并被宣告可予执行：

(一)根据本条约第二十二条的规定，作出裁决的法院无管辖权；

(二)根据作出裁决的缔约一方的法律，该裁决尚未生效；

(三)根据作出裁决的缔约一方的法律，在缺席判决的情况下，败诉一方当事人未经合法传唤，或在没有诉讼行为能力时没有得到合法代理；

(四)被请求的缔约一方法院对于相同当事人之间就同一标的的案件已经作出了生效裁决，或已承认了在第三国对该案作出的生效裁决；

(五)被请求的缔约一方法院对于相同当事人之间就同一标的的案件正在进行审理，且这一审理是在向已作出需承认的裁决的法院提起诉讼之前开始的；

(六)裁决中包括有损于被请求的缔约一方的主权、安全或公共秩序的内容。

第二十二条　管　　辖

一、为实施本条约，符合下列情况之一的，作出裁决的法院即被视为对案件有管辖权：

(一)在提起诉讼时，被告在该缔约一方境内有住所或居所；

(二)被告因其商业性活动引起的纠纷而被提起诉讼时，在该缔约一方境内设有代表机构；

(三)被告已明示接受该缔约一方法院的管辖；

(四)被告就争议的实质问题进行了答辩，未就管辖权问题提出异议；

(五)在合同案件中，合同在作出裁决的缔约一方境内签订，或者已经或应当在该缔约一方境内履行，或者诉讼的直接标的物在该缔约一方境内；

(六)在合同外侵权责任案件中，侵权行为或结果发生在该缔约一方境内；

(七)在身份关系诉讼中，在提起诉讼时，身份关系人在作出裁决的缔约一方境内有住所或居所；

(八)在扶养责任案件中，债权人在提起诉讼时在该缔约一方境内有住所或居所；

(九)在继承案件中，被继承人死亡时住所地或主要遗产所在地在作出裁决的缔约一方境内；

(十)争议的对象是位于作出裁决的缔约一方境内的不动产的物权。

二、被请求的缔约一方法律中有关专属管辖权的规定仍然适用。

第二十三条　申请的提出

一、申请应由当事人直接向有权承认与执行的法院提出。

二、为便于提出上述申请，缔约双方的中央机关可以根据请求提供一切有用的情况。

第二十四条　申请承认与执行须提出的文件

申请承认与执行裁决的当事人应当提交

下列文件：

（一）裁决的真实和完整的副本；

（二）证明裁决已经生效的文件，除非裁决中对此已予说明；

（三）证明在缺席判决的情况下被告已经合法传唤的文件，除非裁决中对此已予说明；

（四）证明无诉讼行为能力的人已得到适当代理的文件，除非裁决中对此已予说明；

（五）上述裁决和文件的被请求承认与执行的缔约一方文字的正式译本。

第二十五条 承认与执行的程序

一、关于承认与执行裁决和司法调解书的程序，缔约各方适用本国的法律。

二、决定承认事宜的法院仅限于审查本条约所规定的条件是否具备。

第二十六条 承认与执行的效力

裁决一经承认并被宣告可予执行，即在被请求承认的缔约一方境内与该缔约一方法院作出的裁决具有同等效力。

第二十七条 司法调解书

一、法院在诉讼中制作的，并在缔约一方境内有执行效力的调解书，应在缔约另一方境内得到承认并被宣告可予执行，但该调解书中包含有损于被请求承认的缔约一方的公共秩序的内容时除外。

二、申请承认调解书的当事人应当提交调解书的真实副本和一份证明其可以执行的文件，并附有被请求承认的缔约一方文字的正式译本。

第二十八条 仲裁裁决

在缔约一方境内作出的仲裁裁决，应根据1958年6月10日订于纽约的关于承认和执行外国仲裁裁决的公约，在缔约另一方境内得到承认并被宣告可予执行。

第四章 最后条款

第二十九条 争议的解决

因解释或实施本条约而产生的争议均通过外交途径解决。

第三十条 批准和生效

一、本条约须经批准，批准书在罗马交换。

二、本条约自互换批准书后第2个月的第1天生效。

第三十一条 终 止

本条约无限期有效。缔约任何一方均可于任何时候宣布终止本条约，此项终止于缔约另一方收到有关通知后第6个月的第1天生效。

本条约于1991年5月20日在北京签订，一式两份，每份均用中文和意大利文写成，两种文本同等作准。

下列签署人在本条约上签字，以昭信守。

中华人民共和国代表	意大利共和国代表
钱 其 琛	贾尼·德米凯利斯

第四部分　最高人民法院文件

最高人民法院
关于印发《关于〈人民法院工作中国家秘密及其密级具体范围的规定〉的说明》的通知

1992年1月15日　　法〔1992〕4号

全国地方各级人民法院、各级军事法院、各铁路运输中级法院和基层法院、各海事法院：

《关于〈人民法院工作中国家秘密及其密级具体范围的规定〉的说明》已征得国家保密局同意，现发给你们，请认真贯彻执行。

附：

最高人民法院
关于《人民法院工作中国家秘密及其密级具体范围的规定》的说明

为了正确理解和执行最高人民法院与国家保密局1989年10月24日下发的《人民法院工作中国家秘密及其密级具体范围的规定》（简称《保密范围》），根据国家保密局1990年5月7日国保〔1990〕72号通知要求，现将《保密范围》中部分条款内容及有关问题作以下说明：

一、《保密范围》第二条第（一）项“绝密级事项”中第一目“有特别重大影响案件”，一般应是最高人民法院或高级人民法院作为一审的下列案件：

（一）在全国或省、自治区、直辖市范围内有重大影响的反革命案件；

（二）关系国家主权和国家重大利益的涉外案件；

（三）关系国家内政外交斗争的非常敏感的案件；

（四）如泄露可能在全国或省、自治区、直辖市范围内引起社会动乱或激化民族矛盾的案件；

（五）涉及党和国家领导人的重大刑事案件。

由于特殊需要，上级法院指定由中级法院作为一审的上述（一）至（四）类案件。

二、《保密范围》第二条第（二）项“机密级事项”中第二、三目“有重大影响案件”，一般应是高级人民法院作为一审或根据需要指定由中级人民法院作为一审的下列案件：

（一）在省、自治区、直辖市范围内有较大影响的反革命案件；

（二）关系国家声誉和国家利益的涉外案件；

（三）在省、自治区、直辖市范围内社会敏感的案件；

（四）如泄露可能在一个地区范围内引起社会动乱或激化民族矛盾的案件；

（五）涉及正、副省部级领导干部或国内外有重大影响知名人士的重大刑事案件。

三、《保密范围》第二条第（三）项“秘密级事项”中第三目“有较大影响案件”，一般应是中级人民法院作为一审的下列案件：

（一）在一个地区范围内有较大影响的反革命案件；

（二）有较大影响的涉外案件；

（三）在一个地区、县范围内社会敏感的案件；

（四）如泄露可能在一个地区、县范围内引起社会动荡或影响民族团结的案件；

（五）涉及地、县级主要领导干部或省、地、县范围内有较大影响知名人士的重大刑事案件。

四、国家保密局会同有关中央国家机关分别制定的《保密范围》，是各机关、单位确定工作中有关事项是否属于国家秘密及属于何种密级统一适用的标准。因此，人民法院工作中涉及其他中央国家机关主管业务范围，而人民法院《保密范围》中未作规定的事项，应按有关中央国家机关的《保密范围》规定执行。

五、对于人民法院工作中新产生或人民法院《保密范围》中规定不明确、如泄露可能会给国家安全和利益造成危害的事项，产生该事项的人民法院应及时拟出密级，并按所拟密级采取相应的保密措施，同时由高级人民法院归口上报最高人民法院保密委员会确定或作出解释。

最高人民法院
关于成立《人民法院报》社的通知

1992年2月19日　　法发〔1992〕4号

各省、自治区、直辖市高级人民法院，解放军军事法院，各中级人民法院、各大单位军事法院、各铁路运输中级法院、各海事法院：

为适应人民法院宣传工作的需要，经国家新闻出版署和人事部会签同意，由我院创办《人民法院报》。该报是最高人民法院的机关报，对开四版，公开发行，暂定为每周一报，1992年下半年发刊。《人民法院报》社为局级事业单位，社址现在最高人民法院院内。今后请你们将有关工作简报、情况反映、信息资料等寄送《人民法院报》社一份。

特此通知

最高人民法院　外交部　司法部
关于执行《关于向国外送达民事或商事司法文书和司法外文书公约》有关程序的通知

1992年3月4日　外发〔1992〕8号

全国各有关法院、各驻外使领馆：

1991年3月2日，第七届全国人民代表大会常务委员会第十八次会议决定批准我国加入1965年11月15日订于海牙的《关于向国外送达民事或商事司法文书和司法外文书公约》(以下简称《公约》)，并指定司法部为中央机关和有权接收外国通过领事途径转递的文书的机关。该公约已自1992年1月1日起对我国生效。现就执行该公约的有关程序通知如下：

一、凡公约成员国驻华使、领馆转送该国法院或其他机关请求我国送达的民事或商事司法文书，应直接送交司法部，由司法部转递给最高人民法院，再由最高人民法院交有关人民法院送达给当事人。送达证明由有关人民法院交最高人民法院退司法部，再由司法部送交该国驻华使、领馆。

二、凡公约成员国有权送交文书的主管当局或司法助理人员直接送交司法部请求我国送达的民事或商事司法文书，由司法部转递给最高人民法院，再由最高人民法院交有关人民法院送达给当事人。送达证明由有关人民法院交最高人民法院退司法部，再由司法部送交该国主管当局或司法助理人员。

三、对公约成员国驻华使、领馆直接向其在华的本国公民送达民事或商事司法文书，如不违反我国法律，可不表示异议。

四、我国法院若请求公约成员国向该国公民或第三国公民或无国籍人送达民事或商事司法文书，有关中级人民法院或专门人民法院应将请求书和所送司法文书送有关高级人民法院转最高人民法院，由最高人民法院送司法部转送给该国指定的中央机关；必要时，也可由最高人民法院送我国驻该国使馆转送给该国指定的中央机关。

五、我国法院欲向在公约成员国的中国公民送达民事或商事司法文书，可委托我国驻该国的使、领馆代为送达。委托书和所送司法文书应由有关中级人民法院或专门人民法院送有关高级人民法院转最高人民法院，由最高人民法院径送或经司法部转送我国驻该国使、领馆送达给当事人。送达证明按原途径退有关法院。

六、非公约成员国通过外交途径委托我国法院送达的司法文书按最高人民法院、外交部、司法部1986年8月14日联名颁发的外发（1986）47号《关于我国法院和外国法院通过外交途径相互委托送达法律文书若干问题的通知》办理。公约成员国在特殊情况下通过外交途径请求我国法院送达的司法文书，也按上述文件办理。

七、我国与公约成员国签订有司法协助协定的，按协定的规定办理。

八、执行公约中需同公约成员国交涉的事项由外交部办理。

九、执行公约的其它事项由司法部商有关部门办理。

注：截至1991年12月，下列国家批准或加入了该公约：中国、比利时、加拿大、塞浦路斯、捷克和斯洛伐克、丹麦、埃及、芬兰、法国、德国、希腊、以色列、意大利、日本、卢森堡、荷兰、挪威、葡萄牙、西班牙、瑞典、土耳其、英国、美国、安提瓜与巴布达、巴巴多斯、博茨瓦纳、巴基斯坦、马拉维、塞

舌尔；下列国家签署了该公约：爱尔兰、瑞士。

最高人民法院
关于对着装进行清理整顿的通知

1992年3月11日　　法发〔1992〕9号

各省、自治区、直辖市高级人民法院、各计划单列市中级人民法院：

国务院统一着装管理委员会决定在全国开展全面清理整顿统一着装的工作。人民法院作为国家批准着装的单位应认真贯彻执行。现将有关事项通知如下：

一、各级人民法院要通过这次清理整顿，进行一次有关着装政策、规定的宣传教育，进一步提高认识，增强执行纪律的自觉性，严格按规定办事，坚决杜绝擅自扩大着装范围、提高着装标准。

二、法院系统整顿着装工作的依据和检查标准，是最高人民法院、财政部联合下发的法（司）发〔1988〕8号文件和国家工商总局、公安部、最高人民法院、最高人民检察院、财政部联合下发的工商〔1990〕412号文件。自查的重点是着、换装的范围、标准、式样、服饰的使用和费用的负担。

三、各高级人民法院、计划单列市中级人民法院要对所属辖区内的法院进行一次认真的检查，发现有违反国家有关着装规定的问题要认真加以纠正。

四、这次清理整顿着装工作要上下结合，条块结合，以块为主。各级人民法院除做好对自身着装的清理整顿外，要积极支持各级人民政府对法院着装工作的监督和检查。

五、各高级人民法院、计划单列市中级人民法院将整顿着装检查情况，自查处理结果和对着装工作的意见、建议，于4月底前报我院计划财务装备局。

最高人民法院
关于认真做好1993年地方各级人民法院院长换届选举准备工作的通知

1992年3月18日　　法发〔1992〕10号

各省、自治区、直辖市高级人民法院，解放军军事法院，各中级人民法院、各大单位军事法院、各铁路运输中级法院、各海事法院：

1993年，全国地方各级人民法院院长将要换届选举。为选配好各级人民法院院长，确保各级法院的领导权牢牢掌握在忠于马克思主义的人手里，今年要积极主动地协助地方党委做好换届选举的准备工作。现就有关问题通知如下：

一、根据中央精神，各级法院在协助地方党委物色法院院长候选人时，一定要坚持条件，确保人选质量。要坚持德才兼备的原则，把德放在第一位。法院院长人选 要具有一定的马克思主义理论素养；具有无产阶级世界观和坚定的社会主义、共产主义信念；坚持四项基本原则，坚持改革开放，反对资产阶级自由化；具有全心全意为人民服务的自觉性，廉洁奉公，密切联系群众；坚持民主集中制原则，光明磊落，公道正派，讲团结，守纪律，勇于开展批评和自我批评；坚持实事求是，依法办事，刚正不阿，铁面无私；善于调查研究，锐意进取，敢于创新；具有全局观念。

在强调政治素质的同时，不能忽视业务素质和领导才干。法院院长人选要具有大专以上文化水平（少数民族地区和边远地区可以适当放宽）和法律专业知识，具有较强的组织领导才能和驾驭全局的能力，在宏观决策上有才智、有魄力，能够结合本系统、本单位的实际，认真地贯彻中央的方针政策，做出工作成绩。

当前要特别注意大胆选拔那些政治上强、经受过实践锻炼、能跨世纪工作的优秀年轻干部充实各级领导班子。在一个省、自治区、直辖市范围内，具备条件的，要通过1993年换届，使45岁以下的基层人民法院院长和50岁以下的中级人民法院院长争取分别达到基层人民法院院长和中级人民法院院长总数的40%左右。要保持法院领导干部队伍的相对稳定，拟任的高、中级人民法院院长人选的年龄一般应能任满两届，基层人民法院院长人选的年龄一般应能任满三届，其中具有法院工作经验、熟悉审判业务的，可以适当放宽任届限制，但至少应能任满一届；拟连任的法院院长人选的年龄一般应能再任满一届。在物色院长人选时，不搞照顾性、安排性提名。

二、要积极主动地做好人选的物色、考察工作。上级人民法院要组织或抽调专门力量，集中时间对下级人民法院院长人选进行考察、考核，要一级抓一级，逐级抓落实。对下级人民法院院长，要逐个分析，抓紧考察，对个别问题多、难度大的基层人民法院，高级人民法院要重点帮助、指导。要重视干部的实践锻炼和在关键时刻的表现，认真考察干部在严峻的政治斗争面前持何立场，在个人利益同党、国家和人民利益发生矛盾时作何选择，在工作调动、职务安排不合自己意愿时能否服从组织需要，在权势、人情、金钱面前，能否坚持原则，秉公执法。对称职并符合连任条件的院长，要支持其连任；需要更换的，应首先从法院的干部，特别是后备干部中物色。关于院长人选，法院要主动提出使用意见，与地方党委协商。根据规定，干部管理以地方为主的，地方党委对院长人选，应事先征求上一级法院的意见，上一级法院要认真负责地提出意见；黑龙江、浙江、福建、内蒙古等省、自治区进行干部管理体制改革试点的法院，法院党组对院长人选，应征求地方党委的意见，人选确定后，由地方党委向人大推荐。对没有从事过法院工作，且未受过法律专业培训的院长人选，要按照中央组织部和最高人民法院党组《关于对部分拟担任法院领导职务的干部实行短期专业培训的通知》要求，实行先行培训，经培训、考察合格后，才能向人民代表大会推荐的制度。对1993年换届退下来的院长，要积极向党委提出建议，妥善安置。

三、要把换届选举与充实和加强领导班子建设工作结合起来，与干部交流工作、后备干部工作结合起来。要有计划、有步骤地对各级法院领导班子进行必要的增补、调整。要注意领导班子结构的合理搭配。要结合换届选举准备工作，对后备干部普遍进行一次考察，及时调整后备干部名单。

四、要高度重视，切实加强领导。各级人民法院要把换届选举的准备工作作为1992年法院工作的重点之一，认真抓紧抓好。院长要亲自抓，班子其他成员要分工负责，深入了解情况，发现问题，及时解决。各高级人民法院的人事政工部门要统筹安排，精心组织，及时掌握全面情况，经常检查、督促，加强指导，认认真真、扎扎实实地做好换届选举的各项准备工作。

年底前，各高级人民法院要将换届选举的准备工作情况，书面报告我院。

人事部　财政部　最高人民法院
关于人民法院干警实行岗位津贴的通知

1992年5月4日　人薪发（1992）7号

各省、自治区、直辖市人事（劳动人事）厅（局）、财政厅（局）、高级人民法院：

经国务院批准，人民法院干警实行岗位津贴。现将有关问题通知如下：

一、岗位津贴的发放范围。县一级（含县级市、区，下同）人民法院的院长、副院长、庭长、副庭长、审判委员会委员、审判员、助理审判员、执行员、书记员、法医及其他辅助办案的人员；各级人民法院司法警察。

二、岗位津贴标准。县一级人民法院院长、副院长、庭长、副庭长、审判委员会委员、审判员、助理审判员、执行员、书记员、法医外出办案时每人每天六角，在院内办案时每人每天五角；其他辅助办案人员外出办案时每人每天五角，在院内办案时每人每天四角。

派出人民法庭的审判业务人员办案时每人每天六角。辅助办案人员办案时每人每天五角。

三、各级人民法院司法警察和人民法院派驻劳改、劳教场所的法院审判业务人员岗位津贴标准每人每天一元。

四、岗位津贴发放办法。按天计算，按月发给。因节假日、病、事假或脱产学习等原因未参加办案的，不发岗位津贴。调离上述岗位的人员，停发岗位津贴。

五、经费来源。各级人民法院司法警察和县一级人民法院干警实行岗位津贴所需经费，按现行财政体制和隶属关系，分级负担。

六、岗位津贴从1992年1月1日起执行。各级人民法院要加强考勤，定期检查，严格按本通知执行。

七、在铁路、港口、工矿区、农垦区、林区、油田等地方设置的法院是否参照上述精神办理，由主管部门根据实际情况研究确定。如果实行，所需经费由企业解决。

八、本通知由人事部负责解释。

最高人民法院
关于印发《法院系统应用计算机进行人事档案管理和统计工作的暂行规定》的通知

1992年5月6日　法发〔1992〕14号

全国地方各级人民法院、各级军事法院、各铁路运输中级法院和基层法院、各海事法院：

现将《法院系统应用计算机进行人事档案管理和统计工作的暂行规定》印发给你们，请认真组织执行。

附：

法院系统应用计算机进行人事档案管理和统计工作的暂行规定

第一章　总　　则

第一条　为加强人民法院应用计算机进行人事档案管理和统计工作，保证统计数据准确、及时和统计工作其它任务的完成，特制定本规定。

第二条　人民法院的人事统计是党和国家人事统计和法院人事工作的重要组成部分。通过统计和分析研究统计资料，准确、及时、全面地反映干部队伍的数量、质量、结构以及干部工作的概况，预测干部队伍的发展趋势，为各级人民法院制定干部队伍建设规划和人事管理工作计划提供数字依据和建议。

第三条　应用计算机进行人事档案管理和统计的范围为地方各级人民法院、专门法院正式在编的工作人员，主要内容：工作人员的自然情况、文化专业、政治历史、流动变化、职务工资、奖惩、培训以及机构编制、人员分布等情况。

第四条　人事档案管理和统计工作由各级人民法院政工人事部门主管。上级人民法院负责管理和指导下级人民法院人事统计工作。

高级人民法院、中级人民法院以及有条件的基层人民法院的政工人事部门应配备专职统计人员。暂无条件的基层人民法院应指定固定的兼职工作人员。

第五条　各级人民法院计算机管理部门负责人事档案管理和统计软件的专业技术保障工作。

第六条　法院领导和有关部门，要重视此项工作，并在物质和技术装备方面予以支持。

各级法院在配备计算机时，应做到统一机型、统一软件，以逐步实现在系统内应用计算机进行人事档案管理和远程数据通信。

第二章　管理和统计应用软件的使用、开发、维护和技术培训

第七条　使用法院系统人事档案管理和统计软件，必须经最高人民法院批准。

第八条　最高人民法院有关部门负责人事档案管理和统计软件开发的协调组织工作。

各级人民法院计算机管理部门可对软件进行扩展功能的再开发研究。

第九条　应用人事档案管理和统计软件的维护服务由开发单位负责一年，一年后原则上应由各高级人民法院计算机管理部门承担。

第十条　上级法院负责对下一级法院的计算机技术人员和统计操作人员进行技术指导和必要的技术培训。

第三章　统计操作人员的职责和应具备的条件

第十一条　统计操作人员的职责：

一、坚持实事求是的原则，准确、全面、及时地填报统计资料。

二、认真负责地汇总统计数字、报送各类统计表格及软盘；按规定提供统计资料；对统计资料进行分析、整理、积累和归档。

三、上级法院统计操作人员要以认真负

责的态度检查下级法院人事统计的信息资料、统计报表、软盘；督促下级法院按时报送报表、软盘及其它统计资料；对检查审核中发现的问题，有责任要求填报单位或填写人纠正。

四、上机操作时，必须严格遵守操作规程和有关规章制度，以确保人身和机器设备的安全。

五、严格执行计算机安全监察部门关于计算机病毒的预防规定，做好病毒诊断和消毒工作。上报的数据软盘，必须保证不带病毒。

六、保持机房清洁整齐，做好防火、防尘等工作，定期对计算机进行维护保养，保证计算机正常运转。

七、工作变动时，必须办理软件系统资料、软盘的交接手续，并向新接岗人员讲明软件的使用方法。

第十二条 统计操作人员应具备的条件：

一、坚持四项基本原则，拥护党的路线、方针、政策。

二、遵守保密规定，作风正派，组织纪律性强。

三、热爱本职工作，具备人事统计和计算机操作应用等专业知识。

四、工作认真细致，责任心强。

第四章 人事信息的采集、统计和使用

第十三条 各级人民法院在编人员应填写《法院系统人事管理档案表》，档案信息发生变化时，要及时填写《法院人事管理档案更改表》。各级法院可根据实际情况，建立不同类别的登记册、名册等原始材料，以便采集。

第十四条 最高人民法院和高级人民法院每年调整二次所辖法院系统人事信息数据库。各级人民法院政工人事部门应按时做好人事档案信息的采集工作。

第十五条 统计操作人员对采集的人事信息，要认真进行校对，对漏填、错填的项目要及时查清补正，不得将错就错或者随意填写、涂改。

第十六条 统计操作人员对采集的人事信息，应及时输入。经认真校验无误后，填写《人事档案信息上报表》，经政工人事部门主管领导审核，并加盖公章后，将统计表和软盘报送上级法院。

第十七条 为保证人事信息和各种人事统计资料的准确，上级法院应定期检查，核对所属法院上报的数据，做到干部职工的本人情况与基础资料、统计数字三者一致。

第十八条 各级人民法院要充分发挥人事统计信息的作用。政工人事部门每年应对人事统计资料进行综合分析，并根据具体情况，不定期地开展专题性分析，及时掌握法院干部队伍的变化情况，针对存在的问题，提出相应对策，供领导参考。

第十九条 各级人民法院的领导，须注意通过统计资料了解干部队伍情况，对从统计分析中反映出的重要情况和问题，应组织力量进行调查并加以解决。

第二十条 人事统计资料应充分利用，制定若干表册，供人事管理工作日常使用。

上级人民法院，应当为所属法院提供该院人事统计数据表，以便人事管理工作使用。

第五章 人事统计资料的管理

第二十一条 高级人民法院人事档案所用计算机由政工人事部门专门管理。

第二十二条 人事档案、人事统计报表和有关人事统计资料，属国家或法院的机密资料，要严格保密，不得泄露和遗失。

最高人民法院规定填报的各种人事统计表要按审级和汇总两类打印装订，并及时整理归档，永久保存。

第二十三条 各级人民法院向上级法院

报送的人事统计报表、软盘，应按有关保密工作规定通过机要邮寄或由专人报送。

第二十四条　因公携带人事统计资料外出，应将资料装在文件袋（箱）内，妥善保管。不得携带人事统计资料参观、游览、探亲访友等。

第二十五条　各级人民法院综合性人事统计资料，特别是涉及法院机密的，除规定报送的部门外，要严格控制发送范围。

第二十六条　要严格管理制度，无关人员不得随意调用数据和资料。索取人事统计资料，必须严格履行批准手续。

一、人民法院各部门需用人事统计资料，由本法院政工人事部门领导批准；

二、本级党政领导机关及有关政法部门需用法院人事统计资料，必须持有该机关的正式介绍函件（组织人事部门要求报送的除外），并经本法院政工人事部门领导批准；

三、其它机关、团体、学校等单位需用法院人事统计资料，原则上不予提供。确有必要的，应具函说明所需内容及用途，经主管院领导批准后，方可提供；

四、上述介绍函件、批准函件由统计人员登记留存。

第二十七条　未经提供资料的人民法院有关领导批准，任何个人或单位不得在公开的文件、文章和广播电视中引用法院人事统计资料。有关单位经批准抄录的法院人事统计资料，不准转给其它单位使用。

第二十八条　各级人民法院的人事档案统计资料、信息及软盘应保存三年；每年的统计资料软盘应有1—2份备份。

第六章　人事统计资料的截止时间和报送时间

第二十九条　各级人民法院干部人事档案数据统计截止时间暂定：每年二月二十日前上报的数据统计截止时间为上一年的十二月底；八月二十日前上报的数据统计截止时间为本年的六月底。

第三十条　各高级人民法院向最高人民法院报送人事档案信息软盘的时间为每年二月二十日、八月二十日前。上报软盘的同时，要按规定随报九种统计表，其中“法院职工统计表”须分审级打印上报。

第三十一条　中级人民法院和基层人民法院上报的时间分别由高级人民法院和中级人民法院作出规定。

第三十二条　人事工作专项统计的内容、对象、时间按通知执行。

第七章　考核评比

第三十三条　上级法院定期或不定期对下级法院进行考核评比，以增强统计人员及有关计算机专业技术人员的工作责任心，提高统计工作的效率和质量，促进法院应用计算机进行人事档案管理和统计工作的开展。

第三十四条　最高人民法院对各高级人民法院应用计算机进行人事档案管理和统计工作，进行定期考核；高级人民法院和中级人民法院应对所属法院的人事统计工作进行定期或不定期考核，并建立和健全相应的规章制度。

第三十五条　考核的主要内容是：

一、报送软盘、表格的质量和报送时间；

二、开发、维护软件的情况；

三、使用人事统计资料的情况；

四、人事统计工作其它任务的完成情况及各项规章制度的执行情况等。

第三十六条　最高人民法院对各高级人民法院应用计算机进行人事档案管理和统计工作进行评比，并将检查评比的情况予以通报。

各地法院也应根据自己的情况，采取多种形式做好考核评比工作，以便总结经验，表彰先进，改进工作。

第三十七条　经过评比，对成绩突出的单位或个人，可按照《人民法院奖惩暂行办法》给予奖励。

第三十八条 对泄密、失密和严重违反规章制度的行为，应依照有关规定予以处理。

第八章 附 则

第三十九条 各省、自治区、直辖市高级人民法院和解放军军事法院，可根据本规定，结合实际情况，制订实施细则。

第四十条 本规定由最高人民法院人事厅负责解释。

第四十一条 本规定自1992年7月1日起施行。

最高人民法院
关于试行法院诉讼文书样式的通知

1992年6月20日 法发〔1992〕18号

全国地方各级人民法院、各级军事法院、各铁路运输中级法院和基层法院、各海事法院：

法院诉讼文书样式业经最高人民法院审判委员会原则通过，自1993年1月1日起试行。

使用法院诉讼文书样式对改进和提高诉讼文书的质量，进一步提高审判工作水平和审判人员的业务素质，具有重要的作用。各级法院领导应十分重视这项工作，把它作为审判业务建设中的一件大事来抓，采取积极措施，认真组织实施。各地可根据本地实际情况，普遍或先在部分法院试行。上级法院要加强指导，及时研究解决试行中出现的问题，以使试行工作得以顺利进行。

试行中，应注意总结经验，有何问题和建议，请各高级人民法院及时告我院办公厅。

最高人民法院 国家教育委员会 人事部
关于加强法院系统成人高等教育《专业证书》教学班管理的通知

1992年6月24日 法发〔1992〕19号

各省、自治区、直辖市高级人民法院，教育委员会、高教（教育）厅（局），人事（劳动人事、科干）厅（局），解放军军事法院，北京市成人教育局，天津市第二教育局：

为加强法院干部队伍建设，改革法院干部培训制度，最高人民法院根据国家教委、人事部（88）教高三字006号文件规定，结合全国法院系统干部教育培训工作的实际需要，1988年以来在全国法院系统进行了《法律（审判）专业证书》教育的试点工作，并颁布了《关于实行〈法律（审判）专业证书〉制度的试行办法》。

国家教育委员会、人事部《关于成人高等教育＜专业证书＞教学班复查清理工作的通知》下达后，最高人民法院教育厅对已批准举办的1988、1989、1990年三届《专业证书》教学班，认真进行了复查清理，对不合格的学员进行了清退；符合入学条件的学员，修完最高人民法院教育厅审定的《专业证书》教学计划的全部课程，考试成绩及格的，准予结业，并发给最高人民法院教育厅统一印制、人事厅验印的《法律（审判）专业证书》。依据《中华人民共和国人民法院组织法》中"人民法院的审判人员必须具有法律专业知识"的规定，审判人员任职必须经过法律专业知识培训教育，《法律（审判）专业证书》是培训的证明，可作为审判人员任职时的依据之一。

为适应我国法制建设的需要，决定在法院系统内继续进行《法律（审判）专业证书》教育试点工作，为加强法院系统成人高等《法律（审判）专业证书》教育的管理工作，现作如下通知：

一、《法律（审判）专业证书》教育的试点工作由最高人民法院统筹规划，各级人民法院按工作需要选送学员。今后举办《法律（审判）专业证书》教学班，由各级人民法院提出申报，经最高人民法院教育厅审核同意后开办。

自1992年起，法院系统《法律（审判）专业证书》招生计划的审批程序是：各高级人民法院人事部门，根据法院干部教育培训规划及年度计划，拟定《法律（审判）专业证书》教学班招生计划，经商得当地教育、人事主管部门同意后，报最高人民法院教育厅，由该厅拟制全国法院系统《法律（审判）专业证书》招生计划后下达执行。

《专业证书》教育尚处试点阶段，最高人民法院教育厅要对每年全国法院系统《法律（审判）专业证书》办班规模作总量控制。

二、《法律（审判）专业证书》教学班的对象，必须是法院系统的现职干部，并具备以下条件之一者：

1. 具有国家承认的高等学校非法律专业毕业学历，并具有一年以上法院工龄者。

2. 年龄在35岁以上，具有高中（中专）毕业文化程度的审判人员（含院长、副院长、审判委员会委员、庭长、副庭长、审判员、助理审判员）、执行员和相当于助理审判员职级的研究人员。

3. 年龄在35岁以上，具有高中毕业文化程度，五年以上专业工龄，工作与审判业务密切联系的管理干部。

各级法院在推荐、选拔学员时，要严格依照上述条件进行资格审查。边疆少数民族地区的省、自治区政府或教育主管部门对专业证书学员年龄另有规定的，按当地规定办。

对弄虚作假和违反规定条件入学的，一经查出即令其退学，并对有关责任者作出严肃处理。

三、学员入学前要参加文化考试（具有国家承认的高等学校毕业学历的可免试入学），由最高人民法院教育厅统一组织命题。监考、阅卷、考场组织、录取等工作由各地高级人民法院与当地教育主管部门商定。文化考试科目为语文、政治、法律常识3门。

四、《法律（审判）专业证书》的教学计划，由最高人民法院教育厅审批下达，并抄送有关各地省、自治区、直辖市教育行政和人事主管部门。

五、根据国家教委、人事部教高三字006号文件的有关规定，并考虑到《法律（审判）专业证书》可作为人民法院审判人员任职资格依据之一，为严格证书的管理，《法律（审判）专业证书》由最高人民法院教育厅统一印制，经最高人民法院人事厅验印后，由学校颁发。

为加强地方教育、人事部门的监督，经批准办班的学校需将入学和结业学员的名册（包括基本情况和学习成绩等）同时报送当地省、自治区、直辖市教育、人事主管部门备案。

六、1988至1990年度各地法院系统经最高人民法院教育厅批准举办的《专业证书》教学班，由最高人民法院教育厅与各地省、自治区、直辖市教育、人事主管部门协商后，补办有关备案手续。

七、《法律（审判）专业证书》教育既有一般专业证书教育制度的特点，又具有显著的行业特点，有较强的针对性。各地各级人民法院要严格遵循最高人民法院、国家教委、人事部的有关文件规定加强对《法律（审判）专业证书》教学班的管理和领导，防止乱办、办滥。

最高人民法院

关于认真贯彻中共中央纪律检查委员会等两委四部《关于清理调出不适合做政法工作人员的通知》的通知

1992年6月26日　法发〔1992〕20号

各省、自治区、直辖市高级人民法院：

中共中央纪律检查委员会等两委四部《关于清理调出不适合做政法工作人员的通知》(政法〔1992〕7号文件)，已发至全国各地，各级人民法院要认真贯彻执行。为此，特作如下通知：

一、提高认识，加强领导。清理调出不适合做法院工作的人员，是纯洁法院干部队伍，提高法院干警素质必须采取的有效措施，是当前人民法院的一项刻不容缓的政治任务。这项工作做好了，对于加强法院队伍建设，巩固人民民主专政政权具有十分重要的意义。因此，各级人民法院要结合传达贯彻政法〔1992〕7号文件，认真学习党中央关于加强政法队伍建设的一系列指示，领会政法〔1992〕7号文件精神，提高对清调工作的重要性的认识，真正把清调不适合做法院工作人员的工作列入议事日程，切实抓紧抓好。

二、清调工作是一项政策性很强的工作，各级人民法院一定要在当地党委的领导下，与清调工作领导小组和有关部门密切配合，通力协作。根据文件规定的要求和政策界限，结合法院的实际，进行深入细致的调查研究，制定具体的实施方案，狠抓落实，把不适合做法院工作的人员，分别情况，坚决调离、辞退或开除公职。同时，注意做好调出人员的思想工作，防止矛盾激化。

三、要把清理调出不适合做法院工作人员，作为加强法院队伍建设的一项经常工作，长期坚持下去。同时，按照最高人民法院和组织、人事部门历年来关于增编进人的有关规定，坚持进人条件，严格把好进人审批关，杜绝吸收录用和调配不合格人员到法院工作。

四、各高、中级人民法院对下级人民法院的清调工作要加强指导，予以经常的督促、检查，掌握清调工作的进展情况。下级人民法院要将清调工作的情况及存在的问题逐级上报。清调工作结束后，各高级人民法院要将本地区法院系统的清调工作总结报告最高人民法院。

最高人民法院办公厅
印发《关于试行〈人民法院公文处理暂行规定〉若干问题的解答》的通知

1992年7月6日　　法办发〔1992〕12号

各省、自治区、直辖市高级人民法院，解放军军事法院：

《人民法院公文处理暂行规定》试行以来，各地法院陆续提出了一些问题，我们进行了研究，并拟就了《关于试行<人民法院公文处理暂行规定>若干问题的解答》，现印发给你们，请参照执行。今后如遇有新的问题，望及时告我厅。

附：

最高人民法院办公厅
关于试行《人民法院公文处理暂行规定》若干问题的解答

一、问：使用新的文件版头，发文单位名称是“××市中级人民法院”的，前面是否冠以省名？（福建）

答：可以不冠省（自治区）的名称。

二、问：发文字号中，地区代字相同的，如何标识？（山东）

答：按本地区党政机关公文发文字号的标识方法办理。

三、问：印制信笺版头时是否需印“信笺”二字？（陕西）

答：只印“××××人民法院”，无须加“信笺”二字。

四、问：《法院公文样式》中规定 版头使用的代码，应使用何部门颁发的代码？行文中是否必须标识？（陕西、湖北）

答：法院公文代码，应依照国家技术监督局下发的《中华人民共和国行政区划代码》标识。是否标识代码，目前由各高级法院自定。

五、问：以往使用的旧版头纸现有一些库存，是否可以继续使用？（云南）

答：原则上应印制、使用《人民法院公文处理暂行规定》中规定的版头。如少数法院存有大量的旧版头纸，又与新的规定不矛盾，本着节约的原则，可在短期内继续使用。

六、问：《法院公文处理表簿样式》中的拟稿纸样式为300格的稿纸，实践中使用不习惯，可否变通？（湖北、天津）

答：不习惯用300格稿纸的，可以变通，从各地习惯。

七、问：在拟稿纸样式“审核”一栏内，可否加“办公室审核”栏？（湖北）

答：可以增加“办公室审核”一项。

八、问：有关涉及到案件的请示、报告，在编号时应编什么号？（黑龙江、甘肃、江苏、云南、吉林、上海、新疆）

答：就某一个具体案件审理中的问题，包括适用法律问题的请示、报告，应编诉讼案卷号；对某一类案件审理中具体适用法律问题的请示、报告，可编行政号。

九、问：公文中的数字应如何使用？（广东、陕西）

答：按《人民法院公文处理暂行规定》第十七条办理。在同一个公文中数字的使用应前后统一。

十、问：公文的抄送域可否直接写领导人的姓名？（陕西）

答：公文的抄送域原则上只列抄送单位，但也不排除根据工作需要，个别公文列领导人姓名的情况。

十一、问：《人民法院公文主题词表》中出现二个"会议纪要"，是否要删掉一个？现行主题词表中的主题词不够标引的，可否增加？（福建、黑龙江、上海、宁夏等）

答：《人民法院公文主题词表》文秘类中的"会议纪要"予以删掉。对现行主题词感到不够标引的，各地法院根据实际情况，对确需增加的，可以参照国家档案局或当地党政部门制订的主题词进行标引，并将增加的主题词于一九九二年底前层报最高法院办公厅。

十二、问：《人民法院公文讲义》第156、158页的公文样式之5、之6中的版头与法（办）发〔1991〕27号文件中规定的不一致，应以哪个为准？（内蒙）

答：应以法（办）发〔1991〕27号文件为准，即为：××××人民法院。讲义中所附之5、之6的版头应去掉"文件"二字。

十三、问：如何正确加盖印章？（湖北）

答：印章要端正盖在成文日期的上方，做到上不压正文，下压成文日期年月日。加盖人民法院印章要保持国徽完整，即年月日位于印章国徽图案下沿的空白处。

十四、问：公文印发说明域中的印发单位，是指拟稿单位还是指办公室？（黑龙江）

答：印发单位是指负责公文印发的各级法院办公室。

最高人民法院办公厅
关于"送达公约"适用于香港的通知

1992年7月15日　　法办〔1992〕86号

各省、自治区、直辖市高级人民法院，各中级人民法院，各铁路运输中级法院，各海事法院：

1991年3月2日，第七届全国人民代表大会常务委员会第十八次会议决定批准我国加入《关于向国外送达民事或商事司法文书和司法文书公约》，该公约自1992年1月1日起对我国生效。1992年3月4日，最高人民法院、外交部、司法部联合发出《关于执行〈关于向国外送达民事或商事司法文书和司法外文书公约〉有关程序的通知》（外发〔1992〕8号文件）。经征询国务院港澳办公室的意见，今后，香港最高法院和内地人民法院送达司法文书和司法外文书，可以参照最高人民法院、外交部、司法部外发〔1992〕8号文件的有关规定办理。

特此通知

最高人民法院
关于认真学习宣传贯彻执行妇女权益保障法的通知

1992年8月1日　法发〔1992〕24号

各省、自治区、直辖市高级人民法院，解放军军事法院：

《中华人民共和国妇女权益保障法》（以下简称妇女权益保障法）已经第七届全国人民代表大会第五次会议通过，将于1992年10月1日起施行。妇女权益保障法的颁布实施，对于促进男女平等，保障妇女的合法权益，充分发挥妇女在社会主义现代化建设中的作用，具有重要意义。各级人民法院应把认真学习、宣传、贯彻执行妇女权益保障法作为一项重要的工作切实抓紧抓好。为此，特作如下通知：

一、认真学习妇女权益保障法。妇女权益保障法是我国第一部全面、系统保障妇女权益的重要法律。它通过立法形式将宪法、法律中有关男女平等，保护妇女权益的规定系统化、具体化、制度化。各级人民法院要组织审判人员认真学习、深刻理解立法精神，提高对维护妇女合法权益的重要性的认识，以增强维护妇女合法权益的自觉性。

二、积极宣传妇女权益保障法。各级人民法院要配合有关部门广泛深入地开展对妇女权益保障法的宣传活动。宣传活动要与各项审判工作相结合，扎扎实实，讲求实效。在审判实践中可选择一些典型案件依法公开审判，以案讲法；并利用广播、电视、报刊等各种新闻媒介扩大宣传效果，使广大人民群众了解妇女权益保障法，使广大妇女学会运用法律武器保障自己的合法权益。

三、严格执行妇女权益保障法。各级人民法院在各项审判工作中要严格执行妇女权益保障法，做到有法必依，执法必严，违法必究，依法保护妇女的合法权益。在民事、经济、行政审判中，通过对婚姻、继承、劳动争议、财产权益等案件以及有关行政案件的审理，切实维护妇女的人身权、财产权，保障妇女与男子平等的劳动权、受教育权以及其他合法权益；在刑事审判中要根据刑法以及《关于严惩拐卖、绑架妇女、儿童的犯罪分子的决定》和《关于严惩卖淫、嫖娼的决定》等有关规定，对强奸、拐卖、侮辱、虐待、迫害以至残害妇女等各种犯罪行为要坚决予以打击，依法严惩。

各级人民法院在实施妇女权益保障法的过程中，要注意及时总结经验，并将实施中遇到的新情况、新问题，及时报告我院。

最高人民法院
关于转发《国务院批转公安部评定授予人民警察警衔实施办法的通知》的通知

1992年9月17日　法发〔1992〕27号

各省、自治区、直辖市高级人民法院：

现将《国务院批转公安部评定授予人民

警察警衔实施办法的通知》(国发〔1992〕49号)转发给你们，请结合人民法院司法警察的实际情况，参照执行。

附：

国务院
批转公安部评定授予人民警察警衔实施办法的通知

1992年9月10日　　国发〔1992〕49号

各省、自治区、直辖市人民政府，国务院各部委、各直属机构：

《中华人民共和国人民警察警衔条例》已经第七届全国人民代表大会常务委员会第二十六次会议通过，并公布施行。根据条例规定，国务院责成公安部提出实施办法。公安部拟定的《评定授予人民警察警衔实施办法》，已经国务院批准，现发给你们，请遵照执行。

人民警察实行警衔制度是加强社会主义民主和法制建设的一件大事。评定授予警衔是一项严肃的工作。各省、自治区、直辖市人民政府和国务院各有关部门要切实加强领导，精心组织实施，抓紧搞好人民警察队伍的思想教育和组织整顿，认真贯彻条例及国家有关规定，严格控制实行警衔制度的范围，严格执行评定授予警衔的标准，严格审查报批程序。各有关单位不得随意扩大授衔范围，降低授衔标准。要通过做好这项工作，促进人民警察队伍的革命化、现代化、正规化建设，增强人民警察的责任心、荣誉感和组织纪律性，进一步发挥人民警察的职能作用，维护社会稳定和治安秩序。

公安部是人民警察警衔工作的主管部门。国务院责成公安部负责条例的组织实施，并就实施中的重大问题会同有关部门研究提出意见，向国务院报告；认真做好评定授予警衔的日常工作，对实施办法的具体规定负责解释；负责人民警察警衔标志的制作和管理；组织协调公安部门和有关部门的警衔晋级、降级、取消等管理工作；负责有关警衔的汇总统计工作；办理有关交办事项。国家安全部、司法部等有关部门应与公安部密切配合，共同做好工作。

国家安全部门、劳动改造劳动教养管理部门的人民警察，人民法院、人民检察院的司法警察的评定授予警衔工作适用实施办法的具体规定。国家安全部门和劳动改造劳动教养管理部门的人民警察警衔授予和晋级的批准权限，参照条例第十三条、第十八条的规定执行；特殊问题，由主管部门提出处理意见，报国务院批准后执行。

为加强对评定授予警衔工作的领导，国务院决定成立协调小组，由国务委员王芳、国务院秘书长罗干负责，对实施中的重大问题进行协调。

各省、自治区、直辖市人民政府和国务院有关部门在首次评定授予警衔工作基本完成后，要认真进行总结，由公安部汇总向国务院报告。

公　安　部

评定授予人民警察警衔实施办法

（1992年8月6日）

《中华人民共和国人民警察警衔条例》（以下简称《条例》）已经第七届全国人民代表大会常务委员会第二十六次会议通过，并于1992年7月1日公布施行。根据《条例》规定和国务院指示，拟定本实施办法。

一、评定授予警衔的范围

评定授予警衔的人员，必须是属于人民警察建制的在编在职的人民警察。凡不具有人民警察性质的单位和不担任人民警察职务的人员，不实行警衔制度。

（一）评定授予警衔的人员为：各级公安部门（包括公安部门设在铁道、交通、民航、林业部门的公安机构）、国家安全部门和劳动改造劳动教养管理部门中，从事指挥决策、监督保障和业务工作的人民警察；各级人民法院、人民检察院的司法警察；警察专业技术单位、院校、报社、医院中担任人民警察职务的人员。

评定授予警衔范围内的人员，由于目前有某种情况，如职务未定、出国留学进修、已连续病休二年以上未恢复工作、工作不称职、因违纪违法正在受审查等，暂缓评定授予警衔。

以工代警的人员，待办理干部录用手续后再评定授予警衔。

（二）不评定授予警衔的人员为：已批准离休、退休或在1992年6月30日前已到离休、退休年龄的人民警察；不服从组织分配、拒不到职的人民警察；已决定调离人民警察工作岗位的人员；企业单位的人员；事业单位中不担任人民警察职务的人员；群众性学术团体的人员；合同制民警；所有工勤人员；其他不担任人民警察职务的人员。

（三）企事业单位中政企（事）职能不分的公安机构及其人员，待清理整顿、理顺体制后，再确定是否实行警衔制度。各有关主管部门要做好思想政治工作，要求他们坚守岗位、忠于职守，继续做好维护治安秩序工作。

二、首次评定授予警衔的标准

评定授予警衔，应以人民警察的现任职务、德才表现、担任现职时间和工作年限为依据，通盘考虑，全面衡量。

（一）“德才表现”，是指人民警察政治品质、思想觉悟、遵纪守法、联系群众、实事求是、公道正派、廉洁奉公、英勇献身等表现和知识化、专业化程度，实际工作能力，执法水平。

“现任职务”，是指按干部管理权限由主管部门正式任命的职务，不是指临时委派或暂时指定代理的职务。

“担任现职时间”，是指现任职务从其主管部门正式下达任命通知之日起计算的任职的时间。连续担任同一等级职务的时间可以合并计算。

“工作年限”，是指按国家有关规定计算的正式参加工作时间的总和。工作满十二个月为工作年限一年。

（二）在警察专业技术单位、院校、报社、医院等事业单位从事专业技术工作的人民警察，已经评聘了专业技术职务的，可以按照专业技术职务等级评定授予专业技术警衔。其中担任行政职务兼任专业技术职务的人民警察，原则上按行政职务评定授予警衔，如低于按其专业技术职务评定授予的警衔，也可按专业技术职务评定授予警衔。

鉴于目前国家机关未开展专业技术职务聘任工作，公安部门、国家安全部门、劳动改造劳动教养管理部门行政机关中从事专业技术工作的人民警察，不论是否评聘了专业技术职务，均先按照行政职务等级评定授予警衔。关于按照专业技术职务评定授予专业技术警衔的问题，另行研究确定。

(三)各有关部门在执行评定授予警衔标准中遇有特殊问题，由主管部门提出处理意见，经公安部组织研究、协调处理，或报经国务院同意后办理。

(四)对个别特殊情况，需要在警察职务等级编制警衔的幅度内高评一级警衔的，应当严格控制，并按批准权限单独报批。

三、首次评定授予警衔工作的步骤安排

为有利于加强领导，保证工作顺利开展，首次评定授予警衔工作分期分批进行。

第一批：公安部机关（包括铁道、交通、民航、林业公安局机关），国家安全部机关，司法部劳改局、劳教局机关，各省、自治区公安厅机关、国家安全厅机关和劳改局、劳教局（处）机关，北京、天津、上海市以及省、自治区政府所在市和重庆、深圳、珠海、厦门市上述部门中行政单位的人民警察。

第二批：地市上述部门的人民警察和各警察专业技术单位、院校、报社、医院中的人民警察。

第三批：公安部门、国家安全部门和劳动改造劳动教养管理部门中属于授予警衔范围，未安排在第一批和第二批的人民警察。

司法警察评定授予警衔工作的步骤安排，分别由最高人民法院、最高人民检察院规定。

首次评定授予警衔工作，要求在1993年3月底以前基本完成。

四、首次评定授予警衔的组织实施

(一）依照《条例》和国家的有关规定，在认真核定警察建制、编制员额和人民警察职务等级的基础上，明确应授、缓授和不授警衔的具体对象。

(二)严肃整顿人民警察的纪律作风和警容风纪，坚决清理不合格人员。对工作不称职的人民警察组织集中培训；培训合格的可授予警衔，不合格的调出人民警察队伍。

(三）搞好思想动员和宣传教育，使人民警察明确实行警衔制度的目的和意义，了解《条例》和有关规定的内容，统一思想认识，正确对待警衔的评定授予。尤其是各级领导干部要以身作则，严以律已，在评定授予警衔中起表率作用。

(四）坚持实事求是，客观、准确、全面地进行组织鉴定。部级正副职人民警察由干部主管部门鉴定；担任省、地、县三级警察机构正副职的人民警察，按照下管一级的原则，分别由上一级人民警察主管部门鉴定；其余的人民警察，由所在单位政治工作部门鉴定。鉴定的内容包括德、才、绩三个方面，以近几年的表现为主。

(五)负责组织鉴定的机关逐人填写评定授予警衔审批表，经干部主管部门审查后，按照批准权限逐级上报审批，并下达授予警衔命令。首次授予警衔命令的时间统一填写为1992年9月1日。

凡拟评定授予三级警监以上警衔的人员名单及其审批表，由公安部和有关部门进行汇总研究、统一平衡后，确定拟授三级警监以上警衔的人数和控制指标，提出授予二级警监以上警衔的名单预案，提请国务院总理审批。

(六）首次授予总警监、副总警监、一级警监、二级警监警衔的仪式，由国务院组织实施。授予三级警监和警督警衔的仪式，分别由公安部和有关部门组织实施。授予警司、警员警衔的仪式，分别由省、自治区、直辖市公安厅（局）和有关部门组织实施。

附件：

首次评定授予人民警察警衔的标准

一、担任行政职务的人民警察依据下列标准评定授予警衔：

（一）正部级职务人员：可授予总警监。

（二）副部级职务人员：可授予副总警监。

（三）正厅级职务人员：现任部长助理职务的，德才表现较好，可授予一级警监。

其他正厅级职务人员，德才表现较好，任现职满三年、参加工作满三十年的，或者任现职不满三年、参加工作满三十五年的，可授予一级警监；

其余的可授予二级警监。

（四）副厅级职务人员：德才表现较好，任现职满六年、参加工作满二十二年的，或者任现职满三年、参加工作满三十年的，或者任现职不满三年、参加工作满三十五年的，可授予二级警监；

其余的可授予三级警监。

（五）正处级职务人员：现任省会（自治区首府）市和人口较多、治安任务重的地级市公安局局长，德才表现较好，任现职满三年、参加工作满二十二年的，或者任现职不满三年、参加工作满二十六年的，可授予三级警监；其余的可授予一级警督。

其他正处级职务人员，德才表现较好，任现职满五年、参加工作满三十二年的，或者任现职不满五年、参加工作满三十八年的，可授予三级警监；

任现职满三年、参加工作满十八年的，或者任现职不满三年、参加工作满二十二年的，可授予一级警督；

其余的可授予二级警督。

（六）副处级职务人员：德才表现较好，任现职满三年、参加工作满二十二年的，或者任现职不满三年、参加工作满二十六年的，可授予一级警督；

任现职满三年、参加工作满十六年的，或者任现职不满三年、参加工作满二十年的，可授予二级警督；

其余的可授予三级警督。

（七）正科级职务人员：现任县（市）公安局和地级市下设的公安分局的局长、政委，德才表现较好，任现职满三年、参加工作满二十二年的，或者任现职不满三年、参加工作满二十六年的，可授予一级警督；其余的可授予二级警督。

其他正科级职务人员，德才表现较好，任现职满五年、参加工作满三十二年的，或者任现职不满五年、参加工作满三十八年的，可授予一级警督；

任现职满二年、参加工作满二十年的，或者任现职不满二年、参加工作满二十四年的，可授予二级警督；

任现职满二年、参加工作满十年的，或者任现职不满二年、参加工作满十四年的，可授予三级警督；

其余的可授予一级警司。

（八）副科级职务人员：德才表现较好，任现职满二年、参加工作满二十六年的，或者任现职不满二年、参加工作满三十年的，可授予二级警督；

任现职满二年、参加工作满十六年的，或者任现职不满二年、参加工作满二十年的，可授予三级警督；

任现职满二年、参加工作满八年的，或者任现职不满二年、参加工作满十二年的，可授予一级警司；

其余的可授予二级警司。

（九）科员（警长）职务人员：德才表现较好，参加工作满三十年的，或者现任县（市）公安局股、所、队长，参加工作满二十二年的，可授予三级警督；

参加工作满十八年的，或者现任县（市）公安局股、所、队长，参加工作满十四年的，可授予一级警司；

参加工作满八年的，或者现任县（市）公安局股、所、队长，不具备授予一级警司条件的，可授予二级警司；

其余的可授予三级警司。

（十）办事员（警员）职务人员：德才表现较好，参加工作满二十年的，可授予一级警司；

参加工作满十二年的，可授予二级警司；

参加工作满八年的，可授予三级警司；

参加工作满四年的，可授予一级警员；

其余的可授予二级警员。

二、担任专业技术职务的人民警察依据下列标准评定授予警衔：

（一）教授、研究员等高级专业技术职务人员：德才表现较好，在专业技术工作中作出特别突出贡献，同时任现职满八年的，或者任现职满三年、参加工作满三十年的，或者任现职不满三年、参加工作满三十五年的，可授予一级警监；

任现职满八年的，或者任现职满三年、参加工作满三十年的，或者任现职不满三年、参加工作满三十五年的，可授予二级警监；

其余的可授予三级警监。

（二）副教授、副研究员等高级专业技术职务人员：德才表现较好，在专业技术工作中作出突出贡献，同时任现职满五年、参加工作满三十二年的，或者任现职不满五年、参加工作满三十八年的，可授予二级警监；

任现职满五年、参加工作满三十二年的，或者任现职不满五年、参加工作满三十八年的，可授予三级警监；

任现职满三年、参加工作满十八年的，或者任现职不满三年、参加工作满二十二年的，可授予一级警督；

其余的可授予二级警督。

（三）讲师、助理研究员、工程师等中级专业技术职务人员：德才表现较好，任现职满五年、参加工作满二十四年的，或者任现职不满五年、参加工作满三十年的，可授予一级警督；

任现职满三年、参加工作满十八年的，或者任现职不满三年、参加工作满二十二年的，可授予二级警督；

任现职满二年、参加工作满十二年的，或者任现职不满二年、参加工作满十六年的，可授予三级警督；

任现职满二年、参加工作满六年的，或者任现职不满二年、参加工作满十年的，可授予一级警司；

其余的可授予二级警司。

（四）助教、研究实习员、助理工程师等初级专业技术职务人员：德才表现较好，任现职满三年、参加工作满二十二年的，或者任现职不满三年、参加工作满二十六年的，可授予三级警督；

任现职满二年、参加工作满十年的，或者任现职不满二年、参加工作满十六年的，可授予一级警司；

参加工作满六年的，可授予二级警司；

其余的可授予三级警司。

（五）技术员、实验员等初级专业技术职务人员：德才表现较好，任现职满二年、参加工作满十二年的，或者任现职不满二年、参加工作满十八年的，可授予一级警司；

参加工作满十年的，可授予二级警司；

参加工作满六年的，可授予三级警司；

其余的可授予一级警员。

司法部　最高人民法院　外交部
关于印发《关于执行海牙送达公约的实施办法》的通知

1992年9月19日　　司发通〔1992〕093号

有关人民法院、驻外使领馆、司法厅（局）：

1992年3月4日，我们发出了《关于执行〈关于向国外送达民事或商事司法文书和司法外文书公约〉有关程序的通知》。现将根据该通知制定的《关于执行海牙送达公约的实施办法》印发给你们，请遵照执行。

附：

关于执行海牙送达公约的实施办法

为了正确、及时、有效地按照《关于向国外送达民事或商事司法文书和司法外文书公约》（下称《公约》）向在《公约》成员国的当事人送达文书和执行成员国提出的送达请求，根据最高人民法院、外交部和司法部"外发〔1992〕8号"《关于执行〈关于向国外送达民事或商事司法文书和司法外文书公约〉有关程序的通知》（下称《通知》），制定本实施办法。

一、司法部收到国外的请求书后，对于有中文译本的文书，应于五日内转给最高人民法院；对于用英文或法文写成，或者附有英文或法文译本的文书，应于七日内转给最高人民法院；对于不符合《公约》规定的文书，司法部将予以退回或要求请求方补充、修正材料。

二、最高人民法院应于五日内将文书转给送达执行地高级人民法院；高级人民法院收文后，应于三日内转有关的中级人民法院或者专门人民法院；中级人民法院或者专门人民法院收文后，应于十日内完成送达，并将送达回证尽快交最高人民法院转司法部。

三、执行送达的法院不管文书中确定的出庭日期或期限是否已过，均应送达。如受送达人拒收，应在送达回证上注明。

四、对于国外按《公约》提交的未附中文译本而附英、法文译本的文书，法院仍应予以送达。除双边条约中规定英、法文译本为可接受文字者外，受送达人有权以未附中文译本为由拒收。凡当事人拒收的，送达法院应在送达回证上注明。

五、司法部接到送达回证后，按《公约》的要求填写证明书，并将其转回国外请求方。

六、司法部在转递国外文书时，应说明收到请求书的日期、被送达的文书是否附有中文译本、出庭日期是否已过等情况。

七、我国法院需要向在公约成员国居住的该国公民、第三国公民、无国籍人送达文书时，应将文书及相应文字的译本各一式三份（无需致外国法院的送达委托书及空白送达回证）按《通知》规定的途径送最高人民法院转司法部。译文应由译者签名或翻译单位盖章证明无误。

八、司法部收到最高人民法院转来向国外送达的文书后，应按《公约》附录中的格式制作请求书、被送达文书概要和空白证明书，与文书一并送交被请求国的中央机关；必要时，也可由最高人民法院将文书通过我国驻该国的使馆转交该国指定的机关。

九、我国法院如果需要通过我驻公约成员国的使领馆向居住在该国的中国公民送达文书，应将被送达的文书、致使领馆的送达委托书及空白送达回证按《通知》规定的途径转最高人民法院，由最高人民法院径送或经司法部转送我驻该国使领馆送达当事人。

十、司法部将国内文书转往公约成员国中央机关两个半月后，如果未收到证明书，将发函催办；请求法院如果直接收到国外寄回的证明书，应尽快通报最高人民法院告知司法部。

十一、本办法中的“文书”兼指司法文书和司法外文书。

十二、本办法自下发之日起施行。

注：

（1）截至一九九二年九月，我国与外国签订的双边司法协助条约（协定）中允许被送达文书附第三种文字译本的情况：

国家名称	第三语种
一、已生效的	
波兰	英文
蒙古	英文
二、已签署的	
意大利	英文、法文
西班牙	英文、法文
俄罗斯	英文
罗马尼亚	英文
三、已草签的	
土耳其	英文
泰国	英文
古巴	英文
保加利亚	英文

（2）本《实施办法》适用于香港地区。

最高人民法院
关于严惩走私犯罪活动的通知

1992年9月25日　　法发〔1992〕28号

各省、自治区、直辖市高级人民法院，解放军军事法院：

当前，走私犯罪活动十分猖獗，走私物品范围越来越广，走私数额越来越大，大案要案明显增多。不仅海上陆路走私严重，而且逐渐向内河渗透，空中走私活动也时有发生。今年1至6月，仅海关系统就查获国内企事业单位走私大案160起，其中案值在千万元以上的大案就有20余起。走私犯罪活动不仅严重地冲击了我国民族工业的发展和国家正常的对外贸易，使国家蒙受重大经济损失，而且严重败坏社会风气，损害了国家形象。为了有效地遏制走私犯罪活动的发展势头，有力打击走私犯罪分子的嚣张气焰，特通知如下：

一、各级人民法院干警要充分认识走私犯罪的严重性和危害性，把严厉打击走私犯罪摆在当前刑事审判工作的突出位置，务必抓紧抓好。要与有关部门密切配合，通过审判活动，推动反走私工作的深入开展。

二、对走私犯罪分子，要继续贯彻执行从严惩处的方针。无论个人还是企事业单位走私，凡是构成犯罪的，都要严格依照刑法和全国人大常委会《关于惩治走私罪的补充规定》追究刑事责任。依法该重判的，一定要重判；要重视适用没收财产；罚金等财产刑，从经济上给犯罪分子以严厉制裁。

三、对当地查获的走私犯罪案件，特别是大案要案，要提前了解情况，待起诉到法院后，立即组织力量，及时审判。

四、要重点抓好对走私大案要案的审判，注重办案效果。法院领导要亲自抓好大要案的审理。对那些走私数额特别巨大、危害特别严重、内外勾结的典型案件，要大张旗鼓地公开宣判，并通过新闻媒介进行宣传报道，以震慑犯罪，鼓舞群众与走私犯罪作斗争。

五、走私犯罪案件较多地区的高级人民法院，应加强对审理走私案件的监督指导和调查研究工作，并将有关情况和问题及时报告我院。

最高人民法院
关于印发项华同志在全国法院司法警察警衔工作座谈会上的讲话的通知

1992年10月4日　法发〔1992〕29号

全国地方各级人民法院、各级军事法院、各铁路运输中级法院和基层法院、各海事法院：

现将项华同志在全国法院司法警察警衔工作座谈会上的讲话印发给你们，请认真贯彻落实。

附：

项华同志在全国法院司法警察警衔工作座谈会上的讲话

（1992年8月9日）

同志们：

我们这次座谈会是最高法院党组决定召开的。人民警察实行警衔制度，这在建国以来是第一次，专门开会研究和部署人民法院司法警察警衔评定授予工作和法警队伍建设工作，这在法院队伍建设特别是法警队伍建设的历史上也是第一次，是一件很有意义的事情。下面，我先讲几点原则意见，供同志们讨论。

一、提高认识，认真做好人民法院司法警察警衔首次评定授予工作

《中华人民共和国人民警察警衔条例》已于1992年7月1日经七届全国人大常委会第二十六次会议审议通过，并公布施行。这是人民警察制度的一项重要法律。人民警察实行警衔制度，是整个人民警察队伍建设的一件大事，也是人民法院司法警察队伍建设的一件大事，标志着依法治警、从严治警进入了一个新的历史阶段。评定授予警衔不是简单挂个牌牌、戴个标志的问题，它标志着人民法院司法警察队伍与整个人民警察队伍一样，开始迈上正规化、现代化建设的轨道。在世界其他国家，无论是哪种社会制度的国家，无论是发达国家还是发展中国家，几乎都实行着不同形式的警察衔级制度。我们通过这次实行警衔制度，将促进人民法院司法警察管理制度的进一步完善，管理体制尽可能理顺，更好地管理和指挥这支队伍，提高战斗力，并激发广大司法警察的进取献身精神，增强责任感、荣誉感和组织纪律性，发挥更大的积极作用，树立起人民司法警察的良好形象和执法权威。

这次评定授予警衔是实行警衔制度后的第一次，我们一定要把这项工作做好，总的要求就是要保证警衔条例在全国法院系统得到顺利实施，保证首次评定授予警衔工作按计划、按步骤圆满完成。

这项任务能否完成好，在很大程度上取决于我们的准备工作充分不充分。在去年和今年的两次全国法院人事工作座谈会上，都研究和部署了实施警衔条例的各项准备工作，并先后下发了有关确定法警职务等级、核定法警编制的文件，进行了调查摸底和测算，不少地方都做了大量准备工作，有的做得比较扎实，工作进展较快，但也有些地方准备工作还很不充分，有的甚至没怎么抓，连去年布置的摸底统计材料也没有搞起来。现在时间已经相当紧张了，要做的工作还很多，我们一定要重视起来，要有紧迫感，力争在短时间内，把各项准备工作做得尽量充分一些，要提前就绪，保证适时、顺利地进入评定授衔阶段。一是要抓紧整顿队伍，把法警队伍的思想作风、警容风纪整顿好，对不合格的人员坚决清理，对不称职的人员要集中组织培训，经培训仍不合格的人员要调整出法警队伍，力争以一个良好的精神状态和崭新的风貌来迎接授衔。二是要尽快建立健全法警机构，按有关规定核定法警编制员额，确定法警职务等级，明确评授警衔的范围及首次评授警衔的标准，进一步摸清底数，并根据可能出现的各种情况，周密部署，把工作做深做细、做在前面，保障评授工作紧张有序地开展起来，避免出现偏差和失误。三是要把深入细致的思想政治工作贯彻始终，贯穿在评授工作的各个环节。要组织全体法警认真学习警衔条例、宣传提纲和有关规定，使他们充分认识实行警衔制度的目的和意义，端正态度，提高认识，正确对待警衔的评定授予工作，不计较个人得失，顾全大局，避免纷争，杜绝事故，振奋精神，增强团结。要及时掌握法警队伍的思想动态，把握好宣传导向，把广大法警的思想引导到正确的方向上来。这一点自始至终不能有丝毫的马虎，四是各高级人民法院要抽调得力干部组成专门班子，集中时间，全力以赴地抓好本院和所属各级法院法警警衔的评定授予工作。

进入警衔评定授予阶段后，主要就是严格按照警衔条例和有关规定来办。一定要“严”字当头，一丝不苟，不随意放宽政策，不搞灵活性，做到法律政策面前人人平等。1988年军队和武警授衔时就十分严格，为我们提供了有益的经验。只有严才能保证警衔评授的质量，才能保证评授工作的顺利进行。当然，严也要严得合理，严得让人信服，还要通过有针对性的思想政治工作来保证体现“严”的精神。

实行警衔制度是一件好事，好事就只能办好，决不能办坏。希望通过授衔，把全体法院司法警察的工作热情和积极性充分调动起来，以更好地做好本职工作。

二、以首次授衔为契机，全面推进人民法院司法警察队伍的革命化、现代化、正规化建设

人民法院司法警察的性质和任务决定了对这支队伍必须严格教育，严格管理，严格训练，严格纪律，努力实现革命化、现代化、正规化建设的要求。长期以来，我国人民警察队伍不断发展壮大，但一直尚未形成一套完整的符合自身特点、行之有效的人民警察管理制度，其中包括没有建立和实行警衔制度，影响了人民警察队伍的建设。人民法院司法警察队伍也是如此。应该肯定，人民法院的全体法警在人员少、任务重、条件差的情况下，克服困难，积极工作，为法院审判任务的完成做出了贡献，各级法院对这支队伍的管理也积累了一些好的经验。同时也应看到，法警队伍建设还存在许多问题，不仅体制不顺，管理也很不规范，在机构设置、人员编制、业务训练、指挥监督、工作方式、装备保障等方面，基本上简单套行其他警种和行政人员的有关制度和模式，不能适应司法警察队伍建设的需要和警务工作的开展，在一定程序上影响了法院审判工作的开展，其弊端早已明显地暴露出来，必须进行改革。司法警察实行警衔制度，正是适应人民法院司法警察性质、任务的特点，在队伍管理上的一项重大改革措施。我们要以此为契机，立足长远，通过实行警衔制度，全面推进人民法院司法警察队伍的革命化、现代化、正规化建设，提高队伍的素质和战斗力，努力建设一支忠诚可靠、训练有素、业务熟悉、纪律严明、作风过硬、秉公执法、有坚强战斗力的司法警察队伍。为此，我们要在搞好法警警衔评授工作的基础上，继续做好以下几方面的工作：

第一，要通过这次评授警衔，建立健全法警机构，充实和加强法警力量，明确法警职务等级和领导隶属关系，把法警管理体制尽可能理顺，逐步实现队伍管理的规范化，使人民法院司法警察队伍上下左右形成一体，以利于统一指挥和管理，提高整体战斗力。

第二，要坚持依法治警、从严治警，继续搞好经常性的清理整顿工作，进一步纯洁法警队伍，严格把好进人关，搞好正规化、军事化训练，不断提高法警队伍的素质。

第三，要坚持不懈地开展思想政治工作，激励广大法警不断增强责任感、荣誉感和组织纪律观念，更加珍惜荣誉，明确职责，时时处处严格要求自己，规范自己的言行，改进思想作风和警容风纪，并自觉接受人民群众和社会各界的广泛监督，进一步密切警民关系，全心全意为人民服务，不怕牺牲，乐于奉献，树立人民司法警察的良好形象和执法权威。号召全体法警以授衔为起点，振奋精神，奋发向上，以自己出色的工作为人民法院审判事业和社会主义法制建设做出应有的更大的贡献。

三、加强领导，把实行警衔制度和加强法警队伍建设当作一件大事抓紧抓好

党中央对实行警衔制度和加强人民警察队伍建设高度重视。这为我们搞好人民法院司法警察警衔评授工作和这支队伍建设创造了一个很好的条件。但是，实行警衔制度，加强人民法院司法警察队伍建设是一件长远大事，主要通过我们自己的工作来完成。对于人民法院司法警察警衔评授工作和队伍建设，最高法院党组是很重视的，列入了议事日程，并组织专门班子来抓。从各地法院的情况看，多数也是很重视这项工作的，尤其是各高级法院，基本都把这项工作列入了党组的议事日程，并按要求组织了专门力量来抓落实，但也有不重视或重视不够的地方，值得引起我们的注意。关于各级法院要加强对这项工作的领导问题，最高法院曾经提出过明确的要求，我在这里再强调一下，各级法院党组都要有足够的重视，把这项工作当作一件大事列上议事日程，加强领导，精心部署，分管院领导要亲自抓落实。还要坚持一级抓一级，一级对一级负责，逐级抓好落实，特别是各高级法院要负起更大的责任。希望大家回去之后，向党组做好汇报，并制定出具体实施方案，认真组织实施，保证警衔制度在法院系统能够顺利实行，保证首次法警警衔评授工作能够圆满成功，推动法警队伍建设不断向前发展。

同志们，我们这次会议的任务很重，希望大家群策群力，首先把这次会议开好，并通过这次会议，把评定授予警衔和加强法警队伍建设的各项工作安排好、落实好，为法院系统顺利实行警衔制度，推进法警队伍的革命化、现代化、正规化建设，做出我们应有的贡献。

最高人民法院
印发《关于司法警察警衔授予和晋级批准权限的规定》的通知

1992年10月15日　　法发〔1992〕32号

各省、自治区、直辖市高级人民法院：

现将《最高人民法院关于司法警察警衔授予和晋级批准权限的规定》印发给你们，请遵照执行。

附：

最高人民法院
关于司法警察警衔授予和晋级批准权限的规定

根据《中华人民共和国人民警察警衔条例》第二十三条之规定，现对人民法院司法警察警衔授予和晋级的批准权限作如下规定：

一、司法警察警衔授予的批准权限

(一) 警监、警督由最高人民法院院长批准授予；

(二) 警司由省、自治区、直辖市高级人民法院院长批准授予；

(三) 警员由省、自治区、直辖市高级人民法院政治部主任批准授予；

(四) 最高人民法院机关的警司、警员由最高人民法院政治部主任批准授予。

二、司法警察警衔晋级的批准权限

(一) 司法警察警衔晋级的批准权限，按警衔授予的批准权限执行。

(二) 警司、警员提前晋升的，由最高人民法院政治部主任批准。

三、铁路、海事等专门法院和经批准设立的其它法院的司法警察警衔的授予和晋级的批准权限适用本规定。

最高人民法院
关于认真学习贯彻党的十四大精神的通知

1992年10月18日　　法发〔1992〕34号

各省、自治区、直辖市高级人民法院，解放军军事法院：

党的十四大是在加快改革开放和现代化建设的新形势下召开的一次极其重要的承前启后、继往开来的大会，具有十分重大的现实意义和深远的历史意义。江泽民同志代表党中央在十四大上所作的《加快改革开放和现代化建设步伐，夺取有中国特色社会主义事业的更大胜利》的报告，以邓小平同志提出的建设有中国特色社会主义的理论为指导，认真总结党的十一届三中全会以来十四年的实践经验，确定今后一个时期的战略部署，进一步解决了建设有中国特色社会主义的一系列重大理论和实践问题，是对马克思主义的重大贡献，是动员和指导全国各族人民解放思想，把握有利时机，加快改革开放和现代化建设步伐，夺取有中国特色的社会主义事业更大胜利的纲领性文件。十四大的胜利召开，标志着我国社会主义现代化建设进入了一个蓬勃发展的新阶段。为在法院系统更好地学习领会、贯彻落实党的十四大精神，特作如下通知：

一、认真学习，全面领会党的十四大精神，统一思想，进一步提高执行党的基本路线，为社会主义现代化建设服务的自觉性。各级法院要高度重视，切实组织好对十四大文件的学习，组织全体法院干警认真学习江泽民同志在十四大的报告，学习邓小平同志建设有中国特色社会主义的理论，深刻理解和领会其精神实质，充分认识党的十四大在我们党历史上的重要地位和作用。各级法院领导，要带头学好文件，带领法院干警进一步解放思想，振奋精神，坚持用邓小平同志建设有中国特色的社会主义的理论统一全体干警的认识，在党中央领导下，坚定不移地坚持党的基本路线，坚决贯彻落实党的十四大精神，搞好法院各项工作，更好地为改革开放和现代化建设服务。

二、充分运用审判职能，调节社会经济关系，为建立和发展社会主义市场经济提供有力的法律保障和服务。十四大报告明确提出，我国经济体制改革的目标是建立社会主义市场经济体制。并强调要高度重视法制建设，在发展社会主义民主，健全社会主义法制方面取得明显进展，以巩固和发展稳定的社会政治环境，保证经济建设和改革开放的顺利进行。这就对我们法院工作提出了新的更高的要求。发展市场经济，管理社会经济活动，调节各种社会关系，都需要法制的保障和规范。各级法院要运用法律手段，充分发挥人民法院在调节经济关系，改善改革开放的法制环境，保护投资者和敢于改革试验的人的合法权益等方面的职能作用，增强为改革开放和经济建设服务的意识，把审判工作同社会主义现代化建设的全局紧密联系起来，依法及时处理好与改革开放、经济建设密切相关的各类案件，促进社会主义市场经济体制的建立和发展。要把是否有利于解放和发展生产力，是否有利于加快改革开放和经济建设，是否有利于维护政治安定和社会稳定，作为法院工作的出发点和检验我们工作的根本标准。要进一步改善和加强执法活动，在党的领导下依法独立进行审判，克服地方保护主义的影响，切实解决"执行难"的问题，以保障、促进改革开放和经济建设的顺利进行。

三、继续开展"两打"斗争，为改革开放和经济建设创造良好的社会环境。各级法院要坚持"一手抓改革开放、一手抓打击各种犯罪活动"、"两手抓、两手硬"的方针，进一步加强人民民主专政职能，严厉打击严重刑事犯罪活动，通过因地制宜开展各种专项斗争，严惩严重危害社会治安的犯罪分子，扫除社会丑恶现象，并积极参加社会治安的综合治理，维护社会的稳定。要按照中央坚决惩治腐败分子的要求，继续深入开展打击经济犯罪活动的斗争，从严惩处严重经济犯罪分子，坚决纠正"以罚代刑"等现象。要把惩治贪污、贿赂等犯罪作为打击经济犯罪的重点，同时加强对走私、诈骗、投机倒把、偷税抗税等严重扰乱经济秩序的犯罪案件的审判，维护社会主义经济秩序，推进廉政建设。在打击犯罪活动中，要根据小平同志提出的要警惕右，但主要是防"左"的精神，既要坚决打击各种犯罪活动，又要注意严格区分罪与非罪的界限，严格区分合法与违法的界限。对改革开放中出现的一些新问题，要根据有利于发展生产力的标准，坚持实事求是，具体问题具体分析，依法妥善解决，切实做到保护改革者，鼓励探索者，帮助失误者，制裁违法犯罪者。

四、要大力开展对新形势下出现的新情况、新问题的调查研究，进一步加强司法解释工作。随着社会主义市场经济新体制逐步建立，涉及生产、经营、流通、分配以及社会生活等各方面的各种纠纷必然会增多，我们遇到的新情况、新问题也越来越多。各级法院一定要加强调查研究工作，及时了解审判工作中的新情况，研究解决新问题。并注意总结经验。对一些涉及制订修改法律的问题，应及时提出立法建议，对一些尚须进一步研究解决的问题，应提出意见报告上级法院，最高法院要针对当前审判工作中亟需解决的一些适用法律问题，适时作出司法解释。

五、要进一步加强法院自身的改革和建设。为适应改革开放和现代化建设的需要，更好地完成各项审判任务，人民法院需要加强自身的改革，要通过立法进一步完善人民法院的体制、机构和制度，各级法院要抓紧研究制订并逐步实施一些改革措施，为进一步完善有中国特色的社会主义审判制度而努力。要进一步加强物质装备建设，继续搞好审判法庭、人民法庭建设，不断改善执法条件，以保证审判工作的正常进行。要大力加强队伍建设，“从严治院”，抓好培训工作，提高法院干警的素质，努力建设一支政治素质好，业务能力强，执法水平高的法院队伍，为保障和促进改革开放和社会主义现代化建设的顺利进行作出更大贡献。

为贯彻落实党的十四大精神，全面部署今后一个时期人民法院的任务，最高法院初步决定，在今年12月下旬召开一次法院工作会议。请各地将学习贯彻党的十四大精神的情况以及对今后法院工作的意见和建议，及时报告我院。

最高人民法院
印发《关于做好司法警察警衔评定授予工作的意见》的通知

1992年10月28日　　法发〔1992〕35号

全国地方各级人民法院、各级军事法院、各铁路运输中级法院和基层法院、各海事法院：

现将《最高人民法院关于做好司法警察警衔评定授予工作的意见》印发给你们，请遵照执行。

附：

最高人民法院
关于做好司法警察警衔评定授予工作的意见

《中华人民共和国人民警察警衔条例》（以下简称《警衔条例》）已于1992年7月1日经第七届全国人民代表大会常务委员会第二十六次会议审议通过，并颁布施行。这是完善我国人民警察制度的一部重要法律。司法警察是人民警察的警种之一，是人民法院干部队伍的重要组成部分。实行警衔制度对于加强司法警察队伍的革命化、现代化、正规化建设，进一步发挥司法警察的职能作用，更好地服务于审判工作，具有十分重要的意义。根据《警衔条例》并参照《国务院批转公安部评定授予人民警察警衔实施办法的通知》及有关规定，现就做好人民法院司法警察警衔评定授予工作，提出如下意见：

一、人民法院评定授予警衔的范围

人民法院评定授予警衔的人员，必须是属于司法警察建制的在编在职的司法警察。

（一）评定授予警衔的人员为：各级人民法院的司法警察；各级人民法院直接管理司法警察并担任司法警察职务的人员；铁路、海事等专门法院和新疆生产建设兵团法院及经批准设立的其它法院的司法警察。

评定授予警衔范围内的人员，由于目前有某种情况，如职务未定、出国留学进修、已连续病休二年以上未恢复工作、工作不称职、因违纪违法正在受审查等，暂缓评定授予警衔。

以工代警的人员，待办理干部录用手续后再评定授予警衔。

（二）不评定授予警衔的人员为：已批准离休、退休或在1992年6月30日前已到离休、退休年龄的司法警察；已调任法院其它工作岗位的司法警察；合同制的司法警察；不服从组织分配、拒不到职的司法警察；已决定调离人民法院的司法警察。

二、首次评定授予人民法院司法警察警衔的标准

评定授予警衔，应以司法警察的现任职务、德才表现、担任现职时间和工作年限为依据，通盘考虑，全面衡量。首次评定授予司法警察警衔标准如下：

（一）正厅级职务人员：德才表现较好，任现职满三年、参加工作满三十年的，或者任现职不满三年、参加工作满三十五年的，可授予一级警监；

其余的可授予二级警监。

（二）副厅级职务人员：德才表现较好，任现职满六年、参加工作满二十二年的，或者任现职满三年、参加工作满三十年的，或者任现职不满三年、参加工作满三十五年的，可授予二级警监；

其余的可授予三级警监。

（三）正处级职务人员：德才表现较好，任现职满五年、参加工作满三十二年的，或者任现职不满五年、参加工作满三十八年的，可授予三级警监；

任现职满三年、参加工作满十八年的，或者任现职不满三年、参加工作满二十二年的，可授予一级警督；

其余的可授予二级警督。

（四）副处级职务人员：德才表现较好，任现职满三年、参加工作满二十二年的，或者任现职不满三年、参加工作满二十六年的，可授予一级警督；

任现职满三年、参加工作满十六年的，或者任现职不满三年，参加工作满二十年的，可授予二级警督；

其余的可授予三级警督。

（五）正科级职务人员：德才表现较好，任现职满五年、参加工作满三十二年的，或者任现职不满五年、参加工作满三十八年的，可授予一级警督；

任现职满二年、参加工作满二十年的，或者任现职不满二年、参加工作满二十四年的，可授予二级警督；

任现职满二年、参加工作满十年的，或者任现职不满二年、参加工作满十四年的，可授予三级警督；

其余的可授予一级警司。

（六）副科级职务人员：德才表现较好，任现职满二年、参加工作满二十六年的，或者任现职不满二年、参加工作满三十年的，可授予二级警督；

任现职满二年、参加工作满十六年的，或者任现职不满二年、参加工作满二十年的，可授予三级警督；

任现职满二年、参加工作满八年的，或者任现职不满二年、参加工作满十二年的，可授予一级警司；

其余的可授予二级警司。

（七）科员职务人员：德才表现较好，参加工作满三十年的，可授予三级警督；

参加工作满十八年的，可授予一级警司；

参加工作满八年的，可授予二级警司；

其余的可授予三级警司。

（八）办事员职务人员：德才表现较好，参加工作满二十年的，可授予一级警司；

参加工作满十二年的，可授予二级警司；

参加工作满八年的，可授予三级警司；

参加工作满四年的，可授予一级警员；

其余的可授予二级警员。

（九）各级人民法院司法警察机构的指挥管理干部按本院内设庭、室的领导干部配备，按评定警衔标准授予警衔。

（十）个别特殊情况，需要在警察职务等级编制警衔的幅度内高评一级警衔的，应当从严掌握，并按批准权限单独报批。

上列标准中：

“德才表现”，是指司法警察的政治品质、思想觉悟、遵纪守法、联系群众、实事求是、公道正派、廉洁奉公、英勇献身等表现和知识化、专业化程度，实际工作能力，执法水平。

“现任职务”，是指按干部管理权限由主管部门正式任命的职务，不是指临时委派或暂时指定代理的职务。

“担任现职时间”，是指现任职务从其主管部门正式下达任命通知之日起计算的任职的时间。连续担任同一等级职务的时间可以合并计算

“工作年限”，是指按国家有关规定计算的正式参加工作时间的总和。工作满十二个月为工作年限一年。

三、首次评定授予警衔的组织实施

（一）依照《警衔条例》和国家有关规定，在认真核定警察建制、编制员额和司法警察职务等级的基础上确定首次评定授予警衔的司法警察的范围，明确应授、缓授和不授的具体对象。

（二）整顿司法警察纪律作风和警容风纪，坚决清理不合格人员。对不称职的司法警察原则上由高级人民法院、中级人民法院组织集中培训，经培训合格的可授予警衔，仍不合格的调出司法警察队伍。

（三）搞好动员教育。要组织司法警察学习《警衔条例》及有关规定，使司法警察明确实行警衔制的意义和目的，做好思想政治工作，统一思想认识，正确对待警衔的评定授予。尤其是各级法院司法警察领导干部要以身作则，严以律己，起表率作用。

（四）认真负责地进行组织鉴定。厅（局）级和最高人民法院机关的司法警察由最高人民法院政治部鉴定；处级和高级人民法院机关的司法警察由高级人民法院政治部鉴定；科级和中级人民法院机关的司法警察由中级人民法院政治部（处）鉴定；基层人民法院科员级、办事员级的司法警察由本院政工人事部门鉴定。鉴定的内容包括德、才、绩三个方面，以近几年的表现为主。要坚持实事求是，既肯定优点，又指出缺点，要体现不同职务各类人员的特点，避免千篇一律，务求客观、准确、全面。

（五）各级人民法院负责鉴定的政治工作部门要逐人填写《首次评定授予司法警察警衔审批表》，按照最高人民法院《关于司法警察警衔授予和晋级批准权限的规定》，逐级上报审批，并下达授予警衔命令。首次授予警衔的命令时间统一填写为1992年9月1日。凡拟评定授予三级警监以上警衔的人员名单及其审批表，由最高人民法院和有关部门进行汇总研究，统一平衡后，分别按规定的审批程序报批。

（六）授予警监、警督警衔和最高人民法院机关的警司、警员警衔的仪式，由最高人民法院组织实施。授予警司、警员警衔的仪式，由各省、自治区、直辖市高级人民法院组织实施。

四、人民法院司法警察首次评定授予警衔工作的步骤安排

根据人民法院司法警察的情况，为有利于加强领导，保证工作顺利开展，首次评定授予警衔工作分期分批进行。

第一批：最高人民法院机关，各省、自治区高级人民法院机关，北京、天津、上海市和省会市、自治区首府以及重庆、深圳、珠海、厦门市人民法院的司法警察。

第二批：地（市）级中级人民法院的司法警察。

第三批：县（市）基层人民法院，铁路、海事等专门法院，新疆生产建设兵团法院和经批准设立的其它法院的司法警察。

首次评定授予警衔工作，要求在1993年3月底以前基本完成。

最高人民法院
关于做好司法警察警衔评定授予工作的补充意见的通知

1992年11月18日　法发〔1992〕36号

全国地方各级人民法院、各级军事法院、各铁路运输中级法院和基层法院、各海事法院：

根据《国务院评授警衔工作协调小组第一次会议纪要》的精神，现对《最高人民法院关于做好司法警察警衔评定授予工作的意见》中有关评定授予人民法院司法警察警衔的标准问题，提出如下补充意见：

科员职务的司法警察，担任基层法警队长职务的，可以执行县（市）公安局股、所、队长评授警衔的标准。

以上意见，请遵照执行。

最高人民法院　公安部
关于处理道路交通事故案件有关问题的通知

1992年12月1日　法发〔1992〕39号

各省、自治区、直辖市高级人民法院，公安厅、局：

为了正确、及时地处理道路交通事故，保护当事人的合法权益，教育和惩处道路交通事故责任者，国务院于1991年9月22日发布了《道路交通事故处理办法》（以下简称《办法》）。各级人民法院与公安机关应当密切配合，严格依法办案。现就处理道路交通事故的有关问题通知如下：

一、自1992年1月1日《办法》实施后，当事人因道路交通事故损害赔偿问题提起民事诉讼时，除诉状外，还应提交公安机关制作的调解书、调解终结书或者该事故不属于任何一方当事人违章行为造成的结论。人民法院对于符合民事诉讼法第一百零八条规定的起诉，应予受理。1992年1月1日以前发生的道路交通事故，仍按各省、自治区、直辖市原有规定处理。

二、发生在公路、城市街道和胡同（里巷）以及公共广场、公共停车场等专供车辆、行人通行的地方的交通事故，公安机关应当依照《办法》第五条的规定处理。其中公路是指《中华人民共和国公路管理条例》规定的，经公路主管部门验收认定的城间、城乡间、乡间能行驶汽车的公共道路（包括国道、省道、县道和乡道）。当事人就非道路上发生的与车辆、行人有关的事故引起的损害赔偿纠纷起诉，符合民事诉讼法第一百零八条规定的起诉条件的，人民法院应当受理。

三、公安机关依据《办法》第十条、第十三条、第十六条的规定，作出紧急使用单位或者个人的交通工具和通讯工具、指定预付伤者医疗费、处理尸体的决定，当事人因此向人民法院提起行政诉讼的，人民法院不予受理。

四、当事人仅就公安机关作出的道路交通事故责任认定和伤残评定不服，向人民法院提起行政诉讼或民事诉讼的，人民法院不予受理。当事人对作出的行政处罚不服提起行政诉讼或就损害赔偿问题提起民事诉讼的，以及人民法院审理交通肇事刑事案件时，人民法院经审查认为公安机关所作出的责任认定、伤残评定确属不妥，则不予采信，以人民法院审理认定的案件事实作为定案的依据。

五、公安机关依据《办法》第二十四条的规定，对当事人造成交通事故和违章行为分别裁决、合并执行处罚的，可以使用一张处罚裁决书。当事人申请复议、提起行政诉讼和公安机关复议的期限按照《办法》第二十八条的规定计算。

六、对于案情简单、因果关系明确、当事人争议不大的轻微和一般事故，公安机关可以按照《道路交通事故处理程序规定》采用简易程序当场处罚和调解，但当事人不同意使用简易程序处理的，不适用简易程序。当场调解未达成协议或者调解书生效后任何一方不履行，当事人可以持公安机关的调解书或者调解终结书向人民法院提起民事诉讼，人民法院应当依法予以受理。

七、道路交通事故发生后，被公安机关指定预付抢救伤者费用的当事人，以其无道路交通事故责任或者责任轻而对预付费用有异议的，持公安机关调解书、调解终结书或者认定该事故不属于任何一方当事人违章行为造成的结论，可以向人民法院起诉，符合民事诉讼法第一百零八条规定的起诉条件的，人民法院亦应当受理。

八、人民法院审理交通肇事的刑事案件时，应当严格依照刑法第一百一十三条的规定，以及最高人民法院、最高人民检察院1987年8月21日《关于严格依法处理道路交通肇事案件的通知》（法（研）发〔1987〕21号）办理。对于造成交通事故构成交通肇事罪的，必须依法追究刑事责任，并根据犯罪情节，分别适用刑法第一百一十三条的不同量刑档次定罪量刑。适用缓刑必须符合法定条件，防止滥用。

九、人民法院审理交通肇事的刑事案件，应当对案件事实、证据进行认真审查、核实。只要求做到“两个基本”，即案件的基本事实清楚，基本证据确实充分，不要纠缠不影响定罪量刑的枝节问题。

十、人民法院受理因道路交通事故引起的损害赔偿或者返还财产案件后，可以向处理该案的公安机关发出调卷函或者由办案人员持调卷函调阅公安机关处理该案的全部案卷。公安机关应当于收到调卷函5日内将案卷移交人民法院。一审结案后5日内，人民法院应当将上述案卷退还公安机关。第二审人民法院和再审法院可以根据需要再次调阅上述案卷，亦应当在结案后5日内将案卷退还。

最高人民法院
关于设立宁波海事法院的决定

1992年12月4日　　法发〔1992〕40号

各省、自治区、直辖市高级人民法院，解放军军事法院，各海事法院：

为适应我国经济建设和对外开放的需要，根据全国人大常委会《关于在沿海港口城市设立海事法院的决定》，决定设立宁波海事法院。

宁波海事法院与当地中级人民法院同级，内设海事审判庭、海商审判庭、研究室和办公室等机构。

宁波海事法院管辖浙江省所属港口和水域（包括所辖岛屿、所属港口和通海的内河水域）内发生的海事海商方面的一审案件，上诉案件由浙江省高级人民法院管辖。

最高人民法院公布的《关丁海事法院收案范围的规定》适用于宁波海事法院。

根据全国人大常委会《关于在沿海港口城市设立海事法院的决定》二、四条的规定，宁波海事法院对宁波市人大常委会负责并报告工作，审判工作受浙江省高级人民法院监督。宁波海事法院的院长由宁波市人大常委会主任提请市人大常委会任免，副院长、庭长、副庭长、审判员和审判委员会委员由宁波海事法院院长提请宁波市人大常委会任免。

宁波海事法院于1993年1月1日开始受理案件。上海海事法院在此之前已经受理的案件，不再移送，其上诉案件仍由上海市高级人民法院审理。

宁波海事法院印章由我院制发。

第五部分 重要讲话

一、中央领导同志有关法院工作的批示、讲话

江泽民同志批示

（1992 年 1 月 5 日）

建新同志：

去年 12 月 26 日的来信及讲话稿阅悉。1991 年法院工作成绩显著，对维护社会安定、促进经济发展起了重要作用。过去一年，国际风云变幻，国内又遭特大洪涝灾害，但我国社会经济发展仍然取得巨大成就。

搞经济建设必须有一个稳定的社会政治环境，古今中外，概莫能外。我们必须继续坚持以经济建设为中心，坚持四项基本原则，坚持改革开放，把建设有中国特色的社会主义事业，不断推向前进。

坚持人民民主专政是坚持四项原则之一，它是建设有中国特色的社会主义的有力保障。愈是扩大改革开放，愈要坚持它，不能有丝毫的削弱。这样才能更好地保证改革开放的顺利进行。希望你们今年继续努力，取得新的成绩，祝你们的会议圆满成功。

李鹏同志批示

（1991 年 12 月 30 日）

建新同志：

人民法院是国家的审判机关，是独立于政府之外行使司法权的。在党的领导下，法院工作做的是好的，发挥了人民民主专政工具的职能。希望在新的一年里，各级法院能更好地贯彻党的基本路线，在复杂的国际形势面前，保持清醒头脑，向一切破坏国家安全，破坏社会正常秩序的犯罪分子，进行不懈的斗争。同时依法进行经济审判，以保证改革开放，经济建设顺利进行。

乔石同志
在全国高级法院院长汇报会上的讲话

（1992 年 1 月 10 日）

同志们：

这次全国高级法院院长会议是研究贯彻落实党的十三届八中全会和去年中央工作会议精神的一次重要会议。党中央对法院工作是很重视的。会前，建新同志向中央写了报告，江泽民同志和李鹏同志对一年来的法院工作给予了充分肯定。建新同志的报告我也是同意的。今天，我代表党中央对法院工作所取得的成绩和这次会议的顺利举行表示祝贺！向到会的全体同志并通过你们向全国法院干警致以亲切的问候！春节快到了，我在这里提前向大家拜一个早年，也向全国法院干警拜一个早年。

下面讲三个问题：

一、法院工作的重要地位和作用

我们要加强社会主义法制建设，随着法制的加强，人民法院在整个国家的政治、经济和社会生活中的地位越来越重要。法院工作对维护社会稳定、保障经济建设具有不可替代的作用。近几年来，全国各级法院每年办理各类案件将近三百万件，为国家和人民挽回了大量经济损失，使大批违法犯罪分子得到了应有的惩罚，伸张了正义，协调了各种关系。广大法院干警很辛苦，工作成绩显著，贡献很大。刚才听同志们介绍，法院干警工作严重超负荷，我也听建新同志说过，因为案件大量增加，法院的编制虽然也有增加，但与任务的增加相比是很不够的。人员不足与工作任务重的矛盾总是要解决的，我们要反映情况，争取在比较有利的时候解决这个问题。

面对风云变幻的国际形势，我们总的态度，就是小平同志说的："冷静观察，稳住阵脚，沉着应付，韬光养晦，善于守拙，绝不当头"。东欧剧变，特别是苏联解体，这是国际共运有史以来遭受到的最严重的挫折。我们所处的国际环境更加严峻，不能掉以轻心，要提高警惕，要加强我们的工作；但也不要草木皆兵，没有什么了不起。只要我们自己采取正确的路线、方针，我们就无往而不胜。唐朝刘禹锡的诗中有这样一句："沉舟侧畔千帆过，病树前头万木春。"共产主义运动、社会主义事业还是要向前发展的。现在就是在苏联和东欧，坚持共产主义信仰的人也还在那里奋斗，当然条件很艰苦，短期内改变局面不很容易。因此，我们对苏联只能采取现实的态度，在国家关系上还是按照和平共处五项原则，力争搞好睦邻友好关系。我们国家抵御和粉碎西方敌对势力"和平演变"的图谋，归根到底就是要坚持党的基本路线，做好我们国内各方面的工作，集中精力把经济建设搞上去。在整个九十年代，我们国家的中心任务是实现社会主义现代化建设的第二步战略目标。现在九十年代已经过去两年，时不我待，我们要有紧迫感，要把各方面的工作都抓得很紧。对于政法部门来说，当前的主要任务就是：认真贯彻十三届八中全会和去年中央工作会议精神，继续维护社会稳定，努力为经济建设和改革开放，为搞好国营大中型企业和加强农业、农村工作创造良好的社会环境，做好各项安全保障工作和法律服务工作。

在法院的审判工作中，对于严重危害社会治安的刑事犯罪分子，要坚决依法从重从快判处。要认真贯彻小平同志提出的“一手抓改革开放，一手抓打击经济犯罪”的指示，依法从严判处严重的经济犯罪分子，尤其是严重的贪污贿赂犯罪分子。不管是挂着什么招牌、具有什么身份的人，只要他犯了罪，都要依法判处，什么人说情也不行。因为我们是以全心全意为人民服务为宗旨的。同时，法院还要结合审判工作，积极参与落实社会治安综合治理的其他措施。刚才有些同志对参与综合治理提了一些意见和建议，我都同意。各级人民法院对参与综合治理工作是很积极、很重视的，去年最高法院专门开了会，最近又专门发了文件，希望大家进一步狠抓落实。综合治理块块要抓，条条也要加强，要充分发挥法院在综合治理中的重要作用。

法院贯彻十三届八中全会和中央工作会议精神，除了依法惩治刑事犯罪和经济犯罪之外，还要通过审判活动，运用法律手段调整经济关系，这也是直接为经济建设服务。经济审判、民事审判，乃至行政审判，对国家的经济发展和社会的安定都有很重要的作用。行政诉讼法制定以后，有些部门有反应，比如公安部门反应可能多一些。我认为行政审判是一件好事，应当支持，把行政审判搞好。当然加强这项工作需要有一个过程。现在，审判工作的领域更宽了，任务更重了，难度更大了。有一个最难的是中国有几千年的封建社会历史，人际关系的影响太大了，对依法办事不利。所以中国建立社会主义法制的难度是很大的。我们要进一步振奋精神，知难而进，勇挑重担，从各方面做好工作，为社会主义的民主和法制建设，为建设有中国特色的社会主义多做贡献。

法院是国家上层建筑的重要组成部分，是人民民主专政的重要工具，是重要的执法部门，担负着保卫社会主义经济建设和保护公民合法权益的重要任务。惩办少数人的目的是为了保护整个国家和人民的利益，这是我们的着眼点，这与人民民主专政的根本性质是一致的。各级党委都要十分重视法院工作，把法院工作摆上重要议事日程，在人员编制、经费、待遇和法院建设等方面给予足够的关心和支持。请到会的高级法院院长们给党委书记们带一句话，说希望他们对法院工作更重视一些，更支持一些。如果原来就很重视，那就好了；如果原来还有不够之处，希望今后能多支持和关心一点。特别是对基层人民法院和人民法庭，要给予更多的帮助，尽可能为他们创造较好的工作条件。同时，尽可能为他们改善一些生活条件。

二、法院工作中最重要的是严格依法办事

法院的基本职责就是在党的领导下，依照法律和司法程序，独立审判各类案件。最重要的是要严格依法办事，做到有法必依，执法必严，违法必究。要坚持以事实为根据，以法律为准绳，以对人民无限忠诚、高度负责的精神，办好每一个案件。该顶住的还是要顶住。如果不顶就什么事也办不成了，那还要法院干什么？有一次政治局常委会讨论湖南一个案子，是湖南的大学生与空军战士打架，把一个大学生打死了。讨论时郑天翔同志参加了，我记得他说：“如果定下来了，法院判决了，你游行示威我也不管，把法院牌子砸了我也判！”我看这个决心很好，我很支持他。这个案子后来也就这样办了，录像在湖南大学放了，效果也不坏。当时有的同志很有顾虑，好象要出多大的事。所以依法该办的就是要办。当前尤其要注意坚持“两个基本”的原则，防止出现打击不力的倾向，同时，任何时候都必须坚持搞准。法院干警必须执法如山，秉公办事，坚决维护我国社会主义法制的权威和统一，坚决抵制地方或部门的保护主义和其他不正之风对审判工作的干扰，对执行难等执法不严的问题，也要认真加以解决。我看办法还是有的，首先是请党委和政府支持。法院判了不算，这不行。这样会把法院搞得一点威信都没有了。那怎么算是法治呢?!法院的威信应该是很高的，我们法院的威信目前还不算很高，我支持把法院的威信提得更高一点。这主要依靠自己的工作,同时各级党委和政府的支持也很重要。要切实保护人民的合法权益，对人民的安危要高度负责。必须下大力气解决一些地方“告状难”的问题。我们要立足本职，着眼全局，努力贯彻党的方针政策，讲究办案的社会效果，防止就案办案，孤立办案。各级党委和政府要支持法院依法独立行使审判权。法院对于依法应办的,该坚持的就要坚持。党章规定，所有党组织、党员都要在宪法和法律范围内行动。法院也要主动向党委请示报告工作，向政府通报情况，并和其他政法部门通力合作，密切配合，共同履行好党和人民赋予的职责。

三、加强人民法院队伍的建设

目前,全国法院的队伍已发展到近24万人,这是一支不小的队伍。但是数量还不足，素质还需要进一步提高。总的看，这支队伍是好的，是忠于党、忠于人民、忠于社会主义事业的，是有战斗力的。但是也不能不看到，在错综复杂的国际形势和改革开放的条件下，也确有极少数干警经不住考验，搞钱权交易，贪赃枉法，徇私舞弊。这不能不引起我们的严重注意。在这个问题上我们决不能有半点含糊。一定要坚持“从严治院”。“从严治院”的关键在于各级法院的领导班子，领导班子腰杆要硬一点，不能以目前党风不正、社会风气不正为借口，也不能以别的部门不好为借口，该管的也不管。如果大家都这样想，党风和社会风气的好转就没有日子了。法院应有自己的要求。法院在执法方面应该成为模范。对法院干警队伍中的违法乱纪问题，必须严肃查处，坚决清除腐败现象，决不允许护短。今后法院增编进人，一定要严格把关。一年一度的执法执纪大检查，法院系统抓得是认真的，有部署，有检查，有总结。今后要在实践中不断总结经验，逐步制度化、规范化，使之更有实效。要通过多方面的努力，争取在不长的时间内把法院队伍中的违法乱纪现象减少到最低限度。这一要求不是太高。希望在这方面法院走在前面。

法院干部特别是各级领导干部要坚定社会主义信念，坚持不懈地贯彻执行党的基本路线，在政治上同党中央保持高度一致，任何时候都不能动摇。要加强马克思主义基本理论学习，认真读一点毛泽东同志和邓小平同志的著作。要加强人民法官的正规化培训，进一步办好业余法律大学，同时开展岗位练兵,大力提高干警的政治素质和业务素质,提高执法水平和办案能力。总之，要努力建设一支政治上坚强、业务上精通、作风上过硬、刚正不阿的人民法官队伍。

我们深切希望经过“八五”计划和九十年代，我国社会主义民主和法制建设能有一个长足的进步，不能再耽误了。九十年代经济建设要上去，法制建设也要上去。法院要建设得更加坚强有力，工作更加出色，有更大的权威。希望全国法院的广大干警，再接再厉，乘胜前进，在新的一年里做出更大的成绩，为保障社会稳定，促进国民经济持续、稳定、协调发展，为建设有中国特色的社会主义作出新的贡献。

祝会议圆满成功!

二、最高人民法院院长、副院长的讲话

进一步加强审判工作 维护社会稳定　保障经济发展

——1992年1月7日任建新院长在全国高级法院院长会议上的讲话

同志们：

我们这次会议是在全国人民深入学习、贯彻落实党的十三届八中全会和中央工作会议精神的形势下召开的。中央召开的这两次重要会议，分别就搞好国营大中型企业，加强农业和农村工作作出了决定。这是我们向着第二步战略目标迈进的重大步骤。我们的经济实力增强了，综合国力增强了，就能从根本上挫败西方敌对势力对我国推行和平演变的图谋。这是党中央根据当前形势作出的重大决策。它直接关系到我国社会主义伟大事业的前途和命运，对于加强社会主义经济建设，巩固和发展社会主义阵地，具有十分重要的意义。我们这次会议的任务，就是认真学习和贯彻八中全会和中央工作会议精神，研究、部署1992年人民法院的工作。

党中央对这次会议非常重视。中共中央总书记江泽民同志、中共中央政治局常委李鹏同志作了重要批示，中共中央政治局常委乔石同志准备在会议期间听取汇报，然后作指示。中央领导同志的批示，对去年法院的工作作了充分肯定，对今后法院工作提出了明确的要求，对法院干警提出了殷切的希望，对于我们开好这次会议，进一步明确指导思想，做好法院工作，具有重要意义。我们要认真学习，坚决执行。

当前，国际形势风云变幻、错综复杂。西方敌对势力对社会主义国家极力推行和平演变的战略，在东欧和苏联相继得手后，正在把和平演变的重点转向中国，加紧对我进行渗透、颠覆和破坏活动。面对国际上的各种压力和挑战，我国各族人民在以江泽民同志为核心的党中央领导下，团结一致，艰苦奋斗，社会主义建设事业不断取得新的成就。我们战胜了历史上百年不遇的特大洪涝灾害，夺取了农业大丰收；工业生产稳步增长；改革开放又迈出较大步伐；治理整顿已取得明显成效；外交工作也取得了新的进展，打破了西方对我国的政治制裁和经济制裁。目前，我国政治稳定、经济繁荣、社会安定，形势继续向好的方向发展。

在过去的一年里，法院工作也取得了很大成绩。全国法院广大干警在各级党委的领导和人大的监督下，紧紧围绕经济建设这个中心，全面开展审判工作，团结奋斗，开拓进取，较好地完成了各项审判任务。1991年1至11月(下同)，全国各级人民法院和专门人民法院共审结各类一审案件2477691件。对严重危害社会治安的犯罪分子，继续贯彻依法从重从快惩处的方针。全国法院共审结杀人、抢劫、强奸、拐卖人口、流氓、贩毒、重大盗窃等一审刑事案件360915件，判决发生法律效力的人犯449509名，打击了犯罪分子的嚣张气焰。对严重破坏经济秩序的犯罪分子，继续贯彻依法从严惩处的方针。在审结的360915件一审刑事案件中，有贪污、受贿、挪用公款、走私、投机倒把、偷税抗税、诈骗公共财物、盗伐滥伐林木等经济犯罪案件33478件，判决发生法律效力的人犯29649名，维护了社会主义经济秩序。人民法院通过审判活动，积极主动地直接为经济建设服务。全国法院共审结一审经济纠纷案件476199件，海事、海商案件781件，诉讼标的涉及财产总金额达229亿元，促进了社会主义经济的发展；审结一审民事案件1619298件，行政案件20498件，处理了大量告诉申诉和来信来访，依法保护了公民、法人和其他组织的合法权益，促进了社会的安定团结。全国法院还密切结合审判工作，把参与社会治安综合治理作为工作重点来抓，收到了很好的社会效果。人民法院的工作，为保障国家和社会的稳定，促进国民经济的发展，作出了积极的努力。

去年我们的工作虽然取得了很大成绩，但也存在一些问题。主要是有的法院领导为经济建设服务的意识还不够强；队伍素质、办案质量和效率有待于进一步提高；“执行难”的问题仍然存在。就最高人民法院来说，我们对部署的工作督促、检查不够，抓得不紧；缺乏深入的调查研究，对下情吃得不透，工作指导和监督不够及时、有力。这些都应当认真加以改进。在新的一年里，我们的任务更繁重、更艰巨。党的八中全会和中央工作会议对法院的工作提出了更高的要求，我们一定要在1991年工作的基础上，把1992年的工作做得更好。1992年人民法院的主要任务是：在以江泽民同志为核心的党中央领导下，坚持党的“一个中心、两个基本点”的基本路线，认真贯彻落实十三届八中全会和中央工作会议的精神，坚持严肃执法，进一步发挥审判机关的职能作用，维护国家和社会的稳定，为搞好国营大中型企业和发展农村经济服务，保障和促进社会主义经济建设的发展。

下面我着重讲4个问题。

一、继续严厉打击严重刑事犯罪和严重经济犯罪活动，为经济建设创造良好的社会环境

当前，我国正在集中力量进行经济建设。搞经济建设，需要有一个稳定的社会环境和条件；没有国家的政治稳定和社会稳定，没有良好的经济秩序，就不能保证国民经济长期持续、稳定、协调发展。坚持严厉打击严重刑事犯罪和严重经济犯罪活动，积极参与社会治安综合治理，对于搞好经济建设和深化改革、扩大开放，具有重要的保障作用。

（一）严厉打击反革命犯罪和严重危害社会治安的犯罪，维护国家和社会的稳定

近几年来，我国的社会治安形势是基本稳定的，但是问题仍然很多。国外敌对势力和国内敌对分子仍在相互勾结，妄图制造新的动乱；一些地方严重危害社会治安的犯罪活动猖獗，刑事案件特别是重大刑事案件在上升；有的地方还出现了在土改、镇反中被法办或者被没收财产的人及其亲属进行反攻倒算的事件，等等。对此，我们要保持高度的警惕，决不能麻痹大意，松懈斗志。人民法院作为人民民主专政的重要工具，必须进一步强化对敌专政的职能作用，坚定不移地同企图推翻人民民主专政的政权和破坏社会主义经济建设的反革命犯罪分子和其他严重刑事犯罪分子作坚决的斗争。

第一，坚决依法惩办反革命犯罪分子。在社会主义初级阶段，阶级斗争虽然已经不是我国社会的主要矛盾，但它在一定范围内还将长期存在，并在一定条件下还有可能激化。这种斗争集中表现为资产阶级自由化同四项基本原则的对立，斗争的核心仍然是政权问题。在目前的国际形势下，国内外敌对势力和敌对分子进行渗透、颠覆和破坏活动猖狂，反革命宣传煽动、反革命集团和组织、利用

封建迷信、会道门进行反革命活动等犯罪与前两年相比，有较大幅度增长。在今后一个时期内，斗争将更加尖锐、复杂和激烈。因此，同一切以推翻人民民主专政的政权和社会主义制度为目的的反革命犯罪分子作坚决的斗争，是人民法院的长期任务。对于那些顽固坚持资产阶级自由化立场、进行反革命宣传煽动的敌对分子，反革命集团的首要分子和骨干分子，进行民族分裂、破坏祖国统一的犯罪分子，背叛祖国为国际敌对势力效劳的特务、间谍分子，披着宗教外衣进行反革命活动的分子，都要依法惩办。对于近来一些地方发生的对土改、镇反进行反攻倒算的案件，应当引起我们的高度重视。这涉及保卫社会主义革命成果的问题，必须严肃处理，凡是触犯刑律的，要依法追究刑事责任。

第二，严厉打击严重危害社会治安的犯罪分子。在一些社会治安不好的地方，要采取果断措施，严厉打击严重刑事犯罪活动。重点打击那些严重危害社会治安的杀人、抢劫、爆炸、强奸、流氓等刑事犯罪活动。现在有的地方流氓犯罪活动重新抬头，一些带有黑社会性质的流氓犯罪集团和犯罪活动有蔓延的趋势。各地法院要结合本地区实际情况，加强与公安、检察机关密切配合，适时开展集中打击和专项斗争。对一些治安比较混乱的地区，人民法院要参与重点治理；对流氓犯罪集团和黑社会势力，要一露头就打，决不能任其发展，形成气候。

第三，严惩“六害”犯罪分子。一个时期以来，在一些地方，毒品、淫秽物品等“六害”犯罪危害严重。为此，全国人大常委会分别就禁毒、惩治淫秽物品犯罪分子、严惩拐卖、绑架妇女儿童犯罪分子和严禁卖淫嫖娼作出了相应的决定。这是去年在立法上的一个很大的突破，为我们同“六害”犯罪行为作斗争提供了新的重要的法律武器，各级人民法院要认真贯彻执行。近几年来，国际贩毒活动不断向我国渗透，毒品犯罪在一些地方又死灰复燃，少数地区已出现蔓延的态势，极大地危害人民的身心健康，毒化社会风气，并诱发其他犯罪活动，严重危害社会治安。因此，开展禁毒斗争，是关系到国家强盛，民族兴旺，子孙后代健康的一件大事，各级人民法院必须认真贯彻执行《关于禁毒的决定》，按照我院下发的《关于12省、自治区法院审理毒品犯罪案件工作会议纪要》的要求，大张旗鼓地开展集中打击，对那些大量制造、贩运以及教唆、强迫他人吸食毒品的犯罪分子，及时给予严惩。最近，淫秽物品犯罪又有抬头，应当引起我们的重视。各地要根据前不久召开的全国第二次“扫黄”工作会议的精神，依法严惩淫秽物品犯罪分子。

第四，深入开展反盗窃斗争。盗窃犯罪数量很大，严重危害公私财产安全和国家经济建设，损害广大群众的切身利益。对于盗窃、破坏交通和通讯设备，盗窃农村电力设备，盗窃铁路运输物资和国营大中型企业重要生产原材料以及产成品等犯罪，特别是盗窃、破坏国防通讯设备、危害国家安全的犯罪，要坚决依法从重从快惩处。重点打击那些盗窃集团的首要分子、重大盗窃犯、盗窃惯犯、流窜犯、教唆犯、共同盗窃的主犯，同时要打击窝赃、销赃犯，以堵塞销赃渠道。要把深入开展反盗窃斗争同搞好国营大中型企业和发展农村经济紧密结合起来，从严惩处那些危害国营大中型企业生产经营和农村经济发展的内部盗窃、内外勾结盗窃等犯罪。

第五，认真贯彻执行惩办与宽大相结合的政策。在贯彻依法从重从快惩处的方针的同时，对有自首立功表现或者主动坦白交代罪行、真诚悔罪自新的犯罪分子，要依法从轻、减轻处罚或者免除处罚，最大限度地分化、瓦解犯罪分子。

（二）深入开展打击严重经济犯罪的斗争，推动廉政建设，维护社会主义经济秩序

当前，经济犯罪活动仍然很严重，特别是贪污、贿赂、挪用公款等犯罪相当突出，犯罪数额越来越大，群众深恶痛绝。尽管我们

坚持开展打击严重经济犯罪的斗争，取得了很大成绩。但总的来看，打击还不够，一些该由法院审判的经济犯罪案件没有移送到法院来，有的法院也存在个别案件判处过轻的问题。我们必须充分认识到，打击严重经济犯罪的斗争，是一场关系到改革开放能不能健康发展，关系到反腐败的成败，关系到党和国家生死存亡的严重政治斗争。必须坚决贯彻邓小平同志提出的“一手抓改革开放、一手抓打击经济犯罪”的方针，坚定不移地把这一斗争深入持久地开展下去。

第一，重点抓好对贪污、贿赂、挪用公款案件的审判。近年来，起诉到法院的这三类案件不断上升，在整个经济犯罪案件中约占70%。各级人民法院要加强领导，集中力量抓好这三类案件，特别是抓好发生在企业和金融等系统的贪污、贿赂、挪用公款以及监守自盗等经济犯罪案件的审判，依法严惩这些危害国营大中型企业和农村经济发展，破坏经济建设和改革开放的“蛀虫”，清除腐败现象，促进廉政建设。

第二，坚决打击扰乱社会经济秩序的严重经济犯罪。当前，在经济秩序方面仍然存在不少问题。走私、投机倒把以及偷税抗税等犯罪明显增多，利用经济合同和票据进行诈骗等犯罪活动也比较突出。各级人民法院对这些扰乱社会经济秩序的犯罪活动，必须及时打击。以维护正常的经济秩序。

第三，切实抓好大要案的审判。去年，我们认真抓了经济犯罪大要案的审判工作，判处了一批严重经济犯罪分子。1至11月，各级人民法院共判处犯罪数额在万元以上的经济犯罪分子9164人。其中，犯罪数额在十万元以上的842人，比上年同期增加了22.02%，社会各界普遍反映良好。大要案具有社会影响大的特点，广大群众关注。各地法院要继续坚持抓下去，不能放松，要以此为突破口，扩大打击经济犯罪的声势和影响。对大要案一定要精心审理，严格把好案件的事实关、证据关，正确适用法律。通过抓好大要案的审判，推动打击经济犯罪斗争的深入开展。

第四，坚持依法从严惩处的方针。对于严重经济犯罪分子，依法该判处死刑的，坚决判处死刑；依法该重判的，坚决重判。对国家工作人员经济犯罪案件适用缓刑和免刑要慎重，要依法严格掌握，凡不具备判处缓刑、免刑条件的，不应判处缓刑、免刑，以免轻纵罪犯并造成不良的社会影响。要重视适用没收财产、罚金刑，坚持刑事制裁与经济处罚相结合，凡法律规定应当或者可以没收财产或者罚金的，应当依法予以判处，尽量减少国家、集体和个人的财产损失。为了保证审判工作的顺利进行，各级人民法院应按照中共中央〔1990〕6号文件的有关规定，严格执行赃款赃物依法随案移送的制度。对不依法随案移送的，应予退回；在必要时，应报告上级法院和党委。

第五，坚持“一要坚决、二要慎重、务必搞准”的原则，严格区分罪与非罪的界限。当前经济犯罪情况复杂，罪与非罪、违法与犯罪经常交叉。各级人民法院要进行深入调查研究，了解掌握经济犯罪状况以及适用法律政策方面存在的问题，加强指导，以便更有力地打击经济犯罪活动。要把企业厂长、经理和其他人员依据承包、租赁经营合同所得的报酬、奖金，供销人员因推销产品、购进原材料而获得的奖励，与贪污、贿赂严格区别开来。做到既要打击经济犯罪，又要保护改革开放。

（三）密切结合审判工作，积极参与社会治安综合治理

党和国家十分重视加强社会治安综合治理工作。去年，中共中央、国务院作出了《关于加强社会治安综合治理的决定》，全国人大常委会对加强社会治安综合治理也作出了决定。各级人民法院和专门人民法院采取措施，积极参与社会治安综合治理，取得了很大进展。今年，我们要进一步贯彻执行中央和全国人大常委会的“决定”，按照全国法

院参与社会治安综合治理工作会议提出的要求和最高人民法院下发的《关于人民法院参与社会治安综合治理的若干意见》，把社会治安综合治理的方针贯彻落实到各项审判工作中去。坚持“打防并举、标本兼治”的方针。要在严厉打击严重刑事犯罪活动的同时，切实做好民事、经济、行政审判工作，依法调整民事、经济、行政法律关系，及时妥善地处理各类民事、经济、行政案件，有效地防止矛盾激化，预防和减少犯罪的发生；做好告诉申诉工作，妥善处理来信来访，减少不安定因素；采取多种形式，积极开展法制宣传和司法建议活动，注重效果；在有条件的地方，依法适当多判一些缓刑、管制，依靠社会力量改造罪行轻微的犯罪分子；做好减刑、假释工作，把这项工作与促进罪犯改恶从善结合起来。《中华人民共和国未成年人保护法》已于今年1月1日正式施行，各级人民法院要按照最高人民法院发出的《关于学习贯彻宣传〈中华人民共和国未成年人保护法〉的通知》的要求，进一步做好少年法庭工作。基层人民法院和中级人民法院应建立少年法庭，凡是少年犯罪案件，要做到由少年法庭审判；在依法审理好少年犯罪案件的同时，积极研究、探索运用法律手段，在民事、行政、经济等各项审判活动中，依法保障和维护未成年人的合法权益，从司法保护方面全面贯彻执行未成年人保护法的其他形式。在这个月下旬，中央政法委员会将要召开全国政法工作会议，对今年深化社会治安综合治理工作作出部署，各地法院要认真贯彻落实。

二、充分运用审判职能调整经济关系，积极为搞好国营大中型企业和发展农村经济服务

经济建设不仅需要有一个稳定的社会环境，还需要有良好的经济秩序。人民法院的经济、民事和行政审判要充分发挥调整经济关系，维护经济秩序，促进经济发展的职能作用，在保证办案质量的前提下，努力提高办案效率，注重办案的社会效果和经济效益。

（一）积极为搞好国营大中型企业服务

国营大中型企业是国民经济的支柱和骨干力量。搞好国营大中型企业，充分发挥它们的骨干作用，直接关系到我国经济的发展和社会主义制度的巩固。为了搞好国营大中型企业，中央工作会议制定了深化改革，加强企业管理，促进技术进步等项措施。各级人民法院要努力做好各项审判工作，保障这些措施的顺利实施，为搞好国营大中型企业服务。

第一，及时审理好涉及国营大中型企业的案件。对涉及国营大中型企业在生产和经营中发生的各种纠纷，特别是争议金额大，对生产发展影响大的案件，要及时立案，及时审理，及时执行，以维护企业的合法权益。

第二，积极参与清理“三角债”。对涉及多家企业的连环债务案件，特别是债务链中关键环节的案件，要集中力量优先审理，及时作出裁决，明确债权债务关系，并尽快依法执行，使企业从债务链中解脱出来。对无理拖欠的，要依法追究责任，不能让其在经济上占到便宜。对债权债务相互交错的“三角债”案件，在征得当事人同意的情况下，可以适用债的转移和抵销等方式，进行清理。对只有单向给付义务的欠款纠纷，要善于适用民事诉讼法规定的督促程序，及时解决。

第三，加强商标、专利、著作权等知识产权案件的审理。科学技术是第一生产力。加强对知识产权的保护，有利于加快技术进步，促进科技成果向现实生产力转化，扩大对外经济技术交流。对侵犯企业注册商标专用权、专利权、著作权的违法行为一定要严肃处理，赔偿被侵权人的经济损失，保护企业的知识产权。近一个时期，假冒注册名牌商标，生产、销售伪劣、假冒商品的违法活动较多，不仅损害企业的合法权益和国家利益，也使广大消费者深受其害。对这些违法行为，一定要严厉制裁，除依法追究民事责任，赔偿被侵权企业的经济损失外，构成犯罪的，还要依法追究有关人员的刑事责任。只有这样，才能维护正常的社会经济秩序，保护正当的生产经营，制止商品流通领域的不正当竞争。同时，处理好技术合同纠纷案件，保护技术合同双方当事人的合法权益，促进技术市场的发育和完善。

第四，妥善处理好在深化企业改革和国家宏观调控中出现的各类案件。在审理企业承包经营合同纠纷案件时，要正确处理国家、企业和职工三者之间的关系，兼顾长远和当前利益，防止国有资产流失。在审理企业联合、兼并、破产案件时，要贯彻国家的产业政策，支持优胜劣汰，推动企业优化组合和企业集团的建立，促进产业、产品结构调整，增强企业活力。对与国营大中型企业配套的集体企业的各类经济纠纷，也要妥善处理，保障以公有制为主体的各种经济成分健康、协调发展。

第五，认真审理好涉及国营大中型企业的行政案件。对违反企业法，侵犯企业生产、经营自主权的案件，向企业乱收费、乱摊派、乱罚款的案件，以及涉及国营大中型企业的工商、税务、物价、环保等各类行政案件，凡是依照行政诉讼法的规定，应当由人民法院审理的，都应当依法受理，切实保障企业的合法权益和行政机关依法行使职权。此外，对劳动争议案件也要妥善处理，保护工人的合法权益和企业在招工、用工、辞退职工方面的自主权。

第六，积极审理好涉外和涉港、澳、台案件。对国营大中型企业在对外贸易和对外经济技术交流中发生的涉外、涉港澳台经济纠纷案件，海事、海商案件，要积极受理，公正地保护双方当事人的合法权益，促进企业开拓国际市场，为扩大开放提供法律保障。

最近几年，许多人民法院在审理好案件的同时，还结合办案，向企业宣传法制；主动深入企业调查研究，及时了解企业在生产经营中遇到的问题，取得了工作的主动权；对发现的问题，向企业和有关主管部门提出司法建议，帮助企业和有关部门完善各项管理制度，堵塞漏洞；有的还采取多种形式，为企业培养法律人才，促进企业依法管理，效果很好，受到企业的欢迎。有条件的地方可以继续进行探索，不断总结提高，进一步扩大人民法院为经济建设服务的领域。

（二）努力为加强农业和农村工作服务，促进农村经济的发展

农业是经济发展、社会安定、国家自立的基础。没有农村的稳定和全面进步，就不可能有整个社会的稳定和全面进步；没有农业的现代化，就不可能有整个国民经济的现代化。八中全会决定要进一步加强农业和农村工作，继续稳定以家庭联产承包为主的责任制，不断完善统分结合的双层经营体制，积极发展社会服务体系，壮大集体经济实力，引导农民走共同富裕的道路。各级人民法院要努力做好审判工作，为加强农业和农村工作，发展农村经济服务。

第一，妥善处理好农村承包合同纠纷案件。要维护承包合同的效力，对发包方单方撕毁合同的，要追究责任，赔偿对方所遭受的损失。同时，也要注意制止承包人在承包中的短期行为，通过审理案件，协调农村集体经济组织与农村承包经营户之间的关系，适当调整承包合同中不完善、不合理的部分。帮助农村承包合同管理机构更好地发挥作用，从法律上理顺农村承包合同关系，稳定以家庭联产承包为主的责任制，促进统分结合的双层经营体制的不断完善，保障农村改革的深入进行。

第二，正确处理乡镇企业的经济纠纷案件。乡镇企业已成为国民经济中一支重要力量。发展乡镇企业是壮大集体经济，增加农民收入，促进农业现代化和国民经济协调发展的必由之路。审理涉及乡镇企业的经济纠纷案件，要有利于乡镇企业的健康发展。与国营大中型企业配套、农产品加工、出口创汇、劳动密集型的乡镇企业，因暂时经济困

难，一时无力还债的，可以征得债权人的同意，分期分批偿还，促使其发展生产，增强经济实力。对污染严重、浪费和破坏资源，产品粗制滥造，消耗大，成本高，亏损严重，无力清偿到期债务的企业，符合破产条件的，要按照民事诉讼法的规定，破产还债。在审理乡镇企业的承包合同纠纷案件时，要正确处理集体与承包者的责、权、利关系，不按承包合同履行的，要追究责任。

第三，加强对农村购销合同纠纷案件的审理。八中全会要求有计划地发展各类农副产品批发市场，扩大商品集散，加快商品流通。随着农村改革的深入，除少数重要农产品仍由国家统一收购经营外，其余将全部放开，实行市场调节。人民法院要适应这一变化，加强对农副产品购销合同等纠纷案件的审理。对搞地区封锁，乱设关卡，乱收费用的，要依法处理，保障货畅其流，促进农村商品经济的发展。

第四，认真处理好发展农业社会化服务中出现的各类案件。发展农业社会化服务体系，是深化农村改革的一项重要任务，是促进农村生产发展的一项战略措施。对农村供销社、信用社、农业技术部门等为农业提供产供销、资金、信息、技术服务中发生的纠纷，以及农民自办、联办的各种服务组织中发生的各种纠纷，要妥善处理，促进商品、资金的流通，促进科技兴农。对生产、销售假农药、假化肥、伪劣种子的坑农害农案件，要坚决依法严肃处理，除赔偿农民因此所遭受的损失外，还要依法追究直接责任者的刑事责任。

第五，慎重处理好涉及多数群众利益、矛盾容易激化的案件。在审理诸如山林、水利、宅基地、计划生育、果园承包等案件时，要注意对当事人及时进行教育疏导，及时采取措施，防止矛盾激化，并主动向党委、人大汇报，加强与政府及有关部门的联系，争取各方面的配合和支持，妥善予以解决。

农村基层人民法院和以农业为主的地区中级人民法院，要把为农业服务、为发展农村经济服务放在突出位置，及时处理好农村发生的各类纠纷。在有条件的地方，可以针对某些地区某类案件突出的情况，组成巡回法庭，深入当地进行专项审判，并结合审理案件，帮助有关部门进行专项治理，理顺有关的社会关系，维护农村的稳定，促进农村经济的发展。

（三）切实加强执行工作

近几年来，案件审结后“执行难”的问题十分突出。造成“执行难”，原因是多方面的，它反映了经济发展中存在的一些较深层次的问题。案件执行不了，使当事人的合法权益得不到应有的保护，损害判决的严肃性和法律的尊严。各级人民法院必须卜大力气认真抓好执行工作，改变“执行难”的现状。

第一，提高办案质量。事实清楚，证据确实，处理正确，是搞好执行工作的基础。

第二，坚决克服地方保护主义。虽然产生地方保护主义的原因是多方面的，克服地方保护主义也决不是单靠法院就能够彻底解决的。但我们是审判机关，肩负着执行宪法和法律的重任，必须从维护国家整体利益，维护国家法制统一的高度，从自身做起，从每一件案件做起。对当事人，无论是本地的还是外地的，都应一视同仁，公正地保护他们的合法权益。做到像有的高级人民法院提出的：在管辖上不“争”，在立案上不“卡”，在审理上不“拖”，在调解上不“压”，在裁判上不“偏”，在执行上不“顶”。

第三，加强审判监督，完善监督机制。上级人民法院发现因受地方保护主义影响而偏袒一方当事人，判决不公的案件，要坚决予以纠正，并通报批评。对应当协助外地人民法院执行而拒不协助的，要根据情节追究领导和有关人员的责任。下级人民法院遇到地方保护主义干扰难以抵制的，要向上级人民法院报告，上级人民法院要给予支持。

第四。建立和健全执行机构。中级人民法院和基层人民法院要按照民事诉讼法的规定，建立执行庭，并根据实际需要配备力量和装备，最高人民法院和各高级人民法院也应相应建立执行机构，以加强对执行工作的指导、协调和监督。

第五，根据各地经验，执行案件积压较多的法院，可以集中时间，集中力量，集中执行，以改变执行工作被动的局面。要把异地执行作为重点，认真做好协助执行工作。最近，最高人民法院发出通知，要求各高级人民法院把被执行人不在本辖区，外地法院没有协助执行的案件统计上报，最高人民法院汇总后将发到各地，由各高级人民法院负责督促，把外地法院委托执行的案件进行一次清理。工作做得好的要表扬，搞不好的要批评。

第六，依法文明执行。对有能力履行而拒不履行生效法律文书的，要正确适用民事诉讼法规定的各种强制措施，不能简单从事，以抓人代替执行，代替艰苦细致的执行工作；对确实没有条件执行的，要依照民事诉讼法的规定，依法中止、终结执行。

第七，依靠党的领导、人大的监督和社会各界的支持。对影响大、干扰大、执行难度大的案件，要及时向党委、人大请示、汇报，向政府反映，以取得当地党委、人大、政府和社会各界的支持。

三、加强基层建设，充分发挥人民法庭在维护社会稳定和发展农村经济中的重要作用

党的十三届八中全会《关于进一步加强农业和农村工作的决定》指出，要加强基层组织建设，加强农村精神文明建设和民主法制建设。人民法庭是基层人民法院的派出机构，绝大多数设在农村。人民法庭承担着审理 80%以上的民事案件和 35%以上的经济纠纷案件的任务，同时，还要指导人民调解委员会的工作，参与农村社会治安综合治理，处理农村发生的大量民间纠纷和非诉来信来访。人民法庭的工作做好了，就能有效地保护广大人民群众的合法权益，保护乡镇企业的合法权益，协调农村各种社会关系，保障社会的安定团结，促进基层政权的巩固。人民法庭通过开展各项审判活动，严格执行国家法律、政策，宣传社会主义法制，有利于强化公民的法律意识，提高广大农民遵纪守法的自觉性和社会主义道德水准，树立尊老爱幼、团结和睦、共同进步的良好社会风尚。加强人民法庭建设，对于加强农村法制建设和农村精神文明建设，对于维护农村社会秩序和发展农村经济，都具有十分重要的作用。

近几年来，人民法庭工作发展很快，目前，全国已设置人民法庭 18140 个，法庭干部达到 7 万余人。各地人民法院在指导和管理人民法庭工作中取得了许多好的经验，有的地方在人民法庭的工作规范化、队伍革命化、管理制度化、装备标准化建设方面取得了很大进展。但是，从全国情况看，人民法庭工作的发展还不平衡，人民法庭的建设还存在着一些困难和问题。进一步加强人民法庭建设，是各级人民法院一项十分艰巨的任务。在新的一年里，各级人民法院要贯彻八中全会精神，继续坚持面向基层、充实基层的方针，从政治上、组织上、业务上和思想作风上全面加强人民法庭建设，把人民法庭的工作提高到一个新的水平。

（一）加强审判工作，提高执法水平。人民法庭的主要任务是依法审判案件。在审判工作中既要贯彻“两便”原则，又要坚持严肃执法，在提高办案质量和效率、扩大办案效果上下功夫。要严格依照法定的程序开展审判活动，依法开庭审理、公开宣判。基层人民法院和上级人民法院要加强对人民法庭审判工作的领导和监督，定期检查人民法庭审理的案件，努力提高人民法庭的审判工作水平。

（二）积极参与农村社会治安的综合治理。八中全会强调，要“大力加强农村社会治安综合治理”。人民法庭是人民法院参与农村社会治安综合治理的前沿阵地。人民法庭除了办好大量民事案件、经济纠纷案件和自诉刑事案件外，还要妥善处理简易纠纷和非诉来信来访，及时化解矛盾，排难解纷，稳定农村社会秩序，确保一方平安；通过审判活动，进行法制宣传，开展司法建议和法律服务，以预防犯罪，减少纠纷，促进农村的法制建设和精神文明建设。

（三）加强对人民调解委员会的业务指导。指导人民调解委员会的工作，是基层人民法院及其人民法庭的一项重要任务。在对人民调解委员会的业务指导方面，人民法庭做了大量工作，取得了很好的效果。今后，人民法庭应当根据八中全会提出的发动和依靠群众，加强治安防范和民间纠纷调解工作的要求，采取措施，与司法行政部门密切配合，培训调解人员；结合办案对调解委员会调解纠纷进行具体指导；帮助调解委员会总结、交流经验，以充分发挥人民调解委员会的第一道防线作用，把大量的民间纠纷解决在基层，消灭在萌芽状态。

（四）人民法庭的设置要坚持“巩固、充实、加强、发展”的方针。现有的人民法庭要进一步完善，严格管理，充分发挥作用；有条件的地方要适当发展。新建人民法庭，一定要从实际需要和可能出发，量力而行，成熟一个，建立一个，不要单纯追求数量。各地应在调查研究的基础上，根据本地区的实际情况，实事求是地制定人民法庭建设的发展目标和方案。

（五）加强人民法庭的制度建设。建立健全各项工作制度是做好人民法庭工作的重要保证。人民法庭要建立学习制度，提高法庭干部的政治素质和业务素质；健全各项审判工作制度，促进审判工作的规范化；建立司法统计制度、档案制度和科学管理制度。在重视制度建设的同时，要坚持全心全意为人民服务，继承和发扬实事求是、调查研究、群众路线等人民司法工作的优良传统和作风。

各级人民法院都要重视人民法庭工作。基层人民法院要全面加强对人民法庭工作的领导。中级以上人民法院要设立指导人民法庭的工作机构，要有院长或者一名副院长主管人民法庭工作。人民法庭干警任务繁重，工作和生活条件都比较艰苦，各级人民法院领导要关心他们的疾苦，重视解决他们工作和生活中的实际困难。为了促进人民法庭的法制化建设，最高人民法院制定了《人民法庭组织条例（草案）》，已经列入中共中央转发的全国人大常委会立法规划，经这次会议讨论修改后，争取尽快报请全国人大常委会审议。为了全面推动人民法庭建设，最高人民法院准备今年召开全国人民法庭工作会议，总结和交流人民法庭工作经验，表彰、奖励先进人民法庭和优秀人民法庭干部，研究人民法庭建设存在的问题，把人民法庭建设推进到一个新的阶段。

四、大力加强队伍建设，增强反和平演变的能力

人民法院干部队伍总的来说是好的，有战斗力的，是党和人民信得过的。广大干警在坚持四项基本原则、反对资产阶级自由化、抵御和平演变的斗争中，在审判工作和去年我国部分地区抗洪救灾的斗争中，立场坚定，旗帜鲜明，清正廉洁，秉公执法，勤奋工作，无私奉献，作出了显著的成绩，受到群众的称赞，并涌现出一大批先进个人和先进集体。去年，最高人民法院授予了河北省秦皇岛市北戴河区人民法院经济庭庭长潘火中等5人全国法院模范称号，给山西省翼城县人民法院等9个单位记集体一等功，通令嘉奖抗洪救灾中涌现的先进个人54人，先进集体42个，还有一大批干警受到各级人民法院和专门法院的表彰和奖励。但是，在人民法院队伍建设中还存在这样或那样的问题。在复杂多变的国际形势下，抓好队伍建设，解决法院队伍中存在的问题，是固本强基，抵御和平演变的战略需要。必须把人民法院队伍建设成为一支政治坚定、业务精通、作风过硬、纪律严明、秉公执法、有坚强战斗力的队伍。

（一）大力加强思想政治工作，深入进行系统的马克思主义基本理论教育

坚持对干警特别是领导干部进行系统的马克思主义基本理论教育，是加强思想政治工作的重要内容，是当务之急。根据中组部的规定，法院主要领导干部已列入党政干部进中央和省级党校培训的范围，各级人民法院领导要按要求到党校学习。要认真学习马列主义、毛泽东思想的基本理论，学习邓小平等老一辈无产阶级革命家的著作和江泽民总书记去年“七·一”讲话，掌握其精神实质。业大和培训中心要加强政治理论课教育；举办短期政治理论培训班，有针对性地学习一两个专题，讲求实效。学习和培训要发扬整风精神，坚持理论联系实际，加强世界观改造。通过马克思主义基本理论的教育，使广大干警掌握马克思主义的立场、观点、方法，提高分析问题和解决实际问题的能力，在重大政治原则问题上明确划清马克思主义与反马克思主义、社会主义与资本主义、科学社会主义与民主社会主义的界限。从理论上和思想上进一步明确，必须坚持党的领导，决不能搞多党制；坚持人民民主专政，决不能搞西方的议会政治；坚持党对军队的绝对领导，决不能搞军队的“非党化”、“非政治化”；坚持公有制的主体地位，决不能搞私有化；坚持马克思主义的指导地位，决不能搞指导思想的多元化。要使全体干警坚定共产主义信念，坚持四项基本原则，旗帜鲜明地反对和抵制资产阶级自由化，在政治上、思想上、行动上同党中央保持高度一致。

各级人民法院要重视思想政治工作，坚持“两手抓”。现在有些法院领导重视抓业务，不太重视抓思想政治工作。这种“一手硬、一手软”的状况要切实加以改变。要健全政治工作机构，加强政工队伍建设。政治工作机构的领导应由副院级干部担任。要选调政治上强、坚持原则、作风正派、有工作能力的干部充实政工干部队伍。

（二）加强廉政建设，清除腐败现象

人民法院是国家的审判机关，加强廉政建设、清除腐败现象具有特殊重要的意义。人民法院广大干警总的来看能够做到清正廉洁、秉公执法。但也确有少数干警经不起考验，违法乱纪时有发生。据统计，1991年1至9月，人民法院干警因徇私舞弊、贪污受贿、挪用公款、道德败坏等受到各种处分的共161人（含审判员以上66人）。其中，受刑事处分的10人（含审判员以上3人）。他们的所作所为，严重败坏了人民法院的声誉，损害了人民法院的形象，在群众中造成了很坏的影响。如果让腐败现象在我们法院系统滋生和蔓延，其后果将不堪设想。因此，我们要从加强党的建设，抵御和平演变，巩固人民民主专政的高度，来认识法院廉政建设的重要性和紧迫性。

各级人民法院要采取切实措施，进一步加强廉政建设，坚持从严治院。要建立廉政制度，加强对执法执纪的日常监督。这里我再次重申：法院办案不准使用当事人的钱物。使用当事人的钱物办案，虽然可以暂时减轻法院的经费困难，但不利于秉公执法，不利于清正廉洁，必须坚决制止。各级纪检、监察部门要认真做好对违法违纪案件的查处工作，对涉及到的人和事，要依法严肃处理，决不能手软，更不能护短。同时要注意表彰、奖励先进典型，树立廉政、勤政的良好风气。

去年4月20日，中央政法委员会下发了《关于严肃查处公安司法干警违法乱纪问题的通知》。一些法院根据文件精神和当地党委、政法委的部署，对法院队伍进行清理整顿，收到了明显成效。尚未开展和正在开展这项工作的人民法院，要抓紧进行。要做好一年一度的执法执纪大检查。执法执纪大检查一定要注重实效，防止走过场。为此，各级人民法院要加强领导，突出重点。通过廉政教育和查处违法违纪事件，使全体干警抵制资产阶级思想腐蚀的能力大大增强，遵纪守法和依法办事的自觉性进一步提高，真正把法院队伍建设成为党和人民信得过、靠得

住的特别能战斗的队伍。在抓好廉政建设的同时，各级人民法院领导都要关心和爱护干警，尽力解决干警的住房、子女就业、生活困难等实际问题，解除他们的后顾之忧。

（三）加强领导班子建设

坚强有力的领导班子是做好法院工作的重要保证。总的看，全国各级人民法院和专门法院的领导班子是好的。但在有些领导班子中存在着为政不廉、不团结、民主集中制贯彻得不好以及官僚主义、脱离群众等现象，个别的还比较严重，应当引起我们的足够重视。

加强领导班子建设，重点要抓好思想作风建设，解决好领导班子存在的主要问题。要坚持从实际出发，哪个问题最突出，群众意见最大，就先解决哪个问题。要把领导班子建设成为政治上强、业务上精、密切联系群众、清正廉洁、秉公执法、坚持民主集中制原则、团结战斗的坚强领导核心，确保各级人民法院的领导权牢牢掌握在忠于马克思主义的人手中。

1993年，全国4级法院院长将要换届选举，同时，要结合换届调整、充实领导班子，我们从现在起就要抓紧做好准备工作。各级人民法院领导要高度重视，把换届准备工作作为1992年法院工作的重点之一，积极主动地配合各级党委做好人选物色、考察等项工作。一定要把各级人民法院院长选好、选准。要坚持德才兼备的原则，把德放在第一位，重视干部的实践锻炼和在关键时刻的表现；注意领导班子结构的合理搭配；进一步拓宽视野，把那些政治立场坚定，各方面都比较优秀的干部，特别是有发展潜力的年轻干部提拔到领导岗位上来；把领导班子成员的增补、调整与干部交流、岗位轮换结合起来进行；选配好领导班子的主要负责人。

（四）加强后备干部队伍建设

加强后备干部队伍建设，培养跨世纪的接班人，是法院干部队伍建设的一件大事。按照中共中央《关于抓紧培养教育青年干部的决定》的要求，各级人民法院要在调查研究的基础上，认真制定青年干部培养教育规划；抓好后备干部培养措施的落实；有计划地组织青年干部到基层锻炼，包括到基层党政部门挂职锻炼，促使他们更好地了解社会，树立群众观点和全局观念，提高领导工作能力；对青年干部既要热情爱护，又要严格要求。经过实际锻炼，重点培养，适时使用，使他们真正成为党和人民放心的可靠接班人。

要严格把好进人关，确保进人质量。今后各级人民法院增编进人，一律实行公开考试，严格审批手续，全面考察，择优录用。新进审判人员应当具有大专以上文化程度。对不适合在法院工作的人，要报告党委和政府，坚决调离。

（五）逐步完善法院干部管理体制

1988年经中央领导批准在黑龙江、浙江、内蒙古、福建4省区进行的法院干部管理体制改革试点，要在继续总结经验的基础上，不断研究解决存在的问题，完善各项管理制度，把试点工作向前推进一步。

我们正抓紧《中华人民共和国法官条例（草案）》的起草工作，并草拟了《法官资格考试暂行规定》等7个配套规定。法官条例（草案）是改革和健全法院干部管理体制的重要法律草案，对于逐步建立有中国特色的社会主义法官制度具有十分重要的意义，已经列入中共中央转发的全国人大常委会立法规划，我们争取尽快将法官条例（草案）报请全国人大常委会审议。最高人民法院决定在上海和黑龙江省部分法院进行法官条例（草案）的试点工作。各试点法院要在当地党委领导和人大监督下，与有关部门密切配合，认真组织实施，创造和积累经验。

（六）加强对干部的教育培训工作

为了完成法院的审判任务，必须抓紧抓好干部教育培训工作。要继续办好全国法院干部业余法律大学和中国高级法官培训中心。根据国家教委《关于成人高等学校治理整顿工作的意见》，今年上半年要全部完成对各法律业大分校的检查评估工作，并完成1992年专业证书的招生任务，以落实“七、八、九”的干部教育培训规划。业余大学要承担起学历教育和岗位培训的双重任务。现在，天津、四川、福建、河北分别进行的审判员、书记员、人民法庭工作人员的规范化岗位培训试点，要在取得经验的基础上逐步推广。为了实现分级培训干部的任务，现在全国已有17个省、市成立了省级法官培训中心，希望尚未成立的地方尽快成立，并加快基地建设的步伐。我们正在积极筹办法官学院，争取尽快成立。

为了完成人民法院的各项工作任务，必须继续加强法院管理，向科学管理要质量、要效率。要逐步实现法院工作制度化、规范化和科学化，最大限度地调动全体干警的积极性；大力加强调查研究和宏观指导，提高领导干部的决策能力和领导水平。必须进一步改善执法条件，加强各级人民法院和专门法院的物质建设，特别是审判法庭和人民法庭的建设，争取在二三年内基本完成。最近，我院已就“两庭”建设问题分别与国家计委和建设部联合下发了文件，请各地法院抓紧时机，会同计划、财政和规划、建设部门，制订本辖区各级人民法院“两庭”建设的总体规划和年度建设计划，逐一落实。各级人民法院要注意改善人民法庭的物质装备并把它作为加强基层的一个重要方面来抓。要加快法院的通讯现代化建设步伐，交通工具配置要基本满足审判工作的需要。一些地区特别是特贫困地区法院的办案经费十分困难，按照现行的财政管理体制应当由地方负责。国务院考虑可以由国家和省、市、自治区两级对特贫困地区办案经费给一点补助。我们正在同有关部门商量落实措施，也希望各省、自治区、直辖市高级人民法院积极努力，使这个问题尽快得到解决。

同志们：1992年人民法院的工作任务是非常繁重、非常艰巨的。让我们紧紧团结在以江泽民同志为核心的党中央周围，以八中全会和中央工作会议精神为指导，振奋精神，团结一致，扎扎实实，努力工作，为保障和促进社会的稳定与经济的发展作出更大的贡献，以新的成绩，迎接党的十四大的胜利召开！

任建新院长在全国高级法院院长会议结束时的讲话

（1992年1月12日）

同志们：

刚才，华联奎同志对这次会议做了总结，我完全同意。

党中央对法院工作和这次会议是非常关心的，是很重视、很支持的。开会前，江泽民同志和李鹏同志对我们法院工作专门作了重要批示；会议期间，乔石同志还听取了高级法院院长的汇报，并对进一步搞好法院工作发表了重要讲话。中央领导同志充分肯定了去年我们法院工作的成绩，深刻分析了当前面临的形势，进一步指明了我们的努力方向，对做好人民法院的工作有很现实的重要指导意义，给了我们很大鼓励和鞭策。各级人民法院一定要深入学习领会、认真贯彻落实中央领导同志的指示，坚持党的“一个中心，两个基本点”的基本路线，努力完成各项审判任务，更好地为维护社会稳定和促进经济发展服务。在会议结束前，我再强调几点：

一、进一步提高执法水平

我们要完成各项审判工作任务，通过审判活动保证宪法和法律的正确实施，就必须严肃执法，进一步提高执法水平。严肃执法是审判工作的核心，是加强社会主义法制的重要保证。从几年来的实际情况看，我们法院在严肃执法方面是做得比较好的，办案质量和办案效率逐年有进步，办案的社会效果也愈来愈好。但是也还存在一些问题，有的问题还比较严重。像有的案件裁判不公正的问题；一些案件的审理受地方保护主义干扰的问题；办案拖拉、效率不高的问题，等等。在新的一年里，我们要继续下大力气认真改变执法不严的状况，坚决清除执法违法的现象。各级人民法院首先是最高人民法院，要采取切实措施，把严肃执法提高到一个新水平。审判各类案件都必须以事实为根据，以法律为准绳，严格执行实体法和程序法。对办案中的违法行为，要坚决查处、纠正。

为了进一步提高执法水平，首先要坚持在党的领导下依法独立行使审判权。这是严肃执法的前提和保证。中国共产党是我国社会主义事业的坚强领导核心。人民法院是人民民主专政的重要工具。人民法院的审判工作必须置于党的领导之下。在当前国际形势错综复杂，社会主义同资本主义两种制度的较量异常激烈，和平演变与反和平演变的斗争空前尖锐的形势下，加强党对法院工作的领导更为重要。党对法院工作的领导，主要是路线、方针、政策的领导。集中到一点，就是领导人民法院正确依照法律独立行使审判权，监督、支持人民法院严格依法办事。党的领导和依法独立审判，是有机的统一，密不可分。各级人民法院要自觉接受党的领导，对于审判工作中的重要情况、重大问题和一些重大案件，应及时向党委汇报，取得党委的领导和支持，准确地执行法律，更好地为社会主义现代化建设服务。

其次，必须增强政策观念，认真执行党的方针、政策。法律是以党的方针、政策为依据制定的；执行法律要以党的方针、政策为指导。严格执行法律，同贯彻执行党的方针、政策是一致的、统一的。当前，我们正在集中力量进行社会主义经济建设。随着政治、经济体制改革的深入进行，对外开放的进一步扩大，新情况、新问题不断出现，而一些方面的法律还不够完善的情况下，我们在审判工作中，必须坚持从实际出发，实事求是，把贯彻执行党的方针、政策和执行国家的法律统一起来，正确理解和执行法律，更加充分发挥法律的威力，才能更好地为改革开放服务，保障党的方针、政策的贯彻实施，取得良好的社会效果。

第三，必须依靠群众，继承和发扬人民司法工作的优良传统。人民法院是为人民服务的。全心全意为人民服务，是人民法院审判工作的出发点和落脚点。我们必须在新形势下继续强调继承和发扬人民司法工作的优良传统，实行专门工作同依靠群众相结合。这样做既便于查清事实真象，又可以将审判工作置于广大群众监督之下，确保严格依法办事，有效地行使国家审判权，更好地为人民服务。

第四，必须清正廉洁，刚正不阿。法院队伍的廉政建设必须下大力气认真抓好。我们一直反复强调法院队伍一定要廉洁，就是要引起大家的高度重视。近几年，法院队伍中极少数人经不住考验，吃请受礼、徇私枉法、贪赃卖法、违法乱纪的问题时有发生，而且在一些地方还有蔓延的苗头。对此，我们应当有足够的、清醒的认识。人民法院严肃执法，一要公正，二要廉洁，就是我们常讲的“清正廉明”。只有无私才能无畏，廉洁才能公正。如果不廉洁，就没有公正可言。我们必须防微杜渐，绝不允许不正之风在法院蔓延。有的高级人民法院提出，要把法院廉政建设搞好，用实际行动证明法院是“最讲理、最公正、最廉洁”的地方。这个精神很好，我们就应朝这个方向努力。我再次强调，一定要“从严治院”，同一切不正之风作坚决斗争。对法院队伍中的违法乱纪行为，一经发现，必须严肃处理，绝不手软。对姑息迁就，包庇纵容的，要追究领导的责任。努力建设一支政治上坚定，业务上精通，作风上过硬，又红又专，秉公执法的人民法官队伍。

二、不断提高领导水平

随着进一步深化改革和扩大开放，人民法院的任务越来越繁重。这就要求我们各级人民法院的领导要不断提高领导水平。这是切实做好法院审判工作和其他各项工作的一个重要条件。领导水平的高低，对于一个法院的审判工作和其他各项工作的开展具有重要作用。领导水平高，工作就主动，就能打开局面；反之，工作就被动，就开展不起来。提高领导水平，不仅包括提高领导者个人的领导水平，而且包括提高领导班子的整体领导水平。当前，要特别强调提高高级人民法院和最高人民法院的领导水平。

提高领导水平，必须牢固树立全局观念。江泽民同志在去年中央工作会议上，要求领导同志要善于从政治上观察和处理问题。做好审判工作和其他各项工作，不能脱离全局，脱离形势。法院案子多，日常工作繁忙，这就要求各级人民法院的领导要不断提高马克思主义理论水平和运用马克思主义的立场、观点、方法分析解决问题的能力，能够并善于把握全局，分析形势，有战略眼光，对本地区以至全国的形势都要有一个清醒、正确的认识，从而明确法院工作的方向和重点，使我们的工作建立在自觉、主动的基础上。

提高领导水平，必须进一步加强调查研究，掌握实际情况。要做到把握全局，加强宏观指导，就必须经常深入基层进行调查研究，掌握客观实际情况，了解发展趋势，掌握大量的、真实的信息，做出正确的决策，及时指导审判工作和其他各项工作的开展。

提高领导水平，必须提高领导决策能力。正确决策是开展审判工作和其他各项工作的关键。要正确决策，除了提高领导班子成员个人的政治思想水平和业务素质外，还必须强调坚持民主集中制原则。对于法院工作中的重大事项和重要决定都应经过集体研究讨论，充分发挥集体的智慧和力量，以保证决策的正确和可靠。领导班子要团结一致，相互支持、相互配合，经常在一起交换意见，互通情况，认真开展批评与自我批评。实践证明，凡是团结好，协调好的领导班子，就能集中集体的智慧，提高领导水平，有效地开展工作，受到广大干部群众的拥护。

三、努力提高法院管理水平

去年，各级人民法院按照年初高级法院院长会议提出的加强管理的要求，进一步重视法院的科学管理问题，一些法院经过较长时间的摸索，已经逐步形成了一套比较科学的管理制度和管理方法，创造和积累了一些好的经验。但总的来说，法院系统的管理水平还不高，管理工作仍然是一个薄弱环节。一些法院由于机构和人员配置不合理、制度不健全、运行机制不完善，造成职责不明、忙闲不均、功过不分、纪律松驰、运转不灵等现象，这很不适应审判工作发展的需要。改革开放10多年来，全国法院在审判工作、机构设置、队伍建设等各个方面都有了很大的发展和变化，物质装备也不断增加。在这种情况下，没有严格的、科学的管理，就难以保证工作的正常运行，就不可能高质量、高效率地完成审判任务。因此，各级人民法院领导要充分认识加强法院管理的重要性和迫切性，切实把加强科学管理作为一项重要工作来抓好。

加强法院管理的根本目的，就是通过逐步实现法院各项工作制度化、规范化和科学化，不断提高工作质量和效率，保证各项工作任务的完成。法院管理包括审判工作管理和其他工作管理两个方面，审判工作管理又是法院管理的主要方面。其他工作的科学管理是顺利完成审判工作任务的保证。目前各地都有一些管理好、效率高、办案质量也好的典型。高级人民法院应当注意发现并总结他们的经验，认真加以推广。

在九十年代，随着我国社会主义经济建设和民主法制建设的不断发展，法院的审判工作将有很大发展。我们必须进一步加强法院自身的建设和改革。加强管理要贯彻改革的精神，在法院体制的某些环节上，在审判机构和其他机构的设置及人员配置上，在各项制度的建设上，等等，都应根据不断发展的客观需要，逐步加以改革，使我们的管理工作达到一个新的水平。

同志们：今年第四季度，我们党将要召开第十四次全国代表大会。各行各业都在努力工作，迎接这次具有重大历史意义的大会的召开。我们要振奋精神，努力完成今年的审判工作任务和其他各项工作任务，并且认真总结改革开放以来，特别是党的十三大以来法院工作的基本经验，提出九十年代法院工作前进的目标，进一步完善有中国特色的社会主义审判制度，为社会主义民主和法制建设的进一步发展，为社会主义现代化建设的顺利进行而努力奋斗。

任建新院长在全国法院纪检监察工作座谈会和全国法院人事工作座谈会上的讲话

（1992 年 2 月 23 日）

同志们：

全国高级法院院长会议结束后不久，我们就召开了纪检监察工作座谈会和人事工作座谈会。这两个会议都很重要。法院政治人事工作和纪检监察工作是顺利完成审判工作任务的重要保证，几年来，同志们在人少事繁、困难多、条件差的情况下，为法院的队伍建设作出了积极的贡献。我代表最高人民法院党组向到会的全体同志，并通过你们向全国法院政工人事部门和纪检监察部门的同志们表示亲切的问候！

关于大力加强法院队伍建设，增强反和平演变能力的问题，我在全国高级法院院长会议上已经讲了几点原则意见。在这两个会议上，项华同志对今年法院纪检监察工作和人事管理工作分别作了系统、全面的安排和部署，希望同志们回去后，结合各地的实际情况认真贯彻落实。今天，我主要讲三点意见：

一、从严治院，进一步加强法院队伍建设，增强反和平演变的能力

当前，国际形势风云变幻，国内建设任务非常繁重艰巨。这就给法院工作提出了更高的要求。不久前召开的全国高级法院院长会议确定，1992 年人民法院的主要任务是：在以江泽民同志为核心的党中央领导下，坚持党的“一个中心、两个基本点”的基本路线，认真贯彻落实十三届八中全会和中央工作会议精神，坚持严肃执法，进一步发挥审判机关的职能作用，维护国家和社会的稳定，为搞好国营大中型企业和发展农村经济服务，保障和促进社会主义经济建设的发展。为了更好地完成这一任务，我们必须从严治院，大力加强法院队伍建设，把法院队伍进一步建设成为一支政治坚定、业务精通、作风过硬、纪律严明、秉公执法、有坚强战斗力的队伍。这既是顺利完成各项审判任务必要的组织保证，也是抵御和平演变的战略需要。当

前，要着重抓好以下几方面的工作：

一是深入进行马克思主义基本理论教育，提高干部队伍的政治素质。这是加强思想政治工作的重要内容。各级法院要继续认真贯彻落实中组部有关规定和最高法院《关于加强法院干部马克思主义基本理论学习的几点意见》，通过党校培训、举办短期理论培训班等途径，用整风的精神，切实加强马克思主义基本理论教育，使广大干警树立无产阶级的世界观和人生观，坚定政治立场，系统掌握马克思主义的立场、观点和方法，提高分析解决实际问题的能力，在重大政治原则问题上明确划清马克思主义与反马克思主义、社会主义与资本主义、科学社会主义与民主社会主义的界限，坚持四项基本原则，坚持改革开放，自觉反对资产阶级自由化，抵御和平演变，在政治上、思想上、行动上同党中央保持高度一致。各级领导干部和纪检监察、政工人事部门的干部更要带头认真学习，增强理论修养，努力提高政治理论水平和政策思想水平，提高从政治上观察和处理问题的能力。

二是加强廉政建设，增强广大干警拒腐防变能力。几年来，我们一直反复强调要加强廉政建设，保持法院队伍的廉洁，引起了各级法院的重视，特别是自 1989 年 5 月全国法院廉政建设工作会议以来，我们采取了一系列措施，取得了一定成效。目前，法院队伍总的来说是好的，是党和人民信得过的。但也还存在这样那样的问题，极少数干警经不住考验，堕落成为腐败分子；索贿受贿、贪污挪用公款、徇私舞弊、贪赃枉法等腐败现象仍时有发生；吃请受礼，办“关系案”、“人情案”等不正之风尚未得到有效遏制。腐败分子和腐败现象的存在，严重败坏了人民法院的声誉，损害了人民法院的形象，在群众中造成很坏的影响。如果我们没有足够的、清醒的认识，不认真加以解决，放任腐败现象在法院系统滋生、蔓延，其后果将不堪设想。

乔石同志最近在全国政法工作会议上特别强调，要进一步加强队伍建设，对政法队伍中存在的不正之风必须坚决纠正，对一切违法违纪现象和腐败行为必须坚决制止和严肃处理。现在，全党和全国上下都在抓廉政建设这件大事。作为国家审判机关的人民法院，加强廉政建设，清除腐败现象，具有特别重要的意义，更显得非常紧迫。我们一定要坚持从严治院，狠抓廉政建设。“从严治院”归结起来就是要严格要求、严格管理、严肃纪律、严肃执法。各级法院的领导要敢抓敢管，在以往工作的基础上，继续扎扎实实、认认真真地抓好各项廉政措施的落实。尤其在领导班子建设中，选配领导干部，要在坚持德才兼备原则的基础上，注意考察其是否廉洁奉公，不廉洁的干部一律不能进领导班子，特别是在考察、物色 1993 年院长换届选举的人选时，凡是不廉洁的干部一律不能作为院长人选，领导干部不廉洁的必须坚决调整出班子。要通过广泛深入的廉政教育和坚决纠正不正之风，严肃查处违法违纪案件，大大增强全体干警遵纪守法、依法办事的自觉性和拒腐防变的能力。

三是认真做好地方各级法院院长换届选举的准备工作，确保法院领导权牢牢掌握在忠于马克思主义的人手中。坚强有力的领导班子才能带出一支好的队伍，搞好院长换届选举是加强法院领导班子建设的关键。要按照全国高级法院院长会议的要求，把 1993 年院长换届选举的准备工作作为今年法院工作的重点之一，切实加强领导，及早组织得力干部，配合各级党委抓紧考察、物色好院长人选。工作既要积极主动，又要认真扎实。要根据德才兼备的原则，严格坚持法院院长的任职条件，把德放在第一位，重视干部的实践锻炼、是否廉洁奉公和在关键时刻的表现，并要注意选拔优秀年轻干部。要真正把政治上坚定成熟、坚持党的基本路线、实际工作经验丰富扎实、有较强的组织领导才能和驾驭全局的能力、有较高的文化知识和业务水平、清正廉洁的优秀干部选拔到各级法院院长岗位上来。

四是抓紧培养教育青年干部，进一步加强后备干部工作，特别要努力培养和造就一大批跨世纪的优秀青年干部，以确保党的事业后继有人。这既是当务之急，又是法院队伍建设的一件长远大事，是百年大计。《中共中央关于抓紧培养教育青年干部的决定》，是党中央深刻总结国际共产主义运动的经验教训，根据我国干部队伍的实际状况作出的重大决策，各级法院要认真贯彻落实。按照《决定》要求和全国组织部长会议、高级法院院长会议的部署，各级法院要深入调查分析本院青年干部现状，认真制定培养教育规划，提出相应的目标和措施。这项工作必须于今年上半年完成，各高级法院至迟于7月底以前向最高法院写出报告。规划制定后，要精心组织实施，各级法院领导和上级法院要加强督促检查，讲求实效。以后每年都还要对贯彻落实《决定》及规划情况进行一次检查总结。江泽民同志最近指出："培养年轻干部，关键要抓好三条。第一条，要有崇高的理想。一个人如果没有崇高的理想，只知道一切向钱看，是没有出息的。第二条，要勤奋学习，努力用马克思主义理论和科学文化知识武装自己，干一行，爱一行，学一行，并力求专一行。第三条，要坚持理论联系实际，自觉地到实践中去锻炼。不经过实践锻炼，是很难经受住风浪考验的。"我们要根据《决定》要求和江泽民同志的讲话精神，抓紧青年干部的培养教育工作，对他们既要严格要求，又要热情爱护，使他们能够迅速、健康地成长起来。同时，要尽快建立健全后备干部名单制度，重点抓好培养措施的落实。

二、提高认识，加强领导，把队伍建设列入各级法院的重要议事日程认真抓好

我们一直强调法院领导要坚持一手抓审判工作，一手抓队伍建设。今年的高级法院院长会议上，我再次强调了这一方针。我们必须清醒地认识到，是否真正坚持"两手抓"的方针，直接关系到是否全面贯彻执行党的基本路线的大问题，而不仅仅是一个工作方法问题。实践证明，抓队伍建设与抓审判工作是相辅相成的，凡是法院队伍建设搞得比较好的法院，干警的政治素质和业务素质一般都比较高，法纪观念和廉政意识比较强，主观能动性和工作积极性能得到充分发挥，审判任务也就完成得比较好。我们认为，也只有这样，才能不断增强干警拒腐防变、抵御和平演变的能力。但是，目前有些法院领导工作中长期存在的"一手硬、一手软"的状况仍未得到根本扭转，有的领导同志重视抓审判业务，不太重视抓队伍建设，对抓队伍建设的重要性和紧迫性认识不足，对法院队伍中出现的问题特别是不廉洁等问题掉以轻心，有些问题发生后长期得不到查处。这种状况与当前形势和任务的要求极不适应，必须引起各级法院领导的高度重视，并采取有效措施，切实加以改变。

各级法院领导要在提高认识的基础上，把队伍建设列入重要议事日程来抓。党组书记、院长对队伍建设负有重要领导责任，要亲自抓，领导班子其他成员也要分工负责，在抓好分管的审判业务工作的同时，积极协助院长对分管部门的队伍建设也要认真抓好。领导干部不论是到下级法院检查工作，还是听取汇报，都要关心和注意队伍建设问题，提倡领导干部对队伍建设的有关问题亲自进行调查研究。要把这一点作为考核领导干部政绩的一个方面确定下来，坚持下去。今后凡是对干警队伍中发生重大违法违纪案件不认真严肃查处，甚至姑息迁就、包庇纵容的，必须追究领导的责任。还要坚持一级抓一级，层层负责，逐级抓好落实。上级法院要积极协助党委抓好下级法院的队伍建设，政工人事部门和纪检监察部门要全力以赴，充分发挥职能作用，其他各部门要密切配合政工人事部门和纪检监察部门，对所属干部加强管理。总之，要通过各级法院领导和各个部门齐抓

共管，把法院队伍建设提高到一个新的水平，真正建设一支适应形势和任务需要的法院队伍。关于"两手抓"的问题，希望同志们回去后向党组汇报，请各级法院的领导务必高度重视，切实负起责任，把队伍建设抓紧抓好。

三、继续加强政治人事工作和纪检监察工作，适应法院队伍建设的需要

政治人事工作和纪检监察工作对于加强法院队伍建设，坚决贯彻执行党的基本路线，完成各项审判任务，起着重要的保证作用。政工人事部门和纪检监察部门作为各级法院加强队伍建设的重要职能部门，能否充分发挥职能作用，为党组当好参谋助手，协助各级法院党组建设一支政治上、业务上、作风上都合格的法院队伍，直接关系到各项审判任务的顺利完成，关系到党的路线和各项方针政策在法院系统的贯彻落实。因此，政工人事部门和纪检监察部门所肩负的任务是十分重要的，也是非常光荣的。过去的一年，法院工作取得了很大的成绩。这是全国各级法院认真贯彻执行党的基本路线的结果，同时也是与各级法院政工人事部门和纪检监察部门的同志们努力工作分不开的。

在新的一年里，法院任务更加繁重，政治人事工作和纪检监察工作任务也更加艰巨。当前的一个主要问题是一些法院的政工人事和纪检监察机构还不够健全，干部力量不足，需要认真加以解决。今年内，少数尚未成立机构的要抓紧成立，已经成立的要进一步明确职责，理顺关系，建立健全工作制度，各级法院政工机构的主要领导和纪检组组长必须由副院长级干部担任，不能搞照顾性安排，要注意选调一些政治上强、坚持原则、作风正派、廉洁奉公、有工作能力的同志充实加强政工人事部门和纪检监察部门，把工作全面开展起来。

各级法院领导同志对政工人事干部和纪检监察干部既要严格要求，又要关心爱护，保持这两支队伍的相对稳定，还要多支持他们的工作，注意协调好有关方面的关系，解决实际困难，尽可能为他们的工作创造良好的条件。政工人事部门和纪检监察部门也要不断加强自身建设，要进一步提高对政治人事工作和纪检监察工作重要性的认识，增强责任感和光荣感，热爱本职工作，努力钻研业务，积极做好工作。要高度重视干部的理论学习和业务培训，不断提高干部的政治素质、业务素质和工作水平。要特别注意保持和发扬党的优良传统和作风，全心全意为人民服务，全心全意为党工作，密切联系干警群众，做广大干警的贴心人。

同志们，1992 年的法院工作是十分繁重、艰巨的，队伍建设的任务也很繁重、很艰巨。希望同志们团结一致，再接再厉，圆满完成各项工作任务，为法院队伍建设作出新的更大的贡献。

任建新院长在审判题材文艺创作座谈会上的讲话

（1992 年 4 月 14 日）

今天，能有这么多文艺家们应邀到会，一起探讨审判题材文艺创作问题，我感到很高兴。在这里，我首先要感谢中宣部领导和文艺局的同志们给予的支持和帮助，感谢各位文艺家们从各自紧张的创作活动中抽出时间，来关心审判题材的文艺创作问题。

党的十一届三中全会以来，我国的社会主义民主与法制建设取得了巨大成就，法制宣传教育工作也有了很大发展。我们人民法院，是国家行使审判权的重要司法机关。它的主要任务是审判案件。同时也担负着法制宣传教育的任务。法院组织法规定：“人民法院用它的全部活动教育公民忠于社会主义祖国，自觉地遵守宪法和法律。”法院向公民进行宣传教育，首先要做好我们法院自身的工作，不断提高执法水平，通过审判活动，以公开审判、“以案讲法”等形式进行直接、生动的法制宣传。但是，光靠这种形式是远远不够的。还需要采取多种形式、多种渠道来宣传法制。而文学艺术的形式是进行法制宣传教育一个很重要的方面。在当前加快改革开放步伐，加速经济建设的形势下，运用文学艺术的形式进一步加强对法院工作的宣传，对于向广大人民群众进行法制宣传教育，提高公民的法律意识，向国内外展示我们改革开放和社会主义民主与法制建设的成就，具有十分重要的意义。

近些年，我们文艺界的同志们对法制宣传教育工作很关心，对宣传法院工作也很关心，而且取得了一定成绩，创作出《法庭内外》等一批反映法院工作、法官生活的文艺作品。使广大群众了解到：审判机关是打击犯罪，保护群众利益的；是制裁各种违法行为，促进改革开放、为经济建设服务的。但现在总的看，这方面的宣传还不够。当然，主要责任在我们法院，特别是我们最高法院，过去在这方面我们抓得不够，缺乏主动性，同文艺界同志们联系不够，没有及时提供反映法院工作的素材。我们希望能尽快改变这种状况，所以，今天我们非常高兴地请同志们来，共同研究如何更好地用文艺作品形式宣传法院工作的问题，目的是为了把这项工作搞得更好，让更多更好的宣传审判活动和人民法官题材的文艺作品问世。

应该说，法院工作宣传面是很宽的。十一届三中全会以来，社会主义民主与法制的建设不断发展和完善，人民法院审判工作的领域有了很大的扩展。现在除了刑事审判、民事审判之外，又有了经济审判、行政审判、海事海商审判、告诉申诉工作等等。法官队伍的数量与素质也有很大的提高，受理的各类案件数量逐年增加，现在每年要审结300万件各类案件。人民法院为完成保护人民，惩治犯罪，促进改革，服务四化的任务，做了大量的工作，取得了显著的成绩。有许多生动的事迹和典型的人物可以描写。而且，人民法院的审判活动，是一个反映纷繁复杂的社会生活的特殊窗口，涉及社会、生活的各个方面，蕴含着政治、经济、文化、道德、伦理等方面的丰富内容。广大群众对于审判题材的作品是喜闻乐见的。民间流传的公案小说，舞台上的包公戏、十五贯、宋士杰、玉堂春、杨乃武与小白菜等等，几乎家喻户晓。但描写的都是历史人物和历史事件。现在，我们各方面的条件都更好了，文艺形式更多了，题材也更广泛了，我们希望并相信文艺家能创作出具有那样的影响力，又充分体现新时代特点的作品来。

当然，审判题材文艺创作也有它特有的难度。审判工作是一项以专门法律知识为基础的工作，创作者需要花一定的时间和精力研究熟悉有关的法律和审判程序。我们热忱欢迎文艺家们到法院来深入生活，和法官交朋友，观察了解他们的工作和生活，体验他们的喜怒哀乐、甜酸苦辣。他们的内心感情世界同样是丰富多彩的，我们有许多法官，不论是个人经历，还是思想情操，都非常地感人，非常具有教育意义。他们长期默默无闻地奉献着自己，我们希望文艺家们怀着极大的热情去发现他们、了解他们、反映他们、表现他们、鼓励他们、教育他们。

我们各级法院的同志，都会热情欢迎你们到他们那里去，为你们深入生活，进行创作尽可能提供一切便利条件。

让我们在党的“双百”方针指引下，为进一步繁荣社会主义文艺事业，创作出更多、更好的，适应改革开放、经济建设形势发展，符合社会主义民主和社会主义法制建设要求的为广大群众所喜闻乐见的文艺作品而共同努力。

谢谢大家！

任建新院长在全国高级法院院长电话会议上的讲话

（1992年4月28日）

同志们：

今天这次电话会议，主要是部署有关《人民法院报》创刊的几项工作。现在，我就创办《人民法院报》的意义，办报的宗旨、方针和加强领导等问题，讲几点意见。

当前，全国各地都在深入学习和贯彻邓小平同志视察南方时的重要谈话和政治局全体会议的精神，进一步解放思想，实事求是，大胆探索，抓住时机，加快改革开放的步伐，集中精力把经济建设搞上去，沿着建设有中国特色的社会主义道路继续前进。我们各级法院在充分发挥审判机关职能作用，坚持严肃执法，积极为进一步搞好改革开放和经济建设服务方面做了大量工作，同时也在努力探索加强法院自身的改革和建设。法院自身的改革和建设，涉及的方面是很多的。创办《人民法院报》就是法院工作为适应加快改革开放步伐，把经济建设搞上去，以及进一步加强民主与法制建设需要的一个重大措施。我们要从这样的高度来看待创办《人民法院报》，把这件事情作为在新形势下法院系统的一项重大的基本建设，努力搞好，使之发挥应有的作用。

报纸作为新闻工具是传播媒介之一。它具有社会覆盖面广、信息容量大、动态反映快、信息便于长期保存的特点。因此，报纸的传播作用历来倍受人们重视。毛泽东同志曾经指出："报纸的作用和力量就在于它能使党的纲领、路线、方针政策、工作任务和工作方法，最迅速、最广泛地同群众见面。"邓小平同志也强调"出报纸、办广播、出刊物和小册子"，"在贯彻实现 领导意图上比其它方法更有效，更广泛，作用大得多"。近几年来，全国各级法院对于开展宣传工作的重要性逐步有了比较明确的认识，很多法院采取了一系列措施，使法院的宣传工作有了明显的进步。但这还远远不够，我们还要充分利用报纸这一传播媒介来宣传人民法院为保障国家和社会的稳定、促进改革开放和国民经济的发展所起的重要作用，以取得社会对法院的广泛了解和支持。此外，《人民法院组织法》规定"人民法院用它的全部活动，教育公民忠于社会主义祖国，自觉遵守宪法和法律"，把向公民进行法制宣传教育列为法院一项基本任务。在我们审理的各类案件中，有许许多多是非常有教育意义的。我们要通过报纸这一传播媒介，进一步扩大办案的社会效果，通过报道审判活动，宣传党的政策和国家法律，教育公民懂法、守法。这也是法院参与社会治安综合治理，进行法制宣传教育的一个有力工具。

我们创办《人民法院报》就是要更及时传达党和国家的方针、政策、法律和最高人民法院有关审判工作的决定，全面、系统、准确地反映和交流各地人民法院审判工作情况、信息以及国际司法动态。而且，随着改革的深入、开放的扩大，在社会生活和司法实践中必将产生许多新情况、新问题。各级人民法院要加强调查研究，及时总结审判经验，提出解决的意见。这些都可以通过报纸，迅速为全国各地法院所了解与掌握。《人民法院报》可以有较多的版面宣传在我们全国25万法院干警中出现的许许多多模范人物和先进集体，弘扬人民法院和人民法官秉公执法、清正廉洁、全心全意为人民服务的精神；同时，对严肃查处少数干警违法违纪行为的情况，也要做适当的报道，从严治院，以树立和维护人民法院的审判权威和良好形象。因此，办好《人民法院报》对于及时指导各级法院的工作，不断提高执法水平，加强队伍建设，更好地开展法制宣传教育工作，都有十分重要的意义。

《人民法院报》是最高人民法院机关报，是最高法院的喉舌，是反映全国法院工作的专业报纸，也是全国各级人民法院的一块舆论阵地。其宗旨就是坚持以马克思列宁主义、毛泽东思想为指导，坚定不移地执行党的“一个中心，两个基本点”的基本路线，认真宣传、贯彻党和国家有关审判工作和法制建设的方针、政策、法律、法规，传播和交流各地人民法院的审判经验，为严肃执法、提高审判水平、加强各级法院的审判工作服务，为提高法院干警的政治素质和业务素质服务，为社会各界更好地了解、支持与监督法院工作服务。一句话，是为推进社会主义民主与法制建设服务。

为实现这一目标，我们的办报方针是要立足法院、面向社会、照顾国外。立足法院是指报纸必须满足法院干警的需要，把他们作为报纸的基本读者群。因此，报纸必须具有鲜明的法院特色。面向社会是说报道要广泛一点，要有群众喜闻乐见的文章，要有群众性和可读性。照顾国外是指要照顾国外与境外读者的需要，如一些涉外、涉境外案件的报道，对国际和境外重大司法活动的报道等。照顾到这三个方面，当然是有主有次的，但三个方面必须兼顾到。这也是形势的需要。同志们都知道，广大国内群众是关心我们法院的，国外也关心我们法院。我们要加快改革开放步伐，我们的法律环境怎么样，我们的司法环境怎么样；这是国外非常关注的。所以我们办好报纸，是为我们改革开放、为经济建设服务的一件大事。

创办《人民法院报》是法院工作中的一件大事。各级法院的领导同志必须高度重视，给予积极支持。这张报纸名称是《人民法院报》，是全国法院的报，是全体法院干警的报纸。我们一定要上下齐心，共同努力，克服困难，把这张报纸办成高水平，有特色、深受大家欢迎的一张报纸。按计划，《人民法院报》将于今年7月份试刊，10月份正式创刊。现在离试刊只有两个多月了，时间已十分紧迫。希望各级法院立即行动起来，做好3件事情：1. 在高级法院建立记者站筹备组和组织通讯网；2. 在本地区利用一切可利用的宣传工具，进行宣传征订工作；3. 向本院全体干警通报《人民法院报》创刊，动员他们为报纸撰写稿件。

同志们，让我们全国法院动员起来，为《人民法院报》7月试刊，10月创刊而作出自己的努力！

任建新院长在陕西省高级法院、西安市中级法院全体干部会议上的讲话

（1992 年 5 月 23 日）

同志们：

我这次主要是来看望大家，来向大家学习的，同时，也做些调查研究。这几天，我到一些法院看了看，同一些同志进行了座谈。我很高兴地看到，陕西省各级党委、人大、政府对法院工作是很重视、关心和支持的。这些年，全省各级法院在党的领导、人大的监督和政府的支持下，各项工作不断取得新的进展，全体干警克服困难，艰苦奋斗，为保障改革开放、经济建设的顺利进行，作出了积极的贡献。首先，我代表最高人民法院向陕西省各级法院的全体干警及其家属表示亲切的问候和衷心的感谢！

当前，全国各族人民都在认真学习、贯彻邓小平同志的重要谈话和中央政治局全体会议的精神。加快改革开放步伐、加速经济发展的新形势，对我们政法工作、法院工作提出了新的更高的要求。前不久，乔石同志主持召开了中央政法委员会会议，对政法战线如何更好地学习、贯彻邓小平同志的重要谈话精神进行了研究。我们法院工作如何贯彻、落实邓小平同志的重要谈话精神，适应新形势发展的要求，更好地为加快改革开放和经济建设服务，是目前摆在各级法院面前的一项重大任务。在这里，我讲几点意见：

一、认真学习、深刻领会邓小平同志重要谈话的精神

党的十一届三中全会以来，我们坚持邓小平同志倡导的党的基本路线，以经济建设为中心，坚持改革开放，坚持四项基本原则，走建设有中国特色的社会主义道路。经过十几年的努力，我们取得了举世瞩目的成就。实践证明，改革开放是解放和发展生产力的必由之路。正是在我国改革开放和社会主义现代化建设的关键时刻，邓小平同志又高屋建瓴，把握全局，发表了重要谈话，精辟地阐明了当前我国社会主义现代化建设中亟需解决的许多重大理论问题和实践问题。谈话的核心，是要求坚定不移地贯彻执行党的“一个中心、两个基本点”的基本路线，坚持走有中国特色的社会主义道路，特别是要抓住当前有利时机，加快改革开放和经济建设的步伐，集中精力把经济建设搞上去。邓小平同志的重要谈话，不仅对当前的改革开放和经济建设具有重要的指导作用，而且对整个社会主义现代化建设事业具有重大而深远的意义。

同志们，我们必须认真学习、深刻领会、坚决贯彻落实邓小平同志重要谈话的精神，只有这样，才能做好新时期人民法院的工作。现在，各地法院都在认真组织干警学习邓小平同志的重要谈话。我们各级法院一定要把学习组织好，领导干部要带头学习，并结合各地法院的实际情况，进行认真地讨论，研究贯彻落实的措施。通过学习，使全体干警全面深刻地领会其精神实质，提高觉悟，统一认识，解放思想，转变作风，把坚持党的基本路线，加快改革开放步伐，集中精力把经济搞上去，坚决贯彻落实邓小平同志重要谈话精神，作为当前法院的头等大事，使审判工作更自觉、更主动地服从于、服务于改革开放和经济建设，更好地保障和促进社会主义建设事业的顺利进行。

二、坚持“一手抓改革开放，一手抓打击各种犯罪活动”

邓不平同志谈话的重点是讲经济建设，但始终贯穿着“两手抓”的思想。强调在整个改革开放过程中，必须始终坚持四项基本原则，运用人民民主专政的力量，巩固人民的政权；坚持“一手抓改革开放，一手抓打击各种犯罪活动”，这两手都要硬。我们搞经济建设，搞改革开放，必须有一个稳定的社会环境。稳定是改革和发展的必要前提。当然，也只有不断改革和发展，稳定才有可靠的保证。要维护好社会的稳定，必须依靠三个条件：一是把经济搞上去，提高人民生活水平；二是全面加强精神文明建设，特别是要加强思想教育工作，依靠各级党委及时解决各方面出现的矛盾和问题；三是加强人民民主专政，把社会治安工作抓紧抓好。人民法院作为人民民主专政的重要工具，一定要充分发挥专政的职能作用，严厉打击各种犯罪活动，不能有丝毫松懈。

近几年来，我们一直坚持依法从重从快严厉打击严重危害社会治安的犯罪活动的方针，大力加强社会治安的综合治理，已取得了一定的成效。陕西省的情况也是这样，去年全省刑事案件发案数比上年有所减少，重大刑事案件也略有下降。这说明，陕西省对“严打”和社会治安综合治理工作是抓得紧的。但是，我们始终要保持清醒的头脑，对社会治安问题切不可掉以轻心。随着改革开放不断深入发展，社会矛盾将是错综复杂的，治安隐患也可能有所增多。各级法院要结合本地区社会治安的情况，同公安、检察机关密切配合，对各种严重危害社会治安的犯罪活动，坚决依法从重从快惩处。同时，要特别注意在改革开放新形势下出现的一些治安问题。我们要通过“严打”和进一步落实社会治安综合治理的各项措施，创造一个良好的社会治安环境，以保障改革开放和经济建设的顺利进行。

我们要继续严厉打击严重经济犯罪分子。党中央对惩治腐败，打击经济犯罪历来是非常重视的。小平同志曾指出，“没有打击经济犯罪这一手，不但对外开放政策肯定要失败，对内搞活经济的政策也肯定要失败”。小平同志在巡视南方的重要谈话中又指出：“在整个改革开放过程中都要反对腐败。”最近，我接待了新加坡首席大法官。我问他：新加坡经济建设搞得比较好，从法律方面看，有什么好的经验？他介绍说，新加坡的经验主要有三条：第一条是注重法制，立了法就严格执行。大家知道，新加坡执法是非常严的。第二条是要廉政，要反对腐败。他们同我们的社会制度、意识形态不同，但他们对廉政问题是抓得紧的。第三条是要讲求效率，工作效率要高。我看这三条经验是值得我们借鉴的。我们必须从建设有中国特色的社会主义的高度来认识打击经济犯罪的重要性。对打击经济犯罪，抓廉政建设，必须坚定不移地长期坚持下去，深入开展打击经济犯罪的斗争，对贪污、贿赂等严重经济犯罪分子坚决依法严惩，绝不手软。

根据小平同志指出的要警惕右，但主要是防止“左”的精神，我们在审判工作中既要坚持打击各种犯罪活动，又要防止受老框框的束缚，用陈旧过时的观念看待改革开放中出现的新事物。随着改革开放的发展，势必会出现一些新情况、新问题。特别是在经济领域的改革中，我们正在走着前人没有走过的路，允许进行一些探索和试验。凡是有利于发展社会主义生产力的，有利于增强我国综合国力的，有利于提高人民生活水平的，就要敢于实践，并不断总结经验。小平同志说：“改革开放胆子要大些，敢于试验”；“看准了的，就大胆地试，大胆地闯”。这就要求我们在审判工作中一定要严格区分罪与非罪的界限。对改革开放中出现的一些政策法律规定不明确的问题，不要轻易下结论，可以看一看。可以通过改革开放的实践来检验。我们各级法院都要加强这方面的调查研究，结合审判实践，认真总结经验，既要坚决打击经济犯罪活动，又要保护和促进改革开放。

三、更加主动自觉地为改革开放和经济建设服务

我们搞经济建设，搞改革开放，要有法制的保障。这一点，小平同志讲得很明确，“还是要靠法制，搞法制靠得住些”。人民法院是国家的审判机关，是重要的执法部门，在加快改革开放和经济建设的新形势下，一定要充分发挥审判机关的职能作用，运用法律手段，更好地为改革开放服务，为解放和发展生产力服务。这是时代赋予我们的任务，是党的人民赋予我们的任务，是宪法和法律赋予我们的任务。我们各级法院都要为完成这一任务而努力奋斗。

首先要进一步增强服务意识。革命是解放生产力，改革也是解放生产力。小平同志指出：“要坚持党的十一届三中全会以来的路线方针政策，关键是坚持‘一个中心、两个基本点’”；“不坚持社会主义，不改革开放，不发展经济，不改善人民生活，只能是死路一条”。我们一定要从坚持党的基本路线这一战略高度来观察和处理问题，把法院工作同现代化建设的全局紧密联系起来，紧紧围绕经济建设这个中心，更自觉、更主动地服从、服务于这一中心。对一切有利于改革开放，有利于发展生产力的行为，要依法予以保护和支持；对一切不利于改革开放，不利于发展生产力的行为，要依法予以反对和限制；对一切危害改革开放，破坏生产力的行为，要依法予以打击和制裁。

二是要不断拓宽服务领域。在加快改革开放，扩大经济交往的过程中，各种矛盾与纠纷必然会增多，越来越多的经济活动需要加以规范，越来越多的社会关系需要进行调整，涉及生产、经营、流通、分配以及社会生活等各个方面的新类型案件将不断增多。譬如，随着一些地方开放股票市场和证券市场，股票、证券方面的纠纷已开始出现；由于技术市场的发育和完善，涉及技术合同和知识产权方面的案件也在增多。随着形势的发展，需要用法律手段调整的社会关系还会不断增加，我们为改革开放和经济建设服务的领域必将越来越宽广，我们审判工作的任务必将越来越繁重。我们要认清这种形势发展的趋势，积极主动地为改革开放和经济建设提供法律服务；要进一步提高执法水平，提高办案质量与效率，注重办案的社会效果，为加快改革开放和经济建设做出应有的贡献。

三是要采取更加灵活多样的服务方式。在加快改革开放和经济建设的新形势下，新情况、新问题层出不穷。为随时了解掌握新情况，及时处理矛盾、纠纷，不少地方的法院深入厂矿企业和农村，广泛听取意见，主动提供法律服务。他们为厂矿企业和农村基层组织及时解答了一些法律问题，调处了一些矛盾、纠纷，各方面反映较好。陕西省一些法院在这方面也做了不少工作，据说效果不错。这很好嘛！我们提倡各级法院根据各自的实际情况，在严格依法的前提下，可以进行一些尝试，采用多种方式，通过多种渠道，更加主动、更为有效地为改革开放和经济建设服务。

四、加强队伍建设

小平同志讲：“中国的事情能不能办好，社会主义和改革开放能不能坚持，经济能不能快一点发展起来，国家能不能长治久安，从一定意义上说，关键是人。”我们法院工作也是如此。法院工作能不能为改革开放、经济建设提供有效的服务，能不能为社会主义现代化建设“保驾护航”，能不能完成保护人民，惩治犯罪，促进改革，服务四化的任务，关键在于我们要有一支过硬的队伍。这些年，我们一直强调抓队伍建设。总的看，我们法院的队伍是好的。但是，我们不能有丝毫的懈怠。要看到在法院队伍中也确有个别人经不住改革开放的考验，严重损害了法官形象，败坏了法院声誉。对法院队伍中极少数违法乱纪分子，我们一定要从严查处，绝不姑息；对不适合做法院工作的人员，要坚决调离。各级法院一定要坚持从严治院，严格要求，严格管理，严肃纪律，严肃执法，建设一支政治坚定、业务精通、清正廉洁、秉公执法的干部队伍。

我们要进一步加强作风建设。同志们，我们是人民的法官，我们的宗旨是全心全意为人民服务。在新的历史时期，要更加紧密地联系群众，多为群众办实事。陕西是老革命根据地，有着优良的革命传统。正是在延安时期，我们人民法院的老前辈马锡五同志创造了便利群众、方便诉讼的审判方式。我们全体干警要继承和发扬人民司法工作的优良传统，转变作风，热心为群众排难解纷，全心全意为人民服务。

当前，法院力量与任务不相适应的矛盾十分突出。要解决好这个问题，我看要抓好两方面的工作：首先是要努力提高现有审判人员的政治素质和业务素质，采用多种形式，加强对干部的教育培训，进一步提高执法水平。另一方面，我们也要积极向中央和有关部门反映，根据法院的实际工作任务，适当再为法院充实些力量。

五、进一步加强法院自身的改革和建设

我们党在以经济建设为中心，加快改革开放和经济建设步伐的同时，也十分重视社会主义民主和法制建设。社会主义现代化建设离不开社会主义民主和法制。随着经济的不断发展，我国的民主和法制建设，我们法院的建设也必将会有大的发展。近年来，我们各级法院在自身的思想建设、组织建设、作风建设以及物质建设方面，都取得了很大的成绩。但与飞速发展的形势不完全相适应，特别是在物质建设方面，还有较大差距，不少法院的执法条件较差，困难很多，干警的工作、生活环境很艰苦，需要我们下大力气认真抓好。

党中央、全国人大、国务院对法院建设是非常重视的，对改善法院执法条件是很关心和支持的。这几年，全国法院在“两庭”建设方面取得了很大的成绩。陕西省委、省人大、省政府对法院的建设也是很重视的。我很高兴地听到，陕西省人大在1989年专门就全省法院“两庭”建设问题作出了决定，要求在1993年底前完成全省“两庭”建设任务，这很好。陕西在经济比较困难的情况下，能下这样大的决心，说明陕西省委、省人大、省政府对法院建设的重视和支持。在这里，我要向陕西省委、省人大、省政府表示感谢。

同志们，“两庭”建设不仅仅是解决人民法院的工作条件，更重要的，这是法制建设的一项重要内容。我们搞改革开放，得到了全国人民的拥护，也受到了全世界人民的普遍关注。外商来华投资，主要看三个方面的条件：一是我国政治、社会是否稳定；二是各项基础设施状况如何；三是法制环境怎么样，立法是否完善，执法是否公正。他们来投资，当然要关心自己的利益能否得到保护。如果看到我们的法院不象样子，连开庭的地方都没有，他们怎么会相信自己的权益能得到法律保护呢？所以，“两庭”建设一定要搞好。

中央政治局全体会议指出：“坚持党的基本路线，加快改革和建设步伐，关键在于狠抓各项工作的落实。当前，要特别注意抓住改革和建设中牵动全局的重大问题，深入调查研究，确定今后一个时期的战略思想和政策主张，并认真组织实施。”我们法院系统下一步如何贯彻落实好邓小平同志重要谈话和中央政治局全体会议精神，进一步加强自身的改革，这个重大课题还需要我们全体法院同志共同关心，认真研究，积极探索，齐心努力来完成。

我们法院改革的目的，就是要保障严肃执法，完善有中国特色的社会主义审判制度，更好地为改革开放、经济建设服务，为社会主义现代化建设服务。根据邓小平同志重要谈话精神，我们在第十四次全国法院工作会

议上提出的加强法院改革的思路还需要进一步深化和提高。我们要结合审判工作实际，认真总结经验，尽快制定出涉及法院建设全局的重大改革措施，并不断加以完善，精心组织实施，力争有新的发展。这就要求各级法院一方面要加强调查研究，特别是最高法院和高级法院，更要加强这方面的工作，及时了解新情况，解决新问题；另一方面要进一步解放思想，在调查研究的基础上，可以大胆地进行一些改革试验，并不断总结经验。但要特别注意，我们法院是国家审判机关，是重要执法部门，我们的探索，不能违反法律规定的基本原则和制度。

在形势迅速发展，新情况、新问题很多的情况下，各级法院要注意加快信息的传递。中央很重视信息工作。各级法院要重视信息工作，遇有重大情况，要随时报告。这应当作为一条制度定下来。

希望陕西省各级法院的同志们，在加快改革和建设步伐的新形势下，认真学习、领会、贯彻、落实邓小平同志重要谈话精神，振奋精神，团结奋斗，坚定不移地贯彻执行党的基本路线，全面开展各项审判工作，充分发挥审判机关的职能作用，为促进改革开放，保障社会主义现代化建设，作出新的更大的贡献！

任建新院长在中国高级法官培训中心培训部第一期进修部第二期结业典礼上的讲话

(1992 年 7月 2日)

同志们：

中国高级法官培训中心培训部第一期学员进行一年的学习，进修部第二期两个班的学员进行半年的学习，今天同时结业。我向全体学员表示热烈祝贺！并借此机会，向大力支持法院干部培训工作的国家教委和北京大学、中国人民大学的领导、教师和工作人员表示感谢！

当前，全国都在认真贯彻落实邓小平同志视察南方的重要谈话和中央政治局全体会议精神。最近，江泽民总书记在中央党校省部级干部进修班上又作了重要讲话，要求全党深刻领会和全面落实邓小平同志的重要谈话精神，把经济建设和改革开放搞得更快更好。正像江泽民同志在讲话中指出的，邓小平同志的重要谈话贯穿了一个鲜明的中心思想，这就是：必须坚定不移地全面贯彻执行党的"一个中心、两个基本点"的基本路线，解放思想、实事求是、放开手脚、大胆试验，排除各种干扰，抓住有利时机，加快改革开放步伐，集中精力把经济建设搞上去，不断地把有中国特色的社会主义事业全面推向前进。这是十一届三中全会以来邓小平同志的一贯思想，也是他10多年来关于建设有中国特色社会主义的一贯思想的高度体现和新的发展。

我们各级人民法院一定要继续认真学习邓小平同志重要谈话，充分认识到这个谈话的重要性和现实意义，深刻领会其精神实质，进一步发挥广大干警的积极性、主动性和创造性，在我们法院系统坚决、全面地贯彻落实好邓小平同志重要谈话、江泽民同志最近在中央党校的重要讲话和中央政治局全体会议精神，加强法院自身的改革和建设，充分发挥审判职能，更好地为改革开放和经济建设服务。同志们马上就要回到各自的工作岗位上去了，我今天来看望大家，同时，也向同志们提几点希望和要求。

一、要坚持“两手抓”的方针

邓小平同志在谈话中着重指出：“要坚持两手抓，一手抓改革开放，一手抓打击各种犯罪活动。这两只手都要硬。打击各种犯罪活动，扫除各种丑恶现象，手软不得。”坚持“两手抓”是党的十一届三中全会以来，我们党在实践中取得的基本经验。只有坚持“两手抓”，使两手都硬起来，才会推动社会主义现代化建设事业沿着正确的航道前进。实行“两手抓”，就可以在经济建设搞上去的同时，有效地防止和减少各种丑恶现象的发生，使人民的思想道德、科学文化素质和整个社会文明得到全面发展。

改革开放与打击犯罪这两手是相辅相成，缺一不可的。在1986年1月，邓小平同志就一针见血地指出：“经济建设这一手我们搞得相当有成绩，形势喜人，这是我们国家的成功。但风气如果坏下去，经济搞成功又有什么意义？会在另一方面变质，反过来影响整个经济变质，发展下去会形成贪污、盗窃、贿赂横行的世界。”在这个问题上，必须坚持和实行“两手抓”，别无选择。江泽民同志最近强调，要把坚持“两手抓”提高到“建设有中国特色社会主义理论的一个重要内容”来认识，并明确指出：“实行‘两手抓’，应该成为我们领导现代化建设和改革开放事业的一个重要指导思想和领导方法、领导艺术。这样就可以使我们的政策更加鲜明，使我们在工作中防止顾此失彼。”人民法院要坚决贯彻执行“两手抓”的方针，紧紧围绕经济建设这个中心，充分发挥人民民主专政机关的职能作用，继续深入开展“两打”斗争，严厉打击各种犯罪活动，维护社会的稳定，为加快改革开放和经济建设创造良好的社会环境。要依法严惩杀人、抢劫、强奸、流氓等严重刑事犯罪分子，特别是带有黑社会性质的流氓集团犯罪分子以及车匪路霸等；要坚决打击毒品犯罪和拐卖妇女、儿童等“六害”犯罪分子，清除丑恶现象；深入开展反盗窃斗争，保护国家、集体和公民的财产。要继续依法严惩贪污、贿赂以及走私、诈骗、投机倒把、偷税抗税等严重经济犯罪分子，消除腐败现象，维护正常的经济秩序，保障和促进改革开放和经济建设的顺利进行。

二、增强服务意识，更加主动自觉地为改革开放和经济建设服务

当前，在加快改革开放和经济建设的新形势下，各级法院必须牢固树立审判工作为改革开放和经济建设服务的指导思想，通过审判活动，运用法律手段，更好地为改革开放服务，为解放和发展生产力服务。

十一届三中全会以后，邓小平同志一再指出，按照马克思主义的基本观点，社会主义的根本任务是大力发展生产力，在长期发展生产力的基础上充分体现社会主义制度优越于资本主义制度，并最后战胜资本主义。要大力发展生产力，就必须在整个社会主义历史阶段，始终坚持以经济建设为中心。邓小平同志在南巡的谈话中，又强调指出：革命是解放生产力，改革也是解放生产力。各级法院的领导同志，要切实掌握邓小平同志提出的这些极其重要的理论观点，提高我们为改革开放和经济建设服务的使命感、责任感和紧迫感。一定要继续坚定不移地全面贯彻执行党的“一个中心、两个基本点”的基本路线，从坚持党的基本路线这一战略高度来观察和处理问题，把人民法院工作同社会主义建设的全局紧密联系起来，把为改革开放和经济建设服务作为审判工作的出发点和根本目的。审判工作为改革开放和经济建设服务，主要是通过各项审判活动，打击犯罪，制裁违法，调整各种经济关系和社会关系，维护正常的生产、生活秩序，为改革开放、发展经济提供有力的法律保障和法律服务来实现。因此，一定要把服务意识贯穿和落实于各项审判工作之中。

在加快社会主义新经济体制建立的形势下，经济体制、管理方式、运行机制都将发

生很大、很快的变化。随着进一步转变政府职能，切实实行政企职责分开，法律手段在管理社会经济活动中发挥着越来越重要的作用，经济立法的步伐将要大大加快。人民法院的审判工作是国家运用法律手段管理社会经济活动，调整经济关系的一个重要方面，直接为改革开放和经济建设服务。我们要及时妥善处理承包经营、股份经营、租赁经营纠纷和联合、兼并、破产等案件，促进企业经营机制的转换，促进社会主义新经济体制的加快建立。在大力培育和发展统一的完备的社会主义市场的过程中，涉及生产、经营、流通、分配以及社会生活等各个方面的各种纠纷必然会增多，其中许多需用通过诉讼来解决。我们必须大力加强对购销、借贷、专利、商标、著作权、破产、债务、票据等案件的审判，积极参与清理"三角债"，依法保护知识产权，严厉制裁制造、经营伪劣商品的违法活动，保护消费者的合法权益，促进生产资料市场、资金金融市场、技术市场、劳务市场、信息市场、房地产市场的发育与发展，维护社会主义经济秩序。我们要认真处理农村承包合同纠纷和乡镇企业的各种合同纠纷，保护农民和集体的合法利益，促进农村经济体制改革的深化和农村经济的发展。要十分重视涉外、涉港澳台案件的审理，保护和促进对外开放政策的贯彻实施。

要更好地为改革开放和经济建设服务，必须围绕审判工作，开拓服务领域，强化服务功能。要经常深入厂矿企业和城镇乡村，广泛听取意见，了解改革开放中出现的新事物、新问题，并主动提供法律服务；及早发现和解决生产、经营中出现的各种问题，避免或减少纠纷的发生；通过公开审判案件，开展司法建议，进行法制宣传，扩大办案效果。总之，各级法院要在严格依法的前提下，大胆尝试，采用多种方式，开辟多种渠道，更加主动、更为有效地为改革开放和经济建设服好务。

随着改革开放步伐和经济建设的加快，一些新的经济关系、新的社会矛盾需要通过审判及时解决。我们要根据小平同志提出的要警惕右，但主要是防止"左"的精神，加强调查研究，严格区分罪与非罪界限，严格区分合法与违法的界限。对改革开放中出现的一些问题，应当通过实践来检验，根据有利于发展生产力的标准，坚持实事求是，具体问题具体分析，依法妥善解决，切实做到支持改革者，鼓励探索者，帮助失误者，制裁违法犯罪者。

三、进一步加强干部培训工作

在加快改革开放和经济建设的新形势下，法院的任务越来越重，据统计，今年一季度，全国法院共受理一审案件62.7万余件，比去年同期上升7.27%，而且新类型案件增多，处理难度增大，这就对人民法院的审判工作提出了更高的要求。审判工作要提高到一个新水平，就必须大力加强队伍建设，进一步搞好干部培训工作，提高干部的政治素质和业务素质。新时期的人民法官要有时代的特点，要坚定不移地贯彻执行党的基本路线，具有为改革开放和经济建设服务的高度自觉性，并在审判工作做出实绩。因此，必须加强马列主义、毛泽东思想和邓小平同志的有中国特色社会主义理论的学习，提高马克思主义的政治理论水平，要加强法律专业知识的学习，提高业务水平。不仅要熟悉国内法，而且要懂一些国际法。要加强经济方面知识的学习，不仅要学好马克思主义经济学，还要注意读些西方的经济学著作，以借鉴和利用有益的东西。还要学一些现代科学文化知识，以适应加快改革开放，加速经济发展形势的需要。

经过多年的努力，我们法院系统已经培养了一批高职级的法律人才，但无论从数量上还是从质量上看，都还远远不能适应我国社会主义经济建设和法制建设发展的需要，特别是在高层次法律专门人才培养方面，差距更大。中国高级法官培训中心成立以来，在如何造就既有坚实的马克思主义理论基础和法律专业知识，又有较强的司法实际工作能力的高级法官和高层次专门人才这一重要课题的探索方面，取得了一些经验。我们还要继续大胆探索，大胆实践，不断完善干部培训工作的体制和方式。各级法院的领导干部，要从战略高度认识干部培训工作的重要性，把培训、培养干部工作切实纳入议事议程。把法官培训与法官法的制定、干部人事制度的改革联系起来，逐步做到法官的任职、提拔均必须经过培训，特别是高级法官在任职前，必须经过严格培训，以适应新时期对法院审判人员的要求。各高级法院和有条件的中级法院要尽快把法官培训中心建立起来，以建立以中国高级法官培训中心为主体的各级法官培训网络，分层次地培养各级法官。要积极筹建办学基地，改善培训条件。要逐步壮大适应法官培训需要的师资队伍，充实和更新适用各级法官培训需要的教材，使法官培训工作逐步制度化、规范化，在今后几年里再上一个新的台阶。

同志们，最近，中央决定在深入领会邓小平谈话精神的基础上，根据谈话中提出的一些重大问题，并结合当前建设和改革的实际情况，分成若干专题，一个一个地研究贯彻落实的方案。中央对贯彻小平同志的谈话精神抓得很紧、很实，我们一定要紧紧跟上中央的部署，真抓实干、少说空话，多办实事，鼓实劲，出实效，坚决不做表面文章。各级法院一定要同本地的实际情况结合起来，进一步解放思想，大胆实践，勇于探索，进一步加强法院的改革和建设。希望大家对如何建立和完善有中国特色的社会主义的审判制度深入进行研究、探索，并提出好的意见及时报到最高法院。我们各级法院的全体同志，要在邓小平同志重要谈话精神的指导下，在以江泽民同志为核心的党中央的领导下，团结一致，共同努力，按照中央的要求全面推动各项审判工作，为加快改革开放，加速经济发展，建设有中国特色的社会主义作出新的贡献！

任建新院长在“中国版权制度国际研讨会”开幕式上的讲话

（1992 年 9 月 14 日）

女士们，先生们，同志们，朋友们：

中国版权制度国际研讨会今天开幕了，这是我国著作权法实施后国家版权局首次主办的重要国际活动。世界知识产权组织总干事鲍格胥博士、德国专利局局长豪依塞尔先生、美国版权局局长欧曼先生、英国版权委员会前主席戴弗雷斯先生等国际版权界权威人士都前来参加会议，请允许我向他们表示热烈的欢迎和诚挚的感谢。也热烈欢迎与会的所有中外专家朋友们。预祝大会取得圆满的成功。

这次会议是在我国版权保护日趋完善的情况下召开的。中国的版权立法历经了 11 个春秋，虽然著作权法颁布才两年，实施才一年多，但在对著作权法草案反复征求意见、反复修改的过程中，针对版权保护工作的需要，版权保护的一些基本原则已通过行政法规体现出来。现在，著作权法的颁布实施标志着我国版权保护制度的基本确立。不仅如此，早在著作权法颁布实施前，专利法已于 1985 年实施，8 年多来，已受理发明创造专利申请 20 多万件，专利技术实施也取得了显著效果，专利保护有了很大进展，专利文献服务和自动化工作也迈上新台阶。商标法已于1983年实施，在保护商标专用权、打击假冒商标、加强企业商标的工作、制止商标侵权、提高全社会的商标意识等方面都卓有成效。著作权法于1991年实施后，在全社会大力宣传普及版权法律知识，举办各种类型的培训班培训专业人员；制定了一系列配套法规；加强了版权管理；在理论研究中也取得了一定成果。多年来，我国各级人民法院为认真实施各项知识产权法律做了大量工作，并通过对外国知识产权审判的实际做法和有益经验进行比较研究和借鉴，建立了适合我国国情、能够有效地贯彻执行知识产权法律的审判制度，审理了大批知识产权案件，切实保护了中外知识产权所有人的合法权益。因此，我国已初步形成了知识产权保护的完整体系。

在刚刚结束的七届全国人大常委会第27次会议上，又审议通过了新的专利法。修改后的专利法，延长了发明专利权的保护期，将方法专利的效力延及依该法直接制得的产品，增加了对化学物质和药品的专利保护等等。为适应商品经济发展的新形势，商标法的修改工作也在加紧进行。随着改革开放的继续深化，中国知识产权体系将更加完善。

中国的版权保护制度和整个知识产权保护制度，适合中国的国情，有自己的特点，在立法上和实践上都不简单照搬外国的做法。但是，我们从一开始就注意与国际惯例相协调，努力向国际公认的标准靠拢。我国于1980年参加了世界知识产权组织，其后又先后加入了《保护工业产权的巴黎公约》和《商标国际注册的马德里协定》。今年1月，我国政府同美国政府签订了关于保护知识产权的谅解备忘录，下半年又加入了《伯尔尼公约》和《世界版权公约》。可以说，中国的知识产权保护取得了令人瞩目的进展，并对推动知识产权保护的合作，起了积极的作用。

在回顾我们所走过的道路及所取得的进展时，我们总忘不了曾经在各方面给予我们真诚帮助的国际组织和外国朋友们。世界知识产权组织、联合国教科文组织以及许多国家的政府或专业机构、版权专家向我们提供了很好的意见，提供不少有价值的文献资料，帮助我国培训专业人员，特别是世界知识产权组织和鲍格胥博士，一贯关心和支持中国建立和完善版权保护制度。在这里，我再次向所有曾经关心、帮助过我们的国际组织、各国政府或专业机构、各位专家和友好人士致以衷心的感谢，欢迎他们继续给予关心和帮助。

著作权法的颁布实施，对于在中国建立版权保护制度仅仅是走完了第一步，要完善版权制度、提高保护水平，实现版权保护的国际化，还要作坚持不懈的努力。对外开放的中国面临的是一个知识产权保护十分发达的世界。这就要求我们进一步宣传普及著作权法，增强全社会的版权意识；要进一步完善法律，不仅要制定和施行配套法规，还要总结执法中的实践经验，吸收各方面包括外国朋友的意见，不断完善著作权法；要进一步加强版权行政管理，逐步建立和健全版权代理和集体管理机构、版权仲裁机构；要严格执法，切实有效地保障版权所有者的合法权益。

在加入版权国际公约后，我国将在对所有公约成员国起源的并未在起源国进入公有领域的作品，包括计算机软件，给予保护。我们将适时颁布关于执行国际公约保护外国作品的规定，解决中国著作权法与国际公约的衔接问题，使国际公约在中国的执行更加具体化。

90年代，中国的版权保护和整个知识产权保护将进入一个更高水平上发展的新阶段。我们希望，通过这次研讨会，将进一步促进我国与世界各国、各地区在版权领域和整个知识产权领域的交流与合作，推动国际版权和整个知识产权制度的协调发展。

谢谢大家。

任建新院长在全国法院领导干部岗前培训班开学典礼上的讲话

（1992年9月15日）

同志们：

全国法院领导干部岗前培训班今天正式开学了，我代表最高人民法院党组向来参加学习的同志们表示热烈的欢迎，也对来自党政军各条战线充实我们法院队伍的同志们表示热烈欢迎！

当前，在邓小平同志南巡重要谈话和中央政治局全体会议精神的鼓舞、指引下，全党和全国人民坚定不移地全面贯彻执行党的“一个中心，两个基本点”的基本路线，加快改革开放步伐，集中精力搞经济建设，我国的改革开放和经济建设出现了蓬勃发展的新局面。

加快改革开放，加速经济发展，必须有法制的保障。在当前新形势下，要进一步加强政法工作，加强法院工作。中央对加强政法工作，加强法制建设十分重视，最近，中央发出了关于加强政法工作，更好地为改革开放和经济建设服务的意见的文件，强调指出，要把是否有利于解放和发展生产力、把经济建设搞得更快更好，是否有利于加快改革开放和坚持四项基本原则，是否有利于维护政治安定和社会稳定，作为政法工作的出发点，最终目的和检验我们一切工作的根本标准。要求政法部门要解放思想，增强服务意识，增强改革意识，增强防“左”意识，增强社会主义民主和法制意识，增强群众路线意识。人民法院是国家的审判机关，代表国家行使审判权。担负着“保护人民，惩治犯罪，促进改革、服务四化”的任务。在新的形势下，根据中央对政法工作的指示和要求，我们强调各级人民法院必须进一步强化审判工作为加快改革开放和经济建设服务的观念；进一步强化“两手抓、两手都要硬”的观念；进一步强化社会主义民主与法制的观念；解放思想，实事求是，坚定审判工作服务于党的“一个中心，两个基本点”的基本路线的政治方向，充分发挥审判机关的职能作用，运用法律手段，打击犯罪，制裁违法，调整各种社会关系，维护正常的生产和生活秩序，为改革开放和经济建设提供有力的法律保障和服务。

在加快改革开放和经济建设的新形势下，人民法院的任务越来越重。近几年，全国每年要审理各类一审案件300万件左右。而且，随着形势的发展，各类案件仍将不断增加。据统计，今年1至7月，全国各级法院共受理各类一审案件1687000余件，比去年同期上升7.6%；其中刑事案件248000余件，上升6.2%；民事案件110多万件，上升5.6%；行政案件15000多件，上升16.1%；尤其以经济纠纷案件增长幅度最大，共受理319000多件，上升16.2%。因此，各级法院必须全面开展各项审判工作，充分发挥审判职能，更好地为改革开放和经济建设服务。当前，要继续坚持“严打”斗争，坚决贯彻依法从重从快的方针，严厉打击严重危害社会治安的犯罪活动，进一步落实人民法院参与社会治安综合治理的各项措施，为改革开放和经济建设创造良好的社会环境；要深入开展打击经济犯罪的斗争，依法严惩严重经济犯罪分子，维护社会主义经济秩序；要加强经济、民事、行政等各项审判工作，充分运用法律手段调节经济关系，促进生产力的解放和发展；要大力加强人民法庭的建设，更好地发挥其在维护农村社会稳定和经济发展中的重要作用，要大力加强调查研究和司法解释工作，及时解决审判自身改革和建设。党的十一届三中全会以来，随着我国社会主义民主和法制建设的不断发展和完善，我们法院的改革和建设，也取得了很大成就。为适应形势发展的需要，更好地为改革开放和经济建设服务，我们各级法院必须进一步搞好自身的改革和建设，特别是在法院体制、审判制度、机构设置以及法官管理等方面都要进行必要的改革，进一步发展和完善具有中国特色的社会主义审判制度。当然，这是一个大题目，一篇大文章，要靠全国法院的同志共同来做。同志们不久都将走上各级法院的领导岗位，也希望你们都关心并认真考虑、研究这个问题，积极提出意见，报最高人民法院，以便我们及时向党中央和立法机关提出改革建议，通过立法逐步实施各项重大的改革措施。

为保证完成新时期人民法院的任务，我们要大力加强队伍的建设。小平同志在南巡重要谈话中强调："正确的政治路线要靠正确的组织路线来保证。中国的事情能不能办好，社会主义和改革开放能不能坚持，经济能不能快一点发展起来，国家能不能长治久安，从一定意义上说，关键在人。"加强队伍建设，首先是要抓好领导班子的建设。

曾长期担任党政部门的领导职务，有较高的政策理论水平和丰富的实践经验。但是，因为人民法院是国家的审判机关，掌握着生杀予夺的大权，责任十分重大，这就对法院的同志，特别是法院的领导同志提出了更高的和更严格的要求。总结多年的经验，我们认为，法院工作的特殊性决定了法院的领导干部必须具备以下几个条件：第一，要有较高的马克思主义水平和坚定的社会主义信念。法院是人民民主专政的重要工具，各级法院的领导权必须始终牢牢掌握在忠于马克思主义的人手中，以保证在任何时候，任何情况下各级人民法院在政治、思想、行动上同党中央保持高度一致。第二要有执行党的基本路线的高度自觉性。人民法院作为上层建筑的重要组成部分，其根本任务就是为经济基础服务的，各级法院的领导一定要牢固树立为党的基本路线服务的观念，使法院工作更好地服从于、服务于经济建设这个大局。第三，要具备宪法和法律的基本知识。人民法院是国家的执法机关，严格执行法律，维护宪法和法律的权威，是人民法院的神圣职责。要准确地执行法律，首先要全面地掌握和正确地理解法律，这是我们严肃执法的前提条件。第四，要有较强的组织、管理和领导能力。人民法院工作很多，任务很重，既有繁重的审判工作，还有队伍建设，干部培训，物质装备建设，以及机关管理等其他工作，这就要求各级法院的领导同志要具有全面领导好、组织好、协调好各方面工作的能力，坚持民主集中制的原则，加强领导班子团结，带领广大法院干警同心同德开拓前进，扎扎实实地做好各项工作。第五，要有丰富的社会经验。法院审判工作的面很宽，涉及到政治、经济、思想、道德、文化等各个领域以及社会和家庭生活的各个方面，因此，法院的干部，特别是领导干部，视野一定要开阔，应当熟悉各方面情况，以便准确地了解、把握全局，使审判活动发挥最佳的社会效果。

由于审判工作是一项专业性很强的工作，法院能否更好地为改革开放和经济建设服务，主要是在审判工作中能否严肃执法，公正准确地审理好各类案件。这是法院工作同其他党政部门工作不同的最大特点。因此，从事审判工作的人员，特别是领导干部，要具有较高的思想、政策、法律水平，并应当经过专业培训。去年4月，中组部、最高法院党组联合发出《关于对部分拟担任法院领导职务的干部实行短期专业培训的通知》，提出了对未从事过法院工作，且未受过法律专业培训，拟担任法院领导职务的干部，实行短期专业培训的要求。以后还要逐步做到法官的任职、提拔都必须经过专业培训，特别是高级法官，在任职前必须经过更严格的培训。这也是法院干部人事制度的一项重要改革，是加强领导班子建设的一项重要措施。这次的岗前培训班是我们首次举办，以后还要经常办，形成制度，长期坚持下去。你们是岗前培训班的第一批学员，这次学习只有两个月时间，而要学的内容又很多，希望同志们安下心来，刻苦钻研，特别要注意理论联系实际。前几天，乔石同志在中央党校讲话中强调："马克思主义从来就是创造性的，从来就是要求理论联系实际，要求结合实际来运用和发展理论。"我们学习就是为了在今后的工作中运用，必须要联系实际。一是要联系国际国内的形势，二是要联系政法工作的任务，三是要联系法院工作的实际。在新形势下，各方面遇到的新情况、新问题很多。从党政军领导岗位上来的同志，对当前改革开放和经济建设中的新情况、新问题比较了解，而从法院领导岗位来的同志，对审判工作中的新情况、新问题比较熟悉，因此，同志们在学习中，要相互交流，相互学习，取长补短，以取得更好的学习效果。通过这次培训，进一步提高马克思主义政策理论水平，学好和掌握审判专业知识，为今后开展好法院的各项工作，打下良好的基础。

让我们共同努力，把我们各级法院的领导班子建设好，把我们的法院队伍建设好，把我们法院的工作开展好。大家在学习期间，也要注意劳逸结合，有什么困难和我们工作中有什么问题，请及时提出来，以便尽快解决和改进。

最后，祝同志们身体健康，学习顺利，圆满完成学习任务！

任建新院长关于试行法院诉讼文书样式工作的指示

（1992年10月14日）

试行法院诉讼文书样式是一项很重要的工作，是审判工作逐步做到规范化、标准化的大工程。各级法院应予高度重视，把试行工作作为当前改革法院工作，加强审判业务建设的一件大事来抓，作为全面提高法院审判工作水平的一项重要措施来落实，切实抓出成效来。

进一步全面加强审判工作
更好地为加快改革开放和现代化建设服务

——1992年12月21日任建新院长在第十六次全国法院工作会议上的报告

同志们：

我们这次会议，是在全国深入学习贯彻党的十四大精神，加快改革开放和现代化建设步伐的形势下召开的。党的十四大是一次继往开来的极其重要的大会，具有重大的现实意义和深远的历史意义。江泽民同志在大会上所作的报告，全面、系统地阐述了邓小平同志建设有中国特色的社会主义理论，明确确定以这一伟大理论武装全党；明确确定坚持党的“一个中心、两个基本点”的基本路线一百年不动摇；明确确定建立社会主义市场经济体制；提出了九十年代我国改革和建设的主要任务。这次大会必将全面推进我国的改革开放和社会主义现代化建设事业。

改革开放以来，各级人民法院和军事、海事、铁路运输等专门法院认真贯彻执行党的基本路线，忠实地执行宪法和法律，充分发挥审判机关的职能作用，保护人民，惩治犯罪，促进改革，服务四化，取得了显著的成绩。审判工作由原来的刑事、民事审判扩展为刑事、民事、经济、行政、海事审判。党的十一届三中全会以来，全国法院共审结各类一审案件24100815件，平均每年递增14.86%，1992年达到300万件。其中，自1983年以来审结的经济纠纷案件平均每年递增35.18%，1992年达到60万件。人民法院依法打击犯罪活动，维护社会治安和经济秩序；依法保护人民民主权利和其他合法权益，教育公民遵守法律；依法调节经济关系，保障经济建设，促进生产力发展的职能，得到全面发挥，人民法院审判工作与改革开放和现代化建设在同步发展。但是，我们的工作还有不足之处，主要是为改革开放和现代化建设服务的意识还需要进一步加强；办案质量和效率还有待于进一步提高；审判作风还要进一步改进；对工作中遇到的新情况、新问题也要进一步加强调查研究。

我们这次会议，就是要在党的十四大精神指导下，贯彻最近召开的全国政法工作会议精神，研究部署今后一个时期人民法院的工作任务，动员全国法院干警统一思想，提高认识，振奋精神，努力做好审判工作和其他各项工作，更好地为加快改革开放和现代化建设服务。下面，讲三个问题。

一、以党的十四大精神为指导，进一步明确新形势下人民法院工作的指导思想

当今世界正处在大变动的历史时期，两极格局已经终结，新的格局正在形成。在今后一个较长的历史时期内，争取和平的国际环境是有可能的。国际形势对我们既有挑战，更有机遇。总的来说，对我们是有利的。目前，我国政治稳定，社会安定。在党的十四大精神的鼓舞下，全国各族人民解放思想，实事求是，加快改革开放的步伐，国民经济进入了新的发展时期。党的十四大提出：我们要在九十年代把有中国特色社会主义的伟大事业推向前进，最根本的是坚持党的基本路线，加快改革开放，集中精力把经济建设搞上去。同时，要围绕经济建设这个中心，加强社会主义民主法制和精神文明建设，促进社会全面进步。”为贯彻落实党的十四大精

神，今后一个时期人民法院工作的指导思想是：在邓小平同志建设有中国特色的社会主义理论的指导下，认真贯彻执行党的“一个中心，两个基本点”的基本路线，进一步解放思想，实事求是，全面加强审判工作，提高司法水平，维护社会稳定，更好地为建立社会主义市场经济体制，为加快改革开放和现代化建设，提供有力的法律保障和法律服务。

（一）必须坚持审判工作为经济建设服务

江泽民同志在十四大的报告中指出：“坚持党的基本路线不动摇，关键是要坚持以经济建设为中心不动摇。”社会主义的根本任务是解放生产力，发展生产力。人民法院作为上层建筑的一个重要组成部分，其根本任务就是要为经济基础服务，为发展生产力服务。人民法院要通过审判活动，依法保护有利于解放和发展生产力的行为，限制不利于解放和发展生产力的行为，制裁那些破坏解放和发展生产力的行为。党的十四大确定我国经济体制改革的目标是建立社会主义市场经济体制。市场经济有着复杂的产权、经营、交换和利益关系。对这些复杂经济关系中主体的责任、权利和义务，如果没有相应的法律规范和司法保障，市场经济就不可能健康发育和正常运行。社会主义市场经济体制的建立和发展，要求人民法院通过审判活动，推动国有企业转换经营机制，促进企业进入市场；平等地保护参与市场竞争的各个经济主体的合法权益，保障市场公平竞争的经济秩序。同时，国家调控市场经济的各种手段，也都需要立法和司法来保证执行。不仅建立国内统一市场需要法制的保障，参与国际市场竞争也需要相应地加强我们的立法和司法工作。人民法院是国家的审判机关，为经济建设服务当然是通过审判活动来实现的，把案件办得既快又好，就是最好的服务。但同时，也要结合审判工作的特点，努力拓宽为经济建设服务的领域，主动地为经济建设提供法律服务。

（二）必须坚持“两手抓，两手都要硬”

我们应当清醒地认识到，在社会主义基本制度建立后，阶级矛盾虽然已不是国内的主要矛盾，但阶级斗争还将在一定范围内长期存在，由于国内的因素和国际的影响，在某种条件下还有可能激化；在改革开放深入和社会主义市场经济发展的条件下，也会产生一些诱发犯罪的因素，严重危害社会治安和破坏经济秩序的犯罪活动还将长期存在。党的十四大提出要强化人民民主专政职能，坚决打击敌对势力和各种刑事犯罪活动，伸张正义，保护人民。人民法院是人民民主专政的重要工具，必须强化对敌专政的职能作用，依法严惩那些企图推翻人民民主专政政权和破坏社会主义经济建设的反革命分子和其他严重刑事犯罪分子，扫除社会丑恶现象，惩治腐败，维护国家和社会的稳定，为改革开放和现代化建设创造一个良好的社会环境。严厉打击严重刑事犯罪活动，是对改革开放和经济建设的有力保护；越是改革开放，越要狠狠打击各种严重刑事犯罪活动。我们要深刻领会警惕右，但主要是防止“左”的精神。在人民法院，警惕右，主要是防止对一定范围内的阶级斗争的长期性、复杂性认识不足，否定严厉打击严重刑事犯罪活动的必要性和重要性。防止“左”，主要是防止审判工作偏离经济建设这个中心，一遇风吹草动就搞“以阶级斗争为纲”；滥施刑罚，非法侵犯人民群众和当事人的合法权益；用陈旧过时的观念来看待改革开放中出现的新事物，把正当的改革开放、搞活经济的行为当成犯罪处理。我们对思想认识问题和工作实践中的不同意见以至偏差，要实事求是地具体分析，不要随意说成是政治倾向上的“左”或右。人民法院应当保护改革者，鼓励探索者，帮助失误者，制裁违法犯罪者。

（三）必须坚持切实保护公民和法人的合法权益

党的十四大强调，“没有民主和法制就没有社会主义，就没有社会主义的现代化，我们应当在发展社会主义民主、健全社会主义法制方面取得明显进展。”我国是社会主义国家，人民是国家的主人。法律是人民的意志和利益的体现。人民群众在政治、经济、文化和社会等各方面享有广泛的权利，公民的生存权、人身权和财产权等得到切实的保障。权利与义务是一致的。人民法院要依照宪法和法律，充分保护人民的民主权利和其他的人身权利，不应当只强调履行义务而不保障应享有的权利。随着我国以公有制经济为主体的多种经济成份的发展，特别是社会主义市场经济的发育，公民和法人的所有权，包括占有权、使用权、收益权、处分权，企业经营中的承包、租赁、转让、交换等活动，都需要法律的保护。人民法院要依法充分保护公民和法人的财产权利，防止发生不依法办事、滥用职权、侵犯当事人的合法权利和损害当事人利益的现象。通过支持合法，制裁违法，保护公民和法人的合法权益，调动广大群众参加社会主义现代化建设的积极性，密切党和政府与人民群众的关系，促进社会的安定团结。

（四）必须坚持严肃执法

党的十四大指出，要严格执行宪法和法律，坚决纠正“以言代法”等现象，保障人民法院依法独立进行审判。坚持依法独立审判，就是要在党的领导下，依照法律，独立地审判案件，做到有法必依、执法必严，违法必究，坚决反对和抵制以言代法、以权压法。越是改革开放，越要强调维护法律的尊严和统一，强调执法的严肃性，强调判决的权威。从一定意义上说，市场经济就是法制经济。社会主义市场经济体制的建立和完善，要求打破条块分割，地区封锁，尽快形成全国统一的开放的市场体系。因此，人民法院必须从全局出发，坚决反对和抵制地方保护主义和部门保护主义，秉公执法，维护法律的严肃性和国家法制的统一。人民法院审理案件，直接关系到争执各方的利害关系，往往涉及地方或者部门利益，因而常会遭受到不应有的干涉和阻力。人民法院必须坚决抵制干涉，勇于顶住压力，坚持严格依法办案，公平地保护当事人的合法权益，促进市场经济的发展。党的十四大重申了邓小平同志关于判断各方面工作的是非得失，归根到底，要以是否有利于发展社会主义社会的生产力，是否有利于增强社会主义国家的综合国力，是否有利于提高人民的生活水平为标准。保护和促进经济发展是我国法律的基本任务。因此，严肃执法与“三个有利于”的标准是完全一致的。党的十一届三中全会以来，我国以宪法为基础制定了204个法律和有关法律问题的决定或补充规定，还制定了617个行政法规。这些法律、法规绝大多数是符合改革开放和现代化建设需要的。其中有些法律、法规已不能适应社会主义市场经济发展的需要，这应当通过制定和修改法律、法规来解决。人民法院对于法律有规定的，应严格依照法律的规定办；对在改革开放中出现的新型案件，目前尚无法律规定的，要依照法律的基本原则、国家的政策，从有利于社会生产力发展的全局出发，实事求是，妥善处理。

（五）必须坚持法院的自身改革和建设

人民法院要做好审判工作，必须有一支好的队伍，必须有不可缺少的执法条件。多年来，我们从法院的实际出发，在抓好审判工作的同时，大力加强法院的队伍建设，努力改善执法条件，使审判任务得以顺利完成。实践证明，这样做是完全必要的，加强法院队伍建设，改善法院执法条件，这不仅是做好审判工作的保证，也是我国社会主义民主法制建设的一个重要组成部分。在新形势下，人民法院的审判任务更加繁重、更加艰巨。我们必须增强改革意识，继续大力加强法院的自身改革和建设。要进一步解放思想，更新观念，大胆借鉴外国特别是经济发达国家在司法制度方面的有益经验和先进成果，结合我国实际情况，加以改造、吸收，为我所用。要进一步加强调查研究，总结经验，继承和发扬我国人民司法工作的优良传统，完善和发展有中国特色的社会主义司法制度。

二、进一步全面开展审判工作，为加快改革开放和现代化建设服务

十四大提出的九十年代我国改革和建设的主要任务，给人民法院的工作提出了新的更高的要求。随着改革步伐加快，各种改革措施的相继出台，对外开放的扩大，以宪法为核心的适应社会主义市场经济发展的法律体系的建立，越来越多的社会关系需要运用法律手段来保障和调节。人民法院在国家政治生活、经济生活和社会生活中的地位和作用将更加重要，审判任务将更加繁重、艰巨。我们要自觉地把审判工作放在经济建设这个大局中来考虑，进一步全面加强审判工作，以适应加快改革开放和现代化建设的需要。

（一）继续坚持“严打”斗争

目前，社会治安总的情况是稳定的。但是，有些地方治安不好，严重刑事犯罪案件仍呈上升趋势。财产型犯罪增多；流窜作案和结伙犯罪猖獗；“六害”犯罪比较突出。1992年1至11月，全国法院共受理一审刑事案件393100件，比去年同期上升1.52%，其中重大刑事案件上升8.25%。同各种刑事犯罪作斗争是一项长期的艰巨的任务。

社会治安状况的好坏，直接关系着改革开放、经济建设的大局。十四大强调：“基本路线不变，社会政治稳定，有了这两条，我们就能够不断地胜利前进。”各级人民法院对“严打”要增强责任感，防止麻痹松懈，对严重危害社会治安的犯罪分子继续贯彻依法从重从快的方针，及时严惩杀人、抢劫、爆炸、强奸、“车匪路霸”以及破坏交通、通讯、电力设备等犯罪分子，特别是带有黑社会性质的犯罪集团；严厉打击毒品，淫秽物品，拐卖、绑架妇女、儿童和卖淫嫖娼等“六害”犯罪活动；深入开展反盗窃斗争；及时处理破坏改革，报复、伤害企业领导人和改革者的案件。在“严打”中，要加强打击的力度，认真执行惩办与宽大相结合的政策，区分严重刑事犯罪和一般刑事犯罪，依法该从严的从严，该从宽的从宽。注意全面发挥各种刑罚的功能作用，坚持在有条件的地方依法适当多判处一些缓刑、管制、拘役，依法多适用一些假释，依靠社会和群众力量改造犯罪分子。在严惩犯罪分子的同时，落实人民法院参与社会治安综合治理的各项措施，并注意总结经验，积极探索新途径。

（二）深入开展打击严重经济犯罪的斗争

打击经济犯罪，是坚持社会主义道路，加快改革开放，建立社会主义市场经济体制的重要保证。十四大强调：“坚持反腐败斗争，是密切党同人民群众联系的重大问题。要充分认识到这个斗争的紧迫性、长期性和艰巨性。在改革开放的整个过程中都要反腐败。”“廉政建设要靠教育，更要靠法制。”我们要按照十四大的要求，继续深入开展打击严重经济犯罪的斗争。依法严惩严重经济犯罪，就是直接为改革开放和现代化建设服务。

当前，经济犯罪活动仍很严重。1992年1至11月，全国法院共受理一审经济犯罪案件40270件，比去年同期上升0.62%，其中重大经济犯罪案件上升12.92%。各级人民法院对严重破坏经济的犯罪分子必须坚持依法从严惩处的方针。要继续把惩治国家工作人员严重贪污、受贿等犯罪作为打击的重点，推进廉政建设。同时加强对走私、诈骗、偷税抗税、伪造国家货币、制售假冒伪劣产品以及盗伐林木、破坏矿产资源等严重扰乱经济秩序的犯罪活动的打击，维护经济秩序。在打击经济犯罪的斗争中，要注意三个问题：一是对重大经济犯罪分子，一定要从严惩处，决不手软。要坚决反对“以罚代刑”。“以罚代刑”就是对犯罪分子的放纵，就是打击不力。发现应该追究刑事责任而未追究的，要及时提出意见，必要时要向党委、人大和上级法院报告。要坚持赃款赃物随案移送的制度。对依照法律和有关规定应当移送而不移送的，要将案件退回。二是要坚持“一要坚决，二

要慎重，务必搞准”的原则，特别注意区分罪与非罪的界限。对法律和政策规定不明确的和在生产经营或科技活动中大胆改革，敢闯敢试而有失误的，不要轻易以犯罪处理；对一些一贯表现较好，或者有突出贡献，罪行较轻，认罪态度好的企业管理人员和科技人员，可依法从宽处理，需要判刑的可依法判处缓刑，以利于生产经营和科技研究工作。三是要充分运用没收财产、罚金等财产刑，不让犯罪分子在经济上得到好处。

（三）充分运用法律手段调节经济关系

随着改革的深入，对外开放的扩大，社会主义市场经济的发展，需要人民法院用法律手段来调节的经济关系必将增多，经济和海事审判的服务领域将更加广阔。经济纠纷案件今年又出现了增长的势头。1至11月，全国法院共受理一审经济纠纷案件536200件，比上年同期上升10.52%，有些地方股票、票据、破产等新类型案件增长幅度很大。

党的十四大指出，建立社会主义市场经济体制的中心环节是转换国有企业特别是大中型企业的经营机制，使企业真正成为自主经营、自负盈亏、自我发展、自我约束的法人实体和市场竞争的主体，把企业推向市场。我们在审判工作中，要严格执行国家关于法人制度的规定，保护企业的经营自主权。凡是具有法人资格的企业应以其所有的或者经营管理的财产承担责任。通过审判，促进承包、租赁经营制的完善，推动有条件的企业联合、兼并，企业集团的合理组建和股份制的健康发展，以及产业结构的调整，从而促进企业经营机制的转换。

在社会主义市场经济中，合同在经济活动中的作用更加重要。我们在审理经济合同纠纷案件时，应尊重合同双方当事人的意思表示。当事人在合同中的约定只要不违反法律的规定，不损害国家利益和社会公共利益，原则上应承认其效力。在确定合同责任时，要符合法律规定、商品交换的一般规则和国际惯例，做到公平、合法、合理。要通过办案，保护正当竞争，制止不正当竞争，维护市场秩序。对审理案件中涉及的生产、销售假冒伪劣产品，坑害消费者，扰乱市场秩序，尤其是对生产、销售伪劣药品、食品，危害人民健康，生产、销售假农药、假化肥、劣质种籽的坑农害农的案件，要依法严厉制裁，除赔偿受害人的损失外，该罚款的罚款，该没收的没收；构成犯罪的，要依法追究刑事责任，情节严重的，要坚决依法从重判处。

科学技术是第一生产力，经济振兴必须依靠科技的进步。我们要特别重视加强对工业产权的保护。对侵犯他人专利权、注册商标专用权的要依法予以制裁。在审理技术合同纠纷案件时，要注意技术合同的特点，不能随意以技术 合同的主体超越经营范围或者转让的技术未达到约定的技术指标为理由，确认合同无效，而应根据技术合同法及其实施条例的规定去处理，以促使科技成果的商品化和向现实生产力转化。

农业是国民经济的基础。各级人民法院要加强对农村承包合同纠纷、乡镇企业发生的经济纠纷和农机、农技、信息、服务等各类案件的审理，稳定以家庭联产承包为主的责任制，促进统分结合的双层经营体制的不断完善，保护乡镇企业和农业社会化服务体系的发展，壮大集体经济实力，保障农村经济的全面振兴。

我国是世界上海运大国之一，90%以上的进出口货物要靠海运来完成。随着改革开放步伐的加快，海运事业的发展，海事、海商案件将会增多。我们要进一步加强海事审判工作，在审理好海上运输中发生的案件的同时，妥善处理内河航运中发生的案件。《中华人民共和国海商法》将于明年7月1日实施。这对于健全和完善社会主义海商法律制度，保护中外当事人的合法权益，促进我国海运事业和对外经济贸易的发展，将发挥重要作用。海事法院及其上诉审法院要抓好海商法的学习，深刻理解其立法精神；海商法施行后，人民法院必须严格执行，以开创海事审判工作的新局面。

（四）切实保护公民、法人的民事权利

民事权利是公民、法人的一项基本权利。保护公民、法人的合法权益不受侵犯是社会主义民主和法制的重要任务。近几年，人民法院每年受理一审民事案件达180多万件，关系着广大群众的切身利益。正确、合法、及时地处理好这些纠纷，保护公民、法人的合法民事权益，制裁民事违法行为，有利于促进社会主义精神文明和物质文明建设。

当前，民事审判出现了许多新情况、新问题。一是财产案件增多。二是范围扩大，出现了诸如名誉权、著作权、房地产开发、劳动纠纷等新型案件。三是案件情况复杂，涉及面广，审理的难度增加。今后，要着重抓好以下几类案件的审理：第一，加强房地产开发、债务、劳动纠纷等与发展市场经济关系密切的案件的审理，以有利于市场经济体制的建立。第二，加强对著作权纠纷案件的审理。著作权是一项重要的知识产权。目前，我国已加入“伯尔尼公约”等有关版权的国际公约，并与一些国家签订了保护著作权的双边协议，著作权的国际保护在司法工作中越来越重要。我们要认真执行我国缔结或者参加的国际条约，保护中外作者的著作权。第三，妥善处理好婚姻案件和山林、水利纠纷等涉及面广、影响大的案件，多做调解工作，及时化解矛盾，增强团结，消除不安定因素。为了提高民事案件的办案质量，必须强调严肃执法，既要正确适用实体法，保护当事人的实体权利，又要严格执行程序法，继续抓好民事诉讼法的贯彻执行，搞好开庭审理，保障当事人的诉讼权利。

民事审判工作的重点在基层。要切实加强对基层人民法院特别是人民法庭的指导和监督；加强对人民调解委员会的业务指导。最高人民法院拟在全国人大常委会对《人民法庭组织条例（草案）》审议通过后，召开全国人民法庭工作会议，以进一步推动人民法庭工作的发展。

（五）积极慎重地开展行政审判工作

行政审判工作的开展，特别是行政诉讼法的颁布，是完善我国诉讼制度的重要标志，是社会主义法制建设上的一件大事，也是社会主义民主政治建设的一个重要步骤，对于保护公民、法人和其他组织的合法权益，维护和监督行政机关依法行使职权，促进政府转变职能，具有重要的意义。

行政诉讼法施行两年来，人民法院受理的行政案件平均每年以63.5%的速度递增，办案的社会效果好，说明行政审判工作正在健康发展。今后，要着重抓好以下几项工作：第一，通过对侵犯企业生产经营决策权、产品销售权、投资决策权等案件的审理，制止行政机关侵犯企业经营自主权的行为，保障企业经营自主权落到实处，促进国有企业特别是大中型企业经营机制的转换。第二，加强对土地、矿产、工商、税务、环保等案件的审理，制止乱设卡、乱罚款等阻碍商品生产、流通的违法行政行为，促进社会主义市场经济体制的建立。第三，加强对治安、收容审查、劳动教养等案件的审理，保护公民的合法权益。现在，行政审判的司法环境还比较差，不少地方仍然存在公民、法人不敢告，行政机关不愿当被告的现象，人民法院也有畏难情绪。我们一定要解放思想，大胆实践，敢于排除各种干扰，公正办案。要积极宣传行政诉讼法。要主动争取党委的领导、人大的监督和支持。上级人民法院要加强对下级人民法院的指导，支持下级人民法院依法办案，努力把行政审判工作提高到一个新水平。

（六）加强对涉外、涉港澳和涉台案件的审判

对外开放的扩大，外贸体制的改革，特别是将来我国在关贸总协定中的缔约国地位恢复后，我国企业将进一步走向国际市场，参与国际竞争，国外企业也会更多地进入我国市场，涉外案件势必增多。各级人民法院要重视和加强对涉外案件的审判。一是要积极受理，充分行使我国的司法管辖权；二是要

按照我国缔结或者参加的国际条约，参照国际惯例，或者运用冲突规范解决好法律适用问题，保护中外双方当事人的合法权益，促进对外开放和经济贸易的发展。

近几年来，内地与香港、澳门的经济贸易不断发展，人员往来频繁；台湾居民回大陆探亲、观光、投资办厂的也越来越多。因而，发生的涉港、澳和涉台案件增加。依法保护港、澳同胞和台湾居民在大陆的合法权益，保障民间往来的正常发展，是人民法院的重要职责。对涉港、澳和涉台案件，要依照国家的法律、政策，平等、公正地进行处理，切实保护双方当事人的合法权益，促进内地与港澳地区和海峡两岸经济贸易的发展，促进祖国和平统一大业的实现。

（七）继续抓好执行工作

审判工作的全面发展，致使案件审结后的执行任务越来越重。据近几年统计，判决发生法律效力后，当事人不自动履行，需要进入执行程序的各类案件每年近百万件。经过努力，大部分案件得以执行，但每年总有一部分案件没有得到执行。除当事人丧失履行能力，没有执行条件的外，确有一些当事人有能力履行而拒不履行，或者有关部门应当协助而不协助人民法院执行，再加上有些法院领导对执行工作重视不够，执行力量薄弱，使一些能够执行的裁判而未能执行，形成了"执行难"。各级人民法院要进一步加强对执行工作的领导，继续解决"执行难"的问题。应当指出，裁判公正是案件顺利执行的前提。搞好执行工作，首先必须保证办案质量。对案件处理正确，当事人又有能力执行的，必须坚决予以执行。民事诉讼法规定了多种执行措施，我们要学好，用好。该采取强制措施的，必须依法采取强制措施，但要做到程序合法，方法适当。不能滥用职权，随意扣人。要切实搞好委托执行。受委托执行的法院要把委托执行的案件和自己判处的案件一样对待。确有必要到外地执行的，要及时与当地法院取得联系；当地法院要积极支持、协助，帮助解决在执行中发生的问题，不允许设置障碍。不同地方的人民法院在执行工作中发生意见分歧，上级法院要依法妥善处理。

（八）加强审判监督和业务指导

改革开放的加快和社会主义市场经济体制的逐步建立，必将给立法和司法工作带来新的变化。因此，各级人民法院要大力加强调查研究工作。当前要重点研究审判工作中出现的新情况、新问题和应当采取的相应措施，以增强工作的主动性和预见性。最高人民法院要对审判工作中遇到的如何适用法律的问题，适时作出司法解释，发布典型案例。同时，抓紧对过去的司法解释进行清理，对其中不适应加快改革开放和经济建设要求的，分别不同情况，进行修改、补充或者废止。

上级人民法院应当加强对下级人民法院审判工作的监督和指导。上级人民法院对影响重大的案件，特别是审理中有明显地方保护主义的案件，应当提审，直接作出判决，并选择典型进行通报。应当强调，下级人民法院对上级人民法院的判决、裁定和决定，必须执行，不得顶着不办。要重视群众来信来访，做好立案工作，保护公民、法人的诉讼权利。对当事人的申诉和申请再审，要坚持实事求是，有错必纠的原则，认真处理。对于确属判错的案件，应当依法纠正。

三、加强法院的自身改革和建设，保证审判任务的完成

根据十四大提出的"加强政法部门自身建设，提高人员素质和执法水平"的要求，我们必须进一步解放思想，继续加强自身的改革和建设，以适应加快改革开放和现代化建设的需要。

（一）加强法院体制和审判方式的改革

1. 改革和理顺法院体制。第一，近来，各地先后建立了许多经济技术开发区和保税区。如何在这些地区设立审判机构，为开发建设创造良好的司法环境，就成为急待解决的一个问题。我们的意见是，经国务院或者省、自治区、直辖市人民政府正式批准建立的经济技术开发区和保税区，只要在管辖范围、投资规模、案件数量等方面具备一定条件，可根据需要设置基层人民法院；特殊需要的，还可以设置中级人民法院，暂不具备设置法院条件的，可以派出审判法庭。第二，逐步理顺海事、铁路等专门法院体制，使之既符合法律规定，又有利于加强审判工作。争取尽快设立海事高级法院，以集中审理二审海事、海商案件。为方便诉讼，各海事法院可根据需要，设立派出法庭。第三，新疆生产建设兵团设置法院，从过去和当前的实际情况看，确实有必要。其法律地位问题，由最高人民法院商有关部门尽快解决。

2. 加强审判方式等方面的改革。我国刑事、民事、行政诉讼体系已经形成，有中国特色的社会主义审判制度和原则已基本确立，但审判程序的具体运作还需要进一步完善和改进。进行审判方式等方面的改革，已成为法院自身改革的一个重要课题。第一，改革和完善刑事案件的庭审方式。应当强调，作为定案根据的证据，要依法当庭质证，证人应出庭作证。第二，改革和完善经济纠纷、民事案件的庭审方式。重点是要强调当事人的举证责任，同时，合议庭要做好必要的查证。法官在法庭上主要是听取双方当事人的举证和辩论，判断、审查、运用证据，认定事实，以正确适用法律。这既有利于加快办案速度，也有利于提高办案质量。第三，采取多种方式加强调解工作。现在一些法院成立的"经济纠纷调解中心"，立案快、结案快、执行快，效果好，应当总结经验，不断完善。第四，完善法庭规则。最高人民法院1979年制定的法庭规则试行已经10多年了，在一些方面已不能适应审判工作的实际需要，应当加以修改。第五，合议庭是审判案件的基本组织形式，要充分发挥合议庭在审判案件中的作用，切实搞好公开审理，提高庭审质量。第六，发挥陪审员的作用。陪审员除依法选举产生外，还可以根据需要聘请。中级以上人民法院审理涉及专业性、技术性较强和影响较大的案件，可特邀陪审员参加。第七，认真执行《人民法院诉讼文书样式（试行）》。要把诉讼文书的改革作为加强审判业务建设，提高法院审判工作水平的一项重要措施来落实，切实抓出成效来。

3. 完善法院内部机构的设置。改革开放以来，人民法院的审判领域不断拓宽，司法行政、组织、宣传等任务逐步增加，法院现有的内设机构已不能完全适应工作需要，现有一些机构也存在分工不清、职责不明的问题。人民法院的机构要根据法律规定和工作需要，本着精简高效、方便诉讼、重点加强审判业务部门的原则，合理设置，明确职责范围，以提高工作效率。

以上提到的问题，有些涉及到《人民法院组织法》的修改。现行《人民法院组织法》是一部好法律，对于保障人民法院依法独立行使审判权，完成宪法赋予人民法院的任务，起了重要的作用。随着我国改革开放和社会主义现代化建设事业的不断发展，在法院组织、制度方面有些重要的新鲜经验和新的认识，需要在立法上加上肯定。这就要求对法院组织法的某些规定作必要的修改和补充。我们根据今年中共中央7号文件的要求，提出了一个《人民法院组织法》的修改方案，请大家讨论提出意见，以便报请全国人大常委会审议。

（二）加强法院队伍建设和法官制度的改革

1. 加强学习和培训，提高干警的政治素质和业务素质。各级人民法院要把学习贯彻党的十四大精神，作为当前的头等大事，认真抓好。通过学习，使大家认识到，建设有中国特色社会主义的理论是马克思主义同中国实际相结合的最新科学成果，是毛泽东思想的继承和发展，是指引我们实现新的历史任务的强大思想武器，从而提高广大干警贯彻执行党的基本路线的自觉性和坚定性，把十四大精神扎扎实实地落实到工作中去。

要加强教育培训工作，进一步提高法院队伍的业务素质。经过多年的努力，法院干部教育培训工作取得了很大成绩，队伍的业务素质有了明显提高，但是，仍然不能适应新形势的要求。各级法院领导要高度重视教育培训工作，把它作为一项战略任务来抓紧抓好。要继续办好法律业大和高级法官培训中心，并筹建国家法官学院；各高级法院也要把业大分校和法官培训中心办好，建立培训基地，努力完成和超额完成法院干部“七、八、九”教育培训规划。要重视短期培训，特别是学习新颁布的法律、法规，以不断提高执法水平。要创造条件，在沿海、沿边开放的大中城市法院培训出一批既懂法律又懂外语，既懂国内法，又懂国际法的人才。要学习和掌握经济学的基本知识，使我们的法官不仅懂法律，而且懂经济，以更好地发挥他们在审判工作中的作用。

2. 加强领导班子建设。要坚持“四化”方针和德才兼备的原则，结合明年各级法院院长的换届选举，配备好各级法院领导班子，把政治上强、懂业务的人放在法院领导岗位上，不能用领导职务来解决干部待遇问题。要重视选拔大批优秀的年轻干部进入各级法院领导班子，对其中特别突出的，应该大胆破格提拔。要坚持和健全民主集中制，加强各级法院领导班子的团结。领导成员要互通情况，互相支持，互相谅解。要抓好领导班子成员的业务学习，提高业务水平。

3. 加强廉政建设。总的来说，法院队伍是好的，每年都涌现出一大批清正廉洁、秉公办案的先进集体和先进个人。但是，必须清醒地看到，还有极少数干警违法违纪，有的还很严重，败坏了法院声誉，损害了法官形象。社会主义市场经济的发展，我们的队伍将面临严峻的考验。因此，越是改革开放，越要加强廉政建设。加强廉政建设的重点是领导干部，各级法院的领导都要以身作则。要坚持从严治院，即从严要求、从严管理、严肃纪律。对于极少数违法乱纪分子，一定要严肃查处，决不姑息，决不护短。对不适合法院工作的人员，要按照有关规定，坚决调出。凡没有完成清调任务的，务必抓紧完成。

4. 严格把好进人关。最近，中央决定给政法部门增加一些编制。法院增编应主要用于充实基层人民法院和中级人民法院的审判力量。要坚持“公开、平等、竞争、择优”的原则，实行考试与考核相结合的办法，调入和录用政治条件和专业条件较好的人员。继续坚持进人需经高级人民法院审核和审批的规定。决不能一方面清理出不适合在法院工作的人员，一方面又让不合格的人员进来。要注意通过增编进人，调入一些懂经济、金融、贸易、科技的人才，经过法律专业的培训，担任相关的审判工作。

5. 积极做好实施《中华人民共和国法官条例》的准备工作。“法官条例”已列入今年中共中央7号文件和全国人大常委会立法规划。该条例草案正在上海、哈尔滨两市部分法院试点，并将在海南全省法院试点。法院干部管理体制改革的试点工作也在黑龙江等4省区进行。为做好“法官条例”审议通过后的实施准备工作，应继续进行和扩大试点，并认真总结经验。

6. 做好司法警察评定授予警衔的工作。司法警察实行警衔制度，是人民法院司法警察队伍建设的一件大事。各级法院要严格按照人民警察警衔条例和最高人民法院的有关规定，有计划、按步骤地完成司法警察评定授予警衔的工作。应以这次授衔为契机，全国推进人民法院司法警察队伍的正规化建设。

7. 实行严格的岗位责任制。要根据法院工作的具体情况和特点，把办案质量、效率、效果等方面的要求，落实到岗位责任制中，建立健全科学的岗位规范和激励机制，并严格加以执行。对审判工作中作出突出成绩的要予以奖励，对办错案件的要追究责任。要把严守审判纪律列入岗位责任制，严禁向当事人或者其他人泄露审判秘密，对违纪者要严肃查处。

法院工作要为加快改革开放和现代化建设服务，关键是必须有一个好的领导班子和一支好的队伍。希望各级人民法院领导采取有力措施，把以上各项工作抓好，努力把我们的队伍建设成一支政治坚定、业务精通、作风过硬、清正廉洁、秉公执法、有坚强战斗力的队伍，从组织上保证审判任务的完成。

（三）加强物质建设，改善执法条件

近几年来，在党委、人大和政府的支持下，经过各级人民法院的积极努力，法院的物质建设有了较大进步，执法条件有了较大改善。但全国仍有不少法院没有审判法庭，许多人民法庭没有审判和办公用房；法院办案经费普遍紧缺；交通、通讯设备也相当落后，严重影响审判工作的开展。各级人民法院要依靠党委的领导、人大和政府的支持，进一步加强物质建设，改善执法条件。最近，中央领导同志作了重要批示，要加强“两庭”建设，国家计委和财政部已就此发了文。各级人民法院特别是“老、少、边、穷”地区的法院，要主动向党委、人大和政府领导汇报“两庭”建设和经费缺乏的情况，并结合当地实际，提出加快“两庭”建设和增加办案经费的意见，争取尽快解决。要继续努力改善通讯设备和交通工具，并逐步实现办公现代化，以提高工作效率。

同志们，党的十四大已经为我们指明了前进的方向。让我们在以江泽民同志为核心的党中央领导下，在邓小平同志建设有中国特色的社会主义理论的指引下，坚持党的基本路线，解放思想，开拓前进，充分发挥审判职能作用，使审判工作上一个新的台阶，为加快改革开放和现代化建设作出新的贡献！

任建新院长在最高人民法院授予司法警察警衔仪式上的讲话

（1992 年 12 月 26 日）

同志们：

今天，最高人民法院举行隆重的授衔仪式，为全国法院第一批授衔单位的司法警察分别授予三级警监、一级警督、二级警督、三级警督的警衔，我代表最高人民法院，向你们表示热烈的祝贺。司法警察是我国人民警察队伍的重要组成部分，在人民法院执行警察任务。近几年来，在各级人民法院的领导下，司法警察在押遣人犯、维护法庭秩序、送达诉讼文书以及执行判决、裁定等工作中，为保证审判工作的顺利进行，作出了很大贡献。在此，我谨向你们并通过你们向全国各级人民法院的司法警察，表示衷心的感谢。

实行警衔制度是加强和完善人民警察队伍建设的一项重大措施。司法警察是一支带有武装性质的司法队伍，不仅要求有很高的政治觉悟，高度的组织纪律性，而且还要求有很强的执勤能力，以适应日益繁重的审判工作的需要。司法警察警衔制度的实施，对于充分发挥司法警察的职能作用，进一步加强司法警察的革命化、现代化、正规化建设，增强人民法院全体司法警察的责任心、荣誉感和组织纪律性，提高队伍的战斗力，具有十分重要的意义。我相信，通过实行警衔制度，必将对人民法院司法警察队伍建设起到巨大的推动作用。

党的十四大提出，我们要在九十年代把有中国特色的社会主义的伟大事业推向前进，最根本的是坚持党的基本路线，加快改革开放，集中精力把经济建设搞上去。同时，要围绕经济建设这个中心，加强社会主义民主法制和精神文明建设，促进社会全面进步。人民法院是国家的审判机关，担负着极为重要的使命。正在举行的第十六次全国法院工作会议，确定今后一个时期人民法院的基本任务是：在邓小平同志建设有中国特色的社会主义理论的指导下，认真贯彻执行党的“一个中心，两个基本点”的基本路线，进一步解放思想，实事求是，全面加强审判工作，提高执法水平，更好地为建立社会主义市场经济体制，为加快改革开放和现代化建设，提供有力的司法保障和法律服务。为了完成这项复杂和光荣的任务，各级人民法院在抓好各项审判工作的同时，要认真加强人民法院司法警察队伍建设，充分发挥司法警察在法院工作中的作用。

为了加强人民法院的司法警察工作，要进一步建立健全各级司法警察机构，完善管理制度，充实和加强司法警察力量，搞好正规化教育训练，坚持依法治警，从严治警，努力建设一支忠诚可靠、训练有素、纪律严明、有坚强战斗力的人民法院司法警察队伍。全国法院的司法警察都要认真学习邓小平同志关于建设有中国特色社会主义的理论，增强贯彻执行党的基本路线的自觉性和坚定性；牢固树立全心全意为人民服务，为审判工作服务的思想；要严格教育，严格训练，严格纪律，努力提高政治素质、业务素质和执法水平，以高度的革命事业心和强烈的政治责任感，为人民法院的审判工作奉献出自己的全部力量。我深信，在以江泽民同志为核心的党中央的正确领导下，经过各级人民法院的努力，人民法院司法警察队伍的革命化、现代化、正规化建设必将迈出更大的步伐，一定能够为加快改革开放和现代化建设，为加强社会主义法制建设，作出新的更大的贡献！

任建新院长在第十六次全国法院工作会议结束时的讲话

（1992年12月27日）

同志们：

我们这次工作会议今天就要结束了。这次会议开得很好，很成功。党中央对我们法院工作和这次会议非常关心，非常支持。昨天下午，江泽民同志、李鹏同志、乔石同志在百忙中接见了出席会议的全体代表，并作了重要讲话。这是对我们这次会议的最好总结，进一步指明了今后法院工作的方向，有重要的指导意义。我们一定要认真传达、贯彻落实中央领导同志的重要指示，在以江泽民同志为核心的党中央的领导下，在党的十四大精神的指引下，团结一致，加倍努力，把今后的法院工作做得更好。

刚才，华联奎同志对这次会议提出的一些问题作了总结，我完全同意。在会议结束前，我再讲几点意见。

一、进一步加强学习

我们这次会议，是为了贯彻落实党的十四大精神，部署今后一个时期的工作。党的十四大是在我国改革开放和现代化建设的关键时刻召开的一次极其重要的具有历史意义的会议。江泽民同志的报告，对建设有中国特色社会主义的理论体系作了新的概括，体现了马克思主义基本原理同当代中国实际相结合的最新成果。在加快改革开放和现代化建设的新形势下，人民法院要完成党和国家赋予的繁重而光荣的任务，就必须加强学习。江泽民同志在昨天接见出席这次会议的代表时，要求我们加强思想建设。加强思想建设的一个重要内容，就是加强学习。

要认真学习和掌握十四大总结的邓小平同志建设有中国特色的社会主义理论。这一理论标志着我们党对建设有中国特色的社会主义的内在规律的认识达到了新的高度。我们要夺取中国社会主义现代化建设事业的胜利，必须用这一理论武装全党。只有全面掌握有中国特色的社会主义理论，才能够深刻理解党的基本路线的实质和意义，增强贯彻执行党的基本路线的自觉性和坚定性。全国法院广大干警要联系自己的思想和工作，认真学习，深刻领会，用建设有中国特色的社会主义理论统一我们的认识，进一步解放思想，实事求是，创造性地做好法院的各项工作。

要认真学习和掌握社会主义市场经济理论。十四大确定建立社会主义市场经济体制，是我们党对社会主义经济理论认识的一个伟大飞跃，具有重大的现实意义和深远的历史意义。要通过学习，明确市场经济的基本要求和运行方式，深刻认识和把握社会主义市场经济体制的特征。建立社会主义市场经济是我国经济体制的重大变革，我们不仅要在思想上而且要在工作上适应这种转变。这就必须通过学习，树立市场经济观念，破除在计划经济体制下形成的陈旧观念，使我们的思想认识也来一个飞跃，推动审判工作为经济建设服务再上一个新的台阶。

要认真学习唯物辩证法。江泽民同志在党的十四届一中全会上指出，要做好工作，学习和掌握唯物辩证法十分重要。学习唯物辩证法，掌握马克思主义的立场、观点、方法，把解放思想和实事求是结合起来，既要敢于试验，大胆革新，开拓新的领域，又要坚持从实际出发，实事求是，不搞形式主义和“花架子”。要树立全局观念，坚持客观地、本质地、全面地看问题，避免主观性、片面性，搞形而上学，正确认识和处理在我们法院工作中遇到的法律与政策、审判与服务、依法办案与“三个有利于”的标准、打击与保护、敢闯敢试与实事求是的关系。加强调查研究，正确地分析工作中遇到的新情况、新问题，正确对待新生事物，不断探索，有所创造，有所前进。

要认真学习法律。我国要在九十年代初步形成与社会主义市场经济相适应的法律体系。我国立法机关将陆续制定一批新的法律；一些与市场经济体制不完全相适应的法律也将及时修改补充。我们原来熟悉和掌握的法律已远远不够用了。因此，我们面临着学习、再学习的迫切任务。不仅要学习国内法，而且要学习有关国际法律知识。尤其是沿海、沿边开放的大中城市法院，更要多学点国际法律知识。否则，我们就很难在新形势下做一名合格的法官。

总之，我们要把学好有中国特色的社会主义理论，学好经济理论，学好哲学，学好法律，提到重要议事日程上来，这是我们今后做好法院审判工作和其他各项工作的基础。

二、进一步加强领导班子建设

江泽民同志在接见会议代表时强调要加强法院的组织建设。法院领导班子建设是法院组织建设的关键。要抓好法院的组织建设，必须首先把法院的领导班子建设好。明年初，全国四级法院都将要进行换届选举。一批长期在各级法院领导岗位上的老同志将要退下来，由年富力强的同志来接替，这完全是正常的。但这对法院队伍来说是个不小的变动。我们要通过这次新老交替，把领导班子建设搞好。退下来的老同志为法院的工作和建设做出了很大贡献。在这里，我代表最高法院向他们表示崇高的敬意。各级法院要采取多种方式，安置好老同志，并发挥他们的作用。一批中青年同志走上法院领导岗位，为法院队伍注入了新的血液，我们对他们寄予很大期望。我们一定要把新老交替工作做好。退下来的老同志有责任交好班，帮助新担任领导职务的同志熟悉和安排好工作。最高法院和各高级法院要分级负责，对新进入领导班子的同志进行培训。新上来的同志要努力学习，尽快熟悉法院工作的特点和规律，承前启后，继往开来。

搞好法院领导班子建设，要积极发挥“班长”的作用。各级法院的院长要当好“班长”和带头人，把法院这支队伍带好。要学习马克思主义理论，提高政治素质；坚持民主集中制的原则，搞好团结，互相学习，互相支持，互相配合；重视业务学习，提高专业化程度；加强思想作风建设，以身作则，密切联系群众，不断提高班子的整体领导水平。换届以后组成的新的领导班子，要形成一个坚强有力的领导核心，把工作做得更好。

在新形势下，要进一步加强法院的廉政建设。我们法院队伍总的来说是好的。全国法院每年都涌现出一大批先进集体和先进个人，参加这次会议的20个被最高人民法院授予集体一等功的法院先进集体，就是其中的杰出代表。他们靠艰苦奋斗取得了优异的成绩，我们应该向他们学习。在这里，我代表最高法院向他们并通过他们向全国法院的先进集体和先进个人表示敬意。同时，我们也应当看到，近年来，有极少数干警包括极个别法院领导干部搞不正之风，甚至徇私舞弊，贪赃枉法，走上犯罪的道路，严重败坏了法院的声誉。应当清醒地认识到，法院干警特别是领导干部是否廉洁，直接关系到法院能否严肃执法，秉公办案；关系到人民法院的声誉和法院队伍的形象。对此我们绝不能掉以轻心，更不能姑息迁就，必须严肃查处。领导干部要带头遵纪守法。法院领导疏于管理，放松要求，干部中出现了严重违法乱纪事件，就要承担领导责任。

目前，法院工作条件较差，干警待遇较低，生活比较清苦。我们还是要提倡奉献精神，增强广大干警为人民服务的自觉性。但同时，各级法院领导要关心干警的生活和健康，在政策和法律允许的范围内，想方设法解决干警的困难，改善他们的生活和工作条件。

三、进一步加强法院管理

自从两年前我们提出要抓好法院管理以来，许多法院加强了科学管理，建立了比较科学的管理制度，采取了一些有效的管理方法，取得了显著效果。但从总体上来说，还不能适应当前工作发展的需要，特别是在我国改革开放和现代化建设步伐加快、法院面临的任务更加繁重艰巨的情况下，法院管理与形势发展不相适应的矛盾更加突出。解决这一问题，除了要加强法院干部培训，不断提高干部的政治素质和业务素质外，适当增加编制是必要的。党和国家对法院工作很重视。最近，在国家精减机构和人员的情况下，又决定给法院增加一部分编制。但这还不够，还必须进一步加强和改进法院管理。现在，有一部分法院管理不善、职责不明、纪律松驰、作风拖拉、效率不高。为了保证审判工作和其他工作的正常开展，我们必须通过加强法院管理，建立健全各项工作制度，向科学管理要质量，向科学管理要效率。

要加强审判工作管理。加强审判工作管理的目的，是为了提高办案的质量和效率，把审判工作做好。首先要保证裁判公正。近几年来，全国法院的司法水平有了明显的提高。总的来讲，办案是公正的。但是，也有极少数案件裁判不公正，造成很坏的影响。还有一些案件处理不及时，当事人很有意见。我们要在保证裁判公正的前提下，努力缩短办案的周期，加快办案的速度，提高办案的效率。效率出效益。在建立和完善社会主义市场经济体制的条件下，尤其要注重办案的经济效益和社会效益。办案效果的好坏，是衡量我们办案质量的标准之一。因此，加强审判工作管理，一定要把提高办案质量、办案效率和扩大办案的社会效果三者结合起来，从而全面提高我们的司法水平。

要加强法院行政管理。应当明确，法院的全部行政工作都要为审判工作服务。要建立和健全一整套科学的运行机制。严格执行各项工作制度，依靠制度进行管理，保证各项工作井然有序、灵敏高效地运转。要加强法院的物质装备管理。昨天，江泽民同志在接见会议代表时强调要加强法院必要的物质建设，我们一方面要进一步抓好物质建设，另一方面要加强对现有物质装备的管理，更好地发挥其效能。通过加强法院的行政管理，促进法院工作管理的制度化、规范化、科学化。

要加强法院干部管理，加强法院管理，关键是要把法院这支队伍管理好。各级法院领导要高度重视队伍的管理，把它作为一项重要任务来抓。要进一步提高现有干警的政治素质和业务素质。要严格把好进人关。要把不适合在法院工作的人坚决清调出去。要加强对干部的考核，大胆培养、使用和提拔德才兼备的中青年干部。要健全激励机制，奖勤罚懒。有些法院对模范法官予以重奖，效果很好。我们就是要表扬、奖励好的，批评、处罚表现坏的，做到奖罚分明。要敢于管理，善于管理，严明纪律，改进作风，进一步调动广大干警的工作积极性。

同志们，新年快到了，我代表最高人民法院，祝法院系统全体干警在新的一年里，夺取更大的胜利！

华联奎副院长在全国高级法院院长会议上的总结讲话

（1992 年 1 月 12 日）

同志们：

我们这次会议是在党中央的亲切关怀下召开的，一共开了 6 天。会议期间，同志们深入学习了八中全会和中央工作会议文件，学习了江泽民同志、李鹏同志的重要批示和乔石同志的重要讲话；认真讨论了任建新院长的讲话。大家对中央领导同志充分肯定法院在维护社会稳定、促进经济发展中所起的重要作用深受鼓舞；对在复杂的国际形势面前，要保持清醒的头脑，坚持人民民主专政，向一切破坏国家安全、破坏社会正常秩序的犯罪分子进行不懈的斗争，使经济建设有一个稳定的社会政治环境，保证改革开放的顺利进行，把建设有中国特色的社会主义事业不断推向前进，更增强了责任感和紧迫感。大家认为，任建新院长的讲话把八中全会和中央工作会议的精神贯穿于今年的法院审判工作中，指导思想明确，重点突出，实事求是，措施得力，针对性强，使法院全年工作有了一个总纲。会上，有 17 位高级法院和中级法院院长围绕会议主题作了大会发言，大家听后都感到很受启发。代表们普遍反映，新年伊始，在八中全会闭幕不久就召开这次会议，是十分及时的。这次会议内容丰富，安排紧凑，大家精神饱满，集思广益，为共商法院 1992 年工作的大计，作出了贡献。在同志们的共同努力下，会议开得很成功，达到了预期的目的。

现在，我就大家在讨论中谈得比较多的问题，讲几点意见。

一、关于加强执行工作的问题

自去年全国高级法院院长会议提出大力加强执行工作以来，各地法院围绕解决“执行难”的问题，做出了很大努力，取得了进展。但是，“执行难”，特别是经济纠纷案件的判决“执行难”问题还远没有解决。大家对此都有强烈的同感，认为这是关系到社会主义法制秩序的一个实际问题，已在一定程度上影响到执法的严肃性和法院的声誉。大家完全赞同任建新院长讲话中提出的必须下大力气认真抓好执行工作的七点意见。我们希望各级法院都把加强执行工作作为1992年的一个工作重点，列入议事日程，结合本地情况，集中力量，狠抓一下，努力改变困扰法院多年的执行工作被动局面。

首先，各级法院要将本地执行案件的情况作个剖析，作出切实可行的执行工作部署，向党委、人大汇报，取得他们的领导和支持。浙江、湖南等许多地方的经验都证明，这是解决“执行难”问题的重要保证。

其次，法院对执行应该采取坚决、严肃、认真的态度，维护法律的尊严和法院的权威。该执行的一定要执行。对拒不履行人民法院判决、裁定的，不能听之任之。要做好法制宣传，教育当事人端正履行态度，必要时可以依法采取强制措施。但采取强制措施应慎重，要符合民事诉讼法规定的条件，具备法定的手续，考虑执行的经济效果和社会效果，避免给正常生产和社会秩序带来不良影响或引发意外事件。对于确属没有财产可供执行的，要从实际出发，妥善处理。对暂时没有执行能力的，为了有利社会稳定和维持正常生产，可以允许被执行人订出计划分期执行；短期内无法执行的，可中止执行；在申请执行人提供对方有可供执行财产的线索时，还可以申请法院继续执行。有的则应该结合治理整顿或产业、产品结构的调整，促成关停并转，该破产清理的破产清理，按比例清偿。对已完全丧失偿付能力的，只能依法终结执行。

第三，对于被执行人或者被执行标的物不在本法院辖区内的，应该加强人民法院之间的委托执行。这不仅有利于提高工作效率，而且有利于防止被执行人规避法律责任，取得更好的办案效果。这些年来，绝大多数法院在依法协助外地法院执行方面，做了大量的工作，认真负责，秉公执法，卓有成效，应该充分肯定。但也确有少数法院对外地委托执行或者来人要求协助执行，不是作为法定义务，而是视为额外负担，推诿应付，没有尽到责任。有的甚至多方阻挠，袒护本地当事人，有失公正。这是法纪所不能允许的，应该坚决纠正。对外地法院判决需要在本地执行的，应该和本地判决的案件同样认真地予以执行。委托外地法院执行的案件，原判是否正确，应由原审法院负责，受委托协助执行的法院没有重新审查原判是否正确的任务；如果发现原判有明显的错误和不能执行的情况，可以向原审法院及其上级法院提出意见，委托法院应认真听取并查核、研究。如几经协商不能取得一致意见，受委托法院应按生效判决执行，一切责任和后果由委托法院承担，必要时还可以报告上级法院。在委托执行中，如受到地方保护主义的干扰，受委托的法院要顶住压力，坚持秉公执法。

第四，最高法院准备对跨省、市、自治区悬而未决的经济纠纷执行案件，组织一次集中清理。已经发了一个通知，要求各高级法院将委托外地法院协助执行，到1991年12月底还没有结果的经济纠纷执行案件，在今年1月底前统计上报，同时通报给各有关高级法院督促执行。对有关高级法院之间经过协商仍不能取得一致意见的，最高法院将分别组织协调和依法进行监督。各高级法院、中级法院也要负责协调好辖区内法院之间的委托执行，使委托执行工作有一个良好的法律秩序。

第五，取得有关方面的支持，为加强法院执行工作提供必要的执法环境。各级法院都应该就执行问题与当地有关部门加强联系，沟通信息，交换意见，统一认识，密切配合。对于各方面认识不一致的，要注意认真听取不同意见。这对查明事实真相，正确适用法律，取得执行工作的良好社会效果很有益处。同时，必须坚持原则，秉公执法，坚决不办“人情案”、“关系案”，树立法院的信誉，提高执法的权威。

二、关于审判力量不足的问题

近几年，人民法院受理的各类案件大幅度上升，法律规定法院受理案件的范围不断扩大，而编制增加有限。繁重的审判工作任务与审判力量不足的矛盾十分突出。各项审判工作都存在人力不够的问题，其中，经济、行政、执行部门的审判力量尤其薄弱。我们将继续向党中央和中央编制委员会反映，力求尽可能地给法院增加一些编制。在当前情况下，要特别强调着眼于深入挖掘现有队伍的潜力。

首先，要通过提高现有人员的政治素质和业务素质，不断提高办案效率。任院长在会议开始时的讲话中强调，要大力加强队伍建设，并提出向科学管理要质量、要效率。近几年，各地法院加强和改善法院管理，已取得了明显的效果，积累了许多好的经验。一些管理得好的法院，制度健全，职责分明，工作紧张有序，环境清新整洁，办案质量和办案效率都高。如果全国各级法院都能达到这些先进单位的管理水平，无疑在总体上将有利于缓解审判任务繁重和法院人力不足的矛盾。

第二，要改进审判工作。如搞好公开审判，强调当事人举证责任，发挥律师调查取证作用，加强法院间相互委托调查和委托执行工作，等等，既做到更好地依法办事，又有利于在保证办案质量的前提下，提高办案效率。

第三，在还有编制的地方，一定要把好进人关。在社会上招聘干部，一律要经过公开考试，符合条件的才能录用。分配到法院来的干部也要经过严格的考核。选进的人员，要政治素质好，现有文化程度要达到大专毕业水平，经过短期培训或实践就能上岗。进人不能搞照顾性的安排，要杜绝走后门。在编制十分紧缺的情况下，更要做到宁缺勿滥。

第四，中级法院和基层法院可以根据工作需要，通过地方人大选举或法院邀请若干人民陪审员。这不仅可以适当缓解审判任务繁重和审判人员不足的矛盾，也有利于在审判工作中贯彻群众路线，扩大办案的社会效果。

第五，对于不适合在法院工作的人员，要在各级党委的领导下，通过组织、人事部门坚决调离。这件事有相当的难度。但是，经过努力也不是不可能办到。黑龙江省去年就调出了102人，山西省不久前也调出了50多人。此外，对于违法乱纪的，要严肃纪律，情节严重该除名的就要除名，不能姑息。上海市去年对旷工15天以上，平时又一贯表现不好的，就除名了5人，对树立正气，维护法院的形象，都产生了积极的影响。

三、关于进一步做好法院宣传工作的问题

人民法院用它的全部活动教育公民遵守宪法和法律，是法院组织法规定的人民法院一项重要任务，也是法院参与社会治安综合治理，进行普法宣传教育的一个重要方面，是加强社会主义精神文明建设的需要，应当引起我们的高度重视，努力抓好。

去年，各级法院与新闻、宣传部门密切联系和合作，宣传工作取得了可喜的进步。如河南省三级法院在报刊、电台、电视台发表的稿件，比前年增加60%多，是1989年的4倍。辽宁省法院半年多时间摄制并在电视台播出电视专题片20多部。四川省法院摄制的电视剧《闪光的国徽》、辽宁省朝阳市中级法院摄制的《除夕夜》等，在中央电视台播出后，社会反应很好。最高人民法院还分别与人民日报、法制日报、中央人民广播电台联合举办了《法官风貌》、《新时期经济审判》、《我办一案》等征文活动。这些对加强社会主义法制宣传，弘扬人民法院和人民法官秉公

执法、清正廉洁、全心全意为人民服务的精神，增强社会各界对法院工作的理解和支持，都起了积极的作用。

但是，从总体上说，法院宣传工作还很不够，发展也不平衡，需要进一步加强。首先，各级法院的领导要进一步重视宣传工作，列入议事日程，作到有规划、有人抓、有成果。要创造条件，积极落实开展宣传工作必要的经费和装备。宣传的内容主要是：通过报导审判活动，宣传党的政策和国家法律，哪些是法律保障的，哪些是法律不允许的，教育公民懂法、守法；宣传报导法院秉公执法、清正廉洁的先进集体、先进个人，树立人民法院的审判权威和良好形象。宣传的途径和方式应当多样化。宣传的内容一定要符合法律规定，充分注意社会效果，把思想性和艺术性很好地结合起来。做好法院的宣传工作，要主动与报刊、电台、电视台等新闻单位建立良好的合作关系，得到他们的参与和帮助。努力办好《最高人民法院公报》和《人民司法》，办好人民法院出版社，使之更好地为审判工作服务，在社会主义法制宣传中发挥更大的作用。最高法院正在积极筹备创办《人民法院报》。这些公开发行的报刊，是我们法院系统的重要宣传阵地，要靠大家的努力共同办好。希望各级法院予以大力支持，切实做好组稿和发行工作。

四、关于办案经费的问题

几年来，办案经费紧缺一直是各级法院普遍存在的一个实际问题，贫困地区更为突出。根据现行的财政管理体制，各级法院的办案经费应当由同级财政负责安排，并予以保证。因此，争取各级政府在安排年度预算时，充分考虑法院办案的实际需要，对法院业务经费予以保证，这是我们解决经费问题的主渠道。财政部1990年8月13日（90）财预字第79号文件明确规定："各级财政部门在年初安排预算时，要充分考虑到公、检、法部门的特殊情况，除安排正常的人员经费和行政经费、办公费以外，还要安排一定数量的办案经费，专款专用。并根据地方财力情况和办案的实际需要，逐年有所增长，逐步解决公、检、法部门经费的困难。""在近两年内，各级财政部门每年实际拨付给公、检、法部门的办案经费，一般应不低于上年办案经费支出决算数。"从1991年起，各级法院的业务经费，在财政预算中已经单列。各地应根据上述规定，实事求是地编报预算，充分阐述理由，争取合理安排。79号文件还规定："由于年初预算难以准确核定，因此，在年度预算执行中，各级财政部门可根据收入情况和公、检、法部门的办案经费，按季追加预算。""遇有特殊或重大案件，开支数额较大，办案经费确实不足时，可向同级财政专项申请追加支出预算。"这些规定，为我们解决办案经费问题提供了依据，我们应该据以积极争取。

此外，对于特别贫困地区的办案经费，我们还要上下共同努力，争取国家和省、市、自治区两级财政给些补助。依法收取的诉讼费也可用以补充办案经费的不足。积极开展法院之间相互委托代为一定的诉讼行为、送达诉讼文书和执行等，强调当事人举证等，以尽量减少不必要的出差；厉行勤俭节约，加强财务管理，这在办案经费不足的情况下，更是不容忽视的问题。

乔石同志在会议期间与高级法院院长座谈时，再次强调法院办案经费应予保证。我们准备商请财政部门共同对保证法院的办案经费问题进行研究，寻求进一步解决的办法。各地法院也应经常将有关经费困难的情况向党政部门和人大汇报，争取不断有所改善。

五、关于"两庭"建设的问题

从1983年起，在党中央、国务院和地方各级党委、政府、人大的领导、支持下，经过大家连续8年的艰苦努力，目前全国3000多个各级法院中，已有2/3建立了审判法庭；18000多人民法庭中，有1/2建了工作用房，全国“两庭”的面貌有了很大的改观。进展较快的省，“两庭”建设任务已接近基本完成。但余下的任务仍然十分艰巨，还有1/3的法院审判庭、1/2的人民法庭尚未建立。这些没有建起来的地方，大都经济条件较差，工作难度较大。不久前，国家计委和建设部先后和我院联合发出通知，再次重申“两庭”建设不是楼堂馆所，是人民法院依法办案的必要条件，是加强社会主义法制建设的迫切需要，要求各地把“两庭”建设纳入城乡建设总体规划和年度基本建设计划，抓紧落实。在当前国家继续压缩基建规模的形势下，国家计委和建设部的这两个通知，是对法院建设的重视和支持，我们务必抓紧时机，积极落实，再用二到三年的时间基本完成全国“两庭”建设的历史任务，为依法进行各项审判活动提供必要的工作条件。实践表明，经济状况固然是“两庭”建设的物质基础，但更重要的是地方党政领导的重视和支持。有些省经济不算富裕，由于省委和省政府的重视，“两庭”建设进展很快。在地方各级党政领导和计财部门支持下，上述“两庭”建设的规划目标，是有可能实现的。我们应该有这样的信心，并扎扎实实地作出努力。已经建成的，一定要加强管理，合理使用，不断完善配套，使之更好地为审判服务。

会上，大家还提出了一些问题，其中有的正在进行解决之中；有的还要进一步调查研究。同时，大家对如何做好今年的法院工作提出了不少好的意见，也对最高法院的工作提出了一些批评和建议。会后我们将认真研究，进一步改进工作，以更加适应形势的要求，把今年的各项审判任务完成得更好。

华联奎副院长在集中清理委托执行案件工作电话会议上的讲话（摘要）

（1992年3月19日）

近几年来，各级法院针对“执行难”问题，普遍加强了执行工作。中级法院和基层法院普遍建立了执行庭。有半数高级法院建立了执行庭，其他高级法院也陆续建立了执行机构，初步形成了比较完备的执行工作体系；各级法院通过执行案件，依法保护了当事人的合法权益，维护了国家法律的尊严，并在执行工作实践中积累了不少经验。有些法院针对执行工作中存在的困难，向党委、人大报告，取得他们的领导和支持，作出决议，形成了加强执行工作的大气候；有些法院采取集中领导、集中时间、集中人力的做法，突击执行一批积案，改变了执行工作的被动局面；多数法院做到了秉公执法，对外地法院的案件，积极予以协助执行；各高级法院都注意了加强对下级法院执行工作的指导和协调，不断提高执行工作的执法水平；等等。事实说明，在全国各级法院的共同努力下，执行工作是有成绩、有进展的。虽然“执行难”的问题还远没有根本解决，但执行工作的形势总的来说是在向好的方向发展。当前，各级法院正在贯彻不久前召开的全国高级法院院长会议精神，吸取其他法院在加强执行工作方面的成功经验，结合本地执行工作的实际情况，进一步采取改进执行工作的措施。我们正是在这样的形势下，组织这次集中清理跨省、自治区、直辖市的委托执行案件的。这次集中清理的跨省、自治区、直辖市的经济纠纷执行案件，之所以悬而未结，都有这样那样的原因，或者有相持不下的争议，难度较大。它不仅是“执行难”的“难点”，也往往是地方保护主义的“焦点”。我们希望通过对这部分执行案件的清理，“排难解纷”，有助于将全国各级法院的执行工作推上一个新的台阶。

一、清理的范围

这次集中清理的范围，主要是：1991年12月31日前外地法院正式办理了委托执行的法律手续而至今没有协助执行或者没有执行结果的案件。对于1991年12月31日前，去外地执行，由于没有取得当地法院的协助与支持而得不到执行的，也希望一并得到解决。

二、清理的程序

1. 各高级法院要在3月底前把其他高级法院送来的“委托执行案件统计报表”中所列的案件，落实到各个受委托法院，并督促执行。

2. 受委托法院对于外省、自治区、直辖市的法院委托执行的案件，要组织力量，认真执行。这里有三种情况：一是有条件执行，只是受委托后，由于人力不足、不重视等等原因，至今尚未执行的，要组织力量，抓紧执行。对债务人履行的时间、期限和方式等等需作变更的，应当征得委托法院的同意，并将变更情况及时告知委托法院。二是没有执行条件的，如找不到被执行人，被执行单位关停后没有财产可供执行，被执行人因生产经营不景气而暂时无执行能力等。受委托法院应将查明的情况如实地反馈给委托法院，由委托法院酌情作出中止执行、终结执行的裁定，或者提供可供执行财产的新线索，以便于受委托法院继续执行；三是在执行中发现据以执行的生效判决、裁定有明显错误的，受委托法院应当及时以负责的态度向委托法院提出。应当说明的是：受委托法院无权对委托执行的生效法律文书进行实体审查，更不得以委托执行的生效法律文书有“错误”为由，搞地方保护主义。委托法院对受委托法院提出的原判决、裁定不当的意见，应当认真进行审查，如认为确有错误，应当通过审判监督程序加以改正。如果原判决、裁定没有错误，应向受委托法院说明理由，一般情况下受委托法院即应当照原判决、裁定执行，不能久拖不决。如果受委托法院坚持认为原判决确有重大错误，据以执行将会在法律上、经济上、社会上造成不良影响的，受委托法院可以逐级上报到所在地区的高级法院。上级法院经审查，认为受委托法院所提意见不对，应责成其执行。下级法院应该服从上级法院，争议到此结束，不能无休止的争下去。如果高级法院经过审查，也认为原判确有重大错误的，应当向委托法院所在地区的高级法院提出意见。对于两个高级法院之间，经过协商仍然不能取得一致的，委托方所在地区的高级法院可以报最高法院要求协调。我们相信，经过两个高级法院之间的认真协商，对其中的绝大多数案件是应该能取得一致意见的。

3. 对于异地执行的案件，因为得不到当地法院协助而至今尚未执行的，外地法院如再派人来执行，当地法院应当积极协助执行。如果外地法院改用书面委托执行的，受委托法院应当作为过去要求协助执行的遗留问题抓紧执行。不论是再派人去或改为委托执行，如果双方法院发生意见分歧，应按照上面谈到的逐级协调的程序办理。

4. 对于一个债务人有多个债权人，而被执行人的财产不足清偿所有债权人债务的，应当由受委托法院（也就是被执行人所在地法院）统一协调执行，对确定的债权按比例清偿债务。受委托法院不得对本地的债权人和外地的债权人搞不平等待遇。

5. 上面谈到的两个高级法院经过协调仍然不能取得一致意见的执行案件，由委托法院所在地区的高级法院报最高法院协调。受委托法院所在地区的高级法院也要向最高法院报告不能执行的理由。报最高法院协调的执行案件，高级法院应当经过认真研究，重大疑难的要经审判委员会讨论。报告应经院长或者主管副院长签发。并注明签发人。这样做一则便于联系，二则也可促使签发人更加慎重考虑，下笔之前要吃透案情，使报告在事实和法律上完全站得住脚。而不只是划一个圈，将矛盾上交了事。

6.对于报到最高法院协调的未结执行案件，最高法院根据双方报来的材料，有的直接作出批复；有的需召集双方到京面议；有的也可指定时间约请两个高级法院到执行地研究解决。

7.时间要求。受委托法院应在4月份内，对于那些各方对生效法律文书无异议，被执行人有执行能力的案件全部执行完毕；对被执行人没有执行条件，需要中止执行或终结执行的，也要把事实和理由反馈给委托法院。受委托法院最迟在6月底前应对外地法院去年年底前委托执行的案件，全部有个结果。请各高级法院将工作进展情况、存在问题、工作经验和典型案例，每月向最高法院简报一次。

8.为了推动这次集中清理跨省、自治区、直辖市委托执行案件的工作，请各高级法院注意抓住好、坏典型，进行剖析和总结，及时表扬和批评。对积极协助执行，成绩卓著的，要通报表扬；对于消极拖延，甚至无理顶着不办的，要点名批评。对于不依法办事，搞地方保护主义，坚持不改，造成恶劣影响的要给以必要的纪律处分。

三、几点要求

第一，各级法院特别是各级法院的领导干部，要提高对执行工作重要性的认识。加强执行工作是坚持严肃执法的组成部分。当前“执行难”已成为困扰人民法院工作，损害人民法院形象，影响法制秩序的主要问题之一。任建新院长在全国高级法院院长会议上的讲话中严肃指出：“近几年来，案件审结后“执行难”的问题十分突出。”“案件执行不了，使当事人的合法权益得不到应有的保护，损害判决的严肃性和法律的尊严。”他要求各级法院必须下大力气认真抓好执行工作，改变“执行难”的现状。这次集中清理长期悬而未结的跨省、自治区、直辖市的经济纠纷执行老案，是解决整个“执行难”的重要一环，它将推动全国法院之间在执行工作方面的相互协作，改变少数“老大难”执行案件久拖不决的被动局面，提高执行工作的执法水平。这是排除地方保护主义和部门保护主义对执行工作影响和干扰的一次重大实践。也是发挥我们人民法院整体优势的一次重大实践。希望各级法院广大干警动员起来团结协作做好这项工作。

第二，要提高办案质量。这是搞好执行工作的基础和前提。经济纠纷案件的办案质量，在以事实为根据、以法律为准绳这个总的审判原则下，必须强调两点：一是公正；二是合理。所谓公正，就是秉公执法，不办关系案、人情案，敢于抵制和排除地方保护主义的影响和干扰，不偏袒本地的一方，公正保护双方当事人的合法权益。所谓合理，就是实事求是，处理案件的结果要有利于发展社会生产力，有利于促进改革开放，有利于维护社会稳定。总之，不仅要在法律上站得住脚，而且办案的经济效果和社会效果，也要经得起检验。通过提高办案质量，为加强执行工作打下更好的基础。通过搞好执行工作，促进办案质量的进一步提高。

第三，要依法执行，文明执行。委托外地法院执行的，委托法院应当出具委托书并附生效法律文书的副本。委托书应当提出明确的执行要求，有可能的话，还要提供所掌握的可供执行财产的线索。受委托法院在执行中要做好法制宣传和思想教育工作。即使需要采取强制执行措施的，也应当严格依照民事诉讼法的规定进行，有完备法律手续。特别要提醒的是：绝不能随便抓人、扣人，以“人质”促执行。这种执法违法的事情，不应该发生。

第四，要加强相互协作，树立全局观念。受委托法院不得因委托法院和自己的关系亲疏远近而不同对待，也不应该以对方是否协助本院执行作为交换条件。受委托法院应当明确：协助执行是法定义务，做好协助执行工作是份内的任务。每一个人民法院的辖区是有限的，但是我们30个高院，300多个中院、近3000个基层法院和18000个人民法庭遍布全国城乡。人民法院的执行工作，不应该有“死角”，不应该有“鞭长莫及”的地方。大家都认真负责地协助执行，就能发挥我国人民法院的整体优势。这是我们加强执行工作的力量所在，也是我们做好执行工作的信心所在。我们要再次强调：协助执行工作是履行法定的义务，不是可执行可不执行。对委托执行采取推诿、应付的态度，说得严重一点是玩忽职守。偏袒本地当事人，利用职权进行刁难、阻挠，为被执行人规避法律义务出谋划策，更为法纪所不容。

这次组织各高级法院集中清理跨省、自治区、直辖市委托执行的经济案件，是最高法院为解决“执行难”的问题，进一步推动执行工作的开展而采取的一项措施，也是全国各级法院的共同任务。请各高级法院务必精心组织、加强指导，做好督促和协调工作。最高法院经济庭除了抓这次集中清理的工作进度、经验交流和表扬批评以外，上半年要集中对手头现有的“老大难”经济执行案件，组织协调。希望各高级法院和有关法院密切配合，顾全大局，团结协作，共同维护社会主义法制的统一和尊严。让我们各级法院共同努力，把这次集中清理跨省、自治区、直辖市委托执行老案抓紧、抓好、抓出成效，开创执行工作的新局面，更好地为保障改革开放和经济建设服务。

华联奎副院长在第二次全国法院执行工作电话会议上的讲话（摘要）

（1992年6月10日）

（一）

同志们：

今年以来，各地法院认真贯彻全国法院院长会议和3月19日电话会议精神，结合本地本院的实际，在各级党委、人大的领导和支持下，加强了执行工作的部署，进行了大量的艰苦工作，执行了一大批委托执行的案件。形成了全国法院合力狠抓委托执行工作的局面，取得了积极的成果。我借此机会对各级法院领导和执行工作同志作出的努力，表示亲切地慰问。

据不完全统计，年初全国各级法院互相委托执行的案件有6000多件。到目前为止，执行完毕的约占30%，部分执行的占10%，确无履行能力应该中止或可以终结执行的约占10%，两地法院之间对原判决和如何执行有不同意见的约占1—2%。因此，一方面执行工作的成绩应该充分肯定，虽然执行完毕和部分执行的案件还不到半数，但其中有不少是过去几经执行未能结案的“老大难”，或者是长期搁置一边没有顾得上办的执行案件，这些成绩的取得是很不容易的。但另一方面，还有半数委托执行案件没有了结。特别是委托法院的“感受”和被委托法院还很不一样，如吉林讲他们委托外地法院执行的82件，解决的只有2件，还不到1/10。固然差异的原因可能与执行后信息没有及时反馈给委托法院有关，但无论如何一定要认识到未了的任务还相当繁重。我想，从总体上说，大家要切实加强执行工作的认识是一致的，无论从为改革开放和经济建设服务的需要，从保障社会稳定的高度，从保护当事人合法权益的角度，或者从维护法院判决的权威、法律的尊严、法制的秩序出发，加强执行工作都十分重要。现在还需要进一步统一认识的有两点：一是要把重点放在执行外地委托执行的案件上。有的法院把大量执行人员派往外地执行自己的案件。有些法院看到外地法院派员外出执行，认为自己如果不外出执行会落空，也纷纷外出执行案件。这种在全国法院统一组织集中力量加强相互委托执行工作的时候，不把重点放在执行外地委托的案件上，而组织大量人员外出执行的做法，不仅削弱了乃至抽空了执行外地委托案件的力量，而且也影响外地忙于接待，干扰了全国法院系统清理相互委托执行的工作部署，应该坚决纠正。二是担心自己认真执行外地委托，而外地不认真执行自己的委托，会吃亏，要看一看，要搞对等。这也是妨碍我们搞好全国范围相互委托执行必须进一步统一的认识。我们认为，应从全局出发，应从我做起。全国各地各级法院都积极完成外地委托执行的案件，本地在外地的执行案件，就自然都可以得到解决了。坚持这样做，每个法院都这样做，不仅节省执行的人力、财力和时间，提高工作效率，而且也是解决执行难的一个有效途径。这几年的实践，反映出在外地的案件是执行工作的一大难点。因此，要加强执行工作，一定要加强被执行人在外地的那部分案件。而执行外地案件的最合法合理的途径在于加强法院间相互委托执行，它有利于提高办案效率，有利于保证执行的社会效果，有利于体现社会主义法制的统一，有利于缓解法院人员不足和经费短缺的矛盾，有利于法院队伍的廉政建设，甚至还有利于锤炼和增强各级法院抵制和克服地方保护主义的干扰的责任感和原则性。我们希望通过这次组织的集中清理相互委托案件，能够强化法院执行委托案件是履行法定义务的观念。通过严格依法办事，坚持秉公执法，提高执法水平，形成法院系统的整体优势，建立法院间依法委托执行的正常秩序，更好地发挥审判机关的职能作用。

（二）

现在离6月底不到一个月的时间，这次组织集中清理的委托执行案件还有半数没有结果，任务很重，难度更大。要求我们各级法院再接再厉，继续努力，按原定部署在6月底前对这批委托执行的未了案件，认真执行或作出不能执行的必要交待。

经过这段工作，对外地委托执行的案件仍然执行不了，除了有的法院是由于不重视，不认真的因素以外，不外乎有三个方面的情况：一是找不到被执行人；二是被执行人没有可供执行的财产；三是两地法院对原判或如何执行认识不一致。对这几种情况，大家在实践中探索和积累了不少好的做法和成功的经验。例如：关于找不到被执行人的问题。如果被执行人找不到，只要能查到有可供执行的财产也行，可依法执行其财产；如果查到被执行人外出有相对固定落脚地点的，可以通知委托法院转到现在下落所在地法院执行。我们全国各地都有法院，这样做就会使那些蓄意逃避债务的人无处躲藏。一般来讲，受委托法院只要认真查找，总是可以发现被执行人下落的。在这方面不能采取“应付公事”的态度，不能一次上门不见人就称找不到。要认真负责加千方百计。如果受委托法院经过认真查找，确实找不到被执行人的，要有详细查找记录，存卷备查，并通知委托法院，这也算是作出了交待。

关于被执行人没有可供执行财产或者没有执行条件的问题。也要针对不同情况，区别对待。有的是无钱有货或其他可供执行的财产，可商得债权人同意，合理作价，以货抵债；有的是被执行人陷入“三角债”，可以根据被执行人的债务和债权情况，把执行判决与解开“三角债”结合起来考虑；被执行人由于市场变化、销售疲软等情况暂时困难，一时缺乏执行能力，可以“放水养鱼”，允许分期偿付，但要制订还款计划，提供必要的保证；被执行人已资不抵债，且没有存在价值的，应依法破产还债；被执行人已经关停并转有新的义务承担人的，应督促新的义务承担人承担清偿债务的义务；被执行人转移、隐匿、分散财产的，当然应该设法追回，及时执行，等等。总之，执行阶段是诉讼程序的组成部分，在执行中必须既要严肃执法，又要实事求是，既执行了判决，而且执行有好的社会效果，有利于保护和发展生产力，有利于促进改革开放，有利于社会稳定，有利于保护当事人的合法权益。

至于受委托执行法院和委托执行法院对某些案件的判决和如何执行有不同意见，本来是正常现象，可以起到互相监督和互相启发的作用，不是坏事。当然，有了不同意见，又相持不下，久拖不决，那就不是一件好事。解决这类争议，要坚持一个原则，那就是最基本的审判原则，即以事实为根据、以法律为准绳。在这个原则之下，要排除两个障碍：一是地方保护主义的干扰；二是死要面子，固执己见，意气用事。坚持了这个原则，排除了这两个障碍，一些有不同意见的案件，经过认真讨论和必要协调，是应该可以统一起来的。实践中，一些有争议的案件，往往不是哪一方的认识都完全正确，如果各执一端，必然不够全面，有失公允。遇到这种情况，我们要善于抓本质，看主流，虚心听取不同意见，尊重事实，坚持原则，顾全大局，得出最恰当的结论。相信通过双方所属高级法院认真地交换意见，绝大多数法院间有争议的执行案件，是可以得到妥善解决的。

（三）

当前，需要特别提出应该注意的一个问题是：执行工作必须严格按照法律规定的程序和要求办事，决不能不择手段。在执行中遇到阻力难免，要加强法制宣传，做好当事人的思想工作。强制措施作为执行的手段之一，不能不用，但不能滥用，实施强制措施时一定要依法有据，手续完备，措施得当，切实可行，既要坚决，又要慎重。绝不能随便抓人、扣人，以“人质”促执行。现在，有个别法院乱抓人、扣人。河南省沈丘县法院就是突出的例子。他们连续两次分别到江苏省吴县和南通，违反法律规定的程序和最高法院的规定，将被执行人强行捆绑，押回沈丘关押，历时各20多天。对于沈丘县法院一再违法抓人的行为是否已构成滥用职权侵害当事人人身权利的问题，责成河南高院会同江苏高院将事实核对清楚，依法查处。希望各地各级法院也引以为戒，严格依法办事，注意执行的社会效果，不断提高执行工作的执法水平。

这次集中清理委托执行案件以来，大家都注意了抵制地方保护主义，绝大多数法院都能够做到秉公执法，顾全大局。有的一经发现，便坚决纠正。河南省高级法院严肃依法查处平顶山市中级法院原经济庭庭长李金贵等人执法犯法，刁难外地法院的行为，就是严明法纪的一例。地方保护主义，当前依然是影响秉公执法的一个“威胁”，各地法院在执行工作中仍应注意坚决抵制和克服。

现在离6月底不到一个月时间了，集中清理委托执行案件余下的任务还很艰巨。请各高级法院认真分析本地区受委托执行案件的情况，深入实际分类指导，及时研究解决执行工作中的具体问题，进一步统一认识，加强执行工作。对于所属执行工作被动的单位，要重点帮助，督促他们把工作跟上来。我们要求到6月底，对3月底以前依法委托执行的案件能件件有结果。7月中旬最高法院将再次召开电话会议进行交流总结。让我们全国各级法院共同努力，把委托执行工作扎实、有效、健康地向前推进，在6月底完成集中清理委托执行案件的整体部署，为维护社会稳定和促进改革开放和经济发展服务得更好。

华联奎副院长在《经济合同法》实施10周年报告会上的讲话

（1992年7月3日）

同志们：

今年是《经济合同法》实施10周年。这十年，正是我国实行改革开放，发展国民经济，取得巨大成就的十年，也是我国社会主义法制不断完善的十年。《经济合同法》从法律上规定了横向经济活动必须遵循的准则。它的颁布与实施，为保护经济合同当事人的合法权益，建立经济领域良好的法制秩序，保障改革开放的顺利进行，促进社会主义商品经济的繁荣和发展，发挥了积极的作用；也为人民法院审理经济合同纠纷案件提供了重要的法律依据。

人民法院经济审判工作的一项重要任务是审理经济合同纠纷案件。10年来，全国各级人民法院严格依照《经济合同法》和其他经济法律、法规，审结各类经济合同纠纷案件300多万件，争议标的金额超过1000亿元。通过对这些案件的依法审理，合理解决各类经济合同纠纷，保护合法权益，制裁违约行为，打击违法经营，为治理经济环境，整顿经济秩序，发展生产，搞活流通，促进改革开放，发展社会主义商品经济，提供了有效的司法保障。人民法院还结合审判活动，积极开展法制宣传，向企事业单位和有关经济部门提出司法建议，为增强公民和法人的法制观念，预防和减少经济纠纷，促进企事业单位依法经营，加强管理，提高经济效益和社会效益，都起到了促进作用。同时，通过办案，注意发现利用经济合同进行诈骗等经济犯罪的线索，有力地打击经济犯罪活动。这10年中，最高人民法院对经济审判工作中具体应用《经济合同法》的问题，先后作出了《关于贯彻执行〈经济合同法〉若干问题的意见》和《关于在审理经济合同纠纷案件中具体适用〈经济合同法〉的若干问题的解答》等一批司法解释，保证了《经济合同法》的正确实施。

当前，全国各族人民正在认真学习、贯彻邓小平同志南巡重要谈话和中央政治局全体会议的精神，加快改革开放的步伐，集中精力把经济建设搞上去。面临这样的大好形势，我们各级人民法院不仅要强化专政的审判职能作用，维护国家和社会的稳定，使改革开放和经济建设有一个良好的社会环境，而且要充分发挥调节经济关系的审判职能作用，维护经济领域的法制秩序，为建立社会主义商品经济体制和运行机制，提供良好的法制环境。经济越发展，改革越深入，开放越扩大，就越需要健全法制。正如邓小平同志指出的“要两手抓”，“还是要靠法制，搞法制靠得住些”。我们各级法院一定要全面加强各项审判工作，运用法律，更好地为加快改革，扩大开放和经济发展保驾护航。可以预见，在加快改革、扩大开放的新形势下，经济合同作为联系经济活动的纽带，运用将更为广泛；《经济合同法》作为规范经济活动的准绳，在经济建设中将会发挥更加重要的作用。

在纪念《经济合同法》实施10周年的时候，为了严格贯彻执行《经济合同法》和其他法律、法规，更好地服务于改革开放和经济建设，我们认为，需要进一步做好以下几项工作：

一、继续加强《经济合同法》的宣传教

育，使各行各业进一步增强用法律规范经济活动的意识，做到知法守法，有法必依。从起诉到人民法院的经济合同纠纷剖析，有的就是由于没有严格依照《经济合同法》和其法律、法规办事的结果。通过诉讼，固然可以分清是非，明确责任，但由此造成的损失，往往却难以全部挽回；有的虽然没有违背《经济合同法》，而是由于客观情况起了变化，合同得不到履行，即使如此，如何合理调整，保护经济合同当事人的利益，也还得按照《经济合同法》办事。我们呼吁所有的经济管理部门和从事经济活动的企事业单位和个体经营者，都要依法经营。既要用法律规范自己的经济活动，又要善于运用法律手段保护自己的合法权益。要把依法办事，作为衡量一个企业管理水平的重要标志和保证经济效益的可靠前提。

二、加快经济立法。《经济合同法》在实施10年的基础上，随着社会主义商品经济体制和运行机制的建立和健全，以及金融市场、技术市场、信息市场、房地产市场等各类市场的形成和发展，有必要加以适当的充实和修改。并尽快制定公司法、银行法、投资法、票据法和与外贸代理、融资租赁等有关的法律、法规，以适应加快改革、扩大开放，迅速发展经济的需要。

三、我们各级人民法院要坚定不移地贯彻执行党的“一个中心、两个基本点”的基本路线，牢固地树立审判工作为改革开放服务，为经济建设这个中心服务的指导思想，积极主动地为改革开放和经济建设提供法律保障，并进一步提高执法水平，提高办案质量、办案效率和办案效果。经济合同所连结的双方或几方，往往涉及不同地区、不同部门乃至不同所有制当事人的利益。人民法院是国家的审判机关，不论哪个地方的人民法院，也不论是哪一级人民法院，都是代表国家行使审判权的。审理每一起经济合同纠纷案件，都必须严格依法办案，秉公处理。对于经济合同纠纷案件当事人，不论是原告还是被告，是大单位还是小单位，是法人还是公民，是本地的还是外地的，都一视同仁，公正对待，谁有理就支持谁，谁的合法权益受到损害就保护谁，真正做到“在法律面前一律平等”。为了保证《经济合同法》的贯彻实施，人民法院还将同各有关部门保持密切联系，发挥各自的职能作用，加强协调和配合，齐心协力，更好地依法为经济建设这个中心服务。

今天，回顾《经济合同法》实施10年，展望已经出现在我们面前的新形势，我们应该对依靠社会主义法制保障改革开放和经济发展的顺利进行充满信心。

华联奎副院长在全国法院“两庭”建设会议开幕式上的讲话（摘要）

（1992年9月12日）

同志们：

这次全国法院“两庭”建设会议，是继1985年的湖南会议、1988年的湖北会议和1991年的山西会议后，又一次全国范围的“两庭”建设会议。计委、财政部门的有关负责同志应邀前来参加，共商推进“两庭”建设的大计，我们表示热烈欢迎，并借此机会代表最高人民法院和全国各级人民法院，向大力支持“两庭”建设的各级计划、财政、规划、税务、土地、城建等部门的同志们表示衷心的感谢。出席今天会议的还有贵州省的有关领导同志，我们表示热烈的欢迎。他们对贵州省各级法院的“两庭”建设，高度重视，正确决策，加强领导，积极组织，使贵州的“两庭”面貌根本改观，为财力尚不宽裕的地区也能建好“两庭”，提供了又一个学习的榜样，对正在积极推进中的全国“两庭”建设是一个极大的鼓舞。这次会议，将听取贵州省法院“两庭”建设情况的汇报并实地参观，交流各地“两庭”建设的新经验，共同研究如何把“两庭”建设再推上一个新的台阶。现在，我先讲几点意见。

一、一年来“两庭”建设取得了新的进展

去年山西会议上，我们分析了全国“两庭”建设的进展情况，交流了经验，统一了思想，明确了任务。一年来，在各级党委的领导、人大的关怀和政府及有关部门的支持下，各级人民法院振奋精神，真抓实干，“两庭”建设又有了新的进展，主要表现在：

1．“两庭”建设正式纳入了城乡建设的总体规划。去年11月，建设部和我院联合发出《关于将人民法院建设纳入城乡建设总体规划的通知》，要求各地从我国社会主义法制建设的需要出发，根据国家审判机关的法律地位，将各级人民法院和人民法庭的建设纳入城乡建设的总体规划，并在建设用地、选址、布局等方面积极给予支持。从此，“两庭”在城乡建设规划中确立了它应有的位置，有了统筹安排的依据。

2．“两庭”建设有计划地列入地方基本建设计划。去年12月，国家计委和我院第三次联合发出《关于加强审判法庭和人民法庭建设的通知》，重申“两庭”建设不属于楼堂馆所，不在停、缓建设之列，要求各地计委和法院密切配合，有计划地将“两庭”建设纳入地方基本建设计划之中，分期实施，逐一落实。根据这个文件的要求，许多地方把“两庭”建设纳入了地方基建计划统一安排，使“两庭”建设从计划上得到了保证。

3．中央和地方在政策上给予新的支持。国家税务局在以往专案免除“两庭”建设建筑税的基础上，又在《固定资产投资方向调节税暂行条例》中明文规定法院“两庭”建设投资方向调节税的税率为0%。由于这一税种属于中央财政收入，这就相当于中央给地方法院“两庭”建设投资总额20—30%的补助。黑龙江省有关部门还决定在此基础上，对法院的“两庭”建设免征土地管理费和城市建设配套费。有些地方也在土地征用的费用、城市管理的费用等方面对“两庭”建设实行一些优惠的政策，给与必要的照顾。

4．今年国家计委安排了600万元专项资金，补助地方法院的“两庭”建设。这在建国以来还是第一次。虽然金额不大，但体现了国家对法院“两庭”建设工作的重视。它作为地方特别是老少边穷等贫困地区法院“两庭”建设的启动资金和导向资金，调动了地方为“两庭”建设投资的积极性，取得了很好的效益。财政部今年对地方法院的法庭设备等项装备资金仍按去年的水平，继续给于1000万元的补助，使已建“两庭”得以及时发挥效益。

5．许多地方成立了由党政领导牵头，法院和计委、财政、城建等有关部门参加的“两庭”建设领导小组，对“两庭”建设进行组织、协调，直接解决建设中出现的重大问题。不仅省一级，而且不少地、市、县也分别成立了“两庭”建设领导小组。从而加强了对“两庭”建设的组织领导，有关部门形成了合力，建设规划得到了较好的落实，工作进度进一步加快。

6．深入调查研究，修订了建设规划。各级法院在计划、财政部门的配合下，根据山西会议的要求，进一步开展调查研究，剖析了本地区“两庭”建设的客观需要和进展情况。在此基础上，原来没有建设规划的作了规划，原来有了规划的，从实际出发，作了必要的调整，使之更加积极，更加落实。贵州省将原定到明年年底完成建设任务的规划调整为今年基本完成，到目前为止，审判法庭已经全部安排建设；人民法庭建设达91.4%。许多省、自治区、直辖市法院根据实际情况，也按今、明两年内完成“两庭”建设任务的目标，分别调整了建设规划。

7. 千方百计，开辟筹措建设资金的多种渠道。“两庭”建设所需资金，除列入基建计划由各级财政拨款和“几个一点”的主渠道外，有的法院经当地政府同意，向银行贷款进行建设；有的地方由政府出面集资，给法院建设“两庭”；有的法院将原址旧房出售得款，作为新建的部分资金来源；等等。

8. 从实际出发，探索“两庭”建设的多种模式。如内蒙古自治区，根据牧区地广人稀，交通不便，人员流动性大，而案件数量不多的特点，在牧区采用车载流动法庭巡回审判，方便牧民诉讼；山西省晋中地区中级法院和榆次市法院同处一地，相距不远，两院就在中级法院建设一个大法庭共用，基层法院只建中小法庭。

9. 广泛运用典型推动等组织“两庭”建设的成功经验，并有所发展。贵州省选择了边远贫穷、经济落后，财政困难但又全部完成“两庭”建设任务的典型赫章县，召开现场会，推广他们的经验，用实例统一认识，增强信心，为贵州省“两庭”建设在今年内基本完成奠定了良好的思想基础。山西省晋城市中级法院在组织全市的“两庭”建设工作中，实行“五定责任制”，即根据建设的规划和要求，制定“两庭建设责任书”，明确“两庭”建设的“五定”责任：定工程、定质量、定工期、定投资、定领导，增强对“两庭”建设的责任感；湖南、山西、内蒙古等地组织全省（区）法院对“两庭”建设情况进行检查评比，表彰先进。经验得到借鉴，榜样就是力量，从而全面推动“两庭”建设的进程。

10. 经过一年的努力，一批新的“两庭”建成投入使用。据统计，目前已建和正在建设审判法庭的法院共2427个，约占全国法院总数的3/4，已建和正在建设的人民法庭有11277个，约占全国法庭总数的60%，均比上年增加约10%。目前，审判法庭建设已经完成80%以上的有湖南、湖北、江苏、浙江、山西、贵州、四川等14个省、自治区、直辖市；人民法庭建设已完成80%以上的有湖北、江苏、山西、贵州、上海、天津等8个省、直辖市。通过大家的共同努力，我们朝着二至三年在全国范围内基本完成两庭建设任务的总目标又前进了一大步。

存在的问题，客观上主要是：当前各级财政都不宽裕，需要建设的项目很多，因而在建设资金的分配上，“两庭”建设在当地排不上适当的位置，或列上了计划而资金不能按时到位，贫困地区尤其是如此。主观上，对“两庭”建设的重要性和紧迫性，认识上尚有差距，有的面对困难，不是千方百计，积极争取，而是比较被动，信心不足，办法不多，措施不力，进展不大。

综上，一年来，全国法院的“两庭”建设工作取得了新的进展，正在扎扎实实地继续向前发展。但是从全国来说，待建的还有约800个人民法院和8000个人民法庭，任务依然十分繁重，而且更加艰难，需要我们作坚持不懈的努力。

二、认清形势，进一步提高对“两庭”建设的认识

当前，全国上下都在认真学习和贯彻落实邓小平同志南巡重要讲话精神和政治局全体会议的决定。一个加快改革开放步伐，集中精力把经济建设搞上去的热潮已经在全国范围内出现。各级人民法院作为国家的审判机关，应当充分发挥职能作用，为经济建设这个中心服务，加强人民民主专政，惩办各种犯罪活动，保障公民的合法权益，为改革开放和经济建设提供稳定的社会环境和良好的社会主义法制秩序，保障和促进改革开放和经济建设的顺利进行。审判机关为这个大目标服务，“两庭”是必不可少的基本条件。我们一直把“两庭”建设作为法院建设的重要组成部分。在加快改革开放步伐，健全社

会主义民主和法制的新形势下，尤其应该如此。“两庭”建设的步伐必须紧紧跟上改革开放和经济建设的步伐，落后了就会拖后腿，只有相适应才能服好务。对此，各级法院应当有强烈的责任感和紧迫感。这是我们首先要统一的认识。

其次，“两庭”建设要看经济条件，但决不能等待经济发展了再考虑“两庭”建设。因为改革开放和经济的发展，需要健全的社会主义法制去维护它，保障它。正如贵州省委书记刘正威同志指出的：关心、重视、支持法院工作，加快“两庭”建设步伐，既是坚持上层建筑为经济基础服务，又是坚持“两手抓”方针的具体体现。全国各级法院去年审理的经济纠纷案件的标的额达216.4亿多元，通过打击经济犯罪，为国家挽回直接经济损失5.2亿多元（按每个基层法院建设一个审判法庭需要50万元投资计算，5.2亿元可以建设1000多个）。仅从这个意义上说，“两庭”建设也不是和经济毫不相干的。而且从总体上来说，要加快改变经济的落后面貌，才更需要加强社会主义法制建设。黑龙江省常务副省长陈云林同志说得好：现在各级财政都有困难，这是事实，但还没有困难到不能搞基本建设的地步，只要能搞基本建设，就要按要求搞好“两庭”建设；他要求各级计划、财政、城建、土地、税务等部门要各尽其责，密切配合，不许相互推诿。我们仍以贵州为例。国务院确定的331个国家扶贫县中，贵州省有19个，1991年经国务院确定的214个非国家重点扶贫县中，贵州又占了27个。在这样财政比较困难的条件下，如今“两庭”建设已经基本完成，它有力地证明对“两庭”建设重要性如何认识，把它放在什么位置上，这对“两庭”建设能否取得实效更具有决定性的意义。可见，对“两庭”建设来说，经济是基础，认识是关键。我们认为，地方的财政经济状况无疑是“两庭”建设标准高低的物资基础，但决不能成为不搞“两庭”建设或推迟建设的理由。正确认识“两庭”建设同经济建设的关系，就能够将“两庭”建设摆上一个适当的位置，就能够象贵州省那样，“有条件要上，暂时没有条件想方设法创造条件也要上”。

第三，要正确认识“两庭”建设和审判工作的关系。目前，各级法院的审判任务繁重。进行“两庭”建设，会牵扯一定的力量，特别是院领导的精力。抽调干警投入“两庭”建设，势必会在一定的时期内使审判任务同力量的矛盾更为突出。但是，我们必须要认识到，“两庭”建设是保证人民法院严格依法办事的基本条件，它关系到提高审判工作的质量、效率和办案效果，它有利于提高法院的队伍素质和执法水平。我们赞赏贵州的同志那样认识问题：不抓“两庭”建设的法院领导，不是称职的领导。

第四，应该清醒地看到，“两庭”建设余下的工作量从全国来说并不是一个小数。即使是基本完成的地区，也还有未突破的难点。其建设的条件比之已建的，往往更为艰难。行百里者半九十，何况我们还没有达到九十。但是，我们也应当看到，随着改革开放的深入和经济建设的发展，综合国力不断提高，地方财力持续增长，加强社会主义法制更加深入人心，已经建成的“两庭”越加显示出其应有的作用，“两庭”建设将进一步赢得有关部门和社会各界广泛的支持。从目前的发展趋势看，再用二、三年的时间基本完成全国法院的“两庭”建设任务的目标是完全有可能达到的。我们应该审时度势，在全党全国加快改革开放步伐，集中精力把经济搞上去的大气候中，把“两庭”建设的任务摆到应有的位置上，明确责任，抓住时机，下大力气，坚定不移地去实现我们预定的目标。

三、振奋精神，坚持不懈，把“两庭”建设继续推向前进

目标已经确定，关键在于落实，我们要求：

1. 进一步加强党的领导

各级法院的同志，应全面地、如实地向当地党委汇报“两庭”建设的进展情况和存在的问题，争取党委的领导。一年来“两庭”建设的实践，又一次证明，那个地方的党委重视，决策正确，那个地方的“两庭”建设就搞得好，上得快。贵州省所以能后来居上，首先是省委的高度重视，省委书记刘正威同志多次主持省委常委会，听取法院“两庭”建设工作的汇报，及时解决“两庭”建设中的难题，省人大、省政府领导多次亲临“两庭”建设的现场，进行督促指导，使贵州的“两庭”建设得以顺利完成。河南省委副书记林英海同志也指出：“两庭建设涉及的部门多，仅靠法院一家不行，必须各级党委、政府出面组织、协调和领导”。讲得很好。我们希望各地都能在党委领导下，成立以党政领导为主，有计委、财政、规划、土地等部门负责人参加的“两庭”建设领导小组，指导“两庭”建设，检查督促建设计划执行情况，研究解决存在的问题，使党委的正确决策，得到贯彻落实。这是加快“两庭”建设很重要的组织保证。

2. 认真检查和切实修订“两庭”建设的规划

尚未完成“两庭”建设任务的地区，要对已订的建设规划，深入分析实施的条件，研究落实的措施，从实际出发，进行必要的修订。没有按要求编制规划的地方，应抓紧以县为基本单位，编制出“两庭”建设规划，将“两庭”纳入城乡建设总体规划，并有计划地纳入地方基本建设的年度计划，尽快地把“两庭”建起来。高、中级法院在抓紧自身审判法庭建设的同时，要对下级法院的“两庭”建设加强指导和帮助，对是否纳入城乡建设规划和年度基建计划，应认真检查，督促落实。也恳切希望计委、财政、税务、土地、规划等部门在考虑各项建设时，务必把“两庭”建设放到适当的位置上。这不仅是为各级法院改善执法条件办了一件实事，也是为巩固人民民主专政，为改革开放，为保障经济建设这个中心，做出有益的贡献。

3. 多渠道筹措建设资金

根据国家现行的财政体制，“两庭”建设的资金来源仍应以地方为主，并通过省、地、县、乡几个“一点”，群策群力，多渠道筹措。国家计委安排的“两庭”建设专项补助，只能是启动资金。我们要更合理的分配这部分有限的资金，讲究投入的效益。最重要的还是要求各级计委按国务院的要求将“两庭”建设有计划地纳入当地的基建计划。这是“两庭”建设的基本途径。

同时，要进一步提高“两庭”建设资金的使用效益。合理设计，科学安排，缩短工期，修旧利废，都可以起到降低建设费用的作用。据山西省不完全统计，全省法院干警发扬艰苦创业、勤俭建庭的精神，共节省和减少开支四五百万元，不无小补。

4. 发扬主动精神，加强团结协作

各级人民法院要加强对“两庭”建设工作的组织和推动。法院是“两庭”建设的主要责任者和具体组织者。法院应主动向党委、人大、政府如实汇报“两庭”的现状和提出切实的建设规划，积极争取实现。计委、财政、建设等有关部门也同是“两庭”建设的主人，我们热切要求能同心协力，共挑重担。各级法院领导都应亲自动手，狠抓实干，逐一落实。并在法院内组织起一个精干高效的“两庭”建设班子，做到组织落实。这个班子里的人，要有高度的政治责任心，要视“两庭”建设为己任，要有奉献精神。

5. 掌握建设标准，坚持实事求是

在建设规模上，“两庭”建设应以满足审判工作的实际需要，符合依法办事的基本条件为标准。每个人民法院都应有足够数量的审判法庭和一定数量的调解室及附属房间，使一切诉讼活动都能有法定的场所，不在办公室甚至宿舍中进行。不同的地区，可根据各自的审判任务和经济条件，从实际出发，确定建设的规模。在建设标准上，要坚持“庄严、实用”的原则。提倡简朴节约，反对奢侈豪华。在筹措资金暂时有困难的地方，可以适当降低建筑和装饰的标准，不要推迟建设的进度。盖不起楼房盖平房，内外墙装饰适当从简，日后可随着当地经济建设的发展逐步加以改造和改善。资金不能一次到位的，在确定总体设计的范围内，可以分期建设，逐步配套完善。

6. 搞好各项审判工作，促进“两庭”建设

要继续贯彻“一手抓审判，一手抓建设”的方针。我们十分强调“两庭”建设，其目的就是为审判工作提供最基本的工作条件。事实上，充分发挥审判职能作用，也有助于促进“两庭”建设。有个中院在审理一起交通事故时，发现个体运输户有偷漏税问题，他们就此在深入调研的基础上，向有关部门提出司法建议，并协助他们依法制定了有关规章，整顿了当地的税收管理秩序。就此一项，为地方增加税收上百万元。当地有关部门感受到审判工作对保障经济建设的重要作用，就主动增加了对“两庭”建设的投入。山西省古交市河口人民法庭，携卷下乡巡回办案，使各乡镇、厂矿、驻地单位认识到人民法庭在促进安定团结，发展经济建设中的保障作用，给了人民法庭建设以大力的支援。“两庭”建设好了，法院的执法条件得到改善，审判工作的质量和效率进一步提高，从而更好地为经济建设服务，形成了良性循环。

同志们，去年的山西会议对全国的“两庭”建设有很大的推动。这次我们通过实地考察，相互交流，一定也能从贵州省的“两庭”建设中得到新的启示，推进全国“两庭”建设上一个新的台阶。

让我们为完成全国“两庭”建设的任务，加强社会主义法制而共同奋斗。

祝大会圆满成功！

华联奎副院长在全国法院“两庭”建设会议结束时的讲话（摘要）

（1992年9月19日）

同志们：

刚才几个同志的发言，联系贵州的宝贵经验，并结合自己的实际情况，谈的很深刻，一方面使贵州的经验更添光彩，另一方面也使我们对如期完成“两庭”建设任务的目标增强了信心。下面，我向大家传达一个重要的信息，对今后的“两庭”建设工作谈几点意见。

一、最近，李鹏总理作了重要批示：“同意加强两庭建设，请计委和财政部联合发文，以引起地方重视。”这充分体现了党中央、国务院对“两庭”建设的高度重视。这段批示对我们这次会议和对全国法院都是极大的鼓舞。批示的三句话点到了“两庭”建设工作的关键问题。首先，中央是同意加强“两庭”建设的，把“两庭”建设摆上了重要的位置；第二，中央了解法院进行“两庭”建设工作的艰难所在，让计委和财政部门两家联合发文；第三，要引起地方的重视。按我国目前的财政体制，“两庭”建设主要靠地方安排投资和组织建设。这是中央在全国法院“两庭”建设工作的关键时刻发来了新的“动员令”，必将有力地推动“两庭”建设工作加快步伐继续向前发展。

二、谈几点意见：

1. 要充分肯定贵州省“两庭”建设的成

绩

在参观中大家都看到了，贵州新建的两庭“庄严、实用”。在座各位都是“两庭”建设的过来人，知道这项工作的难度。贵州的“两庭”建设在财政并不富裕的情况下取得这样的成绩，很不容易，值得敬佩和学习。首先是各级党政领导十分重视，从加强社会主义法制的高度，作出正确的决策，把“两庭”建设放到了适当的位置。第二是各级法院积极主动，克服困难，锐意进取，全体干警齐心协力。第三是因地制宜，有的选择适当地点易地新建；有的就地翻、扩建；有的利用旧房进行改造，使机关面貌和执法条件大有改观。第四是狠抓实干。对两庭建设中遇到的具体困难，千方百计，一个一个地去解决，十分艰苦。建设中还贯彻了勤俭节约的方针，精神可嘉。结果是工期短，造价低，效果好。概括起来，就是：领导重视、积极进取、因地制宜、狠抓实干。它充分说明了：经济是基础，认识更关键，落实靠努力。我们衷心希望贵州省的同志们继续努力，一抓到底，切实落实刘正威书记所讲明年全面完成建设任务的目标，并在此基础上不断的完善、配套，使各级法院有足够的合格的“两庭，保证审判工作的需要。

2. 振奋精神，树立信心，把两庭”建设继续推向前进

去年的山西会议上，我们提出争取两三年内在全国范围内基本完成“两庭”建设的任务。现在已经过了一年。通过这次会议，大家的信心更坚定了。各地发展不平衡，但都有决心去努力实现这个目标。讨论中普遍反映，各地各级领导越来越重视“两庭”建设，有关部门也更加理解和有力支持，随着改革开放和经济建设的发展，综合国力进一步加强，建设“两庭”的经济基础会更好，各级法院建设“两庭”的队伍和经验也越加成熟，“两庭”建设的路不是越走越窄，而是越走越宽，“两庭”建设必将会有更大的进展。特别是中央领导同志的重要批示，对正在进行的“两庭”建设是强大的动力。进展较快的地方要乘胜前进，更上一层楼。差距较大的地方，务必借此机会，努力工作，开创新的局面，加快“两庭”建设的步伐。已有了建设规划尚未完全落实的地方，更要加强工作，尽快逐一落实。没有完成建设任务的地方，困难特别是建设资金方面的困难较大，“两庭”建设是保障改革开放和经济建设的需要，是保障社会稳定和经济发展的需要。说没有困难，是不客观的，但从贵州的经验看，困难再大，也总能够有解决的办法。法院是国家的审判机关，随着改革开放和经济建设的深入发展，法院的各项审判任务将会越加繁重。我们要面对困难，充满信心，加紧工作，尽快完成“两庭”建设任务，为审判工作提供必要的条件。

3. 把贯彻李鹏总理的批示，学习贵州的经验，推动本地的“两庭”建设落在实处

（1）要认真学习小平同志的南巡重要讲话和中央领导同志重要批示的精神，进一步提高我们对加强社会主义法制建设的思想认识，增强“两庭”建设的紧迫感和责任感。

（2）各级法院要和计委、财政及其他有关部门通力合作。具体分析本地区“两庭”建设的现状，找出存在的主要问题，研究解决的方案，及时作出正确的决策，做到有目标，有措施，能落到实处。上级法院要帮助和督促下级法院加强“两庭”建设，一级抓一级，层层负责，逐一落实。

（3）会议以后，各地要向党委和人大、政府认真汇报会议的精神和要求，特别是要向党政领导报告中央领导同志的有关批示，申述“两庭”建设的紧迫性，并结合当地的具体情况，提出加快“两庭建设步伐的意见，争取领导和支持。有“两庭”建设领导小组的地方，要报请领导小组讨论研究和贯彻落实。

（4）对已经建好的“两庭”要加强管理，合理使用，搞好维护保养，使其不断完善，发挥效益，并逐步规范化。

我们进行“两庭”建设是为了改善法院的执法条件，使各级法院能够充分发挥审判

职能作用，搞好各项审判工作，为改革开放和经济建设保驾护航。因此建好必须用好。同时，必须明确“两庭”建设只是提供了基本的办案条件，要搞好审判工作，发挥职能作用，更重要的还在于加强队伍建设。只有高素质的队伍，才能发挥“两庭”的作用，更好地完成我们所担负的审判任务。否则，仍不可能实现我们花大力气进行“两庭”建设的初衷。

4. 关于明年召开“两庭”建设会议的问题

经过多年努力，“两庭”建设工作已经有了很好的基础，中央领导同志又作了明确的批示，我们有理由相信，“两庭”建设工作将会取得更为显著的成绩。设想明年的适当时机能召开一次会议，进行总结检查，并对“两庭”建设搞得好的单位和个人进行表彰。表彰的标准：(1) 指导思想明确，积极进取，艰苦努力；(2) 所建的“两庭”符合标准，能够满足审判工作的需要，庄严、实用；(3) 对所建的“两庭”管理使用得好；(4) 审判工作成绩突出，建设的“两庭”真正发挥了作用。最后这一条也是我们进行“两庭”建设的最终的目的。我们要利用“两庭”建设所提供的条件，搞好审判工作，树立法制的权威，维护人民法院以及法院干部队伍的应有的形象。

明年将是全国法院的“两庭”建设能否实现预定目标的关键时刻。希望这次会议以后，各级法院能够充分利用当前十分有利的条件，认真贯彻落实中央领导同志的重要批示，加快“两庭”建设的步伐，取得更大的成绩。

我们这次会议得到了贵州省的各级党政领导的支持，也得到了各新闻单位的协助，我代表全体与会同志向他们表示衷心的感谢，贵州省各级法院的同志为这次会议精心安排，使会议能够顺利、圆满地结束，在此，也对他们表示衷心的感谢。

华联奎副院长在第三次全国法院集中清理委托执行案件工作电话会议上的讲话（摘要）

（1992年9月29日）

一

关于集中清理跨省、自治区、直辖市委托执行案件的工作，我们已先后召开过两次电话会。在今年3月19日的电话会上，强调了集中清理的必要性；界定了清理范围；明确了清理的程序；提出了具体要求。在今年6月10日的电话会上，交流了集中清理的进展情况；强调了需要进一步统一认识的问题；针对存在的一些共性问题提出了意见；要求在执行中特别注意严格按照法定程序办事，切实依法保护双方当事人的合法权益，坚决抵制地方保护主义的影响和干扰；严肃指出，有的法院不择手段以抓人促执行的错误做法必须坚决纠正。各地人民法院在各高级人民法院的具体组织和指导下，及时贯彻了这两次电话会议的精神，同时针对当地的实际情况，作了具体部署。各级人民法院经过共同努力，在这段时间内集中清理了一大批委托执行和协助执行的积案，带动了整个执行工作的开展，积累了一些成功的经验。

总起来看，这次集中清理委托执行案件工作的收获，主要表现在：

（一）摸清了底数，执行了大批案件。据25个高级人民法院统计，这次集中清理出在1991年12月31日前跨省、自治区、直辖市委托执行的未结积案共7539件。经集中力量加强执行工作，到今年6月底，已全部执行完毕的案件占积案总数的39.1%，已部分执行的案件占积案总数的17.3%，以上两项合计占积案总数的56.4%（这是6月底的数字，到现在又经过了两个多月，比例应高于这个数字）。据18个高级人民法院统计，已执行到手的标的金额14987.9万元（其他高院的统计表上没有标的数）。这是个不小的成绩。

从代为执行完成案件数字看，内蒙、江西、上海、浙江、江苏、山东、湖南、广东等全部执行完毕和部分执行的都达到了70%以上。从代为执行完成的标的金额看，黑龙江省最多，共3679.5万元，湖北省1705.8万元，广东省1237万元，浙江省1152万元，江苏省900万元，福建省851万元，山东省809万元。数字比较高。这些成绩是来之不易的。

（二）带动了整个执行工作，锤炼了执行工作队伍。这次开展集中清理委托执行案件工作，是在这两年来普遍加强执行工作的基础上，针对被执行人在外地的案件执行难度较大这一突出问题进行的。很多法院把集中清理委托执行案件与开展本省的全面执行工作很好地结合起来，抓住了这个难点，取得了进展，也进一步带动了整个执行工作。有的法院领导亲自组织动员，有的积极为改善执行环境创造条件，包括安排人员和交通工具，有的深入检查和经常督促，有的多次向当地党政、人大汇报，争取支持，等等。广大执行人员发扬连续作战、不畏艰难的精神，使大批过去多年难于执行的案件得到了有效的执行，涌现出许多感人的事迹。不少人民法院在执行案件中做到先人后已，顾全大局，排除各种阻力，克服许多困难，完成好代为执行的任务。例如：黑龙江省七台河市中级人民法院，在最高人民法院和省法院部署以后，迅速组织力量投入集中清理工作，很快代为执行完毕9起案件，平均结案时间仅用22天。江苏省南通市中级人民法院，受委托执行案件共76件，已办结72件，结案率达95%。广东省陆丰县人民法院。受委托执行案件达48件，他们专门抽调力量，顶住各种压力，经过细致工作并果断采取强制措施，已依法执行完毕19件，部分执行16件。湖南省桃源县人民法院受江苏省苏州市金阊区人民法院委托，代为执行本县某经理部拖欠货款17.6万元一案，虽然该经理部早已解散，人员已各走他乡，但桃源县人民法院没有推出了事，组织力量跑了两县四乡，摸清了四个被执行人的财产情况，终于使该案得以执行。江苏省太仓县人民法院受上海市杨浦区法院委托，代为执行太仓县唐建明欠款7.2万元一案，虽被执行人外出多年，但经过认真查寻，终于从唐建明的家信中得知他在徐州市开店经商。执行人员立即赶到徐州展开工作，促成双方当事人达成以物抵债的协议，把案件执行完毕。广西柳州市中级人民法院受广东省湛江市法院委托，代为执行柳州市韦廷文欠款3.2万元一案，被执行人韦廷文离家多年，其妻谎称已经死亡，并由公安机关注销了户口。经与当地单位联系取得支持，耐心细致工作，促使韦廷文的妻子把韦找了回来，又帮他恢复了户口，使被执行人很受感动，主动交出原住房拍卖还债，使一起“死案”得以执行，同时也使一个破碎的家庭得以团圆。还有许多人民法院在协助外地法院执行案件中，优先为兄弟法院提供交通工具等方便条件，及时派人协助兄弟法院克服困难、排除阻力促成案件的执行。例如：陕西省咸阳市中级人民法院得知内蒙古呼和浩特市玉泉区法院在咸阳执行案件遇到了困难，便立即派人派车给予协助，帮助查明帐号、做说服教育工作，排除各种阻力，将14万元的货款全部划入申请执行单位。湖南省益阳地区中级人民法院派执行庭长等4人协助济南铁路法院在益阳县执行时，遭到被执行人纠集的100多人围攻，9名执行人员被打伤8名，装备被抢，车辆被砸。益阳地、县两级法院火速增派人员赶到现场，平息了事端，并决定逮捕被执行人追究刑事责任。浙江省临安县人民法院得知江苏省宜兴市法院在临安县执行案件遭到围攻后，立即由院领导带领5名干警赶至现场，协助宜兴市法院对两名肇事者依法作出处罚决定，及时排除了执行障碍。在这次集中清理委托执行案件中，涌现出的感人事迹是很多的，在此不能一一列举。这些事例向全社会证明了，社会主义法制是统一的，全国各地的法院是一个整体，秉公执法是我们人民法院的本色。这些事例也说明了，不仅各项审判工作应为改革开放、经济建设这个中心服务，执行工作也与各项审判工作一样，能为维护社会主义法制和改革开放的中心目标服好务。

（三）改善了执法环境，积累了执行工作经验。各地人民法院在传达贯彻全国电话会议精神的同时，大都主动向当地党委、人大汇报，主动同当地政府及有关部门联系，得到了大力支持。有的党委和政府还专门发文支持人民法院的执行工作，也有的领导同志在有关会议上或者利用电视、广播为支持执行工作发表谈话，还有的在人员、装备和经费上给予专项支持。他们为解决执行难大造声势，为改善执行条件雪中送炭，大大促进了集中清理委托执行案件工作和整个执行工作的开展。在此，向大力支持人民法院执行工作的各级领导和同志们表示敬意。

通过这次集中清理委托执行案件的实践，各级人民法院对相互搞好委托执行案件工作的好处加深了认识。一是有利于严肃执法，使生效的法律文书得到更有效更妥善的执行，提高社会主义法制的权威；二是有利于将各地人民法院的执行力量组织起来，形成执行工作强有力的网络，充分发挥人民法院的整体优势；三是有利于从实际出发，取得更好的社会效果。因为受委托法院在当地，对被执行人的情况便于了解，可以根据实际情况，实事求是的采取执行措施，既坚持法律的严肃性，又取得良好的社会效果，得到社会的支持和同情。四是可以免得长途奔波把时间花在路上，节省人力，有利于提高工作效率，缓解任务繁重人员紧张的矛盾。五是可以节省大量的财力、物力，缓解办案经费紧缺的矛盾。可避免花当事人的钱出差办案，也有利于法院的廉政建设。六是有利于促进被执行人所在地法院秉公执法，抵制地方保护主义的影响和干扰。总之，相互委托执行，不仅法律有明文规定，而且在实践中也有很多好处。

通过这次集中清理的实践，各级人民法院都积累了一些如何搞好委托执行案件工作的经验。概括起来主要有：

1. 在组织领导上，这项工作也与其他各项工作一样，应该争取当地党政和人大的领导、支持和监督，应当广泛开展法制宣传，为严肃执法、解决执行难大造声势，形成社会舆论和有利于执行工作的大气候。

2. 在思想上，要统一几个认识：

（1）加强执行工作，是严肃执法的组成部分。严肃执法不能只到判决为止，而应继续到执行完结。执行不是“软任务”，可多可少，可有可无，而是衡量审判工作的一项“硬指标”，关系到社会主义法制的严肃性。

（2）各地法院之间做好委托执行工作，是履行审判职责和法定义务，不是一般概念上的互相支持，不存在对等原则。

（3）坚持实事求是，把严肃依法办案与讲求执行的社会效果统一起来。执行的结果除保护双方当事人的合法权益外，还要有利于保护和发展社会生产力，有利于维护社会的安定，防止矛盾激化，有利于改革开放的深入。

（4）对原判发现问题应该提出意见，但不能把它和认真执行委托对立起来。两者都要严肃执法和高度负责。

（5）秉公执法是办案的基本要求，也是执行工作的基本要求。对本地区企业的合法权益应予保护，但其法律义务应督促其履行。秉公才是真正的为改革开放服务，为经济建设服务。

3. 在工作中要注意：

(1)切实了解掌握被执行人的真实状况。

(2) 耐心进行法制宣传、说服教育工作。在这方面做与不做、做的深浅，效果不一样。

(3)采取强制措施必须严格依法办事，依照法定的条件和程序，依法执行，文明执行。

(4) 加强法院系统内部之间及与其他有关部门的联系，互通情况，共商对策。

4. 要建立健全委托执行的工作制度，如登记制度、联系催办制度、反馈制度、责任考评制度等。要以制度保证这项工作的经常化、规范化。

这些行之有效的经验，为正常深入开展委托执行工作打下了较好的基础，应当进一步加以归纳、总结、提高，继续贯彻执行下去。

二

集中清理工作到现在为止已经取得了阶段性的成效。对下一步的工作，现提出几点要求：

(一)继续抓紧办理这次集中清理委托执行案件工作范围内未完成的部分，一抓到底，解决好遗留的问题，不能不了了之。已经全部或大部分完成的地区要善始善终，做好收尾工作。完成比例很低、局面还没有打开的地区，要认真分析情况，找出原因，加强领导，统一认识，采取得力措施，改变被动状况，争取后来居上。力争在今年年内把集中清理工作真正告一段落。

(二) 对两地法院之间有不同看法的案件，要抓紧逐级协调。绝大多数案件经过认真协商是能够统一认识的。事实是依据，法律是准绳，应当能够得到统一的认识。我们要求各高级法院加强这项工作，指导下级法院做好这项工作，并做好与其他高级法院的协商工作。到最高法院来协调的案件应当是极个别的。这不仅仅是因为最高法院协调不了那么多，更重要的是到高级法院这个层次，绝大多数应该都能得出恰当的结论来。

(三) 对列入这次集中清理范围内的案件，要求各级法院再做一次认真核对，做到件件有着落、有交待。包括：全部执行完毕的、正在执行的、中止执行的、终结执行的、两个法院有不同意见、正在协调之中的，等等。总之要把所有的案件都弄清情况，以各高级法院为单位相互反馈，达到弄清情况，统一认识。不少法院都说为外地执行的多，外地执行本地的少，自我感觉良好，对不上号。到底情况怎样，要通过核对弄清楚。核对一次仍对不上号的，再次核对，对清为止。要求这个工作今年年底完成。

(四) 在上述工作的基础上，最高法院准备在明年第一季度，选择那些完成任务差的地区，进行重点检查，分析原因，研究对策。检查人员除最高法院、上级法院的以外，还要组织各地法院的同志参加，以起到交流情况的作用。还准备邀请有关部门参加。建议把这项工作纳入今年执法大检查的内容。受委托执行工作做的比较好、成绩突出的地区，就不去检查了，由这些法院自己总结经验，我们给与通报表彰。

(五)今后应进一步提倡依法相互委托执行。各地法院要把委托执行工作纳入正常工作范围，建立制度，来一件办一件。此次集中清理的目的不仅仅在于积存的案件，而且要通过集中清理，推动各地法院贯彻执行民事诉讼法关于委托执行的规定，为今后正常开展委托执行工作打下一个良好的基础。

(六) 最高法院要抓如下几项工作：

1. 制定和下发有关委托执行方面的司法解释性意见。我们已经拟出了几份，正向有关部门征求意见，还有进一步修改。

2. 加强与有关部门，包括公安、检察、银行、军队等有关部门及领导机关的联系，对执行工作中存在的一些问题交换意见，共同商量，进一步改善执法环境。

3. 继续抓紧协调个别必须由最高法院协调的有争议案件。

4.积极筹备于明年上半年适当时候召开全国执行工作会议，总结交流执行工作经验，制定执行工作的有关条例，包括相互委托执行的条例，进一步推动执行工作的规范化，改善执法环境，开创执行工作新局面。

当前，在小平同志南巡重要谈话和中央政治局全体会议精神鼓舞下，全国人民精神振奋，各项工作生机勃勃，改革开放不断深入，国民经济持续增长。在这样的形势下加强和做好委托执行工作，关系到发挥经济审判的职能作用、更好地为改革开放和经济建设的总目标服务。全国各级法院应齐心协力，将这项工作搞好。这几次电话会议主要谈委托执行问题。委托执行要搞好，整个执行工作更应抓好。希望各地法院不断提高执行工作的执法水平，提高执行队伍的政治和业务素质，把执行工作做得更好。

华联奎副院长在第十六次全国法院工作会议上的总结讲话

（1992 年 12 月 27 日）

同志们：

第十六次全国法院工作会议从 12 月 21 日开始，今天就要结束了。等一下任建新院长还要作重要讲话。现在，我仅就几个问题先谈点意见。

一、关于这次会议

我们这次会议深入学习了党的十四大和全国政法工作会议的文件，听了任建新院长的报告，重点围绕如何在新形势下加强审判工作，更好地为维护社会稳定，为建立社会主义市场经济体制，为加快改革开放和现代化建设服务等问题，进行了认真的讨论。昨天下午，江泽民同志、李鹏同志和乔石同志亲切接见了全体会议代表，大家直接听到了中央领导同志的重要讲话，深受鼓舞。

同志们一致认为，党的十四大以来，我国改革开放的形势发展很快，社会生活的各方面都在发生深刻的变化，出现了许多新情况，人民法院面临着许多新问题，急需转变观念，提高认识，进一步明确新时期人民法院工作的指导思想、工作任务以及自身改革和建设的目标。我们这次会议紧接着党的十四大和全国政法工作会议之后召开，是非常及时的，十分必要的。会上，代表们畅所欲言，发表了很多很好的意见。普遍认为，任建新院长的报告紧紧围绕经济建设这个中心，全面贯彻党的基本路线，有高度、有深度、有力度；报告自始至终贯彻了党的十四大精神，突出了用邓小平同志建设有中国特色的社会主义理论指导人民法院工作；报告密切联系实际提出的五个“必须坚持”，也是人民法院 14 年来与改革开放同步发展的五条经验，仍是今后搞好法院工作必须遵循的基本原则；报告提出的今后一个时期人民法院的工作任务，以及为完成任务而提出的要加强人民法院自身改革和建设的措施，重点突出，态度明朗，可操作性强。大家一致认为，这个报告对指导人民法院今后一个时期的工作，具有重要意义。来自获得集体一等功的基层法院和人民法庭的同志们反映，通过这次会议使得在第一线工作的审判人员心里有了底，明白了当前法院应当抓什么、怎么抓。所以，也可以说，这次会议是在新形势下组织和鼓舞广大干警进一步做好法院工作的动员会。

会上，代表们对任建新院长的报告提出的一些意见，我们吸收后对报告作了修改，已印发给大家。代表们对提交会议征求意见的7个文件稿，联系实际，集思广益，进行了深入的讨论。我们将综合大家的意见修改后，该上报的上报，该审定的抓紧定下来，尽快以正式文件下发。《中华人民共和国法官条例》（送审稿）和《人民法庭组织条例》（送审稿）由于以前已经多次讨论过，这次未列为会议正式讨论文件，有的同志提出了一些修改建议，我们也将尽量予以考虑，修改后尽快报立法机关审议。法官条例的试点单位，除黑龙江、上海部分法院外，我们已经同意再增加一个海南省，以扩大积累经验，为该条例通过后的实施作更充分的准备。

同志们提出有关改革审判方式和拓宽服务领域的一些问题，有的经过实践，效果很好，可以继续试行，不断完善；有的比较复杂，还需要进一步探索，加强调研，注意总结，成熟后再逐步推广。

大家对最高法院的工作提出了一些意见和建议，也都很好。如要求最高法院适应形势发展，及时作出司法解释，发布典型案例，加强业务指导，为办案提供依据，我们完全同意。也希望大家通过调查研究，从实际需要出发，积极提供有关司法解释、典型案例的建议和材料。大家对最高法院复核案件、答复请示不够及时，提出了意见。这个问题确实存在，应该改进。同时，也要求各高级法院提高上报材料的质量，避免往返补充核对，便于加快审议进度；跨省区的管辖争议、执行协调案件，也希望有关法院按照要求及时报送材料。希望今后进一步密切上下级法院之间的联系，共同努力，切实改变这种不及时的状况。

二、关于执行工作

近几年来，人民法院的执行工作依靠各级党委的领导、人大和社会各界的支持，普遍得到了加强。各地法院组织力量，克服困难，排除干扰，集中执行了一大批案件，成绩显著。今年还在全国范围对跨省、自治区、直辖市的委托执行案件统一组织清理，取得了很好的效果。但是，应当看到，随着审判工作的全面发展，执行任务越来越重，影响执行的各种客观因素依然存在，执行案件的存案数逐年增多，执行工作仍然是困扰人民法院的一个难点。各级人民法院务必继续加强执行工作。

如何进一步搞好执行工作，任院长报告中已讲得很明确。这里，我重复强调三点：第一，判决公正是搞好执行工作的前提。一定要充分保护当事人的合法权益，不能偏袒一方。上级法院发现下级法院判决显失公平的，要及时依法予以纠正。第二，对被执行人或被执行财物在外地的，要提倡依法委托执行。应当明确，受委托的人民法院积极做好委托执行工作，是履行法律规定的义务，如对裁判有不同意见，应报上级法院协调，不能随意拒绝委托执行。搞好委托执行，可以节省人民法院当前十分紧缺的人力财力，有利于提高执行效率和审判效益。各地法院都应当从大局出发，维护法制的统一，在执行中加强合作，大力协同，互相支持。第三，生效的判决必须坚决执行。如何执行要从实际出发，讲求经济效益和社会效益。有必要采取强制措施的，坚决采取强制措施。但采取强制措施一定要严格依法办事，采取拘留措施更须慎重。最近一些地方连续发生以抓人促执行、交了钱才放人的事件，影响很不好。我们的执行人员多起被围攻殴打致伤，但也发生三起执行中开枪打死、打伤人的事件，后果都很严重。这些问题必须引起各级法院的高度重视。在执行工作中，应加强教育疏导，多做过细的工作，做到依法执行、文明执行。对于妨害民事诉讼抗拒执行的，应绳之以法。对执行人员不依法办事造成严重后果的，也要严肃处理，该追究责任的，要依法追究责任。全国人大常委会内务司法委员会对法院的执行工作很关心，专题作了调查，准备在人大常委会上专门讨论，这是对人民法院工作很大的支持。最高人民法院也准备在明年适当时候召开一次全国执行工作会议。

三、关于法院的物质建设

近几年来，在党中央、地方各级党委的领导、人大和政府的支持下，经过各级法院的艰苦努力，人民法院的物质建设有所进展，执法条件得到一定的改善，有的地方还有较大的改善。但从全国来看，办案经费紧缺仍是个严峻的问题，特别是“老、少、边、穷”地区尤其如此。全国还有约800个人民法院没有审判法庭，约8000个人民法庭没有办公用房。交通工具和通讯设备也很落后。人民法院的“两庭”建设和其他物质建设，是人民法院依法办案的基本工作条件，是社会主义法制建设的重要标志。各级法院仍须花大力气抓好这方面的工作。最近，中央领导同志明确批示要加强“两庭”建设，国家计委和财政部联合发出了《关于重申加强各级人民法院审判法庭和人民法庭建设的通知》，要求各级人民政府对“两庭”建设给予足够重视，把当地的“两庭”建设落到实处，切实为人民法院依法审判创造必要的条件。不少地区在“两庭”建设上取得了显著的成绩，特别是一些财政并不宽裕的地方，在党政领导重视下基本完成了“两庭”建设，作出了很好的榜样。我们应紧紧抓住有利时机，力争两年内在全国范围内基本完成“两庭”建设的任务。已经完成“两庭”建设任务的法院，要加强管理使用，搞好维修保养，并向改善交通工具、通讯设备和逐步实现办公现代化的方向发展。法院办案经费，根据现行财政体制，只能立足于当地。各级法院的业务经费，在财政预算中已经单列，使法院的经费在当地预算中有了法定的位置。根据财政部1990年预字第79号文规定，各级法院在预算中除行政经费外，可以编报办案经费的预算；当年的预算数应不低于上年的决算数；允许逐季追加预算；遇到特殊情况，还可以专项申请拨款。对于特别贫困地区的办案经费，中央领导同志也有过指示，由国家和省、自治区、直辖市两级财政给予补助。各级法院应该据以争取，使办案经费能得到保证。关于改善法院的装备、“两庭”建设和保证办案经费，不少法院还有一条共同的经验，那就是以搞好工作为前提，取得党政领导和社会各界的理解和支持，“以工作促建设”，取得了很好的效果，值得借鉴。

四、关于法院的宣传工作

做好法院宣传工作，教育公民自觉地遵守宪法和法律，是人民法院应当依法履行的一项重要职责，是人民法院参与社会治安综合治理和在各个领域内建立法制秩序的一项重要措施，也有助于社会各界对人民法院工作的理解和支持，扩大办案的社会效果。

近几年来，各级法院在宣传方面取得了明显的进步，积累了不少经验。在加快改革开放和经济建设的新形势下，随着人民法院在国家政治生活、经济生活和社会生活中的地位和作用越来越重要，社会各界对法院审判工作也越来越关注，各级人民法院应当大力加强这项工作。现在，人民法院每年审理各类一审案件达300万件，涉及社会生活的各个方面，蕴含着政治、经济、文化、道德等各个方面的丰富内容，是法院宣传的好材料。我们应当充分利用这一有利条件，通过开庭审理、公开宣判、发布新闻、举办展览、电视专题片、电视剧等形式，广泛而深入地进行法制宣传教育。《人民法院报》已正式出版，社会反映良好。这张报纸具有公开性强、覆盖面宽、影响面广的特点，是人民法院进行社会主义法制宣传的又一个重要阵地，各级法院都要全力支持，把它办好。同时，要继续办好《最高人民法院公报》、《人民司法》、《法律适用》等刊物。它们都是全法院系统公开发行的刊物，各级法院都要给予关心和支持。地方法院办的刊物，要充分发挥具有地方特点的优势，不断提高质量。各级法院都要主动与新闻单位保持密切联系，建立良好的合作关系，共同为社会主义精神文明建设和法制建设作出贡献。

五、关于军事法院和铁路运输法院的工作

军事法院坚持严肃执法，在维护军队的法制秩序，提高我军的战斗力，为经济建设和部队建设创造良好的环境等方面，发挥了重要作用。军事法院的工作、队伍和建设，都应当进一步加强。最高人民法院已同意对双方当事人都是军队内部单位的经济纠纷案件继续由军事法院受理试办。各级地方人民法院对此要给予支持。

铁路运输法院在严厉打击车匪路霸等各种严重危害治安的犯罪活动，保护铁路运输和旅客生命财产安全，依法审理经济纠纷案件等方面，秉公办案，取得了显著成绩。铁路运输审判工作很重要，要健全机构，充实力量，改善装备，进一步加强，使之更有效地为铁路运输安全和生产提供法律保障和法律服务。关于理顺铁路运输法院的体制问题，比较复杂，需要同有关部门进行磋商，在条件成熟时妥善解决。有关高级法院要加强对铁路运输法院的指导，给予必要的关心和支持。

六、关于这次会议的传达贯彻

我们认为：第一，会后要及时向党委汇报这次会议的情况，汇报的主要内容是中央领导同志接见代表时的重要讲话和任建新院长的报告以及会议结束时的讲话，其他7个文件讨论稿不用传达。汇报时还应当根据会议的精神，结合本地的实际情况，提出贯彻的意见，取得党委的指示和支持。第二，要组织好对中央领导同志重要讲话和任院长报告的传达学习，重点放在提高认识、转变观念、统一指导思想、明确工作任务上面。动员法院干警，振奋精神，解放思想，真抓实干，勇于探索，开拓进取，更加自觉地为维护社会稳定，为改革开放和现代化建设服务。第三，传达贯彻时，对于当前存在的一些困扰法院工作的难题，要着重引导大家认清有利形势，增强政治责任感，从理顺法院内部的体制、提高干部的素质、加强审判方式的改革、改善外部执法环境、调动一切积极因素等方面找出路。要把传达贯彻这次会议作为在新形势下对广大干警的一次大发动，作为对法院自身改革和建设的一次大推动。第四，这次会议贯彻过程中，各地正值院长换届选举，如遇新老交替，老院长有责任协助新院长搞好传达贯彻，避免脱节。第五，任院长报告中部署的是今后一个时期的任务。贯彻时，重点要先把明年的工作安排好。各高级法院要及时向我院反馈贯彻这次会议的情况。

我们相信第十六次全国法院工作会议以后，各级人民法院通过全面开展审判工作，加强自身的改革和建设，必将更充分地发挥人民法院的职能作用，做到法院工作与改革开放和现代化建设继续同步发展，在新的形势下，作出新的贡献。

林准副院长在《人民法院案例选》第一次通讯编辑会议上的讲话

（1992年3月18日）

同志们：

这次请大家来开会，主要是想跟大家一起研究一件具体的、也是很重要的工作，也可以说是要办一件实事，即建立最高人民法院定期编辑出版审判案例的制度，并付之实施这个实事。

（一）

编辑出版案例，是最高人民法院多年来一直想办的一件事。这几年陆陆续续也编了一些案例，如1983年开展“严打”以后，为了指导当时的刑事审判工作，在一段时间里，临时由研究室、刑庭抽调几位同志，选编了几本刑事审判案例，也选编过有关经济纠纷、婚姻、继承和行政诉讼等方面的一些案例。但都是临时性的，没有把它作为一项经常性的工作坚持下去，更谈不上把它作为一项制度建立起来。这里用“制度”这个词，就是要使这项工作经常化、制度化、规范化。为此，这就需要有相对固定的机构和专门人员负责这项工作。编选案例的范围、要求乃至格式，应该有一定的规范；出版的时间，也应相对固定，每年都必须出版一本或若干本有相当质量的能够反映我国人民法院审判活动的案例选。今后对编选案例工作，再不是什么时候想搞就搞，不想搞就不搞，那还能形成什么制度呢？

1988年，我和回沪明、黎明同志（当时的河南省高级人民法院院长）等应法国行政法院的邀请，到法国访问。有一件事给我留下很深的印象，即看到了他们编印的案例选。每年一厚本，从不间断。法国5000万人口，全国行政法院每年大约收5000件案子，从中挑选1000件编成一本，并从中精选出100件编成一小本。当时我就想，我们也应当把编辑案例当作一件很重要的事情，当作法院的一项建设来对待。回国后写出访总结，我提出了这个问题。以后，我又提到党组讨论。经研究决定，由研究室负责编选案例，并下发了文件，各地也报来一些案例，有些地方还确定了通讯员。但由于种种原因没有搞成。

1991年，中国应用法学研究所成立。经过党组讨论决定，把编选案例的任务交给法研所承担，并成立了案例编审委员会，由我当主委，廖伯雅同志为副主委，后来又增加了艾炜同志为副主委。编审委员会的成员大多是由党组成员同意的各庭、厅、室的负责人，共有17位同志。1991年11月18日最高人民法院办公厅下发了《关于编辑〈人民法院案例选〉的通知》（以下简称《通知》），并附了《人民法院案例选》编审委员会成员的名单。这样，编选案例的工作就有了专管的机构，也有了专人负责，并作为法院的一项重要工作落实下来，今后也一定要坚持下去。

这次会议还印发了10个试编的案例样本，在内容、体例、格式上也体现了编选案例的规范化。在试编的案例中，评析这一部分难度较大，不是一般地摆摆事实，说几句套话，而是要对案件本身进行具体分析、研究。原来《通知》里面提到，编选的每个案例包括案情、审判、评析三个部分，要求做到：“叙述案情事实清楚，反映审判过程全面充分，评说办案得失（包括适用法律和审判经验）准确恰当。”也就是说，它有一定的规范性。这些试编的案例样本是否合适，请大家讨论。大家有更好的形式或写法，都可以提出来。

（二）

最高人民法院办公厅去年下发的《通知》中提到，编辑出版《人民法院案例选》的目的，也是它的意义，即：“及时反映全国各级人民法院审判工作的基本情况和执法水平，总结经验教训，指导审判业务，宣传社会主义法制，增强审判工作的社会效果。”

我们过去搞的案例，大体有三种类型：一种是作为最高人民法院的文件下发。如1985年7月18日最高人民法院印发了《关于破坏军人婚姻罪的四个案例》，以后破坏军人婚姻罪的案件，均按照这几个案例办。这几个案例是具有法律效力的。第二种是最高人民法院公报刊登的案例。它是审判委员会讨论通过，经最高人民法院认可的。第三种是由最高人民法院各庭编的案例。刑庭、民庭、经济庭、行政庭都编过案例，这些案例没有经过审判委员会讨论和院领导审阅，只是作为一种参考。

我们现在准备编的《人民法院案例选》，不同于上述的三种情况，它不经审判委员会讨论，也不作为最高人民法院的文件下发，它也不同于某个具体单位、个人编的案例，而是经最高人民法院决定，组成案例编审委员会，由中国应用法学研究所的一些有多年审判实践经验并具有教授、专家水平的研究人员负责编选，当然也有中青年研究人员参加编辑工作。从编辑上讲，它是有组织进行的，有一定的权威性的。

关于编选案例的意义，我认为，首先。案例是指导人民法院审判工作的一种重要形式。我们编选的案例虽然不同于英美法系国家的判例，不具有法律效力，但是对各级法院审理同类案件还是有参考和启发作用的。特别是随着我国经济建设的发展，改革开放的深化，反映到审判工作中必将会出现很多新情况、新问题。最近，小平同志和中共中央政治局全体会议都强调要解放思想，实事求是，大胆探索，坚决实验，敢于“闯”，加快改革开放，加速经济发展。小平同志还讲到发展股票的问题。现在深圳已经搞了股票。听说因股票问题打官司到深圳法院的已经有30多起。再有关于经济犯罪问题，现在提出要解放思想，要敢闯，错了可以改，那么如果出现了失误，要怎样处理？不该按刑事犯罪对待的就不要当作刑事犯罪，要注意分清罪与非罪的界限。在当前情况下，打击经济犯罪领域里面有很多新的东西，怎么掌握，怎么区分，有许多问题。比如关于犯罪主体问题就很复杂。私营企业、三资企业、外资企业的犯罪主体怎么确定？这些企业的会计贪污了怎么办？按刑法规定，贪污罪的主体是特殊主体，必须是国家工作人员，贪污的对象是公共财物，即国家的财产或集体的财产，但是，他们是私营企业的工作人员。这样的案件怎么处理？我这是举个例子。现在，我们选择一些有代表性的典型案件编成案例，把这项工作做好，对指导我们的审判工作具有重要意义。

其次，案例选编是进行法制宣传教育的生动教材。现在我们国家强调搞社会治安的综合治理，法院怎么参与社会治安的综合治理？我认为重要的一条就是法院要抓法制宣传教育。我们的案例编好了，就是进行法制宣传教育的很生动的材料，不仅对我们法院有宣传作用，对社会上也有宣传作用。我们提出“以案讲法”，就是指通过具体的案例，宣传法律，宣传法制建设。

第三，案例是立法机关制定法律的一个源泉，同时也是我们搞司法解释的一个很重要的参考材料。过去研究室搞司法解释，要研究很多案子，从中找出解决问题的方案。所以我们把编选案例的工作搞好了，就可以为搞司法解释提供很好的材料。

第四，案例是法学研究的基础。现在，最高人民法院成立了应用法学研究所，研究所当然要进行法学理论的研究，研究古今中外的法律。但是脱离具体案件来研究是不行的，应从具体案件的分析入手，这是很重要的一个方面。从具体案件里找出一些规律性的东西，上升到理论。这样搞科研，我们的研究就建立在审判实践的基础之上。我听说日本的法学教授讲课时，首先是讲案例，拿出一个案例进行分析，从案例到法理，而不是一开始就讲很多抽象的概念。可以说，法学理论研究是离不开案例的。

最后，案例是反映人民法院审判活动概貌的重要资料记录。现在，全国各级法院每年要审结300万件案子。法国行政案件每年有5000件，选1000件案子基本上反映出了审判工作概貌，也反映出了社会概貌，反映了一个时期的社会动向。我们不能像法国一样，选编五分之一，我们每年有300万件案子，是否可以选编万分之一，通过这些案例，反映出审判工作和社会动向的大体概貌，这同时也积累了必要的有历史价值的资料。

(三)

关于编选案例的范围和要求，有《〈人民法院案例选〉编辑方案》(以下简称《编辑方案》)中已有说明。关于案例的编辑方针，提到要突出“实、全、新、理”。编案例，首先要注意真实性。要如实反映案件事实，尊重事实。案例不能随便任意杜撰、臆造，一定要实事求是，这就是“实”。“全”是要求反映全国各地区、各种类型的案件。刑事、民事、经济、行政、交通等各个方面的案例，力争能反映全面一些。“新”，刚才我讲了，是对审判工作中出现的新情况、新问题，要及时反映。“理”，就是要坚持以法律的立法含义、精神和法学理论来评析办案得失。就是说，要依法，要有法律根据或者有法理根据，拿这个作为尺寸，来衡量，来分析。这个方针是否可以，请大家讨论。

编辑范围，《编辑方案》中也提到了。此外，还有什么问题需要注意，大家也可以讨论。比如，“案例选”要公开发行，死刑案件要有一些，如北京的管志诚一案，能反映一个时期处理的大要案，这可以选，但死刑案件选多了也不太好。总之，对《编辑方案》请大家认真讨论、修改、补充，搞得更完善些。

(四)

最后，我想讲一个要建立一支强有力的通讯编辑队伍问题。我在前面提到了要把编选案例建立成制度，不要间断，质量也要高一些。这个工程比较大，光靠中国应用法学研究所是难以承担的，主要靠大家，靠全国各级法院一起来干这件事，才能把它搞好，把我们国家编选案例这个制度建立起来。现在，不少省法院和计划单列市法院对这个问题很重视，院领导亲自过问此事。有的省法院副院长亲自担任通讯编辑，有此高院、中院从优挑选了一些庭、室领导同志当通讯编辑。希望大家能够重视这个工作，要很负责地满腔热情地来做这个工作。我们这一次编选案例是把它当作建立一个制度来对待的，如我前面说要做到经常化、制度化、规范化，希望大家在这件事情上都做出贡献。

现在通讯编辑人员各个省都已确定下来了，应用法学所还搞了一个聘书，聘书由我签名，在会议结束时发给大家。希望以后能够加强联系，我们要主动一些，希望大家也能够主动一些，经常与应用法学所、编审委员会取得联系。希望各位通讯编辑做好案例的组织、收集、编辑、报送工作。“组织”就是在本辖区范围内的组织案例稿件的工作，包括选题、组织人员编写、与作者的联系等等。“收集”就是对本辖区内在本年度和上一年已审结的案例材料进行收集，没有结案的和非规定年限的，不予收集。“编辑”就是对收集的案例稿件进行加工整理，有的案例由供稿人亲自动手，有的是通讯编辑根据格式、要求的规范进行一些加工整理。“报送”就是把组织、收集或编辑的案例稿件定期(每季度报一次)提供给应用法学研究所。报送时要注意两点：一是要齐全，即案例稿件的本文和附件(如判决书和案情报告)要齐全；二是要清楚，就是案例稿件要打印或誊写清楚。有一些案例，尤其是重大的案例，还应征求一下庭长、院长的意见。报送的案例被采用后，作者有署名权，并按规定给予适当稿酬。

最后，希望同志们回去以后，向院领导汇报一下，希望他们都能够重视这件事情，能抽出一定的时间过问这件事，把编辑案例作为我们法院的一项基本建设来抓好这件事，而不是把它仅仅看作是编一本书。这件工作做好了，必将会促进审判工作的开展和提高，并产生很大的社会效果。

林准副院长在全国高级法院院长电话会议上的讲话

（1992 年 4 月 28 日）

同志们：

刚才，任建新院长作了重要讲话，对创办《人民法院报》的意义以及报纸的宗旨、方针、要求等等都讲得很清楚了。现在，我谈谈有关办报的一些具体问题。

人民法院应该有一张自己的报纸，这是审判工作自身发展的需要，也是广大法院干警的一致愿望。最高法院从去年开始酝酿这件事情，通过到一些报社走访取经和向部分法院征求意见，在广泛调查研究的基础上，进行可行性论证，认为创办一张法院系统的专业性报纸的时机和条件已经成熟，因此正式提出了办报申请。去年 6 月 1 日，新闻出版署经与人事部会签，下文批准我们创办《人民法院报》。此后，最高法院成立了报社筹备工作领导小组。在院党组的重视和领导下，经过近半年时间的努力，筹办工作取得了很大进展，筹措了一些经费，选调了一些人员，目前已有十几个人，大都是有办报经验的同志。设备购置、手续申办、业务培训等项工作也在抓紧进行。目前，筹办工作已处于关键阶段。4 月 17 日，最高法院党组听取了报社筹备组的汇报，专门研究了有关办报的一些重大问题，并决定《人民法院报》今年 7 月开始试刊，10 月正式创刊。

“万事开头难”，办报不像办案，对我们来说，完全是一件新事情。现在离试刊和创刊的日子很近了，时间很紧迫，还有大量的筹备工作需要做，其中困难和问题很多。实事求是地说，要如期出报，并且出好报，光靠报社现有的十几个人不行，光靠最高法院一家也不行，必须依靠全国各级法院和广大法院干警齐心协力，共同努力才行。有困难大家一起来克服，有问题大家想办法解决。刚才建新同志讲，《人民法院报》不仅是最高法院的机关报，最高法院的喉舌，而且是全国各级法院的舆论阵地。因此，创办《人民法院报》不是最高法院一家的事，而是法院系统建设和发展的一件大事，是全国各级法院和近 25 万法院干警共同的事业。最高法院主办并主管，地方各级法院也应当共同来办，共同来管。今天，召开这个电话会，就是要和大家共同商量一下法院办报这件大事，希望各级法院的领导同志要重视这件事，切实把这件事当作法院工作的一件大事来抓；希望全国法院广大干警都来关心、爱护、帮助、支持《人民法院报》，都要把这张报纸当成自己的事情来办。“世人无难事”。只要我们全国各级法院都行动起来，上下协力，克服困难，就一定能够把我们自己的报纸办起来，并且越办越好。

办报过程中，特别是在筹办阶段，有很多工作需要依靠地方各级法院来做。近期内，需要抓紧进行的几项工作是：

一、组建记者站、通讯网

报纸办得好不好，关键是看内容和质量。内容和质量主要取决于报纸的采编力量。《人民法院报》作为法院系统全国性的专业报纸，除了及时宣传报道党和国家有关审判工作的方针、政策、法律和最高法院的决定、司法解释等内容外，传播和交流各地人民法院的审判经验、反映审判工作的新情况、新问题以及重大案件的审理情况，是经常性的重要内容。报纸的新闻性极强，有关审判工作的大量新情况、新问题、新经验和具体案件都在下边，如果单纯依靠报社有限的采编力量下去采访、报道，不仅不可能全面，也不可能及时。因此，必须在全国法院系统自上而下建立报纸的通联网络。我们考虑，各高级法院（包括军事法院）和计划单列市中级法院建立《人民法院报》记者站。由于国家新闻出版署对建站规定了一些严格的条件，不能一下子都具备，当前可先设记者站筹备组。中级法院应设《人民法院报》通讯组，基层法院应设《人民法院报》通讯员。这项工作关系到办报的成败和报纸质量的好坏。各级法院的院长应当亲自抓，不要把这件事当成一个负担。我们的报纸是围绕着审判工作来宣传报道的，是全国各级法院的舆论工具和阵地。今后报纸将成为上下级法院之间、法院与社会各界和广大群众之间信息交流的主要渠道。因此，各级法院都要充分利用报纸这个渠道、这个工具、这块阵地，把审判工作和宣传工作结合起来，力争多发你那个地方的稿件、经验和信息。过去，毛主席说过，人民日报是公共汽车，大家都可以挤着上。我看《人民法院报》也是这样。谁能挤上去，就要看你的稿子质量如何了。因此，各地法院一定要把记者站和通讯网建立好。关于组建记者站，我们考虑要明确以下一些问题：一是《人民法院报》记者站由驻在法院的办公室或研究室代管，并由院长或副院长主抓。二是记者站设1至2名记者。驻站记者应是专职记者，行政上受驻在法院的领导，属驻在法院编制，在业务上受报社指导。三是派驻记者必须具备良好的政治素质，擅长并热爱新闻工作，有较高文化修养，熟悉法律和审判业务，善于开展社会活动，能吃苦并且身体素质好。四是派驻记者既是专职新闻工作者，又是法院的干部，在管理、使用、待遇、职级上，应当与审判业务人员一视同仁。

关于通讯组和通讯员，我们考虑，越往基层，编制和人员越紧张，因此，不搞专职。各中级法院设通讯组，并在所辖各基层法院挑选、确定一名兼职通讯员。通讯组长可由具备写作水平和活动能力的办公室主任或研究室主任兼任。通讯组的工作由各记者站协调，业务上统一由《人民法院报》管理。

组建记者站和通讯网的工作，一定要在报纸试刊之前完成。从现在起，各地要抓紧按条件选配和推荐记者、通讯员，并在6月1日前，将记者、通讯员的名单和材料报送《人民法院报》社，以便尽快颁发聘书和建立业务联系。

二、抓好报纸的宣传征订工作

报纸的社会效益和经济效益的好坏，取决于读者数量的多少。要扩大读者数量和发行面，除了努力提高报纸本身的质量以外，关键是要抓好宣传征订工作，尤其是在创刊的时候，更是这样。关于征订，我看主要抓两个方面：

一是立足法院。《人民法院报》是法院系统唯一的一张专业报纸，全国法院近25万干警是最基本的读者。这张报纸对于及时了解全国有关审判工作的最新信息，开阔视野，指导各项审判工作，提高法院干警的政治业务素质和执法水平，都是很有用处的，而且也是其他报纸所不能替代的。因此，我们要求，各级法院的庭、处、科、室和人民法庭都要订阅《人民法院报》，同时，也希望法院广大干警踊跃订阅，可以单位负责订，也可以个人自费订，把它当成业务学习的一个必不可少的工具来对待。

第二，在立足法院的基础上，要面向社会，增加报纸的社会读者。当前人民法院审判工作的领域不断扩展，除刑事、民事审判以外，还有经济、行政、海事海商、告诉申诉等审判，每年要审结近300万件各类案件。这些案件，涉及社会生活的各个方面，涉及千家万户的切身利益，蕴含着政治、经济、文化、道德伦理等方面的丰富内容。因此，审判工作是反映纷繁复杂社会生活的一个特殊窗口，很多案件的审判在一些地区甚至全国范围内都是新闻和社会各界关注的焦点和热点。审判案件是法院的“专业”，报道案件的审理是《人民法院报》的“专利”，很大程度上可以说是“独家新闻”。因此，我相信，我们的报纸是广大群众所喜闻乐见的，是有订户、有读者的。关键是要宣传我们的报纸，要让人们了解《人民法院报》，认识《人民法院报》，订阅《人民法院报》。宣传征订工作，最高法院要做，地方各级法院也要做，而且主要还是要依靠地方各级法院来做。因为，地方法院接触社会更为直接、广泛，与社会和群众的联系也最密切、最方便，宣传发动起来也最有效。宣传征订工作的形式和渠道可以多种多样，可以走出法院、深入基层进行宣传，也可以利用各种宣传工具，征求订户。特别要和当地邮局取得联系，求得邮政部门支持，利用一年一度和半年一度的统一征订，广泛宣传，扩大订户。宣传征订的重点对象是各级政法系统，党政部门和行政执法部门，厂矿、企业、事业单位和其他社会团体，政法院系师生和社会各阶层人士。宣传征订工作既要大张旗鼓，又要扎扎实实地进行。我们的报纸是结合审判工作宣传社会主义法制的，是面向全社会服务的。《人民法院报》不仅是对公民进行法制教育和法制宣传的一个重要形式，也是让人民群众了解法院、了解审判工作，并将审判活动置于广大人民群众监督之下的重要方面。不能把宣传征订工作只看成是提高报纸的经济效益，更重要的是要提高报纸的政治效益和社会效益。因此，各地法院要积极征求订户，扩大报纸的读者数量和社会覆盖面。对于宣传征订工作开展得好的法院，将给予表扬和物质鼓励。我们提出一个目标，今年争取发行 20 万份。要实现这个目标，必须全国法院共同多做工作才有可能。

三、积极组织稿件

俗话说“兵马未到，粮草先行。”报纸的粮草就是稿件。组稿工作已经开始。稿件的来源希望大家帮助解决。首先各级法院要为记者和通讯员创造条件，提供信息，以利他们调查研究和采访编写，使他们能够迅速拿出一批高质量的稿子来。其次，从现在起，各高级法院、中级法院，要把所出的审判业务刊物、动态、信息、简报、情况反映等，每期及时寄送人民法院报社一份，以便报社掌握信息和线索，选编报道或转载。同时，我们也希望全国法院干警能够亲自动手来写稿、投稿，可以写新闻报道，可以写理论文章、述评，可以写小说、诗歌、散文，还可以画漫画、拍照片。我们法院干警有丰富的生活阅历和法律知识，绝大部分具有一定的文字功底、亲自写文章，往往能够写出真情实感，容易打动人。为了便于大家投稿和供稿，我现在把拟议中《人民法院报》的版面划分给大家通报一下：

《人民法院报》暂定出周一报，对开四版。第一版为要闻版，刊登党和国家领导人关于政法工作的重要活动及讲话，最高人民法院和其他政法机关的重要决定、活动和中心工作；刊登重要司法解释、重大案件、重要社会新闻；刊登本报的社论、评论和编辑部文章等。

第二版为地方动态版、刊登各地有关政法工作的动态，地方法院的审判工作，法院参与社会治安综合治理的情况，专题调查报告，法官秉公执法优秀事迹等。

第三版为理论与专栏版，内容包括审判实践、司法解释和司法信箱、业务研究等。

第四版为副刊、国际版和广告版，主要刊登表现法院生活的小说、诗歌、散文、特写、杂文、漫画等。同时，刊登一周国际司法要闻、国际大要案、著名国际司法人物介绍及趣闻轶事。法院的公告也将在这一版刊登。

上述内容和版面划分，只是初步构思，各地法院有什么建议和意见，欢迎提出来，对办报工作的其他方面也请多提意见和建议。

大家群策群力，集思广益，争取报纸有一个较高的起点。当然，光纸上谈兵也不行。为了确保报纸的质量，我们准备先出试刊，7、8月各试刊一期，免费发送各级法院，希望广大法院干警都来品头论足，并将意见和建议反馈回报社。我们将根据大家的意见来确定报纸的栏目和版面设计，改进报纸的编排和印刷。

最后，我希望通过最高法院和地方各级法院全体干警共同努力，争取把《人民法院报》作为向建国43周年和向党的十四大的献礼，如期创刊，并办成一张深受法院干警和广大群众喜爱的高质量、有特色的报纸。

我要讲的就是这些。谢谢大家。

林准副院长在全国法院审理经济犯罪案件工作会议上的讲话

（1992年6月20日）

同志们：

严惩严重破坏经济的犯罪分子，正确合法及时地审理好经济犯罪案件，是我们人民法院的一项重要任务。近年来，由于改革开放的不断深入，经济建设的迅速发展，在经济犯罪案件的审理中遇到了许多新情况、新问题，尤其是最近小平同志视察我国南方发表了一系列的重要谈话，我们在审理经济犯罪案件工作中怎样正确理解和认真贯彻小平同志的重要谈话和中央政治局全体会议的精神，各地法院都要求最高法院能开个会，着重研究一下。我们这次会议，就是要在回顾和总结1989年以来审理经济犯罪案件工作的情况和经验的基础上，讨论和研究在加快改革、扩大开放的新形势下，如何贯彻小平同志南巡谈话精神，进一步加强经济犯罪案件审判工作，更好地为经济建设服务的问题。

一、近几年审判经济犯罪案件工作的成绩是显著的

各级法院对审理经济犯罪案件的工作一直是很重视的。近几年，在严厉打击严重危害社会治安的刑事犯罪分子的同时，持续不断地开展了打击经济领域各种犯罪活动的斗争。1989年8月15日，最高人民法院和最高人民检察院发出《关于贪污、受贿、投机倒把等犯罪分子必须在限期内自首坦白的通告》，各地人民法院积极宣传贯彻《通告》，对经济领域的严重犯罪分子进行了一次“大围剿”，取得了很好的社会效果。在《通告》规定的两个半月期限内，全国法院共受理经济犯罪案件10039件，审结8250件，判处人犯12461人。其中适用《通告》从宽判处的3715人，从严判处的1595人。在《通告》的感召和威慑下，共有3.6万多人投案自首，“两高”《通告》之后，各级法院没有放松打击经济犯罪的斗争，继续把依法从严惩处经济犯罪分子作为一项长期的重要任务常抓不懈，及时审理了起诉到法院的经济犯罪案件，并依法从严惩处了一大批严重经济犯罪分子。据统计，全国法院1990年和1991年共审结贪污、受贿、挪用公款、走私等一审经济犯罪案件78512件，在已发生法律效力的判决中，共判处各类经济犯罪分子66066人。今年第一季度，共审结一审经济犯罪案件7522件，在已发生法律效力的判决中，共判处经济犯罪分子7330人，较好地完成了打击经济犯罪的审判任务，为治理经济环境、整顿经济秩序，为惩治腐败、促进廉政建设，为保障改革开放和经济建设顺利进行做出了应有的贡献，成

绩是显著的。

——坚决贯彻了对严重经济犯罪分子依法从严惩处的方针。1982年中央提出这个方针后不久，全国人大常委会作出了《关于严惩严重破坏经济的罪犯的决定》，1988年又对走私罪和贪污罪、贿赂罪分别做了补充规定，对经济犯罪规定了更为严厉的刑罚，从立法上体现了从严惩处的精神。近几年，各级法院坚决贯彻执行这些法律，从严判处了一大批严重经济罪犯。对那些罪行特别严重的贪污、受贿等经济犯罪分子依法判处了死刑。总的来看，对严重经济犯罪分子的审判，继续贯彻了依法从严惩处的方针，判刑是严厉的，执法是严肃的。

——重点抓了经济犯罪大案要案的审判。各地法院把大案要案的审判作为工作重点来抓，以此推动打击经济犯罪斗争的深入开展。近年来，各地审判的经济犯罪案件中，县处级以上干部犯罪的要案和万元以上的大案占有相当的比例。以去年为例，在判处的20408名贪污、受贿、挪用公款罪犯中，有副省级干部1人，地司级干部10人，县处级干部126人；个人非法所得万元以上的10454人，其中十万元以上的953人。去年下半年，江泽民同志在“七一”讲话中再次强调惩治腐败之后，各级法院进一步加强了打击经济犯罪的斗争。北京、上海、广东等地相继判处了一些重大的经济犯罪分子。原首都钢铁公司北京钢铁公司党委书记管志诚(贪污、受贿141万元)、原中信实业银行深圳分行行长高森祥（受贿180万元)、原广东英德县公安局局长张文列（贪污、受贿28万元)、原中国民航广州管理局运输公司售票员易芳（贪污313万元)、浙江省乐清县乐城镇无业人员郑乐芬（利用“抬会”形式进行投机倒把总额达1.2亿元，获利189万元）等重大经济犯罪分子被判处死刑，立即执行。社会效果很好，深得人心。广大人民群众从中看到了党和国家坚决惩治腐败，搞好廉政建设的决心，拍手称快。

——注意贯彻了惩办与宽大相结合的政策。各地法院在对严重破坏经济的罪犯依法从严惩处的同时，对罪行较轻的经济犯罪分子，特别是具有自首、坦白、积极退赃、检举立功等情节的，依法从轻、减轻或免除处罚。敢于从严，也敢于从宽，体现了区别对待，打击少数、教育挽救多数的精神，有效地分化瓦解了经济犯罪分子。

——积极参与综合治理，增强防范机制，扩大办案效果。近年来，各地法院在办理经济犯罪案件中，通过以公开审判为重心的各种形式，向群众进行法制宣传教育，特别是对群众广为关注的重大经济犯罪案件，不失时机地及时审理、召开宣判大会，并通过新闻媒介和其他形式进行广泛宣传，震慑了犯罪分子，提高了群众同各种经济犯罪作斗争的信心。很多法院还通过办案，分析经济犯罪的规律和特点，注意发现发案单位在组织管理、规章制度等方面存在的问题和漏洞，及时提出司法建议，督促有关部门加强管理，堵塞漏洞，有效地预防和减少经济犯罪案件的重复发生。这种打击与防范并举的做法已逐步在各级法院审判工作中得到普遍推广。

——加强了调查研究和司法解释工作。各地人民法院在审理经济犯罪案件的同时，抓住审判工作中遇到的新情况和新问题，开展了广泛的调查研究，写出了一批有较高指导意义和理论价值的调研报告。这些调研成果对提高经济犯罪案件的审判水平，完善打击经济犯罪方面的立法和司法解释，发挥了积极的作用。在各级法院调查研究的基础上，最高人民法院针对办理经济犯罪案件中遇到的一些适用法律方面的问题，陆续作出了一些司法解释，如：《关于执行〈关于惩治贪污罪贿赂罪的补充规定〉若干问题的解答》、《关于税务人员参与偷税犯罪的案件如何适用法律问题的批复》、《关于办理偷税、抗税刑事案件具体应用法律的若干问题的解释》、《关于假冒商标案件两个问题的批复》，等等。这些司法解释对各级法院正确适用法律，审理好经济犯罪案件起了重要的指导作用。

——加强了领导，充实了审判力量。许多法院的领导同志亲自抓经济犯罪案件的审判工作，有的重大案件还亲自办，遇到困难和问题，主动向党委汇报，保证了案件的正确、及时处理。对办案力量不足的，注意调整充实，在审判实践中培养和锻炼了一大批经验丰富的审判人员。这些措施不仅提高了经济犯罪案件的审判水平，也提高了办案效率，办理经济犯罪案件超审限的情况已经开始减少。

二、继续严厉打击严重经济犯罪分子，进一步加强经济犯罪案件的审判工作

打击经济犯罪的斗争虽然取得了很大的成绩，一大批严重破坏经济的罪犯受到了严厉的打击，但是，当前经济犯罪的情况仍然十分严重。从近几年法院受理案件的情况看，经济犯罪案件仍然呈上升趋势。1989 年全国法院共受理经济犯罪案件 29491 件，比 1988 年上升 26.81%；1990 年收案 38632 件，比 1989 年上升 31%；1991 年收案 40457 件，比 1990 年又上升 4.72%。经济犯罪涉及的金额也越来越大，过去的大案，不过是贪污、受贿几万元、十几万元，现在贪污、受贿几十万元、上百万元的案件也时有发生。1990 年和 1991 年两年，最高法院核准死刑的经济犯罪分子中，贪污、受贿等非法所得百万元以上的就有××人，罪行的严重程度和给国家财产造成的损失令人触目惊心。在经济犯罪分子中，国家工作人员所占的比例大幅度上升。在这些犯罪分子中，多是直接掌握财物大权的人员，尤以工商、金融系统最为突出。不少经济犯罪分子作案后，大肆进行赌博、嫖娼，吃喝玩乐，挥霍无度。贪污后携带巨额赃款潜逃的时有发生，给国家、集体财产造成极大损失。

对当前经济犯罪的严重情况，我们应当有清醒的认识。同时，还应该看到出现经济犯罪有它的历史根源和社会根源。在发展社会主义市场经济过程中，经济犯罪的存在和发生带有某种必然性。市场经济的特性就是为交换而生产、以营利为目的。在社会主义条件下，发展市场经济，可以激励人们勤奋工作，提高效率，发展生产，繁荣经济，但也可以使一些人为追逐个人利益而不择手段，铤而走险以至进行各种经济违法犯罪活动。商品交换的原则又势必向政治、思想领域渗透，产生“钱权交易”、以权谋私等腐败现象。加之在改革过程中，我们的管理经验和措施跟不上变化了的形势，在各个环节上还存在不少漏洞，也给经济犯罪分子留下了可乘之隙。经济犯罪作为我国现阶段阶级斗争在经济领域内的表现，在今后相当长的历史时期内还会长期存在。不是搞几次集中打击就可以完全消灭的。小平同志早就指出：改革开放进行多久，打击经济犯罪就要搞多久，在整个改革开放过程中都要反对腐败。最近，小平同志南巡的重要谈话再次强调，要坚持两手抓，一手抓改革开放，一手抓打击各种犯罪活动。这两只手都要硬。这是在分析了当前我国社会的性质、发展阶段和矛盾特点的基础上提出来的科学论断，对在新形势下深入开展打击经济犯罪的斗争，具有十分重要的意义。

为了认真贯彻小平同志南巡重要谈话和中央政治局全体会议关于两手抓、两手硬的精神，当前我们在经济犯罪案件的审判工作中必须做好以下几项工作：

（一）进一步加强对经济犯罪案件审判工作的领导

当前，人民法院审理经济犯罪案件的任务很重，收案逐年增加，审判工作中遇到许多新情况、新问题。在加快改革开放步伐的新形势下，既要严厉打击各类经济犯罪活动，又要切实保护公民的合法权益和正当经营，经济犯罪案件的审判任务和难度都很大，迫切需要进一步加强对这项工作的领导。为此，我们各级法院要始终把审判经济犯罪案件的工作作为一项长期的重要任务，列入经常性的议事日程，作为一件大事来抓。重大的案件领导要亲自抓，亲自办。要根据审判工作的需要，不断调整充实办案力量。有的省成立了专门负责审理经济犯罪案件的审判庭，提高了办案质量和效率。有条件的省、市、自治区高级法院和直辖市及经济犯罪案件多的中级法院也可以这样做。审判委员会在研究具体案件的同时，要注意总结审理经济犯罪案件工作的经验教训，及时研究解决审判工作中遇到的困难和问题。要组织审判人员学习有关经济改革的政策和法律，提高政治业务素质和办案水平。确保正确及时地处理好起诉到法院的各类经济犯罪案件。

当前，特别要注意组织法院干警认真学习和深刻领会小平同志的重要谈话，尤其是关于“两手抓、两手硬”的思想，进一步提高对打击经济犯罪斗争的重要性、必要性、长期性和复杂性的认识。那种认为打击经济犯罪会偏离经济建设中心，影响改革开放的认识是非常错误的，有害的。应当看到，打击严重的经济犯罪活动和加快改革开放，加速经济发展是相辅相成的。准确打击犯罪，不仅不会影响，而且可以保障和促进改革开放和经济建设。严重经济犯罪不仅直接扰乱经济秩序，破坏改革开放，而且败坏社会风气，腐蚀干部队伍，损害党和政府的形象，影响政治和社会的稳定。只有严厉打击严重的经济犯罪活动，才能保障和促进改革开放和经济建设的顺利进行。实践证明，10多年来，我国改革开放和经济建设取得举世瞩目的成就，同坚持开展打击严重经济犯罪活动的斗争是分不开的。对严重经济犯罪是不是坚决打击，关系到改革开放能不能健康发展，现代化经济建设能不能顺利进行，关系到反腐败斗争能不能取得胜利，党和国家会不会改变颜色。我们人民法院进一步做好审理经济犯罪案件的工作，依法严惩严重经济犯罪分子，就是为改革开放和经济建设最直接的服务。这是人民法院重要的职能，也是我们的职责。

（二）要继续贯彻依法从严惩处严重经济犯罪分子的方针

对严重破坏经济的罪犯依法从严惩处的方针，必须长期坚持贯彻执行。尤其在当前经济犯罪活动仍然十分严重的情况下，更不能有丝毫的麻痹和松懈。不这样就不能有效地遏制经济犯罪活动发展蔓延的势头，就不能有力地保障改革开放和经济建设的顺利进行。

在各类经济犯罪分子中，要把国家工作人员中严重贪污、受贿的犯罪分子作为打击重点。近年来，起诉到法院的贪污、贿赂、挪用公款案件不断上升，在整个经济犯罪案件中占70%以上。贪污、贿赂犯罪是职务型犯罪，犯罪分子往往是各级党政机关或企事业单位的领导干部和掌握一定权力的国家工作人员，这些人以权谋私、损公肥私，损害党的声誉和政府的形象，给国家和集体造成极为严重的经济损失，且有很大的危害性、危险性和腐蚀性，必须坚决依法严厉惩处。各级法院要集中力量抓好贪污、贿赂犯罪案件的审判工作。对于机关、企事业单位职工内外勾结、套取、侵吞、挪用国家资金谋取非法利益的犯罪分子，必须及时审理，在查清事实的基础上，依照刑法和全国人大常委会《关于严惩严重破坏经济的罪犯的决定》、《关于惩治贪污罪、贿赂罪的补充规定》，坚决从严惩处，其中数额特别巨大，情节特别严重的，要坚决依法判处重刑，该判死刑的要坚决判处死刑，决不能手软。以此来推动反腐败斗争的深入进行。

在抓好贪污、贿赂等国家工作人员犯罪案件的审判工作的同时，也要重视和抓紧对其他经济犯罪案件的审判。当前，在经济犯罪中投机倒把、走私、偷税、抗税、伪造国家货币、盗伐滥伐林木、利用经济合同进行诈骗等犯罪活动都比较突出。特别是假冒商标、生产销售伪劣商品，侵害消费者合法权益的案件非常突出，已经成为扰乱经济秩序，危害国家和广大人民群众切身利益的社会公害。对于这些犯罪案件，也要抓紧及时审理，依法从严惩处。

（三）切实抓好大案要案的审判

抓大案要案，是严厉打击严重经济犯罪活动的一条重要经验。大案要案一般是涉及各级国家机关、企事业单位领导干部犯罪以及犯罪数额特别巨大的案件，影响大，群众广为关注。大案要案的审判抓好了，可以带动其他经济犯罪案件的审判工作，有效地推动打击经济犯罪斗争的深入进行。因此，各地法院都要抓属于自己管辖范围内的大案要案。要像去年下半年那样，在近期内抓紧审理和公开宣判一些大案要案。以此为突破口，扩大打击经济犯罪斗争的声势和影响，鼓舞人民群众的斗志和信心。

对大案要案一定要精心审理，严格把好案件事实证据关、适用法律关，在保证质量的前提下，加快办案进度。有些特别重大的，或者有争议的，或者有干扰和阻力的大要案，必要时要向上级法院通气。过去对大案要案建立过登记立卡制度，以便掌握情况，随时督促检查，及时审结。现在仍然有必要继续建立和完善这项制度。

另外，在一个时期或在一个地区比较突出的经济犯罪，严重影响当地的经济建设，群众反映强烈的案件，要抓紧办。有些案件本身并不是大要案，但由于各种原因，在当地造成很大的影响，成为人们议论的热点，比如制造假药、假酒，假冒商标等违法犯罪活动，严重损害国家和群众利益，就应该择其重点及时从严惩处，坚决制止这类违法犯罪活动的蔓延。

（四）一要坚决，二是慎重，务必搞准，正确区分罪与非罪的界限

打击经济犯罪是为改革开放和经济建设服务的。应该打击的没有打击，不该打击的受到打击，都将对改革开放和经济建设带来消极影响。因此，审理经济犯罪案件一定要坚持一要坚决，二要慎重，务必搞准的原则，严格区分罪与非罪的界限，既要严厉打击经济犯罪，又要切实有效地保护改革开放。

在加快改革开放的形势下，判断一种行为是合法还是违法，是否构成犯罪，是否需要追究刑事责任，当然要坚持“以事实为根据，以法律为准绳”的原则；同时，要根据小平同志提出的“应该主要看是否有利于发展社会主义社会的生产力，是否有利于增强社会主义国家综合国力，是否有利于提高人民生活水平”的标准，采取实事求是的慎重的态度。当前，审理经济犯罪案件，一定要注意以下一些界限问题：

对于发生在企业生产经营活动中和涉及科技人员的经济犯罪案件，要注意：

——严格区分企业制定的规定和措施中出现的失误，致使企业领导人员据此多分多占的行为，与企业领导人员自己利用职务之便，侵吞公款、中饱私囊的界限；

——严格区分企业经营、供销人员等，出于某种顾虑，采用一些不正当的手段获取属于本人应得的报酬的行为与贪污、受贿犯罪的界限；

——严格区分企业承包、租赁人员采用不正当手段获取依据承包、租赁合同和有关文件规定所应得的报酬奖金的行为与贪污企业公共财产的界限；

——严格区分在企业正当的经营活动和必要的交往应酬中铺张浪费和不合理的开支与个人挪用、侵吞公款肆意挥霍行为的界限；

——严格区分为获取正当业务和其他合法利益而支付给对方回扣费、手续费的行为与为谋取不正当利益，向国家工作人员、集体经济组织工作人员或者其他从事公务的人员行贿行为的界限；

——严格区分在企业经济往来中得到的回扣、手续费，如实向单位申报，由单位按规定奖给个人的行为，与在经济往来中损害企业利益，收受钱物、中饱私囊行为的界限；

——严格区分科技人员受单位委托为其他企业进行技术改造或提供技术咨询服务，确实提供了技术和劳务，只是在获取或分配

报酬的途径、方式和数额上不尽合理的行为与贪污、受贿犯罪的界限；

——严格区分科技人员不损害本单位利益的兼职取酬和以自己的知识、技术提供咨询甚至以“技术入股”获得报酬的行为与以本单位的关键技术和审批权力等进行索贿、受贿行为的界限。

以上谈到的界限问题，是当前审判工作中比较常见的一些问题。随着改革开放的深入，经济生活日益活跃，经济犯罪案件的情况将会不断发生变化，也会更加复杂。正确区分罪与非罪的界限难度很大。我们提出的这些界限不是全部的，也不是一成不变的，需要不断地根据新的情况加以总结完善。具体案件的情况是千差万别的，因此，各地法院在审理经济犯罪案件时，还是要具体案件具体分析。上述界限可作为处理具体案件时参考。

在严格区分罪与非罪界限的基础上，还要十分注意办案的方式、方法和整体社会经济效益。经济犯罪案件很多是涉及生产单位和科研部门，如果在办案方式和处理上，不考虑商品市场、技术市场、金融市场、劳务市场和房地产市场的特点及复杂性，不考虑产、供、销等各方面的关系和经营的连续性，不考虑技术开发、转让、咨询和服务活动的特点，就会造成不应有的损失，在一定程度上背离了打击经济犯罪的服务方向。因此，要注意：

——对政策和法律规定不明确的，或者过去有的规定与改革开放的实际现状不相适应的，就不要轻易以犯罪处理；

——对罪与非罪的界限一时难以划清的，就不要急于处理，可以广泛征求意见，慎重分析研究，及时请示报告；

——对有些过去一贯表现较好，或有突出贡献，或是在生产经营、企业管理中的骨干或科技人员，确实构成犯罪，但罪行较轻，认罪态度好的，不一定非要判刑关押，可以依法判处缓刑或免刑，放在社会上教育改造，以利生产经营和科学研究工作。

总之，审理经济犯罪案件，一定要突出一个“准”字，严格区分罪与非罪的界限，切实保证办案质量，讲究办案的社会效果。该打击的坚决打击，该保护的坚决保护。既要注意防止打击不力，又要注意防止出现误差，发生冤、假、错案。一旦出现，要及时纠正。

（五）严肃处理玩忽职守犯罪案件

当前，由于国家工作人员严重不负责任的官僚主义，玩忽职守，致使国家和人民利益遭受不应有损失的案件时有发生，有的直接经济损失达几百万元、几千万元、甚至上亿元，对经济建设危害很大，但真正得到严肃处理的很少。这不仅不能使国家工作人员记取教训、恪尽职守，而且在人民群众中造成了极其恶劣的影响，应当引起我们的高度重视。严重失职、玩忽职守给国家造成的经济损失，往往比贪污、贿赂犯罪还要严重。因此，各级法院对玩忽职守构成犯罪的，要坚决依法追究刑事责任。特别是对那些为了个人私利，在经济活动中贪图贿赂，致使国家造成重大经济损失的国家工作人员，要以贪污、贿赂和玩忽职守罪，数罪并罚，从严惩处。

要注意把严重渎职、玩忽职守的犯罪同在改革中进行新的尝试，由于缺乏经验，造成失误，致使国家和集体财产造成损失的情况区别开来。改革开放胆子要大，提倡大胆地试，大胆地闯，不可能不冒风险。因此，凡属改革中的失误，就不要以犯罪论处，以保护那些锐意改革、敢闯敢冒的人的积极性。

（六）正确掌握对经济犯罪分子适用缓刑的条件

缓刑是我国刑法规定的一项重要的刑罚制度。其特点在于有条件地不执行原判刑罚，附有一定的考验期，使犯罪分子在保持原判刑罚效力的影响下，放在社会上教育改造。实践证明，缓刑适用得当，有利于发动和依靠群众对犯罪分子进行教育改造；有利于解决犯人家庭生活困难和激发犯罪分子本人自我改造的积极性，以利社会的安定；有利于生产和经济的发展。如果适用不当，特别是对国家工作人员的经济犯罪，不该适用缓刑的判了缓刑，就会在群众中造成不良的影响。

一个时期以来，各级人民法院在对经济犯罪适用缓刑问题上，进行了一些有益的实践，并取得了明显的成效。所判处的缓刑犯绝大部分表现较好，重新犯罪的极少。但也有极少数经济犯罪案件存在适用缓刑不当的问题，个别不符合适用缓刑条件的判了缓刑；有些犯罪情节较重，又不具有从轻情节的，有些有前科劣迹不宜放在社会上改造的也判了缓刑。

我们认为，对经济犯罪分子适用缓刑同其他刑事犯罪分子适用缓刑一样，必须按照我国刑法第六十七条规定的几个条件，严格掌握。该适用缓刑的，要敢于适用缓刑。但对于那些经济犯罪数额巨大的；或者因其犯罪行为使国家或集体利益遭受重大损失的；或者有过经济犯罪前科劣迹的；或者犯罪后没有退赃，认罪态度不好的；或是当地群众反映强烈，不适宜判处缓刑的，就不要适用缓刑。

对于当前常见的贪污、受贿犯罪，我们考虑，数额在两千元以上不满五千元，有些情节较轻，犯罪后确有悔改表现，积极退赃的，可以判处缓刑；数额在五千元以上不满一万元，有些情节较轻，犯罪后主动坦白，确有悔改表现的，也可以判处缓刑，但要从严掌握；数额在一万元以上的，一般不宜宣告缓刑。如果犯罪后全部退赃，并具有自首、立功等法定减轻情节，或者在生产、科研等方面有特殊需要，其他犯罪情节又相对较轻，有些也可以宣告缓刑。

（七）充分运用财产刑，严厉打击各种经济犯罪分子

没收财产、罚金等刑罚是我们同犯罪，特别是同经济犯罪作斗争的一种重要手段。采用国家的强制力将犯罪分子的个人财产的一部或全部无偿的收归国有；或者判决犯罪分子向国家缴纳一定数额的罚金的办法，对于惩治以营利、贪财为目的的犯罪分子，教育群众，从经济上剥夺犯罪分子赖以继续进行犯罪活动的物质条件，保护国家、集体利益，都具有重要意义。现在有些地方，往往只注意追缴犯罪分子的非法所得，而对于财产刑的适用不够重视，不利于严厉打击和制裁严重的经济犯罪分子。各级法院要把适用财产刑提高到严格依法办事的高度来认识，切实运用好这一法律武器，更有效地同犯罪分子作斗争。

我国刑法对经济犯罪除规定了应当适用的主刑外，还规定了可以并处财产刑。1988年1月21日全国人大常委会通过的《关于惩治贪污罪、贿赂罪的补充规定》，对财产刑的适用作出了明确的规定。除了规定“可以并处没收财产”以外，对情节特别严重的贪污、贿赂犯罪分子，规定“并处没收财产”。这个规定，意味着不是可适用，可不适用，而是必须适用。因此，在审判经济犯罪案件时，应当按照规定严格执行。法律规定并处财产刑的，必须要适用财产刑。法律规定可以适用财产刑的，应根据罪行轻重，本着从严精神，予以适用。

总之，加快改革开放的新形势，对我们的审判人员提出了更新、更高的要求，迫切要求我们加强经济犯罪案件审判工作。审理经济犯罪案件，不仅要熟悉法律，还要懂得经济，尤其是要及时了解党和国家新出台的经济政策和改革措施，在总体上能够把握改革开放的全局。同时要树立起严肃执法的观念，不管涉及到什么人物，都要敢于严格依法办事，决不能办“人情案”，更不能徇私枉法。各级法院都要加强调查研究，及时解决审判工作中遇到的新情况、新问题，对于一些重大、疑难、带有普遍性、倾向性的问题，要及时向上级法院汇报请示。该作司法解释的，最高法院要争取尽快作出司法解释。只有这样，才能正确适用法律、政策，有效地保护改革开放，促进经济建设发展，有力地

打击经济犯罪。

最后，再重复一句，希望各级法院的同志认真学习和深刻领会小平同志南巡谈话的精神，特别是关于“两手抓、两手硬”的思想，切实把经济犯罪案件审判工作抓紧抓好，为改革开放和经济建设的顺利进行，提供有力的法律保障，作出更大的贡献。

中国审理未成年人刑事案件的司法制度

——1992年11月14日林准副院长在未成年人犯罪的预防、审判和矫治国际研讨会上的演讲

尊敬的诸位法官、检察官、律师、法学家：

女士们、先生们：

首先，请允许我对来自世界各地的司法界、法律界的同行们和朋友们表示热烈的欢迎，并对你们在未成人犯罪的预防、审判和矫治方面所做的卓有成效的努力以及从中表现出对青少年一代、对人类未来高度的责任感和使命感表示崇高的敬意！

中国是有着悠久历史的文明古国，也是发展中国家。特别是从1978年底我国实行改革开放政策以来，我国的经济建设取得了举世瞩目的成就，社会主义民主和法制建设也取得了显著的进展。这种日新月异的变化，无论是对首次来访的朋友，还是对多次来访的朋友，同样都会感到新鲜。如果我们的同事和朋友有兴趣更多地了解一下中国发生的变化，那将会感受到这些变化与国际社会所共同追求的目标是一致的，是人类社会进步的一个组成部分。对于从事神圣的法律工作的人来说，无论你来自哪一个国家和地区，在通过法律为世界和平与发展服务的每一个领域，都会在中国找到共同感兴趣的话题。关于未成年人犯罪的预防、审判和矫治的问题，就是一个我们共同关心的，非常有意义的话题。我们希望通过这次国际研讨会，更多地了解和借鉴其他国家在预防和减少青少年犯罪方面所作的努力和取得的进展，也希望国际社会了解我国在这方面所作的工作和取得的成就。因此，我很高兴利用这个机会，把中国审理未成年人刑事案件的司法制度向在座的同行和朋友们作一个简要的介绍。

众所周知，占世界人口约三分之一的青少年代表着人类社会的未来，是建设和平、幸福、美好生活的重要力量。中国有11.6亿人口，其中18岁以下的未成年人有3亿多。我国政府和人民把这些未成年人看成是祖国的花朵、民族的希望，为保护他们的健康成长、维护他们的合法权益，进行了长期不懈的多方面的努力。特别是我国实行改革开放以来，在重点进行经济建设的同时，从整个社会发展和进步的角度出发，我国把从立法和司法上保护未成年人权益的问题摆在了特殊重要的位置。14年来，我国的立法机关全国人民代表大会及其常务委员会制定了120多部法律、25个有关修改补充法律的决定和补充规定。其中很多是有关保护未成年人权利和利益方面的专门法律或者专门条款。

我国1982年制定的新宪法明确规定：“婚姻、家庭、母亲和儿童受到国家的保护。”(第四十九条第一款)，“国家培养青年、少年、儿童在品德、智力、体质等方面全面发展。”(第四十六条第二款)宪法的这一精神在我国民法通则、婚姻法、继承法、收养法、刑法、刑事诉讼法等有关法律、法规中得到了充分体现。1986年4月，我国制定了《义务教育法》，从法律上保障适龄儿童接受教育的权

利。我国较全面、系统地保护未成年人的法律是1991年9月4日颁布并于今年1月1日起正式施行的《中华人民共和国未成年人保护法》。这部法律分总则、家庭保护、学校保护、社会保护、司法保护、法律责任、附则等六章，规范了全社会保护未成年人的主要工作，它为我国未成年人的健康成长提供了法律保障。此外，我国已有17个省、自治区、直辖市制定了地方性未成年人保护条例，以便在当地具体实施未成年人保护法。

在建立和完善我国保护未成年人权益的法律制度时，我国非常重视借鉴其他国家在这一方面的成功经验和做法，并且努力把我国的法律、政策与贯彻有关保护未成年人的国际公约紧密结合统一起来。《联合国少年司法最低限度标准规则》（即《北京规则》）、《联合国预防少年犯罪准则》（即《利雅得准则》）、《儿童权利公约》、《联合国保护被剥夺自由少年规则》等国际公约所确立的基本原则、标准和规范，在我国法律中都通过相应的条款得到了充分的体现和切实有效的贯彻。

同世界上大多数国家一样，青少年犯罪问题也是我国面临的一个突出的社会问题。特别是从70年代末以来，我国未成年人犯罪案件虽然有升有降，但基本上是呈持续上升的趋势。1979年，我国法院判处的年满14岁不满18岁的未成年犯4954人，占全部刑事罪犯人数的4%；1989年，判处的未成年犯42766人，占全部刑事罪犯人数的8.89%；1990年判处未成年犯42033人，占全部刑事罪犯人数的7.24%，1991年判处未成年犯33392人，占全部刑事罪犯人数的6.58%。未成年人犯罪不仅数量在上升，而且出现了手段成人化、年龄低龄化的特点，成为危害社会治安的一个严重因素，引起了我国政府和社会各方面的普遍关注。

为了解决未成年人犯罪问题，我国采取了预防和教育为主的原则，动员全社会的力量，实行综合治理。我国《未成年人保护法》在家庭保护、学校保护、社会保护等方面，都对预防和减少未成年人犯罪作了具体的规定，旨在尽力创造条件，确保未成年人能在社会上过有意义的生活，并在其一生中最易沾染不良行为的时期，使其成长和受教育的过程尽可能不受犯罪和不法行为的影响。同时，对于违法犯罪的未成年人，我国实行教育、感化、挽救的方针和教育为主、惩罚为辅的原则。这是我国对违法犯罪的未成年人司法保护的基本指导思想。对于未成年被告人，我国刑法、刑事诉讼法和未成年人保护法，都作了一系列有别于成年被告人的具体规定，在审判、处刑、诉讼权利，执行刑罚等方面都给予了充分的法律保障和有效、公平、合乎人道的待遇，既保护了未成年人的成长，又维护了社会的良好秩序。

我国人民法院在对违法犯罪的未成年人实行公正审判，并采取教育、感化、挽救等矫治措施，从而预防和减少未成年人犯罪方面起着重要作用。长期以来，我国法院依照国家的有关法律规定，审判了大量涉及未成年人犯罪的刑事案件，很好地贯彻了对违法犯罪的未成年人教育为主、惩罚为辅的原则和教育、感化、挽救的方针。随着未成年人犯罪问题的日益突出，我国法院逐渐改变了未成年人与成年人犯罪案件都由一个刑事审判庭审理的做法，形成了由少年法庭专门审理未成年人刑事案件的制度。

1984年，上海市长宁区法院创立了我国第一个专门审理未成年人刑事案件的合议庭，即少年法庭。少年法庭针对未成年人生理和心理上的特点进行审判活动，在对未成年罪犯的矫治方面取得了较为显著的成果。在最高人民法院的关注和指导下，少年法庭的经验、做法迅速在全国推广。我国少年法庭建立比较晚，但发展速度比较快。1988年，全国建立了100多个少年法庭；1990年6月份达到862个；截止今年6月份，全国已建立少年法庭2763个，共有7049名审判人员和11008名特邀陪审员在从事少年法庭的工作。基本上实现了所有未成年人犯罪案件全部由少年法庭审理。1991年初，我国最高人民法院制定了《关于办理少年刑事案件的若干规定》,对审理未成年人刑事案件的程序作了统一规定，它是我国少年法庭工作规范化的重要标志。目前，有的法院在审理未成年人刑事案件的少年法庭基础上，成立了受理涉及未成年人的刑事、民事、经济、行政等各类案件的审判组织，以便更好地对未成年人实施全面的司法保护。我国审理未成年人刑事案件的司法制度，从组织形式、审判程序以及工作的方式、方法上都具有鲜明的中国特色。

目前，我国少年法庭主要受理被告人犯罪时已满14岁不满18周岁的刑事案件；另外，共同犯罪中犯罪集团的首要分子或者主犯在犯罪时不满18周岁的案件和共同犯罪中一半以上的被告人在犯罪时不满18周岁的案件以及其他涉及未成年人的刑事案件也由少年法庭审理。

根据《中华人民共和国人民法院组织法》和《中华人民共和国刑事诉讼法》的规定,并考虑到审理对象为未成年人的特殊性,少年法庭由法官或者至少1名法官、2名陪审员组成，成员中至少要有1名女性。少年法庭法官不但要求具有很强的司法业务能力,而且要热心于青少年工作,具备心理学、犯罪学、教育学等方面的知识。为了适应这项工作的需要,很多地方法院举办了培训班,对少年法庭法官进行相关知识的培训。少年法庭陪审员在审理案件时与法官享有同等的权力，他们大都是教师或是其他长期从事青少年工作的人员，熟悉青少年的特点，有一定教育专长，少年法庭很重视发挥他们的作用。

少年法庭在审理未成年人犯罪案件时，必须依法全面保障未成年被告人的一切诉讼权利。未成年人除享有法律赋予成年人的许多诉讼权利外,还享有一些特殊的诉讼权利。因此，我国少年法庭遵循一系列的原则，以保障未成年被告人的这些诉讼权利得以实现。这些原则主要有：第一，法定代理人参加诉讼的原则。在开庭审理前或休庭时，经少年法庭许可，法定代理人可以与未成年被告人会面；审判中，法定代理人在法庭上享有申请回避、发问、辩护等诉讼权利；在未成年被告人最后陈述后，经审判长许可，法定代理人还可以发言；上诉期间，如果被告人尚未满18岁，法定代理人享有独立上诉权。第二，不公开审理的原则。根据我国刑事诉讼法、未成年人保护法的规定，对未成年人犯罪案件实行不公开审理。对于14岁以上不满16岁的未成年人犯罪案件,一律不公开审理；对于已满16岁不满18岁未成年人犯罪案件，一般也不公开审理。但宣告判决均应公开进行，并通知法定代理人到庭。为了保护未成年被告人的权益，避免因其罪行在社会上广泛扩散，造成不利于未成年人今后生活的社会影响，少年法庭在审理少年刑事案件时,不得公开和传播诉讼案卷材料;不得以任何方式公开被告人的影像。第三，全面调查原则。少年法庭在办理未成年人刑事案件时，除对案件事实、证据进行收集、审查外，还就导致被控犯罪行为的主观和客观原因，以及对未成年人特殊性格的形成产生过重要影响的人和事件等情况进行调查。第四，及时处理原则。少年法庭在保证办案质量和社会效果的前提下，很重视案件的及时处理，以保证无罪的未成年人和被判处非监禁刑罚的未成年犯能尽早重返社会；或者使判处监禁刑罚的未成年犯得到及时教育、矫正。第五，寓教于审、惩教结合的原则。这是我国少年刑事审判制度的核心，它充分体现了中国少年刑事审判制度的特色。少年法庭针对每个未成年被告人的特点，像医生对待病人一样，像教师对待学生一样，像父母对待子女一样，满腔热忱地去帮助他们，认真细致地做好感化工作。把教育贯彻于诉讼活动的始终。一般地，未成年人犯罪案件移送人民法院后,少年法庭在进行全面核查、了解情况的基础上，要对被告人进行实事求是的教育，以消除未成年被告人的恐惧心理和抵触情绪，使被告人敢于向法庭陈述指控与实际不符之处，免受错误追究，并保证审判活动的顺利进行。少年法庭开庭时要求审判人员以诚恳的态度、温和的语调、通俗易懂的语言进行审理，注意和缓法庭气氛，严格禁止对未成年被告人进行训斥、讽刺、威胁和刑讯，严格禁止逼供、诱供。法庭调查、辩论阶段结束后，少年法庭又增加了一个教育阶段，法官们应根据未成年人智力发育程度和心理状态，注重疏导，因人施教。案件判决时，审判人员要充分说明判决所依据的事实与法律，讲清道理。对于即将送交执行的未成年罪犯，要对他们进行认罪服法、接受改造的教育。送交执行以后，少年法庭一方面对他们进行跟踪教育，定期或不定期去少年管教所了解他们改造的情况，协助少年管教所做好帮教、改造工作。另一方面，还敦促少年犯的家属，按时去探视，使少年犯重新获得家庭的关怀，增强改造信心。对于被判处缓刑、管制等的未成年罪犯，少年法庭还要协助有关单位和基层组织，了解他们的生活、工作、学习情况，及时进行帮助和教育。

我国刑法第十四条规定，对已满14岁不满18岁的人犯罪应当从轻或者减轻处罚；第四十四条还特别规定，犯罪的时候不满18岁的人一律不适用死刑。这与《北京规则》的有关规定是一致的。少年法庭在量刑上充分考虑到，未成年犯既是社会秩序的侵害者，又是社会不良环境影响的受害者。对于构成犯罪的未成年人，以事实为根据，以法律为准绳，予以适当的惩罚是必要的。不惩罚就会放纵犯罪，不利于教育未成年人，不利于维护社会的秩序。但是，未成年人又有其特殊性。如：身心发育还未完全成熟，缺乏辨别能力，犯罪的主观恶性一般较小，可塑性大，等等。因此对他们的处罚较之成年人都应当依法从轻或者减轻，适用刑罚要立足于教育，处罚是手段，教育才是目的。对那些平时表现好、罪行不严重的初犯、偶犯、从犯，或者是确有悔改、立功表现的未成年犯，能不动用刑罚的就不必判刑；必须判刑的，能不收监的就尽量不要收监，采取其他方法，比如判处缓刑、管制等，尽可能把对未成年犯人身自由的限制保持在最低限度。对于犯罪情节轻微，不需要判处刑罚的未成年犯，还可以根据案件的不同情况，选择采用训戒或者责令具结悔过、赔礼道歉、赔偿损失等非刑罚方法予以处理，或者由主管部门予以行政处分，将他们放在社会上监督改造，使他们获得重新就学、就业的机会，鼓起重新做人的勇气。

未成年人犯罪是一个涉及面很广的社会问题，其产生的原因是多方面的，可以说是一种社会"综合症"，必须依靠全社会的力量，实行综合治理。正如《联合国预防少年犯罪准则》第二条所指出的：要成功地预防少年违法犯罪就需要整个社会进行努力。目前，在我国很多地方公安、检察、司法行政机关已经建立与少年法庭互相配套的工作体系，共同致力于未成年犯的预防、矫治工作。公安机关对于羁押的未成年人犯，实行与成年人分管、分押，并成立未成年人案件预审组，采用适合未成年人生理、心理特点的方式进行讯问；人民检察院成立未成年人案件起诉组，公诉人在庭审中注意将揭露犯罪与寓教于追诉融为一体；律师事务所设置未成年人刑事案件专职律师，专门从事维护未成年人诉讼权利与合法权益的工作。

我国对犯罪的未成年人采取保护性教育改造措施，对已满14周岁不满18周岁、犯罪情节严重的未成年罪犯，专设少年管教所进行管教，不和成年罪犯关押在一起，以避免他们互相影响，交叉感染，染上更多的恶习。少年管教所要求环境整洁、优美，各项设施完备，贯彻执行"以教育改造为主，轻微劳动为辅"的方针，坚持半天学习、半天劳动的制度，还设立专职人员对未成年罪犯进行文化、法制、劳动技能教育，为他们回归社会创造条件。少年管教所是我国矫治青少年罪犯的“学校”式的场所。少年犯服刑期满后，少管所积极同学校或者劳动就业部门联系，力求妥善解决刑满释放后的安置问题，使少年犯重返社会后能够开始正常的生活。长期以来，我国少年管教所在改造少年罪犯方面做了大量工作，取得了显著的成果。我们希望参加会议的代表们在适当的时候能到我们的少年管教所进行实地参观、考察和指导。

此外，政府的各有关部门、学校、群众团体、社区组织等也积极采取措施参与预防、控制、矫治未成年人犯罪的治理工作。诸如广泛开展社会主义精神文明建设，对青少年加强理想、纪律教育，加强道德、法制教育；尽力解决社会青年的就业问题；广泛宣传和贯彻义务教育法，有效地控制在校生流失的问题。我国的法学界和司法界的专家、学者联合成立了中国青少年犯罪研究学会，开展这方面的研究工作。我国一些曾经担任各级政府领导职务的老同志自愿组成关心下一代协会。很多学校提出，找回一个流失生、转变一个后进生和培养一个品学兼优的学生是同等重要的任务；一些群众团体、社区组织还通过举办“家长学校”等措施，对家庭施以积极的影响，使父母能够以良好的教育方法对子女进行管教、引导，使其健康成长；惩办危害青少年的犯罪活动，优化青少年成长的社会环境；对于有轻微违法行为的青少年，依靠社会力量进行帮助和教育，促其转化，或者送交工读学校；对一些危害社会治安，屡教不改，但不需要追究刑事责任的青少年，由劳动教养所进行管教。我国《未成年人保护法》第四十四条规定：“人民检察院免予起诉、人民法院免除刑事处罚或者宣告缓刑以及被解除收容教养或者服刑期满释放的未成年人，复学、升学、就业不受歧视。”积极为失足的青少年创造学习和工作条件，以防止重新犯罪。在一些地方，教育部门还专门要求各学校对未成年被告人在逮捕后未判决前，以及对宣告缓刑的未成年犯，均不得开除他们的学籍。一些地方政府会同有关部门如教育、工会、共青团、劳动就业部门共同组成未成年人犯罪综合治理领导机构，专门负责处理这方面的事务。

经过全社会的共同努力，近年来，我国矫治、预防、控制未成年人犯罪的工作已经取得较显著的成效。未成年罪犯大多数都能悔罪服判，积极改造，重新犯罪率大大降低。不少未成年犯在服刑期间被评为“文明学员”、“改造积极分子”，有的还立功受奖。重返社会后，他们也大都能好好学习和工作，其中有的被评为“三好学生”，有的还考上了大学，有的被选为先进生产者。我国未成年人犯罪急剧上升的势头基本上得到了控制。

女士们，先生们：

预防和减少未成年人犯罪是世界各国共同努力的目标，是一项长期而艰巨的任务。同其他领域一样，我们在保护未成年人和预防未成年人犯罪方面需要更多地借鉴国外的有益经验，并积极参加国际间的交流与合作。这次国际研讨会是我们同各国同事们交流经验、互相学习、加强合作的好机会，我们衷心希望这次大会能够开好。我预祝大会取得圆满成功！

谢谢各位！

祝铭山副院长在1992年专业证书教育招生工作电话会议上的讲话

（1992年5月23日）

最高人民法院、国家教委、人事部将要联合发文，继续在法院系统进行专业证书教育的试点工作。由于7月份就要进行招生文化考核，时间比较紧迫，所以在发文之前，先开个电话会议，把有关事项说一下，以便于各地提前做好招生的准备工作。

在讲今年的专业证书招生工作以前，我先把自1988年以来我们试办专业证书教育的情况做了简单的回顾。

根据国务院批准的成人教育发展和改革的决定，国家教委、人事部发文，在全国试行专业证书教育。根据国家教委的安排，我们法院系统从1988年起作为试点单位，开始举办专业证书教育。1988年业余大学共招收专业证书生28000人，现已结业18791人。参加专业证书教育学习的2万多学员中，各级法院正、副院长和正副庭长12000人，占53%，审判员6700多人，占30%，两项合计共占83%，这就是说，通过专业证书教育，使法院系统一大批领导和业务骨干在专业知识水平上达到了大专层次，这对提高审判工作的质量和效率起了很大的促进作用。

对法院系统举办的专业证书教育，社会各界的反映是好的。国家教委和地方各级教委认为我们的专业证书教育质量比较好，办学的效益也比较好，给予了积极的评价。他们认为：

第一，我们坚持了质量标准。我们的专业证书教育与学历生教育是同步进行的，按法律业大相同课程的教学大纲、教材、教学计划、教学方式进行教学。同样的试题、同样的考试、同样的评分标准。从而保证了每门课程的教学质量都达到大专层次的水平。

第二，法院系统办专业证书教育经过了严格的审批手续，是报经国家教委同意并备案的。最高法院人事厅委托业余大学举办专业证书教育，由教育厅负责审批、管理。结业证书由最高人民法院人事厅验印。所以，我们不存在乱办班、乱发证的问题。

第三，严格保证专业证书生的入学条件。各省、市、自治区业大分校按照最高人民法院《关于实行〈法律（审判）专业证书〉教育制度的试行办法》中规定的学员入学条件和招生的对象要求，严格把关，尤其是保证了入学学员的高中文化水平。从学员的文化结构上看，具有高等学校非法律专业毕业学历的占15%，具有高中毕业学历的占72%。从整体上看，我们前几届专业证书学员的文化水平达到了入学要求，保证了学员的基本素质。

第四，法院系统办学，在思想政治教育和行政领导方面，发挥了便于加强管理、妥善解决工学矛盾等优势；在教学方面，发挥了业余大学在教学中能够比较好地解决理论联系实际问题等优势。

三年来的实践证明，法院系统的专业证书教育质量是好的，符合国家教委的规定。也正因为如此，国家教委和人事部门同意我们今年继续试点。现在专业证书教育在全国正处于暂停状态。国家教委和人事部同意我们继续试点，先走一步，前提条件就是我们88级、89级、90级三届专业证书教育，办得比较好，具备了继续试点的条件。

但是，我们前几届专业证书生教育也存

在一些问题，主要有：

有的地方对专业证书这一教育制度理解得不够，宣传得不够，所以有少数学员学习积极性不高，缺乏主动性和自觉性；有的地方对报考的干部没有进行文化考核，有些学员文化水平太低，无法坚持大专水平的学习，造成学员流失过多。据统计，全国流失近万人；有的地方对报名的干部资格审查不够严格，不具备条件的也招进来了，经过清理，共清退了在年龄、职务等方面不合条件的学员723人。此外，专业证书的性质决定了除由最高法院教育厅审批和人事厅验印外，各个分校还需要征得当地教委、人事厅（局）的同意。少数地方，没有履行这一程序，既没有向当地教委、人事厅（局）申报，也没有备案，平时又很少同当地教委、人事厅（局）联系，未能取得这些单位的支持。总之，法院系统专业证书教育三年多来的情况总的来说是好的，但也存在一些缺点。为了把今后的专业证书教育搞得更好，需要总结一下过去的经验教训。

下面，对今年的招生工作我讲一些意见。

根据国务院批转的《国家教育委员会关于改革和发展成人高等教育的决定》，专业证书教育是国家成人高等教育的三种教育制度之一。专业证书教育是根据我国实行专业技术职务和担任其他职务任职资格的要求提出的。专业证书代表一定的专业水平。

为了使广大审判干部达到应该具有的专业水平，我们进行了学历教育，同时开展了专业证书教育。但学历教育和专业证书教育性质是不同的。既不能把专业证书教育等同于学历教育，也不能因为两种教育性质不同，而对专业证书教育有所忽视。专业证书教育是成人高等教育的一种重要的教育制度。

目前，全国各级法院都在认真地学习、贯彻小平同志在南方视察时的重要讲话和中央政治局全体会议的精神。随着加快改革开放和经济建设的步伐，审判工作会有较大的发展。客观形势对审判工作提出了更高的要求。与此相适应的，对审判人员的政治素质和业务素质要求也更高了。这样就使法院系统的干部教育培训的任务加重了。法院系统的“七、八、九”干部教育培训计划正在贯彻落实当中，要达到这个目标，只靠学历教育不行，学历教育和专业证书教育必须同步进行，双管齐下。

法官条例正在制定之中，在不久的将来要公布施行。法官条例对法官的任职资格有具体的规定，这种规定是硬性的、必须具备的。我们进行专业证书教育，是将来实施法官条例的一项配套措施，是一项不可缺少的准备工作。

所以，一定要重视专业证书教育。我们应该从国家的改革开放和社会主义的经济建设的需要出发，从国家民主与法制建设的需要出发，从加强审判工作的需要出发，来对待专业证书教育，确实把这项工作搞好。

为做好今年专业证书教学班的招生工作，请各地注意以下几点：

一是要切实加强领导。一定要在各级法院领导的统筹规划下，有步骤、高效率地开展招生工作。这项工作涉及面广，不仅在法院内部需要政治部门、人事部门、业余大学等单位的紧密配合，而且要取得地方教育主管部门的支持与帮助。为了工作的方便，根据需要可以成立法院领导为主的，由政治部门、人事部门、业大有关人员参加的招生工作领导小组。

二是要做好招生的申报工作。招生计划的审批程序是这样的：各高级人民法院人事部门，根据法院干部教育培训规划和年度计划，拟定招生计划，商得当地教委、人事主管部门同意后，报最高法院教育厅，由教育厅统一拟制招生计划后下达执行。坚持先规划后申报，先审批后开班的原则。这个会开过后，请各高级人民法院人事部门立即着手做好招生计划的申报工作。

三要组织好报名。做好思想动员工作，使符合条件的法院干部积极报考，特别是院、厅的领导要带头报名和参加文化考核。今年招生条件有三条：（一）具有国家承认的高等学校非法律专业毕业学历，并具有一年以上法院工龄者。这一条没有年龄限制。（二）年龄在35岁以上，具有高中毕业文化程度的审判员、执行员或相当审判员职级以上的研究人员。审判人员含院长、副院长、审判委员会委员、庭长、副庭长、审判员、助理审判员。不包括书记员。（三）年龄在35岁以上，具有高中毕业文化程度，5年以上专业工龄，工作与审判业务密切联系的管理干部。请大家注意，这里有个特定的工龄限制，即“5年以上专业工龄”。这个专业不是指的审判专业。管理工作也是专业。这条是专为审判人员以外的管理人员准备的。希望各地在组织报名时，按照这三条严格进行资格审查。边疆、少数民族地区对专业证书教育年龄有特别规定的，按当地特别规定办。

四要组织好考前的课程复习工作。报名工作不是报完名就结束了，还必须为应考人员安排复习的时间，提供复习的条件。这需要院领导、人事部门、业大妥善安排。没有这一条是不行的，不经过准备，仓促上阵，文化考核分数太低，就不会被录取。

文化考核统一由最高人民法院教育厅命题，监督工作、考场组织工作和阅卷工作由各高级法院与当地教育主管部门商定并具体实施。考核科目为语文、政治、法律常识。具有国家承认的高等学校毕业学历的，可以不经过入学前的文化考核，因为他们已具备了入学条件。对文化考核要正确对待。我们有的同志就怕考试，一听说要考试就吓回去了。有的同志怕考低分丢人，特别是有的院、庭领导同志，担心不被录取影响自己的威信。这是完全不应有的心理负担。要对大家解释清楚，对待考核一定要严肃认真，但也没有必要过分思想紧张。我相信，确实具有高中毕业文化程度的人员，文化考核对他们而言，不是难题。我们不是进行大专学历教育的入学考试，而是进行大专层次的专业证书教育的入学前文化考核，无论是从题量上还是从难度上都要适当。为什么要进行文化考核呢？就是为了保证学员的文化水平确实达到高中毕业程度，防止一些文化水平太低的人入学后学习成绩不佳，甚至不能坚持正常学习，不得不中途辍学，影响专业证书教育的质量，也给教学管理带来很多麻烦。所以，文化考核是非常必要的。

五要和当地教育主管部门和人事部门配合好。今年的招生工作，以及今后的专业证书教育工作，都要注意与当地教委、人事部门加强沟通与联系，取得支持，接受管理和监督，以保证我们的专业证书教育符合国家的有关规定，达到国家规定的质量标准，防止留下后遗症。专业证书教育的性质，决定了我们必须注意加强与当地教委、人事主管部门的联系问题。《法官条例》颁布实施后，专业证书将作为审判人员的任职条件之一。在这点上，要取得人事部门的同意和认可。如果不是这样，那就会有很大的麻烦。最高法院、国家教委、人事部即将联合下发的文件明确肯定了这一点。但仍需要各级法院与当地有关部门联系、沟通，切不要以为有了联合发文就什么事情都解决了，就不需要做具体工作了。我们业大的学历教育是经国家教委批准的，但时至今日，有的地方还对业大毕业证书的效力问题，持怀疑甚至不承认态度。这就提醒我们，要把工作做在前面，不要等到学员把专业证书拿到手后，再发生承不承认的问题。在最高法院、国家教委、人事部联合发文下达后，各高级法院要争取与省教委、人事厅（局）等部门联合发文，以便解决今后涉及专业证书教育可能遇到的一系列问题。

今年专业证书的招生工作时间很紧，具体工作很多，我们要扎扎实实地把工作做好。在工作中有什么问题，请及时向最高法院教育厅及业大总校反映。让我们共同努力，顺利完成今年的招生任务。

祝铭山副院长在全国法院诉讼文书工作会议上的讲话

（1992年9月16日）

这次会议是人民法院成立以来召开的第一次专门研究法院诉讼文书的全国性会议，是总结建国几十年来法院诉讼文书工作经验，改革当前法院诉讼文书工作，以进一步提高审判水平的会议。法院诉讼文书样式从明年1月1日开始在全国各地试行，因此这次会议也是为明年顺利开展试行工作的准备会议。

下面我讲两个问题：

一、试行法院诉讼文书的意义

为什么要全面改进法院诉讼文书样式？这样做有何意义？首先需要简单回顾一下历史。大家知道，1949年人民法院伴随着共和国的诞生而成立，那时人民法院面临的任务主要是运用法律武器，同反革命分子作斗争，巩固新生的人民政权。当时，还来不及也不可能对法院诉讼文书样式做出全面的规定。1951年，中央司法部制发了公、检、法以及诉讼当事人公开使用的一部分主要《诉讼用纸格式》，适应了当时的斗争需要。但是，种类不全，也比较简单。后来，由于“左”的影响，在审判人员当中，包括法院领导干部当中，慢慢地形成了不重视诉讼文书质量的偏向。因而，改进诉讼文书样式，使之符合规范化、标准化的要求，也就长期没能摆上日程。“文革”时期对已有的诉讼文书样式是一次大破坏，甚至根本不制发文书。十一届三中全会以后，党和国家确定了加强社会主义民主和法制的基本方针。1980年，司法部制订了一套《诉讼文书样式》，共84种。这些样式不完全符合法院审判工作的实际情况，不能适应现在形势的需要了。习惯使用的一些诉讼文书的缺点已日渐暴露出来。样式不规范，种类不齐全，内容要素不一致。这已经成为当前审判工作中应该解决的一个突出问题。客观上，社会主义法制的完善和法院审判工作的发展，向我们提出了制订一整套法院诉讼文书样式的要求。换言之，制订一套法院诉讼文书样式，已具有十分充足的客观必要性。同时，现在也具有充分的可能性，已经有条件搞出一套有特色的、有实用价值的文书样式了。郑天翔院长在1987年全国法院工作会议上提出了这个任务。从1987年至今已经5年了，这5年间，我们组织了一个规模不大的专业队伍，专门从事这项工作。间接参加这项工作的同志很多，有地方法院的，也有最高法院的。他们做了大量的工作，搜集了许多国内外资料，经过反复讨论酝酿，写出初稿，又征求意见，进行修改。经最高法院审委会讨论，最后形成了现在的试行稿。在这几年间，某些具体方面的诉讼文书也有出台的，如民事诉讼法试行后，我院于1982年制订了70种民事诉讼文书样式，1991年4月，民诉法正式施行后，又制发了21种样式。这些文书样式都起了很好的作用，但毕竟是一个方面的，只是法院诉讼文书样式的组成部分。现在，制定和试行一整套法院诉讼文书已经成为新形势下法院自身改革和建设的一项当务之急了。

在全国推行新的诉讼文书样式，对提高法院审判工作的质量，具有很重要的意义。法院诉讼文书，特别是裁判文书，是案件审理结果的体现。审理一个案件，结果如何，要看裁判文书。从法律效力来说，没有裁判书意味着审判没有结束，就是先口头宣判的，也要等裁判文书送达后，判决、裁定才发生法律效力。对一个案件事实的认定，法律的适用，都要通过诉讼文书体现出来。文书是形式，体现的内容是裁判结果。任何一个诉讼文书都是内容和形式的统一。内容决定形式，但形式又影响内容。没有一定的形式，内容就不可能得到体现；没有完美的形式，内容就不可能充分地体现出来。形式和内容应该得到高度的统一。裁判文书包括其他文书是办案质量的标准之一，也是法官的审判工作水平的标志之一。诉讼文书的优劣，可以从一个方面反映办案质量的高低和干部业务能力的强弱。改进和提高诉讼文书的工作，有利于审判工作的发展，有利于国家法律的实施。

诉讼文书是审判工作顺利进行的一种保证。审判工作从立案开始，每一个环节，每一个步骤都要产生相应的文书，没有相应的文书，审判工作就进行不下去。每个文书，既结束前一个审判环节，又推动下一个审判环节的进行。这样，案子审结后，各种各样的文书就产生了。所以，文书的规范化、标准化，可以保证审判工作有条不紊的，环环相扣地按照法定程序进行下去，如在诉讼文书上出了重大差错，往往会造成程序的中断，给审判造成困难。

诉讼文书是历史档案的重要内容。诉讼档案是历史的记录，一旦案子重新审判，档案就是不可缺少的依据。诉讼文书内容有重大差错或遗漏，就会给处理申诉和再审带来困难，甚至根本无法进行。所以，诉讼文书主要是裁判文书，既是终审裁判的结果，又是再审的根据。不仅如此，有些案件的档案还是研究历史，研究某些社会问题的资料，是国家的宝贵财富。

诉讼文书是进行法制宣传教育的好材料。进行法制宣传，以案讲法，离不开裁判文书。记者写新闻稿也要看裁判文书。此外，诉讼文书对科研、教学活动都有一定的价值。法律院校的教师和科研人员对搜集案例很感兴趣，而搜集案例主要是搜集裁判文书。研究和使用案件，是解决理论联系实际的一个有效办法。

总之，诉讼文书的制作在法院审判工作中占有重要的位置，是法院审判工作的重要组成部分。改进诉讼文书工作，对完成人民法院的审判任务，推动审判工作向前发展，具有重要作用。同时，改进诉讼文书工作，还具有不可忽视的社会效益。

二、努力做好《法院诉讼文书样式》的试行工作

试行工作不简单。按照样式要求，起草好判决书、裁定书，没有点真功夫是不行的。要做好试行工作，第一，思想上必须高度重视。关键是各级法院领导要重视；每个审判人员也都要重视，把诉讼文书样式的试行作为法院审判工作的一项重大改革措施，作为审判业务的一项基本建设，认真对待。要克服长期形成的那种重实体、轻程序，重认定事实、运用法律，轻制作法律文书的不正确的认识和做法。有些同志可能心存疑虑，觉得当前案子这么多，搞诉讼文书样式试行会不会影响案件的及时审判?我认为不会的，照新格式制作诉讼文书，是要多花一点时间，但多花的时间是有限的，还不至于影响及时结案，况且，熟能生巧，在掌握了这套格式之后，也就不见得要多花时间了。有些同志可能信心不足，觉得不少审判人员文字水平不够高，难以写出符合格式要求的文书来。我认为，文字水平是可以在实践中逐步提高的，对一些审判人员来说，按照新格式制作文书的确会有些困难，现在就是要逼着他们在困难中提高自己。连合格的裁判文书都写不出来，就不算名副其实的审判人员。

现在，全国上下都在贯彻小平同志南巡重要谈话和中央政治局全体会议精神，进一步改革开放，加快经济建设步伐。审判工作

要相适应的向前发展，诉讼文书应该有新的标准、新的要求。新的标准和要求就是现在已经确定的这个样式。之所以要试行，一是考虑实际上有困难，二是样式还不那么成熟，需要实践的检验，经过一段试行以后，再进行修改，提高完善。试行工作各地都必须进行，这个台阶一定要上！要有克服困难的决心，有改变现状的进取心。我相信，经过试行，到最后正式施行，会形成一套适应审判工作发展需要的法院诉讼文书样式。到那时，法院诉讼文书面貌将为之一新，并将带动整个审判工作的提高。

第二，做好试行前的具体准备工作。希望各高级法院在今年年底之前，对试行工作有一个安排计划，是全面试行还是在部分法院试行？由各高院决定。为了做好试行工作，要加强对干部的培训，使审判人员熟悉和掌握这些样式的内容要素和要求。对大家提出的问题，可请“老师”作些辅导、讲解。这次参加培训的同志，就是老师，文字水平高一些的同志也可当老师。可以组织一些写作能力比较强的审判人员，在试行前按照样式要求写出裁判书等文书，作为范例发给大家参考。另外，各地要抓紧印制各种填充式的文书格式。这类文书用量大，要事先准备好。

第三，各高级法院要加强指导。注意了解试行的情况，必要的时候派人下去检查一下，发现问题及时解决。到一定时候可以采取开经验交流会的办法，推动试行工作的进行。应特别注意汇集问题，有些什么疑难，有些什么建议，等等，高院自己能解决的请抓紧解决，自己不能解决的，要及时告最高法院办公厅，以便对样式做好修改补充工作。

最后，希望各地一定要认认真真地把法院诉讼文书样式试行工作做好。

祝铭山副院长在12省、区、市高级法院假释工作座谈会上的讲话

（1992年11月24日）

我今天讲话的中心意思，就是要充分发挥假释这一法律武器的作用，依法多适用一些假释。

首先，讲一下当前假释工作的主要情况。

1988年、1989年最高人民法院分别两次召开减刑、假释工作座谈会，会后发了文件。三年多来，各地法院根据这两次座谈会的精神，严格地执行刑法、刑事诉讼法和有关司法解释的规定，积极开展减刑、假释工作，取得了明显的进展。这主要表现在三个方面：

一是三年来假释的人数有所增加，假释人数占在押人数的比例有所上升。1989年全国假释12488人，占在押犯总数的1.1%；1990年假释人数17262人，占在押犯总数的1.44%；1991年假释人数20944人，占在押犯总数的1.62%。绝对人数有所增加，相对人数呈微弱上升趋势。我讲人数有所增加，比例有所上升，表明我们的工作有进展，但也不能从反面去理解，似乎人数越多越好，我不是这个意思。

二是假释工作更加制度化、规范化。有些高级法院、中级法院在总结经验的基础上，制定了一些办理假释、减刑案件的办法和工作细则等规定性文件，使假释工作在具体做法方面有章可循，保证了这项工作的健康发展。

三是加强了与有关部门的密切配合，注重办案的社会效果。各地法院十分注意同司

法行政部门互通情况，互相支持，共同做好假释工作。不少法院还积极协助有关部门，落实对假释罪犯的监管工作和安置工作，并对一些假释罪犯进行跟踪考察、回访，发现问题及时向有关部门提出司法建议，以预防和减少重新犯罪。

总的来说，几年来的假释工作效果是好的，社会各界的评价是肯定的。但也有不同的看法，有人认为假释人数多了，面宽了。我们作过专门考察，总的看不存在假释人数过多的问题。我们的工作确实还存在一些缺点，但不是假释工作搞过头了，恰恰相反，而是少数地方对假释控制过严，有的地方假释人数占在押犯人数的比例不到1%，1990年最少的只有百分之零点零几，1991年最少的是0.05%。在办案过程中，遵守程序法也有些问题，简单从事，该合议的不合议，该上审委会的不提交审委会，司法行政部门报上来以后，法院签个例稿就算办完了。有的地方对假释的对象不进行认真审查，个别不该假释的而假释了。还有的地方把假释作为“清监”的手段，不作具体分析、具体鉴别，为了清理监所，而将余刑不长的罪犯成批地假释出去。总之，对几年来假释工作可以这样估价：工作的发展是健康的，办案质量和办案效果是好的，但对假释这一法律武器运用得还不够充分，有待于进一步加强。所以，现在就应当提出，今后应适当依法多适用一些假释。

第二个问题，为什么提出今后要依法适当多搞一些假释。

中共中央（1989）1号文件明确指出：“对于劳改犯中，具备法律规定假释条件的，劳改部门应积极向法院提出建议，由法院及时宣告假释，以调动犯人自我改造的积极性”。大家知道，从法律意义上讲，对犯罪分子判处一定的刑罚，并进行强迫劳动改造，以防止他继续犯罪，这就是刑法理论讲的“特别预防”；同时，也警戒社会上有可能犯罪的人，并教育和鼓舞群众同犯罪分子作斗争，这就是刑法理论讲的“一般预防”。对于在刑罚执行过程中确有悔改表现，不致再危害社会的犯罪分子，依法予以假释，放到社会上去继续进行教育、改造，这完全符合我国刑罚的惩罚、改造犯罪分子，预防、减少犯罪的目的。从政策和策略意义上来讲，依法对犯罪分子予以假释，不仅可以鼓励其本人继续真诚接受改造，同时还可以调动其他罪犯自我改造的积极性，起到“假释一个人，影响一大片”的效果。法院办理减刑、假释案件，劳改部门往往要在一定的时候开一次大会来宣布，目的何在？就是通过宣布减刑、假释来激励其他的犯罪分子加速改造的过程。有些犯罪分子把假释当作“最高奖励”。这是因为，获得假释后到社会上虽然还要接受教育改造，但毕竟获得了自由，犯罪分子都十分珍惜这个机会。所以，假释是促使犯罪分子积极自我改造的一种有效的手段。我们应当充分利用这一手段，为实现刑罚的目的服务。

我国对社会治安实行综合治理的方针，一方面要严厉打击严重刑事犯罪分子，另一方面要做好防范工作。防范工作是指防止犯罪的发生，做到不发生案子，少发生案子。犯罪的发生，包括没有受过刑事处分的人犯罪和受过刑事处分的人重新犯罪两部分。重新犯罪一直是危害社会治安的一个严重问题。世界上许多国家都在研究并采取相应的对策来解决这个问题。我国重新犯罪率比较低。重新犯罪率的高低，在很大程度上取决于劳改工作的质量。我国重新犯罪率低，这反映了我国改造犯人工作的成功。尽管如此，重新犯罪仍然是我们一个值得重视的问题，一些重大的集团犯罪、共同犯罪案件，恶性案件，流窜作案案件里面有一些就是刑满释放的人重新犯罪。做社会治安综合治理工作，其中有一个重要方面就是预防和减少重新犯罪。据我们调查，假释罪犯重新犯罪的比例很低。有一个省三年来假释了3400多名犯罪分子，重新犯罪的只占总数的0.35%。还有一个省自1989年到今年8月假释了1400名犯罪分子，尚未发现有重新犯罪的。实践证明，对符合法定条件的罪犯及时予以假释，有利于防止和减少重新犯罪。我们要把假释工作放到社会治安综合治理这个大的系统工程里来考虑。据一些劳改部门反映，减刑、假释工作加强以后，犯人的脱逃率、违规率逐年下降，监管秩序明显好转。另外，对犯罪分子适用假释，还可以缓解由于犯罪分子被关押而带来的家庭生活困难和矛盾，减少社会负担，从而消除或减少社会中一些不稳定的因素。所以，做好假释工作，对社会治安综合治理具有多方面的积极作用。

我国同犯罪分子作斗争，实行专门机关与群众路线相结合的方针。在改造罪犯工作上，我们也实行群众路线。这表现在两个方面：一是由社会有关方面协助劳改机关对在押服刑犯进行教育、改造。监狱、劳改队固然是封闭的，但是，劳改单位又是跟社会有关方面相结合来对罪犯进行改造的，如：我们的法官到监狱去讲课，请犯人家属到监狱来说服教育犯罪分子认罪服法，组织犯人去参观改革开放的成果，等等。专门力量和社会力量相结合，专门机关和群众路线相结合，这是我国劳改工作的一项重要原则。二是依靠群众对不关押的罪犯直接地进行监督改造。不关押的罪犯指的是判处管制的、判处缓刑的和假释的犯罪分子。对这些罪犯不关押，放在社会上，依靠群众的力量对他们进行监督、改造，这也是我国改造罪犯工作实行群众路线的一个重要方面。改造罪犯一种是在特定的场所，即监狱、劳改队；另一种是在非特定场所，放在社会上，即放在原工作单位、街道、乡村等。六十年代浙江省诸暨县就出了个“枫桥经验”，矛盾不上交，依靠群众就地改造犯罪分子。我认为，这个经验的基本精神现在还是适用的。依靠群众改造罪犯是我国几十年来的成功做法、传统做法。对那些主观恶习不深，或者罪行不严重，或者虽然罪行较重，但在服刑中有悔改表现，不致再危害社会的犯罪分子，可以放在社会上改造，从效果上看，并不比放在劳改单位改造差。我国是社会主义国家，我们应当发挥依靠群众改造罪犯的优势。

对犯罪分子依法予以假释，不涉及对犯罪分子打击是否有力的问题，与贯彻“严打”的依法从重从快方针不发生矛盾。我们在调查中发现，有的同志有点顾虑，说现在正继续“严打”，一方面对严重犯罪分子从重打击，一方面又强调加强假释工作，把刑期未满的犯罪分子放出来，这会不会对“严打”造成不良影响，会不会受到社会舆论的指责。我认为，做好假释工作不但不妨碍“严打”，而且可以促进“严打”的深入开展。对那些危害社会的现行犯罪分子给以严厉惩罚，把那些不会再危害社会的罪犯放回到社会中去继续教育改造，这两项工作的性质虽不一样，二者的目的都是一样的，都是为了惩罚犯罪，改造罪犯，预防、减少犯罪，稳定社会治安。我们可以这样来理解，依法假释是“严打”题中应有之义，“严打”不排除对一部分犯罪分子予以宽大处理，也不排除对一些犯罪分子依法予以假释。我们要充分认识假释工作的正确性、合法性，完全没有必要心存疑虑。

第三个问题，如何进一步做好假释工作。

做好假释工作，首先必须坚持依法办案。一是假释对象必须符合法定条件，那就是确有悔改，不致再危害社会。如果把不符合条件的罪犯假释出去，那不是放虎归山了吗！我们过去强调对假释对象要进行审查，审查什么呢？就是审查劳改表现，对他们是否还会再危害社会作出判断。把假释对象搞准，才能保证办案质量。否则，就容易办错案件。二是在办理假释案件的程序上，要严格依照刑诉法的有关规定和最高法院的一些司法解释办。程序法是保证实体法正确实施的，违反程序法办案质量就可能出问题。所以，审查工作和合议、审批等环节都不能少，法律文书也要规范化。应该强调，办理假释案件也要严肃执法。

做好假释工作，还要强调同有关部门进一步密切配合。首先是与司法行政部门的协作。假释工作的第一道工序是由劳改单位按照法律规定提出意见报请其上级主管部门审查，然后提请法院假释。人民法院决定假释是第二道工序，如果劳改单位不提出假释意见，司法行政部门不报请法院决定假释，法院的假释工作还无从做起。法院应和司法行政机关密切配合，共同地把假释工作做好。除司法行政部门以外，还有犯罪分子当地的公安部门、基层组织等等，我们也需要与他们协调关系，给予必要的支持、配合。一个犯罪分子假释了，他是城市的，要依靠当地的公安派出所和有关部门进行教育改造；他是农村的，要依靠乡、村基层组织和公安派出所监督改造。过去曾发生过这样的情况，罪犯假释回家了，公安机关还不知道，工作脱节。与这些部门配合，落实监改措施，解决犯罪分子存在的一些实际问题，是人民法院假释工作的延伸，是我们工作主动精神的体现。当然，我们不能越俎代庖，只是提供必要的协助。

做好假释工作，高级法院要加强指导和监督。假释工作的任务主要在中级法院，基层法院也有一些。高级法院在自己管辖的范围内，应当注意调查研究，掌握情况，发现问题，及时解决。加强指导，主要是指总体上掌握政策，以保障假释工作方向上的正确；监督，主要是指对具体案件，发现确有错误的依法予以纠正，以保证办案质量。这样讲只是相对而言。在指导和监督工作中，有一条很重要，那就是注意总结经验，研究问题。只有如此，才能做到有效指导。比如，什么叫“不致再危害社会”？有的同志说法律规定太原则了，不好掌握，希望最高法院作司法解释。我们考虑，目前对此作司法解释还很困难，这主要是因为我们调查研究还不够。有一些法院采取总结经验的办法来解决这个问题，把罪犯的犯罪性质、情节，劳改中的悔改程度，犯罪前的一贯表现等联系起来，综合分析判断其会不会再危害社会，这是可行的。犯罪分子都是具体的人，不致再危害社会体现在不同的犯罪分子身上，是不一样的。要具体人具体分析。这里顺便说一下，对一个犯罪分子假释，是根据他现实的劳改表现联系过去的情况而作出的判断，人是变化的，放出去以后可能发生变化。每年假释出去的人，全国、全省加起来数量不少，个别人违法了，甚至重新犯罪了，在所难免。任何一项工作都不可能那么完美，对任何一个事物都不可能预见得百分之百的准确。因为有个别人重新违法犯罪就责备假释工作做得不好，是不公道的。况且，假释犯重新犯罪除了主观因素以外，还有客观因素。他回到社会上去，如果社会拒绝他，不接受他，没有出路，他会铤而走险，重操旧业。我的意思是说，假释犯的重新犯罪的问题情况很复杂，不能因为出点事情就因噎废食。我们要全面地看问题，本质地看问题，切忌片面性、表面性。做任何一件事情，只要存在现实合理性，那怕出点毛病，也要毫不动摇地坚持下去。总之，对假释工作，需要各高级法院和最高法院一道通过加强调查研究，掌握假释工作的全面情况，予以及时地指导和监督，以便把这项工作做得更好。

这次座谈会主要是讨论一个问题，就是在当前的形势下提出依法适当多适用一些假释，是否符合实际，能不能办得到？请大家畅所欲言。我们办事情做工作都要从实际出发。如果大家认识一致或大体一致，我们就这么办；如果大家不同意这样做，再另行考虑。同时，会上还要讨论一个文件，就是最高法院刑二庭起草的《关于办理假释案件几个问题的意见》（讨论稿），也请大家发表意见，讨论修改后，争取早点下发。

马原副院长在部分省、区、市高级法院涉台民事审判工作座谈会上的总结发言

（1992年5月20日）

这次由部分高级人民法院主管院长、民庭庭长参加的涉台民事审判工作座谈会，今天就要结束了。几天来，同志们听取了中央台办和福建省台办领导同志关于中央对台工作大政方针和福建省对台工作情况的介绍，交流、总结了近年来审理涉台民事案件的经验，研究了审理涉台民事案件中遇到的新问题，并请厦门大学的老师介绍了台湾审理民事案件的有关规定和制度等情况。通过座谈，大家进一步统一了思想，提高了对涉台民事审判工作重要性的认识，明确了一些审理涉台民事案件亟需解决的法律政策界限。普遍反映，召开这次座谈会很有必要，也很及时，对于今后人民法院努力适应两岸关系发展的形势，做好涉台民事审判工作，将会起到积极的推动作用。下面，我根据会上大家讨论的情况，讲几点意见。

一、进一步提高对涉台民事审判工作重要性的认识

自从党中央提出“和平统一、一国两制”的方针以来，对台工作取得了很大成绩。海峡两岸相互关系已经由民间往来逐步发展到目前有大量的民间往来和有官方背景的正式接触的局面，总的形势继续朝着有利于祖国和平统一的方向发展。

随着海峡两岸民间交往的发展，特别是全党全国人民贯彻执行邓小平同志南巡重要谈话和中央政治局全体会议精神，在加快改革开放的步伐、加速经济发展的新形势下，台湾居民来大陆探亲、观光、投资经商的人数越来越多，由此产生大量的民事法律关系、纠纷，起诉到人民法院的民事案件也相应增多。与此同时，一些历史遗留的民事纠纷的当事人向人民法院起诉，要求保护其民事权益的案件也很突出。在这种情况下，人民法院受理的涉台民事案件不断上升，涉台民事案件的审判工作已经成为人民法院民事审判工作的重要内容。

涉台民事审判工作涉及到海峡两岸关系的许多重要方面，是我们整个对台工作中不可缺少的一个环节，是一项政治性、政策性很强的工作。因此，积极、慎重、及时、妥善地审理涉台民事案件，依法保护台湾居民在大陆的合法民事权益，保障民间往来的正常发展，是人民法院的重要职责。从近几年的涉台民事审判实践来看，我们的涉台民事审判工作是很有成绩的，社会效果也是好的，主要体现在以下几个方面：

（一）有利于消除台湾居民对国家法律和党的政策的种种疑虑和误解。由于历史的原因，海峡两岸隔绝40多年，再加上境外的一些错误宣传，许多去台人员和生活在台湾的居民对国家的法律、政策不了解，存有这样那样的疑虑，甚至有某种误解和偏见。人民法院通过对涉台民事案件的审理，以具体的案例宣传国家的法律、政策，产生了很好的效果。例如，河北省石家庄市中级人民法院审理的回大陆定居的林贤顺诉台湾居民陈雪贞离婚一案，林一提起诉讼就引起各方面的关注，台湾有些舆论不相信人民法院会作出公正处理。人民法院依法办案，以事实为根据，以法律为准绳，严格依照法律规定的程序，实事求是地审判，充分保护了双方当事

人的民事权益和诉讼权利。对此案的处理结果，在海峡两岸社会各界产生了十分良好的反响，特别是在台湾法律界和新闻界反映强烈，许多台湾报纸发表文章，称赞大陆法院执法公正。台湾新闻媒介对此案的大量报道，在客观上替我们进行了一次法制宣传，使许多对国家法律、政策缺乏了解的台湾居民，加深了对国家法律、政策的了解，消除了一些疑虑和误解，有利于增强台湾同胞对祖国的向心力，有利于两岸关系的发展。

（二）有利于促进两岸民间交往。两岸长期隔绝，造成了居民间的相互不了解，有的连亲骨肉也显得陌生。消除两岸居民之间的不信任感和不了解，需要社会各界的共同努力。人民法院通过审理涉台民事案件，在实践中发挥了消除矛盾和误解的重要作用。贵州省织金县人民法院审理的台湾居民王忠福请求返还财产案就是一个很好的例子。王在1991年来大陆探亲时，财物被亲友侵占，王的旅行证即将到期，但却无钱返台，为此起诉到人民法院。织金县人民法院受理后，院领导亲自部署，审判人员仅用几天时间就审结了此案，帮助王追回了被其亲友侵占的财物，使其按期返台。事后，王忠福赞扬人民法院不但对台湾居民合法权益给予保护，而且使他同亲友的感情和相互往来有了新的发展。大量涉台民事案件的审理，密切了两岸居民之间的骨肉情、同胞谊，保障了民间交往的顺利发展。

（三）有利于吸引台商来大陆投资。大陆和台湾在经济上有很大的互补性，吸引更多的台胞回大陆投资办厂，加强台湾与大陆的经济联系，有利于国家的现代化建设。人民法院运用司法裁判手段保护台商的合法权益，已经成为吸引台资的一个重要方面。随着来大陆投资的台商越来越多，如何依法保护他们的民事权益，使其乐于、安于在大陆投资，是一个很现实的问题。人民法院通过公正地处理与台商有关的民事案件，保护他们的正当权益，不仅可以提高他们在大陆投资办厂、兴办各种企业的积极性，而且可以通过他们的宣传，把其他台商和更多的台资吸引到大陆来，促进国家的经济发展。

（四）有利于促进海峡两岸早日实现直接"三通"。人民法院审理涉台民事案件，无论是诉讼文书的送达和调查、核实证据，还是判决的承认和执行，都涉及到两岸法院的联系与协作。当前，海峡两岸尚未实现直接双向交流、直接"三通"，确实给双方当事人带来很大的不便，影响对双方当事人权益的保护，关系到两岸居民的切身利益，为广大居民所关切。两岸法院之间互相委托送达诉讼文书、调查取证、承认和执行对方法院的判决等方面的联系与协作，比较易于为两岸有关部门所接受、理解，而且可以为"三通"中的通邮、通航奠定一定的基础。例如，台湾当事人来大陆诉讼，就目前情形来说，一般正常的渠道都是经由香港等第三地绕道来大陆。随着涉及台湾居民的民事案件逐渐增多，解决这些问题就越发显得迫切和必要。

总之，涉台民事审判工作的意义和作用是多方面的。并且，随着各地涉台民事审判工作的不断深入开展，其积极作用必将日益显著。但是，从近几年有些法院的情况来看，涉台民事审判工作中还存在一些问题，有的法院对涉台民事审判工作的重要性认识不足，没有把涉台民事审判工作提到应有的地位，跟不上中央对台工作的要求；不重视研究涉台民事审判工作中遇到的新情况、新问题，不认真总结经验；对涉台民事审判人员的配备也没有给予必要的重视，等等。我们要从促进祖国和平统一大业的高度去看待涉台民事审判工作，并采取切实措施做好涉台民事审判工作。

二、做好涉台民事审判工作应当遵循的基本原则

今后一个时期，人民法院涉台民事审判工作应以"和平统一、一国两制"的方针为指导，依照法律、政策和司法解释，积极、慎

重、平等、公正地处理涉台民事案件，切实保护海峡两岸当事人的合法权益，促进两岸早日实现直接“三通”，促进祖国和平统一大业。为了正确处理涉台民事案件，在涉台民事审判工作中应当坚持以下几项原则：

（一）一个中国的原则。我们一贯坚持台湾是中国领土不可分割的部分，反对任何形式的“两个中国”、“一中一台”，也反对“一国两府”以及其他类似的主张和行为。因此，在审理涉台民事案件时，在整个诉讼活动中，要始终坚持一个中国这一重要的基本的原则，坚持适用中华人民共和国的法律。因此，两岸法院间的联系与协作问题，不同于国际上的国与国之间根据国际条约或者司法协助协定而形成的司法协助。两岸法律文书等文书使用问题也不存在所谓“认证”或者“验证”的问题。台湾当事人不能以“中华民国”的居民身份参加诉讼；人民法院制作的法律文书中亦不能出现“中华民国”字样。

（二）适用法律平等的原则。这是国家宪法和其他法律规定的一项基本原则，在涉台民事审判工作中必须坚持。在涉台民事审判工作中，切忌片面强调保护大陆当事人一方或者台湾当事人一方的利益，而忽视保护另一方当事人的合法权益。对任何一方当事人不符合法律、政策规定的诉讼请求，经说服教育后，都应依法驳回；对双方当事人的合法权益都要同等予以保护，做到公平合理，不偏不倚。两岸当事人在民事诉讼中具有平等的诉讼地位，平等地享受诉讼权利，平等地履行诉讼义务。

（三）实事求是的原则。从实际出发，尊重历史，考虑现状，着眼未来，实事求是地处理涉台民事案件，是涉台民事审判工作应当坚持的一项重要原则。人民法院在审理涉台民事案件时，必须严格依法办案，依照有关法律确认当事人行为的性质，确认和处理当事人之间的权利义务关系；同时还要充分考虑海峡两岸长期隔绝，权利人不能行使权利、义务人不能履行义务的实际情况，立足于目前海峡两岸不能实现直接“三通”的现实，着眼于将来“和平统一、一国两制”的实现，实事求是地处理好案件管辖、确认当事人身份、房产、婚姻等民事问题。对于过去已经按照当时的法律、政策作过处理的问题，一般不宜再变动。只有这样，才能切实保护两岸当事人的合法权益。

三、审理几类涉台民事案件的有关法律政策问题

“一国两制”是实现祖国和平统一的构想，目前尚未实现。因此，现阶段我们审理涉台民事案件必须适用中华人民共和国法律。民法通则、继承法、婚姻法、收养法、民事诉讼法等民事法律以及最高人民法院所作的司法解释，是审理涉台民事案件的依据。处理历史遗留的涉台民事纠纷，最高人民法院在 1988 年 8 月 9 日举行的第一次新闻发布会上宣布的原则依然适用。根据近年来涉台民事案件的新情况和这次座谈会提供的经验，我对以下几个问题，谈几点意见：

（一）关于离婚问题

随着两岸关系的发展，两岸居民结婚的情况逐渐增多。从近年来的涉台婚姻状况来看，有的当事人按照中华人民共和国婚姻法的规定办理了结婚登记手续，有的由于某些原因没有办理结婚登记手续。对于依法办理了结婚登记手续的离婚案件，同志们都很明确要依照婚姻法的规定来审理。问题是双方没有办理结婚登记手续而同居，现在提出离婚诉讼的应如何处理，我们认为这类纠纷同样适用最高人民法院《关于人民法院审理未办结婚登记而以夫妻名义同居生活案件的若干意见》。如果台湾居民在诉讼中持有未婚证明而且双方同居符合该“意见”规定的事实婚姻条件的，可以认定为事实婚姻；如果台湾居民没有未婚证明，或者双方同居不符合该“意见”规定的事实婚姻条件的，应当按非法同居关系处理。在审理过程中，审判人员对妇女和儿童的合法权益要注意给予必要

的保护。关于共有财产的分割和子女抚养问题，双方协商一致的，可以准许。问题是双方协商不一致的应当如何处理呢？对共有财产中能够查明的部分，可以一并处理；无法查明的部分，不予处理。但是，如果台湾一方当事人在台湾有财产无法查明的，在分割共有财产时，对大陆一方当事人应当予以照顾。对子女抚养费问题，有的法院因为台湾一方当事人在大陆没有财产，判决难以执行，就不判或者判决子女由大陆一方抚养，对抚养费则判决保留追索权。我们的意见是，应当根据当事人的经济状况和子女生活需要，以有利于子女健康成长为原则，判决双方当事人应当承担的抚养费数额。判决台湾一方当事人给付子女抚养费时，有条件的应当一次性给付。

（二）关于继承问题

台湾居民要求继承大陆被继承人的遗产，人民法院都是按照继承法规定的顺序和原则处理的。台湾当局对大陆居民继承台湾被继承人的遗产加以各种歧视和限制，对两岸当事人的民事权利不予平等对待，损害了大陆居民的继承权利，不符合两岸人民的愿望，妨碍了两岸关系的发展。尽管这样，我们还是主张对台湾当事人的继承权依法予以保护，在适用法律上对两岸当事人一律平等。台湾居民在台湾以遗嘱方式处理大陆财产的，遗嘱的方式应当符合继承法的规定。如果遗嘱人按照台湾的规定制作了遗嘱，我们是否承认？我们认为，只要不违反《中华人民共和国继承法》关于遗嘱的有关规定，也可以认定有效。但要注意的是，如果遗嘱对缺乏劳动能力又没有生活来源的继承人没有保留必要份额的，应认定遗嘱无效或者部分无效。

（三）关于房产问题

房屋属于不动产，又是重要的生活资料和生产资料，在财产中具有重要地位。台湾居民回大陆探亲寻根访祖时，对房屋问题十分关心，通过各种途径寻求解决历史遗留的房产问题。去年8月，中央办公厅和国务院办公厅颁发了9号文件，对去台人员房产问题作了原则规定，这是处理历史遗留的去台人员房产问题的基本政策。文件要求有关部门规定实施办法。最高人民法院根据9号文件的要求，在总结各地审判实践经验的基础上，草拟了《关于处理涉台房产案件若干问题的意见（征求意见稿）》，供这次座谈会讨论。与会同志充分肯定了制定这一司法解释的必要性，而且提出了许多好的具体的修改意见。我们还要进一步研究，并征求有关部门的意见，经审判委员会讨论通过后，再下发执行。

（四）关于债权债务关系问题

近年来，台湾居民来大陆从事小额贸易、投资办厂、旅游等发生了一些债权债务关系，这是涉台民事案件中的新问题。这些债权债务关系符合法律和政策规定的，应当予以保护。但是，由于两岸尚未直接通商，有些债权债务关系形成的时候，可能存在一定缺陷或者有一些违法行为。比如，应当经过有关部门批准而未获批准、或者超过限定的贸易数额或者没有按规定交纳税款等。对这些手续不完善或者有一定违法行为的债权债务关系是否给予保护，存在一些不同的看法。我们倾向于对这些债权债务关系的处理应当从实际情况出发，对于不符合管理规定或者手续不完善的，可令其补办手续；对于一些违法行为，可由有关行政部门予以处理。但是当事人之间的债权债务关系，属于自愿、合法的，应当保护双方当事人的合法权益，以有利于维护社会经济秩序的稳定，把这些经济关系纳入法制的轨道，使两岸经贸往来健康发展。

（五）关于诉讼时效问题

目前海峡两岸尚未实现“三通”，台湾居民仍不便来大陆行使诉讼权利。为了保护台湾居民的合法权益，在诉讼时效问题上，最高人民法院于1988年首次新闻发布会上宣布了对台湾居民诉讼时效的适用原则，即根据民法通则第一百三十七条的规定，人民法院可以作为特殊情况，予以适当延长。那么，今后是否还要继续延长呢？讨论中意见不尽一致。许多同志认为，民事权利长期不确定，不利于保护两岸当事人的合法权益，不利于社会经济秩序的稳定。因此，应规定一个台湾居民行使诉讼权利的截止期限，这样可以促使在大陆享有民事权利的台湾居民，积极创造条件来大陆或者通过其他方式了解其在大陆的民事权利现状，如果得知自己的权利受到侵害，可以及时行使诉讼权利。有的同志认为，应当考虑两岸关系的现状，对台湾居民的合法权益予以切实保护，根据案件的具体情况，对台湾当事人的诉讼时效还是可以给予适当延长，不要规定截止期限。对于台湾当事人来过大陆或者与大陆亲友有通信往来的，可以把其来大陆或者通信往来的时间视为其知道或者应当知道其权利被侵害的时间；与大陆确实没有往来的，只能根据实际情况予以延长。两种意见都有一定道理。这个问题涉及对立法的解释，我们还要与有关单位一同研究，从审判的社会效果和政治影响等方面综合考虑后予以确定。

四、审理涉台民事案件的有关诉讼程序方面的问题

两岸关系的现状，使人民法院在审理涉台民事案件中存在一些困难。各地法院在审理涉台民事案件的实践中，逐步积累了一些可行的经验和作法。概括起来，主要有以下几个问题：

（一）管辖问题

为了便于当事人行使诉权，对涉台民事案件，只要人民法院能够审理的，原则上都可以管辖。例如，离婚案件一方当事人在大陆的，由大陆一方当事人所在地人民法院管辖；债务案件可以由法律关系的发生地、履行地、标的物所在地、双方当事人的住所地和经常居住地人民法院管辖；不动产诉讼、继承诉讼、侵权诉讼按照民事诉讼法确定的原则管辖。此外，涉及财产纠纷的诉讼，如果台湾一方当事人为被告，其在大陆有其他财产的，财产所在地人民法院也可以管辖。

（二）案件未结前台湾当事人能否出境等问题

台湾当事人在案件尚未审结前要求出境，属于原告的，可以令其委托诉讼代理人；没有委托诉讼代理人而出境的，可按自动撤诉处理。属于被告的，除令其委托诉讼代理人外，并可令其提供一定的担保金或者提供保证人。困难之处在于，台湾当事人既没有委托代理人，又不提供担保的，如何处理？台湾当事人离开大陆致使案件无法审理的，有的同志主张可以中止审理；有的主张采取适当方式，限制其出境。这个问题不单纯是个法律问题，也是一个敏感的政治问题，我们还要与有关单位进一步研究、解决。对台湾当事人能否采取财产保全措施？我们认为是可以的。如果台湾当事人在大陆有财产，如开办企业、购买货物、往来船只等，经对方当事人申请并提供担保，可以采取财产保全措施。但采取保全措施，特别是保全货物和船只的，应当慎重，注意避免因保全措施不当造成台湾当事人的损失。

（三）诉讼文书送达问题

向居住在台湾的当事人送达诉讼文书，是涉台民事诉讼中比较困难的一个问题。台湾当事人委托有诉讼代理人的，根据民事诉讼法的规定，可以由诉讼代理人签收。没有委托诉讼代理人的，可以通过其亲友代为转递，也可以采取邮寄方式送达。除此之外，以其他方式送达，能够证明当事人收到的，也可以认定为已经送达。这些方式均不能送达的，可采用公告送达。公告送达日期为六十日。

（四）当事人申请承认台湾法院判决的问题

当事人申请人民法院承认台湾法院民事判决、裁定的，如何处理？对这个问题有两种不同的意见：一种意见认为，如果台湾法

院的民事判决、裁定的内容不违背中华人民共和国法律的基本原则，不损害社会公共利益的，可以裁定确认其效力。另一种意见认为，由于目前我们没有承认台湾“法律”的效力和台湾法院的地位，因此，对台湾法院的民事判决和裁定不能直接承认和执行。当事人申请承认台湾法院裁判的，可告知当事人向人民法院起诉，人民法院将台湾法院的判决作为证据，依据事实和法律，重新作出新的判决。这两种意见从作法上来讲，直接确认简单一些，只由一方当事人申请就可以，而另行起诉在程序上比较复杂。但目前看来，第一种意见尚不可取，因为我国承认和执行外国法院裁判的方式不能适用于台湾。第二种意见比较符合目前的实际，是可行的一种方式。当然，这个问题的解决有待于两岸关系的发展，也需要在理论上和实践中进一步研究和探讨。

五、关于认真学习、加强调查研究的问题

认真学习中央对台工作的方针、政策和有关审理涉台民事案件的法律、法规，是做好涉台民事审判工作的重要保证。中央有关对台工作的方针、政策是处理涉台各项工作的依据，对人民法院涉台民事审判工作具有重要的指导作用。各级人民法院都要注意学习有关涉台工作的文件，深刻理解和掌握中央有关涉台工作的大政方针，并在具体案件的审判工作中贯彻执行。只有这样，才能避免出现政治性错误，避免就案办案，才能自觉地做好涉台民事审判工作，为祖国和平统一大业服务。同时，各级人民法院也要认真学习有关涉台民事法律、法规和政策，才能正确审理涉台民事案件，取得好的社会效果。

各级人民法院特别是高级人民法院还要注意加强调查研究，注意总结和交流经验。涉台民事案件政治性很强，有些案件涉及复杂的历史情况和政策界限，我们审判涉台案件的经验也还不多。从各地情况看，有的法院办了不少案件，但经验却不多；有的法院连涉台民事案件的统计数字都没有；对于涉台民事审判工作中存在哪些问题，出现什么新情况也不了解，这就是调查研究和总结经验的工作做得不够。这种状况不利于提高涉台民事案件的审判工作水平。加强调查研究对人民法院涉台民事审判工作非常重要，最高人民法院要制定有关涉台方面的司法解释，就要以实践中存在的问题和各地的经验为基础，即使一个案件也能提供一些有益的经验和借鉴。这次会上讨论的处理涉台房产问题的意见，就是在总结各地法院涉台民事审判实践经验的基础上形成的。因此，加强涉台民事审判的调查研究工作应当引起各地法院的重视。今后，要注意总结适用实体法方面，既坚持适用中华人民共和国法律的基本原则，又考虑两岸关系的实际情况，实事求是地处理涉台民事案件的经验；在诉讼程序方面，要在坚持一个中国的前提下，积极探讨两岸法院之间相互委托代为一定诉讼行为的途径和方式。希望各级法院在调查研究的基础上，提出切实可行的意见和建议，为有关部门决策和最高人民法院进行司法解释提供参考。

六、进一步加强对涉台民事审判工作的指导

搞好涉台民事案件的审判工作是实现祖国和平统一大业的重要组成部分。常说“外事无小事”，现在看涉台也无小事。最高人民法院为适应两岸关系的发展，根据中央有关精神，已把做好涉台案件的审判工作提到重要议事日程，加强了对涉台案件审判工作的指导。去年，最高人民法院成立了台湾事务办公室，负责协调、研究和处理涉台刑事、民事、经济等案件审判工作中的问题和一些法律方面的事务。希望各级人民法院都要重视涉台工作。涉台案件比较多的法院，要由一名院长主管，并配备政治、业务素质较强的审判人员负责这项工作。

各级人民法院还要注意加强请示报告制度。在审理涉台民事案件和处理其他涉台事务时，对于一些政策性强、处理难度大的问题要注意请示上级法院。各级法院需要与台湾地区法院或者其他组织直接或间接接触的，要提出具体意见报经最高人民法院同意，不要自行其事。有关涉台问题的处理，最高人民法院还要向中央台办报告。

同志们，在各级法院的共同努力下，涉台民事案件的审判工作取得了一些成绩。今后，我们要适应两岸关系的发展，在中央对台工作方针、政策的指导下，继续发扬成绩，总结经验，进一步搞好涉台民事案件的审判工作，为促进海峡两岸政治、经济、科技、文化方面的交流，实现祖国和平统一大业，作出新的贡献！

中华人民共和国的行政审判制度

——1992年6月马原副院长在卢森堡召开的第四届最高行政法院国际协会会议上的报告

一、概况

中华人民共和国的行政诉讼制度始建于1982年。它是在我国改革、开放的过程中，为了进一步健全社会主义的民主和法制而建立和发展起来的。

我国行政诉讼制度的建立和发展前后经历了两个阶段：第一个阶段是1982年民事诉讼法（试行）的颁布和施行，行政诉讼制度初步建立；第二个阶段是1989年行政诉讼法的颁布和施行，行政诉讼制度得到了进一步的完善。

1982年以前，在我国的宪法和有关法律中，规定了公民对于任何国家机关和国家工作人员的违法失职行为，有向有关国家机关提出申诉、控告或者检举的权利，有关国家机关必须查清事实，负责处理，任何人不得压制和打击报复。为了使宪法和有关法律的规定得到实施，1982年制定的《中华人民共和国民事诉讼法(试行)》第三条第二款规定："法律规定由人民法院审理的行政案件，适用本法规定。"从此，我国的人民法院便开始受理行政案件并由民事审判庭或者经济审判庭按照民事诉讼程序进行审理。行政诉讼制度在我国开始建立。

1982年到1989年，我国陆续颁布的130多个法律、法规授权人民法院可以受理行政案件。人民法院受理行政案件的范围扩大了，数量也增多了。形势的发展，需要人民法院设立专门的审判机构并制定专门的程序法来审理行政案件。从1986年下半年开始，各级人民法院开始设立专门的行政审判庭审理行政案件。最高人民法院于1988年9月建立了行政审判庭。1989年4月，第七届全国人民代表大会第二次全体会议制定并颁布了《中华人民共和国行政诉讼法》。从此，我国的行政诉讼制度得到进一步的完善，成为与民事诉讼和刑事诉讼制度并列的一项重要的诉讼制度。

二、人民法院审理行政案件的权限范围

（一）受理行政案件的权限范围

我国实行的是议行合一的人民代表大会制度，审判机关和行政机关的一切权力都来自人民代表大会的授权。根据行政诉讼法的规定，我国不设专门的行政法院，而是在普通法院中设立行政审判庭审理行政案件，并由行政诉讼法对人民法院主管行政案件的权

限范围作了明确的规定：

1. 根据行政诉讼法第二条的规定，人民法院审理的行政案件，必须具备以下条件：(1) 争议必须是因行政机关和行政机关工作人员的具体行政行为引起的，对行政机关的抽象行政行为和对司法机关的司法行为的争议，不能提起行政诉讼；(2) 原告必须是认为具体行政行为直接侵犯其合法权益的公民、法人或者其他组织；(3) 被告必须是作出具体行政行为的行政机关；(4) 原告提起诉讼必须符合行政诉讼法中有关受案范围和起诉条件的规定。

2. 行政诉讼法第十一条具体规定人民法院可以受理以下几类行政案件：

(1) 人身权、财产权方面的行政案件

①对拘留、罚款、吊销许可证和执照、责令停产停业、没收财产等行政处罚不服的；

②对限制人身自由或者对财产的查封、扣押、冻结等行政强制措施不服的；

③认为行政机关侵犯法律规定的经营自主权的；

④认为符合法定条件申请行政机关颁发许可证和执照，行政机关拒绝颁发或者不予答复的；

⑤申请行政机关履行保护人身权、财产权的法定职责，行政机关拒绝履行或者不予答复的；

⑥认为行政机关没有依法发给抚恤金的；

⑦认为行政机关违法要求履行义务的；

⑧认为行政机关侵犯其他人身权、财产权的。

(2) 对人身权、财产权以外的其他行政案件，则必须由其他单行的法律、法规作出明确规定，人民法院才能受理。

3. 行政诉讼法第十二条规定人民法院无权受理对下列事项提出的诉讼：

(1) 国防、外交等国家行为；

(2) 行政法规、规章或者行政机关制定、发布的具有普遍约束力的决定、命令；

(3) 行政机关对行政机关工作人员的奖惩、任免等决定；

(4) 法律规定由行政机关最终裁决的具体行政行为。

(二)对行政行为进行司法审查的权限范围

根据我国行政诉讼法第五条的规定，人民法院审理行政案件是对具体行政行为是否合法进行审查。因此，行政诉讼的诉讼标的是行政机关作出的具体行政行为。人民法院行政审判的对象是审查具体行政行为的合法性。对行政机关作出的抽象行政行为和行政机关作出的具体行政行为是否合理的问题，人民法院在一般情况下没有司法审查权，这是我国行政诉讼的一条基本原则。

但是，有两个例外的情况：(1) 根据我国行政诉讼法第五十三条的规定，人民法院对行政案件作出判决时，除适用法律以外，还可以参照规章。人民法院在决定是否参照某一规章时，对规章是享有事实上的、有限的审查权的。即：“人民法院审理行政案件，参照国务院部、委根据法律和国务院的行政法规、决定、命令制定、发布的以及省、自治区、直辖市和省、自治区的人民政府所在地的市和经国务院批准的较大的市的人民政府根据法律和国务院的行政法规制定、发布的。”“人民法院认为地方人民政府制定、发布的规章与国务院部、委制定、发布的规章不一致的，以及国务院部、委制定、发布的规章之间不一致的，由最高人民法院送请国务院作出解释或者裁决。”(2) 根据行政诉讼法第五十四条的规定，人民法院对具体行政行为的合理性问题，一般不拥有审查权，但对行政处罚是否显失公正的问题享有司法审查权。对显失公正的行政处罚，有权直接作出判决予以变更，以司法行为代替行政行为。

对人民法院审查具体行政行为是否合法的标准问题，我国行政诉讼法第五十四条作了规定，即：具体行政行为证据确凿，适用法律、法规正确，符合法定程序的，即为合法。具体行政行为有下列情形之一的，即为违法：(1) 主要证据不足的；(2) 适用法律、法规错误的；(3) 违反法定程序的；(4) 超越职权的；(5) 滥用职权的；(6) 依法应当履行法定职责而没有履行的。

人民法院对具体行政行为的判决权，我国行政诉讼法第五十四条也作了规定，即：对合法的具体行政行为有权作出判决予以维持；对违法的具体行政行为有权作出判决予以撤销或者部分撤销，并可以判决行政机关重新作出具体行政行为；对行政机关不履行或者拖延履行法定职责的，有权判决其在一定期限内履行；对行政处罚显失公正的，有权判决变更原处罚决定。根据行政诉讼法第六十七条和第六十八条的规定，人民法院对上述违法的具体行政行为和显失公正的行政处罚造成公民、法人或者其他组织合法权益损害的，有权根据当事人的请求作出行政赔偿的判决。请求行政赔偿的程序，当事人可以单独提起，也可以在行政诉讼中一并提起。行政侵权赔偿责任先由行政机关承担，行政机关赔偿损失后，对有故意或重大过失的行政机关工作人员有追偿权。赔偿费用先从各级财政列支，各级人民政府可以责令有责任的行政机关支付部分或者全部赔偿费用。

三、人民法院裁判行政案件的效力范围

我国行政诉讼法规定，人民法院审判行政案件的基本目的是为了保护公民、法人和其他组织的合法权益，维护和监督行政机关依法行政。同时，运用审判职能为改革开放服务，为发展社会主义商品经济服务，为稳定社会治安秩序服务，是人民法院行政审判工作的一项重要任务。因此，人民法院对行政案件的裁判首先是以司法权的形式最终确定当事人之间的权利义务关系，使公民、法人和其他组织的合法权益得到保护和救济，使行政机关的依法行政得到维护和支持，对当事人产生法律的拘束力。其次，通过人民法院对行政案件的审理活动，可以提高全体公民依法办事的法律意识，密切政府机关同人民群众的血肉联系，改善行政机关的执法活动，提高行政效率，克服官僚主义，加强廉政建设。例如，根据法律的规定，人民法院在对行政案件作出裁判的同时，可以运用法律上赋予它的司法建议权，对行政机关执法活动中所存在的问题提出司法建议，建议行政机关规范行政执法程序，修改或者完善有关的行政规章及其他规范性文件，等等。

我国是一个制定法国家，人民法院对行政案件所作裁定、判决的拘束力仅限于案件本身，法院的判决不能产生法律规范，不能成为行政执法的依据，而且对人民法院的其他判决（如刑事判决和民事判决）也不产生影响，对其他类似的行政案件也不产生拘束力。人民法院对行政案件裁判的基本原则是“以事实为根据，以法律为准绳”。在诉讼过程中由行政机关承担举证责任，即行政机关应当提供作出该具体行政行为的证据和所依据的法律、法规等规范性文件，人民法院只根据本案的事实，适用法律作出判决，而不受先例的影响。同样，由于刑事案件、民事案件与行政案件性质上的差异，所适用法律的不同，刑事判决、民事判决对行政案件的判决也没有影响力。人民法院审理行政案件适用国内法。但是，中华人民共和国缔结或者参加的国际条约同中华人民共和国行政诉讼法有不同规定的，适用该国际条约的规定。中华人民共和国声明保留的条款除外。

四、人民法院对行政案件所作裁定、判决的执行

我国人民法院审理行政案件实行两审终审的制度。即当事人在法定期间内不提出上诉的第一审判决、裁定，或者是案经第二审人民法院审理所作的判决、裁定，都是发生法律效力的判决和裁定，当事人必须履行。

当事人拒绝履行发生法律效力的判决、裁定，人民法院可以采取强制执行措施。针对义务人是公民、法人或者其他组织（诉讼

中的原告），还是行政机关（诉讼中的被告）的不同情况，执行机关和执行措施也是不相同的。我国行政诉讼法第八章对此作出了明确的规定：

（一）公民、法人或者其他组织拒绝履行判决、裁定的，行政机关可以向第一审人民法院申请强制执行，或者依法强制执行。具体的强制执行措施有：

1. 冻结、划拨被执行人的存款；

2. 扣留、提取被执行人的劳动收入；

3. 查封、扣押、冻结、拍卖、变卖被执行人的财产；

4. 强制迁出房屋、强制拆除违章建筑、强制退出违法侵占的土地。

（二）行政机关拒绝履行判决、裁定的，第一审人民法院可以采取以下措施：

1. 对应当归还的罚款或者应当给付的赔偿金，通知银行从该行政机关的帐户内划拨；

2. 在规定期限内不履行的，从期满之日起，对该行政机关按日处五十元至一百元的罚款；

3. 向该行政机关的上一级行政机关或者监察、人事机关提出司法建议。接受司法建议的机关，根据有关规定进行处理，并将处理情况告知人民法院；

4. 拒不履行判决、裁定，情节严重构成犯罪的，依法追究主管人员和直接责任人员的刑事责任。

此外，我国行政诉讼法第五十五条还规定：人民法院判决行政机关重新作出具体行政行为的，行政机关不得以同一的事实和理由作出与原具体行政行为基本相同的具体行政行为。

从总体上讲，我国的政府机关和人民群众的整体利益是一致的，人民法院审理行政案件和行政机关依法行政的目的也是一致的。因此，行政机关和人民群众对法院的判决整体上都是信任的、拥护的，大多数能自觉予以履行。但是，由于我国幅员辽阔，人口众多，各地的经济发展不平衡，公民的文化素质差参不齐，某些当事人的法制观念不强，缺乏依法办事的意识，因此也会有少数当事人不自觉履行人民法院发生法律效力的判决和裁定。对此，各级人民法院都大力加强了法制宣传工作，特别是通过具体案件的审判和执行，就案讲法，进行宣传，已初步收到了良好的社会效果。

马原副院长在吉林省民事审判规范化铁西现场经验交流会上的讲话

（1992 年 9 月 4 日）

同志们：

吉林省民事审判规范化经验交流会，今天就要结束了。首先我代表最高法院对这次会议的召开和圆满结束，表示祝贺！对四平市和铁西区的人大，党政部门领导对四平市法院工作和对这次会议的大力支持表示衷心的感谢！同时，对吉林省各级法院在民事审判规范化方面取得的成绩和经验表示祝贺！

近几年，吉林省各级法院的民事审判工作发展很快，在执行民事实体法和民事诉讼法方面都取得了很多好的经验。这次又不失时机地召开了民事审判规范化经验交流会，交流和推广四平市铁西区和其他法院实行民事审判规范化的经验。省院在总结各地经验的基础上，又提出了全省民事审判规范化的意见，来进一步推动全省法院的民事审判规范化工作。我们听了同志们的发言，看了有关材料，观摩了铁西区法院规范化审判活动之后，我认为这次会议开得很好，很及时，对这种积极探索，认真总结，依法办案的工作作风应当给予充分地肯定。相信，通过这次会议，能够进一步推动吉林省的民事审判工作，更好地发挥民事审判的职能作用，为改革开放和经济建设保驾护航。

从全国情况看，近几年，民事审判工作发展很快。第五次全国民事审判工作会议以来，各地法院认真贯彻“五民”会议精神，严格依法办案，积极改进民事审判方式，都取得了一些很好的经验。民事诉讼法颁布以后，各地法院认真学习，正确执行民事诉讼法的各项规定，把严肃执法、依法办案，提高办案质量和效率，作为审判工作的重点来抓，努力推动民事审判工作向法制化、制度化、规范化的轨道发展。从目前情况来看，收案多、结案多、积案多的这种现象仍然是民事审判工作的一个突出特点。从全国收案情况来看，据上半年统计，民事案件收案的情况是稳中有升，同时，随着改革开放的深入进行和社会主义民主和法制建设的不断发展，民事审判所调整的社会关系的范围越来越广泛，民事案件的结构有了很大变化，人民法院受理的新类型案件越来越多。此外，因房、地产开发引起的纠纷也越来越多，在一些开放地区和经济特区，人民法院已经积极受理因房、地产开发引起的各类案件。那么这类案件从我们法院来讲，是由经济庭受理还是由民庭来受理有不同看法。经过我们研究以后，最高法院确定，这类案件应当由民庭受理。房地产开发市场是我们重要的市场之一，我希望同志们注意了解和掌握房、地产开发的情况和问题，只有加强这方面的调查研究工作，审理这类案件才能做到心中有数，才能有利于引导这一市场走向法制化的轨道。这些问题说明民事审判工作在我国社会经济生活和民主与法制建设当中的地位和作用越来越显得重要。近年来，我们国家颁布了民法通则等一系列实体法和修改了民事诉讼法，这些重要法律的颁布和实施标志着我们国家的民事法律体系已基本健全和完善，这既给我们人民法院民事审判活动提供了有法可依的必要条件，同时也给我们法院的民事审判工作提出了更高的要求。具体说，就是要求我们各级法院必须严格执法，依法办案，努力提高执法水平。另一方面我们也面临着审判力量和审判任务不相适应的矛盾，这力量和任务的矛盾是比较突出的，这个矛盾也长期地困扰着我们各级法院。但是，从目前情况来看，要大量增加审判力量还是不大可能的，这就迫使我们各级人民法院从改进自身的审判活动入手，通过改进审判方式，严肃执法，提高执法水平来缓解我们力量和任务十分矛盾的问题，因此，如何适应客观形势的发展，改进民事审判方式，努力提高办案质量和办案效率，一直是我们全国各级法院都在研究和解决的问题。

在“五民”会议以前，很多法院都对加强当事人的举证责任、强化开庭审理的职能，改进民事审判方式进行了积极的试点，而且确实取得了很好的经验，最高法院也非常重视这个问题，进行了一些调查研究。在筹备“五民”会议的时候，我们曾经考虑，是不是单独发一个民事审判方式的材料。在我们会议准备期间，我们认为当时条件还不十分成熟，所以就没有制定和形成一个单独的文件。但是，在“五民”会议报告当中，我们充分肯定了各地在这方面的经验，而且指出这是我们在提高执法水平的问题上必须解决的一个重要问题。同时，在制定民事诉讼法的时候，立法部门征求最高法院意见时，我们根据各地法院的实践经验也一再强调，改进审判方式的问题。在民事诉讼当中，加强当事人及其诉讼代理人的举证责任，规定人民法院收集、调查证据范围，强调公开审判、强化庭审职能，在修改以后的民事诉讼法当中，都有充分地反映。最高法院在制定《关于适用〈中华人民共和国民事诉讼法〉若干问题的意见》的时候，也注意了改进民事审判方式的问题。在今后一个时期，强调民事审判的规范化，强调严肃执法，依法办案，强调努力提高办案质量和办案效率仍然是民事审判工作的一项重要任务。

据我了解，吉林省开展民事审判工作规范化比较早，工作抓的比较实，很多法院都进行了这项工作，也取得了丰富的经验。会上同志们介绍的经验，我们听了感觉非常好。省高级法院总结各地法院的经验，提出了《民事审判规范化实施意见》，规定民事审判规范化的基本要求，总结概括了4句话：民事审判方式公开化、审判活动标准化、审判管理科学化、审判效果优质化。我理解，前两点是根据民事诉讼法的规定提出来的，也就是说，对民事诉讼法有关规定的具体化。它的内容和要求，是符合民事诉讼法的规定精神的；后两点是对审判管理和审判效果提出的明确要求，这就是说不仅仅要求依法办案、严肃执法，审判的社会效果要好，而且要把整个审判活动过程纳入规范化、法制化的轨道。这项工作，是对民事诉讼法各项原则、制度的具体落实，也是正确执行民事诉讼法的重要保障，对于推动新时期的民事审判工作，严格执法、依法办案，具有积极地意义。因而，对这项工作，我们应当给以充分地肯定。

通过参加这几天的会议，我们的收获也是很大的。结合民事诉讼法的规定谈以下几点意见：

我要说的第一点就是，民事审判规范化要严格依照法律规定进行。民事诉讼法和其他民事诉讼规范也包括方才讲的最高法院有关司法解释，是我们人民法院审理民事案件的基本操作规程，那么，实行民事审判规范化也好，改进民事审判方式也好，都要在法律规定的范围内进行。民事审判规范化，可以说是法律规定的原则、制度程序的具体化、条文化。把法律的一些原则规定变成具体的条文，便于我们在审判实践中操作和执行。但是，不能离开法律另搞一套。过去有人提“改革民事审判方式”，当然这有他一定的道理，可我不同意这种提法，我主张还是提改进比较合适，法律规定的东西不能随便改革，如果是修改的话，那要经过一定的法律程序。但是改进呢，我认为是比较合适的提法。改进是在法律规定的范围以内，只是使法律规定更完善。我们从民事诉讼法来看，很多问题都是有规定的。比如，当事人举证责任、公开审判、开庭审理，就是在原来的民事诉讼法（试行）那部法当中也都有一些原则规定。这些原则规定，不可能十分具体，包括最高法院的司法解释，也不可能像吉林省法院提出这样一些具体规定和要求，因为民事案件一年就是二百万上下，程序方面的基本法也好，司法解释也好，搞上几千条也不能说它就完善了，所以说，需要我们通过审判实践在操作上做一些进一步的具体规定。当然还有另外一方面的原因：尽管民事诉讼法有了原则规定，甚至有的法规定的比较具体，但是，由于我们受长期形成的审判方式的影响，或者说受重实体，轻程序的种种影响，另外，也有可能我们对法律的理解存在一定的偏差，所以法律的规定没有得到正确全面执行。这就更加需要改进我们的审判方式。这些问题我们法院可以在民事诉讼中规定的更充分更全面。因此，我们提改进民事审判方式，提民事审判工作规范化，就必须依法进行。吉林省各级法院进行了民事审判规范化这方面工作，就是依法进行的，也是做得很好的，值得我们学习和借鉴。

第二点，实行民事审判规范化，更要坚持和发扬人民司法工作的优良传统。同志们都知道，我们国家长期的人民司法工作，形成了许多好的传统和成功经验，深受人民群众的拥护和欢迎。比如，我们民事审判工作长期坚持的全心全意为人民服务的宗旨，替人民排难解忧，强调多做调解工作和思想教育工作，强调巡回审理，就地办案，方便人民群众的诉讼等等优良传统和成功经验。这些经验确实深受人民群众欢迎，在民事审判工作中也发挥了很好的作用。我们两部民事诉讼法，都充分继承和发扬了这些优良传统，使我们国家的民事诉讼法具有鲜明的特点。当然，我们也必须承认，过去的民事审判方式，确实存在一些弊端，那么，我们过去的一些民事审判活动，有的已经不能适应形势发展的需要和法律的要求。所以，我们必须强调要改进我们的审判方式。但是这种改进，只是对过去审判方式当中不合格、不完善的这些部分，来依法进行改进，而不是对过去审判方式的全盘否定。尤其对过去长期坚持的民事审判工作的优良传统和成功经验，我们仍然要坚持和发扬。在我们法院系统有这么一种观点：似乎一提改进审判方式，就是否定了优良传统。我认为这种看法是有片面性的。改进审判方式和发扬优良传统，两者不是对立的，更不是矛盾的，从它的根本宗旨来看是一致的。所以说强调审判工作的规范化，强调改进审判方式，严肃执法，依法办案，同时要强调继承和发扬人民司法工作的优良传统和成功经验。从我了解的情况来看，吉林法院既注意抓了严肃执法，又坚持发扬了民事审判工作的优良传统。所以，我们只有这样，才能真正发挥民事审判的职能作用，才能取得良好的审判效果。

第三点，强调严肃执法，强调审判工作的规范化，更要切实注意保护当事人的诉讼权利。吉林省法院已经注意到了这一点。我们都知道，民事诉讼法的一个重要指导思想，就是充分保障当事人的诉讼权利，便利当事人行使诉讼权利。这个指导思想，在民事诉讼法的基本原则里和有关程序当中都有明确的反映。也可以这样讲，它是贯穿民事诉讼法的一条主线。我们在改进民事审判方式，强调规范化审判的时候，要充分理解和掌握民事诉讼法的这一规定精神，切实地保护当事人的诉讼权利，便利当事人行使诉讼权利。在过去的民事审判实践当中有的法院强调当事人的举证责任，在起诉阶段就要求当事人举出充分的证据，当事人举不出证据，就不予受理，这种做法与民事诉讼法的有关规定是不一致的。根据民事诉讼法的规定，当事人起诉的时候，只要能够举出事实根据和理由，人民法院就应当受理，至于他的根据和理由能不能成立，这就需要我们法院经过审理才能查明，因此，不能以当事人负举证责任而限制当事人的诉权。在强调规范化审判方式的时候，也应当注意这个问题，要充分贯彻执行保障当事人诉讼权利和便利当事人行使诉讼权利的立法精神。

第四点，希望吉林省各级法院要进一步加强调查研究和总结经验的工作。民事审判规范化工作，是吉林省法院首先提出来的，吉林省各地法院已积极进行试点，取得了很好的经验。这项工作，究竟如何进一步开展，如何进一步健全和完善，在审判实践当中还存在一些什么问题，还需要进一步进行认真地调查研究，来总结各地的经验。在推广这项工作的时候，我们要采取大胆而又慎重的态度。希望吉林省各级法院在认真调查研究和总结经验的基础上把这项工作推向前进，使之更加完善。

这次会议总结了一些成熟的好的经验，应当在全国范围内推广。最后，预祝吉林省法院的民事审判工作，取得更大成绩，多出经验，出好经验，从而推动全国民事审判工作的发展。谢谢吉林法院给我们提供了一次很好的学习机会。

端木正副院长在部分省、区、市高级法院涉台民事审判工作座谈会开幕式上的讲话

（1992年5月9日）

随着我国对外开放的不断扩大和深化，我国内地与台湾居民之间的交往日益频繁。从台湾当局放宽去台人员回大陆的限制以来，两岸关系又有了进一步的发展，人员来往、间接贸易及民间文化、学术、科学等领域的交往进一步扩大，两岸的事务性商谈也有所突破和进展。由于两岸居民来往增多，涉及到个人权利、义务关系的纠纷也随之产生，诉讼到人民法院的民事纠纷也逐年增多。为了正确处理涉台民事案件，保护海峡两岸居民的合法权益，最高人民法院曾于1987年召开了两次小型座谈会，部分法院汇报了审理涉台民事案件的情况，并就处理涉台民事案件如何执行政策、法律问题进行了讨论。1988年，最高人民法院还就审理婚姻、继承、房屋、债务等涉台民事案件作出了司法解释。近几年来，各地人民法院在审理涉台民事案件中，认真贯彻执行国家的法律、政策及最高人民法院的有关司法解释，有效地保护了两岸居民的合法权益，这对加强两岸的经济贸易和人员来往，促进祖国和平统一，起了积极的作用。各级人民法院在审理涉台民事案件的过程中，积累了许多有益的经验，同时也遇到了一些新情况、新问题。为了深刻领会中央对台工作的方针、政策，总结交流审理涉台民事案件的经验，研究审理涉台民事案件的法律界限，进一步做好涉台民事审判工作，更好地为促进祖国和平统一大业服务，我们召开了这次涉台民事审判工作座谈会。

这次座谈会的主要议题是：请中央台办的领导同志讲解对台工作的方针、政策；请福建省台办的领导同志介绍海峡两岸人员、贸易及其他方面往来发展的情况；请审理涉台民事案件较多的法院介绍审理涉台民事案件的经验和体会；讨论最高人民法院起草的《关于处理涉台房产案件若干问题的意见》；研究解决审理涉台民事案件中存在的实体和程序方面的问题；最后请厦门大学的几位教授介绍台湾的债权、继承、亲属等有关规定情况。涉台民事案件工作是整个对台工作的一个重要组成部分。中央领导指出，促进祖国和平统一是党在九十年代的一项重大政治任务。在当前海峡两岸形势发生重大变化的形势下，我们法院如何在党的“和平统一”、“一国两制”的方针指引下，通过做好自身的审判工作及其他有关工作，为早日实现祖国和平统一大业服务，是摆在我们面前的一项十分重要的任务。希望通过这次座谈会，提高我们对涉台民事审判工作重要性的认识，总结经验，解决实践中出现的问题，做好涉台民事审判工作，为促进两岸关系的进一步发展做出新的努力。为开好这次座谈会，我提以下几点建议：

第一，要认真学习、深刻领会中央对台工作的方针、政策。涉台民事案件的审理是一项政策性很强的工作，对中央台办领导将作的报告，希望同志们认真琢磨、研究，以便从宏观上掌握中央的对台方针、政策，正确指导今后的工作。

第二，在涉台民事案件中，房产案件所占比例最大，而房产案件的审理往往涉及到继承、典当、买卖、代管、租赁等法律关系，加之两岸隔绝几十年，也给案件的审理带来许多实际困难。最高人民法院提出的《关于

处理涉台房产案件的意见》，是在总结、归纳各地审理涉台房产案件经验的基础上草拟的，希望大家认真讨论，多提意见，让这个“意见”日益完善。

第三，从全国范围看，目前涉台民事案件的数量还不很多，但这次各地都认真总结了经验，并带来了一部分案例。希望大家充分交流，探讨问题、沟通情况，借鉴他人成功的经验和作法，提高本地区涉台民事审判工作的水平。

第四，这次座谈会的时间短，内容比较多，有些问题解决的难度也较大，而大家工作也比较忙，参加这次座谈会很不容易，希望能够安下心，坐下来，认真地探讨一些问题。

进一步发挥铁路运输法院的审判职能作用 为铁路运输保驾护航

——1992年8月6日端木正副院长在全国铁路审判工作会议上的讲话

同志们：

全国铁路审判工作会议今天开幕了。这次会议是在全国深入学习邓小平同志南巡的重要谈话，贯彻落实谈话精神，进一步解放思想，加快改革开放步伐，加速社会主义经济建设的新形势下召开的。会议的中心议题是：回顾、总结、交流铁路运输法院办案十年来审判工作基本情况和经验；研究在新形势下，进一步解放思想，开拓前进，充分发挥铁路运输法院的审判职能作用，更好地为改革开放和经济建设服务。

下面，我代表最高人民法院就全国铁路运输法院十年来的审判工作作总结，并就今后的工作讲几点意见。

一、十年来的基本情况

党的十一届三中全会以后，为了适应社会主义经济建设、法制建设的需要，1980年3月我国重新建立了铁路运输专门法院，并于1982年5月1日正式办案，至今已经走过了十年的历程。十年来，在党的基本路线指引下，在各级党委的领导和上级法院的监督指导下，坚持一手抓审判，一手抓建设，克服困难，艰苦创业，团结进取，辛勤努力，较好地完成了审判任务，取得了显著成绩，为保障铁路运输安全，促进铁路治安秩序的好转，做出了积极的贡献。

（一）依法严厉打击犯罪活动，保护铁路运输和旅客生命财产安全

铁路运输法院的刑事审判工作，认真贯彻了依法从重从快的方针，与铁路公安、检察机关密切配合，严厉打击严重危害社会治安的犯罪分子，依法严惩严重破坏经济的犯罪分子。十年来，共审结一审刑事案件41526件，判处发生法律效力的人犯67193人，其中判处五年以上有期徒刑、无期徒刑和死刑（包括死刑缓期二年执行）的25348人，判处五年以下有期徒刑和拘役、管制的41845人。对维护铁路治安，保护铁路运输安全起了重要作用。

——严厉打击了“车匪路霸”的犯罪活动。铁路运输法院开始办案不久，就投入了严厉打击严重危害社会治安的犯罪分子和严惩严重破坏经济的犯罪分子的斗争。他们克

服了任务重、时间紧和审判力量不足的困难，结合铁路治安实际，依法从重从快审判了一批长期在铁路沿线和在旅客、货物列车上行凶杀人、爆炸、抢劫、强奸、流氓重大盗窃等严重刑事犯罪分子，狠狠打击了犯罪分子的嚣张气焰。三年“严打”期间，共审结刑事案件16438件，判处人犯18468人。之后，铁路运输法院继续贯彻依法从重从快的方针，针对一些铁路干线、区段列车上发生抢劫、盗窃旅客财物、盗窃铁路运输物资、杀人等恶性案件突出的情况，在党委统一领导下，确定打击重点，适时地开展了专项斗争，严惩了一批“车匪路霸”，保护了铁路运输和旅客生命财产的安全。

——开展了反盗窃专项斗争。针对盗窃铁路运输物资犯罪猖獗，盗窃旅客财物案件增多的情况，铁路运输法院适时开展反货盗、反客盗的专项斗争。十年来。共审结一审客、货盗案件23955件，占一审刑事案件总数的57.7%，判处人犯46162人，占判处人犯总数的68.7%，为国家、集体和旅客挽回经济损失16294万元。

——依法判处了一批破坏铁路运输设备、器材，盗割铁路通信线路的刑事犯罪分子。近年来，盗窃破坏铁路运输设备、器材，如盗拔道钉、盗拆钢轨和枕木、盗割信号线等案件呈上升趋势。这类犯罪严重危及铁路行车安全，必须严厉打击。十年来，一共审结这类犯罪案件241件，判处人犯479人，保护了铁路行车安全。

——依法判处了一批以车、以票谋私贪污、受贿的经济犯罪分子。以车、以票谋私贪污、受贿犯罪是铁路职工利用职务犯罪的一个特点，十年来一审共审结这类犯罪案件1953件，判处人犯2355人，为铁路运输企业清除了一批腐败分子。

——依法判处了一批伪造火车票和倒卖火车票的犯罪分子。近年来，一些不法分子利用铁路春运期间和旅游旺季购买车票紧张的状况，大肆进行伪造、变造和倒卖火车票的犯罪活动，严重破坏了铁路运输管理秩序，坑害了广大旅客，必须依法进行打击。十年来，铁路运输法院共审结这类犯罪案件442件，判处人犯761人，维护了铁路运输管理秩序，保护了国家和广大旅客的利益。

——严厉打击了走私、贩毒犯罪活动。近些年来，一些犯罪分子利用铁路走私、贩运毒品犯罪案件日渐增多。铁路运输法院认真执行全国人民代表大会常务委员会《关于禁毒的决定》，对毒品犯罪分子坚决予以严厉打击。十年来，共审结制造、贩运毒品案785件，判处人犯1026人。仅成都两级铁路运输法院就审结贩运毒品案件416件，判处人犯502人。

——依法判处了一批违反《中华人民共和国铁路法》（以下简称《铁路法》）构成刑事犯罪的案件。自《铁路法》实施一年来，共审结这类犯罪案件76件，判处人犯103人，保证了《铁路法》的实施。

——依法审理了一批自诉、再审、申诉案件。十年来，铁路运输法院共审结一审自诉刑事案件906件，审结再审、申诉案件5899件，审结减刑、假释案件451件，处理人民来信61818件，接待人民群众来访39236人次。其次，根据中央关于落实政策平反纠正冤假错案的精神，对五十年代原铁路运输法院判处的6309件案件进行认真复查，对388件错案依法进行了改判，使党的政策得以落实。

（二）依法审理、调处经济纠纷和侵权纠纷案件，为铁路运输生产提供有效的法律服务

十年来，铁路运输法院共审结一审经济纠纷案件14415件，诉讼标的金额7.07亿元。随着办案水平和质量的提高，受理的经济纠纷案件逐年增加。尤其1990年6月最高人民法院《关于铁路运输法院对经济纠纷案件管辖范围的规定》公布之后，铁路运输法院受理的经济纠纷案件大幅度上升。济南、沈阳、哈尔滨两级铁路运输法院的收、结案数

量始终保持了较高水平。

——依法公正审理了一批铁路运输合同纠纷案件，保护了当事人的合法权益。铁路运输合同纠纷涉及面广、诉讼当事人多、专业性强，审理难度较大。十年来，铁路运输法院一审共审结铁路运输合同纠纷案件和国际联运合同纠纷案件2414件，诉讼标的金额3855万元。通过这些纠纷案件的处理，依法保护了当事人的合法权益，理顺了铁路运输经济关系，促进了铁路运输生产的发展。

——依法审理了一批违反铁路安全保护法律、法规的侵权纠纷案件和铁路行车人身伤亡事故案件。十年来，一审共审结这类案件1040件，诉讼标的金额2777万元，依法保护了当事人的合法权益，维护了铁路运输生产的安全。

——依法强制执行了一批经济纠纷案件，维护了法律的尊严。自1988年以来，铁路运输法院相继设立了执行机构，加强了执行工作。几年来，先后共执行案件2173件，执行标的金额4810万元，当事人的合法权益依法受到了保护。

（三）充分发挥审判工作的职能作用，积极参与社会治安的综合治理

——坚持公开审判，扩大办案效果。通过公开审判、公开宣判，就案讲法，扩大办案的社会效果。十年来，铁路运输法院选择有重大影响的典型案件，在车站广场和案发地召开公开宣判大会4591次，参加旁听的铁路职工、旅客1541万人次，使广大群众受到了法制教育。

——抓好监督考察，对罪犯进行教育。为了使被判缓刑、管制的罪犯不致重新犯罪，铁路运输法院建立了回访考察制度，落实帮教措施，收到较好的效果。据统计，十年来铁路运输法院判处的缓刑、管制罪犯，重新犯罪率已降到2%以下。

——结合审判开展司法建议活动。在审理刑事、经济案件时，注意发现企业在管理制度方面存在的漏洞，积极开展司法建议活动。十年来，共提书面司法建议3816件，被铁路企业采纳的2593件，这对铁路企业强化治安防范意识，堵塞漏洞，健全完善制度，促进企业提高管理水平，都起了积极作用。

——加强对人民调解组织的业务指导，搞好群防群治。十年来，铁路运输法院为实现群防群治，协助铁路基层单位建立了人民调解组织4343个，共有人民调解员55493名；帮助1363个铁路基层单位建立了兼职经济合同管理员和经济司法联络员3993人。并且对人民调解员、经济合同管理员和经济司法联络员进行了法律培训，使他们的法律知识、政策水平不断提高。人民调解组织积极调处铁路职工内部纠纷，防止了矛盾激化，促进了内部团结。经济合同管理员和经济司法联络员积极发挥作用，为本企业制定经济合同管理办法，开展重合同、守信用活动，当好企业的法律顾问，从而预防和减少了经济纠纷的发生。同时，铁路运输法院还主动为铁路企业办法律培训班，培训法律人才。十年来，共办法律培训班1260次，参加培训的铁路基层的站长、段长及财务、业务人员157800人次。

——积极参加普法宣传，提高群众法制观念。铁路运输法院结合巡回办案，深入铁路基层单位和沿线乡村进行法制宣传。十年来，共讲法制课5955场次，听课群众92万人次。《铁路法》颁布后，铁路运输法院院长带队深入铁路基层站、段、候车室和旅客列车及沿线乡村宣讲《铁路法》，发放宣传资料15万份，有的法院还组织编印了《铁路法问答》一书，发给铁路基层单位学习，为《铁路法》的实施，奠定了良好的基础。

（四）培养了一支政治、业务素质过硬的审判队伍

——重视队伍政治思想建设。铁路运输法院坚持从严治院，教育干警坚持四项基本原则，反对资产阶级自由化，在政治上和行动上与党中央保持一致。在1989年的政治风波中，广大干警旗帜鲜明，立场坚定，坚守

工作岗位，无一名干警上街参加游行声援，经受住了这场政治风波的严峻考验。在这场斗争中，北京、郑州铁路运输中级法院和长沙铁路运输法院被最高人民法院授予“制止动乱，平息反革命暴乱先进集体”。

——抓理想、职业道德教育。通过教育，增强了干警的服务意识，树立了不畏困难，勇于开拓，勤奋工作，无私奉献的精神，涌现出许多动人事迹。十年来，铁路运输法院和庭、室被各级组织评为先进集体的有500多个（次），先进工作者、优秀共产党员有3000多人次，有10个院被省、市高院荣记集体二等功、记三等功的21个；干警中荣记一等功的1名，记二等功的15名，记三等功的135名。事实说明，这支队伍是一支可以信赖的、富有战斗力的审判队伍。

——抓廉政建设。铁路运输法院坚持长期不懈地抓好廉政教育，现已初步形成了“深化教育，完善制度，强化管理，严肃查处”的廉政建设机制，促进了廉政工作的落实。据不完全统计，铁路运输法院干警拒收当事人现金和礼品的价值50多万元，拒吃请、拒说情2万余人次，保证了严肃执法，公正办案。

——抓业务建设。针对铁路审判工作专业性强的特点，鼓励干警搞好在职业务学习外，还积极支持干警参加法律业大、函大和法律院校的学习，使干警队伍的文化素质，法律专业知识结构不断提高。建院初期干警队伍中具有法律大专以上程度的不足百人，现已增加到1967人，占法院干警总数的65.6%。

——重视调研和信息工作。铁路运输法院结合审判工作中遇到的问题积极开展调研工作，如对盗窃铁路运输物资数额认定，破坏铁路运输设备、通讯设备的认定，以及运输合同中保价、保险货物损失赔偿等问题，深入进行调查研究，为审判工作服务。十年来，铁路运输法院共撰写调研文章2820篇，在省级以上报刊杂志上发表的525篇。

——抓物质装备建设。十年来，铁路运输法院的办公用房、审判法庭及车辆、通讯等办案条件，在铁道部和铁路局、分局及有关部门的支持下，逐步得到改善，为铁路运输法院的审判活动创造了必要的条件。在此，我代表最高人民法院向他们表示衷心的感谢！

二、主要经验

总结过去的十年，铁路运输法院在审判工作实践中积累了一些经验，主要有四条：

（一）坚持“严打”方针，保障铁路运输安全

在社会主义初级阶段，党和国家的根本任务是发展生产力，把经济建设搞上去。铁路是国民经济的大动脉，铁路运输在改革开放和经济建设中起着举足轻重的作用。在党的十一届三中全会之后，全国人大1978年通过的《中华人民共和国宪法》和1979年通过的《中华人民共和国人民法院组织法》，从保护铁路运输的任务出发，决定重建铁路运输法院。因此，铁路运输法院刑事审判工作的首要任务就是为社会主义经济建设服务，为铁路运输保驾护航。十年来，铁路运输法院刑事审判始终坚持把严厉打击严重危害铁路运输安全的刑事犯罪分子摆在第一位，坚定不移地贯彻执行“严打”方针，从铁路治安实际出发，根据不同时期铁路刑事犯罪的特点，确定重点干线和区段，与铁路公安、检察机关密切配合，适时地开展了专项斗争，严厉打击“车匪路霸”，打击流窜犯罪，打击盗窃、抢劫铁路运输物资和旅客财物，以及盗割铁路通信线路、破坏铁路运输设备，以车、以票谋私贪污、受贿等方面的犯罪。铁路运输法院还坚持对有影响的大案、要案提前介入，起诉到法院后迅速公开审判，召开公开宣判大会，狠狠打击了犯罪分子的嚣张气焰，保护了铁路运输和广大旅客生命财产的安全。

（二）坚持发挥经济审判的职能作用，为

铁路运输生产服务

经济审判工作是适应社会主义经济建设和改革开放的需要开展起来的。铁路运输法院的经济审判，主要通过审理与铁路运输有关的经济纠纷案件、涉外案件，依法调整铁路运输经济关系，保护当事人的合法权益。因此，为改革开放、经济建设服务，为铁路运输生产服务，是铁路运输法院经济审判工作的出发点和落脚点，并把这一指导思想贯穿于经济审判工作的全过程，体现在审理每一起案件的始终。铁路运输法院牢固地树立服务观念，不断强化服务意识，拓宽服务领域，在主动服务、延伸服务上下功夫。具体做法：一是送法上门，主动服务。由院长亲自带队，组织办案人员深入铁路基层单位调查研究，广泛宣传铁路运输法院经济纠纷案件管辖范围的规定，改变了过去收案较少的被动局面。1991 年铁路运输法院共受理案件 4873 件，比 1988 年增加了 3403 件。二是坚持巡回办案。从铁路线长点多、流动分散的实际情况出发，铁路运输法院坚持开展巡回办案活动，对适用简易程序的案件就地审理，既方便了当事人诉讼，又提高了办案效率。例如：济南两级铁路运输法院自 1989 年以来，先后 7 次开展巡回办案月活动，组成 300 多个巡回法庭，深入辖区就地办案，共审结经济纠纷 1602 件，占前 3 年审结案件总数的 72.4%。三是拓宽服务领域，开展延伸服务。各铁路运输法院转变观念，由单纯办案型转向办案服务型，围绕办案为基层服务。在审理纠纷案件时，注意发现企业在管理上的漏洞，及时提出司法建议，促进企业完善制度和改进管理；在审理铁路行车人身伤亡事故赔偿纠纷案件时，主动协助铁路运输企业妥善处理赔偿事宜，做好当事人的工作，为铁路运输企业排难解纷；积极协助铁路企业建立兼职经济合同管理员和经济司法联络员，举办法律培训班，为铁路企业培养法律人才；开办法律咨询服务中心，为企业和人民群众提供法律服务等，这些做法受到了企业和人民群众的一致好评。

（三）坚持严肃执法，确保办案质量

严肃执法，公正办案是人民法院的职责，也是每个审判人员最起码的职业道德。十年来，铁路运输法院审判案件坚持以事实为根据、以法律为准绳，“在法律面前一律平等”的原则。依法公正办案，保护当事人的合法权益。对于铁路运输合同纠纷案件的当事人，不论是原告还是被告，是大单位还是小单位，是法人还是公民，是铁路当事人还是外部当事人，是中国的还是外国的，都一视同仁，公平对待，在适用法律上一律平等。尤其是被告人多数是铁路运输企业。在审理这类纠纷案件时，铁路运输法院始终把秉公执法作为衡量天平是否倾斜的尺度，排除干扰，分清是非曲直，做到谁有理就支持谁，谁的合法权益受到损害就保护谁，决不偏袒。例如：广州铁路运输中级法院审结的原告中国外贸运输总公司广州分公司诉被告广州铁路分局大朗车站货物短少赔偿纠纷案，依法判决由被告广州铁路分局大朗站赔偿原告经济损失 176 万元，使原告的合法权益依法受到保护。

（四）坚持党的领导，主动接受上级法院的监督

中国共产党是领导中国人民建设社会主义的坚强核心。人民法院是国家审判机关，是人民民主专政的重要工具。因此，只有坚持党对法院工作的领导，在党的领导下依法独立行使审判权，才能顺利完成党和人民赋予人民法院“保护人民，惩罚犯罪，促进改革，服务四化”的艰巨光荣任务。各级铁路运输法院自觉地接受党的领导，坚定地贯彻执行党的“一个中心、两个基本点”的基本路线，努力做好各项审判工作。坚持经常向党委汇报工作，遇有重大问题和重要案件，及时向党委请示报告。在审判工作中遇到阻力、干扰，依靠党委协调解决。法院建设方面存在实际困难，主动向党委反映，争取党委的关心、支持。

主动接受上级法院的监督。自 1987 年 5

月铁路运输高级法院撤销后，铁路运输中级法院的审判工作由所在地的省、自治区、直辖市的高级人民法院监督，各铁路运输中级法院主动接受监督，审判中遇有疑难问题，及时请示报告，从而使铁路运输法院办案质量和执法水平有了明显提高。

三、今后的任务

目前我国正处在社会主义现代化建设的关键时期。加快改革开放步伐，集中精力把经济建设搞上去，实现第二步战略目标，铁路运输是国民经济的重要部门，在社会主义经济建设中占有极其重要地位。随着改革开放的深入和铁路运输事业的发展，对铁路运输法院的审判工作提出了更高的要求，我们面临的任务更加繁重和艰巨。今后铁路运输法院的基本任务是：认真学习贯彻落实好邓小平同志南巡谈话精神，进一步解放思想，转变观念，勇于开拓，锐意进取，树立审判工作为改革开放和经济建设服务的指导思想，充分发挥铁路运输专门法院的审判职能作用，严厉打击刑事犯罪，依法公正审理好与铁路运输有关的经济纠纷和侵权纠纷案件，维护铁路治安秩序，保护铁路运输安全，为改革开放和经济建设的顺利进行提供有力的法律保障。

（一）继续坚持“严打”斗争，切实保护铁路运输和旅客生命财产安全

目前铁路治安形势仍十分严峻，在有些铁路干线、区段“车匪路霸”犯罪活动猖獗。有的公开持械洗劫旅客列车，抢劫、盗窃旅客财物，威胁旅客人身安全；有的聚众哄抢、盗窃铁路运输物资；有的盗割铁路通信信号线路、盗窃铁路线路上的行车设备、器材，严重危及行车安全。我们要坚决贯彻落实邓小平同志南巡谈话中“要坚持两手抓，一手抓改革开放，一手抓打击各种犯罪活动，扫除各种丑恶现象，手软不得”的指示精神，认真贯彻乔石同志对湖南衡阳铁路治安时有反复和对沈阳局铁路通信线路被盗割现象严重作的重要批示，继续严厉打击严重刑事犯罪分子。

1. 要重点打击在铁路站车和沿线进行抢劫、杀人、爆炸、流氓等“车匪路霸”。对这类严重刑事犯罪分子，必须坚持依法从重从快的方针，予以严厉打击，决不能手软，切实保护铁路运输和旅客生命财产的安全。各级铁路运输法院要在党委领导下，与铁路公安、检察机关密切配合，结合辖区内铁路治安的实际情况，确定打击重点，适时地开展专项斗争。对危害严重的犯罪活动，予以集中打击，一定要把刑事犯罪分子的嚣张气焰打下去。

2. 要继续深入开展反盗窃斗争，依法严厉打击盗窃铁路运输物资和盗窃旅客财物的犯罪。特别是对盗窃惯犯、共同盗窃的主犯要依法从重惩处。同时要打击那些窝赃、销赃犯，以堵塞销赃渠道。

3. 结合贯彻《铁路法》，依法打击盗割铁路通信线路，盗窃铁路线路上行车设备、器材，故意损毁、移动铁路行车信号装置或在铁路线路上放置障碍物，危及行车安全的犯罪，切实保障铁路运输安全。

4. 要继续严惩严重破坏经济的犯罪活动。重点要打击那些利用职务便利条件，以车、以票谋私进行贪污、受贿的犯罪，以及利用职务便利条件进行走私、贩运毒品、投机倒把的犯罪。在打击经济领域的犯罪中，要严格区分罪与非罪、合法与违法、工作失误与渎职犯罪、不正之风与犯罪的界限。

5. 要依法打击伪造、倒卖火车票的犯罪，维护铁路运输管理秩序。要严惩“六害”犯罪分子，以遏制各种社会丑恶现象的蔓延。在刑事审判工作中，要注意全面执行党的惩办与宽大相结合的政策，依法该从严的从严，依法该从宽的从宽，做到宽严相济。

（二）进一步加强经济审判工作，为铁路运输生产提供更有效的法律服务

各铁路运输法院要强化服务意识，进一步端正经济审判为经济建设和铁路运输生产

服务的指导思想，坚持多收案、快办案、办好案的原则，把经济审判工作提高到一个新水平。

1. 严格执行最高人民法院印发的《关于铁路运输法院对经济纠纷案件管辖范围的规定》，按照十二条管辖范围高质量、高效率地审理好与铁路运输有关的经济纠纷和侵权纠纷案件，并力争在案件数量上有所增长，但应注意不受理一般民事案件，体现专门法院的特点。要结合贯彻执行《铁路法》，精心审理好铁路运输合同纠纷案件；违反铁路安全保护法律、法规的侵权损害纠纷案件，以及铁路行车、调车作业中造成人身、财产损害纠纷案件。

2. 随着对外开放的扩大，涉外运输会逐步多起来，特别是第二条欧亚大陆桥即将开通运输。几年来铁路运输法院已经受理了一些国际联运合同纠纷案件，取得了良好的效果。应认真加以总结，提高审判水平，适应对外开放的需要。

3. 要抓住主要矛盾。对影响改革开放、影响铁路运输生产和危及行车安全的纠纷案件，要优先审理。做到及时立案、及时审理、及时执行，以维护当事人的合法权益。

4. 要继续开展巡回办案活动，深入案发地就地收案，就地审理，方便当事人诉讼，便于纠纷及时处理。

5. 加强执行工作，维护法律尊严。执行工作是审判工作的一个重要环节，要充分认识执行工作的重要性，努力做好执行工作。一是加强审执配合。在案件审理阶段，就要为执行工作创造好条件。二是做好法制宣传和说服教育工作。向被执行人宣讲法律规定，促使其自动履行。三是强制执行要做到依法、文明。执行要有充分的法律依据，手续要完备。四是强制措施的采用要得当、适度。执行时不能影响社会稳定，不能影响正常工作和生产经营活动。五是执行准备工作要充分，要主动争取党政领导、当地法院和基层组织的支持。当前执行案件积压多的法院要集中时间、集中力量进行清理，以改变执行工作的被动局面。

6. 继续开展延伸服务活动，为铁路运输企业提供法律服务。在过去十年中，铁路运输法院深入到基层调查研究，宣传法制，培训法律人才，深受企业的欢迎。今后，要进一步解放思想，胆子再大一点，服务的面再宽一些，在法律、政策允许的范围内，拓宽为铁路运输生产服务的领域。

（三）严肃执法，努力提高执法水平

1. 严格依法办案，确保案件质量。要以对国家法律和人民利益高度负责的精神，精心审理好每一起案件。刑事审判要坚持稳、准、狠的原则，特别是对判处死刑的案件，更要高度重视，精心审理，务必搞准，一个也不能杀错。经济审判适用的法律、法规较多，且涉及铁路规章和铁路运输专业知识。因此，要严格掌握法律、法规的适用范围及其相互关系，准确适用。要坚持执法大检查制度，发现问题，要及时予以纠正，切实保证案件质量。

2. 秉公办案，坚决反对和抵制行业保护主义。铁路运输法院是人民法院的组成部分，代表国家依法独立行使审判权，不受任何团体组织和个人的干涉。因此，审理案件必须严肃执法，公正审判，绝不能有丝毫偏袒，不论是对铁路当事人还是外部当事人，也不论是法人还是公民，在适用法律上都要一律平等，要树立铁路运输法院公正廉明的形象。

3. 加强审判监督和业务指导。加强审判监督和业务指导是提高办案质量的保证。由于铁路运输法院的现行体制所决定，各铁路运输中级法院的任务很繁重，起着承上启下的作用。因此，要正确处理好上下级之间的关系，主动接受上级法院的监督，同时又要监督、指导好下级法院的审判工作。要建立健全请示报告制度，对于审判工作中拿不准的问题，要逐级向分管的省、自治区、直辖市高院请示报告，一旦高院作出决定，应认真执行。

4. 加强调研和信息工作，为审判服务。随着改革开放的深入和经济建设的发展，我们面临的新情况、新问题越来越多。因此，要重视和加强调研工作，经常围绕审判工作出现的新问题和新型案件开展调查研究，要注重针对性、实用性和有效性。要不断研究新情况，总结新经验，努力提高调研工作的质量。要加强信息工作，铁路运输法院之间、上下级法院之间要互通信息，沟通情况，促进审判工作开展。要加强宣传报道工作，积极为报刊撰稿，不断提高铁路运输法院的知名度。

(四)搞好审教审防结合，积极参与社会和铁路治安的综合治理

各级铁路运输法院要在做好审判工作的同时，积极参与社会、铁路治安的综合治理。要认真贯彻执行最高人民法院下发的《关于人民法院参与社会治安综合治理的若干意见》，主要发挥好五个作用：即一是打击制裁作用。要密切与铁路公安、检察机关配合，严厉打击刑事犯罪，解决影响铁路治安的突出问题。二是调节疏导作用。及时、公正地审理与铁路运输有关的纠纷案件，依法保护当事人的合法权益，促进依法治企。三是宣传教育作用。结合公开审判、公开宣判，宣传法制，扩大办案的社会效果。四是挽救感化作用。凡是少年犯罪的案件，要由少年合议庭审判，审判中实行教育、感化、挽救的方针，寓教于审。五是业务指导作用。要加强对人民调解组织、经济司法联络员和经济合同管理员的业务指导，更好地发挥其第一道防线的作用。

(五)建设一支政治思想过硬，精通业务的干警队伍

1. 加强思想建设。要结合当前国际、国内形势的新特点，组织干警学习马克思主义基本理论，学习毛泽东思想和邓小平同志的著作，理论联系实际，坚定共产主义信念，自觉在政治上与党中央保持一致，全心全意为人民服务，振奋精神，锐意进取，无私奉献，努力做好本职工作。

2. 加强廉政建设。要坚持从严治院，认真执行“八个不准”，做到清正廉明。严格组织纪律，对于法院干警队伍中发生的违法违纪现象要认真查处，把铁路运输法院建成一支廉洁奉公，执法严明的审判队伍。

3. 加强领导班子建设。坚强有力的领导班子是做好法院工作的保证。法院各级领导班子成员要带头勤奋学习，勇于实践，不断提高宏观决策能力、组织指挥能力、协调和管理能力。要把领导班子建设成为坚持民主集中制原则，团结战斗的核心。领导要关心干警疾苦，努力改善他们的工作、生活条件。

4. 加强业务建设。要抓好业务培训，组织干警学习法律、法规，学习《铁路法》和铁路运输专业知识，不断更新知识面。要进一步抓好法律“业大”学习，保证在1996年实现最高人民法院提出的“七、八、九”奋斗目标。同时要结合审判工作实际，举办多种形式的培训班和研讨会，把系统教育同短期培训结合起来。

5. 加强物质建设。搞好物质建设是保证审判工作质量和效率的重要条件。十年来，在铁路党政机关领导的关怀和支持下，铁路运输法院的办公条件、审判法庭建设及装备有了不同程度的改善，但有的法院执法条件还很差。今后，我们希望继续得到铁道部、各铁路局党政领导的重视、支持，逐步改善铁路运输法院的执法条件。

同志们，我们正处在继往开来的伟大事业中，面临的任务更加艰巨、光荣！在取得的成绩面前，一定要保持谦虚谨慎、戒骄戒躁，继续振奋精神，锐意进取，开拓铁路运输法院审判工作的新局面，更好地为我国铁路运输事业发展保驾护航，为改革开放和经济建设服务！

三、部分省、自治区、直辖市领导同志有关法院工作的讲话、批示

中共北京市委副书记李其炎在北京市高、中级法院庭处室以上干部会议上的讲话（摘要）

（1992年2月2日）

在过去的一年里，全市各级法院为首都的治理、整顿作出了贡献，取得了很大成绩。法院的同志们在处理各类案件中付出了艰辛的劳动，为办好每一案件，经常是不分昼夜，四处奔忙。1991年，整个政法系统及时地破获、审结了大量案件，为维护首都的稳定，为维护党的纪律，治理整顿社会风气，起到了很好的作用。在这里，我代表市委、市政府向同志们表示感谢！

1992年的任务是非常繁重的，我们党要召开十四大，这是一次重要的历史性会议。我们要在思想上全面坚持和贯彻党的基本路线，把党的建设进一步搞上去，把经济建设进一步搞上去，把社会稳定工作进一步抓好。对维护社会稳定，我们担负着重要的责任。去年“十·一”，江总书记曾经指出，天安门广场稳定了，北京才能稳定；北京稳定了，全国就稳定了。所以，我们在北京政法战线上工作的同志，就负有更加特殊的任务。把首都的社会稳定、政治稳定搞好了，对改变小的气候、大的气候都有着重要的作用。这不仅反映在国内、也反映在国外，影响整个社会。

在新的一年里，我们要在党的基本路线指引下，加倍努力工作，为首都的稳定作出新的贡献，落实市委提出的“依法治市”的方针，用法律手段治理首都，在各方面取得更大成绩。

天津市委副书记王旭东在天津市法院院长会议上的讲话

（1992年2月15日）

同志们：

我第一次参加法院系统的会，能和同志们见个面，感到很高兴。会前，看了永臣同志的工作报告，刚才学政同志又作了讲话，我完全同意。这个会开得很好，统一了今年工作的指导思想，明确了工作任务和主要措施。这对于结合法院的具体情况，贯彻落实党的十三届八中全会和中央工作会议，以及市委五届八次全体（扩大）会议精神，并以此指导我们审判工作，具有重要意义。

过去的一年，本市各级法院认真贯彻党的七中全会精神，按照市委五届七次全体（扩大）会议确定的1991年工作要点，以党的基本路线为指针，正确处理执法与稳定、执法与改革和经济建设的关系，取得了明显的成绩，为全市的政治安定，社会稳定，经济发展和人民安居乐业作出了贡献。在此，我代表市委向与会的同志们，并通过你们向全市法院干警表示崇高的敬意和亲切的问候！

下面，我想着重谈四点意见：

一、认清形势，进一步提高做好法院工作的自觉性

一年多来，国际形势发生了重大的变化，东欧剧变，苏联解体，旧的世界格局已不复存在，新的格局尚未形成，世界正在向多极化发展。面对国际复杂变化的国际形势，中央确定了正确的方针，并采取了一系列卓有成效的外交政策，当前西方国家对我国的制裁也正在被打破，我们的国际地位在不断提高。广大第三世界国家以及全世界各国人民是同情和支持我们的，对我们寄于很大希望，所以从总体上来看，我国当前在国际舞台上的回旋余地仍然是很大的，而且可以趋利避害，争取到一个有利于搞好国内现代化建设的国际环境。中央明确提出在这样的国际环境下，我们最主要的问题就是把国内的事情办好，特别是要紧紧围绕经济建设这个中心，专心致志地搞好经济建设。

从我们国内情况看，过去一年，我们坚定不移地沿着建设有中国特色的社会主义道路前进，并取得了重大的成就。我市的形势和全国一样，几年来我们在调整产业、产品结构等方面做了许多工作，使我们的经济发展后劲有了进一步增强。在中央的关怀和支持下，投资70亿元的无缝钢管厂年底将试产；14万吨乙烯项目、投资7000万美元的程控交换机项目以及其他一些大的项目中央已经批准，这些项目不仅使我们固定资产增加，而且将可以带动其他产业的发展。加上我们城市功能和投资环境的改善，都会为我市的经济发展提供比较好的条件。

去年，中央先后召开了中央工作会议和八中全会，分别就搞好国营大中型企业和加强农业、农村工作作出了决定，市委五届八次全体（扩大）会议也作出了具体部署。我们相信，经过全市人民的共同努力，全市政治形势会更加稳定，经济会向好的方向发展，人民生活将进一步改善。

从本市社会秩序来看，经过几年的努力，特别是政法战线的同志认真贯彻中央关于“严打”和社会治安综合治理的方针，我市社会治安总的情况是好的，是全国社会治安比较好的地区之一。刑事案件上升势头得到遏制，人民群众安全感有了增强。但是不安定因素依然存在，杀人、抢劫、强奸、流氓团伙、重大盗窃等严重犯罪案件还时有发生，特别是在农村的一些恶性案件，还有所上升；打击卖淫、嫖娼、拐卖妇女儿童和贩毒等犯罪活动的任务仍很艰巨；经济犯罪分子的破坏活动还比较突出；境外的一些丑恶现象和犯罪活动也在向我国渗透，社会治安的形势仍然是严峻的，应引起我们的高度重视。

我们要正确把握复杂多变的国际形势，充分利用国内政治安定、社会稳定的有利条件，全面贯彻党的基本路线，坚定不移地走具有中国特色的社会主义道路。人民法院是人民民主专政国家机器的重要组成部分，在整个国家的政治、经济和社会生活中具有非常重要的地位；肩负着惩处破坏国家安全、破坏社会秩序和经济秩序的犯罪活动，依法调整经济关系，维护公民合法权益等重要任务。做好人民法院工作，对于保障国家安全，维护社会稳定，促进经济发展，有着极其重要作用。我们必须从这样的高度来认识和加强人民法院的工作，以高度的政治责任感完成好党和人民赋予我们的历史重任。就是说在当前形势下，人民法院的工作只能做得更好，只能加强，只能进一步提高工作水平，才能起到保卫国家安全，维护社会的稳定，促进经济发展，保证人民安居乐业的作用。面对这样一种形势，我们的任务将越来越繁重，对我们的要求也会越来越高。

二、紧紧围绕经济建设，加强人民法院工作

九十年代是我国社会主义现代化建设极为关键的十年，做好九十年代的工作，不仅可以保证我国社会主义现代化建设第二步战略目标的实现，而且为下个世纪更大的发展打下坚实的基础。我们要紧紧抓住这个有利时机，用战略的眼光安排好当前的工作，专心致志地搞好经济建设。党的十一届三中全会以来，邓小平同志一再指出，社会主义最根本的任务就是发展生产力，社会主义政治制度、经济制度的巩固和发展取决于生产力的发展。小平同志反复强调，经济建设是我们的工作中心，其他一切任务都要服从这个中心，围绕这个中心，决不能干扰它，冲击它，我们在任何时候都必须抓住这个中心不放。

我们党的"一个中心，两个基本点"的基本路线是统一的整体，我们坚持四项基本原则和坚持改革开放，都必须围绕经济建设这个中心。以经济建设为中心是符合广大人民群众的根本利益和迫切要求的，是社会主义时期主要矛盾所决定的，也是在国内外树立社会主义中国良好形象所需要的。这一点我们每个同志必须明确，不能有丝毫的含糊和动摇。

根据市委五届八次全体（扩大）会议精神，全市各级法院在全局把握上要解放思想，转变观念，我想提出下面几点看法供同志们在工作中参考：

第一，牢固树立为经济建设服务的指导思想。各项审判工作和法院各部门都要从全局出发，紧密结合各自的工作特点，从法院自身工作的角度，为振兴天津经济做好服务，力求在服务的途径、领域、内容和方法上大胆实践，勇于探索，为经济建设保驾护航，为搞好国营大中型企业和加强农业、农村工作提供更多、更好的法律保障与法律服务。我们处理经济纠纷案件、打击经济犯罪，是直接为经济建设服务。我们打击刑事犯罪活动，保障社会有一个稳定的秩序，有良好的社会环境，也是对经济发展的有力支持。我们其他审判工作以至法律宣传等工作也是这样。

第二，牢固树立稳定压倒一切的观念。我们讲政治稳定、经济稳定、社会稳定，目的还是要保证经济发展。任何国家搞现代化建设都需要有一个稳定的良好环境，这也是办好任何事情的一个基本前提。从我们国家建国以来的实践看，也证明了这一点。因此，我们说稳定压倒一切。经济稳定与发展是社会稳定的基础；政治和社会的稳定，又为经济稳定与发展提供了可靠的保证。没有社会的稳定，政权就不能巩固，经济就不能发展，人民就不能安居乐业。中国这几年之所以取得很大成就，就是有一个稳定的环境。人民法院要为稳定而执法，以执法促进稳定。民事、经济、行政等审判工作调处各种纠纷、化解各种矛盾也是促进社会稳定。有些纠纷调处的好可以化解矛盾，有些纠纷调处得不好会酿成大的事端而影响稳定。市委工作要点提出要加大改革的力度，加大改革力度的含义就是深化改革。力度一加大，改革一深化，各种关系一调整，就会有新的矛盾出现。我们的政治工作和其他各项工作都要紧紧围绕和密切配合这项工作的开展，要研究新的情况，解决新的问题。既要保证改革深化，加强改革的力度，又要维护社会的稳定。要注意调处各种矛盾冲突，任何时候，任何情况，任何工作，都必须自觉地维护社会稳定，不能因工作的失误而酿成矛盾的激化。

第三，牢固树立严肃执法的观念。人民法院的基本职责就是在党的领导下严肃执法。因此，最重要的是依法办事，做到有法必依，执法必严、违法必究。严肃执法的本身就是为经济建设最有效的服务。坚持以事实为依据，以法律为准绳，以对人民无限忠诚，高度负责的精神，办好每一个案件，在案件的处理上要从实际出发，从全局出发，实事求是，根据不同情况，采取不同措施，使案件的处理取得最佳社会效果。目前，刑事犯罪仍很严重，必须依法从重从快严厉打击；经济犯罪也很突出，必须依法从严惩处，防止重罪轻判，打击不力。

第四，坚持“一切为了人民，一切依靠人民”的基本工作思路。人民法院是为人民服务的，这是宪法和法院组织法的一条很重要的原则。在各项审判工作中要充分发挥惩治犯罪、保护人民的职能，依法保护人民利益，尊重和保护人民的民主权利，通过审判活动保护国家、集体和公民的合法权益。要注意倾听群众呼声、体察群众疾苦，尽心竭力地为群众排忧解难，特别是对那些无权无势、无门路的普通老百姓，要使他们有冤能诉，有难能解决，为人民安居乐业创造条件。要依法行使职权，做人民公仆，决不能在群众面前耍态度，摆威风，更不能侵犯人民群众合法权益。要充分依靠人民群众做好审判工作，坚持专门工作与群众路线相结合，同时，要自觉接受人民群众的监督，以保证正确执法。

三、转变作风，狠抓落实

中央提出今年要继续抓好发展经济、加强党的建设和维护社会稳定三件大事，以及相应的六项主要任务。市委也明确了今年的十项主要工作。现在的关键是脚踏实地真抓实干，力戒形式主义，狠抓各项工作的落实。求实、务实，是我们党一贯倡导的工作作风，也是天津工作的一条基本做法。今天到会的都是各级法院的主要负责同志，因此在这个问题上有必要强调一下，抓落实就是要把中央的方针、政策和市委的要求变为广大审判人员的实际行动，取得实际效果，达到预期目的。落实的关键在于领导，尤其是一把手的作用，即导向作用，精神激励作用，廉洁表率作用。同时要进一步加强领导班子建设，不断提高领导自身水平。要坚持民主集中制原则，这是党的组织原则。领导班子要加强团结，相互支持。

各级领导要敢于坚持原则，严格管理，大胆工作，坚持“从严治院”，发现问题及时处理。当前，随着客观形势的发展变化和法院队伍的不断扩大，给我们的管理工作提出了更高的要求，各级领导要以更高的标准从严要求，从严管理。要进一步健全以岗位责任制为中心的各项制度，并严格执行，奖勤罚懒，奖优罚劣。刚才永臣院长在报告中讲到出了错案要追究责任，这个办法好，要很好地执行，努力使各项审判工作的质量和效率不断提高，使这项工作逐步实现制度化、规范化、科学化。

抓落实就必须把各项工作真正落实到基层，落实到每一个干警。为此，各级领导必须坚持深入实际，深入群众，调查研究。这是每一个领导同志始终应坚持的工作作风和领导方法。要处理好一般号召与个别指导的关系，通过个别指导使一般号召落到实处，决不能使一般号召停止在口头上、文件上或会议上。要善于抓住本单位的突出矛盾和关键问题，集中力量加以解决，以带动全局工作。尤其要注意解决那些久拖不决，影响较大，而又有条件或创造条件可以解决的问题。

明年高级法院和基层法院领导班子都要换届，要及早地考察领导班子，选拔领导干部，特别要选好第一把手，同时要注意搞好后备干部的培养。选拔干部要坚持“四化”标准，做到德才兼备。要从巩固人民民主专政的高度看待法院各级领导班子的建设。我国的法制建设经历了一个曲折的过程，党的十一届三中全会以后，才把法制建设真正提到议事日程。人才培养，特别是领导班子中的专业人才培养很重要，要有更多的熟悉法律知识业务的领导干部。

四、加强廉政建设，确保公正办案

关于这个问题，学政同志和永臣同志都讲了很多，我不再多讲，只强调几句。本市法院干警队伍总体上是好的，但是，我们队伍中也确有经不住金钱或物质的诱惑，办“关系案”、“人情案”的现象，这虽然是少数个别现象，却影响很坏。目前，群众中也有一些议论和反映，社会上不是流传这样一句话："案件一进门，两边都托人"。这就是说有些人想通过人情关系干扰秉公执法，也有些人是担心案子得不到公正判决，担心能否依法办案。而以往我们队伍中就有的人经不住"托情"的诱惑，徇私枉法，而栽了跟头。应该看到，一方面我们队伍总体上是好的，另一方面群众对我们还有意见，有不满意的地方，而且对我们的要求也越来越高。所以，廉政建设必须作为一项长期的任务，下大力气认真抓好。人民法院是执法机关，依法办案，秉公办案非常重要，审判人员必须做到清正廉洁，刚正不阿，公正办案，不能受这样或那样的干扰，只有这样才能得到人民群众的衷心拥护、支持和信赖。过去有句话叫做"民不畏我严，畏我廉；民不畏我能，畏我公"。这次会议上永臣同志提出要把法院建设成为最讲理、最公正、最廉洁、最文明的审判机关，我非常赞成。要做到这一点，必须长期加强对干警拒腐防变的教育，尤其要加强对年轻干警的教育。绝不能因为少数人把我们的形象搞 坏了，对少数人违法违纪的要坚决严肃查处，不能护短。同时，要继续健全落实各项廉政制度，完善监督机制，树立和推广各种先进典型。要努力建设一支忠于党、忠于人民、忠于社会主义的人民法官队伍，维护人民法院在人民群众中的崇高形象和执法权威。

最后，我希望全市法院的各级领导和广大干警，要认真贯彻落实这次会议精神，认清肩负的重任，紧紧依靠党的领导，依靠人民群众的支持与监督，充分发挥审判职能作用，为全市的改革开放和经济振兴，继续作出新贡献，以优异成绩迎接党的十四大的胜利召开。

河北省委副书记吕传赞在全省中级法院院长会议结束时的讲话

（1992 年 2 月 26 日）

同志们：

这个表彰会开得很好。我代表中共河北省委、省委政法委向获得全国法院模范称号的马占东同志，向其他受到表彰奖励的先进单位和个人表示热烈的祝贺！今天受到表彰的同志，是优秀法院干警的杰出代表。马占东同志是继潘火中之后，又一个获得全国法院模范称号的干部，这不仅是他个人的荣誉，也是全省法院干警的光荣。全省各级人民法院要认真学习马占东同志的模范事迹，并不断地发现和培养先进模范人物，大张旗鼓地进行宣传表彰，以弘扬正气，树立标兵，鼓励先进，鞭策后进，造就更多的先进模范人物，培养一支坚强的执法队伍。

这次全省中级法院院长会议今天就要结束了，会议开始时，永进同志总结了去年的工作，讲了今年的工作安排，我完全同意。过去的一年，全省各级人民法院自觉接受党的领导，认真贯彻执行党的方针路线政策，全面开展各项审判工作，积极参加社会治安的综合治理，克服人力物力方面的困难，审判了大量的案件，为维护社会稳定，促进经济发展做出了积极贡献。对此，省委是满意的。下面，我就今年的法院工作，简要强调三点：

一、要进一步牢固树立为经济建设服务的指导思想

以经济建设为中心，是党的基本路线的

主体，也是国家的根本任务。江泽民同志指出："党和国家的各项工作都必须服从于和服务于经济建设这个中心。"人民法院作为国家的审判机关，是人民民主专政的重要工具，要巩固人民民主专政，政法机关就必须为经济建设，为改革开放保驾护航，为经济发展创造良好的社会环境。打击敌人，惩治犯罪是人民法院的首要任务。要从严打击反革命犯罪，为巩固人民民主专政服务。依法从重从快打击严重危害社会治安的犯罪，依法从严惩处严重经济犯罪，为维护正常的社会秩序、经济秩序服务。要充分发挥经济审判职能，调节、理顺经济关系，为促进经济的发展服务；要充分发挥民事审判的疏导职能，妥善处理各种民间矛盾，防止激化，增强团结，为社会安定服务；要充分发挥行政审判职能，保护公民、法人和其他组织的合法权益；充分发挥宣传教育职能，增强公民的法律意识，为加强法制建设，密切政府与人民的联系服务。人民法院的各项工作都与经济建设密切相关，因此，要把为经济建设服务的指导思想是否明确，措施是否切实有力，效果是否显著，作为检验审判工作水平的标准。新的一年，各级人民法院一定要牢固树立为经济建设服务的指导思想，在努力拓宽服务领域，丰富服务内容上继续下功夫，作出更大成绩。

二、要坚持不懈地抓好队伍建设

乔石同志指出："法院的威信应该是很高的，我们法院的威信目前还不算高，我支持把法院的威信提得更高一点。这主要依靠自己的工作，同时各级党委和政府的支持也很重要。"要提高法院的威信，没有党委、政府的支持不行，但从法院来讲，就是要通过自身的努力，真正做到执法如山，秉公办事。因此，各级法院必须致力于队伍建设，努力提高审判干部的政治素质和业务素质，建设一支忠于党、忠于人民的法官队伍。因此，必须继续认真学习中央工作会议和八中全会精神，深入持久地抓好马克思主义基本理论的学习，学习好党史党建理论，使广大审判人员，尤其是党员干部，坚定社会主义、共产主义信念，夯实马列主义、毛泽东思想理论功底，努力树立无产阶级世界观，在思想上筑起反对和抵御和平演变的钢铁长城，同时要抓好干警的业务学习，不断提高业务水平。要抓好各级法院的领导班子建设，使各级法院的领导权真正掌握在忠于党、忠于人民的干部手里；要坚持抓廉政建设，加强纪检、监察工作，从严执纪，从严治院。人民法院掌握着判断是非曲直，生杀予夺的大权，能否做到依法办事，秉公办案，关系到法院的声誉和党的威望，因此，要努力把人民法院建设成为最公正、最说理的地方，树立起社会主义法制的权威。对于秉公执法的典型，要大力宣传表彰奖励。对于违法违纪的问题，一经发现，要一查到底，严肃处理，绝不姑息迁就。要认真对法院干部队伍进行清理整顿，对于有这样那样的问题，不适合做法院工作的，要认真进行清理，列出名单，报请党委，由组织人事部门负责，坚决调整出去，保持法院干部队伍的纯洁。

三、要加强党委对法院工作的领导

党中央对法院工作非常重视，这次全国法院院长会议，江泽民、李鹏同志作了重要批示，乔石同志作了重要讲话，对各级党委如何重视、支持法院的工作，提出了明确的要求。你们回去之后，要及时向当地党委汇报。各级党委要认真组织学习，一定要把中央领导同志的指示精神贯彻落实好，关键是支持、保证法院依法行使职权。

人民法院是国家的审判机关，为了保证严肃执法，秉公办案，宪法规定人民法院独立审判，只能服从法律，不受任何机关、团体和个人的干涉，这是几十年社会主义民主与法制建设经验的总结，各级党委要坚决支持人民法院依法办案，对于非法插手、干预法院正常审判的问题，要坚决予以制止；对于坚持错误做法拒不纠正，或造成严重后果，影响恶劣的，要予以批评教育，直至给予必要的处分。

各级人民法院要自觉地把工作置于党委的领导之下。要紧紧围绕党的基本路线开展各项审判工作，服从党委的统一部署；重大的问题和重大的工作，要及时向党委请示报告，工作中遇有困难和矛盾，及时报请党委研究解决。各级党委要加强对法院工作的领导，定期听取工作汇报，对于各级法院工作中遇到的实际困难和问题，要积极支持，尽力帮助解决，以保证各项审判任务的顺利完成。

同志们，1992年各级人民法院面临着艰巨的审判任务。希望你们在省委和各级党委的领导下，以八中全会和中央工作会议精神为指导，振奋精神，艰苦奋斗，为保障社会稳定，促进经济发展，作出新的贡献，以实际行动迎接党的十四大召开。

山西省委副书记、省长王森浩在全省法院严肃执法红旗单位表彰大会上的讲话

（1992年2月27日）

同志们：

去年，全省各级法院认真贯彻党的各项路线、方针、政策，紧紧围绕经济建设这个中心，全面开展各项审判工作，为维护全省的社会稳定、促进经济建设发挥了重要作用。同时，各级法院坚持“一手抓审判，一手抓队伍建设”的方针，根据省委的要求和统一部署，以搞好法院队伍整顿和“学翼城法院、比严肃执法”活动为重点，狠抓干警队伍建设，取得了明显成效，涌现出一批忠于职守、勤奋工作、开拓进取、严肃执法的先进单位和先进个人。这次大会受表彰的单位和个人，就是其中最优秀的代表。借此机会，我代表省委、省政府向受表彰的8个红旗单位、15个先进集体、39名先进个人表示热烈的祝贺！

当前，国际形势风云变幻，西方敌对势力推行“和平演变”的战略，在东欧和苏联相继得手后，正在把重点转向中国。面对错综复杂的形势，能不能把我们自已的事情办好，把经济搞上去，不仅是一个经济问题，而且是一个重大的政治问题。长期的实践告诉我们，要巩固社会主义制度，发挥社会主义制度的优越性，不断增强它的吸引力和凝聚力，根除社会不稳定因素，维护国家长治久安；要扩大我国在国际事务中的影响和作用，抵御西方国家对我们的“和平演变”，经得起世界的经济竞争和挑战，最根本的在于大力发展社会生产力，不断增强国家的经济实力。最近，同志们可能已经听到和看到广播、报纸等一直在报道以经济建设为中心，扩大改革开放这些消息，这些都是小平同志最近在武汉、深圳、上海等地谈话的精神。邓小平同志反复强调，经济建设是我们的工作中心，其他一切任务都要服从和服务于这个中心，围绕这个中心决不能干扰它、冲击它。对于这一点，我们不能有丝毫的动摇。人民法院虽不是直接的物质生产部门，但它与经济建设有着十分紧密的联系，随着经济的发展，经济工作对法院工作提出了越来越多的要求。因此，在发展经济中，人民法院同样担负着重任。下面，就法院在新形势下如何运用审判职能保障和促进我省的经济建设谈几点意见，供同志们参考。

一、认清形势，增强为经济建设服务的意识

发展经济，必须坚持改革开放。今年，针对治理整顿任务基本完成后经济发展的实际需要，本省的改革份量要加重，步子要加快，已经或将要有一批改革项目出台，如：继续深化企业改革，转换企业经营机制，重点改革企业的人事制度、用工制度和分配制度；积极推进流通体制改革，包括价格改革，商业企业以柜组承包、联销计酬为主要内容的试点改革，外经外贸体制改革；加快住房制度、社会保险、医疗制度的改革；在有条件的企业积极试行股份制；在部分县特别是贫困县要认真推广隰县经验，积极开展县级综合改革试点。年初，省政府已经下发了《关于在20个大中型企业进行深化体制改革试点的意见》、《关于深化改革、搞活流通的若干规定的补充规定》、《关于企业关停并转有关问题的意见》等一系列政策措施。最近，省委、省政府专门召开了深化改革试点企业座谈会，并做出《大力推广太原橡胶厂等先进企业的经验，进一步深化企业劳动、人事、工资制度改革的决定》。

改革，是做从前没有做过也不敢做的事情，是做应该做而又没有把握完全做好的事情，我们必须坚持以生产力标准来对待改革中可能出现的新情况、新问题。改革要再大胆一些，勇敢地进行实践，要争取成功，也允许失败。但是，我们也要清醒地认识到，无论是打破“三铁”，还是住房、社会保险、医疗制度的改革，以及少数企业的关停并转，都将牵涉到千家万户，关系到群众的切身利益。涉及面广、难度很大，情况也比较复杂，需要各方面的支持和配合。法院运用审判职能为企业深化改革服务方面可以发挥重要作用。各级法院对这个问题要有一个清醒的认识，要增强责任心，树立紧迫感。要树立为经济建设服务的全局观念。搞好经济建设是全党的中心任务，各级法院要自觉地把自己摆进去，发挥应有的作用。做好审判工作和其它各项工作都不能脱离经济建设这个全局，不能脱离改革开放的新形势。要把握全局，分析形势，从大力发展社会生产力的战略高度来安排各项工作，正确处理好法院工作与经济建设的关系。各级法院要通过及时审理案件，主动提供法律服务，维护企业正常秩序，促进企业改革的不断深化。

二、发挥法院的职能，保障和促进全省经济建设的发展

经济建设不仅需要有一个稳定的社会环境，还需要有良好的经济秩序。人民法院的经济、民事和行政审判，要充分发挥调整经济关系，维护经济秩序，促进经济发展的职能作用。当前，各级法院要及时审理好涉及国营大中型企业生产和经营的各种纠纷。特别是争议大、对生产发展影响大的案件，要及时审理，及时执行，维护企业的合法权益。这方面，南方省份的法院对经济方面案件的审理比较注意从实际出发，既注意保护改革的积极性，又注意保护正常的经济秩序。我们这方面做得还不够。经济纠纷犯罪案件，人要抓，钱也要追，决不让国家在经济上受损失，大家要注意这个问题。对涉及多家企业的“三角债”案件要及时作出裁决，明确债权债务关系，并尽快依法执行。同时，要加强对商标、专利、著作权等知识产权案件，涉及国营大中型企业的行政案件以及在深化企业改革和国家宏观调控中出现的各类案件的审理，以促进技术市场的发育和完善，维护企业的自主经营权力，促进企业经营机制的转换。要通过审理农村承包、购销等合同纠纷，特别是涉及乡镇企业的纠纷案件，继续完善以家庭联产承包为主的责任制，不断完善统分结合的双层经营体制，积极发展社会服务体系，壮大集体经济实力，引导农民走共同富裕的道路。

三、加强调查研究，改进工作作风，拓宽服务渠道，提高为经济建设服务的效率和质量

各级法院在及时审理有关案件的同时，要注意加强调查研究，改进工作作风，主动为企业提供法律服务。当前，要特别注意了解大中型企业在经营管理、债权债务、内外环境等方面遇到的法律问题，倾听企业的呼声，要急企业所急，想企业所想，为企业排忧解难。特别是涉及打破企业“三铁”，转换经营机制过程中发生的纠纷和问题，要主动运用法律手段帮助解决。要针对企业在管理和经营中存在的问题，及时提出司法建议，帮助建章立制；要配合企业积极开展普法教育，培训企业法律骨干，提高干部职工的法律观念和依法经营水平，增强企业自我预防和解决纠纷的能力；要积极为企业提供法律咨询，帮助企业审查重大经济合同，堵塞漏洞，预防纠纷的发生；要主动采取非诉讼的方法，协助经济主管部门解决企业间的债务纠纷。随着改革开放的不断深入，注意认真调查研究我省经济发展中遇到的新情况、新问题，及时提出运用法律手段为企业服务的具体措施和办法，增强为企业服务的效果，提高为企业服务的质量。

四、坚持“严打”，努力为全省经济建设创造一个稳定的政治和社会环境

搞好经济建设必须有一个稳定的社会环境和政治环境。维护社会的稳定，必须继续贯彻依法从重从快和从严惩处的方针，严厉打击各种严重刑事犯罪分子、严重经济犯罪分子，这是保障经济建设顺利进行的前提条件。根据我省当前的社会治安情况，各级法院要始终把那些严重危害社会治安的杀人、抢劫、爆炸、强奸、流氓等严重刑事犯罪分子作为打击的重点，不能有丝毫的松懈，特别是对那些流氓犯罪集团和黑社会势力，要一露头就打，绝不能任其发展，形成气候。近年来，盗窃、破坏交通设备、盗窃农村电力设备、盗窃铁路运输物资和国营大中型企业重要生产原材料以及产成品等犯罪活动日趋严重，直接影响了经济建设，对这类犯罪，各级法院要及时打击、决不手软。要把深入开展反盗窃斗争，同搞好大中型企业和发展农村经济紧密结合起来，从严惩处那些危害国营大中型企业生产经营和农村经济发展的内部盗窃、内外勾结盗窃等犯罪，维护企业的正常经营活动。同时，对那些既危害国营大中型企业，又破坏经济建设和改革开放，广大人民群众深恶痛绝的贪污、受贿、挪用公款等经济犯罪分子，要依法从严惩处，维护经济秩序，清理腐败现象，促进廉政建设。

同志们，今年是实施“八五”计划的第二年，我们面临的各项工作任务更加繁重。希望法院的同志在省委的领导下，团结一致，努力工作，全面完成各项工作任务，为维护全省的政治和社会稳定，促进经济建设作出新的贡献。

山西省人大副主任、省“两庭”建设领导组组长张健民在全省“两庭”建设总结表彰会议开幕式上的讲话

（1992年8月31日）

同志们：

全省“两庭”建设总结表彰会议今天隆重开幕了，我首先代表省“两庭”建设领导组，向应邀出席会议各方面的负责同志和先进代表表示热烈的欢迎！并借此机会，对各级党、政领导以及计委、财政等有关部门多年来给予“两庭”建设工作的关心和大力支持，表示衷心的感谢！对为“两庭”建设做出不懈努力的各级法院的干警表示亲切的慰问！

全省法院的“两庭”建设起步于1984年。这项工作一提出，就得到省委领导同志的高度重视，多次作出批示，把法院“两庭”建设工作摆到了各级党委、政府的议事日程上来。政府有关部门积极制定规划、调拨资金，各级法院认真组织实施，抓紧落实，使“两庭”建设很快在全省铺开。为加强对全省“两庭”建设工作的领导，1989年成立了由省委、省人大、省政府、省法院领导和计委、财政、土地、城建等有关部门负责同志参加的省“两庭”建设领导组。几年来，领导组的同志认真负责，努力工作，积极组织和领导全省的“两庭”建设，并多次召开专门会议，研究解决了“两庭”建设中的许多实际问题。许多领导和部门的同志还经常深入基层、亲临现场，实施具体指导。各地、市、县根据当地“两庭”建设的需要，也大都成立了“两庭”建设领导组，协调指导工作，检查督促落实，发挥了很好的作用。经过同志们的不懈努力，我省的“两庭”建设进展顺利，成效显著。到目前除了为数不多的一些法庭因确有实际困难尚未完成之外，从全省来看，可以说“两庭”建设这项宏伟工程已基本完成。

审判法庭和人民法庭的建成，使人民法院的执法环境和审判工作条件有了很大的改善，为严肃执法提供了良好的物质基础，有力地促进了各项审判工作的顺利开展，保证了审判案件沿着法律化、规范化的轨道进行。它标志着我省的法制建设向前大大地推进了一步。这些成果的取得，归纳起来，我认为最主要、最直接的有以下5个基本因素：一是党的十一届三中全会以来，党中央、国务院十分重视社会主义法制建设，法院“两庭”建设正是在“一手抓建设，一手抓法制”的思想指导下进行的；二是有最高人民法院和省委的正确领导和关怀重视，以及各级党委、政府的大力支持；三是各有关部门在计划、资金、物资、场地等方方面面给予了密切配合和大力协助；四是各级法院的同志团结奋斗，艰苦创业，发扬了开拓进取的奉献精神；五是得到了社会各界和人民群众的普遍关心和支援。这5个因素是“两庭”建设工作出现新局面的关键所在。我们召开的这次大会，就是对全省法院“两庭”建设情况作一个系统的总结，对在“两庭”建设中涌现出的先进单位和个人代表进行表彰奖励。可以说，这次大会既是全省“两庭”建设的群英会，也是全省“两庭”建设的成果展示会，同时，也将是一次发扬“两庭”建设精神，促进各项工作取得更大成绩的动员

会。

同志们，人民法院直接担负着“打击敌人，保护人民，惩治犯罪，服务四化”的历史重任。特别是随着我国改革开放和经济建设的深入发展，需要运用法律手段调节的各种社会关系越来越多，越来越复杂，法院为改革开放和经济建设保驾护航的任务越加繁重。邓小平同志南巡发表重要谈话以来，全国和全省都正在加快改革开放步伐，抓住机遇，发展自己。最近，中央又决定将太原作为内陆开放城市，必然会加大本省改革开放的力度，这就对我们的各项工作提出了更高的要求。在这样的新形势下，我们各级人民法院的同志们，要认真学习领会邓小平同志南巡重要谈话和省委的一系列指示精神，积极贯彻落实中央七号文件“关于加强政法工作，努力为改革开放和经济建设服务的意见”，牢固树立为经济建设服务的观念，充分发挥审判职能作用，努力做好各项审判工作，为全省的社会稳定和经济建设的发展作出积极的贡献。我希望，通过这次会议，进一步巩固和发展“两庭”建设已取得的成绩，进一步完善各种基础设施，抓好“两庭”的管理使用工作，充分利用和发挥现有的审判工作物质基础的作用，发扬“两庭”建设中那种团结奋进、开拓创新、甘于奉献的革命精神，在维护社会稳定，促进改革开放，保障经济建设的各项工作中，取得更大的成绩，作出更大的贡献。

最后，预祝大会圆满成功！

内蒙古自治区党委书记王群关于法院执行受阻问题的批示

乌力吉、恩培、振铎、占宽同志：

此事望引起高度重视，我们都必须坚持党性原则，都必须坚持实事求是，都必须严格依法办事，以维护法纪的尊严，维护人民的安全和利益，作为人民卫士的公检法人员的安全和权责也必须得到很好的保护。建议组织强的力量依靠当地党委的领导和支持，抓住几例重点，深入调研解剖，真正把教训找出来，然后拿出防止和改进的措施来，连同法院的建议一并向常委会汇报议定。

辽宁省委副书记、省委政法委员会书记孙奇在全省法院院长会议上的讲话

（1992年2月15日）

同志们：

春节刚过，省法院召开全省法院院长会议，贯彻全国高级法院院长会议精神，分析全省审判工作形势，研究部署今年的工作任务，很及时，也很必要。今天，我代表省委来看望大家，向大家拜个晚年，并通过你们向全省法院干警表示亲切问候！

几年来，全省各级法院在党委领导和人大监督下，认真贯彻党的基本路线，紧密结合国家治理整顿、改革开放的总体部署，紧

密联系辽宁经济与社会发展战略，积极开展各项审判工作，完成了党和人民赋予的光荣任务。特别是在近年来案件上升，审判任务十分繁重的情况下，广大干警发扬不怕苦不怕累的精神，艰苦工作，依法及时准确地审理了大量案件，为维护全省的社会稳定，促进经济发展，作出了积极贡献。省委对法院工作是满意的，对法院这支队伍是信赖的。

今年1月在北京召开的全国高级法院院长会议，对今年的法院工作进行了全面部署，中央领导作了专门批示，应该说法院的工作方向和指导思想都很明确了。会前，我听了焕文同志就如何结合本省的具体情况，贯彻落实好中央领导同志的批示和全国高级法院院长会议精神的汇报。焕文同志在这次会议上的报告我也看过，我认为这些都是可行的。希望大家回去后认真贯彻落实。下面，我想结合当前形势，再强调几个问题：

一、要用中央工作会议精神和十三届八中全会精神统一思想，充分发挥人民法院的职能作用，更自觉地为经济建设和改革开放服务

去年，党中央召开了中央工作会议和十三届八中全会。这两次会议的核心内容，是要进一步解决如何深化改革，发展经济的问题。在整个九十年代，我们党和国家的中心任务是实现社会主义现代化建设的第二步战略目标。邓小平同志一再指出，社会主义最根本的任务就是发展生产力，社会主义制度优越性的根本表现在于能够更快更好地促进生产力的发展。历史的发展告诉我们，抵御西方的和平演变，归根到底在于把我们自己的事情办好，关键是要把经济建设搞上去。因此，我们必须时刻牢记，经济建设是我们一切工作的中心，其他一切任务都要服从这个中心，围绕这个中心，绝不能干扰它、冲击它。全省各级人民法院一定要组织广大干警认真学习掌握中央两个会议的精神，把思想认识统一到中央工作会议和八中全会精神上来，通过不断强化人民法院职能作用，更加自觉地为经济建设保驾护航。

随着国家法制建设的发展和完善，整个国家的经济运转和社会生活都逐渐步入了法制轨道。人民法院作为国家的审判机关，对于维护社会稳定，保障经济建设的顺利发展，担负着越来越重要的职责，它的职能和作用是其他任何部门都无法替代的。特别是在经济建设不断发展，改革开放不断深入的情况下，各类法律问题不断增多，要求通过法律手段加以调整和解决。人民法院的工作任务日趋繁重。据了解，近5年来，全省各级法院受理的一审案件，平均每年以18%的速度增长。去年全省法院受理的案件超过了22万件，是历史上受理案件最多的一年。这一方面说明由于法制建设的发展，法律调整的社会领域更加广泛；另一方面也说明法院的地位和作用十分重要。面对日益繁重的审判任务，各级人民法院一定要进一步强化以经济建设为中心的指导思想，把为经济建设服务作为审判工作的重点，放到突出位置上来。当前，尤其要注意为搞好国营大中型企业提供法律服务。国营大中型企业是国民经济的支柱，是国家财政收入的主要来源，是社会主义公有制经济的主要物质基础，在我国社会主义现代化建设中有着举足轻重的作用。从我们辽宁的情况看，现有国营大中型企业976户，虽然仅占全省工业企业总数的3.8%，但固定资产原值却占81%，工业总产值占67%，利税占77%，出口创汇占66%。这些情况说明，集中力量搞好国营大中型企业对全省的经济发展和社会稳定就更具有特殊的重要性和紧迫性。特别是党中央、国务院决定要进一步加大改革的力度，企业在转换经营机制过程中，内部的一系列管理方式和管理制度，都要适应市场需要，真正成为独立自主经营主体。这一重大改革过程必然会涉及到国家、集体、个人三者之间的利益，也会涉及到政府及其主管部门与企业的关系。这其中必然会出现一些新的问题和新的矛盾，需要用法律手段来解决，需要人民法院依法裁断。这就要求我们各级法院的同志既要通晓法律，又要了解经济政策，还要懂得改革的方针、任务。要经常议经济建设这个大事，懂经济建设的全局，不断增强为经济建设和改革服务的意识，要从有利于改革，有利于搞好、搞活国营大中型企业，有利于实现企业转换经营机制的实际出发，及时依法处理好各类案件，为企业积极提供法律服务。与此同时，各级人民法院还要充分运用法律武器，保障农业的稳定发展。省委七届五次全会提出要把农村经济发展提高到一个新水平。到本世纪末，全省农村社会总产值达到1585亿元，确保粮食综合生产能力稳定在165亿公斤，乡镇企业总产值达到1200亿元；人均国民生产总值达到3000元，这个任务是艰巨的。各级法院要与其他部门密切配合，依法保护以家庭联产承包为主的责任制，不断完善统分结合的双层经营体制，发展社会化服务体系，壮大集体经济，保护乡镇企业的健康发展。要切实抓好农村社会治安的治理整顿，依法严厉打击破坏农村电力、农田基本设施和侵害农村人民财产安全的各种犯罪活动。据调查，本省发生的一部分杀人案，是由于民事纠纷转化而成的。北镇的人民调解员薛广生同志就是在处理民事纠纷中牺牲的。政法各部门，特别是人民法院要加强对农村调解组织工作的指导，增强调解民间纠纷的能力，以防止由于民间纠纷引起突发性重大刑事案件的发生。

把经济建设搞上去，社会稳定是一个最基本的前提。中央一再强调，经济建设和改革开放必须在稳定的条件下进行。没有稳定的社会环境，就不会有经济的稳定发展。坚持依法从重从快严厉打击刑事犯罪活动，是维护社会稳定的首要环节。人民法院必须坚定不移地贯彻“稳定压倒一切”的方针，毫不动摇地开展“严打”斗争。当前，辽宁的治安形势仍然是严峻的。特别是一些大要案上升势头还没有得到有效的遏制。因此，各级法院要与公安、检察机关密切协作，集中力量严厉打击各种严重刑事犯罪活动，遏制大案要案特别是暴力案件上升的势头。要配合企业内外一起行动，深入开展“反内盗、反破坏”斗争，不停顿地开展各种专项斗争，加强重点行业和单位的治理。打击经济犯罪是一项长期的经常性的斗争，不能有丝毫的放松。当前，本省经济领域犯罪突出问题是，贪污贿赂犯罪、重大盗窃犯罪、投机诈骗犯罪、偷税抗税犯罪等还很严重。各级人民法院要积极同其他政法部门密切配合，协同作战，坚决从重从快打击经济领域各种犯罪活动，维护好经济秩序。要全面发挥人民法院的职能，搞好社会治安综合治理。人民法院具有多项审判职能，又是处理各类社会矛盾的专门机关，在社会治安综合治理中，具有特殊优势。人民法院要通过运用刑事审判的职能，打击犯罪，维护好社会治安秩序；运用经济审判职能，调整好经济关系，维护稳定的经济秩序；运用民事审判职能，维护好社会生活秩序；运用行政审判职能，调整好行政秩序。使各项审判工作都能在社会治安综合治理中发挥应有作用，为创造一个与经济建设相适应的社会环境作出更大贡献。

二、以搞好各级领导班子建设为重点，切实加强法院系统的队伍建设

我们干任何事情，搞任何事业，都要有一支好的队伍。这是基础，是前提，是各项事业成功的重要条件。现在全省法院队伍不断壮大，已逾万人。如何保持这支队伍的纯洁性，提高战斗力，是一个应该认真重视的问题。昨天，我在全省公安工作会议上讲过，如何正确的全面的估价和看待当前政法队伍状况，应该讲两句话，一句叫做整体上是好的，是可以信赖的，这一点必须充分肯定；再一句话是我们的队伍中确实存在某些问题，有些问题还是比较严重的，人民群众有不少意见。虽然群众对法院系统的意见，相对来说可能少一点，但也不能盲目乐观。对此，我们的各级领导同志一定要保持清醒头脑，实事求是地分析队伍状况，对存在的问题要引起足够重视，不能总是自我感觉良好，更不能迁就、护短。对队伍中发生的问题，要在内部从严查处，不能只报喜不报忧。另一方面，我们更不能被出现的问题压住。我相信，包括凤城县法院在内的绝大多数法院干警是好的。只要我们认真总结经验教训，并振奋精神，切实改进工作，造成的影响是完全可以挽回的，而且会使人民法院在群众中的威信逐步提高。同时，要逐步建立健全涉及审判工作的鉴定制度和规范，堵塞漏洞，保证案件质量。当前，加强法院队伍建设要重点抓好三件事：

第一，要加强领导班子建设。能不能把法院的工作搞好，把法院这支队伍带好，关键在领导班子。在座的是各级法院的主要领导，是领导班子中的班长，在领导班子建设中起着重要作用。据我了解，全省各级法院的领导班子绝大多数是很好的，是坚强有力的。但有些班子还存在这样那样的问题，个别班子甚至问题比较严重。各级党委要把法院领导班子建设作为大事来抓。各级人民法院的领导班子都要认真学习马列主义的基本理论和毛泽东、邓小平等老一辈革命家的著作，用马列主义、毛泽东思想武装好头脑，坚定共产主义信念，树立起全心全意为人民服务的思想，真正做到从政治上、思想上、行动上与党中央保持高度一致，保证领导权掌握在政治上可靠的人的手里。在班子内部一定要坚持民主集中制。这是党内生活的基本原则。其目的是要发挥集体智慧，防止主观武断。对工作中的重大问题，重大行动，班子成员要充分发表意见，共同决断。要坚决遵守党的各项组织纪律。班子成员要象普通党员那样自觉接受组织纪律的约束，以减少和防止个别领导出现不受约束的现象发生。明年是全省三级人大、政府、政协换届，也包括检、法两机关。各市、县、区的人大多数都将在明年1、2月份开会，有的甚至在今年12月份。应该说时间很紧迫了，现在就需要着手做准备工作。当然，地方党委要有通盘安排，但上级法院也要积极参与。省、市两级法院要主动配合地方党组织和人大搞好领导班子调整、选拔、考核、配备工作。领导班子业务能力的高低，关系到法院整体执法水平，这项工作是不容忽视的。从领导班子业务建设的内容看，不仅包括法律政策专业内容，还应包括领导者的决策科学，组织指挥协调管理等诸多方面内容。要把这项建设作为长期的任务抓好、抓实，使法院工作能够不断适应形势的需要。

第二，要抓好廉政建设。法院是执法机关，是国家政权的重要组成部分，能否秉公执法，廉洁办案，至关重大。希望在座的各级法院领导要高度重视这个问题。东欧剧变、苏联解体，除国际敌对势力的“和平演变”之外，很重要的原因，是执政党内部蜕变、腐败现象严重。我们要把清除腐败，加强廉政建设，提高到捍卫执政党地位，巩固国家政权的高度来认识。当然，就我省法院系统来讲，约束、要求比较严，总的看是好的，廉政建设也是搞得比较好的。昨天我在鞍山听取市纪委汇报中央17号文件落实情况时了解到，鞍山市中级法院在这方面做得比较好，对干警要求的严，出了一点问题严肃对待，效果好。我想提请同志们注意，审判干部千万不要与案件当事人在一起吃吃喝喝，否则你就会说不清楚。我们应该看到，当前执法环境很复杂，商品交换意识已经渗透到我们的执法活动中来了，这就更应当引起我们的高度警觉和重视。要把廉政建设作为队伍建设的一件大事，一抓到底。要采取切实有效的办法，坚决防止和杜绝各种腐败现象在法院系统滋生和蔓延。对已经出现的违法违纪案件，要认真严肃地查处，决不允许护短。今后法院增编进人，要实行双向把关，党委和法院都要认真考核。要保证审判队伍的纯洁性，使法院审判的每一个案件都能做到不为金钱所惑，不为人情所动，不为权势所屈，努力把各级人民法院建设成为最讲理、最公正、最廉洁的地方。省委希望你们在这方面继续努力，以自己的实际成绩，赢得广大人民群众的拥护和爱戴。

第三，要加强业务建设。近年来，法院系统的业务建设一直搞得不错，特别是在专业培训方面成立了教育机构，开始实施正规化教育，培养出了大批合格的法律人才，促进了执法水平的不断提高。最近省法院正在筹建法官培训中心，下决心把专业培训提高到一个更高水平，希望尽快把这项工作抓好、落实好，把法院的业务建设推向深层次。这里我想要强调的是，我们在业务建设上应该拓宽内容，在培养广大干部熟练掌握法律知识的同时，尽可能地多学一些经济知识，以及与之相关的一些政策。因为我们国家这么大，辽宁这么大，社会经济形态正在由产品经济向商品经济过渡，不可能把经济生活中的各种问题在法律中规定得那么具体、详尽，更不可能对改革开放中出现的新情况、新问题都规定得那么周密准确、试图把执法过程中遇到的具体问题，都能在法律规定的条文中找到现成答案，是根本不可能的。这就需要我们了解经济，了解改革开放的一些方针政策，这样才能从实际出发，创造性地工作，正确处理好坚持改革开放与严肃执法、法律与政策的关系，实现法律效果与社会效果、经济效益的统一，使执法活动更好地为经济建设和改革开放提供有效服务。

三、进一步加强党委对法院党组织的领导

东欧剧变、苏联解体，西方敌对势力加紧对我进行渗透、颠覆和破坏活动。面对复杂的国际政治斗争形势，各级党委，要加强包括法院工作在内的整个政法工作的领导。人民法院是国家的审判机关，在整个国家的政治、经济和社会生活中居于重要地位，对巩固国家政权，捍卫执政党地位，担负着重大的政治责任。各级党委都要十分重视和切实加强对法院工作的领导。在法院领导班子成员的选任上，要严格考核把关，要选拔那些政治素质好、业务能力强、思想作风正派扎实、年富力强的同志担任法院的领导职务。对在职的班子成员，要分期分批送到党校进行系统学习，确保国家的审判权牢牢掌握在忠于马克思主义的人手中。同时，各级党委和政府还要注意帮助法院解决一些实际困难。刚才，素芝同志已经讲了，就是在人员编制、经费待遇和法院的物质建设等方面给予更多一点关心和支持，尽可能为他们创造较好的工作条件。各级人民法院要自觉接受党委领导，切实抓好法院系统的各级党组织的组织建设和思想建设，积极开展思想政治工作，使每个党员不断增强党的观念、纪律观念、全局观念，提高政治上的敏感性，自觉维护党的利益和人民利益。通过执法活动，坚决捍卫执政党的领导地位，把各级法院建设成为捍卫国家政权的坚强机关。

同志们，省委希望全省各级人民法院和全体干警在新的一年里，振奋精神，奋发进取，扎实工作，为保障和促进全省的社会稳定与经济发展作出新的贡献！

辽宁省副省长、省委政法委员会副书记陈素芝在全省法院院长会议上的讲话

（1992年2月15日）

同志们：

这次全省法院院长会议突出贯彻八中全会和中央工作会议精神，突出了领导班子和队伍建设，突出了法院的审判职能，突出了基层基础建设，开得很好。会前，省法院把中央领导同志的指示、全国高级法院院长会议的有关文件和焕文院长报告都送我看了。中央领导同志的指示很重要，不仅法院要认真贯彻执行，其他政法部门和各级政府也要很好地贯彻落实。

孙奇同志、左琨同志还将分别代表省委、省人大讲话。我今天主要是来看看大家，给与会同志和全省法院干警拜个晚年！借这个机会，讲三个问题，供同志们参考。

一、1991年全省法院工作成绩显著，应予充分肯定

在过去的一年里，全省法院工作取得了很大成绩。全省各级法院在各级党委的领导和人大的监督下，紧紧围绕经济建设这个中心，全面开展审判工作，较好地完成了各项审判任务。这些成绩主要表现在：一是坚持“两打”和“从重从快”的方针，积极开展反盗窃和除“六害”等专项斗争。据统计，全年共审判各类刑事案件22000多件，判处犯罪分子24000多名，依法严惩了一批严重危害社会治安的犯罪分子，为经济建设创造良好的社会环境，为全省的社会治安形势保持基本稳定作出了贡献。二是充分运用审判职能，为经济建设服务。经济建设不仅要有稳定的社会环境，还要有良好的经济秩序。经济审判工作就是人民法院维护经济秩序，为经济建设服务的最直接、最有效的方式。去年，全省各级法院共审结经济纠纷案件26680件，诉讼标的总额达15.7亿余元，为经济建设提供了直接的法律服务，有力地促进了经济的发展。过去，社会上执行难的呼声很高，大量的生效判决得不到执行，影响了法律的尊严。为了解决这一问题，去年全省各级法院都采取了许多有力措施，并在省法院的统一组织、指挥下，开展了集中执行行动。到年底，共执行案件29000多件，总标的额达42500万元，启动了资金，维护了法律的严肃性，保护了人民群众的合法权益，保证了我省经济建设的顺利发展。三是行政审判工作初步打开了局面。行政诉讼法的实施使政府同法院之间的联系更密切了。一年来，法院的同志们在这方面做了不少工作，对政府依法行政，提高行政执法水平给予了很大的帮助，我代表省政府对各级法院在过去一年里对政府工作的支持表示感谢。

二、各级法院要充分发挥审判职能，推动全省各项工作的深入开展

法院是审判机关，担负着保卫经济建设和保护人民群众利益，同破坏国家安全，破坏社会秩序，破坏改革开放的犯罪行为作斗争的光荣使命。各级法院要继续充分发挥审判职能作用，为本省的经济发展和社会稳定作出新的更积极的贡献。

年前召开的党的中央工作会议和八中全会，确立了搞好大中型企业及发展农业和农村经济的工作方针。江泽民总书记在春节团拜会上的讲话中指出：“在新的一年里，我们

要继续全面贯彻执行党的‘以经济建设为中心，坚持四项基本原则，坚持改革开放’的基本路线……一心一意把经济建设搞上去”。因此，搞活经济、发展经济将是相当长的一个时期内党的工作重点，也是我省各级政府的奋斗目标。人民法院虽然不直接参与经济建设，但应紧紧围绕经济建设这个中心开展工作，为经济建设创造良好的社会环境、经济环境。焕文同志的报告突出地强调了这个问题，我完全同意。我想还需要强调以下几点：

第一，各级法院要为稳定大局多做贡献，为经济建设保驾护航。经过法院和其他政法机关的共同努力，全省的社会治安形势有了一定程度的好转，但是刑事犯罪仍很猖獗，对经济建设的危害越来越大。近3年来，全省刑事案件立案年均突破10万起，发案率、犯罪率都呈现上升趋势，重特大刑事案件所占比重逐年增大。特别是刑事犯罪的手段和犯罪种类都有新的变化。相继出现用重金雇用杀手杀人，报复杀人，劫持、杀害人质，利用麻醉剂实施杀人抢劫等犯罪现象。更令人警惕的是“反攻倒算”、翻民主革命案的案件的出现，这是前所未有的。在新的一年里，各级法院要继续坚持从重从快的方针，严惩严重的刑事犯罪和严重的经济犯罪活动。尤其是对于严重影响经济建设的盗窃国营大中型企业资财的犯罪分子，利用各种手段诈骗国家财产的犯罪分子要及时予以严惩。必要时要开展专项斗争、专项治理。各级法院要积极参与社会治安综合治理，一方面要立足审判阵地，强化打击职能，这也是综合治理的首要任务，另一方面也要充分发挥各项审判职能，搞好审判工作的适当延伸，净化社会环境，保证社会安定。

第二，各级法院要紧紧围绕经济建设这个中心开展工作，促进经济建设的顺利进行。本省是全国的重工业基地，是全国国营大中型企业相对集中的省份之一，中央搞好大中型企业的方针不仅符合我省的实际情况，而且对我省有着特殊的重要意义。各级法院要通过经济审判活动及时调处经济纠纷，制裁侵害大中型企业合法权益的不正当竞争行为，积极参与目前各级政府组织的清理“三角债”工作，通过处理案件解开债务链，帮助企业理顺债权债务关系。要妥善处理好宏观调控中出现的各类案件。目前，全省的控产压库工作正在进行，产业、产品结构的改革和调整不可能一帆风顺，一定会产生“阵痛”，各级法院要成为政府的法律后盾，支持优胜劣汰，为振兴辽宁经济再立新功。同时要妥善处理好农村承包合同纠纷和其他涉及农业发展的案件，打击损农、坑农、害农的违法行为，促进农业的发展，进而促进整个国民经济的发展和进步。

第三，各级法院要通过开展行政审判工作，继续保证政府各部门依法行政，推动依法治省工作的开展。行政诉讼法实施后，各级政府普遍组织进行认真的学习、宣传，依法行政意识大大地增强了，但是问题仍然不少。有些政府部门仍然习惯于使用强制式的行政命令手段进行行政管理，引起了一些纠纷。各级法院要根据“以事实为根据，以法律为准绳”的原则开展好行政审判工作，对于合法的行政行为要坚决支持，否则坚决予以撤销，并帮助政府研究改进办法。当前，企业经营机制的改革正在进行，落实企业经营自主权需要实行政企分开，放开经营，各级政府的管理职能、管理方式会相应发生变化，由于改革刚刚起步，可能会出现一些问题。对起诉到法院的相关纠纷，各级法院要认真处理好，切实保障企业的经营自主权和行政机关依法行使职权，保证改革的顺利进行。

三、各级政府要大力支持人民法院的工作，切实帮助解决实际问题

随着我国社会主义法制建设的不断加强和依法治理工作的深入开展，人民法院在国家社会生活和经济生活中的地位越来越重要，作用越来越大，而且是其他机关、其他部门无法替代的。正像李鹏同志批示中所指出的那样:“人民法院是国家的审判机关,是独立于政府之外行使司法权的。”

我国是社会主义国家,不能搞三权分立。无论是立法机关、行政机关、司法机关都必须在党的领导下,同心协力为建设有中国特色的社会主义而努力。在具体工作职能上政府与法院的职责是明确的,不能互相替代和干预。但除了审判工作外,人民法院还有司法行政等其他工作,这些工作就和政府的各个部门的工作有着紧密的联系。搞好审判工作也需要各级政府的支持甚至是特殊的支持,这也是各级政府应尽的义务。从目前的情况看,各级政府要帮助法院解决以下几个突出问题,为人民法院更好地发挥审判职能作用创造有利条件。

一是人员少的问题。近年来,人民法院的审判任务日趋繁重。去年,全省各级法院受理各类案件 225544 件,比上年增加了 8.95%。但据介绍,法院干警人数增长的比例大大地低于这个数字;全省审判人员总数不超过 5000 人。因此人员少,任务重的矛盾仍然十分突出。几年来,为解决这个矛盾,各级政府作出了一些努力,在各地精简机构,控制人员编制的情况下,充分考虑法院工作的实际情况和面临的实际困难,一些地区先后几次为法院增编,没有和其他部门搞一刀切,体现了实事求是的工作原则,使矛盾逐渐有所缓解。在当前的条件下一下子解决这个矛盾不可能,也不现实,需要各级法院和各级政府共同努力,逐渐解决。除法院自身要努力提高工作效率,合理调整内部审判人员与行政人员结构外,各级政府要经常关心法院的人员问题。编制内的人员必须予以保证;编制已满,但人员少矛盾特别突出的地区,两家要共同商量,研究解决办法。比如,各地在不突破编制总额的情况下,把一些部门职能变化后核减下来的编制充实到法院。此外,在上级拨给新的编制时,能优先考虑法院的实际困难,给予适当照顾。财政状况好的地区,完全可以自己解决。法院退下来的一些身体条件好的老同志,也可以留下来再工作一个时期,财政上给一些补贴。同时,各地也要注意尽可能地少牵扯法院搞一些临时性的工作,保证审判力量。关于执行机构的设立问题,中院和基层院设执行庭这是法律明确规定的,应解决好。这次全国高级法院院长会议要求高级法院也要建立执行机构,据说全国大部分高院已经设立了执行庭,人员又是在编制内解决,本省也要尽快成立起来,以便于开展工作,更好地解决执行难。

二是经费和装备问题。十一届三中全会以后,在党的改革开放搞活方针的指引下,全国、全省的经济状况发生了巨大变化,人民法院的物质装备条件也逐步得到了改善,这一点从大家的精神 面貌上就可以充分体现出来。但是我们也承认,同繁重的审判任务相比,物质装备还需要进一步改进。这也是提高审判工作效率的一个很好的保证。由于这两年经济滑坡,本省的财政经济状况出现了暂时困难,个别贫困地区体现的更加突出,人民法院的经费和装备情况也受到了一定程度的影响,有的法院审判人员办案的差旅费要自己垫支,影响了工作的积极性。由当事人支付差旅费的现象也时有发生。出现这种情况,不全是法院自身的问题,但是长此下去容易发生不廉洁和执法不严的问题,必须予以解决。鉴于财政分级管理的实际情况,各地回去还要同当地政府多沟通,省政府也可以作协调工作。无论经济状况怎样,法院的办案经费都应该得到保证。省委、省政府的主要领导同志对此也多次明确表态。随着经济形势的不断好转,这个问题会得到很好解决。

三是两庭建设问题。由于各级政府和法院的共同努力,我省的两庭建设取得了很大成绩,特别是人民法庭的建设多次受到最高法院的好评,今后要继续巩固成果,作好收尾工作。人民法庭、审判庭不是楼堂馆所,这一点是明确的,也做过多次强调。建设合格的审判庭是保证宪法规定的公开审判制度的基本条件。目前全省法院拥有合格审判庭的不及一半，建设任务是很重的。各级政府要认真贯彻最高法院会同建设部、国家计委下发的两个文件精神，在1993年底以前，把这个问题解决好。鉴于新的法律 法规越来越多，人民法院的审判领域越来越大，教育'培训任务繁重的实际情况，我省的法官培训中心也要尽快成立起来，省法院要拿出一个建立法官培训中心的具体方案，报省政府、省计委抓紧审定。

同志们，我们国家正处在社会主义现代化建设的关键时期，为经济建设和社会发展创造良好的秩序和环境是各级法院义不容辞的责任。希望各级法院与各级政府密切配合，共同努力，为振兴辽宁经济，促进辽宁社会的稳定作出更大贡献，完成党和人民赋予我们的神圣职责。

吉林省委副书记杜青林在全省中级法院院长座谈会上的讲话

（1992年2月22日）

同志们：

省法院召开这次中级法院院长会议，研究深入贯彻落实党的八中全会、省委五届八次全会和中央、省委工作会议精神，贯彻落实全国政法工作会议和全国高级法院院长会议精神，总结1991年全省法院工作，安排部署1992年工作任务，是非常及时和必要的。省委对这次会议很关心，会前竹康同志主持召开省委常委会，听取了安山同志关于全国高级法院院长会议精神和贯彻落实意见的汇报。对全省法院在过去一年中的工作给予了充分肯定。常委们一致认为省法院在过去一年中，坚决贯彻党的基本路线，紧紧围绕服务于经济建设这个中心做了大量工作，成绩是显著的。全省各级法院的广大干警埋头苦干，积极工作，在各个方面都取得了很好成绩，并且积累了一些宝贵经验。希望同志们再接再厉，按照最高法院这次会议的部署，组织广大干警认真学习，深刻领会会议精神，紧密结合本省实际，提出明确要求，采取有效措施，做出切实可行的安排，把这次会议精神落到实处，在新的一年里把我省法院各项工作做得更好。

人民法院是上层建筑的重要组成部分，是人民民主专政的重要工具，在整个国家的政治、经济和社会生活中居于重要地位。法院工作对维护国家和社会稳定，保障改革开放和经济建设的顺利进行，具有不可替代的重要作用。近几年来，全省各级法院每年办理10多万件案件，为国家和人民挽回了大量经济损失，使大批违法犯罪分子得到了应有的惩罚，伸张了正义，协调了各种关系。广大法院干警在艰苦的条件下，工作超负荷运转、勤勤恳恳，兢兢业业，勇于拼搏，开拓进取，工作成绩显著，贡献是很大的。在这里，我代表省委向各位并通过你们对全省法院的广大干警和家属，表示亲切的慰问并致以崇高的敬意！

刚才4位同志的发言，从不同角度反映了法院的工作，内容很充实，反映的问题很深刻，经验、体会也非常宝贵。听后很受启发。下面谈谈个人的意见，供同志们参考。

当前，国际形势风云变幻，错综复杂。东欧剧变，特别是苏联解体，使国际共运遭受严重挫折。我们必须清楚地看到，现在所处的国际环境是十分严峻的。西方敌对势力在东欧和苏联得手之后，势必把“和平演变”的重点转向我国，加紧对我国进行渗透、颠覆和破坏活动。目前我国政治稳定、经济繁荣、社会安定，形势越来越好。但是也要看到，还存在反共、反社会主义的敌对分子、顽固坚持资产阶级自由化立场的人。他们是和平演变的社会基础和内应力量。面对国际、国内的严峻形势，我们要紧紧地团结在以江泽民同志为核心的党中央周围，坚持党的基本路线，坚持人民民主专政，做好国内的各方面工作，集中精力把经济建设搞上去，增强我国的综合国力，抵御和粉碎国际敌对势力“和平演变”的图谋。就法院工作来说，要深入贯彻十三届八中全会和中央工作会议精神。今年我们要按照中央的部署，着力抓好发展经济、加强党的建设和维护社会稳定三件大事。各级审判机关要坚持以经济建设为中心，充分发挥职能作用，维护国家和社会稳定，为深化改革、扩大开放和经济建设服务，为搞好国营大中型企业和加强农业、农村工作创造良好的社会环境，提供更加有效的法律保障和法律服务。

第一，要继续坚决贯彻“严打”方针，有效地维护安定团结的政治局面和良好稳定的社会秩序。小平同志早在1983年开展“严打”时就明确指出：“严打就是加强专政力量，这就是专政。”对此，我们一定要深刻理解，并在实际工作中坚决贯彻落实。对“严打”这个方针，要有一个全面的理解和深刻的认识。必须明确“严打”就是专政；要懂得坚持“严打”方针是长期的，并非权宜之计；组织专项斗争必须坚持“严打”方针，但坚持“严打”方针并不仅仅体现在统一行动和专项斗争之中；打击犯罪既是治标，又是治本。我们应该把思想统一起来。本省的社会治安形势之所以较为稳定，这和我们坚持“严打”方针是分不开的。要加强教育，使广大干警明确，只有紧紧抓住“严打”这个首要环节，全面落实综合治理各项措施，才能有效地维护社会稳定。打击各种犯罪活动，扫除各种丑恶现象，手软不得，要一手抓改革开放，一手抓打击各种犯罪活动，这两手都要硬，软了不行，要毫不让步。要结合本省实际，因地制宜地开展“严打”斗争。要坚决依法惩办敌对分子的颠覆、渗透和各种破坏活动，同一切以推翻人民民主专政政权和社会主义制度为目的的反革命犯罪分子作坚决的斗争。对严重刑事犯罪和严重经济犯罪，要坚决给予严厉打击。在任何时候，任何情况下，都要坚定不移，毫不放松。必须始终保持“严打”声威，犯罪活动稍有抬头就要及时狠狠打击，决不能时紧时松。各地要根据当地的实际情况，把集中打击和专项斗争结合起来，有节奏地进行。必须从实际出发，什么问题突出就解决什么问题，特别是要注意解决群众关心的难点、热点和重点问题。要严厉打击团伙犯罪，特别是带有黑社会性质的犯罪团伙，一经发现就要彻底摧毁，不能让其繁衍滋长。要深入开展重点治理和反盗窃斗争，扎扎实实进行“扫黄”、除“六害”斗争。要认真贯彻小平同志提出的“一手抓改革开放，一手抓打击经济犯罪”的方针，依法从严惩处严重经济犯罪活动，特别要严厉打击贪污、受贿、挪用公款的严重犯罪分子，消除腐败现象，促进廉政建设，维护社会主义经济秩序。要认真研究如何提高“严打”质量和“严打”水平，进一步打出声威，打出实效。

法院是重要的执法部门。法院工作中最重要的是依法办事，每个干警都要执法如山，秉公办案。审理各类案件，务必搞准，尤其是死刑案件决不能有任何差误。要严格把好案件的事实关、证据关，正确适用法律。要注意全面体现“惩办与宽大相结合”的政策，在斗争中认真分析研究依法从重从快和依法从轻、减轻的情节，区别对待，宽严相济。以利于分化瓦解犯罪分子，推动“严打”斗争的深入开展。

第二，要充分发挥审判职能作用，更好地为深化改革、扩大开放和经济建设服务。在这方面，各级法院前一段做得很有成效，随着形势的发展对我们又提出了更高、更新的要求。要仔细研究在改革开放和经济发展中需要法院提供法律服务和法律保障的新课题，特别是要注意研究如何更好地发挥法院的整体功能，使各项审判工作都自觉地纳入为改革开放和经济建设服务的轨道，扩展职能，拓宽领域，多方面地做好服务工作。

发挥法院职能，运用法律手段为改革开放和经济建设服务，审判机关具有很多优势，是其他部门无法替代的。法律赋予人民法院所运用的法律手段，是比较完备的。问题是如何有效地运用这些手段，充分发挥自身的优势，做好服务工作。随着改革的逐步深入，对外开放不断扩大；经济建设的日益发展，必然会出现大量的经济纠纷，处理好这些案件，并结合办案，扩展职能，拓宽领域，加强法制宣传、司法建议、法律咨询等工作，积极参与经济秩序的综合治理，对于引导经济行为，维护经济秩序，促进有计划商品经济新体制和计划经济与市场调节相结合的新的运行机制的形成和完善，都具有十分重要的意义，这也是为经济建设和改革开放服务的重要方面。

近些年来，各级法院在为改革开放和经济建设服务中，针对每个时期经济形势的不同特点和出现的突出的问题，发挥法院的整体功能，开展专项服务活动，如依法清收农贷、清理“三角债”、为林业部门清收旧欠款等。对集中解决经济领域里的突出矛盾，不仅作用突出，而且效果明显。这些做法都是可取的，应当继续坚持下去。对运用法律手段保护和促进经济发展，有的同志、有的部门并没有予以足够重视。比如，如何运用破产手段维护企业的合法权益，迫切需要有关方面予以关注。类似问题都需要我们尽可能地及时提出建议，以维护和促进全省经济的发展。

近几年来，经济案件执行难的问题确实十分突出。必须下大力气克服地方保护主义和部门保护主义，排除不正之风的干扰，改变“执行难”的现状。今年全省法院决定统一行动，开展“执行服务年”活动，这个做法很好，一定要周密部署，狠抓落实。各级党委和政府都要给予有力支持和指导，使之切实取得成效。

法院要为改革开放和经济建设服务，必须坚持党的基本路线。必须明确、贯彻党的十一届三中全会以来的路线、方针、政策，在任何时候都不要改变基调；执行党在社会主义初级阶段的基本路线，在任何时候都不要改换频道。各项工作都要着眼于促进社会生产力的发展，对党的基本路线，我们要长期坚持。要抓住经济建设不放，把经济搞上去，否则，在世界上就没有立足之地。这也是东欧演变，苏联瓦解的深刻教训。要坚持党的基本路线，必须全面理解，深刻认识。要继续解放思想，要放开手脚。思想要有一个新的境界，改革开放要有一个新的思路。要树立全局观念，了解全局，关心经济工作，熟悉经济政策。要增强服务意识，自觉服务，创造性地工作，提高服务水平，充分发挥审判机关的整体功能。

第三，要进一步组织和发动全省各级法院参与社会治安综合治理。全省各级法院在这方面创造和积累了许多好的做法和经验，取得的成绩也是突出的。我们要在原有基础上提高层次上水平。要深入调查研究，适应新形势，提出新招法，培养新典型，总结新经验，加强督导检查，使法院参与社会治安综合治理的工作有一个新的进展。

全国政法工作会议提出，今年政法工作的重点仍然是加强社会治安综合治理。人民法院要在综合治理工作中发挥主力军的作用，继续深入地贯彻落实中共中央、国务院和全国人大常委会关于加强社会治安综合治理的决定，进一步研究探索参与社会治安综合治理的新路子，拓宽新的治理领域，下大力气把社会治安综合治理的各项措施落到实处。在坚持“严打”的同时，特别要在育人治本上下功夫，要大力开展法制宣传等活动，提高公民的法律意识和法制观念，为预防犯罪打下坚实的思想基础。要深入开展重点治理，大力加强防范工作和基层基础建设，使治安状况在持续稳定的基础上进一步好转，使综合治理工作再上一个新台阶。在创建治安良好“小气候区”活动中，要充分发挥审判机关的职能作用，把打击与防范，教育与改造，管理与建设紧密地结合起来，主动地与有关方面密切配合，通力协作，给党委、政府当好参谋，为“创建”工作做出新的贡献。我们要注意工作的根本性，要抓到点子上，要突出重点，抓好重点工程，要明确责任，狠抓落实，取得实效。

第四，要加强队伍建设，提高干警素质。我们这支队伍从总体来说是好的，是党所信赖、群众所赞誉的。但是也应该看到，由于这几年队伍发展较快，人员来自四面八方，水平参差不齐，这就需要进一步提高政治和业务素质。要分层次、有计划、有组织地抓好干警的理论教育和形势教育，认真学习马克思主义关于科学社会主义、阶级斗争和人民民主专政的基本理论，学习建设有中国特色的社会主义的理论和路线，深入进行群众观点、群众路线和全心全意为人民服务的教育，深化广大干警对形势的认识，坚定各级领导和广大干警的社会主义信念，强化阶级斗争观念、人民民主专政意识和公仆意识，增强社会主义民主和法制观念，抓好队伍的行为规范教育，确保做到严格执法、严肃执法，提高执法水平，坚决纠正有法不依、执法不严的现象。

应该看到，在错综复杂的国际形势和改革开放的条件下，也确有少数干警经不住考验，搞钱权交易，贪赃枉法，徇私舞弊。这不能不引起我们的严重注意。在这个问题上我们决不能有半点含糊。一定要坚持“从严治院”，对干警队伍中的违法乱纪问题，必须严肃查处，坚决清除腐败现象，决不允许护短。今年法院增编进人，一定要严格把关。一年一度的执法执纪大检查，法院系统抓得是认真的，有部署，有检查，有总结。今后要在实践中不断总结经验，逐步制度化、规范化，使之更有实效。要通过多方面的努力，争取在不长的时间内把法院队伍中的违法乱纪现象减少到最低限度。要提高干警的政治素质和业务素质，下功夫搞好培训，提高执法水平，增强队伍的战斗力。要充分调动广大干警的积极性，每个干警在各自的岗位上都能够施展自己的才能，发挥自己的潜能，使之每个人都有用武之地，但无后顾之忧，心情舒畅地去工作，把精神振奋起来。

在加强队伍建设中，要注意抓好领导班子建设。各级领导干部要坚定社会主义信念，坚持不懈地贯彻执行党的基本路线，在政治上同党中央保持高度一致，对于这一点，任何时候都不能动摇。总之，希望你们要结合我省法院干部队伍的现状，有针对性地提出加强队伍建设的有效措施，努力建设一支政治上坚强、业务上精通、作风上过硬、刚正不阿、又红又专的人民法官队伍。

最后，请同志们给当地党委的负责同志捎个话，请各级党委都要按照乔石同志的要求，十分重视法院工作，把法院工作摆上重要议事日程，在人员编制、经费、待遇和法院建设等方面给予足够的关心和支持。特别是对基层人民法院和人民法庭，要给予更多的帮助，尽可能为他们创造良好的工作条件。同时，尽可能为他们改善一些生活条件。

最后预祝这次会议圆满成功！

黑龙江省委常委、副省长陈云林在全省法院“两庭”建设工作会议上的讲话

（1992年4月10日）

这次全省法院“两庭”建设工作会议，历时两天，现在就要结束了。会议期间，传达学习了全国法院“两庭”建设工作会议精神，总结分析了我省法院“两庭”建设情况，讨论研究了加速“两庭”建设的措施。省法院会同省计委在深入调查研究的基础上，提出了《黑龙江省法院系统审判法庭、人民法庭建设规划》。这个规划，体现了全国法院“两庭”建设工作会议的要求，也符合我省的实际情况。为了保证这个规划的顺利实施，唐兰亭、于叔曾同志在讲话中提出了很好的意见，我完全同意，各地要认真贯彻落实。下面，根据会议讨论的情况和要研究解决的问题，我强调以下三点：

一、提高认识，把“两庭”建设作为一件大事来抓

党的十一届三中全会以来，随着改革开放的深化和民主法制建设的加强，人民法院依法调整的社会关系越来越广泛。1991年，全省法院审结各类案件183733件，相当于1978年的7.6倍。法院工作在维护社会稳定，保障和促进经济发展中发挥着越来越大的作用。改革开放的新形势，对审判工作的执法水平和执法条件提出了新的更高的要求。为了适应审判工作的需要，保证各项审判活动的正常开展，充分发挥人民法院保护人民、惩治犯罪、促进改革、服务四化的职能作用，搞好审判法庭和人民法庭建设已成为一项十分紧迫的任务。几年来，我省在“两庭”建设方面做了很大努力，“两庭”建设取得了较大进展，但按照上级的要求和工作需要还有相当的差距。目前，全省201个法院中，还有45.3%的法院没有审判法庭，已建审判法庭的也大多标准较低，不配套，需要改建或扩建；840个人民法庭中，没有审判法庭的占23.7%，办公用房不足20平方米的占14.4%，最小的只有4平方米。可见我省“两庭”建设任务十分繁重。许多地方的实践表明，加速“两庭”建设首先要解决对“两庭”建设必要性、重要性和紧迫性的认识问题。对此，我们应从以下四个方面加深认识：第一，搞好“两庭”建设，是加强社会主义法制建设的需要。人民法院的工作性质，决定了它所从事的各项审判活动必须按照法律规定的形式和程序进行。审判法庭是人民法院依法行使审判职权，对各类案件进行审判的法定场所，是各级人民法院依法履行职责最基本的工作条件；人民法庭则是基层法院的派出机构，是最基层的审判组织。搞好“两庭”建设，有如工厂要有车间，学校要有教室一样，既是健全社会主义法制的必要形式，又是维护社会主义法制的重要保障，它也在一定程度上反映着社会主义法制建设的水平。在建国已经40多年，法制建设已经步入正常轨道的今天，那种办案没地方，审判没场所的状况，确与法制建设的统一性、严肃性很不相称，应当尽快加以改变。第二，搞好“两庭”建设，是充分发挥法院审判职能作用，保障和促进经济发展的需要。人民法院为经济建设服务是通过审理各类案件来实现的。只有多办案、快办案、办好案，使刑事犯罪分子受到应有的惩处，群众的合法权益得到有效保护，生产流通领域里各种经济

关系得到及时理顺，行政机关依法行使职权得到维护和监督，才能促进社会稳定和经济发展。而各项审判活动都必须在法定场所进行。去年全省法院审理经济纠纷案件解决诉讼标的金额7.7亿元，使一大批被非法侵占和呆滞的资金得以正常运转，同时，还帮助企业从外省、市索回欠款1.2亿元，使一些濒临倒闭的企业起死回生。但也应看到由于“两庭”建设步伐不快，也在一定程度上影响了办案的效率和质量，影响了法院审判职能作用的充分发挥。第三，搞好“两庭”建设，是审判工作接受群众监督，密切党同群众联系的需要。公开审判作为一项重要的法律制度，其意义就在于把法院的审判活动置于广大人民群众的监督之下。如果没有公开审判的场所，群众连旁听的地方都没有，就谈不上对审判工作进行有效的监督。人民法庭遍布全省城乡，扎根于广大群众之中，建设好人民法庭，对于发挥其便民、利民的优势和职能作用，密切党同人民群众的联系，具有重要的现实意义。第四，搞好“两庭”建设，是加强社会治安综合治理的需要。各类诉讼案件是各种社会矛盾和社会治安问题的突出反映。在审判法庭依法公开审判案件，对于揭露犯罪，伸张正义，宣传法制，促进公民和法人自觉遵守宪法和法律，积极同违法犯罪行为作斗争具有重要意义。人民法庭是审判工作的前沿阵地，建设好人民法庭是社会治安综合治理工作的一项重要基础建设。搞好“两庭”建设，对于充分发挥人民法院参与社会治安综合治理的效能至关重要。加速本省“两庭”建设，当前要注意克服以下三种思想倾向：一要克服与己无关的思想。必须明确，“两庭”建设不是法院一家的事，而是全社会的事，各有关部门更是责无旁贷。二要克服无所作为的思想。“两庭”建设需要用钱用物，而我们的财力又很紧张，困难确实不少，但只要我们合理筹划，群策群力，问题是可以得到较好解决的。三要克服无关大局思想。“两庭”建设绝不仅仅是建几间房子的问题，而必须提到一手抓建设、一手抓法制和依法治省的高度来认识。如果我们上上下下、方方面面统一了对“两庭”建设的认识，就会同心协力，克服困难，创造条件，把这项工作抓上去。

二、扎实工作，搞好“两庭”建设

加速“两庭”建设，计划、财政、城建、土地、税务等有关部门要各尽其责，密切配合。在这方面，要突出抓好以下三项工作：

第一，要制定好规划。为了使“两庭”建设有组织、有计划地进行，各地要对“两庭”建设情况进行一次认真调查研究，参照全省“两庭”建设规划，结合各自实际，制定好本地的“两庭”建设规划和具体实施计划。按照国务院的有关文件精神，要把“两庭”建设纳入当地经济建设和社会发展“八五”计划和年度计划，纳入当地城市建设总体规划和年度基本建设计划，纳入当地基本建设投资计划和财政预算，使“两庭”建设与国民经济和社会发展同步进行。规划要对“两庭”建设的指导思想、发展目标、建设标准、资金来源和组织领导等，作出明确规定，经各地政府审查同意后下发执行。

第二，要落实好资金。资金问题是“两庭”建设的关键。在当前我省各级财力比较紧张的情况下，必须坚持统筹安排，多方筹划，确保“两庭”建设资金的落实。要本着分系统、分级负责和以自筹为主、上级补助为辅的原则，对行政建制的各级人民法院的“两庭”建设资金，由省、地（市）、县、乡四级政府共同承担；哈尔滨市法院、政企合一和企业法院的“两庭”建设资金由当地政府和系统自筹解决。在资金投放上，要坚持从实际出发，因地制宜，不搞“一刀切”。在资金使用上，要适当集中，有所侧重，先解决没有建庭的问题，争取建一个，成一个，用一个，最大限度地发挥资金效益。

第三，要坚持标准。“两庭”建设既是当务之急，也是长远建设，因此，一定要坚持标准，保证质量。要建立严格的验收制度。达不到标准的，不予验收。

三、加强领导，确保“两庭”建设规划的实施

本省“两庭”建设基础较差，要在今后三到五年基本完成“两庭”建设任务，时间紧迫，难度很大，我们必须坚持“一件事抓出头”的精神，切实加强领导。具体要抓好以下三个环节：

第一，要纳入各级领导的日程。“两庭”建设是一项跨几个年度的阶段性任务，必须有计划、分步骤地组织实施。各地党委和政府要在认真抓好今年起步阶段工作的基础上，以后每年至少要研究两次“两庭”建设工作，政府的主要领导同志要亲自过问“两庭”建设工作，及时帮助解决建设中的实际困难和问题。

第二，要加强组织领导。为了便于集中指挥和抓好落实，各地、市、县都要成立由政府和法院、计划、财政、城建、土地等有关部门的负责同志组成的“两庭”建设领导小组，由主持常务的副市长、副县长担任组长，计委牵头抓。领导小组的主要任务是统筹规划，落实措施，协同动作，组织实施。这次会议之后，各级领导小组要抓紧制定“两庭”建设规划，报请党委、政府审批后，抓紧组织实施。在实施过程中，要经常研究解决“两庭”建设中的问题，检查“两庭”建设的进展情况。要建立必要的会议、检查、督办等工作制度，落实责任制，保证“两庭”建设任务落到实处。省计委要通过各地、市计委掌握全省“两庭”建设的进度情况，及时进行协调。

第三，要抓好分工合作。各级计委、财政、税务、城建、土地等部门的大力支持，通力合作，是搞好“两庭”建设的必要条件。各有关部门必须树立全局观念，切实负起责任，根据职权范围和分工，该谁办的事情就由谁办，该哪个部门落实的工作就由哪个部门落实，一定要防止互相推诿扯皮。对“两庭”建设要认真执行有关优惠政策规定。财政部门要落实好“两庭”建设资金，同时，协助法院搞好资金的使用和审计监督，防止挪用、挤占和浪费。计划部门要将“两庭”建设列入计划和保证计划的实施。城建部门在进行总体规划时，要把“两庭”建设安排在交通便利、环境适宜的地方，还应考虑到人流集散、囚车通道、停车场地及公告和法制宣传栏的设置等因素。要免征城建配套费。土地部门要积极办理建设用地的征用事宜，免收征用土地管理费。根据固定资产投资方向调节税暂行条例的规定，“两庭”建设投资要适用0%税率。各级法院也要积极主动工作，及时提供情况，提出意见，抓好规划的具体实施和落实工作。此外，对人民法庭的业务经费问题，根据省委常委会议决定，省财政厅和省法院已于去年联合下发了通知，要求把人民法庭的业务经费列入财政预算，其中办案经费不足时，可专项核拨。

当前，加快改革开放步伐，集中精力尽快把经济建设搞上去的新形势，为加速“两庭”建设提供了有利条件，也对“两庭”建设提出了更高的要求。我们要从稳定经济、稳定政治、稳定社会的高度，以对党、对社会、对人民负责的精神，克服困难，积极工作，努力完成全省法院“两庭”建设的历史任务。

上海市委副书记、市委政法委书记倪鸿福在上海市法院工作会议上的讲话（摘要）

（1992 年 2 月 17 日）

1991 年全市法院在维护上海政治稳定，社会稳定，保障改革开放，促进经济建设中，作出了显著的成绩。全市法院要认真贯彻好这次会议精神，并做好 1992 年法院工作：(一) 正确认清形势，统一思想，增强信心。要抓好两个环节，一是统一思想，二是贯彻落实，正确看待当前的国际形势，坚持党的路线、方针政策，增强抵御和平演变的能力；(二) 充分发挥审判工作的职能作用，更好地为上海的改革开放服务，更加主动，自觉地为搞活大中型企业和农村经济服务；(三) 突出重点，坚持严打，积极参加社会治安综合治理，维护社会稳定；(四) 进一步加强队伍建设，从严治院，从领导抓起；(五) 加强党对法院工作的领导。各级党委要进一步关心、支持法院工作，切实解决法院工作中的实际困难，保证法院的业务经费。有关区、县委把法院的“两庭”建设要纳入计划，力争在年内有明显改观，3 年内根本解决。

江苏省委副书记、省委政法委书记曹鸿鸣在全省法院院长会议上的讲话

（1992 年 2 月 25 日）

同志们：

这次全省法院院长会议，是学习贯彻党的十三届八中全会和中央工作会议精神，贯彻落实全国高级法院院长会议精神，总结 1991 年工作，部署 1992 年任务的一次重要会议。去年，本省和全国一样，政治稳定，社会稳定，经济繁荣，特别是经受住了国际政治风云变幻和严重自然灾害的双重考验，农业仍然取得了较好的收成，工业得到了迅速的恢复和发展，各项工作都取得了新的成就。这与全省法院干警的辛勤努力是分不开的，各级人民法院发挥了积极的作用。借此机会，我代表省委向同志们并通过你们向全体法院干警表示亲切的问候！

关于今年全省法院系统的工作，李佩佑同志已经作了布置，这里我再讲几点意见：

一、进一步增强审判工作的使命感和责任感，为维护社会稳定和促进经济建设服务

党的十三届八中全会和中央工作会议，分别就加强农业和农村工作、搞好国营大中型企业作出了重要决定，这是我们向第二步战略目标迈进的重大步骤。1992 年是治理整顿任务基本完成后深化改革、扩大开放的关键一年，也是我省灾后全面恢复和发展的重要一年。总的工作指导思想是：深入贯彻党的基本路线，牢牢把握经济建设这个中心，进一步解放思想，加大改革开放的力度，切实

搞好大中型企业，加强农业和农村工作，加强社会主义精神文明和民主法制建设，创造优异成绩迎接党的十四大的召开。概括地说，就是要体现“团结、稳定、改革、发展”的总要求。实现我们的工作任务和目标，最重要的就是要保持政治和社会的稳定，发展安定团结的政治局面。

当前，国际形势风云变幻，东欧剧变和苏联解体后，我们面临的形势更加严峻，西方敌对势力正把和平演变的重点转向中国，加紧对我国进行渗透、颠覆和破坏活动，国内敌对分子也与国外敌对势力遥相呼应，妄图制造新的动乱。社会治安形势仍然相当严峻，严重危害社会治安的犯罪活动猖獗，重大刑事案件时有发生；严重经济犯罪活动危害着经济建设。加强人民法院的审判工作，强化人民民主专政的职能，显得尤为重要和迫切。

人民法院是国家的审判机关，是人民民主专政的重要工具和国家机器的重要组成部分。全省法院工作的好坏，直接关系到社会主义民主和法制建设的进程。实现政治和社会的稳定，保持经济的繁荣和发展，人民法院的工作具有不可替代的作用。全省各级人民法院和全体法院干警要充分明确肩负的历史重任，增强使命感和责任感，始终坚持党的“一个中心、两个基本点”的基本路线，认真贯彻落实十三届八中全会和中央工作会议精神，坚持严肃执法，进一步发挥审判机关的职能作用，维护国家和社会的稳定，为搞好国营大中型企业和发展农村经济服务，保障和促进社会主义建设的发展。改革开放的力度要加大，要扭住经济建设这个中心不放。搞经济建设要进一步解放思想。改革开放，这不仅要体现在党的方针、政策上，而且要落实到具体工作的成效上，不要讲空话，要干实事。建设有中国特色的社会主义，必须坚持党的基本路线，我们要认真学习，全面 系统地领会精神实质，在审判工作中要认真贯彻好党的基本路线。对于反革命分子、严重危害社会治安的犯罪分子、严重经济犯罪分子，必须继续坚持严厉打击的方针，为经济建设创造良好的社会环境。现在有些人搞反攻倒算，一些从国外回来的人也要倒算财产。对反攻倒算的人要坚决打击，有一个判一个，毫不留情。同时要运用经济、民事以及行政审判职能，调节各种经济关系，为经济建设提供更直接的服务，为深化改革开放和实现国民经济的稳定、持续发展作出积极的贡献。

二、严格依法办案，进一步提高执法水平

依法办事是社会主义法制的核心内容，在人民法院的工作中最重要的也就是依法办案。人民法院在新时期的重要地位和作用，要求在审判工作中必须严格依法办案，坚持严肃执法。只有这样，才能充分发挥人民法院的职能作用，更好地为“一个中心，两个基本点”服务，为政治、社会的稳定和经济发展服务，才能树立和提高人民法院的威望，维护社会主义法制的尊严。法院在人民群众的心目中要成为“铁包公”的形象，清正廉明，秉公执法。坚持依法办案、严肃执法，是每个审判干部的光荣职责。在审判工作中，要坚持做到实事求是，公正廉洁，刚直不阿，执法如山，在任何时候、任何情况下，都要敢于顶住各种压力，排除各种干扰，切实做到有法必依，执法必严，违法必究。要实事求是，不要看任何人的脸色办案，要维护法律，这才是为党、为人民作贡献。

坚持严格依法办案，必须强调案件的审判质量，进一步提高执法水平。只有保证了办案质量，才能做到公正、严明，发挥审判工作的职能作用，扩大办案的社会效果，更好地为社会稳定和经济发展服务。全省各级人民法院的办案质量和执法水平从总体上来说是好的，社会反映良好，这一条要充分肯定。但在少数案件上执法不严的现象还存在，主要是重实体轻程序，尤其是在审民事、经济案件时，对程序法执行不严。各级法院的

审判人员都要牢固树立质量第一的意识，严格按照实体法和程序法办案，使每一个案件都经得起法律的检验、社会效果的检验和历史的检验。这里要特别注意一个问题，省公检法三家联合发了文件，要求打击犯罪的时候要抓两头，一头是严厉打击严重刑事犯罪，一头是对初犯、偶犯、少年犯可以判缓刑，就地监督改造。要防止打击过宽过严、不顾条件的问题。该判不判，该打击的没有得到打击，就会让犯罪分子逍遥法外，放在社会上就会继续危害社会，破坏经济建设，影响改革开放。“严打”的方针不能动摇，但不要不顾条件。中央政法会议要求，对综合治理的各项措施要跟踪检查，对犯罪打击的效果也要跟踪检查，法院系统要注意这个问题。各级法院要进一步健全办案制度，强化案件的质量监督机制，确保执法的严肃性。同时要进一步加强业务建设，不断提高执法水平。现在国家颁布的法律、法规很多，调整的范围相当广泛，同志们要注意加强学习，努力提高业务素质。法院系统的业余法律大学创办以来，已经取得了很大的成绩，有3000多人取得了法律专业大专学历，改善了法院干部队伍的业务结构。各种短期的岗位培训也取得了明显的效果。今后要更加重视业务建设，继续办好业余法律大学，采取学历教育和短期培训相结合的办法，尽快提高整个队伍的执法水平。

对社会治安实行综合治理，是实现社会治安根本好转、保持社会稳定的有效途径。党和国家十分重视社会治安综合治理工作，党中央、国务院专门作出了关于加强社会治安综合治理的决定，全国人大常委会也对加强社会治安综合治理作出了决定，全省人大常委会还制定了《江苏省社会治安综合治理条例》。人民法院是实行社会治安综合治理的重要力量。各级法院要紧密结合审判工作，积极参与社会治安综合治理，认真贯彻落实党中央、国务院、全国人大的决定和我省社会治安综合治理条例，坚持“打防并举，标本兼治”的方针，把综合治理的各项措施落实到具体工作中去。这一点要作为法院工作的一个重要问题来抓，要检查落实。

三、切实加强法院干部队伍建设，增强反和平演变和抵制腐败现象的能力

加强法院干部队伍的政治建设，是富有成效地完成各项审判任务的根本保证。尤其是在当前复杂多变的国际形势和西方敌对势力把和平演变的重点转向中国的情况下，更要把干部队伍的政治建设放在突出的位置，采取切实有效的措施，把整个法院干部队伍建设成为一支忠于党、忠于人民，坚持四项基本原则，经得起执政、改革开放和反“和平演变”考验的坚强队伍。要大力加强和改进思想政治工作，从我们面临的新形势和新任务，组织干警认真学习马列主义、毛泽东思想，学习邓小平同志的著作和江泽民同志去年的“七·一”讲话，掌握马克思主义和社会主义建设的基本理论。通过学习和教育，使全体干警能够自觉地运用马克思主义的立场、观点和方法去分析解决实际问题，提高思想政治水平，在重大政治原则问题上立场坚定，坚持四项基本原则，反对资产阶级自由化，坚定社会主义和共产主义信念，在政治上、思想上和行动上同党中央保持高度一致。要通过切实有效的思想政治工作，保证国家的审判权牢牢地掌握在忠于马克思主义的人手中。

要大力加强廉政建设，坚决消除腐败现象。经过苏联、东欧的政治剧变和国内1989年春夏之交的政治风波之后，我们更要深刻地认识到反腐败斗争的极端重要性。加强廉政建设是党心、民心所向，只有在把经济建设搞上去的同时，坚决清除腐败现象，我们的党和国家、我们的社会主义事业才能永远立于不败之地。人民法院加强廉政建设具有特别重要的意义，因为它是国家的审判机关，掌握着各种案件的审判权，是人民民主专政的重要工具。搞好法院的廉政建设，保障严肃执法，是巩固人民民主专政、保卫国家政权和社会主义现代化建设的需要。加强廉政建设，一方面要坚持教育，增强全体干警为政清廉的自觉性，要教育在先，警钟长鸣，不要等出了问题再问。二要健全制度，加强监督，形成有效的制约机制。全省法院每年都开展一次全面的执法执纪大检查活动，这是法院加强廉政建设、保证严肃执法的一项重要措施，要坚持下去并不断完善，对发现的问题要严肃查处。

四、各级党委要加强对法院工作的领导，坚决维护社会主义法制

国家的稳定、社会的稳定和经济建设的发展，离不开社会主义法制。在新的历史条件下，全党都必须重视社会主义法制建设。各级党委要进一步加强对法院工作的领导，坚决维护社会主义法制。党对法院工作的领导，主要是实行政治领导，把党的路线、方针、政策贯彻到法院的审判工作中去，保证和监督人民法院依法独立行使审判权，支持人民法院依法办案。随着社会主义民主和法制建设的加强，人民法院依法独立审判的原则越来越为全党和全社会所认识，各级党委对法院的工作是关心和支持的，法院审判活动得到了社会的尊重和支持。但有些地方法院的审判工作仍然受到各种干扰，在一些案件上说情、拉关系的还比较多，经济纠纷案件审判中的地方保护主义问题很突出，案件判决、裁定执行难的问题仍然存在，损害了法律的严肃性。各级党委要大力支持人民法院冲破阻力，排除干扰，严肃执法；各级领导干部要以身作则，支持人民法院依法办事，自觉维护法律的尊严。这次社会主义思想教育就有加强社会主义民主法制的内容，要把维护法律的严肃性作为一个专门的问题。各级党委还要关心人民法院的组织建设和物质建设，重视培养审判干部，加强审判干部队伍建设，在可能的范围内切实帮助解决“两庭”建设、办案经费和物质装备方面的困难，保证各级法院都有一个基本的执法条件，以适应新形势对审判工作的需要。关于“两庭”建设问题，党委、政府、人大都要进一步关心支持，尤其是区法院困难比较大，财政上要解决一点，再自筹一点，结合起来就可以办到。江苏这方面做得还是好的，但还有一些问题，今后要继续支持，包括法院的办案经费问题。

全省各级法院也要自觉接受党委对审判工作的领导，坚持在党的领导下依法独立行使审判权，正确处理好党的领导与依法独立审判的关系。在审判工作中坚决贯彻执行党的路线、方针和政策，服从党委的全局工作部署，积极配合党委的中心任务开展工作。对重要的审判工作和遇到的疑难、重大、有影响的案件，要及时向党委汇报，认真听取和执行党委依照法律和政策所发表的意见。这一点法院包括检察机关做得是好的，是积极的。对其他工作和组织、物质建设上的重大问题，也应当及时向党委汇报，取得党委的领导和支持。

同志们，这次全省法院院长会议开得很好，它对推进全省法院审判工作的进一步发展具有很重要的作用。希望同志们回去以后认真贯彻会议精神，大力加强各项审判工作，为保持国家和社会的稳定、促进全省经济建设的发展作出新的更大的贡献。

浙江省人大常委会副主任厉裔华在全省法院“五好法庭”表彰大会上的讲话

（1992年12月30日）

同志们：

我很高兴参加今天的大会。首先，我代表省人大常委会，对首批获得省级“五好法庭”荣誉称号的37个人民法庭，表示热烈的祝贺！并通过你们，对在基层做了大量工作，为全省社会稳定和经济建设作出贡献的全省法庭干警，表示亲切的慰问和感谢！

刚才，仲烈同志和芳烈同志作了很好的讲话。我完全赞同，请同志们回去认真贯彻落实。省法院决定开展创“五好法庭”活动很有意义。五好标准对法庭各项工作和自身建设，提出了全面具体的要求，目标十分明确。它有效调动了法庭干警的积极性，鼓舞了各法庭奋发进取的热情。开展争创活动一年多的时间，就取得了这么明显的成效。实践证明，这一活动是推动法庭各项工作和建设的有力措施。希望长期抓下去，把人民法庭正规化建设搞好，把基层基础工作做得更加扎实。

当前，全国人民在小平同志南巡重要谈话和十四大精神鼓舞下，努力加快改革开放和经济建设的步伐。随着社会主义市场经济体制的建立，需要法律调整的社会、经济关系，面更广，情况更为复杂。新的形势对执法工作的要求越来越高，法院的地位作用越来越重要。全省法院要继续努力，坚持严肃执法，增强服务意识，在党委领导下，进一步把工作做好。作为人大，要发挥监督职能，积极支持法院工作。现在，法院的执法条件还有困难，人少案多是普遍现象，不少地方交通工具、办公条件较差，有的办案经费紧缺。这些困难人民法庭尤为突出。各级人大要积极支持法院解决这些问题，改善执法条件，以更好地发挥法院的审判职能作用，为改革开放和经济建设，作出更大的贡献！

山东省委副书记高昌礼在全省法院工作会议上的讲话

（1992年2月17日）

同志们：

这次会议贯彻了全国法院院长会议精神，传达学习了3位中央领导同志的批示和讲话，总结了去年的工作，部署了今年的工作任务，开得很好。昨天，听了4位同志的发言，又与新老院长进行了座谈。根据会议精神和同志们的意见，我讲几个问题：

一、对去年法院工作的成绩应给予充分肯定

总的说，全省法院指导思想是明确的，工作抓得是非常紧的，同志们工作是努力的，取

得了非常大的成绩。省委对法院工作是满意的。所谓指导思想明确，是指去年全省法院始终突出了为党的中心工作服务、为经济发展服务、为社会稳定服务这个指导思想。去年的各项工作都围绕这一指导思想，开展得很好，工作重点突出，抓得很有成效。如帮助大中型企业理顺经济关系，清理“三角债”；围绕社会稳定，打击刑事犯罪和经济犯罪，抓得都很好。特别是按照省委、省府的部署，在打击拐卖人口犯罪的斗争中，部署、行动是快的，和有关部门配合是协调的，成绩也是非常突出的，实现了省委提出的在年底基本遏制住拐卖人口犯罪上升的势头的要求。其他各方面的工作抓得也很好。

全省法院上上下下、全体干警埋头苦干，忠于职守，忠于法律，做到了秉公办案。特别是在去年任务重、头绪多、干警人员少的情况下，同志们千方百计，克服困难，超负荷地开展工作，顺利地完成了工作任务。这反映了全省法院干警队伍是支好队伍，思想作风是过硬的，人民群众也是信得过的。还有，我们这支队伍的党性原则、党的领导观念是强的，执行党的政策是非常坚决的。这也是政法工作的光荣传统，应当一代一代坚持发扬下去。同时，对在新的历史条件下，如何做好法院工作，研究探索新情况，也有了良好的开端。大家注意了研究规律性的问题，增强了做好新时期法院工作的自觉性，提高了工作水平。这些也是非常可喜的。但是，要一分为二看我们的工作，既要充分肯定成绩，又要看到在新的历史条件下，我们的工作从指导思想到工作方法等还有很多方面不适应，队伍建设上也出现了一些新情况、新问题，要注意研究，逐步解决。

二、当前形势和任务

从国际形势来讲，苏联和东欧演变后，旧的格局已经破除，新的格局尚未形成。在这样的形势下，中国的经济建设迂回的余地很大，争取这段时间搞好经济建设，这是一个机会。还有一种看法，苏联政局演变后，国际共产主义运动处于低潮，国际反动势力把和平演变的重点对准中国，形势也是严峻的。中央领导同志提出，我们既要看到反和平演变的艰巨性，也不要惊慌失措，草木皆兵。我们斗争的重点应放在国内，把自己的事情办好。

要坚定不移地坚持党的基本路线，全面贯彻党的基本路线，推动经济建设。党的基本路线，既是对我党40年来工作经验、教训的总结，又是对我国国情、发展现状的一个理论概括，还是集马列主义哲学、政治经济学、科学社会主义理论的基本运用，可以说，这是今后引导我们前进并取得胜利的灯塔。基本路线要讲几十年、一百年。这样就不会出现左的和右的错误。经济建设这个中心不能有丝毫动摇，围绕这个中心要抓好坚持四项基本原则和改革开放两个侧面。否则，偏离哪个方面都要出现问题。前十年出现了“一手软、一手硬”的问题，反过来，如果不抓改革开放，也要出问题。二者的关系，发展经济是个中心，四项基本原则是保障，改革开放是手段，两者都不可偏废。改革开放要思想再解放一点，胆子再大一点，步子再快一点，要解放思想，加大力度，用改革开放推动经济建设。这是中央最近强调的一些重要精神。

在国际国内大的背景下，作为政法工作的任务是什么？这次全国政法工作会议上乔石同志已经讲得很清楚。我领会就是，围绕一个中心，抓好四个方面的工作。围绕一个中心，即全面贯彻党的基本路线，以发展生产力为中心，这是总的指导思想和工作方针。抓好四个方面的工作，即：第一，要为经济建设服务；第二，要为政治稳定、社会稳定提供法律保障，这是政法工作的基本职责和长期的战略任务；第三，坚持严打，及时打击政治、经济等各个领域中的犯罪活动；第四，加强社会治安综合治理工作。另外，还有队伍建设等方面的工作。

三、不断研究新情况，分析新问题，探索搞好法院工作的新思路

最近，中央领导同志在讲话中指出，要进一步解放思想。所谓解放思想，就是要研究变化了的情况，研究这些情况的新特点、新问题，针对这些新情况和新问题，研究新的路子。当然这是对全党讲的，法院工作也有这个问题。去年烟台会议，乔石同志在会上提出了一个新的观点，就是要走出一条中国特色的社会主义的政法工作之路。这是根据“建设有中国特色的社会主义”的总口号提出来的。

按照这样一个思路，要建设一个有中国特色的法院工作模式，应当是个什么样子，需要大家来探讨。我觉得要研究这个问题，有三个特点必须把握住：一是中国的法院工作，必须绝对地置于党的统一领导下，这是我们国家的性质所决定的，是区别于资本主义法院工作的一个根本点。资产阶级法律观认为法律是超阶级的，是为一切阶级服务的。这是谎言。实质上任何法律都有自己的阶级性，决无超阶级的法律。当然，无产阶级的法律，只能是在无产阶级领导下，为广大劳动人民服务。中国共产党是无产阶级的先锋队。因此，中国的法院工作就必须置身党的领导下。二是法院工作要贯彻和服务于党的基本路线，这是执法思想的根本立足点。三是目前我们国家处于社会主义初级阶段，处于由产品经济向社会主义商品经济转变的历史阶段。这就要求法院工作要坚持“三个结合”。一是，专门工作必须与群众路线相结合。这是我们的国体政体所决定的。我们是社会主义国家，政法机关是社会稳定的骨干力量，但是，如果不靠党、不靠群众是不行的。二是，打击和预防相结合，既要搞好打击，又要搞好预防，确保社会安定。三是，隐蔽战线的斗争和公开打击犯罪相结合。按照这样“三个结合”的要求，当前，我们就要抓好四项工作：第一，要依法审理各类案件，这是我们法院的基本职责和基本任务，要集中精力搞好。第二，要抓好人民群众内部矛盾的化解工作，减少矛盾，防止激化。这也是法院的一项重要任务。我们的国家是一个农民众多的国家，从整体上说，农民的文化素质还是比较低的，民事纠纷较多。因此，加强对广大农民群众的法制教育、道德教育、文化教育，是全党的一个历史任务，也是法院系统的重要任务。通过调解，疏导好人民内部的矛盾、纠纷，是减少刑事案件的一项基础性的工作，对于预防犯罪、减少犯罪至关重要。为此，省委提出了一乡一庭的要求，这是正确的，是符合中国国情的。因为80%的公民是农民，在农村乡镇建立法庭，也就意味着占据了关键的工作部位。我们法院的群众工作在这里就是突破口。可以和乡、村的各处组织结合起来，广泛地、面对面地做群众工作，及时解决出现的问题。第三，是搞好经济领域各种案件的审理工作，为经济建设保驾护航。既要打击经济犯罪，更要依法理顺方方面面的经济关系，用法律手段来确保经济的健康运转。可以说这项工作刚刚开始，随着改革开放的不断深入，法院在经济领域里的工作任务会越来越重，地位会越来越重要，法院的特殊地位正如乔石同志所说的，将会越来越显示出来。有计划的商品经济蓬勃发展之时，也就是我们法院工作大有作为之日，这是从经济的角度讲的。从现在起，就要从组织形式、业务范围、法制建设和工作重点等方面作些研究，以便使我们工作逐步适应。第四，就是积极探索新的历史条件下，专群结合的新形式和新方法，逐渐形成一个专群结合的法制工作的新机制，走出一条中国式的法院工作的新道路。

四、关于秉公执法问题

自古以来，在人们的心目中，法是最公正的。“执法如山，铁面无私，明镜高悬”是人们对法官的良好期望。这一点只有在社会主义制度的前提下，才能真正实现。秉公执法是社会主义法院工作的一项基本要求、基本原则，也是党性、人民性在执法过程中的体现。我们一定要按这个要求坚定不移地抓下去。从总体上来说，全省法院的执法情况是好的，应该充分肯定。尽管有这样那样的说法，有这样那样的议论，但这个总体评价是不能动摇的。我们绝大多数同志和对绝大多数案件的处理，体现了秉公执法，体现了依法办事。但是，也应当看到，要真正做到秉公执法，也确实不易，方方面面的干扰比较严重。当前突出的是说情风，各种关系、各种门路要来找法院说情讲情，干扰执法。再一个是地方保护主义的干扰。在审判经济纠纷案件中，有些人希望把法院变成区域利益的保护者，不是把国家利益、整体利益放在首位。当然局部利益也是很重要的，但它毕竟不是根本。要维护法律的统一性，局部利益要服从整体利益。三是个别执法人员，执法指导思想不够端正，在办理案件上出现某些不应有的偏差，这是一种自我干扰。在当前情况下，为了保证做到秉公执法，第一，各级党委、政府，要给法院撑腰，特别在遇到一些难题的时候，一些大案和涉及到领导层的时候，要坚定不移地支持法院依法办事，帮助法院排除各方面的干扰。第二，社会方方面面、各类组织、各类单位，要做好法律教育工作，增强干部、群众的法律意识，做到尊重法律、服从法律、执行法律。第三，法院干警自身要增强党性，增强人民性，增强原则性，真正做到刚正不阿，执法如山，在关键问题上要敢于坚持原则，不怕丢乌纱帽。

五、队伍建设问题

总的要求是，要从严治警，建设一支政治上合格，业务上精通，作风上过硬，能经得起各种考验的法院干警队伍，以适应新形势下党和人民群众对我们的要求。当前的关键是要搞好思想教育，经得起三个考验，即执政地位的考验，改革开放与发展商品经济的考验和反和平演变的考验。对法院来讲，执法地位考验，关键就是要区别是依法办案还是依私办案；改革开放的考验，关键是解决好“名、权、利”的问题；反和平演变的考验，关键是要坚定共产主义信念。要搞好班子建设，坚持党的民主集中制的原则，形成一个团结战斗的整体。当前面临着一个换届问题，这就要求快到年龄的同志，一要听从党的安排，站好最后一班岗；二要帮助、协助地方党委选准选好接班人，保持班子的连续性。

六、加强党的领导问题

首先，我们法院系统，要发扬光荣传统，自觉接受党的领导，在党的路线指引下开展工作。党的领导主要是总体领导，具体的执法过程还要我们依法办理。重大问题要及时向党委请示、汇报，工作方向、工作原则要经党委同意。另一方面，党委要抓好法院的队伍建设和班子建设，支持法院工作，加强对法院工作的领导。对法院工作的指导原则，要及时研究，给予指示。同时，各级政府对法院执法条件、物质保障和生活待遇也要给予积极的支持，能解决的问题，要尽力加以解决。有些具体的、必须解决的问题，法院系统要在调查研究的基础上，一件一件地分门别类，提出报告，成熟一件，报告一件，争取逐步解决。有些待遇问题，也可以本着分散决策的办法，争取当地党委、政府同意后就地解决。需要省里决策的问题，省法院也要写出报告，提请省委、省政府统一研究解决。

今天就讲这些，不妥的地方请大家指正。

河南省委书记侯宗宾在《关于贯彻全国高级法院院长会议精神的意见》上批示

（1992年1月30日）

全国高级法院院长会议精神很重要，一定要认真传达贯彻落实。

1991年全省各级人民法院认真贯彻党的基本路线和省五次党代会精神，发挥人民民主专政的职能和调整经济关系、民事关系的职能作用，为河南的社会稳定和经济发展作出了贡献。

1992年，要发扬成绩，克服不足，充分发挥人民法院的人民民主专政职能，进一步提高执法水平，抓好“三防四实”思想作风建设，力戒形式主义，为全面准确地贯彻落实党的基本路线，团结奋进，振兴河南，落实“一高一低”战略目标作出新的贡献，以优异成绩迎接党的十四大的召开。

河南省省长李长春批示

（1992年2月10日）

增茂同志并全省法院院长会议全体同志们：首先，在过去的一年里，全省各级法院认真贯彻落实省五次党代会精神，在加强人民民主专政，维护社会稳定，促进经济发展中做了大量工作，取得了较大的成绩。在此，表示谢意。

人民法院是国家机器的重要组成部分，是人民民主专政的重要工具，对于政治稳定、社会稳定、促进社会主义现代化建设起着十分重要的作用。自党的十一届三中全会以来，随着社会主义民主和法制建设的加强，法院的工作发展很快，各级法院是在努力克服人员少、条件差等很多困难的情况下，不断发展壮大的。对于各级法院全体干警这种自力更生、艰苦奋斗、顾全大局、克服困难的精神深表敬意和感谢。另一方面，随着经济的增长，各级政府要在各方面对法院工作给予支持，按现行财政体制，分级负责，千方百计保证办案经费，逐步增加必要的基础设施的投入。不断改善各级法院的工作条件。

在新的一年里，希望各级法院坚持不懈地贯彻好党的基本路线，加强马克思主义基本理论的学习，不断提高自身的政治素质和业务素质，不断增强抗腐蚀的能力。在打击各种犯罪、保障和促进全省的政治稳定、社会稳定和“一高一低”的经济发展战略作出新的、更大的贡献。

广东省委常委、政法委书记方苞在全省中级法院院长座谈会上的讲话（摘要）

（1992年2月21日）

同志们：

刚才听了大家的发言，使我对各市、县的法院工作有了一些了解，这对今后工作会很有帮助。下面，我讲几点意见，供同志们参考。因为是即席发言，不对的请大家提出来。

一、关于去年法院工作的基本估计

这个问题，最高法院任院长的报告和省法院院长麦崇楷同志的报告都讲了，我赞成他们的观点。在过去的一年里，全省法院工作取得了显著成绩，各项审判工作是抓得好的，通过审判工作，既保卫了经济建设和改革开放，又防止了一些冤假错案的发生。刚才同志们谈成绩时，谈到了去年多办结了案件，这当然是成绩，但成绩不但体现在办案的数量上，更重要是反映在质量上。因为案件多几宗少几宗，受很多因素影响。当然，办案拖拉很不及时，也不能有力地打击犯罪，调处纠纷。但如果为了赶数量，工作粗糙，出现冤假错案，即使多办几宗案件，也弥补不过来。因此，办案应该是数量与质量的统一。同时，办案要注意看社会效果，主要是看是否运用法律更好地保障了经济建设和改革开放，是否真正打击了犯罪分子的气焰，人民群众是否满意。同时还要注意在扩大办案效果上做文章。去年对高森祥等5个案件6人集中公开宣判，并组织各级干部讨论案例，声势大，震动大，党委满意，人大代表满意，社会各界满意，效果很好。我看这种运用典型的做法，不仅可以应用于打击经济犯罪上，也可以运用在别的方面。一个市、一个县某类犯罪突出，就可以选几个典型案件认真审理，集中公开宣判，然后将案件材料印发到一定范围，组织讨论。这种方式不但省里可以搞，市、县也可以搞。比如，哪个市银行内部犯罪严重，便可以专门判几个典型案件，发到银行系统组织讨论；“两劳”人员重新犯罪严重，就可以判几个“两劳”人员重新犯罪的案件，专门发到劳改场、劳教场，组织犯人讨论，接受教育；哪个地方“车匪路霸”比较严重，也可以集中判几个“车匪路霸”案件，发到公路沿线的村镇，开展讨论。这样做，会有很好的教育效果。

去年法院处理了大量的经济纠纷案件，为改革开放和经济建设作出了很大贡献。现在经济纠纷中，国营企业之间，集体企业之间，国营和集体、个体之间的经济纠纷比较多。群众来信反映这方面的问题比较多，可以看出经济审判很重要，社会上很关注。工作做好了，及时调解、处理好这些经济纠纷，有利于经济发展、改革开放。

过去的一年，成绩是主要的，但也要看到我们的工作还有缺点和问题。刚才江门中院的同志讲了经济纠纷案件二审改判率有8.2%，这既说明了成绩，也说明了问题。如果人家不上诉，这8.2%就可能出错。因此，我们审理案件，不能先入为主，要公正执法。

二、法院工作要以党的基本路线为指针，更好地为社会主义经济建设这个中心服务

乔石同志讲，政法工作要以党的基本路线为指针，牢固树立为经济建设服务的指导思想。因此，我们要以社会治安综合治理为

重点，维护社会的稳定，为经济建设的发展，为改革开放提供更好的法律保障。法院工作的好坏，成绩的大小，水平的高低，要看为经济建设服务的指导思想贯彻得怎么样，执行得怎么样。要以党的基本路线为指针，狠抓严肃执法，提高审判水平，发挥审判职能，更好地为社会稳定和经济建设服务。这体现了指导思想和任务的统一。我希望在新的一年里，全体法院干警要明确这个指导思想、任务和要求，进一步贯彻落实到各项工作中去，更好地维护社会的稳定，更有效地为开放改革服务。

三、要进一步提高执法水平

首先要抓好严肃执法，秉公办案，力求把案件办准。由于我们面临着执政、开放改革、发展商品经济的考验，社会上不正之风有可能影响我们政法队伍，在办案过程中，有些人送钱，搞权钱交易；有些人说情，要求关照。我们法院干部，很多是当地人，熟人是相当多的。在这种情况下，排除干扰，严肃执法，秉公办案就非常重要。严肃执法，就是坚决按法律办事，不管来自哪一方的诱力、压力和阻力，都要顶住，依法办案；秉公办案，就是不因个人恩怨、私人感情，也不因给一点好处而偏袒庇护。群众中传颂着不少历史上的“清官”，有不少故事情节给群众加工美化了，反映了群众的愿望，也反映了人民对当时封建官僚压迫人民、腐败风气的不满。我们是人民民主专政的执法机关，应该比历史上任何一代“清官”都要做到更清廉、更公正。因为我们是人民的公仆，就更应该依法办案，严肃执法。特别是在当前的形势下，做到这一条很重要。要运用正反方面的典型教育我们的干部。对坚持严肃执法、秉公办案的，要大力表彰宣传；反之，要进行批评教育。对徇私枉法的，要依法处理。要真正做到严肃执法不容易，影响我们公正判案的不仅有当事人，还有“五同”关系，老上级、老部下、老乡、老熟人、老朋友。也有一些人是出于好心，听到一面之词，就出面说几句，这种情况经常会有。在这种情况下，要做到严肃执法、秉公办案，没有坚强的党性，没有很强的法律观念，没有廉洁奉公、为人民服务的思想，是做不到的。希望在新的一年里，各级法院进一步抓好严肃执法，努力提高审判水平。

要抓好法制教育和宣传。利用反面典型案件，组织有关部门、有关人员讨论解剖。希望在新的一年里，各个中院、基层法院，都能抓住一、二个侧面的典型案件，加强法制宣传教育。去年底，通过对高森祥等几个重大经济罪犯的宣判，全省开展了廉政教育，这个教育还没有搞完，还要安排一段时间，深入开展反腐倡廉教育。这种利用典型案例进行教育的方法，各市、县都可以仿效。

在处理案件时，要坚持实事求是，深入调查研究，不要先入为主。实事求是，是我们党的优良传统和作风，讲了几十年，但要真正做到并不容易。我们办案，要防止先入为主，就必须坚持调查研究、坚持实事求是。既有敢不敢的问题，还有会不会的问题。因此，我们的干部，多学一点辨证唯物主义和历史唯物主义，很有必要。

在改革开放的过程中，我们许多干部是初次下到商品经济的海洋中“学游泳”，难免出现这样或那样的失误。所以，我认为对渎职罪和玩忽职守罪的认定和处理要很谨慎，搞不好会出错案、冤案。当然我提出要慎重，不等于对这类犯罪手软。但是由于此类案件是产生在新旧体制转换时期，法规不完善，主客观因素很多。因此，我提出要慎重，不要错判，可定罪可不定罪的暂不要定罪，就轻不就重，宁可放慢一点，放宽一点，也不要仓促定罪，以后发现错了容易改正；反之判错了，把不该判的判了，影响就很坏，改正错误也难得多。这个问题，务请大家注意。

四、要加强对新情况新问题的调查研究

现在处在改革开放，发展商品经济的历

史时期，法院工作会碰到很多新情况新问题，也会有很多新经验。我们需要研究一些规律性的东西，研究新的对策。办案发现一些带有规律性的问题，及时向党政领导机关反映，引起注意，避免损失，预防犯罪。比如，前几年对外商在国内投资我方予以担保问题，一些部门由于没有经验，受骗上当，给国家带来重大损失，就应及时反映报告。又如，近几年发现银行某些工作人员以贷谋私问题严重，里面有什么规律、特点，也应及时反映，以便做好防范工作。近几年来，还有持枪抢劫案增多，团伙作案增多，黑社会渗透犯罪增多，在办案中，要重视研究带规律性的东西，及时向有关部门反映，以便及时做好防范工作。不要把它看成是“份外事”，而应该看作是“份内事”，并且认真做好。

五、要加强法院干警队伍建设

思想建设，主要是对干警进行“一个中心，两个基本点”的基本路线教育，组织他们认真学习马列主义、毛泽东思想，学习邓小平同志的著作，加强对建设有中国特色的社会主义的理解，提高执行基本路线的自觉性。总的来说，法院干警队伍的主流是好的，但也要看到存在问题的一面，我们要经得起执政和改革开放的考验。执政，手上有了权，改革开放后，资产阶级的思想和生活方式的渗透比较严重，商品经济有两重性，权钱交易不可避免地会反映到我们队伍中来。我们干部队伍无时不处在执政、改革开放、发展商品经济的考验之中。这几年，法院干警新成份大量增加，这些新同志到了政法部门后，要教育引导他们坚持四项基本原则，抵制资产阶级自由化影响；通过学习使他们弄清社会主义民主法制与资本主义民主法制之间的区别，弄清社会主义民主和法制的优越性，通过摆事实、讲道理，使他们从内心拥护社会主义民主和法制。他们将来是法院的骨干，我们是要靠他们接班的。

组织建设，一方面要强调抓好班子建设，因为法院工作是靠人去干的而首先又是靠领导班子去抓的。领导班子成员政治上要强，业务上要精，作风上要硬。要按这些标准来培养、选拔领导干部。另一方面，要把好进人关，对确实不适合搞政法工作的人，要坚决调离政法部门。乔石同志要求今年内做到这一点，各地要抓紧落实。

作风建设，我将在全省政法工作会议上强调三点：一是要反腐倡廉，提倡清正廉洁，秉公办案；二是增强群众观点，坚持走群众路线，密切党群、干群关系；三是要实事求是，反对先入为主。在这里就不展开讲了。

对于刚才大家提出的省法院设立政治部、市中院成立政治处的问题，我是赞成政法三家都成立政治机构的，这个问题要同人事、编委协调落实，争取解决。至于法官培训基地问题，省政法委已和教育部门研究过，现在教育部门正在规划，也争取能落实。我提出的要求是1996年以后，新增加的政法干部80%到90%都要经过公安法律专业学校毕业，基本上不要直接从社会上招人。各地法院要注意多吸收法律系的大学毕业生。法院的业余大学也要继续办好。对法庭建设、法院基本建设的问题，主要还是靠当地解决，各级法院院长要多向党委、政府反映，争取尽快解决。

广西壮族自治区党委书记赵富林批示

（1992 年 2 月 28 日）

蒙铎同志：

送来的材料已阅。法院工作对于维护社会安定，保障和促进经济稳定发展具有重要作用。去年，尽管全区遭受了极其严重的春旱、秋旱和夏涝等自然灾害，但全区社会稳定，工农业仍然有较大的发展，这与法院卓有成效的工作是分不开的。今年是各项工作狠抓落实的一年，希望你们再接再厉，在不断深化改革的新形势下，始终坚持党的基本路线，坚持四项基本原则，认真贯彻党的十三届八中全会和中央工作会议精神，充分发挥审判机关的职能作用，坚决打击扰乱社会治安的犯罪分子，依法进行经济审判，继续维护社会稳定，努力为全区经济建设和改革开放创造一个良好的社会环境，为建设有中国特色的社会主义做出新的贡献。

广西壮族自治区党委副书记丁廷模在全区法院院长会议上的讲话

（1992 年 2 月 29 日）

同志们：

这次全区法院院长会议开得很好，今天会议就要结束了，我代表自治区党委来看望大家，向与会同志问好，并通过你们向全区法院干警致以亲切的问候！你们长期在基层工作辛苦了！

你们这次会议是传达贯彻全国高级法院院长会议精神，总结、部署我们广西法院工作。全国法院会议结束后，自治区高院及时向区党委写了汇报意见，区党委领导及有关部门的负责同志还专门听取了区高院关于如何贯彻全国会议及要求区党委帮助解决办案经费、两庭建设、充实干部等问题的汇报。区党委及有关部门将认真研究法院汇报的问题，并尽力帮助法院克服困难，进一步搞好审判工作。

党中央对人民法院工作非常重视，全国高级法院院长会议召开前江泽民同志和李鹏同志对法院工作专门作了批示。会议期间，乔石同志接见了与会各省（区）、市高级法院院长并听取汇报，对进一步搞好法院工作作了重要讲话。中央领导同志的指示很重要，是今后进一步做好法院工作的指针，也是教育法院干警，鼓舞和鞭策法院干警，进一步推动法院各项审判工作的动力，希望大家回到各地要认真组织干警学习领会好中央领导同志的指示和最高人民法院院长任建新的报告，贯彻好这次全区法院院长会议的精神。下面我讲三个问题：

一、人民法院工作对维护社会稳定、保障经济建设具有不可替代的作用

人民法院是国家上层建筑的重要组成部分，是人民民主专政的重要工具，是重要的执法部门，担负着保卫社会主义经济建设和保护公民合法权益的重要任务。随着法制的

加强，人民法院在整个国家政治、经济和社会生活中的地位越来越重要。在过去的一年里，全区各级法院审理各类案件达10万多件，为国家和人民挽回了大量经济损失，使大批违法犯罪分子得到了应有的惩罚，伸张了正义，协调了各种关系，对维护社会稳定，保障经济建设起到了不可替代的作用。当前，国际风云变幻，苏联、东欧发生剧变后，旧的世界格局已经不复存在，新的格局一时难以形成，世界更加动荡不安。我国作为一个社会主义大国，国际上的敌对势力必然会更多地把矛头对准我们，进一步加紧推行和平演变战略；境内外那些顽固坚持资产阶级自由化立场的人决不会甘心于他们的失败，必然要千方百计地进行破坏和捣乱，伺机兴风作浪。对于这些，我们一定要有充分的估计，善于识破并粉碎和平演变的图谋。要取得这一斗争的胜利，最重要的是要团结在以江泽民同志为核心的党中央周围，把我们自己工作做好。最核心的是发展生产，把经济建设搞上去，只要战争不打到国土上来，我们就始终以经济建设为中心。所以，在整个九十年代，我们国家的中心任务是实现社会主义现代化建设的第二步战略目标，迎接21世纪的到来，为实现第三步战略目标打下良好基础。现在九十年代已经过去两年，可以说各方面的任务都是十分繁重的，时间也是紧迫的。我们必须把各项工作抓得很紧很紧。作为法院来说，任务更加艰巨了。搞经济建设，需要有一个稳定的社会环境和条件，没有国家的政治稳定和社会稳定，没有良好的经济秩序，就不能保证国民经济长期持续、稳定、协调发展。全体法院干警都要知道自己的历史使命，加强责任感、紧迫感，把审判工作做好，为社会主义的民主和法制建设，为建设有中国特色的社会主义多做贡献。当前，我们法院工作要认真贯彻十三届八中全会和去年中央工作会议精神，继续维护社会稳定，努力为经济建设和改革开放，为搞好国营大中型企业和加强农业、农村工作创造良好的社会环境，做好各项安全保障工作和法律服务工作。我们把九十年代工作做好了，不仅对中华民族的振兴，对建设有中国特色的社会主义具有重要意义，也是对西方敌对势力和平演变图谋的有力回击，对全世界一切爱好和平的国家和人民是个极大鼓舞，是具有世界意义的大事。

各级党委和政府要十分重视和支持人民法院的工作。在人员编制、经费、待遇和法院建设等方面给予足够的关心和支持。特别是基层人民法院和人民法庭，要给予更多的帮助，尽可能地为他们创造较好的工作条件和生活条件。在这方面，乔石同志最近指示，希望我们各级党委对法院的工作更重视一些，更支持一些。我们广西法院系统尚缺编400多人，请各级党委、政府的组织、人事部门积极帮助法院，充实编制人员，对不适合法院工作的人帮助他们将这些人调出法院。关于办案经费不足问题，各级各地都要引起重视。各级财政要尽量帮助法院解决好这些实际困难。还有法庭经费由乡里包干问题，确实不利于审判工作。今后法庭的经费还是由县里统一管理为好。至于审判法庭和人民法庭的建设问题，我们上下共同努力，尽力按照中央要求去办，努力为人民法院依法办案提供必要的条件。此事亦请与会同志向各地、市、县委转达我的上述意见。

二、严肃执法，是法制建设的要求

严肃执法是审判工作的核心，是加强社会主义法制建设的客观要求。人民法院必须从维护国家整体利益、维护国家法制统一的高度，依法独立审判各类案件。每办一案，要做到有法必依，执法必严，违法必究，以事实为根据，以法律为准绳，对人民无限忠诚、高度负责。对当事人，不管是本地的，还是外地的，不管他是当官的，还是老百姓，也不管他是什么关系，都要一视同仁，在法律面前人人平等，决不允许任何人有超越法律之上的特权。对来自各方面的干扰，要坚决抵制，杜绝办“人情案”、“关系案”。判决不公的，要坚决纠正。与此同时，法院要注意立足本职，着眼全局，努力贯彻党的方针政策，讲究办案社会效果，防止就案办案，孤立办案。

严肃执法，必须对执行难的问题加以解决。据高院统计，去年尚有7000多个案件未能执行，原因之一，有些案件涉及到当地利益，一些当地的领导同志地方保护主义作祟，不顾法律的严肃性，对法院执行设置障碍、施加压力。法院判了不算，还要不要法制？长此下去，岂不乱套？党领导人民制定了法律，党组织、党员都要在法律范围内活动，这不但党章有规定，宪法也作了明确的规定。案件判了不执行，使判决成为一纸空文，最终不但损害法院形象，也损害我们党的形象。要知道，地方保护主义实质上是以局部利益损害整体利益的行为，也是破坏国家法制统一的行为，必须坚决抵制。乔石同志说：“我支持把法院的威信提得更高一点”，我完全赞成。这就要我们重视法制建设，希望我们的各级领导干部都要站得高一些，支持法院秉公执法，自觉抵制地方保护主义和其他不正之风对法院工作的干扰，以维护社会主义法制的权威和统一。有不同意见，通过正确途径解决，不能顶着不办。执行难严重的地方，党委、人大和政府，要从人力、物力、财力上给予法院以更多的支持。最近，法院集中时间、集中力量，开展执行会战，很有成绩，希望继续总结经验，再接再厉。

三、进一步加强法院队伍建设，不断提高干警政治业务素质

全区法院系统具有9000多人的队伍，这是一支不小的队伍。总的来说，这支队伍是好的，是忠于党、忠于人民、忠于社会主义事业的，是有战斗力的。但从当前维护社会稳定、保障经济发展的高度来看，还需努力提高政治素质和业务素质。特别在国际环境严峻的情况下，要组织干警认真学习马列主义、毛泽东思想的基本理论，学习邓小平等老一辈无产阶级革命家著作和中央领导同志的重要讲话，使全体干警掌握马克思主义的立场、观点、方法，在重大原则问题上明确划清马克思主义与反马克思主义、社会主义与资本主义的界限，坚定共产主义信念，坚持四项基本原则，旗帜鲜明地反对和抵制资产阶级自由化，在政治上、思想上、行动上同党中央保持高度一致。随着进一步深化改革和扩大开放，人民法院的审判工作领域更宽了、任务更重了、难度更大了，全区法院干警必须加强业务学习，不断提高执法水平和办案能力。特别是领导，要不断提高领导水平和管理水平，领导班子要团结一致，相互支持，相互配合，认真开展批评与自我批评，有效地开展工作。总之，我们要努力建设一支政治上坚强，业务上精通，作风上过硬、刚正不阿的人民法官队伍。

法院系统的廉政建设虽说抓得较早，但还须下大力气继续认真抓好。去年虽说全区法院干警违法违纪发案数比1990年有所下降，说明法院抓廉政建设是有成效的，但是，确有极少数干警经不起考验，搞钱权交易，以审判权谋私，贪赃枉法，徇私舞弊。尽管这种人为数不多，但反映出在我们队伍中存在某些腐败现象。腐败是和平演变的温床和土壤，是敌对势力和平演变能够得手的条件。所以，我们不能掉以轻心。要大力加强政治思想工作，坚持从严治警，从严治院。乔石同志希望在不长的时间内把法院队伍中的违法乱纪现象减少到最低限度。希望法院在这方面走在前面，成为执法的模范、廉洁的模范。我希望我们法院进一步用实际行动证明法院是“最讲理、最公证、最廉洁、最使党和人民信赖的地方”。

同志们：九十年代经济建设要上去，法制建设也要上去。区党委希望并深信，通过这次法院院长会议，全区各级法院一定能够更好地发挥审判职能作用，在新的一年里为搞好大中型企业，发展农村经济作出更大贡献，为进一步完善有中国特色的社会主义审判制度，为社会主义民主和法制的进一步发展，为社会主义现代化建设的顺利进行，作出新的成绩。让我们以优异的成绩迎接党的第十四次全国代表大会召开！

四川省委副书记李伯勇在全省中级法院院长会议上的讲话

（1992年3月1日）

同志们：

全省中级法院院长会议已经开了3天，就要结束了。今天，我和省人大、省政府、省政协的几位领导来看望大家，并向到会的全体代表和全省法院的广大干警致以亲切的问候；向荣获荣誉证书的老同志们表示祝贺！这些老同志在过去的工作和法院建设中，付出了辛勤的劳动，作出了积极的贡献。在此，我向这些老同志表示崇高的敬意。

这次会议是经省委同意召开的一次重要会议。会前，省委常委会听取了省法院党组关于全国高级法院院长会议和中央领导同志对法院工作的指示精神的汇报。全国高级法院院长会议和中央领导同志对法院工作的指示，对新时期做好法院工作具有很重要的指导意义，各地一定要根据这次会议讨论的意见，认真贯彻落实。

过去的一年，全省各级法院和广大法院干警以党的十三届七中全会、八中全会和中央工作会议精神为指导，认真贯彻省委和最高法院的工作部署，在任务日益繁重、工作条件艰苦的情况下、克服困难，团结奋斗，忠诚地履行宪法和法律赋予的职责，审判工作取得了显著成绩，为维护全省政治、经济、社会稳定，保障改革开放和社会主义现代化建设顺利进行，作出了积极贡献。省委对全省法院工作取得的成绩是肯定的、满意的。希望全省各级法院和广大法院干警再接再厉，更加努力工作，取得新的成绩。下面我讲三点意见：

一、认清形势，坚定信心，牢固树立维护稳定，服务经济的指导思想

九十年代，是我国社会主义现代化建设的一个关键时期。在这十年里，要实现党中央提出的第二步战略目标，迎接21世纪的到来，我们面临着复杂的斗争形势和艰巨繁重的工作任务。从国际形势看，东欧发生剧变和苏联解体后情况进一步复杂，旧的世界格局不复存在，新的格局一时难以形成，世界更加动荡不安，这种状况在短时间内不可能有什么改变。我们作为社会主义国家，要坚持人民民主专政，走社会主义道路，毫无疑问，国际上的敌对势力要把和平演变的主要矛头和重点目标转向我国，加紧对我国进行渗透、颠覆和破坏。在这种情况下，国内敌对势力、敌对分子和顽固坚持资产阶级自由化立场的人，必然会与国际上的敌对势力相互配合、相互呼应，伺机兴风作浪，运用公开的和秘密的，非法的和合法的手段，千方百计地进行各种破坏活动，妄图制造新的动乱。在社会治安方面，总的来说是好的，但是治安形势仍很严峻，一些杀人、抢劫、强奸、流氓等重大恶性案件居高不下，铁路、公路干线上的一些重要区段“车匪路霸”活动嚣张，重大盗窃犯罪突出，毒品犯罪呈上升趋势。经济领域里贪污、贿赂犯罪严重，一些重点部门和行业还很突出。所有这些都对

我国的政治、经济和社会的稳定，构成现实的严重威胁。对此，我们要有充分的估计，清醒的认识，既不能"一叶障目"，草木皆兵，更不能麻痹大意，放松警惕。各级领导要用马克思主义武装自己的头脑。善于运用马克思主义的立场、观点和方法，分析和把握社会发展的客观规律，既要坚定社会主义信念，增强反和平演变的信心，坚信社会主义终究要战胜资本主义，又要保持高度警惕，充分认识到反和平演变的重要性和紧迫性，增强阶级斗争观念，坚持人民民主专政，全力维护安定团结的政治局面，坚决粉碎国内外敌对势力对我国进行颠覆、渗透的阴谋。

要挫败国内外敌对势力对我国和平演变的阴谋，保证我国人民民主专政的政权一代一代的传下去，关键的是要聚精会神地把我们自己国内的事情办好，其中最根本的一条，就是要发展社会生产力，把经济建设搞上去。这是我国社会主义建设的一条最根本的经验。社会主义最根本的任务就是发展生产力，社会主义政治、经济、社会制度的巩固和发展取决于社会生产力发展，正确的政治领导成果，主要也是表现在生产力的发展上。去年，全省和全国一样，政治和社会稳定，经济工作尽管遇上连续发生的洪涝灾害，但总的是朝着好的方向发展。

去年9月、11月召开的中央工作会议和十三届八中全会，明确了今年经济工作的主要任务，提出了九十年代农业和农村工作的指导方针和发展路子，我们要全面贯彻落实中央工作会议和十三届八中全会精神，按照省委今年的工作部署，紧紧抓住经济建设这个中心，一心一意，埋头苦干，把今年的各项工作搞好。全省法院要牢固树立维护稳定和服务经济建设的指导思想，努力为经济建设和改革开放、搞好国营大中型企业和发展农村经济服务。

二、全面认识和充分发挥审判机关在社会主义现代化建设中的职能作用

人民法院是人民民主专政的重要工具，是人民的手中的"刀把子"，掌握着生杀予夺的审判大权，担负着"保护人民，打击敌人，惩罚犯罪，服务四化"的职责。党的十一届三中全会以来，随着我国政治、经济体制的改革，社会主义民主和法制的加强，人民法院的建设发展很快，在社会主义现代化建设中的地位和作用越来越重要。法院的任务由过去的主要是刑事、民事审判工作，扩大到不仅刑事、民事，还有经济、行政等项审判工作，已成为维护社会稳定，保障和促进经济发展的一支重要力量。正如中央领导同志指出的，"法院工作对维护社会稳定，保障经济建设具有不可替代的作用。"从全省的情况看、全省法院近年来每年都要审理各类案件20余万件。占全国法院审理案件总数的1/10，这么多的案件，涉及政治、经济、文化、科技等社会生活各个方面，关系到千家万户，工作量大，任务繁重。通过全省各级法院和广大法院干警勤勤恳恳地努力工作，依法给予了正确处理，使一大批违法犯罪分子受到了惩罚和制裁，为国家和人民挽回了大量的经济损失，化解了大量的社会矛盾，协调了各种社会关系，维护了社会稳定，保障和促进了改革开放和经济建设的顺利进行，工作成绩显著，贡献是很大的。

江泽民同志指出："搞经济建设，必须有一个稳定的社会政治环境，古今中外，概莫能外。"要保障国家的长治久安，社会的稳定发展，必须健全社会主义民主和社会主义法制，依法治国。随着社会主义现代化建设的发展，社会主义民主和法制的不断完善，越来越多的问题需要依靠法制来解决。人民法院是国家审判机关，是一个很重要的司法部门，今后在国家政治、经济和社会生活中将日益发挥更大的作用。各级法院和广大法院干警要进一步增强使命感。扎扎实实地把各

项审判工作搞好。

增强专政意识，强化专政职能，把维护国家和社会的稳定作为法院工作的首要任务。当前，全国、全省政治稳定、经济稳定、社会稳定，总的形势是好的。但是，要看到我们还面临着严峻、复杂的斗争，人民民主专政只能加强，不能有丝毫的削弱。现在最重要的就是要按照全国政法工作会议提出的“把维护政治和社会的稳定放在压倒一切的位置上抓紧抓实抓好”的要求，继续坚持依法从重从快和依法从严惩处的方针，把严厉打击严重刑事犯罪和严重经济的犯罪的斗争深入地开展下去。各级人民法院要进一步加强刑事审判工作，充分发挥专政的职能作用，同公安、检察机关紧密配合，坚决打击反革命犯罪和严重刑事犯罪，切实维护我省社会治安的稳定，保障我省改革开放和社会主义现代化建设事业的顺利进行。打击严重经济犯罪，特别是反贪污贿赂斗争，是反腐败斗争的一项重要内容，也是反对和平演变，巩固人民民主专政的重要措施，关系到改革开放能否健康发展，社会主义现代化建设能否顺利进行。我们要充分认识打击严重经济犯罪斗争的重要性，以高度的政治责任心，把这个工作做好。要坚持“一要坚决，二要慎重，务必搞准”的原则，严格区分罪与非罪的界限，处理好打击犯罪与保护合法经营、合法权益的关系，切实做到既打击严重经济犯罪，又保护改革者，鼓励探索者，帮助失误者。

人民法院的各项审判工作，对社会的安定和经济的发展都起着重要作用。除了不放松打击这一手外，还要通过其他各项审判工作，运用法律手段调整经济关系，各种社会关系，维护社会稳定，服务经济建设。当前，要特别注意贯彻落实中央工作会议和八中全会精神，积极主动的为搞好国营大中型企业和发展农村经济服务。要及时审理好涉及国营大中型企业的案件，对国营大中型企业在深化改革和生产、经营中发生的各种纠纷，特别是争议金额大，对生产影响大的案件，要抓紧妥善处理，以保障深化改革和生产、流通的顺利进行。要妥善处理农村承包合同等纠纷案件，理顺承包合同关系，稳定以家庭联产承包为主的责任制，促进统分结合的双层经营体制的不断完善。为了更好地发挥人民法院为经济建设服务的作用，要注意组织干警学习经济建设的基本知识，学习经济建设的政策和有关规定，了解经济建设和改革开放的基本任务、基本要求，明确服务方向，端正服务态度，把服务工作做好。

三、进一步加强法院的队伍建设

九十年代法院工作任重道远。要充分发挥审判职能作用，必须切实加强法院队伍的自身建设。总的看，本省法院队伍是好的，是一支忠于党、忠于人民、忠于社会主义事业的，是有战斗力的队伍。但是要看到，法院队伍的现状与面临的形势和任务还不完全相适应，在错综复杂的国际形势和改革开放的条件下，也有极少数法院干警经不起考验，违法乱纪，徇私枉法。这必须引起我们的高度重视。只有努力建设一支政治上坚强、业务上精通、作风上过得硬、刚正不阿的人民法官队伍，才能担负起捍卫党的领导，捍卫社会主义制度，防止和平演变，维护稳定，服务经济建设的神圣职责。法院干部特别是领导干部，要加强马克思主义基本理论的学习，提高政治素质，坚定社会主义信念，在政治上同党中央保持高度的一致，坚持不懈地贯彻党的基本路线。要通过扎实有效的思想政治工作，增强干警全心全意为人民服务观念，社会主义民主与法制观念，群众路线观念，组织纪律观念和职业道德观念。要加强法院队伍的业务培训，提高法院干警的业务素质。抓队伍建设，关键是要抓好各级领导班子的建设，要把政治上坚定，思想作风正派，熟悉审判业务，有领导工作能力的同志选派到法院的领导岗位上来，把领导班子配齐配强，使专政的“刀把子”牢牢掌握在忠于党、忠于人民、忠于马克思主义的人手中。廉政建设对于人民法院极为重要。各级法院一定要坚持“以严治院”，建立健全各项制度，严格管理，树立勤政、廉政的良好风气。要严格把好进人关，保证进人质量。对于法院队伍中少数违法乱纪的害群之马，必须严肃查处。对于个别不适宜在审判机关工作的人，要通过组织、人事部门坚决调离，以纯洁队伍，维护人民法院清正廉明、秉公执法的形象。

四、各级党委要加强对法院工作的领导

人民法院是国家上层建筑的重要组成部分，审判工作是党和国家的一项重要工作。要从加强社会主义民主和社会主义法制建设，坚持人民民主专政，维护国家和社会稳定，保障改革开放和经济建设顺利进行的高度，重视和关心法院工作，加强对法院工作的领导，经常过问，听取汇报，勤于督促、检查。要重视审判工作专业化的特点，保持审判干部的相对稳定。要监督、支持法院严格依法办事，独立行使职权。党委在加强对法院政治、思想领导的同时，还要关心队伍的建设，关心他们的工作、生活情况，尽力帮助解决工作、生活中遇到的一些问题。各级法院要增强党的观念和组织纪律观念，要自觉地把工作置于党的领导之下，加强请示报告，各个时期的工作部署和重大问题、重大案件，特别是社会反响大的案件，要及时向党委汇报，认真听取党委的指示和意见，依照事实和法律，把事情办好。

同志们，希望你们通过这次会议，进一步认清形势，明确任务，在新的一年里继续努力奋斗，勤奋工作，充分发挥审判职能作用，为维护国家和社会的稳定，搞好国营大中型企业和发展农村经济，保障和促进社会主义经济建设，作出新的贡献，以实际行动迎接党的十四大胜利召开。

最后，祝会议圆满成功！

四川省人大副主任、省政法委书记白尚武在全省集中清理执行案件工作会议上的讲话

（1992年4月26日）

同志们：

全省集中清理执行案件工作会议在四川省自贡市召开，今天就要结束了。魏彬同志将会议情况给我谈了，我感到这次会议非常重要。因为我们政法部门的工作，法院的工作，近几年来应该说是越来越繁重，任务越来越艰巨。你们开会研究的执行问题，我认为是当前最尖锐、最复杂、最难办的事情，也是我们要进一步改革开放，依法把经济搞活，把经济秩序搞好，维护国家和社会安定，促进商品经济发展中所要解决的问题，是我们严肃执法中间非常重要的一环。情况我就不多讲了，你们法院碰到的执行中的难题比我多，我们都是知道的。现在“执行难”的呼声很高，从北京开会到省里、县里开会，都感到法院执行案件很困难。同志们的工作是很辛苦的，很难办的。那么怎么办呢？难，就不执行了，行不行？我说不执行肯定不行！因为现在要有法可依，有法必依。我们有了法，却不执行，法院就没有威信，国家的法律就没有严肃性，经济交往就没有秩序、没有保障，这样就会对我们的改革开放、发展经济起着相反的作用，就会造成经济混乱，法律没有效力。一句话，有了法律不执行，就是对改革开放，发展生产设置的一道障碍。所以我认为这个问题是我们执法中很复杂、很

尖锐的问题，也是迫切需要解决的问题。法院依法判决了的案件，不能不执行。有的同志向我谈，过去大办公司热潮中遗留的问题，欠的债务很多，就算了，重新来。我说，那不行，过去的你不执行，现在的就可以按过去的办，今后的也就可以按现在的办，那么我们这个法律还算不算数？我们法院的执行工作为经济建设服务又从何谈起？所以今天这个会议开得很必要，也非常重要。执行工作搞得好，就直接为改革开放服务，直接促进经济发展；搞得不好，就带来了经济秩序的混乱，阻碍改革开放的发展。

会议今天就要结束，有些具体问题，魏彬同志，自贡市委的同志还要讲。我觉得要搞好执行工作有3条，需要强调一下。

第一，我们各级领导，各单位的领导要支持法院的执行工作。对于这个问题应该支持嘛，应该依法办事，不能搞地方保护主义，不能马马虎虎，不能超出法律的范围。法院的同志依法办事，遇到干预要多做点汇报，多做点宣传，多做点解释。听魏彬同志讲，当前我们有28000多件案件未执行，金额有3亿多元，其中在省外的债权案400多件，4000多万元，可能实际还不止这个数字，这说明经济秩序确实比较乱。这么多案件你不执行，这么多问题你不解决，那么我们法律的严肃性，良好的经济秩序的建立等问题怎么解决？而且当事人，企、事业单位受到了损失，影响到经济发展这个大事。所以这些情况，这些道理和“执行难”的问题，各级法院应当毫不例外的向你们政法委员会，向党委、人大、政府耐心地、认真地汇报一下。一般来讲，我们的党政领导同志不是不负责，而是他们不了解问题的全部情况，不知道法律的具体规定，看到的，听到的，想到的比较直观。我就碰到一些负责人讲，那个时候比较乱，已经搞成这个样子啦，集体与集体的，手心手背都是肉，就算了嘛。这是一种说法。还有一种说法是，现在我们经济困难，你执行了，他那个单位就没有了，有几个骗子把钱都花光了，你要我们拿钱，单位没有钱，这个事情又是省外的，就算了吧！这些说法对不对？当然不对！这些问题，关键是要向领导同志说明道理。我们要有法必依，执法必严。所以我说这是一条，你们要向政法委员会书记，县委书记把这个情况、这个道理汇报清楚，要求他们给予支持，帮助你们排除干扰，树立起法院的权威。我们的党政领导同志应该支持这个事情，因为它属于服务于改革开放，维护经济秩序，严肃执法的一个重要方面，如果该执行的不依法执行，不止过去的解决不了，现在和今后的后患就可想而知了。你那个地方执行不了，没有信誉，没有良好的社会环境，来了一个外商，来了个台湾同胞，海外同胞，你把人家骗了，外省的，外地的，你把人家骗了，谁还敢跟你打交道，你又如何扩大开放呢？总之，一定要把执行工作当成一件大事，向党政领导汇报好，要联系你那个地方的实际汇报，取得党委、政府的支持。当然方法上要处理好，这反映了我们政法机关、执法人员的政策水平和执法水平，不然的话，工作起来就不好办。

第二，对执行工作要长期坚持，常抓不懈。自贡市中级法院解决“执行难”的问题，就是坚持这么一个做法，叫作循序渐进地解决。这一点，魏彬同志给我讲了，自贡市市委书记给我讲了，中级法院熊启义同志也给我讲了。他们的作法好，效果也好，到了法院的，应该执行的，基本上都执行了。这个问题我很有兴趣。债权、债务基本上都解决了，这个就不简单。你们这次会议就要研究、总结自贡市中级法院的经验，有些什么主要环节，有些什么可操作的办法，能够给大家讲一讲，大家理解了，认可了，接受了，我看就可以大大的推广这个经验。魏彬同志讲要以自贡为主，搞个经济审判如何为搞活经济服务，其中包括执行工作的电视系列片，还要搞个电视剧，扩大宣传，我很赞成。我们要利用各种现代宣传工具，扩大宣传，让人们知法懂法。会要尽量少，开会就应当开有解决问题办法的会，找到了办法，能够解决困扰我们执法中间的难题，这个会议就成功了。

自贡这条经验比较突出，昨天熊启义同志向我谈“执行难”的问题在这儿基本上解决了。这个恐怕他不是一天两天就可以办到的，而是他们长期抓，抓住不放，抓出了成效，被领导同志理解了，就赞同支持了，我们的执行工作就好做了，该执行的案子执行了，经济秩序好了，环境也好了，做生意的感到安全了，经济也就发展了。执行工作你不抓，就会越来越“难”。你现在不抓，过去的事马马虎虎，大家都各自搞地方保护主义，我看经济秩序混乱的问题是没有办法解决的。

第三，要严肃执法。我们法院是执法机关，我支持你们有法必依，执法必严，违法必纠。这个原则不能松动，这是党的工作，是法律赋予我们的职责。我听说一些地方搞了一些规定，什么冻结帐户、划款要经过某机关同意，要经过某某长批准。这是不符合法律规定的，要抵制。当然，这个抵制很难，市长、书记是管你的，怎么办？判决执行不了，债权人要找到你法院闹，说你法院判决是一纸空文；你要强制执行，债务人要找市长、书记告你的状，说你法院弄走了他的钱、物，影响了他的生产，甚至以工人要上街来要挟。在这种情况下怎么办？我们执法部门，法院干部就要依法办事。我看有时候挨点骂，听到一些这样那样的闲话，也没有关系，我们的目的是依法维护正常的经济秩序，受点委曲也不要紧，我们不是为了个人利益，为自己的利益去搞执行。所以我们法院干部要严肃执法，要坚持原则。方法上要文明，要多做工作，要耐心、仔细一点。现在我们的事业发展了，行业比较多，领导同志管的事情比较宽，讲些原则问题可以，但具体的案件就可能不太了解，只要你给他汇报清楚了，宣传清楚了，道理讲清楚了，他们也是会支持的。

昨天，我听了魏彬同志谈这个会议的情况，我认为意义很重大。你们开会研究的问题，是个难度比较大的问题。现在我们深化改革，进一步开放，就应当把“执行难”的问题抓一下，这是我们政法部门，我们法院工作为经济建设服务当中的一个非常重要的方面。希望同志们开完会回去后，能够把我们省里的执行工作大大的推进一步，解决好“执行难”的问题。现在全国各地法院都在研究、解决这个问题，为什么呢？我想是这么一个道理，执行中既有过去的案件，又有现在的案件，还有今后的案件，我们国家如在经济生活里边，经济环境里边，法院的执行弄成非常没有办法的状态，“执行难”的疙瘩解不开，改革开放就会受到限制。扩大对外开放，信誉是很重要的，你把人家骗了，坑了，欠了人家的钱不还，法院又执行不了，人家谁敢来？所以这个会议研究的问题很重要，也是今年我们政法各单位维护社会稳定，打击经济犯罪，保障良好的经济秩序，为进一步改革开放，发展经济保驾护航的一个重要方面。我们要深入学习、贯彻中央2号文件精神，按照小平同志讲的两手抓、两手硬，法律才能靠得住，要理直气壮地发挥我们的职能作用，把我们的工作做得更有成效。我就讲这么多。

贵州省委书记刘正威在全省法院系统颁发荣誉证书暨表彰“五优”大会上的讲话

（1992年2月21日）

同志们：

今天我们在这里隆重开会，首次向在全省法院系统工作30年以上，在边远地区法院工作20年以上的同志颁发荣誉奖章和证书，并且表彰了“五优”先进单位和个人。这里，我代表省委向荣获奖章、证书和受表彰的单位和同志们表示敬意和问候。在几十年的岁月里，你们栉风沐雨，艰苦奋斗，为巩固人民民主专政，为社会的稳定和经济的发展，为我省的法制建设尽了心，尽了力，流了汗，甚至流了血。党和人民感谢你们。同志们几十年不倦的努力奋斗，表明同志们对党忠诚，对人民忠诚，对社会主义事业忠诚。我认为，这种忠诚，来自于同志们对党的领导和人民民主专政的坚定信念。有了这样的信念，同志们就有了在困难条件下奋进的勇气，就有了刚正不阿、严肃执法的正气，就有了孜孜不倦，刻苦钻研的锐气。形成了人民法官队伍的好思想、好作风、好传统。这些好思想、好作风、好传统，是同志们创造的宝贵精神财富。

当前，我国进入了一个开拓、发展的重要时期。在党的基本路线指引下，我国制定了十年规划和八五计划，明确了深化改革、扩大开放的方向。前不久召开的省委六届六次全委扩大会议，明确了今年全省工作的指导思想，这就是：坚定不移地全面贯彻执行党的基本路线，以中央工作会议、党的八中全会、中央民族工作会议精神和江泽民同志视察贵州时的重要讲话精神为指针，继续抓好发展经济，加强党的建设和维护社会稳定这三件大事。

全省法院工作要为党的中心工作服务，为兴黔富民服务，就要充分发挥审判工作的职能作用，切实维护政治稳定和社会稳定，为经济的发展创造一个安定良好的社会环境。只要维护好政治稳定，我们党就能坚定不移、一心一意地带领人民群众进行四化建设，就能争取在较短时间内使我国经济和人民生活水平有更大的发展和提高，出现一个更加稳定繁荣，更加能够顶住任何风浪的社会主义中国。因此，切实维护我国的政治稳定，有着十分深刻、十分深远的政治历史意义。所以，全省人民法院要有维护人民民主专政的高度自觉性和政治责任心，增强敌情观念，增强专政意识，坚决打击反革命犯罪分子，切实维护我省的政治稳定。政治稳定是社会稳定的前提，社会稳定又是政治稳定的基础，二者相互关联，在一定条件下会互相转化。所以切实维护政治稳定，就必须要做好社会稳定工作。全省各级人民法院要坚持严厉打击严重刑事犯罪分子，在当前要结合本省暴力犯罪突出，重大盗窃突出的情况，形成打击的声威，切实保证公民的人身、财产权，维护社会治安秩序。

运用审判职能，充分发挥法律制约和引导经济行为的作用，维护经济秩序，是人民法院直接为经济建设服务的一个重要方面。法律规范人们的行为，使之符合党的基本路线的要求，法律规范人们行为的这种功能作用，主要通过审判机关的审判活动得以实现。积极的审判活动，不仅要制裁违法行为，还表现为引导行为人建立符合法律规范的行为观念和经济关系、社会关系，对社会和经济的发展起到积极的推动作用。所以，在当前我国有计划的商品经济新体制正在形成和完善的阶段，运用审判职能，充分发挥法律制约和引导经济行为的作用，将有利于促进新的经济体制的巩固、发展。全省今年在改革方面，也要迈出更大的步伐，在转换企业经营机制，坚持以公有制为主体，促进多种经济成份的共生繁荣，加强社会主义市场体系建设，进一步搞活流通方面要有较大突破，进一步建立和形成新的经济关系和格局。我们也希望人民法院通过审判活动对全省的经济体制改革起到促进和巩固完善的积极作用。这就必然要求人民法院办案要讲求政治效果、社会效果和经济效果，防止就案办案。

加强党对各项工作的领导，是我国社会主义的政治原则和传统，在当前形势下，更有着重大的现实意义。一年来，国际形势发生了重大变化。苏联解体，世界社会主义事业遭受暂时的挫折，其中一个最基本的原因就是放弃了党的领导，放弃了人民民主专政的基本原则，教训是深刻沉痛的。人民法院是人民民主专政的重要工具，我们一定要把这个工具牢牢地掌握在党的手中，这就必须加强党对法院工作的领导。加强党对法院工作领导的一个重要方面，就是要保证和支持各级法院依法办事。我们党的方针、政策，是以全中国大多数人民的根本利益为出发点制定的，经过实践，比较成熟的政策定形化，上升为国家意志，成为法律。所以，在我国，党的政策、国家的法律和人民的利益有着高度的一致性。人民法院依法办事，就体现了党的主张，人民的意志。也可以说，保证人民法院实现依法办事，就是保证党的基本方针和政策在审判工作中的贯彻执行。对于这一点，各级党委要有清楚的认识。要把研究解决人民法院在依法办事过程中的重大问题，作为党委工作中的一项重要内容，提到议事日程。保证、支持人民法院依法办案，保证人民法院依法独立行使审判权。

就全国来说，本省经济不发达，省委六届六次全委会提出，在改革开放方面，我省要迈出更大的步伐，要进一步扩大对外开放，不仅要扩大对周边省区的开放，还要积极创造条件，改善投资环境，吸收外商投资，鼓励外商到我省办企业。我们有了开放的态度、明确的政策，别人的资金、技术才会进来。如果别人感到你这里的地方保护主义对执法有干扰，他的利益可能得不到公平、切实的保护，他就不敢进入。所以，这既关系到严肃执法的问题，也是一个关系到我省经济发展的长远利益的问题。我希望各级党委要从这样的高度认识和帮助人民法院解决好此类问题。

加强人民法院的队伍建设，也是一项重要而紧迫的任务。今天在这里荣获奖章和证书的同志们，有的已经离开了工作岗位，有的也快要离开工作岗位。现在，从年龄结构上看，全省的法官队伍总体上还属年轻，在新的历史时期，我们要从抵御和平演变的战略高度，把全省人民法院队伍建设成为一支政治坚定，业务精通，作风过硬的队伍。要确保各级人民法院的领导权牢牢掌握在忠于马克思主义的人手中。这实质上关系到人民民主专政的工具掌握在什么人的手中、为谁服务的大问题。1993年，各级法院院长将要换届选举，各级党委要把这件事摆上议事日程，把各级人民法院院长选准、选好。对不适合作法院工作的人，要坚决调离，要保证执法队伍的纯洁性、可靠性。今年在各级党委的领导下，要作好这项工作。

时光流逝，岁月峥嵘，今天我们在这里向老同志颁发荣誉奖章和证书，更增加了我们的使命感、责任感。社会主义的事业正在继往开来，蓬勃发展，我们要学习和发扬老同志的好思想、好传统、好作风，为社会的稳定和发展，为巩固人民民主专政，为建设有中国特色的社会主义，作出更大的贡献！

贵州省人大常委会副主任周衍松在全省法院系统颁发荣誉证书暨表彰“五优”大会上的讲话

（1992 年 2 月 21 日）

同志们：

这次全省法院工作会议，认真回顾了1991 年全省法院工作，传达学习了全国高级法院院长会议和省委六届六次全委扩大会议精神，安排部署了今年的法院工作；总结交流了全省法院运用审判职能，维护全省政治、社会稳定，保障和促进工农业生产，为经济建设保驾护航的经验；向在全省法院系统工作 30 年以上、边远地区法院工作 20 年以上的老同志颁发了荣誉奖章和证书，表彰了先进，是一次很重要的会议。借此机会，我代表省人大常委会向获得荣誉奖章和证书的老同志，以及获得优秀基层法院院长、优秀审判员、优秀书记员、优秀工作者和优秀人民法庭光荣称号的个人和集体，致以热烈的祝贺和衷心的感谢，并通过你们向忠实地履行自已职责的全省法院干警致以亲切的问候。你们，尤其是获得荣誉证书和奖章的老同志，在司法工作岗位上几十年如一日，勤勤恳恳，尽心尽职，努力钻研业务，不断开拓进取，深入实际，密切联系群众；忠实于人民利益，忠实于事实真相，忠实于法律制度，为加强社会主义法制，为贵州社会稳定和经济发展，为兴黔富民所作出的努力和奉献，将载入法院史册，并将产生巨大的精神物质力量，激励着全省法院干警奋发向上的斗志。

会议期间，我看了你们送来的全省法院1991 年工作总结和 1992 年工作安排。总结是实事求是的，工作安排体现了党的中央工作会议和十三届八中全会精神，是符合贵州实际的，是切实可行的，我完全赞同。

在过去的一年里，全省各级法院在党委领导下，在人大及其常委会的监督下，在国际风云变幻、省内出现严重洪灾的形势下，在人员、经费、装备等条件比较紧张困难的条件下，坚定信念，站稳立场，团结奋斗，开拓进取，自觉与党中央保持政治上的一致，紧紧围绕为经济建设服务这个中心，本着稳定压倒一切的指导思想和要求，在坚持突出严厉打击严重刑事犯罪和严重经济犯罪的同时，全面开展各项审判，大力加强自身建设，不断提高执法水平，审结了大批案件，打击了犯罪分子的嚣张气焰，妥善地解决了大量的民事、经济、行政纠纷，积极参与社会治安的综合治理，有效地发挥了人民法院的专政、保护和调节的职能作用，为维护我省的政治稳定、社会安定，为促进本省社会主义经济建设、民主法制建设作出了很大贡献。实践证明，全省法院队伍是一支忠于党、忠于人民、经得起考验、有战斗力的队伍。省人大对法院工作是满意的。希望你们通过这次会议，进一步总结经验，明确方向，振奋精神，努力完成各项审判任务，把法院的工作做得更好。

当前，国际形势错综复杂。国际敌对势力加紧对我国进行渗透、颠覆和破坏活动，极力推行“和平演变”战略。抵御和粉碎国外敌对势力“和平演变”图谋最主要的办法，就是要坚持党的基本路线，把经济建设搞上去。去年下半年，中央先后召开的工作会议和十三届八中全会，分别就搞好国营大中型企业，加强农业和农村工作作出了决定。这是党中央根据当前形势作出的重大决策，要求各级法院进一步发挥审判机关的职能作用，维护社会稳定，为搞好国营大中型企业和发展农村经济服务，以保障和促进社会主义经济建设的发展。

下面，我着重讲三个问题。

一、严肃执法，努力提高执法水平

党的十一届三中全会以来，党和国家十分重视加强社会主义民主和法制建设，把社会主义民主和法制建设作为社会主义现代化建设的重要保证。人民法院是国家的执法机关，在加强社会主义法制建设中肩负着重要的职责和神圣的使命。近几年来，本省各级法院以实行办案质量、效率和社会效果“三统一”为目标，努力改善执法活动，积极推进各项审判的规范化、标准化，执法水平有了明显提高。但在某些方面，我们的执法水平与客观形势和任务的要求还不相适应。随着改革开放的深化和社会主义法制的日趋完备，人民法院的审判任务越来越重，对执法水平的要求越来越高。严肃执法，努力提高执法水平，不仅是加强社会主义法制的需要，也是形势任务发展和加强审判工作的要求，更是做好法院工作的一项基本功，必须着力抓好。

在审判工作中，要切实做到严肃执法，最核心的问题就是要加深对执行国家法律与党的方针、政策一致性的理解，正确处理执行国家法律与执行党的方针、政策的关系。大家知道，政策和法律都是为党的基本路线服务的，它们是相辅相成、辩证统一的。政策是法律的先导，法律是政策的定型化。但政策和法律又有不同的特点，政策经过实践证明是正确、合理、可行，而且有必要的，才形成了法律。并不是所有的政策都要取得法律的形式，上升为法律。在这个过程中，两者出现一些不一致的地方是难免的，尤其是在改革开放过程中，这种情况更多些。因此，在审判工作中，有法的要依法办，没有法的按政策办，充分发挥两者各自的作用。在审判实践中，要善于把执行法律与执行政策统一起来，在执法中坚决贯彻执行党的方针、政策，维护法律的尊严，在法律法规没有明文规定或未进行修改前，不能因为某些政策规定而随意开口子。法院在执法中发现法律与政策不尽一致或相冲突以及有些地方实行的某些具体政策明显违法的问题，要向立法机关或有关部门提出修改或调整的建议。对于同法律、政策不相一致而产生分歧的案件，要多研究、多请示，不要贸然行事。总之，在执法中既要防止把法律和政策对立起来，执行法律不对党和国家制订的方针、政策，作的指示认真研究，脱离形势，孤立办案；也要防止认为执行政策就可以不顾法律，不严肃执法。可以说，能否正确处理好这两者之间的关系，是衡量我们执法水平高低的一个重要标志。

二、切实加强执行工作，认真解决执行难问题

执行工作是审判活动的最后一道工序，是人民法院发生法律效力的判决、调解、裁定付诸实施的关键环节，是维护国家、集体和个人合法权益的重要保证。近年来，案件审结后执行难的问题相当突出，主要是经济纠纷案件审结后，由于种种原因，未能执行，使当事人的合法权益得不到应有保护，损害判决严肃性和法制的尊严。一些打赢了官司但兑现不了的群众或单位，对此反映十分强烈，应当引起我们的高度重视，并切实加以解决。全省各级法院要把加强执行工作列入重要议事日程，真正下大力解决执行难问题。这次会议上，织金县法院介绍了他们如何解决执行难的经验。他们把执行工作纳入领导议事日程，对执行难的问题开展专项治理；院长挂帅，对重大、有影响的执行案件，亲临现场指挥；主动争取党委、人大对执行工作

的领导和监督，争取政府部门和社会各界的支持与配合；通过各种新闻媒介开展法制宣传，大造舆论，为执行工作创造良好环境；从实际出发，采取灵活多样的执行措施，收到了很好的社会效果，打开了执行工作的局面。我认为，这些经验和做法很好，值得各地法院效仿。希望在新的一年里，全省法院要把加强执行工作作为一个工作重点，取得有关方面的支持与配合，竭力改变困扰法院多年的执行工作的被动局面。

三、各级人大要加强对法院工作的监督和支持，为法院依法办案创造条件

人大及其常委会对法院工作的监督是宪法赋予的一项重要职责，这种监督既是对法院工作的支持和促进，也是一种必要的制约。最近，七届人大常委会委员长会议强调，人大常委会要把立法和执法的监督检查放在同等重要的地位，对今后的执法检查工作作了安排，并提出要把开展执法检查工作作为一项制度坚持下去。根据这个精神，为加强执法检查工作，今后人大对"一府两院"的工作要逐步开展组织代表进行评议，这是人大监督工作的深化和发展，是人大代表监督"一府两院"工作的很好形式。去年底至今年初，我们重点评议了贵阳市南明区法院和清镇县法院的廉政建设，执行刑法和刑诉法的情况。通过人大代表第一、二阶段的评议，总体上看，这两个法院执法执纪、廉政建设是好的，但人大代表对存在的问题也提出了不少的意见和建议。待这两个点的评议工作完结后，我们在总结经验的基础上，将对"一府两院"的评议工作逐步全面铺开。全省各级法院要提高人大代表评议法院工作重要性、必要性的认识、自觉接受监督和评议。对人大代表提出的意见和建议，要严肃对待，集中分类，研究制订出切实可行的整改措施，认真加以改进。做到事事有着落，件件有交待。同时，各级人大要从严格执法的角度，对评议中发现的有法不依，执法不严，违法不究的问题，要及时提出，由有关法院予以纠正。对人民法院在审理案件中碰到的阻力和干扰，主动过问了解，积极帮助排除，防止部门保护主义和地方保护主义，支持人民法院依法办案，确保法律的正确实施。

这里我想强调一点，各级人大和人民法院在执法检查工作中，要把贯彻执行人民法庭工作条例的情况作为重要内容来进行。《贵州省人民法庭工作条例》是本省制订的地方性法规，是加强人民法庭建设的法律武器，经过两年多的实践证明，这个条例是正确的，必须认真贯彻执行。据各方面的情况反映，在撤区、并乡、建镇过程中，又有一些地方将人民法庭下放到乡镇管理，这有损于法制权威，要加以防止和纠正。人民法庭是基层人民法院的派出机构，是基层人民法院的组成部分，它是基层人民法院依据法院组织法根据地区、人口的分布情况设立的，是国家审判机关的组成部分。我省人民法庭绝大多数地处农村，加强人民法庭建设，对于加强农村法制建设和农村精神文明建设，对于维护农村社会秩序和发展农村经济，确保一方平安，都具有十分重要的作用，各地在加强农村基层政权的功能时，不应将法庭下放归乡镇管理，这与国家现行体制是不相符的，也不能保证人民法院依法办案。前几年，为制止、纠正人民法庭下放到区镇管理的问题，省人大曾作过决议，态度是十分明朗的。我们将一如既往，对已经下放的人民法庭，各地人大要督促、支持人民法院收回，决不能含糊。各级法院要认真贯彻八中全会精神，继续坚持面向基层、充实基础的方针，从政治上、组织上、业务上和思想作风上全面加强人民法庭建设，把人民法庭的工作提高到一个新水平。

同志们，做好1992年的审判工作，对于促进改革开放的深化，促进工农业生产和整个经济建设的全面发展，保障十年规划和"八五"计划的顺利实施具有重要意义。希望你们振奋精神、鼓足劲头、开拓进取，把各项审判工作做得更好，为社会稳定和经济发展，为兴黔富民作出新的贡献，以优异的成绩迎接党的十四大胜利召开。

云南省委副书记尹俊在全省法院院长会议上的讲话（摘要）

（1992年4月11日）

同志们：

全省法院院长会议就要结束了，今天抽点时间来看望大家。近年来，全省法院系统做了大量卓有成效的工作，特别是最高人民法院将部分毒品死刑案件的核准权授予本省高院行使后，同志们在打击毒品犯罪方面做得非常好，不但办案效率高，打得有力，而且打得准，为维护云南边疆稳定、民族团结、经济发展作出了重要贡献。省委在研究政法工作时曾多次肯定法院工作，全省各级党委和政府、各族人民对法院系统的工作是满意的，我代表省委向同志们表示衷心感谢！

创教同志已向同志们传达了全国高级法院院长会议精神，总结部署了今后法院的任务。创教的讲话突出了当前的中心工作，贯彻了小平同志的重要谈话精神，思路清晰，任务明确，实事求是，我完全赞同。希望同志们回去以后向党委汇报，向全体法院干警传达，付诸实施。借此机会，我向同志们提几点希望：

第一，认真学习中央2号文件，深刻理解小平同志的重要讲话精神。当前，全党、全军、全国人民都在认真学习中央2号文件，深刻领会小平同志重要讲话的精神实质，以小平同志的讲话精神来指导和推动各项工作。小平同志讲话的核心就是要我们解放思想，加快改革开放步伐，集中精力把经济工作搞上去。

省委认为，党的十一届三中全会以来，本省坚持实事求是的原则，从云南的实际出发认真贯彻落实党的路线、方针、政策，各方面的工作都取得了很大的成绩。但在搞改革开放和经济建设方面思想还不够解放，胆子还不够大，魄力还不足，因此提出下一步的工作就是思想大解放，作风大转变，完成四大任务，突破三个环节，加快经济发展步伐。一定要克服满足现状，固步自封，因循守旧，怕担风险的思想；坚持实事求是，敢于探索，勇于实践，反对教条，要从指导思想上由注重解决温饱问题转变到如何带领各族人民讲小康、干小康、奔小康。只要符合“三个有利于”标准，就要敢试敢闯；对党和国家的现行政策，要结合实际，用足用活，要力戒形式主义，精简文件、会议，尽量减少不必要的应酬活动，腾出时间深入群众，多办实事。

从政法战线上看，解放思想，转变作风，真抓实干，深入群众也是政法战线上的当务之急。最近，省政法委报经省委同意，召开全省政法工作会议，并从公检法司等有关部门抽调200多名领导同志和业务骨干，用3个月的时间深入到全省各地去，对全省政法系统进行一次执法执纪情况的总结检查，用小平同志的讲话精神作指导，联系各部门的实际提高认识，统一思想，肯定成绩，总结经验，找准问题，及时改正。通过总结检查，使全省干警进一步树立坚定的为经济建设服务的意识，进一步提高政法队伍严格执法执纪的水平，努力为深化改革，扩大开放，发展经济创造良好的环境和条件。

中央2号文件同志们在这里已经学习，学得不错，当然更重要的是回去运用。仅我们学还不行，还要组织全体干警学好。思想认识解决了，工作中心就明确，步伐就快。这要作为大事来抓，要站在全党全局的高度，用党性原则作保证，否则我们就会被动，甚至会落在形势的后面。

第二，政法部门要把严重影响和阻碍改革开放与经济建设的问题抓准，把它列入重要的议事日程。在本省，当前影响、阻碍、甚至破坏改革开放和经济建设的最突出、最主要的问题，一是毒品问题，二是枪支弹药的问题，当然还有其他严重刑事犯罪和经济犯罪。政法各部门要紧紧盯住、抓准严重障碍经济建设和改革开放的重要问题，制定措施，抓住重点，坚决解决。

打击毒品犯罪，从法院这条战线来讲是抓得紧的，打击是很有力的，中央政法委和最高人民法院都作了充分肯定。但我们要看到，由于种种原因，毒品问题还没有遏制住。有的地区毒品犯罪还在蔓延、上升，而且数量越来越大，手段越来越狡猾。由于毒源没堵住，吸毒人员不断增加，按在册人数是57000人，实际上远远不止此数，估计不会低于10万人。在调查预测中，10万吸毒者有7万是吸海洛因，3万吸鸦片。在7万吸食海洛因的人员中，青少年和中年人又占70%，并且有40%左右的人为了搞钱吸毒串至社会偷盗抢劫、杀人、坑蒙拐骗，严重危害社会治安，直接破坏着经济建设。如果说这个环境不解决，我们云南的优势再大，地域再好，别人是不愿意来投资搞建设的。

另一个是枪支弹药问题。现在本省流失在社会上的枪支弹药很多，这些枪支弹药主要来源于中越边境。由于枪支弹药流失严重，今年1至2月份，全国的爆炸、枪杀案件比去年同期大幅度上升，其中枪杀案件涉及到枪支来源于本省平远街的就有22个省区。从全省的情况看，持枪抢劫，持枪杀人的案件也不断发生，这些枪支弹药主要也来自平远街。枪支弹药问题不控制和解决，不要说本省不安全，全国的治安也会受到威胁。因此，政法部门要紧紧围绕严重影响、威胁、破坏经济建设和人民生命财产安全的这些重大问题，抓紧抓死不放，一抓到底。省委一再讲，本省有两大优势，资源优势和区位优势，如果社会治安问题解决不好，我们有再好的优势别人也不敢来投资搞建设，生命财产都得不到保障，谈搞建设就是空的。希望同志们回去以后，结合你们地区的实际情况，认真找准影响社会治安的主要问题，特别是毒品犯罪严重和枪支弹药流失严重的地区，要采取坚决有效的强硬措施，坚决解决。如果这些问题不解决，我们的一切问题都是空的。

第三，认真执法，依法办事，大胆保护改革者。从法院来讲，在严肃执法，严格依法办事方面是没有问题的。是很好的，我们所办的案件绝大多数是经得起历史检验的。但我们也应当看到，社会在发展，情况也在不断变化，特别是改革开放后出现的新情况、新问题就需要我们认真加以研究，实事求是地把问题搞准。我们既要有打击的一手，又要有保护改革开放的政策措施，保护改革者。在改革开放中出现的问题，要有一个前提，只要是真心实意搞改革，而且在改革中大胆探索，勇于进取，敢闯敢干，在此中有些过程失误，出一些问题，我们要满腔热情地帮助他们总结经验，改进工作，对这类问题不要轻易查处，不要纠住些小毛病不放。最近，省政府和有关部门找了一些企业家、厂矿领导和经济部门的领导座谈，他们在这个方面都有些耽心和忧虑。朝柱同志向中央领导人汇报工作时也谈到这个问题。希望各地的同志们本着这个精神，对这方面的问题实事求是地研究，对了的就坚持，错了的就纠正，错多少就纠正多少，只有这样做才是唯物主义的观点和实事求是的态度。省委认为，目前我们要认真贯彻两手抓的方针，但要有保护干部方面的法规，曾经提出，要我们法律部门，在改革开放当中，在保护干部方面立一些法规。我看在这方面请法院系统根据各地的情况作一些研究，逐步地研究一下如何来保护我们的干部。

第四，加强队伍建设。法院这支队伍是好的，是信得过的，是一支对党、对人民作出了重要贡献的队伍，党和人民永远不会忘记同志们。但是也要看到我们这支队伍发展较快，加上战线长、面广，又是处在改革开放的环境中，所以一定要把我们这支队伍在组织上、思想上建设好。在政治上坚定不移地保证党的领导，走社会主义道路；在思想作风上就是要树立全心全意为人民服务的思想，深入实际，调查研究，为群众办实事；在组织上要严明党的纪律，服从指挥，顾全大局。只有这样一支高质量、靠得住的队伍才能适应形势的要求，也才不会辜负党和人民对我们的重托。

要有一支好的队伍，就要建设好一个好的领导班子。乔石同志指出，治警必须治长，治警先治长。也就是说，只要班子好，队伍就会好，强将手下无弱兵，什么样的班子就会带出什么样的队伍。从本省来讲，各级法院的领导班子是很好的，但要加强团结协作，一定要以大局为重，互相尊重、互相支持、互相理解、互相谅解、团结互助、奋发向上，共同完成我们的各项任务。只有这样做，我们的事业才能无往不胜。我之所以提出这个问题，不是说我们法院的班子不团结、队伍有问题，而是强调越是困难，任务越是艰巨，我们就越是要加强团结，这是时代对我们提出的更高要求。另外我们工作涉及面广，虽然有地区管辖的关系，但地区与地区、县与县、部门与部门之间要讲协调配合，这点是很重要的。

我没有什么准备，今天主要是来看望同志们，感谢同志们。我谈的这些意见，创教同志在讲话中有许多问题都讲了，他讲得很深刻，针对性很强。占钧同志还要作小结，我就说这些。

谢谢大家。

宁夏回族自治区党委书记黄璜对法院工作的指示

（1992年2月4日）

2月4日，自治区党委书记黄璜同志听了自治区高级人民法院院长邹献朝汇报全国高级法院院长会议精神后说："党中央十分重视政法工作，对政法工作要求很高，已列为1992年要继续抓好的三件大事之一。请你们根据中央的决策，结合宁夏的实际，贯彻好全国高级法院院长会议精神。要在抓服务、抓基层、抓队伍、抓落实上多下功夫，做好审判工作，更好地为社会稳定和经济建设服务。"

宁夏回族自治区党委常委、政法委员会书记白振华在全区法院院长会议上的讲话

（1992年3月3日）

同志们：

全区法院院长会议今天就要结束了。这次会议认真传达贯彻了全国高级法院院长会议精神，集中研究了我区法院工作。同时，对人民法院在社会治安综合治理工作中涌现出来的先进集体和个人进行了表彰。会议开得很好，明确了任务，统一了思想，交流了经验，增强了信心，振奋了精神。我代表自治区党委对会议的圆满成功，对这次会议受到表彰的先进集体和个人表示热烈的祝贺！

党中央和自治区党委历来重视法院工作。在全国高级法院院长会议前和开会期间，江泽民、李鹏和乔石同志对法院工作作了重要批示和讲话，自治区党委书记黄璜同志在这次会议前，对全区法院工作也作了重要指示，对做好法院工作具有重要指导意义。希望同志们认真学习，深刻领会精神，抓好落实。

去年，全区法院在各级党委的领导下，以经济建设为中心，全面开展审判工作，坚持依法“从重从快”的方针，针对治安中的突出问题和重大刑事犯罪案件一度大幅度上升的情况，各级法院与公、检、司等其他部门密切配合，协同作战，依法及时严惩了一批严重危害社会的严重刑事犯罪分子，狠狠地打击了犯罪分子的嚣张气焰，遏制了重大案件的上升势头。充分运用审判职能，依法从严惩处了一批严重经济犯罪分子。认真贯彻党中央7号文件和自治区党委21号文件精神，积极参与社会治安综合治理，做了大量工作，总结了一些经验，涌现了一批结合审判工作开展综合治理的先进典型，这次受表彰的，就是其中的突出代表。队伍建设进一步加强，抓了全区法院院长培训，加强了队伍的马克思主义基本理论学习，广泛开展了学雷锋、学彭学文和“百日无违纪竞赛”活动，组织先进事迹报告团到全区法院巡回演讲。对队伍中极少数严重违法违纪问题，不护短、不袒护、主动查处、严肃处理。总的讲，法院工作是好的，成绩很大，党委对法院的工作是满意的，借此机会，我代表自治区党委向全区广大法院干警表示亲切的慰问和感谢！

关于今年的工作，献朝同志在讲话中都讲了，他的讲话会前我已经看过，讲得很好，我都同意。下面，再强调以下几个问题：

一、认真传达学习、贯彻落实好邓小平同志的重要谈话

今年1月18日至2月21日，邓小平同志先后在武昌、深圳、珠海和上海等地发表了重要谈话。在我国社会主义现代化建设的关键时期，邓小平同志就坚定不移地贯彻执行党的“一个中心、两个基本点”的基本路线，坚持走有中国特色的社会主义道路，特别是抓住当前有利时机、加快改革开放的步伐，集中精力把经济建设搞上去等一系列重大问题，发表了极为重要的意见。邓小平同志的这个重要谈话，是党的十一届三中全会以来我国改革开放和社会主义现代化建设基

本经验的科学总结，是全党、全国各族人民的行动纲领，是深入改革、扩大开放的动员令，也是中国共产党人坚定不移地走有中国特色社会主义道路的宣言书。邓小平同志的重要谈话，不仅对当前的改革开放，对开好党的十四大，具有十分重要的指导作用；而且对整个社会主义现代化建设事业，具有重大而深远的意义。各级法院的党组织要把传达学习邓小平同志的重要谈话作为当前的一件大事来抓，全面地、深刻地领会谈话的精神实质，并且要紧密结合法院工作的实际，认真贯彻落实。高级法院党组要加强对全区法院的学习领导，并且及时将学习贯彻情况向党委汇报。

二、充分发挥审判职能作用，为深入改革、扩大开放和经济建设服务

邓小平同志曾经多次指出："社会主义现代化建设是我们当前最大的政治"。社会主义最根本的任务就是发展生产力。社会主义优越性的根本表现就在于能够更快更好地促进生产力的发展，社会主义政治制度、经济制度的巩固和发展取决于生产力的发展，正确的政治领导的成果归根结蒂要表现在社会生产力的发展上。邓小平同志反复强调，经济建设是我们的一切工作中心，其他一切任务都要服从这个中心，围绕这个中心。这是全党的大局，是全国各族人民的根本利益所在。上层建筑必需服务于经济基础，这是历史唯物主义的一个基本要求。作为国家上层建筑重要组成部分的人民法院，无疑应当把为经济建设服务，巩固社会主义经济基础作为自己的神圣职责。去年，全区法院认真贯彻党的十三届七中、八中全会和中央工作会议精神，发挥审判职能作用，为搞好企业和农村经济发展作出了积极贡献。最近，区高级法院又召开了大中型企业厂长座谈会，组织调查组，深入到大中型企业调查，进一步研究如何更好地为经济建设服务，这个做法很好。全区各级法院，特别是各级中院都应组织力量在这方面做一些调查研究，并且要抓紧抓住不放，抓出成效。

为经济建设服务，首先要继续抓好"严打"这个首要环节。党的十一届三中全会以来，邓小平同志多次指出：搞四个现代化一定要有两手，即一手抓建设，一手抓法制。在最近的重要谈话中，他又强调："要坚持两手抓，一手抓改革开放，一手抓打击各种犯罪活动。这两只手都要硬。打击各种犯罪活动，扫除各种丑恶现象，手软不得"。我们一定要更加自觉地贯彻小平同志"两手抓"的思想，必须坚定不移地继续深入开展严厉打击严重危害社会治安的刑事犯罪分子，严惩严重破坏经济的犯罪分子。必须明确，服务的手段是多方面的，打击也是服务。打击这一手绝不能放松，"严打"的思想任何时候都不能动摇。今年，要突出对严重暴力犯罪和团伙犯罪的打击。对重大案件的审理，要继续坚持提前介入，认真执行"两个基本"的原则，把依法"从重从快"贯彻到案件审理的各个环节上。要大力开展政治攻势，选择从宽从严的典型案件，组织进行公开审判，大张旗鼓地宣传，形成强大的舆论声势。在开展政治攻势方面前两年我们狠抓了一下法院工作是好的，是有成效有经验的，今年要更加努力工作，更加主动，使效果更加显著。对未成年人，要立足于教育和挽救。在抓好"严打"的同时，要积极参与对社会治安的综合治理。当前要结合审判工作积极地抓好反盗窃斗争第二阶段的工作。

法院的各项审判工作都与经济建设密切相关，要进一步拓宽服务渠道，扩大服务领域，大力加强经济、民事、行政审判工作。要继续深入调查研究，不断解决服务中出现的新情况、新问题，总结推广新经验，探索搞好服务的新方法，将法院的"服务"工作引导到更高的层次上，提高到一个新水平。

三、大力加强队伍建设

我们多次肯定，法院队伍是好的，是忠

于党、忠于人民、忠于社会主义事业的可以信赖的队伍。我们队伍中的绝大多数同志是任劳任怨、秉公执法、严肃执法、勤勤恳恳为人民服务的，这是主流。我们要大力表彰先进人物。但是，强调主流，绝不能忽视支流；肯定大多数，绝不能忽视极少数人的违法违纪问题。否定一切不对，肯定一切也是错误的。在我们队伍里，确有极少数人经不起考验，贪赃枉法，违法乱纪，甚至走上犯罪道路，尽管这些腐败行为发生在极少数人身上，但它破坏了法院的声誉，破坏了国家的法制，玷污了党和国家的形象，直接损害了人民群众的利益，应当引起我们的足够重视。

人民法院是国家的审判机关，大量的民事、经济、行政和刑事案件，是非曲直，生死予夺，最终都要由法院依法裁判。因此，人民法院的审判活动体现着国家的民主和法制，直接影响着群众的利益、社会经济秩序和党的政策的稳定，也影响着人民群众对党和国家的信任。这就决定了人民法院在队伍建设的要求上，必须坚持高标准严要求。如果法院的队伍素质不高、不廉洁，甚至出现少数人违法乱纪，就不能严肃执法，就会出现放纵包庇犯罪分子的问题。因此，队伍建设的问题，也就是管好教育好人的问题，是一个至关重要的问题。

队伍建设涉及方面很多，要做的工作也很多，必须突出重点，今年要在四个方面狠下功夫。一是要在抓各级领导班子建设上狠下功夫。审判工作也好，队伍建设也好，都要靠各级班子带领群众去完成。如果领导自身不廉洁，或是怕得罪人，或是对下情不了解，或是班子不同心，软弱无力，或是管理不严，思想教育不力，就很难带好队伍。相反，领导表率作用好，班子团结，敢抓敢管，就能带好队伍，就是出了问题，也敢于处理，敢于纠正，容易纠正。二是要在抓干警的政治、业务素质上狠下功夫。近年来队伍建设中的问题，很多都是出在素质上。有的是政治素质低，违法违纪；有的是业务素质低，把该办好的事没办好，群众不满意。因此，我们要坚持德才兼备，有才无德不行，有德无才同样也不行。德和才都应当统一于做好本职工作之中。政治培训和业务培训都要抓，要积极有效的开展岗位练兵活动，加强政治理论学习。现在，大家对这一点认识是一致的，关键是要采取切实有效的措施来解决。三是要在抓纪律上狠下功夫。铁的纪律才能有铁的队伍。今年，我们要求政法各部门都要针对本部门的实际，认真进行纪律整顿，加强纪律教育。要严格审判纪律，严格工作纪律。上级人民法院要加强对下级人民法院审判工作的监督和业务指导，检查下级人民法院办案质量，这要形成制度。对审判监督采取什么样的态度，实质上也是一个纪律观念强不强的表现，这就需要强化监督意识和接受监督的意识。我们要自觉地接受人民代表大会及其常委会的监督，接受广大人民群众和舆论的监督，发现问题，及时依法纠正。总之，要使我们的队伍从各个方面都严格起来，按规矩办事。四是要在思想政治工作上狠下功夫。

在这里，我想重点强调一下改进审判作风问题。改进审判作风是区党委和最高人民法院一直很强调的一个问题，这几年高院和各级法院是很重视的，做了大量工作，审判作风不断得到改进。但是现在，群众对政法部门包括我们法院“门难进、脸难看、事难办”等现象时有反映，有些群众说是“告状无门”，有的案子甚至一拖就是几年，有些案子互相推诿。所以改进审判作风仍是一个需要着力解决的突出问题。对人民群众的来信、来访，对人民群众要求依法解决的问题，采取什么样态度，实质上反映了我们对待人民群众的根本态度。为人民服务是我们的宗旨，关心群众疾苦，为群众排忧解难，是我们应尽的责任。郑板桥的“难得糊涂”很多人都知道，但郑板桥还有一首诗我们更应该借鉴。他在山东潍县当县令时，曾经作过这样一首诗："衙斋卧听萧萧竹，疑是民间疾苦声。些小吾曹州县吏，一枝一叶总关情。"一个封建社会的县令尚且把民众疾苦、人间冷暖铭刻在心，在我们人民当家作主的社会主义国家，我们的共产党员、人民的法官，更应当做到，而且应当做得更好。密切联系群众是党的三大作风之一，依靠群众，是我们事业胜利的保证。审判作风，决不是一件小事。脱离了群众，是很危险的。"得人心者得天下"，这是一句千古流颂的老话，每一个共产党员，党的干部，都应当从党和国家的根本利益出发，切实改进审判作风，抓好队伍建设，这是党和人民的希望，是对在座的各级领导同志的重视。

今年政法工作任务繁重，法院的各项审判任务也很艰巨。要做的工作很多。我们希望各级领导干部要不断改进工作方法，提高领导艺术，提高驾驭全局、组织协调和指挥全局的能力。在众多的矛盾中，要学会抓主要矛盾，在工作头绪很多的情况下，要善于抓重点。要突出抓为经济建设服务；突出抓基层基础工作；突出抓队伍建设；突出抓落实。具体在各个工作阶段上，可以有所侧重，但这"四个突出"应当明确，应当成为我们全年始终抓住不放、并且要着力抓出成效的主要工作。

同志们，一年之计在于春，深化改革、扩大开放又为我们提供了大显身手的历史机遇，我们面前的困难很大，但希望也很大。让我们紧密地团结在以江泽民同志为核心的党中央周围，在自治区党委的正确领导下，励精图治、艰苦奋斗，努力拼搏，以优异的成绩，迎接具有重大历史意义的党的十四大的胜利召开！

第六部分　重要会议

全国高级法院院长会议

1992年1月7日至12日，最高人民法院在北京召开了全国高级法院院长会议。各省、自治区、直辖市高级人民法院院长，解放军军事法院院长，各直辖市、计划单列市、经济特区市以及省会、自治区首府所在地中级人民法院院长，解放军各大单位军事法院院长，各铁路运输中级法院和海事法院的院长，最高人民法院各部门的负责人共163人参加了会议。中央和国家机关有关部门的代表应邀参加了会议。

会议的任务是：认真学习、贯彻党的十三届八中全会和中央工作会议精神，研究、部署1992年人民法院的工作。

党和国家领导人江泽民、李鹏对这次会议作了重要批示；会议期间，乔石听取了高级法院院长的汇报，并作了重要讲话。

最高人民法院院长任建新在会上作了《进一步加强审判工作，维护社会稳定，保障经济发展》的讲话。会上，有17位高级法院和中级法院院长作了大会发言，交流了经验。

会议回顾了1991年全国法院工作取得的成绩。全国法院围绕经济建设这个中心，全面开展审判工作，取得了很大成绩。1991年1至11月，全国各级法院和专门法院共审结各类一审案件2477691件。其中，审结杀人、抢劫、强奸、拐卖人口、贩毒、重大盗窃等一审刑事案件360915件，判决人犯449509名。在审结的一审刑事案件中，包括贪污、受贿、挪用公款、走私、投机倒把、偷税抗税等经济犯罪案件33478件，判决人犯29649名。审结一审经济纠纷案件476119件，海事、海商案件781件，诉讼标的总金额达229亿元。审结一审民事案件1619298件，行政案件20498件。处理了大量告诉申诉和来信来访。密切结合审判工作，积极参与了社会治安综合治理。为保障国家和社会的稳定，促进国民经济的发展，作出了应有的贡献。

会议要求1992年着重抓好以下几项工作：

一、继续严厉打击严重刑事犯罪和严重经济犯罪活动，为经济建设创造良好的社会环境。一是严厉打击严重危害社会治安的犯罪，维护国家和社会的稳定。坚持依法从重从快惩处的方针；坚决执行全国人大常委会关于禁毒，惩治走私、制作、贩卖、传播淫秽物品的犯罪分子，严惩拐卖、绑架妇女、儿童的犯罪分子和严禁卖淫嫖娼等四个“决定”，严惩“六害”犯罪分子；深入开展反盗窃斗争。二是严厉打击严重经济犯罪，促进廉政建设，维护社会主义经济秩序。重点抓好对贪污、贿赂、挪用公款案件的审判；坚决打击走私、投机倒把、利用经济合同和票据进行诈骗等扰乱经济秩序的犯罪分子；切实抓好大案要案的审判；坚持依法从严惩处的方针和“一要坚决，二要慎重，务必搞准”的原则，严格区分罪与非罪的界限，做到既要打击经济犯罪，又要保护改革开放。三是紧密结合审判工作，积极参与社会治安的综合治理。认真贯彻中央和全国人大常委会关于加强社会治安综合治理的两个“决定”，落实全国政法工作会议对今年深化社会治安综合治理工作所作的部署，把社会治安综合治理的方针、措施贯彻落实到各项审判工作中去。结合审判工作，认真贯彻《中华人民共和国未成年人保护法》。

二、充分运用审判职能调节经济关系，积极为搞好国营大中型企业和发展农村经济服务。一是及时审理好涉及国营大中型企业的案件；积极参与清理企业“三角债”；加强商标、专利、著作权等知识产权案件的审理；妥善处理好在深化企业改革和国家宏观调控中出现的各类案件；审理好涉外和涉港、澳、台案件，为深化企业改革、加强企业管理、促进技术进步、扩大对外开放提供法律保障。二是妥善处理好农村承包合同纠纷案件；正确处理涉及乡镇企业的经济纠纷案件；认真处理发展农村社会化服务体系中出现的各类案件，以稳定以家庭联产承包为主的责任制，促进统分结合的双层经营体制的不断完善，促进农村商品经济的发展。加强执行工作，大力克服和抵制地方保护主义。

三、加强基层建设，充分发挥人民法庭在维护社会稳定和发展农村经济中的重要作用。根据八中全会提出的加强基层组织建设，加强农村精神文明建设和民主法制建设的要求，坚持面向基层、充实基层的方针，从政治上、组织上、业务上和思想作风上全面加强人民法庭建设，把人民法庭的工作提高到一个新水平。

四、大力加强队伍建设。加强廉政建设，清除腐败现象；加强领导班子建设和后备干部队伍建设；加强对干部的教育培训工作，积极筹办国家法官学院。把人民法院干部队伍建设成一支政治坚定、业务精通、作风过硬、纪律严明、秉公执法、有坚强战斗力的队伍。

会议要求各级人民法院采取切实措施，继续下大力气认真改变一些地方执法不严的状况，坚决清除执法者违法的现象；努力提高法院管理水平，逐步实现法院各项工作制度化、规范化和科学化，不断提高工作质量和效率。

全国法院纪检、监察工作座谈会

1992年2月23日至27日，全国法院纪检监察工作座谈会在北京召开。参加会议的有各高级人民法院、计划单列市中级人民法院以及各省会所在市中级人民法院纪检组组长或监察室主任。中共中央纪律检查委员会派员参加了会议。会议的议题是：学习贯彻党的十三届八中全会和中央工作会议、中央纪委八次全会和全国高级法院院长会议精神，讨论在当前形势下，如何进一步发挥纪检、监察部门的职能作用，促进法院党风和廉政建设，总结交流全国法院纪检、监察工作的经验，研究部署1992年的工作。

最高人民法院院长任建新到会并作了重要讲话。任院长在充分肯定了一年多来法院纪检监察工作取得的成绩之后，强调指出：为了完成人民法院的主要任务，必须从严治院，大力加强法院队伍建设，把法院队伍进一步建设成为一支政治坚定、业务精通、作风过硬、纪律严明、秉公执法、有坚强战斗力的队伍。为此，要深入进行马克思主义基本理论教育，提高干部队伍的政治素质，加强廉政建设，增强广大干警拒腐防变能力。目前，法院队伍总的来说是好的，是党和人民信得过的。但也存在这样那样的问题，极少数干警经不住考验，堕落成为腐败分子；索贿受贿、贪污、挪用公款、徇私舞弊、贪赃枉法等腐败现象仍时有发生；吃请受礼，办“关系案”、“人情案”等不正之风尚未得到有效遏制。腐败分子和腐败现象的存在，严重败坏了人民法院的声誉，损害了人民法院的形象，在群众中造成很坏的影响。如果我们没有足够的、清醒的认识，不认真加以解决，放任腐败现象在法院系统滋生、蔓延，其后果将不堪设想。我们一定要坚持从严治院，狠抓廉政建设。“从严治院”归结起来就是要严格要求、严格管理、严肃纪律、严肃执法。各级法院的领导要敢抓敢管，在以往工作的基础上，继续扎扎实实、认认真真地抓好各项廉政措施的落实。今后凡是对干警队伍中发生重大违法违纪案件不认真严肃查处，甚至姑息迁就、包庇纵容的，必须追究领导的责任。在谈到纪检、监察组织建设时，任院长要求：今年内，少数尚未成立机构的要抓紧成立；已经成立的要进一步明确职责，理顺关系，建立健全工作制度。各级法院的纪检组组长必须由副院长级干部担任，不能搞照顾性安排。要注意选调一些政治上强、坚持原则、作风正派、廉洁奉公、有工作能力的同志充实、加强纪检、监察部门，把工作全面开展起来。各级法院领导对纪检、监察干部既要严格要求，又要关心爱护，还要多支持他们的工作，解决实际困难，尽可能为他们的工作创造良好的条件。中共最高人民法院党组纪检组组长项华在会上作了题为《充分发挥纪检、监察职能作用，促进法院党风和廉政建设》的报告。

会议认为，1990年8月全国法院纪检监察工作座谈会以后，各级法院纪检、监察部门在党组和院长的领导下，积极开展工作，促进了法院党风和廉政建设，取得了一定成绩。

会议明确了1992年法院纪检、监察部门的任务是：认真贯彻中纪委八次全会和全国高级法院院长会议精神，深入开展反腐败斗争，坚决纠正不正之风，严肃查处违法违纪案件，进一步促进法院的党风和廉政建设，保证法院各项任务的顺利完成。

会议认为，为了完成上述任务，各级法院的纪检、监察部门应当做好以下工作：

（一）加强教育，增强拒腐防变的能力。要从教育入手，积极协助院领导，并与党委、政工以及各部门配合，加强对广大党员、干警的思想教育。认真学习党中央关于党风和廉政建设的一系列文件，提高全体党员和干警对党风和廉政建设的紧迫性和重要性的认识，自觉地增强拒腐防变的能力。

（二）深入开展反腐败斗争，坚决纠正不正之风。要在巩固已取得的成果的基础上，继续着重解决4个方面的问题：第一，要解决法院干部在公务交往中吃请受礼的问题。当事人直接请吃和送礼的不能接受，其他人受当事人委托而请吃送礼的，也不能接受；第二，要解决审判人员在办案中与当事人同行、同吃、同住的问题；第三，要解决在审判工作中随意侵犯群众合法权益的问题，坚决克服对群众冷、横、硬的态度以及打骂、欺压群众的衙门作风和特权思想；第四，要解决诉讼费收、管、用中的混乱问题，严格按照规定收取诉讼费，要对诉讼费实行统一管理，严禁将诉讼费挪作他用。以后凡是再发生上述问题的，一定要严肃处理。

（三）严肃纪律，认真查处违法违纪案件。过去各级法院纪检、监察部门在查处违法违纪案件方面做了大量工作，取得一定成绩。但是严重的违法违纪案件仍在不断发生，以教育代替纪律处分、查而不处、量纪标准偏宽的现象在一些法院仍然存在。必须坚决克服这种现象，排除各种干扰，克服畏难思想，按照中央政法委员会《关于严肃查处公安司法干警违法乱纪问题的通知》的要求，对违法违纪人员和腐败分子绝不能姑息，必须坚决予以惩处。上级法院的纪检、监察部门要直接参加查处一两件在本地以及在全国有影响的违法违纪案件；纪检、监察部门的负责人要亲自抓违法违纪大案要案的查处工作。对不认真查处，甚至姑息迁就、包庇纵容的要追究责任。群众来信来访是发现法院干警违法违纪线索的一条重要渠道，纪检、监察部门要做好群众来信来访的接待工作，确保信访渠道的畅通。对于反映的重要问题和重大违法违纪线索，领导要亲自组织得力人员调查处理。

(四)建立健全制度，充分行使监督职能。要进一步完善党风和廉政建设责任制、案件回访制度。要建立审判工作中的错案责任追究制度，查清错案发生的原因，在分清责任的基础上，分别不同情况予以处理。由于审判人员贪赃卖法或徇情枉法等违法违纪而造成错案的，要坚决追究其纪律或法律责任。纪检、监察部门要充分发挥监督职能作用，严格检查、监督各项制度的执行，真正做到有令必行，有禁必止。首先，要抓好党内监督。按照中纪委的规定，做好对党员领导干部的监督。其次，要抓好对法院审判工作中干警执法执纪的监督。再次，要积极开展对法院各项工作的全面监督。

（五）进一步加强纪检、监察组织建设，以适应工作需要。要继续建立健全纪检、监察机构，加强干部配备。根据中组部的规定，纪检员、监察员属于实职，应该与审判员同等待遇；纪检、监察干部未明确职务的，应该确定相应的职务；对工作需要，符合条件的纪检、监察干部，也可以和其他干部一样，任命审判职务。要大力加强干部培训，提高纪检、监察干部的素质。还要进一步健全纪检、监察工作制度，改进工作作风，不断提高工作质量和工作效率。

全国法院审理经济犯罪案件工作会议

1992年6月20日至24日，最高人民法院在四川省绵阳市召开全国法院审理经济犯罪案件工作会议。各省、自治区、直辖市高级法院和解放军军事法院的院长或副院长、刑事审判庭庭长、计划单列市中级法院院长以及最高人民法院有关庭室负责人共80多人参加了会议。最高人民法院副院长林准主持会议并讲话。

会议的主要任务是总结交流审理经济犯罪案件的情况和经验，研究在加快改革、扩大开放，加速经济发展的新形势下，如何加强经济犯罪案件的审判工作，保障和促进改革开放与经济建设顺利进行的问题。

会议认为，近年来，全国各级法院坚决贯彻依法从严惩处严重经济犯罪分子的方针，及时审理了起诉到法院的各类经济犯罪案件，较好地完成了打击经济犯罪的审判任务。据统计，自1990年至1992年第一季度的两年多时间里，全国法院共审结贪污、受贿、挪用公款、走私等经济犯罪案件85842件，一大批经济犯罪分子受到了法律制裁。仅1991年就有137名县处级以上干部因贪污、受贿、挪用公款受到刑事处罚。

会议指出，打击经济犯罪斗争虽然取得了很大成绩，但当前经济犯罪的情况仍然十分严重，经济犯罪案件呈上升趋势，涉及的金额越来越大，国家工作人员作案占相当比例。严重经济犯罪不仅直接扰乱经济秩序，破坏改革开放，而且败坏社会风气，影响政治和社会稳定。只有严厉打击严重经济犯罪活动，才能保障、促进改革开放和经济建设的顺利进行。依法严惩严重经济犯罪分子，就是对改革开放和经济建设最直接的服务。

会议要求，各级法院要认真学习、深刻领会邓小平同志提出的“一手抓改革开放，一手抓打击各种犯罪活动”的思想，提高对打击经济犯罪斗争重要性、必要性、长期性、复杂性的认识，进一步加强对审理经济犯罪案件工作的领导，特别是要抓好大案要案的审判，继续坚决贯彻对严重经济犯罪分子依法从严惩处的方针。当前要重点打击国家工作人员中严重贪污、受贿的犯罪分子，同时对那些假冒商标、生产销售伪劣商品，严重侵害消费者合法权益等破坏经济秩序、危害国家和群众切身利益的犯罪，也要抓紧及时审理，依法从严惩处。要严肃处理玩忽职守犯罪案件；正确掌握对经济犯罪分子适用缓刑的条件；注意充分运用没收财产和罚金财产刑，更有效地同经济犯罪分子作斗争。

会议强调，打击经济犯罪活动必须坚持一要坚决，二要慎重，务必搞准的原则。在进一步加快改革开放的新形势下，判断一种行为是合法还是违法，是否构成犯罪，是否需要追究刑事责任，当然要坚持“以事实为根据，以法律为准绳”的原则；同时还要根据邓小平同志提出的“应该主要看是否有利于发展社会主义社会的生产力，是否有利于增强社会主义综合国力，是否有利于提高人民生活水平”的标准，采取实事求是的慎重态度。既要严厉打击经济犯罪，又要切实保障公民的合法权益和正当经营。

会议提出，当前审理发生在企业生产经营活动中和涉及科技人员的经济犯罪案件，要特别注意以下一些界限问题：

——严格区分企业制定的规定和措施中出现的失误，致使企业领导人员据此多分多占的行为，与企业领导人员自己利用职务之便，侵吞公款、中饱私囊的界限；

——严格区分企业经营、供销人员等，出于某种顾虑，采用一些不正当的手段获取属于本人应得报酬的行为，与贪污犯罪的界限；

——严格区分企业承包、租赁人员采用不正当手段获取依据承包、租赁合同和有关文件规定所应得的报酬奖金的行为，与贪污企业公共财产的界限；

——严格区分在企业正当的经营活动和必要的交往应酬中铺张浪费和不合理的开支，与个人挪用、侵吞公款、肆意挥霍行为的界限；

——严格区分为获取正当业务和其他合法利益而支付给对方回扣、手续费的行为，与为谋取不正当利益，向国家工作人员、集体经济组织工作人员或者其他从事公务的人员行贿行为的界限；

——严格区分在企业经济往来中得到的回扣、手续费，如实向单位申报，由单位按规定奖给个人的行为，与在经济往来中损害企业利益，收受钱物、中饱私囊行为的界限；

——严格区分科技人员受单位委托为其他企业进行技术改造或提供技术咨询服务，也确实提供了技术和劳务，只是在获取或分配报酬的途径、方式和数额上不尽合理的行为，与贪污、受贿犯罪的界限；

——严格区分科技人员不损害本单位利益的兼职取酬和以自己的知识、技术提供咨询甚至以“技术入股”获得报酬的行为，与以本单位的关键技术和审批权力等进行索贿、受贿行为的界限；

——严格区分在改革中进行新的尝试，由于缺乏经验造成失误的行为，与严重渎职、玩忽职守的界限。

在严格区分罪与非罪界限的基础上，还要讲究办案方法和总的社会经济效果。对法律和政策规定不明确的，或者过去有的规定与改革开放的实际现状不相适应的，就不要轻易以犯罪处理；对罪与非罪的界限一时难以划清的，就不要急于处理，可以广泛征求意见，慎重分析研究，及时请示报告；对有些过去一贯表现较好，或有突出贡献，或是在生产经营、企业管理中的骨干和科技人员，确实构成犯罪，但罪行较轻，认罪态度好的，不一定非要判刑关押，可以判处缓刑或免刑，以利生产经营和科学研究工作正常进行。

会议希望全国法院干警认真研究在改革开放和发展社会主义商品经济条件下出现的新情况、新问题，掌握、熟悉当前的经济政策，严格区分罪与非罪的界限，切实保证办案质量，把经济犯罪案件审判工作抓紧抓好，为改革开放和经济建设的顺利进行提供有力的法律保障。

全国铁路审判工作会议

1992年8月6日至10日，最高人民法院在哈尔滨市召开了全国铁路审判工作会议。参加会议的有分管铁路审判工作的省、自治区、直辖市高级人民法院院长或者副院长、铁路运输中级法院院长和部分基层铁路运输法院院长等，共60人。会议的中心议题是：总结、交流铁路运输法院十年来审判工作和法院建设取得的成绩和基本经验；研究和部署新形势下铁路运输法院审判工作任务，进一步解放思想，更好地为改革开放和经济建设服务。会上，最高人民法院副院长端木正作了《进一步发挥铁路运输法院的审判职能作用，为铁路运输保驾护航》的工作报告。报告总结了铁路运输法院办案十年来取得的成绩：(1) 十年来，共审结刑事案件41526件，判处人犯67193人，对于维护铁路治安，保护铁路运输安全起到了重要作用。(2) 依法审理铁路运输经济纠纷案件和侵权纠纷案件，为铁路运输生产提供有效的法律服务。十年来，铁路运输法院共审结一审铁路运输经济纠纷案件和侵权纠纷案件14415件，诉讼标的金额7.07亿元，依法保护了当事人的合法权益，理顺了铁路运输经济关系，促进了铁路运输生产的发展。(3) 以审判工作为中心，积极参与社会治安的综合治理。十年来，铁路运输法院选择有重大影响的典型案件，到车站广场和案发地召开公开宣判大会4591场次，就案讲法，宣传法制，旁听的铁路职工和旅客1541万人次，使广大群众受到了生动的法制教育。铁路法院还结合办案积极开展司法建议活动，十年来共提出司法建议3816件，促进铁路运输企业依法进行经营管理。铁路法院还为铁路企业培训法律人才。十年来共举办法律培训班1260次，培训法律人才157 800余人次。(4) 培养了一支政治、业务素质过硬的审判队伍。铁路运输法院坚持从严治院，狠抓队伍的廉政建设，保证了严肃执法，公正办案，提高了队伍的执法水平。

会议对今后一个时期铁路运输法院的工作任务提出如下要求：

（一）继续严惩“车匪路霸”，切实保护铁路运输和旅客生命财产安全。目前，盗窃、抢劫旅客财物和运输物资的案件仍然居高不下，有的铁路干线、区段“车匪路霸”犯罪活动十分猖獗，盗割铁路通信线路犯罪日趋严重；拆盗铁路配件、行车设备、器材的案件不断发生。因此，必须坚持依法从重从快的方针，继续严厉打击刑事犯罪分子。打击的重点是那些在铁路站、车和沿线进行抢劫、杀人、爆炸、流氓、重大盗窃等“车匪路霸”。各级铁路运输法院要在党委领导下，与铁路公安、检察机关密切配合，结合铁路治安的实际情况，适时地开展专项斗争，以遏制犯罪分子的嚣张气焰。还要继续严厉打击盗窃铁路运输物资和盗窃旅客财物的犯罪；继续严厉打击那些利用职务便利，以车、以票谋私进行贪污、受贿和进行走私、贩运毒品、投机倒把等经济犯罪活动；继续打击盗割铁路通讯线路、盗窃铁路行车设备、器材，故意毁损、移动铁路行车信号装置和在铁路线上放置障碍物，危及铁路行车安全的犯罪分子，切实保障铁路运输和旅客生命财产的安全。

（二）发挥经济审判职能作用，为经济建设和铁路运输生产服务。各级铁路运输法院要按照最高人民法院《关于铁路运输法院对经济纠纷案件管辖范围的规定》，着重审理好与铁路运输有关的经济纠纷案件和违反铁路安全保护法律、法规的侵权纠纷案件。对于影响改革开放、影响铁路运输生产和危及行车安全的经济纠纷案件要优先审理，做到及时立案、及时审理、及时执行，以维护当事人的合法权益。要继续开展巡回办案活动，方便当事人诉讼。要继续开展延伸服务，在法律和政策允许的范围内，进一步拓宽为铁路运输生产服务的领域。

（三）密切结合刑事和经济审判工作，搞好审教、审防结合，积极参与社会和铁路治安的综合治理。

（四）严肃执法，精心审理，切实保证案件质量；加强审判监督和业务指导；加强调查研究，注重总结经验，不断提高执法水平。

（五）建设一支政治思想过硬、精通审判业务的干警队伍；坚持从严治院，把铁路法院建设成一支廉洁奉公、执法严明的审判队伍。

全国法院“两庭”建设工作会议

1992年9月，最高人民法院在贵阳市召开了全国法院审判法庭、人民法庭（简称“两庭”）建设工作会议。30个省、自治区、直辖市高级人民法院和14个计划单列市中级人民法院的主管领导人出席了会议。国家和地方的财政、计委、规划等部门的代表也应邀参加了会议。

会议回顾了去年山西会议后全国法院“两庭”建设取得的新进展。据统计，已建和正在建设审判法庭的法院共2427个，约占全国法院总数的3/4；已建和正在建设的人民法庭有11277个，约占人民法庭总数的60%。其中，审判法庭建设已完成80%以上的有湖南、湖北、江苏、浙江、山西、贵州、四川等14个省、自治区、直辖市；人民法庭建设已完成80%以上的有湖北、江苏、山西、贵州、上海、天津等8个省、直辖市。

“两庭”建设之所以取得这些成绩，主要原因是：1. 把“两庭”建设纳入了全国城乡建设的总体规划；列入了地方基本建设计划，中央和地方在政策上给予了新的支持，如国家税务局颁布条例规定，“两庭”建设投资方向调节税的税率为0%；国家计委安排了600万元专项建设资金；2. 许多地方成立了由党政领导牵头，法院和计委、财政、城建等有关部门参加的“两庭”建设领导小组，负责组织、协调，解决建设中出现的重大问题；3. 各级法院在有关部门的配合下，开辟了筹措建设资金的多种渠道，并从实际出发，采取了多种建设模式。

会议期间，贵州省高级人民法院和省政府介绍了“两庭”建设的经验，并从贵阳出发至遵义，考察了贵州省近30个审判法庭和人民法庭。

代表们认为，贵州省经济状况在全国属中下，建设资金并不富裕，全省有国家级扶贫县18个，贫困人数达458.6万，但却能作出突出成绩，其经验可概括为：“领导重视、积极进取，因地制宜，狠抓落实。”

会议结束时，最高人民法院副院长华联

奎传达了李鹏总理的批示："同意加强两庭建设，请计委和财政部联合发文，以引起地方重视。"华联奎说，按我国目前的财政体制，"两庭"建设主要靠地方安排投资和组织建设。各地法院要抓住时机，与有关部门通力合作，使"两庭"建设上一个新台阶。

未成年人犯罪的预防、审判和矫治国际研讨会

最高人民法院于1992年11月14日至16日在上海市召开了"未成年人犯罪的预防、审判和矫治国际研讨会"。参加会议的，有国际少年与家庭法院法官协会（International Association of Juvenile and Family Court Magistrates）执委会主席保罗·凡切罗尼、副主席、秘书长、部分执委会委员，罗马尼亚最高法院院长博格达内斯库，以及阿根廷、比利时、加拿大、法国、德国、印度尼西亚、伊朗、意大利、科威特、毛里求斯、墨西哥、蒙古、荷兰、尼日利亚、巴基斯坦、罗马尼亚、俄罗斯、沙特阿拉伯、新加坡、西班牙、斯里兰卡、泰国、突尼斯、阿拉伯联合酋长国、英国、美国、委内瑞拉和香港及联合国儿童基金会驻华办事处等30个国家、地区、联合国机构和非政府国际组织的法官、检察官、律师、官员；我国与会的有30个省、自治区和直辖市高级法院的院长、副院长、庭长及少年法庭负责人和有关学术团体的专家学者等共150人。最高人民法院院长任建新为研讨会发来了贺信。

中外代表27人在研讨会上发表了演讲或论文。代表们主要探讨了下列共同关心的问题：未成年人犯罪的概念，未成年人犯罪的现状，未成年人司法制度的沿革，未成年人犯罪审判或矫治机构，未成年人在诉讼中的权利和地位，对未成年犯罪量刑的原则和幅度及最佳矫治方式，未成年犯罪与受害者两者权益的协调统一，警察、律师、法官在未成年人司法体系中的地位和作用，家庭、学校和社会在教育、挽救犯罪青少年中的作用等。

最高人民法院副院长林准在会上介绍了中国审判未成年人刑事案件司法制度的产生和发展过程，以及中国少年司法制度的基本内容。这些内容主要有：（一）受案范围。中国少年法庭主要受理被告人犯罪时已满14岁不满18周岁的刑事案件。（二）组织形式。少年法庭由法官或者至少1名法官、2名陪审员组成，成员中至少要有1名女性。（三）审理原则。第一，法定代理人参加诉讼的原则；第二，不公开审理的原则；第三，全面调查的原则；第四，及时处理的原则；第五，寓教于审、惩教结合的原则。（四）对未成年人犯罪应当从轻或者减轻处罚，一律不适用死刑。能不判刑的就不判刑，必须判刑能不收监的就尽量不要收监，尽可能把对未成年犯人身自由的限制保持在最低限度。（五）对未成年人犯罪实行综合治理。

参加研讨会的上海、江苏代表分别介绍了上海、江苏以审判为中心的少年司法体系建立的过程及其积极作用。北京代表探讨了对未成年罪犯适用缓刑的问题。广西代表强调了在审判未成年人犯罪案件时必须做好对受害人的疏导工作。河南代表介绍了在预防和矫治少年犯罪中的作用。福建代表探讨了人民法院在综合治理中的地位和作用。教育界和共青团组织的代表探讨了工读教育和社会组织在预防和矫治未成年人犯罪中的作用。

国际少年与家庭法院法官协会执委会主席保罗·凡切罗尼对世界上少年犯罪的历史

和现状进行了分析评估。加拿大、法国、斯里兰卡、毛里求斯、伊朗、泰国、蒙古的代表分别介绍了各自国家少年司法制度的特点、成果及存在的问题。美国代表从历史发展的角度评价了美国的少年司法制度。比利时代表比较了西方各国的少年司法制度。来自英国英格兰、威尔士和北爱尔兰的代表分别评析了他们各个地区的少年犯罪的现状和少年司法制度。

最高人民法院民事审判工作专题座谈会

最高人民法院民庭于1992年11月15日至21日在北京就审理民事案件中有关离婚时的夫妻财产分割、子女抚养和侵犯名誉权纠纷等问题召开了专题座谈会。参加会议的有来自各地区从事民事审判的同志、法学界在京的部分民法、婚姻法专家和中央有关单位的代表共30余人。座谈会由最高人民法院民庭副庭长周贤奇主持。最高人民法院副院长马原出席会议，并在会议结束前作了重要讲话。

会上，大家对最高人民法院民庭草拟的《关于人民法院审理离婚案件如何处理夫妻财产分割问题的若干意见》（征求意见稿）、《关于人民法院审理离婚案件如何处理子女抚养问题的若干意见》（征求意见稿）和《关于人民法院审理名誉权案件若干问题的解答》（征求意见稿）等从理论和实践的不同角度，进行了深入研究、探讨，发表了许多富有新意的见解。

一、关于如何处理离婚时夫妻财产分割的问题

（一）关于夫妻财产分割问题的处理原则。大家认为，征求意见稿对离婚时分割夫妻共同财产的处理原则规定得很好。分割夫妻共同财产一定要依照婚姻法和有关法律规定，分清夫妻共同财产、婚前个人财产和家庭共同财产的界限。既要坚持男女平等原则，又要注意保护妇女、儿童的合法权益，照顾无过错方。同时，还要有利生产、方便生活，不得损害国家、集体和他人的利益。有的专家认为，"婚前个人财产"的提法不全面、不确切，改为"个人财产"似为更好。理由是：婚姻法规定夫妻可对共同财产约定归属。如夫妻间的约定是合法、有效的，那么，夫妻在婚后也会有个人财产。如把"婚前个人财产"改为"个人财产"，即"个人财产"既包括夫妻婚前个人财产，又包括夫妻婚后个人财产。这样所表达的意思将更完整，更符合法律规定。

（二）关于在婚姻关系存续期间，夫妻一方或双方因继承、受赠所得的财产，是否夫妻共同财产的问题。根据我国婚姻法第十三条的规定和多年的审判实践经验，人民法院在审理离婚案件时一般都把夫妻一方或双方在婚姻关系存续期间因继承、受赠所得的财产作为夫妻共同财产处理。对此，一些与会代表有不同看法。一种看法认为：在婚姻关系存续期间夫妻一方或双方因继承、受赠所得的财产应当归继承人、受赠人个人所有，即应"全部归个人"。理由是，在集体与个人之间、在家庭与个人之间，我国的立法和司法原则一贯着眼于保护集体和家庭的利益，忽视个人利益。当前，为适应社会主义市场经济的发展趋势，这一观念要有所改变。有的代表进一步认为，征求意见稿在对这个问题的规定上应该全面突破，明确规定夫妻任何一方只要是以其个人身份取得了继承或受赠财产的财产权，所得财产即应为其个人财产。

还有代表认为，在这部分财产为个人财产的前提下，对于结婚时间比较长的夫妻，可将该个人财产视为已转化为夫妻共同财产。这样,既可纠正忽视个人合法财产权益的倾向，又有利于保护妇女权益。另一种看法认为：夫妻关系是一种特殊的人身关系，因而，从中国家庭的传统习惯和保护妇女权益的角度出发，不宜强调夫妻关系存续期间一方或双方因继承、受赠所得的财产一概为个人所有，主张可“部分归个人”。持这一看法者的具体意见也各不相同。有的认为，从理论上讲，受赠所得的财产应归受赠人所有，而继承所得的财产仍应认定为夫妻共同财产；有的认为，夫妻一方或双方因继承、受赠所得的财产是否作为夫妻共同财产，应以尊重被继承人、赠与人的意志为原则。当被继承人、赠与人明确表示只将财产转让给夫妻一方时，该财产只能归夫妻一方所有。被继承人、赠与人没有明示的，该财产才能作为夫妻共同财产。也有与会者认为，以上问题应留待修改婚姻法时由立法解决。

二、关于如何处理离婚时的子女抚养问题

（一）关于子女抚养问题的处理原则。会议肯定了征求意见稿中关于离婚时对子女抚养问题应当依照婚姻法和有关法律规定，从有利于子女身心健康、保障子女的合法权益出发，结合父母双方的抚养能力和抚养条件等具体情况妥善解决的原则。会议认为，处理子女抚养问题应在法律规定的范围内，最大限度地保护子女的身心健康和合法权益，既要强化父母对其子女有抚养、教育义务的法律意识，也要引导年满18周岁、有独立生活能力的成年子女不再依赖父母，走自食其力之路。

（二）关于离婚双方轮流抚养子女的问题。婚姻法规定，父母与子女间的关系，不因父母离婚而消除。离婚后，子女无论由父方或母方抚养，仍是父母双方的子女。但在审判实践中经常碰到离婚父母出于各种各样的考虑，在子女抚养问题上，存有或争或推的情况。有的当事人向法院提出轮流抚养子女，有关法院对此也作了一些尝试。总的来讲，效果是好的。因此，征求意见稿在法律规定的范围内，根据审判实践的需要，借鉴国外的一些做法，规定：“在有利于保护子女利益的前提下，双方协议轮流抚养子女的，可予准许。”与会者认为，这一规定颇有新意，对解决离婚时父母争抢抚养子女的权利或互相推卸抚养子女的义务的问题，不失为一个好办法，也有利于避免子女因父母离婚而失去父爱或母爱的情况。一般情况下，文化层次较高的父母易于接受这一规定。但是，轮流抚养，只能在有利于保护子女利益的前提下以协议方式决定。考虑到执行的难度，征求意见稿明确规定该协议“不得申请执行”。对此，有人认为，这样规定未免有些保守，“协议”既然经人民法院的法律文书确定，就应具有法律的强制力，“不得申请执行”则使“协议”不具有完全的法律效力，这样规定不适当，应允许人民法院根据子女的利益和父母双方的情况，判决离婚父母轮流抚养子女。

（三）关于子女抚育费的数额问题。征求意见稿规定，子女抚育费数额可根据子女的实际需要、父母的负担能力、当地的实际生活水平，由父母双方协议确定。协议不成的，由人民法院根据父母双方的收入情况判定。父母有固定收入的，一般按其月总收入的20%至30%的比例判定；父母无固定收入的，可根据其年总收入或同行业年平均收入，参照以上比例判定。会议讨论中，大家对这一规定有两种意见。一种意见认为，抚育费应当用于满足子女生活和教育的基本需要，若按父母双方的收入的一定比例确定数额，这一数额除满足子女的基本需要外还会有多余，多余部分将会促成子女去高消费并加重抚养人的经济负担，因而不符合抚育费的本来意义。同时，在社会主义市场经济形势下，人们的收入多少将由市场经济来调节，难以确定某一阶段的总收入数额。因此这一规定恐怕难以执行，还是规定一个确定的数额为好。另一种意见认为，由于我国各地经济发展不平衡，贫富差距较大，不宜统一确定数额，还是确定一定的比例为好，而且，比例的上下幅度可以再大一些。他们还认为，按比例确定抚育费数额的做法，将会减少因变更子女抚育费而提起的诉讼，减少当事人讼累和法院的工作量，避免不必要的浪费。

会议还就抚育费能否以其他财产折抵、抚育费的给付方式和期限、什么情况下可以变更子女抚养关系等问题进行了讨论。

三、关于如何处理侵犯名誉权纠纷案件的问题

据统计，截止至1992年6月，全国共受理名誉权纠纷案件近万件。名誉权纠纷案件是民法通则实施以来的新类型案件，各地法院在缺乏审判经验的情况下，普遍采取了边学习、边实践、边摸索、边总结等办法，严格按照民法通则的规定，认真、慎重地作了处理，有效地保护了公民和法人的合法权益，为改革开放和社会主义精神文明建设起了积极的促进作用。同时，也积累了不少好的审判实践经验，为最高人民法院的司法解释工作奠定了良好的基础。会议就征求意见稿中关于名誉权纠纷案件的起诉与受理、侵权的认定、民事责任的承担和落实等问题进行了探讨。

（一）关于保护死者名誉权的问题。会议对已经死亡的公民是否享有名誉权及其保护的问题有比较一致的认识。与会者认为，名誉权是法律赋予每一个具体的、客观存在的公民的一项民事权利。根据民法通则的有关规定，已死亡公民不再享有任何民事权利，其身前享有的名誉权也当然随其人身的消失而不复存在。但同时也认为，公民的名誉体现着社会对该公民的评价。一般地说，这种社会评价并不随着公民的死亡而发生变化或消失，而且，这种社会评价通常对已经死亡公民的亲属具有重要意义，侵犯死者的名誉，往往会有损于死者亲属的名誉和利益。因此，法律应该保护死者的名誉。保护死者的名誉，实质上是保护死者亲属的名誉。因而，对于损害死者名誉的侵权行为，死者的亲属作为利害关系人有权提起诉讼，人民法院也应当作为侵权案件受理。

关于死者的哪些亲属有权提起诉讼的问题，与会者一致认为，有权提起诉讼的亲属只能限于“死者的配偶、子女、父母、兄弟姐妹、祖父母、外祖父母、孙子女、外孙子女”等近亲属范围之内，不宜扩大。

（二）关于公民隐私权的保护问题。会议认为，目前全面保护公民的隐私权尚无法律依据，公民隐私权的保护问题也不属本意见稿应当解决的问题。但是，对于未经他人同意，以书面或口头形式披露有损于他人名誉的隐私的，应认定为侵害他人的名誉权。

（三）关于因文学作品引起的名誉权纠纷的处理问题。会议认为，人民法院处理这类纠纷应当坚持的原则是：既要依法保护公民的名誉权，又要认真保护文学创作者的作品创作权，支持正当舆论批评。

会议结束前，马原副院长就今后民事审判工作如何贯彻党的十四大精神，更好地为改革开放和国家现代化建设服务的问题作了重要讲话。马原副院长在讲话中指出：民事审判人员要认真学习、贯彻党的十四大精神，解放思想，更新观念，强化保护当事人合法权益的意识。首先，要处理好严肃执法与改革开放的关系。第五次全国民事审判工作会议的中心议题是严肃执法，现在和今后也还要讲严肃执法。在办案中碰到现有的法律规定不明确、不合适或者没有法律规定时，第一，要按法律的基本原则审理案件。有法律的依法律，无法律的依政策，无政策的根据法理。第二，对没有依据，处理确有困难的案件，要逐级请示。最高法院可征求有关部门意见或提出立法建议，但案件要大胆受理，公正解决，不能等待。其次，要纠正民事审判工作只是间接地为经济建设服务的错误认识。民事审判工作要紧紧围绕经济建设这个中心，为经济建设提供服务和保障。民事案件审得又快又好，就是最好的服务和保障。延伸和超前必须在民事审判的范围之内，不能越权。第三，在改革浪潮中，要加强调查研究。调查研究应该有超前意识，如对房地产市场、劳务市场中的有关问题可超前进行调查研究。调查研究要走出法院大门，要结合本地区的具体情况，同时，又要与最高法院和其他地区衔接好。搞好调查研究，不仅可以为审判实践服务，也可以为行政、立法工作提出好的建议。第四，要进一步全面贯彻民事诉讼法。有的法院民事案件多、压力大，靠增编解决不了问题，还是要靠正确贯彻民事诉讼法，加强庭审工作，在坚持人民法院优良传统的同时，强调当事人举证和人民法院审查证据。民事审判人员要努力学习民事法律，学习业务知识和有关专业知识，提高执法水平。

参加会议的同志高度评价了本次会议。会上既有法学专家从理论上点拨，又有法院同行之间的交流和启发，马原副院长的讲话使大家提高了认识，振奋了精神。大家希望最高人民法院今后多召开这样的会议。

十二省、自治区、直辖市高级法院假释工作座谈会

1992年11月24日至28日，最高人民法院在杭州市召开了12省、区、市高级法院假释工作座谈会。参加会议的有广东、浙江、广西、四川、福建、河南、甘肃、湖北、湖南、吉林、辽宁、上海高级人民法院的院长或副院长、主管假释工作的审判庭庭长或副庭长，以及杭州市中级人民法院院长等40余人。最高人民法院副院长祝铭山出席会议并讲了话。

会议总结、交流了近年来假释工作的经验；研究解决假释工作中出现的新情况、新问题，以进一步加强假释工作的问题。

会议回顾了1988年和1991年两次全国法院减刑、假释工作座谈会以来，在假释工作方面所取得的成绩。三年多来，各地法院执行刑法、刑事诉讼法和有关司法解释的规定，假释工作有了明显进展。假释人数占在押犯人数的比例有所上升；假释工作趋于制度化、规范化；各级法院加强了与有关部门的配合，注重了办案的社会效果。

会议认为，对犯罪分子判处一定的刑罚，并进行强迫劳动改造，以防止其继续犯罪，同时也警戒社会上有可能犯罪的人，并教育和鼓舞群众同犯罪分子作斗争，这种“特殊预防”和“一般预防”，体现了我国刑罚的根本目的。因此，人民法院对于在刑罚执行过程中确有悔改表现，不致再危害社会的犯罪分子，依法予以假释，放到社会上去继续进行教育、改造，这完全符合我国刑罚惩罚、改造犯罪分子，预防、减少犯罪的目的。

会议认为，对犯罪分子依法予以假释，不涉及对犯罪分子打击是否有力的问题，与贯彻“严打”的依法从重从快的方针并不发生矛盾。这两项工作的性质虽不一样，但二者的目的是一样的，都是为了惩罚犯罪，改造犯罪，预防、减少犯罪，稳定社会治安。所以，做好假释工作不但不妨碍“严打”，而且可以促进“严打”的深入开展。“严打”不排除对一部分犯罪分子予以宽大处理，也不排除对一些犯罪分子依法予以假释。各级人民法院要充分认识假释工作的正确性、合法性，完全不必心存疑虑。

会议强调进一步做好假释工作，必须坚持依法办案。一是假释对象必须符合法定条件，即确有悔改，不致再危害社会。只有搞准对象才能保证办案质量，否则，就容易办错案件。二是在办理假释案件的程序上，要严格依照刑事诉讼法的有关规定和最高法院的一些司法解释办案。进一步做好假释工作，人民法院要加强与有关部门的配合与协作，落实监改措施，解决犯罪分子存在的一些实际问题，这既是人民法院假释工作的延伸，又是我们工作主动精神的体现。做好假释工作，高级法院要加强指导和监督，注意调查研究，掌握情况，发现问题，及时解决。

会议期间，与会者讨论了最高人民法院草拟的《关于办理假释案件几个问题的意见》稿，着重讨论了关于对家庭有特殊困难的罪犯的假释问题；关于未成年犯的假释问题；关于老病残罪犯的假释问题；关于有期徒刑罪犯的假释考验期限问题；关于罪犯减刑后又假释的间隔时间问题；关于罪犯在假释考验期限内实施犯罪行为的处理问题，等等，并提出了一些修改意见和建议。这次会议，通过讨论文件稿和座谈交流工作经验，提高了对假释工作的认识，增强了做好工作的信心，必将推动和促进假释工作的进一步开展。

第十六次全国法院工作会议

1992年12月21日至27日，最高人民法院在北京召开了第十六次全国法院工作会议。各省、自治区、直辖市高级人民法院、解放军军事法院院长，各直辖市、计划单列市、经济特区市以及省会（自治区首府）市中级人民法院院长，各铁路运输中级法院和海事法院的院长，荣获集体一等功的中级人民法院、基层人民法院院长，最高人民法院各庭、厅、局、室负责人共222人参加了会议。中央和国家机关有关部门的代表以及在京政法院校的代表，应邀出席了会议。

这次会议的任务是：以党的十四大精神为指导，贯彻最近召开的全国政法工作会议精神，研究部署今后一个时期人民法院的工作任务，更好地为加快改革开放和现代化建设服务。

会议期间，中共中央总书记江泽民和中共中央政治局常委李鹏、乔石等中央领导人在人民大会堂亲切接见了出席会议的全体代表，并作了重要讲话。最高人民法院院长任建新作了《进一步全面加强审判工作，更好地为加快改革开放和现代化建设服务》的报告。

会议肯定了改革开放以来全国法院工作所取得的成绩。人民法院的审判工作由原来的刑事、民事审判扩展为刑事、民事、经济、行政、海事审判。14年来，全国法院共审结各类一审案件24100815件，平均每年递增14.68%，1992年达到300万件。其中，1983年以来审结的经济纠纷案件平均每年递增35.18%，1992年达到60万件。人民法院依法打击犯罪活动，维护社会治安和经济秩序；依法保护人民民主权利和其他合法权益，教育公民遵守法律；依法调节经济关系，保障经济建设，促进生产力发展的职能，得到全面发挥。

会议提出，今后一个时期人民法院工作的指导思想是：在邓小平同志建设有中国特色社会主义理论的指导下，认真贯彻执行党的“一个中心，两个基本点”的基本路线，进一步解放思想，实事求是，全面加强审判工作，提高司法水平，维护社会稳定，更好地为建立社会主义市场经济体制，为加快改革开放和现代化建设，提供有力的法律保障和法律服务。为此，(一) 必须坚持审判工作为经济建设服务。要通过审判活动，依法保护有利于解放和发展生产力的行为，限制不利于解放和发展生产力的行为，制裁那些破坏解放和发展生产力的行为，促进社会主义市场经济体制的建立和完善，加快改革开放和现代化建设。(二) 必须坚持“两手抓，两手都要硬”。要强化对敌专政的职能作用，保障安定团结。越是改革开放，越要狠狠打击各种刑事犯罪活动，扫除社会丑恶现象，惩治腐败，为改革开放和现代化建设创造良好的社会环境。(三) 必须切实保护公民和法人的合法权益。要依法保护公民的民主权利和其他人身权利，保护公民、法人的财产权利，调动广大群众参加经济建设的积极性。(四) 必须坚持严肃执法。要坚持在党的领导和人大的监督下依法独立审判，坚决反对和抵制以言代法、以权压法，坚决反对和抵制地方保护主义和部门保护主义，坚持秉公执法，维护法律的尊严和国家法制的统一。(五) 加强法院的自身改革和建设。要增强改革意识，更新观念，大胆借鉴外国特别是经济发达国家在司法制度方面的有益经验，进一步完善和发展有中国特色的社会主义司法制度。

会议要求各级法院今后要重点抓好以下几项工作：(一) 继续坚持“严打”斗争。坚决贯彻执行依法从重从快的方针，及时严惩各种严重危害社会治安的刑事犯罪分子，全面落实人民法院参与社会治安综合治理的各项措施，促进社会治安的进一步好转。(二) 深入开展严厉打击严重经济犯罪的斗争。继续把惩治国家工作人员严重贪污、受贿等犯罪作为打击的重点；坚持“一要坚决、二要慎重、务必搞准”的原则，严格区分在改革开放中由于缺乏经验而出现的失误同违法犯罪的界限。(三) 充分运用法律手段调节经济关系。要通过审判活动，切实保护企业的经营自主权，促进国有企业经营机制的转换；促进市场的发育和社会主义市场经济体制的建立；稳定以家庭联产承包为主的责任制，促进统分结合的双层经营体制的不断完善。进一步加强海事审判工作，抓好海商法的学习和适用。(四) 切实保护公民、法人的民事权利。着重抓好与发展市场经济关系密切的民事案件的审理。正确适用实体法保护当事人的合法权益；严格执行程序法保障当事人的诉讼权利。要切实加强对人民法庭工作的指导和监督，加强对人民调解委员会的业务指导。(五) 积极慎重地开展行政审判工作。保护公民、法人和其他组织的合法权益不受行政机关违法行为的侵犯，进一步维护行政机关依法行政，促进政府职能的转变。(六) 加强涉外案件和涉港澳台案件的审判工作，促进对外开放和对外经济贸易的发展，促进祖国和平统一大业的实现。(七) 继续抓好执行工作。对案件处理正确，当事人又有能力执行的裁判，必须坚决执行，以维护法律的严肃性。该采取强制措施的，必须依法采取强制措施，但要做到程序合法，方法适当，注重社会效果。(八) 加强审判监督和业务指导。大力加强对审判工作中出现的新情况、新问题的调查研究，及时提出对策。最高人民法院要加强司法解释和发布典型案例的工作。上级法院要加强对下级法院审判工作的监督和指导。

会议提出，为了保证审判任务的完成，必须继续加强法院自身的改革和建设。(一) 加强法院体制和审判方式的改革。积极研究、解决经济技术开发区和保税区法院的设置问题；逐步理顺海事、铁路等专门法院体制；确定新疆生产建设兵团法院的法律地位。改革和完善刑事、民事、经济纠纷案件的庭审方式；加强调解工作；修订和完善法庭规则；充分发挥合议庭和人民陪审员在审判案件中的作用。完善各级法院内部机构设置。向全国人大常委会提出修改《人民法院组织法》的建议。(二) 加强法院队伍建设和法官制度改革。进一步大力加强廉政建设。加强教育培训工作，继续办好法院干部业余法律大学和高级法官培训中心，筹建国家法官学院。《中华人民共和国法官条例》提请立法机关审议通过后，积极做好实施工作。做好司法警察评定授予警衔的工作。(三) 继续加强物质建设，努力争取必需的物质装备，逐步改善执法条件。

会议要求要在保证裁判公正的前提下，加快办案的速度，提高办案的效率，注重办案的经济效益和社会效益，全面提高法院的司法水平。要加强法院行政管理，建立和健全一套科学的运行机制和激励机制；加强法院物质装备管理；促进法院工作管理的制度化、规范化、科学化；加强法院干警管理、严明纪律，改进作风。

北京市海淀区人民法院未成年人缓刑监改工作汇报会

北京市海淀区人民法院于 1992 年 2 月 28 日召开了未成年人缓刑监改工作汇报会。最高人民法院副院长林准、北京市高级人民法院副院长唐占蕴，海淀区委副书记、区人大常委副主任、区未成年人保护委员会及区公、检、司的负责同志出席了会议。人民日报、新华通讯社、中央人民广播电台、人民司法、光明日报、文汇报等新闻报刊单位的记者到会采访。海淀区有关方面监改小组领导、缓刑未成年人的家长和 1991 年被该院判处缓刑正在考验期的 41 名未成年人共 114 人参加了汇报会。

海淀区人民法院院长左兵在汇报会上作了题为《贯彻教育、挽救的方针，做好未成年人缓刑监改工作》的汇报。他着重对该院自 1987 年至 1991 年 5 年中审理的 550 件 762 名未成年人犯罪案件中，如何落实党对失足少年实行“教育、感化、挽救”方针的主要做法进行了汇报：一是组织上加强领导，建立、巩固少年法庭，院长亲自抓；二是在审理具体案件时，要求审判人员做到寓教于审，惩教结合，注意发挥社会各方面的作用，做好庭审和庭后的教育挽救工作；三是在定罪量刑上依法从轻、减轻处罚，适当多判缓刑；四是对缓刑未成年人落实监改帮教措施，建立帮教档案，坚持跟踪教育和回访考察制度，逐步使帮教工作规范化、制度化。

正在缓刑考验期的未成年人及他们的家长、帮教组织负责人代表共 7 人现身说法，进行了具体汇报，从不同侧面，以生动感人的事例，证明党的“教育、感化、挽救”方针的正确性。

林准副院长在听取汇报后作了重要讲话，他说：“听了汇报和发言，很受启发教育，材料很生动、具体，海淀区人民法院这几年少年法庭工作是有成效的，是很好的。”他在讲话中指出，少年刑事审判工作是法院积极参加社会治安综合治理的一项很重要的工作，这项工作光靠法院是不行的，必须动员社会各界力量共同来做，并希望新闻工作者多作一些有关的报道，以引起社会各界的关心，培养好下一代。

汇报会后，林准副院长参观了海淀区法院举办的《少年法庭工作事迹展》，并为少年法庭写下了“加强少年法庭工作是综合治理青少年犯罪的重要一环”的题词。

北京市审判经济犯罪案件工作会议

北京市高级人民法院于 1992 年 3 月 23 日至 26 日召开审判经济犯罪案件工作会议。参加会议的有各区县法院、北京铁路运输两级法院主管院长、刑庭庭长，市高、中级法院有关庭室负责人等共 100 余人。最高人民法院刑一庭庭长王永成、北京市委政法委员会副书记盛连刚应邀出席会议并讲了话。

这次会议的宗旨是认真贯彻执行“两手抓”、“两手都要硬”的精神，更有力地严惩严重破坏经济的犯罪分子，为经济建设服务。会议分 3 个阶段进行。

会上，市高级人民法院刑一庭、北京铁路运输中级法院及 10 个区县人民法院介绍了审判经济犯罪案件的经验，这些经验主要是：1. 认真审查分析证据，严把事实关；2. 正确理解、掌握法律和司法解释，准确定罪量刑；3. 积极追赃，不让罪犯在经济上占便宜；4. 深入调查研究，注重办案的社会效果；5. 运用司法建议的形式，积极参与经济秩序的综合治理。

会议的另一个议题是对 17 个案例的讨论作总结。这 17 个案例是在对 1990 年全年和 1991 年 1 至 8 月审结的贪污、贿赂、投机倒把、走私及万元以上的盗窃、诈骗公共财物案件进行检查和对 4 个区县法院及高、中级法院审结的上述案件 376 件，进行重点检查的基础上，针对存在的问题选编的，会前已下发全市各级法院进行讨论。市高级人民法院副院长唐占蕴对 17 个案例逐一讲了意见，与会同志在贪污的既遂与未遂；非法所得财物数额的计算；罪与非罪、此罪与彼罪；贪污共犯的刑事责任及刑罚适用等问题上取得了共识，对正确运用法律武器打击经济犯罪起了指导作用。

最后，市高级人民法院院长刘云峰以“从严惩办经济罪犯，为经济建设服务”为题讲了话，他针对存在的问题讲了 3 点意见：1. 进一步提高对惩治经济犯罪必要性的认识；2. 正确适用法律，依法从严从重惩处严重经济犯罪分子；3. 充分发挥人民法院在同经济犯罪作斗争中的重要作用。

会议开得圆满顺利，达到了预期的目的。

山西省法院严肃执法红旗单位表彰会

1992 年 2 月 28 日，山西省高级人民法院在太原市召开了全省法院严肃执法红旗单位表彰大会。参加会议的有各中级法院院长、8 个红旗单位和 15 个先进集体的代表。

会议认为，近两年来，全省各级人民法院坚持一手抓审判，一手抓队伍建设的方针，在省委和各级党委的领导下，坚持贯彻执行党的“一个中心，两个基本点”的基本路线，坚持审判工作为社会稳定服务，为经济建设服务，深入开展严厉打击严重刑事犯罪和经济犯罪斗争，积极搞好民事、经济、行政和告诉申诉等各项审判工作，为维护社会安定，促进经济建设和改革开放的深入发展做出了积极的贡献。在队伍建设上，全省法院深入持久地开展了“学翼城法院、比严肃执法”的活动，扎扎实实地进行了队伍整顿，廉政建设出现了新的面貌，执法水平有了新的提高。广大干警忠于职守，廉洁奉公，秉公执法，文明办案，使翼城县人民法院严肃执法的经验在全省各级法院开花结果，涌现出了一大批先进集体和个人。

为表彰先进，树立榜样，在全省法院系统进一步掀起“争先创优”热潮，会议根据《人民法院奖惩暂行办法》，决定：树立阳泉市中院、翼城、山阴、原平、沁水、襄垣、侯马、夏县8个法院为全省法院系统“严肃执法红旗单位”，除翼城县法院被最高人民法院已记一等功外，给其余7个法院分别记集体二等功；同时对大同市南郊区人民法院等15个先进集体予以表彰；给翼城县人民法院院长李文生记一等功；给朔州市朔城区人民法院院长徐亮等38名同志记二等功。会上，由省委、省顾委、省人大、省政府、省政协的领导同志为受表彰的红旗单位、先进集体和个人颁了奖。

颁奖后，山西省省长王森浩作了重要讲话。他首先代表省委、省政府向受表彰的单位和个人表示热烈的祝贺，接着，就新形势下法院如何运用审判职能为经济建设服务讲了4点意见：1. 认清形势，增强为经济建设服务的意识。搞好经济建设是全党的中心任务，各级法院要自觉把自己摆进去，要对新形势有一个清醒的认识，树立为经济建设服务的全局观念；要增强责任心和紧迫感；要从大力发展社会生产力的战略高度来安排各项工作，正确处理好法院工作与经济建设的关系，在经济建设中发挥法院应有的作用。2. 发挥法院的职能，保障和促进全省经济建设的发展。法院要通过各项审判活动，推动改革的顺利进行，促进市场的发育和完善，为市场经济体制的建立创造一个良好的法制环境。3. 加强调查研究，改进工作作风，拓宽服务渠道，提高为经济建设服务的效率和质量。特别是要倾听企业的呼声，急企业所急，想企业所想，为企业排忧解难，对企业在转换经营机制过程中发生的纠纷和问题，要主动运用法律手段帮助解决。4. 坚持“严打”，努力为本省经济建设创造一个稳定的政治和社会环境。尤其是对那些严重危害社会治安，严重危害国营大中型企业生产经营和农村经济发展的犯罪，要坚决打击，从严惩处。

省人大主任王庭栋，省人大副主任、省委政法委书记张邦应也分别在会上讲了话。会议结束时，省法院院长赵耀仁讲了话。他要求各级法院要以红旗单位和先进法院为榜样，继续深入开展“学翼城法院，比严肃执法”活动，努力争先创优，全面加强法院队伍建设，为保障和促进全省的社会稳定与经济发展作出新的贡献。

山西省各中级法院经济庭长工作会

1992年7月30日至8月1日，山西省高级人民法院在太原市召开了全省各中级人民法院经济庭庭长工作会。这次会议是在邓小平同志发表南巡讲话后，全省经济迅速发展的新形势下，为了适应形势需要，及时解决经济审判工作中存在的问题，更好地为经济建设服务而召开的。

会议对全省法院上半年的经济审判工作进行了总结、回顾，认为成绩是显著的，主要表现在：其一，能够认真学习贯彻邓小平同志南巡讲话精神，开拓创新，采取多种方式，多种手段，努力为改革开放和经济建设服务。其二，对起诉到法院的案件普遍做到了快审快判，较好地维护了经济领域的正常秩序。其三，充分发挥调解的优势和作用，在诉讼的各个阶段上，积极而灵活地运用调解手段，成功地解决了一大批经济纠纷。

会议认真分析了形势和存在的问题，并有针对性地提出了进一步搞好经济审判工作的4条措施：

一、加强思想建设。解放思想，开阔思路，是进一步搞好经济审判工作的前提。因此，各级法院领导和经济审判人员要认真学习和深刻理解邓小平同志南巡重要讲话和中央关于加快经济建设的方针政策，不断增强经济审判为改革开放和经济建设服务的紧迫感和责任感。要把是否有利于解放和发展生产力，是否有利于加快改革和经济建设，是否有利于维护政治稳定和社会安定，作为衡量经济审判工作搞得好不好的标准，改变观念，改进工作方法和审判作风，改革管理体制，使经济审判工作高效、优质地为经济建设保驾护航。

二、继续围绕中心抓好两个服务。当前为大中型企业服务，除继续搞好为企业清欠提供法律服务外，要围绕国有企业转换经营机制后出现的法律问题和新类型案件，进行专题研究，开展专项服务；在为农村经济服务中，要慎重处理好果园承包、煤窑砖窑承包纠纷案和依法收贷等工作；要积极为乡镇企业提供法律服务，对乡镇企业要实行“放水养鱼”或“输血”的办法，保护乡镇企业健康发展。

三、广泛开辟案源，提高办案质量。今年上半年，本省收案数量明显少于其他省，而上诉和申诉案件明显增加，改判、发还率上升，这说明本省经济审判的数量不多、质量不高。尽管形成这种情况有主观和客观、内部和外部等方面的原因，但我们应首先从主观和内部方面找原因，加以改进。要广开案源，拓宽服务领域；要加强宣传，多搞公开审判；要深入企业调查研究，突出服务重点，必要时可集中力量，解决一个企业或一个行业的案件；要协调内部关系，改进立案方式，经济审判庭和告诉申诉庭要密切配合，坚持“两便”原则，及时立案，及时审理，以进一步缓解当事人“告状难”的局面；要不断提高办案人员的政治素质和业务素质，未经专业培训和无审判职称的不得办案，正式立案的经济纠纷案件应由经济审判庭审理，禁止其他庭室办经济纠纷案件。要逐步建立健全错案查纠制度，把办案质量和数量与审判人员的奖励、晋级联系起来，增强办案人员的责任心。各级法院的案件维持率和调解率力争不低于80%。

四、加强调查研究和业务指导。省院和各中院经济庭，除审理好案件外，要把开展调查研究和对下级法院进行业务指导作为一项重要工作，切实抓好，抓出成效。各中院经济庭要有全局观念，及时了解掌握辖区内工作情况，庭长们可建立一、二个联系点，经常及时掌握情况；要善于抓好两头，以点带面搞好业务指导工作。

会议期间，省法院副院长王世荣到会听取汇报，并就今后工作讲了话。她希望，全省经济审判工作要不断创新，不断总结，使经济审判更好地适应改革开放和经济建设的需要。

山西省法院“两庭”建设总结表彰会

1992年8月31日至9月1日，山西省高级人民法院在榆次市召开了全省“两庭”建设总结表彰会。参加会议的，有省“两庭”建设领导组全体成员，省计委、财政、土地等有关部门的负责同志，各中院分管院长和受表彰的先进单位、先进个人代表等。省人大副主任、省“两庭”建设领导组组长张健民，省人大副主任、省委政法委书记张邦应到会讲了话。最高人民法院院长任建新专门为大会发来了贺信，并委派计划财务装备局局长蒋福康专程前来参加会议，指导工作。

会议回顾、总结了8年来全省进行“两庭”建设的经验，由“两庭”建设成绩突出的6个单位在会上介绍了经验。会议对支持“两庭”建设有功的7个单位给予了特别嘉奖，对86个先进模范单位、62个先进模范个人进行了表彰奖励。会议期间，代表们还到“两庭”建设先进单位榆次市法院、太原市中级法院、太原市河西区和南城区法院进行了参观学习。

省法院院长赵耀仁在会上作了重要讲话。他的讲话有三个内容：第一，全面系统地总结了全省的“两庭”建设工作。全省“两庭”建设在各方面的支持努力下，成绩很大。已建成审判法庭128个，占应建数131个的97.7%；已建成和即将建成人民法庭493个，占应建总数的85.6%；其余均已批准了建设计划，并开始筹建。同时，有90多个法院新建、改建了办公用房。全省“两庭”建设任务基本完成，办公审判条件得到很大改善。第二，总结了全省进行“两庭”建设的5条经验。一是各级党委重视，建立了“两庭”建设领导机构；二是争取多方支持，密切协调配合；三是广大干警积极性高，立足实际，艰苦创业；四是不断总结经验，及时推广指导；五是注重“两庭”的合理布局和配套管理工作，基本上做到了布局合理化、设施配套标准化、管理使用规范化。第三，对今后继续加强“两庭”建设提出了3点要求：1. 进一步抓好“两庭”的完善、配套工作，打好收尾工程“攻坚战”。2. 努力做好“两庭”的管理使用工作。3. 继续争取有关部门的支持配合，善始善终完成“两庭”建设任务。

会议最后，省人大副主任、省“两庭”建设领导组组长张健民讲了话。他对全省法院“两庭”建设8年中所取得的巨大成绩给予了充分的肯定，同时要求各级法院在“两庭”建设工作基本完成后要进一步使用好、管理好、配套好，以使“两庭”在审判工作中发挥出最佳的效益，为改革开放和经济建设作出更大贡献。

山西省法院执行工作总结表彰会

1992年12月2日至3日，山西省高级人民法院执行工作总结表彰会在襄垣县召开。参加会议的有各中院院长或分管执行工作的副院长和执行庭庭长，部分基层法院院长，省法院有关业务庭、处、室的同志等。省法院赵耀仁院长和王世荣副院长到会分别讲了话。

会议认真总结了今年1至6月全省法院开展执行工作的经验，分析了形势，部署了今后的工作，隆重表彰了会战中涌现出的先进集体和先进个人，为28个先进单位、15名“二等功”个人和17名先进个人分别颁发了锦旗、奖章和证书，获奖单位和个人代表襄垣、霍州、宁武、屯留县法院和晋中中院李进田同志在会上介绍了经验。

会议肯定了全省法院执行工作取得的显著成绩。半年来全省各级法院在省委、省人大及各地党委、人大、政府的重视支持下，统一部署，集中行动，经过艰苦努力，全省共执行各类案件13683件，执行标的1.85亿元，案件执行率达到了84.1%，全省有半数地市法院案件执行率达到90%以上，执行工作取得了突破性进展，初步扭转了“执行难”的被动局面。同时，壮大和锻炼了执行队伍，全省127个法院成立了执行庭，占97%，共调配执行干警510人。有的法院还制定了执行工作制度和案件执行细则，促进了执行工作制度化、规范化建设。各地法院在会战中，摸索出许多解决“执行难”的方法，总结出许多好的经验。一是坚持党委领导下的专门机关与群众路线相结合的工作方法，积极争取党委、人大、政府的重视和支持，紧紧依靠人民群众。二是坚持审执并重，真正把执行工作作为法院一项重要工作来抓。三是坚持教育自动履行与强制执行相结合，既严格执法，又善于执法，文明执行。四是树立为改革开放和经济建设服务的观念，优先执行影响生产和经济建设的案件，为经济建设保驾护航。五是树立全国“一盘棋”思想，克服地方保护主义，加强法院间的相互支持与协作，搞好委托和协助执行工作。

会议也客观地分析了当前执行工作存在的问题：一是少数法院的领导对执行工作的重要性认识不足，“重审轻执”，执行率不高。二是执行力量不足，人员素质不高，少数法院执行机构不健全，装备差，很不适应日益繁重的执行工作。三是有的执行方法简单，对执行疑难案件的困难估计不足，遇到突发事件措手不及，个别法院使用某些强制执行措施不当。四是存在地方保护主义，有的法院对委托和协助执行的案件不主动、不积极。

省法院副院长王世荣在讲话中提出了进一步搞好执行工作的5点意见：1.全省各级法院特别是领导同志要进一步提高对执行工作的认识，重视和加强对执行工作的领导，克服和纠正“重审轻执”的倾向，切实把执行工作作为法院的一项重要工作抓紧抓好，以巩固和扩大执行会战的成果，防止出现新的“执行难”，努力争取全省案件执行率达到90%以上。2.要求未成立执行庭的法院要尽快建立，人员不足的要继续充实，力争达到基层法院不少于4人。同时要积极创造条件，逐步改善执行装备。3.要处理好“审执结合”与“审执分立”的关系，充分调动和发挥审判庭和执行庭的积极性，提高案件执行效率。4.要进一步完善办案制度和岗位责任制，建立一套合法、科学的规章制度，使执行工作制度化、规范化。5.自觉克服地方保护主义，从自身做起，严格按照有关法律和规定，认真办理委托执行和协助执行的案件，不能搞对等原则，更不能设置障碍。上级法院要加强指导和监督，对下级法院的地方保护主义行为要及时予以制止和纠正，以维护国家法制的统一。

省法院院长赵耀仁在讲话中强调了以下几点：1.要系统、深入地学习党的十四大精神，进一步提高对法院执行工作的认识，把执行工作与党的中心工作紧密联系起来，服从和服务于经济建设这个中心，重视执行工作，加强执行工作，使执行工作更好地为经济建设保驾护航，为山西经济上新台阶做贡献。2.要严肃执法、文明执行。首先要把案件办扎实，为执行工作奠定好基础。其次在执行中要严格按执行程序办事，讲究执行方法，依法采取强制措施，特别要慎重采取查封、扣押措施，要把严肃执法与讲求执行的社会效果统一起来，坚持从“三个有利于”出发去考虑和处理问题，不要影响机关、单位、企业的生产和工作。采取拘留、逮捕措施更要慎重，决不能以扣押人质的方法代替执行。3. 要坚持依靠党委领导和人大监督。执行工作的重要情况、重大问题，以及法院经自身努力难以排除的干扰和难以执行的典型案件，要随时报告党委、人大，请求领导给予支持。4. 要加强调查研究工作。由于近年来各类执行案件成倍增加，执行工作的新情况新问题不断发生，因此，要求各级法院要注意不断总结新经验，解决新问题。同时要加强执行信息工作。最后，赵院长勉励受表彰的单位和个人谦虚谨慎，再立新功。

吉林省全省人民法庭工作会议

为推动全省法庭工作的开展，吉林省法院于 1992 年 7 月 19 日至 20 日在吉林市召开了全省法庭工作会议。各中级人民法院、分院分管法庭工作的院长、副院长，法庭工作指导组的同志参加了会议。省法院副院长、法庭指导组组长魏进发，法庭工作指导组副组长尹世铎及执行庭、研究室的有关同志出席了会议。

这次会议总结交流了 1991 年全省开展争创标准化人民法庭活动的经验与体会，研究探讨了新时期加强法庭标准化建设的做法，部署了今后法庭建设的主要任务，宣布了吉林省法院《关于 103 个标准化人民法庭命名的决定》。省法院副院长魏进发作了《解放思想，努力拼搏，促进人民法院建设迈上一个新台阶》的讲话。全面总结了 1991 年全省开展人民法庭标准化建设年活动的情况。他说：全省人民法庭建设认真贯彻“巩固、充实、加强、发展”的方针，按照省法院《关于人民法庭标准化建设实施意见（试行）》的要求，以全面创建为重点，使创建标准化法庭工作在原有的基础上，取得了突破性的进展和大面积的收获。1991 年创建标准化人民法庭 103 个，相当于 1987 年至 1990 年创建总数的 63％；累计数达到 267 个，占法庭总数的 79％。新创建的标准化人民法庭，审判工作规范化、队伍革命化、管理制度化、物质装备标准化的“达标”质量有了明显的提高。

在谈到今后加强法庭建设时，魏进发同志特别强调要把握好一条基本出路，即以邓小平同志南巡重要谈话和省委五届十次会议精神为指针，坚定不移地贯彻执行“一个中心，两个基本点”的基本路线，进一步解放思想，转换脑筋，不断进取，勇于开拓，继续加大法庭建设力度，强化“达标”、“创优”措施，务求在今后 3 年时间里，全省人民法庭标准化建设跃上一个新台阶，为深化改革、扩大开放、促进经济建设作出积极贡献。他提出：（1）进一步提高认识，加强领导。（2）继续抓紧法庭标准化创建工作，力争用最短的时间全部达标。（3）坚持巩固、发展、务实、创新、不断提高标准化法庭创建水平。（4）坚持“两条腿走路”方针，搞好法庭建设，一方面要充分发挥广大干警、特别是法庭干警的主观能动性、自己动手，力所能及地解决创建中存在的一些困难，另一方面要主动工作，争得多方面支持，形成创建合力，做到“人民法庭人民建”、“建好法庭为人民”。（5）加强调查研究工作，要注意当前乃至今后一个时期创建工作中带有全面性的重大问题，有针对性地提出解决措施。同时也要注意搞好专题调查，及时解决创建过程中遇到的新情况、新问题。在会上，吉林、长春中院介绍了加强法庭标准化建设的经验。与会同志围绕如何加强新时期的人民法庭建设问题进行了座谈讨论，提高认识，统一思想，形成了共识。

吉林省法院“一日一条一幅”活动公主岭现场会

1992年8月25日至26日，省法院在公主岭市法院召开了“一日一条一幅”岗位练兵活动现场会。吉林省法院党组副书记、副院长、政治部主任李作善，党组成员、纪检组长姜政海，政治部副主任王若参加了会议。全省各中院、分院的主管院长或政治部（处）主任、宣教处（科）长以及各地试点的法院院长、四平地区各法院的院长、政工科长近50人出席了会议。会上，公主岭市法院院长王呈春作了开展“一日一条一幅”岗位练兵活动的经验介绍，公主岭法院刑一庭庭长王景会以及范家屯法庭书记员孙国军、少年审判庭书记员刘小萍分别代表集体和个人汇报了他们开展岗位练兵活动的作法和体会。四平市中级人民法院党组副书记、副院长陈玉友同志，就四平市两级法院如何学习公主岭法院经验，并将“一日一条一幅”活动在全市法院系统全面铺开进行现场部署。与会人员参观了公主岭市法院开展“一日一条一幅”活动对比展和干警书法、绘画、摄影作品展。

“一日一条一幅”岗位练兵活动中的“一日”，就是要求大家每天都写；“一条”，就是要求大家紧密结合自己的工作业务来书写法律条文、法律常用语和审判工作中常用的方言土语、生僻字，在量上每天至少要写“一条”；“一幅”，就是要求每天必须写出一页以上的习字。开展“一日一条一幅”岗位练兵活动是省法院党组针对近年来执法执纪大检查中暴露出来的不少书记员记录水平不高，以致严重影响审判质量的问题而提出的。为提高干警的两个素质、提高执法水平，省院政治部宣教处抓了试点，从1992年4月份开始试行。4个月来，公主岭法院32名书记员4个月习字万余幅，一人不落，一天不误，27名审判人员、5名庭长和2名院领导也参加了这项活动。同时，全院还有78名干警参加了书法、绘画、摄影展览活动，创作和制作作品达120多幅，参赛面占干警总数60%。通过开展“一日一条一幅”活动，公主岭市法院的审书人员特别是书记员的书写，记录、文字表达能力有了明显提高，也促进了执法能力和执法水平的提高。

李作善副院长作了会议总结。对公主岭市法院的试点经验给予了肯定。他要求全省各级法院要学习、领会公主岭市法院试点经验的精神实质，结合本地法院的实际情况进行落实。全省各级法院要继续提高认识，增强信心，扎扎实实地开展好“一日一条一幅”岗位练兵活动。首先，这是提高干警素质，进行基本功训练，搞好基础建设的需要；其次，这是适应新时期审判工作形势，推进审判改革，提高执法水平的需要；第三，这是培养干部，造就新一代法官队伍的需要。试点经验证明，“一日一条一幅”岗位练兵活动，是我们抓提高干警队伍素质，进行岗位练兵的一种好形式，是攻克了法院基础建设上的一个“误区”，具有普遍开展和长期坚持的意义。一定要抓细抓实、抓好，抓出成效来。

李作善副院长要求：全省各级法院要积

极行动起来，将这一活动当做大事，提上日程，真抓实干：1. 梯次推进，提高水平。在坚持习文练字的同时，侧重向提高法律知识水平和庭审能力迈进。2. 狠抓三年，上新台阶。明年的主攻方向由背诵法条和提高书写能力并举，中心活动是组织全省“岗位练兵大奖赛”。3. 加强领导，保证落实。

吉林省民事审判规范化铁西现场经验交流会

1992年9月2日至4日，吉林省高级人民法院在四平市召开民事审判规范化铁西现场经验交流会。这次会议的目的是为了深入贯彻全国第五次民事审判工作会议精神，认真适用民事诉讼法，加速全省法院民事审判方式改革，促进民事审判规范化建设，提高民事执法水平，使民事审判工作跃上一个新台阶。

全省各中级法院主管民事审判工作的院长（或副院长）、民庭庭长和基层法院主管民事审判工作的院长（或副院长），省法院有关业务庭的同志出席了会议。最高人民法院副院长马原、民事审判庭副庭长刘天弼亲临会议，并作重要讲话。辽宁省、黑龙江省法院民庭庭长、《人民司法》编辑部等有关单位应邀出席了会议。会议分别由吉林省高级人民法院副院长魏进发、刘桂芬主持。

四平市铁西区人民法院自1990年6月以来，大胆实践，勇于探索，从改进民事审判方式入手，强调审判正规化、程序制度化、证据规格化，狠抓了民事审判审查立案、公开审判、公开举证、公开养廉、庭审程序、办案质量、岗位责任、责任考核、错案追究、基础工作等方面的科学管理，促进了执行水平的提高。结案率由过去的97%上升至99.33%，平均审期由6个月缩短为2个月。

这次会上，四平市铁西区法院介绍了《努力实现民事审判规范化，全面提高民事执行水平》的经验；吉林市中级人民法院民庭、长春市朝阳区法院、梅河口市法院等单位也从不同角度介绍了经验。与会代表查阅了铁西区法院部分民事案卷，观摩了该法院的规范化审判活动，一致认为，铁西区人民法院的经验很值得学习和借鉴。会议还认真讨论了吉林省全省法院民事审判规范化的意见。

马原副院长对吉林省开展民事审判规范化工作给予了充分肯定。她在讲话时指出，“这次会议总结了一些成熟的好经验，应当在全国范围内推广”，“希望吉林省各级法院在认真调查研究和总结经验的基础上，把这项工作推向前进，使之更加完善。”

吉林省全省刑事审判工作会议

吉林省法院于1992年11月4日至9日，在四平市法官培训中心召开了全省刑事审判工作会议。各中级法院主管刑事工作的院长、刑庭庭长和部分基层法院同志参加了会议。省法院副院长李作善到会并作了讲话。会议组织学习了十四大和中央(1992)7号文件及全国法院审理经济犯罪案件工作会议、贯彻未成年人保护法座谈会、诉讼文书工作会议精神，交流了经验，讨论了典型案例，研究了今后的工作。

会议对两年的刑事审判工作进行了回顾，认为自1991年年初以来，全省各级法院不断拓宽工作领域，努力提高执法水平，为促进社会治安的稳定，为改革开放和经济建设，作出了积极贡献，取得了很大的成绩。一是打击严重刑事犯罪和严重经济犯罪活动取得了显著的效果。二是执法水平有很大提高。案件正确率有明显提高。各级法院保证案件质量的基本经验集中起来主要有4条：(1)完善了岗位责任制；(2)重视了证据的审查；(3)严格执行诉讼法；(4)加强了政策法律知识的学习与调查研究。三是全面开展各项审判工作，不断向深层次伸展。具体有：少年刑事审判工作由发展、充实进展到巩固、提高的阶段。全省共建少年刑事审判庭14个，少年法庭73个，配备了专门审理少年案件的审判人员221名，并特邀384名人民陪审员，建立了强有力的审判队伍，培训了审判干部。“适当多判一些缓刑”工作取得了明显的效果。判处缓刑的重新犯罪率大大低于劳改释放人员的重新犯罪率。审判工作规范化、标准化逐步引起重视。刑事自诉、附带民事案件审理工作有了新的进展。四是参与社会治安综合治理的工作有了新的进展。双辽综合治理现场会以来，各级法院迅速落实会议精神，采取公开审判、公开宣判、就案讲法，印发布告和宣传材料，提出司法建议，对缓管免人员协助落实帮教措施，利用电台、电视、报纸宣传典型案例等，对加强预防、减少犯罪，收到显著的社会效果。五是调查研究和审判监督工作得到加强。省法院和各中级法院都十分重视审判监督，对下指导，采取利用内部函件、会议研究、情况通报、案件检查、经验总结、帮助研究疑难案件等形式，及时指导工作。

会议认为，党的十四大为新时期刑事审判工作提出了新的任务，这就要求各级法院在刑事审判工作中，要坚持“一个中心，两个基本点”，坚持“两手抓，两手硬”，进一步解放思想，改善执法活动，加大服务力度，为实现我省“拼搏三年，背水一战，上新台阶”的经济发展目标和建立社会主义市场经济提供法律服务。具体提出以下几点要求：1. 大胆解放思想，增强服务意识；2. 坚持“严打”方针，维护社会稳定；3. 严惩经济犯罪，保障经济建设；4. 提高执法水平，确保案件质量；5. 注重社会效果，适当多判缓刑；6. 巩固少年法庭，拓宽工作领域；7. 加大参与力度，扩展服务范围；8. 加强廉政建设，提高干警素质。

吉林省各中级法院经济庭庭长座谈会

1992年12月4日至6日，省法院召开了全省各中级法院经济审判庭庭长座谈会。省法院经济庭庭长主持了会议。省法院副院长田景春同志参加了会议并为会议作了总结。

这次会议总结了全省一年来经济审判工作的情况，特别是交流和展示了为国有大中型企业服务的经验和成果，沟通并研究了全省审理企业破产案件的情况及问题，明确了市场经济体制的确立和发展将给经济审判工作带来更繁重的任务和更高要求的严峻形势以及为市场经济服务的路数，为全省经济审判工作夺取新成就，再上新台阶作了准备。

通过总结和展示经济审判工作为国有大中型企业服务的经验和成果，大家一致感到，在即将过去的一年里，人民法院确实发挥了为经济建设保驾护航的作用。共依法及时审理了涉及国有大中型企业的案件3331件，争议标的额约4亿元。其中，60%以上的案件得到及时执行。概括起来，值得肯定的有4点：一是对涉及国有大中型企业的案件坚持快立、快审、快结、快执行；二是通过案外和解的非诉讼手段为企业回收欠款；三是以审判为中心，主动开展多种形式的法律服务；四是结合具体案件开展司法建议，帮助企业堵塞漏洞。

各院在介绍全省已立案的20件和已审结的4件企业破产案件的情况和作法时，还通报了明年即将进入诉讼的约五六十件这类案件的情况。

田景春副院长在会议总结时充分肯定了全省一年来经济审判工作，特别是为国有大中型企业服务的做法和成果。在充分论证市场经济体制与国有大中型企业之间关系的基础上，明确提出："人民法院的经济审判工作，都应把为国有大中型企业服务作为重要组成部分，在一定意义上要提到岗位。"在谈到办案与服务的关系时，他强调："服务离不开审判。必须坚持以审判工作为中心，为经济建设服务。"在讲到破产案件的处理问题时，他说："审理好破产案件，是人民法院直接为市场经济服务的重要内容之一。不但要坚持敢试、敢闯的精神，而且要严格掌握标准，依法审理。对有限责任公司以外的私营企业、挂靠企业，以及规避法律、逃避债务的，不应适用破产程序。同时，要加强与当地政府的关系，取得支持和协助。"针对各地提出的明年破产案件大幅度上升的情况，他强调："明年5月以前，各地都要重视破产案件。要勇于探索，积累经验，在实践中训练和提高干警审理破产案件的能力。"在谈到明年的经济审判工作时，他共讲了8个方面的问题。其中，侧重谈了严格执法、秉公办案的问题和克服孤立办案、就案办案、扩大社会效果的问题。会议还明确了级别管辖、机构设置等问题。

黑龙江省法院、妇联依法维护妇女权益工作现场会

1992年8月27日至29日，黑龙江省高级人民法院、省妇联在牡丹江市联合召开全省法院、妇联依法维护妇女权益工作现场会。各中级人民法院主管民事审判工作的院长，各市、地妇联主管维权工作的主任及农场、森工、铁路局工会女工部长等参加了会议。省法院副院长姚炳珠、省妇联副主任潘永文分别在会上讲话。牡丹江市中级人民法院、牡丹江市妇联和宁安县法院、牡丹江市西安区法院、西安区妇联、郊区妇联分别介绍了依法维护妇女权益工作的经验。

省法院姚炳珠副院长在讲话中指出，妇女权益保障法公布后，全省各级法院根据省委政法委《关于在〈妇女权益保障法〉宣传月期间依法公开处理一批严重侵犯妇女合法权益的犯罪分子的通知》精神，积极开展了宣传活动，并选择一批严重侵犯妇女合法权益的典型案件依法进行公开处理。全省各级

法院在宣传月期间向报纸、广播电台（站）投送宣传稿件210多篇，办宣传栏150期，开展法律咨询250余人次，宣传妇女权益保障法200余场次，集中力量审理杀害、强奸、拐卖妇女等案件180多件，召开宣判大会80多场次，依法处决侵害妇女人身权的严重刑事犯罪分子13人，判处一批死缓、无期和有期徒刑罪犯。对宣传妇女权益保障法，严厉打击侵害妇女权益的犯罪活动，教育广大干部和群众起到了积极的作用，为了进一步贯彻落实妇女权益保障法，根据最高人民法院通知精神，结合全省法院实际，提出了4个方面：

一是要认真学习妇女权益保障法，增强维护妇女合法权益的自觉性。妇女权益保障法是我国第一部全面、系统保障妇女合法权益的重要法律。要求全省各级法院认真组织审判人员进行学习理解立法的指导思想和基本原则，深化对保障妇女合法权益重要性的认识，对妇女的法律地位的认识，深化妇女在实现“四化”建设中作用的认识，深化为保障实现妇女合法权益的认识。从而增强维护妇女合法权益的自觉性。全省各级法院要结合学习这个法律，认真总结各项审判工作保障妇女合法权益的经验，并针对薄弱方面提出改进措施。把保障妇女合法权益作为一项长期的、艰巨的任务切实抓好。通过审判活动，强化保障妇女合法权益的力度，为进一步实现男女平等、维护妇女合法权益创造更加有利的条件。

二是结合各项审判工作，广泛宣传妇女权益保障法。在开展宣传活动中，要与各项审判工作结合起来，充分利用公开审判这一最基本、最有效的形式搞好宣传活动。同时与新闻部门密切配合，利用报刊、广播、电视等新闻媒介进行宣传教育活动。

三是严格执行妇女权益保障法，依法保护妇女的合法权益。妇女权益保障法是一部全面的、综合性的旨在保障妇女合法权益促进男女平等的重要法律。其内容不仅涉及民法通则、婚姻法、继承法和刑法等法律，而且也涉及到文化教育、劳动权益等行政法律法规。各级法院在各项审判工作中要严格执行妇女权益保障法，做到有法必依，执法必严，违法必究，依法保护妇女的合法权益。

四是加强同妇联组织的协调配合，及时为被害妇女提供司法保护。要经常与妇联沟通情况，相互配合，相互支持，抓好妇女权益保障法的实施。及时、依法受理侵犯妇女合法权益的案件，听取妇联的反映和意见，不断改进审判工作，依法惩治侵犯妇女合法权益的犯罪分子，制裁侵犯妇女合法权益的违法行为。

上海市法院审理经济犯罪案件工作会议

1992年12月8日至12日，上海法院审理经济犯罪案件工作会议在松江县召开。市高、中级法院、各区、县法院、上海铁路运输两级法院的刑庭庭长以及分管院长参加了会议。市高院领导顾念祖、胡瑞邦、李国光、姚庚麟、乔宪志出席了会议，顾念祖院长主持了会议，并作了重要讲话。市高院副院长乔宪志作了《当前审理经济犯罪案件的几点意见》的报告并对会议作了总结。市政法委、纪委、检察院、监察局和松江县委的有关领导也应邀出席了会议。

这次会议的议题是：适应我国经济建设迅速发展、改革开放不断深入、社会主义市场经济体制建立健全的新形势，讨论在经济犯罪案件的审理中遇到或可能遇到的新情况、新问题，统一思想，统一认识，进一步加强经济犯罪案件审判工作，为深化改革扩大开放促进经济建设提供有力的法律保障和服务。

乔宪志副院长就当前审理经济犯罪案件中经常遇到的问题提出了10条政策界限：1. 国营企业干部收受联营企业各种名义的财物应如何认定；2. 企业经营管理人员、科技人员利用职务上的便利提供技术咨询等劳务拿取奖金、报酬等应如何认定；3. 企业经营管理人员、科技人员利用职权或地位便利条件，进行中介活动收取报酬应如何认定；4. 行贿单位、受贿人及其单位均得益的贿赂行为应如何处理；5. 企业经营管理人员、科技人员在经济往来中收受回扣应如何认定；6. 利用职务的便利条件，让他人无偿为自己装修住房应如何认定；7. 国家工作人员、集体经济组织工作人员或其他从事公务的人员在国内业务交往中收受贵重物品应如何认定；8. 案发前主动退还受贿财物应如何认定；9. 收受的贿赂用于业务活动的应如何认定；10. 应如何认定价格等。并结合上海的实际，就如何贯彻惩办与宽大相结合的原则，提出了4条具体处理意见。与会者对上述意见进行了逐条讨论。经过3天的研讨，对上述问题原则上达成了共识。会议将集思广益，充分吸收讨论中提出的修改意见和建议，经集中整理后，已下发各级法院，以指导本市经济犯罪案件的审判工作。

顾念祖院长在会议结束时强调了几点意见：1. 要深入领会“两手抓”的指导方针；2. 必须澄清一些是非，排除各种来自“左”的和右的干扰；3. 把打击与服务紧密结合起来，防止就案办案，孤立办案；4. 努力学习，认真研究法律政策，是深入开展打击经济犯罪的内在要求。

浙江省法院经济犯罪审判工作会议

1992年8月22日至26日，浙江省高级法院在杭州市召开全省法院经济犯罪审判工作会议，传达贯彻最高法院6月下旬在四川省召开的全国法院审理经济犯罪案件工作会议精神。在联系浙江实际，讨论最高法院提出的八个严格区分罪与非罪界限时，着重研究了要慎重审判“能人”犯罪案件的问题。

浙江省高级法院副院长寿胜年在会上讲话时，对这个“热点”和“难点”问题，作了具体论述。他说，随着改革开放的深入，企业经营机制的转换，一大批善于生产经营、管理的人才和科技人员发挥着越来越大的作用。他们有敢闯精神，大胆创新开拓，是改革开放中的“能人”。依法保护他们的合法权益，为他们创造比较宽松的环境，也是法院审判工作应该重视的问题。在不断探索和创新的改革浪潮中，要允许他们犯错误，改过来就是了；对其中触犯刑律，闯入“禁区”的，处理时要持慎重态度。在审理这类案件时，要注意判断他们的行为是否构成犯罪。要充分考虑经营管理和科技活动的特点，把他们的行为置于相应的经济环境，经济和科技改革政策中去考虑，不能不顾变化了的客观情况，搬用原有的与改革开放不相适应的条条框框去衡量；要从全局出发，考虑总的社会经济效果，不要轻率地以罪论处。我们认为，在审理涉及“能人”犯罪案件时，对于确已构成犯罪，需要追究刑事责任的，还是要依法定罪，但在处罚时依法从宽的幅度要大一些。对于生产经营、企业管理中的骨干和科技人员，构成犯罪但罪行较轻，认罪态度好的，可以允许其戴罪立功，判处缓刑或免刑，使生产经营、科学研究不因此而中断。对其中罪行较重，又不具备法定减轻处罚情节的，根据案件的具体情况，依法适当判处刑罚。对已收监执行的，在依法的前提下，多搞一些假释、减刑，幅度可大一些，使这些“罪人兼能人”早日回到社会。这样做既符合法制原则，又有利于生产发展和科学研究工作。

除了上述原则意见外，对本省审判实践中碰到的几个具体问题，提出以下参考意见：

1. 对科技人员、经营管理人员既有利用职务之便，又提供了技术服务，私下获取报酬的行为的定性，要注意区分：主要是利用职务之便，损害企业利益和社会利益，私下获取报酬的，应予定罪，对其中提供了技术服务的部分，可作为量刑的从轻情节；虽与职务有关，但主要是靠本人提供的技术服务获得报酬，且创造了较大的社会经济效益的，即使获取报酬的手段不合法，数额不尽合理，也不应定罪，可按国家有关政策精神，建议作适当的行政处理。

2. 对企业经营、供销人员在经销商品活动中，收受“回扣”、“业务费”等行为的定性，要注意区分：擅自抬价压价，或经销伪劣商品，损害企业或广大消费者利益，或者与对方勾结偷逃税款损害国家利益，并因此收取“回扣”、“业务费”的，应予定罪；对经销商品活动中，没有损害企业利益或国家利益，经销的也不是伪劣商品，其私下收取“回扣”、“业务费”的，可作一般违法或违纪处理；对通过努力经销，促进市场流通，产生较好的社会经济效益，仅因本单位有关奖励制度不兑现，致私下收取“回扣”、“业务费”，其数额相当于应得报酬的，可视为可得的报酬。

3. 对承包、租赁企业的性质涉及贪污、受贿、挪用公款罪主体身份的认定，要注意区分：承包、租赁经营者虽有部分个人投资，或合作经济，或系大包干式承包，但企业仍具有集体经济组织的基本特征的，应认定为集体企业，其承包、租赁经营者，可以成为贪污、受贿、挪用公款罪的主体；个人合伙兴办的企业，或个人投资，挂靠国家机关、国营、集体企事业单位，领取集体营业执照，被挂靠单位既不参与经营管理，也不承担风险，只是收取“管理费”的企业，或以个人股为基础的股份制企业等不具备集体经济组织基本特征的，其承包、租赁经营者不能成为贪污、受贿、挪用公款罪主体。

4. 对集体企业的承包、租赁经营者采用不正当手段，占有经营利润行为的定性，要注意区分：侵吞应当上交集体的利润或企业留利的，应予定罪，即使是大包干式承包，经营者未上交承包金，且明知企业亏损，仍肆意侵吞集体财产的，也应定罪；对承包、租赁经营者按合同约定或有关文件、企业章程规定应得的利润或报酬，即使其在结算之前采用不正当手段占用，也不应定罪。

5. 对上、下级之间或有工作、业务关系的人之间，收受对方财物行为的定性，要注意区分：主要是利用职务影响，同时夹杂着其他因素，收受贿赂，为对方谋取了利益，有明显的“权钱交易”性质的，应予定罪；虽有职务关系和影响，但确系个人之间礼尚往来，接受个人馈赠的，不应定罪。

江西省法院管理工作研讨会

1992年3月16日至18日，全省法院管理工作研讨会在南昌市召开。各级法院院长

（或副院长）、办公室或研究室主任以及省法院正、副院长和各庭、处、室负责人参加了会议。

举办法院管理专题研讨活动在全省法院系统还是第一次。这次会议的目的是围绕会议主题，总结交流各地法院近几年来管理工作的经验，从理论与实践的结合上进行深入探讨，以进一步提高本省法院系统的科学管理水平。

会上，10个中院交流了专题论文。与会人员认真地讨论了审判工作管理、机关事务工作管理、干警队伍管理与改革、岗位责任制与目标管理四个问题。

省高级法院院长李迎在会议结束时作了重要讲话。李迎院长在讲话中首先强调了加强法院管理的重要性和迫切性。他指出，人民法院要顺应改革开放和加快经济建设的客观形势，开创法院工作的新局面，必须解决当前面临的审判任务重与力量不足、严肃执法与执法难、干警素质及物质条件差同审判业务发展不相适应等突出矛盾，而解决这些矛盾，既要靠外部执法环境的改善，更要靠我们各级法院积极探索，挖掘内部潜力，提高工作效率。因此，实现科学管理，向科学管理要效率，向科学管理要战斗力，成为法院当前现实的迫切需要。其次，总结了本省法院加强科学管理的基本经验和存在问题。经验主要有以下3条：1. 强化思想教育，注意政治管理功能的发挥，启发干警积极性、主动性、创造性；2. 加强制度建设，实现规范管理；3. 建立竞争机制，增强机关工作活力。问题也表现在3方面：一是发展不平衡；二是管理机制不完善，手段单一，层次比较低；三是机制的约束力或控制力不强。最后，提出了进一步加强法院科学管理的努力方向和基本要求。根据本省法院工作实际和现状，在当前和今后一个时期，提高全省各级法院科学管理水平应着重在健全管理机制、提高管理者素质两方面狠下功夫。遵循行政管理的系统原理、人本原理和效率原理的具体要求，来建立健全科学的管理机制；而提高管理者素质，首先，管理者必须具备以下能力：一是统筹全局的思考 能力；二是深入群众多谋兼听的探讨能力；三是有权衡利弊的决断能力；四是突出重点、兼顾一般的计划能力；五是平等待人、公道处事的协调能力；六是适时的应变能力。其次，提高管理者能力，改进领导作风的主要途径，一要加强学习，二要勇于实践，三要善于总结，四要接受监督。

最后，李迎院长希望通过这次研讨活动，把全省法院管理工作大大向前推进一步。

江西省著作权法理论与实践暨第七次民事审判业务研讨会

1992年5月12至14日，由江西省高级法院、省新闻出版局、省版权局联合举办的著作权法理论与实践研讨会暨第七次全省民事审判业务研讨会在南昌市召开。参加会议的有省高级法院、省新闻出版局、省版权局的有关领导和各中级法院民事审判庭庭长及部分论文作者。

这次研讨会的目的是，总结交流人民法院审理著作权案件和行政主管部门对著作权管理、调处著作权纠纷的经验，深入研究著作权法实施以来著作权领域出现的新情况、新问题，总结、交流执行民事诉讼法的经验，以进一步提高执法水平，更好地完成法律赋予的任务。

这次研讨会有以下几个特点：

一、课题新、内容新

与会代表针对我国建立著作权保护制度起步晚、专业知识比较陌生以及民诉法实施不久、面临的新问题不少的状况，积极进取，大胆探索。不少论文课题新，内容新，勇于探讨、研究实施著作权法以来所遇到的新情况、新问题，提出了一些富有新意、能指导实践的新见解，这对人民法院正确审理著作权案件和版权部门调处著作权纠纷，都有一定的参考价值。

二、坚持理论与实践的紧密结合

参加这次研讨会的代表，既有从事教学、科研的教授专家，又有从事版权管理部门和审判实践的实际工作者；会议选用的材料既有结合著作权法、民事诉讼法对某一课题进行系统论述的理论文章，又有从立法、司法的角度对“两法”实施以来新情况、新问题的分析、探讨及结合审判实践的经验总结，还有一些新的典型、疑难案例研究。会议的理论和实践气氛都很浓厚，通过学术交流，一方面使理论工作者更贴近、了解实践，另方面使实际工作者的理论水平得到提高，从而达到取长补短、互相学习、相互促进、共同提高的目的。

三、坚持学术民主

这次研讨会始终贯彻了“百花齐放，百家争鸣”的方针，鼓励大家积极展开不同观点的学术争鸣。各种不同的观点都得到充分阐释的机会。经过认真思考、反复论证，在一些基本观点上达成了共识，一些学术观点存在分歧有待进一步探讨。

会议结束时，省高级法院郑臣镇副院长作了总结讲话，并提出 3 点意见，一是认真贯彻执行著作权法，切实保护著作权人的合法权益；二是加强对侵害消费者权益案件的审理，维护消费者的合法权益；三是搞好法制宣传，扩大办案效果。

法院与新闻出版部门、版权管理部门联合举办学术研讨会在全省还是第一次。近年来，在著作权法的起草和实施准备过程中，法院与版权管理部门的联系日益加强，已初步建立起良好的合作关系。通过不断的研究交流，将推动著作权立法的日益完善和逐步提高我省著作权案件的审理水平。

山东省法院管理工作理论研讨会

1992 年 7 月 13 至 15 日，山东省法院系统首次管理工作理论研讨会在烟台市召开，全省各市、地中级人民法院、济南铁路运输中级法院、青岛海事法院的院长、研究室主任和部分论文作者共 70 余人参加了会议。省法院宇培杲院长及烟台市有关负责同志出席了会议。省法院副院长周玉华在会议结束时作了总结讲话。

会议收到各地报送论文 60 篇，有 36 篇进行了大会交流。这些论文作者以小平同志的重要讲话为指导，围绕全面发挥审判职能作用，建立科学的工作运行机制和激励机制，提高工作效率，提高执法水平，调动广大干警积极性等，从理论和实践的结合上研讨了加强法院管理的问题。研讨会共评出获奖论文 10 篇，其中一等奖 2 篇，二等奖 3 篇，三等奖 5 篇。这些论文有 3 个特点：一是内容丰富，涉及到法院管理的方方面面，从审判工作到机构、队伍、行政事务、后勤保障等各方面的管理都有所涉及；二是有虚有实，既有一定的理论性，也有很强的应用性；三是继承和发展相结合，有一定的深度。会上的不少论文，既总结肯定了几年来法院管理实践的成功经验，又提出了一些改革性的意见和措施。

省法院副院长周玉华在讲话中，客观、全面地分析、评价了近几年本省法院在管理工作上取得的成就和存在的不足，并就当前的管理工作提出了4点要求：一是各级法院要从领导思想上进一步充分认识加强科学管理的重要性、必要性和紧迫性。二是要认真抓好这次研讨会成果的应用，三是当前的管理工作要围绕全面发挥审判职能作用，以推行目标管理为重点，在完善、配套、统一、提高上下功夫。四是要继续加强对管理学的研究，坚持理论和实践相结合、继承和创新相结合、领导和群众相结合的方法，进行大胆的实践和探索，不断推动全省法院科学管理的发展。

湖北省法院基层基础建设会议

为贯彻落实湖北省委常委会议纪要关于继续解决法院通讯、法医技术装备落后问题的指示和全国法院“山西”会议精神，全省各地市州中级人民法院、武汉海事法院分管院长，以及各地市州财政部门的负责人共60余人，参加了湖北省高级人民法院、省财政厅于1992年4月10日至12日在武汉市联合召开的全省法院基层基础建设会议。

这是一次继往开来的历史性重要会议。“七五”期间，全省法院在各级党委、人大和上级法院的领导、监督和指导下，在各级政府有关部门的大力支持下，团结奋斗，积极努力，出色地完成了全省法院“两庭”建设及其完善、配套管理任务，狠抓了城关、城区和街道人民法庭的建设，走在全国的前列，受到了最高人民法院的肯定。全省法院“两庭”建设任务完成以后，省委常委会议分别在1990年和1991年《关于进一步加强对我省法院工作的讨论纪要》中都强调指出，要分期分批解决法院通讯手段落后、不保密，法医技术装备短缺的问题，提高信息传递速度和技术鉴定的科学性、准确性，保证办案质量。这次全省法院基层基础建设会议的中心议题，就是认真落实省委的指示，全面总结“两庭”建设经验，安排部署全省法院“两项装备”建设任务，全面推行和实施“两项装备”规划，把全省法院的基础建设再推上一个新的台阶。

湖北省高级人民法院院长李其凡、副院长吴家友参加会议并讲话，省财政厅行财处负责人就如何落实“两项装备”建设经费谈了意见。与会同志认为，这次会议的召开，对于加强全省法院基层基础建设，提高执法水平，不断健全和完善社会主义法制都具有重要的意义。

会议指出，抓“两项装备”建设，一定要解放思想，抓住机遇。邓小平同志视察南方时的重要谈话发表后，我国改革开放和经济建设步伐日益加快，经济建设必将要上一个新台阶。这就为人民法院开展基层基础建设提供了良好条件。全国法院在“八五”期间继续抓好“两庭”建设，湖北可以集中力量搞好“两项装备”建设，把全省法院基层基础建设再推上一个新水平。省委、省政府对法院“两项装备”建设十分重视，专门下发了会议纪要。省财政厅、省计委都积极支持法院上“两项装备”建设项目，分别与省法院会签了文件，对全省法院“两项装备”建设进行了规划、部署。省财政在给政策的同时，已经拨了部分补助经费，并将继续增加拨款予以支持。全省法院应该思想更解放一点，胆子更大一点，步子更快一点，努力实现“八五”期间“两项装备”建设目标，完成党和人民赋予的重任。

会议强调，全省法院的“两项装备”建设必须按统一标准，不能降低，各行其是。省法院、省财政厅和省计委对全省法院法医技术装备分别作出了规定。省高级人民法院建成法医技术鉴定复核中心，省计委已正式将省法院法医技术楼纳入当年计划，建筑面积2500平方米，省财政厅将逐步为其添置较先进的仪器设备，承担重大疑难案件的鉴定复核和技术鉴定科研任务。各中级人民法院应建成法医技术鉴定中心，其房屋建筑面积不少于400平方米，各种装备器材不少于规定的48种。各基层法院应建成法医技术室和法医门诊网络，技术室建筑面积不少于300平方米，各种器材不少于规定的46种。通讯装备方面要求具备话音、传真、电话会议、数据通讯4种功能。实现省法院与最高法院、省法院与各中级法院，中级法院与各基层法院三级联网。

会议要求，抓“两项装备”建设，要正视困难，知难而进。搞任何建设都会有难度，这就要求我们充分发挥主观能动性，积极争取党委的领导和政府各部门的支持，请求他们帮助解决困难。准备吃别人不能吃的苦，出别人不愿出的力。本省“两庭”建设的经验表明，领导的重视程度和主观能动性发挥得如何，效果截然不同。事在人为，不少条件差、困难多的地方都作出了一流成绩。各级法院要加强领导，一把手要亲自动手抓，分管的领导要下大气力具体抓，其他领导要积极支持配合抓。省高级法院由司法行政处主管，对包括房屋建设、器材装备、补助经费安排进行统筹考虑。办公室和法医技术室要积极协助抓落实。各中级、基层法院也要根据自己的实际情况，明确主管和协助单位，步调一致，齐心协力，加快建设的进展。

最高人民法院和财政部都希望本省在“八五”期间全面完成“两项装备”建设任务，也能走在全国前列，提供样板经验。我们相信，只要全省法院与各级财政共同努力，就一定能率先在全国法院系统办成一件新的实事来。

广东省法院中外合资、合作企业承包经营纠纷案件专题研讨会

针对当前法院受理的中外（含港、澳、台，下同）合资企业承包合同纠纷案件出现新情况新问题，省法院于1992年5月上旬在东莞市召开了中外合资、合作企业承包经营纠纷案件问题研讨会。广州、深圳、珠海、佛山、惠州、汕头、东莞等市中级人民法院和东莞市基层法院经济审判庭庭长参加了会议。省法院副院长张耀威主持了会议并讲话。省法院召开这次会议的目的主要是总结交流审判中外合资、合作经营企业纠纷案件的经验，针对这类案件不断出现的新情况和适用法律原则方面的问题，研究对策和措施，使经济审判工作进一步适应形势发展的需要，更好地为加快改革开放服务。会议对以下的几个问题认识较为一致，现综述如下：

一、全省同外商合资、合作的企业，相当数量是采取承包经营的方式，与此有关的经济纠纷案件逐年增多，已成为本省经济审

判工作亟需研究解决的课题

合资、合作企业承包经营是本省在对外开放中合资、合作企业出现的一种新的经营管理方式。近年来，本省合资、合作企业承包经营的现象相当普遍，且有扩大的趋势。从调查的情况看，这种承包经营的主体主要是外商，但也有中方合资、合作者的；既有合资、合作企业发包给合资、合作一方或者合资、合作一方发包给另一方的“内部承包”，也有合资、合作企业发包给第三方的“外部承包”，而且大多未经有关部门批准、登记，擅自签订合同。

虽然从某种意义上说，采取承包经营方式与否是合资、合作企业的经营自主权内容之一，只要承包经营是企业董事会讨论决定或由中外双方协商一致且不违反有关法律政策的规定，应当允许，而且有不少合资、合作企业长期亏损，陷于困境，实行承包经营后，经营状况有所好转，有的扭亏为盈，承包费也基本能够正常上缴。但由于这种经营方式还在探索尝试阶段，加上法律政策的规定尚不明确，使得承包法律关系尚未理顺，出现了一些值得重视的问题，主要是政府主管部门和企业董事会失控，导致承包经营混乱，使一些承包者为所欲为，承包后以合资、合作企业名义进行违法经营活动，直接损害了合资、合作企业和合资、合作他方的利益。由于承包经营现象的普遍存在和上述问题，涉及承包经营的经济纠纷便相继出现并诉诸法院，而且逐年增多，呈上升趋势。因此，有必要认真研究解决合资、合作企业承包经营的法律问题，以提高办案质量，充分发挥审判工作的职能作用。

二、审理合资、合作企业承包合同纠纷案件，要注意把握好以下几个方面的内容

（一）关于案件的管辖与受理的问题

1. 合资、合作企业承包合同纠纷案件，由合资、合作企业所在地的人民法院管辖。

2. 实行承包的合资、合作企业对外发生的经济合同纠纷案件的地域管辖，适用民事诉讼法第二十四条、第二十五条的规定；如诉讼中有涉外因素的，应适用民事诉讼法第二百四十三条、第二百四十四条的规定。

3. 合资、合作企业承包合同纠纷，可依承包合同的约定依法提交仲裁或向人民法院起诉。承包合同中有仲裁条款或者事后达成书面仲裁协议的，人民法院不予受理；否则法院应当受理。

4. 双方当事人未签订承包合同，但合资、合作合同约定了承包条款，且有约定合资、合作合同纠纷提交仲裁的，人民法院不予受理；否则法院应当受理。

5. 合资、合作合同中订有仲裁条款，但另行签订的承包合同没有仲裁条款的，法院对承包合同纠纷诉讼应当受理；但如有约定承包合同系合资、合作合同的“补充”、“附件”或“变更”的，法院不予受理。

6. 法院审理承包合同纠纷案件，对合资、合作合同纠纷应当另案审理。但如受理了合资、合作合同纠纷诉讼的，则应一并审理承包合同纠纷，以利彻底妥善地解决纷争。

（二）关于合资、合作企业承包合同纠纷的诉讼主体问题

1. 对于以合资、合作企业名义发包的承包合同纠纷案件，原则上应将合资、合作企业和承包人列为诉讼主体。合资、合作企业因合资、合作的中外双方发生纠纷，而无法行使诉讼权利的，合资、合作合同一方可以合资、合作企业的直接利害关系人身份作为诉讼主体，对承包合同纠纷提起诉讼和应诉。

2. 对于合资、合作企业一方发包的承包合同纠纷案件，应将承包合同的双方列为诉讼主体。

（三）关于无效承包合同的确认和处理的问题

1. 无效承包合同的确认。对合资、合作企业承包合同的法律效力，应依有关法律规定，并参照国家外经贸部、国家工商局《关于承包经营中外合资经营企业的规定》(下称《规定》)进行审查确认。对于《规定》颁布

以前签订的承包合同，只要合同内容不违反当时的法律政策规定，且在《规定》颁布以后、诉讼以前已补办了有关的批准手续的，可确认有效。

符合下列两种情况的合资、合作企业承包合同无效：

(1) 未经合资、合作合同原批准机关审批，或在审批后30日内未办理工商核准登记手续的；

(2) 民法通则第五十八条所列情形的。

2. 无效承包合同的处理。

(1) 审理无效承包合同纠纷案件，应当全面理解和灵活掌握无效经济合同“相互返还”的处理原则，不能简单从事，应依照有关法律规定和民法通则的“公平原则”和“等价有偿原则”，保护承包合同双方的合法权益。对承包期间承包者的合理的劳动报酬应予支付，对发包一方也应给予合理补偿。承包期间有亏损的，由双方协商解决，协商解决不了的，由合同无效和造成亏损的责任方按过错责任原则承担相应责任；有盈利的，除合理补偿双方外，应作为合资、合作企业的红利处理。

(2) 承包合同双方恶意串通损害国家利益和社会公共利益的，依据民法通则第八条和第六十一条第二款的规定，对其非法所得予以收缴。

(3) 承包方擅自转包并从中渔利的，应收缴承包方的非法所得，因非法转包造成的经济损失，由承包方承担。

(四)关于有效承包合同纠纷案件的处理问题

1. 承包方不能依承包合同的约定完成承包指标的，除法律规定可以免责的外，应当承担相应的法律责任。

2. 发包方超越合理监督范围非法干预承包者正常的生产经营活动，致使承包方不能履行合同或亏损的，应由发包方承担相应的经济责任。

3. 承包合同单方无理解除合同的，如另一方要求继续履行合同，可以准许，并由毁约方承担因单方解除合同所造成的经济损失。

4. 因重大政策变化等客观原因不能履行承包合同的，可不作为违约处理；因此造成经济损失的，依“公平原则”由合同双方合理分担。

5. 因承包合同条款不完备或不明确引起纠纷的，对意思表示不明确的条款，依法律和事实能够推定的予以推定；不能推定双方又无法协商解决的，确认该条款无效；如因此影响整个合同效力的，应当确认合同无效。

(五) 关于实行承包经营的合资、合作企业对外债务纠纷案件的处理问题

1. 承包者在承包期间以自己名义对外进行民事活动产生的债务，由承包者自行承担。

2. 承包者在承包期间以合资、合作企业名义对外进行民事活动致使合资、合作企业被起诉的，可将承包者和合资、合作企业列为共同被告，对外承担连带清偿责任。合资、合作企业对外清偿后，可依法律规定和承包合同约定向承包者追偿。

原告仅起诉承包者的，可将合资、合作企业追加为共同被告；如原告明确表示放弃追究合资、合作企业的，则不予追加。

此外，会议还讨论了如何加强对合资、合作企业承包经营的管理和监督等问题。

四川省中级法院、部分基层法院院长座谈会

1992年8月26日至30日，省法院在都江堰市召开了全省中级法院和部分基层法院院长座谈会议。会议传达学习了中央[1992]7号文件；学习了最高人民法院关于学习贯彻小平同志南巡重要谈话给中央的报告和乔石同志的重要批示；传达了省委政法委“一条线”政法工作座谈会精神。省级有关部门的领导应邀出席了会议。会议期间，与会同志根据中央7号文件精神，结合审判工作实际，回顾总结了前段时间学习贯彻小平同志南巡重要谈话和中央政治局会议精神的情况，交流了经验，分析了面临的形势，讨论研究了进一步学习贯彻中央2号文件、7号文件和中央政治局会议精神的措施。

（一）

会议认为，中央2号文件下发后，全省各级法院在省委和各级党委的统一安排部署下，及时组织干警进行了广泛、深入的学习和讨论。广大干警精神振奋、热情很高，一致认为小平同志在我国改革开放和社会主义现代化建设的关键时刻，高瞻远瞩，洞察全局，发表的重要谈话意义深远、重大，为建设具有中国特色的社会主义进一步指明了方向。全省各级法院都自觉地以小平同志谈话精神为指导，联系实际，思考工作，提出了贯彻意见和措施。广大干警积极努力，勤奋工作，以实际行动贯彻落实2号文件和中央政治局会议精神，为改革开放和经济建设提供法律保障和法律服务。半年多来，紧紧围绕经济建设这个中心，坚持“两手抓、两手硬”的指导方针，按照全国、全省政法工作会议和法院院长会议的部署和要求，认真履行职责，大力开展各项审判工作，充分发挥审判机关的职能作用，为维护社会稳定，保障改革开放和经济建设的顺利进行，付出了辛勤劳动，作出了贡献。为了适应形势发展的需要，各地都注意加大自身改革的力度，在改革审判方式、改进工作作风和方法、加强队伍建设和科学管理等方面做了大量工作，办了不少实事，探索总结了一些经验，取得了较好的效果。总的来看，全省各级法院学习贯彻中央2号文件和中央政治局会议精神是认真的，干警思想活跃，积极进取，行动迅速，势头很好。对前段学习贯彻中央2号文件取得的成绩，应该给予充分肯定，但不能估计过高。从反映的情况看，发展还不平衡。有的同志对小平同志谈话的精神实质还缺乏全面、正确的理解；有的不善于联系实际解决工作中出现的问题；有许多新的情况、新的问题还有待进一步探索和研究。

（二）

会议要求，全省各级法院要按照中央7号文件的要求，在继续深入学习、加深理解、狠抓落实上下功夫，使我们的各项工作上一个新的台阶，以适应形势发展的需要。

1. 继续深入学习中央2号、7号文件，进一步提高认识，明确新形势下审判工作的指导思想

中央7号文件指出，今后一年较长时期政法工作的指导思想是：坚定不移地贯彻党的“一个中心，两个基本点”的基本路线，坚持“两手抓，两手硬”，强化人民民主专政职能，狠抓社会治安综合治理，努力搞好法律服务，切实维护社会稳定，保障与促进改革开放和经济建设的顺利进行。这个指导思想全面体现了小平同志南巡重要谈话精神，反映了小平同志的一贯思想。各级法院要结合学习贯彻7号文件，进一步组织干警深入学

习小平同志的南巡谈话，全面、深刻理解其精神实质。小平同志的谈话内容极为丰富，涉及政治、经济、思想、文化、社会生活各个方面，中心思想是教育我们提高维护和贯彻党的“一个中心、两个基本点”的基本路线的自觉性，要我们进一步解放思想，抓住当前有利时机，加快改革开放步伐，集中精力把经济搞上去。同时强调要“两手抓，两手硬”，要加强社会主义民主和法制建设，要靠法制，靠无产阶级专政保卫社会主义制度，巩固人民的政权。各级法院要组织干警抓住这些带根本性的问题，深入学习，进一步提高认识，把干警的思想统一到2号文件、7号文件和小平同志谈话的精神上来，增强服务意识、改革意识、防“左”意识、社会主义民主和法制意识、群众路线意识，牢固树立服从和服务于经济建设这个中心思想，作为法院一切工作的出发点和最终目的，作为检验我们一切工作的根本标准。对一切有利于解放和发展生产力的行为，依法予以保护；对不利于解放和发展生产力的行为，依法予以限制；对破坏解放和发展生产力的行为，依法予以制裁。要严格依法办事，执行政策，充分发挥审判机关的职能作用，注重办案的政治效果、经济效果和社会效果，为改革开放和发展经济，提供有效的法律保障和优质的法律服务。

2. 坚持“两手抓、两手硬”的指导方针，认真做好保障和服务工作

中央7号文件指出，加强政法工作，一是充分发挥政法部门在调节经济关系，改善改革开放的法制环境，保护投资者和敢于改革试验的人的合法权益等方面的职能作用，运用法律手段和行政手段，大力促进经济建设和改革开放；二是强化专政手段，保卫国家安全，严厉打击各种犯罪活动，惩治腐败，扫除丑恶现象，推动社会治安综合治理和廉政建设，维护社会持续稳定，不仅现在而且将来都要保证我国的社会秩序、社会风气好于资本主义国家和地区，为经济建设和改革开放创造良好的社会环境。简言之，就是保障作用和服务作用，二者密切相关，不可分离，放松了哪一方面都不能完成任务。这就要求我们必须进一步采取有效措施，加强各项审判工作，运用法律手段，做好保障和服务工作。

(1) 继续坚持依法从重从快的方针，严厉打击严重危害社会治安的犯罪分子。当前，社会治安秩序总的来说是好的，刑事案件包括大案均有下降，社会秩序有所好转，群众的安全感有所增强，但杀人、抢劫、强奸、重大盗窃、流氓等案件仍然突出，危害性很大，对形势的估计不容乐观。坚持依法从重从快的方针，严厉打击严重危害社会治安的犯罪分子的工作丝毫不能放松。要认真贯彻中央综合治理委员会最近召开的全国反盗窃斗争座谈会和省政法委员会召开的“一条线”政法工作座谈会精神，进一步加强刑事审判工作。在狠抓反盗窃斗争的同时，切实做好杀人、抢劫、爆炸、强奸、流氓等暴力型案件，走私、贩卖、运输、制造毒品和非法种植毒品原植物，拐卖、绑架妇女、儿童和组织、强迫、容留妇女卖淫等“六害”案件以及在深化改革过程中发生的报复厂长、经理的犯罪案件的审判。在反盗窃斗争中，要抓好大要案的审判，特别对那些盗窃国家金库、盗窃文物和重要生产资料、盗窃重要生产设备、电力通讯设备等破坏性案件，要抓紧审理，依法从重判处，狠狠打击。斗争方式上，不能搞大哄大嗡，但是必要的声势还是要有的。要针对不同地区社会治安的不同情况，配合专项治理和专项斗争，适时公开审理、公开宣判，震慑犯罪，扩大办案的社会效果。同时，要结合办案，积极参与社会治安综合治理，标本兼治，维护社会稳定，为改革开放、经济发展创造良好的社会环境。

(2) 坚持依法从严惩处的方针，严厉打击严重经济犯罪。经济越发展，改革开放越深入、扩大，打击经济犯罪的斗争越要抓紧。要认真贯彻最高人民法院6月在本省绵阳市

召开的审理经济犯罪案件工作会议精神，重点抓好国家工作人员严重贪污、受贿、挪用公款犯罪案件，走私、诈骗、偷税抗税、伪造国家货币犯罪案件以及制造、销售假冒、伪劣商品犯罪案件的审判工作。要坚持“一要坚决，二要慎重，务必搞准”的原则，抓好大要案件的审判，慎重妥善地处理一般案件。要认真学习掌握党的改革开放和发展经济的方针、政策，严格区分罪与非罪的界限，正确处理打击与保护的关系，切实做到“支持改革者，鼓励探索者，帮助失误者，制裁违法犯罪者”。当前，要注意区分以下界限：一是经济活动中合法经营、正当竞争或一般违法行为与犯罪的界限；二是企业领导、经营、承包、租赁人员根据有关规定获取报酬与利用职权侵吞公共财产、中饱私囊的界限；三是为获取正当业务和其它合法利益，支付对方回扣、奖金、信息费、手续费与行贿的界限；四是在经济交往中收取信息费、奖金或者收取回扣后由单位提成奖励个人钱物与收受贿赂的界限；五是科技人员在不损害国家、集体和本单位利益情况下，在外兼职提供技术咨询、服务，取得报酬与索贿受贿的界限；六是在改革过程中进行探索、试验，由于缺乏经验工作失误造成损失与严重渎职、玩忽职守的界限。对罪与非罪一时划不清的，要多请示、多研究，不要急于定罪下判。对大胆改革，敢闯敢试，做出贡献而有失误的人，要立足于帮助，注意保护他们的积极性，对其中确实构成犯罪，但罪行较轻，认罪态度好的，可以判处缓刑或者免刑，允许戴罪立功。

(3) 认真做好经济、民事、行政、告诉申诉审判工作，运用审判手段调节各种社会关系和矛盾。在改革开放、扩大经济交往的过程中，经济纠纷和法律事务必然增多，亟需加强经济、民事、行政案件的审判工作和法律监督工作。在办案中，一定要注意依法维护企业的正常生产经营秩序，依法保护技术市场、商品市场、金融市场、劳务市场、信息市场、房地产市场的发育与发展，促进社会主义市场经济体制的建立。要加强生产、流通、科学技术、金融、商标、著作权等方面案件的审判，对影响大中型企业生产、经营、转换经营机制，影响农业生产和农村稳定，影响商品流通以及涉外、涉港、澳、台案件，要优先办理、快审快结，尽量缩短诉讼期限，提高办案的效益。为了适应建设的需要，在经济技术开发区、三峡移民区等，可以建立房地产法庭等，专门审理有关案件。在经济、民事审判工作中，要特别强调严肃执法，不断提高办案质量。目前，经济、民事案件办案质量偏低，仍然是需要我们注意的问题。今年1至7月，全省法院审结的二审经济纠纷案件中，改判和发回重审的占结案数的35%左右，审结的二审民事案件中，改判和发回重审的占结案数的25%。要通过调查研究，认真分析，找出原因，采取措施，改进工作，切实提高办案质量，坚持质量第一，坚持质量、效率、效果的统一。会议要求，各级法院要加强办案秩序和办案质量的管理。经济纠纷案件多，经济庭办不过来，其它庭、室定人支援是可以的，但必须归口管理，保证办案质量和正常的办案秩序。

(4) 加强执行工作。当前经济、民事纠纷案件执行难的问题仍很突出。这不仅不能保护当事人的合法权益，而且有失法律的严肃性。据统计，截止7月底，未执行的案件已达31369件，比去年同期上升了10.6%。各地法院要采取切实有效的措施，加强执行工作，保护当事人的合法权益，维护法律的尊严。

(5) 加强调查研究，注意掌握新情况、解决新问题。当前要注意围绕改革开放中出现的新情况、新问题开展调查研究。如在打击经济犯罪斗争中，如何区分罪与非罪的界限，处理好打击与保护的关系；经济、民事、行政审判中企业经营机制转换、金融市场改革、科技市场的开发以及改进外资等等，出现的新情况、新问题。此外，法院诉讼机制的改革，如公诉人举证责任制问题，自身的建设、内部改革问题，都需要作认真的调查、研究，不断总结经验，推动审判工作。

3. 进一步解放思想，更新观念，正确处理好5个关系

在改革开放的大潮中，我们的工作要适应形势发展的需要，就必须进一步解放思想，不断清理和克服我们思想和工作中那些陈旧的观点、作法。要解放思想，就要研究阻碍我们思想解放的东西是什么。我们在长期的执法工作中，形成了工作作风的严谨性和处理问题的稳妥性，这是好的、主要的，应该继续发扬。同时，也容易使一些同志思想不敏锐，看待和处理问题产生局限性。由于审判工作的“滞后性”，有时反映出为改革开放、经济发展服务缺乏主动性，注重办案的社会效果和经济效益不够。由于长期受“左”的思想影响，有时容易自觉或不自觉地用“左”的观点看待和处理问题，思想比较封闭，缺乏开拓性。因此，改革开放中，强调思想解放显得尤为重要。要开阔思路，增强开拓精神，并注意在工作中处理好以下几个关系：

（1）全局与局部的关系。要牢固树立全局观念，自觉地把审判工作置于改革开放和发展经济的大局中，服从全局，服务全局。

（2）“加快步伐”与维护稳定的关系。要树立以发展求稳定，以稳定促发展的思想，自觉地、主动地通过审判活动，运用法律手段，维护社会稳定，保障和促进改革开放和经济建设的发展。

（3）政策与法律的关系。随着改革开放步伐的加快，新情况、新问题层出不穷，而现行的法律、法规还不完善，新的立法也不可能完全跟上，必将不断出台一些新的政策，因此，审判工作中可能出现没有现成法律、法规调节新的经济关系、新的社会矛盾的情况。这就要求我们要进一步增强法制观念和政策观念，更加注意处理好政策与法律的关系，把执行法律与执行政策有机地结合起来，用政策指导执行法律。对法律、政策没有明确规定的，要坚持实事求是的思想路线，具体问题具体分析，按照“三个是否有利”的原则，判明是非，妥善处理。

（4）办案与主动服务的关系。法院为改革开放、发展经济服务，主要是通过开展各项审判活动，打击犯罪，制裁违法，保护合法，调节各种经济关系和社会关系，维护正常的生产、工作、生活秩序来实现的。但是，服务不仅限于办案，就案办案、孤立办案不可能服好务。要跟上形势发展，跃上新台阶，还必须提高服务质量和水平，在“主动”二字上狠下功夫，拓宽服务领域和服务渠道，搞好审判工作向前、向后延伸，寓服务于审判工作之中和审判工作的前后，扩大办案的政治效果、经济效果和社会效果。

（5）专门工作与群众路线的关系。群众路线是我们的优良传统。要增强群众观念，把专门工作和群众路线结合起来，做好新形势下的群众工作。

4. 进一步改进法院工作，提高为改革开放、发展经济保驾护航的能力

新形势对法院工作提出了更高更严的要求，必须不断加强法院的自身建设和改革，以适应形势发展的需要。当前，加强法院工作必须在适应加快改革开放、发展经济的方向上加强，要围绕严肃执法，提高办案质量、办案效率和扩大办案的社会效果来进行。法院工作一定要坚持依法办事，遵守法制的基本原则和制度，维护法律的严肃性和统一性。对不利于充分发挥审判职能作用的审判方式、工作制度等，必须加以改进。近年来，全省各级法院在告诉申诉工作、推行当事人举证责任制、强化目标管理、建立健全岗位责任制等方面，进行了有益的探索，推动了审判工作的开展。在学习贯彻中央2号文件过程中，一些法院建立了经济纠纷调解中心，用简便、灵活的方式解决纠纷，既方便当事人诉讼，有利于问题的及时解决，又不伤和气，深受当事人欢迎。有的法院还与检察机关协商，开始在刑事审判中试行公诉人举证责任

制。这项制度的推行，将有利于完善刑事诉讼制度，保证办案质量，提高执法水平。在工作中要敢于和善于执法，把法律赋予我们的手段用足、用活、用好，能用简便方法解决的问题，就不要搞繁琐哲学。通过改革，兴利除弊，提高审判工作水平，推动法院工作不断向前发展，更好地为改革开放和经济建设服务。

5．强化内部管理，提高队伍素质

科学的管理既可以提高工作效率，也有利于促进队伍素质的提高。近年来，不少法院狠抓科学管理和内部改革，采取一些有效措施，加强思想政治工作，推行岗位责任制和目标管理，收到了好的效果。要认真加以总结，使之不断完善。各地法院要勇于开拓、大胆探索，引进激励和竞争机制，强化内部管理，充分调动广大干警的积极性。但要注意防止简单化和绝对化，不能忽视思想政治工作的作用，只见物不见人。小平同志在南巡谈话中指出：“中国的事情能不能办好，社会主义和改革开放能不能坚持，经济能不能快一点发展起来，国家能不能长治久安，从一定意义上说，关键是人”。这段话寓意深刻，具有普遍指导意义。法院工作能不能为改革开放、经济建设提供有效的法律保障和法律服务，关键也在于要有一支好的队伍。因此，必须下功夫抓好队伍建设。当前加强队伍建设，首先是加强教育和培训。要坚持“从严治院”的方针，严格要求，严格管理，严肃纪律。要从各级法院的领导班子抓起，加强马列主义、毛泽东思想基本理论、党的基本路线和基本知识的教育，加强团结、勤政、廉政教育，提高干部队伍的政治素质。法院工作必须为发展社会主义商品经济服务，但绝不能让商品交换的原则渗透到审判工作和法院队伍中来。要继续以“业大”和法官培训中心为阵地，加强干警的业务培训，不断提高队伍的业务素质。最近中央纪律检查委员会、中央政法委员会、中央组织部、人事部、劳动部、监察部联合发出通知，要求清理调出不适合做政法工作的人员。各地要按照通知的要求，认真清理，并结合清理工作，对干警进行一次“四职”教育，增强干警的职业责任感和荣誉感，坚定做好工作的决心。目前，法院的工作任务繁重，干警的工作、生活条件较差。要教育和引导干警正确处理好国家、集体、个人利益，长远利益与暂时利益的关系。同时，要关心干警疾苦，帮助解决实际困难，在法律、政策允许的条件下，想方设法改善干警生活待遇，使他们安心法院工作，更好地为法院建设作出贡献。

贵州省法、检、公、税四部门关于宣传贯彻“两高”司法解释新闻发布会

当前，在税务执法中，偷税、抗税与反偷税、反抗税的斗争十分激烈。偷税抗税严重，特别是为抗税而杀伤、杀死执行公务的税务工作人员的恶性案件时有发生，严重危及国家财政收入，极大地损害了国家和人民的合法权益。为及时有力地打击偷税、抗税的违法犯罪行为，保证国家税收工作的顺利进行，最高人民法院、最高人民检察院颁发了《关于办理偷税、抗税刑事案件具体运用法律的若干问题的解释》(以下简称《解释》)，对偷税罪、抗税罪的构成要件，哪些人员承担刑事责任及一些处罚原则，都作了具体的规定。为宣传、贯彻“两高”《解释》，有力地打击涉税犯罪，1992年4月30日，贵州省

法院、省检察院、省公安厅、省税务局就各部门如何贯彻执行“两高”《解释》，加强相互支持配合，联合召开新闻发布会，进行具体部署。

会上，省法院副院长张林春回顾了几年来全省法院处理偷税、抗税案件所取得的成绩，认为全省法院打击偷税、抗税犯罪活动是有力的。自1990年1月至今年3月，全省法院共审结偷税、抗税案88件，判决发生法律效力的偷税、抗税罪犯74名。在审理中，人民法院结合公开审理，就案讲法、宣传法制，打击了犯罪气焰，使一些未尽义务的纳税户受到震动和教育，自觉补交了税款，推动了税收工作的开展，收到了良好效果。

张林春副院长在讲话中对全省各级人民法院贯彻执行“两高”《解释》，进一步发挥人民法院保障经济建设和税收工作顺利进行的职能作用，提出了三项具体要求。

一、要及时组织法院干部尤其是刑事审判干部认真学习和正确领会“两高”《解释》的精神，充分认识“两高”《解释》颁行的重要意义，并采取各种形式，广泛宣传“解释”和税收法律法规，增强纳税人的税收法制观念、纳税意识和履行纳税义务的自觉性。

二、在审理偷税、抗税案件中，要严格按照“解释”和有关法律的规定，正确区分罪与非罪、此罪与彼罪的界限；对于重大有影响的偷税、抗税案件，要依法快审重判；对其中行凶伤害、残杀税务工作人员，打砸税务机关的犯罪分子，要依照刑法的有关条款，坚决依法严惩不贷。对具有法定从轻、减轻处罚或者免除处罚情节的偷税、抗税犯罪分子，也要依法从轻、减轻或者免除处罚。要选择从宽从严的典型案例，深入发案单位、发案地公开审判，兑现政策，惩处犯罪分子，鼓舞、教育人民群众，以推动打击税收领域中违法犯罪活动工作的开展。

三、全省各级人民法院在审理偷税、抗税案件时，既要严格依法办案，又要加强与有关部门的配合，互相支持，特别是对那些重大有影响的和暴力抗税的案件，要主动与检察、公安、税务部门沟通情况，加强联系，听取意见。坚持综合治理的方针，在继续开展专项斗争和专项治理，依法公开审判，就案讲法，宣传税收法律法规的同时，对审理案件中发现的负有纳税义务单位所暴露出来的问题，要积极提出司法建议，完善各项纳税检查，落实措施，不断增强税收法制观念和纳税意识，自觉履行纳税义务。

云南省法院系统禁毒研讨会

为了严惩毒品犯罪，总结禁毒斗争经验，全面提高毒品犯罪案件的审判水平，在全国人大常委会《关于禁毒的决定》颁布施行两周年前夕，云南省高级人民法院于1992年11月15日至18日在德宏州瑞丽市召开了“惩治毒品犯罪理论与实践学术研讨会”。参加会议的有来自最高人民法院、全国人大常委会法工委、中央检察官管理学院、北京大学、武汉大学、吉林大学、中山大学、华东政法学院、西南政法学院、云南大学等著名专家、教授及对毒品犯罪有研究的学者；有来自北京、黑龙江、哈尔滨等高、中级人民法院的领导和部门负责人；有云南毒品犯罪案件较多的10个地州中级法院院长；还有一批具有丰富审判实践经验的中青年论文作者。

会上，云南省高级人民法院院长邱创教向与会代表全面介绍了云南省法院系统近几年来开展禁毒斗争的主要情况。会议还收到论文60篇，经确定参会论文30篇。这批论文多数出自审判人员之手，因而不仅课题新、内容广，而且具有较强的实践性和较大的适用性。

会议采取小组讨论、大会发言的方式，对毒品犯罪理论与实践的诸多问题，譬如毒品犯罪的罪名、毒品犯罪的主体、毒品犯罪案件的证据运用、毒品犯罪案件的管辖等，进行了广泛热烈的讨论。这次会议既是学习惩治毒品犯罪理论的研讨会，也是总结审理毒品犯罪案件的经验交流会。省外专家教授及法院领导高度评价了云南省法院系统在惩治毒品犯罪方面所取得的成就，充分肯定了云南在惩治毒品犯罪理论与审判实践的结合方面作出的努力和贡献。北大、武大应用法学研究所的专家、教授主动提出与云南法院合作，立项对惩治毒品犯罪问题进行专题研究。这次会议标志着云南法院系统在惩治毒品犯罪理论研究与审判实践的结合方面有了一个新的起点。会议形成的《惩治毒品犯罪理论与实践》论文集，已由中国政法大学出版社出版发行。

西南、西北9省区第二次经济审判研讨会

西南、西北9省区第二次经济审判研讨会于1992年10月8日至13日在甘肃省酒泉市召开。参加会议的代表共71人。正式代表有四川、贵州、云南、西藏、陕西、甘肃、宁夏、青海、新疆、成都、重庆、西安等6省3区3市高、中级人民法院分管经济审判工作的院长或副院长，经济审判庭长，经济审判人员及研究人员；特邀代表有最高人民法院经济审判庭庭长孙宗颢，江西高院院长李迎，上海高院院长顾念祖，安徽高院院长王成乐以及海南、山西等高院经济审判庭庭长或副庭长。甘肃高院院长秦炳、西藏高院院长子成到会。会议由甘肃高院副院长张树兰主持。会议收到论文25篇，会上宣读论文12篇。

这次会议的总议题是研讨建筑工程承包合同的有关法律问题。与会代表在总结审判实践经验的基础上，系统地研究讨论了建筑工程承包合同的概念；建筑工程承包合同主体资格的确定及法律关系；建筑工程承包合同纠纷案件的审理、法律责任和法律适用；建筑工程承包合同纠纷案件与相关案件的区别等7个问题。

一、建筑工程承包合同的概念

代表们一致认为，建筑工程承包合同是指以建设单位为发包方，以勘察、设计、建筑、安装单位为承包方，承包方为完成发包方交付的特定工程项目，双方签订的明确各自权利义务的协议。

建筑工程承包合同从具体内容上分为建设工程勘察设计合同和建筑安装工程承包合同两类。

二、建筑工程承包合同主体的法律特征

（一）发包方主体具有广泛性。多数代表认为法人、个体工商户、农村承包经营户、个人合伙以及公民个人均可以成为发包方。也有些代表认为发包方只能是企业、机关、事业单位及社会团体等法人。

（二）承包方主体具有限定性。多数代表认为，承包方必须是从事建筑生产经营活动的企业法人，此类法人必须具有国家确认的建筑企业等级证书，方可承包与其等级证书相应的建筑工程项目。少数代表认为，建筑工程承包主体总的看具有限定性，但限定性中包含多元化。当前有一定数量的私营建筑队，为解决资质等级和跨地区经营等问题，临

时挂靠到集体所有制的建筑队。对于这类无建筑企业等级证书而挂靠的私营建筑队，不能一概确认其不具备承包主体资格，应分别情况作出处理。对挂靠的私营建筑队所承建的工程项目，如与所挂靠的集体企业资质等级相符应确认具有主体资格，否则，即予否认。

三、建筑工程承包合同主体资格的认定

（一）发包方主体资格的认定。建设方要取得发包工程的主体资格，必须符合以下基本条件：1. 拟建项目；2. 编制计划任务书，呈报审批；3. 根据计划任务书，进行初步图纸设计和总概算，审核报批，对已经确定的建设规模不得擅自变更；4. 取得建设用地使用权；5. 资金有保障；6. 物资要落实；7. 产生“三废”的项目必须符合环保法规要求。符合上述条件，建设方即取得了建设发包的权利，具备了签订建筑承包合同的资格。否则，建设方既不具有发包权利，亦无签订合同的主体资格。

（二）承包方主体资格的认定。

1. 单一方建筑企业主体资格的认定。

（1）必须具备法人资格；（2）建筑企业资质等级与其承包的工程项目相符；（3）具有施工许可证。简言之，要“三证”（即营业执照、资质证书、施工许可证）齐全。

2. 建筑企业横向联合和多种经济形式组织的建筑企业主体资格的认定。

（1）经济联合公司（或组织）的主体资格。建筑企业的横向联合，是具备法人资格的建筑企业在符合《经济联合组织登记管理暂行办法》的前提下，通过协议组成的半紧密型联合公司。参加联合公司的建筑企业一般独立经营并承担民事责任，它们对外有时以联合公司名义承包工程，而实际是独立以其自身的资质等级进行施工。对以联合公司名义进行承包的建设企业，确认其主体资格一般应以参加联合公司的企业中资质等级最高者为准。防止仅以负责分项工程并直接引起纠纷的建筑企业作为主体对待。

（2）工程承包公司的主体资格。不论依《工程承包公司暂行条例》设立或建筑总公司转轨变型的产物，一般允许不辖有直属工程队，不进行资质等级评定，经营活动是通过总承包和分包形式，采取管理和监督手段进行的，体现出它有责、权、利，此属法律设定的特殊主体。

（3）旧主体变更或消失后新主体的认定。这类主体分为施工方被关闭、停业、兼并、合并或自行解散等几种情况。属关闭者，以清理小组为主体，无清理小组者，以其主管部门为主体；属停业者，其主体资格仍存在；属兼并者，以兼并后的法人为主体；被合并的则以合并后的法人为主体；自行解散的，依照实际情况确定其主体。

（4）挂靠建筑企业主体资格的认定。建筑行业的挂靠经营，是指不具有法人资格或者虽具有法人资格，但资质等级低，或异地跨省施工的建筑队，为了取得经营建筑施工的合法资格，经与有法人资格的建筑企业协商，以挂靠的形式使本队隶属于他队，对外以被挂靠建筑队的名义签订承包合同，承建工程；对内获取施工机会及施工工程的全部利益，按约定向被挂靠的建筑企业法人交纳管理费的一种经营方式。对于这种建筑企业的主体认定，应以被挂靠单位为主体，对外承担民事责任。

此外，有些代表认为，《建筑安装工程承包合同条例》主要是调整法人之间签订承包合同所产生的法律关系。而现在建筑工程承包合同的主体日趋扩大，由于《条例》的调整范围有一定局限性，在主体的规定上，已不适应新的形势，应予修改。

四、关于无效建筑安装工程承包合同的确认和处理

（一）建筑安装工程承包合同无效。正确处理建筑安装工程承包合同纠纷，首先要确认合同的效力。无效建筑安装工程承包合同，是指因违反国家基本建设法律、法规、政策、计划的规定，没有法律约束力的建筑安装工程承包合同。构成无效建筑安装工程承包合同的条件是：1. 违反国家法律、政策、计划，损害国家利益的；2. 采取弄虚作假手段或欺诈行为的；3. 侵害他人合法利益的；4. 合同必要条款不明确。

确认建筑安装工程承包合同无效，要从以下几个方面认定：

1. 合同主体不具备合法资格。(1) 发包方不具备发包资格；(2) 承包方未领取建筑安装企业法人营业执照；(3) 承包方未领取技术资质等级证书；(4) 承包方没有施工许可证。

2. 合同内容违反国家法律、法规和政策、计划。(1) 发包方的工程项目未经批准；(2) 发包方无基建投资计划指标；(3) 发包方无基建土地使用权；(4) 建筑安装工程初步设计文件和总概算未经批准；(5) 转让建设指标进行建筑的；(6) 承包方非法转包工程或转包渔利的；(7) 承包方超过技术资质等级承包工程的；(8) 合同主要内容不全或不明确，难以履行。

3. 合同签订违反法定程序。(1) 发包方和承包方未签订书面合同的；(2) 发包方未经城市规划部门批准领取建设许可证的；(3) 发包方应招标而未招标或违反招标程序和规定的；(4) 发包方应建的“三废”工程项目未得到环保部门批准的；(5) 承包方跨地区施工未办理跨地区施工许可证的；(6) 国外施工企业承包工程未领取外国施工企业施工许可证的；(7) 国外施工企业向国内企业分包工程未经主管部门批准的。

4. 合同当事人意思表示不真实。(1) 合同当事人对合同有重大误解的；(2) 显失公平的。

（二）无效建筑安装工程承包合同的处理。建筑安装工程承包合同被确认无效后，对当事人不具有约束力。处理建筑安装工程承包合同包含三方面的内容：一是对无效合同引起的财产后果的处理；二是对无效合同造成的经济损失的处理；三是对合同中违法行为的处理。

1. 无效建筑安装工程承包合同引起的财产后果的处理。经济合同法规定，经济合同被确定无效以后，当事人依据合同所取得的财产应返还对方，使之恢复原状，不论导致合同无效的过错责任在一方或双方。只要确认合同无效，在处理时必须坚持返还原则。不能既确定合同无效，却又依合同约定结算工程款。鉴于建筑工程合同的特殊性，承包方返还工程款是可行的，发包方对不动产无法返还，只能是折价返还，一是根据实物折价，二是参照国家编制的概（预）算定额折价。

对合同无效折价偿还中，如工程质量不合格，承包方仍应承担责任，在折价偿还时可扣除不合格工程达合格所需费用。

2. 无效建筑安装工程承包合同造成经济损失的处理。由于建筑安装工程承包合同无效造成经济损失的应按照经济合同法的规定进行处理，有过错的一方应赔偿对方因合同无效而造成的损失；双方有过错的，各自承担与其过错相应的责任。

3. 关于建筑安装工程承包合同中违法行为的处理。对于一般性违法行为，诸如违反基建程序、建筑市场管理等，原则上让合同双方当事人互相返还财产，造成损失的过错方赔偿损失，并指出其违法行为，一般不作处罚。对于损害国家和社会公共利益，主观上有故意损害上述利益的动机和目的，牟取非法利益的严重违法行为，没收其非法所得，也可并处罚款，对当事人签订合同故意违反国家法律和政策，并利用合同进行违法活动的，应依法建议有关部门追究责任者的行政责任，构成犯罪的，依法追究其刑事责任。

五、关于建筑安装工程承包合同质量责任的承担

建筑合同质量责任的承担主体作为合同的一方或双方当事人以及有关的工程设计部门，必须要有建筑安装工程质量不符合国家质量标准规定的事实存在，承担建筑合同质量责任的当事人主观上要有过错。

(一)发包方在工程未验收即提前擅自使用，从而发生工程质量纠纷，责任由发包方承担。

(二)发包方在工程完工后未组织验收，提前使用或擅自使用，而工程存在隐藏质量缺陷，只是未及时发现，发包方在使用时仍在保修期内提出质量问题，应由承包人承担质量责任，发包方承担过错责任。

(三)发包方迫切需要使用已完成而未经验收的工程，即使与承包方协商并取得同意，因提前使用造成质量纠纷的，原则上仍应由发包方承担责任。

(四)承包方在施工中不按设计要求，或偷工减料，或因技术力量不足等引起的质量纠纷，应由承包人承担责任，承担多少，须由有关部门鉴定而定。

(五)因勘察设计部门勘察设计低劣所造成的质量问题，勘察设计部门退还收取的费用和赔偿与其收取费用的相应部分，不足部分，由发包方承担。

(六)因原材料和构件、配件质量不合格引起的质量纠纷，除采购、使用的要承担责任外，生产厂家应承担连带责任。

六、关于建筑安装工程承包合同结算纠纷的取费标准问题

建筑安装工程承包合同的取费标准是一个复杂多变的问题，一定要坚持国家有关规定，兼顾双方的利益。

(一)当事人的取费标准约定不违背国家定额标准的，应予维持。

(二)对为承揽工程而压低工程造价，但在施工中超支过大的，原则上应以显失公平按国家或施工中实际采用的定额标准进行结算。超支不多的，应按双方约定确定，应对故意一方给予惩罚。

(三)对于压低工程造价、偷工减料、影响工程质量的行为，不但不支持追回工程造价的请求，还要对不符合工程质量标准的工程坚决令其返工或赔偿损失。

(四)对一方违约，延误工期，造成工程跨入新定额范围的，属发包方过错的，执行新定额，属承包方的责任，仍按原定额标准结算。

(五)经济合同法第二十七条第一款第二项规定："订立经济合同所依据的国家计划被修改或取消。"《建筑安装工程承包合同条例》第十条第二项规定："属于包干范围以外的设计变更、国家规定的材料设备价格调整，人力不可抗拒的灾害等，可对合同工程造价进行调整。"因此，不论工程是否属包干，原则上都应按国家调整后的标准进行结算。

七、会议还讨论了建筑安装工程承包合同结算纠纷与拖欠工程款纠纷的异同，转包与分包的差异及其法律后果的承担等与建筑安装工程相关的法律问题，探讨了这类合同与现行法律政策之间相适应的问题

会议强调了经济审判工作要适应新形势的需要，就要加强各法院之间的交流，总结经验，取长补短，相互促进，相互配合。对于这种形式的会议与会代表给予充分肯定。

第七部分 案 例

刑 事

妥么尔防卫过当案

上诉人：妥么尔，男，28岁，甘肃省东乡族自治县农民。

抗诉机关：甘肃省兰州市人民检察院。

上诉人妥么尔因防卫过当故意杀人一案，被甘肃省兰州市中级人民法院第一审判处无期徒刑，剥夺政治权利终身。

宣判后，上诉人妥么尔以“为了保护自己和同伴的安全被迫用刀自卫，没有杀人的故意，应当从轻判处”为由，向甘肃省高级人民法院提出上诉；甘肃省兰州市人民检察院也以“妥么尔杀人的行为属于防卫过当，原判量刑畸重”为由，提出抗诉。

甘肃省高级人民法院审理查明：1990年2月8日，上诉人妥么尔与同乡马十二布去甘肃省永登县收购皮毛。下午6时许，天已傍晚，妥么尔和马十二布途经永登县河桥镇东山村便道时，被祁玉俊、杨万林挡住去路，以“我们有刀有枪，你们是给钱还是要命”等言语相威胁，索要钱财。妥么尔向其求情，要求让路。祁玉俊见妥么尔、马十二布不给钱，突然对妥么尔拳打脚踢，致其鼻子流血。妥么尔在与祁玉俊扭打中，顺手掏出随身携带的割皮毛用的单面刃刀，在祁玉俊身上连刺数刀，将其刺倒。接着，妥么尔见杨万林与马十二布正在撕打，便上前相助，在杨万林身上连刺数刀。祁玉俊、杨万林被刺后，均当场死亡。经法医鉴定：祁玉俊系被他人用单面刃刀刺破肺脏及股动、静脉致大失血而死亡；杨万林系被他人用单面刃刀刺穿肝脏致大失血而死亡。

还查明：祁玉俊、杨万林在当日拦截妥么尔、马十二布之前，曾将拉车上山装草的岳某两姐妹拦住，要强行坐车上山。岳某姐妹不允，祁玉俊、杨万林就破口谩骂，还挡住去路。岳某姐妹无奈，只得拉车回村。随后，祁玉俊、杨万林又将路经此处的一对老夫妇王福林、巴凤莲拦住，声称他们是“马路上的小龙头”，抢夺王福林骑的自行车。巴凤莲上前阻止，被祁玉俊、杨万林3次摔倒在地。正在纠缠之际，祁玉俊、杨万林看见妥么尔、马十二布走过来，才放走王福林、巴凤莲夫妇，去拦截妥么尔和马十二布。

上述事实，有证人证言、物证单面刃刀子1把和法医鉴定结论证实。上诉人妥么尔亦供认不讳。

兰州市中级人民法院认为：妥么尔在遭受不法侵害的情况下，有权实施防卫行为。但是，防卫的行为必须与不法侵害的程度相适应，才是正当的。妥么尔在受言语威胁和拳打脚踢的情况下，明知用刀在人体要害部位连刺数刀，可能发生将人刺死的危害后果，但为了摆脱不法侵害人的侵害而放任这种危害后果的发生，使防卫行为超过了必要的限度，造成不应有的危害后果，显属防卫过当。依照《中华人民共和国刑法》第十七条第二款的规定，应当负刑事责任，但是应当酌情减轻或者免除处罚。妥么尔在防卫过程中故意刺死2人，其行为构成刑法第一百三十二条规定的故意杀人罪。依照刑法第五十三条第一款的规定，对妥么尔应当剥夺政治权利终身。据此，兰州市中级人民法院于1990年8月2日判决：妥么尔犯故意杀人罪，判处无期徒刑，剥夺政治权利终身。

甘肃省高级人民法院认为：原审判决认定的事实清楚，证据确凿，定罪准确，但量刑不当。妥么尔所犯的故意杀人罪，刑法第一百三十二条与此罪相适应的法定刑是“死刑，无期徒刑或者十年以上有期徒刑”这一量刑幅度。在这个法定刑中，“十年有期徒刑”是法定最低刑，只有在“十年有期徒刑”以下判处刑罚才是减轻处罚，判处无期徒刑只是从轻处罚。因此，原判妥么尔无期徒刑，剥夺政治权利终身的刑罚，显属不当。上诉人妥么尔的上诉理由应予采纳；兰州市人民检察院的抗诉有理。据此，甘肃省高级人民法院依照《中华人民共和国刑法》第一百三十六条第一款第（二）项的规定，于1991年4月12日判决：

撤销原审判决中对妥么尔的量刑部分，对妥么尔以故意杀人罪改判免予刑事处分。

何文东、董成章走私毒品案

被告人何文东，男，27岁，原系香港荣利运输公司汽车司机，1991年8月9日被逮捕。

被告人董成章，男，38岁，原系香港装修工人，1991年8月9日被逮捕。

被告人何文东、董成章走私毒品案，由广东省深圳市人民检察院向深圳市中级人民法院提起公诉。深圳市中级人民法院经公开审理查明：

1991年3月23日，贩毒分子邝荣国（香港人，在逃）纠集被告人董成章携带走私的16包毒品，住进深圳市名都酒店。当晚11时许，邝荣国打电话约被告人何文东来接运毒品。次日8时许，何文东应约驾驶小汽车来到名都酒店。邝荣国将毒品交给何文东，让董成章押车回香港。何文东、董成章共同将16包毒品藏匿在汽车座位的暗格内后，由何文东驾车到沙头角口岸。出境时，所藏毒品被我海关人员查获，何文东、董成章也因此被抓获归案。经检验，16包毒品为甲基苯丙胺，重31500克。

上述事实，有查获的毒品甲基苯丙胺和刑事科学技术鉴定结论、证人证言证实，被告人何文东、董成章亦供认不讳。

深圳市中级人民法院认为：甲基苯丙胺属于全国人大常委会《关于禁毒的决定》第一条所指的国务院规定管制的能够使人形成瘾癖的精神药品。被告人何文东、董成章违反海关法规，逃避海关监管，偷运毒品准备从海关出境，其行为已触犯《关于禁毒的决定》第二条的规定，构成走私毒品罪。何文东、董成章走私毒品数量特别巨大，犯罪情节特别严重，应当依照《关于禁毒的决定》第二条第（一）项的规定，予以严惩，还应当依照刑法第五十三条第一款的规定，剥夺政治权利终身。对查获的毒品和走私毒品使用的小汽车，应当依照《关于禁毒的决定》第十二条的规定，予以没收。据此，深圳市中级人民法院于1992年1月3日判决：

一、被告人何文东、董成章犯走私毒品罪，判处死刑，剥夺政治权利终身。

二、查获的毒品甲基苯丙胺31500克，走私工具小汽车一辆，予以没收。

第一审宣判后，被告人何文东、董成章不服，以“偷运出境的是化工原料‘洗水碱’，并非明知是毒品而走私，不构成走私毒品罪”为由，向广东省高级人民法院提出上诉。

广东省高级人民法院审理认为：第一审中，上诉人何文东、董成章曾供认藏匿在小汽车里的是化工原料“洗水碱”，也供认过将毒品藏匿在小汽车里后，何文东曾告诉董成章这是“软性毒品”，以前就为邝荣国偷运过这类毒品出境。经查：化工产品中没有“洗水碱”这一名称，我国海关也从未禁止过碱类化工原料出口。显然，何文东、董成章所谓偷运的是化工原料“洗水碱”，纯属狡辩。何文东、董成章明知是“软性毒品”的供词，与查获的毒品以及与藏匿偷运的作案方法能相互印证，是真实可信的。据此，何文东、董成章明知偷运出境的是毒品无疑，上诉理由不能成立。原审认定事实清楚，定罪准确，量刑适当，审判程序合法。广东省高级人民法院依照《中华人民共和国刑事诉讼法》第一百三十六条第（一）项的规定，于1992年2月29日裁定：驳回上诉人何文东、董成章的上诉，维持原判，并依照刑事诉讼法第一百四十四条的规定，报请最高人民法院核准。

最高人民法院对此案进行了复核，并于1992年9月2日裁定：核准广东省高级人民法院维持深圳市中级人民法院以被告人何文东、董成章犯走私毒品罪，判处死刑，剥夺政治权利终身的刑事裁定。

宣告王丽生无罪案

被告人：王丽生：男，50岁，浙江省轻纺工业设计院主任工程师，1991年7月16日被逮捕，1992年4月14日取保候审。

被告人王丽生贪污一案，由浙江省杭州市下城区人民检察院向下城区人民法院提起公诉。

起诉指控：被告人王丽生于1988年8月代表浙江省轻纺工业设计院（简称省设计院）与江苏省扬州化肥厂签订提供技术服务合同的过程中，利用职务之便，向对方提出要1.5万元技术服务费，并要求用支票和现金两种方式支付。对方同意后，王丽生欺骗省设计院领导说：扬州化肥厂只肯出技术服务费1000元。技术服务结束后，扬州化肥厂按王丽生的意见，将1000元汇入省设计院，其余1.4万元，王丽生以杭州市纺织工业设计室（简称市设计室）的名义收取。王丽生将其中4000元作为报酬发给市设计室，个人实得1万元，已构成贪污罪。

下城区人民法院经公开审理，除认定起诉指控的事实外，还查明：被告人王丽生所得的1万元，将其中1200元支付给扬州化肥厂有关人员，个人实得8800元。1990年10月，王丽生向扬州化肥厂谎称，领导不敢承担责任，此款无法分配，又将8800元连同私款，凑足1万元后退回，让该厂改用支票汇入市设计室。市设计室收款后，以业务费名义发给王丽生300元。

下城区人民法院认为：王丽生身为国家工作人员，利用单位派遣提供技术服务的便利条件，欺骗单位领导，将部分公款据为己有。但是，鉴于王丽生在立案侦查前已将款全部退出，故其行为情节显著轻微，危害不大，不认为是犯罪。市设计室没有参与该项技术服务，却收入1.4万元，属不当得利。据此，于1992年5月5日判决：一、对被告人王丽生，宣告无罪。二、随案移送的1.4万元，依法没收，上缴国库。

第一审宣判后，杭州市下城区人民检察院认为第一审判决确有错误，向杭州市中级人民法院提出抗诉。其理由是：一、王丽生向扬州化肥厂提出要的1.5万元，除1000元直接汇给省设计院，4000元被王丽生作为报酬付给市设计室外，其余1万元均由王丽生领取，据为已有，并非8800元，其行为已构成贪污罪。王丽生在其贪污行为暴露后，为掩盖罪行、抗拒调查，才将1万元转移到市设计室的，不同于立案侦查前主动退赃，这是犯罪后的认罪态度问题，只影响对王丽生的量刑，不影响对其行为定罪。一审判决以王丽生犯罪后的态度认定情节显著轻微，危害不大，从而宣告无罪，是错误的。二、王丽生是受省设计院派遣为扬州化肥厂完成设计任务的，所得报酬1.5万元的所有权应属省设计院，但其中1.4万元却被王丽生截留。把1.4万元认定为市设计室的不当得利，没收上缴国库，也是不正确的。

杭州市中级人民法院对此案进行了公开审理，查明：

被告人王丽生曾数次成功地主持单体回收装置的设计工作。1988年初，江苏省扬州化肥厂为排污及回收污水中的可利用物质，拟建一套单体回收装置，遂派主持此项工作的工程师王有福赴上海、北京等地考察，了解到建这套装置不包括土建费，需投资200万元左右，且能耗大，厂里难以承受。同年8月，经人介绍，王有福去杭州考察了王丽生主持设计的一套单体回收装置，只需投资70万元，且能耗低、效益好，遂向领导汇报，决定请王丽生设计。王有福代表扬州化肥厂在与王丽生洽谈此事时，王丽生提出要技术服务费1.5万元，且要个人多得，单位少得。扬州化肥厂表示同意，但要求必须以单位的正规手续领取现金。8月10日，王丽生找到市设计室负责人辛作友，声称自己承揽了扬州化肥厂的设计工作，为收取现金方便，请辛作友帮忙以市设计室的名义签订协议和办理结算手续，市设计室可从中收取报酬。辛作友同意。王丽生考虑到要完成此项设计任务，不仅要占用部分工作时间，还需到扬州化肥厂作实地考察，故协议书内容写为：市设计室总体负责扬州化肥厂单体回收装置的工程技术咨询及设计（部分工艺由省设计院配合），总费用1.5万元，以现金和支票两种方式支付（省设计院的费用1000元由厂方直接汇入该院帐号，从1.5万元中扣除）。协议写好后，由辛作友盖上市设计室的公章，并注明银行帐号。王丽生又以市设计室的名义写好每张2000元的5张现金收条，亦由辛作友盖上公章。8月13日，王丽生向省设计院领导汇报了扬州化肥厂要求设计单体回收装置一事，但谎称只须将原有图纸复印即可，不需做更多工作，对方只付报酬1000元。经领导同意后，王丽生即以省设计院职工技协的名义填写了一份合同书，由本单位盖了公章。8月16日，王丽生自带协议书、合同书到扬州化肥厂。该厂认为协议与合同内容可行，盖了公章。嗣后，王丽生主要利用业余时间为扬州化肥厂设计了11张图纸，省设计院的蒋辅天设计1张图纸，均由王丽生的女儿描图后交省设计院的罗琼天审核。扬州化肥厂根据这些图纸建成单体回收装置，并一次试车成功。该装置从投产至第二审法院调查前，已创造了130万元的经济效益，同时减轻了废水对环境的污染。扬州化肥厂按照约定，用支票给市设计室汇入4000元，给省设计院汇入1000元，同时根据工程进度，让王丽生用市设计室的收条分4次领取了现金1万元。王丽生领到现金后，以奖金的名义分给扬州化肥厂参加建造单体回收装置的人员1200元。

1990年8月，浙江省湖州市人民检察院

在侦查其他案件时，怀疑王丽生在该案中有受贿问题，王丽生得知这一情况后，对从扬州化肥厂领到的现金产生顾虑，便将1万元交给辛作友。辛作友说“这笔钱你该怎么分就怎么分，你要认为有问题就送回厂里算了。”王丽生即让其妻以市设计室的名义将1万元送到扬州化肥厂。该厂改用支票把此款汇入市设计室。1991年7月，下城区人民检察院立案侦查此案。

上述事实，有书证、证人证言证实，事实清楚，证据确实、充分。

杭州市中级人民法院认为：(一) 王丽生的行为不具有刑法规定的社会危害性。根据《中华人民共和国刑法》第十条规定，判断某一行为是否构成犯罪，关键是看该行为是否具有社会危害性。被告人王丽生依靠自己的专业技术，主要利用业余时间承揽了扬州化肥厂单体回收装置总体设计任务。该厂采用他的设计后，节省了投资，并一次试车成功，获得了明显的经济效益。王丽生的行为不仅不具有犯罪所必须的社会危害性，而且对社会作出了有益的贡献，故不能当犯罪处理。(二) 王丽生的行为不符合贪污罪的基本特征。根据刑法第一百五十五条和全国人大常委会《关于惩治贪污罪贿赂罪的补充规定》第一条第一款之规定，贪污罪是指依法从事公务的工作人员利用职务之便，侵犯公共财产的犯罪。王丽生事先并非接受单位委托承揽扬州化肥厂单体回收装置的设计工作，而是以个人身份与该厂谈妥提供设计服务条件后，为满足该厂要有单位正规手续才能领取现金的要求和日后支取服务报酬的方便，才假市设计室和省设计院名义，与该厂签订协议的。此行为不应视为王丽生受单位委托从事公务。同时，该项设计任务主要是王丽生利用业余时间完成的，且在工艺、管线等方面的设计，同他曾设计过的单体回收装置基本原理的应用不一样。因此，根据他与化肥厂的协议，他有权领取相应的劳动报酬，符合1985年3月《关于科学技术体制改革的决定》中“科学技术人员在完成本职工作和不侵犯本单位技术权益、经济利益的前提下，可以业余从事技术工作和咨询服务，收入归己”的规定。王丽生领取的1万元现金，除他人参与设计应分得部分外，其余是自己应得的报酬，并非属于公共财产。因此，王丽生的行为不具有利用职务之便，非法占有公共财产的故意，不符合贪污罪的本质特征。(三)王丽生在承揽设计和领取报酬中一些作法欠妥。这属批评教育的问题，不能用刑法加以惩治。

综上所述，被告人王丽生的行为，不构成贪污罪。抗诉和第一审判决，仅以王丽生欺骗单位领导这一表面现象，认定王丽生是受委托从事公务，继而作出“1.5万元是公款”和“王丽生将公款据为己有”的结论，是错误的。第一审判决虽然宣告王丽生无罪，但是据以宣告无罪的理由不当，应予纠正。

扬州化肥厂单体回收装置的总体设计工作，虽然是被告人王丽生主要利用业余时间完成的，但也占用了一部分工作时间，而且还有省设计院其他人的劳动。因此，对扬州化肥厂付出的报酬，应当由省设计院参照科技人员利用业余兼职从事技术服务的有关规定去进行分配。市设计室未参加设计工作，仅因出借公章和帐号便从王丽生处取得报酬4000元，是违法所得，应予追缴。第一审判决在宣告王丽生无罪的同时，又将包括他的劳动报酬在内的1.4万元全部没收上缴国库，实属不当，应予改判。杭州市下城区人民检察院的抗诉理由与本案事实不符，不予采纳。据此，杭州市中级人民法院依照《中华人民共和国刑事诉讼法》第一百三十六条第（三）项的规定，于1992年8月20日终审判决：

一、维持第一审判决的第一项，撤销第二项。

二、随案移送的1.4万元，其中4000元属市设计室的违法所得，应予追缴，上缴国库。

民　　事

定边县塑料制品厂与中国工商银行咸阳市支行营业部侵权赔偿纠纷再审案

申诉人：陕西省定边县塑料制品厂。

法定代表人：田海英，厂长。

被申诉人：中国工商银行陕西省咸阳市支行营业部。

法定代表人：伍鼎祥，主任。

申诉人陕西省定边县塑料制品厂因侵权赔偿纠纷一案，不服陕西省咸阳市中级人民法院的终审判决，向陕西省高级人民法院提出申诉。陕西省高级人民法院审查认为，终审判决确有错误，于1991年2月27日裁定提审。

陕西省高级人民法院再审查明：1988年3月，定边县塑料制品厂（简称塑料厂）向一自称是陕西省轻化公司派来检查工作、名叫“张建平”的人提出协助购买聚丙烯的要求，“张建平”同意。3月23日，“张建平”持伪造的物资调拨通知单及证明信来到塑料厂，称其可以从陕西省轻化公司分配给陕西省咸阳市杨陵区塑料制品厂的聚丙烯中调拨10吨给塑料厂，货款4.8万元，要求从速汇款提货。塑料厂担心杨陵区塑料制品厂无货，汇款被骗，与“张建平”共同到中国工商银行定边县支行询问汇款办法后，决定采用“留行待取”的方式汇款。3月25日，塑料厂填写了4.8万元的汇款凭证，汇款单位填为陕西省定边县塑料厂，收款单位填为刘占斌（留交），汇款用途是购货款。中国工商银行定边县支行据此凭证，给中国工商银行陕西省咸阳市支行营业部（简称咸支营业部）电汇4.8万元。电文是“留交刘占斌48000塑料厂货款”。咸支营业部收到汇款后，即入帐。3月30日，一个持“咸阳市杨陵区塑料制品厂刘占斌”工作证和“刘占斌”私章的人，到咸支营业部要求提取现金。咸支营业部核对了工作证和私章后，按其要求支付现金2000元。31日，咸支营业部又按“刘占斌”的要求除支付现金3000元外，并将余款4.3万元以“刘占斌”私款的名义，转入该行下属的人民路第一储蓄所个人储蓄户。4月1日，“刘占斌”从储蓄所将余款全部提走。4月6日，塑料厂的刘占斌去咸支营业部取款时，方知汇款已被他人冒领。塑料厂遂向陕西省咸阳市秦都区人民法院提起诉讼。

塑料厂诉称：咸支营业部未严格审查取款人的证件，致使本厂公款被他人冒领，应当承担赔偿责任。咸支营业部辩称：由于汇款电文上的取款人是刘占斌，既未限定是塑料厂的刘占斌，又未注明此款是公款，更没有其他特殊要求，所以按照个人汇款的取款规定，在查验了取款人的证件及私章姓名后予以付款，没有过错，不应承担赔偿责任。造成汇款被他人冒领的原因是塑料厂警惕性不高，把汇款的具体情况早已泄露给他人所致。塑料厂是有过错的，损失应当自负。

秦都区人民法院审理认为：1977年11月6日颁布的《中国人民银行结算办法》（简称结算办法）第十条第二项规定：“汇款单位派人到汇入银行领取汇款的，可在汇款委托书上注明‘留行待取’字样。”第六项规定“汇入银行对汇入的采购资金，必须凭当地有关部门同意采购的证明，以汇出单位名义开立采购帐户，由银行按当地市场管理的有关规定监督支付……除采购员旅差费可支取少量现金外，一律转帐。”塑料厂的汇款电文中已明确4.8万元是塑料厂货款，并要求按“留行待取”的方式，由汇款单位派出的刘占斌提取。咸支营业部在收到汇款后，给取款人办理了单位存折，并让取款人在每次取款时填写单位支款凭证，该凭证用途栏内还填有“购料款”字样，这些情节均证实，咸支营业部以不知此款是公款，所以按照个人汇款的取款规定予以付款，没有过错的辩解理由不能成立。咸支营业部违反结算办法的规定，在取款人既无汇款单位的委派证件，又无任何购货证明的情况下，仅凭取款人所持的“杨陵区塑料制品厂刘占斌”工作证，便让其两次提取现金5000元，并将余款以个人名义转入储蓄帐户，给取款人将余款提出现金骗走创造了条件，致使塑料厂遭受损失，是有过错的。依照《中华人民共和国民法通则》第一百零六条第二款的规定，咸支营业部对由于自己的过错而给塑料厂造成的经济损失，应当承担民事责任。据此，该院于1988年8月12日判决：中国工商银行咸阳市支行营业部赔偿定边县塑料厂货款4.8万元；塑料厂货款利息损失自己承担。

第一审宣判后，咸支营业部不服，以原答辩理由向陕西省咸阳市中级人民法院提出上诉，并提交了中国人民银行会计司就结算办法第十条第二项关于“留行待取”的规定所作的解释。解释称：“留行待取”系指汇款单位派本单位的人员直接到汇入银行办理解付汇款手续，也系指汇款单位委派汇入地的人员到汇入银行办理解付汇款手续。汇入银行在解付汇款时，应查验证明收款人身份的证件。如汇款人在汇款凭证“收款人栏”内注明收款人单位的，汇入银行要查验注明收款人单位名称的证件，然后办理解付手续。

咸阳市中级人民法院审理认为：塑料厂在汇款时对留交的刘占斌未限定单位；致使咸支营业部无法核实取款人的证件与限定单位是否相符。咸支营业部在解付此笔汇款时，向取款人询问了有关情况，验对了取款人所持的身份证件，在银行帐页上加注了证件号码，并让取款人签名盖章，确认取款人所使用的姓名与电文中的留交人姓名相符后，才解付汇款；根据储蓄所的业务范围和取款人的要求将余款转存，整个解付汇款过程符合程序。咸支营业部无过错。造成汇款被他人冒领的责任在塑料厂。据此，该院于1989年6月9日第二审判决：一、撤销第一审判决；二、驳回塑料厂的诉讼请求。

第二审宣判后，塑料厂不服，向陕西省高级人民法院提出申诉。

陕西省高级人民法院认为：咸支营业部在解付塑料厂的购货汇款时，不严格审查取款人应持的证件，违反了结算办法的有关规定，致使汇款被他人冒领，应当承担赔偿责任。理由是：一、根据结算办法第十条第二项的规定及中国人民银行对该规定的解释，“留行待取”汇款既系指汇款单位派本单位的人员直接到汇入银行办理解付手续，也系指汇款单位委派汇入地的人员到汇入银行办理解付手续。两种情况，均是指取款人受汇款单位的委派才能解付汇款。咸支营业部在解付“留行待取”汇款时，除应当审查办理解付手续人的个人身份证明外，还应当索验取款人是否受汇款单位委派办理解付手续的证明。可是，咸支营业部仅查验了取款人所持的工作证，且工作证的制发单位是“杨陵区塑料制品厂”，既非汇款单位，亦非汇款单位委托的收款单位。咸支营业部在无法证明取款人是受汇款单位的委派办理解付汇款手续的情况下，即予以解付汇款，是不妥当的。二、申诉人汇款时，已声明此款用途是“购货”，咸支营业部未按结算办法第十条第六项关于汇往外地购货的款项“除采购员旅差费可以支取少量现金外，一律转帐”的规定办理，而大量解付现金，是造成汇款被他人冒领的主要原因。三、中国人民银行1982年规定，国营、集体企业单位的公款不得以任何名义存入储蓄。咸支营业部对申诉人电汇的公款，不经审查批准便转入个人储蓄户，给冒名取款造成可乘之机，其责任不可推卸。塑料厂由于工作疏忽，也有一定责任。依照民法通则第一百零六条第二款关于"公民、法人由于过错侵害国家的、集体的财产，应当承担民事责任"的规定，咸支营业部应承担主要责任，塑料厂承担一定责任。据此，陕西省高级人民法院于1991年3月30日判决：

一、撤销咸阳市中级人民法院的第二审判决。

二、维持秦都区人民法院的第一审判决。

胡骥超、周孔昭、石述成诉刘守忠、《遵义晚报》社侵害名誉权纠纷案

原告：胡骥超，男，45岁，中共贵州省赤水市委宣传部干部。

原告：周孔昭，男，45岁，贵州省赤水市文化馆干部。

原告：石述成，男，57岁，贵州省赤水市党校干部。

被告：刘守忠，男，47岁，贵州省遵义市电视台干部。

被告：贵州省《遵义晚报》社。

法定代表人：车培英，总编辑。

原告胡骥超、周孔昭、石述成为与被告刘守忠、《遵义晚报》社侵害名誉权一案，向贵州省赤水市人民法院提起诉讼。

原告诉称：被告刘守忠创作的《周西成演义》一书中的胡翼昭、周孔超、石述庭3个人物是对3原告的丑化；《遵义晚报》社公开连载《周西成演义》，使3原告的名誉受到了损害。请求法院判令被告刘守忠和《遵义晚报》社停止侵害，公开赔礼道歉，消除影响并赔偿损失。

被告刘守忠辩称：《周西成演义》中的胡翼昭、周孔超、石述庭3个人物纯属虚构，与3原告虽同姓但不同名，且出生年代不同，社会背景不同，身份不同。被告的作品并未侵害3原告的名誉权。

被告《遵义晚报》社辩称：《周西成演义》属小说体裁，允许作者虚构人物和故事情节，报社没有义务审查作品中的人物是否以某人为原型或就是写生活中的某人。《遵义晚报》连载《周西成演义》，没有侵害原告的名誉权。

赤水市人民法院经审理查明：被告刘守忠原系贵州省赤水市文化馆干部，与原告胡骥超、周孔昭、石述成原在同一单位或同一系统工作。刘守忠因工作问题与3原告曾发生过矛盾。1988年，赤水市文化馆评定工作人员专业职称时，出现了一份油印匿名传单。该传单指责刘守忠有问题，不应给其评定中级职称。刘守忠怀疑传单是3原告所写，扬言要搞铅印的文章报复。同年11月起，《遵义晚报》开始连载刘守忠创作的长篇历史纪实小说《周西成演义》。1989年4月初，刘守忠对赤水市一些干部讲，要他们注意4月中旬的《遵义晚报》。4月19日、20日，《遵义晚报》上连载的《周西成演义》中，出现了贩毒者胡翼昭、妓院老板周孔超、地痞石述庭3个人物。这3个人物不但与3原告同姓，且名字中的两个字或相似或为谐音字。3个人物形象的许多特征描写分别与3原告相同或相近。被告刘守忠将这3个人物描写得十

分丑恶。《周西成演义》发表后，熟悉3原告的读者一看便知道作者是在侮辱、丑化3原告。被告刘守忠曾在赤水县文化馆对人说："这么多人我为什么没有写，单单写他们3个，这是有原因的。"同年5月15日，3原告联名写信给《遵义晚报》总编辑，说明《遵义晚报》连载的《周西成演义》侵犯了3原告的名誉权，要求《遵义晚报》停止连载。但《遵义晚报》未予理睬，仍继续连载，致《周西成演义》中对胡翼昭、周孔超、石述庭3个人物的描写多次公开出现。

赤水市人民法院认为：文学艺术创作是公民的自由，国家对公民在文学、艺术事业中有益于人民的创造性工作，给以鼓励和帮助。公民在行使文学艺术创作自由的权利时，不得损害其他公民的合法的自由和权利。《中华人民共和国民法通则》第一百零一条规定："公民、法人享有名誉权。公民的人格尊严受法律保护，禁止用侮辱、诽谤等方式损害公民、法人的名誉。"被告刘守忠因与3原告素有矛盾并怀疑攻击自己的匿名油印件出自3原告之手，曾扬言要以铅印的文章报复。被告在创作《周西成演义》中，采用姓相同名相近、体型外貌等突出特征相似的方法把作品中的3个人物与3原告联系起来加以丑化，使熟悉3原告的读者一看便知这3个反面人物是影射3原告的，在当地给3原告的人格尊严造成不良影响，使3原告的名誉受到损害。《周西成演义》公开发表后，被告还公开对人说过把3原告写进演义中是有原因的。因此，被告侵害3原告名誉权的故意是明显的，依法应当承担侵权的民事责任。被告以作品中的3个人物纯属虚构，没有侵害原告名誉权的答辩理由不能成立。被告《遵义晚报》社在明知被告所发表的《周西成演义》对原告名誉造成损害的情况下，仍继续连载，使损害后果扩大，亦应承担一定的民事责任。赤水市人民法院于1991年3月19日判决：一、被告刘守忠在《遵义晚报》上公开向原告胡骥超、周孔昭、石述成赔礼道歉；二、《周西成演义》一书中侵害原告胡骥超、周孔昭、石述成名誉权的内容未删改之前，不得出版发行；三、被告刘守忠赔偿原告胡骥超、周孔昭、石述成人民币900元；《遵义晚报》社赔偿原告人民币300元。

第一审宣判后，刘守忠和《遵义晚报》社均不服，仍以原答辩理由向遵义地区中级人民法院提出上诉。

遵义地区中级人民法院经审理认为，第一审判决认定的事实清楚，适用法律正确。上诉人刘守忠和《遵义晚报》社的上诉理由均不能成立。依照《中华人民共和国民事诉讼法》第一百五十三条第一款第（一）项的规定，判决驳回上诉人刘守忠和《遵义晚报》社的上诉，维持原判。

谢东辉、郑兆本诉陈世军等继承纠纷案

原告：谢东辉，女，50岁。

原告：郑兆本，男，60岁，谢东辉之夫。

上列原告住陕西省西安市胡家庙冶金楼。

被告：陈世军，男，43岁。

被告：陈秀英，女，46岁。

被告：陈瑞玉，女，33岁。

被告：陈世忠，男，37岁。

上列被告住陕西省西安市孟家巷。

原告谢东辉、郑兆本为与被告陈世军、陈秀英、陈瑞玉、陈世忠继承纠纷一案，向陕西省西安市碑林区人民法院提起诉讼。

原告谢东辉、郑兆本诉称，女儿郑萍1985年经朋友介绍与被告之弟陈世杰相识，不久相爱，感情很好。郑萍从1987年1月起就帮助陈世杰料理家务并同居，至1989年4月11日2人被害死亡，已形成事实上的夫妻关系。在此期间，两人共同劳动，先后购置了彩电、冰箱、录音机、录像机、洗衣机等日常生活用品。请求法院判令原告依法继承女儿郑萍的遗产。

被告陈世军、陈秀英、陈瑞玉、陈世忠辩称，原告之女与其弟陈世杰生前未进行结婚登记，不是合法的夫妻关系，其同居是非法的。现2人不幸被害死亡，所遗财产是陈世杰的个人财产，不属夫妻共同财产。陈世杰的遗产原告无权继承。

碑林区人民法院经公开审理查明：原告谢东辉、郑兆本分别系被继承人郑萍的父母。被告陈世军、陈秀英、陈瑞玉、陈世忠分别系被继承人陈世杰的兄姐。郑萍、陈世杰从1987年1月起，即以夫妻名义公开同居生活，并购置生活用具。上述事实，有证人证言、陈世杰生前信件等书证证明。1989年4月11日夜，郑萍、陈世杰在家中被害死亡。郑萍、陈世杰死亡后，遗有存款及现金12810元，债权1万元，彩电2台，冰箱、洗衣机、收录机、电视投影机、电风扇各1台，金项链1条及家具、生活日用品等。以上遗产，经西安市公安局核查后，由被告保管。

还查明，郑萍生前系西安市硅酸盐制品厂车间会计，1964年4月20日出生，与陈世杰同居生活时已年满23周岁，无配偶。陈世杰生前系个体工商户，1961年6月22日出生，与郑萍同居生活时已年满26周岁，无配偶。郑萍与陈世杰共同生活期间，未生育子女。陈世杰的父亲陈先民、母亲吴兰花已分别于1977年、1982年去世。

碑林区人民法院认为：最高人民法院《关于人民法院审理未办结婚登记而以夫妻名义同居生活案件的若干意见》第二条规定，1986年3月15日《婚姻登记办法》施行之后，未办结婚登记手续即以夫妻名义同居生活，如同居时双方均符合结婚的法定条件，可认定为事实婚姻。郑萍与陈世杰未进行结婚登记即以夫妻名义同居生活已达两年之久，且符合结婚的法定条件，其婚姻关系应认定为事实婚姻。根据上述规定，郑萍、陈世杰在同居期间的财产，应视为夫妻共同财产。原告谢东辉、郑兆本系被继承人郑萍的继承人，依照《中华人民共和国继承法》第十条第一款的规定，有权继承郑萍的那部分遗产。被继承人陈世杰的父母均已死亡，无子女，依照上述规定，其遗产应由第二顺序继承人陈世军、陈秀英、陈瑞玉、陈世忠继承。被告陈世军、陈秀英、陈瑞玉、陈世忠辩称，郑萍、陈世杰家中财产全部属陈世杰个人所有，证据不足，不予认定。郑萍与陈世杰同居生活时间短，共同财产中较多系其与郑萍同居前所有，故其继承人应适当多分。据此，1989年11月27日，西安市碑林区人民法院判决：

原告谢东辉、郑兆本继承被继承人郑萍遗产债权人民币6000元、"夏普"20吋彩电1台、被面4条、毛巾被1条。

被告陈世军、陈秀英、陈瑞玉、陈世忠继承被继承人陈世杰遗产人民币16810元、彩电、电冰箱、洗衣机、电风扇、收录机、电视投影机、金项链及生活用具等共30余件。

第一审宣判后，原告谢东辉、郑兆本以原审判决分割郑萍、陈世杰遗产不合理，未体现权利义务相一致的原则为由，向陕西省西安市中级人民法院提出上诉。

西安市中级人民法院在审理中，除第一审查明的事实外，又查明，据公安机关对郑萍、陈世杰被杀害时间出具的法医鉴定结论证实，陈世杰的死亡时间先于郑萍20分钟左右。还查明，郑萍、陈世杰被害后，上诉人谢东辉、郑兆本与被上诉人陈世军等4人共同出资并主持了丧事，被上诉人送的花圈上称被害人郑萍为"弟媳"。陈世杰生前借被上诉人陈瑞玉人民币1000元未还。

西安市中级人民法院认为：郑萍、陈世

杰生前以夫妻名义公开生活，已形成事实婚姻，应视为夫妻关系，其财产应为夫妻共同财产。继承法第二条规定："继承从被继承人死亡时开始。"第十条第二款规定：遗产继承，在"继承开始后，由第一顺序继承人继承，第二顺序继承人不继承。没有第一顺序继承人继承时，由第二顺序继承人继承。"陈世杰死亡在郑萍之前约20分钟，依照继承法的规定，陈世杰死亡后，其遗产应由第一顺序继承人郑萍继承。郑萍死亡后，其遗产应由第一顺序继承人即本案上诉人谢东辉、郑兆本继承。

陈世杰所遗债务，由谢东辉、郑兆本用所得遗产清偿。陈世军、陈秀英、陈瑞玉、陈世忠系陈世杰的第二顺序法定继承人，无权继承陈世杰的遗产。但是，陈世军等4被上诉人，对陈世杰生前有一定扶助，陈世杰、郑萍死亡后，与上诉人共同办理了丧事，依照继承法第十四条的规定，可以分给他们适当的遗产。原审判决认定事实不清，适用法律不当，依法应予改判。据此，该院于1991年3月19日判决：

一、撤销第一审判决。

二、分给被上诉人陈世军、陈秀英、陈瑞玉、陈世忠每人二千元。

三、上诉人谢东辉、郑兆本继承其余全部遗产。

四、上诉人谢东辉、郑兆本在本判决生效后一个月内一次给付陈世杰欠陈瑞玉债务一千元。

海口南兴实业有限公司伪造重要证据妨碍法院审理案件被罚款案

被罚款人：海南省海口南兴实业有限公司。

法定代表人：刘小南，经理。

1991年11月2日，被罚款人海南省海口南兴实业有限公司经吴育明介绍，购买了陈东坡、周玉萍的"华西"牌中型旅行汽车一辆，价款18000元。当日，陈东坡、周玉萍向南兴实业有限公司出具了汽车转让证明。南兴实业有限公司向陈东坡、周玉萍出具了收到汽车的收据和未付汽车款的欠条。双方并口头约定，南兴实业有限公司近期将车款付清。此后，南兴实业有限公司除付给陈东坡、周玉萍车款3900元外，余款14100元迟迟拖延不付。为此，陈东坡、周玉萍向海南省海口市秀英区人民法院提起诉讼。海口南兴实业有限公司答辩称：1991年11月2日买卖汽车的当天，由于陈东坡、周玉萍没有带汽车保险单来，我方收到车后，写了一张收到车的收据和车款欠条给对方，双方并约定陈东坡、周玉萍将保险单交我方后再付车款。同年11月12日，陈东坡来到我处，言称有债主堵在家门口，请求我方先将车款付给他，随后将汽车保险单送来。当时，我方同情对方处境，当场将18000元交给了陈东坡，并让陈东坡写了一张汽车转让证明，予以证明。我方11月2日出具的车款欠条忘了收回。因此，陈东坡、周玉萍诉讼要求我方付汽车款无理。

在审理中，双方对汽车转让单是11月2日出具还是11月12日出具，各执一词。为进一步查清事实，正确审理案件，秀英区人民法院将海口南兴实业有限公司提供的陈东坡、周玉萍"11月12日"出具的汽车转让证明，送海南省交通厅进行技术鉴定。鉴定结论为"11月12日"中"12"的"1"字为后加。由此查明，南兴实业有限公司编造了全部车款已于 1991 年 11 月 12 日一次付清后，才拿到汽车转让证明的伪证。在事实面前，南兴实业有限公司虽然无言以对，但拒不承认错误。

秀英区人民法院在对该案判决后，对海口南兴实业有限公司伪造重要证据——汽车转让证明日期，妨害诉讼顺利进行的行为，依照《中华人民共和国民事诉讼法》第一百零二条第一款第（一）项，第一百零四条第一款第（一）项的规定，经院长批准，于 1992 年 1 月 13 日作出罚款决定：对海口南兴实业有限公司罚款人民币一万元。

罚款决定书送达后，海口南兴实业有限公司没有申请复议，并已执行了罚款决定。

陈德俄诉陈德群侵害房屋所有权纠纷案

原告：陈德俄，男，74 岁，原系海南省文昌县人，现为新加坡国籍，住新加坡联邦道。

被告：陈德群，男，71 岁，海南省文昌县人，农民。

第三人：海南省琼山县大致坡供销社。

法定代表人：王英平，主任。

原告陈德俄诉被告陈德群侵害房屋所有权纠纷一案，向海南省原琼北中级人民法院提起诉讼。

原告诉称：1946 年，原告出资委托被告陈德群在海南省琼山县大致坡圩北街建房一处。房屋建成后，原告又委托陈德群代管，以备年老返乡后居住。1987 年原告得知此房被陈德群出卖给第三人，即向政府有关部门申请解决，未有结果。请求法院判令被告将此房返还原告。

被告辩称：原告所诉基本属实，但卖房一节事出有因。此房于 1961 年被台风刮坏，当时被告无钱修理，第三人大致坡供销社趁机迫使被告卖房，并将其写好的买卖契约连同买房款 700 元交给被告之妻。此后，该房屋由第三人占用。被告同意原告返还房屋的请求，所收房款被告可退给第三人，第三人则应将房屋返还给原告。

第三人称：讼争房屋是被告出租给原琼山县商业局大致坡营业部使用，后又自愿订立契约卖给营业部的，此事与第三人无关。被告辩称第三人迫其卖房不是事实。第三人不同意原告的诉讼请求。

琼北中级人民法院经公开审理查明：原告陈德俄与被告陈德群是同胞兄弟，原告虽在新加坡居住，但与被告之间保持着书信来往。1946 年，原告出资委托被告在琼山县大致坡圩北街原 22 号（现 24 号）修建一连两进房屋一处。房屋建成后，原告口头委托被告代管。1955 年 5 月，被告在代管期间，从 1960 年起以月租金 10 元将此房出租给琼山县商业局大致坡营业部使用。同年，此房的屋顶、门窗等被台风刮坏，营业部要求被告维修，或者由营业部自修后在房租中扣除维修费用。被告因无钱维修，提出将此房卖给营业部，并写信通知了原告。1961 年 8 月 22 日，被告自愿与营业部订立买卖房屋契约，以 700 元价款将此房卖给营业部。营业部在买房前仅报告过大致坡公社同意，未报经县人民政府批准。营业部买房后，将房屋进行了整修，并在第二进新建房屋 3 间。1964 年营业部撤销，将此房移交给第三人琼山县大致坡供销社使用至今。1987 年，原告得知此房被代管人陈德群出卖，即向当地人民政府申请落实政策，返还房屋。后经琼山县侨务办公室查处，函复原告不予返还。原告遂向人民法院提起诉讼，请求被告返还房屋。法院受理后，追加琼山县大致坡供销社为第三人参加诉讼。

琼北中级人民法院认为：讼争房屋原为原告陈德俄的合法财产，原告委托被告陈德群代管。1960年该房屋被台风刮坏时，被告因无钱维修，自愿将代管房屋出卖给原琼山县商业局大致坡营业部，是无权代理的民事行为。被告在出卖房屋后，已写信告知原告，原告对此直至1987年10月前从未提出异议，应视为被告的无权代理行为事后已得到原告的默认。原琼山县商业局大致坡营业部在未报经县人民政府批准的情况下，擅自订立买卖契约购买房屋，是欠妥的。但是，鉴于营业部是在被告无钱维修的情况下买房，其行为是善意的、有偿的，买房后已将该房维修并增建了3间新房，并使用了多年，已失去返还的条件。原告对被告买房长期未表示异议、且在原房屋已不存在的情况下，提出返还房屋的诉讼请求，法院不予支持。据此，琼北中级人民法院于1990年7月26日判决如下：一、被告陈德群应将原卖房款700元付给原告陈德俄；二、琼山县大致坡圩琼北街24号讼争房屋归第三人琼山县大致坡供销社所有。

第一审宣判后，原告陈德俄不服，向海南省高级人民法院提出上诉。陈德俄的上诉理由是：1. 陈德群的无权代理行为上诉人一直不知情，不存在事后默认的问题。原审对此认定缺乏证据。2. 营业部明知该房屋的所有人是上诉人，陈德群仅为代管，上诉人从未授权陈德群卖房，因而营业部的买房并非善意，而是恶意侵害他人财产所有权。3. 营业部买房既未得到上级人民政府的批准，至今也未办理所有权过户手续，该房屋买卖合同应为无效。4. 营业部虽对该房屋进行过整修，但房屋的原形至今还存在，没有失去返还的条件。因此，原审判决是错误的。请求第二审法院认定该房屋买卖合同无效，将房屋返还所有人。被告陈德群在答辩中承认从未将卖房一事通知原告，坚持认为卖房是由第三人的胁迫造成，应由第三人承担侵权的主要责任。第三人琼山县大致坡供销社在答辩中称，房屋买卖合同是平等的，有偿的，虽未办理产权过户手续，但产权实际上早已转移，手续应属可以补办之列。

海南省高级人民法院审理查明：原审判决认定的“陈德群在卖房后把卖房情况写信告知了陈德俄”这一情节，仅有第三人琼山县大致坡供销社提供的1989年琼山县侨务办公室的调查材料证明。此证明不仅与陈德俄、陈德群的陈述不符，且与当时买卖房屋的经手人、介绍人、代书人以及买受人的法定代表人的证词相悖，不予采纳。1960年该房屋被台风刮坏时，是原琼山县商业局大致坡营业部主任吴乘驹向陈德群提出买房，陈德群当时虽然言明自己不是产权人，但仍以自己的名义与营业部订立买卖契约，将陈德俄的房屋卖给营业部，其行为是无效的。营业部在买房后维修了部分房顶，重换了第一进房屋的楼板，将第一进的东墙打通与隔壁一间合做库房，又将第二进残房拆除后建起3间新房，共花费2267.28元。

海南省高级人民法院认为：《最高人民法院关于贯彻执行〈中华人民共和国民法通则〉若干问题的意见（试行）》第一百九十六条规定：“1987年1月1日以后受理的案件，如果民事行为发生在1987年以前，适用民事行为发生时的法律、政策；当时的法律、政策没有具体规定的，可以比照民法通则处理。”本案买卖房屋的民事行为发生于1961年，应当适用当时的法律、政策。

本案讼争房屋是上诉人陈德俄出资修建的个人合法财产，任何人未经所有权人许可，均不得出卖。1951年4月16日，最高人民法院原华东分院《关于解答房屋纠纷及诉讼程序等问题的批复》第一条中规定：“房屋代管人，未得原业主同意，私擅将房屋盗卖，此种买卖行为，原属无效……”。被上诉人陈德群作为房屋代管人，在未征得所有人同意的情况下，即以自己的名义出卖他人房产，是违法的民事行为。1956年1月18日，中共中央批转的中央书记处第二办公室《关于目前城市私有房产基本情况及进行社会主义改造的意见》中规定，企业单位不经批准不得购买私有房屋。原琼山县商业局大致坡营业部违背政策，未经批准擅自购买私有房屋，并且在明知陈德群不是所有权人的情况下与其签订买卖契约，其行为是违法的。陈德群与营业部签订的房屋买卖契约，侵害了陈德俄对讼争房屋的所有权，应属无效。对此无效民事行为，陈德群与营业部均有过错，比照《中华人民共和国民法通则》第六十一条第一款的规定，应当各自承担相应的责任。陈德群应当返还因买卖房屋而得到的700元。营业部应当返还陈德俄的房产。营业部虽对此房进行了修整，但第一进的原房和第二进的院墙仍在，增建了3间新房也在陈德俄原有的宅基范围之内，并未丧失返还原物的条件。营业部修房所花费用，扣除被其拆除原第一进东墙所需费用689.20元，其余1578.08元应由房屋所有人陈德俄予以补偿。营业部返还房产的义务和接受修房费用的权利，应由营业部被撤销后的权利义务承受人，本案第三人琼山县大致坡供销社承担和享有。陈德俄的上诉有理，应予采纳。第一审判决认定事实不清，适用法律不当，应当改判。据此，海南省高级人民法院依照《中华人民共和国民事诉讼法》第一百五十三条第一款第（二）项的规定，于1991年5月9日判决：

一、撤销第一审判决。

二、陈德群与琼山县商业局大致坡营业部就本案讼争房屋的买卖关系无效。

三、琼山县大致坡圩琼北街24号一连二进房屋归陈德俄所有。琼山县大致坡供销社应在收到本判决书之次日起一个月内搬出该房，交由陈德俄管业。陈德俄应在收到本判决书之次日起付给琼山县大致坡供销社房屋修建费1578.08元。

四、陈德群应在收到本判决书之次日起一个月内返还卖房款700元给琼山县大致坡供销社。

经　济

新城城信经销部诉化鱼山火车站铁路货物运输合同纠纷案

原告：内蒙古自治区呼和浩特市新城城信经销部。

法定代表人：苏世雄，经理。

被告：南京铁路分局化鱼山火车站。

法定代表人：叶嗣元，站长。

原告内蒙古自治区呼和浩特市新城城信经销部诉被告南京铁路分局化鱼山火车站铁路货物运输合同纠纷案，向南京铁路运输法院提起诉讼。

原告诉称：原告以每公斤1.76元收购的葵花籽34650公斤，共770件，委托呼和浩特火车站客货服务公司运输到被告所属的芜湖西站，交安徽省芜湖市果品食杂公司收货。到站卸车时，收货人发现车厢内有严重异味，拒收货物。原告因此遭受经济损失。要求被告按货价、包装费及运费等共计68179.50

元，赔偿全部损失。

被告辩称：装载原告货物的车厢内有异味一事属实。但经卫生检疫部门检验，该异味仅使原告货物的包装物受到污染，货物本身并未污染，因而不存在货物损失。同意赔偿原告所遭受的污染包装麻袋的实际损失，不承担其他赔偿责任。

南京铁路运输法院审理查明：1990年11月3日，原告将其收购的葵花籽34650公斤，共770件，委托呼和浩特火车站客货服务公司发运零担。呼和浩特火车站承运后，于当日将此批货物装入637281号车皮。11月9日，该车抵达芜湖西站。当日，在该站当班货运员监督下，收货人安徽省芜湖市果品食杂公司到站提货。卸车时，车厢内异味严重，装卸工均感头昏。收货人见此情况，拒收货物，并向芜湖铁路卫生防疫站报检。芜湖铁路卫生防疫站现场勘查后，认为此批货物有被污染的可能，遂全部封存，取样送卫生部食品卫生监督检验所检验。检验结论是：在装载货物车厢内的残存物中检出3911（剧毒农药），含量为3591.66mg/Kg；在包装葵花籽的麻袋中检出3911，含量为100mg/Kg。经铁路到站顺查，发现该车皮于1990年10月18日曾装运过3911。卸车后，该车皮被回送到郑州东站经洗刷消毒后又投入使用。在此次装运葵花籽前，该车皮已经过先后多次排空和装运水泥两次。

还查明：原告所述葵花籽每公斤收购价1.76元不实，应为每公斤1.64元。

在诉讼过程中，被告对收货人拒收的葵花籽，按照卫生防疫部门的规定进行严格的可食性处理后，根据国家经济委员会颁布的《关于港口、车站无法交付货物的处理办法》予以变卖，收回价款42770元。

南京铁路运输法院认为：郑州火车东站对装运过剧毒农药的车皮洗刷消毒不彻底，呼和浩特火车站使用明显有异味的车皮装运葵花籽，是造成货物包装被污染的直接原因。责任应由铁路货物运输合同中的承运方承担。化鱼山火车站作为芜湖西站的主管部门，又是代表承运方对原告的赔偿要求进行处理的单位，应当承担赔偿责任。依照《中华人民共和国经济合同法》第四十一条第一款第一项第三目的规定，承运方应对运输过程中货物的污染，按货物的实际损失（包括包装费、运杂费）赔偿。该案的实际损失如何确定？

收货人在货物从有严重异味的车皮中卸出，在无法查明异味产生的原因及程度的情况下，予以拒收，是合理的；后虽查明此次污染只涉及货物的包装麻袋，不涉及货物本身，但为了人身安全，坚持按照防疫部门的规定必须经过严格的可食性处理才能食用，仍然拒收，也是合理的。因此，本案的实际损失应按原告支出的葵花籽收购价、包装费及运杂费，由被告赔偿。被告答辩实际损失只是被污染麻袋的损失这一理由，不能成立。

南京铁路运输法院在查清事实，分清是非，明确责任的基础上主持调解，原告与被告于1991年4月12日自愿达成如下协议：

被告化鱼山火车站除将已处理的葵花籽货款42770元返还给原告外，再赔偿原告经济损失20330.40元，两项共计赔偿原告经济损失63100.40元。

香港美艺金属制品厂诉中国专利局专利复审委员会确认“惰钳式门”发明专利权纠纷上诉案

上诉人（原审被告）：中华人民共和国专利局专利复审委员会。

法定代表人：赵元果，副主任委员。

委托代理人：尹新天，中华人民共和国专利局专利复审委员会复审委员。

委托代理人：张嚁华，中华人民共和国专利局专利复审委员会复审委员。

被上诉人（原审原告）：香港美艺（珠记）金属制品厂。

法定代表人：陈福佑，董事。

委托代理人：楼垂品，中国环球律师事务所律师。

委托代理人：宋敏，中国专利代理（香港）有限公司专利代理人。

上诉人中华人民共和国专利局专利复审委员会（以下简称专利复审委员会）因确认“惰钳式门”发明专利权纠纷一案，不服北京市中级人民法院的行政判决，向北京市高级人民法院提起上诉。该院经审理查明：

1985年4月1日，香港美艺（珠记）金属制品厂（以下简称香港美艺厂）向中国专利局申请了一项名称为“惰钳式门”的发明专利，中国专利局经过实质审查，认为符合中国专利法规定的新颖性、创造性和实用性条件，于1988年6月23日授予其专利权，专利号为85101517。该发明专利经中国专利局审定后的权利要求有14项。其独立权利要求中披露的主要技术构成为：一种惰钳式门，门的格栅斜杆与门的立柱直杆相连，该斜杆转动固定在第一中间立柱直杆的一个固定位置上，且与第二立柱直杆转动并滑动连接，至少第二立柱直杆是槽型截面的，且在侧壁上有凹口突边，连接所说斜杆与所说第二立柱直杆的装置，包括一销轴，销轴穿过斜杆，其特征在于在销轴的端部装有沿轴的横向为H型截面的衬套，立柱直杆的突边安装在H型截面衬套的凹槽中。该发明的目的是使惰钳式门上连接斜杆与立柱直杆的装置不仅结构简单，同时提高了门的刚度，使开关门的运动轻便，噪音小。

1989年5月和1990年3月间，广东省广州市番禺县拉闸厂、宏兴卷闸厂和南方拉闸厂以“惰钳式门”发明专利缺乏新颖性和创造性为由，分别向专利复审委员会提出无效宣告请求。专利复审委员会经过审查，以该发明不具备创造性为由，于1990年12月31日作出第112号无效宣告请求审查决定，宣告第85101517号发明专利权无效。专利复审委员会进行审查所依据的作为对比文献的已有技术是：GB 1361763号英国专利（以下称对比文献1）和昭59—14156号日本特许出愿公告（以下称对比文献2）。

对比文献1的主要技术构成为：一种折叠式闸门，有若干竖直放置的立柱，用横杆连接，该若干立柱中之每一个，有三个截面形状相同的槽形件，各立柱有第一槽型截面件，上面有百叶铰接；有第二槽型截面件，其腹板与第一槽形件的腹板固定，使第一及第二槽形件的敞口侧相互背离，有第三槽型截面件，有装置将该第三槽型件与第一及第二槽形件作有间距而平行的固定，第二及第三槽形件的敞口侧相对，该固定装置为该横杆件的枢轴，在第二及第三槽形件之间通过该两敞口侧伸展。对比文献1的发明目的是减少折叠式闸门的不同元件的数量，即使立柱直杆有通用性，同时避免在组装该种门时采用笨重的手工铆接工序。

对比文献2的主要技术构成为：一种伸缩拉门的中间车轮装置，其特征在于中间车轮的车轮架的两侧向内对称地立着C状杆，它固定于伸缩拉门对称支柱的外侧；支撑对称斜杆的上侧滑动轴和下侧固定轴可插入设置在对称支柱上的长方形孔和圆孔中，并向对称支柱的外面伸出，在C状杆的开口凸缘上装有自由滑动的滑动套，在C状杆上，滑动轴两端的滑动套的下方设有可以上下自由滑动的锁定装置。对比文献2的发明目的是解决庭院伸缩拉门的中间支撑问题，减轻门的重荷，使拉门的开关运动轻便平滑，延长拉门上轮子的使用寿命。

专利复审委员会经过审查，认为对比文献1和对比文献2以及请求人提交的其他对比文献均未披露该发明独立权利要求中的全部技术特征，因此，"惰钳式门"发明专利具有新颖性。但是，缺乏创造性。理由是：对比文献1是用于判断该发明创造性最为接近的已有技术。因为它披露了独立权利要求中除H型衬套之外的全部技术特征。对比文献2所披露的也是一种可伸缩的拉闸门。该拉闸门的斜杆的一端绞连在固定销轴上，另一端绞连在滑动销轴上，而销轴的两端则装有其截面为H型的滑动套。当拉动该门，使其斜杆的倾斜度产生变化时，斜杆就会带动滑动销轴，通过其两端的滑动套，使之在C状截面的杆的凸缘上自由上下滑动。很显然，上述滑动套与该发明所采用的H型截面衬套无论在其结构上、与其他部件的配合关系上，还是在其作用原理上，以及所产生的效果上都是相同的。鉴于对比文献2与该发明属于相同的技术领域，同时又为该发明所要解决的技术问题提拱了可供使用的技术解决方案，因此，将"惰钳式门"发明专利与对比文献1和对比文献2相比，该发明独立权利要求的内容已不具备专利法第二十二条第三款所规定的突出的实质性特点。据此，作出第112号无效宣告请求审查决定，宣告第85101517号"惰钳式门"发明专利权无效。

香港美艺厂对专利复审委员会的无效宣告请求审查决定不服，在法定期限内向北京市中级人民法院起诉。主要理由是："惰钳式门"发明同申请日以前已有的技术相比，具有突出的实质性特点和显著的进步。由于对比文献2与该发明的发明目的不同，技术领域有差别，且该对比文献不能为该发明所要解决的技术问题提供有用的技术教导，因此，专利复审委员会用对比文献2与对比文献1组合，否定"惰钳式门"发明的创造性是不适当的。判断一项发明是否有创造性，不仅要考虑它的技术解决方案，而且应当考虑它的目的和效果。"惰钳式门"发明的目的是从惰钳式门的整体刚度入手，解决开关门时阻力大及噪音和磨损问题。为达到上述发明目的，该发明采用的技术解决方案是在所述"惰钳式门"的每个连接格栅斜杆端部与门的各立柱直杆的销轴两端都装有H型截面的衬套。由于采用了上述带有实质性特点的技术方案，使该发明达到了提高门的整体刚度，门的运动更加平稳，且减少了噪音等技术效果。由此可见，该发明与对比文献1和对比文献2相比，不仅发明目的不同，技术方案不同，而且所达到的技术效果也不同。据此，如果将该发明的目的，技术方案及效果作为一个整体来考虑，显然是具有突出的实质性特点的。既使将对比文献1和对比文献2组合起来与该发明比较，该发明依然具备突出的实质性特点，因而具备创造性。请求法院撤销专利复审委员会的无效决定，维持第85101517号发明专利权有效。

专利复审委员会作出答辩：对比文献2披露了一种供庭院用的拉闸门，其中部和活动端部具有支撑用的车轮架，其作用与该发明附图中所示某些立柱直杆底部安装的滚珠装置是相似的，只不过上述车轮架并不是限定在一根底轨上运动而已。该拉闸门的斜杆与销轴相连，而销轴则通过位于其两端的滑动套在对立C状杆的开口凸缘上滑动，滑动销轴和固定销轴两端所安装的滑动套，其截面为H型，其凹部可贴合在C状杆的开口凸缘上，并可以自由地上下滑动。很明显，这种滑动机构与该发明中的相应机构在构成和运动方式上都是一致的；同时它也能起到使部件结合紧凑，运动平滑，噪音减小的客观作用，因而和该发明中相应机构的效果也是一致的。这就是专利复审委员会作出无效决定认为对比文献2为解决该发明所要解决的技术问题提供了有用技术教导的原因。在此情况下，H型衬套的使用数量不能成为具有实质性的技术特征。对比文献2的意义在于它提供了在拉闸门的销轴与槽形立柱直杆的滑动结合处安装H型衬套的教导，一旦获知了这样的技术，将它应用于具有相同结构的其他部位是不需要普通技术人员付出创造性的思维劳动的。因此，强调所用H型部件的数目无助于确立该发明的创造性。由于普通技术人员不需付出任何具有创造性的劳动便可以使用对比文献2的有关技术教导来实现该发明的目的，因此，在评价创造性时将两篇对比文献结合起来就是恰当的。对比文献2的总的发明目的与该发明的发明目的不同，因而对比文献2采用了一些该发明所不包含的其他机构，然而就其采用滑动套这一部件的客观目的与效果而言，则是和该发明所采用的H型衬套相一致的。不能仅仅因为一篇对比文献所陈述的发明目的有所不同，就得出该文献不宜用于评价一项发明的创造性的结论，尤其是当该对比文献与发明属于同一技术领域，并为实现该发明的发明目的提供了有用的技术教导时，就更是如此。因此，请求法院判决维持原无效决定。

原审法院认为：根据我国专利法的规定，所谓创造性是指同申请日以前已有的技术相比，该发明有突出的实质性特点和显著的进步。判断一项发明是否具备创造性，应当将该发明的发明目的、技术解决方案及技术效果作为一个整体来考虑。对比文献1虽然披露了“惰钳式门”发明独立权利要求前序部分的技术特征，但并不具备该发明特征部分中的区别技术特征，因此，对比文献1与香港美艺厂的发明有着明显的区别。对比文献2中虽然披露了一种截面为H型的滑动套，其凹部可贴合在C状杆的开口凸缘上，并可上下自由滑动。但该滑动套是伸缩拉门中间车轮装置诸多技术特征当中的一种，其目的是与锁定装置相配合解决庭院栅栏门中间车轮的接地承载问题。而该发明则是从提高门的整体刚度、减少噪音入手，在各立柱直杆间大量地采用了带H型衬套的销轴。由于强调衬套是圆筒形，材质为塑料或尼龙，且在衬套与斜杆之间装衬垫，既避免了金属件之间的摩擦，也使衬套与突边、斜杆与斜杆之间受到了挤压，从而增加了门的刚度，减少了噪音，并能使之运动时轻便自如。可见，该发明将各种技术手段相互配合，使衬套在“惰钳式门”中发挥了更多的功效。因此，尽管对比文献1和对比文献2与该发明属相同的技术领域，但是该领域的普通技术人员并不能从对比文献1出发，结合对比文献2，直接获得关于该发明的有用的技术教导。该发明与对比文献在发明的目的、为实现其目的所提出的技术解决方案以及最终的技术效果上存在着明显的实质性差别，该发明对于将两份对比文献结合起来的该领域的普通技术人员来说，并非显而易见。据此认定，香港美艺厂的85101517号“惰钳式门”发明专利具有突出的实质性特点，符合中国专利法关于创造性的规定。专利复审委员会的第112号无效宣告请求审查决定所依据的理由缺乏充分的证据。根据《中华人民共和国专利法》第二十二条第三款和《中华人民共和国行政诉讼法》第五十四条第二项的规定，判决撤销专利复审委员会第112号无效宣告请求审查决定。

被告专利复审委员会不服该判决，提起上诉。主要理由是：1. 判决书对创造性的判断适用法律不当。一方面在认定两份被引用的对比文献的技术内容时，仅将对比文献中的权利要求作为已有技术，没有全面地认定和分析其整个说明书和附图所记载的技术内容；另一方面，在分析认定该发明专利的技术特点时，脱离了其权利要求所要求保护的范围。如判决书认定“衬套的材质为塑料或尼龙”、“衬套与斜杆之间装有衬垫”等，然而这些特征均未反映在该发明专利的权利要求书中。判决书中多处强调对比文献2的发明目的与该发明不同，这一认定构成了其判决理由的重要组成部分。如果采用判决书中所表述的判断原则，不仅严重违反我国专利法的规定，而且与世界上通用做法相悖。2.判决书认定事实有误。如将无效决定理由中所述“对比文献1披露了权利要求1中除H型衬套之外的全部技术特征”写成“对比文献1几乎覆盖了香港美艺厂发明的独立权利要求的前序部分”，而无效决定从未使用“几乎覆盖”的含糊措辞；如认定对比文献2中使用H截面滑动套的“目的是与锁定装置相配合，解决中间车轮的接地承载问题”；又如判决书在未作具体分析的情况下，罗列了该发明与对比文献2在解决方案上“格栅斜杆与立柱直杆的排列方式”等几点不同之处，均与事实不符。故请求二审法院对原审法院判决书中判断创造性上的适用法律不当和认定事实有误之处及其结论予以改判。

被上诉人香港美艺厂在答辩中，同意原审判决结论，认为原审判决对创造性的判断适用法律是适当的，判断原则是正确的，也符合中外专利审查的实践。并进一步强调该发明的技术解决方案与已有技术对比有突出的实质性特点；该发明中独立权利要求中的区别技术特征（即H型衬套）与对比文献2中的H型截面滑动套的目的、方式、作用均不相同。请求二审法院维持原审判决。同时认为，原审判决书在部分事实的文字表述上有欠妥之处。

北京市高级人民法院认为：根据专利法第二十二条第三款的规定，创造性是指同申请日以前已有的技术相比，该发明有突出的实质性特点和显著的进步。所谓“突出的实质性特点”，就是从该技术领域技术发展的历史角度来看，该发明与已有的技术相比，具有技术实质内容的突破，使该领域技术产生突出的实质性变化。所谓“显著的进步”，是指该发明与最为接近的现有技术相比，具有长足的进步，它通常表现为克服了现有技术的不足和缺点，或者具有明显的技术效果。本案的发明与已有技术相比，具有突出的实质性特点和显著的进步。理由是：

第一，“惰钳式门”发明专利独立权利要求包括前序和特征两个部分，将该发明的技术解决方案与现有技术相比，对比文献1披露了该发明专利独立权利要求前序部分的全部技术特征，而对比文献2并未进一步披露该发明专利独立权利要求中特征部分的区别技术特征。“惰钳式门”发明专利独立权利要求的特征部分是：“在销轴的端部装有沿轴的横向为H型截面的衬套，立柱直杆的突边安装在H型截面衬套的凹槽中”。这是该发明专利整体结构中各主要部件相互结合关系的最本质技术特征。正是这种H型衬套及H型衬套与各立柱直杆之间的组合关系，使该发明具有了突出的实质性特点。而对比文献2披露的是一种可伸缩拉门的中间车轮装置，其中涉及到的拉门与该发明“惰钳式门”是两种结构完全不同的门。在对比文献2所述的车轮装置中虽然也采用了H截面的滑动套，但这种H截面的滑动套仅仅是装在一对销轴与中间车轮架上的一对C状杆的连接部位，上下自由滑动，并可与C状杆上的锁定装置配合，使中间车轮起到支撑拉门的作用。即该H型截面滑动套与整个伸缩拉门的刚度及构成门的各主要运动部件之间的配合并无直接关系。可见，对比文献2中的H型截面滑动套与该发明中的H型衬套在各自发明中所起的作用有着实质性差别。作为本领域的普通技术人员不可能从对比文献1出发，结合对比文献2，获得对该发明有用的技术教导，而必须经过创造性思维劳动才可能获得。因此，该发明的技术解决方案与现有技术相比，对所属技术领域的普通技术人员是非显而易见的。

第二，结合“惰钳式门”发明的目的及效果，进一步证明该发明比现有技术具有突出的实质性特点。原审法院认为，在判断一项发明是否具有突出的实质性特点时，不仅要考虑该发明技术解决方案本身的创新程度，而且还要考虑该发明的目的和实际技术效果，将其作为一个整体来看待，这是正确的。“惰钳式门”发明的目的是提出一种惰钳式门，其连接斜杆与立柱直杆的装置不仅结构简单，同时提高了门的刚度，使开关门的运动轻便且噪音小。正是为了达到这一目的，该发明的技术解决方案采用了在门的各销轴与立柱直杆的连接处装有H型截面的衬套。使用H型衬套的目的是便于销轴在立柱直杆的凹口突边上滑动或转动，而且还可以有效地填补构成整个门的各主要运动部件之间的机械间隙。它与门的连接方式是：在连接门的各格栅斜杆与各第二立柱直杆的每个销轴的端部都装有H型截面的衬套，将立柱直杆的突边安装在H型截面衬套的凹槽中。该发明采用H型衬套的作用，不仅仅是滑动或转动，而且达到了制造组装方便，提高了整个门的刚度，使门的开关运动平稳轻便且噪音小的技术效果，从而实现了整个发明的目的。相比之下，对比文献1的发明目的是要解决带有折叠档板的拉闸门需要由大量不同的零部件组成，且需要手工铆接进行组装的问题。其技术解决方案虽然覆盖了“惰钳式门”发明独立权利要求中前序部分的全部技术特征，但是，因其不具备该发明的区别技术特征，所以，显然也不具备该发明的技术效果。对比文献2描述的是一种用于庭院的栅栏门中间位置的车轮装置。在该车轮装置上虽然也采用了H型截面的滑动套，但其目的是为了便于销轴在门的附加装置即中间车轮架上的两个C状杆上滑动，并可与C状杆上的锁定装置配合，使中间车轮起到支撑拉门的作用，以达到解决由于庭院门前因地面高低不平而使中间车轮承受栅栏的重荷，使开关栅栏门方便和延长轮子使用寿命的发明目的。由此可见，“惰钳式门”发明专利的发明目的与已有技术截然不同。由于发明目的不同，采用的技术方案有实质性差别，其所达到的技术效果也不相同。这种技术效果，对所属该领域的普通技术人员来说是意想不到的。因此，将“惰钳式门”发明的技术解决方案同发明目的与技术效果三者结合起来与现有的技术对比，其突出的实质性特点是明显的。

第三，“惰钳式门”发明与现有的技术对比，克服了现有技术中存在的缺点和不足，具有显著的进步。对于这一点，专利复审委员会和香港美艺厂均无异议。

综上，专利复审委员会根据对比文献1和对比文献2认定“惰钳式门”发明专利已不具备创造性，作出宣告第85101517号“惰钳式门”发明专利权无效的决定，缺乏充分的证据。原审法院判决撤销专利复审委员会第112号无效宣告请求审查决定是正确的。但原审法院的判决书在描述事实和作出创造性判断时，有些语言文字用法欠妥。如，在判决书中将该发明说明书中的个别技术构成内容作为该发明权利要求的技术构成与现有技术对比；对比文献2的发明目的表述不准确；将该发明与对比文献2中的H型“衬套与斜杆的连接方式”等不相关的内容也作为该发明与已有技术的区别，等等，是不妥的，应予以纠正。但这些并不影响原审判决结论的正确。就全案而言，原审判决事实清楚，适用法律并无不当。该院依照行政诉讼法第六十一条第一项的规定，于1992年3月4日判决：驳回上诉，维持原判。

香港百粤金融财务有限公司诉香港红荔美食有限公司贷款纠纷案

原告：香港百粤金融财务有限公司。

法定代表人：蔡靖华，执行董事、副总经理。

委托代理人：刘宪章，公司信贷部副经理。

委托代理人：苏祖耀，广东对外经济律师事务所律师。

被告：香港红荔美食有限公司。

法定代表人：林贤，董事、总经理。

委托代理人：梁子蕴，原广州华丽宫大酒店会计。

原告香港百粤金融财务有限公司为与被告香港红荔美食有限公司贷款协议纠纷一案，向广东省广州市中级人民法院提起诉讼。

原告香港百粤金融财务有限公司诉称：被告香港红荔美食有限公司在广州市投资合作成立广州华丽宫大酒店，要求原告提供港币贷款。1986年9月，原告与被告在香港签订贷款协议，约定由原告贷款780万港元给被告，5年内分9次偿还本息。原告依约定发放全额贷款后，被告至今除偿还利息169537.39港元之外，逾期未偿还本息已达1000多万港元。请求法院根据《中华人民共和国民法通则》及中国有关法律的规定，判令被告偿还原告贷款本金780万港元，截止1991年4月30日止的贷款利息、罚息5007895.6港元，赔偿原告诉讼受理费73760港元，公证费1585港元，聘请律师费人民币1.1万元。

被告香港红荔美食有限公司答辩称：被告贷原告的款，已投入广州华丽宫大酒店。酒店开业初期经营亏损，被告偿还贷款利息169537.39港元。1988年下半年酒店扭亏盈利时，由于与中方合作者发生纠纷，致不能依约还本付息。被告与大酒店中方合作者的纠纷，正在中国国际经济贸易仲裁委员会深圳分会仲裁，待中方合作者赔偿损失后，被告将偿还贷款。请求原告减免计收利息、复息和罚息。

广州市中级人民法院审理查明：

1986年3月，被告香港红荔美食有限公司与广州市石井商业服务公司签订合作经营广州华丽宫大酒店合同。1986年9月5日，被告为筹措资金，与原告百粤金融财务有限公司签订贷款协议，合同约定：1. 原告贷款780万港元给被告；2. 借贷期限5年；3. 被告在5年内分9期还本付息，第1期还本付息日为第1次提款日后的第1年的此日，此后每6个月还本付息1次，每次偿付贷款总额的1/9及利息；4. 利息以365天为1年计，每月底结付1次，未付的自动转入本金以复利计外，另加收罚息，罚息为欠息的20%；5. 利率以中国银行香港分行港元优惠利率加1%计；6. 原告按贷款总金额收取0.5%的开办费；7. 贷款协议适用香港法律和中华人民共和国法律。合同订立后，原告收取了被告的开办费3.9万港元。被告于1986年9月8日提取250万港元，9月15日提取200万港元，9月27日提取330万港元，以上合计780万港元。同年10月2日、12月10日及1987年2月27日，被告共偿还利息169537.39港元。至1991年4月30日止，被告欠原告到期本金6066666.67港元，利息与复息4173246.33港元和罚息834649.27港元。原告多次索偿无着，遂向广州市中级人民法院提起诉讼。原告为诉讼支付了证据公证费

1585港元，律师费人民币1.1万元。

被告与他人合作经营广州华丽宫大酒店的合同纠纷，正在提交中国国际经济贸易仲裁委员会深圳分会仲裁。

广州市中级人民法院认为：

一、关于管辖权问题。该案原告、被告均为香港的企业法人单位，贷款协议的签订地、履行地均在香港，且双方又无向中华人民共和国法院诉讼的书面协议，参照《中华人民共和国民事诉讼法》第二百四十四条的规定，本不属中华人民共和国法院管辖。但是，原告以被告的贷款投入广州市经营合作企业，坚持在广州市中级人民法院起诉，被告对此没有提出异议，并已向广州市中级人民法院应诉答辩，参照民事诉讼法第二百四十五条的规定，视为被告承认广州市中级人民法院有管辖权。

二、关于法律适用问题。原告和被告约定，贷款合同争议的处理，适用香港法律和中华人民共和国法律。诉讼中，原告和被告经再商议，同意选择中华人民共和国法律。当事人的选择，参照《中华人民共和国民法通则》第一百四十五条第一款的规定，该案审理的准据法选定为中华人民共和国实体法。

三、关于贷款协议的约束力问题。经审理，该案贷款协议的效力，其双方主体资格合法；意思表示真实；协议形式符合法定要求，唯合同规定的权利义务是否合法，即双方约定的利率、复息、罚息以及开办费等内容与中华人民共和国法律和政策有无抵触？经审理认为：（一）原告和被告约定，贷款利率以中国银行香港分行优惠利率加1%。据查，中国银行香港分行优惠利率是香港银行公会公布的利率。根据国务院有关规定，外币贷款利率，按中国银行总行制定的综合利率执行；也可以由借贷双方根据国际市场利率协商确定，或以其协议利率为基础加一定利差确定利率。原告系香港注册的财务公司，按香港金融管理的有关规定，其存、贷款利率可高于银行利率。故确认原告和被告约定的利率，在当地是合法的。同时，我国对非银行金融机构的投资性贷款，准许其利率可稍高于银行贷款利率。因此，原告和被告约定的利率与我国有关法律、法规规定并无抵触，应为有效。（二）原告和被告约定，依约未付的利息，自动转入本金以复利计。中国人民银行颁布的《利率管理暂行规定》规定："金融机构对企业的流动资金贷款和技术改造贷款，按季结息，……对不能支付的利息，可计收复利。"中国工商银行关于《外汇贷款暂行办法》规定："如借款单位不能按时付息，银行即自行将到期利息转入本金并计复息。"故原告与被告关于复息的约定，我国法律、法规是准许的，应当有效。（三）原告与被告约定，依约未付的利息，除转入本金以复利计外，另加收罚息，罚息为欠息的20%。罚息是信贷关系中，对借贷方超过还贷期限，挤占挪用贷款等违约行为的加收利息。国务院发布的《借款合同条例》第十六条规定："借款方不按期偿还借款，贷款方有权……按银行规定，加收罚息。"我国信贷关系中的罚息，是针对尚未偿还的贷款本金而言；本案的罚息，是针对欠息部分而言。本案的贷款较为公平和优惠。因此，原告与被告关于罚息的约定，并不违背中华人民共和国法律法规，其约束力，应予认可。（四）原告和被告约定，原告按贷款总金额收取0.5%的开办费（即手续费）。在我国内地的信贷关系中，没有收取开办费的做法。但在国际信贷中有此惯例。本案属香港外汇贷款，借贷双方亦属香港公司，应沿用国际惯例。故认定该项约定有约束力。根据以上认定，原告与被告签订的贷款协议，参照民法通则第九十条的规定，受法律保护。合同约定对双方当事人具有法律约束力。被告未能按期还本付息，已构成违约，参照《借款合同条例》第十六条的规定，贷款方有权限期追回贷款，并依约要求偿付复息和罚息。原告以被告违约请求提前收回尚未到期的本金，于法有据，应予支持。原告请求被告承担聘请律师的费用，不属诉讼必要的开支，不予认定。被告请求待合作经营企业的合同纠纷仲裁裁决后偿还原告的贷款和减免计付利息、复息和罚息，不予支持。

据此，广州市中级人民法院于1991年5月31日判决如下：

1. 被告应于本判决生效之次日起30日内偿付给原告本金780万港元及利息（利息从1991年5月1日起至款清结日止，按中国银行香港分行港元优惠利率加1%计付）。逾期按贷款协议的约定计付复息和罚息。

2. 被告应于本判决生效之次日起30日内清付给原告利息4173246.33港元和罚息834649.27港元及利息的复息（复息从1991年5月1日起至款清结日止，按中国银行香港分行优惠利率加1%计付）。

3. 被告应于本判决发生法律效力之次日起10日内赔偿原告支付的证据公证费1585港元。

4. 驳回原告、被告的其他诉讼请求。

本案受理费人民币（兑换券）48433.6元，由被告负担。

第一审判决宣判后，原告和被告均未上诉。

甘肃稀土公司为购销稀土合同纠纷申请再审案

申请再审人：甘肃稀土公司。

申请再审人甘肃稀土公司不服江西省高级人民法院关于赣南师范学院矿产品加工厂与其关于购销合同纠纷一案的终审判决，依照《中华人民共和国民事诉讼法》第一百七十八条的规定，向最高人民法院申请再审。

该案第一、第二审判决认定的事实及判决结果：

赣陇联营稀土公司（简称赣陇公司）是甘肃稀土公司与江西赣县稀土公司为联合开发赣县稀土资源于1985年设立的紧密型混合氧化稀土生产企业。根据联营协议约定，经理由甘肃稀土公司委派。

1989年1月7日，赣陇公司曾代理甘肃稀土公司与赣南师范学院矿产品加工厂（简称加工厂）签订过一份购销30吨富铕稀土合同，该合同已经履行，经结算甘肃稀土公司尚欠加工厂15466.2元。

1989年4月6日，赣陇公司原任经理瞿三元和新任经理钱广祥、副经理李培金等人到加工厂作新老交替的礼节性拜访。在交谈中，钱广祥等提出，甘肃稀土公司急需购进30吨富铕稀土。加工厂表示，现有25吨，还有几吨在灼烧。随之，双方就购销30吨稀土达成口头协议。4月8日，钱广祥派李培金等人到加工厂，就4月6日口头议定的条款签订了购销30吨稀土的合同。合同约定：每吨稀土价4.8万元；供方仓库交货；4月20日前发完货。同时，合同还对产品规格、质量标准、检验方法、结算方法、违约责任等进行了约定。合同有效期限自1989年4月8日起至1989年7月30日止。该合同署名与盖章方式与1月7日的合同相同，即需方甘肃稀土公司，加盖赣陇公司合同专用章（代）。签约当天，赣陇公司给甘肃稀土公司发电报称："富铕矿30吨合同已签，4月20日前发货，单价每吨4.8万元，付款方式4月底付50万元，5月15日前付50万元，6月30日前付清全部货款，逾期按1分1厘计息。前期货款请速汇来"。4月10日，甘肃稀土公司发电报给赣陇公司："价格偏高，暂不要发货，现广东价4.6万元，正在办"。4月11日，赣陇公司将甘肃稀土公司的电报内容告诉了加工厂。加工厂表示价高可以再商量。4月14

日，加工厂发电报给甘肃稀土公司："货已备齐，请备款提货，速汇前期货款"。4月15、16日，赣陇公司与加工厂就合同价格问题进行了协商。加工厂仍表示价高可以再商量，但双方未能达成协议。4月20日，甘肃稀土公司、赣陇公司未按合同约定到加工厂取样、验收、提货。5月4日，瞿三元回甘肃，根据离赣前加工厂的要求，将签约情况向甘肃稀土公司作了汇报。5月19日，瞿三元按甘肃稀土公司的旨意给加工厂发电报称："因无盐酸停产，富铕矿暂不要，30吨请自行处理"。同日，甘肃稀土公司给赣陇公司发电报称："因无盐酸停产，富铕矿暂不要，已电告加工厂处理"。加工厂收到瞿三元的电报后，即于5月20日和21日分别发电报给甘肃稀土公司和瞿三元："我厂按合同规格加工好富铕稀土30吨，总量90%无法出口，请设法解决，以免造成更大经济损失"、"30吨稀土专为其准备，经济损失由谁承担"。甘肃稀土公司未予答复。5月22日，甘肃稀土公司电告赣陇公司"加工厂两次来电催办富铕矿，请妥善处理；富钇矿（与本案无关的另一种矿）要。"5月23日，赣陇公司电告甘肃稀土公司："去加工厂交谈同意发富钇矿，要来人带款20万元才发货……。"5月26日，赣陇公司又给甘肃稀土公司发电报称："加工厂因30吨稀土合同，关系趋于紧张，今天通知带款20万元只发5吨，若要，汇款。"同年6月17日，加工厂致函甘肃稀土公司，提出协商解决30吨富铕矿合同纠纷并寄去4月8日的合同。6月26日，甘肃稀土公司复函加工厂称：接到来函之前，不知道问题尚未解决。我公司接收10吨富钇矿，富铕矿由贵厂处理或到8月份开产后按当时市场价格双方协商解决。加工厂收到函后，于7月15日致函甘肃稀土公司，表示无法处理。甘肃稀土公司未予答复。加工厂在合同约定期限届满后，因富铕矿积压，资金周转困难，为提高质量标准，减少损失，不得不将该批富铕矿重新加工，并于8月3日至10月28日将其另行销售。由于稀土市场行情变化等原因，造成经济损失618556.87元。同年8月和11月，甘肃稀土公司还先后派张富海和瞿三元两次到加工厂协商该购销30吨富铕矿合同的善后事宜。因双方分歧较大，未能达到协议。加工厂于1990年4月16日向江西省赣州地区中级人民法院提起诉讼，诉请判令甘肃稀土公司赔偿全部经济损失。随后，又诉请甘肃稀土公司将1月7日合同的所欠货款一并偿还。

赣州地区中级人民法院认为：赣陇公司根据甘肃稀土公司委托，以甘肃稀土公司名义与加工厂签订本案合同。合同签订后，赣陇公司以电报将合同的主要条款及时告诉甘肃稀土公司。而甘肃稀土公司除提出价格偏高暂不要发货外，对赣陇公司以自己名义签订的合同没有提出异议。况且在过去来往业务中加工厂与甘肃稀土公司均以同样的形式成交。因此确认赣陇公司代甘肃稀土公司与加工厂签订的合同有效。甘肃稀土公司不按合同约定履行义务，属违约行为；对造成的经济损失，承担全部责任。对以往业务中尚欠的货款应予清偿。赣陇公司认真履行了代理职责，在代理过程中没有过错。据此判决：一、赣陇公司代甘肃稀土公司与加工厂签订的合同终止履行；二、甘肃稀土公司给加工厂偿付违约金七万二千元；三、甘肃稀土公司给加工厂支付赔偿金五十四万六千五百五十六元八角七分；四、甘肃稀土公司归还加工厂欠款一万五千四百六十六元二角及利息二千零二十八元六角四分。

甘肃稀土公司不服第一审判决，以只是口头要赣陇公司了解一下稀土行情，并未委托其代理本公司与加工厂签订本案合同为由，向江西省高级人民法院提起上诉。该院审理认为，本案事实清楚，一审法院认定委托代理关系成立正确，驳回甘肃稀土公司的上诉，维持第一审判决。

甘肃稀土公司不服江西省高级人民法院终审判决，向最高人民法院申请再审称：甘肃稀土公司只是让赣陇公司去了解行情，并未委托其代签本案合同。赣陇公司未取得甘肃稀土公司的授权委托书或介绍信；甘肃稀土公司事后也未追认，合同也未履行；赣陇公司超越代理权限签订本案合同的行为，应由其自己承担责任。甘肃稀土公司提出价格偏高后，加工厂表示可以再商量，但一直未能议定以什么价格成交，因此，合同自行终止了。

最高人民法院审查认为：赣陇公司1989年4月8日与加工厂签订的合同，需方署名甘肃稀土公司，盖赣陇公司的章，这是委托代理关系的一种表现形式。赣陇公司接受合同的签署方式，表明赣陇公司自己认为是受了甘肃稀土公司的委托。签约当天，赣陇公司就给甘肃稀土公司发了电报，较详细地报告了签约内容，而不是问甘肃稀土公司是否要货，表明赣陇公司不是以需方身份与加工厂签约后又以供方身份向甘肃稀土公司去要约，而是代理人向被代理人报告代理事项的情况。关于甘肃稀土公司4月10日发的内容为“价格偏高，暂不要发货”的电报，第一审法院向其调查时，已被“我们要赣陇公司暂不要发货，是怕广东的货用完了还需要货”的证言所证明，是推迟发货的意思表示。该电报并未明确表达稀土公司对赣陇公司代理本案合同行为的否认。此后，4月14日加工厂给甘肃稀土公司的“货已备齐，请备款提货”的电报，5月初瞿三元从江西回甘肃向甘肃稀土公司汇报签约情况，5月19日至5月26日三方当事人的多次来往电报，甘肃稀土公司1989年6月26日给加工厂的信，以及甘肃稀土公司两次派员处理善后等等，都表明甘肃稀土公司对赣陇公司用甘肃稀土公司名义与加工厂签订本案合同的行为未明确表示否认。甘肃稀土公司提出价格偏高，加工厂表示可以再商量，一直未议定以什么价格成交一事，是赣陇公司代甘肃稀土公司签订本案合同后提出的，属要求变更合同。依照《中华人民共和国经济合同法》第二十八条的规定，在双方未达成新的协议之前，原合同仍有效，不存在合同自行终止的问题。根据《中华人民共和国民法通则》第六十六条第一款“本人知道他人以本人名义实施民事行为而不作否认表示的，视为同意”的规定，认定本案委托代理关系成立正确。甘肃稀土公司不履行本案合同，属违约行为，应对其违约行为所造成的损失承担民事责任。据此，依照民事诉讼法第一百七十九条第二款的规定，于1991年12月20日，驳回了甘肃稀土公司的再审请求。

陶义诉北京市地铁地基工程公司发明专利权属纠纷案

原告：陶义，男，中国建筑地下工程公司总经理。

被告：北京市地铁地基工程公司。

法定代表人：卢江省，经理。

1988年12月25日，北京市地铁地基工程公司以原告陶义的“钻孔压浆成桩法”是职务发明为由，请求北京市专利管理局将“钻孔压浆成桩法”的发明专利权确认为本单位所有。北京市专利管理局于1989年8月1日确认“钻孔压浆成桩法”发明为职务发明，专利权归北京市地铁地基工程公司所有。

原告陶义对北京市专利管理机关的确认不服，以“钻孔压浆成桩法”发明专利技术方案的完成，既不是执行本单位的任务，也不是履行本岗位职责，更没有利用本单位的物质条件为由，向北京市中级人民法院起诉，请求将该发明专利权判决归其个人所有。被告北京市地铁地基工程公司答辩认为，“钻孔压浆成桩法”发明专利是原告在履行本职工作中完成的，是执行上级和本单位交付的科研和生产任务的结果，并且利用了本单位的资金、设备和技术资料，因此，原告的发明属于职务发明，专利权应属被告所有。

北京市中级人民法院根据最高人民法院《关于开展专利审判工作的几个问题的通知》规定的诉讼程序，以在专利管理机关处理时的争议双方为诉讼当事人，经公开审理，查明：

1983年1月，原告陶义从中国人民解放军基建工程兵六支队副总工程师岗位调至基建工程兵北京指挥部预制构件厂任厂长。1983年7月1日，中国人民解放军基建工程兵集体转业，陶义所在单位改为北京市城市建设总公司构件厂（以下简称构件厂），陶义仍任厂长。1984年2月13日，北京市海淀区工商行政管理局核准构件厂生产经营范围为建筑构件。在此前后，构件厂由于经营不景气，在主要生产建筑构件的同时，运用“小桩技术”，从事一些地基施工方面的经营活动。1984年4月2日，北京市城建总公司将“小桩技术的试验及应用”编入总公司科研、技术革新计划，下达给下属设计院和构件厂，并拨给科研补助费5000元。1984年4月16日，陶义根据自己在基建工程兵六支队多年从事地基工程施工的经验积累，完成了“在流砂、地下水、坍孔等地质条件下成孔成桩工艺的方案”（即后来申请专利的“钻孔压浆成桩法”），并将该技术方案完整汇集在自己几十年来专门记载技术资料的笔记本上。该技术方案虽未经试验，但已经具备专利法所要求的实用性。此后，陶义曾多次向构件厂的其他几位领导讲解和演示该技术方案。1984年6月，经上级批准，构件厂内部成立了北京长城地基公司，陶义兼任经理。1984年9月，北京科技活动中心大楼地基工程施工遇到困难，委托单位请陶义帮助解决。陶义代表构件厂承接了此项地基施工工程后，在用小桩技术打了五根桩均告失败的情况下，将自己已经构思完成的技术方案，即“钻孔压浆成桩法”向委托单位进行了讲解，委托单位同意使用此方案。1985年1月15日，构件厂为了按照陶义的技术方案，完成承接的地基施工任务，将从河南省郑州勘察机械厂购买的Z400型长螺旋钻孔机，运至北京科技活动中心大楼施工工地。根据国家《工业与民用建筑灌注桩基础设计与施工规程》中关于“施工前必须试成孔，数量不得少于两个”的规定，1985年3月16日和17日，构件厂的施工队按陶义的技术方案打了两根桩，经检验完全合格。陶义的技术方案首次应用成功。之后，该技术方案在保密的情况下多次被应用。1986年1月25日，经构件厂的几位主要领导多次催促，陶义将发明名称为“钻孔压浆成桩法”的技术方案，向中国专利局申请了非职务发明专利。1986年7月，构件厂扩大了经营范围，增加了“地基处理工程”项目。1986年10月3日，北京长城地基公司与构件厂脱离，改编为北京地铁地基工程公司（即现在的被告，以下简称地基公司）。陶义任地基公司经理。1988年2月11日，陶义获得“钻孔压浆成桩法”非职务发明专利权。

北京市中级人民法院认为：原告陶义因长期从事地基施工方面的工作，虽然对“钻孔压浆成桩法”的构思并完成专利技术内容起了决定性作用，但在该项专利技术的试验过程中，使用了被告专门为此购买的设备。据此，该院于1991年12月23日判决：“钻孔压浆成桩法”发明专利权属原告陶义和被告地铁地基工程公司共有。

第一审宣判后，原告陶义不服，以判决认定事实基本准确，但结论与认定事实相矛盾，适用法律错误为由，上诉至北京市高级人民法院，要求将“钻孔压浆成桩法”技术发明专利确认为非职务发明，专利权归其个人所有。被告地基公司答辩认为，该发明专利应为职务发明，理由是：陶义长期从事桩基施工技术的研究与应用工程，且从1983年起，构件厂承接了大量的桩基施工任务，北京市城市建设总公司也对构件厂正式下达了桩基工程的科研任务。陶义作为厂长，一直主持桩基工程的研究、应用与推广工作。因此，陶义的构思是在履行本职工作中形成的，是在单位提供的工作任务、环境和设备、奖金、人员的条件下产生的。

北京市高级人民法院审理认为：上诉人陶义提供的“在流砂、地下水、坍孔等地质条件下成孔成桩工艺的方案”与其后来申请专利的“钻孔压浆成桩法”技术方案相同。该技术方案的完成时间为1984年4月16日，被上诉人地基公司对此无异议。根据本案事实，在确认该发明专利权的归属时，应当以该技术方案完成的时间为界限，看其是否符合专利法规定的职务发明的要件。

第一，当时，陶义作为构件厂厂长，其职责范围应当是领导和管理建筑构件的生产经营活动。地基施工不属于构件厂的经营范围，地基施工方面的研究和发明也不应认为是构件厂厂长的本职工作。

第二，“钻孔压浆成桩法”这一技术方案是陶义在其多年从事地基工程方面的工作经验积累的基础上研究出来的，不属于单位交付的任务。1984年4月2日，城建总公司下达给设计院和构件厂的具体科研任务是“小桩技术的试验与应用”，它是将国际上已有的小桩技术在国内推广应用，而不是在小桩技术的基础上研究新的成桩方法课题。陶义发明的“钻孔压浆成桩法”与已有的“小桩技术”相比，两者虽然都属于地基施工方面的技术方案，但经专家论证，证实两个技术方案之间有本质区别。况且，中国专利局经过实质性审查，已经授予“钻孔压浆成桩法”发明专利权的事实，也说明该技术方案与已有技术不同而具有专利性。这些事实说明，城建总公司下达的科研任务与上诉人的发明无关，不属于《中华人民共和国专利法》第六条和《中华人民共和国专利法实施细则》第十条所规定的“执行本单位的任务”这一情况。

第三，依照专利法第六条第一款的规定，只有当发明人主要是利用了本单位的物质条件得以完成发明时，该发明创造才属职务发明创造。陶义的“钻孔压浆成桩法”技术方案完成的时间是1984年4月16日。陶义在完成发明过程中，主要依靠自己几十年从事地基工程施工的经验积累，并非主要利用本单位的物质条件。陶义的技术方案完成后，首次实施是1985年3月16日和17日在北京科技活动中心工地。当时打的两根试桩，根据国家有关规定，属于这一工程必要的施工准备。因此，这两根试桩，是对“钻孔压浆成桩法”技术方案的实施，显然不同于技术方案完成前对技术构思的试验。这两根试桩的经费已打入工程总费用中，没有动用过科研经费。施工所用Z400型长螺旋钻机，是陶义在其技术方案完成之后，为了实施该技术给企业创利而批准购买的，与技术方案的完成无关。

综上所述，“钻孔压浆成桩法”发明专利，既不是陶义执行本单位任务完成的发明创造，也不是主要利用本单位的物质条件所完成的发明创造。所以，不属于专利法规定的职务发明创造。陶义的上诉有理，应予支持。原审法院判决将“钻孔压浆成桩法”发明专利权归陶义和地基公司共有，缺乏事实和法律依据，应予改判。据此，北京市高级人民法院依照《中华人民共和国民事诉讼法》第一百五十三条第一款第（二）项的规定，于1992年5月8日判决如下：

一、撤销北京市中级人民法院（1991）中经字第724号民事判决；

二、“钻孔压浆成桩法”发明专利权归上诉人陶义所有。

中国银行珠江分行诉香港传统投资有限公司等担保合同纠纷案

原告：中国银行珠江分行。

法定代表人：刘登堂，行长。

被告：香港传统投资有限公司。

法定代表人：史美煊，董事长。

被告：广东省广州市海珠区对外经济贸易委员会。

法定代表人：梁榕森，主任。

被告：广东省广州市江南大酒店有限公司。

法定代表人：区准明，董事长。

原告中国银行珠江分行（简称珠江银行）为与被告香港传统投资有限公司（简称传统公司）、广东省广州市海珠区对外经济贸易委员会（简称区外经委）、广东省广州市江南大酒店有限公司（简称江南公司）担保合同纠纷一案，向广东省广州市中级人民法院提起诉讼。原告珠江银行诉称：被告传统公司从香港上海汇丰银行（简称汇丰银行）借贷港币7917万元。该借款由原告作为保证人。还款期届满后，传统公司未能按约归还。对此，原告以保证人身份代其全部清偿。现请求法院判令传统公司还款给原告，或者以其与被告江南公司共同抵押给原告的财产清偿债务，并判令被告区外经委对传统公司欠原告的债务承担再担保人的义务。

被告传统公司辩称：原告珠江银行与汇丰银行曾就被告借款一事签订过保证协议。该协议约定，如发生纠纷，适用英国法律，由英国法院管辖。因此，广州市中级人民法院对本案无管辖权，应当裁定驳回原告的起诉。

被告江南公司辩称：珠江银行对本公司的起诉不符合《中华人民共和国民事诉讼法》第一百零八条的规定，请求驳回其起诉。

被告区外经委辩称：原告珠江银行起诉的事实，与本委没有直接的法律关系，不应当把本委列为被告。

广东省广州市中级人民法院对被告传统公司提出的管辖权异议审查后，认为：珠江银行根据与传统公司订立的“履行担保责任协议”，在传统公司无法依约向汇丰银行偿付借款时，依约代传统公司向汇丰银行偿付了借款。嗣后，传统公司未在约定的期限内向珠江银行清付代偿款项，珠江银行有权要求传统公司履行还款的义务，从而在珠江银行和传统公司之间产生了新的债权债务关系。这与珠江银行为传统公司贷款向汇丰银行提供保证是两个独立的法律关系。且珠江银行与传统公司关于履行担保责任协议，是在中国广州签订的，依照民事诉讼法第二百四十三条的规定，本院对协议履行产生的纠纷有管辖权。传统公司认为珠江银行与汇丰银行双方协商确定了管辖，称本院对本案无管辖权，其理由不能成立。珠江银行在诉状中要求江南公司在传统公司不依约清付代偿款项时，执行双方所签订的“房屋抵押协议”。因此，江南公司应为本案被告。区外经委曾向珠江银行出具过再担保函，在其未完全向原告履行担保义务时，应作为本案当事人参加诉讼。据此，广州市中级人民法院裁定驳回传统公司的关于管辖权的异议。传统公司不服，提出上诉。广东省高级人民法院经审理裁定驳回传统公司的上诉，维持广州市中级人民法院关于管辖权的裁定。

广州市中级人民法院经公开审理，查明：广州市海珠区新滘（音jiào）镇联星农工商总公司（简称联星公司）兴建了广州市江南大酒店，因开业后资金不足，遂与被告传统公司签约合作经营。合同约定：由传统公司投资1450万美元，占股权55%，联星公司投资1000万美元，占股权45%，合资成立江南公司，合作经营江南大酒店。传统公司为筹集资金，拟向汇丰银行借贷，需请原告珠江银行为其借款作保证人。为促成此事，传统公司、联星公司和江南公司与珠江银行于1987年4月2日签订了四方协议，约定以江南大酒店的房产及附属设施给珠江银行作抵押物，同时江南公司按借款总额的1.2%向珠江银行支付担保费；被告区外经委也向珠江银行出具再担保函，愿对珠江银行为传统公司的借款担保承担再担保义务。据此，珠江银行向汇丰银行出具了保证书，保证传统公司按期归还借款。传统公司遂从汇丰银行借款港币7917万元，全部投放江南公司。由于江南公司经营亏损，传统公司未依约向汇丰银行按期归还借款本息，江南公司也无法向珠江银行支付担保费。珠江银行为履行保证人的义务，于1990年代传统公司向汇丰银行垫付了港币10188500元，又于1991年10月24日垫付剩余借款的全部本息港币83440384.45元。至此，珠江银行为传统公司垫付借款本息共港币93628884.45元，取得了传统公司在借款时抵押给汇丰银行的权益证书，并为此支付权益转让律师费、电话费等港币52733.30元，还因履行保证义务支付过其他费用人民币50150元。

在珠江银行第一次为传统公司垫付款后，被告区外经委为了履行其再担保义务，代传统公司向珠江银行垫付港币3118000元。此款已由珠江银行转给汇丰银行，抵顶了传统公司的借款。

被告江南公司因无力按约支付珠江银行1990年的担保费港币1862664元，由珠江银行转为该公司的贷款支付。但是，此笔贷款的本金和1991应付的贷款利息201458.68元，以及1991年应付的担保费港币874962元，江南公司仍未支付。

审理期间，广州市中级人民法院应原告珠江银行的申请，查封了江南大酒店的房产及附属设施，并冻结了传统公司在江南公司应得的收益。传统公司为清偿债务，拟将其在江南公司的股权转让给香港港澳控股有限公司（简称控股公司）。该行为得到联星公司的同意，但珠江银行以江南大酒店已是传统公司提供的抵押物，在债务未清偿之前，所有权人无权转让为由予以反对，同时表示愿以同等条件收购江南大酒店，以抵顶传统公司的债务。

广州市中级人民法院认为：原告珠江银行为被告传统公司承担了保证义务，传统公司应当依约清偿珠江银行为其垫付的借款本金及利息，并给保证人赔偿因承担保证义务而遭受的损失。被告江南公司应依约履行给付担保费的义务。被告区外经委应当依约履行再担保的义务。现传统公司拟将其在江南公司的投资股权转让给控股公司，该行为不但有利于传统公司还债，而且兼顾了江南大酒店的合作经营形式，有利于合作经营各方今后的利益。由于目前传统公司的债务还未清偿，在其股权先行转让后至其债务清偿前，珠江银行对江南大酒店财产所拥有的抵押权仍应有效。依照民事诉讼法第八十五条的规定，广州市中级人民法院主持双方当事人进行调解。各方当事人本着自愿的原则，于1992年5月11日达成如下协议：

一、传统公司在转让股权给控股公司的协议经有关部门批准生效后，12个月内给珠江银行清偿债务港币93628884.45元。

二、传统公司债务港币93628884.45元在转让股权协议批准生效前孳生的利息，由江南公司在协议批准生效之日起的7日内代传统公司给珠江银行清偿。

三、江南公司依约应付给珠江银行1991年的担保费港币874962元，以及1990年由担保费转成贷款的港币1862664元本金与该款至清付日止的利息，江南公司应在1992年9月底前给付珠江银行。

四、珠江银行因承担保证责任而付出的其他费用人民币 50150 元，由江南公司在调解书生效之日起 10 日内代传统公司给付珠江银行。

五、传统公司、江南公司到期如未履行本调解书第一至四项中的任何一项义务，珠江银行均有权请求查封江南大酒店房产、设施等财产，变卖清偿。

六、珠江银行收回本调解书第一至四项的全部款项后，应将从汇丰银行取得的传统公司抵押权益证书，返还给传统公司。

七、江南公司、区外经委代传统公司垫付的款项，传统公司应予返还。具体返还办法三方另行商定。

案件受理费人民币 351795 元，由珠江银行承担 20%，传统公司承担 80%。财产保全费人民币 318786 元，由传统公司承担。

香港山顿国际有限公司诉深圳市华达电子有限公司侵犯商标专用权纠纷案

原告：香港山顿国际有限公司。

法定代表人：解慧芝，经理。

委托代理人：张赤军、马志强，北京市经纬律师事务所律师。

被告：广东省深圳市华达电子有限公司。

法定代表人：周文盛，董事长。

委托代理人：郑明水，深圳市蛇口律师事务所律师。

委托代理人：傅承鑫，华达电子有限公司职员。

原告香港山顿国际有限公司因被告广东省深圳市华达电子有限公司侵犯商标专用权纠纷一案，向广东省深圳市中级人民法院提起诉讼。

原告诉称：被告华达电子有限公司假冒原告的注册商标，生产和销售与原告同一种类的不间断交流电源电子产品，从中获利 585393 元。被告的侵权行为经工商行政管理部门予以确认并作出罚款的行政处理，但是对给原告造成的经济损失，应当承担民事责任而未承担。请求法院判令被告停止侵权行为，公开向原告赔礼道歉，并赔偿给原告造成的直接经济损失 585393 元，以及原告为追究被告的侵权责任所支付的各项费用 255000 元。

被告未提交答辩状，庭审中辩称：被告从 1987 年起即与原告合作共同开发山顿牌不间断交流电源产品。原告向被告提供散件、图纸和发票，由被告对原告的产品进行改造。后来原告向国家商标局注册了山顿牌商标，致使被告在不知情的情况下使用了该商标。被告并非故意侵权，不应承担侵权的民事责任。原告没有理由请求被告给其赔偿损失 58 万余元，且该项损失的计算方法没有根据。原告还请求被告给其赔偿 20 余万元的差旅费用，亦无道理。法院应驳回原告的诉讼请求。

广东省深圳市中级人民法院经公开审理查明：

1989 年 1 月 10 日，中国商标局颁发了第 335382 号商标注册证。注册商标为“SENDON”（山顿），允许使用于第 14 类商品——不间断交流电源，注册商标所有人为山顿国际有限公司，有效期至 1999 年 1 月 9 日。

被告华达电子有限公司未经原告山顿国际有限公司许可，擅自使用其“SENDON”商标标识，生产和销售 UPS（即不间断交流电源）商品。对此，原告于 1989 年 4 月 7 日请求广东省深圳市工商行政管理局予以查处。1989年11月20日，深圳市工商行政管理局认定被告自1989年1月起冒用“SENDON”牌注册商标，共销售UPS机2124台，销售总额为2926965元；决定责令被告停止冒用“SENDON”注册商标的行为，作出书面检查；对被告的侵权行为处以非法经营额18%的罚款。工商行政管理局的决定未对原告向被告提出的索赔请求作出处理，原告遂提起诉讼。

另查明：被告从销售的“山顿”牌产品中非法获利，占其销售总额的16%，即468314.4元。原告所诉为追究被告侵权责任开支费用255000元，没有提交充分的证据。

深圳市中级人民法院认为：原告山顿国际有限公司是“SENDON”注册商标的所有人，享有该注册商标的专用权。《中华人民共和国民法通则》第九十六条规定：“法人、个体工商户、个人合伙依法取得的商标专用权受法律保护。”原告虽为香港企业，但已依法取得我国的注册商标专用权，该注册商标专用权受我国法律保护。《中华人民共和国商标法》第三十八条第一项规定，未经商标所有人的许可，在同一种商品上使用与注册商标相同的商标，是侵犯注册商标专用权的行为。被告在原告已取得注册商标专用权后，未经原告许可而使用“SENDON”商标，侵犯了原告的注册商标专用权，被告也提不出原告允许其合法使用该注册商标的证据。依照民法通则第一百一十八条和商标法第三十九条的规定，应当承担侵权的民事责任。鉴于工商行政管理部门已责令被告停止侵害、写出书面检查，并对被告进行了罚款的行政处理，故本案只解决由于被告的侵权行为给原告造成的经济损失。原告的直接经济损失应当是被告通过侵权行为得到的非法利润，即468314.4元。原告主张应由被告赔偿585393元直接经济损失，计算方法不当，不予采纳；原告要求被告赔偿因追究其侵权责任所开支的费用255000元，因没有充分的证据，不予支持。据此，深圳市中级人民法院于1991年8月14日判决：一、被告华达电子有限公司向原告山顿国际有限公司赔偿468314.4元及此款的利息，利率按中国银行同期存款利率计算。二、原告的其他诉讼请求因证据不足，不予支持。

本案受理费19275港元，全部由被告承担。

第一审宣判后，原告和被告均未提出上诉。被告已履行了第一审判决。

行　政

陈迎春不服离石县公安局收容审查决定案

原告：陈迎春，女，18岁，山西省吕梁地区工业局打字员。

委托代理人：段希平、李云清，山西省太原市第三律师事务所律师。

被告：山西省离石县公安局。

法定代表人：张兴华，代局长。

委托代理人：张全生、高占奎，山西省离石县公安局干部。

原告陈迎春因不服山西省离石县公安局的收容审查决定，向山西省离石县人民法院提起诉讼。

原告陈迎春诉称：被告离石县公安局于1991年3月11日开始对原告非法收容审查24天，严重侵犯了原告的人身权利及其他合法权益，给原告造成精神痛苦和经济损失。请求法院依法撤销被告的收容审查决定，判令被告公开向原告赔礼道歉，恢复名誉，消除影响，并赔偿原告因此而遭受的误工、医疗等经济损失。

被告离石县公安局辩称：原告陈迎春是被告所侦查的一起诽谤案的涉案人，因此，被告以结伙作案嫌疑人为由决定对原告收容审查。这个决定既有事实根据，又符合国务院国发（1980）56号文件的规定，因而是合法的，法院应当予以维持。

离石县人民法院受理该案后，被告离石县公安局认识到对原告陈迎春作出的收容审查决定确有错误，于1991年6月11日（离石县人民法院决定开庭审理的前一天）作出撤销对陈迎春收容审查的决定。原告收到此决定后，仍坚持原来的起诉。离石县人民法院审理查明：

1991年3月10日，被告离石县公安局在侦查一起案件中，以原告陈迎春为一份匿名打印件的重大作案嫌疑人为由，决定对其收容审查。3月11日上午9时许，原告在吕梁地区工业局打字室上班时，被告所属工作人员身着便服，未出示任何法律手续，将原告诱离工作岗位后，强行押至离石县信义派出所，让原告在一张传唤证上签名。3月12日，被告又让原告在3月10日填写的《收容审查通知书》上签名。3月14日下午6时许，被告才将《对被收容审查人家属通知书》送达原告的父亲。在收容审查期间，被告所属工作人员就匿名打印件是谁打印一事，多次讯问原告，原告均予以否认，并提出此件并非自己使用的打字机打印的几点辩解理由。3月30日，被告以“暂时审查不清，有待进一步调查”为由，决定对原告解除收容审查。此决定于4月3日向原告宣布。

原告陈迎春被解除收容审查后，因感胸闷、心慌、恶心而住院治疗，诊断为：“神经官能症”，医生建议：避免精神刺激，继续治疗。

上述事实，除被告的举证外，均有证人证言、当事人陈述等为证。

离石县人民法院认为：国务院国发（1980）56号文件《关于将强制劳动和收容审查两项措施统一于劳动教养的通知》第二条规定：“对于有轻微违法犯罪行为又不讲真实姓名、住址、来历不明的人，或者有轻微违法犯罪行为又有流窜作案、多次作案、结伙作案嫌疑需收容查清罪行的人，送劳动教养场所专门编队进行审查。”本案原告陈迎春没有轻微违法犯罪行为，而且既不是不讲真实姓名、住址、来历不明的人，也不是有流窜作案、多次作案、结伙作案嫌疑需收审查清罪行的人，不属收容审查的对象。被告离石县公安局以重大作案嫌疑为由，决定对原告予以收容审查，不符合国务院的规定。依照《中华人民共和国行政诉讼法》第五十四条第二项第二目的规定，被告的行政行为属适用法律、法规错误。

被告对原告的收容审查，在执行程序上也是违法的。3月10日，被告已决定对原告收容审查，并填写了《收容审查通知书》，可是在执行时不向原告出示，出示的却是公安机关让违反治安管理的人在指定时间、到指定场所接受讯问的“传唤证”。被告的上述行政行为，依照行政诉讼法第五十四条第二项第三目的规定，是违反法定程序的。

由于被告的违法行政行为，侵犯了原告的合法权益，并造成一定损害，依照行政诉讼法第六十八条第一款的规定，被告应当承担赔偿责任。据此，离石县人民法院于1991年6月16日判决：

一、撤销被告离石县公安局1991年3月10日对原告陈迎春作出的收容审查决定。

二、被告离石县公安局赔偿原告陈迎春在被收容审查期间的误工损失和解除收容审查后的医药费、营养费、住院费、陪住费等共计四千九百一十三元。

诉讼费一百元由被告离石县公安局负担。

第一审宣判后，当事人双方均未提出上诉，并已按判决执行。

上海远洋运输公司不服宁波卫生检疫所国境卫生检疫行政处罚决定案

原告：上海远洋运输公司。

法定代表人：李克麟，经理。

被告：宁波卫生检疫所。

法定代表人：洪昌华，副所长。

原告上海远洋运输公司不服被告宁波卫生检疫所对其所属“抚顺城”轮卫生检疫行政处罚决定，向浙江省宁波市海曙区人民法院提起行政诉讼。

海曙区人民法院受理后，鉴于该案在宁波市影响较大，依照《中华人民共和国行政诉讼法》第二十三条第二款的规定，报请宁波市中级人民法院审理。宁波市中级人民法院决定审理该案。

原告上海远洋公司诉称，被告宁波卫生检疫所以原告所属“抚顺城”轮上3名食品、饮用水从业人员未持有卫生检疫机关签发的健康证书，在出、入境检疫时，经卫生检疫机关指出并要求办理换证签发手续，船长不同意换证，抵制卫生监督为由，作出罚款人民币4900元的决定，既有悖于事实，也无法律依据。请求法院撤销被告的处罚决定。

被告宁波卫生检疫所辩称，原告的“抚顺城”轮上3名食品、饮用水从业人员未持有卫生检疫机关签发的健康证书，应办理换证签发手续，但船长两次予以拒绝，系违法行为。根据《中华人民共和国国境卫生检疫法实施细则》第一百零九条、第一百一十条的规定，对原告所属“抚顺城”轮作出罚款4900元的决定，是合法的，法院应当维持。

宁波市中级人民法院经公开审理，查明：1991年6月15日，原告所属“抚顺城”轮由日本抵达宁波镇海装卸区。同日，被告宁波卫生检疫所在镇海港区对该轮实施入境检疫。检疫时，发现该轮大厨顾勇康、二厨冯国强、服务员刘波均未持有由卫生检疫机关签发的健康证书，遂即要求船方办理换证签发手续，但船长以3名从业人员所持由交通部颁发的海员健康证书是有效的为由，拒绝办理换证签发手续。同月18日，被告在北仑港区对“抚顺城”轮进行出境检疫时，又发现该轮大厨顾勇康、二厨冯国强、服务员刘波仍未持有由卫生检疫机关签发的健康证书，为此，被告再次要求船方办理换证签发手续，但船长以“根据上级通知执行办理”为由，再次予以拒绝。之后，该轮这3名从业人员随船出境。同月24日，被告根据国境卫生检疫法实施细则第一百零九条第（三）项、第一百一十条第一款的规定，决定对原告上海远洋运输公司所属“抚顺城”轮罚款人民币4900元。原告不服被告的处罚决定，于同年7月15日向中华人民共和国卫生检疫总所提出复议申请。卫生检疫总所根据国境卫生检疫法实施细则第一百零七条第（三）项、第一百零九条（三）项、第一百一十条的规定，于9月11日作出维持宁波卫生检疫所对原告罚款4900元的复议决定。原告不服卫生检疫总所的复议决定，于同年10月10日提起行政诉讼。

宁波市中级人民法院认为：根据国境卫生检疫法实施细则第一百零七条第（三）项

关于“入境、出境交通工具上的食品、饮用水从业人员应当持有卫生检疫机关签发的健康证书”的规定，原告上海远洋运输公司“抚顺城”轮大厨顾勇康、二厨冯国强、服务员刘波系入境、出境交通工具上的食品、饮用水从业人员，应当持有卫生检疫机关签发的健康证书，但是，顾勇康、冯国强、刘波只持交通部颁发的经上海远洋医院体检出具的海员健康证书，不符合卫生检疫实施细则的有关规定。被告在出、入境卫生检疫时，要求船方办理健康证书签发手续，是依法行使卫生检疫职权，却两次遭到原告船长的拒绝。故被告对原告所属“抚顺城”轮作出罚款人民币 4900 元的处罚决定是合法的。

据此，宁波市中级人民法院于 1992 年 1 月 11 日判决：

维持被告宁波卫生检疫所对原告所属“抚顺城”轮的行政处罚决定。

第一审判决后，原告上海远洋运输公司不服，以第一审判决歪曲有关事实真相，适用法律不当等为由，向浙江省高级人民法院提出上诉，请求撤销第一审判决和行政处罚决定。被上诉人宁波卫生检疫所辩称，原判认定事实清楚，适用法律正确，请求法院维持第一审判决。

浙江省高级人民法院认为，上诉人上海远洋运输公司所属“抚顺城”轮大厨顾勇康、二厨冯国强、服务员刘波等 3 名食品、饮用水从业人员未持有卫生检疫机关签发的健康证书，在出、入境检疫时，经卫生检疫机关指出并要求办理换证签发手续时，船长两次予以拒绝，抵制卫生监督，其行为违反了国境卫生检疫法及其实施细则的有关规定，依法应予处罚。被上诉人宁波卫生检疫所作出的行政处罚决定于法有据。原审判决认定事实清楚，适用法律正确，诉讼程序合法，维持宁波卫生检疫所的行政处罚决定是正确的。上海远洋运输公司的上诉理由不能成立。据此，该院依照《中华人民共和国行政诉讼法》第六十一条第（一）项的规定，于 1992 年 5 月 4 日判决：

驳回上诉人上海远洋运输公司的上诉，维持第一审判决。

第八部分　法院建设

一、重要人事任免

1992年9月4日第七届全国人民代表大会常务委员会第二十七次会议通过，任命谢安山为最高人民法院副院长、审判委员会委员

谢安山　男，汉族，1933年1月生，山东宁津人，1953年3月加入中国共产党，1950年10月参加工作，东北人民大学法律系法律专业毕业，大学文化。1950年10月起任共青团吉林省怀德县二区委委员，中共怀德县委办公室文书、县委政策研究室研究员。1954年9月到东北人民大学法律系法律专业学习。1958年9月起任吉林省人民检察院书记员、研究室研究员、检察员。1965年9月任吉林省人委办公厅秘书。1969年12月下放吉林省犁树县农村劳动。1972年7月起任吉林省革委会办公室政工组干事、省革委会办公厅招待处政工组组长、省革委会一号招待所党支部书记。1978年9月任吉林省机关事务管理局秘书处负责人，省委办公厅人事处副处长。1983年5月起任中共吉林省委政法委员会副秘书长、秘书长、副书记。1987年7月任吉林省高级人民法院副院长、党组副书记。1988年1月任吉林省高级人民法院院长、党组书记。1992年9月任最高人民法院副院长、党组成员兼政治部主任、审判委员会委员。是中共十四大代表、中共中央纪律检查委员会委员。

1992年11月9日吉林省第七届人民代表大会常务委员会第三十一次会议决定，任命杨庆祥为吉林省高级人民法院副院长、代理院长

杨庆祥　男，1934年5月出生，1949年12月加入中国共产党，大学毕业。

1945年10月，在吉林省舒兰县政府、吉北专署当通讯员。1948年6月，任吉林省政府文书科科员。1950年8月，是东北人民大学附属工农速成中学、东北农学院农机系学生。1954年11月，任吉林省人事局科员、省政府领导秘书。1962年2月，在吉林日报社任记者、编辑、部主任。1983年1月后任《城市时报》总编。1985年2月，调任吉林省政府办公厅副主任。1987年10月，升任吉林省政府办公厅主任。1988年3月后任吉林省政府副秘书长兼办公厅主任。1990年4月起任吉林省人事厅厅长、党组书记、编委副主任。1991年2月，任吉林省人事厅厅长、党组书记兼省委组织部副部长、省编办主任。1992年11月，任吉林省高级人民法院副院长、代院长、党组书记。

二、人民法院及其机构设置

截至1992年底，全国共设有各级人民（专门）法院3493个。其中省、自治区、直辖市高级人民法院30个，市、自治州、地区等中级人民法院362个，县、自治县、市辖区等基层人民法院2944个；各级军事法院77个，海事法院9个，各级铁路运输法院70个。

根据行政区划调整，1992年共批准设立中级人民法院4个，基层人民法院47个，撤销基层人民法院41个，更名中级人民法院1个，基层人民法院5个。

为了适应海事审判工作发展的需要，经最高人民法院批准，在浙江省宁波市设立了宁波海事法院，至此，我国的海事法院增加到9个。

附：

1992年设立、更名、撤销的人民法院

天津市：

天津市东郊区人民法院更名为天津市东

丽区人民法院，天津市西郊区人民法院更名为天津市西青区人民法院，天津市南郊区人民法院更名为天津市津南区人民法院，天津市北郊区人民法院更名为天津市北辰区人民法院。

河北省：

撤销晋县人民法院；
设立晋州市人民法院。
撤销遵化县人民法院；
设立遵化市人民法院。

山西省：

撤销孝义县人民法院；
设立孝义市人民法院。

辽宁省：

撤销庄河县人民法院；
设立庄河市人民法院。
撤销盖县人民法院、营口县人民法院；
设立盖州市人民法院、大石桥市人民法院。
撤销新金县人民法院、凌源县人民法院；
设立普兰店市人民法院、凌源市人民法院。

吉林省

吉林市郊区人民法院更名为吉林市丰满区人民法院。
撤销扶余市人民法院；
设立吉林省松原市中级人民法院、松原市扶余区人民法院。
撤销浑江市临江区人民法院；
设立临江县人民法院。
撤销舒兰县人民法院；
设立舒兰市人民法院。

黑龙江省：

撤销海林县人民法院；
设立海林市人民法院。
撤销讷河县人民法院；
设立讷河市人民法院。

江苏省：

撤销邳县人民法院；
设立邳州市人民法院。
撤销泰兴县人民法院；
设立泰兴市人民法院。

浙江省：

撤销永康县人民法院；
设立永康市人民法院。
撤销上虞县人民法院；
设立上虞市人民法院。
设立宁波海事法院。

福建省：

撤销建瓯县人民法院；
设立建瓯市人民法院

江西省：

撤销乐平县人民法院；
设立乐平市人民法院。

山东省：

撤销章丘县人民法院、兖州县人民法院、肥城县人民法院；
设立章丘市人民法院、兖州市人民法院、肥城市人民法院。
撤销邹县人民法院；
设立邹城市人民法院。
撤销蓬莱县人民法院、招远县人民法院；
设立蓬莱市人民法院、招远市人民法院。
山东省惠民地区中级人民法院更名为山东省滨州地区中级人民法院。

湖北省：

撤销钟祥县人民法院；
设立钟祥市人民法院。

广东省：

撤销阳江市阳东区人民法院；
设立阳东县人民法院。
撤销潮州市人民法院、揭阳县人民法院；
设立广东省潮州市中级人民法院、广东省揭阳市中级人民法院、潮州市湘桥区人民法院、潮安县人民法院、揭阳市榕城区人民法院、揭东县人民法院。
撤销番禺县人民法院；
设立番禺市人民法院。

撤销清远市清郊区人民法院；
设立清新县人民法院。
撤销云浮县人民法院；
设立云浮市人民法院。
撤销新会县人民法院；
设立新会市人民法院。
撤销南海县人民法院；
设立南海市人民法院。
撤销宝安县人民法院；
设立深圳市宝安区人民法院、深圳市龙岗区人民法院。

海南省：

撤销琼海县人民法院；
设立琼海市人民法院。

四川省：

撤销永川县人民法院；
设立永川市人民法院。
撤销江津县人民法院；
设立江津市人民法院。
撤销合川县人民法院；
设立合川市人民法院。
撤销绵阳市市中区人民法院；
设立绵阳市涪城区人民法院、绵阳市游仙区人民法院。

新疆维吾尔自治区：

撤销克拉玛依市人民法院；
设立新疆维吾尔自治区克拉玛依市中级人民法院、克拉玛依市克拉玛依区人民法院、克拉玛依市独山子区人民法院、克拉玛依市白碱滩区人民法院。

三、人民法院的计划财务装备工作

（一）“两庭”建设工作

1992年的“两庭”建设工作，主要是贯彻落实1991年山西会议的精神，并根据最高人民法院同国家计委和建设部联合下发的文件要求，争取将“两庭”建设纳入地方基本建设计划和城乡建设规划之中。各级法院认真学习山西等地的成功经验，并结合当地的实际情况，重新调整“两庭”建设的总体规划和1992年的年度计划，抓紧落实。特别是贵州省各级法院在当地财政十分困难的情况下，发扬“三千”精神即千言万语、千辛万苦、千方百计地去作宣传、争取工作，把“两庭”建设的规划落在实处，到1992年10月，全省的审判法庭和人民法庭建设都已完成90%以上，为经济落后，财政困难的地区进行“两庭”建设树立了一个新的榜样。为了及时总结推广贵州省的先进经验，推动全国法院的“两庭”建设工作，当年9月，最高人民法院在贵州省召开了全国法院“两庭”建设会议，财政部、建设部以及各省、自治区、直辖市的计委和财政部门的有关负责同志、各高级人民法院的有关负责同志参加了会议。贵州省委书记刘正威在会议开始时作了重要讲话，最高人民法院副院长华联奎作了重要报告，对贵州省法院系统在困难情况下抓紧抓好“两庭”建设的显著成绩和成功经验给予了充分的肯定，对全国法院今后的“两庭”建设工作提出了明确的要求。与会同志还考察了贵阳、安顺、遵义等地市的“两庭”建设情况，并进行了热烈的座谈讨论。会议结束时，传达了李鹏同志对法院“两庭”建设工作的重要批示，更加鼓舞了与会同志乃至全国法院同志抓紧抓好“两庭”建设的决心和信心。贵州会议结束后，最高人民法院及时把李鹏同志的重要批示和贵州会议的精神传达到全国各级法院，有效地推动了全国法院的“两庭”建设工作。到1992年底，全国3330个各级法院中，已经建设和正在建设审判法庭的法院有2651个，约占法院总数的79.5%，全国已设的18087个人民法庭中，已建和正在建设审判、办公用房的有11588个，约占人民法庭总数的64%。

（二）物资装备工作

1992年的物资装备工作，是在物资装备的质量和数量并重的基础上，开始着重于提高各级法院物资装备管理人员的基本素质，从总体上提高物资装备工作的管理水平。这项工作首先从服装和枪支管理工作开始，1992年5月和6月，最高人民法院先后举办了两期法官服装基础知识短训班，各省、自治区、直辖市高级人民法院和计划单列市中级人民法院的服装管理人员接受了法官服装基础知识的培训。嗣后，大多数的高级法院又对所属中级法院主管服装工作的人员进行了培训。同年，最高法院还通过召开枪支管理工作座谈会的形式，对各高级法院和计划单列市中级法院主管枪支工作的人员进行枪支管理使用基本知识的培训。有的高级法院也对辖区内各级法院的枪支管理人员进行专业知识的培训。通过这样自上而下的培训，丰富了管理人员的专业知识，对于提高物资装备工作的管理水平，逐步实现物资装备管理工作的系统化、规范化、科学化产生了积极有利的影响。1992年，在交通工具的配备方面，仍采取统一组织定货，分别筹资购买配备的方法，共为全国各级法院定购配备业务用汽车440辆、囚车5104辆、警车和刑场指挥车550辆。

（三）业务经费工作

1992年，财政部继续拨出法庭及业务设备补助款1000万元，地方财政投入各种配套资金共6814万元，修建审判法庭和人民法庭房屋约30万平方米，购置了一批法庭设备、交通工具、法医设备及档案柜等，进一步改善了一些法院的基本执法条件。针对全国老少边穷地区尤其是特贫困地区法院办案经费严重困难的情况，最高人民法院多次向中央反映并经中央领导同志指示，财政部对全国特贫困地区的政法部门拨出一笔专款，用作办案经费的补助，据不完全统计，法院系统共得到补助908.6万元，占中央补助经费的28.8%。这笔补助经费也在一定程度上缓解了特贫困地区法院办案经费严重不足的矛盾。此外，财政部还通过最高人民法院对法院系统的国徽配备、法医设备以及少数民族地区法院的翻译、印刷设备配备等给予一次性专项补助费共420万元。

四、人民法院的奖励工作

1992年2月24日最高人民法院决定授予王林同志全国法院模范称号。王林同志是陕西省泾阳县人民法院副院长，虽已年过半百，但数十年如一日，对党和人民的事业忠心耿耿，兢兢业业，全心全意为人民服务，在平凡的工作岗位上做出了显著成绩。王林同志参加工作以来，积极响应党的号召，无条件地服从党的需要和组织分配，干一行，爱一行，脚踏实地，刻苦钻研，埋头苦干，无私奉献，甘当人民的老黄牛；他一丝不苟，严肃执法，准确适用国家法律，所办案件无一差错；他以身作则，清正廉洁，秉公执法，不为权势所屈，不为人情所动，不为金钱所迷，表现了一名共产党员的高尚品德；他在紧急关头，不顾个人安危，挺身而出，冒着生命危险，保护国家财产和人民生命财产安全。他的模范事迹在当地群众中广为流传。

1992 年 5 月 14 日最高人民法院决定授予艾海提·铁力瓦尔德同志全国法院模范称号。艾海提·铁力瓦尔德同志是新疆维吾尔自治区阿克陶县人民法院行政审判庭庭长。他到法院工作 10 多年，服从安排，任劳任怨，勤奋工作，严肃执法，全心全意为人民服务，多次受到表扬奖励。在平息 1990 年新疆阿克陶县巴仁乡“四·五”反革命暴乱的斗争中，艾海提·铁力瓦尔德同志立场坚定，旗帜鲜明，表现出一名人民法官高度的政治觉悟。在严峻的政治斗争面前，他保持高度的革命警惕性，积极开展社会主义法制宣传教育和疏导工作，粉碎了少数民族分裂主义分子企图煽动群众、激化矛盾的阴谋；在生与死的考验面前，他将个人安危置之度外，挺身而出，冒着枪林弹雨，奋力抢救武警伤员，保护州委领导和工作组的安全。艾海提·铁力瓦尔德同志在关键时刻经受住了严峻的考验，显示了一名共产党员的优秀品质和大无畏的英雄气概，为平息反革命暴乱做出了突出的贡献。

1992 年 5 月 14 日最高人民法院决定给克孜勒苏柯尔克孜自治州中级人民法院记集体一等功。新疆维吾尔自治区克孜勒苏柯尔克孜自治州中级人民法院坚持党的“一个中心，两个基本点”的基本路线，坚持人民法院审判工作为四化建设服务、为社会稳定服务的宗旨，严肃执法，秉公办案。在 1990 年 4 月 5 日该州巴仁乡反革命武装暴乱发生后，积极参加平暴和清查工作，特别在审理巴仁乡“四·五”反革命武装暴乱案中，坚持以事实为根据、以法律为准绳的原则，坚持党的惩办与宽大相结合的政策，在院领导带领下，全院干警忠于职守，不畏艰苦，团结战斗，克服困难，在时间紧、审判人员少、任务重、案情复杂的情况下，严格依法办事，做到了案件事实清楚，证据确凿充分，定性准确，量刑适当，程序合法，出色地完成了艰巨的审判任务，为保障新疆的社会稳定做出了突出贡献。

1992 年 5 月 14 日最高人民法院决定给疏附县人民法院记集体一等功。新疆维吾尔自治区喀什地区疏附县人民法院认真贯彻执行党的基本路线，从严治院，建设一支有高度政治觉悟、有战斗力的干警队伍。在平息 1990 年巴仁乡反革命武装暴乱斗争中，院领导身先士卒，组织得力，带领法院干警奋勇参战，不怕牺牲，顽强斗争，出色地完成了上级交给的在布拉克苏乡堵截、追击暴徒的任务，共抓获暴徒 26 名，使逃到布拉克苏乡的暴徒无一漏网，全院干警在关键时刻表现出高度的政治觉悟、严明的组织纪律，雷厉风行的工作作风和“一不怕苦，二不怕死”的大无畏英雄气概，为平暴斗争的胜利立了大功。

1992 年 5 月 21 日最高人民法院给新疆维吾尔自治区法院系统参与平息巴仁乡反革命武装暴乱、审理“巴仁”案件总结表彰大会发去贺信：“在这场同反革命分子和民族分裂主义分子的斗争中，法院各族干警表现了很高的政治觉悟、忘我的工作精神和一不怕苦、二不怕死的革命英雄气概，为平息暴乱，维护社会主义祖国的统一、边疆稳定、民族团结做出了贡献，涌现了一大批先进集体和先进个人。这次受到表彰的集体和个人就是其中的优秀代表。希望全疆法院和法院各族干警，在中国共产党的领导下，充分发挥审判机关职能作用，加强法院自身建设，坚持严肃执法，维护祖国统一和社会稳定，促进边疆的民族团结，为加快新疆的改革开放和社会主义经济建设步伐，做出更大的贡献。”

1992 年 8 月 13 日最高人民法院决定授予赵元甲同志全国法院模范称号。赵元甲同志是云南省丽江地区中级人民法院院长，他坚持党的“一个中心、两个基本点”的基本路线，团结党组“一班人”，率领全体干警积极进取，开拓创新，结案率连续8年达到99%以上，出色地完成了各项审判任务，为维护当地社会稳定和促进经济发展，充分发挥了审判机关的职能作用。他坚持“一手抓审判，一手抓建设”，从严治院，努力加强法院队伍的思想建设、组织建设、作风建设和业务建设；他密切联系群众，注重调查研究，经常深入基层，具体指导工作；他严于律已，以身作则，秉公执法，清正廉洁。他为党的事业和人民的利益无私奉献，取得显著成绩，多次受到有关部门的表彰，1989年云南省授予他省劳动模范称号，1990年中华全国总工会授予他全国优秀政法工作者称号并颁发了全国“五一”劳动奖章。

1992年8月13日最高人民法院决定追认张启仁同志为全国法院模范。张启仁同志生前是贵州省凯里市人民法院审判员，1937年12月出生于贵州省凯里市湾水乡岩寨村一个苗族农民家庭。1958年12月参加中国人民解放军，1960年9月参加中国共产党，1974年5月转业到地方工作，1982年5月调到凯里市房海区人民法庭任庭长，1984年10日任凯里市人民法院审判员，1991年10月15日，在执行公务过程中，为保护人民群众的生命安全，同犯罪分子英勇搏斗，壮烈牺牲。张启江同志热爱本职工作，坚持原则，秉公执法，清正廉洁，满腔热诚地为群众排难解忧，自觉地维护党和人民的利益，曾多次立功受奖。他不计个人得失，兢兢业业，积极工作，特别是在危急时刻，挺身而出，舍己救人，只身与手持炸药包的犯罪分子奋勇搏斗，用自己的生命保护了其他同志的安全。他的英雄事迹，充分体现了一个共产党员勇于献身的高度政治觉悟和无私奉献的崇高思想品德。他牺牲后，贵州省人民政府授予他革命烈士称号；贵州省高级人民法院为他追记一等功；中共凯里市委追认他为优秀共产党员。

1992年8月13日最高人民法院决定授予吴远瑞同志全国法院模范称号。吴远瑞同志是湖北省大冶县铜矿人民法庭庭长，他坚持党的基本路线，牢记党的宗旨，全心全意为人民服务，在审判工作岗位上无私奉献，为加强社会主义法制建设，维护人民群众的利益做出了突出贡献。他热爱党，热爱人民，扎根山区十几年，把一颗赤诚之心献给了山区人民；他忠于职守，秉公执法，维护了法律的公正和尊严；他廉洁自律，勤政为民，关心群众疾苦，努力为人民排难解忧，表现了一个人民法官应有的崇高品质，深得人民群众的信赖。

1992年8月13日最高人民法院决定授予王兆合同志全国法院模范称号。王兆合同志是安徽省霍邱县人民法院城关人民法庭副庭长，他具有高度的革命事业心和强烈的工作责任感，以惊人的毅力战胜了生活中的种种不幸和困难；在审判工作岗位上做出了积极的贡献。他对工作极端负责，对审判业务刻苦钻研，精益求精；有较高的业务水平和丰富的审判工作经验，所办案件，无一差错；他将生死置之度外，在身患绝症、先后4次手术的情况下，仍坚持多办案、办好案；他不畏权势，不徇私情，秉公执法，忠实地履行了一名人民法官的神圣职责，充分体现了一个共产党人的高尚情操和博大胸怀。他的事迹，在当地干部群众中广为留传、深受赞扬。

1992年8月13日最高人民法院决定授予杨同成全国法院模范称号。杨同成同志1979年毕业于广西医学院，组织上分配他到玉林地区中级人民法院当法医，1989年调入广西壮族自治区高级人民法院任法医室主任。他坚持党的基本路线，在法医工作中，以高度负责精神和精湛的法医技术，及时准确地作出科学鉴定结论，为制裁违法，打击犯罪，搞好法院的审判工作做出了积极贡献。他坚持原则，严肃执法，不枉不纵，自觉维护法律的尊严；他不为名不为利，不怕脏不怕累，自觉服从党的需要，忠于法医职守；他对工作高度负责，一丝不苟，刻苦钻研业务，勇于大胆实践，工作精益求精，在法医工作中成绩显著。

1992年8月13日最高人民法院决定授予刘傅权富同志全国法院模范称号。刘傅权富同志是广东省化州县人民法院平定人民法庭庭长，他坚持党的“一个中心，两个基本点”的基本路线，以高度的革命事业心和强烈的工作责任感，勤勤恳恳，兢兢业业，全心全意为人民服务，在审判工作岗位上做出了突出的贡献。刘傅权富同志自1982年部队转业以来，扎根山区，以法庭为家，艰苦奋斗，深入群众，巡回办案，严肃执法，多办案、办好案，积极为山区的经济建设和社会稳定服务；他清正廉洁，严于律己，一身正气，两袖清风，办案中请吃不到，送礼不收，说情不准，体现了一名人民法官应有的崇高风范。

1992年10月8日最高人民法院决定追认柴学进为全国法院模范。柴学进同志生前是山东省菏泽市人民法院党组成员、纪检组组长、审判委员会委员。1991年4月病逝，年仅43岁。柴学进同志坚持党的“一个中心、两个基本点”的基本路线，全心全意为人民服务，把自己的一生奉献给了革命事业，在平凡的岗位上做出了不平凡的事迹。他始终坚定共产主义理想和信念，以共产党员的标准严格要求自己，兢兢业业，艰苦奋斗，无私奉献，廉洁自律，保持了一个共产党员的公仆本色；他几十年如一日。勤奋学习，持之以恒，不断提高自己的政治素质和理论水平；他身患绝症之后，仍以惊人的毅力，顽强地与病魔作斗争，不屈不挠，忘我工作，出色地完成了各项工作任务，为法院建设做出了突出的贡献。

1992年12月11日最高人民法院决定给双辽县人民法院记集体一等功。吉林省双辽县人民法院坚持党的“一个中心、两个基本点”的基本路线，把加快改革开放和经济发展作为工作的出发点，勇于探索，开拓进取，务实创新，充分发挥人民法院的职能作用，全面开展各项审判工作，为经济建设提供有力的法律保障和法律服务，积极参与社会治安综合治理，努力维护社会稳定。他们加强思想政治工作，努力造就一支政治坚定、业务精通、清正廉洁、秉公执法的干警队伍，各项工作都取得了突出的成绩。

1992年11月30日最高人民法院决定给潍坊市中级人民法院记集体一等功。山东省潍坊市中级人民法院，认真贯彻执行党的“一个中心，两个基本点”的基本路线，牢固树立审判工作为经济建设服务的指导思想，更新观念，大胆创新，为改革开放和经济建设提供法律保障和法律服务，严格依照“以事实为根据，以法律为准绳”的原则，严肃执法，秉公办案，充分发挥人民法院的审判职能作用；坚持一手抓审判，一手抓思想政治工作和精神文明建设，从严治院，为维护社会稳定，保障和促进改革开放、经济建设的顺利进行，做出了突出贡献。

1992年12月11日最高人民法院决定给荣成市人民法院记集体一等功。山东省荣成市人民法院认真贯彻执行党的“一个中心、两个基本点”的基本路线，牢固树立审判工作为经济建设和改革开放服务的指导思想，充分发挥审判机关的职能作用，大胆使用法律手段调节社会经济关系，不断拓宽服务领域，努力开创法院工作的新局面，狠抓机关内部的科学管理，建立健全各项规章制度，完善管理机制，充分调动干警的工作积极性，各项工作取得了突出的成绩。

1992年12月11日最高人民法院决定给招远市人民法院记集体一等功。山东省招远市人民法院坚持党的“一个中心、两个基本点”的基本路线，明确审判为改革开放和经济建设服务的指导思想，不断强化审判机关的职能作用，严肃执法，秉公办案，为改革开放和经济建设的顺利进行提供有效的法律保障和法律服务；坚持从严治院，大力加强领导班子建设和干警队伍的思想作风建设，造就了一支廉洁、勤政、作风过硬的执法队伍，法院的各项工作都取得了突出的成绩。

1992年12月18日最高人民法院决定授予栾志远全国法院模范称号。山东省烟台市芝罘区人民法院院长栾志远同志，坚持党的基本路线，40多年如一日，勤勤恳恳，兢兢业业，刚直不阿，严肃执法，率先垂范；他以高度的责任感和事业心，团结党组"一班人"，严格要求，科学管理，带出了一支班子团结、作风过硬、业务精通，执法严明的法官队伍；他胸怀全局、大胆探索，锐意改革，带领全院干警，紧紧围绕以经济建设为中心，创造性地开展审判工作，积极参加社会治安综合治理，推进基层法制建设，贡献突出；他依靠各级党组织和有关部门，千方百计，发挥主观能动性，努力改善执法条件，在"两庭"建设中成绩显著。

1992年12月18日最高人民法院决定授予崔振亚全国法院模范称号。吉林省双辽县人民法院院长崔振亚同志，坚定不移地贯彻执行党的基本路线，紧紧围绕经济建设这个中心，解放思想，勇于改革，务实创新，带领全院干警充分发挥审判机关的职能作用，全面开展各项审判工作，为双辽县的经济建设，改革开放的顺利进行和社会秩序的稳定做出了贡献；他不徇私情；秉公办案，清正廉洁，深得人民群众的信赖，他严于律己，以身作则，团结党组"一班人"，坚持从严治院，大力加强队伍建设，在各项工作中取得了显著的成绩。

1992年最高人民法院坚持从严治院的方针，一手抓审判工作，一手抓队伍建设，不断提高干警的政治素质和业务素质，加强廉政建设，取得了较大成绩。人民法院队伍是好的，1992年又涌现出一大批清正廉洁、秉公办案的先进集体和先进个人。1992年全国法院系统荣记集体一等功的有6个，集体二等功的有268个，集体三等功的1264个，先进集体9631个；授予全国法院模范称号的11人，记一等功的64人，二等功的725人，三等功的4963人，先进工作者41329人。

五、人民法院的干部教育培训工作

1992年法院系统的干部教育培训工作，依照第十五次全国法院工作会议提出的任务要求，以建设有中国特色的社会主义理论为指导，认真落实《1991～1996年全国法院干部教育培训规划》，在政治理论教育、学历教育、岗位培训、教学管理、师资队伍建设以及高层次应用型法律人才培养等方面都取得新的进展。

一、坚持对法院干部，特别是各级领导干部的政治理论教育

1992年，按照5年内将中级法院院长以上领导干部送中央党校轮训一遍的计划，到中央党校省部级进修班的法院学员4名，其中最高法院副院长1名、高级法院院长3名，到中央党校春秋两届进修二班的法院第十、十一期学员34名，其中高级法院副院长6名、中级法院院长28名。

最高法院中央党校分部第六、七期进修班轮训机关副处级以上干部26人。每期脱产学习5个月。

地方各级法院部分领导干部和业务骨干，分别到省、地、县委党校脱产进修的计3320人。

二、全国法院干部学历教育、专业证书教育又上一个新台阶

（一）据统计，全国法院干部业余法律大学1992年在校攻读法律专科的学员19367名。自1985年建校至1992年，法律业大专科毕业学员累计达52158人。法院队伍的整体业务素质显著提高，文化结构有较大改善。全国法院干部中的56.15%、审判人员中的66.59%、正副院长中的83%，达到大专以上文化程度。

（二）1992年，最高人民法院与国家教委、人事部会签了《关于加强法院系统成人高等教育〈专业证书〉教学班管理的通知》，法院系统恢复了《法律（审判）专业证书》教育并按照招生条件，经过法院系统的统一入学考试，在25300名考生中，共录取专业证书生17189人，其中已具备非法律专业大专学历的免试生3314名。

（三）为改变法院干部队伍专科和本科人才结构不合理的状况，1992年全国26个省、自治区、直辖市法院系统（缺山西、湖南、内蒙、西藏）又组织了1726名干部经考试录取为法律专业大专起点本科段学习的新学员，结业学员521人。现累计在校学员2484名。

（四）1992年参加社会办的函大、夜大、电大、自学考试等法律专科的法院学员4779人，其中当年入学新学员2219人，毕业学员953人。此外，在中央民族学院新疆法律班的九一级学员30名，其法律专业课由最高人民法院、北京市高级人民法院专职教师担任。学校针对学员的实际情况，又增开了《民族理论与民族政策》和《维语写作》课程。该班学员将在1993年7月完成两年法律专科学业。

三、下大力气抓好高层次应用型法律专业人才的培养

（一）以高层审判专业人员为培训目标的中国高级法官培训中心，1992年扩展培训领域，成效显著。

培训中心进修部举办民法专业高级法官岗位进修班，培训正处级以上民事审判人员71人及业大、省级培训中心讲师以上的教师62人；举办的经济法专业高级法官岗位进修班，培训正处级以上经济审判人员72人及业大、省级法官培训中心讲师以上的教师58人。

培训中心培训部举办学制一年的首届高级法官资格培训班刑法专业、行政法专业学员120人于7月毕业；第二届高级法官资格培训班民法专业、经济法专业招收的新学员120人，于9月初分别在人民大学、北京大学举行开学典礼。

此外，培训中心在2月份经全国法院统一考试，录取第六期研究生考前外语补习班学员80人，学制一年。第五期结业学员77人中被录取为九二级研究生的48人。培训部在探索教学改革中，还试办一期行政法律短期培训班，受到95名学员的好评。

（二）1992年法院系统的58位审判业务人员，通过国家普通高等院校统一考试或单独考试，被录取为定向培养的法律专业（经济法、刑法、民法、行政法、各诉讼法）硕士研究生。

（三）随着我国改革开放步伐的加快，审判工作涉及领域越来越宽，涉外审判任务日益繁重，对高层次应用型法律专业人才的需求更显突出。为适应形势发展的要求，1992年最高法院委托成都科技大学出国人员外语培训部举办第四期外语培训班，学员17名。并在通过国家公派人员外语MSK水平考试人员中，选拔8人推荐为法院系统1992年国家公派出国人员候选人，被国家教委录取2人，将分赴日本、法国进修。

1992年法院系统公派出国人员4人按期回国，其中最高法院3人是赴南斯拉夫、英国的；上海海事法院1人是赴比利时的。

四、岗位培训工作上了新台阶

1992年法院干部岗位培训工作在经常化、制度化、规范化方面上了新台阶。一是计划性强了，依照审判工作实际需要，按不同对象、不同层次，有计划地对各类人员分期分批进行培训；二是培训规模大了，岗位培训已成为法院干部教育工作中的首要任务；三是培训内容专业化程度高了。从岗位综合性培训向岗位的专业分类培训发展。如民事审判中的涉台民事审判专业培训；法医中的文检、损伤专业培训等。

(一) 1992年全国地方各级法院共举办20大类2947期短期培训班，培训各类人员60551人次。

(二)最高法院举办全国法院系统的民事诉讼法、涉台民事审判、司法统计、通讯机务、法医文检损伤等短期培训班12期，受训人数600余人。

(三)1992年委托西安医科大学、武汉同济医科大学分别举办法院系统法医进修班，学制一年，共有具备大专以上学历的现职法医47人参加进修。课程设置基础课4门140学时；专业课6门574学时。

(四)贯彻先培训后上岗的原则，地方各级法院对新接收的人员，举办412期岗前培训班、参训人员5430人。

最高人民法院根据中组部、最高法院党组联合下发的《关于对部分拟担任法院领导职务的干部实行短期专业培训的通知》，举办了首届全国法院领导干部岗前培训班，来自18个省市区的拟任中级法院副院长以上职务的43名学员，在为期3个月的法学专业课学习中，还分别到北京市、区法院观摩不同类型案件的公开审理；听取最高法院庭室领导做的各类审判工作、法院行政、人事管理等专题讲座。

五、提高教学质量，加强干部教育管理工作

根据国家教委和北京市成人教育局的统一部署，最高法院在1992年第二季度，完成了对全国法院干部业余法律大学所属30个分校中的29个分校的全面检查评估工作。对分校的办学条件、办学水平、办学效益，经各检查小组对照检查指标体系及分值表逐项评议、分析、比较、平衡后，属优良状态的A级分校10个；较好状态的B级分校16个；合格状态的C级分校3个，无不合格分校。

六、人民法院的纪检监察工作

1992年2月下旬，全国法院纪检监察工作座谈会在北京召开，会议提出1992年法院纪检、监察工作的任务是：认真贯彻中央纪委八次全会和全国高级法院院长会议精神，深入开展反腐败斗争，坚决纠正不正之风，严肃查处违法违纪案件，进一步促进法院的党风和廉政建设，保证法院各项任务的顺利完成。为了完成这项任务，会议提出应该抓好以下几项工作：

一是加强教育，增强拒腐防变的能力。各级法院的纪检、监察部门应该在肯定党风和廉政建设工作成绩的同时，清醒地认识到存在问题的严重性，要从教育入手，积极与党委、政工以及各业务部门配合，结合本院的实际，制定出切实可行的教育计划，认真履行纪检、监察部门的教育职能，把思想教育落到实处。要在调查研究的基础上，针对党员和干警的思想状况，采取分阶段、灵活多样的方法，有的放矢地进行为人民服务的宗旨教育、党风和纪律教育，提高对党风和廉政建设重要性的认识，把党风和廉政建设摆到法院的重要议事日程，继续认真抓紧抓好。

二是深入开展反腐败斗争，坚决纠正不正之风。开展反腐败斗争，纠正不正之风工作的成败，是关系到我们党和国家前途和命运的大事。1992 年要继续着重解决 4 个方面的问题：第一，要解决法院干部在公务交往中吃请受礼的问题，当事人直接请吃和送礼的不能接受，其他人受当事人委托而请吃送礼的，也不能接受；第二，要解决审判人员在办案中与当事人同行、同吃、同住的问题；第三，要解决在审判工作中随意侵犯群众合法权益的问题，坚决克服对群众冷、横、硬的态度以及打骂、欺压群众的衙门作风；第四，要解决诉讼费收、管、用中的混乱问题，严格按照规定收取诉讼费，对诉讼费实行统一管理，严禁将诉讼费挪作他用。反腐败斗争，纠正不正之风，领导干部一定要发挥模范带头作用，要严于律己，以身作则，率先做到廉洁执法、文明执法，带头抵制和纠正说清、送礼、行贿风，克服地方保护主义等不正之风。

三是严肃纪律，认真查处违法违纪案件。各级法院纪检、监察部门要按照各自的管辖范围，认真查处违法违纪案件；上级法院的纪检组监察室要直接参加查处一两件在本地区以及在全国有影响的违法违纪案件；各级法院纪检、监察部门的负责人要亲自抓违法违纪大案要案的查处工作。查处违法违纪案件要充分依靠人民群众。而群众来信来访是发现法院干警违法违纪线索的一条重要渠道。各级法院的纪检、监察部门要做好群众来信来访的接待工作，确保信访渠道的畅通。对于反映的重要问题和重大违法违纪线索，各级法院纪检、监察部门的领导要亲自组织得力人员调查处理。

四是建立健全制度，充分行使监督职能。要进一步健全和完善党风和廉政建设责任制、案件回访制度，要建立审判工作中的错案责任追究制度，查清错案发生的原因，在分清责任的基础上，分别不同情况予以处理，由于审判人员贪赃卖法或徇情枉法等违法违纪而造成错案的，要坚决追究其纪律或法律责任。各级法院纪检、监察部门要充分发挥监督作用，严格检查、监督各项制度的执行，真正做到有令必行，有禁必止。首先要抓好党内监督。按照中纪委的规定，做好对党员领导干部的监督，重点监督检查党员领导干部执行党的路线、方针、政策以及执行党组织决议的情况。其次，要抓好对法院审判工作中干警执法执纪的监督。第三，要积极开展对法院各项工作的全面监督。同时，要协助党组和院长拓宽监督渠道，做好接受外部监督的联系工作。

五是进一步加强纪检、监察组织建设，适应工作需要。要继续建立健全纪检、监察机构，加强干部配备，大力加强干部培训，提高干部的素质。

根据以上的任务与要求，1992 年法院纪检、监察部门主要做了以下工作：

一、认真学习邓小平同志南巡重要谈话和十四大文件

1992 年，各级法院的纪检、监察部门认真学习邓小平南巡重要谈话和党的十四大文件，贯彻落实全国高级法院院长会议和全国法院纪检、监察工作座谈会精神。运用党的十四大精神和邓小平同志谈话精神来指导工作，以是否有利于发展社会主义社会的生产力，是否有利于增强社会主义国家的综合国力，是否有利于提高人民的生活水平为标准来判断是非。一些法院的纪检、监察部门还把学习贯彻上述精神与抓对干警的思想教育结合起来，介绍正、反两方面的典型，教育干警保持廉洁反对腐败，防止和平演变，提高干警拒腐保廉的自觉性。

二、积极采取措施，继续纠正不正之风、

完善制度

一些法院结合本地、本院的实际情况，采取集中整顿的方法，清理检查不正之风。在法院内部开展自查的同时，还广泛向地方党委、政府、人大、政协等机关及公、检、司等单位和街道办事处、居委会、农村乡镇等单位征求意见，召开胜诉、败诉双方当事人座谈会，征求对法院及法院干警的意见，针对暴露出来的问题，进行整改。对在办案中与当事人搞“三同”的问题、干警的特权思想、诉讼费的收支等都做了严格的规定。全国有1/3的法院建立了审判工作中的错案责任追究制度，并且有许多法院正在积极研究制定该制度。为了研究实行错案责任追究制度过程中出现的问题、指导该项制度的实施，最高法院纪检组、监察室于12月上旬在河南省郑州市召开了错案追究研讨会。参加会议的有河南、河北、天津、湖南4个高级法院和秦皇岛市、吉林市、南阳市、武汉市、上饶市等6个中级法院，以及南阳县法院、运城市法院、义乌市法院3个基层法院纪检组、监察室的同志。研讨的主要问题有：什么是错案，错案的范围及认定，实行错案追究的必要性及应注意的问题，错案责任人的责任认定及责任承担等。研讨会的召开推动了各级法院实行错案责任追究制度的进程。

三、不断加强纪检监察组织的自身建设

1992年，最高人民法院纪检组、监察室于8月下旬和9月上旬在吉林、四川分片召开了纪检监察统计工作座谈会。除西藏外，29个省、自治区、直辖市高级法院纪检组、监察室负责统计工作的同志参加了会议。参加座谈会的同志们认真讨论了最高法院纪检组、监察室下发的《法院系统干警违法违纪情况统计表》、《法院干警违法违纪登记表》、《法院干警违法违纪处理情况追报表》的填写要求。与会同志表示一定要把统计工作做好，要认真、负责、全面、准确、及时、严格按要求作出统计和分析报告，为领导决策提供可靠的依据。为了提高纪检、监察干部的业务素质，最高法院监察室组织个别高级法院的同志编写出16万字的《人民法院监察工作讲义》，并于5月和11月分别在郑州、杭州办了各为期15天的监察干部培训班，参加培训的有中级法院监察室主任、高级法院监察员共120余人。部分省高级法院和中级法院也分别办了监察干部培训班，培训了一批监察干部。

四、查处了一批违法违纪案件

据统计，全国各级法院纪检、监察部门全年共查处违法违纪干警969人，其中被依法追究刑事责任的24人，给予党纪处分的146人，给予政纪处分的472人，给予党、政纪双重处分的65人，作其它处理的32人。违法违纪人员中基层法院正、副院长28人，正、副庭长96人，审判人员（包括书记员）373人。为了使广大干警从违法违纪的典型事例中汲取教训，最高人民法院监察室就最高人民法院计划财务装备局财务处原出纳员陈亨勇贪污、挪用公款30多万元，被判处有期徒刑九年，剥夺政治权利一年的案件，向全国高级人民法院发出通报。要求各级人民法院要以陈亨勇为反面教员，教育广大法院干警自觉抵制资产阶级腐朽思想的影响，抵制金钱和物质利益的诱惑，艰苦奋斗，做廉洁奉公的好法官、好干部。同时要求各级人民法院要继续加强各项规章制度的建立健全，切实做到有制度，有执行，有检查，有监督，加强管理，堵塞漏洞，以防类似事件的再度发生。

五、加强调查研究，推动法院纪检、监察工作的开展

近几年来，在改革开放搞活经济的新形势下，法院纪检、监察工作遇到了一些新情况、新问题，给工作开展带来一定的困难，特别是在查办违法违纪案件中，由于某些法规不健全，新的法规一时出不了台，原有的法规又存在滞后的现象。在这种情况下，最高法院纪检组、监察室以及全国绝大多数法院纪检、监察部门一方面加强对党的方针、政策的学习，提高思想认识，适应新形势的需要；另一方面抽调得力人员，集中时间深入到基层，开展调查研究，写出了一些较有质量的调查报告。如《关于法院党风和廉政建设的调查报告》、《关于查处违法违纪情况的调查报告》、《关于错案责任追究制情况的调查报告》、《党风和廉政制度建设情况调查报告》、《关于法院纠正不正之风情况的调查报告》等。这些调查报告，有力地推动了法院纪检监察工作的开展。

第九部分　外事活动

最高人民法院

来　　访

厄瓜多尔最高法院代表团访华　应最高人民法院邀请，厄瓜多尔最高法院院长华尔特·格雷罗博士一行6人，于1992年4月8日至17日访问我国。最高人民法院前副院长宋光全程陪同访问。代表团在京期间，全国人大常委会副委员长雷洁琼会见了代表团全体成员；最高人民法院院长任建新、最高人民检察院副检察长肖扬、司法部副部长金鉴先后会见并宴请了代表团；最高人民法院副院长林准代表任建新院长同格雷罗院长一行举行了工作会谈。

代表团此次访华，主要是了解我国的诉讼制度，以作为他们进行司法程序改革的借鉴。格雷罗院长说，通过参观、访问，看到中国的法制建设取得了卓越的成就，建立健全了各方面的法律制度，这是一件十分可喜的事，对促进中国改革开放和社会稳定有重要意义。格雷罗院长对此次访华表示满意。他在接受我国际电台记者采访时说，他们的目的已经达到，初步了解到中国的司法制度和司法机构的情况，学到不少经验。他表示：回国后将致力于进一步发展厄中两国司法界和两国人民的合作与交流。他还先后3次邀请任建新院长能率团访厄。

世界法学家协会主席弗兰克林·霍埃特访华　应最高人民法院邀请，世界法学家协会主席弗兰克林·霍埃特·里纳雷斯博士和夫人于1992年4月中旬访问了北京和西安，并参加了中国知识产权法律制度讨论会。在京期间，任建新院长、端木正副院长会见并宴请了霍埃特夫妇。访华期间，霍埃特多次表示对中国的友好和关心，并对国际形势特别是发展中国家存在的问题发表了一些看法。他称赞中国，认为中国前途光明。霍埃特说，有人想充当世界警察，什么事情都要管，在知识产权问题上对中国施压，对委内瑞拉和其他发展中国家也是这样，企图将这些国家各个击破。希望中国在这个问题上不要让步太多，否则对中国限制太多，不利于将来经济的发展。霍埃特认为，要把国家搞好，就应把精力放在国内，让人民得到实惠。

新加坡最高法院代表团访华　应最高人民法院邀请，新加坡最高法院首席大法官杨邦孝率领的司法代表团一行14人，在审判委员会委员张懋陪同下，于1992年4月20日至27日先后访问了北京、上海、杭州三市。新加坡最高法院共有12位大法官，这次有6位大法官来华访问。代表团访华期间，全国人大常委会委员长万里会见了代表团全体成员；最高人民法院院长任建新同杨邦孝首席大法官举行了工作会谈；最高人民检察院检察长刘复之、司法部长蔡诚分别会见了代表团。

万里委员长在会见代表团时说，新加坡在发展经济、科学技术、提高人民生活以及国家管理、城市管理等方面，都值得我们学习，我们是朋友，又是友好邻邦。杨邦孝大法官说，新加坡四分之三的人口是从中国南部移民过去的，他们同在中国的亲属有着密切的联系。所以，我们不仅是友好邻邦，而且是亲戚。他认为，中国要发展经济，确实不能乱，现在外界，包括新加坡在内，看到中国改革开放的政策没有变，建设上又有一些新成就，不少人已转变了对中国的看法。

印尼最高法院院长阿里·萨义德一行访华 应最高人民法院邀请，印度尼西亚最高法院首席法官阿里·萨义德一行6人，于1992年5月4日至8日，在我国北京、西安、广州参观访问，最高人民法院副院长林准全程陪同访问。外宾在京期间，全国人大常委会委员长万里会见了萨义德一行；最高人民法院院长任建新、最高人民检察院副检察长肖扬、司法部部长蔡诚分别会见并宴请了代表团。

在任建新院长主持下，林准副院长同代表团举行了工作会谈。蔡诚部长和肖扬副检察长分别向客人介绍了我国司法行政部门和检察机关的工作情况。萨义德院长就我国的司法体系、诉讼制度、法院审判工作提出了一些见解。萨义德院长在会谈中也简要地介绍了印尼的司法制度。他说，印尼的法院共分三级；最高法院、高等法院、基层法院。审理案件实行三审终审制。最高法院设6个庭，有刑庭、民庭、宗教法庭、风俗习惯法庭、军事法庭等，每个法庭由一位大法官负责。印尼全国共27个省，设有26个高等法院、234个基层法院。最高法院院长由人民代表委员会选举，总统任命；高等法院院长由最高法院任命；基层法院院长由高等法院任命。萨义德院长说，印尼存在着两种法律体系，一种是国家的法律，另一种是宗教的法律。在京期间，萨义德院长还旁听了北京市中级人民法院开庭审理的一起抢劫、盗窃案件。

越南最高人民法院代表团访华 应最高人民法院邀请，越南最高人民法院院长范兴一行3人，在审判委员会委员彭树华陪同下，于1992年6月2日至13日先后访问了我国北京、天津、深圳、广州、佛山和广西。在京期间，中共中央政治局常委乔石和最高人民法院院长任建新、最高人民检察院副检察长肖扬、司法部副部长金鉴先后会见了客人。范兴说，此次访华的目的，主要是了解中国法制建设方面的经验和法院如何为改革开放服务。

最高人民法院副院长马原和京、津、粤、桂等地法院的负责同志向客人介绍了我国法制建设和法院为改革开放服务的情况。范兴也介绍了越南改革开放的情况和法院改革的设想。他说，越南的改革开放是从1985年开始的，与中国的改革开放有许多相似之处。例如。越南的经济改革也是从农村家庭承包开始，效果很好。现在越南正在进行政治体制改革，修改宪法，改革政府机构，加强民主与法制建设。他说，越南在改革开放中，也出现了一些新的问题。例如，由于通货膨涨和实行价格双轨制，投机倒把的人乘机牟利，干部贪污受贿的增多。还有一些人走私、贩毒、拐卖人口。与此同时，民事、经济纠纷案件增加。越南各级法院也需要增设经济审判庭、行政审判庭及有关专门法院，当务之急首先是增设经济审判庭。因此，这次访华考察了解中国法院有关这方面的经验十分重要。他说，中国无论在经济改革方面，还是在政治改革方面，都取得了明显的成就。他赞扬我国法院在改革开放中坚决实行“两手抓”的作法。他说，越南法院也应像中国一样，在抓改革开放的同时，要抓打击各种犯罪。访问结束时，他提出以下建议：(一)希望尽早签订两国间的司法协助协定；(二)在两国司法协助协定签订前，希望两国临界的省、市法院能相互接触，就一些具体案件方面的合作进行探讨；(三)希望两国法院今后多进行交往。

范兴院长在乔石会见和工作会谈时都表示希望任建新院长能率团访问越南。

澳大利亚首席大法官梅森一行应邀访华

应最高人民法院邀请，澳大利亚首席大法官安东尼·梅森爵士和夫人以及西澳首席大法官大卫·马尔科姆一行3人，在最高法院副院长祝铭山陪同下，于1992年6月7日至19日对华进行了正式访问。中共中央政治局常委乔石、最高人民法院院长任建新、最高人民检察院副检察长梁国庆、司法部副部长金鉴分别会见了代表团。最高人民法院院长任建新、副院长祝铭山同梅森一行进行了工作会谈。代表团先后在北京、陕西、浙江、广东等省市参观访问，并同有关法院进行了座谈，旁听了案件的审理。

梅森在会见时表示，对中国近年来在经济、法制方面的发展速度感到吃惊。他说，健全的法律制度是促进经济和民主发展的关键；在立法方面，中国还要进一步完善有关外商投资的法律，以使外商在考虑对华投资时能更有信心。梅森还就澳宪法修改情况和立法机构改革情况作了介绍。他说，澳目前法律条文过于繁琐，产生一些副作用，现已成立了法律改革委员会，各界人士正就澳法律改革问题进行广泛的辩论。马尔科姆认为，一个国家的法制建设，同能源、交通等方面的建设一样重要，法律可以促进也可以阻挠社会的发展。

泰国大理院代表团应邀访华　应最高人民法院邀请，泰国大理院院长沙瓦迪一行10人，于1992年6月21日至7月1日先后访问了我国北京、兰州、乌鲁木齐等地。最高人民法院咨询委员会主任王怀安全程陪同。中共中央政治局常委乔石会见了泰国客人；最高人民法院院长任建新会见和宴请了沙瓦迪一行，并同他们进行了工作会谈。司法部部长蔡诚、最高人民检察院副检察长陈明枢分别会见代表团。

沙瓦迪院长称赞我国法院在改革开放以来所取得的成绩。他说，一个国家是否发展，要看它的法制是否健全，1981年第一次来华时，感到中国的法院在很多方面需要改进，比泰国落后几十年。这次看到中国的法院发展很快，已超过泰国。泰国法院虽然已有100年历史，但至今仍不能自己管理司法行政工作，而中国只用几年时间就做到了。中国已经在实施行政诉讼法，而泰国对行政审判酝酿了多年，因阻力过大，至今仍无法搞起来。此外，中国已设立了铁路运输法院和海事法院，泰国还没有。

沙瓦迪院长还说，泰中两国都面临着知识产权问题。发达国家为了自己的经济利益，在知识产权问题上，向发展中国家施加很大的压力，泰国也受到了影响。对一个国家来说，知识产权方面的立法很重要。

阿根廷最高法院院长访华　应最高人民法院邀请，阿根廷最高法院院长莱维内一行6人，在最高法院副院长林准陪同下，于1992年7月22日至8月1日访华。外宾先后访问了北京、上海、西安等3城市。中共中央政治局常委乔石会见了代表团全体成员；最高人民法院院长任建新同莱维内院长举行了工作会谈；司法部部长蔡诚也会见了代表团。

莱维内院长在会见任建新院长时说，我国司法工作者对东方的司法工作不太了解，现在我们两国司法界建立了联系，就可以详细了解你们的司法工作情况了。我们十分重视你们一步一步解决问题的经验，我们关心的就是司法工作和司法改革。工作会谈时，莱维内院长说，你们国家的死刑有缓期二年执行的制度，很好。这把惩罚、改造和使犯人重新做人结合起来了。代表团参观上海监狱后认为，从监狱里犯人整洁的住处、丰富的食谱、良好的学习生活条件等方面可以看出，中国对待犯人是充分尊重人权的，没有丝毫的歧视和虐待。

访问结束前，任建新院长与莱维内院长分别代表中阿两国最高法院签订了有关加强合作交流的协议书。

美国戴尔塔研究所所长鲁斯访华　应最高人民法院邀请，美国戴尔塔研究所所长罗伯特·鲁斯，在最高法院外事局局长王根良陪同下，于1992年9月14日至21日访华。此次是鲁斯第五次来华访问。朱镕基副总理、任建新院长分别会见鲁斯，对他热心中美合作与交流事业表示支持。

鲁斯此次来华带来了旧金山市市长乔登分别给江泽民总书记、朱镕基副总理和上海市市长的信。鲁斯说，乔登市长表示愿继续执行与中国发展友好关系的政策。鲁斯本人也表示，他决心为进一步发展中美两国人民的友谊多做工作。

世界法学家协会第三副主席南达访华　应最高人民法院邀请，世界法学家协会第三副主席、美国丹佛大学国际法律研究所所长维德P·南达教授在最高法院外事局处长王海涛陪同下，于1992年10月3日至11日访问了北京、上海和苏州。他在上海和北京先后5次就环境与发展、中美关系、国际经济法等问题作了讲演。他还访问了农村、工厂和学校，并会见了我国法院的一些法官。

任建新院长会见并宴请南达教授。南达盛赞中国的飞速发展。他说，这次来华，看到中国经济发展很快，人民生活水平有很大提高，政府能解决11亿人口的吃饭问题，很了不起。南达认为，中国将成为一个强大的国家，中国的强大对世界和平有利。他认为，1990年北京世界法律大会取得了圆满成功，给与会者一个很好的印象，中国出色地组织了那次大会。

最高行政法院国际协会主席乔治·托恩访华　应最高人民法院邀请，卢森堡国务委员会名誉主席、最高行政法院国际协会主席托恩夫妇，于1992年10月14日至23日访问了北京、西安和上海。最高人民法院行政审判庭庭长黄杰全程陪同访问。在京期间，任建新院长宴请托恩夫妇，祝铭山副院长主持同托恩进行工作会谈。最高人民检察院、司法部领导分别会见托恩夫妇。

最高行政法院国际协会成立于1983年，总部设在巴黎，现有35个成员国和2个国际机构。1989年我院曾派团以观察员身份出席在芬兰举行的协会第三次大会，托恩积极主张接纳中国为正式会员。1990年11月在卢森堡举行的理事会上，中国被批准为正式会员。

今年6月该协会在卢森堡举行第四次大会，托恩作为会议组织者和东道主，热情接待我国代表团。托恩此次访华，目的是为了加强中卢两国司法界的相互了解及友谊，进一步促进最高行政法院国际协会与我国法院之间的友好合作。

俄罗斯最高法院院长列别捷夫一行访华

应最高人民法院邀请，俄罗斯最高法院院长列别捷夫一行3人，在最高法院副院长华联奎陪同下，于1992年10月23日至30日访问了北京、上海、深圳。中央政治局常委乔石同志会见了俄最高法院代表团并进行了亲切友好的谈话。最高人民法院任建新院长会见并宴请了列别捷夫一行。最高人民检察院、司法部、中国法学会有关领导分别会见或宴请了该代表团。

列别捷夫赞扬中国的改革开放取得了很大的成就。他们认为，中国的改革并非一句空洞的口号，而是扎扎实实的实践；中国改革开放的方针是正确的，已取得了丰硕的成果。他对我国法院为适应改革开放的形势，在机构设置方面的变化很感兴趣，认为中国向他们提供了很有价值的信息，回国后要认真加以研究借鉴。列别捷夫希望俄中两国今后加强司法交流，他回国后将以俄罗斯最高法院的名义邀请中国最高人民法院派团访俄。

埃及最高法院代表团访华　应最高人民法院邀请，埃及最高法院院长卡迈勒·安瓦尔·穆罕默德博士偕3位最高法院副院长，在最高法院刑二庭庭长宋雅亭陪同下，于1992年10月25日至11月2日先后访问了北京、陕西、上海。中共中央政治局常委乔石同志会见了代表团全体成员；最高人民法院院长任建新同穆罕默德院长举行了工作会谈；司法部长蔡诚、最高人民检察院副检察长肖扬分别会见了代表团。

穆罕默德院长非常赞赏我国在改革开放中取得的成就。埃及客人认为，中国最近严厉打击贩毒和走私犯罪，是十分必要的。他们说，对犯罪情节严重的贩毒犯也要判死刑；打击走私犯罪，重点应放在打击走私文物活动方面，因为中埃两国都是文明古国，把国家文物盗卖到国外是绝对不能允许的。

在上海，埃及客人参观了上海市监狱，对监狱的组织管理和监犯的劳动、改造、生活等情况，均予以高度评价。

土耳其上诉法院代表团访华　应最高人民法院邀请，土耳其上诉法院第一院长伊斯曼特·奥贾克丘奥卢一行4人在最高法院刑一庭庭长刘家琛陪同下，于1992年11月3日至10日在北京、杭州、厦门等地参观访问。中共中央政治局常委乔石会见了伊·奥贾克丘奥卢一行；最高人民法院院长任建新、最高人民检察院副检察长王文元、司法部副部长金鉴先后会见了代表团；马原副院长同代表团举行了工作会谈，就我国的司法体系、诉讼制度、法院审判工作以及各项审判活动的运行方式等作了介绍。

土耳其代表团此次访华，主要是了解我国的诉讼制度和法官制度，希望通过访问，加强两国的司法交流。奥贾克丘奥卢说，多年来，土中两国在政治、经济方面加强了交流与合作，但没有司法方面的广泛交流与合作；两国司法界之间的交流，必将促进两国政治经济关系的发展。他说，他研究过中国历史，认为没有中国就没有世界文明的发展和进步，所以他很早就想访问中国。土耳其客人在了解我国的审判制度，尤其是经济审判、海事法院的工作后认为，加快审理国际贸易交往中的纠纷，对促进世界和平与发展，对促进国际贸易具有重要作用。他们听了厦门海事法院审理海事案件的情况介绍后，称赞这项工作做得好，很重要。

客人们介绍了土耳其司法制度的一些情况。他们说，土耳其的法院分两级，即：一审法院（基层法院）、上诉法院（最高法院），实行两审终审制。客人介绍说，土耳其法院的设置日趋专业化。除普通法院外，还有行政法院、宪法法院、军事法院等。

“未成年人犯罪的预防、审判和矫治国际研讨会”在上海举行　1992年11月14日至16日，最高人民法院在上海市举行了“未成年人犯罪的预防、审判和矫治国际研讨会”。应邀参加会议的有亚、欧、非、北美、拉美五大洲30个国家、地区和国际组织的51名法官、检察官、律师、专家、官员。其中包括罗马尼亚最高法院院长瓦·博格德内斯库，蒙古最高法院第一副院长策伦道尔吉，印尼最高法院副院长苏杰普托，伊朗第一副总检察长哈桑·法克白瑞和国际少年与家庭法院法官协会主席保罗·凡切罗尼。我国30个省、自治区、直辖市法院和有关单位的代表70余人参加了会议。最高人民法院院长任建新向大会发来贺信，副院长林准主持了开幕式并致欢迎词，上海市人大常委会主任叶公琦出席开幕式并讲了话。

研讨会期间，27 名中外人士发表演说、宣读论文，内容涉及未成年人犯罪的各个方面，诸如各国少年司法的实体法及程序法，预防、矫治未成年人犯罪的措施等等。林准副院长在研讨会上阐明了中国审理未成年人刑事案件制度的建立和发展，介绍了中国在预防和减少未成年人犯罪方面所作的努力及其效果。上海市高级人民法院院长顾念祖着重介绍了中国少年法庭的发源地——上海在这方面所作的努力与成效。中外代表通过宣读论文、提问、讨论，多角度多层次地就发展、完善未成年人司法工作取得了广泛的共识。

会议期间，上海市副市长刘振元代表黄菊市长会见并宴请了中外代表。代表们还参观考察了上海闸北区工读学校和上海市高级人民法院。会后，任建新院长会见并宴请了部分到北京参观游览的外国代表。

这次国际研讨会宣传了我国在人权保护，尤其是未成年人合法权益保护方面所做的努力及取得的成果，外国代表对此反映良好。如德国少年法官露丝·赫尔兹说："我原来对中国了解较少，在进行比较之后，我认为中国有自己的特色，这是你们的少年司法制度同自己的文化背景、传统结合较紧的结果。今后我们要更多地注视中国，多听中国的声音。"许多代表认为，研讨会为东西方司法界交流经验提供了良好机会。

一些外国代表对中国在经济建设方面取得的成绩感到惊讶。印尼最高法院副院长 1988 年曾到北京参加过一个国际会议，这次来北京后非常惊讶。他讲，仅隔了 4 年，北京城市面貌就有这么大的变化，这么多新的漂亮的建筑出现在北京街头。罗最高法院院长瓦·博格德内斯库先生参观访问深圳后讲，中国改革开放取得的成就令人惊讶，并且表示他们也要搞特区，要向中国学习。

出　访

中国法院代表团访问泰国　应泰国司法部的邀请，以最高人民法院副院长华联奎为团长（成员有：贵州省高级人民法院院长谢锦汉、江苏省高级人民法院院长李佩佑、最高人民法院外事局局长王根良、研究室副主任张泗汉、厦门市中级人民法院院长陈进、汕头市中级人民法院院长陈成出等）的中国法院代表团一行 8 人，于 1992 年 4 月 10 日至 18 日对泰国进行了友好访问。

4 月 16 日上午，代表团拜会了泰国大理院新任院长沙瓦，泰大理院 5 位副院长全部参加了会见。大理院副院长森蓬、司法部副次长扎兰全程陪同我代表团参观访问。

代表团先后访问了泰国一、二、七、九 4 个大区法院和泰国刑事法院、宋卡府法院、地方法院，旁听了案件审理。代表团重点了解了泰国法院的经济审判工作情况。泰国审理经济纠纷案件，依照《泰国民事诉讼法程序法典》规定的民商案件的诉讼程序进行，合议庭由 2 名法官组成，大案也可由 4 名法官组成，如果发生意见分歧，由院长裁决。败诉的一方当事人不服初审法院的判决，除民事法典或者其他法律明文禁止不得上诉的以外，可以提出上诉，上诉期限为 1 个月。在审理经济纠纷案件的过程中，当事人为维护自己的合法权益，防止争议财产在诉讼过程中流失，依照法律规定可以向法院提出诉讼保全请求，但必须有足够的证据，法院才可以作出查封、冻结等诉讼保全措施。法院经过审理对案件作出判决或裁定发生法律效力后，由司法部执行局负责执行。法院审理经济纠纷案件，按诉讼标的的2.5%收取诉讼费用，但最高不得超过20万铢。起诉时，由原告预付；判决后，由败诉一方当事人承担诉讼费用。泰国对民商案件审理，没有审限的规定。

泰国法院近几年来颇重视法庭建设。据介绍，除已建成的泰国刑事法院和一批府法院、地方法院的审判法庭外，泰国民事法院审判大楼正在兴建。今后几年，还将有一批法庭要陆续筹建，计划把全部陈旧的审判法庭予以更新。

马原副院长率团出席第四届最高行政法院国际协会会议　1992年6月15日至17日，第四届最高行政法院国际协会会议在卢森堡召开。21个国家和欧洲共同体派正式代表参加了会议，4个国家和2个国际组织派观察员列席了会议。马原副院长出席了本届会议，同行的还有最高人民法院行政审判庭庭长黄杰等。中国驻卢森堡大公国大使赵梁和有关国家驻卢森堡大公国的使节也应邀出席了开幕式。

会议就法院的权限、行政判决的效力及行政裁决的执行3个议题进行了热烈的讨论。各国行政审判机构设置不完全一样，有的国家设有专门的行政法院，有的国家则在普通法院设有专门的行政审判庭，也有的国家则由民事法庭审理行政案件。各国的行政案件都在逐年增加。马原副院长介绍了我国行政诉讼制度的建立和发展，介绍了我国为保证人民法院依法对行政案件独立行使审判权所采取的措施等内容。

会议期间，大会组织代表们听取了欧共体初审法院的简介。欧共体初审法院成立于1989年，主要审理跨国企业之间的经济纠纷、政府机构之间的纠纷。

最高人民法院代表团访问西班牙　应西班牙王国最高法院的邀请，马原副院长代表任建新院长率最高人民法院代表团（团员有海南省高级人民法院院长田中木，最高人民法院行政审判庭庭长黄杰等）一行5人，于1992年6月18日至6月24日访问了西班牙。代表团访问期间，分别会见了西班牙司法权力总委员会主席兼最高法院院长，西班牙司法大臣、检察总长等人，双方就两国司法制度进行了探讨和交流。代表团还参观了法庭和监狱。

西班牙司法权力总委员会是全国最高司法权力机构。西班牙最高法院除了审理上诉案件外，还设有专门的司法解释机构，最高法院的司法解释可作为各级法院判决的依据之一。西班牙最高司法权力总委员会主席、最高法院院长萨拉认为，中西两国司法界互相来往，不仅是两国司法界交流经验，也是为增进两国人民之间的友谊作出贡献，希望进一步加强。西班牙司法大臣托马斯·德拉夸德拉认为，适应改革开放的需要，法官必须掌握新的知识，如股票纠纷，这是中国改革开放后遇到的新问题，审理这类案件的法官，必须具有这方面的知识。因此，对法官的培训刻不容缓。马原副院长表示，希望司法大臣安排中国法官到西班牙学习和考察审理有关股票纠纷的情况和经验。司法大臣表示愿给中国法官考察提供方便。

最高人民法院、外交部派代表参加第十六届世界法律大会预备会　由国际法学家协会召集的第十六届世界法律大会预备会，于1992年6月中旬在美国华盛顿举行。美国、委内瑞拉、瑞典、海地、加拿大、赞比亚、菲律宾、南朝鲜等国的法学家出席了会议。我国最高人民法院、外交部分别派王根良、黄嘉华同志与会。

会议议题共有5个：1. 选定第十六届世界法律大会会址；2. 成立财政委员会；3. 成立会员委员会；4. 修改章程；5. 确定本届

大会主题和分组讨论的题目。第十六届世界法律大会会址确定在菲律宾马尼拉。

第十六届世界法律大会的主题为:“法律在变化世界中的作用”。会议敦促尽快成立“财政委员会”、“会员委员会”和修改协会章程。会议还确定,这次大会的分题为4个,即:国际经济结构、人权、国际环境法、世界儿童。13个小题目为:法律教育、司法制度、毒品、知识产权、武器限制等。

总的来说,此次预备会是成功的。世界法学家协会是一个较有影响的国际性民间法学组织。上两届大会均有千人以上的与会者,尤其是1990年在北京召开的第十四届世界法律大会,受到各国代表的称赞,影响深远。

中国法院代表团访问蒙古　应蒙古国最高法院邀请,以最高法院副院长端木正为团长,北京市高级人民法院院长刘云峰、内蒙高级人民法院院长杨达赖为副团长的中国法院代表团一行5人,于1992年8月12日至18日对蒙古国进行了友好访问。代表团先后会见了蒙古最高法院院长登贝尔策伦、最高检察院检察长包莱特尔、法律部(相当我国司法部)部长鲁布桑札、总统办公厅主任图门,宾主进行了亲切友好的交谈。

8月18日,代表团拜会了蒙古国家大呼拉尔副主席贡布札布。贡布札布说,“中国在立法和司法方面都有很好的经验,值得我们学习”。代表团还分别会见了蒙古最高法院和乌兰巴托市法院的全体成员,并进行了座谈。据介绍,蒙古法院的建制分三级,国家设最高法院,省、直辖市设中级法院,县(区)设基层法院。案件实行两审终审制。登贝尔策伦院长对代表团说,学习和研究中国有关经济方面的法律,适应新的形势需要,有着十分重要的意义,因此希望两国法院之间进行多层次的交流。端木正团长表示赞同两国法院经常进行多层次的交流。

最高人民法院代表团赴尼日利亚参加第六届国际上诉法院法官会议　1992年9月7日至9月10日,以最高人民法院副院长端木正为团长的中华人民共和国最高人民法院代表团一行3人,参加了在尼日利亚首都阿布贾召开的第六届国际上诉法院法官会议。

出席本届会议的有尼日利亚、英国、科威特、马来西亚、澳大利亚、美国、匈牙利、西班牙、巴基斯坦、菲律宾、几内亚、赞比亚、安哥拉、莫桑比克、加拿大、缅甸等74个国家和地区的近200名代表。其中,最高法院、上诉法院的首席大法官(院长)和大法官约90多人。大多来自发展中国家。尼日利亚总统易卜拉欣·巴班吉达出席会议开幕式并讲了话。在开幕式上讲话的还有尼日利亚首席大法官穆罕默德·贝洛和上届会议东道国美国的法官克里福德·沃勒斯等。

国际上诉法院法官会议,前5次是在菲律宾、澳大利亚、印度、马来西亚和美国召开的。1984年、1987年,中国分别派团参加了在印度、马来西亚举行的第三、第四届会议。本届大会的主题是:“通过法院建立一个更好的社会”。

尼日利亚总统在开幕式上致词,他认为本届大会在非洲召开,证明了正义是人类的共同财富。“通过法院建立一个更好的社会”这一主题,令人鼓舞和振奋,它为法院进一步发挥职能指出了方向,促使法院和法官认识到,为了创造一个更好的世界,必须坚持正义。当前世界各国都在谈论国际新秩序。在国际社会中,只有承认弱小国家的立法权利,保护这些国家的利益,反对不平等的国际经济对这些国家的掠夺,从而建立起国际法律新秩序,国际社会新秩序才能实现。

此次会议讨论了6个专题:1. 国际变化中的司法合作;2. 法官在保护人权中的作用;3. 司法诉讼中的受害者;4. 贫困与司法诉讼;5. 法律与司法服务的费用;6. 上诉审的审判。

在讨论“国际变化中的司法合作”专题时,与会代表认为,法官在实现国际司法合作中的作用，应以3点为依据：（1）对出现在各国法官面前的问题，有一个共同的理解，不论这些问题是刑事、民事还是行政案件的形式；（2）国际司法合作是我们对法官的独立性和公正性方面所作的共同承诺；（3）国际司法合作是共同的法治观念。近年来，审判任务中的共性已跨越国界，迅速发展。首要原因就是国际贸易的发展，促使与之相连的所有形式的国际商业和金融服务的发展。与此同时，在国际通讯、技术信息和个人旅行方面，也有较大变化。国际刑事犯罪和恐怖主义更加复杂。这些，在民事和刑事领域都产生了国际性的反响。因此，要努力寻找在我们各自独立的法律制度中存在多少共同点，而不必顾及不同的历史和传统。

最高人民法院副院长端木正在大会上用英语作了题为《中国的司法协助和人民法院在司法协助中的作用》的发言，受到了与会者的热烈欢迎。会上，由加拿大、比利时、巴基斯坦、哥伦比亚、中国、尼日利亚、匈牙利等7个国家的法官代表组成的临时委员会经讨论决定：由端木正副院长作为该委员会的主席。

最高人民法院代表团访问罗马尼亚　应罗马尼亚最高法院邀请，以林准副院长为团长的最高人民法院代表团（团员有：宁夏高级人民法院院长邹献朝、北京市中级人民法院院长纪树翰、最高人民法院《人民司法》副总编童秀峰、外事局处长郭民等）一行5人，于1992年9月12日至18日对罗马尼亚进行了回访。代表团访问期间，会见了罗马尼亚最高法院院长瓦·博格丹内斯库、司法部部长米·约内斯库、总检察长乌·切雷切安奴，并进行了工作会谈。代表团还访问了罗马尼亚的一些法院。

两年多来，罗马尼亚新颁布和修改的法律有234个，如宪法、法院组织法等。宪法规定国家的性质为民主共和制国家。立法、司法、行政分立。实行多党制，罗现有100多个政党。实行参议院、众议院两院制，两院是平行的。成立了宪法法院，其任务是审议法律是否符合宪法，分为立法前、立法中和立法后三个阶段的审查。宪法法院并具有特别职能，即审理总统候选人的诉讼。成立了审计法院，其任务是检查政府对议会通过的年度财政预算的执行情况，向议会提出报告。对行政首长的不正当财政开支问题，轻者责令还钱，构成犯罪者则移送检察院。最高法院、宪法法院、审计法院各自向议会负责。

罗马尼亚法院现为三级，即最高法院、县法院和基层法院。由于实行三级两审终审制，上诉到最高法院的案件较多，最高法院每年要审理5000多件案件（包括在全国有影响的一审案件和上诉、抗诉案件）。根据法院组织法，自1993年6月起改变为四级两审终审制，即在介于最高法院与县法院之间设三、四个上诉法院。

法院的职能有所扩大，除履行审判职能外，还负责：成立政党和公司的登记；总统候选人登记；法官还参加国家大选办事机构，法官对大选有权监督。

最高人民法院代表团访问匈牙利　1992年9月18日至24日，以林准副院长为团长的最高人民法院代表团一行5人，对匈牙利进行了回访。访问期间，代表团会见了匈牙利最高法院院长苏尔特·帕尔，总检察长捷尔季·卡尔曼、副检察长萨托里·雅诺什、宪法法院副院长杰扎·赫塞居、司法部部长巴尔萨伊·伊士特万、首都法院院长萨博·山道尔，匈牙利国会主席萨博特·捷尔吉接见了代表团。

中国最高法院代表团在匈牙利访问期间，受到匈各级法院和司法界朋友的热情欢迎。匈最高法院院长苏尔特、帕尔陪同代表团访问了久尔州和匈奥边境肖普龙市。匈国会主席萨博特在会见代表团时，向林准副院长表达了保持和发展两国关系的良好愿望。匈司法部长巴尔萨伊·伊士特方在会见中表示，匈牙利政府很重视与中国的关系，中国在世界上的政治地位很高，我们非常重视。

中国高级法官培训中心教师代表团赴日本考察　应日本法律家交流协会的邀请，以中国高级法官培训中心办公室主任梁宝俭为团长的中国高级法官培训中心教师考察团一行6人，于1992年9月30日至10月17日赴日考察日本的法官培训制度和法官制度。参加该考察团的团员分别是最高人民法院经济审判庭副庭长、中国高级法官培训中心兼职副教授孙泊生，中国高级法官培训中心校务处处长王和民，全国法院干部业余法律大学内蒙古分校副校长、中国高级法官培训中心特聘教师赵毅，山东省烟台市中级人民法院副院长、中国高级法官培训中心特聘教师张维亮，河北省高级人民法院经济审判庭副庭长、中国高级法官培训中心特聘教师景汉朝。

考察团在日本到了东京、广岛、大阪、奈良、京都5个城市。先后访问了日本最高裁判所（日本称法院为裁判所）、东京地方裁判所、东京家庭裁判所、东京大学法学部、司法研修所、日本律师联合会、调查官研修所、书记官研修所、最高检察厅、大阪高等裁判所、大阪地方裁判所和京都大学法学部等12个单位。就日本的法官培训状况进行了较为深入的考察，还参观了部分法庭、教员办公室、图书馆以及学生宿舍等。旁听了法庭审判和课堂教学。同时，也应日方的要求介绍了我国的司法制度、法官培训制度等。

在日本，凡从事法官、检察官和律师职业的人，都必须进行国家考试，国家考试每年进行一次，应试者不受年龄、学业、职务的限制。

日本的法官培训任务是由司法研修所来承担的。司法研修所隶属于最高裁判所。根据培训对象不同分为两个部门。第一部是对现职法官、助理法官进行培训。第二部是对通过司法考试者进行培训。对助理法官的培训是定期的，属于岗位培训。按规定，任助理法官10年方可晋升为法官。对正式法官的培训没有硬性规定。

培训经费由国家负担。书记官和速记官的培训由裁判所书记官研修所承担。该研修所也隶属于最高裁判所。日本的书记官是不能升任法官的，如果想当法官必须参加司法考试，成为司法研修所的毕业生，才能逐步升为法官。

调查官的培训是由“家庭裁判所调查官研修所”承担的。该研修所也隶属于最高裁判所。调查官只有家庭裁判所才有，其任务是协助法官进行调查工作。但这种调查主要不是对案件事实本身进行调查，而是对如何更好地处理好案件进行调查。如对少年犯罪案件，调查官主要调查该少年的家庭环境、社会环境以及犯罪原因等。对离婚案件，则主要调查离婚的原因，夫妇双方各自所处的环境，孩子由谁抚养更有利等。正因如此，所以调查官一般都具有心理学、社会学方面的知识，调查官分为助理调查官、调查官、主任调查官、次席调查官和主席调查官几个等级。

马原副院长出席第十四届全美女法官协会年会　应国际女法官协会主席阿琳·帕克特法官的邀请，最高人民法院副院长马原一行2人于1992年10月8日至10月12日出席了在美国圣地亚哥举行的第十四届全美女法官协会年会，并参加了为庆祝国际女法官协会正式成立以及第一届年会的召开而举办的有关活动。会前，美国亚洲基金会为来自中国、印度尼西亚、斐济、蒙古、巴基斯坦、巴布亚新几内亚等亚太国家的女法官们，安排了在旧金山的考察活动，内容包括：参观加利佛尼亚州初审法院、上诉法院、劳改自救中心，旁听开庭审理。

参加全美女法官协会年会的有来自41个国家的364位女法官。会议的主题是：“转变中的法院”。会议共分13个专题小组，主要包括:消除法院及法庭中对妇女的偏见;家庭暴力和财产滥用;宪法法律中的主要问题;法院管理;长期计划退休;对怀孕妇女和吸毒成瘾妇女在法律和道义上的反应;扶养儿童;连续性杀人;同对妇女实施暴力作斗争的策略等。其中,消除对妇女偏见的任务实施和对这一问题的研究,是各国女法官普遍关心和感兴趣的议题。

联邦区法院法官、第九巡回区性别偏见任务实施委员会主席约翰·库赫努就此议题在发言中指出:法院及法庭中对妇女的偏见,是目前美国司法界中比较突出的一个问题,也是需要研究的重要课题。它表现在以下几个方面:司法界中男性和女性的比例;女公民作为刑事和民事当事人到法庭的比例;妇女作为陪审团成员和证人的比例以及妇女在司法人员中的任命、雇用和提升过程中的问题。约翰·库赫努法官说,研究这个问题,是为了使人们意识到这个问题的存在,引起全社会的重视。他敦促与会的各国女法官为促进司法改革、提高妇女地位、争取平等待遇而努力。

与会期间,马原副院长分别会见了全美女法官协会现任主席卡拉·李·内维尔法官、当选主席布伦达·默里法官及国际女法官协会主席阿琳·帕克特法官。她们对马原副院长与会表示欢迎并感到荣幸。此外,马原副院长还同美国、日本、韩国、巴基斯坦、加拿大、波兰、新西兰、巴西、菲律宾等国的女法官们进行了交谈。

高级人民法院

北京市高级人民法院

4月23日 新加坡最高法院首席大法官杨邦孝一行14人,在北京市高级人民法院与刘云峰院长会晤后,由最高人民法院副院长华联奎和北京市高级人民法院副院长傅志人陪同到宣武区人民法院。宣武区法院陈桂林院长、董华副院长接待了客人,并互赠了礼品。来访客人旁听了一起盗窃案,并就感兴趣的问题与接待人员进行了座谈。客人们对法院的热情接待表示满意,一再致谢。

5月6日 应最高人民法院邀请,来华访问的印度尼西亚最高法院院长萨义德一行5人,在最高人民法院副院长林准的陪同下,到市中级人民法院旁听了一起抢劫、盗窃案的公开审理。市高级人民法院副院长唐占蕴和市中级人民法院院长纪树翰接待了客人,并陪同参加了旁听。旁听后,宾主一同到法庭、监控室等处参观,并合影留念。

6月6日 应最高人民法院邀请,越南最高人民法院院长范兴一行4人,在最高人民法院审判委员会委员彭树华、外事局副局长籍树理的陪同下,到市高级人民法院参观、座谈。市高级人民法院院长刘云峰、副院长唐占蕴、刑庭庭长慕平、研究室主任何昕等接待了客人。

刘云峰首先对客人的来访表示欢迎,并简要地介绍了北京市法院的机构设置、审判制度、法律教育和法院受理案件的情况。根据客人的要求,接待人员就民事、经济、行政案件的审判情况、诉讼程序及法院与仲裁、专利等机关的关系等问题向客人作了解答。刘云峰、唐占蕴还分别向客人介绍了改革开放以来，人民法院如何为经济建设服务，为改革开放服务，如何加强法制建设等情况。

座谈在友好的气氛中结束，并一同参观了大法庭。范兴院长在留言簿上题词："越南社会主义共和国最高人民法院代表团谨对北京市高级人民法院的热情接待表示感谢，你们向我们介绍了人民法院为中国的改革开放服务活动的宝贵经验。""祝越中两国人民法院之间的友谊合作不断巩固和发展，为加强越中两国人民的友谊做出贡献。"

6月9日　应最高人民法院邀请，来华访问的澳大利亚首席大法官梅森一行5人，在最高人民法院副院长祝铭山、外事局副局长赵松岭陪同下，到市高、中级法院参观、座谈，并旁听了一起刑事案件的公开审理。市高级人民法院副院长唐占蕴、市中级人民法院副院长杨庭椿等接待了客人。

唐占蕴对客人的来访表示欢迎。双方介绍了各自法院的情况，并就本国主要法律制度、诉讼程序等问题进行了交流。唐占蕴最后说：贵国法院与我们有许多共同或类似的地方，有许多地方值得我们借鉴，希望以后两国法律界的朋友多来往、多交流，就更多的问题进行探讨。座谈后，宾主一同旁听了王剑故意杀人案的开庭审理。客人旁听后称赞说，在这样庄严、现代化的法庭里，审判这起案件非常成功，效率高。客人对这次来访十分满意，并在留言簿上签名留念。

6月30日　由最高人民法院邀请来华访问的泰国大理院院长沙瓦迪·初滴瓦尼一行，在最高人民法院前副院长王怀安、外事局局长王根良的陪同下，来到北京市高级人民法院参观座谈。市高级人民法院副院长唐占蕴接待了客人，陪同接待的还有市高级法院办公室主任袁宝生、经济庭庭长肖龙、行政庭庭长李新生。

客人们参观了大、中、小法庭，并兴致勃勃地观看了北京市法院系统干警摄影、书画作品展。接着，双方进行了座谈，唐占蕴根据客人的要求，将北京市法院的机构设置、各类案件受理情况及案件管辖范围作了简单介绍。客人对我国设立行政审判庭表示出极大兴趣，唐占蕴就此作了详细的介绍。听完介绍后，沙瓦迪院长感慨地说：我为你们的发展和所取得的成绩感到高兴。泰国法庭建设上百年，行政法庭一直未搞成，我们多次想办，但都遭到行政部门的否决，没有成功。中国在短短的时间里发展得这么快，确实值得称赞，这说明你们的行政领导心胸比较宽阔。从法院的建设规模看，证明政府对法院的工作是重视的，法官是受到老百姓尊敬的。作为法官，知识面既要广，又要公正，这是很重要的。我们是同行，两国法院之间的交流不仅在中央、省之间进行，同时与基层法院之间的交流也是非常必要的，这样可以进一步增进了解。唐占蕴表示：作为法官是公正的，我们经常教育法官要忠于祖国、忠于人民、忠于法律，肩扛着天平，要求我们必须公正执法。

座谈始终在亲切友好的气氛中进行。沙瓦迪先生对市高级法院的热情接待表示感谢，在留言薄上签名留念。

8月21日　出席我国全国律师协会主办的"中、日、韩三国法律讨论会"的韩国代表团一行24人到市中级人民法院座谈、旁听案件审判。市中级人民法院副院长杨庭椿、刑一庭副庭长曲淑兰等接待了来宾。

来宾有现任韩国法学院院长、前任首席大法官、检察官、司法部长、律协会长等。杨庭椿副院长首先对韩国法律界同行第一次来访表示欢迎。随后，就北京市中级人民法院的机构设置、管辖案件范围、审判人员及审判案件的情况，简要地向客人们作了介绍，并根据客人们提出的法官资格的取得、中级人民法院审判案件的类型等问题一一作了解答。座谈后，客人们由接待人员陪同旁听了一起6名被告人共同盗窃案件的开庭审理；

参观了大、中、小法庭，并拍照留念。临行前韩国法学院院长文仁龟先生表示愿两国同行加强交往，并感谢主人的热情接待。

8月21日　印度尼西亚总检察长辛基一行7人在市高级人民法院办公室主任袁宝生的陪同下，到北京市宣武区人民法院旁听、座谈。宣武区人民法院副院长董华接待了客人，并陪同客人旁听了一起盗窃案的公开审理，客人们还就感兴趣的问题与接待人员进行了座谈。

10月9日　世界法学家协会第三副主席、美国丹佛大学法学教授维德P·南达教授来到市高级人民法院就中美关系问题进行了演讲，并同30余名法官进行了座谈，市高级人民法院副院长唐占蕴主持了演讲会。

南达先生简要地介绍了美国的法律制度，发表了对中美关系的看法，并就感兴趣的问题与高级法院的部分法官进行了座谈，座谈在友好的气氛中进行。座谈结束时，唐占蕴表示：南达教授回答了我们提出的问题，这无疑对增进中美法律界的相互了解促进友好交往是很有益处的。临行前，南达在留言簿上给大家留下了良好的祝愿，并兴致勃勃地参观了大、中、小法庭。

10月24日　世界法学家协会名誉主席、俄罗斯联邦最高法院院长列别捷夫一行4人，在最高人民法院副院长华联奎陪同下，到宣武区人民法院旁听、座谈。宣武区法院院长陈桂林、副院长董华对客人的来访表示欢迎。客人在旁听了一起故意伤害案的审理后，与接待人员就各自感兴趣的问题进行了座谈，座谈始终在友好和谐的气氛中进行。

11月4日　应最高人民法院邀请，来华访问的土耳其上诉法院第一院长伊·奥贾克丘奥卢一行6人，在最高人民法院刑一庭庭长刘家琛的陪同下，到市中级人民法院旁听了一起二审刑事案件的公开审理。市中级人民法院院长纪树翰、副院长王永源和办公室负责人郝整军，刑二庭庭长康永泉、副庭长王飞等接待了客人。

旁听后，贵宾们参观了审判区，还询问了合议庭的人员组成、聘请刑事辩护人的程序、诉讼费用等问题，接待人员一一作了解答。

11月18日　来中国参加上海“未成年人犯罪问题国际研讨会”的蒙古国法院第一副院长策伦道尔吉等一行3人，在最高人民法院外事局处长王海涛及使馆参赞的陪同下，到市高级人民法院参观、座谈。市高级人民法院院长刘云峰、办公室主任袁宝生热情接待了客人。

刘云峰对客人的来访表示欢迎，他说，今年8月我们出访贵国，受到了热情接待，今天能够再次见面非常高兴。刘云峰院长陪同客人参观了法医室和审判区，客人们对法院的建筑规模赞不绝口。策伦道尔吉先生感谢主人的热情接待，并在留言簿上签名留念。晚上，刘云峰院长设晚宴款待了策伦道尔吉先生一行。

12月2日　应我国外交学会邀请来华访问的英国前外交大臣、副首相杰弗里·豪勋爵一行7人，由最高人民法院外事局副局长赵松岭等陪同到市中级人民法院旁听一起上诉案件的开庭审理。旁听后，客人们在王永源副院长的陪同下参观了大、中、小法庭，并就客人感兴趣的问题逐一作了回答。杰弗里·豪先生对热情接待表示感谢。

内蒙古自治区高级人民法院

11月27日　应内蒙古自治区司法厅邀请，来访的蒙古国中央省法律局代表团到内蒙古自治区高级人民法院进行了座谈。该代表团一行4人，由中央省法律局局长格·莫农查干，中央省法院院长茨·拉什译伯格，中央省法律局专家斯·额尔登巴特尔，中央省法院审判员特米尔胡雅嘎组成。内蒙高院副院长郝耀忠接待了蒙古国代表团。郝副院长向蒙古客人们介绍了内蒙古自治区法院机构设置和审判工作开展情况，着重谈了民族区域自治地方审判工作的特点和方式，并简要介绍了前不久召开的党的十四大的情况和区法院贯彻十四大精神的意见。蒙古客人提出了一些感兴趣的问题，如：我国刑罚的种类，审判制度以及法院开展法制宣传的形式等。对此，郝副院长一一作了回答。座谈结束后，郝副院长陪同客人们参观了高院的审判法庭，并设午宴款待了代表团全体成员。

上海市高级人民法院

1992年，上海市高级人民法院曾先后接待了新加坡最高法院法律代表团等7批代表团，并受最高法院委托，上海市高院协助最高法院在上海市筹办"未成年人犯罪的预防、审判和矫治国际研讨会"等重大会议的接待任务，进一步加强了上海人民、法律工作者和各国人民、法律工作者的友谊和合作，各国司法界同仁们表示：愿为发展两国法律界和其他领域的联系和合作继续努力，并衷心祝贺中国朋友致力于上海浦东进一步开发开放和在进一步发展法制建设中取得更大成就。

4月25日至27日　由最高人民法院审判委员会委员张懋等陪同，新加坡最高法院首席大法官杨邦孝夫妇一行14人，在上海进行参观访问。市人大常委会主任叶公琦会见了新加坡最高法院代表团，参加会见的有市高级人民法院院长顾念祖、市检察院检察长石祝三，司法局局长薛明仁，外办副主任姚全福和李国光、惠熙荃等高中院领导，此次杨邦孝首席大法官来访是两国建交后最高法院之间的首次交往。宾主间就两国关系的发展，上海的改革开放，经济建设等问题进行了亲切友好的交谈。

在沪期间，外宾参观访问了市少年宫和嘉定县人民法院等，游览了豫园和南浦大桥。在市高级法院，外宾饶有兴趣地参观了法庭，旁听了经济案件的审理，与院领导及各审判庭负责人进行了工作会谈。

10月3日至8日　世界法学家协会第三副主席美国丹佛大学教授维德·南达对上海进行了友好访问。访问期间，市高院院长顾念祖会见并宴请了南达教授。南达教授先后参观了大众汽车有限公司，嘉定县法院等，在复旦大学、华东政法学院和市高院，南达教授作了有关人权、美中关系和环保问题的演讲，同时还回答了与会者提出的各种问题，他希望并主张中国应该尽早加入"关贸总协定”。

11月14日至16日　应国际少年与家庭法官协会的要求，为了宣传我国社会主义法制，特别是对未成年人的法律保护所取得的成就，并加强同各国尤其是周边国家司法界的交往，交流审判未成年人犯罪的经验，最高人民法院委托上海市高院筹办“未成年人犯罪问题国际研讨会”。会议主题是：对未成年人犯罪的预防、审判和矫治。该研讨会如期举行。应邀参加这次国际研讨会的有国际少年与家庭法官协会执委会主席保罗·凡切罗尼先生，罗马尼亚最高法院院长瓦·博格德内斯库先生以及来自阿根廷等30个国家、地区和有关国际机构的法官、检察官、律师、专家、学者等50人，我国30个省、直辖市、自治区高级人民法院和有关学术团体的代表等70人参加了这次会议。

上海高院对这次国际性、区域性、影响大、人数多的重大会议进行了周密计划和具体的安排，制定了关于“未成年人犯罪的预防、审判和矫治国际研讨会”和筹备情况的工作意见，在最高人民法院、国际研讨会组委会及上海市高级人民法院共同努力下，顺利而圆满地完成了这次大型国际研讨会的筹办和接待任务。

广东省高级人民法院

2月24日至3月4日　应泰王国司法部长巴博·卫猜的邀请，以省高级人民法院副院长周统平为团长的广东省法官代表团，一行10人，对泰国进行友好访问。

5月8日　印度尼西亚最高法院院长阿里·萨义德一行6人访问广州。

5月10日　原泰国司法部长，现任泰国国家社会福利院主席巴博·卫猜教授应省对外友协的邀请率团访粤。麦崇楷院长等会见了他们。

6月7日　越南最高人民法院院长范兴一行3人，到本省参观访问。先后与深圳、广州、佛山等市中级法院，南海县法院和广州海事法院进行了座谈，参观了一些乡镇企业和广州市南华西街调解委员会。

6月9日　省高级人民法院副院长周统平等会见了来访的香港律政司署刑事检控官代表团，双方进行了会谈。

6月17日　澳大利亚首席大法官安东尼·梅森爵士夫妇到本省参观访问。先后参观访问了广州、佛山市、南海县等地。麦崇楷院长等与他们进行了会谈，介绍了全省改革开放和经济建设的成就及经济审判工作情况。

6月26日至7月8日　应美国联邦夏威夷地区法院首席大法官邝和胜的邀请，麦崇楷院长率领广东省法官代表团，一行5人，前往美国进行友好访问。

7月7日至16日　应麦崇楷院长的邀请，以泰国中央上诉法院副院长披尼·申帕利为团长的泰国中央上诉法院法官代表团，一行10人，前来进行回访。从北京入境，访问北京、厦门、广州、佛山、汕头等地后，从汕头出境。访问期间，与广东省高级人民法院举行了工作会谈，旁听了广州市中级人民法院1宗民事案件的开庭审理。

7月15日至16日　以省高级人民法院民庭庭长禤旌旗名义邀请的香港最高法院经历司贝士、副经历司沈道良、香港政府布政司署助理政治顾问李丽仪、传译官俞韧一行4人，在新华社香港分社外事部有关人员陪同下前来本院，就粤港两地法院互相委托送达民商事诉讼文书协议执行情况举行会晤。麦崇楷院长会见并宴请了他们，就进一步加强两地司法合作问题广泛交换了意见。

8月18日至26日 应香港御用大律师梁定邦的邀请，省高级人民法院经济庭、刑一庭、执行庭、审监庭等8名法官，赴香港考察。

9月29日 麦崇楷院长会见了香港廉政公署专员区亮贤先生一行。区亮贤先生是应广东省检察院邀请访粤的。

10月15日 美国加利福尼亚中区联邦法院法官刘成威夫妇，在广东访问了佛山、台山等地。

10月27日至29日 俄罗斯最高法院院长列别捷夫·米哈依洛维奇一行3人访问深圳市，麦崇楷院长专程前往会见。

11月17日至22日 罗马尼亚最高法院院长鲍格达内斯库一行2人，到本省访问。麦崇楷院长会见了他们。

第十部分　人民法院大事记

最高人民法院

1　月

7日至12日　全国高级法院院长会议在北京召开。会前，任建新院长就召开这次会议向中央领导同志写了报告。江泽民、李鹏同志分别作了重要批示。10日，乔石同志在人民大会堂专门听取了高级法院院长的汇报并作了重要讲话，这次会议的主要任务是：认真学习、贯彻党的十三届八中全会和中央工作会议精神，研究、部署1992年法院工作任务。会议开幕式由华联奎副院长主持，任建新院长作了题为《进一步加强审判工作，维护社会稳定，保障经济发展》的报告。闭幕式由林准副院长主持，任建新院长、华联奎副院长分别作了讲话。出席会议的有各省、自治区、直辖市高级人民法院和解放军军事法院院长或副院长，京津沪3市、各计划单列市、各经济特区市以及各省会、自治区首府所在地中级人民法院院长，解放军各大单位军事法院院长，各铁路运输中级法院、各海事法院的院长，最高人民法院各庭、厅、室、局负责人，参加会议的还有中央有关单位负责人和中央有关新闻单位的记者。

13日　华联奎副院长主持召开审判委员会第526次会议，讨论了6件刑事案件。

同日　任建新院长主持党组扩大会，研究全国高级法院院长会议的贯彻落实问题及今年的工作安排。

15日　华联奎副院长主持召开审判委员会第527次会议，讨论了3件刑事案件。

同日　最高人民法院向全国地方各级人民法院、各级军事法院、各铁路运输中级法院和基层法院、各海事法院发出《最高人民法院关于认真学习贯彻江泽民同志、李鹏同志对法院工作的重要批示和乔石同志在全国高级法院院长汇报会上的重要讲话的通知》、《最高人民法院关于印发任建新院长、华联奎副院长在全国高级法院院长会议上的讲话的通知》。

18日　祝铭山副院长出席《中国审判案件要览》首次编写研讨会并讲了话。

22日　最高人民法院就福建省和北京市高级人民法院的请示，作出《最高人民法院关于公诉案件被害人委托代理人以及代理人应享有何种诉讼权利问题的批复》，并抄送各省、自治区、直辖市高级人民法院、解放军军事法院。

24日　最高人民法院召开1992年第一次院务会议，讨论了1992年最高法院若干工作安排及院领导的分工，讨论并通过了《最高人民法院院务会议和院长办公会议工作规则（稿）》、《最高人民法院关于查办工作的暂行办法（稿）》、《最高人民法院关于会议审批办法（稿）》。

24日至29日　任建新院长在广东省视

察工作期间，分别看望了珠海市、中山市中级人民法院和番禺、顺德、南海县法院以及拱北法庭、桂城法庭的干警。28日，任建新院长在同广东省高级人民法院处以上干部座谈时作了重要讲话，强调人民法院要坚决贯彻执行党的基本路线，努力为改革开放和经济建设服务；要认真总结经验，不断研究新情况、新问题，努力提高审判工作水平，要进一步加强队伍建设，“从严治院”，严格要求，严格管理，严肃纪律，严肃执法。

28日　华联奎副院长主持召开审判委员会第528次会议，讨论了《关于适用民事诉讼法若干问题的意见（稿）》和1件刑事案件。

31日　华联奎副院长在本院主持召开《新时期经济审判》征文评审委员会会议，评出获奖文章20篇。该征文是由最高人民法院与法制日报社共同举办的。

2　月

1日　祝铭山副院长在本院主持召开了《法官风貌》征文评委会，评出获奖征文23篇。该征文是由最高人民法院与人民日报社联合举办的。

同日　祝铭山副院长主持召开最高人民法院保密委员会会议。会议在总结1991年工作基础上，对1992年保密工作作了安排；会议决定表彰4个保密工作先进单位及10位保密工作先进个人。

2日　任建新院长到北京市高、中级人民法院看望法院干警，向北京市各级法院的全体干警及其家属祝贺新春。

同日　华联奎副院长与办公厅、人事厅、计财局的负责同志，在北京市高级人民法院傅志人副院长陪同下，到北京市通县人民法院及漷县人民法庭进行春节慰问。

9日　最高人民法院向各省、自治区、直辖市高级人民法院、解放军军事法院发出《最高人民法院关于审理专利纠纷案件若干问题的解答》。

11日　华联奎副院长主持召开审判委员会第529次会议，讨论了5件刑事案件。

13日　华联奎副院长主持召开最高人民法院1992年第二次院务会议，审议最高人民法院审判法庭设计方案。

14日　华联奎副院长主持召开审判委员会第530次会议，讨论了1件刑事案件和1件民事案件。

19日　华联奎副院长出席国家信息中心召开的由最高人民法院等4个单位联合开发的《国家法规数据库（第二版）》鉴定会。

同日　最高人民法院向各省、自治区、直辖市高级人民法院、解放军军事法院发出《最高人民法院关于设立〈人民法院报〉社的通知》。

20日至24日　最高人民法院人事厅在北京召开全国法院人事工作座谈会。项华同志作了题为《认真做好院长换届选举的准备工作，全面加强法院人事管理》的讲话。会议结束时，人事厅副厅长陈之玮就全国法院人事管理的工作安排作了讲话。各省、自治区、直辖市高级人民法院和计划单列市、省会市中级人民法院、新疆生产建设兵团分院的政治部（处）主要负责同志参加了会议。

21日　华联奎副院长主持召开审判委员会第531次会议，讨论了最高人民法院、最高人民检察院《关于办理偷税、抗税案件应用法律的解释（稿）》，还讨论了6件刑事案件和1件民事案件。

23日至27日　全国法院纪检、监察工作座谈会在北京召开。项华同志作了题为《充分发挥纪检、监察职能作用，促进法院党风和廉政建设》的讲话。各省、自治区、直辖市高级人民法院和各计划单列市、各省会市中级人民法院的纪检组组长和监察室主任参加了会议。

24日　华联奎副院长主持召开审判委员会第532次会议，讨论了最高人民法院公报（总第二十九期）刊登的文件材料和3件刑事案件。

25日　端木正副院长会见了法国公共行政国际学院院长米歇尔一行。

3　月

3日　华联奎副院长主持召开审判委员会第533次会议，讨论了公安部起草并建议由最高人民法院、最高人民检察院、公安部、司法部联合下发的《关于对被羁押人犯实行〈换押证〉等制度的通知（稿）》，还讨论了6件刑事案件和1件经济纠纷案件。

4日　最高人民法院、外交部、司法部联合向全国各有关法院、各驻外使领馆发出《关于执行〈关于向国外送达民事或商事司法文书和司法外文书公约〉有关程序的通知》。

6日　华联奎副院长主持召开审判委员会第534次会议，讨论了最高人民法院、最高人民检察院《关于正确认定玩忽职守案件中"重大损失"的若干意见（稿）》和7件刑事案件。

同日　最高人民法院向全国地方各级人民法院、各级军事法院、各铁路运输中级法院和基层法院、各海事法院发出《最高人民法院关于印发任建新同志在全国法院纪检监察工作座谈会和全国法院人事工作座谈会上的讲话的通知》。

9日　祝铭山副院长出席了美国福特基金会为该会召开亚太地区第九次会议举行的招待会。

10日　华联奎副院长主持召开审判委员会第535次会议，讨论了关于弃婴案件在行为人近亲属拒绝起诉的情况下由谁提起诉讼的问题；关于被判处死刑的被告人上诉，上诉期满后又提出撤诉应如何处理的问题；关于中级法院发现基层法院判处有期徒刑已发生法律效力的案件确有错误，需要改判无期徒刑如何适用审判程序的问题，还讨论了8件刑事案件。

同日　最高人民法院向全国地方各级人民法院、各级军事法院、各铁路运输中级法院和基层法院、各海事法院发出《最高人民法院关于印发项华同志在全国法院人事工作座谈会上的讲话的通知》《最高人民法院关于印发项华同志在全国法院纪检监察工作座谈会上的讲话的通知》。

11日　最高人民法院向各省、自治区、直辖市高级人民法院、各计划单列市中级人民法院发出《最高人民法院关于对着装进行清理整顿的通知》。

12日　马原副院长召集本院台湾事务办公室有关同志，传达中央对台工作会议精神，研究本院1992年开展对台工作的有关问题。

14日　任建新院长、林准副院长出席乔石同志主持召开的中央社会治安综合治理委员会第五次全体会议。

同日　华联奎、祝铭山副院长及研究室主任周道鸾、办公厅主任李玉成到全国人大内务司法委员会汇报最高人民法院1991年的工作情况和1992年工作任务。

同日　林准副院长召集研究室、刑一庭负责同志研究了中央政法委员会《关于今年开展重点调查研究工作的通知》中有关法院研究课题工作的落实问题。

同日　祝铭山副院长出席高级法官培训中心进修部第二期岗位进修班和全国法院干部业余法律大学教师进修班开学典礼并讲了话。

16日　最高人民法院和最高人民检察院联合向各省、自治区、直辖市高级人民法院、人民检察院，解放军军事法院、军事检察院发出《关于办理偷税、抗税刑事案件具体应用法律的若干问题的解释》。

17日　任建新院长主持召开党组扩大会，讨论人民法院在思想上和各项工作中如何认真贯彻落实小平同志重要谈话精神，研究需要解决的问题。

18日　华联奎副院长主持召开审判委员会第536次会议，讨论了1件刑事案件和

1件经济纠纷案件。

18日至24日 中国应用法学研究所在中央党校召开了《人民法院案例选》第一次通讯编辑会议。林准副院长出席开幕式并讲了话。

19日 华联奎副院长主持召开全国法院执行工作电话会议，并作了关于集中清理委托执行案件工作的讲话。

20日至4月3日 任建新院长、端木正副院长出席七届全国人大五次会议。28日上午，任建新院长在全体会议上作《最高人民法院工作报告》。

20日 祝铭山副院长及研究室主任周道鸾参加中央政法委员会召开的座谈会，汇报本院关于贯彻落实邓小平同志重要谈话精神的意见，以及当前法院需要解决的重要问题。

同日 最高人民法院向各省、自治区、直辖市高级人民法院发出《最高人民法院关于印发华联奎副院长在集中清理委托案件工作电话会议上的讲话（摘要）的通知》。

26日 最高人民法院向各省、自治区、直辖市高级人民法院、解放军军事法院发出《最高人民法院关于学习宣传贯彻〈中华人民共和国收养法〉的通知》。

28日至31日 最高人民法院院长、副院长、审判委员会委员、部分审判庭、局级单位负责人及审判员共65人，分别到七届全国人大五次会议各代表团，听取审议《最高人民法院工作报告》的意见。

30日、31日 华联奎副院长及研究室主任周道鸾、办公厅主任李玉成列席全国人大内务司法委员会审议最高人民法院工作报告的会议，听取意见。

31日 项华同志与最高人民检察院副检察长王晓光就法院、检察院机构改革和法官条例、检察官条例起草工作的有关问题交换了意见。

4 月

3日 华联奎副院长主持召开审判委员会第537次会议，讨论了4件刑事案件。

4日 任建新院长主持召开党组扩大会，研究全国各级人民法院机构改革问题。

7日 林准副院长主持召开审判委员会第538次会议，讨论了4件刑事案件。

8日 祝铭山副院长在本院会见由监察专员沙阿率领的巴基斯坦监察代表团。

同日 最高人民法院就上海市高级人民法院的请示，作出《最高人民法院关于被判处死刑的被告人在上诉期满后又提出撤回上诉的应当如何处理问题的批复》，并抄送各省、自治区、直辖市高级人民法院。

9日 任建新院长主持召开党组会议，研究机关有关工作，要求加强机关管理，严格工作制度。

10日 最高人民法院与最高人民检察院、公安部、国家税务局联合举行新闻发布会。会上，公布了最高人民法院、最高人民检察院制定的《关于办理偷税、抗税刑事案件具体应用法律的若干问题的解释》。林准副院长就准确、有力地打击偷税、抗税违法犯罪活动，推进依法治税，维护税收工作秩序等问题讲了话。

10日至18日 华联奎副院长率最高人民法院代表团赴泰国访问。

11日 任建新院长出席乔石同志主持召开的中央政法委员会会议，林准副院长参加了会议。

12日 任建新院长会见并宴请世界法学家协会主席霍埃特·里纳雷斯夫妇。

13日 任建新院长出席"中国知识产权法律制度讨论会"开幕式并致开幕词。14日，任建新院长参加李鹏总理会见出席"中国知识产权法律制度讨论会"的部分外宾的活动。

13日至17日 以格雷罗院长为团长的厄瓜多尔最高法院代表团在北京进行了访

问。林准副院长同该代表团进行了工作会谈。任建新院长会见并宴请了厄瓜多尔贵宾。雷洁琼副委员长会见了代表团成员，林准副院长、原副院长宋光参加了会见。

14日至16日　最高人民法院办公厅与中宣部文艺局在北京联合召开审判题材文艺创作座谈会。祝铭山副院长主持会议，任建新院长、王忍之部长出席会议并讲话。来自文学、影视、戏剧领域的近30名文艺家参加了座谈会。

15日　林准副院长主持召开审判委员会第539次会议，讨论了关于已满14岁不满16岁的人犯走私、贩卖、运输、制造毒品罪如何适用法律的问题；关于林木权属难以确认的砍伐案件如何处理的问题；还讨论了4件刑事案件和1件民事案件。

19日　林准副院长参加北京市税法宣传月活动，到崇文门、东单等宣传点向群众宣传最高人民法院、最高人民检察院《关于办理偷税、抗税刑事案件具体应用法律若干问题的解释》，并接受了记者的采访。

19日至26日　马原副院长在沈阳市参加全国人大内务司法委员会召开的人大司法监督工作座谈会。

20日至23日　新加坡首席大法官杨邦孝率最高法院代表团来京访问。任建新院长主持了同该代表团的工作会谈，万里委员长会见了该代表团全体成员。在京期间，新加坡贵宾访问了北京市高级人民法院，并到宣武区法院旁听了案件审理。华联奎、祝铭山副院长、审委会委员张懋等参加了活动。

23日　外交部、最高人民法院、最高人民检察院、公安部、司法部联合向各省、自治区、直辖市外事办公室、高级人民法院、人民检察院、公安厅（局）、司法厅（局），各驻外使领馆、团、处发出《关于印发〈关于引渡案件若干问题的规定〉的通知》。

23日至25日　最高人民法院在洛阳市召开14省、自治区和直辖市刑事申诉上访老户工作座谈会。祝铭山副院长出席会议并讲了话。14个高级人民法院主管刑事申诉的院长或副院长和庭长参加了会议。

24日　任建新院长主持召开会议，听取《法官条例》起草小组关于《法官条例（稿）》修改情况的汇报。

28日　华联奎副院长参加国家计委重点投资司审查我院审判法庭扩建设计方案会议。会议研究并原则同意我院审判法庭的扩建设计方案。

29日　华联奎副院长主持召开审判委员会第540次会议，讨论了最高人民检察院《反贪污贿赂法》研究起草小组征求对《惩治贪污贿赂法（草案，第十稿）》的意见，还讨论了3件刑事案件。

5　月

2日　马原副院长出席了西班牙驻华大使为欢迎西班牙司法大臣托马斯・德拉夸德拉来华访问举行的宴会，并于3日会见了西班牙司法大臣托马斯・德拉夸德拉一行。

3日　最高人民法院向全国地方各级人民法院、各级军事法院、各铁路运输中级法院和基层法院、各海事法院发出《最高人民法院关于印发任建新院长、林准副院长在全国高级法院院长电话会议上的讲话的通知》。

3日至6日　任建新院长、端木正副院长分别会见并宴请了香港首席按察司杨铁梁一行。端木正副院长同杨铁梁一行举行了工作会谈，还出席了姬鹏飞举行的欢迎宴会和吴学谦副总理会见活动。

4日　最高人民法院与人事部、财政部联合向各省、自治区、直辖市人事（劳动人事）厅（局）、财政厅（局）、高级人民法院印发《关于人民法院干警实行岗位津贴的通知》。

4日至6日　以阿里・萨义德院长为团长的印度尼西亚最高法院代表团来京访问。任建新院长设宴欢迎印度尼西亚贵宾，并主持了同代表团举行的工作会谈。林准副院长陪同该代表团到北京市中级人民法院访问并旁听1件刑事案件的审理。5日，万里委员长会见了印度尼西亚最高法院代表团。

5日　马原副院长会见并宴请了美国联邦上诉法院大法官纳尔逊等人。

6日　马原副院长出席了中美仲裁和调解研讨会开幕式并会见了参加研讨会的美方代表。

同日　最高人民法院向全国地方各级人民法院、各级军事法院、各铁路运输中级法院和基层法院、各海事法院发出《最高人民法院关于印发〈法院系统应用计算机进行人事档案管理和统计工作的暂行规定〉的通知》。

7日　任建新院长主持党组会议，继续学习邓小平同志视察南方的重要谈话，并对法院系统如何更好地贯彻落实邓小平同志重要谈话精神进行了研究。

7日至9日　最高人民法院机关首届妇女职工手工制作展览在本院展出。祝铭山、马原、端木正副院长参观了展览。

9日　任建新院长、项华同志同中央编委负责同志就政法部门和法院系统的机构、编制问题交换了意见。

9日至20日　最高人民法院在厦门市召开全国部分高级人民法院涉台民事审判工作座谈会，16个省、自治区、直辖市高级人民法院院长、民庭庭长参加了会议。端木正副院长在座谈会开幕式上讲话，马原副院长在座谈会结束时作了总结讲话。会议交流了审理涉台民事案件的经验，讨论了《关于审理涉台房产案件的若干意见（稿）》。

12日至24日　任建新院长在陕西省考察。在陕期间，看望了陕西省高级人民法院、西安、铜川、延安中级人民法院和临潼、扶风、黄陵、延安等基层法院的同志，并在陕西省高级人民法院、西安市中级人民法院全体干部会议上作了讲话。

12日至6月5日　项华同志在贵州、云南省考察法院系统纪检监察工作和人事工作。

15日　华联奎副院长主持召开审判委员会第541次会议，讨论了关于办理淫秽物品案件两个问题的答复（稿）和关于追诉时效3个问题的答复（稿），还讨论了5件刑事案件。

16日　最高人民法院向各省、自治区、直辖市高级人民法院、各海事法院发出《最高人民法院印发〈关于审理涉外海上人身伤亡案件损害赔偿的具体规定（试行）〉的通知》。

18日　最高人民法院就云南省高级人民法院的请示作出《最高人民法院关于已满十四岁、不满十六岁的人犯走私、贩卖、运输、制造毒品罪应如何适用法律的问题的批复》，并抄送各省、自治区、直辖市高级人民法院。

19日　华联奎副院长主持召开审判委员会第542次会议，讨论了关于利用职务便利窃取技术资料转让获利是否构成犯罪的答复（稿）和关于对刑法、全国人大常委会决定及司法解释中有关规定如何理解的3个问题的答复（稿），还讨论了2件刑事案件。

21日　祝铭山副院长会见了由冈巴雅尔主席率领的蒙古小呼拉尔法律委员会代表团。

23日　全国法院干部业余法律大学召开了有各省、自治区、直辖市高级人民法院主管业大工作的副院长、政治部主任（或人事处长）、业大分校专职副校长参加的电话会议。祝铭山副院长到会讲了话。业大副校长陈肇彬、人事厅副厅长陈之玮分别就1992年《法律（审判）专业证书》招生工作讲了话。

同日　最高人民法院向各省、自治区、直辖市高级人民法院、解放军军事法院发出《最高人民法院关于印发任建新院长、王忍之部长在审判题材文艺创作座谈会上的讲话的通知》。

26日　华联奎、林准副院长先后主持召开审判委员会第543次会议，讨论了关于由律师受权登报声明产生纠纷应否作为被告应诉的问题，还讨论了6件刑事案件和1件民事案件。

27日 最高人民法院就广东省高级人民法院的请示，作出《最高人民法院关于办理淫秽物品刑事案件中适用法律的两个问题的批复》，并抄送各省、自治区、直辖市高级人民法院。

30日 祝铭山副院长主持召开最高人民法院保密委员会扩大会议，传达了乔石同志、徐瑞新同志在全国保密工作会议上的讲话，并对法院系统贯彻落实讲话精神作了布置。

6 月

2日 华联奎副院长主持召开审判委员会第544次会议，讨论确定了最高人民法院公报（总第三十期）刊登的文件材料。

3日至6日 由越南最高人民法院院长范兴率越南最高人民法院代表团来京访问。任建新院长会见并宴请了范兴一行，并主持了同该代表团的工作会谈。6日，乔石同志会见了该代表团。

5日 任建新院长出席乔石同志主持召开的中央政法委员会会议，祝铭山副院长参加了会议。会议讨论了贯彻邓小平同志重要谈话精神，在加快改革开放和经济建设的形势下，加强政法工作，加强人民民主专政。

7日至10日 澳大利亚首席大法官梅森一行来京访问。任建新院长会见并宴请了澳大利亚贵宾，并主持同梅森一行的工作会谈。祝铭山副院长陪同贵宾访问北京市高级人民法院，在市中级人民法院旁听了1件刑事案件的审理。10日，乔石同志会见梅森一行。

9日 华联奎副院长主持召开审判委员会第545次会议，讨论了关于盗窃黄金矿石和汞膏金如何计价的问题和5件刑事案件。

10日 华联奎副院长主持召开第二次全国法院执行工作电话会议。

11日 任建新同志主持召开会议，讨论最高人民检察院征求意见的《关于民事审判监督程序抗诉工作的暂行规定（稿）》，听取我院调查组关于在海南省洋浦开发区设置法院问题进行考察的情况汇报。

12日至26日 马原副院长率最高人民法院代表团前往卢森堡出席第四届最高行政法院国际协会会议，并访问了西班牙。

13日 最高人民法院向各省、自治区、直辖市高级人民法院发出《最高人民法院关于印发华联奎副院长在第二次全国法院执行工作电话会议上的讲话的通知》。

20日 最高人民法院向全国地方各级人民法院、各级军事法院、各铁路运输中级法院和基层法院、各海事法院发出《最高人民法院关于试行法院诉讼文书样式的通知》。

20日至24日 全国法院审理经济犯罪案件工作会议在四川省绵阳市召开。各省、自治区、直辖市高级人民法院和解放军军事法院的院长或副院长、刑庭庭长，计划单列市中级人民法院院长参加了会议。林准副院长主持会议并讲了话。会议在总结交流近几年人民法院审理经济犯罪案件的情况和经验的基础上，讨论研究了在加快改革、扩大开放的新形势下，如何贯彻落实邓小平同志关于“两手抓”、“两手硬”的思想，进一步加强经济犯罪案件的审判工作，保障和促进改革开放和经济建设顺利进行的问题。

21日至7月1日 泰国大理院院长沙瓦迪率泰国大理院代表团来华访问。任建新院长主持了同沙瓦迪一行的工作会谈，并设宴欢迎泰国贵宾。华联奎副院长、原副院长王怀安参加了会谈和宴会。7月1日，乔石同志会见沙瓦迪一行。

24日 最高人民法院与国家教委、人事部联合向各省、自治区、直辖市高级人民法院，教育委员会、高教（教育）厅（局），人事（劳动人事、科干）厅（局），解放军军事法院，北京市成人教育局，天津市第二教育局发出《关于加强法院系统成人高等教育〈专业证书〉教学班管理的通知》。

25日 任建新院长、华联奎、端木正副院长、项华同志接见在中央党校进修、培训的法院学员，并合影留念。华联奎副院长主持与学员的座谈会，端木正、项华同志参加了座谈。

26日 最高人民法院向各省、自治区、直辖市高级人民法院发出《最高人民法院关于认真贯彻中纪委等两委两部〈关于清理调出不适合做政法工作人员的通知〉的通知》。

29日 任建新院长出席乔石同志主持召开的中央社会治安综合治理委员会第六次全体会议，祝铭山副院长参加了会议。

同日 项华同志与海南省高级人民法院院长田忠木商谈筹建洋浦开发区法院的有关问题。

同日 最高人民法院向各省、自治区、直辖市高级人民法院、解放军军事法院电传发出《最高人民法院关于重申审判机关和法院干警不得经商、办企业的通知》。

30日 祝铭山副院长向中央政法委员会举办的第一期全国各地（市）级政法委领导干部培训班学员作报告，介绍人民法院工作情况以及为加快改革开放和经济建设服务的主要措施。

30日至7月5日 林准副院长赴云南省调查了解审理毒品犯罪案件和禁毒工作的情况。

7　月

2日 任建新院长、祝铭山、端木正副院长出席中国高级法官培训中心培训部第一期进修部第二期结业典礼。任建新院长作了讲话。

3日、4日 马原副院长在人民大会堂参加王汉斌副委员长主持召开的全国人大法律委员会、财政委员会的主任委员、法制工作委员会副主任联席会议，讨论税收征管方面的有关问题。

4日 最高人民法院向全国地方各级人民法院、各级军事法院、各铁路运输中级法院和基层法院、各海事法院发出《最高人民法院关于印发任建新院长在中国高级法官培训中心培训部第一期进修部第二期结业典礼上的讲话的通知》。

6日至9日 最高人民法院研究室在云南省昆明市召开全国部分法院贯彻《关于禁毒的决定》座谈会。参加会议的有云南、广东、四川、贵州、甘肃、陕西、内蒙古高级人民法院及成都、兰州铁路运输中级法院的院长、庭长。林准副院长出席会议并讲了话。

7日 华联奎副院长主持召开审判委员会第546次会议，讨论了3件刑事案件和2件民事案件。

同日 华联奎副院长会见并宴请以副院长披尼为团长的泰国中央上诉法院代表团。

8日 任建新院长出席乔石同志主持召开的中央政法委员会会议，研究政法战线落实邓小平同志南巡重要谈话精神的汇报提纲。祝铭山副院长参加了会议。

10日 华联奎副院长主持召开审判委员会第547次会议，讨论了5件刑事案件。

11日 任建新院长主持召开党组扩大会议，研究法院系统贯彻落实邓小平同志南巡重要谈话精神的具体措施。

13日 华联奎、祝铭山副院长和项华同志主持召开教育厅、业大总校、法官培训中心、人事厅、计财局、管理局等单位的负责同志会议，研究1993年地方法院院长换届后新任院长的岗前培训问题。

14日 最高人民法院向全国地方各级人民法院、各级军事法院、各铁路运输中级法院和基层法院、各海事法院发出《最高人民法院印发关于适用〈中华人民共和国民事诉讼法〉若干问题的意见的通知》。

同日 《人民法院报》试刊号第一期出版。

15日 项华同志及人事厅副厅长陈之

玮、潘克靖与中央统战部一局副局长李均田等商谈民主党派成员和无党派人士担任人民法院特约陪审员的有关问题。

17日　华联奎副院长主持召开审判委员会第548次会议，讨论了2件刑事案件。

18日　最高人民法院向全国地方各级人民法院、各级军事法院、各铁路运输中级法院和基层法院、各海事法院发出《最高人民法院关于印发林准副院长在全国法院审理经济犯罪案件工作会议上的讲话的通知》。

20日　中央政治局常务委员会听取中央政法委员会关于加强政法工作，更好地为改革开放和经济建设服务的汇报。任建新院长列席了会议。

同日　华联奎副院长主持召开全国高级人民法院上半年经济审判情况电话汇报会议。

21日　最高人民法院就安徽省高级人民法院的请示，作出《关于中级人民法院判处死刑，被告人不上诉，高级人民法院复核同意，报请最高人民法院核准的案件是否制作裁定书问题的批复》，并抄送各省、自治区、直辖市高级人民法院。

22日至8月1日　阿根廷最高法院院长多·莱维内率阿根廷最高法院代表团应邀来我国访问。任建新院长会见并宴请多·莱维内院长一行，并同阿根廷最高法院代表团进行了工作会谈，双方还签订了中阿两国最高法院司法交流议定书。乔石同志会见了阿根廷客人。林准副院长参加了会见、工作会谈和签字仪式。

25日　任建新院长就法院工作如何为加快改革开放和经济建设服务问题接受了新华社和《人民日报》记者的采访。任建新院长强调指出，为加强改革开放和经济建设服务，是当前法院工作的根本出发点。人民法院将通过审判工作，对有利于解放和发展生产力的行为，依法予以保护；对不利于解放和发展生产力的行为，依法予以限制；对破坏解放和发展生产力的行为，依法予以制裁。

27日　任建新院长听取经济庭上半年工作汇报。华联奎副院长参加了会议。

28日　任建新院长主持召开党组扩大会议，传达中央政治局会议审议中央政法委员会关于“加强政法工作，更好地为改革开放和经济建设服务”汇报的精神，研究落实最高人民法院党组“关于学习贯彻邓小平同志南巡重要谈话和中央政治局全体会议精神的报告”中所提出的各项工作任务的具体措施。

29日　祝铭山副院长会见了马来西亚反贪污局局长苏尔克夫里·默罕默德一行。

31日　中央党校国家机关分校最高法院进修班第七期举行毕业典礼。马原副院长到会讲话并颁发毕业证书。

同日　最高人民法院、最高人民检察院、公安部、外交部、司法部、财政部联合向各省、自治区、直辖市高级人民法院、人民检察院、公安厅（局）、人民政府外事办公室、司法厅（局）、财政厅（局）发出《关于强制外国人出境的执行办法的规定》。

8　月

1日　最高人民法院向各省、自治区、直辖市高级人民法院，解放军军事法院发出《最高人民法院关于认真学习宣传贯彻执行〈中华人民共和国妇女权益保障法〉的通知》。

3日至23日　任建新院长在吉林省和大连市考察法院工作。考察期间，任建新强调，各级法院要认真学习贯彻邓小平同志南巡重要谈话和中央政治局全体会议精神，解放思想，转变观念，增强服务意识，各项审判工作都要更好地为改革开放和经济建设服务，同时，要进一步加强法院自身的改革，大力加强队伍建设。

3日　最高人民法院向各省、自治区、直辖市高级人民法院、解放军军事法院电传发出《关于严厉打击生产和经销假冒伪劣商品的犯罪活动的通知》。

5日至7日　《人民法院报》通联工作会议在杭州市召开。林准副院长出席会议并讲了话。

6日至10日　全国铁路运输法院审判工作会议在哈尔滨市召开，端木正副院长主持会议并作了题为《进一步发挥铁路运输法院的审判职能作用，为铁路运输保驾护航》的讲话。有关高级人民法院的副院长、铁路运输中级法院和部分铁路运输基层法院院长参加了会议。

8日　华联奎、祝铭山副院长及研究室主任周道鸾、办公厅主任李玉成向全国人大内务司法委员会汇报法院上半年工作。

9日至12日　全国法院司法警察警衔评授工作座谈会在大连市召开。项华同志出席会议并讲了话。各省、自治区、直辖市高级人民法院、计划单列市中级人民法院的政治部（处）主任或警衔办公室负责人参加了会议。

12日　华联奎副院长及办公厅主任李玉成、人事厅副厅长陈之玮听取军事法院院长侯固、副院长张振民关于军事法院案件管辖范围的汇报。

12日至17日　应蒙古最高法院的邀请，端木正副院长率最高人民法院代表团前往乌兰巴托进行友好访问。

13日　祝铭山副院长出席首都法学、法律界《中国改造罪犯的状况》座谈会，并以《我国法院适用刑罚中的人权保障》为题作了发言。

15日　祝铭山副院长出席北京大学、（香港）树仁学院法律学专业文凭及学位教育第二届毕业典礼。

18日至23日　端木正副院长在内蒙古自治区了解法院工作情况。

19日、24日　马原副院长参加全国人大法律委员会召开的讨论税收征管法（草案）的会议。

20日　华联奎副院长出席最高人民法院经济庭与国家科委法规司联合举办的技术合同法培训班的开幕式。

23日至30日　祝铭山副院长在内蒙古自治区高级人民法院、河北省张家口地、市中级人民法院进行调查研究。

25日　林准副院长主持召开审判委员会第549次会议，讨论了6件刑事案件。

28日　华联奎副院长主持召开审判委员会第550次会议，讨论并决定了《最高人民法院公报》1992年第三期刊登的内容。

29日　最高人民法院召开全国法院电话会议，进一步部署创办《人民法院报》的有关事宜。任建新院长就办好《人民法院报》作了重要讲话，林准副院长就下一步工作提出了要求。华联奎、端木正副院长出席了会议。各省、自治区、直辖市高级人民法院和解放军军事法院以及各计划单列市和省会市中级人民法院的院长或副院长，《人民法院报》驻各地记者站站长参加了电话会议。

同日　马原副院长召集我院台湾事务办公室的有关同志，讨论《人民法院执行涉台法律规范性文件的主要情况和对加强涉台立法工作的建议（稿）》。

同日　最高人民法院向各省、自治区、直辖市高级人民法院、解放军军事法院发出《最高人民法院关于在执行经济纠纷案件中严禁违法拘留人的通知》。

9　月

1日　华联奎副院长主持召开审判委员会第551次会议，讨论了7件刑事案件。

同日　最高人民法院党校第八期进修班举行开学典礼。机关党委副书记刘培勤和人事厅副厅长潘克靖到会并讲了话。

同日　最高人民法院向全国地方各级人民法院、各级军事法院、各铁路运输中级法院和基层法院、各海事法院发出《最高人民法院关于印发端木正副院长在全国铁路运输审判工作会议上的讲话的通知》。

1日至9日　马原副院长出席吉林省高

级人民法院举办的全省法院民事审判规范化经验交流会。

3日　祝铭山副院长出席中国高级法官培训中心举行的教师节座谈会。

3日至14日　端木正副院长前往尼日利亚出席第六届国际上诉法院法官会议。

5日　任建新院长主持召开党组扩大会议，研究确定在党的十四大后召开一次法院工作会议，讨论并原则通过《最高人民法院关于实行岗位责任制考评办法（稿）》，确定从1992年第四季度起试行。

7日　任建新院长出席乔石同志主持召开的中央政法委员会会议。祝铭山副院长参加了会议。

同日　华联奎副院长主持召开审判委员会第552次会议，讨论了3件刑事案件。

9日　华联奎副院长会见比利时——中国法律家交流协会主席艾克率领的访华团，宾主相互介绍了各自的司法工作情况。

11日　任建新院长，华联奎、祝铭山、马原、谢安山副院长，项华同志与法院系统1992年秋季中央党校进修班的部分学员进行座谈，听取他们对法院工作的意见和建议。

12日　最高人民法院机关党委召开第二十九次会议，通报了中央国家机关党代表会议关于选举党的十四大代表的选举结果，马原同志和李玉成同志当选为党的十四大代表。

12日至18日　林准副院长率最高人民法院代表团赴罗马尼亚访问。

13日至19日　全国法院"两庭"建设会议在贵州省召开。华联奎副院长出席会议并在会议开始和结束时讲了话。各省、自治区、直辖市高级人民法院的主管院领导、计划财务装备处（司法行政处）的负责同志及省级计委、财政部门的有关负责同志参加了会议。

14日　任建新院长出席国家版权局举办的中国版权制度国际研讨会并致开幕词。中午，会见并宴请世界知识产权组织总干事鲍格胥博士。马原副院长参加了会见和宴请。15日，江泽民总书记会见了鲍格胥博士。

15日　任建新院长出席全国法院系统首届岗前培训班开学典礼并讲了话。祝铭山、马原副院长和项华同志参加了开学典礼。

15日至22日　全国法院诉讼文书工作会议暨培训班在威海市召开。祝铭山副院长出席会议并讲了话。各省、自治区、直辖市高级人民法院办公室和刑事、民事、经济、行政审判庭的负责同志出席了会议。

17日　最高人民法院向各省、自治区、直辖市高级人民法院发出《最高人民法院关于转发〈国务院批转公安部评定授予人民警察警衔实施办法的通知〉的通知》。

18日至10月3日　项华同志在新疆调查研究新疆生产建设兵团法院的法律地位等问题。

19日　司法部、最高人民法院、外交部向有关人民法院、驻外使领馆、司法厅（局）发出《关于印发〈关于执行海牙送达公约的实施办法〉的通知》。

20日至27日　华联奎副院长赴四川、湖北两省考察"两庭"建设的情况。

22日　任建新院长在人民大会堂会见并宴请香港首席按察司杨铁樑夫妇。马原、端木正副院长参加了会见。

同日　马原副院长及人事厅副厅长潘克靖参加国务院警衔评定协调小组第一次会议。

25日　任建新院长出席由乔石同志主持召开的中央社会治安综合治理委员会第七次全体会议。祝铭山副院长参加了会议。

同日　祝铭山副院长会见澳大利亚北方领土总督、前北方领土首席法官阿谢夫妇一行。

同日　最高人民法院向各省、自治区、直辖市高级人民法院、解放军军事法院发出《最高人民法院关于严惩走私犯罪活动的通知》。

28日　最高人民法院在人民大会堂举行庆祝《人民法院报》创刊暨新闻发布会。华联奎、林准、祝铭山、端木正副院长出席会议，林准副院长在会上讲了话。国家新闻出版署署长宋木文、中央政法委员会副秘书长束怀德、中国法学会副会长朱剑明、北京市高级人民法院院长刘云峰等在会上发了言。最高人民检察院、公安部、司法部、邮电部以及中央国家机关、首都新闻单位的代表和我院各单位负责同志参加了会议。

10　月

1日　《人民法院报》正式创刊。在创刊号上，刊登了江泽民总书记为报纸题写的报名和李鹏、李先念、乔石、薄一波、江华、彭冲、雷洁琼、王汉斌、马文瑞、郑天翔等领导同志为报纸创刊的题词。任建新院长为报纸撰写了发刊词。

4日　最高人民法院向全国地方各级人民法院、各级军事法院、各铁路运输中级法院和基层法院、各海事法院发出《最高人民法院关于印发项华同志在全国法院司法警察警衔工作座谈会上的讲话的通知》。

4日至11日　马原副院长应邀赴美参加第十四届全美女法官协会年会。

8日　华联奎副院长会见并宴请由最高法院大法官特奥多罗·帕迪利亚率领的菲律宾司法代表团。

同日　林准副院长主持电话会议，表彰1992年《人民法院报》发行工作先进单位，对1993年度发行工作进行了动员部署。

8日至12日　最高人民法院技术局和中国法医学会法医临床学专业委员会在江西省九江市联合召开了第二届全国法医临床学学术交流会。25个省、自治区、直辖市的190名法医工作者参加了会议。

9日　华联奎副院长主持召开我院各局级单位负责人会议，明确了岗位责任制考评办法从1992年第四季度开始试行。

同日　最高人民法院向各省、自治区、直辖市高级人民法院发出《最高人民法院关于印发华联奎副院长在第三次全国法院集中清理委托执行案件工作电话会议上的讲话（摘要）的通知》。

10日　华联奎副院长主持召开审判委员会第553次会议，讨论了8件刑事案件。

12日至18日　任建新、马原、谢安山、李玉成同志出席中国共产党第十四次全国代表大会。项华同志列席了会议。在十四大上，任建新同志当选为中央委员会委员，谢安山同志当选为中央纪律检查委员会委员。在党的十四届一中全会上，任建新同志当选为中央书记处书记。

13日　华联奎副院长主持召开审判委员会第554次会议，讨论了6件刑事案件。

14日至23日　卢森堡国务委员会名誉主席、最高行政法院国际协会主席托恩及其夫人来华访问。任建新院长在钓鱼台国宾馆会见并宴请了托恩夫妇。祝铭山副院长同托恩举行了工作会谈。马原副院长参加了会见和宴请。

15日　华联奎副院长主持召开审判委员会第555次会议，讨论了8件刑事案件。

同日　最高人民法院向各省、自治区、直辖市高级人民法院发出《最高人民法院印发〈关于司法警察警衔授予和晋级批准权限的规定〉的通知》。

16日　最高人民法院向全国地方各级人民法院、各级军事法院、各铁路运输中级法院和基层法院、各海事法院发出《最高人民法院关于印发华联奎副院长在全国法院“两庭”建设会议上的讲话的通知》。

17日　最高人民法院向全国地方各级人民法院、各级军事法院、各铁路运输中级法院和基层法院、各海事法院发出《最高人民法院关于印发任建新院长关于试行法院诉讼文书样式工作的指示的通知》。

18日　最高人民法院向各省、自治区、直辖市高级人民法院、解放军军事法院发出《最高人民法院关于认真学习贯彻党的十四大精神的通知》。

19日　任建新院长接见出席中共十四大的法院系统代表，华联奎、林准、祝铭山、马原、谢安山副院长和项华同志参加了接见。

21日　任建新院长出席由乔石同志主持召开的中央政法委员会会议。

同日　祝铭山副院长出席中国高级法官培训中心在厦门市举办的行政法研讨班开学仪式。

22日　任建新院长主持召开全院处级以上干部会议，传达贯彻党的十四大精神。任建新说，十四大是我们党历史上继七大之后的又一次极其重要的大会。他要求各级人民法院要认真学习、深刻领会、坚决贯彻十四大精神，用建设有中国特色的社会主义理论武装全体法院干警头脑，保障和促进社会主义现代化建设的顺利进行。马原副院长传达了十四大会议盛况，并对机关学习活动作了具体布置和安排。谢安山副院长、李玉成主任分别介绍了参加十四大会议的体会。

23日　任建新院长主持召开会议，研究第十六次法院工作会议主报告的起草事宜。

23日至31日　由列别捷夫院长率领的俄罗斯最高法院代表团应邀来华访问。任建新院长会见并宴请了该代表团。华联奎副院长同列别捷夫院长举行了工作会谈。24日，乔石同志在人民大会堂会见该代表团。30日，任建新院长到钓鱼台国宾馆同列别捷夫话别。

25日至11月2日　由卡迈勒·安瓦尔·穆罕默德院长为团长的埃及最高法院代表团来华访问。任建新院长主持双方工作会谈。26日，乔石同志在钓鱼台国宾馆会见该代表团全体成员。任建新院长会见并宴请该代表团，林准副院长参加了会见和宴请活动。

27日至11月9日　祝铭山副院长率中国高级法官培训中心教师代表团赴美国进行考察活动。

28日　最高人民法院向地方各级人民法院、各级军事法院、各铁路运输中级法院和基层法院、各海事法院发出《最高人民法院印发〈关于做好司法警察警衔评定授予工作的意见〉的通知》。

29日　马原副院长及民庭、经济庭有关同志向全国人大内务司法委员会汇报民事诉讼法的贯彻执行情况和执行工作情况。

31日　任建新院长主持会议，听取了《法官条例》起草小组关于《法官条例》起草工作的情况汇报。

11　月

2日　林准副院长在我院会见了英国前副首相、前外交大臣杰佛里·豪一行。

3日至10日　由伊斯曼特·奥贾克丘奥卢为院长的土耳其上诉法院代表团来华访问。马原副院长同该代表团举行工作会谈。4日，乔石同志接见该代表团，任建新院长、马原副院长会见时在座。

10日　华联奎副院长主持召开审判委员会第556次会议。原则通过了最高人民法院、最高人民检察院联合下发的《关于办理盗窃案件具体应用法律的若干问题的解释》、《关于执行〈关于严禁卖淫嫖娼的决定〉的若干问题的解答》、《关于执行〈关于严惩拐卖、绑架妇女、儿童的犯罪分子的决定〉的若干问题的解答》3个文稿，还讨论了关于判决宣告后又发现被判刑的犯罪分子的同种漏罪如何处理的问题。

11日至13日、21日　任建新院长主持召开会议，研究第十六次全国法院工作会议主报告的起草事宜。

11日至24日　由鲍格达内斯库院长率领的罗马尼亚最高法院代表团来华访问。任建新院长会见并宴请鲍格达内斯库一行。林准副院长陪同参观访问。

12日　端木正副院长宴请蒙古国最高法院第一副院长策伦道尔吉一行。

14日　最高人民法院、最高人民检察院、公安部联合向各省、自治区、直辖市高级人民法院、人民检察院、公安厅（局）发出《关于依法文明管理看守所在押人犯的通知》。

14日至16日　最高人民法院在上海市举办了“未成年人犯罪的预防、审判和矫治国际研讨会”。应邀参加会议的有亚、欧、非、北美、拉美五大洲30个国家、地区和国际组织的51名法官、检察官、律师、专家、官员。我国各省、自治区、直辖市高级人民法院和有关单位的代表70余人参加了会议。任建新院长向大会发了贺信，林准副院长主持了开幕式并致欢迎词。18日，任建新院长会见并宴请了参加该研讨会的伊朗第一副总检察长哈桑·法克白瑞一行，并于19日会见并宴请了参加此研讨会的部分代表。

15日　最高人民法院民庭在北京市昌平县召开了有关民事法律司法解释意见稿征求意见座谈会，马原副院长参加了会议。部分高级人民法院主管副院长和民庭负责同志及法学专家参加了会议。

17日　澳大利亚议员团来访我院，办公厅主任李玉成，外事局副局长赵松岭、研究室研究员陈建国、郭群接待并与其座谈。

18日　最高人民法院举行关于打击假冒伪劣商品案件的新闻发布会，祝铭山副院长就核准制造、销售假茅台酒案犯罗德明死刑的问题讲了话。首都主要新闻单位的记者参加了发布会。

同日　最高人民法院向全国地方各级人民法院、各级军事法院、各铁路运输中级法院和基层法院、各海事法院印发《关于做好司法警察警衔评定授予工作的补充意见的通知》。

同日　最高人民法院向各省、自治区、直辖市高级人民法院、解放军军事法院、各海事法院发出《关于学习宣传和贯彻执行〈中华人民共和国海商法〉的通知》。

20日　任建新院长主持党组会，研究了我院组建政治部等事宜。

21日　首届全国法院书法绘画展览评审委员会对300余件参展作品进行评选，评出获奖作品89件。任建新院长、林准副院长会见了评审委员会的著名书画家。

24日　华联奎副院长主持召开审判委员会第557次会议，讨论了8件刑事案件。

24日至28日　12省市区高级法院假释工作座谈会在杭州市召开，祝铭山副院长出席会议并讲了话。有关高级法院主管假释工作的院长或副院长、庭长或副庭长出席了会议。

25日　最高人民法院向全国地方各级人民法院、各级军事法院、各铁路运输中级法院和基层法院、各海事法院印发《关于房地产案件受理问题的通知》。

26日　华联奎副院长主持召开审判委员会第558次会议，讨论了8件刑事案件。

28日　任建新院长出席中央政法委员会全体会议。

30日　首届全国法院书法绘画展览在中国革命博物馆隆重开幕。中央书记处书记、最高人民法院院长任建新、全国政协副主席马文瑞、原最高人民法院院长郑天翔出席展览开幕式并剪彩。林准副院长致开幕词。华联奎副院长、项华同志出席开幕式。

12　月

1日　最高人民法院与公安部联合向各省、自治区、直辖市高级人民法院、公安厅（局）发出《关于处理道路交通事故案件有关问题的通知》。

1日至5日　部分高级人民法院行政庭庭长参加的行政审判工作座谈会在北京市昌平县召开，马原副院长出席了会议。

4日　林准副院长、项华同志召集各庭、厅、室负责同志等讨论修改《中华人民共和国人民法院组织法（修改四稿）》。

同日　最高人民法院向各省、自治区、直辖市高级人民法院，解放军军事法院，各海事法院发出《关于设立宁波海事法院的决定》。

5日　任建新院长主持会议，研究第十六次法院工作会议主报告的修改事宜。

7日　华联奎副院长主持召开审判委员会第559次会议，讨论确定了《最高人民法院公报》1992年第四期刊登的材料。

8日　林准副院长参加朱镕基副总理主持召开的国务院第117次常务会议，讨论《关于惩治劫持航空器、船舰犯罪的补充规定》等3个法律草案。

9日　任建新院长出席并主持中央社会治安综合治理委员会全体会议。

同日　祝铭山副院长、项华同志出席中组部常务副部长赵宗鼐召集的全国法院领导干部首届岗前培训班学员座谈会，祝铭山副院长在会上讲了话。

10日　林准副院长主持《人民司法》编委会会议，讨论如何进一步办好《人民司法》杂志的有关问题。

11日　祝铭山、马原副院长和项华同志出席全国法院领导干部首届岗前培训班学员结业座谈会，祝铭山副院长在会上讲了话。

同日　最高人民法院、最高人民检察院联合向各省、自治区、直辖市高级人民法院、人民检察院、解放军军事法院、军事检察院发出《关于执行〈全国人民代表大会常务委员会关于严惩拐卖、绑架妇女、儿童的犯罪分子的决定〉的若干问题的解答的通知》、《关于执行〈全国人民代表大会常务委员会关于严禁卖淫嫖娼的决定〉的若干问题的解答的通知》和《关于办理盗窃案件具体应用法律的若干问题的解释的通知》。

12日　最高人民法院审判法庭奠基典礼隆重举行。中央书记处书记、最高人民法院院长任建新在典礼上作了重要讲话。华联奎副院长主持典礼仪式。原最高人民法院院长郑天翔、全国人大内务司法委员会副主任邹瑜，全国政协常委、法制委员会副主任林亨元、最高人民检察院副检察长梁国庆、国家计委副主任芮杏文、建设部副部长干志坚、北京市常务副市长张百发和林准、祝铭山、马原副院长，项华同志，原副院长曾汉周、王怀安、宋光出席了奠基典礼。

14日　马原副院长在我院同最高人民检察院副检察长梁国庆商谈检察机关对民事案件、行政案件的抗诉问题。

14日至19日　任建新同志主持召开全国政法工作会议，并在会上作了题为《以十四大精神为指针，加强和改革政法工作》的报告。林准副院长出席了会议。

19日　任建新同志主持召开全国社会治安综合治理工作先进集体表彰大会，林准副院长出席了会议。

21日至27日　第十六次全国法院工作会议在北京召开。各省、自治区、直辖市高级人民法院、解放军军事法院院长，各直辖市、计划单列市、经济特区市、省会（首府）市中级人民法院院长，各海事法院、铁路运输中级法院院长，获集体一等功的中级法院、基层法院院长和人民法庭庭长，最高人民法院各庭、厅、室、局负责人出席了会议。中央有关部门和在京政法院校的代表应邀出席了会议。会议的主要任务是，在党的十四大精神指导下，研究部署今后一个时期人民法院的工作任务，动员全国法院干警统一思想，提高认识，振奋精神，努力做好审判工作和其他各项工作，更好地为加快改革开放和现代化建设服务。会议开幕时，任建新院长作了题为《进一步全面加强审判工作，更好地为加快改革开放和现代化建设服务》的报告。会议结束时，任建新院长讲了话，华联奎副院长作了会议总结。26日下午，中共中央总书记江泽民、政治局常委李鹏、乔石，在任建新院长的陪同下，在人民大会堂亲切接见了参加该会议的全体代表，并在与全体代表合影留念后，分别作了重要指示。参加接见的还有全国人大常委会副委员长王汉斌、最高人民检察院检察长刘复之、原最高人民法院院长郑天翔、全国人大内务司法委员会副主任邹瑜、司法部部长蔡诚、中国人民解放军总政治部主任助理周子玉、中央政法委员会副秘书长束怀德等。

23日 项华同志及人事厅副厅长陈之玮等应邀就开发区、保税区设立审判机构问题答人民日报(海外版)、中央人民广播电台对外部、中国新闻社记者问。

25日 项华同志及人事厅副厅长陈之玮等就法院机构、编制问题与中央编委办公室王善述副司长等交换意见。

26日 最高人民法院在北京市高级法院举行了法院系统司法警察授衔仪式。林准副院长主持授衔仪式。在授衔仪式上,法院系统共有429名法警被授予三级警监和一至三级警督警衔。任建新院长向被授衔的法警代表颁发了警衔命令证书;谢安山副院长向最高人民法院被授予警员、警司警衔的法警代表颁发了警衔命令证书。任建新院长在授衔仪式上作了重要讲话。华联奎、祝铭山、马原、端木正副院长,项华同志,原副院长何兰阶、曾汉周、王怀安、宋光和各省、自治区、直辖市高级人民法院、解放军军事法院院长参加了授衔仪式。

29日 华联奎副院长主持召开审判委员会第561次会议,讨论了《关于审理专利纠纷案件若干问题的解答(稿)》和5件刑事案件。

同日 祝铭山副院长出席中国高级法官培训中心进修部第三期学员结业典礼。

30日 任建新院长在人民大会堂出席电视系列剧《特区法官》首映式,并作了讲话。会前,任建新院长陪同乔石同志接见了剧组部分成员。

31日 最高人民法院向各省、自治区、直辖市高级人民法院、解放军军事法院发出《最高人民法院印发〈关于审理专利纠纷案件若干问题的解答〉的通知》。

高级人民法院

北京市高级人民法院

1月14日 北京市高、中级人民法院新址确定为:北京市石景山区石景山路16号,邮政编码:100039。

1月20日 北京市高级人民法院院长刘云峰主编的《办案必读——审判实务860问》一书,在北京市第二届哲学社会科学优秀成果评奖活动中荣获二等奖。该书由人民法院出版社出版后,受到广大法律工作者的好评。

1月23日 市中级人民法院对李文华等9名严重经济罪犯公开宣告了一审判处结果。

单独或结伙贪污人民币63万余元、得赃款43万余元、行贿8952元的北京市城区第五建筑工程股份有限公司原经理李文华,受贿索贿60万余元、贪污公款6万余元的中国华阳技术贸易公司贸易部贸易处原项目经理刘淑兰,单独或结伙贪污73.5万余元的北京清河牛皮癣专科医院原院长助理兼采购员庞顺财,均被判处死刑,剥夺政治权利终身。与他人勾结贪污公款96万余元、行贿近4万元、受贿2000元的北京市煤炭总公司三厂原供应科业务员窦武斌，贪污公款12万余元的北京国际艺苑服务有限公司广告艺术部原副经理王若鹏，贪污28万余元的北京市朝阳区建华木制品厂原副厂长苏重九，贪污公款20万余元的中国银行北京分行崇文支行崇文门分理处外币组组长盖京龙，因具有携带赃款投案自首或主动坦白交待全部犯罪事实，积极退赃或检举他人犯罪有立功表现等情节，被分别依法从宽判处死缓、无期徒刑、十年以上有期徒刑，并剥夺了相应期限的政治权利。

宣判后，市纪委、市廉政建设领导小组、市政法委员会联合召开了市党政领导干部大会，各区、县、局、总公司、高等院校的有关负责同志600余人参加了会议。

1月29日　在石景山体育馆召开的宣判大会上，市中级人民法院宣告了市高级人民法院下达的对张文华等12人执行死刑的命令，会后，12名罪犯被押赴刑场执行枪决。张文华等12名罪犯，分别结伙在1989年8月至1990年7月间，先后窜至本市城区及河南省安阳等地抢劫12起，他们持械入室掠取财物，并轮奸1名妇女，抢得现金及财物共价值人民币29.5万余元；他们盗窃作案23起，窃得现金及财物共价值人民币7.17万余元。这是本市罕见的重大案件。

2月2日　最高人民法院院长任建新、市委副书记李其炎，在最高人民法院办公厅主任李玉成，市委常委兼政法委书记汪统、副书记盛连刚，市政府副秘书长杨登彦的陪同下，来到新落成的市高、中级法院办公大楼慰问法院干警。

同日　最高人民法院副院长华联奎到通县人民法院和该院漷县人民法庭，慰问基层法院干警。

2月19日至22日　市高级法院召开北京市法院院长会议。这次会议的主要任务是：贯彻全国高级法院院长会议精神，结合实际，部署全市法院1992年的工作。19日，市高级人民法院院长刘云峰作了题为《努力做好审判工作，充分发挥人民法院的职能作用，维护社会稳定，为首都的经济发展服务》的报告；市委常委、市委政法委书记汪统同志到会并讲话。

2月20日　在首都社会治安综合治理表彰大会上，宣武区人民法院、市中级人民法院刑一庭、朝阳区人民法院夏俭军、门头沟区人民法院高帮利、昌平县人民法院沈桂荣、太原铁路运输法院刘泾因在1991年首都社会治安综合治理工作中作出显著成绩，被分别命名为先进集体和先进个人，受到表彰和奖励。

2月25日　在首都精神文明建设先进单位命名表彰大会上，市高、中级人民法院被命名为1991年度首都文明单位。同时被命名的还有宣武区人民法院、崇文区人民法院、昌平县人民法院、朝阳区人民法院双桥人民法庭。

2月28日　海淀区人民法院召开未成年人缓刑监改工作汇报会，最高人民法院副院长林准、市高级人民法院副院长唐占蕴到会并分别作了讲话。海淀区委、区人大等有关方面领导出席了会议，人民日报、新华社等新闻单位记者应邀到会。会上，海淀区人民法院院长左兵作了题为《贯彻教育、挽救的方针，做好未成年人缓刑监改工作》的汇报，正在缓刑考验期的未成年人及他们的家长、帮教组织负责人共7人发了言。

汇报会后，最高人民法院副院长林准等领导参观了海淀区法院举办的《少年法庭工作事迹展》，并为少年法庭写下了“加强少年法庭工作是综合治理青少年犯罪的重要一环”的题词。

3月3日至5日　市高级法院召开全市法院系统思想政治工作会议。会议的任务是：认真贯彻中央、市委和最高人民法院召开的有关政治工作的会议精神，落实全市法院院长会议精神，明确1992年思想政治工作的主要任务；统一认识，狠抓落实，进一步加强全市的法院队伍建设。市高级人民法院院长刘云峰作了题为《统一认识，狠抓落实，进一步加强人民法院队伍建设》的讲话；市委常委、市委政法委书记汪统和市国家机关工委常务副书记乔世信到会并讲话。最高人民法院、市委政法委、市廉政办、市国家机关工委有关部门的同志也出席了会议。

3月5日　市高级人民法院对原国家计划委员会生产调度局副局长王秀英受贿一案作出终审裁定：驳回上诉，维持原判。

经查，王秀英在国家经委经济技术协作局任总经济师期间，受贿1.5万美元。案发后，王退还了全部赃款并偿还了利息。市中级人民法院以王秀英犯受贿罪，判处其有期徒刑十二年，剥夺政治权利二年。王以原判量刑过重等为理由，提出了上诉。

3月6日　在全国人大常委会作出《关于加强社会治安综合治理的决定》一周年之际，首都社会治安综合治理委员会邀请在京的部分新闻单位的记者，参加了市高级人民法院主办的新闻发布会。刘云峰院长在会上作了题为《贯彻人大常委会“决定”，积极参与社会治安的综合治理，为首都的稳定作贡献》的讲话。会上，在综合治理工作中作出成绩的海淀、宣武、朝阳、石景山、门头沟、平谷等区、县法院和北京铁路运输中级法院及市中级法院刑一庭的负责同志向记者们提供了有关材料并回答了他们提出的问题。

3月14日　中共中央政治局委员、中共北京市委书记李锡铭，市委常委兼市委秘书长欧阳文安上午来到北京市高、中级人民法院新办公大楼视察。在市高级人民法院院长刘云峰、市中级人民法院院长纪树翰的陪同下，参观了法院大、中、小法庭和演播室、监控室、暂看室等设施。参观后，李锡铭等市领导对新楼的设施、质量表示满意，并亲切地询问了法院迁入新址后的困难及解决的情况，刘云峰、纪树翰同志一一作了汇报。当听到法院因距市中心较远，在提押人犯、子女送托和干警住房方面存在较大困难时，李锡铭同志表示理解，并赞同法院在当地建看守所、托儿所、干警宿舍。

3月23日至26日　市高级人民法院召开北京市审判经济犯罪案件工作会议，参加会议的有高、中级法院、各区、县法院和北京铁路运输两级法院主管刑事审判工作的院长、刑庭庭长等负责人100余人。最高人民法院刑一庭庭长王永成、市委政法委副书记盛连刚应邀出席会议并讲了话。

4月7日　北京市东城区人民法院召开惩处非法倒卖公房使用权案件宣判大会，宣告了4案6犯的犯罪事实和判处结果。广大群众热烈拥护人民法院对“房贩子”的依法惩处。中央和北京的新闻单位分别作了报道。

4月11日　上午，最高人民法院原院长郑天翔来到北京市高、中级人民法院新办公大楼视察。在刘云峰院长的陪同下，郑老兴致勃勃地观看了审判法庭、办公楼等设施。参观后，郑老和刘云峰等同志进行了交谈。郑老详细地询问了北京市法院审理案件的情况，还非常关心法院干警的工作和生活。

5月3日　市高级人民法院对陶义诉北京地铁地基公司专利权归属纠纷案作出终审判决，依法判决“钻孔压浆成桩法”发明专利权归陶义所有。

陶义是北京地铁地基公司原经理，他于1984年4月研究出“钻孔压浆成桩法”的技术方案，1988年2月获得中国专利局批准的非职务发明专利权。同年6月，陶义辞职离开了地基公司，地基公司对“钻孔压浆成桩法”的专利所有权提出异议。1989年1月北京市专利管理局审查后确认这一发明专利为职务发明，专利权由地基公司所有。陶义不服，于当年11月向市中级人民法院起诉，请求保护其发明专利权。市中级人民法院经审理判决，认定“钻孔压浆成桩法”发明专利权归陶义和地基公司共有。陶义不服一审判决，向市高级人民法院提出上诉。市高级人民法院经审理认为：“钻孔压浆成桩法”是陶义多年从事地基工程工作的经验总结，不是单位交付的任务；地基施工也不应认为是陶义所任职务职责范围内的工作。故依法撤销一审判决，改判“钻孔压浆成桩法”发明专利权归陶义所有。宣判后，中央电视台和北京等新闻单位作了报道。在社会上引起较大反响，说明合法的专利权能够得到国家法律的有效保护。

5月26日　市中级人民法院召开宣判大会，宣布了董世增等9名罪犯开枪拒捕、伤害公安人员一案的判处结果。

董世增等9名罪犯，多数劣迹累累，曾受过各种处分，又分别结伙进行流氓、故意伤害、抢劫、非法买卖枪支弹药等犯罪活动。1992年3月11日，当公安机关追捕其中的王连平等人时，董世增等9名罪犯竟公然在繁华的西直门地区持猎枪、藏刀等凶器拒捕，开枪杀伤公安人员和过路行人多人，其中重伤2人，犯罪性质极其恶劣，情节和后果特别严重。经市高级人民法院终审判决和核准，董世增、赵延国、王连平、赵英涛被判处死刑，剥夺政治权利终身；其他罪犯分别被判处应得的刑罚。当日，遵照执行死刑的命令，将董世增等4犯押赴刑场，执行枪决。

6月1日至19日　市高级人民法院举办了第二期计算机基础培训班。市高、中级法院、铁路运输法院及各区、县法院60余人参加了培训。培训班请北京联想计算机集团公司培训部的同志系统讲授了计算机基础知识，学员们边学习边操作，培训结束后进行了严格考核，颁发了结业证书。

6月30日　在市委宣传部、组织部和团市委等14个单位组织的“社会主义好”大型主题教育活动中，市高、中级法院机关团委对全院团员青年进行“社会主义好”的教育活动，取得了较好的效果，被市组委会授予优秀组织奖。

7月5日　在市委政法委的统一协调安排下，全市各级人民法院积极参加了首都18个单位组织的法律咨询日活动。数百名审判人员在10余处咨询站，宣传新中国成立以来的第一部《中华人民共和国妇女权益保障法》。上午9时半，陈慕华、李其炎等领导同志到咨询站慰问。

7月10日　为配合北京市妇女权益保障法宣传月活动，市中级人民法院召开打击残害妇女的犯罪分子的宣判大会，宣告了芦顺义、陈德全等9案12名罪犯的判处结果。会后，遵照执行死刑命令，将芦顺义等6案6犯押赴刑场执行枪决。全国妇联副主席杨衍银、书记处副书记关涛，市委政法委副书记朱一农等领导同志出席了大会，北京市副市长苏仲祥在宣判会后讲了话。

7月21日　北京铁路运输中级法院在临汾铁路分局召开宣判大会，宣布了报复杀害企业领导人的罪犯房济贵一案判处结果。会后，并遵照执行死刑的命令，对房济贵执行枪决。

7月27日至29日　市高级人民法院召开全市法院院长会议，以邓小平同志视察南方重要谈话精神为指导，认真总结上半年工作，交流经验，统一认识，部署下半年任务。市委政法委员会副书记盛连刚同志应邀参加了会议。

9位区、县法院院长在大会上发言，介绍了经验。主要是：一、越是改革开放，越要注意抓好干部队伍建设；二、为经济建设服务，必须充分发挥审判机关的职能作用，从实际出发，拓宽服务领域；三、只要积极努力，“执行难”的问题可以解决。会议结束时，市高级人民法院院长刘云峰讲了话，总结了全市法院上半年工作中取得的成绩，就学习贯彻邓小平同志视察南方重要谈话中的几个认识问题讲了意见，并部署了下半年的工作。

7月30日　为纪念毛泽东同志《在延安文艺座谈会上的讲话》发表50周年和中国共产党建党71周年，市高、中级法院举办的以“人民公仆为人民”为主题的“北京法院首届书法、绘画、摄影艺术比赛”今日落下帷幕。全市法院系统领导干部和干警的作品300余件参赛，经邀请本市有关专家组成的评委会审评，36件作品获奖。

8月6日 市高级人民法院对鲍彤泄露国家重要机密、进行反革命宣传煽动一案作出二审裁定，驳回了鲍彤的上诉，维持一审判决，执行有期徒刑七年，剥夺政治权利二年。

8月12日至18日 由最高人民法院副院长端木正为团长，市高级人民法院院长刘云峰为副团长的最高人民法院代表团对蒙古人民共和国进行了为期7天的友好访问。

9月21日 市中级人民法院为进一步开展反盗窃专项斗争，今日公开宣判一批重大盗窃案犯，郝明等10名严重盗窃罪犯被一审判处死刑，剥夺政治权利终身。

9月25日 市高级人民法院召开大会，为全市法院系统从事法院工作满30年的老同志颁发荣誉证书和奖章。大会由唐占蕴副院长主持，刘云峰院长讲了话，马英代表全体老干部发了言。

最高人民法院院长任建新，市委常委、市委政法委书记汪统，市人大常委会副主任马耀骥，市委顾问委员会常委、北京市高级人民法院原院长薛光华出席了大会，并为234位从事法院工作30年以上的老同志颁发了荣誉证书和奖章。

10月6日至8日 市高级人民法院召开全市法院院长会议，认真贯彻中共中央《关于加强政法工作，更好地为改革开放和经济建设服务的意见》精神。会议认为：要认真贯彻中央文件精神，首先必须抓好对干警特别是骨干力量的思想教育，使干警进一步解放思想、更新观念，树立5个意识，更自觉地做好工作，为改革开放和经济建设服务；第二，努力做好各项审判工作，明确指导思想，贯彻“两手硬”的精神，提高办案质量和效率；第三，加强法院的自身建设，加强廉政、勤政建设，努力提高审判人员的业务水平，搞好法院的改革。

11月9日至11日 市高级人民法院召开北京市法院系统第二次执行工作会议，总结交流经验，推动执行工作更好地开展。会上，刘云峰院长作了题为《进一步解决执行难问题，努力把执行工作做好，在改革开放和经济建设服务中发挥积极作用》的讲话。会议交流了执行工作的经验，讨论了市高级人民法院制定的《关于执行工作若干问题的意见》（讨论稿）和执行案例，参观了执行卷宗展示。

11月13日 市高级人民法院召开了北京市法院第二次行政审判工作会议。会上，市高级人民法院院长刘云峰作了题为《要重视行政审判工作，尽力把行政审判工作做好》的报告。海淀、密云、朝阳等区、县法院和市中级法院介绍了经验，还举办了优秀案件展览。会议下发了《关于计划生育案件受理范围和执行问题的意见》、《关于统一行政案件案由的意见》、《关于行政审判工作中遇到的若干问题的意见》和案例等。

11月14日 市高级人民法院对玄京男、林亮保等假冒北京“同仁堂”商标，制造假牛黄清心丸上诉一案作出了终审裁定，驳回上诉，维持原判，以投机倒把罪分别判处玄京男、林亮保无期徒刑和有期徒刑十五年，其余10名同案犯有期徒刑。

11月21日 市高级人民法院院长刘云峰，在市九届人大常委会第三十七次会议上作《关于市九届人大五次会议代表建议、批评和意见办理情况的报告》。

11月27日 市中级人民法院对大陆首起涉台著作权和专有出版权纠纷案作出终审判决。1988年，台湾女作家靳佩芬（笔名罗兰）将其全部作品在大陆的著作权事宜委托中华版权代理总公司全权代理。1989年1月，该公司代表靳佩芬与深圳市海天出版社签订《罗兰小语》（1—4集）的出版合同，将该书在大陆的专有出版权授予该社。1990年6月，个体书商梁海生未经作者许可，擅自编辑《罗兰人生小语》一书，以中国卓越出版公司名义出版，该书内容全部选自海天出版社出版的《罗兰小语》。靳佩芬和深圳市海天出版社以梁海生等人和中国卓越出版公司侵犯其著作权和专有出版权向本市朝阳区人民法院提起诉讼。朝阳区人民法院审理认为，起诉符合事实有理，判决梁海生赔偿靳佩芬经济损失1.6万元，赔偿深圳市海天出版社经济损失1.4万元；中国卓越出版公司赔偿靳佩芬经济损失2000元，赔偿深圳市海天出版社经济损失3000元；停止侵权行为，不得再版《罗兰人生小语》一书。中国卓越出版公司不服一审判决，提出上诉。市中级人民法院依法审理后，作出驳回上诉，维持原判的终审判决。

12月1日至3日　市高级人民法院召开全市法院负责同志参加的专门会议，对诉讼文书特别是裁判文书新样式的试行工作进行了研究和部署。

12月8日　最高人民法院经济审判庭庭长孙宗颢、执行组组长刘国宏等到市高级人民法院检查集中清理委托执行案件工作的进展情况。据统计，全市各级人民法院两年来共办理外省、市、自治区有关人民法院委托执行的案件821件，已全部或部分执行的737件，占委托执行案件总数的89.7%，执行案款7445万余元。

12月15日　市高级人民法院召开了全市法院刑事申诉工作总结表彰大会，会上印发了5个法院做好刑事申诉工作，发挥审判监督职能，为改革开放和经济建设服务的经验，并对办理上级法院交办案件和刑事申诉工作作出突出成绩的石景山、门头沟、丰台区法院告申庭和崇文区法院申诉庭等4个先进集体和16名先进个人颁发了奖状和奖金，予以表彰。

12月16日至18日　市高级人民法院召开廉政建设工作研讨会，总结交流经验，以推动廉政建设的深入开展。市高级人民法院副院长、纪检组组长张志坚同志在会上作了讲话。海淀、石景山、东城和宣武区法院分别介绍了加强内外监督机制和加强制度建设、思想教育等方面的经验。会议讨论、修改了市高级人民法院监察室工作的几个规范性文件，总结了廉政建设工作情况；研究了1993年的工作部署。

12月23日　建国以来首起新闻出版行政诉讼案——中国城市出版社状告中国新闻出版署一案审结，市中级人民法院裁定准予中国城市出版社撤诉。中国城市出版社以中国新闻出版署《关于停办中国城市出版社的决定》夸大事实真相，处理显失公平为理由，向市中级人民法院提起行政诉讼，请求撤销停办的决定，公开恢复原告名誉，由被告承担相应经济损失，并承担诉讼费用。在审理时，被告未在法定期间内向市中级人民法院提交答辩状及作出该具体行政行为的事实根据和法律依据。后原告以被告于1992年12月2日批准恢复其出版社为由，申请撤诉。市中级人民法院裁定准予撤诉。

12月25日　最高人民法院与北京市高级人民法院联合举行司法警察授衔仪式，中共中央书记处书记、最高人民法院院长任建新、北京市高级人民法院院长刘云峰分别为司法警察的代表颁发了授衔命令和证书。

北京市法院系统的500余名司法警察中，首批接受授衔命令和证书的有234名，其中警督15名，警司194名，警员25名。司法警察实行警衔制度是建国以来的首次。

天津市高级人民法院

3月5日　天津市高级人民法院民庭召开18个区、县法院民庭庭长会议，总结1991

年工作、研究布置1992年主要工作。市高级人民法院副院长薛尚恩与会并讲话。

5月11日 天津市中级人民法院依法对原交通民警大队李七庄中队民警孙成才贪污、受贿、诈骗和巨额财产来源不明案进行一审宣判，判决孙成才犯贪污罪处死刑缓期二年执行，剥夺政治权利终身；犯受贿罪处有期徒刑十三年；犯诈骗罪处有期徒刑一年；犯巨额财产来源不明罪处有期徒刑三年；决定执行死刑缓期二年执行，剥夺政治权利终身。

6月5日至6日 天津市法院系统民事审判工作执行民事诉讼法经验交流会在静海县举行。

7月3日 经天津市高级人民法院终审裁定并核准，持枪抢劫出租汽车、开枪拒捕，击伤多名公安人员的"4·17"重大抢劫案件的4名主犯死刑，同日被押赴案发地公开宣判后就地执行，1名从犯被判处有期徒刑。

8月28日 天津市高级人民法院依法作出终审裁定，驳回市检察院分院抗诉，维持市中级人民法院对冯志福（捕前系天津市煤气总公司副经理）被控贪污案作出的无罪判决。

10月10日 天津海事法院在天津港保税区正式建立审判庭。这是全国首家在港口保税区设立的审判机构。市委常委、市政法委书记鲁学政、市高级人民法院院长王永臣、市中级人民法院院长王存山、最高人民法院交通庭副庭长王茂深以及市人大内务司法委员会、市司法局等领导同志到会祝贺。13家新闻单位的记者到会采访。

10月28日 天津市高级人民法院向原告西北农业大学教授周尧、李佩成诉被告《蓝盾》杂志社、姚永安、裴青、《解放日报》社、胡再昌侵害名誉权案的各当事人送达了调解书。至此，这起历时近5年，在全国有较大影响的名誉权纠纷案经调解得以圆满解决。

11月30日 市中级人民法院依法对张子秀（女，57岁，捕前系市规划局财务基建处处长）、陈本鲁（女，61岁，捕前系市规划局"津隆"综合贸易公司经理）、陶宗炳（女，60岁，捕前系市规划局业务处处长）贪污、受贿、挪用公款案进行一审宣判。判决张子秀犯贪污罪处死刑缓期二年执行，剥夺政治权利终身；犯受贿罪处有期徒刑五年；犯挪用公款罪处有期徒刑五年；决定执行死刑缓期二年执行，剥夺政治权利终身。判决陈本鲁犯贪污罪处有期徒刑十四年，剥夺政治权利二年；犯受贿罪处有期徒刑四年；犯挪用公款罪处有期徒刑四年；决定执行有期徒刑十七年，剥夺政治权利二年。判决陶宗炳犯贪污罪处有期徒刑七年。

河北省高级人民法院

1月3日 省法院召开审判委员会，专门讨论总结了1991年全省法院系统执法检查工作情况。

1月20日 省法院作出《关于开展向马占东同志学习的决定》。号召全省法院系统干警要向马占东同志学习，把学习马占东同学习彭学文、潘火中结合起来。在全省法院系统形成学先进、比贡献、干实事、讲实效的良好风气，搞好审判工作，为社会稳定和经济发展作出贡献。

2月15日至17日 省法院分别在石家庄市和廊坊市召开了《中国审判案例要览》编写工作座谈会。省法院副院长马达出席会议并讲了话，李永进院长对会议的召开及案例编写工作作了批示。

3月31日 省法院召开了全省法院清理跨省、自治区、直辖市经济执行案件工作会议。会上，马达副院长结合本省执行工作的实际情况作了关于《集中时间、集中力量，抓住机遇，认真搞好跨省、市、区经济案件执行工作》的讲话。

4月7日至9日 省法院在石家庄市召开“业大”工作会议。业大分校校长、副院长王毓恭作了题为《加强领导、严格管理、进一步办好业余法律大学》的讲话。

4月10日 省法院印发了《河北省高级人民法院贯彻落实中央〔1992〕2号文件的意见》的通知。要求各级法院领导同志要联系工作实际带头学好邓小平同志的重要讲话，用小平同志谈话精神统一广大干警的思想并落实到各项审判工作中去。

5月3日 省法院机关党委、共青团、工会、妇委会联合举办了本院干部职工参加的首届运动会。李永进院长及其他领导同志带头参加了比赛项目。本届运动会起到了活跃文化生活、激发进取精神、增强团结、锻炼身体的良好作用，深受干警的欢迎。

5月4日 省法院召开电话会议，传达了最高人民法院《关于集中清理委托执行案件工作的情况通报》精神和最高人民法院关于创办《人民法院报》电话会议精神。李永进院长和马达副院长分别讲了话，并对贯彻《通报》及创办《人民法院报》工作做出了具体部署和要求。

5月5日 省法院与省档案局共同举办的全省法院系统档案人员岗位培训班举行开学典礼，王毓恭副院长讲了话。

5月14日至22日 李永进院长带领执行庭、办公室有关同志，就8省、市、自治区《关于加强司法协作和协调工作的协议》贯彻执行情况，走访了辽宁省、北京市高院。走访期间，相互通报了《协议》贯彻执行情况，交流了工作经验，增进了相互了解。

5月15日至24日 省法院举办了司法统计应用计算机软件培训班。从5月份起有12个中级法院将使用计算机进行司法统计工作。这标志着全省司法统计工作向现代化的统计手段迈出了重要一步。

5月19至20日 省法院召开全省刑事申诉上访老户工作座谈会。最高人民法院告申庭、刑二庭分别派员到会指导。省法院副院长马达出席会议并讲了话。

6月1日 全省法院系统档案工作暨先进集体、先进个人表彰会上，22个档案工作先进集体、24名先进个人受到了表彰。王毓恭副院长传达贯彻第二次全国法院系统档案工作会议精神。李永进院长就全省档案工作会议的发展前景和今后任务讲了话。

6月10日 省法院发出《关于在全省法院系统建立错案追究制度的通知》。要求各级法院一定要把这项工作 列入议事日程，切实加强领导，院长要亲自抓，主管院长要具体抓。错案追究制的贯彻执行情况，每年年底要进行认真总结。

7月13日至15日 省法院召开了全省法院审理经济犯罪案件和司法行政工作会议。王毓恭副院长和高俊国副院长分别作了讲话。

8月14日至16日 省法院李永进院长视察了秦皇岛市两级法院工作。重点考察了为大中型企业服务，“两庭”建设以及错案追究制落实情况。

8月31日 省法院召开了全省中级法院刑庭庭长座谈会。通报了各中院刑事案件改判情况，部署“严打”工作。代瑞林副院长在会议上讲了话。

9月3日至5日 省法院召开了全省法院为改革开放、经济建设服务座谈会。李永进院长作了题为《解放思想、更新观念发挥审判职能为改革开放和经济建设服务》的讲话

9月12日 河北省政协主席李文珊一行14人组成的赴法院系统考察组考察了省法院工作。副院长王毓恭、纪检组长刘正隆

作了省法院认真贯彻中央2号文件精神，主动为改革开放和经济建设服务以及抓好廉政建设方面的工作汇报。李永进院长主持了会议。

10月16日　省法院召开电话会议。高俊国副院长传达“全国法院审理经济犯罪案件座谈会”精神。李永进院长作了讲话。

10月29日至30日　省法院召开了全省法院司法警察评定授衔工作会议。最高人民法院警衔办公室、省编委办公室派员到会指导，王毓恭副院长到会并讲了话。

11月9日　最高人民法院和省档案局组成的考核组，对省法院的档案工作进行了认真考核，确认省法院档案管理工作已达到省一级档案管理标准，评为省档案一级管理先进单位。

11月23日至26日　省法院召开全省诉讼文书工作会议暨培训班。王毓恭副院长和代瑞林副院长出席了会议并讲了话。

山西省高级人民法院

1月7日至12日　赵耀仁院长赴北京参加全国高级法院院长会议。太原市中级法院院长韩保国、省法院研究室主任罗四维也参加了会议。

1月21日　省法院召开由院党组成员和各庭、处、部、室负责同志参加的党组扩大会议，传达贯彻全国高级法院院长会议精神。

1月29日　省人大常委会主任会议听取赵耀仁院长汇报全国高级法院院长会议精神。

2月25日至28日　全省中级法院院长会议在太原市召开。会议传达贯彻了全国高级法院院长会议精神，总结交流了1991年全省法院的工作情况，安排部署了1992年的工作任务。

2月27日　全省法院系统“严肃执法红旗单位”表彰大会在太原市召开。翼城、山阴、原平、沁源、襄垣、侯马、夏县及阳泉中院8个单位被评为“严肃执法红旗单位”。省长王森浩、省人大主任王庭栋、省人大副主任、政法委书记张邦应出席了会议并讲了话。

2月29日至3月1日　省法院院长赵耀仁、副院长李玉臻参加省委召开的全省政法工作会议。

3月3日　省法院召开全院党员、干部大会，传达邓小平同志在武昌、深圳、珠海、上海等地巡视时的重要谈话。

3月11日　赵耀仁院长在省七届人大第五次会议上作山西省高级人民法院工作报告。

3月17日至18日　全省法院系统政工人事纪检监察工作会议在省法院召开，会议结束时赵耀仁院长讲了话。

3月17日至4月6日　省法院副院长李玉臻随省委常委、纪检委书记冯芝茂率领的代表团赴广东、福建、上海等地进行考察。

3月25日　省法院审判委员会第221次会议讨论通过《山西省高级人民法院对行政审判工作中几个问题的意见（试行）》。

4月9日至10日　省法院在太原市召开了全省“两庭”建设工作汇报会。汇报交流了“两庭”建设的情况和下一步的打算。省法院副院长李玉臻到会讲了话。

4月16日至18日　省法院在太原市召开“拓宽经济审判工作，服务改革开放”座谈会。省法院赵耀仁院长、李玉臻、王世荣副院长出席座谈会并讲了话。

4月25日至28日　最高法院副院长祝铭山在省法院副院长刘新康的陪同下，先后到运城、临汾、太原等地、市中级法院和平陆、侯马、吉县、太原市北城区等地基层法院检查指导工作。

4月30日　省“两庭”建设领导组在太原市召开“两庭”建设暨《巍巍法庭》画册首发式座谈会。省法院、省政府、省计委和省人大法工委等单位有关领导出席了会议。

5月16日　忻州地区中级法院和静乐县委在静乐县为王文秀同志举行庆功颁奖大会。省法院为他荣记二等功，省委、省政府授予其为全省劳动模范。

5月26日　山西省洪洞县人民法院依法对造成147人死亡、直接经济损失达294.1万元的三交河煤矿“4·12”特大瓦斯爆炸事故案作出一审判决。原煤矿矿长王晓明等4名直接责任人员分别被判处三至六年有期徒刑。宣判后，4名罪犯均未上诉。

5月26日至28日　省法院在太原市召开全省法院系统公文档案工作会议。会议传达贯彻全国法院公文处理工作座谈会和第二次全国法院档案工作会议精神，讨论并修改了省法院起草的《山西省高级人民法院关于〈人民法院公文处理暂行规定〉实施细则》。

5月29日　省法院发出关于认真搞好夏季集中打击严重刑事犯罪活动斗争的通知。

6月26日　省法院“关心下一代工作委员会”成立。

6月30日　省法院组织太原、大同、长治、晋城、临汾、晋中等6个地（市）中级法院和20个县（区）法院同时举行公开宣判大会，对160案311名犯罪分子依法进行了公开宣判。

7月25日　省法院组织阳泉、长治、晋城、朔州、雁北、忻州、吕梁、晋中、运城、临汾等10个地、市中级法院和部分基层法院在72个市、县、区集中召开宣判大会，对397案642名严重刑事犯罪分子依法进行了公开宣判。

7月26日　全国人大在本省召开部分省（区、市）人大妇女儿童组工作座谈会。省法院副院长王世荣以《充分发挥审判职能作用，依法保护妇女合法权益》为题作了典型发言。

7月30日至8月1日　省法院在太原市召开了全省中级法院经济审判庭庭长工作会议。会议围绕经济审判如何为改革开放和经济建设服务的问题，交流了情况，明确了今后的工作任务。

8月12日　全省法院系统首届书法、绘画、摄影展览在太原市隆重开幕。这次展览收到各类作品704件，共评出一等奖12名，二等奖19名，三等奖37名，优秀奖27名。太原、阳泉、运城、忻州4个中院获得组织奖。

8月17日　省法院召开抽调第五批社会主义教育队员动员大会，李玉臻副院长作了讲话。

8月31日至9月1日　省法院在榆次市召开全省“两庭”建设总结表彰会议。会议对86个先进单位和62个先进、模范个人进行了表彰奖励。省人大副主任、省“两庭”建设领导组组长张健民，省人大副主任、省委政法委书记张邦应出席会议并讲了话。最高人民法院院长任建新专门为大会发来贺信。

9月1日　省法院在榆次市召开全省中级法院院长座谈会，传达贯彻8月29日最高人民法院电话会议精神，李玉臻副院长就加强和搞好《人民法院报》的通联工作提出具体要求。

9月23日　胡富国代省长专程来省法院机关视察指导工作。

9月29日　省法院召开全省法院告申工作会议。会议传达贯彻了省委、省政府保密、信访工作会议精神，并就全省法院系统如何搞好国庆、十四大期间的信访工作进行了周密安排。

10月10日　省法院李玉臻副院长在省七届人大常委会第31次会议上作了《关于全省法院经济审判工作的情况报告》。

10月14日至16日　全省法院审理经济犯罪案件工作会议在忻州市召开。会议传达贯彻了全国法院审理经济犯罪案件工作会议精神，回顾总结了全省近几年来审理经济犯罪案件工作的情况和经验，研究部署了今后的工作。省法院副院长刘新康出席会议并讲了话。

10月26日至30日　李玉臻副院长及研究室、人民法院报记者站等部门负责同志，到运城、临汾、晋城、长治进行调查研究，在4个地市，分别召开了基层法院院长座谈会，李玉臻副院长就学习贯彻十四大精神，推动审判工作更好地为经济建设服务作了讲话。

11月下旬　省法院在忻州、晋城分片召开全省司法行政工作座谈会。会议总结了一年来全省法院的司法行政工作，传达贯彻了全国"两庭"建设贵州会议精神，重点研究了全省"两庭"建设扫尾工作的具体措施，李玉臻副院长到会讲了话。

11月27日　大同市中级法院在开庭宣判时，疏于防范，致使4名罪犯（其中2名死刑、2名无期徒刑）脱逃。省法院接到报告后，赵耀仁院长当即召开会议进行研究并作出安排，派出以刘新康副院长为组长的专门工作组，立即赶赴大同市中院，调查情况并协助处理此事。

11月29日　省法院副院长李玉臻赶赴大同市中院，同省法院工作组一并调查处理"11·27"罪犯脱逃事件。

12月2日至3日　省法院在襄垣县召开全省法院执行会战总结表彰会议。会议总结和交流了上半年全省法院开展执行大会战的情况和经验，表彰了在执行大会战中涌现出的28个先进单位和32名先进个人。

12月5日　省法院召开有各中级法院分管院长和省院各庭、室领导参加的刑事审判工作会议，听取了各中院的情况汇报，通报了大同市中院"11·27"罪犯脱逃事件的情况。刘新康副院长主持了会议。

12月20日至28日　省法院赵耀仁院长、李玉臻副院长与太原市中级法院王运良院长、省法院研究室罗四维主任、翼城县法院李文生院长一行5人赴北京参加第16次全国法院工作会议。

内蒙古自治区高级人民法院

2月21日　内蒙古自治区党委、政府、军区命名包头郊区法院为自治区文明单位。

3月4日至8日　内蒙高院在呼和浩特市召开全区中级法院院长会议。参加会议的有：各盟、市中级法院、呼铁运输中级法院、北京军区呼和浩特军事法院的院长等共66人。会议的任务是，认真学习、贯彻全国、全区政法工作会议、全国高级法院院长会议精神，研究部署1992年全区法院工作任务，同时，交流经验，表彰先进。杨达赖院长在会上作了讲话，云布龙副院长作了会议总结。

3月26日　经自治区编委批准，设立自治区高级人民法院政治部。撤销人事处。

4月8日至10日　内蒙高院在呼和浩特市召开经济审判庭庭长座谈会。全区各盟市中院、呼铁中院经济庭庭长参加了会议。区高院副院长赵建勋、高原出席了会议。会议就全区法院如何贯彻全区第二次经济审判工作会议精神的具体做法及经验进行了交流并部署了下一步的工作。

7月23日至27日　第二次边疆民族8省区行政审判座谈会，在内蒙古呼伦贝尔盟海拉尔市召开。参加这次会议的有：西藏、广西、宁夏、新疆、贵州、湖南、云南、内蒙古高级人民法院；昆明市、南宁市、银川市、拉萨市、湖南怀化地区、新疆昌吉回族自治州，内蒙古呼伦贝尔盟、兴安盟、哲里木盟、巴彦淖尔盟、呼和浩特市、赤峰市中级人民法院，还有部分基层法院的代表40余人。中共中央顾问委员会委员、原最高人民法院院长郑天翔出席开幕式并作了讲话。内蒙高院副院长郝耀忠同志和呼盟中院院长山虎同志致欢迎词。呼盟盟委副书记达林太在会上讲话。开幕式由内蒙古自治区高院副院长高原同志主持。这次座谈会的中心内容是回顾行政诉讼法正式实施将近两年来的行政审判工作开展情况，总结交流经验，把边疆民族8省区的行政审判工作向前推进一步。

8月5日至7日　辽宁、北京、天津、山西、山东、河南、河北、内蒙古等8省市区第二届司法协作会议在内蒙古自治区海拉尔市召开。8省市区高院院长、执行庭庭长等共30人参加了会议。中共中央顾问委员会委员、原最高人民法院院长郑天翔、呼盟盟委、盟中院的有关领导应邀出席了会议。内蒙高院受7省市高院委托担任本届会议主席并主持了会议。开幕式上，内蒙高院赵建勋副院长致开幕词。郑天翔就法院如何更好地开展执行工作作了讲话。河北高院李永进院长代表上届主席院作了8省市区上一年司法协作情况的报告。会议期间，根据各高级人民法院提议，表彰了10个司法协作工作先进单位。

8月18日至22日　以最高人民法院副院长端木正为团长、北京市高级人民法院院长刘云峰为副团长（内蒙高院杨达赖院长亦为副团长）的访问蒙古国代表团，在结束对蒙古国的友好访问后，来本区视察指导工作。

8月25日至29日　最高人民法院副院长祝铭山深入本区调查研究，指导工作。

9月15日　内蒙高院在呼和浩特市举行《人民法院报》创刊暨内蒙古记者站建站新闻发布会。自治区高院副院长高原和各庭、处、室负责人出席了会议。高原副院长在会上作了新闻发言。

11月3日至7日　内蒙高院在呼和浩特市召开全区法院刑事审判、告申工作座谈会。出席会议的有全区各中级法院和呼铁运输中院的分管院长，刑一庭、刑二庭和告申庭庭长；高院院长杨达赖，副院长赵建勋、郝耀忠、高原和有关业务庭的负责人，共60余人。会议期间，认真学习、传达贯彻了党的十四大精神；认真学习了中共中央（1992）7号文件精神；传达贯彻了最高人民法院召开的几个业务会议精神；对进一步加强刑事审判、减刑假释、告诉申诉工作进行了认真的讨论。杨达赖院长和郝耀忠副院长在会上作了讲话。

11月27日　应自治区司法厅邀请来本区回访的蒙古国中央省法律局代表团到内蒙高院进行了友好参观访问。该团一行4人，由中央省法律局局长格·莫农查干，中央省法院院长茨·拉什译伯格，中央省法律局专家斯·额尔登巴特尔，中央省法院审判员特米尔胡雅嘎组成。内蒙高院副院长郝耀忠负责接待了蒙古国代表团，并在友好的气氛中与蒙古客人进行工作会谈。

吉林省高级人民法院

1月6日至16日　省法院组成8个检查组，对全省法院执法执纪大检查工作进行检查验收。副院长刘桂芬、纪检组长姜政海分别带队检查。

1月23日　院长谢安山主持第1次党组会，研究贯彻全国高级法院院长会议精神。

1月25日　省法院刑二庭在长春监狱召开减刑假释宣判大会。

2月1日　省院与省检察院联合发出《关于办理盗窃案件认定数额标准的规定》。

2月16日　受最高人民法院委托，省院政治部组织全国法院第六期研究生考前外语短训班长春考区入学考试。

2月17日　省院副院长李作善出席省直机关下派干部工作经验交流会，并代表省法院作典型发言。

2月20日　省院派出5名同志参加省委组织的农村社教工作队。

2月20日至24日　省院召开全省法院院长会议，贯彻全国高级法院院长会议精神，部署全年工作。谢安山院长作了题为《充分发挥审判职能，为维护国家和社会稳定，保障改革开放和经济建设服务》的报告，李作善副院长作了总结讲话。在22日召开的中级法院院长座谈会上，省委副书记、政法委书记杜青林同志作了重要讲话。

3月24日　省院发出《关于集中开展打击盗窃犯罪专项斗争的通知》。

4月2日　省院院长谢安山主持召开院务会，通报省人大执法检查团对本院检查情况。

4月7日至23日　省院举办两期民事诉讼培训班，培训各中院、基层法院民事审判负责干部124人。

4月14日至17日　省院在吉林市召开全省法院"两庭"建设工作会议。魏进发、田景春、刘桂芬副院长参加会议，田副院长讲了话，最高法院计划财务装备局长蒋福康，省计委、省财政厅负责人应邀出席会议并讲了话。

4月23日至25日　省院副院长魏进发和告申庭、刑二庭负责同志在洛阳市参加14省区刑事申诉上访老户工作座谈会。

4月27日　省院发出《关于开展执行服务年活动的通知》。

5月6日　省院发出《关于进一步加强参与社会治安综合治理工作的意见》。

5月9日　省院发出《关于为转换企业经营机制提供法律保障和法律服务的通知》。

6月22日至28日　省院举办全省法院破产法培训班。

7月8日至13日　省院院长谢安山列席省七届人大常委会第29次会议。省院向会议作关于全省法院执法情况的书面报告。

7月15日　省院院长谢安山在桦甸市参加吉林中院召开的社会治安综合治理现场会并讲话。

7月18日至19日　省院法庭指导组在吉林市召开人民法庭工作会议，魏进发副院长参加会议并讲话。

8月4日至13日　中共政法委副书记、最高人民法院院长任建新一行7人来本省考察工作。在省高级法院院长谢安山和省人大常委会副主任可沐云的陪同下，任建新院长考察了长春、吉林、延边等地，并听取了省法院、长春中院、吉林中院、延边州中院及有关部门的工作汇报。省委书记何竹康、省长高严同任建新院长进行了座谈。

8月5日至11日　省院举办第一期监察干部培训班，对70名监察干部进行了业务培训。

8月11日至15日　省院副院长李作善、经济庭副庭长刘成祥参加东北、中南9省区经济审判专题研讨会。

8月13日　省法院下发《关于为全省经济跃上一个新台阶服务的若干意见》。

9月2日至4日　省法院在四平市召开全省民事审判规范化铁西现场经验交流会，最高人民法院副院长马原，民庭副庭长刘天弼到会并讲话。会议交流了铁西区法院等单位实行民事审判规范化的经验，讨论了《全省民事审判规范化实施意见》。

9月4日　全国人大常委会任命谢安山为最高人民法院副院长，审判委员会委员。

9月18日至30日　省院李作善副院长率吉林省司法检察代表团赴朝鲜两江道、平壤市、开城市访问。

9月22日　省法院发出《吉林省高级人民法院民事审判规范化实施意见》。

10月19日至23日　省院召开全省中级法院研究室主任及《人民法院报》通联工作会议。省院副院长田景春到会讲了话。

11月9日　吉林省七届人民代表大会常务委员会第31次会议决定，任命杨庆祥同志为吉林省高级人民法院副院长、代理院长。11月17日省委决定，杨庆祥同志任吉林省高级人民法院党组书记。

11月10日　《人民法院报》驻吉林记者站经吉林省出版局批准正式成立。

11月12日　省法院刑二庭在长春监狱召开对部分无期徒刑、死缓犯人减刑大会。

11月23日　副院长刘桂芬与刑二庭庭长孙崇珩赴杭州市参加最高人民法院召开的假释工作座谈会，本院作了经验介绍。

12月3日至6日　省院在长春召开全省中院、分院经济庭庭长为国营大中型企业服务经济交流会。副院长田景春参加会议并做了讲话。

12月30日　在省南湖宾馆举行吉林省高级人民法院首批授予司法警察警衔仪式。授衔仪式由副院长魏进发主持，代院长杨庆祥、副院长李作善宣读了授衔命令，代院长杨庆祥作了讲话。省委书记何竹康、省人大主任霍明光、省政府主席刘云沼、省顾委副主任肖纯、省委常委省军区司令员周再康、省委常委副省长吴亦侠、省委常委组织部部长王金山等省领导出席了授衔仪式，并与被授衔的87名司法警察合影留念。

黑龙江省高级人民法院

1月8日至13日　黑龙江省高级人民法院举办全省行政审判人员培训班。全省各中级法院、基层法院的行政审判人员400余人参加了培训。

1月22日　黑龙江省人大常委会派检查组到省法院检察院领导完成任期目标责任制的工作情况，院领导分别作了述职报告。

上海市高级人民法院

1月16日 社会各界关注的青浦县张美英、王金娣等31名矽肺患者及家属诉上海长征测绘仪器商店、青浦立新电器开关厂损害赔偿纠纷案，诉讼标的达2439852.92元。业经审理、调解，三方达成调解协议如下：青浦立新电器开关厂赔偿原告人民币35万元；长征测绘仪器商店自愿补贴原告人民币25万元；原告放弃其它诉讼请求。

1月 生产“申花牌”洗衣机的上海三灵电器总厂向上海市中院起诉，要求上海交电家电商业（集团）公司支付欠款及违约金总计34372609.06元。该案诉讼标的创中院经济庭历史最高纪录。

1月 原告上海霞飞日用化工厂诉被告法国莱莉雅（香港）公司侵权纠纷一案，市中院依法作出裁定：准予原告撤回对被告的起诉，使一起诉讼8个月、标的金额高达1700万元的涉外名誉权纠纷案息讼。

2月11日至13日 市人大常委会组织80余名人大代表，视察上海法院贯彻执行《中华人民共和国行政诉讼法》的情况，听取高院关于贯彻执行该法的情况汇报，到南市、卢湾、闸北法院召开座谈会，分别与高、中院和部分基层法院院长、审判人员进行座谈，检查了部分治安处罚、土地、规划、工商行政案件的审理情况。

2月14日至18日 市高级法院召开全市法院工作会议，参加会议的有全市各级法院院长、庭长共493人。应邀出席会议的有：市人大常委会、市委政法委、市人大法制委、市公、检、司的领导以及中央和本市新闻单位。并以刑事、民事、经济、行政、执行5条线分别召开专业会议，总结1991年审判工作，部署1992年工作任务。市委副书记倪鸿福到会讲话。会议形成了《关于贯彻全国政法会议和全国高院院长会议精神的意见》。

3月1日 全市法院共出动400余名干警上街设立30多个宣传咨询点，开展纪念全国人大常委会《关于加强社会治安综合治理的决定》颁布一周年宣传周。市高、中院在中山公园设点咨询，市高院院长顾念祖，市中院院长李国光、高院副院长乔宪志向群众进行法制宣传。这次宣传活动还展出法制宣传版面248块，散发宣传资料18000余份。市人大常委会副主任王崇基、市综合治理委副主任朱达人等到咨询点，称赞法院的宣传活动搞得有声有色。

3月2日 市中院依法对谭剑平等6名被告人伪造公文、印章、偷税一案进行一审宣判，对伪造刑事判决书、公证书的被告人谭剑平判处有期徒刑九年，剥夺政治权利二年；对其余5名被告人分别判处徒刑缓刑。这是上海判处的第一起伪造人民法院法律文书的案件。

3月4日 市中院在闸北区召开宣判大会，对声称要成为闸北区最大的流氓势力的流氓集团首犯颜庭白和主犯孙建强、冯保青依法执行死刑。

3月7日 市中院收到“中国国际经济贸易仲裁委员会秘书处”从北京寄出的公函，要求中院依法作出是否准予对新加坡坤和有限公司与新疆国际信托投资公司合资的丝绸之路大酒家实施财产保全的裁定。市中院慎重处理首例仲裁机构提交的财产保全申请。

3月20日 市高院邀请宝钢总厂等40家国营大中型企业厂长、经理进行座谈，共商依法维护企业合法权益之策。顾念祖院长通报了维护经济秩序的综合治理等方法，积极为搞活国营大中型企业服务的情况等。

3月24日至25日　市高院召开上海法院系统纪检、监察工作会议，市委书记张定鸿到会并讲了话。

4月15日　上海市法院系统一年一度的“严肃执法宣传月”活动拉开序幕。市高院院长顾念祖、中院院长李国光召集上海各级法院院长在人民广场对展出的版面进行讲评。高院副院长姚庚麟、乔宪志、惠熙荃也参加了宣传活动。市人大常委会主任叶公琦等领导到咨询点看望法院干警。

4月16日　美国旧金山法学院刑法教授杜洛文女士到市中院旁听顾中华故意杀人案的开庭审理。

5月8日　根据市政法委关于开展第二次反盗窃斗争的部署，市中院在市府礼堂召开专项宣判大会，对盗窃工厂产品的被告人鲁建敏、朱德平、王建军、刘俊、何选民、王学平分别作出一审判决，判处鲁建敏、朱德平死刑缓期二年执行；判处王建平无期徒刑；判处刘俊、何选民、王学平三至十三年有期徒刑。

5月15日　市中院召开严惩严重贪污、受贿犯罪宣判大会，宣布经最高人民法院核准死刑的特大贪污、受贿犯桂长明、殷柏青、余正明、田钱宝的罪行和对4犯执行死刑的命令，并押赴刑场执行枪决。

6月5日　市中院隆重举行人民陪审员授证仪式，李国光院长亲自为26名人民陪审员颁发了证书。

7月13日　“5·29”流氓、妨害公务案，市中院宣告一审判决：被告人吴永祥犯流氓罪被判处死刑缓期二年执行，剥夺政治权利终身。判处吴金娣有期徒刑十五年，剥夺政治权利四年；陈桂兰有期徒刑十二年，剥夺政治权利三年；崔建兰有期徒刑六年。以妨害公务罪分别判处吴永宏有期徒刑三年缓刑三年；俞兴祥有期徒刑二年缓刑三年。刑事附带民事诉讼部分，因原、被告双方达成调解协议，由被告赔偿原告人民币1100元，故未再行判决。宣判后，合议庭以案论法作了法制宣讲。市人大和市政协等170余名干部、群众参加了旁听。此案是一起影响大、全市瞩目的恶性大案。上海电视台作了专题报道。

同日　市中院收到美国桥梁专家林同炎教授致法院的感谢信，感谢大陆法院在审理其与王大珍等房屋一案中秉公执法。王大珍诉林同炎等一案，市中院1991年2月9日判决，确认上海中山南二路850弄4号3室房产归林同炎一方所有，王大珍，林伯海应迁出。王大珍提出上诉，市高院于1992年3月20日终审裁定，驳回上诉，维持原判。

7月17日至18日　市高院举行上海法院院长会议，会议由顾念祖院长主持，市高院党组副书记、市中院院长李国光总结了全市法院上半年工作，提出下半年工作思路。市高院副院长乔宪志传达全国法院审理经济犯罪案件的工作会议精神，市委副书记倪鸿福对新形势下的全市法院工作作了指示。

9月6日　在上海法院实行《审判员条例》试点工作取得一定成果后，举行法官资格考试。市高、中院及杨浦、闸北、黄浦、嘉定、上海等法院的727名干部参加了首次资格考试。考试内容分为政治和审判业务两部分。

9月22日　上海市法院首届文化节书法绘画展揭幕。25日，市委副书记倪鸿福、市人大常委会副主任王崇基、市政协副主席王兴、市广电局局长龚学平等有关领导莅临，观看了书法绘画展，并分别留言。

9月25日　上海市高院与电台、电视台联合发起的评选模范法官、法院先进集体活动揭晓。此次活动共收到选票16万张，评选出杨浦区法院、长宁区法院、上海县法院3个先进法院，闸北区法院院长项振乐、上海县法院庭长姒望山、黄浦区法院副庭长朱兴发3名模范法官，以及15个先进审判庭、20名优秀法官。市委副书记倪鸿福到会祝贺并讲话。市人大、市政协、市广电局、上海人民广播电台、上海电视台等单位有关领导参加了会议。会上，市广电局局长龚学平代表“评选”领导小组，对这次活动作了总结，全市各级法院共670人参加了会议。

10月7日 市中院召开新闻发布会，李国光院长宣布上海中院经济纠纷调解中心正式成立，并就调解中心的收案范围、立案、调解、财产保全、执行等作了介绍，还举行揭牌仪式。

10月17日 上海市法院系统举办1992年度学术讨论会。这次讨论会的中心议题是经济法学，旨在加强经济法学研究，探索审判新路。会议共收到学术论文46篇，评出一等奖2篇，二等奖3篇，三等奖4篇及鼓励奖8篇。会上，6位获奖作者进行了交流发言，李昌道副院长出席会议并作了总结。

10月20日 市中院经济纠纷调解中心受理了原告上海国际交流服务公司诉被告上海海港实业总公司第一分公司包销合同纠纷一案，诉讼标的达1.6亿余元。

11月14日至16日 由最高人民法院主办的首次“未成年人犯罪的预防、审判和矫治国际研讨会”在上海市举行。来自阿根廷、比利时、加拿大、法国、德国、印度尼西亚、伊朗、意大利、科威特、毛里求斯、墨西哥、蒙古、荷兰、尼日利亚、巴基斯坦、罗马尼亚、俄罗斯、沙特阿拉伯、新加坡、西班牙、斯里兰卡、泰国、突尼斯、阿拉伯联合酋长国、英国、美国、委内瑞拉和香港以及联合国儿童基金会驻华办事处等30多个国家和地区的法官、检察官、律师和法学专家呼吁，共同探讨和努力采取一切有效措施来预防、减少和矫治青少年的犯罪，保护青少年健康成长。此会总共有120多位法官、律师和专家学者参加。

这次国际研讨会在上海市召开，得到了国际少年与家庭法官协会执委会的大力支持，执委会主席保罗·凡切罗尼和罗马尼亚最高法院院长鲍格达内斯库应邀出席研讨会并在开幕式上发言。我国政府和法院对这次国际研讨会非常重视。最高人民法院院长任建新为会议发来了贺信。最高人民法院副院长林准、上海市人大常委会主任叶公琦、上海市高级人民法院院长顾念祖出席了开幕式并致词。

在研讨会上，25位代表发表了演讲，提问讨论十分踊跃。大家就对犯罪青少年的教育、疏导、防止和减少重新犯罪、对未成年罪犯的法律处罚、保护未成年人在法律审判程序的基本权利，以及发挥社会、家庭作用，教育、挽救犯罪青少年等一系列共同关心的问题进行探讨。

11月16日至20日 全国人大内务司法委员会副主任委员邹瑜率全国人大内务司法委民事诉讼法检查组一行15人，到上海法院检查民事诉讼法的贯彻执行情况。市高院院长顾念祖、副院长惠熙荃、李昌道听取了检查组意见。

11月18日至21日 由上海市高级人民法院发起和组织的“长江三角洲和沿江地区法院为改革开放、发展经济服务的研讨会”在上海市召开。参加这次会议的有：四川、江西、江苏、安徽、湖北、湖南、上海8个高级人民法院院长或副院长以及重庆、九江、南京、芜湖、杭州、武汉、岳阳、上海8个中级人民法院院长或副院长共20余人。

这次会议的主题是：深入贯彻党的十四大精神和国务院“长江三角洲及长江沿江地区经济规划座谈会”提出的战略任务，交流各地情况，总结法院如何搞好服务的做法和经验，使法院工作更好地服务服从于改革开放和经济发展，努力为长江三角洲及沿江地区的开发开放和经济建设服务。

会议期间，上海市委副书记、政法委员会书记倪鸿福同志会见了与会代表；浦东开发办的同志介绍了浦东新区目前的开发开放情况；会议组织代表们到嘉定县、杨浦区法院参观座谈，听取法院关于为搞活农村经济，发展乡镇企业，为搞好国营大中型企业服务情况的汇报，与会代表深切感到：加强长江三角洲和沿江地区法院之间的联系与协作，不仅有利于沿江地区的法制建设，也将大大推动法院工作的改革和发展。并商定，今后要加强相互间的司法协作，加强信息交流。

12月8日至10日　上海法院在松江县召开审理经济犯罪案件工作会议。市高院领导顾念祖、胡瑞邦、李国光、姚庚麟、乔宪志出席了会议，市政法委、纪委、检察院等有关领导应邀出席了会议。

12月12日至14日　市高院主办上海法院行政诉讼法案例研讨会。上海各级法院共提交论文28篇。市高院行政庭编写17个典型案例。高院副院长乔宪志主持了会议。

江苏省高级人民法院

1月22日至25日　省法院在南京市召开了全省法院院长会议，院长李佩佑作了《进一步发挥审判职能作用，为维护社会稳定和经济发展服务》的报告，副院长华加松作了总结讲话，省委副书记曹鸿鸣、省人大常委会副主任李执中到会讲了话。

3月9日　李佩佑院长在省七届人大第五次会议上作法院工作报告。华加松副院长在会上被补选为省人大常委会委员。

4月10日　李佩佑院长参加由最高人民法院副院长华联奎率队的考察团一行8人，赴泰国进行为期8天的考察访问。

4月24日　江苏省七届人大第二十七次会议，任命华加松为省人大常委会法制委员会主任，免去其省法院副院长、审判委员会委员职务；任命丁巧仁为省法院副院长，免去其经济庭庭长职务。

9月8日　全国最大的非法出版物案件在镇江中级法院公开审判。被告人曹志欣(捕前系安徽省蚌埠宁明珠书社经理)与何楚城、张爱洲等于1989年10月至1991年6月间，采取盗用出版单位名称，伪造、买卖书号、刊号以及剪辑、拼凑等手段，先后在安徽省固镇县商标印刷厂、安徽青年报社印刷厂、安徽蚌埠日报社印刷厂、镇江市镇江印刷厂等印刷单位，非法印制《黑欲》,《冷面杀手》等书刊，共计1288160册（套、张），已发行、销售1238191册（套、张），非法经营额达4593100余元。曹志欣等制作和销售的非法出版物品大部分是渲染封建迷信、恐怖情节、色情淫荡内容，有的还渗透着反社会主义的政治色彩，这些非法出版物在全国27个省、市、自治区的书刊市场上流传，影响巨大。

9月29日　镇江中院在扬中县召开对原扬中法院执行庭庭长朱胜祥勾结曹正龙故意杀人一案的公开宣判大会。会后，对朱、曹二犯执行了死刑。

12月29日　最高人民法院《人民法院报》驻江苏记者站正式挂牌对外办公。

浙江省高级人民法院

2月4日　省法院院长袁芳烈接受浙江经济广播电台记者采访，畅谈了人民法院如何运用法律手段为搞好大中型企业和农村工作服务等问题。

2月29日　省法院审结一起重大盗窃海底军用电缆案件，终审判决该案主犯郑才兴、林治令死刑，其余案犯分别被判处死缓和有期徒刑。郑才兴等8名被告人结伙先后6次在象山县海区盗窃海底军用电缆16200余米、价值346700余元，销赃得款60100余元。电缆被盗，造成巨大经济损失，部队仅为修复电缆就用了100余万元，通讯阻断420天，严重影响了部队的指挥和通信。宁波中院一审以盗窃罪判处郑才兴、林治令、陈瑞华3主犯死刑，剥夺政治权利终身。该案上诉后，省法院改判陈瑞华死缓，并依法核准对郑才兴、林治令的死刑判决。

3月9日　省高级人民法院院长袁芳烈在省七届人大第五次会议上作《浙江省高级人民法院工作报告》。

3月10日至13日　省法院在桐乡县召开全省刑事审判业务研讨会。会议对当前刑事审判中亟需解决的盗窃犯罪中若干带有普遍性的问题进行了研讨。寿胜年副院长到会并讲了话。

3月24日至28日　省法院在杭州市召开了由各中级法院经济庭庭长、经济审判联络员参加的经济纠纷案件办案质量评查会。丁燮富副院长到会讲了话，最高人民法院也派员莅会指导。会上对省高院、杭州中院和杭州下城区法院去年审结的401件经济纠纷案件质量进行了检查、评议，研究了提高办案质量的改进措施。

4月10日至11日　省法院在杭州市召开由各中院执行庭庭长参加的集中清理委托执行案件工作会议。会议提出了开展集中清理委托执行案件行动的实施意见，要求全省法院抓紧清理执行案件，进一步改变“执行难”的现状。丁燮富副院长到会并讲了话。

会后，全省法院开展了集中清理委托执行案件活动。截至6月中旬，执行完毕外省、市法院委托执行案件495件，占总数61.9%，本省法院委托执行案件543件，占总数61.4%。

4月23日至25日　省法院接待新加坡最高法院首席大法官杨邦孝夫妇一行15人参观访问杭州。

4月27日至30日　省法院院长袁芳烈到衢州考察法院工作。袁院长先后到衢州中院及柯城、衢县、江山等5个法院进行了考察，并深入4个法庭，详细了解了工作情况和干警生活。

4月　为配合全省综合治理宣传月活动，省法院组织各业务庭干警走上街头，开展法律咨询活动。宣传月活动中，省法院共派出干部54人次，接待群众408人次，咨询的法律问题涉及刑事、民事、经济、行政、执行、告申等各个方面，受到了群众的欢迎和好评。杭州电视台对这次活动作了报道。

5月20日　省法院法医技术处和浙江大学生物医学工程研究所联合研制开发的“诱发电位计算机辅助数据处理系统”(EP-MAS)，在杭州通过省科技委员会组织的鉴定。鉴定委员会一致认为，该系统和国内外同类机型比较，功能齐全、先进，属国内首创，达到国际上八十年代后期水平。

同日　杀害陆刚烈士的流窜犯龚旭东抢劫一案在杭州市中级法院作出一审判决。判处龚犯死刑，剥夺政治权利终身。23日省法院依法核准对龚犯的死刑判决。

被告人龚旭东，湖北省武汉市人。该犯在武汉行凶作案后外逃，又从上海流窜来杭。5月13日下午，在杭州市光复路一居民家行窃时被群众发现追捕，龚犯逃跑途中，刺死追捕群众陆刚，刺伤冯志刚。该案在杭州市引起了强烈反响，社会各界对陆刚等人见义勇为的行为备加赞扬；浙江省人民政府批准陆刚为烈士。

5月26日　舟山市定海区法院公开审理了全省首例涉外行政案件，当庭作出一审判决。

美籍华人任小宝（70岁）在回国探亲期

间，于1991年12月7日与邻居严美龙因琐事发生争吵，以至推拉扭打，任受轻微伤。双方到居委会调解，调解过程中任突然病发，抢救无效死亡。经法医鉴定，任头部和面部有几处浅表皮损伤，与死亡无直接因果关系，死因是任患有隐性严重冠心病，在情绪激动的诱发下，导致严重的室性心律失常而猝死。为此，公安机关裁决对严美龙治安拘留15天。任的儿子任养宽不服，诉称其父系被严美龙殴打致死，应依法追究刑事责任。案经定海区法院审理，认为公安机关对严美龙的治安处罚裁决正确，判决予以维持。

5月28日至31日　省法院在杭州市召开全省法院信息统计宣传工作会议。各中级法院办公室主任、信息员、统计员和宣传员共42人参加了会议。

6月13日　省法院建立《人民法院报》浙江记者站筹备组，陈有西任站长。

6月16日　省法院接待以澳大利亚首席大法官梅森为团长的澳大利亚最高法院代表团访问杭州。

6月23日　省法院公布实施《浙江省高级人民法院审判员考核、晋升暂行办法》，迈出了人事制度改革的新步子。对13名参加审判员晋升考核的人员，一是由考评小组抽查他们过去所办的案件；二是要求每人选择一个案件开庭审理，由考评小组评分；三是进行理论考试。全部考核工作于11月下旬结束，前8名得到晋升，依法任命为审判员。

6月29日至7月1日　省法院在杭州市召开全省诉前催款专项服务会议，着重研究发挥法院审判职能，配合政府部门清理企业"三角债"和农村清帐理财，部署全省集中开展诉前催款专项服务活动。袁芳烈院长到会作了讲话。各中级法院领导和有关业务庭负责人参加了会议。下半年全省法院通过诉前催款，共为企业和经济部门收回各类欠款2.1亿元。

7月4日至6日　全省中级法院院长会议在舟山市召开。会议传达了全国法院审理经济犯罪案件工作会议精神，袁芳烈院长就打击经济犯罪问题发表了意见。会后，与会同志到上海市考察了浦东开发及法院工作改革。

8月3日至9日　人民法院报社首次通联工作会议在杭州市召开。最高人民法院副院长兼人民法院报社社长林准，省法院院长袁芳烈、人民法院报总编辑回沪明以及全国各高级法院、单列市中级法院的代表出席了会议。会议要求各省法院务必抓好《人民法院报》的发行、宣传、组稿、集资工作，并加紧建立和健全记者站和通联网络。

会后，全省法院狠抓发行工作，当年发行量即突破1.8万份，居全国各省、市、区第二位。10月16日，省法院又与省邮电局联合召开电话会议布置1993年《人民法院报》发行工作，发行量猛增至4.45万份，居全国各省、市、区之首。

8月20日　杭州市中级人民法院公开开庭审理检察机关抗诉的王丽生"贪污"案。当庭宣判，维持一审对王丽生宣告无罪的判决。

终审判决确认：省轻纺工业设计院主任工程师王丽生，依靠专业技术，主要利用业余时间承揽了扬州化肥厂单体回收装置总体设计任务，有权领取相应的劳动报酬；他在承揽设计和领取报酬中一些作法欠妥，这属批评教育的问题，不能用刑法加以惩罚。对此案，浙江日报、杭州日报作过不同角度的报道，在科技界反响尤为强烈。终审判决后，各界反映良好，并被作为案例刊登于《中华人民共和国最高人民法院公报》。

8月22日至26日　省法院在杭州市召开全省经济犯罪审判工作会议。会议研究了如何在新形势下进一步搞好经济犯罪审判工作，更好地为改革开放和经济建设服务，强调打击经济犯罪"一要坚决，二要慎重，务必搞准"，要正确区分罪与非罪的界限。

9月15日　全省法院系统第二届学术讨论会在杭州市结束。省法院有关部门负责人和论文作者共30余人参加了讨论会。会议对各地推荐的27篇经济审判、执行方面的学术论文进行了评比，有6篇论文获“优秀论文奖”。会议确定报送全国法院系统第四届学术讨论会的论文共14篇，最后获得大会“优秀论文奖”和“论文奖”的有5篇。

10月12日至17日　全省法院系统首届书画展在杭州市碑林举行。省有关领导和部分知名书画家参加了开展仪式，并参观了法院干警的书画作品。书画展共展出软笔书法78幅、硬笔书法113幅、画27幅、篆刻10幅。经专家评选，评出获奖作品33幅。经选送最高法院后，有12幅在全国法院系统首届书画展览中展出，有6件作品获奖。

10月28日　省法院在杭州市召开全省法院诉讼文书工作会议，传达贯彻全国法院诉讼文书工作会议精神，并为试行统一诉讼文书样式培训骨干。

11月6日　省法院接待土耳其上诉法院第一院长伊·奥·贾克丘奥卢博士率领的土耳其法院代表团一行访杭。

11月23日至28日　最高人民法院在杭州市召开12省市法院假释工作座谈会。来自河南、广东、四川等12个省、市、区高级法院分管院长、业务庭长和本省部分中院院长出席了会议。最高人民法院副院长祝铭山就假释工作作了讲话，并对本省减刑、假释工作给予了充分肯定。省法院副院长寿胜年在会上作了情况汇报。

12月4日　宁波海事法院经过近一年的筹建，被最高人民法院正式批准成立。这是我国继广州、上海等8个港口城市设立海事法院后，依法设立的第九个海事法院。

12月30日　省法院在杭州市召开首批省级“五好”法庭表彰大会。省委、省人大、省政法委、公安厅、检察院等单位的领导出席大会，并给37个省级“五好”法庭颁了奖。省委常委、政法委书记夏仲烈、省人大常委会副主任厉裔华和省法院院长袁芳烈在会上作了讲话。会后，召开了省级“五好”法庭庭长座谈会，丁燮富副院长在会上讲了话，与会法庭庭长互相交流了经验。

同日　省法院、省检察院司法警察授衔仪式在省法院举行。袁芳烈院长、胡灿时检察长分别宣读了授衔命令，并向授衔法警颁发了警衔证书。省委常委、政法委书记夏仲烈出席了授衔仪式。

江西省高级人民法院

1月　省法院召开各中级法院院长和办公室（研究室）主任会议，省院正、副院长，各庭、室、处、校负责人也参加了会议。会议内容是传达贯彻全国高级法院院长会议精神，总结1991年工作，研究部署1992年工作。省法院院长李迎作了《全面发挥审判职能作用，促进我省社会稳定、经济发展》的讲话。

2月28日　宁都县在县人民银行成立金融法庭，由宁都县人民法院派出庭长、审判员和各行、社抽调1名干部组成。这是全国首家金融法庭。

3月16日至18日　全省法院管理工作研讨会在南昌市召开，参加会议的有：各中级法院院长或副院长、办公室或研究室主任以及省法院正、副院长，各庭处负责人。10个中院在会上交换了论文，与会人员认真地讨论了审判工作管理、机关事务工作管理、干警队伍管理与改革、岗位责任制和目标管理4个问题。省高级法院院长李迎在会议结束时作了讲话。

3月24日至26日　省高级法院召开政治工作座谈会，各中级法院纪检组长、政治处长参加了会议。会议内容是传达全国法院纪检、监察工作座谈会和省纪检、监察工作会议精神，总结1991年纪检、监察工作，安排1992年纪检、监察和政治工作。李迎院长到会讲了三点意见：1. 提高认识，加强领导；2. 从严治院；3. 加强纪检、监察和政工部门自身建设。

4月　告诉申诉庭被省委、省政府评为全省解决上访老户的先进单位。

5月12日至14日　省高级法院与省新闻出版局、省版权局联合举办著作权法理论和实践研讨会暨第七次全省民事审判业务研讨会。会议内容是总结交流人民法院审理著作权案件和行政主管部门对著作权管理、调处著作权纠纷的经验，深入研究著作权法实施以来，著作权领域出现的新情况、新问题，总结、交流执行民事诉讼法的经验。

5月21日　省高级法院刑一庭派员赴京、津、沪、苏、浙5省、市高级人民法院学习和了解少年法庭的工作经验和发展情况，在此基础上结合江西的实际，制订《江西省关于少年刑事案件定罪量刑若干问题的意见》。

5月23日　法律业大江西分校和省院政治部根据最高法院招收1992级专业证书生的电话会议精神，成立招生工作领导小组，共招收专业证书生598名。

5月26日至29日　全省法院系统审判理论研讨会暨论文评比会在赣州市召开，有19篇论文分别获二、三等奖，最高人民法院出版社派员到会指导。省法院副院长李修源出席会议并讲了话。

6月9日　省法院在南昌市玖玖电子总厂召开经济审判为大中型企业服务座谈会，征询企业对经济审判工作的意见和建议，共商法律服务新途径，并在17个大中型企业设立经济司法联络员。

同日　省高级法院召开告诉申诉工作会议，各中级法院主管院长和告申庭庭长参加，交流了告申工作情况，讨论了《关于处理严打刑事申诉案件若干问题的意见》。

6月10日　省法院郑臣镇副院长在江西电视台发表讲话，主要内容为打击假冒伪劣产品，保护消费者合法权益的专项审判活动问题。同时，民事庭组织人员到人民广场开展此项工作的咨询和宣传活动。

6月22日至26日　省高级人民法院在景德镇市召开第二次全省"两庭"建设会议。

7月　省高级法院在井冈山市召开第4次刑事审判研讨会，研究进一步做好依法适当多判一些缓刑等10余个问题，会后形成了《会议纪要》。

9月17日　全省法院系统举行书画竞赛，收到作品220件，有18件获奖，有12件作品参加全国法院系统书画展，有4件作品分别获一、二、三等奖。

10月6日　全省各中级法院院长会议在南昌市召开，研究贯彻中共中央（1992）7号文件。

10月20日　中共江西省委政法委召开政法调研表彰和第一次研讨会，省院刑一庭被评为先进单位，研究室刘文春副主任被评为先进个人，院志办黄善性副主任撰写的《略论务必精心处理人民内部矛盾》一文被评为优秀论文。

11月9日　省法院召开经济审判研讨会，对全省各地报送的50个疑难案件进行深入讨论，并形成《会议纪要》。

11月25日　全省法院系统第二届学术讨论会召开，会议收到论文115篇，36篇论文获奖，其中一等奖4篇，二等奖7篇、三等奖25篇。

11月　全省各级人民法院开展第二次集中执行月活动，共执行案件2万多件，执行标的7804万元。

12月　全省各中级法院的调研机构已全部建立和健全。基层人民法院已全部建立由院长或副院长为组长的调研小组。最高人民法院向全国推广了这一成功经验。

河南省高级人民法院

1月14日　省法院二审核准商丘地区中级人民法院判处的贩卖鸦片的罪犯蔺连振死刑。蔺犯原系平舆县农民，结伙先后两次到山东省单县，用8600元购买鸦片10.5公斤，卖给西安毒品贩子4公斤，得款5600元，其余6.5公斤被当场抓获时收缴。

1月21日　省法院党组召开扩大会议，认真学习全国高级法院院长会议精神，提出《关于贯彻全国高级法院院长会议精神的意见》，并报省委。省委书记侯宗宾同志在《意见》上批示："全国高级法院院长会议精神很重要，一定要认真传达贯彻落实"。"1991年全省各级人民法院在党委的领导下，认真贯彻党的基本路线和省五次党代会精神，发挥人民民主专政的职能和调整经济关系、民事关系的职能作用，为河南的社会稳定和经济发展作出了贡献"。"1992年要发扬成绩、克服不足，充分发挥人民法院的人民民主专政职能，进一步提高执法水平，抓好'三防四实'思想作风建设，力戒形式主义，为全面准确地贯彻落实党的基本路线，团结奋进，振兴河南，落实一高一低战略目标作出新的贡献，以优异成绩迎接党的十四大的召开"。省长李长春、副省长胡悌云、省人大副主任、省委政法委书记张志刚均在《意见》上作了批示，肯定了全省法院1991年取得的优异成绩，并对1992年的法院工作提出新的要求。

2月12日　省法院发出《关于向孙长锋同志学习的决定》。孙长锋系长葛县人民法院档案管理员，热爱本职工作，忠于职守，不图名利，无私奉献，在平凡的岗位上作出了突出成绩。最高人民法院于1991年11月16日授予孙长锋同志全国法院模范称号。

2月19日　郑州市中级人民法院对原郑州市中原区人民法院院长刘士荣作出刑事判决，以受贿罪判处有期徒刑十二年，投机倒把罪判处有期徒刑三年，挪用公款罪判处有期徒刑四年，巨额财产来源不明罪判处有期徒刑一年，决定执行有期徒刑十八年。

2月20日　省法院召开全省中级法院院长会议。参加会议的有18个中级法院院长、研究室（办公室）主任、部分基层人民法院院长，以及省法院各庭、处、室负责同志。会议传达贯彻了江泽民、李鹏、乔石以及省委领导同志对法院工作的批示和全国高级法院院长会议精神。钱晔副院长在会上作了《进一步发挥审判机关职能作用，为社会稳定和经济发展服务》的报告。郑州市、濮阳县等16个中级、基层法院介绍了经验。24日会议结束时，省委副书记林英海、省顾委副主任黎明、省人大副主任、省委政法委书记张志刚、副书记王胜葛到会，林英海、张志刚作了讲话，郑增茂院长作了大会总结。

2月22日　省人大常委会第26次会议听取了省法院副院长李道民关于法院执行工作的报告，作出了《关于加强人民法院执行工作的决定》。

2月29日　郑增茂院长向省七届人大五次会议作法院工作报告。

3月5日　省法院、省司法厅在开封市（省一监狱）联合召开全省减刑、假释工作座谈会。全省18个中级法院及部分县、市法院主管减刑、假释工作的副院长和庭长、各劳改单位的狱政科长共计90人参加了会议。传达贯彻最高人民法院《关于办理减刑、假释案件具体应用法律若干问题的规定》。

3月17日至20日　省法院在修武县召开全省执行工作座谈会。全省各中级人民法院执行庭庭长（组长）、郑州铁路运输中级法院执行庭长和部分基层法院执行庭庭长参加。钱晔、李道民副院长在会上讲了话。这次会议主要是贯彻人大常委会《关于加强人民法院执行工作的决定》，总结交流执行工作经验，部署1992年执行工作，清理执行积案。

3月21日　河南省高级人民法院发出豫高法发（1992）7号文件，表彰1991年度全省法院系统先进集体和先进个人。获嘉县人民法院等12个单位荣立集体二等功，长垣县人民法院等4个单位被评为先进集体，田爱民等44人荣立个人二等功。

3月23日至28日　省法院在郑州举办法医技术培训班，全省市、地中级法院和部分县市人民法院法医技术室的负责人和法医75人参加培训，占全省法医的80%以上。最高人民法院技术局派员到会介绍了全国法医工作情况和先进经验。省法院党组副书记、副院长钱晔看望了培训同志，并作了讲话。

培训结束时，徐国红副院长作了总结讲话并表彰了法医工作开展比较好的平顶山、周口等5个中级法院和郸城县法院。

3月28日至29日　省法院召开纪检、监察工作座谈会，全省中级法院的纪检组长、监察室主任共18人参加。贯彻全国法院纪检、监察工作座谈会精神，总结交流1991年工作经验，部署1992年工作。杨聚章副院长在会上讲了话。

3月29日至4月1日　省法院在巩义市召开首次全省人民法庭工作会议，各中级人民法院主管民事工作的院长、民庭庭长及部分基层法院院长、法庭庭长80人参加会议。总结人民法庭工作经验，分析存在的问题，安排部署了今后法庭工作。钱晔、杨聚章副院长先后在会上讲了话。最高人民法院民庭刘天弼副庭长参加了会议并讲了话。

4月4日　洛阳市中级人民法院对武振国受贿一案进行公开审理，一审判处武振国有期徒刑五年。武振国原系洛阳市委书记。1986年11月至1988年6月在任市长期间，利用职务之便收受贿赂空调机、照相机、录音机、组合柜、席梦思床、沙发、地毯、吸尘器等物及现金5000元，共计20500元。武振国不服，提起上诉。省高院于6月20日裁定驳回上诉，维持原判。

4月6日至11日　省法院举办第一期少年刑事审判人员培训班，正副庭长42人、审判员38人、助理审判员21人、书记员2人，共计103人参加培训。采取讲课、专题讨论、旁听庭审的方式交叉进行。省法院党组副书记、副院长钱晔及徐国红副院长给培训班同志讲了话。

4月14日至16日　省法院召开经济审判工作会议。各地、市经济庭长和部分基层法院院长参加，总结1991年全省经济审判工作，部署1992年工作，讨论修改了省法院《关于进一步在经济审判中为搞好国营大中型企业服务的若干意见》。会议结束时，郑增茂院长、钱晔副院长到会讲了话。

4月16日　河南省高级人民法院《落实省委五届四次会议精神的意见》印发全省各中级法院贯彻执行。

4月23日　最高人民法院在洛阳市召开刑事申诉工作座谈会。14省市区高级人民法院负责刑事申诉工作的院长、副院长和告诉申诉庭或刑三庭庭长参加了会议。最高人民法院副院长祝铭山在会上要求全国各级法院要进一步做好刑事申诉上访户的工作，为改革开放创造良好的社会环境。省委常委、省法院院长郑增茂参加了会议并对解决我省刑事申诉上访老户问题提出了具体要求。24日，祝铭山副院长在郑增茂院长陪同下视察了陕县观音堂人民法庭。

4月28日　郑增茂院长在洛阳市中级法院院长赵文庭陪同下，到嵩县调查研究，对嵩县人民法院民事案件公开审判，组织观摩的经验和实行岗位责任制的做法予以肯定；

并鼓励他们把“两庭”建设工作抓紧、抓好。29日抵达栾川，听取了栾川县法院负责同志的汇报。郑院长并就干警学习、打击经济犯罪、参与社会治安综合治理、队伍建设、执行工作等问题作了讲话。

4月28日至30日　全省青少年刑事审判理论研讨会在南阳市召开，全省各市、地法院负责审理少年犯罪的审判人员50人参加。徐国红副院长到会并讲了话。会议研讨了少年犯罪的规律和社会原因，总结交流了教育、感化、挽救失足青少年的经验。

5月5日至20日　省委常委、省法院院长郑增茂为贯彻邓小平南巡讲话到基层调查研究，先后到许昌、漯河、驻马店、遂平、商丘、夏邑、新乡等地市法院，并督促清理积案。

5月18日至21日　省高级人民法院组织首届法院系统文艺调演。全省15个地市中级法院和省高级法院组织16个代表队参加调演。76个文艺节目评出36个节目获奖。省电视台于8月7日播出获奖节目专题片。

6月1日至2日　省法院在平顶山市召开8地市法院处理上访老户工作座谈会，贯彻落实最高人民法院召开的14省市刑事申诉工作座谈会精神。周口、商丘、南阳、郑州、开封、洛阳、许昌、平顶山地市中级法院主管副院长、告申庭长、刑三庭庭长参加了会议。

6月2日至4日　省法院在辉县市召开审理土地行政案件研讨会。部分中级法院主管行政审判工作的副院长、各中级法院行政庭庭长，及部分基层法院的同志共50余人参加，省人大法工委、省政府法制局、省土地局等单位应邀派员参加了会议。收到论文66篇、宣读26篇，评选出优秀文章12篇，南阳、新乡等7个中级法院荣获优秀论文组织奖。

7月12日　著名歌唱家李谷一诉河南省南阳《声屏周报》记者汤生午及该报社侵害名誉权案，南阳地区中级人民法院一审判决李谷一胜诉。原被告均未提起上诉。

8月18日　省法院在郑州市召开审理计划生育行政案件座谈会。郑州、信阳、焦作、周口、南阳、三门峡、驻马店等7市、地中级人民法院行政庭庭长参加座谈，通过座谈了解审理情况，总结审判经验，研讨审判工作中遇到的问题，推动计划生育行政审判工作的进一步开展。李道民副院长就如何进一步开展计划生育行政案件的审判工作讲了话。

8月25日至27日　召开全省中级法院院长会议，各市、地中级人民法院院长和研究室或办公室主任参加会议。总结为改革开放和经济建设服务的情况和经验，研究审判工作进一步为本省经济再上新台阶服好务的意见和措施。同时传达贯彻最高人民法院召开的打击经济犯罪工作会议精神和省委召开的综合治理会议精神，省法院院长郑增茂、副院长钱晔同志主持。李道民副院长作了《进一步发挥审判职能作用，为我省经济再上新台阶服务》的报告；杨聚章副院长传达了《关于全省法院为河南经济再上新台阶服务的若干意见》。会议结束时，省委副书记林英海、省人大副主任、省委政法委书记张志刚到会讲了话。省委常委、院长郑增茂作了会议总结。

8月28日　业大分校经过考试，并报请全国法院业余法律大学总校批准，河南全省法院共录取法律专业证书新生1297名。

9月14日至21日　河南省法院系统首届书画艺术作品展览在省法院礼堂开展。全省各级法院共选送书画作品344幅参展。经过评比，获省一等奖的12幅，二等奖的22幅、三等奖的20幅。其中选出50幅送最高人民法院参展。经首届全国书法绘画展览评委员会评选，22件入选、获奖。

10月8日　在燕庄举行省法院综合办公大楼奠基典礼，由李道民副院长主持，郑增茂院长讲了话。全院同志及部分离退休老同志参加了奠基典礼。

10月8日至11日 省法院在郑州市中原区召开全省民事疑难案件研讨会，全省中级人民法院民庭庭长及部分主管民事工作的副院长、优秀论文作者及有关单位负责同志70余人参加。围绕当前审理难度较大的损害赔偿、合伙两类民事案件进行研讨。对优秀论文作者发了荣誉证。

10月9日 省法院告申庭审判员马玉琴同志，5月份在省党代会上当选为中国共产党第十四次全国代表大会代表，她是建国以来全省法院系统第一名全国党代会的代表。

10月14日 本院核准濮阳市拐卖妇女犯熊福海、方修祯、吴端海、李怀全4犯死刑，剥夺政治权利终身。上列罪犯自1987年至1990年期间，以营利为目的，在济南、西安、沈阳、呼和浩特等地采取欺骗、劫持等手段，共拐卖妇女50起74人，得赃款14万元；在拐卖过程中，对4名妇女进行了强奸。同案其他罪犯被分别判处有期徒刑。

10月22日 省法院召开全省中级法院执行庭庭长及主管执行工作的院长会议，传达最高人民法院副院长华联奎在集中清理跨省、市、自治区委托执行案件第三次电话会议上的讲话，学习最高人民法院《关于在执行经济纠纷案件中严禁违法拘留人的通知》及有关协作研讨会议精神。李道民副院长对本省今年1至9月份执行工作作了总结，钱晔副院长在会上作了讲话。前9个月全省共执行案件18898件，其中协助外省执行272件，标的额达1313万元。

10月24日至30日 省法院在辉县百泉举办全省法院经济庭庭长学习班，221人参加学习。主要内容是贯彻落实十四大精神，使全省经济审判工作更好地为改革开放和经济建设服务，努力为建立社会主义市场经济体制提供法律保障。

10月29日至11月1日 省法院在安阳市召开全省法院错案责任追究研讨会，各市、地中级法院纪检组长或主管院长等30余人参加。会议结束时，省委常委、省法院院长郑增茂到会讲了话。在各地制定的错案责任追究暂行办法的基础上，制定出全省法院错案责任追究暂行办法。

11月3日 省法院核准郑州铁路运输中级法院审判的王生彪等8名抢劫犯死刑。王生彪等45名罪犯多系四川省渠县、广安、达县一带农民。1991年9月16日，他们携带匕首、水果刀、木棍等作案工具，分别在广安、渠县火车站窜进重庆至武昌的294次旅客列车，在广安至达县区间内持凶器轮番对9号至15号车厢内的旅客进行抢劫。当天他们分别结伙或单独抢劫作案49起、78人次，共抢人民币8180余元、手表12块，并致旅客重伤1人、轻伤5人，成为震惊全国的特大抢劫案。11月20日8名主犯被执行死刑。其他罪犯被判处死缓5人、无期徒刑3人、有期徒刑29人。

11月17日至21日 省法院举办全省刑、民、行政诉讼文书培训班，全省各中级法院刑庭、民庭、行政庭及研究室的同志共70人参加培训，学习最高人民法院拟订的诉讼文书格式。培训结束时，杨聚章副院长到会讲了话。

11月25日 最高人民法院在郑州市举办“人体损伤鉴定培训班”，全国26省、市92人参加培训。河南参加培训10人，省委常委、省法院院长郑增茂、副院长钱晔分别在开学、结束时到会致贺。

12月5日 省法院在汝南县人民法院建立“民庭指导法庭工作联系点”，并举行挂牌仪式，省法院杨聚章副院长到会讲了话。

12月10日至19日 省法院在郑州市举办全省法院执行庭长培训班，主要学习民法通则、民事诉讼法、行政诉讼法等，李道民副院长到会讲了话。

12月15日 全省法院调研信息工作经验交流会议在洛阳市召开。各地市中级人民法院研究室或办公室主任和部分县区法院主管院长40余人参加。会上交流了经验，表彰了洛阳、南阳、平顶山、焦作、信阳、郑州、周口7个中级法院、孟津等20个基层法院先进单位和19名先进个人。并颁发了荣誉证书。

12月15日至20日　省法院在信阳市和安阳市分片召开了18个市、地中级法院经济审判庭庭长座谈会，研究经济审判工作在当前建立社会主义市场经济体制中遇到的新情况和新问题；经济审判工作如何为深化改革、建立市场经济体制服务；当前经济审判工作中亟待解决的问题。

12月16日至18日　省法院召开审理劳动教养、收容审查行政案件研讨会。各中级法院行政庭庭长参加了会议。会上对审理这两类案件的情况进行了汇报，交流了经验，对遇到的重要问题进行了研讨。李道民副院长到会并讲了话。29日以豫高法发〔1993〕1号文件印发河南省高级人民法院《关于审理劳动教养、收容审查行政案件若干问题的意见（试行）》，通知全省法院试行。

12月18日　在平顶山市召开全省法院法制宣传表彰会，杨聚章副院长到会并讲了话。被评为先进单位的有：南阳、平顶山、郑州、许昌、周口地市中级法院和魏都区、偃师县等21个基层法院和25名先进工作者。

12月29日　杨聚章副院长邀请省法院廉政监督员进行座谈，听取意见，并将《全省法院错案责任追究暂行规定》提请监督员讨论修改。

同日　在省人民政府组织的“人民警察授衔仪式”上，郑增茂院长宣布命令，首次对全省法院系统司法警察30人授衔，其中警督6人、警司18人、警员6人。

同日　特大贪污犯王化雨在商丘伏法。王化雨原系永城县商业粮库会计兼任面粉厂议价科科长、会计。1987年3月至1989年8月，利用职务之便共贪污公款及物资折款52.34万元，挪用公款14.37万元。1990年10月13日商丘地区中级人民法院以贪污罪判处王化雨死刑，剥夺政治权利终身；以挪用公款罪判处有期徒刑十年，决定执行死刑，剥夺政治权利终身。王不服判决，提出上诉。1991年6月15日本院二审裁定驳回上诉，维持原判，并依法报请最高人民法院复核。1992年10月6日最高人民法院核准并发布命令执行死刑。

湖北省高级人民法院

2月25日至29日　李其凡院长主持召开全省中级法院院长会议，传达贯彻全国高级法院院长会议精神和省委领导同志的批示，部署1992年全省人民法院工作。樊后钧副院长作会议总结。省顾委马良，省政法委员会副书记钟澍钦、李文华看望了会议代表，马良到会讲话。

3月28日至4月2日　樊后钧副院长在宜昌市指导宜昌地市合并后地、市两个中级法院的合署工作。

4月9日　湖北省高级人民法院在省电视台演播厅进行全省法院民事诉讼法知识竞赛。最高人民法院民事审判庭庭长梁书文，湖北省委常委、副省长李大强，省人大、省顾委、省政法委员会、中南政法学院等部门和单位的领导同志出席，鄂州、孝感、十堰、武汉、沙市和武汉海事法院队参加决赛，鄂州市法院代表队获第一名。省电视台现场直播了决赛实况。为了认真开展民事诉讼法知识竞赛活动，全省法院有5000多名审判人员参加学法竞赛，先后组织了不同层次的选拔赛、预选赛160余场，直接参赛人员达2000余人次。

4月11日至14日　湖北省高级人民法院、湖北省财政厅联合召开全省法院基层基础建设会议，议题是表彰全省先进人民法庭，安排“八五”期间全省法院通讯、法医技术室“两项”装备建设任务。李其凡院长到会讲话，吴家友副院长主持会议并作总结。全省各中级法院、武汉海事法院分管“两项”装备建设的院长、司行科长和各地市州财政局负责同志参加会议。

4月18日　湖北省税务局、湖北省高级人民法院、湖北省人民检察院、湖北省公安厅联合举行新闻发布会，就“两高”《关于办理偷税、抗税刑事案件具体应用法律的若干问题的解释》答记者问。吴家友副院长代表省法院参加。

5月27日至29日　湖北省高级人民法院召开全省法院处理上访老户工作座谈会，李其凡院长、樊后钧副院长就如何做好上访老户工作讲了话，各中级法院、武汉海事法院分管院长、告申庭庭长以及基层法院代表参加。

8月15日　湖北省高级人民法院商得省政府机构编制办公室同意，决定成立湖北省高级人民法院执行庭。

9月23日至27日　最高人民法院副院长华联奎、计划财务装备局局长蒋福康在省法院樊后钧、吴家友副院长的陪同下，到宜昌、荆州、沙市、武汉等地检查指导法院“两庭”建设工作。

10月7日　湖北省七届人大常委会召开第二十九次会议，樊后钧副院长受李其凡院长的委托作题为《充分发挥审判职能作用，积极为搞好国营大中型企业服务》的工作报告。

10月20日　湖北省人大、湖北省政协联合召开湖北省七届人大代表建议、六届政协提案总结表彰会，湖北省高级人民法院被评为“先进承办单位”。

11月6日　湖北省高级人民法院召开关于执行工作新闻发布会，通报全省法院执行工作情况。吴家友、杜幼清副院长回答了记者的提问。

11月11日　湖北省高级人民法院发出《关于在全省开展集中打击团伙犯罪的通知》。

11月24日　根据最高人民法院授予大冶县铜矿法庭庭长吴远瑞“全国法院模范”称号的决定，湖北省高级人民法院在黄石市召开全国法院模范吴远瑞表彰命名大会。副省长韩南鹏在表彰命名会上讲话，省委办公厅、省委政法委员会、省检察院、省政府办公厅、人事厅、公安厅、黄石市委、市政府等有关部门领导同志到会祝贺。樊后钧副院长宣读湖北省高级人民法院关于向全国法院模范吴远瑞同志学习的决定，吴家友副院长主持了会议。

12月15日　湖北省高级人民法院经济审判庭分别开庭宣判湖北省中南石材有限公司、湖北国华家电有限公司、中南航空企业集团破产案，这3起案件诉讼标的总额达6千多万元，债权人达44个单位。

湖南省高级人民法院

1月5日至13日　詹顺初院长赴北京参加第十五次全国法院工作会议。

1月17日　全省法院基层基础工作总结表彰大会在省老干部活动中心召开。省委常委、省政法委书记朱东阳、省人大常委会副主任罗秋月、省政府秘书长黄石根出席了会议并作了讲话。会上，省政府给完成法庭建设好的零陵、衡阳、郴州、湘潭、邵阳、常德、长沙、株洲8个地市政府、行署颁发了锦旗，省高院也给8个地市的中级法院颁发了锦旗。应邀出席会议的有上述8个地市的党政领导同志，他们分别在会上介绍了经验。

1月18日 全省中级法院院长会议在省老干部活动中心召开，总结1991年工作，研究讨论1992年工作。

1月24日 李鸿群副院长主持召开全院干警大会，詹顺初院长、于益成副院长分别传达省委和全国高级法院院长会议精神，周敦扣副院长作1991年度工作总结报告。授予经济庭等4个单位为先进集体，授予机关党委等15个单位工作单项奖，给予高建勤同志等54人记功、授予先进工作者称号，会上颁发了奖状和荣誉证书。

1月25日至26日 詹顺初院长和王松明副院长带队到汨罗市、湘阴县慰问法庭干部。

3月15日至4月5日 詹顺初院长赴北京参加全国人大七届五次会议。

3月18日 全省法院纪检监察政工工作座谈会在长沙召开。

4月13日至15日 全省中级法院院长座谈会在省院召开，詹顺初院长在会上作了题为《解放思想，振奋精神，充分发挥审判职能，为加快改革开放和经济发展建功立业》的报告。

4月14日 湘、鄂、赣3省法院法医理论研讨会在株洲市召开。

4月24日 全省法院行政审判工作会议在长沙市召开。

5月5日 全省法院档案工作会议在邵阳市召开。

5月23日 湖南、山东、河北、广东、湖北、河南、浙江、安徽、贵州、上海等10省市行政审判工作研讨会在岳阳市召开。

5月25日至29日 全省法院告诉申诉工作会议在常德市召开。

5月25日至6月13日 詹顺初院长去福建、海南、广东3省考察沿海地区打击经济犯罪工作。

5月31日至6月1日 全省法院缓刑、减刑、假释工作会议在长沙市召开，于益成副院长在会上作了工作报告，刘良玉副院长传达了省公、检、法、司联合发的文件。

7月3日 全省法院纪检监察工作会议在邵阳市召开。

7月24日 全省法院打击经济犯罪和刑事审判工作会议在南岳召开，于益成、刘良玉副院长参加会议并作了讲话。

8月10日 詹顺初院长参加最高人民法院召开的经济审判理论研讨会。

8月18日 全省法院“业大”工作会议在南岳召开，周敦扣副院长参加会议并作讲话。

9月7日 省政协常委赵梯一行5人，到本院听取法院工作汇报，詹顺初院长、于益成副院长参加。刑一庭、刑二庭、经济庭、民庭、行政庭、执行庭负责同志汇报各自的审判工作。

9月15日至17日 全国16省、市、区法院执行工作协作研讨会在长沙市召开。参加会议的有最高人民法院执行组的负责同志以及江西、上海、广西、湖北、四川、福建、河北、吉林、河南、浙江、黑龙江、辽宁、海南、广东、山东法院院长、副院长和执行庭庭长。詹顺初院长致开幕词，于益成副院长主持会议，王松明副院长汇报全省法院执行工作情况。会议在充分民主协商的基础上，形成了会议纪要。会议期间，湖南省人民政府省长陈邦柱，省委常委、省委政法委书记朱东阳，省人大常委会副主任罗秋月参加了会议并讲了话。

9月23日 全省法院执行庭庭长培训班经过15天的学习在省政法管理干部学院举行结业典礼。

10月8日至12日 全省法院清理“三角债”工作会议在郴州市召开，王松明副院长参加会议并讲了话。

10月12日　全省法院第三次民事审判工作经验交流暨理论研讨会在双牌县召开，王松明副院长前往参加并讲话。

10月20日至23日　全国16省市告诉申诉审判工作研讨会在常德市召开。詹顺初院长、刘良玉副院长出席会议并讲了话。

10月27日　全省法院系统"颂党的业绩，展法官风采"演讲比赛在省法院举行。

11月3日　业余法律大学湖南分校表彰大会在省院召开，詹顺初院长、于益成、周敦扣副院长等同志参加会议并讲话。

11月9日　詹顺初院长、周敦扣副院长等同志在省法官培训中心参加全省基层法院院长培训班座谈会。

11月10日　全省法院新形势下信息工作如何为经济建设服务研讨会在汝城县召开，于益成副院长参加会议并作了报告。

11月18日　省法院邀请省经委、省计委、省法制局、省国土局、省物资厅、省科委负责同志举行座谈会，听取人民法院为市场经济提供法律服务的意见和建议。

11月19日　全省法院土地行政执法和土地行政诉讼研讨会在娄底市召开。

11月20日　王松明副院长向全国人大常委会部分委员汇报全省行政审判工作情况。

11月23日至28日　全省法院诉讼文书工作会议暨培训班在长沙市举行，于益成副院长出席并作了报告。

12月17日至29日　詹顺初院长赴北京市参加全国第十六次法院工作会议。

12月23日　全省法院纪检监察工作经验交流会在湘潭市召开，会上评出邵阳、湘潭、衡阳、零陵、怀化中院5个单位为纪检监察先进单位。

广东省高级人民法院

1月19日至28日　最高人民法院院长任建新先后视察了珠海市、中山市和番禺、顺德、南海等县的法院和部分人民法庭，与法院领导和法庭干部进行了座谈。28日，任建新院长在省高院处以上干部会上作了讲话。

1月18日　省高院在广州市二沙头体育场举行全院首届体育运动会。

2月1日　省高院召开1991年工作总结暨表彰先进大会。

2月18日至21日　省高院在广州市召开全省中级人民法院院长会议。麦崇楷院长作了题为《充分发挥审判职能作用，更好地为社会稳定和经济发展服务》的报告。省委常委、政法委书记方苞到会与各中级法院院长座谈，并作了讲话。

2月24日至3月4日　应泰国司法部长巴博·卫猜的邀请，以省高院副院长周统平为团长的广东省法官代表团一行10人，对泰国进行友好访问。

3月13日　省高院召开处以上干部会议，学习、讨论邓小平同志视察广东等地的重要谈话。

4月9日　省高院召开严惩"车匪路霸"的新闻发布会。

4月14日至15日　省高院召开会议，听取本院5个工作组检查6个市两级法院传达贯彻全省中级法院院长会议精神情况的汇报，研究解决发现的问题，部署全省法院统一打击"七害"犯罪的具体安排。

4月19日　麦崇楷院长就本省统一开展除"七害"行动，接受电视台的采访。同日，省高院召开新闻发布会，向新闻界通报了全省法院集中打击“七害”犯罪活动的情况。

5月6日至9日　省高院在东莞市召开关于外商承包中外合作企业纠纷案件审理问题的研讨会。

5月20日　省高院召开会议，研究审判工作如何进一步为改革开放和经济建设服务的问题。

6月16日　全省法院经济审判干部培训班开学。

6月25日　省高院就“6·26国际禁毒日”举行新闻发布会，向新闻界通报了全省法院审判毒品犯罪案件的情况。

6月26日至7月8日　应美国联邦夏威夷地区法院首席大法官邝和胜的邀请，以麦崇楷院长为团长的广东省法官代表团一行5人，前往美国进行友好访问。

7月15日至16日　应广东省高院民庭庭长禤旌旗的邀请，香港最高法院经历司贝士、副经历司沈道良、香港政府布政司署助理政治顾问李丽仪以及传译官俞韧，一行4人，在新华社香港分社外事部有关人员陪同下，访问广东省高院，就粤港两地法院委托送达民商事诉讼文书协议执行情况举行会晤。麦崇楷院长会见并宴请了贝士一行，就进一步加强两地司法合作问题广泛交换了意见。

7月21日　全省第五期行政审判干部培训班开学。

8月4日至8日　省高院在湛江市召开全省法院审判工作为经济建设服务汇报会。麦崇楷院长作了题为《加强审判工作，提供高效服务，保障和促进我省经济建设高速发展》的报告。

8月18日至26日　应香港御用大律师梁定邦的邀请，省高院经济庭、刑一庭、执行庭、审监庭等8名法官，赴香港考察。

8月24日　全省法院第二期司法警察培训班结业。

9月5日至8日　全省法院审理经济犯罪案件工作会议，在顺德市召开。

11月9日　省高院召开严厉打击“七害”犯罪分子的新闻发布会。

11月19日至30日　省高院在深圳市举办第二期全省刑庭庭长培训班。

11月26日至28日　省高院在深圳市召开全省法院立案工作现场会，总结推广深圳市中院成立立案处，建立全院统一立案制度的经验，研究改革和完善法院的立案工作的措施。

12月3日　省高院和广州市中院召开大会，向从事法院工作30年的老同志（省高院31名、广州市两级法院118名）颁发了荣誉证书和奖章。最高人民法院副院长端木正，省委常委、政法委书记方苞，省顾委主任王宁、副主任宋志英，省人大常委会副主任张汉青，副省长凌伯棠等领导同志参加了大会，并向老同志颁发了荣誉证书和奖章。

12月24日　省高院在化州县委召开的大会上，宣读最高人民法院授予刘傅权富“全国法院模范”荣誉称号的决定，并向刘傅权富同志颁发了荣誉证书、奖章和奖金。

12月22日至26日　省高院在深圳市召开银行承兑汇票法律问题研讨会。

12月31日　省高院举行人民法院司法警察授衔仪式。第一批授予省高院和广州、深圳、珠海市法院共147名司法警察警衔。

广西壮族自治区高级人民法院

2月25日至29日　全区法院院长会议在南宁市召开。参加这次会议的有各地、市、柳州铁路运输中级法院院长、基层法院院长，高级法院各庭、处、室负责人等共164人。应邀参加会议的还有自治区有关单位的领导和新闻单位的代表。蒙铎院长在会上作了《增强专政意识和服务意识，充分发挥审判工作在维护我区社会稳定保障经济发展中的重要作用》的报告，并在会议结束时作了总结讲话。自治区党委书记赵富林对召开这次会议的报告作了批示，区党委副书记丁廷模、区人大常委会副主任黄嘉到会指导。

2月29日　自治区高级法院在南宁市召开大会，表彰全区法院政治思想工作、廉政建设先进单位34个和先进个人120名。

6月10日至13日　越南最高人民法院院长范兴一行3人，访问了自治区高级法院、南宁市中级法院和南宁铁路运输法院以及南宁地区的宁明县、凭祥市法院，受到了自治区高级法院蒙铎院长、黄建明副院长的热情接待。

8月5日　自治区禁毒委员会和高级法院在南宁市召开了大规模的禁毒暨宣判大会，当众焚烧毒品1100公斤，依法对××名毒品死刑犯和×名买卖枪支、弹药死刑犯执行枪决，共有12000多名机关干部和各界群众参加了旁听，散发宣传材料20000多份，张贴布告1600份。

9月8日至14日　广西法院系统首届书法绘画作品展在南宁市展出，这次展出软笔、硬笔书法和绘画、篆刻作品270多幅。

9月9日　蒙铎院长、告申庭黄显发庭长、研究室张荣乾主任、司机李香印因车祸遇难。

10月30日　自治区人大常委会七届三十一次会议任命黄任文、潘宜乐为自治区高级人民法院副院长。

四川省高级人民法院

1月22日　省法院院长任凌云参加省七届人大第五次会议并向大会作《四川省高级人民法院工作报告》。25日，省七届人大第五次会议决定批准《四川省高级人民法院工作报告》。

1月30日　省法院院长任凌云到双流县人民法院通江人民法庭看望干警并给全院干警拜年。

2月2日　省法院院长任凌云到成都军区军事法院、成都空军军事法院拜年。并就军地互涉案件的配合与协作交换了意见。

2月14日　省委召开常委会议，听取了省法院任凌云院长关于全国高级法院院长会议精神的汇报，并就贯彻落实会议精神，法院队伍建设和“两庭”建设作了重要指示和决定。

2月27日至3月1日　省法院在成都市召开了全省中级法院院长会议暨颁发荣获

荣誉证书的代表会，传达全国高级法院院长会议精神，安排全省法院工作。省委副书记李伯勇，省人大副主任、省委政法委书记白尚武等出席了会议并讲话。

3月3日　省法院派出工作组，就行政诉讼法实施以来各地的行政审判工作情况，遇到的新问题以及办案质量进行了调查、检查。

3月9日　省法院副院长魏彬受院长任凌云委托，向省第七届人大第二十八次常委会议作《关于贯彻实施〈行政诉讼法〉的情况报告》。

3月11日　省法院研究制定了搞好大中型企业、发展农村经济的十一条措施。

3月15日　省法院针对盗窃犯罪适用法律中存在的问题，派出工作组到川东进行调查，形成了《关于当前审理盗窃犯罪适用法律的意见》。

3月18日　省法院派出工作组到彭山县与部分乡、镇党政负责人就法院如何为农村春耕生产提供有效的法律保障和法律服务进行座谈。

3月31日至4月4日　省法院在温江县召开全省法院系统纪检监察和政治工作会议，传达贯彻了最高人民法院会议精神，安排部署1992年纪检监察工作。

4月12日　省法院新办公大楼破土动工。该工程占地998平方米，为剪框结构，主体13层附房一层，建筑面积为9445平方米。主体工程预定1993年9月竣工。

同日　省法院在广汉市召开全省部分法院处理上访老户工作经验交流会。总结交流了近几年处理上访老户工作情况和经验，分析了老户产生原因，研究了对策。

4月24日至26日　省法院在自贡市召开全省法院集中清理执行案件工作会议。传达最高人民法院电话会议精神，研究了全省开展集中清理执行案件工作措施。

5月20日　省法院工作组会同省政府法制局就涪陵、万县等地行政执法情况进行了调查。

5月27日　省七届人大常委会第二十九次会议任命邬红旗同志为四川省高级人民法院副院长。

6月16日　省法院二审裁定维持并核准重庆“5·24”枪杀公共汽车驾驶员案罪犯刘影死刑，剥夺政治权利终身。

6月20日至25日　省法院院长任凌云到绵阳市参加最高人民法院召开的全国法院审理经济犯罪案件座谈会。

6月26日　根据省法院的统一部署，成都、重庆、凉山、成铁、攀枝花等中级法院相继召开大规模宣判大会，集中判处了一批毒品罪犯，其中22名罪大恶极的犯罪分子被判处死刑并执行枪决。

7月11日　省法院经济纠纷调解中心正式成立。

7月19日　省法院聘请华西医科大学法医学系、华西医科大学附属医院及四川省肿瘤医院等16名有关专家、教授作为省法院法医学技术顾问和医学顾问，并发给聘书。

8月12日　在全省、全国影响较大的四川省古蔺县郎酒厂诉四川古蔺曲酒厂侵犯郎酒厂郎牌注册商标专用权纠纷案，经省法院调解达成协议，收到较好的社会效果。

8月21日至23日　省法院在奉节县召开审判建设工程承包合同纠纷案件专题研讨会，邬红旗副院长到会并讲话。

8月22日　省法院在都江堰市举办“全省法院系统监察干部培训班”，各中级法院和成都市两级法院的41名干部参加了培训。省法院任凌云院长在培训结束时到会并讲话。

8月26日至30日　省法院在都江堰市召开全省中级法院院长和部分基层法院院长座谈会，学习了中央7号文件、小平同志南巡谈话和中央政治局会议精神，研究贯彻措施。省人大副主任、省委政法委书记白尚武同志到会并讲话。

9月25日　省法院派出工作组，赴川东、川北等地，对审判工作如何贯彻邓小平同志南巡谈话精神，搞好经济犯罪案件的审判工作进行调查研究，形成了《审理经济犯罪案件中执行政策法律的几点意见》。

10月17日　省法院牵头，与省计委、省财政厅在双流县联合召开全省法院“两庭”建设工作会议，表彰了先进单位，安排了下一步审判庭和人民法庭的建设工作。

10月27日　省法院发出通知，要求全省法院干警认真学习贯彻党的十四大精神。

11月11日　省法院向全国人大常委会委员、全国人大法律委员会委员宋承志、王叔文等汇报贯彻实施行政诉讼法，开展行政审判工作的情况。

11月15日　省法院发出《关于贯彻执行四川省各级人大监督条例的通知》。

12月7日至11日　省法院在夹江县召开全省第三次行政审判工作会议，回顾总结两年来行政审判工作情况，研究在新形势下做好工作的意见。任凌云院长到会并讲话。

贵州省高级人民法院

1月13日　省法院发出《关于人民法庭设置问题的通知》。《通知》对全省正在开展的建镇、并乡、撤区工作中，人民法庭的设置问题作出规定，要求总的应维持现有人民法庭681个。

2月1日　省法院、省检察院、省公安厅、省司法厅联合发布《关于敦促犯罪分子限期投案自首、坦白交待的通知》。

2月18日至22日　全省法院院长会议暨全省法院系统颁发荣誉证书、表彰“五优”大会在贵阳市召开。省法院院长、副院长及各部门负责同志，各中级、基层法院院长（副院长），各中级法院研究室（办公室）主任，荣获荣誉证书和“五优”的代表150余人参加会议。原省法院院长叶谷霖、石文礼及省直有关部门负责同志和新闻部门的同志应邀参加会议。省委书记刘正威、省人大副主任周衍松、省委政法委书记胡克惠到会并讲话。会议传达贯彻全国高级法院院长会议、省委六届六次全委扩大会议和常委会议精神，总结1991年工作，研究部署1992工作任务，交流经验。并向在本省法院系统工作30年以上，边远地区法院工作20年以上的565名老同志颁发荣誉证书和奖章，表彰29个先进人民法庭、16名优秀基层法院院长、48名优秀审判员、6名优秀书记员、14名优秀工作者，并给遵义县法院虾子人民法庭记集体二等功、纳雍县法院阳长法庭等11个人民法庭记集体三等功。

2月25日至26日　省法院在贵阳市召开执行工作座谈会。贵阳、遵义、安顺、六盘水、毕节、黔东南、黔西南7个中级法院分管副院长或执行庭庭长参加座谈。座谈会根据全省法院工作会议对执行工作的要求，对跨省、市、自治区委托执行和开展集中执行工作作了研究。决定今年要组织好全省性的统一集中执行工作。

3月2日　省法院院长谢锦汉向贵州省第七届人民代表大会第五次会议作《贵州省高级人民法院工作报告》。

3月31日至4月1日　省法院在遵义市召开调查研究工作座谈会。会议传达省法院院长谢锦汉关于“以邓小平同志南巡讲话为指导，研究调研工作面临的新形势，抓成果，促落实，推动法院工作全面开展”的指示；检查去年11月全省法院调研工作会议的贯彻落实情况；讨论、协调全年调研课题，研究办好“调研成果展览”的有关问题。

3月　省法院张林春副院长率省法院调查组赴安顺市调查毒品犯罪情况。调查组与地、市政法部门，禁毒机构，戒毒所干警进行座谈，查阅有关案件和资料，剖析了安顺市毒品犯罪活动查而不止、禁而未绝的原因，提出了打击毒品犯罪要下决心解决和注意抓好的五个问题。

4月30日　为了贯彻执行最高人民法院、最高人民检察院颁发的《关于办理偷税、抗税刑事案件具体应用法律的若干问题的解释》，省法院、省检察院、省公安厅、省税务局联合召开新闻发布会。省法院张林春副院长在会上讲话，他强调了《解释》的重大意义，回顾了近几年人民法院打击偷税、抗税犯罪活动的情况，要求各级法院进一步做好以下工作：1. 提高认识，认真学习、宣传《解释》；2. 严格依照法律法规和“两高”《解释》惩办偷税、抗税犯罪分子；3. 加强与检察机关、公安机关、税务部门的配合。

5月4日　省法院向最高人民法院报告全省法院参与社会治安综合治理宣传月和开展自查工作情况。报告说，为贯彻落实最高法院《关于开展人民法院参与社会治安综合治理宣传活动的通知》精神，全省法院从3月5日至4月5日，共组织2502名干警利用星期日和赶场天，到城镇繁华热闹地段以及深入村寨、学校及劳改场所，开展有规模、有声势、有特色的社会治安综合治理宣传活动，鼓舞、教育群众，感召一批在逃案犯主动到政法机关投案自首，促使一批在押罪犯交待余罪和检举揭发同案犯。充分显示了人民法院在社会治安综合治理中的全方位功能。

5月7日至9日　全省法院档案工作会议在安顺市召开。会议总结8年来全省法院档案工作的主要成绩和基本经验，印发12个档案工作开展较好的中级、基层法院的经验材料，确定今后9年全省法院档案工作建设和发展的奋斗目标、总体规划和主要措施。省法院谢锦汉院长主持会议，作了题为《认真贯彻第二次全国法院档案工作会议精神，把全省法院档案工作提高到一个新水平》的讲话。

5月19日至22日　全省法院人事、纪检、监察工作座谈会在贵阳市召开。省法院常务副院长吴开荣主持会议并讲了话。中纪委委员、最高法院党组成员、纪检组组长、人事厅厅长项华专程到会作了讲话。会议传达全国法院人事工作座谈会和纪检监察工作座谈会及省廉政会议精神，交流工作经验，明确了下一步的基本任务。

6月2日　省法院、省检察院、省公安厅、省税务局在贵阳市举行第一次联席会议，以上单位的领导及其有关部门负责同志参加会议。会议由省法院副院长张林春主持。会议主要研究如何执行最高人民法院、最高人民检察院《关于办理偷税、抗税刑事案件具体应用法律的若干问题的解释》第五条第二款和以联席会议形式解决涉税案件的有关问题。会议决定联席会议每年6月召开一次例会，并确定了联席会议成员名单。

6月24日　省委政法委员会转发省法院《关于盘县特区“高息约会”情况的调查及对策意见》。这个调查报告对盘县特区一些人利用传统的“约会”方式从事非法金融活动情况作了全面剖析，指出“高息约会”带来的极为严重的后果，提出3条对策。省政法委书记胡克惠认为该调查报告有情况、有分析、有见解、有对策。

6月30日　省法院在贵阳市召开全省中级法院院长会议，深入学习中央2号、4号文件和省党代会、全省政法工作会议精神，总结上半年工作，部署下半年工作，讨论安排为《人民法院报》的创刊发行，做好宣传征订、组稿工作。会议就如何更好地发挥审判职能作用，为加快改革开放和经济建设服务以及积极探索新形势下法院工作为发展经济保驾护航等问题进行研究。省法院常务副院长吴开荣主持会议，谢锦汉院长作了讲话。

7月27日　省法院在贵阳市召开《人民法院报》创刊、贵州记者站成立新闻发布会。

8月6日　省法院召开全省“打拐”工作会议。张林春副院长在会议上讲话，要求全省各级法院充分发挥审判职能，与有关部门密切配合，不失时机地开展集中统一打击和专项斗争，突出打击重点，依法从重从快惩处，把打击拐卖、绑架妇女儿童的犯罪活动抓紧抓好，抓出成效。

9月1日至4日　全省法院审理经济犯罪案件工作会议在贵阳市召开。会议传达最高法院召开的“全国法院审理经济犯罪案件工作会议”和“部分省、市法院贯彻人大《关于禁毒的决定》座谈会”精神，总结交流审理经济犯罪案件的情况和经验，研究今后打击经济犯罪的工作。

9月5日　省法院发出《关于在部分行政执法机关建立执行室的通知》。截止年底，全省各级法院共在土管、税务、工商、城建、稽征、交通等行政机关建立执行室304个，及时处理一批行政执行案件，维护了行政法律、法规的严肃性，受到行政执法机关的普遍欢迎。

9月13日至17日　全国“两庭”（审判法庭、人民法庭）建设会议在贵阳市召开。最高人民法院常务副院长华联奎、全国各高级法院院长（副院长），国家财政部、建设部、计委，以及各省、自治区、直辖市计委、财政部门的有关负责同志共120余人参加会议。贵州省委书记刘正威、省人大主任张玉环、副主任罗尚才、省委政法委书记胡克惠、副省长张玉芹出席会议。华联奎、刘正威在会上作了讲话，省法院谢锦汉院长向大会汇报了全省法院“两庭”建设的基本情况，与会代表实地参观考察了贵阳、安顺、毕节、遵义等地、市11个审判法庭和16个人民法庭。会议对贵州法院“两庭”建设予以充分肯定和高度评价。

9月　省法院张林春副院长向省七届人大常委会第二十七次会议作《关于打击严重经济犯罪活动的工作报告》。

10月6日　省委办公厅转发省法院《关于进一步加强和改进审判工作，全方位地为经济建设服务的意见》。

10月16日至17日　省法院在贵阳市召开全省中级法院行政审判庭庭长座谈会。座谈会以贯彻十四大精神为指导，围绕行政审判为经济建设、改革开放服务这一中心，交流工作情况，分析主要问题，研究解决措施。会上，遵义、贵阳、安顺中级法院行政审判庭介绍了经验。大家还就如何提高一审行政案件结案率进行了研究。

11月18日　省法院受最高人民法院委托，在遵义市召开宣判大会，依法对目前国内罕见的罗德明等人制造、销售假茅台酒案进行宣判，旁听干部群众万余人。宣判后，罗德明被押赴刑场执行枪决。罗德明原系贵州省仁怀县荣碌官酒厂贵阳经营部经理。1988年6至8月期间，罗德明制造、销售假茅台酒4万余瓶，非法经营额达330余万元，非法获利201万余元，给有关企业造成经济损失260万余元。1991年9月25日，贵州省黔南布依族苗族自治州中级法院依法以投机倒把罪判处其死刑，剥夺政治权利终身。宣判后，罗提出上诉。贵州省高级人民法院依法裁定驳回上诉，维持一审判决，并报经最高人民法院核准。对这起建国以来最大的、首例因制售名优酒被判处死刑的案件，最高人民法院在北京召开新闻发布会，全国各大报刊均作了报道。

12月7日　省法官培训中心第一期民事经济审判干部培训班结业，省法院副院长吴开荣、李太荣参加结业典礼并讲了话。首批学员89人为各中级、基层法院从事民事、经济审判工作的审判员以上业务骨干。

云南省高级人民法院

1月25日　省法院召开全体干警大会，邱创教院长传达全国高级法院院长会议精神。

2月22日　最高人民法院工作组一行3人前来云南了解检查毒品案件审理工作情况。23日至26日，工作组先后调卷查阅了省院审结50件毒品案件，随后前往毒品案件较多的大理、保山、德宏、西双版纳、思茅五地、州实地了解检查当地毒品案件审理工作的具体情况。

4月4日至7日　全省少年刑事审判工作会议在昆明市召开。会议主要研究审理未成年刑事犯罪中如何做好寓教于审，惩教结合工作，从司法保护方面贯彻未成年保护法。邱创教院长到会作了《加快步伐，努力开创少年刑事审判工作新局面》的讲话，提出了今后加强审判未成年刑事犯罪案件工作的意见。

4月25日　省法院在昆明市召开了有曲靖、玉溪、红河、楚雄、昆明5个地、州、市中级法院执行庭庭长参加的座谈会，贯彻最高人民法院关于“集中清理委托执行案件”工作电话会议精神。

5月9日　邱创教院长主持院务会议，学习传达省委办公厅转发的省政法委《关于在全省政法系统开展执法执纪情况总结检查的意见》。会议根据要求，结合本院近年来执法执纪的实际情况，就开展执法执纪总结检查工作作了安排部署。

5月14日　邱创教院长主持院务会议，听取申艺农副院长传达省禁毒委员会13日会议精神，具体分析了本省毒品案件审理情况，研究了本院及各中级法院如何抓紧严重毒品犯罪案件审理，作好“6·26”宣判大会准备工作。

6月20日　省委政法委召开会议，邱创教院长、李春林副院长出席了会议。邱创教院长向省政法委汇报了“6·26”宣判大会准备工作和实施意见。省、市政法委，公、检、法、武警部队及昆明铁路检察院、法院的有关负责同志参加了在本院召开的“6·26”禁毒大会联席会议。

6月22日至25日　本院召开全省经济庭庭长会议。会议主要学习讨论最高人民法院《关于贯彻执行民事诉讼法若干问题的意见》和《审理经济纠纷案件涉及经济犯罪问题的处理意见》。会议还交流了各地经济审判工作情况和经验。

6月26日　云南省暨昆明市禁毒宣判大会在昆明市拓东体育场召开。昆明各族各界4万多群众参加了大会。省、市党、政、军领导出席了大会。何志强省长在大会上讲了话。省院邱创教院长在大会上依法宣布对李飞福等11案××名重大毒品犯罪分子判处死刑，并当即押赴刑场执行枪决。大会还当众销毁了4吨毒品。同一天，德宏、保山、大理、楚雄、文山等14个地州也召开了宣判大会，依法严惩了一批毒品犯罪分子。

7月6日　最高人民法院“贯彻全国人大关于禁毒的决定座谈会”在昆明市召开。云南、贵州、四川、甘肃、陕西、广东、内蒙7个高级法院，成都、昆明、大理、临沧、保山、德宏、兰州铁路等7个中级法院的领导及有关同志参加了座谈会。最高人民法院副院长林准到会并作了讲话；省院邱创教院长在会议上介绍了云南禁毒斗争形势和贯彻禁毒决定、审判毒品案件的情况。与会代表认真讨论了最高法院《关于毒品案件审理中若干法律问题的司法解释（草搞）》。

7月14日　本院与省土地管理局联合召开“土地执法，土地行政诉讼研讨会”。全省各地、州及部分县（市）法院行政庭领导和土地管理局领导同志参加了会议。

7月24日　本院召开全省法院电话会议，申艺农副院长传达最高人民法院在绵阳市召开的审理经济犯罪案件工作会议精神。

8月17日至19日　全省民事审判工作座谈会在昆明市召开。

9月3日　本院召开全体干警大会，邱创教院长传达了省委关于平远街地区严打斗争情况通报会精神：鉴于平远街地区毒品犯罪及非法贩卖枪支等犯罪活动猖獗，严重危害云南治安，影响全国安定，必须采取坚决措施，集中进行严厉打击。邱院长还传达了此次严打斗争的方针、部署、初步实施情况以及省委、省政府对省级机关、政法部门的具体要求。

10月14日　本院在文山州砚山县平远镇召开公判大会，当地群众近8000人冒雨参加了大会。邱创教院长对贩卖毒品犯沙国柱、王粉英宣判死刑，并到刑场指挥执行。

11月12日　平远地区再次组织了有一定规模和声势的宣判大会。邱创教院长代表云南省高级人民法院对林洪恩、马惠春、马平福、马正宇、马跃昆等5名重大贩毒和抢劫罪犯宣判死刑并交付执行，有力地摧毁和打击了原平远地区的黑社会势力。

宁夏回族自治区高级人民法院

1月20日至23日　自治区高级人民法院连续召开党组会、党组（扩大）会、中级法院院长会。迅速将江泽民、李鹏同志的重要批示、乔石同志的重要讲话以及任建新院长的两次讲话和全国高级法院院长会议精神进行了传达，研究了贯彻落实的措施。在充分讨论的基础上，邹献朝院长综合大家的意见，提出贯彻好会议精神，要着重抓好3个方面的工作：一是要抓住为经济建设服务这个中心，进一步解决好审判工作的指导思想问题，为搞好国营大中型企业和发展农村经济服务，保障和促进社会主义经济建设的发展。二是要抓好对马列主义、毛泽东思想基本理论的学习，重点要学好毛主席的哲学著作和小平同志关于建设有中国特色社会主义的论述。三是要加强法院工作的科学化管理，进一步建立和完善各项责任制和管理制度，切实落实各级领导责任制和岗位责任制，推动机关工作的灵敏、高效地运转。

2月4日　自治区党委书记黄璜听取自治区高院院长邹献朝汇报全国高级法院院长会议精神后指示：“党中央十分重视政法工作，对政法工作要求很高，已列为1992年要继续抓好的三件大事之一。请你们根据中央的决策，结合宁夏的实际，贯彻好全国高级法院院长会议精神。要在抓服务、抓基层、抓队伍、抓落实上多下功夫，做好审判工作，为社会稳定和经济建设服务。”

2月15日至21日　自治区高级人民法院和银川市中级人民法院，联合组成4个调查组，分别到本区19个国营大中型企业进行调查。2月25日联合调查组向自治区高院经济发展司法服务领导小组汇报了调查情况，并研究了服务的方法、措施。同时，确定建立与国营大中型企业联系、服务的网络，由企业推荐、法院聘任设立司法服务联络员制度。

2月19日　海原县人民法院依法公开

审理该县法院干部杨如林受贿、私放罪犯一案。当庭宣判杨如林犯受贿罪判处有期徒刑四年，犯私放罪犯罪判处有期徒刑六年，总和刑期十年，决定执行八年，依法没收其受贿赃款9500元；以行贿罪分别判处李禄善、路正和有期徒刑三年、一年。自治区高院分管人事、纪检工作的副院长杨振平和固原地区、海原县有关方面领导和1500余名干部群众参加了旁听。

2月29日至3月3日　自治区高级人民法院在银南地区吴忠市召开了全区法院院长工作会议。参加会议的有全区各级法院院长、中院研究室主任和高级法院各部门的负责同志共60余人。会议认真传达贯彻了全国高级法院院长会议精神，认真讨论了邹献朝院长关于《充分发挥审判职能作用维护社会稳定，为搞好国营大中 型企业和发展农村经济服务》的讲话；交流了各项审判工作和人民法院参与社会治安综合治理的经验，表彰了本区人民法院参与综合治理的先进集体12个、先进个人9名。自治区党委常委、政法委员会书记白振华、人大常委会副主任冯茂、政协副主席陈静波先后参加了开幕式和闭幕式，冯茂、白振华分别在会议开始和结束时讲了话。

3月26日至27日　自治区高级人民法院召开纪检、监察工作会议，各中级法院院长、纪检组长等20人参加。会议传达贯彻了全国法院纪检、监察工作座谈会精神，交流了纪检、监察工作经验，安排了1992年和今后的纪检、监察工作。

4月8日　自治区高级人民法院在灵武县召开审判工作为经济建设服务现场会。灵武县法院在认真学习贯彻第二次全国、全区经济审判工作会议精神的基础上，端正经济审判工作的指导思想，改变作风，走出法院，开辟案源，拓宽服务领域，强化服务功能，在短短半年中就受理经济纠纷案件368件，审结363件，总标的达425万余元，执行290件，执行标的总额253万余元，为经济建设服务取得显著成绩。

4月25日至5月7日　自治区高级法院举办了第一期全区法院青年优秀法官政治理论培训班，各中级、基层人民法院有37名青年干部参加了学习。

6月23日至26日　自治区高级法院在银川市召开了经济纠纷连带责任研讨会。这次研讨会是在自治区高院经济庭对4个中、基层法院1990年至1991年审结的涉及连带责任的94件经济纠纷案件进行了调查，对16个典型案例进行了分析研究的基础上召开的。参加会议的有各中级法院分管经济审判的副院长和研究室主任，各级法院经济审判庭庭长，银川铁路法院、自治区、银川市工商局、经济律师事务所等单位的代表。会后，对经过研讨会讨论求得共识的一些问题，以《研讨会纪要》的形式下发各院。

7月3日至7日　自治区高级法院在银川市召开行政诉讼受案范围研讨会。参加会议的有全区法院行政审判庭庭长和部分行政审判人员共54人。会议主要是针对行政诉讼法实施一年多来，在审判实践中遇到的对受案范围的理解和把握上的一些突出问题，进行了讨论。再次学习了最高人民法院《关于贯彻执行〈中华人民共和国行政诉讼法〉若干问题的意见（试行）》，讨论、交流了案例15篇，论文12篇，调查报告2篇。自治区高院院长邹献朝、副院长马绍彬出席了会议，分别作了讲话和总结。

9月14日至19日　自治区高级人民法院根据最高人民法院《关于开展司法统计工作互检活动的通知》，组织各中级人民法院研究室主任及统计员对部分中级、基层 法院的统计工作进行了检查。

11月3日至5日　自治区高级人民法院在贺兰县召开了全区法院首次执行工作会议。会议总结了近年来全区法院执行工作的五条基本经验，并讨论了自治区高级法院草拟的《自治区各级法院执行工作细则》。参加会议的有各中级、基层法院分管执行工作的院长、副院长和执行庭庭长及高级法院有关庭、室负责人共59人。自治区高院副院长马绍彬作了《进一步加强执行工作，为改革开放和经济建设服务》的讲话，邹献朝院长作了总结。自治区党委常委、政法委书记白振华同志到会并讲了话。

11月20日至12月3日　自治区高级人民法院邹献朝院长带领工作组，到3个中级法院和7个基层法院检查指导法院学习贯彻党的十四大精神情况，调查了解1992年各项审判工作情况，研究筹划1993年的主要工作，并就基层法院换届问题与当地党委、人大的领导交换了意见。

新疆维吾尔自治区高级人民法院

1月4日　院党组召开会议传达学习中共中央和自治区党委的有关文件，安排部署法院系统以实际行动贯彻落实党的十三届八中全会精神和自治区党委四届二次全委（扩大）会议精神，充分发挥审判职能，为深化农村改革、振兴农村经济服务 。

1月6日　库尔班·肉孜院长前往北京参加全国高级法院院长会议。

1月31日　区高院召开1991年度机关工作总结表彰大会。

2月17日　全区法院院长会议在乌鲁木齐市召开。

3月1日　库尔班· 肉孜院长、张九龄书记出席自治区七届人大五次会议。库尔班·肉孜院长作法院工作报告。

6月1日　自治区法院系统参与平暴和审理巴仁乡反革命武装暴乱案件总结表彰大会在阿图什市召开。最高人民法院人事厅副厅长陈之玮、自治区党委政法委员会副书记龙兆年、自治区人事厅副厅长唐世德，克州和喀什等地州的党政军主要领导，以及荣立集体一等功、二等功，个人一、二、三等功的同志近200人参加了大会。

同日　自治区法院系统政治工作会议南疆片会在阿图什市召开。

6月27日至29日　泰国大理院院长等一行12人来本区访问。

7月10日至13日　首次全区法院执行工作会议召开。各地州市、铁路、兵团农垦师中级法院的主管院长、执行庭长及部分县市区法院的主管院长和执行庭庭长近百人参加了会议。

8月10日至14日　全区法院审理经济犯罪案件工作会议在奎屯市召开。自治区高级法院，伊犁州、兵团分院和各地、州、市、农垦师中级法院以及沿边开放城市法院的院长、刑事审判庭庭长，自治区人大法制委，自治区党委政法委、纪检委，自治区检察院、公安厅等有关部门的负责同志参加了会议。会议传达学习了全国法院审理经济犯罪案件工作会议精神，总结交流全区法院近年来审理经济犯罪案件的情况，讨论了如何进一步加强经济犯罪审判工作，为改革开放和经济建设服务等问题。

8月27日　召开全区法院执行会战电话会议，部署在全区范围内对执行案件进行集中清理工作。

11月2日至13日　区法院举办《公务员行为规范》短期学习班。

12月21日　库尔班·肉孜院长前往北京参加第十六次全国法院工作会议。

12月30日　自治区高级法院在乌鲁木齐市举行司法警察授衔仪式，为法院系统首批授衔的高级法院机关和乌鲁木齐市中级法院及所属各区县法院的21名司法警察授衔。自治区党委常委、自治区人民政府副主席王乐泉，自治区党委政法委员会副书记龙兆年，自治区人民检察院、公安厅、安全厅、人事厅的有关领导参加了授衔仪式。

解放军军事法院

8月31日　解放军军事法院就军事法院审理军内经济纠纷案件问题，向最高人民法院作了书面请示。最高人民法院于10月4日复函解放军军事法院，同意对双方当事人都是军队内部单位的经济纠纷案件，仍继续由军事法院受理试办。

第十一部分　司法统计资料

一、司法统计资料

1992年全国人民法院一审、二审、审判监督案件统计表

单位：件

	收案	结案	未结
一审	3051157	3049959	232830
二审	231907	236800	27315
审判监督	81926	83226	20688
合计	3364990	3286759	280833

注：结案数中包括上年未结案数。

1992年全国人民法院审理各类一审案件统计表

单位：件

<table>
<tr><th colspan="2"></th><th>收案</th><th colspan="2">占合计%</th><th>结案</th><th>未结案</th><th>结案率%</th></tr>
<tr><td colspan="2">刑事</td><td>422991</td><td colspan="2">13.86</td><td>424440</td><td>16459</td><td>96.27</td></tr>
<tr><td rowspan="2">其中</td><td>严重危害社会治安案件</td><td>174861</td><td rowspan="2">占刑事%</td><td>41.34</td><td>175344</td><td>5671</td><td>96.87</td></tr>
<tr><td>经济犯罪</td><td>37825</td><td>8.94</td><td>38446</td><td>1869</td><td>95.36</td></tr>
<tr><td colspan="2">民事</td><td>1948786</td><td colspan="2">63.87</td><td>1948949</td><td>141212</td><td>93.24</td></tr>
<tr><td colspan="2">经济纠纷</td><td>650601</td><td colspan="2">21.33</td><td>648018</td><td>72286</td><td>89.96</td></tr>
<tr><td colspan="2">行政</td><td>27125</td><td colspan="2">0.89</td><td>27116</td><td>2520</td><td>91.50</td></tr>
<tr><td colspan="2">海事海商</td><td>1654</td><td colspan="2">0.05</td><td>1436</td><td>353</td><td>80.27</td></tr>
<tr><td colspan="2">合计</td><td>3051157</td><td colspan="2">100</td><td>3049959</td><td>232830</td><td>92.91</td></tr>
</table>

注：结案数中包括上年未结案数。

1992年全国人民法院审理一审刑事案件统计表

单位：件

	收　案	结　案
反革命罪	231	253
危害公共安全罪	16644	16651
破坏社会主义经济秩序罪	7151	7198
侵犯公民人身权利、民主权利罪	137582	137492
侵犯财产罪	216036	217009
妨害社会管理秩序罪	28143	28237
妨害婚姻家庭罪	9772	9841
渎职罪	7119	7452
军职罪	313	307
合计	422991	424440

注：结案数中包括上年未结案数。

1992年全国人民法院审理严重危害社会治安案件统计表

单位：件

	收案	结案
合计	174861	175344
反动会道门破坏	46	48
反革命宣传煽动	90	111
流氓	13032	13079
杀人	14209	14242
放火	2110	2112
爆炸	681	684
投毒	185	183
毒品	5564	4129
强奸	33914	34049
重大盗窃	28131	28452
抢劫	37477	37408
拐卖妇女儿童	9766	9894
组织、引诱、容留、强迫他人卖淫	1374	1385
制造、贩卖、传播淫秽物品	277	275
故意重伤	28562	28417
抢夺、运输枪支、弹药爆炸物	847	850
传授犯罪方法	22	26

注：结案数中含上年未结案数。

1992 年全国人民法院审理经济犯罪案件统计表

单位：件

	收　案	结　案
合计	37825	38446
诈骗公物	4221	4201
贪污	17096	17406
挪用公款	3513	3498
投机倒把	800	809
走私	297	297
伪造国家货币	632	626
伪造有价票证	172	171
偷税、抗税	1697	1751
挪用国家特定款物	30	27
境外存款隐瞒不报	2	1
巨额财产来源不明	12	12
假冒商标	327	315
盗伐林木	1714	1713
受贿	5576	5864
行贿	244	254
其他	1492	1501

注：结案数中含上年未结案数。

1992 年全国人民法院对刑事案件被告人处理情况

单位：人

		判决发生法律效力	其中			给予刑事处分中			
			宣告无罪	免予刑事处分	给予刑事处分	有期徒刑十年以上无期徒刑死刑	五年以上不满十年	不满五年	其他缓刑拘役
刑事		495364	2547	8040	484777	57172	114252	226251	87102
其中	严重危害社会治安案件	244820	548	1890	242382	51014	88585	79491	23292
	经济犯罪	33280	509	1321	31450	1922	6026	9452	14050

1992年全国人民法院审理青少年犯罪情况

单位：人

	有罪者	不满18周岁	18至25周岁	青少年总数	占有罪者%
刑事	492817	33399	216863	250262	50.78
其中：严重危害社会治安案件	244272	21493	115627	137120	56.13
占刑事各项%	49.57	64.35	53.32	54.79	—

1992年全国人民法院审理一审民事案件统计表

单位：件

	收案	结案	结案中			未结
			调解	判决	其他	
离婚	896709	897771	531215	185122	181434	47208
其他婚姻家庭	145783	145109	75174	48445	21490	9378
房屋	58782	59052	20803	25296	12953	9841
继承	18061	18414	8120	6995	3299	3784
债务	567669	565880	378947	104709	82224	37969
赔偿	190773	190073	88133	69345	138471	23160
其他不动产	21937	22969	9884	7258	5827	2697
相邻关系	11844	11167	4699	4015	2453	1163
知识产权	612	578	352	97	129	169
人身权	3761	3602	1461	1099	1042	740
特别程序	1069	1079	—	829	250	497
其他	31786	33255	18182	7722	7351	4606
合计	1948786	1948949	1136970	460932	351047	141212
附项	已结离婚案件中，调解离婚402847件，不离婚128368件；判决离婚131567件，不离婚53555件。					

注：结案数中包括上年未结案件数。

1992 年全国人民法院审理一审经济纠纷案件统计表

单位：件

		收　案	结　案	结　案　中			未结
				调解	判决	其他	
经济合同		598610	595510	367252	123919	104339	64966
其中	购销合同	216232	214093	113363	55495	45235	29843
	借款合同	183248	182980	135840	26842	20298	10297
涉外、涉侨、涉台港澳纠纷		712	763	212	350	201	255
损害赔偿纠纷		2488	2392	976	738	678	653
经济权属纠纷		400	439	160	118	161	77
企业破产		428	265	21	21	223	252
铁路运输纠纷		1064	1022	603	151	268	119
航空运输纠纷		100	98	44	21	33	11
公路运输纠纷		4312	4200	2443	888	869	603
其他经济纠纷		42487	43329	25693	8996	8640	5350
合计		650601	648018	397404	135202	115412	72286

注：结案数中包括上年未结案数。

1992 年全国人民法院审理一审行政案件统计表

单位：件

	收案	结案	结　案　中					未结
			维持	撤销	变更	撤诉	其他	
公安	7863	7873	2452	1359	243	2894	925	713
工商	710	718	178	113	9	319	99	75
卫生	548	590	203	85	6	207	89	49
文化	65	54	11	12	—	18	13	8
其他	17939	17881	4784	3716	222	6823	2336	1675
合计	27125	27116	7628	5285	480	10261	3462	2520

注：结案数中包括上年未结案数。

1992年全国人民法院审理一审海事海商案件统计表

单位：件

	收案	结案	结案中			未结
			调解	判决	其他	
海事纠纷	191	166	47	27	92	105
海商纠纷	496	419	140	124	155	75
其他海事海商纠纷	114	107	33	31	43	51
申请执行（仲裁）	426	376	—	—	376	53
水路运输纠纷	427	368	183	89	96	69
合计	1654	1436	403	271	762	353

注：结案数中包括上年未结案件数。

1992年全国人民法院审理各类二审案件统计表

单位：件

	收案	结案	结案中					未结
			维持	改判	发回重审	撤诉	其他	
刑事	55484	55579	39402	9424	3897	2277	579	3789
民事	125096	129079	62271	28350	10405	10212	17841	16861
经济纠纷	42931	43791	17225	11361	4525	2671	8009	6071
行政	8334	8273	5333	1332	687	397	524	580
海事海商	62	78	37	15	12	5	9	14
合计	231907	236800	124268	50482	19526	15562	26962	27315

注：结案数中包括上年未结案数。

1992年全国人民法院审理再审案件统计表

单位：件

	收案	结案	结案中				未结
			维持	改判	撤诉	其他	
刑事	38495	41041	25979	10201	875	3986	9003
民事	32288	31980	14529	4451	2617	10383	7885
经济纠纷	10144	9286	3805	1505	561	3415	3508
行政	988	914	608	109	50	147	277
海事海商	11	5	—	2	—	3	15
合计	81926	83226	44921	16268	4103	17934	20688

注：结案数中包括上年未结案数。

1992年全国人民法院处理来信来访情况

单位：件（人）次

	来信	来访
告诉	1034254	2542196
申诉	607795	326059
非诉	378288	1068381
合计	2020337	3936636

二、司法统计分析

对当前适用没收财产、罚金刑的分析

河北省高级人民法院研究室

罚金、没收财产刑，是法律赋予人民法院同犯罪特别是同经济犯罪作斗争的一种重要手段。在当前，依法适用财产刑，严厉打击经济犯罪，对于促进改革开放和经济建设的发展，具有更重要的现实意义。现在有些地方在审判实践中往往只注意追缴犯罪分子的非法所得，而对财产刑的适用不够重视，适用的很少，没有发挥它应有的作用，不利于严厉打击和制裁严重经济犯罪分子。从河北省1992年上半年司法统计数字分析，在适用财产刑上也存在一些问题，主要是：

（一）法律规定并处财产刑的，大部分没有适用。今年1至6月全省共判处应当并处罚金或没收财产刑的犯罪分子61名，只适用了10名，占16.39%。如依照全国人大常委会《关于严惩拐卖、绑架妇女、儿童的犯罪分子的决定》，判处拐卖妇女、儿童犯46名，适用罚金刑的8名，占17.39%；依照全国人大常委会《关于严禁卖淫嫖娼的决定》，判处组织、强迫、引诱、容留、介绍他人卖淫犯8名，无一适用财产刑；依照全国人大常委会《关于禁毒的决定》，判处制作、贩卖、运输毒品犯3名也没有适用财产刑。

（二）法律规定可以适用财产刑的，实际适用的比例很小。有的根据犯罪情节和个人财产状况能够适用的，也没有适用。今年1至6月全省判处的已经发生法律效力、给予刑事处分的犯罪分子中，可以适用财产刑的有726名，实际适用33名，仅占4.55%。如刑法规定犯抢劫罪“情节严重的或者致人重伤、死亡的，处十年以上有期徒刑、无期徒刑或者死刑，可以并处没收财产”。上半年，全省判处的抢劫犯罪分子，处十年以上有期徒刑、无期徒刑、死刑的共计231人，无一人适用财产刑；依照法律规定对判处的13名诈骗犯可以适用财产刑，实际适用了3名，占23.07%。

（三）罚金和没收财产两种财产刑适用混乱。法律规定适用没收财产的，实际上并未处罚金。如盗窃犯罪，法律规定情节严重的可以并处没收财产，但全省上半年判处的可以适用财产刑的168名盗窃犯罪分子中，无一适用没收财产，却有17人被判处了罚金。

（四）有一起破坏电力设备案，按法律规定不适用财产刑，但判处了罚金。

通过调查分析，在适用罚金、没收财产刑中存在问题的主要原因有以下几方面：

（一）对于财产刑的适用不够重视，存有“重打轻罚”的思想。在审判实践中，有的同志对刑罚的理解和适用不够全面，注重了主刑的适用，对财产刑的适用考虑的较少或根本没考虑。有的认为刑法规定可以适用罚金、没收财产刑的不适用也不违法，怕麻烦，图省事，不去适用。没有把适用财产刑提高到严格依法办事，从严从重惩处犯罪的高度来认识。

（二）适用财产刑势必增加工作量，加大办案的难度，不愿适用。一是划分犯罪分子的个人财产难。由于犯罪分子的个人财产一般都与其家庭财产溶合在一起，适用财产刑，就须对家庭财产进行分割，划分出犯罪分子个人财产份额，既费时，又费力，难度较大。二是查清犯罪分子有无个人财产难。尤其是涉及到家庭不在本地、流窜作案的犯罪分子。对于罪犯有无存款、债权等情况，如犯罪分子不供，也不易查清。三是判后执行难。罚金和没收财产的执行，与经济、民事等其他案件的执行相比，又有其自身的难点。首先是执行费用法院要自身负担。其次是罪犯被投入监狱后，执行时家庭其他成员不配合，甚至出难题。再就是涉及不动产的执行难。有一贪污罪犯被判处没收房屋一间，由于被没收的房屋与家庭其他房屋为一体，又处于农村，拍卖无人买，拆除无价值，交集体使用又不符合罚没收入一律上交国家的原则，因此，几年过去一直没有执行。

（三）适用财产刑的具体条件不明确，不好适用。虽然刑法和有关法律，对财产刑的适用范围有严格的规定，并对何种罪处没收财产，何种罪处罚金，作了严格的区分。但对于适用的具体条件规定的较原则，最高法院对此也没有具体的司法解释。因此，审判人员在办理案件中，对可以适用财产刑的犯罪，什么情况下应适用，什么情况不适用，很难掌握。另外在数额上，刑法中对没收财产只原则地规定了可没收全部或一部分，对罚金数额既无最高限制，也无最低起点。近两年全国人大常委会作出的《关于严惩拐卖、绑架妇女、儿童的犯罪分子的决定》和《关于严禁卖淫嫖娼的决定》等，也只规定了最高限额。对于判处多少数额的财产刑，才能做到罪刑相当，审判实践中也不好把握。

（四）受客观条件的限制，影响适用。案卷中一般对犯罪分子的个人财产和家庭财产状况没有反映，要适用财产刑，就需对罪犯的财产状况进行必要的调查了解，这就可能导致延长结案时间。由于当前案件多，人员紧张，外出调查办案经费不足，同时，又受严格的审限限制，因此，为了保证在审限内及时结案，审理案件的重点主要是审查被告人的犯罪事实是否清楚，证据是否确实充分，如何定罪和确定主刑，而对是否应适用财产刑，往往无暇顾及和无力去查。

（五）上级法院监督指导不够。没有把是否依法适用财产刑作为正确适用法律，从严惩处犯罪，全面提高办案质量的内容去抓。对实践中反映出来的问题，缺乏调查研究和具体的指导。有的上级法院，在二审中发现一审应当适用财产刑而没有适用的，也没有发回重审。

为了全面贯彻执行刑罚和全国人大常委会的有关《决定》，纠正适用财产刑方面存在问题，切实运用这一法律武器更有效地同犯罪分子作斗争，提出以下几点意见：

（一）充分认识依法适用财产刑的重要性。采用国家的强制力将犯罪分子个人财产的一部或全部无偿的收归国有，或者判决犯罪分子向国家缴纳一定数额的罚金的办法，对于惩治以营利、贪财为目的的犯罪分子，从经济上剥夺他们赖以继续进行犯罪的物质条件，保护国家、集体利益，都具有重要意义。因此，在审理刑事案件中，要注意和重视适用财产刑，把它提到严肃执法的高度来认识。法律规定并处财产刑的，必须要适用；法律规定可以适用财产刑的，应根据罪行轻重，本着从严精神，予以适用。对于犯罪分子该判不判或重罪轻判是打击不力。同样，法律规定应当适用财产刑或规定可以适用又符合适用条件的不去用，也是打击不力，要破除“重打轻罚”的旧观念，消除图省事、怕麻烦的思想，增强依法办事、严肃执法的自觉性。要勇于克服办案中的实际困难，创造条件，全面正确地贯彻和适用刑罚。

（二）准确把握适用财产刑的条件。刑法第五十七条规定，对于犯罪分子决定刑罚的时候，应当根据犯罪的事实，性质、情节和对于社会的危害程度，依法判处。对犯罪分子判处财产刑，也必须遵循这一原则。并要注意以下三点：一是适用财产刑必须具备法定条件。凡是刑法和全国人大决定有明文规定应当适用或可以适用财产刑的才能适用，没有规定的不能适用。另外，对罚金和没收财产不能混用，不能用判处罚金代替没收财产，也不能用没收财产代替罚金刑。二是认真掌握适用财产刑的酌定条件。除法律规定应当并处财产刑的以外，对于法律规定可以适用的，要根据案件的具体情况，综合分析，确定是否适用。首先，要看犯罪的性质、情节，罪犯的主观恶性程度；其次，要看犯罪分子本人的经济状况及家庭财产条件；再次，还要充分考虑罪犯的认罪态度和退赃情况。如果真诚悔罪并积极退赃，由于犯罪所造成的全部损失已经弥补，也可以不判处或从轻判处财产刑。反之，对那些既不认罪，又不积极退赃，或使国家、集体财产蒙受损失较大的，应当在判处主刑的同时并处财产刑或单处财产刑。三是注意判处主刑与财产刑的关系，既要防止“以罚代刑”，又要防止“以打代罚”。

（三）恰当确定财产刑的数额。刑法第四十八条规定：“判处罚金，应当根据犯罪情节决定罚金数额。”第五十五条规定：“没收财产是没收犯罪分子个人所有财产的一部或者全部。”根据罪行相适应原则的要求，在确定财产刑数额时，要综合考虑犯罪的性质、手段、后果、违法所得数额多少、是初犯还是累犯等具体情节，一般来说，犯罪情节严重的，判处的财产刑数额应当较大，犯罪情节较轻的，数额应当较小，同时，还要考虑犯罪分子本人的经济状况。虽然经济状况不能作为决定财产刑数额多少的根据，但如判决的财产刑超过犯罪分子的实际负担能力，实践中也不好执行。根据审判实践，我们认为判处罚金、没收财产的最低数额，对财产刑犯罪按构成犯罪的数额标准起点处罚；非财产刑犯罪，按非法所得数额处罚；没有数额标准或犯罪无所得的，可以500元（物品折价计算）为起点。最高数额以不超过犯罪所得数额或者因犯罪所造成的损失数额为宜（法律有规定的除外）。

（四）上级法院要加强对适用财产刑的监督指导工作，把它作为评查案件，执法检查的一项重要内容，发现问题，及时纠正。要进一步加强调查研究，不断总结适用财产刑的审判经验和作法，更好地运用这一有力武器，准确严厉地惩治犯罪。

第十二部分　调查研究

一、调 查 报 告

关于六省、区法院假释工作情况的调查报告

最高人民法院刑事审判第二庭

根据院领导的指示，刑二庭于今年4月至6月组织了3个调查组，分赴浙江、福建、广东、广西、四川、湖北6省、区，就人民法院审核假释的情况进行了调查研究，重点查阅了部分假释案卷，检查了办案质量，还分别与6个高院、30个中院、12个基层法院和9个劳改单位、5个公安派出所和一部分地区、市、县、乡、镇党委、政法委的负责同志进行了座谈。同时还与部分假释的犯人及其家属进行了谈话，了解了假释犯审判、监管和改造工作的全面情况。现将综合情况报告如下：

一、近几年假释工作有所加强，取得了好的社会效果

根据司法部劳改工作局提供的情况，全国在押罪犯假释人数占服刑押犯总数的比例呈逐年微弱上升的趋势。1989年全国假释人数，占在押犯的1.11%；1990年假释人数，占在押犯的1.44%；1991年假释人数占在押犯的1.62%。这次，从我们调查的六省、区的情况看，浙江、广东、四川3省有明显的上升。如浙江省从1985年的0.82%，上升到1991年的2.65%。广东省1989年至1991年3年假释人数，占3年在押犯的1.3%。其中1989年假释人数占当年在押犯的0.92%，1990年假释人数，占当年在押犯的1.22%，1991年假释人数，占当年在押犯的1.7%。四川省1989年假释人数占在押犯的0.94%，1991年假释人数，占在押犯的1.3%。

六省、区绝大多数法院办理假释案件，都能坚持严格依法办案，除坚持做到假释罪犯服刑须过二分之一以上，确有悔改表现不致再危害社会等法定条件外，还特别注意严格办案程序，基本做到了办理假释案件同办理其他刑事案件一样，首先由承办人阅卷提出意见，然后提交合议庭评议，最后报主管院长审核决定，个别重大或意见分歧的案件还报经审判委员会讨论决定。四川省高院规定，对假释的特殊情况和特殊情节的掌握，各地核准前，须报省院审定。广东省佛山市中级人民法院还规定，对拟核准假释的罪犯，必须到劳改场所了解情况，核查罪犯的悔改表现。多数劳改单位也注意从程序上保证假释案件的质量。一般呈报假释，首先由罪犯所在中队依据其投入劳改以来的一贯表现提出

名单进行研究，逐级报大队、狱政科和监狱主管领导审核。呈报法院核准时，还须附有罪犯原居住地公安部门或有关单位同意接受并负责监管的信函。由于各地法院和劳改单位均注意严格依法办理，层层把关，因此，假释案件的质量是好的。

从六省、区调查情况看，被假释的罪犯绝大多数都能遵纪守法，服从监管，积极参加生产劳动，假释罪犯的重新犯罪率很低，大大低于刑满释放人员重新犯罪率。如湖北省1989年至1991年假释1113人，至今尚未发现有重新犯罪的。四川苗溪劳改总队近3年假释405人，也无重新犯罪的。乐山市对近3年假释的217名罪犯进行回访考察，重新犯罪的只有1人，占总数的0.46%。浙江省近3年假释的3409名罪犯中，重新犯罪的只有12人，占总数的0.35%。由于对确有悔改表现的罪犯，依法适用假释，使其他罪犯看到了希望，从而有利于调动其他犯人的改造积极性，有利于维护监管秩序。四川一些劳改单位反映，由于减刑、假释工作的开展，在犯人中出现了“三多三少”现象，监管秩序更加稳定，即：自觉接受约束的多了，不听管教的少了；努力学习的多了，不愿学习的少了；协助干部做工作的多了，教唆犯罪的少了。浙江、福建两省自加强减刑、假释工作以来，犯人脱逃率逐年下降。以浙江为例，1990年全省犯人脱逃率为0.09%，比1989年下降了47%，是历史上最低的一年。浙江省第一监狱1991年1月至10月与1990年同期相比，罪犯违规率下降了63.12%。这次调查中，劳改单位的干部普遍反映，这几年监管场所的秩序之所以这么好，其中一个重要原因是减刑、假释工作起了作用，党和政府的刑事政策及时兑现，调动了罪犯的改造积极性。福建等省劳改部门的同志反映，罪犯视假释为“最高奖赏”，假释不仅加速了罪犯本人改造，更重要的是通过这种“最高奖赏”的力量，有力地激励了绝大多数犯人的改造，起到了“假释一人，影响一片”的社会效应。由于假释工作的开展，缓解和减少了社会矛盾，减轻了一些社会负担，得到了当地政府和群众的拥护，社会各界的反响也是好的。如四川省德阳监狱有一罪犯，服刑期间，妻子出走，留下两个幼小的孩子无人照管。监狱和法院依据该犯的悔改表现，对其依法办理假释，使其找回了妻子，挽救了即将破碎的家庭。总之，做好假释工作，有利于促进犯罪分子的改造，有利于维护和稳定监管秩序，有利于减少社会矛盾，减轻社会负担，有利于预防和减少重新犯罪，维护社会治安秩序。

二、当前存在的主要问题是工作开展不平衡

从调查情况看，6省、区多数法院对假释工作是重视的，其中浙江、广东、四川3省的假释工作搞得较有特色。浙江、广东两省在适度增大假释比例方面作了一些积极的探索，四川全省法院在减刑、假释工作的开展上同劳改单位密切配合，形成了一套有利于沟通、联系、统一认识的工作制度，保障了假释工作的健康发展。但从当前情况看，此项工作的发展是很不平衡的。这种不平衡主要表现为对假释工作认识不够和一些地方假释比例过小以及有些地方假释比例下降。

（一）思想有顾虑，认识有待进一步提高

一些法院以至劳改单位在开展这项工作时，顾虑重重。特别是鉴于当前社会治安状况依然令人堪忧，“严打”斗争仍在持续，一些法院怕将罪犯假释出去出了问题受指责，担“打击不力”的责任，因此过分强调对假释要从严掌握，工作过于谨慎。而一些劳改单位也怕罪犯假释出去出问题，担呈报把关不严、改造质量不高的责任，认为适用减刑保险，适用假释“冒险”。因此，只愿报减刑，不愿报假释。这些思想问题影响假释工作的正常发展。

（二）一些地方假释比例过小或假释比例下降

从我们对6省、区假释工作的调查情况看，存在的突出问题是假释比例过小。如湖北省年均在押犯在×××××多人，居全国第二位，1989年至1991年3年共假释××××人，占3年在押犯平均数的0.46%，比全国1991年的1.62%的比例低得多。而浙江省在押犯仅占湖北省在押犯的一半，1991年假释×××××人，比湖北省3年假释的总数还略高，这充分说明各地假释工作开展的不平衡。又如，四川省共有3个少年犯管教所，其中重庆市少管所现有在押犯××××多人，1990年至1991年共假释××人，占在押犯的0.87%。而武汉市少管所是全省唯一关押少年犯的场所，年均在押犯××××多人，1985年至1991年的6年中，仅假释少年犯1人。就全国情况看，1991年假释比例最高的为河南、甘肃两省，分别为5.6%和4.5%，最低的为天津，1991年仅假释7人，占当年在押犯总数的0.055%。其次，一些地方的假释比例逐年下降，广西自治区1989年至1991年3年平均在押犯为×××××余人，其中1989年假释×××人，占年均在押犯的0.82%；1990年假释×××人，占年均在押犯的0.23%；1991年假释××人，占年均在押犯的0.13%。综上所述，假释工作发展不平衡尽管有诸多原因，但我们认为最主要的原因是对假释工作的作用、意义认识不够。

三、从当前情况看，假释比例适当增大是可行的

两次全国法院减刑、假释座谈会以来，各地法院根据会议精神和有关文件，积极主动地开展减刑、假释工作，许多地方在总结交流经验的基础上，还制定了一些办理减刑、假释的工作细则。这次，通过对六省、区调查了解到，中央政法委要求在有条件的地方可依法适当多判一些管制、缓刑和第二次全国法院减刑、假释工作座谈会上院领导提出可依法适当多搞一些假释后，浙江、福建、四川、湖北、广东高级法院依据文件及会议精神认真进行了传达部署。浙江高院院长袁芳烈还亲自就此项工作深入基层调查研究，撰写调研报告，提出具体对策，有力地推动了该省假释工作的开展。湖北高院副院长樊后均亲自带领工作组到劳改单位调查假释工作的开展情况，同时省院选定武汉监狱、武汉少管所等3个劳改单位为适当增大假释比例的试点单位。福建、广东等高级法院审判委员会对如何开展假释工作专门作了研究，武汉市中级法院为此还专门起草制定了工作实施细则。从客观情况看，随着社会治安综合治理的逐步落实，基层工作得到了充实和加强，假释工作做为综合治理的一个具体措施也得到了各级党委和政法委的重视和支持。重庆、乐山等地对假释犯的回访考察，均由政法委牵头组织，而且，这项工作也得到了一些基层组织、干部、群众以及罪犯家属的拥护、支持与配合。因此，我们认为，当前依法适当多搞一些假释不仅是必要的，也是完全可行的。

四、今后工作的几项具体意见

（一）这次调查，各地法院和劳改单位均反映，刑法以至司法解释对假释的规定过于笼统、含糊，缺乏可操作性。尤其是对什么是“不致再危害社会”和所谓老病残犯丧失作案能力感到不好把握，希望最高法院能规定得再具体一点。我们认为，对“不致再危害社会”及老病残犯丧失作案能力这类判断性规定，其外延难以穷尽，故不宜再作司法解释。近几年各地法院办理假释案件，积累了不少经验，可以在适当时候召开会议，在交流总结经验的基础上，对各地一些好的做法加以提高，以会议文件等形式肯定下来，供各地法院办案时参考。

对有期徒刑犯假释须服刑二分之一以上的起始时间的计算问题，各地法院反映，由于法律没有明确规定，以至做法各异，有的地方是从判决生效之日起算，有的从投入劳

改开始起算，有的从羁押之日开始起算。我们意见，刑法第四十二条明确规定："有期徒刑的刑期从判决执行之日起算；判决执行以前先行羁押的，羁押一日折抵刑期一日"。依据这一规定，我们认为有期徒刑犯须服刑二分之一以上的起始时间，应从羁押之日开始起算。

(二)对在假释考验期内有严重违法违纪问题但尚不构成犯罪的假释犯缺乏必要的制约手段。调查中我们了解到，少数假释犯有严重违法、违纪行为，社会影响很坏，当地群众和有关部门纷纷要求收监执行，但人民法院和劳改单位却苦于无法可依。鉴于这种情况，有些法院为了及时惩戒这类罪犯，运用审判监督程序撤销假释将罪犯收监执行，社会效果较好。我们意见，假释罪犯有严重违法、违纪行为，且已达到行政拘留程度的，人民法院可依照审判监督程序撤销假释，收监执行。

(三) 一些地方假释罪犯的考验期过短，使假释考验期流于形式，失去应有的法律意义。这次调查发现，广东省1989年至1991年假释的××××名罪犯中，考验期在半年以下的就占41%，其中三个月以下的占15.59%，最短的只有七天。这种情况在四川、福建、浙江、湖北等地也存在。我们初步意见，对罪犯假释的考验期以不少于六个月为宜。

(四) 减刑、假释工作量很大。1991年全国共办理减刑、假释××××××人（案)。但办理减刑、假释案件的法院均没有专门的审判机构，有的由刑一庭兼管，有的由刑二庭或告申庭兼管。由于一、二审和再审案件的审判任务繁重，所以许多法院对减刑、假释案件采取突击办理，法律文书"例稿"化的情况尚未得到根本改变，有的法院完全是按劳改单位呈报意见审批，基本是报多少批多少，对事实也不进行核对，这种状况直接影响着减刑、假释案件的质量。这次调查中，六省、区法院普遍建议，为切实抓好减刑、假释工作，在劳改单位集中，减刑、假释任务较重的中级法院应当设立专门的审判组织。我们赞成这一建议。

附：

任建新院长、祝铭山副院长对《关于六省、区法院假释工作情况的调查报告》的批示

报请任院长阅示。

这个调查报告有情况、有问题、有意见，是一份比较好的调查报告。我认为，过去我们对假释问题研究不够，在实践中运用这一法律武器也不够。当前，可以在做好相关工作的条件下适当多适用一些假释，以充分发挥其促进犯罪分子改造，减少社会矛盾，稳定社会治安秩序的作用。

祝铭山

1992年7月20日

(一) 以适当形式（同办公厅商量）印发中央有关部门和各高级法院院长参阅；

(二)以刑二庭为主吸收有关同志对所提出的问题进行研究，需要进一步明确的以适当方式说清楚。

任建新

1992年7月28日

关于六省、区法院判处缓刑情况的调查报告

最高人民法院刑事审判第二庭

今年4至6月间，刑二庭组织了3个调查组，分赴浙江、福建、广东、广西、湖北、四川6省、自治区，就人民法院判处缓刑的情况进行了调查研究。调查组与6个高级人民法院、30个中级人民法院、22个基层人民法院以及部分市、县党委、政法委的负责同志，公安派出所的同志进行了座谈，并阅卷150余件；还与部分缓刑犯及其家属和他们所在街道、单位负责帮教的同志进行了谈话，对人民法院判处缓刑的工作进行了全面调查。

一、基本情况

（一）判处缓刑的数量增多

中央1989年1号文件关于在有条件的地方依法适当多判一些缓刑的指示，对于人民法院的刑事审判工作有着重要指导意义。我们调查的浙江、福建、广东、广西、四川、湖北6省、自治区的人民法院，认真贯彻中央这一精神，判处缓刑的数量增多。浙江省1989年判处缓刑犯占当年判决总人数的10%，1990年判处缓刑犯占判决总人数的12.7%，1991年判处缓刑犯占判决总人数的17.2%。1991年比1989年上升7.2个百分点。广东省1990年判处缓刑犯占当年判决总人数的5%，1991年判处缓刑犯占判决总人数的8.9%，比前一年上升3.9个百分点。湖北省1990年判处缓刑犯占当年判决总人数的6.3%，1991年判处缓刑犯占判决总人数的10.3%，比前一年上升4个百分点。福建省1990年判处缓刑犯占当年判决总人数的8.7%，1991年判处缓刑犯占判决总人数的12.04%，比前一年上升3.34个百分点。四川省1990年判处缓刑犯占当年判决总人数的8.4%，1991年判处缓刑犯占判决总人数的12.6%，比前一年上升4.2个百分点。从总的情况看，中央关于适当多判一些缓刑的精神，正在逐步落实。

（二）判处缓刑案件分析

从案件性质看，6省、自治区判处缓刑案件中，盗窃案件均占首位，一般占缓刑总犯罪人数的25—35%。盗窃罪判处缓刑较多，主要是因为盗窃犯罪在各类犯罪中比例最高，还因为盗窃犯罪中青少年犯和初犯、偶犯占有一定比例。在判处缓刑案件中占第二位的，在经济发达地区是经济犯罪案件，其他地区一般是伤害案件。经济犯罪案件判缓刑的较多，是因为这类犯罪一经判处，被告人就失去了原有的作案条件，一般不会再犯同样的罪行，而且监管措施比较好落实。伤害案件判缓刑的，主要是对那些由人民内部矛盾激化而引起的伤害犯罪，为缓解双方矛盾或为解决经济赔偿问题而判处的。

从缓刑犯身份上看，以农民居多，约占一半。在大中城市、工业区中，干部、职工、学生、无业人员、个体户占有一定比例。经济犯罪案件中，有些是厂矿企业的专业技术人员、经营管理人员。

（三）案件质量和社会效果

从总体上看，各地判处缓刑案件是慎重的，质量是好的，不该判处缓刑而判了缓刑的是极个别的，而且判处缓刑的社会效果十分明显。

1. 缓刑犯重新犯罪率低。各地判处缓刑的比例逐年上升，但缓刑犯重新犯罪率则一直很低。浙江省1988年判处缓刑重新犯罪的

16人，占判缓刑人数的1.32%；1990年重新犯罪的23人，占判缓刑人数的0.7%；1991年重新犯罪的40人，占判缓刑人数的1%。福建省1990年至1991年两年缓刑犯重新犯罪的12人，占这两年判缓刑人数的0.47%。湖北省沙市中级法院1989年至1991年判缓刑111名，至今无一人重新犯罪。广东省4个试点法院1991年共判处缓刑152人，3人重新犯罪，占缓刑人数的1.97%。从调查结果分析，将罪犯判处缓刑放到社会上改造，比放到监狱里改造效果好。判处缓刑的罪犯，由社会、家庭、单位几方面共同对其监督改造，能够大大加强改造力量，提高改造的质量。

2. 体现了党的惩办与宽大相结合的政策，减少对立面，化消极因素为积极因素。大多数缓刑犯感激党和政府的宽大处理，决心洗心革面重新作人。一些人还在缓刑考验期内做出了成绩。浙江省温州市市政管理处的一个主任被判处缓刑后，仍然负责该处的技术工作，在无资料、无经验的情况下，完成了温州市部分旧城改造规划方案的经济测算，在全国处于领先地位，受到单位的欢迎。对犯罪的经营管理人员、专业科技人员依法判处缓刑，使他们的专长得以利用，对生产、经营是有利的。广东、浙江等经济发达地区对这类人员适用缓刑十分重视，取得了良好的社会效果。广西梧州市法院判处一名经济犯罪分子，是当地房地产公司职工，在缓刑考验期内认真改造，积极工作，在与港商谈判时，为我方节约人民币200余万元。该公司要求人民法院为其减刑，还要给他报立功。实践证明，对这类人员依法判处缓刑，单位、社会都欢迎，符合改革开放、发展生产力的精神。

3. 有利于改造少年犯。对少年犯依法判处缓刑，有利于对他们的改造，使他们成为对社会有用的人。未成年人思想不定型，模仿能力强，如对他们判处实刑投入劳改，不仅失去了继续学习的机会，而且很容易向一些老劳改犯学到更多的作案手段，出狱后可能重新犯罪。而判处缓刑放在社会上进行改造，由家庭、学校、社会对其共同监管，不仅使他们可以继续在校学习，还可以使其避免进一步沾染恶习。浙江省温州市鹿城区一名盗窃犯是高中学生，自其被拘留开始，家长担心孩子被判实刑，进监狱学坏。当听说孩子被判缓刑时，痛哭流涕，连呼感谢党，感谢政府，表示一定要把孩子管好。这名缓刑犯在家庭、学校、社会的共同监管下表现很好，并考上了大学。

4. 有利于缓解矛盾。在判处缓刑的案件中，伤害案件占有一定比例，其中包括一些重伤害案件。这些案件，多数是由民间纠纷引起的，处理不好，还会引起更大的矛盾。人民法院对犯罪分子适用缓刑，可以在一定程度上缓解矛盾，增强团结，促进社会安定。广州市白云区判处的一个重伤害案件，两家房相邻、地相邻，因浇水灌溉引起纠纷，一个妇女将邻居妇女的一只耳朵咬掉。人民法院在做了大量工作的基础上，判处被告人缓刑，赔偿被害人经济损失。这样处理后双方都很满意，两家的矛盾缓解了。实践证明，对于重伤害案件，只要被害人谅解，能够解决赔偿问题，可以依法判处缓刑。

5. 有利于社会治安的综合治理。将缓刑犯放到社会上改造，必然要求社会承担起监管、改造的任务。人民法院在依法判处缓刑前，一般征求当地派出所和当地群众的意见，建议成立监管小组，落实监管措施，调动当地治保组织的积极性，从而加强了基层组织工作，促进了当地社会治安的综合治理。广州市龙归镇1989年之前，每年都有60余名中学生因违法被当地派出所教育。1990年有5名中学生被判处缓刑后，送回镇里帮教，并回中学继续读书。镇党委专门进行研究，组织帮教小组，由学校、居住地治保组织、家庭3方配合共同监管，不但这5名学生改造得很好，其他学生也受到教育，1991年没有一个学生因违法而被派出所传唤过，社会各界都很满意。实践证明，依法适当多判一些缓刑，可以有效地启动家庭、社会、各单位参加对缓刑犯的监改工作，从而增强各方面对社会治安的关心，对于预防和减少犯罪，有重要作用。

6. 有利于减少劳改场所压力，减轻国家负担。我们调查了解到，许多劳改单位的关押场所紧张，给监改工作带来不少困难，影响了对犯人的改造。据浙江省统计，多判一名收监改造的罪犯，约需增加财政支出2万元。而判处缓刑，将犯人放在社会上监改，可以大大减轻国家负担，减轻劳改场所的压力，对于劳改部门也是一个支持。

（四）调查表明，除了在城市基础工作较强的地方可以依法适当多判一些缓刑以外，在农村、乡镇同样可以这样做

在农村基层组织健全、基础工作较强的地方，依法适当多判一些缓刑，社会效果也很好。广东省新会县礼乐镇有缓刑犯7人，由治保主任、管片民警、缓刑犯家属组成帮教小组，进行监管，缓刑犯必须熟记缓刑犯守则，每月向帮教小组汇报一次，外出做工的，也要每季度回来汇报一次。广州市白云区龙归镇管理缓刑犯的工作，统一由镇综合治理办公室协调，组织帮教。综合治理办公室每月召开例会，研究帮教工作，了解缓刑犯的思想动向，社会效果很好。

二、基本经验

据我们调查，判处缓刑的罪犯所以重新犯罪率低，甚至有的地方无一重新犯罪，有几条基本经验应当加以肯定。

（一）严格依照法定条件，正确适用缓刑

六省、自治区的各级法院对于判处缓刑都是慎重的，从程序上，一般都规定缓刑案件要经审判委员会讨论决定，以保证案件的质量。从实体上，严格根据刑法第六十七条、第六十九条的规定，掌握好拘役或者三年以下有期徒刑、情节较轻、有悔罪表现、不致再危害社会几个法定条件。

在掌握“三年以下有期徒刑”这一法定条件方面，除依法正确量刑外，还注意综合考虑全案，对一些应判处三年以上有期徒刑的案件，正确适用刑法第五十九条的规定，在三年以下量刑，适用缓刑。

对于犯罪情节较轻，注意区分情节较轻和情节轻微的界限，综合考虑犯罪手段、危害后果、社会影响等因素予以认定；对于有“悔罪表现”，一般考虑有无投案自首情节，是否彻底坦白，认罪态度如何，有否检举揭发其他犯罪分子或采取有效措施减少、弥补犯罪所造成的损失。

对于“不致再危害社会”，一般考虑犯罪时的主观恶性程度，一贯表现和家庭、社会的监管条件。为保证缓刑犯不致再危害社会，监管条件不具备或生活安置无着落的，均不判缓刑。既要注意审查犯罪的性质，也要具体案件具体分析。对于盗窃等犯罪，即使数额不大，但被告人主观恶性较深，放到社会上可能重新犯罪的，也不适用缓刑。

（二）从审判工作入手，协助有关单位落实监改措施，做好预防重新犯罪的工作

为了预防和减少重新犯罪，人民法院在下判之前与缓刑犯所在地的街道、派出所、工作单位、学校联系，协助成立帮教、监管小组，创造监管环境。在开庭宣判时，向罪犯讲明改造中应当遵守的法纪；还请来帮教小组、缓刑犯家属到庭旁听，向他们宣传法制，使他们明确监管的责任和要求。许多法院采取缓刑犯及其家属写保证书、帮教小组写帮教责任书等措施，调动各方面因素，加强改造力量。人民法院还定期或不定期地进行回访考察，不少法院召开缓刑犯座谈会，由缓刑犯汇报改造情况，并帮助解决缓刑犯的实际困难，如未成年犯人继续读书问题。一些人民法院对缓刑案件的判前、判中和判后工作，已经形成了一套制度。

三、当前缓刑工作中存在的主要问题和我们的意见

缓刑工作在各级人民法院的努力下，取

得了一定成绩和良好的社会效果。但是，还有不少可以研究、改进的地方，同时存在不少问题和困难，主要有以下几点：

（一）工作开展得很不平衡

造成不平衡的主要原因是认识问题尚未得到解决。对缓刑工作各地都有所开展，但真正搞得好的是少数，多数地方工作进展缓慢。通过调查，我们的看法是，缓刑工作开展得如何，关键在于认识问题解决得如何。认识问题，最重要的就是如何理解依法适当多判一些缓刑与“严打”的关系问题。判处缓刑的对象，是轻刑犯、初犯、偶犯、从犯、过失犯等，而“严打”的对象是那些严重危害社会治安的刑事犯罪分子。判处缓刑与依法从重从快惩处严重危害社会治安的犯罪分子并不矛盾，目的都是为了维护社会治安，预防和减少犯罪。以社会治安状况不好为由主张少判或不判缓刑，或者认为依法适当多判缓刑不利于维护社会治安的看法是没有根据的。一些法院领导同志对依法适当多判一些缓刑有畏难情绪，综合起来是几怕：一怕被指责为打击不力，与“严打”唱对台戏；二怕缓刑犯监改措施落实难，增加法院的工作量；三怕缓刑犯重新犯罪，带来不良社会影响。

我们认为，做好缓刑工作，必须解决认识问题。要进一步强调在有条件的地方适当多判一些缓刑的精神，宣传缓刑工作的重要意义和社会效果，克服思想认识上的片面性。

（二）监改工作不够落实

在一些地方，监改工作不落实，缓刑犯处于脱管状态，无人过问、考察，考验期满也无人宣布。有的地方对未成年的学生因犯罪被判处缓刑前即开除学籍，未开除学籍的也不让到校上课，怕影响其他学生；有的单位对判处缓刑的人处以开除的行政处分，推出了事。这些做法制约了人民法院判处缓刑工作的开展。

我们认为，缓刑工作涉及社会各界，离不开方方面面的支持。为解决上述问题，应请各级党委政法委多做协调工作。人民法院要积极同有关方面联系，使监改组织制度等得到落实。

（三）6个省、自治区均提出，《刑法》对于缓刑的规定过于笼统。例如，对于“不致再危害社会”如何掌握，比较难办。对于缓刑犯在缓刑考验期内有违法行为，但不构成犯罪的，人民法院对其采取措施没有依据。

我们认为，依法适当多判一些缓刑的工作已经开展几年了，各地总结出了不少好的经验。上述问题可以通过总结交流经验和作司法解释加以解决。

关于沿江沿海港口调查的情况报告

最高人民法院交通运输审判庭副庭长　傅旭梅

为了研究和解决长江、沿海运输在改革开放和企业经营机制转换中给海事审判工作带来的新情况新问题，我们于10月8日至25日，先后赴武汉、芜湖、南通、上海等地作了专题调查。其间，召开了9个座谈会，有50多个单位的百余人参加，其中包括武汉、上海海事法院和芜湖、南通中级法院，以及港口、航道、保险、代理、货主、港监、航管和运管等部门。现将这次调查的主要情况报告如下：

一、改革开放促进了内河、沿海运输事业的蓬勃发展

随着长江对外开放的扩大，以浦东开发

为龙头，整个长江流域的经济进入了全面发展的新阶段。商品交换和物资交流已成为经济发展的重要环节，迫切需要大力发展航运事业。目前国营、集体和个体开办航运的积极性普遍高涨，股份制企业开始兴起，跨地区、跨行业的联合运输网络正在形成，干支直达、沿海直达、水路联运迅猛发展，参加跨省运输的船公司现已达2500多家，长江水系的货运量已突破2亿吨。南通、张家港、镇江和南京港对外轮开放以来，到1990年底，挂靠这些港口的外轮和海轮已达2000多艘次。今年武汉、九江和芜湖3港都相继对外开放，航行于长江的外轮和中国海轮将逐年增多。与此同时，上海地区的沿海运输也有很大发展，船舶数量和货运数量也不断增加。随着航运体制的改革，航运方面出现了挂户经营和内部船舶承包等多种经营形式，这对于搞活运输，提高经营效益，起了积极作用。目前长江、沿海航运管理正处在新旧机制转换的过程中，新机制的建立将进一步推动航运事业的发展，必将有力地促进沿海和长江流域经济建设的蓬勃发展。

二、目前内河、沿海运输中存在的主要问题

在内河、沿海航运事业蓬勃发展的过程中，一些新情况新问题不断出现，其中有行政管理方面的，也有法律方面的，这些问题主要包括：

第一，滥造船、滥发证，影响船舶航行安全。开放搞活以后，船舶需求量增加，造船业发展很快，仅江苏东台县就有46家船厂。但也带来了一些不可忽视的问题，如有的造船厂不按航舶技术规范造船，有的根本不具备造船条件，随意造船。甚至有的农民自己建造800吨的船舶。虽然航管部门不同意，但也无法控制。这些船舶由乡政府发照，但乡政府对船舶吨位、航区不加控制。船主要求填写什么，就填写什么。大吨位船舶注册时隐瞒吨位数的情况非常普遍，这不仅为船舶航行安全埋下隐患，而且造成偷税漏税和偷装偷载的情况。

第二，管理混乱，违章严重，航行事故大量发生。目前，个体船舶不适航的问题十分突出。很多个体船主只想以最小代价换取最大利润而无视航行安全，无照航行，超载航行，尤其是装沙船100%严重超载。在航政管理方面，一是管理不严；二是多家办理船舶签证手续，缺乏统一标准；三是缺乏有效手段控制船舶违章。航政部门感到目前法律赋予他们的权力与其工作不相适应，行政法规中规定由他们行使的权力无法实现，依法行政困难重重。

第三，非法捕捞开采屡禁不止，严重影响大船航行。长江上的非法捕捞和挖沙活动主要发生在下游。每年4至10月的“鳗鱼苗大战”和枯水季节的“黄沙大战”期间，大批捕鳗鱼苗的船只和装沙船挤满航道，大型船舶无法正常行使，有时不得不锚泊等候。虽然国务院有关部委联合发文，明令禁止在航道上捕鱼、挖沙作业，但有令不行，有禁不止。

第四，港航分家后出现的问题。过去长江的港航为一家，统由交通部所属长江航运管理局管理，港航部门统一执行长航运输计划，虽独立核算，但又统一结算，盈亏都在长航的口袋里，航运部门可无偿使用港口的通讯设备等。港航分家后，经济关系发生了变化，原来航运部门无偿使用的港口设备变成了有偿使用，两者之间经常发生矛盾。目前一些港航企业间债务拖欠严重，如武汉长江轮船公司的船票由港口出售，拖欠数百万元的运费不还，影响了航运事业的发展。

第五，双重代理的问题。船舶和货物原本分别由船务代理公司和货物代理公司经营，为扩大业务，不少代理公司既代货方又代船方办理业务，经营形式也不尽相同。有的代理以自己的名义实施民事法律行为。一旦发生货物灭失、短少或损坏，货方向其索赔时，他又拒负赔偿责任，认为自己只收取一点代理费，赔偿全部货损太不合理。另外，湖北、江西等省航运行政管理部门下设的航管站，既管船又揽货，实际上处于代理人的地位，但发生货物短少、灭失或损坏，只负行政责任。这种双重代理和以政代企的做法，不符合法律规定。

第六，水运法制不健全，执法不统一。关于内河航运中的人身伤亡赔偿标准问题无法律规定，虽然早在五十年代交通部有过规定，死亡一条人命赔偿不超过1500元。这一规定没有根据形势的发展进行修订，航运企业和港监在处理事故时无法可依，无章可循，实际上是大闹大解决，小闹小解决，"爱哭的孩子给奶多"，在客观上起了助长闹事的作用。有的虽有规定，但与法律相抵触，如调整沿海、内河货运纠纷的《水路货物运输实行保险与负责运输相结合的补偿制度的规定》，实行限额赔偿，与《经济合同法》按实际损失赔偿的原则相抵触。随着企业经营机制的转换，他们普遍要求尽快制定港口法、航运法、航道法等法律法规，完善沿海内河航运法制建设。

第七，海事审判机构亟待健全，海事审判工作有待进一步加强。反映最强烈的是在长江设立派出机构解决当事人诉讼不便的问题和加强在内河、沿海运输海事审判方面的司法解释工作。据了解，长江下游发生的海事海商案件很多，却很少到海事法院诉讼，其中有的案件到了地方法院，有的则是受损方当事人自认倒霉，放弃诉讼。芜湖和南通的有关部门都要求武汉海事法院在其市内设立派出法庭。芜湖市人大常委会根据代表提议已责成芜湖中院协助海事法院设派出法庭，芜湖中院表示可以提供派出法庭的办公用房。南通市港口管理委员会和港监部门表示要协助解决派出法庭的办公用房和所需干部。武汉海事法院计划先在南通设立派出庭。各有关部门都希望我院对沿海、内河运输中的法律适用问题做出司法解释，完善水运法制。

三、审理有关沿海内河运输的海事海商案件中遇到的问题

随着沿海和长江的进一步对外开放和航运体制改革的深入，航运管理和船舶营运中出现的新情况新问题，有些已经成为海事诉讼中的问题，需要结合审判实践，从法律上加以研究解决。武汉、上海海事法院反映的问题主要有：

1. 无合同运输、无照营运的效力问题；2. 挂户经营案件的责任划分问题；3. 航管站的法律地位及双重代理的责任划分问题；4. 船东留置权的行使问题；5. 滞期费的认定和计算标准问题；6. 因水上交通事故引起的海事纠纷需要追究刑事责任的案件的管辖问题；7. 水路货物运输承运人能否限制赔偿责任的问题；8. 怎样认定船舶适航的问题；9. 在沿海内河发生的人身伤亡的赔偿标准问题。

以上问题在一定程度上影响着海事执法的统一和海事审判的顺利发展，需要我院在调查研究和总结审判经验的基础上，根据立法原则作出司法解释。

四、我们的意见和打算

对于这次调查中发现的有关问题，我们拟通过以下办法来处理。第一，对于现行法律中没有具体规定，海事审判实践中迫切需要解决的问题，尽快做出相应的规定下发执行。目前，我们已就这类问题写出了《关于审理沿海、内河运输中发生的海事海商案件若干问题的意见》草稿，力争早日送有关部门征求意见；第二，对于一些属于行政机关协调、解决的问题，我们将向有关部门反应，请他们考虑解决。

关于内蒙古自治区全区法院执行工作情况的调查

内蒙古自治区高级人民法院

执行，是指人民法院根据当事人的申请或依职权，依法运用国家强制力，强制义务人履行生效的法律文书所确定的义务的行为。人民法院发生法律效力的判决、裁定、决定和仲裁机关的裁决书、公证机关依法赋予强制执行效力的债权文书以及应当由人民法院执行的行政处罚或处理决定的依法执行，是人民法院严肃执法，充分体现了法律的尊严。人民法院的执行工作是审判工作的组成部分，而“执行难”是目前困扰全区法院工作的一个突出问题。为此，自治区高院组织力量进行了调查研究，分析了存在问题和主要原因，提出了加强执行工作的具体措施。

一、执行工作概况

随着改革开放的深入发展，诉讼到各级法院的民事、经济、行政案件逐年上升；加之部分当事人法制观念淡薄，不能自觉履行裁判义务，致使进入执行程序的案件相应增多。同时，行政机关和公证、仲裁机关依法申请人民法院强制执行其生效法律文书的案件也在逐年增多。近两年来，全区法院的执行案件明显上升，执行任务越来越重。1991年，全区法院共受理各类执行案件23775件，比1990年增加5370件，上升29.1%；1992年上半年受理13235件，比1991年同期增加484件，上升4%。

根据形势的发展，全区法院逐步加强了执行工作。从1983年开始陆续组建各级法院的执行机构，到去年年底，全区各级法院基本上都设立了执行庭，共配备执行人员516名，经过积极努力，近年来，每年执行的案件都在万件以上，执行率均在70%以上。其中，1991年执行案件18001件，比1990年多结4450件，上升32.8%，全区法院通过积极开展执行工作，维护了法律的严肃性，保障了当事人的合法权益，为维护社会稳定和促进经济发展作出了应有的贡献。

但是，由于种种原因，“执行难”的问题一直未能得到解决。近几年，全区法院每年都有30%左右的生效裁判得不到执行。截止今年6月底，全区法院应执行而未执行的案件已达7442件，比去年同期上升7.8%。其中，有的已经拖了七、八年，成了啃不动、嚼不烂的“骨头案”。特别是一些标的大、影响大的案件，执行起来难度更大。如自治区高院执行庭去年受理5件执行案件，标的总金额达2千万元，虽经积极努力，至今一件也没有结果。另外，城市的案件相比农牧区的案件难执行。如呼市两级法院去年受理执行案件3075件，只执行了1561件，执行率仅为50.8%。当然，“执行难”的问题并不仅限于标的大的案件和城市的案件，在农村牧区，一些标的比较小的案件，也存在“执行难”的问题。总之，“执行难”仍然是全区法院普遍存在和需要认真加以研究解决的一个突出问题。

二、“执行难”的主要原因

造成案件“执行难”的原因是多方面的，主要有：

(一)有些被执行人法制观念淡薄，无视人民法院的生效裁判，拒不履行法律文书确定的义务，有的甚至施用暴力，抗拒执行。据了解，目前全区法院未执行的案件，绝大部分是被执行人借故拖延，顶着不办造成的。如原告陕西省宝鸡市五金交电化工批发部诉被告中国工商银行呼市大北街办事处票据结算一案，自治区高级法院终审判决，被告偿付原告人民币21.9万余元。判决生效已近一年，原告多次申请执行，法院多次做工作，但被告拖延至今，拒不执行。对有条件执行而拒不执行的案件，人民法院依法予以强制执行，是法律的规定，不仅是可行的，而且是合法的。但是，有些被执行人以暴力、威胁和其他方法阻碍、抗拒执行的事件时有发生，近年来全区已发生这类事件近百起，有的地方还发生了打死打伤人民法院执行人员的恶性案件。今年5月22日，哲里木盟开鲁县法院执行庭副庭长王友在本县小街基镇兴隆地村执行一件医疗费赔偿案时，遭到被执行人李国廷等人的暴力袭击。这伙人手持菜刀、木棒、石头等凶器，对王友同志大打出手。王友在鸣枪示警无效的情况下，被迫开枪自卫，但因寡不敌众，被4名歹徒用木棒击昏，李国廷抢过手枪朝王友同志头部、胸部各开一枪，致王友同志当场牺牲。又如：今年4月23日，兴安盟扎赉特旗法院1名副院长带领8名干警到本旗二龙山乡前进村执行一件土地确权案件，遭到该村被执行人的围攻，当场打伤干警4人。

（二）不能依法协助。有些单位和部门有义务依法协助，非但不配合法院执行，反而阻挠、刁难，导致执行难。近几年来，有的专业银行为了争取更多的储户，放任企业多处开户，为某些企业逃避债务开了方便之门，给法院查询冻结当事人的存款带来重重困难。如法院在呼和浩特市执行一家企业的欠款案件中，查到该企业在几个银行设有11处帐户。法院要求协助查询冻结该企业的存款时，有的也不予协助。又如，哲盟中院在执行一起欠款案件中，查到被执行人在信用社有存款，当执行人员查询划拨时，该信用社转移帐户，不予协助。

（三）行政干扰严重。有些地区、单位的领导出面说情、阻拦，导致案件难以执行。据初步了解，遇有这类情况的案件全区有140余件。如原告哲盟通辽市中国银行诉被告通辽市纸箱总厂贷款纠纷一案，法院判决被告付给原告人民币30万元。当法院发出执行通知书并查封被告的帐户时，盟、市主管部门的有关领导出面说情，有的领导甚至提出，若因执行造成停产，工人闹事，要由法院负责。

（四）转移债务，更换承包人。有的地方将所属欠债的企业承包给个人，承包时将该企业的债务转移，造成执行难。这种情况各地程度不同的存在。如原告赤峰市郊区二建公司诉被告扎鲁特旗建筑公司经济纠纷案，被告拖欠原告建筑承包款13万多元，原告向法院起诉，法院判决被告还款。扎旗政府即下文将该公司承包给个人经营管理，而将其债务转到该旗工程公司管理办公室，法院在执行中了解到，该管理办公室根本无履行能力。

（五）地方保护主义作祟。有些地方领导和部门负责人以保护地方和部门利益为由，干预法院执行工作，层层设卡，制造障碍，致使案件无法执行。有些有义务协助执行的部门特别是金融部门从自己利益出发，不愿得罪被执行人，所以对法院协助执行的通知不重视，以种种借口明顶暗拖，拒不协助，甚至给被执行人通风报信，出谋划策；有的外地法院为了维护本地区的利益，对依法应该协助执行的案件，非但不予协助，反而设置种种障碍，阻止执行。据统计，全区各级人民法院历年来委托外地法院协助执行的案件中，就有81件没有得到执行。执行庭的同志普遍反映，凡是地方保护主义严重、行政干预多的案件最难执行。

（六）人民法院本身工作存在的问题。一是法院内部审判与执行缺乏配合。长期以来，有的法院领导由于受“重审轻执”观念的影响，对执行工作的重要性没有引起足够的重视，只抓审判，不抓执行，导致审判人员片面追求结案率，执行意识淡漠。在受理、审查案件中，对当事人的财产状况，资金流向、偿还能力等情况不注意查证落实；对应该采取财产保全和先予执行措施的不积极采取；法律文书中的执行事项表述不明确等。由于这些原因，造成案件审结后难以执行。二是案件数量多，执行人员少，装备差。审执分工后，法院内部各审判庭审结的民事、经济纠纷等各类案件发生法律效力后，义务人到期不自动履行的，都交由执行庭执行。但由于执行人员少、装备差、经费不足等原因，大量案件长期得不到执行，造成积压。

此外，在法院受理的申请执行案件中，有相当一部分被执行人在外地，要执行这些案件，人民法院就得预先支付所有的执行费用。可是，目前本区法院的办案经费不足，无力负担，以致许多需要赴外地执行的案件错过了执行机会，难以及时执行。

三、改善和加强执行工作的具体措施

大量生效判决和裁定得不到执行，不仅使公民和法人的合法权益得不到保护，而且严重损害了法律的尊严，影响了人民法院审判职能作用的发挥。有的还会增大当事人的经济损失，甚至导致矛盾激化，直接影响社会稳定和经济发展。大力改善和加强我区法院的执行工作，使“执行难”的状况尽快有一个较大的改观，是人民法院坚持严肃执法，充分发挥审判职能作用，为改革开放和经济建设保驾护航的重要方面。为此，我们应做好以下几个方面的工作：

（一）充实人员，提高素质，进一步增强各级法院的执行能力。目前全区各级法院基本上都已建立了执行机构，但有不少法院的执行庭人员不足，干警素质不高，难以适应工作需要。各级法院要进一步提高对执行工作重要性的认识，切实加强对执行工作的领导，要舍得把素质好、能力强的干部派到执行工作岗位上，尽快为执行庭充实力量，配齐人员。并且要继续抓好对执行人员的业务培训，通过办短训班，开业务研讨会、经验交流会等各种形式，努力提高执行人员的政治业务素质，培养一支懂法律、讲政策、能战斗的执行队伍。同时，要积极请示党委，依靠政府支持，保证执行经费，改善执行装备，以增强法院的执行能力，保证执行工作的顺利进行。

（二）大力加强审执配合，充分发挥两个环节的整体功能。审判是执行的前提和根据，执行是审判的保障和实现。只有使案件既得到公正判决，又得到圆满执行，才能真正发挥法院审判工作的职能作用。在明确分工的基础上，法院的执行庭和审判庭要大力加强配合和协作。在受理和审理案件中，办案人员就要详细了解掌握当事人的财产状况、资金流向、债权债务、执行能力等情况，应当采取财产保全和先予执行措施的，要及时采取，为将来案件的顺利执行创造条件；审理案件应做到事实清楚，适用法律正确，判决条款分明、具体，为执行提供正确、合法的依据。采取财产保全和先予执行措施需要执行人员配合时，执行人员应予大力协助。

（三）主动加强与银行等有关部门的协调配合，以取得对法院执行工作的支持和帮助。根据执行工作的特点，我国民事诉讼法规定了银行等有关部门有协助法院执行案件的义务。法院在执行工作中，要大力加强宣传、疏通工作，定期或不定期召开有关专业银行和有关部门参加的座谈会，讲解有关执行的法律规定和不协助执行的法律后果，以统一认识，加强配合，确保案件的顺利执行。

（四）要坚决克服和抵制地方保护主义，维护国家法制统一。在执行工作中，既要抵制来自外界的地方保护主义，同时又要注意克服自身的地方保护主义观念。努力做到不管当事人是本地还是外地，均应一视同仁，平等对待。上级法院要加强这方面的监督，在下级法院抵制地方保护主义遇到干扰时，上级法院应出面讲话，给予支持；发现下级法院搞地方保护主义时，要严肃批评，限期纠

正。

（五）要更加积极主动地开展执行工作，特别要抓好大案、要案的执行。造成“执行难”的原因是多方面的，但我们首先要从主观努力入手，克服“无所作为”的思想，增强信心，总结经验，克服困难，排除干扰，下更大的决心，以更大的努力去开展执行工作。要对现有执行案件分类排队，区分不同情况，采取不同方法，坚决依法予以执行。高级法院和各中级法院要采取有力措施，在今年突破一批执行大案、要案，打开局面，推动全区法院执行工作的开展。执行积案较多的法院，要由领导牵头，采取集中时间，集中力量，集中交通工具等切实有效的执行措施，将积案压到最低限度，尽快改变执行工作的被动局面，同时要认真抓好委托协助执行工作。

（六）紧紧依靠党委领导和人大监督，积极争取政府支持，解决好执行中遇到的问题和困难。取得党委、人大和政府部门的支持，是搞好执行工作的重要保证。在执行工作中，对遇到的重大问题，要主动向党委、人大汇报，及时同政府和有关部门联系。特别是在遇到地方保护主义干扰时，既要坚持严肃执法，又要顾全大局，从实际出发，根据党委、人大的指示和政府的意见，努力做好各方面的工作，尽可能减少阻力，保证案件的圆满执行。

在调查研究的基础上，高级法院分别向自治区党委和人大常委会作出报告。自治区党委书记王群同志在报告上作了重要批示：“此事望引起高度重视，我们都必须坚持党性原则，都必须坚持实事求是，都必须严格依法办事，以维护法纪的尊严，维护人民的安全和利益，作为人民卫士的公检法执法人员的安全和权责也必须得到很好的保护。”

自治区人大常委会作出了关于加强人民法院执行工作的决议，主要内容如下：

“一、人民法院发生法律效力的判决书、裁定书、调解书和其他由人民法院执行的法律文书，对当事人和有关单位具有法律约束力，当事人必须履行，有关单位及被执行人所在单位必须依法协助执行。任何拒绝、干涉、妨碍或者有义务协助而不协助人民法院依法执行的行为，都是违法行为。当事人不按执行通知履行法律文书确定义务的，人民法院要依法强制执行。对拒不执行的，以暴力、威胁或者其他方法阻碍执行的，人民法院要依法予以处罚。

二、各级国家行政机关、社会团体、企事业单位和各级人民法院要维护国家的整体利益和国家法制统一，坚决克服和抵制地方保护主义和本位主义。对应当执行的案件，不论当事人是本地的还是外地的，不论执行标的金额大小，坚决依法执行，不允许顶着、拖着不办，也不得制定与宪法和法律相抵触的、有碍人民法院执行工作的规章、规定。

三、充分利用报刊、广播、电视等新闻媒介和其他形式，大力宣传社会主义法制，宣传人民法院的执行工作。通过宣传，增强当事人和有关单位的法律意识，自觉履行法律义务，减少妨碍人民法院执行的因素，创造一个良好的执行环境。

四、各级人民法院要切实加强对执行工作的领导，在严格依法审判的同时，把审判与执行有机地结合起来，依法做好执行工作。要建立健全执行机构，充实配备执行人员；加强对执行人员的思想教育和业务培训，提高政治、业务素质；执行人员要廉洁奉公，不徇私情，严格依法办事，努力提高工作的效率。

五、各级人民代表大会常务委员会要加强对人民法院执行工作的监督，支持和督促人民法院依法做好执行工作。各级人民政府要支持人民法院逐步改善执行工作条件。”

由于各级党委、人大、政府的重视和支持，以及各级法院的积极努力，“执行难”的状况已有所缓解。目前，各级法院正在认真落实王群同志重要批示和人大常委会的决议，为进一步做好执行工作而努力奋斗！

对财产刑适用情况的调查

内蒙古自治区高级人民法院研究室

最近，自治区高院研究室对乌盟、呼盟、哲盟中院以及集宁市、察右前旗、兴和县、海拉尔市、满洲里市、鄂温克旗、通辽市7个基层院适用财产刑的情况进行了调查，情况如下：

（一）适用财产刑的基本情况

财产刑是刑法所规定的附加刑，包括罚金和没收财产两种。适用财产刑是在适用主刑限制的同时从经济上剥夺犯罪分子赖以继续进行犯罪活动的物质条件，进而保护国家、集体和公民合法权益的刑罚。刑法中规定可适用财产刑的有44个条文涉及26种罪，如反革命罪、走私罪、投机倒把罪、盗伐滥伐林木罪、抢劫罪、盗窃罪、贪污罪、受贿罪、制造贩卖运输毒品罪等，法定的适用范围比较广泛。

从全区刑事审判的实践看，以去年和今年前9个月为限，全区一审刑事案件中共适用财产刑的仅有165件，占同期刑事案件结案数13666件的1.2%，占可以或应当适用财产刑犯罪案件数3397件的4.85%。在这165件案件中，涉及13种罪名，判处罚金的149件，占90.3%；判处没收财产的16件，占9.7%。其中赌博罪最多，有45件，占27.3%；其次是制造贩卖运输毒品罪38件，占23%；盗窃罪28件，占16.9%；其他盗伐林木罪7件，投机倒把罪6件，故意伤害罪6件，受贿罪4件，诈骗罪3件，侮辱、诽谤罪2件，贪污罪、制造贩卖传播淫秽物品罪各1件，其他犯罪24件。

通过座谈和查阅案卷，各地对财产刑的适用虽然较少，但在一些案件中，适用基本还是正确的，也是很谨慎的。如满洲里法院审理的一件投机倒把案，3个到满洲里流窜作案的江苏人，用1500元钱买了3匹普通化纤布料，伪装成上海出品的纯毛料，卖了1万余元，使很多人上当受骗。法院除没收非法收入外，分别判处3人各四个月拘役，处每人罚金500元。他们确定罚金数额的依据就是按被告人作案时所用的本钱和支付能力考虑的。我们认为，这一案件在罚金的适用和罚金数额的掌握上还是适度的，在目前法律尚无明确规定的情况下，不失为一种可取的方法。

在调查中我们还发现，有些应该适用财产刑的案件没有适用，甚至于“没有考虑到”适用财产刑，如一些贪污、受贿、重大盗窃案件，仅仅从主刑上对犯罪分子进行制裁，而没有考虑在财产上对其犯罪进行惩罚。

（二）财产刑适用少的原因和存在的问题

1. 认识上的问题。在调查中我们了解到，由于长期以来，各地法院都只注意适用主刑，在刑罚的类别和量刑的幅度上下功夫，对适用财产刑缺乏正确的认识和应有的重视。有的认为只要追缴了赃款赃物就不必再适用财产刑了；还有的人认为能把赃款赃物追缴回来就不错了，根本不考虑适用财产刑的问题；有的对法律不求甚解，将追缴赃款赃物和没收财产混为一谈，忽视了财产刑的惩罚性，因而在审判实践中有的应该适用财产刑而没有适用。

2. 各地适用财产刑 的犯罪种类普遍较少。根据刑事犯罪统计和这次实地调查来看，全区各地适用财产刑的案件普遍较少，大都是盗窃、强奸、伤害、杀人、抢劫、流氓等案件，在经济犯罪案件中能够适用财产刑的案件相对来说不多。

3. 适用财产刑少的另一个重要原因就是犯罪分子的经济条件大都很差，法院能够为被害人追赔回财产损失就已经很不错了。有些案犯将盗窃、抢劫所得钱物大都挥霍，有时连赃款赃物都很难追缴回来。

4. 在盗窃、抢劫、伤害或其他可适用财产刑的案件中，罪犯大多是一些没有正当职业和生活来源的青少年，靠父母生活；再有就是一些刚参加工作的，也没有什么个人财产，使得财产刑的适用问题难以考虑。

5. 执行问题。在调查中，各院都谈到了执行问题。认为一般应该追缴的赃款赃物都很困难，适用附加财产刑就更难执行甚至于执行不了。多数法院在适用财产刑时，首先考虑的是“执行难”问题，判决后执行不了，有失法律的尊严，也降低了人民法院的威信。这样的考虑虽不无道理，但有的并不是通过认真调查而确定有无执行的条件，也很少考虑一次不能执行的可以分期执行。

6. 双重处罚的问题。有些案件可以对案犯处以罚金或没收财产。但在案件的侦察、起诉阶段，公安、检察部门已经罚了款或作了其他相应的处理，案件到了法院，只是“一本卷，一个人”，法院如果再考虑对案犯适用财产刑，一是无财产，二会造成“双重处罚”。

7. 罚金数额不好确定。刑法有关条款规定很原则，对罚金的起点和限度没有具体规定，审判人员在具体案件中不好掌握。因而，一些法院在适用中，先考虑案犯有无执行能力，能执行多少就判处多少，不能执行或案犯不愿执行的，就不处以罚金，以执行能力定罚金数额。

8. 家庭财产和个人财产的划分问题。没收犯罪分子的全部或部分个人财产，首先要涉及到将犯罪分子的个人财产与其家庭财产分割开来。这样做，一是需要时间和人力，二是需要彻底搞清其家底。但在审判实践中，法院对贪污、受贿等案犯由“隐形”收入而形成的家庭财产很难查清，对处以没收财产望而却步。

（三）对今后适用财产刑的几点建议

1. 深入理解依法适用财产刑的重要意义，提高思想认识。各级法院领导首先要带头深入学习有关法律，认真领会立法精神，充分认识财产刑在我国刑罚体系中的重要作用，树立“主刑”和“附加刑”并重的观念，依法正确适用财产刑，对打击、惩罚犯罪，维护我国改革开放方针和稳定社会经济秩序保护国家、集体和公民的合法权益，促进国民经济发展等方面都具有重要的作用和意义，自觉树立依法适用财产刑的观念，克服重主刑轻附加刑的习惯做法。

2. 各级法院要对适用财产刑的情况，存在问题及原因，今后如何在审判实践中正确适用财产刑等问题进行调查研究，提出改进意见，严格依法办案。

在适用罚金时，确定数额的多少，应当依据犯罪情节的轻重，做到罪刑相适应，不使犯罪分子在经济上占便宜。同时，也要考虑罪犯本人实际的经济负担能力，但要防止以负担能力决定罚金的数额。这样就不能起到对罪犯惩罚和教育的作用。

没收财产主要适用反革命罪和严重破坏社会主义经济秩序罪，侵犯财产罪和以营利为目地的妨害社会管理秩序罪的犯罪分子。在适用中要注意法定条件，例如，不同罪名分别规定有“情节严重”，“情节特别严重”，有的规定为“一贯”等。同时还要注意分清哪些是罪犯家属“所有”和“应有”的财产，认真执行罪及个人、不株连无辜的原则。判处没收“一部”还是“全部”财产，要根据犯罪性质、情节的严重程度和案件的具体情况，不能以执行条件决定没收多少。

有些法院提议上级法院对适用财产刑拟

定统一详细的执行意见。我们认为，如果各级法院认真研究刑法有关财产刑的条文，从适用范围，条件到案件的具体性质，情节都有明确的规定。在掌握尺度上要结合当地情况，根据具体案情作出裁量，不必整齐划一，也不一定在本地区范围内平衡。

关于上海市法院办理伪造货币案件的情况报告

上海市高级人民法院

根据你室（注：指最高法院研究室）法研〔1992〕30号通知要求，我们组织人员对本市法院办理伪造国家货币案件的情况进行了调查。我们先后查阅了1988年以来本市法院办结的伪造货币案件的案卷材料，分别听取了有关法院审判人员的意见，并走访了公安、检察等部门，了解情况。现将调查情况报告如下：

1988年以来本市法院共受理伪造货币案件19件、38人，其中伪造国家货币案件6件、16人，贩运伪造国家货币案件13件、22人。审结18件、34人，其中伪造国家货币案件6件、16人，贩运伪造国家货币案件12件、18人。被判刑的34名被告人中，判处七年以上有期徒刑的5人，三年以上不满七年有期徒刑的27人，不满三年有期徒刑和拘役的各1人；并处罚金和没收财产的3人。案发后缴获伪造人民币10万余元。这些案件的主要特点是：

1. 案件逐年上升，数额越来越大。1988年本市法院受理伪造货币案件仅1件，1990年、1991年分别增至4件和5件，今年以来则已受理9件，与过去4年的受案数基本持平。且案件数额越来越大，在12件贩运伪造国家货币案件中，贩运数额在一万元以上的有5件，其中今年受理的有4件，占80%；在6件伪造国家货币案件中，数额超过3000元的，则均为今年受理。

2. 犯罪人员中以外来人员居多，“来源地”相对集中。被判刑的34名被告人中，外来人员有28人，占82.4%，其他6名本市罪犯，与外来人员共同犯罪也有3名。从贩运伪造人民币的来源地看，大多是从广东、福建两地贩运来沪或中转，在12件贩运伪造国家货币案件中，从上述两地贩运来沪或中转的有10件，占83.3%。

3. 伪造、贩运的假币中以50元、100元大面额居多，且大部分系采用影印、复印、拓印、机制等较先进的方法制作。在18件案件中，犯罪分子伪造、贩运50元、100元大面额人民币的有14件，占77.8%；在法院认定的总面额为11万余元的伪造、贩运人民币中，采用影印、复印、拓印、机制等较先进方法制成的有10万余元。

在打击伪造、贩运伪造国家货币犯罪活动中，本市法院的主要做法是：

1. 坚持“两个基本”的办案原则。为确保办案质量，本市法院在审理伪造、贩运伪造国家货币案件时，坚持“两个基本”的办案原则，注意查明以下基本事实：伪造、贩运伪造国家货币的面额及总数额，购进假币的价格及销售价格，假币的来源及去向，假冒使用的数额及获利数，作案手段及危害后果，被告人有无加重、从重或从轻、减轻、免除处罚的情节等。对共同犯罪案件，还注意查明各被告人在共同犯罪中的地位和作用，正确区分主、从犯。在审查、判断证据时，注意认真审查假币的鉴定结论；对没有查获假币或查获部分假币的案件，不单凭被告人的口供定案，而是注意直接证据与间接证据的相互印证，对被告人的口供、同案犯的供词、证人证言和有关物证、书证认真综合审查分析，作出正确判断。对被告人供述的假币来源、去向，有查证可能的，尽力查清；对于“来源和去向”一时难以全部查清的，根据已查明的事实和证据定案。对于共同犯罪案件同案犯在逃，对在押犯的犯罪事实已经查清，并有确实、充分证据的，该定罪判刑的就先予定罪判刑。从而保证了办案质量，又及时打击了犯罪分子。

2. 依法从重从严惩处严重伪造、贩运伪造国家货币的犯罪分子。针对近年来伪造货币案件逐年增多的情况，本市法院认真组织干警加强学习和研究有关政策、法律，充分认识伪造货币犯罪给国家、社会稳定以及人民生活安定带来的严重危害，增强了打击伪造货币犯罪的责任感和紧迫感。在审判工作中，坚决贯彻依法从严惩处的方针，对重大伪造、贩运伪造国家货币罪犯、惯犯、累犯、共同犯罪中的主犯，以及手段恶劣、后果严重的罪犯，依法从严惩处。在定罪量刑时，遵循以“事实为根据、以法律为准绳”的基本原则，既考虑伪造、贩运数额，同时考虑犯罪情节和后果，全面考虑犯罪行为的社会危害性。在依法从严惩处的同时，对于投案自首、从犯、未遂、中止等具有法定从轻、减轻情节的罪犯，依法从轻、减轻处罚，做到该宽则宽，该严则严。

3. 注意财产附加刑的适用。本市法院对伪造、贩运伪造国家货币的犯罪分子在判处主刑的同时，把查明赃物赃款的使用情况、去向、罪犯的经济状况等作为重要内容，在保障追缴犯罪工具、没收违禁品、退赔非法所得的前提下，注意适用罚金和没收财产，在经济上给犯罪分子制裁，并通过实践，不断积累经验，努力提高适用财产附加刑的水平。在具体适用时，注意根据犯罪情节决定判处罚金、没收财产的数额大小，一般情况下，犯罪情节越重，处罚越重；在确定罚金、没收财产数额时，考虑犯罪分子本人的经济收入、财产状况和负担能力，保证有执行的可能，以体现判决的严肃性。

4. 对重大、疑难案件主动听取有关部门意见，结合审判开展法制宣传。本市法院对重大伪造、贩运伪造国家货币案件，组织办案力量，认真审查证据，查清案件事实。对重大、疑难案件的处理，主动听取公安、检察、银行等部门的意见，以利正确裁判。同时注意选择典型案件，深入工厂、商店、街道、农村和发案地进行公开审理和公开宣判，就案讲法，并组织新闻报道，通过新闻媒介进行法制宣传，扩大办案的社会效果。

通过调查，我们认为当前在办理伪造、贩运伪造国家货币案件中亟待解决以下几个问题：

1. 伪造、贩运伪造国家货币罪的起刑点问题。“伪造”、“贩运”是否要达到一定的量才能治罪，目前在司法实践中认识不尽一致。有的同志认为，伪造、贩运伪造国家货币的，不论数额多寡，都应适用刑法第一百二十二条；有的同志则认为，构成此罪，应当以伪造、贩运伪造国家货币达到一定数额为先决条件。我们认为，数额是经济犯罪中的一个重要情节，它不仅是危害社会严重程度的体现，也是定性和量刑的要素之一。虽然刑法第一百二十二条没有明确的数额规定，但并不意味不要数额，实际上，在审判实践中，判定伪造、贩运伪造国家货币的行为是否构成犯罪，构成犯罪的是否属于情节特别严重，都是把数额大小作为一个情节来考虑的。因此，按照经济犯罪的一般特征和审判实践，对此类犯罪还是应当规定一个数额标准，以便于正确区分违法与犯罪的界限，使同一情形的犯罪在处刑上可趋于大体平衡。根据本市近年来的审判实践，在目前情况下，伪造国家货币罪是否可以300元—500元为起刑点，贩运伪造国家货币罪是否可以3000—5000元为起刑点。

2. 伪造、贩运伪造国家货币罪中的情节特别严重问题。刑法第一百二十二条第二款规定，对伪造、贩运伪造国家货币罪的首要分子或者情节特别严重的，处七年以上有期徒刑或者无期徒刑。对这一规定中的首要分子容易理解，是指在伪造、贩运伪造国家货币集团犯罪中的策划者、组织者、指挥者。但什么是情节特别严重，应当把握犯罪中的哪些情节进行衡量，其具体表现形式又是哪些，审判实践中普遍感到难以掌握。以致情节大体相同的案件，有的认定为情节特别严重，有的则作一般犯罪处理，造成量刑上的不平衡。为了避免轻罪重判或重罪轻判的情况，应对此类犯罪中的情节特别严重作出规定。我们认为，凡是具备下列情形之一的，似可认定为情节特别严重：伪造、贩运伪造国家货币数额特别巨大的；用先进的印刷技术和机械制版方法伪造国家货币的；武装贩运或集团贩运伪造国家货币的；多次在多个省、市地区范围内假冒使用，贩运脱手伪造的国家货币数额巨大的；为犯罪集团或团伙传授伪造国家货币技术和方法的；金融工作人员和其他部门从事现金管理的人员，利用工作之便，伪造国家货币或内外勾结，利用职务之便，投放伪造国家货币的，等等。

3. 明知是伪造的国家货币，而收受、使用、买卖、存储、夹寄、投放，或以其他方式流通行为的定罪问题。这种情况在实践中时有发生，如何定罪，争议较大，有的主张定贩运伪造国家货币罪；有的认为应定诈骗罪；有的则认为在目前尚无法律规定的情况下，对其中社会危害大的，应类推定罪。我们认为，对这类行为应根据不同情况作具体处理，对明知是伪造的国家货币而进行买卖、夹寄的，可视为贩运伪造国家货币的行为依法予以处罚；对明知是伪造的国家货币而进行使用或以其他方式投放流通的，在目前尚无法律明文规定的情况下，可视作诈骗行为依法处之。

4. 伪造国家货币并贩运伪造国家货币如何定罪的问题。对此审判实践中有三种观点：第一种观点认为，伪造和贩运，是两种不同的行为，同时具备两种罪的犯罪特征，应该分别定伪造国家货币罪和贩运伪造国家货币罪，实行两罪并罚。第二种观点认为，属于牵连犯，应从一重罪处罚，当伪造国家货币的情节重时，定伪造国家货币罪；当贩运国家货币的情节重时，定贩运国家货币罪。第三种观点认为，符合吸收犯的特征，采用重罪吸收轻罪的原则，伪造行为吸收贩运行为，只成立一个伪造国家货币罪。我们倾向第三种观点，因为对于那些既伪造又贩运的人，其伪造的目的就在于使用获利，贩运只不过达到此目的一个必经阶段，它可以被吸收。因此，只需定一个伪造国家货币罪就可以，没有必要定两个罪，作两罪处罚，其贩运伪造国家货币的行为可作情节考虑。

调节票据关系　维护结算秩序　预防票据纠纷

——关于上海市票据纠纷案件的调查

上海市高级人民法院研究室

近两年来，随着以票据为主体的结算体系的建立，票据在商品交易中被大量使用，票据纠纷案件也逐年增加。为了及时掌握票据纠纷案件的基本情况以及票据纠纷产生的原因，寻求预防、解决票据纠纷的对策，以便更好地发挥经济审判在调节票据关系，预防票据纠纷，维护正常的票据结算秩序中的职能作用，为搞好搞活国营大中型企业服务，最近我们对本市部分法院近两年来受理的票据纠纷案件的情况进行了调查。

一、票据纠纷案件的基本情况和特点

据统计，市中级人民法院和卢湾、闸北等7个基层人民法院，自1990年以来，共受理票据纠纷案件32件，其中涉及转帐支票16件、商业承兑汇票13件、银行承兑汇票2件、银行汇票1件，诉讼标的总金额达940余万元。这些案件共涉及当事人单位77个，其中原告32个，被告45个；全民所有制30个，集体所有制43个，私营3个，全民与集体联营1个。在32个原告中，全民企业19个，集体企业11个，全民与集体联营企业和私营企业各1个。在45个被告中，全民企业11个，集体企业32个，私营企业2个。根据纠纷案件的内容，空头票据纠纷案件14件，丢失票据纠纷案件10件，追索票款纠纷案件5件，票据要式不全纠纷案件2件，赔偿票款纠纷1件。

以上纠纷案件分析表明，票据纠纷案件具有“五多”的特点：一是空头票据纠纷案件多，约占案件总数的44.8%；二是丢失票据纠纷案件多，约占案件总数的31.3%；三是原告为全民所有制企业的多，占原告总数的59.4%；四是被告为集体和私营企业的多，占被告总数的75.5%；五是在当被告的全民所有制企业中银行居多，占全民所有制企业被告的54.5%。

二、票据纠纷案件发生的原因

票据纠纷案件发生的原因是多方面的，除了受到国家紧缩银根造成企业资金紧张的影响外，主要有以下几个方面的原因：

（一）付款单位违反票据使用管理规定。有的单位明知自己帐户无款或存款不足仍然签发支票，造成空头；有的签发空白转帐支票后又不妥善保管，以致丢失后被冒用；有些单位的工作人员工作缺乏责任心或出于某种不良企图，签发要式不全或印鉴不符的票据，造成废票；有的签发票据后将帐户撤销；有的对交易对方的履约能力一无所知，便轻率地签发票据预付货款；有的互相签发无商品交易的商业承兑汇票申请贴现，套取银行信贷资金；汇票到期前又不向开户银行交存足额票款；还有的单位随便使用空白转帐支票设置抵押或将其交给收款人代为签发，而抵押权人或收款人不守信用，收款后又将抵押的票据转让或代签支票时多结货款。如原告上海高校采购供应公司诉被告上海县房屋建筑装潢公司票据纠纷案，被告因欠案外人海南永丰公司现金债务，于1989年11月签发一张除盖章外，其他各栏均空白的转帐支票交永丰公司作抵押，言明俟现金交付后，即予收回。不久，被告悉数偿还所欠现金，永丰公司却谎称该支票被盗，无法返还。同年12月，原告与永丰公司进行商品交易时，又从该公司受让了被告签发的那一张转帐支票。原告因持票到银行划款遭到退票，与被告发生争讼。

（二）收款单位不守商业信用或不按有关规定收受票据。在目前市场货物滞销的情况下，不少单位为了广揽客户，扩大销售，不惜违反有关规定收受票据。有的单位收受转帐支票时，既不查验持票人的证明文件，亦不按先划款后发货的规定办理；有的违反全国控制集团购买力的有关规定，在购货人未出示集团准购证的情况下出售控购商品，收受票据；有的单位对交易对方的资信情况一无所知，便轻率地收受对方信用程度较低的商业承兑汇票，以致背书转让或办理贴现后因承兑人至票据付款期满帐户无款而遭追索；有的收款人不守信用，收受票据后不支付对价，却向出票人开户银行提示付款或将票据背书转让；有的收款人收款后又将他人抵押的票据背书转让或用发票人请其代为签发的票据多结货款。此外，有的单位与出票人之间素无任何商业往来，仅因熟人相托，便以收款人名义持商业承兑汇票到银行办理贴现，套得银行信贷资金后再转交给出票人。如原告上海艺美塑料包装厂诉被告上海友联音像经营部票据纠纷案，被告为获得银行信贷资金，签发并承兑以原告为收款人、票面金额20万元的商业承兑汇票一张。虽然原告与被告素无商业往来，但因熟人相托，便持该票据以自己的名义向交通银行宝山支行办理贴现，得款后再以本票形式转交给被告。汇票到期，银行从被告帐户仅收到3万元，便在原告帐户直接扣款17万元。原告向被告索款未果，遂涉讼。

(三)金融机构及其工作人员不照章办事或工作失误。按照银行内部操作规范，办理商业承兑汇票贴现时，信贷员应通过对供货合同、发货单据和运单的审查，核定商品交易的真实性、合法性及票据的真伪；审查申请贴现的金额是否在承兑金额内，印鉴是否齐全，承兑期限是否符合规定，款项的用途是否符合贷款的条件。此外，还应通过对方银行对付款人的资信情况进行调查，审查贴现款项能否按期归还等等。然而，这些操作规范在实际工作中并未得到严格遵守，这就难免给少数不法当事人以可乘之机。实践中，确定有一些单位采用了签发无商品交易的商业承兑汇票申请贴现的方法，顺利地套取了银行的信贷资金。有的贴现申请人连交易合同都没有，或者所持商业承兑汇票上的印鉴不全，照样能获准银行贴现。有的银行明知商业承兑汇票的承兑期限最长为9个月，却违反规定签发承兑期为2年以上的商业承兑汇票。有的银行工作人员工作不认真，将票款错付他人，造成持票人的经济损失。近年来，由于各专业银行逐渐恢复和增设新机构，金融办事机构大量增加，各银行间吸储竞争激烈，为争拉客户，放松了对帐户的管理和对客户经济往来的监督检查。

(四)票据立法不完备。票据结算秩序混乱，票据纠纷的不断发生，其根本原因是缺少必要的调整票据权利义务的法律规范，特别是缺少对非法票据行为实施严厉制裁的法律规定。现行《银行结算办法》以及有关金融规章虽然规定禁止签发空头支票和无商品交易的商业承兑汇票，但对这些非法票据行为，仅按票面金额处以5%但不低于50元的罚款，失之偏宽，至于对签发无商品交易的商业承兑汇票的行为应如何处理，则无明确的规定，使得一些企业和个体商贩得以毫无顾忌地采用签发空头支票和无商品交易的商业承兑汇票的方式来达到其非法目的，因而违反有关金融法规的禁止性规定，签发空头支票和无商品交易的商业承兑汇票的现象愈演愈烈，由此导致票据纠纷日益增多。

上述原因引发的票据纠纷，不仅扰乱了正常的票据结算秩序，影响票据的流通使用，而且极易引起商品交易秩序的不良连锁反应，造成企业特别是国营大中型企业生产经营上的困难，不利于社会主义经济的顺利发展，其社会危害性是十分明显的。

三、运用司法手段维护票据结算秩序

票据纠纷案件是一种新类型的经济纠纷案件，依法审理好这类案件是人民法院的职责所在，也是人民法院的经济审判工作为搞好搞活国营大中型企业服务，为社会主义经济建设服务的具体表现之一。因而对票据纠纷案件积极受理，依法审判，并力求通过审判活动的导向作用，预防纠纷、减少纠纷，竭尽全力为搞好搞活国营大中型企业创造良好的金融环境和商品流通秩序，是十分必要的。

(一)采取必要的措施，正确、及时审理案件。票据结算引起的给付和收受一定金额的债权债务关系，除了具有一般民事债权债务的要素外，还具有其本身的一些重要特征。因此，熟悉、掌握有关票据规章以及与票据结算有关的专业知识是正确审理票据纠纷案件的前提条件。票据纠纷案件出现伊始，由于案件类型新，适用法律法规新，审理难度较大，针对这一情况，各法院及时组织有关审判人员学习《银行结算办法》、《上海市票据暂行规定》等现行规定以及有关票据结算的基本知识，为在审判实践中正确审理票据纠纷案件奠定了良好的基础。对于涉及国营大中型企业的票据纠纷案件，有的法院组织专门力量，配备政治素质好、服务意识强、熟悉业务、经验丰富的审判人员负责审理。各法院充分认识到，及时审理这类纠纷，依法保护当事人的合法权益，使企业的资金灵活周转，生产经营活动有计划地进行，使社会商品经济活动持续的有秩序地运转意义重大，因此对这类案件一般都采取了“三快一兼顾”措施，即快立案、快审理、快结案并兼顾执行，努力提高办案效率。如浙江省农具公司诉湖北省毛涤纶厂票据纠纷案，被告为支付货款开出并承兑三张以原告为收款人的商业承兑汇票，票面金额为475万元。汇票到期，原告持票向被告开户银行提示付款，因被告银行帐户存款不足支付而退票。市中级法院受理原告的起诉后，当即派员至被告所在地就地办案，经反复工作，终于促使原、被告双方达成调解协议，被告及时清偿了票款。一起标的金额为475万元的大案，仅耗时一个半月即结案并予以执行，使原告及时收回了巨额资金，得以正常进行生产经营活动。

（二）严肃执法，依法充分保护持票人的合法权益。票据纠纷案件，债务人一方，有不少是法制观念不强，信用意识淡薄的企业，有的签发、承兑票据的目的就是用以骗取货款或向银行办理贴现，套取银行信贷资金。它们对自已签发或承兑的票据，在持票人提起诉讼要求付款前，抱着能拖就拖，能赖则赖的态度；涉讼后则诉说种种困难，要求原告在付款期限和利息问题上作出让步，力图达到继续占用他人资金或虽付本金但不付利息的目的。对这类毫无商业信用的票据债务人，受诉法院都从充分保护持票人合法权益出发，不让其在经济上有利可图。如原告中国农业银行上海分行营业部诉被告上海力强贸易公司、上海新航仪器厂票据纠纷案，两被告通谋采用签发无商品交易的商业承兑汇票申请贴现的方法，套得银行信贷资金56.8万余元。签发并承兑票据的新航仪器厂从中分得资金20万元。汇票到期，原告向付款人新航仪器厂的开户银行办理托收遭退票，向贴现申请人追索也遭拒付，遂起诉。卢湾区法院审理中，被告承认未按时履行票据付款义务，但又提出资金困难，要求分期付款并免除利息。经审理查明，两被告采用签发无商品交易的商业承兑汇票申请贴现的非法手段，弄虚作假；共同套取银行信贷资金，扰乱了正常的票据结算秩序，据此依法判决两被告负连带清偿票款之责，并按银行贷款利率偿付逾期付款利息。票据债权人的合法权益得到了充分的保护，被告“赖债有利”的非法行为得到了有力的制裁。

（三）充分发挥公示催告程序的作用，使企业因丢失票据而避免蒙受损失。民事诉讼法规定的公示催告程序，具有措施迅捷和效果明显的特点，是丢失票据者避免经济损失的有效方法。根据民事诉讼法第一百九十三条的规定，凡按规定可以背书转让的票据持有人丢失票据，均可向票据支付地的基层人民法院申请公示催告。本市各基层人民法院积极受理当事人的申请，充分运用法律赋予的这一有效手段。如上海市申实进出口公司因丢失中国金马国际联合（海南）有限公司上海分公司出具的面额为壹佰壹拾陆万元的转帐支票，经申请公示催告，徐汇区法院依法审查发出公告，催促利害关系人在六十日内向其申报权利并通知中信实业银行上海分行对该票据停止支付。公示催告期间，无人申报权利，徐汇区法院依法判决申请人丢失的票据无效，申请人自判决生效之日起有权向支付人请求支付。据统计，自去年4月9日民事诉讼法施行后至10月底，本市法院共受理当事人申请18件，申请人大部分是全民大中型企业。有关法院经公示催告并作出除权判决，为国营大中型企业避免经济损失200多万元，同时，也使当事人避免了纠纷，取得了较为明显的效果。

(四)一手抓审判，一手抓法制宣传教育。各法院在审理票据纠纷案件时，注意结合审判活动对当事人进行法制宣传教育，帮助当事人分析纠纷产生的原因，并分别不同情况，有针对性地提出司法建议，督促纠纷当事人堵塞漏洞，完善规章制度。不少法院还采取组织旁听和选择典型案例进行宣传报道等形式，扩大办案的社会效果。闸北区法院在审理华声音像器材经营部诉闸北教育用品服务部票据纠纷案时，针对当前不少企事业单位对票据管理不严，丢失票据现象严重这一情况，撰写了“一方失窃空白支票，一方擅售专控商品，双方都须承担损失”一文在报纸上刊登，引起不少单位重视，起到了审理一案，教育一片的效果。

四、值得注意的问题和建议

(一)抓紧立法，完备票据规章管理秩序。我国目前尚无“票据法”，法院办案时可作为参照的票据规章如《银行结算办法》、《上海市票据暂行规定》等对票据关系人的权利义务，以及对非法票据行为处理的规定尚未完善。这种状况对人民法院发挥审判职能调节票据权利义务关系，制裁非法票据行为十分不利。例如，在审判实践中，法院发现有关票据纠纷案件的当事人有利用票据进行违法犯罪的情况，由于缺乏相应的法律规定，只能就当事人之间的债权债务问题作出裁判，而无法对有关的违法犯罪行为给予必要的民事、刑事制裁。因此，建议：尽快制定“票据法”，强化对票据关系的法律调整。通过立法明确规定票据当事人的权利义务以及对非法票据行为的民事、刑事制裁措施。

(二)加强管理，明确职权和责任范围，严格违法违章处理制度。有的银行在实行结算制度改革，推行以票据为主体的结算方式的过程中，放松了对各开户单位经济往来情况的监督和检查。对有非法票据行为的客户，甚至严重违法的客户，也只是收取一定的罚款了事。有的银行为了取得较高经济效益，不顾国家的信贷政策，为无交易合同的商业承兑汇票的持票人办理贴现。给那些不择手段钻改革空子的单位以可乘之机。建议国家银行加强票据结算管理，认真执行信贷政策，严格对各开户单位的经济往来进行监督和检查，发现利用票据进行违法活动的，要及时采取有效措施予以制止和实施经济制裁。对故意违反票据结算规定情节严重触犯刑律的，提请司法机关依法追究刑事责任。银行要教育工作人员严格照章办事，对违反国家信贷政策和银行规章制度办理票据结算的责任人员，应分别按其过错情节予以严肃处理。

研究审判对策　促进科技进步

——上海法院审理技术合同纠纷案件的调查

上海市高级人民法院经济审判庭

一、基本情况和特点

上海法院从1984年至1990年共受理技术合同纠纷案件518件，审结394件。1991年共受理68件，诉讼标的金额244万元；审结98件，结案的诉讼标的金额459万元。

1991年受理的技术合同纠纷案件有以下特点：

（一）非专利技术纠纷案件占绝大多数。其中，技术转让合同纠纷案件的数量居首位，约占全部收案的66%，其余依次为技术开发合同纠纷案件占14%、技术服务合同纠纷案件占12%、技术咨询合同纠纷案件占8%。在43件技 术转让合同纠纷案件中，90%以上为非专利技术使用权转让合同纠纷案件。

（二）法律关系错综复杂。一是一份合同中包含了两种以上权利义务关系的混合型技术合同；二是技术合同中包含有居间、购销、加工承揽合同等经济合同条款；三是经济合同中包含有技术合同条款。

（三）诉讼主体涉及面广。包括了全民企业、科研院所、大专院校、科技经营机构、行业性技术协会、集体企业、外商投资企业和公民个人，其中外商投资企业作为当事人是1991年涉讼的新主体，从主体分布的地域看，主要是本市的当事人，一方为外地的当事人仅占23%。涉讼主体最多的是集体企业和公民个人。

（四）合同标的所涉及的技术领域层次不高，高新技术少，多为已公开但又为另一方当事人尚未掌握的技术。据分析，全民企业、科研院所拥有的高新技术不适于在技术市场上转让，他们参与的技术转让合同所发生的纠纷仅占技术转让合同纠纷案件的11%，大量的技术转让合同纠纷发生在集体企业与公民之间，转让方大多为公民，受让方大多为集体企业。公民由于受研究条件、设备、经费等限制，一般不具备高新技术的开发能力，而作为受让方的集体企业尤其是乡镇企业，本身也不具备消化高新技术的履约能力，受让的技术基本上都是与这些企业现有的生产条件、规模、劳动力素质状况相适应的日常生活用品生产领域内的技术。

（五）科技经营机构履约能力差。科技经营机构是随着技术市场开放而出现的一个新兴企业，现既有全民所有制的，又有集体、私营和个体经济性质的，由于设立的时间短、管理体制尚未理顺和健全，经营活动中因履行合同发生纠纷16件，作为被告的有12件，占75%。从案件暴露的问题看，除管理体制的因素外，发生纠纷的另一个重要原因是这些经营机构临时聘用的技术人员不固定，对受让方进行技术指导不力，影响实施技术的效果，因而引起纠纷承担责任的也多。

二、案件发生的原因

（一）盲目签订合同。有的当事人本身不具备履行能力，错误地认为有技术就能出效益；有的当事人对受让的技术成果不作可行性研究，对技术成果实施后的市场前景一无所知，特别是一些乡镇企业签订合同时既不考虑原材料的来源，也不了解产品的销售渠道；有的当事人甚至发生纠纷时还找不到对方的住所。

（二）合同条款不全或内容不明确。技术合同标的的特性，要求合同条款必须规定完整、内容明确。由于规定不完整不明确，一旦发生纠纷，双方难以达成共识，少数案件经法院审理、双方对合同条款进行补充或调整后可以继续履行的之外，大多数案件是判令终止履行。

（三）一方或双方违约发生纠纷有三种情况：提供技术方按约履行义务后，受让方、委托方以种种借口延付或拒付使用费、报酬；提供技术方未按合同规定提供全部技术或提供的技术图纸不完整、有的技术实施后未达到技术指标；还有一些案件是因双方混合过错而发生纠纷。

三、发挥经济审判在维护技术市场秩序、促进技术进步的职能作用

技术合同纠纷案件涉及法律、技术两个领域，由于相关的法律、法规及相配套的管理体制尚待完善，上海法院是在探索中开展这项审判工作的，具体做法是：

（一）明确经济审判工作在促进科技进

步、发展经济职能作用的指导思想。人民法院受理技术合同纠纷案件的标的是已进入市场的技术，正确处理案件对发挥科学技术是第一生产力的作用，促进技术市场的发展，鼓励科技人员从事科研活动的积极性具有重要意义。因此，我们要求各级法院的领导和经济审判人员认真学习中央和国家有关政策，充分认识科学技术是“富国之本，兴国之源”的重要作用。

（二）针对技术合同纠纷案件审判业务起步晚、审理难、审判周期长的实际情况，及时采取措施。高院举办技术合同法培训班，基层法院分管院长、庭长等200余人参加培训；印发审理技术合同纠纷案件的总结材料，对提高审理技术合同纠纷案件的质量、探索审判经验起了积极作用；全市法院举办审理技术合同纠纷案件论文竞赛，要求参赛的论文总结和探讨具有上海特色的审理技术合同纠纷案件的经验，对提高全市法院的办案水平，取得了较好的效果；各法院还针对案件的特点和问题，落实办案措施，指定一个合议庭或若干名审判人员专门审理这类案件，这有利于调动审判人员的积极性、主动性，有利于总结审判经验，提高办案质量和效果，改变了以往“你办我办大家办、大家水平都不高”的状况。全市法院办案效率有明显的提高，法院审理案件周期长的状况有所缓解。

（三）严格依法办案，保护当事人的合法权益。

1. 区别不同的法律关系，严格按照法律规定和技术合同特点审查合同效力。据1989年的统计，有35%的技术合同以当事人超越经营范围、违反经营方式而被确认无效。这是因为当时有的科技合同中有经济合同的条款，或是经济合同中有科技合同的内容，在处理上没有区分这两大合同权利义务所调整的对象，统按审理经济合同案件的规定予以处理。这种科技合同与经济合同两种内容混和在一起的纠纷案件近来还有出现。对此，我们明确，只要当事人主体资格、合同内容没有违反技术合同法规定的技术合同应予依法保护。在审理案件中注意理顺法律关系，对技术合同中涉及经济合同条款纠纷的，按经济合同法规定处理；对经济合同中涉及技术合同条款纠纷的，按技术合同法的规定处理，从而确保案件的质量。

2. 对因技术成果分享发生的纠纷，依技术合同法规定，按当事人在技术开发合同中的约定处理。对未作约定不明确的，在诉讼中允许当事人就技术成果分享问题重新作出约定，约定不成，则按法律规定处理。

3. 依法制裁违约行为。当事人发生纠纷的主要原因是未按合同约定履行全部义务或履行义务不适当。故意违约的行为不仅损害了权利人的合法权益，扰乱了技术合同交易秩序，也影响当事人从事技术活动的积极性。对这类活动故意违约的行为，坚决依法予以制裁，不让违约者占便宜。

对经双方当事人认可或验收已达到合同约定标准的技术，受让方因自己原因无法生产出合格产品而要求转让方赔偿损失的请求，依法不予支持。

因当事人违约擅自向第三方转让技术而引起的违约侵权纠纷是一种特殊类型的技术合同纠纷案件。在审理这类案件时抓住三个环节进行审查：一是当事人双方是合同的当事人；二是一方转让的技术是否属于合同标的技术或共有的技术；三是合同对当事人向第三方转让技术是否有特别约定。

4. 对因合同条款不全而引起纠纷的案件，分别不同情况进行处理。对合同缺少主要条款，又不具备继续履行条件，当事人也不能协商解决的，依法判令终止履行，按过错大小分别承担责任。对合同内容虽有欠缺，但主要条款比较完整，有条件继续履行的，则采用变更或明确合同条款办法，依法判令继续履行。原告钱荣炜诉被告上海松江橡胶制品厂技术转让合同纠纷案，合同约定原告转让CY—220型真空吸提器技术并进行指导；被告在真空吸提器试制100只后的3个月内完成技术鉴定，并支付转让费 3500 元。但合同对试制 100 只吸提器的期限未作出规定。嗣后被告试制了 41 只吸提器，经测试质量合格，并部分出售，因销路不佳，未继续试其余 59 只。原告要求被告支付转让费，被告称应试制满 100 只才能支付。法院根据双方发生纠纷主要原因是对 100 只吸提器的试制期限未作规定，依据被告试制 41 只吸提器实际化去的时间，确定了其余 59 只合理的试制期限，判令合同继续履行，如被告在 2 个月内仍未完成产品试制的，应支付转让费 3500 元。维护了合同的严肃性，保护了转让方的合法权益。

5. 通过审理案件，促进转让方进一步完善技术方案。原告叶国华发明的"手提式应急快速充电机"是一项转为实用的专利技术，被告上海永辉老区经济技术总公司受让该项技术后，发现充电机的机体表面温度高，无法携带，虽经原告数次修改技术方案，仍未解决。被告以此拒付余欠转让费，后自行解决了机体温度问题。在诉讼中原告认识到自己确有不足之处，同意酌减部分转让费，被告也提供了若干台改进后的充电机给原告。双方对此案的圆满处理表示满意。

四、几点建议

(一) 亟待加强技术市场和科技经营机构的管理。目前仅上海一地就有科技经营、咨询服务机构 2500 多家。这些机构在促进技术市场发展和繁荣起了一定的作用，但从事违法经营活动的也不少。1991 年 1 至 9 月科技经营机构在全市法院涉讼的技术合同纠纷案件 16 件，7、8 两个月因经济合同纠纷仅在闸北法院涉讼的就有 8 件，且均为无效经济合同。从中反映出科技经营机构从事违法经营活动的量是相当大的。这对进一步发展技术市场起了阻碍作用。建议有关主管部门对科技经营机构加强管理，进行整顿，建立必要的规章制度，使科技经营活动纳入法制轨道。

(二) 科研院所是我国科技革命的主力军，科技大军的排头兵。科研院所应建立技术合同的管理队伍，健全和完善管理制度，加强法制观念，克服息事宁人、打官司丢面子的错误认识，积极运用法律手段保护自己的合法权益，以调动广大科研人员的科研积极性。

(三) 为避免职工利用本单位管理上的漏洞，将单位和他人的技术成果攫为已有，建议有关单位建立并完善技术资料、设备、原材料的使用范围和审批手续、使用人员职责、资料归档及复印等方面的管理制度。对于职工个人的发明创造，本单位在制度许可范围内也应予支持和鼓励。

(四) 建立技术鉴定机构。从审理案件情况看，当事人因技术成果是否成熟，是否符合约定的技术指标而发生争议引起诉讼的占相当比例，判断一项技术成果的成熟程度成了法院正确处理案件的关键。但目前尚无技术鉴定机构，人民法院为了搞清某项技术成果的成熟程度和实用价值，往往需通过各种渠道寻找鉴定机构，有的技术还找不到能够鉴定的单位，影响了案件的及时审结。我们希望科委及有关部门尽快建立专事技术鉴定的机构，一则方便当事人自行解决纠纷，二则可以确立鉴定结论的权威性，三则有利于完善技术市场的管理。

审好专利案件　为科技发展服务

——上海法院审理专利纠纷案件的调查

上海市高级人民法院经济审判庭

为了总结上海法院审理专利纠纷案件的经验，使上海法院的专利审判工作能更好地保护科技人员和企业的发明创造积极性，促进科技成果尽快地转化为现实的生产力，推动上海的科技力量更好地为社会主义经济建设服务，为国营中大型企业发展生产服务，最近，我们对本市法院审理专利纠纷案件的情况作了调查。

情况如下：

一、专利纠纷案件的基本情况和特点

上海法院自1987年7月至1991年12月共受理各类专利纠纷案件60件。其中专利侵权案43件，占71.6%；专利权属纠纷案8件，占13.3%；专利申请纠纷案4件，占6.6%；专利申请权转让纠纷案1件，占1.6%；专利实施许可合同纠纷案4件，占66%。已审结33件，其中专利侵权案20件，专利权属纠纷案4件，专利申请权纠纷案5件，专利申请权转让纠纷案1件，专利实施许可合同纠纷案2件。所结案件中，判决的17件，调解的5件，撤诉的10件，移送的1件。此外，因当事人向国家专利复审委员会申请宣告专利无效而依法中止审理的有9件。中止时间均在一年以上，最长的已达三年。未结18件。

从上述60件专利纠纷案看，大体有以下几个特点。

（一）收案逐年上升，并呈剧增之势。1987年本市法院仅受理专利纠纷案2件，1988年收6件，1989年收7件，1990年上升至13件，1991年剧增至32件，比历年受理总数还多4件。

（二）专利纠纷案件所涉专业技术强、审理难度高。专利纠纷案因涉及到专业技术，仅靠当事人争辩难以下判，一般需要委托有关专家或有权威性的科研机构提供论证或解答，作为下判的依据和参考，不仅需要多花时间查证，难度也为其它经济纠纷案件所不及。

（三）实用新型专利纠纷居多。60件专利案中，外观设计专利和发明专利计仅12件，占20%，而实用新型专利则有48件，要占80%。

（四）发明者个人与单位的专利权益之争较多。已受理的12件专利申请权或专利权属纠纷案中，有11件的原告或被告为发明者个人。已审结的9件，除1件系单位之间的权属之争外，其余8件均是个人败诉。

（五）一方当事人以申请宣告专利无效为手段拖延缠讼的较多。根据法律规定，在专利侵权诉讼中，遇有被告反诉专利权无效时，法院可中止诉讼，待专利权效力问题解决后再恢复侵权诉讼。这一规定本义在于使法院能够正确定案，然有些当事人却钻空子，借此拖延诉讼，刁难原告和法院，达到继续侵权牟利和转移财产的目的。

二、审理专利纠纷案件的一些做法

（一）运用审判职能，保护发明者的积极性。专利法和国家科技政策的首要目的是鼓励和保护科技人员的发明创造。本市法院在

办案中十分注意通过案件的审理，帮助当事人清除旧观念，保护发明人的合法利益，以激发科技人员的发明创造积极性，如原告徐宝华诉被告闸北炉子厂（原告所在单位）专利权属纠纷一案。被告生产的煤炉存在着炉门漏风浪费燃料和开关不灵活的缺陷，原告利用业余时间对炉门结构作了改进并做出设计纸样。随后，告知被告厂长。厂长很感兴趣，遂安排人员制作样品，进行试验，取得合格预期效果后，原告向被告提出，将炉门改进技术申请专利，专利权人为被告，原告则要求得到重奖，被告应允。被告取得专利权后，却未给原告任何奖励。被告厂长和上级主管部门认为取得这项成果是全厂职工集体智慧，奖励应给予全厂集体。结果只批准集体奖励50元。针对被告单位及其上级主管部门轻视科技发明和大锅饭思想，法院一方面向被告宣传鼓励发明创造，促进国家科技进步的重大意义，另一方面又用查证的事实（即市场上新炉门煤炉已取代了旧炉门煤炉，不仅消费者受益，被告每年也因此净增利润2万元）教育被告，使之明了给予发明者应有的奖励，最终得益的还是企业和社会。结果该案以被告一次性奖励原告1000元，原告承认被告的专利权调解息讼。收到了既保护发明者的积极性又突破一些当事人轻视科技发明和大锅饭的陈旧观念的良好效果。

（二）通过办案，促进专利技术转化为现实的生产力。我国实行专利制度以来，个人申请或取得专利权的占专利总数的较大比例。然而，由于技术市场尚不完善，许多专利技术不能及时地运用于生产实践。本市法院本着经济审判为发展社会生产力服务的原则，力争在办案中既是公断人，又主动充当促进技术与生产相结合的中介人。

（三）依法制裁专利侵权，保护专利权人的合法利益，促进专利制度的健康发展。专利制度的核心是通过保护专利权人的技术专有权，以鼓励发明创造和促进社会的技术进步。本市法院在审理专利侵权纠纷案件时，着重做到：1. 依法对侵权人进行经济制裁，不使侵权者有利可图；2. 通过公开审理案件和法制宣传教育，起到审结一案，教育一片的效果。

（四）依法确认单位的专利权属，制止私自占有专利成果。对于发明者个人和单位的专利申请权或专利权属纠纷案件，法院在审理中着重做到：1. 向双方当事人宣传法律规定和职务发明与非职务发明区分界限；2. 重事实、重证据，正确确认专利申请权或所有权的归属；3. 注意缓和双方的对立情绪，力争和解息讼，以利于单位能够继续调动发明人的工作积极性。4. 对个别科技人员故意将职务发明的成果占为已有，甚至瞒着单位擅自向外单位转让专利成果的，则依法判决其败诉。

（五）严格违约责任，维护专利技术交易的正常秩序。导致专利实施许可纠纷案的主要原因有二：一是有些发明人只图收取转让费而对转让技术的义务不尽责任，甚至对一些技术诀窍打埋伏，使受让方无法达到合同的预期目标。二是有些受让单位因实施不当或掌握技术后即拒绝继续支付转让费，使转让方经济利益受损。两者的共同表现形式都是违反合同规定。本市法院在审理中着重抓两方面的工作：1. 严格分清过错责任，保护受害方的合法利益和维护专利技术交易的正常秩序。2. 促使当事人继续履约和进一步完善转让的专利技术，争取更好的办案效果。

三、几点建议

（一）建议立法机构取消专利法第六十二条第二项的规定。该规定容易使侵权者借口其所使用或销售的是不知道未经专利权人许可而制造并售出的专利产品，从而逃避侵权的法律责任。实践中，专利权人和法院很难查证使用和销售者是否真的不知道。而专利法所要保护的就是专利权，未经权利人许可，为盈利目的而擅自使用他人专利技术或销售专利产品的，均应视为构成侵权，以利于维护社会正常的经济秩序和对专利权人的合法利益的保护。

（二）建议专利复审委员会对当事人在诉讼中向其提出宣告某项专利无效请求的争议给予优先和较快的审核。实践中，有些请求宣告无效的争议历时几年尚无结论，使当事人的权益长期处在不稳定状态，法院也难以及时有效地作出裁决。

（三）建议有关部门将专利法作为向企业、单位普法宣传的内容之一，使单位领导能进一步重视科技人员的科研成果。对单位的专利发明人及时给予应有的奖励，减少和避免不必要的专利权属纠纷。

关于审判工作为经济建设服务几个问题的调查

广东省高级人民法院研究室

为了研究探索审判工作如何贯彻去年中央工作会议和八中全会精神，更好地为经济建设服务，我们与湛江、佛山等中院、基层法院、人民法庭的有关同志以及企业、农村基层组织负责人进行座谈，现将调查了解的情况综合如下。

一、国营大中型企业呼吁法律保护

——企业“三角债”困扰严重，但起诉法院解决的少。据阳江市中院反映，该市国营大中型企业被外单位拖久债务达1.5亿元，但起诉到法院的不多。究其原因，有的是怕“对簿公堂”失去大客户，生意更难做；有的认为“你欠我，我欠他，大家欠国家”，如湛江半球电器集团公司被外单位拖欠债务1.3亿元，该公司也欠别人近1亿元，其中有20%属于有意拖欠或资不抵债的，但该公司向法院起诉的不到700万元；也有些企业认为打官司是“赢了官司输了钱”，如长春轻工机械厂为三水强力啤酒厂加工发酵罐试压时爆裂，佛山中院判决机械厂返还定金并赔偿损失共900万元，但几次执行分文未得，而该厂为这条生产线投资2000多万元，因不能生产，该厂每年要付银行贷款利息700多万元。

——假冒商品冲击市场，企业家说“法律奈何不了‘假冒风’”。河南、河北等地假冒湛江“三星”零配件，其商标比真的还像；假冒的“半球”电器几乎遍及全国；南海九江果皇牌牛仔裤因假冒产品充斥市场而破产倒闭；素有“中国魔水”之称的健力宝，自1987年以来，全国有11个省市61个厂家假冒其注册商标专用权，已查获的假冒“健力宝”就达78种之多。为查处假冒商品，企业花了大量人力物力，也无济于事，甚至连法院作出的有效判决也无法执行。1988年健力宝厂曾向广州中院起诉山西临汾果胶食品厂，法院判决假冒厂家销毁产品、登报道歉、赔偿损失4万元，但均得不到执行。

——企业界呼吁用法律手段保护企业家声誉，支持他们放手搞活经济。国营企业的厂长、经理反映，当前市场竞争激烈，非国营企业为推销产品，“回扣”、“劳务费”等什么手段都敢用；国营企业条条框框多，连推销人员奖励基金都不敢多留，因而产品积压多。有些企业采取些灵活措施，又招致多方指责，有的甚至受到诬陷。如全国“五·一”劳动奖章获得者三星集团公司总经理罗平被人诬告贪污公款140万元，某机关派出工作组调查了几个月，结论是“罗平同志没有任何经济违法行为，是经得起考验的企业家”，但日本某公司得知罗平同志受审查后，中断供应三星公司新型汽车模具、散件合同谈判，仅此一项该厂减产1亿多元，国家损失税利1200万元，而诬陷罗平同志的有关人员迟迟未作处理。因此，企业家们呼吁，司法机关一方面要对经济犯罪予以严厉打击，另一方面要保护企业家的声誉，对为搞活经营的灵活措施要热情支持和保护。

二、农村迫切需要法律服务

——珠江三角州农业逐步形成农工贸、产供销一体化，农民为发展生产，相互借贷引起纠纷多；山区贫困地区为脱贫致富开发性农业蓬勃兴起，土地、山林、果园、鱼塘、滩涂等权属纠纷增加，迫切需要采用法律手段调整。据佛山中院统计，去年全市受理民间借贷纠纷案件145件，比上年增加3.6%。湛江市自1985年推行“两水一牧”(水果、水产、畜牧）开发性农业以来，过去无人问津的荒山荒岭、山塘、海滩成了“寸土必争”的黄金之地，导致此类纠纷大幅度增加，至1991年上半年，仅由法院受理的此类纠纷就有12835件，涉及争议面积1678621.5亩，呈现出开发到哪里，纠纷就出现到哪里的势头。但由于某些权属纠纷案件处理的慢，有的树砍光了，石头炸完了，案子仍未结，群众意见很大。

——农村承包合同纠纷大幅度增长，有些因得不到及时处理挫伤了农户发展生产的积极性。近年来，由于农副产品价格调整，市场放开，由此引起发包方经济联社与承包方农户的合同纠纷案件大幅度上升，去年全省受理此类合同纠纷1809件，比上年上升33.6%。由于省政府颁发了〔1987〕40号文《广东省农村合作经济组织承包合同暂行规定》，各地政府均按文件规定成立了农村承包合同调处办，负责合同的鉴证、调解、仲裁等工作，一些法院以省政府有文件规定先由调处办处理为由，拒绝受理农村承包合同纠纷，而调处办调解和仲裁的案件因省府文件未明确能否申请人民法院执行，因而常常得不到执行。如吴川县长箕镇某村村民邱某承包渔场欠承包款13500元，另一个体户欠租地皮款400元，两案先后向法院起诉，行政庭受理并开庭后又移送县合同调处办仲裁，仲裁后得不到执行。法院和县调处办为此先后向省院和中院专门报告请示可否受理此类申请执行案，至今仍无答复。该村三百多农户对此十分不满，连续三年不向国家交纳公购粮。农户气愤地说，到法院起诉“有理无人理”，调处办的仲裁又是“花钱买来的白纸”，政府既然管不了农民的事，不交公粮也有理。

——乡镇企业债务多，假农药、假化肥、劣质种子案时有发生，也影响到农村经济发展。乡镇企业是农村社会化服务体系的基本形式。如湛江市坡头区官渡镇推行“北种南养中加工”开发性农业战略，北面丘林地区以果木、甘蔗、北运菜为主，南面沿海8千多亩海滩以养虾、蚝为主，地处中间的官渡镇乡镇企业以加工、销售农副产品为主。但这个产值上1亿元的镇，乡镇企业被外地拖欠债务就达1300多万元。吴川县塘﨟镇产值1.65亿元，仅乡镇企业未收回的债务就达3千多万元。拖欠大量债务，不仅影响了企业的正常运行，也制约了开发性农业的发展。据吴川县农业局反映，该县每年都发生三四起假农药、假化肥或劣质种子案，但因无人牵头管此类事，农户即使各自受了损失，也很少向法院起诉。

三、审判工作为经济建设服务的几点思考

——为经济建设服务必须进一步强化服务观念，牢固树立明确的审判指导思想。一些法院反映，受人情关系影响严重的地方，往往是亲戚朋友优先，该受理的案件常常拒之

门外，或者久拖不决。因此，端正审判思想作风、树立为经济建设服务的指导思想，仍是当前必须解决的重要问题。审判工作只有把为经济建设服务作为出发点和归属点，才能产生良好的社会效果和经济效益。去年，蔗糖生产占全国六分之一的湛江市因蔗糖市场价低于调拨价，调拨各省市的糖款有近6亿多元无法回收，市长带400多人追糖款空手而归。湛江中院得知此消息后立即召开各县区法院院长、经济庭长会，布置糖款专项审判工作，通过发支付令、审"钉子户"、协助追款等形式，共追回糖款2亿多元，到年底全部糖款均回收，受到广大蔗农和各级政府的好评。实践证明，审判工作只有紧密配合党的中心工作——为经济建设服务，才能显示出它强大的生命力。

——为国营大中型企业服务，不能"坐堂"等案办，必须走出去主动服务。改革开放以来，国营企业开始逐步从产品经济向商品经济转化，但因原有体制的原因，用法律手段管理经济的能力仍相对其他企业低，即使背上沉重债权债务包袱，也不善于用法律途径解决。因此，走出去了解企业经济发展状况，送法上门；请进来如开座谈会，说明企业的权利与义务，是审判工作主动为经济建设服务的好方式。湛江市霞山区法院去年11月召开60多家厂长经理座谈会后就受理了30件经济纠纷案，接着召开19人参加的债务人会议，7天内有两个单位全部履行了债务；阳江市中院召开有22个单位参加的座谈会，不仅弄清了企业被拖欠债务的情况，而且半个月内起诉23件标的达7856万元的经济纠纷案。

——为经济建设服务必须结合审判工作拓展服务领域。如果案件久拖不结或结案的质量不高，就谈不上更好地为经济建设服务。因此，做好审判工作就是最好的服务。只有把审判工作放到深化改革、扩大开放、促进经济发展的社会大背景中去思考，通过案件的审理，发现经济运行中存在的问题，有针对性的开展司法建议活动，才能扩大审判工作视野和服务领域，同经济建设更紧密地结合起来，产生更直接的经济效益。如潮州市法院近两年来不仅审结了千多件农村承包合同纠纷案，而且根据办案中发现的问题，提出司法建议108条，其中《关于完善农村双层经营体制、发展壮大集体经济的意见》引起市农委的重视，市委转发全市，对完善农村承包合同、巩固发展集体经济、减少合同纠纷产生良好作用。

——建立法律服务联系点，也是审判工作主动为经济建设服务的好形式。如佛山市城区法院针对市无线电一厂管理混乱、纠纷多的情况，自1988年起与该厂建立法律服务联系点，并派审判人员定期召开现场办公会，帮助该厂审结经济纠纷案35宗，收回债务817万多元，并帮助建立了法律服务室、整理合同档案材料、落实司法联络员，使该厂经济纠纷由1988年的25件下降到1991年的1件。他们还打算在今年以合议庭形式与辖区内的其他国营企业建立类似联系点，更好为经济建设服务。湛江市赤坎区法院官渡法庭根据当地种养业发达，农民在生产经营中遇到不少法律问题的实际情况，从1990年10月开始，分别与以种植业为主的黄桐管理区和以养殖业为主的石门管理区建立法律服务联系点，由管区调解主任、公安员为联络员，法庭干部轮流定期到服务点办案、解答法律疑难问题，受到农民和基层干部的欢迎，群众说："过去打官司来回跑几天，现在田头村尾就能解决问题"。一年多来，他们在两个服务点共审结蚝款纠纷、山林、果园权属纠纷案共58件，帮助调解会处理非诉案件600多件，使该镇近两年来从未发生因种养业而引起矛盾激化的事件。

关于解放思想加强和改进法院工作的调查报告

四川省高级人民法院

最近，我们就法院在新形势下，如何更好地贯彻党的基本路线，在思想观念上需要有哪些转变，工作上如何加强和改进等问题，对成都、德阳、绵阳、乐山等4个中级法院和11个基层法院进行了调查。

从调查情况看，中央2号文件下达后，各地法院通过广泛深入学习、讨论和思想发动，广大法院干警思想活跃，总的来讲，认为小平同志所作的重要谈话是一个统领全局的纲领性文献，丰富和发展了有中国特色的社会主义理论，在我国改革开放的关键时期指明了前进的方向，具有重大而深远的意义，将对我国政治、经济和社会产生深刻影响，大大推进我国现代化建设的进程。同时，对审判工作提出了更高的要求，就是要更好地适应新形势的发展，紧紧围绕经济建设这个中心，提高为经济建设保驾护航的能力，使审判工作跃上新的台阶，为社会主义现代化建设作出新的贡献。调查中，也反映出一些干警思想不够明确，少数干警思想不够稳定。联系法院实际，当前在思想和工作上要着重解决好以下几个问题：

一、进一步解放思想，正确处理好四个关系

（一）正确处理局部与全局的关系，牢固树立服从于服务于经济建设的观念。针对一些干警只埋头办案，关心大局意识不强的实际，要加强为“中心”服务的教育，纠正和克服“与己无关”的思想，自觉把审判工作置于党的事业，置于改革开放，置于发展有计划的市场经济的大格局中，服从于服务于经济建设这个中心，摆正审判工作的位置，找准审判工作与经济建设大局的结合点和着力点，使保障和服务真正到位。

（二）深刻认识“加快步伐”与维护稳定的关系，牢固树立为经济建设保驾护航的观念。要保证国家的长治久安，从根本上讲要靠经济的发展和社会的进步。加快改革步伐，扩大对外开放，发展经济，必须要有一个稳定的政治、经济、社会环境作保障。法院在维护稳定中，具有其它任何部门都不能替代的特殊作用。因此，法院要增强紧迫感和责任感，扎扎实实地做好工作，充分发挥专政职能和调整、化解各种社会矛盾的作用，全力维护政治、经济和社会的稳定，创造一个良好的社会环境，保障和促进改革开放和经济建设的顺利进行。

（三）处理好执行法律与执行政策的关系，坚持实事求是的思想路线，增强政策观念。随着改革开放的力度加大，各项改革措施不断出台，新情况、新问题会层出不穷，但现行法律法规还不完善、不健全，有些已不适应形势发展，新的立法也不可能完全跟上。因此，审判工作要克服单纯法律观点，坚持从实际出发，把执法和执行政策有机地结合起来，有法从法，无法从政策，法律政策都无明确规定的，以实事求是的态度，具体问题具体分析，按照有利于发展社会生产力，维护安定团结，保护当事人的正当权益的原则妥善解决。

（四）处理好“办案”与主动服务的关系，

牢固树立“主动”服务的观念。审判工作为改革开放和经济建设服务，主要是通过各项审判活动，打击犯罪，制裁违法，保护合法，调节各种经济关系和社会关系，维护正常的生产、生活秩序，为改革开放和发展经济提供有力的法律保障和法律服务来实现。要适应新形势，提高服务质量，使审判工作上新台阶，还必须在“主动”二字上狠下功夫，变被动受案办案、不告不理，为主动服务，拓宽服务领域，探索多渠道、多样化的服务方式，做好审判工作向前向后延伸，扩大办案的社会效果。

二、突出重点，加强“保障”和“服务”工作

目前，要把学习贯彻中央2号文件同贯彻全国、全省政法工作会议和高、中级法院院长会议精神紧密结合起来，把会议部署的各项任务落到实处。为改革开放和经济建设，提供有效的法律保障和法律服务。

（一）增强专政意识，强化专政职能。要继续贯彻依法从重从快的方针，严厉打击严重危害社会治安，破坏改革开放和经济建设的犯罪分子，严惩报复坚持改革开放的厂长、经理和农村干部的犯罪分子。运用人民民主专政的威力，同国内外敌对势力的破坏活动作坚决斗争，保卫社会主义民主，保障人民民主权利，巩固人民政权。

（二）注意学习掌握党的改革开放的方针、政策，对改革开放中发生的经济犯罪案件，要本着“一要坚决、二要慎重、务必搞准”的原则，严格区分罪与非罪的界限，切实做到支持改革者，鼓励探索者，帮助失误者，制裁违法犯罪者。

（三）认真处理好各类经济、民事、行政案件，特别是影响大中型企业生产、经营，影响农业生产和农业稳定，影响商品流通顺利进行，以及涉外、涉港、澳、台案件，优先办理，快审快结，保护合法经营，制裁违法行为，调整理顺各种经济关系和社会关系，保障改革开放和经济建设的顺利进行。

（四）加强执行工作。由于地方保护主义等原因的影响，法院经济、民事等案件审结后执行难的情况相当突出，当事人的合法权益得不到保护，破坏了党和政府的形象，损害了法律的尊严。法院要在党委的领导和有关部门的支持下，采取有效措施，加强执行工作，努力缓解“执行难”，切实保护当事人的合法权益，维护法律的尊严。

（五）进一步增强服务意识，主动为改革开放和发展经济服务。法院要继续坚持与企业“攀亲结友”的作法，定期召开厂长、经理和农村基层干部座谈会，深入厂矿企业和农村调查研究，广泛听取意见，改进审判工作；建立健全与企业、乡（镇）、村的联系制度，主动了解生产、经营情况，帮助培训法律人才，清理债权债务，提供法律服务，不断探索总结为搞好国营大中型企业和发展农村经济服务的经验，进一步拓宽服务领域和服务渠道。

（六）注意通过办案发现影响改革开放的问题，及时提出司法建议，重大问题要及时向有关部门反映，以便有关部门综合考虑，采取措施，保障改革开放的健康、顺利发展。

三、改善执法环境，提高保驾护航的能力

针对目前法院工作的实际情况，需要着重抓好：

（一）提高两个素质，搞好一个建设。在法院一些干警中，政治和业务素质还不够高，不适应工作需要，影响严肃执法。要进一步抓好对干警的培训和教育。要充分看到在发展商品经济和对外开放中，腐败因素对法院队伍的影响，切实抓好法院队伍的廉政建设，提高队伍的免疫力和战斗力。

（二）改进审判方式，提高工作效率。在不违背法律原则的前提下，加重当事人包括公诉机关的举证责任，大力开展诉前、庭前调解，强化合议庭和审判人员的职责，加快

办案速度，缩短办案周期，提高诉讼效益。

（三）转变作风，加强调查研究。要力戒官僚主义和形式主义，少开会，少发文，办实事、求实效。各级法院要面向基层，深入实际，调查研究新形势下反映到审判工作中的新情况、新问题，研究新措施，提高宏观决策和指导能力。最高法院要加强司法解释，及时指导审判工作。

（四）加强科学管理，提高工作效率。要本着精简高效的原则，理顺内部关系，认真考虑上下级法院机构设置与分工的科学性与可行性。建立健全机关的各项工作制度，完善目标岗位责任制，增强激励与竞争的机制。

新形势下，法院工作任务更加艰巨和繁重，党委和人大要进一步加强对法院工作的领导和监督，帮助法院排除执法中的干扰和解决执法中的困难，使法院更好地贯彻执行党的路线、方针、政策和国家法律，以充分发挥法院在加快改革开放和发展经济中保驾护航的职能作用；为了充分调动积极性，保证审判人员依法行使职权，要尽快制定和颁布法官法，建立健全社会主义的法官制度；要加强法院的物质建设，切实改善法院的工作条件和干警的生活待遇；增加必要的编制，缓解审判力量与任务日愈不相适应的矛盾，以适应形势和任务的需要。

关于当前社会治安综合治理情况的调查报告

四川省高级人民法院

根据中央政法委和最高人民法院开展重点调查研究工作的通知要求，本院组织调查组于4月上旬深入雅安、广元、南充、遂宁4地市，对当前社会治安综合治理情况进行了调查研究。现将情况报告如下：

一、社会治安综合治理工作有了新的进展

1991年，中共中央、国务院和全国人大关于加强社会治安综合治理的两个决定下达后，各级党委、政府十分重视，认真组织贯彻落实，各级都建立了综合治理领导机构和日常办事机构。通过多种形式大张旗鼓地开展宣传工作，进行了较为广泛的动员，在农村还将综合治理宣传与社会主义教育有机地结合起来，群众参与社会治安综合治理的积极性有所提高，政法部门与社会各界密切配合，紧紧抓住“严打”这一首要环节，开展了打击“车匪路霸”、拐卖人口、流氓活动和“反盗窃”等专项斗争，重点整治，从重从快惩处了一批严重危害社会治安的刑事犯罪分子。一些治安问题较多的重点地区、单位、公共场所、路段、治安情况明显改观。建立群防群治网络，在城镇建立护厂队、护校队、护店队、巡逻队，在农村建立护村队、护路队，建立了厂社、城乡、楼院、院落等联防队，加强对基层防范组织的指导和培训工作。各级政府自上而下层层签订多种形式的综合治理目标责任书，做到“横到边，做到底”，厂矿签订到班组，农村签订到村社，坚持检查评比，对综合治理工作不重视，措施不落实，治安问题较多的单位实行一票否决。抓好违法青少年和“两劳”回归人员的帮教和“五犯”（缓刑、管制、假释、监外执行、保外就医）的教育改造工作，落实帮教改造措施，解决就业安置问题，有效地防止了被帮教人员的重新违法犯罪。

全省各级法院积极参与社会治安综合治理，认真贯彻全国法院参与社会治安综合治理工作会议精神，根据最高人民法院《关于

人民法院参与社会治安综合治理若干问题的意见》的要求，按照“打、防、管、教、建、改”六个方面的工作范围，认真落实各项审判工作参与综合治理的措施，坚持各项审判向前向后延伸，注意找准综合治理与审判工作的结合点、着眼点。

1. 刑事审判，坚持依法从重从快惩处的方针，配合有关部门搞好专项斗争和专项治理，突出就地审理，公开审理，宽严结合，扩大打击声势，震慑分化罪犯。正确适用缓刑，做好回访考察。认真审理好青少年犯罪案件，各地普遍建立了少年法庭，少年审判庭有所发展。审理少年犯坚持将教育、挽救、感化方针贯穿于审理前、审理中和审理后。部分地区和公安、检察、司法协调配合，基本上已形成了政法一条龙；多数法院还向工青妇等部门聘请了一批少年庭的特邀陪审员。加强了对少年犯的回访考察工作。

2. 民事审判，着力于缓解纠纷，防止矛盾激化。重点处理好农村的人身伤害赔偿，土地、果园承包合同纠纷，赡养和刑事自诉案件，并重点做好回访考察，防止矛盾再度激化。

3. 经济审判，在主动服务方面采取了一些积极措施，着力于为经济建设保驾护航，预防和减少纠纷。多数法院建立了企业经济司法联络员制度，有的法院还建立了重大案件通报制度。

4. 行政审判，认真做疏导工作。对那些反映强烈，群众意见大的案件，及时依法审理，搞好司法建议，督促行政机关依法行政，密切政府同人民群众的关系。

5. 告申工作抓好依法及时受案，进一步解决“告状难”的问题。对信访中发现矛盾易于激化、闹事苗头及时疏导缓解。有的法院为解决群众告状难，向广大群众发出了公开信，宣传法院受案范围，立案审查制度，起诉条件等，还坚持院长轮流下区乡接待群众的制度，解决了告状难，受到群众的拥护和党政部门的好评。

6. 各地法院积极开展司法建议，取得成效，省院已向全省各级法院发出了《关于开展司法建议若干问题的意见》，开展司法建议活动已初步形成了制度化，规范化。

7. 加强对法庭工作的指导，努力为人民法庭开展工作创造条件。人民法庭加强对基层调解组织的业务指导，在参与综合治理工作中较好地发挥了前沿阵地作用。

一年多来，综合治理工作有了新的进展，效果明显。群众参与意识增强了，见义勇为，同违法犯罪作斗争的事迹不断涌现。全省社会治安形势基本稳定，今年头3个月与去年同期相比，普通刑事案件和治安案件发案数均有所下降，重特大刑事案件发案数基本持平。为发展经济提供了较好的社会环境。

二、存在的问题及原因

经过贯彻落实两个《决定》，社会治安综合治理工作虽然取得了较大的成绩，但存在的问题仍然不少，主要有以下几个方面：

（一）认识问题没有根本解决。当前一些地方的领导同志仍然存在重经济，轻治安的思想。对综合治理一般化号召多，缺乏具体研究检查监督，未能针对存在的问题提出解决的办法。不少单位和部门领导重视不够，仍认为综合治理是政法部门的事，其他部门只是配合，把抓经济和抓治安对立起来，认为抓治安分散抓经济的精力，影响经济效益。在“条块”结合上，“条条”尤显薄弱。

在当前各地传达贯彻中央二号文件中，一些地方着重研究加快改革和经济建设的步伐，而对搞好综合治理实现社会稳定，为改革、建设提供良好的社会环境方面，研究甚少。

（二）群众发动工作不够广泛深入，参与综合治理社会治安尚未变成群众的自觉行动。不少群众对坏人坏事是心头不满，看到不管，其主要原因是怕遭打击报复，同违法犯罪作斗争有后顾之忧。目前群防群治工作未从根本上落实。

（三）基层工作薄弱，防范组织未能充分发挥作用。不少地方虽然建立了群防群治机构。但工作没有很好开展起来，有的机构是空架子。治安室、治保会、调委会的作用也未能充分发挥出来，其主要原因是报酬问题未解决，缺乏积极性，人员素质差，致使一些纠纷、治安问题未能及时解决，造成矛盾激化。

（四）治安目标责任制不够完善，针对性不强，奖惩不逗硬。对一票否决制度各地理解不够统一，对否决标准掌握不好，对隐案不报缺乏制约机制。

（五）对缓刑、管制、假释、监外执行、保外就医五类罪犯的管教工作不够落实。一些地方无人管理，处于失控状态。这几类罪犯很大一部分未在原籍接受监管改造，而是外流务工，漏管、脱管现象较为突出。教育改造"五犯"的主管部门工作抓得不力，"两劳"人员刑满、解教后的衔接工作上出现脱节现象，致使一些"两劳"人员未回原籍，流向社会继续作案。

（六）改造质量不够高。"两劳"释放人员重新犯罪呈上升趋势。

（七）扫"黄"工作搞突击，经常性工作差，使黄色淫秽书刊、录像屡禁不止，文化部门对诱发犯罪的打斗复仇、暴力劫持的书刊、录像片控制不严，易导致诱发犯罪。

（八）对如何贯彻专门工作同群众路线相结合方针研究不够，缺乏具体措施。重视专门工作，忽视依靠和发动群众共同维护社会治安。同时也由于政法部门近年来工作量增大，任务加重，加之政法队伍中极少数干警违法违纪，在群众中造成不良影响，以致与群众有所疏远，甚至脱离群众。

（九）执法不严的现象在某些方面反映突出，以罚代刑，打击不力的问题依然存在。调查中普遍反映群众最反感、最愤恨的赌博、卖淫嫖娼、诈骗、投机倒把这几类案件，以罚代刑的现象较为突出。发案不少，抓人很少，起诉判刑的更少；一些基层组织巧立名目乱收费，乱罚款，引起群众不满，损害党和政府威信，影响干群关系；地方保护主义干扰严肃执法的情况仍较严重，影响法律的尊严和公正执法，特别是经济纠纷案件显得更为突出，致使一些当事人合法权益得不到保护；因打架斗殴造成的伤害案件，由于管辖界线难于划清，有关部门互相推诿扯皮，致使一些案件未能及时处理，影响社会安定；执法环境较差，说情风盛行，给执法工作带来阻力和困难。

（十）立法工作跟不上。对见义勇为受到伤害缺乏法律保护，难以解除群众的后顾之忧；对报复打击检举人，同违法犯罪作斗争的人，现行法律未作特别规定；有的地方虽已建立起见义勇为基金会，对见义勇为者给予奖励，但数额很小，解决不了见义勇为者被犯罪分子致伤致残后的生活保障，连治伤的医疗费也报销不了。群众反映，见义勇为是"光荣一阵子，痛苦一辈子"。现行法律缺乏对拒绝作证的法律制裁措施，给司法工作带来很大困难，明知是重要案犯知情人，拒不作证无可奈何。基层乡镇政府维护治安缺乏必要的法律手段，单靠说服教育，行政手段，不适应任务的需要，应规定相应的处罚权，如治安处罚，这样可以避免和减少一些违法行为。国家法律规定调解委员会归口由司法行政机关领导、主管，而其业务又是由人民法庭指导，形成管理与指导脱节，给开展基层基础工作带来诸多不便，也不利于充分发挥基层组织的作用。

（十一）影响综合治理工作顺利开展的客观制约因素较多。一是体制问题，综合治理委员会关系还没有完全理顺。既不是属于党委系统，又不是政府序列，不少同志反映是个弹性机构。办事机构设在政法委，实际上成了政法委的下属机构，连印章也不统一，有的刻五星，有的刻镰刀斧头，有失严肃。乡镇设有治安室，此机构是属行政编制，还是群众自治性组织不明确。二是专门机关的力量与任务极不相适应，政法部门人员少，任务重，这是导致破案率低，打击不力，办案质量不高的一个重要原因。给进一步做好综合治理工作带来困难，普遍感到力不从心。各地区普遍反映出目前政法机关特别是基层办案经费得不到保证，装备等物质生活条件很差，影响正常工作的开展，使工作处于被动状态。三是基层治保、调解组织、治安室人员的报酬问题未能很好解决，积极性发挥不出来，无钱培训，政策业务水平低，不能适应需要。

法院系统参与综合治理存在的主要问题是：少数法院的领导认识问题尚未解决，仍把参与综合治理看成是附带任务；各项审判工作参与综合治理的具体措施不够落实，尚未作为硬任务列入岗位目标责任制，工作没有新的起色；力量与任务不适应，影响综合治理工作的深入开展。

三、加强社会治安综合治理的对策

在新形势下要使社会治安综合治理再上一个新台阶，为加快改革和经济建设创造一个良好的治安环境，需要认真抓好以下几个方面的工作。

（一）深化认识。各级党政领导，各职能部门的领导同志必须充分认识搞好社会治安综合治理的特殊重要性，切实加强领导，真抓实管，真抓实干，把综合治理工作真正摆到重要议事日程上，坚决杜绝和纠正讲起来重要，作起来次要，忙起来忘掉的现象。决不能把抓经济与抓综合治理对立起来，坚持两手抓，两手都要硬。各行各业都应把搞好综合治理当作自身的职责，不能看成是政法部门的事。更不能看成是额外负担，增强自觉参与意识。当前要全面正确理解中央二号文件精神，在研究加快改革步伐的同时，也要研究如何使综合治理工作再上一个新台价，决不能顾此失彼。认真执行“条块结合，以块为主”的方针，要针对当前条条抓得差这一问题，加强这方面的工作。正确处理好专门工作与依靠群众维护社会治安的关系，在注意发挥政法机关骨干作用的同时，大力做好群众工作。要广泛深入地发动群众参与社会治安综合治理，为做好这一工作打下坚定扎实的基础。把全社会动员，各行业齐抓共管落实到行动上。

（二）建立健全组织机构，理顺关系，落实责任制，完善制约机制。未建立综合治理常设办事机构的地区应抓紧建立起来，已建立起来的，落实编制，配备齐与任务相适应的专兼职人员，进一步明确综合治理委员会的职权、职责，理顺体制关系，要充分发挥综合治理委员会在社会治安综合治理中的组织领导作用。最高人民法院就法院系统参与综合治理作出的原则规定，值得有关部门借鉴。有了规范才便于检查督促，落到实处。层层落实治安目标责任制，在逐级签订责任书时应分别不同单位，情况，针对不同的层次规定不同的治安目标，避免千篇一律，搞形式主义。进一步完善责任书的内容和形式，将责任人的责、权、利紧密结合，使责任制进一步制度化、规范化，并切实可行。进一步建立和完善综合治理的制约监督机制，对那些为逃避一票否决隐案不报的单位，应有监督和制裁措施，要把一年一度的评比检查同经常性的检查督促工作结合起来，坚持奖惩逗硬。对领导人严重失职，疏于防范而造成重大经济损失的，应追究刑事责任。要将职工的利益与单位的利益挂钩，促使广大职工来促进单位领导搞好社会治安综合治理工作。

（三）加强基层基础工作，充分发挥其前沿阵地作用。基层基础工作薄弱是综合治理一些措施落不到实的重要原因。加强对基层治保调解及治安组织的组织领导。要进行一次整顿，调整充实力量，挑选政治素质较高，有文化，能联系群众的人员担任，并进行业务培训，提高业务水平，采用财政开支和集资的办法解决好报酬问题，明确职责，签订目标责任书，每年进行一次总结评比，表彰先进，充分调动基层组织工作人员的积极性。

在不违背法律规定的前提下，制定和完善乡规民约、村规民约。乡规民约、村规民约是群众自己教育自己，自己约束自己的一种好形式，不能一概否定。

（四）建立健全群众性的防范网络。当前群众性的各种形式的防范组织普遍建立，但不少地方不能很好开展工作，流于形式，需要加强检查指导，帮助解决一些实际问题。加强对联防队员的教育管理，防止侵害群众利益的事件发生。要自上而下建立见义勇为基金会，对见义勇为者给予一定的物质奖励，对见义勇为致伤致残的人，应建立社会保险制度，由政府财政每年拨出一定的专款向保险公司投保，以此来解决见义勇为而伤残的人的生活来源和福利救济，解除见义勇为者的后顾之忧。

（五）加强对“两劳”人员和“五犯”的教育改造工作，提高改造质量。对劳改、劳教单位建议从实际出发，区别对待，减轻“两劳”单位的负担，使之能把主要精力放在教育改造上。对放在社会上改造的“五犯”各职能部门应按照法律规定，尽责尽职，互相配合，做好回访考察工作，预防和减少重新犯罪。

（六）充实专门队伍的力量。政法部门的力量与任务不相适应的矛盾很突出，严重影响了政法部门职能作用的发挥。因此，对政法部门的人员编制应作适当补充。从行政机关调整适合做政法工作的干部充实政法部门，重点加强政法部门的基层派出机构。采取有效措施，提高政法干警的素质，使之适应工作的要求。不适合、不适应做政法工作的，组织人事部门要采取坚决措施调离政法部门，同时改革现有的政法机关的干部人事制度，调动工作积极性，提高工作效率。

（七）加强政法队伍的思想建设和物质建设。加强政法队伍的管理，加强干警的政治思想教育，搞好廉政建设，保持政法队伍的纯洁性。转变作风，坚持走群众路线，密切联系群众，制定接受群众监督的措施。从严治警，对违法乱纪，执法不公，执法不严的人要严肃处理。要通过立法，制定对执法机关和人员的监督措施。加强政法队伍的物质建设，通过立法来保证政法机关的办案经费、装备等物质条件，改善政法干部的生活待遇，确保工作的正常运行。

（八）加强立法和法律修改工作。对见义勇为行为的奖励、致伤致残后的福利保障以及抚养、扶养的人的生活困难补助等问题都应用法律形式固定下来，调动群众同违法犯罪作斗争的积极性，自觉投入社会治安综合治理。对正当防卫在法律上作适当修改，适当放宽其条件限制，以便群众同违法犯罪作斗争。修改现有的法律规定，将基层调解组织归口到人民法院管理，使管理和指导统一起来，充分发挥基层调解组织的积极作用。刑法应对打击报复检举人、证人，同违法犯罪作斗争的人的犯罪行为作特别规定，从严制裁。同时应对诉讼中证人不作证的责任作出相应的制裁规定，对作假证、伪证的应规定较重的处罚。法律还应规定对举报犯罪有功者的奖励制度，充分调动各方面的力量来共同维护社会治安。

关于行政案件质量检查情况报告

四川省高级人民法院行政审判庭

1990年10月1日，《中华人民共和国行政诉讼法》正式实施，标志着我国社会主义民主和社会主义法制建设进入了一个新的阶段。之后，全省各类行政案件大幅度上升，新情况、新问题不断出现。为了掌握行政诉讼法实施以来，全省各级法院审结行政案件的质量情况，总结行政审判工作经验，提高办案质量和执法水平，积极地为改革开放和发展经济服务，省高级人民法院于1991年底发出通知，要求各级法院对行政诉讼法实施以来审结的行政案件质量进行一次检查。今年上半年，省法院行政审判庭派出3个工作组对69个中、基层法院的案件质量进行了检查。现将检查情况报告如下：

一、检查行政案件的基本情况

这次全省行政案件质量检查的步骤和方法：1. 由各中级法院、基层法院根据通知要求首先开展自查，基层法院就自查情况向中级法院写出了专题报告。2. 中级法院对所辖基层法院进行检查或抽查，普遍采取的是一听、二看、三评议的方法，涪陵地区中级法院对全区中、基层法院审结的225件一、二审行政案件逐件进行检查。黔江地区中级法院组织各县分管行政审判工作的副院长和行政审判庭负责人一起，由中院分管副院长、行政审判庭负责人带队，采取抽样检查（案件多的县）和逐案检查（案件少的县）相结合的方法。各中级法院在检查、抽查的基础上及时进行了总结，找出了问题，分析了原因，提出了改进措施。大多数中级法院及时拟写了自查总结报告上报省法院。重庆市、涪陵地区中院根据检查的情况，及时召开会议，总结经验，针对存在的问题，提出了具体的解决办法。

今年上半年，省法院组织了3个工作组分别会同重庆、达县、宜宾、德阳、绵阳、广元、内江、遂宁、南充、泸州、自贡、涪陵、黔江、万县、雅安、乐山、成都17个中院行政审判庭的同志，对所辖的52个基层法院办理的一审行政案件和中院的二审行政案件采取一听汇报、二阅卷、三交换意见、四共议改进措施的方法进行检查。并有意识地将劳动教养、收容审查、计划生育、乡（镇）政府具体行政行为等新类型案件列为这次检查的重点。行政诉讼法正式施行至1991年底，全省共审结一审行政案件2061件，审结二审行政案件571件。这次工作组共检查了一审行政案件276件，占同期审结案件数的13.39%，其中合格的167件，占60.9%，基本合格的86件，占31.16%，不合格的23件，占8.33%；检查二审行政案件182件，占同期审结的二审行政案件数的31.8%，其中合格的125件，占68.68%，基本合格的42件，占23.08%，不合格的15件，占8.24%。检查情况表明，行政诉讼法实施以后，在收案范围拓宽，案件数量大幅度上升的情况下，全省各级法院认真执行了行政诉讼法及《最高人民法院关于贯彻执行〈中华人民共和国行政诉讼法〉若干问题的意见（试行）》规定的程序制度依法办案，严肃执法。总的说来，案件质量是好的，绝大部分案件的审理、裁判基本符合行政诉讼法的要求。有些案件的审理取得了较好的社会效果，发挥了行政审判工作的职能作用，保障了改革开放和经济建设的顺利进行。

二、存在的主要问题及其原因

行政诉讼法实施一年多来，在全省各级法院的共同努力下，全省的行政审判工作初步打开了局面。同时通过检查发现少数案件质量不高，其主要表现是：

（一）立案审查过程中，未能依法充分保护当事人的诉权

严肃执法，必须从依法立案做起。当前，立案审查中反映出来的问题主要有：对有的起诉应受理而未予受理，有的不应受理的起诉又立案受理了，受理后不当地作了撤诉处理，如高××不服县卫生局医疗事故处理上诉案，原告不服被告对医疗事故的处理决定诉至法院。一审法院裁定不予受理，上诉后，二审法院又以“医疗事故处理不属法院受案

范围”为由维持一审裁定；有的案件被告改变了原具体行政行为，原告不申请撤诉的，法院不是继续审理原具体行政行为，而是裁定驳回了原告的起诉；有的将原告不服公安机关关于承担医药费裁决的起诉，以“不属行政处罚”为由裁定不予受理；有的法院对符合行政诉讼法第二十七条规定的行政诉讼第三人，未通知其参加诉讼；有的法院不敢放手依法受理案件，尤其是对一些类型新、处理难度相对较大的案件，采取“有选择的受理”，未能切实保护当事人的诉讼权利。究其原因：一是对什么是可诉的具体行政行为不十分明确，对行政诉讼的受案范围把握不准；二是混淆了基层政权对民间纠纷的调处决定与行政机关单方作出的具体行政行为的界限；三是把实际存在的侵犯其合法权益的具体行政行为与可能存在和今后可能产生侵犯其合法权益的“交通事故责任认定”和“医疗事故鉴定”以及工商行政机关对“企业性质的核定”等行为混淆起来；四是有的法院开展行政审判工作不够大胆，存在畏难情绪。

（二）公开审判的原则坚持得不够好，没有突出行政案件合法性审查的特点

有的地方出现不应该公开审理的涉及个人隐私的案件采取了公开审理。而对有的既不涉及国家秘密、个人隐私，又不涉及法律有特别规定的治安案件却采取不公开的方式审理。少数案件不是主要围绕被诉具体行政行为是否合法这个中心进行审查，而是花很大力气去查证核实原告是否违法。有的嫖宿案件，法院不是核实公安机关提供的原告嫖宿的证据材料，而是代替被告去调查取证。公安机关未认定的嫖宿行为，法院根据自己的取证判决认定，代行了被告的行政职权。有的案件，被告举不出相对人违法的证据，法院也不敢依法判决撤销，直到原告举出证明自己没有违法的证据，法院经核实后才判决予以撤销。究其原因，主要是对行政诉讼法学习不够，理解不深。没有掌握行政案件特别的审判方式方法所致。

（三）少数案件适用法律不当

有的对适用法律、法规、参照规章与执行政策的关系处理得不够好，就案办案、孤立办案，处理具体案件时不善于运用政策指导法律、法规的适用；不善于运用法律基本原理、原则来处理不同层级法律文件之间的规范冲突；不善于处理审查具体行政行为合法性的实体法依据与对具体行政行为合法性进行审查的程序法依据的关系。在对案件进行裁判时，运用行政诉讼法的有关规定不准确，特别是对行政诉讼法第五十四条第二项所列五目的具体适用不准确。如有一林业主管机关对林地使用权作出处理决定，当事人不服，提起诉讼后，一审法院本应以超越职权予以撤销，但却以主要证据不足判决撤销，并判决林业主管机关重新作出具体行政行为。少数案件引用行政诉讼法条款不规范，条款项目不清。产生这些问题的主要原因是对行政实体法学习不够，对行政诉讼法运用不熟练。

（四）撤诉案件比例偏大，把关不严

各地撤诉案件一般都在45%左右，有的地方高达83.33%。撤诉成了人民法院审结行政案件的主要方式之一。其中有少数准许撤诉的案件未坚持原告自愿与合法的原则。有的法院将案件审查的重点放在审查原告的行为是否构成违法上，构成了则设法维持，构不成则一面给被告作改变或撤销被诉具体行政行为的工作，一面动员原告撤诉。对有的案件的审理背离了行政诉讼法的立法宗旨，牺牲原告的合法权益，违法偏袒、迁就被告一方。当被告的上级机关（复议机关）察觉法院已掌握被告制造伪证的情况立即撤销法院正在审查的被诉具体行政行为后，法院对此放弃监督，并与被告及其上级机关共同“动员”原告撤诉。有的土地案件被告作出的处罚正确，本应开庭审理判决维持，法院却召集各方人士和原、被告协商座谈，最终以被告违法作出让步为条件，以准许原告申请撤诉的方式结案。

（五）诉讼费用承担不合理、不合法

一些案件收取的诉讼费不符合《人民法院诉讼收费办法》和《最高人民法院关于贯彻执行〈中华人民共和国行政诉讼法〉若干问题的意见（试行）》的规定。有的被告改变被诉具体行政行为，原告申请撤诉的，法院让原告承担部分诉讼费，或者承担与被告的诉讼费大致相等或更多一些的其它诉讼费用；有的二审撤销一审不予受理的裁定，裁定一审法院立案受理，也让上诉人承担诉讼费50元；有的案件，被告败诉后，法院补发一个"补充裁定"要求原告承担诉讼活动费；有的不属行政诉讼受案范围的案件，法院受理以后，以口头准许撤诉方式结案，也让原告承担诉讼费50元。

（六）法律文书不规范、质量不够高，法律手续不齐备

抽查的案件中有4%的案件缺行政机关裁决书、一审裁定书、合议笔录、审结报告、法定代表人身份证明书等；有的判决书、裁定书不规范，制作质量差，未列、漏列当事人，只盖院印，无审判人员、书记员署名；有的裁判文书看不出被诉具体行政行为是否合法，而是体现了原告的行为是否构成违法；有的裁判文书事实叙述不清，说理太简单，或者讲不出道理，缺乏有理有据的评议；有的是裁判的理由与判决主文不一致，或判决主文未对当事人争议的全部问题作出判决；个别案件将行政实体法的条文写在判决主文中，而没有写到判决理由中去；法律用语也不够规范，将"准许原告×××撤回起诉"写成"准许撤诉"或"准许撤回起诉"，将"对×××的起诉，本院不予受理"写成"对本案不予受理"，将"驳回原告××的起诉"写成"驳回起诉"等。

（七）个别案件超过法定审理期限

抽查案件中有9件超过审限，占4.2%。究其原因：案情复杂、情况特殊、案外工作量大等；被告不积极举证应诉，行政干扰大；行政审判干部有畏难情绪，忙于完成被分配办理民事、经济案件的办案指标。

我们调查分析在案件质量检查中发现的问题，主要原因是，我省一些法院的领导同志的认识问题仍没有完全解决，对行政审判工作在改革开放和发展经济中的地位、作用认识不足，对行政审判工作重视不够；一些行政审判机构不健全，人员不齐、不稳定，人员素质也不是很高。因此，省院领导决定最近专门召开全省法院行政审判工作会议，研究如何全面贯彻实施行政诉讼法，解决行政审判工作中遇到的困难和问题，以及进一步提高办案质量的具体措施。并就检查中发现的新情况、新问题和一些新类型案件在收案、审理、适用法律等方面的问题进行专题研究。1993年，省院还将举办一期行政法和行政诉讼法培训班，以进一步提高行政审判干部的业务素质，确保行政案件的办案质量，充分发挥行政审判的职能作用，积极地为加快改革开放步伐和加速发展经济建设服务。

对贵阳市、遵义地区打击假冒名优酒专项斗争的调查报告

贵州省高级人民法院刑二庭调查组

贵州省打假工作起步较早。去年4月，省人民政府召开了专门会议，决定开展打击制

造、贩卖假冒名优酒违法犯罪活动的专项斗争，并发了黔府发（1992）22号文件。省法院、省检察院、省公安厅、省工商行政管理局联合印发了有关文件。7月，国务院发布了《关于严厉打击生产和经销假冒伪劣商品违法行为的通知》。最高人民法院于8月向全国各高级法院下发了《关于严厉打击生产和经销假冒伪劣商品的犯罪活动的通知》。这一系列的通知表明了政府和司法机关对打击假冒伪劣商品违法活动的决心。全省开展“打假”专项斗争以来，查获出了许多假冒名优酒和假冒商标案件，其中不少是大要案件。但起诉到法院的案件却很少。据统计，去年7至10月，全省各级法院受理假冒名优酒投机倒把案8件，假冒商标案9件，已审结14件，对22名罪犯判处了有期徒刑。

我们认为，制假、贩假的犯罪分子是否受到人民法院的审判，是否被追究刑事责任，这是衡量“打假”专项斗争成果的一个重要标志，也是此项工作取信于民的一个重要方面。为了及时了解“打假”专项斗争存在的问题，指导法院的“打假”审判工作，为有关部门提供情况和决策依据，省法院刑二庭于去年10月派出工作组，深入到贵阳市、遵义市、遵义县、仁怀县、湄潭县等市、县了解情况。我们总的感觉是：贵阳市、遵义地区在“打假”专项斗争中取得了较大成绩，查获了一大批制造、销售假冒名优酒和假冒商标案件，销毁了一大批假冒伪劣商品，对遏制假冒名优酒违法犯罪活动起到了积极作用。但是，也存在一些不能忽视的问题。

一、基本情况和存在的问题

在调查走访中，贵阳市“打假”办的有关同志不能向我们提供较全面的基本数据和基本情况。

据遵义地区“打假”办统计，去年5月至10月，全地区共立案查处假冒名优酒案108件，其中刑事立案61件，行政立案47件，共涉及违法犯罪人员344人，违法犯罪金额1330余万元。

通过对贵阳市、遵义地区打击假冒名优酒专项斗争情况的调查研究，我们认为当前存在的主要问题是：

（一）发案多、立案查处少

我们分别对遵义地区4个名优酒生产厂家去年化验鉴定送检的酒样情况进行调查了解。贵州茅台酒厂去年元月至8月化验送检酒样826起，其中属假冒的有675起，占总数的81%；贵州董酒厂元月至10月检验酒样222起，属假冒的93起，占总数42%；习水酒厂检验酒样52起，属假冒的15起，占总数的69%；贵州湄潭酒厂检验酒样26起，属假冒的15起占总数的57%。以上4个厂家鉴定的假酒有919起，其中虽然有不少送检单位来自省外，但同省内不法分子有牵连，且数额都比较大，够立案查处的标准。而全遵义地区立案108起，只占假酒样总数的12%，这说明了省内与省外有关“打假”工作职能部门在配合上还不够衔接，根据假酒样线索追查犯罪等方面的工作存在着薄弱环节。

（二）办案进度迟缓，起诉到法院的案件少

贵阳市去年8至10月，没有一件假冒案件起诉到法院。据了解，在公安、检察机关均有大要案件，有的案件立案时间很长仍不能结案。遵义地区刑事立案的61起假冒案件中，犯罪金额在万元以上的49件，而起诉到法院有只有17件（含假冒商标案9件），案件不能及时起诉到法院的主要原因有：

1. 主犯在逃，案件事实难以查清，不能及时结案。制假贩假犯罪分子手段狡猾，有的租用作坊、雇请小工加工制造假酒，自己则不在加工现场，“遥控指挥”，一有风吹草动便逃之夭夭，有的在运输、销售假酒的环节上人货分离，只扣押了货而找不到货主，雇请的小工，驾驶员难以说清案情。有的由于看管工作疏忽，犯罪分子脱逃，一时难以追捕归案。如贵阳市人民检察院立案查处的5

件假冒案件涉及案犯10人，在逃的就有6人，5件案件均未结案；遵义地区公安处直接立案查处的12件假冒案件中就有7人在逃，影响了案件的及时处理。

2. 工商、公安等部门在办案环节上配合不力，拖延了办案时间。工商机关在办理有的案件时，在扣押物证、调查取证上没有按照刑事案件的证据要求办理。如扣押假酒的清单上没有被扣押人签字，没有照片及检验酒样的鉴定结论，有的赃物已被处理，工商机关将此类案件移送，公安机关以证据不足不受理，也不愿作补充调查工作，工商机关只好重新补充证据材料，既浪费人力财力，又延误了案件的处理。

3. 对取保候审把握不严，影响了案件的审理。有的司法机关没有严格按照法律对人犯取保候审的规定办理，对人犯家属提供的医院证明没有认真审核。有的犯罪分子取保候审后串供订立攻守同盟，有的深感案件重大畏罪潜逃。如仁怀县取保候审的人犯中就有5人在逃，影响了案件的起诉工作。

4. 办案经费不落实，案件不能及时结案。不少假冒名优酒案件涉及省外的单位和有关人员，需通过外调进一步查清案情，由于地方财政拨款少，办案单位没有经费出外调查取证，使案件久拖不结。

（三）受"利益驱动"的影响，以罚代刑的情况仍很突出

有的案件当事人明显构成犯罪，只罚款了事；有的犯罪共犯本应同案处理，但人犯分别被两地抓获，为了经济利益互不配合，使案件不能顺利处理。如仁怀县中枢镇居民杨坤江制造假茅台酒100件销售给四川泸县某酒厂，非法经营额达10万余元，工商机关只对杨作出罚款9000元的处理决定。又如谭德军、谭世斌、柳荣刚、王家勇等人用遵义产的义龙酒制造假茅台酒100件销售，另查获假商标点600套，谭德军等人已被遵义市公安局收审，柳荣刚、王家勇潜逃被遵义县公安机关抓获。遵义市公安机关认为此案应由遵义市管辖，请求遵义县将柳、王二人移送遵义市并案处理，遵义县有关部门向遵义市提出交2万元才同意移交人犯，遵义市未同意。后遵义县对柳、王二人罚款1万余元，并把人放了，严重影响了案件的查处。有的执法机关为了得到财政的返还款，设法将案件在自己的环节上消化处理，致使有的构成犯罪应追究当事人刑事责任的案件，只作了罚款、治安处罚或免予起诉的处理。赃款赃物随案移送问题仍没有得到认真解决，工商与公安、公安与检察、检察与法院为此问题扯皮的现象仍较突出，影响了案件的正确及时处理。

（四）跨省案件互相协调配合差，地方保护主义严重，造成查处不力

制造销售假冒名优酒违法犯罪活动的一个显著特点，是省内外的不法分子相勾结，案发后，有的案件双重立案，即外省立案，本省也立案。案件是否并案处理，由谁处理，互相扯皮，有的只移送案件不移送赃款赃物。有的省外司法机关要求本省协助，本省将人犯移送后，省外司法机关追到赃款后就放人，根本不处理。如仁怀县农业银行陆×，制造、贩卖假酒非法经营额10多万元，山东省司法机关立案后，要求本省将人犯移送山东司法机关处理，人犯移送后，山东司法机关从陆处追得赃款4万元，就在本省境内把人放了。本省司法机关到省外追到赃款赃物，省外司法机关不仅不配合，还设置重重障碍。总之，涉及省外的案件，取证难，追捕难、缴赃难。

本省查获的名优酒的假商标、假包装物品大多来自省外，其印刷技术之精湛，已达到以假乱真的程度。如贵阳市查获38个邮包、遵义县查获40个邮包内有假茅台酒商标10多万套，假彩盒7600个，发件地址均系浙江省苍南县。该县已成为制造假冒商标标识的基地，但并没有引起所在地政府和有关部门的重视。由于跨省区，地方保护主义的干扰，要靠省内的力量捣毁省外制假老巢是很困难的。

（五）群众还没有真正发动起来，“打假”工作没有形成大气候

有的干部群众，甚至个别军队管理人员对制假贩假违法犯罪行为存在糊涂认识，认为一般白酒或中级酒假冒名优酒对人体健康不会有危害，还能增加地方财政收入。有的干部群众不仅没有积极行动起来与制假贩假违法犯罪行为作斗争，甚至同流合污，为不法分子开绿灯，提供作案的方便条件。如曾因制造贩卖假酒被判处徒刑的劳释人员杨永杰（男，30岁，仁怀县毛坝区人）长期暂住贵阳市城郊结合部的小河地区，租赁省军区小河干休所营房作仓库，存放假茅台酒，又租赁市消防×中队的空营房，作为制造假茅台酒的场所，有关部门破获此案后，在上述地点缴获假茅台酒2964瓶和酒瓶压盖机、假茅台酒商标标识、瓶盖、彩盒等物品。去年4月下旬在省标准计量局下属的印刷厂查获假冒鸭溪窖酒商标标识25万套，该厂管理人员却声称不知道承接这批印刷业务。部队营房成了制假的仓库和作坊，“打假”领导机关的下属企业印刷假商标，这个问题值得深思。

（六）司法机关认识不足，处理偏轻

有的司法机关对假冒名优酒犯罪活动的严重危害认识不足，只要退了赃就免刑或判缓刑，打击不够有力。如仁怀县查处的刘康寿等9人制造、贩卖、假茅台酒180余件（计2208瓶）投机倒把案，刘等人非法经营额达16.5万余元，该案有3名案犯由公安机关作了处理，3人由检察机关免予起诉，起诉到法院的3名被告人均被判处缓刑（此案已纠正）。

二、对下步“打假”工作的建议

（一）加强“打假”领导小组的领导和协调工作。打击假冒伪劣商品违法犯罪活动是一项长期的任务，现在各级“打假”领导小组是根据国务院（1992）38号文件责成经贸办牵头，以工商、技术监督部门为主，其他有关部门参加的临时机构，缺乏严密性、权威性，不利于领导“打假”工作的深入开展。其弊端是：1.侦查手段不力；强制措施不及时，容易失去对案件调查取证工作的良机；2.不利于掌握行政处罚和刑事处罚的界限，容易放纵犯罪分子；3.各执法部门各自为政、协调配合差，不利于案件的及时处理。建议各级“打假”领导小组由同级政府或党委政法委负责人牵头，各有关部门参加，有利于克服上述弊端，将这场斗争深入持之地开展下去。

（二）地方财政要适当为专项斗争增拨办案经费，各级政府要在人力、物力、财力等方面给执法部门提供必要的保证。

（三）国务院“打假”领导机构要加强省与省之间的协调工作，各省都要树立全局观念，克服地方保护主义。对制假基地和窝点，应采取果断措施坚决取缔。必要时国务院有关部门对省与省之间办理这类案件互相配合等问题作出规定，以供各省共同遵照执行。

（四）克服“利益驱动”以罚代刑倾向，坚持赃款赃物随案移送的规定。对未构成犯罪的案件，由最终处理机关将赃款赃物上交财政。构成犯罪的案件，赃款赃物应随案移送，由最终处理的司法机关对赃款赃物作出处理决定，对依法上交财政的赃款，财政部门可根据各执法机关的工作情况，决定一定的比例返还办案单位，以补充办案经费的不足。

（五）进一步加强打击假冒伪劣商品违法犯罪活动的宣传工作，不断提高干部群众对打假工作重要意义的认识。对一些影响大、危害大的典型案例，要通过新闻媒介广为宣传。必要时要举办打击假冒伪劣商品违法犯罪活动的展览，充分揭露制假、贩假活动的严重危害，提高人民群众的防伪能力。大造“打假”声势，震慑犯罪分子、鼓励人民群众与违法犯罪作斗争，对检举有功人员应给予一定奖励，形成打假斗争的大气候。

发挥经济审判的职能作用
为乡镇企业加快发展提供法律服务

——对乡镇企业的调查报告

陕西省高级人民法院研究室

为了贯彻落实党的十四大精神，充分运用人民法院的经济审判职能，积极主动地为乡镇企业加快发展服务，我们最近走访了省级有关部门和部分区、县法院，对乡镇企业发展状况、乡镇企业发生经济纠纷的原因以及人民法院审理乡镇企业经济纠纷案件开展服务工作的情况，进行了调查，现就几个问题谈一些看法和意见。

一、乡镇企业发展简况和产生经济纠纷的原因

实行改革开放以来，我国经济发展中乡镇企业异军突起，他们发挥经营机制灵活、用工制度灵活、产品价格灵活的优势，以市场为导向，得到飞速发展，已成为国民经济的一个重要支柱，社会主义市场经济的先导力量。本省的乡镇企业也有了显著的发展。全省1978年乡镇企业固定资产原值仅有5亿元，总产值6.5亿元，占农村社会总产值的13.34%；乡镇工业产值4.2亿元，占全省工业总产值的4.35%；从业人员55万人。到1991年底，全省乡镇企业已发展到64.6万个，从业人员260余万人。乡镇企业总产值197.2亿元，占农村社会总产值的51.6%，成为农村经济的“半壁河山”；乡镇工业总产值达到121.17亿元，占全省工业总产值的22.65%；实现利税24.4亿元。但是，本省乡镇企业与沿海省区相比，起步较晚，基础较差，问题也比较多。由于种种原因，导致经济纠纷屡屡发生，严重影响企业的生产与发展。其主要表现是：

(一)企业经营者文化水平低，法制观念淡薄，在经济交往中不依法办事，导致发生纠纷

这主要表现在三个方面：一是为了赢得市场竞争，急于推销企业产品，经济往来往往不签定书面合同，而是搞口头协议、君子协定，履行中产生分歧，导致纠纷发生。如某区法院审理的乡镇企业经济纠纷案件，因此种情况发生的纠纷，占总数的25%。二是签订经济合同时对对方主体资格、履约能力等审查不严，合同主要条款不全，制约条款不细，搞人情合同，为日后发生纠纷埋下隐患。如某县一乡镇企业为推销产品，在一次订货会上急于成交，不认真审查对方主体资格及履约能力，草率签订合同30余件，标的60万元，发货后至今未收到分文货款，有的甚至连对方单位也找不到，给企业造成惨重损失。三是重合同、守信用观念差，不严格按合同规定办事，随意变更或废除合同，违约现象严重。据调查的法院统计，在审理的乡镇企业经济纠纷案件中，占80%的购销合同纠纷，大部分是因不按合同规定履行义务而引起诉讼的。

(二)企业规章制度不健全，经营管理中漏洞多，导致纠纷的发生

存在的主要问题：一是对合同签订、介绍信、公章的使用和管理没有制度，采购、供

销人员，甚至一般职工都持有印鉴齐全的空白介绍信和合同书。有的私自对外签订合同，有的将空白介绍信借给他人使用，还有的私盖公章为熟人贷款提供担保。出了问题，无人承担责任，致企业陷入诉累。二是收发货物不设专人负责，没有严格的收发货手续，凭熟人交情，白条子发货，收发货物没有记载，极易发生纠纷。三是财务管理混乱，经济来往帐目不清，有的甚至不建会计帐，发生问题，难以查对。四是在分配上缺乏科学管理，沿用旧习。有的乡镇企业不按月给工人开工资，习惯沿用过去农业生产上半年或一年结算分配一次的老办法，工人日常生活费用是预借企业资金，分配时多退少补；有的企业不及时支付推销人员的差旅费和推销提成，致这些人员私自截留货款补偿垫付的差旅费和推销提成。这种情况长时延续，导致分配帐项混乱，形成内部经济纠纷。某企业因此致十几万元资金不能收回，严重影响企业资金周转。五是经营者决策失误，产品不对路或质量有问题，不适应市场需求，销售不出去，造成企业亏损，致合同不能履行，发生纠纷。

（三）承包合同签订草率，履行过程中缺乏必要的监督机制，导致发生纠纷

当前乡镇企业绝大部分是承包经营，有责任制承包、大包干承包、分成式承包、风险抵押式承包等多种形式。导致发生承包合同纠纷的因素主要有：一是发包人对承包者的品行、经营水平、专业知识与技术能力等不作细致考察，轻信一些人能说会道，或凭私人关系，草率签订承包合同，使一些不具备承包条件的人承包了企业，致企业亏损，无法履行承包合同，形成纠纷。二是承包合同内容简单，规定不完备。许多承包合同只注重规定承包金，对管理制约，扩大生产，资金积累等不作规定，致一些承包人在经营中拒绝接受管理，搞短期行为，掠夺式经营，致企业越包越烂，合同不能履行。三是承包人承包企业不交或只交很少的风险抵押金，起不到制约作用，出现了人人敢承包，人人争承包的现象。挣了钱是自己的，企业亏损则抬脚走掉。四是发包方或承包方不履行义务或单方面随意中止承包合同。有的发包方越权干涉企业正常经营，或企业经济效益好，就随意中止合同，收回企业另行发包他人；有的承包人视企业为私产，长期拒不交纳承包金，甚至私自变卖企业固定资产，引起纠纷。

（四）一些乡镇企业的经营者目光短浅，在联营中只顾眼前利益，一旦有利可图，动辄撕毁联营合同，导致发生纠纷

乡镇企业普遍存在资金紧张，缺乏技术的问题，需要解放思想，采用内联外引多轮驱动方式，引进资金和技术，加快企业发展，增强在市场上的竞争能力。但有些乡镇企业在引进投资和技术，进行联营时，提出各种优惠条件，待实现联营后，企业效益比较好时，为了独得利益，即提出种种理由，或不按合同规定分配利润，或要求解除联营合同，由其独自经营，不择手段地强行逼走联营者，从而发生纠纷。如某稠酒厂与某国营单位联营生产稠酒，国营单位投入资金和技术，稠酒厂投入生产场地，投产后企业效益很好，稠酒厂见有利可图，即提出独自经营，遭拒绝后，就设置种种障碍，硬是将联营者赶走，形成纠纷。这样做后果很坏，严重妨碍了资金技术向乡镇企业转移，影响内联外引工作的开展，对乡镇企业的发展极为不利。

二、法院经济审判工作为乡镇企业服务的情况及存在问题

根据典型调查来看，近几年来，全省人民法院对运用经济审判职能为乡镇企业服务，逐步引起了重视，依法审结了一大批乡镇企业经济纠纷案件，制裁了违法行为，保护了合法权益。同时，通过宣传法制、提供司法建议和法律咨询等形式，在帮助乡镇企业改善经营管理方面做了许多工作。这对于促进乡镇企业的发展，起了积极的作用。但是，为乡镇企业服务工作与形势的需要还有

较大的差距，局面尚未全面打开，工作发展很不平衡。存在的主要问题是：有的法院领导对开展这项工作重要意义认识不足，思想上重视不够，尚未提到重要议事日程；有些审判人员对乡镇企业经济纠纷案件，嫌零碎，怕麻烦，立案审理不够积极，使一些纠纷长期得不到解决；对乡镇企业尚未形成多层次多渠道全方位的服务体系；总结交流经验工作开展很少。这些问题亟待解决。

三、加强人民法院经济审判工作为乡镇企业服务的几点意见

江泽民总书记在党的十四大报告中谈到九十年代改革和建设的任务时指出："继续大力发展乡镇企业，特别是要扶持和加快中西部和少数民族地区乡镇企业的发展。"为了贯彻落实十四大精神，国务院召开了加快中西部乡镇企业发展经验交流会，对在继续提高东部地区乡镇企业发展水平的同时，加快中西部地区和少数民族地区乡镇企业的发展做了具体部署。我省人民法院要认真贯彻十四大精神，进一步加强运用经济审判职能为乡镇企业服务的工作，具体应主要抓好以下几点：

（一）提高思想认识，把为乡镇企业服务摆上法院经济审判工作的重要议事日程

加快乡镇企业特别是加快发展我国中西部地区和少数民族地区乡镇企业的发展，是党中央、国务院的重大决策，是建设有中国特色社会主义需要完成的一项历史性任务，是加快国民经济发展的一项重大战略选择。从长远看，发展乡镇企业是我国农村实现小康乃至走向富裕，农业实现现代化的必由之路。全省已提出，要实行指导思想的转移，把发展乡镇企业作为振兴全省经济的突破口和重点来抓。全省各级人民法院要充分认识加快本省乡镇企业发展的重要意义和作用，进一步树立为经济建设服务的思想，把为乡镇企业服务，支持乡镇企业的发展，作为贯彻执行党的十四大精神，为加快改革开放步伐，建立社会主义市场经济，集中精力把经济建设搞上去服务的一项重要任务来抓，象对国有大中型企业服务一样，摆上重要议事日程。要加强领导，精心部署，对本地区乡镇企业经济纠纷的情况，审判工作中的难点，服务工作中的问题，认真进行调查研究，制定有效措施，切实做好服务工作。乡镇企业发展较快或问题较多的地区，人民法院更应将这项工作放在突出的地位，认真抓紧抓好。

（二）及时、合法、正确地审理乡镇企业经济纠纷案件，依法调节经济关系，保护当事人的合法权益

各地人民法院应急乡镇企业之所急，想乡镇企业之所想，把依法及时正确处理乡镇企业的经济纠纷案件作为服务工作的中心环节来抓，要方便企业诉讼，积极受理案件，抓紧审结和执行。当前乡镇企业纠纷案件中，大量的是购销合同纠纷，这类纠纷案件约占总数的80%。此类案件的特点是：数量多，标的小，当事人分布面广，给立案审理工作带来许多麻烦。我们认为，根据这类案件的特点，法院可以采取多种方式处理：一是通过诉讼外调解或督促程序的支付令方式予以解决；二是由企业自行与对方交涉解决，法院给予提供法律咨询，指导帮助；三是在其他方式不便处理或处理无效的情况下，应及时立案处理，依法裁决。不能因为案件标的小，事情琐碎而不予立案处理，使企业的合法权益不能得到及时保护。在审理乡镇企业纠纷案件中，承包合同纠纷情况复杂，处理难度较大，审理中要严格依法办事，认真查清事实，分清是非责任，制裁违约行为，保护当事人合法权益。要严肃执法，秉公处理，无论对发包方或承包方，本地当事人或外地当事人，应一视同仁，不能搞地方保护主义，影响对内对外开放工作的开展。

（三）开拓服务渠道，采取多种手段，促进企业提高经营管理水平

一是要从实际出发，帮助企业管理人员学法、懂法，掌握有关法律知识，为依法搞

好经营管理创造良好条件。法院可选择典型案件，就地审判，送法上门，以案讲法，有针对性地进行法制宣传教育；可以举办培训班、学习班，为企业培养法律人材；可以提供有关法律知识的学习材料，供企业管理人员学习。二是可帮助企业审查完善经济合同，预防和减少纠纷的发生。三是可为企业进行法律咨询服务，使之增强自我保护能力。四是对在审理案件中发现的突出问题，要认真提出司法建议，帮助企业堵塞漏洞，整章建制。通过这些工作，促进乡镇企业不断提高经营管理水平，将经营管理工作纳入法制轨道，使之在市场经济体制的建立过程中，得到健康发展，并发挥先导的作用。

（四）建立人民法院与乡镇企业的联系制度，主动做好服务工作

为了加强人民法院与企业的联系，互通情况，使法院的服务工作有的放矢，取得成效，有必要建立法院与乡镇企业的联系制度。人民法院可指派人员分工负责为乡镇企业进行法制宣传、法律咨询等服务工作，定期与企业负责人进行座谈，了解情况，征求意见，研究有关服务方面的问题；乡镇企业可设经济司法联络员，负责配合法院的服务工作，及时反馈企业经营状况和存在的法律问题，反映企业对法院服务工作的要求，使人民法院运用经济审判职能，为乡镇企业服务的工作，做得更加主动，更有成效。

（五）及时反映情况，认真总结交流经验

加快发展乡镇企业，已成为本省各级党政领导工作中的重要议题。各地人民法院在审理乡镇企业经济纠纷案件，开展服务工作中，对发现乡镇企业发展中的重要问题，要及时向党委、政府和企业管理部门反映，以便采取措施解决，在依法调控乡镇企业发展方面当好党委、政府的参谋和助手。要认真研究新情况和新问题，总结交流为乡镇企业服务的经验，使服务工作不断改进和提高。

立足黄河源头　搞好审判工作

——对青海省果洛州法院情况的调查

青海省高级人民法院调查组

1992年5月16日至27日，我们赴果洛州玛沁、达日、甘德等县，就该州法院近期的工作情况作了调查。

一

果洛藏族自治州位于青海省东南部，地处黄河源头，总面积为78444平方公里，下辖玛沁、达日、甘德、玛多、班玛、久治6县。境内地势高亢，群山耸立，平均海拔4000米以上，高寒缺氧，冬季漫长，年平均气温为零下3度。全州两级法院共有干警126人，其中，党员74人，团员17人；男95人，女31人；具有大专以上文化程度的32人，具有中专、高中文化程度的53人，初中以下文化程度的41人；现有审判员（含正副院长、庭长、助理审判员）78人，占全体干警的61.9%。1991年，全州两级人民法院在极为困难的情况下，努力开拓，不断进取，为维护果洛州的政治、经济和社会稳定作出了努力。共受理各类案件266件，审结211件。其中，受理一审刑事案件81件，审结74件，结案率为91.36%。在判决发生法律效力人犯62人中，给予各种刑事处罚的55人，占人犯总数的88.7%；免予刑事处分5人占人犯总数的

8%，宣告无罪的2人，占人犯总数的3.2%，受理民事一审案件149件，审结127件，结案率为85.23%；受理经济纠纷一审案件28件，审结16件，结案率为57.1%；受理行政一审案件2件，均已审结；受理刑事上诉案件8件，抗诉案件5件，均已审结；受理民事上诉案件9件，审结6件。此外，还处理人民来信113件，接待来访104人（次）。

二

1991年以来，果洛州两级人民法院开展审判工作的主要做法是：

（一）继续坚持"严打"斗争，主动参与社会治安综合治理

一是对起诉来院的刑事案件，特别是一些杀人、故意伤害（致人死亡）、重大盗窃案件，抓得紧，审得快，大多数案件都在一个月内审结；二是既坚持从重从快，又做到宽严相济，对那些顶风作案、情节特别恶劣的犯罪分子，坚决依法从严惩处，对具备法定从轻、减轻处罚条件的，则依法从宽处理，以分化、瓦解犯罪分子；三是积极开展反盗窃斗争。全州法院结合群众反映强烈的"四多"，即在机关撬门拧锁的多；入室盗窃的多；在基层偷牛盗马的多；盗窃定居点、流窜作案多的实际，坚持从重从快打击盗窃犯罪，共审理一、二审盗窃案件38件，占整个刑事案件的56.2%。在保证办案质量的前提下，多数盗窃案件均在30天内审结，期限最短的是8天；四是狠抓公开审判，除法律规定不予公开审判的案件外，一审案件全部做到了公开审判；五是积极开展少年刑事审判工作，他们抽调业务能力强，热心青少年工作的审判员组成合议庭，严格执行审理未成年人案件的有关规定，对少年犯坚持教育，感化、挽救，寓教于审，在庭审中注重发挥公诉人、辩护人的积极作用，共同做少年犯的帮教工作。玛沁县法院还特邀人民教师、工青妇的代表到庭旁听和座谈，共同探讨教育青少年的新途径。

（二）认真搞好民事、经济审判工作

一是把好立案和审理两个关，防止该立案的不立案，不该立案的却立案的现象，对已立案的，要求按民事诉讼法规定的时限抓紧审结；二是把好当事人举证和对证据的审查关。立案后及时告诉当事人，谁主张谁举证。应该由当事人举证的，当事人必须举证；当事人无法举证的，法院应及时收集证据进行审理，防止久拖不决；三是把好开庭审理关。凡依法应公开审理的都坚持公开审理。玛沁法院的民事、经济案件和中院的一审经济案件基本做到了公开审判；四是贯彻调解原则，在审理过程中，坚持庭前调解、庭审调解和庭后调解相结合，只要当事人双方自愿接受调解，且争议的事实清楚、责任分明，就直接调解结案。中院民庭在审理青知尖措遗产继承纠纷一案时，考虑到青知尖措是位活佛，社会影响较大，便主动邀请玛沁县委、人大、政协等单位的负责同志参加调解，帮助做工作，使纠纷得到了圆满解决；五是巡回办案，就地审理。一年来，玛多、玛沁、甘德等县法院领导坚持方便群众诉讼的原则，带领审判人员深入牧区，调查取证，就地开庭审理，受到了牧民群众的欢迎。特别是玛多县人民法院自1989年以来，一直坚持巡回审理，就地办案。先后巡回办案88次，242人次，498天；动用车辆81次，行程44176公里；骑乘马匹101次，行程3862公里；步行2450公里；最长一次巡回时间为50余天。审结各类民事案件101件，接待群众来访662人次，开展法制宣传65次，受教育群众达3500人次，为提高牧区群众的法律意识作出了努力。

（三）认真贯彻全国高级法院院长会议和全省法院院长会议精神，不断探索法院改革建设的新路子

1. 班玛县人民法院为强化管理，制定了《干警生活制度》和《干警岗位责任制》。对每个干警的工作、生活提出了严格要求，防止了法院内部责任不明、遇事推诿、扯皮的

现象，调动了大家的工作积极性。

2. 积极开展超前和延伸服务。服务的重点，一是加强与企业的联系，设立司法联络员，为企业提供必要的法律咨询，对涉及企业的经济纠纷案件，优先受理、优先审理，优先执行；二是深入银行调查、了解银行的信贷情况，运用督促程序，帮助银行收回信贷资金。

3. 加强基层基础工作，建立巡回法庭，定期巡回审理，努力把问题和矛盾解决在萌芽状态，解决在基层。

4. 大力推行公开审判。一是下半年在全州范围内组织刑事审判观摩评比，以提高庭审质量。二是选择典型案例，以案讲法。玛沁县法院针对一些外来人员巧扮“阿卡”以念经为名招摇撞骗的实际，到发案地公开审理，通过揭露犯罪，教育广大牧民群众提高警惕，谨防上当，收到了良好的社会效果。

三

在果洛地区，制约法院工作的因素很多，诸如海拔高、气候寒冷、交通闭塞、牧民居住分散等等，这些都是次要的。据我们了解，制约法院工作的主要因素有以下方面：

1. 办案人员严重不足，中层领导配备不全。果洛州两级法院共有158名编制，实有干警126人，缺员32人。其中，州中院缺员6名，玛沁县法院缺员3名，玛多县法院缺员5名，久治县法院缺员3名，班玛县法院缺员6名，达日县法院缺员4名，甘德县法院缺员5名。干警严重缺员带来的后果，一是在家人员少，施展不开，穷于应付，严重影响了审判工作的开展；二是各法院虽然成立了不少业务庭室，却找不到合适的人担任庭室领导，无形中增加了院领导的工作负担。如达日县、班玛县法院设有“四庭一室”（刑庭、民庭、经济庭、行政庭、办公室），都没有负责人，中层领导的缺乏，在相当程度上影响了法院工作的正常运转。

2. 办公用房紧缺。果洛中院现有土木结构平房10间。其中，2间作档案室，2间作小型审判庭，“四庭一室”各占1间，剩余1间既是院长办公室，又是会议室；玛沁县法院有土木结构平房3间，其中，院长与民庭合用1间，刑庭、经济庭、办公室合用1间，另1间作为打字室兼档案室。由于没有审判庭，开庭放在办公室，就得把所有的办公桌椅挪到外面，如果刑庭要开庭，则经济庭、办公室就得停止办公；达日县法院有土木结构平房5间，其中，正副院长占1间，民庭、刑庭合1间，经济庭、行政庭合1间，办公室占1间兼作档案室，剩余1间既是会议室，又是审判庭。班玛县法院有土木结构平房5间，其中，正副院长占1间，2间用作审判庭，“四庭一室”挤在2间房子里。上述平房大都是六十年代盖的，因年代久远，有的墙上已出现裂缝，属危房之列。其他法院的办公用房也大体如此。在果洛地区，解决法院办公用房是迫在眉睫的事情。

3. 交通工具落后，办案经费紧缺。目前，果洛地区财政困难，基本上属于“吃饭财政”（即只保工资，除外有多少钱，办多少事），有的法院下基层办案没有经费，有的干警一年多的出差费至今报销不了。州委在1984年批准6县各建一个人民法庭，至今都未建起来。群众打官司往往要来往奔波上百公里甚至数百公里，既不方便群众诉讼，也不利于法院调查取证。

客观地说，这几年，果洛州委、州政府和各县领导对法院工作还是比较重视的，帮助法院解决了一些困难。今年，玛多县政府帮助法院解决了巡回法庭所需的马匹和帐篷，还拨款7千元，用于修理小车和购买档案柜，达日县政府也答应给法院拨款购买一批审判器材。但是，由于历史的原因，在法院的基本建设上，欠帐太多。要想使法院装备“贫困”的状况在较短时期内有较大的改观，除了主要依靠果洛地方财政统筹解决外，还需要省政府和最高人民法院采取一些“扶贫”的倾斜政策。

关于部分国营大中型企业目前遇到法律问题的调查报告

宁夏回族自治区高级人民法院
银川市中级人民法院　联合调查组

1992年2月14日至24日，宁夏回族自治区高级人民法院为经济建设服务领导小组的部分成员和银川市中级人民法院的有关人员，组成联合调查组，分成4个小组，分别深入西北轴承厂、长城机床厂、宁夏水泥厂、银川起重机器厂等19家国营大中型企业进行调查，同企业的书记、厂长、工会主席、法律顾问以及有关科室的管理人员进行了座谈讨论。参加座谈会的企业领导同志普遍认为法院组织专人到国营大中型企业调查、走访，是贯彻落实去年中央工作会议精神的具体行动，充分体现了法院领导和广大审判人员为搞好国营大中型企业服务，为经济建设保驾护航的真诚心意。表示今后企业要与法院和其他政法部门加强联系，互通信息，增进了解，共同为贯彻好中央工作会议精神作贡献。

一、企业反映的主要法律问题和意见

企业改革的深化，使企业由单纯的计划经济生产者变为有计划的商品经济生产者和经营者，随着中央工作会议精神的进一步落实，将使企业干部职工的思想观念和生产经营、管理方式也在逐步适应这种变化。在旧的生产经营机制向新的生产经营机制转化的过程中，企业所遇到和反映出的主要法律问题有：

（一）没有配套法规，企业法难以实行，企业改革不易深化。他们反映，企业法规定企业有用人自主权，但由于我国劳动待业救济保险制度不健全，企业用人制度的改革不能深入，企业需要的人进不来，不需要的人又出不去；企业法规定企业有生产经营自主权，但由于没有相应的配套措施，致使这一权利被企业的上级行政主管部门层层截流，影响了企业正常的生产经营。如有的上级行政部门强令企业为其他企业承担债务担保，发生风险后，企业承担了连带责任，上级行政部门什么责任也不承担。

（二）法律和政策的不尽一致，使企业感到无所适从。法律规定不准行贿受贿，搞不正之风，而自治区政府74号文件40条中，对企业为打开销路，在购销活动中送点礼物，给点好处费、信息费或回扣、请吃请喝等等，授予企业一定的自主权，企业领导对此很担心，怕出了问题说不清。又如，企业机构的设置，企业法规定应以适应生产经营需要，简捷、灵活、高效为原则，但政府有关部门在实践中多强调要上下对口设置一些部门或专职人员，使企业机构像个政府机关一样。

（三）企业的一些深化改革措施，受行政和社会各方面的牵制，很难实施。企业的优化组合方案一公布，有关部门的人就来厂子说情或给厂里打电话，纷纷要求照顾张三或李四，有的甚至利用手中的权利施加压力，使企业优化组合方案难以实行。

（四）企业领导在改革中的人身安全得不到保障。极个别违纪职工被企业除名后拿着菜刀闯入厂长家闹事，向政法部门反映，某些执法人员对此置之不理或处理问题时拖拖拉拉，使企业领导顾虑很多，不敢大胆管理。

（五）乱收费、乱摊派仍然是干扰企业发展的棘手问题。拍电视、出书籍、搞大奖赛要企业赞助；开运动会、修体育场要企业出钱，甚至大白菜卖不出去也要企业来买。宁光电工厂是个效益不太好的企业，1991年被摊派的费用就达3万余元。企业对上级和有关部门的过多检查、要求，明知不对，也不敢抵制，只能服从和照办。

（六）投机诈骗活动，使一些企业遭受严重损失。1990年10月西北轴承厂与山东侨联经营部签订了金额为48.6万元的购销合同，在履行合同中才发现对方的银行贷款、营业执照都是假的，该方把西北轴承厂发的货低价销售后再拿货款做其他生意，至今尚有20.6万元货款无法追回。丹东有一个厂被注销后又搞假证明到三毛厂诈骗，诈骗犯虽被公安机关抓住收容审查，但三毛厂的100多万元货款却至今无法追回。

（七）诉讼中的地方保护主义，使企业的正当权益得不到法律保障。银川化工厂诉安徽省萧县黄口富镇化肥厂货款纠纷一案，化工厂多次到当地人民法院起诉，但法庭答复不予受理，其理由是镇法庭干警的吃住工资都在镇上，他们不能受理此案。该厂诉到县法院，县法院又将此案推到法庭，互相踢皮球，化工厂为此案已花了2万多元的差旅费，但仍无结果。宁夏化工厂诉四川某单位一个标的额为310万元的经济纠纷案，审结已4年多，仍执行不了等等。

（八）企业反映有的司法部门“门难进、脸难看、事难办”，办事拖拉，执法不公的现象仍然存在。银川橡胶厂1989年抓获一起内外勾结团伙盗窃案件，盗窃价值2万余元，人赃俱在，厂保卫部门将案件移送到新城公安分局，案犯被收容三个月后改为取保候审放回，其中有些案犯回厂后不断找厂领导闹事，厂里两次书面报告有关领导和公安机关，但至今仍未处理。有些企业还反映，国营企业与个体经济打官司，输赢都吃亏。国营企业经济实力雄厚，如果在诉讼中败诉，执行判决一般不成问题。而如果胜诉了，因个体经济此时往往债台高筑，无财产可供执行，要钱没有，要命一条，判决拖着长期执行不了。另外，有的执法部门在处理交通事故时，也往往背离过错原则，让企业承担与过错不相适应的经济责任。

（九）法院采取诉讼保全措施有时不够慎重，影响了企业的生产经营。有些企业反映，有的法院在审理案件时轻率地冻结企业的银行帐户，往往因一件较小标的案件，使整个企业的资金周转停滞。

（十）企业中盗窃公私财物的案件，与其他刑事犯罪案件以及经济犯罪案件时有发生，社会治安形势仍很严峻，影响了企业的生产、生活秩序。企业保卫部门反映他们执法的依据不够明确，影响了工作的开展。他们殷切希望能在法律上明确其地位，使其能积极主动地开展工作。

二、为搞好国营大中型企业服务的几点意见

根据上述情况，调查组进行了认真研究，认为人民法院要为经济建设服务，必须树立为国营大中型企业及农村经济服务的指导思想，把人民法院的审判工作纳入为经济建设服务的正确轨道，并提出以下意见：

（一）各级人民法院要组织干警进一步深入学习邓小平同志的重要谈话和去年的中央工作会议精神，增强为经济建设服务的自觉性，努力提高办案效率、办案质量。做到严肃执法、秉公办案，不断提高为企业发展服务的水平，保障企业能够顺利地加大改革的分量，加快改革的步伐。

（二）各级法院都要与辖区内国营大中型企业、乡镇企业建立联络员和联络制度，保证信息联系渠道的畅通，及时了解并帮助企业解决经营管理中的有关法律问题。并要不断总结经验，有所创造，有所发明，拓宽服务的渠道，扩大服务的领域。

（三）各级人民法院对涉及国营大中型

企业的经济纠纷和行政、民事纠纷案件，一定要切实做到优先立案，优先审理，优先执行；坚决排除地方保护主义、关系网和不正之风对审判工作的干扰，严肃执法，秉公办案，严格依法保护大中型企业的正当合法权益。

（四）国营大中型企业一般具有较强的履行债务能力，判决后不能执行的情况较少。因此，对涉及大中型企业的诉讼，一般不要适用冻结、扣押、查封等保全措施；对被执行人是国营大中型企业的执行案件、如暂无履行能力，要采取扶持企业发展生产、支持企业增强履行能力的办法执行案件，切不可简单轻率地采取强制措施。

（五）要和有关行政单位取得联系，共同办好培训班，提高企业领导和法律顾问的法律专业水平，并可通过办案帮助企业总结经验教训，帮助企业审查完善经济合同，逐步使企业的经营管理纳入规范化、法制化的轨道。

（六）加强调查研究，为企业改革提供决策意见。随着企业改革分量的加大和改革步伐的加快，人民法院为搞好国营大中型企业服务必然会出现一些新情况、新问题。因此，各级法院一定要加强调查研究，对在深化改革中将会出现的一些法律难题，为企业进行预测，提出对策，帮助决策，推动为搞好国营大中型企业服务的工作向深层次高水平发展。

立足审判　扩大服务

——关于对人民法庭工作情况的调查

宁夏高级人民法院民事审判庭

近几年来，全区人民法庭建设取得较快发展。截止 1992 年上半年，已建立人民法庭 64 个，配备法庭干警 282 人，占全区法院系统民事审判干部 533 人的 52.89%。战斗在第一线的人民法庭广大干警，一年来，认真学习领会邓小平同志南巡谈话精神，强化以经济建设为中心的指导思想，使人民法庭的各项工作有了新的起色。上半年全区人民法庭受理的各类案件比去年同期上升了 7.84%。同时，大胆适用督促程序，受理申请支付令案件 626 件，标的额达 278 万元。为振兴农村经济，促进农业和乡镇企业的发展，推动全区民族经济建设起到了保驾护航的作用。为了总结这方面的经验，我们对全区 24 个人民法庭的工作进行了调查。总的看全区人民法庭立足审判工作，拓宽了为经济建设服务的路子和方法。

一、强化服务意识，充分发挥审判职能作用

在小平同志南巡谈话精神指导下，法庭干警把为经济建设服务、为发展社会生产力服务，作为人民法庭工作的指导思想，紧紧抓住审判这条主线，主动服务，优质服务，扩大服务效果，把指导思想落到实处。灵武县人民法院所辖的 6 个人民法庭从改革管理制度入手，建立了告诫编外制度，考核评比制度，加强干警的使命感和责任感。提出高标准、新套套，超前服务的口号，大大激发了干警的积极性、创造性和主动性。他们深入乡（镇）企业了解经营和流通中的债权债务情况，到信贷部门了解贷款情况，积极开展

"依法治贷"活动。帮助信用社健全借贷手续，督促欠贷户及时还贷，仅梧桐树法庭协助乡信用社收回债务1962000元。在诉讼案件增加的情况下，各法庭严把审限关，该县城关镇法庭仅1至5月收案55件，审结46件，结案率达83.70%，办案周期最短的为10天，最长的为21天。并审执结合，当庭执行，使执行率达到96.6%。银川市所属10个人民法庭从改进审判方式入手，提高办案质量。今年第一季度评查的264件案件，其中95%以上的案件达到了事实清楚、证据确凿、是非分明、责任明确、处理恰当、程序合法，依法保护了当事人的合法利益，体现了优质为发展经济建设服务的指导思想。人民法庭还根据民事诉讼法规定，大胆适用督促程序审结了一批债务案件，收到了诉讼时效短、结案快、减少诉累的良好效果。平罗县姚伏人民法庭，上半年审结108件申请支付令债务案件，标的为21万元。采用发出支付令与案件执行相结合，只要15天内债务人未提出异议，即进入执行程序，对债务人在规定期限内提出书面异议的，即裁定终结督促程序，告知债权人另行起诉。吴忠市古城法庭积极为发展农村经济服务，在适用督促程序方面，取得了显著成效，在短短1个月时间里，根据信用社申请，依法发出支付令164份，标的额达134万元，及时执行收回贷款825000多元。

二、强化人民法庭地处前沿阵地作用，加强综合治理工作

人民法庭扎根群众之中，所受理的案件80%是民事纠纷。民事纠纷往往事情不大，但处理稍有不当或者疏忽大意，就有可能导致矛盾激化，酿成刑事案件，影响社会治安的稳定。因此，不少人民法庭把审理案件与预防犯罪结合起来，把缓解纠纷、防止矛盾激化作为法庭参与综合治理的重要措施。在审理民事案件过程中，依法贯彻调解原则，正确解决矛盾，使70%的民事案件调解处理，当事人握手言欢，群众拍手称赞，促进了社会的安定团结，促进了全区社会治安的综合治理，为经济建设创造了良好的社会环境。

人民法庭在发挥审判职能作用，加强综合治理的同时，还把协助乡（镇）政府健全人民调解组织，依法进行业务指导作为参与社会治安综合治理的重要途径，采取不定期集中培训与分片定点辅导相结合的方法，组织调解人员学习法律知识，结合办案帮助调解人员提高业务水平，经常和调解人员共同分析辖区内的治安情况，制定防范措施，预防和减少纠纷的发生。平罗县黄渠桥、大水沟人民法庭利用携卷下乡办案的机会，邀请当地调解人员观摩法庭的调解和公开审判，提高调解人员的调解水平。

三、结合审判活动，开展法制宣传，搞好法律服务

从办案中发现民事纠纷的发生，多数是由于当事人不学法、不懂法，法制观念淡薄造成的，人民法庭结合审判活动，在巡回审理，就地办案时向群众就案讲法，进行法制宣传教育，收到良好社会效果。贺兰县金贵人民法庭主动送法上门，利用乡（镇）召开农村基层干部会议的机会，讲解民法通则、婚姻法、继承法和民事诉讼法，并与乡司法所建立联系制度，互相配合搞法律服务，被县政府评为先进单位。盐池县大水坑人民法庭改进审判作风，克服脸难看、门难进、话难听、事难办，提出结案率高、执行率高、社会效果好的要求。改变过去等案上门，坐堂办案，就案办案的习惯，由庭长带领6名干警送法上门，走田头、坐炕头、宣传法律。并针对辖区内债务纠纷突出的实际，向群众讲解有关法律知识，仅1至7月送法上门达45次，参加听讲群众1000多人次。还主动听取辖区群众对法庭执行工作的意见，积极采取措施搞好集中执行。对有执行能力而拒不执行，隐匿财产，对抗执行的当事人，经院领导批准，依法搜查了8户，拘留了20多人，仅用4天时间把辖区内难执行的案子全部执行。灵武县白土岗法庭为辖区中小企业和农村经济服务，在企业内部设立司法联络员，随时通报情况，提供法律服务。对涉及企业及发展农村经济的案件，及时立案，及时审理，及时执行。如石沟驿煤矿诉定边供销社债务纠纷一案，标的10万多元，法庭考虑到原告的困难，决定免收其诉讼费，并快审快结，仅6天时间为煤矿挽回了经济损失。法庭还主动与辖区内信用社及农行营业所建立依法治贷联络网，协助信贷部门处理好信贷资金的正常流转，促进农村经济的发展。半年来结合审判活动送法上门，主动服务达52次，参加听讲群众达2100多人次。

四、做好庭前调解工作

人民法庭在依诉讼程序审理各类案件的同时，还针对一些当事人怕打官司伤和气或担心判决执行不了，得不偿失的情况，采取庭前调解的方式处理纠纷。一是在送法上门，为当事人提供法律咨询服务时，对当事人的纠纷，进行庭前调解，促成和解；二是在信访接待时，对一些事实清楚，情节简单，争议不大，无需调查的案件作庭前调解，三是深入基层，协助调解组织作调解工作，把矛盾解决在萌芽状态。石炭井区沟口法庭1至7月仅以庭前调解的方式，解决纠纷92件，结案率和执行率均为96%以上。实践证明，庭前调解处理纠纷的做法，既避免了当事人诉讼的负担，使当事人集中精力投入生产，有利于发展农村经济，又减轻了法庭审判任务繁重的负担，使法庭能集中精力提高办案质量和工作效率。

五、结合审判工作，积极开展司法建议活动

人民法庭在审判工作中发现有些部门和单位存在着放松思想教育，管理制度不健全等问题，及时提出司法建议，督促他们采取有效措施，预防和减少纠纷的发生。平罗县姚伏人民法庭通过审理农贷合同纠纷案件，发现农行信贷管理制度不完善，放贷工作把关不严，造成收贷难的情况，即先后11次向信贷部门提出了加强放贷审查把关，实行严格的担保制度和信贷管理制度的建议；吴忠市古城人民法庭1至4月对辖区内320户拖欠贷款户的滞贷原因进行了调查分析，发现在信贷管理上存在一些问题，及时向信贷部门提出建议，并协助信贷部门完善信贷管理制度，为信贷部门收回贷款17万元。信贷部门对法庭提出的司法建议和运用审判职能收回贷款，保证银行资金正常流转表示满意和感谢。

全区人民法庭的工作为经济建设服务摸索了一些经验，但也存在一定差距和不足：一是随着法院队伍的扩大，一些刚参加法院工作的青年被充实到基层人民法庭工作，由于业务培训的机会极少，业务素质较差；二是有些法庭的工作条件、生活条件比较艰苦，缺少办公用房、交通工具、办案经费，文化生活也极为贫乏，看不上电视，读不上报纸；三是有些法庭的工作没有创新，还是以老套套办案；四是有些县法院的领导对法庭工作重视不够，很少深入法庭指导工作，帮助解决实际困难。为此，提出以下意见：

1. 树立正确的指导思想，充分发挥基层法庭为经济建设服务的积极性和创造性。法庭干警要认真学习贯彻执行党的基本路线，在审判工作中要把为经济建设服务的指导思想落实到每一个环节，做到及时立案、及时审理、及时执行好每一件案件，积极为生产第一线排忧解难，为发展农村经济保驾护航，为发展社会主义的商品经济服务。

2. 加强管理，提高工作效率和办案质量。管理也是服务。法庭管理内容多，涉及到审判工作、队伍建设、行政事务、物质装备等方面。目前，人民法庭都建立了相应的管理制度，经过实践，这些制度是否切实可行，是否有利于调动法庭干警的积极性和创造性。希望认真总结一下，使之更加完善。人民法庭的工作条件、办案经费、交通工具以及少数法庭人员不足以组成合议庭等问题需要引起重视。

3. 转变观念，进一步强化服务意识。要在法律和审判职能范围内搞好服务。那种离开审判扩大服务，或以单纯审判代替服务的做法都是不可取的。因此，要转变作风，改变过去就案办案，单纯办案、孤立办案、坐堂等案的习惯，积极参与综合治理，扩大办案的社会效果。

4. 加强领导，把人民法庭的充实和建设提到重要议事日程上。县法院除有 1 名领导分管法庭工作外，民庭也要了解人民法庭的工作情况，协助院长加强对人民法庭的领导和业务指导。领导要经常深入法庭检查工作，解决实际困难，关心和爱护法庭干部。

5. 狠抓办案质量，努力做到优质服务。一是要认真学习法律、法规，提高执法水平；二是要坚持公开审判制度和案件评查制度；三是要克服重实体法、轻程序法的现象，要把执行实体法与程序法有机统一，严格按照程序法的规定办案，保证办案质量；四是庭长、院长要发挥监督和指导作用，把好办案质量关。

6. 取得有关部门的支持，加强同有关部门的协作，各司其职，互相配合。

关于个体、私营经济发展状况的调查和法院如何为个体、私营经济提供法律服务的思考

宁夏回族自治区高级人民法院调查组

为了贯彻落实党的十四大精神，使人民法院的审判工作在建设具有中国特色的社会主义理论指导下，更好地为建立社会主义市场经济体制服务，在邹献朝院长的主持下，组织调查组于 1992 年 11 月下旬对自治区首府银川市个体、私营经济发展状况和人民法院的审判工作如何为个体、私营经济提供法律服务的问题进行了为期 20 多天的调查，先后走访了市工商局、税务局、个体劳动者协会等部门，实地调查了私营企业 6 家，个体工商户 20 余家，还在市个体劳动者协会的支持协助下，邀请部分有代表性的个体、私营企业主进行了座谈。

一、银川市个体、私营经济发展状况

党的十一届三中全会以来，银川市的个体、私营经济经历了由小到大，由少到多，由经营单一行业到经营多种行业这样一个不断发展壮大的过程。截止 1992 年 10 月底，登记注册的个体工商户共 9936 户，从业人员 13815 人，注册资金 5061 万元。其中城镇个体工商户 6794 户，占 68%，从业人员 9229 人，占 67%，注册资金 3194 万元，占 63%，他们大部分是从事商业、饮食业、工业、运输业和服务业的个体户、占个体工商户的 94%。截止 1992 年 6 月底，登记注册的私营企业 156 户，雇工 1804 人，注册资金 2154 万元，月总产值 112 万元，营业额 487 万元（其中商品零售额 386 万元），与上年同期相比，分别上升 29%和 30%，这主要是贯彻邓小平同志南巡重要谈话的结果。

个体、私营经济是社会主义经济的一个补充组成部分，它在社会主义经济发展中已经发挥了积极的作用。

第一，在活跃市场、方便群众生活方面，发挥着积极作用。目前，全市共有个体、私

营商业网点4685个，占全市商业网点80.72%；饮食门点和摊点1806个，遍布大街小巷；有各种客运小汽车386辆；人民日常需要的新鲜蔬菜、水果、鱼、肉、禽、蛋等80%以上由个体户提供；人们喜爱的各种时装、鞋帽等也大都由个体户贩运而来，为解决人民群众的“穿衣难”、“吃饭难”、“乘车难”、“修补难”等问题做出了应有的贡献。

第二，在解决劳动就业、促进社会安定，增加国家财政收入方面发挥了作用。目前，全市在个体、私营企业中的从业人员共有15619人，其中待业青年和社会闲散人员万余人(其余为农村剩余劳动力)；1991年全市个体户私营企业交纳税金2069万元；1992年1至10月，个体户私营企业交纳税金1686万元，占全市工商税收的6.4%左右。个体、私营经济的发展，不仅缓解了就业矛盾，而且由于职业的相对稳定，在一定程度上促进了社会治安的稳定。

第三，在社会主义精神文明建设中发挥了积极的促进作用。个体、私营经济的发展，是新形势下党的富民政策的必然结果。富裕起来的个体户和私营企业主们，致富不忘党和人民，积极为社会公益事业作贡献。仅1991年，在支援灾区重建家园工作中，银川市的个体户捐资3.4万元，74户私营企业捐资5.3万元，为国分忧；在支援老区“盐环定水利工程”和认购国库券、扶持贫困户、捐资助学和为亚运会捐款、扶助残疾人等项工作中都作出了贡献，涌现出很多社会主义的新人新事，为形成具有时代特色的社会新风尚，起了一定的促进作用。

第四，个体、私营经济在冲击“铁饭碗”，带动和吸引大批群众，包括部分国家、企事业单位干部和科技人员走向社会自谋职业、自我发展，投身改革大潮中，积极为社会发展作贡献方面，也发挥了积极的作用。

二、个体、私营经济发展中遇到的主要问题

从整体上看，银川市个体、私营经济的发展是好的，是健康的，但发展水平还很低，无论从注册数量、规模、速度、资金及经营范围上都很不够，与沿海经济发达地区无法相比，就是与内陆省区相比，差距也很大。从1989年至今，银川市个体经济呈下滑趋势，值得重视的是，截止1992年8月底，银川市个体户比1991年同期的10083户减少1430户，下降率为16.5%。银川市个体户下降水平高于全区水平约3.1个百分点。在邓小平同志南巡重要谈话以后，全国各地个体、私营经济都在大幅度增长，如内蒙古年递增率是11.6%，甘肃是9.6%，新疆是12%，连地处偏远交通不发达的西藏也达3.5%，只有宁夏下降，名列倒数第一，这一反常现象，值得引起重视。究其原因，主要有以下几个方面：

(一)各级党委、政府还没有真正把发展个体、私营经济放在党委和政府工作的重要议事日程上。据了解，目前全区和银川市还没有一项关于发展个体、私营经济的专门性政策或法规出台，也没有制定出相应的优惠政策。领导讲话号召的多、落实的少，有关部门对个体、私营经济的发展研究不够，缺乏应有的政策引导与扶持，使本市个体、私营经济起步迟、发展缓慢。

(二)舆论宣传工作跟不上，人们对发展个体、私营经济的意义认识还不明确，甚至存在某些偏见。近年来宣传部门对个体、私营经济作了一些宣传报道，但还没有造成声势，宣传中报道消极问题多，正面东西少，以偏概全，使个体户、私营企业在社会生活中的正面形象树立不起来，提起他们总有人认为是靠“坑、蒙、拐、骗起家”，以“偷税漏税发财”。由于这些不公正的评价，加重了个体户和私营企业主的自卑心理，使他们感到尽管前途光明，但出路不大。

（三）对个体户、私营企业收费太多太杂，政出多门，缺乏统一协调管理。目前，银川市有的行政和执法部门重收费、轻管理；重罚款、轻服务；有的甚至自行制定收费项目和标准，乱收费现象十分严重。据了解，银川市各种收费，如垃圾费、门前三包费、社会治安费、临时户口费、绿化费、占道费、消毒费、灭蝇费、检验费、采样费等多达10余种。公安局治安费，自治区文件规定收费标准为2—30元，但具体执行人员收费时就高不就低，甚至按营业额的1%收取，有的执行手段简单粗暴，甚至动用警械强行收取。此外，一些行政管理部门的个别管理员“管、卡、压、要、拿”现象也十分严重，个体户和私营企业主们很有意见。

（四）经营环境差影响着个体私营经济的发展。调查中，许多个体户和私营企业主认为：银川经营环境差，生意无法做，社会地位低，人身人格无保障。主要表现：一是经常受到一些不法分子的骚扰和侵害，有恐惧心理；二是管理人员滥用职权，不讲政策和方法，动辄骂人、整人，很多个体户敢怒不敢言，有害怕心理；三是对发生的行政侵权和不法干扰事件，一觉告状无门，二觉告无结果，三怕打击报复；四是对诉讼打官司，怕麻烦，怕拖，怕不公，怕“空调”，对法制环境有不满心理；五是在办证手续、经营场地等方面也存在不少问题。他们认为：经营环境不是法制环境，而是“关系”环境。可见，经营环境的好坏，对个体、私营经济的发展起着重要作用，应当认真研究，加以解决。

（五）从调查情况看，目前个体户和私营企业的依法经营水平虽在不断提高，但是还存在着不懂法、不学法、盲目蛮干，经营活动不签订合同，搞所谓的“君子协议”等问题。由于他们政策法律素质低，缺乏经济合同的基本知识，签订的合同多数条款不完善，实际履行中发生异议，造成一些纠纷；有的无视合同的约束力，不严格依照合同约定办事，随心所欲修改合同或中止合同，从而发生纠纷；有的明知自己受到侵权，只知道发牢骚，怨这怨那，不知道依靠法律保护自己的合法权益等等。

此外，在市场竞争中，由于在政策、贷款、税收方面与国有、集体企业的不平等，使得个体、私营企业竞争缺乏条件，由此出现了个体、私营企业“靠挂”集体企业的现象，带来了一些新的法律、政策问题，有些党政机关与经济实体不分，发生问题主管不清，民事、经济责任不清。一些个体、私营经济，由于主观方面的问题，自身素质差，经营不善，导致关停，也是其发展起伏、缓慢的原因之一。

三、为个体、私营经济发展提供法律服务的思考

当前，随着十四大精神和邓小平同志南巡重要谈话精神的深入贯彻落实，如何保护和促进个体和私营经济，不断推动全区经济建设大步向前发展，从宏观上讲，应该尽快出台一些强有力的政策和法规，加强社会舆论宣传，理顺各种关系，提高行政、执法队伍的自身素质，创造良好的经营环境外，就人民法院来讲，主要是通过做好审判工作，为个体、私营经济的发展提供法律服务。主要有如下几个方面：

（一）以十四大文件精神和邓小平同志南巡重要谈话精神为指针，统一思想认识，提高为个体、私营经济服务的自觉性。首先，要在继续坚持为国有大中型企业和农村经济发展服务的同时，重视为个体、私营经济发展服务，并把这一思想贯彻于审判活动的全过程。其次，要进一步解放思想，转变观念，以新的思路、新的举措为推动个体、私营经济的发展提供切实可行的法律服务。第三，要牢固树立全局观念，识大体、顾大局，为发展市场经济创造一个良好的法制环境。第四，要不断强化政策法律意识，正确处理执法与执行政策的关系；正确处理执行法律、政策与促进经济发展的关系；正确处理法律标准与生产力标准的关系。实事求是，大胆慎重地审理与个体、私营经济发展中相关的各种纠纷案件，在社会主义市场经济中，国有、集体、私营和个体经济都是平等的主体，要一视同仁，平等对待，切实保护他们的合法权益。

(二)严厉打击各种刑事犯罪，为个体、私营经济的发展创造良好的经营环境。紧紧围绕经济建设这个中心，在继续贯彻依法从重从快的方针，严厉打击严重危害社会治安的犯罪分子和继续深入开展打击经济犯罪活动斗争的同时，结合本区实际情况，在坚持打击重点的前提下，注意和重视审理好破坏个体、私营经济发展的各种刑事犯罪案件。及时查处和打击行凶报复，图财伤害，敲诈勒索，以权索贿，合伙偷税漏税，流氓骚乱，白吃硬要，故意纠缠调戏女个体户和私营企业主，故意毁坏财物等构成犯罪的案件。审理这些案件，要坚持公开审理、公开宣判，以达到震慑犯罪分子，儆告违法者的社会效果。

(三)充分发挥人民法院民事、经济、行政审判调节社会关系的职能作用，帮助他们依法经营，防止和减少纠纷的发生。因此，人民法院应采取以下措施，为他们提供服务：

第一，转变观念，强化服务意识。从指导思想上进一步明确，在社会主义市场经济条件下，个体户与其他诉讼当事人，私营企业与国有企业、集体企业的诉讼权利是平等的，谁的权益合法，就应依法予以保护；谁侵权违法，就依法限制或加以制裁。在审判作风、方法、措施以及执行上也应同国有、集体企业同等对待，依法保护他们的合法权益，增强他们依法诉讼的信心，树立人民法院公正执法的形象。

第二，定期或不定期地召开个体、私营企业主座谈会，了解个体、私营企业经营状况，宣传有关法律、政策，使之增强法律和政策观念，促进个体、私营企业依法经营和文明经商的水平的提高。

第三，积极为个体、私营企业培养法律人才。主动登门讲授法律知识，创造条件举办短期有针对性的法律培训班，提高他们的法律意识和法制观念；选择典型案件，邀请他们观摩开庭审理，提高他们依法保护合法权益的能力。

第四，加强对个体、私营经济的调查研究，及时了解他们在生产经营过程中出现的新情况、新问题，掌握涉及法律政策的热点问题，提供法律咨询，帮助个体、私营企业建立健全有关依法经营的管理制度，使其经营活动走上法制轨道。

第五，要建立同个体、私营企业的联系制度。各级人民法院可根据实际，在本辖区内的个体、私营企业中，有重点地建立联系点，了解个体、私营企业对法院工作的意见和要求；还可由法院在个体、私营企业中聘请热爱法律工作，责任心强、能胜任工作的管理人员为联络员，由他们及时反映本人及企业在经营活动中遇到的具体法律问题，以便人民法院协助处理。

第六，积极开展司法建议。人民法院在审理案件时，对个体户、私营企业的内部管理、防范，生产经营等过程中发生的问题，及时提出合理化建议，帮助他们完善规章，堵塞漏洞，依法经营，使个体、私营经济得到健康稳定的发展。

(四)依法实行庭前调解，及时处理各种纠纷，促进个体、私营经济的发展。人民法院的审判工作必须适应市场需要，解放思想，改变工作方式，积极主动地依法实行庭前调解，解决好个体、私营企业的经济纠纷。同时，要进一步提高办案效率，简化办案手续，改变“坐堂问案”、“就案办案”，办案推诿、扯皮、拖拉等衙门作用，大胆慎重地运用具有简便、灵活、经济、高效等特点的庭前调解手段，解决好个体户、私营企业诉讼的经济纠纷和民事纠纷，尽可能地方便他们的诉讼，提供高效服务。

(五)采取有力措施，加强对案件的执

行，切实保证个体、私营企业实体权利的兑现。要注意和重视个体户、私营企业诉讼案件的执行，积极采取有力措施，切实保证他们的实体权利得以兑现。对于有条件发展的私营企业、因一时困难发生的拖欠债务的案件，也应本着“放水养鱼”的原则，慎重处理，使其逐步得到发展后，再执行债务，以支持和扶植私营经济的发展。

总之，在建立和完善社会主义市场经济体制过程中，促进个体、私营经济的健康发展，用法律手段为他们提供服务与保障，是人民法院今后的一项长期任务，也是十四大对人民法院提出的新的要求。各级法院领导要把支持和促进个体、私营经济的发展放在应有的位置上，列入人民法院的议事日程。当然，我们在支持、扶植个体、私营经济发展的同时，仍然要对他们中少数违法经营，扰乱经济秩序的行为给予制裁。只有这样，才能真正保护个体、私营经济的切身利益，使其在社会主义市场经济的健康轨道上稳步地向前发展。

二、最高法院、高级法院关于研讨会的综述

市场经济与经济司法

——全国法院系统第四届学术讨论会综述

全国法院系统第四届学术讨论会于1992年12月1日至5日在湖北省襄樊市举行。本届学术讨论会论文评选委员会共收到26个高级人民法院从上千篇论文中评选推荐的论文248篇。评选委员会根据优秀论文评选标准和评选程序，共评出优秀论文15篇，获奖论文55篇。这些论文紧密联系经济审判工作，大都有感而发，针对性强，研究讨论的问题广泛，内容丰富，且观念有转变，认识有提高，可以说冲破了一些禁区；不少论文的观点，解决问题的主张，为改进和加强我国的立法工作和司法解释工作，提供了良好条件，起了推动、促进作用，对经济司法有指导意义，有借鉴作用。本文谨将本届学术讨论会部分论文阐述的观点择其要者简介于下。

一、关于无效经济合同的几个问题

（一）关于完善经济合同无效的制度

我国经济合同无效制度肇始于1982年7月生效的《中华人民共和国经济合同法》，具体体现在随着发布施行的专门合同法律、司法解释和行政规章之中。根据这些规定，无效经济合同的范围被界定为：主体不合格（包括不具备法人资格、未领取营业执照、无权代理和代理权滥用）；内容不合法（包括违反国家计划、政策、法律，损害国家利益、社会公共利益和他人合法权益，超越经营范围）；意思表示不真实（包括欺诈、胁迫、重大误解和显失公平）；程序不合法（没有履行法定手续、没有采用书面形式）；无实际履约能力。

经济合同无效制度的建立和运用，对维护社会主义经济秩序无疑发挥了良好作用。但是，我们也应当看到，经济合同法的立法背景是：经济体制改革主要在农村进行，在城市只是才刚试点，我国主要施行的还是计划经济体制。同时，法学教育和法学研究刚刚恢复，“契约自由”、“意思自治”仍受到否定和批判，经济合同被定格为实现计划的工具，国家干预原则被置于中心地位。在这样的经济背景和理论氛围中，在经济合同法的立法指导思想上必然表现出过份的谨慎。反映到无效经济合同的立法中突出表现为：足以认定合同无效的法律依据过宽、过广，宽容不够，苛峻有余，盲目打击了一大批虽有欠缺但基本合法的合同。经济合同无效制度的这种不足，在经济体制向社会主义市场经济转换的今天日益显露出来。

江西省高级人民法院郭玉元认为，合同无效制度的不足主要表现在以下几个方面：

其一，合同一旦被确认为无效后，合同尚未履行的不得履行，正在履行的应立即终止履行，已经履行完毕的权利、义务要恢复到合同订立前的状态。过量的无效合同，必然置商业交易于一种不确定的状态，从而破坏了交易主体的商业信心与安全感。

其二，关于无效合同最不令人满意的方面是法律盲目打击所有有关当事人，其结果是唯一能从合同中获取利益的常常是有过错的一方当事人。

其三，无效合同范围过宽，后果过于严厉，极易损害无辜第三人的利益，即无效合同实际上全盘否定了对善意第三人的保护。

其四，立法技术上的粗糙、不严谨，必然导致司法实践中任意扩大和滥用“违法无效”的倾向，助长了我国经济审判工作中某些不良倾向。

其五，有些合同虽然被确认为无效，但在后果处理上却多半尊重既成事实，按有效合同对待。这一方面反映了司法机关的务实和明智，另一方面也表明，经济合同法关于无效合同制度的某些规定不切合实际，得不到应有的尊重，已经被司法实践所修正，变得有名无实。

郭玉元提出，完善我国经济合同无效制度可遵循如下思路。

1. 全面贯彻契约自由原则。即：(1) 当合同只关系到当事人之间物质利益分配不公正，对国家利益、社会利益无损害时，法律应当允许当事人自己来决定合同的前途。(2) 合同立法应大量采用任意性法律规范的形式。也就是说，除少数涉及国家利益、社会公共利益或第三人合法权益的事项，法律设强制性或禁止性规定，以排斥当事人的意志自由；大量关系当事人自己利益、无碍宏观的事项，法律可设任意性规定，以补充当事人的约定，或作为解释当事人意思的标准。(3) 当合同条款只是部分违反法律或社会公共利益时，应允许双方当事人通过平等协商进行改正，作为对合同效力的一种补救。

2. 扩大可撤销合同的适用范围。可撤销合同的法律精神在于：既不对双方当事人的公正漠不关心，也不因此而将契约自由原则抛置脑后，法律的职责是在两者之间寻求平衡。在这一点上，可撤销合同比无效合同更富于公正性、灵活性和宽容精神。我国现行三部合同法中都没有可撤销合同的规定，民法通则对可撤销合同的规定，也只限于重大误解和显失公平。这个范围显然过窄。郭玉元认为：下述两种情况也可纳入可撤销合同的适用范围：(1) 因欺诈、胁迫订立的合同，有可能成为牺牲品的是当事人的个人利益，将其纳入可撤销合同范围，符合法律保护弱者的动机。(2) 无权代理人订立的经济合同，在代理关系被确认无效后，只要代理人具备该经济合同的主体资格，具有履行能力，且双方都愿意使合同生效履行，法律没有理由不尊重当事人的这种意愿而强令合同无效。从这个意义上讲，把无权代理而签订的合同纳入可撤销合同的范围更令人信服。

3. 限制违法无效的范围。如果把可撤销

合同调整范围扩大到只涉及当事人利益得失的合同，那么，无效合同多数情况下常常就是指那些违反法律和政策，损害国家利益和社会公共利益的违法合同。长期以来，人们普遍认为，违法合同必然无效，实际上这是一种过于简单和机械的观点。从合同意义上讲，违法是指订立合同的目的，原因及合同标的、合同条款的违法。认识到这一点就不难看出，经济合同法把“不具备法人资格”和“超越经营权”，作为合同无效的原因，有些差强人意。(1) 不具备法人资格的组织能否成为经济合同的主体，关键看它是否取得了合法的经营资格。取得者自然就能以民事法律关系的主体出现签订经济合同。用法人资格作为尺度，去衡量合同主体的资格，只能是对各种所有制形式、各种形式的企业可以在商品经济条件下同时并存、平等竞争的一种否定，其结果只能与经济体制改革业已形成的体制格局相违背。(2) 在经济生活中，更多的无效合同起因于超越经营权。然而，解决这类问题的最好办法未必一定要使合同无效。从我国现有情况看，对企业经营权范围作出一定的限制，从税收和产业政策上看，仍然是必要的，问题在于有无必要用合同无效的办法来制裁违约者。把制裁与合同区分开来，更有利于经济流转的稳定，符合公平与效益的立法精神。

4. 注意区分有效合同和无效合同。把有效合同作无效处理，或者反之，于社会、于个人都是一种不负责任的表现，而且易使法院背上破坏合同的恶名。因此，严格区分有效合同与无效合同是十分必要的。针对审判实践中存在的问题，尤其有必要将合同无效与合同不能成立、合同的解除和不可强制执行的合同区别开来，注意区分无效合同与部分无效、部分有效合同。

(二) 关于合同管理机关与人民法院对无效经济合同确认权的关系

根据经济合同法第七条的规定，无效经济合同的确认权，归合同管理机关与人民法院。该规定没有明确合同管理机关和人民法院对无效经济合同确认权的效力层次关系，但从该规定的词句结构看，两者对无效经济合同具有同等效力的确认权。最高人民法院的有关司法解释也承认合同管理机关与人民法院对无效经济合同有同等效力的确认权。江苏省苏州市中级人民法院陈春泉对此提出异议。

1. 赋予合同管理机关与人民法院同等效力的无效经济合同确认权不符合民法原理。经济合同是当事人为达到一定经济目的而设立的具有权利义务内容的民事法律行为。对民事行为效力的确认属民事审判权范畴。人民法院独立行使审判权，不受行政机关先行认定之限，审判权具有不可替代、不可转让、最后确认的特征，法院不能因为行政机关已作处理而拒绝受理。如果赋予合同管理机关与人民法院有同等的无效经济合同确认权，那么，经合同管理机关确认的无效经济合同，当事人不能再向法院请求司法确认，法院在审理财产争议案件时无权对合同管理机关的无效认定作变更认定。这不仅剥夺了当事人对争议法律关系请求司法确认的诉权，也损害了民事审判权的独立性、权威性。

2. 赋予合同管理机关与人民法院有同等的无效经济合同确认权，也不符合依法行政的要求。(1) 依法行政是行政法的基本原则。它包括两方面内容：其一，行政机关的行政权限应在宪法和法律规定的范围内，不得侵害其他机关的权力；其二，行政机关某些具体行政行为受法院的最后调整，以保护行政相对人不受行政侵害。经济合同法正好与上述两点相悖，它具有经济行政法的特点。合同管理机关在经济合同的订立、履行和纠纷的处理方面行使大量的职权，其对无效经济合同的认定和处理具有行政司法权的性质。在经济合同成为民法通则调整对象的今天，仍赋予合同管理机关行政司法权性质的无效合同纠纷处理权，且其无效确认力与人民法院相同，这无疑是行政权对司法审判权的侵害。(2) 按照行政诉讼法的规定，当事人认为具体行政行为侵害了其财产权的，可以向人民法院提起行政诉讼。合同管理机关如确认经济合同无效，必然使一方当事人的财产权利受到损害。虽然法律允许当事人就财产部分可提起民事诉讼，但对无效认定部分，既不能与财产部分一同提起民事诉讼，也不能单独提起行政诉讼；法院在审理财产争议时，不能对合同管理机关的无效认定作变更确认，从而使这种行政行为游离于人民法院的调整之外。

3.赋予合同管理机关与人民法院有同等的无效经济合同确认权，在实践中易产生矛盾和混乱。如果合同管理机关对经济合同无效的确认是正确的，财产处理一般也不会有错；如果人民法院认为财产处理有问题，很可能是合同管理机关在经济合同无效认定上有错。最高人民法院的有关批复正是割裂了两者的关系，使经济审判在这一问题上产生矛盾和混乱。人民法院按该批复审理财产争议时无权对合同管理机关的无效认定作变更确认，即人民法院必须假定合同管理机关的无效认定是绝对正确的，或即使发现有错也无权予以纠正，这既违背实事求是的审判原则，也使人民法院独立的司法确认权受制于合同管理机关的先行认定。此时，人民法院不能对经济合同纠纷进行全面审理，当事人的权益也不能得到彻底有效的保护。

鉴于上述三点原因，陈春泉主张，在修改经济合同法时，应缩小合同管理机关处理无效经济合同的范围，即当事人对经上级合同管理机关复议的无效经济合同的认定和处理不服的，均可向人民法院起诉。

（三）关于无效经济合同处理的原则

根据我国合同理论，无效经济合同的处理原则是所有权的回复，即使合同当事人之间的财产关系恢复到订立之前的状态，处理结果既不使当事人有所失，也不使当事有所得。陈春泉认为，这只是理论上的理想境界，事实上是根本不可能的。1. 在合同被有权机关确认为无效以前，已如有效合同一样发生着不可逆转的法律后果，而有些标的物如劳务、劳动成果等在性质上是无法返还，恢复原状的。2. 无效经济合同承担的也是过错责任，过错承担的是相应的赔偿责任，则他在财产上必有所失，不可能恢复到合同订立前的状态。可我国法律用赔偿、返还、追缴来处理无效经济合同的财产后果本身，即是对无效经济合同财产恢复到订立前状态的否定。因此，要使无效经济合同财产恢复到订立前状态的立法用意缺乏逻辑和事可能。所以，陈春泉主张，无效经济合同的处理原则只能是：使无过错者的财产恢复到合同订立前的状态。

二、关于经济合同法应设立法定解除制度的问题

合同的解除按其发生的原因，可分为约定解除和法定解除两种。我国经济合同法律法规中只有约定解除的规定，未设立法定解除制度。福建省宁德地区中级人民法院刘炳荣认为，不规定法定解除有很多弊端。其一，不利于保护无过错方利益；其二，不利于司法；其三，不适应经济生活中出现的新情况。为完善我国合同法律制度，适应社会主义市场经济的要求，他提出如下修改建议：

1.把经济合同法第二十七条第一款中的第一项和其他四项分开规定。第一项是约定解除的内容，其他四项是法定解除的法定条件。法定解除条款明确规定谁拥有解除权、法定解除权发生的法定条件、解除合同意思表示的程序和方式、法定解除的效力和后果。

2. 完善和补充法定解除的条件。要增加的法定条件是：(1) 合同约定的解除合同的条件；(2) 情势变更；(3) 破产；(4) 双倍收回或丧失定金。要完善的法定条件是经济合同法第 27 条第 5 项。该项中“使经济合同履行成为不必要”的规定不科学。涉外经济合同法以“导致严重影响订立合同所期望的经济利益”为标准，并作了履行期限届满未

履行的规定，比较全面准确。所以，“履行成为不必要”应依上述模式进行修改。

3. 规定法定解除权行使的程序和方式。经济合同法应采取不经过法院裁决，由有解除权的一方将解除合同的意思送达对方当事人就发生解除合同的法律效力，这样一种解除权行使的程序。其好处是：(1) 通知对方，给对方以解释的机会，有利于双方把握解除条件是否成熟，解决因解除合同产生的法律后果和对方采取补充措施，减少自身损失，减少纠纷。(2) 技术合同法、涉外经济合同法均采取了这种方式，经济合同亦作同样规定，有利于法制的统一。

4. 明确规定合同解除的效力。解除合同的效力应视具体情况而定：(1) 因一方违约而解除合同的，原则上有溯及力；(2) 由于不可归责于双方的原因解除合同的，原则上无溯及力；(3) 特殊合同应有特殊规定。如租赁合同、劳务合同、委托合同等。解除合同只能向将来的事实发生效力，因而它们的解除不具有溯及力。

三、关于构成合同责任的主观过错的问题

过错作为构成合同责任的主观要件，是产生合同责任的基础和根据。

(一) 关于构成合同责任过错的特定性

在谈到这一问题时，湖北省荆州地区中级人民法院杨源俊认为，所谓构成合同责任的过错是指在有效合同法律关系约束下发生的一种过错。在有效合同法律关系约束下包括三层含义：1. 行为人的过错行为必须是受有效合同法律关系的约束，即只要过错行为产生，就会破坏现存的权利义务关系。对于无效合同，其中产生的过错是一种非合同责任过错。2. 行为人过错的发生系在合同关系的存续期间，而不是合同关系成立之前，也不是合同已经履行完毕之后。所谓存续期间是指合同订立和履行的全过程。3. 过错应是与合同有直接或间接关系的当事人及第三人的主观态度。以上三者即为构成合同责任过错的特定性。

(二) 关于构成合同责任过错的内容

把握了构成合同责任的过错是发生在合同存续期间的主观心理状态，就不难确定作为过错内容故意或过失的内在含义。杨源俊认为，法律上所谓故意指明知自己的行为可能造成某种违法后果，仍进行此行为，有意促成或放任这种违法后果的发生。过失则指当事人对其事项应加注意而未加注意。过错有故意和过失之分，确认后者较前者困难。主要看行为人对违法后果的产生是否“明知”或“预知”。黑龙江省大庆市中级人民法院赵保元对确认故意或过失提出了三条划分标准：其一，从违约方对不履行合同义务的性质及后果的主观判断能力上加以区分。其二，从对违约事实的态度及其后果的补救措施上加以区分。其三，从损害事实上加以区分。

过错本身从行为主体来讲，表现了责任人的主观心理态度。但就社会客体而言，它又表现为客观实在的行为，即过错首先是作为一种产生合同责任的法律事实而存在，同时又以故意或过失为具体内容体现出来。杨源俊指出，在审判实践中，对于过错的认定不是再现行为人实施行为时的心理活动，而是对那些构成合同责任的关键性事实——即在合同关系存续期间的每一阶段当事人所作出的影响合同权利义务关系的行为——作出的综合评断。

(三) 关于构成合同责任过错与相关法律行为的区别

杨源俊认为，要把构成合同责任的过错与其他一些“过错”严格区别开来。

1. 就故意而言，合同当事人的这种过错与民事欺诈大致相同，两种都是一种主观心理态度，在带来某种违法后果时，都是一种法律上的过错。但二者毕竟有别：欺诈是故意以不真实的情况为真实的表示，使对方陷于错误，从而达到发生、变更或消灭一定民事法律关系的不法行为；构成合同责任的故

意则是在现存的合同关系下，谋取合法利益之外的不法利益而使他方受到损害。

2. 就过失而言，必须将它与民法通则第五十九条所称的重大误解相区别。重大误解有其特定含义。误解的产生是由于当事人意志的缺陷，由当事人自身原因造成，并且不为对方当事人知道。过失的产生则非由当事人的意志缺陷，是过错行为人对违法后果的发生采取不审慎、不注意的态度。

3. 在缔约过程中当事人的过失，也不构成合同当事人的过错。因此时合同关系尚未成立，它对当事人的过错不具有合同责任上的约束力。

（四）关于认定合同责任过错应注意的几个问题

1. 主观过错有轻重之分。故意的过错要大于过失。它所产生的违法行为不尽相同，其导致的损害后果在程度上也必然有所区别。赵保元认为，作这种区分的意义在于：(1) 区分故意和过失，对于承担责任的范围有影响。(2) 区分故意和过失，直接关系到违约责任的轻重和赔偿损失的大小。(3) 区分故意和过失，对正确认定混合过错、共同过错的责任大小有重大意义。(4) 区分故意和过失，决定者违约金是否减免。审判实践中，人为地割裂行为人主观过错与造成损害后果之间的联系有悖辩证法，把两者混淆是违反客观事实的。

2. 过错造成损害后果的责任归属及其分担法律作了不同的规定。在司法实践中，如果不加区别地混淆行为人主观过错违反我国法律规定，也达不到矫正违法行为人主观心理上错误态度的目的。

3. 不同过错形式决定过错当事人负担违约责任的大小。一般说来，合同当事人及第三人的行为过错并不总是限于一方，而往往存在共同过错、混合过错及第三人过错等多方都有过错的情况。在混合过错场合，赵保元指出，应加重故意方的责任。事实上，人民法院在处理经济合同纠纷时，无论是判决或是调解，总是以行为人过错为依据来分清是非、明确责任的。

4. 应严格实行过错推定。杨源俊认为，在民事法律关系中，凡以违法行为致人损害者，如不能证明自己主观上没有过错，即推定为有过错，并承担民事责任。这也是合同法在确定债务人对于违反合同是否具有过错时适用的所谓过错推定原则。但过错推定并不是任意的，需要有一定的客观依据，它包括义务人的违法行为，由此行为导致的损害后果以及二者间的因果关系。此外，依据客观事实所推定的这种过错应是在有效合同的存续期间发生的。

四、关于经济合同的保证责任的问题

经济合同的保证责任问题，既是一个理论问题，也是一个重要的实践问题。

（一）关于保证责任的法律特征

保证责任的法律特征，是指保证责任与其他民事责任相比，较其所具有之特点。对于保证责任的法律特征，有着许多不同的认识。广西壮族自治区高级人民法院黄昭能对此问题提出自己的看法：

1. 保证责任是一种从属性责任。即保证责任与被保证的主债务人债务责任相比较，被保证人的责任是主责任，保证责任是从责任。(1)保证合同的设立是以被保证合同的成立和存在为前提。没有被保证的主债的存在，就无需设立担保。(2)保证责任的效力，要以被保证的主债有效为条件。(3)保证责任的范围和强度要受被保证之债的制约。一般地说，保证责任的范围和强度，只能与被保证之主债相等。它可以小于、弱于被保证之债，而不能大于、强于被保证之债。(4)保证之债原则上随主债的变更而变更，随主债的消灭而消灭。

2. 保证责任是一种补充性责任。即保证责任是对主债务责任的补充。(1) 保证合同的保证本意是对被保证人的信誉担保，并非出于代被保证之债务人去履行债务。(2) 保证责任一般是主债务人不能履行或履行不足的情况下才发生的（约定负连带责任的除外）。(3) 当债权人向保证人请求履行保证责任时（约定负连带责任的除外），保证人享有检索抗辩权（或称先诉抗辩权）。(4) 保证责任的补充性还反映在对主债务不足清偿的补充。

3. 保证责任是一种相对独立性责任。保证责任虽有从属主债务的一面，但它并非是主债务的一部分，而是自身独立的一种债务责任。(1) 保证责任的范围、强度可以与主债不相一致。法律允许在保证合同中可以作部分保证，限定保证责任范围的限额保证，对无条件的主债设定附条件的保证等。(2) 保证合同与被保证合同的成立与有效各有自己的构成条件，并不因被保证合同被确认无效，保证合同也必然归于无效。(3) 保证合同被确认无效，或者被撤销、解除，其效力并不当然及于主债。

（二）关于无效保证时保证人责任的性质和内容

无效保证时，保证人责任的性质是什么？黑龙江省大庆市红岗区人民法院杨皞阳认为，无效保证时保证人的责任并非是保证责任，而是一种因保证人自身的过错所应承担的相应的行为过错责任。其一，保证责任的成立是以保证关系合法有效成立后主债务人不履行债务为条件的。无效保证由于不具有保证的有效要件，是无效民事行为，自始便不具有法律效力。因此，无效保证当然不能产生行为人预期的法律后果，保证人的保证责任也就自然不复存在。其二，保证人既然参与了主债的债权债务关系，就有义务帮助恢复原状，即以此承担因其过错给债权人造成损失的赔偿责任。因此，其"连带责任"不是连带保证责任，而是连带赔偿责任。其三，主债务人不履行合同给债权人造成的损失和保证人的无效保证行为人在法律上一般没有因果关系，不符合民事责任的构成要件，故保证人对债权人的该项损失不承担责任，而只就其过错——无效保证行为直接给债权人造成的财产损失承担相应的责任。

无效保证责任的内容是保证人赔偿因其过错给债权人造成的损失。特殊情况下，可依法追缴保证人的财产。即保证人和债务人恶意串通时，承担因该行为导致的两种后果：一是保证人和债务人双方因实施恶意串通行为取得的财产应予追缴，收归国家、集体或返还第三人。二是在造成债权人经济损失的前提下，保证人与债务人负连带赔偿责任。因此，在一般情况下，无效保证时保证人承担的是因其主观过错造成的赔偿损失的责任。

（三）关于保证人责任的处理原则

保证责任是一种极为特殊的民事责任，一旦约定为他人保证，保证责任的发生与否，责任范围大小，完全在保证人责任意志之外，受制于主债务人；同时，保证人在保证关系中的特殊地位决定了他毫无任何利益可言。因此，杨皞阳认为，确定处理保证责任的基本原则是限制原则。现代各国，特别是大陆法系国家都在立法中赋予保证人享有抗辩权、代位求偿权和免责请求权，明文限制保证人的责任。运用限制原则的具体做法是：从限制保证人的责任的目的出发，去解释有关法律、法规和合同、原则与理论，在诉讼中让被保证人负举证责任。这样做的意义在于：其一，体现了公平原则。在保护债权人合法权益的同时，任何人不应无限制地加重保证人的责任。其二，完善我国立法的需要。民法通则关于保证的立法还有欠缺，特别是未规定保证人的先诉抗辩权，从而使保证人往往处于第一债务人的地位，这无一加重了保证人的负担。确立限制原则，可以弥补立法上的缺陷。其三，完善我国的司法实践。

在确立限制原则是保证责任处理的基本原则的目的，还应实行严格的过错责任原则。严格过错责任有二层含义：一是保证人具有主观上的过错，无过错不承担责任；二是对保证人不适用过错推定，否则是将举证责任加在保证人身上，这违背公平原则。

五、关于专有技术的法律保护

专有技术是一种商品，对专有技术的拥有权具有财产权的性质，即专有技术是一种无形财产。专有技术的内容比专利技术的内容更加广泛，并且专有技术有许多是专利权人保留下来的有关专利技术实施中的关键细节。因此，在技术市场上专有技术占有比专利技术更为重要的地位，在国际技术贸易中，有80—90%的许可证贸易涉及专有技术。由此可以看出，专有技术具有极大的财产价值，对其保护的必要性也很大。换言之，对这样一种在经济生活中占有重要地位的特殊财产，是不可能不受到法律保护的。在谈到完善我国对专有技术的法律保护时，江苏省无锡市中级人民法院王跃新谈了自己的看法。

他认为，我国法律、法规虽然确定要保护专有技术，但我国法律保护的专有技术有这样几个特点：其一，专有技术标的的范围限于工业技术和管理技术；其二，专有技术的范围限于基于合同的有关权益；其三，“专有技术”的概念还没有从“非专利技术”的概念中完全分离出来成为独立的法律概念。这几个特征体现出我国现有的关于专有技术的法律法规的极大局限性。在完善我国对专有技术的法律保护时，应当明确以下几个问题：

1. 什么样的技术才是我国法律保护的专有技术。王跃新认为，受我国法律保护的专有技术应符合三个条件：(1) 专有技术必须具有实用价值，这是受法律保护的基础。(2) 专有技术必须具有相当的秘密程度。①必须是未公开的技术；②专有技术的拥有者必须采取一定的保密措施。(3) 专有技术必须是不违法的和不危害公共利益的。

2. 什么样的行为是对专有技术的侵害。我国现有法律确认的对专有技术的侵害基本局限于违反合同的侵权。王跃新认为，这是不够的。对专有技术的侵犯行为应当包括两类：一类是负有保密义务的人泄露技术秘密，另一类是用不正当的手段获得从而使用专有技术。

负有保密义务的人，首先，应当包括基于合同而负有保密义务的人，如技术许可合同的受方，雇用合同的受雇方、承包合同的承包方等。其次，法律应当规定负有保密义务的人：(1) 基于职务获知技术秘密的国家工作人员；(2) 在交易中获知权利人技术秘密的交易一方或其他有关方（如中间人、公证人等）；(3) 技术许可合同、雇佣合同、聘用合同、承包合同终止后一定时期内的受方、受雇方、受聘方、承包方。

用不正当手段是指用盗窃、贿赂、违反保密义务或引用他人违反保密义务、用电子或其他行为方式。同时，利用职权胁迫他人违反保密义务，也属一种不正当手段。

3. 我国法律如何保护专有技术。我国现在对专有技术的保护仅限于民事法律，显然是不够有力的。进行防止不公平竞争的立法和增设保护专有技术的刑事法律是完善对专有技术的法律保护的重要方面。

六、我国法律对外国商标专用权的保护

广东省深圳市中级人民法院朱光辉认为，外国商标欲在中国寻求法律保护，其先决条件是在我国获准注册使用。这是商标权的地域性所决定的。我国实行的是不注册使用和注册使用并行，仅注册使用方能获得专用权的商标保护制度，同时根据属地原则，外国人或外国企业的商标必须在我国申请注册并获得批准使用，才能在我国取得专用权，受到我国法律的保护。否则，外国商标则得不到我国法律的保护。

外国人或外国企业在我国申请注册商标获准后，独享在我国使用该注册商标的权利，并享有在我国禁止他人在相同或相近的商品上使用相同或相近似的商标的权利，除非他人的使用有某种法律上的原因。这种原因是指：商标专用权的转移，如转让、继承；商标使用权的转移；商标使用权的自然延伸。但是，当该注册商标专用权在中国受到侵犯时，

只有注册商标专用权人，也即原申请注册人、受让人和继承人才有在中国法院提起商标侵权诉讼的权利。单纯的注册商标使用权人、商标注册权人的子公司或分支机构，无权单独对他人侵犯注册商标专用权的行为提起侵权诉讼。除非他得到商标专用权人的授权，并以商标专用权人的名义，或者依附于商标专用权人作为共同原告，才能提起诉讼。

朱光辉认为，我国法律对外国人或外国企业的注册商标专用权实行的是国民待遇保护。

我国法律对外国人或外国企业在中国申请注册商标，实行的是差别待遇原则。即既不同于中国的企业、事业单位和个体工商业者，不同国家之间又因是否与中国签订有协议，是否为某一国际条约的参加国，以及协议和国际条约的内容不同而有所区别。但我国法律对外国人或外国企业在中国的注册商标专用权，实行的是国民待遇的保护。即外国人或外国企业在中国获得商标专用权后，便同中国企业、事业单位和个体工商业者享有的专用权一样，具有相同的权利范围，有权转让商标专用权或签订商标许用许可合同，有权禁止他人侵犯其商标专用权，在侵权行为发生时，有权提起诉讼。此外，我国法律对外国人或外国企业在中国的注册商标专用权的国民待遇保护，还主要体现在两个方面：(1) 侵权构成标准相同。我国法律对侵犯外国人或外国企业在中国的注册商标专用权所适用的构成标准，与侵犯中国的企业、事业单位和个体工商业者的商标专用权所适用的构成标准相同。这一标准就是商标法第三十八条及其实施细则第四十一条规定的五种行为。(2) 寻求法律保护的途径和获得法律救济的手段相同。

七、关于企业兼并的几个法律问题

随着社会主义市场经济的建立和发展，企业被推向市场，并在市场竞争中求生存和发展，优胜劣汰的现象在所难免。劣势企业，特别是长期亏损的企业，除破产的途径外，实行企业兼并也是办法之一。所谓企业兼并，是指一个企业购买其他企业的产权，使其他企业失去法人资格或改变法人实体的一种行为。广东省广州市中级人民法院廖鸣和在论及企业兼并时谈了如下几个法律问题：

(一) 企业兼并的特征和性质

企业兼并既不同于企业吞并、企业联营，又有别于企业承包、租赁经营。它的特征是：1. 它是一种民事法律行为；2. 它是一个企业购买另一个企业的企业产权；3. 它的法律后果是使被兼并企业丧失法人资格或改变法人实体，为兼并企业吸收消化，溶化一体或为兼并企业所控制。

企业兼并的根本性质是一种民事法律行为。

(二) 企业兼并的原则和形式

1. 企业兼并的原则是：(1) 自愿、互利、有偿原则；(2) 合法原则；(3) 公平竞争原则；(4) 有利于生产结构调整和生产力提高原则。

2. 企业兼并的主要形式：(1) 承担债务式，即在资产与债务等价情况下，兼并方以承担被兼并方的债务为条件，接受其资产；(2) 购买式，即兼并方出资购买被兼并方的资产；(3) 吸收股份式，即被兼并方的所有者以将被兼并的企业的净资金作为股金投入兼并方，成为其一个股东；(4) 控股式，即一个企业通过购买其他企业的股权，达到控股，实现兼并。

上述四种兼并形式，一是基于被兼并企业有无净值（资债相抵、债大于资、资大于债）进行有偿交换；二是基于被兼并企业所有人是否完全放弃被兼并企业所有权来确定的。第一、二种方式，兼并企业购买了被兼并企业产权，成为被兼并企业财产的所有人及债务承受者，原所有人失去被兼并企业的财产所有权。第三种方式，也发生在被兼并企业资大于债的情况下，其所有人对被兼并企业净资产的所有权体现在对兼并企业的股权上，只有与兼权企业一起有按股分红权利和分亏义务。上述三种兼并方式，使被兼并企业完全丧失经济实体资格，不复存在。第四种方式，被兼并企业的实体依然存在，不外是其所有人将其净资产折为股分部分转让给兼并企业。此时，兼并方控制了被兼并企业部分股权，从而取得被兼并企业的经营管理决策权。兼并企业作为新股东与被兼并企业原所有人共负被兼并企业的盈亏。这实际上是按股分共有，合资经营。

（三）被兼并企业的债务清偿

在第一种兼并方式中，兼并企业要承担被兼并企业的债务。

在第二种兼并方式中，兼并企业的购买价格，实际上是被兼并企业财产（包括债权）减去债务的价值，即兼并企业承担被兼并企业的债务，并不影响其实际取得的利益。

在第三种兼并方式中，兼并企业应当承担被兼并企业的债务，这并不影响它的利益。

在第四种兼并方式中，兼并企业作为被兼并企业的新股东，对被兼并企业的原有债务不应负连带责任，其风险责任仅以籍以控股的新出资的股金为限。

八、关于企业间相互借贷的问题

在经济司法中，对日益突出的企业间相互借贷问题，存在着近乎统一的观点和做法，即不问具体情由，只要是企业间的相互借贷，均毫无例外地判定为违反了国家金融管理制度而确认其无效，不予司法上的保护。江西省吉安地区中级人民法院邹峰阳提出：对企业间相互借贷问题应重新校正视角，从当前的经济势态出发，以历史的、发展的眼光来客观审视，既不可能绝然禁止，也不能任其运行，合理地规范引导。有条件地予以认可和保护，方为上策。

（一）企业间相互借贷产生的必然条件

邹峰阳认为，企业间相互借贷的产生与存在，与近年来我国经济体制改革有着必然的联系。

1. 在管理体制上，国家对企业的管理从微观转向宏观，从直接控制转向间接控制；从单纯依靠行政手段管理转向转向运用多种手段，特别是运用经济的和法律的手段，而辅之以行政手段；从以管为主转向指导、监督和服务。在此种新体制下，企业再不是单纯的产品制造者，而更多体现为相对独立的商品生产者。这就为企业能够成为相互借贷的主体，创造了前提条件。

2. 现在，企业是独立的法人，加之企业自主权的逐步扩大，使得一部分企业在上缴利税后，拥用一定的可以自主支配的盈余资金。这就为企业间相互借贷提供了物质基础。

3. 由于企业已成为独立的经济实体，不少企业为了生存与发展，为了在公平竞争中立于不败之地，必然需要大量资金用于设备改造，研制新产品、新技术等。这种对资金的需求欲，是企业间相互借贷的内在动因。

4. 从资金来源的外部环境内素看，资金供求矛盾突出，银行资金不可能满足新老企业的需求，加之当前融资市场还很不发达，就迫使一些资金短缺的企业，在向银行借贷不能如愿的情况下，寻找银行之外的资金供给的新伙伴和新途径，以进行生产和经营。

5. 既然企业是独立的经济实体，其对自己可独立支配的资金，理当可以自主选择它的流向，包括有偿外借，以发挥它的更大效益。此种借贷，应视为企业自主权的一种体现，是企业自我利益发展的一种选择。

（二）企业间相互借贷的经济效应

邹峰阳认为，企业间相互借贷对社会经济效果的影响，有正负两方面的效应，分别为正当和非正当的借贷行为所致。

1. 正当借贷行为。此种行为并不违背金融管理体制。在信贷资金短缺的情况下，企业间的相互借贷在一定程度上能缓解资金供求矛盾，调剂资金余缺，较好发挥资金本身的内在作用。在现实生活中，确有部分企业因借用他企业资金起死回生、渡过难关，既求得企业本身的生存与发展，也为社会创增了财富。作为出借方的企业，则因出借资金而获取相应的约定收入，可谓双方互为利益，各得其所。从这个意义上说，企业间的相互正当借贷，相对银行信贷而言，属广义上的民间借贷范畴，体现了社会主义制度下，各企业间的新型互助合作关系。

当然，有些企业间的相互正当借贷，也带来一些不良后果。如借入方由于各种原因，非但未能盈利，反而发生亏损，不能如期归还借入的本息，给出借方造成经济损失，但这不是借贷双方所期望的结果。即使银行信贷，此类情况也不能完全避免。这种不良后果不能归咎于相互借贷行为本身，更不能由此因噎废食。

2. 非正当的相互借贷。此种行为违背国家金融管理制度。其主要特征是：企业用于借贷的是有关法律法规明令不准擅自支配的资金，包括企业的流金和企业向银行借取的信贷资金。这两部分资金如不能及时回笼，便偏离了资金流向以财政和银行为中心枢纽的循环渠道。此种分流现象，不可避免地要冲击国家财政与银行信用，造成资金失控和信贷资金的进一步短缺，融资市场的混乱无度，企业间的相互拆借之风将会愈演愈烈，金融管理方面的宏观调控作用将被大大削弱。因而，此种企业间借贷行为断不可取。

（三）企业间借贷的处理

在审判实践中如何处理企业间相互借贷，邹峰阳认为，应当因势利导，趋利避害。对有利于经济发展的正当借贷予以认可和保护，反之则应禁止和制裁。有条件地承认企业间的相互借贷，应是处理此类问题的基本前提。

国家明令禁止不准企业间相互借贷的内容主要包括：一是不准企业相互借贷流动资金，收取利息；二是企业间不准用银行贷款相互借贷；三是企业间不得相互拆借现金。此外，并无绝对禁止企业间其他形式的相互借贷的规定。由此可见，对企业间的借贷是有条件地允许的。因此，在审判实践中，没有理由不纠正以往一律判定此类合同为无效的偏颇做法。无论何种形式的借贷，要正确判定其效力，关键要看借贷是否正当，看用于借贷的资金的来源与性质。前述国家禁止企业间相互借贷的三项内容可以认为是判定相互借贷合同效力的三个标准或界限，违背其中之一的即为无效，否则当属有效。

九、关于不正当竞争及其法律调整问题

在我国，不正当竞争是指在经济活动中，违反诚实信用原则，损害诚实竞争者合法权益，扰乱社会经济秩序的竞争行为。广西壮族自治区北海市中级人民法院丘富圣认为，不正当竞争具有三个特征：（1）竞争性。行为实施不正当竞争行为的直接目的是击败对手，保持优势。（2）经济性。行为的目的是在经济竞争中占据优势，从中获取经济利益。（3）不正当性。它是一种违反诚实信用原则的非诚实经营行为，行为人在竞争中不是凭借实力、靠信誉，而是借损人利己的不正当手段，使诚实的竞争对手处于不利地位。

他认为，不正当竞争的法律调整，是指用法律手段来规范经济运动中的竞争行为，保护和鼓励公平竞争，禁止违反诚实经营的竞争行为，对该种行为予以取缔，规定行为者承担相应的法律责任。

在市场经济中，企业、其他经济组织和公民个人作为自主经营、自负盈亏的生产者和经营者，在经济领域竞争中的胜败，直接关系到其切身利益。近年来，仿冒名牌商品充斥市场，对诸如此类采用不正当竞争手段，干扰和破坏社会正常经济秩序的行为，如不依法取缔，任其蔓延，对我国市场经济的健康发展是极为不利的。因此，既要在经济领域中引入竞争机制，又必须对竞争进行正确的引导，保护和鼓励公平竞争，对不正当竞争行为进行法律管制。由此得出结论，尽快在我国制定一部调整不正当竞争的专门法律，是我国立法机关一项刻不容缓的任务。

在谈到法律调整不正当竞争范围时，丘富圣提出，凡不正当的经济竞争行为，均应纳入我国反不正当竞争法的调整范围。至于认定某一行为构成不正当竞争行为，应同时把握两个标准：其一，应是经济竞争行为，即行为人在经济活动中，为谋取经济利益，试图超过有利害关系的经营者，或保持自己的优势，使竞争对手处于不利地位的行为。判断某一行为是否经济竞争行为，首先，看行为人与行为所指向的行业者之间是否存在有竞争利害关系。其次，看行为人为该行为时是否具有竞争目的。其二，这种竞争行为的竞争手段须是不正当的，即行为人采用损人利己的手段进行经营，使竞争对手处于不利地位而自己处于有利地位，从中获利。

丘富圣还认为，不正当竞争行为作为一种侵权行为，其民事责任实质上是一种侵权责任。其民事责任的归责原则应是过错责任原则；承担民事责任的方式适用民法通则关于侵权民事责任的方式。

十、关于产品责任的几个问题

产品责任，又称产品质量责任，它是指产品的制造者或销售者因生产或销售的产品质量不合格而造成他人财产，人身损害时应承担的责任。由于我国尚无一部完善的产品质量法，关于这方面的法律规定仅有民法通则第122条的原则规定，以及标准化法和工业产品质量责任条例的一些规定，因而一些生产者、销售者置消费者的利益于不顾，大肆生产、经销劣质产品，给消费者造成重大经济损失、人身伤亡。因此，制定一部产品质量法、在司法实践中严厉制裁伪劣商品的制造者、销售者是我们的一项重要工作。

（一）产品责任的构成要件

黑龙江省高级人民法院陈永刚认为，产品责任是一种侵权责任，而且是一种特殊的侵权责任。它的构成要件同一般的侵权责任构成要件有很大的区别。

1. 产品质量不合格。即产品的质量不符合质量标准要求，包括产品设计不合格、产品制造不合格、产品的说明不合格。产品质量标准包括国家标准、行业标准、地方标准和企业标准。

2. 造成他人损害。他人，不仅指产品的购买者和使用者，还包括任何其他因产品质量不合格而造成事故损害的受害人。损害包括两种，其一，是财产损害；其二，是人身损害，如伤、残、死亡。

3. 产品质量不合格与损害间存在因果关系。

4. 在主观方面，适用无过错责任原则。

（二）产品责任案件的举证责任

陈永刚认为，产品责任适用的是无过错责任原则，它的具体内容可以表述为：只要产品的制造者、销售者不能证明自己生产或销售的产品是合格的，或者证明产品的消费者故意违反使用规则，就应当对造成的损害承担民事责任。由此可以看出，我国产品责任案件的举证责任，虽然在法律上没有直接规定，但实践中应接近于严格责任类型，举证责任的具体分担方法是：

1. 产品的消费者、使用者及第三人承担的举证责任的内容有：(1) 提供确定产品生产厂家的证明，或者产品销售者开具的货物发票；(2) 合理地使用了产品，即没有违反产品的使用规则；(3) 使用该产品发生了事故，使自己受到了财产、人身损害；(4) 损害的程度及损失的数额。

2. 产品的生产者、销售者能够提供证据，证明以下情况之一的，即可免除自己的责任：(1) 证明受害人使用致害的产品不是自己生产或销售的；(2) 证明产品的质量是合格的，或该种不合格不是自己造成的；(3) 证明该产品的消费者、使用者在使用产品的过程中违反了使用规则，而自己已尽了产品使用说明的告知义务；(4) 证明损害与产品质量不合格之间没有因果关系。

（三）承担产品责任的主体

对此问题陈永刚认为，根据民法通则第一百二十二条的规定，受害人既可以产品的制造者为被告提起诉讼，又可以产品的销售者为被告提起诉讼。而且产品的制造者、销售者承担的是无过错连带责任。至于产品的运输者、仓储者一般不承担责任。只在他们由于故意或过失造成产品有缺陷，给消费者造成损害时，他们才对这种损害承担赔偿责任。但他们承担的是过错责任，而非无过错责任。除产品制造者、销售者、运输者、仓储者以外，其他任何自然人和法人都不承担产品责任。

(四)产品质量的异议期限与诉讼时效期间

权利人对产品质量问题如果未在规定或约定的期限内提出异议为产品合格。这种规定或约定的某种权利存续期间，在民法中叫预定期间。河南省高级人民法院王素丽认为，产品质量异议期限不是时效规定，而是一种预定期间的规定。产品质量的诉讼时效则是民事时效的一种。预定期间和诉讼时效极为相似，都是一定的事实状态（即不行使权利的事实状态）和一定期间的经过而发生一定的法律后果。两者就及时确定法律关系而言，其立法目的是一致的，在某些情况下，两者产生相同的法律后者，有时又是互相制约的。

1. 如果权利人未在法定或约定的期限内就产品质量向义务人提出异议，无论在诉讼时效期间内或期间外向法院起诉，权利人都失去胜诉权。

2. 如果权利人在法定或约定的期限内就产品质量的义务人提出异议，又在诉讼时效期间内向法院起诉的，权利人有胜诉可能。

3. 如果权利人在法定或约定的期限内就产品质量向义务人提出异议，但未在诉讼时效期间内向法院起诉，又未出现诉讼时效中止、中断、延长的情况，权利人失去胜诉权。

产品质量异议期与诉讼时效虽有相同和牵连之处，但二者毕竟是不同制度，在诸多方面存在区别，如效力不同、期间不同、适用的条件不同和形式不同。

十一、关于强化经济审判中的经济效益观的问题

经济审判中的经济效益观，是指人民法院的经济审判工作应遵循社会主义市场经济的客观规律，从有利于生产力的发展、商品流通、技术的发挥出发，以求获得最佳的经济效益。

湖南省高级人民法院佘宏荣，王旷认为，传统的法律学受自然经济的影响，一直将追求公平正义视为法律的唯一价值目标，人们对一切法律制度、法律行为和事实的评价，也主要围绕法律的公平正义性而展开，以公平正义作为评判法律事实、行为的唯一依据。随着市场经济的产生与发展，社会物质文明程度的提高，人们的商品经济意识也逐步增强，经济性原则，即力求以最小的耗费取得最大的经济效益，也在人们的社会活动中得到越来越充分的体现。人们由此开始注意到公平正义对经济效益的含摄极为有限，在对有关法律行为和事实进行法律评价时，单一公平正义的价值目标无法恰当地表达人们对法律的经济效益价值的追求。

随着市场经济的进一步发展，对法律的经济分析运用的愈广泛、愈深刻、公平正义作为法律的唯一基本价值目标的位置也开始动摇，经济效益则由只作为对现实法律制度的一种批评武器逐步成为当代法律的基本价值目标之一。当代法律的基本价值目标将是公平正义和经济效益双重价值目标并存。这是市场经济发展的必然，为适应市场经济的发展需要，实现法律的双重价值目标，就必须强化经济审判的经济效益观。

佘宏荣和王旷认为，社会主义市场经济要求经济审判必须具有强烈的经济效益观，追求最佳的经济效益。社会主义市场经济对经济审判提出了新的要求，大致包含三个方面：

1. 经济审判应为全社会的经济建设发展提供法律保证，应着眼于取得最佳的社会整

体经济效益，不能仅满足于保障人们公平地分享社会经济利益这块"蛋糕"，而应在保证公平分享的基础上，更强调设法和促使人们共同努力增加"蛋糕"的总量。因此，对每一件经济纠纷案件的审理，应从保护和发展经济建设的全局利益和长远利益出发，对每一行为的评价应从静止性的行为本身出发，扩展到整个社会的动态的长河中加以认识，将个别利益冲突置于社会整体利益中加以认识。

2.经济审判既要公正合理地解决已形成的经济纠纷，将纠纷损失降至最低点，又要将审理纠纷与预防纠纷相结合，通过审判活动预防新的经济纠纷发生，扩大个案审理的社会效果。

3. 经济审判活动必须贯彻诉讼经济原则，要尽量降低诉讼成本，争取以最低诉讼成本取得最佳的诉讼经济效益。

从上述可以得出结论：经济审判要充分发挥其服务于经济建设发展的职能作用，仅强调执法的严肃、公正已难以满足社会主义市场经济的要求。

本届学术讨论会涉及的法学理论和司法实践问题还很多，如票据问题、企业租赁、承包问题、主管部门连带责任问题、情势变更原则的适用问题、有关执行问题，以及交通运输审判中的一些问题，限于篇幅，就不再作介绍了。

银行承兑汇票法律问题研讨会综述

广东省高级人民法院经济庭

银行承兑汇票法律问题是经济审判工作中亟待研究解决的一个新课题。为此，广东省高级人民法院经济庭于1992年12月下旬在深圳市举办了银行承兑汇票法律问题研讨会。全省各中级法院经济庭庭长等共48人参加了会议。广州、深圳、佛山、湛江、中山、汕尾等6个中级法院经济庭为会议准备了发言材料。广东省高级人民法院副院长朱士范、最高人民法院经济庭派员参加了会议。

研讨会对近两年来法院审理银行承兑汇票经济纠纷案件的情况和经验进行了交流和总结，对审理中遇到的几个法律问题进行了讨论和研究，取得了一定的共识。现综述如下：

一、与银行承兑汇票有关的案件的类型

银行承兑汇票是指由收款人或承兑申请人签发，由承兑申请人向开户银行申请承兑，经银行审查同意承兑，并于到期日无条件向收款人或持票人支付票款的商业汇票。收款人或承兑申请人签发银行承兑汇票是由于承兑申请人和收款人之间存在基础关系，而且承兑申请人为签发人时，承兑申请人与收款人之间还存在票据关系；承兑银行因与承兑申请人之间有基础关系（承兑协议关系）而承兑，且因此在其与收款人之间产生票据关系；收款人将银行承兑汇票背书转让或抵押是由于其（背书人）与受让人或抵押权人（被背书人）之间存在基础关系，若银行承兑汇票在到期日前多次被转让，每一转让的转让人（背书人）与受让人（被背书人）之间均存在基础关系，而且基于背书行为，在背书人与被背书人之间产生票据关系，被背书人与承兑银行之间产生票据关系，被背书人与所有的背书人及发票人之间产生票据关系。

与银行承兑汇票有关的案件，根据不同的原告，可作如下分类：

1. 收款人未转让或抵押票据，到期未获承兑银行付款，收款人作为原告可以：(1)仅起诉承兑银行；(2)仅起诉承兑申请人；

（3）对承兑银行和承兑申请人一并起诉。

2. 承兑申请人因收款人未履行基础关系中的义务或履行有瑕疵起诉收款人。

3. 承兑银行向持票人（包括收款人）付款后，因承兑申请人不依承兑协议付款而起诉承兑申请人。

4. 银行承兑汇票被转让，受让人作为持票人到期未获承兑银行付款时可以：（1）仅起诉承兑银行；（2）仅起诉直接的背书人，或者对直接背书人和承兑银行一并起诉；（3）仅就直接背书人之前的背书人和发票人、承兑银行中选择一个或几个进行起诉，或对所选择的背书人和发票人、承兑银行一并起诉；

5. 转让人因受让人不履行基础关系中的义务或履行有瑕疵而起诉受让人。

6. 抵押权人因抵押人不履行主合同（基础关系），票据到期又未获承兑银行支付票款时可以：（1）只起诉承兑银行；（2）仅起诉抵押人（背书人），或者把抵押人和承兑银行一并起诉；（3）就抵押人之前的背书人和发票人中选择一个或几个进行起诉，或者对发票人、承兑银行和所选择的背书人一并起诉；（4）对所有的背书人和发票人，或者对发票人、承兑银行和所有的背书人一并提起诉讼。

7. 持票人未获承兑付款而向背书人追索，受追索者清偿后作为原告起诉他前面的背书人或承兑银行。

二、案件的管辖和案由

会议认为：级别管辖应依争议金额大小和案件的影响程度决定；地域管辖则可依以下情形确定：

1. 第1类型中收款人只起诉承兑申请人，而承兑申请人不是发票人的，以及第2、3、5类型的案件，这几类案件当事人之间纯属是基础关系纠纷，即普通债权债务关系纠纷，不属票据纠纷。以基础关系确定管辖法院，以基础关系作为案由。

2. 第1类型中收款人只起诉承兑银行的是票据关系纠纷；第1类型中收款人只起诉承兑申请人，而承兑申请人又是发票人的，第4、6类型中持票人只向直接的背书人追索票据金额，而未以他们之间的基础关系（合同）起诉的，以及第4、6类型其他情况和第7类型的案件均属票据纠纷，应依民事诉讼法第二十七条关于票据纠纷的管辖规定确定管辖法院。案由可定为票据关系纠纷（原告起诉承兑银行和背书人的案件），或票款支付纠纷（原告只起诉承兑银行的案件），或票款清偿纠纷（原告只起诉背书人的案件）。

3. 第1类型中收款人起诉承兑申请人和承兑银行，而承兑申请人又是发票人时，以及第4、6类型中持票人只对直接背书人和承兑银行起诉时，既以票据关系又以他们之间基础关系（合同）为由的案件，民事诉讼法关于合同纠纷和票据纠纷管辖规定均可作为确定管辖法院的依据。案由可定为合同纠纷和票据纠纷。

至于银行承兑汇票的贴现地是否为票据支付地问题，多数意见认为：贴现是一种特殊的转让，即贴现银行以购买方式受让票据并成为持票人，到期向承兑银行请求付款，因此贴现地不是票据支付地。

至于解付地法院有无管辖权问题，多数意见认为：我国银行结算制度要求收款人或持票人在票据到期时只能通过其开户银行办理转帐，即开户银行是解付银行，但转帐中收不到承兑银行的款，解付银行仍得从收款人或持票人的帐户扣回款项，就是说，解付银行不承担付款义务，仅仅转帐而已，承兑银行才是真正承担付款的义务，因此，解付地不是票据支付地，解付地的法院无管辖权。

三、诉讼主体的确定

1. 收款人只起诉承兑银行的案件，收款人是原告，承兑银行是被告。收款人未获承兑银行付款，其票据债权得不到实现，实际上也使其对承兑申请人享有的原因债权（基础关系中的债权）不能实现，但收款人既然不向承兑申请人行使原因债权的起诉权，这是原告处分自己的诉讼，法院没必要干涉。

2. 收款人起诉承兑申请人，若承兑申请人不是发票人，只与收款人存在票据的基础关系，承兑银行拒付票款也使收款人对承兑申请人的原因债权得不到实现，但既然只以原因债权起诉承兑申请人，而不同时以票据债权一并起诉承兑银行，这是收款人处分自己票据上的权利。即使承兑申请人是发票人，与收款人存在基础关系和票据关系，收款人不论以票据追索还是同时又以原因债权为由起诉承兑申请人，但没向承兑银行起诉的，法院也没必要主动列承兑银行为被告。这种情况下，收款人是原告，承兑申请人是被告。

3. 收款人对承兑银行、承兑申请人以票据关系、基础关系一并起诉的，是收款人为使自己的权利得到更充分的保护，对两个互相关联的诉合并起诉，收款人为原告，承兑银行、承兑申请人是被告。

4. 非收款人为持票人（即银行承兑汇票被转让或抵押，最后的被背书人为持票人）提起诉讼的案件，持票人对所有签名于票据上的债务人都享有起诉权，也享有起诉的选择权。即持票人起诉所有签名于票据上债务人的，所有债务人都是被告；如果只起诉其中一个或几个签名于票据上的债务人，被起诉的债务人是被告，没有被起诉的其他债务人不是被告，法院不必追加没有被起诉的债务人为案件当事人。

5. 受追索者向持票人清偿追索金额后作为原告可对他前面的背书人和承兑银行作为被告一并起诉，也可从中选择一个或几个作为被告起诉。

6. 对承兑申请人起诉的其与收款人之间的基础关系纠纷案件，如果收款人已将银行承兑汇票转让或抵押，不管承兑申请人、收款人有无要求，法院不能把承兑银行、持票人或曾受让过票据的人列为案件当事人；在审理承兑申请人与承兑银行之间的承兑协议纠纷案件中，不管原、被告有无要求，法院不能把收款人或持票人或曾受让过票据的人列为案件当事人；票据转让中某一转让环节的基础关系有纠纷诉至法院，因该基础关系当事人已不持有票据，故不管原、被告有无要求，法院不能把持票人、承兑银行或其他票据债务人列为案件当事人。

至于在审理收款人与承兑申请人之间基础关系纠纷案件中发现收款人与贴现银行有串通或欺诈取得贴现资金时，法院可否把承兑银行、贴现银行列为案件当事人进行并案审理问题，少数人持肯定态度，理由是贴现银行与收款人的串通或欺诈行为损害了承兑申请人和承兑银行的利益，法院不管收款人或承兑申请人有无要求，均可列贴现银行、承兑银行为案件当事人；多数人持否定意见，理由是贴现属于一种转让，贴现银行的串通若构成恶意取得票据，承兑银行可以票据法上赋予的抗辩权保护自己和承兑申请人的权益。因此，多数意见还认为承兑银行作为票据最终的主债务人，对收款人或持票人不享有起诉权，在票据关系上均处于被告地位。

四、银行承兑汇票的诉讼时效

会议认为：我国尚无票据法，在现有法规、规章对票据时效没有规定的情况下，民法通则规定的二年普通诉讼可作为银行承兑汇票的诉讼时效。持票人到期向承兑银行提示票据不获付款时，持票人对承兑银行、发票人及所有背书人的诉讼时效开始起算；受追索者向持票人已为清偿的，已为清偿者向他前面背书人或承兑银行的诉讼时效从他为清偿之时起算。

五、对银行承兑汇票的诉讼保全措施

会议认为，承兑银行对银行承兑汇票的责任是一种无条件支付的绝对责任，因此，不管审理的是票据关系还是基础关系，法院不应随意冻结银行承兑汇票。但是，为保护当事人利益，必要时可采用如下措施：

1. 收款人与承兑申请人发生基础关系纠纷，收款人又未将银行承兑汇票转让或抵押，若汇票尚未到期，法院为保护承兑申请人利益和有利于判决的执行，可裁定不准收款人转让或抵押，并由法院扣押，并裁定冻收款人的帐号，汇票到期通知承兑银行协助将票款转入已冻结的收款人帐号上。

2. 持票人与直接背书人之间发生基础关系的纠纷，若银行承兑汇票尚未到期，法院可采用上述措施：若承兑汇票到期，承兑银行已拒付的，为防止持票人向其他债务人行使追索权，使被追索的债务人要为清偿的，法院可冻结银行承兑汇票。

3. 持票人的银行承兑汇票被盗、遗失，向法院提出公示催告的申请时可请求法院裁定冻结银行承兑汇票，并将裁定送交承兑银行协助执行。

六、法律适用

票据的基础关系，应适用民法通则、经济合同法等。对票据关系的法律适用问题，有两种看法。少数意见认为：我国目前无票据法，但有《银行结算办法》，可适用《银行结算办法》，《银行结算办法》没有规定的也可适用民法通则、经济合同法等。多数意见认为：票据关系与基础关系的性质不同，票据关系的许多问题都不是民法通则等所能调整的，因此，除适用《银行结算办法》外，不能适用民法通则等，《银行结算办法》没有规定时，也应以票据法原理作为依据处理，并在判决理由部分表述清楚。

七、审理银行承兑汇票纠纷案件应注意的其他问题

1. 查明银行承兑汇票的效力。会议认为：银行承兑汇票作为可背书转让进行流通的有价证券，是以银行承兑汇票上面的记载事项是否齐备为判断标准的，只要银行承兑汇票的记载事项齐备，不管汇票签发，承兑、转让中的基础关系如何，也不管票据行为如何，该银行承兑汇票即有效。但是，我国目前尚无票据法。对银行承兑汇票记载事项齐备到何程度，承兑汇票才有效的问题上有两种意见。一种意见认为：既然我国《银行结算办法》规定银行承兑汇票所有事项都要记载清楚，则只有全部事项都已记载，银行承兑汇票才有效。如有一事项没记载，即使该事项不是很重要的，该银行承兑汇票就无效；多数意见认为：一般情况下，银行承兑汇票记载事项应依《银行结算办法》规定记载齐全才有效，但是如果是一些不重要事项，如银行帐号、交易合同号等没有记载，而受让人在受让银行承兑汇票时曾向承兑银行或发票人了解银行承兑汇票真实性的情况下，不能因上述事项没记载就认定银行承兑汇票无效。这是对我国目前没有票据法，没有所谓绝对应记载事项、相对应记载事项的规定的情况下的变通办法。

对无效的银行承兑汇票，一切票据债务人均可作为不向票据债权人承担票据义务的抗辩理由。

2. 查明票据债务人抗辩理由是否充分。主要查明银行承兑汇票持票人是否为正当持票人，例如查明背书是否连续，持票人是否为禁止转让记载后的持票人，持票人取得银行承兑汇票时是否善意、有无恶意或重大过失，有无给付对价，等等，从而准确认定票据债务人的抗辩权。

3. 收款人未获承兑银行付款以基础关系起诉承兑申请人并以票据关系起诉承兑银行的案件；持票人未获承兑银行付款，以基础关系、票据关系起诉直接背书人和承兑银行的案件，由于银行承兑汇票在直接当事人手中，收款人或持票人票据债权实现，其对承兑申请人或直接背书人的原因债权也就消灭，反之亦然。即这是两个存在于直接当事人之间互相关联的两个诉，法院可以合并审理，但由于两种债权性质不同，适用法律不同，故应对当事人在两个关系中的责任分别认定，然后考虑被告之间对原告责任具体承担的方法。

三、全国法院第四届（经济法学）学术讨论会优秀论文选登

完善经济合同无效制度的若干思考

江西省高级人民法院　郭玉元

一

我国经济合同无效制度肇始于 1982 年 7 月生效的《中华人民共和国经济合同法》，具体体现在随后颁发的专门合同法、司法解释及行政规章等有关规范性法律文件中。其中有：1985 年通过的《中华人民共和国涉外经济合同法》，1987 年通过的《中华人民共和国技术合同法》及其实施条例；最高人民法院 1984 年发布的《关于贯彻执行〈经济合同法〉若干问题的意见》，1987 年发布的《关于在审理经济合同纠纷中具体适用〈经济合同法〉的若干问题的解答》；国家工商局 1985 年发布的《国家工商行政管理局关于确认和处理无效经济合同的暂行规定》；商业部 1987 年发布的《商业部门经济合同管理试行办法》，等等。根据这些法律文件，无效经济合同的范围被界定于：主体不合格（包括不具备法人资格，未经核准登记领取营业执照、无权代理和代理权滥用）；内容不合法（包括违反国家计划、政策和法律，损害国家利益、社会公共利益和他人利益，超越经营权限）；意思表示不真实（胁迫、欺诈、重大误解和显失公平）；程序不合法（没有履行法定手续和采用书面形式）；无实际履约能力。经济合同无效制度的建立及广泛运用，在制裁违法经营，促进经济主体行为的规范化，维护社会主义经济秩序方面发挥了良好的作用。

但是，经济合同法制定于十年以前，囿于当时的立法背景，其缺陷与不足也是不言而喻的。当时的立法背景是，经济体制改革主要在农村进行，城市的经济体制改革只在若干大中城市试点，国民经济还主要依靠指令性计划和行政手段管理，原有的产品型经济体制还没有发生大的改变。在经历了“文革”十年动乱和长期的法律虚无主义之后，法学教育和法学研究刚刚恢复，缺乏深入的法学理论研究作为立法理论基础。在合同法学中，“意思自治”、“契约自由”尚被当作资产阶级法律所独有的原则受到彻底的否定、批判。经济合同被定格为实现计划的工具，经济合同被公认为是经济法的一个重要部门法，体现经济法特色的“国家干预主义”原则被置于中心地位。

很难设想，在这样的经济背景和理论氛围里，经济合同法的制定会是尽善尽美，没有败笔。首先，产品经济最大的特点是强调整体、全体、国家利益，淡化、漠视个体、生产经营者的独立人格与利益，这种价值取向贯彻到合同立法中，最明显的表现是忽视对合同当事人特别是受害人以及第三人权利的保护，在个体利益与社会利益之间缺少必要的平衡，以致法院经常以牺牲受害人、第三人的利益为代价，有名无实地根据国家利益、

公共利益否定合同的效力；第二，法学理论研究的滞后，使立法者不能科学、准确地认识和把握合同无效制度的内涵与实质，合同无效制度的功能被过分夸大，其结果是无效合同制度被盲目推崇为矫正欠缺有效条件的经济合同的唯一补救手段；第三，“国家干预主义”原则的绝对化，在所有权制度上表现为不承认生产者（主要是国有企业）的财产处分权，在债权制度上表现为不尊重当事人的意思自治权，特别是在国有资产责任主体泛化的产品经济条件下，出于防止国有财产流失的动机，这一状况必然走至极端；第四，处于新旧体制度交替初期的立法者，对合同法颁布后，以合同为媒介的商品交换大潮，尚有顾虑，因而，在整个经济合同法的立法指导思想上必然表现出过分的谨慎。所有这一些集中反映到无效经济合同的立法中，突出表现在：足以认定合同无效的法律依据过宽、过广，宽容不够，苛峻有余，盲目打击了一大批虽有欠缺但基本合法的合同。经济合同无效制度这种不足，如果说在过去还有其存在的合理性，那么在经济体制向社会主义市场经济转换的今天则弊病毕露，日益偏离社会经济生活的主旋律。

二

十年来，随着我国经济体制改革的纵深发展，市场机制作用不断加大，市场调节范围不断扩展，社会主义市场经济正以不可逆转的态势，充满生机、富有朝气地朝我们走来。市场经济体制的核心是：经济资源的分配是由供给和需求的自发力量来调节；契约具有法律效力，人们可以自由从事各种经济活动，生产和交换他们所拥有的财产，并保留通过这种自由交换所获得的财产；企业主有经营的自由，可以自由参加或退出各种行业的经济活动；而消费者有选择的自由，他们可改变实业家提供的商品和服务的种类及数量；政府的职责是维护契约，保护财产，建立有利于竞争的正常的社会秩序。

法律是经济生活的客观反映，市场经济体系的孕育和成长，不断地向法律提出新的要求和挑战。一是旧的经济体制下某些被认为不合法的东西，在市场经济范畴中，其价值重新得到估量，如合同转让、期货交易，过去在合同法中均属非法，在经历了几年的风雨反复后，现在有的已被默许，有的正在被接受。这就要求有关法律正视现实，及时作出修正。二是要求法律适应当代经济贸易发展的要求，把注意力放在维护契约的效力、确保交易安全和流通的顺畅性上。由于商品交易日益庞杂、频繁，当事人在交易过程中已经很少有精力和能力去考查转让人对标的物的权利是否存在瑕疵，因而要求法律重心逐步从对所有权的保护过渡到对交易安全的保护；打击违法交易，不是法律特别是私法的终极目的；立法对契约自由的干涉，不是为了摧毁自由市场，而是为了维护自由市场。三是要求理直气壮地打起契约自由这面市场经济的旗帜。说到底，市场经济就是自由经济，人身自由、财产自由、契约自由、竞争自由、劳动自由是其具体表现，其中，契约自由是市场经济的灵魂，契约自由意味着契约当事人可以自由地选择和决定契约的订立、契约的内容以及契约的效力。一切已被证实的经验表明：每个人在平等的地位上进行自由的竞争，才可使社会达到繁荣，也使每个人的利益得到满足。

合同无效制度的积极意义在于，通过对某种类型的合同的评价与否定，端正市场行为，维护市场秩序，促进商品交换的健康发展。在这方面，合同无效制度有时确实能起到一种刑法、行政法所不能取代的惩戒与补救作用。但是，无效合同的范围过广，使用频率过高，其负面作用也是显而易见的。

第一，合同一旦被确认无效后，合同尚未履行的，不得履行；正在履行的，应立即终止履行；已经履行完了的，权利、义务要恢复到合同订立前的状态。过量的无效合同，必然置商业交易于一种不确定的状态，从而破坏了交易主体的商业信心与安全感。近年来，人民法院受理的各种经济纠纷中，无效合同的比重逐年加大，其比例在有些地方已突破30%，这还没有包括工商部门处理的无效合同。由于无效合同具有不可履行性，一个合同被确认无效后，往往会产生连锁反应，导致多个以该合同为基础的经济合同履行受阻，使一系列业已成交的交易活动归于无效，以致形成“连环债”、“三角债”，长期掣肘着我国经济生活的有序化。无效经济合同的大量发生，一方面反映了我国经济生活领域规范化程度低，法制观念淡薄；另一方面，也反映出我国经济合同无效的确认范围太宽，欠缺宽宏大量，在无效经济合同中，有大量属于没有履行法定手续、主体不合格和超越经营权方面的，从国外的立法看，这些方面的违法并不必然导致合同无效。

第二，关于无效合同最不令人满意的方面是法律盲目打击所有有关当事人，其结果是唯一能从合同中获取利益的常常是有过错的被告。法律设置无效合同无非有两个目的，一是由于合同对双方的作用不公平，通过使合同无效的办法，保护弱者的利益；二是由于合同在某些方面与国家利益、社会公共利益严重冲突，通过令合同无效的办法来维护后者的利益和尊严。但是，由于在具体实施中对合同无效的生硬理解和简单化处理，法律有时会陷入一种尴尬的境地，即它本要保护某种公共利益，结果却破坏了它；它原本要保护某些弱者的利益，结果却损害了它，这个时候，人们会发现合同无效制度在履行其职责时是多么苍白无力。我们知道，在一份经济合同中，对当事人来讲，最大的利益莫过于通过合同的履行来满足各自对预期利益的追求，如一方违约造成合同的不履行，则应赔偿对方因合同不履行而丧失的利益（如货物转售的差价利益），即使是没有造成损失，也还要承担惩罚性的违约责任。但在无效合同中，这种间接利益的损失是得不到赔偿的，惩罚性违约金更是无从追究，甚至诉讼费用也要均摊。在无效合同的树荫下，违约方既达到了解除合同的目的，又逃避了责任，而这种结果在合同有效的情况下是难以达到的。法律在这种问题上所受到的非议更多的是发生在因欺诈而造成合同无效的场合，在这类合同中，欺诈行为受责难的程度比单纯的违约要大，但欺诈方在诉讼中所处的地位却常常要比单纯的违约当事人好得多；相反，对于受害一方而言，尽管因欺诈而导致合同不履行与违约造成合同不能履行给他带来的后果都是合同落空，但他能够获得的司法救济远低于在合同违约中获得的救济。

第三，无效合同范围过宽，后果过于严厉，极易损害无辜第三人的利益，按经济合同法目前的规定及学理解释，无效合同最基本的法律后果是：合同自始没有效力，已经履行的合同必须回复原状，如果合同标的物已被再转让第三人，则无论受让人是恶意还是善意，转让都将因转让人无权处分而不被法律承认，解决的办法是取消合同，由有过错的当事人赔偿因此给第三者带来的损失。在这里，无效合同实际上是全盘否定了对善意第三人的保护。因此，动辄使合同无效，对无辜第三人无疑十分苛刻，尽管他有权要求赔偿，但他签订合同的目的毕竟没有实现。

第四，立法技术上的粗糙、不严谨，必然导致司法实践中任意扩大和滥用“违法无效”的倾向，助长了我国经济审判工作中某些不良现象。有些审判人员从地方保护主义出发，当本地的当事人违约或无力履行合同时，即夸大合同中的某些缺陷，以合同无效为由帮助本地当事人达到变相解除合同的目的。也有一些审判人员认为，合同一旦被冠以“无效”，对合同纠纷当事人是一种心理压力，易于达成妥协，因而常常轻率地利用合同无效指责双方“违法”，迫使受害方让步，接受调解，致受害方的利益得不到充分保护。于是，无效合同便成了某些人随心所欲的法律工具。

第五，当然，也有另一种倾向，审视一些有关无效经济合同的成案，细心的人不难发现，有些合同虽然被确认无效，但在后果的处理上却多半尊重既成的事实，按有效合同对待，尤其在合同只是轻微地、无意地、技术性地违法并且已被履行的时候更是如此。无效合同按有效合同的方式处理这一现象，一方面反映了司法机关的务实和明智，因为合同的全部或部分履行标志着标的物已完全进入流通，交易过程已结束，新的财产关系已经形成，如果再按无效合同取消合同，返还财产，将会给商品交换造成极大不便和浪费；另一方面也表明，经济合同法关于无效合同制度的某些规定不切合实际，得不到应有的尊重，已经被司法实践所修正，变得有名无实。

这些年来，一些观察敏锐、思想开放的学者和实践工作者，实际上已经看到了现行经济合同无效制度对经济生活的不适应，以及司法上的盲从与偏执，并屡有论及，其中有些观点、论证不乏见地，如缔约过失责任问题，合同无效与善意第三人保护的协调问题。立法和司法解释对此亦作出了某些谨慎的反应，例如关于连环合同的效力问题，根据最高人民法院1987年发布的《关于在审理经济合同纠纷案件中具体适用〈经济合同法〉的若干问题的解答》，对连环合同的效力不再奉行过去那种“一人有过殃及其余”的简单处置方法，而是根据各购销合同本身的具体情况认定。这些迹象和变化尽管是局部的和有所保留的，但却无可置疑地为经济合同无效制度的全面改革打下了基础。

三

考察我国无效经济合同制度的现状，分析其中利弊，总结个中得失，借鉴国外成功的立法经验，本文认为，完善我国经济合同无效制度大致可遵循如下思路。

（一）全面贯彻契约自由原则

契约自由原则是资本主义国家合同法的一项基本原则，其理论基础是自由主义哲学和自由放任主义经济学。对于十九世纪的资产阶级法官们来说，自由主义哲学意味着，合同是现代社会中个人获取权利的主要来源，人人都有为自己缔结合同的不可剥夺的权利，合同又是当事人相互同意和自由意志的化身，每个人都有独立的人格和完全的思考能力，完全有能力（只有少数例外，例如幼儿和精神病人）认识自己的利害所在从而决定自己的行为。对于法院来讲，民法所起的主要是一种消极的作用，它的主要目的就是让人们自由地行事，最大限度地实现他们的意志。在今天，把契约自由原则贯彻到经济合同无效制度中，就是要求：第一，当合同只是关系到当事人之间物质利益分配不公正，对国家利益和社会利益无损害时，法律应当允许受害当事人来决定合同的前途，“只有自己才是自己利益最好的法官”。仅仅因为合同是苛刻的，压迫性的或不合理的，法律便取消合同或合同条款，不一定对受害人或社会秩序有益。第二，合同立法应大量采用任意性法律规范的形式。合同买卖关系是整个社会关系的一部分，个人利益和社会利益协调地结合，并不排除个人生活某些领域受社会直接干预；但如果这不是社会利益所必需的话，国家就不干预许多方面的个人生活。除少数涉及国家根本利益、社会秩序、市场交易安全及直接关系到第三人利益的事项，法律设强制性或禁止性规定，以排斥当事人之意志自由；大量仅关系当事人自己利益、无碍宏观的事项，法律可设任意性规定，以补充当事人之约定，或作为解释当事人意思之标准。经济合同法现行规定中，关于违约责任、担保、合同形式及救济方法等强制性规定，都可改为任意性规范。第三，当合同条款只是一部分地违反法律或社会公共利益时，应当允许合同双方当事人通过平等协商进行改正，作为对合同效力的一种补救。司法的职责主要不是一味的打击、围剿、排斥，而是服务。

(二) 扩大可撤销合同的适用范围

可撤销合同又称"可使无效合同",它是指一项并非绝对无效也并非完全有效的合同,也就是,这种合同一开始是有效的,并能产生有效合同的全部后果,但是由于合同组成的情况或一方当事人的法定行为能力等因素,这种合同是可以撤销的。即依双方当事人中一方的选择而使合同无效。例如,某人由于受骗而签订了一个合同,那么该合同便可依据他的选择而成为无效合同,但是,如果他不行使选择权利,或存有某些情况对这种选择权构成阻碍,那么该合同将是有效的,而且将产生有效合同的全部后果。可撤销合同的法律精神在于:既不对双方当事人的公正漠不关心,也不因此而将神圣契约自由原则抛置脑后,法律的职责是在两者之间寻求平衡,在这一点上,可撤销合同比无效合同更富于公正性、灵活性和宽容精神。在英美法和大陆法中,可撤销合同主要运用于欠缺真实意思或真正自愿基础而签订的合同,如,无缔约能力的人签订的合同,因错误而签订的合同,受欺诈、胁迫而签订的合同,因不正当影响而签订的显失公平的合同。我国现行的三部合同法都没有可撤销合同的规定,民法通则对可撤销合同的规定也只限于重大误解和显失公平,这个范围显然过窄,难以令人满意。

在因欺诈、胁迫订立的经济合同中,有可能成为牺牲品的是当事人的个人利益,把这一部分合同纳入可撤销合同的调整范围,符合法律保护弱者的动机。因为是否受到欺诈、胁迫,并因此受到损害,只有受害人自己最清楚,把选择合同有效、无效的权利交给受害人,更能体现对受害人的保护。况且,欺诈、胁迫的含义和"错误"、显失公平"总是重叠的,例如某合同从合同成立的原因方面看,是存在着欺诈或胁迫等因素,而从当事人之间的物质利益分配方面看,则是显失公平;或者合同签订是基于误解,而酿成误解的原因又是欺诈,特别是在重大误解是因第三人欺诈造成的时候,"误解"和"欺诈"更是难以划清。从法律适用角度看,既然已经肯定了"显失公平"、"重大误解"的合同为可撤销的合同,对因欺诈、胁迫而签订的经济合同似应同等对待为宜。德国民法、日本民法和我国台湾地区民法都是把因欺诈和胁迫而为的法律行为规定在可撤销的法律行为中。

无权代理人订立的经济合同是作为无效的对象还是作为可撤销的标的,还有斟酌余地。按民法通则规定,无权代理行为不是绝对无效,而是允许被代理人追认,通过追认将欠缺的授予代理权的意思补充后,仍发生与有权代理同样的效力。即使在被代理人表示拒绝追认的场合,合同也不一定要无效,根据民法通则第六十六条第一款后段的规定,被代理人拒绝追认时,只是代理关系无效,并未规定无权代理行为(包括经济合同)无效。从理论上讲,任何一项代理关系都包含着一项默示的担保,即在被代理人不受代理行为拘束时,代理人仍负有自己履行合同或为损害赔偿的义务。在代理关系被确认无效后,只要代理人具备该经济合同的主体资格,具有履行能力,且双方都愿意使经济合同生效履行,法律没有理由不尊重当事人的这种意愿而强令经济合同无效。从这个意义上讲,把无权代理而签订的经济合同纳入可撤销的合同范围更令人信服。

(三) 限制违法无效的范围

如果把可撤销合同调整范围扩大到只涉及个人利益得失的合同,那么,无效合同多数情况下常常就是指那些违反法律和政策,损害国家利益和社会公共利益的"违法合同"。长期以来,人们普遍认为,违法合同必然无效,实际上这是一种过于简单和机械的观点。违法的情况很复杂,并不是任何违法因素都要导致合同无效。首先,违法是指违反强行法的规定,对任意性规范的违反并不构成违法,因为任意性规范是示范和补充性的,本身隐含着选择的可能性。其次,正象一项轻微的违约不一定要导致合同解除一样，一项轻微的违法（如无意地、技术性的、程序上的违法）也不一定要使一个业已形成的合同无效，法律不应以牺牲受害方及第三人的利益为代价来维护一项泛泛的、微不足道的公共利益，否则，有关当事人会感到极不公正，国家也会因此得不偿失。第三，合同在订立时属于合法的，但在履行合同时有一方采取了非法手段，也不能算作是无效的，这种合同只是不能由有过错的一方要求强制执行罢了。第四，即使某项违法从法律的角度看是不可原宥的，但被违反的规则的目的指向其它的制裁方式，则也不一定要使合同无效，在所有这些案件中，有关法规是想打击某种行为，但不一定打击含有这种行为的合同。因此，从合同法意义上讲，“违法”应该是指订立合同目的、原因及合同标的、合同条款的违法。认识到这一点，就不难看出，我国经济合同法把“不具备法人资格”和“超越经营权”作为合同违法无效的原因，有些差强人意。

法人资格与合同资格在理论上是两个完全不同的概念，法人资格是对组织、团体的人格化而言的，其主旨在于把经营者的责任风险限定在可预计的范围里；经济合同的主体资格，则是对民事法律关系而言的，是指依法享有权利和承担义务的民事权利能力。不具备法人资格的组织，能否成为经济合同的主体，关键是看它是否取得了合法的经营资格，凡经工商行政管理机关核准登记，取得了合法经营资格的，就有进行民事活动、自主经营的权利，从而也就取得了参加民事法律关系的资格，自然也就能以民事法律关系的主体出现签订经济合同。用法人资格作为尺度，去衡量合同的主体资格，把大量个体、私营企业等非法人经济组织拒之于经济合同门外，只能是对各种所有制形式、各种法律形式的企业可以在商品经济条件下同时并存、平等竞争的一种否定，其结果势必与经济体制改革业已形成的体制格局相违背。在西方资本主义国家，对合同主体资格的要求仅限于某些特殊职业，如医生、律师、设计师以及股票经纪人等，从事这些职业的人如没有取得执照即擅自与别人订立合同从事业务活动，合同无效。这样规定主要是为了保护公众免受无资格者的侵犯，对一般商业活动，就主体资格而言并无多少特殊要求，在这方面，常常援用的规则是：当要求有执照只是一种税收措施时，合同不受影响；但如果要求有执照是为了保护公益，合同即无效。

经营权是由企业章程规定的，它包括经营方式和经营范围两项内容，在经济生活中，更多的无效合同起因于超越经营权，然而解决这类问题的最好办法未必一定要使合同无效。在一个讲求速度和效益的高频率商业社会中，要求交易当事人清楚地了解对方的章程规定及经营范围实有强人所难之虞。况且，随着市场成份的加大，产权改革的深化，企业自主权的不断扩大，企业为适应市场变化求得更大的生存空间，企业章程将会变得越来越复杂、笼统、抽象、概括、修改频繁，在这样的情形下，让不了解对方企业经营范围或有误解甚至被对所欺骗的第三人承受合同无效的结果，是否公平？以牺牲与企业签订越权合同的他方当事人的利益为代价来保护一项现在并不十分看重的制度，是否值得？都需要重新掂量。从英国、美国、法国、加拿大、澳大利亚等国有关商业公司的“越权”改革立法看，将越权问题与合同效力问题分开处理，似乎是一种趋势，改革的目标越来越倾向于：公司具有与自然人相当的权利能力，可以从事任何在董事会看来对公司有利的营业活动；在任何情况下，不得把公司缺乏权利能力作为认定公司行为或财产转让无效的原因；公司章程对经理权利的限制不影响公司具体行为的有效性。从我国现有的情况看，对企业经营权范围作出一定的限制，从税收和产业政策上看仍然是必要的，问题在于有无必要用合同无效的办法来制裁违法者。把制裁与合同区分开来，更有利于经济流转的稳定，符合公平与效益的立法精神。

（四）注意区分有效合同与无效合同

从性质和法律后果两个方面看，无效合同与有效合同的差异在于：第一，有效合同是合法的，所以法律对它的评价是积极的、肯定的，无效合同在法律和道德上是应当受到谴责的，所以法律对它的评价是消极、否定的，否定的方式是取消合同，制裁违法行为。第二，无效合同的违法性，必然导致这些行为永远无效和绝对无效。绝对无效有两层含义，一是说合同的有效、无效与否不取决当事人的意愿，而是取决于有确认权的司法机关和行政机关；二是说实际取得合同标的第三人，无论善意还是恶意，都不能对抗、阻止合同无效。永远无效是说无效合同向前要朔及既往，向后不受追诉时效的限制。第三，从本质上讲无效合同根本就不是合同，所以不产生合同责任，只产生某些准合同责任（不当得利返还）及侵权责任（损害赔偿）。有鉴于此，把有效合同作无效处理，把无效合同作有效处理，于社会、于个人都是一种不负责任的表现，而且很容易使法院背上破坏合同的恶名。因此，在司法实践中，严格区分有效合同与无效合同的界限是十分必要的。针对审判实践中存在的问题，尤其有必要将合同无效与合同不能成立、合同解除和不可强制执行的合同区别开来，注意区分部分无效与部分有效合同。例如，形式不合法的合同就是最典型的不可强制执行的合同，在很多国家中，合同的签订不遵守关于必须具有书面形式的规定，只会使当事人失去援引证人、证言证明法律行为存在，进而要求法院强制执行的权利，而不是导致合同无效，这种合同本身仍是有效的。再如，合同条款不清或主要条款不齐备，有可能影响合同的成立，但不是无效，缺少某项协议，甚至是关于相当重要的事项，如货价、交货日期、付款日期等等，对于构成合同来说，并不总是带有决定意义，因为法院能够、也有责任根据什么是公正的和合理的合同基础来提供有约束力的并有确定意义的条款，使合同得以按照当事人的真实意思履行。在无效合同中，无履约能力的合同占有一定数量，这种合同情况较为复杂一些，有的是故意造成的，有的是过失造成的。但不管哪种情况，“无履约能力”首先意味着合同因一方当事人的原因得不到履行，从本质上讲仍是违约，因此，遇有这种合同，法律应允许原告将被告置于违约当事人的地位，也就是说，在合同履行期限届满之前，当事人一方鉴于对方履行合同的能力或信用有严重缺陷，或者从对方在准备履行合同的行为中看出对方显然将不履行其大部分重要义务时，可以对方“提前违约”为由，单方面中止其履行义务；如果他愿意，当事人也可以等到合同规定的履行期届满时，再决定采取何种法律上的救济办法。

经济合同法应设立法定解除制度

福建省宁德地区中级人民法院　刘炳荣

一

合同的解除按其发生的原因，可分为法定解除和约定解除两种。两者的区别是：（1）取得解除权的人不同。约定解除的解除权人双方都可以，只要是合同当事人都有权提出解除合同，具有普遍性。法定解除的解除权人却相对固定，只有依照法律规定取得解除权的人才享有，一般只是合同的一方才拥有。（2）解除的原因不同。约定解除不同当事人解除合同的因由如何，只要不违背法律和社会公共利益，双方达成协议即能解除。法定解除的原因法律有专门规定，只有在法律规定的条件成就时才能解除合同。(3) 解除的方式不同。约定解除是双方行为，需要当事人双方协商一致，才能解除合同。能以约定解除与订立合同一样，要经过要约和承诺两个阶段。法定解除是单方解除方式，只要根据当事人一方的意思表示就能解除合同，无需与对方协商。(4) 效力不同。约定解除的效力范围由当事人意思决定，有无溯及力由当事人双方协商确定。法定解除的效力范围则不依当事人的意思，有无溯及力由法律直接规定。(5) 解除合同的损失承担不同。约定解除一般由提出解除建议的一方承担对方因解除合同所受的损失，而法定解除提出解除的一方不承担。

单方解除合同是法定解除的显著特征。现代立法都把诚实信用作为合同制度的一项原则，要求严守契约，但同时又规定合同可以单方解除，两者并不矛盾，合同单方解除是诚实信用原则的补充和例外，因为合同单方解除制度与诚实信用原则一样，都是在社会经济不断发展，商品交换的价值规律要求商品流转迅速的情况下，为适应瞬息万变的商品交易情况而产生的。

单方解除合同是有解除权方的特权。所谓解除权就是法律赋予合同当事人得将合同解除的权利，它的行使可以发生合同解除的效力，属于形成权。所以法定解除的关键问题在于，当事人是否拥有解除权并且能否依照法律规定行使解除权。现代立法对法定解除内容都有明确细致的规定，一般都有以下几项主要内容：(1) 法定解除权的享有；(2) 解除合同的法定条件即解除权的取得；(3) 法定解除权行使的程序和方法；(4) 合同解除的效力和因合同解除产生的民事责任。

法律之所以允许合同解除是因为合同订立后主观和客观情况发生了变化，继续履行原合同，已不能适应新的情况。但因主观情况变化解除合同和因客观情况变化解除合同是不同的。主观变化是由于当事人为了达到更高的利益，而抛弃原有的合同。它是积极主动的，其最初的形态表现为“主观上的毁约”，这种“毁约”的意思，也许能使对方也得到更高的利益，所以法律要把一方当事人因主观原因提出解除合同是否有效，交由对方当事人决定，因为合同当事人最清楚合同解除的后果，由双方协商解除其权利义务关系，能反映和满足各方当事人的利益和要求，况且合同是当事人协商签订的，根据自愿原则的要求，当然也可以基于当事人的协议而解除。因客观情况变化提出解除合同是为了自身利益免遭损失，是被动的，迫不得已的，因为客观情况变化使订立合同所追求的经济利益无法达到，当事人主观意志不能预见，因而解除合同不能归责于当事人。所以法律应当允许解除合同，使当事人得以补救，这样法律就应当规定这些客观变化的内容以及解除合同的程序。

综上所述，法定解除和约定解除分别执行两种不同的功能，约定解除适用于签订合同后双方当事人主观上的变化，是当事人自愿原则的体现。法定解除适用于合同在订立后客观情况变化的情形，是一种合同履行的补救方法，两者在合同解除中相辅相成缺一不可。

二

在我国，合同解除主要规定在经济合同法第二十七条至三十一条以及国务院为配合经济合同法实施而发布或批准发布的 13 个配套法规中，其中的规定共同特点是：(1) 合同双方都有解除权，凡是合同当事人都有权提出解除合同；(2) 合同的解除是双方行为。所有的合同解除都应当双方协商一致才能成立，非经双方协调一致，仅为单方随意不履行或不完全履行合同，不是经济合同的变更或解除，而是一种毁约或违法行为。(3) 未规定合同解除的效力。这些特点说明我国经济合同法关于解除合同的规定只是约定解除。

现行经济合同法规关于合同解除的规定很不科学，主要表现在：(1) 歧义较多。经济合同法没有理清法定解除和约定解除的基本内容，在规定解除合同需要双方达成协议的同时，又规定了合同解除的条件并把协商同意解除合同列入条件之一，既不象法定解除，也不象罗马时代限制约定解除那样，只允许某几种情况出现，才允许与对方协商解除，因此引起了歧义，各种观点都有。(2) 不公平。经济合同法许多配套法规都要求解除合同要约的答复期限，逾期不答复的视为默认解除。这些规定要求受要约人承担义务，不符合法理。(3) 因合同解除造成损失的承担规定过于原则。解除条件的不同，产生的赔偿责任也不同，但是经济合同法第二十七条规定了统一的标准，过于概括，容易误解为谁提出解除合同谁就要承担因合同解除造成的损失。

现行经济合同法没有规定法定解除存在很多弊端。(1) 不利于保护无过错方利益。世界各国都把合同解除作为对违约行为进行补救的方法之一，而我国法律不这样，当一方违约，影响对方签订合同所追求的经济利益，非违约方与违约方协商解除合同不成时，无过错方仍得履行合同规定的义务，再遭损失。(2) 不利于司法。按照现有的法律规定，人民法院判决合同解除的依据只能是当事人双方解除合同的协议（因违约承担解除合同的违约责任除外），这明显不能适应审判实践的需要。另外，因法定事由提出解除合同，要经过繁琐的交涉，时间拖延较长，一旦引起纠纷，案件会变得更为复杂，不利于法院处理案件。(3) 不适应经济生活中出现的新情况。一些合同当事人在合同中规定了合同解除条款，但是在履行中，合同规定的解除情况出现后，依照现行法律，合同还不能解除，因为现行法律规定，合同解除应当双方协商一致。这样，合同中规定的解除条款自然不能发挥作用。

综上所述，现行经济合同法在确立约定解除的同时，应当确立法定解除。

三

基于上述弊端，我提出如下修改建议：

1. 把经济合同法第二十七条第一款中的第一项和其它四项分开规定。第一项就是约定解除的内容，其它四项就是法定解除的法定条件。约定解除条款可以这样表述："当事人双方经过协商同意并且不因此损害国家利益和影响国家计划得解除合同。约定解除合同的程序依合同订立的程序。"法定解除条款的规定可以参考涉外经济合同法和技术合同法，规定明确谁拥有解除权，法定解除权发生的法定条件、解除合同意思表示的程序和方式、法定解除的效力和后果。

2. 完善和补充法定解除的条件。要增加的法定条件是：

(1) 合同约定的解除合同的条件。外国法律把这种情况归为法定解除，我国涉外经济合同法也一样。因此应列入法定解除的条件之一，以适应经济生活需要。(2) 情势变更。最高人民法院 (1992) 27 号函肯定了情势变更原则。因情势变更解除合同不可归责于双方当事人，且能保障等价有偿原则的实现，因此应当列入法定解除的条件之一。(3) 破产。虽然经济合同法已规定当事人一方因关闭、停产、转产确实无法履行经济合同的可以解除合同，但未包括破产，我国目前出现了破产制度，因此应列入法定解除条件之一，这样当事人一方因破产而解除合同的，另一方当事人因为履行合同支付了代价，该当事人可以作为债权人参加破产程序，要求从破产财产中清偿所支付的费用。(4) 双倍收回或丧失定金。我国法律对定金是否具有解约性质未做规定。在法定解除条件中规定当事人得以丧失或双倍收回定金为代价解除合同，这样有利于定金制度的完善。

要完善的法定条件是经济合同法第二十七条第五项，该项规定："由于一方违约，使经济合同履行成为不必要。"这里的"使经济合同履行成为不必要"不科学。一是"履行成为不必要"的标准实践中不好掌握；二是与解除合同作为违约责任相矛盾，解除合同作为违约责任只适用于特定的经济合同中一方当事人严重违约或进行非法活动的情形，而不是没有履行必要；三是违约使经济合同履行成为不必要，不能包括违约使经济合同履行不能。涉外经济合同法对这个问题规定较好，它以"导致严重影响订立合同所期望的经济利益"为标准，并加了履行期限届满未履行的条款，比较全面准确，因为订立经济合同是为了追求经济利益，当然应当以经济利益作为出现违约后合同是否解除的标准。所以第五项的"履行成为不必要"应修改成这个标准。

3. 要规定法定解除解除权行使的程序和方式。世界各国对法定解除权行使的程序主要有三种类型。一是通过法院裁决解除合同；二是不经过法院裁决，由有解除权的一方将解除合同的意思送达对方当事人就发生合同解除的法律效力；三是只要法律规定的解除合同的条件成就，合同当然解除无需解除权人作出意思表示，也无需法院裁决。第一和第三种有一定的弊端，所以大多数国家都采用第二种。我认为我国经济合同法也应采用第二种，它有以下好处：(1) 通知对方，可以给对方解释的机会，有利于双方把握解除条件是否成熟，解决因解除合同产生的法律后果和对方采取补救措施，减少自身损失、减少纠纷。(2) 涉外经济合同法、技术合同法都采用了这种方式，经济合同法也采用有利于法制的统一。

4. 要明确规定合同解除的效力。我认为法定解除的效力应视具体情况而定。(1) 由于一方违约而解除合同的原则上有溯及力。因为无论什么情况恢复原状对非违约方都有利，这样有利于保护非违约方，制裁违约方。(2) 由于不可归责于双方的原因而解除合同的，原则上无溯及力。因为要求这种情况有溯及力不符合公平原则和无过错责任原则的规定。(3) 特殊的合同应有特别规定。如租赁合同、劳务合同、委托合同等继续性合同，由于这些合同固有的属性，解除合同只能向将来的事实发生效力，因此这类合同解除不具有溯及力。

总之，设立法定解除制度是完善我国经济合同法律制度的需要，也是社会主义市场经济的必然要求。

也论无效经济合同的确认和处理

江苏省苏州市中级人民法院　陈春泉

对合同的效力的确认是审理经济合同纠纷的不可逾越的必经程序。因此，探讨经济合同的确认和处理问题对合同立法及经济审判实践具有一定的现实意义。

一、合同管理机关与人民法院对无效经济合同确认权的关系

经济合同法第七条规定："无效经济合同的确认权，归合同管理机关与人民法院。"该规定没有明确合同管理机关和人民法院对无效经济合同确认权的效力层次关系，但从该

规定的词句结构看，两者对无效经济合同具有同等效力的确认权。因为“和”体现的是一种并列关系，谁也包容不了谁；其次，“确认”是指对合同效力的明确的判定，除各自上级业务机关依法变更外，这种确认是不受其他任何机关限制的，生效的。最高人民法院的有关司法解释也承认合同管理机关与人民法院对无效经济合同具有同等效力的确认权，1990年11月3日最高人民法院给江苏省高级人民法院的一个批复中指出：“工商行政管理机关对无效经济合同具有确认权，但无效经济合同引起的财产争议属于平等主体之间的经济纠纷，如当事人就无效经济合同的财产争议向人民法院起诉的，凡符合法律规定的，人民法院该予受理。”该批复规定人民法院只受理平等主体之间的财产争议，即排除了人民法院对受理当事人因不服合同管理机关的无效认定而提起的诉讼。该批复的理论基础就是承认合同管理机关与人民法院具有同等效力的无效经济合同确认权。

赋予合同管理机关与人民法院同等效力的无效经济合同确认权不符合民法原理。经济合同是当事人为达到一定经济目的而设立的具有权利义务内容的民事法律行为。民事权利是民事主体享有的利益范围或实施一定行为实现某种利益的可能性，当这种可能性仅靠自己的力量无法实现时，可请求司法机关以国家强制力保证实现。权利的概念中天然地包含了司法请求权即诉权，它是权利的核心所在。当当事人对关系到合同法律关系性质及其民事权益的合同效力有异议时，有权请求人民法院对合同效力加以确认，在理论上属确认之诉。当事人依法享有的诉权不受非法剥夺，凡符合起诉条件的人民法院必须受理，并作出公正处理，《中华人民共和国人民法院组织法》第三条规定：“审理民事案件，解决民事纠纷是人民法院的任务。”对民事行为效力的确认属民事审判权范畴。人民法院独立行使审判权，不受行政机关先行认定之限，审判权具有不可替代、不可转让、最后确认的特征，法院不能因为行政机关已作处理而拒绝受理。如果赋予合同管理机关与人民法院同等的无效经济合同确认权，那么业经工商部门确认的无效经济合同，当事人不能再向法院请求司法确认，法院在审理财产争议时无权对工商部门的无效认定作变更认定。这不仅剥夺了当事人对争议法律关系请求司法确认的诉权，也损害了民事审判权的独立性、权威性。

赋予合同管理机关与人民法院同等的无效经济合同确认权，也不符合依法行政的要求。依法行政是行政法的基本原则，它包括：第一，行政机关的行政权限应在宪法和法律规定的范围内，不得侵害他机关的权力；第二，行政机关某些具体行政行为受法院的最后调整，以保护行政相对人不受行政侵害。而现经济合同法正好与上述两点相背，它极强调通过合同管理机关等国家行政机关对经济合同进行全面的监督、检查和管理，它是80年代初我国计划性商品经济体制的反映，具有经济行政法的特点。合同管理机关在经济合同的订立、履行和纠纷的处理中行使大量的职权，而其对无效经济合同的认定和处理具有行政司法权的性质。赋予合同管理机关行政司法权是计划性商品经济体制下国家对经济全面管理的需要，表明当时行政权力过于膨胀，而司法权相对薄弱。随着我国市场性商品经济的逐步发育成熟，经济组织以独立、平等的商品交换者身份参与流通，经济合同不再是执行国家计划的工具，而是体现平等主体之间商品交换关系的民事法律行为，受统一的民法通则的调整。民法通则虽没明文规定对无效民事行为的确认权仅在人民法院，但人民法院拥有最后的确认权是肯定的。因此，在经济合同法颁行10多年，经济合同成为民法通则调整对象的今天，仍赋予合同管理机关行政司法权性质的无效经济合同纠纷处理权，且其无效确认力与人民法院相同，这无疑是行政权对司法审判权的侵害。其次，按照行政诉讼法的规定，当事人认为行政机关及其工作人员的具体行政行为侵害了其财产权的，可以向人民法院提起行政诉讼。合同管理机关在处理经济合同纠纷时，如其无效认定有错，必然侵害一方当事人的财产权利。虽然法律允许当事人就财产处理部分可提起民事诉讼，但对无效认定部分，既不能与财产处理部分一同提起民事诉讼，也不能单独提起行政诉讼，且法院在审理财产争议时，不能对合同管理机关的无效认定作变更确认，即合同管理机关认定经济合同无效的行政行为游离于人民法院的调整之外。

赋予合同管理机关与人民法院同等的无效经济合同确认权在实践中易产生矛盾和混乱。对合同效力的确认是人民法院审理经济合同纠纷的必经程序，是财产处理的前提和基础，有什么样的效力确认，便有什么样的财产处理，两者是不可分割的。如果工商部门对经济合同的无效确认是正确的，那么财产处理一般也不会有错；如果人民法院认为工商部门的财产处理有问题，那么很可能是其在无效认定上有错。最高人民法院的那份批复正是割裂了两者的关系，在经济审判中产生了矛盾和混乱。人民法院按该批复在审理财产争议时无权对工商部门的无效认定作变更确认，即人民法院必须假定工商部门的无效认定是绝对正确的，或者即使发现工商部门的无效认定有错也不予纠正，这既违背了实事求是的审判原则，也使人民法院独立的司法确认权受制于合同管理机关的先行认定。在这种矛盾状况下，人民法院不能对经济合同纠纷全面审理，当事人的权益也不可能彻底得到保护。这样，合同管理机关与人民法院同等的无效经济合同确认权演变为谁先确认谁就正确的混乱境地。

如何理顺合同管理机关与人民法院对无效经济合同确认上的关系呢？要改变目前两者在无效经济合同确认和处理上既平等又有层次，既分割又交叉的局面，有两种途径，要么赋予人民法院高于合同管理机关的无效经济合同确认权，要么使合同管理机关对无效经济合同的确认和处理均是终局的。但后者既剥夺了当事人的诉权，也损害了民事审判权的完整性，不足取。因此，笔者认为，在修改经济合同法时，应与现行民法通则的有关规定相呼应，并顺应现代行政法的发展趋势，缩小合同管理机关处理无效经济合同的范围，即当事人对经上级工商部门复议的无效经济合同的认定和处理不服的，均可向人民法院起诉。虽然不服工商部门的无效认定提起的诉讼具有行政诉讼的特征，但单纯就无效认定提起诉讼几乎是没有的，因此，仍可归属民事诉讼范畴。人民法院应对经济合同纠纷全面审理，不受合同管理机关先行认定之限制。人民法院是国家审判机关，是调整社会关系的最后、最权威机关，其对社会生活的调整效力应该超越于国家行政机关之上。

二、科学地划分无效经济合同的种类

经济合同法第七条第三款，国家工商行政管理局《关于确认和处理无效经济合同的暂行规定》第一条（三）项，最高人民法院《关于适用〈涉外经济合同法〉若干问题的解答》第三条第四项均规定，未经追认的无权代理行为订立的合同属无效合同种类之一。依民法理论，无权代理行为被代理人不予追认的，该行为并非绝对无效，只是不能依代理制度对被代理人产生约束力而已，但如果该无权代理行为具备了一般民事法律行为有效条件，虽不发生代理行为的效力，但仍将发生一般民事法律行为的效力，这种情况，该无权代理人应作为合同一方当事人承担法律后果①。民法通则六十六条规定，无权代理行为："只有经过被代理人追认，被代理人才承担民事责任，未经追认的行为，由行为人承

① 参见梁慧星：《代理论》。

担民事责任”。这条规定表明，无权代理行为未经追认的，不对被代理人发生法律约束力，而由行为人承担该行为有效或无效的民事责任。这个规定是符合民法原理的，但经济合同法及有关司法解释与民法通则不一致，且在理论上是错误的，在司法实践中易生混乱，因此，把无权代理行为绝对地归入无效合同种类是不科学的。其次，我国涉外经济合同法第三条第五项规定，未以书面形式订立的合同也属无效经济合同种类之一，其他许多法律也规定必须订立书面合同。必须订立书面合同是法律对合同形式的强制规定，属要式合同，如当事人依法未履行要式义务，未订立书面合同，是合同形式上的欠缺，属合同不成立。合同不成立是从合同的形式内容上讲的，如合同不具备法定的或约定的形式及主要条款，合同就不成立；而合同无效是从合同的实质内容上审查的，如当事人是否具备主体资格；合同内容是否合法；是否是当事人真实意思表示；是否有规避法律，损害国家，集体、他人利益行为等。在审查经济合同效力之前，首先要审查其在形式上是否依法成立，如不能成立，则无所谓合同效力问题了。因此，把未以书面形式订立的合同归入无效经济合同种类也是欠妥的。

三、对我国无效合同处理原则的思考

我国合同理论认为，合同无效使之溯及既往地消灭，基于无效合同给付的标的物所有权仍属于给付人，给付人可基于所有权原理请求受领人返还财产。因此，无效合同处理的原则是所有权的回复，使合同当事人之间的财产关系恢复到订立之前的状态，处理结果既不使当事人有所得，也不使当事人有所失，即使当事人的财产关系恢复到根本没有过合同那样。但这只是理论上的理想境界，事实上是根本不可能的。因为，虽然理论上认为无效合同自始不发生法律效力，当事人交付的财产不发生所有权转移，但这只是有权机关事后所作的否定性评价，对合同当事人而言，合同依法成立即具有法律约束力，不得随意变更或解除，且在合同被依法确认无效之前，当事人一般也会自觉依照合同约定履行。如果随意借口合同无效而拒绝履行，势必造成经济秩序的混乱。因此合同在被有权机关确认无效前，已如有效合同一样发生着不可逆转的法律后果，如标的物买受后消费掉；当事人已按合同付出了劳务；标的物随时间推移而发生价值变化，而劳务、劳动成果在性质上是无法返还、恢复原状的。其次，按照经济合同法第十六条第一款的规定，无效合同承担的也是过错责任。过错者要负相应的赔偿责任，则他在财产上必有所失，不可能恢复到合同订立前的状态。再次，我国法律用返还、赔偿和追缴来处理无效经济合同的财产后果本身即是对无效经济合同财产可以恢复到订立前状态的否定。任何行为，不管合法，违法；有效，无效，只要在民法上有意义，必然会产生一定的民事法律后果，后果即是对原有状况的改变。因此，要使无效合同的财产处理恢复到订立前状态的立法用意缺乏逻辑和事实可能。笔者认为，无效经济合同的处理原则只能是：使无过错者的财产恢复到合同订立前的状态。

处理无效经济合同必须确定纠纷中的过错。理论通说认为，无效经济合同纠纷中的过错是指当事人在缔约上的过错。合同是当事人之间的债，双方在签约时，相互之间已处于特殊关系，必须基于诚实信用原则使新订合同符合有效条件。这种保证所订合同有效的义务随双方签约的意向逐步产生，所以称先合同义务。经济合同无效的原因在于一方或双方未尽先合同义务，在缔约上有过错。这种理论能否全面反映无效经济合同纠纷中的过错状况？除了缔约上的过错外，是否有履行中的过错？虽然，经济合同无效后，合同规定的条款对当事人不再有约束力，当事人不必也不该按合同去履行，如已履行的，尚要通过返还使双方的财产恢复到订立前的状态，所以似乎不存在履行中的过错，但仅以

缔约上的过错来确定无效经济合同纠纷中的责任有失偏颇。如因甲的过错（乙无过错）订立了无效经济合同，在履行中甲供了货而乙长期拖欠货款，或如乙为供方，提供了不合格产品给甲，如只按缔约上的过错来划分责任，则责任全在甲，而乙的拖欠行为，提供不合格产品行为均不属过错，不追究相应责任，这显然违背民法的公平原则，于情理不合。司法实践为公平地审理案件，往往承认履行中的过错，但在明确履行中的过错时却不自觉地参照无效经济合同的条款。比如一判决书的理由部分这么写："甲与乙订立的购销合同为无效合同，造成无效的责任在甲（指缔约上的过错），乙在收货后未履行付款义务，对造成本案纠纷应负主要责任……"可以看出这一判决书既明确了甲缔约上的过错，也没忽视乙履行中的过错，但以无效合同为参照确定履行中的过错，未免使人觉得似乎法院在谴责乙为何未按无效合同履行而免于纠纷的产生。因此，是否存在无效合同履行中的过错，以什么标准衡量当事人履行中的过错，无效合同条款对确定履行中的过错有无参照意义，这些问题尚需在理论上作进一步研究。

四、科学地消除无效经济合同所造成的财产后果

除对双方恶意串通，损害国家、集体、他人利益的严重违法的无效经济合同作追缴处理外，对一般的无效经济合同，现行法律采用返还和赔偿两种手段。在适用返还时，一般认为，其中的财产不仅包括依无效合同交付的原物，也包括与原物等值的财产与货币，当原物已不存在且不能替代返还的，应折价返还。但这是对返还所作的扩大解释，原物既已不存在，返还客体已消失，而折以等值的财产、货币给付原主时，已不再是返还的原意了，在性质上属补偿，况且有些标的物，如劳务、劳动成果、无形财产在性质上是无法返还的。所以折价返还的提法不够科学。笔者认为，消除无效经济合同的法律手段可分为返还财产、补偿财产损失、赔偿三种。当原物是实物且仍存在，或虽已灭失，但可替代的种类物，应返还财产；当原物已灭失且是不可替代的特定物，或标的物是劳务、劳动成果、无形财产等在性质上是无法返还的，则应折以等值的货币补偿原主的损失；赔偿只与过错相关联，过错者应承担相应的赔偿责任。应科学地适用这三种法律手段，尽量使无过错者的财产恢复到订立前的状态。

第一，如果接受的标的物是货币，返还时应注意，如原主无过错，则应返还本金及银行存款利息，本金是贷款的，将贷存款利息差作为经济损失，由过错者赔偿。如果是原主或双方过错，只返还本金，银行存款利息或贷款利息作为经济损失按过错责任承担。

第二，如果接受的标的物是实物，原物存在的，应返还；如原物不存在，但是可替代的种类物，也可返还；如实物发生贬值（当时当地成本价、国定价或市场平均价与现时当地成本价、国定价或市场平均价之差，以下物价均指某地某时成本价、国定价或市场平均价），则贬值作为经济损失，按过错赔偿。如原物已灭失且是无法替代的特定物，则应根据具体情况折价补偿或赔偿，如原物价格上涨，按原价补偿；如原物价格下跌，按现价补偿，原价与现价之差作为经济损失，按过错责任赔偿。

第三，如果接受的是劳务，因其在性质上是无法返还的，虽然经济合同确认无效后，付出的劳务不能达到预期的目的，但凝聚在劳动里的劳动量是有效的，有价值的，劳动者支付的劳动量应得到补偿。应按付出劳动时国定报酬计算，如无国定标准，可按当时当地平均劳动报酬或同类报酬标准补偿。

第四，如果合同标的是劳动成果，如建筑工程承包合同中的建筑物，加工承揽合同中的定作物。这类标的物是劳动者支付一定的劳务利用劳动工具对劳动对象进行制作而成，是新物的延生。建筑物不可能推动，定作物不可能拆掉，故劳动成果在性质上也是无法恢复原状的。劳动成果价额中包含劳务报酬、物质消耗及必须的管理费用。在处理以劳动成果为标的的无效经济合同时，首先应确定劳动成果所有权的归属。这要区分是动产还是不动产，作不同处理，如果劳动成果是不动产（如建筑物），则归发包方所有，发包方对承包人的劳务报酬、物质消耗及必要的管理费用予以补偿；如果劳动成果是动产（如定作物），应按过错大小有无来确定归属，双方争要的，归无过错方或过错小方，双方均不要的，归过错方或过错大方，归属方应补偿对方酬金、物质消耗及必要的管理费用。

第五，如接受的是知识产权，受让方根据合同所取得的权利有效，应将其在使用知识产权中获得的利益折价补偿转让方。

在处理无效经济合同纠纷时，诉讼时效是个较棘手的问题。笔者认为应分别不同情况考虑：(1) 如是纯粹请求确认无效，则不受诉讼时效的限制，因为纯粹的确认之诉中无权利被侵害的事实，且对无效的确认，必须在法院实体审理后，以判决的形式确定。在援引诉讼时效时，法院应在告诉立案阶段以裁定形式驳回起诉。在实体判决前，效力问题悬而未决。(2) 一般而言，请求确认经济合同无效的目的在于保护自己的合法权益，其中存在着权利被侵害的事实，所以当事人请求确认合同效力并保护其财产权益的无效经济合同受诉讼时效的限制。但如何起算诉讼时效期间，即权利被侵害或知道、应知道权利侵害的起点时间，当事人依无效合同进行财产给付时，其所有权即遭受侵害，但当事人往往不知道或根本不认为这是对其权利的侵害，而当一方未按合同履行时，则认为是对其权利的侵害。因此，可视同于有效合同来确定无效合同权利侵害事实发生或知道、应知道权利侵害的起点时间。(3) 如是恶意串通，损害国家、集体、他人利益的无效合同，是严重违法行为，不受诉讼时效之限，任何人得随时请求确认无效，有权机关可主动确认无效。

关于国有小型企业租赁经营的几个法律问题

浙江省金华市中级人民法院　高洪宾

租赁是古老的民法概念，而租赁经营是从传统的租赁关系中发展而来，同时又突破了传统的理论。它是传统用益租赁理论在企业经营管理中的应用和发展，是适应所有权与经营权分离要求的一种新的尝试，是改革开放的产物。1988年6月5日国务院颁布了《全民所有制小型工业企业租赁经营暂行条例》(下称租赁条例) 以法律的形式确认了这一改革的成果。1990年2月24日国务院又发布了《关于修改〈全民所有制小型工业企业租赁经营暂行条例〉第二十二条的决定》，再一次肯定了这一所有权与经营分离的经营形式。它通过出租和承租的关系，把国家与企业之间，所有者与经营者之间的关系纳入了商品经济领域。表现了国家和承租人之间的一种新型的商品交换关系。实践证明，这种经营方式有利于强化经营者责权利紧密结合的经营机制，对增强企业活力，促进商品经济的发展有着不可低估的作用。笔者试就国有小型企业租赁经营（下称国营企业租赁经营）的几个法律问题，谈点粗浅的看法，以求教于同仁。

一

对国有企业租赁经营的性质，租赁条例第三条规定："租赁经营，是指在不改变企业的全民所有制性质的条件下，实行所有权与经营权的分离，国家授权单位为出租方将企业有期限地交给承租方经营，承租方向出租方交付租金并依照合同规定对企业实行自主经营的方式。"它包含以下五层意思：(1) 国有企业租赁后原有财产的所有权不变，仍属国家所有；(2) 租赁企业原有财产的所有权虽属出租人，但承租人享有占有、使用权和部分收益、处分权；(3) 承租人承租经营国有企业是有偿的，并要承担经营风险，如因承租人承租经营不善，致使企业亏损，承租人担保人要用自己的财产抵补；(4) 承租经营权具有排他性，即由承租人依法独立行使，不受他人（包括出租人）的干扰；(5) 承租人依照合同享有的各项权利受法律保护，当受到侵害时，有权请求排除妨碍、赔偿损失。

国营企业实行租赁经营是国有企业从高度集中的管理体制下脱颖而出的一种崭新的经营方式，也是继承包经营之后的又一种责任制形式。它与承包经营有相似之处，即都是"两权"分离下的责任制形式，但两者更有不同之处，主要区别是：(1) 承租人与承包人的法律地位和经营的风险责任不同。承包经营从某种意义上说是一种"包盈不包亏"的责任制形式，承包人完成合同规定的义务，即可得到奖励，完不成任务虽要承担相应的行政责任（或一定的经济责任），但并不要求承包人用个人或家庭财产承担经营风险，承包人的经营风险全部由企业（即国家）来承担的。而租赁经营却不同，它既负盈又负亏，承租人的租赁期间如果不能按合同完任成务，未能如数交纳租金，承租人及保证人要以个人财产和抵押财产进行抵补，承租人要与租赁企业共同承担经营风险。(2) 承租人与承包人的选拔形式不同。承包人一般是上级主管部门从承包企业或相近企业中选拔，筛选余地较少；而承租人一般是经公开招标，择优确定，挑选余地较大。(3) 所有权和经营权分离程度不同。承包经营企业的自主权基本上是在上级主管部门的控制下行使的，因而是有限度的；而租赁经营的自主权在行使过程中，基本上无需经上级主管部门的批准，具有较完整的经营自主权。上述三点是租赁经营比承包经营更有生命力的原因所在。

二

国有企业租赁经营是通过租赁经营合同来确认出租人和承租人的权利义务的。租赁经营合同是调整租赁经营双方（出租人、承租人）关系的最基本的法律依据。

国有企业租赁经营合同与传统财产租赁合同有相同之处，具有传统财产租赁合同的一般特征，但两者有着明显的区别，主要是：(1) 客体不同。国有企业租赁经营合同的客体是整个企业，包括企业的有形财产、无形财产及对企业机构设置、人事任免等管理权能；而传统财产租赁合同的客体仅限于有形财产。(2) 目的不同。国有企业租赁经营合同的出租人的目的是为了使国家企业的所有权与经营权分离，以增加企业活力，促进生产，实现企业财产的增值；承租人的目的是为了通过对企业的占有、使用权和部分收益、处分权，从中得到较大的利益。而传统财产租赁合同的出租人的目的是通过出让财产占有权、使用权获取租金；承租人的目的是为了获取一定时间内对租赁财产的占有权和使用权。(3) 当事人的权利义务不同。一是国有企业租赁经营合同的承租人不仅对企业财产享有占有、使用权，还享有部分收益、处分权。国有企业实行租赁经营后，出租人对出租财产的所有权主要表现在价值形态上，而承租人从某种意义上说已获得出租财产在实物形态上的所有权，所以，承租人对租赁财产的权利具有可处分性。例如对企业陈旧设备的更新、易变质易毁坏财产的拍卖和企业产品的销售等等。但这种处分权必须以不减少出租财产原价值为限。而传统财产租赁合同承租人对出租财产只享有占有、使用权，并没有也不可有处分权。二是国有企业租赁经济合同终止时，承租人在归还企业的财产时，只要不改变原价值的情况下，允许承租人对出租财产进行更新或改变形态；而传统财产租赁合同终止时，承租人必须返还原租赁标的物。三是国有企业租赁经营合同的承租人负有照章纳税的义务；而传统财产租赁合同的承租人不负有纳税义务，仍由出租人负责纳税。四是国有企业租赁合同在签订合同时，承租人要有一定的财产作担保或不少于两名有相应财产担保的保证人，而传统财产租赁合同的承租人一般无需用财产作抵押或由保证人担保。(4) 订立的程序不同。国有企业租赁经营合同的订立要求比较严格，一般需要经过以下程序：一是审批程序；二是公开招标程序；三是签订合同程序；四是公证程序。而传统财产租赁合同的订立，只要双方当事人就合同的主要内容意思表示一致即可成立，事先无需经过审批手续，事后也不要求必须公证。(5)租金的内容不同。国有企业租赁合同所确定的租金，不仅是承租者支配和使用国家的生产资料的代价，而且包含承租人对国家，对社会应尽的义务。它一般包括固定资产折旧费、流动资金占用费、管理费、退休人员统筹费和公积金、公益金等；而传统财产租赁合同中所确定的租金仅仅是承租人占有、使用租赁财产的代价。(6)出租人在履行合同过程中的作用不同。国有企业租赁经营合同的出租人（国家授权单位)在履行合同过程中将发挥以下四个作用：一是保证作用，即保证党和国家的路线、方针、政策在租赁企业中的贯彻落实；二是协调作用；即协调承租人与企业职工之间的关系，督促承租人尊重职工的民主权利，实行民主管理，民主经营；三是监督作用，即监督租赁企业合法经营，文明经营，发现有违法行为，及时查处；四是服务作用，即帮助租赁企业做好管理的基础工作，提供信息，提高经营管理水平。而传统财产租赁合同的出租人在履行合同过程中只是监督承租人合理使用租赁标的物。

三

国有企业租赁经营合同，是以书面形式规定出租人与承租人在租赁期间责、权、利的一种协议，属于经济合同的范畴，具有一般经济合同的自愿性、平等性、有偿性，但更有区别于一般经济合同的特性，主要表现：

（一）主体的多元性

这里所讲的主体多元性是针对承租人而言。根据租赁条例第七条规定，承租人有以下几种：(1) 法人，即由甲企业承租乙企业，甲企业可以是全民所有制企业，也可以是集体所有制企业。(2) 合伙或集体组织，即由两个以上承租者共同承租或由本企业全体职工全员承租，并对租赁企业的经营风险负连带责任。(3) 自然人，即由公民一人或一户承租。

国有企业租赁经营的承租主体的多元性，导致了租赁经营企业法律地位的可变性。目前，我国法学界对租赁经营企业的法律地位认识不一，主要有两种意见，一种意见认为国有企业实行租赁经营与实行承包经营不同，前者已不属法人，而后者仍属法人；另一种意见认为国营企业不因租赁经营而丧失法人资格，无论是法人承租、合伙组织承租还是个人承租都不改变企业法人的地位。笔者认为，上述两种观点都值得商榷。应该说由法人承租的企业，仍具有法人资格，而由合伙组织或个人承租的企业，就承担责任的意义上说已不再具有法人的特征。因为：(1)国有企业租赁后是否仍具有法人地位，关键在于该租赁企业其经营行为的法律后果是否有变化，承租人对其行为承担何种财产责任。根据租赁条例第三十五条“承租方在租赁期内达不到租赁经营合同规定的经营总目标或者欠交租金时，应当以企业的风险保证金、预支的生活费抵补，不足部分，由承租方、保证人提供的担保财产抵补”的规定，当国有企业租赁给个人或合伙组织经营时，其要对企业的风险承担连带无限责任，这种责任形式显然不同于法人，与法人的特征不符。(2) 根据我国民法通则第四十三条规定“企业法人对它的法定代表人和其他工作人员的经营活动承担民事责任”，也就是说，企业法人的法定代表人对其在经营活动中因过错和失误造成的损失（亏损，甚至资不抵债）均不承担连带责任。而当国有企业租赁给个人或合伙组织后，承租人对其在经营活动中因过错和失误造成的损失（亏损、甚至资不抵债），依租赁条例第三十五条规定必须承担连带责任。至于承租人因个人财产或担保财产有限，实际上难以承担连带责任，这与依法不需要承担连带责任是不同的。(3) 现行的一些地方的政策规章也规定，由个人或合伙组织承租的企业也未确认其具有法人资格。例如：江苏省无锡市关于国有企业租赁经营的规定：“个人（合伙）租赁的，一般执行国家对个体经济的政策。”可见，国有企业租赁经营后的法律地位会因承租人的不同而有所不同。而由于其法律地位不同，在对外民事活动中所承担的民事责任方式和范围也有所不同。如果是由个人或合伙组织承租，当该企业的财产不足以清偿债务时，应由承租人承担连带责任，承租人应为共同被告参加诉讼。所以从某种意义上说，这类租赁企业承担的已不是有限责任，而是无限责任。但如果是由法人或集体组织承租的，无论是租赁企业还是承租的企业都只承担有限责任。

（二）客体的综合性

关于国有企业租赁经营合同的客体是什么？在法学界争论也很大，笔者意见认为，国有企业租赁经营合同的客体是整个租赁企业，承租人可对整个企业实行管理和控制，对企业的所有财产（包括有形财产和无形财产）享有占有、使用权和部分收益、处分权。其理由：(1) 租赁条例第三条规定：“国家授权单位为出租方将企业有期限地交给承租方经营。”这里法条明确规定租赁的客体是企业，而不是经营管理权，也不是企业有形财产和无形财产的总和。(2) 经营管理权是一种权利，根据我国现行法律规定，权利不能成为客体。所谓经营管理权，是指国家授予财产的直接的排他的支配权及对企业生产的管理权。它是国有企业租赁经营合同的主要内容，而不是承租人和出租人的权利义务所共同指向的对象。如果把合同中的某一项内容视为整个合同的客体，不仅在理论上说不通，而且也明显地缩小了承租人的承租经营的权利，不利于租赁企业的发展。(3) 法人代表的资格或法定代表人的权利，也不能成为企业租赁经营合同的客体。因为它不能单独成为双方权利义务所共同指向的对象，也就是说法人代表资格的产生必须依附于企业，离开了企业，其法定代表人的权利也就无从谈起。况且，如果由个人、合伙承租人的企业，笔者认为它不再享有法人地位，也就不存在法人代表资格的租赁问题。但总不能说这些租赁经营合同就不存在客体。虽然个人或合伙的承租人也行使厂长（经理）的职权，但已不同于租赁经营前的法定代表人，两者的法律地位是不同的。因为租赁经营后的厂长（经理）即承租人的权利义务已发生了变化，他们对企业的风险需承担连带责任。(4) 如果把企业租赁经营合同的客体认为是有形财产和无形财产的总和，而把承租人对企业的生产管理、机构、设备、人事任免权排除在外，那么承租人的承租权也就无法实现。因为出租人和承租人的权利义务不仅仅是围绕企业的财产产生的，而是围绕整个企业产生的，双方权利义务的实现也不仅靠企业的财产，而更主要是通过企业职工的行为。承租人如果没有对企业职工的管理权，整个租赁经营合同也就无法实现。当然，笔者不是也不能认为，企业的职工是客体，但在研究国有企业租赁经营合同的客体时，不能回避这个问题。这是由于我国全民所有制企业的职工既是企业的主人，又依附于企业的特征决定的。企业租赁经营后，并不改变企业与职工之间仍然是一种劳动合同关系。如果说国有企业租赁经营合同的客体是企业有形财产和无形财产的总和，那么是否意味着租赁经营的企业中的职工与承租人要重新签订劳动合同呢？回答应该是否定的。

综上，国有企业租赁经营合同的客体，不是单指物，也不是指一项权利，而应该是整个企业，它包括物（企业的所有财产）、行为（承租人管理企业的行为、企业职工的生产行为）、智力成果（企业的专利权、商标权等），具有综合性，但租赁企业对外只以自己的有形财产（包括智力成果转化的有形财产）承担民事责任。如果承租人是个人，或合伙组织，承租人以自己的财产承担连带责任。

（三）内容的广泛性

(1) 从权利义务的性质看，既具有债权的性质，又具有物权的性质。所谓债权的性质，是指承租人的承租权，是依据合同有偿取得的，承租人具有按期缴纳租金的义务，出租人享有按合同收取租金的权利。所谓物权性质，是指承租人对企业的财产享有占有、使用权和部分收益、处分权，承租人在兼顾国家、企业、职工和自己利益的前提下独立行使承租权，并直接排除出租人和其他第三人的妨碍。也就是说，承租权的权利主体是特定的，而义务主体是不特定的。其次，承租人与出租人在签订租赁经营合同时，必须有一定的财产抵押，或有两个具有相应财产的保证人担保，这种抵押财产具有担保物权的性质。(2) 从权利义务的具体内容看，既有财产经营方面的权利义务，又有机构设置、人事任免、人员管理方面的权利义务；既有受国家计划制约的“硬”的权利义务，又有在不违反工商行政法规前提下，自愿协商的“软”的权利义务。既有仅限于承租方与出租方的权利义务；又有涉及职工与第三人的权利义务。(3) 从调整的法律、法规看，既有由民法、经济法调整的权利义务，又有涉及劳动法、行政法调整的权利义务；既有由法律、行政法规调整的权利义务，又有由地方性法规和规章调整的权利义务。

四

国有企业实行租赁经营给企业带来生机和活力，经济效益、管理效益、社会效益均有了提高，但也存在一些弊端，最主要的是租赁经营企业的短期行为，所谓租赁经营中的短期行为，是指承租人在承租期间，只顾租期内的短期效益，不顾企业的长期利益，而采取的掠夺性经营行为。具体表现：(1) 有的承租人只顾眼前利润，不考虑企业的长期发展，不注意固定资产的维修、更新、改造，而掠夺性的使用，致使固定资产遭到破坏；(2) 有的承租人只顾实现租期内的指标，不重视技术投资，不从改善生产技术着手，而采取拼设备，拼劳力，影响企业后劲；(3) 有的承租人为了获得更多的实惠，或满足职工暂时的利益，不重视挖潜革新，而是弄虚作假，甚至偷税漏税，滥发奖金，挖了企业的“墙脚”；(4) 有的承租人在租赁期间将企业盈利商品销售一空，而将滞销商品全部积压在仓库，造成企业虚假利润；(5) 有的承租人担心政策多变。害怕失去可能获得的利益，或为了抵制不适当的行政干预，采取了提前“支取”的办法，影响企业资金周转等等。

产生上述短期行为，其原因是多种的，有的是因政策不明确，不配套；有的是因法律法规、规章制度不健全；有的是因签订合同缺乏经验，合同条款有漏洞；有的是因选择承租人不慎重，甚至由上级主管部门指定、动员，“赶鸭子上架”，承租人的政治、业务素质太差。总之，国有企业租赁经营出现的短期行为是国有企业实行所有权与经营权分离过程中不可避免的，但也并非是完全不可克服的。笔者认为可从以下几个方面着手：

（一）选准对象，完善合同

国有企业实行租赁经营的成败，承租人的选择至关重要。根据租赁条例第七条规定，承租人可以是个人、合伙承租，也可以是另一企业法人承租，但必须是懂业务、善经营、会管理的个人或群体，并具有一定的负亏能力。实践证明，除小型商业、饮食服务企业，可由个人或职工合伙承租外，小型工业企业应由企业法人承租为宜。因为：（1）企业法人（包括国有、集体、私营企业法人）承租有利于企业组织结构，产业结构的合理组合；（2）企业法人承租有利于企业技术改造和先进技术的引进和利用；（3）企业法人承租有利于经营风险的承担。不仅承担经营风险的能力要比个人合伙的大，而且发生纠纷也易于解决。在选准承租人的同时，还必须尽可能地完善租赁合同。从审判实践中可见，不少国有企业租赁经营合同很不完善，以致产生纠纷后也较难解决。其合同内容主要存有以下几个问题：一是抽象笼统，用词不严谨，双方的权利义务不具体，尤其是资产目标不明确，不利于督促和检查。如：有的合同只明确承租人每年应交的租金，而对企业留利增资未作规定；有的合同规定了承租人业务费提取的比例，但对业务费的开支未作必要的限制。二是双方的权利义务不平等、不合理、不完全，难以执行，易留后患。有的合同甚至规定了出租人具有承担承租人的贷款担保义务。如金华市五交化批发公司与承租人余××签定的建业第二商店租赁合同中规定："甲方（出租人）承担乙方（承租人）贷款担保，若乙方逾期不还贷，甲方有权终止贷款担保义务。"这一规定显然留下了后患。因为担保人对主债务依法应承担连带责任，合同这样规定，就意味着出租人要对承租人的经营风险承担连带责任，从而促使承租人产生依赖性，甚至容易把承租人的风险责任转嫁归出租人。三是租赁期太短，一般都只有2至3年，不利于承租人形成一个较长的奋斗目标，相反会诱使其实施短期行为。笔者认为，国有企业租赁经营的期限一般应在5年以上，并在合同中要明确规定租赁期内的资产增值目标，将企业资产的增值和流动资金的完好列为企业租赁经营结束时的重要考核指标之一。同时要规定租赁企业的年度审核制度，由有关部门每年对租赁企业的资产进行清产核资，发现问题及早处理。

（二）明确租赁企业的财产所有权，鼓励承租人在扩大再生产上下功夫

我国现行的租赁条例只对企业租赁前的财产作了原则规定，但对企业租赁后的财产变化未作具体规定。通常认为，根据租赁条例三条"不改变企业的全民所有制性质"的规定，租赁经营的国有企业，其财产包括租赁前的原财产和租赁后新增的财产全归国家所有。对此，笔者不敢苟同，而认为对租赁经营的国家企业的财产应按不同的来源，分别确认产权。即：租赁企业原有的财产和用国家返回的租金及税前还贷的贷款增添的固定资产应归国家所有；租赁企业用公积金购置的固定资产应归企业集体所有；承租人个人投资的新增固定资产应归承租人所有。其理由是：（1）从上所述，租赁企业不同于承包企业，租赁经营的风险责任需由承租人自己承担。根据权利义务一致的原则，租赁企业新增的资产，不能象承包企业那样全归出租方所有，承租人及企业职工对其劳动成果依法应有权分享，而不能笼统地认为租赁企业新增资产都是出租财产的孳息。（2）明确产权，有利于克服承租人的短期行为，也有利于调动企业职工的积极性，加强对承租人的短期行为的监督。否则，承租人及企业职工明知投入越多，得益越少，当然就不愿投入。（3）明确产权，允许承租人在承租期届满后收回投资股份，或以股份的形式在企业中认股，这样可使租赁企业由承租前的单一全民所有制转化为多种所有制共存的股份企业，促进经济体制改革，也有利于风险责任的承担和纠纷的处理。但这里应注意，租赁

企业的对外债务仍应以企业的全部资产承担责任，不受其内部不同产权的影响。无论属于国家的、集体的、个人的部分都应承担该企业法人的有限责任。(4) 现行的地方法规和规章已有类似规定，如：《沈阳市小型国营企业租赁经营试行规定》第三十六条第二款规定“承租人个人投资更新设备，其产权归承租人个人所有。个人投资允许按银行利率计息，分期收回。个人投资收回后，更新设备的产权归企业所有。”

(三) 把股份制引进租赁企业，逐步地有条件的变租赁企业为股份制企业

国营企业实行租赁经营所以出现短期行为，其中一个很重要的原因，是承租人与出租人双方缺少共同的、相融合的利益本座，从某种意义上说，承租人的利益与出租人的利益是相脱离的，因此缺乏克服承租人短期行为的内在动力。如果把租赁经营的国有企业通过明确产权及产权的有偿转让，逐步实行股份制，即将租赁企业的一部分收益分成比例，作为承租人和职工个人的股金，承租人和职工可根据入股数分得红利。租赁期满后，承租人和职工可将其个人投入部分折价转让，或继续作为股东分享红利和股息。这样可使租赁企业成为以国家股为主，兼有集体股、个人股的“股份有限公司”，就能使国家、企业、职工、承租人四者的利益真正融合在一起，一损俱损，一荣俱荣。从而使他们在经营管理和生产劳动上的各自的责任、利益泾渭分明，有利于各执其事，各行其事，有利于发挥各自的积极性和责任感，形成克服短期行为的新的动力机制。实践证明，非利益诱导所激发出的活力是十分有限的，尤其不可能持久。股份制不仅为不同所有者创设了共存于同一经济实体，同时担风险，共享利益的格局，而且为不同所有者资产利益的实现提供了特定的条件。如果说租赁制是企业权利再分配的有效形式，那么股份制将是利益再分配的具体表现。与权利再分配相比，利益再分配无疑更进了一步。同时，实行股份制，也有利于企业向职工集资，把一些闲散的资金集中起来，用于扩大再产，以缓解国家资金紧缺的困难。

(四) 把保险机制引进租赁经营企业，合理调整承租人的风险责任

租赁经营企业与其他企业一样，不可能包盈不亏，包兴不衰，尤其在社会主义商品经济的竞争中必然会出现企业的优胜劣汰，租赁经营企业也不例外。这里就有一个经营风险的问题，包括亏损风险、设备陈旧风险和破产风险。而这些经营风险与租赁经营企业的短期行为又有着密切联系，有时甚至相互加剧，短期行为会致使经营风险增大，经营风险加剧，又会促使承租人采取短期行为。所以，在克服租赁经营企业的短期行为，还需妥善解决好租赁经营企业的风险责任问题，要纠正租赁经营企业存在的“无限收益、有限风险”的状况，要使承租人既享受“无限收益”，又承担“无限风险”。然而，要解决这一问题，仅靠完善现行的承租人财产担保制度是不够的，实际上现在承租人提供的担保金，包括保证人抵押的财产，并不是也不可能对企业总资产进行风险担保，而往往对一年的租金也难以担保。如金华市五交化批发公司将建业第二商店租赁给个人经营，该店资产总额为213853.31元，合同规定承租人每年交纳租金为38216.84元，而承租人只以5000元存折作为抵押金。这种象征性的担保，显然不可能承担租赁企业的经营风险，且对承租人的短期行为毫无制约意义，担保不能起到应有的作用。

诚然，由于我国的商品经济尚不发达，公民的收入还很低，个人或合伙的承租人的家产及保证人的财产都是有限的，与租赁企业资产价值相比差距甚大。我们不可能要求承租人提供相等的财产来作担保。那么，又如何解决这一矛盾呢？笔者认为，把保险机制引进租赁企业是一种有效的良方，即强制租赁经营的国有企业参加保险。这种保险实质上是一种财产保险，为了增强租赁企业承担

风险的责任能力。而不是一种破产保险。它根据租赁企业的资产总额和经营状况，由承租人从某个人收益中交纳一部分保险金，由租赁企业从税后留利中交纳一部分保险金，月积年累，不断增强租赁企业承担风险的能力，也可加强承租人的财产责任，以利克服短期行为。这样，一是有利于理顺国家与集体的关系，使企业真正做到自负盈亏，较好地解决租赁企业吃“大锅饭”的问题。即使那些由其他企业租赁经营的风险责任也可由被租赁企业自己的财产来承担，而不至于将风险责任转嫁给国家或其他集体企业。二是有利于增强企业风险投资的信心，增强企业的后劲。因为实行租赁企业强制保险，可减少企业风险投资的顾虑，敢于把有限资金投入高级科技和新产品的开发，从而促进企业的发展。三是有利于完善企业利润分配制度。因企业保险费是从企业利润中支出，而不能将其列入成本，这样不仅可以保障企业发生了亏损时再生产过程不致间断，也可保障企业职工的工资福利正常增长。

经济合同保证人的民事责任浅见

安徽省安庆市中级人民法院　王　敏

保证，即是合同当事人以外的第三人向债权人担保履行合同的协议。《中华人民共和国民法通则》第八十九条规定：保证人向债权人保证债务人履行债务，债务人不履行的，按照约定由保证人履行或者承担连带责任。经济合同法第十五条规定：被保证的当事人不履行合同的时候，由保证单位连带承担赔偿损失的责任。

关于保证人应承担什么样的民事责任，尤其是保证合同、主合同无效时保证人应承担什么责任，这些问题审判实践中经常遇到，而民法通则和经济合同法未作具体规定。为了弥补立法的不足，解决审判实践中出现的问题，最高人民法院在法（经）复（1987）5号批复以及《关于贯彻执行《中华人民共和国民法通则》若干问题的意见（试行）》中均指出：“被担保的经济合同被确认无效后，如果保证人应当返还财产或者赔偿损失的，除有特殊约定外，保证人仍应承担连带责任。”对民法通则、经济合同法中的上述规定和最高人民法院的司法解释，理论界、司法实践部门的理解和认识有分歧，审判实践中对涉及这些问题的案例的处理也不一致。在此，笔者就保证人的民事责任问题，特别是主合同、保证合同无效时保证人应承担什么样的责任，作些阐述和探讨，以期抛砖引玉，促进我国保证制度的进一步完善和发展。

一、主合同、保证合同有效时保证人的民事责任

依照民法通则的规定，主合同、保证合同均有效时，保证人的责任形式有两种，即代为履行责任和连带责任。就所承担责任的轻重来看，代为履行责任要比连带责任轻，因为代为履行责任是一种补充责任，即保证人在主债务人不履行或者不能履行其债务时才负代为履行责任。主债务人能够履行债务的，保证人有权拒绝。连带责任则比较严厉，它无补充性。所谓连带，就是债务人与保证人之间对债务的清偿有连带关系，实质上就是相互承担履行债务的担保责任。也就是说，在连带责任中，基于约定，保证人与主债务人一道共同承担履行债务或赔偿损失的责任，债权人可以请求保证人、主债务人中任何一

位履行债务或赔偿损失，保证人无权以主债务人尚未履行债务为由拒绝债权人要求其履行的请求。

需要在这里指出两点：其一，经济合同法第十五条规定："被保证的当事人不履行合同的时候，由保证单位连带承担赔偿损失的责任"。经济合同法没有规定保证人承担代为履行的责任。笔者认为，除一些必须由债务人亲自履行的债务不能设立由保证人负代为履行或连带责任之外，余之应当允许保证合同当事人事先约定。如果当事人没有约定责任形式，应根据从轻原则推定保证人承担代为履行责任。其二，经济合同法第十五条所规定的连带赔偿责任与民法通则第八十九条规定的连带责任并不等同。经济合同法第十五条规定的是连带赔偿责任，其发生条件是被保证的当事人（主债务人）不履行合同。也就是说，在被保证的当事人（主债务人）不履行主债务之前，债权人无权请求保证人履行主债务；被保证人的当事人（主债务人）不履行合同时，保证人才与主债务人共负连带赔偿责任。这即是说，经济合同法第十五条所规定的连带赔偿责任仍是一种补充责任。而民法通则第八十九条所规定的连带责任则无补充性，并且其责任形式可以是连带赔偿责任，也可以是连带履行责任。究竟采取哪一种，可由当事人约定或依法规定。

二、主合同、保证合同无效时保证人应承担的民事责任

主合同、保证合同都有效时，债权人与保证人间连带保证的约定有效，债权人可以对主债务人或保证人同时或先后提出履行及赔偿损失的请求，保证人、主债务人均不得拒绝。若主合同被确认无效，保证人是否要承担责任？应承担什么样的责任？保证合同中连带保证的约定是否还有效？对这些问题，最高人民法院的司法解释是：被担保的经济合同被确认无效后，除有特殊约定外，保证人对主债务人应当返还财产或者赔偿损失的民事责任，承担法定连带赔偿责任。对这一司法解释，不少人提出异议。有代表性的一种意见认为，保证合同是从合同，主合同无效，作为从合同的保证合同当然无效。因此，保证人不承担连带责任，只承担因保证人的过错造成的赔偿损失的责任。最高法院的司法解释客观上维持了无效保证合同的效力，与我国的民法原则相悖。另一种意见认为，即使主合同无效，约定连带保证的保证人的连带责任不能免除。最高法院上述司法解释的基本精神是可取的，但也有不妥之处。笔者持的是这一意见。

（一）有连带保证约定的保证人于主合同无效后的民事责任

主合同无效，非保证人、债权人的行为所致，且主合同当事人在订立保证合同前已就主合同的基本条款达成协议，于此情况下保证人若承诺承担连带责任，那他就不能借口主合同无效而不予承担。除非他能证明主合同无效的过错在债权人，或者由债权人、主债务人的恶意通谋所致。这是因为：

1. 约定连带责任的目的就是为了担保主债权的实现和免遭损失。连带保证不同于普通保证，它是一种为适应经济生活需要而于近现代发展起来的特殊保证。依照多数国家法律的规定。在这种保证中，基于法律规定或约定，保证人所负的责任无补充性，即承诺承担连带保证责任的保证人或与主债务人一起，或单独对债权人承担第一位责任（包括履行主债务的责任和赔偿损失的责任）；或基于法律规定和约定，使连带保证之债具有连带债务的性质，债权人向主债务人、或保证人中之一位发出的请求，其效力及于另一位。这种保证有相对的独立性，即有自己相对独立的变更和消灭原因。当主合同由于主债务人无行为能力或其他原因无效时，不能免除保证人的责任。英国法中赔偿合同的规定大抵如此，日本民法中也有内容基本相同的规定。就我国民法通则第八十九条（一）项的规定来看，约定连带责任的保证人的责任

无补充性比较明确，至于主合同无效时保证人可否免除其责任，法律未明确。细究一下最高法院的上述司法解释。其含义是有条件的规定主合同无效时（如被保证人应当返还财产或赔偿损失）除有特殊约定外，保证人应承担法定连带赔偿责任，而并非象英国法中的赔偿合同那样还苛刻地要求保证人连带负履行责任或赔偿责任。这样规定，既保证了主债权人不受损失，适应了当前国内、国际经济交往的需要，也考虑到了保证人的利益和负担，应该说其基本精神是可取的。

2. 从我国的经济生活实际来看，债权人取得保证人承担连带保证的权利十分必要。在我国现阶段，由于种种主客观因素，主合同无效的现象十分普遍。其原因很多（如主合同由于某种原因成为违法，或主合同超越了主债务人章程的范围，等等），有的并非出于当事人本意。目前，企业间“三角债”和企业拖欠银行贷款等现象十分普遍。在此情况下，若简单的让约定连带保证责任的保证人不承担任何责任，不仅大大有损债权人的利益，而且也有悖于法律设立保证制度和当事人约定连带保证责任的本意，助长各种“虚假担保”、“盲目担保”现象的滋生和蔓延。因此，在民法通则和有关法律对保证制度规定得比较原则的情况下，最高人民法院作出的上述司法解释，对稳定经济秩序、确保债权人利益无疑是有益的。

至于主合同无效时保证人应承担什么样的责任，则由各国立法者根据本国国情加以规定。英国法中的赔偿合同规定主合同无效时，保证人的责任不能免除，国际借贷协议中也普遍存有保证人的义务不因借贷协议无效或不能强制执行而受影响的条款。最高法院的司法解释仅规定主合同无效后，如果债务人应当返还财产或者赔偿损失，并且除有特殊约定外保证人才承担连带责任。这与英国法中的赔偿合同相比，对保证人来说，这一司法解释并不苛刻，也未因此而使主合同无效保证人的责任等同于主合同有效时。不过，对这一司法解释我们并不全都赞同。我们意见：保证合同中约定有连带责任的，遇到主合同无效、主债务人应返还财产或者赔偿损失这一情况，保证人应承担连带赔偿责任；保证合同没有约定连带责任的，则保证人只承担过错责任，无过错的则不承担责任。因为这一可以约定免除的法定连带赔偿责任实际上是一种对无因管理和侵权行为所承担的责任。鉴于保证合同是单务、无偿合同（也可以因当事人约定而成为双务、有偿合同）、过多地加重保证人的负担不仅不太合理，而且也会给合同当事人寻找保证人增加难度。这一解释的欠妥之处在于：按民法通则第八十九条规定，保证人承担连带责任从约定，而该解释恰恰相反，除约定不承担连带责任外，应当承担连带责任。为充分体现当事人的意思表示，我们建议将上述司法解释改为：债权人与保证人有连带保证约定的，主合同确认无效后，如果主债务人应当返还财产或者赔偿损失，保证人仍应承担连带赔偿责任。

（二）保证合同先于主合同而存在，保证合同无效导致主合同无效时保证人的民事责任

前面说过，主合同无效，保证人与债权人事先有连带保证约定的，保证人不得推托连带责任的约定。这是指在一般情况下，还有特殊情况。如在主合同以保证合同的成立为成立要件的场合。在此场合，保证合同先于主合同而存在，保证合同的无效会导致主合同无效。此时，保证人则应承担因过错而造成的损害赔偿责任。这种过错责任不同于代为履行责任和连带责任，它是由保证人的无效民事行为而引起的损害赔偿责任。这种损害赔偿责任的大小应根据保证合同当事人的过错情况来决定。如果保证合同无效的责任完全在于保证人，则保证人应赔偿债权人的全部损失；若保证合同当事人对无效保证都有责任，则保证人只承担相应的赔偿责任。保证合同无效时保证人之所以承担过错责

任，理由是：

1. 无效保证合同中，保证责任始终没有产生。按照民法通则第五十八条的规定："无效的民事行为，从行为开始就没有法律约束力。"因此，"民事行为被确认无效或者撤销后，当事人因该行为所得的财产，应当返还给受损失的一方，有过错的一方应当赔偿对方因此所受的损失。双方都有过错的，应当各自承担相应的责任。"

2. 无效保证合同所产生的债与主合同之债是两个性质不同的债。无效保证合同产生之债，是由缔约当事人的过错所致，它不从属于主合同，而是一种独立于主合同之债的一种债务。因此，在承担方式上，无效保证合同责任的承担方式当然不能采取代为履行的方式，而应是赔偿债权人损失的方式。关于债权人损失的范围，主合同无效时是主债务人应当返还、赔偿损失而无力偿还、赔偿损失的部分。保证合同无效时，保证人的责任范围则不受主合同约定的限制，而是根据保证人的过错和所造成损失的程度来定，既可小于或等于主债务，也可大于主债务。并且，无效保证合同的保证人还不能就其赔偿后向被保证人追偿。

（三）在主合同、保证合同无效的情况下保证人并不承担任何责任

并非有了保证合同，保证人应必须承担保证责任。保证人不承担责任的情况有以下几方面：

1. 保证合同无效的过错在于债权人。鉴于保证合同的当事人是保证人和债权人，如果保证合同的无效全系债权人的过错所致，其责任保证人不承担。

2. 主合同的债权人与主债务人恶意通谋骗取连带保证，其责任应由债权人和主债务人共同承担。

3. 保证人与债权人事先没有连带保证的约定，且保证人对主合同无效无任何过错。

综上所述，我们认为，主合同及保证合同无效后保证人的民事责任应视主合同，保证合同无效和当事人之间的约定等具体情况而定。即在主合同达成协议后，保证人与债权人有连带保证责任约定的，如果主合同因债务人的行为等原因而无效，主债务人又因此应当返还财产或赔偿损失，则保证人应承担连带赔偿责任。保证人与债权人没有连带保证责任约定的除外。在保证合同无效导致主合同无效的场合，保证人应承担因过错而造成的损害赔偿责任。

论票据关系中的追索权

浙江省高级人民法院 郭惕平

目前，由于票据得不到付款或承兑而引起的纠纷案件时有发生，而我国现行票据法规中对怎样保护票据债权人的权利尚无规定，这就造成了经济审判中的一个"难点"。本文针对这一现实问题，探讨票据关系中的追索权。

票据关系，是基于票据行为而产生的法律上的债权债务关系。票据持有人是票据的债权人，票据上的签名者（包括发票人、背书人）及票据上指定的付款人是票据的债务人。由于取得票据实质上就是取得权利，故从权利的角度而言，票据关系主要是指票据权利关系。票据权利是持票人以请求支付票据金额为目的而对票据行为的当事人所主张的权利。它主要有两种，一是付款请求权，一是追索权，前者一般是当事人之间尚未发生

纠纷时行使的权利，后者则往往是纠纷已开始发生时行使的权利。就经济审判工作而言，后者更需重视。

追索权，是指票据未获付款或未获承兑，或其他法定原因，致使持票人的付款请求权无法行使时，持票人或背书人可向其前手要求清偿票据金额、利息及有关费用的一种票据权利。在审判实践中，需要研究的是追索权的种类、主体、客体、行使、效力和丧失等问题。

一、关于追索权的种类

区分追索权的种类，可分别以原因、主体为标准。从原因标准看，追索权作为一种法定原因引起的债权，可分为到期追索权和期前追索权。到期追索权是由于票据到期后，持票人要求付款人付款而未达目的，从而产生的追索权；期前追索权则是持票人持尚未到期的票据要求付款人承兑而未达目的，从而产生的追索权。由于两者的产生原因不同，后果也不同。前者包括自到期日至付款日的利息，后者因未到期，也就不包括利息，在审判案件时，不可将两者混淆。

从主体标准看，追索权作为一种可由不同主体行使的，向前手要求清偿的债权，可分为最初追索权和再追索权。最初追索权是持票人向前手行使的，要求清偿的权利。再追索权是已经向持票人进行了清偿的票据债务人，向其前手再行使的追索权。由于两者的主体不同，其时效也不同。一般地说，前者由于其“前手”不仅仅指持票人的直接前手，而是指一切前手，所以时效比较长，而后者由于是已经向持票人进行了清偿的票据债务人行使的追索权，他的前手显然比前者少，所以时效相对短一点。这是司法实践中也是不容忽视的。

二、关于追索权的主体

追索权的主体，是与票据关系的当事人问题密切联系在一起的。票据关系，作为一种法律关系，其当事人一般有发票人、背书人、被背书人、持票人、付款人等（本票关系中发票人与付款人同为一人，发票人签发本票后就负付款的义务），其他还有保证人、参加付款人等。追索权的主体，由于要行使权利必须占有票据，因此必然是票据关系当事人的再组合。追索权的主体可分为两大类。一类是追索权人，包括最初追索权人即持票人和再追索权人即因清偿而取得票据之人。持票人是当然的追索权主体，而因清偿而取得票据之人，则因情况不同，又可分为这样几种：第一，被背书人。这里的“被背书人”是相对于他的前手——背书人而言的，背书人通过背书把票据转让给被背书人，而对持票人而言，被背书人又是背书人，因为被背书人又通过背书再将票据转让给他的后手——持票人。当持票人向被背书人行使最初追索权，被背书人向 持票人作了清偿从而取得了再追索权之时，被背书人就是追索权的主体。第二，保证人。票据保证是指票据债务人以外的人对发票、背书、承兑等票据行为所发生的债务予以保证的附属性票据行为，其目的是为了增加票据的可靠性，提高票据的信用程度。目前我国票据法规中尚未设保证制度，但《日内瓦统一票据法》中有关于保证的规定，国际上也有许多国家实行票据保证制度，因此在国际贸易、国际投资、国际金融结算等方面，常可见到我国的法人（或其他组织）成为票据关系中的保证人或被保证人。票据保证人在偿付票据后，即可行使持票人的权利，向被保证人及其前手行使追索权，故而，保证人应是追索权的主体。第三，参加付款人。参加付款人本来并不负有付款的义务，而是在承兑人承兑票据后却又没有足够的资金予以兑现，或是付款人没有足够的能力付款，出于主动或者承兑人、付款人的要求而被动，参加该票据的付款。因而他参加付款后即对承兑人、被参加付款人及其前手享有追索权，成为追索权的主体。

另一类则是偿还义务人。如果追索权人

被称为追索权的主动主体，那么这一类该是被动主体，因为他们负有偿还票据债务的义务。有这样几种：第一，背书人。背书人由于在票据背面进行签章，将票据权利转让给被背书人，成了被背书人的前手（被背书人再背书也同样），因此他有义务偿还票据债务，除非背书时与被背书人有免除责任的特别约定。第二，发票人。发票人是依法定方式签发票据的人，发票后，他就必须承担两方面的责任：一方面，保证承兑人承兑，在承兑人承兑以前，他是票据的主债务人；另一方面，保证付款人付款。如果票据不获承兑或付款，持票人可依法作成拒绝证书，向其前手直至发票人行使追索权。所以，发票人有偿还票据债务的义务。第三，保证人。保证人成为追索权的主动主体是在他偿还了票据债务之后，而在偿还之前，他是追索权的被动主体，且就保证人“保证”的本意而言，他应保证债务人偿还，当债务人未偿还或无能力偿还时，他负有偿还的义务。

三、关于追索权的客体

追索权作为一种票据债权，其权利指向的标的物——货币，就是追索权的客体。由于行使追索权的主体不同，其客体在内容、数额上也有所不同，所以经济审判实践中必须研究追索权客体不同种类的内容和数额。追索权的客体分两种：

（一）最初追索权的客体

它包括以下几项：第一，未获承兑或未获付款的金额。审判实践中需考虑的是：票据是否已被全部拒绝承兑或付款。如果是全部，最初追索权的客体就是票面金额；如果是部分，那就应该是这一部分，而不是票面金额。第二，利息。不仅未获承兑或付款金额的利息属于追索权客体，而且从票据到期日起的迟延利息，也属于追索权客体。第三，有关的必要费用。这主要是指作成拒绝证书、拒绝事由通知书等方面的费用。持票人对被拒绝承兑或被拒绝付款的票据，应在法定期限内请求被拒绝行为地的公证机关或其他依法有权出具证书的机构作成“拒绝证书”，以证明被拒绝的事实。只有在作成拒绝证书后，持票人才可行使最初追索权，否则将导致丧失权利。持票人还应将被拒绝的事由通知其前手，使其作好清偿的准备。作成上述证书及通知都是必需的，且须花费一定的费用，而这些费用是由于债务人的原因才发生的，因此属于追索权的客体。审判实践中，要掌握必须是“必要费用”。

（二）再追索权的客体

再追索权的客体在种类上与最初追索权的客体相类似，但在内容上却大不相同。第一，由于再追索权人是在偿还了持票人的最初追索之后再行使追索权，因此他可以要求前手清偿的不仅仅是票据金额，而是已支付给持票人的总金额，包括已支付给持票人的利息。第二，上述第一项的利息，即不仅有票额的利息，还有利息的利息。第三，所支出的必要费用。可见，再追索的客体比最初追索的客体在数额上要大，而且，再追索的次数越多，其金额越大，因为前一次追索的利息在后一次就是本额。

四、关于追索权的行使

追索权的行使，是整个追索权的核心问题。审理票据追索权案件，关键是要用法律手段保障追索权的行使，特别是要分析行使追索权应该具备哪些实质要件和形式要件。

（一）行使追索权的实质要件

第一，确有票据到期未获付款的事实。票据到期未获付款，持票人可行使追索权，是世界各国公认的一条法律规则，英、美、德、日、法、西班牙、葡萄牙、比利时等国的票据法中都有规定，有关的国际条约中也有这种规定。如《日内瓦统一汇票本票法》第四十三条规定：“汇票到期不获付款时，持票人对于背书人、发票人及汇票上其他债务人可行使追索权。”第七十七条又规定本票准用上述条款。《日内瓦统一支票法》第四十条也规定支票不获付款时可行使追索权。审判实践中，不但要审查原告是否以“票据到期未获付款”为理由，且要审查是否确有此事实，为此，原告（持票人）应举证。

第二，确有汇票未获承兑的事实。承兑是汇票的付款人接受发票人的付款委托，同意承担支付汇票金额的义务，并将此项意见以文字记载于汇票之上的法律行为。付款人在汇票上签署“承兑”字样，并经签字或盖章，确认有付款责任后，即成为承兑人。审判实践中需掌握住：当汇票被承兑后，承兑人就成为汇票的主债务人；如果汇票未获承兑，主债务人是发票人。所以，当持票人向付款人作汇票承兑提示时，未获付款人的承兑，可向发票人行使追索权。

第三，由于承兑人、付款人的故意或意外造成票据无法承兑或无法付款。如果说前两项实质案件是持票人在要求付款或承兑时，被付款人或承兑人当面拒绝的，那么，这一项则是由于付款人或承兑人的故意或意外，持票人根本未见到付款人或承兑人的“面”，因而也就无法要求付款或承兑。例如，付款人或承兑人逃避，持票人无从寻找，只得向其前手行使追索权；又如付款人或承兑人死亡、犯罪被拘捕，不能向持票人付款或承兑，持票人也可向前手行使追索权。

第四，付款人或承兑人被法院宣告破产。我国企业破产法（试行）规定，破产企业是由于经营管理不善造成严重亏损，无法清偿到期债务，而被人民法院宣告破产的。到期的票据也属于到期债务，因为债务人（票据关系中的付款人）已无支付能力，无法付款或承兑，所以持票人可以向前手行使追索权。

上述四项实质要件，并不是需同时具备才可行使追索权，而是只要有其中之一，就可行使。

（二）行使追索权的形式要件

上述实质要件仅仅是在原因方面使追索权人具备了行使追索权的条件，但在程序上，追索权人还必须具备一系列的形式要件。根据有关国际公约及世界各国通行做法，主要有以下两项：

第一，追索权人应当作成拒绝证书。所谓拒绝证书，是指票据被拒绝付款或拒绝承兑后，由拒绝付款地或拒绝承兑地的公证机关或其他依法有权出具证书的机构签署的证明被拒绝事实的文件。主要有拒绝付款证书和拒绝承兑证书两种。持票人对被拒绝付款或被拒绝承兑的票据，应在法定的期限内请求公证机关或有关机构作成拒绝证书，否则将丧失追索权。

持票人请求作成拒绝证书时，应将票据交出，由公证机关或有关机构向付款人再作提示，如果再遭拒绝，即可由该机关（机构）作成拒绝证书。拒绝证书上应记明下列内容：拒绝人和被拒绝人的名称、票据的名称（如商业承兑汇票、银行承兑汇票等）和号码、提示日期或无从提示的原因、拒绝事由、被拒绝的金额、拒绝证书作成的日期，并由公证机关或有关机构及公证员或有关人员签名、盖章。公证机关或有关机构作成拒绝证书后，应连同票据交还持票人，由持票人据以向其前手行使追索权。

作成拒绝证书，在经济审判实践中有两方面的意义：一方面，在诉讼前是追索权的保全，如果持票人不在法定期限之内作成拒绝证书，将可能丧失对前手的追索权；另一方面，在诉讼中是追索权人举证责任的体现，因为追索权人向法院起诉主张行使追索权，就负有举证责任，要证明自己的付款（承兑）请求权未得到行使这一事实。当然，并不是说持票人在未获付款或未获承兑时都必须作成拒绝证书。笔者认为，在以下一些情况，应认为与作成拒绝证书具有同一效力：(1)付款人或承兑人在票据上记明提示日期、拒绝事由、拒绝日期并签名盖章的；(2)有义务付款的银行在有关凭证上记明了被承兑人（发票人）帐户无款可付或其他退票理由；(3)付款人已被法院宣告破产，或者已歇业、解散、关闭，持票人持有法院或有关管理机构的书面证明的。

第二，追索权人应当作成拒绝事实通知。追索权人作成拒绝证书，仅仅是取得了被拒绝付款或被拒绝承兑的事实的证明，而他要行使追索权，还必须向票据债务人发出有关拒绝事实的通知。具体地说，就是持票人应在法定期限内（日内瓦统一票据法规定为拒绝证书作成后四个营业日内）以书面方式通知背书人、发票人和其他票据债务人，该票据已被付款人拒绝付款或已被承兑人拒绝承兑的事实。持票人作成这一通知的意义在于：(1) 使背书人、发票人和其他票据债务人及早准备好偿还资金；(2) 背书人、发票人和其他票据债务人在接到通知后，为了防止损失的扩大（因越迟偿还利息绝对额越大）而自动提前偿还；(3) 背书人可据此向其前手作出偿还通知。

持票人只有在实质要件、形成要件都具备之时，才可行使追索权；法院在审理案件时必须审查追索权人是否都具备追索权的实质要件和形式要件，这与处理一般的欠款纠纷是不同的，务必切切注意。

五、关于追索权的效力

追索权的效力，是指追索权可对哪些人行使追索权，换言之，是追索权对哪些人发生效力。由于追索权的行使，在某种程度上可以看作票据流通过程的逆向回溯，所以，可以根据其流通过程来进行分析。

我国现行票据法规对各种票据的流向有不同规定。对银行汇票，是规定汇款人先将款项交存当地参加了“全国联行往来”的银行，由该银行签发给汇款人，再由汇款人持往异地办理转帐结算或支取现金。汇款人在异地办理转帐结算时将银行汇票交付转让给他人，并填上收款人名称。该收款人也可背书转让给他人。所以银行汇票的流向是：银行→汇款人（最初持票人）→收款人（背书人）→持票人（被背书人）。为此，银行汇票的追索权效力是持票人→背书人→最初持票人→银行。

对商业承兑汇票，是规定以在银行开立帐户的法人为发票人，在进行合法的商品交易时交付转让给持票人，持票人可背书转让给他人，该他人还可继续背书转让（这其中的任何持票人都可持票申请付款人承兑）。由最后一位持票人在到期日申请付款人付款。为此，商业承兑汇票的流向是：发票人→最初持票人（背书人）→第二持票人（被背书人，也可为再次背书的背书人）……最后持票人→付款人，其追索权效力也就是持票人→背书人（其前手的被背书人）……最初持票人→发票人。

对银行承兑汇票，规定由在银行开立帐户的法人为发票人，在买卖商品时交付转让给最初的收款人，该收款人又可背书给他人，还可多次背书易手转让（这中间的任何持票人都可要求银行承兑），最后一位持票人可要求银行付款。所以银行承兑汇票的追索权效力是：持票人→其前手（最后背书人）……最初背书人→发票人。

对银行本票，则规定由申请人将款项交存银行，由银行签发给申请人据以办理同城之内的商品交易、劳务供应以及其他款项结算，它的流向是：银行（即发票人）→最初持票人（即本票申请人、背书人）→被背书人……最后持票人。其追索权效力是：最后持票人→背书人……最初持票人、背书人→银行。

对经中国人民银行总行批准使用的地方转帐支票，规定由使用人签发，同城或被批准使用的地方的使用人结算时转让给最初持票人，最初持票人可在上述地区范围内背书转让给其他人，所以其追索权效力是：持票人→背书人……最初持票人→发票人。

上述五种票据属可背书转让的票据，因此其当事人中有背书人和被背书人，且可能是多次背书，所以其追索权效力属于典型性，其余票据则由于当事人较少，属于简单性，故不再赘述。

上述各种票据的追索权效力各有不同，但有一条原则是通用的：被追索权效力所溯及的各票据债务人对被拒绝付款或被拒绝承兑的票据应承担连带责任。

六、关于追索权的丧失

追索权作为一种债权，有其产生，自然也有其消灭（或者说丧失）。由于追索权是一种票据权利，离开票据本身就不能主张权利，所以追索权的丧失是指持票人在何种情况下丧失追索权。又因为票据本身有很强的期限性，所以追索权的丧失主要是指因某种期限届满使追索权归于消灭。我国现行票据法规中尚未规定追索权丧失的各种期限，笔者认为，审判实践中应掌握以下几条：

第一，持票人未在票据规定的提示期限之内向付款人作付款提示或向承兑人作承兑提示，丧失追索权。提示，是持票人将票据交付款人要求付款或承兑的行为，同时也是持票人行使、保全票据权利的意思表示。它与民法中的请求相类似，但又有不同之处，关键在于民法中的请求可以口头作出，也可以书面作出，而提示必须以书面形式作出，因为它是票据流通中必须经过的一道手续或法定程序，舍此该票据将无法继续运行。提示在法律上能有效地防止票据权利的丧失，只要持票人在法定期限之内向付款人作出提示，付款人或应付款，或应承兑，如果被拒绝，持票人即可依法行使追索权。但是反过来，如果持票人不在规定的期限之内作出提示，就会导致丧失追索权。

第二，持票人未在规定期限之内作成拒绝证书。票据在持票人提示后，付款人如果付款或承兑了，那就是票据的正态；如果被拒绝付款或承兑，那就是票据的变态。为此，当票据的“不正常情况”出现后，持票人有义务作成拒绝证书，且应在法定期限之内作成，否则将丧失追索权。

第三，持票人未在约定期限内履行自己的义务。某一前手可在背书转让票据时与被背书人作一双方同意的约定（当然，应不违反法律），由被背书人完成一定的义务，并约定如被背书人不履行该义务，则丧失追索权。

论专有技术的法律保护

江苏省无锡市中级人民法院　王跃新

在科学技术飞速发展的今天，技术转让在经济贸易中的地位愈显重要，技术引进也成为我国改革开放的重要内容之一，对作为技术贸易最主要标的的专有技术进行法律保护，已成为我国立法和司法的当务之急。在此，笔者就专有技术的法律保护进行探讨。

一、专有技术应当受到法律保护

“专有技术”这一词语译自英文“Know－How”，也有人译为“技术秘密”或“技术诀窍”。虽然专有技术已成为国际贸易中广泛使用的术语，人们对其概念和含义的理解却始终无法统一，许多国际组织为此而尝试着给专有技术下确切的定义。例如国际商会（ICC）所拟定的《关于保护专有技术的标准条款草案》就将专有技术定义为“为实施某种为达到工业生产目的所必需的具有秘密性质的技术知识”；国际知识产权组织（BIRPI）巴黎会议则认为：专有技术是指某种可以转让和可以传授的、公众所不容易得到的而且是没有取得专利权的技术知识。以上两种定义虽然有所差别，但从中我们可以看出专有技术的几个特征：

1. 专有技术是一种技术知识，是人类智力活动的成果。它的表现形式可以是图纸、配方、实验报告、产品说明书等等，专有技术即寓于这些有形载体中的无形构思和观念。

2. 专有技术具有实用价值和财产价值。掌不掌握专有技术对经济效果是不同的，专有技术可以使企业在竞争中处于优势地位并取得好的经济效益。

3. 专有技术是可以传授给他人的，具有可转让性。同行业的人只要采用该专有技术都可以取得相同的效果。

4. 专有技术具有秘密性。专有技术是没有公开的技术知识，专有技术的拥有人依靠保密的方法维持对该技术的专有权。

5. 专有技术是没有取得专利的技术知识。包括：已取得专利的技术中的关键性技术方案作为专有技术保留下来，未在专利说明书中公开的；掌握技术的人认为该技术短期内不会被取代，专利保护期尚嫌太短的；预期该技术短期内就要更新，没有必要申请专利的；虽然有效但未能达到专利条件的。由此可见，专有技术的范围比专利技术广得多。

从专有技术的以上五个特征，我们可以看出专有技术其实是一种无形财产。虽然对专有技术的法律性质在理论上争论了几十年至今仍无定论，但从各国立法和司法的实践看，无疑都将专有技术的法律性质归结到了这样一点：专有技术是一种商品，对专有技术的拥有权具有财产权的性质。我国《中外合资经营企业法实施条例》第二十五条规定："合营者可以用货币出资，也可以用建筑物、厂房、机器设备或其他物资、工业产权、专有技术、场地使用等作价出资……"可见我国的法律也从一定程度上承认了专有技术的财产权性质。

这种认识与实践也是科学技术和商品经济发展的必然结果。由于专有技术的内容比专利技术的内容更加广泛，并且专有技术有许多是专利权人保留下来的有关专利技术实施中的关键细节，因此在技术市场上专有技术占有比专利技术更为重要的地位，在国际技术贸易中，有80%到90%的许可证贸易涉及专有技术。正因为如此，日本某判例指出："在高度工业化的现代社会里，技术秘密具有极大的财产价值，因此，保护的必要性也很大。技术的进步、改革，一方面是作为发明专利权、实用新型专利权等无形财产受到保护，而另一方面，在这些权利的周围存在着无法纳入专利权等权利范围内的种种技术秘密与技术诀窍，在现实中这两者相辅相成，灵活适用，这是目前社会的实际情况。所以，企业对这种技术秘密的开发、改进投入了很大的努力，使这种技术秘密成为企业的重要财产。"①

这样一种在经济生活中占如此重要地位的特殊财产，是不可能不受到法律保护的。事实上，保护技术秘密的原则和规定，早在古罗马时代就有了，资本主义制度确立后，各国都在民法、刑法、合同法、禁止不公平竞争法等法律中规定了保护专有技术的条款。1961年的国际商会也建议在有关各国的国内法中采纳保护专有技术的原则。由此可见，专有技术应当受到法律保护在世界上是早有定论的了。在我国，专利法、商标法起步很晚，社会上存在大量未纳入工业产权法保护范围的专有技术，同时随着改革开放的深入，国外先进技术的引进以及国内的技术转让、技术服务都日益增多并越显重要，这使得专有技术的保护有了特殊重要的意义，我国的民法通则、技术合同法等法律、法规也都或多或少地涉及了专有技术的保护。

二、应当完善我国对专有技术的法律保护

我国现有法律对专有技术的保护是非常

① 转引自《国际贸易法律》，赵承璧著，中国对外经济贸易出版社1986年版，第365页。

有限的，归纳起来主要有以下内容和原则：

1. 专有技术的范围。《技术引进合同管理条例》第二条第二项规定该条例所指的引进技术包括“以图纸、技术资料、技术规范等形式提供的工艺流程、配方、产品设计、质量控制以及管理等方面的专有技术”。这是我国法律唯一明确界定的专有技术的标的范围。

2. 利用侵权行为法原则性地保护专有技术。民法通则第一百一十八条规定：“公民、法人的著作权（版权）、专利权、商标专用权、发现权、发明权和其他科技成果权受到剽窃、篡改、假冒等侵害的，有权要求停止侵害，消除影响，赔偿损失。”本条的“其他科技成果权”应当包括专有技术。《技术合同法实施条例》第二十八条第一款也规定因侵害非专利技术使用权和转让权而被宣布无效的技术合同，应当责令侵害人停止侵害，赔礼道歉，消除影响，赔偿损失。无疑，专有技术是非专利技术的主要内容。

3. 用合同法保护专有技术。这主要是通过规定有关方的保密义务来实现的。

（1）规定技术转让（引进）合同受方的保密义务。技术合同法、技术引进合同管理条例以及深圳、厦门经济特区有关技术引进的法规中都规定了受方的保密义务。

（2）规定了受方有关人员的保密义务。《广州经济技术开发区技术引进暂行规定》第二十六条第三款规定：“受方有关人员应承担保密义务，对泄密者应追究法律责任，令其赔偿损失。”

（3）规定了非合同订立方有关人员的保密义务。《深圳经济特区技术引进暂行规定》第十三条第三款规定：“由于执行本规定而涉及引进技术中秘密部分的工作人员，应承担保密义务，对泄密者，应追究法律责任，令其赔偿损失。”

4. 不保护专有技术拥有人针对第三方的权利。《技术合同法实施条例》第二十八条第三款规定：“侵害他人非专利技术使用权和转让权的合同被宣布无效后，取得非专利技术的受方可以继续使用该项技术，但应当向权利人支付合理的使用费。”由于该法没有专门设立“专有技术”这一概念，可以理解为该条适用于专有技术。

从以上法律规定可以看出，我国法律保护的专有技术有这样几个特点：（1）专有技术标的的范围限于工业技术和管理技术；（2）专有技术权的范围限于基于合同的有关权益；（3）“专有技术”的概念还没有从“非专利技术”的概念中完全分离出来成为独立的法律概念。这几个特征体现出我国现有的关于专有技术的法律法规的极大的局限性。国家科委政策法规司负责人 1988 年在回答记者提问时指出：非专利技术成果的使用权、转让权其性质与财产所有权或专利权都不同。第一，它只存在于特定的当事人之间，即单位与职工之间及合同当事人之间；第二，它没有对抗第三者的效力，即非专利技术成果的权属只在上述特定的当事人之间具有法律约束力，不影响任何掌握该项技术的第三方使用，转让同一技术①。根据这一解释，用不正当的手段窃取专有技术似乎成了合法的行为，因为行窃者与权利人之间既不是单位与职工的关系也不是合同关系。这显然是有悖我国法律的精神的。产生这种矛盾的原因就在于我国的有关法律及这一解释忽视了专有技术相对于非专利技术的特殊性，即专有技术权人基于保密而实现的对该技术的事实上的独占权，这种独占权在一定范围内是应当受到法律保护的。

随着国际、国内技术贸易的发展，我国现有的有关专有技术的法律法规的不足和缺漏越显突出，完善我国保护专有技术的立法已迫在眉睫。那么，如何完善我国对专有技术的法律保护呢？笔者认为，必须明确以下

---

① 《技术合同法律手册》，北京科学技术出版社 1990 年版，第 232 页。

几个问题：

1.什么样的技术才是应当受到我国法律保护的专有技术。笔者认为受我国法律保护的专有技术应当符合以下条件：

(1)专有技术必须具有实用价值。如果一项技术已经过时或虽然是新技术却并不能为企业带来社会经济效益，这种没有实际价值的技术就失去了受法律保护的基础。因此，要成为受法律保护的专有技术，就必须有实用价值。

(2)专有技术必须具有相当的秘密程度。这“相当的秘密程度”可以从以下两个方面来考察：

首先，专有技术必须是没有公开的技术。这一标准可以借鉴对专利技术新颖性的要求，即专有技术必须是没有在国内外出版物上公开发表过，在国内公开使用过或以其他方式为公众所知的。这里所要说明的是：第一，专有技术并不要求只有一家企业掌握，它可以是有限的几个权利人分别独立地掌握并各自对外保密，也可以是有限的几个权利人之间达成协议共同对外保密；第二，因为专有技术往往是某些公开的技术在实施过程中的关键性细节秘密，因此，有些公开的技术虽与某专有技术有密切的联系，但并不能因此而否定该专有技术的秘密性。

其次，专有技术的拥有者必须采取一定的保密措施。如果某技术的权利人对该技术不采取任何保密措施，比如任人参观而不订立保密协议，则只能说明该权利人对其技术没有独占要求，法律自然不予保护。

(3)受我国法律保护的专有技术必须是不违法的和不危害公共利益的。

2.什么样的行为是对专有技术的侵害。我国现有法律确认的对专有技术的侵害形式是有限的，基本局限于违反合同的侵权。要完善我国对专有技术的法律保护，就必须确定出侵害专有技术的所有表现形式。

德国的《防止不公平竞争法》比较全面地列举了侵害专有技术的表现形式：

(1)雇员利用雇用关系，把雇主托付或在业务中获悉的工商秘密泄露给他人。

(2)用不法手段或违背善良风俗的方法获得他人的工商秘密，并加以利用或泄露。

(3)引诱他人窃取或泄露别人的工商秘密。

(4)为竞争或图利目的，无正当理由利用在交易中所获悉的技术资料、图纸、配方或制造方法等，或将其泄露给他人。

从以上所列侵害形式可以看出，对专有技术的侵犯行为不外两类：一类是负有保密义务的人泄露技术秘密，另一类是用不正当的手段获得从而使用专有技术。

“负有保密义务的人”在我国应当包括哪些人呢？首先，应当包括基于合同而负有保密义务的人，如技术许可合同的受方、雇用合同的受雇方、承包合同的承包方、聘用合同的受聘方等。其次是法律应当规定的负有保密义务的人。包括：(1)基于职务获知国家、企业、事业单位或个人的技术秘密的国家工作人员；(2)在交易中获知权利人技术秘密的交易一方和其他有关方(如中间人、公证人等)；(3)技术许可合同、雇用合同、聘用合同、承包合同终止后一定时期内的受方和受雇方、受聘方、承包方。

那么，什么是“用不正当的手段”获得专有技术呢？美国1978年《联邦统一商业秘密法》第一条第一款指出：所谓“用不正当手段”就是指盗窃、贿赂、违反保密义务或引诱他人违反保密义务以及用电子或其他手段从事间谍活动。这一解释是比较完善合理的，值得我国借鉴。同时，根据我国的具体情况，利用职权胁迫他人违反保密义务也应当作为一种“不正当手段”。

没有用不正当手段而获得并使用专有技术的善意第三方，其行为是否构成对专有技术的侵犯？有人认为只要没有用不正当的手段获得技术秘密，就不构成对专有技术的侵权，这正是专有技术与专利技术受法律保护的程度不同之所在。笔者对此有不同看法。美国《侵权行为重述》列举了四种侵害专有技术的表现形式，其中有两种是：(1) 明知第三者是以不正当手段获得别人的工商秘密，但仍向该第三者获取该项秘密；(2) 明知别人是由于错误而把工商秘密泄密给他，但仍加以使用或泄露。这两个“明知”，使该第三方具有了主观上的过错而不再“善良”了，其获得专有技术的性质已属不当得利。这类没有使用不正当手段而获知并使用他人的专有技术的行为，由于主观上存在明显过错，也应当属于侵害专有技术的表现形式之一。

3. 用什么样的法律保护专有技术。国外一般采用三种法律对专有技术进行保护：一种是民事法律，包括合同法、侵权行为法等；另一种是防止不正当竞争法或保护商业秘密法，这是公法性质的法律，对不法行为人的处理有民事赔偿性质的，也有刑事制裁性质的。第三种就是刑法，对严重侵害专有技术，危及国家利益和社会秩序的，采取严厉的刑事制裁手段。我国现在对专有技术的保护仅限于民事法律，显然是不够有力的。进行防止不公平竞争的立法和增设保护专有技术的刑事法律是完善对专有技术的法律保护的重要方面。

在立法技术方面，一般有两种情况：其一是在某些法律中专门设立有关专有技术的条款；其二是在某一法律中，援引某些条款，适用于专有技术。即规定“某某条款也适用于专有技术”。随着专有技术和技术贸易的重要性的日益明显，原有的保护专有技术的法律显得欠缺而杂乱，各国都在探求如何对专有技术进行更加有效的法律保护，有些国家已开始设想用专门法律来保护专有技术。我国在完善专有技术的法律保护时，也可以考虑专有技术立法的发展趋向。

在法律救济方面，作为无形财产的专有技术也有其特殊性。例如作为专有技术载体的有形物，如图纸、说明书等被盗窃，那么仅按传统的救济方式追回这些有形物并不能有效地补救权利人的损失，因为作为无形财产的知识技术一旦泄露便无法收回。这样，法律就必须采取停止侵害和赔偿损失的救济方法。救济措施的具体使用还应考虑到专有技术的秘密性对专有技术权利人的特殊重要意义。如果专有技术被侵害后，专有技术的秘密性事实上已不存在，那么这时权利人对该技术的专有权已不可能恢复，除非权利人及时申请并取得专利。在这种情况下，停止侵害的救济方式对权利人已无实际意义，因为即使可以责令侵权人停止泄露、使用该技术，法律却已无法制止社会上已获知该技术秘密的不特定其他人继续泄露、使用该技术。因此，法律给予权利人的救济应当是赔偿损失。视情况的严重程度，可以选择补偿性赔偿或惩罚性赔偿。如果专有技术被侵害后，侵害人没有继续泄露该技术秘密，法律便可以用停止侵害的救济措施继续维持权利人对该技术的专有权。但此时该技术的秘密程度已大大减弱，因此，在采用停止侵害的救济措施时还应并处赔偿损失。而权利人也往往另觅他法来维持自己对该技术的独占，如申请专利。

对有严重违法行为的侵权人可以进行民事制裁，构成犯罪的应追究刑事责任。

关于先用权的几个问题

北京市高级人民法院经济庭　程永顺

一、先用权的概念

先用权，是指某项发明创造在申请人提出专利申请以前，任何人已经制造相同产品、使用相同方法或者已经作好制造、使用的必要准备，在该发明创造授予专利权后，仍有继续在原有的范围内制造或者使用该项发明创造的权利。即使后来申请专利的人获得了专利权，具有先用权的单位或个人的制造或者使用行为也不视为侵犯了专利权。

在实践中，相同的发明创造，同时为两个不同的发明人分别作出的事例是常见的，但发明创造不一定都要申请专利才实施，或者申请日期有先后之别，而专利权最终只能授予最先申请的人。先用权就是从保护没有申请并获得专利权的另一个发明人的最低利益着想，给其一种特殊的权利，即具有先用权的单位或者个人，可以不经专利权人的允许，继续制造该产品或使用该方法。

先用权对专利权是一利限制。但先用权原则并不是保护发明在先的人，而是为了消除"先申请原则"带来的某些不利因素，如投入资金或人力、物力后研究开发出相同发明创造的单位或个人，虽然他已经实施或做好实施的必要准备，而由于别人已提出专利申请可能使其工作徒劳无益。显然是不公平的。所以，专利法规定先用权原则的实质，就是以申请日为时间界限，对申请在先的人和已经实施或准备实施的单位或个人之间的利益进行调整，以使他们都受到公平的保护。

二、先用权的条件

取得先用权是有严格条件的，其制造或者使用的行为不符合这些条件的任何一项，都不具有先用权，而可能构成侵权。

这些条件是：

(一)制造或者使用的行为发生在他人取得专利权的专利申请日以前：在自申请日起至批准日期间发生的这种行为不享有先用权。

(二)制造或者使用的技术是先用权人自己独立完成的，而不是抄袭、窃取专利权人的，先用权人往往不知道他人已申请了专利。

先用权人从专利权人以外的其他单位或个人处合法继承或受让的发明创造也可以作为先用权的客体。但是，两个以上的单位或者个人共同研究完成的技术成果，其中一方或几方擅自申请专利，另一方或另几方擅自实施，前者擅自申请专利的行为虽然是不符合法律规定的，但当其控告后者实施的行为侵犯专利权时，实施方不得以先用权作为抗辩理由，而只能先请求专利管理机关或者人民法院确认双方是否是共同申请人或者共同专利权人。如果是合作研究一项技术成果，在技术难题均未解决的情况下，合作破裂，合作关系解除，之后，该技术成果最终由双方各自分别完成，一方按照先申请原则申请了专利，另一方便不可能再获得专利权，但其可能具有先用权。如果合作双方在合作关系解除前已完成研究课题，取得技术成果，那么，申请专利的权利（在无合同约定的情况下）应当是双方的。当其中一方申请专利后，另一方不具有先用权。

这就是说，享有先用权的人不能是专利权人的特定人，不论他通过什么形式和手段，只要其实施的技术是从专利权人那里得来的，他就不能享有专利法意义上的先用权。

例如，有这样一起专利侵权纠纷案，个体工商户尹某在1984年搞出一项发明，名称为“多用节能热水炉”。1985年初，尹某与某县的一个乡订立了一份委托加工合同，这个乡为了履行这份合同，专门成立了综合加工厂。双方合同约定：综合加工厂只有制造多用节能热水炉的权利，不能销售，而由尹某负责销售。合同签订后，综合加工厂按照尹某提供的图纸制造了部分产品，尹某也有针对性地进行了销售，并征求改进意见。后综合加工厂违约销售了该产品。1987年6月30日，尹某向专利局提出专利申请，1988年5月24日被授予实用新型专利权。

1990年底，专利权人尹某向某中级法院起诉，称综合加工厂未经许可制造、销售了与“多用节能热水炉”相同的水暖炉，已构成专利侵权，要求其停止侵权，赔偿经济损失。被告综合加工厂辩称：其生产的水暖炉是1985年以来自行研究的产品。尽管与尹的专利产品存在部分相似处，但按照专利法的规定，因该产品在尹某的专利申请日前二年既已制造、销售，且至今未超过原有生产规模，故不构成侵权。

受诉法院认为，综合加工厂制造、销售的水暖炉虽然与尹某专利产品中的权利保护范围存在相同部分，但因其在尹某申请日前即已制造、销售，故应依法确认其享有先用权，对尹某的专利权不构成侵犯。尹某始终未能向法庭提供综合加工厂超过原制造、销售水暖炉规模的证据，并坚持认为综合加工厂侵犯其专利权，缺少事实与法律上的根据，法院不予采信，对其诉讼请求亦不予支持。依照专利法第六十二条第3项之规定，判决驳回原告尹某的诉讼请求。

上述侵权案件，法院认定被告有“先用权”显然是不正确的。以此理由驳回专利权人的诉讼请求是不妥的。

（三）先用权人在专利权人申请专利之日以前，至少已经作好了制造或者使用的必要准备。

这里讲的“必要准备”是指以下几种情况：

1. 技术上的准备。如是否已下达技术任务书、新产品设计书以及生产图纸等；

2. 生产上的准备。如需要建立专门厂房的是否已建立，是否已准备好生产该产品所必须的各种机器设备（包括适用设备和专用设备），专用工具及模具等；

3. 完成了样品的试制。即样品通过检测已经达到使用要求和技术任务书的要求。

没有做好上述“必要准备”的，其制造和使用的行为不具有先用权。例如，1986年7月3日，某电器开关厂和某高压电器研究所将共同设计研制的“一种隔离开关的合闸与锁紧装置”向中国专利局提出专利申请。该产品通过鉴定后，同年9月25日国家有关部门将其确定为GN22—10型户内高压隔离开关。1987年4月22日，中国专利局对该申请予以公告。8月12日授予其实用新型专利权。

随后，专利权人之一的电器开关厂向法院起诉某高压电器厂侵权，要求赔偿损失。高压电器厂辩称：本厂在原告提出专利申请以前，已经作好了生产该产品的必要准备。理由是：(1) 早在1986年4月29日，本厂厂长已下达试制该产品的任务书；(2) 县工业局曾于1986年发文，通知本厂决定将GN22型户内高压隔离开关列入1987年新产品开发计划；(3) 1986年内本厂已试销2台该产品。依照专利法第六十二条第三项之规定，本厂享有先用权。

法院经过审理查明高压电器厂于1986年5月下达了试制该产品任务书，提出了产品开发目的，但未涉及解决该课题具体的技术方案。1986年底县工业局下发通知，决定将该产品列入1987年新产品开发计划，但该通知是在原告申请专利之后，说明在申请日以前，高压电器厂并未完成开发任务。高压电器厂于1986年试销2台产品，未经有关部门颁布型号，按国家有关部门规定，不能作为定型产品。该厂产品定型图纸在1988年3月才完成。此外，生产该产品专用的工具、模具和夹具需要39副，而该厂在1986年8月仅完成了4副。据此，法院认定被告高压电器厂在原告专利申请日以前，并未作好制造该相同产品的必要准备，因此，其不享有先用权。尽而认定高压电器厂制造、销售其型号、名称、结构、外型、功能与原告专利产品相同的产品的行为，构成了侵权。根据专利法的规定，判决被告高压电器厂停止制造、销售GN22型户内高压隔离开关，赔偿原告电器开关厂经济损失4000元。(《中国专利纠纷案例选编》第99—102页)。

(四)先用权的制造或使用行为，只限于原有的范围和规模之内，即制造目的，使用范围，产品数量都不得超出原有的范围。

这一点是为了防止滥用先用权，而对先用权人所作的约束。在实践中，“原有的范围”很难确定，尤其是对产品数量的确定。

从时间上来说，“原有的范围”应当确定为专利申请日前，而不应包括申请日以后；对“已经制造”来说，应以先有权人每日、月、年制造的产品数量计算出生产数量；对“已经作好制造的必要准备”来说，可以根据先用权人所作的必要准备的规模，预测将达到的生产能力与规模。当然，这种认定和预测与应当以申请日前为准备。原有范围一旦确定，超出这一范围的制造和使用行为，就应认定为不具有先用权，不能得到保护。

例如，某箱包厂于1985年7月18日向中国专利局申请了一种“防虫防腐箱包”实用新型专利，1986年7月30日被授予专利权。某樟木衣箱厂在箱包厂专利申请日前也独立研制出相同产品，并于1985年5月5日领取了工商营业执照，作好了制造该产品的必要准备。该厂经过试产，从1986年开始扩大原生产能力，使生产该产品的规模超过了箱包厂申请专利之前的规模。箱包厂得知后，于1987年9月向法院起诉，指控樟木衣箱厂侵犯了其专利权，要求停止侵权并赔偿损失。

法院经审理认为，樟木衣箱厂对该专利产品享有先用权，依法可以在其原生产能力范围内生产。但其1986年以后扩大了生产规模，这种超出原有范围的生产行为构成对原告的侵权，被告就应此部分承担侵权责任。经法院调解，双方当事人达成协议：①箱包厂对樟木衣箱厂在1988年7月18日以前超出原有范围的侵权行为不予追究；②樟木箱厂自1988年7月18日至1990年7月18日两年内，可以在现有范围内制造、销售该产品。但樟木衣箱厂应就扩大生产、销售范围部分向箱包厂支付专利技术使用费1万元。(摘自《工业产权》杂志1989年第2期)。

(五)先用权人对该发明创造只能是自己实施，不得任意转让。除非随着先用权所属企业一起转让。先用权也不能成为抵押、投资、入股的对象。

三、先用权的确认

在专利侵权诉讼中，先用权的确认是非常重要的。我国专利法中没有规定专门确认先用权的程序和机构，这是因为先用权是对抗专利权的一种抗辩权，它并不是独立存在的，而是与相应的专利权共存亡。因此，先用权的确认只是在侵权诉讼中才是必要的，而单纯的确认先用权并无实际意义。

在专利侵权纠纷中，被告以自己有先用权提出抗辩时，专利管理机关和人民法院应对其是否具有先用权作出确认，然后才能认定其是否构成侵权。

有人提出，设立一个专门确认先用权的程序。在侵权纠纷处理过程中，当被告提出先用权问题时，首先确认这一权利是否存在以及先用权的使用范围后，方能启动侵权诉讼程序。这样才能同专利法第六十条衔接起来，使专利纠纷处理规范化。如果先用权问题不解决，侵权纠纷处理将无法进行。(摘自《中国专利报》1991年1月2日吴国清《先使用权确认问题的探讨》)实际上，确认有否先用权，也就确认了侵权行为是否成立。因此，不应当把先用权的确认和侵权诉讼分割开来，而应当作为一个纠纷来解决。

在实践中，有的专利管理机关应当事人的请求，在不经过调处程序的情况下，为当事人出据是否具有先用权的证明，这种认定程序不合法律规定，当然这种证明是无法律效力的。

在侵权诉讼中，确认先用权，应当严格按照先用权的条件进行。其前提应当是制造了"相同产品"或使用了"相同方法"，如果争议的侵权产品或侵权方法与专利产品或专利方法的权利要求的保护范围有所不同或者完全不同，则尽管被告以先用权作抗辩，专利管理机关或人民法院也不应依照先用权的法律规定来认定和处理。

例如，某电器器材厂于1986年12月向中国专利局提出名称为"多用电炉灶"的专利申请，1988年2月21日被授予实用新型专利权。在此期间，电器器材厂在市场上发现某电子仪表模具厂（以下简称模具厂）生产的"云鸥牌电灶"与其专利产品相同，认为模具厂侵犯了本厂的专利权，于是向某专利管理机关提出调处请求。要求模具厂停止侵权行为，并赔偿经济损失。

专利管理机关受理该纠纷后，对两个产品的技术特征进行了比较。"多用电炉灶"专利权利要求书中所列的技术特征为："至少由一个平板形电炉盘和一个凹型电炉盘并列在装有绝热保温层、双重绝缘装置、控制装置的灶杂壳体上"，对照被请求方模具厂生产销售的"云鸥牌电灶"，发现其必要的技术特征（除绝缘装置采用单项外）已落入请求方专利权利要求的保护范围。经调查取证，了解到模具厂于1986年10月（专利申请日前）已试制了"云鸥牌电灶"的样机，并于同年12月份生产了70台产品，1987年1月对外签订了287台该产品的销售合同。于是，专利管理机关认定被请求方模具厂有先用权，可以在原有范围内继续制造、销售"云鸥牌电灶"。

专利管理机关认为，本案先用权的"原有范围"应包括两个含意：第一，对被请求方模具厂生产的"云鸥牌电灶"技术特征的限制。即模具厂虽然在请求方申请日前制造出产品，但其从始至终均未采用专利中"双重绝缘装置"的技术特征。就技术性能而言，"云鸥牌电灶"的绝缘效果不及专利产品"多用电炉灶"。因而，须对被请求方采用这一技术特征做出限制，以维护请求方的合法权益；第二，对被请求方模具厂"云鸥牌电灶"生产量的限制。该厂生产的"云鸥牌电灶"属非正规简单产品，根据用户定货，不定期生产，该厂以销定产，生产量的大小主要取决于买方的订货量，因此，专利管理机关提出以模具厂生产该产品到请求方提出请求（1989年12月）为时间期限，根据订货合同计算出模具厂实际年生产量的方案。经调解，当事人双方达成调解协议：①被请求方模具厂在"多用电炉灶"专利权有效期内，不得转让该项技术，但可以继续制造、销售"云鸥牌电灶"，年生产量不得超过1040台；②请求方器材厂申请专利的"多用电炉灶"中含有"双重绝缘装置"技术特征，而被请求方模具厂生产的"云鸥牌电灶"，不含上述技术特征，因此，在"多用电炉灶专利有效期内，未经专利权人器材厂许可，模具厂不得擅自将该技术特征用于"云鸥牌电灶"；③在"多用电炉灶"专利有效期内，模具厂若违反本调解协议第①、②条的规定，要承担侵权责任，赔偿由于侵权造成的经济损失，并从重处理。（摘自《中国专利报》1991年2月20日）。

这起侵权纠纷在处理过程中，对先用权的认定及处理都有值得商榷。

其一，所谓侵权产品"云鸥牌电灶"与专利产品"多用电炉灶"是否相同产品？从本案事实看，"云鸥牌电灶"比专利产品缺少了一个必要技术特征，即专利产品要求保护的技术特征中有一项"双重绝缘装置"，而侵权产品采用的是“单项绝缘装置”，况且，就技术性能而言，侵权产品的绝缘效果不及专利产品。由此事实可以得出结论：“云鸥牌电灶”并不侵犯“多用电炉灶”的专利权。那么，调解协议①对模具厂限制生产量、禁止转让技术是没有道理的。

其二，先用权的前提是“制造相同产品”、“使用相同方法”，只有是相同的产品和方法，才有可能确认先用权。我们假定“云鸥牌电灶”同“多用电炉灶”是相同产品，那么，“双重绝缘装置”这一技术特征在专利中只能被看作是必要的。只有在这种情况下，被请求方才有可能享有先用权。既然如此，就不应在调解协议中限定模具厂“不得擅自将上述技术特征用于‘云鸥牌电灶’”。当然，对先用权中，“原有范围”的理解或延伸到“对技术特征的限制”显然是不正确的。

其三，在限定先用权的原有生产规模时，将时间期限延至产生纠纷时显然对先用权人过于宽容，对专利权人来说是不公正的。

此外，在侵权纠纷中，已经确定被请求方有先用权的情况下，如能用协议的方式结案是很好的，但协议内容对双方应当是公平的，在协议中只规定一方的义务，如“被请求方若违反协议规定，要承担侵权责任，赔偿损失”，这种约定是多余的，约定“从重处理”，更是没有法律根据的。

四、先用权人的权利

先用权是相对专利权而言的，其作用是对专利权效力的一种限制。因此，它是随着专利权的产生而产生，随着专利权的终止而终止。

先用权人的权利主要表现在：

1. 不必与专利权人签订许可合同。但当得知他人申请专利或获得专利权后，应通知专利权人，告知其自己的生产范围，这样做减少未来可能出现的讼累。

2. 不必向专利权人支付任何费用。

3. 一旦被指控侵权，可以用先用权进行抗辩，以免于承担侵权责任。

五、先用权与新颖性

一般说来，先用权人制造相同产品或者使用相同方法的行为是不公开的，或者只是在一定范围内公开，即尚未构成已有技术。如果已经公开，相同的产品或相同的方法就会由于失去新颖性而无法获得专利权。

但是，由于我国实用新型和外观设计专利审查并不象发明专利那样，要经过三性审查才能授权。因此，难免会有一些不符合三性的实用新型和外观设计申请暂时也获得了专利权，而且一旦授予专利权，再想否认它的专利性，就只能经过异议程序、行政撤销程序或者无效宣告程序才能解决。这个问题在侵权诉讼中是无法得到解决的。

例如，1989 年 10 月 21 日《中国专利报》曾刊登过这样一则案例。1989 年 1 月，“集邮册”专利权人陈某向某专利管理局递交请求调处书，认为中国集邮总公司及某纸品加工厂侵犯了其 1987 年 4 月 29 日申请的“集邮册”专利权。专利管理局经查：1984 年底，中国集邮总公司在参考国外和台湾地区可拆卸活动内心集邮册的基础上，按照国际通用尺寸、规格设计出可拆卸活动内心、内心上附有护邮袋和护套卡的集邮册，并于 1985 年委托纸品加工厂生产。1985 年纸品加工厂为中国 集邮总公司生产 1984 年年册 10020 册；1986 年生产 10000 册 1985 年年册；1987 年生产 9240 册；1988 年生产 10000 册。由此，专利管理局认为被请求人在请求人陈某专利申请日前已制造出相同产品，并且，仅在原有范围内继续制造、使用。依法作出决定，驳回请求人的调处请求。

这个案例见报后。马上有人提出疑问。“集邮册”早在 1985 年就被中国集邮总公司独立设计出来，并与纸品加工厂签订了加工合同，生产出 10020 册，而专利权人陈某是在 1987 年 4 月 29 日向中国专利局提出专利申请。请问：1985 年的产品相对于 1987 年的申请来说，是否已构成公知公用技术而丧失新颖性，从而不能授予专利权？即使在1988年10月20日被授予专利权，该专利也应视为无效，这样的话，侵权问题根本不复存在，也就无所谓什么“先用权”了。

从报纸上介绍的案情看，集邮册专利的专利性的确较弱，应当是缺乏新颖性，不能授予专利权。但是，一项发明创造提出专利申请后，能否被授予专利权，这是中国专利局职责范围的事。一项发明创造被授予专利权后，再要宣告它无效，这也是专利局专利复审委员会的职责，其他机关无此权限。专利管理机关或者人民法院在处理侵权纠纷中，如果被告认为争议的专利产品或者专利方法不符合专利法规定的条件，可以反诉专利权无效。但根据现有法律规定，这种反诉并不由人民法院或者专利管理机关直接处理，而是由专利复审委员会受理后进行审查，然后作出无效宣告请求审查决定。而处理侵权纠纷的专利管理机关或者人民法院无权就一项专利是否有效作出认定。

如果被诉侵权方或者任何公众明知争议的专利权不具新颖性，但其并不向专利复审委员会提出无效请求，在这种情况下，处理专利侵权纠纷的专利管理机关或者人民法院虽然明知该专利很可能被无效掉，但由于该专利权事实上并未依法定程序被宣告无效，所以，在法律上仍承认其专利权有效。

六、先用权的举证责任

先用权是针对专利侵权的一种抗辩权。作为专利权人来讲，他对自己提出的主张——即被告侵犯了专利权负有举证责任，当专利权人通过举证证明了自己的主张后，即证明被告有侵权行为后，他的举证责任就应结束。这时，如果被告以先用权抗辩，应当由被告举证，证明自己在专利权人申请专利之前已经制造相同产品、使用相同方法或者已经作好制造、使用的必要准备，并且仅在原有范围内继续制造、使用。被告是否有先用权、其是否一直在“原有范围内制造、使用”，这些事实，专利权人是无法举证的。在实践中，这个问题也是值得注意的。前面关于“多用节能热水炉”侵权纠纷案中，法院要求原告专利权人举出被告侵权人有先用权的证据，显然，原告是无法办到的。

论船舶碰撞新概念的理论和实践价值

武汉海事法院　饶中享

船舶碰撞，专业性强，审理难度大。司法实践中常常为一海事案件是否认定船舶碰撞，是两船间的碰撞还是数船间的碰撞产生不同的意见。那么，什么是船舶碰撞？它的内涵是什么？为什么提出了“船舶碰撞的新概念”，新概念的价值何在？笔者仅就以上问题略述管见，求教同仁。

一、船舶碰撞的传统概念和新概念

船舶碰撞法律规范，是海上运输中客观风险责任向主观过错责任的归责原则转化而建立起来的，是过错责任原则的产物。法定概念上的船舶碰撞是指“海船与海船或海船与内河船发生碰撞，致使有关船舶或船上人身、财产遭受损害”的事故。法学理论上的此概念是“船舶碰撞是指船舶之间在水上互相接触而造成的损害事故”。法定概念与法学概念相比，仅在概念的外延上作了某些限制，内涵则完全相同，即：船舶间—接触—致损。按照这一本质属性，构成船舶碰撞必须同时具备三个要件：第一，碰撞发生在船舶间，即碰撞主体必须是船舶；第二，船舶间要有直接接触，即钢体性直接碰撞；第三，要有损害，即构成船舶交通事故。法学理论上将以上概念称为船舶碰撞的传统概念。船舶碰撞的传统概念与过去一个世纪的航运经济和科学技术是基本相适应的，并对国际、国内的海商立法和海事司法起过积极的作用。

由于航运事业的发展，船舶间即使没有实际接触也会造成损害。传统概念的内涵已不能科学地反映船舶碰撞的客观所在，过错责任原则的立法意图不能完全体现出来。为此，国际海事委员会（GMI）在1987年《船舶碰撞损害赔偿公约（草案）》（Preliminary Draft International Convention on the Assessment of Damages In Maritime Cotli Sions）即《里斯本规则（草案）》，对船舶碰撞草拟了两个新的定义。

定义一："船舶碰撞系指船舶间，即使没有实际接触，发生的造成灭失或损害的任何事故"。

定义二："船舶碰撞系指一船或多船的过失造成两船或多船间的相互作用所引起的灭失或损害，而不论船舶间是否发生接触。"

我国著名海商法学者司玉琢教授根据上述两个新定义第一次提出了船舶碰撞新概念的理论，认为在碰撞构成中不要求有实际接触要件。从此，海商法学界就有了船舶碰撞的传统概念和新概念之分。

《里斯本规则（草案）》对船舶碰撞草拟的两个新定义有一个共同点，在传统概念的基础上将船舶间"即使没有实际接触"或"不论是否发生接触"造成灭失或损害的任何事故都定义为船舶碰撞；不同点是定义二将"过失"列为船舶碰撞的构成要件。笔者认为，过失碰撞仅是船舶碰撞中的一个种类而不是全部，在碰撞构成中，过失仅是充分条件而不是必要条件。所以，定义一比定义二具有科学性。按照定义一构成船舶碰撞的要件是：第一，碰撞发生在船舶间；第二，船舶间有直接接触或间接接触；第三，要有损害。由此可见，新概念对传统概念的一个实质性改变是：船舶碰撞不要求船舶间有钢体性直接接触的构成要件，使直接接在碰撞构成中由必要条件改变为充分条件，船舶碰撞概念的内涵扩大了。这就是之所以成为新概念的实质所在。船舶碰撞新概念的提出，使概念的内涵揭示得更深入、更符合客观实际，更能反映船舶碰撞的本质属性，为船舶间的侵权构成提供了新的理论前提，是人类对船舶碰撞认识上的一次飞跃。

二、新概念的理论和实践价值

如同新生事物的生命力一样，船舶碰撞新概念能否被国际、国内广泛接受，要看其本身体现出来的价值如何。笔者以为，新概念的理论和实践价值至少体现在以下几个方面：

（一）为海商法学理论提供了新的更加广泛的研究领域

首先，增加了船舶碰撞的划分标准。传统划分标准是按碰撞责任和起因划分，而按新概念即可以碰撞的形式不同划分为直接碰撞和间接碰撞。直接碰撞是指船舶间钢体性直接接触致损的船舶交通事故。这与传统概念的内涵是一致的。间接碰撞系指船舶间间接接触致损的船舶交通事故。所谓间接接触是基于船舶间存在避让关系或以某种作用力为媒介以及客观上负有不侵害他船之义务而建立的一种法律关系。船舶间避让关系包括：对驶关系、横越关系、尾随关系、并进关系以及在船舶对不在航船的通过关系等等；媒介间的作用力主要指船吸现象中的万有引力和浪损中的水作用力；不侵害义务是指船舶间虽不存在避让关系，但船舶在行使航行权、锚泊权等权利时的一种不得对他船造成损害的客观的自然义务，包括作为和不作为。根据这一理论，我们可将间接碰撞的具体表现形式归纳为三类：（1）船舶间在避让过程中一船或数船为避免直接碰撞而搁浅、触礁、倒头挖黄（触坡岸）、碰撞固定建筑物或水上水下设施、与他船发生直接接触致损等船舶交通事故；（2）因作用力的媒介使船舶间掀浪波击致损和船吸倒头失控致损；（3）船舶间因一船或数船的火灾、爆炸、油污污染、投物入水造成他船损害等。这样划分使原来某些船舶交通事故的性质得到了改变，如间接碰撞第一种情况中的搁浅、触礁、倒头挖黄等由单方海损划入了碰撞纠纷之中，符合船舶间侵权行为复杂多样化的特点、为过错责任原则的全面贯彻实施铺平了道路。

其次，扩充了建立船舶碰撞法律关系的因素。按传统船舶碰撞概念的理论，船舶碰撞法律关系的建立仅仅限制在船舶间的直接接触上。而按新概念则不然：从时间上讲，船舶碰撞容纳了碰撞之前、碰撞当时和碰撞之后的一个相应时间，因为在这个相应时间里无论船舶间是否直接接触，都存在船舶碰撞法律关系；从碰撞形成上讲，船舶碰撞集合了船舶间自发生避让关系开始至损害结果出现的避让关系、航路选择（内河）、避让行动（包括声号、信号、旗号、车、舵及其他航行和助航仪器的使用）、危局发生、临危措施、事故发生的全部内容，因为船舶发生避让关系就是一种间接接触，无论直接接触或间接接触致损，都可建立船舶碰撞法律关系。这一理论为寻找船舶碰撞事故的真正原因提供了可能。

（二）为国际国内海商立法提供了新的理论基础

一方面，将船舶碰撞新概念作为法定概念，可以克服法律条文中逻辑上的混乱现象。1910年《统一船舶碰撞某些法律规定的国际公约》（即《布鲁塞尔公约》）第一条规定“海船与海船或海船与内河船舶发生碰撞，致使有关船舶或船上人身、财物遭受损害时，不论碰撞发生在何种水域，都应按下列规定办理”。这一条是船舶碰撞的法定概念，其内涵揭示为船舶间—接触—受损。而该公约第十三条又规定“本公约的规定扩及一艘船舶对另一艘船舶造成损害的赔偿案件，而不论这种损害是由于执行或不执行某项操纵，或是由于不遵守规章所造成。即使未曾发生碰撞也是如此”。这里的“即使未曾发生碰撞”也“扩及”适用《公约》，扩大了《公约》船舶碰撞法定概念的内涵，使船舶碰撞不要求有直接接触的构成要件，改变了第一条船舶碰撞概念的本质属性。又如我国海商法规定的“船舶碰撞，是指船舶在海上或者与海相通的可航水域发生相互接触造成损害的事故。”另又规定“……虽然实际上没有发生接触，……应当依照本章（船舶碰撞）规定负赔偿责任”。还如前苏联《海商法典》中的“船舶碰撞的损害赔偿”专章、《德意志联邦共和国海商法》中的“船舶碰撞损害”专节、《希腊海事私法典》中的“船舶碰撞”专章都将“虽然实际上没有发生接触”而造成损害的船舶交通事故扩大适用于船舶碰撞法律规范调整。这些国内立法与《布鲁塞尔公约》是一致的。在船舶碰撞的法定概念中要求有直接接触构成要条，而在扩大适用的调整对象中则不要求有直接接触要件，其结果在扩大适用的条款中改变了船舶碰撞法定概念的内涵，这样的立法形式违背了逻辑法则。依照逻辑科学，船舶碰撞之所以成为船舶碰撞而区别于其他船舶交通事故，是由其本质属性决定的。如前所述，国际国内船舶碰撞法定概念通过内涵反映的本质属性是，船舶间直接接触是必备要件之一。而在扩大适用的条款中又改变了“接触”这一本质属性要件，即“实际上没有发生接触”也构成船舶碰撞。碰撞构成不同，概念的本质属性就不是原来意义上的了。在同一部法律中概念内涵不统一，是立法中的一种逻辑上的混乱。一法律规范的适用范围改变了所调整对象的本质属性，还是该法律规范吗？显然不是。由此可见，船舶碰撞作为法律规范，如果是扩大适用，只能是概念外延的扩大；扩大了内涵，则改变了船舶碰撞概念的本质属性。国际国内海商立法上之所以出现逻辑上的混乱是因为船舶碰撞在传统概念中不能科学地揭示内涵而造成的。只有将船舶碰撞新概念作为法定概念才能避免这种法律条文中概念内涵的不统一。依照新概念，船舶碰撞是指船舶间直接或间接接触致损的任何船舶交通事故。这一概念本身扩充了船舶碰撞传统概念的内涵，船舶碰撞不要求有实际接触的构成要条，使船舶间“没有实际接触”的交通事故直接受船舶碰撞法律规范调整。运用船舶碰撞的新概念既符合客观实际，又符合按过错责任原则确定碰撞损害赔偿责任的立法意图，也不需要另立扩大适用的条款，自然避免了立法中逻辑上的混乱。

另一方面，使船舶碰撞法律关系完整地适用于船舶碰撞法的调整对象，提高了船舶碰撞法的调整效能。“船舶碰撞法，是调整有关船舶碰撞法律关系的规范的总称”。按照传统概念的理论，船舶碰撞法仅调整船舶间直接接触致损的法律关系。而依新概念则不然：船舶碰撞法不仅调整船舶间直接碰撞的法律关系，也调整间接碰撞的法律关系；不仅调整事故后的法律关系，也调整事故发生前的法律关系；不仅调整在航船舶间的法律关系，还调整不在航船舶间以及在航船舶与不在航船舶间的法律关系。总之，船舶碰撞的新概念为船舶碰撞法的发展和完善开辟了广阔的前景。

(三) 深入揭示船舶碰撞概念的内涵，使其成为新的更为科学的概念是海事司法实践的需要

中华人民共和国最高人民法院《关于海事法院收案范围的规定》在海事侵权纠纷案件中规定了“船舶碰撞损害赔偿案，包括浪损等间接碰撞的损害赔偿案件”。这里“浪损等间接碰撞”的假定与船舶碰撞新概念中“船舶间虽未直接接触，但造成损害的任何船舶交通事故均属船舶碰撞”的理论一致。最高人民法院的这一规定显然突破了传统船舶碰撞概念内涵的限制，不仅为海事法院的收、立案提供了依据，而且为海事审判认定船舶交通事故性质，正确适用实体法，明确船舶碰撞法律关系中当事人的权利义务提供了司法依据。

海事司法实践中经常遇到这样的案例：(1) 甲船与乙船直接接触致损，而这一损害是由与之并无接触的丙船过失造成的。丙船是不是该船舶碰撞的当事船并承担责任呢？(2) 大船追越小船，由于横距太近产生船吸现象，导致小船失控倒头触礁受损，这是不是船舶碰撞？大船应否承担赔偿责任？(3) A、B 两船相遇，在会船格局紧迫的情况下，A 船为了避免同 B 船直接碰撞而采取紧急措施，虽然实际上没有同 B 船直接接触，但却碰在山崖上受损，A、B 两船间是否存在碰撞关系？如果 B 船有航行过错是否应追究责任？

以上案例中提出的问题，用船舶碰撞的传统概念解释与用新概念解释，其结论是相反的。

例如，某海事法院审理的望江 4 号船舶碰撞案就是如此。江津 204 号船与江渝 2 号船在长江上游重庆港区发生直接碰撞，造成重大船舶交通事故。在以上两事故船实际接触前，望江 4 号与江津 204 号及江渝 2 号船会过船，在会船格局紧迫的情况下，望江 4 号船抢挡航行(即左舷会江渝 2 号，右舷会江津 204)。其船队左舷尾部擦碰了锚泊中正起锚待航的江渝 2 号右舷前部，虽未造成任何损失，但这一“抢挡航行”是导致江津 204 号与江渝 2 号发生直接接触致损的原因之一。该案件中望江 4 号是不是事故当事船成为主要争议焦点。按传统船舶碰撞概念的理论解释，望江 4 号不是该船舶碰撞法律关系中的当事船。因为：第一，望江 4 号与江渝 2 号虽有直接接触，但这一接触没有造成任何损失，因缺少损害要件，不构成船舶碰撞；第二，望江 4 号与江津 204 号没有直接接触，缺乏直接碰撞要件，亦不构成船舶碰撞。望江 4 号与其他两艘事故船舶间都不构成船舶碰撞，故不是船舶碰撞法律关系中的当事船。不存在船舶碰撞法律关系，因而不受船舶碰

撞法律规范的调整。那么，望江 4 号的航行过错责任何能得以追究？用船舶碰撞新概念的理论则能合理地解决这一难题。虽然望江 4 号与江津 204 号没有直接接触，但在江津 204 与江渝 2 号的碰撞形成过程中有避让关系存在，这是一种间接接触构成望江 4 号与其他两事故船的间接碰撞。所以，该船舶碰撞法律关系中的事故船舶不仅是江津 204 号和江渝 2 号，望江 4 号同样是事故船舶之一，其侵权损害的法律后果同样适用船舶碰撞法侵权损害民事责任的规定。第一，该船舶碰撞有损害事实存在；第二，望江 4 号在避让行动上有航行过失（抢档航行）；第三，望江 4 号的抢档航行是造成江津 204 和江渝 2 号直接接触致损的原因之一，即航行过失损害的发生有因果关系。这三个要件构成了望江 4 号船方的船舶碰撞侵权赔偿责任。海事法院由此认定，望江 4 号承担事故的次要责任，并判决望江 4 号船舶所有人向受损方赔偿相应的经济损失。一审法院的认定和判决受到上诉审法院的肯定。这一案例充分说明船舶碰撞新概念具有重要的实践价值。

（四）反映了内河船舶碰撞的客观实际

如果说船舶碰撞新概念是根据海上船舶间发生碰撞的复杂情况提出来的，那么这一新概念更符合内河船舶碰撞客观实际。内河通航水域航道狭窄且弯曲度大，通航密度大，船舶种类繁多，水流湍急，水文紊乱，船舶交通事故频繁，形成原因复杂，船舶碰撞时有发生。对某些事故，只有查清形成原因才能判断出是单方船舶交通事故，还是船舶碰撞事故，是两船碰撞纠纷还是多船间的碰撞纠纷。如前所述，在船舶“对驶”关系中，一船为避让对遇船造成自损或与他船接触致损；在船舶“追越”关系中，因两船横距太近，产生船吸，造成一船失控倒头自损，或与他船接触致损；在船舶“尾随”关系中，前船发出的表示本船动向的声号、旗号或灯号错误，使尾随船采取相应避让行动造成自损或与他船碰撞致损；在船舶“横越”关系中，两船间已处于紧迫局面时，一船为避免与横越关系船相撞而背离规则造成自损，或与他船碰撞致损；以及船舶掀浪波击他船致损等船舶间因间接接触致损的交通事故，在内河中更为多见，在内河海事司法实践中，只有用船舶碰撞新概念作理论指导才能对复杂的船舶交通事故作出正确的认定，从而正确审理好船舶碰撞损害赔偿纠纷案件，保护当事人的合法权益，制裁违法行为。

综上所述，怎样构成碰撞，船舶碰撞概念的内涵揭示程度如何，直接关系到海事司法机关对案条性质的认定，适用何种实体法，确定当事人间权利义务关系的重大问题。船舶碰撞新概念的提出，无论是在海商法学理论上，还是对国际国内海商立法及海事司法实践上都有其重要的理论和实践价值。但是，船舶碰撞是一种特殊的船舶交通事故，其形式多样，形成原因复杂。受主客观条件的限制和船舶交通事业不断发展等诸多因素的影响，我们还不可能在短时间内完整地揭示和掌握其科学的内涵，并正确地运用到审判实践之中。拙文仅对船舶碰撞新概念的理论和实践价值述一管之见，祈望专家、教授、同仁赐教。

论海上油污损害赔偿的原则规范及其损失估算

上海海事法院　沈满堂

一、确定油污损害和损失的原则及规则

(一)认定油污损害赔偿范围的基本原则

油污损害赔偿范围的确定，是以油污侵权之债的内容与其发生为主要依据的，因此划定赔偿范围的原则，也在此基础上产生：

1. 必须是实际已发生的损害或可合理预见必将发生的损害。损害事实的客观存在是构成侵权损害民事责任的前提，同时，也是确定是否列入赔偿范围的首要条件。石油一旦从船舶泄漏，有关海区内的水、生物、岸线及其相关的设施、房舍一般随即受到触及，并发生各种立即可测知的理化损害。这些实际发生的损害，应当列入考虑范围。但是，由于调查的手段和时间的限制，以及有些财产损害的潜在性与渐进性，人们在处理油污事故的一段时间内不可能立即发现所有实际存在的损害。(因此，只要通过合理的预见、推测，证明某些财产也将实际受损)，这些损害也应初步列入赔偿范围。

2. 损害事实必须与油污侵害有内在的直接因果关系。侵权行为与损害事实间的直接的因果关系是构成侵权损害民事责任的又一重要条件，同时，也是确定是否列入赔偿范围的必要条件。这一原则的基本内容就是，损害应是非法侵害的直接后果。发生油污事件，从形式上看直接产生的经济性损害，一是额外的经济支出，如调查、清污、预防、处理等费用；二是环境价值（即自然资源和人类建设)的恢复和与其相关的各种补偿费用。其中恢复和补偿费用又是损害赔偿的主要方面。多年来，关于损害赔偿的“直接损失”和“间接损失”的理论是长期困扰学术界和司法界的老大难问题。以往，人们常以外延性例举的方法试图为上述概念确定定义，但因违反逻辑规律，终不能成功。前不久，有学者将“直接损失”的概念界定为“直接后果”、“立即发生”、“可以合理预见”等任意择一的财产损害。定义虽然明确，但因其仍从形式上进行注解，故在实践中依旧是一个不易掌握的问题。为此，笔者建议，在确定赔偿范围原则时，能否暂且撇开仅从形式上进行探究的“因果链”理论，而大胆地从“价值学”理论的途径进行探索。如同人们常识所知，人们在经济交往中的关系，最终表现为利益关系。发生油污，受害人所以要提起经济赔偿，是因为受害人感觉到油污侵害了他们的利益。人们说某事物对其有利，实际上是指该事物对其有“可利用”的意义。这在经济学上即称“使用价值”。进一步说，某事物有利用价值，是因为该事物本身维系着对他人“有利”状态。因此，一事物本身特有的状态及其对他人在经济上的“有用性”是构成人们概念中“财产”的两个方面，两者相辅相成，没有主次先后之分。所以，我们讲财产损失，实际上是指某一外来的作用使某一财产改变了其原有的状态，并同时降低了对他人的使用价值。按照这个理论，赔偿财产损失无非是两个方面，一是恢复该财产原有状态所需要的经济开支；二是因该财产不能恢复或在恢复期间造成他人使用价值的灭失或减少，而给予使用人的经济性补偿。事实上，以上两方面的经济开支都是由侵权人的不法行为直接造成的。在这个意义上，两

者都属“直接损失”，只不过后者不具有外在的直接牵连罢了。据此，笔者认为，油污责任者仅为其油污直接侵害的该财产所有人的财产恢复及其经营人（不管该经营人是否是该财产的所有人）的使用价值的灭失、减少给予经济补偿，反言之，对除此之外的间接损害（此非传统理论的“间接损失”—作者自注）均不宜列入赔偿范围。

3. 请求赔偿的损害必须具有“经济性”。油污侵权有时会导致“非经济”性侵害，如侵害权利人的生活方式，降低权利人的生活质量。这方面的情况虽不多，但也有发生或也可能发生。例如：油污损及了渔业资源，使喜爱食鱼的人们遭受鱼货供应困难，以至降低了他们的生活质量；又如油污造成海鸟大量死亡，使某地区居民或旅客丧失了观赏娱乐的一个方面，从而降低了他们的生活质量。虽然以上两种损害是显而易见的，也是直接的，但笔者认为，这些损害不能列入损害赔偿范围。理由是，他们的损失不是使用价值，而是享用价值，而享用价值不具有“经济性”。当然，以上两例的情况仍有不同之处。食鱼的问题有时会牵涉到生存问题，而观赏的问题仅仅是享乐问题，它们在人类需求行为的层次上，地位是不等的。如以食鱼为生的爱斯基摩人为了生存，在鱼业资源恢复前，不得不增加开支，到异地购进鱼货以维持生计。那么这一增加的开支，因生存之需，只要实际发生，可以列入赔偿范围。而鸟类观赏者若因此易地或易物观赏，尽管增加了开支，因非生存之需，则不宜列入赔偿范围。

当然，符合上述三条基本原则的损害在列入赔偿范围之前，必须明确，受害人对损害的产生必须是无过错的。否则，油污侵权人即可全部或部份对该受害人免除所负的赔偿责任，此一原则也应是不言而喻的。

（二）界定油污损失大小的相应规则

油污损害的民事责任通常是经济赔偿，且较多的是巨额赔偿。根据经济学理论，“损失”的含意有三层意思：一是量的减少，二是质的降低，三是效能的削弱。它在民法理论上的表现，则是两个方面，即积极损失和消极损失，前者指开支增大，后者指收入减少。

1. “恢复原状为限”是首要规则。从理论上讲，“恢复原状”既是索赔的目标，又是理赔的上限。从多数国家的立法看，通常都有如此规定，在侵权损害赔偿之前，除法律另有规定或契约另有约定的外，侵权损害赔偿的责任者应当回复受损财产在损害发生之前的状况。我国的民法通则也将“恢复原状”作为侵权人承担民事责任的一种方式。但在司法实践中，“恢复原状”则更多成为损害赔偿的原则尺度。财产、资源及其使用价值受到油污侵害，大多数情况下，不能在短期内修复到原有状态，有些则永久不能恢复，于是只能进行金钱赔偿。衡量金钱数量的多少，从理论讲，当以“恢复原状”所需量为最客观、公平，同时也最能得到赔、受双方的理解和拥护。

2. 市场竞价和平均匡算的规则。“恢复原状”的目标既定，“恢复方案”的经济代价就显得十分关键。按照经济学观点，市场竞价是最公平，最经济的价格。所以修复费用的多寡当以市场竞价为基础。至于因不能修复而需弥补受害人的损失，其计算则应坚持平均匡算的原则。这一平均匡算可以是同行、同期、同地多项利润的综合性平均。

3. 尽量减少损失的规则。在“恢复原状”和防污、清污的工程中，市场竞价对同一方案来说是最公平、最经济的，但是，有时工程方案常有多个，只要待择方案都能达到“恢复原状”的目标，赔、受双方应当首选最廉价的方案，调解和裁判机关也应当遵守本项规则。

4. 损益相抵规则。在实际生活中，侵权人的非法行为在给受害人造成利益损失的同时，有时会附带给受害人一些实际利益。依据衡平原则，这些利益应当在损害赔偿总额中扣除，这便是损益相抵。若不作损益相抵，显然有失公平。所以，要合理匡定最轻损额，损益相抵规则是万万不能丢的。

5. 当事人协定的规则。在浩瀚的油污损失计算中，经常会发生某次损失数据查无出处，定无依据。但整个损害赔偿的理算工作不会因此而中断。于是产生一种惯常做法，即赔、受双方协定该项赔额，法院也可据此作为判决的依据。制定这一原则，是基于以下两个理论：其一，当事人双方商定的某项赔额，实际上是一种广义的市场价格，而市场价格的本性反映了公平性。其二，这是双方当事人民事权利的自治，赔、受双方协定金额，其本身是在实体上处理各自的民事权利，只要无害于社会和第三人，应当不予禁止。

二、损失数额估算办法

（一）关于防止和减轻损害的开支

1. 救助。为了防污而实施的救助，其开支必须是已发生的。在审查费用时要注意其合理性。对索赔人尚未垫付的预估求，更应考虑到救助效果，救助人的努力程度和劳绩，被救物的危险程度，救助人所花费的同时和财力，供救助使用的设备的耗费，是否使用了被救方的人力和财产等等。此外还要考虑救助人的专业和非专业性。总之，各项基价要尽可能表现为市场竞价。对油污责任分的有效救助所产生的费用及因救助必需的其他辅助性项目，如疏浚港口，现场监测等，也应当列入本项损失的计算。

2. 清污。清污费用的赔偿大多需要有一个科学合理的技术鉴定。对此项费用的估算，要根据现场的特点（地理、海况、气候、溢油状态）、人工的投放量（劳动人数、劳动时间、工资标准及相关福利支出）、工作方法（打捞、移位、粉碎、焚化等）、材料设备（廉价的或高价的）费用和回收物（浮油、结含油品、化合油品）的处理费用来确定。此项费用的估算总的说并不困难，但如果采取的措施后来表明没有效果，或效果很差，甚至引起更严重的不良后果，对此则需进行分析。若能证明在采取不妥措施的决策及实施决策的过程中，行为人（包括特定情况下进行急救的非专业人员）已经克尽职责，因其意志以外或常规专业水准不能达到的原因引起清污的不良后果，对此后果及产生于该后果过程中的清除费用，仍应由油污责任者承担，列入损失总额。另外，根据 TANIO 轮油污事件的处理先例，清污费用还需包括作业监督和技术咨询费用及因采取清污措施而引起的不可避免的重大损失，如清污所必需的大型机械的运输或作业引起的道路和堤坝损害等等。

关于对清除油污负有责任的政府机构为清污花费的开支是否计入损失总额的问题，笔者认为，应区别情况。一条基本原则是，属于政府环保机构日常性环保开支，不应列入损失总额，若系为该特定油污事故花费的额外开支，理应列入损失总额。当然，清污设备使用后仍有残值的及回收油物具有商品价值的，该两项残值应当在损失总额中扣除。

清污费用应当是已经发生的费用，除非能证明某项清污工程在赔偿处理时因某种合理原因不能立即开展，且此后必定要进行的，才可预算赔付。

3. 事后预防。油污对环境的化学性损害，通常比较持久。为此，事后环境专项监测在所难免。此外，若油轮沉没或在制止油污扩散过程中采用了诸如粉碎船体，焚毁浮油等物理性清除措施，以至造成永久性环境物理性障碍的，因此需要设标，安全巡逻以及宣传而产生的费用，只要合理，也宜列入损失总额。

最后应当附带说明，若防污清污过程中造成二次损害，那么，二次防清工程开支应当列入损失总额。

（二）关于事故调查评价处理造成的开支

这方面的开支总额不会很大，虽然油污损失的调查评估项目涉及从事故、资源、生产到生活十余个大项，但若采用公开招标，费用包干的方法交由专业公司及非专业组织参与，一般均能获得价廉质优的服务。至于处理费用，习惯上也都采用费用包干制。上述费用的大小一般取决于下列因素：参加调处人员的数量、身份、调处项目的难度、多寡及涉及标的金额的大小。只要实际、合理，应当列入损失总额。

（三）关于恢复费用和经济赔偿

1. 恢复费用。恢复费用主要是用于资源和财产的再建设，也即恢复原有的“环境价值”。油污事故侵害的资源通常包括六个方面：水、岸土、空气、生物、矿产、旅游娱乐。侵害的财产主要是海上和岸线上的动产和不动产。依目前的科技能力，恢复资源可以采取更新、改造和替代等各种“播种”方式。鉴于各种“播种”的目标在于恢复，所以查清“原状”是最根本的一点。“播种”的方案及费用估算仍应遵循上述五条规则。由于“播种”恢复通常不能在短期内实现，故本项目的赔偿宜采用设立专项基金的办法，逐项逐渐赔付，这样就显得公平些。

至于海上和岸线上动产与不动产的修复和赔偿一般比较直观，只要遵循规则，实际发生，基本合理，就可认定。

2. 经济赔偿。一次重大油污可能会引发沿岸国诸行业提出的索赔。但主要的是海上渔业、副业、矿业、电业、交运及海滨旅游。

（1）海上渔业生产。海洋渔业生产的两大分支为捕捞和养殖。这方面的损失包括工具的损坏、灭失、养殖产品的毁坏和捕捞、养殖业利润的减少。工具的损坏灭失，按动产的市场价和财产数量计算损失，扣除残值即可。

养殖生产当年损失的估算应根据实际养殖水面、品种、历年产量与邻近未污地区当年产量的平均值，乘以一个自然产量波幅就能求得。养殖商品的市场价格，应作计算基价。但是，必须扣除残次产品的残值。对因环境污染所致，事故后近年的利润损失可按上述办法求得，不过应考虑污染的衰退因素，且必须扣除没有投入的成本。

海洋捕捞生产的损失估算比较复杂，因不同地区的渔船对渔场交叉使用，故很难就某一海城污染对当年捕捞产值的影响作出比较准确的计算。根据行家介绍，通常使用对照办法，一是当年与历年同项相比；二是本区与邻区相比，以此可算得大致产量损失。问题是，发生油污影响捕捞产量的时间影响如何匡定？据有关专家推荐：在事故后第四年起逐渐从减产四分之一演算至十分之一为妥。

另有一事值得一提，就是有些渔具、养殖器材，经油污损害，虽表面恢复原状，但实际常常因此加速折旧，若能证明有这方面损害的，也应当列入赔偿范围。

（2）海上副业和矿业。海上副业主要是海洋原生药物、手工艺原材料，原始建材的摘采收集。油污对金属矿的开发有何影响，目前尚不得而知。但因海水污染导致盐品等级下降，造成巨额差价，已有赔偿实例。这方面的损失估算也从单位差价和产量关系上着手，似无特异之处。

（3）海上电业与交通运输。海上潮汐电站一旦受到石油污染，可使 发供电设备直接遭受损害。这方面损失可以包括设备维修、换新、拆装、运输及增添的辅助性设施、工程，这是增加开支造成的损失。另一方面，由此造成发电量的减少甚至停产，这是减少收入造 成的损失。计算上述损失也不困难。但是在电业生产的损害赔偿中有一个十分独特的问题，即突发性断电引起的相随性损失，由此产生的损害赔偿，能否列入损害赔偿总额？笔者的意见是肯定的，因为对此损害，用电单位无法防止，很难减轻。

油污对海上交通，主要表现为物理性侵害，即通讯与通航上的障碍和不便，此项损失估算基本有据可查，计算难度也不大。

（4）海滨旅游。根据行家推荐，可先根据事故前几年的经营情况由各索赔公司或商店、旅馆依照原始财税报表，求出年盈利总数和所接旅客总数，从而推出单客盈利额，再测出事故后年旅客减少数，便可估出减少的盈利损失。当然，若单客盈利额是毛利，则需扣除成本和税收。

需要补充说明的是，油污侵害了海水资源实际上还常常隐蔽地侵害地下水资源，由此可能影响到种植、养殖和底土资源。但是这种影响常常难以证明，倘若水质恶化影响到饮料厂商，估算就容易多了。

至于人身健康损害赔偿，因另成论题，故不便在此附论。二次损害赔偿的计算原则和计赔方法与初损情况一致，故也不便再占篇幅。

谈谈对被执行人对外债权的执行

最高人民法院经济庭　黄金龙

最高人民法院《关于适用〈中华人民共和国民事诉讼法〉若干问题的意见》(以下简称意见）第三百条规定：“被执行人不能清偿债务，但对第三人享有到期债权的，人民法院可依申请执行人的申请，通知该第三人向申请执行人履行债务。该第三人对债务没有异议但又在通知指定的期限内不履行的，人民法院可以强制执行。”该条款是关于对被执行人的债权进行执行的规定。这一规定是对民事诉讼法规定的强制执行措施的补充，为实现法律文书所确定的债权人权利创设了新的途径。

执行被执行人对第三债务人的债权这一措施，以前有的法院曾采取过，在经验上作为“追踪执行”的一种，如有的采取债权转让，有的由执行法院催促或帮助被执行人追债，对追回的债款再予执行，有的给并非处于协助地位的第三人发协助执行通知书，甚至有的对第三债务人直接进行强制执行，等等。但这些做法与现行规定不尽相符，而且只是执行法院的权宜之计，不是法定程序。目前的规定使对被执行人债权的执行成为法定程序。但意见中的规定仍然比较原则，所以现在执行这一条也难免有这样那样的问题。笔者谈谈自己的看法。为方便起见，文中有时将申请执行人称为（执行）债权人，将被执行人称为（执行）债务人，被执行人的债务人称为第三债务人。

一、法律法理依据和现实要求

意见第二百五十四条规定：“强制执行的标的应当是财物和行为”。这里的“财物”应当理解为是财产权的另一种说法。财产权包括所有权（物权）和债权等。对债务人所拥有的实物的执行，实质上是对其财产的所有权的执行。法院查封、扣押、拍卖债务人的动产或不动产实际上是对其财产所有权进行限制、移转。而在财产权中，所有权只是其主要内容之一，其中还包括现代社会中越来越重要的债权。在商品经济社会中，每发生一笔交易，几乎都以相应的债权（请求权）为对价。实践中，经常存在被执行人没有其他财产履行债务，而同时对外拥有到期债权没有收回的情形，所以规定对被执行人对第三人享有的债权可以执行，实有必要。

民事诉讼法第二百三十三条可以看作是意见中这一规定的法律依据。第二百三十三条规定，债权人发现债务人有其他财产的，可以随时请求执行。这里的其他财产既包括执行时未发现的财产和债务人新取得的财产，也应当包括债务人的对外债权。实际上被执行人在银行有存款，在法律理论上来说也是对银行享有金钱债权。所以对存款的执行也是属于对债务人的债权执行的范畴。但对银行存款的执行，民事诉讼法有专门规定（其程序与意见第三百条的规定有同有异），在此不讨论。

被执行人的对外债权包括金钱请求权和实物（动产或不动产）请求权，本文以金钱请求权为例说明。

二、执行债务人债权的程序、条件

对债务人债权的执行与对其物权的执行有较大差异。物权是直接支配物的权利，所以在执行上可以对债务人的财物直接进行查封、扣押，并拍卖或变卖取得价款用以清偿，或直接移转于债权人，即可实现执行债权人的权利；而债权则属于被执行人对第三人的请求权，不是对物的直接支配权，对其执行不能通过上述办法来实现，而须通过向第三人行使请求权来实现，所以在程序上须经过向第三债务人要求履行的程序。

执行债务人的债权，须在债务人不能清偿债务，而对第三人享有到期债权的前提下，首先由执行债权人向法院提出申请，然后由执行法院通知第三债务人向申请执行人履行债务，（这种通知暂且称为“履行通知”），在该第三债务人对债务没有异议、又不在法院通知指定的期限内履行的情况下，由执行法院予以强制执行。

执行债务人的债权的条件有两个，一是被执行人不能清偿债务，一是被执行人对第三人享有到期债权。

（一）所谓被执行人不能清偿债务，不应当是指客观上已经到了没有任何资产的地步。被执行人没有申请执行所要求的货币资产补偿，而为了继续维持生产经营，又不愿以现有的固定资产或其他流动资产清偿，就可以称为不能清偿，申请执行人对被执行人的可执行财产的类别有选择权，被执行人没有现金可供清偿，而申请执行人不愿接受其固定资产或其他流动资产充抵债务，其固定资产和其他流动资产又经拍卖或变卖而无人应买的，仍然属于被执行人不能清偿。不能认为只要被执行人有固定资产的，就不得要求执行其对外债权。对金钱债权的申请执行人来说，是扣押、处理被执行人的有形资产，还是执行其对外债权，应由申请执行人选择。

（二）所谓被执行人对第三人享有到期债权，是指被执行人对外必须享有债权，而且其债权是已到清偿期的。根据这一要求，似乎只有对到期债权才可以申请执行。但笔者认为，对未到期的债权自然不能立即通知债务人履行，但对目前虽未到期，而即将到期的债权，如果债权人愿意接受，执行法院不妨发出附期限的履行通知，由债务人在期限届至时向债权人履行，而且也不妨碍采取履行通知以外的方式执行，如债权转让。

三、履行通知的法律性质和作用及发出通知应注意的问题

（一）履行通知的法律性质和作用

1. 通知的实质是法院命令。我国民事诉讼法执行程序中法院向有关当事人发出的具有指令意义的文书都用“通知”一词，如“执行通知书”、“协助执行通知书”。实际上这种通知的受通知人都有义务按照通知的要求执行，违反通知的将导致一定的强制措施。因此通知的实质是人民法院的命令。

2. 履行通知是人民法院要求第三债务人向申请执行人履行债务的命令。对第三债务人发出的履行通知，与督促程序中的支付令相似，可以说它是执行程序中的支付令。

法院通知第三债务人向申请执行人履行，从另一个角度说，也就是准许申请执行人向第三债务人收取债款。国外强制执行法侧重于从权利的角度说，称此种命令为收取命令，而我国法律是侧重于从义务的角度说的。对第三债务人应向执行债权人支付的款项，必要时可以要求其向人民法院支付，再由法院转付给执行债权人。国外专有此一程序，称为“支付转给命令”。但它与收取命令并无实质的不同，而且我国法院更习惯于采取这种由法院收转的办法，所以可以不作单

独区分。

通知第三人向债权人履行，其实体法上的基础是民法中的债权人代位权。所谓代位权是指债权人以自己的名义行使债务人的权利。当债务人对三人享有权利而又怠于行使时致使其财产应能增加而不增加，从而危及债权的实现时，债权人可以代位行使属于债务人的权利，以增加债务人的财产，从而使债权得以实现。代位权的本意是为了保全债权人的债权，其行使的效果归于债务人，而不是扣押债务人的债权或就收取的债款直接受清偿。债权人可以代位行使的权利包括向第三人行使请求权、撤销权、代位诉讼权。有的国家只在民法上规定了债权人代位权，而未在程序法中规定对债务人债权的执行程序，如法国。而有的国家未在民法上规定债权人的代位权，只在民事诉讼法上规定了执行债务人债权的程序，如德国、瑞士。我国也属于这一类。而日本和台湾地区则同时作了这两种规定。对于债权人来说，只有民法上代位权的规定是比较软弱的，因为代位权行使的结果归于债务人，而不是就收取的财产直接受偿，而强制执行法上的对债务人债权的执行，则比代位权更进一步，它将收取的财产直接归于债权人。

第三人虽直接向申请执行人履行，但申请执行人并不是该债权的主体（或债权人），他仅仅有收取该项债权的权利；被执行人仍然是债权的主体，只是因履行通知的禁止作用而丧失了对其债权的收取权。所以只有第三人向被执行人履行了，才能解除被执行人的义务，执行程序才能终结。如果因为第三人无力偿付等情况而无法收取债款时，其损失仍由被执行人承担，申请执行人不负不能收取的风险。收取无效时，申请执行人的债权仍然存在，仍可以执行债务人的其他财产。第三人也可以以对抗被执行人的事由对抗申请执行人，可以提出书面异议，拒绝清偿。

3.履行通知是禁止第三人向被执行人履行、禁止被执行人向第三人收取和对债权进行处分的命令（国外称之为禁止命令或扣押命令）国外强制执行法中就执行债务人的债权问题规定了两种程序，即对债权进行扣押的程序和将债权转为申请人可执行的标的的“换价程序”。扣押程序采用扣押命令，换价程序相当于上面所说的履行通知的第一个作用。我国民事诉讼法虽然没有明确规定“禁止命令”,但应当认为履行通知还具有这种禁止命令的作用。可以认为在我国法律中扣押程序和换价程序是合而为一的。如果履行通知不具有扣押命令的作用，则在法院向债务人和第三人发出履行通知之后，第三人仍然可能向债务人清偿，就给执行债务人转移财产提供了机会。如果具有这种作用，则会避免这种情况的发生。

履行通知的扣押命令作用的效果是：履行通知送达当事人后，第三债务人不得向债务人清偿,债务人不得向第三人请求清偿,不得受领第三人的清偿，也不得对其债权进行让与、抵销、免除、抛弃、设定抵押权或延长清偿期等一切妨碍执行债权人的债权的处分行为。第三人和债务人如有清偿和接受清偿的行为，对执行债权人不生效力，执行法院可以视为第三债务人未清偿，而要求其继续向债权人清偿，对受领清偿的债务人可以采取妨碍民事诉讼的强制措施。

（二）发出履行通知应注意以下问题

1. 向第三人发出履行通知，必须先经申请执行人申请,执行法院不得依职权发出。因为是否愿意执行被执行人的债权，是债权人的事，执行法院不宜自行决定。

2.履行通知应同时送达给被执行人和第三债务人，这样才能起到其应有的作用。

3. 为弥补法律未明示规定的缺陷，通知中可以注明禁止被执行人收取和处分其债权，禁止第三债务人向被执行人清偿。

4.如果债务人的债权数额大于申请执行人的债权数额，履行通知中应限定法院扣押和第三债务人应清偿的数额。

5. 此外，履行通知中应指定第三人履行

的期限。

四、对第三债务人的强制执行

意见指出，“该第三人对债务没有异议但又在通知指定的期限内不履行的，人民法院可以强制执行”。强制执行的条件是：

（一）第三债务人对债务没有异议

所谓异议是指认为债务不存在或对债务数额多少的异议。认为债务不存在包括认为债务自始就根本未发生过，或虽发生但已因清偿、抵消、免除等原因而消灭；对债务数额的异议指认为债务的实际数额与通知履行的数额不相符。有的第三债务人因不懂或蔑视法律的规定，而提出所欠的是对被执行人的债务，不是对申请执行人的债务，因此不能向申请执行人履行。这不属于所说的异议。如坚持提出，可以以通知的形式驳回。如果异议是关于债务数额存在多少的问题，则可以对其承认存在的部分要求履行，不履行的强制执行。

意见中对第三人提出异议的期限没有明示规定。但实际上可以从文义中推断出，提出异议的期限应限于法院通知履行的期间内，逾此期间提出异议的，应认为不合法，视为没有异议，坚持提出的，可以裁定予以驳回。对确有正当理由而逾期的，法院可以认为合法。

（二）第三人在履行通知指定的期限内不履行

符合上述两项条件的，执行法院可以依职权强制第三债务人履行。这时才可以说第三债务人也成为被执行人，而不能笼统地将执行被执行人的债权程序说成是变更被执行人。强制执行的方法与一般执行金钱债权的方法相同。但原债务人仍然是被执行人，第三债务人无执行能力，或经强制执行后仍不能满足执行债权人申请执行的标的额时，由原债务人继续清偿。

第三债务人欠被执行人的债务，有的已经过法院审理并判决。根据过去的经验，在这种情况下，如果执行法院就是审理法院，可将两案合并执行；如果是由其他法院审理的，可与其他法院协调，将对第三债务人执行所得款额直接交付申请执行人。

五、对第三债务人异议的处理

第三债务人对债务是否存在及数额多少可以提出异议。这是为保护第三人所作的规定，使第三人可以借提出异议的方法，避免因执行法院的调查或申请执行人的查报不实而引起错误。

但意见中对第三债务人提出异议后如何处理没有作进一步的规定，这方面的规范有待于在实践中探索和总结。根据法律理论，参考国外的做法，笔者认为在实务中应当作如下处理：

如果第三债务人提出了异议，就不能对其强制执行。因为这涉及到对第三债务人诉讼权利的保护问题。这与督促程序中债务人提出异议即不能执行的道理是一样的。第三债务人对其与被执行人之间的债权债务关系既然存在着异议，就只有通过法院实体审理做出生效判决，才能使债权债务关系在法律上得到确认，才能强制执行。（当然如果第三债务人在案件中已被列为诉讼的第三人，并被判决承担责任，则可以根据判决对第三人强制执行）。而这种实体审查，执行机构在执行过程中无权进行，更不应当直接作出要求第三债务人承担实体责任的裁定，并予以执行。否则就是错误的。

对第三债务人提出的异议是否成立的实体审查，必须通过正常的诉讼程序进行。而被执行人处于被动地位，没有对第三债务人提起诉讼的积极性，即使法院命令其起诉（这种方法也可试行）也可能无济于事。鉴于债权人的代位权包括代位诉讼权，因此申请执行人如果认为第三债务人提出的异议无理，可以代位行使债务人的权利，向有管辖权的人民法院起诉第三债务人，待取得胜诉判决后再予执行。

申请执行人拟起诉的，履行通知的扣押命令作用可以继续有效，在进入诉讼阶段相当于财产保全的作用。但申请执行人起诉应有一定的时间限制，否则第三债务人与被执行人之间的债权债务关系将长期处于冻结状态，不能得到清结。申请执行人在法院指定的期间内不起诉的，履行通知的扣押命令作用即应自动消灭。

六、其他执行方法

对被执行人对外债权的执行，意见中只提到上述方法。国外强制执行法中还有两种执行方法，即转让债权和拍卖变卖债权。

转让债权，即将被执行人对第三债务人的债权移转于申请执行人所有。移转之后即视为被执行人对申请执行人的债务已经清偿，执行程序即随之终结，申请执行人不得再向被执行人要求执行。被执行人对第三人的债权即因转出而消灭，而申请执行人对第三人取得了债权主体的地位，成为债权人，他必须自行向第三人追索债款，并自行负担第三人无力清偿的风险。当然移转债权应申请执行人的要求应当作价，因为这涉及到向第三人追索债务的费用问题，如果依债权的全额移转，申请执行人不一定接受，一般应对债权数额打一定的折扣。这种做法法律并未明确规定，但在双方当事人自愿、且不违背国家和社会公共利益的情况下，这种做法是符合民法上债权转让的一般法律原则的。过去有的法院采取过债权转让的做法，可以继续尝试。

被执行人对第三人的金钱债权附期限或附条件的，因此种债权难以立即收取，而将来是否能收取又缺乏确定性，申请执行人多不愿接受。这时可以准用动产执行方法，对债权进行拍卖或变卖。经拍卖或变卖后，法院裁定将债权移转于买受人，买受人支付的价金则支付给申请执行人作为清偿。拍卖变卖的实体法基础也是债权的可转让性。当然我国商品经济还不发达，债权转让的实践还较少，对债权的拍卖变卖可能还没有采取过。然而在改革开放的精神指引下，未尝不可以进行尝试，以增加执行的途径。

租赁企业对外债务的承担主体

湖北省当阳市人民法院 魏开发 张 华

随着经济体制改革的不断深入，租赁经营作为一种企业经营责任制，在实践中已得到广泛的运用。《全民所有制小型工业企业租赁经营暂行条例》(以下简称暂行条例）对企业租赁前和租赁期间债务承担主体已有原则规定，但实践中尚有两个方面的不同认识。一是租赁合同对租赁企业对外债务有约定的，按约定处理；二是无约定的，根据不同情形由出租方或承租方，或出租方与租赁企业、承租方与租赁企业承担连带责任。我们认为：租赁企业对外债务原则上由租赁企业承担；租赁合同对租赁企业对外债务的承担主体有约定并征得债权人同意的，按约定处理。

一、租赁企业对外债务由租赁企业承担

依照民法通则的规定，要求租赁企业承担其对外债务，是妥当的，理由如下：

(一) 租赁企业是民事法律关系的主体

首先涉及的是租赁企业的主体资格，即企业被租赁后还是不是一个独立的法人。租赁经营是在不改变企业所有制性质的条件下，实行所有权与经营权分离，出租方将企业有期限地交给承租方经营，承租方向出租方支付租金并依合同规定对企业实行自主经营的一种经营责任制。企业所有制形式并未改变，其法人应具备的四个要件也未丧失。承租方仍以企业的名称、帐号、营业执照对外进行活动，其所取得的只是经营权。租赁企业仍然具备法人的权利能力和行为能力。其次，企业被租赁后，在对外民事法律关系中，并非以承租者的名义进行活动，而是以该企业的名义进行活动。因其自身的民事法律行为，租赁企业成为民事法律关系中的当事人，享有权利、承担义务，构成债权债务关系主体。要明确租赁企业的主体资格问题，必须注意下面两种观点：一是租赁权之物权化问题，有人认为：因租赁权之物权化，承租人对企业享有占有、经营、收益权，企业丧失主体资格。承租者是物权人，为民事法律关系的主体，其对企业占有、经营、收益期间对外所生之债应予承担。我们认为租赁关系是一种债权债务关系，不是物权关系。租赁权之物权化，是指承租者对租赁物的占有、经营、收益权，并在有效租赁期内，有权针对出租人对租赁物的变卖、转移、取回予以抗辩。物权化的实质是把租赁关系作为一种物权关系，借此而否定租赁企业的主体资格。之所以说租赁关系是一种债权债务关系，是因为：其一，承租方取得企业的占有、经营和收益权，但不能因此而断定租赁权为物权，因上述三项权能的行使，只能针对出租方为主张，法律关系发生在特定的出租方与承租方之间，构成债权债务关系。出租方不能取得企业财产的处分权，这是租赁经营法律关系的性质所决定的，也是保障企业所有人根本利益的需要。承租人对企业财产无权设立抵押、担保，也不能转租、转让企业财产。因租赁而取得的企业经营权与一般意义上的经营管理权是有区别的，界限就在于：前者无权处分企业财产，后者可以根据法律规定享有对企业财产的处分权；前者依据合同而产生，后者依国家授权而取得。其二，租赁合同成为债权债务关系发生的依据。租赁经营的目的及租赁合同的内容不是以取得某种物权为满足，承租方的目的是通过租赁经营而取得利润，租赁经营成为其达到目的的手段。其三，租赁关系的主体是特定的，债权债务关系发生在享有权利和承担义务的人之间，他们都是特定的人。因租赁关系所生之债，一方为出租人，一方为承租人，他们都是特定的。物权关系则不同，它是特定的权利主体和不特定的义务主体之间的一种民事法律关系。前者为相对权，后者为绝对权，在租赁关系中，只存在相对权。同时，租赁关系客体与物权客体不同，租赁法律关系客体除了企业财产和租金等物外，还有承租人的经营行为。而物权关系是民事主体之间对物质财富的占有关系，它是客体，只能是物。二是企业成为租赁客体问题，有人认为：在租赁法律关系中，主体是出租方与承租方，客体是租赁企业，因此该企业丧失法人资格，无独立主体地位，租赁关系客体不能为债权债务关系主体。我们认为：在租赁法律关系中，客体不是企业，而是企业财产。因为：其一，能够成为民事法律关系客体的只能是有形或无形财产及行为，人不是民事法律关系客体要素。企业作为拟制的人，不能成为客体，同时，企业构成不能缺少自然人的要素，这些自然人不能随同企业财产一起成为租赁法律关系对象。其二，依照租赁合同的规定，租赁法律关系的指向是出租方的企业财产和承租方的经营管理行为，出租方的义务是保证合同规定的企业财产，其权利为收取租金，有权要求承租方依照合同经营管理企业。承租方的权利为占有、使用、收益企业财产。有义务向出租方支付租金。同时，对企业的经营管理既是其权利，也是其义务。出租方与承租方权利义务的共同指向是企业财产、租金、经营管理行为。

（二）租赁企业以自己的财产承担对外债务

根据民法通则规定：全民所有制企业法

人以国家授予它经营管理的财产承担民事责任；集体所有制企业法人以企业所有的财产承担民事责任。企业对自己财产独立承担民事责任，是民法通则的一个一般原则。租赁企业是作为一个民事权利主体出现的，以自己的名义进行民事活动，享有民事权利，承担民事义务，独立承担民事责任。在债责自负原则下，租赁企业以自己的名义进行活动所生之债，应自行承担，不得采用任何形式逃避其在生产经营过程中所负债务。有人认为：企业租赁前的债务由企业承担，影响了租赁关系，导致承租者经营管理之混乱，企业租赁前债务应由出租方承担。这种观点首先违背了企业以自己财产独立承担债务的原则，不利于国家经营管理。同时，出租方有两种情况，其一，出租方是全民所有制企业，作为另一独立法人，在没有法律特殊规定下，对其他法人债务不负有偿还责任。它不能把国家授权其经营管理的财产予以任意转让。其二，出租方是国家主管部门，由其承担债务，其经费来源有限，并且不能把国家拨款用于偿还债务，只能用租金偿还。这往往使债务得不到清偿。在实际涉及租赁关系的经济纠纷案件中，租赁企业往往是管理混乱，债务累累的企业，管理部门所取得的租金远远小于债务总额，债权人所能得到的只是法院一纸文书。事实上出现两种局面：一方面是企业采用租赁形式逃避债务；另一方面是债权得不到清偿。这不仅扰乱了社会正常的经济秩序，也使法律丧失了严肃性。

在理解租赁企业以自己财产承担债务时，必须认识到审判实践中的一种比较普遍的做法：把出租方与租赁企业、或承租方与租赁企业列为共同被告承担连带责任。这种做法值得商榷。两人以上承担连带责任的共同诉讼，是必要的共同诉讼，他们的诉讼标的是共同的，即所发生争议的民事法律关系的权利义务是共同的。其产生的依据有两种：一是法律行为，如担保人因担保法律行为对担保债务承担连带责任。二是法律明文规定，如合伙债务，合伙人以各自财产承担连带责任。据此要求，出租方、承租方必须是引起争议的民事法律关系的参加者。在租赁企业对外债权债务关系中，为了一定法律行为，否则不承担责任。通常情况下，出租方、承租方同租赁企业被租赁前债权债务关系无法律上的牵连，也不是租赁期间企业对外民事法律关系的参加者。租赁关系与原债权债务关系是两个不同的法律关系，要求租赁关系当事人同租赁企业共同对企业债务负责，是违背民诉法规定的。在被告已明了的情况下再追加当事人，虽有时利于案件审结，但超越了民诉法的规定。同时，民法通则和暂行条例均未规定出租方、承租方对租赁企业债务承担连带责任。

二、关于租赁合同对企业债务承担的约定问题

暂行条例第三十一条规定：“企业租赁经营前的债权债务及遗留亏损的处理办法，按照租赁经营合同规定处理。”依此规定，在实践中对企业租赁经营前及租赁期间的债务约定有以下两种：(1) 承租方在租赁经营期间逐步偿还，在租赁合同届满时结算解决；(2) 由出租方或承租方用租金逐年偿还。在实践中，有按约定处理的，也有判令租赁企业和债务约定承受人负连带清偿责任的。我们认为：这种约定首先违背了企业以自己财产承担债务和债责自负原则。其次，违背了债务不得私自转移原则。债务转移就是债务主体的变更，以新的债务人替代旧的债务人。其根据有三种：依照法律行为转移（如企业合并与约定）；依法律规定转移（继承）；依法院裁判转移。在租赁法律关系中，出租方与承租方在租赁合同中约定转移企业债务，在形式上是依法律行为转移债务，但这种约定不具有法律效力。因为债务转移必须征得债权人同意，可有两种形式：一是债权人同租赁企业、承租方或出租方三方约定；二是租赁企业同承租方或出租方约定后征得债权人认可。债务转移与债权转移不同，一般情况下，债权转移可以是债权人的单方行为，但债务转移必须是债权人、债务人、承受人三方一致意思表示。再次，危害了债权人利益。债是依照法律规定或约定，在当事人之间产生的权利义务关系，债权人有权要求债务人履行义务。债务的履行不能因债务人的单方行为加以限制。采用租赁形式的企业，一般都是陷于长期亏损的境地，租赁前债务比较大。按照约定，如用租金偿还债务，由于租金有限，不能偿还全部到期债务；如果由承租方在租赁经营中逐年偿还，同样会损害债权人利益。例如：某砖瓦厂租赁经营前的债务总额为30万元，租赁合同规定：承租方每年偿还6万元。依此约定，该债务履行至少需要5年才能完毕。债务人诉至法院，承租方即可援引暂行条例规定予以抗辩。这样，债权人的请求将受到租赁合同的制约。

因此，租赁法律关系的主体不能自行寻找租赁企业债务的归属。在取得债权人同意情况下形成的债务转移合同，构成债发生的根据，原债权债务关系消灭，形成一种新的债权债务关系，债务承受人为出租方或承租方。债务人与债务约定承受人间之债务转移约定（即租赁合同当事人对企业债务的承受约定），就其实质而言，是一种对债权人的转移债务之共同要约，须有债权人之承诺，才成立债务人、承受人，债权人之间之三面合同，债务转移合同才具有法律约束力。在债权人承诺之前，租赁合同当事人双方均受要约拘束，双方同意才可变更或解除。债权人承诺可以明示，也可以依其行为推定。有两个问题要注意，一是租赁合同订立时，有关债务转移约定未征得债权人同意，嗣后债权人抛弃债务人迳向约定承受人要求偿债，可以推定债权人对约定的认可，债务转移成立。二是债权人一旦同意约定转移债务，那么债权人就只能向新的承受人追偿，租赁企业有权针对债权人的请求予以抗辩。有的认为：应把新债务承受人和租赁企业列为共同被告，承担连带责任。这是不妥的。因为债务转移约定一旦成立，就因这一法律行为使得原债权债务关系归于消灭，所产生的是一个新的民事法律 关系。连带责任的本意，事实上是把债务转移约定当作一种保证合同。保证合同与债务转移合同有明显区别，前者是保证人保证债务人履行义务，在债务人不履行义务时，保证人承担连带责任。后者使债务人的义务归于消灭，其义务由约定承受人负责。

显然，本文所述租赁企业债务转移以债权人同意为先决条件的观点，同暂行条例的有关规定是不一致的。我们认为：暂行条例对租赁企业债务约定的有关规定是不确切的。其一，对租赁企业的债务转移约定，是否需有债权人的参加或认可，暂行条例和民法通则两者有不同的规定。民法通则第九十一条规定，合同一方将合同的权利、义务全部或者部分转让给第三人的，应当取得合同另一方的同意。经济合同法同时规定，一方要求变更或解除合同的，应取得另一方的同意，从以上规定可以明确：双方当事人意思表示一致可以使民事法律关系归于消灭；义务的解除，必须取得权利人的认可。民法通则的这一般性的规定，具有普遍指导意义，对租赁合同中有关租赁企业对外债务转移约定是适用的，即租赁企业的对外债务，如要转让给出租方或承租方，均需取得债权人的认可。暂行条例第三十一条规定：企业租赁经营前的债务，按租赁经营合同规定办理。在一般情况下，租赁经营合同当事人是出租方和承租方，没有也不可能有债权人参加。即租赁合同中有关租赁企业债务转移的约定是出租方和承租方两者商议的结果。这就出现民法通则规定与暂行条例规定不一致，前者把债权人的参与或追认作为债务转移约定的必要条件，后者则抛开合同成立的一般条件，对租赁企业债务的转移是否有债权人意思表示，不予规定。我们认为：租债合同依据暂行条例的规定，而达成的债务转移协议，在没有得到债权人认可的情况下是无效的。因为：其一，民法通则是基本法，暂行条例属法规，法规的规定不能同基本法及民法一般原理相抵触。其二，暂行条例导致司法实践上的困难，使法院在被告的确定方面不好把握。按照民法通则规定，债权债务关系主体是明确的，租赁企业负有债务就应清偿，把租赁企业作为被告，是明确的。依照暂行条例，租赁合同把租赁企业的债务约定给出租方或承租方承担。债权人诉至法院，不知把谁作为被告，法院在确定债务承担者时，租赁企业可以援引暂行条例规定，要求租赁合同约定债务承受人出租方或承租方承担债务，债务约定承受人则以自己不是产生租赁企业原债权债务关系的参加者为借口，拒绝承担责任。这样租赁企业与承受人得以各种依据拒绝债务履行，这不仅使债务主体复杂化，也使债务得不到清偿，合法权利失去了法律保护。因此，我们建议：对暂行条例应依照民法通则作出明确的司法解释，或予以修改，明确租赁企业债务转移必须以债权人同意为先决条件。

论不正当竞争及其法律调整

广西壮族自治区北海市中级人民法院　丘富圣

对经济领域中的不正当竞争，目前我国现行国内法尚无明确规定，国外各国立法的规定也不尽相同。有一百多个国家参加的《保护工业产权巴黎公约》(简称巴黎公约)第十条之二规定："凡在工商业活动中违反诚实经营的竞争行为即构成不正当竞争的行为。"我国也加入了该公约（只对公约第二十八条第一款声明保留），因此，从1985年3月19日公约对我国生效时起，便对我国具有了法律约束力。公约关于不正当竞争行为的上述规定，便是我国目前关于不正当竞争的法定定义。

具体而言，在我国，不正当竞争是指在经济活动中，违反诚实信用原则，损害诚实竞争者合法权益，扰乱社会经济秩序的竞争行为。它具有下列基本特征：

第一，竞争性。行为人实施不正当竞争行为的直接目的是击败对手，保持优势。

第二，经济性。它是一种在经济领域中的经营行为，行为的目的是在经济竞争中占据优势，从中获取经济利益。

第三，不正当性。它是一种违反诚实信用原则的非诚实经营行为，行为人在竞争中不是凭借实力、靠信誉，而是凭借损人利己的不正当手段，使诚实的竞争对手处于不利地位。

不正当竞争的法律调整，是指用法律手段来规范经济活动中的竞争行为，保护和鼓励公平竞争，禁止违反诚实经营的竞争行为，对不正当的经济竞争行为予以取缔，规定行为者承担相应的法律责任。

一、法律调整不正当竞争行为的必要性

用法律调整不正当竞争，是发展市场经济的客观需要。市场经济的充分发展，是实现经济现代化的必要条件。大力发展我国的市场经济，是我国在现阶段所面临的一项十分紧迫而又艰巨的任务。竞争和市场是一对孪生兄弟，有市场经济就必然有竞争，而且，要发展市场经济，必须引入竞争机制。而有竞争，也就难免会出现在竞争中违反诚实经营的不正当竞争行为。因此，在市场经济中，企业、其他经济组织和公民个人作为自主经营、自负盈亏的生产者和经营者，各自存在

着自身相互独立的经济利益，在经济领域竞争中的胜败，直接关系到其切身利益。为了在竞争中处于有利地位，其中的一些竞争者免不了会采用一些损人利己的不正当手段来对付竞争对手。近年来，随着我国经济的不断发展，仿冒名牌商品充斥市场，对诸如此类采用不正当竞争手段，干优和破坏社会正常经济秩序的行为，如不依法予以取缔，任其蔓延，对我国市场经济的健康发展是极为不利的。

因此，要使市场经济得以健康发展，既要在经济领域中引入竞争机制，又必须对竞争进行正确的引导，保护和鼓励公平竞争，禁止和取缔不正当竞争，对不正当竞争进行法律管制。

制定一部专门的法律来调整不正当竞争行为，是履行巴黎公约规定我国承担的义务，适应改革开放的需要。巴黎公约规定："参加本公约的国家组成保护工业产权联盟"，"本联盟成员国必须对各该国国民保证予以取缔不正当竞争的有效保护。"据此，我国作为保护工业产权联盟的成员国，负有保证予以取缔不正当竞争的有效保护的国际义务。目前，我国尚无一部专门调整不正当竞争的特别法。尽管现行法律、法规和政策中有一些体现保护公平竞争、制止不正当竞争的规定，但是，这种由几个有限的部门法和政策文件对不正当竞争行为进行分散调整的状况，很不适应在市场经济条件下我国审判实践的需要。实践中，对一些不正当竞争行为，在各部门法中很难找到相应具体的规定，只能适用民法的一些原则规定进行调整。如山东省高级人民法院在审理莒县酒厂诉文登酿酒厂不正当竞争纠纷案时，就只好适用民法通则第四条、第五条和第七条等基本原则的规定来进行调整。由于这些规定较为原则、抽象，操作性不强，审判实践中仅靠适用民法的基本原则来判案，是很不适应市场经济条件下审判实践调整不正当竞争行为的需要的。这在一定程度上也影响了外商来华投资，不利于我国的对外开放和市场经济的健康发展。因此，完善我国的反不正当竞争立法，在现有零散的部门法律、法规和政策的基础上，以巴黎公约的有关规定为基础，借鉴国外各国的立法经验，尽快制定一部我国的调整不正当竞争的专门法律，是我国立法机关一项刻不容缓的任务。我国当前的审判实践也急需一部调整不正当竞争的专门法律。

二、法律调整不正当竞争行为的范围

对此，目前法学界尚未达成共识。从国外立法例看，各国法律调整不正当竞争的范围也不尽相同。

笔者认为，凡不正当的经济竞争行为，均应纳入我国反不正当竞争法的调整范围。理由如下：

首先，从立法的目的来看，国家制定法律调整不正当竞争行为，就是要通过取缔不正当竞争，来保护诚实竞争者的合法权益，维护正常的经济秩序，保证市场经济的健康发展。而凡违反诚实经营的经济竞争行为，都是扰乱和破坏正常经济秩序、侵犯诚实竞争对手的合法权益、违反公平和诚实信用原则、不利于市场经济健康发展的行为，都是违背民法通则规定的违法行为，因此，均应纳入我国法律调整的范围。

其次，从巴黎公约的规定来看，该公约虽然只列举了三种特别禁止的不正当竞争行为，但是，根据公约的规定，凡在工商活动中违反诚实经营的竞争行为，均构成不正当竞争的行为，公约的成员国都必须对各该国国民保证予以取缔的有效保护。而我国在加入该公约时，并未声明对此予以保留，因此，依此规定，对凡在我国工商业活动中违反诚实经经营的竞争行为，均属于不正当竞争行为，我国都必须对国民保证予以取缔的有效保护。而将这些不正当竞争行为纳入我国的反不正当竞争法的调整范围，则是我国对国民保证予以取缔不正当竞争的有效保护的最佳途径。

最后，从法律的可操作性和法律调整的社会效果来看，由于各种不正当竞争行为往往是相互联系、互相交织在一起的，为使反不正当竞争法在实践中便于操作，和使法律调整不正当竞争能在实践中取得最佳的社会效果，也必须把违反诚实经营的各种不正当的经济竞争行为纳入我国法律的调整范围。

当然，由于不正当竞争行为的范围相当广泛，用列举的办法是很难穷尽的；因此，在制定我国的反不正当竞争法时，对其调整范围的规定，应坚持原则性与灵活性相结合，采用列举与概括相结合的办法进行规定。

三、用法律调整不正当竞争行为应注意的几个问题

（一）不正当竞争行为的认定问题

1.认定不正当竞争行为应注意把握的几个标准。不正当竞争行为情况复杂，在审判实践中，认定某一行为构成不正当竞争行为，必须同时把握两个标准：

（1）须是经济竞争行为，即行为人在经济活动中，为谋取经济利益，试图超过有竞争利害关系的经营者，或保持自己的优势，使竞争对手处于不利地位的行为。判断某行为是否经济竞争行为，首先，要看行为人与行为所指向的行业者之间是否存在有竞争利害关系。即行业者为实现某一经济目的所进行的较量中，一方处于优势地位则将对他方不利或有威胁，反之亦然的这样一种在竞争中所体现出来的经济利益关系。这种关系通常存在于同类或近似行业者之间。竞争行为只存在于有竞争关系的行业者之间。针对没有竞争利害关系的行业者所实施的行为，对该行业者不是竞争行为。其次，要看行为人为该行为时是否具有竞争 的目的。针对有竞争利害关系的行业者实施的行为，并非都是竞争行为。只有以竞争为目的，针对有竞争利害关系的行业者实施的行为，才是竞争行为。没有竞争目的的行为不能认定为竞争行为。在审判实践中，判断行为人是否具有竞争目的，应根据行为当时的实际情况来加以认定。

（2）这种竞争行为的竞争手段须是不正当的，即行为人不是凭借自己的经济实力，靠质量和信誉进行诚实经营、公平竞争，而是采用了损人利己的手段进行经营，使有竞争利害关系的诚实经营者处于不利地位而自己处于有利地位，从中获利。其手段的违法性和反道德性，是这种竞争行为的不正当性的本质表现。用这种手段进行竞争，不仅直接侵害了有竞争利害关系的诚实经营者的合法权益，使其或营业额减少、利润降低，或商业信誉降低、竞争实力弱化，对诚实竞争者是不公平合理的，而且扰乱和破坏了正常的经济秩序，通常还会间接地给消费者和国家造成经济损失，是一种违反民法通则的规定，违背公平、诚实信用和保护合法权益原则，扰乱社会经济秩序、有损社会公德和社会公共利益的违法侵权行为。不正当竞争，实质上就是不法竞争。正因为如此，对这种行为才有必要给予否定性的法律评价，用法律明确规定予以禁止和取缔。

2.认定不正当竞争行为应注意区别的几个界限。

（1）不正当竞争行为与不道德行为的界限。凡不正当竞争行为，都是违反良好商业道德的不道德行为，但不道德的商业行为并非都是不正当竞争行为。不具有竞争目的的或针对不具有竞争关系者实施的违反商业道德的行为，都不是不正当竞争行为。有一种观点认为：“不正当竞争行为主要是一种不道德商业行为。构成不正当竞争的行为不一定都违法”①。笔者认为，这种观点值得商榷。如前所述，不正当竞争行为不仅是一种不道德的行为，更重要的它是一种违法行为。凡构成不正当竞争的行为，必然都是违反民法通则第四条、第五条和第七条等法律规定的违

① 南振华：《浅论不正当竞争的认定》，《政治与法律》1991年第3期第60页。

法行为。

（2）不正当竞争行为与损害消费者权益行为的界限。这里所说的损害消费者权益的行为，是指在商品经营活动中，违反公平和等价有偿原则，采取欺骗等非法手段直接损害消费者利益的行为。如销售商品时短斤少两、掺杂使假等行为。由于它和不正当竞争行为都发生在市场经营活动中，两者的手段都是不正当的，而且，不正当竞争行为有时也会给消费者的利益造成损害，成为一种有损消费者利益的行为。因此，在实践中很容易把两者混同。如把“隐瞒商品瑕疵”，“销售商品时不明码标价、短尺少秤”等这些损害消费者利益的行为，当作“不正当竞争行为”①。用不正当竞争行为的构成要件来衡量，这些行为均不属于不正当竞争行为。尽管不正当竞争行为与损害消费者权益的行为有一定的联系，但是，两者是有着明显区别的：首先，两者的构成不同。不正当竞争行为要求有竞争关系和竞争目的，而损害消费者利益的行为则无须行为人有竞争目的和与受害者之间具有竞争关系；其次，两者的直接指向不同。不正当竞争行为是直接针对竞争者实施的，它的直接受害者是竞争对手，虽然有时也间接侵害了消费者的利益，但它的直接指向不是消费者，而损害消费者权益的行为则是直接针对消费者的。此外，并非所有的不正当竞争行为都会给消费者的利益造成损害。例如，为击败竞争对手而低价倾销自己的商品或高价购进商品以垄断货源的，这些不正当竞争行为都没有损害消费者的利益。因此，那种把“消费者的合法权益被竞争行为所侵害”作为不正当竞争行为的构成要件之一的观点，是欠妥的②。

（二）不正当竞争法律调整的协调问题

不正当竞争行为情况复杂，它与其他违法行为有交叉、竞合现象。因此，对不正当竞争实行有效的法律调整，必须处理好不正当竞争法律调整的协调问题。首先，要处理好反不正当竞争法与巴黎公约的协调问题。根据“条约必须遵守”的国际法原则，国家负有国际法上的义务履行对其有效的国际条约，同时，国家又有权依据主权原则制定国内法，规定履行条约的具体方式。因此，虽然巴黎公约对不正当竞争作了规定，但并不影响我国在不违背根据公约承担的义务的前提下，结合本国国情，作出与公约不尽相同的国内法规定，制定一部专门的反不正当竞争法。在两者的适用上，人民法院审理案件应适用国内反不正当竞争法的规定；调整有关的涉外案件，遇有我国的国内反不正当竞争法律规定与巴黎公约的规定不同时，应适用民法通则第一百四十二条的规定解决。其次，要处理好它与其他民事单行法的协调问题，对发生交叉、竞合的不正当竞争行为，作出法律适用条款的规定，避免对同一法律关系中的同一行为进行重复调整，作出相互矛盾的处理。再次，还要协调好它与行政法、刑法之间的关系问题，对同时也违反了行政法、触犯刑律的不正当竞争者，除依反不正当竞争法追究民事责任外，还应依行政法和刑法给予行政处理和刑事制裁。

（三）不正当竞争行为民事责任的归责原则和责任方式问题

不正当竞争行为作为一种侵权行为，其民事责任实质上是一种侵权责任。根据承担责任是否以当事人主观上有过错为要件，侵权民事责任的归责原则分为过错责任原则和无过错责任原则两种。不正当竞争行为的民事责任是适用过错责任原则还是适用无过错责任原则，对此，目前我国的法律尚无明确规定。笔者认为，不正当竞争行为民事责任的归责原则应是过错责任原则。理由如下：

首先，从无过错责任的立法目的来看。无

① 李刚：《论不正当竞争与保护消费者权益》，《经济与法》1991年第1期第19页。
② 孔祥东：《对我国首次公布的不正当竞争案的法律思考》，《学习与辅导》1991年第6期9页。

过错责任是民事主体对自己侵害他人的财产或人身权益的行为，即使没有任何过错（并非出于故意，也无过失），也要承担民事责任。作为法律责任的一种，它是十九世纪中叶，随着资本主义经济发展和先进科学技术的出现而产生的。它只适用于一些特殊的侵权损害或公害案件，因为这些作业在现有技术水平的条件下，虽然作业者尽量注意安全生产和经营，但仍然可能对他人的生命、健康及财产造成损害。为了促使从事这些危险作业或公害作业的组织和个人，对其业务活动审慎从事，高度负责，并不断改进技术安全措施，尽最大努力保证周围环境的安全，立法者便在法律中确立了无过错责任。根据民法通则的规定，在我国，无过错责任适用于因产品质量不合格、从事高度危险作业或污染环境等致人损害的情况，而不正当竞争既不属于这些情况，也缺乏适用无过错责任的根据。因此，不能适用无过错责任作为其归责原则。尽管不正当竞争行为有时也殃及消费者，但并非所有的不正当竞争行为都是与产品质量有关的，因此，不能把它与因产品质量不合格致人损害的行为混为一谈。

其次，从不正当竞争行为的构成来看。如前所述，构成不正当竞争行为须以行为人主观上有竞争的目的为要件；不正当竞争行为造成竞争对手合法权益受损害的后果，是行为人的故意或过失造成的。因此，承担不正当竞争的民事责任，应以行为人主观上有过错为要件。那种认为不正当竞争行为的民事责任应以无过错责任为原则的观点，是值得商榷的。

不正当竞争行为作为一种民事侵权行为，其民事责任的方式适用民法通则关于侵权民事责任的方式；这些责任方式有停止侵害、赔偿损失、消除影响、恢复名誉和赔礼道歉等。在审判实践中，这些责任方式视具体案情可以单独适用，也可以合并适用。

附1：

全国法院第四届（经济法学）学术讨论会优秀论文目录

1. 完善经济合同无效制度的若干思考……………………………江西省高级人民法院　郭玉元
2. 经济合同法应设立法定解除制度…………………福建省宁德地区中级人民法院　刘炳荣
3. 也论无效经济合同的确认和处理……………………江苏省苏州中级人民法院　陈春泉
4. 关于国有小型企业租赁经营的几个法律问题…………浙江省金华中级人民法院　高洪宾
5. 关于乡镇企业个体承包制的几点法律思考………………福建省闽侯县人民法院　林伙忠
6. 经济合同保证人的民事责任浅见……………………安徽省安庆市中级人民法院　王　敏
7. 论票据关系中的追索权……………………………………浙江省高级人民法院　郭锡平
8. 论专有技术的法律保护……………………………江苏省无锡市中级人民法院　王跃新
9. 关于先用权的几个问题……………………………………北京市高级人民法院　程永顺
10. 涉外借款纠纷案件中的几个法律问题……………………广东省高级人民法院　凌祁漫
11. 论船舶碰撞新概念的理论与实践价值………………………………武汉海事法院　饶中享
12. 论海上油污损害赔偿的原则规范及其损失估算…………………上海海事法院　沈满堂
13. 谈谈被执行人对外债权的执行…………………………………最高人民法院　黄金龙

附 2：

第四届（经济法学）学术讨论会获奖论文目录

27. 论《海牙规则》第三条第六款的基本内容及其他 ……………… 上海海事法院　倪春南
28. 论我国海事索赔责任限制制度 ………………………… 广州海事法院　吴南伟　赖尚斌
29. 论提单的转让 ……………………………………………… 天津海事法院　朱德治
30. 关于强制卖船制度若干问题的探讨 ……………………… 广州海事法院　金正佳　吴自力
31. 试论农村承包经营企业的诉讼主体及其债权债务的承担
…………………………………………………… 辽宁省丹东市中级人民法院　吴成周
32. 法院在经济审判中不宜否定企业法人资格 ……… 辽宁省辽阳市中级人民法院　任莉春
33. 浅谈在审判中对经济犯罪的移送和审理问题
………………………………… 内蒙古乌海市海勃湾区人民法院　唐联尧　王克强
34. 略论对执行义务人债权的执行 ………………………… 安徽省高级人民法院　李令新
35. 论联营组织的诉讼主体资格 ……………………… 浙江省温州市中级人民法院　王靖高
36. 略论拍卖执行措施强制性及其适用 …………………… 江苏省金坛县人民法院　岳龙海
37. 变更被执行主体的条件和程序 …………………… 福建省三明市中级人民法院　吴朝生
38. 产品质量异议期限与诉讼时效期间若干问题探析 ……… 河南省高级人民法院　王素丽
39. 企业承包经营合同主体的诉讼地位和财产责任 ………… 江西省高级人民法院　沈庆中
40. 关于经济审判中适用民事制裁的几个法律问题的探讨
…………………………………………………… 江苏省镇江市中级人民法院　孙锁保
41. 试论民事诉讼中的搜查 …………………………… 湖北省襄樊市中级人民法院　许亚非
42. 浅论诈骗罪与民事欺诈行为的特征与界限 ……… 吉林省吉林市中级人民法院　张临伟
43. 情事变更原则在审理经济纠纷中的适用 ………… 浙江省温州市中级人民法院　于　伟
44. 审理股份制企业经济纠纷案件法律适用及法律责任的问题
…………………………………………………… 山西省大同市中级人民法院　陈建明
45. 论股份合作制企业在经济审判中的法律地位 …… 山东省济宁市中级人民法院　赵贵龙
46. 违约金性质及其法律适用 ……………………………… 天津市高级人民法院　宁培军
47. 缔约上过失责任探讨 …………………………………… 湖北省高级人民法院　汪少鹏
48. 从违法的特征谈民事制裁的适用 ……………………… 北京市海淀区人民法院　辛尚民
49. 浅谈产品责任案件的几个问题 ………………………… 黑龙江省高级人民法院　陈永刚
50. 加大改革开放力度必须克服经济司法地方保护主义
…………………………………………………… 江苏省扬州市中级人民法院　王加木
51. 经济法律法规中"引渡性"法条适用之我见 … 山东省滨州地区中级人民法院　徐兴邦
52. 关于企业开办单位承担民事责任问题的法律思考 ……… 河南省高级人民法院　孟　励
53. 论经济纠纷案件中的特殊连带责任 ……………… 江苏省苏州市中级人民法院　肖根宝
54. 试谈企业兼并的若干法律问题 …………………… 广东省广州市中级人民法院　廖鸣和
55. 论强化经济审判中的经济效益观 …………… 湖南省高级人民法院　余宏荣　王　旷

四、《人民司法》1992年分类总目录

总　类

言　论

审判业务

读 者 论 坛

专 访

专 论

认真贯彻民事诉讼法

四面八方

案例选登

案件实录

一案一议

案例研究

来稿摘编

改革与探索

调查与研究

廉政建设

综合治理

少年法庭

人民法庭

杂　谈

国外司法　国外见闻

一法一介绍

法苑新篇

五、《学习与辅导》1992年分类总目录

理论与实践

问题与探讨

案例分析

著作权法讲座

民事诉讼法讲座

经验交流

专业证书生

会议报道

文 苑

书讯·启事

试卷及答案

通讯·短讯·简讯

征　文

争　鸣

国外法官制度

六、各省、自治区、直辖市高级法院刊物论文索引

1992 年《山西审判》论文索引（山西）

论文题目	作者	单位	论文类别	刊期
行政诉讼合法性原则的“现实性”初探	赵福元	阳泉市中院	行诉	92 年 1 期
合同无效、撤销、不成立的区别与审判实践思考	杨占元	宁夏高级法院	经济法	92 年 1 期
未成年被告人的法定代理人在附带民事诉讼中不应该称被告人	李建忠	阳泉市中院	刑诉	92 年 1 期
浅谈中级人民法院的审判监督	杨端午　陈伟	临汾地区中院	刑诉	92 年 1 期
论精神病人犯罪的刑事辩护	原建民	山西第二律师事务所	刑诉	92 年 1 期
要保持“天平”的平衡度必须正确处理好“三个关系”	靳东祥	太原市中院	廉政	92 年 2 期
论上诉审程序的审理范围	高育新	吕梁地区中院	民诉	92 年 2 期
用马克思主义的哲学思想从三个方面深化对审判工作之认识	史一大	晋城市中院	哲学	92 年 2 期
谈一谈如何追究妨害民事诉讼者的刑事责任	王华	霍州市法院	刑法	92 年 2 期
邻里纠纷诱发的刑事案件审理原则之我见	张庭保	太原市中院	刑法	92 年 2 期
试谈外地被告经济纠纷案件审理的问题及对策	杨二娃	太谷县法院	经济	92 年 2 期
谈谈模糊语词在司法文书中的运用	米新雁	临汾地区中院	司法文书	92 年 2 期
李某不应对王某所受之伤负责	张建平	山西省高级法院	法医学	92 年 2 期
浅议对行政不作为司法审查的几个问题	袁保俊　冯自典	山西省高级法院、太原市中院	行诉	92 年 3 期
试论少年犯罪案件量刑中的个别化原则	赖虔于	江西省赣州市中院	刑法	92 年 3 期
对公安机关的调解处理不服能否提起诉讼	贾建荣	吕梁地区中院	行诉	92 年 3 期
略谈执行标的物的限定性	赵国健　贾春生	太原市中院	民诉	92 年 3 期
对已过诉讼时效的债务债权人可否向人民法院申请支付令	武绍晋	太原市中院	民诉	92 年 3 期
略谈人民法院判决书的署名问题	韩德荣	山西省高级法院	司法文书	92 年 3 期
夫妻间的财产损害赔偿	张嘉祥	山西省高级法院	民法	92 年 3 期

论文题目	作者	单位	论文类别	刊期
轻伤害案件取证难的法律对策	许煜曦	江苏省南通县法院	刑诉	92年3期
人民法院为经济工作迈上新台阶服务之对策	刘登高	临汾地区中院	审判工作	92年4期
试论经济审判中连带责任的构成和确认	关中翔	山西省高级法院	经济法	92年4期
拒证行为的性质及法律对策	曹登润　伍第斐	江西省赣州中院	证据学	92年4期
浅谈对"三种类型"少年犯罪案件的审理	郭民贞	山西省高级法院	刑法	92年4期
浅谈审理农村承包合同纠纷中的几个问题	卫义德	临猗县法院	经济法	92年4期
涉及人身损伤自诉案件的法医鉴定书应送达当事人	许丽萍　吴海龙	江苏省射阳县法院	法医学	92年4期

1992年《上海审判实践》论文索引(上海)

论文题目	作者	单位	论文类别	刊期
论著作人身、财产权与普通民事人身财产权的关系	邵和云　浦增平 盛勇强	上海市高级法院	民法	92年2期
我国行政诉讼制度诉的权之管见	周　虞	上海市高级法院	行政诉讼法	92年1期
行政诉讼法的开庭审理应如何体现合法性审查原则		上海市中院行政庭	行政诉讼法	92年1期
特殊侵权若干问题刍议	徐善敏	南市区法院	民法	92年5期
"少年司法一条龙"的理论与实务	杨传书	上海市高级法院	刑法	92年6期
加工承揽合同确认无效后的财产处理	刘福海	上海市高级法院	经济法	92年2期
论产品质量责任期限与诉讼时效的关系	孙海虹	黄浦区法院	民法	92年2期
论连带责任的定义	陈惠珍	南汇县法院	民法	92年3期
试论如何把握法院调解的"合法"、"自愿"原则	秦　力	嘉定县法院	民诉法	92年3期
审理解除非法同居关系中的几个问题	孔海飞	南汇县法院	婚姻法	92年3期
执行难的原因及其思考	王叶庆	闸北区法院	民诉法	92年3期
委托货款合同纠纷案件的若干法律问题	沈　寅	上海市中级法院	经济合同法	92年4期
个人租赁集体、企业破产若干法律问题探析	张　平	宝山区法院	企业破产法	92年4期
简易程序的理论与实践	胡文歧	青浦县法院	民诉法	92年4期

1992年《审判理论与实践》论文索引(江西)

论文题目	作者	单位	论文类别	刊期
谈谈陪审制度	沈德咏	江西省高级法院	诉讼法学	92年1期
关于审理破坏通讯设备案件的几个问题	熊继前 欧阳顺乐	九江市中级法院	刑法学	92年1期
正确理解和适用财产刑	黄武	景德镇市中级法院	刑法学	92年1期
情势变更原则初探	黄敏孙 华智峰	崇仁县人民法院	经济法学	92年1期
关于我国代表人诉讼制度若干问题的思考	廖明霞	西南政法学院	诉讼法学	92年1期
非法同居关系的几个问题	刘道华	弋阳县法院	婚姻法学	92年1期
对建立健全法院竞争激励机制的若干思考	宋焕文	赣州地区中级法院	其他	92年2期
法院实行目标管理的效能及其技术规范	方加初	上饶地区中级法院	其他	92年2期
关于强奸罪的几个问题	沈德咏 周荣生	江西省高级法院	刑法学	92年2期
简论巨额财产来源不明罪	孔德然	赣州地区中级法院	刑法学	92年2期
对盗窃犯罪中故意毁坏财物构成犯罪的行为应数罪并罚	陈小奇	石城县法院	刑法学	92年2期
技术咨询报告实施后的风险责任	刘建玲	江西省高级法院	经济法学	92年2期
审理农村承包合同纠纷应注意的几个问题	邹峰阳	吉安地区中级法院	经济法学	92年2期
债务人异议权初探	曹登润	赣州地区中级法院	诉讼法学	92年2期
试论当事人举证的期限及法律后果	廖国璋	上高县法院	诉讼法学	92年2期
对南昌市首起劳动争议案的法律思考	刘晓玲	江西省高级法院	行政法学	92年2期
谈谈几类经济合同纠纷案诉讼当事人资格的认定	熊树林 胡能成	高安县法院	诉讼法学	92年2期
“替罪”案件初探	刘秀成	吉安地区中级法院	刑法学	92年2期
略论刑事诉权	胡立新	上饶地区中级法院	诉讼法学	92年3期
认定侵犯作者署名权应划清的界限	钱卫清	江西省高级法院	民法学	92年3期
清理企业“三角债”的法律缺限及其立法完善	滕国军 丁国兴	丰城市法院	经济法学	92年3期
经济审判中适用民事制裁的几个问题	邬建文	瑞昌市法院	民法学	92年3期

论文题目	作者	单位	论文类别	刊期
试谈支付令的适用及生效条件	蔡贵堂	抚州地区中级法院	诉讼法学	92年3期
对诉前财产保全理论与实践的反思	钟国萍	南昌市郊区法院	诉讼法学	92年3期
劳动清偿债务之我见	陈小奇	石城县法院	民法学	92年3期
关于审理产品责任纠纷案件的几个问题	邓海鹰	赣州市法院	经济法学	92年3期
迟延履行金的性质及其适用	朱育军	全南县法院	诉讼法学	92年3期
具体行政行为界限探析	徐德辉	景德镇市中级法院	行政法学	92年3期
论无因管理人对管理物的处分权和处分行为	胡立新 周重和	上饶地区中级法院 上饶地区律师事务所	民法学	92年4期
如何正确理解和具体适用刑法第一百五十三条的规定	居国屏	江西省高级法院	刑法学	92年4期
民事诉讼中先予执行若干问题探析	钟良生	万载县法院	诉讼法学	92年4期
浅谈技术合同纠纷案的审理	余向阳	萍乡市城关区法院	经济法学	92年4期
试论建立善意取得制度	黎　华	赣州地区中级法院	民法学	92年4期
道路交通事故致人身损害赔偿问题初探	刘道华	弋阳县法院	民法学	92年4期
简论不可分割之合作作品的著作权	曹登润	赣州地区中级法院	民法学	92年4期
职务作品的界定及其著作权的归属	孔德然	赣州地区中级法院	民法学	92年4期
试论行政诉讼中的第三人	葛　伟	江西省高级法院	行政法学	92年4期
完善彩礼返还法律制度初议	邱益林	抚州地区中级法院	民法学	92年4期
上诉不加刑原则的实践及问题	李小明	宁都县法院	诉讼法学	92年4期
不完全履行合同定金罚则刍议	詹镇南	吉安县法院	经济法学	92年4期
关于适应“上诉不加刑”原则若干问题的探讨	康为民	江西省高级法院	诉讼法学	92年5期
试论证人出庭作证的几个问题	胡卫星	江西省高级法院	诉讼法学	92年5期
浅谈事实重婚罪的构成	汤友洪	抚州地区中级法院	刑法学	92年5期
略论精神赡养	俞文杰 吴践志	上饶地区中级法院 玉山县法院	民法学	92年5期
企业承包经营合同主体的诉讼地位和财产责任	沈庆中	江西省高级法院	经济法学	92年5期
论制约行政审判开展的外部因素	钱卫清	江西省高级法院	行政法学	92年5期
二审判决不能加重上诉人的民事责任	曹登润	赣州地区中级法院	诉讼法学	92年5期
关于刑事证据性质几个问题的哲学思考	沈德咏	江西省高级法院	刑法学	92年6期
完善与发展我国罚金刑的构想	戴长林	上饶地区中级法院	刑法学	92年6期
建议设立妨害刑事诉讼的强制措施	徐长青	彭泽县法院	诉讼法学	92年6期

论文题目	作者	单位	论文类别	刊期
合作作品及其侵权行为之认定	郭　斌	江西省高级法院	民法学	92 年 6 期
完善经济合同无效制度的若干思考	郭玉元	江西省高级法院	经济法学	92 年 6 期
主管单位连带责任初探	王荣清	宜春地区中级法院	民法学	92 年 6 期
犯罪工具的证据作用及其认定和处理	宁诗敏 周建新	上饶地区中级法院	刑法学	92 年 6 期
浅谈全民所有制企业承包经营合同的违约责任		江西省高级法院经济庭	经济法学	92 年 6 期
产品质量纠纷诉讼五题	尹鲁先	江西省高级法院	经济法学	92 年 5—6 期

1992 年《四川审判》论文索引（四川）

论文题目	作者	单位	论文类别	刊期
论人民法官的自我修养	魏　彬	四川省高级法院	其他	92 年 1 期
非法携带管制刀具罪的认定和处理	宫玉贤	成都铁路运输中级法院	刑法学	92 年 1 期
驰名商标的特殊法律保护	李昌荣	四川省高级法院	经济法学	92 年 1 期
毒品犯罪中吸收犯同牵连犯界限之我见	李培泽 李荣道	西南政法学院 四川省高级法院	刑法学	92 年 2 期
论铁路法中的刑法规范	郑继宾	贵阳铁路运输法院	刑法学	92 年 2 期
浅析收买人口罪	王用钜 邓修明	四川省高级法院	刑法学	92 年 2 期
犯罪构成的可变要件与经济领域中的罪与非罪	贺鼎富 王绍华	黔江地区中级法院	刑法学	92 年 2 期
主管部门和开办单位对所办公司撤销后的债务责任	黄晓明	遂宁市中级法院	经济法学	92 年 2 期
论国内公众电报稽延、错误的法律责任	李茂华	泸州市中级法院	经济法学	92 年 2 期
论无效经济合同过错责任的掌握与运用	李正如 张正华	自贡市中级法院	经济法学	92 年 2 期
对赡养纠纷中公婆儿媳关系的思考	杨宗旭	彭县法院	民事法学	92 年 3 期
建立司法拍卖制度的设想	毛兴无	南充地区中级法院	经济法学	92 年 3 期
论拐卖人口罪的主观方面要件	冯世名	自贡市中级法院	刑法学	92 年 3 期
略谈著作权与与其他民事权利的关系	韩晋成	四川省高级法院	民法学	92 年 3 期
政法工作如何为改革开放和经济建设服务	鄢智敏	四川省高级法院	其他	92 年 4 期

论文题目	作者	单位	论文类别	刊期
试论准共同侵权行为	王绍华	黔江地区中级法院	民法学	92年4期
对认定强索硬拿型流氓罪的几点看法	张必佑	四川省高级法院	刑法学	92年4期
论解决行政侵权赔偿责任的方式	许正钢	四川省高级法院	行政法学	92年4期
“三角债”的防治及法律对策	张蜀俊	四川省高级法院	经济法学	92年4期
试谈利用经济合同犯罪	耀振华	四川省高级法院	经济法学	92年4期
加强新形势下的调查研究	欧晓东	南充地区中级法院	其他	92年5期
试论法院成立调解中心的意义	谭昌华 魏江涛 王小平	成都市金牛区法院	其他	92年5期
如何对待和处理无效公证遗嘱	研究室	成都市中级法院	民法学	92年5期
试谈审判委员会的自身建设	李世荣	重庆市南岸区法院	其他	92年5期
“立审分立”的理论与实践	告申庭	四川省高级法院	其他	92年5期
数罪并罚中一个值得探讨的问题	王绍华	黔江地区中级法院	刑法学	92年5期
论破坏电力设备行为造成的后果	韩　强	重庆市中级法院	刑法学	92年5期
敲诈勒索罪与抢劫罪之异同	胡一进	重庆市中级法院	刑法学	92年5期
认定有独立请求权第三人的几个问题	王晓滨	四川省高级法院	民法学	92年5期
因妨害民事诉讼致人损害的民事赔偿责任	毛兴无	南充地区中级法院	民法学	92年6期
定作合同与购销合同的异同	钟尔璞	四川省高级法院	经济法学	92年6期
妻与人通奸所生子女与夫关系的几个问题	王　浩	重庆市中级法院	民法学	92年6期
再论抢劫中致人死亡的定罪	郭裕如	四川省高级法院	刑法学	92年6期
适用简易程序审理民事案件的期限不能延长	黄振林	青神县法院	诉讼法学	92年1期
略谈民诉法执行程序编的修改与补充	韩晋成	四川省高级法院	诉讼法学	92年1期
“其他公民”参加民事诉讼之浅见	王荣华	忠县法院	诉讼法学	92年1期
建议增设抢劫枪支、弹药、爆炸物罪	谭昌华 魏江涛	成都市金牛区法院	刑法学	92年6期

1992年《贵州审判》论文索引(贵州)

论文题目	作者	单位	论文类别	刊期
打击卖淫嫖娼的有力法律武器	肖常纶	省法学会	刑事法学	92年1期
审理经济犯罪案件中应当注意的几个问题	付明义	息峰县法院	刑事法学	92年1期
对关岭县尧上村特大盗窃团伙的调查报告	万　勇	安顺地区中级法院	刑事法学	92年1期
审理刑事自诉案件应注意的问题	原平松	松桃县法院	刑事法学	92年2期
浅谈"私放罪犯罪"在司法实践中遇到的问题及立法对策	吴　楚	六盘水市中级法院	刑事法学	92年2期
从李芝英伤害案谈起	王　玫	黔南州中级法院	刑事法学	92年2期
我区法院刑事案件收案下降原因分析	王奇辉	遵义地区中级法院	刑事法学	92年2期
应当注重并正确适用非刑罚处理方法	彭祖坤	铜仁地区中级法院	刑事法学	92年2期
我县边缘地区刑事发案情况、原因及对策	—	普定县法院	刑事法学	92年2期
浅谈"明知"　论对窝赃、销赃罪的认定	张先林	榕江县法院	刑事法学	92年3期
谈谈公诉案件退查和撤诉的处理程序	杨剑奎	石阡县法院	刑事法学	92年3期
刑事公诉案件庭审中由公诉人举证的尝试	罗新贵	开阳县法院	刑事法学	92年3期
打击偷税抗税犯罪的有力武器	刘宪权	华东政法学院	刑事法学	92年4期
当前我县拐卖人口犯罪的情况及对策	周贤宾	普定县法院	刑事法学	92年5期
对铜仁市1991年宣告缓刑情况的调查	—	铜仁地区中级法院	刑事法学	92年5期
刑场上判定被枪决罪犯确已死亡的一种简捷方法	王武荣	毕节县法院	刑事法学	92年5期
利用借款合同进行违法活动的特点及审判对策	庞远才	织金县法院	刑事法学	92年5期
试谈正确掌握破坏集体生产罪的犯罪构成	彭祖坤 杜新春	铜仁地区中级法院	刑事法学	92年6期

论文题目	作者	单位	论文类别	刊期
适用《关于严惩拐卖、绑架妇女、儿童的犯罪分子的决定》第二条的几个问题	李绪志	省政法管理干部学院	刑事法学	92年6期
浅谈对青少年盗窃犯的司法挽救	温 杰	省高级法院	刑事法学	92年6期
对破坏计划生育犯罪处理问题的几点思考	黄建中 赵德荣	水城县法院	刑事法学	92年6期
刑事审判不应成为公诉的延续	蒋 庆	贵阳市白云区法院	刑事法学	92年6期
谈谈督促程序的有关法律问题	汪永源	省政法管理干部学院	民事法学	92年1期
浅谈房屋纠纷受理的法律问题	刘乔发	铜仁市法院	民事法学	92年1期
浅议民事结案报告的制作	项嗣麟	贵阳市白云区法院	民事法学	92年1期
试谈"信函调解"	王晓敏	榕江县法院	民事法学	92年1期
关于房屋纠纷案件的法律适用问题	王晓敏	榕江县法院	民事法学	92年2期
应当加强对当事人诉讼权的保护	龙金福	松桃县法院	民事法学	92年2期
基层法院民庭如何指导人民法庭工作	李国昌	紫云县法院	民事法学	92年2期
对盘县特区"高息约会"情况的调查	唐朝礼	省高级法院	民事法学	92年3期
对住房制度改革的民事审判思考	马振荣	遵义市法院	民事法学	92年3期
如何搞好民事诉讼文书立卷工作	吴祖良	松桃县法院	民事法学	92年3期
对一起因医疗事故引起的损害赔偿纠纷的思考	宁 咏	安顺市法院	民事法学	92年3期
诉前保全探讨	李朝俊	安顺市法院	民事法学	92年4期
应注意查实离婚案件中涉及的债权债务问题	刘乔发 王坤生	铜仁市法院	民事法学	92年5期
关于事实婚姻与非法同居关系的认定和处理	彭厚信	省高级法院	民事法学	92年6期
更新陈旧观念，提高民事庭审艺术	项嗣麟	贵阳市白云区法院	民事法学	92年6期
试论父母对成年子女承担抚养义务的条件	刘平平	贵阳市白云区法院	民事法学	92年6期
经济纠纷案件调解、判决情势变异发微	陈 鹏	安顺市法院	经济法学	92年1期
经济审判要为企业改革清道护航	杨维斌	纳雍县法院	经济法学	92年4期
充分发挥经济审判职能，主动为经济建设服务	黄定荣	六盘水市中级法院	经济法学	92年4期

论文题目	作者	单位	论文类别	刊期
浅谈经济审判的主管	路克林	六盘水市钟山区法院	经济法学	92年4期
审理农村承包合同案件初探	黄文别	松桃县法院	经济法学	92年5期
代为单位以自己的名义为货主托运货物发生纠纷时谁享有诉权	李红英	贵阳铁路运输法院	经济法学	92年5期
试论建筑安装工程承包合同质量责任	王德尧 赵争平 曾令智	黔南州中级法院	经济法学	92年5期
浅析我县经济纠纷案件下降原因	任　利	德江县法院	经济法学	92年6期
试述行政与民事诉讼第三人的区别	高礼辉	安顺地区中级法院	行政法学	92年3期
搞好行政审判，服务经济建设		省法院行政庭	行政法学	92年4期
运用行政审判职能为经济建设服务		六盘水市中级法院	行政法学	92年4期
浅谈“劳动教养”之属性	朱仕芬	省高级法院	行政法学	92年5期
行政诉讼中作撤诉处理后的两个问题	谭　论	石阡县法院	行政法学	92年6期
系统原理在基层法院管理中的运用初探	刘晓俊	松桃县法院	其他	92年1期
针对诉讼特点，优化办案手法	侯建英	贵阳市中级法院	其他	92年1期
浅析驳回起诉的裁定适用阶段	王云贵	贵定县法院	其他	92年1期
一枪毙命的方法探索	赖外修 黄建红	黔南州中级法院	其他	92年1期
进一步解放思想，搞好新形势下的审判工作	张林春	省高级法院	其他	92年2期
作好二审案件阅卷笔录的几点体会	李　林	安顺地区中级法院	其他	92年2期
浅谈如何搞好我省司法统计分析	封世强	省高级法院	其他	92年2期
审判委员会工作小议	叶　茂	黔东南州中级法院	其他	92年2期
对贵阳市两级法院适用督促程序情况的调查	邓维娜	贵阳市中级法院	其他	92年2期
关于人民法庭建设的思考	杨维斌	纳雍县法院	其他	92年2期
开庭审理的重要一环——谈谈如何写好庭审提纲	陈　鹏	安顺市法院	其他	92年3期
紧密结合审判工作全方位参与综合治理	王秋良	上海市杨浦区法院	其他	92年3期
关于执法严肃性与办案方法灵活性的思考	吴世玉	黔东南州中级法院	其他	92年4期

论文题目	作者	单位	论文类别	刊期
我院改革审判方式的作法	龙晨明	赫章县法院	其他	92年4期
关于新形势下法院改革的思考	赵传灵	贵阳市白云区法院	其他	92年4期
改革各项审判工作更有效地为经济建设服务	陈正明	习水县法院	其他	92年4期
转变思想观念,顺应改革潮流	—	松桃县法院	其他	92年4期
解放思想,强化服务意识,改进制度,建立风险机制	肖明俊	江口县法院	其他	92年4期
申请再审的条件与时限初探	张　健	省高级法院	其他	92年4期
加强思想政治工作必须坚持三个原则	曾宪法	江口县法院	其他	92年4期
“执行难”——反思与对策	才忠平	省委政策研究室	其他	92年5期
督促程序内涵适用之我见	程　志	辽宁省四平市铁东区法院	其他	92年5期
接受行政机关申请强制执行应遵循的几个原则	杨剑奎	石阡县法院	其他	92年6期
书面异议对督促程序的影响	曹家齐	德江县法院	其他	92年6期
法院公告送达中存在的问题	刘乔发	铜仁市法院	其他	92年6期
谈谈人民法院在新形势下应当摆正的几个观点	侯建英	贵阳市中级法院	其他	92年6期

1992年《甘肃审判》论文索引(甘肃)

论文题目	作者	单位	论文类别	刊期
审理伤害刑事附带民事自诉案件探析	陶立爱	皋兰县法院	刑事	92年1期
刑事附带民事诉讼中精神损害赔偿案件的审理之意见	李克锋	平凉中院	刑事	92年3期
重伤案件刑罚与赔偿探析	杨钧顺	省高级法院	刑事	92年4期
试析私人赠予与收受贿赂的界限	时春明	省高级法院	刑事	92年5期
无效经济合同主体和充当诉讼主体的适格要求	施效文	平凉中院	经济	92年1期
谈谈经济审判中的连带责任问题	赵树平	陇南中院	经济	92年2期
不当得利中的若干法律问题	徐　伟	兰州中院	民事	92年3期

论文题目	作者	单位	论文类别	刊期
离婚案件中争要子女问题探讨	王少锋	省高级法院	民事	92年6期
浅析可以判决变更的行政处罚	宋有文	省高级法院	行政	92年4期
对行政处罚显失公正的可以变更判决之我见	冯耀习	省高级法院	行政	92年6期
浅议城市规划行政争议中具体行政行为的合法性问题	金孟虎	平凉中院	行政	92年6期
被告改变具体行政行为的取证问题	荆仁奎	平凉中院	行政	92年6期
怎样理解“对上诉请求的有关事实和适用法律进行审查”	秦仲宁	庆阳中院	民事诉讼	92年3期
督促程序若干问题的理论与实践	杨险峰 庆卫东	省高级法院	民事诉讼	92年6期

1992年《新疆审判研究》论文索引（新疆）

论文题目	作者	单位	论文类别	刊期
无效建筑安装工程合同的确认和处理	关　勇	昌吉州中院	民事	92年1期
浅析交通事故民事责任	郭修江	克拉玛依市法院	民事	92年1期
代销的法律性质及纠纷的处理	邓永清	自治区高级法院	民事	92年1期
未成年人与监护人的民事诉讼地位浅议	张淳生	乌鲁木齐市新市区法院	民事诉讼	92年1期
铁路运输逾期由于货物自身性质引起的货损应如何赔偿	温志远	乌鲁木齐铁路中院	民事	92年1期
试谈如何审理赖债案件	木　易	兵团农八师中院	民事	92年1期
关于遗嘱处分财产的几个问题	姚炳进	石河子市法院	民事	92年1期
盗窃犯罪中有关未成年人犯罪的两个问题的探讨	张海斌	兵团额敏垦区法院	刑事	92年1期
关于当前刑事审判工作中适用法律的几个问题	张　良	高级法院	刑事	92年2期
不要忽视被害人在庭审中的权利和作用	兰国庆	兵团农二师中院	刑事诉讼	92年2期
审理行政强制措施案件中的几个问题	李　杰	乌鲁木齐市中院	行政	92年2期
浅议坦白及其法律适用	邓小峰	自治区高级法院	刑事	92年2期
试述承包企业中的贪污犯罪	李炳福	兵团焉耆垦区法院	民事	92年2期
浅谈经济纠纷案件异地执行难的原因及对策	桑　健	昌吉市法院	民事	92年2期
离婚案件有关问题刍议	吴宪荣	新市区法院	民事	92年3期

论文题目	作者	单位	论文类别	刊期
清理"三角债"与强制破产制度	雍　灵	乌鲁木齐沙依巴克区法院	民事	92年3期
未捕起诉人犯逃跑原因及对策	张文盛 文思锋	和田地区中院		92年3期
浅议支付令的送达	杨　平	哈密铁路运输法院	民事	92年3期
试论管办单位对企业债务连带责任的承担	陈培元	兵团农一师中院	民事	92年3期
该具体行政行为因何被撤销	张乃斐	自治区高级法院	行政	92年3期
这起毒死他人的牲畜而出卖畜肉牟利的案件如何定罪	丁必发	阿克苏地区中院	刑事	92年3期
论新时期人民法院的审判观念	冯荣桂 吴海龙	江苏射阳县法院	其他	92年4期
浅议合议庭评议结果	薛峰	自治区高级法院	其他	92年4期
论大麻毒品犯罪及其在审判中的几个问题	张文盛 林安娜	和田地区中院	刑事	92年4期
对少年犯罪适用缓刑的几个问题的探讨	田　耘	自治区高级法院	刑事	92年4期
立功问题初探	邓小峰	自治区高级法院	刑事	92年4期
邓某的诉讼请求应否支持	汪万智	自治区高级法院	民事	92年4期
张某的行为应定诈骗罪还是贪污罪	马宏健	自治区高级法院	刑事	92年4期

第十三部分　其他

一、名　　单

最高人民法院

1992年最高人民法院院长、副院长名单

院　长　任建新

副院长　华联奎　林　准　祝铭山　马　原　端木正　谢安山

党组纪检组组长　项　华

1992年最高人民法院审判委员会委员名单

任建新　华联奎　林　准　祝铭山　马　原　端木正

谢安山　张　懋　唐德华　周道鸾　费宗祎　宋雅亭

黄　杰　王永成　刘家琛　宋鑫春

1992年最高人民法院审判员名单

（以姓氏笔划为序）

丁振东　于连泽　马孝樵　马　健

王玉琦　王永成　王春清　王观强

王永承　王茂深　王靖红　王桂芳

尹德政　孔淑华　邓紫芳　甘明秀

任振平　刘亚力　刘效柳　刘稚君

刘淑琴　刘国宏　刘俊生　刘天弼

汤鸿沛　许丽生　许金怀　师惠芳

孙宗颢　孙奎元　孙泊生　孙世光

纪　敏　李玉成　李清友　李武清

李梦陶　李国勤　李天顺　李　凡

李世敏　李　彤　宋鑫春　宋雅亭

辛玉淮　邹承雍　沈关生　张宝臣

张　懋　张耀良　张文学　张玉民

张统桢　张辛陶　张甫旗　张新民

张红军　张继红　张廷智　张思敏

何国勋　余齐兴　苏　庆　肖凤云

吴洵松　吴顺如　吴合振　陈嘉宾

陈文浩　陈业珍　陈钦一　陈瑞成

杨洪逵　杨　伟　杨金琪　杨克佃

杨宝英　杨学良　杨立新　杨永波

易陆恒　岳志强　姜联润　庞一春
周道鸾　周贤奇　林惠农　胡久远
南　英　封　源　费宗祎　奚晓明
唐德华　侯永安　贾振江　贾建斌
阎承铸　黄　杰　黄安生　黄仁贤
黄赤东　崔盛远　梁宝俭　梁书文
彭树华　彭士翔　董成钰　董清泽
蒋志培　葛行军　雷旭辉　解士明
潘维煌　魏庆岳　籍树理

1992年最高人民法院各部门负责人名单

（排列不分先后）

刑事审判第一庭

庭长刘家琛　副庭长甘明秀　南　英

刑事审判第二庭

庭长宋鑫春　副庭长刘效柳　李武清

民事审判庭

庭长梁书文　副庭长周贤奇　刘天溯

经济审判庭

庭长孙宗颢　副庭长黄赤东　孙泊生　吴合振

告诉申诉庭

庭长陈嘉宾　副庭长张玉民　纪　敏

交通运输审判庭

副庭长傅旭梅　王茂深

行政审判庭

庭长黄　杰　副庭长杨克佃

研究室

副主任张泗汉　邵文虹

办公厅

主任李玉成　副主任卫彦明

机关事务管理局

局长陈肇彬　副局长刘　文　孙俊奇　刘恒长

人事厅

厅长项　华（兼）　副厅长陈之玮　潘克靖

教育厅

厅长陈肇彬（兼）　副厅长陈之玮（兼）　李德仁

老干部局

副局长顾元良　王　健

计划财务装备局

局长蒋福康　副局长陈延怀　段育萍

外事局

局长王根良　副局长籍树理　赵松岭

技术局

局长张力理

机关党委

书记马　原（兼）　副书记刘培勤

机关纪检

副书记徐金怀

党组纪检组

组长项　华（兼）　副组长杨树庄

监察室

副主任冷德森

全国法院干部业余法律大学

校长任建新（兼）　常务副校长祝铭山

副校长陈肇彬　方光成

人民法院出版社

社长、总编回沪明　副社长闵治奎

副总编童秀峰　娄必允

人民法院报社

社长林准（兼）　总编、副社长回沪明

副社长王连登

副总编方成志　胡永震

中国高级法官培训中心

办公室主任梁宝俭　副主任王世民　李德仁（兼）

应用法学研究所

所长廖伯雅　副所长单长宗

地方各级人民(专门)法院

北京市高级人民法院院长、副院长名单

院　长　刘云峰

副院长　唐占蕴　张志坚

北京市中级、基层人民法院院长名单

北京市中级人民法院院长	**纪树翰**
东城区人民法院院长	贾致云
西城区人民法院院长	李养田
崇文区人民法院院长	李　涛
宣武区人民法院院长	陈桂林
海淀区人民法院院长	左　兵
石景山区人民法院院长	臧克诺
朝阳区人民法院院长	郑　刚
门头沟区人民法院院长	韩文中
丰台区人民法院院长	吴金良
房山区人民法院院长	周智勇
通　县人民法院院长	熊国铎
昌平县人民法院院长	朱岩(女)
大兴县人民法院院长	孙福成
怀柔县人民法院院长	王福山
密云县人民法院院长	李树清
延庆县人民法院院长	刘明耀
平谷县人民法院院长	王定武
顺义县人民法院院长	马万强
北京铁路运输中级法院院长	**田今贵**
北京铁路运输法院院长	齐育强
天津铁路运输法院院长	时振河
石家庄铁路运输法院院长	刘　琦
大同铁路运输法院院长	葛文煜
太原铁路运输法院院长	刘　泾
临汾铁路运输法院院长	袁清成

天津市高级人民法院院长、副院长名单

院　长　王永臣

副院长　张柏峰　徐脉岑　薛尚恩　乔宏起

天津市中级法院、基层人民法院院长名单

天津市中级人民法院院长	**王存山**
和平区人民法院院长	刘震远
南开区人民法院院长	曹永忠
红桥区人民法院院长	秦洪飞
河东区人民法院院长	袁振标
河西区人民法院院长	宋振宇

河北区人民法院院长	陈永德	大港区人民法院院长	王国栋
南郊区人民法院院长	冯子泉	武清县人民法院院长	张荫亭
东郊区人民法院院长	李维明	宝坻县人民法院院长	高永荣
西郊区人民法院院长	兰瑞福	蓟　县人民法院院长	张　怀
北郊区人民法院院长	赵玉成	静海县人民法院院长	刘振国
塘沽区人民法院院长	常守忠	宁河县人民法院院长	王会友
汉沽区人民法院院长	邵云光	**天津海事法院院长**	**张玉福**

河北省高级人民法院院长、副院长名单

院　长　李永进

副院长　王毓恭　马　达　代瑞林　高俊国

河北省各中级、基层人民法院院长名单

石家庄市中级人民法院院长	**赵广玉**	新市区人民法院院长	柴志民
长安区人民法院院长	张廷元	北市区人民法院院长	杨春辉
桥东区人民法院院长	纪志单	南市区人民法院院长	赵同磊
桥西区人民法院院长	董建义	满城县人民法院院长	宋景泽
新华区人民法院院长	刘扶祥	清苑县人民法院院长	丛国栋
郊　区人民法院院长	聂富珍	**张家口市中级人民法院院长**	**侯德宝**
井陉矿区人民法院院长	梁同桥	桥东区人民法院院长	霍长寿
井陉县人民法院院长	张卫平	桥西区人民法院院长	张吉祥
获鹿县人民法院院长	李建华	宣化区人民法院院长	尹占元
正定县人民法院院长	马鹤飞	下花园区人民法院院长	刘卫平
栾城县人民法院院长	张中枢	宣化县人民法院院长	王德山
邯郸市中级人民法院院长	**米振翔**	**承德市中级人民法院院长**	**汪志超**
邯山区人民法院院长	李守高	双桥区人民法院院长	王泽悦
丛台区人民法院院长	杨延岭	双滦区人民法院院长	王俊山
复兴区人民法院院长	柴　坚	鹰手营子矿区人民法院院长	杨佑生
峰峰矿区人民法院院长	俞振荣	承德县人民法院院长	宋志刚
武安市人民法院院长	刘化明	**秦皇岛市中级人民法院院长**	**孙志宏**
邯郸县人民法院院长	李国献	海港区人民法院院长	孙盘柱
邢台市中级人民法院院长	**赵其信**	山海关区人民法院院长	曹洪祥
桥东区人民法院院长	田兆贵	北戴河区人民法院院长	李奎三
桥西区人民法院院长	李万苏	昌黎县人民法院院长	冯春甫
邢台县人民法院院长	吴国兴	抚宁县人民法院院长	徐子良
保定市中级人民法院院长	**殷宝柱**	卢龙县人民法院院长	贾庭润

青龙满族自治县人民法院院长　李悦堂
唐山市中级人民法院院长　李　青
路南区人民法院院长　吴书先
路北区人民法院院长　于　忠
东矿区人民法院院长　赵景斌
开平区人民法院院长　于幼禾
新　区人民法院院长　于永志
丰润县人民法院院长　谷守三
丰南县人民法院院长　白庆隆
滦　县人民法院院长　陈秀英
滦南县人民法院院长　田长站
乐亭县人民法院院长　李荫藩
迁安县人民法院院长　张凤廷
迁西县人民法院院长　赵万海
遵化县人民法院院长　刘凤岐
玉田县人民法院院长　吴成堡
唐海县人民法院院长　王继冬
沧州市中级人民法院院长　刘　学
新华区人民法院院长　周文海
运河区人民法院院长　刘景书
郊　区人民法院院长　张义阁
沧　县人民法院院长　王云起
青　县人民法院院长　刘树林
廊坊市中级人民法院院长　马汝山
安次区人民法院院长　关泽润
三河县人民法院院长　魏伟业
香河县人民法院院长　张殿相
永清县人民法院院长　焦建设
固安县人民法院院长　邓清海
霸州市人民法院院长　牛树勋
文安县人民法院院长　吴常秋
大城县人民法院院长　刘培基
大厂回族自治县人民法院院长　李惠生
石家庄地区中级人民法院院长　宫林庭
辛集市人民法院院长　曹藏栓
晋　县人民法院院长　赵双德
赞皇县人民法院院长　杨成章
新乐县人民法院院长　张凤和
藁城市人民法院院长　王吉庆
无极县人民法院院长　王瑞生
平山县人民法院院长　马经林
元氏县人民法院院长　王学诗
高邑县人民法院院长　张田灵
赵　县人民法院院长　姜欣河
行唐县人民法院院长　朱惠保
灵寿县人民法院院长　刘墨华
深泽县人民法院院长　高建文
邯郸地区中级人民法院院长　侯兴旺
大名县人民法院院长　曹树丰
魏　县人民法院院长　申全喜
曲周县人民法院院长　王长彬
邱　县人民法院院长　王振纲
鸡泽县人民法院院长　李振西
肥乡县人民法院院长　安学武
广平县人民法院院长　赵冠卿
成安县人民法院院长　柳英才
临漳县人民法院院长　杜德修
磁　县人民法院院长　李振河
涉　县人民法院院长　杨金富
永年县人民法院院长　牛　伦
馆陶县人民法院院长　李占朝
邢台地区中级人民法院院长　董增生
南宫市人民法院院长　马书印
沙河市人民法院院长　李双奇
临城县人民法院院长　王宪忠
内丘县人民法院院长　杨培珍
柏乡县人民法院院长　王建民
隆尧县人民法院院长　陈金锁
任　县人民法院院长　刘德风
南和县人民法院院长　刘雪成
宁晋县人民法院院长　刘恒正
巨鹿县人民法院院长　刘再坦
新河县人民法院院长　曹中月
广宗县人民法院院长　乔春然
平乡县人民法院院长　刘存生
威　县人民法院院长　李书江
清河县人民法院院长　刘红臣
临西县人民法院院长　任习旺
保定地区中级人民法院院长　李晓光
定州市人民法院院长　史志福

涿州市人民法院院长 谢玉树
望都县人民法院院长 杜洪昌
涞水县人民法院院长 王连魁
高阳县人民法院院长 张国兴
安新县人民法院院长 何忠俭
雄　县人民法院院长 李士春
容城县人民法院院长 刘平安
新城县人民法院院长 黄志敬
曲阳县人民法院院长 刘国栋
阜平县人民法院院长 刘金琢
安国市人民法院院长 吕振杰
博野县人民法院院长 周方元
蠡　县人民法院院长 李洪楷
易　县人民法院院长 陈贵智
徐水县人民法院院长 韦树贤
涞源县人民法院院长 孙　儒
定兴县人民法院院长 高洪涛
完　县人民法院院长 杨春生
唐　县人民法院院长 耿　倬
张家口地区中级人民法院院长 马　魁
张北县人民法院院长 黄　亮
康保县人民法院院长 赵　枝
沽源县人民法院院长 韩　彬
尚义县人民法院院长 段思济
蔚　县人民法院院长 孙桂林
阳原县人民法院院长 李　明
怀安县人民法院院长 冯佃林
万全县人民法院院长 宋嘉业
怀来县人民法院院长 李有庆
涿鹿县人民法院院长 白俊英(女)
赤城县人民法院院长 张树森
崇礼县人民法院院长 王中平
承德地区中级人民法院院长 王学志
兴隆县人民法院院长 苏世馥
平泉县人民法院院长 刘守卿
隆化县人民法院院长 张喜朋
滦平县人民法院院长 王　太
宽城满族自治县人民法院院长 李　贵
丰宁满族自治县人民法院院长 李振国
围场满族蒙古族自治县人民法院院长 陈志新(女)
沧州地区中级人民法院院长 郭岱宗
泊头市人民法院院长 刘志国
任丘市人民法院院长 南天岭
河间县人民法院院长 高忠武
肃宁县人民法院院长 张学忠
献　县人民法院院长 陈卫东
吴桥县人民法院院长 曹坤祯
东光县人民法院院长 张树志
南皮县人民法院院长 李保景
盐山县人民法院院长 范金城
黄骅市人民法院院长 吴学和
海兴县人民法院院长 杨学普
孟村回族自治县人民法院院长 刘国英
衡水地区中级人民法院院长 王立铭
衡水市人民法院院长 曹玉顺
冀　县人民法院院长 都学功
枣强县人民法院院长 马奎波
武邑县人民法院院长 金海池
深　县人民法院院长 刘振峰
武强县人民法院院长 李庆书
安平县人民法院院长 张玉轩
故城县人民法院院长 卢振忠
景　县人民法院院长 单继忠
阜城县人民法院院长 杨成栓
饶阳县人民法院院长 李希凯

山西省高级人民法院院长、副院长名单

院　长 赵耀仁
副院长 李玉臻　任　峰　王世荣　刘新康

山西省各中级、基层人民法院院长名单

太原市中级人民法院院长　王运良
南城区人民法院院长　范增温
北城区人民法院院长　郭胜纪
河西区人民法院院长　郑肃（女）
南郊区人民法院院长　郑慧智
北郊区人民法院院长　李兆林
清徐县人民法院院长　张　骍
阳曲县人民法院院长　韩保权
娄烦县人民法院院长　张全生
古交市人民法院院长　温天祥
大同市中级人民法院院长　祁家业
城　区人民法院院长　管　通
矿　区人民法院院长　刘化龙
新荣区人民法院院长　李润科
南郊区人民法院院长　李　芬
阳泉市中级人民法院院长　段奇耀
城　区人民法院院长　暴志祥
郊　区人民法院院长　侯　艾
矿　区人民法院院长　王立明
盂　县人民法院院长　张荣福
平定县人民法院院长　潘维田
长治市中级人民法院院长　罗庆田
城　区人民法院院长　武成尧
郊　区人民法院院长　陈继志
长治县人民法院院长　王成群
长子县人民法院院长　李保才
屯留县人民法院院长　张宝珠
潞城县人民法院院长　张龙富
壶关县人民法院院长　闫有才
平顺县人民法院院长　王　刚
武乡县人民法院院长　梁新春
沁　县人民法院院长　王运中
沁源县人民法院院长　郭德功
襄垣县人民法院院长　王晋新
黎城县人民法院院长　王茂安
晋城市中级人民法院院长　史一大
城　区人民法院院长　魏浩富
郊　区人民法院院长　赵德瑱
高平县人民法院院长　李明亮
沁水县人民法院院长　王秉诚
阳城县人民法院院长　廉志龙
陵川县人民法院院长　师安贵
朔州市中级人民法院院长　郑　福
朔城区人民法院院长　徐　亮
平鲁区人民法院院长　刘　英
山阴县人民法院院长　丰武会
雁北地区中级人民法院院长　力大才
灵邱县人民法院院长　曾　海
浑源县人民法院院长　侯　艮
广灵县人民法院院长　郑　伟
阳高县人民法院院长　曹　忠
右玉县人民法院院长　兰　勇
天镇县人民法院院长　焦天祥
左云县人民法院院长　王日增
怀仁县人民法院院长　杨吉儒
大同县人民法院院长　何　溢
应　县人民法院院长　李九江
忻州地区中级人民法院院长　王德本
忻州市人民法院院长　冯少勇
定襄县人民法院院长　徐满良
原平县人民法院院长　寇　敏
五台县人民法院院长　张福章
繁峙县人民法院院长　赵文理
代　县人民法院院长　孔庆德
神池县人民法院院长　张玉宝
五寨县人民法院院长　储向阳
岢岚县人民法院院长　阎玉印
宁武县人民法院院长　李中福
静乐县人民法院院长　姚艾泉
河曲县人民法院院长　贾栋梁
保德县人民法院院长　刘占岗
偏关县人民法院院长　武首国
晋中地区中级人民法院院长　翟治銮
榆次市人民法院院长　张效先

寿阳县人民法院院长 赵生瑞
昔阳县人民法院院长 陈来喜
和顺县人民法院院长 李保仓
左权县人民法院院长 常海青
榆社县人民法院院长 张亮明
平遥县人民法院院长 董清威
介休市人民法院院长 黄树福
祁　县人民法院院长 王玉昌
太谷县人民法院院长 王联国
灵石县人民法院院长 祁保军
吕梁地区中级人民法院院长 吕焕信
交城县人民法院院长 闫振书
文水县人民法院院长 韩廷玉
汾阳县人民法院院长 关正太
孝义市人民法院院长 宋　军
临　县人民法院院长 李光久
离石县人民法院院长 刘德延
石楼县人民法院院长 李继生
兴　县人民法院院长 宋贵桂
交口县人民法院院长 杜桂清
中阳县人民法院院长 任俊元
柳林县人民法院院长 赵毓信
岚　县人民法院院长 陈元田
方山县人民法院院长 王俊中
临汾地区中级人民法院院长 杨端午
临汾市人民法院院长 孙进才
浮山县人民法院院长 董根锁
汾西县人民法院院长 张长顺
襄汾县人民法院院长 王宏艾
大宁县人民法院院长 张有宁
永和县人民法院院长 刘福旺
隰　县人民法院院长 陈德荣
霍州市人民法院院长 要振山
侯马市人民法院院长 李文栋
吉　县人民法院院长 白奇章
乡宁县人民法院院长 张炳星
蒲　县人民法院院长 杜忍祥
翼城县人民法院院长 李文生
古　县人民法院院长 秦仰云
洪洞县人民法院院长 高生贵
安泽县人民法院院长 王耀富
曲沃县人民法院院长 黄振山
运城地区中级人民法院院长 常旺斌
运城市人民法院院长 柴英诚
闻喜县人民法院院长 吕爱英(女)
绛　县人民法院院长 吴金喜
平陆县人民法院院长 王怀杰
夏　县人民法院院长 李文先
临猗县人民法院院长 王奎梅(女)
河津县人民法院院长 杨文章
永济县人民法院院长 党增民
万荣县人民法院院长 梁小锁
稷山县人民法院院长 黄银效
新绛县人民法院院长 张因焕
垣曲县人民法院院长 冯道旺
芮城县人民法院院长 史加龙

内蒙古自治区高级人民法院院长、副院长名单

院　长　杨达赖
副院长　云布龙　赵建勋　郝耀忠　高　原

内蒙古自治区各中级、基层人民法院院长名单

呼和浩特市中级人民法院院长　郝　民
新城区人民法院院长　云伟秀
回民区人民法院院长　张天和
玉泉区人民法院院长　贺希格
郊　区人民法院院长　姚希臣
土默特左旗人民法院院长　云奎威
托克托县人民法院院长　魏福义
包头市中级人民法院院长　武志忠
东河区人民法院院长　王仲良
昆　区人民法院院长　杨　文
青山区人民法院院长　于　山
石拐区人民法院院长　周国全
白云区人民法院院长　李秉志
郊　区人民法院院长　王　信
土默特右旗人民法院院长　郝永明
固阳县人民法院院长　苏海亮
乌海市中级人民法院院长　贾广元
海渤湾区人民法院院长　王　虎
海南区人民法院院长　李清波
乌达区人民法院院长　何德华
赤峰市中级人民法院院长　苏亚拉
红山区人民法院院长　米月岭
元宝山区人民法院院长　郝立坤
郊　区人民法院院长　修林贵
阿鲁科尔沁旗人民法院院长　阿木尔
巴林左旗人民法院院长　刁占春
巴林右旗人民法院院长　鲍云铎
林西县人民法院院长　王振山
克什克腾旗人民法院院长　武希波
翁牛特旗人民法院院长　史占森
喀喇沁旗人民法院院长　沈瑞麟
宁城县人民法院院长　王国清
敖汉旗人民法院院长　杨雨宽
呼伦贝尔盟中级人民法院院长　山　虎
海拉尔市人民法院院长　蔡　浩
满洲里市人民法院院长　梁坤玉
扎兰屯市人民法院院长　梁万顺
牙克石市人民法院院长　王继春
阿荣旗人民法院院长　张玉卿
莫力达瓦达斡尔族自治旗人民法院院长　德殿臣
额尔古纳左旗人民法院院长　丛联志
额尔古纳右旗人民法院院长　辛德勇
鄂伦春族自治旗人民法院院长　赛　林
鄂温克族自治旗人民法院院长　钢特木尔
新巴尔虎左旗人民法院院长　敖其尔
新巴尔虎右旗人民法院院长　胡尔勒
陈巴尔虎旗人民法院院长　孟和宝音
哲里木盟中级人民法院院长　吴庆和
通辽市人民法院院长　白忠乃
霍林郭勒市人民法院院长　敖海兴
科尔沁左翼中旗人民法院院长　关宝生
科尔沁左翼后旗人民法院院长　达富巴雅尔
开鲁县人民法院院长　杨　俊
库伦旗人民法院院长　包　春
奈曼旗人民法院院长　王玉琢
扎鲁特旗人民法院院长　安庆祥
兴安盟中级人民法院院长　张玉玺
乌兰浩特市人民法院院长　包振声
科尔沁右翼前旗人民法院院长　韩　平
科尔沁右翼中旗人民法院院长　色　音
扎赉特旗人民法院院长　武　成
突泉县人民法院院长　陈风友
乌兰察布盟中级人民法院院长　马　泰
集宁市人民法院院长　杜利峰
武川县人民法院院长　安文玉
和林格尔县人民法院院长　王　诚
清水河县人民法院院长　云　维
卓资县人民法院院长　李成森
化德县人民法院院长　贺　斌
商都县人民法院院长　王　琏
兴和县人民法院院长　康文玉
丰镇市人民法院院长　冯世礼

凉城县人民法院院长 王庭玉(代)
察哈尔右翼前旗人民法院院长 李 俊
察哈尔右翼中旗人民法院院长 云成玉
察哈尔右翼后旗人民法院院长 桂 旺
达尔罕茂明安联合旗人民法院院长 沙楚鲁
四子王旗人民法院院长 刘 俊
锡林郭勒盟中级人民法院院长 伍 宝
锡林浩特市人民法院院长 孟金山
二连浩特市人民法院院长 高娃(女)
阿巴嘎旗人民法院院长 韩赤锐
苏尼特左旗人民法院院长 那木吉拉其仁
苏尼特右旗人民法院院长 晨 阳
东乌珠穆沁旗人民法院院长 嘎布雅图
西乌珠穆沁旗人民法院院长 朝 高
太仆寺旗人民法院院长 扈俊杰
镶黄旗人民法院院长 敖布登
正镶白旗人民法院院长 贺希格宝音
正兰旗人民法院院长 吉格木德
多伦县人民法院院长 郭第一
伊克昭盟中级人民法院院长 张世杰
东胜市人民法院院长 哈 斯
达拉特旗人民法院院长 冯富厚(代)
准格尔旗人民法院院长 李俊良
鄂托克前旗人民法院院长 黄殿臣
鄂托克旗人民法院院长 昭那斯图
杭锦旗人民法院院长 云朝克
乌审旗人民法院院长 敖日布
伊金霍洛旗人民法院院长 奇兆禄
巴彦淖尔盟中级人民法院院长 王益三
临河市人民法院院长 李玉明
五原县人民法院院长 秦 廉
磴口县人民法院院长 毛守忠
乌拉特前旗人民法院院长 苗发旺
乌拉特中旗人民法院院长 佟拉嘎
乌拉特后旗人民法院院长 白玉顺
杭锦后旗人民法院院长 尚金元
阿拉善盟中级人民法院院长 恩 和
阿拉善左旗人民法院院长 万巴图
阿拉善右旗人民法院院长 达 赖
额济纳旗人民法院院长 巴拉吉尔
呼和浩特铁路运输中级法院院长 寇 俊
包头铁路运输法院院长 曲世茂
集宁铁路运输法院院长 陈胜才

辽宁省高级人民法院院长、副院长名单

院 长 张焕文
副院长 范方平 孙谷源 刘广明

辽宁省各中级、基层人民法院院长名单

沈阳市中级人民法院院长 刘 实
和平区人民法院院长 付正方
铁西区人民法院院长 柴玉玺
沈河区人民法院院长 创学武
大东区人民法院院长 吕桂林
皇姑区人民法院院长 冯占元
东陵区人民法院院长 高忠慈
于洪区人民法院院长 李 丹
苏家屯区人民法院院长 孙绍鹏
新城子区人民法院院长 王景新
新民县人民法院院长 许汝骧
辽中县人民法院院长 许贵顺
大连市中级人民法院院长 谷振春
中山区人民法院院长 王治亮

西岗区人民法院院长　高培信
沙河口区人民法院院长　吕　毅
甘井子区人民法院院长　姜恩固
金州区人民法院院长　张晓明
旅顺口区人民法院院长　刁有宽
瓦房店市人民法院院长　李广德
普兰店市人民法院院长　郑传支
庄河市人民法院院长　都本有
长海县人民法院院长　高文东
大连经济技术开发区
人民法院院长　张晓明
鞍山市中级人民法院院长　王玉琴
铁东区人民法院院长　董精卫
铁西区人民法院院长　鞠远华
立山区人民法院院长　王炳寰
旧堡区人民法院院长　金荣林
海城市人民法院院长　侯德来
台安县人民法院院长　杨　柳
岫岩满族自治县人民法院院长　王承芳
抚顺市中级人民法院院长　赵凤林
新抚区人民法院院长　韩兴国
望花区人民法院院长　艾天合
露天区人民法院院长　王宝峰
顺城区人民法院院长　吴汉铮
抚顺县人民法院院长　张景华
新宾满族自治县人民法院院长　许文光
清原县人民法院院长　刘冠乐
本溪市中级人民法院院长　王德生
溪湖区人民法院院长　姜英才
明山区人民法院院长　王君臣
平山区人民法院院长　徐士利
南芬区人民法院院长　李俊清
桓仁县人民法院院长　徐延波
本溪县人民法院院长　梁学典
丹东市中级人民法院院长　李凌奎
振兴区人民法院院长　马富兴
元宝区人民法院院长　康福运
振安区人民法院院长　申永连
东沟县人民法院院长　王锦铠
凤城满族自治县人民法院院长　张锡胜
宽甸县人民法院院长　王崇政
锦州市中级人民法院院长　王景文
古塔区人民法院院长　冯万祥
凌河区人民法院院长　唐慧平
太和区人民法院院长　宋志英
锦　县人民法院院长　张宪成
义　县人民法院院长　杨树庄
北镇县人民法院院长　陆万才
黑山县人民法院院长　娄德兴
营口市中级人民法院院长　赵日新
西市区人民法院院长　张育红
老边区人民法院院长　张玉茂
鲅鱼圈区人民法院院长　贺先有
站前区人民法院院长　任　义
大石桥市人民法院院长　张喜荣
盖州市人民法院院长　李英勋
阜新市中级人民法院院长　张永奇
海州区人民法院院长　房军城
新邱区人民法院院长　顾忠满
细河区人民法院院长　张克俭
清河门区人民法院院长　李玉民
太平区人民法院院长　宿长龙
彰武县人民法院院长　彭生富
阜新蒙古族自治县
人民法院院长　王凤林
辽阳市中级人民法院院长　王浩川
文圣区人民法院院长　于维清
白塔区人民法院院长　王佳臣
宏伟区人民法院院长　黎户生
太子河区人民法院院长　白纯礼
弓长岭区人民法院院长　兰　涛
辽阳县人民法院院长　卢敬谆
灯塔县人民法院院长　尚惠春
铁岭市中级人民法院院长　赵金祥
银州区人民法院院长　章汉英
清河区人民法院院长　赵　震
铁法市人民法院院长　张志新
铁岭县人民法院院长　李　铮
开原市人民法院院长　孙　起
昌图县人民法院院长　刘国清

西丰县人民法院院长 刘景亚
法库县人民法院院长 郑松怀
康平县人民法院院长 王春荣
盘锦市中级人民法院院长 孙葆洪
双台子区人民法院院长 李万杰
兴隆台区人民法院院长 修治文
大洼县人民法院院长 庞学元
盘山县人民法院院长 冯国栋
朝阳市中级人民法院院长 李　玉
龙城区人民法院院长 吴国良
双塔区人民法院院长 杨　琢
北票市人民法院院长 祁献瑜
朝阳县人民法院院长 朱绍友
建平县人民法院院长 张喜贵
喀喇沁左翼蒙古族自治县人民法院院长 白贵春
凌源市人民法院院长 静天赋
大连海事法院院长 曲学雯
辽河油田中级法院院长 杨好学
沈阳铁路运输中级法院院长 张传义
沈阳铁路运输法院院长 朱　竟
大连铁路运输法院院长 金木森
丹东铁路运输法院院长 谷元国
锦州铁路运输法院院长 刘绍文
长春铁路运输法院院长 任俊发
吉林铁路运输法院院长 王林华
图们铁路运输法院院长 郭增富
通化铁路运输法院院长 陈玉生
通辽铁路运输法院院长 马世琨
锦西市中级人民法院院长 张云石
连山区人民法院院长 刘铁山
葫芦岛区人民法院院长 陈克坚
南票区人民法院院长 夏云鹏
兴城市人民法院院长 李维国
绥中县人民法院院长 赵文华
建昌县人民法院院长 刘庆成

吉林省高级人民法院院长、副院长名单

院　长　杨庆祥（代）
副院长　李作善　冯守理　魏进发　田景春　刘桂芬（女）

吉林省各中级、基层人民法院院长名单

长春市中级人民法院院长 张新民
南关区人民法院院长 李占武
宽城区人民法院院长 张广富
朝阳区人民法院院长 陈玉山
二道河子区人民法院院长 肖迎春
郊　区人民法院院长 郑司宽
榆树县人民法院院长 廉　欣
农安县人民法院院长 孙茂广
九台市人民法院院长 王云礼
德惠县人民法院院长 张永年
双阳县人民法院院长 封文清
吉林市中级人民法院院长 王秀红（女）
昌邑区人民法院院长 刘永和
龙潭区人民法院院长 王玉林
船营区人民法院院长 金相哲
郊　区人民法院院长 房　林
磐石县人民法院院长 刘立生
蛟河市人民法院院长 谭恩杰
永吉县人民法院院长 王忠祥
桦甸市人民法院院长 张云山
舒兰县人民法院院长 李学振
四平市中级人民法院院长 祝国志
铁东区人民法院院长 王登伦
铁西区人民法院院长 王柏山

公主岭市人民法院院长　李　有
梨树县人民法院院长　连有君
伊通满族自治县人民法院院长　蔡正华
双辽县人民法院院长　崔振亚
辽源市中级人民法院院长　穆立林
龙山区人民法院院长　李相林
西安区人民法院院长　姚庆宏
东辽县人民法院院长　王选才
东丰县人民法院院长　林长发
通化市中级人民法院院长　王东明
东昌区人民法院院长　刘洪奎
二道江区人民法院院长　刘世魁
梅河口市人民法院院长　王长利
通化县人民法院院长　葛吉林
集安市人民法院院长　孙文新
辉南县人民法院院长　李维君
柳河县人民法院院长　史福贵
浑江市中级人民法院院长　孙　权
八道江区人民法院院长　韩春华
三岔子区人民法院院长　杜永春
临江区人民法院院长　季勤利
抚松县人民法院院长　孙清江
靖宇县人民法院院长　苟生堂
长白朝鲜族自治县人民法院院长　赵正浩
临江林区基层法院院长　朱纯玉
三岔子林区基层法院院长　刘学君
泉阳林区基层法院院长　蒋振录
露水河林区基层法院院长　王克敏
湾沟林区基层法院院长　郇实禄
松江河林区基层法院院长　陈国俊
白城地区中级人民法院院长　张　玺
白城市人民法院院长　鞠学武
松原市扶余区人民法院院长　张培林
洮南市人民法院院长　高福才
长岭县人民法院院长　戈清河
大安市人民法院院长　郑洪韬
镇赉县人民法院院长　冯万林
通榆县人民法院院长　邓瑞宝
松原市人民法院院长　刘希文
乾安县人民法院院长　张学俭
前郭尔罗斯蒙古族自治县人民法院院长　吴晓东
延边朝鲜族自治州中级人民法院院长　张世录
延吉市人民法院院长　马喜松
图们市人民法院院长　金东国
敦化市人民法院院长　杨广海
龙井市人民法院院长　南基石
和龙县人民法院院长　金秀吉
汪清县人民法院院长　任志起
珲春市人民法院院长　崔德珠
安图县人民法院院长　张永龙
吉林市中级人民法院分院院长　丁为民
白石山林区基层法院院长　王泽峰
红石林区基层法院院长　荆杰强
延边朝鲜族自治州中级人民法院分院院长　李一锡
大兴沟林区基层法院院长　金锡基
天桥岭林区基层法院院长　于　生
汪清林区基层法院院长　万盛魁
和龙林区基层法院院长　李云发
八家子林区基层法院院长　申璇德
大石头林区基层法院院长　张云杰
黄泥河林区基层法院院长　刘　发
敦化林区基层法院院长　白振福
白河林区基层法院院长　金春植

黑龙江省高级人民法院院长、副院长名单

院　长　唐兰亭

副院长　祁　哲　姚炳珠　戴志强　李冠卿　薄宏奎

黑龙江省各中级、基层人民法院院长名单

哈尔滨市中级人民法院院长　张英达
道里区人民法院院长　王永明
道外区人民法院院长　刘春阳
南岗区人民法院院长　刘士英
太平区人民法院院长　田振发
香坊区人民法院院长　杨学文
动力区人民法院院长　牟斌志
平房区人民法院院长　李绍仁
呼兰县人民法院院长　杨东周
阿城市人民法院院长　郭兴斌
方正县人民法院院长　姚海荣
宾　县人民法院院长　詹　树
依兰县人民法院院长　王宁义
齐齐哈尔市中级人民法院院长　王永泰
铁锋区人民法院院长　黄学文
建华区人民法院院长　姚文章
龙沙区人民法院院长　韩庆江
富拉尔基区人民法院院长　宋德恩
昂昂溪区人民法院院长　梁永祥
梅里斯区人民法院院长　刘汉良
碾子山区人民法院院长　李洪庭
龙江县人民法院院长　李福清
讷河县人民法院院长　刘占魁
依安县人民法院院长　王　祯
泰来县人民法院院长　邱成山
甘南县人民法院院长　朱洪文
富裕县人民法院院长　杜文明
林甸县人民法院院长　王殿龙
杜尔伯特蒙古族自治县人民法院院长　郭俊成
克山县人民法院院长　王喜林
拜泉县人民法院院长　李文尧
克东县人民法院院长　姚俊山
牡丹江市中级人民法院院长　张吉祥
东安区人民法院院长　曹立柱
爱民区人民法院院长　栾国文
阳明区人民法院院长　齐　生
郊　区人民法院院长　于德泉
海林县人民法院院长　高　枫
虎林县人民法院院长　王海友
东宁县人民法院院长　姜　文
密山市人民法院院长　孙清义
宁安县人民法院院长　金莹晚
穆棱县人民法院院长　王振安
林口县人民法院院长　任延芝
绥芬河市人民法院院长　马贵君
佳木斯市中级人民法院院长　王生贵
东风区人民法院院长　孙清波
前进区人民法院院长　孙景和
向阳区人民法院院长　于士全
永红区人民法院院长　周贺玉
郊　区人民法院院长　石振彬
富锦市人民法院院长　李洪奎
桦南县人民法院院长　卢宝臣
桦川县人民法院院长　于双民
汤原县人民法院院长　刘长忠
同江市人民法院院长　马振国
饶河县人民法院院长　李允泰
抚远县人民法院院长　王洪昌
伊春市中级人民法院院长　杨国奎
伊春区人民法院院长　赵长山
南岔区人民法院院长　孙　庆
友好区人民法院院长　李志成
西林区人民法院院长　张振海
翠峦区人民法院院长　李广跃
新青区人民法院院长　蔡继武
美溪区人民法院院长　焦国太
金山屯区人民法院院长　周翠春
乌马河区人民法院院长　王世忠
汤旺河区人民法院院长　郭万春
乌伊岭区人民法院院长　梁维昌
上甘岭区人民法院院长　田　义
红星区人民法院院长　蔺思武
五营区人民法院院长　李学贵

带岭区人民法院院长 郝德生
铁力市人民法院院长 李 真
嘉荫县人民法院院长 孙秀利
郎乡林区基层法院院长 朱 英
桃山林区基层法院院长 张永庆
双丰林区基层法院院长 肖志广
铁力林区基层法院院长 李铁山
大庆市中级人民法院院长 詹世清
萨尔图区人民法院院长 吴长青
龙凤区人民法院院长 齐贵生
让胡路区人民法院院长 刘国璋
红岗区人民法院院长 秦殿文
大同区人民法院院长 周 太
鹤岗市中级人民法院院长 高士侠
向阳区人民法院院长 李立男
工农区人民法院院长 杨耀光
南山区人民法院院长 刘兰祝
兴安区人民法院院长 李宝玉
兴山区人民法院院长 羿士英
东山区人民法院院长 张克宁（女）
绥滨县人民法院院长 张沛所
萝北县人民法院院长 张全启
鸡西市中级人民法院院长 李永春
鸡冠区人民法院院长 王树友
恒山区人民法院院长 刘凤勤
滴道区人民法院院长 张福录
梨树区人民法院院长 王刚吉
麻山区人民法院院长 孙英魁
城子河区人民法院院长 于洪武
鸡东县人民法院院长 周长海
双鸭山市中级人民法院院长 程显军
尖山区人民法院院长 周文明
岭东区人民法院院长 冯继臣
四方台区人民法院院长 于国军
宝山区人民法院院长 李守信
集贤县区人民法院院长 王维克
宝清县人民法院院长 田明远
友谊县人民法院院长 姜士国
七台河市中级人民法院院长 孙鹏飞
新兴区人民法院院长 孙明光
桃山区人民法院院长 李汉峰
茄子河区人民法院院长 张国华
勃利县人民法院院长 崔龙范
松花江地区中级人民法院院长 赫崇学
双城县人民法院院长 王树森
五常县人民法院院长 王安富
巴彦县人民法院院长 刘东源
木兰县人民法院院长 刘凤岐
通河县人民法院院长 王 彬
尚志县人民法院院长 韩树堂
延寿县人民法院院长 王凤翔
绥化地区中级人民法院院长 李冠云
绥化市人民法院院长 程振洲
海伦市人民法院院长 都兴业
庆安县人民法院院长 刘纯友
绥棱县人民法院院长 李业友
明水县人民法院院长 宿凤鸣
望奎县人民法院院长 李兴达
青冈县人民法院院长 尹 波
兰西县人民法院院长 吕 岩
安达市人民法院院长 王步余
肇东市人民法院院长 刘长亭
肇源县人民法院院长 崔兆荣
肇州县人民法院院长 文守志
黑河地区中级人民法院院长 姚锦峰
黑河市人民法院院长 常伟民
北安市人民法院院长 孙 彪
五大连池市人民法院院长 李 茂
嫩江县人民法院院长 门向阳
德都县人民法院院长 孙晋厦
逊克县人民法院院长 刘长源
孙吴县人民法院院长 纪贵仁
大兴安岭地区中级人民法院院长 关德信
呼中区人民法院院长 金 有
新林区人民法院院长 谭凤余
松岭区人民法院院长 宋德仁
加格达奇区人民法院院长 徐保林
呼码县人民法院院长 孟昭田
塔河县人民法院院长 孙 军
漠河县人民法院院长 宋东祥

图强林区基层法院院长　王瑞强
阿木尔林区基层法院院长　白万华
十八站林区基层法院院长　王立清

松花江地区中级人民法院分院院长　胡津源

亚布力林区基层法院院长　宋德学
苇河林区基层法院院长　段恒德
兴隆林区基层法院院长　潘继增
清河林区基层法院院长　付　俊
方正林区基层法院院长　李　春
山河屯林区基层法院院长　许　生
通北林区基层法院院长　崔　志
沾河林区基层法院院长　毕少忠
绥棱林区基层法院院长　姜永泰

牡丹江市中级人民法院院长　邱洪泉

穆棱林区基层法院院长　王兴民
八面通林区基层法院院长　王玉琢
东方红林区基层法院院长　董　威
绥阳林区基层法院院长　和茂祥
东京城林区基层法院院长　解广义
海林林区基层法院院长　刘连生
柴河林区基层法院院长　杨雨山
林口林区基层法院院长　张德元
大海林林区基层法院院长　孙学连
迎春林区基层法院院长　王绪春

佳木斯市中级人民法院分院院长　谢　寻

桦南林区基层法院院长　陈希发
双鸭山林区基层法院院长　赵希华
鹤北林区基层法院院长　孙　峰
鹤立林区基层法院院长　张子祥

哈尔滨市铁路运输中级法院院长　张均先

哈尔滨市铁路运输法院院长　权宁珠
海拉尔铁路运输法院院长　陈宝贵
佳木斯铁路运输法院院长　于滕顺
牡丹江铁路运输法院院长　马学俊
齐齐哈尔铁路运输法院院长　夏德山
伊图里河铁路运输法院院长　魏世魁
加格达奇铁路运输法院院长　宋兴中

上海市高级人民法院院长、副院长名单

院　长　顾念祖

副院长　姚赓麟　乔宪志　惠熙荃　李昌道

上海市中级、基层人民法院院长名单

上海市中级人民法院院长　李国光

虹口区人民法院院长　朱宝渊
杨浦区人民法院院长　施金才
闸北区人民法院院长　项振乐
普陀区人民法院院长　周力群
长宁区人民法院院长　曹加雄
徐汇区人民法院院长　商启明
卢湾区人民法院院长　蒋方冰
南市区人民法院院长　张绍方
黄浦区人民法院院长　钱增真
静安区人民法院院长　沈志先
宝山区人民法院院长　尹在康
闵行区人民法院院长　郭景致
崇明县人民法院院长　蔡瑞生
川沙县人民法院院长　范成元
南汇县人民法院院长　诸　平
奉贤县人民法院院长　陈寿容
金山县人民法院院长　谈林生
松江县人民法院院长　吴家驹
青浦县人民法院院长　居　洁
嘉定县人民法院院长　周兆琪
上海县人民法院院长　张荣根

上海海事法院院长　**谷正平**
上海铁路运输中级法院院长　**周胜奎**
上海铁路运输法院院长　喻志雄
蚌埠铁路运输法院院长　张树武
南京铁路运输法院院长　刘世荣
杭州铁路运输法院院长　付向东
南昌铁路运输法院院长　王效华
福州铁路运输法院院长　郑祥春（代）

江苏省高级人民法院院长、副院长名单

院　长　李佩佑

副院长　华加松　宋宝林　徐影清（女）　丁巧仁

江苏省各中级、基层人民法院院长名单

南京市中级人民法院院长　**黄顺生**
玄武区人民法院院长　姜洪鲁
白下区人民法院院长　黄伯超
秦淮区人民法院院长　肖　奇
建邺区人民法院院长　周庆富
鼓楼区人民法院院长　李勤学
下关区人民法院院长　丁　俊
浦口区人民法院院长　鲍永贵
大厂区人民法院院长　贾永祥
雨花台区人民法院院长　杨天祚
栖霞区人民法院院长　李云洁
江宁县人民法院院长　张星原
江浦县人民法院院长　颜洪根
六合县人民法院院长　方正升
高淳县人民法院院长　毛万林
溧水县人民法院院长　高道德
常州市中级人民法院院长　**郭兴中**
天宁区人民法院院长　袁龙法
钟楼区人民法院院长　毛洪元
戚墅堰区人民法院院长　赵沛勇
郊　区人民法院院长　唐洪泉
武进县人民法院院长　朱庆惠
金坛县人民法院院长　蒋锡义
溧阳市人民法院院长　王永才
镇江市中级人民法院院长　**李载华**
京口区人民法院院长　蔡盛明
润州区人民法院院长　石征珊
丹阳市人民法院院长　郭月娣（女）
丹徒县人民法院院长　王立松
句容县人民法院院长　王良喜
扬中县人民法院院长　顾其荣
淮阴市中级人民法院院长　**尚　云**
清河区人民法院院长　杜玉君（女）
清浦区人民法院院长　陈安祥
涟水县人民法院院长　曹思奎
淮安市人民法院院长　曹康喜
盱眙县人民法院院长　陶安保
金湖县人民法院院长　韩兆春
泗阳县人民法院院长　丁华甫
淮阴县人民法院院长　吴引华
洪泽县人民法院院长　李　岩
沭阳县人民法院院长　孙学文
泗洪县人民法院院长　朱长庭
灌南县人民法院院长　周广德
宿迁市人民法院院长　胡建中
徐州市中级人民法院院长　**张洪伟**
鼓楼区人民法院院长　孙月汉
云龙区人民法院院长　郭凤桐
矿　区人民法院院长　朱友民
贾汪区人民法院院长　杨　森
郊　区人民法院院长　朱德仁
铜山县人民法院院长　董恒启

丰　县人民法院院长　李敬云
沛　县人民法院院长　刘兴远
邳　县人民法院院长　郭瑞玖
睢宁县人民法院院长　田中恩
新沂市人民法院院长　徐俊英
扬州市中级人民法院院长　吕立高
广陵区人民法院院长　李惠生
郊　区人民法院院长　帅巧芳（女）
邗江县人民法院院长　鲁为儒
仪征市人民法院院长　董志诚
江都县人民法院院长　朱　佑
泰州市人民法院院长　吴宝善
泰兴县人民法院院长　黄洪滨
泰　县人民法院院长　钱汉林
靖江县人民法院院长　孙学荣
兴化市人民法院院长　邓向明
高邮市人民法院院长　周　惠
宝应县人民法院院长　张德胤
苏州市中级人民法院院长　荀直中
沧浪区人民法院院长　周立群（女）
平江区人民法院院长　周曾铭
金阊区人民法院院长　张　愁
郊　区人民法院院长　汪　涛
张家港市人民法院院长　辛元宝
吴江县人民法院院长　王泳生
昆山市人民法院院长　苏永堂
常熟市人民法院院长　苏崇德
吴　县人民法院院长　陈根兴
太仓县人民法院院长　倪忠旗
盐城市中级人民法院院长　李亚生
城　区人民法院院长　刘训彦
郊　区人民法院院长　刘伯民
响水县人民法院院长　岳效飞
滨海县人民法院院长　张富山
阜宁县人民法院院长　王心远
射阳县人民法院院长　冯荣桂
建湖县人民法院院长　周林华
大丰县人民法院院长　谭兴隆
东台市人民法院院长　徐存昌
南通市中级人民法院院长　徐　朋（女）
城　区人民法院院长　陈　熙
郊　区人民法院院长　耿金贵
南通县人民法院院长　顾桂萍（女）
海门县人民法院院长　钱兰忠
启东市人民法院院长　顾达平
如东县人民法院院长　许荣发
如皋市人民法院院长　陈步高
海安县人民法院院长　何克君
无锡市中级人民法院院长　徐　森
崇安区人民法院院长　蒋颂平
南长区人民法院院长　王丽英（女）
北塘区人民法院院长　严　岩
马山区人民法院院长　杨惠南
郊　区人民法院院长　穆冠生
无锡县人民法院院长　钱铭南
江阴市人民法院院长　张洪兴
宜兴市人民法院院长　王金大
连云港市中级人民法院院长　周德音
新浦区人民法院院长　刘永奎
海洲区人民法院院长　李美年
云台区人民法院院长　黄守矩
连云区人民法院院长　黄松仁
赣输县人民法院院长　刁金岭
东海县人民法院院长　邱永为
灌云县人民法院院长　王　军

浙江省高级人民法院院长、副院长名单

院　长　袁芳烈

副院长　丁燮富　寿胜年

浙江省各中级、基层人民法院院长名单

杭州市中级人民法院院长	**杨　刚**
上城区人民法院院长	钮洪奎
下城区人民法院院长	王自创
西湖区人民法院院长	袁法苗
江干区人民法院院长	翁振明
拱墅区人民法院院长	曹文达
余杭县人民法院院长	卢世英
萧山市人民法院院长	蔡吾贤
富阳县人民法院院长	汪锦汉
临安县人民法院院长	许永才
桐庐县人民法院院长	卡素林
淳安县人民法院院长	王德璋
建德县人民法院院长	孙光清
宁波市中级人民法院院长	**俞根法**
北仑区人民法院院长	王祥连
海曙区人民法院院长	陈顺兴
江东区人民法院院长	朱大成
江北区人民法院院长	杜忠汾
镇海区人民法院院长	孙绍富
鄞　县人民法院院长	施伍盛
余姚市人民法院院长	陆福保
慈溪市人民法院院长	张日堂
奉化市人民法院院长	李伟铭
象山县人民法院院长	戴阿福
宁海县人民法院院长	项锡爱
温州市中级人民法院院长	**陈志坚**
鹿城区人民法院院长	张　林
龙湾区人民法院院长	邹丽华(女)
瓯海县人民法院院长	王炳池
永嘉县人民法院院长	马宝善
瑞安县人民法院院长	吴坤弟
乐清县人民法院院长	万显哲
平阳县人民法院院长	徐光兴
苍南县人民法院院长	李忠兴
泰顺县人民法院院长	舒定苗
文成县人民法院院长	张全省
洞头县人民法院院长	黄振标
嘉兴市中级人民法院院长	**赵均环**
城　区人民法院院长	周福鹏
郊　区人民法院院长	应桂荣(代)
嘉善县人民法院院长	陆雁萍(女)
平湖市人民法院院长	梁志康
海宁市人民法院院长	高根忠
海盐县人民法院院长	朱建潮
桐乡县人民法院院长	杜克强(代)
湖州市中级人民法院院长	**张志粟**
城　郊人民法院院长	余书泉
长兴县人民法院院长	方聚成
安吉县人民法院院长	吴向明
德清县人民法院院长	黄荣寿
绍兴市中级人民法院院长	**王焕森**
越城区人民法院院长	陈　英
绍兴县人民法院院长	张岳忠
上虞县人民法院院长	叶赤文
诸暨市人民法院院长	俞锡文
新昌县人民法院院长	陶新民
嵊　县人民法院院长	姚华水(代)
衢州市中级人民法院院长	**卢锦良**
柯城区人民法院院长	王贤达
衢　县人民法院院长	朱本武

龙游县人民法院院长 方荣根
开化县人民法院院长 王兴华
常山县人民法院院长 郑丰禄(代)
江山市人民法院院长 陈平水
金华市中级人民法院院长 周岩芳
婺城区人民法院院长 楼文学
金华县人民法院院长 屠荆璞
兰溪市人民法院院长 楼锡铮
东阳市人民法院院长 吕朝昀
磐安县人民法院院长 马柏伟
义乌市人民法院院长 孙祖荣
浦江县人民法院院长 陈宗寅
永康县人民法院院长 朱岩溪
武义县人民法院院长 杨天寿
丽水地区中级人民法院院长 陶谷宝
丽水市人民法院院长 郑红炜(女)
青田县人民法院院长 吴 耀
云和县人民法院院长 林 一
缙云县人民法院院长 徐永杰
遂昌县人民法院院长 王建民
松阳县人民法院院长 陈长康
龙泉县人民法院院长 赖世荣
庆元县人民法院院长 吴易川
景宁县人民法院院长 杨远明
台州地区中级人民法院院长 沈德茂
临海市人民法院院长 卢立春
黄岩市人民法院院长 鲍保金
椒江市人民法院院长 孙 琦
温岭县人民法院院长 柯禹铭
天台县人民法院院长 周良宣
三门县人民法院院长 陈宏亮
仙居县人民法院院长 徐天福
玉环县人民法院院长 章学明
舟山市中级人民法院院长 余明亮
定海区人民法院院长 余汝达
普陀区人民法院院长 翁继敏
岱山县人民法院院长 曹卫年
嵊泗县人民法院院长 李远东
宁波海事法院院长 童兆洪

安徽省高级人民法院院长、副院长名单

院 长 王成乐
副院长 韩云萍 万玉康 佘云康

安徽省各中级、基层人民法院院长名单

合肥市中级人民法院院长 马建民
东市区人民法院院长 钟讲明
中市区人民法院院长 王锡俊
西市区人民法院院长 王文涛
郊 区人民法院院长 张培德
肥东县人民法院院长 杨尚勋
肥西县人民法院院长 李安稳
长丰县人民法院院长 邵治荣
芜湖市中级人民法院院长 唐新成
新芜区人民法院院长 孙志富
镜湖区人民法院院长 葛志江
马塘区人民法院院长 尹礼文
鸠江区人民法院院长 冯惠权
芜湖县人民法院院长 林书斌
繁昌县人民法院院长 金友华
南陵县人民法院院长 朱文辉
蚌埠市中级人民法院院长 程世安
东市区人民法院院长 陈国庆
中市区人民法院院长 吴 渤
西市区人民法院院长 唐世俊

郊　区人民法院院长	李敬浩
怀远县人民法院院长	周玉和
五河县人民法院院长	张　岩
固镇县人民法院院长	詹春恩
安庆市中级人民法院院长	**程玉衡**
大观区人民法院院长	陈守旺
迎江区人民法院院长	王定国
郊　区人民法院院长	汤昌南
潜山县人民法院院长	华心德
岳西县人民法院院长	储英高
望江县人民法院院长	方光文
太湖县人民法院院长	阮其太
怀远县人民法院院长	陈品一
枞阳县人民法院院长	王伯友
宿松县人民法院院长	黄振兴
桐城县人民法院院长	吴良生
淮南市中级人民法院院长	**米丘兰**
田家庵区人民法院院长	杜宗典
大通区人民法院院长	李才胜
谢家集区人民法院院长	陆明凡
八公山区人民法院院长	俞从贵
潘集区人民法院院长	张广斌
凤台县人民法院院长	丁祥山
淮北市中级人民法院院长	**宋传国**
相山区人民法院院长	崔义连
杜集区人民法院院长	陈作俊
烈山区人民法院院长	李守武
濉溪县人民法院院长	张化中
马鞍山市中级人民法院院长	**蒋书曾**
雨山区人民法院院长	沈卫东
金家庄区人民法院院长	魏良华
向山区人民法院院长	曾恒宝
花山区人民法院院长	奚尚斌
当涂县人民法院院长	杨桂兰
铜陵市中级人民法院院长	**张秉恒**
铜官山区人民法院院长	杨辉宝
狮子山区人民法院院长	宋德田
郊　区人民法院院长	汤德寿
铜陵县人民法院院长	张文友
黄山市中级人民法院院长	**张培田**
黄山区人民法院院长	郑声满
屯溪区人民法院院长	田绍文
徽州区人民法院院长	姚荣生
休宁县人民法院院长	俞益寿
歙　县人民法院院长	汪叔华
祁门县人民法院院长	江锡山
黟　县人民法院院长	吴忠之
阜阳地区中级人民法院院长	**诸立民**
阜阳市人民法院院长	郝祺祥
亳州市人民法院院长	施晓文
界首市人民法院院长	赵树堂
阜阳县人民法院院长	李东峰
颍上县人民法院院长	王冰清
阜南县人民法院院长	赵福胜
涡阳县人民法院院长	张继尧
临泉县人民法院院长	王好华
蒙城县人民法院院长	李学进
利辛县人民法院院长	李　杰
太和县人民法院院长	李　健
宿县地区中级人民法院院长	**刘锡志**
宿州市人民法院院长	杜玉杰
宿　县人民法院院长	刘开斯
砀山县人民法院院长	房广德
萧　县人民法院院长	孙景信
灵璧县人民法院院长	戴文鹏
泗　县人民法院院长	裴　杰
六安地区中级人民法院院长	**周方正**
六安市人民法院院长	刘美南
六安县人民法院院长	马道才
寿　县人民法院院长	吴久扬
霍山县人民法院院长	陈昌友
金寨县人民法院院长	胡立基
霍邱县人民法院院长	花术茂
舒城县人民法院院长	蔡圣云
巢湖地区中级人民法院院长	**高元江**
巢湖市人民法院院长	赵富民
和　县人民法院院长	汪新科
无为县人民法院院长	张宗明
含山县人民法院院长	程光源
庐江县人民法院院长	罗宏来

滁县地区中级人民法院院长 **鹿立华**
滁州市人民法院院长 马宗兴
全椒县人民法院院长 周存良
嘉山县人民法院院长 纵瑞来
定远县人民法院院长 石云南
天长县人民法院院长 何玉利
凤阳县人民法院院长 张传忠
来安县人民法院院长 李祖仁
宣城地区中级人民法院院长 **张首先**
宣州市人民法院院长 许圣仁
泾　县人民法院院长 吴玉才
郎溪县人民法院院长 岑玉鹿
广德县人民法院院长 王宗源
宁国县人民法院院长 任清水
绩溪县人民法院院长 冯家发
旌德县人民法院院长 铸则平
池州地区中级人民法院院长 **姚鹤亭**
贵池市人民法院院长 章新禧
石台县人民法院院长 刘建华
东至县人民法院院长 章志汉
青阳县人民法院院长 王家明

福建省高级人民法院院长、副院长名单

院　长 陈新秀
副院长 方忠炳　何晓芳　包志荣　张居胜

福建省各中级、基层人民法院院长名单

福州市中级人民法院院长 **康　英(女)**
鼓楼区人民法院院长 谢栋梁
台江区人民法院院长 郑叔藩
郊　区人民法院院长 王余汉
仓山区人民法院院长 林忠夫
马尾区人民法院院长 王克植
平潭县人民法院院长 施　平
罗源县人民法院院长 黄新煌
闽清县人民法院院长 陈玉明
福清市人民法院院长 王名金
闽候县人民法院院长 刘瑞广
永泰县人民法院院长 陈康锐
连江县人民法院院长 柳伟松
长乐县人民法院院长 郑师赠(代)
厦门市中级人民法院院长 **陈炳发**
同安县人民法院院长 黄勇民(代)
杏林区人民法院院长 郑自力
集美区人民法院院长 尤有土
湖里区人民法院院长 朱珍钮
鼓浪屿区人民法院院长 陈连和
开元区人民法院院长 张美章
思明区人民法院院长 肖木生
漳州市中级人民法院院长 **张丛龙**
芗城区人民法院院长 孙　坚(女)
龙海县人民法院院长 张海岸
云霄县人民法院院长 吴继舜
漳浦县人民法院院长 陈耀滨
东山县人民法院院长 林　哈
诏安县人民法院院长 张金尧
平和县人民法院院长 曾克阶
南靖县人民法院院长 简长火
华安县人民法院院长 吴阶桐
长泰县人民法院院长 黄海下
泉州市中级人民法院院长 **饶声严**
鲤城区人民法院院长 吴炳煌
晋江县人民法院院长 黄光坦
石狮市人民法院院长 李有才
惠安县人民法院院长 黄汉龙

南安县人民法院院长	王庭木	邵武市人民法院院长	高良华(代)
安溪县人民法院院长	程建智	光泽县人民法院院长	杨道喜
永春县人民法院院长	张传开	建瓯县人民法院院长	郑子亮
德化县人民法院院长	梁云基	浦城县人民法院院长	毛少坤
莆田市中级人民法院院长	**朱圣杰**	武夷山市人民法院院长	柯有为
莆田县人民法院院长	游金火	松溪县人民法院院长	董德生
仙游县人民法院院长	陈开达	政和县人民法院院长	周道坦
涵江区人民法院院长	黄鋆武	**宁德地区中级人民法院院长**	**李章岩**
城厢区人民法院院长	翁爱珊	宁德市人民法院院长	林承威
三明市中级人民法院院长	**冯开方**	福安市人民法院院长	高良武
三元区人民法院院长	蔡　晖	福鼎县人民法院院长	杨石明
梅列区人民法院院长	余乃光	霞浦县人民法院院长	林居雷
沙　县人民法院院长	丁　忠	古田县人民法院院长	任　勇
尤溪县人民法院院长	纪宏昌	寿宁县人民法院院长	陈学天
永安市人民法院院长	黄秋吉	屏南县人民法院院长	李广友
大田县人民法院院长	姚天庆	周宁县人民法院院长	陈　忠
明溪县人民法院院长	孙爱军	柘荣县人民法院院长	吴迪荣
清流县人民法院院长	林秉虞(代)	**龙岩市中级人民法院院长**	**廖其俊**
宁化县人民法院院长	刘　飞	龙岩市人民法院院长	刘邦澍
将乐县人民法院院长	林宏模	漳平市人民法院院长	刘世旺
泰宁县人民法院院长	宋任堂	上杭县人民法院院长	陈开炉
建宁县人民法院院长	刘可园	永定县人民法院院长	张琪照
南平地区中级人民法院院长	**张盛权**	武平县人民法院院长	王万群
南平市人民法院院长	何顺潭	长汀县人民法院院长	丘德荣
顺昌县人民法院院长	陈金顺	连城县人民法院院长	罗东娣(女)
建阳县人民法院院长	陈宣通	**厦门海事法院院长**	**吴兹寿**

江西省高级人民法院院长、副院长名单

院　长　李　迎

副院长　李修源　郑臣镇　邓国良　阎仁德

江西省各中级、基层人民法院院长名单

南昌市中级人民法院院长	**王　栎**	青云谱区人民法院院长	赖愈鹏
东湖区人民法院院长	张东理	湾里区人民法院院长	熊承俊
西湖区人民法院院长	廖行先	郊　区人民法院院长	万寿梅

南昌县人民法院院长　徐河平
新建县人民法院院长　熊国文
安义县人民法院院长　熊汉峨
进贤县人民法院院长　李有才
景德镇市中级人民法院院长　方永新
昌江区人民法院院长　刘梅开
珠山区人民法院院长　吴安国
乐平市人民法院院长　周学兰
浮梁县人民法院院长　徐哲鑫
萍乡市中级人民法院院长　黄剑峰
芦溪区人民法院院长　文湘域
城关区人民法院院长　张放军
上粟区人民法院院长　易自来
湘东区人民法院院长　张理满
九江市中级人民法院院长　吴宣友(代)
九江县人民法院院长　姜南林
湖口县人民法院院长　王晓山
彭泽县人民法院院长　徐长青
永修县人民法院院长　龚民德
武宁县人民法院院长　翟世裕
星子县人民法院院长　郑兆兴
瑞昌市人民法院院长　董才银
德安县人民法院院长　张世民
修水县人民法院院长　朱乐泗
庐山区人民法院院长　秦钧銮
浔阳区人民法院院长　叶继周
都昌县人民法院院长　刘书凯
新余市中级人民法院院长　余定伟
分宜县人民法院院长　严志坚
渝水区人民法院院长　胡乃豪
鹰潭市中级人民法院院长　蒋代梅
月湖区人民法院院长　罗晓玲
贵溪县人民法院院长　郑云松
余江县人民法院院长　彭　剑
赣州地区中级人民法院院长　宋焕文
赣州市人民法院院长　黄作权
赣　县人民法院院长　黄达平
南康县人民法院院长　谢　健
大余县人民法院院长　李孝懋
宁都县人民法院院长　王正常
信丰县人民法院院长　刘年苟
龙南县人民法院院长　刘贤智(代)
定南县人民法院院长　袁竹林
全南县人民法院院长　陈启标
崇义县人民法院院长　李水源
上犹县人民法院院长　李祖洪
寻乌县人民法院院长　刘荣棣
会昌县人民法院院长　许祖炎
瑞金县人民法院院长　曾维东
于都县人民法院院长　刘学述
安远县人民法院院长　肖诗进
石城县人民法院院长　曾建生(代)
兴国县人民法院院长　周元魁
宜春地区中级人民法院院长　敖庆沸
宜春市人民法院院长　熊根如
樟树市人民法院院长　曹一贵
丰城市人民法院院长　唐绍业
靖安县人民法院院长　胡德祟
奉新县人民法院院长　徐以平
上高县人民法院院长　胡彬材
宜丰县人民法院院长　陶诗州
铜鼓县人民法院院长　闵秋萍
万载县人民法院院长　辛发庚
高安县人民法院院长　卢春龙
上饶地区中级人民法院院长　方加初
上饶市人民法院院长　王国兴
上饶县人民法院院长　江　涛
广丰县人民法院院长　杨全麟
德兴市人民法院院长　孙假安
弋阳县人民法院院长　王新元
横峰县人民法院院长　郑加生
波阳县人民法院院长　陈意平
余干县人民法院院长　钟蔚林
铅山县人民法院院长　刘水金
玉山县人民法院院长　陈光富
万年县人民法院院长　黄炳生
婺源县人民法院院长　陈德辉
吉安地区中级人民法院院长　吴林佺
吉安市人民法院院长　刘　敏
井冈山市人民法院院长　黄克余

吉安县人民法院院长　刘义茂
吉水县人民法院院长　张祖智
遂川县人民法院院长　范诗鑫
宁冈县人民法院院长　江根仁
莲花县人民法院院长　李春庭
峡江县人民法院院长　唐富元
安福县人民法院院长　李国强
永新县人民法院院长　刘冬桂
泰和县人民法院院长　肖文质
万安县人民法院院长　肖英凉
新干县人民法院院长　杨　鸿
永丰县人民法院院长　钟进贤
抚州地区中级人民法院院长　颜承荣
抚州市人民法院院长　徐寿南
广昌县人民法院院长　袁章华
金溪县人民法院院长　周安邦
崇仁县人民法院院长　章伶登
南城县人民法院院长　杨华明
南丰县人民法院院长　王文虎
宜黄县人民法院院长　王润平
乐安县人民法院院长　甘金莲
资溪县人民法院院长　吴佺孙
临川县人民法院院长　黄敏孙
黎川县人民法院院长　罗木华
东乡县人民法院院长　盛明伯

山东省高级人民法院院长、副院长名单

院　长　宇培杲
副院长　蒋永昶　高新亭　孟昭科　史怀昌　周玉华

山东省各中级、基层法院院长名单

济南市中级人民法院院长　王景文
市中区人民法院院长　徐式洪
历下区人民法院院长　张乃镛
天桥区人民法院院长　姬光印
槐荫区人民法院院长　张礼棠
历城区人民法院院长　张玉贵
章丘县人民法院院长　史泽厚
长清县人民法院院长　程绪泉
平阴县人民法院院长　刘振江
商河县人民法院院长　王业鸿
济阳县人民法院院长　李志友
青岛市中级人民法院院长　殷康生
台东区人民法院院长　孙广禄
四方区人民法院院长　王照民
沧口区人民法院院长　胡广孝
黄岛区人民法院院长　韩高桂
市南区人民法院院长　张德慧
市北区人民法院院长　姜智平
胶州市人民法院院长　迟焕江
即墨市人民法院院长　高泽奕
崂山县人民法院院长　杨维先
胶南县人民法院院长　赵高岭
莱西市人民法院院长　胡文德
平度市人民法院院长　李　鹏
淄博市中级人民法院院长　苏长荣
淄川区人民法院院长　周茂孝
张店区人民法院院长　苏　勇
博山区人民法院院长　贺鸿雁
临淄区人民法院院长　王宗治
周村区人民法院院长　胡庆基
桓台县人民法院院长　蔡温普
沂源县人民法院院长　徐作坤
高青县人民法院院长　高英江
枣庄市中级人民法院院长　李德荣

市中区人民法院院长　林忠臣
峄城区人民法院院长　杨保君
薛城区人民法院院长　杨士元
台儿庄区人民法院院长　隋永泉
山亭区人民法院院长　赵学文
滕州市人民法院院长　侯以贵
东营市中级人民法院院长　闻祥德
东营区人民法院院长　袁法长
河口区人民法院院长　周华山
广饶县人民法院院长　邵新生
利津县人民法院院长　张建华
垦利县人民法院院长　王传经
潍坊市中级人民法院院长　隋华堂
潍城区人民法院院长　王金良
坊子区人民法院院长　邱自远
寒亭区人民法院院长　于之存
青州市人民法院院长　李安武
诸城市人民法院院长　于清江
安丘县人民法院院长　郑升才
昌邑县人民法院院长　隋明善
寿光县人民法院院长　杨德钧
临朐县人民法院院长　谭清花(女)
昌乐县人民法院院长　孙明周
高密县人民法院院长　迟世斋
五莲县人民法院院长　岳奎文
烟台市中级人民法院院长　张英春(女)
芝罘区人民法院院长　栾志远
福山区人民法院院长　王其东
莱阳市人民法院院长　张春华
长岛县人民法院院长　金树恭
蓬莱县人民法院院长　申开基
牟平县人民法院院长　王传庆
海阳县人民法院院长　姜兆仁
栖霞县人民法院院长　牟志南
招远县人民法院院长　王新令
莱州市人民法院院长　王克俭
龙口市人民法院院长　田美春
烟台经济技术开发区法院院长　鲁义亭
威海市中级人民法院院长　华义明
环翠区人民法院院长　高保合
荣城市人民法院院长　刘殿安
文登市人民法院院长　丁佩明
乳山县人民法院院长　阮喜彰
泰安市中级人民法院院长　丁凤岐
泰山区人民法院院长　裴敦文
郊　区人民法院院长　胡少军
新泰市人民法院院长　李万田
莱芜市人民法院院长　孙义礼
肥城县人民法院院长　李振金
宁阳县人民法院院长　许崇汉
东平县人民法院院长　陈士范
济宁市中级人民法院院长　史为政
市中区人民法院院长　史作义
市郊区人民法院院长　井文汉
泗水县人民法院院长　张体忠
鱼台县人民法院院长　刘守增
兖州市人民法院院长　张灿华
邹　县人民法院院长　孙礼庭
金乡县人民法院院长　孔祥春
汶上县人民法院院长　房照炬
微山县人民法院院长　孟昭苏
梁山县人民法院院长　宋声武
嘉祥县人民法院院长　陈先珍
曲阜市人民法院院长　姜秉举
德州地区中级人民法院院长　厚富勇
德州市人民法院院长　季　伟
陵　县人民法院院长　朱学广
临邑县人民法院院长　布光玉
宁津县人民法院院长　邢清江
乐陵市人民法院院长　靳同栓
平原县人民法院院长　王金岭
庆云县人民法院院长　丁君德
禹城县人民法院院长　刘恒修
齐河县人民法院院长　张景田
武城县人民法院院长　张慎行
夏津县人民法院院长　王为魁
滨州地区中级人民法院院长　周镜福
滨州市人民法院院长　马春景
惠民县人民法院院长　崔国明

阳信县人民法院院长　王守义
无棣县人民法院院长　孟德松
沾化县人民法院院长　张世忠
博兴县人民法院院长　王学军
邹平县人民法院院长　时兰普
临沂地区中级人民法院院长　张敬清
临沂市人民法院院长　赵恒吉
平邑县人民法院院长　张传仁
费　县人民法院院长　曹如卿
临沭县人民法院院长　王洪亮
沂南县人民法院院长　尹作全
莒　县人民法院院长　宋宜秀
苍山县人民法院院长　于连法
蒙阴县人民法院院长　傅金峰
郯城县人民法院院长　张金平
莒南县人民法院院长　薛希鹏
沂水县人民法院院长　王润生
菏泽地区中级人民法院院长　许修堂
荷泽市人民法院院长　姜守新
曹　县人民法院院长　郭留轩
单　县人民法院院长　胡慈亮
郓城县人民法院院长　赵　普
巨野县人民法院院长　范德平
定陶县人民法院院长　苏敏波
成武县人民法院院长　钱朝一
东明县人民法院院长　蒋万斌
鄄城县人民法院院长　张吉勇
聊城地区中级人民法院院长　刁立山
聊城市人民法院院长　孟庆扬
临清市人民法院院长　郭玉祥
东阿县人民法院院长　刘树杰
茌平县人民法院院长　李泽民
高唐县人民法院院长　马来福
冠　县人民法院院长　申成方
莘　县人民法院院长　王洪波
阳谷县人民法院院长　楚泽鲁
日照市中级人民法院院长　于焕伦
城郊人民法院院长　范建俊
济南铁路运输中级人民法院院长　王松亭
济南铁路运输法院院长　董立传
徐州铁路运输法院院长　段其明
青岛铁路运输法院院长　薛建武
青岛海事法院院长　王金鹏

河南省高级人民法院院长、副院长名单

院　长　郑增茂
副院长　钱　晔　李道民　徐国红　杨聚章

河南省各中级、基层人民法院院长名单

郑州市中级人民法院院长　李保山
中原区人民法院院长　王明德
邙山区人民法院院长　孙自祥
上街区人民法院院长　王跃林
二七区人民法院院长　徐云鹏
管城区人民法院院长　刘玉春
金水区人民法院院长　陈金雷
密　县人民法院院长　马云英
巩义市人民法院院长　郑贵耕
中牟县人民法院院长　王运安
新郑县人民法院院长　李宗夫
登封县人民法院院长　孙顺来
荥阳县人民法院院长　张志安
洛阳市中级人民法院院长　赵文庭

老城区人民法院院长　雷龙森
西工区人民法院院长　许宪斌
涧西区人民法院院长　吴希亭
吉利区人民法院院长　何建斌
瀍河区人民法院院长　毛振文
郊　区人民法院院长　王殿英
洛宁县人民法院院长　李景林
伊川县人民法院院长　莫彦明
嵩　县人民法院院长　叶青峰
栾川县人民法院院长　周世欣
汝阳县人民法院院长　马见照
偃师县人民法院院长　颛建立
新安县人民法院院长　张通敏
孟津县人民法院院长　孔松涛
宜阳县人民法院院长　张　钦
开封市中级人民法院院长　袁嘉祥
龙亭区人民法院院长　庞树田
顺河区人民法院院长　崔茂森
郊　区人民法院院长　肖合钧
鼓楼区人民法院院长　苏林德
南关区人民法院院长　李良民
杞　县人民法院院长　张喜成
通许县人民法院院长　胡玉丰
兰考县人民法院院长　平艳明
尉氏县人民法院院长　冯宪宽
开封县人民法院院长　付志广
平顶山市中级人民法院院长　冯全华
新华区人民法院院长　朱迎北
卫东区人民法院院长　宋建生
舞钢区人民法院院长　郭俊亮
郊　区人民法院院长　高忠礼
西　区人民法院院长　周留柱
汝州市人民法院院长　李文俊
叶　县人民法院院长　万刚俊
宝丰县人民法院院长　张志超
鲁山县人民法院院长　徐惠欣
郏　县人民法院院长　程子敬
襄城县人民法院院长　李起民
安阳市中级人民法院院长　范　萍
文峰区人民法院院长　侯东武
北关区人民法院院长　张义慎
铁西区人民法院院长　杨玉甫
郊　区人民法院院长　李　勇
汤阴县人民法院院长　张文德
林　县人民法院院长　陈志学
滑　县人民法院院长　靳同顺
安阳县人民法院院长　雷生元
内黄县人民法院院长　李富军(代)
新乡市中级人民法院院长　李拴金
红旗区人民法院院长　王志仁
新华区人民法院院长　张架玉
北站区人民法院院长　师宪国
郊　区人民法院院长　宋洪运
辉县市人民法院院长　张随武
卫辉市人民法院院长　刘　琦
新乡县人民法院院长　乔学圣
获嘉县人民法院院长　焦文贞
原阳县人民法院院长　张守玉
延津县人民法院院长　周乐河
封丘县人民法院院长　石逊亭
长垣县人民法院院长　王雨田
焦作市中级人民法院院长　吴楫流
解放区人民法院院长　范红群
马村区人民法院院长　何宗杰
山阳区人民法院院长　王光华
中站区人民法院院长　申兴印
沁阳市人民法院院长　赵长春
济源市人民法院院长　刘玉申
孟　县人民法院院长　李和昌
博爱县人民法院院长　范永智
温　县人民法院院长　张兴隆
武陟县人民法院院长　王德华
修武县人民法院院长　范庆功
鹤壁市中级人民法院院长　杨克信
鹤山区人民法院院长　王清华
山城区人民法院院长　关庆林
郊　区人民法院院长　王书楷
浚　县人民法院院长　任清贵
淇　县人民法院院长　张良德
濮阳市中级人民法院院长　钱树东

市　区人民法院院长	何维远	信阳县人民法院院长	曹光宇
濮阳县人民法院院长	宋荣臣	罗山县人民法院院长	郑宏伟
清丰县人民法院院长	邵根存	息　县人民法院院长	李永明
南乐县人民法院院长	郭志卿	淮滨县人民法院院长	彭仁喜
范　县人民法院院长	王广春	潢川县人民法院院长	丁启政
台前县人民法院院长	翁洪俭	固始县人民法院院长	陈合一
三门峡市中级人民法院院长	**潘文魁**	商城县人民法院院长	杨允勤
湖滨区人民法院院长	贾云禄	光山县人民法院院长	胡荣庭
义马市人民法院院长	王强志	新　县人民法院院长	李建生
渑池县人民法院院长	林克森	**驻马店地区中级人民法院院长**	**杨启敬(副)**
陕　县人民法院院长	李敬禄	驻马店市人民法院院长	赵立仁
灵宝县人民法院院长	赵博理	新蔡县人民法院院长	蔡廷选
卢氏县人民法院院长	杨锦田	泌阳县人民法院院长	王国政
许昌市中级人民法院院长	**沈树萱**	平舆县人民法院院长	巫国瑞
魏都区人民法院院长	李尚勇	确山县人民法院院长	祁吉堂
禹州市人民法院院长	沈国义	遂平县人民法院院长	张培乾
许昌县人民法院院长	刘宝宪	西平县人民法院院长	宋　根
鄢陵县人民法院院长	孟庆甫	上蔡县人民法院院长	王明臣
长葛县人民法院院长	葛全来	汝南县人民法院院长	郑全成
漯河市中级人民法院院长	**明近超**	正阳县人民法院院长	张风云
源汇区人民法院院长	王爱荣	**周口地区中级人民法院院长**	**赵庭训**
郾城县人民法院院长	曹国志	周口市人民法院院长	李刚臣
临颍县人民法院院长	贺海金	商水县人民法院院长	张建华
舞阳县人民法院院长	吴建需	项城县人民法院院长	孟维忠
南阳地区中级人民法院院长	**刘建秀**	沈丘县人民法院院长	符子元
南阳市人民法院院长	刘道义	淮阳县人民法院院长	童占成
南阳县人民法院院长	王显德	郸城县人民法院院长	郑明月
南召县人民法院院长	周万廷	鹿邑县人民法院院长	李尊杰
社旗县人民法院院长	黄廷年	太康县人民法院院长	万进山
方城县人民法院院长	贾振东	西华县人民法院院长	蔡建铭
桐柏县人民法院院长	于文忠	扶沟县人民法院院长	左文成
唐河县人民法院院长	沈书德	**商丘地区中级人民法院院长**	**刘全荣**
新野县人民法院院长	苏聚才	商丘市人民法院院长	冯平定
淅川县人民法院院长	史成群	商丘县人民法院院长	赵云光
内乡县人民法院院长	杨相歧	虞城县人民法院院长	李新建
镇平县人民法院院长	肖海林	民权县人民法院院长	黄孝英
西峡县人民法院院长	王　定	宁陵县人民法院院长	董传绪
邓州市人民法院院长	海金英	睢　县人民法院院长	秦玉岭
信阳地区中级人民法院院长	**李鸿雁**	夏邑县人民法院院长	彭　杰
信阳市人民法院院长	刘庚敏	柘城县人民法院院长	孙文正

永城县人民法院院长	辛文华	西安铁路运输法院院长	韩振德
郑州铁路运输中级法院院长	**任雪芳**	洛阳铁路运输法院院长	李　骥
郑州铁路运输法院院长	刘连会	襄樊铁路运输法院院长	杜挺辉
武汉铁路运输法院院长	谭向东	安康铁路运输法院院长	周培清

湖北省高级人民法院院长、副院长名单

院　长　李其凡

副院长　樊后钧　吴家友　杜幼清

湖北省各中级、基层人民法院院长名单

武汉市中级人民法院院长	**蔡仲玉**	点军区人民法院院长	王声元
武昌区人民法院院长	林宝奎	伍家岗区人民法院院长	谭年成
青山区人民法院院长	葛宗荣	枝城市人民法院院长	徐宏金
洪山区人民法院院长	韩明瑞	当阳市人民法院院长	李泽林
汉阳区人民法院院长	胡昌炎	宜昌县人民法院院长	吴浩荣
汉南区人民法院院长	李永荣	远安县人民法院院长	李向葵
东西湖区人民法院院长	童晓明	枝江县人民法院院长	张大海
江汉区人民法院院长	金　黎	秭归县人民法院院长	向丞杰
江岸区人民法院院长	侯　清	兴山县人民法院院长	李祥焱
硚口区人民法院院长	许康杰	五峰土家族自治县人民法院院长	李显华
武昌县人民法院院长	甘方武	长阳土家族自治县人民法院院长	李特林
汉阳县人民法院院长	李裕泉	**荆门市中级人民法院院长**	**李春桃(女)**
黄陂县人民法院院长	谢正清	东宝区人民法院院长	赵祖武
新洲县人民法院院长	刘佳葆	沙洋区人民法院院长	廖天明
黄石市中级人民法院院长	**李贤义**	**鄂州市中级人民法院院长**	**刘法军**
石灰窑区人民法院院长	郭晓松	鄂城区人民法院院长	姚水斌
黄石港区人民法院院长	黄钢山	华容区人民法院院长	刘祥兴
下陆区人民法院院长	周和平	梁子湖区人民法院院长	张绍兴
铁山区人民法院院长	刘昌秀	**襄樊市中级人民法院院长**	**许亚非**
大冶县人民法院院长	程瑞林	樊东区人民法院院长	韩学斌
十堰市中级人民法院院长	**黄祥光**	樊西区人民法院院长	程俊豪
茅箭区人民法院院长	罗成兴	樊城区人民法院院长	陶利富
张湾区人民法院院长	张学华	郊　区人民法院院长	张运道
沙市市中级人民法院院长	**李启旺(代)**	襄阳县人民法院院长	潘万堂
宜昌市中级人民法院院长	**余庆富☆**		
西陵区人民法院院长	王振声		

南漳县人民法院院长	秦大荣
宜城县人民法院院长	李家全
谷城县人民法院院长	邓光元
保康县人民法院院长	黄秀强
枣阳市人民法院院长	管季卿
老河口市人民法院院长	张新春
随州市人民法院院长	陈发建
孝感地区中级人民法院院长	**胡学明**
孝感市人民法院院长	李光志
应城市人民法院院长	杨元兆
安陆市人民法院院长	黄家质
广水市人民法院院长	郝毓宏
大悟县人民法院院长	杨余家
云梦县人民法院院长	龚望清
汉川县人民法院院长	王范元
黄冈地区中级人民法院院长	**贺仕文(代)**
麻城市人民法院院长	熊承家
武穴市人民法院院长	吕中强
黄州市人民法院院长	孙楚贵
红安县人民法院院长	张国祥
蕲春县人民法院院长	胡特奎
黄梅县人民法院院长	王新全
罗田县人民法院院长	张执均
英山县人民法院院长	熊　威
浠水县人民法院院长	周德善
咸宁地区中级人民法院院长	**黄华璧**
咸宁市人民法院院长	江仁春
蒲圻市人民法院院长	肖紫清
阳新县人民法院院长	梁勋灿
嘉鱼县人民法院院长	王洪斌
通城县人民法院院长	胡学浩
崇阳县人民法院院长	庞汉珍
通山县人民法院院长	王健章
荆州地区中级人民法院院长	**蒋金树**
仙桃市人民法院院长	王振林
石首市人民法院院长	刘泉源
天门市人民法院院长	董传儒
洪湖市人民法院院长	苏　涛
潜江市人民法院院长	贺章新
江陵县人民法院院长	薛阿路(女)
钟祥县人民法院院长	孙正禄
京山县人民法院院长	王华清
监利县人民法院院长	平作辉
公安县人民法院院长	胡文铭
松滋县人民法院院长	周长茂
沙　洋人民法院院长	易仁喜
郧阳地区中级人民法院院长	**蒋守身**
丹江口市人民法院院长	盛茂林
郧　县人民法院院长	孙同兴
竹山县人民法院院长	戴正美
房　县人民法院院长	张咸斌
郧西县人民法院院长	吴克真
竹溪县人民法院院长	张明喜
神农架林区人民法院院长	庞　根
鄂西土家族苗族自治州中级人民法院院长	**汪精雅**
恩施市人民法院院长	吴国钤
利川市人民法院院长	苏　浩
建始县人民法院院长	黄丹亦
巴东县人民法院院长	税世全
来凤县人民法院院长	李宗文
宣恩县人民法院院长	曹涣然
鹤峰县人民法院院长	郭国清
咸丰县人民法院院长	孔庆祥
武汉海事法院院长	**陈　明**

☆注：因宜昌地市合并，原宜昌地区中级人民法院与宜昌市中级人民法院于 1992 年 4 月 1 日起合署办公，向大钦是原宜昌地区中级人民法院院长。1992 年 9 月，新建立的宜昌市召开第一届人民代表大会第一次会议，余庆富当选为宜昌市中级人民法院院长。

湖南省高级人民法院院长、副院长名单

院　长　詹顺初

副院长　于益成　王松明　周敦扣　江绍恒　刘良玉　毛善刚

湖南省各中级、基层人民法院院长名单

长沙市中级人民法院院长　任祖武
东　区人民法院院长　孙晓光
南　区人民法院院长　石森林
西　区人民法院院长　刘少武
北　区人民法院院长　蒋华贵
郊　区人民法院院长　杨自永
长沙县人民法院院长　陈刚武
望城县人民法院院长　刘庆新
浏阳县人民法院院长　戴子尧
宁乡县人民法院院长　鲁锦源
株洲市中级人民法院院长　宋炳仁
东　区人民法院院长　谭建成
南　区人民法院院长　谭定邦
北　区人民法院院长　朱乐盈
郊　区人民法院院长　蒋福君
株洲县人民法院院长　易延纲
醴陵市人民法院院长　刘文尧
茶陵县人民法院院长　刘君喻
攸　县人民法院院长　颜建斌
酃　县人民法院院长　刘英万
湘潭市中级人民法院院长　陈新民
湘潭县人民法院院长　胡卓民
湘乡市人民法院院长　成培桂
雨湖区人民法院院长　刘耀初
岳塘区人民法院院长　郭志辉
韶山区人民法院院长　刘森甲
衡阳市中级人民法院院长　刘炳炎
城北区人民法院院长　邱光彩
城南区人民法院院长　杜建章
江东区人民法院院长　钟胜茂
郊　区人民法院院长　赵政堂
南岳区人民法院院长　伍文进
衡南县人民法院院长　何际仿
衡东县人民法院院长　李云春
衡阳县人民法院院长　陈福舜
常宁县人民法院院长　吴诗湘
衡山县人民法院院长　李存忠
祁东县人民法院院长　旷章才
耒阳市人民法院院长　黄雪生
零陵地区中级人民法院院长　贺梅楚
冷水滩市人民法院院长　朱　刚
东安县人民法院院长　唐正笃
道　县人民法院院长　何敦金
江永县人民法院院长　杨尚志
江华县人民法院院长　石家发
宁远县人民法院院长　刘友成
蓝山县人民法院院长　李建社
新田县人民法院院长　邓作长
双牌县人民法院院长　张浩松
永州市人民法院院长　刘自温
祁阳县人民法院院长　彭开生
郴州地区中级人民法院院长　李彤兵
安仁县人民法院院长　陈人寿
永兴县人民法院院长　曹智华
郴　县人民法院院长　曾庆富
桂阳县人民法院院长　孟复华
资兴市人民法院院长　朱友文
宜章县人民法院院长　李衍寿
临武县人民法院院长　卢达廷
嘉禾县人民法院院长　胡佛生

桂东县人民法院院长　邓仁祥
汝城县人民法院院长　李党珍
郴州市人民法院院长　赵年桥
邵阳市中级人民法院院长　陆承贵
东　区人民法院院长　杨祚民
西　区人民法院院长　左如清
郊　区人民法院院长　夏忠国
邵阳县人民法院院长　袁振国
隆回县人民法院院长　刘建寅
洞口县人民法院院长　伍玉龙
武冈县人民法院院长　朱理喻
新宁县人民法院院长　江晓明(女)
绥宁县人民法院院长　朱赣湘
城步县人民法院院长　欧阳良勇
邵东县人民法院院长　毛晓辉
新邵县人民法院院长　李　球
娄底地区中级人民法院院长　唐少生
冷水江市人民法院院长　潘久怡
娄底市人民法院院长　贺泳成
涟源市人民法院院长　李湘卿
双峰县人民法院院长　朱友深
新化县人民法院院长　刘崇育
怀化地区中级人民法院院长　汪祥欣
芷江县人民法院院长　杨勇华
怀化市人民法院院长　曾凡金
黔阳县人民法院院长　王锡金
会同县人民法院院长　黄　普
辰溪县人民法院院长　贺方汉
沅陵县人民法院院长　钟深玉
通道县人民法院院长　尹志坚
新晃县人民法院院长　杨通智
麻阳县人民法院院长　田良藻
溆浦县人民法院院长　粟福祥
靖州县人民法院院长　郑自谦
洪江市人民法院院长　周文清
湘西土家族、苗族自治州
中级人民法院院长　石维斌
永顺县人民法院院长　李新贵
保靖县人民法院院长　向兴盛
花垣县人民法院院长　施进成
凤凰县人民法院院长　麻秀贵
古丈县人民法院院长　向发炳
泸溪县人民法院院长　熊移生
吉首市人民法院院长　黄中琬
龙山县人民法院院长　彭昌为
常德市中级人民法院院长　张维民
鼎城区人民法院院长　梁新权
安乡县人民法院院长　薛继林
汉寿县人民法院院长　金旺廷
武陵区人民法院院长　高绍启
临澧县人民法院院长　汪鼎林
澧　县人民法院院长　陈章华
桃源县人民法院院长　康心健
石门县人民法院院长　丁玉桥
津市市人民法院院长　向绪汉
大庸市中级人民法院院长　周宏俊
桑植县人民法院院长　曹心阶
慈利县人民法院院长　杨树仁
永定区人民法院院长　秦　龙
武陵源区人民法院院长　彭昌爱
益阳地区中级人民法院院长　陈立清
益阳市人民法院院长　鲁军乾
益阳县人民法院院长　刘海容
桃江县人民法院院长　孔荣华
安化县人民法院院长　王义和
沅江县人民法院院长　黄天喜
南　县人民法院院长　余文志
岳阳市中级人民法院院长　彭迈卿
南　区人民法院院长　胡季盛
北　区人民法院院长　李杜芳
郊　区人民法院院长　黄联荣
岳阳县人民法院院长　殷正祥
临湘市人民法院院长　杨明秋
湘阴县人民法院院长　陈明阳
汨罗市人民法院院长　王根应
华容县人民法院院长　石润富
平江县人民法院院长　施铁光

广东省高级人民法院院长、副院长名单

院　长　麦崇楷

副院长　张耀威　彭春庭　朱士范　许亮东

广东省各中级、基层人民法院院长名单

广州市中级人民法院院长　邓国骥
海珠区人民法院院长　陈松坚
东山区人民法院院长　谭焕昌
荔湾区人民法院院长　杨成俭
越秀区人民法院院长　陈植生
天河区人民法院院长　陈其林
白云区人民法院院长　刘宝云
黄埔区人民法院院长　陈耀明
芳村区人民法院院长　黄荣康
花　县人民法院院长　龚金城
从化县人民法院院长　刘植槐
增城县人民法院院长　卢国潮
番禺市人民法院院长　黎　添

深圳市中级人民法院院长　王常营
罗湖区人民法院院长　梁红君
福田区人民法院院长　宁德昭
蛇口区人民法院院长　朱耀先
南山区人民法院院长　罗敬群
宝安县人民法院院长　雷广坤

珠海市中级人民法院院长　肖时照
香洲区人民法院院长　李宝廉
斗门县人民法院院长　赵长安(代)

汕头市中级人民法院院长　陈成书
升平区人民法院院长　杨淑音(女)
金园区人民法院院长　陈鹤龄
达濠区人民法院院长　郭斯标
澄海县人民法院院长　陈云安
南澳县人民法院院长　吴令广(代)
潮阳县人民法院院长　吴钟建
龙湖特区人民法院院长　章万多

韶关市中级人民法院院长　李炎发
北江区人民法院院长　张海力
武江区人民法院院长　古梅华
浈江区人民法院院长　陈钦欢
曲江县人民法院院长　肖　洪
始兴县人民法院院长　张树生
南雄县人民法院院长　张振林
仁化县人民法院院长　冯显华
乐昌县人民法院院长　曾汉泉
翁源县人民法院院长　邱英水
乳源瑶族自治县人民法院院长　曾伟贤
新丰县人民法院院长　潘小登

佛山市中级人民法院院长　邓自强
城　区人民法院院长　林流奇
石湾区人民法院院长　苏其祥
三水县人民法院院长　原镜钊
南海市人民法院院长　蔡浩添
高明县人民法院院长　林镇城
顺德市人民法院院长　罗灿宏

江门市中级人民法院院长　李汉泉
城　区人民法院院长　邝　斌
郊　区人民法院院长　关贺文
新会市人民法院院长　吴华仰
台山市人民法院院长　叶耀洪
恩平县人民法院院长　余荣光
开平县人民法院院长　关仕儒
鹤山县人民法院院长　李子灿

湛江市中级人民法院院长　陈代琛
赤坎区人民法院院长　李瑞荣
霞山区人民法院院长　陆荣金

坡头区人民法院院长	喻则兴
郊　区人民法院院长	唐文表
吴川县人民法院院长	钟林养
廉江县人民法院院长	罗康和
遂溪县人民法院院长	李　拾
海康县人民法院院长	张六仔
徐闻县人民法院院长	戴英伟
茂名市中级人民法院院长	**林　青**
茂南区人民法院院长	李　槐
信宜县人民法院院长	林国华
高州县人民法院院长	梁庆才
电白县人民法院院长	黎明源
化州县人民法院院长	钟英武
清远市中级人民法院院长	**李国良**
城　区人民法院院长	王　东
清新县人民法院院长	黄镇荣
连　县人民法院院长	易中立
阳山县人民法院院长	邹世煜
英德县人民法院院长	罗道兴
连山壮族瑶族自治县人民法院院长	邓昌彪
连南瑶族自治县人民法院院长	胡炯燊
佛冈县人民法院院长	范从军
汕尾市中级人民法院院长	**许　民**
城　区人民法院院长	郑惠声
海丰县人民法院院长	钟振声
陆丰县人民法院院长	庄　重
陆河县人民法院院长	范娘津
河源市中级人民法院院长	**林德湖**
城　区人民法院院长	陈进添
郊　区人民法院院长	陈伟清
紫金县人民法院院长	李振环
和平县人民法院院长	曹树发
连平县人民法院院长	熊先求
龙川县人民法院院长	叶明开
东莞市中级人民法院院长	**邓安民**
东莞市人民法院院长	李添俦
中山市中级人民法院院长	**钟伟明**
中山市人民法院院长	孙　敏
阳江市中级人民法院院长	**殷可忠**
城　区人民法院院长	李业棠
阳西县人民法院院长	冯权灿
阳春县人民法院院长	黄中平
阳东县人民法院院长	叶茂挺
梅州市中级人民法院院长	**罗光伟**
梅江区人民法院院长	曾光生
梅　县人民法院院长	钟群祥
大埔县人民法院院长	邹概贤
丰顺县人民法院院长	冯尧如
五华县人民法院院长	张炳泉
兴宁县人民法院院长	练华鲜
平远县人民法院院长	姚若精
蕉岭县人民法院院长	陈兴龙
惠州市中级人民法院院长	**毕其发**
惠城区人民法院院长	叶石宏
博罗县人民法院院长	李　强
惠东县人民法院院长	杨美林(代)
龙门县人民法院院长	何新友
惠阳县人民法院院长	钟日强
肇庆市中级人民法院院长	**黄　响**
端州区人民法院院长	罗学朝
鼎湖区人民法院院长	张明贵
高要县人民法院院长	廖秋文
四会县人民法院院长	江沛良
广宁县人民法院院长	黄炳远
怀集县人民法院院长	黎国彦
封开县人民法院院长	聂江权
德庆县人民法院院长	莫裕伟
云浮市人民法院院长	林木辉
新兴县人民法院院长	刘典炎
郁南县人民法院院长	卢桂南
罗定县人民法院院长	邓炽昌
广州铁路运输中级法院院长	**张　强**
广州铁路运输法院院长	周少元
衡阳铁路运输法院院长	宋资才
长沙铁路运输法院院长	曾流芳
怀化铁路运输法院院长	王延生
广州海事法院院长	**肖崇武**

广西壮族自治区高级人民法院院长、副院长名单

院　长　蒙　铎

副院长　黄任文　黄建明　安秀莲（女）　杨济裕　潘宜乐

广西壮族自治区各中级、基层人民法院院长名单

南宁市中级人民法院院长　**王宴华**
武鸣县人民法院院长　黄耿荣
邕宁县人民法院院长　何创荣
兴宁区人民法院院长　黄世英
永新区人民法院院长　张仲源
江南区人民法院院长　梁洪源
新城区人民法院院长　潘竞文
城北区人民法院院长　苏家政
郊　区人民法院院长　包福光
柳州市中级人民法院院长　**罗寿振**
柳江县人民法院院长　覃文栋
柳城县人民法院院长　梁石祟
鱼峰区人民法院院长　郭少雄
柳南区人民法院院长　姚春俭
柳北区人民法院院长　杨　帆
城中区人民法院院长　张延庆
郊　区人民法院院长　周志刚
桂林市中级人民法院院长　**杨多铭**
临桂县人民法院院长　李宪喜
阳朔县人民法院院长　唐荣芝
七星区人民法院院长　黄　培
秀峰区人民法院院长　郑连锡
叠彩区人民法院院长　廖新华
象山区人民法院院长　唐道清
郊　区人民法院院长　黎志文
梧州市中级人民法院院长　**陈　锋**
苍梧县人民法院院长　聂昌文
蝶山区人民法院院长　徐励明
白云区人民法院院长　黄云飞
万秀区人民法院院长　黄火南
郊　区人民法院院长　黄明清
北海市中级人民法院院长　**张广田**
合浦县人民法院院长　安昆齐
海城区人民法院院长　禤伟存
郊　区人民法院院长　梁文升
南宁地区中级人民法院院长　**潘宜乐**
马山县人民法院院长　覃桂球（女）
宾阳县人民法院院长　黄健启
扶绥县人民法院院长　李乾生
宁明县人民法院院长　农文英
大新县人民法院院长　农志诚
上林县人民法院院长　黄　勉
横　县人民法院院长　农湘鑑
崇左县人民法院院长　黄英辉
龙州县人民法院院长　黄石宝
天等县人民法院院长　赵德顺
凭祥市人民法院代院长　冯其华
隆安县人民法院院长　韦志喜
钦州地区中级人民法院院长　**杨正钧**
浦北县人民法院院长　叶忠毅
钦州市人民法院院长　利开有
防城县人民法院院长　蔡　胜
灵山县人民法院院长　李茂辉
上思县人民法院院长　李雄英
柳州地区中级人民法院院长　**蓝树高**
融水县人民法院院长　云德辉
融安县人民法院院长　覃先安
金秀县人民法院院长　韦绍明
武宣县人民法院院长　韦长妥
忻城县人民法院院长　蓝其盛

三江县人民法院院长	龙善辉
鹿寨县人民法院院长	蔡连发
象州县人民法院院长	覃辉群
来宾县人民法院院长	覃继宽(代)
合山市人民法院院长	罗文厚(代)
梧州地区中级人民法院院长	**孟东宣**
钟山县人民法院院长	欧绍轩
贺　县人民法院院长	杨泽民
藤　县人民法院院长	潘家生
昭平县人民法院院长	黄汝林
富川县人民法院院长	毛献儒
岑溪县人民法院院长	梁树清
蒙山县人民法院院长	刁树明
桂林地区中级人民法院院长	**伍福庆**
全州县人民法院院长	王喜修
灵川县人民法院院长	郭少纯
资源县人民法院院长	杨　松
兴安县人民法院院长	汤立忠
灌阳县人民法院院长	刘能敬
恭城县人民法院院长	陈灵芝
荔浦县人民法院院长	林志纯
平乐县人民法院院长	梁禄森
永福县人民法院院长	秦有锡
龙胜县人民法院院长	吕征文
百色地区中级人民法院院长	**黄永立**
乐业县人民法院院长	凌世林
百色市人民法院院长	黄建荣
田东县人民法院院长	黄盛慈
田阳县人民法院院长	黄正文
德保县人民法院院长	李厚权
那坡县人民法院院长	岑永雄
隆　林人民法院院长	隆少庭(女)
凌云县人民法院院长	廖德彰
平果县人民法院院长	黄庭年
靖西县人民法院院长	杨恒谈
西林县人民法院院长	李卫阳
田林县人民法院院长	黄家志
河池地区中级人民法院院长	**黄太贵**
罗城县人民法院院长	谢玉光
河池市人民法院院长	杨金万
都安县人民法院院长	黎万邦
东兰县人民法院院长	黄勇康
天峨县人民法院院长	杨胜勋
环江县人民法院院长	韦春流
宜山县人民法院院长	蓝芝仁
大化县人民法院院长	韦明庆
巴马县人民法院院长	罗明豪
南丹县人民法院院长	韦礼明
凤山县人民法院院长	韦　裕
玉林地区中级人民法院院长	**梁家汉**
平南县人民法院院长	陈庆芳(女)
玉林市人民法院院长	梁焕忠
北流县人民法院院长	杨济坚
博白县人民法院院长	罗基龙
桂平县人民法院院长	孔庆鸿
陆川县人民法院院长	刘世龙
贵港市人民法院院长	曾桥威(代)
容　县人民法院院长	陈业贵
柳州铁路运输中级法院院长	**邓树国**
南宁铁路运输法院院长	杨志贤
柳州铁路运输法院院长	陈一春(女)

海南省高级人民法院院长、副院长名单

院　长　田忠木

副院长　林成瑞　杨富年　童振华　钟玉瑜

海南省各中级、基层人民法院院长名单

海南省中级人民法院院长 **聂志云**
琼山县人民法院院长 冯　山
文昌县人民法院院长 张德桑
定安县人民法院院长 王家政
万宁县人民法院院长 翁育飞
澄迈县人民法院院长 曾金花
临高县人民法院院长 韩群峰
儋　县人民法院院长 任永锡
屯昌县人民法院院长 梁振仕
通什市人民法院院长 罗华汉
乐东黎族自治县人民法院院长 王宝桂
陵水黎族自治县人民法院院长 李世开
琼中黎、苗族自治县人民法院院长 陈宏德
保亭黎、苗族自治县人民法院院长 林德魁
东方黎族自治县人民法院院长 卢焕新
白沙黎族自治县人民法院院长 李秀淦
昌江黎族自治县人民法院院长 林建松
海口市中级人民法院院长 **吴邦海**
新华区人民法院院长 王玉忠
振东区人民法院院长 符甘森
秀英区人民法院院长 陈忠友
三亚市中级人民法院院长 **李信义**
城　郊人民法院院长 赵　军
海口海事法院院长 **施　文**

四川省高级人民法院院长、副院长名单

院　长　任凌云
副院长　魏　彬（女）　敬瑞祥　邬红旗

四川省各中级、基层人民法院院长名单

成都市中级人民法院院长 **杨光长**
锦江区人民法院院长 张子均
青羊区人民法院院长 王良志
金牛区人民法院院长 聂生堂
武侯区人民法院院长 邢　毅
成华区人民法院院长 张心宇
龙泉驿区人民法院院长 曾达田
青白江区人民法院院长 邓远斌
双流县人民法院院长 李自信
金堂县人民法院院长 李兴禄
温江县人民法院院长 郑荣楼
郫　县人民法院院长 蔡祖鹏
崇庆县人民法院院长 王　超
大邑县人民法院院长 邱廷贵
邛崃县人民法院院长 叶启荣
蒲江县人民法院院长 李文全
新津县人民法院院长 宋学清
新都县人民法院院长 熊芳超
彭　县人民法院院长 高华金
都江堰市人民法院院长 廖清彤
重庆市中级人民法院院长 **王　旭**
市中区人民法院院长 任信谦
大渡口区人民法院院长 李庶成
江北区人民法院院长 程邦孝

沙坪坝区人民法院院长 王谊友
九龙坡区人民法院院长 曾祥芳(女)
南岸区人民法院院长 李世荣
北碚区人民法院院长 鄢国胜
南桐矿区人民法院院长 田登先
双桥区人民法院院长 洪代荣
长寿县人民法院院长 段占清
巴　县人民法院院长 王金兰(女)
綦江县人民法院院长 喻德明
江北县人民法院院长 邓正德
江津县人民法院院长 詹　鹏(女)
合川县人民法院院长 李鸣皋
潼南县人民法院院长 梁仁昌
铜梁县人民法院院长 陈启元
永川县人民法院院长 钱西元
大足县人民法院院长 罗觉生
璧山县人民法院院长 薛方贵
荣昌县人民法院院长 张永福
自贡市中级人民法院院长 熊启义
自流井区人民法院院长 张政前
贡井区人民法院院长 钟达文
大安区人民法院院长 邓胜华
沿滩区人民法院院长 王行友
荣　县人民法院院长 何玉平
富顺县人民法院院长 唐光才
攀枝花市中级人民法院院长 董　杰
东　区人民法院院长 郝　维
西　区人民法院院长 赵树明
仁和区人民法院院长 何　政
米易县人民法院院长 王国明
盐边县人民法院院长 刘长文
德阳市中级人民法院院长 李　谡
市中区人民法院院长 俞慎喜
广汉市人民法院院长 刘克义
绵竹县人民法院院长 巩庆方
什邡县人民法院院长 叶良伦
中江县人民法院院长 晏　勇
泸州市中级人民法院院长 方　坤
市中区人民法院院长 刘茂安
泸　县人民法院院长 陈焕荣
合江县人民法院院长 杨正律
纳溪县人民法院院长 牟文明
叙永县人民法院院长 李德光
古蔺县人民法院院长 张国才
绵阳市中级人民法院院长 杜　松
市中区人民法院院长 尹大力
江油市人民法院院长 马发兴
三台县人民法院院长 胡昌永
盐亭县人民法院院长 任联富
安　县人民法院院长 陈永中
北川县人民法院院长 刘望归
梓潼县人民法院院长 胡恒春
平武县人民法院院长 赵永华
广元市中级人民法院院长 王如德
市中区人民法院院长 李兴隆
元坝区人民法院院长 许世业
朝天区人民法院院长 邹绍荣
旺苍县人民法院院长 何光美
剑阁县人民法院院长 蒲新宝
苍溪县人民法院院长 杨永和
青川县人民法院院长 董开富
遂宁市中级人民法院院长 董庆彪
市中区人民法院院长 陈谟均
蓬溪县人民法院院长 向贵全
射洪县人民法院院长 唐永德
内江市中级人民法院院长 杨祖华
市中区人民法院院长 幸淑芳(女)
东兴区人民法院院长 余和均
简阳县人民法院院长 杨华成
资阳县人民法院院长 伍必荣
资中县人民法院院长 郑传学
乐至县人民法院院长 冷定均
安岳县人民法院院长 郑伯胜
威远县人民法院院长 陈朝金
隆昌县人民法院院长 王植荣
乐山市中级人民法院院长 杨礼全
市中区人民法院院长 邹　华
五通桥区人民法院院长 庞化桂
沙湾区人民法院院长 陈昭衡
金口河区人民法院院长 周英金

彭山县人民法院院长　张燕斌
眉山县人民法院院长　王世清
夹江县人民法院院长　吴德贵
青神县人民法院院长　宋德成
仁寿县人民法院院长　鲁正金
洪雅县人民法院院长　吴世成
峨眉山市人民法院院长　廖新儒
丹棱县人民法院院长　李永天
犍为县人民法院院长　肖占虎
井研县人民法院院长　宋学文
沐川县人民法院院长　徐大荣
峨边彝族自治县人民法院院长　王禄清
马边彝族自治县人民法院院长　李维荣

涪陵地区中级人民法院院长　胡汉中

涪陵市人民法院院长　廖光涵
垫江县人民法院院长　李宗明
丰都县人民法院院长　陈国彬
南川县人民法院院长　宋令友
武隆县人民法院院长　冉应合

黔江地区中级人民法院院长　贺鼎富

黔江土家族苗族自治县人民法院院长　张绍福
酉阳土家族苗族自治县人民法院院长　潘云彬
秀山土家族苗族自治县人民法院院长　谭顺国
彭水苗族土家族自治县人民法院院长　石本利
石柱土家族自治县人民法院院长　谭　满

万县地区中级人民法院院长　张成太

万县市人民法院院长　李德坤
万　县人民法院院长　夏家和
梁平县人民法院院长　黄榜忠
开　县人民法院院长　陈克鼎
忠　县人民法院院长　袁天枢
云阳县人民法院院长　何定国
奉节县人民法院院长　谭贵全
巫山县人民法院院长　秦廷良
巫溪县人民法院院长　陈　刚
城口县人民法院院长　陈绪林

达县地区中级人民法院院长　屠元焕

达县市人民法院院长　王治文
达　县人民法院院长　王海泉
大竹县人民法院院长　徐昌贵
渠　县人民法院院长　段吉祥
邻水县人民法院院长　甘元生
万源县人民法院院长　李兴洲
开江县人民法院院长　彭会国
平昌县人民法院院长　王宗文
宣汉县人民法院院长　李永福
巴中县人民法院院长　李昭江
通江县人民法院院长　周奇万
南江县人民法院院长　郑开清
白沙工农区人民法院院长　刘宗朝

南充地区中级人民法院院长　欧晓东

南充市人民法院院长　曹成理
南充县人民法院院长　唐光贵
西充县人民法院院长　谌贵普
南部县人民法院院长　王朝瑞
阆中市人民法院院长　邓天金
仪陇县人民法院院长　何大述
营山县人民法院院长　王吉成
广安县人民法院院长　苏建成
蓬安县人民法院院长　谢天永
岳池县人民法院院长　何朝顺
武胜县人民法院院长　陈德贵
华蓥市人民法院院长　陈昌国

宜宾地区中级人民法院院长　冯自清

宜宾市人民法院院长　覃素贞(女)
宜宾县人民法院院长　郭时录
南溪县人民法院院长　罗年贵
江安县人民法院院长　袁世海
长宁县人民法院院长　余国栋
高　县人民法院院长　蔡德奎
屏山县人民法院院长　杨章银
珙　县人民法院院长　黄吉照
筠连县人民法院院长　李宗柏

兴文县人民法院院长 王天祥

雅安地区中级人民法院院长 魏 浩

雅安市人民法院院长 吴凤英(女)

名山县人民法院院长 牟泽君

芦山县人民法院院长 曾琼芳(女)

汉源县人民法院院长 岑国寿

宝兴县人民法院院长 饶德海

天全县人民法院院长 吕春浓

荥经县人民法院院长 李怀龙

石棉县人民法院院长 魏华良(代)

凉山彝族自治州中级人民法院院长 罗伍达(彝)

西昌市人民法院院长 罗晓春

冕宁县人民法院院长 杨刚廷

越西县人民法院院长 贾再正(代)

甘洛县人民法院院长 阿木克哈(彝)

德昌县人民法院院长 边仕富

会理县人民法院院长 王孝银

会东县人民法院院长 江永信

宁南县人民法院院长 谭大林

盐源县人民法院院长 马德龙(彝)

木里藏族自治县人民法院院长 卢永林

昭觉县人民法院院长 杨 兵

美姑县人民法院院长 阿于吉克日(彝)

金阳县人民法院院长 白热且(彝)

普格县人民法院院长 吉毕果比(彝)

布拖县人民法院院长 沙忠成(彝)

雷波县人民法院院长 张克俭

喜德县人民法院院长 罗正明(彝)

甘孜藏族自治州中级人民法院院长 杨文有(藏)

康定县人民法院院长 扎西泽仁(藏)

泸定县人民法院院长 甘仕轩

甘孜县人民法院院长 吴伯康(藏)

炉霍县人民法院院长 黎京海(代)

新龙县人民法院院长 泽仁彭错(藏)

德格县人民法院院长 白马泽仁(藏)

石渠县人民法院院长 扎巴降村(藏)

稻城县人民法院院长 四郎扎波(藏)

德荣县人民法院院长 阿当降巴(藏)

丹巴县人民法院院长 辛德坚(藏)

九龙县人民法院院长 海来木坡(藏)

色达县人民法院院长 丁桑扎巴(藏)

道孚县人民法院院长 杨光明(藏)

白玉县人民法院院长 徐元惠(女、藏)

理塘县人民法院院长 洛绒丹巴(藏)

乡城县人民法院院长 斯朗彭错(藏)

巴塘县人民法院院长 仁 青(藏)

雅江县人民法院院长 李志清(藏)

阿坝藏族羌族自治州中级人民法院院长 时旦真(藏)

马尔康县人民法院院长 赵德银

松潘县人民法院院长 出 吾(藏)

南坪县人民法院院长 童庆元

金川县人民法院院长 石昌明(藏)

壤塘县人民法院院长 头 丹(藏)

阿坝县人民法院院长 若 巴(藏)

黑水县人民法院院长 俄么泽里(藏)

小金县人民法院院长 邓崇亨

红原县人民法院院长 罗尔基(藏)

汶川县人民法院院长 王克玉(羌)

茂 县人民法院院长 王祥富(羌)

理 县人民法院院长 张恩波(藏)

若尔盖县人民法院院长 郑 巴(藏)

成都铁路运输中级法院院长 张成华

成都铁路运输法院院长 王承志

重庆铁路运输法院院长 刘常修

西昌铁路运输法院院长 纪保东

贵阳铁路运输法院院长 邓继宾

昆明铁路运输法院院长 章建宝

开远铁路运输法院院长 李景昌

贵州省高级人民法院院长、副院长名单

院　长　谢锦汉

副院长　吴开荣（苗）　张林春　李太荣　冉茂元

贵州省各中级、基层人民法院院长名单

贵阳市中级人民法院院长　邹聚梅
南明区人民法院院长　付镜明
云岩区人民法院院长　龚绍廉
乌当区人民法院院长　汪胜祥
白云区人民法院院长　杜声刚
花溪区人民法院院长　林　钢
六盘水市中级人民法院院长　吴　楚
六枝特区人民法院院长　王秀卿
盘县特区人民法院院长　李世刚
钟山区人民法院院长　戴松厚
水城县人民法院院长　黄建中
遵义地区中级人民法院院长　冯绅泽
遵义市人民法院院长　陈文华
遵义县人民法院院长　梁山钰
湄潭县人民法院院长　严绍林
仁怀县人民法院院长　谢尚文
赤水县人民法院院长　魏成聪
正安县人民法院院长　刘绪林
绥阳县人民法院院长　谢照全
习水县人民法院院长　文德辉
桐梓县人民法院院长　杨武荣
余庆县人民法院院长　胡先智
凤冈县人民法院院长　孙惠民
道真仡佬族苗族自治县人民法院院长　夏明传
务川仡佬族苗族自治县人民法院院长　程伟民
铜仁地区中级人民法院院长　周世全
铜仁市人民法院院长　张庭仕
石阡县人民法院院长　代先焕
沿河土家族自治县人民法院院长　田永程
思南县人民法院院长　赵茂衡
印江土家族苗族自治县人民法院院长　张国华
德江县人民法院院长　胡万春
松桃苗族自治县人民法院院长　龙世贤
玉屏侗族自治县人民法院院长　伍彦延
江口县人民法院院长　李永飞
万山特区人民法院院长　易俊环
安顺地区中级人民法院院长　蔡廷富
安顺市人民法院院长　白秀兰
普定县人民法院院长　龙文清
紫云苗族布依族自治县人民法院院长　班显和
开阳县人民法院院长　彭永华
息烽县人民法院院长　戴敬嘉
平坝县人民法院院长　何忠书
镇宁布依族苗族自治县人民法院院长　杨永贵
关岭布依族苗族自治县人民法院院长　罗应发
修文县人民法院院长　王作伦
清镇县人民法院院长　谭星祥
毕节地区中级人民法院院长　龚启镕
毕节县人民法院院长　王武荣
威宁彝族回族苗族自治县人民法院院长　彭定云

织金县人民法院院长　康海明
大方县人民法院院长　胡显谋
黔西县人民法院院长　胡丰军
赫章县人民法院院长　龙晨明
金沙县人民法院院长　黄启明
纳雍县人民法院院长　杨维斌

黔东南苗族侗族自治州中级人民法院院长　吴世玉

凯里市人民法院院长　杨保元
镇远县人民法院院长　唐进坤
黄平县人民法院院长　刘文学
榕江县人民法院院长　王恩周
锦屏县人民法院院长　龙秀渊
剑河县人民法院院长　王秀贤
黎平县人民法院院长　石含信
麻江县人民法院院长　王文孝
雷山县人民法院院长　王　荣
岑巩县人民法院院长　吴国平
从江县人民法院院长　蒙秀峰
天柱县人民法院院长　龙开柱
三穗县人民法院院长　杨昌文
施秉县人民法院院长　杨启贤
丹寨县人民法院院长　罗　荣
台江县人民法院院长　杨昌明

黔西南布依族苗族自治州中级人民法院院长　杨光宗

兴义市人民法院院长　张崇兰
兴仁县人民法院院长　吴正林
贞丰县人民法院院长　韦礼尧
安龙县人民法院院长　杨仕忠
册享县人民法院院长　杨　军
望谟县人民法院院长　黄福礼
晴隆县人民法院院长　潘家贵
普安县人民法院院长　卢顺亮

黔南布依族苗族自治州中级人民法院院长　王德尧

都匀市人民法院院长　吴朝珍
独山县人民法院院长　孟德荣
三都水族自治县人民法院院长　蒙恩儒
长顺县人民法院院长　杨志南
罗甸县人民法院院长　王治良
瓮安县人民法院院长　陈国强
贵定县人民法院院长　罗国臣
龙里县人民法院院长　苏钟麟
福泉县人民法院院长　罗成哲
平塘县人民法院院长　罗泰虎
荔波县人民法院院长　玉如敏
惠水县人民法院院长　陈芳菊

云南省高级人民法院院长、副院长名单

院　长　邱创教

副院长　和占钧　申艺农　李春林　许文英　王东甫

云南省各中级、基层人民法院院长名单

昆明市中级人民法院院长　孙小虹

盘龙区人民法院院长　武光祥
五华区人民法院院长　张　辉
官渡区人民法院院长　杨正发
西山区人民法院院长　孔祥卫
呈贡县人民法院院长　蔡富春
晋宁县人民法院院长　吴学金
安宁县人民法院院长　李茂兴

富民县人民法院院长 龙启浩
宜良县人民法院院长 布学书
嵩明县人民法院院长 王加寿
路南彝族自治县人民法院院长 昂志诚
禄劝彝族苗族自治县人民法院院长 李德友
东川市中级人民法院院长 刘兴良
东川市人民法院院长 杨金寿
曲靖地区中级人民法院院长 毕发昌(代)
曲靖市人民法院院长 姜兴明
马龙县人民法院院长 张良宏
宣威县人民法院院长 代文朝
富源县人民法院院长 耿正文
罗平县人民法院院长 杨维荣
师宗县人民法院院长 桂希荣
陆良县人民法院院长 杨世怀
会泽县人民法院院长 袁成林
寻甸回族彝族自治县人民法院院长 毕发昌
昭通地区中级人民法院院长 周永福
昭通市人民法院院长 龙万才
鲁甸县人民法院院长 康远齐
巧家县人民法院院长 曹发明
盐津县人民法院院长 张官友
大关县人民法院院长 夏仕华
永善县人民法院院长 熊永善
绥江县人民法院院长 何宗贵
镇雄县人民法院院长 吉永申
彝良县人民法院院长 王太元
威信县人民法院院长 李南全
水富县人民法院院长 盛启伦
玉溪地区中级人民法院院长 卢五光
玉溪市人民法院院长 周佳云
江川县人民法院院长 王元科
澄江县人民法院院长 王云光
通海县人民法院院长 李发明
华宁县人民法院院长 吴树昌
易门县人民法院院长 高庆祖
峨山县人民法院院长 王朝生
新平县人民法院院长 普光明
元江县人民法院院长 白万友
楚雄彝族自治州中级人民法院院长 普贵和
楚雄市人民法院院长 王家楷
双柏县人民法院院长 张家祟
牟定县人民法院院长 申顺富
南华县人民法院院长 李炳建
姚安县人民法院院长 郑建考
大姚县人民法院院长 钱正忠
永仁县人民法院院长 起有生
元谋县人民法院院长 黎从文
武定县人民法院院长 龚万美
禄丰县人民法院院长 杨菊英
红河哈尼族彝族自治州中级人民法院院长 包哲君
个旧市人民法院院长 李安福
开远市人民法院院长 高益昌
蒙自县人民法院院长 丁顺明
建水县人民法院院长 余应禄
石屏县人民法院院长 张祖寿
弥勒县人民法院院长 马有昌
泸西县人民法院院长 赵自贤
元阳县人民法院院长 卢正昌
红河县人民法院院长 李绍昌
绿春县人民法院院长 白继沙
屏边苗族自治县人民法院院长 陶开良
河口瑶族自治县人民法院院长 李开祥
金平苗族瑶族自治县人民法院院长 朱万明
迪庆藏族自治州中级人民法院院长 马福铭
中甸县人民法院院长 倪闻天
德钦县人民法院院长 扎史德吉
维西傈僳族自治县人民法院院长 杨瑞清
思茅地区中级人民法院院长 郑维庄

思茅县人民法院院长 罗福昌
镇源县人民法院院长 吴直清
普洱沧尼族彝族自治县
人民法院院长 李学
景东彝族自治县人民
法院院长 李应林
景谷傣族彝族自治县
人民法院院长 李建忠
墨江哈尼族自治县人民
法院院长 李增禄
孟连傣族拉祜族佤族
自治县人民法院院长 陶世元
澜沧拉祜族自治县人民
法院院长 胡亮
西盟佤族自治县人民
法院院长 岩兴
江城哈尼族彝族自治县
人民法院院长 李爱祥

文山壮族苗族自治州
中级人民法院院长 杨继麟
文山县人民法院院长 温世尧
砚山县人民法院院长 李家龙
西畴县人民法院院长 杨辅绍
马关县人民法院院长 陈维禄
邱北县人民法院院长 田岚富（代）
广南县人民法院院长 陆自林
富宁县人民法院院长 徐止理
麻栗坡县人民法院院长 胡玉元

大理白族自治州中级
人民法院院长 黄兴荣（代）
大理市人民法院院长 焦子军
祥云县人民法院院长 张万恭
宾川县人民法院院长 孔化魏
弥渡县人民法院院长 张尤声
永平县人民法院院长 李昌
云龙县人民法院院长 施育平
洱源县人民法院院长 段绵
剑川县人民法院院长 杨维栋
鹤庆县人民法院院长 曾万忠
南涧县人民法院院长 陈学良
巍山回族自治县人民
法院院长 马智能
漾濞彝族自治县人民
法院院长 杨宇智

西双版纳傣族自治州
中级人民法院院长 罕华聪
景洪县人民法院院长 岩甩
勐海县人民法院院长 岩温
勐腊县人民法院院长 刀铭贵

保山地区中级人民法院院长 杨耀武
保山市人民法院院长 李玉跃
施甸县人民法院院长 徐苏南
腾冲县人民法院院长 杨庆国
龙陵县人民法院院长 杨喜梽
昌宁县人民法院院长 张乃积

德宏傣族景颇族自治州
中级人民法院院长 张正洪
潞西县人民法院院长 方小赛
畹町市人民法院院长 喻学明
梁河县人民法院院长 赵家斌
盈江县人民法院院长 刀保荣
陇川县人民法院院长 排冰山
瑞丽县人民法院院长 思志忠

怒江傈僳族自治州中级
人民法院院长 张相韩
泸水县人民法院院长 李学成
福贡县人民法院院长 普泽
兰坪白族普米族自治县
人民法院院长 张灿鹏
贡山独龙族怒族自治县
人民法院院长 李文畅

临沧地区中级人民法院院长 李帮碧
临沧县人民法院院长 谢达富
凤庆县人民法院院长 杨兴文
云县县人民法院院长 和中杰
永德县人民法院院长 鲁成智
镇康县人民法院院长 毕怀忠
双江拉祜族佤族布朗族
自治县人民法院院长 陶应斗
耿马傣族佤族自治县

人民法院院长　俸国明
沧源佤族自治县人民法院院长　鲍光明
丽江地区中级人民法院院长　赵元甲
丽江县人民法院院长　杨继秦
永胜县人民法院院长　唐美臣
华坪县人民法院院长　杨文清
宁蒗彝族自治县人民法院院长　杨立新

西藏自治区高级人民法院院长、副院长名单

院　长　子　成（藏族）
副院长　巴桑平多（女、藏族）　益桑（藏族）　宋皖生　尼玛占堆（藏族）

西藏自治区各中级、基层人民法院院长名单

拉萨市中级人民法院院长　罗布旺堆
城关区人民法院院长　蒋四保
达孜县人民法院院长　达娃顿珠
墨竹工卡县人民法院院长　扎西顿珠
林周县人民法院院长　土登仁青
堆龙德庆县人民法院院长　中群佩
当雄县人民法院院长　李爱民
尼木县人民法院院长　洛桑曲扎
曲水县人民法院院长　次仁顿珠
昌都地区中级人民法院院长　丁真罗布
昌都县人民法院院长　四朗扎巴
江达县人民法院院长　四朗多吉
贡觉县人民法院院长　洛　松
类乌齐县人民法院院长　革　生
丁青县人民法院院长　达　洛
察雅县人民法院院长　扎西尼玛
八宿县人民法院院长　泽仁四郎
左贡县人民法院院长　永向东
芒康县人民法院院长　索郎多吉
洛隆县人民法院院长　斯郎丁真
边坝县人民法院院长　洛松扎西
山南地区中级人民法院院长　格桑多吉
乃东县人民法院院长　其米仁增
扎朗县人民法院院长　罗　布
贡嘎县人民法院院长　次仁朗杰
桑日县人民法院院长　索朗仁增
琼结县人民法院院长　白　玛
曲松县人民法院院长　白玛多吉
措美县人民法院院长　才旺多吉
洛扎县人民法院院长　索朗多吉
加查县人民法院院长　热　吉
隆子县人民法院院长　明　久
错那县人民法院院长　索郎多吉
浪卡子县人民法院院长　罗布多吉
日喀则地区中级人民法院院长　达　瓦
日喀则市人民法院院长　穷　吉
南木林县人民法院院长　江央益西
定日县人民法院院长　（缺）
萨迦县人民法院院长　拉　巴
拉孜县人民法院院长　达　娃
昂仁县人民法院院长　晋美旺堆
谢通门县人民法院院长　（缺）
定结县人民法院院长　（缺）
仲巴县人民法院院长　强　巴
吉隆县人民法院院长　（缺）
聂拉木县人民法院院长　（缺）
萨嘎县人民法院院长　普布塔吉
江孜县人民法院院长　勤绕旺姆
白朗县人民法院院长　边　巴
仁布县人民法院院长　次旦多吉

康马县人民法院院长　次仁平措
亚东县人民法院院长　多　吉
岗巴县人民法院院长　尼　玛
那曲地区中级人民法院院长　普　琼
那曲县人民法院院长　嘎桑加
嘉黎县人民法院院长　桑　美
比如县人民法院院长　同　珠
聂荣县人民法院院长　索　朗
安多县人民法院院长　布　穷
申扎县人民法院院长　次仁占堆
索　县人民法院院长　次仁占堆
班戈县人民法院院长　卡　多
巴青县人民法院院长　旺　格
阿里地区中级人民法院院长　拉巴努布
普兰县人民法院院长　阿旺次仁
札达县人民法院院长　扎西旺久
噶尔县人民法院院长　强巴年扎
日土县人民法院院长　格桑南杰
革吉县人民法院院长　格桑顿珠
改则县人民法院院长　白玛扎西
措勤县人民法院院长　小云登
林芝地区中级人民法院院长　泽仁桑珠(代)
林芝县人民法院院长　才旺罗布
工布江达县人民法院院长　次　仁
米林县人民法院院长　达娃杰布
墨脱县人民法院院长　呷　阿
波密县人民法院院长　多　吉
察隅县人民法院院长　益西邓增
郎　县人民法院院长　边　巴

陕西省高级人民法院院长、副院长名单

院　长　焦朗亭

副院长　王发荣　刘　峻　殷延年　樊　拓

陕西省各中级、基层人民法院院长名单

西安市中级人民法院院长　朱庆林
莲湖区人民法院院长　郝振业
新城区人民法院院长　王斌亭
碑林区人民法院院长　马新凯(女)
灞桥区人民法院院长　宋智斌
雁塔区人民法院院长　高来济
未央区人民法院院长　狄希仁
阎良区人民法院院长　李九如
长安县人民法院院长　卓尔斌
周至县人民法院院长　刘崇博
户　县人民法院院长　张志超
兰田县人民法院院长　张秀兰(女)
临潼县人民法院院长　姚志强
高陵县人民法院院长　韩生春
铜川市中级人民法院院长　张开宏
城　区人民法院院长　傅建民
郊　区人民法院院长　刘促祺
宜君县人民法院院长　唐　辉
耀　县人民法院院长　赵世俊
宝鸡市中级人民法院院长　成振兴
渭滨区人民法院院长　贾安省
金台区人民法院院长　傅官军
宝鸡县人民法院院长　刘新成
凤翔县人民法院院长　朱生武
岐山县人民法院院长　张斌栋
扶风县人民法院院长　张振岐
陇　县人民法院院长　陈森林
千阳县人民法院院长　张志新
凤　县人民法院院长　韩金忠
眉　县人民法院院长　黄锦荣

麟游县人民法院院长	吕世杰
太白县人民法院院长	赵海荣
咸阳市中级人民法院院长	**燕俊贤**
秦都区人民法院院长	王　坤
渭城区人民法院院长	王海占
杨陵区人民法院院长	付成宽
泾阳县人民法院院长	周长安
三原县人民法院院长	巨善福
淳化县人民法院院长	朱明哲
旬邑县人民法院院长	赵潮流
礼泉县人民法院院长	张志安
乾　县人民法院院长	王文卿
永寿县人民法院院长	刘启寅
彬　县人民法院院长	徐志斌
长武县人民法院院长	孟开宇
兴平县人民法院院长	刘忠益
武功县人民法院院长	王德生
榆林地区中级人民法院院长	**王汉昌**
榆林市人民法院院长	薛士刚
神木县人民法院院长	郭子杰
府谷县人民法院院长	张国民
定边县人民法院院长	刘志远
靖边县人民法院院长	钱永生
横山县人民法院院长	刘永俊
子洲县人民法院院长	曹钦业
米脂县人民法院院长	杜成胜
佳　县人民法院院长	乔存浩
绥德县人民法院院长	王国相
吴堡县人民法院院长	王世旺
清涧县人民法院院长	惠尊仁
延安地区中级人民法院院长	**李忠孝**
延安市人民法院院长	王忠孝
宜川县人民法院院长	罗文焕
志丹县人民法院院长	刘世贵
黄龙县人民法院院长	袁新华
安塞县人民法院院长	胡应泽
延长县人民法院院长	张怀一
富　县人民法院院长	孙孝义
黄陵县人民法院院长	刘忠仓
子长县人民法院院长	郝世清
洛川县人民法院院长	高润宏
甘泉县人民法院院长	王更民
延川县人民法院院长	高士荣
吴旗县人民法院院长	刘子林
渭南地区中级人民法院院长	**陈公让**
渭南市人民法院院长	刘三阳
韩城市人民法院院长	王有旺
潼关县人民法院院长	陈大勇
华阴市人民法院院长	王申年
合阳县人民法院院长	杨荣贤
华　县人民法院院长	曹建国
大荔县人民法院院长	张　军
蒲城县人民法院院长	王锐新
澄城县人民法院院长	高源承
白水县人民法院院长	党荣华
富平县人民法院院长	加森有
商洛地区中级人民法院院长	**田岷苏**
商州市人民法院院长	魏满阳
洛南县人民法院院长	孙军喜
丹凤县人民法院院长	常荣繁
山阳县人民法院院长	雷敬富
商南县人民法院院长	吴兆南
镇安县人民法院院长	尤振法
柞水县人民法院院长	翟宗珊
安康地区中级人民法院院长	**杨治平**
安康市人民法院院长	王从理
紫阳县人民法院院长	王洪波
白河县人民法院院长	崔　铮
旬阳县人民法院院长	陈守业
石泉县人民法院院长	刘　斌
汉阴县人民法院院长	陈先庆
宁陕县人民法院院长	尚志学
岚皋县人民法院院长	郑继红
平利县人民法院院长	刘明德
镇坪县人民法院院长	李述斌
汉中地区中级人民法院院长	**袁宏才**
汉中市人民法院院长	郑振国
西乡县人民法院院长	曹军民
镇巴县人民法院院长	高明杰
城固县人民法院院长	郑奠基

洋　县人民法院院长　武继忠
略阳县人民法院院长　冯张文
南郑县人民法院院长　余德华
勉　县人民法院院长　喇炳权
留坝县人民法院院长　王崇礼
佛坪县人民法院院长　李马如
宁强县人民法院院长　刘正业

甘肃省高级人民法院院长、副院长名单

院　长　秦　炳

副院长　张鸿儒　胡慧娥（女）　张树兰　李纲德

甘肃省各中级、基层人民法院院长名单

兰州市中级人民法院院长　姚裕忠
城关区人民法院院长　金秀馥（女）
安宁区人民法院院长　仲希荣
七里河区人民法院院长　许　才
西固区人民法院院长　高生年
红古区人民法院院长　基有正
永登县人民法院院长　王有忠
榆中县人民法院院长　李生文
皋兰县人民法院院长　陶立爱
天水市中级人民法院院长　李永昌
秦城区人民法院院长　何明武
北道区人民法院院长　张　圭
秦安县人民法院院长　桑连岐
甘谷县人民法院院长　谢克让
武山县人民法院院长　高怀义
清水县人民法院院长　高炜东
张家川回族自治县人民法院院长　李翰林
嘉峪关市人民法院院长　王景德
白银市中级人民法院院长　潘兴国
白银区人民法院院长　王炳彦
平川区人民法院院长　刘有华
靖远县人民法院院长　刘宗儒
景泰县人民法院院长　高自宽
会宁县人民法院院长　马文学
金昌市中级人民法院院长　索玉成
金川区人民法院院长　杨世林
永昌县人民法院院长　董天生
临夏回族自治州中级人民法院院长　马逢春
临夏市人民法院院长　宋　仁
临夏县人民法院院长　陶尚文
永靖县人民法院院长　杨学彬
广河县人民法院院长　马进德
和政县人民法院院长　秦明政
康乐县人民法院院长　马廷昌
东乡族自治县人民法院院长　唐绍基
积石山保安族东乡族撒拉族自治县人民法院院长　马成虎
甘南藏族自治州中级人民法院院长　尤大刚
夏河县人民法院院长　杨建光
临潭县人民法院院长　杨登元
卓尼县人民法院院长　邱建义
碌曲县人民法院院长　柴克禄
舟曲县人民法院院长　李　聪
玛曲县人民法院院长　李彦章
迭部县人民法院院长　兰永芳
庆阳地区中级人民法院院长　安　统
西峰市人民法院院长　杨天荣

庆阳县人民法院院长　李　栋
华池县人民法院院长　刘晓利
环　县人民法院院长　许世同
合水县人民法院院长　张光辉
宁　县人民法院院长　胡彦峰
正宁县人民法院院长　脱克忠
镇原县人民法院院长　卢建秘
庆阳林区人民法院院长　关照玺
平凉地区中级人民法院院长　高勋位
平凉市人民法院院长　容甲科
泾川县人民法院院长　何安民
灵台县人民法院院长　周进国
崇信县人民法院院长　陈士贵
华亭县人民法院院长　张随东
庄浪县人民法院院长　柳富有
静宁县人民法院院长　漆忠义
陇南地区中级人民法院院长　刘玉章
武都县人民法院院长　盛兆吉
文　县人民法院院长　祝永才
康　县人民法院院长　杨凤魁
宕昌县人民法院院长　张荣正
成　县人民法院院长　张建华
礼　县人民法院院长　张文学
西和县人民法院院长　陈森林
两当县人民法院院长　强　耀
徽　县人民法院院长　田浩学
陇南地区中级人民法院分院院长　夏金荣
舟曲林区法院院长　黄本同
卓尼林区法院院长　徐世元
迭部林区法院院长　刘汉祖
文县林区法院院长　（缺）
定西地区中级人民法院院长　郭思礼
定西县人民法院院长　苏源泉
临洮县人民法院院长　李守元
通渭县人民法院院长　祁建华
陇西县人民法院院长　韦书荣
渭源县人民法院院长　冯献瑞
岷　县人民法院院长　龚汉民
漳　县人民法院院长　胡建中
武威地区中级人民法院院长　周述曾
武威市人民法院院长　赵长洋
古浪县人民法院院长　蔡银山
民勤县人民法院院长　魏兆玉
天祝藏族自治县人民法院院长　任锡美
张掖地区中级人民法院院长　杨志明
张掖市人民法院院长　武居义
临泽县人民法院院长　兰积新
高台县人民法院院长　程积顺
山丹县人民法院院长　李兴茂
民乐县人民法院院长　陈学谦
肃南裕固族自治县人民法院院长　索成文
酒泉地区中级人民法院院长　傅景华
酒泉市人民法院院长　周生天
敦煌市人民法院院长　赵永华
玉门市人民法院院长　吴德禄
金塔县人民法院院长　龚长才
安西县人民法院院长　王泽元
肃北蒙古族自治县人民法院院长　蔡　仁
阿克赛哈萨克族自治县人民法院院长　夏别克
兰州铁路运输中级法院院长　徐宗廉
兰州铁路运输法院院长　尹瑞麟
武威铁路运输法院院长　苗润法
西宁铁路运输法院院长　叶生荣
银川铁路运输法院院长　杨加强
甘肃省矿区人民法院院长　杨建中

青海省高级人民法院院长、副院长名单

院　长　马有功

副院长　杨允习　钱应学　尤拉杰

青海省各中级、基层人民法院院长名单

西宁市中级人民法院院长	**李耀智**
城东区人民法院院长	穆　毅
城西区人民法院院长	李跃忠
城中区人民法院院长	刘耀祖
城北区人民法院院长	史具仓
大通回族土族自治县人民法院院长	张守仁
海东地区中级人民法院院长	**邓长安**
平安县人民法院院长	刘怀德
湟中县人民法院院长	马文龙
湟源县人民法院院长	牛积堂
乐都县人民法院院长	余国勋
民和回族土族自治县人民法院院长	聂兴欣
互助土族自治县人民法院院长	胡尔钺
化隆回族自治县人民法院院长	祁有铭
循化撒拉族自治县人民法院院长	韩　军
海南藏族自治州中级人民法院院长	**周　先**
共和县人民法院院长	万玛龙珠
同德县人民法院院长	洛　卡
贵德县人民法院院长	童国顺
兴海县人民法院院长	当周才旦
贵南县人民法院院长	仁青扎西
龙羊峡人民法院院长	杜智辉
海西蒙古族藏族自治州中级人民法院院长	**谭世汉**
都兰县人民法院院长	唐寅生
天峻县人民法院院长	更　智
冷湖矿区人民法院院长	廖柏扬
乌兰县人民法院院长	董　峰
大柴旦矿区人民法院院长	李承寿
茫崖矿区人民法院院长	赵玉清
格尔木市人民法院院长	武继孟
德令哈市人民法院院长	昝鸿起
海北藏族自治州中级人民法院院长	**卓玛吉**
门源回族自治县人民法院院长	马福元
祁连县人民法院院长	边东海
海晏县人民法院院长	芦生发
刚察县人民法院院长	官　巴
黄南藏族自治州中级人民法院院长	**多　杰**
同仁县人民法院院长	洛登岳
尖扎县人民法院院长	彭毛多杰
泽库县人民法院院长	索南才旦
河南蒙古族自治县人民法院院长	旦　曾
果洛藏族自治州中级人民法院院长	**贾志江**
玛沁县人民法院院长	才国杰
班玛县人民法院院长	加央塔先
甘德县人民法院院长	拉玛杰
达日县人民法院院长	科　保
久治县人民法院院长	傅日德
玛多县人民法院院长	格　拉

玉树藏族自治州中级人民法院院长　**弋积元**
玉树县人民法院院长　青　才
杂多县人民法院院长　杨如林
称多县人民法院院长　宋秋落
治多县人民法院院长　郑宗贤
囊谦县人民法院院长　乔更尕
曲麻莱县人民法院院长　桑　杰
矿　区人民法院院长　**武留轩(代)**

宁夏回族自治区高级人民法院院长、副院长名单

院　长　邹献朝
副院长　杨振平　马绍彬　黑有星　徐　明

宁夏回族自治区各中级、基层人民法院院长名单

银川市中级人民法院院长　**解志义**
城区人民法院院长　景维斌
新城区人民法院院长　韩经文
郊　区人民法院院长　顾守先
永宁县人民法院院长　蒋守仁
贺兰县人民法院院长　钮　钢
石嘴山市中级人民法院院长　**徐学林**
大武口区人民法院院长　王志杰
石炭井区人民法院院长　苏绘库
石嘴山区人民法院院长　阮　淦
惠农县人民法院院长　贾文军
平罗县人民法院院长　程正轩(代)
陶乐县人民法院院长　惠德全
银南地区中级人民法院院长　**冯玉炯**
吴忠市人民法院院长　何金贵
青铜峡市人民法院院长　沙执法
中卫县人民法院院长　姚宗堂
中宁县人民法院院长　张希孟
同心县人民法院院长　杨占发(代)
灵武县人民法院院长　周富贵
盐池县人民法院院长　牛万有
固原地区中级人民法院院长　**金光荣**
固原县人民法院院长　邓万欣
西吉县人民法院院长　王兆元
海原县人民法院院长　李成汉
泾源县人民法院院长　马文海
隆德县人民法院院长　孙　康
彭阳县人民法院院长　高正文

新疆维吾尔自治区高级人民法院院长、副院长名单

院　长　库尔班·肉孜(维吾尔族)
副院长　张九龄　董　震　卓立德(蒙古族)　尼牙孜·禾加(维吾尔族)

新疆维吾尔自治区各中级、基层人民法院院长名单

乌鲁木齐市中级人民法院院长　鄢玉星
天山区人民法院院长　周梦林
沙依巴克区人民法院院长　高登贵
水磨沟区人民法院院长　郑作洪
新市区人民法院院长　周善志
东山区人民法院院长　赛买提
头屯河区人民法院院长　王映忠
南山矿区人民法院院长　徐　兵
乌鲁木齐县人民法院院长　丁福有(代)

吐鲁番地区中级人民法院院长　尼牙孜·依米提
吐鲁番市人民法院院长　阿不力米提·热杰甫
鄯善县人民法院院长　阿不都合曼
托克逊县人民法院院长马合木提瓦合甫

哈密地区中级人民法院院长　贺加·沙力
哈密市人民法院院长　奴尔拉
伊吾县人民法院院长　贴孜托乎提
巴里坤哈萨克自治县人民法院院长　沙德胡力

昌吉回族自治州中级人民法院院长　包文贵
昌吉市人民法院院长　郭景英
阜康县人民法院院长　杨联庆
呼图壁县人民法院院长　张兴文
玛纳斯县人民法院院长　苏宝泉
米泉县人民法院院长　纪廷华
奇台县人民法院院长　杜新合
吉木萨尔县人民法院院长　阿合买提
木垒哈萨克自治县人民法院院长　胡斯满

阿克苏地区中级人民法院院长　吾斯满阿吾提
阿克苏市人民法院院长沙的克·达吾提
库车县人民法院院长　司马义·艾沙
新和县人民法院院长　阿丕孜要力达西
温宿县人民法院院长买合木提·阿木提
沙雅县人民法院院长　热合甫阿不都热依木
阿瓦提县人民法院院长　买提尼牙孜色衣提
乌什县人民法院院长　阿不都热合曼达衣木
柯坪县人民法院院长　阿不都热扎克
拜城县人民法院院长　阿不都热衣木西日甫

喀什地区中级人民法院院长　肉孜卡斯木
喀什市人民法院院长　吐逊买买提
疏附县人民法院院长　艾则孜吾拉引
莎车县人民法院院长　吐逊·吾斯曼
巴楚县人民法院院长　买买提·阿不都热依木
英吉沙县人民法院院长　玉素甫哈的
塔什库尔干塔吉克自治县人民法院院长　赛格力
麦盖提县人民法院院长　麦海提色力木
岳普湖县人民法院院长　买买提·伊明
叶城县人民法院院长　艾木都拉·迪明
泽普县人民法院院长　艾山艾买提
疏勒县人民法院院长　艾买提马木提
伽师县人民法院院长　玉素甫木沙

和田地区中级人民法院院长　夏吾东·艾则孜
和田市人民法院院长　买买提尼牙孜
和田县人民法院院长　阿巴伯克
墨玉县人民法院院长　莫衣不拉吐地
皮山县人民法院院长　阿不来提马木提
策勒县人民法院院长　阿不都热合曼
洛浦县人民法院院长　沙衣甫吾吉
于田县人民法院院长　买买提江吾甫尔
民丰县人民法院院长　阿不都力米提

克孜勒苏柯尔克孜自治州中级人民法院院长　**阿不力孜·吾守尔**
阿克陶县人民法院院长　坎吉木沙(代)
阿合奇县人民法院院长　艾衣提巴衣
阿图什市人民法院院长　阿不来提玉素甫
乌恰县人民法院院长　阿不都克力木(代)

巴音郭楞蒙古自治州中级人民法院院长　**陶木古提**
尉犁县人民法院院长　吐地阿不拉
博湖县人民法院院长　江布尔
且末县人民法院院长　阿不都维力·吐逊
和静县人民法院院长　桑格吉
焉耆回族自治县人民法院院长　杨发广
轮台县人民法院院长　吾守沙克
若羌县人民法院院长　艾山·玉素甫
和硕县人民法院院长　赛尔杰
库尔勒市人民法院院长　克日木伊不拉音

博尔塔拉蒙古自治州中级人民法院院长　**吾曲尔**
精河县人民法院院长　吐尔逊·依明
温泉县人民法院院长　铁克宝
博乐市人民法院院长　斯　曼

新疆维吾尔自治区高级人民法院伊犁州分院院长　**艾比丁·哈斯木**
伊犁州分院直属奎屯市法院院长　曲汉民

伊犁地区中级人民法院院长　**阿　汉**
伊宁市人民法院院长　涂光煜(代)
伊宁县人民法院院长　伊马木·伊不拉音
新源县人民法院院长　艾迪力
昭苏县人民法院院长　沙特拜
尼勒克县人民法院院长　沙比提
巩留县人民法院院长　王炎贵(代)
特克斯县人民法院院长　阿吾别克
霍城县人民法院院长　肉孜马木提
察布查尔锡伯自治县人民法院院长　文　良

塔城地区中级人民法院院长　**哈里毛拉**
塔城市人民法院院长　多里肯
额敏县人民法院院长　别尔提汗
托里县人民法院院长　哈布勒·哈再孜
乌苏县人民法院院长　沙帕尔
沙湾县人民法院院长　王玉福
和布克赛尔蒙古自治县人民法院院长　巴特那生
裕民县人民法院院长　阿不都拉

阿勒泰地区中级人民法院院长　**卡　肯**
阿勒泰市人民法院院长　木　海
布尔津县人民法院院长　白斯汗
哈巴河县人民法院院长　木哈买提多拉
富蕴县人民法院院长　达合斯坦
福海县人民法院院长　沙都瓦哈斯
吉木乃县人民法院院长　禾力希汗
清河县人民法院院长　马　汉

石河子市人民法院院长　**黄忠智**

克拉玛依市人民法院院长　**刘存忠**

乌鲁木齐铁路运输中级法院院长　**马合木提(副)**
哈密铁路运输法院院长　于连贵
库尔勒铁路运输法院院长　杨　良
乌鲁木齐铁路运输法院院长　贲桂林

解放军军事法院院长、副院长名单

院　长　侯　固
副院长　张振民

大军区级及所属军级军事法院院长名单

北京军区军事法院院长 **卫世彬**
- 北　京军事法院院长 申志峰
- 石家庄军事法院院长 吴东升
- 太　原军事法院院长 李　文
- 天　津军事法院院长 郭登选
- 张家口军事法院院长 郭万山
- 呼和浩特军事法院院长 曾万芳(副)

沈阳军区军事法院院长 **刘世珠**
- 沈　阳军事法院院长 左连壁
- 哈尔滨军事法院院长 吴兆田
- 长　春军事法院院长 柴兴国
- 大　连军事法院院长 董发林

济南军区军事法院院长 **蒋承奎**
- 济　南军事法院院长 郭读正
- 郑　州军事法院院长 宋纯喜
- 莱　阳军事法院院长 朱玉光
- 新　乡军事法院院长 李国献

南京军区军事法院院长 **张志刚**
- 南　京军事法院院长 李宜信
- 福　州军事法院院长 杨玉勋
- 杭　州军事法院院长 蒋朝友
- 上　海军事法院院长 张伟伟
- 合　肥军事法院院长 刘玉丰

广州军区军事法院院长 **朱用开**
- 广　州军事法院院长 彭火宝
- 长　沙军事法院院长 季朱军
- 武　汉军事法院院长 江　仁
- 南　宁军事法院院长 薛明远
- 海　口军事法院院长 王相本

成都军区军事法院院长 **耿庆仁**
- 成　都军事法院院长 张志凯
- 昆　明军事法院院长 王明强
- 西藏军区军事法院院长 王树林

兰州军区军事法院院长 **金占斌**
- 驻陕西军事法院院长 李俊武
- 驻甘肃军事法院院长 周　峰
- 驻宁夏军事法院院长 郭彦成
- 驻青海军事法院院长 余中华
- 驻新疆军事法院院长 方志福
- 南疆军区军事法院院长 王永章
- 国防科工委第二十试验训练基地军事法院院长 林贻松
- 国防科工委第二十一试验训练基地军事法院院长 梁晋忠

海军军事法院院长 **曲秀贤**
- 北海舰队军事法院院长 张道善
- 东海舰队军事法院院长 葛惠龙
- 南海舰队军事法院院长 井源绿
- 海军直属军事法院院长 朱　斌

空军军事法院院长 **徐文显**
- 北京军区空军军事法院院长 陆志美
- 沈阳军区空军军事法院院长 闫国森
- 济南军区空军军事法院院长 曹德印
- 南京军区空军军事法院院长 刘宝贵
- 广州军区空军军事法院院长 钱耀初
- 成都军区空军军事法院院长 任成宏
- 兰州军区空军军事法院院长 刘茂生
- 空军直属军事法院院长 李大凡

解放军总直属队军事法院院长 **雷飞云**

二、各级人民法院报刊介绍

人 民 法 院 报

人民法院报社是中华人民共和国最高人民法院主办和主管的直属局级事业单位。《人民法院报》创刊于1992年10月1日。它是最高人民法院的机关报，是最高人民法院的喉舌，是全国各级法院和全体法院干警的舆论阵地。

办报宗旨：坚持以马克思列宁主义、毛泽东思想为指导，认真宣传、贯彻党和国家有关审判工作和法制建设的方针、政策、法律、法规，传播和交流各地人民法院的审判经验，为严肃执法、提高审判水平、加强各级法院的审判工作服务，为提高法院干警的政治素质和业务素质服务，为社会各界更好地了解、支持与监督法院工作服务。也就是说，为改革开放和经济建设服务，为推进社会主义民主与法制建设服务，为人民的审判事业服务。

办报方针：立足法院，面向社会，照顾国外和境外。立足法院是指以全国广大法院干警为基本读者，满足他们的需要，各项报道具有鲜明的法院特色。面向社会是指报道的面要广泛一点，刊登社会群众喜闻乐见的文章，具有群众性和可读性。尤其是很多大案要案的审判，在一些地区，甚至在全国范围内，都是新闻界和社会各界关注的焦点和热点，因此面向社会也是社会的需要。照顾国外和境外是指要照顾国外与境外读者的需要，其中包括涉外和涉境外案件的报道，对国际和境外重大司法活动的报道等。

报社设有总编室、新闻部、法院工作部、理论与专栏部、副刊部、通联部、出版部、财务室、办公室、广告公告部、经理部等11个部室。社长为最高人民法院副院长林准兼任，总编、常务副社长为回沪明，副社长为王连登，副总编为方成志、胡永震。社内拥有一支具有编审、副编审、主任编辑、编辑等专业职称的编辑队伍。在全国各高级法院、解放军军事法院及计划单列市设有45个记者站，每个中级法院设有通讯组，每个基层法院设有通讯员。

1993年《人民法院报》为周一报，向国内外公开发行，发行量约26万份。每期对开四版，第一版为要闻版，刊登党和国家领导人关于政治工作的重要活动及讲话，最高人民法院和其他政治机关的重要决定、活动及中心工作；重要司法解释、重大案件、重要社会新闻；本报的社论、评论和编辑部文章及其他言论等。第二版为地方动态版，刊登各地有关政治工作的动态，地方法院的审判工作，法院参与社会治安综合治理的情况，专题调查报告，法官秉公执法的优秀事迹等。第三版为理论与专栏版，内容包括审判实践、司法解释、司法信箱、业务研究，以及地方专版等。第四版为副刊、国际版和广告公告版，主要刊登审判纪实及表现法院生活的作品，同时刊登国际司法要闻、国际大要案、著名国际司法人物介绍及趣闻轶事等。

《人民法院报》创刊以来发表的言论、消

息、通讯、审判纪实等文章，受到读者的欢迎。其中，8月25日试刊第二期第1版发表的《乱收费乱摊派引起诉讼——农民打赢行政官司》一文，荣获中国法制新闻一等奖。

《山西审判》

山西省高级人民法院机关刊物《审判工作通讯》于1991年更名为《山西审判》。经山西省新闻出版局批准，本刊刊号1991年为："山西省报刊准印证（期）0125号"；1992年变更为"JK14-1125号"。

更名后的《山西审判》立足法院，指导审判；面向社会，宣传法制。内容新颖活泼，贴近审判实践，信息容量加大，更加突出了指导性，实践性，可读性，质量明显提高。同时，版式设计大为改进，四封全部着彩，内容图文并茂，印刷精致，深受读者喜爱。

《上海审判实践》

《上海审判实践》是上海市高级人民法院的内部刊物，创办于1989年1月，系双月刊。自创刊以来，坚持理论与实践相结合，突出指导性、实践性和业务性办刊宗旨，在上海市各级人民法院广大干警的热情支持下已顺利出版18期，每期出版2000份左右，从1992年1月起增加内页至48页。

《上海审判实践》力求全面反映法院的各项审判活动。现辟有："开辟专题研究"、"经验交流"、"审判实践"、"案例讨论"、"大、要案报道"、"审判札记"、"国外法制"、"审判艺苑"、"摄影小说（黑白）"等10余个栏目，目的在于总结交流审判工作经验，报道审判动态，围绕审判中有关政策、法律问题进行理论探讨等，并根据形势需要，还设有"少年法庭工作"和"综合治理"等专题性栏目。

自创刊以来，《上海审判实践》以它紧密联系上海审判实践的特色深得广大读者的喜爱，并与全国各省、自治区、直辖市的高、中级人民法院、法律研究机关和大专院校法律系建立了良好的交换关系。此外，它促进了各法院的调研和指导了各法院审判。今后，本刊将继续贯彻"一个中心、两个基本点"的战略方针，为严肃执法，为提高审判工作水平作出应有的贡献，也为改革开放提供法律保障和法律服务。

（京）新登字 051 号

责任编辑：于松波
技术编辑：姚家清
封面设计：乔　磊

人民法院年鉴·1992

《人民法院年鉴》编辑部
人民法院出版社出版发行
新华书店经销
人民卫生出版社印刷厂印刷
787×1092 毫米　16 开本　71.375 印张　3 彩页　1704 千字
1995 年 2 月第 1 版　1995 年 2 月第 1 次印刷
印数：0001—5000
ISBN7-80056-244-1/D·330
定价：92.00 元